KB015587

신민사소송법

[제3판]

정 영 환

法 文 社

Civil Procedure Law

Third edition

by
YOUNG-HWAN CHUNG
Professor of Law, Korea University

2023
Bobmunsa
Paju Bookcity, Korea

제3판 머리말

시간이 정말 빠른 것 같다. 2019년 8월 15일에 개정신판을 마무리한 지 어제 같은데 벌써 4년이 지났다. 당시만 하여도 매년 개정판을 낼 것이라고 다짐하였는데 여의치 못하여 독자들에게 죄송한 마음을 금할 수 없다. 더 늦기 전에 개정판을 내야겠다고 하여 올해 2월 중순부터 집중적으로 개정작업에 몰두하여 8월 중순경에 마무리하게 되었다.

이번 개정작업은 그동안 강의를 하면서 또 대학원 수업과 세미나 등을 통하여 나름대로 정리한 부분을 다듬고, 다른 저자들의 교과서 중 개정된 부분을 반영하였다. 특히 국제사법이 2022년 1월 4일 법률 제18670호(시행: 2022. 7. 5.)로 전부 개정되면서 기존의 제2조상의 국제재판관할의 기본원칙 외에 다수의 국제재판관할 규정이 신설되었는데 그 부분을 정리하는 데 약간의 어려움이 있었다. 국제사법은 계약 등 사법(私法)이 주된 내용이고 절차적 부분은 재판권을 정하면 될 것인데, 실제 관할에 관한 내용을 다수 포함하고 있어 민사소송법과 중복되는 감이 없지 아니하였다. 앞으로 이 부분은 민사소송법 학자들이 관심을 갖고 국제사법을 연구하는 학자들과 협력하여 탐구할 분야라는 생각을 갖게 되었다. 최근 대법원에서 민사소송법과 관련 있는 중요 판결들이 다수 선고되고 있어, 대법원의 노고를 깊이 생각하게 된다. 이번 제3판에서는 대법원의 이러한 노력을 최대한 반영하기 위하여 2023년 7월 27일의 판결까지 반영하였다. 독자들의 공부에 조금이라도 도움이 되길 바란다.

본서는 2009년 9월에 첫 출간한 후에 저자의 게으름 탓으로 약 10년이 지난 2019년 9월에 개정신판을 냈다. 공부하는 학자로서 부끄러운 마음을 금할 수 없었다. 이제 개정신판 후에 4년 만에 제3판을 내게 되어 그나마 다행이라고 생각된다. 이번 개정작업을 통하여 느낀 점은 책의 내용이 좀 더 구체적으로 머리에 자리를 잡는 것 같아서 감사했고 전체적인 시야를 넓힐 수 있었다는 것이 큰 보람이고 기쁨이었다. 앞으로는 개정작업을 부지런히 하여 매년 개정판을 내고 싶은 생각을 갖게 되었고, 저술을 통한 연구 분야도 민사집행법, 도산법, 중재법, 미국 민사소송법 등으로 넓혀 나가야겠다고 다짐해 본다.

이번 개정작업을 통하여 무엇보다도 감사한 것은 제자들이 판사, 교수, 변호사,

회사 등의 일로 바쁜 중에도 내용 검토 및 교정 작업에 적극 참여해 준 것이다. 김형률 부장판사, 최평오 선생, 이광성 중국변호사(북경), 유제헌 변호사, 장완규 교수, 최광선 교수, 박태신 교수, 김정환 박사(사법정책연구원), 이명민 박사(한국공정거래조정원), 홍영호 변호사, 김주 박사(SK 하이닉스), 조수혜 교수, 정상민 교수, 서동원 판사, 방려연 교수(중국 천진 재경대), 김귀영 제자(박사과정 수료), 장지화 박사(중국변호사), 나민지 박사(몽골), 강선희 중국변호사(박사과정), 최흠걸 중국변호사(박사과정)에게 이 자리를 빌려 진심으로 감사드린다. 제자들 모두에게 인생 중에 하나님의 큰 축복이 함께하길 기도합니다. 또한 이 책의 출판을 세심하게 직접 챙겨주시어 더 좋은 책이 출판될 수 있게 최선을 다해주신 법문사 편집부 김제원 이사, 기획영업부 정해찬 과장께도 지면을 통하여 심심한 사의를 표한다.

　삶 속에서 따뜻한 관심과 애정, 신실한 기도로 항상 같이 해주는 사랑하는 아내와 두 딸 희영, 다연에게 이 책을 통하여 진심으로 감사드린다. 어떤 상황 속에서도 함께하시어 지혜와 열정을 주시는 신실하신 하나님 아버지께 모든 영광 올려드립니다.

2023년 8월 15일
고려대학교 연구실에서
저자 드림

개정신판 머리말

저자의 「신민사소송법(세창출판사, 2009)」이 출판된 지 벌써 10년이 지났다. 그 동안 학교수업, 논문 등을 통하여 미국 민사소송법, 각국의 민사소송법 내용을 공부하면서 이런저런 생각이 많았지만, 성숙된 면도 있었다. 하지만 정작 저자의 책을 다듬는 데 부족하였음을 고백한다. 저자의 책 개정작업을 더는 미루기 어렵다고 판단되어 매우 늦은 감은 있었지만 금년 3월부터 개정작업에 착수하여 이제 출간하게 되었다. 독자들뿐만 아니라 저 자신에게 매우 죄송한 마음이 든다.

10년 전 「신민사소송법」을 집필할 때에 가장 큰 과제는 '인간의 존엄과 행복추구권'이라는 최고의 헌법적 가치를 분쟁과정에서 헌법상 재판청구권이라는 통로를 통하여 민사소송법에 어떻게 구체적으로 펼쳐 적용해 나갈 것인가 하는 문제였다. 또한 이것을 시대상황에 맞게 어떻게 민사소송법을 개정하여 나갈 수 있는가 하는 점을 고민하였다. 특히 민사소송법에 신의성실의 원칙이 어떤 역할을 하는 것이 옳은지 탐구하였다. 이것은 민사소송법의 역사성과 현실성을 분쟁의 해결과정에서 찾아보려는 저자의 삶에 대한 자기성찰이기도 하였다.

이번 개정신판에서는 10년이라는 시간적인 흐름도 있고, 그동안 우리나라의 재판제도에 전자소송이라는 큰 변화의 바람이 세차게 불고 있다는 점을 깊이 생각하였다. 이러한 변화의 바람이 우리 사법제도에 어떤 의미를 갖는지 살펴보았고, 이러한 노력을 통하여 우리 사법제도의 긍정적 변화를 이끌어 냄으로써 분쟁을 보다 공정하고 효율적으로 풀어가는 단초가 될 수 있기를 기대한다. 이것은 결국 분쟁과정에 있는 사람들을 어떻게 존중할 것인가 하는 문제와 공정·신속한 분쟁의 해결을 통한 인간 행복의 회복을 통한 민사소송의 목적을 실현하는 것이다.

저자는 개정신판에서 이러한 기본취지를 충분히 살리기 위하여 기존 교과서의 형식과 내용을 많이 다듬었고, 그동안의 판례뿐만 아니라 개정 직전인 2019년 8월까지의 판례까지 반영하기 위하여 마지막 순간까지 최선의 노력을 다하였다. 또한 로스쿨 학생, 변호사시험, 변리사시험, 법무사시험 등에 충실한 안내서로서의 역할을 할 수 있도록 이론적 부분을 빠짐없이 정리하려고 하였다. 다만 분량이 너무 많아 로스쿨 학생 및 수험생들은 시험 등 관련된 부분을 찾아 읽을 것을 권한다. 나아가 본서는 해방 이후의 우리 민사소송법의 역사를 담기 위하여 지금에는 활동하지 아니하거나 고인이 된 저자들의 책들도 그 내용이 필요한 부분은 인용하였다. 지금까지의 입법의 연혁을 매우 중시하여 핵심적인 부분은 소개를 하였다. 독자들에게 우리 민사소송법을 보다 깊이 있게 이해시켜 보려는 의도이다. 또한 판사, 검사, 변호사, 변리사, 법무사 등 법률실무가들이 민사소송과 관련하여 참조할 수 있게 학설과 판례를 빠짐없이 소개하고 있다. 저자가 바라는 것은 본서가 독자의 필요한 부분을 잘 길러낼 수 있는 지혜로운 민사소송법의 안내서와 벗이 되길 빈다.

저자는 민사소송법이라는 절차기본법을 연구하면서, 현재 우리나라가 직면하고 있는 분쟁해결시스템의 전체적인 흐름과 해결방안을 고민하여 왔다. 거기에 관하여 간단히 언급하겠다.

첫째, 2010년에 전격적으로 도입된 전자소송 하에서 우리 재판제도를 보다 효율적으로 운영하는 방안이 무엇일까를 생각하게 된다. 세계적으로 볼 때 우리나라의 전자소송이 매우 앞서 있는 것은 분명한 현실이다. 지금 전자소송은 민사, 가사, 헌법, 특허, 행정, 비송 등 모든 소송에서 이루어지고 있다. 전자소송의 이용이 대세가 되었다. 이러한 시점에서 전자소송의 장점을 살릴 수 있게 기존의 재판관행을 과감히 개혁할 필요가 있다. 법정에서의 심리를 토론 및 당사자가 직접 설명하는 방식으로 하고, 준비서면의 내용 등에 있어서 진실의무를 보다 강화하여야 하며, 판결을 대폭적으로 간이화하는 것이 선행되어야 한다.

둘째, 대법원의 상고제도를 개선하여야 한다. 대법원은 최근 몇 년 동안 현재 운영되고 있는 심리불속행제도를 개선하여 국민에 대한 사법서비스의 질을 높이고, 대법원의 정책법원으로의 기능을 회복하기 위하여 부단히 노력하여 왔다. 그러나 이것은 국가 전체의 정치적 상황 등과 맞물려 사법부의 의도와 달리 왜곡되어 많은 어려움에 직면하고 있는 것이 현실이다. 하지만 사법부의 이러한 노력은 분쟁 중에 있는 인간의 존엄 및 행복추구권이라는 측면에서 보면 결코 멈출 수 없다. 특히 국가의 주인인 국민이 사법부에 부여한 가장 중대한 사명이기 때문이다. 그 개선책으로 상고허가제도가 어렵다면 종전의 상고법원 설립의 개선안 등이 계속 추진되어 가까운 장래에 꼭 이루어져야 한다. 또한 장기적으로는 헌법재판소의 역할 증대에 따라 헌법규범이 분쟁에 있어서 구체적 재판규정으로 실질적 기능을 하게 될 것이다. 향후 이러한 시대상황의 변화에 발맞추어 대법원과 헌법재판소의 기능적 통합 등도 고려하여야 할 것이다.

셋째, 변호사의 분쟁과정에서 역할 강화가 절실히 필요한 시점이라고 생각된다. 우리나라 경제규모에 비추어 변호사 시장규모가 턱없이 작은 것이 현실이다. 이러한 현실 속에서 로스쿨을 통하여 배출되는 변호사의 숫자가 급격히 증가하면서 기존 변호사들이 수익 측면에서 많은 어려움을 호소하고 있다. 또한 로스쿨이 자리 잡아 가면서 법학 발전에 여러 난관들이 나타나고 있다. 이러한 여러 어려움들을 돌파하기 위해서는 분쟁과정에서 변호사의 역할이 종전과 많이 달라져야만 한다. 변호사가 분쟁의 초기단계부터 직접 관여할 수 있어야 하고, 분쟁의 증거 확보단계에서 적극적으로 개입할 필요가 있다. 이런 점에 비추어 보면 미국의 로스쿨제도가 도입되어 정착되고 있는 지금 미국의 증거개시제도(discovery)의 도입을 진지하게 고려할 필요가 있다. 즉 분쟁과정에서 현재와 같은 수동적인 변호사 역할에서, 향후 적극적인 변호사로서의 역할 변화를 이루어 내야 한다. 변호사가 분쟁의 1차적인 해결자로서 역할을 하고 이것을 통하여 변호사 시장규모의 문제를 풀어나가야 한다. 또한 로스쿨 출신의 우수한 인재들이 법학교수로 진출하여 장래 법률가를 양성하는 역할을 담당함으로써 법학 교육의 학문적 발전을 이끌어 가야 할 것이다.

이제 마지막으로 이 책이 나오기까지 물심양면으로 도와주신 분들에게 진심으로 고마움을 표한다. 2009년 저자의 「신민사소송법」 출판 이후 지금까지 그 내용의 충실성에 대한 진심어린 충고와 격려를 아끼지 아니한 대학동기이며 진정한 친구 석창목 변호사에게 매우 감사한다. 또한 교정 및 판례 등의 자료수집에 바쁜 중에도 시간을 내어 준 제자 김형률 부장판사, 최평오 선생, 장완규 교수, 최광선 교수, 박태신 교수, 조수혜 교수, 이진규 박사(미국변호사), 김정환 박사(사법정책연구원), 이명민 박사(충북대학교 전임연구원), 정상민 변호사, 채원기 변호사, 서동원 판사에게 진심으로 감사한다. 이 책의 출판을 직접 챙겨 주시어 멋지게 출판하는 데 많은 도움을 주신 법문사 편집부 김제원 이사, 기획영업부 정해찬 대리께도 지면을 통하여 심심한 사의를 표한다.

항상 삶 속에서 따뜻한 관심과 애정으로 보살펴 준 사랑하는 아내와 두 딸 희영, 다연에게 이 책을 통해 깊은 감사의 마음을 담는다. 무엇보다도 모든 과정마다 지혜주시고 함께하여 주신 하나님 아버지께 모든 영광 올려드립니다.

2019년 8월 15일
고려대학교 연구실에서
저자 드림

머 리 말

2000년 3월 1일자로 대법원 재판연구관에서 모교인 고려대학교 법과대학의 민사소송법 전임교수로 부임하면서 작은 꿈이 있었다. 그것은 실무가와 학생들에게 도움을 줄 수 있는 교과서를 쓰는 것이었다. 그런데 10년 정도 강의하면서도 능력과 노력의 부족으로 생각같이 쉽지 아니하다는 것을 많이 느꼈다. 1960년 이영섭 선생께서 법관에서 교단으로 온 지 10년이 넘은 시기에 저술한 자신의『신민사소송법(상)』의 서문에서 "가르치면서 배운 것도 많고, 연구할 기회도 더러 가질 수 있었으나, 학문의 길은 갈수록 泰山이요, 또한 가시덤불의 길이었다."는 고백이 너무나도 가슴에 와 닿는다.

2008년 8월, 1년 예정으로 미국 University of Washington에 교환교수로 오면서 비록 저자의 능력과 노력은 부족하지만 10년 가까이 강의하면서 배운 민사소송법을 나름대로 정리해 보기로 결심하였다. 2008년 9월부터 시작하여 University of Washington의 Law School 도서관, 인근의 Bellevue 도서관, 집의 서재에서 2009년 7월 말 귀국 직전까지 연구하고 정리하여 이제 출판하게 되었다. 인터넷을 통한 판례와 법령의 검색작업은 저자로 하여금 미국에 있다는 것을 전혀 느낄 수 없게 하였다. 인터넷을 도구로 하여 세상의 큰 틀이 바뀌고 있다는 것을 실감하였다. 또한 부족함이 너무나도 많다는 것을 절감하는 하루 하루였다. 많은 질책을 부탁드린다.

이 책의 기본적 시각은 다음과 같다. "민사소송법을 한 마디로 무엇이라고 말할 수 있을까?"라는 질문을 던진다. 여기에 대하여 사법상의 권리관계 때문에 사람 사이에 엉켜 있는 마음을 푸는 일련의 작업이 아닐까라고 조심스럽게 자답(自答)하여 본다. 민사소송이 곧「사람의 마음을 푸는 작업」이므로 재판에는 어렵고도 고귀한 의미를 부여할 수 있다고 생각한다. 그렇기 때문에 재판과정에서 화해・조정 등의 자율적 분쟁해결수단은 아무리 강조하더라도 결코 지나친 것이 아니다. 이것을 법적인 관점에서 보면 민사소송은「인간의 존엄・행복추구권(헌법 10조) → 재판청구권 등(헌법 27, 29조) → 민사소송법(신의칙과 개별규정)」의 적용과정을 통한「인간의 존엄・행복추구권의 회복」을 추구하는 것이 된다. 이것을 민사소송법적으로 표현하면 민사소송은 사법상의 권리의 보호를 목적으로 하는 것이 된다. 「인간의 존엄·행복추구권의 회복」이라는 이와 같은 생각은, 학문뿐만 아니라 인생의 동반자인 서울대학교 법과대학의 조홍식·정종섭 교수와 함께 2000년 이후 매 학기 제자들과 동행한 안동·강릉·경주 등의 서원(書院) 등에서의 세미나에서 진지하고도 열띤 토론과 이황·이이 선생 등 옛 선비들의 공부에 대한 치열함을 직접 체험하면서 느낀 인간에 대한 따뜻함에서도 힘입은 바 크다. 특히 안동의 도산서원 입구 우측에 자리잡고 있는 퇴계 이황 선생이 직접 지어 공부한 공간에서 느낀 공부에 대한 치열함을 접하고 절로 고개가 숙여졌다. 조홍식·정종섭 교수와 또한 이 세미나에 함께 동행한 수많은 제자들에게 진심으로 감사드린다.

저자는 민사소송법을 「인간의 존엄·행복추구권의 회복」을 위한 구체적인 규정으로서 신의성실의 원칙(민사소송법 제1조 2항, 이하 신의칙이라 함)과 개별규정의 총합으로 보았다. 인간의 존엄·행복추구권의 민사소송법적인 표현인 민사소송의 목적을 매우 중요하게 생각하며, 민사소송법 제1조 제1항의 「민사소송의 이상(理想)」은 제도(system)의 운영지침으로 본다. 민사소송법은 개념적으로 신의성실의 원칙, 재판과 관련된 중심개념으로 소송물, 기판력을 두 개의 축으로 하여 소송요건, 재판권, 당사자의 각종 능력, 재판의 진행과정 등을 규정하고 있다. 신의칙은 헌법적 가치를 민사소송법에 받아들이는 통로이고, 개별규정의 흠결, 개별규정 사이의 충돌, 개별규정의 보충 등의 기능을 하여야 한다고 생각한다. 그러나 신의칙의 직접적 적용은 가능한 자제하여야 한다는 점에서 신의칙 적용의 최소·최후성의 원칙을 강조한다.

구체적으로 민사소송법을 서술함에 있어서 가장 고민이 되었던 부분은 교과서의 체제를 잡는 일이었다. 특히 「복합소송(복수청구소송＋다수당사자소송＋집단소송)」 부분을 어디에 배치할 것인지는 가장 어려운 문제의 하나다. 기본적으로 우리 학교에서 최초의 민사소송법 전임교수로서 30년 가까이 계시면서 우리나라의 민사소송법의 기초를 다져 놓으신 은사님이신 하촌(荷邨) 정동윤(鄭東潤) 선생께서 처음 시도한 체제와 같이 복합소송 부분을 절차적인 순서에 구애받지 아니하고 책의 뒷편에서 모아서 설명하는 방식을 택하였다. 다만 이 책에서는 판결 등의 「소송의 종료」와의 관련성을 고려하여 「소송의 종료」 직전인 제4편에 배치하였다. 이것은 민사소송법의 전체적 이해라는 측면을 강조한 것 때문인데, 나중에 독자들의 기탄없는 의견을 들어 볼 생각이다. 늘 민사소송법 공부에 많은 길안내와 좋은 가르침을 주시는 정동윤 선생님께 진심으로 감사드리고, 또한 항상 격려와 많은 가르침을 주시는 이시윤·강현중 선생님께도 지면을 통하여 정중하게 고마움을 표한다.

　이 책은 민사소송법을 총 8편으로 나누어 설명한다. 「제1편 서론」 부분은 민사소송, 민사소송법, 민사소송법상 신의성실의 원칙으로 나누었다. 우리 민사소송법의 발전과정을 전체적으로 조명하기 위하여 제2장에서 민사소송법의 연혁부분에 많은 지면을 할애하였고, 특히 민사소송법상 신의성실의 원칙을 강조하기 위하여 제3장에 별도로 배치하여 설명을 시도하였다. 이것은 우리 민사소송법의 법제사적 연구를 강조하려는 의도이다. 향후 우리 민사소송법의 장기적인 발전을 위하여는 제도와 국민성을 맞추는 작업이 필수적인데 이것은 고래부터 현재까지 이어진 우리의 재판 역사를 탐구하는 것이 무엇보다 중요하기 때문이다. 「제2편 소송의 주체」는 법원의 재판범위와 업무내용과 당사자(소송대리인 포함)의 자격 등을 다루고 있다. 「제3편 제1심 소송절차」에서는 소송의 개시(제1장)와 소송의 심리(제2장)로 크게 나뉜다. 또한 항소심절차와 상고심절차에 공통되는 개념인 소송요건, 소송물 등도 포함하여 설명하였다. 제1장의 소송의 개시에서는 소의 의의 및 종류(제1절), 소송의 전제요건에 해당하는 소송요건(제2절), 심판의 대상인 소송물(제3절), 소의 제기(제4절), 소제기에 대한 법원의 조치와 피고의 대응(제5절), 소제기의 효과(제6절), 배상명령제도(제7절), 소송구조(제8절)로 나누었고, 제2장의 소송의 심리에서는 심리의 개설(제1절), 심리에 관한 기본원칙(제2절), 변론(제3절), 증거조사(제4절), 심리절차의 진행과 정지(제5절)로 나누어 설명하였다. 시간적 순서에 따라 서술하려고 하였다. 제3편이 분량이 가장 많고, 소송물·소송의 심리의 중요한 부분을 대부분 담고 있다. 「제4편 복합소송」은 위에서 본 바와 같이 복수청구소송, 다수당사자소송, 집단분쟁의 해결을 위한 소송제도로 나누었다. 제1장에서는 복수청구소송에 해당하는 청구의 병합, 청구의 변경, 반소, 중간확인의 소를 설명하고, 제2장에서는 다수당사자소송으로서 공동소송, 공동소송참가, 독립당사자참가, 보조참가, 공동소송적 보조참가, 보조참가의 효과가 있는 소송고지, 소송중의 당사자변경에 해당하는 임의적 당사자변경과 소송승계를 서술하였다. 제4편의 마지막 제3장에서는 종래의 공동소송의 틀로 해결하기 어렵다고 보이는 집단분쟁의 해결을 위한 소송제도를 설명하였다. 특히 선정당사자제도를 집단적 분쟁해결수단의 하나로 보아 특별법을 통하여 도입된 집단소송(증권관련집단소송, 소비자단체소송)을 같이 묶어 설명하였다. 특히 집단소송분야는 향후 민사소송법의 중요한 연구 분야라는 점에서 별도의 장으로 엮었다. 「제5편 소송의 종료」 부분은 제2장에서 당사자의 행위에 의한 종료로서 소의 취하, 청구의 포기·인낙, 재판상의 화해를, 제3장에서는 종국판결에 의한 종료로서 재판일반, 판결의 효력, 종국판결의 부수적 재판인 가집행선고, 소송비용의 재판을 기술하고 있다. 특히 판결의 효력 중 객관적 범위와 관련하여 민사소송법의 가장 어려운 개념 중에 하나인 선결·모순관계를 소송물개념과 분리하여 기판력의 독자적 개념으로 설명하였다. 이것은 판결의 효력을 소송물개념과 조화를 이루면서도 개념의 독자성을 가진다는 점을 명백히 하였다. 제6편에서는 「상소심절차」, 제7편에서는 「재심절차」, 마지막으로 제8편의 「간이·특별소송절차」에서 소액사건심판절차, 독촉절차, 공시최고절차를 설명하였다.

특히 이 책은 다른 교과서보다 분량이 많으므로 초심자에게는 부담이 될 수 있으나, 제1편 서론 중 제2장의 민사소송법의 연혁 부분, 제4편 복합소송 중 제3장 제3절의 집단소송 부분은 핵심내용을 숙지하는 방법으로 공부하는 것이 좋을 것으로 생각한다.

이 책을 저술하면서 1800년대, 1900년대 독일의 Bülow, Goldschmidt 등의 저서, 1905년 보성전문학교의 강의안, 이영섭·박상익·방순원·이명섭·한종렬·김용욱 선생 등의 초창기 저서, 이후 이시윤·정동윤·김홍규·강현중·송상현·호문혁 선생의 저서, 그 외에 중견 학자들인 유병현·전병서·김용진·강태원·박익환 교수 등의 노력을 저서를 통하여 보면서 민사소송법에 대한 열정과 진지함을 느낀 것을 또한 큰 보람으로 생각한다. 우리 민사소송법의 법제사적 연구의 필요성과 인간의 마음에 대한 성찰이 민사소송법의 연구와 결코 무관하지 아니하다는 것도 새삼 알게 되었다. 분쟁해결방식의 연구에 있어서 제도사적 측면뿐만 아니라, 개인의 분쟁해결사도 또한 연구하여야 할 필요가 있다는 생각이 들었다.

이 책을 집필하면서 이론뿐만 아니라 정리 등 많은 부분에서 보완하여야 할 부족함이 많다는 점을 매 순간 느꼈다. 향후 이 부분을 어떻게 보완하고 손질할 것인지는 커다란 숙제이나, 계속적인 노력으로 충분히 극복할 수 있을 것으로 본다.

이 책이 나오기까지 도와주신 여러분들께 진심으로 감사드린다. 우선 자료수집·교정과 조언을 아끼지 아니한 사랑하는 제자들인 이진규(석사 후 미국 Law School 유학 중), 김정환(박사과정), 장완규(박사과정, 법무부 근무), 이명민(독일 유학 중), 김주(박사과정, 중국변호사), 우세종(변호사), 김형률(박사과정, 판사), 이덕재(석사과정, 변호사), 조수혜(박사, 헌법재판소 근무), 김동현(석사), 김무한(석사과정), 박민경(석사과정), 성동준(석사과정), 채원기(석사과정) 등에게 진심으로 고마움을 전한다. 또한 본인이 학교로 온 2000년 이후 계속 본인의 저술에 관심을 가져준 세창출판사의 이방원 사장, 임길남 상무께 감사드리며, 이 책의 출판을 직접 챙겨주신 김명희 실장께도 심심한 고마움을 표한다.

지난 1년간 시애틀에 체류하는 동안 항상 기도와 격려를 아끼지 아니한 조민호 장로님 부부, 서영기 사장 내외, 교우회 선·후배 등께도 진심으로 감사드린다. 특히 대학원 시절 신앙의 길로 손을 이끌어 주신 본인의 스승 TLBU의 유병화 총장님께 감사함을 깊이 느낀 한 해였다. University of Washington의 Law School에 재직하고 있는 Taylor, Jonathan Kang, Dana 교수에게도 또한 지면을 통하여 감사드린다.

항상 옆에서 따뜻한 격려와 관심, 애정을 아끼지 않은 사랑하는 아내와 두 딸 희영, 다연에게 마음과 마음으로 깊이 감사할 따름이다.

2009. 7. 29.

시애틀 Bellevue의 우거(寓居)에서

저　　자

차 례

제 3 장　민사소송법상 신의성실의 원칙　　　　　　　(117~143)

제 2 편 소송의 주체

제 1 장 법   원

제 3 편   제1심 소송절차

제 4 편   복합소송

제 1 장 복수청구소송

제 5 편 소송의 종료

제 1 장 총   설 　　　　　　　　　　　　　　(1099 ~ 1104)

제 2 장 당사자의 행위에 의한 종료 　　　　　(1105 ~ 1166)

제 3 장 종국판결에 의한 종료 (1167~1317)

제 7 편 재심절차

약 어 표

[참고문헌 약어]

《국내서》

강현중(2004)	강현중, 제6판 민사소송법, 박영사, 2004
강현중	강현중, 제7판 민사소송법, 박영사, 2018
김상수	김상수, 제5판 민사소송법개설, 법우사, 2009
김상원 외	김상원 외 3人 집필대표, 주석 민사소송법(Ⅰ－Ⅳ), 한국사법행정학회, 1991
김상원 외(1997)	김상원 외 3人 집필대표, 제5판 주석 민사소송법(Ⅰ－Ⅴ), 한국사법행정학회, 1997
김상원 외(2004)	김상원 외 3人 집필대표, 제1판 주석 신민사소송법(Ⅰ－Ⅶ), 한국사법행정학회, 2004
김일룡	김일룡, 민사소송법강의, 도서출판 오래, 2013
김용욱	김용욱, 전정판 민사소송법, 학연사, 1988
김용진	김용진, 제5판 실체법을 통해본 민사소송법, 신영사, 2008
김홍규/강태원	김홍규/강태원, 민사소송법, 삼영사, 2008
김홍엽	김홍엽, 제8판 민사소송법, 박영사, 2019
박상익(상)	박상익, 신민사소송법(상권), 법문사, 1963(재판)
박상익(하)	박상익, 신민사소송법(하권), 법문사, 1963(재판)
방순원	방순원, 전정개판 민사소송법(상), 한국사법행정학회, 1989
손한기	손한기, 제2판 민사소송법, 홍문사, 2019
송상현/박익환	송상현/박익환, 신정7판 민사소송법, 박영사, 2014
이동률	이동률, 민사소송의 당사자론, 삼우사, 2007
이명섭	이명섭, 신민사소송법, 법정학회, 1984
이시윤(2008)	이시윤, 제4판 신민사소송법, 박영사, 2008
이시윤	이시윤, 제13판 신민사소송법, 박영사, 2019
이영섭	이영섭, 신민사소송법(상)(제7개정판), 박영사, 1972
이태영	이태영, 민사소송법강의, 법문사, 2019
전병서	전병서, 민사소송법강의(제4판), 법문사, 2002
정동윤/유병현(2007)	정동윤/유병현, 민사소송법(제2판), 법문사, 2007
정동윤/유병현/김경욱(2019)	정동윤/유병현/김경욱, 민사소송법(제7판), 법문사, 2019
최평오	최평오, 제10판 신민사소송법강의, 도서출판 fides, 2007
한종렬	한종렬, 민사소송법(상), 경북대학교 출판부, 1993
한충수	한충수, 민사소송법 제2판, 박영사, 2018
호문혁(2008)	호문혁, 민사소송법, 법문사, 2008

호문혁	호문혁, 민사소송법 제13판, 법문사, 2016
법원행정처	법원행정처, 법원실무제요 민사소송[Ⅰ－Ⅲ], 삼화인쇄 주식회사, 2005

《일본서》

兼子一	兼子一, (新修 第16版)民事訴訟法體系, 酒井書店, 1961
高橋宏志	高橋宏志, 重點講義 民事訴訟法, 有斐閣, 1998
梅本吉彦	梅本吉彦, 民事訴訟法 第三版, 信山社, 2007
三ケ月章	三ケ月章, 民事訴訟法(第三版), 弘文堂, 1993
上田徹一郎	上田徹一郎, 民事訴訟法(第二版), 法學書林, 2001
新堂幸司	新堂幸司, 新民事訴訟法(第五版 2刷), 弘文堂, 2012
小島武司	小島武司, 民事訴訟法, 有斐閣, 2013
松本博之・上野泰男	松本博之・上野泰男, 民事訴訟法(第4版 補正版), 弘文堂, 2006
伊藤眞	伊藤眞, 民事訴訟法(第3版再訂版 第2刷), 有斐閣, 2007

《영미서》

Clermont	Kevin M. Clermont, Civil Procedure(EIGHT EDITION), Thomson/Reuters, 2009
Cross	John T. Cross, CIVIL PROCEDURE (Keyed to Yeazell, Seventh Edition) Aspen Publishers, 2009
Emanuel	Steven L. Emanuel, CIVIL PROCEDURE (TWENTY－THIRD Edition) Aspen Publishers, 2008
Erichson	Howard M. Erichson, Civil Procedure, (What Matters and Why), (Third Edition), Wolters Kluwer in New York, 2018
FIELD/KAPLAN/CLERMONT	RICHARD H. FIELD/BENJAMIN KAPLAN/KEVIN M. CLERMONT CIVIL PROCEDURE, MATERIALS FOR A BASIC COURSE, (SEVENTH EDITION) THE FOUNDATION PRESS, 1997
Freer	Richard D. Freer, Civil Procedure(SECOND EDITION), Aspen Publishers, 2009
Friedenthal/Kane/Miller	Jack H. Friedenthal/Mary Kay Kane/Arthur R. Miller, CIVIL PROCEDURE(Fourth Edition), Thomson/West, 2005
Friedenthal/Kane/Miller (EX, 4th)	Jack H. Friedenthal/Mary Kay Kane/Arthur R. Miller, CIVIL PROCEDURE, EXEMPLES & EXPLANATIONS (4th Edition),

	Thomson/West, 2005
Friedenthal/Miller/Sexton/ Hershkoff(CASES)	Jack H. Friedenthal/Arthur R. Miller/John E. Sexton/ Helen Hershkoff, CIVIL PROCEDURE, CASES AND MATERIALS (2008 Revised Ninth Edition) Thomson/West, 2008
Friedenthal/Miller/Sexton/ Glannon	Jack H. Friedenthal/Arthur R. Miller/John E. Sexton/ Joseph W. Glannon, CIVIL PROCEDURE(Sixth Edition), EXEMPLES & EXPLANATIONS, Aspen Publishers, 2008
Hershkoff(CASES, 2009)	Helen Hershkoff, CIVIL PROCEDURE, CASES AND MATERIALS (Tenth Edition) Thomson Reuters, 2009
JAMES,Jr./HAZARD,Jr./ LEUBSDORF	FLEMING JAMES,Jr./GEOFFREY C. HAZARD,Jr./ JOHN LEUBSDORF, CIVIL PROCEDURE(5th Edition), Foundation Press, 2001
HAZARD,Jr. /LEUBSDORF /BASSETT	CEOFFREY C. HAZARD, Jr./JOHN LEUBSDORF/ DEBRA LYN BASSETT, CIVIL PROCEDURE(SIXTH EDITION), THOMSON REUTERS/FOUNDATION PRESS, 2011
KANE	CIVIL PROCEDURE, IN A NUTSHELL(SIXTH EDITION), Thomson/West, 2007
Oakley/Amar	John B. Oakley/Vikram D. Amar, American Civil Procedure, A Guide to Civil Adjudication in US Courts, Kluwer Law International, 2009
Sherry/Tidmarsh	Suzanna Sherry/Jay Tidmarsh, Civil Procedure, Aspen Publishers, 2007
Teply/Whitten	Larry L. Teply/Civil Procedure(Fourth Edition), THOMSON REUTERS/FOUNDATION PRESS, 2009

《녹일서》

Grunsky	Dr. iur. Wolfgang Grunsky, ZIVILPROZESSRECHT, Wolter Kluwer Deutschland GMBH, 2003
Jauerning	Othmar Jauerning, Zivilprozessrecht, 29. Auflage, Verlag C. H. Beck, 2007
Jauerning/Hess	Jauerning/Hess, Zivilprozessrecht, 30. Auflage, Verlag C. H. Beck, 2011
Lüke	Wolfgang Lüke, Zivilprozessrecht, 10. Auflage, Verlag C. H. Beck, 2011

Prütting	Hanns Prütting, Sachenrecht, 33. Auflage, Verlag C. H. Beck, 2008
Schilken	Eberhard Schilken, Zivilprozessrecht, 5., neu bearbeitete Auflage, Carl Heymanns Verlag, 2006

[법령 약어]

가족등록	가족관계의 등록 등에 관한 법률
가소	가사소송법
가소규	가사소송규칙
간이분쟁	간이절차에 의한 민사분쟁사건 처리 특례법(폐지)
건기	건설산업기본법
개보	개인정보 보호법
개보규칙	개인정보 단체소송규칙
공선	공직선거법
공정거래	독점규제 및 공정거래에 관한 법률
공증	공증인법
광	광업법
교육자치	지방교육자치에 관한 법률
국계	국가를 당사자로 하는 계약에 관한 법률
국배	국가배상법
국사	국제사법
국소	국가를 당사자로 하는 소송에 관한 법률
국제공조	국제민사사법공조법
근기	근로기준법
금융	금융위원회의 설치 등에 관한 법률
금융연체	금융기관의 연체대출금에 관한 특별조치법(폐지)
농협	농업협동조합법
디자인	디자인보호법(구 의장법)
독민소 또는 ZPO	독일 민사소송법(Zivilprozessordnung)
미연방규칙 또는 FRCP	미국 연방민사소송규칙(Federal Rules of Civil Procedure)
민	민법
민가규	민사 및 가사소송의 사물관할에 관한 규칙
민비	민사소송비용법
민비규	민사소송비용규칙
민인	민사소송 등 인지법
민인규	민사소송 등 인지규칙
민조	민사조정법
민조규	민사조정규칙
민집	민사집행법
민집규	민사집행규칙

민주화보상법	민주화운동관련자 명예회복 및 보상 등에 관한 법률
방문	방문판매 등에 관한 법률
범피	범죄피해자보호법
법구	법률구조법
법조	법원조직법
법징	법관징계법
법원설치	각급 법원의 설치와 관할구역에 관한 법률
변	변호사법
변리	변리사법
변비규	변호사비용의 소송비용 산입에 관한 규칙
부등	부동산등기법
부정경쟁	부정경쟁방지 및 영업비밀보호에 관한 법률
비송	비송사건절차법
사보규	사법보좌관규칙
상특	상고심절차에 관한 특례법
상	상법
상임	상가건물 임대차보호법
상표	상표법
선등	선박등기법
소기	소비자기본법
소단규	소비자단체소송규칙
소심	소액사건심판법
소심규	소액사건심판규칙
소촉	소송촉진 등에 관한 특례법
소촉이율	소송촉진 등에 관한 특례법 제3조 제1항 본문의 법정이율에 관한 규정
수표	수표법
수협	수산업협동조합법
신탁	신탁법
실용	실용신안법
약규	약관의 규제에 관한 법률
어음	어음법
언론중재	언론중재 및 피해구제 등에 관한 법률
의료	의료법
인공법	인지 첩부·첨부 및 공탁 제공에 관한 특례법
일민보	일본 민사보전법
일민소	일본 민사소송법
일민소규칙	일본 민사소송규칙
일민집	일본 민사집행법
자금	자본시장과 금융투자업에 관한 법률

자배	자동차손해배상보장법
저작	저작권법
전자소송	민사소송 등에서의 전자문서 이용 등에 관한 법률
전자독촉	독촉절차에서의 전자문서 이용 등에 관한 법률(폐지)
제조	제조물책임법
주임	주택임대차보호법
중재	중재법
중재진흥	중재산업 진흥에 관한 법률
증집	증권관련 집단소송법
증집규	증권관련 집단소송규칙
지자	지방자치법
집행	집행관법
채무회생	채무자 회생 및 파산에 관한 법률
특허	특허법
품종보호	식물신품종보호법
한국자산	금융기관부실자산 등의 효율적 처리 및 한국자산관리공사의 설립에 관한 법률
한미행정(SOFA)	대한민국과 아메리카합중국간의 상호방위조약 제4조에 의한 시설과 구역 및 대한민국에 있어서의 합중국 군대의 지위에 관한 협정
한미민특	대한민국과 아메리카합중국간의 상호방위조약 제4조에 의한 시설과 구역 및 대한민국에 있어서의 합중국 군대의 지위에 관한 협정의 시행에 관한 민사특별법
할부	할부거래에 관한 법률
행소	행정소송법
헌	대한민국헌법
헌재	헌법재판소법
형	형법
형소	형사소송법
환경분쟁	환경분쟁조정법

* **민사소송법은 조문만 적었고, 민사소송규칙은 '규칙'이라는 명칭과 조문을 같이 적었다.**
다만 민사소송법은 다른 법률과 이어 인용함으로 인하여 구별이 어려운 경우에는 '민소'라고 적는다.

　예 **284조 1항 1호**: 민사소송법 제284조 제1항 제1호; **41조 2호**: 민사소송법 제41조 제2호; **3조 전문**: 민사소송법 제3조 전문; **79조 1항 전단**: 민사소송법 제79조 제1항 전단; **규칙 2조 1항 1호**: 민사소송규칙 제2조 제1항 제1호
　　헌 11조, 민소 134조: 헌법 제11조, 민사소송법 제134조

* **위 법령의 약어 외는 인용부분에서 법령 명을 기재하는 것을 원칙으로 한다.**

[판례 약어]

* 대판 1990. 5. 11, 89다카15199	대법원 1990. 5. 11. 선고 89다카15199 판결
* 대판(전) 2001. 9. 20, 99다37894	대법원 2001. 9. 20. 선고 99다378943 전원합의체 판결
* 대결 1996. 1. 12, 95그59	대법원 1996. 1. 12. 선고 95그59 결정
* 대결(전) 1993. 12. 6, 93마524	대법원 1993. 12. 6. 선고 93마524 전원합의체 결정
* 헌재 1995. 5. 25, 91헌가7	헌법재판소 전원재판부 1995. 5. 25. 선고 91헌가7 결정
* 日最判(三小) 1978. 7. 10, 民集 32. 5. 888	일본최고재판소(제3소부) 1978. 7. 10. 선고 판결, 최고재판소민사판례집 제32권 제5호 888면
* BGHZ 40, 1	Entscheidungen des Bundesgerichtshofs in Zivilsachen, Band 40, Seite 1

제 **1** 편

서   론

민사소송이란 무엇인가? 이러한 질문에 대하여 정확히 대답하는 것은 난제 중의 난제라고 할 것이다. 그러나 이를 구체적으로 살펴보면, '민사소송'이라는 형이상학적이면서도 이론적으로 있어야 하는 그 무엇을 탐구하는 것과 우리가 가지고 있는 실질적 의미의 '민사소송법'이라고 지칭되는 실정법을 검토하는 것이 해답의 출발점이라고 본다. 그런데 이론적 의미의 민사소송과 실정 민사소송법이 정치적·문화적·법률적 등의 복합적 사정으로 인하여 정확히 일치하지 아니한다. 이러한 불일치를 완충·조정하는 역할을 할 수 있는 장치가 필요하다. 이러한 완충·조정의 일반적 과정은 학설 등을 통하여 만들어진 법적 개념, 해결책 등이 입법화 과정을 거쳐 실정 민사소송법에 규정되는 것이다. 그 외에 우리 민사소송법에서 완충·조정의 역할을 하는 장치로서 민사소송법 제1조 제2항에 '민사소송법상의 신의성실의 원칙'을 규정하고 있다. 따라서 본서에서는 서론 부분에서 제1장으로 '민사소송'이라는 제목으로 민사소송의 개념, 목적, 이상, 다른 분쟁해결수단과의 비교 등을 검토함으로써 민사소송의 이론적인 측면을 살펴 볼 것이다. 이어 제2장에서는 '민사소송법'이라는 주제로 실질적 의미의 민사소송법 중 민사소송법전을 중심으로 의의, 성질, 연혁, 주요내용, 향후 과제 등을 본다. 나아가 제3장에서는 이론적 의미의 민사소송과 실정 민사소송법 사이의 불일치를 완충·조정하는 기능을 가지고 있는 '민사소송법상 신의성실의 원칙'을 살펴보겠다.

제 1 장 민사소송

제 1 절 민사소송의 개념

Ⅰ. 민사소송의 필요성

(1) 민사소송의 개념을 정의하기 전에 민사소송이 우리에게 필요한 이유를 찾아보아야 한다. 어떤 사회이든 구성원인 사람의 다양성으로 인하여 그들 사이에 가치의 충돌이 존재한다. 따라서 모든 사회 내에는 이러한 가치의 충돌을 해결하는 장치가 필요하다. 민사소송은 이러한 사회 속의 가치충돌을 풀어줄 수 있는 인간사회에 필수적 제도이다. 사람은 남자와 여자가 있고, 남자와 여자는 서로 다르다. 남자와 남자 사이, 여자와 여자 사이에도 서로 다른 다양한 특성을 가지고 있다. 사람으로 구성된 가정, 사회, 국가도 사람의 다양성(diversity)으로 인하여 다른 면을 가질 수밖에 없다. 민사소송의 근저(根底)에는 사람이 있고, 사람의 근저에는 마음이 있다. 사람의 다양한 마음의 마주침이 객관화되면서 분쟁으로 비화되는 것이다.

(2) 사람의 다양성으로 인하여 객관적으로 비화된 분쟁에 대하여는 치유가 필요하다. 그렇지 아니하면 혼란이 초래되고, 무질서에 빠지게 되는 것이다. 분쟁을 치유·해결하는 방식을 일응 분쟁해결방식(Methods of Dispute Resolution, MDR로 약칭)이라 칭할 수 있을 것이다.

(3) 분쟁해결방식은 자력구제(Selbsthilfe)에서 국가구제(Staatshilfe)로 발전하였다. 자력구제라 함은 분쟁을 자기 또는 가족, 친지, 소속집단 등의 두움으로 스스로 해결을 시도하는 방식이다. 국가권력이 확립되기 전의 원시사회, 부족사회 등에서 일반적으로 이루어졌던 방식이다. 가장 본능적·직접적·실효적 구제수단이다. 그런데 자력구제를 통한 분쟁의 해결은 자력구제의 반복 때문에 결국 폭력의 난무로 이어져 사회의 무질서를 초래하게 된다. 결국 강한 자만이 구제를 받을 수 있다는 한계를 가지고 있다. 또한 자력구제는 구제의 필요가 없는 사실상의 분쟁과 구제의 필요가 있는 법률상의 분쟁을 구별하기 어렵다는 난점이 있다. 나

아가 국가가 질서유지의 주체가 되면서 자력구제는 국가질서와 필연적으로 충돌하게 된다. 따라서 자력구제는 국가가 손쓸 수 없는 긴급한 상황에서만 제한적으로 인정 된다(민법 209조 참조). 국가구제라 함은 국가가 자신의 통치영역 내의 분쟁을 구제하여 주는 것을 말한다. 국가는 법질서를 통하여 개인과 개인, 개인과 단체, 단체와 단체 사이의 분쟁을 나름의 기준에 따라 구제할 필요가 있는 분쟁에 대하여 자신이 분쟁해결시스템을 설치하여 이를 해결하여 주는 것이다. 국가구제를 함에 있어서 기본적인 전제는 권리구제의 필요성이 존재하여야 한다.[1]

(4) 현재 우리나라는 국가구제를 기본원칙으로 하고 있고, 다만 긴급한 경우에 예외적으로 자력구제를 인정하고 있다. 국가구제의 원칙은 "모든 국민은 헌법과 법률이 정한 법관에 의하여 재판을 받을 권리를 가진다."고 정하고 있는 헌법 제26조 제1항과 "사법권은 법관으로 구성된 법원에 속한다."고 정하고 있는 헌법 제101조 제1항의 규정, 관련 법원조직법 등을 통하여 이를 명백히 하고 있다.[2] 예외적으로 인정하고 있는 자력구제와 관련하여서는 민법 제761조에서 정당방위 및 긴급피난의 경우 손해배상 책임이 없다고 규정하고 있고, 민법 제209조에서 점유자의 자력구제권을 인정하고 있다. 또한 형사상 구제와 관련해 정당방위(형21조), 긴급피난(형22조), 자구행위(형23조)를 인정하고 있다.

(5) 민사소송은 인간의 다양성으로 인하여 야기되는 분쟁 중 권리구제의 필요성이 있는 분쟁을 해결하기 위한 대표적인 분쟁해결방식(MDR)이다. 민사소송은 권리구제의 필요성이 있는 다양한 분쟁 중에서도 사인 사이의 대등한 권리·의무 관계를 대상으로 한다. 민사소송은 원칙적으로 사법상(私法上)의 법률관계를 대상으로 한다. 한편 분쟁해결방식으로의 민사소송의 중심에는 인간이 있고, 인간 속에는 마음이 있다. 따라서 민사소송은 인간과 인간의 마음에 대한 깊은 성찰과 연구가 필수적이라 할 것이다.

Ⅱ. 민사소송의 의의

민사소송(civil procedure, Zivilprozess)은 사권(私權), 즉 사법상(私法上)의 권리

---

1) 다만 예외적으로 권리구제에 밀접한 관련이 있는 경우에는 사실상의 분쟁에 관하여도 구제 절차를 둘 수 있다. 예를 들어 민사소송법 제250조의 증서의 진정여부를 확인하는 소와 같은 규정이다.
2) 방순원, 32면 참조.

관계의 존재를 확정하여 이를 보호·실현하기 위한 것을 본질적 목적으로 하는 재판상 절차이다.[3] 이것을 세분하여 설명하면 아래와 같다.

(1) 민사소송은 '구체적 사법상의 권리·의무관계'를 그 대상으로 한다.

① 우선 민사소송의 대상은 사실관계가 아닌 법률관계[4]이어야 한다. 사실관계로 인한 분쟁은 원칙적으로 민사소송의 대상이 되지 아니한다. 법원조직법 제2조 제1항은 재판의 대상을 '법률상의 쟁송'에 한정한다고 규정함으로써 이를 명백히 하고 있다. 따라서 법률관계로서 권리·의무관계가 아닌 사실관계는 특별한 규정(예: 250조의 '증서의 진정여부를 확인하는 소'는 사실관계에 관한 소송이므로 별도로 규정함)이 있는 경우에 한하여 그 대상이 된다.

② 민사소송은 '사법상의 권리·의무관계' 즉 '사법상의 법률관계'를 대상으로 한다. 이것은 민사소송이 법률관계 중 대등한 권리주체 사이의 생활관계[5]로부터 발생하는 분쟁을 해결하기 위한 시스템이기 때문이다. 따라서 대등한 권리주체 사이의 생활관계로 인한 분쟁이 아닌 공법(公法)상의 권리관계로 인한 분쟁은 그 대상이 될 수 없다. 결국 사법상의 법률관계가 아닌 형사소송, 행정소송, 선거소송과는 그 규율대상을 달리 한다.

③ 나아가 민사소송은 사법상의 법률관계 중에서 '구체적 권리·의무관계'를 대상으로 한다. 그렇기 때문에 사법상의 법률관계 중에서도 추상적으로 법률·명령·규칙 등의 효력을 다투는 추상적 법률관계는 그 대상이 될 수 없다.

④ 결국 민사소송은 사법상의 법률관계 중 구체적 권리·의무관계와 관련된 분쟁을 대상으로 하고 있다고 요약할 수 있다.

---

3) 同旨: 정동윤/유병현/김경욱, 27면; 민사소송의 개념은 민사소송의 목적을 어떻게 파악하느냐에 따라 약간 달라질 수 있다. 저자는 민사소송의 개념 정의와 관련하여 민사소송의 목적이 본질적으로 사권보호에 있다는 입장에서 정의하였다(사권보호설). 민사소송의 목적을 사권보호 및 사법질서유지에 있다는 다원설의 입장에서는 "개인적 견지에서는 사권의 존재를 확정하여 사권의 보호, 국가적 견지에서는 사법질서의 유지를 목적으로 하는 재판절차이다."라고 정의하기도 한다(이시윤, 4면 참조).

4) 법률관계라는 용어는 당사자 모두를 고려할 경우에는 권리·의무관계로, 권리자 측면을 강조하면 권리관계로, 의무자 측면을 강조하면 의무관계로 표현할 수 있다.

5) 통상 국가와 사인, 국가와 단체와의 관계는 대등한 생활관계라고 할 수 없으나, 국가가 사경제 주체로서 활동하면서 발생한 것이라면 대등한 생활관계라고 할 것이다.

(2) 민사소송은 구체적인 사법상의 법률관계의 존부를 '확정 · 보호 · 실현하기 위한 절차'이다.

사법상의 법률관계의 유무를 '확정하는 절차'가 판결절차이다. 민사소송에서 가장 중요한 절차로서 민사소송법에서 규율하고 있다. 사권의 확정 전에 임시적으로 사권을 '보호하는 절차'로서 가압류 · 가처분절차가 있다. 이를 보전(Versicherung)절차 또는 보전처분절차라 한다. 또한 사권을 '실현하는 절차'를 강제집행절차라 한다. 보전처분절차와 강제집행절차는 민사집행법에서 규율하고 있다.[6] 좁은 의미로 민사소송절차라고 하면 판결절차만을 의미하지만, 넓게 민사소송절차라고 함은 판결절차, 보전처분절차 및 강제집행절차 모두를 포함한다.

(3) 민사소송은 '재판상의 절차'이다.

① 민사소송이란 여러 형태의 소송 중에 하나이다. 본래 소송이라 함은 일정한 목적을 향하여 나아가는 과정(process, Prozeß), 절차(procedure, Verfahren)이다. 이러한 일련의 과정, 즉 절차는 사실로서의 일련의 과정이라는 측면을 포함한 법률적인 절차이다. 특히 민사소송은 법원이 판결을 향하여 대립하는 원고 · 피고 · 참가인 등을 참여시켜 전개하는 일련의 과정이다. 이러한 과정이 재판이라는 형태를 통하여 진행되는 것이므로 재판상의 절차인 것이다. 이러한 재판상의 절차로는 좁게는 판결절차가 있고, 넓게는 가압류 · 가처분의 보전처분절차 및 강제집행절차도 포함한다. 판결절차 · 보전처분절차 · 강제집행절차를 통칭하여 소송절차라고도 한다.

민사소송이란 소송절차 내에서 이루어지는 법원과 당사자의 소송행위를 총체적으로 파악할 수도 있고, 그 속에 있는 개별적 행위의 병렬적 연속행위로 볼 수도 있는 것이다. 또한 사실적 행위의 과정과 법률적인 절차의 연속으로 파악할 수도 있다. 따라서 민사소송을 일련의 과정 또는 절차로 파악한다면 다의적으로 분석할 수 있다.[7] 그러나 민사소송은 법률적인 과정이므로 법률적인 절차의 연속

---

6) 종전에는 민사소송법에서 판결절차, 보전처분절차, 강제집행절차를 모두 규율하고 있었으나, 2002. 1. 26.자(시행: 동년 7. 1.자)로 판결절차는 민사소송법(법률 제6626호, 전문개정)에, 보전처분절차 및 강제집행절차는 민사집행법(법률 제6627호, 제정)에 별도로 규율하고 있다.

7) 민사소송을 재판상의 절차로 볼 때, 소송과 절차의 개념을 동일시할 여지가 있으나 민사소송법상 절차와 소송은 개념적으로 구별하는 것이 타당하다. 하나의 재판상의 절차에 수개의 소송물과 다수의 당사자가 동시에 절차를 진행할 수 있으므로 일치하지 아니하는 경우가 있기 때문이다(예: 수개의 소송물이 동일한 절차에서 진행되는 본소와 반소, 본소와 중간확인의 소, 청구의 병합 등의

이라는 면이 강조됨은 당연하다.

② 소송은 소의 제기로 시작되어 판결로 완결되는 하나의 일련의 법률상의 절차이다. 이러한 법률상의 절차로서 소송을 어떻게 볼 것인가에 대하여 견해가 대립되고 있다.[8] 여기에는 법률관계설, 법률상태설, 절충설이 있다.

(a) **법률관계설**　독일의 법학자 뷔로(Oskar Bülow)가 최초로 주장한 견해이다.[9] 소송을 법률 주체인 법원·당사자 상호간을 규율하는 법률관계로 보았고, 특히 공법상의 법률관계로 파악하였다.[10] 나아가 뷔로는 소송을 단계적으로 진보하는 step by step 식의 발전적인 법률관계로 보았다.[11]

현재 소송이 법률관계라면 어떠한 법률관계가 형성되는가에 대하여 3가지 견해가 있다. 원고와 피고 사이에만 일정한 법률관계가 형성된다는 1면적 법률관계설, 원고와 법원, 피고와 법원의 법률관계가 형성된다는 2면적 법률관계설, 원고와 법원, 피고와 법원, 원고와 피고의 법률관계가 형성된다는 3면적 법률관계설이 그것이다. 3면적 법률관계의 형성을 보다 구체적으로 보면 원고가 피고를 상대로 법원에 소를 제기하면 최초로 원고와 법원 사이의 법률관계가 형성되고, 이어 법원이 피고에게 소장 부본을 송달함으로써 피고와 법원, 원고와 피고의 법률관계가 동시에 형성되는 것이다.

(b) **법률상태설**　독일의 법학자 골드슈미트(James Goldschmidt)가 법률관계설에 반대하면서 최초로 주장한 견해이다.[12] 원래 법률상태[der Rechtslage(Situation)]의 개념은 소송법학에 있어서 Kohler를 통하여 도입되었다.[13] 골드슈미트는 소송상의 법률상태라는 것은 유·무효 판결에 기초한 기대(Aussicht)와 기판력으로서 유효하게 제기된 청구의 법률상의 효력에 기초한 기대라고 보았다.[14] 따라서 법률상태설은 소송을 확정적인 법률관계가 아닌 하나의 법률상태로 파악하려는 견해이다. 즉 당사자는 소송에서 확정적인 권리의무를 부담하는 것이 아니고, 단순히

경우, 당사자가 다수인 공동소송 등).

8) 최초로 독일에서 19세기 후반부터 20세기 초반에 소송을 무조건 법률관계로 파악하는 것에 대한 비판으로 법률상태라는 견해가 제시되면서 논의되기 시작하여 일반화된 것으로 보인다. 현재에는 대륙법의 영향을 받은 우리나라, 일본 등에서 민사소송의 서론부분에서 논의된다.

9) Oskar Bülow, Die Lehre von den Prozesseinreden und die Prozessvoraussetzungen, 1868, S. 1-4.

10) Ders, aaO., S. 2-3.

11) Ders, aaO., S. 2-3.

12) James Goldschmidt, Der Prozess als Rechtslage(1), 1925, S. 253-259.

13) Ders, aaO., S. 253.

14) Ders, aaO., S. 259.

승소할 것이라는 기대와 패소할지도 모른다는 부담을 지는 데 불과하다는 것이다. 이러한 기대와 부담은 법률관계가 아니고 법률상태라는 것이다. 그러므로 소송의 개시단계에서는 굉장히 불확실한 기대에 불과하지만 판결단계에 가면 확정적인 권리·의무로 발전된다는 것이다. 따라서 소송이란 동태적으로 발전하여 가는 법률상태라는 것이다.

(c) **절충설**　소송은 기본적으로는 법률관계로 파악하여야 하나, 절차의 내부에서 추구하는 실체면에서는 법률상태로 파악하여야 한다는 견해이다.[15]

(d) 비 판　소송을 정태적으로 파악하여 하나의 소송적 법률관계로 파악할 것인지, 동태적으로 파악하여 소송적 법률상태로 파악할 것인지는 상당히 어려운 문제이다. 사실 법률상태설에 의하면 소송관계를 능동적·동태적으로 파악할 수 있는 장점이 있다. 그러나 i) 현재의 헌법과 민사소송법의 구조 하에서는 기본적으로 소권을 국민의 국가에 대한 권리로서 파악하고 있다는 점, ii) 법률관계로 파악하는 것이 민사소송을 보다 명확히 설명할 수 있다는 점(예: 소송계속의 시기의 특정 등) 등에 비추어 보면, 소송을 너무 정태적으로 파악한다는 비판을 받을지라도 법률관계설이 타당하다. 나아가 이러한 소송법률관계는 원고와 법원, 피고와 법원, 원고와 피고의 3면적 법률관계로 파악하는 것이 합리적이다.[16] 판례도 법률관계설을 취하고 있다.[17]

Ⅲ. 민사소송의 일반적 흐름

민사소송의 이해를 돕기 위하여 민사소송절차의 일반적 흐름을 간단히 살펴보겠다.

(1) 소의 제기

원고가 상대방인 피고를 정하여 특정한 법원에 소를 제기하면서 소송절차가 개시된다. 원고는 소를 제기할 때에 우선 피고를 정하여야 한다. 이 경우에 원고와 피고가 누가 될 수 있는지 등과 관련하여 당사자능력, 소송능력, 변론능력, 당사자적격 등이 문제된다. 또한 우리나라 법원에 소를 제기할 수 있는지(재판권의

---

15) 김홍규/강태원, 17면; 송상현/박익환, 24면.
16) 同旨: 이시윤(2008), 7면; 정동윤/유병현/김경욱, 7면.
17) 대판 1990. 5. 11, 89다카15199; 대판 1996. 10. 11, 96다3852.

유무), 구체적으로 어느 법원에 소를 제기하여야 하는지[토지관할, 사물관할(합의부 또는 단독재판부)] 등이 문제된다. 나아가 분쟁의 대상인 소송물, 즉 심판의 대상을 분명히 하여야 한다.

(2) 변론준비절차

소 제기 후에 변론절차를 충실히 하기 위하여 쟁점 및 증거를 정리할 필요가 있으면 변론준비절차를 거칠 수 있다($^{258조}_{1항}$). 2002년 신법에서는 종전의 임의적 변론준비절차를 원칙적 변론준비절차로 개정하였으나, 소송지연 등을 이유로 2008년 12월 26일 민사소송법의 일부개정(법률 제9171호)에서 종전과 같이 임의적 변론준비절차제도로 회귀하였다. 변론준비절차는 원칙적으로 서면에 의한 2~3회 공방을 통하여 변론준비를 한 후에 서면공방을 통하여 나타난 쟁점과 증거를 정리하기 위하여 판사의 주재 하에 변론준비기일을 열어 쟁점과 증거를 정리한 후에 변론준비절차를 종결하고, 첫 변론기일을 잡아 변론절차로 이행하게 된다. 간단히 보면 재판의 심리를 효율적으로 하기 위한 변론의 예습이라고 보면 된다. 심리(변론＋증거조사)를 집중적·효율적으로 하기 위한 것이므로, 변론준비절차에의 적극적 참여를 위하여 변론준비기일에 제출되지 아니한 자료의 변론절차에의 제출을 제한한다(실권효). 변론준비절차는 변론절차 중에 일정한 사항 등에 관하여 쟁점과 증거를 정리할 필요가 있는 경우에도 할 수 있다.

(3) 변론절차

재판장은 공개된 법정에서 당사자의 사실상·법률상의 주장을 듣기 위하여 변론기일을 정하여 양 당사자를 소환한다. 양 당사자는 변론준비절차에서 정리된 쟁점을 소장·답변서·준비서면 등을 변론에 상정하는 진술을 하게 된다. 즉 원고는 소장에 기재된 청구취지와 청구원인상의 주장을 진술하고, 피고는 이에 대한 청구취지의 기각과 청구원인에 대한 부인, 항변 등 반대의견을 개진하게 된다. 원칙적으로 변론준비기일에서 주장된 쟁점에 한하여 주장할 수 있다. 신법은 변론준비절차를 대폭 강화하였기 때문에 변론과 증거조사를 1~2회의 기일에 집중하여 심리한 후에 변론을 종결하여야 한다.

(4) 증거조사

변론에서 당사자의 주장사실 중 다툼이 없는 경우에는 별도의 증거조사 없이 사실확정이 된다. 법원은 원칙적으로 다툼 없는 사실에 대하여 조사할 수 없다. 당사자의 주장사실 중 다툼이 있는 사실에 대하여 재판부에서 그 사실 확정을 위하여 증거조사를 하여야 한다. 증거조사 방법으로는 서증조사·증인신문·감정·검증(현장검증)·당사자본인신문·「그 밖의 증거」등 6가지 방법이 있다. 증거조사에 대한 평가 즉 사실의 확정은 증거조사 결과와 변론 전체의 취지에 따라 법관의 자유심증에 의하여 정하여진다.

(5) 판 결

변론과 증거조사 절차를 마치고 변론을 종결한 후에 이에 대하여 법원은 판결을 하여야 한다. 판결이란 법원이 변론과 증거조사에 의하여 확정된 사실에 법률을 적용하여 결론을 내리는 것을 말한다. 판결은 원고의 소에 대한 법원의 답변이라 할 수 있다. 법원은 판결을 하기 위하여 원고가 제기한 소의 적법성과 주장의 이유구비 여부를 판단하여야 한다. 소의 적법성 문제는 법원이 소의 제기 단계에서부터 검토하여야 한다. 판결에 대하여 당사자가 승복하여 상소하지 아니하면 그대로 확정되어 소송이 종결된다.

(6) 상 소

판결이 선고되면 당사자에게 판결정본이 송달된다. 패소당사자는 판결정본을 송달받은 후 2주 이내(판결 확정 전)에 상급심법원에 항소할 수 있다. 항소심 절차는 제1심 절차의 속심으로 새로운 사실주장과 증거조사를 할 수 있다. 항소심은 항소된 범위 내에서 제1심과 다른 결론의 판결을 할 수 있다. 항소심 판결에 대하여도 불복하면 대법원에 상고할 수 있다. 대법원에서 상고가 기각되면 곧바로 판결이 확정된다. 그러나 대법원에서 항소심판결이 파기되어 항소심 법원으로 되돌아가면 항소심은 재차 심리하여 판결하여야 하고, 패소당사자는 이 판결에 대하여 재차 상고할 수 있다.

(7) 재 심

대부분의 재판절차는 위 (1)~(6) 과정에서 확정된다. 그러나 아주 예외적으로 확정된 판결에 중대한 결함이 있는 경우에는 이를 배제할 필요성이 있다. 재심절차는 확정된 판결에 대하여 결정적인 흠결이 있는 경우에 종전의 판결의 효력을 배제하기 위하여 인정하는 절차이다. 재심은 종전의 판결의 효력을 배제하는 것이므로 법에서 재심사유로 규정한 경우에 한하여 제한적으로 인정된다. 재심절차는 확정된 판결을 번복하는 절차여서 신중하게 하여야 하므로 그 사유가 매우 제한되어 있다.

(8) 강제집행절차와 보전처분절차

확정판결 중 그 이행의 문제가 있는 이행판결에 있어서 이행의무자인 패소자가 판결 내용을 임의로 이행하지 아니할 경우에 강제집행의 문제가 생긴다. 채무자가 가지고 있는 일반재산인 부동산·동산 등의 재산권을 법원이 강제로 매각하여 채권자의 채권을 확보하는 절차이다. 이를 강제집행절차 또는 민사집행절차라 한다.

또한 소제기 전 또는 판결절차가 진행 중 i) 채권자가 구할 특정청구권을 보전하기 위하여 해당 부동산 등을 처분을 금지하는 '다툼의 대상에 관한 가처분절차'(예: 소유권이전등기청구권을 보전하기 위한 특정부동산의 처분금지가처분 등)와 '임시의 지위를 정하는 가처분절차'가 있고, ii) 채권자가 자신의 금전채권의 보전을 위하여 채무자의 일반재산의 처분을 금지하는 '가압류절차'(예: 채권자가 자신의 금전채권을 확보하기 위하여 하는 채무자의 부동산·동산·채권 등에 대한 가압류)가 있다. 이를 보전처분절차 또는 보전절차라 한다.

강제집행절차와 보전처분절차는 민사집행법에서 규정하고 있으므로, 본서에서는 그 내용 중 재판절차와 관련된 부분만을 설명하게 된다.

제 2 절 민사소송의 특성

민사소송은 민사상의 분쟁해결방식(MDR)의 하나로서 다른 민사상의 분쟁해결방식과 구별되는 다음과 같은 특성을 가지고 있다. 민사소송의 특성을 이해하는 것은 향후 민사소송의 운영방향, 민사소송법의 해석 등에 있어서 중요한 의미를 갖는다.

(1) 일반적인 분쟁해결방식

민사소송은 모든 민사상의 분쟁을 해결하는 일반적·포괄적인 분쟁해결제도이다. 그렇기 때문에 「국가배상법」상의 피해자의 구제만을 상정하고 있는 국가배상심의제도 등과는 다른 것이다. 모든 민사상의 분쟁은 우리나라에 재판권이 있다면 국민 여부와 관계없이 모두 민사소송을 통하여 구제받을 수 있다. 그런 의미에서 '일반적(一般的)'이라고 할 수 있다.

(2) 공권적인 분쟁해결방식

민사소송은 국가구제를 전제로 하는 것이므로 국가(법원)에서 관장하는 분쟁해결방식이다.[1] 그런 의미에서 '공권적(公權的)'인 분쟁해결방식이다. 따라서 국가가 아닌 개인 또는 단체가 분쟁해결을 담당하는 조정, 중재, 알선 등과 차이가 있다.

(3) 강제적인 분쟁해결방식

민사소송은 국가기관(법원)에서 법률에 기초하여 행하는 분쟁해결방식이므로 '강제적(强制的)'이다. 조정·중재 등과 달리 국가기관에서 법률에 기초한 공권력 행사의 일환으로 이루어지기 때문에 강제성을 가질 수 있는 것이다. 민사상의 분쟁에 대한 처분권한은 분쟁 당사자가 가지고 있지만, 일단 법원에 소를 제기한 이후에는 수소법원이 민사소송법의 규정에 의거하여 강제적으로 절차를 진행하게 된다. 따라서 자율적 분쟁해결제도인 중재 등에서 강제력을 행사하는 증인신문 등이 필요한 경우에는 법원의 도움을 받아야만 가능한 이유가 여기에 있다.

(4) 최종적인 분쟁해결방식

당사자의 합의에 기초하는 자율적인 분쟁해결방식인 중재·조정 등에서 분쟁이 해결되지 아니한 경우라도 최종적으로 민사소송을 이용하여 그 해결을 시도할 수 있다. 그런 의미에서 민사소송은 '최종적(最終的)'인 분쟁해결방식이다.

제 3 절 다른 분쟁해결제도와의 비교

민사소송의 개념을 다른 분쟁해결제도와 비교함으로써 그 범위·한계를 명확히 할 수 있다. 이를 효율적으로 분석하기 위하여 다른 소송제도, 비송사건, 대체적 분쟁해결방식(Alternative Dispute Resolution, ADR로 약칭)[1]으로 나누어 비교·

---

1) 손한기, 4면.
1) ADR은 소송에 갈음하는 분쟁해결제도, 소송대체적 분쟁해결방법 등으로 번역되고 있다. 여기

설명하기로 한다.

Ⅰ. 다른 소송제도와의 비교

1. 형사소송

(1) 심판대상 및 심리목적

형사소송은 사인에 대한 국가형벌권의 존부의 확정을 목적으로 하고 있고, 반면에 민사소송은 사인의 권리관계의 확정을 목적으로 하고 있다. 따라서 형사소송과 민사소송은 그 목적을 달리하고 있어 절차의 성격, 심리방법 등에 차이가 있다. 근본적인 차이는 민사소송의 대상사건은 당사자의 의사에 의하여 자유롭게 처분할 수 있으나, 형사소송의 대상사건은 당사자의 자유로운 처분이 불가능하다는 점이다. 예를 들어 가해자가 피해자를 칼로 찔러 상해를 가한 사건은 상해죄의 형사소송과 불법행위로 인한 손해배상의 민사소송이 동시에 문제된다. 민사소송과 관련하여 피해자가 가해자로부터 충분한 보상을 받고 합의한 경우에는 소를 제기하지 아니하거나 제기된 소를 취하할 수 있으나, 형사소송에서는 피해자와 합의한 사실이 양형의 정상참작사유에 해당할 뿐이다. 소송의 심리와 관련하여 보더라도 민사소송은 변론주의를 기초로 하여 직권주의를 약간 가미하는 형태나, 형사소송은 직권주의를 기초로 하여 당사자주의를 가미한 것으로서 그 차이가 있다.

(2) 증거의 평가

형사소송과 민사소송은 그 대상, 목적과 심리방법에 차이가 있으므로 동일한 증거에 대하여 민사법원과 형사법원 사이에 평가를 달리 할 수 있다. 따라서 민사재판에서는 원칙적으로 형사재판에서 확정된 사실에 기속되지 아니하므로,[2] 기본적으로 법관의 자유심증의 영역에 속하는 사항이라고 할 수 있다($\frac{202}{조}$).[3] 그렇지만 동일한 사실관계에 관하여 이미 확정된 형사판결에서의 확정된 사실은 민사재판에서도 유력한 증거자료이므로, 형사판결에서 확정된 사실을 특별한 사정없이 배척할 수 없고, 임의로 배척할 경우에는 경험법칙에 반하는 사실인정이 되어 채

에서는 문언에 충실한다는 뜻에서 대체적 분쟁해결방식으로 쓰기로 한다.

2) 대판 1964. 4. 7, 63다637; 대판 1966. 12. 20, 66다1834; 대판 1968. 4. 23, 66다2499; 대판 1979. 9. 25, 79다913.

3) 同旨: 이시윤, 8면.

증법칙 위반이 되거나 심리미진이 될 수 있다.[4] 이것은 세금소송 등 행정소송과 형사소송 사이,[5] 민사소송 상호간,[6] 형사소송 상호간[7] 등에도 동일하게 적용된다. 그러나 형사판결이 아닌 검사의 무혐의 불기소처분이 되었다는 사실이 있다하여도 민사재판에 있어서 이에 기속되는 것은 아니고, 법원은 증거에 의한 자유심증으로 그에 반대되는 사실을 인정할 수 있다.[8] 다만 형성판결 등 대세적 효력이 있는 확정된 민사판결은 형사법원을 기속한다.[9]

(3) 소송의 병합

양 소송이 목적, 심리방법 등에 차이가 있다고 하여도, 동일한 사안에 대하여 상이한 결론을 낸다면 사법제도 자체의 불신을 초래할 여지가 있다.[10] 그렇기 때문에 동일한 사안에 대하여 민사소송과 형사소송이 진행되는 경우에는 법원에서는 신중하게 소송절차를 운영하여야 한다. 제도적으로 민사소송과 형사소송의 모순·저촉을 방지하기 위하여 제한적이지만 「소송촉진 등에 관한 특례법」 제25조 이하에 배상신청제도를 두어 형사소송과 관련된 불법행위로 인한 민사상의 손해배상(물적 손해＋치료비＋위자료, 다만 소극적 손해는 제외)을 형사소송에 부대소송(Adhäsionprozeß)의 형태로 병합하여 청구할 수 있고(독일의 부대소송제도와 유사함), 동 절차에서 민사상 손해의 화해도 가능하다.

(4) 민사사건의 형사화 경향

이론적으로 민사사건과 형사사건은 명확히 구별될 수 있지만, 실제사건에 있어서는 두 사건이 혼재되어 있는 경우도 많고 구별이 어려운 때도 있다. 따라서 실무에서는 단순한 민사사건인 경우에도 형사상 무고죄의 위험이 없다면 민사사건의 합의 또는 민사재판의 증거확보를 위하여 상대방을 고소·고발하는 경향이 있

---

4) 대판 1983. 9. 13, 81다1166, 81다카897; 대판 1985. 3. 26, 84다카1573; 대판 1985. 7. 23, 85다카333; 대판 1986. 9. 9, 85다카2255; 대판 1987. 4. 28, 86다카1757; 대판 1988. 2. 9, 87다카2476; 대판 1995. 1. 12, 94다39215; 대판 1995. 2. 24, 94다27281; 대판 1995. 7. 14, 94다32757; 대판 1996. 5. 28, 96다9621; 대판 1997. 9. 30, 97다24276; 대판 2021. 10. 14, 2021다243430; 대판 2023. 6. 15, 2022다297632 등.

5) 대판 1985. 10. 8, 84누411; 대판 1987. 5. 26, 85누351; 대판 1999. 11. 26, 98두10424.

6) 대판 2000. 9. 8, 99다58471.

7) 대판 2009. 6. 25, 2008도10096; 대판 2009. 12. 24, 2009도11349.

8) 대판 1969. 11. 25, 69다1743; 대판 1988. 4. 27, 87다카623.

9) 同旨: 김홍규/강태원, 18면; 방순원, 52면; 정동윤/유병현/김경욱, 8면.

10) 미국의 O. J. Simson 사건이 형사재판에서 무죄가 선고되고, 민사재판에서 불법행위가 인정되어 배심제도에 대한 불신을 초래한 것을 보면 잘 알 수 있다.

다. 이것을 통하여 고소·고발 등의 수사단계에서 분쟁의 합의가 이루어지면 고소·고발의 취소 또는 형사사건의 무혐의 처분 등을 받아 민형사상의 문제를 동시에 해결하기도 한다. 이러한 현상을 민사사건의 형사화 경향이라고 한다.[11] 이러한 경향은 일본 등과 달리 우리나라에 매우 두드러진 특징이다.[12] 이것은 미국과 달리 변론전의 증거개시제도(discovery)를 통한 민사소송의 증거확보가 어려운 우리나라의 민사소송제도 하에서는 매우 유용한 증거확보수단이다. 즉 단순한 민사사건 또는 민·형사사건이 혼재한 경우에 고소·고발을 통하여 확보된 각종 자료와 신문조서 등을 민사소송절차에서 해당 수사기관에 기록송부촉탁 또는 법원 외의 서증조사를 통하여 증거로 확보할 수 있기 때문이다. 그러나 이것은 고소·고발제도의 적절한 이용이라고 볼 수 없고, 민사재판을 위한 고소·고발제도의 남용이라는 면도 있다. 민사재판에서 형사사건의 수사절차 중에 작성된 진술조서, 피의자신문조서 등의 증거력 인정에 신중을 기할 필요는 있다고 사료된다.[13] 검찰에서는 민사사건의 형사화 경향을 제한하기 위하여 문서송부촉탁을 통한 수사기록의 송부 등과 관련해 원칙적으로 신청인 본인에 대한 조서와 본인이 제출한 자료에 국한하여 열람·등사를 허용하고 있고, 나아가 수사절차에서 분쟁의 적극적 해결을 촉진하기 위하여 형사조정(법피 41조내지 46조)의 활성화를 강조하고 있다.

2. 행정소송

(1) 심판대상

행정소송은 공법상의 법률관계를 심리 대상으로 한다는 점(행소1조)[14]에서 사법상의 법률관계를 대상으로 하는 민사소송과 차이가 있다. 그러나 개념적으로는 공법상

---

11) 이시윤, 9면.

12) 다만 2021년 초반 검·경 수사권 조정 이후 업무가 폭증한 경찰이 인력부족과 증기부족을 이유로 고소장 접수 자체를 거부하거나, 고소인 측에 구체적인 범죄피해 사실과 관련된 증거를 수집해서 고소장에 첨부할 것 또는 피해자인 고소인에게 직접 민사소송을 제기해 사실조회 신청 등을 통해 관련 증거를 확보해 오라고 요구하는 경우도 있다고 한다(법률신문, 2021. 7. 19. 자). 이것은 종전의 '민사사건의 형사화' 경향이 검·경 수사권 조정 이후 일시적으로 '형사사건의 민사화' 경향으로 나타나고 있는 것으로 평가된다.

13) 同旨: 이시윤, 9면; 다만 수사기관의 조서 등의 증거력을 완전히 부정하는 것은 자칫 정당한 고소·고발권의 행사를 제한할 우려는 있다고 생각한다.

14) 공법상의 법률관계를 행정소송법 제1조 상의 구체적인 표현으로 보면 "행정청의 위법한 처분 그 밖에 공권력의 행사·불행사 등으로 인한 국민의 권리 또는 이익의 침해를 구제하고, 공법상의 권리관계 또는 법적용에 관한 다툼을 적정하게 해결함을 목적으로 한다."고 정의하고 있다.

의 법률관계와 사법상의 법률관계가 구분될 수 있지만 실제로는 그 구별이 쉽지 아니하다. 현행법상 사법상의 법률관계로 인한 분쟁은 민사소송법에서 규정하고 있고, 공법상의 법률관계에 따른 분쟁은 행정소송법에서 규율하고 있다. 공법상의 법률관계는 국가 또는 지방자치단체 등에서 행정행위 등의 형태로 이루어지기 때문에 공익적 측면이 강조되므로 민사소송과 다른 특성을 가지고 있다.

(2) 특 성

공법상의 법률관계를 심판대상으로 하는 행정소송은 민사소송과는 다른 특성을 가지고 있다. 행정소송법에 의하면 i) 임의적 행정심판전치주의($^{18}_조$), ii) 제1심 재판기관을 행정법원으로 특정($^9_조$),[15] iii) 피고적격을 처분청으로 한정($^{13}_조$), iv) 제소기간의 제한($^{20}_조$), v) 손해배상·부당이득반환·원상회복 등 관련청구의 취소소송과 병합 및 취소소송이 계속된 법원으로 이송($^{10}_조$), vi) 집행정지제도($^{23}_조$) 및 공공복리를 이유로 한 집행정지의 취소제도($^{24}_조$), vii) 직권탐지주의($^{26}_조$),[16] viii) 현저히 공공복리에 적합하지 아니하다는 이유로 재량에 의하여 청구기각이 가능한 사정판결제도($^{28}_조$), ix) 확정된 취소판결 등의 기속력($^{30}_조$), x) 제3자에 의한 재심청구($^{31}_조$), xi) 거부처분 취소판결의 간접강제($^{34}_조$) 등의 특칙을 두고 있다. 이것은 심판의 대상이 공법상의 법률관계로 인한 특성을 가지고 있어 행정소송법상 특칙을 두고 있는 것이다.

(3) 특별민사소송절차

행정소송은 행정소송상의 특칙 외에는 민사소송법을 준용하고 있다($^{행소\ 8조}_{2항}$). 이 것은 행정소송의 특성이 인정되는 한도에서는 특별한 절차를 인정하고 그 외에는 민사소송절차에 따른다는 것을 의미하는 것이다. 따라서 행정소송은 특별민사소송절차로 봄이 타당하다.[17]

---

15) 행정소송법은 1994. 7. 27. 법률 제4770호(1998. 3. 1. 시행)로 개정되어 모든 행정사건을 지방법원과 동급인 행정법원에서 담당하게 함으로써 3심제를 채택하였다(위 개정 전에는 항고소송이 고등법원 관할이었음).

16) 대판 2010. 2. 11, 2009두18035; 다만 행정소송법 제26조의 규정에도 불구하고 변론주의가 지배한다는 취지의 판결도 있음(대판 2003. 4. 25, 2003두988); 이러한 판례의 취지에 비추어 행정소송을 재량적 직권탐지주의로, 가사소송은 기속적 직권탐지주의로 보는 견해도 있음(이시윤, 336면).

17) 同旨: 이시윤, 10면.

(4) 민사소송과의 한계

① 구별기준

어느 사건이 민사소송사항 또는 행정소송사항인지에 따라 민사소송절차이거나 행정소송절차에 의하여 처리하여야 하는 문제가 있다. 양자의 구별은 그 자체가 명확하지 아니한 면이 있다. 특히 법률관계의 일방만이 국가 또는 지방자치단체 등인 경우에 사법상 법률관계인지 또는 공법상 법률관계인지가 구분하기 더욱 어렵다.[18] 그러나 행정주체로서의 관청이 i) 공권력의 주체로서 국민을 대하는 경우와 ii) 단순한 경제활동의 주체로서 국민을 대하는 경우에도 그것이 공공복리에 밀접한 관련이 있는 때에는 행정사건으로 처리하여야 한다.

그렇지 않고 행정주체가 경제활동의 주체로서 공공복리와 밀접한 관련이 없이 국민을 대하는 경우에는 원칙적으로 민사사건으로 보아야 할 것이다. 판례도 같다.[19]

② 판 례

(a) **민사소송사항** i) 구 농지개혁법에 따른 농지분배와 관련된 사건($\substack{대판 1960. 8. 8,\\4291행상111}$), ii) 국·공유재산의 처분에 관한 분쟁($\substack{대판 1974. 7. 16, 74누97; 대판 1976. 12.\\28, 75누240; 대판 1991. 11. 8, 90누9391}$),[20] iii) 행정관청이 관리하는 건물의 임대차계약($\substack{대판 1961. 10. 5, 4292행상\\53; 대판 1977. 11. 22, 76누21}$) 또는 사용권($\substack{대판 1982. 3. 23,\\80다3155~3160}$)이나 공설시장의 점포에 관한 분쟁($\substack{대판 1962. 2. 22,\\4294행상173}$), iv) 국가배상법에 의한 손해배상청구사건, v) 토지개량사업으로 인한 소유권 등 침해에 대한 방해배제청구($\substack{대판 1970. 2.\\10, 67다318}$), vi) 토지구획사업 또는 징발 등으로 인한 손실보상청구사건($\substack{토지구획 등: 대판 1969. 5. 19, 67더2038; 대판 1992. 10. 9, 92다25533, 징발:\\대판 1969. 1. 21, 68다2192; 대판 1969. 12. 30, 69다9; 대판 1970. 3. 10, 69다\\1020; 대판 1970. 3. 10, 69다1020; 대판 1970.\\3. 10, 69다1886; 대판 1970. 3. 24, 69다1561}$), vii) 농협 총회결의 무효·부존재확인($\substack{대판 1971. 2.\\9, 70다2694}$), viii) 서울시 지하철공사 직원에 대한 징계처분불복($\substack{대판 1989. 9.\\12, 89누2103}$)이나 재개발조합의 장 및 임원의 선·해임과 관련된 사건($\substack{대판 2009. 9. 24,\\2009마168, 169}$), ix) 사립학교 교직원의 근로관계($\substack{대판 1962. 5. 3,\\4294민상970}$),[21] x) 국가·공공단체에 대한 퇴직금 등 급여청구($\substack{대판 1966. 9. 20, 65다2506;\\대판 1967. 1. 31, 67다2270}$), xi) 기타 구 국가유공자 예우 등에 관한 법률 제42조의 가료대상자 확인칭구($\substack{대판 1966. 10.\\31, 66누132}$), 전화가입계약

---

18) 특히 행정소송사항 중 당사자소송은 민사소송과의 구별이 쉽지 않고, 당사자소송 계속 중에 사정변경 등으로 민사소송으로 변경할 필요성도 있으므로 최근 판례는 당사자소송에서 민사소송으로의 소의 변경도 청구기초의 동일성을 해치지 아니한다면 허용한다(대판 2023. 6. 29, 2022두44262).

19) 대판 1961. 10. 5, 4292행상6; 대판 1962. 2. 22, 4294행상176.

20) 다만 귀속재산의 처분에 관하여는 행정사건으로 본다.

21) 다만 사립학교 교원에 대한 징계처분에 관하여 학교법인을 상대로 바로 민사소송으로 유·무효를 다툴 수 있지만, 교원징계재심위원회의 재심을 거친 경우에는 그 재심을 청구한 교원은 그 결정의 취소를 구하는 행정 소송을 제기하여야 한다.

(대판 1982. 12. 28, 82누441), 공익사업을 위한 토지 등의 취득 및 보상에 관한 법률(2010. 4. 5. 법률 제10239호로 개정되기 전의 것) 제91조에 규정된 환매권의 존부확인 및 환매금액의 증액을 구하는 소송(대판 2013. 2. 28, 2010두22368) 등이다.

(b) 행정소송사항   i) 공무원연금법상의 유족부조금 및 퇴직급여 지급청구(대판 1970. 10. 30, 70다833; 대판 1987. 12. 8, 87다카2000),22) ii) 사립학교 교원의 징계처분과 관련하여 교원징계재심위원회의 재심을 거친 경우에 그 결정에 대한 불복(대판 1993. 2. 12, 92누13707; 대판 1994. 12. 9, 94누6666), iii) 공유수면매립법 제16조에 의한 손실보상금청구(대판 1997. 10. 10, 96다3838; 대판 1997. 11. 14, 97다13016; 대판 1998. 2. 27, 97다46450; 대판 2001. 6. 29, 99다56468), iv) 공익사업을 위한 토지 등의 취득 및 보상에 관한 법률(2007. 10. 17. 법률 제8665호로 개정되기 전의 것) 제79조 제2항에 따른 사업폐지 등에 대한 보상청구(대판 2012. 10. 11, 2010다23210), v) 행정기관의 보조금반환처분에 대한 취소청구(대판 2012. 3. 15, 2011다17328), vi) 국가에 대한 부가가치세 환급세액 지급청구(대판(전) 2013. 3. 21, 2011다95564), vii) 귀속재산의 처분(대판 1991. 6. 25, 91다10435), viii) 도시 및 주거환경정비법상의 주택재건축정비사업조합을 상대로 관리처분계획안에 대한 조합 총회결의의 효력을 다투는 소송(대판(전) 2009. 9. 17, 선고 2007다2428),23) ix) 과세주체가 소멸시효 중단을 위하여 납세의무자를 상대로 제기한 조세채권확인의 소(대판 2020. 3. 2, 2017두41771),24) x) 산업기술혁신촉진법상 산업기술개발사업에 관하여 체결된 협약에 따라 집행된 사업비정산금반환채무부존재확인소송25) 등이다.

(5) 소송의 이송

행정소송사항을 민사법원에 소를 제기하였거나, 반대로 민사소송사항을 행정법원에 소를 제기한 경우에 그 처리가 문제된다. 동일한 심급에서는 행정소송법 제8조, 민사소송법 제34조 제1항에 따라 해당 민사법원 또는 행정법원에 이송하면 된다. 한편 행정소송이 심급을 달리하여 소가 제기된 경우에는 행정소송법 제7조

---

22) 공무원연금법 퇴직급여의 지급청구가 이유없음을 전제로 민사소송으로 퇴직금 상당의 부당이득금 반환청구를 하려고 하여도 공무원연금법 소정의 절차를 거쳐야 가능하다.

23) 행정처분 전에 절차 중의 하나의 무효를 구하는 것이므로 행정소송법상 당사자소송에 해당하지만, 사업조합의 관리처분계획에 대하여 관할 행정청의 인가·고시가 있은 후에는 총회결의의 하자를 이유로 행정처분의 효력을 다투는 항고소송의 방법으로 관리처분계획의 취소 또는 무효확인을 구하여야 한다.

24) 이 경우 판례는 납세의무자가 무자력이거나 그 소재가 불명하여 국세기본법상의 압류의 집행에도 착수할 수 없는 등 특별한 사정이 있는 경우에는 조세징수권의 소멸시효 중단을 위하여 예외적으로 민법 제168조 제1호 소멸시효 중단사유인 '청구'를 할 수 있다고 보았고, 국가는 납세의무자를 상대로 조세채권 존재확인의 소를 공법상 당사자소송으로 제기할 소의 이익이 있다고 하였다.

25) 대판 2023. 6. 29, 2021다250025.

의 이송규정에 따라 해당 민사법원 또는 행정법원에 이송하면 된다.[26] 행정소송법 제10조는 행정처분의 취소소송과 그 처분에 관련된 손해배상·부당이득반환·원상회복 등 청구소송이 각각 다른 법원(행정법원과 민사법원)에 계속되고 있는 경우에 직권 또는 당사자의 신청에 따라 민사법원은 관련청구를 취소소송 계속의 행정법원으로 이송할 수 있고, 해당 행정법원은 취소소송의 사실심 변론종결 전까지 이송된 손해배상·부당이득반환·원상회복 등 관련청구를 취소소송에 병합할 수 있다.

(6) 민사소송의 선결문제로서의 행정처분

민사소송의 결론을 내리는 데 있어 그 선결문제로 행정처분의 존부 및 유·무효, 적법성을 민사법원이 독자적으로 판단할 수 있는지 여부가 논의된다.

① 행정처분의 존부 및 유·무효

우선 선결문제로 행정처분의 존부와 유·무효를 판단할 수 있는가 여부에 대하여 통설·판례는 당연히 심사할 수 있다는 입장이다. 따라서 조세부과처분이 당연무효임을 전제로 부당이득반환청구를 할 수 있다.[27] 행정소송법 제11조 제1항에서 "처분 등의 효력 유무 또는 존재 여부가 민사소송의 선결문제로 되어 당해 민사소송의 수소법원이 이를 심리·판단하는 경우"라고 규정하고 있어 문리해석상 당연한 것으로 생각한다. 이 경우 선결문제의 심리·판단과 관련하여서는 위 11조 제1항에 따라 행정소송법상의 행정청의 소송참가(17조), 행정심판기록의 제출명령(25조), 직권심리(26조), 소송비용에 관한 재판의 효력(33조) 등이 준용된다.

② 행정처분의 적법성

다음으로, 민사소송의 선결문제로서 행정처분의 적법성을 심사할 수 있는지 여부에 관하여 견해가 대립하고 있다. 행정행위의 공정력(公定力)과 행정소송법 제11조 제1항의 반대해석에 근거하여 이를 판단할 수 없다는 소극설과 공정력에 의한 행정처분에 대한 적법성 추정을 부정하고 선결문제로 적법성을 실제로 판단할 필요가 있다는 이유로 이를 긍정하는 적극설이 대립된다. 판례는 원칙적으로 부당이득반환청구사건에서 행정처분이 당연무효가 아닌 한 적법하게 취소되지 아니하고는 그 효력을 부인할 수 없다고 하여 소극설을 취하고 있지만,[28] 국가공무원의

---

26) 대판 1997. 5. 30, 95다28960; 대판 1999. 11. 26, 97다42250(행정소송사항을 민사법원에 제기한 경우에 판례의 세밀한 입장은 본서(本書) 「소송의 이송」 파트를 참조하라).
27) 대판 1995. 4. 28, 94다55019.
28) 대판 1991. 10. 22, 91다26690; 대판 1998. 4. 10, 98다703; 대판 1999. 8. 20, 99다20179.

고의 또는 과실을 이유로 한 손해배상청구사건에서 해당 행정처분이 대집행완료, 영업정지기간 만료로 취소를 구할 법률상의 이익이 없어 그 취소를 구할 수 없는 경우에는 민사법원은 그 행정처분의 위법을 선결문제로 판단하여 청구를 인용할 수 있다고 하여 제한적으로 이를 긍정하고 있다.[29] 생각건대, 행정청의 행정행위에 대한 신뢰와 행정행위의 공정력, 행정법원 판결과의 모순 가능성 등에 비추어 보면, 판례와 같이 민사소송에서 원칙적으로 행정처분의 적법성을 선결문제로 판단할 수 없지만, 행정소송을 통하여 그 행정행위의 취소를 구할 수 없는 경우 등 특별한 사정이 존재하는 경우에는 예외적으로 민사소송에서 행정행위의 적법성을 선결문제로 판단하여 민사상 손해배상 등을 인정함이 옳다고 본다. 절충적 견해를 취하는 판례의 입장이 타당하다.

3. 가사소송

(1) 심판대상

가사소송은 가사 관련사건을 심판대상으로 하고 있고, 가사소송법이 규율하고 있다. 가정법원의 전속관할에 속한다($\frac{가소}{1항}$ 2조). 가사소송법은 1990. 12. 30. 법률 제4300호로 제정되어 1991. 1. 1.부터 시행되었는데, 종전의 인사소송법과 가사심판법을 폐지하고 가사사건의 재판절차를 규율하는 기본법으로 만들어진 것이다. 그 내용의 뼈대는 가사사건을 가사소송사건과 가사비송사건으로 나누어, 가사소송법에 특별한 규정이 없으면 전자는 민사소송법을 준용하고($\frac{가소}{12조}$), 후자는 비송사건절차법 제1편을 준용한다($\frac{가소}{34조}$). 따라서 가사소송절차는 특별민사소송절차로 보아야 한다.[30]

가사소송사건은 가류·나류·다류 사건으로 나누고, 가사비송사건은 라류·마류 사건으로 나눈다($\frac{가소}{1항}$ 2조). 특히 다류 사건은 약혼·혼인·입양 등의 무효·취소 등에 따른 손해배상 및 원상회복청구로서 종전에는 통상의 민사소송사건이었으나 현재는 가사소송사건으로 분류되어 가정법원의 관할로 하고 있다.[31] 가사소송사건

---

29) 대판 1972. 4. 28, 72다337; 대판 1981. 8. 25, 80다1598; 대구고법 1991. 4. 24, 90구1404 (확정).

30) 同旨: 이시윤, 12면.

31) 마류 사건과 같이 실질은 소송사건이지만 비송사건으로 분류되는 사건은 '형식적 비송사건'으로 칭할 수 있을 것이다. 공유물 분할의 소·경계확정의 소와 같이 실질은 비송사건이지만 소송사건으로 처리하는 것을 형식적 형성소송이라고 칭하는 것에 대응한 개념이다.

중 나류·다류 사건과 가사비송사건 중 마류 사건은 먼저 조정절차를 거치야 하는데($^{가소}_{50조}$) 이 경우 민사조정법을 준용한다($^{가소}_{49조}$).

(2) 특 성

가사비송사건은 소송사건이 아니므로 논외로 하고, 가사소송사건의 경우에 가사소송법에 다음과 같은 특별규정이 있다. 가사소송사건은 i) 가정법원의 전속관할($^{가소\ 2조}_{1항}$), ii) 조정전치주의($^{가소\ 50조,\ 나\cdot}_{다류\ 사건}$), iii) 본인출석주의($^{가소}_{7조}$), iv) 보도금지($^{가소}_{10조}$), v) 직권탐지주의($^{가소}_{17조}$),[32] vi) 사정에 의한 항소기각 판결($^{가소\ 19}_{조\ 3항}$), vii) 확정판결의 대세효($^{가소\ 21조\ 가\cdot\ 나}_{류\ 사건에\ 한합}$),[33] viii) 사실심 변론종결 시까지 필수적 공동소송인의 추가 또는 피고의 경정($^{가소}_{15조}$), ix) 소송승계에 관한 특칙($^{가소}_{16조}$), x) 판결상의 의무의 이행명령($^{가소}_{64조}$)과 그 불이행의 경우에 과태료·감치의 제재($^{가소\ 67,}_{68조}$), xi) 불출석에 대한 제재($^{가소}_{66조}$) 등이 있다. 위 특칙 외의 사항은 민사소송법을 준용한다($^{가소}_{12조}$).

(3) 한 계

가사소송사건과 민사소송사건의 한계가 문제된다. 가사소송법 제2조 제1항은 열거주의를 취하고 있고, 동조 제2항에 "가정법원은 다른 법률 또는 대법원규칙에서 가정법원의 권한에 속하게 한 사항에 대하여도 이를 심리·재판한다."고 정하고 있다. 따라서 가사소송사건은 원칙적으로 제2조 제1항의 가·나·다류 사건으로 정하고 있는 사건과 다른 법률 또는 대법원규칙에서 가정법원의 권한에 속하게 한 사항에 한정되고, 나머지 사건은 일반민사사건으로 보는 것이 타당할 것이다.[34] 그렇다면 동법 제2조 제1항에 열거된 바 없고 다른 법률 또는 대법원규칙에 달리 정하고 있지 아니한 재산상속(유류분사건 포함)·유언무효에 관한 사건, 부부간의 부양의무를 이행하지 않는 부부의 일방에 대하여 상대방의 친족이 구하는 부양료의 상환청구 등은 일반 민사사건으로 보아야 한다.[35]

---

32) 직권탐지주의는 가·나류 사건에 한하여 적용되고, 다류 사건은 제외된다. 따라서 다류 사건은 민사사건과 같이 변론주의가 그대로 적용된다. 그러나 가·나류 사건은 민사소송법상의 공격방어방법의 각하(149조, 285조), 청구의 인낙(220조), 자백(288조), 문서제출명령 불응시 제재(349조) 등 규정이 배제된다.

33) 청구를 인용한 확정판결은 제3자에게 효력이 있고(절대적 대세효; 가소 21조 1항), 청구를 배척한 판결이 확정된 경우에는 다른 제소권자는 사실심의 변론종결 전에 참가하지 못한 데 대하여 정당한 사유가 있어야 다시 소를 제기할 수 있다(제한적 대세효; 가소 21조 2항).

34) 대판 1993. 7. 16, 92므372.

35) 대판 2012. 12. 27, 2011다96932.

(4) 소송의 이송

일반 민사사건을 가사사건으로 잘못 알아 가정법원에 소를 제기하였거나, 그 반대로 가사사건임에도 민사사건으로 잘못 알아 민사법원에 소를 제기한 경우에는 해당 법원은 관할위반을 이유로 정당한 민사법원 또는 가정법원으로 이송하여야 한다(가소 13조 3항, 민소 34조 1항).

(5) 가사소송법 개정논의

대법원은 우리나라 최초의 가정법원인 서울가정법원의 설치 및 개원 50주년을 계기로 2013년 2월 20일 자신 소속의 법원행정처에 「법원행정처 가사소송법 개정위원회」를 설치하여 약 2년 동안 27차례의 회의를 거쳐 '법원행정처 가사소송법 전부개정법률안'을 마련하여 2015년 3월 소관부처인 법무부에 가사소송법 전부개정에 관한 입법건의를 하였다. 법무부는 이에 따라 동년 9월 「법무자문위원회 가사소송법개정 특별분과위원회」를 구성하여 위 법원행정처안에 기초하여 2016년 9월까지 총 21회의 회의를 거쳐 총 6편, 6장, 16절 155개조(현 가사소송법은 총 6편, 6장, 2절 73개 조문임)에 달하는 법무부안으로 '가사소송법 전부개정법률안'을 마련하여 2017년 3월 22일 법무부 공고로 입법예고를 마치고, 동년 4월 20일 공청회까지 마친 상태였지만 국회를 통과하지는 못하였다.

4. 특허소송

(1) 심판대상 및 소송구조

특허소송은 사법상의 권리 중 특허권, 실용신안권, 디자인권, 상표권, 품종보호권 등 지식재산권과 관련된 법률상의 쟁송을 대상으로 하고 있다. 특허권 등 지식재산권의 등록무효, 취소, 권리범위확인, 거절사정(拒絕査定) 등을 내용으로 하고 있다. 법원조직법을 1994. 7. 27. 법률 제4765호로 일부 개정하여 1998. 3. 1.부터 고등법원급의 특허법원을 신설하여 특허소송을 담당하도록 하였다.[36] 특허청에 소속된 특허심판원의 심결을 거친 상태에서(일종의 행정심판임) 특허법원에 1심으로 특허심판원의 심결의 취소를 구하는 소를 제기하고, 이어 특허법원의 판결에 대하여 대법원에 상고하여 최종적인 결론을 내리는 2심구조의 소송절차이다. 종

---

36) 종전의 의장법은 2004. 12. 31. 법률 제7289호로 '디자인보호법'으로 명칭이 변경되었다.

전에는 특허청 내에서 심판과 항고심판을 거쳐 바로 대법원에 상고를 하는 구조였으나, 이것은 사실심에 법관의 참여가 완전히 배제된 상태여서 헌법에 규정된 법관에게 재판받을 권리를 침해하여 위헌의 소지가 높다고 보아 오랜 논의 끝에, 사실심으로서 특허법원을 신설하게 되었다. 특허법원에는 특허분쟁 등 지식재산권에 대한 쟁송의 심리를 위하여 기술심리관을 두며(법조 54조의 2의 1항), 기술심리관은 일정한 경우 심리에 참석하여 재판장의 허가를 받아 소송관계인에게 필요한 사항을 질문할 수 있다(법조 54조의 2의 2, 3항). 또한 대법원장은 특허청 등의 관련기관에 공무원의 파견을 요청할 수 있다(법조 54조의 2의 4항).

(2) 특별민사소송절차

특허소송에 관한 절차 등은 특허법(특허 9장, 186~191조의2), 디자인보호법(디자인 8장, 158~172조),[37] 상표법(상표 8장, 157~166조)에 특칙을 두고 있고, 실용신안법(실용 33조)에서 이를 개별적으로 준용하고 있다. 특허소송절차는 특허 등의 지식재산권의 특수성·전문성에 따른 특칙 외에는 특허법원, 대법원에서 민사소송절차를 실질적으로 준용한다고 할 것이므로 특별민사소송절차라고 할 것이다.

(3) 특허권 등의 침해예방, 원상회복 및 손해배상소송: 민사소송사항

특허권 등 지식재산권의 침해예방, 침해로 인한 손해배상 및 원상회복 등의 소송은 민사소송사항이므로 원칙적으로 민사법원의 관할에 속한다. 따라서 이러한 소송을 민사법원에서 판단하기 위한 전제로서 특허권의 존부, 유·무효 등을 선결문제로 다룰 수 있는지 여부와 이송 등이 문제될 수 있다. 이러한 문제는 행정소송에 준하여 특허권 등의 존부, 유·무효는 선결문제로 판단할 수 있고, 적법성의 문제에 대하여는 원칙적으로는 판단할 수 없지만 특허기간 만료 등으로 소송을 제기할 수 없는 특별한 사정이 있는 경우 제한적으로 판단할 있다고 보면 된디[위 2. (5), (6)항 참조]. 판례는 득허침해소송에서 등록특허의 유·무효,[38] 상표권 및 디자인권의 침해금지 및 손해배상청구에서 등록상표의 무효[39]를 선결문제로 판단할 수 있다고 한다.

한편 특허권, 실용신안권, 디자인권, 상표권, 품종보호권에 관한 침해소송 즉

---

37) 특허법원이 설치된 것은 구 의장법 제75조에서 특허법 제186조 제1항을 준용하는 부분이 헌법에 합치되지 아니한다는(헌재 1995. 9. 28, 92헌가11, 93헌가8, 9, 10) 심판에 따른 조치이다.
38) 대판(전) 2012. 1. 19, 2010다95390.
39) 대판(전) 2012. 10. 18, 2010다103000(상표권): 대판 2018. 9. 28, 2016다219150(디자인권).

'특허권 등에 관한 침해소송'의 경우에는 지식재산권에 관한 소송의 전문성과 판결의 일관성을 위하여 2015년 12월 1일 법률 제13522호(시행: 2016. 1. 1)로 법원조직법을 개정하여 항소심은 특허법원으로 심급관할을 통일하였다(법조 28조의4, 2호).[40]

5. 헌법소송

(1) 심판대상

헌법소송은 헌법재판소가 헌법에서 정하고 있는 위헌법률심판, 탄핵의 심판, 정당의 해산심판, 국가기관 상호간, 국가기관과 지방자치단체 사이 및 지방자체단체 상호간의 권한쟁의에 관한 심판, 헌법소원에 관한 심판을 행하는 절차이다(헌 111조 1항).

(2) 특별민사소송절차

헌법소송과 관련된 특칙은 헌법재판소법에서 규율하고 있다. 그 외의 사항에 관하여는 헌법재판의 성질에 반하지 아니하는 한도 내에서 민사소송에 관한 법령의 규정을 준용하고 있다(헌재 40조 1항). 헌법소송의 경우에도 절차와 관련하여 준용하는 한도에서 특별민사소송절차의 성질을 가지고 있다고 할 것이다.

(3) 제청절차 등

민사재판 중에 법률의 위헌여부가 문제될 경우 법원은 직권 또는 당사자의 신청에 의하여 위헌여부의 심판을 헌법재판소에 제청할 수 있으나(헌재 41조 1항), 당해 민사재판은 헌법재판소의 위헌여부의 결정이 있을 때까지 진행이 정지되므로, 행정소송 및 특허소송에서 문제되는 위헌법률의 판단과 관련된 선결문제(위헌법률에 대한 판단권은 법원이 가지고 있지 아니함), 소송의 이송 및 병합의 문제는 없다고 할 것이다.

6. 선거소송

넓게 선거소송이라 함은 선거 및 당선의 효력을 다투는 소송을 모두 포함한다. 이에는 선거의 효력을 다투는 선거소송과 당선의 효력을 다투는 당선소송으로 나뉜다(공선 222조·223조). 선거소송 및 당선소송은 대법원에 직접 소를 제기하여야 한다. 선거

---

40) 대판 2017. 12. 22, 2017다259988; 대결 2019. 4. 10, 2017마6337(동법 시행일인 2016. 1. 1. 이전에 소송계속 중이었고, 시행 후에 판결된 사건도 적용됨).

와 관련하여 관계인 등에 대한 민사상의 손해배상청구소송 등의 경우 일반 민사소송절차에 의하고, 부정선거 등의 경우 일반형사절차에 따라 처리된다.

Ⅱ. 비송사건과의 비교

1. 의   의

(1) 사법상의 법률관계 즉 민사사건 중 민사소송으로 처리되지 아니하는 사건을 비송사건이라 한다.[41] 소송사건으로 처리하지 아니한다는 의미에서 비송사건(非訟事件)이라 한다. 형식적으로는 비송사건절차법에 정해진 사건과 그 총칙 규정의 적용 또는 준용을 받는 사건을 의미한다($\frac{비송}{1조}$).

(2) 보다 구체적으로 보면 i) 민사비송사건($\frac{비송\ 32\sim71조:\ 법인에\ 관한\ 사건,\ 신탁,\ 재판상의\ 대위,\ 보}{존\cdot공탁\cdot보관과\ 감정,\ 법인의\ 등기,\ 부부재산약정의\ 등기}$), ii) 상사비송사건($\frac{비송\ 72\sim128조:\ 회사와\ 경매에\ 관한\ 사건,}{사채에\ 관한\ 사건,\ 회사의\ 청산에\ 관한\ 사건}$), iii) 과태료사건($\frac{비송\ 247\sim}{250조}$), iv) 상업등기사건($\frac{상업등기}{총131조문}$),[42] v) 가사비송사건($\frac{가소\ 2조\ 1항\ 2호,}{라\cdot마류\ 사건}$) 등이 있다. i)~iii)은 비송사건절차법에서 규정하고 있고, iv)는 상업등기법에, v)는 가사소송법에서 규정하고 있다.

(3) 그 밖에 i) 민사조정($\frac{민조}{39조}$) 및 가사조정($\frac{가소}{49조}$), ii) 등기관의 처분에 관한 이의($\frac{부등}{105조}$)도 비송사건절차법을 준용하고 있는 점에 비추어 보면 비송사건으로 보아야 한다.[43] iii) 공시최고사건과 같은 경우는 법원이 간편하고 신속한 처리하여야 한다는 점에서 성질상 비송사건이다.[44] iv) 파산·회생·개인회생·국제도산 사건은 법원의 합목적적 재량 및 간이·신속한 처리가 요청된다는 점에서 비송사건의 성질을 가지고 있지만「채무자 회생 및 파산에 관한 법률」제33조에서 민사소송법 및 민사집행법을 준용하고 있으므로 민사소송사건에 준하여 처리하여야 할 것이다.[45]

---

41) 이시윤, 13면; 정동윤/유병현/김경욱, 13면.

42) 종래 비송사건절차법의 상사비송사건 편에 규정되었던 '상업등기'부분을, 등기전산화 사업이 완료됨에 따라 법인등기사무를 전산정보처리조직에 의하여 처리하도록 하는 등 관련 규정을 정비하고, 전산정보처리조직에 의한 전자문서에 의하여 법인등기를 신청할 수 있는 근거를 마련하고, 주식회사의 분할 또는 분할합병을 무효로 하는 판결이 확정된 경우에 법원의 등기촉탁에 관한 규정을 신설하는 등 상업등기사무의 적정성과 효율성을 높이기 위하여 2007. 8. 3. 법률 제8582호 상업등기법을 제정하여(시행: 2008. 1. 1.) 별도로 규정하고 있다.

43) 同旨: 이시윤, 14면.

44) 同旨: 이시윤, 14면; 정동윤/유병현/김경욱, 18면.

45) 反對: 이시윤, 14면(법원의 간이·신속한 처리라는 면에서 비송사건으로 보고 있음); 대결 1984. 10. 5, 84마카42에 의하면 주식회사의 회생절차라고 할 수 있는 회사정리법상의 결정·명령은 비송사건의 성질을 가지므로 민사소송에 관한 특례를 규정한 소송촉진 등에 관한 특례법 제13조(현재 폐지됨, 상고허가와 관련된 조문임)의 규정이 적용되지 아니한다고 하여 비송사건절차법에

일종의 형식적 명령·결정절차[46]라고 할 수 있다. v) 실질은 비송사건이지만 민사소송의 방식으로 심리하는 이른바 형식적 형성소송[예: 공유물분할의 소, 경계확정의 소,[47] 아버지를 정하는 소($^{민\ 845조}_{가소\ 27조}$), 법정지상권상의 지료결정의 소($^{민}_{366조}$)[48]] 등이 있다.

2. 본   질

비송사건이 무엇이고, 소송사건과 비송사건을 어떤 기준에 따라 나눌 것인가 하는 것은 민사소송법상의 난제 중의 하나이다. 비송사건의 본질에 관한 주요한 견해들을 간단히 살펴보겠다. 본질에 대한 논의는 소송사건과 비송사건의 큰 테두리 및 입법의 향방을 잡는 데 중요하다.

(1) 어의설(語義說)

로마법 및 독일법에서 비송사건을 임의적 재판권이라고 표현하는 데서 유래된 견해이다. 즉 비송사건은 당사자가 임의적으로 국가권력에 복종하는 것이고, 소송사건은 피고가 비자발적으로 응소할 것이 강제당하는 경우라고 보는 견해이다.

(2) 목적설

비송사건은 사법질서의 형성(발생·변경·소멸)을 목적으로 함에 반하여, 소송사건은 사법질서의 유지·확정을 목적으로 한다는 견해이다.

(3) 대상설

비송사건은 국가에 의한 사인간의 생활관계에 대한 후견적 개입을 대상으로 하는 것이나, 소송사건은 원고의 피고에 대한 권리주장(법적 분쟁)을 대상으로 한다는 견해이다.[49]

따른 재항고를 인정한 바 있다(대결 1986. 12. 12, 86마카26 참조). 대법원이 위 결정을 할 당시 회사정리법(현재 채무자 회생 및 파산에 관한 법률에 흡수됨) 제8조에서 민사소송법을 준용하는 규정이 있었음에도 상고허가에 따른 상고의 제한을 피하기 위하여 위와 같이 해석하였다고 보인다. 하지만 해당 법률에 민사소송법의 준용을 규정하고 있다면 그 규정에 따르는 것이 타당할 것으로 사료된다.

46) 실질은 비송사건이지만 해당 법률에서 민사소송법 또는 민사집행법을 준용하는 경우에 비송사건절차법을 준용할 수 없고 민사소송법 또는 민사집행법상의 항고, 재항고 등의 규정을 준용하게 되는 경우를 칭한다.

47) 대판 1993. 11. 23, 93다41792, 41808; 대판 1996. 4. 23, 95다54761; 대판 2021. 8. 19, 2018다207830.

48) 대판 2003. 12. 26, 2002다61934.

(4) 실정법설

비송사건의 본질과 기준을 찾는 작업을 단념하고, 입법자가 비송사건으로 법률로써 정한 것이 비송사건이고, 그 외의 사건을 소송사건으로 보는 견해이다.[50] 실체법설 또는 법규설이라고도 한다.

(5) 절충설

원칙적으로 법률의 규정이 명확하면 그에 의하고, 불명확할 경우에 비송사건의 여러 특성을 고려하여 합목적적으로 판단하여야 한다는 견해이다.[51]

(6) 비　판

비송사건의 본질이 무엇이고, 그 구별기준을 명확히 제시한다는 것은 매우 어려운 일이다. 더욱이 우리나라뿐만 아니라, 독일·일본 등에서도 「소송의 비송화」로 인하여 소송사건과 비송사건의 한계가 매우 유동적으로 변화되고 있다. 그렇기 때문에 소송사건과 비송사건을 구별하는 일응의 기준이 더욱 중요한 시점이라고 할 것이다. 위에서 본 제견해 중 어의설은 비송사건의 본질을 단순히 어원으로부터 유추하려고 한다는 점과 가사비송사건 중에도 피성년후견선고와 같은 것은 강제적 요소가 있다는 점, 목적설은 비송사건 중에서 기존의 법률관계를 확정하는 데 그치는 것이 있는 반면(예: 가사비송사건 중 유아인도청구), 소송사건 중 형성판결의 경우에는 사권을 형성(발생·변경·소멸)한다는 점, 실정법설은 비송사건의 본질을 찾는 작업을 멈추었다는 점과 실정법의 결과를 가지고 본질을 설명하려는 오류가 있다는 점 등에 비추어 비판의 여지가 있다. 이러한 관점에서 보면 비송사건의 본질을 「국가에 의한 사인간의 생활관계에 대한 후견적 개입」이라고 보는 대상설이 현대국가가 복리국가적 이념을 추구한다는 면에 비추어 소송사건과 비송사건이 본질을 나눌 수 있는 큰 기준을 제시한다는 점에서 합당한 것으로 보인다. 대상설이 다수설이다.

(7) 판　례

대법원은 1984. 10. 5, 84마카42 사건(회사정리사건이 비송사건이라고 판시한 사건

---

49) 송상현/박익환, 29면; 이시윤, 14면; 전병서, 25면.
50) 정동윤/유병현/김경욱, 14면.
51) 김홍규/강태원, 23면; 김홍엽, 12면; 한충수, 14면.

임)에서 비송사건의 특성을 법원의 합목적적 재량과 절차의 간이·신속의 필요성을 설시하고 있는 점에 비추어 보면 기본적으로 대상설의 입장에 있다고 보인다.[52]

3. 특   성

(1) 기본법률

비송사건과 관련된 기본적인 절차는 비송사건절차법에 따른다. 소송사건은 민사소송법이 기본이 된다는 점에서 근본적 차이가 있다. 따라서 비송사건의 절차적 특성은 비송사건절차법의 규정을 보면 된다.

(2) 기본구조

비송사건은 법원이 후견적 재량에 따라 간이·신속하게 처리하기 위하여 소송절차와 달리 i) 대심구조가 아닌 당사자 일방이 나서는 편면구조이고, ii) 절차진행은 당사자주의 보다는 직권주의적 성격이 강하며, iii) 자료의 수집 및 제출에 있어서 변론주의가 아닌 직권탐지주의이고, iv) 사실의 확정에 있어서 엄격한 증명이 아닌 자유로운 증명으로 족하며, v) 결론도 판결이 아닌 결정의 형식으로 한다. 이런 점에서 비송사건은 소송사건과 절차의 기본 틀이 다른 특성을 가지고 있다.

(3) 구체적 내용

비송사건절차법의 규정을 구체적 내용에 기초해 그 특성을 살펴보면 다음과

---

52) 대결 1984. 10. 5, 84마카42에 대한 대법원의 입장을 절충설로 보는 견해도 있다(김홍엽, 11~12면 참조). 또한 김홍엽 교수는 대법원이 부부간의 부양의무를 이행하지 않은 부부의 일방에 대하여 상대방의 친족이 구하는 부양료의 상환청구사건(대판 2012. 12. 27, 2011다96932)에서 가사소송법상 마류 가사비송사건으로 정하고 있지 아니하여 민사사건이라고 보아야 한다는 설시를 이유로 대법원이 가사비송사건 여부에 대하여는 실정법설을 취하였다고 보고 있다. 저자의 생각으로는 가사소송법상 마류 가사비송사건으로 규정하고 있는 i) 부부간의 부양의무를 이행하지 않은 부부 일방에 대한 상대방의 부양료 청구, ii) 친족간의 부양의무를 이행하지 않은 친족의 일방의 상대방의 부양료 청구는 규정에 따라 비송사건으로 보아야 하지만, 그렇지 아니한 경우에는 사건의 성질에 따라 처리하여야 한다. 대법원은 부양료의 상환청구사건의 심리를 하려면 당사자 사이의 주장과 액수의 증명 등이 필요하다는 점에 비추어 보면 성질상 소송사건으로 보아야 한다는 것을 설시한 것으로 보는 것이 타당할 것이다. 따라서 대법원의 위 설시에도 불구하고 종전의 대상설 입장을 견지하고 있다고 해석된다. 가사소송법상 마류 가사비송사건 중 부양료 청구사건은 실질은 소송사건이지만 비송사건으로 처리하도록 정하였다는 점에서 형식적 형성소송 등에 대비하여 '형식적 비송' 또는 '형식적 비송사건'이라 할 수 있다.

같다. 비송사건은 i) 절차개시 : 신청 또는 심판청구에 의하여 개시하고(비송 9조, 상업등기 17조, 가소 36조), ii) 심리구조 : 구술변론이 필요 없어 공개·대심의 구조가 아니고 편면구조를 취하며(비송 13조, 다만 가사비송 마류 사건은 가 소 48조의 규정에 따라 대심구조를 취한다),53) iii) 증거의 수집 및 증거조사 : 필요하면 법원은 직권으로 사실의 탐지와 필요하다고 인정하는 증거의 조사를 하여야 하며(직권탐지주의, 비송 11조), 검사가 사건에 관하여 의견을 진술하고 심문에 참여할 수 있고(비송 15조), iv) 사실의 확정 : 자유로운 증명으로 족하고, v) 결론 : 결정의 형식으로 하며(비송 17조), 결정에 대한 취소·변경이 자유롭고(비송 19조), vi) 불복의 형식 : 항고에 의하며(비송 20조), vii) 헌법상의 권리보장의 제한 등 : 비송사건은 헌법 제27조, 제109조에서 보장되는 공개재판을 받을 권리 보장의 정도도 소송사건보다는 제한되며, 불이익변경금지의 원칙이 적용되지 아니한다.54)

4. 소송의 비송화와 그 한계

(1) 의 의

소송의 비송화라 함은 종전에 소송사건으로 처리하던 사건을 비송사건의 형태로 처리하려는 경향을 말한다. 소송의 비송화가 확대되는 주된 이유는 법이념이 자유주의적 법치국가로부터 복리국가로 전환되면서 사인에 대한 국가의 후견적 기능이 강화된 법률환경의 변화가 주된 원인이라 할 것이다. 또한 사인간의 법률관계가 종전과 달리 복잡·다양화되면서 소송을 통한 일도양단(一刀兩斷)적인 처리가 아닌 관련 사정을 종합적으로 판단하여 처리할 필요성이 증대되었기 때문이다. 소송사건의 비송화는 소송사건의 비송사건으로의 전환뿐만 아니라, 새로운 비송사건의 신설로 인하여 더욱 촉진되고 있다. 그러나 소송의 비송화는 그 자체로서 부정적이라고만 할 수 없고 사건의 합리적·종합적 처리라는 면에서 긍정적인 면도 있다. 소송의 비송화 현상은 우선 법관에게 재량을 주는 규정이 늘어나고 있다는 점에서 잘 나타난다. 예컨대 민사조정법에 의한 강제조정제도 도입(민조 30조), 상법 및 행정법상의 사정판결(상법 379조, 행소 28조), 증권관련 집단소송에서 배상금의 분할지급 및 지급의 유예허락(증집 36 조 2항), 직권에 의한 과실상계(민 396조, 763조), 재산상의 손해배상의 증

---

53) 가사소송법 제48조는 마류 가사비송사건의 심판은 특별한 사정이 없는 한 사건관계인을 심문하여 하여야 한다고 규정하여 대심구조를 취하고 있다.

54) 同旨: 이시윤, 15면; 日最判, 平成 2년(1990). 7. 20. 판결에서 이혼을 원인으로 한 재산분할에 관한 재판에는 불이익변경금지 등의 원칙이 적용되지 아니한다고 판시하였다.

명 곤란 시에 변론전체의 취지와 증거조사의 결과에 의하여 손해배상 액수로 인정하는 경우($\frac{202조}{의2}$) 또는 위자료를 통한 사실상의 보충 등이 그것이다. 소송사건의 비송사건화의 또 다른 예로는 종래 소송사건으로 처리하던 약혼·이혼 등의 가사소송사건을 가사비송사건으로 처리하도록 한 경우($\frac{가소 8, 10}{17조}$) 등을 들 수 있다. 새로운 비송사건의 신설로는 상법개정에 따른 단주의 임의매각허가의 신청($\frac{비송}{83조}$), 마류 가사비송사건($\frac{가소 2조 1항}{나 2호 나목}$) 등이 있다.

(2) 비송화의 한계

그러나 소송의 비송화 내지 비송사건의 확대에는 일정한 한계가 있다. 헌법에서 보장하고 있는 재판을 받을 권리($\frac{헌 27조 1}{항, 109조}$), 즉 공개·대심구조를 근본적으로 침해하는 소송의 비송화는 위헌의 문제를 야기하게 된다. 특히 가사비송사건 마류 사건에 신설된 유아인도·부양료 또는 양육비의 지급청구($\frac{가소 2조 1항 2}{호 나목 3), 8)}$)와 관련하여 그 한계에 의문을 제기하는 견해가 있다.[55] 특히 가사비송사건 마류 사건은 강한 쟁송성과 전형적인 비송사건이 아닌 진정쟁송사건(echte Streitsachen)이기 때문이라 한다. 그런 의미에서 마류 사건은 '형식적 비송사건'이라 할 수 있다. 현재 가사비송 마류 사건은 가사비송 라류 사건과 달리 대립당사자주의($\frac{가소}{46조}$), 조정전치주의($\frac{가소}{50조}$), 필요적 심문절차($\frac{가소}{48조}$)를 취하고 있어 가사소송사건과 유사하게 처리하는 면이 있다. 따라서 가사비송 마류 사건과 같이 소송사건으로서의 성질이 강한 경우에는 처리에 신중을 기하여야 하고, 가사비송 마류 사건의 신설도 그 기준을 엄격히 할 필요가 있다.[56]

5. 소송법원과 비송법원 사이의 이송

소송사건과 비송사건의 한계가 분명하지 아니하여짐에 따라 실제 사건처리에 있어서도 혼동을 초래할 수 있다. 비송사건으로 처리할 사건을 통상의 민사소송으

---

55) 이시윤, 16면.

56) 다만 판례는 가사소송법은 마류 제3호에서 자(子)의 양육에 관한 처분을 가사비송사건으로 규정하면서 양육에 관한 사항을 장래의 것만으로 한정하고 있지 아니하고, 일방만이 자를 양육하여 온 경우에 과거의 양육비를 분담하는 비율에 대하여 민법이 달리 규정하고 있지도 아니하므로, 장래(將來)양육비 지급청구뿐만 아니라 과거(過去) 양육비 지급청구도 자(子)의 연령 및 부모의 재산 상황 등 기타사정을 참작하여 가정법원이 심판으로 정하여야 할 것이지 지방법원이 민사소송절차에 따라 판정할 것은 아니라고 하여 과거양육비 지급청구사건도 비송으로 보았다(대결(전) 1994. 5. 13, 92스21 다수의견에 대한 보충의견).

로 민사법원에 소를 제기하였거나, 그 반대로 소송사건으로 처리할 사건을 비송사
건을 처리하는 법원에 신청한 경우에 어떻게 처리하여야 할 것인가가 문제된다(가
정법원과 특허법원, 가정법원과 행정법원 상호간 포함).

우선 i) 소송사건이 비송사건을 처리하는 법원(가정법원 또는 가사부)에 신청된
경우에는 비송사건을 처리하는 법원은 가사소송법 제35조 제2항, 제13조 제3항에
따라 결정으로 그 관할법원에 이송하면 된다. 가사소송법 제13조 제3항에 명백히
규정하고 있다. ii) 반대로 비송사건을 민사법원에 소의 형태로 제기된 경우에 어
떻게 처리할 것인가? 판례는 관할법원으로의 이송을 인정하고 있지 아니한다.[57]
그러나 소송사건이나 비송사건 모두 법원이 재판권을 가지고 있는 것이므로 상호
법원 사이에 재판권 흠결의 문제는 없다고 할 것이다. 따라서 당사자의 편의를
고려한다면 직분관할 위반의 경우로 보아 민사소송법 제34조 제1항을 유추적용하
여 관할법원에 이송하는 것이 타당하다고 본다(通說).[58]

Ⅲ. 대체적 분쟁해결방식(ADR)과의 비교

1. 총 설

(1) 의 의

민사소송은 민사분쟁을 해결하는 다양한 분쟁해결방식(MDR, Method of Dispute
Resolution)[59] 중에 하나일 뿐이다. 그러나 민사소송은 국가가 이를 직접 관장하는
분쟁해결방식이므로 앞에서 본 바와 같이 일반적·공권적·강제적·최종적인 분
쟁해결방식으로의 특성을 가지고 있으며, 다양한 분쟁해결방식 중에 대표적이라고
할 것이다. 그러나 민사분쟁을 민사소송을 통하여만 해결할 필요는 없다. 민사소
송은 정형화된 소송절차를 통한 분쟁해결을 도모하고 있어서 분쟁의 다양성에 비
추어 민사소송이 오히려 분쟁해결에 장애가 될 수도 있다. 그렇기 때문에 연혁

---

57) 대판 1963. 12. 12, 63다449.
58) 同旨: 송상현/박익환, 31면; 이시윤, 15면; 정동윤/유병현/김경욱, 17면; 한충수, 14면; 호문
혁, 61면.
59) 분쟁해결방식(MDR)은 민사소송, 화해, 조정, 중재, 협상 등 실로 다양한 형태를 가질 수 있
다. 그런데 크게 보면 민사소송이라는 국가가 직접 관장하는 대표적 분쟁해결방식과 다른 분쟁해결
방식으로 나눌 수 있다. 이러한 다른 분쟁해결방식을 총칭하여 대체적 분쟁해결방식(ADR)이라 한
다. 그런데 ADR은 대부분 국가의 간섭 없이 자율적으로 이루어지기 때문에 자율적 분쟁해결방식이
라고 할 수 있다.

적·제도적으로 민사소송 외의 여러 자율적인 분쟁해결방식이 개발되어 왔다. 이러한 자율적 분쟁해결방식을 총칭하여 ADR(Alternative Dispute Resolution)이라 한다. 본서에서는 ADR을 「대체적 분쟁해결방식(代替的 紛爭解決方式)」이라 한다. 「대체적 분쟁해결방식」으로 대표적인 것이 화해(settlement; Vergleich), 조정(mediation, conciliation; Schlichtung), 중재(arbitration; Schiedsgerichtsbarkeit), 상담, 협상(negotiation) 등이 있다. 빗물이 흐르면서 점차 정화되는 과정을 생각하면 분쟁에 있어 자율적인 분쟁해결방식의 필요성을 잘 알 수 있다. 대체적 분쟁해결방식은 분쟁의 자정과정(自淨過程)인 것이다. 민사소송은 대체적 분쟁해결방식을 거치지 아니한 분쟁이나 이를 거쳤으나 해결이 되지 아니한 분쟁을 최종적으로 해결하게 된다. 따라서 민사소송과 대체적 분쟁해결방식은 상호 대립적인 관계가 아니고, 상호 보완적이어야 한다. 민사소송은 최종적인 분쟁해결방식이므로 대체적 분쟁해결로 해결될 수 있는 것은 과감히 아웃소싱(outsourcing)하고, 법원은 최종적인 분쟁해결방식인 소송절차를 통하여 전체적인 관리를 할 수 있으면 된다. 그렇게 함으로써 민사소송이 가지고 있는 장점과 ADR의 장점을 모두 살릴 수 있고 분쟁의 해결이라는 전체적인 측면에서도 민사소송과 대체적 분쟁해결방식 모두에게 좋은 결과를 준다.

(2) 발전과정

자율적 분쟁해결방식 중 중재의 발전과정을 보면 이러한 점을 잘 알 수 있다. 18-19세기만 하여도 영국·독일 등을 중심으로 한 유럽에서는 중재는 사인간의 약정에 의하여 소송을 배제하는 것이므로 이는 공공정책에 반하는 것으로서 무효라고 하였다. 그런데 미국에서 20세기 초 중재제도를 전면적으로 받아들여 정착시킴으로써 현재의 중재제도가 일반화되었다. 또한 미국에서는 1950년대 이후 소송의 형식성·비효율성 등이 야기되면서 ADR의 필요성이 강조되었다. 그 주된 특징은 형식성 배제(Informalization), 조리·상식의 강조(Delegalization), 직업법관의 과도한 참여 제한(Deprofessionalization) 등으로 요약될 수 있다. 이를 민주사법의 민영화(privatization of civil justice)라고 표현하기도 한다. 미국·일본을 중심으로 ADR의 필요성에 대한 연구가 활발하고, 우리나라에서도 관심이 높다. 그러나 ADR의 지나친 강조로 인해 민사분쟁의 해결과 관련하여 「떼를 쓴 분쟁유발자가 유리, 양보한 선의의 피해자가 손해」라는 관념이 만연하면 오히려 정의관념 및 법치주의의 마비라는 부작용이 나타날 수 있으므로 유의하여야 한다.

(3) 우리나라에서는 전통적으로 분쟁을 소송으로 해결하려는 경향이 높았다. 그런데 1990. 1. 13. 법률 제4202호로 민사조정법이 제정·시행되면서 법원에서는 조정의 활성화를 위하여 꾸준히 노력하고 있다. 2002년 신민사소송법으로 전면 개정되면서 서면에 의한 화해제도($^{148조}_{3항}$), 화해권고결정제도($^{225}_{조}$) 등을 도입하여 자율적 분쟁해결방식을 더욱 강조하고 있다. 또한 행정부를 중심으로 한 국가기관에서 업무와 관련한 위원회에 의한 조정, 알선, 중재 등을 꾸준히 넓혀 가고 있는 경향이다. ADR의 활성화는 분쟁해결의 자율성과 다양성의 또다른 표현이다.

2. 화 해(settlement; Vergleich)

자율적인 분쟁해결방식 중의 하나인 화해는 재판외의 화해와 재판상의 화해로 나눌 수 있다. 대체적 분쟁해결방식 중 가장 전형적인 것이다.

(1) 재판외의 화해란 당사자가 상호 양보하여 당사자 사이의 분쟁을 종지(終止)할 것을 약정하는 것이다. 민법상의 화해계약을 의미한다($^{민 731}_{733조}~$). 계약자유의 원칙이 적용되는 분야이므로 적법성을 갖추고 있다면, 그 내용 및 방식이 자유롭고, 다른 계약들과 동일한 법률상의 효력이 있다. 당사자가 자유롭게 합의한다는 점에서 가장 바람직한 방식이기는 하다. 실제로는 재판 외의 화해는 불법행위자가 형사사건과 관련하여 그 처벌을 감경하기 위하여 '합의서'라는 형식으로 많이 이루어진다. 통상 "민·형사상 일체의 청구를 포기한다."는 조항이 들어가며, 이는 법률적으로 부제소특약 또는 권리포기약정으로 해석된다. 합의과정에서 당사자 일방이 우월한 지위를 이용한 경우에는 선량한 풍속위반($^{민}_{103조}$), 불공정한 행위($^{민}_{104조}$)로 무효가 될 수 있고, 예측할 수 없는 손해가 발생한 경우(예: 예측하지 못한 후유증)에는 합의의 효력이 미치지 아니할 수 있다.

(2) 재판상의 화해는 제소전화해와 소송상화해가 있다. 재판상 화해는 재판외의 화해와 달리 법원의 관여 하에 분쟁이 해결되는 것이므로, 화해를 확인하는 공문서인 화해조서는 확정판결과 같은 효력을 갖는다($^{220}_{조}$). 신민사소송법에서는 서면화해제도($^{148조}_{3항}$), 화해권고결정제도($^{225~}_{232조}$)를 신설하였고, 그 효력은 재판상의 화해와 같다($^{231}_{조}$). 또한 2005년 소송촉진 등에 관한 특례법에서 민사상 다툼에 관한 형사소송절차에서의 화해제도를 신설하였다. 형사사건의 피고인과 피해자가 해당 사건과 관련된 피해에 관한 민사상 다툼과 관련하여 합의한 경우에 해당 사건이 계속

된 제1심 법원 또는 항소심법원에 공동으로 공판조서에 그 내용의 기재를 구하는 신청을 하여 형사절차의 해당 공판조서에 기재된 경우에 재판상 화해와 같은 효력을 부여하고 있다($_{36조\ 1항}^{소촉법}$). 특히 금전배상의 경우 이를 보증하거나 연대의무를 지고자 하는 사람도 피고인 및 피해자와 공동하여 그 취지를 공판조서에 기재하여 줄 것을 신청할 수 있다($_{36조\ 2항}^{소촉법}$).

제소전화해는 소송계속 전에 당사자 일방이 지방법원(또는 시군법원)에 화해신청을 하여 단독판사의 주재 하에 절차가 진행되고($_{389조\sim}^{385\sim}$), 소송상화해는 소송계속 중에 소송물인 권리관계에 관하여 상호양보하여 합의된 내용을 법원에 진술함으로써 성립되는 것이다.

제소전화해와 소송상화해는 화해조서에 기재되면 확정판결과 같은 효력을 갖는다($_{조}^{220}$). 이렇게 재판상의 화해가 확정판결과 같은 효력을 갖는 것은 화해의 내용을 법관이 직접 확인하였고, 이에 기초하여 공문서인 화해조서가 작성된다는 점에서 재판과정을 생략한 상태에서도 확정판결과 같은 효력(집행력 외에 기판력을 부여함)을 부여할 정당성을 갖기 때문이다.[60] 법원이 조정의 활성화를 꾸준히 추진하고 있는 것과 병행하여 재판상의 화해 중 소송상화해율을 높이려는 법관들의 노력이 필요할 것이다.

3. 조 정(mediation, conciliation; Schlichtung)

(1) 의 의

조정이라 함은 제3자가 분쟁당사자를 중개하여 양쪽의 주장을 절충하여 화해에 이르도록 알선·협력하는 제도를 의미한다.[61] 조정자로서의 제3자는 국가기관과 개인·단체 모두 가능하다. 그러나 조정이 단순히 재판외의 화해 이상으로서 독자적인 효력을 부여받기 위하여는 법에 근거하여 이루어져야 한다. 조정에는 넓게 보아 법원에 의한 조정과 행정부 또는 산하기관 등에 의한 조정, 형사조정, 민간조정, 법원연계형조정 등으로 나눌 수 있다. 법원에 의한 조정은 조정조서가 작성되면 재판상 화해와 동일한 효력이 있고, 준재심 절차에 의하여만 그 효력을 다툴 수 있다.[62] 행정부 또는 산하기관 등의 위원회에 의한 조정은 근거 법에 따

---

60) 법관이 직접 당사자를 대면하여 내용을 확인하지 아니한 공정증서, 독촉절차에 의한 지급명령 등은 기판력이 없고 집행력만 인정된다.
61) 정동윤/유병현/김경욱, 19면.
62) 대판 2005. 6. 24, 2003다55936; 대판 2006. 5. 26, 2004다54862 등 참조.

라 재판상 화해와 같은 효력을 갖거나, 단순히 민법상 화해의 효력만이 있는 경우가 있다. 행정부 등에 의한 조정은 국민의 법관에 의한 재판을 받을 권리를 침해할 여지가 있으므로 재판상 화해와 같은 효력을 부여함에 있어 신중을 기하여야 한다.[63] 조정은 소송에 비하여 비용이 저렴하고, 간이·신속하며, 전문가의 도움(예: 의료분쟁·건설분쟁에 있어서 해당분야의 의사·건축사 등을 조정위원으로 참여시킴)을 받을 수 있는 장점이 있다. 또한 조정은 소송과 달리 법률에 의한 일도양단식의 결론을 내는 것이 아니고 당사자의 양보와 타협에 의하기 때문에 조리(條理)에 따른 분쟁해결이 가능하다.

(2) 법원에 의한 조정

법원에 의한 조정은 민사조정과 가사조정으로 나눌 수 있다.[64] 민사조정은 민사조정법(1990. 1. 13. 법률 제4202호로 제정, 동년 9. 1.부터 시행됨)[65]에 기초하며, 가사조정은 가사소송법($^{가소\ 49\sim}_{61조}$)에 의한다.

ⅰ) 민사조정법에 의한 조정은 ⓐ 조정담당판사가 이를 처리하나($^{민조\ 7조}_{1항}$) 조정담당판사는 스스로 조정을 하거나 상임 조정위원 또는 조정위원회로 하여금 조정을 하게 할 수 있다($^{동조}_{2항}$). 그러나 수소법원이 조정에 회부한 사건으로서 수소법원이 스스로 조정함이 상당하다고 인정한 것은 수소법원이 스스로 처리할 수 있다($^{민조\ 7조}_{3항}$).[66] 결국 조정의 담당기관은 조정담당판사, 상임 조정위원 또는 조정위원회, 수소법원 등 4가지 경우가 있다. 조정위원회는 조정장과 조정위원 2인 이상으로

---

63) 同旨: 이시윤, 22면; 정동윤/유병현/김경욱, 23면.

64) 광업법 제81조에 따른 광해(鑛害)와 관련한 손해배상에 관한 분쟁에 관하여 광해조정 신청이 가능하나, 동법 제정 당시에는 조정신청의 대상사건이 차지·차가에 관한 분쟁과 소액·단독사건에 한정되었으므로, 광해와 관련한 손해배상사건(합의사건 포함)에 관하여 특별히 조정신청을 할 수 있다는 규정이 필요하였다. 그러나 민사조정법이 제정되면서 소송물가액을 불문하고 민사에 관한 모든 분쟁사건을 조정대상으로 하고 있으므로 현재에는 특별한 의미가 없고 민사조정법에 따르면 된다. 따라서 동 규정을 삭제하여도 될 것이다.

65) 민사조정법은 종전의 민사조정에 관한 기본법이라 할 수 있는 차지차가조정법(1962. 1. 15. 법률 제962호로 제정되어 시행되다가 민사조정법의 제정에 따라 1990. 1. 13. 법률 제4202호로 폐지됨)을 흡수·확대하였고, 간이절차에 의한 민사분쟁사건 처리특례법상의 규정(제7조), 소액사건심판법상의 규정(제12조 내지 제14조)을 통합한 명실상부한 민사조정의 기본법이다. 민사조정법은 조정의 범위를 종전에는 차가·차지와 관련된 분쟁, 단독·소액사건에 한정하여 인정하던 것을 소송물가액을 불문하고 민사에 관한 모든 분쟁사건을 조정대상으로 할 수 있도록 하였다는 점에서 큰 의미를 갖는다고 할 것이다.

66) 수소법원에 의한 조정은 손해배상사건 등 정형화되어 있는 사건에서 조정을 갈음하는 결정(통상 강제조정이라 함)과 결합하여 유용하게 이용되고 있으며, 일반 사건에서도 많이 이용되고 있는 편이다.

구성한다(민조8조). 조정장은 조정담당판사 또는 상임 조정위원, 수소법원의 재판장, 수명법관 또는 수탁판사, 시·군법원의 판사가 맡는다(민조9조). 조정위원은 법원에서 위촉하여 둔 조정위원[67] 중 분쟁사건의 해결에 맞는 조정위원으로 구성된다. 조정담당판사에 의한 조정은 조정담당판사가 스스로 처리하는 조정이고, 수소법원 조정은 사건이 계속된 법원이 직접 조정을 담당하는 경우를 말한다. ⓑ 조정절차에 관하여 보면 당사자의 서면 또는 구술에 의한 조정신청에 의하거나(민조5조), 수소법원이 필요하다고 인정하는 경우 항소심 판결선고 전까지 직권에 의한 조정 회부(민조6조)로 개시된다. 조정신청 사건은 원칙적으로 조정담당판사가 처리하나, 필요한 경우 상임 조정위원 또는 조정위원회 조정에 회부할 수 있으며, 당사자가 조정위원회 조정을 신청한 경우에는 조정위원회 조정에 의한다(민조7조). 다만 수소법원에 의한 직권에 의한 조정회부사건은 해당 수소법원이 직접 처리한다. 조정사건은 소송과 달리 공개하지 아니할 수 있고(민조20조), 또한 집단분쟁에 대한 조정에 대하여는 대표당사자를 선임하여 조정절차를 간소화할 수 있다(민조18조). ⓒ 조정의 효력은 합의된 사항을 조서에 기재함으로써 성립하고, 조정조서는 재판상 화해와 동일한 효력을 가진다(민조29조 28,). ⓓ 조정이 성립하지 아니하였거나, 성립된 합의가 상당하지 아니할 때에는 상당한 이유가 없는 한 직권으로 당사자의 이익 기타 모든 사정을 참작하여 조정을 갈음하는 결정(통상 줄여서 강제조정이라 함)을 하여야 한다(민조30조). 피신청인이 기일에 출석하지 아니한 때에도 같다(민조32조). 조정을 갈음하는 결정에 대하여 2주 이내에 이의하지 아니하여 확정되면 재판상 화해와 동일한 효력을 가진다(민조 34조 4항, 이의신청의 취하·각하의 경우에도 동일함). ⓔ 조정신청을 하면 시효중단의 효력이 있고(민조35조), 조정이 성립하지 아니하거나, 조정을 갈음하는 결정에 이의신청을 한 때에는 조정신청을 한 때에 소가 제기된 것으로 본다(민조36조). ⓕ 조정신청 수수료는 소장인지의 1/10이므로 그 비용이 저렴하다(민조규3조 1항). 제1·2심 소송계속 중에 조정이 성립된 경우(강제조정 포함)에는 소장 등의 인지액의 1/2에 해당하는 금액을 환급받을 수 있다(민인14조 1항 5호).

위에서 본 상임 조정위원제도는 2009년 2월 6일 민사조정법 일부 개정(법률 제9417호)으로 신설된 제도이다. 제도의 취지는 변호사 자격이 있고 15년 이상 판

---

67) 조정위원을 민간인으로 한정할 필요가 없고 사회적으로 학식과 덕망이 있거나 분쟁분야의 전문가 위주로 다양하게 구성하면 될 것이다. 현재에는 대체적으로 민간인 중에 사회적으로 학식과 덕망이 있는 자 또는 전문가 중에서 위촉하고 있다. 조정위원으로서 조정에 참여하는 것은 직접 재판절차에 참여하는 것은 아니나 법원에 의한 조정절차에 참여한다는 점에서 간접적으로 일반인의 재판참여의 일환으로 볼 수 있다.

사·검사·변호사, 국·공영기업체 등에서 법률에 관한 사무에 종사한 사람 중에서 상임 조정위원으로 위촉하여($^{조정위원규칙}_{2조의2 2항}$), 그가 조정장으로서 조정사건을 처리할 수 있도록 함으로써 조정을 활성화하여 분쟁을 신속하고 원만하게 해결하려는 것이다. 상임 조정위원은 일반 조정위원과 달리 법원행정처장이 직접 위촉하며($^{민조 10조}_{1항}$),[68] 형법상 공무원으로 본다($^{민조 40}_{조의2}$).

ii) 가사소송법에 의한 가사조정($^{가소 49~}_{61조}$)은 가사소송사건 및 가사비송사건과 관련한 조정이다. 가사소송법에 특별한 규정이 없으면 민사조정법을 준용한다($^{가소}_{49조}$). 가사조정과 관련하여 가사소송사건 나·다류 사건과 가사비송사건 마류 사건은 조정전치주의를 취하고 있고($^{가소}_{50조}$), 가사조사관에 의한 조정전 사실의 사전조사($^{가소}_{56조}$), 소송으로 의제하거나, 복귀할 경우에 조정장 또는 조정담당판사의 의견서 첨부($^{가소}_{61조}$) 등의 특칙을 두고 있다.

(3) 행정부 또는 산하기관 등의 위원회에 의한 조정

현재 법원에 의한 조정 외에도 행정부 산하의 각종 위원회에 의한 조정이 매우 활성화되어 있다. 여기에는 i) 소비자분쟁조정위원회($^{소기}_{60조}$), ii) 의료분쟁조정위원회($^{의료분쟁}_{19조}$),[69] iii) 건설분쟁조정위원회($^{건기}_{69조}$)와 하도급분쟁조정협의회($^{하도급}_{24조}$), 집합건물분쟁조정위원회($^{집합건물}_{52조의2}$), iv) 금융분쟁조정위원회($^{금융}_{51조}$), v) 환경분쟁조정위원회($^{환경분}_{쟁 4조}$), vi) 한국저작권위원회($^{저작}_{112조}$), vii) 언론중재위원회($^{언론중}_{재 7조}$),[70] viii) 약관분쟁조정협의회($^{약규}_{24조}$), ix) 사학분쟁조정위원회($^{사학 24}_{조의2}$), x) 노동위원회의 조정위원회($^{노동관계}_{55조}$),[71] xi) 기타 방송분쟁조정위원회($^{방송}_{조의3}35$),[72] 공정거래분쟁조정협의회($^{공정거래}_{73조}$)[73]의 조정 등 대략 69종의 조정기구가 존재한다.[74] 자율적 분쟁해결의 강조로 향후 계속 증가할 것으로

---

68) 일반 조정위원은 고등법원장, 지방법원장 또는 지방법원 지원장이 학식과 덕망이 있는 사람 중에서 위촉한다(민조 10조 1항).

69) 2020년 의료법의 개정으로 의료분쟁의 조정과 중재를 위하여 한국의료분쟁조정중재원을 신설하여 송전의 의료심사조정위원회에서 하던 조정업무를 의료분쟁조정위원회에서 하고 있다(의료분쟁 19조).

70) 언론중재위원회에서는 조정업무 외에 중재업무도 처리하고 있다. 중재업무는 당사자 사이에 중재합의의 약정이 있는 경우에 한하여 할 수 있다는 점이 조정과 다른 점이다(언론중재 24, 25조 참고). 따라서 동 위원회에서 행하는 조정과 중재결정은 전혀 다른 의미를 갖는 것이므로 중재결정이 조정의 성질을 갖는다고 볼 수 없다.

71) 조정조서의 효력이 단체협약과 같은 효력이 발생한다(노동관계 61조 2항).

72) 방송통신위원회 산하의 위원회이다.

73) 공정거래위원회 산하의 한국공정거래조정원에 설치되어 있다.

74) 김연, "법원이 관여하지 않는 특별조정절차의 검토", 민사소송 제14권 제1호, 2010, 한국민사

사료된다.

위와 같은 위원회의 조정에 의하여 분쟁이 해결된다면 전문성 제고, 비용의 저렴, 절차의 신속 등의 면에서 장점이 있다. 건설분쟁조정위원회·집합건물분쟁조정위원회·약관분쟁조정협의회의 조정은 조정서와 동일한 내용의 민사상의 화해가 성립된 것으로 보고 있으나(건설산업 74조 4항), 그 이외의 조정의 경우에는 합의된 내용을 조정조서에 기재함으로써 재판상 화해와 같은 효력을 갖는다(소기 67조, 의료 75조, 금융55조, 환경 분쟁 33조, 저작 117조, 언론중재 23조).[75]

그러나 위원회에 의한 조정조서 중 재판상 화해와 같은 효력을 갖는 것은 헌법상 보장된 법관에 의한 재판을 받을 권리(헌 27조 1항)를 침해할 여지가 있어 법리상 문제가 된다.[76] 분쟁을 전문성을 가진 곳에서 효율·신속하게 처리할 수 있다는 점에서는 긍정적이라고 할 수 있으나, 행정부 산하의 위원회에서 법관의 참여 없이 이루어진 조정의 효력이 재판상 화해와 같은 효력을 가짐으로써 집행력 외에 기판력도 가진다고 해석될 여지가 있어 헌법상 보장된 삼권분립의 원칙의 본질에 반할 수 있다는 점, 더욱이 기판력을 부여한다면 법관 없이 이루어진 조정조서의 하자를 다투기 위해서는 준재심의 소로만 할 수 있어 구제수단이 거의 없다는 점 등에 비추어 보면 이 부분에 대하여 신중한 해석 및 운영이 필요할 것으로 보인다. 이 점은 헌법재판소가 "신청인의 동의가 있으면 배상심의회의 결정을 재판상 화해로 간주한다."는 국가배상법 제16조(1977. 12. 13. 삭제됨)에 대하여 재판청구권을 과도하게 제한하는 것이어서 기본권 제한입법에 있어서의 과잉입법금지의 원칙에 반하고, 삼권분립의 원칙상 실질적 의미의 사법작용인 분쟁해결에 관한 종국적인 권한을 사법부에 귀속시키려는 헌법정신에 충실하지 못하여 위헌이라는 결정[77]에 비추어 보면 분명하여진다. 이 문제를 해결하기 위한 다양한 방법이 있을 수 있으나, 우선 해석론으로 행정부 산하의 위원회에서의 조정조서의 효력에 대하여 집행력만을 부여하는 것이 타당할 것이다. 그러나 거시적인 측면에서는 위원회 등에 의한 조정은 분쟁해결의 순기능이라는 측면이 있으므로, 사적 재판에 해당하는 중재를 법원의 일정한 관리 하에 그 효력을 인정하는 것 같이 민사조정법에서 행정부 산하의 각종 위원회에 의한 조정조서의 집행 및 그 조서의 취소제도 등의 신설을 통하여 그 효력을 강화하여 이를 활성화하는 것이 바람직할 것이다.

소송학회지, 51면.

75) 사학분쟁조정위원회·방송분쟁조정위원회의 조정은 행정심판적 요소가 있다.

76) 이시윤, 22면; 정동윤/유병현/김경욱, 23면.

77) 헌재 1995. 5. 25, 91헌가7.

(4) 형사조정

「범죄피해자보호법」이 2010년 5월 14일 법률 제10283호로 전부개정 되면서 동법 제41조 내지 제46조에 형사조정제도가 신설되었다. 행정부에서 하는 조정의 하나라고 할 수 있다. i) 검사는 피의자와 범죄피해자 사이에 형사분쟁을 공정하고 원만하게 해결하여 범죄피해자가 입은 손해를 실질적으로 회복하는 데 필요하다고 인정하면 당사자[78]의 신청 또는 직권으로 수사 중인 형사사건을 형사조정에 회부할 수 있다(범보 41조 1항). 형사조정에 회부할 수 있는 형사사건의 구체적인 범위는 대통령령으로 정하지만, ⓐ 피의자가 도주하거나 증거를 인멸할 염려가 있는 경우, ⓑ 공소시효의 완성이 임박한 경우, ⓒ 불기소처분의 사유에 해당함이 명백한 경우(기소유예처분의 사유에 해당하는 경우는 제외함)는 형사조정에 회부할 수 없다(범보 41조 2항). ii) 형사조정을 담당하기 위하여 각급 지방검찰청 및 지청에 형사조정위원회를 두며(범보 42조 1항), 동 위원회는 2명 이상의 형사조정위원으로 구성되며(동조 2항), 형사조정위원은 국가공무원법상의 결격사유가 없는 자 중에 형사조정에 필요한 법적 지식 등 전문성과 덕망을 갖춘 사람 중에서 관할 지방검찰청 및 지청의 장이 임명한다(동조 3항). 형사조정위원의 임기는 2년이고, 형사조정위원회의 위원장은 관할 지방검찰청 및 지청의 장이 형사조정위원 중에서 위촉한다(동조 5항). 형사조정위원에게는 예산의 범위 내에서 법무부령으로 정하는 바에 따라 수당과 여비, 일당 및 숙박료를 지급할 수 있다(동조 7항). 형사조정위원이나 이었던 사람은 재판 등에 대한 영향력 행사 금지, 비밀누설의 금지 및 수수료 등의 금품수수 금지의무를 부담한다(범보 48조, 38조 내지 40조). iii) 형사조정위원회는 형사조정이 회부되면 지체 없이 형사조정 절차를 진행하여야 하고(범보 43조 2항), 동 위원회는 필요하다고 인정하면 형사조정의 결과에 이해관계가 있는 사람의 신청 또는 직권으로 이해관계인을 형사조정에 참여하게 할 수 있다(동조 3항). iv) 형사조정위원회는 형사조정에 회부한 검사에게 해당 형사사건에 관하여 당사자가 제출한 서류, 수사서류 및 증거물 등 관련 자료의 사본을 보내 줄 것을 요청할 수 있고(범보 44조 1항), 이를 요청받은 검사는 그 관련 자료가 형사조정에 필요하다고 판단하면 당사자 또는 제3자의 사생활의 비밀이나 명예를 침해할 우려가 있거나 수사상 비밀을 유지할 필요가 있다고 인정하는 부분을 제외하고 동 위원회에 보낼 수 있다(동조 2항). 당사자도 해당 형사사건에 관한 사실의 주장과 관련

---

78) 여기서 '당사자'라고 함은 피의자와 범죄피해자를 의미한다.

된 자료를 동 위원회에 제출할 수 있다($\frac{통조}{3항}$). 동 위원회는 제출된 관련 자료를 제출자 또는 진술자의 동의를 받아 그 자료를 상대방 당사자에게 열람하게 하거나 사본을 교부 또는 송부할 수 있다($\frac{통조}{4항}$). v) 형사조정위원회는 조정기일마다 형사조정의 과정을 서면으로 작성하고, 형사조정이 성립되면 그 결과를 서면으로 작성하여야 한다($\frac{별표 45}{조 1항}$). 동 위원회는 조정과정에서 증거위조나 거짓 진술 등의 사유로 명백히 혐의가 없는 것으로 인정하는 경우에는 조정을 중단하고 담당검사에게 회송하여야 하며($\frac{통조}{2항}$), 형사조정 절차가 끝난 경우에도 조정기일조서 및 결과의 서면을 붙여 형사사건을 회부한 검사에게 보내야 한다($\frac{통조}{3항}$). 검사는 형사사건을 수사하고 처리할 때 형사조정 결과를 고려할 수 있고, 다만 형사조정이 성립하지 아니하였다는 사정을 피의자에게 불리하게 고려하여서는 아니 된다($\frac{통조}{4항}$). 형사조정이 성립하면 민사소송법 제220조(화해 등의 효력)를 준용하고 있지 아니하여 재판상 화해와 같은 효력이 발생하지는 않고 민법상의 화해계약과 같은 효력이 있을 뿐이다.[79]

(5) 민간조정 · 법원연계형조정

민간조정이란 국가기관 등 공적기관이 아닌 민간인 또는 사적기관이 개입하여 조정을 하는 경우를 말한다. 민사상의 화해계약을 성립시키는 것으로 재판외의 화해로 볼 수 있다.[80] 여기에는 신용회복위원회에서 워크아웃(work-out)의 일환으로 금융회사와 채무자 사이(원리금 5억원 이하)의 금융채무를 조정하는 것 등이 있다.

한편 법원연계형조정은 법원이 행하는 조정을 민간 사이드에서 돕는 형태이다. 법원조정와 민간조정의 결합형태로 분류할 수 있다. 서울중앙지방법원에서 하는 법원연계형 조정을 보면 동 법원에 소송계속 중인 사건에 대하여 대한상사중재원, 서울변호사회, 대한법무사회, 한국소비자원, 고려대학교 법학전문대학원 산하의 리걸클리닉 센터 등과 연계하여 조정을 수행하고 있다. 법원이 사건을 연계기관에 보내주고, 연계기관에서 당사자를 만나 합의를 이끌어 내어 합의서 등을 작성하여 법원의 조정전담판사에게 보고하면, 법원이 그 내용에 기초하여 강제조정을 하여 마무리 하게 된다. 이 경우에 연계기관에서 합의한 당사자가 법원의 강제조정에 이의하게 되면 문제이다. 이 경우 사건은 다시 소송절차에 복귀하게 된다. 소송절차에서는 합의 내용에 따라 청구취지를 변경한 후에 판결로 종결되거나, 합의의

---

79) 同旨: 이시윤, 605면.
80) 이시윤, 22면.

구체적인 내용이 부제소합의로 평가되면 소의 이익이 없어 각하될 수 있다.

4. 중 재(arbitration; Schiedsgerichtskeit)

(1) 중재라 함은 분쟁당사자가 분쟁의 전·후에 분쟁의 처리를 국가기관이 아닌 사인인 제3자의 판정에 따르기로 하는 합의를[81] 하고, 이 약정에 따라 선정된 중재인이 심판절차를 거쳐 판정을 함으로써 분쟁을 해결하는 절차를 말한다. 중재는 국가가 아닌 사인이 행하는 재판 즉 사적 재판(私的 裁判)이다. 그렇기 때문에 절차진행에 있어서 당사자 의사에 반하는 강제력을 행사하는 것이 불가능하고, 판정이 확정되어 그 집행을 위하여서는 사법부의 일정한 인가를 받아야 한다(중재법 제37조에 따라 중재판정의 승인·집행을 위해서는 법원으로부터 승인·집행판결을 받아야 함). 중재는 중재판정을 통하여 분쟁의 해결을 도모하는 것이므로 상호 양보를 통한 합의를 전제로 한 재판상 화해나 조정과는 차이가 있다. 중재제도는 단심제로서 재판에 비하여 신속하고, 저렴하게 분쟁을 해결할 수 있는 장점이 있다. 특히 관련분야의 전문가를 중재인으로 선정할 수 있고, 심리절차가 비공개로 진행되므로 업무상 비밀을 유지할 수 있다. 따라서 국제상사거래·특허분쟁사건 등의 해결에 많이 이용된다.

(2) 중재를 담당하는 대표적 기구로 국제적으로는 IBRD 산하의 국제분쟁해결센터(International Centre for Settlement of Investment Disputes, 통상 ICSID로 약칭함), ICC 국제중재법원(The ICC International Court of Arbitration), 런던 국제중재법원(The London Court of International Arbitration) 등이 있고, 국내에서는 사단법인인 대한상사중재원이 있다. 중재는 사적 재판이므로 독자적인 절차에 따라 행할 수도 있으나, 합리적인 절차의 진행을 위하여 조약·국내법을 통하여 기본절차를 규정하고 있다. 우리나라에 있어서 중재에 관한 기본법으로 중재법(1966. 3. 16. 법률 제1767호로 제정)[82]이 있다. 중재법 제40조에 의하면 국내외 상사분쟁을 공정·신속하게 해결하고, 국제거래질서를 확립하기 위하여 법무부장관 또는 산업통상자원부장관이 지정하는 상사중재를 행하는 사단법인에 대하여 필요한 경비의 전부 또는 일부를 보조할 수 있도록 하였는데, 그 지정을 사단법인 대한상사

---

81) 중재합의, 중재약정 또는 중재계약이라 칭한다.

82) 해방 후 민사소송법 제정·시행 전에는 미군정 법령 제21호에 의하여 일제 때에 쓰던 일본민사소송법을 의용(依用)하였는데 의용한 일본민사소송법에 중재규정이 있어 중재법 제정 전에는 의용 일본민사소송법이 중재에 관한 기본법이라 할 수 있다.

중재원이 받은 것이다.

현재 대한상사중재원의 주무부서가 2016년 6월 15일부터 종전의 산업통상자원부에서 법무부로 이관되었다. 2016년 12월 27일 '중재산업 진흥에 관한 법률'의 제정으로 중재산업의 발전과 국제화를 위하여 향후에는 법무부로부터 경비 등의 지원을 받게 되었다. 대한상사중재원은 독자적인 규칙[83]을 가지고 있고($\frac{중재}{41조}$), 동 규칙을 제정 또는 변경할 때에는 대법원장의 승인을 받아야 한다($\frac{동법}{41조}$).

그 외의 국내 중재기관으로는 '언론사의 언론보도로 인하여 침해되는 명예나 권리 그 밖의 법익에 관한 다툼이 있는 경우'를 위한 언론중재위원회의 중재($\frac{언론중재}{24, 25조}$), 서울지방변호사회의 중재센터 등이 있다. 2009년 당시 서울지방변호사회에서는 20년 이상의 경력이 있는 변호사를 중재인으로 하고, 3,000만원 이하의 민사소액사건을 대상으로 중재비용 없이 무료로 저소득층 서민을 위한 법률구조사업의 일환으로 행하는 중재 등을 활성화 하려는 노력이 있었지만 현재는 활동이 거의 없다.[84]

(3) 중재합의(arbitration clause)는 독립된 합의 또는 계약에 중재조항을 포함하는 방식으로 할 수 있으며($\frac{중재 8조}{1항}$), 다만 서면으로 하여야 한다($\frac{동조}{2항}$). 중재합의가 있음에도 당사자가 법원에 소를 제기한 경우에는 상대방은 본안에 관한 최초의 변론 전까지 중재합의가 있음을 항변하여 그 존재가 확인되면 법원은 소송요건을 갖추지 못하였다는 이유로 소를 각하하여야 한다($\frac{중재 9조}{1, 2항}$). 분쟁을 중재만으로 해결하는 '전속적 중재합의'를 한 경우에 소를 제기하면 소의 이익이 없지만, 판례는 분쟁 해결방법을 조정 또는 중재기관의 중재에 의하고, 조정에 불복하는 경우에는 법원의 판결에 의한다는 이른바 '선택적 중재합의'를 한 경우에는 일방 당사자의 중재신청에 대하여 상대방이 중재신청에 대한 답변서에서 중재합의의 부존재를 적극적으로 주장하면서 중재에 의한 해결에 반대한 경우에는 중재합의로서의 효력은 없다고 한다.[85] 그러나 사적자치의 원칙상 분쟁해결방식의 선택의 자유가 당사자에게 있다고 할 것이므로 선택적 중재합의의 경우에도 그 유효성을 인정하는

---

83) 대한상사중재원은 대법원장의 승인을 받아 국제상사규칙(2000. 5. 15. 시행), 중재규칙(2005. 1. 15. 시행), 국제중재규칙(2007. 2. 1. 시행)을 갖고 있다.

84) 그 외에 개인 중재인 제도와 로펌 등에서 중재제도를 운영하는 것도 생각할 수 있다.

85) 대판 2003. 8. 22, 2003다318; 대판 2004. 11. 11, 2004다42166. 또한 판례는 중재합의가 인정되는 경우에 중재합의의 대상인 분쟁의 범위를 명확하게 특정하여 한정하였다는 등의 특별한 사정이 없는 한 특정한 법률관계에서 비롯되는 모든 분쟁을 중재에 의하여 해결하기로 정한 것으로 봄이 상당하다고 한다(대판 2011. 12. 22, 2010다76573).

것이 타당하다고 본다.[86)]

(4) 중재판정은 당사자 사이에 법원의 확정판결과 동일한 효력을 가진다($\frac{중재}{35조}$). 다만 중재판정의 승인 또는 집행은 법원의 승인결정 또는 집행결정에 따라야 된다($\frac{중재}{37조}$). 외국중재판정의 승인 및 집행은 뉴욕협약[87)]의 적용을 받은 경우에는 동 협약에 의하고($\frac{중재 39}{조 1항}$), 아닌 경우에는 민사소송법($\frac{217}{조}$) 및 민사집행법($\frac{민집 26조}{1항, 27조}$)을 준용하여($\frac{중재 39}{조 2항}$) 승인 및 집행판결을 받아야 한다.

5. 상담, 협상(negotiation) 등

(1) 상담이라 함은 행정기관·산하 위원회·소비자보호단체 등 각종 공·사단체가 국민이나 소비자 등으로부터 분쟁과 관련된 고충을 듣고, 해당 기관 또는 회사, 상대방 등에게 그것을 전달하고, 자신이 가지고 있는 행정상의 권한 내지 사실상의 힘을 통하여 분쟁의 해결을 도모하는 방식을 말한다. 상담은 화해를 제 3자가 유도한다는 점에서 조정과 유사하지만 그것보다 덜 정형화되어 있다는 점이 특징이다. 행정기관에 의한 민원상담, 각종 위원회에서 행하는 알선,[88)] 소비자단체에 의한 합의의 권고($\frac{소기 28조}{1항 5호}$) 등이 그 예이다.

(2) 협상이라 함은 당사자가 분쟁발생 전·후에 분쟁 발생의 예방·해결을 위하여 자율적으로 화해에 도달하기 위하여 노력하는 일련의 과정을 의미한다. 통상 화해의 한 방법으로 볼 수도 있지만, 규모가 큰 거래 또는 국제거래 등에 있어서 협상이 매우 중요한 의미를 가지면서 점차 자율적·보조적인 분쟁해결방식의 하나로 인식되고 있다.

---

86) 정영환, 단계적·선택적 분쟁해결조항의 연구(선택적 중재조항을 중심으로), 대한상사중재원, 2002, 60면; 유·무효에 대한 자세한 내용은 목영준/최승재, 상사중재법(개정판), 박영사, 2018, 99~100면 참조.

87) '외국중재판정의 승인 및 집행에 관한 협약'을 말한다.

88) 위 3-(3)항에서 조정을 하는 각종 위원회에서 통상 알선 업무도 처리하고 있다. 이러한 알선을 법률적으로 어떻게 보아야 하는지는 논의의 여지가 있다. 본서에서는 넓게 보아 상담의 한 유형으로 보았다.

제 4 절 민사소송의 목적과 재판을 받을 권리

Ⅰ. 논의의 전제

지금까지 민사소송의 개념, 특성과 다른 분쟁해결제도와의 비교 등을 통하여 민사소송제도란 어떤 것인지를 보았다. 그런데 이것은 현재의 민사소송제도가 가지고 있는 모습일 뿐인 것이다. 인간이 가지고 있는 형상으로서의 모습과 그 인간이 삶에서 추구하여야 할 목적은 다르다. 삶의 목적을 어떻게 설정하는지에 따라 인간의 삶은 많이 달라질 수 있다. 삶의 목적이 바르게 정립되어야만 행복한 삶을 영위할 수 있다. 민사소송제도는 사람의 생각의 변화, 시대 상황에 따라 항상 변화하고 있다. 민사소송의 목적은 이러한 변화과정에서 방향을 잃지 아니하게 하는 등대와 같은 것이다. 민사소송의 목적이란 인간에 대한 최고의 헌법적 가치를 민사소송법적으로 표현한 것이고, 이를 구체화한 것이다. 그렇기 때문에 민사소송의 목적은 헌법적 가치를 내재한 논의여야 하나 헌법적 논의보다는 보다 구체적일 필요가 있다. 인간에 대한 최고의 헌법적 가치는 인간의 존엄과 행복추구권($^{헌}_{10조}$)[1]이고, 이것은 재판청구권($^{헌}_{1항}$^{27조})을 통하여 민사소송제도와 연결이 된다. 따라서 민사소송의 목적은 결국 민사소송제도를 통한 인간의 존엄과 행복추구의 실현을 무엇으로 평가할 것인가의 문제이다. 이러한 논의는 민사소송의 출발점이며 종착역이기도 하다.

Ⅱ. 민사소송의 목적

1. 학 설

민사소송의 목적이 무엇인지에 대하여는 사권보호설, 사법질서유지설, 분쟁해결설, 절차보장설, 다원설 등 다양한 견해가 있다.

---

1) 헌법 제10조는 "모든 국민은 인간으로서의 존엄과 가치를 가지며, 행복을 추구할 권리를 가진다. 국가는 개인이 가지는 불가침의 기본적 인권을 확인하고 이를 보장할 의무를 진다."고 규정하고 있다.

(1) 사권보호설(또는 권리보호설)

민사소송의 목적을 사권의 확정에 의한 개인의 권리보호와 의무의 준수를 보장하는 데 두는 입장이다. 즉 국가가 사인의 자력구제를 금지하는 대신에 민사소송제도를 두어 사인의 권리를 민사소송제도를 통하여 구제할 수 있도록 하여 준다는 견해이다. 국내의 통설이다.[2]

(2) 사법질서유지설(또는 사법유지설)

국가가 제정한 사법질서를 유지하고 그 실효성을 보장하기 위하여 민사소송제도가 생겼다는 견해이다. 그렇기 때문에 사법질서의 유지가 민사소송의 목적이라는 견해이다. 민사소송에 의하여 사인의 권리가 구제되지만 이는 사법질서유지의 수단이거나 그 유지의 효과일 뿐이라는 것이다. 국가의 시각에서 민사소송제도를 이해하고 있는 견해이다.

(3) 분쟁해결설

사인간의 생활관계에서 발생한 분쟁을 강제적으로 해결하기 위하여 민사소송제도가 생겼다는 견해이다. 민사소송의 목적이 사인간의 분쟁에 대한 강제적 해결에 있다고 본다.[3]

(4) 절차보장설

소송이란 당사자 사이의 분쟁에 관한 여러 과정(소송, 소송 전·후, 소송외의 과정) 중의 한 장면에 지나지 않고, 민사소송의 목적이란 분쟁당사자 사이에 공평하고 평등한 투쟁의 장을 제공하고, 논쟁 내지 토론의 절차를 보장하는 것이라는 것이다. 일본의 "신당사자주의" 내지 "절차보장의 제3의 물결" 이론을 주장하는 학자들의 견해로서 결과적으로 분쟁의 해결을 기대하는 입장이다.[4] 분쟁해결설에 가까운 견해로 보인다.

---

2) 강현중, 27면; 박상일, 24면; 이명섭, 22면; 이영섭, 19면; 정동윤/유병현/김경욱, 27면; 호문혁, 9면.
3) 한종렬, 58면.
4) 新堂幸司, 3면.

(5) 다원설

민사소송의 목적을 사권보호, 사법유지, 분쟁해결, 절차보장 등의 어느 하나에 한정하는 것은 민사소송제도의 일면만을 보는 것에 지나지 않는 것이므로, 민사소송의 목적이란 위와 같은 다양한 목적을 다원적으로 충족하기 위하여 존재하는 제도라는 견해이다.[5] 다원설 중 개인적 입장에서는 사권보호에 있고, 국가적 입장에서는 사법질서의 유지에 있다는 견해도 있다.[6]

2. 비   판

(1) 민사소송의 목적이 무엇이라고 단정하기 어렵다는 것은 위의 다양한 견해를 보면 명백하다. 각 설은 나름대로 민사소송의 목적을 잘 설명할 수 있고, 또한 장단점을 가지고 있다.

(2) 연혁적 입장에서 보면 사권보호설은 19세기 초 독일에서 개인의 자유가 강조되던 야경국가적 소송관에 기초하여 발전하였고 소송제도의 운영에 있어서 당사자주의를 강조한다. 사법질서유지설은 그 이후 전체주의적 국가관에 기초하여 득세하였으므로 소송제도에서 공익을 중시하였고, 사권보호설 이후에 등장하여 발전하였다. 민사소송의 목적에 관한 견해가 이러한 연혁을 가지고 있다는 것을 아는 것은 현재의 민사소송제도의 목적을 이해하는 데 도움이 된다.

(3) 각 견해에 대하여 다음과 같은 비판이 있다. i) 사권보호설은, 자유·개인주의 소송관에 기초하고 있어 소송제도의 사익의 측면만을 강조하고 공익의 측면을 도외시하는 개인권리의 과잉의식이 문제이다.[7] ii) 사법질서유지설은, 전체주의적 국가관에 기초하고 있고 사권의 보호가 사법질서의 유지과정에서 얻어지는 단순한 부산물로 보고 있어 권리보호를 구하는 당사자를 소송절차의 단순한 객체로 전락시킬 수 있다. iii) 분쟁해결설은, 민사소송을 반드시 당사자의 법적 분쟁을 전제로 하고 있는바, 분쟁 없이도 민사소송이 있을 수 있는 경우(예: 피고의 청구인낙 등), 법적 분쟁이 있음에도 민사소송 없이 분쟁을 해결할 수도 있다는 점(예: 화해계약, 면제, 중재 등 대체적 분쟁해결방식에 의한 해결) 등에 비추어 분쟁이 소송

---

5) 송상현/박익환, 15면; 전병서, 17면.
6) 김홍규/강태원, 4면; 김홍엽, 2면(사권보호가 우선적 가치이지만 사권보호, 사법질서유지, 분쟁해결의 세 가지가 민사소송제도 운영의 기본적 가치라고 봄); 방순원, 36-37면; 이시윤, 3-4면(이시윤 교수는 종전에는 순수한 다원설의 입장이었다).
7) 이시윤, 3면; 전병서 14면.

보다는 넓은 개념임에도 이를 동일시한 오류를 범하고 있다.[8] iv) 절차보장설은, 당사자에게 대등한 변론기회의 보장이라는 것이 민사소송의 수단이 될 수 있을지라도 목적이 될 수는 없다는 점에서 비판받고 있다.[9] v) 다원설은, 목적의 다원성으로 인하여 민사소송의 목적을 통일적으로 파악하기 어렵고,[10] 목적에 관한 논의를 하면서 목적이 없다고 설명하는 우(愚)를 범하였다고 할 수 있다.

(4) 각 견해는 나름대로 설득력이 있고 동시에 이에 대한 비판도 가능하다. 그러나 i) 민사소송의 목적이란 기본적으로 헌법과 민사소송의 관계설정을 통하여 헌법적 최고의 가치가 민사소송제도를 통하여 어떻게 구체화하여야 할 것인가라는 점, ii) 민사소송의 목적은 그 연혁 등에 지나치게 치우칠 필요 없이 현재의 시각에서 각 견해 자체의 객관적 의미를 정확히 음미하여야 한다는 점, iii) 현대 민주주의 국가에서는 국민과 국가의 기본적인 관계는 국가가 국민으로부터 권한을 위임받아 국민의 권리를 충분히 보장할 의무를 부담하고 있는 것이므로 특별한 경우 외에는 개인의 권리보장이 사법질서의 유지보다는 우선적 가치라는 점, iv) 민사소송의 목적에 관한 논의는 민사소송제도 내에서 충돌하는 다양한 가치 중에서 핵심(核心)을 찾는 작업이라는 점 등을 종합적으로 고려하여 판단하여야 한다.

그러한 관점에서 보면 사권보호설이 타당하다. 헌법상의 최고의 가치는 인간의 존엄과 그 행복추구권의 보장(헌 10조)에 있다. 이러한 헌법적 가치는 우선 헌법 제27조 제1항~제3항의 민사상의 재판청구권을 통하고, 나아가 민사소송법·민사집행법 등을 통하여 구체화되고 있다. 그렇다면 민사소송제도는 헌법상의 최고의 가치를 어떻게 구현할 수 있는가? 이것은 간단히 보면 사법상의 법률관계의 쟁송을 효율적으로 해결해 주는 것이다. 이것의 헌법적 의미는 사인 사이의 법률관계가 잘 해결됨으로써, 해당 쟁송의 당사자의 권리·의무관계를 명확히 함에 있다. 즉 권리 가진 자에게 권리가 있다고 하고, 의무 있는 자에게 의무를 부담하도록 함으로써, 헌법상의 인간의 존엄과 행복추구권을 사법상의 법률관계에서 실현할 수 있도록 하는 것이다. 또한 우리 헌법이 사회적 법치국가 즉 복리국가의 이념을 추구하고 있는 점에 비추어 보면 사인의 권리보호에 후견적 기능의 강화가 필요하다. 결국 민사소송제도의 궁극적인 목적은 헌법상의 최고가치를 민사소송제도를

---

8) 이시윤, 3면; 정동윤/유병현/김경욱, 26면; 전병서 15-16면.

9) 이시윤, 3면; 전병서 17면.

10) 정동윤/유병현/김경욱, 26면.

통하여 실현하려는 데 있고, 그 핵심은 사인의 권리보호에 있다고 할 것이다. 민사소송의 목적은 헌법상의 최고가치의 구체적인 발현형태인 것이다. 사법질서유지, 분쟁해결, 절차보장 등은 민사소송을 운영하는 과정에 발생하는 파생효과에 불과하고, 사권보호라는 목적에 종속되는 요소일 뿐이다. 민사소송의 목적을 사권보호를 도외시하고 사법질서의 유지, 분쟁해결 및 절차보장 등에서 찾는 것은 주종(主從)을 전도하는 것이다. 민사소송제도는 사권보호라는 등대를 향하여 시대상황의 변화 속에 무한히 항해하는 배와 같은 존재이다.

Ⅲ. 재판을 받을 권리 – 소권논쟁의 현대적 의미 –

1. 총 설

(1) 헌법 제27조 제1항에 의하면 「모든 국민은 헌법과 법률이 정한 법관에 의하여 법률에 의한 재판을 받을 권리를 가진다.」고 규정하고 있다. 그렇다면, 현재 모든 국민은 사법상의 권리관계에 대한 분쟁에 관하여 헌법과 법률이 정한 법관에 의하여 재판을 받을 권리가 당연히 인정된다고 할 것이다. 이러한 권리를 재판청구권이라 한다. 재판청구권은 국민이 국가에 대하여 당연히 갖는 헌법상의 권리이다. 그러나 연혁적으로 보면 국민이 국가에 대하여 재판을 요구할 수 있는지 여부, 이러한 요구를 국민의 국가에 대한 권리로 볼 수 있는지 여부, 만약 권리라고 하면 그 내용이 무엇인가에 대하여 많은 논쟁이 있었다. 역사적으로 보면 개인이 국가에 소를 제기하여 재판을 요구할 수 있는 관계를 권능으로 보아 이를 소권(Klagerecht)이라 하게 되었다. 현재에는 국민의 국가에 대한 재판청구권이 인정됨을 전제로 구체적인 내용이 무엇인가에 논의가 집중되어 있다고 할 것이다. 이러한 논의를 총칭하여 소권론(訴權論)이라 한다.

(2) 소권론은 민사소송 외에 헌법 등 법 일반에서 다양하게 논의되고 있다. 특히 독일에서는 민사소송의 소권론은 연혁적으로 민사소송의 목적론과 밀접하게 관련을 가지고 주장되어 왔다(예: 분쟁해결설을 주장하는 학자들이 본안판결청구권설을 주장하였다는 등). 그러나 현재 시점에서 보다면 민사소송의 목적론과 논리 필연적인 관련성이 있는 것은 아니라고 생각된다. 하지만 지금도 소권론을 민사소송의 목적과 관련하여 다루는 것은 연혁적인 이유 외에, 이것의 전개과정을 통하여 실체법과 소송법과의 관계, 민사소송에 있어서 소의 이익 등 소송요건에 관한 개

념이 형성·발전된 과정, 소송물에 대한 시각 등을 알 수 있고, 나아가 재판청구권이 인정되는 현재의 민사소송에 있어서 소권인 재판청구권의 구체적 내용이 무엇인가에 대한 논의에 유익하기 때문이다.[11]

(3) 결국 소권론을 통하여 민사소송의 기초에 대한 이해를 깊게 하게 되고, 재판에서 당사자와 법원의 관계 설정, 소송절차 내에서의 소송주체로서의 당사자의 지위를 더욱 명확히 알 수 있다. 이러한 점에서 민사소송에 있어서 소권논쟁이 가지는 현대적 의미를 찾을 수 있다.

2. 소권에 관련된 학설

(1) 사권적 소권설(privatrechtliche Klagrechtstheorie)

소권을 사권(특히 청구권)의 단순한 부속물 또는 사권의 침해로 나타나는 변형물로 보는 견해이다. 독일 보통법시대의 사비니(Savigny), 빈트샤이트(Windscheid) 등이 주창한 학설이다. 이 학설은 이행소송 외에 확인소송·형성소송의 유형이 인정되면서 설득력을 잃었고, 특히 권리의 존재를 전제로 하지 아니하는 채무부존재확인의 소가 나타나면서 설 땅을 잃었다.

(2) 공권적 소권설(öffentlichrechtliche oder publizistische Klagrechtstheorie)

소권이란 사권과는 달리 국민이 국가에 대하여 권리를 주장하는 공권으로 보는 견해로서 19세기 후반부터 개인의 국가에 대한 공권개념이 발전하면서 주장되었다. 그 대표자라고 할 수 있는 독일의 공법학자인 라반트(Laband)는 "국가의 임무는 국민에게 권리보호를 하여야 하며, 자력구제를 금지하는 대신 권리보호를 줌으로써 그 권리를 보호하여야 한다."는 취지의 주장을 하였다. 공권적 소권설에는 공권의 구체적인 내용에 따라 추상적 소권설, 구체적 소권설(또는 권리보호청구권설), 본안판결청구권설, 사법행위청구권설(또는 재판청구권설) 등이 있다.

(a) **추상적 소권설**　국민이 국가를 상대로 소를 제기하여 소송절차를 개시시키고, 심리를 거쳐 어떠한 내용이든 판결을 구하는 권리가 소권이라고 보는 견해이다. 독일의 데겐콜프(Degenkolb)가 대표적인 주창자이다. 이 견해에 의하면 소각하판결의 경우에도 소권은 만족된다고 본다. 소권이 공권으로 인정되어야 한다

---

11) 소권론을 도입단계인 서론부분에서 다루는 방법과 소의 제기 등의 분야에서 논의하는 방법이 있다. 저자는 소권론의 연혁과 민사소송에 대한 전체적인 시각이 관련이 있다고 생각하여 서론부분에서 다루었다.

고 주장한 초창기의 학설로서, 이 견해에 대하여는 소권의 공법성만을 강조하였고, 그 내용이 분명하지 아니하다는 비판이 있다.[12]

(b) 구체적 소권설(또는 권리보호청구권설)　소권은 일정한 구체적 권리로서의 내용을 가지고 있고, 특히 자기에게 유리한 판결(승소판결)을 구하는 권리라고 보는 견해이다. 이 견해는 소를 판결에 의한 권리보호를 요구하는 권리라고 본다는 점에서 권리보호청구권설이라고도 한다. 이 견해는 독일에서 19세기 후반부터 20세기 초반에 라반트(Laband), 바하(Adolf Bach)가 주장하고, 그 이후 헬비히(Konrad Hellwig), 슈타인(Stein), 골드슈미트(Goldschmidt) 등의 지지를 받아 20세기 초반 독일의 학계를 지배하던 견해였다. 민사소송의 목적에서 사권보호설을 주장한 독일의 학자들이 많이 가담하였다. 이 견해에 의하면 승소판결의 요건을 실체적 권리보호요건과 소송적 권리보호요건으로 나누고, 실체적 권리보호요건뿐만 아니라 소송적 권리보호요건을 흠결한 경우에도 본안판결인 청구기각 판결을 하여야 한다고 주장한다. 이 견해에 대하여 패소판결의 경우에 원고는 피고에게 승소판결을 구할 권리가 없음에도 국가에 대하여 승소판결을 요구할 수 있다는 점, 소송적 권리보호요건을 흠결한 경우에도 본안판결인 청구기각판결을 하여야 한다는 점 등이 비판된다. 그러나 권리보호청구권설로 인하여 실체적 권리보호요건과 소송적 권리보호요건의 개념이 만들어졌고, 권리보호의 자격, 권리보호의 이익(필요) 및 당사자적격이 필요함을 명백히 하였다는 점에서 의의가 크다.[13] 현재 우리나라의 소수설이고,[14] 대법원에서도 한때 이 견해를 좇은 적이 있다.[15]

(c) 본안판결청구권설　위 양설의 중립적 입장에서 주장된 견해이다. 즉 소권이란 국가에 대한 승소판결을 요구할 수 있는 권리가 아니라 소송의 대상에 관하여 본안판결을 요구할 수 있는 권리로 파악하는 견해이다. 소송의 대상인 청구가 인용되든지 기각되든지 본안판결이므로 상관없다는 것이다. 독일에서 블라이(Erich Bley)가 주장한 견해로서, 1930년대 독일의 그로(Groh)가 이 견해에 대하여 원고의 경우 청구기각을 받고도 소권이 만족된다는 것에 대해 비판한 이후에 독일에서는 주장되고 있지 아니한다. 현재 우리나라의 다수설이다.[16] 민사소송의 목적에 있어서 분쟁해결설과 관련이 있다.

---

12) 호문혁, 85면.
13) 정동윤/유병현/김경욱, 28면.
14) 강현중, 59면.
15) 대판 1955. 2. 17, 4287민상107; 대판 1955. 4. 21, 4287민상34.
16) 김홍규/강태원, 239면; 방순원, 297면; 송상현/박익환, 207면; 이영섭, 29면; 한종렬, 76-77면.

 (d) 사법행위청구권설(또는 재판청구권설)　　이 견해에 의하면 소권이란 헌법과
법률에 따라 재판할 의무를 진 법원에 대하여 당사자가 법률상 필요한 모든 사법
행위를 요구할 수 있는 권리라고 보고 있다. 당사자는 법원에 대하여 재판청구권
을 갖는다는 것이다. 보다 구체적으로 보면 당사자는 법원에 소장을 수리하여 줄
것, 기일의 지정과 소장의 송달을 구하고 사건에 관하여 사실적·법률적 측면에
서 심리하여 신속한 판결(청구인용, 청구기각, 소각하판결 등 상관없음)을 구할 수
있는 권리를 말한다. 이는 소권을 헌법상의 「재판을 받을 권리」로 파악하는 견해
이다. 독일에서는 로젠베르그(Rosenberg), 야우어니히(Jauernig), 슈바브(Schwab)
등이 주장하는 견해로서 오늘날 독일의 다수설·판례이다. 우리나라에서 유력한
견해이다.[17] 사법행위청구권설(또는 재판청구권설)은 추상적 소권설의 발전적 형태
로 보기도 한다.[18]

 (e) 신권리보호청구권설　　제2차 세계대전 이후 독일의 학자 중 블로마이어
(Blomeyer), 폴러(Pohle), 슐러셔(Schlosser) 등이 종전의 권리보호청구권을 수정하
여 주장한 견해이다. 이 견해에 의하면 법관은 헌법과 법률에 따른 재판을 할 직
무상 의무를 부담하고 있으므로, 당사자는 자신에게 유리한 승소판결을 구하는 것
이 아니라 실체법과 소송법, 재판규범에 따른 유리한 판결을 구할 수 있는 권리
즉 권리보호청구권을 갖는다는 것이다. 권리보호청구권의 개념을 「원고의 승소판
결을 구하는 권리」로부터 「실체법과 소송법, 재판규범에 따른 유리한 판결을 구
할 수 있는 권리」로 바꾸어 종전의 권리보호청구권을 재평가하였다는 점에 의미
가 깊다. 우리나라에서는 「승소판결을 구하는 것은 개인의 주관적 요소에 불과하
고, 이유 있으면 승소판결을 해달라는 것으로 보아야 하므로 법원은 심리결과 원
고의 청구가 이유 있으면 승소판결로서 권리를 보호해 줄 의무가 있다」는 취지로
해석하여 신권리보호청구권설을 지지하고 있는 것으로 보이는 견해가 있다.[19]

(3) 소권부정설(또는 소권부인론)

 소권부인론은 소권 자체를 인정할 수 없다는 견해와 소권이라는 개념의 필요
성이 없다는 견해로 나누어진다. 전자는 소권론의 초반에 뷜로우(Bülow), 콜러
(Kohler) 등이 주장한 견해로 소를 제기할 수 있음은 「법치국가에 있어서의 개인

---

 17) 이시윤, 221면; 정동윤/유병현/김경욱, 29면.
 18) 방순원, 295면.
 19) 호문혁, 88면(권리보호청구권설이 타당하다고 하지만 내용의 전취지에 비추어 보면 신권리보
 호청구권설로 보인다).

의 인격권적인 작용 또는 국가작용의 반사에 불과한 것」으로 보아 제소의 가능을 권리로 볼 수 없다는 것이다.[20] 또는 나찌 공법학자인 횐(Höhn), 마운쯔(Maunz) 등이 종래의 공권개념을 부인하고 소권의 권리성을 인정하지 아니하여, 판결을 구할 수 있는 것은 개인이 국가에 대하여 가지는 「법적 지위」로부터 파생되는 반사적 이익에 지나지 않는다고 보았다.[21] 후자로는 소권논쟁의 후반기에 논쟁의 필요성에 대한 회의로서 소권론을 소송요건론에 포함하여 설명할 수 있다거나, 소권이란 19세기의 과장된 권리의식의 산물이라는 견해 등이다.

3. 비 판

(1) 지금까지 소권론에 대하여 우리나라와 독일의 학설과 판례를 중심으로 과거와 현재의 상황을 간략히 살펴보았다. 이상의 견해 중 현재의 우리의 헌법, 민사소송법의 상황에서 사법적 소권설, 공권적 소권설 중 추상적 소권설, 권리보호청구권설 등은 연혁적인 가치만이 있다고 할 것이다. 그렇기 때문에 우리나라 학자 중에 이러한 견해를 취하는 학자는 없다. 우리나라의 학설은 본안판결청구권설, 사법행위청구권설, 신권리보호청구권설로 나누어진다.

(2) 현재 소권론을 논함에 있어서 다음 두 가지를 염두에 두어야 할 것으로 본다. 민사소송의 목적과 필연적인 관련성이 있는지 여부와 헌법 제27조 제1항에 규정하고 있는 재판청구권과의 관계를 어떻게 보아야 하는가 하는 점이다. 독일에서의 연혁적인 면에서 보아 권리보호청구권설은 사권보호설, 본안판결청구권설은 분쟁해결설, 사법행위청구권설을 추상적소권설의 발전적 형태로 보아 사법질서유지설과 관련성이 있다고 볼 수 있다. 그러나 이것은 주장학자의 관련성을 의미하는 것이고 논리적 관련성을 가지고 있는 것은 아닌 것으로 보인다. 따라서 현재 학설을 전개함에 있어서 여기에 너무 구애받을 필요는 없다.

나아가 소권과 헌법상 재판청구권의 관계를 어떻게 파악하여야 할 것인가? 이것은 소권논쟁이 이루어지는 과정에 독일에서 헌법상 재판청구권이 규정되고, 그것이 소권논쟁을 변화시켰다는 점을 염두에 두어야 할 것이다. 그러나 우리나라의 경우는 독일에서의 소권논쟁을 나중에 받아들였고, 헌법 제정 시부터 이미 재판청구권을 헌법에 규정하고 있었다는 점이 다르다.[22] 그렇기 때문에 우리나라에서 소

---

20) 방순원, 293면.

21) 이명섭, 185~186면.

22) 1948. 7. 17. 제정된 헌법 제22조에 "모든 국민은 법률에 정한 법관에 의하여 법률에 의한

권의 의미를 파악함에 있어서는 헌법과의 연계성 즉 재판청구권과의 관계를 직접 다루면서 논의를 하였어야 한다. 그러나 그러한 점이 미흡하였던 것은 사실이다. 민사소송제도를 통한 헌법적 최고가치의 실현 논의가 민사소송의 목적과 관련된 것이고, 소권론이란 헌법상의 재판청구권의 구체적 내용이 무엇인가를 찾는 작업으로 보아야 할 것으로 생각한다.

(3) 소권부인론은 소권을 공권 자체로도 인정하지 아니하므로 타당하지 아니하고, 다만 개인의 지나친 권리남용을 경계하여야 한다는 점을 경청하여야 한다. 나머지 본안판결청구권설, 신권리보호청구권설은 헌법상 보장된 재판청구권과의 관계가 명확하지 아니한 점이 가장 문제이다. 또한 소권과 소권의 만족 여부에 너무 집착하는 것도 문제이다. 소권이 정당하게 행사될 수 있으면 되는 것이고, 그러한 행사가 법관에 의하여 정당한 심판과정을 거치면 되는 것이다. 주관적으로 소 제기자의 소가 어느 정도 만족하였는지는 문제되지 아니하는 것이다. 이러한 면에서 본안판결청구권설 및 신권리보호청구권설의 기본적 시각이 문제된다. 이제는 공권으로서의 소권은 재판청구권에 기초하여 당연히 인정되는 것이고, 그 구체적 내용이 무엇인가에 논점을 맞추어야 한다. 이러한 점에 비추어 보면 헌법상의 재판청구권과의 관계, 소권의 만족에 집착하여서는 안된다는 점, 현재의 법 기반 하에서는 소권의 구체적인 내용을 탐구하는 것에 집중하여야 한다는 점 등에 비추어 저자는 사법행위청구권설의 입장을 지지한다.[23] 현재 대법원의 입장은 명확하지는 않지만 사법행위청구권설에 준하는 것으로 볼 수 있다.[24]

재판을 받을 권리를 갖는다."고 규정하고 있었다.

23) 同旨: 이시윤, 221면; 정동윤/유병현/김경욱, 29면.

24) 저자는 현재의 대법원의 입장을 사법행위청구권설에 근접하여 있다고 본다. 이유는 대판 2003. 7. 11, 99다24218 판결(헌법재판관의 직무수행상의 과실로 인한 국가를 상대로 한 손해배상 사건임)의 이유설시 중 "위와 같은 잘못은 법이 헌법재판소 재판관의 직무수행상 준수할 것을 요구하고 있는 기준을 현저하게 위반한 경우에 해당하여 국가배상책임을 인정하는 것이 상당하다고 하지 않을 수 없다."고 하고 있기 때문이다. 그런데 동 판결의 이유설시 중 "헌법재판소 재판관의 위법한 직무집행의 결과 잘못된 각하결정을 함으로써 원고로 하여금 본안판단을 받을 기회를 상실하게 한 이상, 설령 본안판단을 하였더라도 어차피 청구가 기각되었을 것이라는 사정이 있다고…"라고 하여 '본안판단을 받을 기회'라는 표현이 있어 본안판결청구권설로 이해하고 있는 견해가 있다[이시윤, 220면 주 4) 참조].

제 5 절 민사소송의 이상

I. 총 설

1. 의 의

민사소송의 이상이란 무엇인가? 이상(理想)의 사전적 의미는 「사물의 가장 완전한 상태 또는 마음에 그리며 추구하는 최상·최선의 목표」라고 정의된다. 민사소송법의 규정과 관련하여 보면 후자, 즉 민사소송의 목적을 달성하기 위하여 추구하는 최상·최고의 목표라고 보는 것이 타당하다. 따라서 민사소송의 이상이라 함은 이러한 민사소송의 목적을 실현하기 위하여 민사소송제도에 구체적으로 어떤 규정을 두고, 어떻게 운영할 것인가에 대한 원칙을 정하는 작업으로 자리매김하여야 할 것으로 본다. 즉 민사소송의 이상은 민사소송의 목적을 받치는 제도 운영의 기둥으로서, 민사소송의 구체적 「시스템운영원리」의 역할을 하여야 한다.

2. 연 혁

(1) 민사소송법에 민사소송의 이상에 관한 규정이 신설된 것은 1990. 1. 13. 법률 제4201호로 민사소송법의 일부개정을 하면서부터였다. 제1조에 「신의성실의 원칙」이라는 제목 하에 "법원은 소송절차가 공정·신속하고 경제적으로 진행되도록 노력하여야 하며, 당사자와 관계인은 신의에 좇아 성실하게 이에 협력하여야 한다."고 규정하여, 동조 전단에 민사소송의 이상을 최초로 규정하였다.[1] 그 후 2002. 1. 26. 법률 제6626호로 민사소송법을 전면 개정하면서 제1조의 제목을 「민사소송의 이상과 신의성실의 원칙」으로 바꾸고, 제1항에 "법원은 소송절차가 공정하고 신속하며 경제적으로 진행되도록 노력하여야 한다."고 하여 민사소송의 이상을 규정하고, 제2항에 "당사자와 소송관계인은 신의에 따라 성실하게 소송을 수행하여야 한다."고 신의성실의 원칙을 규정하게 되었다.

(2) 민사소송의 이상과 신의성실의 원칙이 1990. 1. 13. 민사소송법 일부개정

---

[1] 종전에 제1조에 있던 보통재판적 규정을 제1조의2로 옮겨 규정하였고, 2002년 신민사소송법에서는 제2조로 정리하였다.

에 도입된 것은 종전에 학문적으로 논의되던 것[2]을 입법화한 것이다. 이것은 1960. 4. 4. 법률 제547호로 제정·공포된 우리 최초의 민사소송법 신규 제정문에 "… 민사소송제도의 이상인 적정·공평·신속·경제의 4대 이상을 바탕으로 남소를 방지하여…"라는 표현에서도 잘 나타나고 있다. 그런데 도입 당시 이러한 규정은 독일 및 일본 민사소송법에도 없었던 독자적인 규정이다. 이 규정의 정확한 연혁을 추적하기는 어렵지만 대체적으로 미국연방민사소송규칙(Federal Rules of Civil Procedure, 이하 FRCP라 함) 제1조[3] 후문, 즉 「이 규칙은 모든 소송이 공정하고 신속하며, 경제적인 재판을 확보하도록 해석·운용되어야 한다(They shall be construed and administered to secure the just, speedy and inexpensive determination of every action)」에서 근거를 찾을 수 있다.[4]

(3) 민사소송의 이상과 관련된 규정을 신의칙과 동일한 조문의 전단과 후단으로 규정하다가 별도의 조문으로 나눈 점, FRCP 제1조 후문에 'administered(운용되도록)'에 대한 해석적 의미에 비추어 보면, 민사소송의 이상은 신의칙과 달리 민사소송의 구체적 「시스템운영원리」의 역할을 담당하는 것이 타당할 것으로 보인다.

3. 4가지 이상

민사소송의 이상은 민사소송법 제1조 제1항에 따라 적정(適正)·공평(公平)·신속(迅速)·경제(經濟)의 4가지이다. 제1조 제1항의 "법원은 소송절차가 공정하고 신속하며 경제적으로 진행되도록 노력하여야 한다."는 규정 중 '공정(公正)'으로부터 적정과 공평을, 나머지로부터 신속과 경제의 이념을 찾아볼 수 있다.

Ⅱ. 민사소송의 이상

민사소송의 이상은 적정(Justice), 공평(Fairness), 신속(Speediness), 경제(Incx

---

2) 김용욱, 10-12면; 방순원, 41-45면; 이명섭, 22-24면; 이영섭, 21-24면; 한종렬, 60-62면 등 참조.

3) 최초의 FRCP는 1937. 12. 20. 미연방대법원에 의하여 채택되어 미연방의회(Congress)의 승인을 받아 1938. 9. 16.부터 발효되었고, 그 이후 1946. 12. 27. 1차 개정을 필두로 2022. 4. 11.(발효 2022. 12. 1) 개정까지 총 88 차례 정도의 조문개정이 있었다. FRCP 제1조는 1948. 12. 29.(발효 1949. 10. 20), 1966. 2. 28.(발효 1966. 7. 1), 1993. 4. 22.(발효 1993. 12. 1) 등 3차에 걸쳐 개정되었다. 제3차 개정에서 제1조 후문의 규정에 "administered"라는 문구를 추가하였다.

4) 同旨: 이시윤, 25면; 정동윤/유병현/김경욱, 30면.

pensiveness)이다. 개별적인 이상의 의미와 이를 실현하기 위한 대표적 제도를 살펴본 후에, 이상 상호간의 관계를 간단히 보겠다.

1. 적 정(Justice)

(1) 적정이라 함은 민사상의 재판을 함에 있어 사실인정이 진실에 부합하고, 이에 기초한 법률적용 또한 정당하여야 한다는 것이다. 즉 올바른 사실인정과 법률적용을 통하여 권리 있는 자가 소송에서 이겨야 하고, 권리 없이 부당하게 다투는 자는 패소되어야 한다는 것이다. 충실한 심리와 정확한 법적용을 의미한다. 이는 절차적인 부분보다는 실체적인 정의에 무게를 두고 있다. 오판 없는 적정한 재판이야말로 민사소송제도를 유지하는 근본이며, 소송제도의 핵심이다.[5] 그렇기 때문에 적정이라는 이념은 민사소송제도의 가장 밑바탕에 깔려 있는 이념으로서 다른 이념들보다 본질적 이념이라고 말할 수 있다. 적정의 이념이 적절히 실현되지 아니한다면 민사소송제도는 판결을 통하여 국민을 설득할 수 없는 무의미한 제도로 전락하고 말 것이다. 가령 "이길 자를 지게, 질 자를 이기게" 하는 판결이 자주 있는 민사소송제도는 법의 불신만을 초래할 뿐이다. 그러나 민사소송제도는 실체법상의 사적 자치의 원칙의 반영인 처분권주의와 변론주의가 지배하고 있으므로 형사소송절차와는 달리 실체적 진실발견에 일정한 한계가 있다고 할 것이다.

(2) 적정의 이념을 실현하기 위한 제도로는 i) 잘못된 판결을 바로잡기 위한 심급제도와 확정판결의 잘못을 바로잡기 위한 재심제도($^{451\sim}_{461조}$), ii) 재판의 인적 구성원의 전문성 확보와 그 구성원의 재판에 따른 불이익을 막아 재판의 적정을 실현하기 위하여 법관의 자격제한, 법관의 신분보장제도를 두고 있고, iii) 법원 및 재판부의 전문성을 높여 적정을 기하기 위하여 특별재판적 및 전속관할제도($^{24}_{조}$), 행정법원, 특허법원과 도산법원의 신설, 전문재판부[6] 신설 등을 볼 수 있으며, iv) 소송절차의 진행 및 심리와 관련하여 변호사대리의 원칙($^{87}_{조}$), 구술주의($^{134}_{조}$),[7] 석명권·구문권·지적의무($^{136}_{조}$), 직접주의($^{204}_{조}$), 직권증거조사($^{292}_{조}$), 교호신문주의($^{327}_{조}$) 등을 두고 있다. 우리나라는 아니지만 입법에 따라 일정한 경우 판결의 내용이 현저히

---

5) 同旨: 송상현/박익환, 15면(적정을 '소송제도의 요체'라고 표현함).
6) 현재 법원에서는 재판의 전문성을 높이기 위하여 각 법원 단위로 민사사건에 대하여 국제거래부, 지적재산권부 등의 분야로 나누어 재판을 담당하고 있다. 크게는 가정법원, 행정법원, 특허법원, 회생법원 등을 설치하여 해당 사건을 전문적으로 처리하도록 하고 있다. 향후 노동법원, 해사법원 등의 설치가 논의될 수 있다.
7) 법문에서는 단순히 「변론」이라고 하고 있으나, 이것은 구술변론을 가리키는 것이다.

부당한 경우 헌법소원의 대상이 될 수도 있다.

2. 공 평(Fairness)

(1) 공평이라 함은 민사소송의 모든 과정에서 양 당사자를 평등하게 취급하여야 한다는 것이다. 민사소송에 있어서 중립적 입장에서 절차를 진행하는 법관은 한편에 치우침이 없이 절차진행을 하여야 한다는 것을 특히 유의하여야 한다. 분쟁이라는 것은 본질적으로 대립되는 양 당사자를 상정하고 있으므로, 한쪽의 주장만을 들어서는 안 되고 불이익한 다른 당사자의 주장을 듣고 판단하여야 한다는 것이다. 즉 공평이라는 이상은 실체적인 내용에 대한 것이라기보다 절차적 측면을 강조하는 것이다. 그렇기 때문에 실체적 부분은 적정의 이념이, 절차적 부분은 공평의 이념이 지배한다고 할 수 있다. 제1조 제1항의 '공정'이라는 표현에 비추어 보면 공평을 절차적 적정성이라 표현할 수도 있다. 공평의 이상이 민사소송에 있어서 중요한 것은 절차적인 공평이 이루어지지 아니하면 설령 재판이 객관적으로는 적정한 결론이라 하여도 패소 당사자로부터의 불신으로 인하여 항소·상고를 거쳐야 하기 때문이다. 이는 실체적 적정 못지않게 절차적 공평이 재판에 있어서 얼마나 중요한지를 알 수 있게 한다.[8] 재판은 절차의 적정을 통한 실체적 적정을 추구하는 것이기 때문이다.

(2) 공평의 이념을 실현하기 위한 제도로서 i) 민사소송절차의 주된 진행자인 법관이 절차진행 등을 불공평하게 진행하는 것을 막기 위하여 법관에 대한 제척·기피·회피제도($^{41\sim}_{50조}$)와 ii) 기타 절차 진행상의 공평을 위하여 심리의 공개($^{헌\ 109조,}_{법조\ 57조}$), 쌍방심리주의($^{134}_{조}$),[9] 소송절차의 중단·중지제도($^{233\sim}_{247조}$), 준비서면에 주장하지 아니한 사실에 대하여 상대방이 출석하지 아니한 경우에 이에 대한 주장금지($^{276}_{조}$), 대리인제도 등을 두고 있다.

---

8) 재판을 담당한 판사는 심리과정에 양 당사자를 편견 없이 정중하고, 공평하며, 따뜻하게 대하여야 한다. 그렇게 함으로써 당사자는 판사의 말을 경청하게 되고, 신뢰하게 된다. 이러한 믿음·신뢰 속에 판결에 적합하지 아니한 사건을 자연스럽게 조정·화해로 해결할 수 있는 것이다. 당사자의 마음을 헤아리는 공평한 중립자로서 역할을 하여야 한다. 그러나 판결은 엄중·정확하게 함으로써 법이 무엇인가를 선언한다.

9) 당사자 쌍방의 절차권을 보장하여야 할 요청이 강한 판결절차에서는 당사자쌍방을 동시에 대석시켜 변론과 증거조사를 행하는 필요적 변론의 방식을 취하고 있다. 이는 쌍방심리주의를 통하여 가장 잘 나타나고 있다.

3. 신 속(Speediness)

(1) 신속이라 함은 민사상 분쟁에 대하여 민사소송을 통한 완결을 가능한 한 빨리 하라는 것을 의미한다. 경우에 따라서 적정·공평한 재판이 이루어졌다고 하여도 그 권리실현이 늦어지면 그 실효성이 없어져 결국 그 권리를 부정하는 것과 같아지기 때문이다. 즉, '정의의 지연은 정의의 부인과 같은 것이다(Justice delayed is Justice denied).'라는 법언이 이를 극명하게 표현하고 있다. 현재 각국의 민사소송제도가 안고 있는 가장 큰 고민이 소송의 지연에 있다는 것은 잘 알려져 있다. 우리나라의 민사소송의 운영은 다른 나라에 비하여 상당히 신속한 것으로 통계상 나타나고 있으나 아직도 민사소송의 신속이라는 이념이 커다란 숙제로 남아있다. 그러나 신속이라는 이름하에 적정·공평의 이상을 무시하여서는 안되며, 신속함 속에서 적정·공평한 재판을 추구하여야 하는 것이다.

(2) 신속의 이념을 실현하기 위하여 i) 헌법에서는 신속한 재판을 받을 권리를 국민의 기본권으로 선언하고 있고($\frac{현}{3항}$27조), ii) 나아가 민사소송법 및 개별법에 이를 규정하고 있다. ⓐ 소액사건심판법상의 간이심판절차,10) ⓑ 「상고심절차에 관한 특례법」상의 심리불속행제도($\frac{동법}{4조}$), ⓒ 지연손해금에 대하여 연 12%의 이율 부과,11) ⓓ 민사소송법상의 변론준비절차($\frac{272조,\ 279\sim}{287조}$), 독촉절차($\frac{462\sim}{474조}$), 제소전화해절차($\frac{385\sim}{389조}$), 소송절차의 직권진행주의, 기일전 증거조사, 신속한 기일지정, 기일의 변경의 제한($\frac{41}{조}$), 판결선고기간의 법정($\frac{199}{조}$), 변론의 집중($\frac{272}{조}$), 소송지연을 목적으로 하는 제척·기피신청의 각하($\frac{45}{조}$), 적시제출주의와 실기한 공격·방어방법의 각하($\frac{146,}{149조}$), 소송절차를 지연시키는 청구의 변경 및 반소제기의 불허($\frac{262조,}{269조}$), 가집행선고($\frac{213}{조}$), 필수적 공동소송인의 추가와 피고의 경정($\frac{68조,}{260조}$) 등이 있다. ⓔ 2006년 10월 27일 제정·시행된 「독촉절차에서의 전자문서 이용 등에 관한 법률(법률 제8057호; 2014. 5. 20, 법률 제12586호로 폐지되었음)」에 의하여 독촉절차에 한하여 전자문서를 이용하던

---

10) 종전에는 2,000만원 이하의 금전 그 밖의 대체물 또는 유가증권의 일정수량의 지급을 구하는 사건에 적용되었으나, 2016. 11. 29. 대법원규칙인 '소액사건심판규칙(제2694호)'이 일부 개정되면서 2017. 1. 1.부터 그 소송목적의 값이 3,000만원까지로 상향 조정되었다.

11) "소송촉진 등에 관한 특례법 제3조 제1항 본문의 법정이율에 관한 규정"(전문개정 2003. 5. 29, 대통령령 17981호)에 따라 2003. 6. 1.부터 2015. 9. 30.까지는 연 20%, 동 규정이 2015. 9. 25. 전부개정 되면서(대통령령 26553호) 동년 10. 1.부터 2019. 5. 31.까지는 연 15%로, 동 규정이 2019. 5. 21. 일부개정 되어(대통령령 제29768호) 2019. 6. 1.부로 연 12%로 각각 변동되어 현재에 이르고 있다.

것을 2010년 3월 24일 「민사소송 등에서의 전자문서 이용 등에 관한 법률(법률 제10183호)(이하 '전자소송법'이라 한다)」이 제정·시행되면서 현재 형사소송을 제외한 민사소송·가사소송·행정소송·특허소송·민사집행·파산 및 회생절차·비송사건 등에 전자문서를 이용하게 되었다. 전자소송은 소의 제기, 증거의 제출, 변론기일 송달, 변론 및 증거조사, 판결의 송달, 상소 등을 전자문서로 신속하게 처리할 수 있다. 향후 전자소송이 모든 소송에 있어서 대세로 자리매김 하게 될 것으로 보이고, 이것은 소송의 신속에 많이 기여하고 있다고 평가된다.

4. 경　제(Inexpensiveness)

(1) 경제라고 함은 민사소송제도와 관련한 분쟁의 해결에 필요한, 법원과 당사자의 비용과 노력을 최대한 적게 하고, 나아가 자력이 없는 자도 가능한 한 소송제도를 쉽게 이용할 수 있도록 배려하여야 한다는 것이다.[12] 민사소송제도를 무자력자가 이용할 수 없게 되거나, 소송을 통한 해결로 얻는 이익보다 이에 필요한 비용이 더 크다면 그 제도 자체가 의미 없기 때문이다. 여기서 경제라는 것을 이용자의 비용절감뿐만 아니라, 제도 자체의 경제성 즉 제도의 효율성도 포함된다고 보아야 한다. 따라서 효율성의 측면에서 민사소송제도의 개선이 부단히 필요한 것이다.

(2) 경제라는 이념을 실현하기 위하여 i) 민사소송법은 소송구조제도($^{128\sim}_{133조}$), 소송비용의 국고체당제($^{규칙\ 20조}_{21조}$), 변호사비용의 소송비용 산입($^{109}_{조}$), 지급보증위탁계약서에 의한 담보제공($^{122}_{조}$), 소송이송($^{34조}_{35조}$), 청구의 병합, 소송절차에 관한 이의권의 포기·상실에 의한 하자의 치유제도($^{151}_{조}$), 소액사건의 상고제한, 지급명령에서의 인지대 감경 등의 규정 및 제도를 두고 있고, ii) 특별법상으로는 소액사건심판법에 의한 구술제소($^{소심}_{4조}$), 전자소송법에 따른 소의 제기 및 인지대의 할인, 증거의 제출, 변론기일 송달, 변론 및 증거조사, 판결의 송달 및 상소 등에 있어서 전자문서로 신속하게 처리할 수 있어 소송비용의 절감과 재판의 효율성을 높일 수 있고, 민사조정법상의 조정신청 시의 인지대 감경 등이 있다.

---

12) 정동윤/유병현/김경욱, 31면.

5. 4가지 이상의 관계

(1) 민사소송의 4가지 이상, 즉 적정·공평·신속·경제라는 것이 항상 동시에 달성된다는 것은 상당히 어려운 문제이다. 따라서 이상이 조화롭게 달성될 수 있도록 최선의 노력을 경주하여야 할 것이다.

(2) 한편, 적정·공평과 신속·경제라는 이상은 개념적으로 충돌될 수밖에 없고, 또한 실제의 운영에 있어서도 서로 상충된다. 그렇다면, 이러한 4가지 이상을 어떻게 조화시켜 민사소송이 추구하는 목적을 가장 충실하게 달성할 것인가? 4가지 이상은 하나하나 민사소송제도를 운영하는 데 꼭 필요한 것들이다. 그러나 민사소송제도를 운영함에 있어서 이상 사이에 본질적인 부분에서 충돌이 발생한 경우에 어떻게 해결하여야 할 것인가? 이것은 이상과 이상이 충돌되면 어떠한 이상을 우선적으로 추구할 것인가 하는 문제로 귀착된다. 헌법상의 기본권의 본질적 부분이 충돌할 경우에 우선하여야 하는 기본권이 있듯이, 민사소송제도에서도 운영에 대한 원리인 4가지 이상 상호간에 충돌이 된다면 그중에서 우선하는 이상을 추구하는 쪽으로 민사소송제도를 운영하여야 할 것이다.

(3) 우선할 이상으로서의 적정

민사소송의 이상이 충돌될 경우 어떠한 이상을 우선적, 우월적으로 추구할 것인가? 그것에 대한 해답을 찾기 위하여서는 민사소송의 목적이 무엇인가를 생각하여야 한다. 민사소송의 목적에 대해서는 여러 가지 학설들이 있으나 민사소송의 본질적인 목적은 민사상의 분쟁의 핵에 있는 '사인의 권리'라는 것이라 할 것이므로, 결국은 민사소송의 목적은 사권을 보호하기 위한 것으로 보아야 할 것이다. 그렇다면, 사권을 보호한다는 것은 재판이 적정함을 전제로 한 것이다. 결국 민사소송의 이상 중 적정은 공평·신속·경제의 이상보다 우선적으로 추구하여야 할 것이다.[13] 즉, 적정이야말로 민사소송제도의 요체라고 할 것이다. 따라서 민사소송의 4대 이상이 충돌할 경우에 적정의 이상을 우선적, 우월적으로 고려하여 민사소송제도를 운영하여야 할 것이다.[14]

---

13) 同旨: 송상현/박익환 16-17면. 한편 적정·공평을 신속·경제보다 우선하여야 한다는 견해도 있다(정동윤/유병현/김경욱, 32면 참조).
14) 대판 2023. 7. 27, 2023다223171(본소), 223188(반소) 참조.

Ⅲ. 법관의 역할 강화 및 신의성실의 원칙과의 관계

1. 법관의 역할 강화

민사소송의 이상은 간단히 보면 민사소송이라는 시스템의 규율·운영과 관련된 지침으로 보아야 한다. 즉 민사소송의 구체적 「시스템운영원리」로서 역할을 하도록 하여야 한다. 민사소송제도를 규율·운영할 때에 적정·공평·신속·경제적으로 하여야 한다는 지침을 선언한 것으로 보아야 할 것이다. 이것은 현실의 변화를 입법화하고, 법관이 구체적으로 민사소송제도의 절차 주관자로서 이를 운영할 때에 가장 유념하여야 하는 것이다. 특히 민사소송의 이상과 관련된 규정의 연원이 된 미국연방민사소송규칙(FRCP)이 1993. 4. 22. 개정되면서 제1조 후문에 '운영되도록(administered)'이라는 문구가 추가된 점에 비추어 보면 더욱 그렇다. 특히 우리나라 헌법이 복지국가적 이념을 담고 있다는 점과 2002년 민사소송법 전면 개정에 따른 대법원의 신모델에서 '법관의 사건 장악력'을 강조한 점 등에 비추어 보면, 민사소송의 이상을 규정하고 있는 제1조 제1항은 민사소송제도의 실제 운영자인 법관의 역할을 강화하여, 그 운영에 있어서 민사소송의 이상의 실현을 항상 염두에 두어야 한다는 것을 선언하였다고 볼 수 있다. 이것은 복지국가의 이념 하에 법관의 역할 강화와 궤를 같이한다고 볼 수 있다.

2. 신의성실의 원칙과의 관계

신의성실의 원칙과 이상과의 관계에 있어서, 신의성실의 원칙을 "현대적 의미의 이상," "이상의 실현을 뒷받침할 신의칙" 등으로 보는 견해가 있지만,[15] 민사소송의 이상과 신의성실의 원칙을 다른 차원의 원리로 보는 것이 다수설이다.[16]

---

15) 이시윤 교수는 민사소송법(신정4판, 박영사, 2002년) 22면에서 신의성실의 원칙 즉 신의칙을 "현대적 의미의 이상"이라고 하였고, 제4판 신민사소송법(박영사, 2008년) 22면에서는 "이상의 실현을 뒷받침할 신의칙" 또는 "민사소송을 지배하는 대원칙"이라 설명하고 있다. 하지만 민사소송의 이상은 목적을 달성하기 위한 구체적이고, 실질적인 입법 및 운영의 지침으로 보고, 신의칙은 이론적인 민사소송과 현실의 민사소송법을 운영하면서 발생하면서 생기는 제반의 문제(헌법과 민사소송법과의 연결통로, 이론상의 민사소송과 현실 규정의 충돌의 조정, 규정 흠결의 보충, 해석의 보충, 해석·적용의 수정과 조정 등)를 규범적으로 통제하는 최고의 법원칙으로 역할을 부여하는 것이 타당할 것으로 보인다.

16) 송상현/박익환, 22면; 정동윤/유병현/김경욱, 33면; 호문혁 37면(신의칙을 이상이 제대로 실현될 수 있도록 하는 수단적 원칙이라고 본다).

민사소송법 규정의 해석·운영에 있어서 불필요한 중복의 회피, 각 규정의 성격과 기능, 민사소송법 조문이 별도로 규정된 점에 비추어 보면 다수설이 타당하다. 민사소송의 목적과의 상호관계, 이상과 신의칙의 역할분담 등을 고려하여 자리매김을 하는 작업이 필요하다고 본다.

제 6 절 민사소송절차의 종류

민사소송은 통상소송절차와 특별소송절차로 나누어진다. 통상소송절차는 소송절차의 기본형으로서 판결절차, 민사집행절차, 부수절차로 나눌 수 있다. 특별소송절차는 심판의 대상에 따라 절차를 대폭 간소화한 간이소송절차(소액사건심판절차, 독촉절차), 심판 대상의 특성에 맞게 증거조사의 직권심리강화·공개의 제한 등의 특칙을 둔 가사소송절차, 분쟁의 집단성으로 인한 획일성 등이 강조되는 도산절차 등이 있다.

Ⅰ. 통상소송절차

통상소송절차는 판결절차, 민사집행절차(강제집행절차),[1] 부수절차로 나눌 수 있다.

1. 판결절차

소에 대한 응답으로 판결을 통하여 사법상의 권리관계를 관념적으로 확정하는 절차이다. 소에 의하여 진행된다는 점을 강조하여 소송절차라고 부르기도 한다. 판결절차는 소로서 시작되어 판결로서 종결되며, 이는 민사소송법에서 규율된다. 현재 우리나라는 3심제도를 채택하고 있으므로, 제1심 종국판결에 대하여 불복한 당사자는 상소를 통하여 2심(항소), 3심(상고)을 거칠 수 있다. 따라서 판결절차는 제1심, 항소심 및 상고심 절차로 나뉜다. 제1심 절차는 사건의 경중에 따라 제1심 법원에 합의부와 단독판사 절차가 있다. 단독판사의 절차는 비변호사의 소송대리

---

1) 민사집행절차를 통상 강제집행절차라 한다. 강제집행절차라는 용어는 강제력 행사를 강조한 것이고, 민사집행절차라는 것은 민사판결의 집행이라는 점을 강조하고 있는 용어이다.

$\binom{88조}{1항}$, 준비서면의 불요$\binom{272조\ 2항}{본문}$, 반소로 인한 합의부로 관할의 이송$\binom{269조}{2항}$ 등의 특칙이 인정되고, 소송목적의 값이 3,000만원을 초과하지 아니하는 금전 기타 대체물이나 유가증권의 일정한 수량의 지급을 목적으로 하는 제1심의 민사사건$\binom{소심규}{1조의2}$[2]은 소액사건심판법에 따라 특별소송절차인 간이소송절차로 처리된다. 이 책은 판결절차를 주된 대상으로 한다.

2. 민사집행절차

민사집행절차라 함은 판결절차에 의하여 관념적으로 확정된 권리를 의무자가 임의로 이행하지 아니할 경우 권리자의 신청으로 국가의 강제력에 의하여 사실상 실현하는 절차이다. 가집행 선고부 판결 또는 확정된 이행판결이 그 대상이다. 종전에는 민사소송법 제7편에 규정하였으나, 민사집행법이 2002. 1. 26. 법률 제6627호로 새로 제정되면서 민사소송법에서 분리·독립되었다. 현재 민사집행절차는 민사집행법에서 규율한다. 민사집행절차는 담당기관(집행기관)과 절차 등에서 차이가 나므로 판결절차와는 별개의 독립된 절차로 보아야 한다.[3]

3. 부수절차

부수절차라 함은 판결절차, 민사집행절차에 부수된 절차로서 동 절차들의 기능을 충분히 발휘하기 위한 절차이다. 판결절차에 부수하는 절차로는 증거보전절차, 소송비용액 확정절차$\binom{110~}{115조}$, 위헌법률 및 헌법소원 심판절차[4]가 있고, 민사집행절차에 부수하는 절차로 가압류·가처분절차, 집행문부여절차$\binom{민집\ 29~}{38조}$, 재산명시절차 $\binom{민집\ 61~}{69조}$ 등이 있다. 그 밖에 결정·명령에 대한 항고절차$\binom{439조}{이하}$ 등이 있다. 이 중 중요한 증거보전절차, 가압류·가처분절차, 위헌법률 및 헌법소원 심판절차를 간단히 보겠다.

(1) 증거보전절차는 법원이 미리 증거조사를 하지 아니하면 그 증거를 사용하기 곤란할 사정이 있다고 인정한 때에는 당사자의 신청에 의하여 미리 증거조사를 하여 그 결과를 보전하는 절차이다$\binom{375~}{384조}$. 판결절차가 개시되기 전후 언제나 가

---

2) 2017년 1월 1일부터 소액사건심판규칙의 개정으로 소송목적의 값이 종전의 2,000만원에서 3,000만원을 초과하지 않는 금전 등의 제1심의 민사사건이 소액사건으로 되었다.

3) 同旨: 이시윤, 37면.

4) 同旨: 이시윤, 37면.

능하다.

(2) 가압류·가처분절차라 함은 본안의 종국판결까지 현상을 방치하여 두면 장래 승소판결을 받아도 민사집행이 불가능하거나 현저히 곤란할 염려가 있는 경우에 판결 확정 전까지 잠정조치로 채무자 재산의 처분의 금지 또는 잠정적 지위의 형성 등으로 장래의 집행의 보전을 가능케 하는 절차이다($^{민집\ 276\sim}_{312조}$).[5] 법률상의 용어는 민사집행법 제4편의 제목이 보전처분이므로, 보전처분절차라 한다.

ⅰ) 가압류는 금전채권 또는 금전으로 환산할 수 있는 채권에 기초하여 동산·부동산·채권에 대한 집행보전절차이다($^{민집}_{276조}$).

ⅱ) 가처분은 다툼의 대상에 관한 가처분($^{민집\ 300}_{조\ 1항}$)과 임시지위를 정하기 위한 가처분($^{동조}_{2항}$)이 있다. 전자는 비금전채권 즉 특정채권의 보전을 목적으로 하는 것이고(예: 소유권이전등기청구권을 보전하기 위하여 해당 부동산의 처분금지가처분을 하는 경우), 후자는 본안판결 선고 시까지 법률관계의 불안정을 배제하고 급박한 위험을 방지하기 위하여 잠정적으로 법적 지위를 정하는 절차이다(예: 해고무효소송과 관련하여 잠정적으로 직원지위를 인정하는 가처분 등). 임시지위를 정하기 위한 가처분은 필요한 처분을 직권으로 정하는 점($^{민집}_{305조}$) 등에 비추어 비송사건의 특성을 가지고 있다.[6] 가처분 중 만족적 가처분(예: 명도단행가처분)에 있어서는 본안판결과 거의 동일한 효력을 가지고 있어 가처분의 본안화 경향으로 설명된다.

ⅲ) 보전처분절차는 판결절차와 달리 필요적 변론이 아닌 임의적 변론($^{민집\ 280}_{조\ 1항}$), 사실 확정을 증명 아닌 소명($^{동조}_{3항}$), 판결이 아닌 결정($^{민집}_{281조}$), 그 인용결정의 불복방법이 상소가 아닌 이의신청으로 한다는 점($^{민집\ 283,}_{309조}$) 등이 다르다. 그러나 보전처분절차는 판결절차를 민사집행의 특성에 맞게 간이·신속화한 것 외에는 민사소송법을 준용하고 있으므로($^{민집}_{23조}$), 특별한 규정이 있는 경우를 제외하고는 동일한 절차상의 원칙이 적용된다.[7]

(3) 위헌법률 및 헌법소원 심판절차

법률이 헌법에 위반되는 여부가 민사재판의 전제가 된 경우에는 법원은 직권 또는 당사자의 신청에 의한 결정으로 헌법재판소에 위헌여부 심판을 제청하여 그

---

5) 보전처분절차 또는 보전소송절차, 집행보전절차 또는 보전절차 등으로 불린다.
6) 同旨: 이시윤(2008), 32면.
7) 同旨: 이시윤(2008), 32면.

심판에 의하여 재판하여야 한다($\frac{\text{헌}}{\text{헌재}} \frac{107조 1항,}{41조}$). 위헌제청이 신청된 경우에는 당해 민사사건의 재판은 헌법재판소의 위헌 여부의 결정이 있을 때까지 정지된다($\frac{\text{헌재}}{\text{조}} \frac{42}{1항}$). 한편 당사자는 당해 소송절차에서 위헌제청의 신청을 하였으나 기각된 경우에는 법원에 동일한 사유로 재차 위헌여부를 신청할 수 없고, 헌법재판소에 직접 헌법소원심판을 청구할 수 있다($\frac{\text{헌재}}{\text{조}} \frac{68}{2항}$). 이 경우에는 해당 민사사건의 재판이 정지되는 것은 아니다. 헌법재판소의 법률에 관한 위헌결정은 법원과 그 밖의 국가기관 및 지방자치단체를 기속(羈束)하기 때문에($\frac{\text{헌재}}{\text{조}} \frac{47}{1항}$), 법원은 그 결과에 따라 재판하여야 한다.

Ⅱ. 특별소송절차

특별소송절차에는 간이소송절차, 가사소송절차, 도산절차가 있다.

1. 간이소송절차[8]

간이소송절차라 함은 금전 기타 대체물이나 유가증권의 일정한 수량의 지급을 목적으로 하는 민사사건에 대하여 통상의 판결절차에 비하여 간이·신속한 절차로 지급명령·판결을 받게 하는 절차를 말한다.[9] 일정한 민사사건을 신속하게 처리하기 위한 특별소송절차이다. 여기에는 독촉절차와 소액사건심판절차가 있다. 지급명령을 받는 절차가 독촉절차이고($\frac{464 \sim 474조, \text{ 자세한 내용은}}{8편 \text{ 간이·특별절차 참조}}$), 동일한 대상 중 소송목적의 값이 3,000만원을 초과하지 아니하는 경우($\frac{\text{소심규}}{1조의2}$)에는 소액사건심판법에 정한 소액사건 심판절차에 따라 판결을 받을 수 있다.

2. 가사소송절차

가사소송절차라 함은 혼인 및 이혼, 양·친자 등의 신분관계의 확정·형성을 목적으로 하거나 이와 관련된 민사사건을 처리하는 특별소송절차이다. 가사소송법

---

8) 약식소송절차라고도 한다.

9) 간이·신속하게 판결·지급명령을 받음으로써 집행의 근거가 되는 공적 문서(公的 文書)인 집행권원(執行權原)을 취득하게 된다. 판결은 기판력·집행력이 인정되나, 지급명령은 기판력은 인정되지 아니하고 집행력만이 인정된다. 기판력을 인정할 것인지 여부는 정책적인 요소도 있다고 하나 근본적으로는 사실 확정에 법관이 어느 정도 관여하였는가 하는 것이 가장 중요한 요소이다. 법관으로부터 재판을 받을 헌법상의 권리와 관련이 있다.

이 규율하고 있다. 가사소송절차는 신분관계의 확정·형성이라는 공익적 요청으로 인하여 판결절차와 달리 조정전치주의($^{가소\ 50조,\ 나\cdot}_{다류\ 사건}$), 직권탐지주의($^{가소}_{17조}$), 사정에 의한 항소기각 판결($^{가소\ 19}_{조\ 3항}$), 확정판결의 대세효($^{가소\ 21조,\ 가·나}_{류\ 사건에\ 한함}$) 등이 인정된다(보다 자세한 내용은 위 제3절 I의 3. 참조).

3. 도산절차

(1) 도산절차라 함은 재정적 어려움으로 인하여 파탄에 직면해 있는 채무자에 대하여 채권자·주주·지분권자 등 이해관계인의 법률관계를 조정하여 채무자 또는 그 사업의 효율적인 회생을 도모하거나, 회생이 어려운 채무자의 재산을 공정하게 환가·배당하는 것을 목적으로 하는 절차이다($^{채무회}_{생\ 1조}$). 이론적으로 보면 도산절차는 채무자의 재건에 중점을 두는 재건형(再建型)과 모든 채권자에 대한 공평한 배당에 중점을 둔 청산형(淸算型)으로 나눌 수 있다.[10] 원래 우리나라의 도산관계법은 화의법(1962. 1. 20. 법률 제997호로 제정), 파산법(1962. 1. 20. 법률 제998호로 제정), 회사정리법(1962. 12. 12. 제정)으로 규율되다가, 2004년에 개인채무자의 회생을 위한 개인채무자회생법(2004. 3. 23. 법률 제7198호로 제정)이 추가되었다. 그런데 미국·독일에서 이러한 절차들을 통합하는 추세에 맞추어 우리나라도 2005년에는 이러한 법률들을 모두 통·폐합하고 개선하여 「채무자회생 및 파산에 관한 법률」(2005. 3. 31. 법률 제7428호로 제정되어, 2006. 4. 1.부터 시행됨)[11]로 통일하였다. 그 과정에 화의절차는 폐지되고 회생절차로 단일화되었다. 또한 국내에서 진행 중인 도산절차와 외국도산절차의 조화를 도모하고, 채권자의 유효하고 공평한 구제 및 채무자 기업의 실효적인 회생을 지원하기 위하여 국제도산절차($^{채무회생}_{628\sim642조}$)를 신설하였다.

(2) 이에 의하면 도산절차는 크게 회생절차, 파산절차, 개인회생절차로 나뉜다.

① 회생절차(reorganizations)

재정적 어려움으로 인하여 파탄에 직면해 있는 채무자에 대하여 채권자·주주·지분권자 등 이해관계인의 법률관계를 조정하여 채무자 또는 그 사업의 효율적인 회생을 도모하는 절차이다($^{채무회생}_{34\sim293조}$). 회생절차는 종전의 화의절차를 폐지하고,

---

10) 정동윤/유병현/김경욱, 41면.

11) 총 6편(총칙, 회생절차, 파산절차, 개인회생절차, 국제도산, 벌칙) 660개 조문으로 구성되어 있다.

회사정리절차를 개선하는 방향으로 회생절차를 일원화하였다. 그렇게 함으로써 도산기업의 회생이 보다 신속하게 이루어지고 비용도 크게 절감하게 되었다. 그 대상도 개인뿐만 아니라 주식회사 외에 모든 회사를 대상으로 하였다. 즉 개인·중소기업·주식회사 등 대기업을 하나의 절차에 의하여 회생시키도록 하였다.

② 파산절차(liquidations)

재정적 어려움으로 인하여 파탄에 직면해 회생이 어려운 채무자에 대하여 채권자·주주·지분권자 등 이해관계인의 법률관계를 조정하여 채무자의 재산을 공정하게 환가·배당하는 것을 목적으로 하는 절차이다($^{채무회생}_{294~578조}$). 과거 파산법 규정을 개선하여 새롭게 규정하였다.

③ 개인회생절차(adjustments of debts of an individual with a regular income)

재정적 어려움으로 인하여 파탄에 직면해 있으나 정기적 수입이 있는 개인채무자에 대하여 채권자 등 이해관계인의 법률관계를 조정함으로써 채무자의 효율적 회생과 채권자의 이익을 도모하기 위하여 마련된 절차이다($^{채무회생}_{579~627조}$). 개인채무자만이 가능하고, 법인 및 회사 등은 대상이 아니다. 여기에 해당하는 채무자이면 파산절차나 회생절차가 진행 중이거나, 신용회복위원회의 지원제도를 이용 중이거나, 배드뱅크 제도에 의한 지원절차를 이용 중이라도 상관없다. 주요 내용은 총채무액이 무담보채무의 경우에는 10억원, 담보부채무의 경우에는 15억원 이하이어야 하며, 3년 내지 5년간에 걸쳐 일정한 금액을 변제하면 나머지 채무의 면제를 받을 수 있다($^{동법\ 579조,}_{611조\ 5항}$).

(3) 2016년 12월 27일 법률 제14470호로 법원조직법을 일부 개정하여 제1심법원인 회생법원을 설치하였고($^{별조}_{3조}$), 2017년 3월 1일부터 시행되고 있다. 이렇게 독립된 회생법원을 설치하게 된 것은 2000년대 후반 세계적인 금융위기 이후 급격한 경기변동에 따른 한계기업의 증가와 가계부채의 꾸준한 증가로 채무자 구조조정의 필요성이 상시화 되면서 전문성을 가진 독립의 도산전문법원이 필요하였기 때문이다.

제 2 장   민사소송법

제 1 절   민사소송법의 의의

(1) 민사소송법(civil procedure, Zivilprozessrecht)은 형식적 의미의 민사소송법과 실질적 의미의 민사소송법으로 나뉜다. 형식적 의미의 민사소송법이라 함은 민사소송법이라 하는 법전을 의미한다. 실질적 의미의 민사소송법이라 함은 사법상의 법률관계로 인한 분쟁의 절차를 규율하고 있는 법규의 총체를 말한다. 이는 법명 또는 공·사법을 구별하지 아니하며, 사법상의 법률관계로 인한 분쟁의 절차와의 관련성 여부만이 문제된다. 따라서 실질적 의미의 민사소송법에는 민사소송의 처리기관인 법원의 조직·권한(법원조직법 등), 소송에 관여하는 자의 능력·자격(변호사법 등), 재판이나 강제집행을 위한 기관·요건·절차(집행관법 등) 등이 포함되는 것이다.

(2) 실질적 의미의 민사소송법의 법원(法源)은 다음과 같은 것이 있다.

ⅰ) 헌법 규정으로 인간의 존엄과 행복추구권($^{현}_{10조}$), 평등권($^{현}_{11조}$), 재판을 받을 권리($^{현}_{27조}$), 제5장의 법원에 관한 규정($^{현\ 101\sim}_{110조}$)이 있다.

ⅱ) 법률로서는 형식적 의미의 민사소송법인 민사소송법전 이외에 민사집행법, 채무자회생 및 파산에 관한 법률, 민사조정법, 중재법, 국제사법, 증권관련집단소송법·소비자기본법·개인정보보호법, 법원조직법, 변호사법, 집행관법, 공증인법, 변리사법, 소송촉진 등에 관한 특례법, 소액사건심판법, 상고심절차에 관한 특례법, 원격영상재판에 관한 특례법, 민사소송 등에서의 전자문서 이용 등에 관한 법률, 국제민사사법공조법, 민사소송비용법, 민사소송 등 인지법, 인지첩부 및 공탁제공에 관한 특례법, 가사소송법, 행정소송법, 국가를 당사자로 하는 소송에 관한 법률, 특허법, 실용신안법, 디자인보호법, 상표법, 식물신품종 보호법, 해난심판법, 민법($^{18\sim201,}_{467조}$), 상법($^{184\sim}_{193조}$) 중의 절차적 규정 등이 있다. 또한 헌법재판소법 중 절차와 관련된 규정($^{헌재}_{40조}$)도 이에 해당한다. 법률로서의 효력을 가지는 국제조약으로서 헤이그송달협약,[1] 인권에 관한 세계선언($^{6조}_{등}$), 세계인권규약 B규약($^{14}_{조}$) 등이 있다.

---

1) 헤이그송달협약의 정식명칭은 "민사 또는 상사의 재판상 및 재판외 문서의 해외송달에 관한

ⅲ) 대법원규칙으로는 민사소송규칙, 민사집행규칙, 채무자회생 및 파산에 관한 규칙, 민사조정규칙, 증권관련집단소송규칙, 소비자단체소송규칙, 개인정보단체소송규칙, 소액사건심판규칙, 민사 및 가사소송의 사물관할에 관한 규칙, 소송촉진 등에 관한 특례규칙, 대법원에서의 변론에 관한 규칙, 각종 분쟁조정위원회 등의 조정조서 등에 대한 집행문 부여에 관한 규칙, 민사소송 등에서의 전자문서 이용 등에 관한 규칙, 민사소송비용규칙, 민사소송 등 인지규칙, 송달료규칙, 가사소송규칙, 변호사보수의 소송비용 산입에 관한 규칙, 정정보도청구 등 사건 심판규칙 등이 있다.

(3) 이러한 대법원 규칙은 헌법 제108조에 의하여 대법원에 부여된 규칙제정권에 근거한 것이다. 즉 대법원은 법률에 저촉되지 아니하는 범위 안에서 소송에 관한 절차, 법원의 내부규율과 사무처리에 관한 규칙을 제정할 수 있으며, 이는 소송절차에 관한 사항과 법원 내부사항에 대하여 사법부의 자율권을 보장한다는 의미가 있다.[2] 통상 실질적 의미의 민사소송법의 법원(法源)으로 위에서 본 바와 같은 헌법과 법률 및 규칙 등 제정법규를 의미하지만, 민사소송에서도 관습법이 성립될 수 있고, 대법원판례는 법규는 아니지만 구체적 사건과 관련해 실질적 규범력을 갖는 것이므로 매우 중요한 의미를 갖는다.[3]

제 2 절   민사소송법의 성질

민사소송법은 공법, 민사법, 절차법으로의 성질을 가진다. 민사소송법의 이러한 성질로 인하여 다른 법과 구별되는 특징이 나타나는 것이다.

1. 공   법

민사소송법은 공법과 사법의 구별로 보면 공법(公法)에 해당한다. 민사소송법은 국가기관인 법원이 주관하여 진행하는 절차의 법률이기 때문이다. 즉 민사소송법은 국가기관이 국민의 사법상의 분쟁해결의 요청에 따른 절차를 진행하는 것을

협약"이며, 우리나라는 2000. 1. 13. 가입하였고, 발효일은 동년 8. 1. 이다.

2) 同旨: 이시윤, 41면.

3) 同旨: 정동윤/유병현/김경욱, 47면.

주된 내용으로 하고 있는 것이다. 따라서 사인간의 법률관계를 규율하고 있는 사법(私法)과는 달리 일정한 절차적 강제성이 인정된다. 특히 민사집행법은 채무자의 의사에 반하여 국가가 강제력을 행사하는 것이므로 공법으로서의 특성이 강하게 나타난다. 그러나 민사소송법은 그 심판대상이 사적 자치의 원칙이 적용되는 사법상의 법률관계이므로, 순전히 공법상의 법률관계를 대상으로 하는 행정법 등 공법과는 차이가 있다.

2. 민 사 법

민사소송법은 민사법과 형사법의 구별로 보면 민사법(民事法)에 해당한다. 민사소송법은 대등한 사인간의 생활관계상의 분쟁을 해결하기 위한 법률이다. 민법·상법 등의 사법과 그 대상이 동일하다고 할 것이다. 사적 자치의 원칙이 적용되는 영역이다. 따라서 민사소송법의 심판대상은 당사자의 자유로운 처분이 가능하다. 소송 중 청구의 포기·인낙, 화해, 소의 취하, 조정 등이 가능한 이유는 민사소송법이 민사법으로서의 성질을 가지고 있기 때문이다.

3. 절 차 법

(1) 민사소송법은 실체법과 절차법의 구별로 보면 절차법(節次法)에 해당한다.

ⅰ) 통상 실체법이라 함은 권리·의무의 실체, 즉 권리의 발생·변경·소멸을 규율하는 법률로서 재판내용의 기준이 된다. 반면 절차법은 권리·의무의 발생·변경·소멸 자체를 규율하는 것이 아니라 권리·의무를 실현하는 방식과 절차에 관한 것을 규율하는 법률이다. 즉 절차법은 권리를 어떠한 방식으로 주장하고, 어떠한 절차를 통하여 사실인정의 자료를 수집하여 재판할 것인가를 정하는 법이다. 민사소송법은 절차법이고 그 대상이 사법상의 법률관계이므로, 사법상의 법률관계를 실현하는 방식과 절차를 규율하는 법이라고 정의할 수 있다.

ⅱ) 그런데 문제는 실체법과 절차법의 구별이 절대적이 아니라 상대적이라는 것이다.[1] 즉 실체법으로 분류된 민법, 상법 등에 절차법 규정이 많이 산재하여 있고, 반면 절차법으로 구분된 민사소송법에 실체법 규정이 있다. 특히 민사소송법 중 소송비용에 관한 규정($\frac{99}{조}$), 가집행선고의 실효로 인한 배상책임($\frac{215조}{2항}$) 등은 실체

---

1) 同旨: 정동윤/유병현/김경욱, 48면.

법적 성질을 가지고 있는 규정이다. 또한 소송에 대한 평가소송(Prozessprozess)인 재심의 소($^{451}_{조}$), 집행판결청구소송($^{민집}_{27조}$)의 경우 또는 상고심이 원심의 소송절차 위배 유무를 판단하는 경우에는 해당 소송법 규정이 재판내용의 기준으로서 실체법적 역할을 한다.[2] 그렇기 때문에 실체법과 절차법을 완벽하게 구별한다는 것은 어려운 일이다.

iii) 그러나 실체법과 절차법의 구별 실익은 다음과 같다. 첫째, 법률 개정의 경우에 실체법은 법률불소급의 원칙에 의하여 개정법을 개정 전의 사항에 대한 소급적용을 금하는 것이 원칙이나, 절차법은 오히려 절차적인 요소가 강하므로 권리관계의 변동과 관련이 없어 소급적용하는 것이 원칙이다. 둘째, 섭외사건에 있어서 실체법규에 관하여는 본국법인 외국법이 적용되는 것이 원칙이나, 절차법규에 대하여는 법정지법(lex fori)에 의한다. 셋째, 상고심에서 법규의 심판과 관련하여 소송법규의 위반은 강행법규가 아닌 한 상고인이 상고이유로 지적한 점만을 판단하면 되나($^{431,}_{434조}$), 실체법규는 강행법규뿐만 아니라 임의법규에 대하여도 해석·적용의 당부를 직권으로 심사하여야 한다.

(2) 또한 민사소송법은 절차법 중 기본법이다.[3] 즉 절차기본법(節次基本法)이다. 현행 헌법재판소법($^{현재 41조}_{1항 본문}$), 행정소송법($^{행소 8조}_{2항}$), 가사소송법($^{가소}_{12조}$), 비송사건절차법($^{비송}_{10조}$), 특허법($^{특허}_{12조}$) 등에서 절차와 관련하여 다른 특별한 규정이 없으면 민사소송법을 규정을 준용하도록 정하고 있다. 따라서 민사소송법은 절차와 관련하여 기본적인 법률이라는 의미로서 절차기본법이라 할 수 있다. 실체법과는 달리 절차법은 절차에 관한 것이므로 실체법적인 영향보다는 절차법 자체의 특성이 강하기 때문에 그 준용이 가능한 것이다. 또한 민사소송법은 다른 절차법에 비하여 오랜 연혁을 가지고 있어 그 개념이 잘 정비되어 있고 자족적 절차법체계를 갖추고 있기 때문이기도 하다. 그러나 기타 절차법의 경우에도 해당 실체법의 특성이 해당 절차법에 영향을 미친다고 보아야 할 것이므로 각 절차마다 절차와 관련된 개념인 소송물, 기판력의 의미 등이 약간씩 다를 수 있다. 따라서 이에 대한 정확한 규명이 필요하고, 민사소송법의 규정이 어디까지 준용되어야 할 것인지를 향후 민사소송법 학자들과 각 분야의 학자들 사이에 활발한 논의를 통하여 밝혀야 할 것이다. 그러나 현재 이 분야에 대한 연구는 미미한 실정이다.

---

2) 同旨: 이시윤, 42면.
3) 同旨: 이시윤, 42면; 호문혁, 7면.

제 3 절 민사소송법규의 종류와 해석

I. 민사소송법규의 종류

민사소송법규는 크게 보아 효력규정과 훈시규정으로 나뉜다. 효력규정은 다시 효력의 강도에 따라 강행규정과 임의규정으로 분류할 수 있다.

1. 효력규정과 훈시규정

효력규정(效力規定)은 이에 위반되면 그 행위나 절차의 효력이 무효·취소되는 종류의 규정임에 반하여, 훈시규정(訓示規定)은 이에 위반되어도 그 행위나 절차의 효력에 영향이 없는 종류의 규정이다. 소송법규는 대부분 효력규정이나, 법원의 행위에 관한 법규인 직무관련 규정은 훈시규정이 많다. 소송고지의 방식($\frac{85조}{2항}$), 판결선고기간($\frac{199}{조}$), 판결선고의 기일($\frac{207조}{1항}$), 판결송달의 기간($\frac{210조}{1항}$), 변론기일의 지정($\frac{258}{조}$), 항소기록의 송부기간($\frac{400}{조}$), 상고이유서 및 답변서의 송달기간($\frac{428조}{2항}$), 환송·이송시의 소송기록의 송부기간($\frac{438}{조}$) 등이 그 예이다.

2. 강행규정과 임의규정

효력규정은 다시 효력의 강도에 따라 강행규정과 임의규정으로 나뉜다.

(1) 강행규정(强行規定)은 법원과 당사자의 의사·태도에 의하여 그 구속을 배제할 수 없는 규정을 의미한다. 법원과 당사자가 반드시 준수할 것이 요구되는 규정이다. 이에 위배된 행위와 절차는 무효로 된다. 소송제도의 기초의 유지, 당사자의 기본적 이익보장 등과 같은 고도의 공익성에 기초한 규정이다. 법원은 직권으로 그 위반 여부를 고려하여야 한다. 법원의 구성, 법관의 제척, 전속관할, 당사자능력, 소송능력(다만 추인에 의하여 하자가 치유될 수 있음), 심판의 공개, 상소제기기간[1] 등에 관한 규정이 그 예이다. 다만 강행법규의 위반일 경우라도 민사소송에 있어서 절차의 안정성이라는 요청에 의하여 시기에 따라 그 효력을 조정할 필요성이 있다. 즉 판결 선고 전의 강행법규 위반은 독립하여 무효로 처리하

---

1) 대판 1975. 5. 9, 72다379; 대판 2002. 11. 8, 2001다84497.

면 되나, 일단 판결이 선고된 경우에는 확정 전에는 상소로 다툴 수 있을 뿐이다. 나아가 판결이 확정된 경우에는 재심사유에 해당하는 경우 외에는 강행법규 위반을 주장할 수 없다.[2]

(2) 임의규정(任意規定)은 당사자의 의사·태도에 따라 그 적용을 어느 정도 배제·완화할 수 있는 규정을 의미한다. 임의규정은 당사자의 소송수행상의 편의와 이익을 보호할 목적으로 규정된 것이다. 그러나 소송상의 임의규정은 절차의 획일성·안정성으로 인하여 사법(私法)상의 임의규정과는 다음과 같은 차이가 있다.

첫째, 당사자는 원칙적으로 법에 명문의 규정이 있는 경우 외에는 합의로 소송상의 임의규정과 다른 내용을 정할 수 없다. 이는 사법상의 임의규정은 당사자의 합의로 자유롭게 그 적용을 배제할 수 있다는 것과 차이가 있다. 소송절차의 획일성·안정성을 확보하기 위하여 당사자의 임의적 소송절차의 변경이 허용되지 않기 때문이다. 이를 임의소송금지 또는 편의소송금지(Kein konventionaler Prozess)라고 한다. 소송법 영역에서는 법이 명문으로 인정하거나, 해석상 제한적으로 인정되는 경우에만 소송상의 임의규정을 배제·완화할 수 있다. 명문의 규정으로 이를 인정한 경우는 관할의 합의($\frac{29}{조}$), 불항소의 합의($\frac{390조 1항}{단서, 2항}$)가 있고, 부제소합의,[3] 소취하합의,[4] 부집행합의,[5] 증거계약 중 일부[6]가 해석상 허용된다.

둘째, 임의의 소송법규 위반이 있다고 하여도 불이익을 받는 당사자가 이의를 하지 아니하면 그 흠이 치유되도록 하였다. 이것은 당사자가 적극적으로 임의규정과 다른 합의를 하는 것이 아니고, 당사자가 상대방의 소송법규의 위반에 대하여 소극적으로 대응하거나, 방관함으로써 하자의 치유를 의제하는 것이다. 이를 소송절차에 관한 이의권의 포기 및 상실($\frac{151}{조}$)이라 한다. 이는 소송상의 임의규정과 관련된 효과이다. 임의규정의 위배는 법원이 직권으로 조사할 필요가 없고 당사자가 이의를 한 경우에 한하여 고려하면 된다.[7] 당사자의 소송행위의 방식,[8] 법원의 기일통지서·출석요구서·소송서류의 송달, 증거조사의 방식[9] 등이 이에 해당한다.

---

2) 同旨: 이시윤, 44면; 정동윤/유병현/김경욱, 50면.

3) 대판 1968. 11. 5, 68다1665; 대판 1999. 3. 26, 98다63988; 대판 2013. 11. 28, 2011다80449.

4) 대판 1982. 3. 9, 81다1312; 대판 1997. 9. 5, 96후1743; 대판 2005. 6. 10, 2005다14861.

5) 대판 1993. 12. 10, 93다42979; 대판 1996. 7. 26, 95다19072.

6) 증거계약은 자백계약, 증거방법계약, 중재감정계약, 증거력계약 등이 있다. 자백계약, 중재감정계약은 유효한 것으로 보며, 증거력계약은 법관의 자유심증을 해하므로 효력이 없다고 보는 것이 일반적이다. 증거방법계약의 유효성 여부에 관하여 견해가 대립된다.

7) 同旨: 이시윤, 45면; 정동윤/유병현/김경욱, 51면.

8) 대판 1964. 6. 2, 63다879; 대판 1993. 3. 23, 92다51204.

9) 대판 1962. 12. 27, 62다704; 대판 1984. 4. 24, 82므14.

Ⅱ. 민사소송법규의 해석

(1) 법해석이란 법규의 의미·내용을 확정하는 작업이다. 민사소송법규도 나름대로의 특성이 있지만 법규로서의 일반성을 가지고 있으므로 1차적으로 법해석의 일반론에 따르고, 2차적으로 소송법규의 획일성·안정성의 특성에 따른 해석을 시도하여야 할 것이다.

(2) 법해석일반론을 개념적 순서에 따라 보면 다음과 같다.

ⅰ) 우선 합헌적 해석을 하여야 한다(**헌법합치적 해석**). 민사소송법은 헌법의 하위규범이므로 해석의 외연(外延)은 헌법에 합치되도록 해석되어야 한다. 헌법상 인간의 존엄과 행복추구권($^{헌}_{10조}$), 평등의 원칙($^{헌}_{11조}$), 법관에 의한 신속한 재판을 받을 권리($^{헌}_{27조}$), 공개재판의 원칙($^{헌}_{109조}$) 등이 절차적 기본권에 중요한 기준이 된다. 합헌적 해석은 합목적론적 해석으로 연결된다.

ⅱ) 합목적적 해석을 하여야 한다(**목적론적 해석**). 민사소송의 목적에 합치되도록 해석하여야 된다는 것이다. 민사소송의 이상은 법규의 제정·개별적 운영과 관련된 규정으로 보아 목적론적 해석의 지침이 될 수는 없다고 본다.[10]

ⅲ) 개별적으로 법규의 문언에 충실한 해석을 하여야 하며(**문리해석**), 다른 법규와의 논리적 관계를 고려하여야 한다(**논리해석**). 또한 다른 법규를 유추하여 해석할 수 있고(**유추해석**), 다른 법규와 반대로 해석할 수도 있다(**반대해석**). 다만 문리해석을 함에 있어서 동일한 용어가 법에 따라 다른 의미를 가질 수 있다. 즉 '본안(本案)'이란 용어는 보전소송의 경우 본안($^{민집}_{287조}$)은 본안소송을 의미하고, 변론관할($^{30}_{조}$)·소의 취하($^{266조}_{2항}$)에서는 실체법상의 권리관계를 지칭한다고 볼 수 있다.

(3) 다만 민사소송법은 절차법으로서의 성질로 인하여 그 해석·적용을 함에 있어서 실체법 해석과 약간 다른 특성이 있다. 즉 소송절차는 소송행위의 순차적 연속으로 이어지므로 하나의 소송행위를 무효로 처리하면 전체 소송질차가 외헤되기 때문에 절차의 안정성이 요구된다. 또한 민사소송법은 절차법이므로 구체적 타당성을 중시하는 실체법과 달리 사건의 집단적·획일적 처리가 요청된다. 따라서 민사소송법규를 해석할 때에는 절차법으로서의 안정성·획일성을 고려하기 때문에 형식주의적 경향이 강하다.[11]

---

10) 反對: 이시윤, 43면; 정동윤/유병현/김경욱, 52면.
11) 同旨: 정동윤/유병현/김경욱, 52면.

제 4 절 민사소송법의 효력의 한계

I. 시적 한계

원칙적으로 성문법은 시행일부터 폐지일까지 효력을 갖는다. 민사소송법도 성문법으로서 시행일부터 폐지일까지 효력을 갖는다. 이를 민사소송법의 시적 한계 또는 시간적 적용범위의 문제로 본다. 그런데 소송법은 절차법으로서 기술적인 특성을 가지고 있으므로 구법시의 사건에 대하여도 모두 신법을 적용하여도 당사자에게 불이익의 문제가 발생하지 아니한다. 따라서 실체법과 달리 민사소송법의 시적 한계는 소급효를 인정하는 것을 원칙으로 한다. 즉 민사소송법의 시간적 효력 범위는 법률소급의 원칙에 입각하고 있다(**법률소급의 원칙**). 이는 실체법 영역에서 기존의 권리관계를 존중하여 생활관계의 안정을 도모하는 법률불소급의 원칙과는 대조된다($\frac{\text{헌}}{\text{2항}}$13조). 2002년 민사소송법 전면개정 시에 부칙 제2조에서 "이 법은 특별한 규정이 없으면 이 법 시행 당시 법원에 계속 중인 사건에도 적용 된다."고 하여 법률소급의 원칙을 분명히 하고 있다. 다만 구법 시에 소송행위가 완결된 경우에는 구법에 따라 계속 효력을 갖는다고 보아야 하며,[1] 신법이 구법에 비하여 불리한 경우에는 통상 해당 법률의 부칙을 통하여 구제한다(부칙 4, 5조 참조).

II. 장소적 한계

절차는 법정지법(lex fori)에 따른다는 것은 오래된 법원칙이다. 또한 민사소송법은 공법으로서 국가권력에 의한 사법작용의 하나이므로, 우리나라 내에서 민사소송과 관련된 모든 절차는 우리나라의 민사소송법이 적용된다. 보다 구체적으로 보면 다음과 같다.

(1) 우리나라의 법원에서 심리되는 모든 민사사건은 당사자가 외국인이든, 소송물이 무엇이든, 준거법 여부와 관계없이 모두 우리 민사소송법이 적용된다. 설사 외국사법기관의 촉탁을 받아 민사사건의 송달 또는 증거조사를 하는 경우에도 그 절차는 촉탁국의 민사소송법이 아닌 우리나라의 민사소송법이 적용된다.

---

1) 同旨: 정동윤/유병현/김경욱, 53면.

(2) 반대로 외국법원에 계속된 민사사건에 대하여는 그 법정지의 민사소송법이 적용된다. 또한 우리나라의 법원의 촉탁에 의하여 외국법원이 송달 또는 증거조사를 행하는 경우에는 자국의 민사소송법에 따라 행한다. 외국법원에서 행하여진 소송행위가 우리나라에서 어떠한 효력을 갖는가(예: 외국판결의 우리나라에서의 집행문제) 하는 문제는 우리 민사소송법에 의하여 결정된다(집217조, 민27조). 우리 법원의 촉탁에 의하여 외국의 사법기관이 행한 소송행위가 그 나라의 민사소송법을 위반하여 행하여진 경우라도 우리 민사소송법에 의하여 적법한 것으로 인정되면 유효한 것으로 본다(296조2항).

Ⅲ. 인적·물적 한계

우리 민사소송법의 효력의 한계 즉 적용범위와 관련하여 시간적·장소적 문제 외에 인적·물적 한계도 검토하여야 한다. 인적·물적 한계라 함은 민사소송법이 어떤 사람에 미치고, 어떤 사건에 미칠 것인가 하는 문제이다. 그러나 이 문제는 민사소송법에 있어서 민사재판권과 직결된 문제이므로 본서 제2편 제1장 제2절의 민사재판권 부분에서 자세히 검토하도록 하겠다.

제 5 절 민사소송법의 연혁

Ⅰ. 총 설

(1) 우리나라 민사소송법의 연혁을 설명하려고 하면 상당한 어려움에 처한다. 우선 대부분의 교과서에서 한일합방 이후 일본의 의용(依用) 민사소송법 이후의 설명에 치중하고 있기 때문이다. 또한 일부 교과서에서는 이에 근거하여 일본 구민사소송법을 통한 독일법의 계수이므로 독일법의 기초가 된 로마법 및 게르만법에 대하여 상당한 설명을 하고 있다. 그러나 필자는 이러한 식의 설명에 대하여 항상 의구심을 가지고 있었다. 우리 민사소송법의 연혁을 설명한다고 하면 우리나라로 지칭될 수 있는 시점 이후의 민사분쟁해결방식에 대한 역사를 이야기하여야 한다. 왜냐하면 인간이 존재하면서부터 분쟁이 존재하였다고 보아야 하기 때문이

다. 이러한 관점에서 우리 민사소송법의 역사에 대한 최소한의 설명을 해 보려고 한다. 본서에서는 역사의 큰 흐름에 기초하여 조선왕조 후기 근대화 이전(갑오개혁 전)과 그 이후의 시대로 구분한다. 이어 근대화 이후의 시기는 i) 갑오개혁 후 한일합방 전의 시기(1894년-1910년), ii) 한일합방 후 해방 전의 시기(1910년-1945년), iii) 해방 후 구민사소송법 시행 전의 시기(1945년-1960년), iv) 구민사소송법 시기(1960년-2002년), v) 신민사소송법 시기(2002년-현재)로 나누어 설명하려고 한다.

(2) 사실 조선왕조 갑오개혁 전의 민사분쟁해결제도에 대한 설명은 역사 교과서에서 일부 설명되고 있는 수준이고 법률적 관점의 체계적 연구가 매우 부족한 상태이다. 이 부분에 대하여 역사학(歷史學)과의 학문적 교류・협력을 통한 법제사적 접근이 요망된다. 근대화 이후의 시기 중 i) 갑오개혁 후 한일합방 전의 시기(1894년-1910년)는 우리 독자적인 입장에서 근대의 사법제도를 도입하려는 시도를 한 시기이다. 그 열정과 노력이 대단하였으나 대한제국의 국력의 열세로 인하여 독자적인 제도를 구축하지 못하고 일본제도로 급속히 넘어가게 된 것이다. 사법제도가 국가의 존망에 따라 완전히 달라질 수 있음은 역사적 사실이다. ii) 한일합방 후 해방 전의 시기(1910년-1945년)는 일본 구민사소송법[1]을 의용(依用)하

---

1) 일본은 봉건시대에 독자적인 민사소송제도가 있었으나 근대적 민사소송제도는 1886년(명치 19년) 6월 독일인(정확히는 프로이센인) Techow가 기초한 민사소송법초안이 일본정부에 제출되면서부터이다. 제출 후에 일본 정부는 법률취조위원회(法律取調委員會; 법률심의위원회로 이해하면 됨)의 논의를 거쳐 1890년(明治 23년)에 법률 29호로 성립・공포되어 다음 해인 1891년 1월 1일에 시행되었다. 일본의 최초 민사소송법으로서 일본 구민사소송법이라 한다. 이는 1887년의 독일통일민사소송법전(Zivilprozessorderung, ZPO)의 번역적 계수였다. 일본 구민사소송법은 1926년(大正 15년)에 제1편부터 제5편까지 법률 제61호로 전면적 개정을 통하여 1929년(昭和 4년) 10월 1일부터 시행되었다. 또한 1979년(昭和 54년) 제2차 전면개정으로 일본 구민사소송법 제6편의 강제집행편의 대부분 내용을 일본 구경매법을 개정・병합하여 동년 10. 1.부터 일본 민사집행법으로 분리・독립하여 시행하게 되었다. 제6편은 종전의 규정 중 가압류・가처분의 약간의 규정을 그대로 두었다. 그 이후 1989년(平成 元年) 개정을 통하여 종전의 일본 구민사소송법 제6편의 가압류・가처분 규정과 민사집행법상의 관련규정을 통합하여 일본 민사보전법(법률 91호, 1992. 1. 1.부터 시행됨)을 분리・독립하게 되었다. 제6편은 종전 5편의 3(판결의 확정 및 집행정지)을 6편으로 하였다. 종전의 구민사소송법의 규정은 구민사소송법, 민사집행법, 민사보전법으로 나뉘게 되어 현재의 체제를 갖추게 되었다. 그 이후 민사소송 운영의 개선을 위하여 1996년(平成 8년) 6월 18일 법률 제109호로 일본 구민사소송법을 전면개정하고 동월 25일에 공포하여 일본 신민사소송법이 1998년 1월 1일부터 시행되고 있다. 이를 일본 신민사소송법이라 한다. 일본 신민사소송법의 주요 개정내용은 ⅰ) 쟁점정리절차의 정비(일민소 164조 이하) 및 증거수집수단의 확충(일민소 498조 이하)을 통하여 조기에 쟁점 및 증거의 정리를 통하여 증명의 대상을 명확히 하고, 효율적이고 집중적인 증거조사를 하도록 하고 있고(일민소 182조), ⅱ) 30만 엔 이하의 금전청구에 대하여는 원칙적으로 1회의 기일에 신속히 판결을 할 수 있도록 한 소액사건소송을 신설하였고(일민소 368조 이하), ⅲ)

여 적용하였다. 이 시기는 우리의 역사에서 보면 암흑기였다. 우리나라 민사소송
법의 연혁에서 보면 일본을 통한 독일의 민사소송법을 간접적·전면적으로 계수
하였다고 평가할 수도 있다. 그런 점에서 일말의 긍정적인 면은 있으나, 우리의
독자적 평가 없이 타율적으로 도입된 것이므로 긍정적으로 평가하기는 어렵다. 그
러나 사실에 대한 정확한 평가를 함으로써 오늘의 민사소송법을 변화·발전시켜
나가는 초석으로 삼아야 한다. iii) 해방 후 구민사소송법 시행 전의 시기(1945년-
1960년)는 미군정과 과도정부, 대한민국 정부 수립의 시기로서 종전의 일본 구민
사소송법이 그대로 적용된 시기이다. 그러나 1948. 5. 4. 과도정부 법령 제192호
로 법원조직법을 제정·공포하여 삼권분립의 원칙에 기초한 민사소송제도가 시작
되었다는 점에서 상당한 의미가 있다. iv) 구민사소송법 시기(1960년-2002년)는
우리 민사소송법이 독자적인 자리를 잡은 시기로 평가하여야 한다. 일본을 통한
독일민사소송법을 계수하여 이후 미국·독일·일본법에 기초한 변화·발전을 시
도하였고, 학문과 판례 등의 축적을 통하여 자생력을 갖게 되었다. v) 신민사소송
법 시기(2002년-현재)는 구민사소송법을 40여년간 시행하면서 발생한 문제를 세계
민사소송법의 흐름과 효율적인 심리개선을 위하여 미국 연방민사소송규칙(FRCP)
상의 변론준비절차 및 증거개시 등의 절차를 한국식으로 도입하여 그 시행 중에
있다 할 것이다.

(3) 우리 민사소송법의 역사는 갑오개혁 후 한일합방 이전의 시기(1894년-1910
년)에는 중국·일본 등과의 자율적 교류를 통하여 율령제도(律令制度)를 정비·발
전하여 왔다.[2] 그 이후에는 일본 구민사소송법을 통하여 독일 민사소송법을 계수
하여 적용하다가, 독일·일본·미국법 등의 세계적인 흐름 속에서 발전하여 현재
에는 독자적 체계를 갖춘 민사소송법의 토대를 형성하였다고 할 수 있다. 결국
우리 민사소송법은 게르만·로마법에 기초한 독일법적 요소, 일본 민사소송법적
요소, 영미법적 요소 및 우리 독자적인 요소가 복합된 우리 민사소송법인 것이다.

최고재판소의 부담을 경감하기 위하여 상고이유를 헌법위반과 절대적 상고이유로 제한하였다는 점
(일민소 312조) 등이다. 또한 특이한 것은 일본 신민사소송법 제2조에 "재판소는 민사소송이 공정
하고 신속하게 행하여질 수 있도록 노력하여야 하고, 당사자는 신의에 좇아 성실하게 민사소송을
수행하지 아니하면 안된다."는 규정을 신설하여 우리나라 민사소송법에서 1990. 1. 13. 개정에서
신설된 민사소송의 이상과 신의칙에 관한 규정을 도입하고 있다. 일본 신민사소송법의 전면개정은
영미법상의 증거개시제도 및 집중심리제도의 강화뿐만 아니라 우리나라에서 성공한 소액재판제도
및 민사소송의 이상 및 신의칙에 관한 규정을 도입하였다는 점은 일본민사소송법학자들의 민사소
송제도의 개선에 대한 열정을 느끼게 한다(新堂幸司, 40-44면 참조).
　2) 향후 이 시기에 대한 법제사적 연구가 요망된다. 상당한 의미가 있을 것으로 생각된다.

법률은 문화이고, 문화는 교류와 융화를 통하여 발전하게 된다. 이러한 관점에서 향후 우리 민사소송법을 더욱 발전시켜 나가야 할 것이다.

II. 근대화 이전의 시대(1894년 갑오개혁 전)[3]

(1) 근대화 이전의 시대를 전체적으로 구분한다는 것은 분명히 문제가 많다. 이 부분에 대한 연구가 많이 부족한 이유이다. 본서에서는 문제 제기에 치중하기로 한다. 우선 국가 형성 전인 씨족, 부족사회에 있어서는 민・형사 등 모든 분쟁 해결수단이 혼합되어서 작동하였을 것이고, 그 형태도 다양하였을 것으로 생각된다. 씨족장 또는 부족장 등이 해결하는 방식이 가장 일반적 이었을 것이다. 고조선, 마한・진한・변한과 그 이전의 역사에서 볼 수 있을 것이다.

(2) 고구려・백제・신라의 삼국시대가 형성되면서 종전의 분쟁해결방식이 보다 체계화되기 시작하였고, 왕을 정점으로 하는 분쟁해결방식이었을 것으로 생각된다. 그러나 국가체제가 잡히고 수(隋)・당(唐) 등과의 국가적 교류를 통하여 율령제도(律令制度)가 정비되었을 것이다. 그러나 근대적 의미의 민・형사 등의 분쟁 해결방식의 분화는 이루어지지 아니한 것으로 보이지만, 나름대로 국가가 운영하는 발전된 분쟁해결방식이 존재하였을 것으로 생각된다. 또한 왕족, 귀족 등의 사유재산이 인정되었다는 점에 비추어 보면 민사분쟁에 관한 규범이 국가의 율령 또는 관습법을 통하여 형성되어 있다고 보인다.

(3) 또한 고려왕조 및 조선왕조는 중국과의 교류 등을 통하여 상당히 체계적이고 안정된 국가통치규범을 가지고 있었다. 고려왕조는 법령을 제정・시행하는 식목도감과 도병마사 등의 기관이 존재하였을 뿐만 아니라 상당한 관습법이 존재하였다. 이러한 점에 비추어 보면 민사분쟁에 대한 국가권력이 주관하는 해결수단이 있었을 것이다. 근대적인 삼권분립의 원칙에 기초한 사법부에 의하고 민사재판을 전문으로 하는 재판기관은 분화되지 아니하였을 것이지만 민・형사 재판제도가 혼합된 형태로 존재하였다고 보인다. 고려시대는 법령과 관습법이 존재하였으나 조선시대의 경국대전과 같은 통일된 법전은 존재하지 아니하였다. 조선왕조는 건국 초반에 정도전이 편찬한 조선경국전에 기초하여 성종 당시인 1485년에 조선시대의 헌법 및 법령집인 「경국대전」이 완성되어 시행되었다. 경국대전은 이후 속

---

3) 사실 근대화 이전의 시기를 세분화할 필요가 있다. 이것은 민사소송제도에 대한 법제사적인 연구가 뒷받침될 때에 가능할 것으로 보인다.

대전, 대전통편, 대전회통 등으로 개정이 된다. 경국대전은 이전, 호전, 예전, 형전, 병전, 공전의 6전 체제로 구성되어 있고, 그중 형전에 형벌, 재판, 노비, 재산상속에 관한 규정을 두고 있었다. 경국대전을 체계적으로 연구한다면 민사소송에 관한 재판제도를 알 수 있을 것이다. 근대화 이전의 조선시대의 법전에 대한 연구는 오늘의 민사재판제도를 연구함에 기본 토대가 될 것으로 확신한다. 조선시대의 재판제도는 근대적 의미의 삼권분립에 기초한 전문적인 민사재판제도는 아닐지라도 통일된 법령에 기초한 재판이 존재한 것으로 보인다.

Ⅲ. 근대화 이후의 시대(1894년 갑오개혁 이후)

근대화 이후의 시기는 i) 갑오개혁 후 한일합방 전의 시기(1894년-1910년), ii) 한일합방 후 해방 전의 시기(1910년-1945년), iii) 해방 후 구민사소송법 시행 전의 시기(1945년-1960년), iv) 구민사소송법 시기(1960년-2002년), v) 신민사소송법 시기(2002년-현재)로 나눌 수 있다. 갑오개혁을 큰 흐름의 기준으로 잡는 것은 갑오개혁 이후에 우리나라 최초의 근대적 법령 1호인 「재판소구성법」이 제정되어 시행되었기 때문이다. 다만 본 항에서는 위 i)~iii)에 관하여만 논의하고, iv), v)는 각각 별도의 항에서 설명하기로 한다.

1. 갑오개혁 후 한일합방 전의 시기(1894년-1910년)

이 시기는 자력에 기초한 근대적 사법제도를 갖추려고 최선의 노력을 한 시기로 볼 수 있다. 조선시대 후기에는 주로 중국을 통하여 근대문물을 접하면서 실학 등이 나타나게 되어 근대화의 맹아가 싹트기 시작하였다. 그러던 중 1884년 일본의 영향을 받은 급진적 개화세력이 갑신정변을 시도하였으나 실패하였다. 그러나 1894년 동학란을 계기로 개회파가 갑오개혁을 시도하여 메이지유신으로 근대화에 성공한 일본의 모델로 한 근대적 절대군주국가의 통치체제를 수립하게 되었다. 이후 1895년 3월 25일 법률 제1호로 「재판소구성법」이 제정되었다. 우리나라 최초의 근대적 사법제도가 이에 기초하여 구성되었다. 2심제로서 제1심은 지방재판소와 개항재판소가, 제2심은 고등재판소와 순회재판소로 구성되었다.[4] 이어 1895년 4월 29일에는 법부령 제3호로 「민·형사규정」이 제정되었다. 총 44개 조

---

4) 김홍규/강태원, 45면.

문으로 민사소송 규정이 25개조문, 형사소송규정이 19개로 이루어져 있다.

청일전쟁 후인 1897년에는 "구규(舊規)로 본(本)을 삼고 (여기에) 신식(新式)을 참고한다."는 기치하에 연호 광무(光武)인 대한제국이 성립되었다. 이후 1899년(광무 3년) 5월 30일에는 종전의 재판소구성법을 법률 제3호로 개정하여 종전 법부에서 임시 개정(開廷)하였던 「고등재판소」를 상설기관으로 하여 「평리원(平理院)」으로 개칭하였다. 그 이후 1907년 12월 27일에는 새로운 재판소구성법(법률 제8호), 동법 시행법(법률 제9호), 재판소설치법(법률 제10호) 등이 공포되어 1908년 1월 1일부터 시행되었다. 4급 3심제인 대심원(大審院)·공소원(控訴院)·지방재판소 및 구재판소를 설치하였다. 1909년 10월 28일 법률 제28호로 재판소구성법이 폐지됨으로 인하여 대한제국의 사법제도는 폐지되었다.[5] 이 시기는 근대적 사법제도가 우리나라에서 최초로 만들어졌다는 점에 주목하여야 한다. 당시의 민사분쟁의 재판규범으로는 경국대전을 근간으로 한 대전회통과 관습법 등이 있었을 것으로 생각된다.

2. 한일합방 후 해방 전의 시기(1910년-1945년)

이 시기는 우리 역사로 보면 암흑기이며 극심한 시련기였다. 법률적인 측면에서 보면 우리나라 근대법률이 일본 식민통치를 통하여 조선왕조·대한제국의 법령에 대체되어 강제로 시행되던 시기이다. 동토 속에 우리 근대적 법률이 조금씩 자리를 잡아가고 있었다고 할 수 있다. 민사소송법의 관점에서 보면 1890년에 제정된 일본 구민사소송법이 의용되었고, 일본 구민사소송법은 독일 통일민사소송법전(ZPO)의 번역적 계수였다.[6] 1910년 8월 22일 한일합방조약이 강제적으로 체결된 후에 일본은 1911년(명치 44년) 법률 제30호로 「조선에 시행하여야 할 법령에 관한 법률」을 공포·시행하여, 조선에 있어서 법률을 필요로 하는 사항은 조선총독의 명령 즉 제령의 형식에 의하도록 하였다. 1912년 3월 18일 제령 제7호로 「조선민사령」을 제정하였나. 조선민사령에 따르면 조선민사령에 특별한 규정이 있지 아니하면 일본 구민사소송법을 적용하도록 하였다(동령 제1조 13호). 그 외 민사소송법과 관련하여 사물관할, 민사사건에 대한 검사의 관여, 소송대리인, 기일과 기한, 쌍방불출석, 소송수속휴지(訴訟手續休止)의 합의, 당사자 일방이 결석한 경우의 궐석재판,

---

5) 김홍규/강태원, 48면.
6) 新堂幸司, 41면.

증거조사, 항소제기, 강제집행기관 등에 관한 약간의 규정을 두었다.[7] 조선민사령의 조선인 예외규정은 식민지기간 중 개정을 통해 점차 줄어들고 일본 법률의 적용범위가 확대되었다.[8] 이 시기의 민사재판 규범은 조선민사령의 특별규정, 일본 구민사소송법, 우리의 관습법 등이었다고 할 수 있다. 이 시기는 시련기이면서 우리의 근대적 민사소송법의 맹아기(萌芽期)였다고 할 수 있다.

3. 해방 후 구민사소송법[9] 시행 전의 시기(1945년-1960년)

이 시기는 근대적 자유민주주의의 법원칙에 근거한 사법제도가 설치되고 우리 독자적인 민사소송법을 제정하였다는 점이 중요한 의미를 갖는다. 실질적으로 근대적 법제도가 정비되기 시작한 시점이다. 1945년 8월 15일 제2차 세계대전이 종료되면서 북위 38도 남쪽지역은 미국, 북쪽은 소련의 군정이 실시되었다. 남쪽지역은 1948년 8월 15일 자유민주주의를 이념으로 하는 대한민국정부가 수립되었고, 북쪽지역은 공산주의를 이념으로 하는 조선민주주의인민공화국이 들어서서 우리나라가 분단체제로 가게 되었다. 남쪽지역은 대한민국정부가 수립되기 전 미군정, 과도정부 과정을 거쳤다. 미군정 체제하에서 해방 이후의 법률의 공백을 피하기 위하여 1945년 11월 2일 미군정 제21호로 종전의 법령을 유효한 법률로 인정하였다. 또한 대한민국헌법의 공포와 동시에 동법 제100조에 의하여 동 헌법에 저촉되지 않는 한도에서 종전의 법령이 그 효력을 지속하였다. 이에 따라 미군정 하에서도 종전의 조선민사령에 기초한 일본 구민사소송법이 해방 이후 새로운 민

---

7) 김홍규/강태원, 48-51면.

8) 김홍규/강태원, 49면.

9) 견해에 따라 2002년 민사소송법이 개정법률이므로 종전의 민사소송법을 구태여 구민사소송법이라고 부를 필요가 없다고 생각할 수 있다. 그러나 저자는 2002년 민사소송법은 i) 종전의 민사소송법을 세계적인 민사소송법의 입법추세에 맞추어 민사집행 규정과 가압류·가처분 규정을 「민사집행법」으로 완전히 분리·독립시켰다는 점, ii) 전문개정하면서 전체 조문체제 및 내용의 대부분을 손을 보았다는 점, iii) 1960년 민사소송법 제정 이후 43년 동안의 개정 중 최초의 전문개정이라는 점 등을 고려하여, 2002년 전문개정 민사소송법을 특별히 신민사소송법이라 칭하고자 한다. 이렇게 칭하는 것은 단순히 명칭을 변경하는 이상의 의미를 가진다고 생각한다. 종전의 민사소송법은 독일민사소송법의 틀을 유지한 구일본민사소송법을 개정하는 형식이었으나, 2002년 민사소송법은 43년 동안의 종전의 민사소송법을 적용하면서 발생한 문제를 미국연방민사소송규칙(FRCP) 등의 이념을 우리 식으로 소화하여 규정하고 있어 종전의 민사소송법과는 완전히 다른 것이다. 종전 민사소송법이 우리 민사소송법의 기초를 다졌다고 한다면, 새로운 민사소송법은 국제화 시대에 향후 우리 민사소송법의 지향점을 제시하고 있다는 점에서 의미가 있다고 할 것이다. 따라서 이 책에서는 종전의 민사소송법은 구민사소송법(舊民事訴訟法)이라 하고, 2002년 민사소송법을 신민사소송법(新民事訴訟法)이라 부르기로 한다.

사소송법의 시행 전인 1960. 6. 30까지 그대로 유효하게 되었다. 이 시기에 민사소송법의 입장에서 중요한 의미를 갖는 것은 독자적인 사법조직을 갖추게 되었다는 것이다. 즉 1948년 5월 4일 과도정부 법령 제192호로 법원조직법이 제정·공포되어 시행되면서 미군정청 사법부로부터 법원이 사법권을 넘겨받았다. 또한 1948년 7월 17일 제정·공포·시행된 대한민국헌법 제1호에 기초하여 1949년 9월 26일 법률 제51호로 정식의 법원조직법이 제정·시행되면서(동년 8. 15.로 소급 시행됨), 최초의 자유민주주의를 이념으로 한 헌법에 근거한 사법조직(司法組織)이 구성된 것이다. 민사소송법의 제정과정을 살펴보면 1948년 8월 15일 대한민국 정부수립과 동시에 동년 9월에 「법전편찬위원회」가 구성되고 민사소송법 분과위원회의 초안작업을 거쳐 1953년 1월 13일 정부안으로 국회에 제출되었으나 폐기되는 등 우여곡절 끝에 1959년 12월 제4대 국회에서 통과된 후에 정부에 이송되어 1960년 4월 4일 공포되기에 이르렀다. 제정 민사소송법은 동법 부칙 제10조에 따라 동년 7월 1일부터 시행되었다. 이 시기는 자유민주주의의 이념 아래 제정된 대한민국헌법에 기초한 사법조직이 구성되었고, 최초의 민사소송법을 만든 시기로서 우리 민사소송법의 준비기라고 할 수 있다. 이것이 1960년 7월 1일부터 시행되어 2002년 6월 30일까지 효력을 가진 구민사소송법이다.

Ⅳ. 구민사소송법의 시기(1960년-2002년)

1. 총   설

1960년 4월 4일 제정된 구민사소송법은 우리나라 최초의 민사소송법이다. 총 7편 본문 723조문과 부칙 10조문으로 구성되어 있다.[10] 구민사소송법은 1960년

---

10) 본문은 **제1편 총칙**, **제1장** 법원, 제1절 관할(제1조~36조), 제2절 법원직원의 제척, 기피, 회피(제37조~46조), **제2장** 당사자, 제1질 당사자능력과 소송능력(제47조~60조), 제2절 공동소송(제61조~64조), 제3절 소송참가(제65조~79조), 제4절 소송대리인(제80조~88조), **제3장** 소송비용, 제1절 소송비용의 부담(제89조~106조), 제2절 소송비용의 담보(제107조~117조), 제3절 소송상의 구조(제118조~123조), **제4장** 소송절차, 제1절 변론(제124조~151조), 제2절 기일과 기간(제152조~160조), 제3절 송달(제161조~182조), 제4절 재판(제183조~210조), 제5절 소송절차의 중단과 중지(제211조~225조), **제2편 제1심의 소송절차**, 제1장 소의 제기(제226조~244조), **제2장** 변론과 그 준비(제245조~260조), **제3장** 증거, 제1절 총칙(제261조~274조), 제2절 증인신문(제275조~304조), 제3절 감정(제305조~314조), 제4절 서증(제315조~335조), 제5절 검증(제336조~338조), 제6절 당사자신문(제339조~345조), 제7절 증거보전(제346조~354조), **제4장 화해절차**(제355조~359조), **제3편 상소**, 제1장 공소(제360조~391조), **제2장** 상고(제392조~408조), **제3장** 항고(제

4월 4일 법률 제547호로 제정·공포되어, 동년 7월 1일부터 시행되었다. 이 법률은 해방 이후 그대로 유효하게 적용한 조선민사령의 특별규정(쌍불취하제도 등)과 일본 구민사소송법을 다듬은 것이다. 일본 구민사소송법은 독일법의 번역적 계수였다고 평가되므로 결과적으로 우리나라의 구민사소송법은 독일법의 간접적 계수로 보아야 한다. 그러나 구민사소송법은 자유민주주의에 기초한 새로운 헌법에 기하여 제정한 것이므로 새로운 시각에 기초한 출발이었다는 점에서 커다란 의미를 갖는다. 구민사소송법은 2002년 1월 26일 법률 제6626호로 전면개정된 신민사소송법 전까지 총 13차례의 일부개정[11]이 있었다. 그중 1990년 1월 13일 법률 제4201호(시행: 동년 9. 1)로 개정된 제3차 개정이 가장 광범위한 개정이었다. 구민사소송법 시기에는 민사소송법 이외에 「민사소송에 관한 임시조치법」 등 특별법에 의한 개정과 1983년 9월 1일부터 제정·시행된 민사소송규칙에 의한 변경도 중요하다. 또한 1994년 사법제도개혁의 기치 아래 법원조직법 등을 통한 조직개편이 있었다.

2. 1·2차 개정

(1) 1차 개정

구민사소송법은 1961년 9월 1일 법률 제706호(시행: 같은해 9. 1)로 1차 개정이 있었다. 주요 개정 내용은 i) 변론기일에 당사자의 일방이 불출석할 때에는 그가 제출한 서면을 진술로 간주하며, 판결선고는 주문을 낭독하고 요지를 설명하는 등

409조~421조), **제4편 재심**(제422조~431조), **제5편 독촉절차**(제432조~445조), **제6편 공시최고절차**(제446조~468조), **제7편 강제집행**, **제1장** 총칙(제469조~524조), **제2장** 금전채권에 관한 강제집행, 제1절 동산에 대한 강제집행, 제1관 통칙(제525조~526조), 제2관 유체동산에 대한 강제집행(제527조~556조), 제3관 채권과 다른 재산권에 대한 강제집행(제557조~584조), 제4관 배당절차(제585조~598조), 제2절 부동산에 대한 강제집행, 제1관 통칙(제599조, 제600조), 제2관 강제경매(제601조~666조), 제3관 강제관리(제667조~677조), 제3절 선박에 대한 강제집행(제678조~688조), **제3장** 금전채권 외의 채권에 대한 강제집행(제689조~695조), **제4장** 가압류와 가치분(제696조~723조)으로 구성되어 있다. 부칙은 제1조~제10조로 되어 있다.

11) 13차례의 일부개정을 보면 다음과 같다. 제1차 개정은 1961년 9월 1일 법률 제706호로, 제2차 개정은 1963년 12월 13일 법률 제1499호로, 제3차 개정은 1990년 1월 13일 법률 제4201호로, 제4차 개정은 1991년 11월 30일 법률 제4408호로, 제5차 개정은 1991년 12월 14일 법률 제4423호로, 제6차 개정은 1993년 6월 11일 법률 제4561호로, 제7차 개정은 1994년 7월 27일 법률 제4769호로, 제8차 개정은 1994년 12월 22일 법률 제4796호로, 제9차 개정은 1995년 1월 5일 법률 제4931호로, 제10차 개정은 1995년 12월 6일 법률 제5002호로, 제11차 개정은 1997년 12월 13일 법률 제5454호로, 제12차 개정은 1998년 12월 28일 법률 제5592호로, 제13차 개정은 1999년 2월 5일 법률 제5809호로 이루어졌다.

당사자의 편의와 이익을 도모하고, 판결서 작성방법과 중간확인의 소의 제기에는 청구확장 신청서를 없애는 등 문서의 간소화, ii) 미국연방민사소송규칙(FRCP)상의 교호신문제의 도입($\binom{구민소}{298조}$), iii) 상고는 「판결이 법령에 위반된 것」을 이유로 할 수 있던 것을 「판결에 헌법해석의 착오 기타 헌법위반이 있는 때 또는 판결에 영향을 미침이 명백한 법령위반이 있음」을 이유로 하는 때에 한하여 할 수 있도록 상고이유를 제한($\binom{구민소}{393조}$), iv) 고등법원이 상고심으로서 선고한 종국판결에 있어서는 헌법해석의 착오 기타 헌법위반이 있는 때, 대법원의 판례에 상반된 판단을 하여 판결에 영향을 미침이 명백한 법령위반이 있는 때 등의 경우 대법원에 특별상고를 할 수 있도록 하는 내용($\binom{구민소\ 제408}{조의2\ 신설}$) 등이다.

(2) 2차 개정

2차 개정은 1963년 12월 13일 법률 제1499호(시행: 동월 17)로 되었다. 주요 개정 내용은 i) 헌법 개정에 따라 단독사건과 합의사건의 구별 없이 상고나 재항고는 대법원이 관장하도록 되어 있으므로 특별상고·재항고에 관한 규정을 삭제($\binom{구민소\ 408조의2,}{471조\ 2항\ 삭제}$), ii) 상고 및 재항고 사유의 수정·제한하여 상고·재항고는 「판결에 영향을 미친 헌법, 법률, 명령 또는 규칙의 위반이 있음」을 이유로 하는 때에만 할 수 있도록 상고이유를 수정·제한하였다($\binom{구민소}{393,\ 412조}$).

3. 특별입법을 통한 개정 및 민사소송규칙의 제정·시행

2차 개정 이후 1990년 1월 13일 제3차 개정 전까지 약 27년간은 민사소송법 전의 개정을 통하지 아니하고 특별입법 및 민사소송규칙의 제정·시행을 통하여 주요 내용이 정비되었다.[12]

(1) 특별입법을 통한 개정

특별입법으로는 「민사소송에 관한 임시조치법」, 「중재법」,「간이절차에 의한 민사분쟁사건 처리 특례법」, 「소액사건심판법」, 「소송촉진 등에 관한 특례법」의 제

---

12) 민사소송법의 개정을 통하여 규정할 수 있는 사항을 특별입법을 통하여 부분적으로 개정하는 것은 법률을 쓸데없이 복잡하게 만들고, 체계적 관리가 어렵기 때문에 바람직하지 아니하다. 이는 기본법을 개정하는 어려움을 피하려는 면이 있으므로 원칙적으로 제한되어야 한다. 향후 이 시기에 특별법을 통하여 민사소송법의 일부 내용을 개정한 법률은 신민사소송법·신민사집행법으로 통합하는 작업이 있어야 한다.

정 등이 그것이다.

① 「민사소송에 관한 임시조치법(1961. 6. 21. 법률 제628호로 제정)」은 신속한 재판을 위한 특별입법으로 3개 조문으로 구성되어 있다. 그 내용은 기일연장의 제한(동법_{1조}), 재산권상의 청구에 대하여 당사자의 신청 유무와 관계없이 원칙적인 가집행선고(동법_{2조}), 그 후 개정[13]을 통하여 국가가 피고가 된 소송에 관한 가집행선고의 금지(동법 2조_{단서}), 재판장 및 지방법원장의 소송지연이유서의 제출·보고의무 부과(동법_{3조}) 등이다. 동법은 1981년 1월 29일 법률 제3361호 「소송촉진 등에 관한 특례법」이 제정되면서 그 곳으로 내용이 흡수되면서 폐지되었다.

② 「중재법」의 제정(1966. 3. 16. 법률 제1767호)으로 중재제도가 부활하였다.

③ 「간이절차에 의한 민사분쟁사건 처리 특례법(1970. 12. 13. 법률 제2254호로 제정)」은 약속어음·수표의 공정증서의 집행권원성 인정(동법_{3조}), 배당절차에서 집행력 있는 정본에 의하지 아니한 배당요구자를 "채권채무에 관하여 확정일자가 있는 증서소지자 또는 법원의 가압류명령을 받은 채권자 및 집행개시일 이전에 소를 제기한 채권자"로 제한(동법_{3조}), 지방법원단독판사의 심판권에 속하는 민사에 관한 분쟁은 당사자의 신청에 의한 조정처리(동법_{7조}), 합동법률사무소의 설립 및 그 업무 등(동법 9조_{이하})을 규정하였다. 동법은 1990. 1. 13. 법률 제4202호로 개정되면서 일부 조문은 민사소송법·민사조정법에 흡수되고, 1993. 3. 10. 법률 제4544호로 변호사법이 개정되어 나머지 조문이 변호사법으로 흡수되면서 폐지되었다.

④ 「소액사건심판법(1973. 2. 24. 법률 2547호로 제정)」에 의하여 소액사건을 통상의 소송절차와 다른 간이·신속한 재판절차를 신설하였다. 또한 모든 소액사건을 조정에 회부할 수 있고(동법_{12조}), 조정이 성립하지 아니한 사건에 대한 조정을 갈음하는 결정(동법_{13조}) 등이 가능하게 되었다. 소액사건에 대한 간이한 소송절차는 우리나라에서 대표적으로 성공한 제도로 평가된다. 일본도 우리나라 제도를 본받아 소액심판제도를 민사소송법에 도입하였다. 일본 신민사소송법(1996. 6. 18.(평성 8년) 법률 제109호로 전면 개정되어 1998. 1. 1.부터 시행됨) 제368조 이하에 30만 엔 이하의 금전청구에 대하여는 원칙적으로 1회의 기일에 신속히 판결을 할 수 있도록 신설하였다.

---

13) 1967. 3. 3. 법률 제1901호로 제2조 단서에 "다만, 국가를 상대로 하는 재산권의 청구에 관하여는 제2심 판결에 한하여 가집행의 선고를 부할 수 있다"는 내용을 추가하였고, 1970. 8. 7. 법률 제2223호로 제2조 단서를 "다만, 국가를 상대로 하는 재산권의 청구에 관하여는 가집행의 선고를 부할 수 없다"고 개정하였다.

⑤ 제5공화국 출범에 즈음하여 1981년 1월 29일 법률 제3361호로 「소송촉진 등에 관한 특례법」이 제정되면서 「민사소송에 관한 임시조치법」을 폐지하여 그 내용을 흡수하는 외에 민사소송법의 실질적 내용을 대폭적으로 수정하였다. 그 주요내용을 보면 「민사소송에 관한 임시조치법」의 종전의 규정 외에 i) 금전채무 관련 판결의 법정이율의 고율화($\frac{동법}{3조}$), ii) 원심재판장의 상소장심사권($\frac{동법}{8조}$), iii) 상고이유의 제한($\frac{동법}{11조}$),[14] iv) 허가상고제의 채택($\frac{동법}{12조}$),[15] v) 상고이유의 제한·허가상고제의 준항고에 준용($\frac{동법}{13조}$), vi) 변호사비용의 소송비용산입($\frac{동법}{16조}$), vii) 소액사건 심판제도개선,[16] viii) 형사소송절차에 부대한 배상명령제도의 신설($\frac{동법}{36조}$ 25~)[17] 등이다.

(2) 민사소송규칙의 제정·시행

1990년 1월 13일 3차 개정 전에는 위와 같이 특별입법을 통하여 민사소송법을 실질적으로 개정하였고, 또한 1983. 7. 3. 대법원 규칙 제848호로 제정된 민사소송규칙을 통한 민사소송법의 보충을 들 수 있다. 동 규칙은 제5공화국 헌법(1980. 12. 27. 전문개정된 헌법 제9호임) 제109조의 "대법원은 법률에 저촉되지 아니하는 범위 안에서 소송에 관한 절차, 법원의 내부규율과 사무처리에 관한 규칙을 제정할 수 있다."는 규칙제정권 중 소송에 관한 절차와 관련된 것이다. 동 규칙은 1983년 9월 1일부터 시행되었다. 동 규칙의 주요내용은 i) 예납의무의 불이행과 소송구조결정을 받은 경우에 소송비용의 국고체당제($\frac{민소규칙}{6, 17조}$), ii) 법원에 대한 공정하고 신속한 심리촉구 및 당사자의 협력의무($\frac{동 규칙}{21조}$), iii) 당사자의 사전·정리의무와 쟁점명확화 촉구($\frac{동 규칙}{22조}$), iv) 변론의 속기·녹음방식 도입($\frac{동 규칙 29조}{내지 36조}$), v) 기일변경의 제한 등을 통한 신속한 진행강화($\frac{동 규칙 38조}{내지 43조}$), vi) 소송종료선언의 명문화($\frac{동 규칙}{52조}$), vii) 요약준비서면제의 신설($\frac{동 규칙}{54조}$)과 준비절차의 보완($\frac{동 규칙 55조}{내지 57조}$), viii) 증인불출석의 경우에 신고의무($\frac{동 규칙}{63조}$), ix) 기록검증에 갈음한 법원 외의 서증조사제도 신설($\frac{동 규칙}{75조}$)

---

14) 상고이유를 "헌법에 위반하거나 헌법의 해석이 부당한 때, 명령·규칙 또는 처분의 법률위반 여부에 대한 판단이 부당한 때, 법률·명령·규칙 또는 처분에 대한 해석이 대법원판례와 상반된 때로서 판결에 영향을 미친 사유가 있을 경우"로 한정하였다.

15) 동법 제11조에 규정된 상고이유가 없는 경우에도 법령의 해석에 관한 중요한 사항을 포함하는 것으로 인정되는 사건에 관하여는 그 판결확정 전에 당사자의 신청이 있는 때에 한하여 대법원규칙이 정하는 바에 따라 상고를 허가할 수 있다는 상고허가제를 규정하고 있다(동법 12조 1항).

16) 소액제도에 대한 특칙으로 사무소 등 소재지의 특별재판적(동법 17조), 일부청구의 제한(동법 18조), 당사자본인 신문의 증거의 보충성 완화(동법 19조 1항), 진술·증언에 갈음한 공정증서의 제출 인정(동법 19조 2항), 소액판결의 이유 기재의 생략(동법 20조) 등을 규정하고 있다.

17) 자세한 내용은 후술하는 배상명령제도 참조.

등이다. 동 규칙은 2002년 6월 28일 대법원규칙 제1761호로 전부 개정되는 등 현재까지 31차례 개정되어 민사소송법규를 보충하고 있다. 최초의 민사소송규칙 중 법원에 공정하고 신속한 심리촉구 및 당사자의 협력의무($\frac{동 규칙}{22조}$)는 구민사소송법 제1조로 편입되는 등 주요규정은 민사소송법으로 입법화되었다.

(3) 이 시기 동안에는 민사소송법 자체의 규정을 개정하지는 아니하였으나, 특별입법을 통하여 그 내용을 수정·변경하고, 민사소송규칙을 통하여 보완함으로써 구민사소송법을 내실화하였다고 할 수 있다. 영미법과 독일법, 일본법의 변화를 반영하였을 뿐만 아니라 소액심판제도와 같은 우리 나름의 특색 있는 제도를 도입하였다. 구민사소송법을 내실화하는 과정으로 평가할 수 있다.

4. 1990년 3차 개정 및 관련법률 정비

(1) 법무부는 1984년 4월 법조실무계와 학계의 전문가를 중심으로 한 민사소송법 개정 특별분과위원회를 구성하여 민사소송법 개정법률안을 만들어, 국회에 법안으로 제출하였고 1989년 12월 19일 국회를 통과하였다. 동법은 1990년 1월 13일 법률 제4201호로 공포되어 동년 9월 1일부터 시행되었다. 이것이 구민사소송법 제3차 개정법률이다. 제3차 개정법률은 우리 민사소송법의 연혁에 있어서 매우 중요한 의미를 갖는다. 구민사소송법이 1960년 7월 1일부터 시행되어 1960년대 초반의 1·2차 개정과 그 이후 60년대부터 80년대의 사이의 특별입법과 민사소송규칙을 통하여 변경·보완되어 온 내용을 전체적으로 정리·정돈하였다는 점이다. 구민사소송법 30년 동안의 시행 결과를 대폭 정리한 것이다. 이렇게 함으로써 우리 나름의 민사소송법 기본틀이 형성되었다고 보아야 한다.

(2) 3차 개정법률은 큰 틀에서 보면 i) 「간이절차에 의한 민사분쟁사건 처리 특례법」의 관련규정과 「소송촉진 등에 관한 특례법」의 관련규정 및 민사소송규칙의 일부 규징을 민시소송법으로 통합하였다는 점, ii) 종전의 경매법을 폐기하고 동법에서 규정하던 임의경매를 민사소송법 제7편 강제집행에 제5장 '담보권실행 등을 위한 경매'라는 명칭으로 12개 조문($\frac{724조\ 내지}{735조}$)을 신설하였다는 점, iii) 새로운 제도의 도입(재산명시·재산조회·채무불이행자명부제의 도입 등) 및 독촉절차 개선 (가집행선고 있는 지급명령제도의 폐지와 확정된 지급명령의 기판력 배제), iv) 민사소송의 지도이념 및 신의칙 규정($\frac{구민소}{1조}$)의 신설 등이다. 또한 관련법률로서 민사조정의 기본법인 민사조정법(1990. 1. 12. 법률 제4202호로 제정되어, 동년 9. 1.부터 시행

됨)을 제정·시행하여 모든 민사사건을 조정에 회부할 수 있도록 하였고, 소액사건심판법을 1990년 1월 13일 법률 제4205호로 개정하여 「소송촉진 등에 관한 특례법」의 소액소송 관련규정을 편입하고, 휴일·야간개정 조문($^{소심 7조}_{의2}$)을 신설하였다. 1990년 1월 13일 법률 제4200호로 종전의 사법서사법을 전부 개정하여 법무사법으로 명칭을 변경하였다.

(3) 구민사소송법의 3차 개정의 주요 내용을 보다 구체적으로 보면 다음과 같다. 민사소송법 중 소송절차와 관련된 제1편 내지 제6편(공시최고절차)까지의 개정 내용은, i) 종전에 민소규칙 제21조에 규정되어 있던 「법원에 대한 공정하고 신속한 심리촉구 및 당사자의 협력의무」를 다듬어 학설상 인정되던 민사소송의 이상과 신의성실원칙의 명문화,[18] ii) 관할과 관련하여 근무지의 특별재판적 규정($^{동법 5}_{조의2}$)[19] 및 공동소송 중 일부에 있어서 관련재판적 인정하는 규정($^{동법 22}_{조 2항}$)[20] 등의 신설, iii) 필수적 공동소송인의 추가($^{동법 63}_{조의2}$)와 피고경정제도($^{동법 234}_{조의2, 3}$)의 신설, iv) 변호사보수의 소송비용화($^{동법 99}_{조의2}$),[21] v) 담보제공방식과 관련하여 '지급보증위탁계약을 체결한 문서를 제출하는 방법'의 추가($^{동법}_{112조}$), vi) 소송구조의 객관적 범위 확대($^{동법 119}_{조 2항}$),[22] vii) 석명권과 관련한 법원의 지적의무의 도입($^{동법 126}_{조 4항}$),[23] viii) 변론무능력자에 대한 법원의

---

18) 3차 개정에서 사실 가장 중요한 의미를 갖는다고 할 수 있다. 제1조에 "신의성실의 원칙"이라는 표제로 "법원은 소송절차가 공정·신속하고 경제적으로 진행되도록 노력하여야 하며, 당사자와 관계인은 신의에 좇아 성실하게 이에 협력하여야 한다"고 하였다. 이 규정은 1983. 7. 9. 대법원 규칙 제848호로 제정된 민사소송규칙 제21조에 "공정, 신속한 심리"라는 표제로 "법원은 심리가 공정하고 신속하게 진행되도록 노력하여야 하며, 당사자 기타 소송관계인은 이에 협력하여야 한다"는 규정을 다듬은 것으로 보이고, 동 조문은 미국연방민사소송규칙(FRCP)에서 유래한 것으로 사료된다. 신설된 제1조는 독일과 일본의 민사소송법전에 존재하지 아니하는 조문으로 우리나라에 독자적인 조문으로 보아야 한다. 위 제1조는 후일 일본에서 1996. 6. 18. 법률 제109호로 일본 구민사소송법을 전면개정할 때 일본 신민사소송법 제2조에 "재판소는 민사소송이 공정하고 신속하게 행하여질 수 있도록 노력하여야 하고, 당사자는 신의에 좇아 성실하게 민사소송을 수행하지 아니하면 안된다"고 규정하여 일본 신민사소송법에 중요한 지침으로 되었다. 구민사소송법 제1조는 2002년 전면개정된 신민사소송법에서 제1항은 이상, 제2항은 신의성실의 원칙으로 나누어 규정되게 되었다.

19) 동 규정은 종전에 소송촉진 등에 관한 특례법 제4장의 "제1심 소액사건 심판에 관한 특칙"에 있던 규정을 삭제하고 제3차 개정에 반영한 것이다. 동법 제17조에는 "(사무소 등 소재지의 특별재판적) 사무소 또는 영업소에 계속하여 근무하는 자에 대한 소는 그 사무소 또는 영업소 소재지를 관할하는 법원에 제기할 수 있다"고 규정되어 있었다.

20) 공동소송의 관련재판적과 관련된 학설을 반영하여 입법화한 것이다.

21) 종전 소송촉진 등에 관한 특례법 제16조를 삭제하고, 동 조문을 민사소송법에 편입한 것이다.

22) 동법 제119조 제2항을 신설하여 변호사나 집행관이 보수를 받지 못하는 때에도 국고에서 상당한 금액을 지급하도록 하였다. 이는 1983. 7. 9. 대법원규칙 제848호로 제정된 민사소송규칙 제17조에 소송구조의 경우 국고체당제도를 도입함에 따른 것으로 보인다.

23) 동 규정은 독일 민사소송법에 있는 제도를 도입한 것이다.

변호사 선임명령 불응 시에 소 또는 상소각하($\frac{동법}{조 4,5항}^{134}$), ix) 송달장소변경에 따른 신고의무 신설($\frac{동법}{조의2}^{171}$), x) 쌍방불출석에 따른 취하간주 규정 개선($\frac{동법}{2, 3항}^{241조}$),[24] xi) 변론의 집중에 관한 선언적 규정 신설($\frac{동법}{조 전문}^{245}$), xii) 그 외에 재산권의 청구에 대한 판결의 경우 당사자신청 유무와 관계없는 가집행선고로 조문변경($\frac{동법}{조 1항}^{199}$),[25] 반소요건과 관련하여 '변론의 종결까지' 외에 '소송절차를 현저하게 지연시키지 아니하는 경우'를 추가하여 그 요건의 강화($\frac{동법}{조 1항}^{242}$), 공정증서에 의한 증언제도($\frac{동법}{조의2}^{281}$),[26] 증거보전절차에서 신문한 증인의 변론에서의 재신문 인정($\frac{동법}{조의2}^{354}$), 제소전화해에 있어서 상대방에 대한 대리인선임권의 위임금지 및 법원의 조사권 신설($\frac{동법}{조 2, 3항}^{355}$), 원심재판장의 항소장심사권($\frac{동법}{조의2}^{386}$)의 민사소송법에의 편입,[27] 필수적 환송의 예외규정 신설($\frac{동법}{조 단서}^{388}$), 가집행선고 있는 지급명령제도의 폐지와 확정된 지급명령의 기판력 배제($\frac{동법}{조 삭제, 445조}^{440 내지 442}$) 등이다.

제7편 강제집행편의 개정 내용을 보면, i) 종전의 경매법을 폐지하고 동법에서 규정하던 임의경매를 민사소송법 제7편 강제집행에서 '제5장 담보권실행 등을 위한 경매'라는 명칭으로 12개 조문의 신설($\frac{724조~}{735조}$), ii) 독일의 제도인 재산명시·재산조회·채무불이행자명부제의 도입($\frac{동법 524조의}{2~12 신설}$), iii) 기타 경매장소의 질서유지($\frac{동법}{조의2}^{539}$), 배우자의 우선경매권($\frac{동법}{조의2}^{540}$), 배당요구권자의 한정($\frac{동법}{605조}$),[28] 일괄경매($\frac{동법}{615조}$), 잉여의 가망이 없는 경우의 경매취소($\frac{동법}{616조}$), 경락대금 완납한 때에 소유권취득 규정($\frac{동법}{조의2}^{646}$) 등 다수의 규정을 신설·변경하였다.

(4) 1990년 1월 13일에 개정된 구민사소송법 제3차 개정은 우리 민사소송법의 연혁에 있어서 아주 중요한 개정이다. 제3차 개정은 1960년 구민사소송법이 제정된 이래 특별입법, 민사소송규칙 등을 통하여 실질적으로 개정되고 보완되어 온

---

24) 종전에는 쌍방불출석이 2회에 이르면 바로 소의 취하로 간주되었으나, 제3차 개정에서 2회 쌍방불출석 후 1개월 이내에 기일지정신청을 하지 아니하거나, 기일지정신청에 따른 신기일 또는 그 후의 기일에 불출석 즉 3회 불출석 시에 취하간주를 하도록 하였다.

25) 종전 소송촉진 등에 관한 특례법 제6조를 삭제하고, 동 조문의 취지에 맞게 종래의 민사소송법 제199조 제1항을 수정한 것이다.

26) 동 규정은 1973. 2. 24. 법률 제2547호로 제정된 소액사건심판법 제10조 제3항에 증거조사의 특칙으로 "판사는 상당하다고 인정한 때에는 증인 또는 감정인의 신문에 갈음하여 서면을 제출하게 할 수 있다"는 규정의 요건을 강화하여 소액사건 외의 민사사건에 공정증서에 의한 증언제도를 도입한 것으로 사료된다.

27) 종전 소송촉진 등에 관한 특례법 제8조의 원심재판장의 상소장심사권을 삭제하고, 동 조문을 항소심재판장의 항소장심사권으로 편입한 것이다. 또한 종전 제371조의 항소심재판장의 항소장심사권 규정을 이에 맞추어 문구정리를 하였다.

28) 간이절차에 의한 민사분쟁사건 처리 특례법 제5조 제1항을 삭제하고 편입하였다.

것을 종합적·체계적으로 검토하여, 민사소송법으로 편입 및 특별입법 등을 통합하여 개정한 것으로 평가할 수 있다. 또한 그 때까지의 외국제도와 국내의 학설 등을 충분히 반영하였다고 볼 수 있다. 1960년에 제정된 최초의 구민사소송법이 우리 나름대로 고민하여 제정된 것이지만 일본 구민사소송법을 많이 참조하였다면, 1990년의 제3차 개정은 그 동안의 운영의 결과, 국내의 학설과 외국의 제도를 종합적으로 고려하여 우리나라의 독자적인 민사소송법의 뼈대를 잡았다고 평가할 수 있다.

5. 1994년 사법제도개혁 법률의 개정 등

(1) 대법원은 1993년 사법제도 개혁을 위하여 「법원조직법」, 「각급법원의 설치와 관할구역에 관한 법률」, 「각급 법원 판사 정원법」, 「법관보수에 관한 법률」, 「행정소송법」, 「형사소송법」 등 6개의 법률의 개정안과 「상고심절차에 관한 특례법」의 제정안을 만들었다. 위 6개의 개정 및 1개의 제정 법률안은 1994년 7월 14일 국회를 통과하여, 동년 7월 27일 공포되었다. 그중 개정 「법원조직법」과 제정 「상고심절차에 관한 특례법」은 민사소송법에 있어서 중요한 의미를 갖는다.

(2) 법원조직법의 개정을 통하여 i) 고등법원급의 특허법원과 지방법원급의 행정법원 등 전문법원의 신설($\frac{법조 3조}{1항 3, 6조}$), ii) 행정소송을 2심제에서 3심제(행정법원 → 고등법원 → 대법원), 특허소송을 1심제에서 2심제(특허법원 → 대법원)로 심급을 합리적으로 조정($\frac{법조 9, 14조}{28조의 4}$), iii) 고등법원 지부의 설치($\frac{법조 27}{조 4항}$), iv) 시·군법원의 설치($\frac{법조 3}{조 2항}$), v) 예비판사제도 신설($\frac{법조 42}{조의 2}$),[29] vi) 사법보좌관제도의 도입($\frac{법조}{54조}$), vii) 대법원장의 입법의견서 제출권 및 법원의 예산편성의 독립·자율성의 보장($\frac{법조 9조 3항,}{82조 2항}$) 등이 이루어졌다.

(3) 또한 「상고심절차에 관한 특례법」이 1994년 7월 27일 법률 제4769호로 제정되어 1994. 9. 1.부터 시행되었다. 이는 대법원의 싱고를 제한하기 위하여 심리불속행제도를 시행하는 것을 주된 골자로 하고 있다. 우리나라의 상고심절차와 관련한 변천을 간단히 보면 ① 통상상고제(1960. 4. 4. 법률 제547호: 시행기간 1960. 7. 1.부터) → ② 특별상고제(1961. 9. 1. 법률 제706호, 1차개정) → ③ 통상상고제(1963. 12. 13. 법률 제1499호, 2차개정) → ④ 허가상고제(1981. 1. 29. 법률 제

---

29) 예비판사제도는 2007. 5. 1. 법률 제8411호로 법원조직법이 개정되면서 근거조문(제52조의 2)이 삭제되어 폐지되었다.

3361호, 소송촉진 등에 관한 특례법) → ⑤ 통상상고제(1990. 1. 13. 법률 제4201호, 3 차개정; 소송촉진 등에 관한 특례법의 해당 규정을 삭제하여 민사소송법 적용) → ⑥ 심리불속행제(1994. 7. 27. 법률 제4769호 상고심절차에 관한 특례법)로 바뀌어 왔다. 대법원의 상고를 제한하지 아니하였다가 사건이 폭주하면 이를 제한하는 방식으로 변천하여 왔다. 우리나라의 민사소송법이 제정·시행된 지 벌써 60여 년이 된다. 이러한 시점에 우리에게 맞는 상고심절차가 무엇인지 진지하게 생각하여 우리에게 맞는 제도를 정착시키는 지혜가 필요하다. 과연 상고제한을 할 필요성이 있는지 여부, 그 필요성이 있다면 상고법원제도 등 다른 제도와의 절충을 통하여 조정할 수 있는 방안이 있는지 여부, 상고제한의 입법형태를 특별법 형식으로 할 것인지 아니면 민사소송법에서 규정할 것인지 등을 논의할 필요성이 있다고 본다.

(4) 그 외에 소액사건심판법이 2001년 1월 29일 법률 제6410호로 개정되면서 제5조의 3에서 법원은 소가 제기된 경우에 결정으로 소장부본이나 제소조서등본을 첨부하여 피고에게 청구취지대로 이행할 것을 권고할 수 있도록 하는 이행권고결정제도를 도입하였다. 소액사건의 신속한 해결을 위한 제도이다.

6. 평 가

구민사소송법의 시기(1960. 7. 1.부터 2002. 6. 30.까지)는 일본 구민사소송법에 토대한 독일민사소송법을 간접적으로 계수하는 것으로 출발하였다. 그러나 구민사소송법의 1, 2, 3차 개정, 민사소송에 관한 임시조치법·간이절차에 의한 민사분쟁사건 처리 특례법·소액사건심판법·소송촉진 등에 관한 특례법·상고심절차에 관한 특례법 등의 특별법의 제·개정과 통폐합, 법원조직법 등의 관련 법률의 제·개정, 민사소송규칙의 제·개정, 판례의 축적과 다양한 학설의 전개 등을 통하여 우리 민사소송법이 기초를 닦고 내실을 다진 시기로 평가할 수 있다. 구민사소송법의 시기는 독일·일본·미국 등의 외국의 다양한 제도를 도입, 우리 독자적인 제도(예: 소액심판제도)와 규정의 개발(예: 민사소송의 이상과 신의성실의 원칙 등) 등이 이루어진 시기이다. 나름대로 우리 민사소송법의 독자적인 색깔을 띠기 시작하였다고 할 수 있다. 이러한 내적 에너지에 기초하여 2002년 1월 26일 법률 제4426호로 구민사소송법의 전면개정이 이루어진 것이다. 즉 신민사소송법이 탄생한 것이다.

V. 신민사소송법의 시기(2002년-현재)

1. 총 설

대법원은 1994년 7월 27일 법률 제4765호로 법원조직법의 개정에 의하여 인정된 대법원장의 입법의견서 제출권(법조 9)에 근거하여 1995년부터 구민사소송법의 전면적인 개정작업에 착수하였다. 대법원은 1999년 2월 28일 구민사소송법 중 제7편 강제집행 편을 민사집행법으로 분리하여 「민사소송법개정법률안」과 「민사집행법제정법률안」을 만들어 법무부에 송부하였다. 법무부는 이 안에 기초하여 전문가 등의 의견을 반영한 후 2000년 10월 16일 국회에 제출하였고, 동 법안은 2001년 12월 16일 국회를 통과하였다. 그리하여 2002년 1월 26일 신민사소송법은 법률 제6626호로 전면 개정되었고, 민사집행법은 법률 제6627호로 새롭게 제정되었다. 신민사소송법 및 민사집행법은 동년 7월 1일부터 시행되었다. 전면개정된 신민사소송법은 종전의 제7편 강제집행편을 민사집행법으로 분리하는 대신 제7편을 '판결의 확정과 집행정지'라는 명칭으로 구민사소송법 강제집행편에 있던 5개 조문(구민소 471~)을 규정하였다. 신민사소송법은 총 7편 502개 조문, 부칙 7조문으로 구성되어 있다. 새롭게 제정된 민사집행법은 구민사소송법의 제7편에 기초하여 총 4편 312개 조문, 부칙 7조로 구성되어 있다. 신민사소송법은 그 이후 현재까지 20차례 일부개정이 있었다.

2. 2002년 신민사소송법의 주요내용

신민사소송법은 형식적으로 전문개정의 형식을 취하고 있으나, 실질에 있어서 개정의 기본 틀을 넘고 있으므로 새로운 법률 제정의 성격을 가지고 있다고 할 수 있다.[30] 그렇기 때문에 2002년 전면개정 법률을 신민사소송법이라 칭하고자 한다. 신민사소송법의 주요 변화 내용을 전체적인 측면과 개별적 내용으로 나누어 보겠다.

(1) 전체적인 측면

i) 구민사소송법을 민사소송법과 민사집행법으로 분리·독립시켰다는 점이다.

---

30) 일본의 경우도 1996년 전면개정 민사소송법을 신민사소송법으로 평가하고 있다.

종전의 민사소송법 제7편 강제집행 편에 규정되어 있던 강제집행절차, 담보권실행 등을 위한 경매, 가압류·가처분절차를 분리하여 민사집행법으로 별도 제정하였다. 가압류·가처분 절차와 강제집행절차 등을 민사소송법에서 분리하여 입법하는 세계적인 입법추세를 반영한 것이다.

ⅱ) 조문구성을 달리하였다는 점이다. 즉 전면적으로 조문을 재배치하고 있다. 통상 개정과 제정을 나눌 수 있는 중요한 특징 중에 하나로 보아야 한다. 법 전체의 조문을 다시 배치하였다는 것은 개정의 틀을 벗어난 실질적 제정의 의미를 갖는 중요한 요소라고 생각된다.

ⅲ) 조문의 법률용어 및 문맥을 전면적으로 한글화 하였다는 점이다. 이것은 법률의 한글화와 관련된 것이기도 하나, 조문의 재배치와 합쳐보면 2002년 전면 개정 법률은 개정보다는 일종의 제정에 해당한다고 평가할 수 있다. 대표적으로 '응소관할'을 '변론관할($\frac{30}{조}$)'로, '필요적'이란 용어를 '필수적'으로(예: 필요적공동소송 → 필수적공동소송($\frac{67}{조}$); 필요적 환송 → 필수적 환송($\frac{418}{조}$) 등), '의제자백'을 '자백간주($\frac{150}{조}$)'로, '변론의 전취지'를 '변론 전체의 취지($\frac{150조}{202조}$)'로, '재판의 탈루'를 '재판의 누락($\frac{212}{조}$)'으로, '판단유탈'을 '판단누락($\frac{451조}{1항 9호}$)'으로, '책문권'을 '소송절차에 관한 이의권($\frac{151}{조}$)'로, '채무명의'를 '집행권원($\frac{132조 \ 등, \ 민집}{22조 \ 등}$)'으로, '명도(明渡)'를 '인도(引渡)'의 개념에 흡수하였다($\frac{구민소 \ 690조,}{민집 \ 258조 \ 등}$).

(2) 개별적 내용의 측면

개별적인 내용에 비추어 보면 2002년 신민사소송법의 주요 내용은 구민사소송법 제1조 전단의 민사소송의 이상이 잘 반영된 것으로 볼 수 있다. 적정과 신속의 조화를 도모한 전면적인 개정으로 보인다. 민사소송의 이상에 대한 규정이 장식적인 규정이 되어서는 아니 된다. 그런 측면에서 보면 이번 신민사소송법은 민사사건을 신속히 처리할 필요성이 있는 것은 신속히 처리될 수 있도록 개정하였고, 적정한 재판을 도모하여야 할 경우에는 보다 집중하여 밀도 있게 심리를 함으로써 한층 적정한 재판을 할 수 있도록 한 것이다. 또한 경제·공평의 이념을 배려한 것이다. 우리나라 민사소송법의 틀에 기초하여 미국의 증거개시제도 등의 취지를 반영한 것으로 보인다.

① 원칙규정의 재정비

신민사소송법은 종전의 제1조(신의성실의 원칙) 규정을 조문 제목을 "제1조(민사소송의 이상과 신의성실의 원칙)"으로 바꿈과 동시에 종전의 전단 규정을 "① 법원은 소송절차가 공정하고 신속하며 경제적으로 진행되도록 노력하여야 한다."고 하고, 종전의 후단 규정을 "② 당사자와 소송관계인은 신의에 따라 성실하게 소송을 수행하여야 한다."고 규정하였다. 이는 민사소송의 이상과 신의성실의 원칙을 분리 규정함으로써 민사소송의 이상과 신의칙 사이의 기능상의 차이를 분명히 하였고, 민사소송에 있어서 이상과 신의칙이 어떠한 역할분담을 할 것인가에 대해 진지하게 생각하는 계기가 되어야 할 것이다. 민사소송의 이상은 구체적 민사소송법의 입법방향 및 법관에 대한 시스템 운영지침을 규정하고 있는 것으로 보아야 할 것이고, 민사소송에 있어서 신의칙은 이론적 민사소송과 구체적 민사소송법의 운영상의 여러 문제점을 조율하는 민사소송법의 기본원칙 즉 최고법규로서의 역할을 부여한 것으로 생각된다. 이런 의미에서 신민사소송법의 제1조의 개정은 민사소송의 원칙규정을 재정비하였다는 점에서 커다란 의미를 부여할 수 있다.

② 적정의 이상을 반영한 규정[31]

(a) 변론의 효율과 집중   지식재산권 등에 관한 특별재판적 및 소송이송제도의 신설($^{24조}_{36조}$), 변론준비절차 대폭 강화($^{258조, 279～285조; 변론기일 전 변론준비절차의 회부의 원칙화, 서면에 의한 변론준비}_{절차와 변론준비기일로 세분화, 변론준비절차에서의 증거조사 인정, 변론준비기일을 거}^{친 경우에 실권}_{효 제재 강화 등}$), 소송자료의 집중·효율적인 제출과 관련하여 적시제출주의($^{146}_{조}$)와 재정기간제도($^{147}_{조}$)의 신설, 제1회 변론기일에의 종결 노력 및 증인신문 등 증거조사의 집중신문제도의 채택($^{287}_{조}$), 재심사유에 대한 중간판결제($^{454}_{조}$),

(b) 증거조사의 충실화 등   문서제출의무의 확대($^{344}_{조}$)·문서목록제출제도($^{346}_{조}$) 등 문서제출명령제도의 보완, 증인불출석의 경우 감치제도 신설($^{311조}_{2～9항}$)·교호신문제도의 보완($^{327조}_{4항}$)·변론준비절차에서 정리된 쟁점에 집중한 증인신문($^{287조}_{3항}$) 등 증인신문제도의 보완, 당사자신문의 보충성 폐지($^{367}_{조}$), 준문서 및 신종증거를 새로운 증거방법으로 신설($^{374}_{조}$), 상고심의 참고인 진술제($^{430조}_{2항}$),

(c) 분쟁의 다양성 반영   예비적·선택적 공동소송제도 및 그 공동소송인의 추가제도 신설($^{70}_{조}$), 공동소송적 보조참가의 명시($^{78}_{조}$), 편면적 독립당사자참가의 허용($^{79}_{조}$),

---

31) 적정의 이상을 강조하는 규정은 또한 신속의 이념을 지향하고 있음을 부인할 수 없다. 그러나 신민사소송법의 기본취지가 다툼이 없는 사건은 신속히 처리하고, 다툼이 있는 사건은 변론준비를 거쳐 집중적으로 변론 및 증거조사를 하려고 하고 있으므로 여기에서는 적정의 이상이 보다 강조되고 있다고 볼 수 있다.

(d) 기타 사정변경 등을 반영   정기금판결에 대한 변경의 소제도의 신설($^{252}_{조}$), 외국판결승인의 요건의 개선($^{217}_{조}$) 등을 신설 또는 개정하였다.

③ 신속의 이상을 반영한 규정

(a) 소송절차의 전반   변호사대리 원칙의 완화($^{88}_{조}$), 피고의 30일 이내의 답변서제출의무($^{256}_{조}$), 무변론판결제도 신설($^{257}_{조}$), 공증서면에 의한 청구의 포기·인낙($^{148조}_{3항}$), 서면화해제도의 신설($^{148조}_{4항}$), 화해권고결정제도 신설($^{225\sim}_{232조}$),[32] 판결이유의 간이화($^{208조}_{3항}$), 법원사무관 등의 판결선고일자 및 영수일자에 대한 판결서부기제도의 폐지($^{209}_{조}$), 가집행선고에 대한 독립상소 불허($^{391}_{조}$), 특별항고 이유의 축소($^{449}_{조}$), 소송절차를 현저히 지연시키는 경우 보조참가의 불허($^{71}_{조}$),

(b) 송달제도   송달제도와 관련하여 송달함 송달제($^{188}_{조}$), 간이기일통지방식($^{167조}_{2항}$), 근무지 송달 및 근무지의 보충송달제($^{186조}_{1, 2항}$), 공시송달의 전자매체 이용($^{195조, 규}_{칙 54조}$), 송달보고서의 전산화($^{규칙}_{53조}$) 등을 직접 신설 또는 민사소송규칙의 개정을 통하여 송달제도의 현대화 추구,

(c) 변론조서   변론조서의 작성과 관련하여 조서기재의 생략범위의 확대($^{155}_{조}$), 법원사무관 등의 기일참여 생략($^{152}_{조}$), 조서에 갈음하는 녹음·속기의 활성화($^{159}_{조}$) 등을 통한 변론조서작성의 단순·현대화 추구 등을 신설 또는 개정하였다.

④ 기타 공평·경제 등의 이상을 반영한 규정

i) 소송구조의 요건, 범위 등의 개선($^{128조,}_{129조}$), ii) 지급명령신청 중 소제기신청($^{466}_{조}$)과 인지대의 인하($^{민인 7조 2항; 소장인}_{지대의 1/2 \to 1/10}$) 등 제도의 정비 등을 신설 또는 개정하였다.

3. 그 이후의 개정

(1) 신민사소송법은 그 이후 2023년까지 총 20차례 개정이 있었다. 설명의 편의를 위하여 i) 2002년 이후 2009년까지의 6차례 개정, ii) 2010년부터 2017년까지 9차례 개정, iii) 2018년부터 현재까지의 5차례 개정 내용을 나누어 간단히

---

32) 신민사소송법 제1편 제4장 제5절에 신설된 화해권고제도는 분쟁의 종국적 해결을 위하여 매우 의미 있는 제도로 보인다. 그런데 종전부터 있었던 동법 「제145조(화해의 권고) ① 법원은 소송의 정도와 관계없이 화해를 권고하거나, 수명법관 또는 수탁판사로 하여금 권고하게 할 수 있다. ② 제1항의 경우에 법원·수명법관 또는 수탁판사는 당사자 본인이나 그 법정대리인의 출석을 명할 수 있다」는 규정을 그대로 둔 것은 중복의 느낌이 들어 입법기술적으로 다시 생각하여 볼 문제이다.

살펴보겠다.

(2) 2002년 이후 2008년까지의 6차례 개정내용

① 이 기간 동안의 6차례의 개정은 다음과 같다. i) 2005년 3월 31일 법률 제 7427호(1차, 타법개정, 시행: 2008. 1. 1), ii) 동일자 법률 제7428호(2차, 타법개정, 시행: 2006. 4. 1), iii) 2006년 2월 21일 법률 제7849호(3차, 타법개정, 시행: 2006. 7. 1), iv) 2007년 5월 17일 법률 제8438호(4차, 일부개정, 시행: 2008. 1. 1), v) 2007년 7월 13일 법률 제8499호(5차, 일부개정, 시행: 2007. 8. 14), vi) 2008년 12월 26일 법률 제9171호(6차, 일부개정, 시행: 2008. 12. 26)로 각각 이루어졌다. 위 6차례의 개정 중 1차 개정은 민법의 친족편 중 호주제도의 폐지와 친양자제도의 도입에 따른 용어정리를 위한 것이고, 2차 개정도 「채무자 회생 및 파산에 관한 법률」의 제정에 따른 용어정리를 위한 것이며, 3차 개정 또한 「제주특별자치도 설치 및 국제자유도시 조성을 위한 특별법」의 제정에 따른 용어정리를 위한 것으로 민사소송법의 내용과는 무관하다. 나머지 3차례의 개정이 민사소송법 내용에 실제 개정이 있었다.

② 제4차 일부개정인 2007년 5월 17일 법률 제8438호에 의한 개정 내용은 i) 당사자 등 사건관계인 이외에 일반인에게도 권리구제·학술연구 또는 공익적 목적이 있으면 재판이 확정된 소송기록의 열람을 허용하였고, 다만 심리가 비공개로 진행된 사건이거나 당해 소송관계인이 동의하지 아니하는 경우에는 열람을 제한하였다($^{162조 2항 내지}_{6항 신설}$). 또한 ii) 법원으로부터 문서의 송부를 촉탁받거나 법원 밖에서의 증거조사의 대상인 문서를 가지고 있는 사람은 정당한 사유가 없는 한 이에 협력할 의무를 명시하는($^{352조의}_{2 신설}$) 등 제도 운영상 나타난 일부 미비점을 개선·보완하였다.

③ 제5차 일부개정인 2007년 7월 13일 법률 제8499호에 의한 개정 내용은 첨단사업분야, 지식재산권, 국제금융 등 전문적인 시식이 요구되는 사건에서 법원 외부의 관련 분야 전문가를 지정하여 심리하는 전문심리위원제도($^{164조의 2}_{내지 8 신설}$)를 신설하여 재판의 전문성을 높였다.

④ 제6차 일부개정인 2008년 12월 26일 법률 제9171호에 의한 개정 내용[33]은

---

33) 개정의 구체적 내용은 다음과 같다. 「제258조(변론기일의 지정) ① 재판장은 제257조 제1항 및 제2항에 따라 변론 없이 판결하는 경우 외에는 바로 변론기일을 정하여야 한다. 다만, 사건을 변론준비절차에 부칠 필요가 있는 경우에는 그러하지 아니하다. ② 재판장은 변론준비절차가 끝난

피고가 답변서를 제출하면 재판장은 바로 변론기일을 지정하도록 하고, 필요한 경우에만 변론준비절차에 부치도록 하였고($^{258조}_{1항}$), 변론준비절차는 당사자의 주장과 증거를 정리하는 절차임을 명확하게 하였다($^{279조}_{1항}$). 제6차 개정은 2002년 신민사소송법이 취한 원칙적 변론준비절차제도를 변론기일중심제로 변경하면서, 변론준비절차를 변론기일에 앞서 원칙적·우선적으로 하도록 한 제도를 예외적인 절차로 바꾸었다.

제6차 개정은 민사소송의 심리제도의 중요한 틀을 신민사소송법 이전으로 바꾸어 놓은 개정으로 평가하여야 한다. 그런데 문제는 이러한 개정을 함에 있어서 신법의 2008년까지의 제도운영의 결과에 대한 충분한 평가가 없었고, 또한 개정에 대한 전문가들의 충분한 논의 없이 하였다는 점이 비판을 받아 마땅하다. 6차 개정은 소송지연에 따른 조급한 개정으로 평가되고, 2002년 신법에서 도입한 원칙적 변론준비절차의 운영에서의 실무상 문제점을 개선하는 방향으로 하면 더 좋았을 것으로 보인다. 신법의 원칙적 변론준비절차는 실무운영에 있어서 준비절차에 꼭 필요한 사건을 정밀하게 선별하는 제도적 장치 없이 모든 사건을 준비절차에 회부하게 되면서, 실질적 중복심리(예: 준비절차가 필요 없이 변론기일에서 바로 쟁점 및 증거정리가 가능한 간단한 사건)로 인한 소송지연과 법관의 업무부담의 증가를 예상하고 있었던 것이다.

그런데 실제 2002년 신법의 원칙적 변론준비절차제도의 실무운영에 있어서 모든 사건을 우선적으로 변론준비절차에 회부하면서 소송지연이라는 치명적인 단점이 나타나게 되었고, 이러한 단점을 극복하기 위한 단기처방으로 충분한 논의 없이 제6차 개정이 이루어지게 된 것으로 보인다. 이러한 개정은 2002년 신법의 「변론준비를 통한 변론의 집중심리」라는 기본이념을 완전히 퇴색시키는 개정으로 비판받아야 하고, 그 실무운영에 있어서 「사건의 분류장치(변론기일로 바로 갈 사건과 변론준비절차를 거쳐야 하는 사건의 선별을 위한 장치)」 없이 운영되면서 변론준비절차의 형식화·부실화가 초래되면서 2002년 신법 전의 심리방식으로 회귀한 것으로 평가된다.

경우에는 바로 변론기일을 정하여야 한다.」, 「279조 제1항 중 "당사자의 주장과 증거를 정리하여 소송관계를 뚜렷하게 하여야 한다"를 "당사자의 주장과 증거를 정리하여야 한다."」로 일부 개정하였다.

(3) 2010년부터 2017년까지 9차례 개정내용

① 원고의 소송비용의 담보제공의무의 범위 확대 및 법원의 직권결정

2010년 제7차 일부개정(7차, 2010. 7. 23. 법률 제10373호 일부개정, 시행: 2010. 10. 24)에서는 원고의 소송비용의 담보제공의무와 관련하여 종전에는 그 사유로 '원고가 대한민국에 주소·사무소와 영업소를 두지 아니한 경우'로 한정하였는데, 개정을 통하여 '소장·준비서면, 그 밖의 소송기록에 의하여 청구가 이유 없음이 명백한 때'에도 소송비용에 대한 담보를 제공할 수 있도록 추가하였다($^{117조}_{1항}$). 또한 해당 사유가 존재하면 법원이 직권으로 원고에게 소송비용의 담보제공을 명할 수 있도록 하였다($^{동조 1항}_{신설}$).

② 타법개정에 따른 용어의 통일

2011년 8차 타법개정(2011. 5. 19. 법률 제10629호 타법개정, 시행: 2011. 7. 20)에서는 지식재산 기본법이 제정되면서 종전의 '지적재산권'이라는 용어를 '지식재산권'으로 바꾸면서 법 제24조, 제36조에 있는 지적재산권이라는 용어를 지식재산권으로 바꾸었다.

③ 확정판결서의 공개제도 도입

2011년 9차 일부개정(2011. 7. 18. 법률 제10859호 일부개정, 시행: 2015. 1. 1)에서는 누구든지 판결이 확정된 사건의 판결서(제외: 소액사건·심리불속행 판결서, 상고이유 부제출에 따른 상고기각 판결서)를 인터넷, 그 밖의 전산정보처리시스템을 통한 전자적 방법 등으로 열람 및 복사를 할 수 있도록 하였으며, 예외적으로 변론의 공개를 금지한 사건의 판결서로서 대법원규칙으로 정하는 경우에는 열람 및 복사를 전부 또는 일부 제한할 수 있다($^{163조의}_{2, 1항}$). 제163조의2 제1항 내지 제5항을 신설하였다.

④ 법원의 승인대상 외국재판의 범위 확대 및 승인요건의 강화

2014년 10차 일부개정(2014. 5. 20. 법률 제12587호 일부개정, 시행: 2014. 5. 20)에서는 한·EU FTA, 한미 FTA 발효 등으로 국내기업의 대외적 활동이 증대되면서 외국법원에서의 재판이 증가함에 따라, 국내기업이 법문화와 법체계의 차이에 따른 국내 집행상의 불이익을 막기 위하여 종전의 외국판결의 승인에 관한 법 제217조를 보완하고, 손해배상에 관한 확정재판 등의 승인을 강화하기 위하여 법 제217조의2를 신설하였다. 그 내용을 보면 외국법원의 판결뿐만 아니라 '결정 등의 그 밖의 재판'도 승인대상에 포함하였고($^{217조\ 1항:\ 제목을\ '외국판결의\ 효력'에서\ '외국재판의\ 승인'으로,\ 조문\ 내용에서는\ '도\ '확정판결'을\ '확정판결\ 또는\ 이와\ 동일한\ 효력이\ 인정되는\ 재판'으로\ 바꾸었음}$), 상호보증이 없는 경우의 승인요건을 대법원 판례의 취지에 따라 "대한민국과 그 외국법원이 속하는 국가에 있어 확정재판 등의 승인요건이 현저히 균형을 상실하지 아니하고 중요한 점에서 실질적으로 차이가 없을 것"으로 하였고($^{217조}_{1항\ 4호}$), 국내 법원이 외국법원의 확정재판이 동조 제1항 각호의 승인요건을 모두 충족하는지를 직권으로 조사할 수 있도록 하였으며($^{217조의\ 2}_{항\ 신설}$), 손해배상에 관한 확정재판 등이 대한민국의 법률 또는 대한민국이 체결한 국제조약의 기본질서에 현저히 반하는 결과를 초래할 경우에는 해당 확정재판 등의 전부 또는 일부를 승인할 수 없도록 하였다($^{217조의}_{2\ 신설}$).

⑤ 법원사무관등의 공시송달 업무수행 등

2014년 11차 일부개정(2014. 12. 30. 법률 제12882호 일부개정, 시행: 2015. 7. 1)에서는 대국민서비스의 증대 및 사법인력의 효율적 활용을 위하여 법원사무관등에게 재판장을 보조하여 공시송달, 각종 형식적 요건에 대한 보정명령(인지, 주소, 필수적 기재사항 등)을 할 수 있도록 법 제194조(공시송달의 요건: 1항 일부개정, 3, 4항 신설), 254조(재판장등의 소장심사권: 1항 일부개정), 제399조(원심재판장등의 항소장심사권: 1항 일부개정), 제400조(항소기록의 송부: 2항 일부개정), 제402조(항소심 재판장등의 항소장심사권: 1항 일부개정)를 일부개정하였다.

⑥ 지식재산권에 관한 소송의 전문성 및 효율성의 제고

2015년 12차 일부개정(2015. 12. 1. 법률 제13521호 일부개정, 시행: 2016. 1. 1)에서는 민사소송에 있어서 지식재산권을 i) 지식재산권 중 통상 산업재산권이라고 칭하는 특허권, 실용신안권, 디자인권, 상표권, 품종보호권을 '특허권 등의 지식재산권'으로, ii) 나머지 지식재산권을 '특허권 등을 제외한 지식재산권'으로 나누었다. '특허권 등을 제외한 지식재산권에 관한 소'에 대하여는 종전과 같이 규율되도록 하였고, '특허권 등의 지식재산권에 관한 소'에 있어서 전속관할과 이송에 있어서 특칙을 신설하였다($^{24조\ 2,\ 3항\ 신설,}_{36조\ 3항\ 신설}$), 이렇게 함으로써 지식재산권에 관한 소의 관할 및 이송에서 종류를 나누어 규정하여 그 전문성과 효율성을 제고하였다.

보다 자세히 보면, 법 제24조 제1항의 특별재판적을 국제거래에 관한 소와 지식재산권 관련하여서는 '특허권 등을 제외한 지식재산권에 관한 소'에 한정하여 적용되도록 하였다. '특허권 등을 제외한 지식재산권에 관한 소'의 경우에는 종전과 같이 법 제2조 내지 제23조의 관할규정과 경합하여 별도의 관할이 발생하는 것이다. 한편 법 제24조 제2항에서는 '특허권 등의 지식재산권'의 경우에는 제2조 내지 제23조의 관할규정과 경합하여 관할이 발생하는 것이 아니고 해당 고등법원이 있는 지방법원(서울고등법원이 있는 곳은 서울중앙지방법원임)의 전속관할만을 인정하였다. 또한 동조 제3항에서는 서울중앙지방법원을 제외한 다른 전속관할 지방법원에 전속관할이 인정되는 경우에도 별도로 서울중앙지방법원에 소를 제기할 수 있도록 하였다. 서울중앙지방법원 외의 지방법원에 전속관할이 인정되는 경우에도 서울중앙지방법원에 소를 제기할 수 있게 하여 서울중앙지방법원의 전문성을 강화하고 있다.

지식재산권의 소송의 이송과 관련하여서 보면, 법 제36조 제1항에 따른 법 제24조 제1항 관할법원에 이송은 국제거래에 관한 소와 지식재산권 관련하여서는 '특허권 등을 제외한 지식재산권'에 관한 소에 한정하여 적용되도록 하였다. 한편 '특허권 등의 지식재산권에 관한 소'의 경우에는 법 제24조 제2항 또는 제3항에 따라 관할이 생긴 경우에도 현저한 손해 또는 지연을 피하기 위하여 필요한 경우에는 당사자의 신청 또는 직권으로 법 제36조 제3항에 따라 보통재판적 또는 특별재판적 있는 지방법원(2조 내지 23조에 따라 인정되는 관할법원)으로 소송을 이송할 수 있도록 신설하였다.

⑦ 제한능력자의 소송능력 확대 등

2016년 13차 일부개정(2016. 2. 3. 법률 제13952호 일부개정, 시행: 2017. 2. 4)에서는 「민법」개정으로 2013년 7월 1일부터 종전의 금치산·한정치산 제도가 폐지되고 성년후견·한정후견 제도 등이 시행됨에 따라, 「민법」의 개정취지에 부합되게 피성년후견인·피한정후견인의 소송능력을 확대하고, 의사무능력자를 위한 특별대리인 제도를 마련하였고, 사회적 약자의 소송수행을 지원하기 위한 진술보조 제도를 도입하였다. 2017년 2월 4일부터 시행되고 있다.

(a) 제한능력자의 소송능력 확대(55조) 종전에 소송능력이 없었던 금치산자에 대응하는 피성년후견인의 소송능력을 원칙적으로 부정하되, 예외적으로 가정법원이 취소할 수 없도록 범위를 정한 법률행위에 대해서는 소송능력을 인정하였다(동조1항). 한편 종전에 소송능력이 없었던 한정치산자에 대응하는 피한정후견인에 대하여는 원칙적으로 모든 소송능력을 인정하고, 예외적으로 가정법원이 한정후견인의 동의를 받도록 한 행위에 대해서는 소송능력을 부정하였다(동조2항).

(b) 법정대리인의 소송행위에 대한 감독의 강화(56조) 「민법」개정으로 종전의 친족회가 폐지되고 가정법원이 사안에 따라 후견감독인을 개별적으로 선임할 수 있

도록 하였다. 민사소송법에서도 이에 맞추어 법정대리인의 후견감독인의 수권에 관련된 규정인 법 제56조를 일부 개정하였다. 법정대리인이 소의 취하, 화해, 청구의 포기·인낙 또는 법 제80조(독립당사자참가)에 따른 탈퇴를 하기 위하여는 후견감독인으로부터 특별한 권한을 받아야 하고, 후견감독인이 없을 경우에는 가정법원으로부터 특별한 권한을 받도록 하였다.

(c) 특별대리인의 선임사유 및 신청권자의 확대 등($_{조}^{(62)}$)　제한능력자를 위한 특별대리인 선임과 관련하여 종전의 사유 외에 '법정대리인의 불성실하거나 미숙한 대리권 행사로 소송절차의 진행이 현저하게 방해받은 경우'를 특별대리인의 선임사유로 추가하였으며, 그 선임 신청권자와 관련하여 '지방자치단체장'을 추가하였고, 법원은 소송계속 후 필요하다고 인정하는 경우 직권으로 특별대리인을 선임·개임 또는 해임할 수 있도록 하였다.

(d) 의사무능력자를 위한 특별대리인 제도의 신설($_{의2}^{62조}$)　의사능력이 없는 사람을 상대로 소송행위를 하려고 하거나, 의사능력이 없는 사람이 소송행위를 하는 데 필요한 경우에 특별대리인을 선임할 수 있도록 하는 의사무능력자를 위한 특별대리인 제도를 신설하였다.

(e) 장애인 등을 위한 진술보조제도의 신설($_{의2}^{143조}$)　질병, 장애, 연령 등 정신적·신체적 제약으로 소송에서 필요한 진술을 하기 어려운 당사자들을 위하여, 법원의 허가를 받아 법정에서 진술을 도와주는 사람과 함께 출석하여 진술할 수 있도록 하는 진술보조제도를 신설하였다. 사회적 약자의 사법접근권을 보장하여 실질적 당사자 평등을 실현하기 위한 제도이다.

⑧ 손해액수의 증명완화 및 증인·감정인·감정증인의 비디오 등 중계장치 등을 통한 신문 등

2016년 3월 29일 14차 일부개정(법률 제14103호 일부개정, 시행: 2016. 9. 30)에서는 현대형 불법행위 등과 같이 손해의 발생은 인정되지만 손해의 액수를 증명하는 것이 사안의 성질상 어려운 경우에 손해의 공평 부담이라는 이념에 기초하여 그 증명을 완화하는 규정을 신설하였고, 증인·감정인 등에 대한 증거조사절차의 편리성과 효율성, 증인 등의 편의를 위하여 정보통신기술을 활용한 원격영상신문절차를 도입하였으며, 감정절차와 감정결과의 공정성·투명성·신뢰성을 확보하기 위하여 감정인의 전문성을 보장하고 당사자의 참여권과 공방권을 확충하는 방향으로 증거조사절차를 개선하였다.

(a) 손해액수의 증명완화 규정 신설($^{202조}_{의2}$)   손해가 발생한 사실은 인정되나 구체적인 손해의 액수를 증명하는 것이 사안의 성질상 매우 어려운 경우에 법원은 변론 전체의 취지와 증거조사의 결과에 의하여 인정되는 모든 사정을 종합하여 상당하다고 인정되는 금액을 손해배상 액수로 정할 수 있도록 하였다.

(b) 증인의 비디오 등 중계장치 등을 통한 신문방법 신설($^{327조}_{의2}$)   증인이 거리, 교통불편, 나이, 심신상태 등으로 수소법원 법정에 직접 출석하여 증언할 수 없는 상당한 이유가 있는 경우 수소법원은 당사자의 의견을 들어 비디오 등 중계장치에 의한 중계시설을 통하여 신문할 수 있도록 하였다.

(c) 감정인·감정증인(감정촉탁의 경우 포함)의 비디오 등 중계장치 등을 통한 신문방법 신설($^{327조의2,\ 340조}_{단서,\ 341조\ 3항}$)   감정인 등이 직접 법정에 출석하기 어려운 사정이 있거나, 외국에 거주하는 경우에는 법원은 당사자의 의견을 들어 비디오 등 중계장치에 의한 중계시설을 통하여 신문하거나 인터넷 화상장치를 이용하여 신문할 수 있도록 하였다.

(d) 감정인의 자기역량 고지의무 등 신설   감정인은 감정사항이 자신의 전문분야에 속하지 아니하는 경우 또는 그에 속하더라도 다른 감정인과 함께 감정을 하여야 하는 경우에는 곧바로 법원에 감정인의 지정취소 또는 추가지정을 요구하여야 하고, 감정을 다른 사람에게 위임할 수 없도록 하였다($^{335조}_{의2}$). 감정진술과 관련하여 당사자에게 서면 또는 말로써 의견진술의 기회를 주도록 하였다($^{339조}_{3항}$). 감정인신문과 관련한 조문을 신설하면서($^{339조}_{의2}$), 감정인신문은 법원이 직권으로 신문하는 것을 원칙으로 하되, 당사자도 보충적으로 신문할 수 있도록 하였다.

⑨ 서류의 본인확인 방법의 용어 통일

종전에 민사소송 관련 서류의 본인확인 방법으로 '서명날인'하거나 '기명날인 또는 서명'하도록 규정하고 있었다. 그러나 실생활에서 서명이 점차 보편화 되고 있는 추세인 점, 「형사소송법」에서 각종 조서 및 공판조시나 공무원이 작성하는 서류 등에 '기명날인 또는 서명'제도를 도입한 점 등을 고려하려, 민사소송 관련 서류의 본인확인 방법에 관한 규정을 '기명날인 또는 서명'으로 통일하기 위하여, 2017년 10월 31일 법률 제14966호(시행: 2017. 10. 31)로 민사소송법 제153조, 제161조 제3항, 제162조 제6항, 제386조 중 '기명날인'을 '기명날인 또는 서명'으로 개정하였다.

(3) 2018년부터 2023년까지 5차례 개정내용

① 민사 판결서의 공개 및 선고된 판결서의 열람 및 복사

2020년 12월 8일 16차 일부개정(법률 제17568호, 2020. 12. 8.; 시행 2023. 1. 1.)으로 헌법 제109조에게 재판의 심리와 판결을 공개하라는 취지에 부합하게, 재판부로 하여금 판결이 선고된 사건의 판결서 공개를 용이하게 하고, 열람 및 복사의 대상이 되는 판결서는 컴퓨터 등을 통해 검색 가능한 형태로 제공하도록 하였다. 제163조의2(판결서의 열람·복사)을 신설하였다. 그 주요 내용을 보면 누구든지 판결이 선고된 사건의 판결서(확정되지 아니한 사건에 대한 판결서를 포함하며, 소액사건의 판결서와 대법원의 심리불속행 기각 판결서는 제외함)를 인터넷, 그 밖의 전산정보처리시스템을 통한 전자적 방법 등으로 열람 및 복사할 수 있고(다만 변론의 공개를 금지한 사건의 판결서로서 대법원규칙으로 정하는 경우에는 열람 및 복사를 전부 또는 일부 제한이 가능함, 동조 1항), 사건번호로 검색이 가능하도록 제공하여야 하며($\frac{2}{8}$), 성명 등 개인정보가 공개되지 아니하도록 보호조치 등을 하여야 한다($^{3항\ 내지}_{6항}$).

② 타법개정에 따른 용어의 통일

2020년 17차 타법개정(법률 제17689호, 2020. 12. 22.; 시행 2021. 1. 1.)에서 종전의 경찰법을 「국가경찰과 자치경찰의 조직과 운영에 관한 법률」로 전부개정 하면서, 민사소송법 제제176조제3항, 제342조제2항 및 제366조제3항 후단, 제311조제4항 중에 있는 "국가경찰공무원"이라는 용어를 "경찰공무원"로 통일하였다.

③ 코로나19 팬데믹 등의 상황에서 영상재판 도입

2021년 18차 일부개정(법률 제18396호, 2021. 8. 17.; 시행 2021. 11. 17.)으로 2016년에 도입한 증인·감정인에 대한 법정에 비디오 등의 중계시설을 통한 영상재판을 변론준비기일, 심문기일 및 변론기일을 요건 및 절차를 규정하기 위하여 제287조의2(비디오 등 중계장치 등에 의한 기일)를 신설하였다. 그 내용은 재판장·수명법관 또는 수탁판사는 상당하다고 인정하는 때에는 당사자의 신청을 받거나 동의를 얻어 비디오 등 중계장치에 의한 중계시설을 통하거나 인터넷 화상장치를 이용하여 변론준비기일 또는 심문기일을 열 수 있고($^{동조}_{1항}$), 법원은 교통의 불편 또는 그 밖의 사정으로 당사자가 법정에 직접 출석하기 어렵다고 인정하는 때에는 당사자의 신청을 받거나 동의를 얻어 비디오 등 중계장치에 의한 중계시설을 통하거나 인터넷 화상장치를 이용하여 변론기일을 열 수 있으며 이 경우 법원은 심리의 공개에 필요한 조치를 취하여야 한다($\frac{2}{항}$). 이러한 비대면 영상재판의 경우에도 당사자가 법정에 출석하여 이루어 진 것으로 본다($\substack{3항, 제327조의2 제 \\ 2항, 제3항 준용}$). 그 외에 증인신문과 관련하여 제327조의2제1항에 종전의 "비디오 등 중계장치에 의한 중계시설" 외에 "인터넷 화상장치의 이용"을 추가하였다.

④ 소송구조 신청 대상인 소송비용 등의 제한 및 소권(항소권 포함)의 남용에 대한 제재 등에 관한 규정 신설

2023년 19차 일부개정(법률 제19354호, 2023. 4. 18.; 시행 2023. 10. 19.)을 통하여 소송구조 신청대상인 소송비용 등의 제한 및 소권(항소권 포함)의 남용에 대한 제재 등에 관한 규정을 신설하였다. 보다 구체적으로 보면 ⅰ) 소송구조의 요건과 관련하여 제128조제2항을 신설하여 동조 제1항 단서에 해당하는 패소할 것이 분명한 경우에는 소송구조 신청에 필요한 소송비용과 제133조에 따른 불복신청(즉시항고)에 필요한 소송비용에 대하여는 소송구조를 하지 아니하도록 신설하였다. 종전의 제128조제2항 내지 제4항은 동조 제3항 내지 제5항으로 변경하였다. 또한 ⅱ) 공시송달의 요건과 관련하여 제194조제4항을 신설하여 "원고가 소권(항소권 포함)을 남용하여 청구가 이유 없음이 명백한 소를 반복적으로 제기한 것에 대하여 법원이 변론 없이 판결로 소를 각하하는 경우에는 재판장은 직권으로 피고에 대하여 공시송달을 명할 수 있다."고 하였다. 종전의 동조 제4항은 제5항으로 변경하였다. ⅲ) 소권남용에 대한 제재로서 제219조의2(소권 남용에 대한 제재)를 신설하여 "원고가 소권(항소권 포함)을 남용하여 청구가 이유 없음이 명백한 소를 반복적으로 제기한 경우에는 법원은 500만원 이하의 과태료에 처한다."고 정하였다. 나아가 ⅳ) 인지액이 「민사소송 등 인지법」에 따른 금액에 미달하는 경우 소장의 접수를 보류할 수 있도록 소제기의 방식과 관련하여 제248조제2항, 제3항을 신설하여 "법원은 소장에 붙이거나 납부한 인지액이 「민사소송 등 인지법」 제13조제2항 각 호에서 정한 금액에 미달하는 경우 소장의 접수를 보류할 수 있다."고 정하였고, 또한 동조 제3항에서는 "법원에 제출한 소장이 접수되면 소장이 제출된 때에 소가 제기된 것으로 본다."고 규정하였다. 위 ⅱ)~ⅳ)의 규정은 소권 및 항소권의 남용을 막기 위한 규정이라고 할 것이다. 19차 일부개정은 2023년 10월 19일부터 시행된다.

⑤ 소송관계인의 생명 또는 신체에 대한 위해를 막기 위한 소송관계인의 개인
   정보 공개의 제한

2023년 7월 11일 20차 일부개정(법률 제19516호, 시행: 2025. 7. 12.)에서 소송
관계인의 생명 또는 신체에 대한 위해의 우려에 대하여 소명이 있는 경우 법원이
해당 소송관계인의 신청에 따라 결정으로 소송기록의 열람·복사·송달에 앞서
주소 등 해당 소송관계인이 지정한 개인정보가 당사자 및 제3자에게 공개되지 아
니하도록 보호조치를 할 수 있도록 하였다. 종전의 제163조 제2항부터 제5항까지
는 각각 제3항부터 제6항까지로 하고, 제2항을 신설하고, 제3항내지 제5항은 신
설한 내용의 취지에 부합하게 조문 내용을 다듬었다. 신설한 제2항은 "소송관계인
의 생명 또는 신체에 대한 위해의 우려가 있다는 소명이 있는 경우에는 법원은
해당 소송관계인의 신청에 따라 결정으로 소송기록의 열람·복사·송달에 앞서
주소 등 대법원규칙으로 정하는 개인정보로서 해당 소송관계인이 지정한 부분(이
하 "개인정보 기재부분"이라 한다)이 제3자(당사자를 포함한다. 이하 제3항·제4항 중
이 항과 관련된 부분에서 같다)에서 공개되지 아니하도록 보호조치를 할 수 있다."
고 규정하였다. 20차 일부개정은 2025년 7월 12일부터 시행된다.

4. 관련법률의 제 · 개정 등

민사재판과 관련하여 관련법률 중 주요한 개정은 법원조직법의 개정에 따른
사법보좌관제도의 대폭 개편·보완, 특허권 등의 침해소송의 항소심을 특허법원
으로의 통일, 회생법원의 설치 등을 간단히 정리하고, 집단소송제도와 전자소송제
도의 도입, 대법원의 상고제도 개선노력 등을 보겠다.

(1) 법원조직법의 개정

(a) 사법보좌관제도의 대폭 개선 및 보완   1994년 사법개혁 관련법률의 제·
개정 시에 법원조직법 제54조를 개정하여 종전의 대법원에 법원조사관을 두고,
각급법원에 법원조사관·가사조사관 및 소년조사관을 두어 재판 이외의 사무를
처리할 수 있도록 하던 것을 사법보좌관제도의 도입을 통하여 통합 운영하였다.
그런데 2005년 3월 24일 법률 7402호로 법원조직법 제54조를 개정하여 종전의
사법보좌관제도를 대폭 개선하여 동년 7월 1일부터 시행되고 있다. 사법보좌관제
도의 확대개편의 취지는 법관을 고유한 의미의 실질적인 쟁송인 재판업무에 집중

할 수 있도록 함과 동시에 그 밖에 부수적인 업무와 후견적 의미의 사법업무를 법원공무원 중에 일정한 자격을 가진 사람을 사법보좌관으로 임명하여 업무를 처리하기 위한 것으로 사법시스템의 효율적 배분의 일환으로 추진된 것이다.

사법보좌관의 구체적인 업무는 i) 「민사소송법」(동법이 준용되는 경우를 포함한다)상의 소송비용액·집행비용액 확정결정절차, 독촉절차, 공시최고절차에서의 법원의 사무(법조 54조 2항 1호), ii) 「민사집행법」(동법이 준용되는 경우를 포함한다)상의 집행문부여명령절차, 채무불이행자명부 등재절차, 재산조회절차, 부동산에 대한 강제경매절차, 자동차·건설기계에 대한 강제경매절차, 동산에 대한 강제경매절차, 담보권실행 등을 위한 경매절차, 제소명령절차, 가압류·가처분의 집행취소신청절차에서의 법원의 사무(동항 2호), iii) 「주택임대차보호법」 및 「상가건물 임대차보호법」상의 임차권등기명령절차에서의 법원의 사무(동항 3호) 중 대법원규칙이 정하는 업무를 수행한다.

사법보좌관제도가 헌법상의 법관에 의한 재판을 받을 권리를 침해할 여지가 있으므로, 사법보좌관은 법관의 감독을 받아 업무를 수행하도록 하였고, 사법보좌관의 처분에 대하여는 대법원규칙이 정하는 바에 따라 법관에 대하여 이의신청을 할 수 있다(법조 54조 3항, 사법보 좌관규칙 3 내지 5조).

2016년 3월 29일 법률 제14104호(시행: 2016. 7. 1)로 법원조직법을 일부개정하여 '소액사건심판법에 따른 이행권고결정(법조 54조 2항 1호)'과 '금전채권 외의 채권에 기초한 강제집행(법조 54조 2항 2호)'을 사법보좌관의 담당업무로 추가하였다.

(b) 특허권 등의 침해소송의 항소심을 특허법원으로 통일   민사소송법 제24조와 제36조를 개정하면서 지식재산권 중 특허권, 실용신안권, 디자인권, 상표권, 품종보호권에 관한 지식재산권을 '특허권등의 지식재산권'으로, 그 외의 지식재산권을 '특허권등을 제외한 지식재산권'으로 나누었다. '특허권등의 지식재산권'에 관하여 전속관할을 인정하고, 소송이송에서도 특칙을 규정하였다. 이것은 민사법원에서 관할하는 '특허권등의 지식재산권'에 관한 소의 전문성을 강화하기 위한 조치이다. 나아가 '특허권등의 지식재산권'에서의 전문성을 더욱 강화하기 위하여 2015년 12월 1일 법원조직법(법률 제13522호)을 일부개정하여 제28조의4, 2호를 신설하여 '특허권등의 지식재산권'에 관한 소(24조 2, 3항 2.)의 항소심은 민사법원이 아닌 특허법원에서 모두 관장하도록 하였다. 2016년 1월 1일부터 시행되고 있다.

(c) 회생법원의 설치   2016년 12월 27일 법률 제14470호로 법원조직법을 일

부개정하여 1심법원인 회생법원을 설치하였다. 2017년 3월 1일부터 서울회생법원을 개원하여 운영 중에 있다. 2000년대 후반 세계적인 금융위기 이후 급격한 경기변동에 따른 한계기업의 증가와 가계부채의 꾸준한 증가로 채무자 구조조정의 필요성이 상시화 되면서 전문성을 가진 독립의 도산전문법원이 필요하였기 때문이다. 회생법원의 설치와 관련하여 법원조직법 제3조 제1항 제7호(법원의 종류)에 회생법원을 추가하였고, 그 외에 제5조(판사), 제6조(직무대리), 제7조(심판권의 행사), 제9조의2(판사회의), 제10조(각급 법원 등의 사무국), 제28조(심판권), 제44조(보직)를 일부개정하여 회생법원 관련 부분을 추가하였다. 또한 '제6장 회생법원'을 신설하여 제40조의5(회생법원장), 제40조의6(부), 제40조의7(합의부의 심판권)을 추가하였다.

(d) 대법원의 상고제도 개선 노력   2022년 사법연감에 의하면 대법원에 2021년에 접수된 사건이 총 56,799건에 달하고,[34] 가동 대법관(12인) 1인당 1년에 4,733건(1개월에 394건, 하루에 13건 정도) 정도를 처리하여야 하는 결론에 이른다. 이것은 「상고심절차에 관한 특례법」이 시행되고 있다고 하여도 업무 과중으로 대법원 본연의 임무인 법률심으로서의 역할을 잘 수행할 수 없다는 것을 여실히 나타내는 것이다. 이를 해소하기 위한 방안으로 법원조직법 개정 등을 통한 고등법원 상고부안을 국회에 상정하였으나 통과되지 못하고 폐기되었다. 그 주요내용은 대법원에 상고할 수 있는 민사사건의 상한을 1심 합의사건 중 5억원으로 제한하고, 나머지는 사건은 원칙적으로 고등법원 상고부에서 처리하도록 하는 것을 요지로 하고 있다. 대법원과 고법 상고부 사이는 별도의 이송을 통하여 사건처리를 할 수 있게 하고, 또한 고법상고부의 종국판결 중 "헌법위반이 있거나, 판결의 전제가 된 명령·규칙·처분의 헌법 또는 법률 위반 여부에 대한 판단이 부당한 때, 대법원 판례와 상반되는 때의 사유가 있고 이로 인하여 판결에 영향을 미친 경우"에 특별상고를 인정하는 것이다. 이것의 국회상정 자체로서 상당한 의미가 있다고 사료된다. 현재 상고심인 대법원의 현 상황을 잘 나타내고 있기 때문이다. 향후 법률심인 대법원의 구조를 어떻게 개선할 것인지에 진지하게 생각하여야 한다.

(2) 집단소송제도의 도입

2004년 1월 20일 「증권관련 집단소송법(법률 제7074호)」이 제정되어 2005년 1월

---

34) 2022년 사법연감, 667면{http://www.scourt.go.kr/main/Main.work(정보광장 → 사법통계)} 참조.

1일부터 시행되면서 우리나라에 최초로 집단소송제도가 도입되었다. 2006년 9월 27일 종전의 「소비자보호법」을 「소비자기본법(법률 제7988호)」으로 전부개정하면서 소비자 단체소송제도를 도입하여 2007년 3월 28일부터 시행하고 있고, 2011년 3월 29일 「개인정보 보호법(법률 제10465호)」을 제정하면서 개인정보 단체소송제도를 도입하여 2011년 9월 30일부터 시행하고 있다.

(3) 전자소송제도의 도입

2010년 3월 24일 「민사소송 등에서의 전자문서 이용 등에 관한 법률(법률 제10183호)」이 제정되어 같은 날부터 바로 시행되었다. 이 법을 전자소송법이라 통칭한다. 전자소송법은 2006년 10월 27일 제정·시행된 「독촉절차에서의 전자문서 이용 등에 관한 법률(법률 제8057호; 2014. 5. 20, 법률 제12586호로 폐지되었음)」에 의하여 독촉절차에 한하여 전자문서를 이용하던 것을 형사소송을 제외한 민사소송·가사소송·행정소송·특허소송·민사집행·파산 및 회생절차·비송사건 등에 전자문서를 이용하기 위하여 제정·시행된 것이다. 소송과 비송절차, 집행절차, 회생절차 등 전반에 전자소송제도를 도입한 것은 전자통신·인터넷 분야에서의 기술이 혁신적으로 발전하고 있고, 사회 모든 분야에서 전자문서의 이용이 급증하는 있는 점을 고려하여 전자문서를 소송절차 등에서 적극적 이용하게 함으로써 당사자의 편익과 분쟁해결의 효율성을 높이기 위한 것이다. 전자소송법이 시행된 이후 전자소송이 꾸준히 증가하고 있다. 국가와 지방자치단체, 공공기관 등에 대하여는 전자소송이 의무화 되었다.

5. 평   가

(1) 2002년부터 2008년까지 사이

신민사소송법은 구민사소송법 시기에 독일·일본·미국 제도에 기초하여 우리 나름내로의 민사소송법을 구축한 것이다. 구민사소송법은 우리 나름대로의 민사소송법의 틀을 갖춘 시기이고, 신민사소송법은 이러한 구민사소송법의 틀에 기초하여 세계적인 입법경향에 따라 제7장 강제집행편을 민사집행법으로 분리·독립하였고, 50여년 동안 구민사소송법을 운영하면서 발생한 문제점을 미국의 변론전 재판절차의 취지에 기초하여 변론준비절차의 대폭개선과 집중심리를 통한 신속하고 효율적인 재판제도를 구축하려고 개선하였다고 요약할 수 있다.

이러한 과정에 우리만의 독자적인 의미를 가지는 민사소송의 이상과 신의성실의 원칙을 재정립하였고, 독자적인 의미가 있는 화해권고결정제도, 재정기간제도를 신설하였을 뿐만 아니라, 학설상 논의되던 예비적·선택적 공동소송제도, 공동소송적 보조참가제도, 편면적 독립당사자참가제도의 도입과 판례에 기초한 정기금판결에 대한 변경의 소 등이 도입되었다. 결국 신민사소송법은 기존 제도의 운영에서 발생한 문제를 우리의 사법제도 운영 경험, 외국의 제도, 학설 및 판례 등에 기초하여 새롭게 만들어 진 재판제도라고 평가할 수 있다. 또한 신민사소송법은 민사소송의 이상 중 적정과 신속을 동시에 추구한 입법으로 보인다. 신민사소송법은 이론적으로 잘 만들어진 분쟁해결제도로 볼 수 있으나, 향후 운영을 통하여 우리에게 적합하면서도 객관적인 제도로 발전할 수 있도록 계속 개선하여 나가야 할 것이다.

다만 2008년 12월 26일 제6차 개정에서 신법의 심리제도의 근간을 바꾸는 개정이 이루어졌다. 즉 2002년 신법상의 원칙적 변론준비절차제에서 구민사소송법과 같은 변론기일중심제로 바뀐 것이다. 이것은 변론준비절차를 예외적으로 운영하겠다는 것인데, 실무상 2002년 원칙적 변론준비절차제도를 모든 사건에 적용함으로 인한 심리의 중복과 소송의 지연에 대한 처방으로 개정을 한 것으로 보인다. 그러나 이러한 개정은 심리를 충분히 준비하여 집중하여 처리하겠다는 세계적인 추세에 반할 뿐만 아니라, 2002년 원칙적 변론준비절차제도를 모든 사건에 적용한 잘못으로 인한 중복심리와 소송지연의 문제를 변론준비절차제도 자체의 잘못으로 평가하여 종전제도로 회귀한 아쉬움이 크고, 2002년 신법의 핵심내용인 심리제도의 근본적 변화를 가져올 개정을 하면서 지금까지의 운영결과 및 그에 대한 평가 없이 졸속으로 이루어진 점 등은 문제이다. 2008년 개정에 따른 실무운영에 있어서 심리의 중복과 소송지연을 막기 위하여는 변론준비절차를 거칠 필요가 있는 사건인지 여부를 선별하는 제도적인 장치 없이 다시 모든 사건을 변론기일 중심제로 획일적으로 바꾸어 운영한다면 향후 원칙적 변론준비절차 제도보다 더 많은 문제에 직면하게 될 것이다. 실무운영에 신중을 기하여야 하고, 기본적으로 변론준비절차를 효율적으로 이용함으로써 변론의 준비와 조정·화해 등의 자율적 분쟁해결을 유도할 필요가 있다고 본다. 향후 운영이 염려되는 시점이다.[35]

---

35) 同旨: 이시윤, 373면.

(2) 2009년부터 2017년까지

2008년 변론준비절차에 관하여 종전과 같이 임의적 변론준비절차로 회귀한 이후 2017년까지 민사소송법의 일부개정이 9차에 걸쳐 있었다. 그때그때의 필요에 따라 시의적절한 개정을 했다고 평가할 수 있다. 민사소송법 분야에서 무엇보다 중요한 개정은 i) 소송능력자의 소송능력 확대 등, ii) 손해액수의 증명완화, iii) IT 기술의 발전을 재판절차에 반영한 증인·감정인 등의 비디오 등 중계장치 등을 통한 신문방법 도입일 것이다. 사법제도 전반과 관련된 제도의 신설은 2010년 전자소송법의 도입에 따른 소송절차 전체의 급격한 전자소송화로의 이행을 꼽을 수 있다.

(3) 2018년부터 현재(2023년)까지

2018년부터 2023년 현재까지 민사소송법의 일부개정이 5차례 있었다. 헌법가치와 코로나19 팬데믹 등의 상황을 반영한 개정으로 평가할 수 있다. ⅰ) 민사판결서의 공개와 확정된 판결서의 열람 및 복사를 확대하여 헌법 제109조에서 재판의 심리와 판결을 공개하라는 취지를 살렸다. ⅱ) 코로나 19 팬데믹 등의 상황을 반영하여 비대면 영상재판을 도입하여 대면재판과 동일한 법적 효과를 부여하였다. ⅲ) 소송관계인의 생명 또는 신체에 대한 위해를 막기 위하여 소송관계인의 개인정보의 공개를 제한하였다. 2002년 신민사소송법이 시행된 이후 2023년 현재까지 총 20회의 개정이 있었다.

제 6 절 민사사법제도의 향후 과제

1. 기본명제

우리 민사사법제도는 사법상의 법률관계로 인한 분쟁을 효율적으로 처리함으로써 민사소송의 입장에서 사권을 보호하는 것이고, 나아가 개인과 사회, 국가 전체적인 측면에서 보면 분쟁이 해결됨으로 인하여 개인적·사회적·국가적 행복이 실현되는 것이다. 이것은 결국 인간의 존엄성을 상호 인정하는 결과가 된다. 따라서 헌법 제10조에서 규정하고 있는 인간의 존엄과 행복추구권을 실질적으로 달성할 수 있는 것이다. 결국 민사사법제도는 거시적으로 인간의 존엄과 행복추구를 실현할 수 있도록 집중되어야 하고 이러한 차원에서 민사사법제도의 향후 과제를 접근하여야 할 것이다.

2. 거시적인 입장

(1) 사법제도와 인터넷의 이용

인간이 사용하는 도구가 변화하면 인간의 생각이 바뀐다. 인간의 생각이 바뀌면 모든 것이 바뀐다. 사법제도는 인간을 위한 제도로서 인간의 생각이 바뀜에 따라 변화하는 것이다. 이제 인터넷으로 인하여 시간과 공간개념이 변하고 있다. 이러한 상황은 우리 사법제도 전반에 대하여 점검할 필요성이 있음을 의미한다. 향후 대부분의 재판이 인터넷 공간에서 이루어 질 수도 있다는 것을 상정하고 준비하여야 한다. 이미 법원은 지급명령의 전산화, 등기제도의 전산화, 인터넷을 통한 송달, 각종 사건 진행의 인터넷 공개 등이 이루어졌다. 또한 2010년 3월 24일 법률 제10183호로 「민사소송 등에서의 전자문서 이용에 관한 법률」이 제정·시행되면서 민사소송·가사소송·행정소송·특허소송 등에 인터넷을 통한 소의 제기 및 증거의 제출이 가능하게 되었다. 민사소송은 2011년 5월 2일부터 전자소송이 전면 실시되었다. 이제 민사소송에서 원·피고는 자신이 원하면 문서 및 증거의 제출뿐만 아니라, 인터넷을 통한 문서의 즉각적 송달, 법정에서 변론 및 증거조사 등에 있어서 전자법정의 구현, 판결문의 인터넷 송달 등이 모두 가능하게 되었다. 우리나라의 전자소송(electronic litigation)이 독일, 일본 등 다른 나라에 비해 앞서 나가고 있는 것이 현실이다. 전자소송으로 사법제도의 본질이 바뀌는 것은 아니지만 인터넷을 통한 전자적 수단의 이용은 향후 사법제도의 틀을 완전히 바꿀 것이다. 또한 전자소송제도의 전면적 도입을 계기로 사법제도 전반에 관한 점검이 필요한 시점이다. 그중 직접·구술심리주의의 대폭강화와 계속심리주의를 원칙으로 한 심리방식의 근본적 변화, 전자소송제도에 맞는 판결의 대폭적 간이화 등이 필수적이라 할 것이다. 이러한 개혁은 향후 사법제도의 개선을 통한 국가경쟁력의 강화에 직결된다고 사료된다.

(2) 사법의 국제화

사법(司法)은 비교적 보수적이므로 국제화에 더딘 것은 사실이다. 그러나 사법의 국제화는 사람들의 빈번한 왕래, 인터넷을 통한 정보와 재화의 교류 등으로 인한 분쟁의 국제화로 이어지기 때문에 필연적인 과제이다. 사법의 국제화는 국가 및 국제기구의 사법기관 상호간의 교류, 다자간 조약 등을 통하여 이루어지는 것은 기본이고, 나아가 법관 등 사법기관 구성원의 긴밀한 교류가 필수적이다. 이러한 점에서 법관 등 사법기관 구성원의 연수, 교육 등을 통한 네트워크의 형성을 무시할 수 없다. 사법의 국제화는 분쟁의 국제화로 인하여 필연적이고, 결국 사법의 국제화는 외국 사법제도의 연구로 이어져 우리 사법제도의 발전으로 이어질 수 있어 매우 중요한 과제이다.

(3) 통일사법의 대비

대법원의 대법정에 가면 대법관 의자를 더 놓을 수 있는 여유 공간이 있다. 이는 통일사법(統一司法)의 필요성을 단적으로 보여주는 것이다. 통일의 문제는 우리의 숙명이다. 향후 통일에 대비한 법체계를 어떻게 구축할 것인지를 사법부뿐만 아니라 입법부와 행정부 모두가 체계적으로 준비하여야 하고, 더욱 박차를 가하여야 할 때가 되었다고 생각된다.

3. 분쟁해결제도의 개선이라는 측면

(1) 사법 서비스의 질적 수준 향상

우리 사법제도가 다른 나라보다 분쟁을 신속하게 처리한다는 점은 인정할 수 있으나, 과연 국민에 대한 사법서비스의 질을 향상시킬 수 있는가 하는 질문에 대하여 자신 있게 대답하기는 어려울 것이다. 옛날과 달리 국민의 기대와 의식수준이 높아져 사법서비스의 질이 향상되고 있으나 이를 따라잡기가 쉽지 아니하다. 이것은 물적·인적 요소의 개선을 통하여 점진적으로 이루어질 수밖에 없다. 그러나 가장 중요한 것은 사법제도 구성원의 마음자세인 것이다. 이것이 사실 가장 중요한 문제이다.

(2) 분쟁해결제도의 통합·조정의 필요성

현재 사법부의 재판제도는 국가가 관장하는 강제적·최종적인 분쟁해결장치이다. 국민의 세금으로 운영되고 있는 국민의 제도인 것이다. 헌법상 분쟁해결의 최종적인 권한, 책임과 의무는 사법부가 가지고 있다. 그렇기 때문에 다양한 분쟁해결제도를 통한 분쟁의 쉽고·신속한 해결은 사법부에 부여된 헌법적인 과제인 것이다. 이것을 실현하는 방법으로 1차적으로 분쟁의 종류에 따라 다양한 분쟁해결장치를 통한 1차적 여과를 마다할 필요가 없는 것이다. 이러한 여과장치를 통하여 걸러지지 아니하는 분쟁을 최종적으로 사법제도를 통하여 마무리하면 된다. 이러한 1차적 분쟁해결장치는 그 주체가 사법부가 아닌 경우에는 사법부가 최종적으로 이를 확인·점검할 수 있으면 되는 것이다. 이것의 대표적인 예가 중재판정에 대한 법원에 의한 중재판정취소판결(중재36조), 승인·집행판결(중재37조) 등이다. 분쟁해결의 아웃소싱인 것이다. 이러한 제도들이 사법부의 재판제도와 배치되는 것이 아니고, 사법제도의 분쟁해결 부담을 1차적으로 여과하여 주는 것이다. 각종 위원회의 전문성에 기초한 것이므로 긍정적인 의미가 있음에도 지금과 같은 운영은 자칫 잘못하면 헌법에 보장된 법관으로부터 재판을 받을 권리를 침해할 여지가 있다. 따라서 현재 행정기관 산하의 각종 위원회에서 이루어지고 있는 조정·알선 등에 대한 효력과 절차 등을 통합·조정할 필요성이 있다. 현재에는 1992년 3월 2일 대법원규칙 제1198호로 제정(1998. 7. 6. 대법원규칙 제1558호, 2002. 6. 28. 대법원규칙 제1768호로 2차례 개정됨)된 「각종 분쟁조정위원회 등의 조정조서 등에 대한 집행문부여에 관한 규칙」에서 집행문부여절차를 정하고 있으나 이것만으로는 부족하다. 체계적이고 통일적인 연구가 필요하다. 그 외에 미국·일본 등과 같은 ADR의 활성화가 필요한 것이다. 이것에 대한 기본적인 시각은 각종 위원회의 경우와 같다.

(3) 국민의 법원에 대한 접근권 보장

일반 국민이 쉽게 법원에 접근할 수 있는 제도적 장치가 필요하다. 각종 상담제도의 개선, 소송구조제도 확대, 소액사건의 인지대 인하, 작은 법정의 개설(시·군법원의 확대 등), 소송보험제도의 장려, 전자소송의 활성화, 민사조정제도의 활성화를 통한 시민의 자발적인 재판 참여의 확대 등을 통하여 국민의 법원에 대한 접근이 친밀하고 쉽게 이루어 져야 한다. 이러한 제도는 국민의 공감을 통하여 자연스럽게 제도화의 과정을 거쳐야 한다.

(4) 특별법의 민사소송법으로의 통합

민사소송법에 규정되는 것이 타당함에도 개정의 편의성 등으로 인하여 특별법으로 규정하고 있는 법률이 있다. 그 대표적인 것이 「소액사건심판법」과 「상고심절차에 관한 특례법」이다. 이제 민사집행법이 분리되어 민사소송법 규정이 간소화된 마당에 위와 같은 특별법을 민사소송법 외에 특별법으로 존치하는 것은 타당하지 아니하므로, 개정을 통하여 민사소송법으로 흡수·통합하여야 한다.

(5) 분쟁해결구조에 대한 개선

법원의 분쟁해결구조의 정점이 대법원일 필요는 없다. 그러나 대법원은 법률심으로서의 역할을 충실히 할 필요가 있다. 이것이야말로 대법원의 고유한 임무인 것이다. 이러한 고유의 임무는 분쟁해결구조의 정점이 대법원이어야 한다는 문제와는 별개의 문제이다. 그러나 1960년 이후 우리나라 민사소송법의 개정 과정을 보면 「최종심은 대법원이라는 국민적 욕구」와 「대법원의 법률심의 역할 제고를 위한 노력」이 교차하고 있다. 즉 ① 통상상고제(제정시) → ② 특별상고제(1차 개정) → ③ 통상상고제(2차 개정) → ④ 허가상고제(소송촉진 등에 관한 특례법) → ⑤ 통상상고제(3차개정) → ⑥ 심리불속행제(상고심절차에 관한 특례법)로 바뀌어 왔다. 현재 심리불속행제도를 운영하고 있음에도 대법원의 법률심 강화는 폭주하는 사건으로 인하여 매우 어려운 지경에 이르렀다. 이러한 시점에서 법원조직법 등의 개정을 통하여 고등법원 상고부안 및 상고법원안이 국회에 상정되었으나 통과되지 못하고 폐기되었다. 대법원의 법률심으로서의 본연의 임무를 수행할 수 있는 방안은 무엇인가? 국민적 욕구와 대법원의 본연의 임무의 필요성에 대한 절충·조정의 문제라는 관점에서 보면 상고법원안 등은 매우 의미 있는 제도라고 평가된다. 최고법원인 대법원의 인력확대를 통한 구조개선은 구조개선의 관점에서 보면 하책(下策)에 해당한다. 나아가 상고심의 구조뿐만 아니라 항소심의 구조개선을 추진할 필요성은 없을까? 이것은 현재 항소심의 속심구조를 국민의 인식 전환에 발맞추어 점진적으로 준사후심 또는 사후심으로 전환할 가능성을 열어 놓아도 된다.[1] 그러나 항소심의 구조개선의 전제조건은 1심구조의 충분한 사실심리를 전제로 한 것이다. 이 부분도 우리 민사사법의 가장 중요한 과제 중에 하나이다.

(6) 새로운 분쟁해결방식의 개발 및 수용

분쟁의 외부적 환경이 변화하면서 전통적인 분쟁과 다른 다양한 분쟁이 발생하고 있다. 대형사고로 인한 다수의 피해자 발생, 소비자소송, 대단지 아파트의 건축 분쟁, 불특정 다수의 공해·환경피해, 제조물분쟁, 증권관련분쟁, 기타 인터

---

1) 대결(전) 2021. 4. 22, 2017마6438 다수의견 참조.

넷을 통한 분쟁 등 실로 다양한 현대형 분쟁이 동시·다발적으로 발생하고 있다. 이러한 분쟁을 소화할 수 있는 제도의 개발과 이에 대한 외국제도의 수용 등이 필요하다. 미국의 class action, 독일의 단체소송 등이 그것이다. 최근 증권관련집단소송·소비자단체소송·개인정보 단체소송제도 등을 통하여 입법화되었다. 새로운 분쟁에 맞는 분쟁해결방식의 개발과 외국제도의 수용 등이 필요할 수 있다. 또한 선정당사자제도 및 독립당사자참가제도의 개선을 통하여 새로운 형태의 현대형 분쟁의 해결에 도움이 될 수 있는 장치로 거듭나게 하여야 한다.

(7) 사법의 인적 요소의 확보방안 강구

제도의 성공 여부는 제도 자체의 우수성도 중요하지만 그 제도를 실제로 운영하고 있는 인적 구성원의 자질에 크게 영향을 받을 수 있다. 지금까지 우리나라는 역사적·문화적 이유로 인하여 사법제도의 운영에 필요한 우수한 인력을 확보하여 짧은 기간 동안에 사법제도의 혁신적인 발전이 가능하였다. 그러나 경제력을 우선시하는 사회적 인식의 변화와 로스쿨제도의 도입 등의 불확실성이 산재하고 있어 우수한 인력의 확보방안에 많은 신경을 써야 할 때이다. 또한 기존의 사법인력에 대한 복리증진과 재교육, 유학, 안식년제도 도입 등을 통해 구성원의 만족도를 향상시켜 나가야 한다.

(8) 기 타

속심구조라면 항소심 또는 상고심의 변호사강제주의 도입, 미국제도 중 분쟁의 일회적 해결을 위하여 제3자의 소송인입제도(訴訟引入制度), 증거개시제도(discovery)에 대한 장점 등의 도입을 생각할 수 있다.

제 3 장   민사소송법상 신의성실의 원칙[1]

민사소송에 있어서 신의칙의 개념, 기능 등을 정확히 규명하기는 사실 어렵다. 그러나 1990년 구민사소송법 제3차 개정으로 민사소송법 제1조 전단에 민사소송의 이상, 후단에 민사소송법상의 신의칙이 신설되었다. 그 후 2002년 민사소송법 전부개정에서 동조 제1항에 민사소송의 이상을, 제2항에 신의칙을 나누어 규정하였다.[2] 이렇게 분리 규정함으로써 민사소송의 목적, 이상과 신의칙의 관계가 애매하게 되었다. 이 세 개념 사이의 역할과 관계를 정확히 규명하여 자리매김을 하여야 민사소송과 민사소송법이 유기적인 관계를 가지면서 발전할 수 있는 것이다. 사실 민사소송의 목적이라는 것은 이론적인 면이 다분히 있고, 신의칙은 규범성이 강하다.

민사소송의 큰 테두리에서 논하는 민사소송의 목적은 「헌법상의 인간의 존엄과 행복추구권 → 재판청구권」과 관련하여 민사소송의 논의로 추상화할 수 있다. 반면 신의칙은 규범성을 강조하여 민사소송법상의 근본규범과 일반규정으로서의 역할을 하면 된다. 또한 이론적인 논의와 현실의 민사소송법 사이의 간격을 규범적으로 완충·조정할 수 있다고 본다.

그렇다면 민사소송의 이상은 무엇인가? 민사소송의 목적 내지 신의칙과 중복하는 역할을 하도록 하여 장식적인 규정으로 자리매김 할 것인지, 아니면 민사소송 및 민사소송법에서 의미를 갖도록 할 것인지를 고민하여야 한다. 중복되지 아니하면서도 의미를 갖게 하기 위하여는 민사소송의 이상에 관한 규정을 민사소송법의 개정 등과 현실의 민사소송법의 운영과 관련된 지침, 즉 「시스템의 운영원리」로 자리매김하는 것이 타당하다고 생각한다. 즉 민사소송법의 개정 등에 있어서 항상 적정하고 신속·경제적인 시스템이 될 수 있도록 하여야 한다는 점과 그 현실적 운영이 그렇게 되어야 한다는 점을 선언하고 있다고 할 수 있다.

---

1) 이하, '신의성실의 원칙'을 '신의칙'이라고 줄여서 쓰기로 한다.

2) 1990. 1. 13. 개정 시에 "제1조(신의성실의 원칙) 법원은 소송절차가 공정·신속하고 경제적으로 진행되도록 노력하여야 하며, 당사자와 관계인은 신의에 좇아 성실하게 이에 협력하여야 한다."고 신설되어 전단에 민사소송의 이상을, 후단에 신의칙을 규정하였다. 2002. 1. 26. 신민사소송법에서는 "제1조(민사소송의 이상과 신의성실의 원칙) ① 법원은 소송절차가 공정하고 신속하며 경제적으로 진행되도록 노력하여야 한다. ② 당사자와 소송관계인은 신의에 따라 성실하게 소송을 수행하여야 한다."고 하여 제1항에 민사소송의 이상을, 제2항에 신의칙을 나누어 규정하였다.

이러한 시각에 기초하여 본장의 신의칙을 서술하겠다. 또한 실체법인 민법 등과 다른 민사소송법상의 신의칙이 무엇인지를 밝히는 것이 민사소송법상의 신의칙의 주요한 과제이다.

제 1 절 신의칙의 개념

1. 신의칙의 의의

신의칙(Treu und Glauben)을 간단히 정의하면 모든 사람은 사회공동생활의 일원으로서 서로 상대방의 신뢰를 헛되이 하지 않도록 성실하게 행동하여야 한다는 원칙[1]이라고 정의할 수 있다. 신의칙이 윤리적 개념으로부터 법적 개념으로 발전하였기 때문에 개념의 불확정성으로 인한 비판을 면할 수 없다. 그러나 이를 보다 민사소송법상의 신의칙에 부합하게 정의를 할 필요가 있다. 신의칙을 이러한 추상적 개념에 기초하면서도 그 적용주체, 구체적인 사안에의 적용 등을 고려하여 정의하면 「소송행위 및 소송절차와 관련하여 실체법적 법률관계에 관련된 사람뿐만 아니라, 이와 관련하여 법률과 법률관계의 해석·적용·보충을 하는 법집행자는, 사회구성원의 일원으로서, 소송행위 및 소송절차에서 권리의 행사 및 의무의 이행, 법률과 법률관계의 해석·적용·보충 등에 있어서 상대방의 신뢰를 헛되이 하지 않도록 성실하게 행동하여야 하고, 이를 구체적으로 판단하는 요소로서, 민사소송절차 진행과 관련하여 상대방의 이익의 내용, 행사하거나 이행하려는 권리 또는 의무와 상대방 이익과의 상관관계 및 상대방의 신뢰의 타당성 등 구체적인 모든 절차적 사정을 종합적으로 고려하여야 한다는 원칙」이라고 할 수 있다.[2]

2. 발전과정

신의칙의 발전과정을 간단히 보면 다음과 같다.

---

1) 강현중, 89면; 송상현/박익환, 19면; 이태영, 20면; 정동윤/유병현/김경욱, 32면.
2) 대판 1992. 5. 22, 91다36642; 대판 1989. 5. 9, 87다카2407 등 참조.

(1) 외국의 경우

신의칙은 일찍이 로마법에 그 기원을 찾을 수 있다. 그러나 고대 로마법에서는 현대적 의미의 신의칙과는 달리 "신의는 합의된 것의 이행을 요구한다(bona fides exigit, ut quod convenit fiat)."고 하여 계약의 엄격한 구속력을 의미하였다.[3] 후기 로마법에 들어오면서 신의칙은 로마 시민법의 엄격성을 완화하기 위한 보충적 형평법으로서 의미를 갖게 되었다.[4] 그런데 신의칙이 근대 사법에서 처음 규정된 것은 프랑스민법이고, 이후 독일민법에서도 이를 규정하게 되어 근대 사법 특히 계약법의 법률해석과 채무의 이행에 관한 원칙으로 되었다. 1907년에 제정된 스위스민법에서 신의칙을 권리의 행사와 의무의 이행에 모두 적용되는 것으로 규정하였고, 나아가 권리남용의 금지를 규정하여 이를 민법의 통칙에 규정하였다.[5] 이로써 신의칙이 민법 전체를 아우르는 원칙으로 되었다고 평가할 수 있다. 이후 헝가리, 라트비아, 태국, 일본 등에서 이를 좇아 입법하게 되었다. 이러한 입법 추세와 더불어 권리의 공공성·사회성이 널리 인정되면서 민법 전체에 걸치는 최고의 원칙으로 되었고, 그 후 더욱 발전하여 사법·공법·사회법 등 법 모든 분야의 최고의 원칙으로 인정되게 되었다. 그런데 절차법인 민사소송법에 있어서는 절차의 안정성이라는 측면에서 신의성실의 원칙이 적용될 수 있는지 여부가 마지막까지 논란이 되었다. 처음에는 민사소송과 같이 절차의 안정이 중시되는 절차법에 신의칙이라는 불확정개념이 도입되면 법적 안정성에 문제가 있다고 하여 이를 부정하는 견해가 지배적이었으나, 법의 공공성·사회성이 더욱 강조되면서 민사소송법에도 이를 도입하여야 한다는 데 이론의 여지가 없게 되었다. 민사소송법에 신의칙을 받아들이는 형태는 이탈리아, 스위스 쉬비츠(Schwyz)주, 취리히(Zurich)주와 같이 이를 법에 직접 규정하는 경우와 학설·판례를 통하여 이를 받아들인 후에 법률에 이를 규정하는 경우가 있다.

(2) 우리나라의 경우

우리나라 민법이 1958. 2. 22. 법률 제471호로 제정되면서 제1조 제2항에 "권리의 행사와 의무의 이행은 신의에 좇아 성실히 하여야 한다."고 규정하였다. 이

---

3) 현승종 저·조규창 증보, 「로마법」(1996), 55면.
4) 민법주해[Ⅰ](1996), 76면.
5) 민법주해[Ⅰ](1996), 78면.

렇게 함으로써 스위스민법과 같이 신의칙을 '민법 전체를 통한 대원칙'으로 규정하였다. 민법 제정 전에는 일본민법을 의용(依用)하였다. 현재 신의칙이 법의 보편적 일반원칙으로서 민법, 상법 등의 모든 사법 분야뿐만 아니라 헌법, 행정법, 세법 등의 공법과 노동법, 경제법 등 사회법 모든 분야에 적용된다는 것에 의문의 여지가 없다.[6] 그렇다면 절차법인 민사소송법에 있어서 신의칙이 필요할 것인가? 우리나라에 있어 민사소송법에 있어서 신의칙의 인정 여부와 관련하여서는 학설·판례를 통하여 이를 받아들인 후에 입법화되었다. 현재 우리나라에서 민사소송법상 신의칙 적용을 부정하는 견해는 찾아볼 수 없고, 신의칙을 민사소송법에 적용하는 데 이론의 여지가 없다. 판례도 민사소송법에 신의칙이 규정되기 전에 이를 인정하였다.[7] 신의칙이 민사소송법에 최초로 규정된 것은 1990년 1월 13일 구민사소송법 제3차 개정에서이다. 당시 민사소송법 제1조에 '신의성실의 원칙'이라는 제목으로 "법원은 소송절차가 공정·신속하고 경제적으로 진행되도록 노력하여야 하고, 당사자와 관계인은 신의에 좇아 성실하게 이를 협력하여야 한다."고 하여 전단에는 민사소송의 이상을, 후단에서 신의칙을 규정하였다. 그 후 2002년 1월 26일 법률 제6626호로 종전의 민사소송법을 전면 개정한 신민사소송법에서는 제1조 제2항에 "당사자와 소송관계인은 신의에 따라 성실하게 소송을 수행하여야 한다."고 규정하기에 이르렀다.

3. 존재이유

민사소송법 제1조 제2항에 민법 규정 외에 별도의 규정을 둔 이유는 무엇인가? 이것은 실체법인 민법 등과는 다른 민사소송법의 독특한 신의칙이 있다는 것을 의미한다. 즉 민사소송법은 사법상의 법률관계를 다룬다는 점에서 민법, 상법 등과 그 규율대상을 같이 하고 있으나, 실체법과는 달리 절차법이며, 국가가 관장하는 공법이므로 이로 인한 특성을 가지고 있다. 따라서 민사소송법상의 신의칙과 실체법상의 신의칙은 차이가 있어야 하는 것이다. 민사소송법상의 신의칙이라는 개념은 민사소송법의 특성에 따라 실체법과는 다른 색채를 띨 수밖에 없다고 생각한다. 따라서 민사소송법에 있어서 신의칙에 관한 논의는 실체법과 다른 민사소송법상의 신의칙을 탐구하는 것이 중요한 임무 중의 하나이다.[8]

---

6) 김홍규/강태원, 10면; 정동윤/유병현/김경욱, 32면.
7) 대판 1973. 6. 5, 69다1228; 대판 1974. 9. 24, 74다767; 대판 1983. 5. 24, 82다카1919.
8) 同旨: 호문혁, 48-49면.

제 2 절 신의칙의 법적 성질

민사소송법 제1조 제2항의 신의칙에 대하여 민사소송법상의 법적 성질을 어떻게 부여하여야 할 것인가? 신의칙은 공·사법 전체에 걸친 최고의 법원칙이다. 따라서 민사소송법상의 신의칙도 이러한 본래의 성질을 그대로 가지고 있다고 보아야 한다. 다만 민사소송법적인 요소를 갖고 있을 뿐이다. 즉 민사소송법적인 특성을 가진 옷을 걸치고 있는 것이다. 이러한 특성은 민사소송법의 절차법적·공법적 특성에서 기인한 독특한 색채와 향기이다. 또한 민사소송법상의 신의칙은 형식적으로 민사소송법전의 제1조 제2항의 조문이다. 그렇기 때문에 조문으로 현실적인 역할을 하여야 한다. 즉 일반규정으로서의 역할을 하여야 하는 것이다. 따라서 민사소송법에 있어서 신의칙은 최고원칙으로서의 규범성과 일반규정으로서 성질을 가지고 있다. 신의칙이 공·사법, 사회법 등 모든 법분야에 있어서 최고의 원칙이라고 한다면 민법 제2조 제1항에 "권리의 행사와 의무의 이행은 신의에 좇아 성실히 하여야 한다."고 규정되어 있고, 동조 제2항에 "권리는 남용하지 못한다."고 규정하고 있으므로, 민사소송법 제1조 제2항에 "당사자와 소송관계인은 신의에 따라 성실하게 소송을 수행하여야 한다."는 별도의 규정을 둘 필요가 없다고 생각할 수 있다. 그런데 민사소송법에 이에 대한 별도의 규정을 두고 있다면 그것에 특별한 의미를 부여하여야 할 것이다. 민사소송법은 민법 등 실체법과는 다른 독특한 성질을 가지고 있다. 즉 민사소송법은 실체법과 달리 절차법이므로 '절차의 안정'을 위한 독특한 색체를 띠고 있을 뿐만 아니라, 국가가 재판권을 행사하므로 공법으로서의 특성을 가지고 있다.

1. 민사소송법상의 최고원칙 및 근본규범

민사소송법상의 신의칙은 이론적인 민사소송에 있어서뿐만 아니라, 현실의 민사소송법전에 있어서 최고의 법원칙이다. 그렇기 때문에 민사소송 및 민사소송법상의 근본규범이다. 추상성과 규범성을 동시에 가지고 있는 것이다. 민사소송에 있어서 규범으로서 가장 상위에 존재하는 것이다. 헌법상의 인간의 존엄과 행복추구권이 민사소송의 목적을 통하여 민사소송적으로 나타나고, 이를 규범적으로 나타내는 것이 민사소송법상의 신의칙에 해당한다. 그렇기 때문에 신의칙이 이론상의 민사소송과 현실의 민사소송법 사이의 충돌·간격 등을 완충·조정할 수 있고, 민사소송법상의 기본 개념들이 신의칙으로부터 발원(發源)한다.

이러한 성질에 터잡아 민사소송법상 신의칙은 다양한 기능을 할 수 있는 것이다. 즉 모든 경우의 가장 상위 즉 뒤쪽에 위치하여 새로운 법원칙을 만들 수 있고, 개별규정의 적용이 정의에 반하는 경우에 이를 수정하여 그 적용을 거부할 수 있다. 이것은 민사소송법상 신의칙이 최고의 원칙이며, 최후에 신의칙이라는 추상적인 개념에 기초한 법률적용을 하여야 하는 근거가 된다. 또한 이러한 법적 성질로 인하여 신의칙 외에 다른 개별적인 개념·원칙에 따라 해결할 수 있는 것은 개별 개념·원칙을 적용하여 해결하여야 하는 것이다. 즉 법인격부인, 권리보호이익 또는 소송요건 등의 개념으로 해결할 수 있는 것을 신의칙으로 서둘러 해결하려고 하여서는 안 된다. 그런데 우리는 신의칙이라는 개념을 마치 만병통치약인 양 모든 개념·원칙에 약방의 감초처럼 넣어서 해결하려고 하나, 이는 적절치 아니하다.

이러한 신의칙의 최고원칙성 및 최고규범성으로부터 민사소송법에 있어서 신의칙의 기능과 관련하여 신의칙의 수정성(修正性),[1] 신의칙 적용의 최소·최후성(最小·最後性)[2] 등을 도출할 수 있다.

2. 일반규정

민사소송법은 크게 개별규정과 몇 개의 일반규정으로 나눌 수 있다. 이러한 관점에서 보면 민사소송법 제1조 제2항의 신의칙 규정은 일반규정에 해당한다. 이러한 성질은 구체적인 민사소송절차를 규정하는 직접적 규정으로서의 의미를 가지고 있다. 일반규정으로서의 법적 성질은 최고규범과는 다른 의미를 갖는다. 이것은 다른 개별규정과 같이 민사절차와 관련한 구체적인 케이스에 직접 호흡을 하면서 적용될 수 있는 것이므로 보다 직접적이고 구체적이라고 할 것이다. 이러한 성질로 인하여 다른 민사소송법의 개별규정의 해석에 직접 참여할 수도 있을 것이고, 개별규정의 흠결이 있으면 일반규정이 그 흠결을 막기 위하여 개별규정화

---

1) 개별규정의 요건에 해당하나 그대로 적용하면 부당한 결과가 나타날 경우 이를 수정하여 적용을 부정하는 것을 의미한다.
2) 신의칙 적용을 최소화하여 개별규정, 개별원칙, 개별적 개념 등을 우선적으로 적용한다는 것이다. 이것은 신의칙을 개별규정 등이 없는 경우로서 특별한 구제 필요성이 있을 경우에 최후적으로 적용하는 것을 의미한다. 신의칙 적용의 최소·최후성이라 함은 이러한 의미이다.

하여 일정한 작용을 할 수 있다. 이것을 신의칙의 일반규정의 성질로부터 나오는 보충성(補充性)이라 한다.

제 3 절   신의칙의 기능

신의칙이 가지고 있는 일반적인 기능은 다양하다. 일반적으로 해석기능, 형평기능, 보충기능, 수정기능으로 나눌 수 있다.[1] 해석기능은 신의칙의 법규에 관한 구체적 해석기능을 의미하고, 형평기능이란 필연적으로 추상적·일반적인 요건을 갖출 수밖에 없는 법규 기타 일반의 법규범이 그 성립과정에서 충분히 고려할 수 없었던 모든 개별사안의 특수성을 그 규범의 적용과정에서 정당하게 평가할 수 있도록 하여 주는 기능이다. 보충기능은 신의칙이 일반규정으로서 개별적인 규정이 없을 경우에 이를 보충하여 주는 기능을 말하고, 수정기능이라 함은 개별규정을 적용한 결과 정의롭지 못한 결과가 나타나는 경우에 그 성문법규의 적용을 수정하는 기능을 의미한다. 민사소송법상의 신의칙의 기능도 이러한 기능을 담당하고 있다고 보아야 한다. 그렇다면 신의칙이 이러한 기능을 통하여 민사소송법에 있어서 어떠한 역할을 담당할 수 있을 것인가. 신의칙은 우선 헌법가치가 민사소송법으로 들어오는 진입통로 역할을 담당하여야 하고, 최고규범으로서의 수정성과 신의칙 적용의 최소·최후성을 유지하여야 한다. 또한 일반규정으로서의 보충성을 담당하는 것이다.

1. 헌법적 가치의 진입통로

민사소송법상의 신의칙은 「인간의 존엄과 행복추구권 → 재판청구권」이 「민사소송의 목적론」을 통하여 이론적으로 논의된 가치를 현실적인 규범으로서 작동할 수 있도록 하는 통로 역할을 담당한다. 이것은 현실의 변화와 입법화되는 사이의 시간적인 간격을 완충하는 역할을 신의칙이 담당하는 것을 의미한다. 민사소송법상의 신의칙이 최고규범으로서 역할을 하기 때문에 가능한 것이다. 우리가 헌법적 가치의 민사소송법적인 전환과정을 너무 도외시한 면이 있다. 그러나 이것은 현실

---

1) 민법주해[Ⅰ](1996), 101면.

의 변화와 입법화 과정의 시간적 차이로 인하여 생길 수 있는 정의롭지 못한 현상을 줄여 줄 수 있다.

2. 최고규범으로서의 수정성

민사소송법상 신의칙은 최고규범으로의 법적 성질을 가지고 있다. 신의칙의 이러한 성질로 인하여 일정한 경우 개별규정을 적용한 결과 정의롭지 아니한 상태가 발생한 경우 이것을 그대로 적용하는 것은 타당하지 않을 수 있다. 이러한 상황에서 신의칙에 기초하여 개별규정의 평면적 적용을 거부하는 것이다. 이것은 신의칙의 기능 중 수정기능에 기초한 것이다. 이를 민사소송법상의 신의칙의 최고규범성으로부터 유래하는 수정성이라 한다. 신의칙의 수정성은 개별규정의 적용과정에서 나타나고 최종적으로는 판례의 형태로 나타날 것이다.

3. 신의칙 적용의 최소 · 최후성

민사소송법의 해석 및 요건 등에서 가장 많이 등장하는 용어 중의 하나가 신의칙이라는 용어이다. 약방의 감초라는 생각이 들기조차 한다. 그런데 민사소송법상 신의칙은 일반규정으로서, 직접적 적용규정으로서 역할을 하지만 또한 민사소송법상 최고원칙으로서 특성을 가지고 있다. 일반규정의 성질로부터 연유한 개념으로서 신의칙이라는 용어가 자주 등장한다면 그래도 이해할 수 있다. 그러나 일반규정으로서가 아닌 신의칙의 최고원칙으로의 특성을 가진 개념으로 자주 등장한다면 문제가 있는 것이다. 따라서 신의칙이 아닌 개별적 · 파생적 원칙으로 해결할 수 있는 경우 즉 소송요건, 소송물, 기판력, 선결 · 모순관계 등 이미 개발되어 있는 개별적 개념으로 충분히 해소할 수 있는 경우에는 최고원칙으로서의 신의칙이라는 개념을 사용하여서는 안 된다는 것이다. 이것은 최고규범인 신의칙을 그 적용에 있어서 최소 · 최후로 하여야 한다는 것에 배치되기 때문이다. 이를 민사소송법상의 신의칙 적용의 최소 · 최후성으로 지칭하고자 한다. 민사소송법에 있어서 신의칙의 이러한 기능에 따라 민사소송법상 소송요건 · 소송물 · 기판력 · 소의 이익 · 선결 · 모순관계 등의 개념들을 신의칙을 정점으로 자리매김 할 수 있고, 또한 신의칙으로부터 새로운 민사소송법상의 개념 분화가 가능한 것이다. 신의칙의 적용순서와 관련된 성질 · 기능이다.

4. 일반규정으로서의 보충성

신의칙은 민사소송법에서 대표적인 일반규정이므로 일반규정으로서 보충성을 가지고 있다. 개별규정의 흠결이 있는 경우에 그것의 보충을 위하여 신의칙규정이 역할을 하게 된다. 이것은 신의칙이 구체적 사안에 있어서 직접적 적용규정으로서 기능을 하는 것이고, 개별규정의 확대해석 등의 형태로 나타난다.

제 4 절 신의칙의 적용범위

민사소송법상의 신의칙의 적용범위와 관련하여 보면 몇 가지 과제를 가지고 있다. 첫째로 실체법인 민법상의 신의칙과의 구별의 필요성이 있다. 현재까지 우리 민사소송법 학계에서는 이 문제를 너무 등한시한 것이 아닌가 하는 의문이 든다. 앞으로 이 부분에 대한 깊이 있는 연구가 나와 실체법상의 신의칙과 다른 민사소송법상의 신의칙의 발현형태 등에 대한 탐색이 있어야 한다. 둘째로는 신의칙과 민사소송의 이상과의 관계를 정확히 설정할 필요성이 있다. 여기에 대하여 국내의 학자들은 이상과 신의칙을 동일 평면에 두고 평가하려고 하고 있다는 점이 가장 문제라고 생각한다. 민사소송의 이상이라는 것은 민사소송이라는 시스템을 어떻게 운영·개선할 것인가를 고민하는 운영원리에 관한 역할을 하여야 하는 것이고, 민사소송법상의 신의칙은 근본규범·일반규정으로서 보다 다양한 역할과 기능을 가지고 있다. 마지막으로 신의칙의 인적 범위 즉 적용 대상자에 대한 문제이다. 법원도 그 대상자가 된다고 보아야 할 것인지가 문제이다. 기타 신의칙과 권리남용의 중복적용 여부에 관한 논의가 있다.

1. 실체법상의 신의칙과의 구별문제

실체법상의 신의칙과의 구별 문제는 민사소송법상의 신의칙의 탐색작업이다. 동전의 양면과 같은 것이다. 민사소송법에 있어서 신의칙의 문제는 민사소송법의 절차법·공법으로의 특성으로부터 나타나는 특수한 민사소송법상의 신의칙의 문제를 탐구하기 위한 수단이다. 따라서 민사소송법상의 신의칙은 실체법상의 신의칙과는 그 취지는 동일하더라도 민사소송법의 특질로부터 발생하는 특별한 경우

를 개발하여 이를 적용함으로써 실체법과 다른 절차법상의 신의칙이 의미를 갖게
된다. 그렇기 때문에 실체법상의 신의칙 위반과 민사소송에 있어서의 신의칙 위반
은 이론적으로 구별된다. 그러나 일정한 경우 동시에 적용하여야 하는 문제가 발
생한다. 실체법과 다른 민사소송법상의 신의칙으로 의미가 있는 것은 다음과 같은
것이다. 즉 A가 B에 대하여 대여금채권을 갖고 있으나 A가 B를 상대로 수차례
소의 제기와 취하를 반복하는 경우에 실체법상의 대여금채권이 시효소멸하기 전
이라도 민사소송법상의 신의칙 즉 소권의 남용이라는 이유로 민사재판제도의 이
용을 금지할 수 있다. 즉 A에게 소를 제기할 이익이 있다고 하여도 신의칙 위반
즉 소권의 남용으로 소를 각하하는 것이다. 또한 어떤 소송당사자가 자신의 주장
을 수차례 번복하는 경우에 사실인정과 관련하여 민사소송법상의 신의칙 즉 금반
언의 원칙을 적용하여 그 당사자의 모든 주장을 인정하지 아니하는 것을 생각할
수 있다. 이러한 예에 비추어 보면 민사소송법상의 신의칙과 실체법상의 신의칙을
구별할 필요성이 분명해진다. 일정한 경우 실체법상의 신의칙과 민사소송법상의
신의칙을 개념적으로는 분리할 수 있으나 실제 적용에 있어서 양 개념을 정확히
구분할 수 없을 수 있다. 즉 실체법상의 신의칙 위반과 민사소송법상의 신의칙
위반이 동시에 발생하는 경우이다. 예컨대 이미 실체법상의 사유로 권리를 행사할
수 없음에도 이에 대하여 소송을 제기하였는데 이것이 민사소송법상으로도 소송
상 권능이 상실한 경우에 해당하는 때도 있을 수 있다. 이러한 경우에 어떠한 사
유를 먼저 판단할 것인가? 법률적인 판단의 대원칙상 실체적 사유보다 절차적 사
유가 우선하여야 한다. 위 예의 경우 소송상의 권능의 상실로 인한 신의칙 위반
사유에 기초하여 소를 각하하여야 한다.

2. 민사소송의 이상과의 구별문제

민사소송법상의 신의칙과 민사소송의 이상과의 구별의 문제는 민사소송에 있
어서 역할 분담 또는 지위와 관련된 문제이다. 민사소송의 4가지 이상과 신의칙
과의 관계에 대하여 크게 학설이 3개로 나누어진다. 제1설은 신의칙을 민사소송
의 현대적 의미의 이상이라고 보고 있는 견해이다.[1] 제2설은 신의칙은 민사소송
의 이상으로 볼 수는 없고, 당사자 및 소송관계인들의 소송행위를 지배하는 행동
원리에 해당한다는 것이다.[2] 제3설은 신의칙이란 이상을 실현하기 위한 수단 내

---

1) 이시윤, 민사소송법(신정3판, 박영사), 26면.

지 보조원리라고 하는 견해이다.[3]

그러면 민사소송의 이상과 신의칙의 관계를 보도록 하자. 민사소송의 이상이라는 것은 민사소송제도를 그 목적에 가장 합당하게 운영하기 위한 '제도운영의 원리'라고 보아야 할 것이다. 그러나 신의칙은 제도운영의 원리로 보기 어렵다. 신의칙이라 함은 위에서 본 바와 같이 민사소송 및 민사소송법 전반에 걸친 최고원칙,[4] 근본규범 및 일반규정으로서 이론적 민사소송과 현실의 민사소송법 사이의 차이를 조정·수정하는 역할과 헌법가치의 통로, 민사소송법과 그 절차에 나타나는 법률과 행위들에 대한 평가·해석·수정 등의 역할을 한다고 보아야 한다. 단순히 법원과 소송관계인에게 요구되는 행위에 대한 원칙이고, 이에 대한 평가·해석의 원리라고 제한적으로 볼 것은 아니라고 생각한다. 이는 민사소송법이 제1조 제2항으로 별도로 규정한 취지에도 부합한다고 본다.

3. 신의칙 적용의 인적 범위

신의칙의 적용을 받는 당사자가 누구인가? 현재 민사소송법 제1조 제2항에 "당사자와 소송관계인은 신의에 따라 성실하게 소송을 수행하여야 한다."고 규정하고 있다. 위 규정 중 '당사자'의 의미를 어떻게 해석할 것인가가 문제이다. 여기에서의 '당사자'의 의미를 좁게 해석하여 원고와 피고로 볼 수도 있다. 그러나 민사소송의 법률관계를 법원과 원고·피고의 3면적 법률관계로 파악하여야 한다는 점, 하급심 법원의 일체의 소송행위가 상급심법원의 평가를 받을 수 있어 하급심 법원의 증거의 채부, 사실인정, 법률의 적용 등과 관련하여 상급심에서는 일정한 경우 신의칙에 기초하여 잘못 유무를 판단할 수 있다는 점 등에 기초하여 보면, 위 규정 중 '당사자'의 의미를 법원과 원·피고를 포함한다고 보는 것이 타당할 것이다.[5] 그렇기 때문에 신의칙의 적용에 있어서 법원도 당연히 인적 적용범위에 들어간다고 할 것이다.[6] 또한 소송관계인도 그 적용대상이 된다. 즉 소송관계인인

---

2) 송상현/박익환, 22면; 정동윤/유병현/김경욱, 32면.
3) 호문혁, 37면.
4) 同旨: 이시윤, 31면(민사소송법을 관류하는 대원칙이라고 함).
5) 同旨: 이시윤, 32면.
6) 대판 2017. 4. 26, 2017다201033 판결을 법원에도 신의칙이 적용된다는 한 예로 들은 평석이 있다. 본 사안에서 대법원은 제1심에서 원고의 청구가 주장 자체로 이유 없다고 보아 무변론으로 청구 기각하였고, 원심인 제2심에서 원고가 청구변경을 하자 변론기일 통지서를 발송송달하고 피고가 원심 제1회 변론기일에 불출석하자 피고가 변경된 청구원인을 자백한 것으로 보고 원고 승소판결 한 것을 석명권 등 소송지휘권의 불행사로 보았는데 이를 법원에도 신의칙이 적용된다고 본 것

보조참가인, 법정·임의대리인, 증인·감정인 나아가 조사·송부촉탁을 받은 자 등에게도 당연히 미친다고 할 것이다. 한편 일본의 경우에는 신의칙 적용의 인적 범위를 당사자로 한정하고 있다(^{일민소}_{2조}).

4. 신의칙과 권리남용금지의 관계

민법에서 신의칙과 권리남용의 금지의 중복 적용 여부가 논의된다. 민법 제2조 제1항에서 신의칙을 제2항에서 권리남용의 금지를 규정하고 있다. 따라서 민법상 신의칙과 권리남용의 금지가 다른 원칙으로 오해할 소지가 없지 않지만, 권리남용의 금지는 신의칙이라는 일반원칙에서 나오는 하나의 파생원칙으로 보는 것이 지배적이다.[7] 민사소송법상 신의칙과 권리남용의 금지 사이에 중복적용이 문제될 수 있지만, 민법의 지배적인 견해와 같이 권리남용의 금지는 신의칙의 파생원칙으로 보는 것이 좋을 것으로 보인다.[8] 민사소송법상 권리남용은 소권 등의 남용으로 나타날 것이다.

제 5 절 신의칙의 발현형태

민사소송법상의 신의칙 개발이라는 측면에서 보면 민사소송법상 신의칙의 발현형태를 정확히 규명하는 것이 매우 중요하다. 이는 판례를 통한 연구가 필수적인데 판례는 민사소송법상의 신의칙을 찾아낼 수 있는 보고(寶庫)이기 때문이다. 우리나라 및 일본의 민사소송법 학자들은 신의칙의 발현형태를 대체로 4가지로

이다. 즉 원심이 제150조 1항, 3항에 의하여 자백간주로 처리한 사건을 대법원이 제1조에서 정한 신의칙상의 법원 쪽 의무위반을 들어서 파기한 사건이라는 것이다. 여기서 법원의 신의칙 위반은, 법원의 재판이 당사자의 심급이익을 사실상 박탈할 위험이 있는 경우라고 한다. 이 평석은 지금까지 당사자와 법원의 협력관계를 들면서도 그 내용에서는 모두 당사자의 의무위반만 들고 있을 뿐 법원 쪽이 신의칙 의무를 수행하기 위한 내용에 대해서는 침묵하고 있었는데 이 사건에서는 구체적으로 어떤 경우에 법원이 신의칙을 위반하였으며 그 경우에는 어떤 조치를 하여야 하는지를 들고 있어 주목된다고 한다(강현중, 2017. 11. 23. 자 법률신문 민사소송법 판례 평석). 본인은 위 평석이 타당하다고 생각한다. 대법원은 원심 법원의 석명의무 불행사와 관련하여 신의칙에 기초하여 해석하고 있고, 그 적용의 대상이 하급심 법원도 해당한다는 것이다. 대법원 판결이 재심사유 등과 관련하여 신의칙 해석이 문제될 수 있으므로 대법원도 그 적용대상이 된다고 할 것이다.

7) 김형배/김규완/김명숙, 「민법학강의(제12판)」, 신조사(2013), 39면.
8) 反對: 정동윤/유병현/김경욱, 34면.

분류한다. 즉 i) 소송상태의 부당형성, ii) 소송상의 금반언(estoppel, 선행행위와 모순되는 거동), iii) 소권의 실효(Verwirkung), ⅳ) 소권의 남용 등으로 분류한다.

1. 소송상태의 부당형성

(1) 의 의

소송상태의 부당형성(不當形成)이라 함은 당사자 일방이 부당한 방법으로 소송상태에 해당하는 상황을 고의로 만들어 소송법규의 부당한 적용을 꾀하거나, 그 반대로 부당한 방법으로 소송상태에 해당하지 아니하는 상황을 고의로 만들어 소송법규의 적용을 부당하게 회피하는 경우이다.[1]

(2) 대표적인 예

① 소송상태의 부당형성의 대표적인 예로는 관할을 창설하기 위하여 주소를 부당하게 옮기는 경우, 국내에 주소 및 재산도 없는 자를 상대로 소를 제기하기 위하여 억지로 재산을 국내로 끌어들여 특별재판적을 창설하는 경우($\frac{11}{조}$),[2] 외국인의 소송비용의 담보제공의무($\frac{117}{조}$)를 모면하기 위하여 내국인을 내세워 제소하는 경우, 관련재판적의 부당형성의 경우[3] 등을 생각할 수 있다. 이러한 예는 민사소송법상 신의칙의 대표적인 발현형태로 분류된다고 할 것이고, 특히 개별규정의 적용으로부터 나오는 부당한 결과를 막기 위한 것이므로 신의칙의 법적 성질 중 최고규범으로부터 나오는 수정성의 결과라고 보아야 한다.

② 그러나 금전 기타 대체물이나 유가증권의 일정한 수량의 지급을 목적으로 하는 청구에 있어서 채권자가 소액사건심판법의 적용을 받을 목적으로 청구를 분할하여 청구하는 경우에 있어서 그것은 신의칙의 발현형태의 하나인 소송상태의 부당형성의 예라고 하여도, 신의칙을 바로 적용할 것은 아니다. 개별규정인 소액사건심판법 제5조의2(일부청구의 제한)에서 그러한 일부청구를 제한하고 있으므로

---

1) 정동윤/유병현/김경욱, 35면.
2) 이시윤, 32면.
3) 대결 2011. 9. 29, 2011마62(변호사 갑과 을 사찰이 소송위임계약을 체결하면서 전주지방법원에 전속적합의관할을 약정하였는데, 을 사찰이 성공보수금을 지불하지 아니하자 변호사 갑이 을 사찰 외에 대표단체인 병 재단을 위 성공보수금에 연대책임이 있다고 이유로 민사소송법 제25조 관련재판적에 기초하여 병 재단의 관할이 있는 서울중앙지방법원에 소 제기한 사안에 대하여, 법원은 관할선택권의 남용을 이유로 제25조 적용을 배제하였다. 다만 판례는 전속적 합의가 있어도 제25조의 관련재판적 규정의 적용은 배제되지 않는다고 하였음). 판례는 관할선택권의 남용이라고 표현하고 있지만 민사소송법 제25조의 관련재판적을 부당형성하였다고 보는 것이 타당하다고 보인다.

위 제5조의2의 적용의 문제로 보는 것이 신의칙 적용의 최소·최후성에 비추어 타당할 것이다.

③ 또한 억지로 주소 있는 자를 주소불명의 행방불명자인 것으로 하여 공시송달에 따라 판결을 받는 공시송달의 남용 등을 소송상태의 부당형성의 예로 들고 있다.[4] 이러한 것은 신의칙의 최소·최후 적용의 원칙에 비추어 보면 공시송달의 남용을 통하여 소송절차를 진행하여 판결을 받은 경우에는 민사소송법 제451조 제1항 제11호의 "당사자가 상대방의 주소 또는 거소를 알고 있었음에도 있는 곳을 잘 모른다고 하거나 주소나 거소를 거짓으로 하여 소를 제기한 때"의 규정에 따라 재심절차에 따라 구제하면 된다. 다만 위 규정으로 구제할 수 없고 그것이 심히 부당한 경우에 한하여 제한적으로 민사소송법상의 신의칙을 적용할 수 있을 것이다.

④ 채권자가 채권을 확보하기 위하여 제3자의 부동산을 채무자에게 명의신탁하도록 한 후에 그 부동산에 대하여 강제집행을 하는 경우를[5] 소송상태의 부당형성에 해당한다고 한다.[6] 그러나 이 경우는 소권의 남용에 따른 신의칙 위반으로 구성하는 것이 좋을 것이다. 즉 이 경우 제3자로부터 채무자에로의 명의신탁행위 자체는 대법원 판결 당시에는 실체법상 유효한 행위라고 보아야 할 것이고, 그 행위의 주체가 제3자와 채무자이므로 소송상태의 부당형성을 다른 사람을 통하여 한 것일 뿐 직접적으로 한 것이 아니므로, 소송상태의 부당형성으로 규정하는 것은 약간 어색한 면이 있다.

2. 소송상의 금반언(estoppel, 선행행위와 모순되는 거동)

(1) 의 의

소송상의 금반언이라 함은 당사자 일방이 소송에서 과거에 일정한 방향의 태도를 취하였기 때문에 상대방이 이를 신뢰하고 자기의 소송상의 지위를 구축하였으나, 뒤에 일방당사자가 종전의 태도와 모순되는 거동으로 나오는 경우에 신의칙에 의하여 후행의 모순거동의 효력을 부인하는 것을 말한다.[7] 선행행위와 모순되는 거동 금지의 원칙(Venire contra factum proprium)이라고 한다. 민사소송법상의

---

4) 이시윤, 32면.
5) 대판 1981. 7. 7, 80다2064.
6) 이시윤(2009), 32면.
7) 이시윤, 33면; 정동윤/유병현/김경욱, 35-36면.

신의칙과 관련한 금반언 원칙은 소송행위 상호간에 모순·저촉되는 경우의 처리 기준을 정하기 위한 것이다. 당사자와의 분쟁이 발생하여 다투는 중이라고 하여도 진실을 다소 과장하는 것은 어느 정도 용인할 수 있으나, 거짓을 말하는 것을 법률에서 용서할 수는 없다고 생각한다. 선행행위에 기초하여 상대방이 이를 신뢰하여 대응하여 왔는데 자기에게 불리하다는 등의 이유로 후행행위를 자유롭게 할 수 있다면 상대방의 노력 및 신뢰는 물거품으로 돌아가게 된다. 그렇기 때문에 선행행위에 모순되는 후행행위를 하기 위하여는 그럴 만한 이유가 존재하여야 할 것이다.

(2) 요 건

소송상 금반언의 원칙을 적용하기 위하여 i) 선행행위와 후행행위의 모순, ii) 선행행위에 대한 상대방의 신뢰, iii) 후행행위에 의한 상대방의 불이익 등의 3가지 요건을 갖추어야 한다. 그러나 소송상 금반언에 해당하여 신의칙 위반이 되는지 여부는 선행행위와 후행행위 사이의 모순의 정도, 상대방의 신뢰구축 정도, 상대방의 불이익 정도 등을 종합적으로 고려하여 신의칙 위반 여부를 결정하여야 할 것이다.

(3) 소송상 금반언의 적용과 관련된 문제

① 직접적용의 문제

소송상 금반언의 직접 적용의 문제와 관련한 문제는 다음과 같다.

ⅰ) 미리 행한 소송상의 합의에 반하는 거동(예; 부제소 특약에 반하여 소를 제기하는 경우 또는 소취하계약에 반하여 소송을 계속 유지하는 경우 등)을 생각하여 볼 수 있다. 이 경우에 대법원 판례는 신의칙을 적용하여 판시하였다.[8] 그러나 위 대법원 판결과 관련된 사안은 민사소송법상 신의칙의 최소·최후의 적용원칙에 비

---

8) 대판 1993. 5. 14, 92다21760; 동 판결은 "특정한 권리나 법률관계에 관하여 분쟁이 있어도 제소하지 아니하기로 합의한 경우 이에 위반하여 제기한 소는 권리보호의 이익이 없고, 또한 권리의 행사와 의무의 이행은 신의에 좇아 성실히 하여야 한다는 신의성실의 원칙은 계약법뿐만 아니라 모든 법률관계를 규제, 지배하는 일반원칙으로서 민사소송에서도 당연히 요청되는바(민사소송법 제1조는 이를 명백히 규정하고 있다)…"고 판시하고 있다. 위 판결의 참조 조문에는 민사소송법 제1조를 적시하고 있다. 위 대법원 판결은 부제소특약에 반하여 소를 제기한 경우에 대하여 우선적으로 권리보호의 이익이 없다고 하면서, 민법상의 신의칙에 관한 부분을 설시하면서 민사소송법에도 신의칙이 적용된다고 판시하고 있다. 위 판결에서는 권리보호의 이익이라는 개념과 신의칙의 개념이 혼재되어 있는 듯한 느낌을 준다. 대법원은 신의칙의 개념 및 역할 부여에 대한 충분한 고려가 있는지 의문이 든다.

추어 보면 신의칙보다는 구체적인 개념인 권리보호의 이익이라는 구체적인 개념으로 해결하면 된다고 본다.

ⅱ) 일부 청구임을 명시하지 않은 사건에서 판결이 확정된 뒤에 잔부 청구를 한 경우를 소송상의 금반언의 하나로 보고 있는 견해[9] 또는 실체법상의 신의칙으로 보는 견해[10]가 있다. 이는 민사소송법상의 신의칙의 최소·최후의 적용원칙에 비추어 보면 신의칙의 하위개념인 기판력으로 해결할 수 있어 신의칙을 적용할 필요가 없다고 본다. 이는 실체법적인 문제 이전에 소송법상 기판력 개념의 적용 문제이다.

ⅲ) 과거에 어떤 사실에 기하여 소를 제기하고 그 사실의 존재를 극력 주장·증명한 자가 그 후 전소의 상대방으로부터 그 사실의 존재를 전제로 별소를 제기 당하자 종전 소송에서의 태도와는 달리 그 사실의 존재를 부정하는 경우를 생각할 수 있다. 소송상 금반언의 원칙 즉 신의칙을 적용할 수 있다고 생각된다.[11] 다만 판례에 의하면 타인의 소송에서 증인으로 진술한 내용과 다른 사실에 기초하여 소를 제기한 경우,[12] 원고가 피고를 상대로 부당이득금 반환의 소를 후소로 제기하면서, 피고가 전소에서 자신이 원고로서 20년간의 점유를 이유로 하여 시효취득을 주장함에 대하여 원고가 전소에서 그 시효취득을 방어하기 위한 방법으로 피고의 점유사실을 부인하고 나아가 소외인에게 임대하는 등으로 자신이 점유하

---

9) 이시윤, 33면.

10) 호문혁, 48면.

11) 다만, 日最判, 昭和 48(1973년). 7. 20.(민집27-7-890) 판결에서는 제3자 이의의 소에서 영업양도에 따른 소유를 주장하던 자가 영업양도를 이유로 한 별도의 소송에서 영업양도 사실을 부인하였으나, 부인이 진실에 합치되고 영업양도를 주장한 전소가 취하로서 소송이 종료되었다면 신의칙에 위반하지 아니한다고 하였다. 이것은 전소가 확정판결이 아닌 취하로 종료되었다면 달리 볼 수도 있음을 내비친 판결로 해석할 수는 있다.

12) 대법원 1991. 3. 12. 선고 90다17507 판결(원고의 형이 토지를 시효취득 하였음을 청구원인으로 하여 소유권이전등기절차이행을 청구하였던 사건에 증인으로 출석하여 자신이 형을 대리하여 위 토지를 관리하였다고 증언하였다가 형의 소가 패소 확정되자 이번에는 자신이 소유의 의사로 위 토지를 점유관리하여 시효취득하였음을 청구원인으로 하여 소유권이전등기절차 이행청구의 소를 제기한 것이라고 하여도 그 소의 제기가 곧바로 금반언의 원칙이나 신의칙에 위반되는 것이라고 단정할 수 없다는 취지의 판결이다. 생각건대 위 사건은 금반언의 원칙을 적용할 선행행위의 범위를 어디까지 할 것인가를 생각하게 하여 주는 사안으로서 전형적으로 금반언 원칙을 적용할 수 있다고 생각된다. 그런데 대법원은 위 사건의 본안 판단에서 원고의 점유관리로 인한 시효취득 주장을 인정하지 아니하고 있으므로 구태여 금반언의 원칙의 적용범위로서의 선행행위의 범위를 확정하는 것이 어려운 문제인 점에 비추어 금반언 및 신의칙에 대한 피고의 주장을 "곧바로" "단정할 수 없다"는 조건적 판단으로 판결한 것으로 추측된다. 대법원에서 위 사안을 소송상 금반언의 원칙으로 인정하였다면 대법원의 금반언의 적용범위로서의 선행행위의 범위와 관련하여 의미 있는 판결이 되었다고 생각한다).

여 왔다는 주장을 하고 이에 대해 입증한 결과 전소에서 피고의 점유 사실이 인정되지 아니하여 피고가 전소에서 패소 확정되었는바, 원고는 전소에서의 자신의 이러한 행위에 반하여 후소에서는 피고가 자신의 토지를 무단 점유하였으므로 이에 따른 부당이득금을 청구하는 경우,[13] 과거에 어떤 사실에 기하여 소를 제기하고 그 사실의 존재를 극력 주장·증명한 자가 그 소송에서 패소한 후에 전소와 당사자가 다른 후소에서 전 소송에서의 법원의 판단에 따라 그 주장의 법적 성질을 변경하는 것 등의 경우에는 신의칙에 반하는 것이 아니라고 한다.[14] 영미법에서는 이러한 문제를 판결의 효력(res judicata)과 관련하여 부수적 금반언(collateral estoppel)의 원칙에 따라 쟁점배제(issue preclusion)로 일정한 제한을 가하고 있는 것[15]을 보면 시사하는 바가 크다. 지금 우리나라에서 기판력 등 판결의 효력으로 이를 직접 제한하는 것이 어렵고, 소송경제[16]와 판결의 모순·저촉의 방지라는 사정을 고려하여 대법원은 신의칙에 기초한 소송상 금반언의 원칙을 적용하는 것을 적극 고려하여야 한다. 현재 대법원은 너무 제한적으로 보고 있다.

ⅳ) 동일한 소송절차 또는 아주 밀접한 절차에서 하자 있는 소송행위를 그대로 인정하고 진행하다가 후에 자신이 불리하게 되자 그 하자를 주장하여 절차의 무효 등을 주장하는 경우[17]는 설사 후행의 주장이 진실하다고 하여도 소송상 금

---

13) 대판 1984. 10. 23, 84다카855.

14) 대판 1992. 10. 27, 91다20876(원고가 참가인 회사를 상대로 한 별건 구상금청구사건에서 산업시설자금이 피고의 관리자금계좌에 위 회사 명의로 입금되는 순간 위 회사 앞으로 대출되는 것이라고 주장하다가 이 사건에 있어서는 시설의 공급자에게 현실로 금원을 인출한 때에 대출이 성립된다는 이른바 정지조건부대출이라고 주장을 변경하는 것은 쟁점효 내지 신의칙에 위배되지 아니한다고 함).

15) Friedenthal/Kane/Miller/Steinman, 620-623, 661-683면.

16) Friedenthal/Kane/Miller/Steinman, 661면.

17) 대판 1973. 6. 5, 69다1228(피고들이 공매로 인한 매득금 중에서 체납세금과 체납처분 비용으로 충당한 잔여액을 환불청구하여 수령한 사실이 있다면 그 후 다시 공매처분의 무효를 주장하는 것은 금반언 및 신의칙에 위반됨); 대판 1992. 7. 28, 92다7726(무효인 공정증서상 집행채무자로 표시된 자가 그 공정증서를 집행권원으로 한 경매절차가 진행되는 동안 이를 방치하고, 오히려 변제를 수상하여 경락허가결정에 대한 항고절차를 취하고 경락대금까지 배당받은 후 경락인에 대하여 공정증서의 무효를 이유로 이에 기한 강제경매도 무효라고 주장하는 것은 금반언 및 신의칙에 위반되는 것이라고 함); 대판 1995. 1. 24, 93다25875(원심에서 피고의 추완항소를 받아들여 심리 결과 본안판단에서 피고의 항소가 이유 없다고 기각하자 추완항소를 신청했던 피고 자신이 이제 상고 이유에서 그 부적법을 주장하는 것은 소송상 금반언에 반하여 허용될 수 없다는 취지임); 대판 1995. 9. 26, 94다54160(당연무효인 수용결정에 대하여 아무런 이의 없이 보상금을 수령하고 수용자의 점유를 12년간 용인하여 온 경우, 새삼 그 수용결정의 하자를 이유로 그 소유권이전등기의 말소를 구하는 것은 선행행위에 모순되는 거동으로서 신의성실의 원칙에 반하는 권리행사라고 함); 대판 1998. 1. 23, 96다41496(부적법한 당사자 추가신청이 법원에 의하여 받아들여져 제1심 첫 변론기일부터 새로운 원고와 피고 사이에 변론이 진행되어 판결이 선고된 후 당사자추가신청의

반언에 반하여 받아들일 수 없다.

ⅴ) 심리절차에서의 사실 확정과 관련하여 소송상 금반언의 원칙을 적용할 여지는 없을 것인가? 어떤 소송당사자가 자신의 필요에 따라 진술을 계속 변경하여 주장하는 경우 즉 소송초기 단계에서는 A라는 청구원인에 기초하여 주장하다가, 이것이 불리하다고 생각되자 B라는 사실을 추가 주장하고, 또 다시 C라는 사실을 추가 주장하는 등 자신의 필요에 따라 주장을 바꾸어 가는 경우에 소송상 금반언의 원칙에 따라 A, B, C라는 사실 중 가장 불리한 것을 인정하거나, A, B, C라는 사실을 모두 인정하지 아니할 여지는 없는지 진지하게 생각하여 보아야 한다. 민사소송절차가 아무리 변론주의에 기초하여 진행된다고 하여도 소송절차에서 자신의 승소를 위하여 진실 아닌 주장을 지나치게 하는 것을 차단할 필요가 있다고 생각되고, 만약 진실 아닌 주장 또는 거짓을 진술할 경우에는 거기에 따른 불이익을 감수하여야 하는 것이 아닐까? 현행의 변론준비절차의 강화, 집중심리제도의 충실을 위한 적시제출주의의 적절한 운영을 위한 방편으로 그 실권효제도를 강화하는 것이 보다 직접적인 적용으로 볼 수 있다. 그러한 방식의 적용은 소송상의 금반언원칙이 간접적으로 적용된 것으로 평가할 수 있을 것이다. 이러한 것을 보면 신의칙이라는 개념이 민사소송절차의 모든 제도의 근저에 깔려 있다는 것을 알 수 있다.

② 간접적용의 문제

현행 민사소송법상의 공격·방어방법의 제출과 관련하여 수시제출주의에서 적시제출주의($\frac{146}{조}$)로 바뀌었다. 종전 수시제출주의 하에서는 변론일체성의 원칙과 관

적법 여부를 문제 삼는 것은 소송경제의 측면에서나 신의칙 등에 비추어 허용될 수 없음); 대판 2001. 9. 25, 2000다24078[임대차가 종료된 경우에 배당요구를 한 임차인은 우선변제권에 의하여 낙찰대금으로 임차보증금을 배당받을 수 있으므로, 이와 같은 경우에 일반 매수희망자(낙찰자 포함)는 그 주택을 낙찰받게 되면 그 임대차에 관한 권리·의무를 승계하지 않을 것이라는 신뢰 하에 입찰에 참가하게 되는 것인바, 이러한 믿음을 기초로 하여 낙찰자가 임대차보증금을 인수하지 않을 것이라는 전제하에 낙찰이 실시되어 최고가 매수희망자를 낙찰자로 하는 낙찰허가결정이 확정되었다면, 그 후에 이르러 임차인이 배당요구시의 주장과는 달리 자신의 임대차기간이 종료되지 않았음을 주장하면서 우선변제권의 행사를 포기하고 명도를 구하는 낙찰자에게 대항력을 행사하는 것은, 임차인의 선행행위를 신뢰한 낙찰자에게 예측하지 못한 손해를 입힌 것이어서 위와 같은 입장 변경을 정당화할 만한 특별한 사정이 없는 한 금반언 및 신의칙에 위배되어 허용될 수 없음]; 日最判 昭和(소화) 41(1966년). 7. 14. 민집 20-6-273(피고로 표시된 자가 소장송달 전에 이미 사망하였음에도 그 상속인들이 소송승계의 방법을 통하여 스스로 1, 2심 소송을 수행하였는데 상고심에서 피고가 사자였다는 이유로 자기의 소송행위의 무효를 주장하는 것은 신의칙에 반하여 허용될 수 없음).

련하여 생각하여 보면 소송의 진행 중에는 위와 같은 제한규정이 존재하지 아니하는 한 원칙적으로 자유롭게 자신의 태도를 변경할 수 있고, 다만 그 정도가 심한 경우에는 소송상 금반언의 원칙을 적용하여 후행행위의 효력을 부인할 여지가 있었다고 할 것이다. 그런데 현행 민사소송법에서는 공격·방어방법의 제출과 관련하여 적시제출주의로 전환하였고, 또한 심리형태와 관련하여 집중심리제도를 한층 강화하고 있으므로 소송상 금반언의 원칙을 확대 적용할 여지가 생겼다고 할 수 있다. 소송상 금반언의 원칙을 확대 적용하는 방법으로는 직접적인 방법보다는 신의칙의 취지를 강화하여 간접적으로 실기한 공격·방어방법의 제출제한($^{149조}_{1항}$), 변론준비절차에서 주장하지 아니한 공격·방어방법의 제출제한($^{285조}_{1항}$) 등 실권효를 엄격히 적용하는 것을 의미한다. 이는 신의칙의 취지를 살려 개별규정을 확대해석하는 것이다.

③ 개별규정의 적용문제

현행 민사소송법상 소송상 금반언의 취지를 내포하고 있는 규정들이 있다. 그 중 대표적인 것이 당사자의 자백은 원칙적으로 취소할 수 없으나 다만 진실에 어긋나는 자백은 그것이 착오로 말미암은 것을 증명한 때에는 취소할 수 있고($^{288조}_{단서}$), 일정한 행위를 하지 아니함으로 인하여 상대방이 그러한 행위를 하지 아니할 것으로 신뢰할 정도일 경우의 권리행사의 제한으로는 실기한 공격·방어방법의 제출제한($^{149조}_{1항}$), 소송절차에 관한 이의권의 상실($^{151}_{조}$), 소취하의 상대방 동의($^{266조}_{2항}$), 변론준비기일에서 주장하지 아니한 공격·방어방법의 제출제한($^{285조}_{1항}$) 등의 규정이 있다. 이러한 규정은 신의칙에 기초한 규정이므로 개별규정의 해석문제로 처리하여도 문제는 없다고 본다.

3. 소권의 실효(Verwirkung, 소송상 권능의 실효)

(1) 의 의

소권의 실효라고 함은 당사자 일방이 소권을 오랫동안 행사하지 않고 방치하여 상대방에게 이를 행사하지 않으리라는 정당한 기대가 발생하고, 상대방이 이 기대에 따라 행동하고 있는 경우에는 그 후에 소권을 행사한다고 하여도 신의칙상 소권은 실효되어 행사할 수 없다는 원칙[18]이다. 금반언의 원칙이 적극적으로

---

18) 이시윤, 34면; 정동윤/유병현/김경욱, 37면.

자신의 의사에 기한 선행행위에 대한 상대방의 신뢰를 보호하려는 것임에 반하여, 실효의 원칙은 소극적으로 부작위에 의하여 생긴 외관에 대한 상대방의 신뢰를 보호하려는 것이다.[19] 금반언의 원칙과 실효의 원칙은 실제 케이스에 있어서 선행행위의 개념과 소극적 부작위의 의미가 구별되기 어려운 점이 있을 수 있어 일정한 경우 소권의 남용의 문제로 해결될 수 있다고 생각한다.[20] 원래 실효이론은 독일 및 일본에서 판례에 의하여 발달되었고,[21] 특히 해고무효확인소송 등 기간의 정함이 없는 확인의 소에서 적용되는 예가 많았다.

(2) 소권의 실효 여부

소권의 실효와 관련하여 소권 자체는 중요한 공권의 하나이고, 법치국가의 이념을 떠받드는 기능을 가지고 있는 것이므로 소권 자체의 실효를 인정할 수 없다는 견해가 있었다. 생각건대, 소권이 국민의 국가에 대한 공권임은 명백하나, 민사소송법의 최고원칙으로서의 신의칙은 당사자뿐만 아니라 법해석을 하는 법원에 대하여도 적용될 뿐만 아니라 당사자가 국가에 대한 권리인 소권을 특별한 이유 없이 장기간 행사하지 아니함으로써 실체법상의 권리의 상대방이 소권 행사를 하지 아니할 것이라는 신뢰가 존중되어야 할 상태라면 신의칙상 당사자의 국가에 대한 공권 행사를 실효시킬 수 있다고 보아야 한다.[22] 특히 소권의 실효라는 것이 소권을 원천적으로 인정하지 아니하는 것이 아니라, 당사자에게 소권을 부여하였으나 특별한 사정없이 이를 장기간 행사하지 아니하였다는 이유로 부여한 소권을 상실시켜 재판제도의 이용을 제한하는 것이므로 법리상으로도 특별히 문제될 것이 없다고 생각된다. 판례도 항소권에 대한 실효를 인정하고 있어 소권 자체의 실효를 인정하고 있다.[23]

---

19) 정동윤/유병현/김경욱, 37면.

20) 소송상의 실효의 원칙을 적용하는 대표적인 예로 회사로부터 부당해고를 당한 사람이 회사에서 지급하는 해고수당, 퇴직금 등을 이의 없이 수령하고, 다른 회사에 취직하여 다니다가 다른 회사를 그만두게 되자 종전의 회사를 상대로 해고무효 등의 소를 제기한 경우에 금반언의 원칙과 관련하여 보면 해고수당, 퇴직금 등의 이의 없는 수령행위, 다른 회사의 취업행위를 선행행위로 보고, 후행행위를 소제기 행위로 본다면 소송상 금반언의 원칙을 적용할 여지도 있다고 사료된다. 대법원 판결 중 1990. 11. 23, 90다카25512, 2000. 4. 25, 99다34475, 2005. 10. 28, 2005다45827 등에서 위 사안과 유사한 사안에서 실제로 금반언의 원칙으로 해결하고 있다.

21) 이시윤, 34면; 호문혁, 47면.

22) 同旨: 이시윤, 34면.

23) 대판 1996. 7. 30, 94다51840; 대판 2006. 10. 27, 2004다63408.

(3) 요 건

① 소권의 실효가 인정되기 위해서는 i) 소권의 장기간 불행사, ii) 상대방이 이를 행사하지 아니할 것이라는 정당한 기대가 있어야 한다. 판례도 같다.[24] 여기에서 소권의 장기간 불행사 요건은 실체법상의 문제와는 다르다.

② 실체법상의 권리를 장기간 행사하지 아니하였다는 이유로 실체법상의 권리행사가 실효되는 것은 실체법상의 개별규정의 적용 또는 실체법상의 실효의 문제로서 소송상 실효의 문제는 아니다. 따라서 실체법상 소멸시효, 제척기간 등이 경과하지 아니하여 실체법상 권리행사를 못하게 할 여지가 없다고 하여도 소의 제기 등 소권의 행사를 장기간 하지 아니하였고, 상대방이 소를 통한 권리구제를 하지 아니할 것이라는 정당한 기대가 발생한 경우에 실체법상의 권리 유무와 관계없이 소송상의 소권이 실효된다.

(4) 적용대상

① 따라서 소송상 실효의 원칙은 기간의 정함이 없는 소송행위인 보통항고, 이의, 판결경정신청 등에 적용되며, 기간의 정함이 없는 항소권 및 형성소권에도 적용된다.[25] 결국 소송상 실효의 원칙은 항소, 상고 등 기간이 정하여진 소송행위에는 적용될 여지가 없다.

② 판례는 특히 노사 간의 고용관계로 인한 분쟁과 관련하여 실효의 원칙을 적극적으로 적용하고 있다.[26] 일반사건에서는 부(父)가 사위판결을 받아 소유권을 넘겨간 것을 알고도 4년간 아무런 법적 조치를 하지 않던 사(子)가 부의 그 부동

---

24) 대판 1996. 7. 30, 94다51840; 대판 1992. 12. 11, 92다23285; 대판 1992. 5. 26, 92다3670; 대판 1992. 1. 21, 91다30118; 대판 2006. 10. 27, 2004다63408. 다만 판례는 구체적인 사정을 판단함에 있어서 일률적으로 판단할 것이 아니라 구체적인 경우마다 권리를 행사하지 아니한 기간의 장단과 함께 권리자 측과 상대방 측 쌍방의 사정 및 객관적으로 존재한 사정 등을 모두 고려하여 사회통념에 따라 합리적으로 판단하여야 한다는 것이다.

25) 대판 1996. 7. 30, 94다51840.

26) 대판 1992. 1. 21, 91다30118(사용자와 근로자 사이의 고용관계의 존부를 둘러싼 노동분쟁은 사용자 및 근로자의 입장에서 신속히 해결하는 것이 바람직하므로 실효의 원칙이 다른 법률관계에 있어서보다 적극적으로 적용될 필요가 있다고 함); 대판 1996. 11. 26, 95다49004(징계면직처분에 불복하던 근로자가 이의 없이 퇴직금을 수령하고 다른 생업에 종사하다 징계면직일로부터 2년 10개월 후에 제기한 해고무효확인청구는 신의칙 및 실효의 원칙에 위배되어 허용될 수 없다고 함) 등에서는 고용관계와 관련하여 실효의 원칙에 따라 해결하고 있으나, 대법원 판결 중 대판 1990. 11. 23, 90다카25512, 대판 2000. 4. 25, 99다34475 등은 비슷한 사안을 소송상 금반언의 원칙 위반으로 보기도 한다.

산 처분사실을 듣고 비로소 항소를 제기하였다면 자의 항소권에 대하여 실효의 원칙이 적용될 수도 있다고 본 경우,[27] 갑은 을이 설립하는 병 주식회사에 토지양 도약정을 한 후에 소유권이전등기를 마쳐 준 다음 병 회사의 회장 등 직함으로 장기간 경영에 관여하다가 병 회사 설립 후 약 15년에 지난 후에 토지양도의 무 효를 주장하면서 소유권이전등기 말소를 구하는 것은 신의칙상 허용되지 아니한 다고 하여 소권의 실효를 인정한 경우[28] 등에 있고, 반면 17년 동안 원인 없이 경료 된 소유권이전등기의 말소등기청구권을 행사하지 않은 것은 사실이지만 그 권리를 행사하지 않으리라고 신뢰할 만한 정당한 기대를 갖게 되었다고 볼 사정 이 없다고 하여 실효의 원칙을 부정한 경우[29]도 있다.

4. 소권의 남용

(1) 소권의 남용이라 함은 소송상의 권리행사를 이를 인정하고 있는 법의 취지 에 반하여 행사하는 경우를 말한다. 실체법상 권리남용은 신의칙의 발현형태로 분 류될 수 있는 바, 국가가 당사자에게 일정한 소송상 권능을 인정한 것은 정당한 행사를 전제로 한 것이므로 당사자가 이러한 소송상 권능을 탈법적·임의적으로 행사하는 경우에는 국가에서는 이를 거부할 수 있는 것이다. 소권의 남용은 소권 을 행사할 당시 소권이 유효하게 존재하고 있으나 남용되어 그 행사를 저지한다 는 것을 의미함에 반하여, 소권의 실효는 소권을 행사할 당시 이미 전에 부여한 소권이 실효된다는 점에서 차이가 난다. 남용된 소권의 행사를 거부할 수 있는 근거는 신의칙이 가지고 있는 최고규범성에 기초한 수정성의 원리로부터 나온다 고 할 것이다. 따라서 소권의 남용을 신의칙의 파생원리로 분류할 수 있는 것이다.

(2) 소권의 남용의 대표적 발현 형태를 민사소송법상의 신의칙의 법적 성질인 최고규범성으로부터 나타나는 수정성, 적용의 최소·최후성에 기초하여 분류하면 다음과 같다. 즉 신의칙의 수정성에 따른 개별규정의 남용을 방지하여야 한다는 점에서 i) 기피권 남용, ii) 소권, 상소권, 재심소권의 남용, 위헌제청권의 남용, iii) 기타 소권의 남용 등으로 크게 나누어 설명할 수 있다.[30] 또한 신의칙 적용의

---

27) 대판 1996. 7. 30, 94다51840(다만 기간의 정함이 없는 소송법상의 권리인 항소권에도 실효 의 원칙이 적용되지만 판례는 이 사안에서는 항소권이 실효되지 않았다고 보았다).

28) 대판 2015. 3. 20, 2013다88829.

29) 대판 1995. 2. 10, 94다31624; 위 판결은 소송상 실효의 원칙이라는 측면보다는 실체법상 소 유권에 기한 말소등기청구권을 행사할 수 있는지 여부가 문제라고 보이므로 실체법상의 신의칙 문 제로 보아야 할 것이다.

최소·최후성에 비추어 권리보호이익, 기판력 등의 개념으로 해결될 수 있는 경우에는 굳이 신의칙을 동원할 필요 없이 권리보호이익, 기판력 등의 개별적·구체적 개념으로 해결하여야 한다.

① 기피권의 남용

민사소송법 제43조의 당사자의 기피권을 보면 제1항에서 당사자는 법관에게 공정한 재판을 기대하기 어려운 사정이 있을 때에는 기피신청을 할 수 있도록 되어 있고, 제2항에서 당사자가 법관을 기피할 이유가 있다는 것을 알면서도 본안에 관하여 변론하거나 변론준비기일에서 진술을 한 경우에는 기피신청을 할 수 없다고 규정하고 있다. 따라서 당사자는 법관에게 공정한 재판을 기대하기 어려운 사정이 없음에도 불구하고 또는 당사자가 법관을 기피할 이유가 있다는 것을 알면서도 본안에 관하여 변론하거나 변론준비기일에서 진술을 한 경우임에도 불구하고 기피신청 또는 재차 기피신청을 하거나, 소송의 지연을 목적으로 이를 함이 명백한 경우에는 동 규정의 해석문제로 각하할 수도 있고, 일정한 경우 위 규정의 요건에 해당하지 아니할 경우 신의칙상 기피 신청권의 남용에 해당하여 각하할 수 있다고 본다. 그러나 제한적으로 해석하여야 한다.

② 소권, 상소권, 재심소권의 남용

민사소송법 각 규정에 의하면 당사자는 일정한 경우 소를 제기할 권리, 상소할 권리, 재심의 소를 제기할 권능을 갖고 있다고 할 것이다. 그러나 재산상의 이득이나 탈법 따위를 목적으로 하는 소권의 행사,[31] 상소권의 부당한 행사,[32] 최종심

---

30) 이시윤 교수는 신의칙과 관련된 소권의 남용의 대표적인 형태를 6가지로 나누어 설명하고 있다. 즉 i) 소 아닌 보다 간편한 방법으로 목적을 달성할 수 있는 경우나, 통상 소 이외의 특별절차를 마련해 놓고 있는 경우인데 소를 제기한 경우, ii) 소권의 행사가 법의 목적에 반하는 때[예를 들면 3인의 공동소송인 중에서 1인만이 무자력자인데, 그 무자력자를 내세워 상속재산의 보존을 위한 소송을 시키면서 소송구조신청(128조)을 내게 하는 경우], iii) 무익한 소권의 행사(완승한 당사자가 판결이유에 불만이 있어 제기하는 상소 따위), iv) 소송지연이나 사법기능의 혼란·마비를 조성하는 소권의 행사, v) 재산상의 이득이나 낼법 따위를 목적으로 하는 소권의 행사, vi) 기판력의 주관적 범위의 남용(기판력에 저촉되는 당사자가 이것을 피하기 위하여 자신의 사무원을 충동하여 소를 제기하는 경우)로 나누고 있다(이시윤, 35-36면 참조). 일응 타당성 있는 분류방법일 수 있으나 중복되는 느낌이 든다. 이시윤 교수의 위 i)과 vi)의 경우는 신의칙 적용의 최소·최후성에 비추어 신의칙이 아닌 권리보호이익, 기판력의 개념으로 해결할 수 있는 문제이다. 위 ii)의 경우는 신의칙 적용의 수정성에 따라 기타의 소권의 남용으로 분류하면 되고, 위 iii)의 경우는 신의칙 적용의 수정성에 따라 상소권의 남용으로 분류하면 되며, 위 iv)와 v)의 경우에는 신의칙 적용의 수정성에 따라 소권, 상소권, 재심소권의 남용, 위헌제청권의 남용으로 분류할 수 있을 것으로 생각된다.

31) 대판 1974. 9. 24, 74다767(학교법인의 경영권을 다른 사람에게 양도하기로 결의함에 따라 그 법인 이사직을 사임한 사람이 현 이사로부터 지급받은 금원에 대한 분배금을 받지 못하자 학교

인 대법원에서 수회에 걸쳐 같은 이유를 들어 재심청구를 기각하였음에도 다시 같은 이유를 들어 최종 재심판결에 대해 재심을 청구하는 등 재심소권을 남용하는 경우,[33] 대여금 채권이 없음에도 이를 타인에게 소송신탁을 목적으로 양도를 한 후에 그 소송에서 증인으로 증언하는 등으로 승소하게 하여 그 채무금을 그 타인이 지급받게 한 이후에 그 타인을 상대로 약정금 또는 부당이득금 등으로 반환을 청구하는 소를 제기하는 경우,[34] 편의취적을 위하여 선박을 소유하고 있는 회사가 선박과 관련하여 실질소유자 회사에 대한 채권압류에 대하여 그 선박의 소유권을 주장하여 제3자이의의 소를 제기하는 경우,[35] 본안절차의 지연목적이 명백한 위헌제청신청 등은 당해 소권을 남용하는 경우에 해당하므로 소송법상의 신의칙에 의하여 허용될 수 없다.

문제는 청구기각 판결이 확정된 원고가 수회에 걸쳐 동일한 내용의 소를 제기하는 경우에 판례와 같이 모순금지설의 입장을 견지한다면 전소판결의 내용을 원용하여 청구기각의 본안판결만을 하여야 한다는 것이다. 이 경우 기판력의 본질을 모순금지설에 따르더라도 기판력의 개념이 아닌 신의칙의 발현형태인 소권의 남용이라는 측면에서 접근할 수 있다고 생각한다. 따라서 청구기각을 당한 원고가 재차 동일한 내용의 소를 제기한 경우에 1회 정도는 모순금지설적인 입장에서 청구기각을 한다고 하여도, 2회 이상 계속하여 신청하는 경우에는 본안에 대한 판단을 할 것이 아니라 소권의 남용에 해당한다는 이유로 소를 각하할 수 있다고 본다. 이렇게 해석하는 것이 위 재심소권의 남용과 관련한 대법원 1997. 12. 23. 선고

법인의 이사로서의 직무수행의사는 없으면서 오로지 학교법인이나 현 이사들로부터 다소의 금원을 지급받을 목적만으로 학교법인의 이사회결의부존재확인을 구하는 것은 권리보호의 자격 내지 소의 이익이 없다고 함), 위 판결은 신의칙상의 소권의 남용이 아닌 권리보호의 자격 내지 소의 이익으로 해결하고 있는바, 신의칙 적용의 최소·최후성에 비추어 타당하다고 생각한다; 대판 1983. 4. 26, 80다580(실질상의 1인 주주로서 대표이사직에 있던 자가 주권을 발행하지 아니하고 있다가 자금난으로 회사를 경영할 수 없어 그 주식을 양도한 후, 그 양수인들이 회사의 부채를 정리하고 경영한 지 무려 7, 8년이 지난 후에 주권발행 전의 주식양도라는 이유로 그 주식양도의 효력 등을 다투는 것은 신의칙에 반하는 소권의 행사에 해당하여 허용되지 아니함).

32) 전부 승소한 당사자가 판결 이유에 불만이 있어 상소를 제기하는 것은 소의 이익이 없으므로 소의 이익의 개념으로 상소를 막을 수 있고, 신의칙에 따른 상소권의 남용이라는 개념을 동원할 필요가 없을 것이다. 다만 전부 승소하였으나 1심에서 청구범위를 명시하지 아니한 잔부청구가 있어 항소하는 경우에 소의 이익이라는 개념에 비추어 보면 각하하여야 하나 소의 이익보다 상위 개념인 신의칙을 적용하여 구제할 수 있다고 본다. 통설과 판례도 이 경우 항소의 이익이 있다고 하여 결국 신의칙을 통하여 확대해석을 한 것으로 평가할 수 있다.

33) 대판 1997. 12. 23, 96재다226; 대판 1999. 5. 28, 98재다275; 대판 2005. 11. 10, 2005재다303.

34) 대판 1983. 5. 24, 82다카1919.

35) 대판 1988. 11. 22, 87다카1671.

96재다226 판결의 취지에도 부합할 것으로 생각한다. 특히 소를 제기하였으나 패소하였다는 이유 등으로 담당 법관이나 법원관계인을 상대로 한 손해배상청구 등의 경우에도 특별한 사정(예: 재심사유에 해당하는 범죄행위가 있는 경우 등)이 없는 한 소권의 남용으로 보아 변론 없이 소를 각하할 수도 있다고 보아야 할 것이다.

저자의 소권(항소권 등)남용에 대한 위와 같은 주장을 반영하여 2023년 4월 18일 민사소송법 일부개정(법률 제19354호, 시행: 2023. 10. 19) 법률은 원고가 이유 없음이 명백한 소(항소)를 반복적으로 제기한 것에 대하여 법원이 변론 없이 판결로 소(항소)를 각하할 수 있게 하였고($^{194조}_{4항}$), 이 경우 재판장은 직권으로 피고에게 공시송달을 명할 수 있으며($^{동조}_{5항}$), 또한 500만원 이하의 과태료에 처하고($^{219조}_{의2}$), 인지액이 「민사소송 등 인지법」 제13조 제2항 각 호에 정한 금액에 미달하는 경우에 소장의 접수를 보류할 수 있도록 하였고($^{248조}_{2항}$), 인지보정 후에 소장이 접수되면 소장이 제출된 때에 소가 제기된 것으로 보도록 하였다($^{동조}_{3항}$). 소권(항소권 등) 남용에 대한 매우 시의적절한 개정으로 평가된다. 2023년 10월 19일부터 시행된다.

③ 기타 신청권 등의 남용

위 ① 내지 ②에 속하지 아니하는 각종의 소송행위, 즉 증인신청, 감정신청 등에 있어서 그 규정의 취지에 전혀 맞지 아니하거나 수회에 걸쳐 거듭 신청하는 경우에도 신청권 등의 남용이 될 수 있다. 그러나 이 경우는 신의칙에 따른 신청권의 남용으로 갈 것이 아니라, 신의칙의 취지에 따라 해당 규정을 확대해석하여 각하하면 될 것으로 본다.

제 6 절 신의칙 위반의 효과

(1) 실체법상의 신의칙 위반의 경우는 당사자 사이에 실체법상 권리행사를 할 수 없는 형태(무효, 실효, 저지 등)로 나타날 것이고, 그것이 실체법상의 불법행위, 부당이득 등의 문제가 발생하면 실체법상의 해당 규정에 따라 손해배상 또는 부당이득금 반환청구 등으로 해결하여야 한다. 또한 실체법상의 신의칙 위반의 문제는 실체법 분야에서 다루는 것이 타당할 것이므로 민사소송법상의 신의칙 위반의 문제와 별개로 검토하여야 한다.

(2) 그러면 민사소송법상 신의칙을 위반한 경우에 이것을 어떻게 처리하여야

할 것인가. 앞에서 본 바와 같이 민사소송법상 신의칙의 발현형태는 소송행위의 형태에 따라 다양하게 나타난다. 즉 소(상소·재심·항고·이의 등 포함)의 제기, 개별적인 소송행위, 증거의 채부와 관련된 경우, 사실인정과 관련된 경우 등 각종 소송행위 또는 기타의 소송절차와 관련하여 나타날 수 있다. 따라서 민사소송상 신의칙 위반의 효과도 다양하게 나타난다. 즉 소송절차 중의 하나의 소송행위가 문제되면 당해 소송행위가 무효가 될 것이다. 그러나 그 소송행위로 인하여 전체 소송절차가 문제되면 소 자체를 각하할 수도 있다. 또한 증거의 채부 등과 관련된다면 이를 채택하지 아니하고 무시되어 결국 다른 증명방법을 제시하지 못하면 결과적으로 패소판결을 받을 수도 있다. 사실인정과 관련하여 신의칙 위반으로 모든 주장사실이 허위로 의제되어 결국 주장이 받아들여지지 아니할 수 있다.

(3) 신의칙 위반의 소송행위를 간과하고 판결한 경우에 확정 전에는 상소로써 취소할 수 있으나, 통상적으로 확정 후에는 당연 무효의 판결이라 할 수는 없다고 본다. 다만 그 정도가 심각한 경우에는 민사소송법 제1조 제2항의 신의칙의 최고규범성에 비추어 재심의 소를 제기할 여지는 있다. 그러나 신의칙의 최소·최후 적용의 원칙에 비추어 보면 매우 엄격한 기준이 적용되어야 할 것이다.

(4) 민사소송법상의 신의칙 위반 여부를 직권으로 조사하여야 하는지에 대하여 견해의 대립이 있다.[1] 생각건대, 소(상소·재심·항고·이의 등 포함)가 신의칙에 위배되는지 여부가 문제되는 경우에는 법원이 직권으로 조사하여 판단하여야 하는 직권조사사항으로 보는 것이 타당하다.[2] 그러나 개별적인 소송행위, 증거의 채부, 사실인정 등 다양한 형태의 소송행위 또는 소송절차와 관련하여 나타날 경우에는 법원은 이를 변론 전체의 취지로 참작하여 해당 사항을 판단하면 될 것이다.[3]

(5) 일정한 경우에 실체법상의 신의칙 위반과 민사소송법상의 신의칙 위반이 동시에 문제되는 경우가 있다. 예컨대 상대방을 괴롭히기 위하여 소송을 수차례

---

1) 직권조사가 필요하다는 견해(송상현/박익환, 22면; 이시윤, 36면), 법원과 당사자 사이에는 직권조사사항이지만 당사자 사이에는 상대방의 원용이 필요하다는 견해(정동윤/유병현/김경욱, 39면) 등이 있다.

2) 대판 1989. 9. 29, 88다카17181; 대판 1995. 12. 22, 94다42129; 위 판결들은 신의칙과 관련하여 모든 경우에 적용되는 것으로 설시하고 있으나, 신의칙 위반의 형태가 민사소송절차에서 다양하게 나타날 수 있다는 점을 고려하였는지 의문이 든다.

3) 同旨: 호문혁, 52면. 다만 호문혁 교수는 신의칙은 소송요건이 아니므로 직권 판단한다고 한다. 신의칙 자체가 소송요건이 아닌 것은 맞으나, 소송요건만이 직권조사사항에 해당하는 것은 아니라고 본다. 따라서 신의칙도 필요에 따라 직권조사를 할 수 있다는 점에서 직권조사사항에 해당할 수 있다.

제기하는 경우 등으로 이는 실체법상의 권리남용에 해당함과 동시에 민사소송법
상의 소권남용에도 해당한다. 이 경우 실체법상의 신의칙과 민사소송법상의 신의
칙을 동시에 적용할 수 있다. 그러나 형식적 권리 판단을 실체적 권리 판단에 우
선하여야 하므로 민사소송법상의 신의칙을 적용하여 소를 각하하여야 할 것이다.

제2편

소송의 주체

소송의 주체는 법원과 당사자(원고·피고)이다. 본편의 제1장에서는 소송의 주체 중 법원에 관하여 본다. 제1절에서는 법원의 개념과 구성을, 제2절에서는 국가 사이의 재판권의 범위의 문제인 민사재판권을, 제3절에서는 우리나라 내에서 민사재판권의 행사범위를 정하는 관할을, 마지막 제4절에서는 권한행사의 중립성과 관련되는 법관의 제척·기피·회피에 관하여 살펴본다.

본편의 제2장에서는 소송의 주체 중 당사자에 관하여 본다. 특히 제2절에서는 누가 소송에서 실제로 당사자인가 하는 당사자의 확정을, 제3절에서는 당사자능력·소송능력·변론능력·당사자적격을 '당사자의 자격'이라는 제목으로, 제4절에서는 당사자의 능력의 보충과 확장으로서 소송상의 대리인에 관하여 보게 된다.

제 1 장 법 원

제 1 절 법원의 개념과 구성

Ⅰ. 법원의 의의

국가권력은 전통적인 3권 분립의 원칙에 의하면 입법권, 사법권, 행정권으로 나뉜다. 헌법상 사법권은 법관으로 구성된 법원에 속한다(헌제101조1항). 따라서 사법권은 법원이 행사하여야 한다. 좁게는 법원은 구체적 재판기관인 합의부와 단독판사를 의미한다. 넓게는 재판기관인 법관을 포함한 법원사무관 등의 직원 및 집행관 등을 포함하는 전체적인 사법관서를 뜻한다. 가장 넓은 의미의 법원은 넓은 의미의 법원 외에 위헌법률심사 등을 하는 헌법재판소를 포함한다고 할 것이다. 소송법상 의미의 법원은 좁은 의미의 법원인 재판기관인 합의부와 단독판사를 말한다. 일정한 경우 법원은 사법관서로서의 청사를 의미할 수도 있다.

Ⅱ. 법원의 종류와 심급제도

1. 법원의 종류

(1) 법원의 종류·명칭 등은 나라마다 독자적으로 발전하여 왔다.[1] 우리나라의 경우에 사법권을 행사하는 국가기관은 통상법원과 특별법원으로 나뉜다. 그중 통상법원은 일반법원과 전문법원으로 구성되어 있다.

① 통상법원은 대법원·고등법원[2]·특허법원·지방법원·가정법원·행정법원·회생법원 등 일곱 종류가 있다(법조제3조1항). 그중 고등법원과 지방법원은 일반적인 민·형사사건을 다루는 일반법원이고, 나머지 특허법원·가정법원·행정법원·회생법원은 특허·가사·행정·회생사건 등을 전속관할로 취급하는 전문법원이다. 다만

---

1) 송상현/박익환, 63면.
2) 종래 고등법원은 서울, 부산, 대구, 광주, 대전고등법원 5개였으나, 2019. 3. 1. 경기남부를 관할하는 수원고등법원이 개원되어 현재 6개의 고등법원이 있다.

법원조직법의 개정으로 2016년 1월 1일부터 '특허권등의 지식재산권에 대한 침해소송'의 항소심을 특허법원이 처리하는 것은 일반 민사법원의 항소심으로서의 역할을 하는 것이다(별조, 28). 대법원은 최종심으로서 상고되는 모든 사건을 처리하고 있으므로 일반법원과 전문법원의 성질을 모두 가지고 있다고 할 것이다. 통상법원 중 대법원·고등법원·지방법원은 민사사건을 처리하므로 일반의 민사법원이다. 지방법원 지원이나, 지방법원 소재지에 설치된 고등법원 지부는 소송법상으로 지방법원 또는 고등법원과 동급의 법원이다. 또한 시·군법원은 국민의 재판편의를 위하여 설치한 지방법원 또는 지원의 출장소로 보면 된다.[3]

② 특별법원에는 헌법에 규정하고 있는 헌법재판소(헌,111조)와 군사법원(헌,110조)이 있다. 헌법재판소는 법률의 위헌심사, 헌법소원, 탄핵심판, 정당해산심판, 권한쟁의 등을 관장한다. 군사법원은 군인·군무원에 대한 형사재판권을 행사하는 곳이므로 민사법원에 해당하지 아니한다. 법률이 헌법에 위반되는지 여부가 민사재판의 전제가 된 때에 해당 법원은 그 위헌 여부의 심판을 헌법재판소에 제청하여 그 심판결과에 의하여 재판하여야 하고(헌107,조1항), 소송절차는 정지되고(헌재,42조), 헌법재판소의 위헌결정은 법원을 기속한다(헌재,47조). 이 경우 헌법재판소는 민사사건이 위헌제청 되는 경우에는 민사사건의 위헌여부를 판단하여야 한다는 점에서 민사법원의 기능을 행사한다고 할 것이다.[4]

(2) 전문법원의 신설의 타당성 여부

현재 우리나라에는 전문법원으로 특허법원, 행정법원, 가정법원, 회생법원이 있다. 그 외에 노동·조세·해사 등에 대한 전문법원의 설치가 주장된다. 전문법원의 설치 여부의 핵심은 전문성으로 인하여 국민에 대한 서비스가 극대화될 수 있는가 여부와 그 전문성을 일반 법관들이 쉽게 습득하기 어려운지의 여부이다. 현재 설치되어 있는 가정법원·행정법원은 전국적인 규모로 되어 있으므로 국민들의 이용에 불편이 없고 수요가 많기 때문에 고도의 전문성을 요하지는 아니하지만 그 필요성은 있다고 할 것이다. 특허법원은 대전 한 곳에만 설치되어 있으므로 국민의 이용이라는 면에서는 불편한 면이 있으나, 특허사건의 고도의 전문성으로 인하여 그 설치 의의가 있다고 할 것이다. 그러나 노동·조세·해사 등은 전문성과 사법수요를 사건처리 통계 등을 통하여 면밀히 검토하여 신설여부를 검토

---

3) 同旨: 이시윤, 67면.
4) 同旨: 이시윤, 67면; 정동윤/유병현/김경욱, 102면.

하여야 한다. 현재로는 노동·조세사건 등은 전문재판부의 운영을 통하여 이러한 사법수요를 소화하고 있다.[5]

2. 심급제도

(1) 심급제도는 국가의 역사, 법률문화에 따라 약간의 차이가 있으나 문명국가에서는 대체로 3심제의 형태를 취하고 있다. 우리나라는 1960년 민사소송법에서부터 현재까지 3심제를 유지하여 왔다. 그러나 상고심의 운영을 어떻게 하느냐에 따라 3심제의 의미가 달라질 수 있다.

(2) 우리나라는 기본적으로 4급 3심제를 취하고 있다. 4급이라 함은 심급이 다른 법원이 4개라는 의미이다. 지방법원, 지방법원 항소심 및 고등법원, 대법원이 있다는 것이다. 원칙적으로 모든 사건은 3심제로 운영된다. 즉 2억원 이하의 제1심 단독사건을 담당하는 법원(단독판사) → 지방법원 항소심(2심) → 대법원(3심)의 재판과정이 있고, 2억원 초과의 제1심 단독사건을 담당하는 법원(단독판사) 또는 제1심 합의사건을 담당하는 법원(합의부) → 고등법원(2심) → 대법원(3심)의 재판과정을 거쳐 3심이 되는 것이다. 다만 민사소액사건은 상고가 엄격히 제한된다는 점에서 실질적으로 2심제로 운영된다고 할 수 있다. 4급 3심제의 흐름을 그려보면 아래 〈심급 체계도〉와 같다.[6]

〈심급 체계도〉

	(제1심)	(제2심: 항소)	(제3심: 상고)
합의사건	지법·지원 합의부(5억초과)	→ 고법·고법 지부	→ 대법원
단독사건	지법·지원 단독판사(2억초과)	→ 고법·고법 지부	→ 대법원
	지법·지원 단독판사(2억이하)	→ 지법·지원 항소부	→ 대법원
소액단독사건	지법·지원 단독판사	→ 지법 또는 지원 항소부	→ 대법원
(3,000만원)	시·군법원 판사		↑ '상고사유의 엄격한 제한'

(3) 제1심 민사 합의사건이라 함은 i) 소송목적의 값이 5억원을 초과하는 민사사건, ii) 재산권에 관한 소로서 그 소송목적의 값을 계산할 수 없는 사건, iii) 비재산권을 목적으로 하는 소송을 의미한다(법조 32조 1항, 민가규 2조, 민인 2조 4항). 한편 제1심 민사 단독사건

---

5) 송상현/박익환, 65면.
6) 다만 특허권 등의 침해소송에서는 소가에 관계없이 제2심은 특허법원이 모두 관장한다.

이라 함은 i) 소송목적의 값이 5억원 이하인 민사사건, ii) 액수와 상관없이 수표금·약속어음금 청구사건, iii) 은행·카드회사 등이 원고인 대여금·구상금·보증금 청구사건, 자동차손해배상보장법상의 손해배상 청구사건과 이에 관한 채무부존재확인사건, iv) 단독판사가 심판할 것으로 합의부가 결정한 사건($^{법조\ 32조\ 1항,}_{민가규\ 2조}$)을 말한다.

특히 단독사건 중 소송목적의 값이 「3,000만원을 초과하지 아니하는 금전 기타 대체물이나 유가증권의 일정한 수량의 지급을 목적으로 하는 제1심의 민사사건」은 소액사건($^{소심규}_{1조의2}$)[7]으로 분류하여 소액사건심판법에 따라 신속한 사건처리를 하고 있다. 소액사건의 상고는 다른 민사사건과 달리 i) 법률·명령·규칙 또는 처분의 헌법 또는 법률위반 여부, ii) 판례위반을 이유로 하여서만 상고를 할 수 있어 상고가 엄격히 제한된다. 따라서 소액사건은 사실상 2심제로 운영된다고 볼 수 있다.[8]

(4) 종전에는 「민사 및 가사소송의 사물관할에 관한 규칙」 제2조에 따른 합의부 사물관할이 상향조정($^{5,000만원 → 1}_{억원 → 2억원}$) 되면서, 일시적으로 단독판사의 제1심 판결·결정·명령에 대한 항소 또는 항고사건 중 i) 소송목적의 값이 제소 당시 또는 청구취지 확장(변론의 병합 포함) 당시 5,000만원 내지 8,000만원을 초과하고 1억원까지 또는 1억원을 초과하여 2억원까지의 경우, ii) 위 i)의 사건을 본안으로 하는 민사신청사건 및 이에 부수하는 신청사건에 관하여는 고등법원에서 항소심을 관할하기도 하였다($^{민가규}_{4조}$).[9] 합의부 사건의 소송목적의 값을 상향조정하면서 생길 수

---

7) 종전에는 2,000만원을 초과하지 아니하는 경우에 소액사건으로 처리하였으나, 대법원은 2016. 11. 29. 소액사건심판규칙 제1조의2를 개정하여 3,000만원으로 증액하여 2017. 1. 1.부터 시행하고 있다.

8) 同旨: 이시윤, 68면.

9) 대법원은 「민사 및 가사소송의 사물관할에 관한 규칙」의 개정을 통하여 합의부와 단독판사 사이의 사물관할을 조정하고 있다. 1997. 12. 31. 동규칙 제2조를 일부개정(시행: 1998. 3. 1) 하여 합의부 사물관할을 3,000만원 초과에서 5,000만원 초과로 상향조정하였다. 2001. 2. 10.에는 동규칙을 일부개정(시행: 2001. 3. 1) 하여 합의부 사물관할을 1억원 초과로 상향조정하면서, 동규칙 제4조(고등법원의 심판범위)를 신설하여 단독판사가 새롭게 맞게 된 5,000만원 초과~1억원까지의 단독사건(관련 신청사건 포함)에 관한 판결·결정·명령의 항소 및 항고사건을 고등법원에서 관할하도록 하였다. 이후 2008. 2. 20. 동규칙 제4조를 일부개정(시행: 2008. 3. 1)하여 고등법원이 관할하는 단독사건을 8,000만원 초과~1억원까지의 단독사건으로 상향조정하였다가, 2010. 12. 13. 동규칙 제4조를 삭제하는 일부개정(시행: 2011. 1. 1) 하여 단독사건의 항소심은 모두 지법·지원의 항소부에서 처리하도록 통일하였다. 그런데 대법원은 2015. 1. 28. 일부개정(시행: 2015. 2. 13)을 통하여 합의부 사물관할을 2억원을 초과하는 민사사건 등으로 상향조정하면서, 동규칙 제4조를 재차 신설하면서 단독판사가 새롭게 담당하게 된 1억원 초과~2억원까지의 단독사건(관련 신청사건 포함)에 관한 판결·결정·명령의 항소 및 항고사건을 고등법원에서 관할하도록 하였다가.

있는 항소심인 고등법원과 지법·지원 사이의 항소사건 불균형 등을 고려한 조치로 보인다. 그런데 대법원은 2016년 9월 6일 동 규칙 제4조(고등법원의 심판범위)를 삭제하는 일부개정을 하여 2억을 초과하지 않는 단독사건의 항소 또는 항고사건 등은 지법·지원 항소부에서, 합의사건의 항소 및 항고사건은 고등법원에서 각각 관할하는 것으로 통일되었다. 그러나 최근 2022년 1월 28일(시행: 동년 3. 1.) 동 규칙 제2조에서 합의부의 심판범위를 소가 2억을 초과하는 사건에서 5억을 초과하는 사건으로 상향 조정되었다. 즉 단독사건의 심판범위가 2억 이하의 사건에서 5억 이하의 사건으로 상향 조정됨에 따라 지법·지원 항소부와 고등법원의 사건 비율이 급격하게 변동되는 것을 방지하기 위하여 고등법원의 심판범위를 조정할 수 있도록 종래 삭제되었던 제4조를 부활하면서 액수를 변경하여 2억원을 초과하는 단독사건에 대하여도 고등법원의 심판범위에 포함되도록 하였다. 결국 단독사건 중 2억원 이하의 단독사건에 대하여는 종전과 같이 지법·지원 항소부에서 제2심을 담당하고 있다.[10]

(5) 심급제도와 관련하여 우리나라에서 가장 주요한 현안은 상고심의 사건집중을 어떻게 완화시킬 수 있는가 하는 문제이다. 전통적으로 우리는 시비를 가리는데 있어서 3번의 판단을 받으려는 경향이 있어, 1, 2심에서 사건이 종결되지 아니하고 최고심인 대법원까지 가는 경우가 많다.

현재 1994년 개혁입법의 일환으로 「상고심절차에 관한 특례법」을 도입하여 심리불속행제도를 시행하고 있다. 현재 대법원장을 포함한 14명의 대법관으로 구성된 대법원에서 처리하는 사건통계를 보면,[11] 2021년 12월 말 현재 대법원의 본안

2015. 2. 17. 동규칙 제4조를 일부개정·시행하면서 단독사건 중 1억원을 초과하는 사건을 본안으로 하는 가압류, 다툼의 대상에 관한 가처분 신청사건 및 이에 부수하는 신청사건에 대한 결정·명령을 고등법원 사물관할에서 제외하는 조치를 하였고, 또다시 2016. 9. 6. 동 규칙 제4조를 삭제하는 일부개정(시행: 2016. 10. 1)을 통하여 단독사건의 항소 및 항고는 모두 고등법원의 사물관할에서 제외하였다. 따라서 2016. 10. 1.부터는 단독사건의 항소 및 항고는 모두 지법·지원의 항소부에서 처리하게 되었다. 그러나 뒤에서 언급하는 바와 같이 또다시 2022. 1. 28. 동 규칙 제2조에서 합의부 사건의 소가를 5억 초과로 상향조정하면서, 동 규칙 제4조를 액수를 변경하여 부활하였다. 그리하여 2억 초과하는 단독사건의 항소심은 지방법원 항소부가 아니라 고등법원이 관장하게 되었다. 가사사건의 경우도 2023. 1. 31. 동 규칙 제3조를 개정하고 제4조 2항을 신설하여 민사사건과 보조를 맞추었다(아래 각주 참조).

10) 또한 가사사건 합의부의 심판범위에 관하여도 민사사건 합의부의 심판범위와 보조를 맞추기 위하여 2023년 1월 31일 가사사건 합의부의 심판범위를 소송목적의 값이 2억을 초과하는 다류 가사소송사건 등에서 5억원을 초과하는 다류 가사소송사건 등으로 상향 조정하였다(동 규칙 제3조 개정). 이에 따라 가사사건에서도 2억을 초과하는 단독사건의 항소심은 고등법원이 관할하도록 하였다(동 규칙 제4조 제2항 신설). 시행은 2023년 3월 1일이다.

사건이 40,489건에 이루며,[12] 민사본안 사건만 하여도 16,299건에 달하고 있다.[13] 현재 대법원은 상고사건의 처리에 급급한 형편이므로 그 본래의 기능인 법률심으로서 사법정책법원으로의 역할을 전혀 하지 못하고 있다.

이것을 해소하고 대법원이 법률심으로서의 본연의 업무에 집중하게 하기 위하여는 i) 대법원의 대법관 및 보조인력을 확대하여 해결하는 방안(대법관 증원, 대법원의 이원적 운영 등), ii) 중요사건을 집중하여 처리하는 방안(상고허가제, 상고법원안 또는 고법상고부안 등) 등이 논의되고 있다. 전자의 방안을 통하여 문제를 해결하려는 접근방식은 상급심의 구조를 확대 개편하는 것이므로 예산·심급 구조상 많은 무리가 따른다. 따라서 후자의 방안을 검토하여야 한다고 본다. 후자의 방안 중에서도 국민에 대한 사법서비스를 충족하면서, 대법원의 최고심으로서의 권위를 유지하면서 법률심으로서 기능을 강화할 수 있는 방안이 가장 바람직하다고 사료된다. 대법원은 위 ii)의 방안을 실현하기 위하여 2007년 고법상고부안 및 2016년 상고법원안을 도입하려고 입법추진을 하였지만 국회를 통과하지 못하여 폐기되었다.

향후 상고심의 사건집중을 어떻게 풀어갈 것인가 하는 문제는 우리 사법시스템의 가장 중요한 현안이라고 할 것이다. 이론적으로 보면 위 ii)의 방안 중 상고허가제가 가장 좋은 제도로 평가되지만, 우리나라에서 시행되다가 폐지된 점에 비추어 상고법원안이 가장 현실적 해법으로 보인다.

현재 대법원에서는 대법원장이 위원장인 사법정책자문회의[14]에서 상고제도의 개선을 위하여 지속적으로 노력하고 있다. 대법원은 사법행정자문회의 산하에 상고제도개선특별위원회를 구성하여 세밀하게 검토하고 있다. 2021년 9월 8일 제15차 사법행정자문회의에서 대법원의 재판은 전원합의체가 중심이 되어야 하고, 상고제도의 개선은 대법원 전원합의체를 강화할 수 있는 방향으로 추진하기로 결정하였고, 2022년 5월 11일 제20차 사법행정자문회의에서는 구체적 방안으로 대법원 상고심사제도의 도입방안과 대법관을 증원하는 방안을 혼합하는 방식이 바람직하다는 결정을 하였고, 현 단계에서는 부적법한 상고를 조기에 종결하고, 대법원의 사건관리 부담을 경감하여 상고심 역량을 본안심리에 상고이유서를 원심법

---

11) 대법원장과 법원행정처장은 전원합의체 심리 및 판결에만 참여하므로 사실 대법원에서 일상적인 재판업무처리의 대부분은 12명의 대법관이 하며 4명씩 1개부를 구성, 합의제로 운영된다.

12) 2022년 사법연감, 667면.

13) 상계서, 667면.

14) 대법원장이 위원장이고 법원장 등 법원 내부 대표와 외부위원으로 한국법학교수회회장, 대한변호사협회장, 법학전문대학원협의회 이사장 등이 위원으로 참여하는 자문적 성격을 가진 위원회이다.

원에 제출하는 제도를 우선적 도입하기로 하였다.

Ⅲ. 법원의 구성

1. 재판기관의 구성

재판기관이라 함은 실제 민사사건을 직접 심리하여 판결을 하는 곳을 의미한다. 따라서 재판기관은 좁은 의미의 법원을 말한다. 재판기관은 법관으로 구성되어 있다(헌 101조 1항). 우리나라의 민사 재판기관은 직업법관으로만 구성되어 있고, 독일의 참심원제도나 영미의 배심원제도(jury system)가 인정되지 아니한다. 그러나 조정위원제도, 전문심리위원제도(2007. 7. 13. 법률 제8499호로 민사소송법을 일부개정하면서 신설됨) 등을 통하여 간접적으로 일반인과 전문가를 재판에 참여시키고 있다. 좁은 의미의 법원인 재판기관으로 수소법원(受訴法院)과 집행법원(執行法院)이 있다. 수소법원(受訴法院)은 소송사건을 수리・심리・판단하는 기능을, 집행법원(執行法院)을 집행관・사법보좌관의 강제집행을 감독하거나 스스로 집행기관으로서 일정한 강제집행을 수행하는 기능을 각각 가진다.

2. 단독제와 합의제

(1) 법관이 재판을 할 때에 단독으로 하는 방식과 합의체를 구성하여 하는 방식이 있다. 전자를 단독제(단, 법조경력 5년 미만의 판사는 변론을 열어 판결하는 사건의 단독판사가 될 수 없음, 법조 42조의3 1항)라 하고, 후자를 합의제라 한다. 제1심은 단독제를 기본으로 하고 있고(법조 7조 4항), 합의제를 예외적으로 병용하고 있다(법조 7조 4항, 32조). 대법원, 고등법원, 특허법원은 모두 합의제이고, 지방법원・가정법원・행정법원의 합의부는 합의제이다. 고등법원, 특허법원, 지방법원・가정법원・행정법원(지원 포함)의 합의부는 3인의 법관으로 구성되어 있다(법조 7조 3, 5항). 대법원은 대법관 14명 전원의 3분의 2 이상으로 구성되는 전원합의체와 3인 이상으로 구성되는 합의체(현재는 대법관 4인으로 1개부를 구성함, 통상 1심 1 또는 3인, 2심 3인이 재판에 관여하고 총 4인 이상이 관여한 재판의 재심사이기 때문임, 독일・일본은 각 5인으로 구성됨)로 구성된다(법조 7조 1항).

(2) 단독제와 합의제의 장단점

i) 단독제는 많은 사건을 신속하게 처리할 수 있고, 국가예산을 절약할 수 있
는 장점이 있다. 반면 단독판사의 경험부족·전문성의 결여 등으로 졸속재판의
우려가 있으며, 적정한 재판에 대한 염려가 있고, 외부의 압력에 취약할 수 있다.
ii) 합의제는 사건을 다양한 시각에 기초하여 신중하고 적정하게 처리할 수 있다.
복잡한 사건의 처리에 적합한 면이 있고, 외부의 압력을 배제하는 데 도움이 될
수도 있다. 반면 많은 사건을 신속하게 처리할 수 없고, 배심판사와 재판장의 경
력에 현격한 차이가 있어 재판 운영이 독단적으로 운영될 염려가 있으며, 일정한
경우 외부의 영향을 더 받을 수도 있다. 이론적으로 보면 경력이 상당히 있는 판
사에 의한 단독제 운영과 경력이 비슷한 판사에 의한 합의제 구성이 타당한 면이
있다.

3. 합의제의 운영과 역할

(1) 합의부[15]는 재판장과 합의부원으로 구성된다. 합의부원을 통상 배석판사라
고 한다. 다만 대법원의 경우는 대법관 사이의 단순한 역할 분담으로 보아야 한
다. 합의부에 있어서 사건의 처리 등 중요한 사항(판결·결정·증거결정 등)은 그
구성법관의 합의에 의한 과반수의 의견으로 정한다(법조 66조 1항). 통상 지방법원·고등법
원 등의 실무에서는 합의의 효율성을 위하여 재판장과 주심판사가 합의하는 형식
으로 하며, 재판장과 주심판사의 의견이 다른 경우에 다른 배석판사도 합의에 참
여한다. 합의에 관한 의견이 3설 이상 분립하여 각각 과반수에 달하지 못하는 때
에는 수액(數額)에 있어서는 과반수에 달하기까지 최다액의 의견의 수에 순차 소
액의 의견의 수를 더하여 그중 최소액의 의견에 의한다(법조 66조 2항). 대법원 전원합의체
에서 과반수 결정사항에 관하여 2설이 분립되어 각설이 과반수에 이르지 못하는
때에는 원심재판을 변경할 수 없다(동조 3항).

(2) 합의부의 재판운영을 통일적이고 원활히 수행하기 위하여 재판장, 수명법
관 및 수탁판사, 주심법관 등을 두고 있다.

---

15) 합의제는 통상 3인이 1개의 부를 구성하여 운영한다. 따라서 합의제는 합의부라고 할 수 있다.

① 재판장

합의제에 있어서 구성법관 중 1인이 재판장이 된다. 재판장이 누가 되는지는 명문의 규정이 없으나(단, 법조경력 5년 미만의 판사는 합의부의 재판장이 될 수 없음, 법조 42조의3 2항), 관례상 대법원장이나 각급 법원장이 합의체의 구성원이 되면 대법원장·각급 법원장이(대법원장의 경우 법조 7조 1항), 부장판사[16]가, 그 외의 경우에는 선임자가 재판장이 된다. 그러나 대법원의 경우에는 임명 순위와 관계없이 순차적으로 재판장이 된다. 재판장은 합의를 할 때에는 다른 배석판사와 동등한 표결권을 갖지만, 재판장은 재판부를 대표하여 또는 단독으로 다음과 같은 권한을 가진다. ⓐ 합의체의 대표기관으로서 소송지휘권·법정경찰권($\frac{135}{조}$), 석명권의 행사($\frac{136}{조}$), 석명준비명령($\frac{137}{조}$), 증인신문($\frac{327}{조}$), 합의의 주재, 판결의 선고($\frac{206}{조}$) 등을 한다. ⓑ 재판장이 단독으로 행사하는 권한으로는 소장의 심사·소장각하명령($\frac{254}{조}$), 변론준비절차에의 회부와 진행($\frac{258조, 280}{조 2항}$), 기일의 지정·변경($\frac{165}{조}$), 수명법관의 지정($\frac{139조}{1항}$), 각종의 촉탁($\frac{동조}{2항}$), 공시송달명령($\frac{194}{조}$), 기타 집행법상의 여러 조치(민집 32조–승계·조건부판결의 집행문부여, 46조 3항–청구 및 제3자이의의 소의 잠정처분, 312조–급박한 경우의 가압류·가처분 명령 등) 등이 있다. 전자는 재판부를 대표한 것이므로 재판부의 감독을 받지만(138조, 당사자의 이의에 대하여 합의체로 결정), 후자는 독립적 권한이므로 불복이 허용되어 바로 위의 상급법원에 즉시항고 할 수 있다($\frac{254, 392,}{439조 등}$).

② 수명법관과 수탁판사

합의부는 업무의 원활·신속한 처리를 위하여 그 구성법관 중 1인을 수명법관으로 정하여 일정한 사항의 처리를 위임할 수 있다. 이러한 위임을 받은 법관을 수명법관이라 한다. 수명법관의 지명은 재판장이 한다($\frac{139}{조}$). 위임사항은 (i) 화해의 권고($\frac{145}{조}$), (ii) 전문심리위원의 지정 등($\frac{164조}{의6}$), (iii) 공시송달의 권한($\frac{197}{조}$), (iv) 화해권고결정($\frac{225}{조}$), (v) 변론준비절차의 진행($\frac{280}{조}$), (vi) 법원 밖에서의 증거조사($\frac{297, 313조,}{수감·병원에 입원 중인 증인의 신문 등}$ 예: 교도소에), (vii) 당사자의 이의가 없는 경우의 증인신문($\frac{313조}{3호}$) 등이다. 직접심리주의 원칙상($\frac{204}{조}$) 합의부에서 수명법관에게 위임할 수 있는 사항은 일정한 한계가 있고,

---

16) 종래 고등법원의 부에 부장판사를 둔다고 하였으나(법조 27조 2항) 2020. 3. 24. 법원조직법 개정으로 제27조 제2항을 삭제하여 고등법원에서 부장판사제도를 없앴다. 이에 따라 부의 구성원 중 1인이 재판장이 된다고 개정되었다(법조 27조 3항). 또한 고등법원급인 특허법원의 경우에도 부장판사제도는 인정되지 않고, 제27조 제3항을 준용하여 재판장은 부의 구성원 중 1인이 재판장이 된다고 개정되었다(법조 28조의3 2항, 27조 3항). 지방법원의 경우에는 부장판사를 둔다가 아니라 둘 수 있다고 개정되었는데 역시 제27조 제3항을 준용하므로 부장판사를 두지 않는 경우에는 부의 구성원 중 1인이 재판장이 된다(법조 30조 2항, 3항, 제27조 3항).

포괄위임은 금지된다.[17] 또한 수명법관이 한 증거조사의 결과는 직접주의의 원칙상 변론에 별도로 상정하여야 한다.

합의부의 업무처리와 관련하여 직접 구성원은 아니지만 이에 준하는 수탁판사 제도가 있다. 수탁판사라 함은 합의체의 수소법원이 같은 급의 다른 법원에 일정한 사항의 처리를 촉탁한 경우(139조 2항, 145조, 164조의6, 197조, 225조, 280조, 297조, 313조 등)에 그 처리를 맡은 다른 법원의 단독판사를 말한다. 수탁판사는 합의부의 직접 구성원은 아니라도 그 업무를 대신 처리하는 것이므로 소송법상 재판장·수명법관이 한 것과 동일한 법적 효과가 있다.

수명법관·수탁판사의 재판에 대하여 불복이 있으면 준항고로 수소법원에 이의할 수 있다(441조). 실무에서 수명법관제도는 준비절차·법원 밖의 증거조사 등에 많이 활용되고 있으나, 수탁판사제도는 현재는 교통·통신의 발전으로 별로 이용되고 있지 아니한다.

③ 주심법관

합의부 사건의 경우에는 법원이 사건배당을 하면서 합의부 구성원 중 1인을 주심으로 정하여 기록에 표시하여 둔다. 통상 합의부에서는 재판장은 재판진행과 사건의 전체적 파악에 주력하고, 좌·우 배석판사가 기록을 검토하고 합의한 내용 및 결과에 맞게 판결문 초고를 작성하게 된다. 대법원 판결문에는 주심대법관을 표시하지만, 1·2심 판결에서는 주심판사를 표시하지 아니한다. 그러나 중요하고 복잡한 사건의 경우 합의부원 모두가 심리·합의·판결문 작성에 참여하는 경우도 있다.

Ⅳ. 법원의 구성원

넓은 의미의 법원은 법관과 그 밖의 사법기관으로 나눌 수 있다.

1. 법   관

(1) 법관의 종류와 임명자격

법관에는 대법원장, 대법관, 판사가 있다(헌 101, 102조, 법조 4, 5조).

---

17) 이시윤, 72면.

① 대법원장·대법관

대법원장과 대법관의 임명자격은 동일하다. ① 대법원장과 대법관은 20년 이상 판사·검사·변호사, 변호사의 자격이 있는 사람으로서 국가기관, 지방자치단체, 공공기관의 운영에 관한 법률 제4조에 따른 공공기관, 그 밖의 법인에서 법률에 관한 사무에 종사한 사람, 변호사의 자격이 있는 사람으로서 공인된 대학의 법률학 조교수 이상의 직에 있던 자로서 45세 이상 된 사람 중에서 임용한다($^{법조\ 42}_{조\ 1항}$). 대법원장은 국회의 동의를 얻어 대통령이 임명하고, 대법관은 대법원장의 제청에 의하여 국회의 동의를 얻어 대통령이 임명한다($^{헌\ 104조,\ 법조}_{41조\ 1,\ 2항}$). 대법원장의 임기는 6년이고 중임할 수 없고, 정년은 70세이다($^{헌\ 105조\ 1,\ 4항}_{법조\ 45조\ 1,\ 4항}$). 대법관의 임기는 6년으로 연임할 수 있고 정년은 70세이다($^{헌\ 105조\ 2,\ 3항}_{법조\ 45조\ 2,\ 4항}$).

② 판 사

판사는 법조경력 10년 이상인 사람 중에서 인사위원회의 심의를 거친 후에 대법관회의의 동의를 받아 대법원장이 임명한다($^{헌\ 104조\ 3항}_{법조\ 41조\ 3항}$). 다만 2013년 1월 1일부터 2017년 12월 31일까지는 3년 이상, 2018년 1월 1일부터 2021년 12월 31일까지는 5년 이상, 2022년 1월 1일부터 2025년 12월 31일까지는 7년 이상의 법조경력이 있으면 된다($^{법률\ 제10861호\ 법원조}_{직법\ 일부개정\ 부칙\ 2조}$).[18] 2026년 1월 1일 이후에는 판사로 임용되려면 10년 이상의 법조경력이 필요하다. 사법연수원장, 고등법원장, 특허법원장, 법원행정처차장, 지방법원장, 가정법원장, 행정법원장, 회생법원장과 고등법원 및 특허법원의 부장판사는 15년 이상 판사·검사·변호사, 변호사의 자격이 있는 자로서 국가기관, 지방자치단체, 국·공영기업체, 정부투자기관 기타 법인에서 법률에 관한 사무에 종사한 자, 변호사의 자격이 있는 자로서 공인된 대학의 법률학 조교수 이상의 직에 있던 자 중에서 대법원장이 임명한다($^{헌\ 104조\ 3항,}_{법조\ 44조\ 2항}$). 판사의 보직은 대법원장이 행한다($^{법조\ 44}_{조\ 1항}$). 법관의 인사에 관한 중요 사항을 심의하기 위하여 대법원에 법관인사위원회를 두고 있다($^{법조\ 25}_{조의2}$). 판사의 임기는 10년이고 연임할 수 있으며, 정년은 65세이다($^{헌\ 105조\ 3항,\ 법}_{조\ 45조\ 3,\ 4항}$).

(2) 법관의 독립

법관에게 재판권의 적정·공평한 행사를 보장하고, 국민에 대한 양질의 사법서

---

18) 1997. 3. 1.부터 2007. 4. 30.까지 10년 2개월 동안 예비판사제도가 시행되다가 그 실효성이 없어 폐지된 바 있다.

비스를 통한 신뢰확보를 위하여 법관의 독립이 보장된다. 이것은 헌법 제103조에 "법관은 헌법과 법률에 의하여 그 양심에 따라 독립하여 심판한다."고 하여 이를 명백히 하고 있다. 법관의 독립은 물적 독립과 인적 독립이 있다.

① 물적 독립

이는 법관이 헌법·법률과 양심에만 구속되고, 다른 국가기관(국회·행정부 등), 소송당사자, 사회적·정치적 세력(정당·언론·여론·NGO·청와대의 청원 등) 뿐만 아니라 사법부 내부의 압력으로부터 독립되어 업무집행을 하는 것을 의미한다. 법관의 직무상의 독립을 말한다. 이를 보다 구체적으로 보면 지시로부터의 자유, 책임으로부터의 자유, 활동의 자유로 나타난다.[19]

(a) 지시로부터의 자유   법관은 구체적인 사건에 있어서 어느 누구의 지시나 명령을 받지 아니하고 법관의 직무상의 양심에 따라 재판을 할 수 있다. 헌법재판관도 이것이 인정된다.[20] 문제는 법관이 재판을 함에 있어서 선례(precedent), 즉 대법원의 판례에 구속되는지 여부이다. 영미법계 국가에서는 선례구속의 원칙에 따라 선례가 구속력을 가지지만, 우리나라의 경우 헌법과 법률에 기초한 직업적 양심에 구속된다는 법관의 물적 독립의 원칙에 비추어 보면 선례가 구속력을 가질 수 없다.[21] 이것은 대법원 판례에 배치되는 판결을 할 수 있다는 것을 의미하나, 현실적으로 대법원 판결에 반하는 판결을 하려면 상당한 법적·이론적 근거를 가지고 있어야 한다. 그렇지 아니하면 상급심에서 변경되기 때문이다. 그러나 대법원에 배치되는 판결 중 법적·이론적 근거가 있는 경우에는 종전의 대법원 판결이 변경될 수 있다. 다만 대법원 등 상급법원이 파기·환송한 사건의 상급법원의 판단은 해당 사건에 관하여 하급심을 기속한다(법조 8조, 민소 436조 2항). 또한 해당 사건의 상급심의 판단은 해당 상급법원도 기속한다.

(b) 책임으로부터의 자유   법관은 원칙적으로 자신의 재판 내용을 이유로 형사·징계상의 책임을 지지 아니한다. 또한 법관이 고의 또는 중대한 과실로 재판을 잘못하여 당사자에게 손해를 가한 경우에 국가가 국가배상법상의 책임을 질 것인가가 문제된다.[22] 무조건 국가배상법에 따른 책임을 진다는 무제한설과 악의

---

19) 이시윤, 74-75면.

20) 헌재 1990. 6. 25, 89헌가98 내지 101.

21) 同旨: 이시윤, 75면; 정동윤/유병현/김경욱, 108면.

22) 독일민법 제839조 2항에서는 법관이 직무에 위배하여 판결을 하고 그로 인하여 형사처벌을 받은 경우에 개인의 책임까지 인정하고 있고, 독일기본법 제34조에서는 공무원 개인의 책임이 긍정되는 때에는 국가가 배상책임을 지도록 하고 있다. 법관을 자신이 한 재판을 이유로 하여 재판의

또는 중과실로 사실인정이나 법령해석을 왜곡한 경우에 책임을 진다는 제한설이 있다. 후자가 타당하며,[23] 판례의 입장이기도 하다.[24]

(c) **활동의 자유**　이는 법관의 직무상의 활동을 제한할 수 없다는 것이다. 따라서 법관의 직무상의 활동은 특별한 법률상의 근거가 없다면 이를 거부할 수 없다. 수사기관이 관련 증인을 수사상의 이유로 출석금지를 하거나, 서류보관 부서가 증거 신청된 서류를 은닉하거나, 제출하지 아니하는 행위 등을 할 수 없다는 것이다. 또한 법원 내의 사법행정기관도 구체적인 사건 처리와 관련하여 법관이 처리하고 있는 사건을 임의로 다른 재판부로 교체하는 등의 행위를 할 수 없다. 이는 법관의 직무상의 활동의 자유를 제한하기 때문이다.

② **인적 독립**

이는 법관이 탄핵 또는 금고 이상의 형의 선고에 의하지 아니하고는 파면되지 아니하고, 징계처분에 의하지 않고는 정직·감봉되거나 불리한 처분을 받지 아니한다는 것을 의미한다($\frac{헌\ 106}{조\ 1항}$). 법관의 신분상의 독립을 의미한다. 이것을 달성하기 위하여 법관의 임명·임기·연임·정년, 인사의 독립, 파면·징계처분 등을 헌법에 직접 규정하고 있고($\frac{헌\ 104,\ 105,}{106조}$), 나아가 법원조직법과 법관징계법에서 이를 구체적으로 정하고 있다. 판사의 연임과 관련하여, 판사의 연임을 인정하지 아니하는 것은 실질적인 파면에 해당하는 것이므로 헌법 제106조 제1항의 탄핵 또는 금고 이상의 형의 선고에 의하지 아니하고는 파면되지 아니한다는 취지에 맞게 법관 연임심사에 매우 신중을 기하여야 한다고 본다. 한편 헌법 제106조 제1항의 '불리한 처분'의 의미를 법관징계법에서는 징계처분의 종류를 정직·감봉·견책 3종류로 규정하고 있으므로($\frac{법징}{3조}$), 헌법상의 '불리한 처분'을 견책으로 한정하고 있는 것으로 보인다. 그러나 헌법상의 '불리한 처분'의 의미를 법관징계법상의 의미로만 한정할 것은 아니라고 본다. 형식은 징계처분이 아닐지라도 실질적으로 징계처분에 준하는 것으로 인정되는 보직의 강등, 이례적인 전근조치(이른바 좌천) 등은 헌법상의 불이익한 처분으로 해석하여야 한다.[25] 다만 법관이 중대한 심신상의 장해로 직무

당사자가 되어 소송에 휘말리게 하는 것은 재판제도 자체의 존립에 상당한 영향을 미칠 수 있어 아주 신중히 접근할 문제이다. 해당 재판이 잘못된 경우에는 상소과정 또는 재심을 통하여 자연스럽게 정화하면 된다. 이러한 제도가 있음에도 법관이 고의로 엉뚱한 재판을 한다는 것은 상상하기 어렵기 때문이다.

23) 同旨: 송상현/박익환, 74면; 이시윤, 75면.

24) 대판 2001. 4. 24, 2000다16114; 대판 2001. 10. 12, 2001다47290; 대판 2003. 7. 11, 99다24218; 헌재 1989. 7. 14, 88헌가5·8; 헌재 2002. 3. 28, 2001헌바18 등.

를 수행할 수 없을 때에는 법률이 정하는 바에 의하여 퇴직하게 할 수 있다($\frac{헌\ 106}{조\ 2항}$).

③ 재판의 독립에 대한 법관의 자세

재판의 독립을 위하여 헌법 및 법률에 규정을 두고 있다는 것은 역설적으로 재판의 독립이 침해받을 소지가 많다는 것을 의미한다. 역사적으로 다른 권력기관에 의해 재판의 독립이 위협받아 온 경우가 많았다. 그러나 현재는 그러한 요소보다는 여론(예: 권력의 여론을 이용한 사법권 침해 등) 또는 언론 등의 압력과 조직 내의 제도를 통한 실질적인 침해(예: 개개의 법관에 대한 재판통계의 공개로 인한 심리적 압박, 근무평정제도 등)가 문제될 수 있다. 그러한 재판의 독립을 침해할 여러 요소가 있다고 하여도 이를 지켜내겠다는 법관 스스로의 독립의지가 무엇보다도 중요하다고 할 것이다.

2. 그 밖의 사법기관

법관 외의 사법기관으로 i) 재판연구관 및 재판연구원, ii) 법원사무관등, iii) 사법보좌관, iv) 집행관, v) 기술심리관 및 조사관, vi) 전문심리위원, vii) 법원경위 및 법원보안관리대의 대원, viii) 변호사, ix) 검사, 공익법무관 등 소송수행자, x) 경찰공무원, xi) 감정인·통역인·진술보조인 등이 있다.

(1) 재판연구관·재판연구원

① 재판연구관은 대법원장의 명을 받아 대법원에서 사건의 심리 및 재판에 관한 조사·연구업무를 담당하는 대법관 재판보조기관이다($\frac{법조\ 24조}{1,\ 2항}$). 재판연구관은 판사로 보하거나 3년의 기간 내에 범위를 정하여 판사가 아닌 자를 임명할 수 있다($\frac{동조}{3항}$). 판사가 아닌 재판연구관은 2급 또는 3급 상당의 별정직공무원이나 계약직공무원으로 하고, 그 직제 및 자격 등에 관하여는 대법원규칙으로 정한다($\frac{동조}{4항}$). 또한 대법원장은 다른 국가기관·공공단체·교육기관·연구기관 기타 필요한 기관에 대하여 소속 공무원 및 직원을 재판연구관으로 근무하게 하기 위하여 파견근무를 요청할 수 있다($\frac{동조}{5항}$). 판사 아닌 재판연구관제도는 2005. 12. 14. 법원조직법이 법률 제7725호로 개정되면서 신설되었다.

② 각급 법원에 재판연구원(law clerk)을 둘 수 있고($\frac{법조\ 53조}{의2,\ 1항}$), 재판연구원은 소속

---

25) 同旨: 이시윤, 76면; 정동윤/유병현/김경욱, 108면.

법원장의 명을 받아 사건의 심리 및 재판에 관한 조사·연구, 그 밖에 필요한 업무를 수행하는 재판보조기관이다($\frac{\text{동조}}{\text{2항}}$). 재판연구원은 변호사 자격이 있는 사람 중에서 대법원장이 임용하며($\frac{\text{동조}}{\text{3항}}$), 총 3년의 범위에서 기간을 정하여 채용하며($\frac{\text{동조}}{\text{5항}}$), 국가공무원법 제26조의5에 따른 임기제공무원이다($\frac{\text{동조}}{\text{4항}}$). 기타 재판연구원의 정원 및 직제와 그 밖에 필요한 사항은 대법원규칙(재판연구원규칙)으로 정하고 있다($\frac{\text{동조}}{\text{6항}}$).

(2) 법원사무관등[26]

법원사무관등은 대법원과 각급 법원에 배치되어 재판의 부수업무를 처리하는 단독제 기관이다. 업무 자체는 법관이 대행할 수 없는 고유권한이나, 법관은 재판업무의 효율성을 위하여 감독할 수 있다. 법원사무관 등의 업무는 다음과 같다.

① 심판의 참여와 조서의 작성

법원사무관등은 심판에 참여하여 변론조서·신문조서·심문조서 등을 작성하고($\frac{\text{152조}}{\text{160조}}$), 소액심판사건에 있어서는 원고가 구술제소를 하는 경우 소장에 갈음하는 제소조서를 작성한다($\frac{\text{소심 4조}}{\text{3항}}$). 법원사무관등은 조서를 작성함에 있어 변론 등의 요지를 기재하여야 한다($\frac{\text{154}}{\text{조}}$). 다만, 신법은 변론을 녹음하거나 속기하는 경우, 그 밖에 이에 준하는 특별한 사정이 있는 경우에는 법원사무관등을 참여시키지 아니하고 변론기일을 열 수 있도록 하였다($\frac{\text{152조 1}}{\text{항 단서}}$).

② 송달사무

송달에 관한 사무는 법원사무관등이 처리하며($\frac{\text{175조}}{\text{1항}}$), 구체적인 송달은 우편 또는 집행관에 의하거나, 그 밖에 전화 등에 의한 송달 등 대법원규칙이 정하는 방법에 따라 하면 된다($\frac{\text{176조 1항}}{\text{규칙 46조}}$). 해당 사건에 출석한 사람에 대한 송달($\frac{\text{177}}{\text{조}}$)이나, 공시송달($\frac{\text{194}}{\text{조}}$)·전자송달($\frac{\text{전소}}{\text{24조}}$)·송달함송달($\frac{\text{188}}{\text{조}}$) 등은 직접 행한다. 특히 2014년 12월 30일 민사소송법 일부개정(법률 제12882호)으로 법원사무관등은 재판장의 명령 없이 독자적으로 공시송달을 행힐 수 있게 되었다($\frac{\text{194조}}{\text{1, 2항}}$). 송달사무는 재판 진행에 있어서 매우 중요한 업무이다.

③ 재판서 정본의 교부 등

소송기록의 열람·복사, 재판서·조서의 정본·등본·초본의 교부 또는 소송

---

[26] 법원서기관·법원사무관·법원주사 또는 법원주사보등을 총칭하여 '법원사무관등'이라 하기로 한다.

에 관한 사항의 증명서의 작성교부($^{162}_{조}$), 판결확정증명서의 작성부여($^{499}_{조}$)를 법원사무관 등에게 신청할 수 있다.

④ 소송기록의 편철·보관과 송부($^{40, 400, 426,}_{438조}$)

⑤ 집행문의 부여

집행문을 부여하는 권한은 원칙적으로 제1심 법원사무관등에게 있으나, 소송기록이 상급심에 있을 때에는 상급심의 법원사무관 등이 부여한다($^{민집}_{28조}$). 다만 조건성취집행문·승계집행문의 부여, 채권자에게 여러 통의 집행문을 부여하거나, 전에 내어 준 집행문을 돌려받지 아니하고 다시 집행문을 부여하는 때에는 재판장이나 사법보좌관의 명령이 있어야 한다($^{민집 32, 35조, 사}_{보규 2조 1항 4호}$).

⑥ 소장·항소장·상고장의 적식(適式) 등에 관한 심사

통상 소장이 접수되어 재판부에 사건이 배당되면 특별한 사정이 없으면 소장부본 송달 등을 위하여 소장의 적식 여부에 대한 신속한 판단이 요망된다. 항소장·상고장이 접수된 경우에도 같다. 종전에는 소장 등을 먼저 접하는 법원사무관 등은 재판장의 소장심사권을 보조함으로써 서면에 의한 변론준비절차를 촉진하기 위하여 소장 및 답변서의 적식 여부에 대한 보조적 심사를 하도록 하였지만($^{규칙 65}_{조 3항}$), 특히 2014년 12월 30일 민사소송법 일부개정(법률 제12882호)으로 재판장의 지시에 따라 법원사무관등이 직접 소장 등의 적식과 인지를 붙이지 아니한 경우에 상당한 기간을 정하여 그 흠의 보정을 명할 수 있게 되었다($^{254조 1항, 399조}_{1항, 402조 1항}$). 재판업무에 있어서 법관과 법원사무관등의 팀워크가 매우 중요하기 때문이다.

⑦ 등기($^{부동}_{12조}$), 공탁($^{공탁}_{2조}$)과 가족관계등록 등 비송사건의 업무처리

이러한 업무처리 중 법원사무관등이 소송기록열람을 거부하거나, 집행문부여를 거부하는 등의 경우에 이러한 법원사무관등의 처분에 대하여는 소속 법원에 이의신청을 할 수 있다($^{223조, 민집}_{34조 1항}$). 다만 조서와 관련하여서는 관계인의 이의가 있으면 조서에 그 취지를 기재하면 된다($^{164}_{조}$). 법원사무관등은 업무와 관련하여 법관의 제척·기피·회피에 관한 규정이 준용된다($^{50}_{조}$).

(3) 사법보좌관(Rechtspfleger)

① 사법보좌관제도는 법관의 업무경감과 사법업무의 효율화를 위하여 독일·오스트리아의 제도를 도입한 것이다. 1994년에 법원조직법 제54조를 개정하여 종

전의 법원조사관·가사조사관 및 소년조사관제도를 사법보좌관제도로 통합하여 운영하다가, 2005년 3월 24일 법률 7402호로 법원조직법 제54조를 재차 개정하여 종전의 사법보좌관제도를 대폭 개선하여 동년 7월 1일부터 시행하고 있다. 사법보좌관은 법관과 법원사무관등의 중간위치의 사법부 직원으로서 고유한 의미의 재판사무가 아닌 독촉절차, 공시최고절차, 부동산집행절차 등에서 독자적인 권한에 기초하여 독립적으로 업무처리를 한다($^{\text{사보규 2}}_{\text{조 2항}}$). 다만 사법보좌관은 법관의 일반적인 감독을 받아 업무를 수행하여야 한다($^{\text{사보규}}_{\text{3조}}$). 사법보좌관은 법원사무관 또는 등기사무관 이상 직급으로 5년 이상 근무한 자, 법원주사보 또는 등기주사보 이상 직급으로 10년 이상 근무한 자 중 대법원규칙이 정하는 자 중에서 사법보좌관규칙의 절차에 따라 임명된다($^{\text{법조 54조}}_{\text{4, 5항}}$).

② 사법보좌관의 업무는 i) 민사소송법상의 소송비용액·집행비용액 확정결정절차, 독촉절차, 공시최고절차, 소액사건심판법에 따른 이행권고결정절차에서의 법원의 사무, ii) 민사집행법상의 집행문 부여명령절차, 채무불이행자명부 등재절차, 재산조회절차, 부동산에 대한 강제경매절차, 자동차·건설기계에 대한 강제경매절차, 동산에 대한 강제경매절차, 금전채권 외의 채권에 기초한 강제집행절차, 담보권실행 등을 위한 경매절차, 제소명령절차, 가압류·가처분의 집행취소신청절차에서의 법원의 사무, iii) 주택임대차보호법 및 상가건물 임대차보호법상의 임차권등기명령절차에서의 법원의 사무, iv) 가사소송법상의 상속의 한정승인·포기 신고의 수리, 한정승인의 취소·포기취소 신고의 수리절차에서의 가정법원의 사무, v) 가족관계의 등록 등에 관한 법률에 따른 미성년 자녀가 없는 당사자 사이의 협의이혼절차에서의 가정법원의 사무 등을 내용으로 한다($^{\text{법조 54조 2항,}}_{\text{사보규 2조}}$). 사법보좌관은 현재 민사집행법상의 집행절차에서 중심적 집행기관의 역할을 하고 있다. 사법보좌관의 업무는 전속관할사항이 아니므로 법관이 담당할 수도 있다.[27)]

③ 사법보좌관의 처분에 대하여는 대법원규칙이 정하는 바에 따라 법관에게 이의신청을 할 수 있다($^{\text{법조 54}}_{\text{조 3항}}$). 이의신청의 형태는 i) 지급명령 등의 처분에 대한 불복($^{\text{사보규}}_{\text{3조}}$), ii) 즉시항고 등의 대상이 되는 처분에 대한 이의신청($^{\text{사보규}}_{\text{4조}}$), iii) 배당표에 대한 이의신청($^{\text{사보규}}_{\text{5조}}$) 등 3가지로 나눌 수 있다. 사법보좌관은 법관에 준하여 제척·기피·회피제도가 준용된다($^{\text{사보규}}_{\text{9조}}$).

---

27) 이시윤, 78면.

(4) 집행관

집행관은 지방법원 및 그 지원에 배치되어 동산의 집행 등 실력행사를 요하는 강제집행과 소송서류의 송달사무에 종사하는 단독제 국가기관이다(법조 55조·집행 2조). 집행관은 10년 이상 법원주사보·등기주사보·검찰주사보 또는 마약수사주사보 이상의 직에 있던 자 중에서 지방법원장이 임명하며, 임기는 4년으로 하며 연임할 수 없다(집행 4조 3.). 집행관의 처분에 대하여는 집행법원에 집행에 관한 이의를 신청할 수 있다(민집 16조).

집행관은 법원에 소속되어 있는 공무원이다(집행 2조). 소속 지방법원장이 집행관을 감독한다. 그러나 집행관은 국가로부터 봉급을 지급받지 아니하고 스스로 취급사건의 수수료로써 수입을 충당하고 있다. 집행관제도의 이러한 반관반민(半官半民) 형태의 운영에 따른 폐해가 있고, 시대의 변화에 따른 집행의 효율성을 높이기 위한 개선이 필요할 것으로 본다.[28] 그러나 개선방법과 관련하여 집행관을 단순히 법원 조직으로 편입하여 국고에서 월급을 지급하는 형태가 옳은지는 세심한 제도적 검토가 뒤따라야 한다. 최근 독일에서는 집행관을 공증인과 같이 자유직으로 하는 입법조치가 있었다(독법조 154조).

집행관은 집행과정에 강제력을 행사할 수 있으며(수색·개문 등), 직무집행 중에 저항을 받으면 경찰 또는 군인의 원조를 요구할 수 있다(민집 5조). 집행관의 직무집행을 방해하면 공무집행방해죄를 구성한다(형 136조). 또한 집행관의 위법집행으로 손해를 입은 경우에는 국가배상법에 따라 국가를 상대로 손해배상청구를 할 수 있다.[29]

(5) 기술심리관·조사관

① 기술심리관은 특허법원에 배치되어 법원의 결정에 따라 특허법·실용신안법·디자인보호법의 소송의 심리에 참여할 수 있는 특허재판의 보조기관이다(법조 54조의 2, 1, 2항). 소송의 심리에 참여하는 기술심리관은 재판장의 허가를 얻어 기술적인 사항에 관하여 소송관계인에게 질문을 할 수 있고, 재판의 합의에서 의견을 진술

---

28) 이시윤, 79면.

29) 대판 1966. 7. 26, 66다854; 대판 1968. 5. 7, 68다326; 대판 2003. 9. 26, 2001다52773 등: 구 민사소송법(1990. 1. 13. 개정 전의 법률)에는 "제493조(집달리의 책임) 집달리는 채권자의 위임에 의하여 하는 행위와 직무상의 의무의 위배로 인하여 채권자 기타의 관계인에 대하여 손해를 생기게 한 때에는 제1차로 그 책임을 진다."고 규정되었으나, 1990. 1. 13. 법률 제4201호로 개정되면서 위 규정이 삭제되었다.

할 수 있다($\frac{동조}{3항}$). 대법원장은 특허청 등 관련 국가기관에 대하여 그 소속공무원을 기술심리관으로 근무하게 하기 위하여 파견근무를 요청할 수 있고($\frac{동조}{4항}$), 기술심리관의 자격, 직제 및 인원과 그 밖에 필요한 사항은 대법원규칙(기술심리관규칙)으로 정한다($\frac{동조}{5항}$). 기술심리관제도는 1994년 7월 27일 법원조직법이 법률 제4765호로 개정되면서 신설되어 현재까지 시행되고 있다.

② 조사관은 법관의 명을 받아 법률 또는 대법원규칙이 정하는 사건에 관한 심판에 필요한 자료의 수집·조사 그 밖에 필요한 업무를 담당하는 재판보조기관이다($\frac{법조}{의3. 2항}$), 대법원과 각급 법원에 조사관을 둘 수 있고($\frac{동조}{1항}$), 대법원장은 다른 국가기관에 대하여 그 소속 공무원을 조사관으로 근무하게 하기 위하여 법원에의 파견근무를 요청할 수 있다($\frac{동조}{3항}$). 조사관의 자격, 직제 및 인원과 그 밖에 필요한 사항은 대법원규칙(법원조사관 등 규칙)으로 정한다($\frac{동조}{4항}$). 조사관 제도는 2005년 3월 24일 법원조직법이 법률 제7402호로 개정되면서 신설된 제도이다.

(6) 전문심리위원

2007년 7월 13일 법률 제8499호에 의한 민사소송법 일부개정에서 첨단산업분야, 지식재산권, 국제금융 등 전문적인 지식이 요구되는 사건에서 법원 외부의 관련 분야 전문가를 지정하여 심리하는 전문심리위원제도($\frac{164조의}{2 내지 8}$)를 신설하여 재판의 전문성을 높이고 있다. 법원은 소송관계를 분명하게 하거나 소송절차(증거조사·화해 등 포함)를 원활하게 진행하기 위하여 직권 또는 당사자의 신청에 따른 결정으로 전문심리위원을 지정하여 소송절차에 참여하게 할 수 있다($\frac{164조의}{2, 1항}$). 전문심리위원은 전문적인 지식을 필요로 하는 소송절차에서 설명 또는 의견을 기재한 서면을 제출하거나 기일에 출석하여 설명이나 의견을 진술할 수 있고, 기일에 재판장의 허가를 받아 당사자, 증인 또는 감정인 등 소송관계인에게 직접 질문할 수 있다($\frac{동조}{3항}$ ²⁾). 법원은 제164조의2 제2항에 따라 전문심리위원이 제출한 서면이나 전문심리위원의 설명 또는 의견의 진술에 관하여 당사자에게 구술 또는 서면에 의한 의견진술의 기회를 주어야 한다($\frac{동조}{4항}$). 다만 재판의 합의에는 참여할 수 없다($\frac{동조}{단서 2항}$). 전문심리위원의 지정에 관하여 그 밖에 필요한 사항은 대법원규칙으로 정한다($\frac{164조의}{4, 3항}$). 전문심리위원은 법관의 제척·기피 규정이 준용된다($\frac{164조}{의5}$). 전문심리위원은 직무수행 중에 알게 된 다른 사람의 비밀을 누설하는 경우에는 비밀누설죄로 처벌되고($\frac{164조}{의7}$), 뇌물죄 벌칙의 적용에 있어 공무원으로 의제된다($\frac{164조}{의8}$).

(7) 법원경위 및 법원보안관리대의 대원

① 법원경위는 대법원과 각급 법원에 배치되어 법정에서 소송관계인의 인도, 법정의 정돈 등 법관이 명하는 사무 기타 대법원장이 정하는 사무를 집행하는 것을 주된 업무로 하는 재판보조기관이다(법조 64조 2항). 그리고 법원은 집행관을 이용하기 어려운 사정이 있다고 인정되는 때에는 법원경위로 하여금 소송서류를 송달하게 할 수 있다(동조 3항).

② 2005년 12월 23일 법원조직법을 일부개정(법률 제7730호)하면서 법정의 존엄과 질서유지 및 법원청사의 방호를 위하여 대법원과 각급 법원에 법원경비관리대를 설치하였다. 그 후 명칭을 「법원보안관리대」로 변경하였으며(법원조직법을 2014. 1. 7. 법률 제12188호로 일부개정 시), 그 설치와 조직 및 분장사무에 관한 사항은 대법원규칙으로 정하고 있다(법조 55조의2, 1항). 법원보안관리대의 대원은 법원청사 내에 있는 사람이 i) 다른 사람의 생명, 신체, 재산 등에 위해(危害)를 주거나 주려고 하는 경우, ii) 법정의 존엄과 질서를 해치는 행위를 하거나 하려고 하는 경우, iii) 법관 또는 법원직원의 정당한 업무를 방해하거나 방해하려고 하는 경우, iv) 그 밖에 법원청사 내에서 질서를 문란하게 하는 행위를 하거나 하려고 하는 경우에 이를 제지하기 위하여 신체적인 유형력(有形力)을 행사하거나 경비봉, 가스분사기 등 보안장비를 사용할 수 있고, 다만 그 유형력의 행사 등은 필요한 최소한도에 그쳐야 한다(동조 2항). 또한 동 대원은 흉기나 그 밖의 위험한 물건 또는 법원청사 내의 질서유지에 방해되는 물건을 지니고 있는지 확인하기 위하여 법원청사 출입자를 검색할 수 있고(동조 3항), 이 경우 긴급한 상황으로서 경고할 만한 시간적 여유가 없는 경우가 아니라면 미리 그 행위자에게 경고하여야 한다(동조 4항).

(8) 변호사

① 1억원 이하의 단독판사가 심판하는 사건의 경우를 제외한 일반민사사건에 있어서 변호사(법무법인 포함)만이 소송대리를 할 수 있다(87, 88조 민소, 규칙 15조). 따라서 변호사는 법원의 직원이 아니지만 민사소송에 있어서 매우 중요한 역할을 한다. 변호사는 기본적 인권을 옹호하고 사회정의를 실현함을 사명으로 하며(변 1조 1항), 그 사명에 따라 성실히 직무를 수행하고 사회질서 유지와 법률제도 개선에 노력하여야 한다(동조 2항). 변호사는 당사자로부터 사건을 위임받아 사건을 처리하는 것이지만 공공성을 지닌 법률 전문직이고, 독립하여 자유롭게 그 직무를 수행한다(변 2조). 따라서 변

호사는 의뢰인의 이익 보호에 충실하여야 하지만 진술의 은폐와 허위의 진술의 유도와 같은 행위를 하여서는 아니 되고, 의뢰인에게 독자적인 판단 하에 법률적 상식에 합당한 도움을 주면 된다.[30]

② 변호사는 사법시험에 합격하여 사법연수원의 과정을 마친 사람, 판사나 검사의 자격이 있는 사람, 변호사시험에 합격한 사람에게 자격이 부여된다(변4조).

③ 변호사는 당사자와 그 밖의 관계인의 위임이나 국가·지방자치단체와 그 밖의 공공기관의 위촉 등에 의하여 소송에 관한 행위 및 행정처분의 청구에 관한 대리행위와 일반 법률사무를 하는 것을 그 직무로 한다(변3조). 변호사와 의뢰인의 법률관계는 위임법률관계이다. 따라서 수임인인 변호사는 위임의 본지에 따라 선량한 관리자의 주의의무로 업무를 처리하여야 한다(민681조).[31] 사건위임계약은 특별히 무보수 약정이 없는 한 응분의 보수를 지급할 약정이 있다고 보아야 한다.[32] 보수는 변호사가 그 사건에 투입하는 시간, 사건의 난이도, 소송물가격, 의뢰인의 승소이익 등을 종합하여 합리적으로 정하여야 한다. 보수약정이 투입시간, 난이도 등에 비추어 현저히 과다한 경우에는 신의칙에 반하는 것이라 할 것이므로 법원에서 신의칙에 기초하여 상당액을 감경할 수 있다.[33] 보수에 관하여 미국의 경우에는 당사자가 자유롭게 결정하나, 독일 등 대륙법계 국가에서는 이를 제한하는 경향이 있다.

④ 현재 변호사의 숫자가 증가 일로에 있고, 법률회사가 커지면서 변호사의 공공성보다는 수익성을 중시하는 경향이 있다. 그러나 변호사 직무의 공공성은 변호사가 가지고 있는 본질적인 부분이므로 이는 강조되어야 한다. 한편 현재 변호사시장이 단계적으로 개방되고 있어 미국, 영국 등의 대형로펌들이 자신의 막강한 자금력과 고객을 바탕으로 우리나라의 법률시장에 급격히 진입하고 있어 국가경쟁력의 강화라는 측면에서 국내로펌의 자생력을 키우는 것이 매우 중요한 시점에 와 있다. 향후 국가의 지속적 성장 및 통일 등을 대비한다는 차원에 비추어 보면 우리나라의 법률수요의 짐진적 증가 및 법조직역의 확대가 예상된다. 따라서 법학전문대학원 졸업자가 응시하는 변호사시험의 합격자 수를 늘리는 것을 현재의 시

---

30) 同旨: 이시윤, 80면; 정동윤/유병현/김경욱, 112면.

31) 대판 2002. 11. 22, 2002다9479; 대판 2004. 5. 14, 2004다7354; 대판 2005. 10. 7, 2005다38294 등.

32) 대판 1970. 8. 31, 70다1069; 대판 1976. 5. 25, 75다1637; 대판 1993. 2. 12, 92다42941; 대판 1993. 11. 12, 93다36882; 대판 1995. 12. 5, 94다50229 등.

33) 대판 1991. 12. 13, 91다8722; 대판 1992. 3. 31, 91다29804; 대판 1993. 2. 9, 92다30382.

점에 기초하여 반대하는 것은 지혜롭지 못하고, 장래의 발전 가능성과 국가 발전에 대비한 우수인재의 확보하는 차원에서 합격자 수를 대폭 늘릴 필요가 있다. 또한 로스쿨과 학부에서의 법학교육과 대한민국의 법학발전에도 매우 시급한 문제라고 생각한다.

(9) 검사, 공익법무관 등 소송수행자

검사는 가사소송사건에서 예외적으로 공익의 대변자로서 '직무상의 당사자'로 소송에 참여하는 경우가 있다($^{가소 24조 3}_{항, 28, 31조}$). 그러나 민사사건에 있어서 검사가 직접 소송에 참여하는 경우는 드물다. 다만 법무부장관은 국가이익 또는 공공복리와 중대한 관계가 있는 국가소송 및 행정소송에 관하여는 법원의 허가를 받아 법원에 법률적 의견을 제출하거나 법무부의 직원, 검사 또는 공익법무관을 지정하여 의견을 제출하게 할 수 있다($^{국소}_{4조}$). 또한 법무부장관은 법무부의 직원, 각급 검찰청의 검사 또는 공익법무관을 지정하여 국가소송을 수행하게 할 수 있다($^{통법}_{3조}$). 따라서 일정한 경우 민사사건에 있어서도 검사, 법무부 직원, 공익법무관이 소송수행자로서 참여하는 경우가 있다.

(10) 경찰공무원

경찰공무원은 법정에서의 질서유지를 위하여 필요하다고 인정될 때($^{법조}_{60조}$), 민사소송절차에 있어서 증거조사과정(감정 또는 검증)에서 저항을 받을 때($^{342,}_{366조}$), 송달에 필요할 때($^{176조}_{3항}$), 강제집행과정에서 저항을 받을 때($^{민집 5조}_{2항}$) 등 재판장의 파견요청 또는 송달기관·감정인·집행관의 원조요청이 있을 경우에 참여하게 된다.

(11) 감정인·통역인·진술보조인

감정인은 특별한 학식과 경험을 가진 사람으로서 법원의 감정명령에 따라 감정의견을 제시하여 법원의 판단을 보조하는 사람이다($^{133조 내지}_{342조}$). 통역인은 변론에 참여하는 사람이 우리말을 하지 못하거나, 듣거나 말하는 데 장애가 있는 경우 통역을 담당하는 사람이다($^{143}_{조}$). 진술보조인은 법원의 허가를 받아 질병, 장애, 연령, 그 밖의 사유로 인한 정신적·신체적 제약으로 소송관계를 분명하게 하기 위하여 필요한 진술을 하기 어려운 당사자와 함께 법원에 출석하여 당사자의 진술을 도와주는 사람이다($^{143조}_{의2}$). 진술보조인제도는 2016년 2월 3일 민사소송법 일부개정(법률 제13952호)으로 도입되었다.

제 2 절 민사재판권

Ⅰ. 재판권 일반

(1) 국가권력을 그 기능에 따라 분류하면 입법권, 사법권, 행정권으로 나눌 수 있다. 권력분립의 원칙에 의하면 사법권은 입법권, 행정권과 더불어 국가의 권력을 분립하는 중심축이다. 사법권은 헌법상 법관으로 구성된 법원에 속한다(헌101조). 사법권은 그 작용에 따라 재판권과 사법행정권으로 나눌 수 있고, 좁게는 사법권은 재판권(Jurisdiction; Gerichtsbarkeit)만을 의미한다. 재판권이라 함은 법률적 쟁송을 재판에 의하여 처리하는 국가권력을 말한다. 재판권은 크게 헌법재판권, 민사재판권, 형사재판권으로 나눌 수 있다. 다만 헌법 규정에 의하여 헌법재판권은 헌법재판소의 관할사항이고, 그 외의 재판권은 법원의 관할사항이다. 따라서 헌법재판관도 사법권을 가진 법관이고, 헌법재판소도 헌법상 사법권을 가진 법원에 속한다고 할 것이다. 민사재판권은 민사소송재판권과 비송재판권으로 분류할 수 있고, 민사소송재판권은 다시 일반민사재판권과 특별민사재판권(가사재판권, 행정재판권, 특허재판권, 파산·회생재판권 등)으로 세분된다. 민사소송법의 절차기본법적 성질은 민사소송의 일반민사재판권의 성질로부터 유래한다고 할 수 있다. 따라서 절차와 관련하여 특별민사재판절차에 특별한 규정이 없어도 민사소송법을 준용할 수 있는 것이다.

(2) 민사재판권 중 민사소송재판권이라 함은 권리 또는 법률관계에 관하여 확인·이행·형성판결(권리의 관념적 형성) 및 강제집행(권리의 사실적 형성), 가압류·가처분(권리의 보전과 임시의 지위 형성)이 주요내용을 이루고 있다.[1] 그 밖에 부수하여 i) 소송지휘권과 법정경찰권, ii) 송달·공증사무, iii) 증인·감정인의 출석요구와 그 신문, iv) 증거물을 가지고 있는 사람에 대한 제출명령과 검증을 받아들일 것의 명령, 명령에 불응하는 경우의 재판 등을 포함한다.[2] 그런데 민사재판권과 관련하여 우리나라의 민사법원이 외국의 민사재판권과 관련하여 누구에게, 어떤 사건에, 어떤 장소에서 이를 행사할 수 있는지를 명백히 할 필요가 있다. 이

---

1) 同旨: 이시윤, 59면.
2) 同旨: 이시윤, 59면; 정동윤/유병현/김경욱, 120면.

것이 민사소송법에 있어서 민사재판권의 인적·물적·장소적 범위의 문제이다. 특히 민사재판권의 물적 범위 즉 「외국적 요소가 있는 법률관계」[3]가 있는 사건의 처리 문제를 국제민사소송법이라 한다.[4]

(3) 위에서 본 바와 같이 사법권은 그 작용에 따라 재판권과 사법행정권으로 나뉜다. 사법행정권은 재판권과 달리 사법권의 작용을 효율적으로 수행하기 위하여 인정되는 것이다. 여기에는 법관 및 법원직원의 임면 등 인사권, 재판부의 편성, 재판사무 분담, 예산의 집행, 법원의 설비관리 및 도서관리 등이 있다(헌법재판소 포함). 그 밖에 집행관·법무사에 관한 사무의 관장 및 감독업무도 사법행정 사항이다($^{법조\ 2조}_{3항}$). 그러나 등기·가족관계등록·공탁 업무는 단순히 사법행정권에 속하기보다는 비송재판권에 속한다고 보아야 한다.[5] 사법행정권 중 재판권에 사실상 영향을 미칠 수 있는 사항(예: 대법원장의 인사권 행사)에 관하여는 신중하고 적정한 행사가 요청된다.

Ⅱ. 민사재판권의 인적 범위

1. 기본원칙

민사재판권은 국가의 대인주권으로 인하여 대한민국 국적을 가지고 있는 모든 사람에 대하여 미친다. 대통령·대법원장·헌법재판소장·국회의장 등도 예외가 아니다. 그러나 우리나라 국적을 가지고 있다고 하여도 외국에 있는 사람은 다른 나라의 영토주권으로 인하여 사실상의 제약이 따른다. 또한 국가의 영토주권으로 인하여 대한민국 내에 있는 모든 사람(내국인 외에 외국인도 포함됨)에게 민사재판권이 미치는 것이 원칙이다. 그러나 국제법상 인정되는 면제권(immunity)을 가지고 있는 사람에 대하여는 일정한 제약이 따른다.

2. 대인적 제약

국제법상 면제권이 인정되는 경우는 i) 외국국가, ii) 외국의 원수와 외교사절

---

3) 종전에는 '섭외적 법률관계'라는 표현을 썼으나, 국제사법이 2001. 4. 7. 법률 제6465호로 전부개정되면서 '외국적 요소가 있는 법률관계'라고 하고 있어, 본서에서는 '섭외적'이란 용어를 '외국적 요소가 있는'으로 쓰기로 한다.

4) 강현중, 133면.

5) 다른 견해: 이시윤, 59면(사법행정권에 속한다고 함).

및 그 수행원과 가족, iii) 영사관원과 그 사무직원, iv) 국제기구와 그 대표자 및 직원 등이 있고, 그 외에 우리나라와 미국과의 개별조약에 따라 v) 주한미군 등이 있다.

(1) 외국국가

국내법원이 외국국가에 대하여 재판권을 행사할 수 없다는 것이 국제관습법이다. 이를 주권면제(sovereign immunity) 또는 국가면제(state immunity)라 한다. 국가면제권의 범위와 관련하여 절대적 면제론과 상대적 면제론이 있다. 절대적 면제론이라 함은 국가의 행위에 대하여 그 성질이 어떠하냐를 묻지 않고 모두 재판권이 면제된다는 이론이다. 상대적 면제론이라 함은 국가의 행위 자체의 성질에 따라 면제권의 범위를 정하자는 이론이다.[6] 즉 국가가 공권적 행위를 한 경우에는 면제권을 주어야 하나, 사경제주체로서 한 경우에는 면제권을 줄 필요가 없다는 것이다. 과거에는 외국국가에 대하여 일반적으로 재판권의 면제를 인정하였으나 (절대적 면제론), 오늘날에는 외국국가의 행위를 주권적 행위와 사법적(私法的) 행위 또는 사경제주체로서의 행위로 나누어, 전자에 관한 소송에 한하여 재판권의 면제를 인정하는 상대적 면제론이 국내의 통설이다.[7] 영미와 유럽공동체의 최근의 입법 및 조약도 이를 따르고 있다. 우리 대법원은 종전에 절대적 면제론을 취하였다.[8] 그러나 현재는 "국제관습법에 의하면 국가의 주권적 행위는 다른 국가의 재판권으로부터 면제되는 것이 원칙이라 할 것이나, 국가의 사법적(私法的) 행위까지 다른 국가의 재판권으로부터 면제된다는 것이 오늘날의 국제법이나 국제관례라고 할 수 없고, 우리나라의 영토 내에서 행하여진 외국의 사법적 행위가 주권적 활동에 속하는 것이거나 이와 밀접한 관련이 있어서 이에 대한 재판권의 행사가 외국의 주권적 활동에 대한 부당한 간섭이 될 우려가 있다는 등의 특별한 사정이 없는 한, 외국의 사법적(私法的) 행위에 대하여는 당해 국가를 피고로 하여 우리나라의 법원이 재판권을 행사할 수 있다."고 하여[9] 상대적 면제론의 입장을 취하고 있다. 구체적인 기준은 행위성질기준설에 서있는 것으로 보인다.[10] 그러나

---

6) 구체적으로 국가기관이 공인격(公人格)의 지위 여부(기관성격기준설), 그 행위가 국가만이 할 수 있는 행위인지 여부(기관능력기준설), 국가의 행위가 권력행위인지 관리행위인지 여부(행위 성질기준설), 상사행위 여부(상사활동기준설) 등이 있다. 행위성질에 따라 나누는 것이 일반적이다.

7) 강현중, 128면; 이시윤, 60면; 정동윤/유병현/김경욱, 121면 등.

8) 대결 1975. 5. 23, 74마281.

9) 대판(전) 1998. 12. 17, 97다39216.

10) 同旨: 정동윤/유병현/김경욱, 122면.

외국국가가 사경제주체로서 법률행위를 한 경우라도 직접적 당사자가 아닌 경우 (예: 채권자가 외국의 고용인인 채무자에게 채권이 있고, 채무자는 외국의 고용인으로서 임금채권 및 퇴직금 채권이 있는 경우 등)에는 우리나라 법원은 제3채무자는 집행당 사자가 아님에도 불구하고 집행법원의 강제력에 직접적인 상대방이 되어 이에 복 종하여야 된다는 점을 고려하여 원칙적으로 외국국가를 제3채무자로 한 채권압류 및 추심명령뿐만 아니라, 그 이후 외국국가를 상대로 한 추심금청구의 소에서도 재판권을 행사할 수 없다고 하고 있다.[11]

(2) 외국의 원수와 외교사절 및 그 수행원과 가족

외국의 원수는 외국국가를 대표하므로 우리나라의 민사재판권이 면제된다. 또 한 외교사절 및 그 수행원과 가족은 「외교관계에 관한 비엔나 협약」(다자조약으로 우리나라는 1961. 4. 18. 체결, 1971. 1. 27. 발효함, 조약 365호)에 따라 외교관으로 서 민사재판권에 관하여 면제권을 가진다. 다만 i) 주재국의 영토 내에 있는 개인 의 부동산에 관한 소송[다만 파견국을 대신하여 보유하고 있는 부동산에 대한 소송은 면제됨: 동 협약 31조 1항 (a)], ii) 사인의 자격으로 유언집행자・유산관리인・상속 인 또는 유언수취인으로서 관계하고 있는 상속에 관한 소송[동항 (b)], iii) 공적 직무 이외로 행하는 직업적 또는 상업적 활동에 관한 소송[동항 (c)]에 관하여는 면제권을 갖지 못한다. 이외에도 외교사절 등은 증인으로서 증언을 해야 할 의무 를 지지 아니하며(동조 2항), 위 예외의 경우 외에는 강제집행도 면제된다(동조 3항). 다만 외 교관 외의 외교사절 등이 주재국의 국민 또는 영주자이거나(동 협약 37 조 1, 2항), 면제권을 포 기한 경우에는 민사재판권이 미친다. 외교사절 등이 우리나라의 민사재판권으로부 터 면제된다 하여도 그 본국의 민사재판권이 면제되는 것은 아니다(동 협약 31 조 4항).

(3) 영사관원과 그 사무직원

영사관원과 그 사무직원은 「영사관계에 관한 비엔나 조약」에 따라 일정한 면 제권을 가진다. 영사관원과 그 사무직원은 직무수행 중에 행한 행위에 대하여 재

---

11) 대판 2011. 12. 13, 2009다16766; 대판 2023. 4. 27, 2019다247903(원고는 몽골이 자신 소 유의 토지 일부를 침범하여 외교공관 지역으로 점유하고 있다는 이유로, 주위적으로 건물철거 및 토지인도, 부당이득금 반환을, 예비적으로 소유권확인을 청구한 사안에서 주위적 청구중 철거 및 인도청구에 대하여는 부동산을 공관지역으로 점유하는 것은 그 성질과 목적에 비추어 주권적 활동 과 밀접한 관련이 있으므로 재판권이 없고, 부당이득금 반환청구에 대하여는 공관지역의 점유에 영 향을 미치지 않아 외교공관의 직무수행과 직접적인 관련성이 없으므로 재판권이 있다고 하였다).

판권이 면제되지만, i) 파견국을 대리하지 않고 임의로 체결한 계약, ii) 주재국에서 차량, 선박 또는 항공기에 의하여 야기된 사고로부터 발생하는 손해 등에 기초하여 제3자가 제기하는 민사재판에 대하여 면제되지 아니한다($\substack{동\ 조약\\44조}$).

(4) 국제기구와 그 대표자 및 직원

국제기구 및 그 대표자 등 구성원에 대하여는 원칙적으로 국가에 준하여 민사재판권이 면제된다($\substack{유엔헌장\\105조}$). 보다 확실한 면제권을 확보하기 위하여 해당 국제기구와 국가 사이에 개별조약 등을 통하여 면제권을 부여받기도 한다.

(5) 주한미군

① 외국 군대에 대한 주둔국의 재판권이 면제되는지 여부에 관하여는 국제관습법이 확립되어 있지 않다. 따라서 당사자 사이의 협약을 통하여 해결한다. 우리나라에 미군이 주둔하고 있다. 이에 따라 우리나라와 미국 사이에 「대한민국과 아메리카합중국간의 상호방위조약 제4조에 의한 시설과 구역 및 대한민국에서의 합중국군대의 지위에 관한 협정」(약칭, 한미행정협정 또는 SOFA라 함)을 체결하였다.

② SOFA 협정에 의하면 주한미군의 구성원 및 내국인이 아닌 고용원의 공무집행 중의 불법행위로 한국인이 손해를 입은 경우에는 국가배상법에 따라 대한민국을 상대로 소송을 제기하여야 한다($\substack{동\ 협약\ 23)\\5항}$).[12] SOFA 협정에 따른 국가배상법의 적용에 있어서 동법 제2조 제1항 본문 전단(공무원 또는 공무를 위탁받은 사인이 직무집행 중 고의 또는 과실로 인한 손해배상)에 따른 손해배상에는 적용되지만, 동항 본문 후단의 자동차손해배상 보장법에 따른 손해배상사건에는 적용되지 아니한다.[13] 그러나 '계약에 의한 청구권(contractual claim)'의 경우에는 계약의 당사자인 미합중국에 대한 계약의 이행 청구와 계약 불이행을 원인으로 한 손해배상 청구뿐만 아니라, 계약의 체결 및 이행 사무를 담당하는 미합중국 군대의 구성원이나 고용원 등이 이와 직접 관련하여 행한 불법행위를 원인으로 한 손해배상 청구도 가능하다.[14]

---

12) 대판 1970. 9. 29, 70다1938(미군이 점유·관리하는 고압전주의 시설하자로 인한 감전사고에 따른 손해배상사건으로 피고가 대한민국임); 대판 2023. 6. 29, 2023다205968(자동차손해배상보장법상의 손해배상청구이므로 대한민국이 피고가 될 수 없다고 함).

13) 대판 2023. 6. 29, 2023다205968. 결국 자동차 사고를 낸 주한미군 등 개인 또는 미합중국(직무관련성이 있는 경우)을 상대로 민사소송으로 손해배상청구가 가능할 것이다.

14) 대판 1997. 12. 12, 95다29895.

③ 공무집행 중이 아닌 주한미군의 구성원 및 고용원(고용원 중 대한민국 국민과 대한민국에 통상적으로 거주하는 고용원은 제외함)의 작위 또는 부작위로 인한 손해배상, 미군차량의 무허가사용으로 인한 손해 등은 대한민국의 배상심의회를 거쳐 미국당국이 지급하며, 다만 손해배상에 불복하는 경우에 한하여 피해자는 해당 구성원 및 고용원을 상대로 대한민국 법원에 민사소송을 제기할 수 있다(동 협약 23조 6, 10항). 전시 또는 비전시의 계약으로 인한 분쟁에 대하여는 민사소송에 의하여 해결하는 외에 조정을 위하여 합동위원회에 회부할 수 있다(동조 10항).

Ⅲ. 민사재판권의 물적 범위

민사재판권의 물적 범위의 문제는 「외국적 요소가 있는 법률관계」가 있는 사건을 어느 나라에서 재판을 할 수 있는가 하는 문제이다. 즉 국제재판관할권의 문제인 것이다.

우선 국제재판관할권의 의의를 살펴본 후에 기준과 관련된 학설·판례와 국제사법의 규정을 검토하고, 이어 미국의 연방대법원 판례를 중심으로 발전한 최소관련성(minimum contacts)의 원칙과 공평한 법원(fair court)의 개념을 간단히 살펴봄으로써 우리에게 국제재판관할권을 어떻게 적용할 수 있는지를 살펴보겠다. 마지막으로 국재재판관할권의 구체적 범위를 보도록 한다.

1. 의   의

(1) 국제재판관할권이라 함은 당사자 중 한쪽 또는 양쪽이 외국인이거나, 외국에 주소를 두고 있는 경우 혹은 분쟁의 대상인 권리 또는 법률관계가 외국과 관련이 있는 민사분쟁이 외국적 요소를 가지고 있는 경우에 관련국 가운데 어느 나라의 법원이 그 사건을 처리하여야 하는지의 기준을 말한다.[15] 이것은 국내법원과 외국법원의 재판권의 한계를 설정하는 작업이기도 하다. 국제재판관할권의 기준에 따라 우리나라에 재판권이 존재하는 경우 다음으로 우리나라의 어느 법원에서 구체적으로 재판을 할 것인가라는 관할의 문제가 대두된다.

(2) 국제재판관할권과 구별되는 개념으로 i) 우리나라 법원이 외국적 요소가 있는 법률관계에 관한 사건에 어느 나라의 실체법을 적용하여야 하는지의 문제인

---

15) 강현중, 133면.

국제사법상의 준거법의 문제, ii) 어느 나라의 소송법을 적용하여야 하는가의 문제인 법정지법의 문제 등이 있다. 위 i)은 국제사법의 준거법 적용의 문제로 해결할 수 있고, 위 ii)는 "절차는 법정지법(lex fori)에 의한다."는 로마법 이래의 법언에 따라 우리나라 민사소송법이 적용된다고 할 것이다.

(3) 국제재판관할권의 결정에 관한 기본이념은 전통적으로 국가주의, 국제주의, 보편주의가 있다. 국가주의란 국제재판관할권을 결정할 때 외국적 요소를 고려하지 아니하고 자기나라와 자신의 국민의 이익만을 고려하여 결정하는 것을 말한다(프랑스 민법 14, 15조). 국제주의라 함은 국제재판관할권의 결정 기준을 국제법상의 국가주권의 저촉문제로 보아 국제법상의 원칙에 따라 결정하려는 입장이다(예: 부동산소송은 소재지국의 전속관할, 혼인사건 등 신분관계 소송은 당사자의 본국의 관할 등). 한편 보편주의는 외국적 요소가 있는 법률관계로 인한 소송을 민사소송법의 기본이념인 적정·공평·신속·경제 등에 기초하여 국가 사이의 재판권의 배분 문제로 보는 견해이다. 지금은 인터넷을 통한 실시간 정보가 연결되는 초-글로벌(super-global) 시대라는 점에 비추어 보편주의 이념이 타당하다.[16]

2. 국제재판관할권의 기준

국제재판관할권에 관한 학설, 국제사법 제2조상의 기준, 우리나라의 판례, 미국의 판례이론 순으로 살펴보도록 하겠다.

(1) 학 설

국제재판관할권에 관한 우리나라의 학설은 크게 보아 역추지설, 수정역추지설(특별사정), 관할배분설로 나눌 수 있다. 학설의 큰 시각은 국내 토지관할 규정을 기본으로 할 것인지, 아니면 민사소송의 기본이념에 의할 것인지 또는 두 요소를 적절하게 절충하여 기준을 정하는 방식을 취하고 있다. 일본학자들이 주장하는 다양한 견해도 큰 범주에서 보면 위 세 학설의 하나에 속하게 된다.[17]

---

16) 同旨: 정동윤/유병현/김경욱, 127면.
17) 일본학자들이 주장하는 유형적 이익형량설, 신유추설 등은 절충적 견해의 범주에 속한다고 할 수 있다. 유형적 이익형량설은 국내 토지관할규정에 얽매이지 않고, 우리나라와의 '관련의 밀접성'에 기초하여 정하여야 한다는 견해이고, 신유추설은 국내 토지관할규정을 떠나 독자적인 사건유형을 구성하고 이에 기초하여 관할을 정하되 구체적 사건의 특별한 사정을 고려하여야 한다는 견해이다. 우리나라에서 주장하는 학자가 없어 학설로는 소개하지 아니하기로 한다.

① 역추지설(逆推知說)

우리 민사소송법의 토지관할에 관한 규정에 비추어 국제재판관할권이 있는지 여부를 역으로 추지(推知)하여야 한다는 견해이다.[18] 즉 우리 민사소송법의 토지관할에 기초하여 관할이 인정되면 해당 사건의 국제재판관할권이 있고, 그렇지 아니하면 존재하지 않는다는 것이다.[19] 기본이념에 있어 국가주의 내지 국제주의에 기초하고 있다.

② 관할배분설(또는 조리설)

국제재판관할권은 외국적 요소가 있는 사건을 민사소송법의 기본이념인 적정·공평·신속·경제 등을 고려하여 어느 나라에서 재판하는 것이 가장 합리적인가를 보아 조리에 따라 결정하여야 한다는 견해이다. 우리나라의 다수설이다.[20] 관할권을 정하는 기준이 너무 추상적이라는 비판이 있다.

③ 수정역추지설(또는 특별사정설)

원칙적으로 우리나라의 토지관할 규정을 유추하여 국제재판관할권을 정하되, 다만 그것을 그대로 적용하는 것이 적정·공평·신속·경제 등 민사소송법의 기본이념에 반하는 '특별한 사정'이 존재하는 경우에는 국제재판관할권을 부정하여야 한다는 견해이다.[21] 이 설은 국내 관할규정을 기초하여 정하고, 적정·공평·신속·경제 등 민사소송법의 기본이념에 비추어 특별한 사정이 존재하면 국제재판관할권을 부정하여야 한다는 것으로 역추지설과 관할배분설의 절충적 견해이다. 국내 유력설이다.

④ 검 토

이상의 역추지설, 관할배분설, 수정역추지설은 나름대로 논거를 가지고 있고, 또한 구체적인 적용과 관련하여 보면 별로 차이가 없는 것도 사실이다. 그러나 국제재판관할권의 행사기준을 정확히 하여 두는 것은 「외국적 요소가 있는 법률관계」가 있는 사건의 처리를 적정하게 하기 위하여 필수불가결한 요소이다. 우선 역추지설은 국내 관할규정에 준하여 관할이 있으면 국제재판관할권을 인정하고,

---

18) 역추지설은 토지관할로부터 재판권 유무를 판정한다는 의미에서 '토지관할규정유추설'이라고도 한다.

19) 이영섭, 61면.

20) 강현중, 135면; 김홍규/강태원, 38-39면; 정동윤/유병현/김경욱, 128면.

21) 김용진, 43면; 이시윤, 62면; 전병서, 63면.

그렇지 않으면 이를 부정한다는 것은 관할의 기준을 제시하는 것이 아니고 국내 관할규정이라는 도구를 단순히 준용하는 것에 불과한 것이므로 적절하지 못하다. 또한 수정역추지설도 기본적으로 국내 관할규정을 기준으로 한다는 점에서 역추지설과 같은 비판을 면하기 어렵다. 이러한 점에 비추어 약간 추상적인 면이 있기는 하나 관할배분설이 타당하다고 할 수 있다. 다만 관할배분설에 부연한다면 국제재판관할권을 민사소송의 기본이념인 적정·공평·신속·경제 등을 고려하여 조리에 따라 결정한다는 점은 타당하나, 조리의 대표적인 예가 국내 관할규정이라는 점을 분명히 할 필요가 있다고 생각한다.

(2) 국제사법 제2조상의 기준

① 국제사법 제2조의 내용

국제사법이 2001년 4월 7일 법률 제6465호로 전부개정되면서 제2조에 국제재판관할에 관한 규정을 신설하였다. 그 내용을 보면 제2조 제1항에 "법원은 당사자 또는 분쟁이 된 사안이 대한민국과 실질적 관련이 있는 경우에 국제재판관할권을 가진다. 이 경우 법원은 실질적 관련의 유무를 판단함에 있어 국제재판관할 배분 이념에 부합하는 합리적인 원칙에 따라야 한다."고 규정하고, 이어 제2항에서 "법원은 국내법의 관할규정을 참작하여 국제재판관할권의 유무를 판단하되, 제1항의 규정의 취지에 비추어 국제재판관할의 특수성을 충분히 고려하여야 한다."고 정하고 있다. 그런데 국제사법이 2022년 1월 4일 전부개정(시행: 2022. 7. 5.)되면서 제2조의 제목을 '국제재판관할'에서 '일반원칙'을 바꾸고 관할배분설에 기초하여 보다 구체적으로 규정하고 있다. 전면개정된 국제사법 제2조 제1항에서 "대한민국 법원은 당사자 또는 분쟁이 된 사안이 대한민국과 실질적 관련성이 있을 경우에 국제재판관할권을 가진다. 이 경우 법원은 실질적 관련의 유무를 판단할 때에 당사자 간의 공평, 재판의 적정, 신속 및 경제를 꾀한다는 국제재판관할 배분의 이념에 부합하는 합리적인 원칙에 따라야 한다."고 하였고, 동조 제2항에서 "이 법이나 그 밖의 대한민국 법령 또는 조약에 국제재판관할에 관한 규정이 없는 경우 법원은 국내법의 관할규정을 참작하여 국제재판관할권의 유무를 판단하되, 제1항의 취지에 비추어 국제재판관할의 특수성을 충분히 고려하여야 한다."고 정하고 있다.

② 국제사법 제2조상의 기준

국제사법 제2조의 규정은 국제재판관할을 정하는 추상적 기준을 우리나라와의 「실질적 관련성」 여부에 기초하고 실질적 관련성을 판단하는 요소는 「국제재판관할 배분의 이념」인 적정·공평·신속·경제 등에 두고 있다. 또한 구체적인 기준은 「국내법의 관할규정」이고, 다만 국제재판관할 배분의 이념에 기초한 특수성을 고려하여야 한다는 것이다.

국제사법 제2조의 명문상의 국제재판관할의 기준은 i) 1차적으로 우리나라와의 「실질적 관련성」, ii) 2차적 기준으로 「국제재판관할 배분의 이념」인 적정·공평·신속·경제 등을 제시하고 있다. iii) 마지막으로 「국내법의 관할규정 + 특수성」의 고려기준으로 「국제재판관할 배분의 이념」인 적정·공평·신속·경제 등을 제시하고 있다.

국제사법 제2조의 규정에 기초하여 보면 국제재판관할권을 정하는 가장 상위 개념으로 우리나라와의 「실질적 관련성」을 정하고 있다. 「실질적 관련성」이라는 개념 자체는 매우 추상적이고, 다양한 요소를 내포하고 있다. 그런데 제2조 제1항에서 제2차적 기준으로 「국제재판관할 배분의 이념」을 정하고 있다. 이러한 점에 비추어 보면 실질적 관련성을 정하는 기준 중 가장 중요한 요소는 「국제재판관할 배분의 이념」인 적정·공평·신속·경제라고 할 수 있다. 또한 실질적 관련성을 정하는 보다 구체적 기준으로 제2조 제2항에서 「국내법의 관할규정」을 제시하고 있고, 또한 국내법의 관할규정을 국제재판관할에 준용할 때에는 「국제재판관할 배분의 이념」인 적정·공평·신속·경제 등을 충분히 반영하도록 하고 있다.

결국 국제사법 제2조상의 기준은 우리나라와의 「실질적 관련성」이라는 추상적인 개념에 기초하는데, 여기에는 국제재판관할 배분의 이념인 적정·공평·신속·경제 등의 요소가 실질적 관련성의 가장 중요한 요소로서 작용하고, 보다 구체적인 척도는 국내법의 관할규정이고 특별한 사정 유무도 국제재판관할 배분의 이념인 적정·공평·신속·경제 등의 요소의 범주 내에서 운영되어야 한다는 것을 명백히 하고 있다고 할 수 있다.

이러한 관점에서 보면 국제사법 제2조상의 기준은 관할배분설에 기초하고 있다고 평가할 수 있다. 관할배분설은 추상적으로 국제재판관할 배분의 이념인 적정·공평·신속·경제 등에 기초하여 정하고, 그 중간적 기준은 조리이고 보다 구체적인 기준은 국내법의 관할규정이다. 특별한 사정의 유무를 고려할 때에도 결국 국제재판관할 배분의 이념인 적정·공평·신속·경제 등에 기초하여야 한다. 국제사법 제2조상의 기준인 실질적 관련성, 국제재판관할 배분의 이념, 국내법의 관할규정, 특별사정의 고려 등을 무리 없이 해석할 수 있는 학설은 관할배분설이 유일하다고 생각된다.

(3) 판 례

국제사법 제2조 적용 전·후로 나누어 살펴볼 필요가 있다.

① 국제사법 제2조 적용 전의 판례

국제사법 제2조 적용 전의 판례 중 국제재판관할과 관련된 최초의 판례는 대판 1988. 4. 12, 85므71[22]로 볼 수 있다. 여기에서는 "외국법원의 재판관할권의 유무는 섭외이혼사건의 적정, 공평과 능률적인 해결을 위한 관점과 외국판결 승인제도의 취지 등에 의하여 합리적으로 결정되어야 할 것인바, 섭외이혼사건에 있어서 이혼판결을 한 외국법원에 재판관할권이 있다고 하기 위해서는 그 이혼청구의 상대방이 행방불명 기타 이에 준하는 사정이 있거나 상대방이 적극적으로 응소하여 그 이익이 부당하게 침해될 우려가 없다고 보여지는 예외적인 경우를 제외하고는 상대방의 주소가 그 나라에 있을 것을 요건으로 한다고 하는 이른바, 피고주소지주의에 따름이 상당하다고 보아야 할 것이다."고 하여 기본적으로 적정·공평, 관련 제도의 취지에 의하여 합리적으로 결정하고, 특별한 사정이 없는 한 국내 관할규정에 따름이 상당하다고 하였다.

이후 대판 1992. 7. 28, 91다41897[23]에서 국제재판관할과 관련하여 "섭외사건에 관하여 국내의 재판관할을 인정할지의 여부는 국제재판관할에 관하여 조약이

---

22) 사안은 갑(甲)이 대한민국에 주소를 두고 있는 을(乙)을 상대로 미국 캘리포니아 소재 로스엔젤레스 소재 고등법원에서 이혼판결을 받았다. 이에 대하여 을은 갑의 위 미국법원의 이혼판결이 민사소송법 제203조 제1호(현행 민사소송법 제217조 제1항 제1호)의 국제재판관할권이 없는 외국법원의 판결이라는 이유로 갑을 상대로 대한민국 법원에 이혼무효의 확인을 구하는 소를 제기하였다. 대법원은 판결에서 갑이 을을 상대로 한 미국법원의 이혼판결 당시 을이 행방불명 기타 이에 준하는 사정이 있거나 을이 적극적으로 응소하여 그 이익이 부당하게 침해될 우려가 없다고 보여지는 예외적인 경우를 제외하고는 상대방의 주소가 그 나라에 있을 것을 요건으로 한다고 보아야 하는 데, 미국법원의 이혼판결은 국제재판관할권이 없는 외국법원의 판결로서 무효라고 하였다. 대법원은 외국판결의 승인과 관련하여 국제재판관할권의 의미를 판시하였다.

23) 사안은 미합중국 하와이주의 법률에 의하여 설립된 외국법인의 서울사무소에서 근무하던 외국인 직원들이 부당해고 되었음을 이유로 손해배상을 청구하는 소송이다. 대법원은 민사소송법 제10조 소정의 재판적(선원·군인·군무원에 대한 특별재판적)이 인정되므로 대한민국에 재판관할권이 있다고 하였다.

나 일반적으로 승인된 국제법상의 원칙이 아직 확립되어 있지 않고 이에 관한 우리나라의 성문법규도 없는 이상 결국 당사자 간의 공평, 재판의 적정, 신속을 기한다는 기본이념에 따라 조리에 의하여 이를 결정함이 상당하다 할 것이고, 이경우 우리나라의 민사소송법의 토지관할에 관한 규정 또한 위 기본이념에 따라 제정된 것이므로 위 규정에 의한 재판적이 국내에 있을 때에는 섭외사건에 관한 소송에 관하여도 우리나라에 재판관할권이 있다고 인정함이 상당하다."고 판시하여 국제재판관할의 기준에 대하여 보다 구체적으로 제시하고 있다. 그 이후 대법원은 대판 1995. 11. 21, 93다39607,[24] 대판 2000. 6. 9, 98다35037[25]에서 위 대판 1992. 7. 28, 91다41897의 판지(判旨)를 그대로 유지하고 있다. 위 판례의 취지는 국제재판관할은 민사소송의 이상인 적정·공평·신속·경제 등을 고려하여 조리에 따라 결정하고, 특히 이러한 취지가 충분히 반영된 국내 토지관할 규정이 주요한 근거가 된다고 하고 있다.

② 국제사법 제2조 적용 후의 판례

국제사법 제2조의 규정이 시행된 2001. 7. 1. 이후의 판결인 대판 2005. 1. 27, 2002다59788[26]에서 "국제재판관할을 결정함에 있어서는 당사자 간의 공평,

---

24) 사안은 피고 회사는 미합중국 플로리다주에 주소나 영업소를 두지 아니하고 단지 같은 주에 본점이 있는 원고 메츠사에게 1981년 이후 수년간 무선전화기를 판매하여 왔는데, 대법원은 이러한 사정만으로는 피고가 자신이 제조한 상품의 하자로 인한 사고가 위 플로리다주에서 발생하여 이에 관한 소송이 그 지역의 외국법원에 제소될 것임을 합리적으로 예견할 수 있을 정도로 피고 회사와 위 플로리다주와의 사이에 실질적 관련이 있다고 보기 어렵다 할 것이므로 손해 발생지인 위 플로리다주 법원에 국제재판관할권을 인정하지 아니함이 조리상 상당하다고 보았다.

25) 사안은 신용장 매입은행인 원고 (주)광주은행이 신용장 개설은행인 피고 중국은행을 상대로 신용장대금의 지급청구를 대한민국에 하였다. 대법원은 피고 중국은행이 대한민국 내에 사무소, 영업소 또는 업무담당자의 주소를 갖고 있으므로 중국은행의 대한민국 지점의 영업에 관한 것이 아닌 분쟁에 대하여 우리나라 법원의 국제재판관할권을 인정하였다.

26) 이 판결은 국제사법 제2조를 언급하고 있으나, 사안 자체는 국제사법 부칙 3조에 의하여 동법 제2조가 적용되지 아니한다. 사안은 원고는 대한민국 내에 주소를 두고 영업을 영위하는 자로서, 미국의 도메인 이름 등록기관에 등록·보유하고 있는 도메인 이름에 대한 미국의 국가중재위원회의 피고로의 이전 판정에 불복하여, 대한민국 법원에 이 사건 판정에 의한 도메인의 이전은 불법 또는 부당한 이전에 해당하므로 피고에게는 이 사건 도메인 이름을 보유할 권한이 없다고 주장하면서 피고를 상대로 이 사건 도메인 이름을 원고에게 다시 이전하라고 청구하고, 또한 선택적으로, 원고가 여전히 이 사건 도메인 이름의 보유자임을 전제로 하여 피고에게 상표권에 기한 침해금지청구권이 존재하지 아니한다는 확인을 구하는 소를 제기하였다. 대법원은 원고의 주소지 및 사업 중심지, 영업상의 손해 발생지가 모두 대한민국이고, 이용행위의 침해행위 여부 및 손해의 유무를 판정하기 위한 증거들이 대한민국에 소재한다는 이유로 분쟁이 된 사안과 대한민국 사이에 대한민국 법원이 국제재판관할권을 행사하는 것을 정당화할 수 있을 정도로 실질적 관련성이 있다고 판시하였다.

재판의 적정, 신속 및 경제를 기한다는 기본이념에 따라야 할 것이고, 구체적으로는 소송당사자들의 공평, 편의 그리고 예측가능성과 같은 개인적인 이익뿐만 아니라 재판의 적정, 신속, 효율 및 판결의 실효성 등과 같은 법원 내지 국가의 이익도 함께 고려하여야 할 것이며, 이러한 다양한 이익 중 어떠한 이익을 보호할 필요가 있을지 여부는 개별 사건에서 법정지와 당사자와의 실질적 관련성 및 법정지와 분쟁이 된 사안과의 실질적 관련성을 객관적인 기준으로 삼아 합리적으로 판단하여야 할 것이다."고 하여 종전의 판례입장을 밝히면서, 부가하여 「국제사법 제2조가 제1항에서 "법원은 당사자 또는 분쟁이 된 사안이 대한민국과 실질적 관련이 있는 경우에 국제재판관할권을 가진다. 이 경우 법원은 실질적 관련의 유무를 판단함에 있어 국제재판관할 배분의 이념에 부합하는 합리적인 원칙에 따라야 한다."고 규정하고, 이어 제2항에서 "법원은 국내법의 관할 규정을 참작하여 국제재판관할권의 유무를 판단하되, 제1항의 규정의 취지에 비추어 국제재판관할의 특수성을 충분히 고려하여야 한다."고 규정하고 있는바, 이 조항의 내용 역시 위와 같은 일반원칙을 표현한 것으로 볼 수 있다.」고 판시하였다. 이는 종전의 대법원 판례를 유지하면서 국제사법 제2조의 실질적 관련성, 국제재판관할 배분의 이념과 특수성 등을 고려하고 있음을 알 수 있다.

그 이후 대법원은 국제사법 제2조가 적용된 최초의 판례인 대판 2008. 5. 29, 2006다71908, 71915[27]에서도 위 2002다59788 판결을 참고하여 "당사자 간의 공평, 재판의 적정, 신속 및 경제를 기한다는 기본이념에 따라 국제재판관할을 결정하여야 하고, 구체적으로는 소송당사자들의 공평, 편의 그리고 예측가능성과 같은 개인적인 이익뿐만 아니라 재판의 적정, 신속, 효율 및 판결의 실효성 등과 같은 법원 내지 국가의 이익도 함께 고려하여야 하며, 이러한 다양한 이익 중 어떠한 이익을 보호할 필요가 있을지 여부는 개별 사건에서 법정지와 당사자의 실질적

---

27) 사안은 대한민국 회사(원고: 성우 엔디프라이스 주식회사)가 일본 회사(피고: 미호오재팬 주식회사)에게 러시아에서 선적한 냉동청어를 중국에서 인도하기로 하고 그 대금은 선적 당시의 임시 검품 결과에 따라 임시로 정하여 지급하되 인도지에서 최종 검품을 하여 최종가격을 정한 후 위 임시가격과의 차액을 정산하기로 한 매매계약에서, 그 차액 정산에 관한 분쟁이다. 이에 대하여 대법원은 이 사건 분쟁은 최종 검품 여부 및 그 결과가 주로 문제되므로 인도지인 중국 법원이 분쟁이 된 사안과 가장 실질적 관련이 있는 법원이지만, 피고가 원고를 상대로 하여 중국법원에 제기한 소가 각하되었고, 청어 등을 포함한 증거가 처분되어 존재하지 아니하여 권리구제가 어려운 점, 피고가 이 사건 소에 대하여 반소를 제기하여 분쟁의 일회적 해결이 필요한 점, 계약과 관련하여 원고가 팩스를 받는 방식으로 체결되었고, 이 사건 정산금을 송금받은 곳이 대한민국인 점 등을 고려하여 이 사건에 대하여 우리나라 법원에 국제재판관할권을 행사할 실질적 관련성이 존재한다고 하였다.

관련성 및 법정지와 분쟁이 된 사안과의 실질적 관련성을 객관적인 기준으로 삼
아 합리적으로 판단하여야 할 것이다."고 하여 종래의 대법원 판결에 국제사법 제
2조의 취지를 충분히 반영하고 있다.

　위 대판 2008. 5. 29, 2006다71908, 71915 이후 i) 2002년 김해공항 인근에서
발생한 중국 항공기 추락사고로 사망한 중국인 승무원의 유가족이 중국 항공사를
상대로 대한민국 법원에 손해배상청구소송을 제기한 사안,[28] ii) 일제강점기에 국
민징용령에 의하여 강제징용되어 일본국 회사인 구 미쓰비시중공업 주식회사에서
강제노동에 종사한 대한민국 국민 갑 등이 위 구 미쓰비시중공업과 동일한 법적
실체인 현재의 미쓰비시중공업 주식회사를 상대로 국제법 위반 및 불법행위를 이
유로 한 손해배상 및 미지급 임금을 구한 사안,[29] iii) 갑 등 베트남전 참전군인들
이 을 외국법인 등에 의해 제조되어 베트남전에서 살포된 고엽제 때문에 당뇨병
등 질병에 걸렸다며 을 외국법인 등을 상대로 제조물책임 등에 따른 손해배상을
구한 사안,[30] iv) 일본국에 주소를 둔 재외동포 갑이 일본국에 주소를 둔 재외동
포 을을 상대로 대여금채무에 대한 변제를 구하는 소를 대한민국 법원에 제기한
사건,[31] v) 개성공업지구 현지기업 사이의 민사분쟁,[32] vi) 중국인 사이에서 중국

---

　28) 대판 2010. 7. 15, 2010다18355(대법원은 우리나라의 국제재판관할권의 근거로 불법행위지
와 피고회사의 영업소의 소재지의 토지관할 존재, 국제재판관할권이 배타적이 아니고 병존적인 점,
대한민국 법원의 사안과 증거조사의 편리함, 준거법과 국제재판관할권은 서로 다른 이념에 의하여
지배된다는 점, 국제재판관할권을 부차적인 이유를 들어 스스로 포기할 필요가 없다는 점, 국내여
행객과 중국인 승무원과의 차별은 형평성에도 반한다는 점을 이유로 함).

　29) 대판 2012. 5. 24, 2009다22549(대법원은 대한민국의 국제재판관할권의 근거로 피고인 현재
미쓰비시중공업 주식회사의 업무 진행을 위한 연락사무소가 대한민국에 있다는 점, 대한민국이 일
련의 불법행위 중 일부가 이루어 진 불법행위지라는 점, 피해자인 갑 등의 거주지가 대한민국에 거
주하는 점, 갑 등의 불법행위로 인한 손해배상청구와 미지급임금 지급청구 사이에 객관적 관련성이
있다는 점을 이유로 함).

　30) 대판 2013. 7. 12, 2006다17539(대법원은 대한민국의 국제재판관할권의 근거로 대한민국이
불법행위의 결과발생지로서 불법행위지로서 토지관할이 있다는 점을 이유로 하면서, 제조물책임소
송에서 제조업자가 손해발생지에서 사고가 발생하여 그 지역법원에 제소될 것임을 합리적으로 예
견할 수 있을 정도로 '제조업자와 손해발생지 사이에 실질적 관련성'이 있는지를 고려하여야 한다
고 함). 또한 대법원은 제조물책임소송의 간접적 국제재판관할권의 사안에서도 같은 취지도 판시하
고 있다(대판 2015. 2. 12, 2012다21737).

　31) 대판 2014. 4. 10, 2012다7571(대법원은 대한민국의 국제재판관할권의 근거로 대여금 중 2
건은 채권의 발생 자체가 피고의 대한민국 내의 개발사업과 직접 관련이 있고, 피고 소유의 부동산
의 대한민국 내의 존재, 돈의 수령 및 사용장소가 대한민국이며, 수령인도 대한민국 내 거주자인
점을 이유로, 나머지 1건은 변론관할을 이유로 함).

　32) 대판 2016. 8. 30, 2015다255265(대법원은 우리 헌법이 규정하고 있는 자유시장경제질서에
기초한 경제활동을 영위하다가 발생하는 것이라는 점 등을 고려해 대한민국 법원이 당연히 재판관
할권을 갖는다고 함). 헌법상 북한지역의 영토는 대한민국 영토의 일부라는 점에 비추어 보면 영토

내 대여채권에 관하여 대한민국 법원에 대여금반환청구를 제기한 사안,[33] vii) 외국인이 관련된 이혼사건 등 가사소송사건,[34] viii) 중국 국적의 갑(甲)회사는 대한민국 국적의 을(乙)회사가 중국법에 따라 설립한 중국 국적의 병(丙)회사에게 물품공급계약에 따라 물품공급을 하였으나 그 물품대금 중 일부를 지급받지 못하자 대한민국 법원에 을(乙)회사를 상대로 연대책임에 기초하여 잔대금의 지급을 청구한 사안[35] 등에서도 동일한 취지의 판결을 하고 있다.

결국 국제사법 제2조가 적용된 이후의 판결에서도 종전과 같이 국제재판관할은 기본적으로 당사자 간의 공평, 재판의 적정, 신속 및 경제를 기한다는 기본이념에 따르되, 구체적 고려사항으로 "소송당사자들의 공평, 편의 그리고 예측가능성과 같은 개인적인 이익뿐만 아니라 재판의 적정, 신속, 효율 및 판결의 실효성 등과 같은 법원 내지 국가의 이익" 등을 구체적으로 제시하고 있다는 점이 다르다. 즉 종전의 판례를 그대로 유지하고 있고, 다만 구체적인 설명을 함에 있어서 국제사법 제2조에 부합하게 설시하고 있다고 평가할 수 있다.

③ 판례의 태도

판례의 전체적 흐름은 대판 1988. 4. 12, 85므71 이후 국제사법의 개정 여부와 관계없이 큰 변화가 없다고 보는 것이 타당하다. 기본적으로 민사소송의 이상인 적정·공평·신속·경제 등의 이념에 기초하여 국내 관할규정, 당사자의 이해, 국가와 법원의 이익 등을 고려하여 판단한다는 것이다. 이러한 관점에서 보면 판례의 입장은 관할배분설에 기초하고 있다고 볼 수 있다.[36] 그 이유로 대법원의 기본설시를 보면 "당사자 간의 공평, 재판의 적정, 신속 및 경제를 기한다는 기본이념에 따라 국제재판관할을 결정하여야 하고"라고 단정하고 있다. 그 이후 구체적인 요소로서 '국내 관할규정, 당사자의 이해, 국가와 법원의 이익 등'을 들고 있는 점은 관할배분설에서 말하는 조리의 구체적 형태를 나타낸다고 보아야 하기 때문이다. 따라서 판례의 태도는 관할배분설에 기초하고 있다고 보아야 한다. 이

주권이 미치는 곳이므로 당연히 재판권이 미친다고 보아야 한다. 이 사안은 국제재판관할권의 문제는 아니라고 보아야 한다.

33) 대판 2019. 6. 13, 2016다33752(피고가 중국에서 제기된 소송에서 불응한 채 대한민국에 입국하여 생활근거를 마련하고 원고도 영업하기 위하여 입국한 사안임).

34) 대판 2014. 5. 16, 2013므1196(우리나라와 스페인 국적의 부부 간의 이혼사건 등); 대판 2021. 2. 4, 2017므12552(캐나다 국적의 부부 간의 이혼 등 사건)

35) 대판 2021. 3. 25, 2018다230588.

36) 同旨: 이시윤(2008), 54면.

러한 기조는 국제사법 제2조에서 국제재판관할에 관한 명문규정을 둔 이후에도 변한 것이 없다고 할 것이다. 이는 국제사법 제2조의 가장 상위개념이라고 할 수 있는 '실질적 관련성' 유무가 국제재판관할 유무와 직결되는 것이고, '실질적 관련성'의 핵심요소가 국제재판관할 배분의 이념인 적정·공평·신속·경제 등이고, 이것의 구체적 예가 '국내법의 관할규정'이기 때문이다.

(4) 미국의 판례이론

① 미국의 50개 주와 콜롬비아 특구(the District of Columbia)는 독자적인 사법시스템을 가지고 있을 뿐만 아니라 이와 별도의 연방사법시스템이 존재하고 있다.[37] 따라서 미국의 경우 각 주와 연방이라는 52개의 사법시스템 즉 52개의 독자적 재판권(Jurisdiction)이 병존하고 있는 것이다. 특히 각 주는 연방과 다른 독자적인 사법시스템을 가지고 있으므로 어느 주에서 재판을 받는가 하는 것은 소송 당사자에게 매우 중요한 문제이다. 미국 민사소송법 교과서에서는 재판권에 관한 부분이 전체의 20~25%를 차지하고 있는 실정이다.

② 그렇기 때문에 미국에서는 판례를 통하여 재판권에 관한 이론이 많이 개발되어 왔고, 이것이 각 주에서 법으로 제정되고 있다. 이를 재판권확장법이라고 지칭되는 Long-Arm Statutes라고 한다. 특히 각 주의 인적 재판권(Personal Jurisdiction)의 확장과 관련하여 미국연방대법원의 판례를 통하여 인정되는 최소관련성(The Minimum Contacts)의 원칙과 공평한 법원(Fair Court) 등의 개념이 우리의 국제재판관할의 배분기준을 정하는 데 도움이 될 것으로 생각되어 필요한 범위 내에서 간단히 소개하도록 하겠다.

③ 최소관련성(The Minimum Contacts)의 원칙과 공평한 법원(Fair Court) 등의 개념은 미연방대법원 International Shoe Co. v. Washington 판결[326 U.S. 310, 66 S.Ct. 154, 90 L.Ed. 95(1945)]에서 시작된다. 그 이후 많은 판례가 나와 그 개념을 더욱 구체화하고 있다.[38] 이는 재판권이 성립되기 위해서는 피고가 해당 주

---

37) Friedenthal/Kane/Miller/Steinman, p.4.
38) Hanson v. Denckla 판결[357 U.S. 235, 78 S.Ct. 1228, 2 L.Ed.2d. 1283(1958)], World-Wide Volkswagen Corp.v. Woodson 판결[444 U.S. 286, 100 S.Ct. 559, 62 L.Ed.2d. 490(1980)], Helicopteros Nacionales de Colombia S.A. v. Hall 판결[466 U.S. 408, 104 S.Ct. 1868, 80 L.Ed.2d. 404 (1984)], Calder v. Jones 판결[465 U.S. 783, 104 S.Ct. 1482, 79 L.Ed.2d. 804 (1984)], Berger King Corp.v. Rudzewicz 판결[471 U.S. 462, 105 S.Ct. 2174, 85 L.Ed.2d. 528(1985)], Keeton v. Hustler Magazine Inc. 판결[465 U.S. 770, 104 S.Ct. 1473, 79 L.Ed.2d. 790(1984)] 등.

에 주소를 두고 거주(domicile and residence)하여야 하다는 종전의 신체 현존의 원칙(the physical presence rule)의 예외를 인정한 것이다.[39] 이는 미연방대법원의 1877년 Pennoyer v. Neff 판결[95 U.S. (5 Otto) 714, 24 L.Ed. 565(1877)] 이후 계속된 신체현존이 필요하다는 종전의 원칙을 보다 진보된 모바일 사회의 현실에 맞추기 위한 변화의 시도로 볼 수 있다.[40]

위 판결들의 요지는 개별 주가 자신의 주에 거주하지 아니하는 자에 대하여 재판권을 행사하기 위하여는 그가 그 주에 거주하지는 아니하여도 사업 등 최소한의 관련성을 가져야 하고, 재판권의 행사가 피고에게 공평하고 실질적 정의(fair play and substantial justice)에 부합하여야 한다는 취지이다. 또한 공평한 법원이 되는지 여부는 "주의 이익, 증인과 증거 및 장소와 관련하여 당사자의 편의, 다수소송의 발생 방지 등의 요소를 종합적으로 고려하여야 한다."[41]는 것이다.

이는 미연방대법원의 1877년의 Pennoyer v. Neff 판결에 의하여 확립된 신체현존의 원칙이 사회의 발전과 회사의 출현 등으로 더 이상 유지하기 어려운 상황이 발생하면서 자연스럽게 인적 재판권을 넓히는 쪽으로 운영할 필요성이 생겼기 때문이다. 이후 각 주의 재판권확장법(Long-Arm Statutes) 또는 개별입법(single-act statutes)을 통하여 법정지(forum)와의 다양한 관련성에 기초하여 비거주자(nonresidents)에게 재판권을 행사하려는 시도가 예상된다.[42]

각 주의 법원이 자신의 재판권을 행사하기 위하여는 피고와 사업 등의 최소한의 관련성이 존재하여야 하고, 그렇게 재판권을 행사하는 것이 재판과 관련하여 당사자의 편의, 다수소송의 발생, 주의 이익 등을 종합적으로 고려하여 피고에게 공평하고 실질적인 정의에 부합하여야 한다는 것이다. 특히 종합적 고려 요소 중 당사자의 편의를 중시하면서도 공익적인 측면에서 주(州)의 이익도 고려할 수 있다는 점이 우리의 국제재판권관할권 배분에 있어서 시사하는 바가 크다고 생각된다.

(5) 소 결

① 미국연방대법원의 판례를 통하여 형성된 최소관련성(The Minimum Contacts)

---

39) Friedenthal/Kane/Miller/Steinman, p.124.

40) Friedenthal/Kane/Miller/Steinman, p.122; Glannon, pp.3-4.

41) 원문은 "many factors such as forum state's interest, convenience of the parties in terms of witness, evidence, and location, existence of alternative forum and avoiding a multiplicity of lawsuits shall be considered to admit fairness of the forum"이다.

42) Friedenthal/Kane/Miller/Steinman, p.147.

의 원칙과 공평한 법원(Fair Court) 등의 개념이 우리의 국제재판관할의 배분기준을 정하는 데 상당한 도움이 될 것으로 사료된다. 미국에서도 재판권을 행사하기 위하여는 피고의 주소와 거주를 기본조건으로 하지만, 사업 또는 전에 거주한 사실이 있는 등 주와 최소관련성이 있고, 이것이 당사자의 편의, 분쟁의 일회적 해결, 주의 이익 등을 종합적으로 고려하여 재판권을 인정하고 있다는 점에서 우리나라에서 국제재판관할권을 정하는 기준에 부합하다.

② 그런데 우리나라 대법원 판례를 자세히 검토하면 위 2005. 1. 27, 2002다59788 판결에서 "구체적으로는 소송당사자들의 공평, 편의 그리고 예측가능성과 같은 개인적인 이익뿐만 아니라 재판의 적정, 신속, 효율 및 판결의 실효성 등과 같은 법원 내지 국가의 이익도 함께 고려하여야 할 것이며, 이러한 다양한 이익 중 어떠한 이익을 보호할 필요가 있을지 여부는 개별 사건에서 법정지와 당사자와의 실질적 관련성 및 법정지와 분쟁이 된 사안과의 실질적 관련성을 객관적인 기준으로 삼아 합리적으로 판단하여야 할 것이다."고 하고 있고, 또한 위 2008. 5. 29, 2006다71908, 71915 판결에서도 "구체적으로는 소송당사자들의 공평, 편의 그리고 예측가능성과 같은 개인적인 이익뿐만 아니라 재판의 적정, 신속, 효율 및 판결의 실효성 등과 같은 법원 내지 국가의 이익도 함께 고려하여야 하며, 이러한 다양한 이익 중 어떠한 이익을 보호할 필요가 있을지 여부는 개별 사건에서 법정지와 당사자의 실질적 관련성 및 법정지와 분쟁이 된 사안과의 실질적 관련성을 객관적인 기준으로 삼아 합리적으로 판단하여야 할 것이다." 등으로 판시하고 있는 점에 비추어 보면, 우리 대법원은 미국연방대법원의 판례를 통하여 만들어진 최소관련성(The Minimum Contacts)의 원칙과 공평한 법원(Fair Court) 등의 개념을 우리의 국제재판관할의 배분기준을 정하는 데 반영하였다고 평가된다.

3. 구체적인 범위

(1) 총　설

① 종전에는 국제사법 제2조에서 '실질적 관련성'에 기초한 일반원칙만을 규정하고, 나머지는 관할배분설에 기초하여 판례를 통하여 민사소송법 규정과 해석을 통하여 국제재판관할을 해결하여 왔다. 그런데 국제사법을 2022년 1월 4일 법률 제18670호(시행: 2022. 7. 5.)로 전부개정 하면서 '실질적 관련성'의 판단기준을 구체화 하여 다수의 국제재판관할규정을 신설하였다.

② 국제사법은 '외국과 관련된 요소가 있는 법률관계'에 관하여 국제재판관할 즉 재판권과 준거법을 정하는 것을 목적으로 함에도 재판권을 넘어 관할을 규정하려고 하고 있어 입법적으로 문제가 있다. 관할원인을 의미하는 재판적의 개념을 법원이 대한민국 재판권을 행사하는 권능과 혼동하고 있어 향후 용어와 규정방법 등에 관하여 고민하여야 할 것으로 본다. 국제사법에 민사소송법 규정을 준용하면 될 수 있는 것을 복잡하게 입법한 것이 아닌지 우려된다.

③ 아래에서 살펴볼 국제사법의 개별규정에서 대한민국 법원의 재판권이 정하여지면, 민사소송법 제2조 내지 25조에 따른 보통재판적과 특별재판적, 관련재판적에 따라 대한민국의 구체적인 관할이 정하여지게 된다.

④ 국제사법의 개별규정에서 대한민국 재판권 유무가 문제되면 국제사법 제2조상의 국제재판관할의 기본원칙에 기초하고, 민사소송법 규정의 준용과 학설 및 판례를 통하여 구체적으로 정해야 할 것이다.

(2) 국제사법의 규정

① 국제 보통재판적[43]

'외국과 관련된 요소가 있는 법률관계'에 기초한 소송의 보통재판적은 ⅰ) 사람의 경우에는 피고가 대한민국에 일상거소(habitual residence)가 있으면 가능하고(국사 3조 1항 전문), 어느 국가에도 일상거소가 없거나 알 수 없는 사람의 경우에는 거소가 대한민국에 있으면 대한민국 법원에서 재판권을 행사할 수 있다(후문). 그러나 대사·공사, 그 밖에 외국의 재판권 행사대상에서 제외되는 대한민국 국민에 대한 소에 관하여는 대한민국의 일상거소 또는 거소와 관계없이 법원에 국제재판관할이 있다(동조 2항). ⅱ) 법인 또는 단체의 경우에는 주된 사무소·영업소 또는 정관상의 본거지나 경영의 중심지가 대한민국에 있거나, 대한민국 법에 따라 설립된 경우에는 법원에 국제재판관할이 존재한다(동조 3항).

② 국제 특별재판적

(a) 사무소·영업소 등 소재지(국사 4조)

대한민국에 사무소·영업소가 있는 사람·법인 또는 단체에 대한 대한민국에

---

43) 국제사법 제2조에서는 '일반관할'이라고 칭하고 있다. 이 용어는 영어로 표현할 때 "general jurisdiction"으로 보아야 하고, 일상거소(habitual residence)는 재판권의 발생원인인 것이다. 따라서 정확하게 표현한다면 '국제 보통재판적'이라고 함이 타당하다고 본다. 국제재판과 관련하여 일반적인 재판권의 발생원인이라는 의미이다.

있는 사무소 또는 영업소의 업무와 관련된 소이거나(통조), 대한민국에서 또는 대한
민국을 향하여 계속적이고 조직적인 사업 또는 영업활동을 하는 사람·법인 또는
단체에 대하여 그 사업 또는 영업활동과 관련이 있는 소는 대한민국 법원에 재판
권이 있다(통조). 외국에 도메인을 두고 인터넷 등을 통하여 사업 또는 영업활동을
하는 경우에 그 사업 또는 영업활동과 관련된 계약·불법행위 등과 관련된 소송
을 우리나라에 제기할 수 있다고 보아야 한다.

(b) 재산소재지(국사)

재산권에 관한 소로서 ⅰ) 청구의 목적 또는 담보의 목적이 재산이 대한민국
에 있는 경우(통조), ⅱ) 압류할 수 있는 피고의 재산이 대한민국에 있는 경우(통조)
에는 대한민국 법원에 소를 제기할 수 있다. 하지만 분쟁이 된 사안이 대한민국
과 아무런 관련이 없거나 근소한 관련만 있는 경우 또는 그 재산의 가액이 현저
하게 적은 경우에는 제외한다(통조). 이 판결에 기한 강제집행도 우리나라 법원에서
가능하다.

(c) 불법행위지(국사)

불법행위에 관한 소는 그 행위가 대한민국에서 행하여지거나 대한민국을 향하
여 행하여지는 경우 또는 대한민국에서 그 결과가 발생하는 경우 법원에 제기할
수 있다(통조). 하지만 불법행위의 결과가 대한민국에서 발생할 것을 예견할 수 없
었던 경우에는 그러하지 아니하다(통조). 여기에서 불법행위지란 행위지와 결과발생
지 모두를 포함한다. 제조물책임과 같이 결과 발생지를 예측하기 어려운 경우에는
합리적인 제약이 필요할 것이다. 특히 항공기 사고에 있어서 일반불법행위와 제조
물책임이 문제되는바, 항공기제작회사가 있는 곳과 사고가 발생한 곳의 국가 모두
재판권을 행사할 수 있다. 다만 우리나라의 피해자가 다른 국가 제작의 항공기에
탑승하고 가다가 다른 국가에서 사고가 발생한 후 다수의 유족이 우리나라 법원
에 소를 제기한 경우 재판권을 행사할 수 있는지가 문제된다. 이 경우 특별한 경
우가 아니라면 손해배상채권의 의무이행지이고, 유족의 소송의 편의, 국가의 이익
등을 고려하여 우리나라 법원에서 재판권을 행사할 수 있다고 본다.[44]

(d) 계약(국사)

계약에 관한 소는 ⅰ) 물품공급계약의 경우에는 물품인도지, ⅱ) 용역제공계약
의 경우에는 용역제공지, ⅲ) 물품인도지와 용역제공지가 복수이거나 물품공급과

---

44) 同旨: 정동윤/유병현/김경욱(2020), 129면; 日最判 1981. 10. 16, 民集 35. 7. 1224.

용역제공을 함께 목적으로 하는 계약의 경우에는 의무의 주된 부분의 이행지 중 어느 하나에 해당하는 곳이 대한민국에 있는 경우 법원에 제기할 수 있다(동조 1항, 1, 2, 3호). 그 외의 계약에 관한 소는 청구의 근거인 의무가 이행된 곳 또는 그 의무가 이행되어야 할 곳으로 계약당사자가 합의한 곳이 대한민국에 있는 경우 대한민국 법원에 재판권이 있다(동조 2항).

계약상의 중개보수금채무는 지참채무로서 의무이행지인 우리나라의 재판권을 인정할 수 있다.[45] 그러나 불법행위로 인한 손해배상청구소송에 있어서 금전채무가 지참채무라는 이유로 일률적으로 원고인 피해자의 주소지 나라의 재판권을 인정하는 것은 신중을 기하여야 한다.[46]

(e) 지식재산권 계약(국사 38조)

지식재산권의 양도, 담보권 설정, 사용허락 등의 계약에 관한 소는 ⅰ) 지식재산권이 대한민국에서 보호되거나 사용 또는 행사되는 경우, ⅱ) 지식재산권에 관한 권리가 대한민국에서 등록되는 경우에는 대한민국 법원에 소를 제기할 수 있다(동조 1항, 1, 2호). 이 경우에는 국제사법 제41조(계약에 관한 소의 국제 특별재판적 규정)가 적용되지 아니한다(동조 2항).

(f) 지식재산권 침해(국사 39조)

지식재산권 침해에 관한 소는 ⅰ) 침해행위를 대한민국에서 한 경우, ⅱ) 침해의 결과가 대한민국에서 발생한 경우, ⅲ) 침해행위를 대한민국을 향하여 한 경우 중 어느 하나에 해당하면 대한민국에서 발생한 결과에 한정하여 대한민국 법원에 재판권이 있다(동조 1항, 1, 2, 3호). 이러한 소와 관련하여 원칙적으로 상호 밀접한 관련이 있는 여러 개의 청구 사이에 관련재판적이 인정되지 아니하지만(동조 2항, 제6조 제1항의 적용을 배제함), 지식재산권에 대한 주된 침해행위가 대한민국에서 일어난 경우에는 외국에서 발생하는 결과를 포함하여 침해행위로 인한 모든 결과에 관한 소를 대한민국 법원에 제기할 수 있다(동조 3항). 지식재산권의 침해행위로 인한 소를 제기하는 때에는 동법 제44조상의 불법행위로 인한 특별재판적 규정은 적용되지 아니한다.[47]

---

45) 同旨: 新堂幸司, 77면.
46) 同旨: 강현중, 140면.
47) 국제사법 제44조(불법행위에 관한 소의 특별관할)에서는 "불법행위에 관한 소는 그 행위가 대한민국에서 행하여지거나 대한민국을 향하여 행하여지는 경우 또는 대한민국에서 그 결과가 발생하는 경우 법원에 제기할 수 있다. 다만 불법행위의 결과가 대한민국에서 발생할 것을 예견할 수 없었던 경우에는 그러하지 아니하다."고 규정하고 있어서, 지식재산권 침해로 인한 손해배상의 경

(g) 소비자계약($^{국사}_{42조}$)

대한민국에 일상거소가 있는 소비자(자신의 직업 또는 영업활동 외의 목적으로 계약을 체결하는 자)는 사업자(직업 또는 영업활동으로 계약을 체결하는 자)가 ⅰ) 계약 체결에 앞서 소비자의 일상거소가 있는 국가(이하 "일상거소지국"이라 한다)에서 광고에 의한 거래 권유 등 직업 또는 영업활동을 행하거나, 소비자의 일상거소지국 외의 지역에서 소비자의 일상거소지국을 향하여 광고에 의한 거래의 권유 등 직업 또는 영업활동을 행하고 그 계약이 사업자의 직업 또는 영업활동의 범위에 속하는 경우, ⅱ) 사업자가 소비자의 일상거소지국에서 소비자의 주문을 받은 경우, ⅲ) 사업자가 소비자로 하여금 소비자의 일상거소지국이 아닌 국가에 가서 주문을 하도록 유도한 경우의 어느 하나에 해당하는 경우에, 소비자는 사업자를 상대로 대한민국 법원에 소를 제기할 수 있다($^{동조 1항}_{1, 2, 3호}$).

위와 같은 소비자계약의 경우 소비자의 일상거소가 대한민국에 있는 경우에는 사업자는 대한민국 법원에만 소를 제기할 수 있다($^{동조}_{2항}$). 사업자가 소비자를 상대로 소를 제기할 경우에는 소비자의 일상거소가 있는 대한민국 법원에 전속 재판권이 있게 된다.

소비자계약의 당사자 사이에 국제사법 제8조에 따른 국제재판관할의 합의를 하는 경우에는 ⅰ) 분쟁이 발생한 후에 하거나 또는 ⅱ) 소비자의 상거소지국인 대한민국 법원 외에 부가적으로 외국법원에도 소를 제기할 수 있도록 한 경우에만 효력이 있다($^{국사 42조}_{3항 1, 2호}$).[48]

(h) 근로계약($^{국사}_{43조}$)

근로자가 대한민국에서 일상적으로 노무를 제공하거나 최후로 일상적 노무를 제공한 경우에는 사용자에 대한 근로계약에 관한 소를 법원에 제기할 수 있다($^{동조 1항}_{전문}$). 근로자가 일상적으로 대한민국에서 노무를 제공하지 아니하거나 아니하였던 경우에 사용자가 그를 고용한 영업소가 대한민국에 있거나 있었을 때에도 또한 같다($^{동조}_{후문}$).

하지만 사용자가 근로자에 대하여 제기하는 근로계약에 관한 소는 근로자의 일상거소가 대한민국에 있거나, 근로자가 대한민국에서 일상적으로 노무를 제공하

우보다 청구의 범위와 관련재판적 등을 보다 넓게 인정하고 있다.

48) 대판 2023. 4. 13, 2017다219232(원고와 구글 사이의 구글서비스 이용계약은 국제사법상 소비자계약에 해당하고(구 국제사법 제27조 제4항), 이에 기초하여 분쟁발생 전에 전속적 재판관할합의가 있다고 하여도 효력이 없다고 할 것이므로, 대한민국에 재판권이 있다고 함).

는 경우에는 법원에만 제기할 수 있다($\substack{동조 \\ 2항}$).

근로계약의 당사자 사이에 제8조에 따른 국제재판관할의 합의를 하는 경우에는 i) 분쟁이 발생한 후에 하거나 또는 ii) 소비자의 상거소지국인 대한민국 법원 외에 부가적으로 외국법원에도 소를 제기할 수 있도록 한 경우에만 효력이 있다($\substack{국사 43조 \\ 3항 1, 2호}$).

(i) 상속 및 유언에 관한 사건($\substack{국사 \\ 76조}$)

상속에 관한 사건에 대하여 i) 피상속인의 사망 당시 일상거소가 대한민국에 있는 경우 또는 피상속인의 일상거소가 어느 국가에도 없거나 이를 알 수 없고 그의 마지막 일상거소가 대한민국에 있었던 경우, ii) 대한민국에 상속재산이 있는 경우(다만, 그 상속재산의 가액이 현저하게 적은 경우에는 제외함) 중 어느 하나에 해당하는 경우에는 대한민국 법원에 국제재판관할이 있다($\substack{동조 1항 \\ 1, 2호}$).

당사자가 상속에 관한 사건에 대하여 국제사법 제8조에 따라 국제재판관할의 합의를 하는 경우에는 i) 당사자가 미성년자이거나 피후견인인 경우(다만, 해당 합의에서 미성년자이거나 피후견인인 당사자에게 대한민국 법원 외에 외국법원에도 소를 제기하는 것을 허용하는 경우는 제외함), ii) 합의로 지정된 국가가 사안과 아무런 관련이 없거나 근소한 관련만 있는 경우 중 어느 하나에 해당하면 합의의 효력이 없다($\substack{국사 76조 \\ 2항 1, 2호}$).

상속에 관한 사건이 i) 당사자가 미성년자이거나 피후견인인 경우, ii) 대한민국이 사안과 아무런 관련이 없거나 근소한 관련만 있는 경우 중 어느 하나에 해당하는 경우에는 국제사법 제9조에 따른 변론에 의한 재판권이 발생하지 아니한다($\substack{국사 76조 \\ 3항 1, 2호}$).

상속에 관한 사건 중 국제사법 제76조 제1항에 따라 대한민국 법원에 국제재판관할이 있는 사건의 경우에는 그 조정사건에 관하여도 대한민국 법원에 국제재판관할이 있다($\substack{동조 \\ 5항}$).

유언에 관한 사건은 유언자의 유언 당시 일상거소가 대한민국에 있거나 유언의 대상이 되는 재산이 대한민국에 있는 경우 법원에 국제재판관할이 있다($\substack{동조 \\ 4항}$). 유언에 관한 사건은 합의관할($\substack{국사 \\ 8조}$), 변론관할($\substack{동법 \\ 9조}$)규정이 적용되지 아니한다($\substack{13 \\ 조}$).

(j) 어음·수표($\substack{국사 \\ 79조}$)

어음·수표에 관한 소는 어음·수표의 지급지가 대한민국에 있는 경우 대한민국 법원에 재판권이 있다.

(k) 선박소유자등의 책임제한사건($^{국사}_{89조}$)

선박소유자·용선자(傭船者)·선박관리인·선박운항자, 그 밖의 선박사용인(이하 "선박소유자등"이라 함)의 책임제한사건에 대해서는 ⅰ) 선박소유자등의 책임제한을 할 수 있는 채권(이하 "제한채권"이라 함)이 발생한 선박의 선적(船籍)이 있는 곳, ⅱ) 신청인인 선박소유자등에 대하여 국제사법 제3조에 따른 국제 보통재판적이 인정되는 곳, ⅲ) 사고발생지(사고로 인한 결과 발생지를 포함함), ⅳ) 사고 후 사고선박이 최초로 도착한 곳, ⅴ) 제한채권에 의하여 선박소유자등의 재산이 압류 또는 가압류된 곳(압류에 갈음하여 담보가 제공된 곳을 포함한다. 이하 "압류 등이 된 곳"이라 함), ⅵ) 선박소유자등에 대하여 제한채권에 근거한 소가 제기된 곳 중 어느 하나에 해당하는 곳이 대한민국에 있는 경우에만 대한민국 법원에 국제재판관할이 있게 된다($^{동조 1항}_{1~6호}$). 선박소유자등의 책임제한사건은 합의관할($^{국사}_{8조}$), 변론관할($^{동법}_{9조}$) 규정이 적용되지 아니한다($^{13}_{조}$).

(l) 선박 또는 항해($^{국사}_{90조}$)

선박소유자등에 대한 선박 또는 항해에 관한 소는 선박이 압류 등이 된 곳이 대한민국에 있는 경우에 대한민국 법원이 재판권을 갖게 된다.

(m) 공동해손($^{국사}_{91조}$)

공동해손(共同海損)에 관한 소는 ⅰ) 선박의 소재지, ⅱ) 사고 후 선박이 최초로 도착한 곳, ⅲ) 선박이 압류 등이 된 곳 중 어느 하나에 해당하는 곳이 대한민국에 있는 경우 대한민국 법원이 재판권을 갖게 된다.

(n) 선박충돌($^{국사}_{92조}$)

선박의 충돌이나 그 밖의 사고에 관한 소는 ⅰ) 가해 선박의 선적지 또는 소재지, ⅱ) 사고 발생지, ⅲ) 피해 선박이 사고 후 최초로 도착한 곳, ⅳ) 가해 선박이 압류 등이 된 곳 중 어느 하나에 해당하는 곳이 대한민국에 있는 경우 대한민국 법원이 재판권을 갖게 된다.

(o) 해난구조($^{국사}_{93조}$)

해난구조에 관한 소는 ⅰ) 해난구조가 있었던 곳, ⅱ) 구조된 선박이 최초로 도착한 곳, ⅲ) 구조된 선박이 압류 등이 된 곳 중 어느 하나에 해당하는 곳이 대한민국에 있는 경우 대한민국 법원이 재판권을 갖게 된다.

③ 국제 관련재판적

(a) 청구병합(국사 6조 1항)

상호 밀접한 관련이 있는 여러 개의 청구 중 하나에 대하여 대한민국 법원에 국제재판관할이 있으면 나머지 청구도 국제 관련재판적이 인정되어 하나의 소로 법원에 제기할 수 있다. 주위적·예비적 청구, 선택적 청구의 경우에는 상호 밀접한 관련성이 인정될 것이지만, 단순병합의 경우에는 '상호 밀접한 관련성'이 문제될 수 있다.

(b) 공동소송(국사 6조 2항)

공동소송의 경우에는 공동피고 중 1인에 대하여 대한민국 법원에 국제 보통재판적(국사 3조)이 존재하고, 또한 그 피고에 대한 청구와 다른 공동피고에 대한 청구 사이에 밀접한 관련이 있거나 모순된 재판의 위험을 피할 필요가 있는 경우에만 공동피고 전부에 대하여 하나의 소로 대한민국 법원에 소를 제기할 수 있다. 고유 필수적 또는 유사필수적 공동소송의 경우에는 문제가 없을 것이고, 통상의 공동소송 중에 민사소송법 제65조 전문(소송목적이 되는 권리나 의무가 여러 사람에게 공통되거나 사실상 또는 법률상 같은 원인으로 말미암아 생긴 경우)의 경우에는 청구 사이에 밀접한 관련이 있거나 모순된 재판의 위험을 피할 필요가 있는 경우에 해당한다고 보아야 할 것이다.

④ 반소관할(국사 7조)[49]

본소에 대하여 대한민국 법원에 국제재판관할이 있고, 반소를 제기하는 것이 소송절차를 현저히 지연시키지 아니하는 경우 피고는 본소의 청구 또는 방어방법과 밀접한 관련이 있는 청구를 목적으로 하는 반소를 본소가 계속된 법원에 제기할 수 있다.

⑤ 합의관할(국사 8조)[50]

(a) 당시자 사이의 합의

당사자는 일정한 법률관계로 말미암은 소에 관하여 국제재판관할의 합의를 할 수 있다(동조 1항). 다만 합의가 ⅰ) 합의에 따라 국제재판관할을 가지는 국가의 법 (준거법의 지정에 관한 법규를 포함한다)에 따를 때 그 합의가 효력이 없는 경우

---

49) '반소국제재판관할'을 약칭하여 반소관할이라 한다. 정확하게는 반소재판권이라고 하는 것이 타당하다고 본다. 이하 같다.

50) '합의국제재판관할'을 약칭하여 합의관할이라고 한다.

($\substack{동항 \\ 1호}$), ii) 합의를 한 당사자가 합의를 할 능력이 없었던 경우($\substack{동항 \\ 2호}$), iii) 대한민국의 법령 또는 조약에 따를 때 합의의 대상이 된 소가 합의로 정한 국가가 아닌 다른 국가의 국제재판관할에 전속하는 경우($\substack{동항 \\ 3호}$), iv) 합의의 효력을 인정하면 소가 계속된 국가의 선량한 풍속이나 그 밖의 사회질서에 명백히 위반되는 경우($\substack{동항 \\ 4호}$)에는 그 효력이 없다($\substack{동항 \\ 본문}$). 전속관할에 대하여는 합의관할이 성립하지 아니한다.

(b) 합의의 방식 및 형태

합의는 서면으로 하여야 하지만, 여기에는 전보, 전신, 팩스, 전자우편 또는 그 밖의 통신수단에 의하여 교환된 전자적 의사표시를 포함한다($\substack{동조 \\ 2항}$). 합의로 정해진 관할은 전속적인 것으로 추정한다($\substack{동조 \\ 3항}$).

(c) 합의의 독립성

합의가 당사자 사이의 계약 조항의 형식으로 되어 있는 경우 계약 중 다른 조항의 효력은 합의된 조항의 효력에 영향을 미치지 아니한다($\substack{동조 \\ 4항}$).

(d) 소의 각하

외국법원에 전속적 합의가 있는 소가 대한민국 법원에 제기된 경우에는 법원은 해당 소를 각하하여야 한다($\substack{동조 \\ 본문 5항}$). 다만 i) 위에서 본 국제사법 제8조 1항 제1호 내지 제4호의 사유가 있거나($\substack{동항 \\ 1호}$), ii) 국제사법 제9조에 따라 변론관할이 발생하는 경우($\substack{동항 \\ 2호}$), iii) 합의에 따라 국제재판관할을 가지는 국가의 법원이 사건을 심리하지 아니하기로 하는 경우($\substack{동항 \\ 3호}$), iv) 합의가 제대로 이행될 수 없는 명백한 사정이 있는 경우($\substack{동항 \\ 4호}$)에는 그러하지 아니하다($\substack{동항 \\ 단서}$).

⑥ 변론관할($\substack{국사 \\ 9조}$)[51]

피고가 대한민국 법원에 제기된 소에 관하여 국제재판관할이 없음을 주장하지 아니하고 본안에 대하여 변론하거나 변론준비기일에서 진술하면 법원에 그 사건에 대한 국제재판관할이 발생하게 된다. 전속관할에 대하여는 변론관할이 발생할 여지가 없다.

⑦ 전속관할($\substack{국사 \\ 10조}$)

(a) 대한민국 법원의 전속관할

다음 사유가 있는 경우에는 대한민국 법원에 전속국제재판관할이 인정된다($\substack{동조 \\ 1항}$). i) 대한민국의 공적 장부의 등기 또는 등록에 관한 소(다만, 당사자 간의 계

---

51) '변론국제재판관할'을 약칭하여 변론관할이라고 한다.

약에 따른 이전이나 그 밖의 처분에 관한 소로서 등기 또는 등록의 이행을 청구하는 경우는 제외한다)($\frac{{동항}}{{1호}}$), ii) 대한민국 법령에 따라 설립된 법인 또는 단체의 설립 무효, 해산 또는 그 기관의 결의의 유효 또는 무효에 관한 소($\frac{{동항}}{{2호}}$), iii) 대한민국에 있는 부동산의 물권에 관한 소 또는 부동산의 사용을 목적으로 하는 권리로서 공적 장부에 등기나 등록이 된 것에 관한 소($\frac{{동항}}{{3호}}$), iv) 등록 또는 기탁에 의하여 창설되는 지식재산권이 대한민국에 등록되어 있거나 등록이 신청된 경우 그 지식재산권의 성립, 유효성 또는 소멸에 관한 소($\frac{{동항}}{{4호}}$), v) 대한민국에서 재판의 집행을 하려는 경우 그 집행에 관한 소($\frac{{동항}}{{5호}}$)가 그것이다. 제1항 각 호에 따라 대한민국 법원의 전속관할에 속하는 경우에도 다른 소의 선결문제가 되는 경우에는 전속관할 위반의 문제는 생기지 아니한다($\frac{{동조}}{{3항}}$).

(b) 외국법원의 전속관할

대한민국의 법령 또는 조약에 따른 국제재판관할의 원칙상 외국법원의 국제재판관할에 전속하는 소에 대해서는 대한민국 법원이 국제사법상의 국제 보통재판적($\frac{{3}}{{조}}$), 특별재판적($\frac{{4,}}{{5조}}$), 관련재판적($\frac{{6}}{{조}}$), 반소관할($\frac{{7}}{{조}}$), 변론관할($\frac{{9}}{{조}}$)에 따른 재판권을 행사할 수 없다.

4. 국제재판관할권의 경합 및 불행사

(1) 재판권경합

① 적극적 재판권경합

국제재판관할권도 여러 국가의 재판권이 경합할 수 있다.[52] 이를 적극적 재판권경합이라고 한다. 이러한 경우에는 관할의 경합에 준하여 생각하면 된다. 원고의 입장에서는 자신에게 유리한 국가에 소를 제기할 수 있다. 관할이 경합되면 원고가 법정의 선택(forum shopping)을 하듯이 재판권의 선택(jurisdiction shopping)이 가능하다.

② 소극적 재판권경합

일정한 경우 어느 나라에도 재판권이 없는 경우가 있을 수 있다. 이론적으로 이러한 경우를 소극적 재판권경합이라 한다.[53] 소극적 재판권경합의 경우에는 당

---

52) 대판 2010. 7. 15, 2010다18355; 대판 2019. 6. 13, 2016다33752.
53) 정동윤/유병현/김경욱, 138면.

사자의 권리행사 등을 고려하여 신의칙상 우리나라에서 재판권을 행사할 수도 있을 것이다.[54] 이를 긴급재판권 또는 보충재판권이라 한다.

(2) 국제재판관할권의 불행사

① 대한민국 법원에 국제재판관할이 있는 경우에도 법원이 국제재판관할권을 행사하기에 부적절하고, 국제재판관할이 있는 외국법원이 분쟁을 해결하기에 더 적절하다는 예외적인 사정이 명백히 존재할 때에는 피고의 신청에 의하여 법원은 본안에 관한 최초의 변론기일 또는 변론준비기일까지 소송절차를 결정으로 중지하거나 소를 각하할 수 있다($^{국사\,12}_{조\,1항}$). 다만, 당사자가 합의한 국제재판관할이 법원에 있는 경우에는 그러하지 아니하다($^{동조\,1항}_{단서}$). 이 경우 법원은 소송절차를 중지하거나 소를 각하하기 전에 원고에게 진술할 기회를 주어야 한다($^{동조}_{2항}$). 당사자는 법원의 중지 결정에 대해서는 즉시항고를 할 수 있고($^{동조}_{3항}$), 소의 각하에 대하여는 상소할 수 있음은 당연하다.

② 국제재판관할권의 불행사를 위하여 편리하지 아니한 법정이론(forum non conveniens) 등을 적용함에 있어서는 국가 간의 재판권에 관한 문제이고 소극적 재판권경합이 발생할 여지가 있으므로 그 불행사에 신중을 기할 필요가 있을 것으로 본다.[55]

5. 국제적 소송경합(국가 사이의 중복소송)

(1) 동일한 당사자 사이에 외국법원에 소송계속 중인 사건과 동일한 사건이 대한민국 법원에 중복하여 제기된 경우에 외국법원의 재판이 대한민국에서 승인될 것으로 예상되는 때에는 대한민국 법원은 직권 또는 당사자의 신청에 의하여 결정으로 소송절차를 중지할 수 있다($^{국사\,11}_{조\,1항}$). 소송절차의 중지 여부를 결정하는 경우 소의 선후(先後)는 소를 제기한 때를 기준으로 한다($^{동조}_{5항}$). 그러나 ⅰ) 전속적 국제재판관할의 합의에 따라 대한민국 법원에 국제재판관할이 있는 경우, ⅱ) 대한민국 법원에서 해당 사건을 재판하는 것이 외국법원에서 재판하는 것보다 더 적절함이 명백한 경우 중 어느 하나에 해당하면 소송절차를 중지할 수 없다($^{동조\,1항\,단}_{서\,1,\,2호}$).

---

54) 대판 2008. 5. 29, 2006다71908, 71915(국재재판관할권의 실질적 관련성의 요소 중 하나로 실질적 관련성이 있는 중국 법원이 재판권이 없다고 하여 각하한 점을 들고 있음).

55) 대판 2019. 6. 13, 2016다33752.

(2) 당사자는 법원의 중지 결정에 대해서는 즉시항고를 할 수 있다(동조).

(3) 그런데 외국법원이 본안에 대한 재판을 하기 위하여 필요한 조치를 하지 아니하는 경우 또는 외국법원이 합리적인 기간 내에 본안에 관하여 재판을 선고 하지 아니하거나 선고하지 아니할 것으로 예상되는 경우에 당사자의 신청이 있으 면 법원은 중지된 사건의 심리를 계속할 수 있다(동조).

(4) 하지만 대한민국 법원은 대한민국 법령 또는 조약에 따른 승인 요건을 갖 춘 외국의 재판이 있는 경우 같은 당사자 간에 그 재판과 동일한 소가 대한민국 법원에 제기된 때에는 그 소를 각하하여야 한다(동조).

Ⅳ. 민사재판권의 장소적 범위

(1) 영토주권의 원칙

민사재판권은 영토주권의 원칙에 의하여 우리나라의 영토에만 미친다. 따라서 외국과의 다자조약 또는 개별적인 사법공조협약 등이 존재하지 아니하면 외국에 소 송서류의 송달, 외국에서의 증거조사 등과 같은 민사재판권을 행사할 수 없다.

(2) 사법공조에 관한 다자조약

사법공조에 관한 다자조약으로서 국제협정을 보면 1896년에 성립된 「민사소송 절차에 관한 조약」이 있고, 이 조약은 1954년 3월 1일 「민사소송절차에 관한 협 약(Convention relating to Civil Procedure)」('민소협약'으로 약칭)으로 대치되었다. 그 이후 1965년 11월 1일 민소협약의 송달부분을 별도로 떼어내어 「민사 및 상 사에 관한 재판상 및 재판외의 문서의 외국에 있어서의 송달 및 고지에 관한 협 약(Convention on the Service Abroad of Judicial and Extrajudicial Documents in Civil or Commercial Matters」('송달협약'으로 약칭)을 체결하였고, 1970년 3월 18일 '송달협약' 중 증거조사 부분을 수정하여 「민사 및 상사에 관한 외국의 증거조사 에 관한 협약(Convention on the Tasking of Evidence Abroad in Civil or Commercial Matters)」('증거조사협약'으로 약칭)이 체결되었다. 현재 우리나라는 위 협약들 중 송달협약에만 가입하고 있다.56)

---

56) 우리나라는 2000. 1. 13. 가입하였고, 동년 8. 1.부터 발효하였다(2000. 8. 현재 43개국이 가입).

(3) 개별적 사법공조협약

우리나라는 호주,[57] 중국,[58] 몽골, 우즈베키스탄과 개별적 사법공조협약을 맺고 있다. 미국은 자신과 사법공조조약을 체결하지 아니한 경우에도 사법공조에 응할 의사를 일방적으로 표명하고 있다. 따라서 우리나라는 송달협약 가입국, 사법공조협약을 맺은 호주·중국·몽골·우즈베키스탄·미국과 사법공조가 가능하고, 나머지 국가는 우리나라의 촉탁에 호의적으로 응하는 경우 외에는 행할 수 없다.

(4) 국제민사사법공조법

우리나라는 사법공조를 위하여 국제민사사법공조법(1991. 3. 8. 법률 제4342호로 제정됨)을 제정하여 구체적인 절차를 규정하고 있다. 외국으로의 촉탁은 수소법원의 재판장이 그 외국의 관할법원 기타 공무소에 대하여 하며(국제공조 5조 1항), 송달받을 자또는 증인신문을 받을 자가 대한민국의 국민으로서「영사관계에 관한 비엔나협약」에 가입한 외국에 거주하는 경우에는 그 외국에 주재하는 대한민국의 대사·공사또는 영사에 대하여 촉탁을 한다(동조 2항 1호). 이 경우 그 외국의 법령 또는 의사표시에 위배되지 아니하여야 한다. 기타 외국이 명백한 의사표시로써 승인하는 경우에는그 의사표시에 따른 실시기관에 대하여 촉탁한다(동항 2호). 촉탁의 경로는 촉탁을 하고자 하는 재판장이 속하는 법원의 장이 법원행정처장에게 촉탁서 기타 관계서류를 송부할 것을 요청하여야 하고(동법 제6 조 1항), 법원행정처장은 외교부장관에게 촉탁서 기타 관계서류를 외교상의 경로를 통하여 수탁기관으로 송부할 것을 의뢰하여야 한다(동조 2항). 촉탁서 등의 관계서류는 당사자가 제출한 외국 공용어로 된 번역문을 첨부하여야 한다(동법 7조). 외국에 주재하는 대한민국의 대사·공사 또는 영사가 이 법에의한 송달을 실시하는 경우에는 송달받을 자에게 송달서류를 직접 교부하거나 송달받을 자에 대한 배달사실을 증명할 수 있는 우편의 방법에 의하여야 한다(동법 8조). 외국에서 할 송달 또는 통지에 대한 공시송달은 법원서기관 등이 송달할 서류를 보관하고 그 사유를 법원게시판에 게시함과 아울러 그 외국에 주재하는 대한민국의 대사·공사 또는 영사에게 통지하여야 한다(동법 10조).

---

57) 1999. 9. 1. 체결, 2000. 1. 16. 발효함(호주는 송달협약의 가입국이 아님).
58) 2003. 7. 7. 체결, 2005. 4. 27. 발효함.

V. 민사재판권이 없는 경우의 효과

1. 소송요건

(1) 민사재판권은 우리나라가 재판권을 행사할 수 있는지 여부에 관한 것이므로 소송요건 중에서도 가장 중요한 소송요건이다. 민사재판권의 존재는 직권조사사항이고, 그 자료도 직권으로 탐지하여야 한다. 탐지한 결과 재판권이 없는 것으로 밝혀지면 판결로서 소를 각하하여야 한다. 이를 간과하고 본안판결을 한 경우에는 상소로서 취소를 구할 수 있다.

(2) 그러나 판결이 확정된 경우에는 재심사유에 해당하지 아니하므로 재심으로 취소를 구할 수는 없다. 그러나 그 판결은 재판권이 미치지 아니하는 자에게 선고된 것으로 판결의 효력(기판력·집행력·형성력 등)이 발생할 수 없어 결국 무효이다.[59]

2. 면제권자에 대한 취급

(1) 면제권자에게 소가 제기된 경우에 어떻게 처리하여야 할 것인가? 재판장이 소장을 심사하는 과정에 피고가 재판권의 면제권자일 가능성이 높은 경우가 문제이다. 특히 국가를 상대로 한 소송의 경우에는 절대적 면제론에 입각한다면 소장의 송달 필요성도 없다고 할 것이다($\frac{255조\ 2항}{254조\ 2항}$). 따라서 재판장이 소장을 바로 각하할 수 있다.[60] 그러나 대법원이 국가에 대하여 상대적 면제론에 입각하고 있는 지금에는[61] 면제권의 범위 및 포기 등을 확인하기 위하여 소장 부본을 소장심사과정에서 명령으로 각하하여서는 안 된다. 면제권자에게 소가 제기된 경우에는 소송요건인 재판권의 흠결의 가능성이 있다고 하여도 일단 소장부본을 사실상 송달하여 알리고 재판권 유무에 대한 탐지를 하여야 한다. 이 경우 소장부본의 사실상 송달은 재판권 행사의 일환이기보다는 사실상 통지의 효력만이 있을 뿐이므로 소송계속의 효과는 없다고 할 것이다.[62] 일단 소장부본을 사실상 통지하는 등을 통하여 재판권의 존재가 없는 것이 명확한 경우에는 판결로서 소를 각하하여야 한

---

59) 同旨: 강현중, 146면; 이시윤, 66면.
60) 대결 1975. 5. 23, 74마281.
61) 대판(전) 1998. 12. 17, 97다39216.
62) 同旨: 정동윤/유병현/김경욱, 141면.

다.[63] 그러나 소장 자체에 면제권자에게 면제권의 예외사유가 있을 경우(예, 면제권의 포기)에는 정식으로 소장부본을 송달하고 변론 등을 진행하여야 한다. 그 과정에서 재판권이 없음이 밝혀진 경우에는 판결로서 소를 각하하면 될 것이다.

(2) 면제권자에 대하여 강제집행, 가압류·가처분을 행할 수 없다. 나아가 증인 및 감정인으로 출석을 요구할 수도 없다. 다만 면제권자는 자신의 면제권을 포기하고 피고, 피신청인 등으로 각종 소송절차 및 증인 등으로 참여하는 것은 가능하다. 포기는 명시적이어야 하고, 판결과 강제집행 등 각 절차의 포기는 개별적으로 하여야 한다.

(3) 면제권자 스스로 원고로서 소의 제기[64] 및 경매신청[65] 등을 할 수 있다. 면제권자가 원고로서 소를 제기한 경우에는 이에 대한 부수소송 또는 방어소송(반소, 청구이의의 소, 제3자 이의의 소, 재심의 소 등)의 피고로 될 수 있다. 이는 면제권의 포기 자체를 소의 제기 등을 통하여 명시적으로 한 것으로 볼 수 있기 때문이다.

제 3 절 관   할

제 1 관 관할의 의의와 종류

I. 관할의 의의

(1) 관할이라 함은 우리나라 법원 사이에 민사재판권의 행사의 범위를 나눈 것이다. 사법부가 가지고 있는 전체로서의 민사재판권을 지역·기능·심급 등에 따라 구분하여 행사하도록 하는 원칙을 정한 것이다. 관할이라 하면 우리나라 법원에 재판권이 있음을 전제로 하는 개념이다. 관할은 각급 법원의 입장에서 보면 자신이 행사할 수 있는 재판권의 범위를 의미한다는 점에서 관할권이라 한다. 결국 관할은 우리나라 법원 사이의 재판권의 행사 범위를 획정하는 것이다.

(2) 관할은 재판권 및 사무분담과 구별하여야 한다. 재판권은 우리나라 또는

---

63) 同旨: 강현중, 146면.
64) 대판 1978. 2. 14, 77다2310.
65) 대판 1989. 12. 26, 88다카3991.

해당 법원에서 재판을 할 수 있는지 여부를 정하는 개념이고, 관할은 재판권이 존재함을 전제로 구체적 사건을 어느 법원에서 재판할 것인가를 정하는 개념이다. 따라서 관할은 재판권이 지역·기능·심급 등에 따라서 나뉘진 형태라고 할 수 있다. 따라서 재판권이 없으면 소를 각하하여야 하나, 관할위반의 경우에는 원칙적으로 관할권이 있는 법원으로 이송하여야 한다(^제_조). 또한 관할은 사무분담과도 구별된다. 사무분담은 관할법원 내에서 구체적으로 어떤 재판부가 어떤 사건을 처리할 것인가를 정하는 개념이다. 사무분담은 관할이 존재함을 전제로 이루어진다. 따라서 사무분담을 위반하여 사건을 처리한 경우라고 하여도 소송법상 효과에는 영향이 없다.

(3) 관할제도를 두어 동일 심급의 법원을 전국에 지역을 나누어 설치하고(토지관할), 또 일정한 1심법원을 단위로 심급을 달리하는 고등법원을 두고, 최종심으로 대법원이 있다(심급관할). 또한 업무를 기능적으로 구분하여 간단한 사건과 복잡한 사건을 나누고(사물관할), 소송을 담당하는 법원과 집행을 담당하는 법원을 구분하고 있다(직분관할).

(4) 관할을 나누는 것은 재판권을 종류·기능·심급 등에 따라 법원을 나눔으로써 1차적으로는 재판제도를 이용하는 당사자의 편의를 도모하고, 2차적으로 법원이 분쟁업무를 효율적으로 처리함으로써 적정·공평·신속·경제 등의 민사소송의 이상을 실현하기 위한 것이다.

Ⅱ. 관할의 종류

관할은 결정근거, 소송법상의 효과에 따라 나눌 수 있다.

1. 법정관할, 재정관할(또는 지정관할), 당사자 거동에 의한 관할

관할의 결정근거에 기초한 분류이다. i) 법정관할은 직접 법률의 규정에 의하여 정해진 관할을 말한다. 여기에는 토지관할·사물관할·직분관할이 있다. ii) 재정관할(또는 지정관할)이란 관할법원이 불분명할 경우에 관계법원의 바로 위의 상급법원의 결정에 의하여 정해지는 관할을 말한다(^제_조). iii) 당사자의 거동에 의한 관할은 당사자의 합의나 피고의 변론에 의하여 생기는 관할을 말한다. 전자를 합의관할, 후자를 변론관할(또는 응소관할)이라 한다.

2. 전속관할과 임의관할

법정관할인 토지관할·사물관할·직분관할을 소송법상의 효과의 차이에 따라 전속관할과 임의관할로 분류할 수 있다.

(1) 전속관할

① 전속관할이라 함은 법정관할 가운데 재판의 적정·공평 등 고도의 공익적 요구에 기초하여 특정법원만이 배타적으로 관할권을 행사하도록 정하여진 경우이다. 원칙적으로 직분관할은 전속관할이고, 토지관할·사물관할은 법률에 특별히 정한 경우에만 전속관할로 인정된다. 따라서 전속관할은 임의관할보다 인정범위가 좁다고 할 수 있다.

전속관할로는 i) 심급관할 등 직분관할의 성질을 가지고 있는 재심사건($\frac{453}{조}$), 정기금판결에 대한 변경의 소($\frac{252조}{2항}$), 독촉절차($\frac{463}{조}$), 공시최고절차($\frac{476}{조}$), 민사집행사건($\frac{민집}{21조}$), 담보취소신청($\frac{125}{조}$) 등이 있고, ii) 다수의 이해관계를 고려하여 가사소송사건($\frac{가소}{2조}$), 회사관계사건($\frac{상~184,~185,~186조,}{376조~2항,~380조}$), 회생·파산·개인회생사건($\frac{채무회생}{3조}$), 증권관련집단소송·소비자단체소송·개인정보단체소송($\frac{증집~4조,~소기~71}{조~1항,~개보~52조}$) 등에서 규정하고 있으며, iii) 약관 등을 통한 부당한 관할합의를 막기 위하여 할부거래 및 방문판매에 관한 소송은 매수자·소비자의 주소지($\frac{할부~16조,}{방문~46조}$)의 지방법원의 전속관할로 정하고 있다. iv) 사건처리의 전문성을 위하여 '특허권 등의 지식재산권'의 경우에는 민사소송법 제2조 내지 제23조의 관할규정과 경합하여 관할이 발생하는 것이 아니고 해당 고등법원이 있는 지방법원(서울고등법원이 있는 곳은 서울중앙지방법원임)의 전속관할만을 인정하였고($\frac{24조}{2항}$), 또한 서울중앙지방법원을 제외한 다른 지방법원에 전속관할이 인정되는 경우에도 별도로 서울중앙지방법원에 소를 제기할 수 있도록 하였다($\frac{동조}{3항}$).

② 전속관할은 소송요건으로서 직권조사사항이다. 고도의 공익적 요구로 인하여 인정하는 것이므로 법원은 관할권의 존부에 관하여 직권탐지 하여야 한다(직권탐지주의). 반면 임의관할은 합의관할 및 변론관할이 생길 수 있으므로 직권조사사항이기는 하나($\frac{32}{조}$) 당사자의 주장을 기다려 판단하면 된다(변론주의).

③ 전속관할은 당사자 사이의 합의나 피고의 변론으로 관할이 발생하지 아니한다. 전속관할은 전속법원 외의 일체의 법원의 관할을 배제하는 것이므로 원칙적

으로 관할의 경합이 발생할 수 없다. 관할위반 외에는 소송이송의 문제가 발생하지 아니하므로 편의이송의 문제가 생기지 아니한다. 다만, 특허권 등의 지식재산권에 관한 소 및 도산사건은 전속관할임에도 관할의 경합 및 소송이송의 예외를 인정하고 있다($^{24조, 36조 3항, 채무}_{회생 3조 2항, 4조}$).

④ 전속관할의 위배는 항소로 불복할 수 있고($^{411조}_{단서}$), 절대적 상고이유($^{424조 1}_{항 3호}$)에 해당한다. 그러나 전속관할 위배는 재심사유에는 해당하지 아니하여, 판결이 확정되면 전속관할 위배의 하자는 치유된다.

(2) 임의관할

임의관할은 당사자의 편의와 공평이라는 차원에서 인정하는 것이므로, 당사자의 합의 또는 피고의 변론 등을 통하여 다른 법원에 관할이 생길 수 있다(합의관할·변론관할). 또한 수개의 법원에 관할이 생길 수 있고, 이 경우 원고는 자신에게 가장 유리한 법원을 선택하여 소를 제기하면 된다. 임의관할을 위반한 경우에는 제1심 판결의 선고로 관할에 관한 하자가 치유되어 항소심에서 임의관할 위반을 주장할 수 없다($^{411조}_{본문}$). 사물관할과 토지관할은 원칙적으로 임의관할이며, 직분관할 중 심급관할은 비약적 상고($^{390조 1}_{항 단서}$)의 경우에 한하여 임의관할이다.[1]

제 2 관   각종의 관할

Ⅰ. 직분관할

1. 의   의

직분관할(직무관할)이라 함은 담당 직무의 차이에 기초하여 여러 법원 사이에 재판권의 분담관계를 정한 것이다. 재판권의 작용의 차이에 따라 업무처리 법원을 달리 규정한 것이다. 직분관할은 전속관할이고, 직권조사사항이고 그 존부는 법원이 직권탐지 하여야 한다.

---

1) 대결 1961. 10. 2, 4294민재항445.

2. 수소법원과 집행법원의 직분관할

민사소송은 판결절차·강제집행절차·보전절차(가압류·가처분절차)로 나눌 수 있고, 강제집행절차·보전절차는 민사집행절차라고 한다. 판결절차의 직무는 수소법원이 관할하고, 민사집행절차의 직무는 집행법원이 나누어 관할하고 있다.

(1) 판결절차는 수소법원이 담당한다. 수소법원이라 함은 특정한 사건이 과거에 계속되었던 법원($^{민집\ 260,}_{261조}$), 현재 계속 중인 법원($^{297,}_{298조}$), 장래에 계속될 예정인 법원($^{62}_{조}$)을 의미한다. 이 밖에 수소법원의 자격으로 당해 사건의 증거보전절차($^{375,}_{376조}$), 재산명시절차 및 채무불이행자명부 등재절차($^{민집\ 61}_{조\ 이하}$), 작위·부작위청구권에 관한 강제집행($^{대체집행·간접강제,}_{민집\ 260,\ 261조}$), 가압류·가처분절차($^{민집\ 278,}_{303조}$) 등을 같이 처리하게 된다.

(2) 민사집행절차는 집행법원이 담당한다. 집행법원이라 함은 민사집행권한을 가진 법원($^{민집}_{3조}$)을 말한다. 집행법원은 부동산이나 채권에 대하여 직접 집행처분을 할 수 있고, 그 외에 집행관 및 사법보좌관의 집행감독($^{민집\ 16조,\ 법}_{조\ 54조\ 3항}$), 급박한 경우 집행정지명령을 할 권한을 갖는다($^{민집\ 46조,}_{4항,\ 48조}$). 현재 집행법원이 처리하는 많은 부분의 업무는 지방법원 소속 사법보좌관이 맡고 있고, 중요한 것은 단독판사가 처리한다($^{법조\ 54조}_{2항\ 2호}$).

3. 지방법원 단독판사와 합의부 및 본원합의부의 직분관할

(1) 지방법원 단독판사는 간이한 사항과 급속을 요하는 사항 등에 관하여 특별한 직무를 수행한다. 독촉절차, 제소전화해절차, 공시최고절차, 증거보전절차 중 특수한 경우($^{376조\ 1}_{항\ 후문}$), 수탁판사의 업무($^{297조}_{1항}$) 등이 그것이다.

(2) 지방법원 합의부에서는 중요하거나 신중한 처리가 요구되는 사항에 특별한 직무를 수행한다. 정정보도청구 등의 소($^{언론중재\ 및\ 피해구제\ 등}_{에\ 관한\ 법률\ 26조\ 5항}$), 지방법원 판사에 대한 제척·기피사건($^{법조\ 32조}_{1항\ 5호}$) 등이 그것이다.

(3) 사건이 매우 중요한 경우에는 특별히 본원합의부에서 직무를 통합하여 처리하게 할 수 있다. 증권관련 집단소송($^{증집}_{4조}$), 소비자단체소송($^{소기}_{71조}$), 개인정보단체소송($^{개보}_{52조}$)는 본원합의부의 관할로 정하고 있다. 도산사건 중 개인이 아닌 채무자에 대한 회생사건 또는 파산사건의 경우 종전에는 서울동부·서부·남부·북부지방법원의 관할일 경우에 서울중앙지방법원의 합의부가 집중 관할하였지만, 2017년

3월 1일부터 서울회생법원 합의부에서 관할하고 있다.

4. 심급관할

(1) 우리나라 재판절차는 제1심, 항소·상고심 또는 항고·재항고 등의 3심제를 채택하고 있다. 심급관할이라 함은 1심, 2심, 상고심 사이의 업무 분장관계를 의미한다. 심급관할은 비약상고를 제외하고 모두 전속관할이다. 특히 심급관할은 제1심 법원의 존재에 의하여 결정되는 전속관할이어서 항소심인 지방법원 항소부에서 2억원 초과 사건으로 청구취지를 변경하여도 이미 정하여진 항소심의 심급관할에는 영향이 없다.[2]

(2) 지방법원 및 그 지원의 단독판사가 담당한 사건에 대한 판결의 제2심 법원은 지방법원 본원 또는 춘천지방법원 강릉지원 합의부가 담당하며(법조 32조 2항), 제2심 법원의 판결에 대한 상고심은 대법원이 맡고 있다. 또한 제1심이 합의부인 경우의 항소심은 해당 관할 고등법원 또는 그 지부에서 담당하고, 상고심은 대법원이 관할한다.

(3) 제1심은 소의 제기로, 상소심은 상소의 제기로 각 개시된다. 각 심급은 원칙적으로 종국판결의 송달로 종료된다. 하지만 판결이 선고되고 판결정본이 송달되었지만 상소가 제기되기 전에는 아직 소송이 판결을 선고한 법원의 심급에 계속되고 있다고 할 것이므로, 원심법원은 가압류·가처분 명령을 발할 수 있고, 증거보전절차를 행할 수 있다. 소의 취하·화해 등의 소송행위도 원심법원에 하여야 한다.

Ⅱ. 사물관할

1. 의   의

(1) 사물관할이라 함은 제1심 소송사건을 담당하는 지방법원(또는 지원) 단독판사와 합의부 사이에서 사건의 경중·난이도 등에 기초하여 재판권의 분담관계를 정한 것을 말한다. 지방법원 단독판사와 합의부는 같은 지방법원 내의 재판기관이므로 조직상으로는 동일한 법원이라 할 것이나, 사물관할을 달리하므로 소송법상

---

2) 대판 1992. 5. 12, 92다2066.

으로는 별개의 법원이다.[3] 따라서 양자의 분담관계는 재판권의 분담관계로서 단순한 사무분담이 아니다.

(2) 법원조직법상 제1심은 원칙적으로 단독판사의 관할로 하고 있다($\binom{법조 7}{조 4항}$). 그러나 관할을 정함에 있어서 i) 지방법원 합의부는 단독판사의 관할에 속하는 경우라도 상당하다고 인정하면 스스로 결정하여 심판할 수 있고($\binom{34조}{3항}$), ii) 단독판사는 그 관할에 속하는 소송에 대하여 상당하다고 인정되는 경우 지방법원 합의부로 이송할 수 있다($\binom{34조}{2항}$).

2. 합의부의 관할 $\binom{법조 32조 1항; 민사 및 가사소}{송의 사물관할에 관한 규칙}$

(1) 재정합의사건 $\binom{법조 32조}{1항 1호}$

지방법원 합의부가 단독판사의 관할에 속하는 경우라도 상당하다고 인정하여 스스로 결정하여 심판하는 사건을 말한다. 지방법원 또는 동 지원에서는 재정합의부를 구성하여 결정으로 합의재판에 회부한다($\binom{법관 등의 사무분담 및 사건}{배당에 관한 예규 12조 1항}$).

(2) 소송목적의 값(통상 소가라고 함)이 5억원을 초과하는 민사사건 $\binom{민가규}{2조}$

(3) 「민사소송 등 인지법」 제2조 제4항에 해당하는 민사사건 $\binom{민가규}{2조}$

① 비재산권상의 소

비재산권상의 소라 함은 경제적 이익을 목적으로 하지 않는 권리관계에 관한 소를 의미한다. 이는 소가를 산정할 수 없는 소이다($\binom{26조}{2항}$). 여기에 해당하는 소는 「민법」 제764조의 규정에 의한 명예회복을 위한 적당한 처분을 구하는 소로서 그 비용을 산출하기 어려운 경우($\binom{민인규}{14조}$), 상법의 규정에 의한 회사관계 소송($\binom{민인규 15조}{1항, 2항}$)[주주의 대표소송, 이사의 위법행위유지(留止)청구의 소 및 회사에 대한 신주발행유지(留止)청구의 소를 제외함], 회사 이외의 단체에 관한 소($\binom{동조}{3항}$), 해고무효확인의 소($\binom{동조}{4항}$), 소비자기본법 제70조 및 개인정보 보호법 제51조에 따라 제기된 금지·중지 청구에 관한 소비자단체소송 및 개인정보단체소송($\binom{민인규}{조의2}$ 15) 등이 이에 해당한다. 가사소송사건($\binom{가소}{2조}$)와 행정소송사건($\binom{행소}{9조}$)는 비재산권상의 소이지만 민사법원의 관할이 아니다. 비재산권상의 소의 소가는 5천만원으로 한다($\binom{민인규}{조의2}$ 18). 다만 위 회사관계소송, 회사 이외의 단체에 관한 소, 해고무효확인의 소, 소비자단체소송, 개인정보단체

---

3) 同旨: 이시윤, 97면.

소송의 소가는 1억원으로 한다($^{민인규\ 18조}_{의2\ 단서}$).

② 재산권상의 소로서 소송목적의 값을 산정할 수 없는 경우

재산권상의 소이나 소가를 산출하기 어려운 경우로는 주주의 대표소송, 이사의 위법행위유지청구의 소 및 회사에 대한 신주발행유지청구의 소($^{민인규\ 15}_{조\ 1항}$), 특허소송의 전속관할에 속하는 소($^{민인규}_{조의2}$ ^{17}), 무체재산권에 관한 소 중 금전의 지급이나 물건의 인도를 목적으로 하지 아니하는 소($^{민인규}_{18조}$), 낙찰자지위 확인의 소,[4] 소음·악취·일조방해 등 생활방해금지청구($^{민}_{217조}$), 기준시가가 없는 토지에 관한 소, 상호사용금지의 소 등이 있다. 재산권상의 소로서 그 소가를 산정할 수 없는 것의 소가는 5천만원으로 한다($^{민인규}_{조의2}$ ^{18}). 다만, 주주의 대표소송,[5] 이사의 위법행위유지청구의 소 및 회사에 대한 신주발행유지청구의 소, 특허소송의 전속관할에 속하는 소, 무체재산권에 관한 소 중 금전의 지급이나 물건의 인도를 목적으로 하지 아니하는 소의 소가는 1억원이다($^{민인규\ 18조}_{의2\ 단서}$).

(4) 관련청구

본소가 합의부 관할의 사건인 경우에는 이에 병합하여 제기되는 독립당사자참가($^{79}_{조}$), 청구의 변경($^{262}_{조}$), 중간확인의 소($^{264}_{조}$), 반소($^{269}_{조}$) 등의 관련청구는 그 소송목적의 값이 5억원 이하라고 하여도 본소 법원인 합의부의 관할에 속한다. 관련재판적이 인정된다. 기타 지방법원판사에 대한 제척·기피사건($^{법조\ 32조}_{1항\ 5호}$)에 관하여 합의부 관할로 정하고 있으나($^{법조\ 32조}_{1항\ 5호}$), 이것은 사물관할의 문제가 아니고 직분관할의 문제로 보아야 한다.[6]

3. 단독판사의 관할

지방법원 및 동 지원의 심판권은 단독판사가 행사한다고 규정하고 있으므로($^{법조\ 7}_{조\ 4항}$), 제1심 민사사건 중 합의부의 관할사건을 제외한 모든 민사사건은 단독판사의 관할에 속한다고 할 것이다. 2001년 2월 10일 대법원은 「민사 및 가사소송의 사물관할에 관한 규칙」 제2조를 개정하여 단독판사의 심판범위를 1억원으로 하였다가, 2015년 1월 28일(시행: 동년 2. 13) 동 규칙의 개정을 통하여 2억원으로 확

---

4) 대판 1994. 12. 2, 94다41454.
5) 대결 2009. 6. 25, 2008마1930.
6) 同旨: 이시윤, 98면; 정동윤/유병현/김경욱, 150면.

대하였다. 그러다가 2022년 1월 28일(시행: 동년 3. 1) 동 규칙의 개정을 통하여 5억원으로 다시 확대하였다.[7] 법원조직법 제7조 제4항의 취지에 따라 1심에서의 단독판사의 기능을 강화하였다.

(1) 소송목적의 값이 5억원 이하인 민사사건

소가 5억원 이하의 민사사건은 단독판사가 관할한다($\frac{민가규}{2조}$). 법원은 단독사건의 재판 운영과 관련하여 소액단독, 중액단독, 고액단독으로 나누어 사무분담을 하고 있다. i) 소가 3,000만원 이하의 사건은 소액단독사건으로 분류하여 소액사건심판법에 따라 처리된다. 다만 시·군법원 관할의 소액사건은 시·군법원에서 관할한다($\frac{법조 34조}{1항 1호}$). ii) 소가 3,000만원 초과 2억원까지의 사건은 중액단독사건으로, iii) 2억원 초과 5억원까지는 고액단독사건으로 나눈다. 고액단독사건에는 경력이 높은 판사를 배치하여 사건처리의 적정과 신속을 도모하려고 하고 있다.

(2) 사안이 간단한 사건

사안이 비교적 간단한 사건은 소가에 관계없이 단독판사가 재판한다. ① 수표금·약속어음금 청구사건($\frac{민가규 2조}{답서 1호}$), ② 은행·농업협동조합·수산업협동조합·축산업협동조합·산림조합·신용협동조합·신용보증기금·기술신용보증기금·지역신용보증재단·새마을금고·상호저축은행·종합금융회사·시설대여회사·보험회사·신탁회사·증권회사·신용카드회사·할부금융회사 또는 신기술사업금융회사가 원고인 대여금·구상금·보증금 청구사건($\frac{동조 단}{서 2호}$), ③ 자동차손해배상보장법에서 정한 자동차·원동기장치자전거·철도차량의 운행 및 근로자의 업무상재해로 인한 손해배상 청구사건과 이에 관한 채무부존재확인사건($\frac{동조 단}{서 3호}$).

(3) 재정단독사건

단독판사가 심판할 것으로 합의부가 결정한 사건($\frac{민가규 2조}{답서 4호}$), 다만 재정단독사건이라도 사안이 복잡한 것으로 판명된 경우 단독판사는 결정으로 다시 합의부로 이

---

7) 단독판사의 제1심 민사사건의 심판권의 범위는 처음에는 1,000만원 이하의 사건이었으나, 대법원은 「민사 및 가사소송의 사물관할에 관한 규칙」 제2조를 1991. 8. 3. 대법원규칙 제1172호로 개정하여 3,000만원 이하로, 1997. 12. 31. 동 규칙 제1506호로 5,000만원 이하로, 2001. 2. 10. 동 규칙 제1693호로 1억원 이하로 상향조정하여 단독판사의 심판권의 범위를 확대하였다. 2015. 1. 28. 동 규칙 제2584호로 2억원 이하로 상향조정하였고, 또다시 2022. 1. 28. 동 규칙 제3028호로 5억원 이하로 상향조정하여 현재에 이르고 있다.

송할 수 있다($^{34조}_{2항}$).

(4) 관련사건

본소가 단독판사의 관할인 경우에 이에 병합하여 제기되는 독립당사자참가, 청구의 변경, 중간확인의 소, 반소[8] 등의 관련청구도 단독판사가 관할한다.

4. 소송목적의 값(소가)

(1) 소송목적의 값의 의의

소송목적의 값이라 함은 원고가 소로서 주장하는 권리 또는 법률관계에 관하여 가지는 경제적 이익을 화폐단위로 평가한 금액을 의미한다. 소송목적의 값은 통상 소가(訴價)라고 하며, 소로 주장하는 이익($^{26조}_{1항}$)이라고 하는 경우가 있다. 소가는 i) 사물관할을 정하는 기준, ii) 소장(상소장, 반소장, 독립당사자참가신청 등의 서면 포함) 제출 시에 납부할 인지액을 정하는 기준, iii) 변호사비용을 정하는 기준 등이 된다. 인지액은 국가소송제도의 이용에 대한 수수료에 해당한다.

(2) 소송목적의 값의 산정방법

① 기본원칙

소가 산정의 기본원칙은 주장하는 이익을 기준으로 한다($^{26조}_{1항}$). 즉 원고가 청구취지로써 구하는 범위 내에서 원고의 입장에서 보아 전부 승소할 경우에 직접 받게 될 경제적 이익을 객관적으로 평가하여 금액으로 정함을 원칙으로 한다($^{민인규}_{6조}$).[9] 소의 유형, 심판의 난이도, 피고의 응소능력, 피고의 자력의 유무 등과는 관계가 없다. 또한 직접적 이익을 기준으로 하는 것이므로 기판력이 미치는 소송물에 관한 이익으로 보아야 한다. 따라서 상환이행청구의 경우에도 반대급부를 공제할 필요가 없다(예: 원고가 청구취지에서 "피고는 원고에게 금 3,000만원을 지급받음과 동시에 해당 건물을 인도하라"고 청구한 경우 소가 산정의 기준은 건물의 가액이다. 이것에서 상환의무가 있는 3,000만원을 공제할 필요는 없다).

---

8) 다만 여기서 관련사건의 반소는 단독판사 사물관할의 반소를 의미한다. 합의부 사물관할의 반소가 제기되면 원칙적으로 본소의 단독판사는 관련사건으로서 해당 반소에 대하여 관할을 가지지 못한다(269조 2항 본문).

9) 중재판정에 따른 집행신청에 있어서 소가의 산정은 「민사소송 등 인지규칙」 제16조 제1호 (가)목을 유추적용 하여 중재판정에서 인정된 권리가액의 2분의 1을 기준으로 소가를 계산하고, 그에 따라 소송비용에 산입될 변호사보수를 산정하면 된다(대결 2021. 10. 15, 2020마7667).

② 구체적인 기준

소가의 구체적 기준은 「민사소송 등 인지규칙」에서 정하고 있다.

(a) 금전지급청구   청구금액이 소가가 된다. 다만 기간이 확정되지 아니한 정기금청구의 경우에는 기 발생분과 1년분의 정기금 합산액을 소가로 한다(민인규 12 조 3, 4호).

(b) 유체물에 관한 청구

ⓐ 물건 등의 가액   토지의 가액은 개별공시지가에 100분의 50을 곱하여 산정한 금액으로 한다(민인규 9 조 1항). 건물의 가액은 지방세법시행령상의 시가표준액에 100분의 50을 곱한 금액으로 한다(동조 2항). 선박·차량·기계장비·입목·항공기·광업권·어업권·골프회원권·콘도미니엄회원권·종합체육시설이용회원권 등은 지방세법 및 동 시행령 상의 과세시가표준액을 기준으로 한다(동조 3항). 유가증권의 가액은 액면금액 또는 표창하는 권리의 가액으로 하되, 증권거래소에 상장된 증권의 가액은 소 제기 전날의 최종거래가격으로 한다(동조 4항). 유가증권 이외의 증서의 가액은 200,000원으로 한다(동조 5항).

ⓑ 물건에 대한 권리의 가액   물건에 대한 소유권의 가액은 그 물건가액으로 하고(민인규 10 조 1항), 점유권의 가액은 그 물건가액의 3분의 1로(동조 2항), 지상권 또는 임차권의 가액은 목적물건 가액의 2분의 1로(동조 3항), 지역권의 가액은 승역지 가액의 3분의 1로(동조 4항), 담보물권의 가액은 목적물건 가액을 한도로 한 피담보채권의 원본액(근저당권의 경우에는 채권최고액)으로(동조 5항), 전세권(채권적 전세권을 포함한다)의 가액은 목적물건 가액을 한도로 한 전세금액으로 한다(동조 6항).

ⓒ 기타 물건에 대한 가액은 소를 제기할 당시의 시가로 하고, 시가를 알기 어려운 때에는 그 물건 등의 취득가격 또는 유사한 물건 등의 시가로 한다(민인규 11조).

(c) 증서에 관한 청구(민인규 12 조 2호)   증서의 진정여부를 확인하는 소(250 조)는 그 증서가 유가증권인 경우에는 액면 또는 상장거래가격의 1/2, 그 밖의 증서일 때에는 200,000원으로 한다.

(d) 사해행위 취소소송(민인규 12 조 9호)   취소되는 법률행위의 목적의 가액을 한도로 원고의 채권액을 소가로 한다.

(e) 집행법상의 소(민인규 16조)   집행판결을 구하는 소에 있어서는 외국판결 또는 중재판정에서 인정된 권리의 가액의 2분의 1, 중재판정취소의 소에 있어서는 중재판정에서 인정된 권리의 가액(동조 1호), 집행문부여 또는 집행문부여에 대한 이의의 소에 있어서는 그 대상인 집행권원에서 인정된 권리의 가액의 10분의 1(동조 2호), 청구이

의의 소에 있어서는 집행력 배제의 대상인 집행권원에서 인정된 권리의 가액($\frac{\text{동조}}{\text{3호}}$), 제3자이의의 소에 있어서는 집행권원에서 인정된 권리의 가액을 한도로 한 원고의 권리의 가액($\frac{\text{동조}}{\text{4호}}$), 배당이의의 소에 있어서는 배당증가액($\frac{\text{동조}}{\text{6호}}$), 공유관계부인의 소에 있어서는 원고의 채권액을 한도로 한 목적물건 가액의 2분의 1($\frac{\text{동조}}{\text{7호}}$) 등으로 한다.

(f) **작위·부작위청구** 작위나 부작위명령을 구하는 소송에 있어서의 소가는 그 작위나 부작위의 명령을 받음으로써 원고가 받는 이익을 표준으로 하여 산정한다.[10] 즉 사용방해금지의 부작위명령을 구하는 소송의 소가는 그 대지에 관한 점유사용권의 가액이고, 이는 그 대지의 임대가격이다.

(g) **시효중단 위한 재판상청구가 있다는 점에 대한 확인청구** 판례가 시효중단을 위한 재판상의 청구가 있다는 점에 대하여만 확인을 구하는 형태의 새로운 방식의 확인소송을 허용[11]함에 따라 이런 소송의 소가를 어떻게 할지 문제되었는데 '민사소송 등 인지규칙' 제18조의3이 2019. 1. 29. 신설되어 해결되었다. 이에 의하면 그 소가는 그 대상인 전소 판결에서 인정된 권리의 가액(이행소송으로 제기할 경우에 해당하는 소가)의 10분의 1로 하되, 그 권리의 가액이 3억원을 초과하는 경우에는 소가는 일률적으로 3억원으로 본다.

(3) 산정의 기준시기 및 사물·심급관할의 변경

① 소가는 소를 제기한 때(법률의 규정에 의하여 소의 제기가 의제되는 경우에는 그 소를 제기한 것으로 되는 때)를 기준으로 산정한다($\frac{\text{민인규}}{\text{7조}}$). 소제기 시를 기준으로 소가를 산정하므로 목적물이 소송 중에 훼손, 가격의 변동 등의 사정변경이 있다고 하여도 소가를 재차 산정할 필요는 없다.

② 합의부에 소송이 계속 중 일부 취하 또는 청구의 감축 등으로 소송목적의 값이 5억원 이하로 줄어들어 사물관할이 합의부에서 단독판사의 관할사건이 되었다고 하여도 단독판사에게 사건을 이송할 필요는 없다. 그러나 반대로 단독판사에게 소송이 계속 중 청구취지의 확장으로 소송목적의 값이 5억원을 초과하는 경우에는 변론관할이 생기지 아니하면($\frac{30}{\text{조}}$), 관할위반에 해당하여 합의부로 이송하여야 한다($\frac{34조}{1항}$).

③ 2억원 이하 단독사건의 항소심 심급관할은 지방법원 본원 합의부 또는 춘

---

10) 대결 1969. 12. 30, 65마198.
11) 대판(전) 2018.10.18, 2015다232316.

천지방법원 강릉지원 합의부에서 처리한다($^{법조}_{조 2항}$). 종전에는 단독사건 중에서도 5,000만원 또는 8,000만원을 초과하는 경우에는 항소심의 심급관할이 고등법원에서 관할하는 경우도 있었지만,[12] 2016년 10월 1일부터 「민사 및 가사소송의 사물관할에 관한 규칙」 제4조의 규정이 삭제되면서 모든 단독사건은 지방법원 본원 합의부 또는 춘천지방법원 강릉지원 합의부에서 처리하도록 통일되었다. 그러다가 2022년 3월 1일부터 동 규칙 제4조가 다시 부활되면서 2억원을 초과하는 단독사건의 경우에는 항소심의 심급관할은 고등법원에서 관할하고, 2억원 이하의 단독사건 항소심은 지방법원 본원 합의부 또는 춘천지방법원 강릉지원 합의부에서 처리하게 되었다.

(4) 청구병합의 경우의 소송목적의 값

① 합산의 원칙

하나의 소로 여러 개의 청구를 하는 경우에는 그 여러 청구의 값을 모두 합하여 소송목적의 값을 정한다($^{27조}_{1항}$). 그러나 합산을 하는 것은 그 수개의 청구의 경제적 이익이 독립한 별개의 것인 때에 한정한다($^{민인규}_{19조}$). 수개 청구의 단순병합의 경우 등은 합산을 하여야 하나, 본소와 반소 등 독립된 별개의 경제적 이익이 없는 경우는 합산하지 아니한다. 그러나 병합하지 아니하고 별개의 소로 청구하는 경우에는 별개로 소가를 산정하여야 한다($^{민인규}_{24조}$).

② 예 외

ⓐ **중복청구의 흡수**   1개의 소로써 주장하는 수개의 청구의 경제적 이익이 동일하거나 중복되는 때에는 중복되는 범위 내에서 흡수되고, 그중 가장 다액인 청구의 가액을 소가로 한다($^{민인규}_{20조}$). 예컨대 i) 청구의 선택적·예비적 병합, ii) 선택적·예비적 공동소송, iii) 여러 연대채무자에 대한 청구, iv) 목적물의 인도청구와 그 대상청구의 병합, v) 동일한 권리에 기한 확인 및 이행청구의 병합, vi) 비재산권상의 소와 관련 재산권상의 청구의 병합($^{민인 2}_{조 5항}$) 등이 이에 해당한다.

ⓑ **수단인 청구의 흡수**   1개의 청구가 다른 청구의 수단에 지나지 않을 때에는 특별한 규정이 있는 경우를 제외하고 그 가액은 소가에 산입하지 아니한다

---

12) 「민사 및 가사소송의 사물관할에 관한 규칙」 제4조 규정에 따라 2001년 3월 1일부터 2008년 2월 29일까지는 5,000만원을 초과하는 경우에, 그 이후 2015년 2월 12일까지는 8,000만원을 초과하는 경우에, 그 이후 2016년 9월 30일까지는 1억원을 초과하는 각각 항소사건을 고등법원에서 담당하였다.

($\frac{민일규}{조 본문}$21). 예컨대 토지인도를 구하기 위하여 건물철거소송을 병합한 경우에는 원칙적으로 건물철거소송의 가액은 토지인도의 소가에 흡수된다는 것이다. 다만, 수단인 청구의 가액이 주된 청구의 가액보다 다액인 경우에는 그 다액을 소가로 한다($\frac{민일규}{조 단서}$21).

ⓒ **부대청구의 불산입**　　과실・손해배상・위약금 또는 비용의 청구가 소송의 부대목적(附帶目的)이 되는 경우에는 그 값은 소송목적의 값에 넣지 아니한다($\frac{27조}{2항}$). 부대청구는 별개의 소송물에 해당하나, 비용들의 계산의 번잡을 피하고 그 관할을 용이하게 판단할 수 있도록 한다는 취지에서 소가 산정에 불산입하는 것이다.[13] 그러나 부대청구만을 별도로 소를 제기하거나 항소하면,[14] 독립하여 소가를 산정하여야 한다.

Ⅲ. 토지관할

1. 의의와 종류

(1) 의　의

토지관할이라 함은 소재지를 달리하는 동급 법원(특히 제1심법원) 사이에 재판권의 분담관계를 정해 놓은 것을 말한다. 즉 어떤 민사사건을 전국의 법원 중 어디에서 처리할 수 있는가 하는 문제이다. 우선 「각급 법원의 설치와 관할구역에 관한 법률」에서 전국의 법원들의 업무영역 즉 관할구역을 정하고 있다. 따라서 어떤 사건과 관련하여 해당 관할구역 내에 피고의 주소가 있거나 사고발생지 등으로 관련이 되면, 해당 법원에서 재판권을 행사할 수 있도록 하고 있는 것이다. 즉 관할구역과의 관련성이 존재하면 해당 관할구역을 담당하는 법원이 토지관할권을 갖게 된다. 이렇게 토지관할이 발생하는 근거를 일반적으로 재판적(裁判籍)[15]이라 한다. 따라서 토지관할의 발생원인이 되는 인적・물적 관련지점을 재판적이라 할 수 있다.

---

13) 대결 1962. 10. 18, 62라11.
14) 대결 1962. 10. 18, 62라11.
15) 보통 '토지관할의 발생원인이 되는 관련지점'이라는 의미로 '재판적'이라는 용어를 쓰고 있다. 그러나 재판적이라는 용어가 현재 시점에서 적절한지 한번 정도 고민하여야 한다. 종전에 '채무명의'라는 용어가 실제의 뜻이 맞지 아니하여 '집행권원'으로 바뀌었다. '재판적'은 그 의미에 따라 '토지관할의 근거' 또는 '관할의 근거', '관할원인' 등을 생각할 수 있다. 그러나 여기에서는 용어의 혼란을 막기 위하여 그냥 '재판적'이라고 쓰기로 한다.

(2) 재판적의 종류

① 보통재판적과 특별재판적

모든 사건의 토지관할의 근거가 되는 것을 보통재판적이라 한다. 기본적으로 피고의 주소에 기초한다($\frac{2조}{5조}$ 내지). 반면 특별한 종류·내용의 사건에 한정하여 토지관할을 인정하는 것을 특별재판적이라 한다. 특별재판적 중 다른 사건과 독립하여 인정되는 경우를 독립재판적이라 하며, 다른 사건과 관련하여 비로소 관할이 인정되는 관련재판적이 있다.

② 인적 재판적과 물적 재판적

인적 재판적은 사건의 당사자와의 일정한 관계로 인하여 관할이 인정되는 재판적이고, 물적 재판적은 소송물과의 일정한 관계로 인하여 관할이 인정되는 재판적을 말한다.

③ 토지관할의 경합과 관할의 선택

통상 하나의 사건에 대하여 여러 곳에 토지관할이 발생할 수 있다(전속관할일 경우는 예외임). 이를 토지관할의 경합이라 한다. 이것은 재판적이 수개 발생하게 되어 일어나는 것이다. 보통재판적과 특별재판적의 하나 또는 수개의 공존으로 발생한다. 이 경우 원고는 경합하는 관할 중 하나의 관할권이 있는 법원을 임의로 선택하여 소를 제기하면 된다. 특별재판적과 보통재판적 사이에 우열관계가 있는 것도 아니다. 또 하나의 법원에 소를 제기하였다고 하여도 다른 법원의 관할권이 소멸하는 것은 아니다. 다만 소를 제기하여 소송계속이 된 상태에서 동일 사건을 재차 다른 법원에 소를 제기하면 중복제소에 해당하여 부적법 각하된다($\frac{259}{조}$). 원고에 의한 관할선택이 권리남용 등 신의칙에 위반되는 경우에는 신의칙 위반을 이유로 소를 각하할 수 있다(신의칙의 수정기능).

2. 보통재판적

보통재판적은 특정인에게 대한 일체의 소송사건에 관하여 일반적으로 인정되는 토지관할의 근거이다. 민사소송법은 피고의 보통재판적이 있는 법원에 모든 사건의 소를 제기할 수 있다고 정하고 있다($\frac{2}{조}$). 이는 "원고는 피고의 재판적에 따른다(actor sequitur forum rei)."는 로마법상의 일반원칙에 따른 것이다. 이것은 소제기 당시에는 원고의 청구가 이유 있는지 여부를 정확히 알 수 없으므로, 공격하는 측인 원고가 방어하는 측인 피고의 토지관할 구역에 소제기 하게 하는 것이 당사자 사이의 공평이라는 취지에 합당하기 때문이다.

(1) 사람(자연인) – 주소·거소·마지막 주소

피고가 사람인 때의 보통재판적은 그의 주소에 따라 정한다($\frac{3}{2}$). 다만, 대한민국에 주소가 없거나 주소를 알 수 없는 경우에는 거소에 따라 정하고, 거소가 일정하지 아니하거나 거소도 알 수 없으면 마지막 주소에 따라 정한다($\frac{3조}{단서}$). 다만 대사·공사, 그 밖에 외국의 재판권 행사대상에서 제외되는 대한민국 국민이 주소·거소·마지막 주소에 따라도 보통재판적이 없는 경우에는 이들의 보통재판적은 대법원이 있는 곳으로 한다($\frac{4}{2}$). 즉 서울중앙지방법원에 토지관할이 존재한다.

(2) 법인, 그 밖의 사단·재단 – 주된 사무소·영업소·업무담당자의 주소

법인, 그 밖의 사단 또는 재단의 보통재판적은 이들의 주된 사무소 또는 영업소가 있는 곳에 따라 정하고(본점소재지주의), 사무소와 영업소가 없는 경우에는 주된 업무담당자의 주소에 따라 정한다($\frac{5조}{1항}$). 외국법인의 경우에는 한국에 있는 사무소 또는 영업소에 의하고, 그것이 없으면 한국에 있는 업무담당자의 주소에 따라 정한다($\frac{5조}{2항}$).

(3) 국가 – 법무부 소재지 또는 대법원 소재지

국가의 보통재판적은 그 소송에서 국가를 대표하는 관청인 법무부장관 또는 대법원이 있는 곳으로 한다($\frac{6}{2}$). 법무부장관의 소재지인 과천시를 관할하는 수원지방법원 안양지원 또는 대법원의 소재지인 서울중앙지방법원에 관할이 있게 된다.

(4) 보통재판적을 정할 수 없는 자 – 대법원 소재지

우리나라에 한번도 주소를 가진 적이 없는 재외동포·외국인·외국법인 등을 상대로 소를 제기하는 경우는 위 (1) 내지 (3)으로 보통재판적을 정할 수 없으므로, 대법원 소재지인 서울중앙지방법원에 보통재판적이 있다($\frac{규칙}{6조}$).

3. 특별재판적

특별한 사건의 경우, 즉 증거가 있는 곳(불법행위지) 등 보통재판적이 있는 곳 외에 법원의 토지관할을 인정하는 경우가 있다. 민사소송법 제7조 내지 제25조에 규정하고 있다. 여기에는 다른 사건과 독립하여 인정하는 독립재판적($^{7조 내지}_{24조}$), 다른 사건 때문에 관할을 인정하는 관련재판적($^{25}_{조}$)이 있다. 보통재판적은 피고의 주소를 관할의 근거로 하고 있으므로 피고에게 유리하게 관할이 결정된다고 할 수 있으나, 특별재판적은 사건과 인적·물적으로 특별한 관련이 있어 인정되는 것이다. 즉 부동산 소재지, 사건의 발생지, 의무이행지 등과 같이 증거 또는 소송의 편의 등과 관련성이 있다고 할 수 있다. 모두 그런 것은 아니지만 특별재판적은 보통재판적보다는 원고에게 유리하다고 할 수 있다.

(1) 독립재판적

① 근무지($^{7}_{조}$)

사무소 또는 영업소에 계속하여 근무하는 사람에 대하여 소를 제기하는 경우에는 그 사무소 또는 영업소가 있는 곳을 관할하는 법원에 제기할 수 있다. 근무자의 응소편의를 위하여 인정하고 있다.

② 거소지($^{8조}_{전단}$)

재산권에 관한 소를 제기하는 경우에는 거소지의 법원에 제기할 수 있다. 주소와 거소가 다른 경우에 원고의 소제기의 편의를 위하여 인정하는 것이다. 이 경우 피고의 주소지에 보통재판적에 기한 토지관할과 거소지에 특별재판적에 기한 토지관할이 발생하므로, 원고는 2개의 토지관할 법원 중 1개를 선택하여 소를 제기할 수 있다. 그런 의미에서 원고의 편의를 고려한 관할의 근거이다. 통상 거소지는 주소가 없거나 알 수 없을 때에 보통재판적의 보충적 관할의 근거가 되지만 여기에서는 거소 자체가 독립적 특별재판적으로 인정되는 것이다.[16]

③ 의무이행지($^{8조}_{후단}$)

i) 재산권에 관한 소는 의무이행지의 법원에도 제기할 수 있다. 여기에서 '의무'라는 것은 법률상의 의무로서 계약상의 의무뿐만 아니라 법률의 규정에 의하여 발생하는 불법행위·부당이득·사무관리상의 의무도 포함한다.[17] 계약에 따른 의무이행지가 존재하는 경우 계약관계 또는 권리의 확인청구, 계약불이행에 따른 손해배상, 계약해제로 인한 원상회복의 소에 있어서도 동일한 의무이행지로 볼 수 있다.[18] 그러나 판례는 매매계약에 의한 물품인도 채무의 이행지와 그 계약의 해

---

16) 同旨: 이시윤, 105면.
17) 同旨: 이시윤, 106면.

제를 전제로 한 보증금반환 채무와 위약금지급 채무의 이행지를 동일한 이행지로 보지 아니한다.[19) ii) 실체법상 채무의 성질 또는 당사자의 의사표시로 변제장소를 정하지 아니한 때에는 특정물 인도청구 이외의 채무에 대하여 지참채무의 원칙에 따라 채권자의 현주소 또는 현영업소[20)에 하여야 한다($\frac{민}{항} \frac{467조 2}{상 56조}$).[21) 따라서 의무이행지가 정하여지지 아니한 경우에는 특별한 사정이 없다면 채권자인 원고의 주소지 또는 영업소가 의무이행지로 된다. 즉 특정물 인도청구 이외의 모든 채무는 채권자인 주소지 또는 영업소에 토지관할이 존재한다고 할 수 있다.[22) 현재 채권자는 의무이행지에 따른 자기의 주소지 법원에 관할을 갖게 됨으로 인해 피고의 편의를 위하여 피고의 주소지에 보통재판적을 인정한 의미를 반감시키고 있다. 입법론적으로 이에 대하여 일정한 제한을 가할 필요가 있다.[23) 현재로는 편의에 의한 이송제도($\frac{35}{조}$)를 탄력적으로 운영할 필요가 있다.[24)

④ 어음·수표의 지급지($\frac{9}{조}$)

어음·수표에 관한 소는 지급지의 법원에 제기할 수 있다. 주채무자, 배서인 등 수인의 어음채무자를 상대로 소를 제기할 때 원고의 편의를 위하여 인정하고 있다. 다만 어음법상의 권리에 관한 소인 이득상환청구($\frac{어음}{79조}$) 등의 경우에는 지급지의 특별재판적이 적용되지 않는다.

---

18) 同旨: 이시윤, 106면.

19) 대결 1963. 9. 26, 63마10.

20) 다만 영업에 관한 채무의 변제는 채권자의 현영업소에서 하여야 한다(민 467조 2항 단서). 채권자가 변호사인 경우에 성공보수금 청구와 관련하여 변호사의 사무소가 현영업소에 해당되는지 여부가 문제된다. 판례는 변호사법상 변호사의 영리추구 활동은 엄격히 제한되고 있고, 직무에 관하여 고도의 공공성과 윤리성을 강조하는 점에 비추어 최대한의 영리 추구가 허용되는 상인의 영업활동과는 본질적으로 차이가 있기 때문에, 성공보수금 지급채무가 민법 제467조 제2항 단서에서 의미하는 '영업에 관한 채무'라거나 혹은 변호사 사무소가 위 조항에서 의미하는 '영업소'라고 볼 수 없고, 성공보수금 이행채무는 지참채무로서 변호사의 주소지 관할법원에 관할권이 있다고 하였다(대결 2011. 4. 22, 2011마110); 대판 2023. 7. 27, 2023다227418(변호사와 법무법인은 상인이 아니고, 그들에 대한 급여채권은 상사채권이 아님).

21) 대결 2022. 5. 3, 2021마6868(민법 제467조 제2항의 '영업에 관한 채무'는 영업과 관련성이 인정되는 채무를 의미하고, '현영업소'는 변제 당시를 기준으로 그 채무와 관련된 채권자의 영업소로서 주된 영업소(본점)에 한정되는 것이 아니라 그 채권의 추심 관련 업무를 실제로 담당하는 영업소까지 포함되므로 영업에 관한 채무의 이행을 구하는 소는 제소 당시 채권추심 관련 업무를 실제로 담당하는 채권자의 영업소 소재지 법원에도 제기할 수 있음).

22) 대결 1969. 8. 2, 69마469(금전반환 소송); 대결 1971. 3. 31, 71마82(물품대금청구).

23) 同旨: 이시윤, 106면; 전원열, 119면(계약상 의무에 대해서는 계약으로 정한 이행지와 민법 제467조 1항의 경우에 따른 특정물 인도청구만 의무이행지의 특별재판적을 인정하는 것이 입법론상 타당하다고 한다).

24) 同旨: 강현중, 168면: 정동윤/유병현/김경욱, 160면.

⑤ 재산소재지($\frac{11}{조}$)

　대한민국에 주소가 없는 사람 또는 주소를 알 수 없는 사람에 대하여 재산권에 관한 소를 제기하는 경우에는 청구의 목적 또는 담보의 목적이나 압류할 수 있는 피고의 재산이 있는 곳의 법원에 제기할 수 있다. 원고의 승소 시에 그 강제집행의 편의를 위하여 인정하고 있다. 대한민국에 주소가 없는 사람 또는 주소를 알 수 없는 사람이란 주로 외국인, 해외거주의 교포 등이 해당할 것이다. 피고의 재산소재지라 하면 유체동산일 경우 그 소재지, 채권의 경우 제3채무자의 주소·영업소 또는 그 채권의 책임재산이 있는 곳,[25] 어음·수표·증권 등의 유가증권일 때에는 제3채무자의 주소지가 아니고 그 증권이 있는 곳(지급위탁된 주식 등)이 재산소재지에 해당한다.

⑥ 사무소·영업소 소재지($\frac{12}{조}$)

　사무소 또는 영업소가 있는 사람에 대하여 그 사무소 또는 영업소의 업무와 관련이 있는 소를 제기하는 경우에는 그 사무소 또는 영업소가 있는 곳의 법원에 제기할 수 있다. 이 규정은 특히 많은 지점망을 갖고 있는 대기업 또는 외국기업 등을 상대로 한 소송에서 본점이 아닌 지점 소재지에서 소를 제기할 수 있어 편리하다. 다만 법문상 '사무소 또는 영업소가 있는 사람에 대하여…'라고 규정하고 있으므로 영업자가 원고인 경우에는 적용되지 아니한다.[26] 여기서 '업무'라 함은 영업활동 등 사법적(私法的) 업무에 한하지 아니하고 공익적 업무(변호사·의사 등의 업무)이나 행정업무도 포함된다.[27] '사업소 또는 영업소'라 함은 영업의 전부·일부를 총괄하는 장소를 말하고, 주된 사무소뿐만 아니라 지점도 포함한다. 외국법인의 국내 사무소도 여기에 해당한다.[28] '업무와 관련이 있는' 것의 의미는 업무 본래의 목적을 위하여 체결된 계약관계와 관련된 업무에 한하지 아니하고 업무수행에서 발생하는 일체의 분쟁을 포함한다. 따라서 본래의 업무수행과 관련하여 발생한 불법행위, 부당이득청구 등도 당연히 포함된다. 다만 성질상 본점에서만 취급할 수 있는 업무에 관하여는 지점에 특별재판적이 생기지 아니한다.[29]

　25) 이시윤, 106-107면.
　26) 대결 1980. 6. 12, 80마158.
　27) 同旨: 이시윤, 107면.
　28) 1992. 7. 28, 91다41897.
　29) 1967. 9. 20, 67마560(한국은행의 등록국채의 명의등록에 관한 사무는 본점에서만 취급할 수 있으므로 동 업무에 관한 소송을 지점에 제기할 수 없음).

⑦ 선적 및 선박소재지($\binom{13,}{14조}$)

선박 또는 항해에 관한 일로 선박소유자, 그 밖의 선박이용자에 대한 소 및 선박채권(船舶債權), 그 밖에 선박을 담보로 한 채권에 관한 소를 제기하는 경우에는 선적 및 선박이 있는 곳의 법원에 제기할 수 있다.

⑧ 회사 사원 등($\binom{15, 16,}{17조}$)

i) 회사, 그 밖의 사단이 사원에 대하여 소를 제기하거나, 사원이 다른 사원에 대하여 소를 제기하는 경우, ii) 사단 또는 재단이 그 임원에 대하여 소를 제기하거나, 회사가 그 발기인 또는 검사인에 대하여 소를 제기하는 경우, iii) 회사, 그 밖의 사단의 채권자가 그 사원에 대하여 소를 제기하는 경우에는 그 소가 사원의 자격으로 말미암은 경우, iv) 회사, 그 밖의 사단, 재단, 사원 또는 사단의 채권자가 그 사원·임원·발기인 또는 검사인이었던 사람에 대하여 소를 제기하는 경우, 사원이었던 사람이 그 사원에 대하여 소를 제기하는 경우에는, 회사, 사단 또는 재단의 보통재판적이 있는 곳의 법원에 소를 제기할 수 있다.

⑨ 불법행위지($\binom{18}{조}$)

불법행위에 관한 소를 제기하는 경우에는 불법행위지의 법원에 제기할 수 있다. 불법행위지에서는 증거자료의 수집이 용이하여 불법행위의 피해자인 원고에게 유리한 규정이다. i) '불법행위'라 함은 실체법상의 통상의 불법행위뿐만 아니라 공작물의 설치·보존상의 하자로 인한 책임 등 무과실에 기초한 특수불법행위를 포함한다. 나아가 국가배상법·자동차손해배상보장법 등 특별법에 의한 손해배상책임의 경우에도 해당한다. 채무불이행은 광의의 위법행위이고, 불법행위와 연계되어 주장되는 경우가 대부분인 점에 비추어 이 규정에 의한 특별재판적이 인정된다고 할 것이다.[30] 그러나 공법상 손실보상청구는 위법행위를 전제로 한 것이 아니므로 여기에 포함되지 아니한다고 본다.[31] ii) '불법행위지'라 함은 불법행위의 요건사실 중 하나와 관련되면 불법행위지에 해당한다. 불법행위지와 결과발생지가 다른 경우에는 두 곳 모두에 관할이 발생한다.[32] iii) 불법행위지의 특별재판적은 직접 행위자, 그에 가담한 자, 방조한 자, 피용자의 행위에 따른 사용자에 대한 청구에도 적용된다. 나아가 선박 또는 항공기의 충돌이나 그 밖의 사고로 말미암

---

30) 同旨: 송상현/박익환, 97면. 反對: 이시윤, 107면(원칙적으로 해당하지 아니하나, 불법행위와 관련하여 채무불이행이 문제된다면 관련재판적으로 해결함).

31) 同旨: 강현중, 170면.

32) 同旨: 정동윤/유병현/김경욱, 146면.

은 손해배상에 관한 소를 제기하는 경우에는 불법행위지 외에 사고선박 또는 항공기가 맨 처음 도착한 곳의 법원에 제기할 수 있다($^{18조}_{2항}$).[33]

⑩ 해난구조지 등($^{19}_{조}$)

해난구조(海難救助)에 관한 소를 제기하는 경우에는 구제된 곳 또는 구제된 선박이 맨 처음 도착한 곳의 법원에 제기할 수 있다.

⑪ 부동산소재지($^{20}_{조}$)

부동산에 관한 소를 제기하는 경우에는 부동산이 있는 곳의 법원에 제기할 수 있다. i) '부동산'이라 함은 민법 기타 법률에 의한 부동산 또는 그것으로 취급되는 경우를 말한다. 따라서 토지와 그 정착물($^{민99조}_{1항}$), 공장재단($^{공장 및 광업재}_{단 저당법 13조}$), 광업재단($^{동법}_{53조}$), 광업권($^{광}_{10조}$), 어업권($^{수산업법}_{18조}$) 등이 이에 해당한다. 그러나 선박·항공기·중기 등 이동성이 있는 것은 적용되지 아니한다. ii) '부동산에 관한 소'라 함은 부동산에 관한 권리를 목적으로 하는 소를 의미한다.[34] 여기에는 부동산상의 물권에 관한 소와 부동산에 관한 채권의 소로 나누어 볼 수 있다. 물권에 관한 소는 부동산의 소유권·점유권에 기한 존부확인의 소, 인도 및 방해배제청구, 지상권·전세권·저당권 등에 관한 소를 말한다. 임대차보호법상의 대항력이나 확정일자의 임차권에 관한 소도 이에 해당한다.[35] 채권의 소는 부동산 자체의 권리에 관한 소로서 계약에 기한 부동산의 이전등기청구 또는 인도청구 등이 여기에 해당한다. 그러나 부동산에 대한 매매대금, 임대료 등은 그 자체에 대한 권리에 관한 소가 아니므로 여기에 해당하지 아니한다(8조 후단에 따른 의무이행지인 채권자의 주소지에 관할이 있음).

⑫ 등기·등록지($^{21}_{조}$)

등기·등록에 관한 소를 제기하는 경우에는 등기 또는 등록할 공공기관이 있는 곳의 법원에 제기할 수 있다.

⑬ 상속·유증 등($^{22,}_{23조}$)

상속(相續)에 관한 소 또는 유증(遺贈), 그 밖의 사망으로 효력이 생기는 행위에 관한 소를 제기하는 경우에는 상속이 시작된 당시 피상속인의 보통재판적이

---

33) 판례는 항공기사고로 인한 불법행위지로 사건 사고의 행위지 및 결과발생지 또는 이 사건 항공기의 도착지도 포함하는 것으로 보았다(대판 2010. 7. 15, 2010다18355).

34) 강현중, 171면; 이시윤, 108면; 정동윤/유병현/김경욱, 160면.

35) 同旨: 이시윤, 108면.

있는 곳의 법원에 제기할 수 있다($\frac{22}{조}$). 통상 피상속인의 사망 당시의 주소지에 재산의 대부분이 있기 때문에 소송의 편의를 위하여 인정하는 것이다. 또한 상속채권, 그 밖의 상속재산에 대한 부담에 관한 것으로 제22조의 규정에 해당되지 아니하는 소를 제기하는 경우에는 상속재산의 전부 또는 일부가 제22조의 법원 관할구역 안에 있으면 그 법원에 제기할 수 있다($\frac{23}{조}$). 피상속인의 장례비용, 유산관리비용, 유언집행비용 등이 이에 해당한다.

⑭ 지식재산권·국제거래 등($\frac{24}{조}$)

(a) 2002년의 신민사소송법에서는 지식재산권과 국제거래에 관한 소를 제기하는 경우에 특별히 제2조 내지 제23조의 규정에 따른 관할 외에 동 규정에 따른 관할법원 소재지를 관할하는 고등법원이 있는 곳의 지방법원에 별도의 토지관할을 인정하였다. 관할법원 소재지를 관할하는 고등법원이 있는 곳의 지방법원에 전문재판부를 두어 지식재산권과 국제거래에 관한 소에 관한 심리의 전문성을 높여 국민에 대한 사법서비스의 질을 향상하기 위한 조치였다. 여기에서 '지식재산권에 관한 소'라 함은 특허권·실용신안권·디자인권·상표권·품종보호권 등과 저작권(컴퓨터프로그램 저작권 등 포함), 부정경쟁·영업비밀 등에 관련된 소를 의미한다.[36] 또한 '국제거래에 관한 소'는 국가 간의 인적·물적 거래로 인한 사건으로 적어도 일방이 외국인 또는 외국법인인 사건과 관련된 소로 보면 된다.

(b) 2015년 12월 1일 민사소송법 일부개정(법률 제13521호, 시행: 2016. 1. 1)을 통하여 지식재산권을 i) 지식재산권 중 통상 산업재산권이라고 칭하는 특허권, 실용신안권, 디자인권, 상표권, 품종보호권을 '특허권 등의 지식재산권'으로, ii) 나머지 지식재산권을 '특허권 등을 제외한 지식재산권'으로 나누었다. '특허권 등의 지식재산권에 관한 소'에 있어서 전속관할과 이송에 있어서 특칙을 신설하였고($\frac{24조}{2, 3항}$ 신설, 36조 3항 신설), 그 외에 '특허권 등을 제외한 지식재산권에 관한 소'에 대하여는 종전과 같이 규율되노록 하였다.

(c) 특허권 등의 지식재산권에 관한 소   특허권 등의 지식재산권에 관한 소[37]

---

36) 同旨: 이시윤, 109면.

37) 협약에 기한 특허권 지분의 귀속의무불이행을 원인으로 하는 손해배상청구소송은 민사소송에 해당하고, 위 소송에 대한 심리·판단은 특허권 등의 지식재산권에 관한 전문적인 지식이나 기술에 대한 이해가 필요한 소송으로 제24조 제2항에 규정하는 특허권 등의 지식재산권에 관한 소로 보아야 한다(대결 2019. 4. 10, 2017마6337). 따라서 대법원은 이 소송의 항소사건은 특허법원의 전속관할에 속한다고 하였다(법조 제28조의4 제2호); 대판 2020. 2. 27, 2019다284186(상표권침해소송 사안).

를 제기하는 경우에는 제2조부터 제23조까지의 규정에 따른 관할법원을 관할하는 고등법원이 있는 곳의 지방법원의 전속관할하고, 다만 서울고등법원이 있는 곳의 지방법원은 서울중앙지방법원으로 한정한다(²⁴조₂항). 한편 관할법원을 관할하는 고등법원이 있는 곳의 지방법원의 전속관할이 인정되는 경우에도 불구하고 당사자는 선택적으로 서울중앙지방법원에 특허권 등의 지식재산권에 관한 소를 제기할 수 있다(³⁴조₃항). 즉 특허권 등의 지식재산권에 관한 소에 관하여는 서울중앙지방법원에 선택적 중복관할을 인정하고 있다.[38]

이렇게 제24조 제2항, 제3항과 법원조직법 제28조의4 제2호(특허법원이 특허권 등의 지식재산권에 관한 민사 항소사건을 심판한다는 규정)를 별도로 둔 이유는 심리에 적합한 시스템과 숙련된 경험을 갖춘 전문법원에 집중하게 함으로써 적정하고 신속한 재판, 아울러 지식재산권의 적정한 보호에 이바지할 수 있기 때문이다.[39]

(d) 특허권 등을 제외한 지식재산권에 관한 소 특허권 등을 제외한 지식재산권에 관한 소를 제기하는 경우에는 종전과 같이 제2조부터 제23조까지의 규정에 따른 관할법원 외에 관할법원을 관할하는 고등법원이 있는 곳의 지방법원에도 제기할 수 있다(²⁴조₁항 본문). 다만 서울고등법원이 있는 곳의 지방법원은 서울중앙지방법원에 한정한다(동항 단서).

(e) '관할법원 소재지를 관할하는 고등법원이 있는 곳의 지방법원'이라 함은 지역적으로 나누어 고등법원의 관할구역에 따라 서울·경기북부·인천·강원지역은 서울중앙지방법원, 경기남부지역은 수원지방법원(2019. 3. 1. 수원고등법원 개원함), 충청·대전지역은 대전지방법원, 경북·대구지역은 대구지방법원, 전라·광주·제주지역은 광주지방법원, 경남·부산·울산지역은 부산지방법원을 지칭한다.

예컨대 울산시에 거주하는 사람이 자신의 특허권 침해를 이유로 제주도에 사는 사람을 상대로 손해배상청구의 소를 제기하는 경우에 피고의 보통재판적이 있는 제주지방법원(²조/₃조)과 원고의 의무이행지 특별재판적이 인정되는 울산지방법원(⁸조 후단)에 토지관할이 있지만, 특허권침해라는 지식재산권상의 소를 제기한 경우이므로 각 관할법원을 관할하는 고등법원이 있는 지방법원인 광주지방법원, 부산지방법원에 제24조 제2항에 따라 전속관할이 발생한다. 한편 동조 제3항에 따라 서울중앙지방법원에 선택적 전속관할이 중복하여 발생한다. 따라서 원고는 전속관할이 인정되는 광주지방법원, 부산지방법원과 선택적 전속관할의 중복이 인정되는 서울

---

38) 同旨: 정동윤/유병현/김경욱, 162면.
39) 대결 2019. 4. 10, 2017마6337.

중앙지방법원 중 1개의 법원을 선택하여 소를 제기할 수 있다.[40]

(f) '특허권 등의 지식재산권에 관한 소'의 항소심은 2016년 1월 1일부터 민사 항소심법원에서 특허법원으로 심급관할이 변경되었다(법조 28조의4, 2호). '특허권 등을 제외한 지식재산권에 관한 소'의 항소심은 종전과 같이 민사 항소심법원에 심급관할이 있다.

(2) 관련재판적($\frac{25}{조}$) - 병합청구의 재판적

① 의 의

관련재판적이라 함은 원고가 하나의 소로서 여러 청구를 하는 경우에 그중 하나의 청구에 관하여 토지관할권이 존재하면 나머지 청구도 관할권이 생기는 것을 말한다($\frac{25}{조}$). 정확히 말하면 나머지 청구에 관할이 발생하는 근거가 관련재판적이라는 것이다. 독립당사자참가($\frac{79}{조}$), 중간확인의 소($\frac{264}{조}$), 반소($\frac{269}{조}$) 등에 있어서도 일종의 관련재판적에 따라 관할이 발생한다고 할 수 있으나, 통상 관련재판적이라 함은 민사소송법 제25조에 따른 관련 청구의 관할권의 발생을 말한다. 이를 인정하는 것은 원고에게 하나의 법원에 여러 개의 청구를 동시에 할 수 있도록 하는 제소의 편의, 피고에게는 어차피 응소할 바에야 같은 법원에서 하는 것이 응소의 편의, 법원의 입장에서는 관련 분쟁을 하나의 법원에서 통일적으로 해결할 수 있어 소송경제에 도움이 되기 때문이다.

② 적용범위

(a) 원 칙   관련재판적은 원칙적으로 토지관할에 관하여 적용되고, 사물관할에는 적용되지 아니한다. 청구의 병합의 경우에 사물관할은 민사소송법 제27조에 따라 합산한 소가에 따라 관할이 결정된다. 그러나 관련재판적은 민사소송법 제2조 내지 24조에 의하여 토지관할이 발생한 경우에 한정할 필요가 없고, 사물관할

---

40) 전속관할의 인정 취지상 전속권할이 경합할 경우는 극히 희박하지만, 특허권 등의 침해소송에서는 전속관할법원이 여러 곳이 되어 전속관할의 경합이 이례적으로 발생하게 된다. 이 경우 원고는 그중 어느 곳의 법원이든 선택하여 제소하면 된다. 다만 대법원은 다른 법률에 따라 전속관할이 경합한 경우, 예를 들어 배당이의의 소는 배당을 실시한 집행법원이 속한 지방법원의 전속관할에 속하고(민집 21조, 156조 1항), 파산관재인의 부인의 소와 부인의 청구 사건은 파산계속 법원의 전속관할에 속하는데(채무회생 396조 3항, 1항), 파산관재인이 부인권을 행사하면서 원상회복으로서 배당이의의 소를 제기한 경우에는 채무회생법 제396조 제3항이 적용되지 않고, 민사집행법 제156조 제1항, 제21조에 따라 배당을 실시한 집행법원이 속한 지방법원에 우선적 전속관할이 있다고 보는 것이 타당하다고 하였다(대결 2021. 2. 16, 2019마6102). 즉 대법원은 위 결정에서 전속관할이 경합하는 경우 해석상 우선적 전속관할을 인정할 수 있다고 본 것이다. 사안에 비추어 볼 때 민사법원에서 심리하는 것이 합리적으로 보인다.

외에 하나의 청구에 합의관할($^{29}_{조}$),[41] 변론관할($^{30}_{조}$)과 지정관할($^{28}_{조}$)에 의하여 관할이
존재하는 경우에는 적용된다고 보아야 한다. 그러나 특별히 법률이 이를 인정하는
경우($^{가소 14}_{조 2항}$) 외에는 다른 법원의 전속관할에 속하는 청구에는 원칙적으로 관련재판
적이 발생하지 아니한다($^{31}_{조}$).[42]

(b) **청구의 병합의 경우**   관련재판적이 소의 객관적 병합($^{253}_{조}$) 즉 청구의 병합
의 경우에 적용되는 것은 이론의 여지가 없다. 민사소송법 제25조 제1항에서도
"하나의 소로 여러 개의 청구를 하는 경우에는 제2조 내지 제24조의 규정에 따라
그 여러 개 가운데 하나의 청구에 대한 관할권이 있는 법원을 소를 제기할 수 있
다."고 하여 이를 분명히 하고 있다.

(c) **공동소송의 경우**   그러나 소의 주관적 병합인 공동소송의 경우에의 적용
범위와 관련하여 다툼이 있었다.[43] 판례는 공동소송에는 적용할 수 없다는 입장이
었고,[44] 다수설은 민사소송법 제65조 전문에는 적용되나, 동조 후문에는 적용될
수 없다고 하였다.

그런데 1990년 민사소송법 개정(1990. 1. 12. 법률 제4201호)에서 제22조 제2항
($^{현 25조}_{2항}$)에서 제1항의 소의 객관적 병합의 관련재판적 규정을 "소송의 목적인 권리
나 의무가 수인에 대하여 공통되거나 동일한 사실상과 법률상의 원인에 기인하여
그 수인이 공동소송인으로서 당사자가 되는 경우에 준용한다."고 신설함으로써 학
설과 판례의 대립을 입법적으로 해결하였다. 이는 공동소송에 있어서 상호 실질적
관련성이 있는 민사소송법 제65조 전문의 경우에 한하여 관련재판적을 인정한다
는 것이다. 관련재판적의 취지를 잘 살린 것으로 타당한 입법으로 평가된다. 2002
년 신민사소송법에서도 동일한 취지로 규정하고 있다. 필수적 공동소송은 제65조
전문에 해당하므로 당연히 관련재판적이 인정된다고 할 것이다.[45] 통상공동소송

---

41) 同旨: 이시윤, 110면.

42) 다만 전속적 합의관할이 있는 경우에 관련재판적의 적용여부(전속적 합의관할과 관련재판적
의 충돌문제)에 관하여 판례는 전속적 합의관할은 전속관할이 아니라 임의관찰에 해당하므로 관련
재판적 규정의 적용이 배제되지 아니한다고 한다(대결 2011. 9. 29, 2011마62).

43) 관련재판적의 공동소송의 적용과 관련하여 i) 모든 공동소송에 적용하자는 견해, ii) 피고의
관할의 이익을 해치므로 불가하다는 견해, iii) 공동소송의 요건에 관한 민사소송법 제65조의 규정
중 전문인 "소송목적이 되는 권리나 의무가 여러 사람에게 공통되거나, 사실상 또는 법률상 같은
원인으로 말미암아 생긴 경우"의 공동소송의 경우에는 이를 인정하고, 후문인 "소송목적이 되는 권
리나 의무가 같은 종류의 것이고, 사실상 또는 법률상 같은 종류의 원인으로 말미암은 것인 경우"
에는 관련재판적을 인정하지 말자는 견해(절충설) 등이 대립하였다.

44) 대결 1970. 11. 24, 70마646; 대결 1977. 11. 9, 77마284; 대결 1980. 9. 26, 80마403.

45) 대판 1994. 1. 25, 93누18655.

중에 제65조 후문에 해당하는 경우에만 관련재판적의 적용이 배제되는 것이다.

Ⅳ. 지정관할

1. 의   의

지정관할이라 함은 구체적 소송사건에 관하여 상급법원이 관할법원을 지정함으로써 생기는 관할을 말한다(²⁸). 재판(결정)을 통하여 정한다는 뜻에서 재정관할(裁定管轄)이라고도 한다. 지정관할은 법률에 관할에 관한 규정이 없거나 사실상의 장애로 인하여 재판권 행사가 불가능하게 되는 것을 막기 위하여 보충적으로 인정하는 관할제도이다. 실무상 거의 활용되는 경우가 없다. 통상 지정관할의 지정은 토지관할 또는 사물관할에서 생길 수 있지만, 전속관할 또는 직분관할에서도 발생할 수 있다.

2. 지정의 원인

(1) 관할법원이 법률상 또는 사실상 재판권을 행사할 수 없는 때(²⁸조¹ 항¹호)

여기에서 '관할법원이 법률상 재판권을 행사할 수 없는 때'라는 것은 관할법원의 법관 전부가 제척·기피·회피에 의하여 직무를 행할 수 없는 경우를 말하고, '관할법원이 사실상 재판권을 행할 수 없는 때'라는 것은 관할법원의 법관 전원이 질병이나, 천재지변 등의 사고로 직무를 행할 수 없는 때를 생각할 수 있다.

(2) 법원의 관할구역이 분명하지 아니한 때(²⁸조¹ 항²호)

'관할구역이 분명하지 아니한 때'라 함은 장소는 특정되나 그 지역의 측량 등이 명확하지 아니하여 어느 법원의 관할에 속하는지 분명하지 아니한 때와 사고 발생지 자체가 불분명한 경우(예: 항공기 추락사고가 발생하였으나 산불·화재 등으로 구체적으로 어느 지점에서 발생하였는지가 명확하지 아니한 경우)가 있을 것이다.

(3) 가정법원과 지방법원 사이에 관할이 분명하지 아니한 때(가소³조)

사건이 가정법원과 지방법원 중 어느 법원의 관할에 속하는지 여부가 명백하지 아니한 때에도 지정관할이 문제된다(가소³조¹항).

(4) 공동소송의 경우

공동소송 중 민사소송법 제65조 전문에 해당하는 경우에는 당연히 관련재판적에 의하여 나머지 공동소송인들에게 관할이 생기므로 문제가 없다.[46] 다만 민사소송법 제65조 후문의 공동소송인 사이 공통의 재판적이 존재하지 아니하지만 꼭 함께 재판할 현실적 필요성이 있다면 관할지정을 통하여 공통의 관할법원을 정하는 것을 생각할 수 있다.[47]

3. 지정절차

(1) 관할의 지정은 관계법원 또는 당사자의 신청에 의한다($\frac{28조}{1항}$). 구체적으로 이유를 적은 신청서를 바로 위의 상급법원에 제출하여야 한다($\frac{규칙 7}{조 1항}$). '바로 위의 상급법원'이라는 것은 관할법원의 상위 심급의 법원을 의미한다. 통상 서울동부지방법원과 서울북부지방법원 사이의 문제라면 서울고등법원이 바로 위의 상급법원이 되며, 서울동부지방법원과 대전지방법원 사이의 문제라면 바로 위의 상급법원은 대법원이 된다. 가정법원과 지방법원 중 어느 법원의 관할에 속하는지 명백하지 아니한 때에도 관계법원의 공통되는 고등법원이 관할법원을 지정한다($\frac{가소 3}{조 1항}$).

(2) 소 제기 후의 사건에 관하여 관할지정 신청이 있는 때에는 긴급한 필요가 있는 행위 외에는 그 신청에 대한 결정이 있을 때까지 소송절차를 정지하여야 한다($\frac{규칙}{9조}$).

(3) 관할지정 신청을 받은 법원은 그 신청에 정당한 이유가 있다고 인정하는 때에는 관할법원을 지정하는 결정을 하고, 이유 없다고 인정하는 때에는 신청을 기각하는 결정을 하여야 한다($\frac{규칙 8}{조 1항}$). 관할지정의 결정에 관하여는 불복을 신청할 수 없지만($\frac{28조}{2항}$), 기각결정에 대하여는 항고할 수 있다($\frac{439}{조}$). 관할지정결정 및 기각결정 정본은 소 제기 전의 사건은 신청인에게, 소 제기 후의 사건은 수소법원과 당사자 모두에게 각각 송달하여야 한다($\frac{규칙 8}{조 2항}$).

4. 지정의 효력

(1) 관할지정 결정이 있으면 지정된 법원에 관할권이 창설되는 효력이 발생한

---

46) 대판 1994. 1. 25, 93누18655.
47) 同旨: 강현중, 175면.

다. 지정결정은 지정된 법원과 수소법원(소 제기 후의 결정일 경우) 및 당사자를 구속한다. 또한 지정결정에 대하여는 불복할 수 없으므로 지정된 법원과 수소법원, 당사자는 지정한 법원과 견해가 다르다는 이유 등으로 다툴 수 없다.

(2) 소송이 계속된 법원이 바로 위의 상급법원으로부터 다른 법원을 관할법원으로 지정하는 결정정본을 송달받은 때에는, 해당 수소법원의 법원사무관 등은 바로 그 결정정본과 소송기록을 지정된 법원에 보내야 한다(규칙 8 조 3항).

V. 합의관할

1. 의 의

(1) 합의관할이라 함은 당사자의 합의에 의하여 생기는 관할을 말한다(29 조). 합의관할을 인정하는 근거로는 원래 관할규정은 전속관할 규정을 제외하고는 당사자의 공평과 소송수행상의 편의를 위하여 인정하고 있다는 점, 민사소송이 사적자치의 원칙이 인정되는 영역의 분쟁을 대상으로 하고 있고 그로 인한 분쟁의 관할법원을 당사자가 정하는 것이 자연스럽다는 점, 당사자 사이의 합의에 따른 관할이 법원 사이의 사건부담의 균형을 깨뜨릴 염려가 거의 없다는 점 등이 있다. 따라서 법정관할 가운데 전속관할을 제외한 임의관할의 경우에 관할의 합의가 인정된다. 관할의 합의는 사법상의 계약 내용의 일부로 체결되는 것이 통상적이고, 별도로 관할합의를 하는 경우는 예외적이다.

(2) 계약의 일부조항으로 관할합의 하는 경우에도 기업, 대형병원 등이 소비자를 상대로 하여 일방적으로 체결되는 보통거래약관[48]에 의한 관할합의는 당사자지위의 불평등, 내용의 부당성 등으로 인하여 일정한 제한을 가할 필요가 있다. 이것에 대하여 「약관의 규제에 관한 법률」 제14조(부당한 재판관할의 합의조항이나 상당한 이유 없이 고객에게 입증책임을 부담시키는 약관조항은 무효로 함)에서 일정한 제한을 가하고 있고, 「할부거래에 관한 법률」(동법 16조) 및 「방문판매 등에 관한 법률」(동법 46조)에서 소비자의 주소지 법원을 전속관할로 함으로써 이를 금지하고 있다. 판례는 아파트 공급계약상 대전에 거주하는 계약자와 서울에 주사무소를 둔 건설회사 사

---

48) 대표적인 보통거래약관으로는 각종 보험약관, 어음거래약정서, 신용카드약정서, 종합병원의 입원서약서, 아파트분양계약서, 할부판매계약서, 물품운송계약서 등이 있다. 위 약관들에는 통상 관할합의 조항이 있다.

이의 분쟁에 있어서 서울지방법원을 관할법원으로 합의한 약관을 무효로 보았다.[49]

(3) 또한 국제재판관할권의 합의는 소비자 및 근로자 보호를 위해 i) 서면합의, ii) 분쟁발생 후의 합의,[50] iii) 소비자 및 근로자에 대한 상거소지 외의 부가적 합의만을 인정하고 있다(국사 27조. 5항, 28조 4항).

2. 성   질

(1) 관할의 합의는 소송법상의 관할의 창설이라는 효과를 발생하는 소송행위로서, 소송계약에 해당한다(통설). 따라서 그 요건과 효과는 소송법의 규율을 받으며 관할의 합의를 위하여는 소송능력이 필요하다(55조). 관할의 합의가 사법상의 계약과 동시에 체결되는 경우라도 이는 사법상의 계약의 일부가 아니고 법률적으로 독립된 소송상의 계약이다. 따라서 동시에 체결된 사법상의 계약이 무효·취소 또는 해제되는 경우에도 관할합의의 효력에는 영향이 없다. 이러한 성질을 관할합의의 무인성(無因性)이라 한다.[51]

(2) 그런데 관할의 합의는 재판 외에서 당사자 사이의 사법상의 계약과 동시에 체결되는 경우가 대부분이므로, 소송행위이면서도 사법상의 계약으로서의 특성을 가지고 있다. 그렇기 때문에 의사의 합치에 하자가 있는 경우(예: 통정허위표시·불공정한 행위·착오·사기·강박 등에 의한 의사표시)에는 민법의 해당 규정을 유추적용할 수 있다.[52] 다만 소송절차의 안정이라는 측면에서 원고의 경우는 소 제기 이후, 피고는 본안에 관한 변론 이후에는 관할합의의 하자를 주장할 수 없다고 보아야 한다.[53]

3. 요   건

(1) 제1심 법원의 임의관할에 관한 것일 것(29조 1항)

i) 합의는 '제1심 법원'에 한정한다. 따라서 제1심 법원인 단독판사와 합의부의

---

49) 대판 1998. 6. 29, 98마863; 대결 2009. 11. 13, 2009마1482(주택분양보증약관상 전속적 관할합의). 다만 판례는 약관조항이 무효가 되기 위해서는 그 거래상의 지위를 남용하여 이러한 약관조항을 작성·사용함으로써 건전한 거래질서를 훼손하는 등 고객에게 부당하게 불이익을 주었다는 점이 인정되어야 한다고 본다(대결 2008. 12. 16, 2007마1328).

50) 대판 2006. 12. 7, 2006다53627.

51) 이시윤, 114면.

52) 同旨: 강현중, 177면; 이시윤, 114면: 정동윤/유병현/김경욱, 169면.

53) 同旨: 강현중, 177면.

관할사건에 한하여 합의할 수 있다. 대법원과 고등법원, 지방법원 항소부 등의 합의는 그 대상이 되지 아니한다. 특정한 재판부 또는 법관에게 재판을 받겠다는 사무분담에 관한 합의는 관할합의로서의 효력이 없다. ii) 합의는 제1심 법원의 '임의관할'에 한정한다. 따라서 임의관할인 토지관할, 사물관할에 관한 합의는 가능하나, 전속관할에 대한 합의는 인정되지 아니한다($\frac{31}{조}$).

(2) 합의의 대상인 소송이 특정되었을 것($\frac{29조}{2항}$)

관할합의가 유효하기 위하여는 소송의 대상이 될 법률관계가 특정되어야 한다. 즉 일정한 매매계약상의 분쟁, 임대차계약에 따른 분쟁 등과 같이 소송의 대상이 특정되면 된다. 소송의 대상인 법률관계를 예측할 수 없으면 피고의 관할을 부당하게 침해할 염려가 있기 때문이다.[54] 따라서 포괄적 관할의 합의 즉 당사자 사이에 향후 발생할 모든 법률관계로 인한 소송에 관한 합의 등은 대상 법률관계가 특정되지 아니하여 무효라 할 것이다.

(3) 합의가 서면에 의할 것($\frac{29조}{2항}$)

관할의 합의는 당사자 사이에서 매우 중요한 소송행위에 해당하고, 소송행위의 형식성에 비추어 서면에 의할 것이 요청된다($\frac{29조}{2항}$). 합의는 반드시 같은 서면에 의할 것은 요하지 아니하며, 별개 서면으로 시기를 달리하여 할 수 있다. 예컨대 어음발행인이 어음의 표면에 장래의 소지인에게 합의의 청약을 기재한 경우 어음소지인이 승낙한 경우 적식의 합의가 이루어진 것이다.[55] 이 경우 어음소지인이 청약인인 어음발행인이 지정한 법원에 소를 제기하여 어음발행인에 대한 소장 부본의 송달로도 승낙의 의사표시가 가능하다.[56]

(4) 관할법원이 특정되었을 것

합의의 취지로 보아 관할법원을 특정할 수 있어야 한다. 1개의 법원을 특정할 필요는 없고 수개의 법원을 정하여도 유효하다. 또한 법정관할의 일부를 배제하는 형식도 가능하다. 전국의 모든 법원을 관할법원으로 하는 경우, 원고가 지정하는 법원에 관할권을 인정하는 합의[57] 등은 피고의 관할의 이익을 현저히 해하는 것

---

54) 대결 1977. 11. 9, 77마284(아파트 분양계약에서 분양업자가 지정하는 법원을 관할법원으로 하기로 한 약정은 피고의 권리를 부당하게 침해하여 무효라고 함).

55) 日最判 1921. 3. 15, 民集 27. 434.

56) 同旨: 강현중, 178면.

이므로 무효이다. 반대로 모든 법원의 관할을 배제하는 것은 부제소 합의로 해석할 수 있다. 그러나 약관에 의한 경우에는 그 효력 자체가 무효로 될 수 있다(약규 14조).

(5) 합의시기의 자유

관할합의의 시기는 소제기 전·후 등 자유롭게 할 수 있다. 다만 소제기 후에 관할합의가 있다고 하더라도 이미 계속된 법원의 관할권은 상실되지 않기 때문에 (33조), 재량에 의한 소송이송 신청의 이유가 될 뿐이다(35조). 다만 국제사법상 외국적 요소가 있는 소비자계약 및 근로계약에 있어서 전속적 관할합의는 분쟁 이후에만 가능하다(국사 27조 6항 1호, 28조 5항 1호).

4. 합의의 모습

(1) 전속적 합의와 부가적 합의

합의의 모습은 특정한 법원에만 관할을 인정하고 그 밖의 다른 법원의 관할권을 배제하는 전속적 합의와 반대로 법정관할 외에 1개 또는 수개의 법원의 관할을 더하는 부가적 합의가 있다. 관할의 합의가 명시적으로 「전속적」 또는 「부가적」임을 밝힌 경우에는 합의된 바에 따르면 된다. 문제는 이를 명시적으로 밝히지 아니한 경우에 어떻게 할 것인가이다. 통설·판례는 법정관할법원 중 어느 하나를 지정하였을 때에는 전속적 합의이고,[58] 그렇지 아니하고 법정관할법원 외에 법원을 지정하였을 경우에는 부가적 합의라고 해석한다.[59] 예를 들어 갑과 을이 법정관할이 A, B인데 관할합의를 하면서 그중 A로만 한 경우에는 A법원은 전속적 합의관할 법원으로 해석된다. 반면 법정관할법원 외인 C 법원을 지정하였다면 C법원은 부가적 합의관할 법원이 된다는 것이다. 개별적으로 합의하면서 특정법원을 지정한 것은 전속적 합의로 해석하여야 한다는 반대견해가 있다.[60] 통설·판례의 태도가 타당하다고 본다.

---

57) 대결 1977. 11. 9, 77마284; 대결 2009. 11. 13, 2009마1482.
58) 대결 2011. 9. 29, 2011마62.
59) 대판 1963. 5. 15, 63다111.
60) 정동윤/유병현/김경욱, 167면(이 견해는 다만 약관에 의한 합의의 경우에는 일률적으로 부가적 합의로 봄).

(2) 국제재판관할의 합의

① 전속적 합의와 부가적 합의

(a) 국제재판관할의 합의도 국내 관할합의의 모습과 같이 외국법원만을 배타적으로 재판권을 행사할 수 있다는 전속적 합의와 국내법원에 부가하여 외국법원의 재판권을 인정하는 부가적 합의의 2가지 형태가 있다. 후자인 부가적 합의는 국내법원의 재판권에 부가하는 것이므로 문제될 것이 없다. 당사자 간의 합의에 특별한 정함이 없으면 전속적 합의로 추정된다(국사 8조 3항).

(b) 그런데 우리나라의 재판권을 전면적으로 배제하는 전속적 합의의 경우에 문제가 된다. 종래 판례는 전속적 합의가 유효하기 위하여는 i) 당해 사건이 대한민국 법원의 전속관할에 속하지 아니할 것, ii) 지정된 외국법원이 그 외국법상 당해 사건에 대하여 재판권을 가질 것, iii) 당해 사건이 그 외국법원에 대하여 합리적인 관련성을 가질 것을 요구하고 있었다.[61] 합리적 관련성 등을 요건으로 요구하는 판례에 대해서는 예견가능 한 소송절차를 준비하려는 당사자의 의사에 반한다는 이유로 반대하는 견해가 유력하였다. 2022년 1월 4일 전부개정(시행: 동년 7. 5) 된 국제사법 제8조 제1항에서 합의의 유효요건으로 i) 합의에 따라 국제재판관할을 가지는 국가의 법(준거법을 지정하는 법 포함)에 따라 합의가 효력이 있을 것, ii) 합의를 한 당사자가 합의를 할 능력이 있을 것, iii) 대한민국의 법령이나 조약에 따를 때 합의의 대상이 된 소가 합의로 정한 국가가 아닌 다른 국가의 국제재판관할에 전속하지 아니할 것, iv) 합의의 효력을 인정하더라도 소가 계속된 국가의 선량한 풍속이나 그 밖의 사회질서에 명백히 위반되지 아니할 것을 들고 있다(동조 1항 1, 내지 4호).[62] 개정 국제사법에서 종래 판례가 인정하고 있는 합리적 관련성의 요건을 보다 구체적으로 규정하고 있다.

(c) 만약 외국법원에 전속하는 국제재판관할의 합의가 있고, 위 합의가 유효요건을 갖추었음에도 불구하고 우리나라 법원에 소를 제기한 경우에는 재판권이 없어 판결로서 소를 각하하여야 한다(동조 5항). 다만 합의가 무효인 경우, 변론관할이

---

61) 대판 1997. 9. 9, 96다20093; 대판 2004. 3. 25, 2001다53349; 대판 2010. 8. 26, 2010다28185; 대판 2023. 4. 13, 2017다219232. 또한 대판 2011. 4. 28, 2009다19093에서는 외국법원의 재판권을 배제하고 대한민국 법원만이 재판관할권을 가진다는 전속적 국제관할합의가 유효한지가 문제된 사안에서 유효요건을 동일하게 보았다.

62) 대결 1964. 3. 28, 63마32; 대판 1997. 9. 9, 96다20093; 대판 2011. 4. 28, 2009다19093; 대판 2010. 8. 26, 2010다28185; 대판 2023. 4. 13, 2017다219232.

발생하는 경우, 전속적 합의 국가의 법원이 사건을 심리하지 않기로 하는 경우, 합의가 제대로 이행될 수 없는 명백한 사정이 있는 경우에는 이를 각하하지 못한 다(통설).

② 국제사법의 특칙

외국적 요소가 있는 소비자계약 및 근로계약에 관한 소에 있어서 국제재판관할 합의가 유효하려면 i) 분쟁이 발생한 후에 하거나, ii) 국제사법상의 소비자와 근로자가 국제재판관할 합의에서 대한민국 법원 외에 외국법원에도 소를 제기할 수 있도록 한 경우 즉 부가적 합의일 것이 요구된다($\frac{국사}{43조}$ ^{42,}).[63]

5. 합의의 효력

(1) 관할의 변동

관할의 합의가 이루어지면 합의된 내용에 따라 관할이 변동된다. 합의된 법원에 관할권이 발생한다. 부가적 합의의 경우에는 법정관할 법원 외에 부가된 법원에 관할이 생기고, 전속적 합의관할의 경우에는 전속관할 외의 법정관할 법원의 관할권이 소멸된다. 하지만 전속적 합의관할이라고 하여도 성질상 법정의 전속관할이 아니고($\frac{31}{쪽}$) 임의관할의 속한다.[64] 따라서 원고가 전속적 합의관할을 무시하고 다른 법정관할 법원에 소를 제기한 경우 피고가 관할위반의 항변 없이 본안에 관하여 변론을 한 경우에는 변론관할이 발생한다. 또한 법원은 현저한 지연을 피할 공익상의 필요가 있는 때에는 당사자가 전속적 합의관할 법원에 제기한 소를 다른 법정관할 법원으로 이송할 수 있다($\frac{35}{쪽}$). 관할합의의 효력은 새로운 합의를 통하여 취소·변경할 수 있으나, 관할합의 한 법원에 소를 제기한 후에는 취소·변경할 수 없다.[65]

(2) 효력의 주관적 범위

관할의 합의는 원칙적으로 당사자 사이에만 미치고 제3자에게 미치지 아니한다. 당사자의 일반승계인 및 특정승계인, 제3자에 관하여 구체적으로 살펴보겠다.

---

63) 대판 2023. 4. 13, 2017다219232.
64) 대결 2008. 12. 16, 2007마1328.
65) 同旨: 강현중, 180면.

① 당사자의 일반승계인

상속인 등의 일반승계인은 당사자의 지위를 포괄적으로 승계한 것이므로 당사자 간의 소송상 합의의 효력이 미치는 것은 의문의 여지가 없다. 나아가 당사자의 권리를 법률에 의하여 대신 행사하는 파산관재인, 채권자대위권을 행사하는 채권자에게도 효력이 미친다.[66]

② 당사자의 특정승계인

소송물의 특정승계인에게 관할합의의 효력이 미칠 것인가에 대하여 보겠다. i) 소송물의 내용을 이루는 권리관계의 실체적 내용을 당사자가 자유롭게 정할 수 있는 채권과 같은 경우는 변경된 권리를 양수받았다고 볼 수 있으므로 양도인이 한 관할합의의 효력이 양수인에게 미친다고 할 것이다($^{민}_{명채권의 양도}$).[67] 다만 외국(일본)에서 발생한 채권에 대하여 전속적 합의를 하고 그 채권이 한국에 주소를 둔 사람에게 양도된 경우에는 특별한 사정이 없는 한 다른 국가의 재판관할권을 완전히 배제하거나 다른 국가에서의 전속적인 관할법원까지 정하는 합의를 한 것으로 볼 수는 없기에 한국에 주소를 둔 양수인에게는 전속적 합의의 효력은 미치지 않는다.[68] ii) 그러나 그 권리내용이 법률상 정형화되어 있어 당사자가 임의로 변경할 수 없는 물권, 어음채권 등의 경우에는 합의의 효력이 승계인에게 미치지 아니한다고 할 것이다.[69]

③ 제3자

일반승계인 또는 특정승계인이 아닌 제3자에게는 합의의 효력이 미치지 아니한다. 따라서 채권자와 보증채무자 사이의 합의, 채권자와 연대채무자 중의 1인 사이의 합의는 제3자인 주채무자 및 다른 보증채무자, 다른 연대채무자에게 효력이 미치지 아니한다.[70] 다만 관련재판적으로 관할이 생길 수 있음은 별론이다.

---

66) 同旨: 정동윤/유병현/김경욱, 168면.
67) 대결 2006. 3. 2, 2005마902.
68) 대판 2008. 3. 13, 2006다68209.
69) 대결 1994. 5. 26, 94마536(근저당권설정자와 근저당권자 사이의 관할합의는 부동산 양수인에게 미치지 아니함).
70) 대판 1988. 10. 25, 87다카1728.

Ⅵ. 변론관할

1. 의 의

(1) 변론관할이라 함은 원고가 관할권이 없는 제1심 법원에 소를 제기하였음에도 불구하고, 피고가 관할위반의 항변 없이 본안에 대하여 변론하거나, 변론준비기일에서 진술함으로써 발생하는 관할을 말한다($\frac{30}{조}$). 2002년 신민사소송법 전에는 응소관할이라 하였다.

(2) 관할규정은 기본적으로 공익적 요청에 의하여 인정되는 전속관할을 제외하고는 당사자 특히 피고의 소송상의 이익을 우선적으로 고려한 것이므로, 관할이 없는 법원에 소가 제기된 경우에도 이해관계자인 피고가 소제기 법원에서 재판을 받겠다고 하면 이를 제한할 이유가 전혀 없다. 변론관할을 인정하는 것이 당사자의 편의 및 소송의 신속이라는 측면에서 모두 유리하다. 종래 판례[71]는 국제재판관할 위반이라도 변론관할이 인정된다고 하였는데 개정 국제사법에서도 피고가 국제재판관할이 없음을 주장하지 아니하고 본안에 대하여 변론하거나 변론준비기일에서 진술하면 우리법원에 그 사건에 대한 국제재판관할이 있다고 규정하였다 ($\frac{동법 제}{9조}$).

2. 요 건($\frac{30}{조}$)

(1) 관할권이 없는 제1심법원에 소가 제기되었을 것

i) 변론관할이 생기기 위하여서는 '관할권이 없는' 제1심법원에 소가 제기되어야 한다. 관할권이 존재하는 법원에 소를 제기한 것은 변론관할이 생길 여지가 없다. ii) 변론관할은 '제1심법원'에 한하여 생긴다.

따라서 제2심법원, 상고심에서는 변론관할이 생길 여지가 없다. iii) 변론관할은 제1심법원의 '토지관할과 사물관할, 전속적 합의관할[72] 등 임의관할을 위반한 경우'에만 인정된다. 따라서 전속관할을 위반한 경우에는 변론관할이 생기지 아니한다($\frac{31}{조}$).[73] 처음에는 관할권이 있었으나 청구취지의 확장·반소 등으로 사물관할위

---

71) 대판 2014. 4. 10, 2012다7571.
72) 전속적 합의관할도 전속관할이 아니고 임의관할에 해당한다(대결 2011. 9. 29, 2011마62).
73) 대판 1960. 5. 12, 4292민상273.

반이 된 경우에도 해당하며, 이 경우 상대방이 이의 없이 본안에 관하여 변론하면 변론관할이 생긴다($\frac{269조}{2항}$).

(2) 피고의 관할위반 항변이 없을 것

변론관할은 피고가 관할위반의 항변 없이 본안에 관한 변론 등을 하여야 한다. 관할위반의 항변은 반드시 명시적·적극적일 필요는 없다. 피고가 일단 관할위반의 항변을 하고, 만약 관할위반의 항변이 배척되는 것을 조건으로 변론을 한 경우에는 소송내적인 조건이므로 유효한 관할위반의 항변이 있다고 보아야 한다. 따라서 이 경우 변론관할이 발생하지 아니한다.

(3) 피고가 본안에 관하여 변론하거나, 변론준비기일에서 진술할 것

변론관할이 발생하기 위하여는 관할위반의 항변 없이 피고가 본안에 관하여 변론하거나, 변론준비기일에서 진술하여야 한다. i) 우선 '본안'에 관하여 변론 또는 진술하여야 한다. 여기서 본안이라 함은 피고가 원고의 청구가 이유 있는지 여부에 관하여 사실상·법률상의 진술을 하는 것을 말한다. 즉 소송물인 권리 또는 법률관계의 존부에 관한 진술을 말한다. 따라서 그러한 사항이 아닌 기일변경신청, 소각하판결의 신청, 기피신청 등은 여기에 해당하지 아니한다. 문제는 청구취지에 대한 답변으로 청구기각의 판결을 구하고, 다만 청구원인에 대한 답변을 미루는 형식적인 답변서를 제출하고 변론 또는 변론준비기일에 그 답변서를 진술하거나, 또는 직접 변론 또는 변론준비기일에 출석하여 청구취지의 기각의 변론 또는 진술을 하고 청구원인의 답변은 다음 기일로 미룬 경우에 이를 본안에 관한 변론 또는 진술이 있는 것으로 볼 것인가가 문제이다. 이 경우에도 피고가 원고의 청구를 이유 없다고 다툰 것으로 보아야 하므로 본안에 대한 변론 또는 진술로 보는 것이 타당하다($\frac{통}{설}$).[74] ii) 본안에 관한 '변론 또는 진술'은 변론기일 또는 변론준비기일에 출석하여 말로 하여야 한다($\frac{규칙}{28조}$). 따라서 피고가 변론기일 또는 변론준비기일에 불출석하거나, 출석하여 변론하지 아니한 경우, 본안에 관한 준비서면을 제출하고 불출석하여 진술간주된 경우($\frac{148,}{286조}$)[75] 등은 출석하여 말로 한 것이 아니므로 변론관할이 생기지 아니한다.[76]

---

74) 反對: 김홍규/강태원, 116면(이 견해는 형식적 기준으로 변론관할을 인정하는 것은 기본적으로 피고의 관할이익을 보호하려는 법 취지에 반한다고 봄).
75) 대결 1980. 9. 26, 80마403.
76) 同旨: 이시윤, 120면; 정동윤/유병현/김경욱, 172면.

3. 효   과

피고가 관할위반의 항변 없이 본안에 관하여 변론기일에 변론하거나, 변론준비기일에서 진술함으로써 관할권이 없는 법원에 새로운 관할이 생긴다. 관할이 생기는 시점은 관할위반의 항변 없이 본안에 관하여 변론 또는 진술을 한 때부터이다. 관할이 발생한 이후에는 관할위반의 항변을 할 수 없다. 변론관할은 당해 사건에 한하는 것이므로, 소의 취하 또는 각하 후에 다시 소를 제기하는 경우에는 그 효력이 없다.

제3관 관할권의 조사

1. 직권조사

(1) 관할권의 존재는 소송요건이다. 관할권 유무는 법원이 재판권을 행사할지 여부를 결정하는 전제된다. 따라서 관할권의 유무는 법원의 직권조사조항이다($\frac{32}{x}$).[77] 법원은 피고의 항변이 없어도 이를 직권으로 조사할 의무가 있다.

(2) 조사의 시기

관할권 존재의 조사시기와 관련하여, 임의관할의 경우 변론관할이 발생할 여지가 있으므로 소장 부본 등을 피고에게 송달하여 피고의 응소 여부에 따라 구체적으로 조사여부를 결정하면 된다. 또한 임의관할은 이를 위반하였다고 하여도 제1심 판결이 선고되면 그 하자를 주장할 수 없으므로($\frac{411조}{본문}$), 제1심 판결 선고 전까지 조사할 의무가 있다고 할 것이다. 그러나 전속관할 위반여부는 소제기 즉시 조사하여야 한다. 본안판결을 하여도 그 하자가 치유되지 아니하므로($\frac{411 단서, 424}{조 1항 3호}$), 상소심에서도 이를 직권으로 조사하여야 한다.

---

77) 대결(전) 1993. 12. 6, 93마524.

2. 조사의 방법과 정도

(1) 조사의 방법

관할권의 존재를 상대방이 다툴 경우, 그 이익을 가지는 원고가 관할 원인사실을 주장·증명하여야 한다. 그러나 관할권의 유무는 법원의 직권조사사항이므로 직권으로 조사할 수 있고($\frac{32}{조}$), 공익적인 요청에 의하여 인정하는 전속관할의 유무는 법원이 관할의 원인인 사실을 직권으로 탐지할 의무가 있다(직권탐지주의). 다만 임의관할일 경우에는 관할의 원인사실에 관하여 피고가 명백히 다투지 아니하거나, 당사자 사이에 다툼이 없는 경우[78]에는 법원은 증명 없이도 관할을 인정할 수 있다.

(2) 조사의 정도

관할에 관한 조사는 관할을 정함에 필요한 한도에서 하면 된다.

① 청구의 종류 또는 법적 성질로 결정되는 경우

이 경우는 원고가 청구취지 및 청구원인에서 주장한 사실관계에 기초하여 판단하면 된다. 즉 관할의 판단은 본안의 판단과 분리하여 원고가 청구를 이유 있게 하기 위하여 주장한 사실이 존재한다는 전제하에 관할의 유무를 판단하면 된다. 따라서 본안심리 후에 그 결과를 토대로 어느 법원의 관할인가를 결정할 필요는 없다.[79] 예컨대 원고가 부동산이 있다는 이유로 해당 부동산의 매수에 따른 이전등기청구의 소를 제기한 경우에 원고의 매수사실이 있다는 전제하에 해당 부동산이 법원의 관할구역 내에 있는지를 판단하면 된다.

② 법원이나 관할구역과의 특수관계로 결정되는 경우

관할이 청구의 종류 또는 법적 성질에 의하여 결정되는 것이 아니고, 법원이나 관할구역과의 특수관계로 결정되는 경우에는 관할의 원인이 되는 사실에 대하여 증거조사를 하여야 한다. 예컨대 의무이행지인지 여부, 불법행위지 여부, 관할구역 내에 피고의 주소·거소 또는 재산의 소재 여부 등과 관련하여 원고가 주장하는 지점이 관할구역 내에 있는지 조사할 필요가 있다. 전속관할에 관한 사항이라면 법원은 직권조사뿐만 아니라, 자료도 직권으로 탐지하여야 한다. 그러나 임의

---

78) 同旨: 이시윤, 122면; 정동윤/유병현/김경욱, 174면.
79) 대결 2004. 7. 14, 2004무20.

관할의 경우에는 피고가 다툴 경우 원고의 주장·증명에 따르면 되고, 다툼이 없
으면 그냥 넘어갈 수도 있다.

3. 관할결정의 표준시기

(1) 관할결정의 표준시기는 소를 제기한 때를 표준으로 한다($\frac{33}{조}$). 소를 제기한
때에 관할이 정하여지면 그 후에 사정변경이 있다고 하여도 이미 정하여진 관할
은 영향이 없다. 이를 관할의 항정(恒定)이라 한다. 이것은 관할을 빨리 확정하고
심리에 집중하기 위한 것이다. 따라서 관할의 원인이 되는 피고의 주소[80]·거소,
주된 영업소·주된 업무담당자의 주소, 소송목적의 값의 변동[81] 등이 소제기 후에
변경되어도 이미 발생한 관할에는 영향이 없다. 관련재판적에 따라 관할이 발생한
경우 주된 청구의 취하, 반소에 있어서 본소의 취하, 독립당사자소송에 있어서 본
소의 취하, 보전소송에 있어서 본안의 소멸[82] 등은 일단 적법하게 계속된 관련청
구, 반소(예비적 반소는 제외함), 독립참가의 소, 보전소송의 관할권에 영향이 없다.

(2) 다만 관할의 항정의 예외로서 사물관할에 있어서 i) 단독판사에게 본소사
건이 계속 중 합의부의 관할에 속하는 사건이 반소로 제기된 경우($\frac{269조}{2항}$), ii) 청구
취지의 확장으로 합의부 사건이 된 경우에는, 단독판사에서 합의부로 관할이 바뀐
다. 이 경우 단독판사에게 변론관할이 생기지 아니하면 사물관할 위반을 이유로
합의부로 이송하여야 한다.

(3) 소제기 시에 관할이 없는 경우라도 변론종결 시까지 사이에 관할원인이 생
겼다면 관할위반의 하자는 치유된다.

4. 조사의 결과

(1) 법원은 관할권이 존재하면 그대로 심리를 계속하면 된다. 다만 당사자 사
이에 관할권의 유무에 관하여 다툼이 있는 경우에는 절차 진행의 필요에 따라 중
간판결($\frac{201}{조}$) 또는 종국판결의 이유에서 이를 판단하면 된다.

---

80) 대결 1970. 1. 8, 69마1097.
81) 대판 1986. 5. 27, 86다137, 138; 대판 1991. 9. 10, 91다20579, 20586(병합); 대판 1992.
7. 24, 91다43176(소액사건심판법의 적용대상인 소액사건에 해당하는지 여부는 제소 당시를 기준
으로 정하고, 병합심리로 그 소가의 합산액이 소액사건의 소가를 초과하였다고 하여도 소액사건임
에는 변함이 없음).
82) 대판 1963. 12. 12, 4293민상824.

(2) 조사 결과 관할권이 없는 것이 판명된 경우에는 소각하 판결을 할 것이 아니고, 소송경제라는 측면에서 원칙적으로 관할이 있는 법원으로 결정으로 직권 이송하여야 한다($^{34조}_{1항}$). 그러나 우리나라의 어느 법원에도 관할이 없는 경우 즉 우리나라의 재판권이 없음이 명백한 경우에는 소를 각하하여야 한다.[83] 그 외에 다른 소송요건(소송능력의 흠결, 대리권의 흠결 등)이 흠결되어 보정할 수 없는 경우에는 관할권이 없다는 이유로 다른 법원으로 직권이송할 것이 아니고 변론 없이 판결로 소를 각하하는 것이 소송경제에 부합할 것이다($^{219}_{조}$).[84] 판례도 이를 인정하고 있다.[85] 또한 형식적으로 관할원인이 있지만 관할원인을 사술(詐術)을 통하여 만든 경우에는 신의칙의 수정성에 따른 소송상태의 부당형성에 해당하여 소를 각하하거나 관할법원으로 이송하여야 한다.[86]

(3) 법원이 관할위반을 간과하고 판결을 선고한 경우가 문제이다. 임의관할 위반의 점은 제1심 판결의 선고로 하자가 치유되므로 항소로 이를 다툴 수 없다($^{411조}_{본문}$). 그러나 전속관할의 경우에는 상소 또는 상소심에서 이를 다툴 수 있다($^{411조 단서, 424}_{조 1항 3호}$). 상소심에서 전속관할 위반이 인정될 경우 원심판결을 취소하고 사건을 전속관할 법원으로 이송하여야 한다($^{419,}_{436조}$). 그러나 전속관할을 위반한 경우라도 재심사유에는 해당하지 아니하므로 판결이 확정되면 그 하자는 치유된다.

제 4 관 소송의 이송

Ⅰ. 의   의

(1) 소송의 이송(移送)이라 함은 어느 법원에 일단 계속된 소송을 그 법원의 재판(결정)에 의하여 다른 법원으로 옮기는 것을 의미한다. 간단히 보면 소제기

---

83) 同旨: 강현중, 146면; 정동윤/유병현/김경욱, 177면.

84) 同旨: 정동윤/유병현/김경욱, 177면.

85) 대판 1997. 5. 30, 95다28960(행정소송에 대한 관할을 가지고 있지 아니하다면 당해 소송이 이미 행정소송으로서의 전심절차 및 제소기간을 도과하였거나 행정소송의 대상이 되는 처분 등이 존재하지도 아니한 상태에 있는 등 행정소송으로서의 소송요건을 결하고 있음이 명백하여 행정소송으로 제기되었더라도 어차피 부적법하게 되는 경우 소가 잘못 제기된 행정법원에서 해당 소를 각하할 수도 있다고 함).

86) 대결 2011. 9. 29, 2011마62(1심: 서울중앙지법 2010. 8. 30, 2010가합66908(결정), 2심: 서울고법 2010. 12. 23, 2010라1725(결정)).

후에 법원이 바뀌는 경우이다. 이송에는 제1심에서의 이송($^{34,\ 35,\ 36조}_{269조\ 2항}$), 상소심에서의 이송($^{419}_{436조}$)이 있고, 넓게는 상소심에서 원심법원으로 사건을 환송하는 것($^{418}_{436조}$)도 포함한다. 여기에서는 제1심에서의 이송을 중심으로 설명한다. 그 밖의 법원 사이의 이송도 기본적으로 제1심에서의 이송을 유추적용 할 수 있다고 사료된다.

(2) 소송의 이송을 인정하는 이유는 원고의 입장에서는 법원이 관할권이 없다는 이유로 단순히 소를 부적법 각하하는 것보다 관할권이 있는 법원에 이송함으로써 소를 재차 제기함으로 인한 2중의 시간·노력·비용 등을 드리는 부담을 줄일 수 있고, 시효중단 및 제척기간 등의 준수의 효력이 상실될 위험을 막을 수 있는 장점이 있다. 상대방의 입장에서도 원고가 선택한 관할법원에 문제점이 있으면 소송의 이송을 통하여 적법한 법원에서 재판을 받을 수 있고, 법원의 입장에서도 동일한 사건을 재차 접수하는 등의 번거로움을 막을 수 있어 소송경제에 부합한다. 또한 관할위반이 아니더라도 소송이송을 통하여 심리하기 편리한 법원에서 심판하도록 함으로써 당사자의 편의와 법원으로서는 신속한 소송절차의 진행이 가능하다.

(3) 이송은 법원의 교체 내지 변경을 의미한다. 따라서 재판부의 변경을 말하는 이부(移部) 또는 사실행위로서의 소송기록의 송부와는 구별된다. 이부라 함은 같은 법원 내의 단독판사에서 다른 단독판사로, 또는 합의부에서 다른 합의부로 사건이 이전되는 것을 말한다. 즉 법원 내의 사무분담의 문제이다. 따라서 단독판사에서 합의부 또는 A 법원에서 B 법원으로 사건이 바뀌는 소송의 이송과는 차이가 있다. 또한 지방법원 본원과 지원 사이의 사건의 송부는 법률상 독립된 법원 사이라 할 것이므로[87] 소송의 이송으로 처리하여야 한다.[88] 이송은 재판을 통하여 이루어진다는 점에서 사실행위로서 사건기록을 다른 법원으로 보내는 소송기록의 송부와도 구별된다.

---

87) 대결 1992. 4. 15, 92마146.
88) 同旨: 이시윤, 124면.

Ⅱ. 이송의 원인

1. 관할위반에 의한 이송($\frac{34조}{1항 등}$)

(1) 토지 또는 사물관할의 위반

제1심의 토지 및 사물관할의 위반이 있는 경우에는 관할법원으로 이송하여야한다. 법원의 직권이송만 인정하고 있다. 당사자에게 이송신청권이 없다는 것이문제이다. 토지관할 및 사물관할은 임의관할이므로 전속관할의 위반과 달리 변론관할이 생길 여지가 있으므로 우선 소장부본을 피고에게 송달한 후에 피고가 관할위반의 항변을 하면 관할법원으로 이송하면 된다. 소송의 전부가 그 관할에 속하지 않을 때에는 그 전부를 이송하여야 하고, 일부만이 문제되면 그 일부만을이송하면 된다($\frac{34조}{1항}$). 그러나 청구의 병합의 경우에는 일부청구가 전속관할이 아닌경우에는 관련재판적에 의하여 관할이 생긴다. 다만 지방법원 합의부는 소송에 대하여 관할권이 없는 경우라도 상당하다고 인정하면 직권 또는 당사자의 신청에따라 소송의 전부 또는 일부를 스스로 심리·재판할 수 있다($\frac{34조}{3항}$). 사물관할의 경우 당사자에게 합의부에 관할유지를 신청할 수 있다는 것이 특징이다. 그러나 지급명령신청의 경우에는 관할위반이 있을 경우에는 이송할 수 없고 바로 각하하여야 한다($\frac{465}{조}$).

(2) 심급관할의 위반

① 상소심 법원에 제1심의 소를 제기한 경우

예를 들어 지방법원에 제1심의 소를 제기하여야 함에도 고등법원에 소를 제기한 경우이다. 심급관할은 공익적인 이유로 인정되는 전속관할이므로 당사자의 의사와 관계없이 관할법원으로 이송하여야 한다.[89]

② 상소할 법원을 그르친 경우

i) 상소장을 원심법원에 제출하여야 함에도 상소심 법원에 제출한 경우이다. 즉 원심법원에 항소장을 제출하여야 함에도 항소심 법원 또는 다른 상급심 법원에 항소장을 제출한 경우이다. 상소기간 가까이 상소장을 제출하기 때문에 상소기

---

89) 同旨: 강현중, 184면; 이시윤, 124면.

간의 준수 여부가 문제된다. 판례는 이 경우 소송기록의 송부 방식을 통하여 처리하면서 상소장이 적법한 법원(원심법원)에 접수된 때를 기준으로 상소기간 준수 여부를 따지고 있다.[90] 그러나 당사자가 비록 항소장의 접수법원을 잘못 알아 원심법원이 아닌 상소심법원에 제출한 것이라 하여도 이는 당사자의 상소의사가 객관적으로 명백히 표현되었다는 점, 국민과의 관계에서 보면 상급심 법원도 사법부서로서 같은 의미를 갖는 점 등을 고려한다면 이 경우 민사소송법 제34조 제1항을 유추적용하여 이송을 함으로써 최초 상소심법원에 접수된 때를 기준으로 상소기간 준수여부를 가려야 할 것이다.[91]

ii) 상소장을 원심법원에 적법하게 접수하였으나 상소장에 상소할 법원을 잘못 표시하여 상소한 경우이다. 예컨대 서울중앙지방법원 항소부를 항소법원으로 표시하여야 함에도 서울고등법원으로 한 경우 등이다. 이러할 경우 접수한 원심법원은 항소장에 표시된 것과 관계없이 적법한 관할법원으로 소송기록을 송부하면 되기 때문에 특별히 문제될 것은 없다.[92] 그러나 접수한 원심법원이 잘못 기재된 대로 상소장에 표시된 법원에 소송기록을 송부한 경우에는 송부 받은 법원은 적법한 관할법원으로 사건을 이송하여야 한다.[93] 현재 전자소송 하에서는 상소장의 표시와 관계없이 전자적으로 처리되기 때문에 과거와 달리 문제될 경우는 없어 보인다.

③ 재심의 소를 제기할 법원을 그르친 경우

판례는 한때 재심의 소를 항소심법원에 제기하여야 하는데 제1심법원에 제기한 경우에 이송을 부정하고 소각하 판결을 하였으나,[94] 현재는 판례를 변경하여 이송을 인정하고 있다.[95]

---

90) 대판 1981. 10. 13, 81누230; 대결 1987. 12. 30, 87마1028; 대결 1992. 4. 15, 92마146. 다만 판례 중에는 동일청사 내에 지방법원과 고등법원이 있어 상고장을 지방법원에 잘못 접수시킨 경우에는 상고제기기간 준수여부는 지방법원에 접수한 날을 기준으로 한다고 하여 법적으로 이송 취지와 같이 판시하고 있다(대결 1996. 10. 25, 96마1590).

91) 同旨: 이시윤, 124면; 정동윤/유병현/김경욱, 180면.

92) 대결 1986. 11. 7, 86마865; 대결 1995. 7. 12, 95마531; 대결 1997. 6. 20, 97마250; 대결 1999. 7. 26, 99마2081; 대결 2008. 5. 22, 2008그90.

93) 대결 1997. 3. 3, 97으1; 대결(전) 1995. 1. 20, 94마1961; 대결 2002. 12. 9, 2001재마14; 대판 2020. 2. 27, 2019다284186(상표권침해 등을 이유로 한 손해배상사건의 항소심을 특허법원이 아닌 지방법원 항소부에서 처리한 사안을 심급관할을 이유로 파기하여 특허법원으로 이송함).

94) 대판 1971. 7. 27, 71다1077; 대판 1980. 3. 11, 79다293.

95) 대판(전) 1984. 2. 28, 83다카1981; 대결 1994. 10. 15, 94재다413; 대결 1995. 6. 19, 94마2513; 대결 2007. 11. 15, 2007재마26.

(3) 종류가 다른 법원 사이의 이송

소송의 이송제도는 원래 같은 종류의 법원 사이의 재판권 분담관계 조정의 문제라고 할 수 있으므로 종류가 다른 법원 사이의 이송을 상정한 것은 아니라 할 것이다. 그러나 실제로 이러한 문제가 발생하고 있는 점에 비추어 법에 특별한 규정이 없지만 민사소송법상 이송규정의 준용을 긍정하는 것이 타당하다고 본다.[96]

① 가정법원과 사이

가사소송사건은 가정법원의 전속관할이므로 가사소송사건을 일반민사법원에 제기한 경우에는 가정법원으로 또는 그 반대의 경우에 민사법원으로 각각 이송하여야 한다($^{34조\ 1항,\ 가}_{소\ 13조\ 3항}$). 판례도 이를 긍정하고 있다.[97] 가사비송사건은 가정법원의 전속관할이므로($^{가소\ 35}_{조\ 1항}$) 가사소송사건의 처리에 준하여 이송으로 처리하면 된다($^{34조\ 1항,\ 가소\ 35}_{조\ 2항,\ 13조\ 3항}$).

② 행정법원과 사이

행정소송사건은 행정법원의 전속관할이므로 행정소송사건을 일반 민사법원에 제기한 경우에는 행정법원으로 또는 그 반대의 경우에 민사법원으로 각각 이송하여야 한다($^{34조\ 1항}_{행소\ 7조}$).

판례는 규정보다 좀 더 세밀하게 ⅰ) 원고가 고의 또는 중대한 과실 없이 행정소송으로 제기하여야 할 사건을 민사소송으로 잘못 제기한 경우, 수소법원으로서는 만약 그 행정소송에 대한 관할도 동시에 가지고 있다면 이를 행정소송으로 심리·판단하여야 하고, 그 행정소송에 대한 관할을 가지고 있지 아니하다면 관할법원에 이송하여야 한다. 하지만 해당 소송이 이미 행정소송으로서의 전심절차 및 제소기간을 도과하였거나 행정소송의 대상이 되는 처분 등이 존재하지도 아니한 상태에 있는 등 행정소송으로서의 소송요건을 결하고 있음이 명백하여 행정소송으로 제기되었더라도 어차피 부적법하게 되는 경우에는 이송할 것이 아니라 각하하여야 한다.[98][99] ⅱ) 행정소송법상 항고소송으로 제기하여야 할 사건을 민사

---

96) 同旨: 이시윤, 124면; 정동윤/유병현/김경욱, 181면.

97) 대결 1980. 11. 25, 80마445.

98) 대판(전) 1996. 2. 15, 94다31235; 대판 1997. 5. 30, 95다28960; 대판 2017. 11. 9, 2015다215526(본 판례는 뒤 2020다222382 판례와 같은 내용이지만 그 관점이 이송에 있고, 뒤 판례는 각하에 초점이 있다. 즉 행정소송으로서의 소송요건을 결하고 있음이 명백하여 행정소송으로 제기되었더라도 어차피 부적법하게 되는 경우가 아닌 이상 이를 부적법한 소라고 하여 각하할 것이 아니라 관할법원에 이송하여야 한다); 대판 2020. 10. 15. 2020다222382; 대판 2021. 2. 4, 2019다277133.

소송으로 잘못 제기한 경우에 수소법원이 항고소송에 대한 관할도 동시에 가지고 있다면, 전심절차를 거치지 않았거나 제소기간을 도과하는 등 항고소송으로서의 소송요건을 갖추지 못했음이 명백하여 항고소송으로 제기되었더라도 어차피 부적법하게 되는 경우가 아닌 이상, 원고로 하여금 항고소송으로 소 변경[100]을 하도록 석명권을 행사하여 행정소송법이 정하는 절차에 따라 심리·판단하여야 한다고 한다.[101]

(4) 각종 신청의 이송

소 이외의 각종의 신청, 예컨대 증거보전신청($\frac{376}{3}$), 집행에 관한 이의신청($\frac{민집}{16조}$) 등의 경우에는 소송경제와 당사자의 편의라는 면에서 이송을 인정하는 것이 타당하다.[102] 다만 지급명령신청의 경우에 전속관할 위반이 있는 경우에는 이송할 수 없고 신청을 각하하여야 한다($\frac{465}{3}$).

(5) 법원과 다른 국가기관 간의 이송

민사소송법 제34조 제1항의 이송 규정은 법원 사이에서의 이송을 전제로 한다. 대법원도 특허법원과 행정기관인 특허심판원과 사이에 이송을 인정하고 있지 않는다.[103] 하지만 대법원이 특허법원의 설치 이전에 대법원의 원심에 상당하는 특허청 특허심판원에 환송을 인정한 점[104]과 국민의 편익 증진이라는 점에 비추어 보면 업무적으로 계속적으로 긴밀한 관련성이 존재한다면 법원과 다른 국가기관 사이에 민사소송법 제34조 제1항을 준용하여 이송을 인정하는 것이 타당하다고

---

99) 다만 대판(전) 2021. 5. 6, 2017다273441 사건의 별개의견에서 행정소송 중 당사자소송은 행정소송의 특수성을 감안하여 행정소송의 특칙이 적용되는 것을 제외하면 심리절차면에서는 민사소송과 큰 차이가 없으므로, 전속관할 위반이 아니라면 민사소송으로 처리하여도 행정소송의 특성을 도외시하여 결론에 영향을 미친 경우가 아닌 한 위법이 아니라고 하였다.

100) 이와 관련하여 최근 판례는 행정소송(항고소송)을 민사소송으로 잘못 제기한 경우에 민사소송에서 항고소송으로 소 변경할 수 있을 뿐만 아니라, (잘못 제기한 것이 아니라도) 일반적으로 행정소송(당사자소송)에서 민사소송으로 소 변경하는 것도 허용된다고 판시하고 있다. 대법원은 그 논거로 민사소송에서 항고소송으로의 소 변경을 허용하는 것과의 균형, 국민의 입장에서 공법상 당사자소송과 민사소송의 구별이 쉽지 않고, 당사자소송 진행 중에 사정변경으로 민사소송으로 변경할 필요가 있으며, 또한 소송절차가 다르다는 이유로 소를 취하하고 재차 민사상의 소를 제기하도록 하는 것이 당사자의 권리구제나 소송경제 측면에서 바람직하지 않다는 점을 들고 있다(대판 2023. 6. 29, 2022두44262).

101) 대판 2020. 1. 16, 2019다264700; 대판 2020. 4. 9, 2015다34444.

102) 강현중, 186면.

103) 대판 1994. 10. 21, 94재후57.

104) 대판 1998. 5. 22, 97후1085.

본다.[105] 법원과 헌법재판소 사이, 특허법원과 특허심판원, 1심 법원과 특허심판원 사이 등을 생각할 수 있다.

(6) 직권이송 및 당사자의 이송신청권 인정 여부

① 관할위반이 있는 경우는 원칙적으로 법원이 직권으로 이송하여야 한다($^{34조}_{1항}$). 그러나 관할법원이 수개 경합하는 경우에는 법원은 당사자의 의사를 물어 당사자가 희망하는 법원으로 보내주는 것이 당사자의 편의라는 점에서 타당하다. 다만 지방법원 합의부는 전속관할을 제외하고 소송에 대하여 관할권이 없는 경우라도 상당하다고 인정하면 직권으로 또는 당사자의 신청에 따라 소송의 전부 또는 일부를 스스로 심리·재판할 수 있다($^{34조}_{3항}$).

② 그런데 관할위반에 의한 이송의 경우는 직권에 의한 이송만을 인정하고 있다는 점에서 직권 외에 당사자의 이송신청권이 보장되는 단독판사로부터 합의부로 이송($^{34조}_{2항}$), 심판의 편의를 위한 이송($^{35·}_{36조}$), 반소제기에 의한 이송($^{269조}_{2항}$)과 차이가 있다. 따라서 당사자가 관할위반을 이유로 이송신청을 하여도 이는 직권발동을 촉구하는 의미밖에 없다고 할 것이고, 설사 법원이 이에 대하여 이송신청 기각결정을 하여도 즉시항고할 수 없다.[106]

그러나 i) 34조 1항의 취지가 피고의 관할이익을 보호하는 법원의 책무를 규정한 것으로 볼 것이지 이것이 피고의 이송신청권을 부정하는 취지라고 해석할 수 없다는 점[대결(전) 1993. 12. 6. 93마524의 반대의견임], ii) 당사자가 관할권 존부에 관한 신속한 판단을 받을 필요가 있다는 점, iii) 다른 이송의 경우와의 균형 등에 비추어 해석상 당사자의 이송신청권과 즉시항고권을 인정하는 것이 타당하다고 본다.[107] 입법론으로는 일본 민사소송법 제16조와 같이 관할위반에 의한 이송의 경우에도 당사자에게 이송신청권을 인정하는 쪽으로 개정하는 것이 명확할 것이다.

2. 심판의 편의를 위한 이송($^{재량이송;\ 34조}_{2항,\ 35\sim36조}$)

법원에 관할권이 있는 경우에도 심판의 편의를 위하여 관할권 있는 다른 법원으로 이송하는 경우이다.

---

105) 반대: 이시윤, 125면.
106) 대결(전) 1993. 12. 6, 93마524; 대결 1996. 1. 12, 95그59.
107) 同旨: 이시윤, 126면.

(1) 현저한 손해와 지연을 피하기 위한 이송($\frac{35}{조}$)

① 원고는 관할권 있는 법원이 수개 경합하는 경우에 그중 1개의 법원을 선택하여 소를 제기할 수 있다. 그런데 원고가 선택한 법원이 피고에게 심히 불이익을 준다거나, 객관성을 결여한 선택일 경우 또는 소제기 후에 당사자의 합의에 의하여 다른 법원에서 재판을 받기를 원하는 경우 등이 있을 수 있다. 이러한 경우 법원은 전속관할의 경우를 제외하고는 소송에 대하여 관할권이 있는 경우라도 현저한 손해 또는 지연을 피하기 위하여 필요하면 직권 또는 당사자의 신청에 따른 결정으로 소송의 전부 또는 일부를 다른 관할법원에 이송할 수 있다($\frac{35}{조}$).

② '현저한 손해 또는 지연을 피하기 위하여 필요한 경우'가 무엇을 의미하는지 문제이다. 우선 '현저한 손해'라는 것은 피고의 소송수행상의 부담에 따른 비용 증가, 불편 등과 같은 사익적 사유를 의미하고, '지연'이라 함은 법원이 사건을 처리함에 있어 증인의 주소, 검증물의 소재지 등 증거조사상의 어려움과 기타 사정($\frac{일민소 17}{조 참조}$) 등과 같이 공익적 사유로 처리가 늦어지는 것을 의미한다. 판례는 수형자의 국가상대 손해배상청구에서 대한민국이 수형자의 관리주체로서 부담하는 수형자의 민사소송을 위한 장거리 호송에 소요되는 인적·물적 비용은 행정적인 부담이지 소송상대방으로서 부담하는 것이 아니어서, 현저한 손해 또는 지연을 피하기 위한 이송사유가 아니라고 하였다.[108]

③ 구체적으로 이러한 사유에 속하는지 여부는 법원의 자유재량에 속한다고 할 수 있다.[109] 그러나 판례는 제35조에 따른 재량이송을 인정함에 있어 매우 소극적이다. i) 불법행위지이며 피고의 주소지이고, 동시에 증인 및 증거서류의 소재지 법원으로의 이송신청,[110] ii) 본안소송과 보전소송이 관할을 달리하는 경우,[111] iii) 불법행위지와 증인의 주소, 검증의 장소가 피고의 보통재판적과 다른 경우,[112] iv) 소송에 관한 증거자료가 다른 곳에 있는 경우,[113] v) 피고가 다수가 다른 곳에 거주하고 또한 해당 사건이 실제로 다른 곳에서 이루어진 경우[114] 등에 있어서 이송신청을 모두 기각하였다. 판례의 이러한 태도는 제35조를 사문화(死文化)하는

---

108) 대결 2010. 3. 22, 2010마215.
109) 대결 1964. 3. 28, 63마32.
110) 대결 1963. 9. 27, 63마16.
111) 대결 1965. 3. 17, 65마51.
112) 대결 1966. 3. 16, 66마17.
113) 대결 1980. 6. 23, 80마242.
114) 대결 1998. 8. 14, 98마1301.

법해석이다.

특히 우리나라에 있어서 의무이행지의 특별재판적($^8_조$)으로 인하여 민법의 지참채무의 원칙($^{민\ 467}_{조\ 2항}$)에 따라 피고의 보통재판적에 따른 관할($^2_조$)이 형해화 되고 있다는 점, 관련재판적에 의하여 일정 범위의 통상의 공동소송인에게도 병합소송에서의 관할을 인정하고 있어 피고의 관할이익이 침해될 소지가 높아진 점, 일본 민사소송법 제17조(우리의 제35조의 이송과 동일한 취지의 규정임)를 적극적으로 운영하려고 조문 내용을 수정한 점 등에 비추어 제35조에 따른 재량이송을 활성화할 필요가 있다고 사료된다. 또한 미국 민사소송법에서 불편한 법정(forum non conveniens)의 이론에 따라 이송(transfer)을 인정하고 있는 것도 시사하는 바가 크다. 법원도 제35조에 따른 재량이송이 자신에게 계속된 사건을 다른 법원에 이송함에 따른 사건처리의 회피라는 인식을 내려놓고, 제35조에 따른 재량이송은 원고와 피고 사이의 관할 이익의 조정과 법원 사이의 사건처리의 적정을 위하여 꼭 필요한 것임을 인식할 필요가 있다.

④ 재량이송은 직권 또는 당사자의 신청에 따라 법원의 이송결정으로 이루어진다. 그러나 전속관할일 경우에는 재량이송을 할 수 없다($^{35}_조$). 예외적으로 전속관할의 경우에도 동종 전속관할 사이($^{가소\ 13}_{조\ 4항}$), 특허권 등의 지식재산권에 관한 소의 전속관할 법원은 현저한 손해 또는 지연을 피하기 위하여 필요한 때에는 직권 또는 당사자의 신청에 따른 결정으로 제2조 내지 제23조에 따른 토지관할이 있는 보통재판적 또는 특별재판적 있는 법원으로 이송할 수 있다($^{36조}_{3항}$). 또한 당사자 사이에 전속적 합의관할의 경우에도 법률이 규정한 전속관할과 달리 임의관할의 성격을 가지기 때문에 법원은 공익상의 요청이 있을 경우 제35조에 따라 본래의 관할법원으로 재량이송 할 수 있다.[115] 따라서 약관에 의한 관할합의로서 그 합의가 무효에 해당하지 아니한 경우에도 공익상의 요청이 인정된다면 제35조를 적극 활용하여 본래의 관할법원으로 이송할 수 있다고 본다.

(2) 지방법원 단독판사로부터 지방법원 합의부로의 이송($^{34조}_{2항}$)

지방법원 단독판사는 소송에 대하여 관할권이 있는 경우라도 상당하다고 인정하면 직권 또는 당사자의 신청에 따른 결정으로 소송의 전부 또는 일부를 같은 지방법원 합의부에 이송할 수 있다($^{34조}_{2항}$). 상당한지 여부는 사안의 복잡성·곤란성,

---

115) 同旨: 이시윤, 127면; 정동윤/유병현/유병현, 183면: 대결 2008. 12. 16, 2007마1328; 東京高決 1993. 1. 29, 判夕844-263.

관련사건의 합의부 계속 여부, 기타 여러 사정을 고려하여 단독판사의 자유재량으로 결정하면 된다.[116] 소액사건($\frac{소심}{2조}$)의 경우에도 제34조 제2항에 따라 합의부로 이송할 수 있다.[117]

(3) 지식재산권 등에 관한 소송의 이송($\frac{36}{조}$)

① 2002년 신민사소송법에서 신설한 조문이다.

처음에는 법원은 지식재산권과 국제거래에 관한 소가 제기된 경우에 직권 또는 당사자의 신청에 따른 결정으로 그 소송의 전부 또는 일부를 제24조의 규정에 따른 관할법원에 이송할 수 있다고 하였다($\frac{2015.\ 12.\ 1.\ 개정}{전의\ 36조\ 1항}$). 그런데 2015년 12월 1일 민사소송법이 일부 개정되면서(법률 제13521호, 시행: 2016. 12. 1), 종전의 지식재산권을 i) 지식재산권 중 통상 산업재산권이라고 칭하는 특허권, 실용신안권, 디자인권, 상표권, 품종보호권을 '특허권 등의 지식재산권'으로, ii) 나머지 지식재산권을 '특허권 등을 제외한 지식재산권'으로 나누었다. '특허권 등을 제외한 지식재산권에 관한 소'에 대하여는 종전과 같이 규율되고 있다. 반면 '특허권 등의 지식재산권에 관한 소'에 있어서는 이송에 있어서 특칙을 신설하여($\frac{36조}{3항}$), 그 전문성과 효율성을 높이고 있다.

② 특허권 등을 제외한 지식재산권과 국제거래에 관한 소

법원은 '특허권 등을 제외한 지식재산권과 국제거래에 관한 소'가 제기된 경우 직권 또는 당사자의 신청에 따라 결정으로 소송의 전부 또는 일부를 제24조 제1항에 따른 관할법원($\frac{2조\ 내지\ 23조\ 규정에\ 따른\ 관할법원\ 소재지}{를\ 관할하는\ 고등법원이\ 있는\ 곳의\ 지방법원}$)에 편의이송을 할 수 있다($\frac{36조}{1항}$). 즉 해당 사건의 전문재판부가 있는 관할법원 소재지를 관할하는 고등법원이 있는 곳의 지방법원(서울중앙·수원·대전·광주·대구·부산지방법원 6곳임)으로 이송할 수 있다는 것이다. 이 경우에는 제35조의 재량이송과 달리 '현저한 손해나 지연을 피하기 위한 필요'라는 사유가 필요하지 아니한다. 따라서 제36조 제1항은 제35조의 특별규정으로서 의미가 있다고 할 것이다. 그러나 이러한 재량이송으로 인하여 소송절차를 현저히 지연시키는 경우에는 이송을 할 수 없고($\frac{동조}{단서}$), 전속관할이 정하여져 있는 소의 경우에도 적용되지 아니한다($\frac{동조}{2항}$).

---

116) 대결 1966. 8. 30, 66마324.
117) 대결 1974. 8. 1, 74마71.

③ 특허권 등의 지식재산권의 소

'특허권 등의 지식재산권의 소'의 경우에는 법 제2조부터 제23조까지의 관할법원 소재지를 관할하는 고등법원이 있는 곳의 지방법원의 전속관할이다(서울고등법원이 있는 곳의 지방법원은 서울중앙지방법원으로 한정함, 24조 2항). 그러나 당사자는 이 경우에도 서울중앙지방법원에 '특허권 등의 지식재산권의 소'를 제기할 수 있어 전속관할의 경합을 인정하고 있다(24조 3항). 또한 '특허권 등의 지식재산권의 소'에 있어서 관할법원인 고등법원이 있는 곳의 지방법원 또는 서울중앙지방법원은 전속관할 임에도 불구하고 현저한 손해 또는 지연을 피하기 위하여 필요한 때에는 직권 또는 당사자의 신청에 따른 결정으로 소송의 전부 또는 일부를 임의관할이 있는 보통재판적 또는 특별재판적 있는 지방법원(2조 내지 23조에 따라 인정되는 관할법원)으로 이송을 할 수 있다(36조 3항).

3. 반소제기에 의한 이송(269조 2항)

본소가 단독사건인 경우에 피고가 반소로 합의사건에 속하는 청구를 한 때에는 법원은 직권 또는 당사자의 신청에 따른 결정으로 본소와 반소를 합의부에 이송하여야 한다(269조 2항 본문). 다만, 반소에 관하여 변론관할(30조)이 생긴 경우에는 그러하지 아니하다(동항 단서). 신법에서 단서로서 변론관할이 생긴 경우에는 이송의 필요가 없다는 점을 명시하였다. 실무적으로 법원은 피고가 합의사건에 속하는 반소를 제기한 경우에는 반소피고 즉 본안의 원고에게 반소에 대한 본안 변론을 할 것인지를 물어 즉시 이송여부를 결정하여야 한다.

Ⅲ. 이송절차

1. 이송절차의 개시

관할위반의 이송은 법조문상 법원의 직권으로 개시되며(34조 1항), 심판의 편의에 의한 이송(재량이송, 34조 2항, 35, 36조), 반소의 제기에 의한 이송(269조 2항)은 직권 또는 당사자의 신청에 의한다. 관할위반의 이송의 경우에도 앞에서 본 바와 같이 당사자에게 이송신청권이 있다고 해석하는 것이 타당하다. 당사자의 신청에 의한 경우에는 기일에 출석하여 하는 경우는 구두로도 가능하다. 하지만 그렇지 아니한 경우에는 서면으로 신청이유를 밝혀야 한다(규칙 10조).

2. 이송재판

이송의 재판은 결정의 형식으로 한다. 다만 상소심에서 원판결을 취소 또는 파기하고 이송하는 때에는 판결로 하여야 된다($^{419,}_{436조}$). 이송재판은 결정의 형식으로 하기 때문에 반드시 변론을 거칠 필요는 없다($^{134조 1}_{항 단서}$). 하지만 관할위반에 의한 이송신청을 제외하고 당사자의 재량이송에 의한 이송신청의 경우에는 결정에 앞서 상대방에게 의견진술의 기회를 제공하여야 한다($^{규칙11}_{조 1항}$). 반면 법원이 직권으로 이송결정을 할 경우에도 당사자의 의견을 들을 수 있다고 규정하고 있다($^{규칙11}_{조 2항}$). 민사소송규칙 제11조 2항에 의하면 재량이송에 있어서는 당사자의 의견을 들을 수 있다고 규정하고 있어 당사자의 의견 청취가 임의적으로 운영될 수도 있다고 해석되지만, 재량이송의 경우에는 당사자에게 이송신청권이 있을 뿐만 아니라 이송에 따른 불편이 있을 수 있다는 점 등에 비추어 보면 가능한 당사자의 의견을 듣는 것이 국민에 대한 사법서비스의 측면에서 타당하다고 할 것이다.

3. 즉시항고

이송결정과 이송신청의 기각결정에 대하여는 즉시항고를 할 수 있다($^{39}_{조}$). 관할위반 이외의 사유에 의한 이송의 경우($^{35조, 34조 2항, 36}_{조 1항, 269조 2항}$)에는 당사자에게 이송신청권이 있으므로 이송결정과 이송신청의 기각결정에 대해 즉시항고 할 수 있음은 의문의 여지가 없다. 그러나 판례는 관할위반에 의한 이송($^{34조}_{1항}$)에 있어서 당사자에게 이송신청권이 없다고 보고 있으므로, 판례에 따르면 당사자는 법원의 이송결정과 이송신청의 기각결정에 대하여 즉시항고뿐만 아니라 특별항고($^{449}_{조}$)도 할 수 없다.[118] 또한 판례는 관할위반의 경우에 당사자에게 이송신청권이 인정되지 않는 이상 항고심에서 당초의 이송결정이 취소되었다 하더라도 이에 대한 신청인의 재항고는 허용되지 않는다고 한다.[119] 관할위반에 의한 이송에 있어서 당사자의 절차참여권을 전면적으로 부정하고 있는 대법원의 견해는 앞에서 자세히 살펴본 바와 같이 변경되는 것이 타당하다고 본다.

---

118) 대결 1978. 7. 20, 78마207; 대결 1985. 4. 30, 84그24; 대결(전) 1993. 12. 6, 93마524; 대결 1996. 1. 12, 95그59 등.
119) 대결 2018. 1. 19, 2017마1332.

Ⅳ. 이송의 효과

1. 기 속 력(羈束力)[120]

(1) 이송결정이 확정되면 소송이송을 받은 법원은 이송결정에 따라야 한다($\frac{38조}{1항}$). 또한 소송이송을 받은 법원은 사건을 다시 다른 법원에 이송하지 못한다($\frac{38조}{2항}$). 즉 이송 받은 법원은 이송결정에 기속된다. 따라서 이송 받은 법원은 이송한 법원으로 되돌려 보내거나 다른 법원으로 다시 이송할 수 없다. 이렇게 이송결정에 기속력을 인정하는 것은 법원 사이에서 관할에 관한 조사를 반복하는 것을 피하게 함으로써 심리지연과 당사자의 편의를 도모하기 위한 것이다.

(2) 전속관할의 경우

전속관할의 위반은 어차피 절대적 상고이유($\frac{424조}{1항 3호}$)가 되므로 전속관할을 위반하여 이송결정이 된 경우에는 기속력이 없다는 견해가 있으나,[121] 소송이송의 기속력과 관련하여 법조문상 전속관할의 경우를 배제하고 있지 아니한 점, 이송의 반복을 피하려는 공익적 요청에 비추어 보면 전속관할의 위반에 따른 이송의 경우에도 원칙적으로 이송받은 법원을 기속한다고 할 것이다.[122] 다만 판례는 이송결정이 심급관할을 위배하여 이송한 경우에는 그 이송결정의 기속력은 이송받은 상급심법원에 미치지 아니한다고 본다.[123] 그 이유는 이를 인정하면 당사자의 심급이익을 박탈하여 부당할 뿐만 아니라, 이송을 받은 법원이 법률심인 대법원인 경우에는 직권조사사항을 제외하고는 새로운 소송자료의 수집과 사실 확정이 불가능한 관계로 당사자의 사실에 관한 주장·입증의 기회가 박탈되는 불합리가 생기기 때문이라는 것이다. 전속관할의 이송결정은 적법한 이송의 한도에서 기속력을 갖는다는 판례의 태도는 전속관할의 공익적 요청이 비추어 타당하다고 사료된다.

---

120) 일부 학자는 구속력이라고 표현하기도 한다. 그러나 신법 전의 규정에서 '법원을 기속한다.'라고 한 점, 법원조직법 8조에서 "상급법원의 재판에 있어서의 판단은 당해 사건에 관하여 하급심을 기속한다."고 규정하고 있는 점 등에 비추어 본서에서는 기속력이라 한다.

121) 호문혁, 206면.

122) 同旨: 김홍엽, 108면; 이시윤, 130면; 정동윤/유병현/김경욱, 187면; 한충수, 87면.

123) 대결 1995. 5. 15, 94마1059, 1060; 대결 2007. 11. 15, 2007재마26.

(3) 사물관할의 변경 등

이송 후에 소의 변경 또는 반소제기에 따른 사물관할의 변경에 따른 재차 이송은 이송결정의 기속력이 미치지 아니하여 가능하다.[124) 그러나 당사자 사이의 관할합의 등에 의한 심판의 편의에 의한 재차 이송은 특단의 사정이 없다면 불가능하다고 생각된다.[125)

2. 소송계속의 이전

(1) 이송결정이 확정된 때에는 소송은 처음부터 이송 받은 법원에 계속(係屬)된 것으로 본다($^{40조}_{1항}$). 소송계속이 포괄적으로 이송한 법원으로부터 이송 받은 법원으로 이전된다. 따라서 처음 소제기에 의한 시효중단·기간준수의 효력은 그대로 유지된다.[126) 예를 들어 이것은 행정소송법상 항고소송으로 제기할 사건을 민사소송으로 제기하였다가 법원의 이송결정으로 그 항고소송에 대한 관할이 있는 법원에 이송하는 결정을 하였고, 그 이송결정이 확정된 후 원고가 항고소송으로 소변경을 한 경우에 항고소송의 제소기간 준수여부는 처음 민사소송을 제기한 때를 기준으로 하여야 한다.[127)

(2) 이송결정 이전에 이송한 법원이 행한 소송행위의 효력이 이송 뒤에도 그대로 존속되는지가 문제이다. 이것에 관하여 관할위반에 의한 이송과 그 외의 이송을 나누어 전자의 경우에는 효력이 없고, 후자의 경우에는 효력을 갖는다는 견해도 있다.[128) 그러나 i) 소송의 이송은 소송계속의 포괄적 이전이라는 점($^{40조}_{1항}$), ii) 관할위반에 의한 이송의 경우에도 이송 후 이송한 법원이 긴급처분을 할 수 있다는 점($^{37}_{조}$) 등에 비추어 보면, 이송한 법원이 한 소송행위의 효력은 이송 후에도 지속한다고 할 것이다. 다만 소송의 이송의 경우에는 법원이 변경된 경우이므로 법관의 경질에 준하여 변론갱신절차($^{204조}_{2항}$)를 밟아야 한다.[129)

---

124) 同旨: 이시윤, 130면; 정동윤/유병현/김경욱, 187면.
125) 同旨: 정동윤/유병현/김경욱, 187면.
126) 대판(전) 1984. 2. 28, 83다카1981(재심의 소가 관할법원으로 이송된 경우 재심제기기간 준수여부는 이송한 법원을 기준으로 함).
127) 대판(전) 1984. 2. 28, 83다카 1981; 대판 2022. 11. 17, 2021두44425.
128) 이영섭, 69면; 관할위반의 경우도 이를 나누어 전속관할위반의 이송은 공익적 성질과 상소심에서 취소사유가 되는 것을 고려하여 종전의 소송행위의 효력은 실효되지만, 임의관할위반의 이송은 효력이 그대로 유지된다는 견해도 있다(전병서, 118면).
129) 同旨: 이시윤, 131면; 정동윤/유병현/김경욱, 188면.

3. 소송기록의 송부

이송결정이 확정되면 이에 따른 사실상의 조치로써 이송결정을 한 법원의 법원사무관등은 소송기록에 그 결정의 정본(正本)을 붙여 이송 받을 법원에 보내야 한다($^{40조}_{2항}$). 또한 이송결정을 한 법원은 소송기록이 있는 한 소송의 이송결정이 확정된 뒤라도 급박한 사정이 있는 때에는 직권으로 또는 당사자의 신청에 따라 증거조사, 가압류·가처분 등 필요한 처분을 할 수 있다($^{37}_{조}$).

제4절   법관의 제척·기피·회피(중립성)

Ⅰ. 의의와 제도의 취지

1. 의   의

법관의 제척·기피·회피는 법관이 구체적인 사건과 인적·물적으로 특수한 관계가 있는 경우에 그 법관을 그 사건의 집무집행으로부터 배제하는 제도이다. 제척(除斥)이라 함은 법정의 이유가 존재하면 법률상 당연히 직무집행에서 배제되는 것을 말한다. 기피(忌避)는 제척이유 이외에 재판의 공정을 의심할 만한 이유가 있을 때에 당사자의 신청에 따른 재판에 의하여 직무집행에서 배제하는 제도이다. 회피(回避)라 함은 법관 스스로 특정한 사건의 직무집행을 피할 수 있도록 한 제도이다.

2. 제도의 취지

법관의 제척·기피·회피 제도는 재판에 관하여 실질적인 공정성을 확보함과 동시에 형식적으로는 사건과의 관계에서 엄정한 중립성을 확보하기 위하여 인정하는 제도이다. 재판이 공정하게 의심 없이 이루어지기 위하여서는 법관이 구체적인 사건과 인적·물적 관련성이 있는 경우에는 법률상 당연히 배제되도록 하고(제척), 그렇지 아니하더라도 의심의 여지가 있는 경우 당사자의 신청 또는 법관 스스로 그 직무에서 배제 또는 벗어날 수 있도록 하기 위한 것이다(기피·회피).

민사소송의 이상 중 적정의 이념이 많이 반영된 제도이다.

Ⅱ. 법관의 제척

1. 제척이유

민사소송법 제41조에 의하면 법관 자신의 일이거나, 사건 당사자와의 인적 관계로 인한 경우($\frac{1,2}{4\bar{\mathfrak{z}}}$)와 사건과의 물적 관계로 인한 경우($\frac{3}{5\bar{\mathfrak{z}}}$)로 나눌 수 있다. 이는 제한적인 열거이므로 유추·확대해석은 안 된다.[1] 제척이유는 다음과 같다.

(1) 법관 또는 그 배우자나 배우자이었던 사람이 사건의 당사자가 되거나, 사건의 당사자와 공동권리자·공동의무자 또는 상환의무자의 관계에 있는 때($\frac{1}{\bar{\mathfrak{z}}}$)

① 법관 또는 그 배우자나 배우자이었던 사람이 사건의 당사자가 된 경우

i) 법관 자신이 사건 당사자인 경우이다. 이것은 어떠한 경우에도 인정될 수 없는 것이다.

ii) 법관의 배우자 또는 배우자이었던 사람이 당사자가 되는 경우를 말한다. 여기에서 배우자 관계란 법률상의 배우자이어야 한다. 그렇기 때문에 사실혼관계 또는 약혼관계 등은 포함되지 아니한다. 현재 법률상의 배우자이거나, 이혼 등을 하여 현재 배우자가 아니라고 하여도 과거에 배우자였던 경우에는 제척이유에 해당한다. 그러나 혼인의 무효 등의 상대방인 경우에는 정당한 배우자라 할 수 없어 제척이유에 해당하지 아니한다.

iii) 제41조에서 사건의 '당사자'라 함은 사건의 원·피고뿐만 아니라 소송담당의 경우 이익귀속주체 등 기판력·집행력이 미치는 모든 소송관계인과 보조참가인에 해당하는 경우에도 포함된다고 보아야 한다.[2] 또한 '사건'이라 함은 현재 계속 중인 사건만을 의미한다.[3]

---

1) 同旨: 이시윤, 84면.
2) 同旨: 이시윤, 84면.
3) 대판 1965. 8. 31, 65다1102.

② 법관이 사건의 당사자와 공동권리자·공동의무자 또는 상환의무자의 관계에 있는 때

i) 법관이 사건의 당사자와 '공동권리자·공동의무자'라 함은 공유자, 연대채무자, 주채무자와 보증인 사이와 같이 소송의 목적이 된 권리관계에 법률상의 이해관계가 있는 것을 의미한다.[4] 따라서 사실상의 이해관계밖에 없는 회사의 주주 또는 채권자는 공동권리자·공동의무자라 할 수 없다. 판례는 공동권리자 등의 관계는 소송의 목적이 된 권리관계에 관하여 공통되는 법률상 이해관계가 있어 재판의 공정성을 의심할 만한 사정이 존재하는 지위에 있는 관계를 의미한다고 하면서 종중소송에서 법관이 종중의 구성원이면 당사자와 공동권리자 등의 관계에 있어 제척이유가 된다고 하였다.[5]

ii) 법관이 '상환의무자'라 함은 어음·수표법상의 소구의무자(遡求義務者) 및 재소구의무자($^{어음\ 43,\ 49,\ 77조,}_{수표\ 39,\ 45조}$)를 의미한다.[6]

(2) 법관이 당사자와 친족의 관계에 있거나 그러한 관계에 있었을 때($^2_호$)

법관은 자신의 친족관련 사건을 재판할 수 없다. 여기서 친족이라 함은 민법 제777조의 친족의 범위인 8촌 이내의 혈족, 4촌 이내의 인척, 배우자로 한정한다. 종전에는 친족 외에 호주, 가족관계도 포함하였으나 민법의 호주제도 폐지 등에 따라 2005. 3. 31. 법률 제7427호로 민사소송법을 개정하면서 호주, 가족관계는 삭제되었다. 당사자와 현재 친족의 관계가 있거나 과거 친족의 관계가 있었던 경우에도 제척이유에 해당한다.

(3) 법관이 사건에 관하여 증언이나 감정(鑑定)을 하였을 때($^3_호$)

(4) 법관이 사건 당사자의 대리인이었거나 대리인이 된 때($^4_호$)

여기에서 대리인이라 함은 소송대리인 등의 임의대리인과 법정대리인을 모두 포함한다. 여기서 '사건'이란 현재에 계속 중인 사건 외에 제소전화해절차·독촉

---

4) 법관이 소송의 목적인 권리관계의 '합유자'인 경우에도 이에 해당할 것인가가 문제이다. 통상 합유관계는 고유필수적 공동소송에 해당하므로 사건의 필수적인 당사자이다. 따라서 제41조 1호 전단의 '법관이 당사자인 경우'에 해당할 것이다. 따라서 합유자는 원칙적으로 공동권리자·공동의무자로 해석할 필요가 없다. 하지만 합유관계 중 고유필수적 공동소송에 해당하지 아니하는 경우가 있다면 예외적으로 공동권리자·공동의무자로 볼 여지는 있다.

5) 대판 2010. 5. 13, 2009다102254.

6) 同旨: 정동윤/유병현/김경욱, 115면.

절차·조정절차 등의 경우에 포함한다고 할 것이다.[7]

(5) 법관이 불복사건의 이전심급(以前審級)의 재판에 관여하였을 때($\frac{5}{5}$)

i) 법관이 당해 사건의 이전심급의 재판절차에 관여한 경우를 의미한다. 즉 불복사건의 하급재판절차에 관여한 경우이다. 제척이유 중 가장 많이 발생하는 문제이다. 불복사건에 있어서 전심에 관여한 법관을 제척하는 이유는 전심의 재판에 관여한 법관을 재차 불복절차에 관여하도록 하는 것은 심급제도의 취지를 무의미하게 할 뿐만 아니라, 예단을 가지고 있는 법관의 재판절차 참여를 배제하기 위한 것이다. 그렇게 함으로써 재판의 공정성을 담보할 수 있기 때문이다.

ii) '이전심급(전심)'이라 함은 직접 또는 간접의 하급심을 가리킨다.[8] 이전심급의 절차는 판결절차뿐만 아니라 결정절차도 포함한다.[9] 간접의 하급심은 당해 사건의 원심 전의 하급심(예: 대법원 사건에 있어서 원심인 제2심 절차 전의 제1심 절차 등)으로 한정한다고 보아야 한다. 따라서 ⓐ 파기환송·이송 전의 원심판결절차(이 경우에는 436조 3항에 의하여 법률적으로 관여가 배제됨), ⓑ 재심소송에서 그 대상인 확정판결절차,[10] ⓒ 청구이의의 소에 있어서 그 대상인 판결절차, ⓓ 본안소송에서 가압류·가처분절차,[11] ⓔ 집행문부여 이의의 소 또는 강제집행정지신청사건에서 집행권원을 성립시킨 본안재판,[12] ⓕ 본안소송의 재판장에 대한 기피신청사건의 재판,[13] ⓖ 소송상 화해의 내용에 따른 목적물의 인도소송에서 그 소송상 화해절차,[14] ⓗ 기타 이의신청으로 통상소송절차로 이행된 경우에 독촉절차 등은 이전심급에 해당하지 아니한다. 그러나 위 ⓐ 내지 ⓗ의 사유에 해당하는 경우 당사자는 대부분 기피사유로 문제 삼을 수 있으므로 법관 스스로 해당사건에 대하여 회피를 하는 것이 타당하다.

iii) '재판'이라 함은 종국적 재판뿐만 아니라 상급심의 판단을 받는 중간적인 재판도 포함한다.[15]

---

7) 同旨: 이시윤, 84면.
8) 대판 1965. 6. 25, 64다522.
9) 대결 1987. 7. 28, 87마590; 대결 1991. 12. 27, 91마631.
10) 대판 1979. 11. 27, 79사7; 대판 1987. 2. 24, 86누417; 대판 1987. 4. 25, 87무2; 대결 1987. 7. 28, 87마590; 대판 1988. 5. 10, 87다카1979; 대판 1994. 8. 9, 94재누94; 대판 2000. 8. 18, 2000재다87 등.
11) 대판 1962. 7. 20, 61민재항3.
12) 대판 1969. 11. 4, 69그17.
13) 대결 1991. 12. 27, 91마631.
14) 대판 1969. 12. 9, 69다1232.

iv) '관여'라 함은 최종변론, 판결의 합의 및 판결의 작성에 관여한 것을 의미
한다.[16] 따라서 최종변론 전의 변론준비·증거조사·기일지정과 같은 소송지휘
상의 재판 등에 관여한 경우는 포함되지 않는다.[17] 또한 법관이 판결의 선고에만
관여한 경우는 전심에 관여하였다고 할 수 없고,[18] 법관이 이전심급의 재판에서
수탁판사로 관여한 경우도 전심의 관여라 할 수 없다($^{41조 5}_{호 단서}$). 그리고 전심에 관여하
였다는 것은 동일한 사건[19]임을 전제로 한다.[20]

2. 제척의 효과

(1) 법관에게 제척의 이유가 존재하는 경우에는 법관은 법률상 당연히 그 사건
에 대한 직무집행에서 배제된다. 재판의 심리뿐만 아니라 기일지정 등 법관이 할
수 있는 일체의 소송행위를 할 수 없다. 법관 및 당사자가 알고 있는지 여부, 당
사자의 주장 여부와 관계없이 당연히 직무를 행할 수 없다.

(2) 만약 제척이유가 있는 법관이 소송행위에 관여한 경우에는 그 소송행위는
본질적인 절차상의 하자로서 무효이다.[21]

(3) 제척의 이유가 있는 법관이 판결에 관여하였을 때에는 판결 확정 전에는
절대적 상고이유가 되며($^{424조}_{1항 2호}$),[22] 확정 후에는 재심사유가 된다($^{451조}_{1항 2호}$). 다만 소송
중에 제척의 신청을 하였으나 이유 없는 것으로 결정이 확정된 경우에는 같은 사
유로 상소나 재심의 사유로 삼을 수 없다($^{392조}_{단서}$).

3. 제척의 재판

(1) 실제로 제척이유에 해당하는지 여부를 잘 모르고 재판이 진행되는 경우가
있다. 원래 제척이유의 유무는 문제된 법관 자신뿐만 아니라, 합의부의 경우 해당
재판부의 직권조사사항으로 보아야 한다.[23] 조사 결과 제척이유에 해당함이 명백

---

15) 대판 1997. 6. 13, 96다56115.
16) 대판 1973. 11. 27, 73다763; 대판 1994. 8. 12, 92다23537; 대판 1997. 6. 13, 96다56115 등.
17) 대판 1970. 9. 29. 70다1938.
18) 同旨: 정동윤/유병현/김경욱, 116면.
19) 여기서 '동일한 사건'이라 함은 판례가 취하고 있는 구소송물이론 상의 소송물로 이해하면 된다.
20) 대판 1983. 1. 18, 82누473; 대판 1984. 5. 15, 83다카2009.
21) 同旨: 이시윤, 86면; 정동윤/유병현/김경욱, 116면.
22) 대판 2020. 1. 9, 2018다229212.
23) 同旨: 이시윤, 85면.

한 경우에는 당해 법관이 스스로 직무집행에서 물러나고 그 사유를 조서에 기재하면 된다.

(2) 제척이유 법관이 관여한 소송절차는 원칙적으로 다시 진행하여야 한다. 그러나 당사자 모두가 동의하는 경우에는 종전의 절차를 그대로 원용할 수 있다고 보는 것이 소송경제와 당사자의 편의라는 측면에서 타당하다.

(3) 한편 제척이유 존부에 관하여 의문이 있는 경우에는 직권 또는 당사자의 신청에 의하여 제척의 재판을 하여야 한다. 다만 제척의 효과는 재판 여부와 관계없이 법률상 당연히 발생하는 것이므로 제척의 재판은 확인적 의미를 갖는 재판이다.[24] 법원은 제척신청이 있는 경우에는 그 재판이 확정될 때까지 소송절차를 정지하여야 한다. 다만 제척신청이 각하된 경우 또는 종국판결(終局判決)을 선고하거나 긴급을 요하는 행위를 하는 경우에는 그러하지 아니하다($^{48조}_{단서}$). 제척의 재판은 이하에서 설명하는 기피재판과 같은 절차로 진행된다($^{44조 \ 내지}_{48조}$).

Ⅲ. 법관의 기피

기피(忌避)라 함은 법관에게 공정한 재판을 기대하기 어려운 사정이 있는 때에 당사자의 기피신청을 통하여 시작되고, 법원의 기피결정으로 해당 법관이 직무집행에서 배제된다. 기피제도는 제척제도를 보완하여 재판의 공정성을 보다 확실히 보장하기 위하여 인정되는 것이다. 기피재판은 제척과 달리 확인적인 것이 아니고 형성적인 의미를 가진다.[25] 실무상 한때 배당재판부가 마음이 들지 아니한 경우에 기피제도를 남용한 적이 있었으나 현재에는 그러한 예를 찾아보기는 어렵다. 특히 기피는 법관의 법정에서의 말, 태도 등에 기인하는 경우가 많으므로 절차의 공정한 진행이 절실히 요구된다 할 것이다.

1. 기피이유

기피신청의 이유는 제척이유에는 해당하지 아니하지만 '법관에게 공정한 재판을 기대하기 어려운 사정이 있는 때'이다.

(1) '법관에게 공정한 재판을 기대하기 어려운 사정이 있는 때'라 함은 당사자

---

24) 同旨: 이시윤, 85면; 정동윤/유병현/김경욱, 109면.
25) 同旨: 송상현/박익환, 81면; 이시윤, 86면.

가 불공정한 재판이 될지도 모른다고 추측할 만한 주관적인 사정이 있는 것만으로는 부족하다. 우리 사회의 평균적인 일반인의 관점에서 법관과 사건과의 관계 즉 법관과 당사자 사이의 특수한 사적 관계 또는 법관과 해당 사건 사이의 특수한 관계 등으로 인하여 그 법관이 불공정한 재판을 할 수 있다는 의심을 할 만한 객관적 사정이 있고, 그러한 의심이 단순한 주관적 우려나 추측을 넘어 합리적인 것이라고 인정될 만한 때를 말한다.[26] 객관적 사정이 있다면 실제로 그 법관에게 편파성이 존재하지 아니하거나 헌법과 법률이 정한 바에 따라 공정한 재판을 할 수 있는 경우에도 기피가 인정된다.[27]

(2) 평균적 일반인의 관점에서 기피이유가 있다고 할 수 있는 객관적인 사정으로는 i) 법관이 소송당사자(판결의 주관적 효력이 미치는 사람 외에도 법정대리인, 보조참가인 등 포함)와 약혼·사실혼 관계, ii) 제척사유 외의 친척관계, iii) 당사자가 법인인 경우 법관이 주주 등 구성원인 경우, iv) 법관이 당사자와 법률상담을 한 경우 등이 여기에 해당한다고 보아야 한다. 단순히 대학동기·고등학교 동기·연수원동기 등의 이유만으로 인정하기는 어렵다고 할 것이다. 그러나 이러한 경우에는 법관 스스로 회피하는 것이 좋을 것이다. 또한 법관과 소송대리인의 관계가 문제될 수 있다. 법관이 소송대리인과 혼인관계, 민법에 정한 친족관계 등 객관적인 사정이 존재하는 경우에 기피이유에 해당한다고 할 것이다. 따라서 당사자의 소송대리인이 법관의 장인 또는 사위인 경우에는 기피이유에 해당한다고 볼 수 있다.[28] 그러나 단순히 친분관계, 불화관계 등의 경우에는 특별한 경우 외에는 기피이유에 해당한다고 볼 수 없다. 재판장 또는 합의부원의 소송지휘 등에 불만이 있어서 기피신청을 하는 경우는 소송지휘에 대하여 별도의 구제절차가 있으므로 $\binom{138조,}{392조}$ 원칙적으로 기피이유가 될 수 없다. 법관의 사건과 관련되지 아니한 일반적인 품행·성향·능력 등은 법관 직무수행의 적격성의 문제로서 기피이유가 될 수 없고 다만 일정한 경우 탄핵·징계이유가 될 수 있다.[29]

(3) 판례는 대체로 기피이유가 없다고 기피신청을 기각하고 있다. 구체적으로 살펴보면 i) 증거신청이 늦어져 소송절차가 지연하게 되었다는 이유로 증거신청을 철회할 것을 종용하고 결심할 뜻을 표시한 것($\binom{대결 1966. 4. 26,}{66마167 \ 참조}$), ii) 판사실에서 사실상의

26) 대결 1966. 4. 4, 64마830; 대결 1992. 12. 30, 92마783; 대결 2006. 2. 28, 2006카기23(법원사무관 등에 관한 결정).

27) 대결 2019. 1. 4, 2018스563.

28) 同旨: 정동윤/유병현/김경욱, 117면; 반대: 日最高裁 1955. 1. 28. 판결.

29) 이시윤, 88면; 정동윤/유병현/김경욱, 117면.

화해과정에 당사자의 동생 및 소송대리인이 다른 당사자가 없는 자리에서 주심법관 사이에 사건핵심에 관한 말이 있었다는 사정($\frac{\text{대결 1968. 9. 3.}}{\text{68마951 참조}}$), iii) 소송 이송신청에 대한 가부판단 없이 소송을 진행한 사실($\frac{\text{대결 1982. 11. 5.}}{\text{82마637 참조}}$), iv) 동일내용의 다른 사건에 당사자에게 패소판결을 한 사실($\frac{\text{대판 1984. 5. 15.}}{\text{83다카2009 참조}}$), v) 재판진행 중 소송당사자에 대하여 상기된 어조로 "이 사람아"라고 칭하였다는 사정($\frac{\text{대결 1987. 10. 21.}}{\text{87두10 참조}}$), vi) 소송당사자 일방이 재판장의 변경에 따라 소송대리인을 교체한 경우($\frac{\text{대결 1992. 12. 30.}}{\text{92마783 참조}}$), vii) 법관이 다른 당사자 사이의 동일한 내용의 다른 사건에서 당사자에게 불리한 법률적 의견을 표시하였다는 사정($\frac{\text{대판 1993. 6. 22.}}{\text{93재누97 참조}}$), viii) 증거채택을 일부 취소한 것($\frac{\text{대결 1993. 8. 19.}}{\text{93주21 참조}}$) 등은 기피이유에 해당하지 아니한다고 판단하였다.

(4) 위 판례에서 본 바와 같이 법관이 절차진행에 있어서 형식적 공평성과 당사자가 절차 진행을 이해할 수 있도록 설명하는 노력이 필요한 것이다. 가장 훌륭한 판사는 당사자가 패소판결을 받으면서도 훌륭한 판사라고 느낄 수 있는 경우일 것이다.

2. 기피신청

(1) 신청의 방식

기피신청은 합의부의 법관에 대한 기피는 그 합의부에, 수명법관·수탁판사 또는 단독판사에 대한 기피는 그 법관에게 이유를 밝혀 신청하여야 한다($\frac{44조}{1항}$). 신청이므로 서면 또는 말로 할 수 있다($\frac{161}{조}$). 다만 기피하는 이유와 소명방법은 신청한 날부터 3일 이내에 서면으로 제출하여야 한다($\frac{44조}{2항}$). 기피이유와 소명방법을 제출하도록 하는 이유는 당사자가 기피신청권을 악용 또는 남용하는 것을 방지하자는 취지이다.[30] 3일 내의 서면제출기간은 훈시규정으로 보아야 하므로 방식위배로 각하되기 전까지 서면을 제출하면 된다.[31] 다만 기피이유 및 소명방법이 본안사건의 기록상 명백한 경우(증인신문신청의 각하 등과 같이 법원에 현저한 사실, 본안기록에 소명방법이 편철되어 있는 경우 등)에는 소명자료를 제출할 필요가 없다.[32] 기피신청권은 당사자에게 인정된 권리이며, 소송대리인의 독자적인 권리는 아니므로 당사자를 대리하여 기피권을 행사할 수 있을 뿐이다.

---

30) 대결 1988. 8. 10, 88두9.

31) 同旨: 이시윤, 89면.

32) 대결 1978. 10. 23, 78마255(증인신문신청을 각하한 사안임); 대결 1988. 8. 10, 88두9.

(2) 기피신청의 시기 및 신청권의 상실

기피신청은 법관에게 기피할 이유가 있음을 알았을 때 지체 없이 하여야 한다. 만약 당사자가 법관을 기피할 이유가 있다는 것을 알면서도 본안에 관하여 변론하거나 변론준비기일에서 진술을 한 경우에는 기피신청을 하지 못한다($^{43조}_{2항}$). 즉 기피신청권이 상실되는 것이다. 이는 기피신청권이 당사자의 소송절차에 관한 이의권의 일종이기 때문이다($^{151}_{조}$).

3. 기피신청에 대한 재판

(1) 기피신청의 각하결정

i) 신청이유와 소명방법을 신청일로부터 3일 이내에 서면으로 제출하지 아니한 경우 등 신청방식을 준수하지 아니한 때($^{45조\ 1항}_{전단}$), ii) 소송지연을 목적으로 한 신청임이 분명한 경우($^{45조\ 1항}_{후단}$)에는 신청을 받은 법원 또는 법관이 직접 각하결정을 할 수 있다.[33] 기타 iii) 기피신청 후에 법관의 퇴직하여 직무를 수행할 수 없게 된 경우[34] 또는 사건이 다른 재판부로 재배당된 경우[35]에는 재판을 담당한 재판부에서는 신청이익이 없다는 이유로 각하하여야 한다. 특히 위 ii)의 소송지연을 목적으로 한 신청이 분명한 경우의 각하 규정은 기피신청의 남용을 방지하기 위하여 1990년 1월 13일 민사소송법을 개정하면서 신설된 것이다.

(2) 기피신청의 인용 또는 기각결정

기피신청이 방식에 위배되지 아니하고 소송지연의 목적이 명백하지 아니한 경우에는, 기피신청에 대한 재판은 그 신청을 받은 법관의 소속 법원 합의부에서 결정으로 하여야 한다($^{46조}_{1항}$). 기피신청의 이유가 인정되면 인용하는 결정을, 이유없으면 기각하는 결정을 한다. 이 경우 기피신청을 받은 법관은 그 재판에 관여하지 못하고 의견만을 진술할 수 있다($^{동조}_{2항}$). 기피를 당한 법관은 바로 기피신청에 대한 의견서를 제출하여야 한다($^{45조}_{2항}$). 기피신청을 받은 법관의 소속 법원이 합의부를 구성하지 못하는 경우에는 바로 위의 상급법원이 결정하여야 한다($^{46조}_{3항}$). 다만 대법원의 경우 상급법원이 없으므로 대법관 모두를 또는 합의체를 구성할 수 없

---

33) 대판 2009. 1. 30, 2007추127; 대판 2015. 11. 26, 2015두36126.
34) 대결 1982. 8. 12, 82마486; 대결 1992. 9. 28, 92두25; 대결 1993. 8. 19, 93주21.
35) 대결 1985. 10. 10, 85마580; 대판 1988. 10. 12, 88주2.

는 수의 대법관을 동시에 기피신청하는 것은 법률상 허용되지 아니한다.[36]

(3) 재판에 대한 불복신청

기피신청에 정당한 이유가 있다는 결정에 대하여는 불복할 수 없다($^{47조}_{1항}$). 기피신청에 대한 각하결정 또는 이유 없다는 기각결정에 대하여는 즉시항고를 할 수 있다($^{동조}_{2항}$). 신청방식의 위배 또는 소송지연을 목적으로 한 것이 명백하다는 이유로 한 각하결정은 즉시항고를 하여도 집행정지의 효력이 없다($^{동조}_{3항}$).

(4) 기피신청과 본안소송절차의 정지

① 법원은 기피신청이 있는 경우에는 그 재판이 확정될 때까지 소송절차를 정지하여야 한다($^{48조}_{본문}$). 다만, 기피신청이 각하된 경우 또는 종국판결을 선고하거나 긴급을 요하는 행위를 하는 경우에는 본안소송절차가 정지되지 아니한다($^{48조}_{단서}$).

i) 기피신청이 신청방식의 위배, 소송지연을 목적으로 한 것이 명백한 경우, 기타 신청이익이 없어 각하결정을 한 경우에는 그 확정과 관계없이 본안소송절차를 진행할 수 있다. ii) 또한 종국판결의 선고는 가능한 것이므로 변론종결 후에 기피신청이 들어온 경우 이를 무시하고 판결 선고를 할 수 있다.[37] 이 경우 기피신청의 당부는 종국판결의 불복절차를 통하여 다투어야 하고, 별도로 항고할 수 없고 특별항고의 대상도 되지 아니한다.[38] 그 뒤의 본안소송절차를 정지하지 아니하여도 위법이 아니다.[39] iii) '긴급을 요하는 행위'라 함은 멸실의 염려가 있는 증거조사거나, 가압류·가처분 결정 또는 집행정지 명령 등을 의미한다. 이러한 긴급을 요하는 행위는 소송절차의 정지 없이 기피신청과 관계없이 그대로 진행할 수 있다.

② 기피신청 후에 이루어진 소송행위의 효력

우선 판결의 선고·긴급을 요하는 행위 등 소송절차의 정지의 예외에 해당하는 경우에는 정지 없이 이루어진 소송행위 자체가 적법한 것이므로 후에 기피신청의 인정 여부와 관계없이 당연히 그 소송행위는 적법하다.[40] 둘째, 판결의 선

---

36) 대결 1966. 3. 15, 64주1; 대결 1966. 6. 2, 64주2; 대결(전) 1966. 3. 1, 65주1 등.

37) 대판 1966. 5. 24, 66주517; 대결 1993. 9. 27, 93마1184; 대판 1993. 11. 9, 93다39553; 대판 1996. 1. 23, 94누5526; 대결 2008. 5. 2, 2008마427 등.

38) 대결 1966. 3. 15, 64주1; 대결 1966. 6. 2, 64주2; 대결 2000. 4. 15, 2000그20.

39) 대판 1966. 5. 24, 66다517.

40) 대판 1966. 5. 24, 66다517; 대결 1993. 9. 27, 93마1184; 대판 1993. 11. 9, 93다39553; 대

고·긴급을 요하는 행위 등에 해당하지 아니하여 소송절차를 정지하여야 함에도 그대로 절차를 진행하여 소송행위가 이루어진 경우로서 후에 기피신청이 인용된 때에는 그 소송행위는 위법하여 무효일 뿐만 아니라, 상고이유 및 재심사유($^{424조\ 1항}_{2호,\ 451조}$ $^{1항}_{2호}$)가 된다. 셋째 판결의 선고·긴급을 요하는 행위 등에 해당하지 아니함에도 그대로 절차를 진행하여 소송행위가 이루어진 경우로서 후에 기피신청이 각하·기각 결정이 확정된 경우에 기피신청 후에 이루어진 소송행위의 효력이 문제된다. 이 경우 소송경제를 위하여 무조건적으로 소송행위의 하자가 치유된다는 적극설[41]과 제48조의 사문화를 방지하기 위하여 하자가 치유되지 아니한다는 소극설[42]과 당사자의 소송상의 이익을 해하지 않는 때에 한하여 위법성이 치유된다는 절충설[43]이 있다. 무조건적으로 하자가 치유된다는 적극설은 법원의 절차 위법행위를 결과가 정당하다는 이유로 무조건적으로 하자의 치유를 인정하는 것은 절차의 위법을 방조하는 결과로서 타당하지 아니하고, 하자가 치유되지 아니한다는 소극설은 당사자의 이익을 침해하지 아니하는 경우에도 재차 소송행위를 하게 하는 것은 당사자의 편의와 소송의 신속·경제라는 측면에서 문제이다. 따라서 절충설이 타당하다고 생각한다.[44] 현재 판례도 절충설로 보인다.[45]

Ⅳ. 법관의 회피

(1) 법관은 자신에게 제척 또는 기피의 이유가 있는 경우에는 감독권이 있는 법원의 허가를 받아 스스로 회피(回避)할 수 있다($^{49}_{조}$). 여기에서 감독권이 있는 법

판 1996. 1. 23, 94누5526; 대결 2008. 5. 2, 2008마427(여기서 판례는 기피신청에도 불구하고 민사소송법 제48조 단서에 따라서 본안 종국판결을 선고한 경우에는 기피신청의 목적은 사라지는 것이므로 기피신청에 대한 재판을 할 이익이 없다고 하였다) 등.

41) 송상현/박익환, 82면.

42) 방순원, 151면.

43) 이시윤, 91면; 정동윤/유병현/김경욱, 119면.

44) 同旨: 이시윤, 91면; 정동윤/유병현/김경욱, 119면.

45) 반대: 이시윤, 91면; 정동윤/유병현/김경욱, 119면. 관련 판례로는 대판 1978. 10. 31, 78다1242(판결의 사안이 긴급을 요하는 것으로 판단을 하면서 가사 그렇지 아니하다고 하여도 적법하다는 취지를 선고한 것으로 이를 정면으로 다루고 있다고 보기 어려움)와 대판 2010. 2. 11, 2009다78467, 78474가 있다. 앞의 판결은 적법 여부에 대한 판단을 정면으로 다루고 있지 아니하고 있고, 뒤의 판결은 긴급을 요하지 아니함에도 기피신청 당한 법원이 기일을 진행하여 당사자 불출석을 이유로 사건이 항소취하 간주가 된 경우이다. 뒤의 판결은 신청인의 소송상의 이익을 침해한 것이므로 무효가 치유되지 아니한 것으로 본 것으로 보이기 때문이다. 절충설을 유지한 판례로 볼 수 있다.

원이라 함은 해당 법관 소속의 법원장·지원장 등의 사법행정상의 감독권을 가지고 있는 법원을 의미한다. 감독권이 있는 법원의 허가는 사법행정상의 처분일 뿐이고 재판에 해당하지 아니하므로, 제척 또는 기피의 이유를 확정하는 효력이 없다. 따라서 허가 후에 해당 법관이 그대로 그 사건을 처리할 수도 있으나, 제척사유에 해당하는 경우에는 당연히 법률상의 효력이 없다.

(2) 다만 법관이 기피이유에 해당하는 경우에 스스로 회피를 신청하지 아니하는 경우에 당사자는 별도의 기피신청을 하여야 법관의 업무배제를 할 수 있다. 통상 실무에 있어서는 법관이 사건처리의 어려움을 요청하는 경우에 감독권이 있는 법원은 별도 회피의 허가절차 없이 해당사건을 다른 재판부에 재배당하여 실질적으로 회피의 목적을 달성하는 경우도 있다.

V. 법원사무관 등에의 준용

제척·기피·회피제도는 법관을 중심으로 규정되어 있다($_{49조}^{제41조\ 내지}$). 동 규정은 법원사무관등·사법보좌관·전문심리위원에게 준용된다($_{사보규\ 9조,\ 비송\ 5조}^{50조,\ 164조의5,}$). 또한 집행관에 대하여는 집행관법 제13조에 별도로 제척규정을 두고 있으며, 감정인에게는 기피제도가 별도로 규정되어 있다($_{조}^{336}$). 종전에는 통역관도 법원사무관 등과 같이 법관의 제척·기피제도를 준용하였으나, 그 필요성이 적어 1990. 1. 13. 민사소송법이 법률 제4201호로 개정되면서 준용규정에서 빠졌다.

제 2 장   당 사 자(원고와 피고)

제 1 절 총   설

I. 당사자의 의의

당사자(party, Partei)라 함은 자기의 이름으로 국가에 대하여 권리보호(판결, 강제집행, 가압류·가처분 등)를 요구하는 사람과 그 상대방을 말한다. 당사자의 호칭은 소송절차에 따라 다양하다. 소송절차 중 제1심 판결절차에서는 원고(plaintiff, Kläger)와 피고(defendant, Beklagte), 항소심절차에서는 항소인(appellant, Berufungskläger)과 피항소인(appellee, Berufungsklagter), 상고심절차에서는 상고인(appellant, Revisionskläger)과 피상고인(appellee, Revisionsklagter)이라 한다. 반소절차에서는 반소원고와 반소피고, 재심절차에서는 재심원고와 재심피고라 한다. 독촉절차, 민사집행절차, 가압류·가처분절차에서는 채권자와 채무자 또는 신청인과 피신청인이라 하며, 제소전화해절차·증거보전절차·소송비용액확정절차에서는 신청인과 상대방이라 한다.

(1) 특히 판결절차에서 당사자란 '자기의 이름'으로 판결을 요구하는 사람과 그 상대방을 의미한다. 당사자는 자기의 이름으로 판결을 요구하거나 요구받는 사람이다. 따라서 미성년자의 친권자 등 법정대리인, 법정대리인에 준하는 법인의 대표이사, 소송대리인 등은 자기 이름으로 판결을 요구하는 것이 아니므로 당사자가 아니다. 당사자 일방의 승소보조를 위하여 소송에 참여하는 보조참가인은 소송절차에는 참여하지만 자기의 이름으로 행하는 것이 아니므로 당사자가 아니고, 제3자의 소송담당의 경우(당사자는 파산관재인, 선정자임)에 이익귀속주체(파산자, 선정당사자소송에서 선정자 등)는 판결의 효력을 받지만 당사자는 아니다. 증거절차에 단순히 참여하는 증인, 감정인이 당사자가 아님은 당연하다.

(2) 당사자란 자기의 이름으로 '판결을 요구하거나 요구받는 사람'을 말한다. 따라서 실체법상의 권리 또는 법률관계의 주체일 필요는 없다. 이것은 소송법에 있어서의 특수성이다. 대부분은 실체법상의 권리 또는 법률관계의 주체가 소송법

상의 당사자이다. 그러나 일정한 경우(선정당사자, 파산관재인, 유언집행자, 선장 등 타인의 소송담당자)에는 실체법상의 법률관계의 주체와 소송법상의 당사자가 일치하지 아니한다. 이러한 차이점을 해결하기 위하여 민사소송법에 있어서는 실체법상의 개념과 구별하여 '자기의 이름으로 소송절차의 진행을 요구하거나 요구받는 자'가 당사자인 것이다. 이것을 학자들은 형식적 당사자개념(formelle Parteibegriff)이라 한다. 이에 대응하여 실체법상의 권리·의무자를 당사자로 이해하는 실질적 당사자개념(materieller Parteibegriff)이 있다. 처음 실체법과 절차법의 구별을 위하여 형식적 당사자개념을 도입하였지만, 현재에는 당연히 형식적 당사자개념에 기초하여 소송상의 당사자개념을 설명하고 있다. 그러나 실질적 당사자개념은 독일에서 19세기까지 지배적인 견해였고, 민사소송법학의 발전과정을 이해하는 데 중요한 개념이며, 민사소송법에 있어서 실체법과의 관계설정이 매우 중요한 문제라는 것을 보여준다. 일부에서는 실체법상의 관리처분권을 가진 사람을 당사자로 보아야 한다는 기능적 당사자개념(funktioneller Parteibegriff)이 주장되고 있지만 이는 민사소송의 당사자개념을 전체적으로 포섭하기는 어렵다.

(3) 당사자는 자신의 이름으로 소송절차에 참여하여 '자신 명의로 판결'을 받는다. 따라서 민사소송법에 있어서 당사자의 개념을 정립하는 것은 누구에게 판결을 하여야 하고(판결의 명의인), 그 절차과정에서 어떠한 지위를 가지고 있는지(소송절차에서의 당사자의 지위), 판결의 효력의 정당성과 범위 등에 있어서 매우 중요한 의미를 가진다. 또한 당사자는 재판적($^{2\sim}_{25조}$), 제척이유($^{41}_{조}$), 소송비용의 부담($^{98}_{조}$), 소송비용의 담보($^{117}_{조}$), 소송절차의 중단($^{233}_{조}$), 사건의 동일성($^{259,\ 267}_{조\ 2항}$), 증인능력 등을 정하는 기준이 된다.

Ⅱ. 당사자대립주의

1. 대립구조의 발생

(1) 소송은 대부분 일정한 분쟁을 전제로 한다. 이것을 법적으로 보면 대립구조라고 할 수 있다. 그런데 대립구조의 기본형태는 두 당사자가 대립하는 형태를 취하는 것이다. 즉 대석적 구조(對席的 構造)를 갖게 된다. 이를 2당사자대립주의(二當事者對立主義)라 한다. 따라서 소송에 있어서 형식적 공평을 통한 실질적 적정을 추구하는 것이 무엇보다도 중요한 것이다. 소송이 당사자 사이의 대립을 전

제한다는 점에서 단면적인 구조인 비송사건과 차이가 있다.

(2) 그러나 현재 분쟁형태의 복잡화·다양화로 인하여 2당사자대립주의의 예외로서 3인 이상의 당사자가 서로 대립되는 상황이 발생하고 있다. 이러한 현상을 소송에 반영할 필요가 있다. 이를 3당사자대립주의 또는 다수당사자대립주의라 할 수 있다. 이를 민사소송법에 반영한 규정이 독립당사자참가($^{제79}_{조}$)와 소의 주관적·예비적 병합($^{제70}_{조}$)이다.

2. 대립구조의 부존재·소멸

(1) 소송은 대립구조를 전제로 하는 것이므로, 당사자 일방이면서 동시에 상대방의 공동소송인, 보조참가인, 대리인이 되는 것, 당사자 쌍방의 대리인이 되는 쌍방대리 등은 금지된다.

(2) 소송에 있어서 대립구조가 부존재하면 소송이 성립할 수 없고, 대립구조가 소멸하게 되면 존재하던 소송은 소멸된다. 동일한 당사자는 대립구조라는 개념이 성립할 수 없으므로 소송을 할 수 없고 할 필요도 없다. 이를 민사소송법에서는 자기소송의 금지원칙(Verbot des Insichprozesses)이라 한다. 따라서 대립구조가 부존재하는 사망 또는 청산(淸算)되어 존재하지 아니하는 자를 상대로 하는 소송,[1] 같은 회사의 지점 상호간, 대표자를 달리하는 자치단체 사이의 소송[2] 등은 동일 당사자에 의한 소송이므로 부적법 각하하여야 한다. 또한 소송계속 중 당사자 일방이 상대방의 지위를 상속 또는 법인의 합병 등으로 포괄승계 한 경우에는 당사자의 혼동으로 인하여 대립구조가 소멸하였기 때문에 소송은 당연히 종료하며, 특히 이혼소송 등 일신전속적 권리와 관련된 소송의 상대방이 사망한 경우와 같이 소송물인 권리관계를 승계할 사람이 없는 때에도 소송은 종료한다.[3] 이러한 경우 절차적으로 이를 명백히 하기 위하여 필요한 경우 소송종료선언을 할 수 있다.

---

1) 대판 1994. 1. 11, 93누9606; 대판 2000. 10. 27, 2000다33775; 대판 2002. 8. 23, 2001다69122.

2) 대판 2001. 5. 8, 99다69341(도 교육감이 도를 대표하여 도지사가 대표하는 도를 상대로 소를 제기함).

3) 대판 1986. 7. 22, 86므76; 대판 1993. 5. 27, 92므143; 대판 2007. 7. 26, 2005두15748.

Ⅲ. 소송절차에서 당사자의 지위

1. 당사자권에 관한 논의

(1) 소송절차에서 당사자가 어떠한 지위를 가지고 있느냐 하는 것에 대한 논의가 당사자권(當事者權)에 대한 논의이다. 왕권이 확립되면서 국가가 처음 재판제도를 운영할 당시에만 하여도 당사자는 소송에서 단순히 조사의 객체로서 법원의 은혜적인 처분을 기대할 수 있었을 뿐이었다. 그러나 국민주권에 기초하고 자유주의·개인주의 하에서 국민의 국가에 대한 기본권 개념이 확립되면서 소송절차에 있어서 국민인 당사자를 어떻게 보아야 할 것인지를 논의하게 되었다. 특히 이러한 헌법상의 기본권에 기초한 소송절차에서의 당사자의 지위에 관한 논의를 당사자권이라 한다.

(2) 이러한 당사자권에 대한 논의는 독일에서는 법적 심문청구권(Anspruch auf rechtliche Gehör)에 기초하여 논의되고 있고(독일기본법 제103조 1항), 미국에서는 적법절차(due process of law)의 일부로 본다(미연방수정 헌법 14조). 일본에서는 당사자권이 소송절차와 비송절차를 설명하기 위하여 논의되다가 민사소송에서 일반화되었다. 특히 당사자의 소송절차에 있어서의 지위와 관련하여 독일의 법적 심문청구권은 독일기본법 제1조의 '인간의 존엄'에 근거하고 있다.[4]

(3) 우리나라에서는 소송절차에서의 당사자의 지위와 관련하여 헌법상의 근거를 i) 독일과 같이 헌법 제10조(인간의 존엄과 가치)로부터 찾으려는 견해[5]와 ii) 미국연방수정헌법 제14조와 같이 적법절차에 기초하여 헌법 제11조 제1항(평등의 원칙)에서 찾으려는 견해[6] 등이 있다. 어떠한 시각에 기초하여 접근하느냐의 문제이므로 모두 타당한 면이 있으나, 구체적으로 헌법과 민사소송법과의 관계를 설명하려면 부족한 점이 있다. 따라서 다음과 같은 설명이 구체적이고 실질적이라 본다. 우선 소송절차에서의 당사자의 지위는 우리나라 헌법 제10조(인간의 존엄과 행복추구권)에 뿌리를 두고 있다. 소송제도라는 것은 당사자 사이에 발생한 분쟁을 국가가 적정하고 공평한 사법시스템을 통하여 해결하여 줌으로써 인간의 존엄성을 유지함과 동시에 행복한 삶을 살 수 있도록 하는 것이 최종적인 종착역인 것

---

4) 이시윤, 135면.
5) 이시윤, 135면.
6) 정동윤/유병현/김경욱, 195면.

이다. 그렇기 때문에 소송절차에서의 당사자의 지위는 헌법 제10조에서 발원(發源)하고, 평등의 원칙($^{현}_{1항}{}^{11조}$), 법관에 의한 재판을 받을 권리($^{현}_{1항}{}^{27조}$), 신속하고 공개적인 재판을 받을 권리($^{현}_{3항}{}^{27조}$) 등을 통하여 헌법 자체에서 구체화된다. 이러한 헌법상의 추상적·개별적인 규정에 근거하여 민사소송법이 규정된 것이다. 민사소송법은 이러한 헌법적 가치를 잘 담기 위하여 민사소송의 이상을 통하여 이를 전체적으로 선언하고($^{1조}_{1항}$), 재판과정에서 이를 충분히 실현하기 위하여 민사소송법의 개별규정 외에 민사소송법상의 신의칙($^{1조}_{2항}$)을 규정하고 있는 것이다. 따라서 당사자의 소송절차에서의 권리는 개별 민사소송법의 규정을 통하고, 이어 신의칙에 의한 보충·수정·조정 등을 통하여 충분히 보장되는 것이고, 발전하여 나갈 수 있는 것이다. 이러한 개념에 기초하여 소송절차에서의 당사자의 권리가 근본적으로 침해되는 경우에 구체적 구제가 가능한 것이다. 개별규정에 없으면 신의칙의 수정성, 보충성 등을 통한 유추해석, 규정이 잘못 적용되는 경우의 적용거부 등이 가능하다. 결국 당사자의 지위에 관한 헌법상의 근거는 인간의 존엄과 행복추구권($^{현}_{10조}$)에서 발원하여 평등의 원칙($^{현}_{1항}{}^{11조}$), 재판청구권($^{현}_{1항}{}^{27조}$), 신속·공개재판을 받을 권리($^{현}_{3항}{}^{27조}$)로 구체화된다고 할 것이다.

(4) 당사자권과 관련된 예로 확정판결로 강제집행이 실시된 경우에는 특별한 사정이 있다면 신의칙에 따라 그 판결을 재심을 통하여 취소하지 않고 직접 불법행위에 기한 손해배상의 청구,[7] 소송계속 중에 당사자가 사망하였으나 이를 간과하고 소송수계절차 없이 그대로 진행되어 판결이 선고된 경우에 당사자의 대리권에 흠이 있는 경우에 준하여 상소($^{424조}_{1항 4호}$) 또는 재심($^{451조}_{1항 3호}$)으로 구제받을 수 있는 것[8] 등이 있다. 이러한 소송절차에서의 당사자권은 당사자는 아니지만 판결의 효력을 받는 제3자에게도 확대되어야 한다.[9] 이러한 취지가 반영된 것으로는 채권자대위소송에서의 판결의 효력을 받은 채무자의 절차보장 문제,[10] 패소의 기판력을 받는 제3자의 소제기권의 제한($^{가소 21}_{조 2항}$) 등이 있다.

---

7) 대판 1992. 12. 11, 92다18627; 대판 1997. 9. 12, 96다4862; 대판 2001. 11. 13, 99다32899; 대판 2006. 7. 6, 2004다17436; 대판 2007. 5. 31, 2006다85662 등.

8) 대판(전) 1995. 5. 23, 94다28444.

9) 同旨: 이시윤, 136면; 정동윤/유병현/김경욱, 195면.

10) 대판(전) 1975. 5. 13, 74다1664(채무자가 어떤 경위로든 제3자의 채권자대위소송이 제기된 사실을 알아야 채무자에게 판결의 효력이 미침).

2. 당사자의 소송절차상의 권리

(1) 이러한 근거 하에 민사소송법이 규정하고 있는 당사자의 소송절차상의 권리를 구체적으로 나누어 보면 다음과 같다. i) 소를 제기하고, 사실과 증거자료를 제출할 수 있는 제소권, 변론권 및 증명권, ii) 소송물의 특정과 처분할 권리(소의 취하, 청구의 포기·인낙, 화해 등), iii) 소송절차의 진행과 관련된 권리[기일지정신청권($\frac{165조}{1항}$), 기일의 통지를 받을 권리($\frac{167}{조}$), 소장 부본과 판결의 송달을 받을 권리($\frac{210조}{조 1항}$, ^{255}), 구문권($\frac{136조}{3항}$), 소송절차에 관한 이의권($\frac{151}{조}$), 이송신청권($\frac{34조}{35조}$ ^{2항}), 제척·기피신청권($\frac{44}{조}$), 소송기록열람권($\frac{162}{조}$) 등], iv) 쟁점에 관한 의견진술권, v) 불리한 재판에 관한 불복신청권(각종 이의권·상소권·재심청구권 등) 등이 그것이다.

(2) 또한 이러한 권리를 구체적으로 해석·적용함에 있어서 신의칙($\frac{1조}{2항}$)이 보충·수정·조정을 함으로써 이러한 권리를 보다 유기적·효율적으로 작동할 수 있게 한다.

(3) 이러한 당사자의 소송절차에서의 권리를 전체적인 관점에서 보아 학자들은 소송절차에 있어서 당사자권 또는 절차적 기본권이라 한다.

제 2 절　당사자의 확정

I. 의　의

(1) 당사자확정(確定)이라 함은 소송계속 중인 사건에서 실제로 원고가 누구이고, 피고가 누구인가를 명확히 하는 것을 의미한다. 당사자의 확정은 직권조사사항이다. 소송에서 실제 당사자가 누구인지 밝혀져야 그 사람을 기준으로 하여 당사자의 자격(당사자능력·소송능력·당사자적격 등) 유무와 소장부본·준비서면 등의 송달명의자, 인적 재판적, 제척이유($\frac{41}{조}$), 소송절차의 수계, 소송물의 동일성 유무($\frac{259}{267조}$), 판결의 명의인, 기판력·집행력의 주관적 범위($\frac{218}{조}$), 증인능력 등이 결정되는 것이다.

(2) 당사자확정은 현실의 소송에 진정한 당사자가 누구인가의 문제로서 i) 누가 당사자로 될 수 있는 일반적인 능력이 있느냐 하는 당사자능력과 구별되고, ii)

구체적인 소송에 있어서 누가 당사자로서 소송을 수행하고 본안판결을 받을 수 있는 자격이 있느냐 하는 당사자적격과도 다르다. 또한 iii) 당사자의 특정과도 구별된다. 원고는 소제기 시에 피고뿐만 아니라 자신도 특정하여야 한다($\frac{249}{조}$). 법원은 원고가 소장에서 특정한 당사자에 기초하여 현실적으로 소송을 수행하는 당사자가 과연 누구인가를 확정하게 된다. 따라서 당사자의 확정은 원고가 한 당사자의 특정을 전제로 하는 것이다.

(3) 당사자확정과 관련하여 구체적으로 문제되고 있는 것은 i) 당사자표시의 정정(당사자로 될 자를 소장에 잘못 기재하거나 다른 사람으로 잘못 안 경우에 이를 어느 범위까지 정정할 수 있는가의 문제로서 피고의 경정 즉 당사자변경과의 한계가 문제됨), ii) 성명모용소송(다른 사람의 이름으로 소송을 하는 경우임), iii) 사망자를 당사자로 한 소송, iv) 법인격부인의 경우 등이 그것이다.

Ⅱ. 확정의 시기와 소송법상의 효과

1. 확정의 시기

소가 제기되면 우선 소장부본의 송달명의자, 인적 재판적 등이 당장 문제되기 때문에 당사자 확정이 바로 현안이 된다. 따라서 당사자의 확정은 원칙적으로 소제기 후에 즉시 되어야 한다($\frac{통}{설}$). 실제로는 재판장 또는 법원사무관등의 소장 심사과정 또는 당사자에 대한 송달과정에서 주로 문제될 것이다. 일정한 경우 변론과정에서도 문제되기도 한다.

2. 소송법상의 효과

당사자의 확정은 소송의 개시 때부터 필요하다. 따라서 당사자의 확정을 위하여 법원은 직권으로 누가 당사자인가를 조사하여야 한다.[1] 만약 원고에 의한 당사자의 확정이 불충분할 경우 법원은 이를 분명히 하기 위하여 원고에게 석명을 하여야 한다. 법원이 이를 조사하였으나 당사자를 확정할 수 없다면 소 자체를 부적법 각하하여야 한다.[2] 조사한 결과 당사자표시를 착오한 경우에는 당사자표시의 정정을 통하여 당사자를 확정하여야 한다. 일정한 경우 당사자를 변경하라는

---

1) 대판 2016. 12. 27, 2016두50440; 대판 2001. 11. 13, 99두2017.
2) 同旨: 정동윤/유병현/김경욱, 197면.

임의적 당사자변경을 석명할 수도 있다.[3] 또한 조사결과 당사자가 될 수 없는 제3자가 소송절차에 관여하고 있는 것이 판명된 때에는 그를 소송에서 배제하여야 한다. 결국 당사자의 확정은 매우 중요한 소송요건의 하나이다.

Ⅲ. 확정의 기준에 관한 학설

확정의 기준과 관련하여 큰 기준으로 보면 2가지 주장이 있다. 실체법상의 권리 또는 법률관계에 기초한 실질적 당사자개념에 따른 권리주체설(^{실체}_{법설})과 소송법의 독자적인 시각을 강조한 형식적 당사자개념에 따른 소송법설(^{소송법}_설)이 그것이다. 전자는 불법행위에 기한 손해배상소송의 당사자에 대하여 원고는 피해자이고, 피고는 가해자로 보는 것이다. 현재에는 주장되고 있지 아니한다. 후자는 의사설, 행위설(^{행동}_설), 표시설, 그리고 절충적 견해(^{적격설, 규범분류설, 병용}_{설, 분쟁주체특정책임설})[4]가 있다.

(1) 의사설

원고 또는 법원의 의사를 기준으로 하여야 한다는 견해이다. 즉 원고 또는 법원이 당사자로 삼으려는 사람이 당사자라는 것이다. 원고와 법원의 내심의 의사에 의하여 정하여진다. 예컨대 A가 B를 피고로 제소하려는 마음이었는데 B의 이름을 C로 착각하여 소장에 C를 피고로 표시하여 제기한 경우에, 소장의 표시와 관계없이 원고인 A의 내심의 의사에 따라 B가 정당한 당사자가 된다. 문제는 원고 또는 법원의 내심의 의사가 무엇인지 알 수 없다는 것이다.

(2) 행위설(^{행동}_설)

소송절차에서 당사자로서 행동하거나, 당사자로서 취급된 자를 당사자로 보는 견해이다. 예컨대 A가 C의 이름을 도용하여 B를 상대로 소송을 제기하고 A가 소송절차에 원고로서 행세를 한 경우에 원고는 소장에 표시된 C가 아니고, 실제로 소송절차에서 원고로 행세한 A가 그 소송의 원고로 된다.

---

3) 임의적 당사자변경이란 소송계속 중에 당사자의 임의의 의사에 따라 당사자를 교체 또는 추가하는 것을 의미한다. 임의적 당사자변경은 당사자의 동일성이 바뀌는 것이므로, 당사자의 동일성을 해하지 않으면서 소장 등에 기재된 당사자의 표시만을 바꾸는 당사자표시의 정정과는 구별된다.

4) 절충적 견해는 일본 학자들이 주로 주장한 것으로서 의사설, 행동설, 표시설의 단점을 보완하기 위한 것이다.

(3) 표시설

소장에 객관적으로 표시된 것으로부터 누가 당사자인가를 정하여야 한다는 견해이다. 그러나 오늘날에는 이러한 순수한 표시설에 따르는 경우는 없고, 소장의 당사자 표시만이 아니고 청구의 취지와 청구원인, 그 밖의 소장 기재의 전체 취지를 종합적으로 판단하여 당사자를 확정하여야 한다는 실질적 표시설(또는 수정된 표시설)이 일반적이다. 예컨대, A가 B를 피고로 하고 싶었는데 성명을 잘못 알아 C를 피고로 소장에 기재한 경우나, A가 C의 성명을 도용하여 소장에 C를 원고로 기재한 경우에는, 소장의 기재에 따라 모두 C가 당사자가 된다. 다만 소장의 피고 표시가 B로 되어 있어도 청구취지와 청구원인 및 소장에 첨부된 호적등본 등에 의하면 D가 명백한 경우에 그 소송의 피고는 D가 된다.

(4) 절충적 견해

절충적 견해 중 i) 직격설은 소송상 나타난 모든 징표를 참작하여 그에게 해결해주는 것이 가장 적절하다고 인정되는 실체법상의 분쟁주체를 포착하여 그 자를 당사자로 하여야 한다는 견해이다. 이 견해는 당사자적격과 확정을 통일적으로 고찰하자는 입장으로서 '징표의 내용'이 무엇인지 애매하고, 권리주체설과 같이 실체법적 시각에 기초한 것으로 볼 수 있다. ii) 규범분류설은 일종의 수정된 표시설 또는 표시설과 적격설의 절충설이라 할 수 있다. 장래 진행할 절차와 이미 진행된 절차를 구분하여, 전자의 경우에는 획일적 처리의 요청상 표시설에 의하고, 후자의 경우에는 절차의 안정과 소송경제를 중시하여 그 분쟁에 관한 당사자적격을 가지는 자로서 그 때까지의 절차의 결과를 귀속시켜도 좋을 정도로 절차에 관여할 기회가 현실로 주어졌던 자를 당사자로 보아야 한다는 견해이다.

iii) 병용설은 원고의 의사, 소장의 표시, 당사자적격 등 각종의 징표를 병용하여 결정하자는 견해이다. 원고에 대하여는 행동설, 피고에 관하여는 제1로 원고의 의사, 제2로 당사자의 적격, 제3으로 소장의 표시를 기준으로 하여야 한다는 견해이다. 각종 견해를 절충하여 설명을 시도하고 있다. iv) 분쟁주체특정책임설은 분쟁주체의 특정에 관한 행위책임이라는 고찰방법을 도입하여 그 책임분배에 기하여 당사자를 정하여야 한다는 견해이다. '행위책임에 대한 책임분배'라는 개념 자체가 새로운 혼란을 초래할 수 있다.

(5) 학설에 대한 검토

i) 의사설은 원고 또는 법원의 내심의 의사를 알 수 없고, 원고의 내심에 따라 원고를 정한다면 그 확정이 불가능하며, 또 법원의 의사에 맡긴다는 것도 민사소송의 근간이 되는 처분권주의($\frac{203}{조}$)에 배치된다. 또한 객관적·형식적으로 고찰하여야 할 소송절차에서 적당하지 아니하다. ii) 행위설은 당사자로 볼 행위가 무엇인가에 대한 기준이 불명확하다. iii) 기타 절충적인 견해는 의사설과 행위설의 비판을 그대로 가지고 있다고 할 것이다. iv) 이러한 관점에서 보면 간단하면서도 객관적인 기준을 제시하는 표시설이 소송절차의 객관성·형식성에 비추어 타당하다. 표시설에 의하더라도 합리적으로 당사자를 확정하기 위하여는, 소장의 당사자 표시만이 아니고 청구의 취지와 청구원인, 그 밖의 소장 기재의 전취지를 종합적으로 판단하여 당사자를 확정하여야 한다는 실질적 표시설이 기본적으로 타당하다. 실질적 표시설이 통설이다.

(6) 판 례

판례는 기본적으로 실질적 표시설에 입각하고 있다.[5] 다만 소제기 전에 피고가 사망하였음에도 불구하고 사망자를 상대로 소를 제기한 경우 부적법한 소로 각하를 한다면 이에 따른 절차의 반복과 당사자의 불편, 소송경제 등의 측면에서 의사설에 기초하여 상속인을 당사자로 보아 당사자표시정정을 인정하고 있다.[6] 판례를 엄밀히 분석한다면 원칙적으로 실질적 표시설에 기초하고 있지만, 소제기 전에 피고가 사망한 경우는 원고가 그 사실을 알 수 없다는 특별한 사정을 고려하여 의사설을 취하고 있다고 할 것이다. 따라서 판례는 실질적 표시설에 기초한 일종의 병용설이라 할 수 있다. 판례의 이러한 경향은 구체적 타당성을 추구하기 때문이다. 그러나 1990년 민사소송법 개정으로 피고의 경정을 인정하고 있고, 이를 원고의 경우에도 경정이 인정된다고 해석한다면 사망자와 관련된 소에 있어서도 실질적 표시설에 따라 일관하여 처리할 수 있을 것으로 생각된다.

---

5) 대판 1986. 9. 23, 85누953; 대판 1995. 1. 12, 93후1414; 대판 1996. 3. 22, 94다61243; 대판 2003. 3. 11, 2002두8459; 대판 2011. 3. 10, 2010다99040; 대판 2017. 6. 15, 2015다231238 등.
6) 대판 1960. 10. 13, 4292민상950; 대판 1969. 12. 9, 69다1230; 대판 1983. 12. 27, 82다146; 대판 1994. 11. 2, 93누12206; 대결 2006. 7. 4, 2005마425.

Ⅳ. 당사자표시의 정정(성명 또는 인물이 불일치할 경우)

(1) 법원이 당사자를 확정하는 과정에 당사자의 표시가 일부 잘못되었거나 불명확한 경우와 당사자를 완전히 달리 표시한 경우가 발생할 수 있다. 후자의 경우는 성명모용소송 또는 피고의 경정 문제로 처리하여야 한다. 그러나 전자의 경우에는 이것을 바로잡아야만 당사자확정이 된다. 당사자의 동일성을 유지하면서 당사자를 바로잡은 것을 당사자표시의 정정이라 한다. 그렇기 때문에 당사자표시의 정정은 「당사자의 동일성」 내에서만 가능하다. 다만 「당사자의 동일성」 여부를 판단함에는 소장의 당사자 표시만이 아니고, 청구의 취지와 청구원인, 그 밖의 소장 기재의 전취지를 종합하여(실질적 표시설의 입장) 검토하여야 한다.

(2) 표시정정의 범위

① 동일성 범위 내

i) 가족관계등록부(종래의 호적등본임), 주민등록표, 법인등기부 등 공문서 등에 있는 당사자의 이름과 달리 소장에 오기(誤記) 또는 누락된 경우에는 당사자표시 정정이 가능하다.[7] 또한 ii) 학교법인 대신에 학교를,[8] 민사소송에서 대한민국 대신 관련 행정청을,[9] 본점이 아닌 지점을[10] 상대로 소를 제기한 경우에 각각 학교 법인, 대한민국, 본점으로의 표시정정이 인정된다. 또한 iii) 위에서 본 바와 같이 판례는 소제기 전에 사망한 자를 상대로 한 소송에 있어서 의사설에 따라 상속인으로 표시정정을 인정하고 있다.

② 동일성을 넘는 경우

당사자표시의 정정은 당사자의 동일성을 넘는 경우에는 인정되지 아니한다. 이 것은 피고의 경정($\frac{260}{조}$) 등 당사자변경의 문제이다. 따라서 파산자를 파산관재인으로, 개인에서 회사로,[11] 부락의 구성원으로부터 권리능력 없는 사단인 부락으로,[12]

---

7) 同旨: 이시윤, 139면.

8) 대판 1978. 8. 22, 78다1205(판례의 사안은 비법인재단에 이르지 못한 학교시설명의에서 개인으로 표시를 정정).

9) 대판 1953. 2. 19, 4285민상27.

10) 대판 1999. 11. 26, 98다19950(원고 표시를 '전국운수노동조합 전북지부 정읍미화분회'에서 '전라북도 항운노동조합'으로 표시를 정정), 대판 1996. 10. 11, 96다3852(내부기관을 당사자능력자로 표시를 정정).

11) 대판 1986. 9. 23, 85누953; 대판 1998. 1. 23, 96다41496; 대판 2008. 6. 12, 2008다11276.

종중의 대표자 개인으로부터 종중으로 바꾸는 경우[13] 등은 당사자의 동일성을 넘어서는 것이므로 당사자표시정정을 할 수 없다.

(3) 당사자확정이 어려운 경우에 법원은 이를 분명히 하기 위하여 원고에게 우선 석명($\frac{136}{조}$)을 하여야 하고, 그대로 각하할 것은 아니다.[14] 착오로 당사자의 표시를 잘못하였지만 동일성 내에서 정정할 수 있는 경우에도 같다. 또한 당사자가 착오로 다른 사람을 피고를 잘못 지정한 경우에도 법원은 당사자의 동일성을 넘는다는 이유로 소를 곧바로 부적법 각하할 것이 아니다. 이 경우에도 법원은 당사자가 법률상 사항에 관하여 간과하였음이 분명한 경우로 보아 당사자에게 피고의 경정($\frac{260}{조}$) 여부에 대하여 의견을 진술할 기회를 주는 것($\frac{지적의무}{136조 4항}$)이 소송경제상 타당하다고 본다.

(4) 당사자 표시의 정정이 있는 경우에는 시효중단의 효력은 처음 소장 제출 시에 발생한다.[15] 당사자 표시의 정정을 피고 경정의 방법으로 한 경우에도 표시정정의 법적 성질과 효과는 잃지 않으므로 시효중단의 효력은 처음 소장 제출 시에 발생한다.[16]

Ⅴ. 성명모용소송(姓名冒用訴訟)[17]

(1) 개 념

법원은 소장에 기재되어 있는 청구취지·청구원인 등에 기초한 소장의 전체의 취지와 석명을 통하여 당사자를 확정하여야 한다. 그 과정에 원·피고의 표시에 문제가 있으면 바로잡고, 피고가 잘못된 경우에는 피고 경정이 이루어지도록 조치를 하여야 한다. 그런데 원고 또는 피고로 표시된 자와 실제 소송의 수행자가 다른 경우가 있을 수 있고, 일정한 경우 이를 발견하지 못하고 표시된 이름으로 판결이 선고될 수도 있다. 당사자와 실제 소송수행을 하는 자가 다른 경우에 어떻

---

12) 대판 1994. 5. 24, 92다50232.

13) 대판 1996. 3. 22, 94다61243.

14) 대판 1997. 6. 27, 97누5725.

15) 대판 2011. 3. 10, 2010다99040.

16) 대판 2009. 10. 15, 2009다49964(원고가 1순위 상속인의 상속포기를 모르고 소를 제기하였다가 후에 2순위 상속인으로 피고경정 한 경우임).

17) 성명도용소송(姓名盜用訴訟, 정동윤/유병현/김경욱, 201면), 차명소송(借名訴訟. 이시윤, 142면)이라고도 한다.

게 할 것인가의 문제가 성명모용소송의 문제이다. 즉 갑이 임의로 A 명의로 소를 제기하여 수행하는 경우(원고측 성명모용소송), 을이 B를 피고로 한 소송에 B로 행세하여 소송을 수행하는 경우(피고측 성명모용소송)이다. 타인의 명의를 차용·도용하는 경우이다. 실제소송에서 제법 발생하고 있는 것이 현실이다. 실질적 표시설에 의하면 위 경우에 A(원고), B(피고)가 소송당사자가 된다. 행위설에 의하면 모용자인 갑과 을이 당사자가 되어 판결의 효력이 A, B에게 미치지 아니한다. 의사설에 의하면 원고 성명모용소송의 경우에는 누가 당사자인지 명확하지 아니하고, 피고 성명모용일 경우에는 피모용자인 B가 당사자가 되기 때문에 이것을 모르고 판결이 선고된 경우에 그 처리가 문제된다.

(2) 성명모용소송에 대한 법원의 조치방법

성명모용을 알게 된 시점에 따라 조치가 달라진다.

① 판결 선고 전(소송계속 중)

우선 소송계속 중에 성명모용 사실이 밝혀진 경우로서 이 경우에는 법원은 모용자를 소송에서 사실상 배제하면 된다. 원고 측이 모용된 경우(예: 토지사기단이 원고의 선대가 사정받은 땅을 원고가 상속을 원인으로 국가를 상대로 소유권확인 등의 청구를 한 경우)에는 소장에 표시된 원고에게 송달이 가능하면 원고 명의로 모용되어 소가 제기 사실을 통지하여 그 유지 여부를 확인한 후에 조치를 하면 된다. 피모용자인 원고가 소송을 계속 수행할 의사가 있다면 종전의 소송행위의 추인 여부를 확인하여 종전의 소송을 그대로 유지하면 되고, 소송수행의 의사가 없거나 연락이 되지 아니하면 타인이 소송을 제기한 경우로서 당사자확정이 없다는 이유로 소를 부적법 각하하여야 한다. 피고 모용소송의 경우에는 모용자를 배제하고 피모용자인 진정한 피고에게 소장부본의 재송달 등을 통하여 소송절차를 다시 개시하여야 하고, 모용자의 소송행위 중 피모용자에게 유리한 경우에는 피모용자의 선택에 따라 추인 여부를 결정하게 하면 될 것이다. 소송행위와 관련하여 보면 실제 소송을 수행한 모용자의 행위는 무권대리인의 행위와 유사하여 원칙적으로 무효이지만 추인의 대상이 될 수 있다고 할 것이다.

② 판결 선고 이후

만약 법원이 성명이 모용된 사실을 간과하고 본안판결을 한 경우에는 모용자의 행위 자체를 무권대리인의 행위에 준하여 처리하면 된다. 즉 확정 전이면 상소로서($^{424조\ 1항}_{4호}$), 확정된 경우에는 재심의 소($^{451조\ 1항}_{3호}$)를 통하여 판결을 효력을 배제하여야 한다. 상소심 법원에서는 판결을 취소할 경우 피모용자가 모용자의 소송행위가 자신에게 유리하여 이를 추인하는 경우 외에는 피모용자의 심급의 이익을 위하여 민사소송법 제418조의 필수적 환송규정에 따라 제1심으로 환송하여야 한다.

③ 송달과정의 모용

마지막으로 원고가 피고의 주소를 허위기재하고 이에 따라 소장부본·판결정본 등을 원고가 직접 또는 원고와 모의한 자가 이를 수령하도록 하여 무변론판결 또는 자백간주 판결을 통하여 원고승소판결을 받은 경우에는 상대방에게 판결의 송달이 없는 경우이므로 항소를 통하여 해당 판결을 취소할 수 있다는 것이 판례이다.[18] 이에 대하여 판결의 형식적 확정이 있으므로 공시송달의 경우와 같이 민사소송법 제451조 1항 11호에 따라 재심에 의하여야 한다는 재심설이 있다. 항소 및 재심이 모두 가능하다고 보는 것이 구제의 범위가 넓어진다는 점에서 타당하다고 본다.

Ⅵ. 사망자를 당사자로 한 소송

일정한 경우에 사망자를 당사자로 한 소송이 발생할 수 있다. 이는 i) 소제기 전에 사망한 경우, ii) 소제기 후 소장부본 송달 전(소송계속 전)에 사망한 경우, iii) 소송계속 후 변론종결 전에 사망한 경우, iv) 변론종결 이후에 사망한 경우로 나누어 검토할 필요가 있다.

1. 소제기 전에 사망한 경우

(1) 소송의 피고가 사망하였음에도 그를 피고로 소를 제기한 경우나(피고 사망), 원고가 변호사에게 사건을 의뢰하고 사망하였으나 변호사가 이를 모르고 사망자 이름으로 소를 제기한 경우(원고 사망) 등을 상정할 수 있다. 당사자가 실재하는 것은 소송요건이고, 이는 법원이 직권으로 조사하여야 하는 직권조사사항이다. 법인의 경우도 마찬가지이다. 사자(死者)는 이미 세상에 존재하지 아니하는 것이므로 2당사자대립구조가 성립될 수 없어 문제이다.

---

18) 대판(전) 1978. 5. 9, 75다634; 대판 1980. 3. 25, 78다2113; 대판 1992. 4. 24, 91다38631; 대판 1994. 12. 22, 94다45449; 대판 1999. 2. 26, 98다47290 등 다수.

(2) 학설 및 판례

① 표시설에 의하면 사망자를 당사자로 보아야 하는데 사망한 경우 존재하지 아니하는 자이므로 상속인들에 의한 소송수계가 인정되지 아니한다. 그러나 소송경제라는 측면에서 보면 사망자의 상속인으로 피고경정($\frac{260}{조}$) 또는 원고·피고 경정의 의미로서 소송수계($\frac{233조}{1항}$)를 인정하여 구제하는 것이 타당하다고 본다. 이러한 구제가 어려운 경우에 한하여 소송요건을 갖추지 못한 경우이므로 판결로서 소를 각하하여야 한다.[19] 의사설에 의하면 실질적 당사자인 상속인의 이름으로 표시정정이 가능하다.

② 의사설을 취하는 판례에 의하면 실질적 당사자인 상속인의 이름으로 표시정정이 가능하다고 한다.[20] 다만 그 시기는 제1심까지로 한정하며,[21] 제1순위 상속인이 상속을 포기한 경우에는 다음 순위의 상속인으로 당사자표시정정[22] 또는 피고경정[23]을 할 수 있다고 본다. 또한 판례는 당사자가 대리인에게 소송위임을 한 다음 소의 제기 전에 사망한 경우 소송대리인이 그 사실을 모르고 사망자를 원고로 표시하여 소를 제기하였다고 하여도 대리인의 소송대리권은 소멸하는 것이 아니므로 적법한 소의 제기로서 이 경우 상속인들은 제233조 제1항을 유추 적용하여 소송절차를 수계하여야 한다고 한다.[24] 이 경우 상속인들로의 소송수계를 인정하는 것은 원고 또는 피고의 경정의 의미를 갖는다고 볼 수 있다.

③ 그런데 1990년 민사소송법 개정으로 피고의 경정이 허용되었고, 이 제도를 원고 경정에까지 확대하여 해석할 수 있다고 본다. 원·피고 경정을 인정하는 제도 하에서 판례는 더 이상 사망자에 대한 소송에서만 의사설을 취할 필요가 없다. 사망자에 대한 소송은 원·피고 경정으로 처리하고, 성명모용소송 등에서 종전과 같이 실질적 표시설에 따라 이론적 일관성을 유지해 나가는 것이 타당할 것으로 보인다.[25]

---

19) 同旨: 정동윤/유병현/김경욱, 204면.

20) 대판 1960. 10. 13, 4292민상950; 대판 1969. 12. 9, 69다1230; 대판 1983. 12. 27, 82다146; 대판 1994. 12. 2, 93누12206; 대결 2006. 7. 4, 2005마425.

21) 대판 1974. 7. 16, 73다1190.

22) 대결 2006. 7. 4, 2005마425.

23) 대판 2009. 10. 15, 2009다49964(피고경정 신청을 하여도 당사자표시정정의 법적 성질과 효과를 잃지 않는다고 하였다).

24) 대판 2016. 4. 29, 2014다210449.

25) 同旨: 정동윤/유병현/김경욱, 204면.

(3) 사망자 명의의 판결효력 및 상소 · 재심

① 법원이 피고가 사망자인지 모른 채 판결을 선고하여 그 판결이 형식적으로 확정이 되었다고 하여도, 당연 무효의 판결이므로 기판력 등 판결의 효력이 발생하지 아니한다. 문제는 무효의 판결이지만 외형상 판결의 형식을 갖추고 있기 때문에 이러한 형식상의 외형을 제거하기 위한 상소 · 재심이 가능한지 여부에 관하여 논의되고 있다. 판례는 무효의 판결은 기속력, 형식적 확정력,[26] 기판력 등 모든 판결의 효력을 인정할 수 없다고 본다. 따라서 판례는 무효의 판결은 상소 및 재심의 대상도 되지 아니한다고 한다.[27] 그런데 무효의 판결도 형식적 외관의 제거를 위하여 상소 · 재심[28] 또는 상소[29]를 통하여 이를 취소할 수 있다고 보는 견해가 있다. 생각건대 무효의 판결은 그 자체로 효력이 없다고 하여도 외형상 법원의 명칭, 판사의 서명날인 등이 있으므로 당사자의 요청이 있는 경우 소송종료선언 판결과 같이 무효 확인의 의미로 확인판결을 하여 주는 것이 타당하므로,[30] 그 방식은 상소 · 재심을 인정하는 것이 옳다고 본다.[31] 하지만 판결 자체는 여전히 무효이므로 기속력, 형식적 확정력, 기판력 등 판결의 효력은 발생하지 아니할 것이다.

② 그러나 실질적 소송관계가 성립된 경우에는 예외적으로 사망자 명의의 판결도 유효할 수 있다. 일본 판례 중에 원고가 피고의 죽은 사실을 모르고 소송을 제기하였는데, 사망자의 상속인이 현실적으로 소송에 관여하여 소송수행을 함으로써 실질적인 소송관계가 성립되었다면 신의칙상 상속인에게 그 소송수행의 결과로서 판결의 효력을 받는다고 한다.[32] 타당한 판결이라고 생각한다.

---

26) 대판 1982. 12. 28, 81사8; 대판 1994. 12. 9, 94다16564(형식적 확정력이 없다고 봄).

27) 대판 1971. 2. 9, 69다1741; 대판 1980. 5. 27, 80다735; 대판 2000. 10. 27, 2000다33775; 대판 2002. 8. 23, 2001다69122.

28) 이태영, 149-150면; 정동윤/유병현/김경욱, 205, 869면.

29) 이시윤, 144, 677면(상소는 가능하나 재심은 인정할 수 없다고 함).

30) 대판 2002. 4. 26, 2000다30578(사망자를 채무자로 한 처분금지가처분결정은 무효이지만 채무자의 상속인은 일반승계인으로서 무효인 그 가처분결정에 의하여 생긴 외관을 제거하기 위한 방편으로 가처분결정에 대한 이의신청으로 그 취소를 구할 수 있음). 상소 또는 재심이 제기되면 사자를 상대로 무효의 판결임을 확인해 주면 될 것으로 본다.

31) 同旨: 이태영, 149-150면; 정동윤/유병현/김경욱, 205, 869면.

32) 日最判 1966. 7. 14, 民集 20. 6. 1173(피고가 소장송달 전에 사망하였음에도 상속인이 소송수계절차를 밟아 1 · 2심을 수행하고 상고심에서 이를 다투는 것은 신의칙상 허용될 수 없다고 함).

2. 소제기 후 소장부본 송달 전에 사망한 경우

(1) 소제기 후 소장부본이 피고에게 송달되기 전(소송계속 전)에 당사자가 사망한 경우 소제기 자체는 적법하였으나 소송계속 전에 사망하여 2당사자대립구조가 존재하지 아니하게 되어 문제이다.

(2) 소제기 후 소장부본 송달 전에 사망한 경우는 원고와 피고의 경우를 나누어 살펴 볼 필요가 있다. 첫째 원고가 소제기 후 피고에게 소장부본 송달 전에 사망한 경우에는 소제기에 따른 시효중단 등의 효력이 발생하므로 제233조 제1항에 따라 소송절차가 중단되고 상속인 등이 이를 수계하여야 하고, 다만 소송대리인이 있는 경우에는 소송절차의 중단 없이 상속인으로 원고의 소송수계절차를 취하면 될 것이다.[33] 소제기에 따른 시효중단 등의 효력을 그대로 유지된다고 할 것이다.

둘째 피고에게 소장부본 송달 전에 사망한 경우에 어떻게 할 것인가가 문제이다. 원고는 소송절차 진행 단계에서 피고의 사망 사실을 알았다면 상속인으로 피고경정($\frac{260}{조}$) 또는 피고 경정의 의미로서 소송수계($\frac{233조}{1항}$)를 인정하면 될 것이다. 판례는 의사설에 기초하여 제1심까지 상속인으로 표시정정[34] 또는 피고경정도 인정하고 있다는 점에 비추어 보면 이를 인정하는데 어려움이 없을 것으로 보인다. 이 경우 피고 표시정정 및 피고경정, 소송수계가 이루어지면 최초 소제기에 따른 시효중단 등의 효력이 그대로 유지된다고 할 것이다.

(3) 그러나 상속인 등이 판결에 전혀 관여하지 않고 있다면 전형적인 사자 상대의 판결로서 당연무효로 보아야 한다. 판례도 이 경우에 상속인의 실질적 관여 없이 판결이 선고된 경우에는 소제기 전에 사망한 때와 같이 당연무효로 보아 판결의 선고 후 상속인의 수계신청 및 추후보완 항소를 인정할 수 없다고 한다.[35]

---

33) 대판 2016. 4. 29, 2014다210449.

34) 대판 1974. 7. 16, 73다1190; 대결 2006. 7. 4, 2005마425.

35) 대판 2015. 1. 29, 2014다34041(소송수계 신청인들의 항소에 대하여 항소를 각하하지 아니하고, 이를 간과한 채 항소심이 본안 판단으로 청구기각판결 한 것은 위법하므로 대법원이 파기자판 하여 항소각하 하였음); 대판 2018. 6. 15, 2017다289828(원고인 채무자가 소장부본 송달 전에 파산선고를 받은 경우임).

3. 소송계속 후 변론종결 전에 사망한 경우

(1) 소장부본이 피고에게 송달된 후에 당사자가 사망한 경우는 그 소송이 일신전속적 소송일 경우(예: 이혼소송, 공무원신분에 전속되는 권리 등)[36]를 제외하고 소송은 적법하게 성립된 것으로서 상속인에게 당연히 승계된다. 이미 사망자가 당사자로 확정된 상태에서 사망한 것이므로 당사자의 확정과는 관련이 없다.

(2) 이 경우 민사소송법 제233조 제1항 본문에 의하여 소송절차가 중단되고, 상속인, 상속재산관리인 기타 법률에 의하여 소송을 속행할 자는 소송절차를 수계하여야 한다($^{233조}_{1항}$). 소송절차의 수계신청은 상대방도 할 수 있고($^{241}_{조}$), 법원은 당사자가 소송절차를 수계하지 아니하는 경우에는 직권으로 그 속행을 명할 수 있다($^{244}_{조}$).

(3) 만약 법원이 당사자가 사망한 사실을 간과하고 판결을 선고한 경우에는 소제기 이전에 사망한 경우와 달리 무권대리인의 경우에 준하여 확정 전이면 상소로($^{424조}_{1항 4호}$), 확정 후에는 재심($^{451조}_{1항 3호}$)으로 취소할 수 있다. 판례도 같다.[37] 상소심에서 당사자가 수계한 경우에는 시기적으로 늦었지만 유효한 것이므로 상소 및 재심사유에 해당하지 아니한다.[38]

4. 변론종결 이후에 사망한 경우

(1) 변론종결 이후에 당사자가 사망한 경우에도 소송절차는 중단된다.

(2) 판결의 선고 및 효력

판결의 선고는 소송절차가 중단된 중에도 할 수 있으므로($^{247조}_{1항}$), 사망 후에 사망자 명의의 판결은 위법·무효하지 않다. 상속인들은 변론종결 후의 승계인으로 기판력 등 판결의 효력이 미친다($^{218}_{조}$). 다만 판결에 따른 집행을 위하여는 승계집행문을 받아야 한다($^{민집}_{31조}$).

---

36) 대판 2007. 7. 26, 2005두15748.

37) 대판(전) 1995. 5. 23, 94다28444; 대판 1998. 5. 30, 98그7; 대판 2003. 11. 14, 2003다34038 등.

38) 대판 2003. 11. 14, 2003다34038.

Ⅶ. 법인격부인과 당사자의 확정[39]

(1) 의 의

① 법인격부인론(doctrine of the disregard of the corporate entity)은 미국의 판례법에 의하여 발전하여 온 이론으로서, 회사의 법인으로서의 존재는 인정하지만 특별한 법률관계에 관하여 공익·정의 혹은 형평의 요구에 맞추기 위하여 회사의 법인격을 무시하고 그 배후에 있는 사원 또는 다른 회사를 실질적인 당사자로 취급함으로써 법률관계의 합리적인 해결을 시도하려는 이론이다. 인정근거는 실체법상의 신의칙에 기초하고 있다.[40]

② 법인격부인론(法人格否認論)이 민사소송법에서 문제되는 것은 i) 당사자능력과 당사자적격 유무, ii) 부인된 회사와 배후자 사이의 당사자표시정정과 당사자변경의 문제, iii) 공동소송 유무 및 그 형태, iv) 부인된 회사와 배후자 사이의 판결효력의 확장 등이 있다.[41]

③ 법인격부인론이 실제로 문제되는 사례는 「갑회사가 실은 그 대표자 A의 개인기업에 불과한 경우에 갑회사의 채권자 B는 갑회사에 대한 채권이 있다는 이유로 A 개인을 상대로도 소를 제기할 수 있는가」 또는 「갑회사가 채무면탈을 목적으로 회사의 대부분의 인원과 재산을 을회사로 바꾸어 놓은 경우에 갑회사의 채권자 A는 어떤 회사를 상대로 소를 제기할 수 있는가」 등이다.

(2) 당사자능력과 당사자적격 유무

법인격이 부인되는 회사는 과연 당사자능력 또는 당사자적격이 있는지가 문제된다. 법인격을 부인한다는 것은 '특정한 사안'에 있어서 배후자에게 책임을 묻기 위하여 법인격을 부인할 회사의 법인격을 잠깐 걷어내는 것이고, 법인격을 부인당한 자가 그것 때문에 부당한 이익을 본다는 것은 신의칙상 인성닐 수 없다는 점에 비추어 법인격이 부인당하는 회사는 자신과 관련하여 종전과 같이 당사자능력·당사자적격 등을 그대로 유지한다고 할 것이다.[42]

---

39) 상세한 것은 정영환, "민사소송에 있어서 법인격부인론", 민사소송 Ⅳ(한국사법행정학회, 2000년), 195-224면.

40) 대판 1995. 5. 12, 93다44531; 대판 2001. 1. 19, 97다21604; 대판 2021. 3. 25, 2020다275942.

41) 정영환, 위 논문, 214면.

(3) 당사자표시정정 또는 당사자변경 유무

소제기 시에 부인되는 권리주체(회사)를 피고로 하였다가 소송계속 중 그 배후자를 피고로 바꾸는 경우에 당사자표시정정인지 아니면 당사자변경으로 보아야 하는지가 문제이다. 견해가 대립되고 있다. i) 부인되는 회사를 피고로 하였다가 배후자로 피고를 바꾸는 것은 당사자의 동일성이 인정되는 것이므로 당사자표시정정으로 가능하다는 당사자표시정정설,[43] ii) 부인되는 회사를 피고로 하였다가 배후자로 피고를 바꾸는 것은 소송절차의 승계에 준하여 처리하여야 한다는 소송승계설,[44] iii) 당사자가 다른 것으로 바뀐다는 점을 강조하여 임의적 당사자변경 절차에 의하여야 한다는 임의적 당사자변경설,[45] iv) 임의적 당사자변경에 따르되 다만 신·구 당사자가 실질적으로 동일할 경우에 예외적으로 당사자표시정정에 의하여야 한다는 신임의적 당사자변경설[46] 등이 주장되고 있다.[47]

생각건대, i) 법인격부인론이 적용되는 경우는 신·구 당사자가 거의 동일하거나, 배후자가 실질적으로 회사를 완전히 지배하고 있었으므로 모든 사정을 알고 있다는 점에 있어 둘 사이의 소송행위 등 소송자료를 그대로 유효하게 사용할 필요성이 소송경제적인 측면뿐만 아니라 실제적으로 필요하다는 점, ii) 그러나 한편 둘 사이에는 법률적으로는 별개의 법인격이 인정된다는 점을 잘 비교·형량하여 결정하는 것이 타당하다. 이러한 점에 비추어 보면 소송행위 등 소송자료를 이용할 수 있는 소송승계설이 기본적으로 타당하다. 다만 신·구 당사자가 실질적으로 동일하여 달리 볼 필요가 없다면 예외적으로 당사자표시정정으로도 가능하다고 본다.

(4) 공동소송 유무 및 소송의 형태

법인격을 부인 당하는 회사의 채권자가 해당 회사와 그 배후자인 개인 또는 회사를 상대로 공동소송의 형태로 소를 제기할 수 있는지 여부와 만약 가능하다면 공동소송의 형태를 어떻게 보아야 하는지 문제된다. 법인격을 부인 당하는 회

---

42) 정영환, 위 논문, 214-217면 참조.
43) 김홍규/강태원, 138면.
44) 정동윤/유병현/김경욱, 208면.
45) 송상현/박익환, 125면.
46) 이시윤, 142면.
47) 기타 일본학자들 중 신·구회사가 하나의 당사자라는 단일체설, 신회사에 대하여 별소를 제기하여야 한다는 별소제기설 등이 있으나, 우리나라에서는 주장되지 아니한다.

사는 그 배후자에게 책임을 묻기 위하여 일시적·상대적으로 부인하는 것이고 회사 자체의 법인격은 여전히 존재하는 것이므로 부인 당하는 회사와 배후자를 개별적 또는 공동소송의 형태로 소를 제기하는 것은 전혀 문제될 것이 없다.[48] 그러나 실제로는 부인 당하는 회사는 재산이 없기 때문에 판결을 받아도 집행할 가능성이 없기 때문에 배후자를 상대로 하는 경우가 대부분일 것으로 생각된다.

다만 둘 모두를 상대로 소를 제기할 경우에 공동소소의 형태가 문제된다. 별개의 법 주체에 대한 소송이고 청구원인이 밀접하게 관련되어 있기 때문에 유사필수적 공동소송인지 통상공동소송이 될 것인지 논의된다. 유사필수적 공동소송설과 통상공동소송설이 있을 수 있지만 통상공동소송설이 타당하다고 본다.[49]

(5) 부인된 회사와 배후자 사이의 판결효력의 확장

한편 소송절차 중에 부인된 회사에서 배후자 명의로 당사자변경 또는 당사자표시정정을 하지 아니한 상태로 부인된 회사 명의로 판결을 받은 경우에 배후 회사 또는 배후에 있는 개인에게 직접 판결의 효력이 미치는지 여부가 문제된다. 통설은 이를 인정하지 아니한다.[50] 판례도 "권리관계의 공권적인 확정 및 그 신속·확실한 실현을 도모하기 위하여 절차의 명확·안정을 중시하는 소송절차 및 강제집행절차에 있어서는 그 절차의 성격상 구회사에 대한 판결의 기판력 및 집행력의 범위를 신회사까지 확장하는 것은 허용되지 아니한다."고 하고 있다.[51] 소송절차와 강제집행절차는 그 특성과 성질이 다른 것이므로 확정된 판결을 강제집행절차에서 법인격이 다른 당사자에게 전용하는 것은 타당하지 아니하다. 따라서 통설 및 판례가 타당하다고 본다. 이 경우 원고는 불편하지만 신회사 또는 배후에 있는 개인을 상대로 별도의 판결을 받아야 한다.[52]

---

48) 대판 2004. 11. 12, 2002다66892; 대판 2006. 7. 13, 2004다36130; 대판 2008. 8. 21, 2006다24438; 대판 2011. 5. 13, 2010다94472; 대판 2016. 4. 28, 2015다13690; 대판 2021. 3. 25, 2020다275942.

49) 同旨: 이시윤, 142면; 이태영, 141면; 정동윤/유병현/김경욱, 208면; 대법원 2001. 1. 19, 97다21604 판결에서도 당연히 통상공동소송이 가능함을 전제로 한 것으로 보인다.

50) 同旨: 강현중, 207면; 정동윤/유병현/김경욱, 193면.

51) 대판 1995. 5. 12, 93다44531; 정영환, 위 논문, 209-210면, 223-224면.

52) 별도를 판결을 받을 때에 기존의 판결을 증거로 제출하면 신속하게 판결을 받을 수 있을 것으로 보인다.

제 3 절 당사자의 자격[1]

소송에 있어서 당사자로서 적법한 자격을 갖기 위하여는 i) 당사자능력, ii) 소송능력, iii) 변론능력, iv) 당사자적격을 갖추어야 한다. 민사소송법상 당사자의 자격을 잘 이해하려면 민법상의 권리능력, 행위능력 등과의 차이점이 무엇인가가 아는 것이 매우 중요하다. 변론능력은 법정에서의 원활한 진행을 위하여 인정되는 것이고, 당사자적격의 문제는 당사자의 소송물과의 밀접성이 핵심적인 내용이다. 특히 당사자적격은 소송수행권이라는 개념으로 인하여 실체법과의 차이가 확연히 나타난다. 민사소송법의 개념들은 민사소송법의 공법·절차법적인 특성으로 인하여 민법·상법 등의 실체법과 차별화되지만 또한 밀접한 관련성을 가지고 있다는 것을 명심하여야 한다. 실체법에 대한 기초가 충실하여야만 민사소송법을 깊이 있게 이해할 수 있다.

당사자능력·소송능력은 소송요건인 동시에 개별적 소송행위의 유효요건이다. 반면 당사자적격은 소송요건일 뿐이고, 변론능력은 소송행위의 유효요건에만 해당한다.[2] 당사자적격은 소의 이익과 밀접한 관련을 가지는 소송요건이다.

제 1 관 당사자능력

I. 의   의

(1) 당사자능력이란 민사소송의 당사자로 될 수 있는 일반적 능력을 의미한다.

---

1) 이시윤 교수는 i) 당사자능력, ii) 당사자적격, iii) 소송능력, iv) 변론능력을 「당사자의 자격」으로 설명하고 있다(이시윤, 125-146면). 일본의 三ケ月章 교수도 i) 당사자의 확정, ii) 당사자능력, iii) 당사자적격, iv) 소송능력을 '당사자의 자격의 규율'로 설명하고 있다(三ケ月章, 222-240면). 당사자능력 등의 개념을 설명하면서 '당사자의 자격'이라는 개념을 도입하는 것이 이해를 돕기 위해서 좋다고 생각한다. 여기에서도 당사자능력, 소송능력, 변론능력, 당사자적격을 당사자의 자격으로 분류하여 설명하기로 한다. 다만 당사자적격이 당사자와 소송물 모두에 관련을 가지고 있다는 점을 고려해 본서에서는 당사자적격을 당사자자격의 마지막 부분에서 설명하기로 한다.

2) 다만 법원의 변호사 선임명령을 받고 이에 응하지 아니하여(144조 4항) 소의 각하결정이 되는 경우에는 변론능력도 임의적 소송요건이 될 수 있다는 견해가 있다(이시윤, 172면). 타당하다고 본다.

즉 민사소송의 당사자 즉 원고·피고 또는 참가인이 될 수 있는 소송법상의 능력을 말한다. 소송법상의 권리능력이라고 한다. 그러나 민사소송법에서는 민법상의 권리능력자 외에 비법인 사단과 재단의 당사자능력을 인정하고 있으므로 민법의 권리능력보다는 넓게 인정된다($^{51,}_{52조}$). 구체적으로 보면 판결절차에서 원고·피고 또는 참가인이 될 수 있는 능력이고, 강제집행절차·독촉절차·보전절차에서는 채권자·채무자가 될 수 있는 능력이다.

(2) 당사자능력은 소송사건의 내용·성질과 관계없이 일반적으로 판정되는 능력·자격이라는 점에서 i) 소송사건의 내용을 이루는 특정한 청구와의 관계에서 이에 관하여 본안판결을 구할 수 있는 자격인 당사자적격과 다르고, ii) 또한 현실의 특정소송에서 누가 당사자인가를 정하는 당사자확정의 문제와도 구별된다. 논리적으로 당사자 확정 후에 당사자능력, 소송능력 등이 문제된다.

Ⅱ. 당사자능력을 가지고 있는 자

민사소송법상 당사자능력을 가지는 자는 민법상의 권리능력자($^{민 3}_{34조}$)와 민사소송법상 특별히 인정하는 자($^{51,}_{52조}$)이다. 전자는 실체법상 권리·의무를 가질 수 있는 자라는 의미로 실질적 당사자능력자, 후자를 민사소송법상의 필요에 의하여 인정한다는 의미에서 형식적 당사자능력자라 한다. 따라서 민사소송법상의 당사자능력이라는 개념은 민법상의 권리능력 개념보다 넓다고 할 것이다.

1. 실질적 당사자능력자

실질적 당사자능력자는 사법상의 권리능력자 즉 자연인과 법인을 의미한다($^{51}_{조}$).

(1) 자연인

① 자연인은 모두 민법상 권리능력을 가지고 있다($^{민}_{3조}$). 이러한 권리능력자는 민사소송법상 당연히 당사자능력을 가진다($^{51}_{조}$). 따라서 연령·성별·국적과 관계없이 자연인이면 모두 민사소송법상 당사자능력이 인정된다. 내·외국인, 외교사절과 같이 면제권을 가지는 자도 당사자능력이 있다. 따라서 면제권자도 면제권을 포기하고 우리나라에 소를 제기할 수 있고, 또한 피고로 응소할 수 있다.

② 다만 태아(胎兒)가 문제이다. 사법상(私法上) 태아는 원칙적으로 권리능력이

없다. 그러나 태아도 민법상 불법행위로 인한 손해배상(민762조), 상속·유증·사인증여(민1000조 3항; 1064조, 562조) 등에 있어서 이미 출생한 것으로 보고 있으므로 권리능력을 가진다. 따라서 민법상 태아가 권리능력을 갖는 경우에는 소송법상 당연히 당사자능력을 갖는다.

그렇다면 구체적으로 어떤 방식으로 이를 인정할 것인가가 문제이다. 여기에 관하여 i) 원칙적으로 일정한 권리가 인정되는 경우 태아는 즉시 당사자능력이 인정되고 다만 사망한 상태에서 태어나면 소급하여 당사자능력도 소멸한다는 해제조건설3)과 ii) 태아 당시에는 당사자능력을 인정하지 아니하나 살아서 태어난 경우에는 권리발생 시에 소급하여 당사자능력을 인정한다는 정지조건설4)이 있다. 통설은 해제조건설을 취하고 있고, 판례는 소수설과 같은 정지조건설을 취하고 있다.5) 현대의학의 발전으로 태아의 사망률이 현격히 낮다는 점, 태아의 증거보전과 집행보전의 필요성이 있다는 점, 실질적인 권리행사를 모(母)를 법정대리인으로 하여 할 수 있다는 점, 상속순위와 관련한 분쟁이 있을 수 있다는 점(예: 태아를 잉태한 상태에서 父가 교통사고로 사망한 경우에 父의 父母와 태아의 母 사이의 분쟁) 등을 고려한다면 해제조건설이 타당하다(통설). 그러나 해제조건설을 취하는 경우에 소송절차에서 태아를 어떻게 특정할지는 생각해 보아야 한다.6)

③ 자연인은 사망에 의하여 당사자능력을 상실한다. 자연인이 파산선고를 받으면 소송수행권을 상실하지만 당사자능력은 그대로 유지된다.

(2) 법 인

① 권리능력을 가지는 모든 법인은 당사자능력을 가진다(51조; 민34조). 내국법인·외국법인, 영리법인·비영리법인, 사단법인·재단법인, 공법인·사법인 등 모두 당사자능력이 인정된다. 또한 국가·지방자치단체·영조물법인이나, 공공조합 등 공법인도 민법상 권리능력을 가지고 있으므로 당사자능력을 갖는다.

---

3) 김홍규/강태원, 141면; 송상현/박익환, 126면; 이시윤, 147면; 이영섭, 73면; 전병서, 137면; 정동윤/유병현/김경욱, 210면; 호문혁, 209-210면.

4) 방순원, 163면; 김용진, 760면.

5) 대판 1976. 9. 14, 76다1365. 판례 중 대판 2016. 3. 28, 2016다211224에서 부모가 태아 상태에 있는 자녀 명의로 상해보험을 체결하였는데, 출산과정에 상해를 입게 되어 분쟁이 생기자 보험회사가 보험수익자인 부모를 상대로 채무부존재확인의 소를 제기한 사안에서 계약의 유효성을 인정하여 보험계약상 태아의 권리능력을 인정한 사안이다. 출생 이후에 문제된 것이므로 당사자능력과 관련된 해제조건설 또는 정지조건설 여부와 직접 관계는 없다고 할 것이다.

6) 일단 "부모 ○○○의 자녀"로 특정하고, 소송계속 중에 출생하여 이름이 특정되면 표시정정을 하면 될 것이다.

② 법인이 해산 또는 파산되어도 그 목적범위 내에서는 계속 존속하는 것으로 보므로($\binom{민\ 81조,\ 상\ 245조,}{채무회생\ 328조}$), 그 범위 내에서 당사자능력을 가진다. 따라서 청산법인은 청산종결등기와 관계없이 청산사무가 남아 있는 한도에서는 당사자능력이 있다.[7] 또한 청산사무가 형식적으로 종료되었더라도 소송이 계속 중이면 청산사무가 남아 있다고 보아야 한다.[8] 결국 청산종결등기가 있다 하여도 청산사무가 완전히 종결되어야 당사자능력이 소멸된다고 할 것이다.[9]

③ 국가의 입법기관인 국회, 사법기관인 법원은 국가기관의 일부이므로 민사소송에서 독자적인 당사자능력이 없다.[10] 또한 행정부의 기관인 행정청은 행정소송법의 규정으로 피고로서의 당사자능력이 인정되지만($\binom{행소}{13}$), 민사소송에서는 여전히 당사자능력이 없다. 또한 지방자치단체인 군의 하부행정구역인 읍·면,[11] 행정기관인 농지위원회[12] 등도 같다. 기타 독자적인 법인격이 없는 법인의 지점,[13] 학교법인의 기관에 불과한 학교장,[14] 전국버스운송조합연합회의 산하 부속기관에 불과한 전국버스운송조합연합회의 공제조합[15] 등도 당사자능력이 없다.

2. 형식적 당사자능력자

형식적 당사자능력자는 법인이 아닌 사단과 재단이 있다($\binom{52}{조}$). 민법상의 조합이 형식적 당사자능력자인지 여부가 논의된다.

(1) 총 설

사단과 재단의 설립은 민법이나 그 밖의 법령에 의하면 비영리법인은 주무관청의 허가를 얻어야 하고($\binom{민}{32조}$), 영리법인은 법적요건을 갖추어 설립등기를 하여야 ($\binom{상}{172조}$) 법인격을 취득한다. 그러나 실제로 이러한 요건을 갖추지 아니하였으나 일정한 실체로서 활동을 하는 과정에 많은 분쟁 즉 법률문제가 발생한다. 따라서

---

7) 대판 1968. 6. 18, 67다2528; 대판 1980. 4. 8, 79다2036; 대판 1997. 4. 22, 97다3408; 대판 2005. 11. 24, 2003후2515; 대판 2007. 11. 16, 2006다41297(청산중인 비법인사단임).
8) 대판 1969. 6. 24, 69다561.
9) 대판 1992. 10. 9, 92다23087.
10) 대판 1961. 10. 5, 4292행상63.
11) 대판 2002. 3. 29, 2001도83258.
12) 대판 1962. 4. 18, 4294민상1397.
13) 대판 1982. 10. 12, 80누495(외국법인의 국내지점).
14) 대판 1987. 4. 4, 86다카2479.
15) 대판 1991. 11. 22, 91다16136.

이러한 분쟁의 해결과정에서 법인격을 가지고 있지 아니하다는 이유로 모든 구성원이 항상 원고 또는 피고가 되어야 한다면, 구성원뿐만 아니라 법원도 분쟁해결에 상당한 어려움을 겪게 된다. 따라서 민사소송법에서는 실체법과 달리 법인이 아닌 사단과 재단이라도 대표자가 있고 일정한 조직체로서의 실체를 가지고 있는 경우에 그 자체에 당사자능력을 인정하여 원고·피고가 될 수 있도록 하였다($\frac{52}{조}$).

(2) 법인 아닌 사단

① 법인 아닌 사단이라 함은 일정한 목적 하에 이루어진 다수인의 결합체로서 그 구성원의 가입과 탈퇴에 관계없이 유지·존속하고, 그 결합체의 의사를 결정하고 목적달성을 위한 업무를 집행할 기관들에 관한 정함이 있으며, 외부에 대하여 그 결합체를 대표할 대표자 또는 관리인의 정함이 있는 경우를 말한다.[16]

② 판례상 인정되는 법인 아닌 사단은 다음과 같다. i) 종중·문중($\frac{대판 1988. 11. 22, 87}{다카2810; 대판 1992.}$ 12. 11, 92다18146<대표자선임방법>; 대판), [17][18] 사찰($\frac{대판 1988. 3. 22, 88다카1879;}{대결 1992. 1. 23, 91마581 등}$), [19] 교회($\frac{대판 1962. 7. 12, 62다133; 대판 1991. 11. 26, 91}{다30675; 대판<전> 2006. 4. 20, 2004다3775 등}$),
1998. 7. 10, 96다488<종중의 성립요건> 등),

---

16) 대판 1991. 5. 28, 91다7750; 대판 1994. 6. 28, 92다36052; 대판 1999. 4. 23, 99다4504; 대판 2020. 11. 5, 2017다23776.

17) 다만 판례는 문중·종중 등과 같이 자연발생적인 단체는 특별한 조직행위가 없어도 당사자능력이 인정된다고 하고 있다(대판 1998. 7. 10, 96다488; 대판 2020. 4. 9, 2019다216411 등 다수). 그러나 우리나라 대부분의 종중·문중이 보통 때에는 없다가 분쟁이 나면 급조되는 경우가 많고, 문중·종중의 성립을 쉽게 인정함으로써 명의신탁 등 법률관계를 복잡하게 하여 분쟁의 악순환을 초래한다는 점에서 문중·종중에 대하여도 법인 아닌 사단의 요건을 엄격히 적용하여야 할 것으로 생각한다(同旨: 이시윤, 128면 주 12) 참조; 정동윤/유병현/김경욱, 197-198면).

18) 판례에서 인정하는 고유 의미의 종중이란 공동선조의 분묘 수호와 제사 등을 목적으로 하는 자연발생적인 관습상 종족집단체로서 특별한 조직행위를 필요로 하는 것이 아니고, 공동선조의 후손은 성년이 되면 당연히 그 종원이 되는 것이며 그중 일부 종원을 임의로 그 종원에서 배제할 수 없다. 만일 공동선조의 후손 중 특정 범위 내의 종원만으로 조직체를 구성하여 활동하고 있다면 이는 고유 의미의 종중으로는 볼 수 없고, 종중 유사의 권리능력 없는 사단이 될 수 있을 뿐이다(이상 대판 2019. 2. 14, 2018다264628; 대판 2020. 4. 9, 2019다216411). 그리고 종중 유사단체의 성립 및 소유권 귀속을 인정하려면, 고유 종중이 소를 제기하는 데 필요한 여러 절차를 우회하거나 특정 종중원을 배제하기 위한 목적에서 종중유사단체를 표방하였다고 볼 여지가 없는지 신중하게 판단하여야 한다(대판 2021. 11. 11, 2021다238902). 또한 고유 종중 또는 종중 유사단체가 비법인 사단으로서의 실체를 갖추어 당사자능력이 있는지 판단할 때 기준이 되는 시기는 사실심 변론종결시이다(대판 2020. 10. 15, 2020다232846).

19) 사찰이란 불교교의를 선포하고 불교의식을 행하기 위한 시설을 갖춘 승려, 신도의 조직인 단체로서, 독립한 사찰로서의 실체를 가지고 있다고 하기 위해서는 물적요소인 불당 등의 사찰재산이 있고, 인적 요소인 주지를 비롯한 승려와 상당수의 신도가 존재하며, 단체로서의 규약을 가지고 사찰이 그 자체 생명력을 가지고 사회적 활동을 할 것이 필요하다(대판 2001. 1. 30, 99다42179; 대판 2004. 10. 28, 2004다32206, 32213; 대판 2020. 12. 24, 2015다222920). 사찰에 대하여 우리 판례는 개인사찰인 경우와 법인등록을 마친 경우를 제외하고는 단체성의 강약에 따라 「법인 아닌 사단」 또는 「법인 아닌 재단」으로 분류하나 애매 모호하게 「법인 아닌 사단 또는 재단」으로 표현

ii) 아파트입주자대표회의(대판 1991. 4. 23, 91다4478), 주택법상의 주택조합(대판 1994. 6. 28, 92다36052; 대판 2006. 7. 13, 2004 다7408, 대판 1998. 6. 26, 97누2801<비인가조합>), 설립중의 회사(대판 1992. 2. 25, 91누6108), iii) 회사채권자로 구성된 단체(채권청산위원회, 대판 1996. 6. 28, 96다16582), 불교신도회(대판 1991. 10. 22, 91다26072), 아파트부녀회(대판 2006. 12. 21, 2006다52723), 상가번영회(대판 1992. 10. 9, 92다23087), 자연부락(대판 1999. 1. 29, 98다33512; 대판 2004. 1. 29, 2001다1775), iv) 기타 수리계(水利契)(대판 1967. 12. 26, 67다2302) 및 보중(洑中)(대판 1995. 11. 21, 94다15288) 등이 그 것이다. 그 외에도 학회·동창회·동호회 등도 사단으로서의 실체를 갖춘 경우에는 법인 아닌 사단이 될 수 있다. 그러나 판례는 농지위원회·천주교회(대판 1966. 9. 20, 63다30) 등은 그 실체를 갖추고 있다고 할 수 없어, 노동조합의 선거관리위원회(대판 1992. 5. 12, 91다37683, 다만 하부조직이라도 독자적인 사단으로 의 실체가 있으면 당사자능력 인정됨<대판 1977. 1. 25, 76다2194>), 대한불교조계종의 총무원(대판 1967. 7. 4, 67다549; 대 판 1991. 11. 22, 91다16136) 등은 사단의 내부기관이므로 당사자능력 이 없다고 본다.

(3) 법인 아닌 재단

① 법인 아닌 재단이라 함은 일정한 목적에 제공된 재산의 결합체로서, 출연자로부터 독립하여 존재하고, 대외적으로 이를 관리하는 관리인이 정하여져 있는 경우를 말한다.[20] 예를 들면 대학교장학회,[21] 유치원,[22] 보육원·감화원, 육영회, 일정한 사회사업을 위해 모집한 기부재산 등이 여기에 해당한다.

② 그러나 국·공립학교,[23] 사립학교,[24] 외국인학교,[25] 각종 학교[26] 등은 교육을 위한 시설물에 불과하므로 당사자능력이 없다. 따라서 이 경우 당사자능력을 가지는 자는 국·공립학교의 경우는 국가·지방자치단체, 사립학교는 학교법인, 외국인학교와 각종 학교는 설립자 개인 등 운영주체이다.

하는 경우도 있다. 불교 종단에 등록을 마친 사찰은 독자적인 권리능력과 당사자능력을 가진 법인 격 없는 사단이나 재단이라고 보아야 한다(대판 1996. 1. 26, 94다45562; 대판 2005. 9. 30, 2004 다9190; 대결 2005. 11. 16, 2003마1419). 또한 법인격 없는 사단이나 재단으로서 권리의무의 주체 가 되는 독립한 사찰은 독자적으로 존속할 수도 있지만 종교적 이념이나 교리 또는 종교적 이해관 계를 같이하는 사람과 단체로 구성된 상위 종단에 소속되어 존속하기도 하는데, 사찰의 종단소속관 계는 사법상 계약의 영역이다(대판 2020. 12. 24, 2015다222920).

20) 대판 1957. 12. 5, 4290민상244.
21) 대판 1961. 11. 23, 4293행상43.
22) 대판 1969. 3. 4, 68다2387.
23) 대판 1997. 9. 26, 96후825(경북대학교); 대판 2001. 6. 29, 2001다21991(법인화 되기 전의 서울대학교).
24) 대판 1967. 12. 26, 67다591; 대판 1975. 12. 9, 75다1048.
25) 대결 2019. 3. 25, 2016마5908(대법원은 외국인학교는 당사자능력이 인정되지 않고, 비송사 건에서도 당사자능력이 없으므로, 甲 외국인학교의 이사인 乙이 甲 학교의 임시이사를 선임해달라 고 신청하는 것은 甲 학교의 당사자능력이 인정되지 않아 부적법 각하하여야 하는데도, 이를 간과 하고 본안 판단한 것은 잘못이라 하였다).
26) 대판 1959. 10. 8, 4291민상776.

292 제2편 소송의 주체

(4) 민법상의 조합

① 당사자능력의 인정 여부

법인 아닌 사단보다는 단체성이 약하지만 일정한 실체를 가지고 활동을 하는 민법상의 조합에 관하여 당사자능력을 인정할 것인지에 관하여 긍정설[27]과 부정설[28]이 대립하고 있다. 판례는 부정설을 취하고 있다.[29]

긍정설은 i) 조합도 조합원을 중심으로 한 단체로서의 성질을 가지고 있고, ii) 조합재단이 조합의 목적재산으로서 조합원 개인의 재산으로부터 독립되어 있으며, iii) 이에 기초하여 사회적 실체로서 현실적으로 활동을 하며, iv) 조합의 당사자능력을 부인하면 그 거래상대방이 조합원 전원을 상대로 소를 제기하게 되는 불편함이 따르고, v) 조합과 사단의 구별이 어렵다는 점 등을 논거로 삼고 있다. 일본 판례는 긍정설을 취하고 있다.[30]

부정설은 i) 조합에 있어서 조합원 사이의 관계는 조합목적을 달성하기 위한 계약적 관계이고(민703조), ii) 조합 자체의 단체성보다는 조합원의 개성이 강조되고 있으며, iii) 우리 법이 조합을 법인이 아닌 사단과 별개의 조직체로 규정하고 있을 뿐만 아니라 조합의 재산관계는 합유(민271조)로, 법인이 아닌 사단은 총유(민275조)로 규정하고 있다는 점 등을 논거로 삼는다.

생각건대 i) 통상 조합의 경우는 조합계약 등 일정한 약정 하에 이루어지는 경우가 많다는 점, ii) 통상은 조합원 수가 법인 아닌 사단보다는 적다는 점, iii) 현재 우리 사회에서 조합형태가 이전보다는 적어졌다는 점, iv) 특히 우리 민법이 조합과 법인 아닌 사단을 명백히 나누어 규정하고 있는 점, v) 조합의 분쟁을 업무집행사원에게 소송수행권을 수여하는 형식으로 단순화가 가능한 점 등에 비추어 보면 부정설이 타당할 것이다. 조합의 활동에 따른 분쟁을 해결할 수 있는 방법이 있고, 점차 줄어들고 있는 사회적 실체에 대하여 법의 규정을 무시하면서 당사자능력을 인정하도록 확대해석할 필요는 없다고 본다.

---

27) 강현중, 212면; 김홍규/강태원, 146면; 전병서, 145면; 김용진, 765면.
28) 김홍엽, 144면; 방순원, 166면; 이시윤, 152면; 이영섭, 74면; 정동윤/유병현/김경욱, 214면; 호문혁, 228면; 한충수, 129면.
29) 대판 1991. 6. 25, 88다카6358(원호대상자광주목공조합); 대판 1999. 4. 23, 99다4504(부도회사채권단); 대판 2018. 4. 12, 2016다39897(공동이행방식의 영농조합법인) 등.
30) 日最判 1962. 12. 18, 民集 16. 12. 1558.

② 조합의 소송형태

조합의 당사자능력을 부정하다면 조합과 관련된 소송은 조합원 전원을 당사자로 하는 필수적 공동소송으로 보아야 한다.

그러나 구체적으로 소송을 수행하는 방법에 있어서는 i) 조합원 중 1인을 선정당사자로 선정하여 수행하는 방법, ii) 업무집행조합원에게 임의적 소송신탁을 하여 수행하는 방법, iii) 업무집행조합원을 법률상 소송대리인으로 보아 당연히 소송대리권이 있다고 해석하여 수행하는 방법 등이 가능하다.

판례는 위 ii)의 방법으로 소송을 수행할 수 있다고 한다.[31] 그러나 조합과 관련된 소송은 조합원 중 1인을 선정당사자로 하여 수행하는 것도 가능하다고 할 것이다. 다만 업무집행조합원을 법률상 소송대리인으로 해석하는 방법은 법률상의 근거가 없다는 점에서 어려움이 있다고 생각된다.[32]

③ 다만 조합인지 여부는 그 명칭이 아니라 실체에 따라 판단하여야 한다. 농업협동조합($\frac{농협}{4조}$), 수산업협동조합($\frac{수협}{4조}$), 법무조합($\frac{변호사}{의26조 58동}$) 등은 명칭은 조합이지만 해당 법에 의하여 인정된 특수법인이다.

(5) 소송상 취급

① 법인이 아닌 사단 또는 재단이 원·피고가 된 경우에는 법인이 당사자가 된 때와 같이 소송상 취급된다($\frac{52}{조}$). 따라서 법인 아닌 사단 또는 재단 그 자체가 소송당사자가 되며, 그 대표자·관리인은 법정대리인에 준하여 취급된다($\frac{64}{조}$). 법인 아닌 사단과 재단이 판결 명의인도 되고, 판결의 기판력·집행력·형성력 등도 법인 아닌 사단과 재단에게 직접 미친다. 그렇기 때문에 법인 아닌 사단의 구성원, 법인 아닌 재단의 출연자에게 판결의 효력이 미치지 아니한다. 강제집행도 법인 아닌 사단 또는 재단의 고유재산에만 미친다.

② 다만 법인 아닌 사단 또는 재단의 재산이 대표자 개인 또는 구성원 명의(공동명의 포함)로 되어 있으면 그들은 사단 또는 재단의 재산을 소지하고 있는 자이므로($\frac{218조}{1항}$), 승계집행문을 받아 집행할 수 있다($\frac{민집 25}{31조}$).[33]

③ 따라서 법인 아닌 사단 또는 재단은 사법상(私法上) 권리능력이 인정되지

---

31) 대판 1984. 2. 14, 83다카1815; 대판 1997. 11. 28, 95다35302; 대판 2001. 2. 23, 2000다68924.

32) 日最判 1962. 7. 13, 民集 16. 8. 1516; 日最判 1970. 11. 11, 民集 24. 12. 1854.

33) 同旨: 강현중, 213면.

아니하지만, 소송법상으로는 개별 소송을 통하여서는 당사자능력을 인정받는다는 점에서 사법상의 권리능력을 인정받은 것과 같은 결과가 된다.

Ⅲ. 당사자능력의 조사와 그 능력이 없는 경우의 효과

1. 소송요건 등

(1) 당사자능력은 소의 적법요건이다. 즉 당사자능력은 소송요건에 해당한다. 따라서 법원은 그 존부에 관하여 직권으로 조사하여야 한다(직권조사사항).[34] 법원은 당사자능력의 유무에 대하여 자백이 있어도 이에 구속되지 아니한다.[35] 또한 법원은 법인이 아닌 사단 또는 재단이 당사자가 되어 있는 때에는 정관·규약, 그 밖에 그 당사자의 당사자능력을 판단하기 위하여 필요한 자료를 제출하게 할 수 있다(규칙12조).

(2) 조사한 결과 소제기 시부터 당사자능력이 없는 것으로 판명된 경우에는 판결로써 소를 각하하여야 한다. 그러나 소장의 표시만으로는 당사자능력이 없다고 하더라도 청구취지·청구원인 등 소장의 전체의 취지를 합리적으로 해석하여 당사자능력자로 고칠 수 있는 경우(예: 행정청을 국가로, 사망자를 상속인으로)에는, 법원은 당사자능력이 소송행위의 유효요건인 점에 비추어 민사소송법 제59조를 준용하여 보정을 명하거나, 석명권을 적절히 행사하여 당사자능력자로 표시정정 또는 당사자경정을 하도록 하는 것이(260조) 소송경제상 타당하다고 사료된다. 판례도 원고가 당사자능력·당사자적격이 없는 자를 당사자로 잘못 표시한 경우에, 확정된 당사자가 소장표시와 다르거나 소장표시만으로 불분명하다면 당사자표시를 정정·보충시키는 조치를 취하여야 한다고 하여 같다.[36]

(3) 소를 각하할 때에 소송비용의 부담은 i) 원고 측이 당사자능력이 없어 각하할 경우에는 사실상 소를 제기한 자에게, ii) 피고 측이 당사자능력이 없어 각

---

34) 당사자능력 유무에 관한 사항과 당사자능력 판단의 전제가 되는 사실은 법원의 직권조사사항이다(대판 2020. 11. 5, 2017다23776).

35) 대판 1971. 2. 23, 70다44, 45; 대판 1982. 3. 9, 80다3290(종중의 권리능력의 시기는 자백의 대상이 아님).

36) 대판 1997. 6. 27, 97누5725; 대판 2019. 11. 15, 2019다247712(유치원이 손해배상청구 한 사안에서, 원고로 표시된 유치원은 개인이 설립한 유치원시설의 명칭으로 보이고, 개인과 독립하여 비법인 사단·재단으로 볼만한 자료가 없는데도, 소장의 표시만으로 유치원을 당사자로 확정한 다음 유치원에 당사자능력이 있는지 가려보지 않은 채 본안 판단한 것은 잘못이라고 하였음).

하할 경우에는 원고에게 각각 부담하게 하는 것이 타당하다.

(4) 당사자능력이 있는지 여부는 사실심의 변론종결일을 기준으로 판단할 성질이다.[37] 따라서 소제기 시에는 당사자능력이 없었으나 소송계속 중 당사자능력을 취득한 경우(예: 소제기 시에는 비법인사단의 실체를 갖추지 못하였다가 소송계속 중에 취득한 경우)에는 실질이 동일한 것이므로 당사자능력을 취득한 자에게 추인을 받을 필요 없이 법률상 당연히 하자가 치유된다고 할 것이다.[38]

(5) 소송계속 중에 당사자가 사망 또는 합병 등의 사유로 당사자능력을 상실한 경우에는 소송절차가 중단된다($\frac{233,}{234조}$). 다만 승계인이 있으면 그가 당사자로 소송수계를 하게 되고, 소송물이 일신전속적 권리 등으로 승계할 수 없을 경우(예: 이혼 중 일방의 사망, 공무원 신분에 기한 권리 등)에는 소송은 종료된다. 이 경우 소송의 종료 여부가 다투어지면 법원은 판결로 소송종료선언을 하여야 한다.

(6) 소송 계속 중 당사자능력이 없다는 다툼이 있는 경우(예: 피고가 원고에 대하여 이의를 제기하거나, 피고가 스스로 당사자능력이 없다고 다투는 경우)에는 법원은 이를 직권으로 조사하여 당사자능력이 있다고 인정할 때에는 중간판결($\frac{201}{조}$) 또는 종국판결의 이유에서 이를 판단하여야 한다. 당사자능력이 없다고 인정되면 종국판결로써 소를 각하하여야 한다. 이 경우 후에 당사자능력이 없는 것으로 판결이 되더라도 이를 다투는 것과 이를 판단한 판결에 대한 상소에 있어서는 능력자로 취급된다.[39]

2. 소송행위의 유효요건

당사자능력은 소송요건인 동시에 개별 소송행위의 유효요건이다. 당사자능력이 없는 자가 한 소송행위 또는 그에 대한 소송행위는 원칙적으로 무효이다. 다만 새로운 당사자능력자[40]가 이를 추인할 수 있으므로 유동적 무효라고 할 것이다.

3. 당사자능력이 없는 것을 간과한 판결의 효력

(1) 법원이 당사자능력이 없어 소각하 판결을 하여야 됨에도 이를 간과하고 본

---

37) 대판 1991. 11. 26, 91다30675; 대판 1997. 12. 9, 97다8547; 대판 2020. 11. 5, 2017다23776.
38) 同旨: 김홍규/강태원, 147면; 이시윤, 153면; 정동윤/유병현/김경욱, 216면.
39) 이시윤, 153~154면; 정동윤/유병현/김경욱, 217면.
40) 소송계속 중에 당사자능력을 새롭게 취득한 경우에는 실질이 동일하다고 보아야 하므로 추인 없이 법률상 당연히 하자가 치유된다.

안판결을 선고한 경우에 그 판결의 효력을 어떻게 보아야 하는지의 문제이다. 통상 당사자능력이 없는 것을 간과하고 본안판결을 한 경우에 확정 전이면 상소로 이를 취소할 수 있고, 확정된 경우에 관하여 무효설과 재심설로 견해가 나누어진다.

(2) 그러나 당사자능력이 없는 경우는 몇 가지로 나누어 생각해 볼 수 있다. 우선 당사자로 표시된 자는 i) 당사자능력을 가진 적이 전혀 없는 경우(예: 동물 또는 도롱뇽 명의로 소가 제기된 경우 등), ii) 당사자능력을 가졌으나 소제기 당시 당사자능력이 소멸한 경우(예: 사망자를 상대로 한 소송), iii) 당사자능력은 없지만 일정한 실체(조합 또는 비법인사단의 실체를 갖추지 아니한 경우 등)를 가지고 있는 경우 등으로 나눌 수 있다. 위 i) 내지 iii)의 경우를 소송법적으로 동일하게 취급할 필요는 없는 것이다. i)과 ii)는 당사자능력이 부존재한다고 할 것이고, iii)의 경우는 당사자능력이 미흡하다고 할 것이다.

따라서 위 i)과 ii)의 경우에 본안판결을 한 경우에는 당연무효라고 할 것이다(무효설).[41] 판례는 이 경우 상소 또는 재심을 인정하고 있지 아니한다.[42] 그러나 학설상 당연 무효의 판결이지만 외형상 판결의 형식을 갖추고 있기 때문에 이러한 형식상의 외형을 제거하기 위한 상소·재심이 가능한지 여부에 관하여 논의되고 있다. 외형의 제거를 위한 방식과 관련하여 상소·재심설[43]과 상소설[44]이 대립되고 있다. 생각건대 무효의 판결은 그 자체로 효력이 없다고 하여도 외형상 법원의 명칭, 판사의 서명날인 등이 있으므로 당사자의 요청이 있는 경우 소송종료선언 판결과 같이 무효 확인의 의미로 확인판결을 하여 주는 것이 타당하다고 본다.[45] 그 방식은 구제방법의 다양성을 위하여 상소·재심설에 따르기로 한다.[46] 하지만 판결 자체는 여전히 무효이므로 기속력, 형식적 확정력, 기판력 등 판결의 효력은 발생하지 아니할 것이다. 만약 무효의 판결을 악용하면 민사상의 문제가 아닌 형사처벌 등이 문제된다고 할 것이다.

당사자능력이 부존재하는 것을 제외한 위 iii)의 경우인 조합 또는 비법인사단

---

41) 同旨: 정동윤/유병현/김경욱, 202면(단 본문 ii)의 경우는 상정하고 있지 아니함).

42) 대판 1971. 2. 9, 69다1741; 대판 1980. 5. 27, 80다735; 대판 1994. 1. 11, 93누9606; 대판 2000. 10. 27, 2000다33775; 대판 2002. 8. 23, 2001다69122.

43) 이태영, 149-150면; 정동윤/유병현/김경욱, 205, 869면.

44) 이시윤, 144, 677면(상소는 가능하나 재심은 인정할 수 없다고 함).

45) 대판 2002. 4. 26, 2000다30578(사망자를 채무자로 한 처분금지가처분결정은 무효이지만 채무자의 상속인은 일반승계인으로서 무효인 그 가처분결정에 의하여 생긴 외관을 제거하기 위한 방편으로 가처분결정에 대한 이의신청으로 그 취소를 구할 수 있음). 상소 또는 재심이 제기되면 사자를 상대로 무효의 판결임을 확인해 주면 될 것으로 본다.

46) 同旨: 이태영, 149-150면; 정동윤/유병현/김경욱, 205, 869면.

의 실체를 갖추지 못한 경우 등에 관하여 보겠다. 우선 본안판결이 확정 전이면 상소를 통하여 이를 취소할 수 있음은 이론의 여지가 없다. 그러면 이러한 판결이 확정된 경우에 그 효력을 어떻게 보아야 할 것인가. 이에 대하여 i) 그러한 판결은 무효라는 무효설,[47] ii) 판결을 유효한 것으로 보되 다만 소송능력의 하자가 있는 경우($\frac{451조}{1항 3호}$)를 유추하여 재심으로 취소할 수 있다는 재심설,[48] iii) 판결은 유효한 것으로 다툴 수 없다는 유효설[49]이 있다.

생각건대, 당사자능력의 부존재를 간과하고 판결을 한 경우와 달리 해당 당사자가 당사자능력에는 미흡하지만 일정한 자격을 갖추었고 실제 소송에도 관여하였다면 당사자능력의 미흡을 간과한 판결로서 확정이 되면 일응 유효한 판결로 보아야 한다. 그러나 무변론판결 등으로 실제 소송에 전혀 간여한 바 없이 본안판결이 선고된 경우에는 재심에 의하여 구제를 받을 수 있다고 본다. 즉 유효설에 기초하고 다만 무변론판결 등 특별한 사정이 있는 경우 재심에 의한 구제를 인정하여야 한다는 것이다. 일종의 절충설이라 할 수 있다. 다만 유효로 인정되는 한도에서 당사자능력이 있는 것으로 취급된다고 할 것이다.

제 2 관 소송능력

I. 의 의

1. 소송능력이란 소송당사자(또는 보조참가인)로서 유효한 소송행위를 하거나, 이를 받기 위하여 필요한 능력을 말한다. 민법상의 행위능력에 대응하여 소송법상의 행위능력이라고도 한다. 소송행위의 개념은 민법상의 행위능력제도의 취지와 같이 소송제한능력자를 돕기 위한 제도이다. 그러나 소송행위의 형식적·절차적 특성으로 인하여 사법상의 법률행위보다는 끼디로운 면이 있다.

(1) 소송능력은 '당사자(또는 보조참가인)'로서 소송행위를 하는 데 필요한 능력이다. 따라서 타인의 대리인으로서 소송행위를 하는 경우에는 소송능력이 필요 없다($\frac{민}{117조}$). 그러므로 19세 미만의 미성년자라도 법원의 허가를 얻으면 단독판사가

---

47) 호문혁, 217면.
48) 김용진, 768면; 방순원, 169면; 정동윤/유병현/김경욱, 218면.
49) 김홍규/강태원, 148면; 김홍엽, 150면; 이시윤, 154면; 이영섭, 75면; 이태영, 150면; 전병서, 145면.

심리 · 재판하는 사건 가운데 그 소송목적의 값이 일정한 금액 이하인 사건(1억원 이하)에 관하여 소송대리인이 될 수 있다(⁸⁸조 ¹항,). 다만 소송능력이 없으면 타인을 전반적으로 보호할 필요가 있는 법정대리인이 될 수 없다(⁹³⁷조). 또한 단순히 증거 방법으로서 당사자본인신문을 받거나 증인신문 또는 검증의 대상으로 되는 경우에는 소송능력이 필요 없다.

(2) 소송능력은 '소송행위를 하거나, 받기 위한 일반적인 능력'이다. 그러므로 소송능력은 소송절차 내의 소송행위뿐만 아니라 소송 전, 소송 외에서 행하여지는 소송행위(예: 관할의 합의, 소송대리권의 수여행위 등)에도 소송능력이 필요하다. 소송행위의 주요내용은 소와 같이 재판을 구하는 신청행위, 재판을 위한 자료를 제출하는 행위, 절차상의 효과의 발생을 주목적으로 하는 의사표시(예: 자백, 소의 취하, 청구의 포기 · 인낙, 소송상의 화해) 등이 있다.

(3) 소송행위를 하거나 받기 위하여서는 행위자에게 '의사능력이 있는 것을 전제'로 한다. 소송능력은 소송행위를 하는 데 필요한 일반적 기준에 불과하므로 개별적인 경우에 소송능력자라도 의사능력을 결할 수 있다(예: 나이는 성년자이나 정신적인 상태는 저능아인 심신미약자의 경우). 의사능력이 없는 자가 하거나 그에 대한 소송행위는 무효이다. 따라서 성년자로 성년후견 또는 한정후견 개시의 심판을 받지 아니하여 법정대리인이 없는 의사무능력자를 상대로 소를 제기하려는 자는 제62조의2(의사무능력자를 위한 특별대리인의 선임 등) 따라 특별대리인의 선임 등을 신청하여야 한다(⁶²조의2).

2. 성년후견인제도의 도입

(1) 종전의 무능력자제도인 미성년자 · 한정치산자 · 금치산자제도는 민법이 2011년 3월 7일 법률 제10429호로 일부 개정되어 폐지되고, 성년후견인제도가 전면적으로 도입되었다. 동 개정 민법은 2013년 7월 1일부터 시행되고 있다.[50] 동 개정

---

50) 2011년 3월 7일 법률 제10429호로 민법이 일부 개정되어 미성년자의 나이를 20세에서 19세로(민법 제4조), 종전의 한정치산 · 금치산 제도를 폐지하고 성년후견인 제도를 도입하여 2013년 7월 1일부터 시행되고 있다. 성년후견인 제도는 **성년후견**(조력을 받을 피성년후견인이 질병, 장애, 노령 그 밖의 사유로 인한 정신적 제약으로 사무를 처리할 능력이 지속적으로 결여된 경우, 민법 제9조), **한정후견**(조력을 받을 피성년후견인이 질병, 장애, 노령 그 밖의 사유로 인한 정신적 제약으로 사무를 처리할 능력이 부족한 경우, 민법 제12조), **특정후견**(일시적 또는 특정사무 만을 후견하는 경우, 민법 제14조의2), **계약후견**(질병, 장애, 노령, 그 밖의 사유로 인한 정신적 제약으로 사무를 처리할 능력이 부족한 상황에 있거나 부족하게 될 상황에 대비하여 공정증서에 의한 후견계

민법 부칙 제2조에 따라 기존의 한정치산자 및 금치산자에 대한 선고는 성년후견 등이 개시되거나 임의후견 감독인이 선임된 경우에는 장래를 향하여 그 효력을 잃게 되고, 그렇지 아니한 경우에는 5년이 경과하는 2018년 7월 1일에는 그 효력을 상실하게 된다.[51] 따라서 현재 종전의 한정치산자 및 금치산자는 없다고 할 것이다.

(2) 성년후견제도에 따른 피성년후견인, 피한정후견인의 행위능력의 범위가 바뀌었다. 종전의 미성년자 제도는 그대로 유지하지만, 금치산자제도는 피성년후견인제도로 한정치산자제도는 피한정후견인제도로 바뀌었다. 행위능력의 범위라는 면에서 보면 금지 또는 제한에서 자율과 보호의 측면을 강조하게 되었다. 명칭도 소송무능력자에서 소송제한능력자로 바뀌었다(제55조 참조).[52] 이에 따라 민사소송법상의 소송능력에 관한 규정인 제55조를 개정(2016. 2. 3. 법률 제13952호로 개정, 시행: 2017. 2. 4.)하였다. 개정 내용을 간단히 정리하면 다음과 같다. i) 미성년자 또는 피성년후견인은 ⓐ 미성년자가 독립하여 법률행위를 할 수 있는 경우, ⓑ 피성년후견인이 민법 제10조제2항에 따라 취소할 수 없는 법률행위를 할 수 있는 경우 외에는 법정대리인에 의하여만 소송행위를 할 수 있다(제55조 1항). ii) 피한정후견인의 경우에는 원칙적으로 소송능력이 인정되고, 다만 한정후견인의 동의가 필요한 행위에 관하여는 대리권 있는 한정후견인에 의하여만 소송행위를 할 수 있도록 규정하였다(제55조 2항).

약을 통한 후견임, 민법 제959조의14)이 있다. 종전의 한정치산・금치산 제도는 미성년자의 행위능력을 획일적 제한을 통한 보호였다면, 성년후견인 제도는 피후견인의 입장과 활동의 편의를 위한 것에 중점을 두고 있다고 할 수 있다. 약간의 차이는 있지만 실체법상의 행위능력과 민사소송법상의 소송능력이라는 면에서 보면 성년후견 상의 피성년후견인은 종전의 금치산자와 한정후견 상의 피한정후견인은 종전의 한정치산자와 비슷한 면이 있다. 특정후견과 계약후견을 받은 피후견인의 경우에는 원칙적으로 행위능력의 제약이 없나고 할 것이다.

51) 또한 민법이 한정후견・성년후견 제도를 시행한 2013년 7월 1일 당시 이미 한정치산 또는 금치산의 선고를 받은 사람에 대하여는 종전의 규정을 적용하며, 이러한 한정치산자 또는 금치산자에 대하여 성년후견, 한정후견, 특정후견이 개시되거나 임의후견 감독인이 선임된 경우에는 한정치산 또는 금치산 선고의 효력이 장래를 향하여 그 효력을 잃게 되고, 그렇지 아니한 경우에는 법 시행일로부터 5년이 경과하면 그 효력을 상실하게 된다(2011년 3월 7일 법률 제10429호 개정민법 부칙 2조). 따라서 2018년 6월 30일까지 한정치산자 또는 금치산자가 존재할 수 있어 이 경우 종전의 규정에 따라 법률행위의 효력이 정하여 진다.

52) 다만 51조에서는 '소송무능력자'라는 표현을 그대로 쓰고 있는데, 향후 개정 시에 '소송제한능력자'로 개정하여야 할 것으로 본다.

Ⅱ. 소송능력자와 소송제한능력자

민사소송법은 소송능력에 관하여 이 법에 특별한 규정이 없으면 민법, 그 밖의 법률에 따른다고 규정하고 있다(½). 이에 따른 특별한 규정으로 개정된 민사소송법 제55조에서는 "제1항 미성년자 또는 피성년후견인은 법정대리인에 의해서만 소송행위를 할 수 있다. 다만, 다음 각 호의 경우에는 그러하지 아니하다. 1. 미성년자가 독립하여 법률행위를 할 수 있는 경우, 2. 피성년후견인이 「민법」 제10조 제2항에 따라 취소할 수 없는 법률행위를 할 수 있는 경우, 제2항 피한정후견인은 한정후견인의 동의가 필요한 행위에 관하여는 대리권 있는 한정후견인에 의해서만 소송행위를 할 수 있다."고 규정하고 있다.

외국인에 관하여는 "외국인은 그의 본국법에 따르면 소송능력이 없는 경우라도 대한민국의 법률에 따라 소송능력이 있는 경우에는 소송능력이 있는 것으로 본다."고 제57조에 규정하고 있다.

따라서 민사소송법상 소송능력자는 원칙적으로 민법상 행위능력이 있는 자라고 할 수 있다. 다만 위에서 본 바와 같이 민사소송법상 미성년자와 피성년후견인은 기본적으로 일정한 경우를 제외하고 소송능력이 제한되는 소송제한능력자이고, 반면 피한정후견인은 원칙적으로 민사소송법상 소송능력자이고 일정한 경우에 예외적으로 제한된다고 할 것이다.

또한 외국인의 경우에는 본국법에 따라 소송능력 유무를 정하지만 본국법에 의하면 소송능력이 없다고 하여도 우리나라 법에 의하여 소송능력이 있는 경우(예: 외국인이 현재 20년 9개월 되었고, 본국법에 의하면 성년의 시기가 만 21세부터라도 우리나라에서 만 19세부터 성년이므로 소송능력자로 볼 수 있음)에는 소송능력자로 본다. 이는 외국인을 내국인과 동등하게 보호한다는 취지이다.

1. 소송능력자

(1) 민법상의 행위능력자는 모두 소송능력자이다. 자기의 재산에 대하여 처분권을 잃어서 당사자적격을 상실한 파산자 등도 소송능력을 잃지 아니한다.

(2) 법인 또는 법인 아닌 사단 또는 재단(½²) 자체에게 소송능력을 인정할 수 있는지 여부가 문제된다. 이는 법인의 본질과 관련된다. i) 법인실재설(法人實在說)에 의하면 법인이라는 것은 법에 의하여 의제된 것이 아니고 권리·의무의 주체

로서 실질을 가진 사회적인 실체라는 견해이다. 이에 의하면 법인 또는 법인 아닌 사단 또는 재단 자체가 당연히 소송능력을 갖는다고 볼 수 있다. ii) 그러나 법인의 본질은 법에 의한 의제라거나, 그 사회적 실체를 인정하지 아니하는 법인의제설(法人擬制說) 또는 법인부인설(法人否認說)에 따르면 법인 자체의 소송능력을 부인한다. 민사소송법은 법인의제설에 기초하여 소송절차의 실제적인 운영을 위하여 법인 등의 대표자 또는 관리인은 소송제한능력자의 법정대리인에 준하여 취급하도록 규정하고 있다($^{64}_{조}$).

2. 소송제한능력자

(1) 미성년자

① 민법상의 행위제한능력자인 미성년자는 소송제한능력자이다. 따라서 미성년자는 법정대리인에 의하여만 소송행위를 할 수 있다. 그러므로 미성년자는 민법과 달리 법정대리인의 동의를 받아도 자신이 직접 소송행위를 할 수 없다($^{55}_{조}$). 가사소송에서도 같다($^{가소 12조, 민}_{소 55조 본문}$).[53] 의사무능력자도 법정대리인(특별대리인 포함)의 대리가 필요하다.[54] 소송제한능력자인 미성년자에게 법정대리인이 없거나 법정대리인이 대리권을 행사할 수 없는 경우에 수소법원에 특별대리인의 선임을 신청하여야 한다($^{62}_{조}$).

② 민법상 미성년자는 법정대리인의 동의가 있으면 법률행위를 할 수 있고($^{민}_{5, 10조}$), 법정대리인이 범위를 정하여 처분을 허락한 재산에 대하여는 임의로 처분할 수 있지만($^{민}_{6조}$), 그 법률행위 및 재산에 관련한 분쟁으로 인한 소송에 있어서는 소송능력이 인정되지 아니한다. 이는 소송행위 자체가 법률행위와 달리 1회적인 행위가 아니고 연속적으로 이어지는 복잡한 절차이므로 소송제한능력자를 보호하기 위해 필요하기 때문이다.

③ 예 외

그러나 i) 미성년자가 독립하여 포괄적으로 법률행위를 허락받은 경우, 즉 ⓐ 미성년자가 법정대리인의 허락을 얻어 영업에 관한 법률행위를 하는 경우($^{민}_{8, 10조}$), ⓑ 회사의 무한책임사원이 될 것을 허락받은 경우($^{상}_{7조}$)에는 그 허락받은 범위 내에서 소송능력이 인정된다. 이는 법정대리인이 미성년자가 일정한 행위를 포괄적으

---

53) 미성년자도 혼인한 경우 민법의 성년의제 규정(민 826조의2)에 따라 당연히 소송능력을 갖게 된다.

54) 대결 1984. 5. 30, 84스12; 대결 1987. 11. 23, 87스18; 대판 1993. 7. 27, 93다8986.

로 처리하도록 인정한 것이므로 그 한도에서는 소송능력자에 준하여 취급하여도
되기 때문이다. ii) 미성년자가 혼인한 경우에는 성년자로 본다(민826조의2). 혼인한 미성
년자는 성년으로 의제되는 것이므로 만 18세 이상의 자 중 혼인한 자는 완전한
소송능력자이다. 성년의제 된 미성년자가 성년이 되기 전에 이혼한 경우라도 그대
로 소송능력자로 보아야 한다. iii) 근로기준법은 미성년자가 단독으로 근로계약의
체결 및 임금의 청구를 할 수 있다고 규정하고 있다(근기 67조1항, 68조). 이와 관련된 소송에
있어서 미성년자가 소송능력을 가지는가에 관하여 미성년자의 근로계약으로부터
발생하는 모든 소송에 관하여 소송능력을 인정하는 견해(긍정),[55] 임금청구소송에
한한다는 견해(할정),[56] 근로기준법 제67조 제1항은 법정대리권의 제한에 관한 것이
고 임금청구는 엄밀한 의미에 법률행위가 아니라는 점에서 미성년자의 소송능력
을 인정하는 것이 아니므로 이를 부정하는 견해(부정) 등이 있다. 근로기준법의 동
규정의 유래가 미성년자의 의사와 관계없이 법정대리인이 독단적으로 미성년자를
근로에 종사하게 하고 임금을 스스로 받아 임의로 처분하는 것을 막자는 것이다.
즉 미성년자가 직접 근로계약을 체결하고, 임금도 직접 수령하게 하려는 것이 있
다. 그런데 근로계약 체결 및 근로기간 중에 발생한 분쟁(예: 근로계약의 무효, 부
당해고 등) 등에 따른 소송행위는 복잡하여 미성년자 독자적으로 처리하는 것은
무리이므로 이 경우에는 미성년자가 법정대리인의 도움을 받도록 하는 것이 좋을
것이다. 하지만 임금청구부분 자체는 사건이 복잡할 가능성이 낮고, 임금 직접 수
령이라는 취지에 맞게 미성년자에게 소송능력을 부여하여 소송을 수행하게 하는
것이 타당하다고 사료된다. 따라서 임금청구소송에 한하여 소송능력이 있다는 견
해에 찬성한다. 판례도 같다.[57]

④ 결국 미성년자의 소송행위는 위 ③의 예외적인 경우 외에는 법정대리인인
친권자와 후견인 등이 하여야 한다. 친권자의 경우에는 이해상반행위[58] 외에는 자
유롭게 자(子)의 재판상·재판외의 행위를 할 수 있다. 반면 미성년후견인의 경우
에는 적극적 소송행위를 하려면 후견감독인의 동의를 받아야 한다. 미성년후견인
이 후견감독인의 동의 없이 소송행위를 한 경우에는 무효이고, 후견감독인의 추인
이 있으면 행위 시에 소급하여 효력이 발생한다고 할 것이다.[59]

---

55) 정동윤/유병현/김경욱, 223면.
56) 방순원, 183면.
57) 대판 1981. 8. 25, 80다3149.
58) 이해상반행위는 특별대리인을 선임하여 처리하여야 한다(민 921조).
59) 대판 2001. 7. 27, 2001다5937.

(2) 피성년후견인

① 개정 민법에서는 피성년후견인의 행위는 취소할 수 있다($^{민}_{1항}^{13조}$). 따라서 피성년후견인은 성년후견인의 동의를 받아야 법률행위를 할 수 있다. 즉 피성년후견인은 민법상 가정법원이 취소할 수 없는 행위를 정한 경우($^{민}_{2항}^{10조}$)와 일용품 등의 구입 등 일상생활에 필요하고 그 대가가 과도하지 아니한 법률행위($^{민}_{4항}^{10조}$) 외에는 종전의 금치산자와 같이 원칙적으로 행위능력이 인정되지 아니한다.

② 또한 민사소송법상 피성년후견인은 원칙적으로 종전의 금치산자와 같이 소송제한능력자이므로, 소송행위를 하기 위해서는 법정대리인인 성년후견인에 의해서만 할 수 있다($^{55조}_{1항 본문}$). 그런데 민법에서는 예외적으로 민법 제10조 제2항(가정법원이 취소할 수 없는 행위를 정한 경우)의 경우와 동조 제4항(일용품 등의 구입 등 일상생활에 필요하고 그 대가가 과도하지 아니한 법률행위)의 경우에는 그 예외를 인정하여 행위능력을 인정하고 있다. 하지만 민사소송법에서는 제2항의 경우에만 소송능력을 인정하고, 4항의 경우는 그 범위가 명확하지 않다고 하여 소송능력을 인정하지 아니하고 있다($^{55조}_{1항 2호}$). 그러나 4항의 경우에도 민법의 취지를 존중하여 소송능력을 인정하는 방향으로 개정하는 것이 타당할 것으로 본다.

③ 한편 성년후견인도 소송행위를 함에도 일정한 제한이 따른다. 즉 대리권 있는 성년후견인이 적극적 소송행위(소의 제기 등)를 하려고 하면 후견감독인의 동의를 받아야 한다($^{민}_{1항 5호}^{950조}$). 또한 성년후견인이 소의 취하, 화해, 청구의 포기·인낙 또는 독립당사자참가의 탈퇴($^{80}_{조}$)의 경우에는 후견감독인의 특별한 권한을 받아야 한다($^{56조}_{본문 2항}$). 후견감독인이 없는 경우에는 가정법원으로부터 특별한 권한을 받아야 한다($^{동항}_{단서}$). 성년후견인과 성년피후견인 사이, 성년피후견인들 사이에 이해상반행위에 대하여는 성년후견인은 법원에 성년피후견인의 특별대리인의 선임을 신청하여야 하고, 다만 후견감독인이 있는 경우에는 후견감독인이 이를 대리하게 된다($^{민}_{조의3}^{949}$). 성년후견인이 후견감독인의 동의 등의 절차 없이 소송행위를 하게 되면 무효이며, 후에 후견감독인 등의 추인이 있으면 행위 시에 소급하여 효력을 갖게 된다(상대적 무효).[60] 하지만 성년후견인이 상대방의 소 또는 상소 제기에 의하여 하는 응소 등 소극적 소송행위의 경우에는 후견감독인의 특별한 권한을 받을 필요가 없다($^{56조}_{1항}$).

---

60) 대판 2001. 7. 27, 2001다5937.

(3) 피한정후견인

개정 민법상의 피한정후견인⁶¹⁾은 종전의 한정치산자와 달리 원칙적으로 행위능력을 갖는다. 다만 예외적으로 가정법원이 한정후견인의 동의를 받아야 하는 행위의 범위를 정하는 한도($^{민}_{1항}$^{13조})에서 행위능력의 제한을 받는다. 즉 피한정후견인이 그 행위의 범위에 속하는 것을 한정후견인의 동의 없이 한 경우에는 한정후견인은 피한정후견인의 법률행위를 취소할 수 있다($^{민}_{4항}$^{13조}). 그러나 일용품의 구입 등 일상생활에 필요하고 그 대가가 과도하지 아니한 행위에 대하여는 그러하지 않다($^{민}_{4항}$ ^{13조} 단서). 위와 같이 피한정후견인은 민법상 원칙적으로 행위능력자이고, 법원의 제한이 있는 경우에만 행위제한능력자인 것이다. 따라서 피한정후견인은 민사소송법상 원칙적으로 소송능력을 갖지만, 법원에 의하여 행위가 제한된 경우에는 '대리권 있는 한정후견인(법정대리인)'⁶²⁾만이 소송행위를 할 수 있기 때문에 그 한도에서 소송제한능력자라고 할 것이다. 다만 일용품의 구입 등 일상생활에 필요하고 그 대가가 과도하지 아니한 행위에 대하여는 제한 없이 소송능력을 갖는다 할 것이다.

Ⅲ. 소송능력의 소송법상의 효과

1. 소송행위의 유효요건

(1) 소송능력은 개별적 소송행위의 유효요건이다. 따라서 소송제한능력자(미성년자, 피성년후견인, 피한정후견인이 행위능력이 제한된 범위)가 스스로 하거나 또는 받은 소송행위는 무효이다. 다만 후에 추인이 가능한 유동적 무효(schwebende Unwirksamkeit)이다. 이것은 민법상 행위제한능력자는 일응 유효하나 취소할 수 있는 행위임에 반하여 민사소송법에 있어서 소송제한능력자의 행위는 무효라는 점이 차이가 있다. 소송절차의 안정을 위한 것이다. 따라서 소송제한능력자가 한 소송대리인의 선임, 소의 제기, 청구의 포기·인낙 등은 무효이다. 소송제한능력

---

61) 민법 규정에 의하면 가정법원이 한정후견인에게 동의를 받아야 하는 피한정후견인의 행위의 범위를 정할 수 있다는 점(민법 제13조 제1항), 일용품의 구입 등 일상생활에 필요하고 그 대가가 과도하지 아니한 법률행위에 대하여는 피한정후견인이 한정후견인의 동의 없이 할 수 있다는 점(민법 제13조 제4항 단서)에서 한정후견인은 원칙적으로 행위능력을 가지고 있다고 해석된다. 따라서 피한정후견인은 민사소송법상 소송능력을 갖는다고 할 것이다.

62) 피한정후견인의 법정대리인은 '대리권 있는 한정후견인'에 한정한다.

자가 변론준비기일·변론기일에 출석하여 변론을 하면 그를 소송관여에서 배제하고 기일불출석 처리하여야 한다. 또한 소송제한능력자에 대하여 한 기일통지 및 판결정본 등 서류 등의 송달은 무효이다. 결국 소송제한능력자에 대한 행위도 법정대리인에게 하여야 한다. 특히 소송제한능력자에게 판결정본을 송달한 경우에는 상소기간이 진행되지 아니할 뿐만 아니라 판결도 확정되지 아니한다. 소송제한능력자의 행위 중 소의 제기 등 법원에 대한 신청행위의 경우에는 당연무효라도 이를 방치하지 말고 소각하 판결(법원의 응답)을 하는 것이 타당하고,[63] 또한 소송제한능력자가 소를 제기한 경우 이를 제거하는 소의 취하는 소송제한능력자 스스로 할 수 있다고 해석하는 것이 소송경제라는 면에서 타당하다.[64]

(2) 소송제한능력자가 스스로 하거나 또는 받은 소송행위는 유동적 무효이다. 나중에 법정대리인 또는 보정된 당사자(예: 미성년자가 소송 중 성년자가 되거나 혼인을 한 경우)가 이를 추인하면 행위 시에 소급하여 유효하게 된다($\frac{60}{Z}$). 이러한 점에서 절대적 무효가 아닌 상대적 무효라고도 할 수 있다. 상대적 무효로 인정하는 것은 소송제한능력자의 소송행위가 자신에게 유리한 경우도 있고, 소송제한능력제도가 소송제한능력자를 보호하기 위한 제도이며, 소송경제에도 부합하기 때문이다.

ⅰ) 추인의 방법은 법원 또는 상대방에 대하여 명시·묵시적 방법으로 가능하다. 예컨대 미성년자가 스스로 변호사를 선임하여 소송을 수행하다가 성년이 된 경우,[65] 제1심에서 미성년자가 선임한 변호사가 소송수행을 하다가, 제2심에서 법정대리인이 선임한 변호사가 아무런 이의 없이 소송을 수행한 경우[66] 등이 묵시적으로 추인한 경우이다.

ⅱ) 추인의 시기에 관하여는 아무런 제한이 없다. 하자 있는 소송행위가 확정적으로 배척되기 전까지 하면 된다. 따라서 상급심에서 소송제한능력자의 하급심에서의 소송행위를 추인할 수 있고,[67] 재심절차에서도 가능하다고 보아야 한다.[68]

ⅲ) 추인의 범위는 원칙적으로 무효인 소송행위 전체에 대하여 일괄하여 행하

---

63) 同旨: 이시윤, 166면.

64) 同旨: 강현중, 235면; 정동윤/유병현/김경욱, 209면.

65) 대판 1970. 12. 22, 70다2297.

66) 대판 1980. 4. 22, 80다308 등.

67) 대판 1997. 3. 14, 96다25227; 대판 2001. 7. 27, 2001다5937; 대판 2005. 4. 15, 2004다66469; 대판 2010. 12. 9, 2010다77583; 대판 2016. 7. 7, 2013다76871; 대판 2019. 9. 10, 2019다208953(모두 상고심에서 추인함).

68) 同旨: 정동윤/유병현/김경욱, 225면.

여야 하고, 선별적으로 일부에 관한 추인은 허용되지 아니한다.[69] 추인의 불가분성 때문이다. 소송행위는 불가분적으로 연속되는 행위이기 때문에 일부추인을 인정하면 소송절차의 안정을 해칠 가능성이 있기 때문이다. 그러나 그럴 가능성이 없는 경우(예: 소의 취하를 제외한 일체의 소송행위, 단순병합된 수개의 청구 중 일부 청구에 관한 추인 등)에는 일부 추인도 가능하다.[70]

2. 소송요건

소송능력은 소송요건이다. 따라서 법원은 소가 제기되면 이를 직권으로 조사하여야 한다(직권조사사항). 당사자가 소송능력에 흠이 있는 경우에는 법원은 기간을 정하여 이를 보정(補正) 하도록 명하여야 한다($\frac{59}{조}$). 보정에 응하지 아니한 경우에는 소를 각하하든지 또는 해낭 소송행위를 배척(예: 당사자가 소송행위 중 피성년후견 선고를 받은 경우)하여야 한다. 다만 보정하는 것이 지연됨으로써 손해가 생길 염려가 있는 경우(예: 집행정지·긴급한 증거조사 등)에는 법원은 보정하기 전에 일시적으로 소송행위를 하게 할 수 있다($\frac{59조}{후단}$). 이 경우도 후에 추인을 받아야 한다.

3. 소송능력의 흠이 소송절차에 미치는 영향

(1) 소제기 과정의 소송능력의 흠

소송제한능력자가 직접 소를 제기하거나 또는 그가 직접 선임한 소송대리인이 한 소제기의 경우, 그들에 대한 소장 부본의 송달 등은 무효이다. 따라서 변론종결 시까지 이를 보정되지 아니하면 소를 부적법 각하하여여 한다. 그러나 법정대리인 또는 소송제한능력자가 소송능력자가 되어(예: 미성년자가 소송계속 중 성년이 된 경우) 이를 추인한 경우에는 행위 시에 소급하여 유효하다.

(2) 소제기 후에 소송능력의 흠이 생긴 경우

소제기 후에 피성년후견 선고 등으로 소송능력을 상실한 경우에는 소 자체가 부적법한 것은 아니므로 소를 각하할 것은 아니다. 이 경우 소송절차는 법정대리인이 수계할 때까지 소송이 중단되며, 반대로 법정대리인이 소송을 수행하다가 소

---

69) 대판 2008. 8. 21, 2007다79480(판례는 일단 추인거절의 의사표시가 있는 이상 그 무권대리 행위는 확정적 무효로 귀착되므로 그 후에 이를 다시 추인할 수 없다고 함).

70) 대판 1973. 7. 24, 69다60(소의 취하를 제외한 일체의 소송행위를 추인).

송제한능력자가 소송능력자로 된 경우도 같다($\frac{235}{조}$). 그러나 소송대리인이 있는 경우에는 중단되지 않는다($\frac{238}{조}$).

(3) 소송능력에 관한 다툼이 있는 경우

소송 계속 중 소송능력에 관하여 당사자 사이에 다툼이 있는 경우에는 법원은 이를 직권으로 조사하여 소송능력이 있다고 인정될 때에는 중간판결($\frac{201}{조}$) 또는 종국판결의 이유에서 이를 판단하여야 한다. 그러나 소송능력이 없다고 인정되면 종국판결로써 소를 각하하여야 한다. 이 경우 제한능력자로 다투어 지는 자는 후에 소송능력이 없는 것으로 최종 확정되더라도 이를 다투는 것과 이를 판단한 판결에 대한 상소에 있어서는 능력자로 취급된다.[71] 이것을 인정하는 것은 소송능력의 다툼과 관련하여 판단이 잘못되어 부당하게 소송절차에서 배제되는 것을 막기 위한 것이다.

(4) 소송능력의 흠을 간과한 판결의 효력

법원이 소송제한능력자의 소송행위에 기초하여 본안판결을 한 경우에 판결의 효력이 문제된다. i) 소송제한능력자가 승소한 경우에는 소송제한능력자뿐만 아니라 상대방도 소송능력의 흠을 이유로 상소나 재심을 제기할 수 없다.[72] 판례도 같다.[73] 이는 소송제한능력자 제도가 무능력자를 보호하기 위한 제도이기 때문이다. ii) 소송제한능력자가 패소한 경우 판결이 당연 무효로 되는 것은 아니다($\frac{통}{설}$).[74] 따라서 판결이 확정 전이면 소송능력의 흠을 이유로(본안 다툼은 안됨) 상소를 통하여, 확정 후에는 재심의 소를 제기할 수 있다($\frac{451조}{1항 3호}$). 다만 판결 후에 적법한 추인이 있으면 상소 및 재심을 할 수 없다.

---

71) 同旨: 이시윤, 168면; 정동윤/유병현/김경욱, 226면.
72) 同旨: 강현중, 236면; 이시윤, 169면; 정동윤/유병현/김경욱, 227면. 다만 상대방은 본안을 다투면서 상소할 수는 있을 것이다.
73) 대판 1983. 2. 8, 80사50; 대판 2000. 12. 22, 2000재다513.
74) 국내에 특별히 반대의견이 없다.

제3관 변론능력

Ⅰ. 의 의

(1) 변론능력이라 함은 법원에 출정(出廷)하여 법원에 대한 관계에서 유효하게 소송행위를 할 수 있는 능력을 말한다. 즉 당사자, 보조참가인 및 대리인 등이 소송절차에 관여하여 현실적으로 소송행위를 하는 데 필요한 능력을 말한다. 연술(演術)능력이라고도 한다. 따라서 법원에 출정하여 소송행위를 하는 것이 아닌 상소권의 포기, 제3자에 대한 소송고지 등의 경우에는 변론능력이 필요하지 아니하다.

(2) 변론능력을 인정하는 이유는 법정에서의 소송절차의 원만하고 신속한 진행을 위한 공익적 요청 때문이다. 이러한 점에서 소송제한능력자 개인을 보호하기 위한 소송능력제도와는 차이가 있다.

Ⅱ. 변론능력자와 변론제한능력자[75]

1. 변론능력자

(1) 우리나라는 본인소송을 인정하고 있으므로 원칙적으로 소송능력을 가지면 변론능력을 가진다. 소송능력자가 변론능력자이다. 따라서 민사소송에 있어서는 소송능력을 가진 자는 특별한 사정이 없는 한 모두 변론능력을 가지고 있다고 할 것이다.

(2) 그러나 변호사강제주의를 취하는 경우 변호사만이 법정에서 변론능력을 갖게 되므로 본인 중 소송능력자라도 변론능력이 제한된다. 신민사소송법 개정안에 고등법원 이상의 법원에 적극적 당사자의 소송행위에 대하여 변호사강제주의를 규정하였으나 국회통과 과정에서 삭제되었다. 현재에도 대한변호사협회를 중심으로 변호사강제주의를 위한 입법을 추진 중에 있다.

(3) 다만 증권관련집단소송 및 헌법소송에 있어서는 변호사강제주의가 채택되어 있고(증집 5조 1항)(헌재 25조 3항), 소비자단체소송 및 개인정보단체소송에서는 원고 측 변호사강제주의를 규정하고 있다(소기 72조)(개정 53조).

---

75) 소송능력이 없는 자를 소송제한능력자로 호칭하여 무능력이라는 용어를 제한능력으로 개선하였다. 따라서 용어의 통일과 피호칭자에 대한 배려라는 측면에서, 변론능력이 없는 자를 변론제한능력자라고 하기로 한다.

2. 변론제한능력자

다음과 같은 경우에 예외적으로 소송능력자라도 변론능력을 가지지 못한다.

(1) 진술금지의 재판

당사자 또는 대리인이 소송관계를 분명하게 하기 위하여 필요한 진술을 할 수 없을 때에는 법원은 이들의 진술을 금하고 변론을 계속 할 새 기일을 정할 수 있다($\frac{144조}{1항}$). 즉 법원이 당사자 또는 대리인의 진술을 금한 경우에는 해당자는 변론능력이 없게 된다. 이 경우 법원은 직권으로 변호사의 선임을 명할 수 있다($\frac{144조}{2항}$). 대리인에게 진술을 금지하거나, 나아가 변호사 선임을 명한 경우에는 본인에게 그 취지를 통지하여야 한다($\frac{144조}{3항}$). 또한 선정당사자에게 진술을 금지하고 변호사선임을 명한 경우에는 민사소송법 제144조 제3항을 유추하여 실질적으로 변호사 선임권한을 가지는 선정자에게 통지하여야 한다.[76]

(2) 변호사대리의 원칙

변호사 아닌 자는 원칙적으로 타인의 소송에 소송대리인이 될 수 없다($\frac{8}{조}$). 이는 결과적으로 소송대리인과 관련하여 변호사 아닌 자가 타인의 소송을 대리하는 경우 변론능력의 제한이 있는 것이다($\frac{통}{설}$). 다만 단독판사가 심리·재판하는 사건 가운데 그 소송목적의 값이 일정한 금액(1억원) 이하인 사건에서, 당사자와 밀접한 생활관계를 맺고 있고 일정한 범위 안의 친족관계에 있는 사람(당사자의 배우자 또는 4촌 이내의 친족) 또는 당사자와 고용계약 등으로 그 사건에 관한 통상 사무를 처리·보조하여 오는 등 일정한 관계에 있는 사람이 법원의 허가를 받아 소송대리인이 될 수 있다($\frac{88조 1항, 규}{칙 15조 2항}$). 특히 소액사건심판법의 적용을 받는 소송목적의 값이 3,000만원 이하의 사건에 대하여는 당사자의 배우자·직계혈족·형제자매는 법원의 허가 없이 소송대리인이 될 수 있다($\frac{소심 8조}{1항}$). 단독사건 및 소액사건의 경우 변호사대리의 원칙에 의한 변론능력의 제한이 완화되어 있다.

(3) 발언금지 명령을 받은 자

재판장은 소송지휘의 일환으로 그의 소송지휘권에 따른 명령에 따르지 아니하

---

76) 대결 2000. 10. 18, 2000마2999.

는 사람의 발언을 금지할 수 있다. 이 경우 발언금지 명령을 받은 자는 해당기일
에 변론능력이 제한된다($\frac{135조\ 2항,}{286조}$).

(4) 기 타

변론에 참여하는 사람이 우리말을 하지 못하거나, 듣거나 말하는 데 장애가 있
는 경우도 변론제한능력자로 보아야 하는지 문제이다. 이러한 경우는 사실상 말로
직접 변론을 할 수 없을 뿐이고 통역인을 통하여 변론할 수 있다는 점에 비추어
표현상의 문제라고 보아야 할 것이지 변론제한능력자로 볼 것은 아니라고 본다.[77]

3. 변론능력을 돕는 진술보조인

(1) 2016년 2월 3일 민사소송법 일부개정(법률 제13952호)에서 사회적 약자의
소송수행을 지원하기 위한 진술보조 제도를 도입하여 2017년 2월 4일부터 시행하
고 있다.

(2) 진술보조제도는 질병, 장애, 연령 등 정신적·신체적 제약으로 소송에서
필요한 진술을 하기 어려운 당사자들을 위하여, 법원의 허가를 받아 법정에서 진
술을 도와주는 사람과 함께 출석하여 진술할 수 있도록 하는 제도이다($\frac{143조}{의2}$). 사회
적 약자인 변론능력에 장애가 있는 당사자를 도와 사법접근권을 보장하여 소송절
차에 있어서 실질적 당사자 평등을 실현하기 위한 제도이다.

(3) 진술보조인은 듣거나 말하는데 장애가 없는 자로서 ⅰ) 당사자의 배우자,
직계친족, 형제자매, 가족, 그 밖에 동거인으로서 당사자와의 생활관계에 비추어
상당하다고 인정되는 경우($\frac{민소규칙\ 30조}{의2,\ 1항\ 1호}$), ⅱ) 당사자와 고용, 그 밖에 이에 준하는 계
약관계 또는 신뢰관계를 맺고 있는 사람으로서 그 사람이 담당하는 사무의 내용
등에 비추어 상당하다고 인정되는 경우($\frac{동항}{2호}$)에 해당하여야 하고, 허가신청은 심급
마다 서면으로 하여야 한다($\frac{동조}{2항}$).

(4) 법원의 허가를 받은 진술보조인은 변론기일에 당사자 본인과 동석하여
ⅰ) 당사자 본인의 진술을 법원과 상대방, 그 밖의 소송관계인이 이해할 수 있도
록 중개하거나 설명하는 행위($\frac{동조\ 3항}{1호}$), ⅱ) 법원과 상대방, 그 밖의 소송관계인의
진술을 당사자 본인이 이해할 수 있도록 중개하거나 설명하는 행위($\frac{동항}{2호}$)를 할 수
있고, 이 때 당사자 본인은 진술보조인의 행위를 즉시 취소하거나 경정할 수 있

---

77) 同旨: 이시윤, 145면, 反對: 방순원, 189면; 송상현/박익환, 149면.

다($\frac{\text{동조}}{\text{항}}$ 3항). 법원은 진술보조인이 한 중개 또는 설명행위의 정확성을 확인하기 위하여 직접 진술보조인에게 질문할 수 있다($\frac{\text{동조}}{\text{4항}}$). 진술보조인이 변론에 출석한 때에는 조서에 그 성명을 기재하고 중개 또는 설명행위를 한 때에는 그 취지를 기재하여야 한다($\frac{\text{동조}}{\text{5항}}$). 법원은 언제든지 진술보조인에 대한 진술보조 허가를 취소할 수 있지만 그 경우 당사자 본인에게 그 취지를 통지하여야 한다($\frac{\text{제143조의2제2항, 민}}{\text{소규칙 30조의2, 6항}}$).

Ⅲ. 변론능력의 소송법상의 효과

1. 소송행위의 유효요건

변론능력은 개별적 소송행위의 유효요건이다. 당사자능력·소송능력은 소송요건이며 개별적 소송행위의 유효요건임에 반하여, 변론능력은 개별적 소송행위의 유효요건일 뿐이다. 변론능력은 소송행위의 유효요건이므로 변론제한능력자가 한 소송행위는 무효이다. 하지만 법원은 과거 변론능력이 없어 받은 기일불출석 취급 등의 불이익을 소급하여 유효로 할 수는 없을 것이지만, 출석 묵인 등을 통하여 장래 변론능력의 회복을 인정할 수는 있는 것이다.

2. 변론능력 없는 경우의 효과

(1) 기일불출석 취급 등

변론제한능력자가 소송에 관여하였을 때에는 법원은 그의 소송관여를 배제하고 그 소송행위를 무시할 수 있다. 진술금지의 재판을 한 경우에는 새 기일을 정하는데($\frac{\text{144조}}{\text{1항}}$), 새 기일에 진술금지의 명령을 받은 자가 출석한 경우 이를 무시하고 기일에 불출석한 것으로 취급되어 기일해태의 불이익을 받게 된다($\frac{\text{150, 268,}}{\text{286조}}$). 그러나 법원이 변론제한능력자의 소송행위를 즉시 배척하지 아니하고 그의 소송행위를 묵인한 경우에는 그 소송행위는 유효하게 된다.[78] 이에 기초하여 판결하여도 아무 하자가 없고, 당사자에게 이의권도 없다. 이는 변론능력제도가 당사자의 보호를 목적으로 한 것이 아니고 소송절차의 원활한 진행이라는 공익적 목적 하에서 인정되기 때문이다.

---

78) 同旨: 강현중, 279면.

(2) 소 또는 상소의 각하[79]

소 또는 상소를 제기한 사람이 진술금지 재판과 동시에 변호사 선임명령을 받고도 새 기일까지 변호사를 선임하지 아니한 때에는 법원은 결정으로 소 또는 상소를 각하할 수 있다($^{144조}_{4항}$). 이 결정에 대하여는 즉시항고를 할 수 있다($^{동조}_{5항}$). 이는 변호사선임을 간접강제하기 위한 규정이다. 다만 대리인에게 진술금지 및 변호사선임명령을 한 경우에 그 사실을 제144조 제3항에 따라 본인에게 통지하지 아니한 경우에는 변호사를 선임하지 아니하였다는 이유로 소 또는 상소를 각하할 수 없다.[80]

3. 변론능력 없는 것을 간과한 판결의 효력

법원이 변론능력에 흠이 있음을 간과하거나 이를 묵인하고 기일불출석, 소 또는 상소의 각하 없이 사건을 진행하여 종국판결을 하였다고 하여도 판결에 특별히 흠이 있다고 할 수 없다. 따라서 이를 이유로 상소나 재심으로 판결의 취소를 구할 수 없다. 이는 변론능력제도의 취지가 소송의 원활·신속한 진행을 위하여 인정된다는 점 때문이다.

제 4 관 당사자적격

I. 개 념

(1) 당사자적격(standing)이라 함은 특정한 소송물(권리 또는 법률관계)에 관하여 정당한 당사자로서 소송수행을 하여 본안판결을 받을 수 있는 자격을 말한다. 여기서 당사자는 형식적으로 자기의 이름으로 권리보호를 요구하거나 요구받는 자이고, 소송물의 내용을 이루는 권리관계는 반드시 당사자의 것이어야 하는 것은 아니다. 형식적 당사자개념에 기초한 개념이다. 당사자적격의 개념은 분쟁을 확실히 해결하기 위하여 소송물인 특정한 권리 또는 법률관계에 관하여 분쟁을 해결

---

79) 다만 변호사 선임명령을 이행하지 아니하였다는 이유로 소·상소의 각하에 대한 제도에 관하여 재판을 받을 권리, 소송구제제도의 적극 활용의 필요성, 소극적 당사자와의 평등 등의 문제점을 지적하기도 한다. 그러나 변호사 선임명령은 특별한 경우에 한하여 발하여지는 것이므로 큰 문제는 없을 것으로 사료된다. 다만 제도 운영에 신중을 기할 필요는 있다.

80) 대결 2000. 10. 18, 2000마2999.

할 수 있는 자를 선별하는 작업인 것이다. 대부분 실체법상 소송물에 관한 관리
처분권(管理處分權)을 가지는 자가 이에 해당하지만 일정한 경우 이것과 관계없는
자가 당사자적격을 가질 수도 있다. 이것은 소송법의 특수성이 반영된 것이고, 이
러한 실체법상의 권리 또는 법률관계와 분리되는 현상을 해결하기 위하여 민사소
송법에서는 형식적 당사자 개념에 기초하여 당사자를 정의하는 것이다. 즉 당사자
적격을 가지는 자라 함은 자기 또는 타인의 권리에 관하여 자기의 이름으로 소송
수행을 할 수 있는 권리를 가지고 있는 자를 말한다. 이를 권한의 면으로 파악하
여 소송수행권(訴訟遂行權)이라고 하며, 당사자적격을 가지는 자를 보통 '정당한
당사자(richtige Partei)'라고 한다.

(2) 당사자적격은 i) 우선 누가 특정한 소송물과 관련하여 정당한 당사자로서
'본안판결을 받기에 적합한 자격'이 있는지 여부의 문제라는 점에서 '현실의 소송
에서 누가 당사자인가의 문제'인 당사자확정과 구별된다. ii) 당사자적격은 '특정한
소송물과 관련된다는 점'에서 구체적 사건을 떠나 '일반적으로 당사자가 되고 소송
행위를 할 수 있는가의 문제'인 당사자능력과 소송능력과도 차이가 있다. iii) 또한
당사자적격은 '소송요건에 해당하는 순전히 소송법적인 개념'이라는 점에서 '실체
법상의 권리의무의 귀속자가 누구인가의 문제'인 본안적격(本案適格)과는 다르다.

(3) 당사자적격의 개념은 민사소송법의 난제 중의 하나이다. 당사자적격은 당
사자뿐만 아니라 소송물과도 밀접한 관련을 가진다. 소의 이익과의 관련성 때문에
소의 이익 부분에서 다룰 수도 있으나 당사자의 자격과 밀접한 관련성이 있어 본
서는 여기에서 다룬다.

II. 당사자적격을 갖는 자(정당한 당사자)

당사자적격을 갖는 자는 크게 i) 일반적으로 소송물인 권리 또는 법률관계의
존부확정(쉽게 보면 소송의 승패임)에 법률상 이해관계를 갖는 경우(일반적인 경우)
와 ii) 제3자가 소송수행권을 가지는 경우(제3자의 소송담당)로 나누어 볼 수 있다.

1. 일반적인 경우

일반적으로 소송물인 권리 또는 법률관계의 존부확정에 법률상 이해관계를 가
지는 자가 정당한 당사자이다. 즉 실체법상의 권리 또는 법률관계의 귀속주체가

일반적으로 대표적인 법률상의 이해관계자이다. 즉 실체법상의 관리처분권자를 의미한다.

(1) 이행의 소[81]

이행의 소에 있어서 당사자적격을 가지는 자는 이행청구권을 주장하는 자가 원고적격을 가지고, 원고에 의하여 그 의무자라고 주장된 자가 피고적격을 가진다. 이처럼 이행의 소는 원고의 주장 자체로 당사자적격 여부가 결정된다. 따라서 주장 자체에서 이행청구권을 가지고 있다고 주장하면 원고적격을 가지고, 주장 자체에서 이행의무자로 주장된 자가 피고적격을 가진다. 그러므로 이행의 소에서 이행청구권을 주장하는 자 또는 이행의무자로 주장된 자가 실제로 본안 심리결과 이행청구권자 또는 이행의무자가 아니라도 상관없다. 이는 본안적격의 문제일 뿐이다. 따라서 이러한 경우에는 본안 청구가 이유 없는 것이므로 청구기각을 하여야 하고, 당사자적격이 없어 소를 각하할 것은 아니라는 것이 통설·판례이다. 예를 들어 A가 B에게 대여금채권이 있다고 하여 소를 제기하였으나 심리한 결과 대여금채권이 없는 것으로 판명되면 원고인 A의 청구를 기각하여야 하고 각하할 것은 아니다. 결국 이행의 소에 있어서는 당사자적격의 문제는 본안적격(청구의 당부)의 문제에 흡수되어 있다.[82] 다만 판례는 말소등기청구에서는 피고적격자는 등기의무자(등기명의인 또는 포괄승계인)로 보고 있으며,[83] 진정한 등기명의의 회복을 위한 소유권이전등기청구의 피고적격자는 현재 등기명의인이라고 한다.[84]

(2) 확인의 소[85]

확인의 소는 소송물인 권리 또는 법률관계에 대하여 확인의 이익을 가지는 자가 원고적격자이고, 그 반대이익을 가지는 자가 피고적격자이다. 확인의 소에서는

---

81) 이행의 소는 이행청구권의 확인과 피고에 대한 이행명령을 요구하는 소로서 로마법시대 이래 인정된 전통적인 소이다.

82) 대판 1989. 7. 25, 88다카26499; 대판 1992. 6. 12, 92다11848; 대판 1994. 6. 14, 94다14797; 대판 1995. 11. 28, 95다18451; 대판 2005. 10. 7, 2003다44387.

83) 대판 2000. 4. 11, 2000다5640; 대판 2019. 5. 30, 2015다47105(실체가 없는 단체 명의로 소유권 이전등기가 마쳐진 경우 말소를 청구할 수 있는 상대방은 실제 등기행위를 한 자임); 대판 2020. 8. 20, 2018다241410, 241427(공유물분할청구의 소에서 등기의무자가 아닌 자를 상대로 말소절차 이행을 명할 수 없음).

84) 대판 2017. 12. 5, 2015다240645.

85) 확인의 소는 권리 또는 법률관계의 존부 확정을 요구하는 소로서 19세기 말 독일민사소송법(ZPO)에서 처음 등장한 소이다.

확인의 이익의 실질적 귀속자가 당사자적격이 있다는 것이 특징이다. 통상 확인의 이익은 실체법상의 권리 또는 법률관계의 주체이나, 타인의 권리관계를 확인함으로써 자신의 실체법상의 지위를 확보할 수 있으면 확인의 이익이 존재한다.[86] 따라서 확인의 이익이 존재하면 당사자 사이의 권리관계뿐만 아니라 당사자 일방과 제3자 사이의 권리관계 또는 제3자 사이의 권리관계에 관하여도 확인의 소를 구할 당사자적격이 있는 것이다.[87] 확인의 소에 있어서 당사자적격은 확인의 이익을 통하여 각 사건마다 개별적으로 판정하여야 한다. 따라서 확인의 소에 있어서 당사자적격의 문제는 확인의 이익 즉 소의 이익과 밀접한 관련을 가진다.

(3) 형성의 소[88]

① 통상 형성의 소는 법률로 원고적격자와 피고적격자를 정해 놓는 경우가 많다($^{민\ 817,\ 818,\ 847,\ 863,\ 885조;\ 상\ 236,}_{328,\ 376,\ 445조;\ 가소\ 23,\ 24,\ 27조}$). 이 경우 법률에 정하여진 자가 원고적격자와 피고적격자이다. 형성의 소는 제3자에게 효력이 미치는 대세적(對世的) 효력이 있으므로 소송물과의 관계에서 가장 성실하게 소송수행을 할 것이 기대되는 자를 정하고 있다.

② 그러나 형성의 소에 있어서 법률에 당사자적격자를 정하고 있지 아니한 경우가 있다. 주주총회결의 취소($^{상}_{376조}$)와 무효·부존재의 확인의 소($^{상}_{380조}$)의 피고, 이사해임의 소($^{상}_{385조}$)의 피고 등이 그것이다. 이 경우 판결의 대세적 효력이 있으므로 소송물과의 관계에서 제3자의 이익도 고려하여 가장 성실하게 소송수행을 할 것이 기대되는 자가 피고가 되어야 한다. 이러한 점에 비추어 이사해임의 소에 있어서 피고는 회사와 해당 이사로 하여야 할 것이고,[89] 주주총회결의 취소와 무효·부존재의 확인의 소의 피고는 해당 회사라고 할 것이다.[90] 채권자취소소송에 있어서는 소송의 피고는 수익자 또는 전득자만이 피고적격을 가지고 채무자는 이에 해당하지 아니한다.[91]

---

86) 강현중, 217면.

87) 대판 1995. 10. 2, 95다26131; 대판 2004. 8. 20, 2002다20353; 대판 2005. 4. 29, 2005다9463; 대판 2008. 2. 15, 2006다77272.

88) 형성의 소는 권리 또는 법률관계의 발생·변경·소멸을 요구하는 소로서 20세기에 들어와 처음 생겼다. 통상 명문의 규정이 있는 경우 인정되는 소이다.

89) 同旨: 정동윤/유병현/김경욱, 235면.

90) 同旨: 정동윤/유병현/김경욱, 235면; 대판(전) 1982. 9. 14, 80다2425.

91) 대판 1967. 12. 26, 67다1839; 대판 1991. 8. 13, 91다13717; 대판 2004. 8. 30, 2004다21923.

(4) 고유필수적 공동소송

고유필수적 공동소송에서는 수인이 공동으로 원고나 피고가 되어야만 당사자 적격을 갖는다. 수인이 공동으로 소송수행권을 갖고 있기 때문이다. 따라서 수인 이 공동으로 소를 제기하거나 제기당하여야 하고 그중 1인이라도 빠지면 당사자 적격이 흠결되어 소 각하된다. 다만 제1심 변론종결 전까지 필수적 공동소송인의 추가가 가능하므로($^{68}_{조}$) 제1심 변론종결 전까지 그 흠결을 보정할 수 있다고 할 것 이다.

(5) 단체내부의 분쟁과 당사자적격자

법인 또는 법인 아닌 사단과 재단이 제3자와 분쟁이 있는 경우에는 단체 자체 가 당사자가 되기 때문에 법률상 문제될 것이 없다. 그러나 단체 내부의 분쟁이 발생한 경우에 누가 원고적격자로 소를 제기할 수 있고, 누구를 피고로 하여야 하는지 문제이다. 예컨대 단체 결의의 취소, 무효·부존재 또는 단체의 대표자지 위 확인의 소 등의 경우이다. 위 (3)에서 본 바와 같이 상법 등에 특별한 규정이 있으면 그에 따르면 된다. 명문의 규정이 없으면 해석이 문제된다.

① 원고적격자와 관련하여 보면 상법 등에 원고적격자를 대부분 규정하고 있 어 특별히 문제되지 아니한다. 그러나 이러한 회사 이외의 일반 민법상의 단체의 경우에 원고적격자가 누구인지 의문이다. 이 경우 원고적격자는 대부분 단체의 구 성원일 수도 있으나, 그 구성원으로 한정할 것은 아니다. 그러나 확인의 이익은 개인이 소송에 관하여 단순히 이해관계를 갖는 것만으로는 부족하고 "단체내부의 분쟁을 직접적이고 근본적으로 해결하기 위하여 가장 적절하고 필요한 이해관계 가 있어야" 한다.[92] 주주총회결의로 대표이사직을 해임당한 자,[93] 주주총회의 위 법배당 결의로 구체적인 권리와 법적 지위를 침해당한 회사채권자[94] 등은 단체 내부의 자가 아니라도 원고적격을 인정하고 있다. 확인의 이익을 판단함에 있어서 는 가장 중요한 요소는 단체와의 관련성 정도이다.

② 피고적격자와 관련하여 법인이나 단체 자체만을 피고로 하여야 한다는 것 이 통설·판례이다.[95] 단체 자체를 피고로 하여야 하는 이유는 단체 자체를 피고

---

92) 同旨: 강현중, 219면.
93) 대판 1961. 9. 27, 66다980.
94) 대판 1980. 10. 27, 79다2267.
95) 대판 1973. 12. 11, 73다1553; 대판(전) 1982. 9. 14, 80다2425; 대판 1991. 6. 25, 90다

로 하지 아니하면 판결의 효력이 당해 단체에 대하여 미친다고 할 수 없어 해당 분쟁을 근본적으로 해결하는 수단으로 가장 유효·적절한 방법이 될 수 없기 때문이다. 이에 대하여 반대이익을 가지는 개인(예: 무효확인을 구하는 결의에 의하여 선출된 이사 등)을 피고로 하여야 한다는 견해, 단체와 개인을 공동피고로 하여야 한다는 견해[96] 등이 있다. 그러나 반대이익을 가지는 개인은 공동소송적 보조참가 등이 가능하다는 점에서 통설·판례의 견해가 타당하다. 합자회사·합명회사의 경우에도 동일하게 보아야 한다.[97]

2. 제3자의 소송담당(타인의 권리에 관한 소송)

권리 또는 법률관계의 주체 이외의 제3자가 당사자적격을 가지는 경우이다. 실체법상의 권리 또는 법률관계의 주체와 소송담당자가 분리되는 형태이다. 민사소송이 실체법과 달리 형식적 당사자 개념에 기초할 필요가 있는 이유이다. 즉 제3자가 권리 또는 법률관계의 주체와 병행하여 또는 갈음하여 소송수행권을 가지게 됨으로써 당사자적격을 갖게 되는 경우이다. 이를 제3자의 소송담당이라 한다. 이 경우 소송담당자는 다른 사람의 권리관계에 관한 소송을 자신의 이름으로 소송수행을 하는 것이어서 소송의 정식 당사자이므로 대리인과는 근본적으로 다르다. 여기에는 제3자가 소송수행권을 갖게 되는 근거에 따라 i) 법률의 규정에 의하여 소송수행권을 갖게 되는 「법정 소송담당」, ii) 관리처분권을 가진 당사자의 소송수행권의 수여에 따른 「임의적 소송담당(임의적 소송신탁)」, iii) 증권관련 집단소송의 대표당사자(증집 11조), 소비자단체소송의 단체(소기 74조) 및 개인정보단체소송의 단체(개정 55조 54,) 등에 있어서의 「법원의 허가에 의한 소송담당(재정소송담당)」으로 나눌 수 있다.

(1) 법정소송담당

권리 또는 법률관계의 주체의 의사와 관계없이 법률의 규정에 의하여 제3자가 소송수행권을 가지게 되는 경우이다. i) 제3자에게 관리처분권이 부여된 결과 당연히 소송수행권을 갖게 되는 경우(담당자를 위한 법정소송담당), ii) 일정한 직무에

14058; 대판 1991. 7. 12, 91다12905; 대판 1998. 11. 27, 97다4104: 일본 판례로는 日最判 1968. 12. 24, 裁判集 民事 93. 859; 日最判 1969. 7. 10, 民集 23. 8. 1423.

96) 강현중, 220면.

97) 대판 1991. 6. 25, 90다14058.

있는 자에게 소송수행권이 부여된 경우(직무상 당사자)로 나눌 수 있다.

① 제3자에게 관리처분권이 부여된 결과 당연히 소송수행권을 갖게 되는 경우

이 경우 자기의 이익 또는 자기가 대표하는 자의 이익을 위하여 관리처분권이 부여되었다는 점에서 '담당자를 위한 법정소송담당'이라고도 한다. 여기에는 권리 또는 법률관계의 주체인 자와 병행하는 소송수행권을 가지는 병행형과 그에 갈음하여 소송수행권을 가지는 갈음형으로 나누어진다.

(a) 병행형   권리 또는 법률관계의 주체인 자와 병행하는 소송수행권을 가지는 경우이다. 여기에는 채권자대위소송을 하는 채권자($^민_{404조}$),[98] 주주대표소송의 주주($^상_{403조}$), 채권질의 질권자($^민_{353조}$), 공유자 전원을 위하여 보존행위를 하는 공유자($^민_{265조}$), 집합건물의 관리단 등으로부터 관리업무를 위탁받은 위탁관리업자[99] 등이 있다. 이 경우 권리 또는 법률관계의 귀속주체는 공동소송참가,[100] 공동소송적 보조참가 등을 하여 자신의 이익을 보호할 수 있다.[101] 특히 권리 또는 법률관계의 귀속주체가 독립당사자참가를 할 수 있는지 문제되나, 현재 편면적 독립당사자참가가 인정되므로 이를 긍정할 수 있다고 본다.[102] 공동이익을 가지는 제3자의 보호를 위하여 소송담당자에 의한 소송고지가 의무화된 경우도 있다($^{민\ 405조\ 1항,}_{상\ 404조\ 2항}$).

(b) 갈음형   권리 또는 법률관계의 주체인 자에 갈음하여 소송수행권을 가지는 경우이다. 여기에는 파산재단에 관한 소송의 파산관재인($^{채무회생}_{359조}$),[103] 회생회사의 재산관련 소송의 관리인($^{채무회생}_{78조}$), 채권추심명령을 받은 압류채권자($^{민집\ 238,}_{249조}$),[104] 체납처분을

---

98) 다만 김홍엽 교수는 채무자가 대위소송을 안 경우에는 갈음형, 알기 전에는 병행형으로 본다(김홍엽, 158면).

99) 대판 2022. 5. 13, 2019다229516.

100) 대판 2002. 3. 15, 2000다9086(주주의 대표소송에서 회사가 참가하는 것은 공동소송참가라고 봄).

101) 同旨: 정동윤/유병현/김경욱, 238면.

102) 同旨: 이시윤, 158면; 三ケ月章, 231면; 日最判 1973. 4. 24, 民集 27. 3. 598(채무자 본인이 채권자대위소송에 독립당사자참가를 한 경우에 적법하다고 함).

103) 대판 2002. 7. 12, 2001다2617. 단 대판 1990. 11. 23, 88다카26987에서는 "파산관재인 스스로 실체법상이나 소송법상의 효과를 받는 것은 아니고 어디까지나 타인의 권리를 기초로 하여 실질적으로는 이것을 대리 내지 대표하는 것에 지나지 않는 것이고"라고 설시하고 있으나 이는 재심사유와 관련하여 법정대리인에 관한 사유를 준용하기 위한 것으로 일종의 방론으로 보아야 할 것이다.

104) 판례는 채무자가 단지 압류명령을 받은 경우에는 피압류채권에 관하여 이행소송을 제기할 수 있지만, 압류 및 추심명령을 받은 경우에는 채권자에게 추심권이 옮겨가므로 채무자는 추심권을 상실하게 되어 당사자적격을 상실한다고 본다(대판 2015. 5. 28, 2013다1587; 대판 2018. 12. 27, 2018다268385). 그러나 ⅰ) 채권자의 추심권과 채무자와 제3자 사이의 채권의 존부 문제는 개념적으로 다른 문제로 보아야 한다는 점(예, 채무자와 제3자 사이에 채권의 존부 또는 범위에 관하여 다툼이 있는 경우 등), ⅱ) 우리나라는 추심소송만을 인정하는 독일과 달리 채권자대위소송과 추심

한 대한민국(국세징수), 주한미군에 대한 손해배상소송에 있어서 대한민국(한미행정 23조 5항, 한미행정 민특 2조) 등이 있다. 이 경우에는 당사자적격이 없는 권리 또는 법률관계의 주체는 공동소송적 보조참가(78조)로써 자기 이익을 보호받을 수 있다.

② 직무상의 당사자

일정한 직무에 있는 자에게 법률상 소송수행권이 부여된 경우이다. 일정한 직무를 수행하게 됨으로써 소송수행권을 갖게 되는 것이다. 이러한 당사자를 직무상의 당사자라 한다. 이는 일정한 권리의무와 관련한 분쟁을 법률적으로 해결할 필요성이 있음에도 원래의 당사자적격자가 사망, 피성년후견 등으로 소송수행이 불가능하거나 매우 곤란할 경우 인정된다. 혼인 · 인지 · 친생자 관계사건에서 원래의 적격자가 사망한 경우에 검사(민 849, 864, 865조, 가 소 24조 3항, 27조 4항), 피성년후견인의 친생부인의 소의 원고적격자인 후견인(민 848조 1항, 민소 55조 1항), 해난구조료 채무에 있어서 선장(상 894조) 등이 이에 해당한다. 또한 상속재산관리인(민 1053조)은 재산상속인의 존재가 분명하지 아니한 경우에 선임되는 것이어서 원래의 당사자적격자가 없거나, 소송수행을 하기 매우 곤란한 경우에 해당하는 것이므로 가사소송사건의 검사에 준하여 직무상의 당사자로 보아야 한다.[105] 다만 재산상속인이 있다면 추상적으로 재산상속인의 법정대리인으로 보아야 한다.[106] 유언집행자의 경우(민 1101조)에도 상속인 중에 유언집행자가 선정되는 경우가 있다 하여도(민 1095조), 유언에 따른 당사자적격자가 현실적으로 소송수행을 하는 것이 불가능하거나 매우 곤란한 경우에 해당한다고 보아야 하므로 가

소송 모두를 인정하고 있어서 양 제도의 통일적 운영이라는 점(현재 채권자대위소송의 경우에는 소송수행권의 병행을 인정하고 있음), ⅲ) 채무자의 소송이 소송수행권의 상실에 따라 소 각하 되어 확정된 후에 추심채권자가 압류 및 추심명령의 신청을 취하한 경우에 채무자가 소를 재차 제기하여야 하는 소송경제와 채무의 시효소멸 등의 문제가 발생할 수 있다는 점 등을 종합적으로 고려한다면 채무자의 당사자적격이 상실되지 아니하는 것으로 해석하는 것이 타당할 것으로 본다. 추심채권자에게 집행절차에서 채무자 보다 우선권을 보장하면 될 문제이다. 참고로 현재 대법원 전원합의체(2020다265969)에서 추심명령을 받은 경우 채무자의 당사지적격이 상실된다는 기존의 판례에 대하여 그 변경 여부를 심리 중이다. 사안은 이사가 주주총회 승인 없이 한 자기거래행위에 대하여 상법 제399조상의 손해배상책임을 묻는 내용이다. 대법원의 현재 심리절차를 고려한다면 조만간 가부간에 판결이 선고될 것으로 예상된다. 다만 채무자의 이행소송 계속 중에 추심채권자가 압류 및 추심명령의 신청취하 등에 따라 추심권능을 상실하게 되면 채무자는 당사자적격을 회복하게 된다(대판 2010. 11. 25, 2010다64877). 하지만 토지보상법에 따른 '토지소유자등'의 사업시행자에 대한 손실보상금 채권에 관하여 압류 및 추심명령이 있다고 하여도, 추심채권자가 보상금의 증액청구의 소를 직접 제기할 수 없고 채무자인 '토지소유자등'이 보상금 증액청구의 소를 제기하여 소송수행을 할 수 있으므로, 채무자는 당사자적격을 상실하지 아니한다(대판 2022. 11. 24, 2018두67).

105) 同旨: 강현중, 223면.
106) 대판 1976. 12. 28, 76다797.

사소송사건의 검사에 준하여 직무상의 당사자로 봄이 타당하다.[107] 다수설은 상속재산관리인은 실체법상의 법정대리인으로, 유언집행자는 갈음형 법정소송담당으로 보고 있다. 그러나 상속재산관리인·유언집행자를 직무상의 당사자로 통일적으로 보는 것이 판례의 취지에도 맞고 실질적 문제해결에도 도움이 된다.

(2) 임의적 소송담당(임의적 소송신탁)

① 의 의

임의적 소송담당이라 함은 권리 또는 법률관계의 귀속주체가 자신의 의사에 따라 소송수행권을 제3자에게 수여함으로써 제3자가 소송수행권을 가지는 경우이다. 법률 규정으로 임의적 소송담당을 허용한 경우로는 선정당사자제도($\frac{53}{조}$), 어음·수표의 추심위임배서를 받은 피배서인($\frac{어음 18조}{수표 23조}$),[108] 금융기관의 부실채권의 회수위임을 받은 한국자산관리공사($\frac{한국자산}{26조 1항}$) 등이 있다.

② 한 계

(a) 법률 규정에 근거하여 권리 또는 법률관계의 귀속주체가 제3자에게 소송수행권을 수여하여 제3자가 임의적 소송담당을 할 수 있는 경우에도 소송행위의 수행을 주목적으로 하는 등의 경우에는 강행규정인 변호사대리의 원칙($\frac{87}{조}$)와 소송신탁금지($\frac{신탁}{7조}$)의 규정을 잠탈(潛脫)하여 무효이다. 주로 어음과 수표에 있어서 숨은 추심위임배서에서 문제가 된다.[109]

(b) 한편 임의적 소송담당에 관한 명문의 규정이 없는 경우에도 이를 자유롭게 인정하게 되면 강행규정인 변호사대리의 원칙($\frac{87}{조}$)와 소송신탁금지($\frac{신탁}{6조}$)의 규정을 잠탈(潛脫)할 가능성이 매우 높다. 따라서 일정한 범위에서 이를 제한할 필요성이 있는바, 판례상 그 범위가 문제된다. 여기에는 소송위임을 주목적으로 한 채권양도 등을 통하여 실질적으로 제3자에게 소송위임을 하는 경우 등이 주로 문제이다.

판례는 소송위임을 주목적으로 한 소유권이전등기[110] 및 채권양도[111] 등의 경

---

107) 同旨: 강현중, 223면.

108) 대판 1982. 3. 23, 81다540; 대판 2007. 12. 13, 2007다53464.

109) 대판 1982. 3. 23, 81다540(약속어음); 대판 2007. 12. 13, 2007다53464(수표금).

110) 대판 1970. 3. 31, 70다55(보상금청구소송 목적의 소유권이전등기).

111) 대판 1996. 3. 26, 95다20041(소제기 목적의 부부 사이의 채권양도); 대판 2018. 10. 25, 2017다272103; 대판 2021. 3. 25, 2020다282506(소송행위를 하게 하는 것을 주된 목적으로 채권양도가 이루어진 경우 그 채권양도가 신탁법상의 신탁에 해당하지 않는다고 하여도 신탁법 제6조가 유추 적용되므로 무효임).

우에는 임의적 소송담당을 인정하지 아니하고 있다. 그러나 변호사대리의 원칙과 소송신탁의 금지를 잠탈할 염려가 없는 경우에는 제한적으로 임의적 소송담당을 인정하는 것이 타당하다고 본다.[112] 판례도 조합관련 소송에서 업무집행사원에 대한 소송수행권의 위임,[113] 채권회수의 효율을 위한 그 대표자에 대한 채권양도,[114] 채권자 728명이 채권단협의회를 구성한 후 A 회사를 설립하여 채무자 회사 B로부터 채권을 양수받아 소송을 제기한 경우,[115] 집합건물 관리단이 관리비의 부과·징수를 포함한 관리업무를 위탁관리회사에 포괄적으로 위임한 경우,[116] 집합건물의 관리단이 입주자대표회의에 공용부분 변경에 관한 업무를 포괄적으로 위임한 경우 등의 경우에는 임의적 소송담당을 인정하고 있다.

(c) 소송의 당사자 임의적 소송담당에 의한 소송에 있어서 당사자의 지위는 채권양도 등으로 당사자지위가 넘어간 경우에는 양수인을 당사자로 보면 되고, 그 외에는 선정당사자와 선정자 사이에 준하여 판결 및 집행 등을 하면 될 것이다.

(3) 법원허가에 의한 소송담당(재정소송담당)

공해소송·제조물책임소송·소비자소송 등 이른바 현대형소송에 있어서 피해자 전원을 소송당사자로 참여시키면 소송절차의 진행이 불가능하다. 따라서 영미법의 대표당사자소송(class action), 독일의 단체소송(Verbandsklage)과 표본확인소송(Musterfeststellungsklage) 등에 있어서 법원의 허가를 받은 대표당사자 또는 일정한 단체에게 소송수행권을 부여하고 있다. 우리나라에서도 2005년 1월 1일부터 시행된 「증권관련 집단소송법」에서 미국의 대표당사자제도를 받아들여 법원의 허가에 의하여 수권된 대표당사자가 소송수행을 하도록 하였고($^{동법}_{21조}$ $^{15.)}$), 대표당사자는 허가 후 제외신고기간 만료 전에는 다른 피해자와 병행하여, 제외신고기간 후에는 판결의 효력이 미치는 피해자를 갈음하여 소송수행권을 가진다($^{증집}_{1, 2항}$ ^{28조}). 또한 2008년 1월 1일부터 시행된 「소비자기본법」과 2011년 3월 29일부터 시행된 「개인정보 보호법」에서는 독일의 단체소송제도를 받아들여 일정한 자격의 소비자단체 등은 법원의 허가를 받아 소송수행을 하도록 하였다($^{소기}_{개정}$ $^{70, 74조;}_{54, 55조}$). 이 경우는 소비자단

---

112) 同旨: 강현중, 225면; 이시윤, 160면; 정동윤/유병현/김경욱, 239면.
113) 대판 1984. 2. 14, 83다카1815; 대판 1997. 11. 28, 95다35302; 대판 2001. 2. 23, 2000다68924.
114) 대판 2002. 12. 6, 2002다4210.
115) 대판 2004. 3. 25, 2003다20909, 20916.
116) 대판 2016. 12. 15, 2014다87885, 87892.

체 등이 법원의 허가로 소송수행권을 취득하게 된다.

(4) 제3자의 소송담당의 효력

① 판결의 효력

제3자가 소송담당자로서 소송수행을 하여 판결을 받은 경우에 권리 또는 법률관계의 주체인 본인에게 기판력·집행력 등의 판결의 효력이 미친다고 할 것이다 (218조 3항, 민집 25조). 그러나 구체적인 범위와 관련하여 문제된다.

(a) 우선 법정소송담당 중 파산관재인·회생회사의 관리인 등 갈음형 소송담당, 직무상 당사자, 임의적 소송담당의 경우에는 민사소송법 제218조 제3항, 민사집행법 제25조에 따른 기판력·집행력 등의 판결의 효력이 본인에게 미치는 것은 문제가 없다. 또는 증권관련 집단소송법에 의한 대표당사자에 의한 소송의 제외신청자 외의 구성원에 대한 효력(증집 37조), 소비자단체소송 및 개인정보단체소송에 있어서 단체가 패소한 경우의 다른 단체의 재소금지(개정 소기 75조, 56조)의 규정에 의한 기판력 등의 범위가 명확하게 된다.

(b) 그런데 법정소송담당 중 병행형 소송담당자에 의한 소송수행 결과 받은 판결의 기판력 등이 권리의 주체에게 미칠 것인지가 문제이다. 병행형 소송담당자로는 채권자대위소송을 하는 채권자, 회사대표소송의 주주, 채권질의 질권자, 공유자 전원을 위하여 보존행위를 하는 공유자 등이 있다. 채권자대위소송과 관련하여 보면 i) 채권자에 의한 판결의 기판력 등은 채무자의 고유의 소송수행권을 침해하는 것이므로 채무자에게 미치지 아니한다는 견해(효력부정설),[117] ii) 항상 미친다는 견해(효력긍정설),[118] iii) 채무자가 대위소송을 제기한 사실을 알았을 경우에 인정하자는 견해(절충설, 절대효정설)가 있다.[119] 절충설이 다수설이다. 판례는 처음에는 효력부정설을 취하다가, 대법(전) 1975. 5. 13, 74다1664 판결에서 채무자가 대위소송이 제기된 사실을 알아 소송참가 등을 통하여 자신의 패소를 막을 절차보장이 되었을 경우에 효력을 인정한다고 하여 절충설을 취하고 있다. 생각건대 판례의 태도가 채권자와 채무자의 이해관계를 적절히 조정할 수 있다는 점에서 타당하다. 이러한 판례의 법리는 다른 병행형 소송담당의 경우에도 확대 적용될 가능성이 있다고 본다.[120]

---

117) 호문혁, 228면.
118) 송상현/박익환, 140면.
119) 강현중, 228면; 이시윤, 162면; 정동윤/유병현/김경욱, 243면.
120) 同旨: 이시윤, 162면.

② 소제기의 효력

소송담당자가 소를 제기한 경우에 판결의 효력을 받은 법률관계의 귀속주체에게 당연히 시효중단[121] 및 제척기간 준수의 효력이 미친다고 할 것이다. 그러나 법률관계의 귀속주체에 대한 소송계속 여부는 당사자로 참여 여부에 따라 결정할 문제이고,[122] 그가 갈음형 소송담당의 귀속주체가 아니어서 당사자로 참여할 수 있어 본인 이름으로 소송을 재차 제기한 경우에는 중복소송의 문제가 발생할 것이다.[123]

III. 당사자적격이 없을 때의 효과

1. 소송요건

당사자적격은 소송요건에 해당한다. 따라서 법원은 직권으로 이를 조사하여야 한다(직권조사사항). 조사 결과 당사자적격이 없는 것으로 판명된 경우에는 판결로써 소를 각하하여야 하고,[124] 청구기각 판결을 할 것은 아니다. 따라서 채권자대위소송에서 채권자의 채무자에 대한 채권이 없는 것으로 판명된 경우에는 원고적격이 없으므로 소 각하 판결을 하여야 한다. 또한 당사자 사이에 당사자적격에 관하여 다툼이 있으나 그 존재를 인정할 수 있다면 중간판결($\frac{201}{3}$) 또는 종국판결의 이유에 판단하면 된다. 당사자적격은 개별적 소송행위의 유효요건에는 해당하지 아니한다.

2. 당사자적격이 없음을 간과한 본안판결의 효력

당사자적격이 없음을 간과하고 본안판결을 한 경우에는 확정 전이면 상소로써 취소할 수 있으나, 확정된 경우에는 재심으로 다툴 수 없다.[125] 이 경우 당사자적

---

121) 대판 2011. 10. 13, 2010다80930.

122) 反對: 이시윤, 162면.

123) 갈음형 소송담당의 법률관계의 귀속주체가 당사자로 소를 제기하면 중복소송 이전에 당사자적격이 없어 소 각하 되여야 할 것이다.

124) 대판 1988. 6. 14, 87다카2753; 대판 1989. 6. 27, 88다카9111; 대판 1992. 7. 28, 92다8996; 대판 1990. 12. 11, 88다카4727; 대판 1991. 6. 11, 91다10008; 대판 1991. 8. 27, 91다13243; 대판 1994. 11. 8, 94다31549; 대판 2004. 2. 13, 2003다46475; 대판 2005. 9. 29, 2005다27188 등.

125) 대판 2007. 7. 12, 2005다10470(무자격의 선정당사자의 청구의 인낙은 재심사유 아님).

격이 없는 자가 받은 본안판결의 효력은 권리 또는 법률관계의 귀속주체에게 미치지 아니한다. 또한 고유필수적 공동소송 또는 제3자에게 효력이 미치는 판결의 경우에도 다른 사람에게 기판력·집행력 등이 미치지 아니한다. 그러나 판결을 받은 자신과 상대방(예: 무자격 선정당사자와 상대방 사이) 사이에는 유효하다고 보아야 한다.[126] 결국 당사자적격이 없는 자가 받은 판결은 권리 또는 법률관계의 귀속주체, 고유필수적 공동소송인, 관련 제3자에게 효력이 없다는 점에서 무효라고 할 것이다($\frac{통}{설}$).

3. 소송계속 중 당사자적격의 상실

(1) 현행 민사소송법에는 소송계속 중에 당사자적격을 상실한 경우에 대하여 규정하고 있지 않다. 해석상 우선 당사자가 사망한 경우와 같이 포괄승계 된 경우에는 당연승계 규정에 따라 새로운 당사자적격자가 당사자가 되므로($\frac{53조\ 2항,\ 54조,\ 233,}{234,\ 236,\ 237조}$) 특별히 문제될 것이 없다.

(2) 그러나 소송계속 중 특정승계 되어 종전의 당사자가 당사자적격을 상실한 경우(예, 채권자대위소송 중 채권자가 채무자에 대한 자신의 채권을 제3자에게 양도하였는데 채무자가 그 양수한 제3자에게 채권이 있어 상계로 소멸된 경우)에는 종전의 당사자의 소는 각하되어야 한다. 하지만 새로운 당사자적격자에 대하여는 소송참가 또는 소송인수($\frac{81,\ 82,}{83조}$)의 방법으로 소송을 승계할 수 있다.[127]

제 4 절 소송상의 대리인

제 1 관 총   설

Ⅰ. 대리인의 의의

(1) 소송상의 대리인(Stellvertreter im Prozess)이라 함은 당사자(또는 보조참가인)의 이름으로 다만 자기의 의사에 기하여 대리인임을 표시하여 소송행위를 하거

---

126) 同旨: 정동윤/유병현/김경욱, 242면.
127) 同旨: 강현중, 230면.

나 소송행위를 받는 제3자를 말한다. 대리인의 소송행위는 당사자 본인에게만 효과가 미치고 대리인에게는 미치지 아니한다. 실체법상 본인의 능력을 보충·확대하기 위하여 대리인이 필요한 것과 마찬가지로 소송행위와 관련하여도 같은 취지로 대리인이 필요하다. 다만 소송상의 대리인은 실체법상의 대리인과 달리 소송법상의 명확·신속한 처리를 위하여 약간 다른 특성을 가진다.

소송상의 대리인은 i) '당사자'의 이름으로 소송행위를 하는 자이다. 그렇기 때문에 타인의 권리관계에 자신의 이름으로 소송행위를 하는 소송담당자(예: 선정당사자, 회생회사 관리인 등), 자신의 이름으로 하는 소송행위가 다른 사람의 소송에 효력이 미치는 보조참가인은 대리인이 아니다. ii) '자기의 의사'에 따라 소송행위를 하거나, 수령하는 자이다. 따라서 단순히 타인의 소송행위를 전달하는 자(예: 소장을 제출하는 변호사사무실의 사무원 또는 법무사 직원 등), 타인의 소송행위를 사실상 수령하는 자(예: 제186조 제1항 소정의 송달수령보조인 등)는 사자(使者)일 뿐이고 대리인이 아니다. iii) 또한 '대리인'임을 표시하고 소송행위를 하여야 한다(예: 원고 깁갑동의 소송대리인 최을순). 대리인을 표시하지 아니한 경우는 자신의 소송행위로 된다.

(2) 실체법상 로마법이나 게르만법에 있어서는 대리제도가 허용되지 아니하였다. 그러나 근대사회로 접어들면서 거래관계가 다양·복잡화 되고, 모든 사람이 권리능력을 갖게 되면서 의사무능력자 또는 행위제한능력자를 위한 보호의 필요성과 당사자의 능력의 확대의 필요성이 대두되었다. 이러한 필요성으로 인하여 17세기 이후 독일을 중심으로 이를 인정하기 시작하였고, 19세기 이후 각국에서 대리제도를 인정하기에 이르렀다. 즉 사적 자치의 보충과 사적 자치의 확대를 위하여 대리제도가 인정된 것이다. 실체법에서 대리제도가 인정된 후에 소송법에서도 자연히 대리제도를 인정하게 되었다. 사적 자치의 확대라는 측면에서는 임의대리인이, 사적 자치의 보충이라는 측면에서는 법정대리인이라는 개념이 발전하게 된 것으로 볼 수 있다. 따라서 소송행위는 '대리에 친한 행위'라고 할 수 있다.

(3) 그러나 예외적으로 선서·증언, 당사자신문($^{367}_조$), 법원이 당사자의 출석을 명한 경우($^{140,\ 145조,}_{규\ 29조의2}$)에는 대리행위가 허용되지 아니한다. 또한 가사소송사건은 원칙적으로 본인이 출석하여야 한다($^{가소}_{7조}$).

Ⅱ. 소송상의 대리인의 종류

소송상의 대리인은 i) 법정대리인과 임의대리인, ii) 포괄적 대리인과 개별적 대리인으로 나누어진다. 소송상의 대리인은 민사소송법에 특별한 규정이 없으면 민법의 규정에 의한다($\frac{51}{조}$).

(1) 법정대리인과 임의대리인

민법상의 대리와 마찬가지로 본인의 의사에 의하여 대리인이 되었는지 여부에 의하여 결정된다. 즉 법정대리인이란 법률의 규정 또는 법원의 재판에 의하여 정하여지는 대리인을 말하며, 임의대리인이란 당사자의 의사에 의하여 선임된 대리인을 말한다. i) 법정대리인은 ⓐ 실체법상의 법정대리인($\frac{51}{조}$), ⓑ 소송법상의 특별대리인($\frac{62조, 62조의2, 378}{조, 민집 52조 2항}$), ⓒ 법정대리인에 준하여 취급되는 법인 등 단체의 대표자($\frac{64}{조}$) 등이 있다. ii) 임의대리인은 ⓐ 소송위임에 의한 소송대리인(예: 변호사), ⓑ 법령상의 소송대리인(예: 지배인, 선박관리인, 수산업협동조합 등의 전무 · 상무, 국가소송수행자 등)이 있다.

(2) 포괄적 대리인과 개별적 대리인

대리권의 범위에 따른 구별이다. 포괄적 대리인이란 소송행위 전반에 관하여 포괄적으로 대리권을 가지고 있는 대리인이고, 개별적 대리인이란 개개의 소송행위에 관하여만 대리를 할 수 있는 대리인이다[예: 송달의 영수의 대리권만 있는 군사용의 청사 또는 선박의 장($\frac{181}{조}$), 교도소 · 구치소 또는 국가경찰관서의 장($\frac{182}{조}$) 등]. 소송상의 대리인은 원칙적으로 포괄적 대리인이며, 특히 포괄적 대리권을 가진 임의대리인을 소송대리인이라 한다.

(3) 민법상의 대리와의 차이점

소송상 대리는 민사소송법의 특질 즉 절차의 안정 · 획일성의 요청에 의하여 민법상의 대리와 다른 점이 몇 가지 있다. 즉 대리권의 존재와 범위를 명확히 하기 위한 규정 등이 그것이다. 여기에는 i) 소송상 대리권의 서면증명($\frac{58조}{89조}$), ii) 대리권 소멸의 통지($\frac{63조}{97조}$), iii) 대리권 범위의 법정($\frac{56조}{90조}$) 등이 민사소송법에 규정되어 있고, iv) 판례 및 해석상 민법상의 표현대리의 적용을 배제하고 있다.[1]

Ⅲ. 대 리 권

(1) 대리인에 의한 소송행위의 효과를 전면적으로 본인에게 귀속시키기 위하여
는 소송상 대리인에게 대리권이 존재하여야 한다는 점은 민·상법상의 대리인과
차이가 없다. 그러나 소송상 대리인은 소송절차와 관련된 소송행위를 하는 것이므
로 절차의 원활·안정을 도모하기 위하여 몇 가지 특칙을 두고 있다. 즉 소송상
대리권은 서면으로 증명하여야 하고($\frac{58}{89조}$), 대리권의 범위를 법정하고 있으며($\frac{56}{90조}$),
대리권의 소멸은 상대방에게 통지하여야 한다는 점($\frac{63조}{97조}$)이 다르다.

(2) 대리권의 존재는 소송행위의 유효요건이다. 따라서 대리권이 없이 소송행
위를 한 경우에는 무효이다. 그러나 추인이 가능하다는 점에서 유동적 무효이다.
후에 당사자본인 또는 정당한 대리인이 추인하면 행위 시에 소급하여 유효하게
된다($\frac{60}{조}$). 대리권의 흠에 따른 추인은 하자 있는 소송행위의 추인이므로, 민법 제
133조 단서가 적용되지 아니하여 선의의 제3자에게도 대항할 수 있다는 점에서
소급효는 절대적이다.[2] 추인의 방법은 법원 또는 상대방에 대하여 명시·묵시적
방법으로 가능하다.[3] 추인의 시기에 관하여도 제한이 없다. 따라서 하급심의 무권
대리행위를 상고심에서 추인하여도 무방하며,[4] 이 경우 환송 후 원심으로서는 상
고심에 제출된 추인서까지 포함하여 소송요건을 갖춘 것인지 여부를 심리·판단
할 필요가 있다.[5] 판결 확정 후 또는 재심절차에서도 추인이 가능하다고 본다
($\frac{451조 1항}{3호}$). 추인의 범위는 원칙적으로 무효인 소송행위 전체에 대하여 일괄하여 행
하여야 하고, 선별적으로 일부에 관한 추인은 허용되지 아니하지만,[6] 소송절차의
안정을 해할 가능성이 없는 경우(예: 소의 취하를 제외한 일체의 소송행위, 단순병합

---

1) 이시윤, 173면 참조.

2) 대판 1991. 11. 8, 91다25383(무권행위의 추인에 있어서 선의의 제3자를 보호하는 민법 제
133조 단서 규정은 하자있는 소송행위에 대한 추인의 경우에는 적용되지 아니함).

3) 대판 1988. 10. 25, 87다카1382; 대판 1991. 5. 28, 91다10206; 대판 2007. 2. 8, 2006다
67893(특별수권 없이 1심 소송대리인이 항소하였으나, 항소심에서 적법한 소송대리인이 변론을 한
경우에는 묵시적 방법에 의한 추인임).

4) 대판 1996. 11. 29, 94누13343; 대판 2001. 7. 27, 2001다5937; 대판 2005. 4. 15, 2004다
66469.

5) 대판 2022. 4. 14, 2021다276973(만일 당사자가 예상치 못한 법률적 관점을 이유로 판단하려
는 경우에는 당사자에게 의견진술의 기회를 주어야 하는데, 적법한 대표권이 있는지에 관하여 기회
를 주지 않은 채 소를 각하는 것은 예상외의 재판으로 지적의무에 반하게 됨).

6) 대판 2008. 8. 21, 2007다79480.

된 수개의 청구 중 일부청구에 관한 추인 등)에는 일부 추인도 가능하다.[7]

(3) 대리권의 존재는 소송요건이다.[8] 따라서 법원은 소송대리인에 의한 소가 제기되면 대리권의 유무를 직권으로 조사하여야 한다(직권조사사항).[9] 그러나 그 판단의 기초자료인 사실과 증거를 직권으로 탐지할 의무까지는 없지만, 제출된 자료에 의하여 그 대리권의 적법성에 의심이 갈 만한 사정이 엿보인다면 이에 관하여 심리·조사할 의무가 있다고 할 것이다.[10] 조사 결과 대리권이 없는 것으로 밝혀진 경우 처리와 관련하여 보면, 판례는 i) 상대방의 항변으로 소송의 쟁점이 되어 당사자들의 공격·방어와 법원의 심리 등을 거쳐 그에게 적법한 대리권이 없다는 사실이 밝혀지게 된 경우이면 법원은 그 사유를 들어 소를 각하하면 족하고, 대리권의 흠결에 관하여 보정을 명할 필요까지는 없다.[11] ii) 그러나 보정의 가능성이 있고 보정을 명하는 것이 당사자의 편의 및 소송경제 등에 부합하면 이를 인정하는 것이 타당하다.[12] 다만 보정하는 것이 지연됨으로써 손해가 생길 염려가 있는 경우에는 법원은 보정하기 전에 일시적으로 소송행위를 하게 할 수 있다($^{59,}_{97조}$).

(4) 대리권 없이 소송대리인에 의해 소가 제기된 경우로서 보정명령에 응하지 아니하거나, 변론종결 시까지 이를 보정하지 아니하면 법원은 종국판결로 소를 각하하여야 한다. 이 경우 소송비용은 무권대리인($^{107조\ 2항,}_{108조}$)[13] 또는 본인(예: 미성년자가 법정대리인을 통하지 아니하고 직접 변호사를 선임한 경우 등 본인에게 책임이 있는 경우)이 부담한다. 만약 법원이 대리권이 없음을 간과하고 본안판결을 한 경우에는 확정 전에는 상소로($^{424조\ 1항}_{4호}$), 확정 후에는 재심($^{451조\ 1항}_{3호}$) 또는 추완보완상소($^{173}_{조}$)로 취소할 수 있다. 다만 판결선고 후에 이 무권대리인의 소송행위를 추인한 경우에는

---

7) 대판 1973. 7. 24, 69다60(소의 취하를 제외한 일체의 소송행위를 추인).

8) 대판 1964. 5. 12, 63다712.

9) 대표권(종중) 관련 판례로서 대리권에 준용할 수 있는 판례: 대판 1993. 3. 12, 92다48789, 48796; 대판 1995. 5. 23, 95다5288; 대판 2002. 5. 14, 2000다42908; 대판 2008. 4. 10, 2007다28598; 대판 2008. 5. 15, 2007다71318; 대판 2021. 11. 11, 2021다238902; 대판 2022. 4. 28, 2021다306904(종중의 대표자로서 소를 제기한 자가 원고의 적법한 대표자인지 여부); 대판 2023. 6. 29, 2023다210953(원고인 주식회사의 대표이사의 대표권 유무).

10) 대표권(종중) 관련 판례로서 대리권에 준용할 수 있다고 사료됨: 대판 2008. 4. 10, 2007다28598; 대판 2008. 5. 15, 2007다71318.

11) 대표권(종중) 관련 판례로서 대리권에 준용할 수 있다고 사료됨: 대판 1993. 3. 12, 92다48789, 48796; 대판 1995. 9. 29, 94다15738.

12) 대판 1990. 12. 7, 90다카25895.

13) 대결 1997. 9. 22, 97마1574.

상소 또는 재심으로 취소를 구할 수 없다($^{451조 1항}_{3호 단서}$). 취소 전까지는 해당 판결은 당연 무효가 아니므로 당사자 본인에게 효력이 미친다.[14]

(5) 소가 적법하게 제기되었으나 그 뒤에 무권대리인이 변론기일·변론준비기일에 관여하는 경우에는 그의 소송관여를 배제하여야 한다. 이 경우 본인에게 기일이 통지된 경우에는 기일불출석의 불이익을 줄 수 있다. 무권대리인에 의한 항소는 부적법하나 본인의 추인에 따른 이익을 고려하여 바로 항소를 각하하는 판결을 할 것은 아니다.

제 2 관   법정대리인

I. 의   의

(1) 법정대리인이라 함은 법률의 규정 또는 법원의 재판에 의하여 대리인이 된 자를 말한다. 즉 본인의 의사와 관계없이 소송상 대리인이 된 자를 의미한다. 따라서 법원의 선임명령($^{144}_조$)에 의하여 대리인이 된 자는 본인이 법원의 선임명령에 따라 대리인이 될 자를 구체적으로 선택하였기 때문에 법정대리인이 아니고 임의대리인에 해당한다.

(2) 소송상 법정대리인 제도는 소송능력이 제한된 자를 보조함으로써 소송법상 사적자치의 보충을 위하여 인정하는 제도이다. 반면 소송상 임의대리인 제도는 소송능력이 있는 자의 능력을 확대하기 위하여 인정하는 제도이다.

II. 종   류

소송법상의 법정대리인은 민사소송법에 특별한 규정이 없으면 민법 기타 법률에 의한다($^{51}_조$). 따라서 소송법상의 법정대리인은 원칙적으로 민법·상법 등 실체법에서 인정되는 법정대리인에 의하고, 이것이 여의치 아니한 경우에 특별규정을 두고 있다. 따라서 법정대리인을 i) 실체법상의 법정대리인, ii) 민사소송법의 특별규정에 의한 소송법상의 특별대리인($^{62, 62조의}_{2, 378조}$)으로 나눌 수 있다. 나아가 iii) 법인 등

---

14) 대판 1959. 7. 9, 4291민상560.

단체의 대표자는 법정대리인에 준하여 취급되므로($^{64}_{조}$) 법정대리인의 한 종류로 논할 수 있다.

1. 실체법상의 법정대리인

민사소송법에 특별한 규정이 없으면 민법 등의 법률에 의하도록 하고 있다($^{51}_{조}$).

(1) 따라서 민법상 법정대리인의 지위에 있는 자는 소송법상으로도 당연히 법정대리인이 된다. 여기에는 미성년자의 친권자인 부모($^{민\ 909조,}_{911조}$) 또는 후견인($^{민}_{928조}$)이나, 성년후견인·한정후견인($^{민\ 929조,}_{959조의2}$)이 있다.

(2) 또한 민법상의 특별대리인도 소송법상 법정대리인이다. 이사와 법인($^{민}_{64조}$), 친권자와 자($^{민\ 909조,}_{911조}$), 미성년자후견인과 미성년자($^{민\ 949}_{조의3}$), 성년후견인과 피성년후견인($^{민\ 949}_{조의3}$), 한정후견인과 피한정후견인($^{민\ 949조의6,}_{949조의3}$) 사이의 이익상반행위에 있어서 법원이 선임한 특별대리인은 법인 또는 그 자에 대한 소송법상의 법정대리인이다. 친생부인의 소에서 친권자인 모가 없을 때의 특별대리인($^{민}_{847조}$) 등도 이에 해당한다. 법원이 선임한 부재자재산관리인($^{민\ 22~}_{26조}$)도 본인의 의사와 관계없이 법원이 선임하였으므로 민법상의 특별대리인으로서 법정대리인에 해당한다.[15]

(3) 상속재산관리인·유언집행자

상속재산관리인은 대리할 본인이 명확한 경우에는 추상적으로 그의 법정대리인이라 할 것이나, 대리할 본인이 불명할 경우에는 법정소송담당 중 직무상의 당사자로 보아야 한다.[16] 유언집행자의 경우도 대리할 본인이 명확하지 아니하다는 면에서 직무상의 당사자로 보아야 할 것이다.[17] 직무상의 당사자 또는 법정소송담당자는 소송법상 법정대리인이 아니고 형식적 당사자 개념에 따라 당사자본인이 되는 것이다. 실무상으로는 유언집행자는 갈음형 법정소송담당자로 취급하고 있다.[18]

---

15) 대판 1968. 12. 24, 68다2021.

16) 同旨: 강현중, 223면; 대판 1967. 3. 28, 67마155(상속인이 불명일 경우에 소송상 특별대리인 선임신청은 불가함); 대판 1976. 12. 28, 76다797(대법원은 소송수행자라고 하여 법정소송담당을 분명히 하고 있으나 구체적으로 담당자를 위한 법정소송담당인지 직무상 당사자인지는 분명히 하고 있지는 아니함).

17) 同旨: 강현중, 223면; 대판 1977. 11. 26, 97다57733(대법원은 소송수행자라고 하여 법정소송담당을 분명히 하고 있으나 구체적으로 담당자를 위한 법정소송담당인지 직무상 당사자인지는 분명히 하고 있지는 아니함).

18) 사법연수원, 민사재판실무(2001), 46면(이에 의하면 유언집행자를 소송담당자로 보아 당사자

2. 소송상의 특별대리인

소송상 특별대리인은 실체법상의 법정대리인이 없거나 대리권을 행사할 수 없는 경우에 본인의 보호와 절차의 원활한 진행을 위하여 인정하는 것으로서 소송제한능력자를 위한 특별대리인($^{62}_{조}$), 의사무능력자를 위한 특별대리인($^{62조}_{의2}$), 증거보전절차($^{378}_{조}$) 및 상속재산에 대한 집행절차($^{민집 52}_{조 2항}$)에 특별대리인제도를 두고 있다. 소송제한능력자 및 의사무능력자를 위한 특별대리인은 2016년 2월 3일 법률 제13952호(시행: 2017. 2. 4)로 민사소송법이 개정되면서 신설되었다.

(1) 소송제한능력자 등을 위한 특별대리인

① 미성년자·피한정후견인 또는 피성년후견인이 당사자인 경우에, 그 친족, 이해관계인(미성년자·피한정후견인 또는 피성년후견인을 상대로 소송행위를 하려는 사람을 포함함), 대리권 없는 성년후견인, 대리권 없는 한정후견인, 지방자치단체의 장 또는 검사는, i) 법정대리인이 없거나 법정대리인에게 소송에 관한 대리권이 없는 경우, ii) 법정대리인이 사실상 또는 법률상 장애로 대리권을 행사할 수 없는 경우, iii) 법정대리인의 불성실하거나 미숙한 대리권 행사로 소송절차의 진행이 현저하게 방해받는 경우의 각각의 사정이 존재하여 소송절차가 지연됨으로써 손해를 볼 염려가 있다는 것을 소명하여 수소법원(受訴法院)에 특별대리인을 선임하여 주도록 신청할 수 있다($^{62조}_{1항}$). 소송제한능력자를 위한 특별대리인은 소송상의 특별대리인으로서 소송상의 법정대리인에 해당한다.

② 법인 또는 법인 아닌 사단·재단에 대표자나 관리인이 없거나 대표권을 행사할 수 없는 경우($^{52,}_{64조}$)에 민사소송법 제62조가 준용된다.[19] 따라서 준용되는 제62조의 규정에 따라 선임된 소송상의 특별대리인은 법인 또는 법인 아닌 사단의 대표사와 동일한 권한을 가져 소송수행에 관한 일제의 소송행위를 할 수 있으므로, 소송상 특별대리인은 특별한 사정이 없는 한 법인을 대표하여 수행하는 소송에 관하여 상소를 제기하거나 상소를 취하할 권리가 있다.[20] 다만 상속인을 알 수 없는 경우에는 민법 제1053조에 따라 상속재산관리인 선임신청을 하여야 하지 민사소송법 제62조에 따른 특별대리인의 선임신청을 할 것은 아니다.[21] 종전에는 의사

표시를 "원고 망 이을수의 유언집행자 김갑동"으로 함).

  19) 대결 1962. 12. 20, 62마21; 대판 1992. 3. 10, 91다25208.
  20) 대판 2018. 12. 13, 2016다210849, 210856.

능력이 없는 자로서 금치산선고를 받지 아니한 경우에 본조를 준용하였지만,[22] 2016년 민사소송법이 개정되면서 제62조의2에서 의사무능력자를 위한 특별대리인을 신설되었기 때문에 지금은 제62조의2에 따라 신청하면 된다.

③ 요 건

(a) 소송제한능력자를 피고로 소송행위를 하려는 경우 또는 소송제한능력자측이 원고가 되어 소송행위를 하려는 경우이다. 여기서 '소송제한능력자'라 함은 미성년자·피성년후견인 또는 가정법원으로부터 행위제한의 범위지정을 받은 피한정후견인을 의미한다. 소송제한능력자가 원고이거나 피고가 될 경우 모두 가능하다. 또한 소송제한능력자와 관련한 소송행위를 위한 것이므로 소제기 등 모든 소송행위의 경우에 해당한다. 소제기 전이나 후에도 할 수 있어 특별한 시기의 제한이 없다.

(b) **신청권자**   특별대리인을 신청할 수 있는 자는 소송제한능력자의 친족, 이해관계인(미성년자·피한정후견인 또는 피성년후견인을 상대로 소송행위를 하려는 사람을 포함함), 대리권 없는 성년후견인, 대리권 없는 한정후견인, 지방자치단체의 장 또는 검사이다. 신설된 규정에서는 종전의 무능력자의 특별대리인의 신청권자 외에 '지방자치단체의 장'을 추가하여 소송제한능력자의 보호를 강화하고 있다.

(c) **신청사유**   특별대리인의 신청사유로는 i) 법정대리인이 없거나 법정대리인에게 소송에 관한 대리권이 없는 경우, ii) 법정대리인이 사실상 또는 법률상 장애로 대리권을 행사할 수 없는 경우, iii) 법정대리인의 불성실하거나 미숙한 대리권 행사로 소송절차의 진행이 현저하게 방해받는 경우 등 3가지 사유이다. 신설된 규정에서는 종전과 달리 '법정대리인의 불성실하거나 미숙한 대리권 행사로 소송절차의 진행이 현저하게 방해받는 경우'을 추가하여 소송제한능력자의 보호를 강화하고 있다.

여기에서 소송제한능력자에게 i) 법정대리인이 없거나 법정대리인에게 소송에 관한 대리권이 없는 경우라 함은 미성년자에게 친권자가 없음에도 후견인이 지정되지 아니한 경우,[23] 성년후견인이나 한정후견인에게 법정대리권이 없을 경우 등

---

21) 대결 1967. 3. 28, 67마155; 反對: 정동윤/유병현/김경욱, 248면.

22) 대결 1984. 5. 30, 84스12; 대결 1987. 11. 23, 87스18; 대판 1993. 7. 27, 93다8986.

23) 대판 1974. 12. 10, 74다428(주권미발행의 주식을 양수한 자가 주주총회를 개최하여 선임한 대표이사라도 적법한 신임 대표이사가 선임될 때까지 업무처리를 할 수 있는 것이므로 "대표자가 없거나 대표자가 대표권을 행사할 수 없는 경우"에 해당하지 않아 특별대리인을 선임할 수 없음).

을 생각할 수 있다. ⅱ) 다음으로 법정대리인이 사실상 또는 법률상 장애로 대리
권을 행사할 수 없는 경우라 함은 법정대리인이 질병·장기간의 해외여행 등으로
연락이 두절된 사실상의 장애[24]와 이해상반행위에 따른 대리권행사의 법률상의
장애($\substack{민 64, 921 \\ 조 등}$)[25] 등을 의미한다. ⅲ) 마지막으로 법정대리인의 불성실하거나 미숙한
대리권 행사로 소송절차의 진행이 현저하게 방해받는 경우라 함은 법정대리인이
존재하지만 불성실 또는 업무미숙으로 소송행위를 적절히 할 수 없는 경우에 별
도로 특별대리인제도를 이용할 수 있게 하기 위한 것이다.

(d) 소송절차가 지연됨으로써 손해를 볼 염려가 있다는 것을 소명하여야 한다.
지연됨으로써 손해를 볼 염려가 있다는 것은 민법에 따른 법정대리인 또는 특별
대리인의 선임절차에 따르면 시간이 늦어져 손해를 볼 경우일 것이다. 가압류·
가처분 신청, 시효중단의 필요 등으로 소제기가 시급한 경우가 여기에 해당할 것
이다. 부모가 없는 미성년자로서 후견인의 지정이 없는 경우, 소송제한능력자이지
만 피한정후견선고 또는 피성년후견선고의 절차를 거치지 아니한 경우로서 즉시
소송행위를 할 필요가 있을 때 등에 유용하다. 민법상의 법정대리인 등의 절차와
보완적인 것이므로 너무 엄격히 해석할 필요는 없으며, 신청이 있으면 가능한 신
속하게 처리하여야 한다.

④ 선임 및 개임절차

(a) 특별대리인은 신청권자의 수소법원에 대한 신청에 따라 법원의 결정으로
선임된다($\substack{62조 \\ 1, 2항}$). ⅰ) 특별대리인을 신청할 수 있는 자는 우선 제한능력자를 피고로
하여 소의 제기 등 소송행위를 하려는 경우에는 소를 제기하려는 자 인 원고 본
인이다. 반면 소송제한능력자가 원고로서의 소의 제기 등 소송행위를 하려는 경우
에는 본인의 친족, 이해관계인, 대리권 없는 성년후견인, 대리권 없는 한정후견인,
지방자치단체의 장 또는 검사이며, 제한능력자 본인은 해당하지 아니한다. ⅱ) 선
임을 신정하는 법원은 수소법원에 하어야 한다. 여기시 수소법윈이란 현재 본안의
소가 계속되어 있는 법원 또는 장래에 계속될 법원을 말한다.[26] 이미 계속되어 있
는 법원이란 사법상의 수소법원이면 되고 본안사건의 담당재판부를 의미하는 것
은 아니다.[27] ⅲ) 신청인은 소송절차가 지연됨으로써 손해를 볼 염려가 있다는 것

을 소명하여야 한다($^{62조}_{1, 2항}$). ⅳ) 선임재판은 결정으로 하며, 그 결정은 특별대리인에게 송달되어야 한다($^{62조}_{5항}$). 선임신청의 기각결정에 대하여는 항고할 수 있고($^{439}_{조}$), 선임결정에 대하여는 항고할 수 없다. 선임된 사람은 취임의무를 부담하는 것은 아니나, 특별대리인이 변호사일 경우에는 정당한 이유 없이 거부할 수 없다($^{변}_{2항}$27조). ⅴ) 법원은 직권으로 언제든지 특별대리인을 개임·해임할 수 있고($^{62조}_{3항}$), 당사자의 개임신청은 직권발동을 촉구하는 의미밖에 없다.[28] 특별대리인의 개임 및 해임의 결정은 특별대리인에게 송달하여야 한다($^{62조}_{5항}$).

⑤ 권 한

특별대리인은 대리권 있는 후견인과 같은 권한이 있고($^{62조}_{3항}$), 특별대리인의 대리권의 범위 내에서 법정대리인의 권한은 정지된다($^{62조}_{3항}$). 민법상의 후견인은 포괄적 대리권을 가지는 것이 아니므로 원칙적으로 소송행위를 하기 위해서는 후견감독인의 동의를 받아야 한다($^{민}_{950조}$). 그러나 특별대리인도 미성년후견인, 대리권 있는 성년후견인 또는 대리권 있는 한정후견인과 같이 상대방의 소 또는 상소 제기에 관하여 소송행위를 하는 경우에는 그 후견감독인으로부터 특별한 권한을 받을 필요가 없다($^{56조}_{1항}$). 이 경우 당해 소송에 있어서 공격방어의 방법으로서 필요한 때에는 사법상의 실체적 권리도 이를 행사할 수 있다.[29] 하지만 특별대리인은 미성년후견인, 대리권 있는 성년후견인 또는 대리권 있는 한정후견인과 같이 소의 취하, 화해, 청구의 포기·인낙(認諾) 또는 제80조(독립당사자참가)에 따른 탈퇴를 하기 위해서는 후견감독인으로부터 특별한 권한을 받아야 하고($^{56조 2항}_{본문}$), 후견감독인이 없는 경우에는 가정법원으로부터 특별한 권한을 받아야 한다($^{통합}_{감사}$). 제56조 제2항 단서의 취지에 비추어 보면 소의 취하, 화해, 청구의 포기·인낙에 준하는 조정을 할 경우에도 후견감독인으로부터 특별한 권한을 받아야 한다고 본다.

민사소송법상의 소송제한능력자를 위한 특별대리인의 권한은 선임된 당해 소송에 한정된다는 것이 특징이다.[30] 특별대리인의 보수, 선임비용 및 소송행위에 관한 비용은 소송비용에 포함된다($^{62조}_{5항}$).

---

28) 대결 1969. 3. 25, 68그21.
29) 대판 1993. 7. 27, 93다8986.
30) 同旨: 이시윤, 177면.

(2) 의사무능력자를 위한 특별대리인

① 의사능력이 없는 사람을 상대로 소송행위를 하려고 하거나, 의사능력이 없는 사람이 소송행위를 하는 데 필요한 경우 특별대리인의 선임 등에 관하여는 제62조를 준용한다. 다만, 특정후견인 또는 임의후견인도 특별대리인의 선임을 신청할 수 있다($\binom{62조의}{2, 1항}$).

② 위 제62조의2 제1항의 특별대리인이 소의 취하, 화해, 청구의 포기·인낙 또는 제80조(독립당사자참가)에 따른 탈퇴를 하는 경우에는 법원은 그 행위가 본인의 이익을 명백히 침해한다고 인정할 때에는 그 행위가 있는 날부터 14일 이내에 결정으로 이를 허가하지 아니할 수 있고, 이 결정에 대해서는 불복할 수 없다 ($\binom{62조의}{2, 2항}$).

③ 의사무능력자를 위한 특별대리인제도는 2016년 민사소송법이 개정에서 신설된 제도이다. 종전에는 학설상 무능력자(미성년자·한정치산자·금치산자)의 특별대리인제도를 준용하였다.

(3) 증거보전절차 등의 특별대리인

소송제한능력자와 의사무능력자를 위한 특별대리인 외에 증거보전절차에 있어서의 특별대리인($\binom{378}{조}$), 민사집행절차에 있어서의 상속인을 위한 특별대리인($\binom{민집 52}{조 2항}$)이 있다.

Ⅲ. 법정대리인의 권한

1. 법정대리권의 범위

소송행위와 관련하여 법정대리인의 대리권의 권한범위는 민사소송법에 특별한 규정이 없으면 민법 기타 법률에 의한다($\binom{51}{조}$).

(1) 친권자는 자를 대리하여 소송행위를 수행함에 있어서 일체의 소송행위를 할 수 있다($\binom{민}{920조}$). 그러나 친권자와 자, 수인의 자 사이의 이해상반행위(예: 자에 대한 소제기)를 하기 위하여는 법원에 자의 특별대리인의 선임을 청구하여야 한다 ($\binom{민}{921조}$).

(2) 민법상 후견인은 원칙적으로 소송행위를 하기 위하여는 후견감독인의 동의

가 필요하다($\frac{민}{950조}$). 후견인이 후견감독인의 동의 없이 소송행위를 하면 민법상의 법률행위($\frac{민}{취소할 수 있음}$)와 달리 무효이고, 후에 후견감독인의 추인이 있으면 행위 시에 소급하여 효력을 갖게 된다.[31] 그러나 민사소송법상 미성년후견인, 대리권 있는 성년후견인 또는 대리권 있는 한정후견인이 상대방의 소 또는 상소 제기에 관하여 소송행위를 하는 경우에는 그 후견감독인으로부터 특별한 권한을 받을 필요가 없다($\frac{56조}{1항}$). 하지만 미성년후견인, 대리권 있는 성년후견인 또는 대리권 있는 한정후견인이 소의 취하, 화해, 청구의 포기·인낙(認諾) 또는 제80조에 따른 탈퇴를 하기 위해서는 후견감독인으로부터 특별한 권한을 받아야 한다($\frac{56조 2항}{본문}$). 다만, 후견감독인이 없는 경우에는 가정법원으로부터 특별한 권한을 받아야 한다($\frac{통항}{단서}$). 소의 취하, 화해, 청구의 포기·인낙에 준하는 조정을 할 경우에도 후견감독인의 동의가 필요하다고 본다.

(3) 민법상의 특별대리인($\frac{민 64, 22~}{26, 921조 등}$)은 해당 소송에 관하여 일체의 소송행위를 할 수 있다.

(4) 소송제한능력자와 의사무능력자를 위한 특별대리인은 대리권 있는 후견인에 준한다($\frac{62조 4항, 62}{조의2, 2항}$).

2. 공동대리

법정대리인이 여러 명이 있는 경우의 대리방식에 관한 것이다. 친권을 공동행사 하는 부모($\frac{민}{909조}$), 회사의 공동대표($\frac{상 208조, 389조}{2항, 562조 3항}$) 등이 여기에 해당한다.

(1) 상대방이 하는 소송행위를 수령하는 수동적 소송행위는 단독으로 할 수 있다($\frac{상 208조 2항, 389}{조 3항, 562조 4항}$). 송달에 관하여는 이를 명문으로 규정하고 있다($\frac{180}{조}$).

(2) 능동적 소송행위는 특별한 규정이 없다. 그러나 본인의 보호라는 측면에서 보면 원칙적으로 공동으로 하여야 본인에게 효력이 있다고 해석하여야 한다. 보다 구체적으로 보면 i) 소·상소의 취하, 화해·조정, 청구의 포기와 인낙, 소송의 탈퇴 등 56조 2항 소정의 소송행위를 함에는 명시적인 공동대리가 필요하고($\frac{56조 2항}{유추설}$), 그 밖의 소송행위는 단독으로 하여도 다른 대리인이 묵인하면 효력이 있다고 사료된다.[32] ii) 각 법정대리인의 소송행위 특히 변론내용이 다른 경우에는 본인에게

---

31) 대판 2001. 7. 27, 2001다5937.

32) 同旨: 김홍엽, 195면; 이시윤, 179면; 정동윤/유병현/김경욱, 251면; 호문혁, 272면: 56조 2항 유추설이 다수설이다. 反對: 한충수, 146면.

가장 유리한 소송행위를 받아들이면 된다. 다만 그 근거와 관련하여 대리에 관한 문제이므로 법정대리인의 소송행위에 대한 특별규정인 56조 2항을 준용하자는 견해($^{56조\ 2항}_{준용설}$),[33] 필수적 공동소송의 규정인 67조를 준용하자는 견해($^{67조\ 1항}_{준용설}$)[34]가 대립되고 있다. 그러나 제67조 제1항에서 "공동소송인 가운데 한 사람의 소송행위는 모두의 이익을 위하여서만 효력을 가진다($^{67조}_{1항}$)."고 명확히 규정하고 있다는 점에 비추어 보면 후설이 타당하다고 본다.

3. 대리권의 증명

법정대리권이 있는 사실 또는 소송행위를 위한 권한을 받은 사실은 서면으로 증명하여야 한다($^{58조}_{1항}$). 이에 해당하는 서면은 가족관계증명서, 법인등기부등·초본 등이고, 이를 소송기록에 붙여야 한다($^{58조}_{2항}$).

Ⅳ. 법정대리인의 지위

(1) 법정대리인은 당사자가 아니고 대리인이므로, 소송행위의 효과는 모두 본인에게 귀속된다. 또한 법정대리인은 법관의 제척($^{41조}_{1,\ 2호}$), 재판적($^{2,\ 3}_{7조}$)을 정하는 기준이 되지 아니하며, 기판력·집행력($^{218}_{조}$) 등의 판결의 효력도 미치지 아니한다.

(2) 그러나 법정대리인은 소송제한능력자의 능력을 보충하기 위한 것이기 때문에 당사자에 준하여 i) 판결의 필수적 기재사항이며($^{208조\ 1항\ 1호,}_{249조\ 1항\ 1호.}$), ii) 본인이 할 수 있는 일체의 행위를 대리하며, iii) 소송수행에 있어서 당사자본인의 간섭이나 견제를 받지 아니하고($^{94}_{조}$), iv) 본인에 대한 송달은 법정대리인에게 하여야 하며($^{179}_{}$), v) 본인 대신 출석하여야 하고($^{140조\ 1항\ 1호,}_{145조\ 2항}$), vi) 법정대리인의 사망·대리권의 소멸은 본인의 사망에 준하여 소송절차가 중단되며($^{235}_{조}$), vii) 법정대리인의 신문은 당사자신문의 규정에 의하고($^{372}_{조}$), viii) 당해 소송에서 보조참가인·증인이 될 수 없다.

---

33) 이시윤, 179면.
34) 강현중, 254면; 정동윤/유병현/김경욱, 236면.

V. 법정대리권의 소멸

1. 법정대리권의 소멸원인

법정대리권의 소멸원인 또한 민법, 그 밖의 법률에 의한다($\frac{51}{조}$). 즉 본인·법정대리인의 사망, 법정대리인의 성년후견의 개시 또는 파산선고($\frac{민}{127조}$), 또는 본인이 소송능력을 갖게 된 경우(예: 미성년자가 성년이 된 경우 등), 법정대리인의 자격상실(예: 친권상실, 후견인의 사임·해임, 소송상 특별대리인의 해임 등) 등의 경우에 소멸한다.

2. 대리권 소멸통지

① 소송절차가 진행되는 중에 법정대리권이 소멸한 경우에는 본인 또는 대리인이 상대방에게 소멸된 사실을 통지하지 아니하면 소멸의 효력을 주장하지 못한다($\frac{63조}{1항}$). 따라서 대리권의 소멸 후라도 상대방에게 그 사실을 통지하기 전에는 그에게 소송중단($\frac{235}{조}$)의 효력을 주장할 수 없다. 따라서 대리권의 소멸통지 전에 구대리인이 하거나 그에 대하여 한 소송행위는 무효가 아니다. 상대방이 소멸사유의 발생을 알았거나 몰랐거나 상관이 없고, 모른 것에 대한 과실의 유무와 상관없이 유효하다.[35] 이 규정의 취지는 상대방을 보호하는 규정보다는 절차의 안정·명확과 획일적 처리라는 공익적 요청에 기한 것이기 때문이다. 그러나 상대방이 대리권 소멸사실을 알고 적극적으로 법정대리권이 소멸된 대리인과 공모하여 소송물을 처분하는 행위 등 중요한 소송행위의 경우에는 신의칙에 반하여 소송행위로서 효력이 없을 수도 있을 것이다. 또한 법정대리권의 소멸통지를 한 사람은 그 취지를 법원에 서면으로 신고하여야 한다($\frac{규}{1항}$13조). 이 규정은 법인 등 단체의 대표자의 경우($\frac{64}{조}$), 임의대리인($\frac{97}{조}$)의 경우에 준용된다. 따라서 소송절차의 진행 중에 법인의 대표자의 대표권이 소멸하더라도 그 소멸사실을 상대방에게 통지하지 하지 아니하면 대표권은 소멸하지 않고 여전히 존속하게 되므로 판결서의 대표자의 표시에 신 대표자가 아니라 구 대표자를 표시한 것은 어떠한 잘못이 있다고 볼 수 없어 적법하다.[36]

---

35) 대판 1968. 12. 17, 68다1629; 대판 2007. 4. 13, 2006다49703; 대판(전) 1998. 2. 19, 95다52710.

36) 대판 2006. 11. 23, 2006재다171; 대판 2020. 5. 28, 2018다280231.

② 그런데 다음과 같은 경우 매우 부당한 결과가 발생할 수 있다. 회사의 대표이사가 회사를 대표하여 소송계속 중에 다른 사람이 대표이사로 선임되었는데 그 통지 전에 종전의 대표이사가 1심에서 승소한 사건을 항소심에서 임의로 취하한 경우에 위 63조를 그대로 적용하면 그 소의 취하가 유효하다고 할 수 있다. 이러한 경우를 막기 위하여 법원에 법정대리권의 소멸사실이 알려진 뒤에는 그 법정대리인은 제56조 제2항의 소송행위 즉 소의 취하, 화해, 청구의 포기·인낙, 독립당사자참가의 탈퇴 등의 행위를 하지 못한다(63조 1
항 단서). 여기에서 법원에 법정대리권의 소멸사실이 알려진 뒤라 함은 법원이 어떤 경위든 알게 된 경우를 말한다. 법원에 서면신고는 되지 아니하였으나 변론 중에 알게 된 경우, 대표이사의 변경 등기가 이루어진 것을 법원이 알게 된 경우 등이다. 그러나 위와 같은 소의 취하 등이 상대방과 통모하여 이루어진 사정 등이 밝혀지면 신의칙의 수정성에 따라 63조 제1항 본문의 적용을 거부할 수 있다고 할 것이다.[37]

③ 대리권 소멸통지에 대한 증명책임은 기일지정신청 등을 하면서 그 소송행위의 효력을 다투는 자에게 있다. 다만 법정대리인이 사망하거나 피성년후견 선고를 받은 경우는 그 자신 및 본인이 통지할 수 없다고 할 것이므로, 사망 시 또는 피성년후견 선고 시에 대리권 소멸의 효력이 발생한다고 보아야 한다(통설).[38]

3. 소송절차의 수계

소송계속 중에 법정대리권이 소멸되면 능력을 회복한 본인 또는 새로운 법정대리인이 수계절차를 밟을 때까지 소송절차는 객관적으로 중단된다(235
조). 그러나 법정대리권의 소멸사실을 본인 또는 법정대리인이 상대방에게 통지하지 아니한 경우에는 이를 상대방에게 대항할 수 없다. 다만 소송대리인이 선임되어 있는 경우에는 중단되지 않는다(238
조).

VI. 법인 등의 대표자

1. 대표자의 의의

법인 또는 법인 아닌 사단·재단은 당사자능력을 갖지만(51,
52조), 실제로 법인의

---

37) 反對: 대판(전) 1998. 2. 19, 95다52710.
38) 同旨: 이시윤, 180-181면; 정동윤/유병현/김경욱, 253면.

소송행위는 대표자를 통하여 행한다. 법인이 직접 이를 할 수가 없기 때문이다. 법인의 대표자는 법인 이름의 소송행위를 한다는 점에서 법정대리인과 유사하여, 법정대리인에 준한다($_{64\text{조}}^{\text{외}}$). 이런 의미에서 준법정대리인(準法定代理人)이라고도 한다. 따라서 법인 등의 대표자라 함은 법인 등의 기관으로서 자신의 의사에 따라 법인의 이름으로 법인을 대표하여 소송행위를 하거나 받는 자를 의미한다.

2. 법인 또는 법인 아닌 사단·재단의 대표자

(1) 사법인 또는 법인 아닌 사단·재단

민법상의 법인의 대표기관은 이사($_{59\text{조}}^{\text{민}}$)이고, 주식회사는 대표이사($_{389\text{조}}^{\text{상}}$), 청산인($_{255\text{조}}^{\text{상 542,}}$), 대표이사의 직무대행자($_{408\text{조}}^{\text{상}}$)이며, 유한회사는 이사($_{562\text{조}}^{\text{상}}$)이다. 다만 회사가 이사의 책임을 추궁하는 소에 있어서는 감사가 회사를 대표한다($_{394\text{조}}^{\text{상}}$).[39] 법인 아닌 사단·재단은 내부 규약 등에 의하여 대표자로 선출된 자가 대표자이다. 다만 판례는 종중·문중의 대표자는 특별한 규약이 존재하지 아니하면 종중·문중의 최연장자인 종장(宗長)·문장(門長)이 종중원인 성년 이상의 남녀 모두를 소집하고, 그 출석자의 과반수의 결의에 의하여 선출된 자를 문중·종중의 대표자로 보고 있다.[40]

(2) 공법인

국가가 민사소송의 당사자로 된 경우에는 법무부장관이 국가를 대표한다($_{2\text{조}}^{\text{국당}}$). 다만 국가의 대표자인 법무부장관은 직접 소송수행을 하지 않고 소송수행자에게 이를 담당하게 할 수 있다. 소송수행자로 지정될 수 있는 자는 법무부의 직원, 각급 검찰청의 검사 또는 공익법무관, 소관 행정청의 직원이다($_{1, 2\text{항}}^{\text{국당 3조}}$). 소송수행자는 대표자가 특정 사건에 대하여 지정하여 대리권을 부여한 일종의 대리인으로 보아야 하고,[41] 소송수행자는 내부적인 보고의무와는 별도로 법률에 의하여 소송대리인의 선임 외의 모든 소송행위를 할 권한을 가진다($_{7\text{조}}^{\text{국당}}$). 그리고 서울특별시·광역시·

---

39) 자본금 총액이 10억 미만이어서 감사 선임이 없는 주식회사가 이사에 관하여 소를 제기하는 경우에 이해관계인 등은 법원에 회사의 대표자 선임신청을 하여야 하고(상 409조 5항), 이 경우 법원이 대표이사를 대표할 자로 선임하였다는 특별한 사정이 없는 한 대표이사는 그 소송에서 회사를 대표할 권한이 없다(대판 2023. 6. 29, 2023다210953).

40) 대판(전) 2005. 7. 21, 2002다1178(종전에는 종중원의 성년 이상의 남자를 종중원으로 보았으나, 이 전원합의체 판결을 통하여 성년 이상의 남녀로 변경함); 대판 2007. 9. 6, 2007다34982.

41) 同旨: 정동윤/유병현/김경욱, 255면. 지배인 등과 같은 법률상 소송대리인으로 보아야 한다.

도・시・군・자치구 등 지방자치단체를 당사자로 하는 소송에서는 시장・도지사・군수・구청장 등 단체장이 자치단체를 대표한다($_{법\ 101조}^{지방자치}$). 다만 교육・학예에 관하여는 교육감이 당해 지방자치단체를 대표한다($_{관한\ 법률\ 18조}^{지방교육자치에}$). 외국을 당사자로 하는 소송에서는 당사국의 외교사절이 대표자로 된다[외교관계에 관한 비엔나조약 3조 1항 (a)].

3. 대표자의 권한과 지위

(1) 법인 등의 대표자의 소송상 권한과 지위는 법정대리인의 권한과 지위에 준하고($_{조}^{64}$), 법인 등의 대표자의 권한은 실체법의 규정에 따른다($_{조}^{실}$). 따라서 민법상의 법인의 이사는 법인의 일체의 사무에 관하여 대표권을 가진다($_{59조}^{민}$). 이에 대한 제한은 등기하지 아니하면 제3자에게 대항할 수 없다($_{60조}^{민}$).[42] 주식회사의 대표이사는 주식회사의 영업에 관하여 재판상・재판외의 모든 행위를 할 권한이 있으며($_{209조\ 1항}^{상\ 389,}$), 이에 대한 권한을 정관 등에서 제한하여도 선의의 제3자에게 대항할 수 없다($_{209조\ 2항}^{상\ 389,}$). 따라서 법인 등의 대표자는 원칙적으로 모든 소송행위를 할 수 있다고 할 것이다.

(2) 다만 주식회사의 이사선임결의의 무효나 취소 또는 이사해임의 소가 제기된 경우에 해당 이사(대표이사 포함)의 직무대행자는 회사의 상무(常務)에 속하는 행위만 할 수 있고, 상무에 속하지 아니하는 행위는 법원의 허가를 받아야 한다($_{408조}^{상}$). 여기에서 상무라 함은 회사의 영업상 통상의 업무범위에 속하는 사무라 할 수 있다. 대표이사 직무대행자는 변호사에게 소송대리를 위임하고 그 보수계약을 체결하거나 그와 관련하여 반소제기를 위임하는 행위는 회사의 상무에 속하는 것으로 법원의 허가 없이 할 수 있다.[43] 그러나 이를 벗어나는 항소취하,[44] 청구의 인낙, 회사의 상대방 당사자의 변호인의 보수지급에 관한 약정[45] 등은 법원의 허가를 받아야 한다. 학교법인의 이사직무대행자도 관할법원의 허가 없이 항소권을 포기할 수 없다.[46]

---

42) 대판 1975. 4. 22, 74다410; 대판 1987. 11. 24, 86다카2484; 대판 1992. 2. 14, 91다24564.
43) 대판 1989. 9. 12, 87다카2691. 기타 대판 1991. 12. 24, 91다4355(대표이사 직무대행자가 종업원의 출장비 대신 부동산을 대물변제하기로 한 약정에 따른 소유권이전등기 청구사건에서 변론기일에 출석하지 아니 하여 자백간주 판결이 되고 항소를 제기하지 아니하여 판결이 확정된 경우라도 해당 부동산이 회사의 기본재산 또는 중요재산이 아닌 경우에는 상무에 속하여 정당함).
44) 대판 1975. 5. 27, 75다120; 대판 1982. 4. 27, 81다358.
45) 대판 1989. 9. 12, 87다카2691.
46) 대판 2006. 3. 1, 2003다36225.

(3) 법인 아닌 사단의 대표자가 법인 아닌 사단의 총유물·준총유물의 관리처분에 해당하는 건물 및 채권·채무에 관한 소를 제기하기 위하여는 정관 또는 규약에 정한 바가 있으면 그것에 따라야 하고, 만약 그것에 정한 바가 없다면 사원총회의 결의를 거쳐 그 사단 명의로 소를 제기 할 수 있다($^{민\ 276조}_{1항}$).[47] 이러한 경우가 아니면 그 구성원 전원이 당사자가 되어 필수적 공동소송의 형태로 할 수 있을 뿐이고, 그 사단의 구성원은 설령 그가 사단의 대표자라거나 사원총회의 결의를 거쳤다 하더라도 해당 소송의 당사자가 될 수 없으며, 총유재산의 보존행위로써 소를 제기하는 경우에도 마찬가지이다.[48]

제 3 관 임의대리인(소송대리인)

Ⅰ. 개 념

1. 의 의

임의대리인이라 함은 본인의 의사에 기하여 대리권이 수여된 대리인을 말한다. 임의대리인은 대리권이 포괄적인지 개별적인지에 따라 포괄적 임의대리인과 개별적 임의대리인(예, 송달영수행위의 대리권만 있는 송달영수인($^{184}_{조}$))으로 나눌 수 있다. 소송법상 개별적 임의대리인은 예외적이고, 포괄적 임의대리인이 일반적이다. 포괄적 임의대리인을 소송대리인이라 한다. 포괄적 임의대리인 즉 소송대리인에는 i) 법률상 소송대리인과 ii) 소송위임에 의한 소송대리인으로 나뉜다. 이하에서는 소송대리인을 중심으로 살펴보겠다.

2. 종 류

(1) 법률상 소송대리인

① 법률에서 일정한 업무에 대하여 포괄적 대리권이 수여되어 있어 업무와 관련된 소송에 있어서 당연히 소송대리권을 가지는 대리인을 말한다. 업무에 대한 포괄적 대리권의 일부로 소송대리권을 갖는 것이다. 그러나 그 업무를 처리할 수

---

47) 대판 1999. 12. 10, 98다36344; 대판 2001. 5. 29, 2000다10246.
48) 대판(전) 2005. 9. 15, 2004다44971.

있는 지위의 부여를 본인이 한다는 점에서 임의대리인이다. 그런데 법률상 소송대리인은 일단 그 지위가 부여되면 법률에 의하여 당연히 소송대리권을 갖는다는 점에서 임의대리인이면서도 법정대리인과 유사한 면이 많은 특성을 가지고 있다. 이에 해당하는 경우는 지배인(상11조), 선박관리인(상765조), 선장(상749조), 소송수행자(국당3조), 농협·수협의 전무·상무 등(농협 56조 3항, 수협 59조 5항), 농협·수협중앙회의 대리인(농협 131조 7항, 수협 136조 3항), 특수은행의 대리인(한은 35조, 산은 15조, 수출입은 15조, 중소기업 30조), 한국자산관리공사 사장이 지명한 임직원(한국자산23조) 등이다.

② 민법상 조합의 업무집행조합원 : 조합의 업무집행조합원을 법률상 소송대리인이라고 볼 수 있는지에 관하여 견해가 대립된다. 긍정설은 민법 제709조에 의하여 조합의 업무집행조합원에게 업무집행의 권한이 있는 것으로 추정된다는 이유로 이를 긍정하고 있다.[49] 그런데 i) 법률에 명확한 근거가 없다는 점, ii) 업무집행조합원은 선정당사자 또는 임의적 소송신탁의 방법으로 소송수행을 할 수 있다는 점, iii) 조합 자체의 당사자능력을 인정하기 어렵다는 점 등에 비추어 보면 업무집행조합원을 법률상 소송대리인으로 해석하는 것은 무리라는 부정설이 있다. 부정설이 타당하다고 본다.[50] 우리 판례와 일본 판례도 이를 인정하고 있지 아니한다.[51]

③ 법률상 소송대리인의 권한 범위는 해당 법령에서 이를 정하여 놓고 있는데 원칙적으로 모든 재판상의 행위를 할 수 있다(상 11, 765, 749조 등). 따라서 대리인의 법정권한을 제한할 수 없고(92조) 설사 제한을 하여도 효력이 없다. 예컨대 국가를 당사자로 하는 소송에서만 인정되는(지방자치단체의 경우 해당되지 아니함) 국가소송수행자(변호사 자격이 없어도 되며 통상 해당업무 담당자임)는 소송대리인의 선임(예: 복대리인의 선임)을 제외하고 청구의 인낙 등 모든 행위를 할 수 있다(국당7조). 다만 내부적으로 송무담당 검사에 대한 보고의무 등이 있으나 이것은 대외적인 법적 효과와는 별개이다.

④ 법원은 법률상 소송대리인의 자격 또는 권한을 심사하기 위하여 소송대리인·당사자본인 또는 참고인을 심문하거나 관련 자료를 제출하게 할 수 있다(규칙 16조 1항). 특히 지배인 등으로 등기하여 놓고 소송업무를 업으로 하여 변호사법을 위반하는 경우가 있을 수 있기 때문이다.

---

49) 강현중, 276면; 정동윤/유병현/김경욱, 267면.

50) 同旨: 김홍엽, 203면.

51) 우리 판례는 임의적 소송담당을 통하여 하여야 한다고 하며(대판 1984. 2. 14, 83다카1815; 대판 1997. 11. 28, 95다35302; 대판 2001. 2. 23, 2000다68924), 일본도 조합원의 특별한 수권이 필요하다고 하고 있다(日最判 1962. 7. 13, 民集 16. 8. 1516; 日最判 1970. 11. 11, 民集 24. 12. 1854).

(2) 소송위임에 의한 소송대리인

소송위임에 의한 소송대리인은 특정한 소송사건을 당사자로부터 위임받은 대리인을 말한다. 통상 소송대리인이라 하면 소송위임에 의한 소송대리인을 지칭한다. 소송위임에 의한 소송대리인은 원칙적으로 변호사에 한정된다. 변호사라 하면 자연인으로서의 변호사, 법무법인($\binom{변 40조}{이하}$), 법무법인(유한)($\binom{변 58조}{의2 이하}$), 법무조합($\binom{58조의18}{이하}$)을 말한다. 소액사건을 포함하여 1억원 이하의 단독사건 등에 예외적으로 비변호사가 소송대리인이 될 수 있다.

Ⅱ. 소송대리인의 자격

1. 변호사대리의 원칙

법률상 소송대리인을 제외하고 소송대리인은 변호사가 대리함이 원칙이다($\binom{87}{조}$). 이를 변호사대리의 원칙이라 한다. 그러나 변호사강제주의를 취하고 있는 증권관련집단소송 · 소비자단체소송 · 개인정보단체소송, 헌법소송($\binom{헌재 25}{조 3항}$)을 제외하고는 본인 스스로 소송을 수행할 수 있다. 그러나 본인이 직접 소송을 수행하지 아니하고 대리인을 선임할 경우에는 원칙적으로 법률전문가인 변호사로 한정한다는 의미이다. 이는 소송절차를 원활하고 효율적으로 진행하고, 본인을 정당하게 보호하기 위한 것이다.

2. 변호사대리의 원칙의 예외

(1) 단독사건 중 1억원 이하의 사건

① 단독판사가 심리 · 재판하는 사건 가운데 그 소송목적의 값이 일정한 금액 이하인 사건에서, 당사자와 밀접한 생활관계를 맺고 있고 일정한 범위 안의 친족관계에 있는 사람 또는 당사자와 고용계약 등으로 그 사건에 관한 통상사무를 처리 · 보조하여 오는 등 일정한 관계에 있는 사람은 법원의 허가를 받으면 변호사가 아니라도 소송대리인이 될 수 있다($\binom{88조}{1항}$). 법원의 허가를 받을 수 있는 사건의 범위, 대리인의 자격 등에 관한 구체적인 사항은 대법원규칙으로 정한다($\binom{88조}{2항}$).

단독사건의 소가가 비교적 낮은 당시에는 모든 단독사건에 관하여 법원의 허가를 받아 소송대리인이 될 수 있었다. 그런데 2001년 3월 1일부터 단독사건의 소가가 1억원까지로 높아지면서 고액의 단독사건에 대하여 변호사대리의 원칙이 무력화 될 가능성이 있어 5,000만원 또는 8,000만원을 초과하는 사건에 관하여 비변호사의 소송대리를 허용하지 아니하였다.[52] 이후 2015년 2월 13일(일부개정: 동년 1. 28)부터 「민사 및 가사소송의 사물관할에 관한 규칙」 제3조 상의 단독사건의 사물관할이 2억원(2022. 3. 1.부터 5억원)으로 상향되면서 단독사건 중 소가 1억원을 초과하는 사건에 관하여 비변호사의 소송대리를 허용하고 있지 아니한다(규칙15조 1항 2호). 따라서 제1심 단독판사의 사물관할사건 중 소송목적의 값이 1억원까지만 비변호사의 소송대리가 허용된다. 여기에는 민사소송사건(규칙 통 항 기록)과 이를 본안으로 하는 신청사건 및 이에 부수하는 신청사건(다만, 가압류·다툼의 대상에 관한 가처분 신청사건 및 이에 부수하는 신청사건은 제외함)(통항 대록), 본안사건이 없는 제소 전 화해, 증거보전, 민사집행, 민사조정사건 등이 이에 해당한다.

② 소송목적의 값의 산정 시기는 제소 당시 또는 청구취지 확장(변론의 병합 포함) 당시를 기준으로 한다. 따라서 소송계속 중 청구취지의 감축, 소의 일부취하·각하, 변론의 분리 등으로 1억원 이하가 되더라도 비변호사의 소송대리를 허가할 수 없고, 또한 소송계속 중 청구취지의 확장 및 변론의 병합으로 1억원을 초과하면 법원은 소송대리의 허가를 취소하고 그 취지를 당사자 본인에게 통지하여야 한다(규칙 15 조 4항).

다만 소액사건의 경우 판례에 의하면 청구의 병합심리로 소액사건을 넘는 경우에도 제소 당시 소액사건심판법의 적용대상이면 소액사건의 특성을 잃는 것이 아니므로 소액사건으로서 계속 심리할 수 있고, 일단 소액사건으로 판단 받은 경우에는 상고이유도 이에 따라 정하여진다고 한다.[53]

소액사건이 변론의 병합으로 1억원이 초과되는 경우에 소송대리 허가의 취소 등의 직용 여부기 문제될 수 있다. 그러나 i) 위 판결들이 소송대리에 관련된 직접적 판결이 아니라는 점, ii) 위 판결들에 의하여도 당사자가 소액사건절차를 이용하여 판결을 받은 경우에는 그 절차에 따른 유리한 점과 불리한 점을 동시에

---

52) 민사소송규칙 제15조 제1항 제2호 및 「민사 및 가사소송의 사물관할에 관한 규칙」 제4조 규정에 따라 2001년 3월 1일부터 2008년 2월 29일까지는 5,000만원을 초과하는 경우에, 그 이후 2015년 2월 12일까지는 8,000만원을 초과하는 경우에, 2015년 2월 13일부터는 1억원을 초과하는 경우에는 각각 비변호사의 소송대리를 허용하지 아니한다.

53) 대판 1986. 5. 27, 86다137, 138; 대판 1991. 9. 10, 91다20579, 20586; 대판 1992. 7. 24, 91다43176.

받아야 한다는 것을 명백히 하고 있는 점, iii) 이를 인정하면 소액사건절차를 이용한 변호사대리의 원칙이 크게 침해될 수 있다는 점, iv) 소액사건절차에서 병합하지 아니하고 수개의 사건을 동시 진행할 수 있다는 점, ⅴ) 민사소송규칙 제15조 제1항 2호 가목에서 변론의 병합으로 1억원을 넘는 사건은 허가의 대상이 아니라고 명시하고 있다는 점 등에 비추어 보면, 소액사건절차에서 심리의 병합을 통하여 1억원이 넘게 된 경우에는 변호사 아닌 사람의 소송대리허가를 취소하는 것이 타당할 것이다. 또한 상소심절차는 소액사건 여부와 관계없이 모두 합의사건이므로 변호사 아닌 사람에 대하여 소송대리를 허가할 수 없다.[54]

③ 다만, 단독판사가 심리·재판하는 사건 중 「민사 및 가사소송의 사물관할에 관한 규칙」 제2조의 각 호에 해당하는 사건인 수표금·약속어음금 청구사건 등 2억원을 초과하는 사건($\frac{민가규}{2조}$)의 경우에도 변호사가 아닌 사람이 대리할 수 있다($\frac{규칙 15조}{1항 1호}$).

④ 소송대리인이 될 수 있는 사람은 i) 당사자의 배우자 또는 4촌 안의 친족으로서 당사자와의 생활관계에 비추어 상당하다고 인정되는 경우, ii) 당사자와 고용, 그 밖에 이에 준하는 계약관계를 맺고 그 사건에 관한 통상 사무를 처리·보조하는 사람으로서 그 사람이 담당하는 사무와 사건의 내용 등에 비추어 상당하다고 인정되는 경우이다($\frac{88조 1항, 규칙}{15조 2항 1, 2호}$). 법원은 변호사 아닌 사람에 대한 소송대리를 허가함에 있어서는 그 자격을 신중히 검토하여야 하고($\frac{규칙 16}{조 유추}$), 변호사 아닌 사람이 보수를 받고 소송절차의 참여를 주된 목적으로 하는 사람을 소송대리인으로 허가하여서는 안 된다($\frac{변 109조 1호, 예: 회사의 지배인으로 등기하여 소송}{절차에 참여하는 것은 주요 업무로 하는 경우 등}$).

⑤ 당사자는 서면으로 소송대리허가 신청을 한다($\frac{규 15조}{3항}$). 실무상 허가는 소송대리 허가 신청서가 접수되어 판사에게 전달되면 신청서의 허부 란에 판사가 날인하고 그 옆에 결정일자를 적고 변론기일에서 고지하거나, 변론기일에서 직접 허가하여도 된다. 다만 고지된 사실과 변론기일에 허가한 경우에는 이를 변론조서에 기재하여야 한다. 소송대리권은 허가와 동시에 발생하는 것이므로 허가 전에 대리인에게 송달하면 부적법한 송달이 된다.[55]

(2) 소액사건

소송목적의 값이 3,000만원 이하의 소액단독사건의 제1심에 있어서 당사자의

---

54) 同旨: 이시윤, 185면.
55) 대판 1982. 7. 27, 82다68.

배우자·직계혈족 또는 형제자매는 법원의 허가 없이 소송대리인이 될 수 있다 (소실 8조). 소송대리인은 당사자와의 신분관계 및 수권관계를 서면으로 증명하여야 한다. 그러나 수권관계에 대하여는 당사자가 판사의 면전에서 구술로 소송대리인 을 선임하고, 법원사무관 등이 조서에 이를 기재한 때에는 그러하지 아니하다 (동조 2항).

(3) 민사조정사건

민사조정사건은 원칙적으로 기일에 본인이 출석하여야 한다(민조규 6조 1항). 그러나 변호 사 아닌 사람이 조정담당판사의 허가를 받아 당사자의 대리인이 될 수 있다(동조 2항).[56] 그러나 조정절차의 대리인은 조정절차에서 소송절차로 이행된 경우에는 그 자격 을 상실한다(대법원 송무예 규 제413호).

(4) 배상신청

형사소송절차에 부대하여 청구할 수 있는 배상신청에 있어서는 피해자의 배우 자, 직계혈족, 형제자매는 법원의 허가를 받아 배상신청에 관한 소송행위를 대리 할 수 있다(소촉 27조).

(5) 가사소송사건

가사소송사건은 합의·단독사건 모두 본인이 출석함을 원칙으로 하나, 재판장 의 허가를 받으면 변호사 아닌 사람이 소송대리인이 될 수 있다(가소 7조 1, 2항).

(6) 특허소송 등

변리사는 특허, 실용신안, 디자인 또는 상표에 관한 사항에 관하여 특허법원이 관할하는 소송에서는 소송대리인이 될 수 있다(변리 8조).[57]

---

56) 종래 민사조정법 제38조 제1항에서 민사조정에서도 민사소송법 제87조와 제88조를 준용하고 있었으므로 1억을 초과하는 단독사건이나 합의부사건 등은 비변호사의 조정대리가 허용되지 아니 하였으나, 2020. 2. 4. 개정 민사조정법 제38조 제1항에서는 민사소송법 제87조와 제88조를 준용되 는 조문에서 삭제하여 조정절차에 민사소송법에 따른 소송대리인의 자격 규정은 준용하지 않도록 하였다. 그리하여 비변호사라도 조정절차에서 당사자나 사건과 밀접한 관계(민조규 제6조 2항 각 호)가 있으면 조정담당판사의 허가를 받아 대리인 또는 보조인이 될 수 있도록 하여(동조 2항 본 문), 법원의 허가를 받아 조정대리를 할 수 있는 범위가 확대되었다. 다만 종래대로 소액사건의 경 우에는 소액사건심판법 제8조가 준용되므로 일정한 관계에 있는 자는 법원의 허가 없이 조정대리 인이 될 수 있다(동조 2항 단서).
57) 대판 2012. 10. 25, 2010다108104(변리사법 8조상의 변리사의 소송대리의 범위는 특허심판

(7) 비송사건

소송능력자이면 소송대리인이 될 수 있다(비송6조). 다만, 본인이 출석하도록 명령을 받은 경우에는 그러하지 아니하다(동조단서).

(8) 법무사 등의 대리·대행

법무사는 다른 법률에 특별한 제한이 없으면 법원과 검찰청에 제출하는 서류·법원과 검찰청의 업무에 관련된 서류·등기나 그 밖에 등록신청에 필요한 서류의 작성과 그 제출 대행, 등기·공탁사건 신청의 대리, 「민사집행법」에 따른 경매사건과 「국세징수법」이나 그 밖의 법령에 따른 공매사건에서의 재산취득에 관한 상담, 매수신청 또는 입찰신청의 대리 등을 할 수 있다(법무사2조). 그 외에 공인중개사는 경매 또는 공매대상 부동산에 대한 권리분석 및 취득의 알선과 매수신청·입찰신청의 대리를 할 수 있다(공인중개사의 업무 및 부동산거래신고에 관한 법률 14조 2항). 다만 중개업자가 「민사집행법」에 의한 경매대상 부동산의 매수신청 또는 입찰신청의 대리를 하고자 하는 때에는 대법원규칙이 정하는 요건을 갖추어 법원에 등록을 하고 그 감독을 받아야 한다(동조3항).

3. 변호사대리의 원칙위반의 효과

변호사 아닌 자가 소송위임을 받아 소송수행을 하는 경우에 법원은 변호사 아닌 자의 소송관여를 배제하고 불출석처리 등을 하여야 한다. 그러나 변호사 아닌 자에 의하여 소송행위가 이루어진 경우에는 대리권에 흠이 있는 경우와 같이 취급하여 그 소송행위는 무효이다. 다만 후에 본인 또는 적법한 대리인에 의한 추인이 가능하다(유동적 무효). 그러나 변호사가 아니면서 금품·향응 또는 그 밖의 이익을 받거나 받을 것을 약속하고 또는 제3자에게 이를 공여하게 하거나 공여하게 할 것을 약속하고 소송행위를 한 경우에는 강행법규(변109조 1호)를 위반한 반사회적 성질을 띠어 절대적 무효이다.[58]

원의 심결에 대한 심결취소소송에 한정되고, 특허권 등의 침해를 청구원인으로 하는 침해금지청구 또는 손해배상청구 등과 같은 민사사건은 포함하지 아니함); 헌재 2012. 8. 23, 2010헌마740(위와 같은 취지의 대법원 판결의 해석이 위헌이 아니라고 함).

58) 대판 1978. 5. 9, 78다213; 대판 1987. 4. 28, 86다카1802.

Ⅲ. 소송대리권의 수여

(1) 소송대리권을 수여하는 수권행위(授權行爲)는 소송대리권의 발생이라는 소송법상의 효과를 목적으로 하는 소송행위이다. 또한 상대방 즉 대리인으로 되는 자의 승낙을 요하지 아니한다는 점에서 단독적 소송행위이다.[59] 따라서 수권행위의 의사표시는 법원 또는 상대방에게 하여도 무방하나, 대리인으로 되는 자에게 도달될 때에 효력이 발생한다. 이러한 수권행위를 통상 소송위임이라 한다. 수권행위는 위임자가 일방적으로 취소할 수 있으나 소급효는 없다.[60] 소송대리권을 수여하는 수권행위는 통상 위임계약과 동시에 체결되나 법률적으로 이와는 별개의 소송행위이다(예: 계약을 하면서 관할합의를 하는 경우 등). 대리인의 성실의무 또는 비용보수청구권은 기초적 법률관계인 위임계약에 의하여 발생하는 것이다.

(2) 본인은 소송위임이라는 소송행위를 하는 것이므로 소송능력이 필요하다. 법정대리인 또는 법률상 대리인도 소송위임을 할 수 있다. 소송위임을 받은 대리인도 소송대리인의 선임 및 소송복대리인을 선임할 수 있다. 그러나 대리인이 자기 소송대리인의 선임을 상대방 당사자에게 위임하는 것은 본인의 위임의 본지(本旨)에 반하므로 할 수 없다.[61]

(3) 대리권 수여의 방식은 말 또는 서면으로 할 수 있다. 그러나 대리권의 존재와 범위는 서면으로 증명하여야 한다($\substack{89조 \\ 1항}$). 이는 소송 진행 중에 대리권의 존재에 대한 다툼을 미연에 방지하여 소송절차를 원활히 진행하기 위한 것이다. 소송위임에 의한 소송대리인의 경우(예: 변호사)에는 소속 변호사회를 경유한 소송위임장을 제출하고, 지배인 등의 법률상 소송대리인은 상업등기부 초본을 제출한다. 법원은 대리권의 존재를 증명하는 데 필요한 경우 관계 자료의 제출을 요구할 수 있다($\substack{규칙 16 \\ 조 1항}$). 특히 서면이 소송위임장과 같은 사문서일 경우에는 법원은 공증인 또는 공증사무소의 인증을 받아올 것을 요구할 수 있다($\substack{89조 \\ 2항}$). 인증명령 여부는 법원의 자유재량이며,[62] 인증이 아니라도 다른 증거에 의하여 그 서면이 진정한 것으로 인정되면 소송대리인의 소송수행을 허용할 수 있다고 할 것이다. 다만 당사자가 법원에 출석하여 말로 소송대리인을 선임하고 법원사무관 등이 이를 조서에

---

59) 同旨: 강현중, 268면; 이시윤, 187면; 정동윤/유병현/김경욱, 260면.
60) 대판 1959. 11. 4, 4291선106; 대판 1997. 10. 10, 96다35484.
61) 同旨: 이시윤, 187면.
62) 대판 1978. 2. 14, 77다2139; 대판 1997. 9. 22, 97마1574.

적어 놓은 경우에는 서면증명이나 인증이 필요 없다($\substack{89조 \\ 3항}$).

Ⅳ. 소송대리권의 범위

1. 법률상 소송대리인의 대리권 범위

위에서 본 바와 같이 법률상 소송대리권의 범위는 해당 실체법령에서 이를 정하여 놓고 있다. 원칙적으로 모든 재판상의 행위를 할 수 있고($\substack{상 11, 765, \\ 749조 등}$), 대리인의 법정권한을 제한할 수 없으며($\substack{92 \\ 조}$), 설사 제한을 하여도 효력이 없다.[63]

2. 소송위임에 의한 소송대리인의 대리권 범위

(1) 원 칙

소송대리인은 위임받은 사건의 특별수권사항($\substack{90조 \\ 2항}$) 외에 소송수행에 필요한 일체의 소송행위를 할 수 있다($\substack{90조 \\ 1항}$). 변호사가 소송대리인인 경우에는 소송절차의 원활한 진행과 변호사에 대한 신뢰에 기초한 것이므로 법정된 대리권의 범위를 제한할 수 없다($\substack{앞 \\ }$). 그러나 변호사 아닌 소송대리인의 경우에는 당사자의 의사를 존중하여 제한이 가능하다($\substack{91조 \\ 단서}$).

(2) 법정범위

소송위임에 의한 소송대리인의 대리권 범위는 소송대리인이 위임을 받은 사건에 대하여 반소·참가·강제집행·가압류·가처분에 관한 소송행위 등 일체의 소송행위와 변제의 영수를 할 수 있다($\substack{90조 \\ 1항}$). 따라서 i) 소의 제기, 소의 변경, 중간확인의 소, 상대방이 제기한 반소 및 제3자의 소송참가에 대한 응소, 공격방어방법의 제출뿐만 아니라 그 소송에 관한 강제집행, 가압류·가처분 등을 할 수 있다. 나아가 주된 소송절차의 소송대리권은 그에 부수·파생하는 절차(예: 위헌제청신청, 집행정지절차, 판결경정절차, 소송비용액 확정절차 등)에도 미친다.[64] 또한 ii) 소송대리인은 법문이 예시하고 있는 '변제의 영수' 외에 당해사건의 공격방어방법의 전제가 되는 본인이 행사할 수 있는 취소권, 해지·해제권, 상계권, 매매예약

---

63) 대판 1975. 4. 22, 74다410; 대판 1987. 11. 24, 86다카2484; 대판 1992. 2. 14, 91다24564.
64) 同旨: 이시윤, 188면.

완결권, 백지어음의 보충권 등의 사법상의 형성권을 행사할 수 있다. 그러나 당해 사건의 공격방어방법의 전제가 되지 아니하는 재판 외의 행위(예: 재판외의 화해)는 당연히 대리권의 범위에 속한다고 할 수는 없다.[65]

(3) 특별수권사항

본인에게 중요한 사항에 관하여는 본인의 개별적인 수권을 받아야 한다. 여기에는 반소의 제기, 소의 취하, 화해, 청구의 포기·인낙 또는 독립당사자참가소송($\frac{80}{조}$)의 탈퇴, 상소의 제기 또는 취하, 대리인의 선임 등이 포함된다($\frac{90조\ 2항\ 1}{호\ 내지\ 4호}$). 실무상 변호사가 의뢰인으로부터 소송위임을 받을 때에는 대한변호사협회의 표준위임장에 기초하여 작성하고, 일정한 경우 일부 내용을 수정하여 작성하게 된다. 통상 특별수권사항에 대하여 포괄적인 수권을 받아둔다. 그러나 중요한 사항에 관하여는 의뢰인에게 충분히 설명할 필요는 있다. 판례는 인쇄된 위임장의 특별한 권한 수여도 예문이 아니므로 효력이 있다고 본다.[66]

① 반소의 제기($\frac{1}{호}$)

상대방의 소의 제기에 대하여 응소하기로 하여 소송위임을 받은 경우에 나아가 반소를 제기할 필요가 있는 경우에는 본인의 특별수권이 필요하다. 그러나 상대방이 제기한 반소에 대한 대응은 특별수권을 필요로 하지 아니한다.

② 소송물을 처분하는 소송행위($\frac{2}{호}$)

소의 취하, 화해, 청구의 포기·인낙 또는 독립당사자참가소송($\frac{80}{조}$)의 탈퇴 등 소송물을 처분하는 소송행위는 본인의 특별수권이 필요하다. 다만 소의 취하에 대한 동의는 특별수권을 받을 필요가 없으며,[67] 소송상의 화해나 청구의 포기에 관한 특별수권이 주어진 경우에 그 전제가 되는 소송물의 실체법상의 처분이나 포기에 관한 권한도 수여되어 있다고 봄이 상당하다.[68]

③ 상소의 제기와 취하($\frac{3}{호}$)

상소의 제기와 취하는 특별수권사항이다. 이에 준하여 불상소합의, 상소권의 포기도 특별수권을 요한다.[69] 특별수권사항으로 「상소의 제기」만을 규정하고 있어

---

65) 同旨: 이시윤, 160면.
66) 대판 1984. 2. 28, 84누4.
67) 대판 1984. 3. 13, 82므40.
68) 대판 1994. 3. 8, 93다52105; 대결 2000. 1. 31, 99다6205.
69) 同旨: 이시윤, 189면.

「상대방이 제기한 상소에 피상소인으로 응소하는 경우」에도 특별수권을 요하는지 여부에 관하여 의문이 있지만 심급대리의 원칙상 특별수권이 필요하다는 것이 통설·판례이다.[70] 심급대리의 원칙상 해당 심급에서의 소송행위만을 할 수 있다고 보아야 하므로 상소에 대한 응소는 상소된 심급에서의 소송행위에 해당하여 위임의 범위를 넘는다는 점에서 특별수권을 요한다는 통설·판례가 타당하다고 본다. 심급대리의 사무가 종료하는 것은 해당 심급의 판결을 송달받은 때까지이다.[71] 그러나 상소에 관한 특별수권이 없다고 하여도 패소판결을 받은 경우에는 판결의 내용과 상소하였을 때의 승소가능성 등에 대하여 구체적으로 설명하고 조언하여야 할 선관의무가 있다고 할 것이다.[72] 대법원은 상급심에서 원판결이 파기환송 되었을 경우에는 환송 전 원심의 상태로 환원되었으므로, 환송 전의 소송대리인의 대리권이 부활한다고 한다.[73] 이 경우 환송 전의 소송대리인에게 판결정본을 송달한 것은 적법하고, 이를 받은 환송 전의 소송대리인이 당사자에게 알려주지 아니하여 상고기간이 종료하였다고 하여도 추완상소($\frac{173}{x}$)가 불가능하다고 한다. 원판결이 파기환송 되었을 경우에 환송 전의 소송대리인의 대리권이 부활한다는 것은 우선 원심과 상소심의 소송대리인이 동일할 경우에는 타당한 판결이다. 그러나 원심과 상소심의 소송대리인이 다른 경우에는 i) 원심에서 패소한 경우에 소송대리인을 교체하였거나, 본인이 스스로 하였을 것이므로 본인과 소송대리인 사이에는 소송위임의 기초가 되는 신뢰관계가 이미 존재하지 아니한다는 사실, ii) 상소 시와 파기환송 시 사이에 상당한 시간이 흘렀고, 원심 소송대리인은 통상 해당 사건기록을 당사자에게 반환하였으므로 연락할 방법이 마땅치 아니한 사실, iii) 송달을 잘못한 경우 등에 있어서 법원의 잘못을 소송대리인에게 책임을 묻게 된다는 점, iv) 기존의 심급대리의 원칙에 실질적으로 반한다는 점, v) 재상고시에 환송전 상고심의 소송대리인의 대리권이 부활하지 아니한다는 점[74] 등에 비추어 보면 파기환송 판결의 개념에 기초한 형식적 적용은 문제이다. 따라서 위 판결은 파기

---

70) 대판 1965. 7. 13, 65다1013; 대결 2000. 1. 31, 99다6205, 反對: 이시윤, 155면(상대방이 제기한 상소에 대한 응소는 통상의 대리권의 범위라고 함).

71) 대결 2000. 1. 31, 99다6205.

72) 대판 2004. 5. 14, 2004다7354.

73) 대판 1984. 6. 14, 84다카744; 대판 1985. 5. 28, 84후102. 또한 판례는 항소심판결이 파기환송 된 경우에는 환송받은 항소심법원이 환송 전의 절차를 속행하여야 하고 환송 전 항소심에서의 소송대리인인 변호사의 소송대리권이 부활하므로, 환송 후 사건을 위임사무의 범위에서 제외하기로 약정하였다는 등의 특별한 사정이 없는 한 환송 후 항소심 사건의 소송사무까지 처리하여야만 비로소 위임사무 종료에 따른 보수를 청구할 수 있다고 한다(대판 2016. 7. 7, 2014다1447).

74) 대결 1996. 4. 4, 96마148.

환송 되는 원심과 상소심의 대리인이 동일한 경우 외에는 타당하지 아니하다고 생각된다.[75]

④ 복대리인의 선임($\frac{4}{호}$)

소송위임은 고도의 신뢰에 기초하는 것이므로 소송대리인이 복대리인을 선임하기 위하여는 본인의 특별수권을 받아야 한다. 복대리인은 소송대리인의 대리인이 아니고 직접 본인의 대리인이다. 따라서 소송대리인이 사망·사임하더라고 복대리인의 대리권은 소멸하지 아니한다.

V. 소송대리인의 지위

1. 제3자적 지위

소송대리인의 행위는 본인의 이름으로 그를 대리하여 하는 것이므로 법률효과가 본인에게 직접 미치고 대리인에게 미치지 아니한다. 이러한 점에서 소송대리인은 본인의 소송에서 제3자적 지위를 가지고 있다. 따라서 소송대리인의 소송수행의 결과에 따른 판결의 기판력·집행력 등은 본인에게만 미치고 소송대리인에게는 미치지 아니한다. 또한 소송대리인은 제3자적 지위를 갖기 때문에 법정대리인과 달리 당해 소송의 증인·감정인이 될 수 있다.

2. 소송수행자로서의 지위

실제로 소송수행을 하는 사람의 알고 모름(선의·악의), 고의·과실이 소송법상의 효과에 영향을 미치는 때($^{43조 2항, 77조, 149조,}_{173조, 285조, 451조 1항}$)에는 그 사유의 유무는 우선 대리인을 표준으로 하여 결정한다($^{민 116}_{조 1항}$). 다만 당사자본인의 고의·과실로 인하여 대리인이 모름에 이른 경우에는 당사자는 대리인의 모름을 내세워 자기의 이익으로 원용할 수 없다($^{민 116}_{조 2항}$).

3. 본인의 지위(당사자의 경정권)

본인은 소송대리인을 선임한 것은 자신의 능력을 확대하기 위한 것이므로 자

---

75) 同旨: 이시윤, 190면; 정동윤/유병현/김경욱, 263면.

신의 소송수행권을 여전히 가지고 있고 이를 자유롭게 행사할 수 있다. 본인의
이러한 행위가 소송대리인과 모순되면 본인의 의사가 우선된다. 이것을 당사자의
경정권(更正權)이라 한다. 따라서 본인이 소송대리인과 같이 법정에 나와 소송대리
인의 진술을 취소하고 경정할 수 있다($^{94}_{조}$). 이 경우 소송대리인의 소송행위는 효력
이 없게 된다. 또한 소송대리인이 있는 경우에도 본인에게 소장부본, 기일통지서,
판결정본 등의 소송서류를 송달하는 것은 부적법한 것은 아니지만[76] 적절한 업무
처리는 아니다. 이러한 당사자의 경정권은 본인과 법정대리인이 갖는다.

경정의 대상은 자백 등의 사실상의 진술에 한정하고, 법률사항인 i) 신청, ii)
소송물을 처분하는 행위(소의 취하, 화해·조정, 청구의 포기·인낙 등), 법률상의
진술 및 경험칙 등은 포함하지 아니한다.

경정권의 행사는 소송대리인의 행위 후에 지체 없이 하여야 한다. 그렇지 아니
하면 소송대리인의 행위가 그대로 유효하게 된다. 소송대리인의 사실상 진술은 당
사자가 경정권을 행사하여 취소하거나 경정한 때에는 효력을 잃는다($^{94}_{조}$).

4. 개별대리의 원칙

본인에게 여러 명의 소송대리인이 있는 때에는 각자가 당사자를 대리한다($^{93조}_{1항}$).
당사자가 이와 어긋나는 약정을 한 경우 그 약정은 법원과 상대방에게 무효이다
($^{93조}_{2항}$). 여러 명의 소송대리인이 동시에 모순되는 행위를 한 경우에는 모든 행위가
효력이 없다. 다만 시간을 달리한 경우 원칙적으로 나중에 이루어진 행위가 유효
하다고 할 것이다. 다만 선행하는 행위가 취소할 수 없는 것일 경우(예: 자백, 청
구의 포기·인낙 등)에는 나중의 행위가 효력이 없다고 할 것이다.

소송서류의 송달은 여러 명의 소송대리인 중 1인에게 하면 되며, 송달대리인이
지정되어 있으면 그에게 송달하여야 한다($^{180조, 규}_{칙 49조}$). 변호사의 소송비용의 산입에 있
어서는 여러 명의 소송대리인이 실제로 소송대리한 경우에도 1인의 변호사가 소
송대리한 것으로 본다($^{109조}_{2항}$).

---

76) 대판 1970. 6. 5, 70마325.

VI. 소송대리권의 소멸

1. 소멸되지 아니하는 경우($^{95 \cdot}_{96 \Xi}$)

소송대리인의 소송대리권은 i) 당사자의 사망 또는 소송능력의 상실($^{95 \Xi}_{1 \overline{\Sigma}}$), ii) 당사자인 법인의 합병에 의한 소멸($^{\S \Xi}_{2 \overline{\Sigma}}$), iii) 당사자인 수탁자의 신탁임무의 종료($^{\S \Xi}_{3 \overline{\Sigma}}$), iv) 법정대리인의 사망, 소송능력의 상실 또는 대리권의 소멸·변경($^{\S \Xi}_{4 \overline{\Sigma}}$), v) 제3자의 소송담당의 경우에는 소송담당자(예: 선정당사자, 파산관재인, 회생회사 관리인 등)가 자격을 상실하더라도 소송대리권은 소멸되지 아니한다($^{96}_{\Xi}$). 수권자인 당사자·법정대리인·소송담당자의 사망 등에도 소송대리권은 영향을 받지 아니한다는 것이다.

민법상 위임에 있어서는 신뢰관계가 파괴되는 본인의 사망으로 대리권이 소멸하지만($^{\text{민 }127, \, 128,}_{690 \Xi}$), 소송위임에 있어서는 변호사대리의 원칙상 수임자가 변호사이므로 신뢰관계를 저버릴 가능성이 희박하다는 점, 수임범위가 법정되어 있고($^{90 \Xi \, 2 \overline{\Im},}_{91 \Xi}$), 소송절차를 신속·원활히 진행할 공익상의 요청 등을 고려하여 대리권이 소멸하지 아니한다. 이와 같은 사유는 원칙적으로 소송중단 사유에 해당하지만 소송대리인이 있으면 중단되지 아니하며($^{238}_{\Xi}$), 이 경우 소송대리인은 위임인의 승계인을 위한 대리인으로 소송수행을 한다고 본다. 다만 승계불허소송에서의 당사자의 사망은 사망과 동시에 소송이 종료되므로 소송대리권도 그와 동시에 소멸된다.[77]

2. 소멸되는 경우

(1) 대리인의 사망·피성년후견 또는 파산(법무법인 등의 합병·인가취소, 파산, 해산 등도 같음)

① 본인 등의 경우와 달리 소송대리인이 사망·피성년후견 또는 파산($^{\text{민 }127}_{\Xi \, 2 \overline{\Sigma}}$)된 경우에는 본인의 이익을 위하여 소송대리권이 소멸된다. 다만 상대방에게 효력을 갖기 위하여서는 본인 또는 소송대리인이 상대방에게 통지하여야 한다고 규정하

---

77) 대판 2013. 9. 12, 2011두33044(종전이사로서 이사선임처분의 취소를 구하는 지위는 일신전속적인 것으로 상속대상이 아니므로 이 사건 소송은 원고의 사망과 동시에 종료되었고, 원고에 대한 소송대리권도 그와 동시에 소멸하였으므로 원고의 소송대리인이 대리권 소멸 후에 제기한 상고는 대리할 권한이 없는 자에 의하여 제기된 것으로서 부적법하다).

고 있다($^{97}_{63조}$). 그러나 이 경우에도 소송대리인이 소송행위를 하는 것이 사실상 또는 법률상 불가능하다는 점, 대리인에 대한 상대방의 소송행위도 효력이 없다고 보아야 한다는 점 등에 비추어 보면, 본인의 통지를 요하지 아니하고 대리권이 소멸한다고 해석하여도 무리가 없다고 본다.[78] 따라서 소송대리인이 사망·피성년후견 또는 파산된 경우에는 법원이 소멸사실을 알고 있는지 여부와 관계없이 대리권이 소멸하므로 대리인에 대하여 일체의 소송행위를 할 수 없다고 할 것이다.

② 변호사의 자격을 상실하거나 징계에 의한 정직처분을 받은 경우($^{변}_{3호}^{90조}$)의 효력에 관하여 다툼이 있지만, 당사자 이익을 위하여 기존의 소송대리인이 당사자와 의논하여 대리인의 교체, 복대리인의 선임 등을 해야 하는 현실적 필요성이 있다는 점에 비추어 보면 자격상실의 경우에는 소멸되는 것으로 보아야 하지만, 정직의 경우에는 곧 변호사 활동이 회복될 것이므로 소멸되지 아니하는 것으로 보아야 할 것이다.[79]

(2) 기본관계의 소멸·종료

① 기본관계의 소멸

소송위임계약의 해지($^{변호사의 해임·사}_{임 등, 민 689조}$), 본인의 파산($^{민}_{690조}$)의 경우에 소송대리권이 소멸하며, 다만 본인 또는 대리인은 그 뜻을 상대방에게 통지하여야 효력이 생기고($^{97}_{63조}$), 대리권의 소멸통지를 한 사람은 법원에 그 취지를 서면으로 신고하여야 한다($^{규칙 17,}_{13조 1항}$).

② 기본관계의 종료

기본관계에 따른 위임 대리사무는 심급대리의 원칙상 당해 심급의 판결정본이 소송대리인에게 송달되면 종료된다.[80] 이 경우에도 선관의무에 비추어 보면 앞에서 본 바와 같이 패소한 경우에는 그 판결의 내용과 상소 시의 승소가능성 등에 대하여 구체적으로 설명할 의무가 있다고 할 것이다.[81]

---

78) 同旨: 정동윤/유병현/김경욱, 264면.
79) 同旨: 이시윤, 193면(다만 상실의 경우에도 대리권은 소멸되지 않고 변론능력만 상실한 것으로 봄).
80) 대판 2000. 1. 31, 99다6205.
81) 대판 2004. 5. 14, 2004다7354.

제 4 관 무권대리인

1. 의   의

소송상 무권대리인이라 함은 대리권이 없이 본인을 위하여 대리로 소송행위를 한 대리인을 총칭한다. 여기에는 포괄대리인과 관련하여 당사자본인으로부터 전혀 대리권을 받은 바가 없는 경우, 무자격의 법정대리인, 기본대리권은 있으나 특별수권($^{56조\ 2항}_{90조\ 2항}$) 없는 대리행위, 대리권의 존재를 서면으로 증명하지 못한 경우, 변호사가 아닌 자의 대리행위 등이 있다. 개별대리인과 관련하여서는 송달받을 권한이 없는 자에 대한 송달이 전형적인 경우이다. 또한 법인이나 법인 아닌 사단 및 재단의 대표자가 대표권 없는 경우에도 법정대리인의 무권대리의 경우와 같다고 할 것이다($^{64}_{조}$). 실무상 법인 아닌 사단(예: 종중, 주택조합 등) 등에서 대표자의 자격과 관련된 문제가 많이 발생한다.

민사소송법상으로 i) 표현대리(表見代理)와 ii) 쌍방대리(雙方代理)가 문제된다. 이하에서는 민사소송법상의 표현대리, 쌍방대리에 관하여 살펴보겠다.

2. 표현대리의 인정 여부

(1) 표현대리가 소송행위에도 적용될 수 있는가 여부가 문제된다. 실체법상의 거래의 안정을 이유로 무권대리행위의 경우라도 대리권의 존재를 믿을 만한 정당한 이유가 존재하는 경우에 본인에게 대리행위의 효과를 귀속시키는 표현대리($^{민\ 125조,\ 126}_{조,\ 129조}$)를 절차의 안정·확일성을 중시하는 소송행위에 유추적용할 수 있을 것인가? 특히 채권자 A가 채무자인 B회사를 상대로 소를 제기하면서 등기부상 대표자 갑을 대표자로 하여 소송을 제기하여 소송행위를 하였거나, 판결까지 받았는데 B회사의 진정한 대표자가 갑이 아니고 을일 경우(교체되었으나 등기를 해태한 경우 또는 등기상의 대표자와 실제 대표자가 다른 경우)에 이미 이루어진 소송행위 또는 판결의 효력을 어떻게 하여야 하는가 하는 문제이다. 실제로 회사 주소로 소송관련 서류가 송달된 경우라면 소송계속 중 대표자 표시정정이 이루어지는 경우가 대부분일 것이고, 그렇지 아니하여도 실제로 회사에서 소송에 관여하였다면 소송행위 또는 판결의 효력을 부정하는 경우는 드물 것이다.

(2) 이에 관하여 i) 소극설은 소송행위는 거래의 안전보다는 절차의 안정을 우

선하여야 하는 행위라는 점, 표현지배인에 관한 규정인 상법 제14조 제1항 단서에서 소송행위를 제외하고 있는 점, 특히 대표권이 소멸하였으나 등기상 대표로 되어 있는 자를 상대로 소를 제기하여 판결을 받은 경우에 이를 유효한 것으로 인정한다면 법인의 진정한 대표자에 의한 재판을 받을 권리를 박탈하게 된다는 점 등에 근거하여 소송행위에는 표현대리의 법리를 유추적용할 수 없다고 한다.[82] ii) 반면 적극설에 의하면 소송행위도 거래행위와 무관하지 아니하므로 거래행위의 외관존중의 사상을 소송행위에도 적용하여야 한다는 점에 기초하여 표현대리의 법리를 유추적용하여야 한다는 것이다. iii) 한편 절충설은 소송행위의 일반에 있어서 소송절차의 안정과 소송행위의 명확이라는 견지에서 소송행위에 표현대리의 법리를 유추적용할 수 없지만, 다만 대표권이 소멸하였음에도 불구하고 이를 바꾸지 아니하여 상대방이 등기상 대표로 되어 있는 자를 상대로 소를 제기하여 판결을 받은 경우 등에 있어서는 상대방이 대표자의 변경등기를 고의적 태만으로 해태한 경우이라면 표현대리의 법리를 유추적용하는 것이 타당하다는 견해이다.[83]

판례는 공정증서가 집행권원으로서 집행력을 가질 수 있도록 하는 집행인낙 표시는 공증인에 대한 소송행위로서 이러한 소송행위에는 민법상의 표현대리 규정이 적용 또는 준용될 수 없다고 하여 기본적으로 소극설을 취하고 있다.[84] 그러나 법인의 부실등기와 관련하여 유추적용하여야 하는지 여부에 관한 판결은 없다. 생각건대 소송행위는 기본적으로 실체법상의 법률행위와 달리 소송절차의 일부로서 절차의 안정과 직결된다는 점, 회사 등에서 변경등기할 의무가 있는 자가 이를 게을리 하였음에도 그를 이유로 소송상의 이익을 주는 것이 부당하다는 점 등에 비추어 절충설이 타당하다고 본다. 다만 이 경우에도 상대방이 진정한 대표자가 아닌 사실을 알고 그와 통모하여 회사 모르게 소송행위를 하였거나 또는 판결을 받은 특별한 사정이 있는 경우에는 민사소송법상 신의칙위반의 반사회적 소송행위이므로 무효라고 할 것이다.

---

82) 김홍엽, 233면; 송상현/박익환, 153면; 한충수, 166면; 호문혁, 291면.
83) 이시윤, 199면; 정동윤/유병현/김경욱, 271면.
84) 대판 1994. 2. 22, 93다42047; 대판 2001. 2. 23, 2000다45303, 45310; 대판 2006. 3. 24, 2006다2803.

3. 쌍방대리의 문제

(1) 보통의 쌍방대리

민법상 자기계약 또는 쌍방대리가 금지된다(민124조). 이는 이해가 상반되는 당사자 양쪽을 실질적으로 1인이 대리하는 것은 그중 한쪽 당사자의 권리를 침해할 가능성이 높기 때문이다. 실체법보다 분쟁으로 이해관계가 첨예하게 대립되는 소송법에 있어서도 이러한 대리행위는 허용되지 아니한다.[85]

그러나 자기계약 또는 쌍방대리가 현실적으로 불가능한 것이 아니다. 실제로 이런 행위가 발생하였다면 이것은 무권대리의 일종으로서 무효이지만, 사전허락 또는 사후추인으로 소급하여 유효할 수 있다. 다만 제소전화해를 위하여 자기대리인의 선임권을 상대방에게 위임하는 것은 쌍방대리의 일종이지만 임대차계약 등에 있어서 임차인 등에게 실질적인 피해가 많이 발생하여 이를 법으로 이를 금지하고 있다(385조 2항). 유동적 무효가 아닌 추인의 여지가 없는 절대적 무효이다. 일반소송사건에 있어서도 자기대리인의 선임권을 상대방에게 위임하는 것은 제385조 제2항의 취지를 준용하여 무효라고 할 것이다.[86]

법정대리인의 경우에는 쌍방대리에 해당하는 경우에는 특별대리인의 선임 등을 하도록 하는 등 실체법 및 소송법에 규정을 두고 있고(민 64, 921조, 상 199, 269, 394, 398조, 564조 3항, 민소 62조, 62조의2 등), 이를 위반하는 쌍방대리는 무권대리행위로 무효이다. 임의대리인은 법률의 규정에 의한 대리인의 경우와 변호사 이외의 소송대리인의 경우는 일반 쌍방대리의 법리에 따라 처리하면 되고(민124조), 변호사의 경우에는 변호사법 제31조에 수임제한에 관한 특별규정을 두고 있다.

(2) 변호사법 제31조 위반의 대리행위

소송위임에 의한 소송대리인은 단독사건의 일부를 제외하고 변호사만이 대리할 수 있다(변호사대리의 원칙). 이와 관련하여 변호사법 제31조에 쌍방대리와 관련된 특별규정을 두고 있다.

---

85) 대판 1965. 3. 16, 64다1691, 1692(독립당사자참가에 있어 쌍방참가가 허용되던 때의 판결로서, 대립적 삼각관계가 있는 독립당사자참가에 있어서 참가인과 다른 당사자 양쪽의 대리는 불가하다고 함).

86) 同旨: 이시윤, 196면.

① 위반행위의 형태

변호사법 제31조 제1항에 의하면 3가지 유형의 사건은 대리인으로서 직무를 수행할 수 없다고 정하고 있다. 변호사는 공공성을 가진 법률전문가로서 의뢰자의 이익을 성실히 보호할 필요가 있는바 쌍방대리에 해당하거나 거기에는 해당하지 아니하는 경우에도 당사자의 이익을 고려하여 이를 금지하고 있다.

ⅰ) 당사자 한쪽으로부터 상의(相議)를 받아 그 수임을 승낙한 사건의 상대방이 위임하는 사건($^{1항}_{1호}$)   여기에서 사건이라 함은 동일사건을 의미한다. 동일사건 여부는 그 기초가 된 분쟁의 실체가 동일한지의 여부에 의하여 결정되어야 하는 것이므로 상반되는 이익의 범위에 따라서 개별적으로 판단되어야 한다. 소송물이 동일한지 여부 또는 민사사건과 형사사건 사이와 같이 그 절차가 동일 여부 등은 관계가 없다.[87] 동일사건인 경우에는 소송절차 또는 사건의 형태와 상관없이 쌍방을 대리할 수 없다. 동일한 사건에 의한 물적 제한(物的 制限)이다. 예컨대 피고대리인이었던 변호사가 동일 사건에서 상대방의 대리인이 되는 경우,[88] 제1심에서 피고 소송대리인이었던 자가 항소심에서 원고의 소송복대리인이 되는 경우,[89] 법무법인의 업무담당변호사로서 당사자 일방을 대리하다가 법인해산 후에 동일사건의 상대방의 대리를 맡은 경우,[90] 동일 법무법인의 A 변호사가 동일사건의 형사사건의 피고인을 대리하여 변론한 바 있었는데, 같은 법인의 B 변호사가 동일사건의 민사사건에서 피해자를 대리한 경우, 특허법인이 일방 당사자를 대리하고 해당 법인의 구성원 또는 소속변리사가 해당 사건의 상대방을 대리한 경우(변리사법 제7조 위반임)[91] 등이 여기에 해당한다. 특히 법무법인·법무법인(유한)·법무조합뿐만 아니라 변호사 2명 이상이 사건의 수임·처리나 그 밖의 변호사업무 수행시 통일된 형태를 갖추고 수익을 분배하거나 비용을 분담하는 형태로 운영되는 법률사무소는 하나의 변호사로 본다($^{별31조}_{2항}$). 따라서 로펌이 대형화 되면서 동일 로펌 내의 쌍방대리가 수임제한의 가장 큰 요소로 작용하고 있다.

ⅱ) 수임하고 있는 사건의 상대방이 위임하는 다른 사건($^{1항}_{2호}$)   수임하고 있는 사건의 상대방이 위임하는 다른 사건은 위임인이 동의한 경우 외에는 이를 수임

---

87) 대판 2003. 11. 28, 2003다41791.
88) 대판 1970. 6. 30, 70다809.
89) 대판 1990. 11. 23, 90다4037, 4044.
90) 대판 2003. 5. 30, 2003다15556.
91) 대판 2007. 7. 26, 2005후2571(소속변리사에는 특허청에 신고가 되지 않은 사실상의 소속변리사도 포함된다고 함).

할 수 없다(변 31조 1항). 현재 처리하고 있는 사건의 상대방이 위임하는 다른 사건이다. 사건의 동일성은 없으나 동일한 당사자 사이의 다른 분쟁에서 상대방을 대리할 수 없다는 것이다. 이는 변호사의 위임사무가 가지고 있는 인적 신뢰관계의 특성으로 인하여 인정되는 것으로 인적 제한(人的 制限)의 일종이다. 그러나 현재 수임하고 있는 사건에 한정된다고 할 것이다. 예컨대 현재 X로부터 수임 받아 Y를 상대로 A 사건을 처리하고 있는데, Y가 X를 상대로 한 다른 사건의 수임을 의뢰한 경우는 이를 수임할 수 없다. 그러나 전에 A 사건의 당사자 X로부터 수임 받아 Y를 상대로 한 사건을 처리하였지만 그 사건이 끝난 이후에 Y가 X를 상대방으로 하는 다른 사건을 의뢰한 경우에는 수임이 가능하다.

ⅲ) 공무원·조정위원 또는 중재인으로서 직무상 취급하거나 취급하게 된 사건(1항 3호) 공무원·조정위원 또는 중재인으로서 직무상 취급하거나 취급하게 된 사건은 수임할 수 없다. 일종의 직무상 제한(職務上 制限)이다. 예컨대 법관으로 변론에 관여한 사건을 사직 후에 변호사로서 사건을 수임하는 경우,[92] 법관으로 재심대상 사건의 변론에 관여한 사건을 사직 후에 재심사건의 변호사로서 소송대리한 경우,[93] 검사로 있으면서 가지고 있던 사건을 사직 후에 변호사로서 소송대리한 경우, 합동법률사무소의 이름으로 공증한 사건에 관하여 그 소속변호사가 소송대리 한 경우(법무법인 등 포함)[94] 등이 여기에 해당한다.

여기에서 공무원이라 함은 공무원 신분을 가진 사람이 직무상 취급한 사건만을 말하는 것이 아니고, 공무원 신분을 갖지 않은 사람이라도 자신이 취급한 사건이 국가권력인 사법권능을 행사하는 것이라면 그 사건을 처리한 자는 공무원 등에 해당하는 것으로 보아야 한다.[95]

② 위반행위의 효력

변호사법 31조의 수임제한은 변호사의 직무의 공정성 확보와 변호사의 품위유지만을 위한 것이 아니라, 의뢰인인 당사자 보호가 주된 목적이다. 따라서 이에 위반한 경우에는 변호사의 징계사유가 된다(변 90, 91조).[96]

그런데 이에 위반된 소송행위의 효력을 어떻게 볼 것인가가 문제이다. 이에 관

---

92) 대판 1962. 1. 31, 4294민상517, 518(= 61다517, 518).
93) 대판 1971. 5. 24, 71다556.
94) 대판(전) 1975. 5. 13, 72다1183.
95) 대판(전) 1975. 5. 13, 72다1183(사법권능의 행사란 집행권원이나 집행력 있는 정본의 형성에 관여하는 것을 말함).
96) 대판 1967. 1. 25, 66두12.

하여 절대무효설, 유효설(訓示規), 절충설로 추인설과 이의설 등이 있다. i) 절대무효
설은 본조의 목적이 변호사의 직무의 공정성 확보와 품위유지라는 공익적 측면을
강조하는 것이므로 이에 위반한 행위는 절대무효라는 견해이다. 이에 비하여 ii)
유효설(訓示規)은 본조의 목적이 당사자의 보호라는 사익적 측면에 있는 것이므로 이
를 위반하더라도 훈시규정을 위반한 것에 불과하므로 해당 소송행위는 유효하고
다만 변호사의 징계사유에 해당할 뿐이라고 본다. iii) 절충설 중 추인설은 이러한
행위는 무권대리행위로서 무효이지만 본인의 추인 또는 양쪽의 허락이 있으면 유
효하다고 본다. 이의설은 본인이나 상대방이 본조 위반사실을 알았거나 알 수 있
음에도 즉시 이의하지 아니하면 유효하다고 본다. 이는 소송절차의 이의권의 포
기·상실의 이론에 기초한 것이다.

절대무효설과 유효설(訓示規)은 본조의 취지의 일면 만을 강조한 것이므로 타당하
지 아니하고, 절충설 중 추인설은 배신감을 느끼는 것은 당초 의뢰한 본인임에도
불구하고 상대방의 추인으로도 유효할 수 있다는 점에서 문제이다. 따라서 불이익
을 받은 본인 또는 상대방이 이의를 제기하면 효력이 상실되고, 그렇지 아니하면
하자가 치유된다는 점에서 당사자 이익보호와 직무의 공정성, 절차의 안정 등을
동시에 고려하는 이의설이 타당하다. 판례는 일부 유효설[97]과 추인설[98]에 따른 경
우는 있으나, 주류는 이의설을 취하고 있다.[99] 다만 판례는 이의권 행사시기는 사
실심 변론종결 시로 본다.[100]

4. 변호사 아닌 자의 대리행위

법률상 소송대리인 외에 소송위임에 의한 소송대리인은 단독사건의 일정한 예
외를 제외하고는 변호사만이 할 수 있다(변호사대리의 원칙). 따라서 일정한 경우
소송사건에서 변호사가 아닌 자가 대리한 경우에 무권대리의 문제가 발생한다. 보
다 구체적인 경우를 살펴보면 다음과 같다.

(1) 징계에 의하여 정직 중인 변호사가 대리한 경우이다. 법원은 자격의 정지
중을 이유로 소송관여를 배척하여야 한다. 그러나 이를 하지 아니한 경우에는 변

---

97) 대판 1957. 7. 25, 4290민상213.
98) 대판 1962. 1. 31, 4294민상517, 518(= 61다517, 518); 대판 1970. 6. 30, 70다809.
99) 대판 1990. 11. 23, 90다4037, 4044; 대판 2003. 5. 30, 2003다15556; 대판 2007. 7. 26, 2005후2571.
100) 대판 2003. 5. 30, 2003다15556.

호사의 자격이 정지된 상태로서 곧 업무복귀가 가능하고, 이를 무권대리로 처리하면 당사자에게 오히려 불이익이 된다는 점에서 무효로 볼 것은 아니다.[101]

(2) 징계제명으로 변호사자격 상실자, 1억원 초과의 단독사건이나 합의사건에서 변호사 아닌 자의 대리 등의 경우에는 변호사자격 자체가 없는 것이므로 이는 무권대리행위에 해당하여 무효이다. 다만 본인의 소급효 없는 추인은 가능하다.[102]

(3) 변호사 아닌 사람이 다른 사람의 소송행위의 대리를 이익을 목적으로 또는 업으로서 행하는 경우(예: 소송사건의 처리를 전담할 목적의 지배인 등)에는 강행규정인 변호사법 제109조(비변호사의 영업행위 등의 처벌규정임) 위반으로 추인의 여지없이 절대적으로 무효이다.[103]

(4) 기타 법무사, 변리사 등이 업무영역 외의 일반소송사건에서 대리행위를 하는 것은 무권대리행위로서 무효이고 추인 가능여부는 위 (2), (3)에 준하여 보면 될 것이다.

---

101) 同旨: 이시윤, 199면; 정동윤/유병현/김경욱, 274면: 日最判 1967. 9. 27, 民集 21. 7. 1955; 日最判1968. 6. 21, 民集 21. 6. 1297.

102) 이시윤, 200면.

103) 대판 1978. 5. 9, 78다213; 대판 1978. 12. 26, 78도2131(변호사사무원으로 있으면서 3개 회사의 지배인으로 등기한 후에 지배인으로 소송행위를 한 경우임); 대판 1987. 4. 28, 86다카1802.

제3편

제1심 소송절차

소송절차는 소의 제기로 개시된다. 특히 민사소송은 사권(私權)에 대한 구제를 국가가 대신하는 것이지만 사적 자치의 원칙이 적용되는 사법상의 법률관계에 대한 분쟁을 대상으로 하고 있으므로, 당사자가 분쟁해결을 요청하기 전까지는 당사자의 민사적 분쟁에 관여할 수는 없다. 따라서 원고의 소제기가 있어야 소송절차가 개시되는 것이고, 소송절차는 제1심부터 시작된다. 본편은 「소송의 개시」(제1장)와 「소송의 심리」(제2장)로 크게 나뉜다. 또한 항소심절차와 상고심절차에 공통되는 개념인 소송요건, 소송물 등도 포함하여 설명한다.

제1장의 「소송의 개시」에서는 소의 의의 및 종류(제1절), 소송의 전제요건에 해당하는 소송요건(제2절), 심판의 대상인 소송물(제3절), 소의 제기(제4절), 소제기에 대한 법원의 조치와 피고의 대응(제5절), 소제기의 효과(제6절), 배상명령제도(제7절), 소송구조(제8절)로 나누어진다.

제2장의 「소송의 심리」에서는 심리의 개설(제1절), 심리에 관한 제 원칙(제2절), 변론(제3절), 증거조사(제4절), 심리절차의 진행과 정지(제5절)로 나누어 설명한다.

제1장 소송의 개시

제1절 소의 의의와 종류

I. 소의 의의

소(訴, Klage; action)라 함은 원고가 법원에 피고와 관련된 특정의 심판대상(소송물)에 대하여 판결을 통한 권리보호를 요구하는 소송행위를 말한다.[1] 즉 원고가 피고를 상대로 하여 일정한 법원에 대하여 특정의 소송물의 당부에 관한 심판(심리와 판결)의 요구를 통하여 권리보호를 구하는 신청을 의미한다. 따라서 소는 대표적인 소송행위로서, 구체적으로 보면 본안의 신청(申請, Antrag)에 해당한다.[2] 개념을 보다 구체적으로 나누면 아래와 같다.

(1) 소는 판결을 목적으로 하는 '소송절차의 개시형식'이다. 소는 항소심에서의 반소 등의 경우 외에는 통상 제1심의 소송절차부터 시작된다. "소가 없으면 판결 없다."는 법언이 이를 잘 표현해 준다. 소송절차는 소가 있어야 개시하고, 신청한 사항에 한하여 판단할 수 있다[처분권주의 또는 불고불리(不告不理)의 원칙]. 또한 소송절차는 소로써 개시되고, 판결로써 종료된다. 따라서 소송의 개시를 강조하면 소송절차라 하고, 판결을 강조하면 판결절차라고 하는 것이다.

(2) 소는 심리와 판결을 요구하는 것이므로, i) 심판의 대상인 소송물을 특정하여야 하고, ii) 당사자(원고·피고)가 누구인지, iii) 어느 법원에 하는 것인지를 분명히 하여야 한다. 따라서 소에는 소송물, 당사자, 수소법원을 특정하여야 한다. 소장에 필수적 기재사항 등을 직도록 한 것도 이러한 요청에 따른 것이다($^{249, 274}_{조 1항}$).

그런데 소의 개념 중 소송물인 청구의 중요성을 강조한 나머지 소와 청구를 동일한 개념으로 사용하는 경우가 있다. 즉 청구의 변경을 '소의 변경'이라고 하거나, 청구의 병합을 '소의 객관적 병합' 등으로 표현하는 것이 그 예이다. 그러나 엄밀

---

1) 민사소송의 목적과 관련하여 사권보호설의 입장에서의 정의이다. 분쟁해결설의 입장에서는 "판결에 의한 분쟁해결의 요구"라고 정의한다(김홍규/강태원, 178면).
2) 통상 변론에서의 당사자의 소송행위는 본안의 신청과 공격방어방법(주장·증명)으로 나누어진다. 소는 소송행위 중 본안의 신청에 해당한다.

하게 보면 청구는 소의 구성개념으로서 소보다는 좁은 개념으로 이해하여야 한다.

(3) 소는 법원에 대하여 '권리보호를 요구하는 소송행위'로서, 그 성질은 본안의 신청이다. 통상 신청이라 하면 판결·결정·명령이라는 재판을 요구하는 소송행위를 모두 포함한다. 그러나 보다 좁게 개념 정의하면 소는 신청 중 판결을 요구하는 신청인 것이다. 소는 소송행위 중 법원에 대하여 특정한 재판을 구한다는 점에서 취효적 소송행위이다.[3] 따라서 소는 소송행위이므로 사법상의 법률행위와는 차이가 있다. 하지만 소의 제기가 실체법상 시효중단 또는 법률상 기간준수 등의 효력이 발생하는 것은 법률이 소제기 행위 자체를 법률요건으로 정하고 있기 때문에 발생하는 부수적 효과도 있다(법률요건적 효력). 소가 법률요건적 효력도 있다는 점에서 여효적 소송행위이기도 하다.

(4) 법원은 소에 대하여 판결로써 응답할 의무를 진다. 이는 헌법 제27조의 「재판을 받을 권리」의 구체적 형태라고 할 것이다. 판결의 형태에는 소의 적법요건인 소송요건이 존재하지 아니할 경우에 하는 소각하 판결이 있고, 소송물의 존부에 관한 판단인 청구인용·청구기각 판결, 일부인용·일부기각 판결이 있다. 전자를 소송판결(訴訟判決), 후자를 본안판결(本案判決)이라 한다.

Ⅱ. 소의 종류

소의 종류는 i) 청구의 성질·내용에 따라 이행의 소, 확인의 소, 형성의 소로 나뉘고, ii) 소제기의 형태·시기에 따라 단일의 소와 병합의 소, 독립의 소와 소송중의 소로 나눌 수 있다.

1. 청구의 성질·내용에 의한 분류

(1) 총 설

소를 청구의 성질·내용에 따라 분류할 때에 이행의 소, 확인의 소, 형성의 소로 나눌 수 있다. 연혁적으로 보면 이행의 소는 로마법 시대부터 인정된 소송의 원형(原型)이라고 할 수 있고, 오늘날에도 가장 많이 이용되고 있다. 반면 확인의

---

3) 소송행위를 그 목적 또는 기능에 따라 나누어 법원에 대하여 특정한 재판을 요구하는 행위 및 이를 뒷받침하기 위한 자료를 제출하는 행위인 취효적 소송행위(取效的 訴訟行爲)와 그 이외의 소송행위인 여효적 소송행위(與效的 訴訟行爲)가 있다. 이는 독일의 골드슈미트(Goldschmidt)가 제창하여 일반화되었다.

소는 19세기 독일에서 아직 이행기가 도래하지 아니하거나 권리침해가 현실화되지 않은 상태에서 권리 또는 법률관계의 확인을 받으려는 소송이 많아지면서 판례 및 학설이 이를 인정하게 되었고, 1877년 독일민사소송법에서 처음 입법화되어 현재 널리 이용되는 소송형태이다.[4] 형성의 소는 20세기에 들어와 비로소 인정된 소의 형태로서 가사소송·회사소송 등에서 점차 넓게 인정되고 있다. 확인의 소와 형성의 소는 19~20세기에 접어들면서 개인의 권리신장과 복지국가이념의 강화에 따른 결과물로 볼 수 있다.[5]

이러한 세 가지 형태의 소 가운데 청구권·형성권의 확정이라는 면에서 보아 확인의 소가 모든 소의 기본형이라는 견해가 있다.[6] 그러나 확인의 소가 청구권·형성권의 확정이라는 면에서 공통점을 갖고 있다고 할 수 있지만, 세 가지 소송은 소의 발전과정에서 독자적 필요성에 따라 인정된 것이고 그 독립성을 인정하는 것이 타당할 것이므로 구태여 이론적으로 묶어둘 필요는 없다고 본다(獨自制度說, 통설). 그 외에 이행의 소를 집행력의 창설을 목적으로 하는 소송법상의 형성의 소로 보아 확인의 소와 형성의 소로 2분하려는 견해, 이행·확인·형성의 소 이외에 소송법상의 형성의 소인 청구에 관한 이의의 소($^{민집}_{44조}$), 재심의 소($^{451}_{조}$) 등과 행정소송 중 항고소송($^{행소}_{4조}$)을 확인적 기능과 형성적 기능을 가지고 있다고 하여 제4의 소의 유형으로 분류하여 '구제(救濟)의 소'를 인정하는 견해 등이 있다.[7]

이하에서는 이행·확인·형성의 소를 중심으로 살펴보겠다.

(2) 이행의 소

① 의 의

이행의 소라 함은 피고에 대한 이행청구권을 주장하여 그 확인과 이행명령을 명하는 판결을 구하는 소이다. 즉 이행청구권의 확인과 그것의 이행명령을 요구하는 소이다. 이행의 소는 이행판결을 통하여 이행청구권을 확인함과 동시에 이행명령을 선고받음으로써 이를 집행권원으로 하여 이행청구권의 강제집행이 가능하다. 그러한 점에서 명령형의 소라고 할 수 있다.[8]

---

4) 호문혁, 73면.
5) 同旨: 이영섭, 222면.
6) 호문혁(2008), 79면.
7) 자세한 것은 정동윤/유병현/김경욱, 82-83면 참조.
8) 이시윤, 203면.

② 종 류

이행의 소는 i) 이행청구권에 기초하여야 한다. 원칙적으로 실체법상의 청구권이 주된 대상이 되고, 채권이나 물권이든 상관이 없으며 공법상의 청구권이라고 하더라도 민사소송 사항이면 문제가 없다. ii) 또한 이행청구권의 내용에 따라 금전의 지급(예: 대여금청구, 손해배상청구 등), 물건의 인도, 의사표시를 구하는 것(예: 소유권이전등기청구 등), 작위청구(예: 건물철거ㆍ토지인도청구 등), 부작위 또는 인용청구(忍容請求)(예: 가옥출입금지ㆍ일조방해금지청구 등) 등이 있다. 특히 금전지급 판결에 있어서는 장래이행의 청구에 관하여는 정기금의 지급을 명할 수 있다($_{조\ 1항\ 1호}^{252조, 가소\ 68}$). iii) 변론종결시에 이행기의 도래 여부에 따라 이행기가 도래한 경우인 '현재의 이행의 소'와 그것이 도래하지 아니한 '장래의 이행의 소'로 나뉜다. 다만 장래의 이행의 소는 '미리 청구할 필요'가 있는 경우에 한하여 소의 이익이 인정된다($_{조}^{251}$). 현재의 이행의 소에 부가한 일종의 장래 청구라 할 수 있는 지연손해금에 대하여는 소장 송달 다음날부터 연 12%의 비율에 의한 금원을 지급받을 수 있다($_{3조 1항}^{소촉법}$).[9] iv) 최근 권리의식의 신장과 공해 등 환경관련 소송에 있어서 일종의 금지청구라 할 수 있는 부작위청구소송이 늘고 있다. 이러한 부작위청구소송도 원칙적으로 계약상ㆍ법률상 부작위청구권에 기초하여야 하지만, 명문상 부작위청구권이 없는 경우에도 헌법상의 자유권의 침해 등에 기초하여 청구할 여지가 있다.[10] 나아가 등기수취의 소($_{조\ 4항}^{부등\ 23}$)[11]의 경우에는 이행청구권 없이도 청구가 가능하다.[12]

③ 이행의 소에 대한 판결

이행의 소에 대해 법원은 다음과 같이 응답한다.

(a) 소각하 판결　　이행의 소의 소송요건에 흠이 있는 경우에 소를 부적법 각

---

9) 소송촉진 등에 관한 특례법 제3조 제1항의 본문의 위임에 근거한 「소송촉진 등에 관한 특례법 제3조제1항 본문의 법정이율에 관한 규정」에 따라 지연손해금의 법정이율은 i) 1981. 3. 1.부터 2003. 5. 31.까지는 연 25%, ii) 2003. 6. 1.부터 2015. 9. 30.까지 연 20%, iii) 2015. 10. 1.부터 2019. 5. 31.까지 연 15%, iv) 2019. 6. 1.부터 현재까지 연 12%이다.

10) 同旨: 정동윤/유병현/김경욱, 72면.

11) 등기의무자가 등기권리자에게 등기를 인수하여 가라는 소송을 말한다. 예컨대 매수인이 매매계약에 따른 대금지급의무를 모두 이행하고도 등기를 하지 아니하여 각종 세금 등이 매도인에게 계속하여 나오는 경우에 매도인이 매수인을 상대로 그 등기의 인수를 구하는 소송형태이다.

12) 대판 2001. 2. 9, 2000다60708; 대판 2008. 4. 24, 2006다11920, 대판 2014. 3. 13, 2012다24361(자동차 양수인이 양도인으로부터 자동차를 인도받고서도 등록명의 이전을 하지 않는 경우, 양도인이 양수인을 상대로 소유권이전등록의 인수절차 이행을 구할 수 있음). 다만 자동차가 전전 양도된 경우 중간생략등록의 합의가 없는 한 양도인은 전전 양수인에 대하여 직접 양수인 명의로 소유권이전등록의 인수절차 이행을 구할 수 없다(대판 2020. 12. 10, 2020다9244).

하하는 판결을 하게 된다. 이러한 소 각하 판결은 소송판결이지만, 소송요건의 부존재를 확정하는 점에서 기판력이 발생한다. 확인판결의 일종이다.

(b) 청구인용 판결   이행의 소가 소송요건을 갖추고, 이행청구권이 존재하는 경우에는 이행청구권을 확정하고, 이행명령을 선언하는 이행판결을 하게 된다. 이러한 이행판결이 확정되거나, 가집행선고가 붙은 경우에는 이러한 이행판결을 집행권원으로 하여 집행문을 부여받아 강제집행이 가능하다. 따라서 이행판결은 이행청구권의 확정이라는 면에서 기판력이 발생하고, 이에 대한 이행명령에 따라 집행력이 발생하게 된다. 그렇기 때문에 이행판결은 이행청구권의 존재를 확정한다는 점에서 확인적 요소가 있고, 이행명령으로 인하여 집행력이 발생하므로 형성적 요소를 가지고 있다.[13]

(c) 청구기각 판결   소송요건은 갖추었으나, 이행청구권의 존재가 인정되지 아니하는 경우에는 원고의 청구를 기각하는 판결을 하게 된다. 이러한 청구기각의 판결은 이행명령을 수반하는 것이 아니고 단순히 이행청구권의 부존재를 확인하는 확인판결의 의미만이 있다. 다만 이행청구권의 부존재에 대하여는 기판력이 발생한다.

(3) 확인의 소

① 의 의

확인의 소라 함은 특정한 권리·법률관계의 존부확정을 요구하는 소로서, 예외적으로 증서의 진정여부를 확인하는 경우($\frac{250}{조}$)를 포함한다. 확인의 소는 당사자 사이에 다툼 있는 법률관계를 공권적·관념적으로 확정하여 법률적인 불안을 제거하기 위한 것이 주된 목적이다.

그러나 확인의 소를 통하여 얻는 확인판결은 기판력만이 있고 집행력이 없지만, i) 그 권리확정을 통하여 후발적 이행소송 등을 막을 수 있고, 소극적 확인소송을 통하여 향후 권리침해의 재발을 막을 수 있다는 점에서 분쟁의 예방적 기능, ii) 소유권 등의 절대권의 존재확인, 고용·임대차 등의 계속적 법률관계의 존재확인, 친자관계 등의 신분관계의 존재확인 등을 통하여 동시 다발의 분쟁을 근원적으로 해결할 수 있는 총체적 분쟁해결기능, iii) 액수확정이 어려워 이행소송을 제기할 수 없는 경우의 청구권 존재확인을 통한 소멸시효의 중단을 꾀할 수 있는 대체적 기능 등이 존재한다.

---

13) 同旨: 정동윤/유병현/김경욱, 73면.

② 종 류

확인의 소는 i) 소유권확인 등과 같이 권리·법률관계의 존재의 확정을 목적으로 하는 적극적 확인의 소와 채무부존재확인 등과 같이 권리·법률관계의 부존재의 확정을 목적으로 하는 소극적 확인의 소, ii) 통상의 확인의 소의 형태인 독립된 확인의 소와 그 특수형태로서 본소 청구의 판단에 대해 선결관계 있는 법률관계의 존부에 대하여 인정하는 중간확인의 소($\frac{264}{조}$), iii) 권리·법률관계의 존부확인의 소와 예외적으로 인정되는 증서의 진정여부를 확인하는 소($\frac{250}{조}$) 등이 있다.

〈사실상 혼인관계 존부확인소송〉

확인의 소에 해당하는지 여부와 관련하여 사실상 혼인관계존부확인소송[가소 2조 1항 가. (2) 1호: 가사소송 중 나류사건]의 법적 성질이 문제된다. 이 문제에 관하여 법률상 혼인의 법률요건인 혼인당사자의 혼인에 관한 합의의 존재 여부를 확인하는 법률관계의 존부의 확인소송설,[14] 사실상 혼인관계의 존부의 확인소송설,[15] 혼인신고의 의사표시를 구하는 것이라는 이행소송설, 부존재확인청구는 소극적 확인의 소이고 존재확인청구는 사실혼관계를 형성요건으로 하여 법률혼의 창설을 목적으로 하는 형성의 소라는 확인·형성소송설[16]이 있다.

생각건대, 민법상 혼인의 성립과 관련하여 법률혼주의를 취하고 있고, 「가족관계의 등록 등에 관한 법률」 제72조에서 사실상 혼인관계 존재확인의 재판이 확정된 경우에는 소를 제기한 사람이 단독으로 재판의 확정 일부터 1개월 이내에 재판서의 등본 및 확정증명서를 첨부하여 신고할 수 있도록 한 점, 이러한 단독의 신고행위를 확인판결의 광의의 집행력으로 볼 수 있고, 위 제72조상의 신고가 보고적 신고가 아닌 창설적 신고로 보아야 한다는 점,[17] 동일한 사실관계의 존부가 소송의 형태에 따라 확인소송과 형성소송으로 그 성질을 달리한다는 것이 적절하지 아니하다는 점 등에 비추어 보면 법률관계의 존부의 확인소송으로 보는 것이 타당하다고 본다. 또한 판례도 같다.[18]

사실상 혼인관계의 존부확인과 관련하여 연금법 등에 의한 유족급여청구의 필요상 사망한 자와의 사실상 혼인관계의 존재가 문제되는 경우에는 유족급여청구소송에서 그 선결문제로 처리하면 된다고 본다.[19] 별도의 확인의 소는 원칙적으로 과거의 법률관계의 확인이므로 소의 이익이 없다고 할 것이고, 예외적으로 다수의 분쟁을 일거에 해결할 수 있는 특별한 사정이 있는 경우에만 확인의 이익이 인정되어 검사를 피고로 하여

---

14) 방순원, 278면; 송상현/박익환, 193면.
15) 김용욱, 134면.
16) 김홍규/강태원, 218면; 이시윤, 205면; 정동윤/유병현/김경욱, 74면.
17) 대판 1973. 1. 16, 72므25.
18) 대판 1973. 1. 16, 72므25; 대판 1995. 3. 28, 94므1447; 대판 1995. 11. 14, 95므694.
19) 同旨: 이시윤(2008), 177면.

그 존부확인을 구할 수 있다.[20]

③ 확인의 소에 대한 판결

확인의 소에 대하여 법원은 다음과 같이 응답한다.

(a) 소각하 판결 확인의 소가 소송요건을 갖추지 못한 경우에는 소 각하 판결을 하여야 한다. 소송요건의 부존재를 확인하는 판결로서, 소송판결에 해당한다. 소송요건의 부존재에 관하여 기판력이 발생한다.

(b) 청구인용 및 청구기각 판결 소송요건을 구비한 경우에 확인의 소에 대한 청구인용의 판결은 원고가 주장한 권리·법률관계의 존부를 확정하는 효력이 발생한다. 반면 청구기각의 판결은 원고가 주장한 반대의 권리·법률관계의 존부(예: 적극적 확인의 소의 경우에는 그것의 부존재를, 소극적 확인의 소의 경우에는 그것의 존재를 확정함)를 확정하는 효력이 발생한다. 이렇게 확정된 권리·법률관계의 존부에 관하여 기판력이 발생한다.

(c) 확인의 소에 대한 판결은 기판력만이 있고, 청구가 인용되어도 이행판결과 달리 집행력이 발생하지 아니한다.

(4) 형성의 소

① 의 의

(a) 형성의 소라 함은 법률관계의 변동(變動)을 구하는 소이다. 즉 새로운 법률관계의 발생이거나, 기존의 법률관계의 변경·소멸을 구하는 판결을 요구하는 형태의 소이다. 따라서 형성의 소는 법률관계의 변동(발생·변경·소멸)을 통한 창설적 효과의 발생을 목적으로 하고 있다는 점에서, 단순히 권리관계의 확정·실현이라는 선언적 효과의 발생을 목적으로 확인·이행의 소와는 구별된다. 이런 의미에서 형성의 소를 '창설의 소' 또는 '권리변동의 소'라고 한다.

(b) 법률관계를 변동시키는 형성권에 관하여 보면, i) 당사자의 일방적 의사표시로서 법률관계의 변동이 가능한 경우(예: 해제·해지권, 취소권, 상계권, 지상물매수청구권 등), ii) 소를 제기하여 법원의 판결을 통하여 가능한 경우(예: 주주총회결의 취소의 소 등)가 있다. 그중에서 형성의 소는 후자에 해당한다. 따라서 형성의 소는 소로서 형성요건을 주장하여 판결을 받음으로써 권리변동이 발생하는 것이다.

(c) 통상 형성의 소는 명문의 규정이 있는 경우에만 인정되며,[21] 특히 형성판

---

20) 대판 1995. 3. 28, 94므1447; 대판 1995. 11. 14, 95므694; 대판 1996. 5. 10, 94다35565.

결은 대세적 효력이 있으므로 일반적으로 제소권자·제소기간 등을 정하고 있다.

② 종 류

형성의 소는 통상 실체법상의 형성의 소, 소송법상의 형성의 소, 형식적 형성의 소로 나뉜다. 그러나 그 밖에 형성의 소는 i) 소의 내용에 따라 법률관계를 창설(創設)하는 내용을 가진 경우를 '적극적 형성의 소'(예: 인지청구, 부의 결정청구, 특허법상의 통상실시권허여의 심판청구 등)라 하고, 반대로 법률관계가 소멸(消滅)하는 경우에는 '소극적 형성의 소'(예: 이혼, 혼인·입양 등의 무효·취소, 회사의 설립취소, 주주총회결의취소, 재심 등)라 한다. ii) 판결의 효력이 소급하는지 여부에 따라, 장래에만 판결이 효력이 미치는 '장래의 형성의 소'(ex nunc)와 효력이 소급하는 '소급적 형성의 소'[ex tunc; 예: 혼인의 무효, 친생부인, 재심, 항고소송, 특허무효심판($^{특허}_{133조}$), 형벌법규에 관한 위헌결정($^{헌재 47}_{조 2항}$) 등] 등으로 나눌 수 있다. 통상 형성판결은 소급하지 아니하고 장래에 대하여만 미친다.

이하에서는 실체법상의 형성의 소, 소송법상의 형성의 소, 형식적 형성의 소에 관하여 살펴보겠다.

(a) **실체법상의 형성의 소**　실체법상의 법률관계의 변동(발생·변경·소멸)을 목적으로 하는 소이다. 가사소송[22]·회사관계소송[23]이 대부분 여기에 해당한다. 그 외에 행정처분의 취소·변경을 목적으로 하는 항고소송, 선거무효·당선무효의 소($^{공선 222,}_{223조}$), 위헌제청($^{헌재 47}_{조 2항}$), 헌법소원($^{헌재}_{08조}$) 등이 여기에 해당한다.

소의 법적 성질과 관련하여 학설상 대립이 있는 것은 다음과 같다.

〈혼인·입양·이혼의 무효 등의 청구(가소 2조 1항 가. (1)의 가류사건)〉
혼인·입양·이혼의 무효의 소의 성질에 대하여 실체법상의 형성의 소로 보는 것이 통설이다. 그런데 혼인·입양·이혼의 무효는 권리관계의 변동을 구하는 것이 아니므로 확인의 소로 보는 견해도 있다. 그러나 신분관계의 변동과 관련이 있고 대세적 효력이 있다는 점, 이미 혼인신고 등이 되어 있는 것의 효력을 다투는 점 등에 비추어 보

---

21) 대결 2020. 4. 24, 2019마6918(민법상 조합의 청산인에 대하여 법원에 해임을 청구하는 소는 형성의 소에 해당하고 해임을 청구할 권리가 조합원에게 인정되지 않으므로, 특별한 사정이 없는 한 그와 같은 해임청구권을 피보전권리로 하여 청산인에 대한 직무집행정지와 직무대행자선임을 구하는 가처분은 허용되지 않는다).

22) 구체적으로 보면 재판상 이혼, 혼인·이혼·파양·인지의 취소, 파양, 친생부인, 인지청구 등 가사소송법 제2조 제1항 가. (2) 나류사건(다만, 사실상혼인관계존부확인은 예외임)이 여기에 해당한다.

23) 구체적으로 회사의 설립무효, 합병무효, 주주총회결의의 취소·변경, 신주발행무효 등이 여기에 해당한다.

면 형성의 소로 보는 통설이 타당하다.

〈주주총회결의 무효·부존재 확인의 소〉

주주총회결의 무효·부존재 확인의 소의 성질에 관하여 확인소송설과 형성소송설이 대립되고 있다. 이것을 확인의 소로 보면 다른 소송에서 항변 또는 선결문제로 결의무효를 다툴 수 있는 데 반하여, 형성소송으로 보면 오직 소로서 무효·부존재를 다툴 수 있을 뿐이다. 무효와 관련하여 형성소송설을 주장하는 학자들[24]의 주요근거로 i) 주주총회결의 무효확인판결의 효력이 제3자에게 미친다는 점($\frac{상 190,}{380조}$), ii) 무효확인의 소가 내용상의 흠을 이유로 하고, 결의취소의 소는 형식상의 흠(총회의 소집, 결의의 방법 등)을 사유로 하고 있을 뿐 효력제거라는 목적에 차이가 없고 그 소송물이 동일하다고 보아야 한다는 점 등을 들고 있다. 민사소송법 학자들이 주로 주장하고 있다. 한편 확인소송설을 주장하는 학자들[25]은 i) 무효확인 판결이 소급효를 가진다는 점(1995. 12. 29. 상법개정으로 상법 제380조에서 결의무효·부존재 확인판결의 경우에 상법 제190조 본문만을 준용하고 단서의 준용을 제한함으로써 소급효를 인정함), ii) 무효사유와 취소사유는 엄연히 청구원인을 달리하는 것이므로 그 소송물을 동일하다고 볼 수 없다는 점, iii) 당연무효의 행정처분도 민사법원이 선결문제로 판단할 수 있는 것 같이 사법상의 법률행위의 유효성 여부는 누구든 주장할 수 있다는 점 등에 근거하고 있다. 판례는 확인소송설을 취하고 있다.[26]

생각건대, 총회의 결의의 내용이 법령에 위반한 것을 이유로 하는 주주총회결의 무효확인의 소가 비록 제3자에 대하여 효력이 있다고 하여도 소급효를 갖고 있어 무효로서의 성질을 가지고 있다고 보아야 하고, 원칙적으로 형성의 소는 법률에 특별한 규정이 있는 것에 한정한다는 점에서 이를 제한적으로 해석할 필요가 있다는 점 등에 비추어 확인소송으로 보는 것이 타당하다고 본다.

또한 총회의 소집절차 또는 결의방법에 총회결의가 존재한다고 볼 수 없을 정도의 중대한 하자가 있는 것을 이유로 하는 주주총회결의 부존재확인의 소도 마찬가지 이유로 확인의 소로 보아야 한다.[27] 판례도 같다.[28]

〈사해행위취소소송〉

사해행위취소소송의 법적 성질은 채권자취소권의 법적 성질을 어떻게 보느냐에 따라 결정된다. i) 채권자취소권은 사해행위의 취소를 내용으로 하는 형성권이라고 보는 형성권설에 의하면, 사해행위취소소송의 법적 성질은 형성의 소로 본다. 취소소송의 피

---

24) 김홍규/강태원, 222면; 이시윤, 207면; 정동윤/유병현/김경욱, 77면; 송상현/박익환, 195면.

25) 강현중, 334면; 김용진, 124면. 상법학자들 사이에는 다수설임.

26) 대판 1962. 5. 17, 4294민상1114.

27) 同旨: 강현중, 334면; 김용진, 124면; 김홍엽, 244면. 反對: 김홍규/강태원, 222면; 이시윤, 207면; 정동윤/유병현/김경욱, 77면; 송상현/박익환, 195면.

28) 대판 1992. 8. 18, 91다39924; 대판 1996. 6. 11, 95다13982.

고도 취소행위와 관련된 채무자, 수익자 및 악의의 전득자를 모두 포함하게 된다. 취소된 법률행위는 소급적으로 무효이다(절대적 무효). 청구취지에 사해행위의 취소를 구하고, 주문에 그 인정 여부를 판단하여야 한다.

ii) 채권자취소권을 채무자로부터 일탈한 재산의 반환에 목적을 두고 있는 청구권설에 의하면, 사해행위취소소송의 법적 성질을 이행의 소로 본다. 따라서 취소소송의 피고도 재산반환의 상대방인 수익자 또는 전득자만이 해당한다. 취소의 효과는 악의의 수익자 또는 전득자에 대한 관계에서 상대적으로 발생하고(상대적 무효), 채무자와 수익자, 수익자와 전득자 사이의 법률행위에 미치지 아니한다. 청구취지와 주문에 사해행위의 취소를 적을 필요가 없고, 일탈재산의 반환만을 표시하면 된다. 그러나 청구원인에서 사해행위의 취소를 선결문제로 주장하여야 한다. 따라서 채무자를 피고로 할 필요가 없다.[29)]

iii) 채권자취소권을 사해행위의 취소와 일탈한 재산의 원상회복이라는 목적을 동시에 추구하고 있다고 보는 병합설(또는 절충설)에 의하면 사해행위의 취소라는 형성의 소와 일탈재산의 반환이라는 이행의 소가 병합된 것으로 보게 된다.[30)] 병합설에 의하면 사해행위의 취소의 효력을 어떻게 보느냐에 따라 피고 및 청구취지·주문의 표시 방법이 달라지지만, 취소의 효력을 상대적 무효로 보는 경우에는 청구권설과 같은 결론에 이른다. 반대로 절대적 무효로 보는 경우에는 형성권설과 같다. 병합설 중 상대적 효력을 인정하면서 사해행위의 취소를 주문에 표시하는 절충적 견해가 판례·통설의 입장이다.

iv) 채권자취소권의 법적 성질을 사해행위 자체의 취소나 일탈재산의 반환을 목적으로 하는 권리로 보지 아니하고, 일탈재산에 대한 「집행가능성을 회복하는 권리」 또는 는 「책임법적 무효의 효과를 발생하는 권리(일종의 형성권으로 봄)」로 보는 책임설[31)]에서는 사해행위취소소송은 책임법상 무효의 효과가 발생하는 형성의 소와 일탈재산에 대한 강제집행의 수인(受認)을 구하는 이행의 소의 결합으로 본다.[32)] 책임설은 크게 보면 병합설의 일종으로 볼 수 있다. 책임설의 피고, 청구취지 및 주문의 표시 등은 병합설 중 취소의 효력을 상대적 무효로 보는 견해와 같다. 다만 청구취지 및 주문에 표시하는 방법이 책임법적 취소와 강제집행의 수인에 맞게 하여야 하는데 이 부분이 어려운 부분이다.

위에서 본 바와 같이 통설 및 판례[33)]는 병합설 중에서도 절충적인 견해이다. 즉 수익자 또는 전득자만이 피고가 되지만 채무자와 수익자 사이의 사해행위의 취소는 주문

---

29) 이시윤, 208면; 한충수, 177면.

30) 김홍엽, 245면.

31) 자세한 내용은 정동윤/유병현/김경욱, 77-78면 참조.

32) 정동윤/유병현/김경욱, 77면.

33) 대판 1961. 11. 9, 4293민상263; 대판 1962. 2. 15, 61다378; 대판 1967. 12. 26, 67다1839; 대판 2001. 5. 29, 99다9011; 대판 2004. 8. 30, 2004다21923 등.

에 표시하여야 한다. 그러나 취소소송의 효력은 채권자와 그 상대방인 수익자 또는 전
득자 사이에 상대적 관계에서만 미칠뿐이고, 소송에 참가하지 아니한 채무자 또는 채
무자와 수익자 사이의 법률관계에는 미치지 아니한다.[34] 그리하여 부동산에 관한 소유
권이전의 원인행위가 사해행위로 인정되어 취소되더라도 부동산은 여전히 수익자의 소
유이고, 다만 채권자에 대한 관계에서 채무자의 책임재산으로 환원되어 강제집행을 당
할 수 있는 부담을 지는데 불과하다.[35]

따라서 채무자가 사해행위취소로 그 등기명의를 회복한 부동산을 제3자에게 처분하
더라도 이는 무권리자의 처분에 불과하여 효력이 없으므로, 취소채권자나 민법 제407
조에 따라 사해행위취소와 원상회복의 효력을 받는 채권자는 채무자의 책임재산으로
취급되는 그 부동산에 대한 강제집행을 위하여 위와 같은 원인무효 등기의 순차 명의
인들을 상대로 그 등기의 말소청구도 가능하다.[36]

생각건대, 채권자취소권을 규정하고 있는 민법 제406조 제1항 본문에서 "채무자가
채권자를 해함을 알고 재산권을 목적으로 한 법률행위를 한 때에는 채권자는 그 취소
및 원상회복을 법원에 청구할 수 있다."고 하여 사해행위의 취소와 원상회복을 목적으
로 한다는 것을 명백히 하고 있는 점, 우리 민사소송법제하에서 강제집행의 수인을 구
하는 책임의 소(Haftungsklage)를 인정하고 있지 아니한 점, 또한 사해행위의 취소 및
원상회복을 "법원에 청구할 수 있다."고 하여 채권자취소권의 행사를 소를 통해서만
할 수 있다고 해석하여야 한다는 점[37] 등에 비추어 상대적 효력을 인정하면서 사해행
위의 취소와 일탈재산의 반환을 인정하는 통설·판례의 입장이 타당하다고 본다.

(b) 소송법상 형성의 소 소송법상 형성의 소라 함은 소송법상 법률관계의
변동(발생·변경·소멸)을 목적으로 하는 소를 말한다. 여기에는 재심의 소($^{451}_조$), 준
재심의 소($^{461}_조$), 정기금판결에 대한 변경의 소($^{252}_조$), 재권판결에 대한 불복의 소($^{490}_조$),
중재판정취소의 소($^{중재}_{36조}$) 등이 있다. 또한 민사집행법상 청구에 관한 이의의 소($^{민집}_{44조}$),
집행문부여에 대한 이의의 소($^{민집}_{45조}$), 제3자 이의의 소($^{민집}_{48조}$), 배당이의의 소($^{민집 154}_{조 1항}$), 채
권조사확정 재판에 대한 이의의 소($^{채무회생 171}_{조 1항}$) 등에 관하여 소의 성질에 관하여 다툼
이 있으나, 통설·판례[38]는 형성소송으로 본다.

---

34) 대판 1988. 2. 23, 87다카1989; 대판 2001. 5. 29, 99다9011.
35) 대판 2016. 11. 25, 2013다206313; 대판 2017. 3. 19, 2015다217980.
36) 대판 2017. 3. 19, 2015다217980; 대판 2017. 9. 21, 2016다8923(다만 사해행위 이후에 채
권을 취득한 채권자는 민법 제407조가 정한 사해행위취소와 원상회복의 효력을 받은 채권자는 아님)
37) 채권자취소권의 행사를 반드시 소로서만 행사할 수 있는지 여부에 관하여, 파산절차상의 부
인권이 항변에 의하여 행사할 수 있다는 이유로(채무회생 396조 1항) 소가 아닌 이행·확인소송에
서 선결문제로 주장할 수 있다는 견해가 있다(강현중, 282면). 판례는 소를 제기하는 방식으로만
채권자취소권을 행사할 수 있다고 본다(대판 1962. 2. 8, 4294민상722; 대판 1998. 3. 13, 95다
48599 등).

다만 소송법상 형성의 소는 실체법상 형성의 소와 달리 대세효가 없고, 소제기 권자가 제한되는 등의 차이가 있다. 이러한 특성을 이유로 하여 소송법상 형성의 소를 인정하지 아니하고 이를 '구제소송(救濟訴訟)' 또는 '소송법상 인정된 특수소 송' 등으로 보아야 한다는 주장도 있다.

(c) 형식적 형성의 소   형식적 형성의 소라 함은 형식적으로 소송의 형태를 취하고 있지만, 사건의 실질은 비송사건에 속하는 소를 말한다. 여기에는 공유물 분할청구($_{268조}^{민}$),[39] 부를 정하는 소($_{가소 27조}^{민 845조}$), 토지경계확정의 소,[40] 법정지상권에 따른 지료청구의 소,[41] 명예회복을 위하여 적당한 조치를 구하는 소($_{특허 131조, 실용 30조 등}^{민 764조, 부정경쟁 6조,}$) 등이 있다.

판례는 경계확정의 소와 관련하여 경계의 확정 외에 토지소유권의 범위확정도 포함한다고 하여 소유권확인소송의 의미도 있다는 뜻을 비쳤으나($_{30, 70다579}^{대판 1970. 6.}$),[42] 토지 경계확정의 소는 토지의 공법상의 경계확정을 구하는 소로서 토지에 관한 소유권 의 범위나 실체법상의 권리확인을 목적으로 하는 것이 아니라고 하여($_{44503; 대판 1997. 7. 8,}^{대판 1993. 10. 8, 92다}$ $_{36517}^{96다}$), 형식적 형성소송임을 명백히 하였다고 본다.

---

38) 대판 1971. 12. 28, 71다1008(청구이의); 대판 1996. 11. 22, 96다37176(제3자이의).

39) 다만 상속재산분할청구는 가사소송법 제2조 제1항 제2호 나목 10)에서 정한 마류 가사비송 으로서 가정법원에 상속재산분할심판을 청구할 수 있을 뿐이고, 상속재산에 속하는 개별재산에 관 하여 민법 제268조에 따른 공유물분할청구의 소는 허용되지 않는다(대판 2015. 8. 13, 2015다 18367). 또한 공유물분할청구권도 채권자대위권의 목적이 될 수 있지만, 채권자가 금전채권(金錢債 權)을 보전하기 위하여 공유물분할청구권을 대위 행사하는 것은, 책임재산의 보전과 직접적인 관련 이 없을 뿐만 아니라 채무자의 자유로운 재산관리행위에 대한 부당한 간섭이 되면 보전의 필요성 을 인정할 수 없고, 게다가 분할방법에 재량성이 인정되는 공유물분할청구권의 성격 등에 비추어 볼 때 대위행사를 허용하면 여러 법적 문제들이 발생한다. 따라서 예외적인 경우가 아니면 금전채 권자는 부동산에 관한 공유물분할청구권을 대위행사 할 수 없다고 보아야 한다(대판(전) 2020. 5. 21, 2018다879). 또한 공유물분할청구는 공유자 일방이 공유지분권에 터잡아서 하는 것이므로 수인 이 각 특정부분을 점유·사용하기로 약정하고 등기는 편의상 그 토지의 전체에 관하여 공유지분등 기를 마친 구분소유적 공유관계에서 특정부분 소유를 주장하는 자는 그 특정부분에 관하여 신탁적 으로 지분등기를 가지고 있는 다른 공유자를 상대로 명의신탁 해지를 원인으로 지분이전등기를 청 구하면 되고, 공유물분할청구는 할 수 없다(대판 2023. 5. 18, 2022다229219, 229226 등). 금전채 권자가 채무자의 제3채무자(요양기관)에 대한 채권에 대한 채권자대위권 행사를 위해서는 채무자에 게 자력이 있는 경우에는 보전의 필요성이 인정될 수 없다(대판 2022. 8. 25, 2019다229202).

40) 건물의 경계는 단순히 사적관계에 있어서 소유권의 한계선에 불과하여 지적공부에 의하는 토지경계와는 달리 토지경계확정소송의 대상이 될 수 없고, 건물 소유권의 범위를 확정하기 위해서 는 소유권확인소송에 의하여야 한다(대판 1997. 7. 8, 96다36517). 또한 이 판결에서 토지경계확정 소송의 대상이 되는 '경계'란 공적으로 설정 인증된 지번과 지번과의 경계선을 가리키는 것이고, 사 적인 소유권의 경계선을 가리키는 것은 아니라고 하였다.

41) 대판 2003. 12. 26, 2002다61934.

42) 실제로 소유권의 범위를 구하는 확인의 소로 볼 여지가 있다는 견해도 있다(新堂幸司, 183면).

형식적 형성의 소는 일반적인 형성의 소와는 달리 형성요건을 법률에 구체적으로 규정하고 있지 아니하고, 어떠한 권리관계를 형성할 것인가를 법관의 합리적인 판단에 기초한 자유재량에 맡기고 있다. 형식적 형성의 소에 있어서 법관의 역할은 법의 적용에 있다기 보다는 합목적적인 처분행위의 성격이 강하다.[43] 그러나 당사자 사이에 이해관계가 첨예하게 대립되는 경우에 비송사건이지만 소송절차를 통하여 당사자에게 변론의 기회를 부여하고, 법관도 판결을 통하여 의견을 제시하는 형식을 취하게 된 것이다. 이러한 특성으로 인하여 형식적 형성의 소를 '재량적 형성의 소'라 부르고, 실체법상·소송법상의 형성의 소를 '구속적 형성의 소'라고도 한다.[44]

형식적 형성의 소가 가지고 있는 '법관의 자유재량성'으로 인하여 법원은 당사자의 주장과 그 범위에 구속되지 아니하며,[45] 당사자 사이에 다툼이 없어도 청구기각을 할 수 없다(처분권주의·변론주의의 예외).[46] 항소심에서도 불이익변경금지의 원칙이 적용되지 아니한다.[47] 대부분의 선진국가가 복리국가를 지향하고 있으므로 개인의 사생활관계에 국가의 후견적 역할이 강화되고 있는 점에 비추어 보면 형식적 형성의 소가 증가할 것이 예상된다. 이러한 특징은 「소송의 비송화」경향에서 잘 나타나고 있다.

③ 형성의 소에 대한 판결

형성의 소에 대해 법원은 다음과 같이 응답한다.

(a) 소각하 판결   형성의 소의 소송요건에 흠이 있는 경우에 소를 부적법 각하판결을 하여야 한다. 이러한 소각하 판결은 소송판결이지만, 소송요건의 부존재를 확정하는 점에서 기판력이 발생한다. 확인판결의 일종이다.

(b) 청구인용 판결   형성의 소에 대한 심리결과 형성권의 존재가 인정되는 경우에는 청구인용의 판결, 즉 형성판결을 하게 된다. 이러한 형성판결은 법률관계를 발생·변경·소멸(變動)시키는 형성력(形成力)이 발생한다. 특히 실체법상의

---

43) 同旨: 정동윤/유병현/김경욱, 80면; 新堂幸司, 181면.

44) 정동윤/유병현/김경욱, 80면.

45) 대판 1968. 3. 26, 67다2455; 대판 1993. 12. 7, 93다27819; 대판 1996. 4. 23, 95다54761; 대판 1997. 9. 9, 97다18219; 대판 2004. 7. 22, 2004다10183, 10190; 대판 2004. 10. 14, 2004다30583; 대판 2021. 8. 19, 2018다207830; 대판 2023. 5. 18, 2022다229219, 229226.

46) 대판 2021. 8. 19, 2018다207830(토지경계확정의 소에서는 특별한 사정이 없는 한 원고가 주장하는 경계가 인정되지 않더라도 청구의 전부 또는 일부를 기각할 수 없음).

47) 同旨: 정동윤/유병현/김경욱, 80면.

형성판결은 대세효(對世效)가 있으므로, 누구든지 형성의 결과를 승인하여야 한다. 그러나 일반적으로 형성판결 자체로서 집행이 된 것이므로 별도의 집행력이 필요하지 아니한다. 다만 예외적으로 공유물 분할청구의 소를 제기하여 경매에 의한 매득금의 일정 비율을 분할 취득하라는 형식적 형성판결의 경우에는 집행력이 생길 여지가 있다.[48]

(c) **청구기각 판결** 형성의 소가 소송요건은 갖추었으나, 형성권의 존재가 인정되지 아니할 경우에는 원고의 청구를 기각하여야 한다. 이러한 청구기각의 판결은 형성권의 부존재에 대한 확인판결로서 그 부존재에 대하여 기판력이 발생한다.

④ **형성판결과 기판력 유무**

형성판결에 기판력을 인정할 필요가 있는지 여부가 문제된다. 그러나 이를 부정하면 형성소송에서 패소한 피고가 형성소권의 부존재를 이유로 손해배상이나 부당이득반환청구(예: 이혼소송에서 패소한 피고가 이혼판결에 의한 이혼이 원인 없는 부당한 것이라 주장하면서 이혼으로 원고가 분할하여 간 재산에 대하여 부당이득반환청구를 하는 경우)를 하는 것 등을 막을 수 없으므로 기판력을 인정하여야 한다는 것이 통설·판례[49]의 입장이다. 타당하다고 본다.

⑤ **형성판결의 확정 전의 효력**

형성판결의 형성력은 형성판결이 확정되어야 발생한다(通說). 따라서 형성판결이 확정되기까지는 현재의 법률관계가 존중되어야 한다. 따라서 형성판결의 확정 전에는 기존의 법률관계의 변동을 주장할 수 없으므로, 형성요건의 무효(예: 혼인의 무효사유) 등을 항변이나 다른 소송의 선결문제로 주장할 수 없다. 판례도 주주총회 소집 및 결의절차에 위법이 있다고 하여도 판결로 취소되지 아니한 경우에는 그 결의의 효력이 영향이 없으며,[50] 혼인취소사유·이혼사유가 있다고 하여도 혼인취소·이혼의 형성판결이 확정되기 전에는 혼인관계 등의 해소를 전제로 한 위자료청구를 할 수 없다고 한다.[51] 형성판결도 그 확정이 있어야 법률관계의 변동이 발생한다.

---

48) 대판 1981. 3. 24, 80다1888, 1889.

49) 대판 1981. 3. 24, 80다1888, 1889; 대판 2015. 6. 11, 2014므8217(인지청구소송).

50) 대판 1974. 12. 24, 72다1532. 다만 판례는 주주총회 결의무효나 부존재의 소의 성질을 확인소송으로 보고 있으므로 다른 소송의 선결문제로 주장할 수 있다고 본다(대판 1992. 9. 22, 91다5365).

51) 대판 1969. 8. 19, 69므17; 대판 1992. 9. 22, 91다5365; 대판 1993. 3. 26, 92다32876.

2. 소제기의 형태·시기에 의한 분류

(1) 단일의 소와 병합의 소

단일의 소라 함은 1인의 원고가 1인의 피고를 상대로 한 개의 청구를 하는 가장 단순한 소를 말한다. 이에 비하여 병합의 소라 함은 단일의 소가 인적·물적으로 수개 결합되어 있는 형태의 소를 의미한다. 즉 1인의 원고가 1인의 피고를 상대로 수개의 청구를 한 경우(청구의 병합 또는 소의 객관적 병합이라 함)이거나, 원고가 여러 사람이거나 여러 사람의 피고를 상대로 하거나 또는 원고와 피고가 모두여러 사람인 경우(공동소송 또는 소의 주관적 병합이라 함)이다. 병합소송을 제기하기 위하여는 병합요건($^{65,}_{253조}$)을 갖추어야 한다(자세한 것은 뒤의 제4편 복합소송 참조).

(2) 독립의 소와 소송중의 소

독립의 소라 함은 다른 소송절차와 관계없이 독립된 소의 제기로 소송절차가개시되는 경우를 말한다. 이에 반하여 소송중의 소라 함은 소송절차가 계속 중에그 절차를 이용하여, 당사자나 제3자가 병합심리를 구하면서 제기하는 소를 말한다. 당사자가 제기하는 소송중의 소로는 청구의 변경($^{262}_{조}$), 반소($^{269}_{조}$), 중간확인의 소($^{264}_{조}$), 소송인수($^{82}_{조}$), 공동소송인의 추가($^{68,}_{70조}$)가 있고, 제3자가 제기하는 소송중의 소로는 독립당사자참가($^{79}_{조}$), 공동소송참가($^{83}_{조}$), 참가승계($^{81}_{조}$) 등이 있다. 소송중의 소는다른 소송절차를 이용하여 소를 제기하는 것이므로 소송경제에 이바지할 수 있지만, 기존의 소송과의 관계 때문에 제소방식과 병합요건이 필요하다. 형사소송절차와 병합하는 소송중의 소로 배상신청제도가 있다($^{소촉법\ 26}_{조\ 이하}$).

제 2 절 소송요건

제 1 관 총   설

원고가 소를 제기하면 법원은 단계적으로 심사·심리하여 최종적인 판결을 하게 된다. 이러한 심사·심리의 시간적·논리적 단계를 보면 i) 소장의 적식(適式, Ordnungsgemäß) → ii) 소의 적법성(Zulässigkeit) → iii) 본안인 청구의 당부의 판단을 함에 있어서 주장 자체의 정당성[Schlüssigkeit, 논리정연성, 일관성 또는 유리성(有理性)이라고도 함] → iv) 청구의 이유구비성[Begründetheit, 또는 주장사실의 증명(Beweisstation)이라고 함]을 거쳐 판단을 하게 된다.

(1) 소장의 적식

원고의 소장이 접수되면 우선 소장의 필수적 기재사항의 구비 여부와 인지대가 납부되었는지 여부를 심사한다. 이를 소장의 적식에 대한 심사라고 한다. 이러한 소장의 적식 여부는 재판장 등의 소장심사권의 범주에 속하고, 재판장 등의 소장심사 과정에 이를 점검한다.[1] 만약 소장이 이러한 적식성을 갖추지 못한 경우에는 재판장은 원고에게 보정기간을 정하여 보정을 명하고, 이에 응하지 아니하면 재판장은 명령으로 소장 자체를 각하하여야 한다. 자세한 내용은 후술하는 재판장의 소장심사권에서 자세히 다룬다.

(2) 소의 적법성

법원은 소장이 적식한 경우에는, 본안인 청구의 당부를 판단하기 전에 재판권 또는 관할은 갖고 있는지, 당사자능력은 갖추었는지 등의 소의 적법성(適法性)에 대한 심리를 하여야 한다. 소가 이러한 적법성을 갖추지 못한 경우에는 본안인 청구의 당부에 관한 판단에 나아갈 필요 없이, 소의 부적법을 이유로 소각하 판결을 하여야 한다. 이러한 소의 적법성에 관한 심리대상이 소송요건의 심리에 관한 문제이다. 따라서 본절의 소송요건은 소의 적법성의 심리에 관한 것이다.

(3) 주장 자체의 정당성

주장 자체의 정당성이라 함은 원고의 소장 주장사실 자체를 모두 인정하는 경우에 정당성을 가지고 있는지 여부를 심리하는 것을 말한다. 예컨대 원고가 소장에서 현행법상 인정되지 아니하는 권리인 소작권의 확인청구라거나, 도박자금의 반환을 구하는 대여금청구 등을 주장하는 경우에는, 원고의 주장사실 모두를 인정하더라도 청구를 인용할 수 없다. 이럴 경우에는 소송절차를 통하여 심리를 거쳐 나아가 이유구비성을 판단할 필요 없이 주장 자체로서 청구기각 판결을 하여야 한다. 구체적으로 보면 원고의 소장에서의 주장 자체가 이유 없는 경우, 법원은 i)

---

[1] 2014년 12월 30일 법률 제12882호 민사소송법 일부개정(시행: 2015. 7. 1) 시에 민사소송법 제254조 제1항을 개정하여(단서추가: "재판장은 법원사무관등으로 하여금 위 보정명령을 하게 할 수 있다."), 재판장의 소장심사권은 법원사무관등이 보정명령을 하면서 1차적으로 담당하게 되었다.

증거조사에 의하여 원고의 주장사실을 확정할 필요가 없고, ii) 설사 피고가 답변서를 제출하지 아니하여 자백간주 되어 무변론판결을 하여야 하는 경우이거나, iii) 또는 피고가 답변서에서 항변을 제출한 경우에도, 모두 가정적 판단(假定的 判斷)의 방법[2]으로 원고 청구를 기각하여야 한다.[3] 소액사건에서는 이 경우 무변론 기각을 특별히 규정하고 있다(소심 9조). 다만 대법원은 무변론판결의 경우는 승소판결만이 가능하고 변론 없이 하는 청구기각은 인정되지 아니한다고 하고 있지만,[4] 무변론판결의 경우에도 과실상계로 인한 일부 청구기각, 주장 자체로 이유 없는 경우가 명백할 경우[5]에는 청구기각이 가능하다고 보아야 한다.[6]

(4) 이유구비성

소장이 적식하고, 소송요건과 주장 자체의 정당성을 갖고 있는 경우 법원은 원고의 주장사실이 이유가 있는지 여부를 변론과 증거조사를 통하여 심리하여야 한다. 주장사실 중 다툼이 없는 사실은 자백한 것으로 정리하고, 나머지 다툼이 있는 사실은 증거조사를 통하여 사실확정을 하여야 한다. 심리한 결과 원고의 청구가 이유 있다면, 피고의 방어방법인 항변 등을 심리·판단하여 최종적으로 원고 청구의 이유 유무를 결정하게 된다. 원고의 청구가 이유가 있는 경우에는 원고청구를 인용하는 승소판결을 하고, 이유가 없는 경우에는 기각하는 패소판결을 하게

---

2) 판결 주문에는 "원고의 청구를 기각한다."라고 하고, 이유의 설시방법은 "원고는 청구원인으로 …라고 주장하는바, 설사 원고 주장사실이 모두 인정된다고 하여도, 이는 현행법상 인정되지 아니하는 권리인 소작권의 확인을 청구하는 것이 주장 자체로 명백하므로 더 나아가 판단할 필요 없이 이유 없다고 할 것이다. 따라서 원고의 청구는 이유 없어 이를 기각하기로 하여 주문과 같이 판결한다."와 같이 간단히 판단하면 된다.

3) 대판 1974. 10. 25, 74다1332.

4) 대판 2017. 4. 26, 2017다201033(사안의 내용은 법원이 피고가 제1심에서 소장을 송달받고도 답변서를 제출하지 아니한 상태에서 원고의 피고에 대한 소장 주장이 주장 자체로 이유 없다고 무변론으로 청구 기각하였고, 원고가 이에 불복하면서 피고에 대한 청구원인을 주위적으로 불법행위로 인한 손해배상청구로, 예배직으로 부당이득금 청구로 변경히어 항소하여 그 항소장 부본이 피고에게 적법하게 송달된 후에 1차 변론기일통지서가 폐문부재로 송달되지 아니하자 법원이 바로 발송송달의 방법으로 송달한 후에 피고가 불출석하자 자백간주로 보아 제1심 판결을 취소하고 주위적 청구를 받아들여 원고 승소판결을 하자, 피고가 이를 다투면서 상고한 사건이다. 대법원은 이에 대하여 원심판결은 석명권을 적절히 행사하지 아니한 심리미진 또는 자백간주의 법리를 오해한 잘못이 있다고 보았다).

5) 민사소송법 제117조 제1항의 규정 중 "소장, 준비서면, 그 밖의 소송기록에 의하여 청구가 이유 없음이 명백한 때"에 피고의 신청이 있으면 법원은 원고에게 소송비용의 담보를 제공하도록 명할 수 있도록 정하고 있는 점에 비추어 보면 변론 없는 청구기각도 가능하다는 것으로 전제로 한 것으로 보인다.

6) 同旨: 이시윤, 212면.

된다. 일부만 이유 있는 경우에는 일부승소·일부패소 판결을 하게 된다. 이유구
비 여부는 심리를 통하여 하며, 심리의 중심은 변론과 증거조사이다.

제2관 소송요건

Ⅰ. 의   의

(1) 소송요건이라 함은 소가 적법하게 취급받기 위하여 구비하여야 할 사항을
말한다. 소의 적법요건이다. 만약 소송요건이 없는 경우에 법원은 본안심리나 본
안판결을 하여서는 안되고, 소 각하 판결을 하여야 한다. 이러한 의미에서 보면
소송요건은 본안심리요건 또는 본안판결요건으로 볼 수 있다. 그러나 실무상 소송
의 본안심리와 동시에 소송요건의 흠을 다투는 경우가 많으므로, 이러한 경우에는
판단순서에 있어서 소송요건에 대한 판단을 본안판단에 선행하여야 한다. 소송요
건은 사법권의 한계를 설정하고(예: 재판권), 소송의 주체와 객체를 특정하거나(예:
당사자의 실재·당사자적격, 소송물의 특정 등), 재판의 효율·적정(예: 사물관할·심
급관할 등) 등의 기능을 수행할 수 있어 중요한 의미를 갖는다.

(2) 소송요건은 소의 제기 후에 적법 여부를 가리는 요건이므로, 소송요건이
없는 경우에도 소의 제기는 가능하고, 소송계속이 발생한다. 그렇기 때문에 소송
요건을 소제기요건 또는 소송성립요건이라고 함은 타당하지 아니하다.

(3) 소송요건은 소 자체의 적법요건이므로, 개개의 소송행위의 유효요건(예: 보
조참가 또는 소송고지의 요건 등)과는 구별된다. 개개의 소송행위가 그 유효요건을
갖추지 못한 경우에는 해당 소송행위만이 무효로 되는 것이므로, 보조참가신청이
유효요건을 갖추지 못하여 무효일지라도 소송계속 중인 소는 본안판결이 가능하
다. 또한 소송요건은 판결절차에 있어서 심리를 전제로 하는 것이므로 심리를 제
약하는 조건(예: 심리의 공개 또는 제척원인 없는 법관의 관여 등)과도 구별된다.

(4) 최근 독일 및 일본을 중심으로 소송요건에 대한 새로운 각도에서의 정의가
시도되고 있다. 소송요건을 판결 선고요건 또는 소의 성공요건으로 보거나, 소송
요건은 적극적으로 그 존재를 명확히 할 사항이라기보다는 소극적으로 그 부존재
가 본안판결을 조각(阻却)하는 사유로 보는 견해 등이 있다.[7] 이러한 주장이 일반

---

7) 정동윤/유병현/김경욱, 420-422면 참조.

적으로 받아들여지고 있지는 아니하나, 소송요건의 의미를 성찰하는 데 도움이 된다.

II. 소송요건의 종류

소송법에 어떠한 사항이 소송요건에 해당하는지 여부는 통일적으로 정하고 있지 않다. 소송법에 개별적으로 산재하여 있거나, 해석을 통하여 소송요건 여부가 정하여지기도 한다. 이해의 편의를 위하여 법원에 관한 것, 당사자에 관한 것, 소송물에 관한 것, 특수소송에 관한 것으로 나누어 설명하는 것이 일반적이다.

1. 법원에 관한 것

법원에 관한 소송요건은 i) 피고의 재판권(국제재판관할권 포함), ii) 민사재판권(민사소송사항이어야 하고 가사·행정·특허소송사항이 아니어야 함), iii) 관할(토지·사물·직분관할 등) 등이 있다.

2. 당사자에 관한 것

당사자에 관한 소송요건으로 우선 i) 당사자가 실제로 존재하는지 여부(實在), ii) 당사자가 당사자능력·소송능력·당사자적격을 가지고 있는지 여부, iii) 당사자의 능력을 보충하거나 확장하기 위하여 인정되는 법정대리권·소송대리권의 유무, iv) 일정한 경우에 원고의 소송비용에 대한 담보제공 여부($^{117조, 상 176조 3항, 237,}_{377조, 상 403조 7항 등}$) 등이 있다. 특히 당사자능력·소송능력이나 법정대리권·소송대리권은 소송행위의 유효요건에 해당하나, 소제기 단계에서는 소송요건으로 보아야 한다. 변론능력은 심리의 효율성을 위하여 인정되는 것으로서 소송요건에 해당하지 아니하고, 그 흠이 있는 경우에는 해당 당사자가 기일불출석의 불이익을 받을 뿐이다.

3. 소송물에 관한 것[8]

소송물에 관한 것으로 i) 소송물의 특정, ii) 소의 이익(권리보호의 자격·이익 또는 필요의 문제), iii) 중복된 소제기금지($^{259}_{조}$)나 재소금지($^{267조}_{2항}$)에 해당하지 않을

---

8) 학자에 따라 '민사소송사항 여부'를 소송물에 관한 소송요건으로 보기도 한다(정동윤/유병현, 350면). 그러나 민사소송사항 여부는 일반적인 재판범위의 문제가 될 수 있으므로 민사재판권의 문

것,[9] iv) 기판력에 저촉되지 않을 것, iv) 중재합의가 없을 것 등이 있다.

4. 특수소송에 관한 것

특수소송과 관련된 특수소송요건으로 i) 병합소송의 요건을 갖출 것[예: 청구의 병합, 청구의 변경, 반소, 중간확인의 소, 공동소송, 예비적·선택적 공동소송, 당사자참가, 필수적 공동소송인의 추가에서 각 필요요건을 구비하여야 하고, 장래의 이행의 소에서 '미리 청구할 필요($\frac{251}{\text{조}}$)'라는 요건과 상소에서 상소요건을 구비하는 것 등], ii) 기타 소제기기간의 준수(예: 주주총회결의 취소의 소는 결의일로부터 2월 내에 하여야 함) 등이 있다.

Ⅲ. 소송요건의 모습

소송요건은 그 존재형태나 판단방법 등에 따라 그 모습을 달리한다.

1. 적극적 요건과 소극적 요건

적극적 요건은 그 존재가 소송요건이 되는 것이고, 소극적 요건은 그 부존재가 소송요건이 되는 경우를 말한다. 전자에는 재판권·관할·당사자능력·소송능력 등이 해당하고, 후자에는 기판력·중복된 소제기·중재합의 등이 있다. 특히 소극적 요건에 해당하는 소송요건을 소송장애사유(訴訟障碍事由)라고 한다.

2. 직권조사사항과 항변사항

직권조사사항은 피고의 항변과 관계없이 법원이 직권으로 조사하여 고려할 사항인 소송요건을 말하고, 항변사항이란 피고의 주장이 있어야 고려하는 사항인 소송요건을 의미한다. 대부분의 소송요건은 전자에 해당한다. 후자를 특히 방소항변(防訴抗辯) 또는 소송장애사유하고, 여기에는 임의관할위반($\frac{30}{\text{조}}$), 부제소특약, 소 또는 상소취하계약, 중재합의의 위반($\frac{중재}{2항}$ 9조), 소송비용의 담보제공명령에 응하지 않았다는 주장($\frac{117}{\text{조}}$) 등이 여기에 해당한다.[10] 이 중에 임의관할위반, 중재합의, 소송비

제로 볼 수 있다고 본다.

9) 넓게 소의 이익의 문제로 볼 수도 있다.

10) 다만 2010. 7. 23. 신설된 제117조 제2항에 의하여 법원이 직권으로 원고에게 소송비용에

용의 담보제공명령에 응하지 않았다는 주장은 본안에 관한 최초 변론 전에 제출하여야 하고, 그 후에는 제출하여도 효력이 없다.[11] 원고가 소송비용의 담보제공명령에 응하지 않은 경우에는 피고는 원고가 담보를 제공할 때까지 소송에 응하지 아니할 수 있다($\frac{119}{조}$).

3. 소의 이익

소송요건 중 권리보호의 자격, 권리보호의 필요 또는 이익과 당사자적격의 문제는 광의의 소의 이익과 관련된 사항이다. 소의 이익개념은 소권논쟁을 통하여 정립되었는데, 이러한 소의 이익에 속하는 소송요건은 다른 소송요건과 달리 청구의 내용과 밀접한 관련을 가지고 있다. 특히 당사자적격은 청구와 당사자 사이의 관련성에 관한 문제이므로 학자에 따라서는 당사자 부분에서 설명하는 경우도 있다. 소의 이익이 그 중요성과 개념의 추상성 등으로 인하여 소송요건 중에서 매우 중요한 부분을 차지하기 때문에 아래 제3관에서 별도로 살펴보기로 한다.

Ⅳ. 소송요건의 조사

1. 조사의 개시

소송요건 조사의 개시는 소송요건이 직권조사사항인지 항변사항인가에 따라 다르다. 직권조사사항은 분쟁의 합리적·효율적 해결을 위하여 공익상(公益上) 요청되는 것이므로 당사자의 신청 여부와 관계없이 법원이 직권으로 조사를 개시하는 것이 원칙이다. 그러나 당사자의 이익 즉 사익상(私益上) 요청으로 인정되는 소송요건인 항변사항(예: 중재계약, 소송비용의 담보제공, 부제소합의 등)은 당사자의 주장을 기다려 조사하면 된다.

특히 직권조사사항에 관하여는 법원이 피고의 항변 유무와 관계없이 조사할 수 있을 뿐만 아니라,[12] ⅰ) 소송절차에 관한 이의권($\frac{151조}{책문권}$)의 포기가 허용되지 아니

___

대한 담보제공을 명하는 경우에는 항변사항이 아니다.
11) 대결 2018. 6. 1, 2018마5162(다만 피고가 적법한 담보제공신청을 한 경우에는 그 후 응소를 거부하지 않고 본안변론 등을 하더라도 이미 이루어진 담보제공신청의 효력이 상실되거나 그 신청이 부적법하게 되는 것이 아니다).
12) 대판 1971. 3. 23, 70다2693; 대판 1993. 1. 15, 92누8712; 대판 1993. 5. 25, 92누2394.

하고, ii) 피고의 주장도 직권발동을 촉구하는 의미만이 있고,[13] iii) 재판상의 자백이나 자백간주의 대상이 될 수 없고,[14] iv) 피고가 답변서를 제출하지 아니하는 경우에도 무변론판결을 할 수 없으며($^{257}_{조}$), v) 실기한 공격·방어방법으로 각하할 수 없고($^{149}_{조}$), vi) 상고이유서를 늦게 제출하여도 상고를 기각할 수 없는($^{429}_{조}$) 등의 성질을 가지고 있다. 이 한도에서 변론주의가 배제된다고 할 수 있다.

2. 자료의 수집

(1) 직권조사사항인 소송요건에 관한 조사가 법원에 의하여 개시된다고 하여도, 소송요건의 존재를 판단하기 위한 자료를 법원이 직접 수집하여야 되는 경우와 당사자가 제출한 자료에 의존하는 경우가 있다. 전자를 소송요건의 자료수집과 관련하여 직권탐지주의라고 하고, 후자를 변론주의라고 한다. 양자를 구별하는 기준은 소송요건의 공익성의 정도에 따라 정하여 진다($^{통}_{설}$). 그러나 학자에 따라 직권탐지주의를 요하는 소송요건의 범위에 관하여 차이가 있다.[15] 생각건대 적어도 재판권의 유무, 전속관할, 당사자의 실재는 고도의 공익성이 있고 당사자의 주장과 관계없이 법원이 쉽게 자료수집이 가능한 소송요건[16]이므로, 법원이 해당 자료를 직권으로 탐지하여야 할 것이다.

그 밖에 대부분의 소송요건인 임의관할, 소의 이익(권리보호의 자격 및 필요), 당사자적격, 당사자능력, 소송능력, 소송대리권 등은 직권조사사항이므로 그 조사의 개시는 법원이 직권으로 할 수 있지만, 그 존부의 판단에 관한 자료수집은 법원이 직접 할 필요가 없고 변론주의에 따라 당사자가 제출한 자료에 따라 판단하면 된다.[17]

(2) 소송요건의 자료수집과 관련하여 직권탐지주의와 변론주의로 나누어 설명하는 통설과 다른 견해가 있다. 자료수집에 있어서 공익성이 강한 소송요건의 경

---

13) 대판 1989. 3. 14, 87다카1574; 대판 1996. 3. 12, 94다56999; 대판 1997. 11. 14, 96다25715.
14) 대판 1970. 2. 24, 65누174; 대판 1971. 2. 23, 70다44, 45; 대판 1971. 1. 26, 70누157.
15) 직권탐지주의를 요하는 소송요건으로 재판권에 한한다는 견해, 재판권의 유무, 전속관할, 당사자의 실재 등이 있다는 견해(정동윤/유병현/김경욱, 418면), 재판권의 존재, 당사자의 실재, 당사자능력, 소송능력, 대리권 등이 이에 해당한다는 견해(김홍규/강태원, 233면), 재판권의 유무, 전속관할, 기판력의 존부, 당사자의 실재, 당사자능력, 소송능력, 대리권의 존부 등이 이에 포함된다는 견해(송상현/박익환, 200면) 등이 있다.
16) 기판력 유무는 고도의 공익성을 가지고 있다고 할 것이나, 당사자가 해당 자료를 제출하지 아니하면 알 수 없는 경우가 많기 때문에 직권탐지형으로 분류하기 어렵다고 본다.
17) 同旨: 정동윤/유병현/김경욱, 418면.

우라도 조사 자체를 직권으로 하면 충분하고 별도로 소송요건의 자료수집에 직권
탐지주의를 적용할 필요가 없다는 견해가 그 하나이다.[18] 근거로 우리 민사소송법
에 보충적이지만 필요한 경우에 직권증거조사를 인정하고 있으므로 그러한 접근
이 소송요건의 공익성을 해칠 염려가 없을 뿐만 아니라, 소송요건에 관한 소송자
료의 수집에 직권탐지를 인정하면 민사소송절차의 상당부분이 직권탐지절차로 바
뀔 염려가 있다는 이유 때문이다. 또한 소송요건에 관한 자료의 수집과 관련하여
소송요건을 변론주의형·직권탐지형 외에 제3의 유형인 직권조사형으로 나누어,
변론주의형 소송요건에는 변론관할($\frac{30}{조}$)이, 직권탐지형 소송요건에는 고도의 공익성
을 가지는 판결의 무효사유 또는 재심에 의한 취소사유에 해당하는 재판권, 소송
대리권, 판결에 대세적 효력이 있는 당사자적격 등이 해당하고, 소의 이익, 판결
의 대세적 효력이 없는 당사자적격 등 대부분의 소송요건이 제3의 유형인 직권조
사형에 속한다고 보는 견해이다.[19] 이에 의하면 직권조사형은 법원이 해당 당사자
에게 증명을 촉구하였으나 이에 관한 증거를 제출하지 못하면 증명책임의 문제로
처리할 수 있다는 점에서 변론주의형과 동일하다고 한다.[20]

(3) 소송요건의 자료수집과 관련하여 법원에게 직권탐지를 요구할 수 있는지
여부와 그 범위의 문제는 상당히 어려운 문제이다. 그러나 소송요건 중에 고도의
공익성을 가지고 있고, 법원이 쉽게 자료수집이 가능한 경우에는 그 필요성이 있
다고 할 것이다. 그러나 소송요건을 통설과 달리 제3의 유형으로 직권조사형을
인정한다면, 실제로 변론주의와 차이가 없으면서 오히려 복잡한 개념을 추가로 인
정하여야 한다는 점에서 이론적 유용성만을 추구한다는 비판을 면할 수 없다.

3. 증명의 방법과 증명책임

(1) 증명의 방법

소송요건의 증명과 관련하여 증거방법과 절차가 법률로부디 자유로운 증명방
법인 '자유로운 증명'[21]으로 족할 것인지 여부에 관하여 논의된다. 소송요건은 요
증사실 중 외국법규·경험법칙 등과 같이 자유로운 증명으로 족하다는 견해($\frac{적극}{설}$),[22]

---

18) 호문혁, 300면.
19) 강현중(2004), 307면.
20) 강현중(2004), 307면.
21) 반면 '자유로운 증명'과 달리 증거방법과 절차에 대하여 법률에 따라야 하는 제한을 받는 '엄
격한 증명'이 있다.
22) 강현중(2004), 503면; 이시윤, 216면; 전병서, 222면.

소송요건은 실체적 요건에 못지않게 중요하기 때문에 엄격한 증명이 필요하다는 견해(솔곽)[23]가 있다. 생각건대 소송요건 모두를 엄격한 증명으로 할 필요는 없다는 점에서 자유로운 증명으로 족하다는 견해에 찬성한다.

(2) 증명책임

소송요건에 대한 증명책임이 누구에게 있는지가 문제이다. 증명의 결과에 유리한 당사자가 증명책임을 진다고 보아야 한다. 즉 직권조사사항의 경우에는 소송요건의 증명책임이 원고에게 있고,[24] 항변사항의 경우에는 피고에게 있다고 할 것이다.[25]

4. 판단의 표준시

(1) 소송요건의 존부를 판단하는 표준시(標準時)

소송요건이 본안판결의 요건이라는 점에 비추어 본안의 청구를 판단하는 경우와 같이 사실심 변론종결시를 표준시로 보는 것이 통설·판례[26]이다. 이에 의하면 소제기 당시에는 소송요건의 흠이 있다고 하여도 사실심 변론종결 시까지 이를 구비하면 적법한 소가 되며, 반대로 소제기 당시에는 소송요건을 구비하였으나 사실심 변론종결 시까지 소멸한 경우에는 부적법한 소가 된다.

그런데 사실심 변론종결 후에 생긴 사유도 사법권의 한계를 확정하는 소송요건이 가지는 기능 등에 비추어 상고심에서 고려하여야 한다는 견해가 있다(솔수).[27] 판례 중에도 상고심 계속 중에 소의 이익이 흠결 또는 그것이 치유된 경우,[28] 소송수계자격을 상실한 경우,[29] 소송대리권 또는 소송행위에 대한 특별한 권한의 수

---

23) 김홍엽, 255면; 정동윤/유병현/김경욱, 419면.

24) 대판 1978. 2. 14, 77다2139; 대판 1997. 7. 25, 96다39301; 대결 2016. 6. 17, 2016마371. 다만 추후보완사유의 경우에는 주장하는 자에게 있다고 할 것이므로, 피고가 추후보완사유를 주장한 경우에는 피고에게 증명책임이 있다(대판 2022. 10. 14, 2022다247538).

25) 이시윤, 216면; 정동윤/유병현/김경욱, 419면.

26) 대판 2013. 1. 10, 2011다64607(당사자능력); 대판 2014. 1. 29, 2013다78556; 대판 2022. 6. 30, 2020다210686, 210693(공시송달에 의하여 형식적으로 확정된 공유물분할판결에 대하여 적법한 추후보완항소가 제기된 경우에 공유물분할소송의 당사자적격 유무의 판단시점은 항소심 변론종결일임).

27) 정동윤/유병현/김경욱, 420면.

28) 대판 1995. 7. 14, 95누4087; 대판 1995. 11. 21, 94누11293; 대판 1996. 2. 23, 95누2685; 대판 2003. 1. 10, 2002다57904(사법시험 제1차 시험 불합격처분 취소를 구하는 소송의 원고가 원심판결 선고 후에 새로이 실시된 사법시험 제1차 시험에 합격한 경우 등); 대판 2018. 9. 28, 2016다231198; 대판 2020. 1. 16, 2019다247385(경매절차에서 유치권의 주장 여부에 따른 소유권자 또는 근저당권자의 확인의 이익 여부).

여에 흠이 있는 때의 추인($^{424조\ 2항,\ 451}_{조\ 1항\ 3호}$) 등의 경우[30]에는 소송요건의 존부에 관한 판단을 하고 있는 것이 있다.

생각건대 소송요건이 본안판결의 전제요건인 것은 사실이나 소의 적법요건이므로, 소가 소송절차 내에 계속 중인 경우에는 본안판결에 선행하여 판단하는 것이 타당한 면이 있다. 따라서 소송요건의 존부를 사실심 변론종결 전·후에 관계없이 상고심에서도 판단할 수 있다고 보는 소수설의 입장이 타당하다고 본다.

(2) 다만 예외적으로 i) 관할권의 존부는 소제기 시에만 갖추면 되며($^{33}_{조}$), ii) 소송계속 중에 당사자능력·소송능력·법정대리권이 소멸한 경우에는 소각하 사유가 아니고 소송중단사유($^{233,}_{235조}$)에 해당할 뿐이다.

5. 심리·조사의 순서

(1) 본안판단과 소송요건 사이

실제 소송에 있어서 소송요건의 조사와 본안의 심리가 동시에 이루어지는 경우가 많고, 민사소송법에 양자 사이의 판단의 선후에 관하여 규정하고 있지 않다.

그런데 소송요건의 조사가 완료되지 아니한 상태에서 원고의 청구가 이유 없음이 판명된 경우에 그 처리 문제가 논의된다. 여기에 대하여 소송요건은 본안판결의 요건이므로 요건심리의 선순위성(先順位性)에 따라 이러한 경우에도 소송요건의 심리를 선행하여야 하는 것이므로 청구기각 판결을 할 수 없다는 견해가 종래의 통설이다($^{肯定}_{說}$).[31] 한편 독일·일본의 학자(Rimmelspacher, Grunsky, 新堂幸司 등)들을 중심으로 이러한 경우에 법원의 부담을 줄이고, 당사자에게 신속하게 결론을 내리는 것이 소송경제에 부합할 뿐만 아니라, 소송요건과 실체법상의 요건 사이에 선후관계가 있는 것이 아니어서 소송요건을 우선적으로 심리할 필요 없이 청구기각의 본안판결을 할 수 있다는 견해가 있다($^{否定}_{說}$).[32] 절충적 견해는 소송요건 중에 무익한 소송의 배제 또는 피고의 이익보호를 목적으로 하는 것(예: 직분관할

---

29) 대판 1995. 5. 23, 94다23500(광업권을 공동으로 상속한 경우에 합유에 해당하여 상속인 전원이 소송수계를 하여야 함에도 일부만 소송수계한 상태에서 원심판결이 선고되었으나 상고심에서 수계하지 아니한 상속인이 소송수계인의 자격을 상실한 경우에 그 하자가 치유된다고 함).

30) 대판 1997. 3. 14, 96다25227(사실심에서 비법인사단의 대표자의 대표권에 흠이 있어서 소각하판결이 된 경우에 상고심에서 적법한 대표자가 종전의 소송행위를 추인한 경우에 그 소는 적법하게 된다고 함).

31) 방순원, 303면; 송상현/박익환, 201면; 정동윤/유병현/김경욱, 422면.

32) 보다 자세한 내용은 정동윤/유병현/김경욱, 420-423면; 호문혁, 301-307면 참조.

을 제외한 일체의 관할, 당사자능력, 중복된 소제기의 금지, 소송 중의 소의 소제기요건, 권리보호의 자격과 이익, 항변사항 등)과 판결의 무효 또는 재심사유와 같이 재판제도의 설치·운영자의 공적 이익의 확보를 목적으로 하는 것(예: 재판권, 직분관할, 당사자의 실재, 소송능력, 대리권 등의 사항)으로 나누어, 전자에 대하여는 청구기각을 통하여 피고의 응소의무를 면제시켜주는 것이 타당하고, 후자의 경우에는 소송요건의 조사를 선행하여야 한다는 입장이다(折衷說).[33) 판례는 긍정설에 따라 소송요건의 선순위성을 인정하고 있다.[34]

생각건대, i) 법원에 관한 소송요건인 토지·사물·직분관할 등에 관하여 소송요건의 조사에 선행하여 청구기각 판결을 하면 법관에게서 법률상의 분담권한을 박탈하여 헌법 제101조 제1항[35) 위반의 문제가 생기고, ii) 당사자에 관한 소송요건인 당사자능력·소송능력 등에 관한 것에 선행하여 청구기각 판결을 하면 쌍방 심리주의 위반이라는 절차보장의 문제가 있고, iii) 재판권이 미치지 아니하는 사람에 대한 청구기각 판결은 무효일 수 있고, 법정대리권·소송대리권 또는 대리인이 소송행위를 하는 데에 필요한 권한의 수여에 흠이 있는 때이거나 기판력에 저촉하여 판결한 경우에는 재심사유가 되는 판결(451조 1항3, 10호)을 선고하는 경우에 해당하므로, 소송요건의 존부를 조사한 후에 본안판결을 하는 것이 타당하다. 문제는 부제소특약, 소의 이익 등과 같이 무익한 소송을 배제하기 위한 소송요건의 경우이나, 소송요건의 개념을 인정하고 있는 이상 소송요건의 선순위성을 인정하는 것이 보다 간명할 것으로 생각한다. 따라서 종래의 통설인 긍정설과 판례의 입장이 타당하다고 본다.

(2) 소송요건 사이

소송요건 상호간에 조사의 순서가 논의된다. 통설은 소송요건 상호간에 「일반적 → 특별한 소송요건」, 「추상적 → 구체적 소송요건」, 「형식적 → 실체적 관련이 있는 소송요건(예: 권리보호의 자격과 필요, 당사자적격 등의 소의 이익)」 등의 기준에 기초하여 판단하여야 한다고 본다. 통설의 이러한 견해는 소송요건의 조사·

---

33) 강현중(2004), 309면; 김홍규/강태원 233면. 절충설 중 부제소특약, 소의 이익 등 무익한 소송을 배제시킬 목적의 소송요건에 대하여는 존부심사를 뒤로 미루고 청구기각의 종국판결이 가능하다는 제한적 견해도 있다(이시윤, 217면; 전병서, 224면).

34) 대판 1957. 5. 2, 4289민상379; 대판 1983. 2. 8, 81누420; 대판 1990. 10. 26, 90다카21695; 대판 1990. 12. 11, 88다카4727(채권자대위소송에서 요건심리 선순위성을 긍정한 판례임); 대판 1992. 7. 28, 92다8996; 대판 2004. 2. 13, 2003다46475; 대판 2005. 9. 29, 2005다27188.

35) 헌법 제101조 제1항은 "사법권은 법관으로 구성된 법원에 속한다."고 정하고 있다.

판단에 일응의 기준이 된다고 본다. 그러나 소송실무상 소송경제의 측면에서 보면 수개의 소송요건 중 그 존부가 의심되면 그중 가장 쉽게 존부를 가릴 수 있는 소송요건을 우선적으로 조사하여 판단하면 될 것이다. 소송요건 사이의 순서를 달리하여 판단하였다고 하여도 판결이 위법하게 되는 것은 아니다.

V. 조사의 결과

1. 소송요건을 구비한 경우

소송요건의 존부에 관하여 조사한 결과 소송요건을 갖춘 것으로 인정되면 그대로 심리를 계속하여 본안판결을 하면 된다. 다만 당사자 사이에 그 존부에 관하여 다툼이 있는 경우에는 소송요건의 존재에 관하여 중간판결($\frac{201}{\text{조}}$)로 판단하거나, 종국판결의 이유에서 판단하면 된다. 실무상 피고가 다투는 경우에 본안전항변이라고 하여 판결이유의 맨 앞부분에서 판단하게 된다.

방소항변 외에는 직권조사사항이므로 법원이 직권으로 고려할 수 있다. 그러나 방소항변(예: 중재계약, 소송비용의 담보제공, 부제소합의, 임의관할위반 등)의 경우에는 피고의 주장이 있어야 판단한다. 통상 항변이라 함은 원고의 주장과 양립하는 피고의 주장이라는 점에서 방소항변은 원고의 주장과 양립하는 주장이 아니므로 엄격한 의미의 항변으로는 볼 수는 없다.[36]

2. 소송요건을 구비하지 못한 경우

조사한 결과 소송요건의 흠이 확인된 경우에는 법원은 본안에 들어가 판단할 것 없이 종국판결로써 소를 부적법 각하하여야 한다. 이는 소송판결이고 소송요건의 부존재를 확정하는 학인판결로서, 소송요건의 부존재에 기판력이 생긴다.

다만 소송요건의 흠이 있는 경우에도 그 흠이 보정할 수 있는 경우에는 상당한 기간을 정하여 보정을 명하고 이에 응하지 아니한 때에 각하하여야 한다. 그러나 그 흠이 보정할 수 없는 경우(예: 출소기간의 경과, 재판권의 흠결 등)에는 변론 없이 판결로 소를 각하할 수 있다는 규정($\frac{219}{\text{조}}$)에 비추어 보정명령 없이 소를 각하할 수 있다고 본다.

---

36) 同旨: 정동윤/유병현/김경욱, 423면.

예외적으로 i) 관할위반의 경우에는 관할법원으로 이송하여야 하고($\frac{34조}{1항}$), ii) 주관적·객관적 병합의 소이거나 소송중의 소(예: 독립당사자참가, 반소 등)에 있어서 병합요건을 갖추지 못한 경우에 그것이 독립의 소로서 요건을 갖춘 경우에는 각하할 것이 아니라 변론을 분리하여 독립의 소로 취급하여야 한다.

3. 흠의 간과와 오인

(1) 법원이 소송요건의 흠을 간과하고 본안판결을 한 경우에는 그 판결이 확정되기 전에는 상소로서 이를 취소할 수 있다(단, 임의관할위반의 경우에는 하자가 치유됨. 411조 본문). 반면 판결확정 후에는 재심사유에 해당하는 경우에 한하여 재심의 소를 통하여 취소할 수 있다(예: 소송 능력·대리권의 흠 등. 451조 1항 3호).

(2) 반대로 소송요건이 구비되었음에도 법원이 이를 오인하여 그 흠이 있다고 하여 소를 각하하는 판결을 한 경우에는 상소에 의하여 다툴 수 있다. 이 경우 상소법원은 본안에 대한 심리를 위하여 원칙적으로 원판결을 취소하고 사건을 원심으로 환송하여야 한다($\frac{418,}{425조}$).

제3관 소의 이익

I. 개   념

(1) 소의 이익이라 함은 넓게 당사자와 소송물과 관련하여 소송제도를 이용할 수 있는 이익이 있는지 여부에 관한 것이다. 소의 이익이라는 것은 국가적·공익적 측면에서 무익한 소를 통제하기 위한 원리이고, 사익적 측면(당사자)에서는 소송제도를 이용할 이익 또는 필요성을 위한 개념요소이다. 이것은 「이익 없으면 소 없다.」는 법언(法諺)에 잘 나타나 있다. 이렇게 함으로써 법원은 본안판결이 필요한 사건에 집중함으로써 소송제도의 내재적 필요를 충족할 수 있고, 상대방 당사자도 불필요한 소송에 대응해야 하는 불이익을 제거할 수 있는 것이다.

소의 이익이라는 개념적 얼개를 통하여 국가 및 당사자에게 본안판결이 필요 없는 사건을 걸러낼 수 있게 된다. 따라서 소의 이익이라는 개념을 어떻게 운영할 것인가 하는 것은 사법정책적 요소로서 상대방 당사자의 보호에 매우 중요하다. 소의 이익의 개념을 지나치게 넓게 인정하면 남소를 허용하게 되어 국가의 적정한 재판권 행사에 어려움이 있고 또한 상대방 당사자에게 불필요한 소송에 대한 대응의 부담을 주게 된다. 반면 이를 너무 좁게 인정하면 적극적 당사자에게 헌법상 보장된 재판을 받을 권리(헌법) 를 부당하게 제한하게 된다.37) 따라서 소의 이익의 개념을 지나치게 좁게 인정할 경우 위헌의 문제가 발생할 소지가 있게 된다.

소의 이익을 판단함에 있어서는 민사사법권의 한계, 다른 대체적 분쟁해결방식의 존재 여부, 입법적·행정적 구제 가능성, 구제의 긴급성과 중대성, 헌법적 가치 등 여러 사정을 종합적으로 고려하여 신중히 판단하여야 한다.38)

(2) 소의 이익의 개념을 구체적으로 보면, 넓게는 i) 청구의 내용이 본안판결을 받기에 적합한 일반적 자격이 있어야 하고(권리보호의 자격 또는 대상적격),39) ii) 원고가 청구에 대하여 판결을 구할 현실의 필요성 또는 이익이 있어야 하며(권리보호의 필요 또는 이익), iii) 당사자가 본안판결을 받기에 적합한 정당한 당사자이어야 한다는(당사자적격) 개념을 모두 포함한다.

그러나 일반적으로 소의 이익이라 하면 위 i) + ii)인 권리보호의 자격과 권리보호의 필요 또는 이익을 말한다. 이를 소의 객관적 이익이라고도 한다. 소의 이익을 가장 좁게는 위 ii)인 권리보호의 필요 또는 이익만을 의미한다. 기타 당사자적격은 청구의 내용이 당사자와의 밀접성과 깊이 관련된 개념이므로 소의 주관적 이익이라고 칭한다.

즉 소의 이익이라는 개념은 넓게는 위 i) + ii) + iii)(권리보호의 자격＋권리보호의 필요 또는 이익＋당사자적격)을 모두 포함하며, 일반적으로 소의 이익이라면 소의 객관적 이익인 위 i) + ii)(권리보호의 자격＋권리보호의 필요 또는 이익)을 말하고, 소의 이익을 가장 좁게는 위 ii)(권리보호의 필요 또는 이익)만을 의미한다.

권리보호의 자격, 권리보호의 필요 또는 이익, 당사자적격은 개념적·관념적으로는 구분이 가능하지만, 실제 문제의 해결에 있어서는 그 한계가 명확하지 아니한 점이 있다. 따라서 모두 소송요건으로 동일하므로 굳이 세 가지 개념을 명확히 할 필요가 별로 없다는 견해도 있다.40)

---

37) 이시윤, 221면.

38) 同旨: 이시윤, 221면; 新堂幸司, 228면.

39) 본서에서는 권리보호의 자격이 소의 대상이 되는지 여부가 핵심적인 내용이므로 '대상적격'이라고 한다. 대상적격은 이행의 소에 있어서는 청구적격, 확인의 소에서는 확인적격, 형성의 소에서는 형성적격이라 한다.

(3) 소의 이익은 소송요건 중의 하나이다. 따라서 다른 소송요건과 같이 소권
논쟁을 통하여 발전하여 왔다. 소의 이익은 소권논쟁의 중심적 문제로 논의되었
다. 특히 소권논쟁에서 권리보호청구권설을 주장하던 학자들이 권리보호청구권의
요건으로서 주장·연구된 것이다. 그러나 소의 이익은 다른 소송요건과 달리 청
구의 내용에 관하여 개별적으로 본안판결을 구할 정당성을 논하는 것이므로 청구
와 밀접한 관련이 있다는 특성을 가지고 있다. 소의 이익이라는 용어는 학자에
따라 권리보호요건,[41] 보호의 필요요건,[42] 소권적 이익,[43] 청구적격 또는 소송객체
에 대한 정당한 이익[44] 등으로 다양하게 칭하여진다. 어쨌든 소의 이익이라는 개
념은 소송법상 가장 논쟁이 심하였던 테마 중의 하나였고,[45] 지금도 여전히 민사
소송법상 가장 어려운 개념 중 하나이다.

II. 본   질

1. 일 반 론

소의 이익의 개념은 위에서 본 바와 같이 소권논쟁 중에 나타났고, 그 내용도
권리보호청구권설을 주장하는 학자들에 의하여 밝혀졌다고 할 수 있다. 그런데 구
체적으로 보면 소의 이익이라는 개념을 인정하는 이유는 무엇이고, 무엇을 보호하
는 것인가 하는 문제가 논의된다. 이러한 논의를 소의 이익에 관한 본질론이라
한다.[46] 그런데 이러한 논의는 그 인정이유를 찾는 과정에서 민사소송의 목적론과
필연적으로 연결된다.

민사소송의 목적이 i) 사인의 권리보호에 있다는 사권보호설의 입장을 취하는
학자들은 소의 이익이란 사익의 측면에서 상대방 당사자의 불필요한 응소를 막는
개념에 초점을 맞추어 권리보호를 구하는 자(원고)의 자의(恣意)를 회피하기 위한
것으로서 소의 이익의 개념의 필요성을 역설하였다(Stephan 등). ii) 민사소송의

---

40) 정동윤/유병현/김경욱, 425면.

41) 이시윤, 219면.

42) 방순원, 305면.

43) 송상현/박익환, 202면.

44) 김홍규/강태원, 241면. 다만 청구적격이라는 표현은 소의 이익의 발현형태인 이른바 권리보
호의 자격을 지칭하는 것이므로 소의 이익과 동의어로 표현하는 것은 문제라는 견해가 있다(정동윤/
유병현/김경욱, 425면).

45) 정동윤/유병현/김경욱, 425면.

46) 同旨: 정동윤/유병현/김경욱, 426면.

목적을 사법질서유지에 있다는 사법질서유지설을 취하는 학자들은 소의 이익을 공익의 측면에서 법원의 재판권의 적정한 행위를 위한 개념으로 소의 이익의 필요성을 주장하였다(Schönke 등). 또한 iii) 민사소송의 목적을 분쟁해결에서 찾으려는 학자(三ヶ月章)들도 분쟁의 공권적 해결이라는 측면에서 소의 이익의 개념을 인정하게 되었다.

이러한 견해들은 크게 보아 소의 이익의 필요성 또는 근거를 사익적 측면에서 원고의 자의적인 소제기의 통제 필요성에서 찾는 사권보호설과 공익적 측면에서 적정한 재판권의 행사와 분쟁의 공권적 해결의 필요에서 찾는 사법질서유지설·분쟁해결설로 나누어 볼 수 있다.

그러나 일부에서는 소의 목적론과 결부하지 아니하고 신의칙의 소권남용 등에서 인정근거를 찾기도 한다.

2. 검   토

소의 이익의 개념은 소권논쟁 과정에서 발전한 개념으로, 연혁적인 입장에 비추어 보면 소권논쟁·민사소송의 목적론과 밀접한 관련을 가지고 있다. 따라서 소의 이익을 논함에 있어서 그 바탕이 되는 이러한 논의와 완전히 독립하여 본다는 것은 불가능하다. 그러나 법률사조(法律思潮)라는 큰 흐름이 개인주의적·자유주의적 소송관에서 사회주의적·복지국가적 소송관으로 변화한 현재의 시점에서 소의 이익의 본질을 새로운 시각에서 다시 생각할 필요가 있다.

이러한 시각에 입각하여 보면 소의 이익이라는 개념은 원고에게는 원고의 소제기를 통제하는 개념으로뿐만 아니라 자신의 정당한 권리를 주장할 수 있는 근거로서 작용할 수 있어야 하고(원고의 입장), 피고에게는 불필요한 소송에 응하지 아니하는 장치로서만이 아니라 적극적·능동적 요소로서 파악할 필요가 있으며(피고의 입장), 법원도 소의 이이익 개념을 명확히 하여 입법적·해석론적 해석도구로 이용하여야 더욱 의미가 있게 된다(법원의 입장).[47]

따라서 소의 이익을 연혁적 논의인 소의 목적론과 결부하여 파악하면서도 현대적 시각을 반영하여 적극적·능동적으로 파악하여야 하고, 나아가 실제 운영에 있어서도 신의칙과의 명확한 개념적 분화(槪念的 分化)가 이루어져야 한다. 민사소송의 근본규범인 신의칙이 그 하위개념인 소의 이익에 개입하는 것은 소의 이익

---

47) 同旨: 이시윤, 221면; 정동윤/유병현/김경욱, 426-427면.

이라는 개념 자체를 부정하는 꼴이 될 수 있으므로, 소의 이익이라는 개념의 독자성을 인정받기 위하여는 신의칙과 분화·독립된 개념이 되도록 운영하는 것이 적당하다. 이것은 신의칙의 개별규정 또는 개별개념과의 관계에서 최후·최소화하여야 한다는 원칙에도 부합한다(신의칙 적용의 최후·최소성). 그러나 판례는 신의칙과 소의 이익을 명확히 구분하지 아니하고 있다.

Ⅲ. 공통된 소의 이익

1. 총   설

구체적으로 어떤 내용이 소의 이익을 이루고 있고, 어떤 방식으로 이것을 설명하는 것이 좋을 것인지에 대하여 통일된 견해는 없다. 그러나 일반적으로 i) 공통된 소의 이익의 내용을 검토함으로써 소의 이익의 전체적 내용을 조망하고, 이어서 ii) 각종의 소인 이행·확인·형성의 소의 이익을 개별적으로 검토함으로써 각각의 소에 있어서 소의 이익의 내용을 구체화하는 작업을 한다. 본서에서도 그러한 방식으로 설명하겠다.

그리고 소송요건 중에서 법률상 소제기 금지사유[예: 중복소송금지($259\atop조$), 재소금지($267조\atop2항$), 중재계약의 존재($중재 9조\atop1항$), 기판력 있는 판결의 존재($451조 1\atop항 10호$) 등]와 계약상 소제기 금지사유(예: 부제소특약, 소취하계약 등) 등이 일반적 소송요건에 해당하는지, 아니면 소의 이익의 개념에 포함되는지 또는 양자에 모두 포함시킬 것인지 등이 문제된다.[48] 생각건대 소의 이익의 개념의 본질에서 본 바와 같이 원고의 불필요한 소제기의 억제, 상대방 당사자의 불필요한 응소방지, 법원의 적정한 재판권 행사 촉진, 복지국가적 소송관에 기초한 소의 이익에 대한 개념적 고찰, 소의 이익 개념의 명확화 등을 고려한다면, 법률상·계약상 소제기 금지사유 등을 일반적 소송요건과 달리 소의 이익의 개념에 포함함이 타당할 것이다($통설\atop 同旨$).[49]

---

48) 정동윤/유병현/김경욱, 427~428면.

49) 소의 이익의 요건과 관련하여 '기판력 있는 판결의 존재'라는 사유에 있어서 '판결'의 의미가 기판력의 본질에 있어서 반복금지설을 취하면 기판력 있는 판결이 승소판결이든 패소판결이든 다시 소가 제기된 경우에 모두 소를 각하할 수 있으므로 소의 이익의 개념으로 포섭하는 데 아무런 문제가 없다. 따라서 승소·패소판결 모두를 포함한다. 반면 모순금지설을 취하면 기판력 있는 판결이 있는 경우에는 소를 각하할 수 없고 다시 청구기각의 패소판결인 본안판결을 하여야 하므로 기판력 있는 판결의 의미를 승소판결로 한정하게 된다. 이러한 의미로서의 기판력 있는 판결의 존재라는 사유를 소의 이익의 개념에서 어떻게 분류할 것인지에 관하여, 원고가 동일청구에 대하여

2. 공통된 소의 이익

공통된 소의 이익의 일반적 요건은 다음과 같은 것이 있다. 여기의 요건은 주로 소의 이익의 개념 중 권리보호의 자격과 관련이 많다.

(1) 청구가 쟁송할 수 있는 구체적인 권리 또는 법률관계일 것

원고의 청구가 구체적인 권리 또는 법률관계에 관한 것이어야 하고, 그것이 쟁송성(爭訟性)을 가지고 있어 소송절차를 관장하는 법원이 처리할 수 있는 것이어야 한다($\frac{법조\ 2조}{1항}$).

① 청구가 '권리 또는 법률관계'에 관한 것이어야 한다. 따라서 단순히 사실의 존재 여부에 관한 다툼은 법률이 특별히 규정한 증서의 진정 여부를 확인하는 소($\frac{250}{조}$)를 제외하고 그 대상이 되지 아니한다.

따라서 판례는 i) 임야 · 토지 · 건축대장상의 명의의 말소 또는 변경청구,[50] ii) 지적도의 경계오류정정신고 이행청구,[51] iii) 족보에 등재금지 또는 변경청구,[52] iv) 제3자를 상대로 한 제사주재자지위 확인청구,[53] v) 사찰이 특정종파에 속한다는 확인청구,[54] vi) 통일교가 기독교종교단체인지 여부에 관한 확인청구[55] 등은 권리 또는 법률관계에 관한 청구가 아니므로 소의 이익이 없다고 본다.

승소확정의 판결을 받은 경우가 아닐 것으로 별도로 나누는 방법(이시윤, 227면; 송상현/박익환, 214면 등), 소송에 의한 해결을 억제하는 사유로 분류하는 방법(정동윤/유병현/김경욱, 430면) 등이 있다. 본서에서는 기판력 있는 판결을 재심사유로 정하고 있다는 점(451조 1항 10호)에 착안하여 법률상 제소금지사유로 분류하여 설명하는 방법을 취한다.

50) 대판 1979. 2. 27, 78다913(임야대장, 토지대장, 가옥대장 등은 조세의 부과징수의 편의를 도모하기 위하여 작성된 장부에 불과한 것으로서 부동산에 관한 권리변동의 공시방법이 아님); 대판 1992. 2. 14, 91다29347(건축물관리대장상의 소유자명의 말소청구).

51) 대판 1979. 2. 27, 78다918.

52) 대판 1992. 10. 27, 92다756.

53) 대판 2012. 9. 13, 2010다88699. 다만 제사주재자와 관련한 판례를 보면, 종전에는 공동상속인들 사이에 협의가 이루어지지 않는 경우에 특별한 사정이 없다면 장남 또는 장손자 등 남성 상속인이 제사주재자가 된다고 하였지만(대판(전) 2008. 11. 20, 2007다27670), 최근 전원합의체 판결(대판 2023. 5. 11, 2018다248626)에서 특별한 사정이 없는 한 피상속인의 직계비속 중 남녀, 적서를 불문하고 최근친의 연장자가 우선한다고 하면서 이 판결 이후에 제사용 재산의 승계가 이루어진 경우에 적용된다고 하였다. 제사주재권과 관련하여 장남에게 부모의 유체 인도를 청구할 권리가 있으며(대결 2023. 6. 15, 2022마7057, 7058), 차남이 아닌 장남에게 제사주재자로서 분묘의 관리처분권이 있다(대판 2023. 6. 29, 2022다302039).

54) 대판 1984. 10. 17, 83다325.

55) 대판 1980. 1. 29, 79다1124.

그러나 i) 골프장회원명부의 명의개서청구,[56] ii) 임대아파트에 대한 건물임차권의 명의변경청구,[57] iii) 건축허가서 명의변경청구,[58] iv) 다방영업허가 명의변경청구[59] 등의 경우는 권리 또는 법률관계로 보아 소의 이익이 있다고 본다. 나아가 무허가건축물관리대장상의 건물의 소유권에 다툼이 있는 경우,[60] 지방자치단체의 조례상 무허가건물대장에 등재된 건물에 대하여 철거보상금 및 시영아파트 특별분양권을 지급하기로 하고 확정판결에 따라 업무를 처리한 경우에 무허가건물대장상의 건물주 명의의 말소를 구하는 것[61] 등도 예외적으로 소의 이익이 있다고 본다.

② 청구가 '구체적인' 권리 또는 법률관계에 관한 것이어야 한다. 따라서 구체적 이익분쟁이 아닌 추상적 법령의 해석·효력을 다투는 소송(예: '법률 제○○○호가 위헌임을 확인한다든가 또는 법령의 유권해석을 구하는 소송 등),[62] 추상적 권리 자체의 존부를 다투는 청구[63] 등의 경우뿐만 아니라, 법률이 추상적 권리만을 규정하여 놓고 구체적 내용·한도를 정함에 필요한 법률상 규정이 정해지지 아니한 경우도 소의 대상이 되지 아니한다.[64]

③ 청구가 구체적 권리 또는 법률관계라고 하여도 '소로써 구할 수 있는 것'이어야 한다. 즉 청구가 소구(訴求)할 수 있어야 한다. 따라서 자연채무(예: 도박자금으로 빌려준 자금의 반환청구, 이자제한법 초과이자의 반환청구, 시효완성채무의 청구, 회생채권신고를 하지 아니한 회생회사채무 등)에 대한 청구, 소로써만 행사할 수 있는 형성권을 제외한 나머지 형성권(예: 해제·해지권, 취소권, 상계권 등 당사자의 일방적인 의사표시로 행사할 수 있는 것)에 기한 형성의 소제기 등은 소의 이익이 없다. 또한 약혼의 이행강제($\binom{민}{803조}$) 등도 같다.

④ 청구에 관한 '외적·내재적 한계로 인한 일정한 제한'이 따른다. i) 청구가 사법권의 외적 한계로 인하여 제한되는 경우가 있다. 재판절차는 국가권력 중 사법권에 속하고, 사법권은 광의의 법원이 담당한다. 국가권력의 남용을 막기 위하

---

56) 대판 1986. 6. 24, 85다카2469.

57) 대판 1986. 2. 25, 85다카1812.

58) 대판 1989. 5. 9, 88다카6754; 대판 1996. 10. 11, 95다29901.

59) 대판 1997. 4. 25, 95다19591.

60) 대판 1993. 6. 11, 93다6034.

61) 대판 1992. 4. 28, 92다3847(시영아파트 특별분양권); 대판 1998. 6. 26, 97다48937(철거보상금).

62) 대판 1954. 8. 19, 4286민상37; 대판 1984. 5. 22, 83누485.

63) 대판 1961. 9. 28, 4292민상50(평화적 집회와 시위행렬을 자유로 할 수 있다는 헌법상의 권리의 존재확인청구).

64) 대판 1970. 11. 20, 70다1376.

여 국가권력을 입법·행정·사법작용으로 나누어 각 국가권력이 견제와 균형을 통하여 조화롭게 행사될 수 있도록 하고 있다. 그렇기 때문에 대통령이 고도의 정치적 판단에 근거하여 행하는 통치행위(統治行爲), 국회의 전권에 속하는 사항인 입법을 해달라는 청구[65] 등은 사법심사의 대상이 되지 아니한다. 이것은 헌법상의 권력분립원칙의 본질적 부분에 속하는 사항이기 때문이다. ii) 또한 청구 자체의 내재적 한계로 인한 제한이 있다. 정당·종교단체·대학 등의 특수한 성격을 가진 단체($\frac{헌 8, 20,}{31조}$)의 내부분쟁이 일반 법질서와 직접 관계가 없는 내부적인 문제로 그친다면, 단체의 자주적이고 자율적인 해결에 맡기는 것이 적당한 경우에 사법적 심사의 대상이 되지 아니한다.[66] 그러나 처분 자체가 현저히 정의관념에 반하거나, 구체적 권리의무에 관한 청구의 전제로서 문제가 되거나,[67] 부동산의 귀속 등 강행법규를 적용하여야 할 경우거나,[68] 재산과 관련된 교회대표자의 지위의 부존재확인[69] 등의 경우에는 소의 이익이 있다.

(2) 법률상·계약상 소제기금지사유가 없을 것

① 법률상 소제기금지사유인 i) 같은 사건에 관하여 중복된 소제기가 아니라야 하고($\frac{259}{조}$), ii) 재소금지에 해당하지 않아야 하며($\frac{267조}{2항}$), iii) 중재계약을 무시하고 소를 제기하여서는 안 된다($\frac{중재 9조}{1항}$).[70] 중복제소, 재소(再訴), 중재계약을 무시한 소제기와 같은 법률상 소제기금지사유가 존재하지 말아야 한다.

② '확정된 기판력 있는 판결의 존재'가 법률상 소제기금지사유인지 여부

동일한 사건에 관하여 기판력 있는 확정판결이 존재하지 않아야 한다는 사유를 법률상·계약상 소제기금지사유가 없을 것 외의 공통의 소의 이익 요건으로 분류할 필요가 있을 것인가? 이를 별도로 분류하여 설명하기도 한다.[71] 그러나 민사소송법 제451조 제1항 제10호(재심을 제기할 판결이 전에 선고한 확정판결에 어긋나는 때)에서 확정판결을 재심사유로 규정하고 있는 점에 비추어 이것을 법률상

---

65) 헌재(전) 1989. 3. 17, 88헌마1.

66) 대판 1983. 10. 11, 83다233; 대판 1995. 3. 24, 94다47193; 대결 2007. 6. 29, 2007마224.

67) 대판 2005. 6. 24, 2005다10388; 대판 2006. 2. 10, 2003다63104; 대결 2007. 6. 29, 2007마224.

68) 대판 1991. 12. 13, 91다29446.

69) 대판 2007. 11. 16, 2006다41297.

70) 중재계약의 존재하지 말 것이라는 사유를 부제소계약에 준하여 계약상의 제소금지사유로 보기도 한다(이시윤, 226면).

71) 이시윤, 227면 주11) 참조.

소제기금지사유로 분류할 수 있다고 본다.

특히 기판력의 본질과 관련하여 소송법설 중 반복금지설을 취하는 경우에는 「기판력 있는 판결」의 의미는 승소판결뿐만 아니라, 패소판결도 당연히 포함한다. 그러나 모순금지설을 취하는 판례에서는 승소판결만을 의미한다.[72] 모순금지설을 취하는 판례는 승소확정판결이 있음에도 신소를 제기하는 것은 즉시 강제집행을 할 수 있으므로 소의 이익이 없다고 본다. 다만 i) 판결원본이 멸실된 경우,[73] ii) 판결채권에 관하여 시효중단이 필요한 경우,[74][75] iii) 판결내용이 불특정된 경우[76] 등의 특별한 사정이 존재하는 경우에는 예외적으로 신소의 제기가 가능하다. 이 경우에도 전소의 기판력으로 인하여 전소의 판결내용에 저촉되어서는 안 된다.[77]

판례는 이 외에도 화해조서[78]·인낙조서·구 토지수용법상의 재결[79]^(구 토지수용법 75조의2, 현 「공익사업을 위한 토지 등의 취득 및 보상에 관한 법률」 86조)·감사원의 확정된 변상명령판정,[80] 확정된 회생채권자표[81] 등과

---

72) 따라서 패소판결이 존재하는 경우에는 기판력 있는 판결이 존재한다고 볼 수 없으므로 재차 청구하는 경우에 소의 이익이 있다고 보아야 한다. 그러므로 이 경우 재차 본안심리를 하여 본안판결인 원고 패소판결을 다시 하여야 한다. 그러나 이러한 경우에 있어서 소의 이익으로 각하할 수 없다고 하여 동일한 본안판결을 재차 한다는 것은 있을 수 없으므로, 상위개념인 신의칙에 기초하여 형식적인 판단으로서 소 각하의 판결을 하는 것이 타당하다. 신의칙이 소의 이익의 상위개념으로 작용하여 하위개념인 소의 이익으로 거를 수 없는 불합리한 결과를 거르는 얼개 역할을 하여야 한다.

73) 대판 1981. 3. 24, 80다1888, 1889.

74) 대판 1987. 11. 10, 87다카1761; 대판 2018. 4. 24, 2017다293858; 대판(전) 2018. 7. 19, 2018다22008; 또한 판례는 시효중단을 위한 후소로서 이행소송만이 아니라 전소 판결로 확정된 채권의 소멸시효를 중단시키기 위한 재판상의 청구가 있다는 점에 대하여만 확인을 구하는 형태의 새로운 방식의 확인소송도 허용하며(대판(전) 2018. 10. 18, 2015다232316), 또한 후소가 전소판결이 확정된 후 10년이 지나 제기되었다고 하여도 곧바로 소의 이익이 없다고 소를 각하할 수 없고, 피고의 항변에 따라 원고의 채권이 변제, 소멸시효의 완성, 상계로 소멸하였는지에 관한 본안판단을 하여야 한다(대판 2019. 1. 17, 2018다24349).

75) 판결이 확정된 채권자가 신소를 제기하면서 원금과 원금에 대한 확정 지연손해금 및 이에 대한 지연손해금을 청구하는 경우에 확정된 지연손해금에 대한 지연손해금은 전소와 별개의 소송물이므로 이에 대하여는 소장송달 다음 날부터 신소에 적용되는 법률이 정한 이율에 따른 지연손해금을 별도로 지급하여야 하고(대판 2022. 4. 14, 2020다268760), 지연손해금의 원본채권이 상행위로 인한 채권인 경우에는 연 6%의 이율이 적용된다(대판 2022. 12. 1, 2022다258248).

76) 대판 1994. 5. 10, 93다53955; 대판 1998. 5. 15, 97다57658.

77) 대판 1998. 6. 12, 98다1645; 대판 2018. 4. 24, 2017다293858; 대판(전) 2018. 7. 19, 2018다22008.

78) 대판 1962. 1. 25, 4294민상21.

79) 대판 1974. 4. 23, 73다714.

80) 대판 1970. 4. 14, 67다2138.

81) 대판 2014. 6. 26, 2013다17971; 대판 2020. 3. 2, 2019다243420(회생채권자표는 기판력은 생기지 않지만 확정된 회생채권을 회생채권자표에 기재한 때에 확정판결과 동일한 효력이 있음(채무회생 168조)).

같이 승소확정판결과 동일한 효력이 있는 집행권원이 존재하는 경우에 신소를 제기하는 것은 소의 이익이 없다고 본다. 그러나 공정증서는 집행력만 있고 기판력이 없으므로 기판력 있는 판결을 받기 위하여 신소를 제기하는 것은 소의 이익에 반하지 아니하여 가능하다.[82]

③ 계약상 제소금지사유로는 부제소특약이나 소취하·포기의 합의 등이 있다.[83] 판례는 "일체의 민·형사상의 소송을 제기하지 않는다."는 취지의 부제소특약(통상 각서 또는 합의서라는 명칭으로 이루어짐)은 효력에 관하여 공권인 소권의 포기로 보아 이를 인정하지 아니하였으나, 이제는 실체법상의 청구권 또는 권리의 포기로 보아 부제소특약에 반하여 소를 제기하는 것은 권리보호의 이익이 없다고 본다.[84] 하지만 판례는 그 해석에 있어서 부제소합의는 헌법상 보장된 재판청구권의 포기와 같은 중대한 소송법상효과를 발생시키는 것이므로, 문언의 내용이 불분명하여 의사해석에 대립의 소지가 있고 외부에 표시된 행위에 의한 추단도 불분명한 경우에는 가급적 소극적 입장에서 신중하게 판단하여야 한다고 본다.[85] 하지만 민법상 화해계약의 법리에 따라 구속력을 가질 수는 있다.

이러한 부제소특약이 유효하기 위하여는 i) 그 대상이 당사자가 자유로이 처분할 수 있는 권리관계이어야 하고,[86] ii) 특정한 권리관계에 관한 것이어야 하며,[87] iii) 특약 자체가 심히 불공정하지 말아야 한다(민104조). 특히 각종 약관의 규정 중에 있는 부제소합의 조항의 경우에 신의성실의 원칙에 위반하여 공정성을 잃으면 무효라고 규정하고 있다(약규14조6). iv) 교통사고 등에 따른 합의 후에 후유증이 발생한 경

---

82) 대판 1996. 3. 8, 95다22795, 22801(원고의 피고에 대한 소유권이전등기 말소청구소송에서 피고에 대하여 약속어음금의 지급을 연체하면 즉시 강제집행을 받아도 이의 없다는 약관이 붙은 공정증서를 가진 채권자가 사해방지참가 한 경우); 대판 2013. 5. 9, 2012다108863(공정증서 작성 후에 채무자가 청구이의의 소를 제기하지 않고 채무부존재확인의 소를 제기한 경우).

83) 중재계약을 계약상 제소금지사유로 분류하기도 하나, 본서에서는 중재법 제9조의 근거규정이 있다는 이유로 법률상 제소금지사유로 보았다. 법률조문에 직접 금지를 규정하고 있지 않지만, 해당 규정에 따라 본안변론 전에 중재계약의 존재를 주장하면 소송절차의 이용이 금지되는 효과가 발생하므로 법률상 제소금지사유에 준한 것으로 보았다.

84) 대판 1968. 11. 5, 68다1665; 대판 1979. 3. 13, 77후50; 대판 1993. 5. 14, 92다21760.

85) 대판 2019. 8. 14, 2017다217151.

86) 판례는 유족보상금청구, 퇴직금청구 등에 관한 부제소특약은 강행법규인 근로기준법(현 근로자퇴직급여보장법)에 위반되어 무효라고 한다(대판 1977. 4. 12, 76다2960; 대판 1998. 3. 27, 97다49725).

87) 예컨대 "당사자 사이에 향후 일체의 소송을 제기하지 아니하기로 한다" 등과 같이 포괄적인 합의조항은 헌법상의 재판을 받을 권리를 미리 일률적으로 박탈하는 것이므로 무효이다(대판 2002. 2. 22, 2000다65086).

우에는 특약의 합의 시에 이를 예상할 수 있었어야 하는[88] 등의 요건이 필요하다.

(3) 특별 구제절차가 없을 것

① 소송절차 외의 특별한 구제절차가 없어야 한다. 일정한 경우에 소송절차를 이용하는 것보다 더 간이하고, 경제적인 구제절차가 존재하는 경우에 재판제도의 합목적적인 운영의 면에서나, 국가 차원의 분쟁의 효율적 처리라는 차원에서 특별 구제절차를 이용하도록 하는 것이 타당하다. 이러한 경우에 효율적인 특별구제절차의 이용을 장려하고 소송절차의 이용을 막기 위하여 소의 이익이라는 개념을 통하여 소제기를 막는 것이다. 이러한 사유를 제소장애사유(提訴障碍事由)라고 한다.

판례상 나타난 예를 보면, i) 소송비용 확정절차에 의하면 되는 소송비용의 상환이나 가압류비용의 청구의 소,[89] ii) 승계집행문을 받아 강제집행이 가능함에도 별도의 이행의 소를 제기하는 경우,[90][91] iii) 화해·인낙·조정조서의 효력을 준재심의 절차에 의하지 아니하고 해당 조서무효확인의 소를 제기하는 경우,[92] iv) 비송사건절차법에 의하면 됨에도 통상의 소로 임시이사선임취소의 소를 제기하는 경우,[93] 등기관의 직권사항인 부기등기·예고등기말소의 소를 제기하는 경우,[94] 경정등기의 소,[95] 표시변경등기말소의 소,[96] v) 집행법상의 절차에 의하면 됨에도 가처분등기말소의 소,[97] 경매불허의 소제기,[98] vi) 공탁금출급절차에 의하지 아니하고 하는 그 지급청구의 소,[99] vii) 상소로 다툴 수 있는 것을 확정 후에 별도의 소제기,[100] viii) 경매로 취득한 부동산에 관하여 종전의 당사자를 상대로 한 소유

---

88) 대판 1999. 3. 26, 98다63988; 대판 2013. 11. 28, 2011다80449.

89) 대판 1987. 3. 10, 86다카803; 대판 2000. 5. 12, 99다68577.

90) 대판 1972. 7. 25, 72다935.

91) 다만 승계집행문을 받아 강제집행할 수 있다고 하여도, 전소의 원고가 승계인을 상대로 소를 제기하여 승계인이 후행소송에서 승계인의 지위를 부정하면서 다투어 왔고 이에 대해 상당한 정도의 공격방어와 소송의 심리가 이루어졌다면, 후행소송을 소의 이익이 없다고 하여 소를 각하한다면 원고에게 가혹하고 소송경제에도 반한다고 하여 소의 이익을 인정하고 있다(대판 2022. 3. 17, 2021다210720). 대항력 있는 임차인이 명의수탁자를 상대로 승소 확정판결을 받은 후에 임대인의 지위를 승계한 명의신탁자를 상대로 다시 소송을 제기한 사안이다.

92) 대판 1968. 10. 22, 68므32.

93) 대판 1976. 10. 26, 76다1771.

94) 대판 1974. 5. 28, 74다150.

95) 대판 1999. 6. 11, 98다60903.

96) 대판 2000. 5. 12, 99다69983.

97) 대판 1976. 3. 9, 75다1923, 1924; 대판 1979. 3. 27, 78다2141.

98) 대판 1987. 3. 10, 86다152.

99) 대판 1992. 7. 28, 92다13011.

100) 대판 2002. 9. 4, 98다17145; 대판 2002. 10. 25, 2002다23598.

권이전등기청구의 소,[101] ix) 형사소송법상 항고로 다툴 수 있음에도 민사소송을 제기한 경우,[102] x) 담보물을 처분하면 됨에도 담보권자가 우선변제의 소제기를 하는 것[103] 등의 경우에는 소의 이익이 부인된다.

② 이 외에 법에서 통상의 소를 제기하기 위하여 선행적 구제절차를 정하고 있는 경우에 이러한 절차를 거치지 아니하고 바로 소를 제기한 경우에도 소의 이익이 없다. 종전에는 국가배상법상 배상심의회의 결정 없이 직접 국가배상금을 소로써 청구하는 경우(국배9조)에는 소의 이익이 없다고 하였다. 그러나 국가배상법이 2000. 12. 29. 법률 제6310호로 제9조가 전문 개정·시행되면서 필수적 전치주의에서 임의적 전치주의로 바뀌어 바로 소제기가 가능하게 되었다. 또한 하천법상의 손실보상금지급절차나, 근로기준법상 노동위원회에 하는 부당해고구제 신청절차 등도 임의적 절차로서 곧바로 소를 제기할 수 있다.[104] 그러나 재해보상청구사건의 경우에 노동위원회의 심사 또는 중재절차(근기89조), 가사소송 중 나·다류 사건과 가사비송 중 마류 사건의 경우에 행하는 조정전치절차(가소50조) 등은 필수적 선행절차이다.

〈"신의칙에 반하는 소제기가 아닐 것"이 공통된 소의 이익의 요건인지 여부〉

통설은 공통의 소의 이익의 요건의 하나로 "신의칙에 반하는 소제기가 아닐 것"을 들고 있다.[105] 그 예로 i) 한 개의 채권을 여러 개로 나누어 소액사건심판법의 적용을 받으려 하는 경우(소실5조의2,이행의 소), ii) 이사의 직무수행의사가 없음에도 다소의 금전을 지급받을 목적으로 이사회결의부존재 확인의 소를 제기한 경우(확인의 소),[106] iii) 부당한 목적으로 제기한 혼인무효확인의 소 또는 제권판결에 대한 불복의 소(형성의 소) 등의 경우는 신의칙에 반하여 소의 이익이 없다고 한다.[107]

그러나 통설과 같이 "신의칙에 반하는 소제기가 아닐 것"을 소의 이익의 요건의 하나로 분류하는 것에 반대한다. 첫째 신의칙은 규정 사이의 충돌, 개념 사이의 부조화시 등의 경우에 역할을 하는 근본규범으로서, 개념적으로 보면 소의 이익은 신의칙의 하위개념에 해당한다. 따라서 상위개념이 하위개념의 요건으로 될 수는 없기 때문이다. 둘째 신의칙은 근본규범으로서 하위개념에 가능한 한 개입하지 말고, 하위개념 자체적

---

101) 대판 1999. 7. 9, 99다17272.
102) 대판 1956. 12. 14, 4289행상122; 대판 1962. 1. 31, 4294민상40.
103) 대판 1979. 3. 27, 78다2141; 대판 2015. 2. 18, 2004다37430.
104) 대판 1991. 7. 12, 90다9353; 대판 1991. 10. 25, 90다20428; 대판 1992. 5. 22, 91다22100.
105) 이시윤, 228면; 정동윤/유병현/김경욱, 430면.
106) 대판 1974. 9. 24, 74다767.
107) 이시윤, 228-229면; 정동윤/유병현/김경욱, 410면 등.

으로 문제를 해결할 수 있도록 장려하여야 한다. 신의칙은 하위개념에 가능한 한 개입하여서는 안 된다. 그렇게 함으로써 하위개념의 범위를 가능한 넓힐 수 있도록 하여야 하기 때문이다. 즉 신의칙의 최후·최소성의 원칙에 반하기 때문이다(자세한 것은 제1편 제3장 민사소송법상 신의성실의 원칙 참조). 셋째 통설에서 예로 들고 있는 것을 소의 이익으로 처리할 수 없는 경우에는 민사소송법상의 신의칙($\frac{1\tilde{x}}{2\overline{\tilde{v}}}$)이 최후에 나서서 처리하면 된다. 신의칙은 다른 개념, 규정으로 처리할 수 없으나 그대로 적용하면 부당한 결과가 발생하는 경우에는 그 처리에 필요한 형태로서 작용하면 된다. 즉 신의칙의 수정성의 원칙이 작동하는 것이다. 이러한 경우에는 신의칙이 형식적 요건의 불비를 이유로 소를 각하할 수 있기 때문이다. 이렇게 처리함으로써 신의칙과 소의 이익과의 적정한 관계설정이 가능하여 지고, 신의칙의 적용원칙을 체계적으로 파악할 수 있기 때문이다.

따라서 통설이 공통된 소의 이익의 요건 중 하나로 "신의칙에 반하는 소제기가 아닐 것"을 넣은 것은 논리적으로 모순에 빠지게 되고, 현실적으로 그럴 필요가 없다고 본다.[108]

Ⅳ. 이행의 소의 이익

1. 총   설

이행의 소는 이행청구권의 존부확인과 그것에 의한 이행명령을 구하는 것인바, 통상 이행청구권의 주체 및 내용이 명확한 경우가 대부분이다. 따라서 이행의 소 특히 현재의 이행의 소는 이행청구권을 주장하는 것 자체로 원칙적으로 소의 이익이 인정된다. 따라서 특별한 경우 외에는 이행의 소에서 소의 이익을 별도로 설명할 필요가 없으며, 소제기 전에 이행의무자에게 이행최고나 채무자의 이행거절 등을 요하지 않는다. 다만 장래 이행의 소는 "미리 청구할 필요"가 있어야 한다($\frac{251}{\overline{\tilde{x}}}$). 소송비용의 부담과 관련하여 원고가 소제기 전에 이행최고만으로 임의이행을 하였을 가능성이 높아 원고의 소제기가 "권리를 늘리거나 지키는 데 필요하지 아니한 행위"라고 한다면 원고가 승소한 경우에도 소송비용을 부담할 수는 있다($\frac{99}{\overline{\tilde{x}}}$).

---

108) 호문혁 교수는 소제기가 신의칙에 위반된다는 것은 실체법상의 권리를 신의칙에 위반하여 행사한 것이므로 실체법상의 문제이고, 소송요건의 문제 즉 권리보호자격에 포함될 수 없다고 한다(호문혁, 311면; 결론에서 같은 견해로, 한충수, 39, 181면). 그러나 소제기 행위는 전형적인 소송행위로 보아야 할 것이고 따라서 소제기와 관련된 문제는 전형적인 민사소송법상의 신의칙에 관한 문제인 것이다. 또한 민사소송법상의 신의칙이 소의 이익의 요건이 될 수 없는 것은 상위개념이 하위개념 내에 포섭되는 것이 개념적으로나 실질적으로 타당하지 아니하기 때문이다.

2. 권리보호의 자격(청구적격)

(1) 이행의 소의 청구적격은 청구권(Anspruch)이다. 청구권의 내용은 문제가 되지 아니하므로 금전지급·물건인도청구권, 작위·부작위청구권, 의사의 이행을 구하는 청구권 등도 가능하다.

(2) 이행의 소의 청구적격으로서의 청구권은 원칙적으로 변론종결 당시에 이행기에 도달하여야 한다. 그러나 장래 이행의 소에서 이행기가 도래하지 않은 청구권일 경우라도 "미리 청구할 필요(권리보호의 필요)"가 있는 경우에만 가능하다. 청구적격과 관련하여 특별히 논의되는 경우를 보겠다.

① 기한부청구권, 정지조건부청구권 또는 장래 발생할 청구권

기한부청구권, 정지조건부청구권은 원칙적으로 청구적격을 가진다. 장래 발생할 청구권일 경우에도 청구의 기초관계가 성립되어 있고 발생의 개연성이 충분한 경우에는 청구적격을 가진다.[109] 정지조건부청구권의 하나라고 볼 수 있는 대상청구(代償請求, 본래의 청구가 강제집행이 불능한 경우를 대비하여 소송목적물의 가액 상당의 금전지급을 구하는 전보배상청구의 하나로서 장래이행청구이고, 본래의 청구와 단순병합으로 본다)도 청구적격이 있다.[110] 그러나 조건성취의 개연성이 희박한 경우이거나, 장래에 성립할 가망이 있음에 불과한 청구권은 청구적격이 없다고 하여야 한다.

판례는 i) 향후 30년을 생존을 조건으로 한 정기금청구,[111] ii) 관할관청의 허가·인가를 조건으로 한 청구[112]에 관하여 청구적격을 인정하고 있다. 그러나 iii) 토지거래허가를 받지 못한 토지거래는 유동적 무효이므로[113] 토지매수인이 그 매도인을 상대로 허가를 조건으로 한 소유권이전등기청구는 청구적격이 없다.[114] 이

---

109) 대판 1998. 7. 24, 96다27988.

110) 同旨: 이시윤, 233면; 정동윤/유병현/김경욱, 438면.

111) 대판 1967. 8. 29, 67다1071.

112) 대판 1994. 7. 29, 94다9986(농지취득자격증명을 조건으로 한 소유권이전등기청구); 대판 1995. 5. 9, 93다62478(학교법인의 기본재산에 대한 관할관청의 처분허가를 조건으로 한 소유권이전등기청구); 대판 1998. 7. 24, 96다27988.

113) 유동적 무효의 경우 매매계약은 법률상 미완성의 법률행위로서 적어도 소유권이전등기청구권에 한해서는 토지거래에 관한 허가 없이는 그 발생의 기초조차 발생하지 않았다고 볼 수 있고, 그와 같은 소유권이전등기청구권은 조건부·부담부 청구권에도 해당하지 않는다고 해석함이 상당하다(대결 2010. 8. 26, 2010마818).

114) 대판(전) 1991. 12. 24, 90다12243; 대판 1993. 3. 9, 92다56575; 대판 2006. 1. 27, 2005다52047 등 다수.

것은 토지거래허가제도의 강행법규성에 비추어 판례의 태도가 타당하다고 본다. 다만 이러한 경우에도 토지거래의 완성을 위하여 상대방에게 토지거래허가절차의 협력을 구할 수 있음은 물론이다.[115]

② 가압류·압류, 가처분 되어 있는 청구권

채권이 가압류 또는 압류 되어 있는 경우(예, 채권자가 채무자의 제3채무자에 대한 채권을 압류 또는 가압류해 놓은 상태) 또는 채권에 대하여 변제 금지가처분 또는 처분금지가처분 등이 되어 있는 경우(예, 채권자가 채무자의 제3채무자에 대하여 변제금지가처분을 한 상태)에 채무자가 제3채무자에게 채권의 이행을 청구할 수 있는지 문제된다. 이 경우 가압류되었다는 것은 채무자가 제3채무자로부터 현실로 급부를 추심하는 것을 금지하는 것일 뿐이므로 이를 인정하는 것은 문제가 없다고 본다. 판례도 같다.[116] 채권이 압류만 된 경우에는 채무자가 이행의 소를 제기하는 것이 문제없지만, 채권압류 및 추심명령이 같이 된 경우에는 제3채무자에 대한 이행의 소는 추심채권자만이 할 수 있는데, 이것은 압류채권에 대한 소송수행권이 추심채권자만이 채무자에 갈음하여 갖게 되기 때문이다.[117] 소송요건 중 당사자적격의 문제이고 보다 포괄적인 소송요건인 소의 이익에 관한 것은 아니다. 국세체납으로 인하여 채권압류가 있는 경우에는 채무자는 해당 채권과 그 지급조로 받은 어음금 청구도 할 수 없게 된다.[118] 국가만이 채무자에 갈음하여 피압류채권의 추심권을 갖게 되므로(국세징수법 43조), 압류 및 추심명령의 경우와 같이 당사자적격이 채무자로부터 국가로 넘어갔다고 보아야 한다.[119]

그런데 소유권이전등기청구권에 대한 압류·가압류 및 가처분의 경우에는 채무자는 제3채무자에게 가압류와 가처분의 해제를 조건으로만 그 이전등기청구권을 행사할 수 있다.[120] 이것은 소유권이전등기를 명하는 판결은 의사의 진술을 명하는 판결로서 이것이 확정되면 채무자는 일방적으로 이전등기를 신청할 수 있고

---

115) 상계 주(註) 참조.

116) 대판 1989. 11. 24, 88다카25038(채권가압류); 대판 2000. 4. 11, 99다23888(압류 및 추심명령); 대판 2002. 4. 26, 2001다59033(채권가압류).

117) 대판 2000. 4. 11, 99다23888(압류 및 추심명령). 하지만 채무자에게도 병행하여 소송수행권을 부여하는 것을 고민하여야 할 것으로 본다(대판 2022. 11. 24, 2018두67 참조).

118) 대판 1983. 3. 8, 82다카889(어음금청구); 대판 1989. 1. 17, 87다카2931; 대판 1999. 5. 14, 99다3686.

119) 대판 1999. 5. 14, 99다3686.

120) 대판(전) 1992. 11. 10, 92다4680(가압류); 대판 2011. 8. 18, 2009다60077(가압류 또는 가처분).

제3채무자는 이를 저지할 방법이 없기 때문이다. 소유권이전등기청구권의 압류·가압류 및 가처분에 관한 법리는 의사의 진술을 명하는 판결에 해당하는 주권발행 전 주식의 양도를 명하는 판결에도 그대로 적용되어 채무자는 제3채무자에게 가압류와 가처분의 해제를 조건으로만 양도를 청구할 수 있다.[121] 이 경우 가압류 및 가처분 된 사실은 제3채무자가 채무자에 응소하여 항변의 형태로 주장·입증하여야 하고, 만약 제3채무자가 고의 또는 과실로 응소하지 아니하여 소유권이 채무자에게 이전되어 손해가 발생한 경우에는 채권자에게 불법행위로 인한 손해배상의 책임을 부담하게 될 것이다.[122]

③ 선이행청구

원고가 먼저 자신의 채무이행을 하여야 비로소 자신의 이행청구권의 이행기가 도래하는 청구권에 있어서는 자신의 선이행을 조건으로 하는 청구는 허용되지 아니한다.[123] 자신의 의무이행을 하지 아니하고 상대방에게 자신의 채무이행을 조건으로 하는 것은 신의칙상 허용될 수 없기 때문이다. 예컨대 저당채무자가 자신의 저당채무의 지급을 조건으로 한 저당권설정등기말소청구, 양도담보설정자가 채무변제를 조건으로 하여 저당권자를 상대로 한 소유권이전등기말소청구 등이 여기에 해당한다. 그러나 양도담보에 있어서 담보권자가 소유권이전등기가 담보목적이 아님을 주장하거나, 저당권에 있어서 채권자가 액수를 다투어서 채무자가 변제를 하여도 저당권등기의 말소를 협조할 기대가 없는 경우 등에 있어서는 조건부 청구가 아닌 단순 장래이행청구로서 미리 청구할 필요가 있다고 보아야 한다.[124]

(3) 유아인도청구 등의 청구적격

유아인도청구가 청구적격이 있는지 여부가 문제된다. 유아인도청구는 가사소송법상 가사비송의 하나로 규정하고 있으므로(가소 2조 1항의 마류사건임), 통상의 민사소송절차로 청구하는 것은 간이한 다른 절차가 준비되어 있으므로 소의 이익이 없다고 본다.[125]

또한 강행법규에 위반한 청구(예: 범죄에 대한 대가로 지급하기로 한 약정금의 청

---

121) 대판 2021. 7. 29, 2017다3222, 3239.

122) 대판 1999. 6. 11, 98다22963; 대판 2000. 2. 11, 98다35327; 대판 2002. 10. 25, 2002다39371; 대판 2007. 9. 21, 2005다44886.

123) 대판 1992. 1. 21, 91다35175.

124) 대판 1983. 5. 10, 81다548; 대판 1987. 5. 12, 86다카2286; 대판 1990. 7. 10, 90다카6825, 6832; 대판 1992. 1. 21, 91다35175.

125) 同旨: 정동윤/유병현/김경욱, 431면.

구 등)를 청구적격의 문제로 보아야 하는지, 아니면 청구권을 부정하는 사유로서 의 본안의 이유요건으로 보아야 하는지 문제된다. 소송절차를 이용할 자격 여부에 관한 것으로 보아 청구적격의 문제로 보는 것이 옳다고 본다.[126]

3. 권리보호의 필요(이익)

현재의 이행의 소와 장래의 이행의 소에 약간의 차이가 있다. 현재 이행의 소 는 청구 시에 이행기가 도래한 이행청구권에 대한 청구이므로 청구 자체로 특별 한 사정이 없다면 권리보호의 필요가 존재한다. 그러나 장래의 이행의 소는 '미리 청구할 필요($\frac{251}{2}$)'라는 권리보호의 필요 여부에 대한 별도의 심사가 필요하다.

(1) 현재 이행의 소

현재 이행의 소는 원칙적으로 별도의 권리보호의 필요를 증명할 필요가 없다. 그러나 i) 집행의 불가능·현저한 곤란의 경우, ii) 목적의 실현·실익이 없는 청 구, iii) 일부청구 등에 있어서 권리보호의 필요 여부가 문제된다.

① 집행의 불가능·현저한 곤란의 경우

이행의 소에 있어서 권리보호의 필요와 관련하여 집행의 불가능·현저한 곤란 의 경우에 과연 소송절차의 이용을 허용할 필요가 있는지 의문이 든다(예: 채무자 의 무자력 등). 그러나 판결절차는 분쟁의 관념적 해결절차이고, 강제집행절차는 사 실상의 실현절차인 점, 이행판결이 가지고 있는 피고에 대한 심리적 압박, 이를 소 의 이익이 없다고 하여 소를 각하하는 경우 채무이행을 피하기 위하여 재산을 도피 한 피고에게 소멸시효를 통한 부당한 이익을 줄 수 있다는 점 등을 고려한다면 소 의 이익이 있다고 보아야 한다. 통설·판례[127]도 같다. 하지만 이행을 구할 아무런 실익이 없어 법률상 이익이 부정되는 경우에는 이를 인정하기 어려울 것이다.[128]

---

126) 대판 1955. 2. 17, 4287민상107. 反對: 정동윤/유병현/김경욱, 431면(본안의 이유요건으로 봄).
127) 이행의 소는 원칙적으로 원고가 이행청구권의 존재를 주장하는 것으로서 권리보호의 이익이 인정되고, 이행판결을 받아도 집행이 사실상 불가능하거나 현저히 곤란하다는 사정만으로 그 이익 이 부정되는 것은 아니므로 원고가 개성공업지구에 위치한 이 사건 건물에 관한 인도청구의 소에 서 승소하더라도 그 강제집행이 곤란하다는 이유만으로 소의 이익은 부정되지 않는다(대판 2016. 8. 30, 2015다255265). 또한 제3자를 위한 계약에서 요약자는 제3자의 권리와는 별개로 낙약자에 대하여 제3자에게 급부를 이행할 것을 요구할 수 있는 권리를 가지고, 이때 낙약자가 요약자의 이 행청구에 응하지 아니하면 특별한 사정이 없는 한 요약자는 낙약자에 대하여 제3자에게 급부를 이 행할 것을 소구할 이익이 있다(대판 2022. 1. 27, 2018다259565).
128) 다만 판례는 판결절차는 분쟁의 관념적 해결절차로서 강제집행절차와는 별도로 독자적인 존

판례는 i) 순차로 경료된 등기의 최후 등기명의자에 대하여 패소확정판결을 받았다고 하여도, 중간등기 명의자에 대한 등기절차말소를 구하는 청구,[129] ii) 변제금지의 가처분,[130] 채권의 압류[131] 또는 가압류[132]가 있는 채권에 대한 이행청구, iii) 외국환거래법상 재경부장관의 허가 없는 상태에서 비거주자가 거주자에 대하여 외화지급을 구하는 소[133] 등의 경우에 소의 이익이 있다고 한다.

기타 임의로 이행하지 아니하면 강제집행이 불가능한 가수 등의 공연을 구하는 소나 부부의 동거의무의 이행을 구하는 소 등이 있다. 전자의 경우에는 이행의 소로 구함에 문제가 없으나, 후자는 가사비송절차에 규정하고 있으므로(가소 2조 1항 마류사건) 소송절차로 그 이행을 구할 수 없다.

② 목적의 실현·실익이 없는 청구

목적의 실현·실익이 없는 청구와 관련하여, 판례는 i) 원고가 소유권이전등기 청구 소송 중에 다른 원인에 의하여 원고 앞으로 소유권이전등기가 경료된 경우,[134] ii) 건물에 대한 등기청구 중 건물이 전부 멸실한 경우,[135] iii) 채권자가 수

재 의의를 갖는 것이므로 집행이 가능한지는 이행의 소의 이익을 부정하는 절대적인 사유가 될 수 없지만, 이행을 구하는 아무런 실익이 없어 법률상 이익이 부정되는 경우까지 소의 이익이 인정된다고 볼 수는 없다고 한다(대판 2016. 9. 30, 2016다200552).

129) 대판 1983. 3. 8, 80다3198; 대판 1995. 10. 12, 94다47483; 대판 1998. 9. 22, 98다23393.

130) 日最判, 1958. 6. 19, 民集 12. 1562.

131) 소유권이전등기청구권에 대한 압류가 있다면 변제금지의 효력에 따라 제3채무자는 채무자에게 이전등기를 하여서는 안되지만, 이러한 압류에는 청구권의 목적물인 부동산 자체의 처분을 금지하는 대물적 효력은 없으므로, 제3채무자나 채무자로부터 이전등기를 마친 제3자에 대하여는 취득한 등기가 원인무효라고 주장하여 말소를 청구할 수 없지만, 제3채무자가 압류결정을 무시하고 이전등기를 이행하고 채무자가 다시 제3자에게 이전등기를 마쳐준 결과 채권자에게 손해를 입힌 때에는 불법행위에 따른 손해배상책임을 진다(대판 2007. 9. 21, 2005다44886; 대판 2022. 12. 15, 2022다247750).

132) 대판 1989. 11. 24, 88다카25038; 대판 2002. 4. 26, 2001다59033; 다만 대판(전) 1992. 11. 10, 92다4680, 대판 2011. 8. 18, 2009다60077은 일반적으로 채권에 대한 가압류가 있더라도 이는 채무자가 제3채무자로부터 현실로 급부를 추심하는 것만을 금지하는 것이므로 채무자는 제3채무자를 상대로 ㄱ 이행을 구하는 소송을 제기할 수 있고, 법원은 가압류가 되어 있음을 이유로 이를 배척할 수 없는 것이 원칙이다. 하지만 소유권이전등기를 명하는 판결은 의사의 진술을 명하는 판결로서 이것이 확정되면 채무자는 일방적으로 이전등기를 신청할 수 있고 제3채무자가 이를 저지할 방법이 없으므로 이와 같은 경우에는 가압류의 해제를 조건으로 하지 아니하는 한 이를 인용하여서는 아니 된다고 한다.

133) 대판(전) 1975. 4. 22, 72다2161(위 법상의 제한규정들은 단속법규이고 위 제한규정에 저촉되는 행위라 할지라도 그 행위의 사법상의 효력에는 아무런 영향이 없음).

134) 대판 1996. 10. 15, 96다785; 대판 2003. 1. 10, 2002다57904(근저당권설정등기의 말소등기 절차의 이행을 구하는 소가 진행 중 그 근저당권설정등기가 경락으로 인하여 말소된 경우).

135) 대판 1976. 9. 14, 75다399; 대판 1994. 6. 10, 93다24810. 다만 대판 1992. 3. 31, 91다 39184에서는 소유권보존등기가 된 종전건물의 소유자가 이를 헐어 내고 건물을 신축한 경우에 있

익자를 상대로 사해행위취소 및 원상회복청구를 한 후 소송계속 중에 사해행위가 해제 또는 해지되고 사해행위취소에 의해 복귀를 구하는 재산이 이미 채무자에게 복귀된 경우[136] 등은 권리보호의 필요가 없다고 본다.

③ 확정된 이행판결이 있는 경우(법률상 소제기금지사유의 존재)

확정된 이행판결이 존재하는 경우에는 즉시 강제집행이 가능하기 때문에 동일한 소를 제기할 이익 또는 필요가 없다. 그러나 판결원본이 멸실된 경우, 판결내용이 불특정 된 경우, 판결채권에 대한 시효중단을 위한 경우 등의 특별사정이 존재하면 동일한 소를 제기할 이익 또는 필요가 인정된다.

④ 일부청구

소액사건심판법을 적용받을 목적으로 채권의 일부를 분할하여 소액심판을 청구하는 것은 소를 각하하여야 한다(소심법 5조의2). 이것과 관련하여 채권의 일부청구의 경우에 권리보호의 필요가 없다고 하여 각하할 것인가가 논의된다. 그러나 민사소송이 당사자의 처분권주의에 기초하고 있다는 점에서 명시적 일부청구를 가능하다고 보아야 한다는 점, 일부청구라도 이를 명시하지 아니한 경우에는 나머지 청구부분에 기판력이 미친다는 점, 손해배상소송 등에서 신체감정의 결과에 따라 청구취지를 확장할 현실적 필요가 있다는 점 등에 비추어 보면 일부청구가 특별히 소권의 남용에 해당하지 아니한다면 이를 인정하여야 할 것이다(통설).

(2) 장래 이행의 소

① 원 칙

장래 이행의 소는 이행기가 도래하지 아니하였으므로 원칙적으로 권리보호의 필요가 없다고 할 것이다. 그러나 채무자가 이행거절의 의사를 명백히 하고 있거나, 현재 이행기가 도래한 부분에 대하여 이행하고 있지 아니하여 장래에 이행기가 도래하는 청구권에 관하여도 이행하지 아니할 것이 분명한 경우 등 '미리 청구할 필요(251조)'가 존재하면 권리보호의 필요성이 존재한다고 보아야 한다. 그러나 이행기에 채무자가 변제능력이 없어 집행이 곤란하다거나, 이행불능에 빠질 사정이 있다는 이유만으로 '미리 청구할 필요'는 없다고 할 것이다.[137] [138]

어 종전건물에 관하여 마쳐진 원인무효의 소유권이전등기 등의 말소를 구할 소의 이익이 있다고 한다.

136) 대판 2008. 3. 27, 2007다85157; 대판(전) 2015. 5. 21, 2012다952; 대판 2018. 6. 15, 2018 다215763, 215770; 대판 2022. 4. 14, 2021다299549.

② '미리 청구할 필요' 여부

장래의 이행의 소와 관련하여 '미리 청구할 필요' 여부에 관하여 다음과 같은 것이 문제된다.

i) 일정한 시점에 이행하지 아니하면 의미가 없는 정기행위(민545조), 이행지체로 인한 손해가 매우 중대한 경우(예: 기초적 생활비의 지급채무 등) 등은 미리 청구할 필요가 있다고 본다.

ii) 계속적·반복적 이행청구에 있어서 현재 이행기 도래분에 대하여 불이행 상태에 빠진 경우에는 장래의 부분도 이행을 기대할 수 없으므로 당연히 미리 청구할 필요가 있다.[139] 계속적인 불법행위·부당이득청구의 경우도 같다. 판례는 한때 장래의 부당이득반환청구권은 성질상 미리 청구할 수 없다고 하였으나, 지금은 미리 청구할 필요가 있다고 본다.[140] 다만 장래의 계속적인 불법행위·부당이득청구권의 경우에는 채무의 이행기가 장래에 도래하는 것뿐만 아니라 의무불이행사유가 그때까지 계속하여 존재한다는 것을 변론종결 당시에 확정적으로 예정할 수 있어야 한다. 판례는 시가 법률상 원인 없이 사유지를 사용하여 차임 상당의 부당이득을 얻고 있는 경우에 '시가 위 토지를 매수할 때까지'로 기간을 정한 차임 상당의 부당이득반환청구는 의무불이행사유가 그때까지 계속하여 존재한다는 것을 변론종결 당시에 확정적으로 예정하기 어렵다고 하였고,[141] 반면 '도로의 폐쇄에 의한 피고의 점유종료일' 또는 '소유권 상실일까지'로 한 경우에는 이를 인정하고 있다.[142] 판례 중 방론으로 '소유권 상실일까지'라는 기재는 확정된 이행판결의 집행력에 영향을 미칠 수 없는 무의미한 기재라고 하고 있고,[143] 또 일부 학자는 '소유권상실일까지'로 장래이행의 소를 인정하는 것은 집행기관이 소유권상실 여부의 판단이 어려워 결국 집행력 없는 판결이라는 이유 등으로 비판하고 있

---

137) 대판 2000. 8. 22, 2000다25576.
138) 특히 쌍무계약관계의 이행기가 도래하지 않은 상태에서 장래이행의 소를 인정하는 것은 당사자 일방에게 선제적으로 집행권원을 확보시켜 주는 것이므로 계약관계의 균형이 상실되어 상대방 당사자의 계약상의 권리가 침해될 수 있으므로 장래이행의 소의 적법 여부는 엄격한 기준에 따라 신중하게 판단하여야 한다(대판 2023. 3. 13, 2022다286786). 이 대법원 판결은 원고가 1심에서 계약기간 만료를 이유로 건물인도청구를 하였다가 기각되자, 항소심 변론종결 직전에 20개월 후의 계약기간 만료를 이유로 장래의 인도청구권에 기한 청구에 대하여 '미리 청구할 필요'가 없다고 하였다.
139) 대판 1994. 9. 30, 94다32085; 대판 1995. 12. 22, 94다57138; 대판 1996. 3. 26, 95다33917.
140) 대판(전) 1975. 4. 22, 74다1184.
141) 대판 1991. 10. 8, 91다17139.
142) 대판 1994. 9. 30, 94다32085.
143) 대판 2019. 2. 14, 2015다244432; 대판 2023. 7. 27, 2020다277023.

지만,[144] 분쟁의 일회적 해결이라는 점에서 보면 집행방법 등의 개선을 통하여 해결이 가능하다는 점에서 기존의 판례의 태도에 특별히 문제는 없다고 생각한다.

iii) 의무자가 의무의 존재(예: 대여 받은 사실이 없다고 하는 경우) 또는 조건·이행기 등을 다투고 있어 이행기에 이르러 즉시 이행을 기대하기 어려운 경우 등에도 미리 청구할 필요가 있다.[145] 예컨대 대주주가 주식양도를 거부하고 있는 경우에 회사도 장차 명의개서를 거부할 염려가 있으므로 주식양수인이 회사에 대하여 장래의 명의개서청구를 할 필요성이 있다고 할 것이다.[146]

iv) 병합청구　　예컨대 원금청구와 더불어 원금을 다 갚을 때까지의 지연이자를 병합하여 청구하는 경우, 가옥명도를 구하면서 그 명도 완료시까지의 임대료 상당의 손해금 청구를 병합하는 경우 등은 현재 이행의 소와 장래 이행의 소가 병합된 전형적인 경우이다. 문제는 대상청구(代償請求)라고 칭하는 목적물의 인도청구에 병합하여 장래 그 집행불능에 대비하여 본래의 청구에 갈음하여 소송목적물 가액 상당의 금전지급을 구하는 전보배상청구를 장래이행청구의 하나로 보아 본래의 청구인 목적물의 인도청구와 단순병합의 한 형태로 청구하는 것이 가능한지 여부가 논의된다. 생각건대 심리와 판결의 일회적 처리라는 면에서 이를 인정함이 타당하다고 본다(通說).[147]

v) 형성의 소와 병합한 이행청구　　형성의 소와 병합하여 그 형성판결에 따른 형성효과에 따라 발생할 권리의 이행을 구하는 것이 가능한지가 문제된다. 판례는 공유물분할청구와 병합하여 그 분할판결이 날 경우를 대비하여 분할물의 급부청구를 구하는 것은 청구할 권리가 아직 발생하지 않았으므로 인정하지 아니하고 있다.[148] 반면 양육자지정 청구와 동시에 양육비지급 청구의 경우에는 미리 청구할 필요가 있다고 하여 이를 인정하고 있다.[149] 한편 제권판결불복의 소에 있어서 불법행위로 인한 손해배상청구[150] 또는 수표금청구[151]의 병합에 있어서는 판례가

---

144) 이시윤, 676-677면.
145) 대판 2004. 1. 15, 2002다3891.
146) 대판 1972. 2. 22, 71다2319.
147) 대판 1960. 5. 19, 4292민상682; 대판 2011. 8. 18, 2011다30666, 30673(본래의 급부청구가 인용된다는 이유로 대상청구의 판단을 생략할 수 없고, 본래의 급부청구를 인용하고 대상청구를 기각한 경우 예비적 병합과 달리 대상청구는 단순병합이므로 원고에게 항소이익이 있음).
148) 대판 1969. 12. 29, 68다2425.
149) 대판 1988. 5. 10, 88므92, 108.
150) 대판 1989. 6. 13, 88다카7962(제권판결불복의 소에 불법행위로 인한 손해배상청구를 인정함).
151) 대판 2013. 9. 13, 2012다36661(제권판결불복의 소에 수표금청구의 병합을 부정함). 이 판결은 기존에 긍정하는 판례(대판 1989. 6. 13, 88다카7962)가 있는 상황에서 전원합의체의 판결이 아

엇갈린다. 그러나 분쟁의 일회적 해결의 측면에서 이를 인정하는 것이 타당하다고 본다.

vi) 부작위청구소송　부작위청구소송과 관련하여 장래의 침해행위의 예방을 구하는 부작위청구의 경우에 '침해의 위험 또는 반복의 위험(예: 현재에 침해행위가 있는 경우)'은 모두 실체법상의 부작위청구권의 성립요건으로 보아야 한다는 이유로 '미리 청구할 필요'를 특유한 권리보호의 필요라고 파악할 필요가 없다는 견해가 있다.[152] 그러나 단순한 장래의 이행의 소에 있어서 '침해의 위험' 여부라는 요건이나, 현재의 침해행위가 있는 경우와 병합하여 장래의 부작위청구의 경우에 있어서 '반복의 위험' 여부라는 요건은 요건사실의 발생가능성의 문제임에 반하여, '미리 청구할 필요' 여부는 이러한 요건사실에 기초하여 그 필요성의 여부에 관한 것이므로 별도로 '권리보호의 필요'라는 문제로 다룰 필요가 있다. 따라서 부작위청구소송에 있어서 '미리 청구할 필요' 여부를 특별한 권리보호의 필요라고 보아야 할 것이다.

V. 확인의 소의 이익

1. 총　설

확인의 소의 경우에는 확인대상·주체 등에 관하여 논리적인 제한이 없다. 연혁적으로 보면 확인의 소가 대상·주체 등에 제한이 없으므로 확인의 소를 제한하는 원리로서 소의 이익이라는 개념이 발전하였고, 이것이 이행·형성의 소에 확대된 것으로 보면 된다.[153]

원칙적으로 이행·형성의 소는 소의 이익이 있음을 전제로 출발하고 있는 데 반하여, 확인의 소는 소의 이익이라는 관문을 통과하여야만 확인대상의 권리·법률관계에 관한 법적 판단을 받을 수 있는 것이다. 따라서 소의 이익이라는 개념은 이행·형성의 소보다는 확인의 소에 있어서 더욱 의미가 깊다.

특히 권리 또는 법률관계의 범위가 확대되면서 확인의 소의 소송절차의 이용한계를 설정한다는 점에서 소의 이익이라는 개념의 합리적 범위설정이 매우 중요

닌 대법원 소부 판결로 배치되는 결론을 내렸다는 점에서 절차적으로 문제가 있는 판결로 사료된다. 향후 전원합의체로 대법원의 입장을 정리하여야 할 것이다.

152) 정동윤/유병현/김경욱, 439면.

153) 정동윤/유병현/김경욱, 439면.

하다. 소의 이익의 범위를 너무 넓게 인정하면 소송제도의 효율적 운영에 부담이 생기게 되고, 반대로 너무 좁게 인정하면 권리구제가 좁아져 헌법상 보장된 재판청구권의 침해라는 문제가 발생한다. 특히 확인의 소에 있어서 소의 이익이라는 개념의 적절한 범위설정이 매우 중요하다.

2. 권리보호자격(확인적격)

확인의 소에 있어서 권리보호자격 즉 확인적격은 「현재의 권리 또는 법률관계」이어야 한다. 따라서 확인의 소에 있어서 권리보호자격은 i) '권리 또는 법률관계'이어야 하고, ii) 그것이 '현재' 문제되어야 한다.

(1) 확인의 대상은 원칙적으로 '권리 또는 법률관계'이어야 한다.

① 사실관계의 확인은 법률이 특별이 인정하는 증서의 진정여부를 확인하는 소($\frac{250}{조}$) 이외에는 허용되지 아니한다. 따라서 법률적으로 의미가 없는 자연현상·역사적 사실에 대한 확인청구(예: 단군이 우리의 국조인 사실, 이순신 장군이 우리 조상인 사실 등), 물건의 개성(예: 종물확인의 청구 등), 손해배상액 산정의 기준이 되는 사실에 관한 확인(예: 손해로 의수족이 필요하다는 사실 등) 등은 확인의 대상이 될 수 없다.

판례는 i) 종손이라는 지위의 확인청구,[154] ii) 지번·지적의 확인청구,[155] iii) 전국여성단체연합회의 회장임의 확인청구,[156] iv) 통일교가 기독교의 종교단체인지 여부의 확인청구,[157] v) 교인에 대한 장로면직 및 출교처분의 무효확인청구,[158] vi) 어느 건물이 어느 사단법인의 유족을 수용하는 모자원(母子園)이라는 확인청구,[159] vii) 별도로 보존등기 된 건물이 동일건물[160]이라거나 어느 대지가 어느 건물의 부지[161]가 아니라는 확인청구, viii) 환지처분이 된 사실,[162] 시설비지급사실의 확인청구[163] 등은 모두 사실관계의 확인을 구하는 소로서 확인의 청구적격이

---

154) 대판 1961. 4. 13, 4292민상940.
155) 대판 1977. 10. 11, 77다408, 409.
156) 대판 1959. 9. 10, 4291민상93.
157) 대판 1980. 1. 29, 79다1124.
158) 대판 1983. 10. 11, 83다233.
159) 대판 1960. 3. 10, 4291민상868.
160) 대판 1960. 7. 14, 4292민상914.
161) 대판 1991. 12. 24, 91누1974.
162) 대판 1971. 8. 31, 71다1341.

없다고 한다.

② 확인의 대상은 '권리 또는 법률관계'이다.

ⅰ) 사법상(私法上)의 권리 또는 법률관계에 한정하지 아니하고, 공법상의 권리 또는 법률관계라도 민사소송사항이면 상관이 없다. 또한 실체법상의 권리관계뿐만 아니라, 소송법상의 법률관계도 확인의 대상에 해당한다.[164] 예컨대 집행문부여의 소($\frac{민집}{33조}$)는 집행문부여의 요건 또는 집행력의 현존을 확인하는 공법상의 법률관계의 확인으로 볼 수 있고, 군사원호보상법(폐지) 제15조 소정의 가료대상자 확인청구[165] 등도 같다. 경매절차의 무효확인은 공법상 법률관계에 관한 확인이지만 과거의 법률관계의 확인이므로 청구적격이 없을 뿐만 아니라, 권리보호의 필요 또는 이익도 없다고 할 것이다.[166]

ⅱ) 권리 또는 법률관계의 종류는 묻지 아니한다. 청구권뿐만 아니라 절대권도 가능하고, 일시적·계속적 법률관계라도 상관없다.

ⅲ) 또한 원고와 피고 사이의 법률관계에 한하지 아니하고, 자신의 권리보호의 필요가 있다면[167] 당사자 일방과 제3자, 제3자 상호간의 법률관계도 확인이 가능하다.[168] 예컨대 토지의 전차인이 토지소유자로부터 별개의 사용권을 취득하였다고 주장하는 자에 대한 전차권의 확인청구,[169] 채권자가 채권자대위권에 기하여 채무자의 권리확인의 소를 제기하는 경우,[170] 새로운 부동산 매수인이 기존의 저당권자를 상대로 저당채권의 부존재확인청구(이상 당사자 일방과 제3자 사이), 제2번 저당권자가 제1번 (근)저당권자와 담보물의 소유권자를 상대로 한 제1번 (근)저당채무의 부존재확인청구(이상 제3자 상호간의 법률관계) 등이 여기에 해당한다.

ⅳ) 판례는 시효중단을 위한 후소로서 이행소송 외에 전소 판결로 확정된 채

---

163) 대판 1992. 9. 8, 91다21549.

164) 同旨: 정동윤/유병현/김경욱, 441면.

165) 대판 1966. 10. 31, 66누132. 다만 대법원은 동법상의 가료거부를 행정처분이라 할 수 없고 가료대상자임을 확인하라는 청구도 공법상의 권리관계에 관한 것이라 행정소송의 대상이 될 수 없다고 하였으나, 이 판결은 공법상의 법률관계 중 민사소송의 대상이 될 수 있음을 간과하고 있다고 본다.

166) 대판 1982. 2. 9, 81다294; 대판 1993. 6. 29, 92다43821.

167) 대판 2003. 1. 10, 2001다1171(전에 학교법인의 이사장이었던 자가 자신이 이사장으로 재직하면서 체결한 합병계약의 무효확인을 구하는 것은 권리보호의 이익이 없다고 봄).

168) 대판 1994. 11. 8, 94다23388; 대판 1995. 10. 10, 95다26131, 26148; 대판 2005. 4. 29, 2005다9463; 대판 2008. 2. 15, 2006다77272.

169) 日最判 1930. 7. 14, 民集 9. 730.

170) 대판 1976. 4. 27, 73다1306; 대판 1993. 3. 9, 92다56575.

권의 시효를 중단시키기 위한 재판상의 청구가 있다는 점에 대하여만 확인을 구하는 형태의 새로운 방식의 확인소송이 허용된다고 하였다.[171] 이러한 확인소송의 형태에 대하여 반대하는 견해가 있지만,[172] 채권회수가 되지 아니하는 채권에 대하여 단순히 재판상의 청구가 있다는 사실과 관련 법률관계의 시효연장을 위한 것으로, 기존 이행소송의 권리가액이 3억원 이하인 경우에는 인지액도 1/10로 줄여준다는 점(민인규[18]
조의3)에서 의미 있는 시도로 평가된다.

③ 확인의 대상인 권리 또는 법률관계는 '특정되고 구체적'이어야 한다.

따라서 법령 자체의 유·무효 확인청구나 법령해석의 당부 확인청구 등은 공통의 소의 이익에서 검토한 바와 같이 일반적·추상적인 것이므로 법률상 쟁송의 대상이 될 수 없다.

(2) 확인의 대상은 '현재(現在)'의 권리 또는 법률관계이어야 한다.

확인의 대상은 원칙적으로 현재의 권리 또는 법률관계에 한정하고, 과거 또는 장래의 법률관계는 대상이 되지 아니한다.

① 과거의 권리 또는 법률관계의 존부확인을 청구할 수 없다. 과거의 법률관계는 이후에 변경가능성이 높아 권리구제의 실효성이 없으므로 이를 권리보호의 자격에서 배제하는 것이다. 또한 과거의 법률관계가 계속되는 경우에는 현재의 권리관계로 확인청구가 가능하기 때문이다.

따라서 판례는 i) 과거의 특정 시점을 기준으로 한 채무부존재확인청구,[173] ii) 저당권실행으로 이미 말소된 저당권설정등기의 말소청구,[174] iii) 이미 종료된 임의경매절차의 무효확인청구,[175] iv) 새로운 절차에 따라 새로운 이사가 선임된 경우에 과거의 이사선임결의의 무효확인청구,[176] v) 임기만료되었거나 해임 또는 사임으로 이미 이사 지위를 상실한 이사에 관한 이사선임결의의 무효확인청구,[177] vi) 세금납부 후에 조세부과처분의 무효 또는 부존재확인청구,[178] vii) 소제기 또는 변론종결 당시에, 이미 임용기간이 만료된 직위해제 및 면직무효 확인청구[179]

---

171) 대판(전) 2018. 10. 18, 2015다232316.
172) 이시윤, 235면; 호문혁, 757면.
173) 대판 1996. 5. 10, 94다35565, 35572.
174) 대판 1964. 6. 23, 64다97; 대판 1993. 6. 27, 92다43821.
175) 대판 1982. 2. 9, 81다294; 대판 1993. 6. 29, 92다43821.
176) 대판 1976. 10. 26, 76다1771; 대판 1983. 9. 27, 83다카938; 대판 2010. 10. 28, 2009다63694.
177) 대판 1996. 12. 10, 96다37206; 대판 2005. 3. 25, 2004다65336(임기만료).
178) 대판(전) 1982. 3. 23, 80누476.

이거나, 정년을 지난 경우의 해고무효확인청구,[180] viii) 망자 사이의 양자관계의 확인청구,[181] ix) 기타 소멸한 특허권에 대한 권리범위확인청구 등은 과거의 법률관계이므로 확인의 대상이 되지 아니한다고 한다.

② 그러나 과거의 권리 또는 법률관계에 관한 확인청구라고 하여도 다음과 같은 예외가 인정된다. i) 과거의 법률관계라도 현재 다수의 개별적 권리 또는 법률관계를 근본적으로 해결할 수 있는 「포괄적이고 기본적 법률관계」인 경우에는 확인청구의 대상이 된다.[182] 판례는 주주총회결의의 무효확인 등의 사단관계소송, 혼인·입양의 무효확인청구[183] 등의 신분관계소송, 행정관계소송[184]에서 이를 인정하고 있다. 이러한 경우에도 현재의 법률관계에 일정한 영향을 미치는 경우에만 가능할 것이다.[185] ii) 과거의 권리 또는 법률관계에 관한 확인청구이지만 그 진의

---

179) 대판(전) 2000. 5. 18, 95재다199.

180) 대판 1996. 10. 11, 96다10027; 대판 2004. 7. 22, 2002다57362; 대판 2013. 6. 13, 2012다14036. 이처럼 판례가 해고무효 확인소송의 사실심 변론종결 당시 또는 상고심 계속 중에 근로자의 정년이 이미 지난 경우도 소의 이익이 없어 부적법하다고 보아왔다. 그리고 행정소송 판례에서도 원고가 부당해고구제 재심판정 취소소송을 제기한 후 제1심 소송 계속 중 정년에 도달한 사안에서 종래 소의 이익이 소멸된다는 취지로 판시하여 왔다. 그러나 소송 중 정년의 도달로 복직이 불가능하게 된 경우에도 해고기간 중의 임금 상당액이 문제되는 경우에는 소의 이익이 당연히 있다고 할 것이다(대판(전) 2020. 2. 20, 2019두52386). 위 2019두52336 판례는 중앙노동위원회 판결의 취소를 구하는 형태이지만 종전의 민사소송에서 판례가 견지하고 있던 과거의 법률관계라도 현재의 법률관계와 관련이 있는 경우에 소의 이익을 인정하던 대판 1978. 7. 11, 78므7(협의이혼 후의 혼인무효확인), 대판 1995. 3. 28, 94므1447(사실혼 배우자의 일방 사망 후에 사실혼존부확인청구), 대판 1995. 9. 29, 94므1553(협의파양 후에 입양무효확인청구) 등에 비추어 소의 이익이 있다고 보아야 하는 사안이다(반대 이시윤, 235면).

181) 대판 1971. 10. 11, 71므28.

182) 대판 2020. 8. 20, 2018다249148(甲이 감사로 선임되었는데도 회사가 감사 임용체결을 거부하자, 회사를 상대로 감사 지위확인을 구하는 소송을 제기하여 파기환송 후 원심의 심리 도중 甲의 임기가 만료되고 후임 감사가 선임되면 비록 감사 지위 확인청구가 과거의 법률관계 확인을 구하는 것이 되었어도 감사의 보수청구권에 기한 손해배상청구 등 현재의 권리 또는 법률상 지위에 영향을 미치고 이에 대한 위험이나 불안을 제거하기 위하여 그 법률관계에 관한 확인판결을 받는 것이 유효·적절한 수단이라고 인정될 때에는 확인을 구할 이익이 있다고 하였다); 대판 2021. 2. 25, 2017다51610; 대판 2022. 6. 16, 2022다207967. 그러나 퇴임 이사가 현재 피고 회사의 이사 지위에 대한 확인을 구하는 소를 제기한 후에 새로운 이사가 선임되자 자신의 퇴임시부터 후임 이사의 취임 전까지 이사로서 보수청구권이 발생하였다는 등의 이유로 과거 이사의 지위확인을 구하는 취지로 청구를 교환적으로 변경하여 확인의 이익이 문제된 사안에서 이사의 보수청구권 발생 가능성 만으로는 예외적으로 확인의 이익을 인정할 수 없지만, 법원으로서는 직권조사사항인 확인의 이익 유무를 보다 구체적으로 심리하여 청구취지 변경 등을 석명하였어야 한다(대판 2022. 6. 16, 2022다207967).

183) 대판 1978. 7. 11, 78므7(협의이혼 후의 혼인무효확인); 대판 1995. 3. 28, 94므1447(사실혼 배우자의 일방 사망 후에 사실혼존부확인청구); 대판 1995. 9. 29, 94므1553(협의파양 후에 입양무효확인청구).

184) 대판(전) 2020. 2. 20, 2019두52386.

가 그로부터 발생한 현재의 법률관계의 존부확인일 경우에는 권리보호의 자격이 있다. 이 경우에는 법원은 석명권을 적절하게 행사하여 청구취지나 청구원인을 정정하게 할 필요가 있다.

판례는 징계면직처분의 무효확인을 구하는 것이 과거의 법률행위인 징계면직 자체의 무효확인이 아니라 그 징계처분의 무효임을 전제로 피고 직원으로서의 신분관계의 지위확인을 구하는 청구를 내포하고 있다거나,[186] 매매계약의 무효확인의 소는 과거의 법률행위인 계약 자체의 무효확인을 구하는 것으로 볼 것이 아니라 현재 그 계약에 기한 채권·채무의 부존재확인을 구한다고 해석할 수 있다고 하며,[187] 2개월 무급정직 및 유동대기, 징계기간 중 회사출입금지의 징계처분의 무효확인을 구하는 사안에서 그 징계기간인 2개월의 정직기간이 경과하였지만, 정직기간 동안의 임금미지급 처분의 실질을 갖는 징계처분의 무효여부에 관한 확인판결을 받아 현재의 권리 또는 법률상 지위에 대한 위험이나 불안을 제거할 수 있어 확인의 이익이 있다고 하였고,[188] 이사 모두가 임기가 만료되었으나 후임이사가 선임되지 아니하였다면 종전 이사는 후임 이사가 선임될 때까지 종전의 직무를 수행할 수 있으므로 종전 이사를 선임한 이사회결의무효확인을 구할 이익을 있다고 하는[189] 등 이를 분명히 하고 있다. 판례의 취지는 과거의 권리 또는 법률관계에 관한 확인청구라고 하여도 무조건 권리보호자격이 없다고 할 것이 아니고, 그것이 현재의 권리 또는 법률상의 지위에 영향을 미치고 그 법률관계에 관한 확인판결을 받는 것이 유효적절한 수단이라고 인정될 때에는 적절히 석명권을 행사하여야 할 것이다.[190]

③ 또한 장래의 권리 또는 법률관계의 확인도 허용되지 아니한다. 장래의 법률관계는 변동가능성이 상존하므로 미리 확정하는 것이 의미 없기 때문이다. 예컨대 상속 개시 전의 상속권확인청구, 생존하고 있는 자의 유언에 대한 무효확인청구,[191] 장래 받게 될 가능성이 있는 이주대책상의 수분양권확인청구[192] 등이 여기

185) 대판 1984. 2. 28, 82므67.
186) 대판 1990. 11. 23, 90다카21589.
187) 대판 1966. 3. 15, 66다17; 대판 1982. 10. 26, 81다108.
188) 대판 2010. 10. 14, 2010다36407; 대판 2023. 2. 23, 2022다207547(사립 고등학교 학생이 2일의 정학 징계처분을 받은 후 학교법인을 상대로 소송계속 중 학교를 졸업한 경우에도 징계 내역이 기재된 학교 생활기록부의 정정요구에 필요한 객관적 증빙서류를 확보하기 위한 것으로 현재의 권리 또는 법률상의 지위에 대한 위험이나 불안을 제거하기 위하여 무효의 확인판결을 받는 것이 유효·적절한 수단이라고 볼 수 있어 확인의 이익이 있다고 함).
189) 대판 1998. 12. 23, 97다26142.
190) 대판 2020. 8. 20, 2018다249148.

에 해당한다. 그러나 조건부권리나 기한부권리는 확인의 대상이 된다.[193]

3. 권리보호의 필요(이익)

확인의 소에 있어서 권리보호의 필요 또는 이익이 존재하기 위하여는 「권리 또는 법률상의 지위에 현존하는 불안·위험이 있고, 그 불안·위험을 제거함에 있어서 확인판결을 받은 것이 가장 유효·적절한 수단」이어야 한다. 독일민사소송법상 이것을 즉시확정의 법률상의 이익(rechtliches Interesse an alsbaldiger Feststellung, ZPO 256조)이라고 표현하고 있다. 우리도 학설·판례에서 이를 인정하고 있다.

따라서 확인의 소에서 권리보호의 필요 또는 이익이 존재하기 위하여는 i) 법률상의 이익이 존재하고, ii) 현존하는 불안·위험이 있어야 하며, iii) 그 불안·위험을 제거함에 있어서 확인의 소를 제기하는 것이 가장 유효·적절한 수단이어야 한다. 이것을 나누어 설명하면 다음과 같다.

(1) 법률상의 이익이 존재할 것

확인의 소에 있어서 권리보호의 이익이 존재하기 위하여는 법률상의 이익이 존재하여야 한다. 이것은 단순히 받게 되는 사실상·경제상의 이익[194] 또는 반사적 이익[195]만으로는 부족하며, 원고의 권리 또는 법률상의 지위에 영향을 줄 수 있어야 한다. 여기서 법률상의 이익이라 함은 통상 실체법상의 이익을 의미하지만[196] 절차법상의 이익도 포함되며, 보조참가의 이익보다는 크고 직접적일 필요가 있다.

판례는 주주는 회사의 재산관계에 대하여 단순히 사실상·경제상 또는 일반적이고 추상적인 이해관계만을 가질 뿐이므로 주주의 회사와 제3자 사이에 체결된 계약의 무효확인청구,[197] 피상속인의 생전에 피상속인의 개개의 재산에 권리가 없

---

191) 日最判 1956. 10. 4, 民集 10. 10. 1229.
192) 대판 1994. 5. 24, 92다35783.
193) 同旨: 이시윤, 236면; 정동윤/유병현/김경욱, 445면.
194) 대판 1979. 2. 13, 78다1117.
195) 대판 1982. 12. 28, 80다731.
196) 정동윤/유병현/김경욱, 424면.
197) 대판 1979. 2. 13, 78다1117; 대판 2022. 6. 9, 2018다228462, 228479(주식회사의 주주이자 채권자가 주주총회 결의없이 영업 전부를 양도한 계약의 무효확인을 구하는 사안에서, 주주는 회사의 영업에 간접적으로 영향을 미칠 뿐이지 법률상 이해관계를 가진다고 평가할 수 없으므로 계약의 무효확인을 구할 이익이 없다고 함).

는 추정상속인이 제기한 피상속인인 양친과 제3자 사이의 부동산매매계약의 무효확인청구,[198] 한약조제시험이 약사에게 한약조제권을 인정함으로 인하여 한의사의 영업상의 이익이 감소하는 것은 사실상의 이익에 불과하여 한의사들의 약사들에 대한 한약조제시험의 무효확인청구[199] 등은 소를 구할 이익이 없다고 한다. 다만 항고소송에 있어서 처분청이 다툼의 행정처분을 직권으로 취소한 경우에도 취소처분에도 불구하고 완전한 원상회복이 이루어지지 아니한 경우에는 무효확인 또는 취소로써 회복할 다른 권리나 이익이 있는 경우에는 소의 이익이 있다고 할 것이다.[200]

(2) 현존하는 불안·위험이 있을 것

확인의 소에 권리보호의 이익이 있으려면, 원고의 법률상의 이익에 현존하는 불안·위험이 있어야 한다. 이것은 피고가 원고의 법률상의 이익인 권리 또는 법률관계를 부인·침해[201]하거나, 양립하지 아니한 주장을 하는 것[202]이 전형적인 경우이고(적극적 확인의 소의 경우), 타인이 자기에게 권리가 없음에도 있다고 하는 경우도 불안·위험이 현존한다고 보아야 한다(소극적 확인의 소의 경우).[203] 따라서

---

198) 日最判 1955. 12. 26, 民集 9. 14. 2082.
199) 대판 1998. 3. 10, 97누4289.
200) 대판 2020. 4. 9, 2019두49953.
201) 대판 1992. 7. 24, 92다2202; 대판 2009. 10. 15, 2009다48633 등.
202) 대판 1988. 9. 27, 87다카2269; 대판 1991. 12. 24, 91다21145, 21152.
203) 대판 1996. 3. 22, 94다51536(보험계약이 해지된 후에도 피보험자가 제3자가 보험청구권을 갖는다고 주장하는 경우에 보험자는 피보험자를 상대로 보험채무부존재 확인청구를 구할 권리보호의 이익이 있음); 대판 2022. 12. 15, 2019다269156(보증보험계약이 체결된 후 보험금이 아직 지급되지 않은 상태에서 주계약의 당사자인 보험계약자와 피보험자 사이에 주계약에 따른 채무의 존부와 범위에 관하여 다툼이 있는 경우에 보험계약자가 피보험자를 상대로 주계약에 따른 채무의 부존재확인을 구할 이익이 있음); 대판(전) 2021. 6. 17, 2018다257958, 257965(보험회사가 보험계약자의 고지의무 위반을 이유로 보험계약을 해지하고 보험수익자를 상대로 채무부존재확인의 소를 제기한 사안에서 종전 판례(대판 2019. 9. 26, 2017다48706 등)와 같이 다수의견은 보험회사가 보험수익자와 보험금 지급책임의 존부나 범위에 관하여 다툼이 있다는 사정만으로 채무부존재확인을 구할 확인의 이익이 인정된다고 하였다. 반면 반대의견은 보험사고 여부나 보험금의 범위에 관하여 다툰다는 사정 이외에 추가로 보험회사가 보험금 지급책임의 존부나 범위를 즉시 확정할 이익이 있다고 볼만한 특별한 사정(예: 보험사기 등)이 있는 경우에만 확인의 이익이 있다고 본다); 대판 2016. 3. 10, 2013다99409(근저당권자가 유치권 신고를 한 사람을 상대로 유치권 전부의 부존재 또는 범위를 초과하는 유치권의 부존재를 구할 법률상의 이익이 있다고 하면서 유치권으로 주장하는 피담보채권 금액의 일부만이 인정하는 경우에는 전부기각이 아니라 그 유치권 부분에 대하여 일부패소 판결을 하여야 한다고 함); 대판 2020. 1. 16, 2019다247385(① 경매절차에서 유치권이 주장되었으나 소유부동산 또는 담보목적물이 매각되어 그 소유권이 상실되거나 근저당권이 소멸하였다면, 소유자와 근저당권자는 유치권의 부존재 확인을 구할 법률상 이익이 없다. ② 경매절차에

권리 또는 법률관계에 대하여 당사자 사이에 다툼이 없는 경우에는 현존하는 불안·위험이 존재하고 있지 아니하므로 원칙적으로 확인의 이익이 없다고 할 것이다.204) 그러나 예외적으로 i) 소멸시효의 완성단계에 이르러 그 중단이 필요한 경우, ii) 등기부, 가족관계등록부 등의 공부(公簿)상의 기재가 누락·불명료 등으로 정정을 위하여 확인판결이 필요한 경우205) iii) 미등기 토지로서 토지대장이나 임야대장상에 등록명의자가 없거나 등록명의자가 누구인지 알 수 없을 때에 국가 상대의 토지소유권확인청구206) 등에 있어서는 당사자 사이에 다툼이 없다고 하여도 확인의 이익이 존재한다.

(3) 그 불안·위험을 제거함에 있어서 확인의 소를 제기하는 것이 가장 유효·적절한 수단일 것(분쟁해결수단으로서의 우월성)

이것은 그 불안·위험을 제거함에 있어서 확인판결을 받은 것이 가장 유효·적절한 수단이어야 한다는 것이다. 확인의 소가 다른 분쟁해결수단보다 우월성(優越性)을 가져야 하고, 확인의 소 내에서도 가장 유효·적절한 방법으로 행사하여야 한다. 따라서 확인의 소 이외에 이행의 소 또는 형성의 소가 보다 우월한 분쟁해결수단으로 평가되는 경우에는 확인의 소의 권리보호의 이익이 없다고 하여야 한다. 이를 통상 확인의 소의 보충성(補充性, Subsidiarität)이라 하는데, 이것은 확인판결이 집행력·형성력을 가지고 있지 아니하므로 분쟁을 근본적으로 해결할 수 없다는 성질에 기인한 것이다.

① 이행의 소를 바로 제기할 수 있음에도 이행청구권 자체의 확인청구를 하는

서 유치권이 주장되지 아니한 경우에는, 담보목적물이 매각되어 그 소유권이 이전됨으로써 근저당권이 소멸하였더라도 경매절차에서 배당받은 근저당권자(채권자)는 유치권의 존재를 알지 못한 매수인으로부터 민법 제575조, 제578조 제1항, 제2항에 의한, 집행채무자(채무자겸 소유자도 같다)는 민법 제575조, 제578조 제1항에 의한 담보책임을 추급당할 우려가 있고, 위와 같은 위험은 채권자나 채무자의 법률상 지위를 불안정하게 하는 것이므로, 채권자(근저딩권자)나 집행채무자로서는 위 불안을 제거하기 위하여 유치권 부존재 확인을 구할 법률상 이익이 있다. 반면에 채무자가 아닌 소유자(소위 물상보증인)는 위 각 규정에 의한 담보책임을 부담하지 아니하므로, 유치권의 부존재 확인을 구할 법률상 이익이 없다).

204) 대판 1959. 10. 15, 4292민상428; 대판 1971. 12. 28, 71다1116; 대판(전) 1982. 3. 23, 80누476.

205) 대판 1979. 4. 10, 78다2399(보존등기를 위하여 멸실 임야대장상의 소유자란이 공란으로 되어 있어 국가를 상대로 소유권확인청구를 함).

206) 대판 2009. 10. 15, 2009다48633; 대판 2019. 5. 16, 2018다242246(대장상 주소기재가 일부 누락되어 등록명의자를 알 수 없는 경우 소유권보존등기 신청을 위해 채권자가 소유자를 대위하여 소유권확인을 구할 이익이 있음).

것은 확인의 소가 분쟁해결수단으로서 이행의 소보다 우월성을 갖지 못함으로 인하여 권리보호이익이 있다고 할 수 없다.[207] 이는 확인의 소의 보충성에 비추어 당연한 것이다. 또한 저당피담보채무의 부존재를 이유로 한 저당권설정등기말소청구 외에 그 피담보채무의 부존재확인을 구할 권리보호의 이익 또는 필요가 없으며,[208] 경매절차에서 가장 임차인의 배당요구로 배당표가 확정된 후, 후순위 진정 채권자가 그 배당금지급청구권을 가압류하여 현실적인 추심이 이루어지지 않은 경우에 배당을 받지 못한 후순위 진정 채권자로서는 배당금지급청구권을 부당이득 한 가장 임차인을 상대로 그 부당이득채권의 반환을 구하는 것이 불안·위험을 근본적으로 해소할 수 있는 유효·적절한 방법이므로, 가장 임차인을 상대로 배당금지급청구권 부존재확인을 구하는 것은 확인의 이익이 없다.[209]

그러나 i) 확인판결이 있으면 임의이행을 기대할 수 있는 경우(예: 피고가 국가 또는 지방자치단체 등일 경우),[210] ii) 손해액수의 불명 등으로 청구권이 시효소멸될 처지이므로 그 시효중단이 필요한 경우,[211] iii) 확인의 소제기가 파생적인 여러 권리의 기본이 되는 권리인 경우[212] 등의 경우에는 예외적으로 권리보호의 이익을 인정할 수 있다.

② 형성의 소를 제기할 수 있음에도 그 형성원인 즉 형성권의 확인을 구하는 것은 권리보호이익이 없다고 할 것이다. 예컨대 이혼청구가 가능함에도 이혼권의 확인을 구하는 것은 허용될 수 없다.

---

207) 대판 1991. 10. 11, 91다1264; 대판 1994. 11. 22, 93다40089; 대판 1995. 12. 22, 95다5622(손해배상청구가 가능함에도 권리의 존재확인청구를 구함은 확인의 소의 권리보호이익이 없음); 대판 1999. 9. 17, 97다54024; 대판 2017. 1. 12, 2016다241249; 대판 2019. 5. 16, 2016다240338(명의개서 절차이행을 구하지 않고 주주권확인을 구한 사안임).

208) 대판 1995. 8. 11, 94다1559; 대판 2000. 4. 11, 2000다5640; 대판 2003. 4. 11, 2003다5016.

209) 대판 1996. 11. 22. 96다34009.

210) 즉 국가 등을 상대로 한 확인청구는 확인판결로도 임의이행을 기대할 수 있기 때문에 행정처분의 근거 법률에 의하여 보호되는 직접·구체적인 이익이 있는 경우에는 행정소송법 제35조에 규정된 '무효 등 확인을 구할 법률상 이익'이 있다고 보아야 하므로 이와 별도로 무효 등 확인소송의 보충성이 요구되는 것은 아니기에 행정처분의 유·무효를 전제로 한 이행소송 등과 같은 직접적인 구제수단이 있는지 여부를 따질 필요가 없다(대판(전) 2008. 3. 20, 2007두6342; 대판 2019. 2. 14, 2017두62587). 행정소송법 제35조에 규정된 '무효 등 확인을 구할 법률상 이익'의 해석론으로 무효확인소송의 보충성을 요구하지 않는 것이 행정소송의 목적을 달성할 수 있고 소송경제 등의 측면에서도 타당하며 항고소송에서 소의 이익을 확대하고 있는 대법원 판례의 경향에도 부합한다(위 전원합의체 다수의견의 보충의견). 같은 취지로, 전원열, 251면.

211) 대판 1969. 3. 25, 66다1298(보상금액이 불확정된 상태에서의 보상금청구권의 확인청구의 권리보호이익을 인정함).

212) 대판 1966. 1. 31, 65다2157; 대판 1971. 5. 24, 71다519.

③ 자기의 권리의 적극적 확인이 가능함에도 상대방에 대한 소극적 확인청구를 하는 것은 허용될 수 없다. 확인의 소가 가능하다고 하여도 소송절차 내에서 가장 유효·적절한 방법을 통하여 권리행사를 하여야 하기 때문이다. 그렇지 아니한 방법으로 권리행사를 한 경우에는 확인의 소의 권리보호의 이익이 없다. 예컨대 자기의 소유권을 상대방이 다투는 경우에 특별한 사정이 없는 한 자기에게 소유권이 있다는 적극적 확인청구를 하여야 하고, 상대방이나 제3자에게 소유권이 존재하지 아니한다는 소극적 확인청구를 구하는 것은 그 소유권의 귀속에 관한 분쟁을 근본적으로 해결하는 즉시확정의 방법이 되지 못하므로 확인의 이익이 없다.[213] 다만 원고에게 내세울 소유권이 없고 피고의 소유권이 부인되면 그로써 원고의 법적 지위의 불안이 제거되어 분쟁이 해결될 수 있는 경우에는 예외적으로 피고의 소유권에 관한 소극적 확인을 구할 이익이 있다고 할 것이다.[214]

④ 확인의 소를 제기하는 상대방은 자기의 권리 또는 법률상의 지위를 직접 부인하는 상대방에 하여야 하고,[215] 만약 그 부인을 하는 자가 제3자에 대한 권리 또는 법률관계를 주장한다고 하여도 그에게 제3자에 대한 권리 또는 법률관계의 부존재 확인을 구하는 것은 그 판결의 효력이 제3자에게 미치지 아니하여 유효·적절한 수단이 될 수 없어 확인의 이익이 없다고 할 것이다.[216]

⑤ 당해 소송 내에서 재판을 받을 것이 예정되어 있는 사항에 관하여 별도의 소로 확인을 구하는 것은 권리보호의 이익이 없다. 예컨대 대리권과 같은 소송요건의 존부,[217] 소취하의 유·무효를 다투는 경우에 기일지정신청 등이 여기에 해당한다. 이 경우 별도의 확인의 소를 제기하는 것은 권리보호의 이익이 없게 된다. 그러나 본소의 선결적 법률관계의 확인을 구하는 중간확인의 소($\frac{264}{조}$)는 본소의 소송계속 자체로 권리보호의 이익 또는 필요가 증명된 것이므로 별도로 권리보호

213) 대판 1965. 5. 25, 65다256(소유권); 대판 1995. 5. 26, 94다59257(소유권이전등기청구권); 대판 1995. 10. 12, 95나26131(소유권이전등기청구권).

214) 대판 1984. 3. 27, 83다카2337(건물에 대하여 아직 원고나 피고들 명의로 등기가 되지 아니하였으나 매수인의 대리인이 대리권을 남용하여 2명의 피고들을 가옥대장상 공동명의자로 등재한 상태에서 피고들에 대하여 그러한 권리의 부존재 확인을 구할 수 있다고 함).

215) 대판 2004. 3. 12, 2003다49092.

216) 대판 2012. 6. 28, 2010다54535, 54542; 대판 2014. 11. 13, 2009다71312(독립당사자참가에 있어서 원고가 참가인 주장과 양립할 수 없는 제3자의 권리 또는 법률관계를 주장한다고 하여 원고에 대하여 원고의 제3자에 대한 권리 또는 법률관계의 부존재확인을 구한 사안임); 대판 2015. 6. 11, 2015다206492.

217) 대판 1982. 6. 8, 81다636(재심사유에 해당하는 대표권의 흠결여부를 확정짓기 위한 종중결의 부존재 내지 무효확인의 소에 있어서의 확인의 이익이 없음).

의 이익을 증명할 필요가 없다.

⑥ 단체 등과 관련된 분쟁

분쟁에 다수의 이해관계인이 관련되어 있고, 분쟁의 해결을 획일적으로 처리할 필요가 있는 경우에 판결을 통한 분쟁의 종국적인 해결을 위하여 해당 단체를 당사자로 할 필요가 있다. 이것이 분쟁해결의 가장 유효·적절한 수단이기 때문이다. 예컨대 종교단체 또는 종중 등의 대표자의 지위확인청구 등이 여기에 해당하고, 이 경우 해당 단체에게 판결의 효력이 미칠 수 있게 하려면 해당 단체를 당사자로 하여야 한다. 따라서 종중의 대표자라고 주장하는 자는 자신을 대표자로 인정하지 아니하려는 중중의 구성원들을 상대로 대표자의 지위확인을 구할 것이 아니고 종중 자체를 피고로 하여 대표자 지위의 확인을 구하여야 하며,[218] 회사의 임원취임등기의 무효를 주장하려는 사람은 회사를 상대로 그 등기의 원인이 되는 임원선임결의의 무효를 구하여야 하고, 임원취임등기 자체의 무효확인을 구할 수 없다.[219]

4. 증서의 진정 여부를 확인하는 소($\frac{250}{조}$)

① 확인의 소의 청구적격은 원칙적으로 권리 또는 법률관계로 한정하고 있으나, 민사소송법 제250조는 법률관계를 증명하는 서면이 진정한지 아닌지를 확정하기 위하여서도 제기할 수 있다고 한다. 이는 예외적으로 사실관계에 관한 확인의 소를 인정하는 규정이다.

여기에서 i) '법률관계를 증명하는 서면'이라 함은 그 내용에 의해 직접적으로 현재의 법률관계의 존재가 증명될 수 있는 서면을 말한다.[220] 여기에서의 서면이라 하면 대부분 분쟁과 관련된 처분문서를 의미할 것이다. 이것에는 계약서, 정관, 유언서, 유가증권(어음·수표 등), 차용증서 등이 있다. 판례에 의하면 대차대조표 또는 회사결산보고서는 사실관계의 보고문서이기 때문에,[221] 세금계산서는 재화·용역을 공급한 과거의 사실을 증명하기 위한 보고문서이므로,[222] 임대차계

---

218) 대판 1998. 11. 27, 97다4104; 대판 2015. 2. 16, 2011다101155(비법인사단인 종교단체가 아닌 대표자 또는 구성원 개인을 상대로 한 지위확인소송은 확인의 이익이 없음); 대판 2023. 6. 1, 2020다211238(집합건물의 관리단이 아닌 피고 개인을 상대로 한 관리인자격부존재 확인청구는 확인의 이익이 없음).

219) 대판 2006. 11. 9, 2006다50949.

220) 대판 2002. 12. 14, 2001다53714; 대판 2007. 6. 14, 2005다29290.

221) 대판 1967. 3. 21, 66다2154.

약금의 영수증은 직접 임대차계약을 증명하는 서면이 아니므로[223] 모두 법률관계를 증명하는 서면에 해당하지 아니한다고 본다. 기타 당사자본인신문조서도 사실관계의 보고문서이므로 여기에 해당하지 아니한다.[224] ii) '진정한지 아닌지를 확정하기 위한 것(진정 여부)'의 의미는 그 서면이 그 작성명의자에 의하여 작성되었는지 여부에 관한 것이다. 이것은 진정으로 작성되었는지 아니면 위조·변조되었는지 여부에 관한 문제이지, 그 서면에 기재된 내용이 객관적인 진실에 합치되는지 여부가 아니다.[225]

② 증서의 진정 여부를 확인하는 소도 확인의 소로서 권리보호의 이익 또는 필요가 존재하여야 한다. 따라서 증서의 진부확인을 구하는 것이 원고의 권리 또는 법률관계의 위험·불안을 제거함에 있어서 가장 유효·적절한 수단이 되어야 한다(구제수단의 우월성).[226] 따라서 서면에 의하여 증명되는 법률관계에 관하여 당사자 사이에 다툼이 없거나 법률관계가 소멸된 경우에는 확인의 이익이 없으며,[227] 서면에 의하여 증명되어야 할 법률관계에 관하여 이미 소송이 계속 중일 경우에는 별도로 서면의 진부확인을 구할 권리보호의 이익이 없다고 할 것이다.[228]

5. 당사자적격의 문제

위에서 본 바와 같이 확인의 소의 권리보호자격과 권리보호의 이익은 주로 특정한 청구에 관한 확인판결의 유효·적절성뿐만 아니라, 특정한 원고와 피고 사이의 분쟁해결의 필요성을 문제 삼고 있다. 따라서 확인의 소에 있어서 이러한 논의, 특히 권리보호의 이익에 관한 개념 속에 누가 정당한 판결을 받을 자격이 있는지 여부 즉 당사자적격의 문제를 포함하고 있다고 할 것이다.[229]

---

222) 대판 2001. 12. 14, 2001다53714.
223) 대판 2007. 6. 14, 2005다29290.
224) 同旨: 이시윤, 242면.
225) 대판 1989. 2. 14, 88다카4710; 대판 1991. 12. 10, 91다15317; 대판 2001. 12. 14, 2001다53714.
226) 대판 1991. 12. 10, 91다15317.
227) 대판 1967. 10. 25, 66다2489; 대판 1968. 6. 11, 68다591.
228) 대판 2007. 6. 14, 2005다29290; 대판 2014. 11. 13, 2009다3494, 3500.
229) 同旨: 정동윤/유병현/김경욱, 450면.

VI. 형성의 소의 이익

1. 총　설

형성의 소는 원칙적으로 법률에 특별한 규정이 있는 경우에 한하여 인정되는 것이므로,[230] 형성의 소를 제기할 수 있다는 것 자체로부터 소의 이익이 인정된다고 할 수 있다. 따라서 형성의 소에서 소의 이익이 문제되는 경우는 이행·확인의 소보다는 적다고 할 것이다.

2. 권리보호의 자격(형성적격)

형성의 소의 권리보호의 자격, 즉 형성적격은 형성소권(Gestaltungsklagerecht)에 관하여만 허용된다. 형성권은 i) 해제권·취소권·상계권 등과 같이 당사자의 일방적 의사표시에 의하여 권리 또는 법률관계의 변동이 발생하는 경우와 ii) 다른 하나는 법원이 형성요건을 심리하여 판결을 함으로써 권리 또는 법률관계의 변동이 발생하는 경우가 있다. 후자를 특히 형성소권이라 한다. 형성의 소는 후자만이 그 대상이 되는 것이다.

3. 권리보호의 필요(이익)

법률의 규정에 의하여 형성의 소가 인정되므로 원칙적으로 권리보호의 이익이 문제되지 아니하나, 다음과 같은 경우에 예외적으로 문제된다.

(1) 소송목적이 이미 실현된 경우나 실현이 불가능한 경우

① 형성의 소에 있어서 소송목적이 이미 실현된 경우에는 권리보호의 이익이 없다. 즉 공유물의 분할에 협의가 성립된 후에 공유물분할청구를 한 경우,[231] 이혼소송 중에 협의이혼이 성립한 경우, 이사를 선임한 주주총회결의 취소소송 중

---

230) 대판 1968. 11. 26, 68다1902, 1903; 대판 1993. 9. 14, 92다35462; 대판 1997. 10. 27, 97마2269.
231) 대판 1967. 11. 14, 67다1105; 대판 1995. 1. 12, 94다30348, 30355. 다만 토지경계확정소송 도중에 경계에 관하여 쌍방의 주장이 일치하게 되었다고 하더라도 원고가 소를 취하하지 않고 경계를 확정할 의사를 유지하고 있는 한, 법원은 진실한 경계를 확정하여야 하는 것이므로, 경계확정의 소가 소송 도중 진실한 경계에 관하여 당사자의 주장이 일치하게 되었다는 사실만으로 권리보호이익이 없어져 부적법해지지는 않는다(대판 1996. 4. 23, 95다54761).

해당 이사가 퇴임한 경우[232] 등이 여기에 해당한다. 특히 소급효가 인정되지 아니하여 형성판결이 장래에 미치는 경우가 여기에 해당하는 때가 많다.

그러나 소급효가 인정되는 혼인무효의 소(통설은 형성의 소로 봄)는 협의이혼이 성립한 후에도 현재의 법률관계에 직접적 영향을 미치는 경우에는 권리보호의 이익이 있다고 할 것이다.[233]

② 형성의 소에 있어서 소송목적의 실현이 불가능한 경우에도 권리보호의 이익이 없다. 즉 영업정지처분의 취소소송 중에 영업정지기간의 경과,[234] 제3자이의의 소의 계속 중에 강제집행이 종료된 경우,[235] 건물철거대집행 계고처분 취소소송 중 대상건물이 철거된 경우,[236] 국회의원 당선무효·선거무효의 소송 계속중에 그 임기가 종료된 경우,[237] 회사가 해산된 뒤에 회사설립무효의 소를 제기하거나 소송 중에 회사가 해산된 경우[238] 등이 여기에 해당한다. 기타 주주총회결의의 형식적 흠을 이유로 결의취소의 소를 제기한 경우에 형식적인 흠이 없는 제2차의 새로운 결의가 존재하는 경우에 그 결의취소의 소는 소송목적의 실현이 불가능한 것이므로 권리보호이익이 없다고 할 것이다.[239]

(2) 더 간편한 권리구제수단이 존재하는 경우

형성의 소를 통한 권리구제보다 더욱 간편한 권리구제수단이 존재하는 경우에는 형성의 소를 통한 구제가 필요 없게 된다. 이러한 경우 형성의 소는 권리보호이익이 없다고 할 것이다. 예컨대 대집행완료 후에는 손해배상청구는 가능하지만 철거명령 자체의 취소청구는 소의 이익이 없다고 할 것이다.[240]

Ⅶ. 소의 이익의 소송상 취급

(1) 소의 이익은 소송요건 중 하나에 해당한다(통설). 따라서 소의 이익은 본안심

---

232) 日最判 1970. 4. 2, 民集 24. 4. 223.
233) 대판 1978. 7. 11, 78므7. 단 그렇지 아니하면 소의 이익이 없다(대판 1984. 2. 28, 82므67).
234) 대판 1969. 5. 27, 68누181.
235) 대판 1996. 11. 22, 96다37176.
236) 대판 1995. 11. 21, 94누11293.
237) 대판 1980. 12. 23, 79수1; 대판 1984. 6. 12, 82다카139.
238) 同旨: 정동윤/유병현/김경욱, 451면.
239) 대판 1995. 2. 24, 94다50427.
240) 대판 1976. 1. 27, 75누230; 대판 1993. 6. 8, 93누6164; 대판 1993. 11. 9, 93누14271.

리 또는 본안판결의 요건으로서 그 존재여부는 직권조사사항이다. 그 흠이 있는
경우에는 소가 부적법하므로 판결로 각하하여야 한다는 것이 통설·판례의 입장
이다.[241) 다만 판례는 소의 이익이 흠결되었다는 이유로 청구를 배척하면서 소 각
하 판결이 아닌 청구기각판결을 하였다고 하여도 본안의 권리관계에 기판력이 생
기지는 아니한다고 본다.[242) 타당한 판결이다.

(2) 독일의 통설·판례는 소의 이익을 소송요건 중의 하나로 보고 있으면서,
소의 이익의 청구와의 밀접한 관련성으로 인하여 본안의 심리·판단 전에 반드시
그 존재를 먼저 심리할 필요가 없고, 실체법상의 권리의 부존재가 먼저 밝혀진
경우에는 청구기각의 본안판결이 가능하다고 한다. 우리나라에서도 소의 이익의
존부판단 없이 청구기각의 본안판결이 가능하다는 견해[243)와 초창기 대법원 판
결[244)이 있다.

생각건대 소의 이익이라는 개념이 청구와 밀접한 관련성을 가지고 있기는 하
지만 기본적으로 소송요건의 하나로 보아야 한다는 점, 실무상 청구기각의 본안판
단에 앞서 소의 이익 유무를 우선적으로 판단하도록 하여도 특별히 무리가 따르
지 아니할 것이라는 점 등에 비추어, 원칙적으로 소의 이익을 본안판단에 우선하
여야 한다고 본다. 통설·판례도 같은 입장이다.

(3) 그 외에 독일의 일부 학자는(Allorio 등) 종래 소의 이익이 통상의 소송요
건과 다른 일정한 기능을 가지고 있다는 점을 부정하고, 일반 소송요건 외에 별
도로 소의 이익이라는 개념을 인정할 필요가 없다는 비판적 견해도 있다. 이러한
비판은 '소의 이익'이라는 개념이 가지고 있는 불명확성에 기인하기는 하지만, 이
러한 비판을 통하여 소의 이익의 본질을 다시 생각하게 한다는 점에서 의미 있는
견해이다. 다만 이러한 비판만으로 소의 이익이 가지고 있는 민사소송법상의 기능
자체를 부인하기는 어려울 것으로 생각된다.[245)

---

241) 대판 1996. 2. 23, 95누2685; 대판 2002. 9. 4, 98다17145; 대판 2005. 12. 9, 2004다40306.
242) 대판 1955. 9. 6, 4288행상59; 대판 1993. 7. 13, 92다48857.
243) 김홍규/강태원, 233면; 전병서, 243면; 호문혁, 347면.
244) 대판 1959. 2. 12, 4291민상49.
245) 정동윤/유병현/김경욱, 453-454면 참조.

제 3 절 소 송 물

제 1 관 총   설

I. 소송물의 개념

(1) 민사소송에 있어서 소송물(Streitgegenstand)이라 함은 심판의 대상이 되는 기본단위이다. 즉 소송의 객체를 의미한다. 소송상의 청구(prozessualer Anspruch)[1]라고도 한다. 민사소송은 구체적 사건에 관하여 원고가 소를 제기하면 법원이 심리·판결하는 절차이다. 따라서 소·심리·판결에 있어서 그 대상이 매우 중요한 의미를 갖는다. 그러한 소·심리·판결에 있어서 그 대상이 바로 소송물이다. 이러한 소송물은 처분권주의($_조^{203}$)에 의하여 원고가 특정하여야 한다. 따라서 피고의 방어방법은 소극적 확인의 소 이외에는 소송물의 특정에 관련이 없다.

특히 소는 소송물에 관하여 법원에 심판을 구하는 신청이므로, 엄밀히 보면 소는 소송물을 포함하는 개념이다. 소는 소송물을 내용으로 한 법원에 대한 심판형식이라는 점에서, 소송물을 법원에 제출하는 방법 또는 소송물의 외부형식이라고 표현할 수 있다.[2]

(2) 소송물은 심판의 대상 그 자체이다. 그러므로 소송에서 다투어지고 있는 권리관계의 목적물 즉 청구의 목적물($_{1항}^{218조}$)이나, 다툼의 대상으로서의 물건 즉 계쟁물(係爭物)과는 구별된다(예: 토지인도소송에 있어서 토지 또는 건물철거소송에 있어서 건물).

(3) 민사소송법상 소송물을 '소송물'($_{조 2항}^{민집 48}$)이라고 직접 표현하는 경우는 드물다. 오히려 '소송목적'($_{인 2조, 민가규 2조}^{26, 67, 79, 83조, 민}$), '소송목적인 권리의무'($_{82조}^{65, 81,}$), '청구'($_{263, 269그 등}^{220, 249, 253, 262,}$) 등으로 표현하고 있다. 이 경우에 조문의 취지와 문맥 등으로 그 의미를 파악하여야 한다.

---

[1] '소송상의 청구'라는 표현은 초창기 독일 민사소송법 학계에서 실체법상 청구권을 소송법적으로 전용하면서 사용되었다. 특히 청구권에 기한 이행의 소를 지칭하는 의미로 쓴 것이라는 점에서 오늘날 소송물을 청구 또는 소송상 청구라고 표현하는 것은 적절하지 않은 면이 있다.

[2] 정동윤/유병현/김경욱, 276면.

Ⅱ. 소송물개념의 소송법상의 기능

　　민사소송법에 있어서 소송물이라는 개념은 신의칙, 기판력과 더불어 가장 중요한 개념 중의 하나이다. 이러한 소송물개념이 소송법상 어떠한 의미를 가지고 있고, 기능을 할 것인지 생각하여 볼 필요가 있다. 저자는 다음 세 가지 면에서 의미가 있다고 본다.

　　첫째는 소송물개념의 정립을 통하여 「사실로서의 분쟁을 법률적으로 평가하는 기능」을 수행하여야 한다. 사실로서의 분쟁을 법률적으로 평가하여 소송절차에서 처리할 수 있도록 하는 기능을 의미한다. 지금까지 이 부분에 대한 법률적 평가는 실체법상의 권리 또는 법률관계라는 측면에서만 논의되어 소송법의 영역 외에서 논의되었다고 보아야 한다. 그러나 사실과 법률의 구분 작업은 실체법적인 권리 또는 법률관계가 중시되지만 소송절차적 법률관계라는 것을 도외시할 수 없다고 본다. 이런 면에서 소송물의 개념설정에 있어서 「사실로서의 분쟁을 법률적으로 평가하는 기능」을 매우 중요한 요소로 고려하여야 할 것이다.

　　둘째, 소송물개념은 사실에 대한 권리 또는 법률관계의 평가 후에 「실체법과 대비한 절차법의 특성을 찾아내는 기능」을 가지고 있다. 연혁적으로 이러한 기능을 찾기 위한 논의는 1925년 독일의 로젠베르크(Leo Rosenberg)에 의하여 시작된 '소송물논쟁'의 형태로 나타났다. 이러한 논의과정을 통하여 현재 민사소송법은 실체법에 대응하는 소송법의 독자성을 찾아 독자적 법영역으로서 완전히 자리매김하게 된 것이다. 특히 논쟁의 중심에는 사실관계가 동일한 경우에 청구권 또는 형성권이 동시에 수개 발생하는 청구권·형성권의 경합의 경우가 문제되었다. 이러한 소송물논쟁을 통하여 민사소송법의 독자성이 정립되었으므로 지금은 소송물개념의 탐구를 통하여 절차법과 실체법의 조화를 추구할 때라고 생각한다. 하지만 '소송물논쟁'은 여전히 민사소송법에 있어서 가장 중요한 이슈로 평가되어야 한다.

　　셋째로 소송물개념의 정립을 통하여 소송물이 "현재의 민사소송법에서 담당하고 있는 구체적이고 실질적인 기능"을 탐구하는 일이다. 이러한 기능과 관련하여 구체적으로 보면 i) 절차의 개시와 관련하여 ⓐ 청구의 특정과 그 범위, ⓑ 재판권의 범위, ⓒ 토지·사물관할을 정함에, ii) 절차의 진행과 관련하여 ⓐ 청구의 병합, ⓑ 청구의 변경, ⓒ 중복소송, ⓓ 처분권주의의 위배 여부 등에, iii) 절차의 종결과 관련하여 ⓐ 기판력의 범위, ⓑ 소 취하 후의 재소금지의 범위, ⓒ 판결

주문의 표시 등을 정함에 중요한 기준이 된다. 또한 iv) 실체법상 소제기에 따른 시효중단 및 기간준수의 범위를 정하는 데도 같다.

위와 같이 소송물개념은 절차의 개시·진행·종결에 중요한 기능을 담당하고 있으므로 모든 단계에서 소송물을 통일적으로 파악할 필요가 있다. 소송물개념과 기판력 등의 다른 개념과 기능적 연계 및 분화가 요청되기도 한다.[3]

제 2 관 소송물논쟁

Ⅰ. 소송물논쟁의 흐름

소송물에 관한 논의는 실체법에 대한 소송법의 독자성이라는 측면에서 1925년 독일의 로젠베르크(Leo Rosenberg)가 문제 제기를 하면서 시작되었다. 그 이후 독일을 중심으로 논의되던 소송물논쟁이 대륙법계를 취하고 있는 일본과 우리나라에도 논의되기 시작하여 현재에 이르고 있다. 이러한 소송물논쟁에 관하여 그 중요성을 강조하는 면에서 개념법학의 총아(寵兒)라거나, 이에 대한 비판적 시각에서 개념법학의 말기현상이라고 하기도 한다.

연혁적으로 보면 소송물논쟁은 세 가지 주제를 가지고 논의되었다.

첫째는 소송물의 정의(definition) 또는 방향이라는 면에서 소송물이 피고에 대한 권리주장인지(권리주장설), 아니면 법원에 대한 특정한 판결의 요구인지(요구설) 문제이다.[4] 이것은 소송물논쟁의 초창기 논의이다. 지금은 소송물이란 피고에 대한 권리주장일 뿐만 아니라 법원에 대한 심판요구형식으로 보는 데 다툼이 없다. 따라서 이 주제는 연혁적 의미만을 가지고 있다고 보아야 한다.

둘째는 소송물을 어떠한 기준으로 나눌 것인가 하는 문제이다. 소송물논쟁의 가장 핵심적 부분이다. 이 부분의 논의에 대하여 구실체법설(구소송물이론), 소송법설(신소송물이론), 신실체법설 등의 견해가 제시되어 현재에도 치열하게 논의되고 있다. 이것은 처음에는 소송법의 실체법과의 독자성이라는 면에서 논의되었으

---

3) 예컨대 기판력의 객관적 범위는 일반적으로 소송물의 범위와 일치하지만, 선결·모순관계에 있는 사건에 대하여 기판력의 작용이 미치게 하기 위하여 기판력의 효력범위를 「소송물의 범위+α」로 확장할 필요가 있다. 이러한 경우에 소송물의 개념에 따른 사건의 범위와 관련 개념인 기판력의 작용의 범위가 차이날 수 있다는 것을 염두에 둘 필요가 있다.

4) 정동윤/유병현/김경욱 276-277면 참조.

나, 현재에는 실체법과 절차법의 조화라는 면에 보다 비중을 두고 논의를 음미할 필요가 있다.

셋째로 소송물개념의 상대성(Relativität)의 문제에 대한 논의이다. 이것은 소송물의 개념을 통일적으로 파악하려는 둘째의 논의에 대한 비판적인 시각이다. 이 견해는 소송절차의 지배원리, 소의 종류, 소송물의 기능 등에 따른 개별적·상대적 개념의 필요성을 강조하고 있는 독일·일본 학자들의 견해이다. 이러한 소송물개념의 상대성에 대한 시각은 통일적 소송물개념의 의미를 깊이 있게 다시 짚어볼 수 있다는 점에서 의의가 있다. 본서에서는 소송물개념의 상대성에 대한 시각을 소송물의 제 견해 중 하나로 간단히 살펴보겠다.

아래에서는 두번째 문제인 소송물개념의 기준을 중심으로 검토하겠다. 이후 소송물개념의 상대성에 관한 논의와 최근 EU사법재판소를 중심으로 논의되고 있는 소송물의 요소를 신청이 아닌 사실관계라고 보고 있는 사실관계 일원설에 관하여도 간단히 살펴보겠다.

II. 소송물에 관한 제 견해

1. 총   설

(1) 소송물의 개념과 기준에 대한 제 견해 중 첫째로 실체법의 입장에서 소송물개념을 정의하는 구실체법설(구소송물이론)이 있다. 둘째로 소송법적 관점에서 접근하여 소송물개념을 정립하려는 소송법설(신소송물이론)이 있다. 여기에는 소송법적 요소인 신청(申請, Antrag)만으로 정하려는 견해(일지), 신청과 사실관계(事實關係, Sachverhalt)를 기준으로 하는 견해(이지)가 있다. 셋째로 실체법과 절차법의 청구권개념을 통일적으로 정의하여 실체법과 절차법의 조화를 추구하는 신실체법설(新實體法說)이 있다. 넷째로 위와 같은 통일적 개념의 소송물개념의 설정을 비판하고 소송절차 내에서의 기능 등에 맞추어 소송물개념을 상대적으로 파악하는 견해(총칭하여 상대적 소송물설이라고 함), 소송물을 신청이 아닌 사실관계로만 파악하는 사실관계 일원설이 있다.

(2) 소송물의 범위와 관련하여 보면 구실체법설이 가장 좁고, 신소송물이론 중 일지설이 가장 넓게 파악하고 있으며, 이지설이 절충적인 입장이다. 신실체법설은 그 시각에 따라 차이가 있으나 소송법설의 이지설, 일지설과 대체적으로 그 범위

가 동일하다고 보면 된다. 반면 상대적 소송물론은 소송절차의 단계와 필요 등에 의하여 그 범위가 정하여 지고, 사실관계 일원설은 사실관계의 동일성 여부로 그 범위가 정하여 진다고 할 수 있다.

(3) 연혁적으로 이러한 소송물논쟁이 촉발된 것은 구실체법설이 「사실관계가 동일한 청구권경합 또는 형성권경합의 경우」에 소송물을 복수로 보는 것을 비판하면서 시작되었다고 볼 수 있다. 동일한 사실에 기초한 사안이 청구권경합 또는 형성권경합이라는 실체법상의 이유로 소송법상 수개의 소송물로 정의하는 것은 법상식과 법이론의 괴리(乖離)로 볼 수밖에 없다.[5] 법이론이 정의(正義)를 목적으로 함에 불구하고 법이론의 전개과정에 부조화가 발생한 것이다. 따라서 구실체법설 외의 모든 견해는 「사실관계가 동일한 경우의 청구권경합 또는 형성권경합」에 있어서 소송물이 동일하다는 데 견해의 일치를 보고 있다. 이러한 부조화로 인하여 실체법과 소송법의 차별성을 강조하면서 소송법설이 자연발생적으로 나타났고, 그후 실체법과 소송법의 구별보다는 그 조화의 중요성을 강조하면서 청구권개념의 통일적 파악을 시도하는 신실체법설이 등장하게 된 것이다.

2. 구실체법설

(1) 내 용

이 견해는 소송법상의 심판의 대상인 소송물개념을 「실체법상의 권리 또는 법률관계의 주장＝소송물」로 본다. 구실체법설(舊實體法說)은 연혁적 이유로 우리나라와 일본에서 구소송물이론(舊訴訟物理論)이라고 한다. 소송법상의 소송물의 개수는 「실체법상의 권리 또는 법률관계의 주장의 숫자」로 정하여 지지만, 그것의 핵심은 「실체법상의 권리 또는 법률관계」이다. 따라서 실체법상의 권리 또는 법률관계가 다르면 소송물이 달라지게 된다. 그런데 실체법상의 권리 또는 법률관계는 근거법령에 대한 구체적 사실의 주장에 지나지 아니하므로, 결국 실체법상의 법령의 개수와 차이에 따라 소송물의 단복(單複)과 이동(異同)이 정하여진다.

이 견해는 기본적으로 독일의 역사법학자인 사비니(Savigny) 등이 로마법의 소권인 악티오(Actio)에 기초하여 실체법상의 청구권개념을 정의하면서 소권을 그 청구권의 속성 또는 내용 중 일부로 보는 시각에 기초하여 있다.[6] 이러한 실체법

---

5) 同旨: 호문혁(2008), 110면.
6) 호문혁, 118-119면.

상의 청구권(Anspruch)에 따른 소송법상의 소송물개념은 1877년 독일 민사소송법을 제정하면서 시작되었다. 소송물을 소송상청구(Anspruch)라고 하게 된 것도 이런 연유에서 비롯된 것이다.

(2) 학설 및 판례의 입장

구실체법설은 독일 민사소송법의 기초자들인 헬비히(Hellwig), 렌트(Lent) 등이 주창하였으나, 현재는 추종자가 거의 없다. 독일민사소송법에 기초하고 있는 우리나라와 일본에서 과거 통설적인 위치에 있었으나 현재는 주장자가 거의 없는 실정이다.[7] 현재 독일의 판례는 아래에서 보는 바와 같이 소송법설 중 이지설에 기초하고 있고, 우리나라와 일본의 판례는 아직도 구실체법설에 충실하고 있다.

(3) 장단점

구실체법설의 장점은 i) 우선 실체법의 입장을 강조하는 측면은 있지만 실체법과 소송법을 통일적으로 파악할 수 있다는 점이 있고, ii) 둘째로 소송물의 범위를 좁게 파악함으로써 원고의 권리보호에 충실한 면이 있다. 「사실관계가 같은 경우에 수개의 권리가 발생하는 청구권경합 또는 형성권경합을 수개의 소송물로 구성할 수 있다는 점」이 이를 극명하게 나타내 준다. iii) 셋째로 원고가 변론주의에 기초하여 심판의 범위를 정하면서 법률적 구성까지도 원고에게 일임할 수 있어 변론주의에 충실할 수 있고, 상대적으로 법원은 심리와 관련하여 수동적으로 대처하면 되므로 편리한 면이 있다.

그러나 구실체법설은 다음과 같은 치명적인 단점을 가지고 있다. i) 첫째 헌법적 이념에 충실하지 못한 점이다. 우리 헌법은 사회국가적·복지국가적 이념에 기초하고 있고, 이에 따라 민사소송법도 사회국가적·복지국가적 소송관에 따르고 있다 그러나 구실체법설은 개인주의적·자유주의적 소송관에 기초한 견해로 평가되어야 하기 때문이다. ii) 둘째 「사실관계가 같은 경우에 수개의 권리가 발생하는 청구권경합 또는 형성권경합을 수개의 소송물로 구성할 수 있다는 점」이 일반적인 법 상식에 반한다는 점이다.[8] 이것은 위에서 본 바와 같이 법 이론이 정의(正義)를 목적으로 함에도 법 이론의 전개과정에 부조화가 발생한 것으로 볼 수밖에 없다. 또한 이러한 부조화를 막기 위하여 선택적 병합이라는 부가적 개념

---

7) 김홍엽, 315면; 방순원, 284면.
8) 호문혁, 122면.

을 만들어 소송물의 개념을 설명할 수밖에 없다. iii) 셋째 구실체법설은 소제기 단계에서 소송물의 범위를 좁게 봄으로써 원고의 권리보호에 충실하다는 측면이 있지만, 그 반대편인 피고에게 동일한 사실관계에 따른 분쟁을 법리적인 이유로 수차례 받게 될 수 있는 여지를 남겨 놓기 때문에 소송절차에 있어서 당사자의 평등권보장이 문제된다. 또한 법원에도 중복된 심판으로 인한 부담을 가중할 수 있다. 또한 원고도 분쟁을 일회적으로 해결하려는 것이 실질적인 내심의 의사로 보아야 한다. 자신도 잘 모르는 소송물이라는 개념으로 비용과 노력을 재차 들이는 것이 결코 유쾌한 일이 아닐 것이다. 이러한 점에서 보면 피고, 법원은 말할 것도 없고 원고에게도 불이익할 여지가 높다. iv) 넷째 구실체법설에 의하면 원고에게 법률적 관점까지 특정하도록 요구하게 된다. 이것은 「너는 사실을 말하라, 그러면 나는 권리를 주리라(da mihi factum, dabo tibi ius).」라는 법언에서 잘 나타나 있는 법원(法院)이 가지고 있는 법률평가의 자유라는 고유한 영역을 침해할 가능성이 높다. 구실체법설에 의하면 원고가 소송물을 특정하기 위하여 필연적으로 법률적 구성부분에 대한 평가를 하여야 한다. 이것은 당사자의 변론주의의 영역을 넘는 부분으로서 원고에게 부당한 부담을 지게 한다. v) 다섯째 구실체법설은 심판의 대상을 정함에 있어서 법원의 수동적 입장을 전제로 한 견해이다. 현재 복지국가의 이념에 기초하여 법원에 대하여 적극적 석명권의 일환으로 지적의무 등을 인정하고 있다는 점에 비추어 보면 적절하지 아니하다.

법원의 사실상 심리의 편의라는 점 때문에 판례가 구실체법설을 지금껏 유지하고 있는 것이 아닌지 하는 의구심마저 든다.

3. 소송법설

(1) 총 설

소송법설은 구실체법설이 가지고 있는 동일한 사실관계인 경우의 청구권경합 또는 형성권경합의 불합리를 극복하기 위하여 1925년 독일의 로젠베르크(Leo Rosenberg)가 소송법적인 입장에서 소송물을 파악하려는 시도로부터 시작되었다. 소송법설(訴訟法說)에는 소송물을 소송법적 요소인 신청(Antrag)과 사실관계(Sachverhalt)로 보는 견해(일지)와 신청만으로 구성되어 있다는 견해(일지)가 있다. 이 견해들은 소송물의 개념정립을 소송법적인 관점에서 파악한다는 점에서 소송법설이라고 하며, 우리나라와 일본의 학자들은 구실체법설과 다른 새로운 소송물견해라는 점을 강조하여 신소송물이론(新訴訟物理論)이라고 칭하기도 한다.

이 견해들은 구실체법설과 달리 실체법상의 권리 또는 법률관계(예: 청구권·형성권 등)를 소송물의 식별기준으로 보지 아니하고 소송물의 이유 여부를 판단하는 전제로서의 법률적 관점(法律的 觀點) 내지 법적 근거(法的 根據)로만 보고 있다는 점이 가장 큰 특징이다. 즉 실체법상의 권리 또는 법률관계를 소송물의 구성요소가 아닌 공격방어방법(攻擊防禦方法)으로 격하하고 있다. 이렇게 함으로써 자연스럽게 구실체법설에서 소송물이 다른 것으로 파악한 「동일한 사실관계인 경우의 청구권경합 또는 형성권경합」의 경우 모두 소송물이 동일한 것으로 파악하게 된다.

(2) 이지설(二肢說)⁹⁾

이지설은 소송물의 요소를 신청(申請)과 사실관계(事實關係)라는 2가지 요소로 파악하고 있다. 우리 법제상으로는 보면 소송물이 청구취지와 청구원인으로 구성되었다고 보는 것이다[소송물＝신청(청구취지)＋사실관계(청구원인)]. 이 견해에 의한 소송물의 범위는 「사실관계」를 어떻게 파악할 것인가에 따라 차이가 난다. 그러나 대체로 소송물의 범위는 구실체법설보다는 넓고, 일지설보다는 좁게 본다. 여기서 사실관계의 의미는 실체법상의 요건에 대한 구체적인 권리발생사실보다는 넓게 파악하여 사회적·역사적으로 하나로 평가될 수 있는 일련의 사실관계로 보고 있다.¹⁰⁾ 따라서 신청이 하나이고 사실관계가 동일한 청구권경합 또는 형성권경합의 경우에는 구실체법설과 달리 소송물을 동일한 것으로 보게 된다. 그러나 신청이 하나라도 사실관계가 다른 경우에는 사실관계의 개수에 따라 소송물이 정하여진다. 결국 금전 또는 대체물의 지급청구의 경우에 청구원인의 사실관계가 다른 경우에는 소송물이 다르게 된다.

이지설은 우리나라¹¹⁾와 일본의 유력설이고, 독일에서는 다수설 및 판례¹²⁾이다.

이지설의 장점은 i) 소송물 개념을 구실체법설보다 넓게 인정함으로써 사회주의적·복리국가적 소송관에 기초하고 있다고 평가할 수 있으므로 헌법상의 이념

---

9) 이지설은 이분지설(二分肢說), 이원설(二元說), 이절적 소송물이론(二節的 訴訟物理論) 등으로 불린다.

10) 同旨: 정동윤/유병현/김경욱, 283면.

11) 다만 이지설에서도 확인소송의 소송물이론과 관련하여 청구취지만으로 특정된다는 예외설(정동윤/유병현/김경욱, 301면)과 이지설을 일관하여 청구취지와 청구원인의 사실관계로 특정된다는 일관설(호문혁, 140면)이 있다.

12) BGH NJW 1981, 2306; BGH NJW 1983, 388·389; BGH NJW 1983. 2032 f.; BGH NJW 1989, 393 f. 등.

에 충실하고, ii) 소송법적 요소를 강조함으로써 소송법의 독자성을 인식할 수 있는 계기를 제공하고 있으며, iii) 사실관계를 소송법적으로 규범 평가함으로써 소송물개념의 정립을 통한 사실에 대한 법률적 평가뿐만 아니라 소송법적 평가를 행할 수 있으므로, 소송물의 기능에 가장 부합할 수 있고, iv) 소송물논쟁의 가장 중심적 이슈인 사실관계가 같은 청구권경합 또는 형성권경합의 경우에 소송물을 단일한 것으로 봄으로써 구실체법설과 달리 선택적 병합이라는 별도의 개념설정 없이 법 상식에 부합한 결론을 도출할 수 있으며, v) 이지설에 기초하여 설정한 통일적 소송물개념으로 청구의 병합, 청구의 변경, 중복된 소제기의 금지, 기판력의 범위, 재소금지 등을 무리 없이 설명할 수 있고, vi) 소장의 필수적 기재사항으로 청구취지와 청구원인을 규정하고 있다는 점($\frac{249조}{1항}$) 등에 비추어 보면 현행 민사소송법에 충실한 해석이라는 점 등이 있다.

한편 단점으로 비판되는 점은 i) '사실관계(청구원인)'의 범위가 불명확하여 일정한 경우에 구실체법설보다 소송물 범위가 협소하여질 수 있으며,[13] ii) 이지설은 확인의 소에 있어서는 신청(청구취지)만으로 소송물이 특정된다고 하고 있어 이론적 일관성이 없고, iii) 확인의 소의 경우도 사실관계를 고려하여야 한다면 구실체법설보다도 소송물 범위가 좁아질 가능성이 있다는 점[14] 등이 있다.

생각건대, '사실관계(청구원인)'의 범위가 불명확하여 일정한 경우에 구실체법설보다 소송물의 범위가 협소하여질 수 있다는 비판은 위에서 본 바와 같이 사실관계의 의미를 실체법상의 요건에 대한 구체적인 권리발생사실보다는 넓게 파악하여 사회적·역사적으로 하나로 평가될 수 있는 일련의 사실관계라고 본다면 특별히 문제될 것이 없다. 또한 확인의 소에 있어서 신청(청구취지)만으로 소송물이 특정된다는 견해는 이론적 일관성이 없고, 확인의 소의 경우도 사실관계를 고려하여야 한다면 구실체법설보다도 소송물 범위가 좁아질 가능성이 있다는 점에 대한 비판 중 전자에 관하여는 확인의 소에 있어서 일정한 경우에 신청만으로 특정될 수 있는데 이것은 소송물의 특정과 소송물의 구성요소의 개념을 혼동한 것에 기인한 것이고, 확인의 소에 있어서 신청에 기본적인 내용이 들어 있어 소송물의 특정에 별도로 사실관계를 보지 않아도 알 수 있다는 것이지, 구체적인 사실관계의 내용을 평가하기 위하여는 청구원인에 있는 사실관계를 고려할 필요가 있는 것이라는 점에 비추어 보면 적절한 비판이라고 볼 수 없다. 또한 확인의 소의 경

---

13) 이시윤, 246면.
14) 이시윤, 246-247면.

우에도 사실관계를 고려하여야 한다면 구실체법설보다도 소송물 범위가 좁아질 가능성이 있다는 점이 있다는 비판은 일지설에서도 같은 비판을 받을 수밖에 없다. 특히 확인의 소에 있어서 소송물이론과 관계없이 그 범위가 실제로 일치되어 논의의 의미가 별로 없다는 점에 비추어 보면 타당한 비판으로 볼 수 없다고 본다.

(3) 일지설(一肢說)[15]

일지설은 소송물의 요소를 신청만으로 파악하고 있다. 우리 법제상으로 보면 소송물은 청구취지만으로 구성되어 있다고 보는 견해이다[소송물＝신청(청구취지)]. 일지설에 의하면 신청이 동일한 경우에는 사실관계가 동일한 경우뿐만 아니라, 사실관계가 다른 경우에도 모두 소송물이 같다고 본다. 이 견해에 의하면 소송물의 범위를 가장 넓게 보게 되고, 신청 하나만으로 소송물을 파악하게 되므로 소송물의 단복·개수가 간단명료할 수 있다. 따라서 신청(청구취지)이 하나이면 사실관계가 동일한 청구권경합 또는 형성권경합의 경우뿐만 아니라, 사실관계가 다른 경우에도 소송물은 하나이다. 이 견해에 의하면 금전지급 또는 대체물인도청구의 경우에는 청구원인의 사실관계를 참작하지 아니하면 신청의 개수를 파악할 수 없으므로 이 경우 예외적으로 청구원인의 사실관계를 보충적으로 참작하여야 한다고 본다. 그러나 참작된 청구원인의 사실관계는 소송물의 구성요소가 아니라고 한다.[16] 일지설은 우리나라의 유력설이며,[17] 일본의 소수설이다. 독일 또한 유력설이고 한때에 일부 판례[18]가 따랐던 적이 있다.

일지설의 장점으로는 이지설과 같이 i) 소송물 개념을 구실체법설보다 넓게 인정함으로써 사회주의적·복리국가적 소송관에 기초하고 있다고 평가할 수 있으므로 헌법상의 이념에 충실하고, ii) 소송법적 요소를 강조함으로써 소송법의 독자성을 인식할 수 있는 계기를 제공하고 있으며, 나아가 iii) 소송물논쟁의 가장 중심적 이슈인 사실관계가 같은 청구권경합 또는 형성권경합의 경우에 소송물을 단일한 것으로 봄으로써 구실체법설과 달리 선택적 병합이라는 별도의 개념설정 없이 법 상식에 부합한 결론을 도출할 수 있으며, iv) 소송물개념을 신청만으로 판단할 수 있어 소송물을 간단·명료하게 확정할 수 있다는 점 등이 인정된다.

---

15) 일지설은 일원설(一元說), 일분지설(一分肢說), 신청일본설(申請一本說), 일절적 소송물이론(一節的 訴訟物理論) 등으로 불린다.

16) 이시윤, 247면.

17) 이시윤, 247면.

18) BGH 37, 371; BGH(GS) NJW, 1972, 1235.

단점으로 비판되는 점은 i) 사실관계를 소송물의 구성요소에서 완전히 배제함으로써 사실관계에 대한 규범평가기능을 도외시하고 있고, ii) 형식적으로 이론적 일관성을 주장하면서 실제로 실무상 가장 문제될 수 있는 '금전 또는 대체물의 지급청구의 경우'에 있어서 사실관계를 실질적으로 소송물의 구성요소로 보면서도 아니라고 함으로써 이론적 자가당착에 빠져 있고, iii) 소송물의 범위를 너무 포괄적으로 잡음으로써 기판력의 범위가 너무 확장되어 구체적 타당성을 잃게 되는 경우(예: 신청은 동일하나 사실관계가 다른 것으로 매매대금채권과 어음채권)에 기판력의 범위를 차단하기 위하여 기판력의 시적 한계(기판력의 실권효)를 통한 제한을 시도하거나, 현행법상 해석의 범위를 넘는 법원의 석명권의 강화를 통하여 심리를 유도하도록 설명하고 있다는 점으로 오히려 다른 개념과의 충돌을 막기 위하여 불필요한 설명을 별도로 하여야 한다는 점, iv) 판결이 추구하여야 할 구체적 타당성을 도외시하고 개념적 일관성만을 추구한다는 인상을 지울 수 없다는 점 등이 그것이다.

4. 신실체법설

이 견해는 구실체법설이 가지고 있는 사실관계가 동일한 경우의 청구권경합 또는 형성권경합의 경우에 소송물을 하나로 보면서, 구실체법설이 가지고 있는 로마법상의 악티오(Actio)의 청구권개념에 기초한 소송물개념의 정립을 지양할 뿐만 아니라 소송법설이 너무 소송법적인 시각에 기초하여 소송물을 보려는 것에 대한 비판적 각도에서 출발한 이론이다. 즉 기존의 실체법상의 청구권 또는 형성권의 개념을 소송법에도 맞게 수정한 개념설정을 하고, 소송물이란 수정된 청구권 또는 형성권의 주장이라고 본다(소송물＝수정된 청구권 또는 형성권의 주장). 수정된 청구권 또는 형성권을 소송법설과 같이 단순한 법률적 관점이나 공격방어방법으로 보지 아니하고 일정한 급여를 구할 수 있는 법적 지위 자체로 보고 있다. 소송물에 대한 논리 자체가 구실체법설과 같다는 점에서 실체법적인 시각에 기초하고 있다고 간주하여 신실체법설이라 칭하고 있다. 주로 독일학자들이 주장하고 있다.

수정된 청구권의 내용과 관련하여 보면 i) 실체법상의 청구권을 여러 기능으로 나누어 소송물의 결정은 그 기능 중 처분대상(Verfügungsobjekt)의 경제적 기능으로 삼아야 한다는 처분대상으로서의 청구권에 기초하는 견해(Henckel), ii) 하나의 사실관계가 실체법상 복수의 법규에 해당하여 청구권경합 또는 형성권경합에 해당하는 경우에는 이를 통일적으로 파악하여 하나의 급여만을 인정되어야 한다는 통일적 청구권 개념에 기초하는 견해(Georgiades, Nikisch, Larenz, Grunsky, Esser 등), iii) 실체법상의 청구권 또는 형성권에 기초하지 아니하고 급여 또는 법적 지위의 동일 여부에 따라 소송물의 동일성 여부를 결정하는 견해(Schwab) 등이 있다.[19] 이 견해들은 사실관계가 동일한 청구권경합 또는 형성권경합의 경우에는 소송물이 동일한 것으로 보고 있고, 그 외의 경우는 일지설 또는 이지설의 견해와 크게 다르지 아니하다.

신실체법설의 긍정적인 면은 i) 실체법과 소송법상의 개념의 통일·조화를 추구함으로써 실체법과 소송법의 깊은 관련성을 다시 생각하는 기회를 부여하고 있다는 점, ii) 사실관계가 동일한 청구권경합 또는 형성권경합의 경우에는 소송물이 동일한 것으로 봄으로써 구실체법설의 법 상식에 반하여 소송물논쟁을 촉발하게 한 사실관계가 동일한 청구권경합 또는 형성권경합의 문제를 해결하였다는 점 등이 있다.

반면 i) 실체법과 소송법상의 분명한 차이점을 무시하고 실체법적인 접근을 강조하고 있고, ii) 신실체법설이 제시하는 처분대상으로서의 청구권개념, 통일적 청구권개념, 급여의 동일성 여부라는 개념만으로 청구권경합 등의 경우에 실정 실체법 및 소송법규 상의 소멸시효, 상계의 허용, 증명책임과 그 범위 등의 문제를 모두 포섭할 수 없다는 난점을 가지고 있으므로 이론적 완결성을 갖지 못한다는 점 등의 비판이 있다.

5. 상대적 소송물론 및 사실관계 일원설

(1) 상대적 소송물론

상대적 소송물론은 위에서 본바와 같이 소송물개념을 절대적·통일적으로 파악하지 아니하고, 소송절차의 각 국면에서 소송물이 담당하는 역할과 기능에 따라 소송물개념을 달리 파악하려는 시도이다. 여기에는 i) 절차가 변론주의에 의하는지 아니면 직권탐지주의에 의하는지에 따라 구분하여 전자의 소송물개념을 넓게 보고, 후자의 경우는 좁게 파악하는 견해(Jauering), ii) 절차의 대상인 청구의 병합, 청구의 변경, 중복된 소제기 등 절차의 대상의 경우에는 소송물개념을 넓게 인정하고(일지설과 같음), 기판력의 범위와 같은 판결의 대상일 경우에는 소송물의 범위

---

19) 보다 자세한 내용은 정동윤/유병현/김경욱, 286-287면 참조.

를 좁게 인정하는 견해(이지설과 같음)[Stein/Jonas(Schumann), Leipold, Vollkommer][20] 등이 있다.[21] 그러나 소송물개념을 상대적으로 파악하는 것은 소송물개념을 통일적으로 파악하는 이점보다는 혼란을 초래할 여지가 많아 채택하기는 어렵다고 본다. 그러나 소송물개념이 각 소송절차에서 수행하는 역할을 명백히 하였다는 점에서 의미가 있다.

(2) 사실관계 일원설

EU사법재판소가 취하는 견해로서 신청 즉 청구취지(Antrag)는 소송물의 구성요소가 아니고 소송물은 사실관계로만 구성되어 있다는 견해이다. 당사자들이 진정으로 관심을 가지는 것은 구체적 사실관계를 둘러싼 분쟁의 해결이므로, 분쟁의 대상 즉 소송물은 핵심적 사실관계로 구성되어 있다는 것이다.[22] 소송물의 구성요소에서 사실적 요소의 중요성을 강조하고 있고, 당사자 입장에서의 분쟁해결에 집중하고 있다는 점이 특징이다. 심판의 대상을 찾는 작업인 소송물 개념에 있어서 분쟁사실의 부분을 강조하면서, 기판력의 모순·선결문제의 개념과 연동하여 동일한 분쟁의 재차 소송의 금지 등에 유용한 의미를 가질 수 있다는 점에서 매우 의미 있는 논의로 생각한다.

6. 소송물이론과 사례

(1) 각 소송물이론의 차이점을 명백히 하기 위하여 다음 (a) ~ (f)의 사례를 가지고, 청구의 병합, 청구의 변경, 중복제소, 기판력, 재소금지에서 어떠한 차이가 있는지를 보도록 하겠다. 구실체법설, 소송법설 중 이지설, 일지설을 중심으로 본다. 신실체법설·상대적 소송물론·사실관계 일원론 등은 취하는 입장에 따라 이지설과 일지설에 준하여 생각하면 된다.

(a) 동일한 사실관계에 기한 불법행위와 채무불이행으로 인한 손해배상청구(청구권경합의 사례 1)

---

20) 이렇게 함으로써 신청은 같으나 사실관계가 다른 경우(예: 원인채권과 어음채권의 청구 사이)에까지 기판력이 미치는 경우를 차단할 수 있다.

21) 확인의 소에 있어서 소송물 특정을 청구취지만으로 가능하다는 이유로 소의 종류에 따라 소송물의 개념을 상대화한 것으로 설명하기도 한다. 그러나 이것은 소송물의 개념의 문제와 소송물의 특정을 동일시하였기 때문이다. 그러나 소송물개념의 정립문제와 소장에 소송물을 현실적으로 특정하는 소송물의 특정의 문제는 별개로 보는 것이 타당하므로 상대성의 문제로 다룰 필요는 없다고 본다.

22) 정동윤/유병현/김경욱, 288~289면; 이시윤, 248면 참조.

(b) 동일한 사실관계에 기한 소유권과 임대차계약 종료에 기한 인도청구(청구권경합의 사례 2)

(c) 동일 부동산에 관한 다른 법률상 원인(예: 매매계약과 취득시효의 완성)에 기한 소유권 이전등기 청구(사실관계가 다르고 법률상의 권리가 경합하는 경우의 사례 1)

(d) 어음채권과 원인채권(예: 매매대금채권)에 기한 이행청구(사실관계가 다르고 법률상의 권리가 경합하는 경우의 사례 2)

(e) 동일한 혼인관계에 관한 다른 이혼사유(예: 부정한 행위와 악의의 유기)에 기한 이혼청구(사실관계가 다르고 법률상의 형성권이 경합하는 경우)

(f) 청구취지 자체는 금 5,000만원을 구하면서 대여액수와 그 일자가 각각 다른 청구(금전지급 또는 대체물의 인도청구의 경우)

(2) 위 사례와 관련하여 구실체법설, 소송법설 중 이지설, 일지설을 중심으로 보면 다음과 같다.

ⅰ) 구실체법설에 의하면, 모든 경우에 소송물이 다르다.[23] (f)의 경우에도 대여액수와 대여일자에 따라 법률상의 청구권이 달라져 소송물이 다르게 된다. 따라서 동시에 청구할 경우에는 청구의 병합이 되고[다만 사실관계가 동일한 청구권경합의 경우인 (a), (b)의 경우에는 경합되는 청구 중 하나의 청구가 인용되는 것을 해제조건으로 하는 선택적 병합이 됨], 하나의 청구에서 다른 청구로 바꾸면 청구의 변경이며, 하나의 청구가 소송계속 중에 다른 청구를 하여도 중복된 소제기에 해당하지 아니하고, 하나의 청구에 판결이 확정되었다고 하여도 다른 청구에 기판력이 미치지 아니하고, 하나의 청구에 대한 종국판결 후에 소취하 하고 다른 청구를 하여도 재소금지에 저촉되지 아니한다.

ⅱ) 소송법설 중 이지설에 의하면(a), (b)의 경우는 사실관계가 같으므로 소송물이 하나이지만, 그 외의 경우는 모두 사실관계가 다른 것이므로 소송물이 복수에 해당한다. 따라서 (a), (b)의 경우에는 같이 청구하여도 청구의 병합이 되지 아니하고(공격방법의 차이임), 하나의 청구에서 다른 청구를 하여도 변경하여도 청구의 변경에 해당하지 아니하며, 하나의 청구가 소송계속 중 다른 청구에 기초하여 소제기를 하면 중복된 소제기에 해당하고, 기판력이 다른 청구에 당연히 미치

---

23) 다만 사례 (a)의 경우에 신체상해로 인한 손해배상청구인 경우(예: 택시를 타고 가다고 교통사고가 난 경우)에 판례와 같이 신체손해의 소송물을 적극적 손해, 소극적 손해(일실손해), 위자료라는 3분설을 취하게 되면 불법행위로 인한 손해로 3개의 소송물, 채무불이행으로 인한 손해로 3개의 소송물이 인정되어 총 6개의 소송물이 생긴다.

고, 하나의 청구에 대하여 종국판결 후에 소취하 한 경우에는 다른 청구로 재차 소를 제기할 수 없다. 그 외 (c)~(f)의 경우에는 소송물이 다르므로 동시에 청구할 경우에는 청구의 병합이 되고, 하나의 청구에서 다른 청구로 바꾸면 청구의 변경이며, 하나의 청구가 소송계속 중에 다른 청구로 중복제소에 해당하지 아니하고, 하나의 청구에 판결이 확정되었다고 하여도 다른 청구에 기판력이 미치지 아니하고, 하나의 청구에 대한 종국판결 후에 소 취하 후에 다른 청구를 하여도 재소금지에 저촉되지 아니한다.

iii) 소송법설 중 일지설에 의하면 사례 (a)~(e)의 경우에는 모두 소송물이 동일하고, (f)의 경우에는 사실관계를 참작하여 소송물이 다른 것으로 평가한다. 따라서 사례 (a)~(e)의 경우에는 같이 청구하여도 청구의 병합이 되지 아니하고(공격방법의 차이임), 하나의 청구에서 다른 청구로 변경하여도 청구의 변경에 해당하지 아니하며, 하나의 청구가 소송계속 중 다른 청구에 기초하여 소제기를 하면 중복제소에 해당하고, 기판력이 다른 청구에 당연히 미치고, 하나의 청구에 대하여 종국판결 후에 소 취하 한 경우에는 다른 청구로 재차 소를 제기할 수 없다. 다만 (d)의 경우(어음채권과 원인채권 사이)에 소송물을 1개로 보지만 기판력의 시적 범위의 차단을 통하여 어음채권과 원인채권 사이에 기판력의 효력이 미치지 아니한다고 보며, 하나의 청구에 대하여 종국판결 후에 소 취하 한 경우라도 당연히 다른 청구로 재차 소를 제기할 수 있다고 보아야 한다. 사례 (f)의 경우는 소송물이 다른 것으로 보게 된다.

Ⅲ. 판례의 입장

1. 기본입장

다음과 같은 판결에 비추어 보면 판례는 칠저히 구실체법설에 기초하고 있나고 볼 수 있다.

(1) 선하증권 소지인은 운송도중 운송인이나 그 사용인 등의 고의 또는 과실로 인하여 운송물을 멸실 또는 훼손시킨 경우에 운송인에 대하여 운송계약상의 채무불이행으로 인한 손해배상청구권과 아울러 소유권 침해의 불법행위로 인한 손해배상청구권을 선택적으로 행사할 수 있고,[24] 또한 운송계약불이행에 의한 손해배

---

[24] 대판(전) 1983. 3. 22, 82다카1533.

상청구($\frac{상}{135조}$)와 불법행위로 인한 손해배상을 동시에 주장하면 선택적 병합이며,[25] 불법행위를 원인으로 한 손해배상청구에 대하여 채무불이행을 원인으로 한 손해 배상을 명하는 것은 처분권주의에 반하여 위법하다.[26]

(2) 어음·수표채권에 기한 청구와 원인채권에 기한 청구는 별개의 소송물이 므로 이를 동시에 주장하면 청구의 병합이고, 그중 하나를 주장하다가 다른 것으로 바꾸는 것은 청구의 변경에 해당한다.[27]

(3) 소유권이전등기청구에서 등기원인을 매매로 주장하다가 시효취득의 완성을 추가하는 것은 단순히 공격방법의 추가가 아니고 청구의 추가적 병합에 해당하며,[28] 동일한 목적물에 관하여 전소에서 소유권이전등기청구를 하면서 매매를 원 인으로 하여 패소한 뒤에 후소에서 취득시효의 완성을 원인으로 구하는 것은, 양 소는 소송물이 달라 전소판결의 기판력이 후소에 미치지 아니하며,[29] 원고의 매매 를 원인으로 한 소유권이전등기청구에 대하여 양도담보계약을 원인으로 한 소유 권이전등기를 명하는 것은 처분권주의에 반하여 위법하다.[30]

(4) 말소등기청구의 소송물은 말소등기청구권(소유권방해배제청구권)이고, 말소 등기청구권의 발생원인은 당해 등기원인의 무효를 뒷받침하는 개개의 사유로서 이를 달리하는 것은 공격방어방법의 차이에 불과하여 소송물을 동일하다고 본 다.[31] 다만 판례는 이중보존등기사안에서 진정한 상속인을 전제로 한 후행보존등 기 말소등기청구와 이중보존등기의 무효사유를 주장하면서 하는 후행보존등기 말 소등기청구는 청구원인을 달리하여 별개의 소송물이라고 한다.[32]

(5) 동일한 사실에 기초한 부당이득반환청구권과 불법행위로 인한 손해배상청 구권은 별개의 소송물이므로 어느 하나의 청구권에 기한 확정판결로 채권의 만족을 받지 못한 경우 다른 청구권에 관한 이행의 소를 제기할 수 있고,[33] 저작인격권이 나 저작재산권을 이루는 개별적인 권리들은 동일한 권리의 한 내용에 불과한 것이 아니라 각각 독립된 권리로 파악하여야 하므로 서로 소송물이 다르며,[34] 사용자의

---

25) 대판 1959. 2. 19, 4290민상571; 대판 1962. 6. 21, 62다102; 대판 1980. 11. 11, 80다1812.
26) 대판 1963. 7. 25, 63다241; 대판 1989. 1. 28, 88다카9982.
27) 대판 1961. 11. 2, 4293민상325; 대판 1965. 11. 30, 65다2028; 대판 1966. 3. 22, 65다 2635.
28) 대판 1997. 4. 11, 96다50520.
29) 대판 1968. 3. 19, 68다123; 대판 1981. 1. 13, 80다204.
30) 대판 1992. 3. 27, 91다40696.
31) 대판 1999. 9. 17, 97다54024.
32) 대판 2011. 7. 14, 2010다107064.
33) 대판 2013. 9. 13, 2013다45457.

복직의무불이행으로 인한 채무불이행 또는 불법행위로 인한 손해배상청구권은 복직에 따른 근로계약에 기초한 임금채권과는 소송물이 다르다고 보고 있다.[35]

(6) 이혼소송에서 민법 제840조 소정 각 이혼사유마다 소송물이 별개이며,[36] 재심의 소의 소송물은 각 재심사유마다 별개가 된다.[37]

(7) 신체상해로 인한 손해배상에 있어서 소송물을 적극적 재산상손해, 소극적 재산상손해 및 정신적 손해(위자료)의 세 가지로 나누어진다는 3분설을 취하고 있다.[38]

2. 구실체법설의 완화

다음과 같은 판례에 비추어 보면 대법원이 종전의 구실체법설을 약간 완화하고 있다고 볼 여지는 있다.

(1) 같은 주주총회결의의 효력을 다투는 결의무효확인청구와 결의부존재확인청구는 모두 법률상 유효한 결의의 효과가 존재하지 아니함을 확인받고자 하는 점에서 동일하다고 보고 있다.[39] 이것은 구실체법설의 입장을 일부 완화한 것으로 평가할 수 있다.

(2) 신체상해로 인한 손해배상청구에 있어서 제1심에서 재산상손해에 관하여 전부 승소하였으나 위자료에 대하여 일부 패소한 원고가 패소한 부분의 취소를 구하여 항소한 경우에 항소심에서 재산상손해에 관하여 청구를 확장할 수 있다고 한다.[40] 대법원의 종래 3분설에 비추어 보면 청구의 확장이 어렵다고 보아야 한다. 그러나 대법원은 불법행위로 인한 손해배상에 있어 재산상손해나 위자료는 단일한 원인에 근거한 것인데 편의상 이를 별개의 소송물로 분류하고 있는 것에 지나지 아니한 것이므로 이를 실질적으로 파악하여, 항소심에서 위자료는 물론이고 재산상손해(소극적 손해)에 관하여도 청구의 확장을 허용하는 것이 상당하다고 판

---

34) 대판 2013. 7. 12, 2013다22775.

35) 대판 2014. 1. 16, 2013다69385(따라서 근로자는 근로계약에 기한 임금채권을 가지고 있다고 하더라도 아직 채권의 만족을 얻지 못하였다면 채무불이행 또는 불법행위로 인한 손해배상청구가 가능함).

36) 대판 1963. 1. 31, 62다812; 대판 2000. 9. 5, 99므1886.

37) 대판 1970. 1. 27, 69다1888; 대판 1992. 10. 9, 92므266.

38) 대판 1976. 10. 12, 76다1313; 대판 2002. 9. 10, 2002다34581. 신체상해로 인한 손해배상에 있어서 3분설은 논리필연적 결과는 아니다. 따라서 구실체법설을 취하면서도 적극적 재산상손해, 소극적 재산상손해 및 정신적 손해(위자료)를 1개 또는 2개의 소송물로 볼 수도 있다.

39) 대판 1983. 3. 22, 82다카1810.

40) 대판 1994. 6. 28, 94다3063; 대판 1997. 4. 11, 96다50520; 대판 1997. 10. 24, 96다12276.

시하고 있다. 위 판결은 항소심에서의 청구취지의 확장과 관련하여 종래의 엄격한 3분설을 일부 완화한 것으로 볼 수 있지만 그 이상 확대해석할 것은 아니라고 본다. 사실 신체상해로 인한 3분설은 구실체법설과 직접적 관련성이 있는 것은 아니다. 일본 최고재판소는 구실체법설을 취하면서도 신체상해로 인한 손해배상청구에 관하여 1973. 4. 5. 판결에서 원인사실과 피침해 이익이 공통된다는 이유로 적극적 재산상손해, 소극적 재산상손해 및 정신적 손해(위자료)를 하나의 소송물로 보고 있다.

(3) 기타 대법원 1992. 2. 25, 선고 91누6108 판결에서 과세처분무효 확인소송에서 청구취지만으로 소송물이 특정된다고 판시한 것을 청구원인의 무효사유로 내세운 개개의 주장을 공격방법으로 보았다고 보아 소송법설 중 일지설(一肢說)을 정면으로 받아들였다는 의견이 있다.[41] 그러나 구실체법설 하에서도 확인의 소의 소송물은 청구취지만으로 특정된다는 점에 비추어 보면 대법원이 이 판결을 통하여 종전과 달리 일지설을 취하였다고 단언하기는 어렵다. 이 판결에서도 기존의 입장을 고수하고 있다고 보아야 한다.[42]

Ⅳ. 결   론

(1) 소송물논쟁의 촉발은 사실관계가 동일한 청구권경합 또는 형성권경합의 경우에 있어서 소송물을 복수로 본다는 부자연스러움으로부터 시작되었다고 보인다. 그러나 이러한 논쟁을 통하여 실체법에 대한 소송법의 독자성을 확인하게 되어 민사소송법의 발전에 상당한 기여를 하였다고 평가할 수 있다. 그러나 현재의 시점에서 소송물에 관한 논의의 의미를 새롭게 생각할 필요가 있다고 본다. 이것의 소송물개념이 가지고 있는 기능을 다시 음미함으로써 출발하여야 한다.

(2) 소송물논쟁은 지금까지 주로 소송법의 실체법과의 차별화 작업에 주안점을 두고 있었다. 그러나 지금은 이것을 넘어 소송물개념이 가지고 있는 i) 사실로서의 분쟁을 법률로 평가하는 기능, ii) 소송물개념이 법률 중에서도 실체법과 대비하여 소송법상 가지는 기능, iii) 소송절차 내에서의 구체적 기능 등을 전체적으로 조망하고, 이러한 기능을 효과적·종합적으로 작동시키기 위하여 어떠한 개념으로 설정하여 나가야 할 것인가를 생각할 필요성이 있다고 본다. 또한 이러한 논

---

41) 이시윤, 252면.
42) 同旨: 정동윤/유병현/김경욱, 292면.

의의 전제로서 헌법적 가치에 철저히 기반을 두고 논의되어야 함은 물론이다.

(3) 대한민국 헌법은 사회국가적·복지국가적 이념에 기초하고 있음은 이론의 여지가 없다고 할 것이므로, 이에 기반을 두고 있는 민사소송법은 필연적으로 사회국가적·복지국가적 소송관에 기초하고 있다. 이러한 소송관은 법원이 변론주의의 본질적 부분에 대한 침해가 되지 아니한다면 가능한 적극적인 관여를 가능케 한다. 자유주의적·개인주의적 소송관에 기초한 소극적 절차의 운영이 아닌 국민에게 가까이 다가가는 적극적인 절차의 운영을 내포하고 있는 것이다. 헌법적 가치라는 시각에서 소송물이론을 본다면 구실체법설에 기초한 소송물이론은 적절하지 아니하다. 구실체법설의 연혁에 비추어 보면 이것은 18-19세기의 자유주의적·개인주의적 소송관에 바탕을 둔 것으로서 여기에 기초하여 사회국가적·복리국가적 소송관으로 전환하는 것은 한계가 있다. 따라서 헌법적 가치에 비추어 보면 구실체법설은 적절하지 아니하고, 소송법설 또는 신실체법설이 타당하다고 본다. 구실체법설에 충실히 따르고 있는 대법원 판례는 이러한 시대적 흐름을 직시하여 소송물 개념의 변화를 시도할 시점에 와 있다고 본다. 소송물개념이 가지고 있는 소송법에서의 역할에 비추어 보면 제도적·사법정책적 측면에서도 소송물이론에 대한 견해의 변경을 신중하면서도 적극적으로 검토할 필요가 있다고 할 것이다.

(4) 한편 법이론은 그 자체의 완결성을 가지고 있어야 함이 당연한 이치이다. 이러한 관점에서 본다면 신실체법설은 실체법과 소송법의 차별성을 완화하기 위하여 실체법상의 청구권개념을 수정하여 이것의 소송상의 주장을 소송물로 보는 시도 자체는 의미 있고 신선한 생각이라 본다. 그러나 앞서 신실체법설의 설명에서 본 바와 같이, 기존의 실체법규 및 소송법규의 내용을 전체적으로 설명할 수 없는 미완성의 학설로 보아야 할 것이다. 이러한 점에 비추어 보면 신실체법설도 쉽게 납득하기 어렵다고 할 것이다.

소송법설 중 이지설과 일지설을 어떻게 보아야 할 것인가? 사회국가적·복지국가적 소송관에 있어서 가장 중요한 요소의 하나로 공익(公益)과 사익(私益)의 조화이다. 또한 소송물개념의 기능 중 소송법 내에서의 구체적 기능을 효율적으로 수행하는 데 도움이 되는지 고려하고, 현행 민사소송법의 규정도 동시에 검토되어야 한다. 일지설은 신청이 같으면 사실관계가 다른 경우에도 동일한 소송물로 보게 됨으로써 소송물의 범위를 가장 넓게 인정하고 있다는 점에 비추어 보면 분쟁의 일회적 해결이라는 공익에 충실하다고 할 수 있다. 그러나 개인의 권리구제라는 사익적인 면에서 보면 신청(청구취지)이 같다는 이유로 사실관계가 다른 경우에도 소송물이 동일하다고 봄으로써 원고의 권리구제에 미흡한 면이 발생할 여지가 있다. 공익과 사익의 조화라는 측면에서 본다면 일지설은 소송물의 범위를 너무 확대하고 있다고 보인다. 또한 소송물개념의 정의에 있어서 실무상 많은 부분을 차지할 수 있는 「금전 또는 대체물의 지급청구」에 있어서 소송물의 특정을 위하여 청구원인의 사실관계를 고려함에도 이를 소송물의 구성요소가 아니라고 무시하고 다만 참조할 뿐이라고 무리하게 설명하여야 하는 구차함이 있다. 또한 소송법에서 청구의 병합, 청구의 변경, 중복된 소제기의 금지, 기판력의 범위, 재소금지 등의 개념과 관련하여 설명함에 충분하지 아니한 면이 있다. 즉 기판력의 범위와 관련하여 신청은 같으나 사실관계가 다른 청구(예: 원인채권에 기한 청구와 어음·수표금 채권에 기한 청구)에 있어서 하나의 청구에 대한 판결의 기판력이 다른 청구에 미치지 아니하게 하려고 기판력의 시적 범위라는 별도의 개념을 동원하여야 한다는 점(재소금지도 같음) 등이 그것이다. 나아가 사실관계를 소송물의 구성요소에서 완전히 배제함으로써 소송물개념이 가지고 있는 '사실로서의 분쟁에 대한 법률적 가치평가'의 기능을 도외시하고 있다. 현행 민사소송법 규정과 관련하여 보면 소장의 필수적 기재사항으로 청구취지와 청구원인을 적도록 규정하고 있고($^{249조}_{1항}$), 청구의 변경은 청구취지와 청구원인의 변경이라고 정하고 있다는 점($^{262}_{조}$) 등에 비추어 보면 일지설은 현행 민사소송법에 비추어 보면 그 근거가 미약하다.

(5) 따라서 소송물이론과 관련하여 헌법가치와의 합치성, 공익과 사익의 조화, 소송물의 소송법에서의 구체적인 기능의 타당성, 현행 민사소송법의 규정 등에 비추어 본다면 소송법설 중 이지설이 타당하다고 보아야 한다. 다만 이지설의 의미를 종전과 같이 실체법에 대한 소송법의 차별성·독립성의 문제로만 볼 것이 아니라, 소송법에 있어서 실체법의 중요성을 재인식하고 '사실관계의 법적 평가'라는 면에서 실체법과의 긴밀한 조화의 필요성을 재음미하면서 펼쳐 나가야 할 것이다.

제3관 각종의 소의 소송물과 그 특정

Ⅰ. 총 설

(1) 각종의 소의 소송물은 소송물이론의 입장에 따라 달라진다. 민사소송에 있

어서 소송물의 개념은 사실로서의 분쟁을 심판의 대상에 합당하게 법률적 평가를 하는 과정에 필요한 개념이고, 이것은 민사소송의 목적인 권리의 보호(사권보호설의 입장)를 최종 목표로 하고 있다고 본다. 따라서 소송물개념은 이것에 적합하게 정의되어야 함은 말할 필요가 없는 것이다. 이러한 점에 비추어 헌법적 가치에 충실하면서도, 공익과 사익의 조화뿐만 아니라 다른 개념과의 충돌방지, 현행 민사소송법에 부합하여야 된다는 점을 고려해 보면 소송물의 구성요소로 신청(청구취지)과 사실관계(청구원인)가 필요할 것으로 본다(이지설의 입장). 따라서 분쟁의 핵심은 실체법상의 권리의 확정이 아니고 원고가 소로서 달성하려는 경제적·사회적 목적이므로 소송물의 재구성의 출발점은 원고의 이러한 소송목적에 기초하여야 한다는 견해[43]는 타당하다고 볼 수 없다.

(2) 또한 각종의 소의 소송물의 문제와 그 특정은 사실 밀접한 관련을 갖고 있는 것은 사실이지만 동일한 개념이 아님을 명심할 필요가 있다. 소송물의 문제는 소송물이론에 따라 그 구성요소를 결정하는 이론적 논의이고, 소송물의 특정은 구체적 소송에 있어서 소송물을 어떻게 적을 것인가 하는 사실상의 문제인 것이다. 두 개념은 실제로 거의 일치하지만 청구취지만으로 소송물의 특정이 완성되는 경우(예: 확인의 소)에 있어서 청구원인의 사실관계가 소송물의 구성요소가 아닌 것 같은 오해를 불러올 수 있다는 것이 문제이다. 그러나 이 경우에도 청구원인의 사실관계는 소송물의 구성요소로 보아야 한다. 다만 청구취지에 그러한 사실의 핵심적인 내용이 들어가 있으므로 그 특정에 청구원인의 사실관계를 필요로 하지 아니할 뿐인 것이다. 청구취지와 청구원인에 소송물의 특정에 필요한 사실관계가 중복되어 있다고 보면 된다.

Ⅱ. 각종의 소의 소송물

1. 이행의 소의 소송물

(1) 의 의

이행의 소의 소송물은 소송물이론에 따라 약간 달리 정의된다. 이지설에 의하면 청구취지에 표시된 급여를 구할 법적 지위의 주장과 이를 뒷받침하는 청구원인의 사실관계로 구성되어 있다(일지). 반면 구실체법설에 의하면 실체법상의 급여

---

43) 이시윤, 255면.

청구권 자체에 대한 소송상의 주장으로 보며, 일지설은 급여를 구할 수 있는 법적 지위, 즉 수급권(受給權)의 주장만을 의미하고, 신실체법설은 수정된 급여청구권의 주장으로 본다.

(2) 구체적인 경우

이행의 소와 관련하여 구체적으로 문제되는 경우를 간단히 보도록 하겠다.

① 점유의 소와 본권의 소

이지설에 의하면 같은 물건의 인도청구를 소유권과 점유권에 근거하여 청구할 경우에도 급여내용이 같은 물건의 일회적 인도청구이고 사실관계가 동일하므로 소송물은 하나이고, 공격방법이 2개 경합한다($^{이지설과 결론이 같}_{은 신실체법설 포함}$). 일지설과 신실체법설 중 일지설과 같은 결론의 경우에도 신청(청구취지)이 하나이므로 소송물은 하나이다. 그러나 구실체법설에 따르면 점유회수청구권($^{민}_{204조}$)과 소유물반환청구권($^{민}_{213조}$)의 각 주장은 별개의 소송물에 해당하고 동시에 소를 제기할 경우에는 선택적 병합이 된다.

② 소유권에 기한 청구권과 계약에 기한 청구권

임대건물에 대한 인도청구를 소유권에 기한 반환청구권과 임대차계약의 종료에 따른 계약상의 반환청구권에 기하여 하는 경우에 소송물은 어떻게 될 것일까? 사실관계가 동일한 청구권 경합에 해당하는 것이므로 이지설에 의하면 소송물이 한 개이고, 공격방법이 2개 경합하는 것이다. 일지설과 신실체법설 중 일지설과 같은 결론에 이르는 경우는 하나의 소송물이고, 구실체법설은 두 개의 소송물이다.

③ 부동산등기청구소송의 소송물

(a) 소유권이전등기청구소송   소유권이전등기청구소송은 청구원인의 사실관계(예: 소유권의 취득원인인 매매, 취득시효, 대물변제 등의 사실)가 동일한지 여부에 따라 정하여진다($^{일지}_{설}$). 소유권이전등기청구는 특정물에 관한 이행소송으로서 소장의 청구취지는 "피고는 원고에게 서울 송파구 오금동 100번지 소재 대지 1,500m²에 관하여 2023. 1. 1.자 매매를 원인으로 한 소유권이전등기절차를 이행하라."와 같이 표시한다. 청구원인에 청구취지의 2023. 1. 1.자 매매의 내용에 관하여 구체적으로 기재한다. 따라서 소송물의 특정을 위하여는 청구취지만으로 충분하지만, 사실관계의 구체적 내용은 청구원인의 사실관계에 의하여 정하여지는 것이므로 청구원인의 사실관계는 여전히 소송물의 구성요소로 중요한 의미를 갖는다. 이지설

은 청구원인의 사실관계에 밝힌 소유권의 취득원인의 법률적 관점이 아닌 사실관계의 동일 여부에 따라 소송물의 개수가 정하여진다. 따라서 구실체법설을 취하는 판례가 별개의 소송물로 인정하는 대물변제와 양도담보,[44] 매매계약과 대물변제예약,[45] 매매와 다른 약정,[46] 분재와 증여[47] 등이 동일한 일시에 일어났으나 그 법률적 성질만이 문제되는 경우에는 하나의 사실관계이므로 그 취득원인과 관계없이 소송물이 동일하다고 보아야 할 것이다. 그러나 양도와 취득시효완성은 일반적으로 동일한 사실관계로 평가되기 어렵다고 사료된다. 일지설은 위 모든 경우를 하나의 소송물로 보며, 청구원인의 사실관계는 단순히 공격방법에 불과하다고 본다. 반면 판례와 같은 구실체법설에 의하면 실체법상의 청구권이 각각의 등기원인마다 별개로 발생하는 것이므로 별개의 소송물이 된다. 신실체법설은 그 입장에 따라 일지설, 이지설과 같은 결론에 도달한다고 보면 된다.

(b) 소유권이전등기말소청구소송   이지설에 의하면 수개의 말소원인에 기하여 소유권이전등기말소청구를 한 경우에 수개의 말소원인이 하나의 사실관계인지 여부에 따라 소송물의 개수가 정하여질 것이다. 통상 소유권이전등기말소청구를 할 때에는 등기부상 표시된 등기원인의 무효 여부가 주된 내용이므로 무효원인과 관계없이 하나의 소송물로 될 것이다(일지). 일지설은 사실관계에 대한 평가없이 수개의 말소원인은 하나의 소송물의 공격방법의 차이에 불과할 것이다. 구실체법설을 취하는 판례도 소유권이전등기말소청구소송은 실체법상 소유물 방해배제청구권이라는 동일한 권리에 근거하는 것이므로 개개의 무효원인은 공격방법의 차이에 지나지 않는다고 본다.[48] 다만 판례는 이중보존등기 말소청구와 관련하여 전소의 청구원인이 상속회복청구에 기초하여 청구하였다가 제척기간 경과를 이유로 패소 확정된 후에, 후소로서 후행 보존등기가 중복등기에 해당하여 무효라는 이유로 그 말소등기를 구하는 것은 전소의 기판력이 미치지 아니한다고 하여 별개의 소송상의 청구로 본다.[49] 신실체법설은 그 입장에 따라 일지설, 이지설과 같은 결론이라고 보면 된다.

(c) 진정명의회복을 위한 소유권이전등기청구와 말소등기청구   구실체법설을

---

44) 대판 1959. 12. 10, 4291민상614.
45) 대판 1997. 4. 25, 96다32133.
46) 대판 1996. 8. 23, 94다49922.
47) 대판 1969. 1. 21, 68므43.
48) 대판 1980. 9. 9, 80다1020; 대판 1981. 12. 22, 80다1548; 대판 1999. 9. 17, 97다54024 등.
49) 대판 2011. 7. 14, 2010다107064.

취하는 대법원은 「이미 자기 앞으로 소유권을 표상하는 등기가 되어 있었거나 법률에 의하여 소유권을 취득한 자가 진정한 등기명의를 회복하기 위한 방법으로 현재의 등기명의인을 상대로 그 등기의 말소를 구하는 외에 진정한 등기명의의 회복을 원인으로 한 소유권이전등기청구의 이행을 직접 구할 수 있다.」고 하고, 그 근거로 「양 청구는 어느 것이나 소유자의 등기명의의 회복을 위한 것으로서 실질적으로 그 목적이 동일하고, 양 청구권 모두 소유권에 기한 방해배제청구권으로서 그 법적 성질과 근거가 동일하므로 소송물이 실질적으로 동일하기 때문」이라 한다.[50] 이 판결은 진정명의회복을 위한 소유권이전등기청구에 대한 판결과 그 후의 말소등기청구소송 사이 또는 그 반대의 경우에 전소가 판결의 기판력이 후소에 미치게 하기 위한 전제로서 양 청구 사이에 실질적으로 소송물이 동일하여야 한다는 것이다. 그러나 양 청구는 청구취지가 완전히 다른 것이므로 어떠한 소송물이론에 의한다고 하여도 동일한 소송물로 평가할 수 없다고 본다.[51] 이 판결은 「소송물＝기판력의 범위」라는 일반적 도식을 벗지 못하고 무리하게 소송물을 실질적으로 동일하게 본 결과이기 때문이다. 그러나 진정명의회복을 위한 소유권이전등기청구와 말소등기청구 사이에 전소가 후소에 기판력을 미치게 하기 위하여는 소송물개념으로 접근하지 말고, 기판력의 효력범위를 확장할 특별한 사정이 존재하는 경우(예: 선결관계·모순관계의 경우)에는 소송물과 관계없이 기판력의 효력범위를 확장할 수 있는 개념인 선결관계 또는 모순관계를 이용하면 된다. 이 판결은 소송물의 실질적 동일로부터 기판력의 효력이 미친다고 끌어낼 것이 아니고, 반대로 소송물과 관계없이 특별한 사정으로 인하여 기판력의 효력범위를 확장하여 해결할 문제이다.

④ 손해배상청구와 소송물

(a) 불법행위에 기한 손해배상청구와 채무불이행에 기한 손해배상청구   버스나 택시에 탑승 중 사고로 인하여 상해를 입어 손해가 발생하는 등 동일한 사고로 인한 불법행위책임과 채무불이행책임이 동시에 발생하는 청구권경합의 경우가 문제된다. 구실체법설에서는 경합하는 청구권의 수만큼 청구가 병합한다고 보고, 그 외의 학설은 모두 하나의 소송물로 본다.

(b) 손해항목과 소송물   신체·생명침해로 인한 손해배상청구소송에 있어서

---

50) 대판(전) 2001. 9. 20, 99다37894.
51) 同旨: 정동윤/유병현/김경욱, 288면.

손해의 항목을 적극적 손해, 소극적 손해, 정신적 손해(위자료)로 나눌 수 있다. 소송법설과 신실체법에서는 손해항목과 관계없이 하나의 소송물로 본다. 구실체법 설을 취하더라도 하나의 청구권으로 이론구성이 가능하지만 판례는 손해 3분설에 따라 손해항목에 따라 각각 별개의 소송물로 보아 3개의 소송물로 본다. 그러나 신체·생명침해로 인한 손해배상청구소송 외의 일반적인 불법행위로 인한 손해배 상청구소송의 경우는 손해2분설(재산상손해＋정신적 손해)[52]로 설명하면 충분하다.[53]

(c) 후유증에 의한 확대손해   변론종결 후(기판력의 표준시임)에 발생한 후유 증에 의한 확대손해는 소송물이론과 관계없이 인정하고 있다(통설). 그 이론구성과 관련하여 후유증으로 인한 확대손해를 i) 명시적 일부청구 후의 잔부청구로 보는 견해(잔부청구설), ii) 전소판결의 시적 한계가 미치지 아니하므로 전소의 기판력에 의한 실권효가 적용되지 아니한다는 견해(시적한계설), iii) 전소와는 별개의 사실에 기한 별개 의 소라는 견해(별개소설) 등이 있다. 생각건대 후유증의 확대손해는 전소의 변론종결 당시에 예측할 수 없는 손해라고 할 것이므로 전소와 별개의 소송물로 보는 것이 합리적이다. 별개소송설이 타당하다고 본다.[54]

(d) 사정변경에 의한 추가적 손해   변론종결 후에 경제사정 등의 급격한 변화 로 종래의 정기금지급의 확정판결이 현저히 부당하게 된 경우에는 종전 판결의 원·피고는 장차 지급할 정기금의 액수의 변경(감액 또는 증액)을 구하는 정기금 변경의 소를 제기할 수 있다(252조). 신민사소송법에서 명문화하였고, 그 전에는 임료 상당의 부당이득금이 9배 정도 상승한 경우에 이를 인정한 판례가 있다.[55]

⑤ 어음금청구와 원인채권청구의 소송물

A가 B에게 금원을 대여하면서 그 담보조로 약속어음을 교부받은 경우에 어음 금청구와 원인채권인 대여금채권의 소송물이 어떻게 되는지 문제된다. 이지설은 양자는 사실관계를 달리 하는 것이므로 두 개의 소송물로 본다. 반면 일지설과 일지설과 결론이 같은 신실체법설에서는 하나의 소송물로 보고, 다만 일지설에서 는 양 청구는 기판력의 시적범위를 제한하여 기판력이 미치지 아니하도록 한다고 본다. 그 외에 구실체법설에서는 두 개의 소송물로 본다.

---

52) 대판 2020. 12. 24, 2017다51603(사용자의 노동조합에 대한 부당노동행위로 인한 손해배상 책임은 재산상 손해와 비재산상의 손해(위자료)의 배상의무를 부담한다).

53) 同旨: 전원열, 231면.

54) 대판 1980. 11. 25, 80다1671; 대판 2007. 4. 13, 2006다78640; 대판 2019. 12. 27, 2019다 260395.

55) 대판(전) 1993. 12. 21, 92다46226(전소를 명시된 일부청구로 의제하였다).

⑥ 금전지급 또는 대체물의 인도청구의 소송물

A가 B에게 5,000만원을 대여하여 주었는데, 구체적인 대여관계는 2005. 1. 1.에 2,000만원(연 25%의 이자, 변제기 2006. 1. 1), 2006. 1. 1.에 3,000만원(연 25%의 이자, 변제기 2007. 1. 1)이다. B가 현재까지 이를 변제하지 아니하여 A는 B를 상대로 금 5,000만원의 대여금반환청구소송을 제기하였다. 이 경우에 소송물을 몇 개로 보아야 하는가? 모든 소송물이론이 소송물을 2개로 보는 것에 이론의 여지가 없다. 그런데 일지설에 따르면 이 경우에 청구취지가 같으므로 소송물이 하나일 것 같으나 소송물을 특정하기 위하여 청구원인의 사실관계를 보충하여 두개의 소송물로 파악하고 있다.[56] 이 경우 청구원인의 사실관계를 소송물의 판단요소로 보고 있음에도 이론적 일관성을 위하여 그렇지 않다고 하고 있다. 이론적으로 예외를 너무 넓게 인정하는 것이 큰 문제이다.[57]

⑦ 일부청구의 소송물

(a) 일부청구(Teilklage)라 함은 금전채권 등과 같은 수량적 가분채권(可分債權)의 일부를 임의로 분할하여 청구하는 경우를 말한다. 막대한 인지대금 등 소송비용이 필요하고 승소 여부가 불명확한 경우에 원고가 비용을 줄이고 법원의 견해를 알기 위한 시험소송으로서 유용할 수 있다. 그런데 이러한 일부청구가 분쟁의 일회적 해결이라는 공익적 요청과 원고의 편의라는 사익적 요청의 조화라는 측면에서 유효성이 논의되고, 중복된 소제기·시효중단·기판력·과실상계·상소의 제기 등에서 문제된다. 예컨대 1억원의 대여금채권 중 6,000만원만을 청구한 경우에 6,000만원을 별도의 소송물로 볼 것인지, 아니면 1억원을 하나의 소송물로 보아야 하는지 문제된다. 소송물이론에 의하면 원칙적으로 1억원 전부가 하나의 소송물로 보아야 하나, 청구를 일부만 함으로써 나누어진 부분이 별도의 소송물로 처리할 수 있는지 여부가 문제이다. 소송물논쟁과 직접적인 관련이 있는 것은 아니다.

(b) **일부청구의 허용여부**   일부청구가 허용될 것인지 여부에 관하여 i) 일부청구의 명시 여부와 관계없이 일부청구를 긍정하는 견해(긍정청구설), ii) 일부청구가 다른 청구와 변제기 등으로 구별이 가능하거나 잔부청구를 하는 데 법적 장애가 있는 경우 등을 제외하고는 일부청구가 허용되지 아니한다는 견해(부정청구설), iii) 절충적인 견해로서 일부청구를 명시한 경우에 한하여 일부청구로서 인정된다는 견해

---

56) 이시윤, 247면.
57) 정동윤/유병현/김경욱, 285면(현실을 도외시한 강변(强辯)이라고 함).

(명시적 일부청구설) 등이 있다. 명시적 일부청구설이 통설·판례[58]이다. 생각건대, 분쟁의 일회적 해결, 법원의 심리의 명확성이라는 공익적 요청과 당사자의 절차권 보장 및 원고의 분할청구의 이익이라는 사익적 요청의 조화라는 측면에서 보면 통설·판례와 같은 명시적 일부청구설이 타당하다고 생각한다.

(c) **일부청구와 소송물의 특정**　채권자가 동일채무자에 대하여 수개의 손해배상채권을 가지고 있더라도 그 손해배상채권들이 발생시기와 발생원인 등을 달리하는 별개의 채권인 이상 이는 별개의 소송물에 해당하고, 그 손해배상채권들은 각각 소멸시효의 기산일이나 주장할 수 있는 항변들이 다를 수 있으므로 채권자로서는 손해배상채권별로 청구금액을 특정하여야 하며, 이러한 법리는 수개의 손해배상채권들 중 일부만을 청구하고 있는 경우에도 마찬가지이며,[59] 법원도 이에 따라 손해배상채권별로 인용금액을 특정하여야 한다.[60]

(d) **일부청구와 중복된 소제기**　일부청구가 소송계속 중에 별소로 잔부청구를 한 경우에 중복된 소제기에 해당하는지 여부가 문제된다. 여기에 관하여 i) 일부청구의 소송절차 내에서 청구취지의 확장이 가능하므로 별소로 잔부청구를 하는 것은 중복된 소제기로 부적법하다는 견해(중복소송설, 우리나라의 다수설), ii) 일부청구에 관하여만 소송계속이 발생하므로 잔부청구를 하여도 중복제소에 해당하지 아니한다는 견해(독립설), iii) 명시적 일부청구일 경우에는 중복제소가 아니나, 그렇지 아니한 경우에는 전부가 소송물이므로 후소는 중복제소에 해당한다는 견해(명시적 일부청구설),[61] iv) 일부청구가 계속 중에 잔부청구를 별소로 제기하는 것은 원칙적으로 중복제소에 해당하지 아니하지만, 사실심의 계속 중에 잔부청구를 인정하는 것은 청구취지의 확장으로 간편하게 추가청구가 가능하므로 이를 그대로 인정하는 것은 소권남용으로 볼 여지가 있어 같은 재판부 내의 경우에는 병합(倂合), 같은 법원의 경우 이부(移部), 다른 법원일 경우에는 이송(移送)을 시도하여 그것이 여의치 아니할 경우에만 후소를 각하하여야 한다는 견해(單一節次倂合說)[62] 등이 있다. 명시적 일부청구설과 단일절차병합설은 절충설로 분류할 수 있다. 판례는 중복소송설을 취하다가,[63] 명시적 일부청구설로 변경되었다.[64]

---

58) 대판 1982. 5. 25, 82다카7; 대판 1982. 11. 23, 82다카845.
59) 대판 2009. 11. 12, 2007다53785; 대판 2017. 11. 23, 2017다251694.
60) 대판 2017. 11. 23, 2017다251694.
61) 정동윤/유병현/김경욱, 312면.
62) 이시윤(2009), 255-256면.
63) 대판 1976. 10. 12, 76다1313; 대판 1977. 3. 22, 76다839.

생각건대, 소송물이론상 기본적으로 전부청구(일부청구＋잔부청구) 자체가 하나
의 소송물인 것이므로 일부청구라도 특별한 사정이 없다면 소송계속이 전부에 미
친다고 보아야 한다. 다만 원고의 분할청구의 자유라는 측면에서 일정한 예외를
인정할 필요가 있는 것이다. 그런 점에서 명시적 일부청구설이 타당하다고 본다.
단일절차병합설도 실무적 측면에서 보면 탁견이라 생각되지만 일부청구 중 잔부
청구가 중복된 소제기에 해당하지 아니한다는 기본전제에 문제가 있다고 사료된
다. 중복소송설은 분쟁해결의 일회성을 너무 강조한 면이 있고, 반면 독립소송설
은 원고의 분할청구의 이익만을 고려한 면이 있다.

(e) **일부청구와 시효중단의 범위**   일부청구의 경우에 일부청구의 범위에 시효
중단의 효력이 미치는 것은 명백하나 잔부청구에도 시효중단의 효력이 미칠 것인
지가 문제이다. 여기에 관하여 i) 시효중단의 효력은 일부청구 부분에만 미친다는
견해(일부중단설), ii) 명시 여부와 관계없이 전부에 미친다는 견해(전부중단설), iii) 명시적인 경
우에는 그 일부에만 시효중단의 효력이 미치고, 그렇지 아니한 경우에는 전부에
효력이 미친다는 견해(절충명시설) 등이 있다. 당사자의 의사와 시효제도의 취지(권리 위
에 잠자는 자를 보호하지 아니함)에 비추어 보면 명시 여부와 관련성을 고려하여
시효중단의 효력 범위를 정하는 절충설이 타당하다고 본다.[65] 판례는 한때에 일부
중단설을 취하였으나,[66] 현재는 절충설에 기초하고 있다고 보인다.[67]

(f) **일부청구에 대한 판결과 기판력의 범위**   일부청구에 대하여 판결이 확정된
경우에 기판력의 범위가 문제된다. 여기에 관하여 i) 일부청구허용 여부와 관련하
여 일부청구부정설의 입장에서 일부청구에 대한 판결의 기판력은 당연히 잔부청
구에 미친다는 견해(전부효력설), ii) 일부청구허용설의 입장에서 일부청구에 대한 판결의
기판력은 일부청구부분에만 미치고 잔부청구에는 미치지 아니한다는 견해(일부효력설),
iii) 명시적 일부청구설의 입장에서 명시한 경우에는 그 일부에만 미치나 그렇지
아니한 경우에는 전부에 미친다는 견해(절충설) 등이 있다. 절충설이 타당하고(통설), 판
례[68]도 같다.

(g) **일부청구와 기타의 법률문제**   기타 일부청구와 관련하여 다음과 같은 법

---

64) 대판 1985. 4. 9, 84다552.
65) 同旨: 이시윤, 298면.
66) 대판 1967. 5. 23, 67다529; 대판 1975. 2. 25, 74다1557; 대판 1976. 2. 24, 75다1240.
67) 대판 1992. 12. 8, 92다29924; 대판 2001. 9. 28, 99다72521; 대판 2020. 2. 6, 2019다223723;
대판 2020. 2. 13, 2017다234965 등.
68) 대판 1989. 6. 27, 87다카2478; 대판 2000. 2. 11, 99다10424.

률문제가 있다.

ⅰ) 후유증에 의한 손해배상청구   불법행위의 경우에 전소에서 예상하지 못한 후유증이 발생하여 다시 소를 제기하는 경우가 있다. 이 경우에 일부청구의 이론을 원용하여 후유증에 의한 후소를 잔부청구로 설명하기도 하나(잔부청구설), 이 경우 예상하기 어려운 후유증에 의한 후소청구는 별개의 소송물로 보는 별개소송물설이 통설·판례[69]이다.

ⅱ) 일부청구와 상계 또는 과실상계   일부청구에 대한 판결을 함에 있어서 상계 또는 과실상계의 방법이 문제된다. ⓐ 전부채권을 기준으로 하여 여기에서 상계 또는 과실상계 하는 방법[예: 일부청구로서 5,000만원의 손해배상청구를 하는데 전부채권이 1억원이고, 피고의 과실상계비율이 30%인 경우에 전부채권 1억원의 30%인 3,000만원을 과실상계 하고 남은 잔액 7,000만원(1억원－3,000만원)과 일부청구 5,000만원 중에서 적은 금액인 5,000만원을 인용하게 됨]이 있다. 이는 채권전부를 상계 또는 과실상계의 기준으로 한다고 하여 외측설(外測說)이라 한다. ⓑ 반면 전부채권이 아닌 일부청구를 기준으로 상계 또는 과실상계 하는 방법[예: 일부청구로서 5,000만원의 손해배상청구를 하는데 전부채권이 1억원이고, 피고의 과실상계비율이 30%인 경우에 일부청구 한 채권 5,000만원의 30%인 1,500만원을 과실상계하고, 나머지 3,500만원(5,000만원－1,500만원)을 인용하게 됨]이다. 일부청구를 상계 또는 과실상계의 기준으로 한다고 하여 안분설(按分說)이라 한다. 판례는 외측설에 따르고 있다.[70] 전부채권이 소송물이고 그 심리도 전부에 관하여 한다는 점에 비추어 보면 외측설이 타당하다고 본다.[71] 명시적 일부청구의 경우에는 명시된 액수를 기준으로 과실상계 하면 된다(명시적 일부청구설).

ⅲ) 일부청구 중 청구취지확장과 청구의 변경   일부청구의 소송계속 중 전부청구로 청구취지를 확장하는 경우에 청구의 변경이 될 것인지 문제된다. 청구원인의 변경이 없으므로 청구변경이 아니라는 견해도 있으나,[72] 청구취지의 액수와 청구원인의 액수 등에 일부변경이 있고, 피고의 방어범위가 증가하였으므로 청구의 추가적 변경으로 처리하는 것이 타당하다고 본다.[73] 판례도 같다.[74]

---

69) 대판 1980. 11. 25, 80다1671.

70) 대판 1976. 6. 22, 75다819; 대판 1984. 3. 27, 83다323(일부청구에 반대채권으로 상계항변을 한 경우에도 외측설을 따른 사안임); 대판 1991. 1. 25, 90다6491.

71) 同旨 : 이시윤, 322면(다만 명시적 일부청구인 경우는 안분설을 취함).

72) 이영섭, 243면.

73) 同旨: 정동윤/유병현/김경욱, 316면.

74) 대판 1997. 4. 11, 96다50520.

ⅳ) 일부청구에서의 전부승소와 상소의 이익   전부승소한 원고는 단지 청구취지 확장을 위하여 상소를 할 수 없음이 원칙이다(형식적불복설). 그러나 전부승소한 자라도 판결의 효력으로 인하여 별소의 제기가 금지되는 등의 불이익이 존재하는 경우(묵시적 일부청구 또는 민집 44조 3항)에는 예외적으로 상소의 이익을 인정하여야 할 것이다.[75] 판례도 같다.[76]

ⅴ) 기타   사정변경으로 인한 추가청구에 있어서 신법에서 정기금변경의 소(252조)가 도입되기 전에 토지임대료 상당액의 부당이득금의 정기금판결 후에 액수산정의 기초가 되는 사실의 변경으로 종전의 판결이 현저히 상당하지 아니한 경우에 전소를 명시적 일부청구로 간주하고, 증액분을 잔부청구로 하는 후소를 인정하였다.[77] 현재에는 정기금변경의 소를 이용할 수 있다.

2. 확인의 소의 소송물

(1) 의 의

확인의 소의 소송물은 소송물이론과 관계없이 청구취지에 표시된 권리 또는 법률관계의 주장이라고 본다(통설). 판례도 같다.[78] 소송법설 중 일지설의 입장(신실체법설 중 일지설과 같은 입장 포함)에서는 당연한 주장이지만, 구실체법설 및 소송법설 중 이지설(신실체법설 중 이지설과 같은 입장 포함)의 입장에서는 예외를 인정하는 것이다. 그러나 이러한 견해는 소송물의 개념과 소송물의 특정을 혼동한 결과로 보인다. 확인의 소에 있어서 청구취지에 확인대상의 권리 또는 법률관계가 특정되었으므로, 소송물의 구성요소도 청구원인의 사실관계를 고려할 필요 없이 청구취지에 표시된 권리 또는 법률관계의 주장만으로 충분하다는 것이다. 하지만 이러한 주장은 소장에 기재한 확인의 소의 청구취지가 "별지목록 기재 토지는 원고의 소유임을 확인한다는 판결을 구함"이라고 할 경우에도 원고가 소유권을 가진 사실관계는 청구원인에 있는 사실관계를 보아야 확정된다는 점에 비추어 보면 수긍하기 어렵다. 원고가 소유권을 갖게 된 사실관계가 상속으로 인한 것인지, 토지사정(土地査定)으로 인한 것인지는 청구취지만으로 알 수 없다. 따라서 확인의 소

---

75) 同旨: 강현중(2004), 728면; 이시윤, 851면; 정동윤/유병현/김경욱, 316면.

76) 대판 1997. 10. 24, 96다12276.

77) 대판(전) 1993. 12. 21, 92다46226.

78) 대판 1987. 3. 10, 84다카2132(특정토지에 대한 소유권확인의 본안판결이 확정되면 그에 대한 권리 또는 법률관계가 그대로 확정되는 것임). 판결의 기판력이 주문에만 미치고, 구실체법설을 견지하고 있는 판례에 의하더라도 확인판결의 주문에는 청구취지 상의 권리 또는 법률관계만 기재된다는 점을 의미한다.

의 경우에도 다른 경우와 마찬가지로 청구취지와 청구원인의 사실관계로 결정된
다고 보아야 한다(이지설의 입장을 관철함).[79] 즉 소유권취득원인의 실체법상의 권
리 또는 법률관계인 매매, 상속 등은 공격방법이고, 이것의 기초가 되는 사실관계
가 소송물의 구성요소라고 할 것이다. 확인의 소의 청구취지에 소송물의 구성요소
인 사실관계가 간략히 나타날 수 있지만 충분히 나타날 수 없으므로 여전히 청구
원인의 사실관계가 소송물의 구성요소로서 작용할 필요가 있다. 설사 청구취지에
사실관계가 충분히 나타났다고 하여도, 청구원인의 사실관계가 청구취지에 이미
존재하기 때문에 소송물을 판단하는 데 필요성이 줄어든 것뿐이지 소송물의 구성
요소에서 배제된다는 것은 아니다. 여전히 청구원인의 사실관계는 소송물의 구성
요소로서 작용한다. 특히 절대권의 확인의 경우에 절대권의 속성으로 인하여 청구
취지에 표시된 실체법상의 권리의 주장이 소송물이 분명하므로 통설이 타당하다
는 견해도 있으나,[80] 실체법상의 절대권도 판결효력의 상대성에 비추어 보면 절대
권의 속성 자체로부터 소송물을 정하는 기준을 세우려는 주장은 타당하지 않다.[81]

(2) 법원의 권리 또는 법률관계의 성질에의 구속여부

확인의 소에 있어서 원고는 청구취지에서 권리 또는 법률관계의 내용을 명백
히 하기 위하여 법률적 성질(예: 소유권, 소비대차, 양도담보권 등)을 특정하여 표시
하게 된다. 이 경우 법원은 청구취지상에 밝힌 법률적 성질에 구속될 것인가? 생
각건대 원고가 청구취지에서 밝힌 법률적 성질은 소송물의 본질적 요소로 볼 수
없을 뿐만 아니라, 「나에게 사실을 말하라, 그러면 너에게 권리를 주리라(da mihi
factum, dabo tibi ius).」라는 법언에서 보듯이 법원에 법률평가의 자유가 있는 것
이므로 확인의 소에 있어서도 다른 소와 마찬가지로 법원은 당사자가 청구취지에
표시한 법률적 성질에 구속되지 않는다고 본다.[82]

(3) 주주총회의 결의의 효력을 둘러싼 소송이 소송물

① 소의 성질

상법에서는 주주총회의 결의의 효력을 다투는 소송유형으로 i) 결의취소의 소
($\frac{상}{376조}$), ii) 결의무효확인의 소, iii) 결의부존재확인의 소($\frac{상}{380조}$), iv) 부당결의취소·

---

79) 同旨: 호문혁, 141면.
80) 정동윤/유병현/김경욱, 301면.
81) 同旨: 호문혁, 141면.
82) 同旨: 이시윤, 260면; 정동윤/유병현/김경욱, 302면. 日最判 1959. 9. 22, 民集 13. 11. 1451.

변경의 소($\frac{상}{381조}$) 등의 네 가지를 정하고 있다. 부당결의취소·변경의 소는 특별이 해관계인의 구제방법으로 인정하는 것으로 나머지 소와 약간 다르다. 따라서 나머지 세 개의 소의 소송물이 무엇인지 논의된다. 그런데 결의취소의 소는 전형적인 형성의 소이고, 결의무효확인의 소와 결의부존재확인의 소의 성질에 다툼이 있어도 확인의 소로 보아야 한다.[83] 판례도 같다.[84]

② 각 소의 소송물

소송물이론과 논리필연적인 관련성이 있다고 볼 수는 없다. 결의취소의 소의 소송물에 대하여 대체로 구실체법설은 개개의 취소사유마다 별개의 소송물을 구성하고 있다고 보고, 소송법설·신실체법설에서는 특정한 결의마다 한 개의 소송물을 구성한다고 볼 수 있다. 이지설에 의하면 결의무효확인의 소의 소송물은 일정한 일시에 행하여진 결의의 무효확인의 주장과 청구원인의 사실관계로 구성된다($\frac{일지}{설}$). 따라서 특정한 결의에 대한 수개의 무효사유는 하나의 사실관계 속에 있는 수개의 공격방법일 뿐이다. 구실체법설과 일지설, 신실체법설도 소송물의 개수에 있어서 차이는 없다. 결의부존재확인의 소의 소송물도 특정한 결의마다 하나의 소송물을 구성한다. 구체적인 내용은 결의무효확인의 소와 같다고 할 것이다.

③ 각 소의 상호관계

결의취소의 소, 결의무효확인의 소와 결의부존재확인의 소는 각각 소송물이 다르다고 볼 수 있다. 그런데 위 세 개의 소송은 하자 있는 결의에 의하여 발생한 효력을 해소시키려는 점에서 소송목적 내지 이익을 같이하는 것이므로 소송물이 같다는 견해가 있다.[85] 세 개의 소송을 같은 소송물로 본다면 당사자가 세 개의 소 중에 구제수단을 잘못 선택한 경우에 다른 소로 청구의 변경 또는 추가가 자유롭기 때문에 권리구제라는 면에서 편리한 면이 있다.[86] 그러나 결의취소의 소와 결의무효확인의 소 및 결의부존재확인의 소 사이에는 전자는 형성의 소이고, 후자는 확인의 소라고 보아야 한다. 따라서 양자는 소구형식(訴求形式)이 다르므로 소송물을 달리 보아야 할 것이다. 그러나 결의무효확인의 소와 결의부존재확인의 소는 확인의 소로서 법적 성질이 같고, 또한 상법 제380조에 같이 규정되어 있고

---

83) 同旨: 강현중(2004), 282면; 김용진, 124면(무효확인청구의 소, 상법학자들 사이에는 다수설임). 反對: 김홍규/강태원, 222면; 이시윤, 207면; 정동윤/유병현/김경욱, 77면; 송상현/박익환, 195면.
84) 대판 1962. 5. 17, 4294민상1114(결의무효확인); 대판 1992. 8. 18, 91다39924(결의부존재확인).
85) 이시윤, 261면.
86) 同旨: 정동윤/유병현/김경욱, 309면.

그 효력도 동일하므로 소송물이 동일한 것으로 보아도 무방할 것으로 본다. 판례
도 법률상 부존재로 볼 수밖에 없는 결의에 대하여 원고들이 그 결의의 무효확인
을 청구하고 있다고 하여도 이는 부존재확인의 의미로 무효확인을 청구하는 취지
라고 보아야 한다고 본다.[87] 따라서 판례는 결의무효확인의 소와 결의부존재확인
의 소의 소송물이 같은 것으로 보고 있다고 사료된다.

3. 형성의 소의 소송물

(1) 의 의

형성의 소의 소송물은 이행의 소와 같이 소송물이론에 따라 달라진다. 이지설
에 의하면 청구취지에 표시된 형성을 구할 법적 지위의 주장과 이를 뒷받침하는
청구원인의 사실관계로 구성되어 있다. 반면 구실체법설에 의하면 실체법상의 형
성권 자체에 대한 소송상의 주장으로 보며, 일지설은 형성을 구할 수 있는 법적
지위의 주장만을 의미하고, 신실체법설은 수정된 형성권의 주장으로 본다.

(2) 이혼소송의 소송물

① 소송물

구실체법설에 의하면 이혼사유마다 별개의 소송물을 구성한다($\frac{민}{840조}$). 이지설은
청구원인의 사실관계인 이혼사유가 역사적·사회적으로 하나의 사실관계로 평가
할 수 있는지 여부에 따라 소송물의 개수가 정하여진다. 일지설은 형성을 구할
수 있는 법적 지위인 신청이 하나이므로 이혼사유와 관계없이 소송물은 하나로
본다. 각각의 이혼사유는 공격방법에 해당할 뿐이다. 신실체법설은 수정된 형성권
의 개념에 따라 소송법설의 이지설, 일지설과 같은 결론이 난다.

② 혼인취소소송과의 관계

이혼소송과 혼인취소소송과의 관계에 관하여 일지설의 입장에서는 실체법은
양자가 별개의 소송제도임을 전제로 규정하고 있으나, 실질적으로 장래를 향한 혼
인관계의 해소를 구하는 점에서 공통되므로 양소의 소송물이 같다고 주장한다.[88]
그러나 전자는 혼인관계의 후발적 해소사유이고, 후자는 원시적 해소사유라는 점

---

87) 대판 1983. 3. 22, 82다카1810. 다만 판례는 소제기기간 준수여부와 관련하여 부존재확인의
  소에서 결의취소의 소로 청구의 변경과 추가를 인정하고 있다(대판 2003. 7. 11, 2001다45584).
  88) 이시윤, 261면.

에서 별개의 소송물로 보아야 한다(일지설,구실체법설).[89] 일지설 외의 학설 및 판례는 양자는 당연히 소송물이 다른 것으로 보게 된다.

(3) 기 타

민사소송이 아닌 행정소송의 문제로서, 일지설의 입장에서 행정처분취소소송과 무효확인소송과의 관계에 관하여 양자 모두 행정처분에 의하여 조성된 위법상태의 배제를 목적으로 한다는 점에서 양소는 소송물이 같다고 본다.[90] 그러나 하자의 사유와 규정의 취지 등에 비추어 보면 양 소는 별개의 소송물로 보아야 한다(일지설,구실체법설).

Ⅲ. 각종의 소의 소송물의 특정

1. 총 설

(1) 특정의 필요성

소송절차는 심판의 대상인 소송물을 중심으로 개시되고 심리되어 판결에 이른다. 이러한 일련의 과정에 있어서 심판의 중심대상인 소송물이 무엇인지 명확히 할 필요가 있다. 소송물은 사물·토지관할의 기준, 중복된 소제기금지($259\atop조$), 청구의 병합·변경($253,\atop262조$), 반소의 허부($269조\atop1항$), 재소금지($267조\atop2항$), 기판력의 객관적 범위($216\atop조$), 일부판결의 가능여부($200\atop조$), 재판의 누락여부($212조\atop1항$), 처분권주의의 위반 여부($203\atop조$) 등 소송절차의 모든 과정에 관계된다.

따라서 소송물의 특정은 심리의 전제로서 원·피고, 법원 모두에게 매우 중요하다. 원고와 피고는 소송물을 중심으로 공격·방어활동이 연속적으로 이어질 것이고, 법원은 소송물을 중심으로 심리를 효율적으로 이끌어 갈 수 있는 것이다.

(2) 특정의 주체와 시기

① 소송물의 특정은 민사소송이 처분권주의($203\atop조$)에 기초하고 있으므로 소송물 특정의 주체는 원고에게 있음은 당연하다. 이것은 소장의 필수적 기재사항으로서 청구취지와 청구원인을 기재하도록 한 점($249조\atop1항$)에 비추어 보면 명백하다. 또한 피

---

89) 同旨: 정동윤/유병현/김경욱, 307면.

90) 이시윤, 262면.

고의 구(求)석명을 통하여($^{136조}_{2항}$) 원고에게 소송물의 특정을 촉구할 수 있지만, 피고의 진술 자체로 소송물을 바꿀 수는 없는 것이므로 특정의 주체는 원고인 것이다.

② 소송물 특정의 시기와 관련하여 보면 민사소송법에 이에 대한 명문의 규정은 없지만 소장의 필수적 기재사항으로 청구취지와 청구원인을 기재하도록 하고 있으므로 특단의 사정이 없다면 소제기 시에 특정을 요한다고 할 것이다.[91] 소송물의 특정은 통상은 청구취지와 청구원인의 사실관계로 된다고 할 것이다($^{입지설의}_{입장}$).

(3) 특정의 정도와 법률관계의 성질결정 여부

① 소장에서 하는 소송물의 특정의 정도를 어느 정도 할 것인가에 관하여 문제된다. 해당 소송물을 다른 소송물과 식별하는 데 필요한 정도로 충분하다는 견해($^{식별설 또는}_{동일인식설}$), 소송물을 이유 있게 하기 위하여 필요한 모든 사실을 기재하여야 한다는 견해($^{이유기재설 또는}_{사실기재설}$) 등이 있다. 이론적인 면에서 보면 식별설로 충분하다고 할 것이나, 소송물을 이유 있게 할 수 있는 사실을 기재하는 것이 소송실무이다.

② 소송물의 특정과 관련하여 구실체법설에 의하면 실체법상의 권리 또는 법률관계에 대한 주장을 소송물로 보고 있기 때문에 소송물의 특정과정에 권리 또는 법률관계의 성질을 적시하게 된다. 이것과 관련하여 소송물의 특정을 위하여 법률관계의 성질 결정이 필요한지 여부에 관하여 의문이 들 수 있다. 소송법설과 신실체법설은 말할 것도 없지만, 구실체법설의 입장에서도 원고는 소장의 청구취지와 청구원인에서 특정의 청구임과 실체법상의 일정한 권리에 기한 것임을 밝히면 되는 것이고, 구체적인 법률관계의 성질을 특정하거나 표현할 필요는 없다고 할 것이다.[92] 한편 법원은 원고가 소송물의 특정과 관련하여 주장한 법률상의 주장 또는 법적 관점에 구속될 것인가도 문제된다. "법률은 법원이 안다(iura novit curia)." 또는 "나에게 사실을 말하라, 그러면 너에게 권리를 주리라(da mihi factum, dabo tibi ius)."라는 법언이 말하여 주는 것 같이 법률의 적용은 법원의 고유한 직무라고 할 것이다. 따라서 원고의 법률상의 주장은 법원의 법률평가 자유를 구속할 수 없다고 본다($^{통}_{설}$).

(4) 소송물의 구성요소와 특정의 관계

소송물이론상의 소송물개념의 구성요소와 소송물의 특정은 약간 다른 문제이

---

91) 同旨: 정동윤/유병현/김경욱, 296면.
92) 同旨: 정동윤/유병현/김경욱, 297면.

다. 그런데 그 설명에 있어서 두 개념이 혼동될 수 있다. 그러나 분명히 하여야 할 것은 소장에 소송물을 구체적으로 특정하는 과정에서 청구취지에 사실관계와 관련된 요소가 표시되었다고 하여도 이지설에서 말하는 청구원인의 사실관계가 소송물의 구성요소에서 배제되는 것이 아니다. 여전히 소송물의 구성요소로서 사실관계가 필요하고 다만 청구취지의 특정을 위하여 청구취지에 표시된 것이다. 통상 소송물의 특정을 위하여 청구취지에 표시되었다고 하여도 이지설에서 요구되는 사실관계는 사회적·역사적으로 하나로 평가될 수 있는가의 문제이므로 청구원인에서 보다 구체적으로 적시할 필요성이 존재할 것이다. 그런 의미에서 확인의 소에서 청구취지의 특정을 위하여 소송물의 사실관계가 청구취지에 표시되었다고 하여도 여전히 청구원인에 사실관계의 적시가 필요하다고 할 것이다.

2. 이행의 소와 소송물의 특정

이행의 소에 있어서 소송물의 특정은 소송물이론에 따라 약간 차이가 난다.

(1) 구실체법설에 의하면 실체법상의 청구권마다 별도의 소송물이 되기 때문에 통상은 청구취지만으로 특정이 어렵고 청구원인에 청구권의 주장을 식별할 수 있는 그 발생원인의 구체적 사실을 적시(예: 손해배상청구가 채무불이행에 기한 청구권인지 아니면 불법행위인지 여부 등)하여야 특정된다고 할 것이다. 이론적으로 권리 또는 법률관계의 성질까지 특정할 필요는 없으나 실무상은 이를 표시하게 된다. 이지설이나 동일한 취지의 신실체법설도 기본적으로 청구취지와 청구원인의 사실관계를 특정함이 원칙이다. 일지설은 원칙적으로 청구취지만으로 특정이 가능하다. 이지설을 취하면서도 특정물의 인도 및 작위·부작위의 청구의 경우에는 청구취지에 그 특정물 및 작위·부작위의 대상인 행위를 표시함으로써 소송물이 특정된다는 이유로 청구원인의 보충이 불필요하다는 견해가 있다.[93] 그러나 이 경우에도 소송물이 다른 소송물과 구별될 정도로 특정이 필요하다는 점, 사실관계의 판단을 위하여는 청구취지의 구체적인 내용이 적시되어 사회적·역사적으로 하나의 사실인지 여부를 평가할 정도가 되어야 한다는 점에 비추어 보면 소송물의 특정을 위하여 청구원인의 보충이 필요하다고 봄이 상당하다. 설사 소송물의 특정을 위하여 청구취지에 사실관계에 관한 요소가 표시되어 청구원인에 적은 사실관계가 특정을 위하여 필요 없다고 하여도, 이 경우에도 소송물의 구성요소로서의 사

---

93) 정동윤/유병현/김경욱, 298면.

실관계는 필요한 것이고 이것이 청구취지와 청구원인에 중복되어 있을 뿐이다. 따라서 이러한 경우에도 여전히 사실관계는 소송물의 구성요소에 해당함은 변함이 없다.

(2) 금전지급 또는 대체물의 일정한 수량의 인도청구의 경우에도 특정을 위하여는 청구원인에 의한 특정이 필요하다(모든 견해). 부동산소유권이전등기청구의 소송물은 청구취지에 등기원인(예: 매매, 취득시효 등)을 구체적으로 표시하기 때문에 청구취지만으로 최소한의 소송물의 특정이 이루어졌다고 볼 수 있다. 그러나 이지설의 소송물의 구성요소로서의 사실관계의 특정이라는 점에서 보면 미흡한 면이 있으므로 청구원인의 보충이 일부 필요할 것이다.

3. 확인의 소와 소송물의 특정

(1) 확인의 소에 있어서 소송물의 특정은 청구취지만으로 특정되고 청구원인에서 소송물의 구성요소인 사실관계의 보충이 필요 없다고 하는 것이 통설이다. 따라서 원고가 주장한 권리 또는 법률관계에 관한 존부의 주장을 소송물로 본다. 일지설과 신실체법설을 취하는 입장에서도 같다. 특히 이지설을 취하면서 확인의 소의 소송물의 특정이 이와 같다는 이유로 확인의 소의 소송물은 소송물이론에 따른 차이가 없다는 견해가 있다.[94] 사실 확인의 소에 있어서 소송물의 특정과 관련하여 보면 절대권·상대권 모두에 있어서 청구취지만으로 특정에 필요한 최소한의 사실관계가 표시되는 것이 사실이다.[95] 그러나 이지설의 입장에서 말하는 소송물의 구성요소로서의 사실관계는 소송물의 동일성을 판별하기 위한 사회적·역사적인 일련의 행위에 대한 평가에 필요한 것을 포함하고 있어야 충분하다. 따라서 확인의 소에 있어서 청구취지에 표시된 사실관계만으로 소송물의 구성요소로서의 사실관계가 충분히 표시된 것으로 보기는 어렵다. 또한 이러한 사실관계가 청구취지에 소송물의 특정을 위하여 표시되있다고 하여도 이지설이 말하는 사실

---

94) 정동윤/유병현/김경욱, 300면.

95) 확인의 소와 관련한 청구취지의 예를 간단히 보면 다음과 같다. 절대권인 소유권의 확인을 구하는 경우에는 "강릉시 주문진읍 장덕리 ○○○ 소재 토지는 원고의 소유임을 확인한다"라고 표시하고, 상대권에 속하는 채권의 부존재확인의 경우를 보면 "원고와 피고 사이에 2008년 1월 1일 체결된 소비대차에 기한 금 50,000,000원의 대여금채권이 존재하지 아니함을 확인한다"라고 표시한다. 절대권의 확인인 전자의 경우에 청구취지만으로 소송물의 구성요소로서의 사실관계가 충분하지 아니하고, 상대권인 채권의 확인인 후자의 경우에도 청구원인에서 사회적·역사적 일련의 행위로 평가하기 위한 사실관계의 보충이 필요하다고 사료된다.

관계가 완전히 충족된 것이라 할 수 없다. 따라서 확인의 소에 있어서 소송물의 구성요소로서의 사실관계가 이러한 방식의 특정으로 인하여 필요 없다는 예외를 인정하는 것은 무리이다.

(2) 확인의 소에 있어서 소송물의 구성요소인 사실관계가 소송물의 특정 때문에 청구취지에 표시되었다는 이유로 소송물의 구성요소로서의 사실관계가 완전히 배제되는 것은 아닌 것이다. 소송물의 구성요소인 사실관계가 소송물의 특정을 위하여 청구취지에만 있다 하여도 그 구성요소임은 변함이 없는 것이다. 소송물의 구성요소와 소송물의 구체적 특정의 문제를 동일한 평면에 놓고 평가할 필요는 없다고 본다. 다만 청구취지의 특정을 위하여 통상 청구원인에 표시되는 사실관계의 요점이 청구취지에 표시되었을 뿐이고, 통상은 청구취지의 특정만으로 부족하기 때문에 청구원인에서 중복되는 점도 있지만 이를 보충하여 소송물의 구성요소로서 사회적·역사적인 사실관계를 보충한다고 보면 된다.[96] 확인의 소에 있어서 소송물의 구성요소와 그 특정이 절대권·상대권에 따라 달라질 것은 아니다.[97]

4. 형성의 소와 소송물의 특정

형성의 소에 있어서 소송물의 특정은 이행의 소와 다르지 않다. 구실체법설에 의하면 청구취지에서 형성의 내용(예: 이혼, 주주총회의 결의취소, 행정행위의 취소 등)을 명확히 하고, 청구원인에서 형성권의 구체적 발생원인 사실(예: 부정행위 또는 악의의 유기, 소집절차의 흠, 재심사유 등)을 표시하여 특정하게 된다. 일지설은 청구취지에 형성의 내용을 표시함으로써 소송물이 특정되고, 청구원인에 형성권의 구체적인 사실을 적시하는 것은 공격방법을 표시한 것에 불과하다. 이지설은 청구취지 외에 청구원인에서 형성권에 관련된 사회적·역사적인 사실을 적시하여야 특정이 된다. 신실체법설은 수정된 청구권개념에 관한 구체적 발생원인 사실을 적시하여야 특정이 되는 것이다.

---

96) 同旨: 호문혁, 141면.
97) 反對: 정동윤/유병현/김경욱, 300면.

제4절 소의 제기

Ⅰ. 총 설

(1) 소송절차의 일반적 흐름을 보다 구체적으로 보면 다음과 같다.

(2) 원고가 소장을 작성하여 법원에 제출하면(소의 제기), 법원은 이를 접수하여 사건의 배당절차를 거쳐 해당 재판부에 사건을 넘겨준다(사건의 배당). 사건을 받은 재판부는 재판장의 책임하에 소장심사를 거쳐(소장심사), 피고에게 답변서의 제출의무를 고지하는 서면과 같이 소장부본을 송달하게 되고(소장부본의 송달 등), 피고가 일정한 기간 내에 답변서를 제출하지 아니하면 변론없이 원고 전부승소의 무변론판결을 하게 되며(무변론판결), 피고가 이에 항소하지 아니하면 판결은 확정되어 소송절차는 종결된다(소송의 종료).

(3) 그러나 피고가 답변서를 제출하면 재판장은 바로 변론기일을 지정하고, 쟁점과 증거의 정리가 필요한 경우에는 변론준비절차에 부쳐 변론준비절차를 거치게 된다($\frac{258조}{조 1항}$ ^{279}). 종전에는 피고의 답변서가 제출되면 필요한 정도의 서면공방(통상 2-3회 정도임)을 통하여 서면에 의한 변론준비절차가 진행된 후에 쟁점과 증거정리를 위하여 변론준비기일을 거치도록 하였다. 2008. 12. 26. 법률 제9171호(시행: 2008. 12. 26.)로 민사소송법 제258조, 제279조 제1항을 개정하여 종전에 변론준비절차를 선행하도록 한 규정을 바꾸어 변론기일을 우선 지정하고 필요한 경우에 변론준비절차를 거칠 수 있도록 하였다. 이것은 필요적으로 변론준비절차를 거치도록 할 경우에 제1회 변론기일의 지정이 늦어지면서 소송지연을 초래하기 때문이지만 성급한 감이 있다. 변론기일 및 증거조사기일의 운영은 1, 2회 정도의 집중심리를 통하여야 하고, 그 후에 신속히게 판결을 선고하게 된다. 패소한 원고 또는 피고가 패소부분에 대하여 불복하지 아니하면 판결은 확정되고, 불복하는 경우에는 상소심절차가 진행된다. 이러한 소송절차 중에 재판상의 화해가 성립되거나, 소송절차를 중지하고 사건을 조정절차에 회부하여 조정이 성립하거나 조정을 갈음하는 결정이 확정된 때에는 소송절차는 취하간주 되어 종결된다($\frac{민조규}{4조 3항}$).

(4) 2010년 3월 24일 「민사소송 등에서의 전자문서 이용 등에 관한 법률」이 제정·시행되면서 전자문서로 소송을 제기하고, 전자적 기기를 이용하여 심리하

고, 전자문서로 판결하여 송달하는 것이 가능하게 되었다. 이러한 절차를 종전의 종이소송과 비교하여 전자소송(electronic litigation, e-litigation)이라 한다. 그 개요를 보면 다음과 같다. 전자소송을 이용하려는 원고는 대법원 전자소송포탈 홈페이지(https://ecfs. scourt.go.kr)에 접속하여 공인인증서로 사용자등록을 하고(전소6조), 대법원 전자정보처리시스템을 이용한 민사소송 등의 진행에 동의하면 소장·증거서류 등을 전자문서로 인터넷 제출이 가능하게 된다(전소6조). 상대방도 전자소송에 사용자등록을 하여 동의하면 소장·증거서류, 각종 기일통지, 판결서의 송달 등을 인터넷상에서 할 수 있게 된다. 법정에서의 심리도 전자적 기기를 이용하여 하게 된다.

(5) 이것이 소송절차의 일반적인 모습이다. 종이소송과 전자소송의 절차는 기본적으로 동일하지만 전자소송의 경우는 소장·준비서면, 각종 증거서류, 송달서류 등이 인터넷상에서 전자문서를 통하여 이루어진다는 점이 차이가 있다. 모든 소송절차는 소의 제기로 개시된다. 소의 제기는 소장을 제출하는 것이 원칙이나, 액수가 적어 간단한 사건인 소액사건의 경우에는 구술제소, 지급명령절차 또는 조정절차에서 그것이 확정 또는 성립되지 아니한 경우에 당사자의 권리보호와 편의를 위하여 간편하게 소제기 간주를 통하여 소송절차가 개시된다.

Ⅱ. 소제기의 방식

1. 통상의 방식(소장제출주의)[1]

(1) 소의 제기는 통상 소장(complaint, Klageschrift)이라는 서면을 제1심 법원(다만 반소·청구의 변경 등은 항소심에서도 가능함)에 일정한 방식을 갖추어 제출함이 원칙이다(248조 1항). 독립의 소가 아닌 소송 중의 소(예: 반소·중간확인의 소·청구의 변경·당사자참가 등)의 경우에도 소장에 준하는 서면을 제출하여야 된다. 다만 증권관련 집단소송과 소비자단체소송·개인정보단체소송의 경우에는 소를 제기함에 법원의 허가를 요한다.

(2) 소장에는 필수적 기재사항인 당사자, 법정대리인, 청구취지와 청구원인을 기재하여야 하고(249조 1항), 그 외에 원고 또는 대리인의 기명날인 또는 서명을 요한다

---

1) 2023년 4월 18일 민사소송법 일부개정(법률 제19354호, 시행: 2023. 10. 19.)으로 종전의 제248조에 제2항, 제3항을 신설하였다.

($^{249조\ 2항,}_{274조}$). 또한 소가(소값 또는 소송목적의 값)에 따라 소송절차의 이용료인 인지(印紙)를 「민사소송 등 인지법」에 따라 납부하여야 하고, 인지가 이에 미달한 경우에는 소장의 접수가 보류되며($^{248조}_{2항}$), 후에 인지가 보정되어 소장이 접수되면 소장이 제출된 때에 소가 제기된 것으로 본다($^{동조}_{3항}$). 소를 제기할 때에 소송서류(예: 소장부본, 기일통지서 등)의 송달비용을 미리 납부하여야 한다($^{116조,\ 규칙\ 19}_{조\ 1항\ 1호}$). 다만 국가를 당사자로 하는 소송에 있어서 국가는 인지를 붙이지 아니한다($^{인공법}_{2조}$). 전자소송의 경우는 전자문서를 통하여 전자적 방법으로 진행된다.[2]

(3) 소장에는 i) 피고에 대한 송달을 위하여 피고의 수만큼의 소장부본($^{규칙}_{48조}$), ii) 당사자의 소제기 자격증명을 위하여 피고가 소송제한능력자인 경우에 법정대리인, 법인 등의 경우에 대표자의 각 자격증명서($^{규칙\ 63조\ 1항:\ 가족관계증명}_{서,\ 법인등기부\ 등·초본\ 등}$), iii) 부동산사건에서 해당 부동산의 등기부등본, 친족상속사건에서 가족관계증명서, 어음·수표사건의 경우에 해당 어음·수표의 사본, iv) 증거로 된 문서 가운데 중요한 것의 사본 등을 붙여 내야 한다($^{규칙\ 63}_{조\ 2항}$). 또한 v) 토지에 관한 소를 제기할 때에는 소가의 계산을 위하여 개별공시지가가 기재된 토지대장등본을 제출하여야 한다($^{민인규\ 8}_{조\ 2항}$).

(4) 소장은 법원의 접수담당 공무원에게 제출한다. 원고 또는 그 대리인이 제출하는 것이 원칙이나 사자(使者)에 의한 제출도 가능하며, 우편제출도 가능하다. 접수공무원은 정당한 이유 없이 접수를 거절할 수 없으나, 법원사무관 등의 접수담당공무원은 접수된 소장의 보완을 위하여 필요한 사항을 지적하고 보정을 권고할 수 있다($^{규칙}_{5조}$). 전자소송을 이용하는 경우에는 인터넷 상에서 보정 등의 절차가 이루어지게 된다.

2. 특별한 방식

(1) 구술제소 또는 임의출석에 의한 제소 등

소가 3,000만원 이하의 소액사건[3]에서는 말(구술)로 소를 제기할 수 있다($^{소심}_{4조}$).

---

2) 대결 2013. 4. 26, 2013마4003; 대판 2014. 12. 22, 2014다229016 참조.

3) 소액사건심판규칙 제1조의2의 규정에 의하면 "법 제2조 제1항의 규정에 의한 소액사건은 제소한 때의 소송목적의 값이 3,000만원을 초과하지 아니하는 금전 기타 대체물이나 유가증권의 일정한 수량의 지급을 목적으로 하는 제1심의 민사사건으로 한다. 다만 다음 각 호에 해당하는 사건은 이를 제외한다. 1. 소의 변경으로 본문의 경우에 해당하지 아니하게 된 사건, 2. 당사자참가, 중간확인의 소 또는 반소의 제기 및 변론의 병합으로 인하여 본문의 경우에 해당하지 않는 사건과 병합심리하게 된 사건"으로 정하고 있다.

구술제소는 원고가 법원사무관 등의 면전에서 진술하여야 하고, 이 경우 법원사무관 등은 제소조서를 작성하고 이에 기명날인하여야 한다(소실4조). 또 소액사건에 있어서는 당사자쌍방이 임의로 법원에 출석하여 소송에 관하여 변론할 수 있고, 이 경우에 소의 제기는 구술에 의한 진술로써 행한다(소실5조). 거의 이용이 되고 있지 아니하나, 활용방안을 생각해 볼만하다. 말로 하는 소의 제기와 관련하여 전보·텔렉스와 팩시밀리(Fax)에 의한 소제기가 가능한지 문제된다. 이러한 수단을 통한 소제기가 원고나 대리인의 기명날인이 없고, 소정의 인지가 붙어 있지 않기는 하지만, 발신인의 동일성을 확인할 수 있고 후에 인지의 보정이 가능하므로 유효한 소제기로 인정하는 것이 타당하다고 본다. 이러한 수단의 소제기는 시효기간의 종료에 임박하여 급박한 소제기가 필요한 경우에 유용한 수단이 될 수 있다. 전화의 경우에도 종전과 달리 인터넷을 통한 화상전화 등이 일반화되어 당사자의 동일성을 확인할 수 있다면 법원사무관 등의 면전에서의 진술과 다를 바가 없다는 점에서 일정한 경우에 긍정적인 소제기 수단으로 고려할 수 있다.

(2) 소장에 준하는 서면의 제출

소송 중의 소에 있어서 소장에 준하는 서면을 제출함으로써 소제기와 같은 효력이 발생하는 경우이다. 여기에는 청구변경의 신청서(262조2항), 중간확인의 소장(264조1항), 반소장(269, 270조), 독립당사자참가신청서(79조), 공동소송참가신청서(83조) 피고 경정 신청서면(260조2항) 등이 있다. 이 경우에도 통상의 소장제출과 같이 이러한 서면을 법원에 제출할 때에 소제기의 효력이 발생하는 것이고(265조), 변론에서 진술한 때에 발생하는 것이 아니다.[4]

(3) 소제기의 간주

일정한 경우에 소제기의 간주가 되는 경우가 있다. i) 독촉절차에 의한 지급명령에 대하여 채무자의 이의가 있는 경우(472조), ii) 제소전화해가 불성립되었지만 소제기신청이 있을 때(388조), iii) 조정이 성립되지 아니하거나 조정에 갈음한 결정에 이의신청을 한 때(민조36조) 등의 경우에 지급명령을 신청한 때, 제소전화해의 신청을 한 때, 조정신청을 한 때에 각각 소가 제기된 것으로 본다.

---

4) 同旨: 정동윤/유병현/김경욱, 81면.

(4) 배상명령의 신청

범죄행위로 인한 직접적인 물적 피해, 치료비손해 또는 정신적 손해가 발생한 일정한 범죄(상해·폭행치사상, 과실치사상, 절도·강도, 사기·공갈, 횡령·배임, 손괴 등)의 피해자나 그 상속인은 해당 가해자의 제1·2심의 형사공판절차에서 손해의 배상을 신청할 수 있고($^{소촉법 25}_{조 이하}$), 이러한 배상명령의 신청은 소제기와 동일한 효력이 있다($^{소촉법 26}_{조 8항}$). 민사소송이 형사소송절차에 병합된 경우로서 특별한 소제기 방법 중 하나이다. 2005년 12월 14일 「소송촉진 등에 관한 특례법」의 개정(시행: 2006. 6. 15.)을 통하여 위자료 손해도 배상명령의 신청을 통하여 가능하도록 함으로써 그 이용이 증대될 것으로 기대된다.

Ⅲ. 소장의 기재사항

소장에는 원고와 피고, 소송물에 관한 사항을 간결한 문장으로 분명하게 작성 하여야 한다($^{규칙 4조}_{1항}$). 민사소송법은 당사자, 법정대리인, 청구취지와 청구원인을 필 수적으로 기재하도록 하고 있다($^{249조}_{1항}$). 그 외에 준비서면에 제출할 수 있는 사항을 소장을 통하여 미리 기재하는 것도 가능하다($^{249조}_{2항}$). 전자를 필수적 기재사항이라 하고, 후자를 임의적 기재사항이라 한다.

1. 필수적 기재사항

소장으로서 효력을 갖추기 위하여 꼭 기재하여야 하는 사항이다. 이것을 명확 히 기재하지 아니할 경우에 재판장은 이를 고치라는 보정명령(補正命令)을 하여야 하고, 당사자가 이에 응하지 아니하면 재판장은 명령으로 소장을 각하하여야 한다 ($^{254}_{조}$). 여기에는 당사자, 법정대리인, 청구취지와 청구원인이 해당한다.

(1) 당사자와 법정대리인의 표시

① 당사자의 표시는 원고와 피고가 누구인지 동일성을 인식할 수 있게 특정하 여 표시하여야 한다. 통상 자연인의 경우에는 성명과 주소로, 법인 등의 경우에는 상호나 명칭과 본점 또는 주된 사무소의 주소를 표시하면 된다. 이것으로 부족할 경우에는 주민등록번호, 사업자등록번호, 본적 등으로 보충할 수 있고, 민사소송

규칙에서는 전화번호(특히 핸드폰번호가 유용함)·팩스번호·이메일 주소 등을 적 게 하였다($\frac{규칙\ 2조}{1항\ 2호}$). 특히 당사자는 소장의 기재로 확정되는 바($\frac{실질적}{표시설}$), 이에 따라 확정 된 당사자를 기준으로 당사자능력, 소송능력, 당사자적격, 관할 유무 등을 정하게 된다. 소장에 표시된 당사자에 기초하여 그 동일성이 인정되는 경우에는 당사자의 표시정정을 통하여 잘못된 점을 정정할 수 있지만, 동일성의 범위를 넘는 경우에 는 피고경정($\frac{260,}{261조}$) 등의 절차를 거쳐야 한다.

② 당사자가 제한능력자인 경우에는 당사자의 법정대리인을 기재하여야 한다. 법정대리인이란 미성년자인 경우에는 친권자인 부모($\frac{민}{909조}$) 또는 미성년후견인($\frac{민}{928조}$), 피성년후견인의 경우에는 성년후견인($\frac{민}{929조}$), 피한정후견인의 경우에는 대리권 있는 한정후견인($\frac{민}{의\ 2·4}$)을 기재하여야 한다. 법정대리인이 아닌 소송대리인의 기재는 송 달의 편의를 위한 임의적 기재사항이다($\frac{규칙\ 2조}{1항\ 2호}$).

③ 당사자가 법인 또는 법인 아닌 사단·재단의 경우에는 법인 자체가 행위를 할 수 없으므로 법정대리인에 준하여 그 대표자를 표시하여야 한다. 당사자와 법 정대리인 등의 표시가 잘못된 경우에는 소송계속이 종료할 때까지 언제든지 정 정·보정할 수 있으므로,5) 소장에 대표자 등을 잘못 기재하였다고 하여도 일응 대표자의 표시가 되어 있는 이상 설령 법원의 정정 표시하라는 보정명령에 불응 하였다는 이유로 소장을 각하하는 것은 허용되지 아니하고 오로지 판결로써 소를 각하할 수 있을 뿐이다.6)

(2) 청구취지

① 의 의

청구의 취지라 함은 소의 결론부분이다. 이것은 원고가 어떤 내용과 형식의 판 결을 구하는지 밝히는 신청이다. 소장의 청구취지에 대한 법원의 답변이 판결주문 이다. 따라서 청구의 취지는 간결하면서도 명확하게 적시하여야 한다. 통상 청구 취지에는 청구의 내용 이외에 소송비용과 이행의 소의 경우에는 가집행선고의 신 청을 기재한다.7) 청구취지는 청구원인과 함께 소송물의 구성요소이고($\frac{일지}{}$), 또한 소가의 산정·청구의 병합과 변경·판단의 범위·사물관할·상소의 이익·시효

---

5) 대판 1966. 3. 29, 66다204.
6) 대결 2013. 9. 9, 2013마1273.
7) 가장 일반적인 금전지급의 청구취지의 예를 보면 다음과 같다. 즉 「1. 피고는 원고에게 금 5,000만원 및 이에 대한 소장부본 송달 다음날부터 다 갚는 날까지 연 20%의 비율에 의한 금원을 지 급하라. 2. 소송비용은 피고의 부담으로 한다. 3. 제1항은 가집행할 수 있다는 판결을 구함」 등과 같다.

중단의 범위 등에 있어서 중요한 의미를 갖는다.

② 간결·명확한 기재

청구의 취지는 간결하고 명확하게 표시하여야 한다. 이렇게 함으로써 어떤 형식의 소인지(권리보호의 형식, 즉 소의 종류), 어떤 내용의 청구인지를(권리보호의 범위) 분명히 할 수 있기 때문이다. 청구취지가 명확히 특정되었는지 여부는 직권조사사항이고, 이것이 명확하지 아니한 경우에는 석명권을 행사하여 명확히 하여야 한다.[8] 그 기재방법은 소송의 종류에 따라 약간 다르다.

(a) 이행의 소   이행의 소의 경우에는 강제집행까지 가능하도록 이행의 내용을 명확히 표시하여야 한다. 금전지급을 구하는 경우에는 「피고는 원고에게 금 50,000,000원을 지급하라.」와 같이 금액을 명시적으로 표시하여야 하나, 대여금·손해배상금 등과 같은 금전의 성질을 기재할 필요는 없다.[9] 특정물청구의 경우에는 향후 피고의 의무이행과 강제집행에 문제가 없도록 목적물을 명확히 하여야 하며,[10] 토지의 경우에 지번과 면적을, 건물일 경우에 지번, 면적과 구조를 명확히 기재하여야 한다. 실무상으로는 소제기 단계에서는 특정을 할 정도로 하고, 측량감정 결과가 나온 후에 청구취지의 정정을 통하여 구체적인 특정을 하게 된다.[11]

(b) 확인의 소   확인의 소에 있어서 청구의 취지는 「"○○건물이 원고의 소유임을 확인한다."라는 판결을 구함」과 같이 확인의 대상인 권리 또는 법률관계의 대상·내용을 명확히 하고, 확인판결을 구하는 취지를 분명히 하여야 한다. 금전채권의 권리확인의 경우에는 금액을 명시함이 원칙이고, 특정물의 권리확인의 경우에도 그 특정을 명확히 하여야 한다. 그러나 확인의 소는 집행의 문제가 없으므로 권리 또는 법률관계의 동일성을 인식할 정도로 특정하면 된다.[12] 특히 일부 채무부존재 확인의 소에 있어서 어떠한 채무 중 일부인지를 명확히 하여야 하므

---

8) 대판 1970. 8. 31, 70다1255; 대판 1981. 9. 8, 80다2904.

9) 독일의 경우에는 회계의 보고, 재산목록의 제출 등 일정한 단계를 거쳐야 액수가 특정되는 단계적 청구의 소(Stufenklage, ZPO 254조), 손해배상청구에 있어서 법원의 신체감정 후에 액수가 판명 나는 경우, 위자료청구·부양료청구 등과 같이 법원의 재량에 의하여 액수가 정하여지는 경우 등의 경우에는 액수를 표시하지 않는 청구가 가능하다(이시윤, 268면 참조). 당사자의 인지부담의 적정이라는 면에서 생각할 여지가 있는 제도이다.

10) 대판 1960. 6. 9, 4292민상446.

11) 예컨대 건물의 인도청구의 경우에 측량감정 후에 그 결과가 나오면 거기에 따라 "피고는 원고에 대하여 서울 종로구 인사동 100 소재 지상 목조 기와지붕 2층 건물의 1층 부분 별지도면 표시 ㄱ, ㄴ, ㄷ, ㄹ, ㄱ의 각 점을 연결한 선내의 200㎡를 인도하라."는 식으로 특정하게 된다. 이렇게 자세히 기재하라는 것은 강제집행 시에 이를 명확히 하기 위한 것이다.

12) 대판 1960. 6. 9, 4292민상446.

로 기본채무를 명시하여야 한다.[13] 따라서 "원고의 피고에 대한 2005. 10. 20.자 대여금채무 3,000만원 중 500만원을 넘는 부분은 존재하지 아니함을 확인한다." 와 같은 방법으로 특정하여야 한다.

(c) **형성의 소**   형성의 소에 있어서 청구의 취지는 「"원고와 피고는 이혼한다."는 판결을 구함」과 같이 형성의 대상·내용과 함께 형성판결을 구하는 취지를 명확히 하여야 한다. 다만 경계확정의 소 등과 같은 형식적 형성의 소는 통상의 소와는 달리 법원의 재량권행사의 기초가 나타날 정도면 된다.[14]

③ **확정적인 심판청구**

청구의 취지에서는 심판청구를 확정적으로 구하여야 한다. 이것을 확정적인 신청(ein bestimmter Antrag)이라고도 한다($\frac{ZPO\ 253조}{2항\ 2호}$). 청구의 취지가 확정적이어야 하므로 일정한 시기까지 판결을 하여달라는 기한부의 청구취지이거나, 조건부의 청구취지(예: 피고가 잘못을 인정하는 것, 피고에게 변제능력이 없는 것 등을 해제조건 또는 정지조건으로 하는 경우)는 절차의 안정을 해하는 소송행위라 할 것이므로 허용되지 아니한다.

그러나 예비적 신청[예: 예비적 청구(1차적으로 매매대금의 지급을, 예비적으로 매매계약의 무효임을 전제로 매매목적물의 반환을 구하는 경우), 예비적 반소(원고가 매매를 원인으로 한 소유권이전등기청구를 하는 경우에 원고의 청구가 인용될 것을 대비하여 반소로 잔대금의 지급을 구하는 경우), 예비적 공동소송(매도인이 1차적으로 매수인을 상대로 매매대금의 지급을 구하고, 2차적으로 무권대리가 되는 경우를 대비하여 대리인에게 매매대급의 지급을 구하는 경우) 등]의 경우에는 해당 소송절차 내에서 조건의 성취여부를 알 수 있는 소송내적 조건이므로 절차의 안정을 해칠 염려가 없어 허용된다.[15] 부대상소도 같다고 보아야 한다.

(3) 청구원인

① 의 의

청구원인의 의미는 다의적(多意的)으로 쓰인다. 좁은 의미의 청구원인은 소장의 필수적 기재사항인 청구의 원인을 의미한다. 즉 소송물(청구)을 특정하는 데 필요한 사실관계를 말한다. 다른 소송물과 오인·혼동되지 아니할 정도이면 된다.[16]

---

13) 대판 1971. 4. 6, 70다2940.
14) 대판 1996. 4. 23, 95다54761.
15) 同旨: 이시윤, 270면.

반면 넓은 의미의 청구원인은 소송물인 권리관계의 발생원인에 해당하는 사실을 말한다. 즉 권리근거규정의 구체적 요건사실을 말한다. 이행의 소에 있어서는 이행청구권의 발생원인사실을, 소유권확인의 소에서는 소유권의 취득원인사실을, 형성의 소에 있어서는 형성원인사실을 각각 의미한다. 예컨대 대여금청구소송에 있어서 청구원인에 당사자, 대여일시, 액수, 변제기일의 도과사실이 적시되어 있다고 하면, 청구원인의 당사자, 대여일시, 액수에 관한 사실은 소송물의 특정에 필수적인 사실이므로 좁은 의미의 청구의 원인이라 할 것이고, 넓은 의미의 청구원인에는 좁은 의미의 청구원인사실 외에 변제기일의 도과사실도 포함된다. 따라서 좁은 의미의 청구원인은 소송물의 특정과 관련된 사실관계이고, 넓은 의미의 청구원인은 소송물을 이유 있게 하기 위하여 필요한 사실관계이다. 넓은 의미의 청구원인 중 좁은 의미의 청구원인 이외의 사실은 필수적 기재사항이 아니고 임의적 기재사항에 해당한다.

이론적으로 보면 소장의 청구원인에는 좁은 의미의 청구원인에 해당하는 사실을 적으면 적법하지만 실무상으로는 넓은 의미의 청구원인에 해당하는 사실까지 적는 것이 일반적이다. 소장은 준비서면의 기능도 겸할 수 있으므로 필수적 기재사항 외에 소송물을 이유 있게 하는 임의적 기재사항을 적을 수 있기 때문이다(249조 2항). 그 밖에 청구원인의 의미를 수액에 관한 부분을 제외한 권리의 성립에 관한 요건을 의미하기도 한다(201조, 중간판결의 일종으로서 원인판결의 대상인 '청구원인').

소송물의 특정과 관련하여 청구취지 외에 청구원인을 적어야 하는지에 관하여는 소송물이론에 따라 약간 다르다. 일지설을 취하는 경우에는 청구원인의 도움의 필요 없이 소송물이 특정된다고 하며, 이지설을 취하면 확인의 소의 경우에는 청구취지만으로 소송물의 특정이 된다고 하기도 한다. 그러나 앞서 본 바와 같이 확인의 소의 경우에도 소송물의 특정에 청구원인의 도움이 필요하다고 할 것이다.[17]

② 청구원인의 사실기재의 정도

청구원인에 적시하여야 하는 사실의 기재 정도에 관하여 논의된다. 이 문제는 소송물논쟁 전에 발생한 문제이다. 현재는 식별설(또는 동일인식설)[18]과 이유기재

---

16) 민사소송에서 소송물은 특정되어야 하고, 소송물의 특정여부는 소송요건으로서 법원의 직권조사사항이다(대판 2011. 8. 25, 2011다29703 등). 채권양도의 경우에 양도채권의 종류나 금액 등이 구체적으로 적시되어 있어야 하는 것은 아니지만, 사회통념상 양도채권은 다른 채권과 구별하여 그 동일성을 인식할 수 있을 정도로 특정되어야 한다(대판 2013. 3. 14, 2011다28946 등).

17) 同旨: 호문혁, 141면.

18) 식별설 중에서 청구원인에 법적 추론까지도 적어야 한다는 견해가 한 때에 있었으나, 이는

설(또는 사실기재설)이 대립된다. 식별설은 소송물인 권리 또는 법률관계를 다른 권리 또는 법률관계와 구별하기에 필요한 사실을 적으면 된다는 견해이다. 위에서 본 좁은 의미의 청구원인을 적시하면 된다는 것이다. 이에 반하여 이유기재설은 소송물을 이유 있게 하는 모든 사실을 기재하여야 한다는 견해이다. 식별설이 통설이다. 식별설에 의하여 청구원인에 구체적 사실을 적시하는 것에 있어서 물권과 같은 절대권의 경우에는 권리의 주체·내용을 적으면 충분하고, 채권과 같은 상대권의 경우에는 권리의 주체·내용 외에 권리의 발생원인도 적어야 된다는 견해가 있으나,[19] 이것은 소송물의 특정의 문제를 소송물이론상의 구성요소의 문제와 구별하지 아니한 견해로서 타당하지 아니하다고 본다. 절대권·상대권의 구별 없이 소송물의 구성요소로서의 사실관계인 소송물의 동일성을 알 수 있는 역사적·사회적 사실을 기재하여야 할 것이다. 설사 청구취지의 사실과 중복되는 경우에도 같다고 할 것이다.

생각건대, 현행법상 적시제출주의를 취하고 있고 나중에 청구취지를 이유 있게 하는 새로운 사실을 자유롭게 제출할 수 있고, 또한 이론적으로 청구원인에 소송물을 특정하고 소송물의 동일성을 알 수 있는 역사적·사회적 사실을 기재하면 된다고 할 것이므로 동일인식설이 타당하다고 본다. 그러나 소송의 초기단계부터 쟁점을 파악하여 집중심리를 하기 위하여 민사소송법 제62조에 청구의 원인을 뒷받침할 구체적 사실, 피고가 주장할 것이 명백한 방어방법에 대한 구체적 진술, 증명이 필요한 사실에 관한 증거방법까지 적시하라고 규정하고 있고, 소장이 원고의 준비서면의 성질도 겸할 수 있다는 점($^{249조}_{2항}$)에 비추어 보면 실무는 이유기재설과 같이 운영된다고 보면 된다.

③ 법적 추론의 기재 여부

독일에서는 한때 구인식설에 기초하여 원고는 청구원인에 법적 추론에 해당하는 법률적 관점을 적시하여야 하고, 법원은 원고의 이러한 법적 추론에 구속된다고 하였다(Hellwig 등). 그러나 「법률은 법원이 안다(jura novit curia).」, 또는 「너는 사실을 말하라, 그러면 나는 권리를 주리라(da mihi factum, dabo tibi ius).」 등의 법언에서 보듯이 사실에 대한 법률적 평가는 법원의 의무이며 권리라고 할 것이므로 타당하지 아니하다. 따라서 원고가 청구원인에서 사용대차라고 법적 추

"법원이 법률을 안다(jura novit curia)"는 원칙에 반하여 현재에는 주장하는 학자가 없다. 이러한 견해를 독일에서는 구인식설(alte Individualisierungstheorie)이라 한다.

19) 정동윤/유병현/김경욱, 300면.

론을 하였다고 하여도, 법원은 심리한 결과 임대차로 판단되면 임대차로 법률 적용이 가능하다.[20]

2. 임의적 기재사항

임의적 기재사항이라 함은 소장에 필수적 기재사항 외의 기재사항이다. 이것은 소장의 효력과 관련이 없으므로 적지 아니한 경우에도 소장 각하명령을 할 수 없다. 준비서면($\frac{274}{2}$)에 기재하여 제출할 수 있는 사항을 심리의 집중과 신속한 진행을 위하여 미리 기재하는 것이다. 여기에는 사건의 표시, 덧붙인 서류의 표시, 작성한 날짜, 법원의 표시 등이 있고, 이외에 공격방법을 적을 수 있다. 임의적 기재사항에는 대체로 i) 관할원인 등 소송요건과 관련된 사실, ii) 필수적 기재사항 외의 청구를 이유 있게 할 사실(예: 대여금청구소송에서 피고가 변제하고 있지 아니한 사실)과 피고가 주장할 것이 명백한 방어방법에 대한 구체적 사실($\frac{규칙}{62조}$), iii) 청구원인사실을 뒷받침할 증거방법에 관한 사실($\frac{249조 2항,}{274조}$) 등이 있다.

제 5 절 소제기에 대한 법원의 조치와 피고의 대응

I. 총   설

법원은 원고의 소장이 법원에 접수되면(소의 제기), 우선 해당 사건을 담당할 재판부를 지정하게 된다(사건의 배당). 이를 배당받은 재판부는 재판장이 소장의 형식적 사항을 심사하여 흠이 있으면 그것을 고치도록 보정을 명하고, 보정이 되면 피고에게 소장부본을 우편으로 송달한다. 소장부본을 송달받은 피고가 그 내용을 인정하고 다투지 아니하면(통상 30일 이내에 답변서를 제출하지 아니한 경우) 법원은 변론을 하지 아니하고 원고승소의 무변론판결을 선고한다. 그런데 피고가 소장을 받고 다투는 경우(소장부본 송달 후 30일 내에 답변서를 제출한 경우)에는 법원은 필요한 경우에 변론준비절차를 통하여 쟁점과 증거를 정리하고, 그렇지 아니하면 바로 변론기일을 지정하여 심리를 시작하게 된다.

---

20) 대판 1962. 9. 27, 62다448; 대판 1994. 12. 2, 93다31672.

Ⅱ. 소제기에 대한 법원의 조치

1. 사건의 배당

법원의 접수담당직원은 소장을 접수하면서 소장의 인지와 기초적 형식을 점검한 후에 적식하다고 판단되면, 소장에 접수인을 날인하여 접수일시, 접수번호를 기재한 후에 접수를 끝낸다. 이후에 사법 행정적인 절차에 따라 해당 소를 특정한 재판부(소송법상의 법원으로서 구체적으로는 해당 법원의 단독판사와 합의부임)에 배당하게 된다. 전자소송의 경우에는 전자적으로 사건이 배당된다.

2. 재판장의 소장심사

(1) 개 설

소장이 해당 재판부에 배당되면 우선 소장의 적식(適式) 여부에 관하여 심사하게 된다. 합의부에서는 재판장이 하고, 단독사건의 경우에는 단독판사가 하게 된다. 소장심사권을 재판장의 전속적 권한으로 한 것은 청구의 당부에 관한 판단이 아닌 소장의 적식 여부에 관한 것이므로 판단이 간단하고, 신속하여야 할 필요가 있기 때문에 재판장이 단독으로 행사하는 것이지만, 2014년 12월 30일 민사소송법 제254조 제1항이 개정되어 재판장은 법원사무관등으로 하여금 보정명령을 하게 할 수 있게 되어 보정명령을 보다 신속하게 할 수 있게 되었다. 재판장의 소장심사권은 우리나라와 일본의 독특한 입법례이고, 복지국가적 소송관에서 보면 타당하다고 본다.

소장의 심사는 소송요건의 심사나 청구의 이유구비성에 우선하여 소장의 적식 여부를 심사한다는 면에서 시간적으로 선순위성(先順位性)을 가진다고 할 수 있다. 그러나 보정불능의 소송요건의 흠이 있는 경우(예: 제소기간 후의 소제기, 변론종결 후의 반소제기 등)에는 소장심사의 선순위성과 관계없이 소송요건의 흠을 이유로 소각하판결을 할 수 있다. 이것이 소송경제에 부합하기 때문이다.

(2) 심사의 대상

소장심사의 대상은 원칙적으로 필수적 기재사항($^{249조}_{1항}$)과 인지가 제대로 붙었는지 여부($^{254조}_{1항}$)이다. 따라서 당사자의 동일성이 특정되어 있는지, 청구취지와 청구원인이 제대로 기재되어 있는지, 당사자과 법정대리인의 날인 또는 서명이 적식한 것인지 여부와 인지가 제대로 붙어 있는지 하는 것이다. 따라서 소송요건의 구비 여부와 청구의 당부는 심사의 대상이 아니다.[1] 따라서 소장에 법인 등의 대표자가 일응 표시되어 있으면 대표자의 표시 정정을 명하는 보정명령에 응하지 아니하여도 소장의 각하는 할 수 없고 판결로서 소를 각하 하여야 한다.[2]

그런데 신법에서는 종전에 민사소송규칙에 있던 임의적 기재사항인 i) 청구원인에 대항하는 증거방법의 기재, ii) 소장에 인용한 서증의 등본·사본의 첨부 여부도 소장심사를 할 수 있도록 민사소송법 제254조 제4항에 직접 규정하였다. 이것이 제대로 되어 있지 아니하면 증거방법을 적어내거나 서증의 제출을 명할 수 있도록 하였다. 이것은 소제기 단계부터 가능한 주장과 증거를 제출받아 변론을 집중하기 위하여 인정한 것이다. 그러나 임의적 기재사항과 관련된 보정명령에 대하여는 원고가 이에 응하지 아니하여도 소장각하명령을 할 수 없다는 점이 필수적 기재사항과 다른 점이다. 소송물의 특정이 아닌 심리의 편의를 위하여 인정하는 것이기 때문이다.

(3) 보정명령

① 심사한 결과 소장에 흠이 있는 경우에는 재판장은 상당한 기간을 정하여 그 보정을 명하여야 한다($^{254조 1}_{항 전문}$). 이를 보정명령이라 한다. 재판장은 법원사무관등으로 하여금 위 보정명령을 하게 할 수 있다($^{254조 1}_{항 후문}$). 보정명령을 발할 수 있는 사항은 위 필수적 기재사항에 관한 사실에 흠이 있는 경우, 인지가 부족한 경우,[3] 임의적 기재사항에 흠이 있는 경우 등이다($^{254조}_{4항}$). 보정명령의 대상은 임의적 기재사항에 관하여도 할 수 있지만, 재판장의 보정명령에 기초한 소장 각하명령은 필수적 기재사항과 인지가 제대로 붙지 아니한 경우에만 가능하다. 당사자가 인지보정명령에 따라 인지액 상당의 현금을 수납은행에 납부하면서 잘못하여 인지로 납부하지 아니하고 송달료로 납부한 경우에는 인지보정의 효과가 발생하지 않지만, 이 경우 소장 등을 심사하는 재판장은 신청인에게 인지를 보정하는 취지로 송달료를 납부한 것인지 석명을 구하고 다시 인지를 보정할 기회를 부여하여야 하고,

---

1) 同旨: 이시윤, 274면.
2) 대결 2013. 9. 9, 2013마1273(당사자 특정의 문제로 소송요건의 흠결로 보는 것임).
3) 소송대리인이 상소제기에 관한 특별수권을 따로 받았는데 만약 상소장에 인지를 붙이지 않은 흠이 있다면 소송대리인은 이를 보정할 수 있고 원심재판장도 소송대리인에게 인지의 보정을 명할 수 있다(대결 2013. 7. 31, 2013마670; 대판 2020. 6. 25, 2019다292026, 292033, 292040).

바로 소장이나 상소장을 각하하는 것은 석명의무를 다하지 아니한 위법이 있다.[4]

② 보정명령을 함에 있어서는 상당한 기간을 정하여 명령하여야 한다. 상당한 기간을 정하지 아니한 보정명령은 부적법하여 보정명령으로서 효력이 없다.[5] 인지부족의 경우에는 그 액수를 명시하여야 한다.[6] 보정기간은 불변기간(不變期間)이 아니므로,[7] 보정기간이 경과한 후에도 소장각하명령 전에는 보정이 가능하다.

③ 보정명령을 발할 수 있는 시기에는 제한이 없으므로, 변론이 개시된 뒤에는 물론이고 상소심에서도 가능하다.[8]

④ 재판장의 보정명령은 제439조의 통상항고 대상으로서의 '절차에 관한 신청을 기각한 명령'에 해당하지 않고, 또 불복할 수 있음을 정하는 별도 규정도 없으므로, 보정명령에 대하여는 독립하여 이의신청 또는 항고를 할 수 없다.[9] 다만 보정을 하지 아니하였다는 이유로 한 소장 각하명령에 대하여만 즉시항고 할 수 있을 뿐이다($\frac{254조}{3항}$). 그러나 원고의 보정기간의 연장신청에 대한 허용 여부는 재판장의 재량에 속한다.[10]

(4) 보정의 효력

보정의 효력과 관련하여 통설은 i) 필수적 기재사항의 형식적 부분의 정정과 부족인지의 보정의 경우에는 소장 제출 시에 적법하게 소장이 제출된 것으로 보지만,[11] ii) 청구의 내용이 불특정하여 보정을 한 경우에는 보정 시에 소장이 제출된 것으로 본다. 다만 비록 청구내용이 불명하더라도 청구의사는 소장제출시에 분명히 밝힌 것이기 때문에 항상 소장제출시로 소급시키자는 견해도 있다.[12] 판례 중 채권자가 채무자의 사망사실을 모르고 채권자대위소송을 제기하였다가 그 채무자 표시를 상속인들로 정정한 사안에서 소송계속의 판단을 함에 있어서 정정

---

4) 대결 2014. 4. 30, 2014마76; 대결 2021. 3. 11, 2020마7755(상소장 인지 보정명령의 경우임).
5) 대결 1980. 6. 12, 80마160.
6) 대결 1991. 11. 20, 91마616.
7) 대결 1978. 9. 5, 78마233.
8) 대판 1969. 12. 26, 67다1744; 대판 2002. 11. 26, 2002다48719.
9) 대결 1967. 11. 30, 67마1096; 대결 1969. 12. 19, 69마500; 대결 2015. 3. 3, 2014그352(인지보정명령은 소장 각하명령에 대하여 즉시항고하면 이와 함께 상소심의 심판을 받는 중간적 재판의 성질을 가지므로 제449조의 특별항고의 대상으로 정하고 있는 '불복할 수 없는 명령'에도 해당하지 아니함).
10) 대결 1969. 12. 19, 69마500.
11) 대판 1994. 11. 25, 94다12517(채권자의 제3채무자에 대한 채권자대위소송에서 사망한 채무자 명의를 상속인 명의로 정정함)
12) 호문혁, 111면.

전에 송달된 시점을 기준으로 하고 있는 점에 비추어 보면 통설과 같은 것으로 보인다.[13] 통설의 입장이 타당하다고 본다.

(5) 소장각하명령

① 원고가 보정기간 내에 보정을 하지 아니하는 경우에는 재판장은 명령으로 소장을 각하하여야 한다($\frac{254조}{2항}$). 이러한 소장각하명령은 소장이 적식(適式)하지 아니하여 수리하지 못하고 이를 반환한다는 취지이므로, 소장을 일단 접수한 후에 소가 부적법하다는 이유로 하는 소각하명령과는 구별된다. 그러나 소장각하명령 시에 소장원본을 반환할 필요는 없다.[14] 소장각하명령을 하게 되면 납부된 인지의 1/2를 반환하게 된다($\frac{민인 14}{조 1항}$).

② 재판장의 소장 각하권의 행사시기와 관련하여 견해가 나뉜다. 재판장이 소장 각하권을 행사할 수 있는 시기가 소장부본이 피고에게 송달된 때라고 보는 견해(소송계속시설),[15] 변론개시 시까지라는 견해(변론개시시설)[16]가 있다. 생각건대 소장심사권을 재판장에게 준 것이 변론개시 전에 비교적 간단한 소장의 적식 여부에 관한 판단을 신속하게 하기 위하여 인정한 것이라는 점에 비추어 보면, 변론이 개시된 뒤에는 원칙으로 돌아가 재판부에서 처리하는 것이 타당할 것이다(변론개시시설).[17] 따라서 변론이 개시된 후에 소장의 적식과 관련한 흠이 발견된 경우에는 보정명령은 절차진행자인 재판장이 행사하는 것이 타당하지만,[18] 재판부의 판단인 판결로서 소를 각하하여야 한다.

판례는 항소심재판장이 항소장 부본의 송달불능을 이유로 상당한 기간을 정하여 주소보정을 명하였으나 이에 불응한 경우 재판장 단독으로 항소장 각하명령하려면 항소장부본이 송달되어 법원과 당사자 사이에 소송관계가 성립되기 전인 항소장부본 송달 전까지만 가능하다고 하여, 항소심에서의 주소보정과 관련하여서는 소송계속시설의 입장이지만,[19] 소장의 필수적 기재사항의 미비와 인지 부족에 따

---

13) 대판 1994. 11. 25, 94다12517. 판례 중 대법원 2007. 3. 30. 자 2007마80 결정이 있으나 인지보정명령에 따른 보정의 효력 발생시점을 인지 상당액을 은행에 현금으로 납부한 때이지 법원에 인지 등 납부서를 제출한 때가 아니라고 한 것으로서, 보정의 효력 발생시점에 관한 판례이고 보정에 따른 적법한 소장의 제출시점에 관한 것은 아니라고 본다.

14) 대판 1975. 9. 23, 75다1109.

15) 강현중, 353면; 김홍엽, 341면; 한충수, 242면; 호문혁, 112면.

16) 송상현/박익환, 254면; 이시윤, 276면; 정동윤/유병현/김경욱, 97면.

17) 대결 1973. 10. 26, 73마641.

18) 同旨: 정동윤/유병현/김경욱, 97면.

19) 대결 2020. 1. 30, 2019마5599, 5600. 종래 대결 1973. 10. 26, 73마641 사건과 대결 1981.

른 보정명령의 경우에는 명확한 판례가 없다고 보인다. 소송계속 후 변론개시 전에 인지 등 보정명령에 응하지 아니한 경우에는 재판장의 소장각하명령으로 소송관계를 명확히 하는 것이 타당할 것이다. 변론개시시설을 찬성한다.

(6) 즉시항고

재판장의 소장각하명령에 대하여 즉시항고할 수 있다($^{254조}_{3항}$). 판례는 인지보정명령에 대하여 소정기간 내에 보정을 하지 아니하여 재판장이 소장각하명령을 한 경우에는 즉시항고를 하면서 또는 항고심 계속 중에 이를 보정을 하더라도 그 흠이 보정된 것이 아니라고 하여 항고심에서 원심의 소장각하명령을 경정할 수 없다고 한다.[20] 최근에는 각하명령 정본이 당사자에게 고지되기 전에 부족한 인지를 보정한 경우에도 재도의 고안 등으로 취소할 수 없다고 하여 매우 엄격하게 이를 고수하고 있다.[21] 대법원의 이러한 결정은 인지보정을 촉진하기 위한 것으로 이해할 수 있지만, 항고심이 속심으로서의 성질과 원고의 경제적 손실의 방지라는 면(반환되지 아니하는 인지의 1/2부분)에서 변경할 필요가 있다고 본다.[22]

3. 소장부본의 송달

(1) 재판장이 소장을 심사한 결과 적식하다고 인정되거나, 보정에 응하여 소장이 적식하게 된 경우에는 법원은 즉시 소장부본을 피고에게 송달하여야 한다($^{255조}_{1항}$). 소장부본이 피고에게 송달됨으로써 소송계속이 발생하고, 그 다음날부터 지연손해금이 연 12%로 되며($^{소촉법}_{3조 1항}$), 또한 소장에 기재된 최고·해지·해제 등의 실체법상의 의사표시의 효력이 발생한다. 소송부본이 피고에게 송달됨으로 인하여 피고가 원고의 소에 대한 자신의 태도(다툴 것인지 아니면 그대로 인정할 것인지 여부)를 명확히 할 수 있어 소송촉진에 도움이 된다. 따라서 피고에게 신속한 소장부본의 송달이 요망된다고 할 것이다.

(2) 소장에 적힌 피고의 주소가 잘못되어 송달할 수 없는 경우에는 재판장은 원고에게 상당한 기간을 정하여 주소보정을 명하고, 원고가 이에 응하지 아니할

---

11. 26, 81마275 사건을 보면 변론개시시설의 입장으로 볼 가능성이 높다. 위 대법원 결정들 모두 항소심에서의 주소 보정명령과 관련된 사안이어서 소장심사권을 직접 다룬 사건은 아닌 것으로 보인다.

20) 대결(전) 1968. 7. 29, 68사49; 대결 1996. 1. 12, 95두61.

21) 대결 2013. 7. 31, 2013마670.

22) 同旨: 이시윤, 276면; 정동윤/유병현/김경욱, 97면.

때에는 소장각하명령을 하여야 한다($\frac{255조\ 2항;}{254조\ 2항}$). 다만 원고가 피고의 주소를 알 수 없을 경우에는 주민등록이 말소된 사실 등을 소명하여 공시송달 신청을 할 수 있다($\frac{194}{조}$).

4. 피고의 답변서제출의무와 무변론판결

(1) 피고의 답변서제출의무

① 신법은 피고가 공시송달 이외의 방법으로 소장부본을 송달받은 경우에는 원고의 청구를 다투려고 하면 30일 이내에 답변서를 제출하여야 한다($\frac{256조}{1항}$). 법원은 소장부본을 송달하면서 피고에게 답변서제출의무를 알려야 한다($\frac{256조}{2항}$). 실무적으로는 소장부본과 같이 소송절차안내서를 보낸다. 이렇게 피고에게 답변서제출의무를 부과하고 법원이 이를 고지하도록 한 것은 피고의 응소여부를 신속히 결정하도록 하고, 다투는 경우에도 소송자료의 수집을 신속하게 하기 위한 것이다. 심리의 신속과 집중을 꾀하기 위한 것이다.

② 피고가 제출하는 답변서에는 준비서면의 규정을 준용하므로($\frac{256조\ 4항;}{274조}$), 준비서면에 기재할 사항을 적어야 한다. 구체적으로 보면 i) 청구취지에 대한 답변, ii) 소장에 기재된 개개의 사실에 대한 인정 여부, iii) 항변과 이를 뒷받침하는 구체적인 사실, iv) 이러한 것에 대한 증거방법의 적시(摘示) 등이다($\frac{규칙\ 65}{조\ 1항}$).

③ 답변서에 청구취지에 대한 답변으로 「원고의 청구를 모두 기각한다.」는 취지의 답변만을 하고, 청구원인에 대한 답변에 대하여는 '전부 부인' 또는 '전부 부지'한다는 형식적인 답변서는 특별한 사정(예: 변호사가 30일 기한에 촉박하게 선임되어 충분히 준비할 수 없는 등의 경우)이 없는 한 허용될 수 없고, 이 경우에는 재판장은 법원사무관 등으로 하여금 취지에 맞는 답변서를 제출하도록 촉구하여야 한다($\frac{규칙\ 65}{조\ 3항}$).

④ 원고의 청구를 다투는 취지의 답변서가 제출된 경우에는 그 부본을 원고에게 송달하여야 한다($\frac{256조}{3항}$). 답변서가 제출되어 사건을 변론기일에 넣게 되는 경우에도 미리 검토하여 변론준비절차에 회부할 사건을 분류할 필요가 있다($\frac{규칙\ 69}{조\ 1항}$).

(2) 무변론판결

① 신법에서는 피고가 소장부본을 송달받은 날로부터 30일 이내에 답변서를 제출하지 아니할 때에는 원고의 청구원인사실에 대하여 자백한 것으로 보아 변론

없이 원고승소판결을 선고할 수 있다($^{257조 1항}_{본문}$). 또한 피고가 원고의 청구원인 된 사실을 전부 자백하고 따로 항변하지 아니하는 답변서를 제출한 때에도 마찬가지이다($^{257조}_{2항}$). 이러한 판결을 무변론판결이라 한다. 구법과 달리 피고가 다투지 아니하는 사건에 대하여 형식적·기계적으로 별도의 변론기일과 선고기일을 잡는 번잡함 없이 신속하게 판결을 할 수 있도록 하였다는 점에서 제도적으로 상당한 의미가 있다고 본다. 이것은 신법에서 신속하게 처리될 수 있는 사건은 절차에 구애받지 아니하고 신속하게 처리하고, 당사자 사이에 다툼이 있는 사건은 집중심리를 통하여 신중하게 처리를 함으로써 민사소송의 이상인 신속과 적정을 동시에 추구하려는 것이 잘 나타났다고 할 수 있다. 무변론판결제도는 신속한 재판의 이상을 상징적으로 나타내는 제도라고 평가할 수 있다.

② 법원은 피고에게 소장부본을 송달하면서 무변론판결의 선고기일을 예고적으로 통지할 수 있고($^{257조}_{3항}$), 무변론판결서의 이유 기재에 있어서도 판결을 이유 있게 할 사항이 아니고 소송물을 특정하는데 필요한 사항만 간략하게 표시할 수 있다($^{208조}_{3항}$).

③ 무변론판결제도의 도입으로 인하여 답변서가 가지는 법적 의미가 종전과 달리 피고가 제출한 최초의 준비서면에 그치는 것이 아니라, 무변론판결을 저지하는 효력을 가진 서면이기도 하다.[23]

④ **무변론판결의 예외**

답변서가 제출되지 아니한 사건이라도 i) 공시송달사건($^{256조 1}_{항 단서}$), ii) 직권조사사항이 있는 사건이거나, iii) 판결 선고기일까지 피고가 원고의 청구를 다투는 취지의 답변서를 제출한 경우($^{257조 1}_{항 단서}$)[24] 등과, iv) 소액사건에서 하는 이행권고결정에 대하여 피고가 이의를 한 경우($^{소액}_{조의4}5$)에는 무변론판결을 할 수 없다. v) 기타 당사자의 주장에 구속되지 아니하는 형식적 형성소송, 자백간주의 법리가 적용되지 아니하는 사건의 경우도 같다.[25] 소액사건은 소장부본을 송달하면서 이행권고결정을 동시에 송달하는 이행권고제도가 이용되고 있으므로 무변론판결제도가 이용될 가능성은 낮다.[26]

---

23) 同旨: 이시윤, 279면.

24) 만약 기각을 구하는 취지의 답변서를 피고가 제출하였음에도 이를 간과하고 무변론판결을 한 경우에는 제1심판결의 절차가 법률에 어긋난 경우에 해당하므로 제417조에 따라 제1심판결을 취소하여야 한다(대판 2020. 12. 10, 2020다255085).

25) 同旨: 이시윤, 279면.

26) 이행권고결정에 대하여 이의하지 아니하면 이행권고결정이 확정되어 판결과 같은 효력이 있

⑤ 무변론판결제도의 운영상의 유의점

무변론판결제도를 운영함에 있어서 다음과 같은 것은 고려하여야 할 것이다. 첫째, 외국에 주소를 둔 피고에게 30일 이내에 답변서제출의무를 형식적으로 강요하는 것은 문제이다. 30일 이내에 답변서의 제출의무를 정하고 있는 민사소송법 제256조 제1항은 강행법규라고 보기 어렵기 때문에 외국에 주소를 둔 피고의 경우에는 답변서제출기간을 30일이 넘는 상당한 기간(최소한 60일은 넘어야 함)을 주어야 할 것으로 본다.[27] 둘째, 무변론판결의 경우라도 원고의 소장에 지연손해금의 이율, 기산점 등이 잘못된 경우에는 원고청구의 일부기각도 가능하다고 본다.[28] 셋째로 원고의 청구가 주장 자체로 이유 없는 경우에는 무변론판결을 통하여 원고청구를 전부 기각하는 것은 무변론판결의 취지에 부합하지 아니하므로, 변론기일을 열어 보정의 기회를 주고 그것이 여의치 아니한 경우에 통상의 판결을 선고하는 것이 타당하다.[29]

5. 변론준비절차에의 회부

(1) 재판장은 피고가 원고의 청구를 다투는 취지의 답변서를 제출한 경우에는 그 부본을 원고에게 송달하고($\frac{256조}{3항}$) 바로 변론기일을 지정하여야 하고, 다만 쟁점과 증거의 정리가 필요한 경우에는 변론준비절차에 부쳐 변론준비절차를 거치게 된다($\frac{258조}{1항}$, 279). 종전에는 피고의 답변서가 제출되면 필요한 정도의 서면공방(통상 2-3회 정도임)을 통하여 서면에 의한 변론준비절차가 진행된 후에 쟁점과 증거정리를 위하여 변론준비기일을 거치도록 하였다. 그러나 2008. 12. 26. 법률 제9171호(시행: 2008. 12. 26.)로 민사소송법 제258조, 제279조 제1항을 개정하여 종전에 변론준비절차를 선행하도록 한 규정을 바꾸어 변론기일을 우선 지정하고 필요한 경우에 변론준비절차를 거칠 수 있도록 하였다.

(2) 일단 사건이 변론준비절차에 회부된 경우에는 당사자로 하여금 준비서면, 그 밖의 서류를 제출하게 하거나 당사자 사이에 2-3회 교환하도록 하고 주장사실을 증명할 증거를 신청하게 한다($\frac{280}{조}$). 재판장 등은 변론준비절차를 진행하는 동안에 주장 및 증거를 정리하기 위하여 필요하다고 인정하는 때에는 변론준비기일을

고, 이의할 경우에는 다툰 것으로 보아 변론절차로 진행되기 때문이다.

27) 同旨: 이시윤, 279면.
28) 同旨: 이시윤, 279면.
29) 대판 2017. 4. 26, 2017다201033.

열어 당사자를 출석하게 할 수 있다($\frac{282조}{1항}$).

(3) 구법에서 신법으로 전면개정 되면서 원칙적으로 모든 사건을 변론준비절차를 거치게 하였다가 위와 같이 2008. 12. 26. 법률 제9171호로 민사소송법 제258조, 제279조 제1항을 개정하여 원칙적으로 변론기일을 지정하도록 하고, 다만 필요한 경우에 한하여 변론준비절차를 거치도록 하고 있다. 종전에 모든 사건을 변론준비절차를 거치도록 하여 준비절차를 거칠 필요가 없는 많은 사건에 대하여 변론준비절차를 거치도록 함으로써 변론기일과 중복되는 면이 없지 아니하였고, 이로 인한 법관의 업무부담의 증가와 제1차 변론기일에 들어갈 때까지 많은 시일이 필요하여 소송지연의 원인이 되었기 때문으로 생각된다. 이러한 사정이 있다는 것은 알고 있으나, 개정이 성급한 감이 있다는 느낌이다. 신법 이후 개정 전까지의 우선적 변론준비절차의 회부에 따른 제도운영 결과를 통계 등에 기초하여 실증적인 연구가 필요한 부분이다.

6. 변론기일의 지정 · 통지

피고가 원고의 청구를 다투는 취지의 답변서가 제출되었으나 변론준비절차에 회부할 필요가 없는 사건이거나, 변론준비절차를 마친 사건에 대하여는 재판장은 바로 변론기일을 지정하여 당사자에게 통지하여야 한다($\frac{258조}{2항}$). 변론기일의 운영은 종전과 같이 변론준비절차를 거친 것과 관계없이 집중심리를 통하여 신속히 마칠 수 있도록 하여야 한다($\frac{287조}{1항}$). 변론절차 중에 변론준비절차가 필요한 경우에 변론절차를 중지하고 변론준비절차에 회부하여 주장과 증거를 정리한 후에 다시 변론절차를 속행할 수 있음은 물론이다.

Ⅲ. 소제기에 대한 피고의 대응

원고의 소제기에 대하여 피고는 처분권주의와 변론주의에 비추어 보면 크게 네 가지 형태로 분류할 수 있다.

첫째로 원고의 청구를 다투지 않는 방법이다. 피고가 원고의 소장부본을 송달받고 30일 이내에 원고의 청구를 다투는 답변서를 제출하지 아니하거나, 원고의 청구원인사실을 전부 인정하는 답변서를 내고 별도의 방어방법을 제출하지 아니하여 무변론판결을 받는 것이다. 또는 원고의 청구를 다투는 취지의 답변서를 소정의 기간 내에 제출하였으나 변론준비기일 또는 변론기일에 출석하여 이를 진술하지 아니하고 원고의 청구원인사실을 모두 인정하여 원고승소판결이 선고되게 하거나, 한 걸음 나아가 원고의 청구를 인낙($^{220}_{조}$)하는 경우이다. 청구인낙조서는 피고 패소판결과 같은 효력이 발생하여 소송이 종료하게 된다.

둘째로 원고의 청구를 소극적으로 방어하는 방법이다. i) 피고가 본안전 항변을 제출하여 소각하판결을 구하거나, 관할위반을 주장하여 이송신청을 하는 경우 등을 생각할 수 있다. ii) 또한 본안에 들어가서 실체상의 이유를 들어 청구기각을 구하는 경우이다. 우선 원고의 청구원인사실을 부인(否認)하거나, 모른다고 함(不知)으로 인하여 원고가 자신의 주장사실을 증거를 통하여 증명하도록 하거나, 또는 원고의 청구원인사실을 전부 또는 일부를 인정하면서 이것과 양립되는 별도의 권리장애사실·권리멸각사실·권리저지사실[30] 등에 기초하여 항변을 제출하여 다투는 방법이 있다. 특히 상계항변은 피고의 권리가 원고의 권리와 대등액에서 소멸되고 기판력이 발생한다는 점($^{216조}_{2항}$)에서 출혈적 방어방법이라 하여 항변 중에 가장 나중에 판단하여야 한다.

셋째로 원고의 청구를 적극적으로 방어하는 방법이다. 즉 단순히 원고의 청구를 부인·부지 하거나, 항변을 제출하는 데 그치지 아니하고 적극적으로 원고를 상대로 반소 또는 중간확인의 소를 제기하는 것을 말한다. 원고의 청구를 소극적으로 막는 것을 넘어 해당 소송절차를 통하여 관련된 문제에 관하여 자신의 권리를 적극적으로 행사하는 경우이다.

넷째로 원고와 피고가 상호 양보하여 분쟁을 종결시키는 소송상의 화해($^{220}_{조}$)를 하는 경우이다.

피고는 원고의 소에 대하여 대체로 이상과 같이 네 가지로 대응할 수 있고, 첫째와 넷째는 소송절차가 신속히 종결되나, 둘째와 셋째의 경우에는 본격적인 심리를 거쳐 판결이 선고된다.

---

30) 권리장애사실은 권리가 부존재·무효 등으로 인하여 처음부터 발생하지 아니한 경우의 사실이고, 권리멸각사실은 권리는 일단 발생하였으나 취소·해제 등으로 권리가 사후적으로 소멸한 경우의 사실이며, 권리저지사실은 권리는 발생하였으나 현재 효력발생이 저지된 사실을 의미한다.

제6절 소제기의 효과

소가 제기되어 피고에게 소장부본이 송달되면 소송법상 소송계속(訴訟係屬)의 효력이 발생하고, 동일사건의 소송계속이 금지되는 중복된 소제기가 금지된다($\frac{259}{조}$). 기타 실체법상 시효의 중단, 법률상의 기간준수의 효력 등이 발생하게 된다.

Ⅰ. 소송계속

1. 의 의

소송계속(Rechtshängigkeit, pending)이라 함은 특정한 청구에 대하여 법원에 판결절차가 현실적으로 존재하는 상태를 말한다. 즉 특정사건이 일정한 법원에 판결절차로 심판되고 있는 상태를 가리킨다.

(1) 소송계속은 「판결절차」에 의하여 처리되는 상태를 말한다. 따라서 판결절차가 아닌 강제집행절차, 가압류・가처분절차, 증거보전절차, 중재절차 등에 현존하고 있는 경우에는 소송계속이라 할 수 없다. 채무자의 이의나 제소신청으로 직접 소송절차로 이행할 수 있는 독촉절차, 제소전화해절차, 조정절차에 현존하고 있는 경우에 소송계속이라고 할 것인지가 문제된다. 소송계속이 있다고 보는 견해가 통설이다. 그러나 독촉절차는 간이소송절차이므로 소송계속으로 볼 수 있으나, 제소전화해절차・조정절차는 다른 절차이므로 제소신청을 한 때에 비로소 소급적으로 소송계속이 된다는 견해가 있다.[1] 제소전화해절차・조정절차는 소송절차와는 다른 특성을 가지고 있다는 점에 비추어 보면 후설이 타당하다고 본다. 따라서 독촉절차의 경우에는 독촉절차를 신청한 때부터 소송계속이 있고, 제소전화해절차・조정절차의 경우에는 불성립으로 제소신청을 한 경우에 한하여 해당 절차의 신청을 한 때로 소급하여 소송계속이 발생한다고 할 것이다.

(2) 소송계속은 판결절차에 현존하면 성립하는 것이므로, 그 소가 소송요건을 갖추지 못한 경우에도 해당한다. 따라서 소송제한능력자가 제기한 소이거나, 관할이 없는 법원에 제기한 소도 소송계속이 발생한다.

---

1) 이시윤, 285면.

(3) 소송계속은 특정한 청구, 즉 소송물에 대하여 성립하는 것이다. 그렇기 때문에 청구 이외의 공격·방어방법으로 주장한 권리관계(예: 선결적 법률관계, 상계항변 등)에는 미치지 아니한다.

2. 발생시기

독일의 경우 소의 제기는 소장부본을 송달함으로 이루어지고($\frac{ZPO\ 253}{조\ 1항}$), 소송계속은 소의 제기로 발생한다고 명문으로 규정하고 있다($\frac{ZPO\ 253}{조\ 2항}$). 반면 우리의 경우에는 소송계속의 발생시기에 관하여 명문의 규정이 없어 그 발생시기에 대하여 견해가 나뉜다. 시효중단의 시기가 소장제출 시부터 있다는 민사소송법 제265조에 근거한 소장제출시라는 견해가 있으나(소장제출시설), 소송법률관계가 원고와 피고, 법원의 3면적 소송법률관계라는 점에 비추어 보면 피고에게 소장부본이 송달된 때로 보는 소장부본 송달시설이 타당하다. 후자가 통설·판례[2]의 입장이다.

3. 종료사유

(1) 소송계속의 원칙적 종료사유는 판결의 확정이다. 따라서 판결이 선고되었으나 상소함으로써 확정되지 아니한 경우에는 상소심에 소송계속 중인 것이다.

(2) 그 외에 소장의 각하,[3] 이행권고결정·화해권고결정의 확정, 화해조서나 청구의 포기·인낙조서의 작성, 소의 취하 또는 취하간주($\frac{268}{조}$) 등에 의하여 소멸한다.

(3) 선택적·예비적 병합청구의 경우에 어느 한 청구를 인용한 판결이나 주위적 청구를 인용한 판결이 확정되면 심판을 받지 아니한 다른 청구나 예비적 청구도 소송계속이 종료된다.[4] 소송계속의 종료효과를 다투어 기일지정신청을 하였으나 이유가 없거나, 소송계속의 종료를 간과하고 심리를 진행한 경우에는 판결로서 소송종료선언을 함으로써 소송계속의 부존재를 확인하게 된다.

---

2) 대판 1989. 4. 11, 87다카3155; 대판 1990. 4. 27, 88다카25274; 대판 1994. 11. 25, 94다 12517, 12524.

3) 소장부본 송달시설에 의하면 소송계속 전 보정명령 단계에서 각하된 경우는 소송계속이 되기 전이므로 소송계속의 소멸은 인정할 수 없다고 할 것이다.

4) 이 경우 다른 청구 또는 예비적 청구의 소송계속이 소급적으로 소멸한다는 견해가 있으나(이시윤, 286면), 판결의 효력과 관련하여 생각하면 의문이다.

4. 효   과

(1) 소송계속이 발생하면 그로 인하여 i) 소송참가($^{71,\,81,}_{82조}$), 소송고지($^{84}_조$)가 가능하고, ii) 독립당사자참가($^{79}_조$) 또는 청구의 변경($^{262}_조$)이나, 중간확인의 소($^{264}_조$)·반소($^{269}_조$) 등의 소송중의 소에 있어서 관련청구의 재판적이 인정되고, iii) 중복된 소제기의 금지($^{259}_조$)의 효과 등이 생긴다.

(2) 특히 소송계속이 되면 법원·당사자·청구가 일단 특정되는지 여부에 관하여 견해가 나뉜다. 독일법제와 달리 우리는 소제기로 인한 소송계속으로 법원·당사자·청구가 항정(恒定) 또는 특정되는 것이 아니고, 특히 소송이송이나 당사자의 변경(예: 피고경정 또는 필수적 공동소송인의 추가) 및 청구의 변경이 가능하므로 소송계속으로 인하여 법원·당사자·청구가 항정 또는 특정되는 것이 아니라는 견해도 있지만,[5] 소송이송·당사자변경·청구의 변경 등은 소송계속 후에 일반적으로 발생하는 것이 아니고 예외적으로 나타나는 현상인 점에 비추어 보면 소송계속으로 법원·당사자·청구가 일단 특정된다고 보는 것이 합리적이다.[6]

Ⅱ. 중복된 소제기의 금지

1. 의   의

법원에 이미 소송계속이 생긴 사건에 대하여는 당사자는 다시 소를 제기하지 못한다($^{259}_조$). 이를 중복된 소제소의 금지 또는 이중소송의 금지의 원칙이라 한다.

중복된 소제기를 금지하는 이유는 첫째로 중복소송으로 인하여 동일한 사건에 대하여 모순·저촉되는 판결이 나오는 것을 사전에 방지하기 위한 것이고, 둘째로 법원에게 동일한 사건에 대하여 중복된 심리를 하도록 하거나, 당사자에게 중복된 소송수행을 강요하는 것이 소송경제에 반하기 때문이다. 그러나 판결의 확정으로 사회적인 분쟁을 종결하려는 민사소송의 목적에 비추어 보면 중복소송을 금지하는 근본적인 이유는 판결의 모순·저촉을 사전에 방지하기 위한 것으로 평가된다.

---

5) 이시윤, 286면.
6) 同旨: 정동윤/유병현/김경욱, 318면.

2. 요　　건

중복된 소제기에 해당하려면 i) 전소의 소송계속 중에 후소가 제기되어야 하고, 또한 ii) 전소와 후소가 동일하여야 한다. 전소와 후소가 동일하다는 것은 소송의 주체인 당사자가 동일하고, 나아가 심판의 객체인 청구(소송물)가 동일하여야 한다. 이하에서는 중복된 소제기의 전제가 되는 위 i)의 요건에 대하여 살펴본 후에, 위 ii)의 요건에 해당하는 부분을 주체적 요건(당사자의 동일)과 객체적 요건(소송물의 동일)으로 나누어 살펴보겠다.

(1) 전소의 계속 중에 후소를 제기할 것

① 판결이 중복되어 판결의 모순·저촉의 염려가 있는 것은 동일사건에 관하여 전소와 후소가 모두 소송계속 된 경우에 발생하는 것이므로, 중복된 소제기로서 금지되는 것도 전소의 소송계속 중에 후소가 제기된 경우를 의미한다. 전소와 후소의 판단기준은 소송계속의 발생시기 즉 소장부본이 피고에게 송달된 때의 선후에 의하여 결정된다.[7] 전소와 후소의 법원이 동일할 필요는 없고, 우리나라 법원과 외국 법원 사이에 소송이 계속된 때에도 중복된 소제기 여부가 문제될 수 있다.

② 전소가 소송요건을 구비하지 못하여 부적법한 소라고 하여도 무방하고,[8] 후소는 반드시 독립의 소이거나, 단일의 소일 필요가 없다. 즉 후소가 다른 청구와 병합되어 있든, 다른 소송에서 청구의 변경, 반소 또는 소송참가($^{79,\ 81,}_{83조}$)[9]에 의하여 제기되어도 상관없다. 다만, 후소가 전소의 소송절차 내에서 반소의 방법으로 제기된 때에는 판결의 모순·저촉 가능성이 없으므로 중복된 소제기에 해당하지 아니한다. 후소의 제소 당시 전소가 계속되어 중복된 소제기에 해당하는 경우에도 후소의 변론종결 시까지 전소가 취하·각하 등으로 소송계속이 소멸되면 중복된 소제기는 해소된다.[10] 보전처분 신청이 중복신청에 해당하는지 판단하는 기준시점은 후행 보전처분 신청의 심리종결시이다.[11]

---

7) 대판 1994. 2. 8, 93다53902; 대판 1994. 11. 25, 94다12517, 12524.
8) 대판 1998. 2. 27, 97다45532.
9) 대판 1966. 2. 15, 65다2371, 2372.
10) 대판 2017. 11. 14, 2017다23066.
11) 대결 2018. 10. 4, 2017마6308(보전명령에 이의신청이 있는 경우에는 이의심문 종결 시이다). 같은 이치로 특허심판원에 계속 중인 심판에 대하여 동일한 당사자가 동일한 심판을 다시 청구한 경우, 후심판이 중복심판청구금지에 위반되는지 판단하는 기준시점은 후심판의 심결 시이다(대판 2020. 4. 29, 2016후2317).

③ 소송계속 중에 소송의 목적인 권리의무(소송물)가 승계된 경우에, 승계인이 그 소송의 상대방 당사자에 대하여 소송물의 승계를 이유로 새롭게 소를 제기하였으나, 참가승계($^{81}_{조}$)나 인수승계($^{82}_{조}$)에 의하여 승계인이 전 소송을 승계한 경우에는 자신이 승계를 이유로 제기한 신소는 후소에 해당하여 중복된 소제기에 해당된다.

(2) 전소와 후소가 동일할 것

전소와 후소가 동일하여야 한다. 즉 양소(兩訴)가 동일하기 위하여는 당사자가 동일하여야 하고, 나아가 심판의 대상인 소송물이 동일하여야 한다. 이하에서는 주체적 요건인 '당사자의 동일'과 객체적 요건인 '소송물의 동일'에 대하여 살펴보겠다.

① 주체적 요건(당사자의 동일)

(a) 전소와 후소의 당사자가 동일하여야 하며, 전·후소 사이에 원고와 피고가 바뀌는 것은 상관없다. 따라서 소송물이 동일하더라도 당사자가 다르면 동일한 소가 아니다.

(b) 일정한 경우 양소의 당사자가 다르다고 하여도 후소의 당사자가 기판력의 확장으로 전소의 판결의 효력을 받게 될 경우에는($^{218}_{조}$), 당사자가 달라도 동일사건으로 취급된다. 여기에는 선정당사자와 선정자 사이, 채권자대위권과 관련하여 채권자와 채무자 사이 및 채권자들 사이, 사실심의 변론종결 후에 소송물을 양수한 자가 동일한 권리에 관하여 재차 소를 제기한 경우 등이다.

(c) **채권자대위권과 중복소송**   중복된 소제기와 관련하여 판례에 가장 자주 등장하는 것이 채권자대위권과 관련한 문제이다. 첫째, 채권자가 채권자대위권에 기초하여 제3채무자를 상대로 소를 제기한 후에 채무자가 동일한 내용의 별소를 제3채무자를 상대로 제기한 경우이다. 판례는 채무자의 후소는 언제나 중복된 소제기에 해당한다고 한다.[12] 다수설도 같다.[13] 그런데 채권자대위소송의 판결의 효력이 채무자에게 미치는지 여부와 관련하여, 대법원 1975. 4. 22. 선고 74다1664 판결(전원합의체)에 의하면 "채권자가 채권자대위권을 행사하는 방법으로 제3채무자를 상대로 소송을 제기하여 판결을 받은 경우에 어떠한 사유로 인하였든 간에 채무자가 채권자대위권에 의한 소송이 제기된 사실을 알았을 경우에는 그 확정판결의 효력이 채무자에게도 미친다."고 판시하고 있다. 이에 의하면 채무자가 채권자의 채권자대위소송의 제기 여부를 모르고 있을 경우에 채권자대위소송의 기판력

---

12) 대판 1974. 1. 29, 73다351; 대판 1977. 2. 8, 76다2570; 대판 1998. 2. 27, 97다45532.
13) 강현중, 357면; 송상현/박익환, 282면; 정동윤/유병현/김경욱, 321면.

이 채무자에게 미치지 아니한다는 결론에 이른다. 위 전원합의체의 판결의 취지와 관련하여 채무자가 채권자대위소송이 제기된 상태에서 후소를 제기하면 곧바로 중복된 소제기에 해당한다고 하여 각하할 것이 아니라 채무자에게 전소의 소송계속을 알려 그 소송에 참가의 기회를 준 연후에(즉 채권자대위소송의 기판력을 미치게 한 후에) 각하를 하는 것이 타당하다는 유력한 견해가 있다.[14] 그러나 중복된 소제기의 금지는 기판력의 모순·저촉을 사전에 예방하기 위한 제도로서, 채권자대위소송에서의 기판력이 채무자에게 미치는가 여부의 문제와는 별개이고, 이 경우를 중복된 소제기에 해당한다는 판례와 위 전원합의체 판결의 취지가 배치된다고 할 수 없다. 따라서 채무자가 채권자대위소송의 제기를 알고 있는지 여부와 관계없이 일률적으로 이를 금지하는 판례 및 다수설의 견해가 타당하다. 그런데 채무자가 전소인 채권자대위소송의 변론종결 전에 제기된 경우에는 전소가 실체법상 대위권 행사요건을 갖추지 못하여 즉 채무자가 권리를 행사하고 있으므로 전소청구를 기각하여야 하고, 변론종결 후인 경우에는 별소로서 효력이 있다는 견해도 있다.[15]

둘째, 채권자의 채권자대위소송 중 제3의 채권자가 동일한 채권에 관하여 채권자대위소송을 제기한 경우,[16] 채권자대위소송 중 다른 채권자에 의한 동일한 제3채무자에 대한 추심소송이 제기된 경우 등이 문제되나, 이 경우도 후소는 중복된 소제기에 해당하여 각하되어야 할 것이다(屬).

셋째, 채무자가 제3채무자를 상대로 소송계속 중에 채권자가 제3무자를 상대로 채권자대위권에 기초하여 소를 제기한 경우이다. 이 경우도 채권자가 제기한 후소는 원칙적으로 중복제소에 해당한다.[17] 하지만 채무자가 제3채무자를 상대로 소송계속 중에 압류 및 추심채권자가 후소로 동일한 채권에 대하여 제3채무자를 상대로 추심의 소를 제기한 경우에는 오히려 채무자가 채권에 대한 추심권을 상실하게 되어 채무자의 전소는 채무자의 당사자적격의 흠결을 이유로 소를 각하하여야 한다.[18] 한편 채무자가 이미 본안에서 패소판결을 받았거나,[19] 소를 합의로 취하한 경우[20] 등에 있어서는 중복제소와 같이 소송계속이 경합되는 경우가 아니므로,

---

14) 이시윤, 288면; 김홍규/강태원, 261면
15) 호문혁, 154면.
16) 대판 1998. 2. 27, 97다45532; 대판 2015. 7. 23, 2013다30301(공동소송참가는 적법함).
17) 대판 1981. 7. 7, 80다2751.
18) 대판 2000. 4. 11, 99다23888; 대판 2008. 9. 25, 2007다60417; 대판(전) 2013. 12. 18, 2013다202120.
19) 대판 1992. 11. 10, 92다30016; 대판 1993. 3. 26, 92다32876; 대판 2020. 6. 25, 2019다218684.

이러한 형태의 채권자의 대위소송은 중복소송의 문제는 아니고 채권자대위권 행사 요건과 관련한 문제로서 채무자가 이미 자신의 권리를 행사한 것이므로 채권자는 채무자를 대위하여 채무자의 권리를 행사할 요건 즉 당사자적격이 없게 되어 소를 각하하여야 한다.[21] 또는 소각하 판결이 확정된 후에 채권자가 동일한 채권에 대하여 제3채무자를 상대로 채권자대위소송을 제기한 경우[22]에 있어서는 채무자가 스스로 권리를 행사한 것이 아니므로 중복제소의 문제는 없고 후소가 채권자대위소송의 요건을 충족한지 여부를 개별적으로 판단하여 처리하면 될 것으로 본다.

② 객체적 요건(소송물의 동일)

(a) 중복제소금지와 관련한 제259조에 의하면 "법원에 계속되어 있는 사건에 대하여 당사자는 다시 소를 제기하지 못한다."고 규정하고 있으므로, 위 규정 중 '사건'이라는 것이 무엇을 의미하는가에 대하여 의문의 여지는 있으나 청구 또는 소송물로 파악하는 데 이론이 없다. 따라서 중복된 소제기에 해당하기 위하여는 객체적 요건으로서 소송물이 동일하여야 한다. 소송물이 동일한지 여부는 소송물이론에 의하여 정하여지는바, 그 구체적인 범위는 소송물이론상의 구실체법설, 소송법설(_{일지설}), 신실체법설에 따라 차이가 있다. 그런데 최근에는 중복된 소제기금지의 범위를 오로지 소송물의 동일성 범위에 일치시킨다면 권리관계가 동일하더라도 소의 유형의 차이에 따라 소송물이 달라지는 경우에는 중복된 소제기금지의 원칙을 적용할 수 없어 이 원칙의 취지를 충분히 살릴 수 없게 되므로, 이 원칙의 근본취지가 기판력의 모순·저촉의 방지에 있는 점에 비추어 보면 기판력의 범위와 관련하여 금지의 범위를 판단하는 것이 합리적이라는 견해가 있다.[23] 판례는 구실체법설에 기초하고 있다. 아래에서는 소송물의 동일성과 관련하여 중복된 소제기에 해당하는지 여부가 특히 다투어지는 부분에 대하여 살펴보겠다.

---

20) 대판 2016. 4. 12, 2015다69372(채무자가 반소를 통하여 권리를 행사한 상태에서 채권자가 대위소송을 제기하였고, 그 후에 채무자의 반소가 취하된 경우임).

21) 대판 2009. 3. 12, 2008다65839. 이 경우 본안판단으로 청구기각을 하여야 한다는 견해가 있으나(호문혁, 153면), 채권자대위권의 행사요건을 소송요건인 당사자적격으로 처리하는 것이 타당하다고 본다.

22) 대판 2018. 10. 25, 2018다210539(비법인사단인 채무자가 자신의 명의를 제3채무자를 상대로 소를 제기하였으나 사원총회의 결의 없이 총유재산에 관한 소를 제기되었다는 이유로 소각하판결을 받아 확정된 사안으로 판례는 채무자가 스스로 권리를 행사한 것으로 볼 수 없으므로 채권자대위소송의 다른 요건의 충족 여부를 살펴보아야 하고 별도로 중복제소의 문제는 없다고 하였다).

23) 강현중(2004), 296면.

(b) 심판형식의 차이

ⅰ) 원고의 적극적 확인청구와 피고의 소극적 확인청구   동일한 권리에 관하여 원고의 적극적 확인청구에 대하여 피고의 소극적 확인청구가 중복된 소제기에 해당하는지 여부가 문제되나, 피고의 소극적 확인청구는 원고청구의 기각을 구하는 것 이상의 의미가 없으므로, 결국 양 청구는 동일한 사건으로서 중복된 소제기에 해당한다.

ⅱ) 동일한 권리에 관한 확인청구와 이행청구   일반적으로 심판형식이 다르면 소송물이 다른 것으로 본다. 그런데 이행판결은 이행청구권의 존재를 확정하는 효력이 있고, 그 한도 내에서 이행청구권의 확인판결적 성질도 가지고 있으므로, 동일한 권리에 관한 확인청구와 이행청구 사이에 중복된 소제기 여부가 문제된다. 제1설은 이행청구가 이행기 미도래를 이유로 청구기각 되는 경우에도 그 청구권에 관한 확인청구가 가능하다는 이유로 양 청구는 항상 동일한 사건이 아니라는 견해이다. 제2설은 이와 반대로 양 청구는 항상 동일한 사건이라는 견해이다. 즉 이행청구의 소를 제기하고 확인청구의 소를 제기하는 경우에는 이행청구에 확인청구가 포함되어 있기 때문에 중복된 소제기가 되고, 먼저 확인청구가 제기된 경우에는 동일 소송절차 내에서 청구취지를 변경하여 이행청구를 할 수 있으므로 구태여 별소를 인정할 필요가 없으므로 동일사건으로 보아야 한다는 견해이다. 우리나라의 통설적 견해이다.[24] 제3설은 위 두 견해의 중간적인 입장으로서, 이행청구의 소가 먼저 제기된 뒤에 확인의 소가 제기된 경우에는 이행청구에 확인청구를 포함한다고 보아야 하므로 중복된 소제기에 해당하나, 그 반대로 확인청구의 소가 제기된 후에 이행청구를 별소로 제기하는 경우에는 확인판결만으로는 강제집행을 할 수 없으므로 이행청구의 필요가 있으므로 중복된 소제기에 해당하지 아니한다는 견해이다.[25] 독일의 다수설·판례이기도 하다. 제2설은 기존의 소송절차를 이용하여 청구취지의 변경 또는 중간확인의 소 등으로 해결하려고 하는 취지는 의미가 있으나, 전소가 상고심 절차에 있는 경우에는 청구취지의 변경 또는 중간확인의 소를 제기할 수 없다는 점에 비추어 보면, 제3설이 타당하다.[26] 3설의 경우에 전소인 확인의 소의 처리가 문제이나 본안판단이 가능하면 본안판결로 종결하는 것이 타당하고,[27] 확정된 경우에는 나중에 제기된 이행의 소에 있어서 이

---

24) 김홍규/강태원, 266면; 방순원, 353면; 송상현/박익환, 284면; 이영섭, 256면.
25) 이시윤, 292면.
26) 同旨: 이시윤, 292면.
27) 同旨: 이시윤, 292면(심리가 성숙하지 아니한 경우에는 소의 이익이 없다고 하여 소를 각하

행청구권의 존부에 관하여 일종의 선결관계로서 효력을 가진다고 본다.

ⅲ) 일부청구와 잔부청구   가분채권의 수량적 일부에 관하여 소송계속 중 잔부청구에 별소를 제기하는 경우에 중복된 소제기에 해당하느냐 하는 문제이다. 일부청구 부정설의 입장에서는 잔부청구는 당연히 중복된 소제기에 해당하며, 잔부청구를 하기 위하여서는 전소에서 청구를 확장하는 방법으로 하여야 한다는 견해이다. 일부청구 긍정설 중 다수의 견해는 전소에서 일부청구를 명시한 경우에는 중복된 소제기금지에 해당하지 아니한다는 것이며, 판례의 견해[28]이기도 하다. 다수의 견해가 타당하다.

(c) 선결적 법률문제 등

ⅰ) 선결적 법률문제   소송계속은 특정한 소송물에 대하여 성립되는 것이므로 선결적 법률문제는 소송계속이 발생하지 아니하므로 원칙적으로 중복된 소제기의 문제가 생기지 아니한다.

ⅱ) 상계항변과 중복된 소제기   ㉮ 통상 방어방법의 하나인 항변은 이를 주장한다고 하여도 소송계속이 생기지 아니하므로 중복된 소제기금지의 문제가 발생하지 아니한다. 그러나 상계항변은 그 판단에 기판력이 인정되어($\frac{216조}{2항}$) 보통의 방어방법과 달리 취급할 필요가 있다. 따라서 현재 계속 중인 소송에서 상계항변으로 주장한 채권을 별소로 청구하거나(선항변), 반대로 별소로 청구하고 있는 채권으로 현재 계속 중인 소송에서 상계항변을 할 수 있느냐가(후항변) 독일처럼 변론중지제도($\frac{ZPO 제}{148조}$)가 없는 우리나라에서 더욱 문제된다. 이에 대하여 제1설($\frac{적극}{설}$)은 상계의 항변은 어디까지나 하나의 방어방법이고 소송물이 아니므로, 상계의 항변으로 주장한 자동채권을 별소 또는 반소로 청구하여도 중복된 소제기에 해당하지 아니한다는 견해이다.[29] 제2설($\frac{소극}{설}$)은 상계로 주장한 채권의 존부·범위의 판단에 기판력이 미치므로 판결의 모순·저촉을 방지하기 위하여서는 이 경우에 중복된 소제기의 금지를 유추적용하여야 한다는 견해이다.[30] 제3설($\frac{절충설 또는}{반소병합}$)은 상계항변을

하여야 한다고 한다).

28) 대판 1985. 4. 9, 84다552. 이 판결이 중복제소와 직접 관련된 판결이고, 그 외에 대판 1982. 5. 25, 82다카7, 대판 1982. 11. 23, 82다카845, 대판 1993. 6. 25, 92다33008, 대판 1994. 1. 14, 93다43170 등은 기판력의 효력범위와 관련되어 있다.

29) 송상현/박익환, 283면.

30) 방순원, 351면; 이영섭, 255면(방순원 변호사의 견해는 이중소송의 금지의 취지를 유추하여 개별로 자동채권에 대한 소가 제기되면, 그 변론을 중지함에 의하여 자동채권에 대한 이중의 심판을 방지하는 것이 타당하다는 것이므로, 소극설로 분류함이 타당할 것이다). 日最判 1991. 12. 17. 판결 등.

한 경우에는 그것이 판결에서 받아들여질 것인가 아닌가는 분명하지 아니하므로, 이에 대하여 전면적으로 별개의 청구를 배척하는 것은 피고의 권리보호를 외면한 것이므로 부당하다. 따라서 원칙적으로 상계의 항변으로 주장한 자동채권을 별소 또는 반소로 청구하여도 중복된 소제기에 해당하지 아니하나, 판결의 모순·저촉을 피하기 위하여서는 이미 계속 중인 소송에서 상계항변으로 제공한 자동채권에 대해서는 별소제기를 하기보다 석명권으로 반소의 제기를 하도록 유도함이 타당하다는 견해이다.[31]

　　④ 제1설은 국내의 소수설이나 판례[32]의 입장이고, 제2설은 국내의 유력설로서 일본 최고재판소의 입장이다. 제3설은 국내의 다수설이다. 제2설에 의하면 판결의 모순·저촉을 방지할 수 있다는 점에서 탁월하나, 실무상 분쟁해결과 관련하여 보면 상계항변의 권리행사를 제한하는 것이므로 문제이다. 원칙적으로 중복된 소제기가 되지 아니하나, 후소에서 석명권을 적절히 행사하여 전소의 절차에서의 반소를 권유하는 것이 판결의 모순·저촉을 방지할 수 있다는 점에서 제3설이 타당하다고 본다.[33]

3. 효　　과

(1) 부적법 각하의 판결

　　중복된 소제기는 소극적 소송요건이며 소송장애사유에 해당한다. 따라서 중복된 소제기에 해당하는 경우 후소는 소의 이익을 흠결하게 되므로 후소법원은 판결로써 후소를 부적법 각하하여야 한다. 또한 중복된 소제기에 해당하는지 여부는

---

　　31) 김홍규/강태원, 265면; 이시윤, 290면; 정동윤/유병현/김경욱, 326면. 기본적으로 적극설의 입장에서 중복제소에 해당하지 아니하나, 일정한 경우에 반소만을 인정하자는 견해이므로 절충설로 분류함이 타당하다.

　　32) 대판 1965. 11. 30, 63다848; 대판 1975. 6. 24, 75다103; 대판 2001. 4. 27, 2000다4050(후항변 사안에서 이부, 이송 또는 변론병합 등을 시도함으로써 기판력의 저촉·모순을 방지함과 아울러 소송경제를 도모함이 바람직하였다고 할 것이나, 그렇다고 하여 특별한 사정이 없는 중복소송이 아니라고 하였다). 최근 판례(대판 2022. 2. 17, 2021다275741)도 선항변 사안에서 후항변 사안과 같은 이치로 자동채권과 동일한 채권에 기한 별소제기는 중복소송이 아니라는 입장이다. 또한 선행 소송의 제1심에서 상계항변후 제1심에서 본안판결 받았다가 항소심에서 상계항변을 철회하였더라도 이는 방어방법의 철회에 불과하여 자동채권과 동일한 채권에 기한 소송을 별도로 제기하여도 재소금지에 저촉되지 않는다고 하였다.

　　33) 다만 변론중지제도가 없는 우리나라에서는 원칙적으로 두 사건을 이부·이송 등으로 병합심리하는 것이 타당하지만 이것이 불가능한 경우에는 병행심리를 하여야 한다는 견해도 있다(호문혁, 162면).

법원의 직권조사사항이다.[34]

(2) 중복된 소제기를 간과한 판결의 효력

① 당사자가 중복된 소제기 사실을 후소 법원에 고지하지 아니하여 후소법원으로서는 중복된 소제기 사실을 모르고 본안판결을 할 경우가 있다. 이러한 경우에는 중복된 소제기에 해당하는 것을 간과하고 한 후소에 대한 본안판결은 위법하므로 당사자는 확정 전에는 상소를 통하여 그 취소를 구할 수 있다.

② 그러나 후소의 본안판결이 확정되면 전소가 아직 소송계속 중이라고 하여도 판결로서 효력이 발생하는 데 아무런 문제가 없다. 이렇게 되면 중복된 소제기의 금지의 문제에서 기판력의 저촉의 문제로 전환되어, 소송계속 중인 전소는 후소의 판결확정으로 인하여 오히려 후소의 기판력에 저촉되어 각하되어야 한다. 중복된 소제기를 간과하고 한 후소판결이 확정되었다고 하여도 중복된 소제기라는 것은 재심사유가 될 수 없다.

③ 또한 전소판결 및 후소판결이 모두 확정되어 서로 모순·저촉이 되는 경우도 문제이다. 이 경우에도 기판력의 저촉문제로서 소제기 선후와 관계없이 판결확정의 선후에 따라 후에 확정된 판결은 재심사유에 해당하여 취소될 운명에 놓이게 된다($^{451조1}_{항10호}$). 그러나 뒤의 확정판결도 재심으로 취소되기 전까지는 판결로서 유효하다.[35]

4. 국제적 중복소제기의 금지

(1) 문제의 소재

국내법원이 아닌 외국법원에 소가 제기되어 소송계속되어 있는 경우라도 장차 그 외국법원의 판결이 민사소송법 제217조에 의하여 승인될 가능성이 있는 경우에 동일한 사건에 관하여 우리나라 법원에 제소하는 것이 중복된 소제기에 해당하느냐 여부가 국제적 중복제소의 금지와 관련된 문제이다.

(2) 학 설

국제적 중복소제기와 관련하여 다음과 같은 견해가 있다.

---

34) 대판 1962. 6. 7, 62다144; 대판 1990. 4. 27, 88다카25274, 25281.
35) 대판 1997. 1. 24, 96다32706.

① 소극설($_{부적용설}^{제259조}$)

법 제259조 규정상의 '법원'에는 외국법원이 포함되지 아니하므로, 중복된 소제기의 금지의 원칙을 규정한 법 제259조 규정은 국내법원과 외국법원 사이에는 적용되지 아니한다는 견해이다.[36] 국제적 중복된 소제기를 인정하지 아니하는 견해이다.

② 적극설($_{적용설}^{제259조}$)

법 제259조 규정 소정의 '법원'에는 외국법원도 포함되므로, 중복된 소제기의 금지의 원칙을 규정한 법 제259조 규정은 국내법원과 외국법원 사이에도 적용되어야 한다는 견해이다.

③ 절충설

절충설로 외국법원의 판결이 장차 법 제217조의 요건을 갖추어 승인을 받을 가능성이 예측되는 경우에 외국법원에 계속된 사건과 동일한 사건이 국내법원에 제소되면 중복된 소제기의 금지의 원칙을 적용하여야 한다는 견해($_{예측설}^{승인}$)와[37] 이미 소송계속 중인 외국법원의 판결이 승인예측 되는 경우에도 국내법원에 소를 제기할 특별한 법률상의 필요가 있는 경우에는 중복된 소제기에 해당하지 아니한다는 견해($_{이익설}^{권리보호}$)[38]가 있다. 승인예측설이 중복된 소제기의 범위를 넓게 인정하는 견해이고, 권리보호이익설은 승인예측이 되는 경우에도 특별한 사정이 있는 경우에 국내법원의 소제기를 허용하려는 것이므로 중복된 소제기의 범위를 좁게 인정하는 견해라고 할 것이다. 여기에 관한 대법원 판결은 없으나 하급심 판결 중 승인예측설에 입각하여 각하한 경우가 있다.[39]

(3) 개정 국제사법의 규정

① 국제사법이 2022년 1월 4일 법률 제18670호(시행: 2022. 7. 5.)로 전부개정되면서 제11조에서 국가 사이의 중복소송에 관한 규정을 신설하였다. 여기에서

---

36) 정동윤/유병현/김경욱, 329면.
37) 강현중, 366면; 김홍엽, 370면.
38) 호문혁, 165면.
39) 서울중앙지방법원 2002. 12. 13, 2000가합90940(미국 캘리포니아주 법원에 계약불이행을 이유로 한 손해배상청구사건이 계속 중에 우리나라의 서울중앙지방법원에 같은 사실관계에 터잡아 계약불이행을 이유로 손해배상청구를 하였고 소송계속 중에 불법행위를 이유로 한 손해배상청구를 선택적으로 병합한 사건에서, 계약불이행에 기한 청구를 승인예측설의 입장에서 소를 각하하고, 불법행위에 기한 손해배상청구는 청구기각을 하였음).

소송절차의 중지제도를 도입하였다.

② 동일한 당사자 사이에 외국법원에 소송계속 중인 사건과 동일한 사건이 대한민국에 중복하여 제기된 경우에 외국법원의 재판이 대한민국에서 승인될 것으로 예상되는 때에는 대한민국 법원은 직권 또는 당사자의 신청에 의하여 결정으로 소송절차를 중지할 수 있다(국사법 제11조 1항). 그러나 ⅰ) 전속적 국제재판관할의 합의에 따라 대한민국 법원에 국제재판관할이 있는 경우, 또는 ⅱ) 대한민국 법원에서 해당 사건을 재판하는 것이 외국법원에서 재판하는 것보다 더 적절함이 명백한 경우에는 소송절차를 중지할 수 없다(동항 단서 1. 2호). 소송절차의 중지를 결정하는 경우 소의 선후는 국내 중복소송과 달리 소를 제기한 때를 기준으로 한다(동조 5항). 국가가 달라 소송계속의 시기의 선후를 확인하는 것이 어렵기 때문이라고 사료된다. 당사자는 법원의 중지 결정에 대해서는 즉시항고를 할 수 있다(동조 2항). 그런데 외국법원이 본안에 대한 재판을 하기 위하여 필요한 조치를 하지 아니하는 경우 또는 외국법원이 합리적인 기간 내에 본안에 관하여 재판을 선고하지 아니하거나 선고하지 아니할 것이 예상되는 경우에 당사자의 신청이 있으면 법원은 중지된 사건의 심리를 계속할 수 있다(동조 4항).

③ 하지만 이미 대한민국 법령 또는 조약에 따른 승인요건을 갖춘 외국의 재판이 있는 경우 같은 당사자 간에 그 재판과 동일한 소가 또다시 대한민국 법원에 제기된 때에는 법원은 그 소를 각하하여야 한다(동조 3항). 이는 승인요건을 갖춘 외국재판의 효력에 반하기 때문이다.

(4) 소 결

국제사법 제11조의 규정에 의하면 소송절차의 중지 여부를 결정하는 기준은 절충설인 승인예측설에 기초하지만 그 예외 사유를 인정함으로써 신의칙설(권리보호이익설 또는 특별사정설)에 따라 입법한 것으로 평가할 수 있다. 합리적인 기준을 제시한 것으로 보아야 한다. 다만 국내 중복소송과 달리 후소를 부적법 각하하는 것이 아니고 일법 정책적인 고려를 하여 소송절차를 일시 중지하는 것으로 하였다. 그런데 먼저 제기된 외국법원의 소에 관하여 외국법원이 합리적인 기간 내에 본안의 재판 선고가 없거나 선고하지 아니할 것이 예상되는 경우에는 당사자의 신청에 따라 대한민국 법원에서 심리를 다시 할 수 있고, 외국법원의 재판이 종결된 경우에는 대한민국 법원에 제기된 후소는 국제사법 제11조 제3항에 따라 소를 각하하여야 한다.

향후 전속적 국제재판관할의 합의에 따라 대한민국 법원에 국제재판관할이 있는 경우 외에 "대한민국 법원에서 해당 사건을 재판하는 것이 외국법원에서 재판하는 것보다 더 적절함이 명백한 경우"가 구체적으로 어떤 경우인지는 판례를 통하여 그 기준이 제시될 것으로 보인다.

Ⅲ. 실체법상의 효과

1. 총   설

(1) 소가 제기되면 해당 법규의 내용에 따라 권리를 유지하거나, 권리를 강화·증대시키는 효과가 발생할 수 있다. 예컨대 시효의 중단이나 법률상의 기간준수(제척기간)의 효과와 같이 권리를 유지하는 효과가 발생하고, 선의점유자의 악의의 간주($\frac{민}{조}\frac{197}{2항}$), 지연손해금채권의 지연손해금의 인상($\frac{소촉법}{3조}$), 재소구권의 소멸시효기간의 개시($\frac{어음}{70조}$) 등 채무자의 책임확대 또는 채권자의 의무감축으로 인한 권리의 강화·증대가 생긴다.

(2) 이러한 실체법상의 효과는 소송계속의 시기와 반드시 일치되는 것은 아니고 해당 규정의 내용에 따라 정하여진다. 시효중단이나 기간준수의 효력, 악의의 간주와 재소구권의 소멸시효기간의 개시는 소장제출 시에 발생하고($\frac{265}{조}$), 지연손해금의 인상 등은 소송계속 시에 발생한다.

(3) 원고가 소장에 피고에 대한 법률행위의 취소, 계약의 해제·해지, 상계 등의 의사표시를 기재한 경우에 소송부본이 피고에게 송달됨으로써 의사표시의 효력이 발생하는 경우가 있다. 그러나 이것은 의사표시를 담은 서면인 소장이 당사자에게 도달함으로써 발생한 것으로, 의사표시의 도달에 따른 효력이므로 소송계속의 실체법상의 효력으로 보기는 어렵다.

2. 시효의 중단

(1) 시효중단의 근거

소의 제기로 시효중단을 하는 근거와 관련하여 권리자가 권리 위에 잠자지 않고 권리를 확고히 행사하였다는 점에 근거한다는 권리행사설과 권리관계의 존재 여부가 판결로 확정되어 권리불행사라는 사실상태가 법적으로 부정되었다는 점에서 근거를 찾는 권리확정설 등이 있다. 전자로 보는 것이 간단명료하다.

(2) 소의 형식과 시효중단

① 시효중단은 원칙적으로 소의 형식과 관계없이 발생한다. 이행의 소의 제기로 인한 시효중단이 가장 전형적인 경우이다. 고소 또는 고소로 인한 형사재판의 개시는 특수한 소제기 형태인 배상명령이 없는 한 시효중단사유인 재판상의 청구에 해당하지 아니한다.[40]

② 확인의 소에 있어서 권리의 적극적 확인의 소를 제기하면 시효가 중단됨은 당연하다. 그런데 상대방의 채무부존재 확인의 소에 대하여 권리자가 피고로서 이를 다투는 경우에도 시효중단의 효력이 발생한다(통설·).[41] 상대방이 제기한 청구이의의 소에서 다툰 경우도 같다.[42] 상대방의 소극적 확인의 소에 응소하여 다툰 경우에 시효중단의 시기가 문제되는데 채무자가 소를 제기한 시기라는 견해도 있으나, 채권자가 직접 권리를 행사한 시점인 그 권리를 주장한 때로 보는 것이 타당하다.[43] 또한 최근 전원합의체 판결[44]에서 시효중단을 위한 후소가 이행소송의 경우에는 후소 변론종결시를 기준으로 청구권의 존부와 범위를 새롭게 심사하게 되어 불필요한 심리가 이루어지는 문제점이 있다고 보아 후소로서 이행소송 외에 전소 판결로 확정된 채권의 시효를 중단시키기 위한 재판상의 청구가 있다는 점에 대하여만 확인을 구하는 형태의 새로운 방식의 확인소송을 허용하고 있다.

③ 형성의 소(예: 재심의 소,[45] 경계확정의 소 등)를 제기한 경우에도 시효중단의 효력이 발생한다. 행정소송은 사권의 재판상 행사가 아니므로 시효중단의 효력이 발생하지 아니하지만,[46] 과세처분의 취소·무효의 경우는 예외적으로 중단의 효력이 발생한다.[47]

---

40) 대판 1999. 3. 12, 98다18124.
41) 대판(전) 1993. 12. 21, 92다47861; 대판 2004. 1. 16, 2003다30890(채무자가 근저당권자인 채권자를 상대로 근저당권설정등기말소소송에서 채권자인 근저당권자가 다툰 경우임, 채무자가 아닌 물상보증인이 근저당권설정등기말소소송을 제기하여 다툰 경우는 해당한다고 볼 수 없음). 다만 재판상의 청구로 인정되기 위하여는 의무 있는 자가 제기한 소송에서 권리자가 의무 있는 자를 상대로 응소하여야 한다(대판 2007. 1. 11, 2006다33364); 대판 2019. 3. 14, 2018두56435.
42) 日最判 1942. 1. 28, 民集 21. 37.
43) 同旨: 이시윤, 296면.
44) 대판(전) 2018. 10. 18, 2015다232316.
45) 대판 1998. 6. 12, 96다26961.
46) 대판 1979. 2. 13, 78다1500; 대판 1979. 6. 12, 79다573.
47) 대판(전) 1992. 3. 31, 91다32053.

④ 기타 개인회생절차에서 채권자목록이 제출되거나 그 밖에 개인회생채권자가 개인회생절차에 참가한 경우에도 시효중단의 효력이 발생하며, 회생절차 기간 중에는 시효중단의 효력이 유지된다.[48]

(3) 시효중단이 되는 권리의 대상

① 원 칙

원칙적으로 소송물인 권리 또는 법률관계에 한하여 시효중단의 효력이 발생하고, 소송물이 되지 아니한 권리 또는 법률관계(예: 공격·방어방법)에 대하여는 시효중단의 효력이 발생하지 아니한다(통설). 따라서 시효중단의 범위는 소송물이론에 따라 달라진다. 구실체법설을 취하고 있는 판례는 원고 주장의 실체법상의 권리만이 시효중단의 대상이 된다고 본다. 따라서 청구권경합의 경우에 원고가 주장한 실체법상의 권리에 관하여만 시효중단의 효력이 발생하며,[49] 원인채권에 기한 청구만으로 어음채권의 소멸시효가 중단되지 아니한다.[50] 그러나 소송법설 중 일지설에 의하면 판례와 같은 사안에 있어서 다른 실체법상의 권리에 당연히 시효중단의 효력이 미치고, 이지설의 경우에도 사실관계가 같은 청구권경합의 경우에는 효력이 미친다고 할 것이다. 또한 채무자가 제3채무자를 상대로 금전이행의 소를 제기한 후 채권자가 금전채권에 압류·추심명령을 받았고, 채무자의 소송이 당사자적격의 상실을 내용으로 한 화해권고결정이 확정된 후 추심채권자가 6월내에 제3채무자를 상대로 추심금소송을 제기하였다면 채무자의 소제기 시점에 중단의 효력이 유지된다.[51]

② 예 외

판례는 i) 토지소유권에 기한 인도청구·등기관련청구이거나, 소유권침해의 경우에 소유권에 기초한 방해배제·손해배상 또는 부당이득금청구는 피고의 소유권 취득시효의 진행을 중단시키며,[52] ii) 파면처분무효확인청구(또는 고용관계의 존재확인의 소)는 그 고용관계에서 발생하는 보수채권의 소멸시효를 중단하는 사유가 되

---

48) 대판 2019. 8. 30, 2019다235528(변제계획에 따른 권리의 변경은 면책결정이 확정되어야 발생하므로 변제계획인가결정만으로 시효중단의 효력에 영향이 없다).

49) 대판 2001. 3. 23, 2001다6145; 대판 2002. 6. 14, 2002다11441; 대판 2020. 3. 26, 2018다221867(선택채권) 등.

50) 대판 1967. 4. 25, 67다75; 대판 1999. 6. 11, 99다16378.

51) 대판 2019. 7. 25, 2019다212945.

52) 대판 1979. 7. 10, 79다569.

고,[53] iii) 시효취득을 원인으로 한 소유권이전등기청구에서 피고가 해당 부동산이 자신의 소유라고 하면서 다투는 것이 시효중단사유에 해당한다고 한다.[54] 이는 소송물이 아닌 권리관계에 관하여 예외적으로 시효중단의 효력을 인정하고 있는 것이다.

생각건대 소송물이 아닌 공격·방어방법으로서 주장된 권리관계라고 하여도 해당 소송에 있어서 청구를 인용하거나 배척하기 위한 전제로서 주장되었고, 그러한 주장이 심리되어 인정됨으로써 청구 자체가 인용 또는 기각된 경우에는 해당 권리관계에 관하여 시효중단의 효력을 인정하는 것이 타당하다.[55] 그러한 방식으로 권리관계를 주장한 자도 권리 위에 잠자는 자라고 할 수 없기 때문이다.

(4) 일부청구와 시효중단의 범위

일부청구의 경우에 시효중단의 범위에 관하여 i) 청구한 부분에 관하여만 시효중단의 효력이 발생하고, 잔부청구에 관하여는 시효중단의 효력이 미치지 아니한다는 일부중단설, ii) 일부청구의 경우에도 소송물인 전부에 시효중단의 효력이 발생한다는 전부중단설, iii) 일부청구를 명시한 경우에는 그 한도에서 시효중단의 효력이 발생하고, 그렇지 아니한 경우에는 소송물 전부에 효력이 미친다는 절충설(또는 명시설)이 있다. 판례는 넓은 의미의 절충설로 보인다.

판례의 내용을 보다 구체적으로 보면 소장에서 한 개의 채권 중 일부에 관하여만 판결을 구한다는 취지를 명백히 한 경우에는 그 일부에만 미치고,[56] 비록 그 중 일부만을 청구한 경우에도 그 취지로 보아(신체감정 후에 청구취지의 확장 등) 채권 전부에 관하여 판결을 구하는 것으로 해석된다면 그 채권의 동일성의 범위 내에서 그 전부에 관하여 미치며,[57] 다만 당해 소송에서 청구취지를 확장하지 아니한 경우 또는 명시적으로 채권의 특정 부분을 배제한 경우에는 재판상 청구로서의 시효중단사유에는 해당하지 아니하지만 민법상 최고의 효력이 있다고 볼 것이므로, 소송이 종료되고 6개월 이내에 민법 제147조에 따라 재판상의 청구와 가

---

53) 대판 1978. 4. 11, 77다2509.

54) 대판(전) 1993. 12. 21, 92다47861. 이 전원합의체 판결 전에는 시효중단사유가 될 수 없다고 하였다(대판 1971. 3. 23, 71다37; 대판 1974. 11. 12, 74다416).

55) 同旨: 정동윤/유병현/김경욱, 332면.

56) 대판 1975. 2. 25, 74다1557.

57) 대판 1992. 12. 8, 92다29924; 대판 2001. 9. 28, 99다72521(지연손해금채권도 동일함); 대판 2020. 2. 6, 2019다223723; 대판 2020. 2. 13, 2017다234965; 대판 2020. 8. 20, 2019다14110, 14127, 14134, 14141; 대판 2022. 11. 17, 2022두19.

압류·가처분 등을 한 경우에는 처음 소제기 때부터 채권 전부에 시효중단의 효력이 있게 된다.[58]

생각건대 앞서 일부청구 부분에서 본 바와 같이, 일부청구와 관련된 여러 법률적인 문제의 처리에 있어서 명시설에 기초한 절충설이 이론적 일관성을 유지할 수 있고, 당사자의 의사와 시효제도의 취지(권리 위에 잠자는 자를 보호하지 아니함), 분쟁의 일회적 해결, 전부채권 여부의 명확성 등을 종합적으로 고려하여 볼 때에 당사자의 의사를 충분히 존중하면서 분쟁의 일회적 해결을 추구할 수 있는 판례와 같은 절충설이 타당한 것으로 평가된다.[59]

(5) 시효중단의 발생시기와 그 소멸

① 발생시기

시효중단의 효력발생은 소를 제기한 때인 소장 제출시에 발생한다($\frac{265}{조}$). 소송중의 소의 경우에는 소장에 준하는 서면을 법원에 제출한 때에 발생하고, 소액사건에 있어서 구술제소의 경우에는 법원사무관 등의 면전에서 소를 제기한다고 진술한 때라고 할 것이다.[60] 권리승계인이 참가승계한 경우 등에 있어서는 피승계인이 소를 제기한 때에 소급하여 시효중단의 효력이 발생한다($\frac{81}{조}$). 소제기시에 바로 시효중단의 효력을 인정하는 것은 소장부본의 송달지연으로 인한 시효가 완성되는 것을 막으려는 취지에서 인정하는 것이다. 입법례에 따라서는 소장의 송달 시에 시효중단의 효력이 발생하게 하는 경우($\frac{예: ZPO\ 253조}{1항, 261조\ 1항}$)도 있다.

② 소 멸

(a) 소의 제기로 인한 시효중단의 효력은 소의 취하·각하(기타 소장각하 또는 증권관련 집단소송에서 소제기불허결정도 포함됨), 청구의 기각에 의하여 소급하여 소멸한다($\frac{민\ 170}{조\ 1항}$).[61] 다만 6월 내에 민법 제174조에 규정된 재판상의 청구, 압류 또

---

58) 대판 2020. 2. 6, 2019다223723(확장하지 아니한 경우); 대판 2021. 6. 10, 2018다44114와 대판 2022. 5. 26, 2020다206625(특정부분을 제외한 경우).

59) 同旨: 이시윤, 298면.

60) 同旨: 정동윤/유병현/김경욱, 333면.

61) 다만 소의 취하·각하의 경우에는 6개월 이내에 재차 소를 제기하거나, 또는 파산절차참가, 압류, 가압류·가처분을 한 경우에는 최초로 소제기한 때에 시효가 중단된 것으로 본다(민 170조 2항). 그로 인한 시효중단의 효력은 당사자와 그 승계인 간에만 미치고(민 169조), 여기서 승계인이라 함은 '시효중단에 관여한 당사자로부터 중단의 효과를 받는 권리를 그 중단효과 발생 이후에 승계한 자'를 뜻하며 포괄승계인은 물론 특정승계인도 이에 포함된다(대판 2020. 2. 13, 2017다234965 등).

는 가압류, 가처분 등의 조치를 취한 경우에는 최초 소제기 시에 시효중단의 효력이 발생한다. 그러나 후행의 소송이 채권의 일부에 대하여 청구하여 전부에 시효중단의 효력이 미칠 특별한 사정이 없다고 하여도 후행의 소제기 기간 중에는 나머지 부분에 대하여는 최고로서의 효력이 발생한다고 할 것이므로,[62] 채권자가 해당 소송기간 중에 나머지 부분에 대하여 민법 제174조에 따라 재판상 청구 등의 조치를 취한 경우, 또는 후행의 소송 확정 후에 6월 내에 민법 제174조의 조치를 취하거나 채무자의 승인이 있는 경우[63]에는 최초 소제기 시에 시효중단의 효력이 발생하게 된다. 이러한 조치가 없다면 6월이 경과하면 소멸시효가 완성하게 된다.[64]

(b) 그러나 소송의 이송은 소송계속이 계속 유지되는 것이므로 시효중단의 효력이 소멸되지 아니한다($^{40조}_{1항}$).

(c) 시효중단의 효력은 재판이 확정될 때까지 유지되고, 확정 이후에는 새로운 시효기간이 진행된다($^{민\ 178조\ 2}_{항,\ 165조}$).

3. 법률상의 기간준수

(1) 「법률상의 기간」의 의의

법률상의 기간이라 함은 권리 또는 법률관계를 보전하기 위하여 일정한 기간 내에 소를 제기하여야 하는 기간을 말한다. 이것은 소의 제기기간(出訴期間)이나 제척기간(除斥期間)을 의미하므로, 시효기간과는 다르다. 여기에는 민법상의 점유소송의 제소기간($^{민\ 204조\ 3항,\ 205조}_{2,\ 3항,\ 206조\ 2항}$), 채권자취소소송의 소제기기간($^{민\ 406}_{조\ 2항}$), 혼인취소청구기간 등의 가사관계소송($^{민\ 819,\ 841조,\ 847}_{조\ 1항,\ 907조}$), 주주총회결의취소소송의 소제기기간 등의 회사관계소송($^{상\ 376조\ 1항,\ 184,}_{429조,\ 236조\ 2항}$), 재심의 소의 소제기기간($^{456}_{조}$), 항고소송의 소제기기간($^{행소}_{20조}$) 등 그 예가 많다.

(2) 법적 성질

소제기기간 즉 출소기간이 정하여져 있는 경우에는 그 기간의 준수는 소를 적

---

62) 대판 2022. 4. 28, 2020다251403; 대판 2022. 7. 28, 2020다46663.

63) 대판 2022. 7. 28, 2020다46663.

64) 대판 2022. 5. 26, 2020다206625(다수 추심채권자가 압류경합으로 피압류채권액을 초과하자 각자 자신들의 채권액만 추심하였는데, 그중 1인의 채권자가 채권추심소송에서 패소하자, 다른 추심채권자가 자신의 소송이 확정되고 6월이 넘어서 패소한 다른 채권자의 추심채권 부분을 후행소송으로 제기하였으나 소멸시효가 완성되어 패소한 사건임).

법하게 위하여 필요한 요건이다. 즉 출소기간의 준수는 특수한 소송요건 중의 하나이다.[65] 따라서 법원은 직권으로 소제기기간의 준수 여부를 조사하여야 한다.[66] 만약 소제기기간을 넘은 경우에는 원칙적으로 그 흠을 보정할 방법이 없으므로 변론 없이 판결로 부적법 각하할 수 있다($\frac{219}{조}$). 다만 행정소송에 민사상의 원상회복·손해배상 기타 재산상의 청구를 병합하는 경우($\frac{행소}{10조}$)에 있어서, 원래의 행정소송이 소제기기간을 경과하여 부적법 각하하는 경우에 병합된 위 민사상의 청구는 관할 민사법원으로 이송하여야 한다.[67]

(3) 기간준수의 범위

① 법률상의 기간준수의 범위는 시효중단의 범위와 같이 원칙적으로 소송물의 범위와 일치한다. 따라서 소송물이론에 따라 그 범위가 달라진다. 예컨대 이혼소송이나 주주총회결의취소의 소 등에서 구실체법설에 따르면 개개의 이혼사유나 결의취소사유마다 소송물이 별개이므로 기간준수 여부도 개별적인 사유마다 판단하게 되고, 반면 소송법설 등에서는 이혼사유 또는 취소사유 중 하나가 출소기간을 준수한 경우에 다른 사유도 주장이 가능하거나($\frac{일}{지}$), 동일한 사실관계에 기초한 한도에서 주장이 가능하게 된다($\frac{일}{설}$지).

② 일부청구에 있어서 기간준수여부도 위 시효중단의 범위에서 본 바와 같이 일부중단설, 전부중단설, 명시한 경우에는 해당 부분에만 미치고 그렇지 아니한 경우에 전부에 미친다는 절충설(또는 명시설)이 있다. 시효중단에서 본 바와 같이 넓은 의미의 절충설이 타당하다고 본다.[68] 다만 판례는 소멸시효에서와 달리 제척기간 내에 일부청구를 하였다가 제척기간 이후에 일부청구에 기초하여 잔부를 확장한 경우에는 잔부 부분은 제척기간의 도과로 소멸하였다고 본다.[69] 제척기간 준수 여부에 관하여 일부중단설을 취하고 있는 듯하지만 소멸시효의 경우와 같이 절충설로 통일하는 것이 타당하다고 본다.

(4) 기간준수의 효과발생과 그 소멸

법률상의 기간준수의 효과발생과 그 소멸은 시효중단의 경우와 같다.

---

65) 대판 1988. 5. 24, 87누990.
66) 대판 1981. 10. 13, 81누116; 대판 1996. 9. 20, 96다25371; 대판 2021. 1. 14, 2018다273981.
67) 대판 1980. 4. 22, 78누90.
68) 反對: 정동윤/유병현/김경욱, 334면.
69) 대판 1970. 9. 29, 70다737; 대판 1971. 9. 28, 71다1680.

4. 지연손해금의 법정이율의 인상

(1) 소송촉진 등에 관한 특례법 제3조 제1항은 금전채무의 이행을 명하는 판결을 선고할 경우에는 지연손해금의 법정이율은 소장 등이 채무자에게 송달된 다음날로부터 100분의 40 이내의 범위에서 은행법에 의한 금융기관이 적용하는 연체금리 등 경제여건을 감안하여 대통령령이 정하는 이율(현재는 연 12%로 정하고 있음)에 의하도록 하고 있다.[70] 이것은 채무자의 소송지연과 상소권의 남용을 막고, 사실심 판결 선고 후에 신속한 이행을 꾀하기 위한 것이다.[71]

(2) 그러나 채무자가 이행의무의 존재 여부와 범위를 항쟁함이 상당하다고 인정되는 경우에는 그 적용을 배제한다($\frac{소촉별3}{조2항}$). 이행의무의 존재 여부와 범위를 항쟁함이 상당하다는 것은 채무가 인정된다고 하여도 채무자의 항쟁에 상당한 근거가 있는 때를 말하고,[72] 이것은 당해 사건에 관한 법원의 사실인정과 그 평가에 관한 것이다.[73] 채무자의 주장이 환송판결에서 받아들여진 적이 있을 정도였다면, 비록 환송 후 원심이 새로운 사정을 이유로 환송 전 원심판결과 같은 내용의 판결을 선고하게 되었더라도, 환송 후 원심판결이 선고되기 전까지는 채무자가 항쟁하는 것에는 타당한 근거가 있었다고 보아야 한다.[74] 다만 이 예외가 인정되는 경우에도 사실심의 판결 선고 시까지만 그 적용이 가능하고 그 이후에는 위 대통령령의 이율에 따라야 한다.[75]

---

70) 종전의 「소송촉진 등에 관한 특례법」 제3조 제1항에서 '대통령령으로 정하는 이율'로만 규정하고 그 이율의 상한이나 하한을 구체적으로 제시하지 아니하였으나, 동 조항이 헌법재판소에서 위헌결정을 받았다(헌재 2003. 4. 24, 2002헌가15). 그 후에 소촉법의 동 조항을 위임의 범위를 구체적으로 정하는 개정이 있었다(2005. 5. 10, 법률 제6868호). 또한 「소송촉진 등에 관한 특례법 제3조 제1항 본문의 법정이율에 관한 규정」(대통령령)에 정하는 이율은 1981. 3. 1.부터 2003. 5. 31.까지 연 25%, 2003. 6. 1.부터 2015. 9. 30.까지 연 20%, 2015. 10. 1.부터 2019. 5. 31.까지 연 15%, 2019. 6. 1.부터 연 12%로 변경되었다.

71) 대판 2021. 6. 3, 2018다276768; 헌재 2000. 3. 30, 97헌바49.

72) 대판 2013. 4. 11, 2012다106713; 대판 2020. 5. 14, 2017다220058; 대판 2020. 11. 26, 2019다2049.

73) 대판 1995. 3. 24, 94다47728; 대판 2002. 1. 22, 2000다2511; 대판 2022. 4. 28, 2022다200768(항소심이 제1심에서 인용한 금액을 그대로 유지한 경우에는 특별한 사정이 없는 한 피고가 항소심 절차에서 위 인용금액에 대하여 이행의무의 존부 여부와 범위를 다툰 것은 타당하다고 볼 수 없고, 생명 또는 신체에 대한 불법행위로 인하여 입게 된 적극적 손해와 소극적 손해 및 정신적 손해는 서로 소송물을 달리하므로 그 손해배상의무의 존부나 범위에 관하여 항쟁함이 타당한지 여부는 각 손해마다 판단하여야 함).

74) 대판 2012. 3. 29, 2011두28776; 대판 2020. 11. 26, 2019다2049.

75) 대판(전) 1987. 5. 26, 86다카1876. 예컨대 원고의 교통사고로 인한 불법행위로 인한 신체손

(3) 소송촉진 등에 관한 특례법 제3조 제1항은 금전채무의 이행을 명하는 판결을 선고할 경우 할 경우에만 적용되고 확인판결의 경우에는 적용되지 아니한다.[76] 그 적용에 있어서도 동 규정은 금전채권자의 소 제기 후에도 상당한 이유 없이 채무를 이행하지 아니하는 채무자에게 지연이자에 관하여 불이익을 가함으로써 채무불이행 상태의 유지 및 소송의 불필요한 지연을 막고자 하는 것이 그 중요한 취지라고 할 것이므로, 소제기 이후에 채무자가 원금채무를 변제한 경우에 그 지연이자에 대하여는 이를 적용할 수 없다.[77]

제 7 절 배상명령제도 – 특수한 소제기 방식

I. 배상명령의 의의

(1) 형사소송절차에서 이루어지는 민사소송의 특수한 소제기 방식으로의 배상명령제도와 관련한 규정이 「소송촉진 등에 관한 특례법」 제25조 내지 제40조에 규정되어 있다. 일정한 형사사건과 관련하여 형사소송절차에 병합하여 민사상의 손해배상을 구할 수 있도록 하고 있고, 이러한 배상신청에 대한 형사법원의 배상명령은 기판력은 인정되지 아니하고 집행력만을 갖는다.

(2) 배상명령(賠償命令)이라 함은 형사소송절차에서 일정한 범죄(상해 및 폭행치사상, 과실치사상, 강간과 추행, 절도·강도, 사기·공갈, 횡령·배임, 손괴 등)[1]에 관

해배상 청구사건에서 피고가 다투어 항소한 경우에 항소심에서 피고의 항쟁이 상당하다고 인정되면, 인정된 손해액의 지연손해금을 원고가 구하는 불법행위일부터 항소심의 판결선고일까지는 민법 소정의 연 5%의 지연손해금을 인정하고, 그 다음날부터 완제일까지는 「소송촉진 등에 관한 특례법 제3조 제1항 본문의 법정이율에 관한 규정」 소정의 연 12%의 비율에 의한 지연손해금의 지급을 명하여야 한다는 것이다.

76) 대판 2021. 6. 3, 2018다276768(금전채무의 재부자가 채무부존재확인소송을 제기한 사안임).

77) 대판 2010. 9. 30, 2010다50922; 대판 2022. 3. 11, 2021다232331(원본에 대한 이행판결이 아니라 지연손해금에 대하여만 이행판결을 선고하는 경우는 소촉법이 아니라 민사법정이율에 따라야 함).

1) 소송촉진 등에 관한 특례법 제25조 제1항 제1, 2, 3호에 구체적으로 정하고 있다. 제1항 1호의 범죄는 상해와 존속상해(형법 257조 1항), 중상해와 존속중상해(258조 1, 2항), 특수상해(258조의2, 1항<257조 1항으로 한정>, 2항<258조 1, 2항>), 상해치사(259조 1항), 폭행치사상(262조, 존속폭행치사상 제외), 과실치사상의 죄(제26장, 266-268조), 강간과 추행의 죄(제32장, 397-305조의3, 304조 폐지), 절도와 강도의 죄(제38장, 329-346조), 사기와 공갈의 죄(제39장, 347-354조), 횡령과 배임의 죄(제40장, 355-361조), 손괴의 죄(제42장, 366-372조)이다. 제1호의 죄를 가중처벌

하여 유죄를 선고할 경우에 직권 또는 피해자나 그 상속인의 신청에 따라 그 범죄행위로 인하여 발생한 직접적인 물적 피해, 치료비 손해 및 위자료의 배상을 명하는 법원의 재판을 말한다(^{소촉법 25}_{조 이하}). 이는 유죄로 인정하는 형사소송절차에 그로 인하여 발생한 민사상의 손해를 배상할 수 있도록 함으로써 분쟁을 일회적으로 해결함과 동시에 민·형사 재판의 모순·저촉을 방지하고, 피해자의 피해를 간이·신속히 구제하기 위한 제도이다. 이를 형사소송의 부대소송(Adhäsionsprozeß) 또는 부대사소(附帶私訴)라 한다. 이러한 제도는 독일·오스트리아·영국·스위스 등의 입법례가 있다.

(3) 일반 민사소송과 달리 범죄행위로 인한 피해의 배상이므로 인지의 면제(^{동법 26조}_{1항 단서}), 절차비용의 국가부담(^{동법}_{35조}), 직권배상명령(^{소촉법}_{25조}) 등의 특칙을 두고 있다. 특히 2005년 12월 14일 법률 제7728호로 일부개정을 하면서 배상명령제도를 활성화하기 위하여 배상명령의 대상 손해에 위자료를 추가하였고, 형사피고사건의 피고인과 피해자 사이에 해당 피고사건과 관련한 민사상 다툼에 관하여 합의한 경우에 해당 피고사건이 계속 중인 제1심 또는 제2심 법원에 공동으로 그 합의를 공판조서에 기재하여 줄 것을 신청할 수 있는 화해제도도 도입되었다(^{소촉법 36~}_{38조}).

2010년 5월 3일 법률 제9818호로 일부 개정을 하면서 배상명령의 대상범죄도 형법 제32장(강간과 추행죄)를 추가하여 성폭력범죄도 포함시켰다.

Ⅱ. 배상명령의 요건

배상명령은 원칙적으로 피고인과 피해자 사이에 합의가 없는 경우가 일반적이다(^{소촉법 25}_{조 1항}). 그러나 합의된 경우에 피고인과 피해자 사이에 합의된 손해배상액에 관하여 배상명령을 할 수 있다(^{동조}_{2항}). 다음의 요건을 갖추면 법원의 직권 또는 피해자나 그 상속인의 신청으로 이를 명할 수 있다.

(1) 제1심 또는 제2심의 형사소송절차에서 일정한 범죄(상해 및 폭행치사상, 과실치사상, 절도·강도, 사기·공갈, 횡령·배임, 손괴, 강간과 추행죄 등)에 관하여 유

하는 죄 및 그 죄의 미수범을 처벌하는 경우도 포함된다(제3호). 제2호의 범죄는 「성폭력 범죄의 처벌에 관한 특례법」상 업무상 위력 등에 의한 추행(10조), 공중 밀집 장소에서의 추행(11조), 성적 목적을 위한 다중이용장소 침입행위(12조), 통신매체를 이용한 음란행위(13조), 카메라 등을 이용한 촬영(14조), 14조의 미수범(15조)과 「아동·청소년의 성보호에 관한 법률」상 아동·청소년 매매행위(12조)와 아동·청소년에 대한 강요행위 등(14조)이 있다.

죄판결을 선고할 경우이어야 한다(소촉법 25조). 형사사건에 관하여 무죄·면소·공소기각의 판결을 할 경우에는 배상명령을 할 수 없다(소촉법 33조 2항).

(2) 피고사건의 범죄행위로 인하여 발생한 직접적인 물적 피해, 치료비 손해 및 위자료의 배상을 그 대상으로 한다(소촉법 25조). 따라서 일실수익 등의 간접적 손해는 제외된다. 2005년 12월 14일 「소송촉진 등에 관한 특례법」을 일부개정하면서 배상명령제도를 활성화하기 위하여 배상명령의 대상 손해에 위자료를 추가하였다.

(3) 다음과 같은 소극적 요건에 해당하지 않아야 한다(소촉법 25조 3항, 26조 7항).

첫째 i) 피해자의 성명·주소가 분명하지 아니한 때(소촉법 25조 3항 1호), ii) 피해금액이 특정되지 아니한 때(동항 2호), iii) 피고인의 배상책임의 유무 또는 그 범위가 명백하지 아니한 때(동항 3호), iv) 배상명령으로 인하여 공판절차가 현저히 지연될 우려가 있거나 형사소송절차에서 배상명령을 함이 상당하지 아니하다고 인정한 때(동항 4호)에 해당하지 않아야 한다.

둘째 피고사건의 범죄행위로 인하여 발생한 피해에 관하여 피해자의 다른 절차에 의한 손해배상청구가 법원에 계속 중이 아니어야 한다(소촉법 26조 7항). 중복된 소제기를 방지하기 위한 것이다. 그러나 배상신청 후에 동일한 내용의 민사소송을 별소로 제기할 수 있는지 문제되나, 배상신청이 집행력만 있고 기판력이 없다는 점에서 가능하다고 본다.[2] 그러나 형사소송절차에서 별도의 민사소송이 제기된 사실이 확인된 경우에는 배상신청이 적법하지 아니한 경우에 해당하므로 형사사건의 수소법원은 결정으로 배상신청을 각하하여야 한다(소촉법 32조 1항 1호, 26조 7항).

Ⅲ. 배상명령의 신청

(1) 피해자는 제1심 또는 제2심 공판의 변론 종결 시까지 사건이 계속된 법원에 배상명령을 신청할 수 있고, 이 경우 인지의 첨부는 요하지 아니한다(소촉법 26조 1항). 형사소송사건이 계속 중일 경우에 병합하여 청구할 수 있으나, 당사자는 배상신청을 함이 없이 별도로 민사소송을 제기할 수 있음은 물론이다. 배상신청을 할 것인지 별도의 민사소송을 제기할 것인지는 당사자의 선택의 문제이다. 배상청구액이 지방법원 합의부의 사물관할에 속하는 경우에도 형사사건이 단독판사의 관할이면 단독판사에게 신청하여야 한다.

---

2) 同旨: 이시윤, 304면.

(2) 피해자가 배상신청을 함에는 신청서와 상대방 피고인의 수에 상응한 신청서 부본을 제출하여야 하고(동조 2항), 신청서에는 피고사건의 번호·사건명 및 사건이 계속된 법원, 신청인의 성명·주소, 대리인이 신청할 때에는 그 성명·주소, 상대방 피고인의 성명·주소, 배상의 대상과 그 내용, 배상을 청구하는 금액을 기재하고 신청인 또는 대리인이 서명·날인하여야 한다(동조 3항). 신청서에는 필요한 증거서류를 첨부할 수 있다(동조 4항). 배상신청은 서면신청이 원칙이나, 피해자가 증인으로 법정에 출석한 때에는 구술로 배상을 신청할 수 있고 이때에는 공판조서에 신청의 취지를 기재하여야 한다(동조 5항).

(3) 배상신청은 민사소송에 있어서의 소의 제기와 동일한 효력이 있다(소촉법 26조 8항). 따라서 시효중단·기간준수의 효력이 발생한다. 법원은 서면에 의한 배상신청이 있는 때에는 지체 없이 그 신청서 부본을 피고인에게 송달하여야 한다(소촉법 28조). 배상신청서 부본을 피고인에게 송달할 때 법원의 직권 또는 신청인의 요청에 따라 신청인의 성명과 주소 등 신청인의 신원을 알 수 있는 사항의 전부 또는 일부를 가리고 송달할 수 있다(소촉법 28조 후단).

(4) 신청인은 배상명령이 확정되기까지는 언제든지 배상신청을 취하할 수 있다(소촉법 26조 6항).

Ⅳ. 배상명령의 심리

(1) 피해자는 손해액의 다과에 관계없이 법원의 허가를 받아 그 배우자·직계혈족 또는 형제자매에게 배상신청에 관하여 소송행위를 대리하게 할 수 있고(소촉법 27조 1항), 피고인의 변호인은 배상신청에 관하여 피고인의 대리인으로서 소송행위를 할 수 있다(동조 2항).

(2) 배상신청에 관하여는 공판기일에 피고사건과 동시에 심리하는 것이 원칙이다. 따라서 배상신청이 있는 때에는 신청인에게 공판기일을 통지하여야 하고(소촉법 29조 1항), 신청인이 공판기일의 통지를 받고도 출석하지 아니한 때에는 그 진술 없이 재판할 수 있다(동조 2항).

(3) 신청인 및 그 대리인은 공판절차를 현저히 지연시키지 않는 범위 내에서 재판장의 허가를 받아 소송기록을 열람할 수 있고, 공판기일에 피고인 또는 증인을 신문할 수 있으며 기타 필요한 증거를 제출할 수 있다(소촉법 30조 1항). 다만 허가를 하

지 아니한 재판에 대하여는 불복을 신청하지 못한다($\frac{동조}{2항}$).

(4) 배상명령의 절차비용은 특히 그 부담할 자를 정한 경우를 제외하고는 국고의 부담으로 한다($\frac{소촉법}{35조}$).

V. 배상명령신청에 대한 재판

(1) 배상명령신청의 각하

배상명령신청이 부적법한 때 또는 신청이 이유 없거나 배상명령을 함이 상당하지 아니하다고 인정될 때에는 결정으로 이를 각하하여야 한다($\frac{소촉법}{1항}$ 32). 유죄판결의 선고와 동시에 배상신청을 각하할 때에는 이를 유죄판결의 주문에 표시할 수있다($\frac{동조}{2항}$). 신청을 각하하거나 그 일부를 인용한 재판에 대하여 신청인은 불복을 신청하지 못하며, 다시 동일한 배상신청을 할 수 없다($\frac{동조}{3항}$). 법원은 배상신청을 각하할 때 그 판결서에 신청인의 성명과 주소 등 신청인의 신원을 알 수 있는 사항의 기재를 생략할 수 있다($\frac{소촉법}{조 3항}$ 32).

(2) 배상명령의 선고

배상명령은 유죄판결의 선고와 동시에 하여야 한다($\frac{소촉법}{조 1항}$ 31). 배상명령은 일정액의 금전지급을 명함으로써 하고 배상의 대상과 금액을 유죄판결의 주문에 표시하여야 하고, 배상명령의 이유는 특히 필요하다고 인정되는 경우가 아니면 이를 기재하지 아니한다($\frac{동조}{항}$). 피해자나 그 상속인의 신청이 없는 경우에도 법원의 직권으로 배상명령을 할 수 있다($\frac{소촉법}{조 1항}$ 25). 소송비용은 국고부담을 원칙으로 하며($\frac{소촉법}{35조}$), 배상명령은 가집행할 수 있음을 선고할 수 있다($\frac{소촉법}{조 3항}$ 31). 배상명령을 한 때에는 유죄판결서의 정본을 피고인과 피해자에게 지체 없이 송달하여야 한다($\frac{동조}{5항}$).

(3) 배상명령에 대한 상소

① 유죄판결에 대한 상소의 제기가 있는 때에는 배상명령에 대하여 별도로 상소하지 아니하여도 배상명령에도 상소의 효력이 미쳐 확정차단 및 이심의 효력이 발생한다($\frac{소촉법}{조 1항}$ 33). 제1심 판결의 피고 사건과 배상신청사건에 불복하여 항소함으로써 배상신청 사건이 항소심에 이심되었는데도 항소심이 배상신청 사건에 관한 심리판단을 유탈한 것은 그 공판절차에 「소송촉진 등에 관한 특례법」 및 동 시행규

칙에 위배하여 판결에 영향을 미친 위법이 있는 경우에 해당하여 원심판결은 파기를 면할 수 없다.[3]

② 상소심에서 원심의 유죄판결을 파기하고 피고사건에 대하여 무죄·면소 또는 공소기각의 재판을 할 때에는 원심의 배상명령을 취소하여야 하고, 이 경우 상소심에서 원심의 배상명령을 취소하지 아니한 때에는 이를 취소한 것으로 본다(소촉법 33조 2항). 다만 법원이 배상명령의 대상이 되는 죄 및 그 이외의 죄에 대한 피고사건에 있어서 피고인과 피해자 사이에 합의된 손해배상액에 관하여 배상을 명한 경우에는 해당하지 아니한다(동조 3항). 상소심에서 형사재판의 원심판결을 유지하는 경우에도 배상명령에 대하여는 이를 취소·변경할 수 있다(동조 4항).

③ 피고인은 유죄판결에 대하여 상소를 제기함이 없이 배상명령에 대하여만 상소제기기간 내에 「형사소송법」의 규정(405, 406, 410조)에 의한 즉시항고를 할 수 있고, 다만 즉시항고 제기 후에 상소권자의 적법한 상소가 있는 때에는 즉시항고는 취하된 것으로 본다(소촉법 33조 5항).

VI. 배상명령의 효력

(1) 확정된 배상명령 또는 가집행선고 있는 배상명령이 기재된 유죄판결서의 정본은 「민사집행법」에 의한 강제집행에 관하여는 집행력 있는 민사판결 정본과 동일한 효력이 있다(소촉법 34조 1항). 다만 확정된 배상명령은 집행력만이 있고, 기판력은 인정되지 아니한다.

(2) 배상명령이 확정된 때에는 그 인용금액 범위 안에서 피해자는 다른 절차에 의한 손해배상을 청구할 수 없다(소촉법 34조 2항). 그러나 인용금액 범위를 넘는 부분에 관하여는 별도의 소를 제기할 수 있다. 또한 배상명령에 대한 청구에 관한 이의의 소에 있어서는 「민사집행법」 제44조 제2항의 예외로서 변론종결 전에 생긴 사유를 가지고 이의할 수 있다(동조 4항).

VII. 형사소송절차에서의 민사화해

(1) 형사피고사건의 피고인과 피해자 사이에 피고사건 및 그것에 관련된 피해

---

3) 대판 1984. 6. 26, 83도2898.

에 대한 민사상 다툼에 관하여 합의된 경우에는 해당 피고사건이 계속 중인 제1심 또는 제2심 법원에 공동으로 그 합의사실을 공판조서에 기재하여 줄 것을 신청할 수 있다(소촉법 36조 1항). 이러한 합의가 피고인의 피해자에 대한 금전지불을 내용으로 하는 경우 피고인 외의 자가 피해자에 대하여 그 지불을 보증하거나 연대하여 의무를 부담하기로 합의한 때에는 민사화해의 신청과 동시에 피고인 및 피해자와 공동으로 그 취지를 공판조서에 기재하여 줄 것을 신청할 수 있어 제3자도 화해에 참여할 수 있다(동조 2항). 이를 형사소송절차에서의 민사화해라 한다. 2005년 12월 14일 개정에서 도입된 제도이다.

(2) 이러한 민사화해 신청은 변론종결 전까지 공판기일에 출석하여 서면으로 하여야 하고(소촉법 36조 3항), 이 서면에는 당해 신청과 관련된 합의 및 그 합의가 이루어진 민사상 다툼의 목적인 권리를 특정함에 충분한 사실을 기재하여야 한다(동조 4항).

(3) 합의가 기재된 공판조서의 효력 및 화해비용에 관하여는 재판상 화해와 같은 효력이 발생한다(소촉법 36조 5항, 민소법 220, 389조).

Ⅷ. 소 결

배상명령제도는 형사소송절차에 병합하여 일정한 범죄로 인하여 발생한 손해의 배상을 시간이 많이 소요되고 복잡한 소극적 손해(일실손해)를 제외한 직접적인 물적 피해, 치료비 손해 및 위자료의 배상을 청구하는 것이므로, 가해자 명의로 재산이 없어 민사상 청구로 사실상 손해배상을 받을 수 없는 미성년자와 무자력 성년 등에 대한 민사상 구제수단으로 매우 강력한 수단으로 사료된다. 향후 배상명령제도의 적절한 이용이 요청된다고 할 것이다.

제 8 절 소송구조

Ⅰ. 총 설

(1) 소송구조(訴訟救助)라 함은 법원이 소송비용을 지출할 자금능력이 부족한 사람에 대하여 소송비용의 납부를 유예하거나, 소송비용의 담보를 면제하여 주는

제도를 말한다($^{128조\ 내지}_{133조}$). 일종의 소송비용의 구조제도라 할 수 있다.

(2) 현실적으로 민사소송을 수행하기 위하여는 소장 그 밖의 신청서에 붙이는 인지대와 증거조사비용(감정료 등), 송달료 외에 변호사비용 등 많은 비용이 소요된다. 따라서 민사소송과 관련하여 그 비용 자체를 줄이는 노력뿐만 아니라, 소송비용을 지출할 능력이 없는 사람의 소송비용을 유예하거나 소송비용의 담보를 면제함으로써 경제적 약자에 대하여 헌법상 보장된 재판을 받을 권리를 실질적으로 보장할 필요가 있다. 소송구조제도는 이렇게 경제적 약자에 대하여 헌법상 보장된 재판을 받을 권리를 실질적으로 보장하는 것을 목적으로 하고 있다. 따라서 모든 소송비용의 구조라는 것이 현실적으로 불가능할지라도 가능한 한 그 폭을 확대할 필요가 있는 것이다.

(3) 현재 우리의 소송구조제도는 그 모델이 된 일본 소송구조제도($^{일민소\ 82조}_{내지\ 86조}$)보다 많이 개선되어 있다. 특히 1990년 개정법에서 소송구조의 요건을 대폭 완화하였고($^{128조}_{1항}$), 구조의 범위와 관련하여 법원에서 선임을 명한 변호사의 보수 외의 변호사보수를 포함시켰고($^{129조}_{1항\ 2호}$), 나아가 변호사나 집행관이 보수를 받지 못하는 때에는 국고에서 상당한 금액을 지급하도록 하였다($^{129조}_{2항}$). 또한 2002년 신법에서는 법원의 직권에 의한 소송구조를 허용하였고($^{128조}_{1항}$), 소송비용의 일부에 대한 소송구조도 할 수 있게 하였으며($^{129조\ 1}_{항\ 단서}$), 소송구조의 범위에 있어서 '대법원규칙이 정하는 그 밖의 비용의 유예나 면제'도 포함시켰다($^{129조}_{1항\ 4호}$). 소송구조에 관한 구체적 내용은 민사소송규칙($^{규칙\ 24\sim}_{27조}$), 소송구조제도의 운영에 관한 예규($^{대법원예규}_{제1247호}$)에서 정하고 있다. 다만 2023년 4월 18일 법률 제19354호로 일부개정(시행: 2023. 10. 19.)에서 소송구조의 요건과 관련하여 제128조 제2항을 신설하여 동조 제1항의 단서(패소할 것이 분명한 경우)와 제133조에 따른 불복신청(즉시항고)에 필요한 소송비용에 대하여는 소송구조를 하지 아니하도록 하였고, 종전의 제128조 제2항 내지 제4항은 동조 제3항 내지 제5항으로 변경되었다.

Ⅱ. 소송구조의 요건

소송구조를 받기 위하여는 i) '소송비용을 지출할 자금능력이 부족한 사람'으로서, ii) '패소할 것이 분명한 경우가 아닐 때'라야 한다($^{128}_{조}$).

1. 소송비용을 지출할 자금능력이 부족한 자일 것

(1) 소송구조의 대상이 되는 것은 '소송비용'이다. 여기에서는 소송비용은 재판비용($\frac{129}{조}$)과 「민사소송비용법」 소정의 비용 등의 협의의 소송비용에 한정하지 아니하고, 넓게는 소송당사자가 소송수행을 위하여 실제로 지출하는 모든 비용인 광의의 소송비용을 말한다.[1] 따라서 소송의 준비나 소제기·수행 중에 지출된 경비 전부, 조사연구비, 변호사비용 등을 포함한다. 하지만 비송사건절차법이 적용 또는 준용되는 비송사건은 소송구조의 대상이 되지 아니한다.[2]

(2) '자금능력이 부족한 사람'이라 함은 소송비용 전부를 지출하면 자기나 그 동거가족이 통상의 경제생활을 영위하는 데 지장을 받게 되는 경우를 말한다. 따라서 소송구조를 받을 수 있는 자에는 무자력자이거나 극빈자에 한정되지 아니한다. 이는 1990년 민사소송법 개정에서 종전의 「소송비용을 지출할 자력 없는 자」에서 「소송비용을 지출할 자금능력이 부족한 사람」으로 개정한 점에 비추어 보면 명백하다. 소송구조를 신청할 수 있는 사람은 자연인에 한하지 않고 법인 기타 단체도 해당하며, 원·피고를 불문한다. 실제로는 원고인 자연인이 많다. 자금능력의 부족 여부는 원칙적으로 신청인 본인을 기준으로 하지만, 신청인이 미성년자이면 친권자의 자금능력을 참작하여야 한다. 문제는 공해소송 등 단체소송에 있어서의 구조신청의 경우의 자금능력은 피해자들이 충분한 조사능력과 비용부담능력을 갖춘 가해기업을 상대로 하고, 또한 당해 소송이 장기간 다수의 비용이 소요될 가능성이 높다는 점 등에 비추어 본다면 상대방의 자금능력과 당해 소송에 소요되는 비용 등을 종합적으로 고려하여 판단할 필요가 있다.[3]

2. 패소할 것이 분명할 경우가 아닐 것

종전에는 "단, 승소의 가망이 없으면 예외로 한다."($\frac{구민소법 118}{조 1항 단서}$)고 정하고 있었으나, 1990년 개정에서 "다만, 패소할 것이 분명한 경우에는 그러하지 아니하다."($\frac{128조 1}{항 단서}$)고 하여 본안에 관한 승패요건을 완화하여 소송구조의 범위를 넓혔다. 즉, 패소의 가능성이 있다고 하여도 그것이 분명한 경우가 아닌 경우에는 소송구조를

---

[1] 同旨: 김홍규/강태원, 926면; 이시윤, 281면; 정동윤/유병현/김경욱, 1202면.
[2] 대결 2009. 9. 10, 2009스89(민사소송법의 소송구조 조문이 준용되지 아니함).
[3] 同旨: 이시윤, 282면; 정동윤/유병현/김경욱, 1202면.

받을 수 있다. 따라서 주장 자체로 이유 없거나, 남소라고 하여 패소할 것이 명백하지 아니하는 한 소송구조를 받을 수 있다. 자금능력이 부족하다는 것만 소명되면 특단의 사정이 없는 한 소송구조를 받을 수 있다.[4] 판례는 패소할 것이 명백하지 않다는 것은 소송상 구조신청의 소극적 요건이므로 신청인이 승소의 가능성을 적극적으로 진술하고 소명하여야 하는 것은 아니고 법원이 당시까지의 재판절차에서 나온 자료를 기초로 패소할 것이 명백하다고 판단할 수 있는 경우가 아니라면 그 요건은 구비되었다고 할 것이라고 본다.[5] 하지만 2023년 4월 18일 민사소송법 일부개정(법률 제19354호, 시행: 2023. 10. 19.)을 통하여 제128조 제1항 단서부분인 '패소할 것이 분명한 경우'에는 동항 본문에 따른 소송구조 신청에 필요한 소송비용과 제133조에 따른 불복신청(즉시항고)에 필요한 소송비용에 대하여 소송구조를 할 수 없도록 하였다($^{동조}_{2항}$).

Ⅲ. 소송구조의 절차

(1) 소송구조에 대한 재판은 직권 또는 당사자의 신청에 따라 소송기록을 보관하고 있는 법원이 결정으로 한다($^{128조 1, 4}_{항, 133조}$). 신법은 소송구조의 활성화를 위하여 구법과 달리 직권으로도 소송구조가 가능하도록 하였다. 당사자의 신청에 의할 경우에는 소송구조신청은 서면으로 하여야 하며, 구조의 사유를 소명하여야 한다($^{규칙 24조}_{1, 2항}$). 구조의 사유를 소명하기 위하여 신청서에는 통상 신청인 및 그와 같이 사는 가족의 자금능력을 적은 서면을 붙여야 하나($^{동조}_{2항}$), 소명방법은 자금능력을 적은 서면 외의 방법으로도 가능하다.[6] 또 신법에서는 소송구조결정은 소송기록을 보관하고 있는 법원이 구조결정을 할 수 있게 하였다.[7] 구법 하에서 당사자가 상소를 제기하면서 소송비용의 구조신청을 하는 경우에 기록을 상소법원에 송부하여 구조신청에 대한 재판을 하여야 함으로써, 소송구조신청이 소송지연책이나 원심재판장의 상소장 심사를 회피하는 방편으로 악용되는 경우를 방지하였다.[8]

(2) 신청인은 구조신청 기각결정에 대하여 즉시항고를 할 수 있다($^{133}_{조}$). 그러나 상대방은 소송비용의 담보면제결정($^{129조 1}_{항 3호}$)의 경우 외에는 즉시항고를 할 수 없다

---

4) 同旨: 이시윤, 282면.
5) 대결 2001. 6. 9, 2001마1044.
6) 대결 2003. 5. 23, 2003마89.
7) 대결 1994. 6. 20, 94마812.
8) 대결 2003. 5. 23, 2003마219.

($^{133조}_{단서}$). 구법 하에서는 상대방이 즉시항고를 할 수 있는지 여부에 관하여 다툼이 있었으나, 신법규정과 같은 견해가 통설이었다. 신법은 통설의 견해를 반영한 것이다.

(3) 원고가 소장에 인지를 붙이지 아니하고 소송구조신청을 한 경우에는 소송구조신청에 대한 기각결정이 확정되기 전에는 인지를 보정하지 아니하였다는 이유로 소장을 각하할 수 없다.[9] 그러나 처음의 소송상 구조신청에 대한 기각결정이 확정된 후 재차 소송상 구조신청을 한 경우에는 다음의 구조신청에 대한 기각결정의 확정 여부와는 상관없이 인지를 보정하지 아니하였다는 이유로 항소장을 각하할 수 있다.[10]

(4) 구조결정이 있은 후에 소송구조를 받은 사람이 소송비용을 납입할 자금능력이 있다는 것이 판명되거나, 자금능력이 있게 된 때에는 소송기록을 보관하고 있는 법원은 직권으로 또는 이해관계인의 신청에 따라 언제든지 구조를 취소하고, 납입을 미루어 둔 소송비용을 지급하도록 명할 수 있다($^{131}_{조}$). 여기서 소송기록을 보관하고 있는 법원이란 소송완결 전에는 소송계속 중인 법원이나, 완결 후에는 제1심의 수소법원을 말한다. 상소심에 소송계속 중에 상소법원이 구조결정을 하였다고 하여도 소송이 확정되어 소송기록이 제1심법원에 반환된 경우에는 제1심법원이 구조결정 취소재판을 하여야 한다.[11]

Ⅳ. 소송구조의 효과

1. 객관적 범위

(1) 구조결정이 있으면 i) 국고에 납입할 인지대와 체당금(예: 송달료, 검증비용, 증인 일당·여비 등 당사자가 예납하는 비용) 등 재판비용($^{129조 1항}_{1, 2호}$)의 납입 및 지급유예, ii) 변호사 및 집행관의 보수의 지급유예($^{동항}_{2호}$), iii) 소송비용의 담보면제($^{동항}_{3호}$), iv) 대법원규칙이 정하는 그 밖의 비용의 유예나 면제($^{동항}_{4호}$) 등이 된다.

(2) 인지대의 납입유예는 문제가 없으나, 체당금과 그 밖에 당사자가 미리 내야 할 소송비용을 지출할 사유가 발생한 때에는 법원사무관 등은 서면이나 재판

---

9) 대결 2002. 9. 27, 2002마3411.
10) 대결 1993. 1. 25, 92마1134.
11) 대결 2017. 3. 28, 2016마1844.

사무시스템을 이용한 전자적 방법으로 경비출납공무원에게 그 소송비용의 대납지급을 요청하여야 한다($^{규칙\ 25}_{조\ 1항}$). 변호사 및 집행관의 보수는 그 신청에 따라 그 심급의 소송절차가 완결된 때 또는 강제집행절차가 종료된 때에 지급한다($^{규칙\ 26}_{조\ 1항}$). 특히 변호사보수의 경우는 종전에는 법원에서 선임을 명한 변호사보수만을 의미하였으나 1990년 개정 법률에서 그 외의 변호사보수도 포함시켰다.[12] 변호사나 집행관의 보수액은 '변호사보수의 소송비용 산입에 관한 규칙' 또는 '집행관 수수료 규칙'을 참조하여 재판장의 감독 하에 법원사무관등이 정한다($^{규칙\ 26}_{조\ 2항}$). 따라서 이 범위 내에서는 사실상 민사소송에 있어서 국선변호사제도가 인정된 것과 다름없게 되었다고 할 것이다.[13] 원고가 법원의 소송비용 담보제공명령의 담보액의 소송구조를 받기 위해서는 제129조 제1항 3호에 따른 소송비용의 담보제공에 대한 소송구조결정을 받아야 한다.[14]

(3) 소송구조는 소송비용의 전부뿐만 아니라 재판비용 등의 일부에 대하여도 가능하도록 신법에서 명문화하였다($^{129조\ 1}_{항\ 단서}$). 종래의 학설과 판례[15]를 반영한 것이다.

2. 주관적 범위

소송구조의 주관적 범위는 이를 받은 사람에게만 효력이 미친다($^{130조}_{1항}$). 소송구조결정은 일신전속적이므로 구조받은 사람에게만 미치고 승계인에게 미치지 아니한다. 따라서 법원은 소송승계인에게 미루어 둔 비용의 납입을 명할 수 있다($^{동조}_{2항}$).

3. 유예된 비용의 납부 및 추심

(1) 구조결정은 기본적으로 소송비용의 지급을 일시 유예하는 것이지,[16] 종국적으로 이를 면제하는 것이 아니다. 따라서 소송구조의 결정을 받은 사람이라도 종국판결로서 소송비용의 부담의 재판을 받은 경우에는 그것을 지급하지 않으면 안 된다. 그러나 구조를 받은 자가 무자력이어서 소송비용(예: 인지대 등 재판비용

---

12) 다만 제129조 제1항 제2호의 변호사의 보수는 변호사가 소송구조결정에 따라 소송구조를 받을 사람을 위하여 소송을 수행한 대가를 의미하고 소송구조를 받을 사람의 상대방을 위한 변호사의 보수까지는 포함되지 않는다(대판 2017. 4. 7, 2016다251994).

13) 同旨: 정동윤/유병현/김경욱, 1204면.

14) 대판 2017. 4. 7, 2016다251994.

15) 대결 2001. 6. 9, 2001마1044.

16) 소송비용의 담보면제(129조 1항 3호)도 장래의 소송비용에 대한 담보제공을 면제하는 것이므로 소송비용의 종국적인 면제가 아닌 것이다.

과 국가가 대납한 비용 등)의 추심이 불가능한 경우에는, 그 비용은 회수할 수 없으므로 결국 국고부담으로 돌아간다고 할 것이다.

(2) 반면 상대방이 패소하여 소송비용의 부담재판을 받은 경우에는 국가가 상대방에 대하여 직접 추심권을 갖는다($^{132조}_{1항}$). 변호사 또는 집행관은 소송구조를 받은 사람의 집행권원으로 보수와 체당금에 관한 비용액의 확정결정신청과 강제집행을 할 수 있고($^{동조}_{2항}$), 화해와 재판이 소송에 의하지 아니하고 끝난 경우에 재판당사자를 대위하여 소송비용액의 확정신청도 가능하다($^{동조 3항, 제}_{113, 114조}$).

Ⅴ. 법률구조법에 의한 법률구조 등

(1) 법률구조법에 의한 법률구조

① 민사소송법상의 법률구조제도가 갖고 있는 제도·운영상의 한계로 인한 미비점을 보완하기 위하여 1986년 12월 23일 법률 제3862호로 「법률구조법」을 제정하여 1987년 7월 1일부터 시행하고 있다. 이 법은 경제적으로 어렵거나 법을 몰라서 법의 보호를 충분히 받지 못하는 자에게 법률구조를 함으로써 기본적 인권을 옹호하고 나아가 법률 복지를 증진하는 데에 이바지함을 목적으로 하고 있다($^{법구}_{1조}$). 여기서 법률구조라 함은 법률상담, 변호사나 「공익법무관에 관한 법률」에서 정한 공익법무관[17]에 의한 소송대리, 그 밖에 법률사무에 관한 모든 지원을 하는 것을 말한다($^{법구}_{2조}$). 국가는 이를 위하여 법률구조 체제를 구축·운영하고, 법률구조 관련 법령의 정비와 각종 정책을 수립·시행하며, 이에 필요한 재원을 조달할 책무를 지고, 지방자치단체도 국가의 법률구조 시책이 원활하게 시행될 수 있도록 협력하여야 한다($^{법구}_{의2 2조}$).

② 법인으로서 법률구조업무를 하려는 자는 대통령령으로 정하는 바에 따라 자산, 법률구조업무종사자 등에 관한 요건을 갖추어 법무부장관에게 등록하여야 한다($^{법구}_{3조}$). 정부는 이러한 법률구조를 활성화하기 위하여 대한법률구조공단을 설립하였다($^{법구}_{8조}$). 또한 정부는 법률구조법인이나 대한법률구조공단의 건전한 육성·발전을 위하여 필요하다고 인정하면 예산의 범위에서 보조금을 지급할 수 있다($^{법구}_{4조}$).

---

17) 공익법무관이란 「공익법무관에 관한 법률」에 의하여 변호사자격을 가진 자 중에서 병역법상 공익법무관에 편입된 사람으로서 법무부장관에 의하여 임용되어 법률구조업무나 국가소송 등의 사무에 종사하도록 명령을 받은 사람을 지칭한다.

대한법률구조공단의 조직·운영 등에 관하여 법률구조법·동 시행령 등에 자세히 정하고 있다.

(2) 기 타

그 밖에 대한변호사회가 주관하는 대한변협법률구조재단에서 법률구조활동을 하고 있다.

제 2 장   소송의 심리

제 1 절   심리의 개설

(1) 소송의 심리는 대상면에서 보면 소송요건과 본안이라고 할 것이고, 그 내용면에서 보면 변론과 증거조사로 구성되어 있다. 심리의 대상에 관하여는 제1장에서 살펴보았다. 따라서 본장에서는 심리의 내용인 변론(辯論)과 증거조사(證據調査)에 관하여 보겠다. 구체적으로 보면 제2절에서 심리에 관한 기본원칙, 제3절에서는 변론, 제4절에서는 증거조사, 제5절 심리절차의 진행과 정지에 관하여 본다.

(2) 심리의 내용 중 '변론'이라 함은 소송당사자가 사건에 관한 사실(事實)을 주장하고, 이를 뒷받침하는 증거를 제출하는 일련의 과정을 말한다. 한편 '증거조사'라 함은 법원이 당사자가 제출한 증거를 조사하여 당사자가 주장한 사실의 진위 여부를 판정하는 과정을 의미한다. 전자는 당사자의 소송행위가 중심이 되고, 후자는 법원의 증거의 조사와 판단이 주된 것이므로 증거법의 영역이다. '심리절차의 진행'이라 함은 기일·기간 및 송달에 관한 것이고, '심리절차의 정지'란 소송절차의 중단과 정지에 관한 것이다.

제 2 절   심리에 관한 기본원칙

제 1 관   총   설

(1) 1806년 프랑스 민사소송법전 이후에 각국은 심리절차를 헌법에 부합하면서도 적정·공평, 신속·경제적으로 운영하기 위하여 심리에 관한 기본원칙을 발전시켜 왔다. 이런 의미에서 보면 심리원칙은 민사소송절차의 개선을 위한 노력에 따른 역사적 산물이라 볼 수 있다.[1] 심리의 기본원칙이 무엇인지에 관하여 완전

---

1) 同旨: 이시윤(2009), 271면.

한 견해의 일치는 보기 어렵지만, 통설적인 관점에서 보면 공개심리주의, 쌍방심리주의, 구술심리주의, 직접심리주의, 처분권주의, 변론주의, 적시제출주의, 집중심리주의, 직권진행주의 등을 심리의 기본원칙의 하나로 본다.

(2) 이것을 설명함에 있어서 일정한 분류 없이 설명하기도 하나, 본서에서는 일정한 기준을 나누어 설명하는 것이 심리원칙에 대한 이해를 돕고 학문적으로도 의미가 있다고 보아 몇 가지 기준에 따라 분류하여 설명하기로 한다.[2] 우선 심리의 기본원칙과 관련하여 다음 세 가지 기준에 따라 나누어 설명하겠다. i) '헌법상 요청'에 따른 공개심리주의와 쌍방심리주의, ii) '민사소송의 본질'에서 유래한 처분권주의와 변론주의, iii) '심리의 효율성'이라는 면에 기초한 구술심리주의, 직접심리주의, 적시제출주의, 집중심리주의, 직권진행주의 등이 그것이다.

제2관 헌법상 요청에 따른 심리원칙

Ⅰ. 공개심리주의

1. 의   의

(1) 공개심리주의(公開審理主義)라 함은 재판의 심리와 판결을 일반 공중에게 공개하여야 한다는 원칙이다(헌 109조 본문, 법조 57조 1항). 일반인이 심리와 판결을 자유롭게 방청할 수 있는 상태에서 재판을 하여야 한다는 것이다. 공개심리주의는 일반공개를 의미하고, 밀행주의(密行主義)에 대응하는 개념이다. 일반공개와 비교되는 당사자공개(Parteiöffentlichkeit)라는 개념이 있다. 이것은 구체적으로 변론과 증거조사의 기일에 적법한 통지를 받고 직접 참여하는 기회까지 보장하는 것을 의미한다. 따라서 당사자공개는 공개심리주의보다는 쌍방심리주의의 발현이고, 재판을 받을 권리와 관련된 개념이다.[3] 민사소송에서 일반공개가 금지되는 경우에도 당사자공개는 보장된다고 할 것이다.

---

2) 정동윤/유병현/김경욱 교수는 심리의 기본원칙으로 i) 헌법상의 요청에 따른 심리원칙으로 공개심리주의, 쌍방심리주의를, ii) 합목적성의 추구라는 면에서 구술심리주의, 직접심리주의, 적시제출주의, 집중심리주의를, iii) 법원과 당사자의 역할분담이라는 면에서 처분권주의, 변론주의, 직권진행주의를 나누어 설명한다(정동윤/유병현/김경욱, 323면). 합리적이고 의미 있는 구별기준으로 생각된다.

3) 同旨: 정동윤/유병현/김경욱, 343면.

(2) 일반공개는 공개의 방법과 관련하여 법정만을 공개하는 법정공개와 보도기관을 통하여 심리를 모든 사람에게 알리는 백만인 공개가 있다. 개인의 프라이버시(privacy)의 보호라는 점에서 일반공개라 하면 전자를 의미한다. 따라서 법정 안에서 녹화, 촬영, 중계방송 등의 행위를 하기 위하여는 재판장의 허가를 받아야 한다(법조_{59조}).

(3) 헌법상 재판의 심리와 판결을 공개하도록 한 것은 재판의 심리와 판결을 일반 국민이 항상 접근할 수 있도록 함으로써 재판의 공정과 사법에 대한 국민의 신뢰를 확보하기 위한 조치이다.

2. 공개심리주의의 내용

(1) 여기에서 '재판'이라 함은 법률상의 실체적 권리관계를 확정하는 것인 소송사건의 재판을 의미하고, '공개'의 대상도 '재판의 심리와 판결'에 한정된다. 그렇기 때문에 변론준비절차, 법원 밖의 증거조사절차(예: 수명법관에 의한 증거조사[4]), 합의과정(법조_{65조}), 결정절차에 있어서 서면심리, 조정절차(민조_{20조}), 비송사건절차(비송_{13조}), 심리불속행사유·상고이유서부제출에 의한 상고기각판결(상특 5조_{2항}) 등은 공개심리주의가 배제된다. 특히 변론준비절차에서의 쟁점정리, 증거채택, 증거조사 등에 있어서 절차의 신속한 진행을 위하여 공개심리주의를 취하고 있지 아니한다. 그러나 증거조사 등의 경우에는 실질적인 심리이므로 운영에 신중을 기할 필요가 있다고 본다.

(2) 그러나 심리가 국가의 안전보장 또는 안녕질서를 방해하거나 선량한 풍속을 해할 염려가 있을 때에는 법원의 결정으로 공개하지 아니할 수 있다(헌 109조 단서, 법_{조 57조 1항 단서}). 심리를 공개하지 아니할 경우에도 재판장은 적당하다고 인정하는 사람의 재정(在廷)을 허가할 수 있다(법조 57_{조 3항}). 재판의 심리를 공개하지 아니할 때에는 이유를 밝혀야 한다(법조 57_{조 2항}). 그러나 재판의 선고는 언제든지 공개하여야 한다.

(3) 재판의 공개는 소송기록에도 적용되기 때문에 원칙적으로 당사자나 이해관계를 소명한 제3자는 소송기록의 열람·복사, 재판서·조서의 정본·등본·초본과 소송에 관한 증명서의 교부청구권을 가진다(162조_{1항}). 그러나 신법에서는 개인의 프라이버시(privacy)와 영업비밀의 보호를 위하여 일정한 제한이 가능하다(163_조). 또한 2007년 개정에서 누구든지 권리구제·학술연구 또는 공익적 목적이 있으면 확정된 기록의 열람이 가능하도록 하였다(162조_{2항}). 그리고 2011년 개정에서는 누구든지

---

4) 대판 1971. 6. 30, 71다1027.

원칙적으로 확정판결서를 인터넷, 그 밖의 전산정보시스템을 통한 전자적 방법 등으로 열람 및 복사할 수 있도록 하였다($^{163조}_{의2}$).

3. 공개심리주의의 위배

변론을 공개하여야 함에도 이를 위반하여 행한 판결은 절대적 상고이유에 해당한다($^{424조 1}_{항 5호}$). 변론의 공개여부와 공개하지 아니한 이유는 변론조서의 필수적 기재사항에 해당한다($^{153조}_{6호}$).

Ⅱ. 쌍방심리주의

1. 의　　의

쌍방심리주의라 함은 소송의 심리에 있어서 당사자 모두에게 평등하게 진술할 기회를 부여하여야 한다는 원칙이다. 법원이 당사자 일방만을 심리하고 판단한다면 다른 일방이 불의의 타격을 받을 수 있기 때문이다. 이것은 헌법 제11조의 평등원칙에서 직접적 근거를 찾을 수 있다. 그 외에 인간의 존엄과 가치($^{헌}_{10조}$)나 재판을 받을 권리($^{헌}_{27조}$) 등과도 관련된다. 쌍방심리주의는 당사자평등의 원칙 또는 무기평등의 원칙이라고도 한다. 독일에서는 이를 법적 심문청구권(Anspruch auf rechtliches Gehör)에서, 영미법상으로는 적법절차(due process of law)에서 그 근거를 찾고 있다.

2. 쌍방심리주의의 내용

(1) 현행법은 쌍방심리주의를 실현하기 위하여 i) 판결절차에서 당사자 양쪽을 동시에 출석시켜 변론과 증거조사를 행하는 필수적 변론의 방식을 취하고 있고($^{134조 1항}_{본문}$), ii) 소송절차의 중단·중지제도, iii) 대리인제도와 그 흠을 이유로 한 상소 또는 재심의 구제($^{424조 1항 4호,}_{451조 1항 3호}$), iv) 중요한 쟁점에 대한 당사자의 의견진술의 기회보장($^{규칙 28}_{조 2항}$) 등이 있다.

(2) 그러나 결정으로 완결할 사건에 관하여는 임의적 변론에 의하도록 하여 쌍방심리주의를 배제하고 있다($^{134조 1}_{항 단서}$). 당사자의 대등한 심리의 필요성이 적은 강제집행절차도 같다. 또한 절차의 간이·신속이 요청되는 독촉절차, 가압류·가처분절

차에서는 우선 채권자의 신청만으로 재판한다는 점에서 일방심리에 의하지만, 이에 대하여 채무자의 이의가 있는 경우에는 쌍방심리의 절차로 이행하게 된다.

(3) 또한 현대형 분쟁에 있어서 구조적으로 증거가 편재되어 있어 당사자 일방의 패소를 방지하기 위한 문서제출명령제도 강화나, 모색적 증명의 활용뿐만 아니라 미국법상의 디스커버리(discovery) 제도 등의 도입 논의는 쌍방심리주의의 반영으로 볼 수 있다. 특히 법원은 소송의 심리에 있어서 석명권과 지적의무의 활용, 소송구조제도의 적극적 이용 등을 통하여 당사자의 소송절차에서의 실질적 평등이 이루어질 수 있도록 노력하는 것이 쌍방심리주의에 부합하다고 할 것이다.

3. 쌍방심리주의의 위배

쌍방심리주의에 위반한 경우에는 상소 또는 재심($\binom{\text{예: 대리권의 홈; 424조}}{\text{1항 4호, 451조 1항 3호}}$)[5], 추후보완상소($\binom{173}{\text{조}}$)[6] 등을 통하여 구제될 수 있다.

제 3 관 민사소송의 본질에서 유래한 심리원칙

Ⅰ. 처분권주의

1. 의   의

(1) 처분권주의(處分權主義)라 함은 소송의 개시, 소송물의 특정 및 심판대상의 결정, 소송의 종료에 대하여 당사자가 처분권을 가지고 이에 대하여 자유로이 결정할 수 있다는 원칙을 의미한다($\binom{203}{\text{조}}$). 처분권주의는 당사자의 역할을 강조하는 의미로서 학자에 따라서는 당사자처분권주의(當事者處分權主義)라고 부르기도 한다.[7] 민사소송법 제203조에는 「법원은 당사자가 신청하지 아니한 사항에 대하여는 판결하지 못한다.」고 규정하고 있어 처분권주의의 개념 중 소송물의 특정 및 심판대상의 결정에 관하여만 규정하고 있다. 하지만 처분권주의의 개념에는 소송물의

---

5) 대판(전) 1995. 5. 23, 94다28444(당사자 일방의 사망을 간과하고 판결을 한 경우); 대판 1999. 2. 26, 98다47290(무권대리인이 소송관계 서류 수령); 대판 2003. 11. 14, 2003다34038; 2013. 4. 11, 2012재두497.

6) 대결 1996. 5. 31, 94다55774(무권대리인이 소장과 판결정본 등 수령).

7) 송상현/박익환, 370면.

특정(심판대상의 결정) 외에 소송의 개시, 소송의 종료에 있어서 당사자의 처분권이 인정되는 것은 당연한 것이다.

(2) 근대의 자유주의·개인주의 하에서는 재산관계에 대한 권리관계의 설정·처분 등은 해당 당사자의 자유로운 결정에 의한다는 사적 자치의 원칙이 지배하고 있다. 이에 대하여 법률상의 분쟁이 발생한 경우에 그 해결을 공적인 분쟁해결수단인 민사소송을 이용할 것인지의 여부도 당사자의 자유로운 결정에 맡겨야 한다는 이념의 발현이 민사소송법에서 처분권주의로 나타난다. 즉 처분권주의는 사적자치원칙의 소송법적 발현이라고 할 것이다. 그러나 현대형 소송인 주주대표소송·증권관련집단소송·소비자단체소송·개인정보단체소송 등과 같은 집단소송의 성격을 가진 경우에는 처분권주의가 크게 수정되고 있다.

(3) 처분권주의를 넓게 이해하여 소송의 진행을 당사자에게 주도권을 인정하는 당사자진행주의와 소송자료의 수집·제출을 당사자에게 맡기는 변론주의를 포함하는 개념으로 이해되기도 한다. 그러나 처분권주의란 소송의 개시, 소송물의 특정 및 소송의 종료에 대하여 당사자에게 자유로운 처분권을 맡기는 것을 의미하는 것이므로, 소송절차의 진행에 관련된 원칙인 당사자진행주의라거나 소송자료의 수집·제출과 관련된 원칙인 변론주의와는 구별하여야 한다.

2. 처분권주의의 내용

처분권주의란 당사자에게 분쟁에 대하여 소를 제기할 것인지 여부(소송절차의 개시), 소를 제기한다면 무엇에 대하여 할 것이고, 그 범위를 어떻게 할 것인지 여부(심판대상 및 범위의 결정), 소를 계속 유지할 것인지 여부(소송의 종료)에 대한 주도권을 당사자에게 부여하는 것을 내용으로 한다. 따라서 처분권주의의 내용은 소송절차의 개시, 심판대상 및 범위의 결정, 소송의 종료의 문제로 나누어 설명하는 것이 타당하다.

(1) 소송절차의 개시

① 처분권주의가 소송절차의 개시와 관련되는 것은 당사자가 법률상 분쟁이 발생한 경우에 그 해결을 위하여 민사소송제도를 이용할 것인지 여부를 당사자에게 맡기는 것을 의미한다. 분쟁 당사자는 법률상 분쟁이 발생하였다고 하여도 이를 그대로 방치할 수도 있고, 아니면 민사소송제도가 아닌 다른 분쟁해결방안(예:

조정, 중재, 형사고소를 통한 합의를 시도 등)을 강구할 수 있다는 것이다. 따라서 민사소송은 당사자가 소를 제기함으로써 비로소 시작이 되는 것이다. 상소와 재심의 절차의 개시도 당사자의 상소 및 재심의 소의 제기가 있어야 개시된다. 소송절차의 개시와 관련하여「원고 없으면 재판 없다(Wo kein Kläger, da kein Richter).」는 법언은 이를 잘 나타내 주고 있다. 다만 증권관련집단소송·소비자단체소송·개인정보단체소송에 있어서는 소의 제기에 법원의 허가가 필요하므로 법원의 허가를 받았을 때에 소송절차가 본격적으로 개시된다(증집 7, 13조, 소기 73, 74조, 개보 55조).

② 다만, 부수적 재판은 당사자의 신청이 없어도 법원이 직권으로 할 수 있는 경우가 있다. 여기에는 소송비용의 재판(104, 105, 212조 2항), 가집행선고(213조 1항), 판결의 경정(211조 1항), 재판의 누락이 있는 경우에 추가판결(212조 1항),[8] 배상명령(소촉법 25조), 소송구조(128조 1항), 화해권고결정(225조), 이행권고결정(소심 의3 5조) 등이 그 예이다.

(2) 심판대상(소송물)과 범위의 결정

처분권주의와 관련하여 당사자는 심판대상, 즉 소송물과 심판의 범위에 대한 자유로운 결정권을 가진다. 그 결정권의 주된 내용은 법원은 당사자가 신청한 것과 별개의 사항에 대하여 판결할 수 없고(당사자가 신청한 소송물에 한정되고), 당사자가 신청한 범위를 넘어서 판결할 수 없다는 것이다. 이러한 내용은 민사소송법 제203조의 규정에 의하면 명백하다. 즉 법원은 당사자가 신청하지 아니한 사항에 대하여는 판결하지 못한다는 것이다. 상소·재심에 있어서도 법원은 당사자가 불복한 범위 내에서 심리·판단하여야 한다. 학자에 따라서는 이 부분의 설명과 관련하여 양(量)과 질(質)의 문제로 나누어 설명하기도 한다.[9] '양의 문제'로 보는 것은 순전히 그 범위가 양으로 표시될 수 있는 것이고, '질의 문제'는 수량적인 표현이 어려운 것으로서 관념적으로 판단할 때에 당사자가 구하는 것보다 많고, 적음을 판단할 수 있는 경우에 해당한다. 이러한 구분도 일응의 기준이 될 수는 있다고 생각하여 설명함에 있어 부분적으로 받아들이기로 한다.

① 심판의 형식·순서

ⅰ) 원고는 심판의 형식 즉 이행·확인·형성의 소 중 어떠한 소를 구하는지

---

8) 대판 2015. 6. 23, 2013므2397(재판상 이혼의 경우 당사자의 청구가 없다고 하여도 법원은 직권으로 친권자 및 양육자를 정하여 하고, 이를 하지아니 한 때에는 재판의 누락에 해당하여 추가판결을 하여야 함).

9) 이시윤, 319-320면; 송상현/박익환, 371-376면.

지정하여야 하고 법원은 이에 구속된다. 법원은 원고가 이행판결을 구하는 데 확인판결을 할 수 없고, 그 반대의 경우도 같다. 그러나 현재 이행의 소에 조건을 붙이거나(동시이행판결 등), 기한미도래를 이유로 장래의 이행판결을 하는 것은 가능하고, 그 반대로 장래이행의 소에 대해 현재 이행판결을 하는 것은 원고가 청구한 범위를 넘어서 판결하는 것이므로 처분권주의의 원칙에 반한다.

ⅱ) 원고는 심판의 순서를 정할 수 있고, 법원은 이에 구속된다. 원고가 주위적·예비적청구를 한 경우, 법원은 주위적 청구를 먼저 판단하여 이유가 없는 경우에만 예비적 청구에 대하여 판단할 수 있다. 따라서 이러한 경우 주위적 청구를 판단하지 아니하고 예비적 청구를 먼저 판단한 경우 처분권주의에 위반된다.[10]

② 소송물의 이동(異同)

법원은 원고가 심판을 구한 소송물과 다른 소송물에 대하여 판결할 수 없다. 소송물의 이동(異同)은 소송물이론에 따라 결론이 달라진다. 판례는 구소송물이론을 따르고 있으므로, 원고가 불법행위를 원인으로 손해배상청구를 한 경우 법원이 채무불이행을 원인으로 한 손해배상청구를 인용하거나,[11] 원고가 피고에게 어음의 공동발행인 책임에 기하여 어음금청구를 하는 것을 피고가 어음보증인이라는 이유로 어음금청구를 인용하거나, 이혼청구에 있어서 당사자가 주장하는 이혼원인과 다른 원인사실 청구를 인용하거나,[12] 선행판결 또는 약정에 따른 의무위반을 이유로 한 금지 및 손해배상청구에 대하여 영업비밀 침해를 원인으로 한 금지 및 손해배상청구가 선택적으로 포함된 것으로 선해하여 인용하는 것은 다른 소송물에 대하여 판단한 것이므로[13] 모두 처분권주의에 반한다. 그러나 신소송물이론(일지)또는 신실체법설(일지설에 준함)에 의하면 하나의 소송물에 해당하여 처분권주의에 반하지 아니하나, 신소송물이론 중 이지설 또는 이와 결론이 같은 신실체법설은 이혼에 있어 사실관계가 다른 경우에는 판례와 같은 결론에 이른다.

③ 소송물의 양적 범위

(a) 양적 상한   원고는 자기가 구하는 청구의 범위를 명시하여야 하고, 법원은 그 범위를 넘어 판결할 수 없다. 즉 당사자가 신청한 것보다 양적으로 많게 판결할 수 없으며, 가량 원고가 1,000만원의 지급을 구하였는데 법원에서는 심리

---

10) 대판 1959. 10. 15, 4291민상793.
11) 대판 1963. 7. 25, 63다241.
12) 대판 1963. 1. 31, 62다812.
13) 대판 2020. 1. 30, 2015다49422(양 청구는 서로 요건과 증명책임을 달리하여 소송물이 상이함).

결과 2,000만원이 인정된다고 하여 2,000만원의 지급을 명할 수 없고, 1,000만원만을 판결하여야 한다. 판례상 양적 상한과 관련하여 문제되는 것은 인사사고로 인한 손해배상청구소송과 이자청구소송과 관련하여서이다. 판례는 인사사고로 인한 손해배상청구소송의 소송물은 3분설에 기초하여 적극적 재산상 손해·소극적 재산상 손해 및 정신적 손해이므로 그 어느 것도 원고가 청구한 한도를 넘을 수 없으며,[14] 이자청구소송(지연손해금의 경우도 동일함)에 있어서 소송물은 원금·이율 및 기간의 세 요소에 의하여 정하여지는 것이므로, 그 가운데 어느 것도 원고가 주장하는 기준을 넘을 수 없다고 한다.[15]

   (b) 일부청구[16]   원고는 수량적으로 가분인 채권의 일부만을 청구할 수 있다. 이 경우도 처분권주의의 양적 상한에 따라 법원은 그 요구한 액수를 초과하여 인용하는 판결을 할 수 없다. 앞서 소송물에서 본 바와 같이 일부청구가 허용될 것인지 여부에 관하여 일부청구긍정설, 일부청구부정설, 명시적 일부청구설이 있고, 명시적 일부청구설이 통설·판례이다.[17] 분쟁의 일회적 해결, 법원의 심리의 명확성이라는 공익적 요청과 당사자의 절차권보장 및 원고의 분할청구의 이익이라는 사익적 요청의 조화라는 측면에서 보면 통설·판례와 같은 명시적 일부청구설이 타당하다고 본다.

   또한 일부청구에 대한 판결을 함에 있어서 상계 또는 과실상계의 방법이 문제된다. 외측설(外測說)과 안분설(按分說)이 있다. 외측설은 전부채권을 기준으로 하여 여기에서 상계 또는 과실상계하는 방법[예: 일부청구로서 5,000만원의 손해배상청구를 하는데 전부채권이 1억원이고, 피고의 과실상계비율이 30%인 경우에 전부채권 1억원의 30%인 3,000만원을 과실상계하고 남은 잔액 7,000만원(1억원－3,000만원)과 일부청구 5,000만원 중에서 적은 금액인 5,000만원을 인용하게 됨]이고, 안분설은 반면 전

---

   14) 다만 대판(전) 2015. 1. 22, 2012다204365에 의하면 민주화운동 관련자 보상금지급결정은 적극적·소극적 손해뿐만 아니라 위자료도 포함된다고 할 것이므로, 동 결정에 동의하여 보상금을 수령한 경우에 별도의 소로 위자료를 청구하는 것은 기판력에 저촉되어 부적법 각하하여야 한다. 그러나 「민주화운동관련자 명예회복 및 보상 등에 관한 법률」 제18조 제2항에 따른 화해간주를 이유로 각하판결을 받고 확정된 후, 위 화해간주조항 중 정신적 손해(위자료) 부분에 대하여 일부 위헌결정이 선고된 다음에 위자료 부분을 다시 청구하는 것은 기판력에 저촉되지 아니한다(대판 2023. 2. 2, 2020다270633; 대판 2023. 2. 2, 2021다211600).
   15) 대판 1974. 5. 28. 74다418.
   16) 일부청구의 문제는 우선 일부청구를 인정할 것인지 여부, 일부청구를 인용하는 판결을 한 경우에 판결의 기판력이 잔부에도 미치는지 여부, 일부청구의 과실상계는 어떻게 할 것인지 여부 등이 문제이다.
   17) 대판 1982. 5. 25, 82다카7; 대판 1982. 11. 23, 82다카845.

부채권이 아닌 일부청구를 기준으로 상계 또는 과실상계 하는 방법[예: 일부청구로
서 5,000만원의 손해배상청구를 하는데 전부채권이 1억원이고, 피고의 과실상계비율이
30%인 경우에 일부청구한 채권 5,000만원의 30%인 1,500만원을 과실상계하고, 나머지
3,500만원(5,000만원 – 1,500만원)을 인용하게 됨]이다. 판례는 외측설에 따른다.[18]

(c) 일부인용　　법원이 원고가 청구한 소송물의 범위 내에서 일부 인용판결을
선고하는 것은 처분권주의에 반하지 아니한다. 처분권주의의 내용 중 원고가 심판
의 범위를 결정할 수 있다는 것은 원고 스스로 법원의 판단 수 있는 한계를 설
정할 수 있다는 것을 말한다. 그렇기 때문에 법원은 원고의 청구를 항상 전부 인
용하여야 한다는 것은 아니다. 따라서 원고의 청구 중 일부만 인용하는 것이 처
분권주의에 반하지 아니하는 것은 당연하다.

ⅰ) 분량적인 일부인용　　분량적으로 일부인용하는 것은 처분권주의에 반하지
아니한다. 예컨대 원고의 2,000만원 대여금 청구에 대하여 1,000만원만 인용하고
나머지를 기각하는 경우, 토지 전부에 대한 소유권이전등기청구에 대하여 지분이
전등기를 인용하는 경우,[19] 등기의 전부말소청구에 대하여 원고의 공유지분에 해
당하는 일부말소만을 인정하는 경우 등이 여기에 해당한다. 그러나 중첩적채무(부
진정연대채무)에 기초한 청구를 개별적인 지급채무로 인정하는 것은 신청의 범위
를 초과하여 인정한 것이므로 처분권주의에 위반된다고 할 것이다.[20]

ⅱ) 무조건의 이행청구에 대하여 조건부 이행판결　　이 경우는 청구를 질적으
로 줄여서 인정한 일부인용에 해당하여 처분권주의에 반하지 아니한다. 따라서 원
고의 단순이행청구에 대하여 상환이행판결을 하는 것은 원고의 신청범위 내에 속
하는 것이다. 예컨대 동시이행항변권, 유치권항변, 질권항변 등이 이유 있는 경우
가 여기에 해당한다. 즉 동시이행항변이 문제되는 경우는 쌍무계약의 당사자 일방
이 자기의 채무에 대한 이행의 제공을 하지 아니한 채 피고인 채무자에게 채무이
행을 청구한 경우에 피고가 이에 대하여 원고의 채무의 상환이행을 주장하여 인
정되는 경우에 법원은 상환이행판결을 하여야 하고, 유치권항변과 관련하여 원고
가 피고에 대하여 부동산의 무조건적인 인도를 구하자, 피고가 이에 대하여 유익
비상환청구권에 기초한 유치권항변을 하여 인정될 경우 등을 생각할 수 있다. 그
러나 건물철거 및 토지인도청구에 대하여 피고인 임차인이 적법한 건물매수청구

---

18) 대판 1976. 6. 22, 75다819; 대판 1984. 3. 27, 83다323(일부청구에 반대채권으로 상계항변
을 한 경우에도 외측설을 따른 사안임); 대판 1991. 1. 25, 90다6491.
19) 대판 1974. 9. 24, 73다1874.
20) 대판 2014. 7. 10, 2012다89832.

권을 행사한 경우에 건물철거청구에 매매대금과 상환으로 하는 건물명도청구가 포함되어 있는지 여부가 문제된다. 이것이 포함되어 있다는 포함설이 있지만 철거청구와 명도청구는 청구취지와 청구요인이 다르므로 상환이행판결이 불가능 하다는 불포함설이 타당하다고 본다. 판례도 같다.[21]

ⅲ) 현재의 이행청구에 대하여 장래의 이행판결 원고의 현재의 이행청구에 대하여 조건이 성취되지 아니하였거나, 이행기가 도래하지 아니하였지만 '미리 청구할 필요($\frac{251}{조}$)'가 있다고 판단되어 장래의 이행판결을 명하는 것은 처분권주의에 반하지 아니하여 허용된다. 예컨대 원고가 피담보채무의 소멸을 이유로 저당권설정등기말소 또는 소유권이전등기말소(양도담보일 경우임)를 청구하였으나 심리한 결과 아직 채무가 남아 있는 경우에 남은 채무의 선이행을 조건으로 이행판결을 하여야 한다.[22] 그러나 원고의 장래이행의 소에 대하여 현재의 이행판결을 하는 것은 당사자가 구하는 범위를 넘는 것이므로 처분권주의에 위배되어 허용될 수 없다.

(d) 양적 상한에 대한 예외 형식적 형성소송의 경우에는 예외적으로 원고가 구하는 양적 상한을 넘어서 판결을 하는 것이 가능한 경우가 있다. 그 이유는 형식적 형성의 소는 그 실질이 비송사건이므로 법원의 후견적 기능이 강조되기 때문이다. 형식적 형성의 소에는 경계확정의 소와 공유물분할의 소 등이 있다. 따라서 경계확정의 소에 있어서 법원은 원고가 주장하는 경계선에 구속되지 아니하고 원고가 주장하는 것보다 유리한 경계선을 인정하여도 무방하고,[23] 공유물분할청구소송에 있어서도 법원은 원고의 주장하는 분할방법에 구속되지 아니하고 심리결과 원고에게 유리하거나 불리하게 분할할 수 있을 뿐만 아니라,[24] 분할이 어렵다고 판단되면 가액분할을 명할 수도 있고,[25] 합리적인 현물분할 방법이 없는 등의 사유가 있으면 공유자 상호 간에 금전으로 과부족을 조정하게 하여 분할을 하는 것도 현물분할의 한 방법으로 허용된다.[26] 다만 분할청구자가 상대방들을 공유로

---

21) 대판(전) 1995. 7. 11, 94다34265(판례는 이 경우 법원은 건물명도청구로 소변경 할 것을 적극적으로 석명하여야 한다고 함).

22) 대판 1996. 11. 12, 96다33938. 다만 원고가 피담보채무 자체가 발생하지 아니하였음을 이유로 등기말소청구를 한 경우에는 그렇게 볼 수 없다(대판 1991. 4. 23, 91다6009).

23) 대판 1993. 11. 23, 93다41792; 대판 2020. 8. 20, 2018다241410, 241427.

24) 대판 1968. 3. 26, 67다2455; 대판 1991. 11. 12, 91다27228.

25) 대판 1993. 12. 7, 93다27819.

26) 대판 2023. 5. 18, 2022다229219, 229226(다만 등기된 공유지분비율과 현저히 다르게 현물분할 하는 방법은 타당하지 아니하다고 함). 그러나 현물분할이 어렵다는 이유로 경매를 통한 가액분할에 대하여는 신중을 기하여야 한다고 제한을 두고 있다. 예를 들어 조상분묘가 설치된 임야에

남기는 방식의 현물분할을 청구하고 있다고 하여도 상대방들이 그들만의 공유관계를 원하지 않으면 상대방들을 공유로 남기는 현물분할방식은 안되고,[27] 또한 분할청구자들이 그들 사이의 공유관계 유지를 원하지 않는데도 분할청구자들과 상대방 사이의 공유만 해소한 채 분할청구자들을 여전히 공유로 남기는 방식으로 현물분할을 하는 것은 허용되지 않는다.[28] 또한 특허권(디자인권도 같다. 이하 동일)이 공유인 경우에 각 공유자에게 특허권을 부여하는 방식의 현물분할을 인정하면 하나의 특허권이 사실상 내용이 동일한 복수의 특허권으로 증가하는 부당한 결과를 초래하므로 특허권의 성질상 현물분할은 허용되지 아니한다.[29]

(3) 소송절차의 종료

① 당사자는 소송절차를 종료할 수 있는 권능이 있다. 원고는 소를 취하함으로써 소송을 종료할 수 있고, 상소인·이의신청인은 상소·이의신청을 취하함으로써 이것이 가능하다. 또한 당사자는 상소권·이의신청권의 포기, 부제소합의, 소취하의 합의 등으로 소송절차를 종료시킬 수 있고, 원고는 소송물의 부존재를 자인하는 청구의 포기에 의하여, 피고는 그 존재를 자인하는 청구의 인낙에 의하여, 원·피고는 상호 양보하여 소송상화해를 함으로써 판결에 의하지 아니하고 소송을 종료할 수 있다. 다만 재소금지의 원칙상 종국판결이 있은 뒤에 소를 취하한 경우에는 동일한 소를 제기할 수 없다는 제한이 따른다($\frac{267조}{2항}$).

② 그러나 소송물이 공익과 관련되어 있어 소송절차가 직권탐지주의에 의하는 가사소송($\frac{가소\ 12,}{17조}$), 행정소송($\frac{행소}{26조}$)에 있어서는 처분권주의에 따른 당사자의 자유로운 처분이 제한된다. 소송물 자체가 공익성을 가지고 있기 때문이다. 가사소송사건(가·나류 사건), 행정소송사건에서는 소의 취하는 가능하지만, 청구의 포기·인낙 또는 소송상의 화해가 인정되지 아니한다($\frac{가소\ 12,\ 행}{소\ 26,\ 29조}$).[30]

대한 일가친척의 공유관계 등의 경우(대판 2023. 6. 29, 2022다294107), 미국시민권자들인 망인과 전 배우자들과 현 배우자와 그 자녀들이 30년 동안 거주 중인 주택과 대지에 관한 공유물분할사건(대판 2023. 6. 29, 2023다217916), 피고가 상속을 원인으로 공유하게 된 지상건물에서 다른 상속인들과 거주·생활하고 있는데, 경매전문업체인 원고가 그 공유토지의 일부 지분을 경매로 취득하여 공유물분할을 청구한 사안(대판 2023. 6. 29, 2020다260025) 등이 그것이다.

27) 대판 2015. 3. 26, 2014다233428.

28) 대판 2015. 7. 23, 2014다88888.

29) 대판 2014. 8. 20, 2013다41578(여기서 대법원은 원심법원이 경매에 의하여 대금분할을 명한 것은 정당하다고 보았다).

30) 가사소송사건 중 이혼소송과 파양소송은 재판상의 화해를 인정하는 것이 타당하다는 견해가 있다(이시윤, 325면).

③ 직권탐지주의에 의하지 아니하고 사익에 관한 소송이기도 한 회사관계소송[예: 회사설립무효·취소소송($\frac{상}{184조}$), 주주총회결의의 취소·무효·부존재소송($\frac{상 376}{380조}$)]에 있어서도 원고 승소판결에 대하여 대세적 효력이 인정되므로, 청구인낙 또는 소송상의 화해는 할 수 없고 원고 패소판결에 해당하는 청구의 포기만이 가능하다.

④ 또한 주주의 대표소송에서는 법원의 허가를 받아야 소의 취하, 청구의 포기·인낙, 화해가 가능하며($\frac{상 403}{조 6항}$), 증권관련 집단소송에 있어서는 원고승소판결에 해당하는 청구의 인낙을 제외하고 소의 취하, 청구의 포기, 화해를 하려면 법원의 허가를 받아야 하고($\frac{증집}{35조}$), 소비자단체소송·개인정보단체소송에 있어서 청구기각판결은 대세적 효력이 있으므로($\frac{소기 75조}{개보 56조}$), 청구기각판결과 동일한 효력이 있는 청구의 포기는 허용되지 아니한다.

⑤ 조정이나 재판상 화해는 당사자가 자유롭게 처분할 수 있는 권리 또는 법률관계를 대상으로 하므로 이에 반하여 조정이나 재판상 화해를 하는 것은 허용될 수 없으므로, "재심대상 판결 및 제1심판결은 각 취소한다."는 취지의 조정조항은 당연무효이다.[31]

3. 처분권주의 위반의 효과

(1) 처분권주의에 위반된 판결은 위법하므로 그 확정 전에는 상소에 의하여 취소할 수 있을 뿐이다. 판결이 확정이 되면 재심사유에도 해당하지 아니하며 당연 무효의 판결에도 해당하지 아니한다. 또한 처분권주의의 위반은 판결의 내용에 관한 것이므로 소송절차에 관한 것만 그 대상으로 하는 소송절차에 관한 이의권($\frac{151}{조}$)의 대상이 되지 않는다.

(2) 그런데 처분권주의와 관련하여 법원의 판결이 원고가 청구한 소송물과 전혀 다른 소송물에 대하여 판단하였는데 해당 판결이 확정된 경우(예: 원고가 피고의 A 건물의 인도를 구하였는데 판결에서 B 건물의 인도를 명하여 확정된 경우)에 문제될 수 있다. 이 경우 단순히 처분권주의의 위반으로만 해결하려고 한다면 재심사유에 해당하지 아니하므로 다툴 방법이 마땅치 아니하다. 그러나 이 경우 처분권주의 위배로만 볼 것이 아니라 우선 법원으로서 명백한 착오를 한 경우에 해당한다면 판결의 경정($\frac{211}{조}$)을 통하여 이를 바로잡아야 할 것이고, 그것이 여의치 아니하다면 피고가 신의칙을 사유로 한 청구이의의 소를 통하여 구제할 수 있는 방

---

31) 대판 2012. 9. 13, 2010다97846.

안(위 예에서 우연히 피고가 B 건물도 점유하고 있는 경우)을 적극 검토하여야 한다.

Ⅱ. 변론주의

1. 의의와 사상적 배경

(1) 의 의

변론주의(Verhandlungsmaxime)라 함은 소송자료(＝사실＋증거)의 수집·제출의 책임을 당사자에게 맡기고, 법원은 당사자가 수집·제출한 소송자료만을 재판의 기초로 하여야 한다는 원칙을 말한다. 즉 재판의 기초가 되는 주요사실을 당사자가 주장하여야 하고, 증거신청도 당사자가 하여야 하며, 법원은 이에 따라 재판을 진행하여야 하는 것이다. 제출주의(Beibringungsmaxime)라고도 한다. 변론주의는 소송자료의 수집·제출을 당사자가 한다는 점에서 이것을 법원이 하는 직권탐지주의와 다르다. 변론주의는 넓은 의미로 처분권주의를 포함하기도 하나, 고유한 의미로는 소송자료의 수집·제출에 관한 원칙이다.

변론주의(辯論主義)는 민사소송의 심리에 있어서 가장 중요한 원칙이지만 이를 명문으로 규정하고 있지는 않다. 그러나 민사소송법과 동 규칙의 처분권주의·실기한 공격방어방법의 각하, 사실관계와 증거에 관한 사전조사의무 등의 규정($^{149조,\ 150조\ 1항,\ 203,\ 208,}_{287조,\ 292조,\ 규칙\ 69조의2}$)은 변론주의를 전제로 한 것이고, 가사소송·행정소송에서 직권탐지주의를 규정함으로써($^{가소\ 17조,}_{행소\ 26조}$) 이를 간접적으로 추단하게 한다.

(2) 사상적 배경

변론주의의 사상적 배경은 18세기부터 19세기 초반의 근대적 개인주의·자유주의에 기초한 자유방임적 야경국가관에 기초하고 있다. 따라서 변론주의는 개인주의·자유주의 소송관에 따라 소송당사자는 추상적으로 자유·평등하다는 것을 전제로 한다. 평등한 권리의무의 주체인 당사자는 사법체제(私法體制) 하에서와 같이 소송절차에서도 자신의 책임 하에 소송자료를 제출하고 거기에 합당한 책임을 져야 한다는 것에 기초하고 있는 것이다. 그러나 19세기 후반 이후에 사회의 급격한 변화에 따라 사람의 추상적 평등은 허상에 지나지 아니한다는 것이 명백하여졌다. 이러한 인식에 따라 법사조(法思潮) 자체가 개인주의·자유주의의 야경국가관에서 실질적 평등을 추구하는 복리국가이념 또는 사회적 법치국가관으로 변화하게 되었다. 따라서 소송절차에 있어서도 개인주의·자유주의 소송관에서 복리국가적 소송관으로 변화하게 되었다. 이러한 변화가 변론주의의 내용을 수정·변경하게 하고 있다. 즉 진실의무의 강조와 석명권의 강화로 나타나는 것이다. 이것을 보다 구체적으로 보면 소송절차에서의 국가의 관여가 강조되는 것으로서 소송절차에서의 법원의 역할증대로 이어지는 것이다. 이러한 변화를 변론주의의 현대적 의미로 볼 수 있는 것이다.

2. 근   거

민사소송에 있어서 변론주의가 채택된 근거에 관하여 다양한 견해들이 있다. 이러한 근거에 대한 다양한 견해들은 그 근저에 소송관의 차이가 있다. i) 민사소송의 대상인 민사분쟁은 사적 자치의 원칙이 지배하는 재산관계에 관한 것이므로 그 분쟁에 있어서의 소송자료의 수집·제출의 책임이 당사자에게 있는 것이 당연하다는 본질설(本質說),[32] ii) 민사분쟁에 가장 이해관계를 가지는 자는 당사자이므로, 그 이해당사자에게 소송자료의 수집·제출 책임을 부여하는 것이 적합하고, 변론주의는 당사자의 이기심을 활용하여 진실을 발견하기에 가장 적합한 수단이라는 수단설(手段說),[33] iii) 당사자에 의하여 변론에 나타난 사실과 증거만으로 재판의 기초로 하는 것이 양 당사자에게 예상 밖의 판결을 막을 수 있고, 절차보장에 충실하므로 변론주의가 필요하다는 절차보장설(節次保障說), iv) 변론주의는 사적자치에 부합하고, 진실발견과 예상 외의 판결의 방지에 도움이 될 뿐만 아니라 당사자의 절차보장에도 유용한 것이므로 필요하다는 다원설(多元說)[34] 등이 있다.

생각건대 민사소송에 있어서 변론주의가 채택된 근거에 관한 다양한 견해들은 나름대로 충분한 이유가 있다. 그러나 민사분쟁은 사적 사치의 원칙의 영역에서 발생한 것이므로 당사자가 그 분쟁의 해결에 있어서 주체적인 역할을 하는 것이 합당하고, 소송절차에 이러한 뜻이 반영된 것이 변론주의인 것이다. 즉, 사적자치의 원칙이 소송법적으로 발현된 것이라고 할 수 있다. 따라서 본질설이 타당하다.[35] 수단설은 변론주의와 직권탐지주의의 차이를 충분히 설명하기 어렵고, 절차보장설은 변론주의의 결과로 나타나는 현상을 본질이라고 하여 원인과 결과의 역

---

32) 강현중, 460면; 정동윤/유병현/김경욱, 372면.
33) 김홍규/강태원, 361면.
34) 송상현/박익환, 351면(명확치는 아니하나 다원설의 취지로 보임); 이시윤, 827면.
35) 同旨: 정동윤/유병현/김경욱, 372면.

전이라는 비판을 받으며, 다원설은 본질에 관한 논의를 명확히 하지 못하는 난점이 있다.

그런데 1976년 독일 민사소송법에서 법원의 석명권을 크게 강화한 것(ZPO 278조 3항)을 계기로 변론주의의 타당성에 대한 비판이 있는 것은 사실이다. 소송자료의 수집·제출책임을 당사자에게 일임하는 것은 타당하지 아니한 것이므로 법원과 당사자의 협동작업이 필요하다는 소위 협동주의(協同主義)를 주장하기도 한다. 그러나 이러한 견해들은 법원의 역할증대를 강조한 것으로서 법원의 석명권강화 추세와 궤를 같이하는 것으로 볼 수 있고, 민사소송에 있어서 당사자의 자기책임의 구현이라는 측면에서 보면 이러한 협동주의의 주장은 일면의 타당성은 있으나 변론주의를 대체할 수는 없다고 본다.[36]

변론주의의 근거에 따라 공지의 사실에 반하는 자백의 효력, 석명권의 범위, 진실의무의 평가 등에 차이가 있다는 견해가 있다.[37] 하지만 이것들은 변론주의의 근거에 관한 이론과는 논리 필연적인 관련성이 있는 것은 아니라고 본다.

3. 변론주의의 내용

(1) 총   설

변론주의의 내용은 세 가지로 요약된다. 첫째는 법원은 당사자가 주장하지 아니한 사실을 재판의 기초로 삼을 수 없다는 '사실의 주장책임'의 문제, 둘째로 당사자 사이에 다툼 없는 사실은 그대로 판결의 기초로 삼아야 한다는 '자백의 구속력'의 문제, 셋째로 다툼 있는 사실은 당사자가 제출한 증거에 의하여야 한다는 '당사자에 의한 증거신청'의 문제로 나눌 수 있다. 첫째의 문제는 주장사실의 제출에 관한 문제이고, 둘째·셋째의 문제는 증거의 제출·획득에 관한 문제인 것이다.

(2) 사실의 주장책임

① 의   의

(a) 사실의 주장책임이라 함은 주요사실(主要事實)은 당사자가 변론에서 주장하여야 하고, 법원은 당사자에 의하여 주장되지 아니한 주요사실은 판결의 기초로 삼을 수 없다는 것이다.[38] 그 결과 당사자는 주요사실을 주장하지 아니하면 법원

---

36) 同旨: 이시윤, 827면; 정동윤/유병현/김경욱, 401면.
37) 정동윤/유병현/김경욱, 372면.

으로부터 마치 그 사실이 없는 것으로 취급되는 불이익한 판단을 받을 수밖에 없게 되는바, 이렇게 당사자가 주장하지 아니함으로 입게 되는 불이익을 사실의 주장책임(Behauptungslast)이라 한다. 따라서 법원이 피고의 상계항변이 없음에도 이를 판단한 경우,[39] 소멸시효완성의 항변이 없음에도 이를 판단한 경우,[40] 시효의 중단사유가 없음에도 이를 판단한 경우,[41] 동시이행항변[42]·해제조건의 성취의 항변[43]·이행불능의 항변[44]이 없음에도 이를 판단한 경우, 당사자가 철회한 주장사실에 기초하여 판단한 경우,[45] 부진정연대채무관계에 관한 아무런 주장이 없었음에도 이를 판단한 경우,[46] 다른 하급심판결에서 확정된 사실관계를 당사자가 주장하지 않았음에도 법원에 현저한 사실로 판단한 경우[47] 등은 변론주의에 반하여 위법하다. 그러나 과실상계,[48] 법원에 현저한 사실[49]은 당사자의 주장과 관계없이 법원이 판단할 수 있다.

(b) 그런데 주장공통의 원칙에 비추어 보면 유리한 판단을 받을 당사자가 주장할 필요는 없고, 어느 당사자라도 변론에서 주장하면 된다. 사실의 주장책임은 간접사실·보조사실과는 관계가 없고 주요사실에 관련된 것이다.

② 소송자료와 증거자료의 구별

사실의 주장책임이 인정됨으로 인하여 소송자료(Prozessstoff)와 증거자료(Beweisstoff)가 명확히 구별되게 되었다. 재판을 통하여 얻는 모든 자료인 재판자료(裁判資料)는 변론으로 얻게 되는 소송자료(訴訟資料)와 증거조사에서 취득하는 증거자료(證據資料)로 나눌 수 있다.[50] 사실의 주장책임에 의하여 증거자료의 소송자료로의 전

---

38) 대판 2018. 10. 25, 2015다205536; 대판 2021. 3. 25, 2020다289989.
39) 대판 1963. 2. 14, 62다760.
40) 대판 1966. 9. 20, 66다1032; 대판 1991. 7. 26, 91다5631.
41) 대판 1995. 2. 28, 94다18577.
42) 대판 1990. 11. 27, 90다카25222.
43) 대판 1967. 5. 16, 67다391.
44) 대판 1967. 2. 7, 66다2206; 대판 1996. 2. 27, 95다43044.
45) 대판 1993. 4. 27, 92다29269.
46) 대판 2013. 5. 9, 2011다61646.
47) 대판 2019. 8. 9, 2019다222140.
48) 대판 1998. 2. 27, 97다24382.
49) 대판 1965. 3. 2, 64다1761(반대 판례: 대판 1963. 1. 28, 63다493).
50) 개념적으로 「재판자료＝소송자료＋증거자료＋α(변론 전체의 취지)」로 볼 수 있다. 소송자료가 광의로 재판자료와 같은 의미로 쓰이는 경우도 있으나, 재판자료를 가장 넓은 개념으로 하고 변론을 통하여 얻은 자료를 소송자료, 증거조사를 통하여 얻은 자료를 증거자료, 그 외에 변론 전체의 취지로 얻은 자료로 개념을 정리하는 것이 가장 간단하고 명확하다고 본다. 본서에서는 이러한 개념에 기초하여 설명하도록 한다.

용(專用)은 인정되지 아니하므로, 증거조사과정에서 얻은 주요사실(증거자료)은 당사자가 변론에서 별도로 주장하지 아니하면 판결의 기초로 삼을 수 없다.[51] 따라서 피고가 변제항변을 제출하고 있지 아니하는 한 증인의 증언으로 변제된 사실이 밝혀진 경우에도 법원은 임의적으로 변제되어 채무가 소멸되었다고 판단할 수 없게 된다. 실제 재판과정에서는 이러한 사실이 밝혀진 경우에 법원은 피고에게 석명권을 적절히 행사하여(예: 변제된 것이 맞는지 원·피고에게 확인하여 맞는 경우에 원고에게 소의 취하 등을 하도록 함) 실체적 진실에 부합한 재판을 유도할 수 있다.

〈간접적 주장이론 등〉

그런데 소송자료와 증거자료의 개념을 잘 모르는 당사자에게 이것을 엄격히 적용하는 것은 실체적인 진실에 부합하지 아니한 판결이 발생할 위험이 있으므로 이 경우 민사소송의 적정이라는 이념에 반한다는 문제가 발생한다. 판례는 이러한 불합리를 막기 위하여 당사자의 직접적인 주장은 없다고 하여도 변론전체의 취지에 비추어 일정한 경우에 주장이 있는 것으로 간주하고 있다. 즉 판례는 i) 변론전체의 취지에 비추어 간접적으로 주장한 것으로 볼 수 있는 경우,[52] ii) 서증을 제출하여 그 입증취지를 진술하여 서증기재사실을 주장한 때,[53] iii) 감정이나 서증을 이익으로 원용한 때,[54] iv) 청구원인주장의 불분명한 부분의 석명을 구하면서 제출한 가정적 항변[55] 등의 경우에는 실제적으로 주요사실의 주장이 없어도 이것을 한 것으로 본다.[56] 이러한 시도는 일종의 변론주의에 관한 적용상 한계로 볼 수 있다. 이에 대하여 심판범위의 불명확, 법원의 심리부담의 가중, 상대방 당사자에 대한 방어권의 침해 등의 문제가 있다는 이유로 석명권의 행사를 통하여 직접 주장을 유도하여야 한다는 비판이 있으나,[57] 재판과정에서 상대방에 대한 방어권이 실질적으로 보장이 되었다면 긍정적인 시도로 보인다.[58]

---

51) 대판 1987. 2. 24, 86다카443.
52) 대판 1995. 4. 28, 94다16083; 대판 1996. 2. 9, 95다27998.
53) 대판 1994. 10. 11, 94다24626; 대판 2002. 11. 8, 2002다38361.
54) 대판 1993. 2. 12, 91다33384, 33391; 대판 1996. 12. 19, 94다22927.
55) 대판 2017. 9. 12, 2017다865.
56) 그 외에도 ⅴ) 어음금 청구소송에서 아무런 주장 없이 제권판결정본만을 증거로 제출한 경우(대판 1980. 12. 9, 80다2432), ⅵ) 금원을 변제공탁 하였다는 취지의 공탁서를 증거로 제출하면서 그 금액 상당의 변제 주장을 명시적으로 하지 않은 경우(대판 2002. 5. 31, 2001다42080; 대판 2020. 4. 29, 2019다297908 ─ 여기서 판례는 공탁서를 증거로 제출한 것은 그 금액에 해당하는 만큼 변제되었음을 주장하는 취지임이 명백하므로, 그와 같은 주장이 있는 것으로 보고 그 당부를 판단하거나 아니면 그렇게 주장하는 취지인지 석명을 구하여 당사자의 진의를 밝히고 그에 대한 판단을 하여야 한다고 했다) 등이 있다.
57) 이시윤, 329면(이러한 간접적 주장의 방식은 규칙 제28조에 따라 말로 하는 변론방식과도 맞지 않다고 한다); 한충수, 304면; 호문혁, 415면.
58) 同旨: 김홍엽, 425면; 정동윤/유병현/김경욱, 382면.

③ 주요사실과 간접사실·보조사실의 구별

(a) 변론주의는 권리의 발생·변경·소멸이라는 법률효과를 판단하는 요건이 되는 주요사실에 대하여 적용되고,[59] 간접사실·보조사실과는 관련이 없다. 따라서 간접사실 등은 당사자가 변론에서 주장한 바가 없어도 증거조사를 통하여 얻은 사실에 기초하여 인정할 수 있고, 자백된 경우에도 구속력이 없다.[60]

(b) 주요사실이라 함은 법률효과를 정하고 있는 법규의 구성요건에 관한 구체적인 사실을 말한다. 실무상 요건사실(要件事實)이라 한다. 즉 대주와 차주 사이의 소비대차의 합의와 금전 대체물의 수수가 소비대차에 관한 법규($^{\text{민}}_{598조}$)의 구성요건이고, 이것에 대한 구체적 사실인 A가 B에게 2018. 3. 1. 금 3,000만원을 빌려주기로 하여, 같은 날 A가 B에게 3,000만원을 준 것이 주요사실에 해당한다. 반면 간접사실(間接事實)이라 함은 주요사실의 존재 여부를 추인하는 데 이바지하는 사실을 말한다. 주요사실의 존재 여부를 간접적으로 추인케 한다는 점에서 간접사실 또는 징빙(徵憑)이라 한다. 위 예에서 B가 돈이 없어 곤궁하게 지나다가 A를 만난 이후에 차도 구입하고, 애인에게 돈을 잘 쓴 사실은 B가 A로부터 돈을 차용한 사실을 추정할 수 있다는 점에서 간접사실에 해당한다. 보조사실(補助事實)이라 함은 증거방법(예: 증인, 서증 등)의 증거능력과 증거가치(증거력)에 관한 사실을 말한다. 증인이 전에 위증죄로 처벌받았다는 사실, 증인이 원고와 좋지 않은 감정을 갖고 헤어진 옛 애인이라는 사실, 서증이 위조되었다는 사실 등을 말한다. 보조사실은 증인 등 증거방법의 증거가치 등을 떨어뜨려 사실인정을 어렵게 하기 위한 사실을 말한다.

(c) 변론주의에 있어서 주장책임의 부담 여부를 위하여 필연적으로 주요사실과 간접사실·보조사실의 구별이 필요하게 된다. 따라서 무엇이 주요사실에 해당하는지 여부가 재판의 중요한 이슈가 되고, 또한 주요사실과 간접사실의 구별기준에 대한 새로운 시도들이 있다.

(d) **판례상의 주요사실**   판례는 변론주의는 주요사실에만 적용되고 간접사실·보조사실에는 적용되지 아니하며, 단순한 법률상의 주장에도 적용되지 아니한다.[61][62] 판례가 인정하는 주요사실에 관하여 보도록 하겠다. 판례는 소멸시효완

---

59) 대판 2009. 10. 29, 2008다51359; 대판 2021. 1. 14, 2020다261776.

60) 대판 1968. 4. 30, 68다182; 대판 1992. 11. 24, 92다21135.

61) 대판 2017. 3. 22, 2016다258124(어떤 시효기간이 적용되는지에 관한 주장은 단순히 법률의 해석이나 적용에 관한 의견이므로 변론주의가 적용되지 않고 주장에 구속됨이 없이 직권으로 판단

성의 항변,[63] 동시이행의 항변,[64] 이행불능의 항변[65] 등에 관한 사실은 주요사실이며, 대리인에 의한 계약체결 사실,[66] 소멸시효의 기산점[67] 등도 같다. 그러나 취득시효의 경우에는 점유의 시기와 권원은 요건사실인 점유기간과 자주점유를 추인케 하는 간접사실에 해당하여 법원은 당사자의 주장에 구속되지 아니한다.[68] 신체상해로 인한 손해배상사건의 소극적 재산상의 손해인 일실이익(逸失利益)을 계산하기 위한 월수입, 월생활비, 가동연한 등은 주요사실이지만, 현가계산의 방식인 호프만식 또는 라이프니쯔식의 계산방식은 간접사실이므로 법원이 당사자의 주장에 구속되지 아니하고 임의로 할 수 있다고 한다.[69] 기타 부동산을 매수한 경위,[70] 교통사고의 경위,[71] 과실상계를 할 경우에 피해자의 과실[72] 등은 모두 간접사실에 해당한다고 본다.

④ 주요사실과 간접사실의 구별기준

주요사실과 간접사실을 구별하는 기준은 법규기준설에 근거하고 있다(통설·판례). 법규기준설에 의하면 법률효과를 정하고 있는 법규의 구성요건에 관한 구체적인 사실이 주요사실이고, 그 이외의 사실을 간접사실이라고 본다. 주요사실은 변론주의의 적용을 받지만, 간접사실은 이를 받지 아니한다.

그런데 이러한 법규기준설에 대하여 i) 공해소송·제조물책임소송 등의 현대형 소송에 있어서 주요사실인 인과관계의 증명이 현실적으로 불가능하므로 간접사실에 의존할 수밖에 없는데 이 경우에 법규기준설에 의하면 당사자가 주장하지 않은 간접사실로 이를 인정하여 상대방에게 불의의 타격을 가할 수 있어 불합리하다는 점, ii) 법규 중에 있는 '신의성실', '정당한 사유', '과실' 등이 일반조항 또는 추상적 조항 자체를 주요사실로 인정하는 법규기준설의 부당함, iii) 법규의 구조

할 수 있다).

62) 대판 1993. 9. 14, 93다카28379(중도금을 甲에게 직접 지급하였느냐 아니면 수령권한이 있는 타인을 통하여 지급하였느냐는 변제사실에 대한 경위, 내력에 불과한 간접사실이므로 당사자의 주장을 요하지 아니한다); 대판 2002. 6. 28, 2000다62254.
63) 대판 1991. 7. 26, 91다5631.
64) 대판 1990. 11. 27, 90다카25222.
65) 대판 1996. 2. 27, 95다43044.
66) 대판 1990. 6. 26, 89다카15359; 대판 1996. 2. 9, 95다27998.
67) 대판 1971. 4. 30, 71다409; 대판 1995. 8. 25, 94다35886.
68) 대판 1997. 2. 28, 96다53789(점유권원); 대판 1998. 5. 12, 97다34037(점유시기).
69) 대판 1983. 6. 28, 83다191.
70) 대판 1977. 1. 11, 76다2038.
71) 대판 1979. 7. 24, 79다879.
72) 대판 1987. 11. 10, 87다카473; 대판 1996. 10. 25, 96다30113.

상 주요사실과 간접사실의 구별기준이 애매하다는 점 등에 기초하여 비판적인 견해들이 제시되고 있다.

새로운 견해로는 i) 법규기준설의 종전의 기준에 기초하면서 '신의성실', '정당한 사유', '과실' 등이 일반조항 또는 추상적 조항 자체의 구체적 사실(예: 과실의 경우에 음주 또는 무면허사실 등 구체적 사실)을 준주요사실(準主要事實)로 분류하여 이러한 사실에 대하여 당사자의 주장이 있어야 한다는 준주요사실적용설, ii) 기타 주요사실·간접사실과 달리 '중요사실'이라는 개념에 기초하여 그것의 주장이 필요하다는 견해(중요사실설), 판결의 기초가 되는 모든 사실의 주장이 필요하다는 견해(전사실주장설), 주요사실·간접사실의 구별기준을 새롭게 정립하여 법원의 심리편의와 당사자의 이익을 형량하여 판단하여야 한다는 견해(이익형량설) 등이 있다.[73]

이러한 견해들은 법규기준설이 가지고 있는 난점을 극복하기 위하여 일본학자들을 중심으로 제시되고 있다. 이러한 견해 중 준주요사실설은 준주요사실의 범위가 명확하지 아니한 점은 있지만, 일반조항 또는 추상적 조항의 구체적 사실을 준주요사실로 보아 주요사실에 준하여 취급하는 것이 합리적이므로, 법규기준설의 부족한 부분을 준주요사실적용설로 보충하는 것이 타당하다고 본다.[74]

⑤ 구별의 소송법상의 효과

주요사실과 간접사실·보조사실을 구별하면 소송법상으로 i) 간접사실·보조사실은 당사자의 주장이 없어도 법원이 증거로 인정할 수 있고(변론주의의 부적용), ii) 간접사실·보조사실에 대한 자백은 당사자와 법원을 구속하지 아니하며(자백의 구속력의 부적용), iii) 유일한 증거가 주요사실에 관한 것일 때에는 증거채택을 거부할 수 없지만, 간접사실·보조사실은 유일한 증거일 경우에도 이를 채택하지 아니할 수 있으며, iv) 상고이유, 재심사유에 해당하는 판단누락(451조 1항 9호)에 해당하는 사실은 주요사실에 한하고, 간접사실·보조사실은 이에 해당하지 아니하는 효과가 있다.

(3) 자백의 구속력

① 변론주의에 의하면 주요사실이 당사자 사이에 다툼이 없거나(288조), 다툼이 없는 것으로 간주된 경우(150조)에는 증거조사의 필요 없이 그대로 판결의 기초로 삼아야 한다. 자백한 사실은 증거에 의하여 사실을 인정할 필요성이 없으며, 설사

---

73) 보다 자세한 내용은 정동윤/유병현/김경욱, 377-378면 참조.
74) 同旨: 이시윤, 331면; 정동윤/유병현/김경욱, 378면.

증거조사를 통하여 사실이 인정된다고 하여도 자백에 반하는 사실을 인정할 수 없다.[75] 이것을 자백의 구속력(拘束力)이라 한다. 자백의 구속력은 당사자뿐만 아니라, 법원에 대하여도 미친다.

② 또한 자백의 대상이 되는 사실은 주요사실에 한정된다. 간접사실·보조사실은 당사자 사이에 다툼이 없어도 법원은 거기에 구속되지 아니한다.[76] 간접사실·보조사실은 자백의 구속력이 인정되지 아니한다. 간접사실이나 보조사실에 자백의 구속력을 인정하면 간접사실로부터 주요사실을 추인하거나, 보조사실을 통한 증거가치의 평가에 있어서 법관의 자유심증을 부당하게 제약할 수 있기 때문이다.[77] 그러나 판례는 문서의 진정성립에 관한 자백은 보조사실에 해당하나 구속력을 인정하며,[78] 현저한 사실에 반하는 자백은 구속력이 없다고 본다.[79]

(4) 당사자에 의한 증거신청

변론주의에 의하면 당사자 사이에 다툼이 있는 사실의 인정에 쓰일 증거방법도 원칙적으로 당사자가 신청한 증거에 의하여야만 한다. 당사자가 신청한 증거에 대하여 증거조사를 실시하여 사실여부를 인정하여야 한다는 것이다. 다만 당사자가 신청한 증거로서 심증을 얻을 수 없을 때에 보충적·예외적으로 직권증거조사를 할 수 있을 뿐이다($^{292,\,341,}_{367조}$). 주요사실이 이미 변론에 현출되었기 때문에 다툼 있는 사실에 대한 증거신청은 어느 당사자가 하여도 상관이 없다. 그러나 3,000만원 이하의 금전 그 밖의 대체물이나 유가증권의 일정한 수량의 지급을 목적으로 하는 소액사건의 경우에는 직권증거조사가 원칙이다($^{소심}_{10조}$). 이것은 간이·신속한 사건처리를 위한 것이다.

4. 변론주의의 적용범위

(1) 변론주의가 적용되는 한계는 소송자료의 수집·제출과 관련된 것이므로 사실관계에 한정된다. 따라서 주장된 사실관계에 근거한 법률의 적용과 수집된 증거의 가치평가의 문제는 변론주의가 미치지 아니한다. 법률의 적용과 증거의 평가는 법관의 고유한 직무영역이므로 법원은 이것에 대한 당사자의 주장에 구속되지

---

75) 대판 1983. 2. 8, 82다카1528.
76) 대판 1994. 11. 4, 94다37868.
77) 同旨: 정동윤/유병현/김경욱, 382면.
78) 대판 1988. 12. 10, 88다카3083.
79) 대판 1959. 7. 30, 4291민상551.

아니한다. 또한 단순한 법률상의 주장이나,[80] 사실인정의 전제가 되는 경험법칙도 법규에 준하는 것이므로 변론주의의 적용을 받지 아니한다.

(2) 변론주의는 사실관계 중에서도 주요사실에 한정된다. 간접사실·보조사실에 대하여는 변론주의가 적용되지 아니함은 앞서 본 바와 같다.

5. 변론주의의 보완·수정

(1) 총 설

변론주의는 17~18세기의 자유주의·개인주의에 기초한 야경국가적 소송관에 기초하고 있다. 그러나 19세기 후반부터 실체법 영역에서 종전의 자유주의·개인주의에 기초한 모든 사람이 추상적으로 평등하다는 명제는 허구임이 밝혀지면서 실질적 평등의 요청에 따라 복지국가적 법사조가 일반화되면서 소송법 영역에서도 복지국가적 소송관으로 바뀌게 되었다. 이러한 소송관의 변화로 인해 민사소송에 있어서 심리의 중심원칙인 변론주의의 보완·수정이 필요하게 되었다. 이것은 소극적으로는 i) 소송에 있어서 당사자의 진실의무의 강조, ii) 직권증거조사강화, iii) 대리인의 선임명령($\frac{144}{조}$) 등을 통한 개선방법의 강구와, 적극적으로는 복지국가적 소송관의 체계적인 반영을 위한 석명의무의 강화라는 방법의 강구로 나타나게 되었다. 본항에서는 진실의무에 관하여 설명하고, 석명권의 문제는 항을 바꾸어 체계적으로 살펴보기로 한다.

(2) 진실의무

진실의무(Wahrheitspflicht)라 함은 아무리 변론주의라고 하여도 당사자는 진실에 반하는 것으로 알고 있는 사실을 주장해서는 안되고, 또한 진실에 부합하는 상대방의 주장에 대하여 다투어서는 안된다는 의무를 말한다. 더 나아가 자신이 알고 있는 사실은 유·불리를 떠나서 모두 진술하여야 한다는 완전의무(Vollständigkeitspflicht)도 포함한다.

우리나라는 진실의무(眞實義務)에 관하여 직접 규정하고 있지는 않지만 변론주의의 탈선가능성을 막는다는 점에서 민사소송법 제1조 제2항의 신의칙에 따라 이

---

80) 대판 2013. 2. 15, 2012다68217(어떤 권리의 소멸시효기간이 얼마나 되는지에 관한 주장은 단순한 법률상 주장에 불과하므로 어음법상의 3년의 시효항변을 5년의 대여금채권에 관한 시효항변으로 판단함); 대판 2017. 3. 22, 2016다258124(민법에 따른 소멸시효기간을 직권으로 상법에 따른 소멸시효기간으로 판단함).

를 인정하는 것이 타당하다.[81] 그 외에 문서의 진정성립부인에 대한 제재($\frac{363}{조}$), 당사자신문에 있어서 허위의 진술에 대한 제재($\frac{370}{조}$) 등도 진실의무를 전제로 한 규정으로 볼 수 있다. 특히 소송대리인이 변호사일 경우에는 법률전문가로서 고도의 윤리성이 요구되고($\frac{변}{2조}$), 그 직무를 행할 때에 진실을 은폐하거나 허위의 진술을 하여서는 안 된다는 점에서 진실의무가 더 강하게 요구된다고 할 것이다.[82] 오스트리아($\frac{178}{조}$), 독일($\frac{138조}{1항}$)의 경우에는 진실의무를 명문화하고 있다.

그러나 실제의 소송에서 진실의무에 위반하는 경우가 많고 이를 제재할 직접적 규정이 없어 진실의무의 실효성(實效性)이 문제된다. 따라서 이것을 보다 강제하기 위한 방안으로 위반자에 대한 소송비용의 부담($\frac{99}{조}$), 과태료의 부과($\frac{363조}{1항}$), 사실인정에 있어서 변론전체의 취지의 적극적 활용 등을 통하여 소송절차 내에서 진실의무를 강화하여야 한다. 또한 민사상 불법행위로 인한 손해배상책임($\frac{민}{750조}$)을 묻거나, 형사상 소송사기죄($\frac{형}{347조}$)[83]의 적용을 적극화할 필요가 있다. 소송대리인이 변호사인 경우에 징계책임을 묻는 방안 등을 생각할 수 있다($\frac{변}{90조}$).

6. 석 명 권

(1) 개 념

① 석명권(釋明權, Aufklärungsrecht)이라 함은 법원이 소송관계를 분명히 하기 위하여 당사자에게 i) 사실상 또는 법률상의 사항에 대하여 질문을 하거나(發問), ii) 증명을 촉구하고(證明促求), iii) 나아가 당사자가 간과하였음이 분명하다고 인정되는 법률상의 사항에 관하여 의견을 진술할 기회를 주는(指摘義務) 법원의 권능을 의미한다($\frac{136조 1.}{2, 4항}$). 석명권은 법원의 권능이면서, 공정하고 적정한 재판을 위한 법원의 의무이기도 하여 석명의무(Aufklärungspflicht)라고 한다. 또는 석명권 중 질문하는 부분에 중점을 두어 질문권(質問權, Fragerecht)이라고도 부른다. 석명권은 소송지휘권의 성질을 가지고 있다.[84]

---

81) 同旨: 송상현/박익환, 359면; 이시윤, 334면; 정동윤/유병현/김경욱, 384면; 한충수, 311면; 호문혁 431면.

82) 同旨: 정동윤/유병현/김경욱, 384면.

83) 대판 1998. 2. 27, 97도2786(피고가 허위내용의 서류를 작성하여 이를 증거로 제출하거나 위증을 시키는 등의 적극적인 방법으로 법원을 기망하여 승소확정판결을 받은 경우에는 소송사기죄가 성립함).

84) 同旨: 이시윤, 339면.

② 법원의 석명권은 변론주의 하에서 발생할 수 있는 당사자 사이의 능력의 실질적 차이로 발생할 수 있는 잘못을 시정하는 데 중요한 의미를 가진다. 특히 석명권의 적절한 행사를 통하여 변론주의의 방치로부터 발생하는 재판의 부적정 (不適正)을 막을 수 있다. 특히 전술한 19세기 후반 이후의 소송관의 변화로 인해 민사소송에 있어서 석명권의 의미가 더욱 중요하게 되었다. 현재에는 소송절차에서의 법원의 후견적 기능의 강화라는 복리국가적 소송관이 가장 잘 반영되고 있는 분야라고 할 수 있다. 이러한 의미에서 학자들은 석명권은 변론주의의 결함을 시정하는 대헌장(Magna Charta)이라고 하기도 한다.[85]

③ 우리나라도 이러한 흐름에 맞추어 석명권을 강화하고, 그 의무로서의 성격을 강조하고 있다. 즉 종전에는 석명의무의 내용을 사실상 또는 법률상의 사항에 관한 질문을 하거나, 증명을 촉구하는 것만을 규정하고 있었으나(136조 1, 2항과 같은 내용), 1990년 민사소송법 개정에서 당사자가 명백히 간과한 것으로 인정되는 법률상의 사항에 관하여 의견진술의 기회를 부여하도록 하는 소위 지적의무를 신설하게 되었다 (136조 4항). 이것은 독일민사소송법 제278조 3항을 참조한 것이다. 뒤에서 살펴보겠지만 지적의무는 적극적 석명의 일종으로서 복지국가적 소송관이 잘 반영된 부분이다.

④ 석명권은 통상 변론주의의 보완·수정원리로서 작용하지만, 처분권주의의 보완·수정원리로서도 작동할 수 있다. 즉 청구취지와 청구원인이 모순·불명료할 경우에 법원은 석명권을 적절히 행사하여 이것을 바르게 한 후에 심판이 가능한 것이다. 그러나 변론주의와 처분권주의는 그 적용영역에서 차이가 있다. 전자는 소송자료의 수집에 관련된 영역에서 작동하는 원리이고, 후자는 심판의 대상의 특정·처분과 관련되어 있기 때문이다. 변론주의 하에서는 일단 소가 제기되어 유지되는 상태를 전제로 소송자료의 수집·제출과 관련된 것이므로 비교적 적극적으로 석명권을 행사할 수 있는 데 반하여, 처분권주의는 소송물의 특정에 관한 것은 별론으로 하고 처분에 관하여는 당사자의 의사가 중요한 것이므로 비교적 소극적이라고 볼 수 있다.[86]

(2) 석명권의 행사

① 행사 주체

(a) 석명권은 소송지휘권의 일종이므로 합의부에서는 재판장이, 단독재판부의

---

85) 이시윤, 339면; 정동윤/유병현/김경욱, 386면.
86) 同旨: 정동윤/유병현/김경욱, 386면.

경우에는 해당 판사가 이를 행사한다($^{136조}_{1항}$). 그러나 합의부원인 판사는 재판장에게 알리고 석명권을 행사할 수 있다($^{136조}_{2항}$). 재판장은 당사자에게 미리 설명 또는 증명하거나 의견을 진술할 사항을 지적하고, 변론기일 이전에 이를 준비하도록 명할 수도 있다($^{137}_{조}$). 미리 석명준비명령을 발하거나, 변론기일에서 구두로 다음 변론기일 전에 준비를 명할 수 있는 것이다. 당사자가 이러한 재판장이나 합의부원의 조치에 대하여 이의를 신청한 때에는 법원은 결정으로 그 이의신청에 대하여 재판한다($^{138}_{조}$). 부적절한 석명권행사는 이와 별도로 기피신청 사유가 될 수 있다.

　(b) 석명권의 행사는 법원이 하는 것이므로 당사자에게 석명권은 없으나, 필요한 경우에 재판장에게 상대방에게 불명료·불명확한 부분의 설명을 요청할 수 있는 구문권(求問權)을 인정하고 있어($^{136조}_{3항}$), 간접적으로 법원의 석명권행사에 참여할 수 있다.

② 행사방법

　(a) 석명권을 행사하는 구체적인 방법은 변론 또는 변론준비절차에서의 질문(발문), 증명촉구, 당사자가 명백히 간과한 법률상의 사항에 대하여 지적하여 당사자에게 의견진술의 기회를 부여($^{136조\ 1,}_{2,\ 4항}$), 석명처분($^{140}_{조}$) 등이 있다. 이러한 것을 직접 말로 하거나, 서면으로 석명준비명령($^{137}_{조}$)을 발하여 할 수 있다.

　(b) 법관은 석명권을 변론기일 또는 변론준비기일에 말로 촉구하는 경우에는 명확하고, 공정하게 행사하여야 한다. 석명권행사의 결과가 당사자에게 불이익한 경우에는 해당 당사자에게 불이익을 배제할 주장 기회를 주어야 하고, 그러한 기회 없이 당사자에게 예기치 못한 불이익을 준 경우에는 그 석명권행사는 정당하지 못하여 위법하다고 할 것이다.[87]

③ 불응시의 조치

　법원의 석명권행사에 당사자가 불응한 경우에 어떻게 처리할 것인가? 당사자는 법원의 석명에 대하여 반드시 응할 법적 의무는 없다. 그러나 당사자가 법원의 석명에 대하여 불응한 경우에 주장책임이나 증명책임의 일반원칙에 따라 주장·증명이 없는 것으로 취급되어 불리한 재판을 받을 가능성이 높다. 즉 공격·방어방법의 취지가 불명료하여 석명을 하였으나 이에 불응한 경우에는 그 주장 자체가 없는 것으로 판단되거나, 또는 실기한 공격·방어방법으로 각하될 수 있다($^{149조}_{2항}$).

---

87) 대판 1964. 4. 28, 63다735.

무엇보다 정당한 이유 없이 불응한 경우에는 법관이 자유심증을 함에 있어서 변론 전체의 취지로 불이익한 판단을 받을 수 있다(²⁰²조).

(3) 석명권의 범위

① 석명권을 어떤 범위 내에서 행사할 것인지가 문제된다. 석명권의 범위를 어떻게 할 것인가는 사건의 종류, 난이도, 소송의 진행상황, 당사자·대리인의 역량 등에 따라 천차만별일 것이다. 그러나 큰 틀에서 보면 당사자가 주장한 범위 내에서 그 불명료·불명확을 고치는 한도에서 할 것인지(소극적 석명), 사건 자체의 성질에 비추어 당사자가 하여야 할 것임에도 하지 아니한 새로운 주장 또는 증거신청까지 추가하도록 유도할 수 있을 것인가가 문제된다(적극적 석명). 학문적으로 전자를 소극적 석명(消極的 釋明)이라고 부르고, 후자를 적극적 석명(積極的 釋明)이라 한다.

② 소극적 석명

당사자가 주장한 범위 내에서 소송관계를 분명하게 하기 위하여 석명권을 행사하는 것을 인정함에는 다툼의 여지가 없다(통설·판례·). 따라서 사실적·법률적 측면에서 당사자의 주장이나 신청이 불분명, 불완전, 모순되는 경우에 그것을 고치기 위하여 석명권을 자유롭게 행사할 수 있다. 이 경우 석명권의 행사범위에 대하여 특별히 제한을 둘 필요가 없으나, 다만 그 행사방법이 공정치 못할 경우에는 기피신청의 이유가 될 수 있다.

③ 적극적 석명

(a) 법원이 석명권행사의 일환으로 새로운 신청 및 공격방어방법의 제출(주장과 증거신청)을 권유하는 경우를 적극적 석명이라 한다. 적극적 석명은 분쟁해결이라는 면에서는 긍정적일 수 있다. 하지만 적극적인 석명으로 승패가 바뀔 수도 있고 법원이 당사자 중 한쪽 편을 들고 있다는 인상을 줄 수 있으므로 신중을 기할 필요가 있다. 또한 적극적 석명을 제한 없이 인정하면 변론주의가 형해화 될 수도 있다.

(b) 학설상 적극적 석명을 인정할 것인가 여부에 관하여 i) 적극적 석명을 부정하는 견해(부정설), ii) 일정한 범위 내에서 제한적으로 적극적 석명을 인정하는 견해(제한적 긍정설),[88] iii) 무제한적으로 적극적 석명을 인정하자는 견해(무제한적 긍정설) 등이 있을

---

88) 김홍규/강태원, 380면; 김홍엽, 446면; 이시윤, 340면.

수 있다.

생각건대, 실무에서 소액소송 등의 당사자소송의 경우에는 법관의 설명과 증거신청의 권유가 있어야만 소송절차의 진행이 가능하다. 이는 이론적으로 적극적 석명에 해당되므로 허용되지 아니할 것인가의 문제가 아니고, 소송절차의 진행을 위하여 적극적 석명이 필연적으로 요구되는 경우라고 할 것이다. 이러한 점에 비추어 보면 일정한 분야 즉 직권조사가 원칙인 소액사건, 법률적으로 무지한 당사자소송 등에 있어서는 적극적 석명이 필요할 것이다. 따라서 제한적 긍정설이 타당하다고 본다. 특히 법원으로 하여금 법률상의 사항에 대하여 당사자가 간과한 것이 분명한 경우에 당사자에게 의견진술의 기회를 부여하도록 한 지적의무($\frac{136조}{4항}$)는 적극적 석명의 해석과 관련하여 중요한 의미를 가진다고 본다. 이러한 지적의무는 법률적 사항에 의견진술 기회를 부여하는 것이지만 실질적으로는 적극적 석명의 일종으로 보아야 한다. 이것은 지적의무가 민사소송에 도입된 배경, 현재의 복지국가적 소송관 등에 합치되는 해석일 것이다. 그런 의미에서 지적의무는 적극적 석명을 명시한 규정으로 평가하고, 이를 근거로 하여 적극적 석명의 범위를 명확히 하는 작업이 이루어져야 한다고 본다. 따라서 적극적 석명은 지적의무를 통하여 제한적으로 명문화된 것으로 보고 싶다.

(c) 판례는 원칙적으로 적극적 석명은 변론주의에 반하고 석명권의 범위를 일탈한 것으로 허용되지 아니한다고 보았다.[89] 따라서 법원이 당사자로 하여금 새로운 신청[90] 또는 주장[91]이나 구체적인 증거방법을 들어 증거신청[92]을 촉구하는 것은 허용되지 아니한다. 그러나 판례는 지상물의 소유를 목적으로 하는 토지임대차의 임대인이 그 임차인을 상대로 지상물의 철거와 토지인도를 구함에 대하여, 피고인 임차인이 지상물매수청구권($\frac{민 643}{283조}$)을 행사하고 그 대금의 지급이 있을 때까지 지상물의 인도를 거부하는 항변을 제출한 경우에 법원은 임대인에게 종전의 청구를 계속 유지할 것인지, 아니면 대금지급과 상환으로 지상물의 인도를 청구할 의사가 있는지 석명할 의무가 있고, 임대인이 이에 응하여 청구를 변경한 경우에는 지상물인도판결을 하여야 한다고 하여,[93] 지상물매수청구권과 관련하여 적극적 석

---

89) 대판 2017. 12. 13, 2015다61507; 대판 2018. 11. 9, 2015다75308.

90) 대판 1996. 2. 9, 95다27998.

91) 대판 2001. 10. 9, 2001다15576.

92) 대판 1964. 11. 10, 64다325.

93) 대판(전) 1995. 7. 11, 94다34265. 종전에는 건물철거와 토지인도청구 중에 건물인도청구가 포함되어 있지 아니하다고 하여 석명권행사 없이 청구기각을 하였다(대판 1972. 5. 23, 72다341).

명을 인정하는 취지의 판결을 하고 있다. 일종의 지적의무의 행사로 볼 수도 있다. 이상을 종합하여 보면 대법원은 제한적인 범위 내에서 적극적 석명을 인정한다고 평가할 수 있고, 지적의무를 적극적 석명의 일환으로 볼 수 있음을 시사하고 있다.

(4) 석명의 대상

석명의 대상은 어떤 부분을 석명할 것인가의 문제이다. 석명의 대상은 기본적으로 사실상 또는 법률상 사항을 모두 대상으로 하고 있고($^{136조}_{1항}$), 지적의무의 신설이 어떠한 의미를 가지는지에 대하여 약간의 견해의 차이가 있지만, 법률상의 사항에 관하여 명백히 간과한 경우에 지적을 통하여 의견진술의 기회를 부여함으로써 석명권의 의무적 측면과 적극적 석명을 부분적으로 명문화한 것으로 볼 수 있다. 어찌하였든 석명의 대상은 i) 청구취지와 청구원인에 불분명, 불특정, 법률적으로 부정확하거나 부당한 경우 또는 상호 모순이 있는 경우의 정정, ii) 다툼이 있는 사실에 대하여 증명이 되지 아니한 경우에 증명의 촉구, iii) 법률상의 사항에 관하여 명백히 간과한 경우에 지적을 통한 의견진술의 기회부여 등이 석명의 대상이 된다.

① 청구취지 및 청구원인의 석명

(a) 청구취지의 석명

ⅰ) 청구취지가 불분명, 불특정, 법률적으로 부정확하거나 부당한 경우에는 바르게 하여야 하고, 청구원인과 모순되는 경우에도 정정하여야 한다. 예컨대 청구의 변경이 교환적인지 또는 추가적인지 불분명할 경우,[94] 새로운 피고에 대한 청구를 추가한 경우에 예비적 공동소송인지 선택적 공동소송인지가 불분명한 경우, 청구목적물을 특정할 수 없는 경우, 권리의 존재확인에 있어서 주장하는 권리와 다른 명칭을 사용한 경우,[95] 청구원인과 청구취지가 일치하지 아니할 경우 등에 있어서 청구취지를 정정할 필요가 있으면 석명을 통하여 바르게 하여야 한다. 또한 예비적 병합사건에서 주위적 청구에 관련된 청구취지와 청구원인만을 일부 변경함으로써 예비적 청구의 취하 여부가 불분명하게 된 경우에 법원으로서는 예비적 청구의 취하 여부에 대하여 석명할 의무가 있다.[96]

---

94) 대판 1995. 5. 12, 94다6802; 대판 2003. 1. 10, 2002다41435.
95) 대판 1971. 11. 15, 71다1934; 대판 1992. 11. 10, 92다32258(소유권확인 → 사용 · 수익 · 처분의 권리확인).

ii) 원칙적으로 전혀 새로운 청구취지로 변경하도록 하는 적극적 석명은 허용되지 아니하나, 지적의무 또는 앞서 본 지상물매수청구권 행사시에 지상물의 철거청구를 지상물인도청구로 변경을 석명하는 경우,[97] 회생채권자가 채무자의 대한 회생절차개시결정으로 중단된 회생채권 관련 소송절차를 수계하는 경우에 회생채무의 확정을 구하는 것으로 청구취지의 변경을 석명[98]하는 등과 같은 때에는 제한적으로 적극적 석명이 가능하다고 본다.

(b) **청구원인의 석명** 청구원인이 불분명, 불특정, 법률적으로 부정확하거나 부당한 경우에는 바르게 하여야 하고, 청구취지와 모순되는 경우에도 정정하여야 한다. 예컨대 i) 주장 자체가 불분명한 경우(예: 청구원인이 매매인지 대물변제인지 불분명한 경우[99]), ii) 주장이나 증거자료의 전후모순(예: 청구원인이 일관성 없이 주장된 경우,[100] 주장과 제출증거가 모순되는 경우,[101] 주장된 청구원인이 청구취지와 모순된 경우[102] 등), iii) 법률상 정리되지 아니한 주장을 할 경우(예: 피고가 원고에게 오히려 더 받을 것이 있다고 주장하는 경우에 상계항변 여부에 대한 석명[103] 등), iv) 소송자료의 보충이 필요한 경우(예: 본인소송 등에서 요건사실 중 일부를 주장하지 아니한 경우, 즉 쌍무계약에서 원고가 적법한 계약해제를 주장하면서 자신의 채무이행의 제공과 상대방에 대한 이행최고를 주장하지 아니한 경우,[104] 수개의 손해배상 채권자가 그중 일부청구를 한 경우에 어느 채권에 해당하는지의 특정을 위하여 청구원인을 정리할 필요가 있는 경우[105] 등) 등이 여기에 해당한다.

그러나 위 i) 내지 iv)와 달리 새로운 공격방어방법의 제출을 유도하는 적극적 석명은 원칙적으로 허용되지 아니한다. 따라서 법원이 먼저 변제항변[106] 또는 시효항변[107]을 할 것인지, 채권자의 수령지체주장에 상계항변이 포함되었는지 여

---

96) 대판 2004. 3. 26, 2003다21834, 21841.
97) 대판(전) 1995. 7. 11, 94다34265.
98) 대판 2015. 7. 9, 2013다69866.
99) 대판 1952. 9. 6, 4285민상45.
100) 대판 1979. 6. 26, 79다669; 대판 2003. 4. 8, 2001다29254(문서가 위조되었다고 주장하다가 진정성립을 주장한 경우).
101) 대판 1995. 2. 10, 94다16601.
102) 대판 1999. 12. 24, 99다35393(청구취지에서 직접 청구, 청구원인에서 채권자대위권행사); 대판 2003. 1. 10, 2002다41435.
103) 대판 1967. 10. 31, 66다1814.
104) 대판 1963. 7. 25, 63다289; 대판 1995. 2. 28, 94누4325.
105) 대판 2006. 9. 22, 2006다32569(손해배상청구에 있어서 재산적 손해와 정신적 손해의 특정); 대판 2007. 9. 20, 2007다25865.
106) 대판 1990. 7. 10, 90다카6825, 6832; 대판 2001. 10. 9, 2001다15576.
107) 대판 1966. 9. 20, 66다1304; 대판 1969. 1. 28, 68다1467.

부[108] 등에 대한 석명의무는 없다고 할 것이다. 다만 지적의무 등을 통하여 제한적으로 적극적 석명을 할 수는 있다고 본다.

② 증명촉구

다툼이 있는 사실에 대하여 증명을 하지 못하고 있는 경우에[109] 법원은 증명을 촉구하여야 한다.[110] 그러나 다툼이 있는 사실에 대하여 증명을 하지 못한 모든 경우에 증명촉구를 하여야 하는 것은 아니고, 소송의 정도로 보아 당사자가 무지·부주의·오해 등으로 인하여 증명하지 않은 것이 명백한 경우에 한한다.[111] 이러한 경우 법원의 증명촉구는 증명책임을 진 당사자에게 주의를 환기시키는 것이며, 또한 법원이 구체적으로 증명방법까지 지시하여 증거신청을 종용할 필요가 없음은 물론이고, 당사자 본인소송인지 변호사대리 소송인지에 따라 증명촉구 여부가 달라질 수 있다.[112] 실무적으로 증명촉구가 문제되는 것은 불법행위나 채무불이행으로 인한 손해배상청구에서 손해배상책임은 인정되나 그 배상액의 증명이 없을 경우이다. 이 경우 법원은 배상액에 대한 증명이 없다고 하여 바로 청구기각할 것이 아니고 증명촉구를 할 의무가 있다는 것이 확립된 판례이다.[113] 그러나 법원의 증명촉구에 대하여 이에 응하지 않을 뿐만 아니라 명백히 그 증명을 하지 않겠다는 의사를 표시한 경우에는 법원은 피고에게 손해배상책임을 인정하면서도 그 액수에 관한 증거가 없다는 이유로 청구를 배척할 수 있다.[114] 다만 배상액 증명이 어려운 점을 고려하여 2016년 개정법 제202조의2는 손해발생사실은 인정되지만 구체적인 손해액수를 증명하는 것이 성질상 매우 어려운 경우에 법원은 변론 전체의 취지와 증거조사의 결과에 의한 모든 사정을 종합적으로 고려하여 상당한 금액을 손해배상액수로 정할 수 있도록 하였다.[115]

---

108) 대판 2004. 3. 12, 2001다79013.

109) 다툼이 있는 사실을 증명하기 위하여 제출한 증거가 당사자의 부주의 또는 오해로 인하여 불완전·불명료한 경우도 같다(대판 2005. 7. 28, 2003후922; 대판 2021. 3. 11, 2020다273045; 대판 2021. 6. 10, 2021다211754).

110) 대판 1986. 11. 25, 86므67.

111) 대판 1995. 5. 12, 94누15929; 대판 1998. 2. 27, 97다38442.

112) 대판 1960. 7. 28, 4292민상785; 대판 1964. 11. 10, 64다325; 대판 1989. 7. 25, 89다카4045; 대판 1998. 2. 27, 97다38442; 대판 2014. 12. 11, 2013다59531; 대판 2022. 12. 29, 2022다263462.

113) 대판 1992. 4. 28, 91다29972; 대판 1993. 12. 28, 93다30471; 대판 1997. 12. 26, 97다42892, 42908. 판례 중 손해액에 대하여 직권조사가 필요하다는 경우도 있다[대판 1980. 7. 22, 80다449(징발보상청구권), 대판 1986. 8. 19, 84다카503, 504; 대판 1987. 12. 22, 85다카2453; 대판 2011. 7. 14, 2010다103451; 대판 2021. 10. 14, 2020다277306].

114) 대판 1994. 3. 11, 93다57100; 대판 1997. 9. 30, 97다21383.

③ 지적을 통한 진술기회의 부여

법원은 당사자가 간과하였음이 분명하다고 인정되는 법률상 사항에 관하여 당사자에게 의견을 진술할 기회를 주어야 한다($\frac{136조}{4항}$). 이는 법률적 측면에서 석명권을 강화한 것이고,[116] 적극적 석명을 제한적으로 인정한 규정으로 평가할 수 있다. 지적의무를 통한 석명은 앞서 본 불분명 등을 이유로 한 청구취지·청구원인에 대한 석명, 증명촉구와는 다른 면이 있다. 지적의무는 당사자가 주장하지 아니한 사항을 지적하여 당사자에게 진술할 기회를 줌으로써 새로운 공격방어방법 등의 제출을 간접적으로 유도하고 있다. 따라서 지적의무를 통한 석명은 적극적 석명의 일종으로 보아야 한다. 보다 구체적인 내용은 다음의 '지적의무' 항에서 보도록 하겠다.

(5) 지적의무

① 개 설

(a) 의 의 지적의무(指摘義務)라 함은 법원이 당사자가 간과하였음이 분명하다고 인정되는 법률상 사항에 관하여 당사자에게 의견을 진술할 기회를 주는 것을 말한다($\frac{136조}{4항}$). 1990년 민사소송법 개정에서 신설된 것으로, 독일 민사소송법이 1976년 개정 시에 신설한 지적의무($\frac{278조}{3항}$)를 도입한 것이다. 시사의무(Hinweispflicht)라고도 한다.

지적의무의 신설이 제도적으로 의미 있는 것은 첫째, 법원의 석명권이 권한인 동시에 의무임을 명백히 하고 있다는 점이다.[117] 적어도 지적할 사항에 대하여 법원의 의무임을 입법화한 것이기 때문이다. 둘째, 지적의무는 종래의 석명권을 법률적인 사항에서 더욱 강화하고 있다. 복지국가적 소송관의 입장에서 보면 법원의 후견적 기능의 강화가 필요한데, 지적의무의 신설로 이것을 강조하게 되었고 특히 법률적 측면에서 강화하고 있다는 것이 의미 있다. 이렇게 함으로 법률적 사항에 대하여 당사자가 불의의 타격을 입는 것을 방지하는 기능을 하게 된다.[118] 셋째,

---

115) 대판 2020. 3. 26, 2018다301336. 다만 구체적 손해액수를 증명하는 것이 사안의 성질상 곤란한 경우가 아니어서 제202조의2에 의한 손해액을 정할 수 없는 경우에, 손해배상의 범위를 산정할 때에 어쩔 수 없이 추정치를 사용할 수 있으나 이때에도 추정치는 사회평균인의 일반적인 관점에서 현실과 크게 동떨어지거나 통계적·확률적인 관점에서 볼 때 합리적인 범위를 넘어서는 안된다(대판 2021. 10. 14, 2020다277306).

116) 同旨: 이시윤, 345면; 정동윤/유병현/김경욱, 394면.

117) 同旨: 이시윤, 346면; 反對: 호문혁, 434면.

지적의무는 비록 종래의 석명권을 강화한 것이지만, 제한적이나마 적극적 석명을 입법화한 것으로 볼 수 있다. 지적의무가 제한적 의미의 적극적 석명을 입법화한 것인지에 관하여 부정적인 견해가 일반적이지만 당사자가 간과한 법률적인 사항에 대하여 법원이 그 지적과 함께 의견진술기회를 부여함으로써 당사자로 하여금 법률적 사항에 대한 새로운 공격방어방법 등을 제출할 수 있도록 유도하고 있다는 점에서 이론상 논의되는 적극적 석명의 일종으로 보아야 한다. 따라서 적극적 석명을 인정하는 경우에는 지적의무를 교두보로 하여 적극적 석명의 대상과 범위를 구체화하는 작업을 할 필요가 있다. 판례도 제한적이지만 적극적 석명을 인정하고 있으므로,[119] 향후 적극적 석명의 범위의 확대는 지적의무에 기초하여 넓혀나감이 타당할 것으로 보인다.

(b) 취 지 지적의무를 인정하는 것은 법원이 판단의 근거로 하려는 법률적인 사항을 당사자에게 미리 알리고 의견을 듣게 함으로써 당사자에게 예상외의 재판을 막으려는 것이 가장 중요한 취지이다. 이렇게 함으로써 당사자에 대한 절차보장을 강화하는 측면이 있다. 지적의무는 헌법상 평등의 원칙($\frac{헌}{11조}$), 재판을 받을 권리($\frac{헌27조}{1항}$), 민사소송법상의 신의칙($\frac{1조}{2항}$)에 근거하고 있으며, 또한 부수적으로 지적의무를 통한 추가 소송자료의 제출 등을 통하여 상소를 억제하는 효과가 있다. 그러나 소송법적으로 보면 종래의 석명권 또는 석명의무를 강화하면서 당사자가 명백히 간과한 법률적 사항에 대하여 법원이 의견진술의 기회를 부여함으로써 당사자에게 새로운 공격방어방법의 제출을 유도하고 있다는 점이 무엇보다 중요하다. 즉 적극적 석명을 제한적으로 명문화한 것이다. 단순히 법원이 당사자가 예상하지 못한 법률적 사항에 대해 고지하는 것에 그치지 않고, 한 걸음 더 나아가 당사자가 새로운 공격방어방법을 제출할 수 있는 아이디어를 얻도록 한다는 점이다. 이것은 종전의 석명권을 강화하면서 새롭게 적극적 석명을 제한적으로 명문화한 것이다. 지적의무의 취지를 보다 적극적으로 평가할 필요가 있다고 본다. 특히 지적의무의 도입이 신소송물이론의 입지를 강화한 측면이 있다는 견해도 있으나,[120] 구소송물이론에서도 소송물을 달리하여 석명권을 행사할 여지를 두고 있으므로 구소송물이론에서도 지적의무는 역시 의미가 있다고 본다.[121]

---

118) 同旨: 이시윤, 345면; 정동윤/유병현/김경욱, 393면.
119) 대판(전) 1995. 7. 11, 94다34265.
120) 이시윤, 346면.
121) 同旨: 정동윤/유병현/김경욱, 394면.

② 요 건

재판의 결과에 영향이 있는 법률상 사항에 관하여 당사자가 간과하였음이 분명하다고 인정되는 경우에 당사자에게 의견을 진술할 기회를 주어야 한다. 요건을 나누어 설명하면 다음과 같다.

(a) 법률상 사항일 것   지적의무의 대상이 되는 사항은 당사자가 간과한 사항 중 법률상 사항에 한정된다. 사실상 사항은 지적의무의 대상이 되지 아니한다. 여기에서 법률상 사항이라 함은 법률적 관점을 말하지만 그중에서도 결과에 영향을 미치는 기본적이고 중요한 법률적 관점을 의미한다.[122] 이러한 법률적 사항 중에서 당사자가 분명히 간과한 사항에 한정되고, 당사자의 법률적인 주장이 불분명, 불특정, 불명확한 경우에는 일반적인 석명권($\frac{136조}{1항}$)에 따르면 될 뿐, 지적의무의 대상이 되지 아니한다. 이러한 의미에서 지적의무는 새로운 법률상 사항을 지적하는 것이므로 적극적 석명의 일종이다. 지적의무인 경우에도 원칙적으로 소송물의 한도 내에서 함이 원칙이므로 구소송물이론보다 신소송물이론에 의하면 지적대상이 넓어지게 된다.[123]

여기에는 i) 원고가 불법행위에 기하여 손해배상을 청구하는 경우에 법원이 채무불이행에 기하여 판결하려는 경우 또는 그 반대의 경우[124]에 지적의무에 따른 석명(판례는 구소송물이론을 취하므로 소송물이 달라 이론적으로 석명할 필요가 없을 수 있음), ii) 원고 소유임을 전제로 건물의 인도청구를 한 경우에 채권자대위권에 따라 인용할 경우에 피고에게 이에 대한 진술기회 부여,[125] iii) 법원이 당사자 사이에 전혀 논의되지 않았던 제소기간 또는 피고적격의 흠결을 이유로 소각하를 하려는 경우에 지적,[126] iv) 당사자와 계약해석이 다른 경우의 의견진술 기회부여(예: 당사자는 도급계약을 주장하나 법원은 매매계약으로 보고 있는 경우 등), v) 구체적인 법률적용의 차이(예: 당사자는 국내법의 적용을 주장하나 법원이 외국법의 적용이 필요하다고 보는 경우 등) vi) 부제소합의의 효력과 범위에 관하여 쟁점으로 소

---

122) 同旨: 정동윤/유병현/김경욱, 394면.
123) 同旨: 정동윤/유병현/김경욱, 395면.
124) 대판 2009. 11. 12, 2009다42765.
125) 대판 2007. 7. 26, 2007다19006, 19013(이시윤, 347면에서는 이 판례를 근거로 지적의무가 동일한 소송물 내에서 행사하여야 하는 제약은 없다고 한다).
126) 대판 2006. 1. 26, 2005다37185(사해행위 취소소송에서 그 소의 제척기간의 도과 여부가 당사자 사이에 쟁점이 된 바가 없음에도 제척기간의 도과를 이유로 사해행위 취소의 소를 각하할 경우에 지적의무가 있음).

의 적법 여부를 다툰바가 없는데도 직권으로 부제소합의에 위배되었다는 이유로 소의 부적법을 판단하기 위하여는 그것에 대한 법률적 관점에 대하여 당사자에게 의견진술의 기회부여,[127] vii) 지분을 초과하는 부분에 관하여는 채무자를 대위할 보전의 필요성이 없기 때문에 대위소송에서 보전의 필요성이 없다는 이유로 소를 각하할 경우,[128] viii) 과거의 권리관계라도 현재의 불안·위험을 제거하기 위해 확인을 구할 이익이나 필요성이 있는지를 석명하고 이에 관한 의견을 진술하게 하거나 청구취지를 변경할 수 있는 기회부여,[129] ix) 종중의 손해배상을 구하는 소가 총유재산의 관리·처분에 관한 것으로서 사원총회의 결의 없이 이루어진 것으로 부적법한 소인지 여부에 대하여 당사자 사이에 쟁점이 된 바가 없음에도 당사자에게 의견진술의 기회를 부여하지 않은 채 이를 이유로 소를 각하한 경우[130] 등에 있어서는 법원은 지적의무를 통하여 당사자에게 의견진술의 기회를 부여할 수 있다.

특히 당사자가 명백히 간과한 법률상 사항으로서 만일 그에 대한 당사자의 주장이 있으면 분쟁을 일회적으로 처리할 가능성이 있는 경우에 의미가 깊다. 즉 판례가 인정하고 있는 바와 같이 지상물의 소유를 목적으로 하는 토지임대차의 임대인이 그 임차인을 상대로 지상물의 철거와 토지인도를 구함에 대하여, 피고인 임차인이 지상물매수청구권($^{민\ 643,}_{283조}$)을 행사하고 그 대금의 지급이 있을 때까지 지상물의 인도를 거부하는 항변을 제출한 경우에 법원은 임대인에게 종전의 청구를 계속 유지할 것인지, 아니면 대금지급과 상환으로 지상물의 인도를 청구할 의사가 있는지 석명하는 경우[131]가 그 대표적인 예로 볼 수 있다. 지적의무를 적극적 석명의 인정에 활용할 필요가 있다고 본다.

(b) 재판의 결과에 영향이 있을 것   법원이 지적하려는 법률적 사항이 재판의 결과에 영향이 있어야 한다. 즉 법원이 그 법률적 관점에 따라 재판을 하려는 경우를 말하고, 그것이 없으면 재판의 결과가 달라지는 것을 의미한다. 따라서 예비적 주장은 대상이 될 수 있지만, 판결결과에 영향이 없는 부수적 의견 즉 방론(傍論, obiter dictum)은 그 대상이 되지 아니한다.[132]

---

127) 대판 2013. 11. 28, 2011다80449.
128) 대판 2014. 10. 27, 2013다25217.
129) 대판 2020. 8. 20, 2018다249148.
130) 대판 2022. 3. 25, 2018다261605.
131) 대판(전) 1995. 7. 11, 94다34265.
132) 同旨: 이시윤, 348면; 정동윤/유병현/김경욱, 397면.

(c) 당사자가 간과하였음이 분명할 것   지적의무를 행사하기 위해서는 당사자가 간과하였음이 분명하여야 한다. 이것은 통상인의 주의력을 기준으로 보아 당사자가 소송목적에 비추어 당연히 변론에서 고려 또는 주장되어야 할 법률상 사항을 부주의·오해, 법률적 지식의 부족 등으로 간과한 경우를 말한다.[133] 간과하였음이 분명하였는지 여부는 법률지식 정도를 고려하여야 하고, 본인소송은 변호사 대리소송과 달리 관대하게 판단할 수 있다. 법원이 어느 당사자도 주장하지 아니한 법률적 관점으로 사건을 판단하려고 할 때에는 당사자가 이를 간과한 것으로 보는 것이 원칙이다.[134] 이 경우 법원은 당사자에게 이를 지적하여 의견을 진술하도록 하고, 나아가 그것을 정정할 기회를 주어야 한다.[135] 당사자의 주장이 법률적 관점에서 모순·불명료한 경우에는 법원에게 석명 또는 지적의무가 있다고 보아야 한다.[136]

(d) 당사자에게 의견진술의 기회를 줄 것   법원은 당사자가 법률상 사항을 분명히 간과한 것으로 인정되는 경우에는 당사자에게 적절한 방법으로 의견진술의 기회를 주어야 한다. 즉 법원은 적절한 방법으로 당사자가 간과한 법률적 관점을 지적하여 그에게 불이익을 배제할 수 있도록 의견진술의 기회를 주고, 나아가 공격방어방법 등에 대하여 정정의 필요가 있는 경우에는 기일을 속행하는 등의 조치를 하여야 한다. 지적의무는 이익 또는 불이익이 되는 당사자에게 의견진술의 기회를 부여하면 되고, 이익 되는 사항을 지적한 경우에는 지적의 반대 당사자에게도 알려 자신의 불이익을 방어할 기회를 보장함이 타당하다. 법원이 변론종결 후에 지적의무가 되는 법률적 사항을 발견한 경우에는 변론재개를 함이 원칙이다.[137] 그러나 단순히 의견만 들으면 된다고 판단되면 선고연기 후에 의견서를 제출하는 것도 가능하다고 본다.

③ 지적의무의 위반

지적의무 위반은 항소·상고로 다툴 수 있다. 다만 절대적 상고이유에는 해당

---

133) 同旨: 이시윤, 346면; 정동윤/유병현/김경욱, 397면.

134) 대판 1994. 6. 10, 94다8761.

135) 대판 2003. 1. 10, 2002다41435(등기명의가 있었거나 법률에 의하여 소유권을 취득한 자가 아닌 자가 진정한 등기명의회복을 위한 청구로 교환적 변경을 한 경우).

136) 대판 2005. 3. 11, 2002다60207; 대판 2017. 1. 12, 2016다39422; 대판 2023. 7. 27, 2023 다223171(본소), 223188(반소).

137) 대판 2011. 7. 28, 2009다64635. 또한 판례는 변론재개의무가 있는 경우에 당사자가 변론종결 후에 추가로 주장·증명을 위한 서면과 자료를 제출하였다면 이것을 변론재개신청으로 선해할 수 있다고 본다(대판 2013. 4. 11, 2012후436).

하지 아니하고 일반적 상고이유일 뿐이다($^{423}_{조}$). 따라서 상고하기 위해서는 지적의 무위반이 판결에 영향을 미쳐야 한다.[138]

(6) 석명처분($^{140}_{조}$)

① 법원은 변론 중에 질문·증명촉구, 지적의무에 따른 의견진술기회의 부여 등 석명권을 행사하는 외에 소송관계를 명확히 하기 위하여 석명처분을 할 수 있다($^{140}_{조}$). 이러한 석명처분은 법원이 사건의 내용을 파악하기 위한 것이므로 증거자료의 수집을 목적으로 하는 증거조사와는 다르다. 따라서 법원이 석명처분으로 얻은 자료는 단지 변론 전체의 취지로 참작할 수 있을 뿐이고 직접 증거자료가 될 수 없다. 이것을 증거자료로 하기 위해서는 당사자가 증거로 원용하여야 한다.

② 석명처분으로는 다음과 같은 것이 있다.

(a) 당사자본인 또는 법정대리인의 출석명령($^{140조}_{1항 1호}$) 법원이 직접 본인으로부터 사정을 청취하기 위하여 법정 등에 출석을 명할 수 있고, 이 경우는 당사자본인 신문을 위하여 증거방법으로 출석하는 당사자본인($^{367조}_{이하}$)과 다르다. 특히 당사자 모두를 소송대리인이 대리하는 경우에 사건의 실체를 파악하기 위하여 유효한 방법이다.

(b) 문서 그 밖의 물건의 제출·유치($^{2}_{3호}$) 예컨대 당사자가 변론에서 계약서의 일부를 인용하면서 그 일부만을 증거로 제출한 경우에 계약서 전부의 제출·유치를 명할 수 있다.

(c) 검증·감정($^{4}_{호}$), 조사의 촉탁($^{5}_{호}$) 당사자의 주장이나 쟁점이 명확하지 아니하여 검증·감정이 필요함에도 이를 하지 아니할 경우에 법원이 석명처분으로 검증·감정을 할 수 있다. 또한 필요한 경우에 법원은 공공기관·학교, 그 밖의 단체·개인 또는 외국의 공공기관에게 그 업무에 속하는 사항에 관하여 필요한 조사 또는 보관 중인 문서의 등본·사본의 송부를 촉탁할 수 있다($^{294}_{조}$). 검증·감정과 조사의 촉탁의 경우에는 증기조사에 관한 규정을 준용한다($^{140소}_{2항}$).

③ 법원의 석명처분은 직접적인 증거조사에는 해당하지 아니하지만, 석명권행사와 더불어 석명처분을 적절히 이용한다면 사건 내용을 실질적으로 파악하는데 상당히 도움이 될 것이다.

---

138) 대판 1995. 11. 14, 95다25923.

(7) 석명의무 위반과 상고이유

① 석명권은 법원의 권능이지만, 일정한 범위 내에서 의무이기도 하다. 지적의무의 신설($^{136조}_{4항}$)로 이를 명백히 하고 있다. 따라서 법원이 석명의무를 위반한 경우에는 항소·상고로 다툴 수 있다($^{통설·}_{판례}$).

② 석명의무라는 것을 인정하는 경우에 법원이 행하는 석명 중에서 어느 범위까지 법원의 석명의무로 볼 것인지가 문제된다. 항소심의 경우에는 속심이므로 법원이 석명권을 행사하지 아니하여 패소한 경우라도 보완하여 다투면 되므로 문제가 없지만, 상고심의 경우에는 법률심이므로 사실심에서의 석명권불행사로 패소한 경우에 어느 범위에서 원심파기를 통한 하급심판결의 취소를 받을 수 있는지 문제된다. 이것은 법원의 석명의무가 석명권의 범위와 일치하는지 아니면 보다 좁게 보아야 하는지와 관련된다. 여기에는 i) 석명권은 법원의 권능이므로 그것의 행사 여부는 법원의 자유재량이므로 석명권의 불행사는 상고이유가 되지 아니한다는 소극설, ii) 석명권의 범위와 석명의무가 일치하는 것을 전제로 석명권불행사로 판결결과에 영향을 미치는 한 심리미진으로 상고이유가 된다는 적극설,[139] iii) 석명의무는 석명권보다는 좁다는 전제하에 석명권의 중대한 해태 즉 석명의무의 위반이 위법한 정도에 이를 경우에 한하여 소송절차의 위반으로서 일반적 상고이유($^{423}_{조}$)가 된다는 절충설($^{다수}_{설}$)이 있다.

생각건대, 석명의무는 지적의무위반이나 석명권 중에서 중대한 석명권불행사의 경우에만 인정할 수 있다고 보아야 하고, 법률심인 대법원이 석명권의 불행사를 이유로 원심판결을 파기하는 것은 실질적으로 사실문제에 대한 간섭을 의미하는 것이므로 이를 자제할 필요가 있다. 이러한 점에 비추어 보면 절충설이 타당하다고 본다. 특히 법률심인 대법원이 결과적으로 하급심의 사실확정에 관여하게 된다는 점에서 단순히 석명권의 불행사를 이유로 하급심을 파기하는 것은 신중을 기하여야 한다.

7. 변론주의의 예외

변론주의는 직권탐지주의 하에서 배제되기도 하고, 직권조사와 관련하여 일정한 제약이 따른다. 직권탐지주의(職權探知主義)와 직권조사(職權調査)에 관하여 살

---

139) 방순원, 386면.

펴보겠다.

(1) 직권탐지주의

① 의 의

직권탐지주의라 함은 재판에 필요한 소송자료(사실과 증거)의 수집을 당사자가
아닌 법원에 일임하는 원칙을 말한다. 변론주의에 반대되는 원칙이다. 재판이 시
작되면 재판에 필요한 사실과 이에 대한 증거의 수집을 법원이 직접 나서서 하여
야 한다는 것이다. 이것은 판결의 효력이 당사자뿐만 아니라 제3자에게도 미치기
때문이다. 따라서 변론주의와 다른 내용이 지배하게 된다.

② 구체적 내용

직권탐지주의는 변론주의의 내용과 달리 사실의 직권탐지, 자백의 구속력 배
제, 직권증거조사가 주된 내용이 되고, 기타 처분권주의의 제한, 공격방어방법의
제출시한이 적용되지 아니한다.

(a) **사실의 직권탐지(주장책임의 배제)**   법원은 당사자가 주장하지 않은 사실
도 자기의 책임과 직권으로 수집하여 판결의 기초로 삼아야 하고, 당사자의 주장
은 법원의 직권탐지를 보완하는 데 그친다. 그러나 직권에 의한 사실의 수집은
무제한적인 것이 아니고 기록에 나타난 사실에 한한다.[140] 또한 당사자에게 주장
책임이 없으므로 당사자의 주장 자체로 청구기각을 할 수 없다.[141]

(b) **자백의 구속력 배제**   당사자 사이에 다툼 없는 사실이라도 자백으로서
법원을 구속할 수 없다. 그러나 필요한 경우 법원은 당사자 사이에 자백한 사실
은 증거자료로 사용할 수 있다.

(c) **직권증거조사(당사자에 의한 증거신청 배제)**   법원은 직권으로 증거조사를
함이 원칙이고, 당사자의 증거신청은 보충적 의미를 가진다. 직권증거조사를 원칙
으로 한다.

(d) **기 타**   공격방어방법의 제출이 시기에 늦었다고 하여 배척되지 아니하고
($^{147조, 149조, 285}_{조의 \ 적용배제}$), 청구의 포기·인낙, 화해가 허용되지 아니하여 처분권주의가 제한된다.

〈직권탐지주의와 당사자의 절차적 보장〉

소송절차에 직권탐지주의가 적용된다고 하여도 당사자는 절차의 객체가 아니고 절

---

140) 대판 1975. 5. 27, 74누233; 대판 1994. 4. 26, 92누17402.
141) 이시윤, 335면.

차의 주체임은 당연하다. 다만 사건의 성질이 공익적 요소를 갖고 있음으로 인하여 소송자료의 수집·제출책임을 법원이 직접 담당하고 있을 뿐이다. 따라서 직권탐지주의 하에서도 당사자의 절차적 보장이 필요한 것이다. 그렇기 때문에 법원이 탐지한 사실과 수집한 증거를 바로 판결의 자료로 삼는다면 당사자는 아무런 준비 없이 예상 밖의 불리한 판결을 받을 수 있으므로 당사자에게 의견진술의 기회를 부여함($^{특허}_{조 등}$ 159)이 타당하고,[142] 당사자 또한 스스로 자신에게 유리한 소송자료를 제출할 수 있다.

③ 적용범위

일반적으로 직권탐지주의의 대상이 되는 사항은 공익과 관련되어 있고, 판결의 효력이 당사자뿐만 아니라 널리 제3자에게 미치므로 실체적 진실발견이 필요한 경우이다.

(a) 민사소송에 있어서는 소송요건 중에 고도의 공익성이 요청되는 재판권의 존재, 재심사유의 존부,[143] 전속관할[144] 등이 있고,[145] 알려지지 않은 경험법칙·외국법규·관습법 등도 법관이 직책상 규명하여야 할 사항이므로 직권탐지가 필요하다.[146]

(b) 소송물의 공익성으로 인하여 가사소송($^{가소 12,}_{17조}$), 행정소송($^{행소}_{26조}$),[147] 선거소송($^{공선}_{227조}$), 헌법재판($^{현재 31,}_{40조}$)은 직권탐지주의에 의한다. 증권관련 집단소송에서도 직권에 의한 증거조사, 증거제출명령·소제기·소취하·화해·청구의 포기에 법원의 허가를 요하는 등 직권주의적 요소가 많이 가미되어 있다($^{증집 30}_{조 이하}$). 이 경우들은 판결의 효력이 제3자에게 미친다. 기타 소송절차 외에 비송사건($^{비송}_{11조}$), 회생 및 파산사건($^{채무회생}_{12조 2항}$), 특허심판사건($^{특허}_{159조}$)에서도 직권탐지주의가 적용되며, 민사집행절차에서 재판상의 자백, 자백간주가 적용되지 아니한다는 점에서 직권탐지적 요소가 강조되고 있다.[148]

(c) **회사관계소송**   회사관계소송($^{상 190, 376,}_{380조}$)은 원고승소판결의 경우에 널리 제3

---

142) 同旨: 이시윤, 335면.
143) 대판 1992. 7. 24, 91다45691.
144) 同旨: 이시윤, 335면; 정동윤/유병현/김경욱, 403면.
145) 그 외에 재심사유(이시윤, 335면; 대판 1992. 7. 24, 91다45691), 소송능력과 소송계속의 유무(김홍규/강태원, 371면), 당사자능력과 소송능력(송상현/박익환, 367면) 등이 직권탐지 사항이라고 하는 견해가 있다. 재판권의 존재, 재심사유의 존부, 전속관할 정도를 직권탐지 사항으로 보면 될 것으로 사료된다.
146) 同旨: 이시윤, 335면; 정동윤/유병현/김경욱, 403면; 대판 1981. 2. 10, 80다2189.
147) 다만 판례는 변론주의를 기본으로 하고 직권주의가 가미된 재량적 탐지주의로 보며(대판 2001. 1. 16, 99두8107), 자백의 구속력을 인정한다(대판 1992. 8. 14, 91누13229, 행소 8조, 민소 288조를 준용함).
148) 대결 2015. 9. 14, 2015마813(강제경매개시결정 및 임의경매개시결정에 대한 이의절차임).

자에게도 효력이 미친다($^{상}_{190조}$). 따라서 회사관계소송도 직권탐지주의에 의할 것인지 약간의 다툼이 있다.[149] 하지만 회사관계소송은 소의 제기를 공고하고($^{상\ 187,\ 240,}_{328조}$), 판결의 효력을 받는 제3자가 공동소송참가($^{83}_{조}$)할 기회가 보장되어 있고, 원고패소 판결이 당사자에게만 미치는 점 등에 비추어 보면 변론주의에 의하는 것이 타당할 것이다.[150] 그러나 회사의 설립무효·취소소송에서 사정판결을 하는 경우($^{상}_{189조}$)에 회사의 현황과 제반사정에 관하여는 직권탐지에 의하여야 하고,[151] 또한 승소확정판결과 같은 효력이 있는 재판상 화해·청구의 인낙은 허용되지 아니한다. 이 한도에서 회사관계소송에서도 직권탐지주의를 부분적으로 받아들이고 있다고 할 것이다.[152]

(2) 직권조사

① 의 의

(a) 직권조사라 함은 당사자의 신청 또는 이의에 의해 지적되었는가에 관계없이 법원이 반드시 조사하여 적당한 조치를 하여야 하는 것을 말한다($^{통}_{설}$). 직권조사의 대상인 사항을 직권조사사항이라 하며 당사자의 신청과 관계없이 절차를 개시하고 판단하여야 한다는 점에서 처분권주의·신청주의와 대립되는 개념으로 파악된다. 따라서 절차가 개시된 상태에서 소송자료의 수집·제출의 책임의 문제인 변론주의·직권탐지주의와는 기능적 차이가 있다. 그런데 직권조사의 성질을 이렇게 파악하지 아니하고 변론주의·직권탐지주의와 동일한 기능을 하는 것으로 보아 직권조사를 변론주의와 직권탐지주의의 중간적 형태의 심리방식으로 이해하기도 한다.[153]

(b) 생각건대, 직권조사의 성질을 통설과 달리 소송자료의 수집과 관련된 원칙인 변론주의와 직권탐지주의의 중간형태의 심리방식으로 이해하게 되면 처분권주의·신청주의와 대립되는 개념으로 파악하는 때와 달리 개념적인 혼동이 발생할 여지가 많고, 직권조사의 기능적 차이점을 간과하게 되고, 직권조사사항의 범위 설정이 어렵게 된다. 따라서 통설적인 개념정리가 타당한 것으로 본다.[154] 이러한

---

149) 직권탐지주의에 의한다는 견해도 있다(이영섭, 198면).

150) 同旨: 이시윤, 337면; 정동윤/유병현/김경욱, 403면; 송상현/박익환, 369면.

151) 同旨: 이시윤, 337면; 정동윤/유병현/김경욱, 403면.

152) 同旨: 이시윤, 337면; 정동윤/유병현/김경욱, 403면.

153) 김홍규/강태원, 371면.

154) 同旨: 정동윤/유병현/김경욱, 405면.

개념 하에서 보면 직권조사사항은 법원이 조사의 개시·자료수집·판단까지 직권으로 하여야 하는 직권탐지형과 조사개시·판단은 법원이 직권으로 하여야 하지만 자료제출은 당사자가 하는 변론형이 있게 된다. 전자는 직권조사절차에 자료수집과 관련하여 직권탐지주의와 결합된 것이고, 후자는 직권조사절차에 자료수집은 변론주의와 결합한 형태가 되는 것이다.

(c) 통설의 개념에 의하면 심리의 개시와 판단과 관련하여 처분권주의와 직권조사를, 자료의 수집에 있어서 변론주의와 직권탐지주의를 각각 조합시켜 필요에 따라 「처분권주의＋변론주의(예: 통상의 민사소송, 소송요건 중 항변사항)」, 「처분권주의＋직권탐지주의(예: 가사소송, 행정소송, 헌법소송 등)」, 「직권조사＋변론주의(예: 소의 이익, 당사자적격, 임의관할, 당사자능력, 소송능력, 소송대리권 등)」, 「직권조사＋직권탐지주의(예: 고도의 공익성이 요청되는 재판권, 전속관할, 당사자의 실재 등)」 등 다양한 조합이 가능하다.

② 구체적 내용

직권조사의 대상인 직권조사사항과 관련한 구체적 내용을 보면 다음과 같다.

(a) 직권조사사항에 관하여는 당사자의 이의 유무와 관계없이 조사를 개시하여야 하고, 당사자가 이의를 철회하여도 이에 구애됨이 없이 심리하여야 한다.[155] 이의권의 포기($\frac{151}{\tilde{\text{x}}}$)가 허용되지 아니한다.

(b) 직권조사사항이라도 그 자료수집에 있어서는 고도의 공익성을 요하는 사항(직권탐지형; 예: 재판권, 전속관할, 당사자의 실재)은 법원이 직권으로 탐지하여 수집하여야 하지만, 그 외의 경우(변론형; 예: 당사자적격, 임의관할, 당사자능력, 소송능력 등 대부분의 소송요건)는 변론주의의 원칙에 따라 당사자가 자료제출의 책임을 진다. 변론형의 경우에는 제출된 자료상 그 존부가 의심스러울 경우에만 석명 또는 직권조사를 하면 되고,[156] 그렇지 아니한 경우에는 법원이 직권증거조사를 할 필요가 없다.[157]

(c) 직권조사사항의 존부 자체는 재판상의 자백이나 자백간주의 대상이 될 수 없다.[158]

---

155) 대판 1971. 3. 23, 70다2639.
156) 대판 1997. 10. 10, 96다40578(법인 대표자의 대표권 유무); 대판 2007. 6. 28, 2007다16113(제소기간의 도과여부); 대판 2009. 1. 30, 2006다60908(비법인사단 대표자의 대표권 유무).
157) 대판 2007. 6. 28, 2007다16113.
158) 대판 1999. 2. 24, 97다38930; 대판 2002. 5. 14, 2000다42908.

(d) 피고의 답변서 제출이 없어도 무변론판결을 할 수 없고($^{257조}_{1항}$), 공격방어방법($^{285조 1항 3}_{호, 제434조}$) 및 상고이유서의 제출($^{429조}_{단서}$)의 시기제한이 없다.

(e) 한편 직권조사사항은 일반적으로 자유로운 증명으로 족하나($^{다수}_{설}$), 그 중요성에 비추어 소송요건(항변형 제외)이나 상소요건 등은 엄격한 증명을 요한다고 할 것이다.[159]

③ 적용범위

직권조사사항에는 i) 소송요건·상소요건·재심요건,[160] ii) 강행법규의 준수여부, 사건에 적용할 실체법규의 탐색, 제척원인의 유무($^{41}_{조}$), 변론공개의 유무($^{424조}_{1항 5호}$), 외국재판의 승인요건($^{217조}_{2항}$), iii) 판례상으로 신의칙 또는 권리남용,[161] 제척기간의 준수,[162] 소송계속의 유무,[163] 과실상계,[164] 신원보증인의 책임한도,[165] 위자료의 액수,[166] 대위소송에서 피보전권리의 존재,[167] 당사자의 확정,[168] 전소 확정판결의 존재[169] 등이 있다. 소송요건 중 당사자의 실재, 재판권, 전속관할, 대위소송의 피보전권리의 존부, 전소 확정판결의 존부, 법인과 비법인사단의 대표자의 대표권 유무 등은 직권탐지형의 직권조사사항이고, 반면 임의관할, 소의 이익, 당사자적격, 당사자능력, 소송능력, 소송대리권 등은 항변형의 직권조사사항이다. 그러나 방소형 소송요건인 중재계약($^{중재 9조}_{1항}$), 소송비용의 담보제공($^{117}_{조}$), 부제소합의 등은 항변으로 주장되어야 하므로 직권조사사항에 해당하지 아니한다.[170]

---

159) 同旨: 정동윤/유병현/김경욱, 405면.
160) 재심사유의 유무는 직권조사사항으로서 직권탐지를 요한다(대판 1992. 7. 24, 91다45691).
161) 대판 1989. 9. 29, 88다카17181; 대판 1995. 12. 22, 94다56999; 대판 1998. 8. 21, 97다37821; 대판 2013. 11. 28, 2011다80449(부제소합의에 반하여 소제기 한 사안).
162) 대판 1996. 5. 14, 95다50875; 대판 2000. 10. 13, 99다18725(매매예약완결권의 제척기간 도과 여부); 대판 2013. 4. 11, 2012다64116(영업양도인의 책임의 존속기간); 대판 2019. 6. 13, 2019다205947(송하인의 재판상청구 기간의 도과 여부).
163) 대판 1979. 4. 24, 78다2373; 대판 1982. 1. 26, 81다849.
164) 대판 1987. 11. 10, 87다카473; 대판 1996. 10. 25, 96다30113; 대판 2015. 4. 23. 2013다92873(매도인의 담보책임으로 인한 손해배상사건에서 배상권리자에게 손해의 발생과 확대에 기여한 과실이 있는 경우); 대판 2016. 4. 12, 2013다31137.
165) 대판 1981. 9. 8, 81다카276.
166) 대판 1959. 8. 27, 4292민상12; 대판 1959. 10. 29, 4292민상204.
167) 대판 2015. 9. 10, 2013다55300(대위소송에서 제3채무자는 피보전권리의 발생원인이 된 법률행위가 무효라거나 피보전권리가 변제 등으로 소멸하였다는 등의 사실을 주장하여 위 권리의 인정여부를 다투는 것은 가능하고, 이 경우에 법원은 제3채무자의 주장을 고려하여 피보전권리의 인정여부에 대하여 직권으로 심리·판단하여야 한다).
168) 대판 2011. 3. 10. 2010다99040.
169) 대판 2011. 5. 13, 2009다94384, 94391, 94407.

제 4 관 심리의 효율성에 기초한 심리원칙

심리를 효율적으로 진행하기 위하여 구술심리주의, 직접심리주의, 적시제출주의, 집중심리주의, 직권진행주의 등이 심리원칙으로 개발되었다.

Ⅰ. 구술심리주의

1. 의 의

구술심리주의(Grundsatz der Mündlichkeit)라 함은 심리를 함에 있어 법원과 당사자의 소송행위 특히 변론과 증거조사를 말로 하고, 말로 한 진술이 판결의 기초가 되어야 한다는 원칙이다. 반면 말 대신에 서면만을 이용하는 원칙을 서면심리주의(Grundsatz der Schriftlichkeit)라고 한다. 연혁적으로 보면 독일 보통법 시대에는 서면심리주의였으나, 프랑스대혁명 이후에 공개주의의 요청에 따라 이와 결합이 쉬운 구술심리주의가 채택된 이후에 각국에 구술심리주의가 일반화되었다. 우리나라는 2007년 11월 28일 민사소송규칙의 일부개정(대법원규칙 제2115호, 시행: 2008. 1. 1)으로 변론의 방법을 "변론은 당사자가 말로 중요한 사실상 또는 법률상 사항에 대하여 진술하거나, 법원이 당사자에게 말로 해당사항을 확인하는 방식으로 한다."고 규정하였고($\frac{규칙}{조}\frac{28}{1항}$), 또한 변론준비기일에서의 주장과 증거의 정리방법을 "변론준비기일에서는 당사자가 말로 변론의 준비에 필요한 주장과 증거를 정리하여 진술하거나, 법원이 당사자에게 말로 해당사항을 확인하여 정리하여야 한다."고 정하고 있어($\frac{규칙}{조의2}^{70}$) 구술심리주의의 원칙을 명백히 하고 있다.

2. 장 단 점

구술심리주의는 서면주의와 비교하여 다음과 같은 장단점이 있다. 장점은 i) 듣는 사람에게 선명한 인상을 줄 수 있고, ii) 의문이 있는 경우에 듣는 사람의 즉각적인 반문(反問)과 법원의 석명을 통하여 진상파악이 쉽고, iii) 분쟁의 핵심을 파악하여 집중하여 심리할 수 있으며, iv) 구술 도중에 화해·조정 등의 자율적인 분쟁해결의 유도가 쉽고, v) 공개심리주의·직접심리주의와의 결합이 용이하며,

---

170) 同旨: 정동윤/유병현/김경욱, 417면.

vi) 당사자의 심문청구권의 실현에 도움이 되고, vii) 합의제나 단독제에도 자유롭게 이용할 수 있는 점 등이 있다. 반면 단점으로는 i) 말로 하는 진술과 청취결과를 쉽게 잃어버릴 수 있고, ii) 시간이 오래 소요되며, iii) 특히 복잡한 사건의 경우에는 진술을 이해하기 어려울 뿐만 아니라 청취결과의 정리가 어렵고, iv) 상급심에서 하급심을 재심사함에 난점이 있다는 점 등이 있다.

한편 서면심리주의는 구술심리주의와 반대의 장단점이 있다. 장점으로는 i) 진술과 그 내용이 확실하고, 그 보존・재확인이 편리하며, ii) 복잡한 사건을 체계적으로 정리할 수 있는 점 등이 있고, 단점으로는 i) 소송기록이 방대해질 수 있고, ii) 합의제 운영에 많은 시간과 노력이 소비될 수 있다는 점 등이 있다.

합리적이고 효율적인 심리를 달성하기 위해서는 구술심리주의와 서면심리주의의 적절한 조화가 요청된다. 특히 전자소송이 증가하면서 구술주의를 점차 강화할 필요가 있다고 생각된다.

3. 현행법의 태도

현행법은 구술주의를 원칙으로 하면서, 서면심리주의로 그 단점을 보완하고 있다.

(1) 구술심리주의의 원칙

현행법은 필수적 변론에 의하여야 하고($\frac{134조}{1항}$), 변론의 방법은 당사자가 말로 중요한 사실상 또는 법률상 사항에 대하여 진술하고, 법원도 당사자에게 말로 해당 사항을 확인하여야 하며($\frac{규칙 28}{조 1항}$), 변론준비기일에서도 같다($\frac{282조, 규칙}{70조의2}$). 또한 말로 진술한 자료만이 판결의 기초가 되며,[171] 판결은 변론에 관여한 법관이 하여야 한다($\frac{204조}{1항}$). 증거조사도 넓게 보아 구두변론에 포함되므로 말로 하며($\frac{331, 339,}{373조}$), 판결의 선고도 말로 하여야 한다($\frac{206조, 소심}{11조의2}$). 즉 변론준비・변론・증거조사・재판 모두에 있어서 구두로 함이 원칙이다. 특히 소액사건에 있어서 구술에 의한 소제기($\frac{소심}{4조}$), 임의출석제소($\frac{소심}{5조}$), 조서기재의 생략($\frac{소심}{11조}$), 준비서면의 불요($\frac{272조}{2항}$), 판결서의 이유기재의 생략($\frac{소심}{의2}$ 11조) 등의 특례규정을 통하여 구술심리주의를 강조하고 있다.

(2) 구술심리주의의 예외

그러나 예외적으로 서면심리주의의 장점을 통하여 구술심리주의의 단점을 보

---

171) 대판 2001. 12. 14, 2001므1728.

완하려는 조치를 취하고 있다.

① 심판의 기초가 되는 중요한 소송행위인 소·상소·재심의 제기, 소·상소의 취하, 청구의 변경, 소송참가 등에 관하여 명확성을 기하기 위하여 서면에 의하도록 하였다($^{248,\ 425,\ 455조,\ 262조\ 2항,}_{266조\ 3항,\ 393조\ 2항,\ 72,\ 79조}$).

② 변론기일이 반복됨에 따라 당사자의 진술이나, 증인의 증언 등이 망각되고 불확실하게 되는 것을 막기 위하여 변론조서($^{152}_{조}$)나 변론준비기일조서($^{283}_{조}$)를 작성하고, 상소심의 재심사의 편의를 위하여 재판서($^{208,}_{221조}$)를 작성하도록 하였다.

③ 복잡한 사실관계나 정치(精緻)한 법이론을 정리하고, 변론의 예고를 위하여 준비서면($^{273}_{조}$)과 상고이유서($^{427}_{조}$) 등을 제출하도록 하였다.

④ 결정으로 완결할 사건($^{134조\ 1}_{항\ 단서}$), 판결 중 소송판결, 사실심리가 필요 없는 상고심절차 및 상고심판결($^{430}_{조}$), 답변서부제출에 의한 무변론판결($^{257조\ 1항}_{본문}$) 등은 서면심리에 의한다.

⑤ 증인의 출석·증언에 갈음하는 서면증언제($^{310조,\ 소심}_{10조\ 3항}$)가 채택되었다.

⑥ 서면에 의한 변론준비절차, 서면에 의한 청구의 포기·인낙, 화해제도 등에서 서면심리주의를 채택하고 있다.

(3) 구술심리주의의 형해화의 문제

과거의 실무는 변론을 준비하기 위하여 제출한 준비서면의 내용을 법정에서 직접 구술하지 아니하고 상대방 및 법원이 이미 읽어 본 것을 전제로 예컨대 "2019년 6월 10일자 준비서면을 진술합니다."라고 진술하는 형식으로 하여 구술주의의 형해화(形骸化, Karikatur einer Verhand-lung)가 문제되었다. 이는 많은 사건을 처리함에 있어서 구술주의에 따를 경우 상당한 시간이 소요되기 때문에 생긴 일종의 편법이라고 할 수 있다. 이러한 구술주의의 형해화를 막고 법정에서 실제로 변론이 이루어질 수 있도록 하기 위하여 변론준비절차와 변론에서 구술에 의하여 변론하도록 2007년 11월 28일 민사소송규칙의 일부개정(대법원규칙 제2115호, 시행: 2008. 1. 1)을 통하여($^{규칙\ 28조\ 1}_{항,\ 70조의2}$) 구술주의를 강화하였다. 그러나 2008년 12월 26일 민사소송법의 일부개정(법률 제9171호, 시행: 2008. 12. 26)으로 제258조 제1항이 변론준비절차중심제에서 구법과 같은 변론기일중심제로 회귀하면서 구술주의의 후퇴가 예상된다.[172]

---

172) 同旨: 이시윤, 315면.

4. 구술심리주의의 위반

필수적 변론을 거치지 아니하고 판결을 한 경우 등과 같이 구술심리주의를 위반한 경우에는 상소를 통하여 그 취소를 구할 수 있으나, 재심사유에는 해당하지 아니한다.

Ⅱ. 직접심리주의

1. 의 의

직접심리주의(Grundsatz der Unmittelbarkeit)라 함은 판결을 하는 법관 또는 수소법원(受訴法院)이 직접 변론과 증거조사를 행하여야 한다는 원칙이다. 다른 사람(수명법관 또는 수탁판사)이 심리한 결과를 보고받아 이에 따라 재판을 하는 간접심리주의와 대응되는 원칙이다. 직접심리주의는 구술심리주의와 구별된다. 구술심리주의는 변론과 증거조사를 구술로 한다는 것이고, 직접심리주의는 판결을 하는 법관 면전에서 변론과 증거조사를 행하였는지의 문제이기 때문이다. 따라서 구술주의는 직접심리주의뿐만 아니라 간접심리주의와도 결합될 수 있다. 서면심리주의도 법관이 직접 서면을 대면하면 직접심리가 된다. 그러나 직접심리주의는 구술심리주의와 결합이 쉽다. 연혁적으로 독일 보통법 시대에는 서면에 의한 간접심리가 원칙이었으나, 1877년 독일제국 민사소송법에서 직접심리주의를 채택한 후에 직접심리주의가 일반화되었다.

2. 장 단 점

직접심리주의는 판결하는 법관이 직접 변론을 듣고 증거조사를 하기 때문에 사건의 내용과 진위파악이 쉽지만, 사건이 복잡하고 장기화되면 직접 심리를 통하여 얻은 심증이 불명확하여질 수 있고 특히 심리한 법관이 바뀐 경우에 재차 반복하여야 하는 문제가 있다.

3. 현행법의 태도

(1) 직접심리주의의 원칙

현행법은 민사소송법 제204조 제1항에서 「판결은 기본이 되는 변론에 관여한 법관이 하여야 한다.」고 정하고 있어 직접심리주의를 원칙으로 하고 있다. 여기에서 '기본이 되는 변론'이라 함은 당사자의 소송행위뿐만 아니라, 법원의 증거조사도 당연히 포함된다.[173] 또한 단독사건의 판사가 바뀐 경우에 종전에 신문한 증인에 대하여 당사자가 다시 신문신청을 한 때에는 법원은 그 신문을 하여야 하고, 합의부 법관의 반수 이상이 바뀐 경우에도 또한 같다($^{204조}_{3항}$). 증거보전절차에서 신문한 증인을 변론절차에서 다시 신문하고자 신청한 때에는 법원은 재차 신문하여야 하고($^{384, 204}_{조 3항}$), 변론준비절차에서 원칙적으로 증인신문과 당사자신문을 할 수 없도록 하였고(286조에서 313조 준용하지 아니함), 변론준비절차는 재판장, 수명법관 또는 수탁판사가 진행하므로 변론기일에서 변론준비기일의 결과를 진술하도록 하고 있다($^{287조}_{2항}$). 이러한 규정은 변론 및 증거조사에서 직접심리주의를 관철하기 위한 것이다.

(2) 직접심리주의의 예외

현행법은 직접심리주의가 가지고 있는 소송불경제를 보완하기 위한 예외로 i) 변론의 갱신절차, ii) 수명법관·수탁판사에 의한 증거조사, iii) 재판장 등에 의한 변론준비절차 진행 등을 두고 있다.

① 변론의 갱신절차

(a) 변론의 갱신절차라 함은 법관이 바뀐 경우에 당사자가 종전의 변론결과를 진술하는 절차를 말한다($^{204조}_{2항}$). 종전의 변론결과를 진술하는 것을 변론의 갱신이라 한다. 심리 중에 법관이 바뀐 경우에 직접심리주의를 완전히 실현하기 위해서는 종전의 변론과 증거조사를 되풀이하여야 한다. 그러나 이것은 소송경제에 반하고, 특히 합의부의 법관 중 일부가 바뀐 경우에는 더욱 그렇다. 그러므로 당사자가 새로운 법관의 면전에서 종전의 변론결과를 보고하면 되는 것으로 하였다. 소송불경제를 막기 위하여 직접심리주의를 완화한 것이다. 변론의 갱신은 심리 중 법관

---

173) 同旨: 정동윤/유병현/김경욱, 350면.

이 바뀐 경우뿐만 아니라 소송이송·항소에 의하여 법관이 바뀐 경우, 재심으로 법관이 바뀐 경우[174] 등도 필요하다. 다만 소액사건에 대해서는 간이·신속한 재판을 위하여 변론의 갱신절차가 필요 없다($\frac{소심\ 9조}{2항}$).

(b) 종전의 실무는 실제로 종전의 변론결과를 새로운 법관 앞에서 진술하는 것이 아니라 단순히 조서에 '변론갱신함'이라고 기재하는 요식행위로 이루어졌으므로 변론갱신절차가 형해화되었다는 비판을 면할 수 없었다. 2007년 11월 28일 민사소송규칙의 일부개정(대법원규칙 제2115호, 시행: 2008. 1. 1)으로 제55조에「종전 변론결과의 진술은 당사자가 사실상 또는 법률상 주장, 정리된 쟁점 및 증거조사 결과의 요지 등을 진술하거나, 법원이 당사자에게 해당사항을 확인하는 방식으로 할 수 있다.」고 하여 변론갱신절차를 실질화하려고 규정하고 있다. 실무상 지켜질 필요가 있다고 본다.

② 수명법관·수탁판사에 의한 증거조사

증거조사를 법정 내에서 실시하기 어려운 사정이 있을 때에는 수명법관·수탁판사에게 증거조사를 하도록 할 수 있고 그 결과를 기재한 조서를 판결자료로 하도록 하였고($\frac{297조,}{298조}$), 외국에서 증거조사를 하는 때에 외국주재 우리나라 대사·공사·영사 또는 그 나라의 관할 공공기관에 촉탁하는 경우에도 같도록 하였다($\frac{296}{조}$). 이는 증거조사에 있어서 간접심리주의를 인정하는 것이다.

③ 재판장 등에 의한 변론준비절차 진행

쟁점 및 증거의 정리절차인 변론준비절차는 진행의 효율성을 위하여 재판장, 수명법관 또는 수탁판사가 주재하도록 하여 간접심리주의에 의하고 있다($\frac{279조}{이하}$). 그러나 직접심리주의를 실현하기 위하여 변론기일에서 변론준비기일의 결과를 진술하도록 하고 있다($\frac{287조}{2항}$).

4. 직접심리주의의 위반

직접심리주의에 위반하여 변론과 증거조사에 관여하지 아니한 법관이 판결한 경우에는 법률에 의하여 판결법원을 구성하지 아니한 때($\frac{424조\ 1항\ 1호}{451조\ 1항\ 1호}$)에 해당하여 절대적 상고이유 및 재심사유이다. 따라서 상소 또는 재심에 의하여 취소를 구할 수 있다.[175]

---

174) 대판 1966. 10. 25, 66다1639.

Ⅲ. 적시제출주의

1. 개 념

(1) 의 의

① 적시제출주의라 함은 당사자가 공격 또는 방어의 방법을 소송의 정도에 따라 적절한 시기에 제출하여야 한다는 원칙이다. 현행법은 적시제출주의를 취하고 있고($^{146}_{조}$), 개정 전에는 수시제출주의를 취하고 있었다.[176] 사적 자치의 원칙이 지배하는 영역인 사법상의 분쟁을 심판대상으로 하는 민사소송에 있어서는 소송자료의 수집·제출에 있어서 변론주의가 지배하고 있다. 따라서 소송 당사자는 재판의 기초되는 소송자료를 법원에 제출하여야 하므로, 당사자는 변론준비기일, 변론기일 및 증거조사기일에 소송자료를 제출할 의무가 있다고 할 것이다.

② 적시제출주의란 소송자료의 제출의 시기와 방법에 대한 원칙이다. 소송자료의 제출의 시기와 방법과 관련된 원칙에는 수시제출주의, 동시제출주의 또는 법정서열주의, 적시제출주의가 있다. 적시제출주의는 크게 보아 수시제출주의와 동시제출주의 또는 법정서열주의의 절충적 제도라고 할 수 있다.[177] 한편 수시제출주의라 함은 당사자가 공격 또는 방어방법을 사실심 변론종결 전까지 수시로 제출할 수 있다는 원칙이다. 동시제출주의라 함은 본격적인 소송심리 전에 당사자들이 동시에 모든 소송자료를 제출하여야 한다는 원칙이고, 법정서열주의라 함은 소송자료의 종류에 따라 제출시기를 정하고 그 단계가 끝나면 더 이상의 소송자료의 제출을 금지시키는 원칙을 말한다. 동시제출주의 또는 법정서열주의는 소송자료의 제출시기 및 단계를 한정하고 있고,[178] 제출시기 및 단계를 도과한 경우에 소송자료의 제출을 금지시킨다는 점에서 매우 유사한 원칙이라고 할 것이다.

---

175) 대판 1972. 10. 31, 72다1570.

176) 개정 전 민사소송법(2002. 1. 26. 법률 제6626호로 개정되기 전의 것) 제136조에서는 「공격 또는 방어방법은 특별한 규정이 없으면 변론의 종결까지 제출할 수 있다.」고 규정하여 공격 또는 방어방법의 제출시기 및 방법과 관련하여 수시제출주의를 취하였다.

177) 이시윤, 351면.

178) 예를 들어 원고의 청구원인의 주장 및 증거제출을 1단계, 피고의 항변제출과 증거제출을 2단계, 원고의 재항변의 주장 및 증거제출을 3단계 등으로 정하고, 그러한 단계를 지난 경우에는 추가의 주장 및 증거제출을 할 수 없게 하는 것이다.

(2) 입법례

동시제출주의 또는 법정서열주의의 입법례는 독일의 보통법 시대인 프러시아(프로이센) 등에서 찾아볼 수 있다. 수시제출주의는 변론의 일체성에 입각하여 이를 인정하고 있는 것인데,[179] 동시제출주의 또는 법정서열주의의 폐단을 극복하기 위하여 채택되었다. 독일 민사소송법은 1976년의 간소화법(Vereinfachungsnovelle)으로 개정되기 전까지 수시제출주의를 취하였으며, 프랑스는 대혁명 이후 1806년 민사소송법에서 서면심리주의에서 구술주의를 취하고, 변론과 증거조사를 적절하게 혼합하는 증거결합주의를 취하면서 종전의 동시제출주의를 버리고 수시제출주의를 취하게 되었다.[180] 우리나라는 현행 민사소송법이 시행되기 전인 2002. 6. 30.까지 수시제출주의를 취하였다.

한편 적시제출주의라 함은 수시제출주의와는 달리 공격과 방어의 방법을 소송의 정도에 따라 적절한 시기에 제출하여야 하는 원칙이다. 독일은 1976년의 간소화법에 따라 종전의 수시제출주의를 대폭 개정하면서 적시제출주의를 채택하였다. 일본은 1998년 1월 1일부터 시행된 개정민사소송법 제156조에 "공격 또는 방어방법은 소송의 진행상황에 따라 적절한 시기에 제출하지 아니하면 아니 된다."고 규정함으로써 적시제출주의를 채택하고 있다. 우리나라에서도 이러한 외국의 입법례와 입법 추세에 맞추어 개정 민사소송법 제146조에 "공격 또는 방어방법은 소송의 정도에 따라 적절한 시기에 제출하여야 한다."고 규정함으로써 2002. 7. 1.부터 종전의 수시제출주의에서 적시제출주의로 공격 또는 방어방법의 제출시기 및 방법에 관한 원칙을 바꾸었다. 민사소송법 전체의 틀 속에서 보면 매우 중요한 변화이다. 향후 집중심리주의의 강화와 맞물려 신속하고 집중적인 재판운영을 위하여 실기한 공격방어방법의 각하 등을 종전과 달리 엄격히 운영할 필요성이 있어 보인다.

2. 적시제출주의의 장단점과 운영상의 유의점

(1) 장단점

① 적시제출주의는 동시제출주의 또는 법정서열주의와 수시제출주의의 절충적

---

179) 新堂幸司, 400면.
180) 이시윤, 351면.

제도라고 할 수 있다. 연혁적으로 동시제출주의 또는 법정서열주의와 수시제출주의를 개선하기 위하여 채택된 원칙이다. 그렇기 때문에 적시제출주의의 장단점은 동시제출주의 또는 법정서열주의와 수시제출주의의 장단점을 이해하면 쉽게 파악될 수 있다.

② 동시제출주의 또는 법정서열주의의 장점은 일정한 시기 또는 단계를 지나면 소송자료를 제출할 수 없는 실권효(失權效)가 따르기 때문에 당사자를 압박하여 소송의 지연을 방지하고 심리를 집중할 수 있다는 것이다. 단점으로는 실권효로 인하여 적정한 재판이 저해될 가능성이 있고, 또한 이로 인한 불이익을 피하기 위하여 가정주장 또는 가정항변과 불필요한 증거의 제출 등으로 인하여 소송이 복잡하게 되어 도리어 심리의 지연이 생길 수 있다.

③ 한편 수시제출주의는 변론의 일체성에 따라 사실심 변론종결 전에는 당사자가 자유로이 소송자료를 제출할 수 있으므로 구술주의와 결합하여 적정한 재판을 도모할 수 있는 장점이 있다. 하지만 사실심 변론종결 시까지 소송자료를 자유로이 제출할 수 있으므로 제1심 경시 풍조가 나타날 수 있고, 이와 더불어 소송지연이 뒤따를 수 있다.

④ 적시제출주의는 동시제출주의 또는 법정서열주의와 수시제출주의에서 나타날 수 있는 단점을 극소화하고, 장점을 극대화하기 위한 방안으로 창안된 원칙으로 볼 수 있다. 적시제출주의는 복리국가적 소송관의 반영으로서 공격 또는 방어방법의 제출시기와 관련하여 국가의 효율적인 관여를 통한 적정한 재판을 달성하기 위한 것이다. 즉 법원이 실권효를 적절히 조절함으로써 소송의 지연과 제1심 경시풍조를 방지하면서 심리를 집중적으로 하여 적정한 재판을 도출하기 위한 원칙이라고 할 수 있다.

(2) 운영상의 유의점

적시제출주의의 출발은 위와 같은 취지에서 채택되었다고 하나, 법원이 이를 적절하게 운영하지 못한다면 재판 현실에서는 동시제출주의 또는 법정서열주의와 수시제출주의에서 나타나는 단점만이 표출될 수도 있다. 특히 적시제출주의를 집중심리제도와 관련하여 본다면 그 운영의 묘가 무엇보다도 중요하다고 할 것이다. 개정 민사소송법에서는 집중심리제도를 효율적으로 수행하기 위하여 변론준비절차의 강화와 적시제출주의를 채택하고 있다. 따라서 집중심리제도가 효율적으로 운영되기 위해서는 그 요소 중 하나인 적시제출주의의 적절한 운영이 필수적이다.

적시제출주의의 적절한 운영은 아래에서 서술할 적시제출주의의 실효성 보장을 위한 재정기간제도($\frac{147}{\pm}$), 실기한 공격방어방법의 각하($\frac{149}{\pm}$), 변론준비기일을 연 경우의 실권효제재의 운영($\frac{285}{\pm}$)을 어떻게 할 것인가와 직결된다. 이러한 규정과 관련한 재판운영을 함에 있어서는 종전의 수시제출주의 하에서 인정되던 해당 규정의 의미와는 완전히 다른 각도에서 이를 보아야 한다. 수시제출주의 하에서는 사실심 변론종결 시까지 공격 또는 방어방법의 제출이 자유로운 상태에서 일정한 제한을 가하는 의미였으나, 현재는 집중심리제도를 강화하고 있으므로 쟁점별로 집중하여 심리하는 것을 전제로 한다면 재정기간제도, 실기한 공격방어방법의 각하, 변론준비기일을 연 경우의 실권효 운영에 있어서 종전보다는 엄격하게 운영할 필요가 있다. 적시제출주의의 적절한 운영이 집중심리제도의 성공과 직결된다는 점을 명심하여야 한다. 현행 민사소송법이 집중심리제도를 채택하고 있으므로 적시제출주의가 논리적 필연이라는 견해가 있으나,[181] 현행 민사소송법의 집중심리제도는 이론상의 집중심리제도[182]와는 달리 병행심리주의[183]와 집중심리제도의 절충형이고,[184] 순수 이론적으로 보면 집중심리제도에는 동시제출주의 또는 법정서열주의가 보다 실효성이 있을 수 있다는 것이지 집중심리방식을 채택한 이상 적시제출주의의 채택이 논리적 필연이라는 주장은 타당하지 아니하다고 사료된다.

3. 적시제출주의의 내용

개정 민사소송법 제146조의 규정 중 "소송의 정도에 따라 적절한 시기"의 의미를 어떻게 해석하는 것이 타당할 것인가? 적시제출주의의 운영과 관련하여 이것에 대한 적절한 해석을 하여야 할 것이다. "소송의 정도에 따라 적절한 시기"와 관련한 판단 자체가 상당히 어렵고, 규정 자체가 매우 추상적이므로 구체적인 기준을 세우기 또한 어렵다고 할 것이다. 그렇다고 하여 이에 대한 판단을 전적으로 재판을 진행하는 법관의 자유재량 하에 둘 수는 없다. 법관은 '소송의 정도'를

---

181) 이시윤(2009), 305면.

182) 이론상 집중심리주의라 함은 하나의 사건을 집중적으로 심리하여 결론을 내고 다른 사건을 심리하는 방식을 의미한다.

183) 병행심리주의라 함은 법원이 동시에 다수의 사건을 병행하여 심리하는 것을 의미한다.

184) 현행 집중심리제도의 실무상 운영은 이론상 집중심리주의가 아니고 비교적 적은 사건을 깊이 있게 심리하여 단시일 내에 심리를 종료하자는 것이므로 엄밀히 보면 이론상 집중심리제도의 개념과는 차이가 있다. 그렇기 때문에 병행심리주의와 집중심리주의의 절충형으로 파악하는 것이 타당하다.

판단할 때에는 집중심리제도 하에서 원칙적으로 쟁점에 기초하여 심리가 진행되는 것이므로 어떠한 쟁점에 대하여 이미 충분히 심리하였는지 여부가 '소송의 정도'를 판가름 하는 중요한 요소가 될 것이다. 또한 '적절한 시기'를 판단함에 있어서도 강화된 집중심리제도 하에서 판단하여야 할 것이다. 공격 또는 방어방법의 제출이 소송의 정도에 따라 적절한 시기인지 여부를 판단함에는 적정한 재판과 신속한 재판의 적절한 조화를 고려하여야 한다. 아주 중요한 공격 또는 방어방법에 대하여는 형식과 내용을 동시에 고려하여 신중하게 판단하여야 할 것이고, 결론에 영향이 없는 경우에는 형식적 판단에 기초하여 엄정하게 할 수 있을 것으로 생각된다.

4. 적시제출주의의 실효성을 위한 규정

적시제출주의는 동시제출주의 또는 법정서열주의와 수시제출주의의 단점을 보완하기 위하여 만들어진 제도이다. 그러나 전술한 바와 같이 이것을 잘 운영하지 못하면 동시제출주의 또는 법정서열주의와 수시제출주의의 단점만이 표출될 수도 있다. 그렇기 때문에 이에 대한 실효성(實效性)을 위한 제도적 장치가 필요하다. 현행 민사소송법은 적시제출주의의 실효성을 확보하기 위하여 i) 재정기간제도($\frac{147}{조}$), ii) 실기한 공격방어방법의 각하($\frac{149}{조}$), iii) 변론준비기일을 거친 경우의 실권효($\frac{285}{조}$) 등을 규정하고 있다.

(1) 재정기간제도($\frac{147}{조}$)

개정 민사소송법에서는 공격방어방법을 기간 내에 제출하게 할 수 있는 권한을 재판장에게 부여함으로써 적시제출주의를 보다 실효성 있게 운영하려고 하고 있다. 이것이 재정기간제도이다. 재정기간제도는 일본 등에는 없는 제도로서 우리나라의 특이한 제도이다. 재정기간제도는 재판장에게 공격방어방법을 제출할 수 있는 기간을 정하고, 그 제출기간을 경과한 경우에는 원칙적으로 실권 처리된다는 점에서 적시제출주의를 강화하여 집중심리제도의 실효성을 달성하려는 면이 있으나, 재정기간을 정함에 있어서 '당사자의 의견'을 들어야 한다는 점에서 당사자의 절차권을 강화한 측면이 있다고 할 것이다. 내용을 보다 구체적으로 살펴보면 다음과 같다.

① 재판장이 당사자의 의견을 들어 한쪽 또는 양쪽 당사자에 대하여 특정한 사

항에 관하여 주장을 제출하거나 증거를 신청할 기간을 정할 수 있도록 했다($^{147조}_{1항}$).

② i) '재정기간을 정할 수 있는 주체'는 원칙적으로 재판장이고, 명령의 형식으로 할 것이다. 그러나 일정한 경우 재판부 전체가 관여하여 의사결정을 한다면 재판부가 결정의 형식으로 하여도 무방할 것이다. ii) 그 '대상'은 특정한 사항에 관한 주장의 제출 또는 증거의 신청에 관한 것이므로, 이것을 특정하지 아니하고 포괄적으로 명령한 경우에는 재정기간을 정한 것으로 볼 수 없을 것이다. iii) 명령의 내용은 '주장의 제출 또는 증거의 신청'에 관한 기간을 정하는 것이다. iv) 또한 이러한 명령을 하기 전에 '당사자의 의견'을 들어야 한다. 그런데 당사자의 의견을 어떠한 방식에 의하여 들어야 할 것인가가 문제이다. 변론기일에 양 당사자가 대면한 상태에서 의견을 묻는 것이 가장 좋을 것이나 서면상의 근거가 있다면 합리적인 대체수단(전화, 팩스, 이메일 등)으로 묻는 것도 무방할 것이다. 이렇게 당사자의 의견을 묻게 하는 것은 재판장 임의로 신청기간을 정함으로써 발생할 수 있는 부당한 면을 막고, 당사자의 재판심리와 관련된 절차권을 보장하기 위한 것이다.[185]

③ i) 만일 당사자가 재판장이 정한 재정기간을 넘긴 경우에는 뒤에 새로운 주장을 하거나 증거를 신청할 수 없게 하였다($^{147조}_{본문 2항}$). 즉 실권효를 인정하고 있는 것이다. 이렇게 실권효를 인정하는 것은 적시제출주의를 한층 강화함으로써 집중심리제도를 보다 실효성 있게 하기 위한 것이다. ii) 한편 재판의 적정이라는 측면에서 실권효에 대한 일정한 예외를 인정하고 있다. 당사자가 정당한 사유로 그 기간 이내에 제출 또는 신청하지 못하였다는 점을 소명한 경우에는 실권효를 적용하지 아니할 수 있다($^{147조}_{단서 2항}$). 이 경우 재판장은 당사자가 '정당한 사유'를 소명하면 재차 제출기간을 부여할 수 있다고 할 것이다. 이것은 재판장이 정한 재정기간($^{172조}_{1항}$)이지만 법원이 '정당한 사유'가 없음에도 임의로 기간을 연장하는 것은 재정기간제도의 취지에 반하는 것이므로 부정하는 것이 타당하다.[186] 여기에서 '정당한 사유'라 함은 당사자가 설사 제출기간을 넘겨 주장을 제출하거나 증거를 신청하여 소송을 지연한 경우라도 정당한 이유가 있는 경우를 말하는 것이다.[187] 이를 판단함에는 재정기간제도의 취지, 재판의 진행상황 등을 종합적으로 고려하여 판단하여야 한다.

---

185) 이시윤(2009), 307면.
186) 反對: 송상현/박익환, 347면.
187) 이시윤(2009), 307면.

④ 재정기간제도를 규정하고 있는 제147조는 원칙적으로 변론절차에 적용된다고 할 것이다. 나아가 변론준비절차에도 준용된다($\frac{286}{조}$). 변론준비절차에서는 재판장이 당사자의 의견을 묻지 아니하고 기간을 정하여 준비서면, 그 밖의 서류 등의 제출을 명할 수 있고($\frac{280조}{1항}$), 당사자가 이에 따르지 아니하면 변론준비절차를 종결할 수 있다($\frac{284조}{1항 2호}$). 다만 변론준비기일을 거친 경우에는 변론절차에서 새로운 주장을 할 수 없어 실권효의 재제를 받을 수는 있다($\frac{285}{조}$). 그런데 변론준비절차에서 재판장이 제147조의 규정에 따라 당사자의 의견을 구하는 절차를 거쳐 특정사항에 관한 주장을 제출하거나 증거를 신청할 기간을 정하는 명령을 발하였으나 당사자가 이에 응하지 아니한 경우에 제147조에 따른 실권효가 발생한다고 보아야 할 것인가? 제286조에 의하여 변론준비절차에 제147조가 준용되고 있고, 변론준비절차에서 제147조의 요건에 따른 재정기간이 정하여진 것이므로 변론준비절차라 하여 제147조의 실권효를 부정할 필요는 없다고 본다.[188] 따라서 변론준비절차에서는 변론준비기일을 거친 경우 제285조에 따른 실권효 제재를 가할 수 있지만, 변론준비기일을 거친 여부와 관계없이 제147조에 따라 당사자의 의견을 구하는 방법에 따른 재정기간제도를 이용하여 실권효 제재를 부과할 수 있다고 본다.

(2) 실기한 공격방어방법의 각하($\frac{149조}{1항}$)

당사자가 적시제출주의의 규정을 어기어 고의 또는 중대한 과실로 공격 또는 방어방법을 뒤늦게 제출함으로써 소송의 완결을 지연시킨 것으로 인정할 때에는 법원은 직권 또는 상대방의 신청에 따라 결정으로 이를 각하할 수 있다($\frac{148조}{1항}$). 이것은 시기가 늦은 공격방어방법에 대하여 심리 자체를 거절할 수 있는 권한을 법원에 부여함으로써 당사자에게 소송자료의 제출을 적시제출주의에 따를 것을 강제하고, 이로 인하여 소송의 심리에 집중할 수 있도록 하는 것이다. 공격방어방법의 적시제출을 하지 아니한 당사자에 대한 강한 제재로서 적시제출주의의 위반에 대한 일종의 응징이라고 할 수 있다. 종전의 민사소송법 규정에 의하면 사실심 변론종결 시까지 공격방어방법을 제출할 수 있다는 수시제출주의의 기본원칙 하에 이에 대한 제한의 의미로 실기한 공격방어방법의 각하에 대한 규정을 두고 있어 일종의 체제 부조화의 면이 있어 위 규정이 사문화된 점이 있었다. 그러나 현행 민사소송법은 적시제출주의를 기본원칙으로 하고 있을 뿐만 아니라, 집중심리

---

188) 同旨: 이시윤, 353면.

제도의 강화라는 측면에서 보면 실기한 공격방어방법의 각하규정은 종전과 완전히 다르게 적극적으로 해석·운영되어야 할 것이다.[189]

① 각하요건

(a) 적시제출주의의 규정을 위반하여 '시기에 늦은' 공격방어방법일 것

ⅰ) 공격방어방법의 제출이 적시제출주의의 규정을 위반하여 '시기에 늦어야' 한다. 여기서 중요한 것은 '시기를 늦었는지 여부'의 판단 기준이 적시제출주의의 규정을 위반하였는지 여부와 직결된다는 점이다. 즉 소송의 정도에 비추어 적절한 시간 내에 제출되었는지 여부가 시기에 늦었는지 여부를 결정하는 핵심적인 요소이다. 이것은 수시제출주의 하에서의 '시기를 늦었는지 여부'와는 완전히 달리 해석되어야 한다는 것을 의미한다. 집중심리제도를 강화하고 있고 수시제출주의에서 적시제출주의로 공격방어방법의 제출시기·방법에 관한 원칙이 변경되었으므로, 쟁점을 중심으로 시기가 늦었는지 여부를 결정하는 것도 좋은 방법이라고 사료된다.

ⅱ) 수시제출주의 하에서의 판례를 보면 ⓐ 제1심에서 주장할 수 있었던 유치권항변을 항소심 제4차 기일에 최초로 제출한 경우에 실기한 공격방어방법으로 보았고,[190] ⓑ 항소심 제4차 변론기일에 피고가 증인신청을 하여 제5차 변론기일에 증인신문하기로 하였으나 증인여비 등을 예납하지 아니하고 피고가 불출석하자 법원이 증인채택을 취소하고 변론을 종결하였으나 피고가 재개신청을 하여 변론을 재개하면서 제6차 변론기일을 지정고지 하였고, 제6차 변론기일에 피고가 불출석하였고 제7차 변론기일에 피고가 출석하여 취소된 증인을 재차 증인 신청한 경우에 실기한 공격방어방법으로 인정하였다.[191] 적시제출주의의 현행법 하에서는 보다 엄격히 운영할 필요가 있다.

ⅲ) 또한 유일한 증거방법을 실기한 공격방어방법으로 각하할 수 있는지에 대하여 논의된다. 당사자의 공격방어방법의 제출시기를 잘못한 것에 대한 제재라는 제도의 취지에 비추어 유일한 증거방법이라고 특별히 예외로 취급할 필요는 없다고 본다.[192] 판례의 주류도 같다.[193]

---

189) 同旨: 이시윤, 353면.
190) 대판 1962. 4. 4, 4294민상1122.
191) 대판 1968. 1. 31, 67다2628.
192) 同旨: 김홍규/강태원, 394면; 김홍엽, 462면; 이시윤, 354면; 정동윤/유병현/김경욱, 355면; 한충수, 335면. 反對: 방순원, 437면; 송상현/박익환, 349면; 호문혁, 457면.
193) 대판 1968. 1. 31, 67다2628; 대판 1969. 4. 19, 69다67; 대판 2009. 6. 25, 2009다24415. 反對: 대판 1962. 7. 26, 62다315.

ⅳ) 항소심에서 새로운 공격방어방법이 제출된 경우에 시기에 늦었는지 여부를 항소심만을 표준으로 할 것인지, 아니면 속심이므로 제1, 2심을 전체적으로 고려하여야 할 것인가가 문제이다. 통설·판례는 현행 민사소송법이 속심구조를 취하고 있으므로 제1, 2심을 전체적으로 평가하고 있다.[194] 그러나 현행법에서 공격방어방법의 제출시기·방법에 관한 원칙을 수시제출주의에서 적시제출주의로 변경하면서 집중심리주의를 강조하는 입장에서 보면 제1심에서 이미 쟁점이 제출되어 충분히 다투어진 경우에는 속심과 관계없이 쟁점을 기준으로 판단하는 것이 타당하다고 본다.[195]

(b) 당사자에게 '고의 또는 중과실'이 있을 것   고의 또는 중과실은 당사자본인 또는 대리인 중 어느 한편에 존재하면 된다. 고의 또는 중과실의 유무는 본인·대리인의 법률지식의 정도와 공격방어방법의 종류를 고려하여 판단하여야 한다.[196] 따라서 본인소송은 변호사대리소송과 달리 판단할 수 있고,[197] 출혈적인 상계항변이나 건물매수청구권의 행사와 같은 것은 조기제출요구는 무리이다. 그러나 출혈적 항변이라도 의도적으로 늦게 낸 것이 명백하거나, 소송지연을 목적으로 한 것으로 보일 경우(예: 상계항변을 하면서 제공된 반대채권의 존부가 의심될 때)에는 그렇지 아니하다.[198] 판례는 항소심에 이르러 동일한 쟁점에 관한 대법원판결이 선고되자 그 판결의 취지를 토대로 새로운 주장을 제출한 경우에는 중과실을 인정하기 어렵다고 한다.[199]

(c) 당해 공격방어방법을 심리하면 각하할 때보다 '소송의 완결이 지연'될 것

'소송의 완결이 지연'되었다는 의미와 관련하여, ⓐ 제출된 공격방어방법을 심리하면 각하할 때보다 소송의 완결이 늦어지는 것을 뜻한다는 절대설(absolute Theorie),[200] ⓑ 적기에 공격방어방법이 제출되었다고 가정한 경우보다 소송의 완결이 늦어지는 것을 의미하는 상대설(relative Theorie)[201]이 있다. 절대설에 의하면 재정증인이나, 다음 기일에 심리할 사항이 남아 있다면 실기한 증인신청에 해

---

194) 대판 1958. 4. 3, 4290민상664; 대판 1962. 4. 4, 4294민상1122; 대판 2017. 5. 17, 2017다1097.

195) 同旨: 이시윤, 354면.

196) 대판 2017. 5. 17, 2017다1097.

197) 대판 2017. 5. 17, 2017다1097.

198) 대판 2005. 10. 7, 2003다44387.

199) 대판 2006. 3. 10, 2005다46363.

200) 정동윤/유병현/김경욱, 337면. 독일의 통설·판례이다.

201) 호문혁, 401면.

당하지 아니할 것이고,[202] 상대설에 의하면 재정하지 아니한 증인신청이라고 하여
도 증인이 오래 전부터 여행 중이다가 다음 기일 직전에 귀국예정이라면 실기한
증인신청이 아닐 수도 있다. 상대설에 의하면 적기보다 지연되었다는 것 자체의
개념이 애매하고, 그 증명 또한 어렵기 때문에 문제이다. 절대설이 실기한 공격방
어방법의 제도 취지에 부합할 것으로 생각한다. 따라서 별도의 증명을 요하지 아
니하는 법률상의 주장, 별도의 증거조사가 필요 없는 항변[203] 등 실기한 공격방어
방법이라 하더라도 따로 심리하거나 증거조사를 하여야 할 사항이 남아 있어 어
차피 기일의 속행을 필요로 하고 그 속행기일의 범위 내에서 공격방어방법의 심
리도 마칠 수 있는 경우,[204] 당시 기일에 즉시 조사가 가능한 증거신청(예: 재정증
인, 상대방이 성립을 인정하는 서증신청 등) 등은 소송의 완결을 지연한다고 할 수
없다. 또한 공격방어방법의 내용이 이미 증거조사를 심리를 마친 소송자료 범위
안에 포함되어 있는 경우에도 같다.[205]

(d) 각하의 대상은 '공격방어방법'일 것　　실기한 공격방어방법으로 각하할 수
있는 대상은 주장·부인·항변·증거신청인 공격방어방법이어야 한다. 따라서 그
것이 아닌 청구원인 사실을 늦게 제출하거나, 반소·청구변경·참가신청 등 판결
신청은 여기에 해당하지 아니한다.

② 각하절차

(a) 각하는 직권 또는 당사자의 신청에 의한다($^{149조}_{1항}$). 각하를 함에 있어서 독립
된 결정으로 하거나 종국판결의 이유 속에 판단하면 된다.[206] 각하결정에 대하여
는 독립하여 항고할 수 없고, 종국판결에 대한 상소와 같이 하여야 한다($^{392}_{조}$). 법원
이 각하신청을 배척한 경우라도 소송지휘권에 관한 사항이므로 불복이 허용되지
않는다. 설사 각하되지 아니한 경우라도 그로 인하여 소송지연을 시킨 당사자는

---

202) 대판 2014. 5. 29, 2011두25876.
203) 대판 1992. 10. 27, 92다28921.
204) 대판 2000. 4. 7, 99다53742; 대판 2003. 4. 25, 2003두988; 대판 2014. 5. 29, 2011두25876.
205) 대판 1999. 7. 27, 98다46167; 대판 2003. 4. 25, 2003두988; 대판 2014. 5. 29, 2011두25876(4차에 걸친 제1심 변론기일은 물론 제2심 1차 변론기일까지 원고가 위법취지의 주장을 하지 않다가 위 주장이 담긴 준비서면을 제출한 후 마지막 기일인 제2심 2차 변론기일에서 위 준비서면을 진술함으로써 비로소 위와 같은 주장을 한 것에 대하여 원고의 위 주장의 당부를 판단하기 위해서는 추가적인 증거조사가 필요하다고 보이고, 이미 심리를 마친 소송자료의 범위 안에 위 주장의 내용이 포함되어 있지 아니한 점 등을 고려할 때 실기한 공격방법에 해당한다고 보았다).
206) 대판 1994. 5. 10, 93다47615; 대판 2003. 4. 25, 2003두988; 대판 2014. 5. 29, 2011두25876.

승소에도 불구하고 증가된 소송비용 부담의 불이익을 받을 수 있다($^{100}_{조}$). 공격방어 방법의 각하규정은 변론절차뿐만 아니라, 변론준비절차에서도 준용된다($^{286,}_{149조}$).

(b) 다만 각하요건을 갖추었을 때에 법원이 의무적으로 각하를 하여야 하는지 여부가 문제인데, 실기한 공격방어방법의 각하규정($^{149}_{조}$)이 공익적 규정이라는 이유로 반드시 각하하여야 한다는 견해가 있다.[207] 제149조의 규정이 "각하할 수 있다."고 정하고 있어 각하여부는 법원의 재량에 속한다고 할 것이다($^{통}_{설}$).

(3) 석명에 응하지 않은 공격방어방법의 각하($^{149조}_{2항}$)

당사자가 제출한 공격 또는 방어방법의 취지가 분명하지 아니한 경우에 당사자가 필요한 설명을 하지 아니하거나 설명할 기일에 출석하지 아니한 때에는 법원은 직권으로 또는 상대방의 신청에 따라 결정으로 이를 각하할 수 있다($^{149조}_{2항}$).

(4) 변론준비기일을 거친 경우의 새로운 주장의 제한($^{실권효,}_{285조}$)

변론준비절차에서 변론준비기일을 거친 경우에 있어서는 i) 새로운 공격방어방법의 제출로 인하여 소송을 현저히 지연시키지 아니하거나, ii) 중대한 과실 없이 변론준비절차에서 제출하지 못하였다는 것을 소명하거나, iii) 법원이 직권으로 조사할 사항인 때가 아니면 변론에서 새로운 주장을 할 수 없다($^{285조}_{1항}$). 이것은 변론준비절차 중 특히 변론준비기일을 연 경우에는 그 법적인 성격이 변론과 다르다고 하나 실질에 있어서 매우 유사한 것으로 평가할 수 있기 때문이다. 이렇게 함으로써 변론준비절차의 집중을 효율적으로 유도할 수 있기 때문이다. 다만 소장 또는 변론준비절차 전에 제출한 준비서면에 적힌 사항은 변론준비기일에 공격방어방법으로 제출하지 아니한 경우라도 변론에서 주장할 수 있다($^{285조 \ 3항}_{본문}$). 그러나 변론준비절차에서 이를 철회되거나 변경된 때에는 변론에서 이를 재차 주장할 수 없다($^{동항}_{단서}$).

(5) 그 외 실효성 확보방안

① 중간판결의 내용과 저촉되는 주장의 제한($^{201,}_{454조}$)

중간판결의 판단이 공격방어방법에 관한 것일 때에는 중간판결의 기속력으로 인하여 당해 심급에서는 이미 판단된 공격방어방법을 재차 제출할 수 없고, 다만 중간판결의 변론종결 후에 새로운 사실에 기초한 새로운 공격방어방법의 제출은

---

207) 송상현/박익환, 349면.

제한이 없다.

② 상고이유서 제출기간이 지난 뒤의 새로운 상고이유의 제한($^{431,}_{427조}$)

상고심은 상고이유에 따라 불복한 한도 안에서 심리를 하는 것이므로($^{431}_{조}$), 당사자가 상고법원으로부터 소송기록 접수의 통지를 받은 날부터 20일 이내에 상고이유서를 제출하지 아니하거나, 20일 후의 새로운 상고이유에 대하여는 판단할 수 없다($^{427}_{조}$). 이 규정도 적시제출주의의 표현으로 볼 수 있다.

③ 답변서 및 방소항변의 제출기간의 제한

피고가 소장의 부본을 송달 받은 날로부터 30일 이내에 답변서를 제출하지 아니한 경우에는 법원은 피고가 청구원인 사실에 대하여 자백한 것으로 보아 변론 없이 판결할 수 있다($^{256조,}_{조 1항}$ ^{257}). 또한 방소항변인 임의관할위반($^{30}_{조}$), 소송비용의 담보 제공의무($^{117}_{조}$), 중재계약의 존재($^{중재 9조}_{2항}$) 등의 주장은 본안의 변론 전에 하여야 하고, 변론준비기일이 열린 경우에는 그 기일에서 본안에 대한 진술 전에 하여야 한다. 답변서 및 방소항변의 제출기간을 정한 것은 적시제출주의를 강화하기 위한 규정으로 해석할 수 있다.

5. 적시제출주의의 예외

적시제출주의는 변론주의가 적용되는 범위에 한정되며, 직권탐지주의와 직권조사사항에 관하여는 적용되지 아니한다. 직권탐지주의나 직권조사사항의 경우는 각하를 통한 절차의 촉진보다는 실체적 진실의 발견이 보다 중요하기 때문이다.

Ⅳ. 집중심리주의

1. 의 의

(1) 법원이 접수된 사건을 처리하는 방법과 관련하여 집중심리주의(集中審理主義)와 병행심리주의(竝行審理主義)가 있다. 집중심리주의(Konzentrationsgrundsatz)라 함은 이론적으로 하나의 사건을 집중적으로 계속 심리하여 판결을 하고 다음 사건을 같은 방법으로 심리하는 방법을 말한다. 계속심리주의(繼續審理主義)라고도 한다. 반면 병행심리주의라 하면 동일한 기일에 다수의 사건을 같이 심리하여 진행하는 방법을 말한다. 양 심리방법은 수량적으로 투자되는 시간은 같다고 볼 수

도 있지만 집중심리주의가 심리의 집중을 함으로써 효율성이 높다고 평가된다.

(2) 또한 집중심리주의는 개별사건의 처리방법이지만 동시에 재판의 전체 심리 구조라는 측면에서도 설명된다. 이것을 집중심리제도라고 한다. 현재 세계 각국이 심리구조를 집중심리가 될 수 있도록 구성하기 위해 노력하고 있다. 집중심리제도 라는 측면에서 집중심리라는 것은 첫째 간단한 사건이어서 집중심리의 필요 없이 도 간단히 처리될 수 있는 사건과 집중심리가 필요한 사건을 구분하고, 둘째 집 중심리가 필요한 사건에 대하여는 제1심 중심으로 철저한 심리의 준비를 한 후 (예: 쟁점을 파악·정리하고 거기에 따른 증거정리·조사계획의 수립), 집중하여 심리 를 한 후에(예: 증인신문, 당사자본인신문 등) 신속하고 적정한 판결을 도출하는 작 업이다. 셋째 항소된 경우에 항소심에서의 재차 심리준비와 제1심 판결에 대한 검토 후에 필요한 부분을 집중심리하여 결론을 내도록 하고, 상고된 사건에 대한 법률적 심사를 통한 사건의 최종적 종결을 하기 위한 것이다. 따라서 제도적 측 면에서의 집중심리제도는 다툼이 없는 사건과 다툼이 있는 사건을 나누어 전자에 대하여 간단히 종결할 수 있는 제도를 만들고(예: 무변론판결), 다툼이 있는 사건 은 다시 간단하여 집중심리가 필요 없는 사건과 복잡하여 집중심리가 필요한 사 건을 나누어 전자는 바로 변론기일을 잡아 처리하고, 후자는 철저한 준비 후에 심도 있지만 신속하게 처리할 수 있도록 하는 것을 말한다.

(3) 즉 민사소송의 심리 틀로서는 위와 같이 제도적 접근을 하고, 집중심리가 필요한 사건은 집중심리주의에 기초하여 철저한 준비를 거쳐 집중하여 심리한 후 에 신속히 사건을 처리할 수 있어야 한다. 이러한 방법으로 민사소송제도의 틀을 짠다면 「간단한 사건은 신속히, 복잡한 사건은 집중심리를 통한 심도 있는 심리 후에 적정한 판결」을 할 수 있게 된다. 개별사건 처리에 있어서 집중심리주의는 쟁점별 집중심리가 가장 중요한 과제이다.

(4) 현재 우리나라의 심리방법은 제도적인 틀로서는 집중심리제도를 기본으로 하고 있고, 개별적인 사건처리는 집중심리주의와 병행심리주의가 결합되어 있는 형태이다. 개별적 심리방법으로의 집중심리주의는 단기간에 사건을 집중적으로 심 리하여 판결을 하게 되므로 신선한 인상에 따라 형성된 심증을 판결에 반영할 수 있는 장점이 있고, 이것은 병행심리주의가 가지고 있는 짧은 시간의 수차례 심리 에 따른 기억의 혼란과 법관의 교체로 인한 심리의 반복의 단점을 막을 수 있다. 집중심리주의의 이러한 점은 구술심리주의·직접심리주의와 쉽게 결합하여 운영 할 수 있다는 것이 또 다른 장점이다.

2. 각국 민사소송의 심리방식

(1) 총 설

외국의 민사소송의 심리방식을 구조적인 면에서 살펴보도록 하겠다. 각국의 제도마다 약간의 차이가 있지만 사건에 맞게 처리방법을 다양화하여 자체적인 해결을 높이고, 심리가 필요한 사건은 선별하여 쟁점과 증거를 정리하는 선행절차 후에 집중적 방식을 통하여 해결을 시도하려고 한다는 점에서 공통점을 찾을 수 있다. 이것은 재판의 진행방식도 각국의 국민을 대상으로 하는 것이므로 차이가 날 수 밖에 없지만 근본원리는 다를 수가 없다는 것을 의미한다. 독일, 일본, 미국의 제도를 간단히 보도록 하겠다.

(2) 독 일

독일은 1976년 간소화개정법(Vereinfachungsnovelle)에 따라 심리방식을 사건의 내용과 성질에 따라 i) 조기 제1회 기일(früher erster Termin)을 열어 법원과 양 당사자가 사건에 관한 쟁점 및 증거, 기타 사정을 논의하는 방법, ii) 별도의 기일을 열지 아니하고 소장, 답변서, 준비서면 등 서면의 교환으로 쟁점을 정리하는 서면선행절차(schriftliches Vorverfahren)를 거치는 방법 중 하나를 택하고, 자율적인 해결을 장려한다는 점에서 화해변론(Güteverhandlung)[208] 후에 주기일(主期日, Haupttermin)에 들어가 집중적인 증거조사 후에 소송을 종결하는 심리방식을 가지고 있다. 조기 제1회 기일과 서면선행절차에서 수소법원은 재판장, 수명법관 또는 수탁판사를 통하여 변론준비처분 등으로 증거조사, 공무소에의 서면조회, 검증·감정의 시행, 서면에 의한 증인의 증언취합 등 증인신문 외의 대부분의 준비를 완료한다. 이러한 준비 후에 이것을 점검하고, 당사자에게 화해를 장려하기 위하여 화해변론 후에 주기일로 들어가게 된다. 주기일에서는 쟁점에 대한 변론 후에 바로 증인신문 등의 증거조사가 이루어지게 된다. 독일은 사건을 선별하고, 준비하고, 화해를 권유하고 그래도 안 될 경우에는 집중심리 후에 판결을 하는 심리시스템을 가지고 있다.

---

208) 화해변론은 2002년 독일 민사소송법 개정에서 신설한 제도이다.

(3) 일 본

일본은 1996년 전면 개정된 신민사소송법에서 사건의 내용과 성질에 따라 i) 공개법정에서 구술변론의 방식으로 쟁점 등을 정리하는 준비적 구술변론, ii) 종전의 변론 겸 화해에 갈음한 변론준비절차, iii) 당사자 출석 없이 소장, 답변서, 준비서면 등의 제출을 통한 서면에 의한 준비절차 중 적절한 하나의 절차를 거치면서 적절한 쟁점 및 증거정리를 마치도록 하였다. 쟁점정리절차의 효율적 진행을 위하여 공격방어방법 제출과 증거수집수단을 쟁점정리절차에서 이루어질 수 있도록 하고 있다. 특히 2003년 민사소송법 개정에서 공해소송 등 대규모사건과 의료과오소송 등의 경우에 계획심리를 도입하여 쟁점정리단계에서 보다 전문성을 갖추고 있다.

(4) 미 국

미국의 심리방식은 i) 우선 원고의 소장(complaint)에 대하여 피고가 답변서(answer)를 제출하는 등의 서면절차인 소답절차(pleading)을 거쳐, ii) 변론전 절차(pretrial)에서 법에 정한 방식에 따라 증거개시(discovery)와 판사와 당사자·대리인이 모여 대화를 통하여 쟁점과 향후 재판일정을 협의하는 변론전 회의(pretrial conference)를 하게 된다. 증거개시는 법정의 방식을 통하여 판사의 관리 하에 당사자와 소송대리인인 변호사가 주도하고, 변론전 회의는 판사가 직접 주재한다. iii) 변론전 절차가 종료되면 배심재판의 경우에는 배심원의 참여 하에 사건을 심리하는 변론절차(trial)가 집중적으로 이루어지고, 변론이 종료되면 판결(judgement)이 이루어진다. 미국의 민사소송의 심리절차는 소답절차 → 변론전 절차 → 변론절차를 거치고, 소답절차·변론전 절차를 통하여 쟁점과 증거조사의 준비를 한다. 심리절차의 대부분의 기간이 소답절차·변론전 절차에 소요되고, 그 동안 비용도 많이 들어간다. 많은 사건들이 이 단계에서 화해 등으로 끝나게 된다. 변론절차에서는 배심의 참여 하에 집중심리를 통하여 심리한 후에 판결을 하게 된다. 충분한 재판준비 후에 집중심리를 통하여 사건의 해결을 도모하고 있다. 미국심리제도의 특징은 변론전 절차에 많은 시간과 비용이 들어가지만, 증거개시(discovery) 과정에서 당사자 자신에게 스스로 해결할 필요성을 인식시킴으로써 화해 등이 이루어지게 하는 것이 장점이다. 그러나 변론전 절차에서 시간과 돈이 많이 들어간다는 점이 제도적인 면에서 단점이라 할 수 있다.

(5) 우리나라

우리나라는 1990년 민사소송법 개정을 통하여 집중심리제도를 기본원칙으로 채택하였다. 그러나 실제로는 부분적으로 시행되었다. 2002년 신민사소송법에서 변론준비절차를 임의적 변론준비절차에서 원칙적 변론준비절차로 변경하면서 집중심리제도를 더욱 강조하였다. 이것은 원칙적 변론준비절차제도는 다툼이 있는 사건은 모두 변론준비절차를 거치도록 한 것으로서, 변론준비를 강화한 것으로 평가되었다. 그런데 2008년 12월 26일 민사소송법의 일부개정(법률 제9171호, 시행: 2008. 12. 26)으로 변론 없이 판결하는 경우 외에는 바로 변론기일을 정하여야 하고, 예외적으로 사건을 변론준비절차에 부칠 필요가 있는 경우에만 변론준비절차에 회부하도록 하였다($\frac{258조}{1항}$). 이는 원칙적 변론준비절차제도에서 예외적 변론준비절차제도로 변경된 것이다. 그런데 이러한 개정의 의미를 어떻게 보아야 할 것인지가 문제이다. 단순히 집중심리제도의 퇴보로 보아야 할 것인가? 이러한 개정을 변론준비절차를 유명무실화시킨 것이라는 비판적 견해[209]와 절차운영의 융통성을 부여한 것으로 보는 견해가 있다.

생각건대 2002년의 원칙적 변론준비절차제도는 그 입법취지는 매우 좋았으나 첫째 다툼이 있는 모든 사건을 변론준비절차를 거치도록 하고 있어 변론준비가 필요 없는 간단한 사건도 변론준비절차를 거치도록 함으로써 준비절차의 효율성이 떨어진 측면이 있었다는 점, 둘째 모든 사건을 준비절차를 거치도록 하는 것은 법관의 심리부담을 점진적으로 늘렸을 뿐만 아니라, 셋째 간단한 사건들조차 쓸데없이 변론준비절차를 거쳐야 함으로써 제1차 변론기일이 늦어지고 연속하여 판결도 늦어짐으로써 사법이용자인 국민으로부터 소송지연의 비난이 있었다는 점 등의 제도적 난점이 있었다. 원칙적 변론준비절차제도는 그 출발부터 다른 제도적 장치 없이는 수년 내에 소송지연의 문제를 잉태하고 있었던 것이다. 이것은 집중심리제도의 본질적 부분을 간과한 결과이다. 집중심리방식에 있어서의 핵심은 집중심리가 필요한 사건을 정확히 분류하는 것이 선행되어야 함에도 이것을 간과하고 모든 사건을 변론준비절차에 회부하였기 때문이다.

그렇다면 현재의 우선적 변론기일제도와 예외적 변론준비절차제도의 도입은 과연 타당한 것인가? 발등에 떨어진 소송지연의 문제를 해결함에 있어서는 약간 도움이 될 수 있지만 근본적 해결이 될 수는 없다. 2001년부터 사건관리모델 하

---

209) 이시윤, 359면.

에서 시작되어 2008년 경 나름대로 정착해 가던 집중심리제도의 본질을 훼손하는 개정으로서 제도운영의 면에서 보면 손실이 크다고 본다. 가장 최선의 개선방안은 2002년의 원칙적 변론준비절차제도의 단점이었던 사건의 선별기능을 강화하는 쪽으로 개정하였어야 했다. 접수사건의 분류만을 전담하는 판사를 두는 등의 방법으로 집중심리가 필요 없는 사건을 걸러내는 제도적 장치의 고안이 있었어야 했다. 6~7년간 운영된 원칙적 변론준비절차제도에 대한 충분한 평가작업이 있어야 할 것으로 본다. 그렇다면 지금 제도 하에서 어떻게 할 것인가? 제1차 변론기일의 주된 기능을 간단한 사건의 처리에 집중하고, 변론준비절차가 필요한 일부 사건에 관하여는 별도로 변론준비절차에 회부하여 충분히 쟁점과 증거정리를 한 후에 집중심리를 하여야 한다. 즉 제1차 변론기일의 기능을 사건의 선별작업에 집중하여야 하고, 이 기일에서는 간단한 사건의 처리를 하면서 적극적으로 화해 등을 유도하는 기회로 삼아야 한다. 이렇게 함으로써 개정취지에 부합하게 소송지연의 문제를 해결하면서 집중심리를 실질화할 수 있다고 본다.

3. 집중심리주의의 내용

(1) 기본원칙

1990년 민사소송법 개정에서 「변론은 집중되어야 하며(구민소 245조 전문, 현재는 272조 1항 전문)」라고 하여 집중심리제도를 변론의 기본원칙으로 하였다. 그 이후 집중심리제도를 일부재판부와 일부법원을 중심으로 시험적으로 시행하다가 2001년 3월 「새로운 민사재판 관리모델」을 정하면서 집중심리제도를 모든 법원에 전면적으로 실시하였다. 그 이후 신민사소송법이 시행된 2002년 7월 1일 이후 집중심리제도를 강화하기 위하여 변론준비절차를 강화하면서 임의적 준비절차에서 원칙적 준비절차로 바꾸고, 소송자료의 제출방법과 관련하여 종전의 수시제출주의에서 적시제출주의로 변경하였다. 그런데 2008년 12월 26일 민사소송법의 일부개정으로 종전의 원칙적 변론준비절차제도에서 예외적 변론준비절차제도로 변경되어 집중심리제도는 앞서 본바와 같이 그 의미가 많이 훼손되었다고 할 것이다.

(2) 구체적인 내용

① 소송자료의 조기충실화와 사건의 분류

신법은 소송자료의 조기충실화를 통하여 집중심리제도를 강화하고 있다. 재판장은 소장심사를 통하여 필요하다고 인정되는 경우에는 원고에게 청구하는 이유에 대응하는 증거방법을 구체적으로 적어 내도록 명할 수 있으며, 원고가 소장에 인용한 서증의 등본 또는 사본을 붙이지 아니한 경우에는 이를 제출하도록 명할 수 있다($^{254조}_{4항}$). 종전에 민사소송규칙에 있던 것을 법에 규정하였다($^{구민소규칙}_{49조의2}$). 민사소송규칙에는 이를 더욱 구체화하여 소장의 기재사항으로 청구를 뒷받침할 사실, 피고의 항변에 대응할 사실, 증거방법을 적게 하고, 피고의 답변서에는 원고주장사실의 인정여부, 항변, 증거방법 등을 구체적으로 적게 했다($^{규칙 62.}_{65조}$). 소송자료를 소송의 초기에 가능한 모두 제출하도록 하고 있다. 또한 사건의 분류를 위하여 피고가 소장부본을 받고 30일 이내에 답변서를 제출하지 아니하는 경우에 무변론판결을 할 수 있게 하여($^{257조}_{1항}$), 2008년 민사소송법이 개정되어 종전의 원칙적 변론준비절차제도를 우선적 변론기일제도와 예외적 변론준비절차제도로 변경하고 있지만 개정취지를 살리기 위하여는 제1차 변론기일을 사건의 성질, 내용에 따라 집중심리에 필요한 사건을 선별하는 데 활용하도록 운영할 수가 있다($^{258조}_{1항}$). 이렇게 하는 것이 현행법이 집중심리제도를 위하여 적시제출주의($^{146}_{조}$)와 재정기간제도($^{147}_{조}$)의 신설, 실기한 공격방어방법의 각하제도($^{149}_{조}$)를 강화하고 있는 점을 소송초기부터 보다 확실히 할 수 있는 것이다.

② 쟁점 및 증거의 정리를 위한 변론준비절차

피고의 답변서가 제출되어 쟁점의 정리가 필요한 경우($^{258조}_{1항}$) 또는 제1차 변론기일에서 변론준비절차에 회부된 경우에는 변론준비절차가 열린다($^{258조}_{1항}$). 변론준비절차는 서면준비절차와 변론준비기일로 나누어진다. 2008년 민사소송법 개정으로 원칙적 변론기일제도로 복귀하면서 서면준비절차는 의미가 줄어들었다고 보인다. 소장, 답변서, 1~2회 정도의 준비서면의 교환을 통하여 통상의 서면준비절차는 종료되었지만, 정리가 더 필요한 경우에 변론준비기일을 열게 된다. 변론준비절차의 핵심은 쟁점의 정리와 신청한 증거의 채부결정·서증조사 등으로 증거를 정리함에 있다. 하지만 필요한 경우 증인신문과 당사자신문을 제외하고($^{다만 예외적인 사정이 있}_{으면 인정됨, 281조 3항}$) 다른 증거조사는 가능하다. 개정 민사소송규칙에서는 당사자 본인 출석명령이나 법원과 당사자 사이에 절차진행계획에 관한 협의(쟁점계약) 등이 가능하도록 하였고($^{규칙 70조}_{3항~5항}$), 법원에게 정리된 쟁점의 확인의무를 지웠다($^{규칙 70}_{조의2}$).

③ 제1차 변론기일의 변론종결과 집중증거조사

법원은 변론준비절차를 마친 경우에는 첫 변론기일을 거친 뒤 바로 변론을 종결할 수 있도록 하여야 하며, 당사자는 이에 협력하여야 한다($\frac{287조}{1항}$). 변론준비절차를 마친 경우에는 원칙적으로 제1차 변론기일에 변론이 종결될 수 있도록 하여야 하고, 당사자도 이에 협력할 의무가 있다. 종전에는 이 규정이 실무상 잘 지켜지지 아니한 것으로 보이지만, 지금은 민사소송법의 개정으로 예외적 변론준비절차 제도가 되었기 때문에 변론준비절차를 거친 사건은 이 규정을 명확히 지킬 수 있도록 실무운영이 되어야 한다. 변론준비절차를 거친 사건이 심리에 2일 이상 소요되면 가능한 한 종결 시까지 매일 변론을 진행하여야 한다($\frac{규칙}{72조}$).

또한 당사자신문과 증인신문은 변론준비절차를 마친 다음 기일에 집중적으로 실시하여야 하고($\frac{293,\ 281}{조\ 3항}$), 증인의 효율적인 확보를 위하여 감치제도를 도입하였으며($\frac{311}{조}$), 증인신문과 당사자신문은 일괄하여 신청하여야 하고($\frac{규칙}{75조}$), 효율적인 증인신문을 위하여 증인진술서제도를 도입하고 있다($\frac{규칙}{79조}$). 집중증거조사를 위한 것이다. 개정 민사소송규칙은 기일변경을 엄격히 제한하였으며, 변론재개 시에 재개사유를 당사자에게 고지하도록 하였다($\frac{규칙}{43조}$ ^{41,}).

V. 직권진행주의와 소송지휘권

1. 직권진행주의

직권진행주의(職權進行主義, Amtsbetreib od. Offizialbetreib)라 함은 법원이 소송절차 진행의 주도권을 가지고 있는 심리원칙을 말한다. 반대로 당사자가 소송절차를 주도하는 것을 당사자주의 또는 당사자진행주의(當事者進行主義, Parteibetreib)라 한다. 연혁적으로 보면 1806년 프랑스 민사소송법은 법관의 순수성을 강조하여 철저한 당사자주의에 기초하였으나, 당사자주의가 가지고 있는 소송지연 등의 단점으로 인하여 1877년 독일 민사소송법에서는 당사자주의와 직권진행주의의 혼합형태를 취하였다. 그 이후 1895년 오스트리아 민사소송법에서 처음으로 직권진행주의를 채택하게 되었고, 이것이 각국의 민사소송법 개정에 큰 영향을 주었다. 독일은 1976년 간소화개정법(Vereinfachungsnovelle)에서 직권진행주의로 바뀌었고, 프랑스도 1965년 정령(décre)을 거쳐 1975년 새로운 민사소송법에서 법관의 광범위한 소송지휘권을 인정하게 되었다.[210] 우리 민사소송법은 제정 시부터 직권

---

210) 정동윤/유병현/김경욱, 407면.

진행주의에 기초하고 있다. 직권진행주의를 법원의 권능면에서 보면 소송지휘권이라 할 수 있다. 직권진행주의는 소송절차의 진행과 관련되었지만, 소송지휘권은 재판과 관련한 전반적인 지휘·감독권이라고 보아야 한다. 개념적으로는 소송지휘권이 직권진행권보다 넓다고 볼 수 있다.[211]

2. 소송지휘권

(1) 의 의

소송지휘권(訴訟指揮權, Prozeßleitung)이라 함은 소송절차를 신속·원활하게 진행시켜 심리를 신속·적정하게 하기 위하여 법원에게 인정한 소송절차를 주재(主宰)하는 권능을 의미한다. 이것은 「소송절차의 매끄러운 진행을 통한 심리의 충실」을 위한 것으로서 법원의 권한인 동시에 법원의 책무이다($^{1조}_{1항}$). 적절한 소송지휘권의 행사는 법관의 법정에서의 인격을 나타내는 것이므로, 소송지휘를 하는 법관은 법적인 지식 외에 스스로 인격을 다듬는 것을 게을리 하여서는 안 된다. 분쟁을 다루는 재판을 하기 때문에 엄정하여야 하지만 소송지휘 과정에서 법관의 인격적인 따뜻함이 배어날 수 있는 여유가 있어야 한다. 이것은 재판에 대한 승복으로 이어진다는 것을 명심하여야 한다.

(2) 내 용

소송지휘는 종국판결 이외의 법원의 모든 소송행위를 지칭하는데, 그 가운데 중요한 것은 다음과 같다.

① 절차의 진행

기일의 지정·변경·추후지정($^{165}_{조}$), 기간의 신축과 부가기간 부여($^{172}_{조}$), 소송절차의 중지·정지($^{246조,}_{현재 42조}$), 중단절차의 속행($^{244}_{조}$) 등.

② 절차의 석법화 조치

소장·상소장의 각하($^{254, 402조,}_{425조}$), 부적법한 소·상소의 각하($^{219, 413,}_{425조}$), 관할법원으로 이송($^{34조}_{1항}$) 등.

③ 심리의 정리

변론의 제한·분리·병합($^{141}_{조}$), 적절한 변론의 종결($^{198}_{조}$), 변론의 재개($^{142}_{조}$), 재량이

---

211) 同旨: 정동윤/유병현/김경욱, 407면.

송($^{34조\ 2항,}_{35조}$), 다른 재판부로 사건의 이부(移部), 불필요한 변론의 불허 및 증거의 각하, 명백히 이유 없는 청구나 주장의 철회·취하의 권고 등.

④ 심리의 집중과 촉진

변론준비절차에의 회부($^{258,}_{279조}$), 쟁점계약의 권고($^{규칙\ 70}_{조의2}$), 주장·증거 또는 준비서면·요약준비서면의 제출명령($^{147,\ 278,}_{280조}$), 재정기간의 결정($^{147}_{조}$), 실기한 공격방어방법의 각하($^{149}_{조}$) 등.

⑤ 기일에서 소송행위의 정리

변론의 지휘($^{135}_{조}$)와 법정경찰권의 행사($^{법조\ 58\sim}_{61조}$)가 대표적이다. 전자는 당사자나 대리인, 증인 등에 대한 발언명령·허가·금지가 중심이고, 후자는 법정의 소란행위 등을 법정경찰권에 기하여 제재하는 것을 말한다. 법원경찰권의 행사도 소송지휘권의 일환으로 보아야 한다.[212]

⑥ 소송관계의 정리

불분명한 소송관계의 정리·보충을 위한 석명권 및 지적의무 행사($^{136}_{조}$), 석명처분($^{140}_{조}$) 등.

⑦ 분쟁해결을 위한 조치

화해권고($^{145}_{조}$), 화해권고결정($^{225조}_{1항}$), 조정절차에 회부($^{민조}_{6조}$), 이행권고결정($^{소심\ 5조}_{의3,\ 1항}$) 등.

법관의 위와 같은 소송지휘권은 복지국가적 소송관에 의하면 보다 적극화할 필요가 있다고 본다. 이것은 석명권의 행사, 분쟁해결의 권고 등에서 잘 나타나게 된다.

(3) 소송지휘권의 주체와 형식

① 주 체

소송지휘권의 주체는 원칙적으로 법원이다($^{140조\sim}_{145조}$). 그러나 변론 및 증거조사 중에는 재판장이 법원을 대표하여 행사하게 된다($^{135\sim137조,\ 327}_{조,\ 329\sim331조}$). 재판장의 조치에 대하여 당사자가 이의한 때에는 법원이 합의체로서 이에 대하여 재판한다($^{138}_{조}$). 실무상 「재판진행에 관한 이의」라고도 한다. 그 밖에 재판장은 합의체로부터 독립하여 소송지휘권을 갖는 경우도 있다($^{165조\ 1항\ 본문,}_{194,\ 254,\ 282조}$). 수명법관·수탁판사도 수권된 사항을

---

212) 同旨: 이시윤, 362면; 정동윤/유병현/김경욱, 408면.

처리함에 있어서 소송지휘권을 가진다($^{165조\ 1항\ 단}_{서,\ 332조}$).

② 형 식

소송지휘는 변론 또는 증거조사 등과 같이 사실행위로 행하는 경우($^{135}_{조}$)도 있지만, 대체로 재판의 형식을 취한다. 재판의 형식을 취하는 경우에 법원의 지위에서 할 때는 결정이고, 재판장·수명법관·수탁판사의 지위에서 할 때에는 명령으로 한다. 재판의 형식을 취한다고 하여도 절차의 진행이나 심리방법 등에 관한 조치이고 심판의 대상에 대한 확정적인 판단을 내리는 것이 아니므로, 불필요·부적당하다고 인정되는 때에는 어느 때나 스스로 종전의 재판을 취소할 수 있다($^{222}_{조}$).

(4) 당사자의 신청권

소송지휘는 소송절차와 관련된 법원의 권한에 속하는 것이므로, 당사자가 이에 관하여 법원에 일정한 신청을 한다고 하여도 이는 법원의 직권발동을 촉구하는 의미밖에 없다. 따라서 법원은 이러한 신청을 받아들이지 않는 경우에도 각하하는 재판을 요하지 아니한다. 그러나 소송지휘에 있어서도 당사자는 단순히 피지휘자의 지위에 있다고 볼 수는 없는 것이므로, 당사자의 이해에 중대한 영향을 미치는 경우에는 예외적으로 당사자에게 신청권이 부여된다. 이 경우에는 법원은 당사자의 신청에 대하여 재판을 하여야 하고, 이 재판에 대하여 불복신청도 인정하는 경우가 많다. 여기에는 심판의 편의에 의한 소송이송($^{34조\ 2항,}_{35조}$), 구문권($^{136조}_{3항}$), 시기에 늦은 공격방어방법의 각하($^{149}_{조}$), 기일의 지정($^{165}_{조}$), 중단절차의 수계($^{241}_{조}$) 등이 있다. 민사소송법상 당사자에게 신청권이 없는 관할위반에 따른 이송신청($^{34조}_{1항}$)의 경우에도 해석상 당사자에게 신청권을 인정하는 것이 타당하다고 본다.

3. 소송절차에 관한 이의권

(1) 의 의

① 소송절차에 관한 이의권(異議權, Rügerecht, objection)이라 함은 법원이나 상대방 당사자의 소송행위가 소송법규에 위배되는 경우에, 이에 대해 당사자가 이의를 하여 그 효력을 다툴 수 있는 소송상의 권능을 말한다($^{151}_{조}$). 구법 하에서는 책문권(責問權)이라 하였다. 민사소송법에서는 법원과 당사자의 소송행위에 관하여 요건과 형식을 규정하고 있는 경우가 많고, 이 경우 당사자는 말할 것도 없고 특히 소송절차의 주재자인 법원은 자신과 당사자의 소송행위의 적법성을 잘 살피

면서 소송절차가 진행될 수 있도록 하여야 한다. 그러나 그렇지 못하거나 법원조차도 이를 간과할 수 있으므로 이에 관하여 이해를 갖고 있는 피해당사자에게 절차의 위배 여부를 감시할 수 있는 권능을 부여한 것이 「소송절차에 관한 이의권」이다.

② 그런데 소송절차는 개개의 소송행위의 연속으로 이어지기 때문에 중간에 하자 있는 소송행위가 있는 경우에 전체 소송절차 자체가 문제될 수 있다. 그렇기 때문에 소송절차에 관한 이의권은 이것의 적극적 행사보다는, 절차의 안정을 위하여 소극적 불행사로 인한 하자 있는 소송행위의 치유에 중점을 두고 있다. 이것은 민사소송법 제151조 본문에서 "당사자는 소송절차에 관한 규정에 어긋난 것임을 알거나, 알 수 있었을 경우에 바로 이의를 제기하지 아니하면 그 권리를 잃는다."고 규정하고 있어 이를 분명히 하고 있다.

(2) 적용범위

① 소송절차에 관한 이의권은 법원 또는 상대방 당사자의 「소송절차에 관한 규정」의 위배를 대상으로 한다. 여기에서 「소송절차에 관한 규정」이라 함은 법원과 당사자의 소송행위의 방식(형식·요건)·시기·장소 등에 관련된 규정(예: 소제기 또는 청구변경의 방식, 소송참가의 방식, 소송고지의 방식, 증거조사의 방식, 증인신문의 장소, 변론기일의 통지 등)을 말한다. 따라서 소송행위의 내용, 소송상 주장의 정당성 여부에 해당하는 공격방어방법에 관한 판단 잘못, 채증법칙 위반, 자백에 반하는 사실인정, 석명권위배, 처분권주의위배 등은 이의권의 대상이 될 수 없다.

② 또한 이의권은 소송절차에 관한 규정 중 당사자의 자유로운 처분이 가능한 「임의규정」의 위배를 대상으로 한다.[213] 따라서 소송절차에 관한 규정 중 효력규정(강행규정＋임의규정)이 아닌 훈시규정의 위배는 대상이 되지 아니하므로, 훈시규정의 위배에 대한 무효를 주장할 수 없다.[214] 또한 효력규정 중 공익상의 이유로 당사자의 자유로운 처분이 인정되지 아니하는 강행규정의 위배[예: 법원의 구성, 법관의 제척, 소송요건(항변사항은 제외), 상소·재심요건, 공개주의, 판결의 송달 등 불변기간의 준수[215] 등]는 당사자의 이의 여부와 관계없이 무효이므로 그 대상이 될 수 없다(동지). 임의규정은 당사자의 소송수행상의 이익과 편의를 목적으로

---

213) 대판 1972. 5. 9, 72다379.

214) 대판 2008. 2. 1, 2007다9009.

215) 대판 1972. 5. 9, 72다379(판결의 송달); 대판 1979. 9. 25, 78다2448; 대판 2002. 11. 8, 2001다84497.

하는 사익규정이므로, 아래에서 보는 바와 같이 이의권의 포기·상실의 대상이 된다. 판례상 소송절차에 관한 이의권이 문제되는 것은 이의권의 포기·상실과 관련된 것이 많고 구체적으로 보면 다음과 같다.

〈판 례〉
판례는 i) 소장(청구취지확장신청서, 부대항소장 등 포함), 답변서 등 소송서류의 하자,[216] ii) 당사자, 보조참가인에 대한 기일통지 누락,[217] iii) 청구취지의 변경, 소송참가 등의 방식위배,[218] iv) 청구의 기초의 변경이 있는 소의 변경이나 반소요건 중 관련성의 흠이 있는 반소제기,[219] v) 소송절차 중단 중의 행위,[220] vi) 당사자본인신문에 의할 것을 증인신문 하는 경우, 감정인 신문할 것을 증인신문 하는 경우, 사본을 원본대용으로 증거신청 한 경우 등 증거조사방식의 위배,[221] vii) 구술주의나 직접주의 등 심리방식에 관한 규정위배,[222] viii) 대리인의 쌍방대리($\frac{법}{31조}$) 위반의 소송행위,[223] ix) 중재합의와 다른 중재기관에서의 중재절차의 진행[224] 등은 이의권의 포기·상실의 대상이 된다고 본다.

③ 이의권은 「법원 또는 상대방 당사자」의 위배행위를 대상으로 한다. 따라서 자기 자신이 저지른 위배행위는 대상이 될 수 없다.

(3) 이의권의 포기·상실

① 의 의

위에서 본 바와 같이 소송절차에 관한 이의권의 소송법상의 의미는 두 가지이다. 즉 이의권을 적극적으로 행사하여 법원 또는 상대방당사자의 절차 위배행위를 무효로 만들거나(이의권의 행사), 아니면 이의권을 행사하지 아니하면 절차의 안정

---

216) 대판 1962. 12. 27, 62다704; 대판 1963. 6. 20, 63다198.
217) 대판 1967. 12. 5, 67다2219(당사자); 대판 1984. 4. 24, 82므14(당사자); 대판 2007. 2. 22, 2006다75641(보조참가인).
218) 대판 1993. 3. 23, 92다51204.
219) 대판 1992. 12. 22, 92다33831(청구변경); 대판 1968. 11. 26, 68다1886, 1887(반소; 반소요건 중 상호관련성이 아닌 '소송절차의 현저한 지연'이라는 요건은 공익적 요건이므로 이의권의 포기·상실이 어렵다고 본다).
220) 대판 1955. 7. 7, 4288민상53.
221) 대판 1992. 10. 27, 92다32463(당사자신문); 대판 1960. 12. 20, 4293민상163(감정인신문); 대판 1996. 3. 8, 95다48667(사본); 대판 2002. 8. 23, 2000다66133(사본).
222) 대판 1968. 7. 2, 68다379(판사경질에 따른 변론갱신규정의 위배).
223) 대판 1964. 4. 28, 63다635; 대판 2003. 5. 30, 2003다15556(이의권 행사시기를 사실심 변론종결시로 봄).
224) 대판 2017. 12. 22, 2017다238837.

을 위하여 절차위배의 흠이 치유되어 그 소송행위가 유효하게 되는 것(이의권의 불행사)을 말한다. 당사자에게 중요한 이해관계가 있는 위배행위에 대하여 무효화 할 수 있는 권능을 부여함과 동시에, 소송절차는 개별의 소송행위의 연속으로 일 체를 이루는 것이므로 하나의 소송행위에 하자가 있게 되면 소송절차 전체가 무 효로 될 운명에 있으므로 스스로 이의권을 포기하거나, 일정한 기간 내에 이의권 을 행사하지 아니하면 그 하자가 치유되어 유효한 것으로 간주하게 된다. 전자가 이의권의 적극적 행사의 면이라면, 후자는 이의권의 소극적 불행사의 결과이다.

이의권의 불행사의 형태를 보면 이해 당사자가 스스로 이의권을 포기하는 경 우와 일정한 기간 이의권을 행사하지 아니하여 이를 상실케 하는 경우가 있다. 전자를 절차에 관한 이의권의 포기(Rügeverzicht)라 하고, 후자를 절차에 관한 이 의권의 상실(Verlust des Rügerechts)이라 한다.

② 포기·상실의 대상

이의권의 포기·상실의 대상은 효력규정 중 임의규정의 위반에 관한 것이다. 소송절차의 이의권의 대상과 동일하다.

③ 포기의 방식과 상실의 요건

(a) 이의권의 포기는 이해당사자가 법원에 대하여 하여야 한다. 변론 또는 변 론준비절차에서 구술로 하거나, 서면으로도 할 수 있다. 따라서 법원 외에서 상대 방에게 하는 포기는 효력이 없다. 포기는 명시적·묵시적 방법 모두 가능하다. 예 컨대 기일통지를 받음이 없이 기일에 출석하여 소송절차를 진행한 경우에는 이의 권의 묵시적 포기로 볼 수 있다. 또한 이의권은 절차위배가 있을 때에 비로소 발 생하는 것이므로 사전포기는 있을 수 없다(임의소송 금지원칙에 위배).

(b) 이의권의 상실은 이해당사자가 절차위배를 알았거나, 알 수 있었을 경우에 바로 이의하지 아니함으로써 발생한다($\frac{151조}{본문}$). 여기에서 '바로'라는 것은 이의할 수 있는 기회에 곧바로 이의하지 아니한 경우(예: 당해 변론기일 또는 변론준비기일이거 나, 다만 기일통지 없이 증거조사가 이루어진 경우에 이해당사자가 다음 변론기일에 출 석하여 그 사실을 알게 된 경우에는 그 다음 변론기일)를 말하고, 변론종결 시까지 이의할 수 있는 것은 아니다.

④ 포기·상실의 효과

이의권을 포기하거나 상실되면 소송절차에 위배된 흠 있는 소송행위는 처음부 터 유효한 것으로 된다. 다만 법원의 위배행위로 양쪽 당사자 모두에게 이의권이 발생한 경우에는 양쪽 모두 포기·상실한 때에 흠이 치유된다.

제 3 절 변   론

제 1 관 총   설

Ⅰ. 변론의 의의

(1) 통상 변론(辯論)이라 함은 기일에 수소법원의 공개법정에서 당사자 양쪽이 말로 판결의 기초가 되는 소송자료인 사실과 증거를 제출하는 방법으로 소송을 심리하는 절차를 말한다(가장 좁은 의미). 구체적으로 보면 당사자가 본안의 신청과 상대방 당사자의 반대신청과 양 당사자의 이를 뒷받침하는 공격방어방법(사실상·법률상의 진술, 증거신청)의 제출을 의미한다. 변론은 말로 한다는 것을 강조하여 구술변론(mündliche Verhandlung) 또는 구두변론이라고도 한다. 사실 변론이라는 의미는 다의적으로 사용된다. i) 가장 좁게는 위와 같이 당사자의 소송행위 즉 사실과 증거제출만을 의미하고($^{134,}_{272조}$), ii) 좁게는 당사자의 소송행위 외에 증거조사를 포함하며($^{135, 148, 159,}_{207조}$), iii) 넓게는 당사자의 소송행위, 증거조사 외에 소송지휘, 판결의 선고까지 포함한다($^{141, 142, 152,}_{154, 158, 204조}$). 넓은 의미로 쓰일 때에는 소송절차나 심리방식과 같은 뜻이다. 변론의 의미가 다의적으로 사용되므로 각 경우에 개별적 의미를 판단하여야 하지만, 일반적으로 좁은 의미로 사용되는 경우가 많다. 한편 변론은 양 당사자의 대립구조를 취하지 않고 관계인에게 방식에 구애됨이 없이 개별적으로 서면 또는 말에 의하여 진술의 기회를 부여하여 청취하는 심문(審問, Gehör)과는 구별된다. 심문이 수회 반복되어도 변론이 되는 것은 아니다.

(2) 변론과 관련하여 민사소송규칙 제28조 제1항에서 "변론은 당사자가 말로 중요한 사실상 또는 법률상 사항에 대하여 진술하거나, 법원이 당사자에게 말로 해당사항을 확인하는 방식으로 한다."하고, 제2항에서는 "법원은 변론에서 당사자에게 중요한 사실상 또는 법률상 쟁점에 관하여 의견을 진술할 기회를 주어야 한다."고 정하고 있어, 변론의 필요성과 방식을 규정하고 있다. 변론의 방식을 「당사자에 의한 쟁점진술」 → 「법원의 쟁점확인」 → 「당사자에게 의견진술의 기회보

장」의 순서로 정하고 있다. 이 규정은 2007년 11월 28일 대법원 규칙 제2115호 신설되어 2008년 1월 1일부터 시행되고 있다. 그러나 2008년 12월 26일 민사소송법의 일부개정으로 종전의 원칙적 변론준비절차제도에서 예외적 변론준비절차제도로 변경되었으므로 변론준비절차를 거치지 아니하여 쟁점정리가 되지 아니한 경우에는, 제1차 변론기일에서 직접 쟁점을 정리하여야 한다.

Ⅱ. 변론의 종류

변론에는 필수적 변론(notwendige od. obligatorische Verhandlung)과 임의적 변론(freigestellte od. fakulative Verhandlung)이 있다.

1. 필수적 변론[1]

(1) 원 칙

변론을 여는 것이 법률상 요구되는 경우를 말한다. 재판 중 판결은 필수적 변론을 거치는 것이 원칙이다($\frac{134조}{1항}$). 이것은 변론을 열지 않으면 판결을 할 수 없다는 것과 변론에서 진술되거나 현출된 것(증거조사의 결과나 수명법관·수탁판사에 의한 증거조사의 결과, 석명처분의 결과 등)만이 재판의 자료로 참작할 수 있다는 것을 의미한다. 필수적 변론기일의 불출석은 변론의 해태(기일의 해태)가 된다.

(2) 예 외

판결절차에서도 변론을 열지 않거나, 변론을 열더라도 서면상의 진술을 재판의 기초로 할 수 있는 예외가 인정된다.

① 서면심리로 판결할 수 있는 경우

여기에는 i) 피고가 소장 부본을 송달받은 날로부터 30일 이내에 답변서를 제출하지 아니하거나, 청구의 원인이 되는 사실을 모두 자백하는 취지의 답변서를 제출하여 무변론판결을 하는 때($\frac{257}{조}$), ii) 소송요건·상소요건에 보정할 수 없는 흠이 있어 각하판결을 하는 때($\frac{219조}{413조}$), iii) 소액사건에서 소송기록에 의하여 청구가 이

---

1) 일부 학자는 필요적 변론이라고도 하나, 신민사소송법에서 종전의 '필요적 공동소송' 등을 그 뜻에 맞게 '필수적 공동소송' 등으로 용어를 정리한 취지에 비추어 보면 필수적 변론이 타당할 것으로 보인다.

유 없음이 명백하여 기각판결을 하는 때($소심 9조\atop 1항$), iv) 소송비용에 대한 담보제공의 결정을 받고도 담보를 제공하지 않아 소각하 판결을 하는 때($124\atop 조$), v) 상고심판결을 하는 때($429조 1항, 430\atop 조$) 등이 있다.

② 변론을 열었지만 서면상의 진술을 재판의 기초로 하는 경우

당사자 일방이 변론기일에 출석하지 아니하거나, 출석하여도 변론을 하지 아니하는 때에 그가 제출한 소장·답변서, 그 밖의 준비서면에 적힌 사항을 진술한 것으로 간주하는 경우($148\atop 조$)이다. 당사자의 결석이나 변론하지 아니하는 것에 대처하기 위한 것이다.

2. 임의적 변론

(1) 변론을 여는 것이 법원의 재량에 속하는 경우를 말한다. 재판 중 결정으로 완결될 사건은 임의적 변론에 의한다($134조 1\atop 항 단서$). 여기에는 관할의 지정($28\atop 조$), 제척·기피 신청에 대한 재판($46\atop 조$), 특별대리인의 선임($62\atop 조$), 필수적 공동소송인의 추가·피고의 경정($68, 260,\atop 261조,$), 소송인수($82\atop 조$), 소송비용의 확정($110, 113,\atop 114조$), 소송구조($128\atop 조$), 판결경정($211\atop 조$), 항고 사건($450\atop 조$), 가압류·가처분사건[2) 등이 있다. 이 경우 변론을 열더라도 그것은 서면 심리를 보충하기 위한 것이므로 서면으로 제출한 자료는 변론에서의 자료와 동일하게 재판자료가 된다.[3) 다만 결정사건이라도 판결절차 내에서 행하여지는 경우에는 당연히 변론에 의하여 심리·재판된다[예: 소송능력에 흠이 있는 경우에 보정명령($59\atop 조$), 소송비용 담보제공 결정($120\atop 조$), 석명처분($140\atop 조$), 변론의 제한·분리·병합($141\atop 조$), 실기한 공격방어방법의 각하($149\atop 조$), 청구변경의 불허($263\atop 조$), 문서제출명령($347\atop 조$) 등].

(2) 변론을 열지 않는 경우에는 소송기록에 의하여 서면심리만으로 재판할 수 있고, 이 경우에도 법원은 서면심리를 보충하기 위하여 당사자, 이해관계인, 그 밖의 참고인을 심문할 수 있다($134조\atop 2항$). 심문은 당사자, 이해관계인, 그 밖의 참고인에에 일정한 방식 없이 말 또는 서면으로 진술할 기회를 주면 된다. 심문기일을

---

2) 2005년 민사집행법 개정으로 모두 결정의 형식으로 처리하게 되었다. 종전에는 보전신청사건(가압류·가처분 신청사건)의 변론 여부는 법원의 재량으로 하고, 변론을 연 경우에는 판결로 재판하도록 하였고(구민집 280조 1항, 281조 1항, 301조), 보전처분의 이의·취소사건은 변론을 열어 판결로 재판을 하도록 하였다(구민집 286조 2항, 288조 2항, 301조). 그런데 2005년 1월 27일 개정 민사집행법(법률 제7358호)에서는 보전처분의 발령, 이의·취소절차 변론 여부와 관계없이 모두 결정으로 재판하도록 하였다(민집 281조 1항, 286조 3항, 288조 3항, 301조).

3) 同旨: 정동윤/유병현/김경욱, 459면.

당사자에게 통지하거나, 절차를 공개할 필요가 없다. 심문은 증거조사를 하는 경우도 포함되는데 증인적 입장에 있는 참고인에 대하여는 증언거부권에 관한 규정이 준용된다.[4] 심문 여부는 법원의 재량이지만, 일정한 경우에 필수적 심문이 요구되기도 한다[예: 인수승계시 당사자와 제3자의 심문($\frac{82}{\mathfrak{Z}}$), 증언거부시 당사자심문($\frac{317}{\mathfrak{Z}}$), 제3자에 대한 문서제출명령시 제3자 또는 그가 지정하는 자의 심문($\frac{347\mathfrak{Z}}{3\vartheta}$), 기타 민집 167, 232, 262조], 반대로 심문을 할 수 없는 경우도 있다[예: 지급명령($\frac{467}{\mathfrak{Z}}$), 압류명령($\frac{민집}{226\mathfrak{Z}}$)].

(3) 변론이 열려도 반드시 기일에 출석하여 말로 진술하여야 하는 것은 아니고, 서면으로 대신할 수 있다. 따라서 임의적 변론기일의 불출석의 경우는 필수적 변론기일의 불출석과 달리 기일의 해태의 문제가 발생하지 아니하며, 진술간주·자백간주·소취하간주 등의 규정($\frac{148,\ 150,}{268\mathfrak{Z}}$)이 적용되지 아니한다. 임의적 변론에 의한 사건은 변론유무와 관계없이 결정으로 재판함이 원칙이다.[5]

제2관 변론의 준비

I. 총 설

(1) 변론기일에 변론을 집중하여 신속하게 하기 위하여($\frac{272}{\mathfrak{Z}}$), 재판의 예습에 해당하는 변론의 준비가 필요하다. 변론의 준비는 i) 상대방에 대하여 변론의 예고를 함으로써 미리 준비할 수 있게 하는 준비서면제도와 ii) 법원이 주재하여 쟁점과 증거를 정리하고, 필요한 경우 제한적이지만 증거조사도 함으로써 변론을 체계적으로 준비하는 변론준비절차가 있다. 준비서면제도는 각각의 주장·증명의 내용을 기일 전에 제출·교환케 함으로써 사전에 이에 응답하여 기일의 공전을 막기 위한 제도이다.

(2) 변론준비절차는 보다 체계적인 변론의 예습절차라고 할 수 있다. 2002년 신법 시행 전인 2001년 3월에 「새로운 민사재판 관리모델」을 정하여 집중심리제도가 모든 법원에 전면적으로 실시되었고, 신법 시행과 더불어 입법적으로 종전의 임의적 준비절차에서 원칙적 준비절차로 바뀌면서 집중심리제도는 더욱 강조되었

---

4) 同旨: 이시윤, 310면.
5) 同旨: 정동윤/유병현/김경욱, 460면.

다. 그런데 2008년 12월 26일 민사소송법 제258조 제1항의 개정으로 종전의 원칙적 변론준비절차제도가 원칙적 변론기일제도로 바뀌면서 변론준비절차는 예외적인 절차로 되었다. 이러한 개정을 통하여 변론준비절차가 종전의 원칙적 변론준비절차의 단점이었던 쟁점을 정리할 필요가 없는 간단한 사건까지 일괄하여 준비절차에 회부하는 것을 방지하는 쪽으로 개선·운영되어야 할 것이다. 그렇지 않으면 구법 하의 소극적 변론준비절차로 회귀하게 되어 변론준비절차의 의미가 많이 반감될 것으로 보인다.[6]

Ⅱ. 준비서면

1. 의   의

(1) 준비서면(準備書面, verbereitente Schriftsätze)이라 함은 당사자가 변론에서 진술하고자 하는 사실상·법률상의 주장을 기일 전에 예고적으로 기재하여 법원에 제출하는 서면[7]을 말한다. 준비서면은 단순히 진술할 사항의 변론예고를 넘어, 복잡한 사안에 있어 법원과 상대방 당사자에게 주장하는 내용을 숙지하고 변론에 임하게 함으로써 변론의 집중에 기여함을 목적으로 한다. 준비서면인지 여부는 서면의 내용에 의하여 정해지는 것이고, 서면의 표제에 좌우되는 것이 아니다. 따라서 소장·상소장에 임의적 기재사항인 공격방어방법이 기재되어 있으면 그 한도에서 준비서면의 성질을 가지게 된다($\frac{249조\ 2항}{398조}$).[8] 반대로 표제에 준비서면이라고 하고 그 내용에 청구취지변경,[9] 기일지정신청, 소송수계신청 등이 기재되어 있으면 준비서면이 아닌 소 등의 신청으로서의 효력을 가진다.[10]

(2) 준비서면은 통상의 준비서면 외에 i) 원고·상소인의 소장·상소장에 대하여 피고나 피상소인이 본안의 반대신청을 기재하여 최초로 제출한 서면을 특별히 답변서라 하고, ii) 여러 차례 준비서면을 제출하였나가 변론의 종결에 앞서 재판

---

6) 同旨: 이시윤, 368면.

7) 엄밀히 말하면 대법원은 원칙적으로 서면심리만을 하므로 대법원에 제출하는 서면은 준비서면이라 할 수 없다. 그러나 실무상으로는 상고이유서라는 형식으로 서면심리를 준비하는 서면을 제출하고 있다.

8) 대판 1973. 11. 27, 73다566(항소장에 항변사실이 있는 경우에 항소장의 진술로서 항변이 주장된 것이므로 판결에서 판단하여야 함).

9) 대판 2011. 1. 13, 2009다105062(준비서면의 표제에 내용은 청구취지의 확장인 경우).

10) 대판 1965. 4. 27, 65다319.

장의 명에 의하여 종래의 쟁점과 증거의 정리결과를 요약한 요약준비서면($\frac{278}{조}$)이 있다. 요약준비서면의 제도취지를 살리기 위하여는 종전의 준비서면과 상충하거나, 기재가 없는 주장은 철회한 것으로 보는 것이 좋다고 본다.[11]

(3) 준비서면은 변론예고 등의 변론의 준비에 주안점이 있는 것이므로 제출 그 자체로서 소송자료가 될 수는 없고 변론에서 진술하여야 한다[불출석한 경우에 진술간주도 가능($\frac{148}{조}$)].[12] 당사자는 필요에 따라 준비서면을 진술하지 아니하고 철회할 수 있다.

2. 준비서면의 기재사항

(1) 준비서면의 기재사항은 법정되어 있다($\frac{274조}{1항}$). 준비서면의 주된 기재내용은 공격방어방법과 그에 대한 답변이다. 구체적으로 보면 i) 제출자·관련사건·제출시기 등을 특정하기 위하여 당사자의 성명·명칭 또는 상호와 주소($\frac{274조}{1항 1호}$), 대리인의 성명과 주소($\frac{2}{호}$), 사건의 표시($\frac{3}{호}$), 작성한 날짜($\frac{7}{호}$), 법원의 표시($\frac{8}{호}$) 등의 형식적 기재사항, ii) 자신이 제출하는 공격 또는 방어의 방법(4호, 예: 청구원인·항변·재항변 등에 관한 사실상·법률상의 주장, 증거신청이나 증거항변 등), 상대방의 청구와 공격 또는 방어의 방법에 대한 진술[5호, 예: 상대방의 공격방어방법에 대한 답변(부인·항변 등) 등], iii) 덧붙인 서류의 표시($\frac{6}{호}$), iv) 위 ii)의 경우에 자신의 사실상 주장에 관한 증거방법뿐만 아니라 상대방의 증거방법에 대한 의견(예: 서증의 인부, 증인의 적격 여부 등)을 적도록 하였다. 특히 신법에서는 심리의 효율을 높이기 위하여 구민사소송규칙($\frac{구민소규}{칙 54조}$)을 반영하여 자신의 사실상 주장에 관한 증거방법뿐만 아니라 상대방의 증거방법에 대한 의견을 적도록 하였다.

(2) 준비서면에 증거방법이나 나아가 증거신청을 하는 것이 준비서면에 해당하는지 여부가 문제되나, 증거방법을 기재하는 것은 특별히 준비서면의 성질에 반한다고 할 수 없고,[13] 증거신청의 경우에는 다른 내용과 같이 있다면 준비서면과 신청의 성질을 겸하고 있다고 보아야 한다.[14]

(3) 당사자 또는 대리인은 준비서면에 기명날인 또는 서명하여야 한다($\frac{274조}{1항}$). 2002년 신법에서 소송의 편의를 위하여 서명도 가능하도록 하였다. 기명날인 중

---

11) 同旨: 이시윤, 369면.
12) 대판 1960. 9. 15, 4293민상96; 대판 1983. 12. 27, 80다1302.
13) 同旨: 정동윤/유병현(2009), 388면 주1) 참조.
14) 同旨: 정동윤/유병현(2009), 388면 주1) 참조.

날인이 없는 경우에도 무효는 아니다.[15] 당사자가 가지고 있는 문서로서 준비서면에 인용한 것은 그 등본 또는 사본을 붙여야 하고($\frac{275조}{1항}$), 문서의 일부가 필요한 때에는 그 부분에 대한 초본을 붙이고, 문서가 많을 때에는 그 문서를 표시하면 된다($\frac{2}{항}$). 이 경우 상대방의 요구가 있으면 그 원본을 보여 주어야 한다($\frac{3}{항}$). 외국어로 작성한 문서이면 그 번역문을 붙여야 한다($\frac{277}{조}$).

(4) 준비서면은 일반 소송서류와 같이 간결한 문장으로 분명하게 작성하여야 하고($\frac{규칙 4조}{1항}$), 그렇지 못한 경우에는 당사자의 소송의 성실한 수행의무($\frac{1조}{2항}$)에 반하여 법원의 석명권 행사의 대상이 된다. 또한 법원사무관 등은 정당한 사유 없이 준비서면의 접수를 거절할 수 없고 접수된 준비서면의 보완에 관한 필요한 사항을 지적하고 그 보완을 권고할 수 있을 뿐이다($\frac{규칙}{5조}$).

3. 준비서면의 제출 · 교환

(1) 준비서면의 제출

① 지방법원 합의부 이상의 절차에서는 준비서면의 제출이 반드시 필요하다. 그러나 단독판사의 심판사건(항소심 이상은 합의부이므로 제1심 단독사건을 의미함)에서는 제출하지 아니할 수 있다($\frac{272조 2항}{본문}$). 그러나 단독사건이라도 상대방이 준비하지 아니하면 진술할 수 없는 사항은 준비서면에 의한 변론의 준비가 필요하다($\frac{동항}{단서}$).

② 또한 재판장은 당사자의 의견을 들어 특정한 사항에 관한 주장을 기재한 준비서면을 그 제출기간을 정하여 제출을 명할 수 있다($\frac{147조}{1항}$). 이를 준비서면 제출명령이라 한다. 구법 하에서는 별도로 준비서면제출명령 제도를 정하고 있었으나($\frac{구민소}{조 2항}$ 241), 신법에서는 재정기간제도($\frac{147}{조}$)를 신설하게 되어 이를 삭제하고 재정기간제도에 흡수하고 있다. 나아가 준비서면을 여러 차례에 걸쳐 제출함으로써 공격방어방법의 요지를 제대로 파악하기 어려울 경우에 변론종결에 앞서 재판장은 당사자에게 쟁점과 증거이 정리 결과를 요약한 준비서면을 제출하도록 할 수 있다($\frac{278}{조}$). 구민사소송규칙에 있던 규정($\frac{구민소규칙}{54조의2}$)을 법에 규정하였다.

(2) 준비서면의 교환

① 준비서면의 교환은 원칙적으로 법원을 통하여 하여야 한다. 따라서 준비서

---

15) 대판 1978. 12. 26, 77다1362.

면은 그에 적힌 사항에 대하여 상대방이 준비하는 데 필요한 기간을 두고 제출하여야 하며, 법원은 상대방에게 그 부본을 송달하여야 한다($\frac{273}{조}$). 즉 새로운 공격방어방법을 포함한 준비서면은 변론기일 또는 변론준비기일의 7일 전까지 상대방에게 송달될 수 있도록 적당한 시기에 제출하여야 한다($\frac{규칙 69}{조의3}$).

② 당사자가 준비기간을 지키지 아니하고 준비서면을 제출하였을 경우(변론기일에 제출한 경우도 포함)에 상대방에게 준비서면이 송달되었다고 하여도 상대방이 변론기일에 출석하지 아니한 때 또는 상대방이 출석하여 법정에서 준비서면이 송달된 경우에는 새로운 공격방어방법을 주장할 수 없다고 할 것이다($\frac{276조}{참조}$).[16]

③ 준비서면의 교환에 있어서 양쪽 당사자가 모두 변호사를 소송대리인으로 선임한 경우에는 변호사들 사이에 팩스(FAX), 이-메일 등을 통한 직접송달이 가능하다($\frac{규칙}{47조}$). 실무상 상대방의 송달 확인 후에 법원에 접수하고 있다.

4. 준비서면의 제출·부제출의 효과

(1) 제출의 효과

① 자백간주의 효과

준비서면을 제출한 경우에는 상대방이 불출석하여도 이를 주장할 수 있고, 나아가 그 기재부분에 대하여 상대방이 명백히 다투지 아니한 것으로 되어 자백간주의 이익이 있다($\frac{150조}{3항, 1항}$).

② 진술간주의 이익

준비서면을 제출한 제출자가 불출석하여도, 제출자는 준비서면의 기재사항에 관하여 진술한 것으로 간주하는 이익을 얻을 수 있다($\frac{148조}{1항}$).

③ 실권적 효력의 배제

변론준비절차가 열리기 전에 준비서면을 제출한 경우에는 제출자가 변론준비기일에서 이를 제출하지 아니한 경우에도 그 사항에 관하여 변론에서 주장할 수 있다($\frac{285조}{3항}$).

④ 소취하 및 피고경정에 대한 동의권

피고가 본안에 관한 준비서면을 제출한 후에는 원고는 소를 취하하려면 피고

---

16) 同旨: 정동윤/유병현/김경욱, 464면.

의 동의를 받아야 한다($^{266조}_{2항}$). 피고경정의 경우에도 종전의 피고가 본안에 관한 준비서면을 제출한 후에는 그 피고의 동의를 받아야 한다($^{260조}_{1항\ 단서}$).

⑤ 사법상 형성권 행사의 효력발생

기타 일정한 경우에 준비서면에 해제권·취소권 등의 사법상의 형성권 행사의 의사표시가 기재되어 상대방에게 송달됨으로써 사법상 형성권행사의 효력이 발생할 수 있다.

(2) 부제출의 효과

① 예고 없는 사실의 주장금지($^{276}_{조}$)

준비서면에 적지 아니한 사실은 상대방이 출석하지 아니한 때에는 변론에서 주장하지 못한다. 이것을 인정하면 출석하지 아니한 상대방에게 예고 없는 새로운 사실에 관하여 반론할 기회조차 없이 자백간주가 되어($^{150조}_{3항\ 1항}$) 공평하지 못하고, 쌍방심리주의에도 반하기 때문이다. 따라서 피고가 불출석한 기일에 원고의 청구원인에 관한 주장을 석명하여 변경시킨 후에 변론을 종결하는 것은 허용되지 아니한다.[17] 다만 준비서면의 제출을 요하지 아니하는 단독사건은 그러하지 아니하다 ($^{276,\ 272}_{조\ 2항}$).

(a) 여기에서 주장이 금지되는 사실에는 주요사실·간접사실이 포함된다. 다만 증거신청이 포함되는지 여부에 관하여 다툼이 있다. 증거조사에의 참여나 증거조사의 결과에 대한 진술은 사실인정에 중대한 영향을 미치므로 당사자에게 그 기회를 박탈시키는 것이 공평하지 않다는 이유로 증거신청도 포함된다고 보는 적극설,[18] 절차의 촉진을 위하여 증거신청 가운데 적어도 상대방이 예상할 수 있는 경우에는 불공평하다고 볼 수 없으므로 증거신청을 인정하여야 한다는 절충설[19]이 있다. 상대방이 예상할 수 있다면 절차의 촉진을 중시하는 절충설이 타당하다. 다만 준비서면의 제출을 요하지 아니하는 단독사건의 경우에는 상대방이 불출석하여도 증인을 채택하여 신문할 수 있다.[20]

(b) 사실상의 진술 중 이를 다투는 부인(否認)·부지(不知)는 상대방이 충분히

---

17) 대판 1964. 11. 30, 64다991.
18) 강현중, 436면; 방순원, 427면; 송상현/박익환, 392면; 이영섭, 265면; 한충수, 347면.
19) 김홍엽, 470면; 이시윤, 371면; 전병서, 397면; 정동윤/유병현/김경욱, 465면; 日最判 1952. 6. 17, 民集 6. 6. 595.
20) 대판 1975. 1. 28, 74다1721.

예상할 수 있고, 새로운 사실이라고 보기 어렵기 때문에 주장이 금지되는 사실에 해당하지 아니한다. 법률상 진술도 법원에 대하여 참고자료에 해당할 뿐이므로 역시 이에 해당하지 아니한다.

(c) 출석한 당사자가 상대방의 불출석으로 준비서면에 기재하지 않은 사항을 주장하지 못한 경우에 이를 주장하려면 속행기일의 지정을 구하고, 상대방에게 7일 전까지 송달이 가능하도록 준비서면을 제출하여야 한다($\frac{규칙}{조의3}^{69}$). 이때 법원은 특별한 사정(예: 실기한 공격방어방법의 제출 등)이 없는 한 속행기일을 지정하여야 한다. 이를 받아들이지 아니하고 바로 변론을 종결한다면 상대방의 불출석이 출석한 경우보다 유리하게 취급되어 부당하다.[21]

② 무변론판결의 위험

피고가 준비서면의 일종인 답변서를 소장 부본을 받은 날로부터 30일 이내에 제출하지 아니한 때에는($\frac{256}{조}$), 원고의 청구원인에 대하여 자백한 것으로 보아 무변론으로 피고 패소판결을 선고할 수 있다($\frac{257조}{1항}$). 청구원인을 모두 자백하는 취지의 답변서를 제출한 경우에도 같다($\frac{257조}{2항}$).

③ 변론준비절차의 종결

변론준비절차가 열려 법원이 기간을 정하여 준비서면을 제출하게 하였으나 당사자가 그 기간 내에 준비서면을 제출하지 아니한 때에는 상당한 이유가 없는 한 변론준비절차를 종결하여야 한다($\frac{284조}{1항 2호}$). 준비서면을 제출하지 아니하면 준비절차의 목적인 쟁점 및 증거의 정리를 달성할 수 없기 때문이다. 준비절차에서의 준비서면의 제출이 특정한 사항에 대하여 기간을 정한 재정기간에 따른 명령일 경우에는 아래 ④에서와 같이 실권적 효력이 발생한다.

④ 재정기간의 도과로 실권적 효력발생

재판장이 특정한 사항에 관하여 기간을 정하여 준비서면의 제출을 명하였음에도($\frac{147조}{1항}$) 이를 도과한 경우에는 정당한 사유를 소명한 경우 이외에는 그 주장을 제출할 수 없게 된다($\frac{147조}{2항}$).

⑤ 소송비용의 부담

준비서면에 기재되지 아니한 사실이라도 상대방이 출석한 경우에는 이를 주장할 수 있다. 하지만 당사자가 준비서면으로 이를 예고하지 아니하였기 때문에 상대

---

21) 同旨: 정동윤/유병현/김경욱, 465면.

방이 즉시 답변할 수 없어 그 결과 기일을 속행하게 되어 소송비용이 늘었다면, 당사자의 승소에도 불구하고 증가된 소송비용 부분을 그에게 부담시킬 수 있다($\frac{100}{조}$).

Ⅲ. 변론준비절차

1. 의   의

변론준비절차(Vorbereitungsverfahren)라 함은 통상 변론기일에 앞서 변론이 효율적이고 집중적으로 실시될 수 있도록 당사자의 주장과 증거를 정리하는 변론의 예행절차이다($\frac{279조}{1항}$). 간단히 말하면 주장과 증거의 정리절차이다.

(1) 변론준비절차는 「통상 변론기일에 선행되는 절차」이다. 우리나라에 있어서 변론준비절차제도를 연혁적으로 보면 제정 민사소송법(1960. 4. 4. 제정, 법률 제547호, 시행: 1960. 7. 1) 제253조에 '준비절차의 개시'라는 제목으로 "법원은 합의 사건을 심리하는 경우에 필요하다고 인정하는 때에는 부원에게 소송의 전부나 일부 또는 특정한 쟁점에 대한 변론의 준비절차를 명할 수 있다."고 정하고 있었으나 거의 활용되지 아니하였다. 그러다가 1990년 1월 13일 민사소송법 일부개정(법률 제4201호, 시행: 1990. 9. 1) 당시 제245조를 "변론은 집중되어야 하며, 당사자는 변론을 서면으로 준비하여야 한다."고 전문개정하면서 집중심리제도의 일환으로 일부 시행되었으나 미미한 수준이었다. 그 이후 신법 시행 전에 신법의 신속한 정착을 위하여 2001년 3월부터 대법원이 「새로운 민사재판 관리모델」을 정하여 집중심리제도를 모든 법원에 전면적으로 실시하였고, 이것은 신법 시행 이후에도 같았다.

2002년 신법은 변론기일 전에 원칙적으로 준비절차를 거치도록 하는 원칙적 변론준비절차를 거치도록 정하고 있었다($\frac{2008.\ 12.\ 26\ 개}{정전\ 258조\ 1항}$). 그런데 2008년 12월 26일 충분한 의견수렴 없이 민사소송법 일부개정(법률 제9171호, 시행: 2008. 12. 26)을 하면서 신법 제258조 제1항을 전문개정 하여, 종전의 원칙적 변론준비절차제도를 예외적 변론준비절차제도로 바꾸어 입법적으로는 1990년 전으로 원상복귀한 모양새이다. 향후 변론준비절차의 이용이 줄어들 것은 명백하다. 개정된 민사소송법 제258조 제1항의 의미를 잘 음미하여, 그 운영을 어떻게 하는 것이 지혜로운지 살펴보아야 한다.

(2) 변론준비절차는 당사자의 「주장과 증거를 정리하기 위한 절차」이다. 변론

준비절차는 당사자의 주장과 증거를 미리 정리하여 변론을 집중하여 신속하게 사건을 처리하기 위한 것이다. 변론준비절차는 집중심리제도의 핵심이다. 당사자의 주장과 증거를 정리하는 데 필요한 경우에는 2002년 신법에서는 증거결정과 제한적 증거조사도 가능하도록 하였다($\frac{281}{조}$).

(3) 변론준비절차는 i) 서면에 의한 변론준비절차($\frac{280}{조}$)와 ii) 변론준비기일($\frac{282}{조}$)로 나누어진다. 변론준비절차를 진행하는 재판장 등은 서면에 의한 변론준비절차로 주장과 증거가 모두 정리된 경우에는 바로 변론기일을 잡을 수 있고, 더 정리할 필요가 있을 때는 당사자를 출석하게 하여 변론준비기일을 열 수 있다($\frac{282}{조}$). 변론준비기일도 집중하여 1회에 그치는 것을 원칙으로 하고, 사안이 복잡한 경우에는 수차례 열릴 수도 있다.

(4) 변론준비절차는 변론의 준비를 목적으로 하는「변론의 예행절차」이다. 즉 변론준비절차는 변론의 예행이고, 나아가 재판의 예행절차이다. 그러나 변론준비절차는 변론의 일부가 아닌 별개의 절차이다. 그 법적 성질은 변론과 달리 심리절차와 유사하지만, 증거결정과 제한적 증거조사가 이루어질 수 있으므로 성질에 반하지 않는 한 변론에 관한 규정이 준용된다($\frac{286}{조}$). 변론준비절차에서 변론준비기일을 거쳤다고 하여도 제출된 소송자료를 재판의 기초로 하기 위하여는 변론에서 변론준비기일의 결과를 진술하여야 한다($\frac{287조}{2항}$).

〈2008년 제258조 제1항 개정의 의미와 운영상의 유의점〉

2008년 12월 26일 민사소송법 일부개정에서 제258조 제1항을 개정하여 2002년 신법의 원칙적 변론준비절차제도를 예외적 변론준비절차제도로 바꾸었다. 이렇게 개정됨으로써 종전과 달리 대부분의 사건이 변론준비절차 없이 바로 변론기일로 들어가게 되었다. 1990년 이전의 상태로 복귀한 것이다. 이것에 대하여 i) 2002년 신법에서 세계적인 입법 추세에 맞추어 원칙적 변론준비절차를 시행한 지 6년밖에 되지 아니한 상태에서 변경한 것은 조변석개식(朝變夕改式) 인상을 금할 수 없고, ii) 또한 개정과정에 있어서 전문가들의 충분한 논의 없이 졸속적으로 법개정의 입안, 통과, 공포와 동시 시행 등의 일련의 과정이 이루어져 절차상 문제가 있고, iii) 개정이 변론준비절차제도의 큰 틀을「원칙적 변론준비절차제도」에서「예외적 변론준비절차제도」로 변경하면서 전체적 검토 없이 제258[22]조와 제279조 제1항[23]만을 개정한 것은 민사소송법과 민사소송

22) 종전에는「제258조(변론준비절차) ① 재판장은 제257조 제1항 및 제2항의 규정에 따라 변론 없이 판결하는 경우 외에는 바로 사건을 변론준비절차에 부쳐야 한다. 다만, 변론준비절차를 따로 거칠 필요가 없는 경우에는 그러하지 아니하다. ② 제1항 단서에 해당되는 경우 또는 변론준비절차가 끝난 경우에는 재판장은 바로 변론기일을 정하고 당사자에게 이를 통지하여야 한다.」고 규정되

규칙의 규정들과 체계부조화를 낳아 해석상 문제가 될 수 있고, iv) 변론기일진행 중심제도는 구술심리주의의 활성화 · ADR의 강조를 통한 화해 · 조정의 촉진에 부정적인 영향을 미칠 수 있다는 것을 들어 2008년 개정에 대하여 매우 비판적이다.[24]

이시윤 교수의 이러한 비판은 대부분 타당하다. 우선 i) 2002년 신법의 기본 틀인 「원칙적 변론준비절차제도」를 시행 6년 만에 원래 제도인 「변론기일중심제」로 복귀하면서 법관, 학자 등을 중심으로 그 문제점을 충분히 검토하고 제도를 어떻게 개선할 것인지를 심사숙고하였어야 함에도 그렇지 못하였다는 점,[25] ii) 개정과정이 전문가 등의 충분한 협의 없이 충분히 논의되지 못하여 통상의 경우와 달리 개정절차에 의문이 생기게 한 점, iii) 전체체계를 면밀하게 검토하지 못하고 개별조문 위주로 개정되었다고 판단된다는 점 등은 확실히 문제이다. 그런데 무엇보다 문제는 2002년 신법의 운영에 있어서 다툼이 있는 모든 사건을 서면심리절차에 회부하여 진행하였으므로, 사건을 선별하는 여과장치의 부족으로 인하여 법관의 심리부담의 증가와 변론기일의 지정이 전체적으로 늦어지면서 그 결과 소송지연이라는 심각한 문제에 봉착하였기 때문이라고 본다. 종전과 같은 실무운영은 필연적으로 소송지연을 잉태하고 있었다. 법원의 입장에서는 다른 나라와 달리 우리나라의 국민정서에 비추어 소송지연은 법원의 불신으로 이어질 가능성이 높았으므로, 충분한 공론화 없이 갑자기 법률개정으로 이어진 것으로 보인다. 사실 2002년 신법은 세계적인 입법추세에 맞춘 최신의 개혁입법이었다. 그러나 그 실무운영 과정에서 소송지연의 문제가 대두되자 갑자기 과거로 회귀한 것으로 평가될 수 있다.

실제로 2002년 신법에 따른 민사소송규칙 제69조 제1항(2009. 1. 9. 개정 · 시행된 대법원규칙 제2203호로 개정되기 전의 것)에서 「재판장은 답변서가 제출되면 바로 사건을 검토하여 변론준비절차에 부치거나 변론기일을 정하여야 한다.」고 정하고 있어, 재판장이 잘 운영한다면 변론준비절차를 거칠 사건과 그렇지 않고 바로 변론기일로 갈 간단한 사건을 선별할 수 있었다. 그러나 실무상으로 모든 사건을 변론준비절차를 거

었으나, 2008년 개정에서 「제258조(변론기일의 지정) ① 재판장은 제257조 제1항 및 제2항에 따라 변론 없이 판결하는 경우 외에는 바로 변론기일을 정하여야 한다. 다만, 사건을 변론준비절차에 부칠 필요가 있는 경우에는 그러하지 아니하다. ② 재판장은 변론준비절차가 끝난 경우에는 바로 변론기일을 정하여야 한다.」로 전문개정되었다.

23) 종전에는 「제279조(변론준비절차의 실시) ① 변론준비절차에서는 변론이 효율적이고 집중적으로 실시될 수 있도록 당사자의 주장과 증거를 정리하여 소송관계를 뚜렷하게 하여야 한다.」고 규정되었으나, 2008년 개정에서 「제279조(변론준비절차의 실시) ① 변론준비절차에서는 변론이 효율적이고 집중적으로 실시될 수 있도록 당사자의 주장과 증거를 정리하여야 한다.」고 개정하여 「소송관계를 뚜렷하게 한다.」는 부분을 삭제하였다.

24) 이시윤, 373면. 반면 변론준비절차의 탄력적인 운영이 가능하다는 긍정적인 평가도 있다(정동윤/유병현/김경욱, 466면).

25) 이것을 위하여 민사소송법의 주관 부서인 대법원이 중심이 되어 그 동안의 각종 통계 등에 기초한 세미나 등을 통한 문제점을 찾아내는 부분이 부족하였다.

치는 방식으로 운영되었고, 집중심리제도로 인한 법관의 심리부담의 증거로 인하여 소송절차의 초기단계에서 변론준비절차를 거쳐야 되는 사건과 그렇지 아니한 사건을 나누는 선별작업은 현실적으로 불가능하였을 것이다. 이러한 것이 전체적으로 사건의 처리기간이 늘어났고, 제1회 변론기일이 점점 늦어져 소송지연의 문제가 대두할 수밖에 없었다. 그러나 소송지연의 문제가 발생한다고 하여도 변론준비절차를 거치도록 하는 것은 변론준비절차 중에 화해·조정의 가능성 증가, 쟁점과 증거의 정리 등의 많은 장점을 가지고 있는 것은 분명하다. 따라서 아무리 급하여도 지난 6년 동안의 제도 운영의 공과를 충분히 검토하고 그 개선책을 찾는 것이 타당하였다고 본다. 재판제도는 사법부가 현실적으로 운영하지만 그 제도 자체는 재판제도를 이용하는 국민의 편익을 위하여 있는 것이고, 변론준비절차도 그 편의를 높이기 위하여 도입된 것이다. 따라서 소송지연을 막을 수 있는 제도적 보완책을 충분히 논의하면서 그 해결책을 찾는 그 자체가 무엇보다 중요한 것이다. 이것이 생략된 느낌이 들어 아쉽다.

소송제도에 있어서 신속과 적정의 두 마리 토끼를 잡기 위하여는 「다툼이 없거나 간단한 사건은 간단히」, 「복잡한 사건은 쟁점과 증거를 세밀히 정리하고 신중하면서도 신속히」라는 기본명제를 가지고 제도를 다듬어야 한다. 변론준비절차는 후자에 속한다고 할 것이다. 그런데 변론준비절차의 핵심은 변론준비가 필요한 사건과 그렇지 아니한 사건을 분류하는 작업이 가장 중요하다. 종전의 변론준비절차에서는 다툼이 있는 모든 사건을 무조건적으로 변론준비절차를 거치도록 한 우(愚)를 범한 것이 아닌지 하는 느낌이 들고, 2008년 개정은 이러한 잘못으로부터 나타난 현상 즉 소송지연만을 잡기 위하여 종전의 「변론기일중심제」로 회귀한 또 다른 우(愚)를 범한 것이 아닌지 걱정된다. 그렇다면 현재 상태에서 변론준비절차를 어떻게 운영하는 것이 최선일까? 실무가 대부분의 사건을 우선 변론기일을 잡는 형태로 운영된다면 제1회 변론기일에서 사건을 변론준비절차를 이용할 것인지 여부를 결정하는 선별작업의 장으로 활용하여야 한다. 그렇지 아니한 사건은 변론기일에서 쟁점과 증거조사를 하면 되고, 변론준비절차가 필요하다고 판단되면 즉시 사건을 변론준비절차에 회부하여 주장과 증거를 세밀하게 정리하여야 한다. 또는 재판장이 제1회 변론기일을 잡기위하여 서면검토를 하는 단계에서 실질적인 선별작업이 이루어지도록 하여야 한다. 이렇게 한다면 종전의 원칙적 변론준비절차에 따른 소송지연의 문제는 해결하면서 변론준비절차의 실질적인 목적을 달성할 수 있게 된다. 보다 효율적으로 제도운영을 하기 위해서는 경력 있는 법관을 배치하여 사건의 선별작업만을 하도록 사무분담을 하는 방안도 신중히 검토할 필요가 있다. 어떤 방식으로 하든지 변론준비절차가 필요한 사건만이 변론준비절차를 거치도록 하여야 한다. 그렇지 못한 사건을 변론준비절차를 거치도록 하는 것은 제도적 비효율을 초래할 뿐이다. 특히 사건의 선별작업은 고도의 법적 지식과 충분한 실무경험을 갖춘 법관이 집중적으로 검토하는 방안이 중요하다고 본다. 결론적으로 보면 2008년 개정은 잘못된 것으로 평가될 수 있지만, 그 제도운영의 묘를 살릴 필요성이 크다고 하겠다. 신중하고 지혜로운 제도운영이 필요한 시점이다.

2. 변론준비절차의 개시

(1) 개시의 원칙

재판장은 무변론판결($^{257조\,1,}_{2항}$)을 하는 경우 외에는 바로 변론기일을 정하여야 하고($^{258조\,1항}_{본문}$), 다만, 사건을 변론준비절차에 부칠 필요가 있는 예외적인 경우에 변론준비절차에 회부한다($^{258조\,1항}_{단서}$). 변론준비절차는 2002년 신법에서의 원칙적 변론준비절차제도와 달리 2008년 개정에서 변론기일중심제로 변경되면서, 예외적 변론준비절차로 바뀌었다. 다만 재판장은 사건의 신속한 진행을 위하여 필요한 때에는 사건을 변론준비절차에 부침과 동시에 변론준비기일을 정하고 기간을 정하여 당사자로 하여금 준비서면, 그 밖의 서류를 제출하게 하거나 당사자 사이에 이를 교환하게 하고 주장 사실을 증명할 증거를 신청하게 할 수 있다($^{규칙\,69}_{조\,3항}$). 소액사건의 경우에도 변론준비절차를 거칠지 여부는 법원의 선택사항이다($^{소심\,7조}_{1항}$).

(2) 변론진행 중 변론준비절차 회부

재판장은 변론기일을 열어 진행 중에도 특별한 사정이 있는 때에는 사건을 변론준비절차에 부칠 수 있다($^{279조}_{2항}$). 여기에서 '특별한 사정'이라 함은 청구의 변경, 반소 등으로 사건이 복잡하여져 쟁점과 증거를 정리할 필요가 있을 경우를 말하나, 서면검토와 달리 변론기일에서 변론을 해보니 사건이 복잡하여 준비절차가 필요하다고 판단되는 경우도 해당한다고 본다.

(3) 상소심에서의 변론준비절차

제1심에서 변론준비절차를 거친 경우에도 특별한 사정이 있으면 항소심에서도 변론준비절차를 거칠 수 있다($^{408,\,410,}_{279조\,2항}$). 종전에는 실무상 항소심에서도 당연히 거쳤다. 그러나 상고심은 원칙적으로 사실심리를 하지 아니하므로 변론준비절차가 허용되지 아니한다.[26] 특히 제1심판결이 무변론판결일 경우($^{257}_{조}$)에는 제258조 제1항의 개정에도 불구하고 항소심에서는 특별한 사정이 없다면 변론준비절차를 거치는 것이 좋을 것으로 사료된다($^{408조,\,258}_{조\,1항}$).[27]

---

26) 同旨: 이시윤, 375면; 정동윤/유병현/김경욱, 467면.
27) 同旨: 정동윤/유병현(2009), 394면.

3. 변론준비절차의 실시

(1) 변론준비절차의 진행

① 진행자

변론준비절차의 진행은 원칙적으로 재판장이 담당한다($\frac{280조}{2항}$). 다만 합의사건의 경우 재판장은 합의부원을 수명법관으로 지정하여 변론준비절차를 담당하게 할 수 있고($\frac{동조}{3항}$), 재판장은 필요하다고 인정하는 때에는 변론준비절차의 진행을 다른 판사에게 촉탁할 수 있다($\frac{동조}{4항}$). 단독·합의사건 모든 경우에 수탁판사에게 촉탁할 수 있다.

② 재판장 등의 권한

(a) 변론준비절차에서의 재판장 등의 권한은 쟁점정리, 증거결정과 증거조사 등이다. 이러한 권한을 적절하게 행사하기 위하여 변론에서의 재판장의 권한이 대부분 준용된다. 따라서 재판장 등은 소송지휘권을 가지고($\frac{135}{조}$), 석명권을 행사할 수 있으며($\frac{136, 137,}{140조}$), 변론준비절차의 종결에 앞서 요약준비서면의 제출을 명할 수도 있고($\frac{278}{조}$), 종결된 변론준비절차를 재개할 수도 있다($\frac{142}{조}$).

(b) 또한 변론준비절차에서도 적시제출주의($\frac{146}{조}$), 실기한 공격방어방법의 각하($\frac{149}{조}$), 재정기간제도($\frac{147}{조}$)도 준용된다.[28] 특히 변론준비절차에서의 재정기간제도의 활용은 매우 유용할 가능성이 높다.

(c) 나아가 사건의 전문성으로 인하여 쟁점정리가 어려울 경우에는 전문심리위원을 참여시켜 그 의견을 들을 수도 있다($\frac{164조}{의2}$). 쟁점정리, 증거결정과 증거조사 등의 전·후 등 소송의 정도에 관계없이 화해를 권고하고($\frac{145,}{286조}$), 화해권고결정($\frac{225 \sim}{232조}$)도 할 수 있다. 재판장 등의 면전에서 소의 취하($\frac{266}{조}$), 청구의 포기·인낙, 화해를 할 수 있다($\frac{220}{조}$).

《증거결정 및 증거조사》

특히 신법에서는 변론준비절차에서의 증거결정과 증거조사 부분의 재판장 등의 권한을 대폭 확대하였다. 변론준비절차를 진행하는 재판장 등은 변론의 준비를 위하여 필요하다고 인정하면 증거결정을 할 수 있다($\frac{281조}{1항}$).

합의사건의 경우에 재판장 등의 증거결정에 대한 당사자의 이의신청에 관하여는 법

---

28) 同旨: 정동윤/유병현(2009), 395면.

원이 결정한다($^{281조\ 2항}_{138조}$). 또한 재판장 등은 변론준비절차에서는 변론이 효율적이고 집중적으로 실시될 수 있도록 당사자의 주장과 증거를 정리하기 위한 목적을 달성하기 위하여 필요한 범위 안에서 증거조사를 할 수 있다($^{281조}_{3항}$). 즉 서증조사, 검증, 감정, 조사촉탁, 문서송부촉탁 등은 물론 그 밖의 증거에 대한 조사까지도 가능하다. 다만, 증인신문 및 당사자신문은 증인 및 당사자가 정당한 사유로 변론기일에 출석할 수 없거나, 변론기일에 출석하려면 지나치게 많은 비용 또는 시간이 소요될 때, 그 밖에 상당한 이유가 있는 경우로서 상대방이 이의를 제기하지 아니하는 때에만 가능하다($^{281조\ 3항}_{단서,\ 313조}$). 상대방이 서증인 문서의 성립에 관하여 다툼이 있고, 증인신문을 통하여 이를 확정할 수 있다면 위 문서의 증거조사는 할 수 없다. 재판장 등이 변론준비절차에서 증거결정 및 증거조사를 할 때는 이 법에서 정한 법원과 재판장의 직무를 행한다($^{281조}_{4항}$).

그러나 사건 자체는 수소법원에 계속되어 있는 것이므로 변론준비절차를 진행하는 재판장 등은 수소법원의 권한에 속하는 종국판결이나 중간판결, 소송의 이송, 청구변경·반소·소송참가·소송수계 등의 허용 여부에 관한 결정은 할 수 없다. 변론준비절차 중 이러한 문제가 발생한 경우에는 변론준비절차를 일시 중지하고 수소법원의 결정을 기다려야 한다. 변론의 제한·분리·병합도 같다($^{141}_{조}$). 위에서 본 바와 같이 변론준비절차를 진행하는 재판장 등은 소송지휘에 관한 재판과 조치($^{136,}_{137조}$)는 가능하지만, 이러한 재판과 조치에 불복이 있는 경우에는 당사자는 수소법원에 이의를 신청할 수 있다($^{138}_{조}$).

③ 당사자의 협력의무와 진행협의

(a) 재판장 등은 변론준비절차에서 쟁점과 증거의 정리, 그 밖에 효율적이고 신속한 변론진행을 위한 준비가 완료되도록 노력하여야 하며, 당사자는 이에 협력하여야 한다($^{규칙\ 70조\ 1항,\ 당}_{사자의\ 협력의무}$). 또한 당사자는 쟁점과 증거의 정리, 그 밖에 효율적이고 신속한 변론진행을 위한 준비를 위하여 상대방과 협의를 할 수 있고, 재판장 등은 당사자에게 변론진행의 준비를 위하여 필요한 협의를 하도록 권고할 수 있다($^{동조}_{2항}$).

(b) 재판장 등은 변론준비절차에서 효율적이고 신속한 변론진행을 위하여 당사자와 변론의 준비와 진행 및 변론에 필요한 시간에 관한 협의를 할 수 있다($^{동조}_{3항}$). 연방민사소송규칙(FRCP)에서의 변론전 협의(pretrial conference)와 같은 취지라고 보면 된다. 또한 재판장 등은 당사자와 준비서면의 제출횟수, 분량, 제출기간 및 양식에 관한 협의를 할 수 있고, 이에 관한 합의가 이루어진 경우 당사자는 그 합의에 따라 준비서면을 제출하여야 한다($^{동조}_{4항}$). 재판장 등은 기일을 열거나 당사자의 의견을 들어 양쪽 당사자와 음성의 송수신에 의하여 동시에 통화를 하

거나 인터넷 화상장치를 이용하여[29] 민사소송규칙 제70조 제3항 및 제4항에 따른 협의를 할 수 있다($\frac{동조}{5항}$). 또한 종래 변론준비절차에서 원격영상재판의 필요성이 제기되어 왔고, 코로나로 더욱 그 필요성이 절실하였는데 대법원은 영상재판을 열 수 있는 민사소송규칙상 근거를 명확히 하기 위해 2020년 6월 1일 제70조 제5항을 추가·개정하고, 제70조 제6항을 신설하여 재판장등은 당사자가 법정에 직접 출석하기 어려운 특별한 사정이 있는 때에는 모든 당사자의 동의를 얻어 인터넷 화상장치를 이용하여 변론준비기일을 열 수 있도록 하는 원격영상재판제도를 신설하였다. 그러다가 2021년 8월 17일 변론준비기일, 심문기일, 변론기일 모두 원격영상재판을 할 수 있는 근거규정인 민사소송법 제287조의2를 신설하게 됨에 따라 민사소송규칙 제70조 제6항은 2021년 10월 29일 삭제되었고, 원격영상재판 절차에 대한 세부내용은 민사소송규칙 제73조의2 내지 4에 신설되었다.

(2) 서면에 의한 변론준비절차

① 서면준비절차에의 회부

재판장은 피고의 답변서가 제출되고 변론준비절차로 진행할 필요가 있다고 판단되면 변론기일을 지정하는 대신 변론준비절차에 회부한다($\frac{258조 1}{항 단서}$). 이 경우 변론준비절차는 기간을 정하여, 당사자로 하여금 준비서면, 그 밖의 서류를 제출하게 하거나 당사자 사이에 이를 교환하게 하고 주장사실을 증명할 증거를 신청하게 하는 방법으로 진행한다($\frac{280조}{1항}$). 이것이 서면에 의한 변론준비절차인 것이다. 서면에 의한 변론준비절차는 i) 준비서면의 제출·교환과 ii) 증거신청의 방법으로 진행된다.

② 서면공방 등의 방법

실무상 구체적인 진행방법을 보면 원고의 소장을 제외하고 각각 2회씩의 준비서면을 통한 공방을 예상하고 있고, 그 과정에 필요한 증거신청을 하게 된다. 기간은 약 3주로 예상하고 있으나, 서면공방의 횟수와 기간은 사건의 난이도에 따라 약간 차이가 날 수 있다. 피고에게 소장부본이 송달되면 i) 피고의 답변서 → ii) 원고의 반박준비서면 → 피고의 재반박준비서면 → 원고의 재재반박준비서면 등이 될 것이다. 그러나 실제 사건에 있어서는 많은 사건이 이것보다 간단히 끝날 수도 있다. 이 과정에서 기본적인 서증은 소장·답변서·준비서면 등에 첨부하여

---

29) 종래 민사소송규칙 제70조 5항이 영상재판의 근거규정이라고 볼 수는 없다는 지적에 따라 대법원은 영상재판을 열 수 있는 소송규칙상 근거를 명확히 하기 위해 2020년 6월 1일 제70조 5항에서 '인터넷 화상장치를 이용하여' 라는 문구를 추가하여 개정하였다.

서면과 같이 상대방에게 교부되고, 증거조사를 위하여 후속조치가 필요한 검증·
감정·문서송부촉탁·사실조회 등 증거신청이 이루어지고, 증인의 신청도 이루어
지게 된다. 이러한 서면공방에 관하여 상대방, 재판장과 협의가 있는 경우에는 그
협의에 따라야 하고($^{규칙 70}_{조 4항}$), 이 경우에 재판장과 양 당사자는 양 쪽 당사자와 음성
의 송수신에 의하여 동시에 통화를 할 수 있는 방법으로 협의할 수 있다($^{통조}_{5항}$). 서
면공방을 보다 효율적으로 하려면 당사자가 다툼 있는 사실과 그렇지 아니한 사
실을 구분하여 준비서면 등에 적을 필요가 있다.[30]

③ 변론준비절차의 종결 등

서면에 의한 변론준비절차에서 주장과 증거가 모두 정리되면 변론준비기일을
거치지 아니하고 준비절차를 종결하고 바로 변론기일로 들어갈 수 있고, 통상은
변론준비기일을 거쳐 법관과 대면하여 쟁점과 증거의 정리를 확인한 후에 변론기
일로 넘어가게 된다. 그러나 i) 사건이 변론준비절차에 부쳐진 뒤 변론준비기일이
지정됨이 없이 4월이 지났음에도 즉시 변론준비기일이 지정되지 아니할 때($^{282조}_{2항}$),
ii) 당사자가 법원이 정한 기간 내에 준비서면 등의 서면을 제출하지 아니하거나,
증거신청을 하지 아니한 경우로서 변론의 준비를 계속할 상당한 이유가 없는 경
우($^{284조 1항}_{단서, 2호}$)에는 변론준비절차를 종결하여야 한다. 변론준비절차로 인하여 절차가 오
히려 지연되는 것을 막기 위한 규정이다.

(3) 변론준비기일

① 개 요

(a) 재판장 등은 변론준비절차를 진행하는 동안에 주장 및 증거를 정리하기 위
하여 필요하다고 인정하는 때에는 변론준비기일을 열어 당사자를 출석하게 할 수
있다($^{282조}_{1항}$). 서면에 의한 변론준비절차만으로 모든 쟁점과 증거가 정리된 경우에는
별도로 변론준비기일을 거치지 아니하고 바로 변론기일에 들어갈 수도 있다. 그러
나 통상은 변론준비기일을 거쳐 법원이 당사자와 같이 쟁점과 증거를 정리하고
점검하게 된다. 변론준비기일은 이러한 쟁점과 증거를 정리하는 외에 i) 기일진행
에 대한 전체적인 협의가 필요한 사건, ii) 당사자를 대면할 필요가 있는 사건,
iii) 화해·조정으로 종결되는 것이 좋은 사건 등에 있어서 매우 중요한 의미를
갖는다. 재판장 등은 변론준비기일을 단순히 쟁점과 증거의 정리만이 아닌 사건의

---

30) 同旨: 이시윤(2009), 329면.

전체적인 해결의 준비, 설득의 기회로 삼아야 할 것이다.

(b) 당사자는 변론준비기일이 끝날 때까지 변론준비에 필요한 주장과 증거를 제출하여야 한다($^{282조}_{4항}$). 이를 내지 아니하면 변론준비절차의 종결로 이를 제출할 수 없는 실권효 제재를 받게 된다($^{285조\ 1항}_{본문}$).

(c) 변론준비기일에서 구체적 주장과 증거의 정리방법은 당사자가 말로 변론의 준비에 필요한 주장과 증거를 정리하여 진술하고, 법원이 당사자에게 말로 해당사항을 확인하여 정리하여야 한다($^{규칙}_{조의2}70$). 변론준비기일에서도 구술주의에 따라 당사자가 쟁점과 증거를 구술로 정리하여 진술하고, 법원은 이를 구술로 확인하여야 함을 명백히 하고 있다.

(d) 변론준비기일은 통상 서면준비절차를 거친 후에 하나, 필요한 경우에 변론준비절차에 회부함과 동시에 행할 수도 있다. 변론준비기일에 동시에 많은 사건을 진행하는 경우에는 시차제 소환방식에 의하여야 하고($^{규칙\ 39}_{조\ 참조}$), 변론준비기일을 주재하는 재판장 등은 변론준비기일이 끝날 때까지 석명권의 행사($^{136}_{조}$), 석명준비명령($^{137}_{조}$), 석명처분($^{140}_{조}$) 등 변론의 준비를 위한 모든 처분을 할 수 있다($^{282조\ 5항,}_{286조}$). 또한 당사자는 재판장 등에게 소의 취하($^{266조}_{2항}$), 청구의 포기·인낙, 화해($^{220}_{조}$) 등을 할 수 있다.[31]

② 당사자본인 등의 출석

(a) 재판장 등은 변론준비절차를 진행하는 동안에 주장 및 증거를 정리하기 위하여 필요하다고 인정하는 때에는 변론준비기일을 열어 당사자 본인 및 법정대리인을 출석하게 할 수 있고, 소송대리인에게 당사자 본인 또는 법정대리인의 출석을 요청할 수 있다($^{282조\ 1항,}_{칙\ 29조의2}규$). 사건에 따라 법원과 당사자 본인 또는 법정대리인, 양 당사자 본인 또는 법정대리인의 대면 자체가 중요한 의미를 가질 수 있고, 사건의 실체를 가장 정확히 알고 있는 것이 당사자 본인 및 법정대리인이므로 재판장 등이 개별적인 석명을 통하여 의문점을 즉시 물어볼 수도 있다. 이 과정에서 사건의 실체가 쉽게 정리될 수 있고, 당사자의 애로점 등을 들어 줌으로써 화해·조정으로 이어질 수 있다. 따라서 변론준비기일의 재판장 등과 당사자의 대면은 사건을 쉽게 종국적으로 해결할 수 있는 출발점이 된다는 것을 명심하여야 한다. 재판부에 대한 신뢰와 당사자 사이의 감정을 푸는 과정이 될 수 있도록 세심한 배려가 필요한 장면이다.

---

31) 同旨: 정동윤/유병현/김경욱, 471면.

(b) 또한 당사자는 재판장 등의 허가를 받아 제3자와 함께 출석할 수 있다 ($\frac{282조}{3항}$). 이는 제한적 공개심리를 의미하기도 하지만, 효율적인 쟁점정리를 위하여 직접 업무를 담당한 자인 회사의 업무담당임원, 회계책임자 등을 당사자가 대동하는 것이다.

③ 비공개 심리

변론준비기일은 변론과 달리 통상 준비절차실 또는 심문실에서 재판장 등과 당사자가 자유로운 상태에서 부드러운 대화를 통하여 비공개로 심리한다. 법정을 이용하는 경우에도 비공개로 심리함은 같다. 변론준비기일이 비공개로 심리되는 것이 헌법상의 재판공개의 원칙에 반하는 것이 아닌가 하는 의문을 제기할 수도 하는 경우도 있지만, 당사자의 주장과 증거를 정리하는 것이 주된 목적이므로 구태여 공개하여 진행할 필요성이 없을 뿐만 아니라 변론준비기일의 결과를 변론에서 상정하고 중요한 증거조사인 증인신문 등이 변론절차에서 이루어지기 때문에 재판공개의 원칙에 반한다고 할 것은 아니다.[32] 따라서 변론준비기일은 변론기일과 달리 공개주의·직접주의가 적용되지 아니한다.[33] 그러나 변론준비기일이 비공개로 심리하지만 변론의 예행절차이므로 변론에 관한 규정을 준용한다($\frac{286}{조}$).

④ 변론준비기일의 조서작성

변론준비기일에는 법원사무관 등이 참여하여 기일마다 조서를 작성하여야 한다. 변론준비기일의 조서는 변론조서의 규정이 준용되며($\frac{283조\ 2항,}{152~159조}$), 특히 쟁점정리의 서면화와 실권효의 근거를 명확히 할 필요성이 있으므로 i) 당사자의 공격방어방법과 상대방의 청구와 공격방어방법에 대한 진술, ii) 증거에 관한 진술을 명확히 하여야 한다($\frac{283조}{1항}$). 변론준비기일의 조서에는 신법이 규정한 변론조서에 갈음한 녹음·속기 등도 준용되므로 이러한 방법도 가능하고, 증거조사가 이루어진 경우에는 그 결과를 조서에 적어야 한다.

⑤ 당사자의 불출석

변론준비기일에 당사자가 불출석하면 변론기일의 당사자의 결석에 관한 규정이 준용된다($\frac{286,\ 148,\ 150,}{268조}$). 다만 변론준비기일은 변론준비를 위한 것이므로 당사자의 결석으로 변론의 준비를 기대하기 어려울 경우에는 변론준비절차를 종결하고 변론기일을 지정할 수 있다($\frac{284조\ 1항}{3호,\ 2항}$). 구체적으로 보면 다음과 같다.

---

32) 同旨: 이시윤, 378면.
33) 대판 2006. 10. 27, 2004다69581.

(a) 당사자 일방이 변론준비기일에 출석하지 아니한 때에는 출석한 당사자의 진술을 듣고, 불출석한 당사자가 준비서면을 제출한 경우에는 이를 진술한 것으로 간주하여($^{286,}_{148조}$), 변론을 준비한다. 출석한 당사자는 준비서면에 예고하지 아니한 사항도 자유롭게 진술할 수 있다(제286조에서 제276조를 준용하지 아니함). 이것은 상대방이 변론기일에서 다시 다툴 수 있기 때문이다. 이점이 변론의 경우와 다르다. 이 경우 변론을 준비할 상당한 이유가 없다면 변론준비기일을 종결하고 변론기일을 지정할 수 있다($^{284조 1항}_{3호, 2항}$). 또한 당사자 일방이 준비서면도 제출하지 아니하고 변론준비기일에 불출석하면 자백간주의 법리가 준용된다($^{286,}_{150조}$).

(b) 당사자 쌍방이 변론준비기일에 출석하지 아니하거나, 출석하더라도 진술하지 아니한 때에는 쌍방불출석 처리하고, 재판장 등은 다시 기일을 정하여 당사자 쌍방에게 기일통지(단, 쌍방이 출석하여 진술하지 아니한 경우에는 기일에서 구두로 고지할 수 있음)를 하여야 한다($^{286,}_{268조}$). 당사자 쌍방이 새 기일 또는 그 이후의 변론준비기일에 출석하지 아니하거나 출석하여도 진술하지 아니한 때에는 1월 안에 기일지정의 신청을 하지 아니하면 소의 취하가 있는 것으로 본다. 위 기일지정신청에 의하여 정한 변론준비기일 또는 그 후의 변론준비기일에 출석하지 아니하거나 출석하여도 진술하지 아니한 때에도 같다($^{286,}_{268조}$). 그러나 변론준비기일의 불출석은 변론기일에 승계되지 아니하므로 변론준비기일에 1회, 변론기일에 2회 불출석하여도 소취하 간주되지 아니한다.[34]

(c) 그러나 재판장 등은 당사자 양쪽의 결석으로 변론의 충분한 준비를 기대하기 어려울 경우에는 별도로 기일을 지정하지 아니하고 변론준비절차를 종결하고 변론기일을 지정할 수 있다($^{284조 1항}_{3호, 2항}$).

4. 변론준비절차의 종결

(1) 종결원인

(a) 변론준비절차는 당사자의 주장과 증거가 정리되어 변론준비의 목적을 달성한 경우에는 이를 종결한다.

(b) 그 외에 i) 변론준비절차에 회부된 지 6월이 지난 때($^{284조}_{1항 1호}$), ii) 당사자가 법원이 정한 기간 내에 준비서면 등의 서면을 제출하지 아니하거나, 증거신청을 하지 아니한 경우($^{동항}_{2호}$), iii) 변론준비기일에 당사자가 결석하여 변론준비가 어려운

---

34) 대판 2006. 10. 27, 2004다69581.

경우($\frac{\text{동항}}{\text{3호}}$)에는 변론준비절차를 종결할 수 있다. 이는 변론준비절차의 지연으로 인한 소송 자체의 지연을 막기 위한 것이다. 다만 이러한 사유가 있다고 하여도 변론준비를 하여야 할 상당한 이유가 있을 때에는 종결하지 아니할 수 있다($\frac{\text{284조}}{\text{1항}}$).

(c) 변론준비절차를 종결하는 경우 신속한 절차진행을 위하여 재판장 등은 변론기일을 미리 지정할 수 있다($\frac{\text{284조}}{\text{2항}}$). 변론준비절차가 종결한 후에도 변론이 개시되기 전에는 재판장의 재량으로 변론준비절차를 재개할 수 있다($\frac{\text{286,}}{\text{142조}}$). 이는 당사자의 주장과 증거 정리가 부족한 것으로 판단되거나, 청구취지의 변경 등으로 새로운 쟁점 및 증거의 정리가 필요한 경우일 것이다. 위 (b)의 i)~iii)의 경우에는 재개되는 경우가 거의 없을 것이다.

(2) 변론준비기일 종결의 효과

① 실권효(失權效)

(a) 변론준비절차 과정에서 필요에 의하여 변론준비기일까지 연 경우에는 당사자가 변론에 준하여 모든 자료를 제출하여야 집중심리의 실효(實效)를 거둘 수 있으므로, 변론준비기일에 제출하지 아니한 공격방어방법(주장·항변, 증거)은 원칙적으로 뒤에 변론에서 제출할 수 없도록 하였다($\frac{\text{285조}}{\text{1항}}$). 이를 변론준비기일에 따른 실권효라 한다. 이러한 실권효는 항소심에서도 그대로 유지된다($\frac{\text{410}}{\text{조}}$). 이는 당사자에게 변론준비기일에 집중할 수 있게 하기 위한 제도적 '당근과 채찍' 중 후자에 해당한다.

(b) 이러한 실권효는 직권탐지주의에 의하는 절차에서는 적용되지 아니하고 ($\frac{\text{가소 12,}}{\text{17조}}$), 변론준비기일을 열지 아니하고 서면에 의한 변론준비절차로 종결된 사건에는 적용되지 아니한다($\frac{\text{285조 1항 1~}}{\text{3호, 3항}}$).

② 실권효제재의 예외

변론준비기일에 따른 실권효 제재는 다음과 같은 경우에는 적용되지 아니한다. 즉 i) 그 공격방어방법의 제출로 인하여 소송을 현저히 지연시키지 아니히는 때 ($\frac{\text{285조}}{\text{1항 1호}}$), ii) 중대한 과실 없이 변론준비절차에서 제출하지 못하였다는 것을 소명한 때($\frac{\text{동항}}{\text{2호}}$), iii) 법원이 직권으로 조사할 사항인 때($\frac{\text{동항}}{\text{3호}}$), iv) 소장 또는 변론준비절차 전에 제출한 준비서면에 적힌 사항으로서 변론준비절차에서 철회되거나 변경되지 아니한 때($\frac{\text{285조}}{\text{3항}}$)에는 변론준비기일을 거친 경우에도 실권효 제재를 받지 아니한다. 특히 변론준비기일에서의 변론준비의 집중을 위하여 위 i), ii)의 해석·적용을 엄격히 할 필요가 있다.

5. 변론종결절차 뒤의 변론의 운영

(1) 1회 변론기일주의와 계속심리주의 시행

(a) 법원은 변론준비절차를 마친 경우에는 첫 변론기일을 거친 뒤 바로 변론을 종결할 수 있도록 하여야 하며, 당사자는 이에 협력하여야 한다($\frac{287조}{1항}$). 원칙적으로 변론준비절차를 거친 사건은 첫 변론기일에 바로 변론이 종결될 수 있도록 하여야 된다. 특히 2008년 개정으로 예외적 변론준비절차제도를 시행하고 있는 현 시점에 있어서 제287조 제1항의 제1회 변론기일에 모든 것이 종결될 수 있도록 정한 규정이 엄격히 지켜질 수 있도록 실무관행이 굳어져야 한다. 그렇게 하여야만 예외적 변론준비절차제도 하에서 변론준비절차의 의미를 실질화할 수 있다.

(b) 또한 변론준비절차를 거친 사건의 경우 그 심리에 2일 이상이 소요되는 때에는 가능한 한 종결에 이르기까지 매일 변론을 진행하여야 하며, 다만, 특별한 사정이 있는 경우에도 가능한 최단기간 안의 날로 다음 변론기일을 지정하여야 한다($\frac{규칙 72}{조 1항}$). 변론준비절차를 거친 사건이 그 심리에 2일 이상 소요되는 때에는 계속하여 심리하여야 한다는 계속심리주의를 정한 것이고, 그것이 어려울 경우에는 당사자의 의견을 들어 변론기일을 정하도록 하였다($\frac{동조}{2항}$). 이렇게 하여 지정된 변론기일은 사실과 증거에 관한 조사가 충분하지 아니하다는 이유로 변경할 수 없다($\frac{동조}{3항}$).

(2) 결과의 변론에의 상정(上程)

당사자는 변론준비기일을 마친 뒤의 변론기일에서 변론준비기일의 결과를 진술하여야 한다($\frac{287조}{2항}$). 이것을 변론준비기일의 결과의 변론에의 상정이라 한다. 변론준비기일 결과의 진술은 당사자가 정리된 쟁점 및 증거조사 결과의 요지 등을 진술하거나, 법원이 당사자에게 해당사항을 확인하는 방식으로 한다($\frac{규칙 72}{조의2}$). 변론의 상정은 직접심리주의 · 구술심리주의의 원칙상 변론준비기일에서의 정리된 쟁점 및 증거조사의 결과의 요지를 직접 구두로 함을 원칙으로 한다. 이렇게 함으로써 변론준비기일에서 제출된 모든 자료가 소송자료로 제출되어 판결의 자료로 사용될 수 있다. 이러한 변론의 상정은 종전과 같이 「변론준비기일 결과 진술」과 같이 형식적으로 할 것이 아니라, 실제로 변론에서 구술로 행함이 타당하다고 본다.[35] 그러나 서면에 의한 변론준비절차만을 거친 경우에는 이미 제출된 소장 · 답

---

35) 同旨: 이시윤, 381-382면.

변서·준비서면을 진술함으로써 변론을 하면 된다. 별도로 그 결과를 변론에 상정할 것이 아니다.[36]

(3) 집중적인 증거조사

법원은 변론기일에 변론준비절차에서 정리된 결과에 따라서 바로 증거조사를 하여야 한다($\frac{287조}{3항}$). 당사자도 바로 증인신문 등의 증거조사가 가능하도록 협조하여야 한다($\frac{동조}{1항}$).

6. 여   론(餘論)

2008년 제258조 제1항의 개정으로 종전의 「원칙적 변론준비절차제도」가 「예외적 변론준비절차제도」로 변경되면서, 변론준비절차의 운영에 보다 신중을 기할 필요가 있다. 변론준비절차는 복잡한 사건의 쟁점과 증거의 정리에 필수적인 제도이고 또는 그 과정을 통하여 법원과 당사자가 직접 만남으로서 화해·조정 등의 기회를 넓힐 수 있는 절차이다. 이러한 취지에 따라 변론준비절차를 실질화하면서도, 2002년 이전의 상태로 돌아가는 것을 막는 것이 필요하다. 그렇지 아니하면 변론준비절차가 무용화될 우려가 있다. 재판장 및 수소법원에서는 제1차 변론기일 전후에 사건의 경중, 난이도, 증거의 복잡성 등을 고려하여 변론준비절차가 꼭 필요한 사건에 적극 활용하는 것이 실질적 분쟁해결에 도움이 된다는 것을 명심하면 될 것이다.

제 3 관   변론의 내용

Ⅰ. 변론에서의 당사자의 소송행위(변론의 실질적 내용)

1. 총   설

(1) 피고가 소장부본을 송달받고 답변서를 제출하여 다투는 경우에, 바로 변론기일이 지정되거나($\frac{258조}{1항}$), 변론준비절차를 거치는 경우에 변론준비절차가 종결되면 변론기일이 지정된다. 변론기일에 당사자는 소송행위로써 변론을 하게 된다. 변론

---

36) 同旨: 이시윤, 382면.

은 구두로 하며, 그 내용은 우선 원고가 본안의 신청을 하면 상대방이 반대신청을 하여 다툰다. 이어 본안신청의 당사자가 신청을 뒷받침하기 위하여 공격방법으로 법률상·사실상의 주장(진술)과 증거신청(증명 또는 입증)을 하고, 반대 당사자도 방어방법으로 법률상·사실상의 주장과 증거신청을 하게 된다.

(2) 구체적인 방식을 보면 바로 변론기일이 잡힌 사건 또는 서면에 의한 변론준비절차를 거친 경우에는 변론 전에 제출된 소장 및 준비서면을 진술하는 방식으로 하고, 변론준비기일을 거친 경우에는 변론준비기일의 결과를 진술하는 방식으로 변론에 상정하게 된다. 특히 변론준비기일 결과의 진술은 당사자가 정리된 쟁점 및 증거조사 결과의 요지 등을 진술하거나, 법원이 당사자에게 해당사항을 확인하는 방식으로 할 수 있다($^{규칙\ 72}_{조의2}$).

(3) 결국 변론에서의 당사자의 소송행위는 말로써 하며($^{규칙\ 28}_{조\ 1항}$), 본안의 신청 → 주장 → 증거신청의 순서로 된다. 민사소송규칙 제28조에서는 변론에서 이러한 당사자의 소송행위 외에 법원의 쟁점확인의무($^{규칙\ 28}_{조\ 1항}$), 당사자의 쟁점에 대한 의견진술의 기회보장($^{동조}_{2항}$)을 규정하고 있다.

2. 본안의 신청

(1) 의 의

본안의 신청(Sachantrag)이라 함은 당사자가 본안에 관한 종국판결을 구하는 진술을 말한다. 이로써 변론의 주제가 정하여진다. 변론은 원고가 소장에 기재된 청구의 취지에 본안의 신청을 진술하고, 피고가 이에 대한 반대신청(소각하 또는 청구기각판결의 신청)을 함으로써 시작된다. 원고의 본안신청(청구취지)에는 이행·확인·형성의 청구 외에 소송비용과 이행의 소의 경우에 가집행선고도 포함되고, 피고의 반대신청도 여기에 대한 기각을 구하게 된다. 그러나 소송비용과 가집행선고 부분은 직권으로도 할 수 있으므로, 원고의 본안신청에는 포함되지 아니하여도 무방하다.

(2) 신청 일반

① 개념 및 종류

본래 신청이란 당사자가 법원에 대하여 재판·증거조사·송달 등 일정한 행위를 구하는 소송행위로서, 의사통지의 성질을 가지고 있다.[37] 신청은 본안의 신청

---

37) 同旨: 정동윤/유병현/김경욱, 475면.

과 소송상의 신청으로 나누어진다. 본안의 신청은 위에서 본 바와 같이 본안인 청구에 관하여 종국판결을 구하는 신청이고, 소송상의 신청(Prozessantrag)은 소송 절차의 진행에서 파생되거나 부수적인 사항에 대하여 법원에 일정한 행위를 구하는 신청을 말한다. 전자는 통상 원고의 소를 통한 본안의 신청과 피고에 의한 소각하·청구기각판결의 신청인 반대신청[38]을 의미하고, 후자에는 관할의 지정신청($\frac{28}{조}$), 소송이송신청($\frac{35}{조}$), 제척·기피신청($\frac{44}{조}$), 증거조사의 신청, 공시송달신청($\frac{194}{조}$), 기일지정신청($\frac{268조}{2항}$) 등이 있다.[39]

② 법원의 응답

신청은 법원에 일정한 행위를 요구하는 것이므로 법원은 이것을 판단하여 응답해 주어야 한다. 응답의 내용은 신청의 적법여부, 이유의 유무에 관한 것이다. 그런데 소송상 신청 중 변론의 제한·분리·병합($\frac{141}{조}$), 변론의 재개($\frac{142}{조}$), 관할위반에 의한 이송신청($\frac{34}{조}$), 조사촉탁신청($\frac{294}{조}$) 등과 같이 당사자에게 신청권이 인정되지 아니하는 경우가 있다. 이 경우에 있어서 당사자의 신청은 단순히 법원의 직권발동을 촉구하는 의미밖에 없으므로 법원이 이에 응답할 의무가 없고, 설령 법원이 잘못하여 응답한 경우에도 당사자는 이에 불복할 수 없다.

③ 방식·철회·부관

(a) 신청은 특별한 규정[예: 서면에 의하도록 한 소장($\frac{248}{조}$ 등 $\frac{264}{}$)·항소장($\frac{397}{조}$) 등의 제출]이 없으면 서면 또는 말로 할 수 있다($\frac{161조}{1항}$). 신청 여부도 처분권주의에 의하여 당사자가 자유롭게 할 수 있다.

(b) 신청 후에 법원이 요구된 행위(예: 재판, 증거조사, 소송이송 등)를 하기 전까지 철회할 수 있다. 다만 소취하는 종국판결 후에도 가능하지만 다시 소를 제기할 수 없는 제한이 따른다($\frac{267조}{2항}$). 다만 신청으로 인하여 상대방이 유리한 지위를 취득한 경우에는 신청의 취하가 제한된다[예: 본안에 응한 후의 소취하 제한($\frac{266조}{2항}$) 등]. 신청을 철회한 경우에는 처음부터 신청이 없었던 것으로 된다.

(c) 신청은 확정적이어야 하므로, 소송내적인 조건(예: 예비적 신청 또는 예비적 주장 등)이 아닌 소송외적인 조건이나 기한은 붙일 수 없다. 부관(附款)에 해당하

---

38) 피고의 반대신청을 소송상의 신청으로 보는 견해도 있으나(이시윤, 383면), 원고의 본안신청과 대응되는 개념으로 본안신청의 범위를 간접적으로 설정하여 주기 때문에 본안의 신청으로 보는 것이 타당하다.

39) 同旨: 정동윤/유병현/김경욱, 475면.

는 소송외적인 조건이나 기한은 불가하다.

3. 공격방어방법

(1) 의　의

(a) 당사자는 변론주의에 따라 신청을 뒷받침하는 소송자료를 제출하여야 하는데 이를 공격방어방법이라 한다. 특히 원고가 자신의 신청을 이유 있게 하기 위하여 제출하는 소송자료를 공격방법(攻擊方法)이라 하고, 반대로 피고가 원고의 신청을 배척하고 자신의 반대신청을 이유 있게 하기 위하여 제출하는 소송자료를 방어방법(防禦方法)이라 한다. 이 둘을 합하여 공격방어방법이라 칭한다.

(b) 공격방어방법에서 가장 중요한 것은 주장과 증거신청(증명 또는 입증)이다. 주장에는 사실상 주장과 법률상 주장이 있다. 원고의 대표적인 사실상 주장은 청구원인사실의 주장이고 피고의 경우에는 부인(否認)과 항변(抗辯)이 있다. 주장과 증거신청 외에 증거항변, 개개의 소송행위에 대한 효력·방식의 당부(當否)에 관한 주장이 있다. 원고의 청구변경이나 피고의 반소는 새로운 본안의 신청이지 공격방어방법이 아니다.

(c) 특히 다른 공격방어방법과 분리·독립하여 심리·판단할 수 있는 것을 독립된 공격·방어방법(예: 소유권확인청구에서 원고가 소유권취득원인으로 상속·매매·증여 등을 주장한 경우,[40] 반대로 대여금청구에서 피고가 대여금채무의 소멸사유로 변제·소멸시효·상계 등을 주장한 경우)이라 한다. 독립된 공격방어방법은 그것만으로 독립하여 소송상의 청구를 유지 또는 배척하기에 충분하다는 특성을 가지고 있다. 이는 중간판결의 대상이 된다($\frac{201}{조}$).

(d) 공격방어방법은 적시제출주의에 따라 적절한 시기에 제출하여야 하는 제한이 있고($\frac{146}{조}$), 소송물 자체가 아니므로 소송계속이나 기판력이 미치지 아니한다. 다만 상계항변은 상계하자고 대항한 액수 한도에서 기판력이 미친다($\frac{216조}{2항}$).

(2) 주　장(진술)

주장에는 법률상의 주장(Rechtsbehauptung)과 사실상의 주장(tatsächliche Behauptung)이 있다. 주장은 법원에 대하여 말로 하여야 하고, 상대방이 불출석한

---

40) 확인소송의 소송물이론에서 청구취지만으로 소송물이 정하여진다는 견해에서 주장된다(일지설적 견해임).

경우에도 할 수 있다(다만, 준비서면을 제출하지 아니한 경우에 일정한 제한이 있음). 통상 사실상의 주장은 법률상의 주장을 뒷받침하는 관계에 있다.[41] 변론준비기일을 거친 경우에는 모든 사항이 아닌 중요한 사상(쟁점)에 대하여만 진술하면 된다($^{규칙}_{28조}$).

① 법률상의 주장

(a) 의 의 법률상의 주장이라 함은 넓게는 법규의 존부·내용이나 해석·적용에 관한 의견의 진술도 포함한다(예: 외국법규나 자치단체의 조례, 신의칙이나 선량한 풍속 등의 개념에 대한 진술). 좁게는 구체적인 권리관계의 존부에 관한 자기의 인식·판단의 보고인 진술을 말한다(예: 원고가 소유권자라는 진술이나 피고에게 손해배상의무가 있다는 등의 진술). 이것은 법원을 구속할 수 없고 단지 법관의 주의를 환기할 뿐이다. 이는 「법률은 법원이 안다(jura novit curia).」는 법언(法諺)에서 잘 알 수 있다. 이것은 원칙적으로 변론주의의 적용을 받지 아니하고, 법원은 이에 구속되지 아니한다.[42] 특히 피고 측에서 하는 법률상의 주장을 권리항변이라 한다(예: 가옥인도청구소송에서 원고의 소유권을 인정하면서 임차권을 주장하거나, 대여금청구소송에서 대여금채무를 인정하면서 상계주장을 하는 경우 등).

(b) 당사자의 법률상의 주장에 대하여 상대방이 이를 인정하는 경우에 있어서, 법률상의 주장이 소송물 자체인 경우에는 청구의 포기·인낙이 되고[예: 원고의 대여금채권청구를 피고가 인정하는 경우(인낙)나, 이 경우 반대로 원고가 대여금채권이 없음을 시인하는 경우(포기)], 소송물의 존재 여부의 전제가 되는 경우에는 권리자백이 된다(예: 가옥인도청구소송에서 인도청구권의 전제가 되는 원고의 소유권을 인정하는 경우). 권리자백은 자백으로서 구속력이 없으나, 청구의 포기·인낙은 예외적으로 구속력이 인정된다($^{220}_{조}$). 반대로 법률상의 주장에 대하여 상대방이 다투는 경우에는 그 법률상의 주장을 뒷받침할 구체적인 사실을 주장하여야 한다(예: 원고의 소유권을 피고가 다투는 경우에 원고는 소유권의 취득원인을 주장하여야 함).

(c) 법률상의 주장과 관련하여 i) 소송물을 실체법상의 권리의 주장이라고 보는 구소송물이론에 의하면 원고는 소송물의 특정을 위하여 법률상의 주장인 실체법상의 권리주장을 하여야 하고 법원도 이에 구속되어 판단하여야 하나, ii) 이를

---

41) 정동윤/유병현/김경욱, 477면.
42) 대판 1982. 4. 27, 80다851; 대판 1992. 2. 14, 91다31494; 대판 2013. 2. 15, 2012다68217 (소멸시효기간에 대한 주장은 단순한 법률상의 주장임); 대판 2017. 3. 22, 2016다258124(앞의 판례와 같은 취지).

단순히 법률상의 관점으로 파악하는 신소송물이론에서는 이를 주장할 필요가 없고, 법원도 이에 구속되어 판단할 필요가 없다.

② 사실상의 주장

(a) 의 의　사실상의 주장이라 함은 구체적인 사실의 존부에 대한 당사자의 지식이나 인식의 진술을 말한다. 여기에서의 사실은 때와 장소에 의하여 구체적으로 특정된 사실로서 외계의 사실뿐만 아니라, 내심의 사실(예: 선의·악의, 고의·과실 등)도 의미한다. 사실은 주요사실·간접사실·보조사실로 구별되고, 변론주의에서 주장책임의 원칙상 주요사실은 변론에서 주장되지 아니하면 판결의 기초로 할 수 없다.

(b) 방식·철회·부관　사실상 주장은 법원에 대하여 말로 하여야 한다($\frac{134조}{1항}$). 당사자는 사실상의 주장에 관하여 변론종결 시까지 자유롭게 철회·변경할 수 있고, 전에 다투었던 사실을 인정할 수 있다. 다만 자기에게 불리한 사실상 주장을 상대방이 원용한 때에는 재판상의 자백이 되어 그 취소요건($\frac{288조}{단서}$)을 갖추지 않는 한 취소가 허용되지 아니하고, 주장의 철회·변경은 변론 전체의 취지로 불리한 판단을 받을 가능성은 있다.

사실상의 주장은 절차의 안정상 단순·명확하여야 하므로 조건이나 기한을 붙일 수 없다. 그러나 소송내적인 조건인 예비적 주장(예: 소유권확인소송에서 주위적으로 매매, 예비적으로 증여를 주장하는 경우),[43] 가정항변(예: 먼저 소멸시효를 주장하고, 예비적으로 변제를 주장하는 경우) 등은 가능하다.

(c) 사실상 주장의 통상적인 주장 형태를 보면 먼저 원고가 자신의 소송상의 청구를 뒷받침하기 위하여 청구원인사실을 주장하게 되고, 상대방인 피고가 이를 다투거나(부인·부지), 인정하면서(자백·침묵) 대항할 수 있는 새로운 사실을 주장(항변)하는 방식으로 이루어진다.

(d) 즉 당사자의 사실상 주장에 관하여 상대방은 기본적으로 부인(否認), 부지(不知), 자백(自白), 침묵(沈默) 등 4가지 형태로 반응하게 된다.

i) 부인이라 함은 상대방의 증명책임 있는 사실상 주장을 아니라고 부정하는 진술이다.

ii) 부지라 함은 상대방의 주장사실을 알지 못한다는 진술이다. 소송법상 부지

---

43) 확인소송의 소송물이론에서 청구취지만으로 소송물이 정하여진다는 견해에서 주장된다(일지설적 견해임).

는 다툰 것으로 보아, 부인으로 추정된다($^{150조}_{2항}$). 자기가 관여하지 아니한 행위에 관하여는 부지라는 답변이 가능하나, 자신이 관여한 것으로 주장된 행위나 서증에 관하여 부지라고 답할 수 없다. 이 경우는 부인하든지 자백하여야 한다(예: 서증의 인부절차에서 성립인정 또는 부인을 하여야 함).

iii) 자백이라 함은 자신에게 불리한 상대방의 주장을 시인하는 진술이다. 자백한 사실은 증거 없이 재판의 기초로 하여야 한다($^{288}_조$). 자백의 구속력이라 한다. 피고가 원고의 주장사실을 인정하면서(자백), 원고가 주장하는 권리의 발생을 방해하거나, 소멸·저지하는 새로운 사실을 주장할 수 있는데 이를 항변(Einrede)이라 한다.

iv) 침묵이라 함은 상대방의 주장사실을 명백히 다투지 아니하는 것을 말한다. 변론전체의 취지로 보아 다툰 것으로 인정되지 아니하는 한 자백한 것으로 간주한다($^{150조}_{1항}$). 당사자가 불출석한 경우도 침묵에 준하여 자백한 것으로 본다($^{150조}_{3항}$).

결국 4가지 형태 중 부인·부지한 경우는 다툰 것으로 되고, 자백·침묵한 경우는 다투지 아니한 것으로 본다. 주의할 것은 피고가 원고의 주장사실에 관하여 자백·침묵한다고 하여 방어를 포기한 것이 아니며, 주장 자체로 이유가 없거나 항변을 통하여 자신을 방어할 수 있다.

(3) 증거신청(증명 또는 입증)

사실상 주장이 다투어지는 경우에는 이를 증거에 의하여 증명하여야 한다. 증거신청이라 함은 자신에게 증명책임이 있는 사실상 주장에 대한 증명을 위하여 특정한 증거방법에 대한 조사를 요구하는 행위를 말한다. 증거신청은 증거조사를 구한다는 점에서 신청의 일종이지만, 사실상 주장을 뒷받침하는 기능을 가지고 있기 때문에 공격방어방법의 하나로 본다.

이러한 증거신청은 법원에 의하여 증거조사가 개시되기 전까지 임의로 철회할 수 있고, 상대방은 절차의 부적법, 증거능력·증명력의 흠 등을 주장하여 신청의 각하 또는 증거조사의 결과의 불채용을 구하는 증거항변이 가능하다. 다만 변론준비기일을 거친 경우에는 실권효가 미치지 아니하는 증거신청($^{285}_조$)만이 변론과정에서의 제출이 허용된다.

(4) 법원의 쟁점확인의무와 의견진술의 기회보장

법원은 변론에서 당사자가 진술한 중요한 사실상 또는 법률상 사항을 확인하여야 하고($_{조1항}^{규칙 28}$), 또한 당사자에게 중요한 사실상 또는 법률상 쟁점에 관하여 의견을 진술할 기회를 주어야 한다($_{2항}^{동조}$). 이것은 법원이 직접 당사자의 사실상 주장중 중요한 쟁점을 확인하고, 이에 대하여 당사자에게 의견진술의 기회를 줌으로써예상외의 판결을 막기 위한 것이다. 종전과 같이 변론준비절차를 원칙적으로 거치도록 한 경우에는 변론준비절차에서의 결과를 확인하는 의미가 있지만, 2008년의개정으로 원칙적으로 변론기일에 변론이 바로 되는 것이므로 이 부분에 대하여보다 중요한 의미를 두고 실무운영을 하여야 할 것이다.

4. 항   변(抗辯)

(1) 의 의

(a) 항변이라 함은 넓게 보아 피고가 원고의 청구를 배척하기 위하여 소송상또는 실체법상의 이유를 들어 적극적으로 방어하는 것을 말한다. 여기에서 말하는소송법상의 항변은 동시이행 항변권, 최고·검색의 항변권 등의 실체법상의 항변권과 구별된다. 후자는 상대방의 청구에 대한 실체법상의 이행거절권을 의미하지만, 전자는 사실상의 주장으로서 피고의 방어방법이다.

(b) 소송법상의 항변은 i) 실체법상의 효과가 발생하지 아니하는 소송상의 항변과 ii) 실체법상의 효과가 발생하는 본안의 항변으로 나뉜다($_{설}^{통}$). 소송상의 항변에는 본안전 항변(방소항변)과 증거항변이 있고, 본안의 항변에는 권리장애적 항변·권리소멸적 항변·권리저지적 항변이 있다. 넓게 항변이라고 하면 양자를 모두 포함하지만, 좁은 의미로는 본안의 항변만을 말한다.

(2) 소송상의 항변

① 본안전 항변(방소항변)

본안전 항변은 통상 원고가 제기한 소에 소송요건의 흠이 있어 부적법 각하하여야 한다는 주장을 총칭한다. 본안심리에 들어갈 수 없다는 사실상의 주장이다.그런데 소송요건의 대부분은 법원의 직권조사사항이어서 피고의 주장 여부와 관계없이 법원이 고려하여야 할 사항이므로 엄밀한 의미의 항변이라고 할 수 없고,다만 직권발동을 촉구하는 의미만 있다. 중복제소의 항변($_{조}^{259}$), 기판력항변($_{218조}^{216,}$), 무권대리의 항변 등이 여기에 해당한다. 그러나 임의관할위반($_{조}^{30}$), 부제소특약, 중재합의($_{9조}^{중재}$), 소송비용담보제공($_{조}^{119}$) 등의 이른바 방소항변(妨訴抗辯)은 피고의 주장이 있어야 고려하기 때문에 진정한 의미의 항변으로 분류될 수 있다(通說).[44] 그러나 방소항변은 원고의 주장과 양립할 수 있는 것이 아니므로 항변이 아니라고 하는 소수견해가 있다.[45]

② 증거항변

증거항변(證據抗辯)이라 함은 상대방의 증거신청에 대하여 부적법(예: 실기한 공격방어방법)·불필요, 증거능력·증거력의 흠 등을 주장하여 신청의 각하 또는 증거조사 결과의 불채용을 주장하는 것을 말한다. 사실상 주장의 하나이다. 예컨대 증거신청이 너무 늦어 부적법하다거나(부적법), 증거신청이 요증사실과 관련이 없으며(불필요), 서증이 위조되었고(증거능력의 흠), 증인이 위증죄로 처벌받은 전력이 있어 증언을 믿을 수 없다는 주장(증거력의 흠) 등이 그것이다.

(3) 본안의 항변

① 의 의

본안의 항변(Einrede, affirmative defence)이라 함은 피고가 원고의 청구를 배척하기 위하여 원고주장사실을 인정하고, 이와 양립(兩立) 가능한 별개의 사항에 대한 사실상의 주장을 말한다. 즉 피고가 원고의 권리근거규정의 요건사실(청구원인사실)을 인정하고, 이와 양립되는 반대규정의 요건사실을 주장하는 것을 의미한다. 따라서 피고는 반대규정의 요건사실에 대한 증명책임을 부담하게 된다.

② 부인과의 구별

부인은 피고의 사실상 주장이라는 점에서는 항변과 같다. 그러나 부인은 원고의 주장사실이 진실이 아니라는 주장이다. 즉 답변태도는 기본적으로 「아니다(nein, no)」라고 말하게 된다. 반면 항변은 원고의 주장사실을 진실로 인정하고 양립 가능한 별개의 사실을 주장하는 것이므로, 답변태도가 「예, 그러나(ja, aber; yes, but)」와 같이 된다.

(a) 부인의 종류 ⅰ) 부인(否認)에는 직접부인과 간접부인이 있다. 직접부인(直接否認)은 원고의 주장사실을 단순히 아니라고 하는 경우를 말한다. 예컨대 원고가 소비대차를 주장하여 대여금반환청구를 함에 있어서 피고는 「아니다」 즉 「대여 받은 사실이 없다.」고만 주장하는 경우를 말한다. 직접부인은 단순부인, 소극

---

44) 同旨: 이시윤, 388면.
45) 정동윤/유병현/김경욱, 482면.

부인 또는 무이유부 부인(無理由附 否認)이라고도 한다. 반면 간접부인(間接否認)은 원고의 주장사실과 양립되지 않는 사실을 적극적으로 주장하여 부인하는 것을 말한다. 예컨대 원고가 소비대차를 주장하여 대여금반환청구를 함에 있어서 피고는 "돈을 받은 사실은 있으나, 증여받은 것이다."라고 주장하는 경우를 말한다. 이 경우 피고의 뜻을 풀어서 보면 「대여 받은 것이 아니다. 오히려 증여받았다.」고 말하는 것이므로, 원고의 주장사실을 부정하면서 양립하지 않는 사실을 적극적으로 주장하는 형태가 된다. 간접부인을 적극부인 또는 이유부 부인이라고도 부른다.

ii) 민사소송규칙에서는 문서의 진정성립을 부인하는 때에는 그 이유를 구체적으로 밝히도록 하였고(규칙 116조, 이유부 부인), 또한 피고의 답변서에 소장에 기재된 개개의 사실에 대한 인정 여부를 적도록 하고 있다(규칙 65조). 따라서 답변서에 「원고의 청구원인 사실을 전부 부인한다.」는 식의 부인은 허용되지 아니한다. 이는 미국법의 답변방식을 도입한 것이다.[46]

(b) 간접부인과의 구별　　실무에 있어 항변과 간접부인을 구별하는 것이 어려울 경우가 많다. 구별의 핵심은 피고가 주장한 별개의 사실이 원고의 청구원인사실과 「양립(兩立)하는지 여부」이다. 양립하는 경우에는 항변에 해당하고, 양립하지 아니할 경우는 간접부인에 해당한다. 예컨대 금전을 빌려주었다는 원고의 주장에 대하여 피고가 「그것은 사실이지만 변제하였기 때문에 소멸하였다.」고 주장하는 것은 원고의 대여사실과 변제사실은 양립하기 때문에 항변에 해당한다. 그러나 금전을 빌려주었다는 원고의 주장에 대하여 피고가 「금전을 받은 것은 맞으나 증여받은 것이다.」고 주장하는 것은 원고의 대여사실과 증여사실이 서로 배치되어 양립하지 아니하므로 간접부인에 해당한다.

(c) 부인과 항변의 구별실익　　부인과 항변의 구별실익은 다음과 같이 3가지로 요약할 수 있다.

첫째, 증명책임의 점에서 부인의 경우에는 부인의 대상으로 된 사실에 관하여 상대방이 증명책임을 지지만(위 예에서 부인의 대상은 대여사실이므로 대여사실의 증명책임은 상대방인 원고가 부담함), 항변의 경우는 상대방의 주장사실을 인정함을 전제로 자신의 반대사실을 주장하는 것이므로 반대사실에 대하여 주장자 자신이 증명책임을 부담하게 된다(위 예에서 반대사실인 변제에 대한 증명책임을 주장자인 피고가 부담함).

---

46) 미국법에서는 부인은 일반적 부인(general denial)과 특정부인(specific denial)으로 나누고, 일반적 부인은 효력이 인정되지 아니하는 주도 있다(Friedenthal/Kane/Miller, 303-305면 참조).

둘째, 판결이유의 판단의 점에서 부인의 경우는 판결이유에서 이를 판단할 필요가 없으나, 항변의 경우에는 원고의 청구가 인용될 때에는 판결이유에서 이를 판단하여야 한다. 이 경우 항변을 판단하지 아니한 경우에는 판단누락의 위법이 있다.[47]

셋째, 원고의 청구원인이 부인된 경우에는 원고는 청구원인사실을 구체적으로 밝힐 부담을 지지만, 피고가 항변을 제출한 경우에는 이와 같은 부담이 없다.[48]

(d) **구별기준**   부인과 항변의 위와 같은 특성에 근거하여 i) 양립가능성(부인은 양립이 불가능하나, 항변은 양립가능함), ii) 택일성 유무(부인은 상대방의 주장에 대하여 부인 또는 인정할 것인지를 택일하여야 하나, 항변은 그것이 자유로움), iii) 별개주장의 요부(부인은 별개주장이 꼭 필요하지는 않으나, 항변은 별개주장이 필요함)를 구별기준으로 제시하는 견해가 있다.[49] 위 i)과 iii)은 부인과 항변의 구별기준으로 유용하나, 위 ii)의 택일성 유무는 구별기준으로 보기가 애매하다고 본다.

③ 항변의 종류

주장하는 반대규정의 성질에 따라 권리장애적 항변, 권리소멸적 항변, 권리저지적 항변이 있다. 또한 주장의 형태에 따라 제한부 자백과 가정항변이 있다. 제한부 자백은 원고의 주장사실을 확정적으로 인정하면서 양립 가능한 별개의 사실을 주장하는 경우(예: 원고 주장의 대여사실을 인정하면서 변제주장을 하는 것)이고, 가정항변은 원고의 주장사실을 일응 다투면서, 그것이 인정되더라도 예비적으로 항변을 주장하는 경우(예: 원고 주장의 대여사실을 다투면서, 가사 대여받았다고 하여도 이미 변제되어 소멸되었다고 주장하는 것)이다. 이하에서는 권리장애적 항변, 권리소멸적 항변, 권리저지적 항변에 관하여 살펴보겠다.

(a) **권리장애항변**   원고가 주장하는 권리에 대하여 그 권리가 처음부터 성립될 수 없는 권리장애규정의 요건사실을 주장하는 경우이다. 권리장애사실은 권리근거사실의 발생과 동시이거나, 그 이전부터 존재하는 것이 특색이다. 여기에는 공서양속위반(민103조), 불공정한 법률행위(민104조), 진의 아닌 의사표시(민107조), 통정허위표시(민108조), 원시적 이행불능, 강행법규의 위반, 불법원인급여(민746조) 등 법률행위의 무효사유가 속한다. 권리근거규정과 권리장애규정의 구별이 매우 어려운데, 전자는 법체계상 본문 등의 원칙규정으로 표현되어 있으나, 후자는 「다만, …한 경우에는

---

47) 대판 1965. 1. 19, 64다1437.
48) 이시윤, 390면.
49) 정동윤/유병현/김경욱, 483면.

그렇지 아니하다.」 또는 「…한 때에는 적용하지 아니한다(…한 때에는 예외로 한다).」 등과 같이 단서규정 또는 제외규정(예외규정)의 형식으로 되어 있다.

(b) 권리소멸항변　　원고가 주장하는 권리에 대하여 권리소멸규정의 요건사실을 주장하는 경우이다. 이를 권리멸각항변(權利滅却的 抗辯)이라고도 한다. 권리소멸적 항변은 기본적으로 원고가 주장하는 권리가 유효하게 발생하였으나 그 이후에 소멸되었다는 것이다. 따라서 권리소멸사실은 권리근거사실보다 후에 발생하는 것이 특색이다. 여기에는 변제, 대물변제, 공탁, 경개, 면제, 혼동 등 채권의 소멸원인과 소멸시효·취득시효의 완성, 해제조건의 성취, 후발적 이행불능, 제3자에 대한 권리양도 등이 있고, 해제·해지권, 취소권, 상계권 등 사법상 형성권의 행사에 의하여 일단 발생한 법률효과를 배제하는 권리배제규정의 요건사실도 포함된다.

(c) 권리저지항변　　원고가 주장하는 권리에 대하여 권리저지규정의 요건사실을 주장하는 경우이다. 즉 원고가 주장하는 권리가 발생하여 존속하지만 그 권리를 저지시킬 수 있는 권리에 관한 요건사실인 권리저지사실을 주장하는 것이다. 원고의 이행청구를 일시적·잠정적으로 거절하는 연기적 특색을 가지고 있다. 여기에는 유치권, 건물매수청구권, 보증인의 최고·검색의 항변권, 동시이행항변권 등 사법상의 항변권의 요건사실이나, 기한의 유예, 목적물인도청구에 있어서 점유권원에 기한 점유(민법 213조), 정지조건부 법률행위,[50] 한정승인 등이 있다. 다만 유치권항변이나 동시이행항변권이 이유 있는 경우에는 다른 경우와 달리 청구기각이 아닌 원고의 반대급부와 상환하라는 상환이행판결의 주문을 내야 한다.

④ 피고의 항변에 대한 원고의 태도 등

피고의 항변에 대한 원고의 태도는 원고의 청구원인의 주장사실에 대한 피고의 태도와 같다. 즉 피고의 항변사실을 부인·부지, 자백·침묵하는 네 가지 형태이다. 원고가 부인·부지인 경우에는 다투는 것이므로 피고가 항변사실을 증명하여야 하고, 자백·침묵인 경우에는 피고가 항변사실을 증명할 필요 없이 인정되게 된다. 원고는 항변사실을 다투지 아니하면서 재차 반대규범의 요건사실을 주장할 수 있다(예: 피고의 소멸시효완성의 항변에 대하여 원고가 가압류에 의한 시효중단

---

50) 대판 1993. 9. 28, 93다20832(어떠한 법률행위가 조건의 성취시 법률행위의 효력이 발생하는 소위 정지조건부 법률행위에 해당한다는 사실은 그 법률행위로 인한 법률효과의 발생을 저지하는 사유이다). 정지조건부 법률행위라는 피고의 저지 항변에 대하여 원고가 정지조건부 법률행위가 아니라는 주장은 부인이며, 정지조건이 성취되었다는 주장은 재항변이 된다(이시윤, 391면).

의 재항변). 이러한 반대규범의 요건사실은 항변권리사실에 대한 권리장애사실, 권리소멸사실, 권리저지사실이 있다. 이렇게 원고가 재차 반대규범의 요건사실을 주장하는 것을 재항변(Replik, reply)이라 한다. 원고의 재항변에 대한 피고의 태도도 같다. 이것을 재재항변(Duplik)이라 한다(예: 원고의 가압류에 의한 시효중단의 재항변[51]에 대하여 피고가 가압류가 취소되어 시효중단의 효력이 소멸하였다는 재재항변).

5. 소송에 있어서 형성권의 행사

(1) 문제의 소재

소송절차 중에 해제권·해지권, 취소권, 상계권, 건물매수청구권 등 사법상의 형성권을 항변으로 주장하는 형태는 i) 소송 전·소송 외에서 일단 행사한 뒤에 그 사법상의 효과를 공격방어방법으로 주장하거나, ii) 소송상으로 형성권의 행사와 동시에 항변으로 제출하는 경우(예: 준비서면에서 처음으로 해제권을 행사하는 의사표시를 하고, 이것에 기초하여 계약이 해제된 사실을 항변으로 주장하여 그 준비서면이 송달된 경우)가 있다. 전자의 경우에는 이미 소송과 관계없이 실체법상의 효과가 발생하였으므로 문제될 것이 없다. 그러나 후자의 경우에는 소의 각하·취하와 같이 형성권의 행사에 대한 판단이 없는 상태에서 소송 자체가 종료되었거나, 실기한 공격방어방법으로 각하($^{149}_{조}$)된 경우에 형성권의 행사에 기초한 항변이 판단되지 아니하였으므로 형성권의 실체법상의 효과가 어떻게 되는지 의문이다. 주로 소송상 상계의 항변과 관련하여 문제된다. 예컨대 A가 B를 상대로 5,000만원의 대여금 청구를 하였는데 B가 자신의 A에 대한 3,000만원의 매매대금의 반대채권 (자동채권)에 기하여 법정에서 상계권행사와 동시에 상계항변을 하였으나, 상계항변이 실기한 공격방어방법이라는 이유로 제149조에 따라 각하되었다. 이 경우에 소송법상 B의 상계항변이 소송절차에 상정될 수 없으므로 결국 A의 B에 대한 대여금 5,000만원을 모두 인용하여야 된다. 이렇게 된다면 B의 3,000만원 매매대금의 반대채권이 형성권행사로 소멸되었다고 보아야 하는가, 아니면 이런 경우에는 상계항변이 소송절차에서 판단받지 못하였으므로 소멸되지 아니한다고 보아야 하는지가 문제된다. A의 B에 대한 5,000만원의 대여금채권을 전부 인용하는 것은

---

51) 또 다른 예로, 양수인이 보증인을 상대로 잔여채무의 이행을 구하자 보증인들이 소멸시효 항변을 하였고, 이에 양수인이 "양도인의 채권양도 통지가 최고에 해당하고 그로부터 6개월 내에 주채무자의 승인이 있었으므로 소멸시효가 중단되었다."라는 주장은 재항변에 해당한다(대판 2022. 7. 28, 2020다46663).

또다른 분쟁(예: 부당이득반환 등)을 예정하고 있기 때문이다. 그 법적 성질에 관하여 견해가 대립된다.

(2) 법적 성질

소송상 형성권행사의 법적 성질에 관하여 병존설, 소송행위설, 양성설, 신병존설이 대립된다.

① 병존설(사법행위설)

외관상 하나의 행위로 보이지만 법률적으로 보면 형성권행사라는 상대방에 대한 사법상의 의사표시인 사법행위(私法行爲)와 그러한 의사표시가 있었다는 법원에 대한 사실상의 주장인 소송행위(訴訟行爲)가 병존한다고 보는 견해이다. 이 견해에 의하면 전자는 실체법에 의하여, 후자는 소송법에 의하여 각각 요건·효과가 규율된다는 것이다.[52] 따라서 소송상 공격방어방법과 같이 사법상의 형성권을 행사하였다면, 소의 각하·취하나 실기한 공격방어방법으로 각하된 경우에도 사법상의 형성권의 행사효과는 유효하게 남게 된다. 위 예에서 B의 3,000만원의 반대채권(자동채권)은 소멸하게 된다. 소가 각하·취하된 경우에는 다시 소를 제기한 경우에 전소과정에 형성권이 행사된 사실을 사실상의 주장으로 변론하면 되지만, 실기한 공격방어방법으로 각하된 경우에는 실체법상 3,000만원이 상계로 소멸되었음에도 판결에서는 5,000만원 전부를 인용하여야 하는 결과에 이른다. 따라서 이러한 불합리를 해소하기 위하여는 결국 B가 별소로 A를 상대로 3,000만원의 부당이득금 반환청구를 하여야 하는데 이의 인정 여부도 문제이다. 판례는 소의 제기로서 계약해제권을 행사한 후에 그 소송을 취하하였다고 하여도 해제권은 형성권이므로 그 행사의 효력에는 영향이 없다고 한다.[53]

② 소송행위설

소송상의 형성권행사는 소송상 공격방어방법으로 행사한 것이므로 하나의 순수한 소송행위이고, 그 요건·효과는 소송법에서 규율하면 된다고 한다.[54] 이 견해에 의하면 소송상의 형성권행사는 사법상의 효과는 없고, 소가 각하·취하되면 이미 발생한 소송상의 효과가 소멸하고 실기한 공격방어방법으로 각하된 경우에는 처음부터 아무런 효과가 발생하지 아니한다고 보아야 한다. 위 예에서 상계항

---

52) 이명섭, 316면; 이영섭, 154면; 한종렬, 410면.
53) 대판 1982. 5. 11, 80다916.
54) 김용욱, 263면; 방순원, 416면.

변이 실기한 공격방어방법으로 각하된 경우에는 그것으로 종결되는 것이고, 사법 상의 형성권행사 자체가 없는 것이므로 효력은 논할 필요가 없다.

③ 양성설

소송상의 형성권행사는 외관상 하나의 행위일 뿐만 아니라, 법률적으로 사법행 위적 성질과 소송행위적 성질을 겸유(兼有)하고 있다고 본다. 이 견해에 의하면 실체법상 효과와 소송법상 효과는 상호 의존관계에 있으므로, 어느 한쪽의 무효는 다른 쪽도 무효로 되어 행위 자체가 무효로 된다고 본다. 한때 독일의 유력설이 었으나 현재에는 주장자가 없다. 위 예에서 소송상의 상계항변이 실기한 공격방어 방법으로 각하되어 효력이 없으므로 사법상의 형성권행사도 효력이 없게 된다.

④ 신병존설

기본적으로 병존설에 의하되, 상계항변에 포함된 당사자의 상계 의사표시의 취 지가 그 항변이 공격방어방법으로 각하되지 아니하고 유효할 때에 사법상의 형성 권행사의 효과가 발생한다는 조건부의사표시로 보아야 한다는 견해이다. 따라서 상계항변이 실기한 공격방어방법으로 각하된 경우에는, 사법상의 상계권행사의 효 력이 발생하지 아니한다. 위 예에서 B의 3,000만원의 반대채권은 실체법상 상계 권의 행사가 효력이 발생하지 아니하므로 소멸되지 아니한다. 통설이다.[55]

⑤ 검 토

형성권의 소송상 행사는 대부분 병존설에 의하면 문제가 없다. 그런데 사법상 의 형성권행사와 이에 기초한 상계항변이 법정에서 동시에 행하여진 경우에 위 예와 같이 상계항변이 실기한 공격방어방법으로 각하된 경우에 발생하는 불합리 를 개선하기 위한 논의에서 위의 견해대립이 시작된 것이다. 그렇지 아니하면 부 당이득 반환청구 등의 별도소송으로 불합리를 극복하여야 하고, 그것이 인정될지 여부도 사실은 불투명한 점이 있기 때문이다. 이것을 막기 위하여 제시된 소송행 위설과 양성설은 병존설의 이러한 문제점을 명확히 해결할 수 있지만, i) 사법행 위와 소송행위를 구별하고 있는 현행 법체계와 부조화를 이루게 되고, ii) 특히 상계는 상대방에 대한 의사표시로 하고(민 493조 1항), 상계의 의사표시는 각 채무가 상계 할 수 있는 때에 대등액에 관하여 소멸한 것으로 본다는(동조 2항) 민법규정과 배치되는 또 다른 문제점을 안고 있다. 또한 신병존설에 의하면 결론은 타당하지만 민법

---

55) 김홍규/강태원, 441면; 송상현/박익환, 325면; 이시윤, 393면; 이태영, 300면; 정동윤/유병현/ 김경욱, 510면; 한충수, 361면.

제493조 제1항 후문의 「상계의 의사표시에는 조건과 기한을 붙이지 못한다.」는 규정에 정면으로 배치되는 문제가 있다. 그러나 사법상의 형성권에 조건을 붙인 것이 아니고 소송상의 상계항변에 소송내적인 조건인 그 항변이 공격방어방법으로 각하되지 아니하고 유효할 때에 사법상의 형성권행사의 효과가 발생한다는 조건부의사표시로 봄으로써 민법 제493조 제1항의 규정을 피하여 갈 수 있다고 본다. 소송상 상계항변에 일종의 소송내적인 조건을 붙인 것으로 보아 실기한 공격방어방법으로 각하된 경우에 사법상의 형성권행사 자체의 효력이 발생하지 아니하는 것으로 보면 된다. 소의 각하·취하의 경우에는 법정에서의 사법상의 형성권행사는 유효한 것으로서 다음 소송에서 이미 행사된 형성권행사의 효과로서 상계항변을 주장하면 되므로 문제될 것이 없다. 따라서 신병존설이 타당하다고 본다. 우리나라의 통설 및 판례[56]의 입장이고, 독일의 통설·판례이기도 하다.

그런데 사실은 소송상 형성권행사의 논의에서 전제로 하는 상황은 당사자가 상대방 당사자가 법정에 있는 상황에서 상계권 등을 행사하면서 법원에 상계항변을 주장하거나, 또는 그러한 내용을 담은 준비서면 등을 상대방에게 송부하면서 동시에 법원에 이를 제출하면서 진술하는 경우이다. 이러한 경우는 매우 예외적인 상황이다. 통상적으로 보면 미리 소장·준비서면으로 사법상의 형성권행사의 의사표시를 하고, 법원은 이를 상대방 당사자에게 송달하게 되는데 이 경우 사법상의 형성권행사의 효력발생시점은 의사표시가 상대방에게 도달된 소장·준비서면 부본의 송달시점이다. 당사자와 상대방 당사자는 송달 후에 법정에서의 변론에서 당사자가 소송상 형성권에 기한 항변을 진술하게 된다. 이것은 사법상의 형성권이 이미 효력을 발생한 후에 소송상 형성권에 기한 항변을 제출하는 형태인 것이다. 따라서 변론의 일반적인 상황에 비추어 보면 대부분이 소송상 형성권행사의 논의 대상에서 제외된다. 또한 소송상 형성권행사의 대상이 되는 상황에서 법원이 상계항변을 실기한 공격방어방법으로 각하하여야 할 경우라면 상계로 인한 불합리한 상황이 발생할 여지가 있음을 인지할 수 있는 상황이므로 상계항변 자체를 철회하도록 할 것이고, 현재 실기한 공격방어방법의 각하규정이 거의 활용되고 있지 아니한 실무에 비추어 소송상 형성권행사의 논의 대상의 상황이 법정에서 연출될 가능성은 매우 희박하다고 할 수밖에 없다. 따라서 논의의 실익은 크지 아니하다.[57]

이 경우 B의 3,000만원의 상계항변이 실기한 공격방법으로 각하되어 법원이 A

---

56) 대판 2013. 3. 28, 2011다3329; 대판 2014. 6. 12, 2013다95964.

57) 同旨: 이시윤(2009), 344면.

의 B에 대한 5,000만원의 대여금채권을 전부 인용하였다고 하여도, B는 청구이의
의 소로 3,000만원의 채권이 소멸하였다고 주장하여 집행력의 배제를 구할 수 있
고, 5,000만원 모두가 집행된 경우에는 3,000만원에 대한 부당이득금반환청구를
할 수 있게 된다.

Ⅱ. 소송행위 일반

1. 의　　의

(1) 넓게 소송행위(Prozesshandlung)라 함은 소송주체의 모든 행위를 지칭한다.
소송주체는 일반적으로 법원과 당사자이므로, 소송행위는 법원의 소송행위와 당
사자의 소송행위로 대별할 수 있다. 그런데 법원의 소송행위인 재판과 그 밖의 행
위(예: 신청 등 당사자의 소송행위의 접수, 송달·통지, 증거조사, 조서의 작성 등)는
국가기관의 공적 행위로서 당사자의 소송행위와 다른 특성을 가지고 있다. 법원의
소송행위는 개별적으로 해당 부분에서 설명된다. 그런데 민사소송은 처분권주의·
변론주의에 기초하고 있으므로 소송절차의 내용을 당사자가 주도하고, 이것은 당
사자의 소송행위의 연속으로 행하여진다. 이러한 당사자의 소송행위는 사법상의
법률행위와 다른 특성이 있으므로 당사자의 소송행위를 일반적으로 살펴 볼 필요
가 있다.

(2) 당사자의 소송행위의 개념정의에 있어서 i) 소송법상의 효과를 발생시키는
모든 행위를 소송행위라고 보는 견해(효과설), ii) 그 행위의 요건과 효과 모두를 소송
법에 규율하고 있는 행위가 소송행위라고 보는 견해(요건및효과설),[58] iii) 소송법상의 효과
의 발생을 그 본래의 주요한 효과로 하는 행위만을 소송행위로 보는 견해(주요효과설),[59]
iv) 기타 소송절차는 동적으로 진행되므로 그 절차를 진행하는 행위를 동태적으로
파악하여야 한다는 시각에서 소송절차 개시 전의 행위는 사법행위이지만 소제기
단계에서는 소송행위로 보아야 한다는 동태적 통합설(動態的 統合說)[60] 등이 있다.
현재 학설상 요건 및 효과설과 주요효과설이 경합하고 있다.

　생각건대, 동태적 통합설의 시각 자체는 좋으나 소송행위의 개념을 정확히 파

---

58) 방순원, 418면; 송상현/박익환, 315면; 이시윤, 394면; 호문혁, 463면.
59) 김홍규/강태원, 323면; 김홍엽, 498면; 전병서, 431면; 정동윤/유병현/김경욱, 484면; 한충수, 365면.
60) 김용진, 243면.

악하기 어려운 난점이 있고, 효과설은 소송행위의 개념을 너무 넓게 잡아 사법행위와의 차이를 찾기 어려울 가능성이 높고, 반면 요건 및 효과설은 소송행위의 개념을 너무 좁게 인정하여 소송행위의 개념적 독자성이 희박하여진다. 특히 소송법에 효과만을 규정하고 있는 청구의 포기·인낙($\substack{220 \\ 조}$)은 명백히 소송행위로 보아야 함에도 요건 및 효과설에서는 사법행위로 보아야 하는 문제가 있다. 따라서 주요효과설에서 '주요행위'의 개념상의 추상성에도 불구하고, 소송행위의 범위를 소송법에 비추어 합리적으로 해석할 수 있다는 장점이 있으므로, 주요효과설이 타당하다고 본다.

2. 소송행위의 종류

당사자의 소송행위는 그 분류기준에 따라 다음과 나눌 수 있다.

(1) 신청·주장·증거신청, 소송법률행위

① 신청·주장·증거신청은 소송행위의 내용에 의한 분류이다. 앞서 본 바와 같이 신청은 당사자가 법원에 대하여 재판·증거조사 등 일정한 소송행위를 요구하는 것을 말하고, 주장은 신청을 뒷받침하기 위한 공격방어방법의 하나로서 사실상·법률상 주장이 있으며, 증거신청은 법관으로 하여금 사실상의 주장이 진실이라는 확신을 받게 할 목적으로 증거방법을 제출하는 소송행위이다.

② 소송법률행위(Prozessrechtsgeschäft)는 소송법상의 법률효과의 발생을 목적으로 하는 의사표시이다. 의사표시의 개수와 방향에 기초한 분류로서 단독행위와 소송상 합의(소송계약)가 있다. 소송상 합동행위(合同行爲)를 인정할 것인지 여부가 문제되는데 소송상의 화해($\substack{220 \\ 조}$)를 전형적인 합동행위로 보는 견해도 있으나,[61] 서로 다른 방향의 의사표시가 상호양보를 통하여 일치된 것이므로 합동행위로 보기는 어렵고 소송상 합의로 보면 될 것이다. 단독행위에는 소 및 상소의 취하($\substack{266조 1항, \\ 393조}$), 소취하에 대한 동의($\substack{266조 \\ 2항}$), 소송절차에 관한 이의권의 포기($\substack{151 \\ 조}$), 상소권의 포기($\substack{394, \\ 425조}$) 등이 있고, 소송상 합의로는 관할합의($\substack{29 \\ 조}$), 불항소합의($\substack{390조 \\ 1항 단서}$), 소송상의 화해($\substack{220 \\ 조}$) 등이 있다.

---

61) 김홍규/강태원, 331면; 방순원, 546면.

(2) 취효적 소송행위 · 여효적 소송행위

소송행위를 목적 내지 기능면에서 분류한 것으로서, 독일의 골드슈미트(Gold-schmitt)가 제창하여 현재는 일반적 분류기준으로 받아들이고 있다. 소송행위를 효과적으로 파악할 수 있는 장점이 있지만 과대평가할 것은 아니다.[62]

① 취효적 소송행위(取效的 訴訟行爲)

취효적 소송행위(Erwirkungshandlung)라 함은 법원에 일정한 내용의 재판을 구하는 행위 및 이를 뒷받침하기 위한 자료를 제출하는 행위를 말한다. 구체적으로 보면 판결절차에서의 신청 · 주장 그리고 증거신청(증명)이 그것이다. 판결절차에서 가장 중요한 소송행위이다. 그런데 취효적 소송행위는 행위 자체로 직접적 효과가 발생하는 것이 아니고 법원의 행위(재판)를 통하여 소송법상의 효과가 발생한다는 특징을 가지고 있다. 취효적 소송행위에 대하여는 법원이 적법성과 이유구비성을 평가한 후에 응답(재판)을 하게 된다.

② 여효적 소송행위(與效的 訴訟行爲)

(a) 여효적 소송행위(Bewirkungshandlung)라 함은 취효적 소송행위 이외의 당사자의 모든 소송행위를 말한다. 즉 법원의 재판 없이 당사자의 소송행위로 직접적인 소송법상의 효과가 발생하는 것이다. 여효적 소송행위는 법원으로부터 취효적 소송행위와 달리 적법성과 이유구비성을 평가받지는 아니하나, 상대방이 이미 발생한 소송법상의 효과를 무시하여 다투는 경우에 법원의 관여하에 유효성의 평가를 받게 된다.

(b) 여효적 소송행위에는 i) 의사표시의 성질을 가진 소송법률행위(예: 소 · 상소의 취하, 상소권의 포기 등), ii) 의사의 통지(예: 송달의 영수, 준비서면에 의한 공격방어방법의 예고, 진술 · 선서의 거부 등), iii) 관념의 통지(예: 소송고지, 대리권 소멸의 통지 등), iv) 사실행위(예: 준비서면의 제출 등) 등 네 가지가 있다.

③ 취효적 · 여효적 소송행위

소의 제기와 상소의 제기는 취효적 소송행위이면서 또한 여효적 소송행위이다. 모두 재판을 구하는 행위이므로 취효적 소송행위이다. 또한 소의 제기는 소송계속의 효과가 발생하고, 상소의 제기는 이심의 효력이 발생하기 때문에 여효적 소송

---

62) 同旨: 이시윤, 395면; 정동윤/유병현/김경욱, 488면.

행위이기도 하다. 이러한 경우에도 취효적 소송행위가 주된 것으로 보아야 한다.[63]

④ 구별실익

취효적 소송행위와 여효적 소송행위를 구별하는 실익은 i) 취효적 소송행위는 재판이 있어야 소송법적 효과가 발생함에 반하여 여효적 소송행위는 재판 없이 직접적으로 소송법상의 효과가 발생한다는 점, ii) 취효적 소송행위는 법원으로부터 적법성과 이유구비성의 평가를 받지만, 여효적 소송행위는 법적 효과가 상대방에 의하여 무시되어 다툼이 있는 경우에만 법원으로부터 유효성의 판단을 받고, 무효로 된 경우에는 그 뒤의 소송절차에서 고려되지 아니한다는 점, iii) 취효적 소송행위는 법원의 재판 전에 자유롭게 철회할 수 있으나, 여효적 소송행위는 이미 소송법상의 효과가 발생하였기 때문에 소송행위 후에 원칙적으로 철회할 수 없다는 점, iv) 취효적 소송행위는 전형적인 소송행위로서 절차의 안정의 필요상 민법의 의사표시의 흠에 관한 규정을 준용할 수 없지만, 여효적 소송행위 중 소의 취하, 청구의 포기·인낙 등 소송을 종료시키는 소송행위 또는 소송전·소송외의 소송행위인 관할의 합의, 중재합의, 소송위임 등에 대하여는 의사표시의 흠을 준용할 여지가 있다는 점 등이 그것이다.

(3) 소송전·소송외의 소송행위와 변론에서의 소송행위

소송행위의 시기·장소라는 관점에서 분류한 것이다. 소송전·소송외의 소송행위에는 관할의 합의, 중재합의, 소송위임 등이 있고, 변론에서의 소송행위는 신청, 주장과 증거신청(증명)이 있다. 소송전·소송외의 소송행위는 사법상의 계약 중에 하나의 조문 형태로 체결되거나, 소송 전에 체결되므로 사법행위와의 구별이 문제된다.

3. 소송상의 합의(소송계약)

(1) 의 의

소송상의 합의(Vereinbarung im Prozess)라 함은 현재 계속 중이거나 장래 계속될 특정의 소송에 관하여 직접 또는 간접으로 일정한 영향을 미치는 법적 효과의 발생을 목적으로 하는 당사자 사이의 합의를 말한다.[64] 소송상의 합의는 소송

---

63) 同旨: 정동윤/유병현/김경욱, 487면.
64) 이시윤, 396면.

계약(Prozessvertrag)이라고도 한다. 사적 자치의 원칙이 적용되는 사법(私法)과는 달리 이를 인정할 수 있는지 여부가 문제되고, 적법하다면 그 법적 성질은 무엇인지에 관하여 논의된다.

(2) 적법성의 문제

소송법상 소송상의 합의가 인정될 것인지 문제된다. 적법성의 문제이다.

우선 법령에 의하여 이를 인정하는 경우에는 특별히 적법성이 문제되지 아니한다. 여기에는 관할의 합의($^{29}_{조}$), 쟁점계약($^{규칙 70}_{조 3항}$), 담보제공방법에 관한 합의($^{122조}_{단서}$), 담보물변경에 관한 합의($^{126조}_{단서}$), 첫 변론기일의 변경합의($^{165조}_{2항}$), 불항소합의($^{390조}_{1항 단서}$), 부동산 매각조건에 관한 합의($^{민집}_{110조}$), 배당에서의 채권자 사이의 합의($^{민집}_{150조}$), 중재합의($^{중재}_{9조}$) 등이 있다. 명문의 규정으로 적법성을 인정하고 있다.

문제는 명문의 규정이 없는 경우에도 소송상의 합의가 적법할 것인가? 여기에 대하여 한때 계약자유의 원칙이 인정되는 사법(私法)과는 달리 소송법 영역에서는 임의소송(편의소송)의 금지원칙을 강조한 나머지 소송계약은 적법하지 아니하다고 하였다(부적법설). 그러나 공익과 직결된 강행법규를 변경하거나 배제하려는 합의인 전속관할을 배제하기 위한 관할합의, 증거의 가치를 평가하려는 증거력계약, 소송절차의 변경합의(예: 심급변경의 합의, 행정소송사항을 민사소송으로 하기로 하는 합의 등) 등은 무효라도, 처분권주의 · 변론주의가 지배하여 당사자의 의사결정의 자유가 인정되는 소송행위는 적법성을 부정할 필요가 없다는 적법설이 타당하다($^{통}_{설}$). 예컨대 부제소특약,[65] 소 · 상소 취하의 합의,[66] 불상소합의, 신청권의 포기합의(소송비용확정 신청권의 포기), 증거계약(자백계약 · 증거제한계약 · 중재감정계약), 부집행계약[67] 등이 그것이다.

(3) 법적 성질

명문의 규정이 없는 경우에도 적법성을 인정하는 경우에 그 법적 성질이 문제된다.

① 사법계약설

사법계약설에 의하면 소송상의 합의는 소송상의 사항에 관하여 작위 · 부작위

---

65) 대판 1968. 11. 5, 68다1665.
66) 대판 1982. 3. 9, 81다1312.
67) 대판 1993. 12. 10, 93다42979; 대판 1996. 7. 26, 95다19072.

의무를 발생케 하는 사법상의 계약이라고 본다. 소송상의 약정에 의하여 직접적으로 소송법상의 효과는 발생하지 아니하고, 대신 간접적으로 사법상의 작위·부작위의무가 발생한다는 것이다. 이런 점에서 간접효과설이라 한다. 사법계약설은 다시 그 내용에 따라 i) 사법상의 작위·부작위의무를 불이행한 경우에는 그 의무이행을 소구하여 강제집행을 하거나, 그것이 불능한 경우에는 손해배상을 청구할 수 있다는 견해(의무이행소구설 또는 고전적 사법계약설), ii) 의무불이행의 경우에 의무이행의 소구 또는 손해배상청구를 통한 구제보다는 불이행의 반대 당사자에게 항변권을 주어 구제하자는 견해(항변권발생설 또는 발전적 사법계약설)가 있다. 예컨대 소송계속 중에 소취하계약을 체결하였음에도 원고가 이를 계속 유지하는 경우에, 위 i)의 견해에 의하면 별소로 의무이행의 소구 또는 손해배상청구를 하여야 하고, 위 ii)의 경우에는 소취하계약이 체결되었으므로 피고는 소가 각하되어야 한다는 항변을 주장할 수 있고, 법원은 이것이 인정되면 권리보호의 이익이 없다는 이유로 바로 소각하를 하여야 한다. 위 ii)의 항변권발생설(발전적 사법계약설)이 다수설[68] 및 판례[69]의 견해이다.

② 소송계약설

소송상의 합의는 소송상의 사항에 관한 것이므로 사법상의 작위·부작위의무가 발생할 여지가 없이 직접적으로 소송법상의 효과가 발생하는 소송계약이라는 견해이다.[70] 이 견해에 의하면 소송법상의 효과가 소송계약으로부터 직접 발생하므로, 소송계약이 소송절차 내에서 이루어진 경우에는 법원이 직접 인지하고 있으므로 당사자의 주장을 기다릴 필요 없이 법원이 직권으로 소송종료선언을 하여야 하고, 소송절차 외에서 소송상의 합의가 이루어진 경우에는 법원이 알 수 없으므로 당사자의 주장과 이에 대한 확인을 거쳐 역시 확인의 의미로서의 소송종료선언을 하여야 한다.

③ 발전적 소송계약설

소송상 합의를 소송법상의 계약으로 보면서 그로부터 처분적 효과뿐만 아니라 소송법상의 의무부과 효과도 아울러 발생한다고 보는 견해이다. 즉 직접 소송법상

의 효과가 발생하는 처분효과뿐만 아니라 소송법상의 작위·부작위 의무도 발생한다고 본다. 이렇게 함으로써 소송상의 합의에 위반하는 경우에 소송법상의 작위·부작위 의무위반을 이유로 손해배상청구도 가능하게 되는 것이다. 예컨대 원고와 피고가 제1심 소송계속 중에 소취하계약을 맺었는데 원고가 이를 어기고 계속 소송을 진행하려고 하여, 피고가 법원에 소취하계약 된 사실을 말한 경우에 법원은 이를 확인하여 소송종료선언을 하여야 한다. 한편 원고가 소취하계약을 위반하여 소를 계속 진행하여 패소판결을 받고 확정된 경우에, 피고는 원고의 소송법상 소취하계약의 의무위반을 이유로 소송지연에 따른 손해배상청구가 가능하다. 국내의 유력설이다.[71]

④ 병존설

소송상 합의를 소송계약과 사법계약이 병존하는 것으로 본다. 이 견해에 의하면 소송상 합의에 따라 사법상의 작위·부작위의무뿐만 아니라, 소송법상의 효과가 직접 발생하게 된다. 예컨대 원고와 피고가 소송계속 중 소취하계약을 체결한 경우에 소송법상의 효과에 따라 소송종료선언을 하여야 하고, 만약 원고가 이를 지키지 아니하여 소송이 그대로 진행되어 패소판결을 받아 확정된 경우에, 피고는 별소로 사법상의 소취하계약의 의무불이행을 이유로 손해배상청구가 가능하게 된다.[72]

⑤ 검 토

생각건대, 사법계약설은 소송상의 합의가 소송법상의 효과발생을 목적으로 하고 있음에도 이를 사법상의 작위·부작위의무로 파악한다는 것이 문제이다. 또한 사법계약설 중 의무이행소구설은 구제방법을 우회적·간접적으로 하여 부당하고, 항변권발생설은 소송상 합의가 사법상의 작위·부작위 의무위반으로서 항변권의 발생요건에 지나지 아니한다는 문제가 있다. 병존설은 사법계약설의 이러한 비판이 그대로 적용되므로 부당하다.

기본적으로 소송상의 합의를 소송계약으로 파악하는 것이 타당하다. 그런데 소송계약이 사법계약과 다른 특성을 가지고 있지만 소송상의 작위·부작위의무를 인정하는 데 주저할 이유는 없다고 본다. 사법상의 효과발생을 목적으로 하는 사법계약에서는 사법상의 권리의무가 발생하지만, 소취하계약 등과 같이 순전히 소송법상의 효과발생을 목적으로 하는 계약에서 소송법상의 효과뿐만 아니라 소송

---

71) 정동윤/유병현/김경욱, 491면.
72) 전병서, 452면.

법상의 작위·부작위의무도 발생한다고 할 수 있다. 따라서 소송상의 합의에 따라 소취하 등의 효과가 발생하는 외에 그 의무위반으로 손해가 발생한 경우에는 소송법상의 의무위반을 이유로 손해배상을 청구할 수 있는 것이 권리구제를 간단·명료하게 할 수 있다. 이러한 의미에서 발전적 소송계약설이 타당하다.[73] 다만 소송상 합의가 법원의 면전에서 이루어진 경우(예: 변론 중에 법관의 면전에서 당사자 사이에 소취하하기로 합의한 경우)에는 별도의 소송종료선언 없이 이를 확인하는 의미로 변론조서에 그러한 사실을 확인하고 종결처리하면 되고, 소송 외에서 합의가 되어 당사자가 이를 지키지 아니하여 상대방이 이를 법원에 알린 경우(예: 소취하계약이 성립되었다고 주장하면서 소취하계약서를 제출한 경우)에는 이를 확인하여 인정될 경우에는 판결로 소송종료선언을 하면 된다. 그러나 소취하계약이 되었음에 기초하여 원고가 단순히 소취하서를 제출한 경우에는 별도의 소송종료선언의 필요 없이 제266조에 따라 소취하로 처리하면 된다. 그 외에 소취하계약의 위반으로 손해가 발생한 경우에는 소송법상의 의무위반을 이유로 손해배상청구가 가능할 것이다.

(4) 유효요건 및 효력범위

① 소송상 합의는 소송행위이므로 당사자는 사법계약설과 달리 행위능력·민법상의 대리권 외에 소송능력과 소송상의 대리권이 필요하지만(능력·대리권), 소송절차 외에서 이루어지기 때문에 의사의 흠과 관련하여 민법상의 법률행위에 관한 규정이 유추적용 되고(의사의 흠),[74] 조건과 기한을 붙일 수도 있다고 본다(조건·기한).[75]

② 소송상 합의의 효력은 계약당사자에게만 미치고 원칙적으로 제3자에게는 미치지 아니한다. 당사자의 일반승계인이나 당사자와 동일시할 수 있는 소송담당자에게는 당연히 효력이 미친다.[76] 소송물의 특정승계의 경우에 있어서 계약자유의 원칙이 적용되는 채권에는 효력이 미치지만, 소송물인 권리관계가 법률상 정형

---

73) 同旨: 정동윤/유병현/김경욱, 491면.

74) 대판 2020. 10. 15, 2020다227523, 227530(소취하합의가 민법상 화해계약에 이르지 않은 법률행위라면 민법 제109조에 따라 법률행위의 내용의 중요부분에 착오가 있는 때에는 취소할 수 있고, 민법상 화해계약에 해당한다면 민법 제733조에 따라 당사자의 자격 또는 화해의 목적인 분쟁 이외의 사항에 착오가 있는 때에 한하여 이를 취소할 수 있지만, 사안의 경우는 민법상 화해계약에 해당하지 아니한다고 함).

75) 同旨: 김홍규/강태원, 330면; 정동윤/유병현/김경욱, 492면.

76) 同旨: 김홍규/강태원, 330면.

화되어 있는 물권관계에는 미치지 아니한다.[77]

③ 소송상 합의의 객관적 범위는 합의 대상의 특정 분쟁에 한하는 것이 원칙이다. 합의 대상을 소로 한정할 것인지 아니면 조정·화해 등의 소송 외의 분쟁해결방식도 포함하는지는 결국 의사해석의 문제로 귀착된다.[78] 소송상 합의가 사법상의 계약과 동시에 체결된 경우(예: 소송 외에서 화해를 하면서 소취하 합의도 한 경우)에 한쪽의 무효가 다른 쪽의 무효를 당연히 동반하는 것은 아니다. 합의 후에 당사자 사이의 법률관계의 변동이 있으면 합의의 효력이 미치지 아니함은 당연하다.

(5) 부제소합의(또는 부제소특약, 부제소계약)

명문의 규정이 없는 소송상 합의로 부제소합의, 소취하계약, 상소취하계약, 증거계약, 집행계약 등이 있다. 부제소합의 외는 소취하·상소·자유심증주의·민사집행법 등 해당 부분에서 설명하기로 하고, 부제소합의의 경우는 달리 설명할 곳이 없어 여기에서 설명하기로 한다.

① 의 의

부제소합의는 일정한 법적 분쟁에 대하여 법원에 소를 제기하지 아니하기로 하는 사인 간의 합의이다. 전형적인 소송계약에 해당한다.

② 허용범위

부제소합의는 사적 자치의 원칙에 따른 분쟁처리방식에 대한 선택의 자유(처분권주의)에 따라 원칙적으로 허용된다. 그러나 이것이 재판청구권의 본질적 부분을 침해하는 경우에는 일정한 한계가 있다.[79]

따라서 i) 부제소합의는 '일정한 범위의 분쟁'을 대상으로 하여야 한다. 예컨대 "당사자 사이에 장래 발생할 일체의 분쟁에 관하여 소를 제기하지 아니한다."는 식의 포괄적 부제소합의는 재판청구권을 본질적으로 침해[80]하므로 구체적으로 민

---

77) 同旨: 김홍규/강태원, 330면; 정동윤/유병현/김경욱, 493면.

78) 대판 1992. 4. 14, 91다17146, 17153(영업양도계약상 "본계약내용에 관하여 당사자간에 해결할 수 없는 법적 분쟁"을 중재대상으로 규정한 경우에 양도목적물의 하자로 하자담보책임과 불법행위책임이 경합하는 경우에 그 불법행위책임도 중재대상이 된다고 함); 同旨: 정동윤/유병현/김경욱, 493면.

79) 예를 들어 공익에 직결되는 강행규정을 배제하는 부제소합의는 허용될 수 없다. 판례도 부제소합의가 무효인지를 판단하기 위해서는 분양전환계약이 강행법규 위반인지를 먼저 심리하여 판단해야 하고, 만약 분양전환계약이 무효라면 원칙적으로 그에 부수한 부제소합의도 무효라고 보아야 한다고 한다(대판 2023. 2. 2, 2018다261773).

법 제103조(반사회질서의 법률행위)를 준용하여 선량한 풍속 또는 사회질서에 반하여 무효이거나,[81] 소송상의 신의칙위반($\frac{1\tilde{8}}{2\tilde{9}}$)으로 무효라고 할 것이다. ii) 분쟁의 범위 등이 예측가능성이 있어야 하고,[82] 당사자의 지위가 현저히 불평등한 관계에서 체결되면 효력이 없다. iii) 합의대상의 법률관계가 처분 가능하여야 한다. 따라서 퇴직 시에 발생하는 퇴직금청구권에 대하여 사전 부제소합의는 무효이다.[83] iv) 또한 판례는 부제소합의는 소송당사자에게 헌법상 보장된 재판청구권의 포기와 같은 중대한 소송법상의 효과가 발생하는 것이므로, 그 존부 판단을 함에 있어서 당사자들 사이에 이해관계가 극명하게 갈리게 되는 소송행위에 관한 당사자의 의사를 해석할 때에 표시된 문언의 내용이 불분명하거나, 표시행위에 의하여 추단되는 당사자의 의사조차도 불분명하다면, 가급적 소극적 입장에서 부제소합의의 존재를 부정할 수밖에 없다고 하였다.[84]

③ 효 과

(a) 부제소합의가 존재하면 소송상 합의의 성질에 관한 견해에 따라 처리방법이 다르다. 사법계약설과 발전적 사법계약설에 의하면 권리보호의 이익이 없다는 이유로 소를 각하하여야 한다.[85] 반면 소송계약설과 발전적 소송계약설에 의하면 부제소합의가 직권조사 또는 당사자에 의하여 그 내용이 확인되면 소송종료선언을 함이 원칙이다.[86]

(b) 부제소합의에 위배한 소의 제기가 직권조사사항인지 여부가 논의된다. 직권조사사항이 아니라는 소극설도 있지만,[87] 판례는 직권조사사항으로 보고 있

---

80) 판례는 행정소송은 국민의 국가에 대한 공권이라는 이유만으로 당사자 합의만으로 포기할 수 없다고 하나(대판 1995. 9. 15, 94누4455), 국가의 공권은 민사소송도 마찬가지이므로 재판청구권의 본질적 침해 여부가 기준이 되어야 한다고 본다.

81) 판례는 부제소합의를 사법행위(私法行爲)로 보아 준용 없이 직접 선량한 풍속 또는 사회질서에 반하여 무효라고 한다(대판 2002. 2. 22, 2000다65086).

82) 대판 1999. 3. 26, 98다63988; 대판 2001. 9. 4, 2001다9496(후유증손해에 대한 부제소합의가 예상할 수 없는 후유증손해에는 미치지 아니함).

83) 대판 1998. 3. 27, 97다49732. 다만 퇴직 후에는 가능하다(대판 1996. 6. 14, 95다3350).

84) 대판 2019. 8. 14, 2017다217151(부제소합의는 아닐지라도 보험회사 사이의 심의위원회의 조정결정이 확정된 경우에는 민법상 화해계약이 성립된 것으로 보았음). 당사자 사이에 소송계속 중 불상소 합의를 한 경우도 같다(대판 2002. 10. 11, 2000다17803).

85) 대판 1968. 11. 5, 68다1665; 대판 1993. 5. 14, 92다21760; 대판 2013. 11. 28, 2011다80449; 대판 2017. 6. 29, 2017다8388.

86) 다만 발전적 소송계약설을 취하면서도 권보보호의 자격 또는 재판권이 없다는 이유로 소를 각하하여야 한다는 견해도 있다(정동윤/유병현/김경욱, 494면).

87) 정동윤/유병현/김경욱, 494면.

다.[88) 부제소합의에 위배한 소의 제기 여부는 소의 적법요건의 하나이므로 직권조사사항이라고 봄이 타당하다. 다만 자료수집과 관련하여 변론주의 형태로서 당사자로부터 소송자료를 제출받아 판단하면 될 것이고,[89) 다만 당사자가 부제소합의의 효력이나 범위를 다투지 아니하는 경우에는 직권으로 부제소 합의를 위반하였다는 이유로 소가 부적법하다고 판단하기 위해서는 그 법률적 관점에 관하여 당사자의 의견 진술을 듣는 등 충분히 심리할 필요가 있다.[90)

Ⅲ. 소송행위의 특질

소송행위는 사법상의 권리실현을 위한 행위이지만, 또한 소송절차의 이용과 관련한 공익적인 측면이 있으므로 형식성을 중시하는 표시주의·외관주의에 따라 해석한다. 따라서 독자적인 법리에 따르고 특별한 규정 또는 특별한 사정이 없는 한 사법의 규정이 적용되지 아니한다. 그렇기 때문에 당사자의 소송행위는 사법상의 법률행위와 달리 다음과 같은 특징이 있다.

1. 인적 요건

소송행위가 유효하기 위하여 당사자능력·소송능력·변론능력 등을 갖추어야 하고, 법정대리권 및 소송대리권이 필요하다. 소송행위에 민법상의 표현대리의 규정이 준용되는지 여부가 문제되나, 다수설·판례는 적용할 수 없다고 본다. 법인이 고의로 부실등기를 한 경우에는 적용하자는 견해가 있다.[91)

2. 소송행위의 방식

(1) 소송행위는 구술주의 및 변론주의의 요청상 변론절차에서 말로 행함이 원칙이다(134조 1항, 규칙 28, 72조의2). 따라서 공격방어방법을 기재한 준비서면을 제출하여도 변론에서 말로 진술하지 아니하면 소송자료로 할 수 없다. 사법상의 법률행위는 방식선택의 자유가 있어 말 또는 서면으로 할 수 있다는 점과 차이가 있다. 그러나 중요한

---

88) 대판 1980. 1. 29, 79다2099(불항소합의); 대판 1993. 5. 14, 92다21760(부제소합의); 대판 2013. 11. 28, 2011다80449(부제소합의).

89) 反對: 정동윤/유병현/김경욱, 494면(방소항변의 일종으로 보고 있음).

90) 대판 2013. 11. 28, 2011다80449.

91) 정동윤/유병현/김경욱, 495면.

소송행위인 소·상소·재심의 제기, 청구취지의 변경, 소의 취하, 소송고지 등은 예외적으로 서면으로 하여야 한다.

(2) 소송행위는 사법상의 법률행위와 달리 법원에 대한 단독행위이므로 법원에 대하여 하여야 하고, 당사자에게 할 것은 아니다. 따라서 소송행위는 당사자가 결석한 경우에도 할 수 있으나, 준비서면을 미리 제출하지 아니하면 일정한 제약이 따를 수 있다. 그런데 위 서면에 의한 소송행위의 경우에는 상대방에게 송달되어야 효력이 미치게 된다.

3. 소송행위의 조건과 기한

(1) 소송행위는 절차의 안정과 형식의 정형성을 중시하므로 원칙적으로 소송행위를 불안정하게 하는 조건·기한과 같은 부관(附款)을 붙일 수 없다. 소송행위에 기한을 붙이는 것은 당사자의 임의대로 소송행위의 효력발생시기와 소멸시기를 정하게 되어 어떠한 경우에도 인정할 수 없으나, 조건의 경우에는 일정한 예외가 인정된다.

(2) 조건에는 소송외적 조건과 소송내적 조건이 있다. 둘은 소송절차의 안정이라는 측면에서 보면 달리 취급할 수 있다. i) 소송외적 조건의 경우는 소송행위의 효력 여부가 소송외의 장래 발생할 불확실한 조건에 의존하게 되므로 허용될 수 없다. 예컨대 피고가 자신의 청구를 시인하는 것을 해제조건으로 하는 소의 제기나, 피고가 소송비용의 부담을 정지조건으로 한 소의 취하 등이 여기에 해당한다. 그러나 ii) 소송내적 조건의 경우는 소송진행 중에 판명될 사실을 조건으로 하는 것이므로 소송절차의 안정에 문제될 것이 없어 허용된다. 예컨대 예비적 병합, 예비적 반소, 예비적 공동소송 등의 예비적 신청[92]이나(예: 주위적으로 매매대금의 지급을 구하고, 예비적으로 매매계약이 무효임을 전제로 인도한 매매목적물의 반환을 구하는 경우, 본소가 인용되거나 기각되는 것을 조건으로 반소청구를 하는 경우 등), 예비적 주장 또는 가정적 주장(예: 피고가 우선 변제항변을 하고, 이것이 인정되지 아니하면 소멸시효항변을 하는 경우)이 여기에 해당한다.

4. 소송행위의 철회와 의사의 흠(하자)

(1) 민사소송은 처분권주의·변론주의가 적용되므로, 소송행위는 원칙적으로

---

92) 부대상소도 상소의 각하·취하를 해제조건으로 하는 예비적 신청으로 볼 수 있다.

상대방의 소송상의 지위에 영향을 미치지 아니하는 한 자유롭게 철회할 수 있고, 정정·변경이 가능하다. 신청, 주장, 증거신청 모두 그렇다. 당사자는 소송대리인의 사실상의 진술을 취소·정정할 수 있다($_{조}^{여}$).

(2) 그러나 소송행위 중 법원의 재판 없이 바로 소송법상의 효력이 직접 발생하는 여효적 소송행위(예: 청구의 포기·인낙, 재판상 화해, 소·상소의 취하 등)는 이미 효력이 발생하여 상대방의 절차상의 이익, 소송절차의 안정이라는 면에서 임의로 철회할 수 없음이 원칙이다.[93] 또한 소송행위의 철회·변경·정정이 허용되는 시기는 특별한 규정이 없는 한 사실심의 변론종결 시까지 가능하다.[94]

(3) 소송행위 중 소송행위를 한 당사자에게 불리한 소송행위 또는 상대방이 소송행위로 인하여 일정한 법률상의 지위가 취득된 경우에는 그 소송행위는 이를 자유롭게 철회할 수 없는 제한이 있다.[95] 예컨대 재판상의 자백의 취소, 증거조사가 개시된 뒤의 증거신청의 철회, 소제기에 대하여 피고가 응소한 후의 소취하, 화해, 청구의 포기·인낙, 소·상소의 취하 등이 여기에 해당한다.

(4) 위와 같은 철회가 제한되는 소송행위의 경우에도 당해 소송절차 내에서 그 무효를 주장할 수 있는 경우가 있다.

① 형사상 처벌할 수 있는 다른 사람의 행위로 인하여 한 소송행위

이 경우에는 위에서 본 바와 같이 민사소송법 제451조 제1항 5호를 유추하여 해당 소송절차 내에서 그 소송행위의 무효를 주장할 수 있다. 예컨대 문맹자에게 재판에 유리한 문서라고 속여 항소취하서에 날인케 하여 이를 제출하게 한 경우, 피고 측 당사자나 소송대리인이 소송진행과정을 모르는 원고 중 일부를 기망하여 항소를 취하하게 한 경우,[96] 피고 주식회사의 실질적 대표자가 소송상대방과 공모하여 개인적으로 돈을 받기로 하고 제1심판결에 대한 항소를 취하한 경우,[97] 다른 사람의 폭행이나 강요에 의하여 작성된 소취하서를 제출한 경우 등이 여기에 해당한다. 판례는 이에 ⅰ) 유죄판결의 확정과 ⅱ) 소송행위에 부합하는 의사 없이 외형만이 존재하는 등의 2가지 요건이 필요하다고 한다.[98] 그러나 이러한 해석은

---

93) 同旨: 정동윤/유병현/김경욱, 499면.
94) 대판 1960. 8. 18, 4292민상905.
95) 학자에 따라서는 소송행위가 행위를 한 당사자에게 불리하거나 또는 상대방에게 일정한 법률상 지위가 형성된 소송행위를 구속적 소송행위(拘束的 訴訟行爲)로 정의하고, 이러한 구속적 소송행위는 자유롭게 철회할 수 없다고 설명한다(이시윤, 399면).
96) 대판 2004. 4. 27, 2003다31619.
97) 대판 2012. 6. 14, 2010다86112.

이론적 논거도 희박하고, 구제의 폭을 너무 좁히게 되므로 문제이다.[99] 형사상 처벌을 받았거나 법원의 판단으로 장래 형사상 처벌을 받을 가능성만 존재하면 해당 소송행위를 취소할 수 있다고 할 것이다.

② 상대방의 동의

상대방의 동의가 있는 경우에 취소가 가능하다. 예컨대 응소 후 피고의 동의하의 소취하($\frac{266조}{2항}$), 증거조사 개시 후에 증거신청의 철회,[100] 재판상 자백의 취소[101] 등이 그것이다.

③ 진실에 반하고 착오로 인한 자백

자백이 진실에 반하고 착오로 인한 경우에는 상대방의 동의 없이도 철회할 수 있다($\frac{288조}{단서}$).

(5) 의사표시의 흠과 민법의 준용 여부

〈의사표시의 흠과 민법의 준용〉

그런데 철회할 수 없는 소송행위에 사기·강박, 착오 등 의사표시의 흠이 있는 경우에 민법 제109조나 제110조를 준용하여 취소·무효를 주장할 수 있는지가 문제된다. 논의의 편의를 위하여 소송행위를 i) 소송절차를 구성하는 전형적인 소송행위(예: 신청·주장·증거신청 등), ii) 소송전·소송외의 소송행위(예: 대리권수여·관할의 합의·증거계약·불항소합의 등), iii) 소송절차를 종료 시키는 소송행위(예: 청구의 포기·인낙, 재판상 화해, 소·상소의 취하 등)로 나누어 살펴보겠다.

첫째, 소송절차를 구성하는 전형적인 소송행위에 대하여는 소송절차의 명확·안정을 위하여 표시주의·외관주의를 관철하여야 하므로 위 민법의 규정을 준용할 수 없다는 것이 통설이다.

둘째, 소송전·소송외의 소송행위의 경우에는 소송절차 자체를 조성하는 행위가 아니므로 의사표시의 흠에 관한 민법의 규정을 준용하여 무효·취소를 주장하는 것에 문제가 없다($\frac{통}{설}$).

셋째, 소송절차를 종료시키는 소송행위에 대하여 견해가 대립된다. 판례[102]·통설은 소송절차의 명확·안정을 위하여 표시주의·외관주의를 관철할 필요가 있어 민법의

---

98) 대판 1984. 5. 29, 82다카963; 대판 2001. 1. 30, 2000다42939, 42946.

99) 同旨: 이시윤, 400면; 정동윤/유병현/김경욱, 499면.

100) 대판 1971. 3. 23, 70다3013.

101) 대판 1967. 8. 29, 67다1216.

102) 대판 1979. 5. 15, 78다1094(소송상 화해), 대판 1979. 12. 11, 76다1829; 대판 1980. 8. 26, 80다76(항소취하); 대판 1984. 5. 29, 82다카963(사기·강박); 대판 1985. 9. 24, 82다카312(사기·강박); 대판 1997. 10. 24, 95다11740(소취하).

규정을 준용하여 무효·취소를 주장할 수 없다고 본다(^{유력}_설). 이러한 판례·통설에 대하여 각 소송행위를 구체적으로 검토하여 이익을 형량하여 의사표시의 흠을 다루어야 한다는 시각에 입각하여, 소송절차를 종료시키는 소송행위는 소송절차의 명확·안정을 위하여 표시주의·외관주의를 관철시킬 필요가 없다는 이유로 위 민법규정을 준용하여 무효·취소를 주장할 수 있다는 유력설이 있다(^{유력}_설).[103]

생각건대, i) 청구의 포기·인낙, 재판상의 화해에 대하여는 준재심의 소(⁴⁶¹_조)로 그 흠을 구제할 수 있고, 그 효력과 관련하여 무제한기판력설에 대응하여 신의칙에 따른 확대해석의 기능을 통하여 구제범위를 확장한다면 문제될 것이 없다는 점, ii) 사기·강박의 경우에는 민사소송법 제451조 제1항 5호(형사상 처벌할 수 있는 다른 사람의 행위로 인하여 한 소송행위)를 유추하여 적용하는 것이 보다 합리적인 점, iii) 착오에 있어서는 청구의 포기·인낙, 재판상의 화해의 경우에는 법관의 관여 하에서 이루어지기 때문에 착오가 문제될 것이 없고, 소·상소의 취하 등에 민법상의 착오이론을 적용하는 것은 소송절차의 명확·안정을 위하여 인정되기 어렵다고 본다. 따라서 통설·판례의 견해가 타당하다고 본다. 그러나 청구의 포기·인낙, 재판상의 화해에 대하여는 준재심의 소(⁴⁶¹_조)로 그 흠을 구제하는 경우에 무제한기판력설이 아닌 재심사유 외에 신의칙의 확대해석의 기능을 통하여 구제의 폭을 넓힐 필요가 있다(수정된 제한적 기판력설, 뒤의 소송상 화해 부분 참조).[104]

5. 소송행위의 흠과 그 치유

(1) 흠 있는 소송행위: 무효

소송행위가 인적 요건을 갖추지 못하였거나, 방식·내용이 소송법규에 합치되지 아니하거나, 기한·소송외적 조건이 붙어 있는 경우에는 흠 있는 소송행위로서 무효이다. 이 경우 법원은 그러한 소송행위를 각하·기각하거나(신청·주장·증거신청), 종국판결의 이유에서 판단하는 것이 원칙이다. 예외적으로 변론무능력자의 소송행위(¹⁴⁴_조), 불필요한 증거신청, 직권발동을 촉구하는 신청(예: 관할위반을 이유로 한 이송신청, 변론재개신청 등) 등의 경우에 이를 무시하고 재판진행을 할 수도 있지만, 재판의 신뢰와 관계되므로 법정에서 받아들이지 아니하는 이유를 간단히 구두로 고지하는 것이 좋다.

---

103) 정동윤/유병현/김경욱, 497면; 호문혁, 447-449면(사기·강박에 관한 민법 110조 준용을 인정함).
104) 호문혁 교수도 소송상 화해의 기판력의 범위를 검토하여야 한다는 점에서 비슷한 견해를 취하고 있다고 볼 수 있다(호문혁, 448면).

(2) 흠 있는 소송행위의 치유

흠 있는 소송행위로 무효인 경우에도 다음과 같은 사유가 있으면 유효하게 될 수 있다.

① 흠 없는 새로운 소송행위의 반복

흠 있는 소송행위를 철회하고(철회 없는 경우도 가능함),[105] 흠 없는 새로운 소송행위를 반복하면 된다. 예컨대 항소제기가 부적법한 경우에 이를 철회하고(또는 철회 없이) 재차 항소제기를 한 경우를 생각할 수 있다. 다만 소송행위에 기간의 정함이 있는 때에는 그 기간을 준수하여야 한다. 그러나 흠 없는 새로운 소송행위의 반복은 엄밀히 보면 흠 있는 소송행위의 치유가 아니고, 새로운 소송행위 자체의 효력이라고 보아야 한다.[106] 따라서 새로운 소송행위시부터 효력을 갖는다.

② 추 인

소송능력, 법정대리권 또는 소송행위에 필요한 권한의 수여에 흠이 있는 사람이 소송행위를 한 뒤에 보정된 당사자나 법정대리인이 이를 추인한 경우에는, 그 소송행위는 이를 한 때에 소급하여 효력이 생긴다($\frac{60}{조}$). 대리권의 흠결의 경우에 본인의 추인($\frac{97조}{60조}$)의 경우에도 같다.

③ 보 정

소장 제출 시에 납부할 인지를 붙이지 아니한 경우나, 주소불명 등 형식적 요건을 갖추지 못한 경우에 보정으로 이를 유효하게 할 수 있다($\frac{254,}{255조}$). 다만, 재판장의 보정명령에 따른 경우에는 소장 각하명령 전까지 보정하여야 한다.

④ 이의권의 포기·상실($\frac{151}{조}$)

소송절차에 관한 규정 중에서 임의적·사익적 규정에 위배된 소송행위는 그로 인하여 불이익을 받은 당사자의 소송절차에 관한 이의권의 포기·상실로 그 흠이 치유된다($\frac{151}{조}$).

⑤ 무효행위의 전환

(a) 무효행위의 전환(Umdeutung, Konversion)이라 함은 흠 있는 소송행위가 유사한 소송법상의 효과를 발생하는 다른 소송행위의 요건을 갖춘 경우에 그 다

---

105) 흠 있는 소송행위는 무효이므로, 철회 없이 재차 새로운 소송행위를 함으로써도 가능하다.
106) 同旨: 정동윤/유병현/김경욱, 481면.

른 소송행위로서 효력을 인정함으로써 당사자가 의도하는 목적을 달성할 수 있게 하는 것을 말한다. 이것은 민법상의 무효행위의 전환이론($\frac{민}{138조}$)을 소송행위에 유추함으로써 소송의 적정과 절차의 신속을 도모하기 위한 것이다. 어느 한도까지 무효행위의 전환을 인정할 것인가는 어려운 문제이다. 그러나 절차상의 과오로 인하여 실체상의 권리를 잃게 하는 것은 가혹하여 소송상 신의칙에 반하고, 이러한 것이 당사자가 의도에 부합하는 경우에 제한적으로 인정할 필요가 있다. 특히 법원이 석명권을 행사할 수 있는 경우에는 무효행위의 전환에 앞서 석명권을 적절히 행사하여 소송행위를 정정하는 것이 타당하다.[107] 또한 무효행위의 전환은 법원의 의무이므로 이를 위반한 경우에는 상고이유가 된다.[108]

(b) 판례상 무효행위의 전환을 인정하는 경우는 다음과 같다. i) 부적법한 독립당사자참가의 경우에 당사자 일방을 위한 보조참가신청으로의 전환,[109] ii) 청구기간 도과의 공동소송참가신청을 보조참가신청으로의 전환,[110] iii) 특별항고($\frac{449}{조}$)만을 할 수 있는 불복할 수 없는 결정·명령에 대해 항고법원에 일반항고를 한 경우에 이를 특별항고로 보아 대법원에 소송기록의 송부,[111] iv) 항소기간을 도과한 항소의 경우에 항소기간의 도과가 책임질 수 없는 사유에 기인한 것으로 보아 추후보완 항소의 기재가 없다고 하여도 추후보완 항소로 본 경우,[112] v) 이미 취소되어 실효된 제1심 판결에 대한 경정신청을 항소심판결에 대한 경정신청으로 보아 항소심으로의 이송,[113] vi) 항소심판결이 재심대상이므로 항소심법원에 재심의 소를 제기하여야 함에도 제1심에 제기한 경우에 관할위반을 이유로 항소심으로의 이송,[114] vii) 특별항고사건으로 접수되었지만 담보제공자의 담보취소신청을 기각한 원심의 결정에 대한 불복이므로 이를 재항고로 보고 판단한 경우[115] 등이 그것이다.

6. 소송행위의 해석

(1) 소송행위의 해석은 소송절차의 명확·안정을 위하여 일빈 실체법상의 법

---

107) 同旨: 이시윤(2009), 353면.
108) 同旨: 정동윤/유병현/김경욱, 505면.
109) 대판 1960. 5. 26, 4292민상524.
110) 헌재 2008. 2. 28, 2005헌마872, 918; 이시윤, 402면; 反對: 김홍엽, 513면.
111) 대결 1968. 11. 8, 68마1303; 대결 1981. 8. 21, 81마292.
112) 대판 1980. 10. 14, 80다1795.
113) 대결 2002. 4. 22, 2002그26.
114) 대판(전) 1984. 2. 28, 83다카1981; 대판 1995. 6. 19, 94마2513.
115) 대결 2011. 2. 21, 2010그220.

률행위와 달리 표시주의·외관주의를 중시하여야 한다. 그런데 소송행위의 경우에도 명시적으로만 하는 것이 아니고 묵시적 방법(예: 관할위반의 소제기에 대한 피고의 이의 없는 응소로 관할권이 발생함)으로 할 수 있으므로 그 해석이 중요하다.

(2) 소송행위의 해석은 원칙적으로 표시주의·외관주의에 의하지만 이를 획일적·형식적으로 할 것은 아니고 당사자의 주장 전체와 그 의사를 참작하여 객관적이고 합리적으로 해석하여야 한다.[116] 특히 소송절차 중의 당사자의 소송행위의 의미가 명확하지 아니한 경우에는 법원은 석명권을 행사하여 이를 명확히 하여 소송행위의 해석의 여지를 없애는 것이 타당하다.

제 4 관 변론의 실시

Ⅰ. 변론의 전체적 흐름

(1) 변론은 재판장이 미리 변론기일을 지정하여($\frac{165}{조}$), 양쪽 당사자에게 통지한 후에($\frac{258조\ 2항}{165조\ 1항}$) 공개법정에서 이루어진다. 변론기일에 행하는 변론은 재판장의 지휘 하에 진행되고($\frac{135}{조}$), 재판장이 사건과 당사자의 이름을 부름으로써 시작된다($\frac{169}{조}$).

(2) 변론기일에 앞서 변론준비절차를 거친 경우에는 특히 변론준비기일에서 당사자 사이의 쟁점과 증거를 정리하고, 일정한 경우에 증거조사도 이루어 질 수 있다. 이 경우에는 변론준비절차의 결과를 변론에 상정하기 위하여 그 결과를 진술하여야 한다($\frac{287조}{2항}$). 다만 변론준비기일을 거치지 아니한 경우에는 이미 제출한 소장, 답변서, 준비서면 등을 최초로 진술하게 하여 진행하면 된다.

(3) 변론준비절차를 거치지 아니하고 변론기일을 바로 잡은 경우에는 i) 우선 원고가 소장에 적힌 청구취지에 기초하여 본안의 신청을 하고, 피고가 여기에 대하여 다투는 경우에는 소각하 또는 청구기각의 반대신청을 하고(다투지 아니하고 청구인낙을 하거나 화해가 가능함), ii) 원고는 자신의 청구원인 사실을 주장하면, 피고는 이를 인정하거나(자백), 다투거나(부인 또는 부지) 또는 이를 인정하면서도 새로운 사실을 주장하여 다툴 수 있다(항변). 또한 원고는 피고의 항변에 대하여 직접적으로 다투거나(부인 또는 부지), 이를 인정하거나(자백), 이를 인정하면서도 새로운 사실을 주장하여 피고의 항변을 다툴 수 있다(재항변). 당사자의 주장에

---

116) 대결 2002. 4. 22, 2002그26; 대판 2002. 10. 11, 2000다17803.

대한 대응은 이러한 과정이 순환하게 된다. iii) 원고와 피고는 자신의 주장이 상대방에 의하여 다투어지는 경우에는 그 사실을 증명하기 위하여 증거를 제출하고, 법원은 당사자가 제출한 증거를 조사하여 사실을 확정하는 작업을 하게 된다. iv) 당사자의 주장과 증명이 충분히 이루어졌다고 판단되면 변론을 종결하면서 선고기일을 정하여 그 기일에 판결을 선고하게 된다. v) 이에 대하여 패소한 당사자가 불복하여 상소하면 상소심에서의 변론이 이루어지게 된다. 다만 대법원은 법률심이므로 예외적으로 변론이 열릴 뿐이다.

(4) 변론기일은 변론준비절차를 거쳐 쟁점과 증거가 정리되어 있는 경우에는 그 결과를 상정한 후에 즉시 변론준비절차에서 못한 증인신문과 당사자신문 등을 중심으로 하고, 이를 거치지 아니한 경우에는 변론기일에서 바로 쟁점과 증거를 정리한 후에 증인신문과 당사자신문 등을 중심으로 하고 집중적으로 심리하여야 한다($^{287조\ 3항,\ 집중}_{증거조사기일}$). 특히 변론준비절차를 거친 경우에는 가능한 첫 변론기일에 심리가 종결될 수 있도록 하여야 하고($^{287조}_{1항}$), 이것이 어려울 경우에는 가능한 한 종결에 이르기까지 매일 변론을 진행하여야 하고, 변론기일을 따로 정하는 경우에는 가능한 최단기간의 날짜로 진행하여야 한다($^{규칙\ 72}_{조\ 1항}$).

Ⅱ. 변론의 제한·분리·병합(변론의 정리)

법원은 심리를 효율적으로 하기 위하여 변론을 단순화하거나(변론의 제한·분리), 산만한 변론을 집중시킬 수 있다(변론의 병합). 즉 변론을 정리하기 위하여 변론의 제한·분리·병합을 할 수 있다($^{141}_{조}$). 이렇게 함으로써 소송경제를 도모하고, 판결의 모순·저촉을 방지할 수 있다. 이러한 변론의 정리는 소송지휘권의 하나로서 법원의 재량에 속하는 사항이므로 당사자는 이에 불복신청할 수 없다.[117]

1. 변론의 제한

(1) 하나의 소송절차에 여러 개의 청구가 병합하거나 또는 복수의 공격·방어방법이 제출되어 쟁점이 복잡한 경우에, 변론을 체계적으로 하기 위하여 변론대상의 사항을 한정하여 심리하려는 사항 외의 부분에 대한 변론을 한시적으로 못하도록 하는 조치를 변론의 제한이라 한다. 예컨대 수개의 청구가 병합된 경우에

---

117) 대판 1956. 1. 27, 4288행상126. 다만 대판 1959. 5. 22, 4290행상180은 반대임.

단계적·집중적으로 변론할 수 있도록 하나하나씩 순차적으로 변론하여 나가는 방법 또는 본안전 항변의 증거조사로 한정하거나, 손해배상의 책임원인과 손해액 중 책임원인에 한정하여 변론을 하는 경우 등이 그것이다. 특히 변론의 제한은 변론을 집중하기 위한 유효한 방법이다.

(2) 변론의 제한을 통하여 심리한 결과 더 이상 심리가 필요 없다면 변론을 종결하여 소각하, 청구기각 등을 할 수 있고, 그렇지 아니한 경우에는 중간판결 후에 다른 사항에 관하여 심리하거나, 변론의 제한을 취소하고 다른 사항에의 심리를 계속할 수 있다.

2. 변론의 분리

(1) 하나의 소송절차에 여러 청구가 병합되어 있는 청구의 병합 또는 공동소송의 경우에 그중에 일정한 청구에 대하여 별개의 소송절차로 심리하겠다는 법원의 결정을 변론의 분리라고 한다. 같은 소송절차로 진행되던 수개의 청구를 다른 소송절차로 나눔으로써 복잡한 소송관계를 단순화하여 심리의 효율성을 기할 수 있다. 예컨대 청구병합의 경우에 하나의 청구가 다른 청구들과 전혀 관련성이 없어 심리에 걸림돌이 되거나, 하나의 청구가 심리가 완결되어 별도로 판결할 필요가 있는 경우 또는 공동소송의 경우에 그중 1인이 송달불능이 되어 동시에 기일을 열 수 없는 경우에 송달불능 된 공동소송인의 소송절차를 잠정적으로 분리함으로써 효율적으로 소송절차를 진행할 수 있다. 특히 공동소송의 경우에는 변론의 분리 후에 분리결정을 취소하여 재차 공동으로 진행할 수 있고, 분리되어도 관할에는 영향이 없다(⅓⅓). 또한 분리 전의 증거자료는 분리 후에 양 절차의 증거자료가 된다.

(2) 다만 필수적 공동소송, 독립당사자참가소송, 예비적·선택적 공동소송, 청구의 예비적 병합 또는 선택적 병합의 경우에는 분쟁의 합일적 확정의 필요성으로 인하여 변론의 분리가 허용되지 아니한다.

3. 변론의 병합

(1) 같은 법원에 별개로 계속되어 있는 수개의 소송을 하나의 소송절차에서 심리할 것을 명하는 것을 변론의 병합이라 한다. 변론의 분리와 반대이다. 당사자가 같은 경우뿐만 아니라 다른 경우에도 가능하다. 이것은 법원이 심리의 효율성을

기하기 위하여 소송절차를 병합하는 것이라는 점에서 당사자 스스로 복수의 청구
를 하는 경우(예: 청구의 병합 또는 공동소송의 제기 등)와 차이가 있다. 이것은 관
련된 분쟁을 집중하여 함으로써 심리의 중복과 판결의 모순·저촉을 막을 수 있
는 장점이 있다. 변론의 병합은 변론단계에서 청구 또는 당사자의 복수로 인한
청구의 병합이 수반되므로 동종 소송절차로 심판할 수 있고, 청구의 관련성 등의
병합요건($^{65}_{253조}$)을 갖추어야 한다. 변론을 병합할지 여부는 원칙적으로 법원의 재량
에 속하지만, 일정한 경우에는 병합의무가 있다($^{상 188, 328, 376조, 중}_{집 14조, 소단규 15조}$).

(2) 사건이 병합된 후에는 변론과 증거조사를 공통으로 하여야 한다. 그런데
병합 전에 각 사건에서 이루어진 증거조사의 결과가 병합 후에 그대로 증거자료
가 될 수 있는지 문제된다. 여기에는 증거조사의 조서(예: 증인신문조서)를 하나의
서증으로 보자는 견해, 당사자의 원용을 기다려 증거조사의 결과 그 자체가 증거
자료로 된다는 견해($^{절충}_{설}$), 당사자의 원용 없이 당연히 증거자료가 된다는 견해 등
이 있다. 당사자의 절차보장이라는 면에서 보면 당사자가 동일한 경우에는 원용
없이 당연히 증거자료가 되고, 당사자가 다른 경우(예: 병합으로 공동소송이 된 경
우)에는 당사자의 원용이 있어야 증거자료가 될 수 있다고 생각한다($^{절충}_{설}$).[118]

(3) 실무상 여러 개의 사건을 병합하지 아니하고 같은 기일에 동시에 진행하는
경우가 있다. 이를 변론의 병행(併行)이라 한다. 병합요건을 갖추지 못하였으나 관
련성이 있는 사건의 경우에 유용한 심리방법이다. 예컨대 본안사건과 가압류·가
처분사건을 동시에 진행하는 경우 등이 여기에 해당한다.

Ⅲ. 당사자본인의 최종진술

대법원은 2015년 6월 29일 민사소송규칙을 개정하여 형사소송절차에서와 같이
당사자본인이 법원의 허가를 받아 변론종결 전에 최종진술을 할 수 있도록 동 규
칙 제28조의3(당사자본인의 최종진술)을 신설하였다. 동 규정에 의하면 당사자 본
인은 변론이 종결되기 전에 재판장의 허가를 받아 최종의견을 진술할 수 있고,
다만 변론에서 이미 충분한 의견진술 기회를 가졌거나 그 밖의 특별한 사정이 있
는 경우에는 그러하지 아니하다($^{동조}_{1항}$). 재판장은 당사자 본인의 수가 너무 많은 경
우에는 당사자 본인 중 일부에 대하여 최종의견 진술기회를 제한할 수 있다($^{동조}_{2항}$).

---

118) 同旨: 김홍엽, 514면; 이시윤, 405면; 정동윤/유병현/김경욱, 491면; 한충수, 373면.

재판장은 필요하다고 인정할 때에는 당사자 본인의 최종의견 진술시간을 제한할 수 있다($\frac{동조}{3항}$).

Ⅳ. 변론의 종결·재개

(1) 법원은 변론과 증거조사를 통하여 사건의 내용을 재판하기에 충분하다고 판단하거나 또는 더 이상의 사실관계의 증명이 불가능하다고 판단되면 변론을 종결하고, 즉시(예: 소액사건) 또는 가능한 단기간 안에 선고기일을 지정하여 판결을 선고하게 된다.

(2) 법원은 변론을 종결한 뒤에도 심리가 미진하다고 인정되거나, 그 밖에 필요하다고 인정되는 경우에는 자유재량으로 변론을 재개할 수 있다($\frac{142}{조}$). 변론을 재개할 것인지 여부는 법원의 직권사항이므로 당사자에게 신청권이 없다. 따라서 당사자가 변론재개신청을 하였다고 하여도 이것은 법원의 직권발동을 촉구하는 의미밖에 없으므로 허부결정을 할 필요가 없다.[119] 당사자의 재개신청에 대하여 법원의 재개의무가 없고, 재개신청사유가 소송고지의 필요성,[120] 증거가 유일한 증거방법인 경우, 변론이 재개되어 속행되는 기일에서 실기한 공격방어방법으로 각하 당하지 아니할 가능성이 있다는 사정[121] 등의 경우에도 같다. 법원에게 쉽게 재개의무를 부담하도록 하는 것은 변론의 재개를 당사자가 소송지연책으로 악용할 소지가 있기 때문이다. 그러나 i) 재개사유로 재심사유의 제출, ii) 재개사유로 청구의 결론을 바꿀 수 있는 매우 중요한 요증사실의 제출,[122] iii) 변론을 재기하여 당사자에게 주장·증명을 제출할 기회를 주지 않은 채 패소 판결을 하는 것이 민사소송법이 추구하는 절차적 정의에 반하는 경우,[123] iv) 석명의무 또는 지적의무에 위반하여 변론종결이 되어 적정하고 공정한 해결에 영향을 미칠 수 있는 소송절차상의 위법이 드러난 경우[124] 등에 있어서는 예외적으로 재개의무가 있다고

---

119) 대판 1992. 9. 25, 92누5096; 대판 2004. 7. 9, 2004다13083; 대판 2005. 3. 11, 2004다26997. 다만 대법원은 재개결정 없이 사실상 재개로서 변론을 속행하였다고 하여도 위법이 아니라고 한다[대판(전) 1971. 2. 25, 70누125].

120) 대판 1970. 6. 30, 70다881.

121) 대판 2010. 10. 28, 2010다20532.

122) 대판 1982. 6. 22, 81다911; 대판 1994. 11. 11, 94다34333; 대판 1996. 2. 9, 95다2333.

123) 대판 2015. 6. 11, 2015두35215; 대판 2018. 7. 26, 2016두45783; 대판 2019. 9. 10, 2017다258237; 대판 2019. 11. 28, 2017다244115; 대판 2021. 3. 25, 2020다277641; 대판 2022. 12. 29, 2022다263462; 日最判 1981. 9. 24, 民集 35. 6. 1088; BGH 27, 163.

할 것이다. 이러한 재개의무가 있는 경우라면 변론종결 후에 당사자가 추가로 주장·증명을 위한 서면과 자료를 제출하였다면 이를 변론재개 신청으로 선해할 수 있다고 할 것이다.[125]

(3) 법원은 변론을 재개하는 경우에도 소송지연을 피하기 위하여 특별한 사정이 없는 한 재개와 동시에 새로운 변론기일을 잡아야 한다($\frac{규칙}{43조}$).

(4) 변론재개결정은 일반적으로 항고의 대상으로 삼고 있는 민사소송법 제439조 소정의 '소송절차에 관한 신청을 기각한 결정이나 명령'에 해당하지 아니하고 또 이에 대하여 불복할 수 있는 특별규정도 없으므로 이에 대하여는 항고를 할 수 없다. 또한 이는 상소가 있는 경우에 종국판결과 함께 상소심의 심판을 받는 중간적 재판의 성질을 갖는 것으로서 특별항고의 대상이 되는 불복할 수 없는 결정이나 명령에도 해당되지 않아 결국 변론재개결정에 대한 항고는 부적법하다.[126]

V. 변론의 일체성

(1) 변론이 1회의 기일에 종결되지 않고 수회의 기일에 걸쳐 행하여진 경우라고 하여도 하나의 기일에 동시에 이루어진 것으로 간주한다. 이것을 변론의 일체성이라 한다. 이러한 변론의 일체성은 우리의 심리구조가 속심구조(續審構造)이므로 1심과 2심의 기일 모두가 일체성을 가지게 된다.

(2) 변론의 일체성이라는 개념은 소송자료의 제출과 관련하여 수시제출주의($\frac{구민소}{136조}$)를 취하던 구법 하에서 의미가 깊었음은 사실이나, 적시제출주의를 취하는 신법 하에서도 수회의 변론이 가능하고 특히 제2심이 제1심의 속심으로서의 성질을 가지고 있는 것이므로 여전히 의미가 있다고 할 것이다.

(3) 변론의 일체성이란 소송자료가 변론기일에 적법하게 제출된 것을 전제로 하는 것이다. 따라서 적절한 시기에 제출되지 아니하여 실기한 공격방어방법이 경우($\frac{147, 149,}{285조}$)는 변론의 일체성의 범위 밖이라 할 것이다.

---

124) 대판 2011. 7. 28, 2009다64635; 대판 2019. 11. 28, 2017다244115; 대판 2021. 3. 25, 2020다277641.

125) 대판 2013. 4. 11, 2012후436; 대판 2022. 12. 29, 2022다263462(원고가 제1심에서 공시송달로 일부 승소판결을 받고 자신의 패스부분에 대하여 항소하였는데, 항소심에서 피고가 제1심 제1회 변론기일에 임박하여 새로운 항변이 포함된 답변서를 제출하고 그대로 변론이 종결된 후에 원고가 피고의 항변에 대응한 재항변이나 반박 주장을 기재한 참고서면 등을 제출한 경우임).

126) 대결 2008. 5. 26, 2008마368; 대결 2020. 3. 10, 2019그98.

VI. 변론조서

1. 의   의

변론조서(Protokoll)라 함은 변론의 경과를 명확히 기록하여 두기 위하여 법원사무관 등이 작성하는 문서이다. 이것은 소송절차의 진행을 정확히 함으로써 절차의 안정을 꾀할 수 있고, 상급법원이 원심판결의 당부를 심사할 수 있게 하여 준다. 조서에는 변론조서 외에도 변론준비기일조서, 법정 외의 증거조사기일조서, 화해조서, 조정조서, 심문조서 등이 있다. 변론조서 외의 경우에도 변론조서에 관한 규정을 준용한다($^{160,\ 규칙\ 37조\ 2}_{항,\ 민조\ 38조\ 1항}$).

2. 변론조서의 작성과 기재사항

(1) 변론조서의 작성

① 변론조서의 작성은 원칙적으로 법원사무관 등이 한다. 즉 법원사무관 등은 변론기일에 참석하여 기일마다 조서를 작성하여야 한다($^{152조\ 1항}_{본문}$). 변론조서에 관한 규정이 준용되는 조서의 경우도 같다.

② 그런데 신법에서는 예외적으로 i) 변론기일·변론준비기일의 경우에는 녹음·속기 또는 그 밖에 이에 준하는 특별한 사정(예: 녹화·화상재판 등)의 경우에 ($^{152조\ 1항\ 단서,}_{283조\ 2항\ 단서}$), ii) 그 밖의 기일인 화해기일, 조정기일, 심문기일, 현장검증 등 증거조사기일 등의 경우에는 재판장이 필요하다고 인정하는 경우에 법원사무관 등의 참여 없이 기일을 열 수 있도록 하였다($^{1항\ 단}_{서,\ 2항}$). 다만 법원사무관 등의 참여 없이 기일을 진행한 경우에는 법원사무관 등은 그 기일이 끝난 뒤에 재판장의 설명에 따라 조서를 작성하고 그 취지를 조서에 덧붙여 적어야 한다($^{152조}_{3항}$). 법원사무관 등의 기일참여 배제를 인정한 것은 심리에 있어서 인력의 효율적인 운영과 화해·조정기일에 있어서 충분한 시간을 가지고 당사자와 논의하기에 편리한 측면이 있기 때문이다.

(2) 조서의 기재사항

변론조서에는 변론의 방식에 관한 형식적 기재사항과 변론의 요지를 중심으로 한 실질적 기재사항을 적어야 한다.

① 형식적 기재사항

(a) 변론조서에는 변론의 방식에 관한 사항 즉 형식적 기재사항인 제153조 1호 내지 6호의 사항을 기재하여야 한다.[127] 변론조서는 조서작성자인 법원사무관 등이 기명날인하여야 하고, 재판장도 그 내용을 인증(認證)하기 위하여 기명날인하여야 한다($^{153}_{조}$). 과거에는 서명날인을 요하였으나 1990년 개정에서 업무경감 차원에서 기명날인으로 변경하였다. 재판장이 기명날인할 수 없을 경우에는 합의부원이 그 사유를 적은 뒤에 기명날인하여야 하고, 법관 모두가 기명날인할 수 없을 경우에는 법원사무관 등이 그 사유를 적으면 된다($^{153조}_{단서}$).

(b) 제153조의1(사건의 표시), 2(법관과 법원사무관등의 성명), 5호(변론의 날짜와 장소)와 같은 중요사항을 빠뜨린 경우 또는 재판장이나 법원사무관 등의 기명날인이 없는 조서는 무효이다. 기명만 있고 날인이 없는 경우가 문제인데 판례는 재판장의 날인이 없는 경우에는 무효이지만,[128] 법원사무관 등의 날인이 없는 경우에는 판결의 당부에 영향이 없는 위법이라고 보고 있다.[129]

② 실질적 기재사항

(a) 변론조서에는 변론의 내용을 이루는 당사자의 소송행위, 법원의 소송행위 및 증거조사의 결과 등 실질적 기재사항을 적어야 한다. 구술주의·변론주의에 비추어 현실적으로 변론내용의 전부를 적는 것이 불가능하므로 '변론의 요지'를 기재하면 된다($^{154}_{조}$). 조서의 실질적 기재사항은 형식적 기재사항과 달리 그것이 없어도 조서 자체가 무효로 되지는 않는다.

(b) 변론의 요지의 의미와 관련하여 변론의 진행의 요지만을 의미한다는 견해, 그 외에 변론의 실질적 내용을 포함한다는 견해가 있으나, 진행의 요지와 그 실질적 내용도 포함하는 것으로 볼 것이다. 그러나 앞의 견해도 변론의 실질적 내용의 기재를 막는 것은 아니라는 점에서 견해대립의 의미가 크지 않다.

(c) 그러나 변론의 내용 중 중요한 사항인 i) 화해, 청구의 포기·인낙, 소의 취하와 자백($^{154조}_{1호}$), ii) 증인·감정인의 선서와 진술($\frac{2}{호}$), iii) 검증의 결과($\frac{3}{호}$), iv) 재

---

127) 제153조에는 사건의 표시(1호), 법관과 법원사무관 등의 성명(2호), 출석한 검사의 성명(3호), 출석한 당사자·대리인·통역인과 출석하지 아니한 당사자의 성명(4호), 변론의 날짜와 장소(5호), 변론의 공개여부와 공개하지 아니한 경우에는 그 이유(6호)를 형식적 기재사항으로 정하고 있다.

128) 대결 1961. 6. 22, 4294민재항12; 대결 1965. 4. 28, 65마205.

129) 대판 1957. 6. 29, 4290민상13.

판장이 적도록 명한 사항과 당사자의 청구에 따라 적는 것을 허락한 사항($\frac{4}{\bar{\mathbb{L}}}$), v) 서면으로 작성되지 아니한 재판($\frac{5호, \, 기일의 \, 지정 \cdot 변경, \, 변}{론의 \, 제한 \cdot 분리 \cdot 병합 \, 등}$), vi) 재판의 선고($\frac{6}{\bar{\mathbb{L}}}$) 등은 명확히 기재하여야 한다고 정하고 있다($\frac{154}{\bar{\mathbb{L}}}$).

③ 조서기재의 생략

구법[130]과 달리 신법은 조서기재의 생략이 가능한 사건을 대법원규칙에 위임하고 있다($\frac{155조 \, 1항}{본문}$). 이에 따라 i) 소송이 판결에 의하지 아니하고 완결된 경우인 소·상소의 취하(취하간주도 포함), 청구의 포기·인낙, 화해(화해권고결정이 확정된 경우도 포함), 조정(조정을 갈음하는 결정이 확정된 경우도 포함) 등의 경우에는, 법원사무관 등은 재판장의 허가를 받아 증인, 당사자본인 및 감정인의 진술, 검증결과의 기재를 생략할 수 있다($\frac{규칙 \, 32}{조 \, 1항}$). 조서기재의 생략은 당사자에게 통지하여야 하고, 당사자가 통지받은 날로부터 1주일 안에 이의를 제기하면 생략된 부분을 다시 조서에 적어야 한다($\frac{155조 \, 단서, \, 규}{칙 \, 32조 \, 2, \, 3항}$). ii) 그러나 당사자가 이의하지 않는 경우에도 조서의 중요한 기재사항인 변론방식에 관한 규정의 준수, 화해, 청구의 포기·인낙, 소의 취하와 자백에 대하여는 조서기재를 생략할 수 없다($\frac{155조}{2항}$). iii) 소액사건의 경우에는 통상사건과 달리 당사자의 이의가 없는 경우에는 판사의 허가를 얻어 제약사유 없이 조서의 기재를 생략할 수 있다($\frac{소심}{11조}$).

3. 조서의 기재방법

(1) 통상의 방식

법원공문서규칙에 의하면 간편한 조서의 작성을 위하여 조서는 i) 기본적 변론조서, ii) 증거조사에 관한 조서(증인 등 신문조서·검증조서), iii) 증거목록으로 나눈다. 기본적 변론조서에 증거조사에 관한 것을 기재할 때에는 변론조서의 일부로서 증거조사에 관한 조서와 증거목록을 인용 기재하도록 하였다.[131] 조서에는 서면, 사진, 그 밖에 법원이 적당하다고 인정한 것을 인용하고 소송기록에 덧붙여 조서의 일부로 할 수 있다($\frac{156}{\bar{\mathbb{L}}}$).

---

130) 구법에서는 단독사건에 한하여 조서에 적을 사항을 생략할 수 있었으나(구민소 144조), 신법에서는 단독·합의사건을 구별하지 않고 구체적인 범위를 대법원규칙에 위임하고 있다.

131) 변론기일에 원고가 신청한 증인을 채택한 경우에 변론조서에는 「증거관계: 원고의 증인 등 목록과 같음」과 같이 표시하고 원고의 증인 등 목록에서 제○기일에서 원고가 신청한 것을 채택하였다는 취지"를 기재하는 방식으로 조서를 작성하게 된다. 변론조서에서 증거목록을 인용하여 변론조서의 일부로서 효력이 발생하는 것이다.

(2) 조서에 갈음하는 녹음과 속기

(a) 법원은 필요하다고 인정하는 경우에는 직권 또는 당사자의 신청으로 변론의 전부 또는 일부를 녹음 또는 속기하도록 명할 수 있다(159조 1항 전문). 특히 당사자가 이를 신청한 경우에는 특별한 사유가 없는 한 이를 명하여야 한다(1항 후문). 이 경우 녹음테이프와 속기록은 조서의 일부로 삼으며, 소송기록과 함께 보관하여야 한다(159조 2항, 규칙 34조 1항).

(b) 녹음이나 속기만으로 변론의 요지를 파악하기 어려운 경우가 있는바, 당사자의 신청이 있거나 대법원규칙으로 정한 때(즉 상소가 제기된 때, 그 밖에 재판장이 상당하다고 인정한 때)에는 녹음테이프나 속기록의 요지를 정리하여 조서를 작성하여야 한다(159조 3항, 규칙 36조 3항). 조서가 작성된 경우에는 더 이상 녹음테이프와 속기록을 남겨둘 필요가 없으므로 양 쪽 당사자의 동의를 받아 이를 폐기할 수 있으며, 당사자가 폐기한다는 통지를 받고 2주 이내에 이의를 제기하지 아니하면 폐기에 동의한 것으로 본다(159조 4항).

(c) 또한 민사소송규칙 제37조 제1항에서는 과학기술의 발달로 새로운 기록매체가 소송절차에 활용될 수 있도록 녹음테이프 이외에 녹화테이프, 컴퓨터용자기디스크, 광디스크, 그 밖에 이와 비슷한 방법으로 음성이나 영상을 녹음 또는 녹화하여 재생할 수 있는 매체를 이용하여 변론의 전부나 일부를 녹음 또는 녹화하는 때에는 녹음테이프나 속기록과 같이 취급하도록 하고 있다.

(d) 신법에서는 집중심리제도를 강화하면서 조서에 갈음하여 녹음과 속기제도를 활성화하기 위하여, 구법과 달리 민사소송법 제159조 제1항의 조문 자구배치를 바꾸어 법원의 직권녹음 등을 당사자의 신청의 경우보다 앞쪽에 배치하여 조서에 갈음하여 녹음과 속기제도의 활성화를 위한 입법의지를 나타내고 있다.

4. 조서의 공개와 정정

(1) 조서의 공개

변론조서는 관계인(당사자 또는 법정대리인, 참가인, 증인을 의미함, 규칙 37조의3)의 신청이 있는 때에는 법원사무관 등은 그에게 읽어주거나 보여주어야 한다(157조). 당사자나 이해관계를 소명한 제3자는 소송기록의 열람·복사신청권, 재판서·조서의 정본, 등·초본의 교부신청권, 소송에 관한 사항의 증명서 교부신청권을 갖는다(162조 1항). 따라서 변론조서는 당사자나 이해관계를 소명한 제3자에게 정본, 등·초본의 형태로 공개된다.

(2) 조서의 정정

변론조서에 적힌 사항에 대하여 관계인이 이의를 한 때에는 조서에 그 취지를 적어야 한다($\frac{164}{\text{조}}$). 이 경우에 이의를 법원사무관 등의 처분에 대한 이의($\frac{223}{\text{조}}$)로 처리할 것은 아니고,[132] 이의가 정당하면 조서의 기재를 바로 정정하면 된다. 조서의 기재에 명백한 오류가 있으면 판결의 경정에 관한 규정($\frac{211}{\text{조}}$)을 준용하여 정정할 수 있다고 본다.[133]

5. 조서의 증명력

(1) 변론방식의 절대적 증명력

① 조서가 무효가 아닌 이상 「변론방식에 관한 규정이 지켜졌다는 것」은 오로지 조서로만 증명할 수 있다(증거방법의 법정). 이것에 관하여 다른 증거방법으로 보충하거나[134] 또는 반증을 들어 다툴 수 없다($\frac{158}{\text{조}}$).[135] 따라서 조서에 「변론방식에 관한 규정이 지켜졌다는 것」에 관한 사실이 기재되어 있으면 그 사실이 있는 것으로 인정되고, 그 기재가 없으면 그 사실이 없는 것으로 인정된다. 조서 자체가 없으면 그 사실이 존재하지 아니한 것으로 된다. 예컨대 판결선고조서가 없으면 판결선고가 되었다고 볼 수 없어 그 판결은 효력이 없다.[136] 그러나 조서가 없어진 때에는 그러하지 아니하다($\frac{158조}{단서}$). 조서가 없어진 경우에는 변론조서 이외의 증거방법으로 그 존재를 증명할 수 있게 된다.

② 이것은 변론의 방식에 관한 한 자유심증주의를 버리고 증거방법과 증명력에 있어서 법정증거주의를 채택한 것으로 볼 수 있다. 이를 인정하는 이유는 조서의 정확성을 담보하기 위한 여러 가지 제도적 장치가 마련되어 있으므로, 변론의 방식에 관한 절차적인 분쟁으로 인한 사건의 심리를 지연시키는 것을 근본적으로 막기 위한 것이다.

③ 여기에서 '변론의 방식'이라 함은 변론의 일시 및 장소, 변론의 공개 여부,

---

132) 대결 1975. 12. 8, 75마372; 대결 1989. 9. 7, 89마694.
133) 同旨: 김홍엽, 522면; 이시윤, 411면; 정동윤/유병현/김경욱, 519면.
134) 대판 1963. 5. 16, 63다151.
135) 대판 1965. 3. 23, 64다1828.
136) 대판 1956. 8. 9, 4289민상285; 대판 1962. 1. 18, 4294민상152.

관여법관,[137] 당사자와 법정대리인의 출석여부,[138] 판결의 선고일자[139] 및 선고사실, 변론결과의 진술[140] 등과 같은 변론의 외형적 형식을 말한다.

(2) 변론방식 이외의 사항

그러나 변론방식에 관한 사항이 아닌 당사자의 변론의 내용, 자백, 증인의 선서나 진술내용 등 재판의 선고를 제외한 조서의 실질적 기재사항($^{154조, 다만 6호의 '재'}_{판의 선고는 제외함}$)에 관한 조서의 기재는 법정증거력이 인정되지 아니한다. 조서의 기재도 하나의 증거에 불과하므로 다른 증거방법으로 번복할 수 있다.[141] 그러나 조서는 법원사무관 등이 작성하고, 재판장이 이를 인증한 것이므로 조서에 기재된 사실은 특별한 사정이 없는 한 강한 증명력을 가진다.[142]

6. 소송기록

(1) 의　의

① 소송기록이라 함은 특정사건에 관하여 법원이 작성한 서류(예: 송달보고서, 변론조서, 증거목록, 판결원본·정본 등)와 당사자(예: 소장, 답변서, 준비서면, 증거신청서, 반소장·독립당사자참가신청서 등), 그 밖의 소송관계인이 법원에 제출한 서류(예: 감정서, 사실조회서 등) 등을 편철한 법원의 장부를 의미한다. 소송기록은 법원사무관 등이 보관한다. 전자소송의 경우에는 전자기록의 형태로 되어 있다.

② 이러한 소송기록은 기본적으로 소송절차의 진행과정을 나타내는 자료들의 집합물이므로 소송절차를 진행하는 후행법원이 선행의 절차를 알 수 있는 가장 중요한 장부이다. 따라서 법원은 법관이 바뀐 경우에 후임법관, 사건이 이송된 경우에 이송 받은 법원, 사건이 상소된 경우에 상소된 법원, 재심의 소가 제기된 경우에 재심법원 등은 소송기록을 통하여 선행 절차의 진행을 알 수 있다. 이렇게 소송기록의 이용은 동일한 소송절차 내에서 법원이 소송절차의 변론의 내용을 파악하기 위한 것이 기본적인 용도이다. 그러나 법원에 의한 이러한 소송기록의 이용 외에 당사자, 그 밖의 관계인에 의한 소송기록의 이용과 관련하여 이용한계가

---

137) 대판 1963. 11. 28, 63누166.
138) 대판 1972. 2. 29, 71다2770; 대판 1982. 6. 8, 81다817.
139) 대판 1972. 2. 29, 71다2770.
140) 日最判 1956. 4. 13, 民集 10. 4, 388.
141) 대판 1953. 3. 12, 4285민상102.
142) 대판 1993. 7. 13, 92다23230; 대판 2001. 4. 13, 2001다6367.

문제된다.

(2) 소송기록의 이용(당사자, 그 밖의 관계인 및 일반 제3자)

① 소송기록 등의 열람·복사권 등

(a) 당사자 및 이해관계를 소명한 제3자   i) 당사자나 이해관계를 소명한 제3자는 대법원규칙이 정하는 바에 따라, 소송기록의 열람·복사, 재판서·조서의 정본·등본·초본의 교부 또는 소송에 관한 사항의 증명서의 교부를 법원사무관등에게 신청할 수 있다($^{162조}_{1항}$). 당사자나 이해관계를 소명한 제3자는 원칙적으로 소송기록에 대한 열람·복사, 재판서·조서의 정본·등본·초본의 교부 또는 소송에 관한 사항의 증명서를 교부받을 권리를 가진다. 구법 하에서는 모든 소송기록에 대한 열람·복사권 외에 정본·등본·초본의 교부권이 있었으나($^{구민소\ 151}_{조\ 1항}$), 신법에서는 정본·등본·초본의 교부는 재판서·조서에 한정하여 이를 제한하고 있다. 또한 재판서·조서의 정본·등본·초본의 교부에 있어서도 그 취지를 적고 법원사무관 등이 기명날인 또는 서명만 하면 되도록 하였다($^{162조}_{6항}$). 구법 하에서 법원의 인(印)을 날인하도록 한 것($^{구민소\ 151}_{조\ 2항}$)을 생략하도록 하여 업무의 간소화·전산화가 가능하도록 하였다. 이렇게 당사자나 이해관계를 소명한 제3자는 소송기록의 열람·복사 등을 통하여 소송의 진행상황, 소송대리인의 활동 등 소송전반에 대한 이해가 가능하게 된다.

ii) 당사자와 이해관계 있는 제3자의 소송기록 등의 열람·복사권 등의 발생시기가 문제되나, 원고의 소제기가 법률적인 효과가 발생하는 소제기 시부터 이해관계가 있다고 할 것이므로 소제기 시부터 가능하다고 본다.[143]

(b) 일반 제3자   민사소송법 개정(2007. 5. 17, 법률 제8438호로 일부개정, 시행: 2008. 1. 1)으로, 누구든지 권리구제·학술연구 또는 공익적 목적으로 대법원규칙으로 정하는 바에 따라 법원사무관 등에게 재판이 확정된 소송기록의 열람을 신청할 수 있고, 다만 공개를 금지한 변론에 관련된 소송기록에 대하여는 그러하지 아니하다($^{162조}_{2항}$). 법원은 이해관계 없는 제3자의 열람 신청 시에 당해 소송관계인이 동의하지 아니하는 경우에는 열람하게 하여서는 아니 되며, 당해 소송관계인의 범위 및 동의 등에 관하여 필요한 사항은 대법원규칙으로 정한다($^{162조}_{3항}$).

(c) 이용의 제한   소송기록을 열람·복사한 사람은 열람·복사에 의하여 알

---

143) 同旨: 정동윤/유병현/김경욱, 521면.

게 된 사항을 이용하여 공공의 질서 또는 선량한 풍속을 해하거나 관계인의 명예 또는 생활의 평온을 해하는 행위를 하여서는 아니 된다($^{162조}_{4항}$).

② 제3자의 소송기록의 열람 등의 제한[144]

(a) 그러나 소송기록에 당사자의 사생활의 비밀 또는 영업상의 비밀과 관련된 사항이 있는 경우에 제3자에게 열람·복사 등이 제한된다($^{163조}_{1항}$). 신법에서 새롭게 도입하였다.

(b) 법원은 당사자가 i) 소송기록 중에 당사자의 사생활에 관한 중대한 비밀이 적혀 있고, 제3자에게 비밀 기재부분의 열람 등을 허용하면 당사자의 사회생활에 지장이 클 우려가 있는 때($^{동조\ 1항}_{1호}$), ii) 소송기록 중에 당사자가 가지는 영업비밀($^{부정경쟁방지\ 및\ 영업비밀보호에\ 관한}_{법률\ 제2조\ 제2호에\ 규정된\ 영업비밀}$)이 적혀 있는 때($^{동항}_{2호}$)의 사유로 제한신청을 하여 이를 소명한 경우에는, 결정으로 소송기록 중 비밀이 적혀 있는 부분의 열람·복사, 재판서·조서 중 비밀이 적혀 있는 부분의 정본·등본·초본의 교부(이하 "비밀 기재부분의 열람 등"이라 함)를 신청할 수 있는 자를 당사자로 한정할 수 있다($^{163조}_{1항}$).

(c) 당사자의 비밀 기재부분의 열람 등의 제한 신청이 있는 경우에는 그 신청에 관한 재판이 확정될 때까지 제3자는 비밀 기재부분의 열람 등을 신청할 수 없도록 하였다($^{163조}_{2항}$). 당사자의 사생활 침해 및 영업비밀의 보호를 위하여 당사자의 신청만으로 제3자의 열람 등이 제한되는 강력한 효과가 발생한다.[145] 그러나 당사자의 비밀 기재부분의 열람 등의 제한신청의 남용을 막고 그 범위를 명확히 하기 위하여 당사자의 제한신청은 소송기록 중 비밀이 적혀 있는 부분을 특정하여 서면으로 하여야 한다($^{규칙\ 38}_{조\ 1항}$). 또한 법원도 그 범위를 명확히 하기 위하여 열람 등의 제한결정을 함에 있어서 소송기록 중 비밀이 적혀 있는 부분을 특정하여야 한다

---

144) 2023년 7월 11일 일부개정(법률 제19516호, 시행: 2025. 7. 12.)에서 종전의 제163조 제2항부터 제5항까지는 각각 제3항부터 제6항까지로 하고, 제2항을 신설하였다. 제2항의 내용은 "소송관계인의 생명과 신체에 대한 위해의 우려가 있다는 소명이 있는 경우에는 법원은 해당 소송관계인의 신청에 따라 결정으로 소송기록의 열람·복사·송달에 앞서 주소 등 대법원규칙으로 정하는 개인정보로서 해당 소송관계인이 지정한 부분(이하 "개인정보 기재부분"이라 한다)이 제3자(당사자를 포함한다. 이하 제3항·제4항 중 이항과 관련된 부분에서 같다)에서 공개되지 아니하도록 보호조치를 할 수 있다."고 정하고 있다. 2025년 7월 12일부터 시행된다.

145) 미확정 상태의 소송기록은 당사자나 이해관계를 소명한 제3자만이 열람 등이 가능하지만, 미확정 상태의 다른 소송기록을 대상으로 하는 문서송부촉탁이 된 경우에는(352조) 해당 소송기록을 보관하는 법원은 정당한 사유가 없는 한 협력할 의무를 부담하게 되므로(352조의2), 소송기록 열람 등 제한이 되어 있지 않는 경우에는 제한 없이 미확정 상태의 소송기록을 열람할 수 있는 결과가 되므로, 열람 제한 등 신청에 있어서 미확정 상태의 소송기록에 적혀 있는 영업비밀을 보호할 필요성이 더욱 크다고 할 것이다(대결 2020. 1. 9, 2019마6016).

$\left(\substack{\text{동조}\\2\text{항}}\right)$.

(d) 법원의 열람 등을 제한하는 결정에 대하여는 불복이 허용되지 아니하나, 제한신청을 기각하는 결정에 대하여는 즉시항고 할 수 있다$\left(\substack{163\text{조}\\4\text{항}}\right)$.

(e) 법원은 열람 등을 제한하는 결정이 확정된 뒤에도 소송기록을 보관하고 있는 법원은 이해관계를 소명한 제3자의 신청에 따라 제한결정의 각호의 사유가 존재하지 아니하거나, 소멸되었음을 이유로 종전의 제한결정을 취소할 수 있다$\left(\substack{163\text{조}\\3\text{항}}\right)$. 이러한 취소신청에 관한 결정에 대하여는 당사자 및 제3자는 모두 즉시항고 할 수 있다$\left(\substack{163\text{조}\\4\text{항}}\right)$. 열람 등의 제한결정을 취소하는 결정은 확정되어야 효력이 있다$\left(\substack{163\text{조}\\5\text{항}}\right)$.

③ 판결서의 열람·복사

(a) 판결이 선고된 사건의 판결서(소액사건심판법이 적용되는 사건의 판결서와 상고심절차에 관한 특례법 제4조 및 민사소송법 제429조 본문(상고이유서 부제출에 따른 상고기각)에 따른 판결서는 제외함)의 경우에는 누구든지 인터넷, 그 밖의 전산정보 처리시스템을 통한 전자적 방법 등으로 열람 및 복사할 수 있고, 다만 변론의 공개를 금지한 사건의 판결서로서 대법원규칙으로 정하는 경우에는 열람 및 복사를 전부 또는 일부 제한할 수 있다$\left(\substack{163\text{조의}\\2, 1\text{항}}\right)$.

(b) 법원사무관등이나 그 밖의 법원공무원은 제1항에 따른 열람 및 복사에 앞서 판결서에 기재된 성명 등 개인정보가 공개되지 아니하도록 대법원규칙으로 정하는 보호조치를 하여야 한다$\left(\substack{\text{동조}\\2\text{항}}\right)$. 판결서의 열람 및 복사의 방법과 절차, 개인정보 보호조치의 방법과 절차, 그 밖에 필요한 사항은 대법원규칙으로 정하고 있다$\left(\substack{\text{동조}\\5\text{항}}\right)$. 개인정보 보호조치를 한 법원사무관등이나 그 밖의 법원공무원은 고의 또는 중대한 과실로 인한 것이 아니면 제1항에 따른 열람 및 복사와 관련하여 민사상·형사상 책임을 지지 아니한다$\left(\substack{\text{동조}\\3\text{항}}\right)$.

(c) 확정된 판결서를 열람·복사한 사람은 열람·복사에 의하여 알게 된 사항을 이용하여 공공의 질서 또는 선량한 풍속을 해하거나 관계인의 명예 또는 생활의 평온을 해하는 행위를 하여서는 아니 되고$\left(\substack{\text{동조 }4\text{항},\\162\text{조 }4\text{항}}\right)$, 대법원규칙이 정하는 수수료를 내야하며$\left(\substack{163\text{조의}2, 4\text{항},\\162\text{조 }5\text{항}}\right)$, 비밀보호를 위한 열람 등의 제한$\left(\substack{163\text{조의}2,\\4\text{항}, 163\text{조}}\right)$이 될 수 있다.

(d) 종전에는 확정판결서만 공개하였으나 2023년 1월 1일부터 판결이 선고 된 경우에는 확정 여부와 관계없이 판결서를 공개하고 있다. 절차와 내용은 확정 판결서의 공개와 거의 동일하다.[146]

---

146) 헌법 제109조는 재판의 심리와 판결을 공개하도록 규정하고 있고, 현행법(163조의 2) 역시

제 5 관 변론기일에 있어서 당사자의 결석(기일의 해태)

I. 총 설

(1) 현행법상 판결은 필수적 변론을 거쳐야 하므로($^{134조}_{1항}$), 당사자 쌍방 또는 일방이 변론기일에 결석한 경우에 구술주의의 요청상 소송진행의 길이 막힌다. 이렇게 되면 소송의 원활한 진행이 방해되고 일정한 경우에 판결 자체가 어렵게 된다. 따라서 소송절차의 원활한 진행과 판결을 위하여 당사자가 변론기일에 결석하는 경우를 대비한 제도적 장치가 필요하다.

(2) 우리나라는 당사자의 결석에 대비하여 i) 당사자 모두 또는 원고(피고가 출석하더라도 변론을 하지 아니함)가 2회 불출석하고도 1월 이내에 기일지정신청을 하지 아니하는 경우에 소송절차를 계속할 의사가 없는 것으로 보아 소의 취하간주제도($^{268}_{조}$)를 두었고, ii) 당사자 중 일방이 결석한 경우에 ⓐ 그 당사자가 소장·답변서·준비서면 등을 제출하고 출석하지 아니한 경우에 그 서면을 진술한 것으로 간주하여 진행하는 진술간주제도($^{148조}_{진술의제}$)와 ⓑ 그 당사자가 소장·답변서·준비서면 등 아무런 서면을 제출하지 아니하고 출석하지 아니한 경우에는 다투지 아니한 것으로 보는 자백간주제도($^{150조}_{3항}$)가 있다.

(3) 위와 같이 당사자의 기일해태에 효율적으로 대처하기 위하여 소의 취하간주, 진술간주, 자백간주의 3가지 간주제도(看做制度)를 두고 있다.

일정한 경우를 제외하고는 누구든지 확정된 사건의 판결서 등을 열람 및 복사할 수 있도록 규정하고 있지만. 미확정 판결서 공개를 용이하게 하고, 열람 및 복사의 대상이 되는 판결서는 컴퓨터 등을 통해 검색 가능한 형태로 제공하도록 함으로써 재판 공개라는 헌법적 요청을 충족시키고, 판결의 공정성과 투명성을 확보하기 위하여 2020년 12월 8일 민사소송법 제163조의2 개정으로 '확정 판결서의 열람·복사'에서 '판결서의 열람·복사'로 하여 미확정 판결서도 열람·복사할 수 있도록 하였다(163조의2 1항). 동시에 "제1항에 따라 열람 및 복사의 대상이 되는 판결서는 대법원규칙으로 정하는 바에 따라 판결서에 기재된 문자열 또는 숫자열이 검색어로 기능할 수 있도록 제공되어야 한다."는 제163조의2 제2항 규정을 신설하였다. 그리고 종래 제163조의2 제2,3,4,5항은 내용은 동일하게 제163조의2 제3,4,5,6항으로 위치 변경을 하였다. 그리고 위 규정은 2023. 1. 1.부터 시행되고 있다. [2020. 12. 8, 법률 제17568호로 민사소송법 일부개정, 시행: 2023. 1. 1.)]

Ⅱ. 당사자의 결석의 의의

당사자의 결석(缺席)이라 함은 당사자가 적법한 기일통지를 받고도 변론기일에 출석하지 아니하거나, 출석하여도 변론을 하지 아니하는 경우를 말한다. 당사자의 결석을 기일의 해태(懈怠), 변론의 해태 등으로 부른다.

(1) 여기에서 「변론기일」이란 필수적 변론기일만을 의미하고, 임의적 변론기일은 포함되지 아니한다. 증거조사기일($\frac{295}{조}$)이나 판결선고기일($\frac{207조}{2항}$)은 포함되지 아니하나, 변론준비기일에서는 기일해태의 효과가 발생한다. 다만 증거조사기일에 필수적 변론기일이 같이 진행된다면 포함된다고 보아야 한다.[147]

(2) 당사자가 「적법한 기일통지($\frac{167조}{1항}$)」를 받고 불출석한 경우이어야 한다.[148] 따라서 송달불능·송달무효 상태에서 출석하지 아니한 경우에는 기일해태의 효과가 발생하지 아니한다. 공시송달에 의한 기일통지를 받고 불출석한 경우에 기일해태의 효과로서 자백간주의 효과가 발생하지 아니함은 명문으로 규정하고 있다($\frac{150조}{3항\ 단서}$). 그러나 공시송달의 경우에도 일정한 경우 진술간주하거나(예: 원고가 소제기 후에 송달되지 아니하여 공시송달로 진행하는 경우에 이미 제출된 소장의 진술간주), 소취하간주(예: 피고를 공시송달로 진행하다가 원고도 송달불능이 되어 공시송달로 진행하여 원·피고 모두 2회 불출석하고, 원고가 1월 이내에 기일지정신청을 하지 아니한 경우)를 할 수 있다.[149] 대법원규칙이 정하는 간이한 방법인 전화·팩시밀리·보통우편 또는 전자우편으로 하거나, 그 밖에 상당하다고 인정되는 방법으로 한 기일통지도 적법한 기일통지라고 할 것이나 기일해태의 불이익을 줄 수 없다($\frac{167조}{2항}$). 그러나 전자소송일 경우에는 전자적 방법으로 송달하는 것이 적법한 기일통지라고 보아야 한다($\frac{전자소}{송\ 7조}$).

(3) 여기에서 「결석」이라 함은 당사자, 대리인(복대리인 포함)이 사건의 호명을

---

147) 대판 1966. 1. 31, 65다2296[증거조사(증인신문)기일은 법정 외에서 한다는 특별한 사정이 없는 한 변론기일에 해당함].

148) 대판 1997. 7. 11, 96므1380.

149) 그러나 공시송달의 경우에 진술간주, 소취하간주로 인한 기일해태의 효과가 생기지 아니한다는 견해도 있다(이시윤, 413면). 판례도 공시송달의 요건에 흠결이 있는 경우에는 비록 공시송달의 효력이 있다 하더라도 소취하 간주의 효과는 발생할 수 없고(대판 1997. 7. 11, 96므1380), 항소심에서 원고에게 발송송달한 것의 요건이 구비되지 않아 효력이 없는 경우에 항소 취하간주의 효과가 발생하지 않는다고 한다(대판 2022. 3. 17, 2020다216462). 다만 당사자의 주소가 변경되었는데도 이를 신고하지 아니하여 송달불능으로 공시송달 된 결과 쌍방불출석으로 소 취하 간주되었다면 공시송달에 당사자의 귀책사유가 있으므로 소취하 간주의 효과가 발생한다는 것이 판례 입장이다(대판 1987. 2. 24, 86누509).

받고 변론이 끝날 때까지 출석하지 아니하거나, 출석하여도 변론을 하지 아니한 경우($^{268조}_{1항}$)를 말한다. 기타 출석하여도 진술금지의 재판을 받은 경우($^{144}_{조}$), 퇴정명령을 받은 경우나 임의로 퇴정한 경우 등은 불출석한 것으로 간주된다. 피고가 단순히 청구기각만을 구하고 이를 뒷받침하는 사실상의 진술을 하지 아니한 경우에 변론이 있다고 보아야 하는지 문제되나, 원고의 신청에 대하여 반대신청을 함으로써 본안의 신청을 한 것이므로 변론한 것으로 보아야 한다.[150] 또한 피고가 단순히 기일변경의 신청만을 한 경우라도 법원의 직권발동을 촉구하는 일종의 사실상의 진술을 한 것으로 보아 변론한 것으로 보는 것이 타당하다.[151]

그런데 변론은 기일에 사건과 당사자를 호명함으로써 시작되므로($^{169}_{조}$), 일단 사건과 당사자를 호명하여 변론이 끝날 때까지 당사자가 불출석 등을 한 경우에는 당사자의 결석이 된다. 사건의 호명 후에 양 당사자의 불출석을 확인한 경우에는 비록 변론조서의 당사자란에 '원·피고 각 불출석'이라 기재하고, '연기'라고 기재하여도 기일해태의 효과가 발생한다.[152] 기일의 연기는 기일개시 후에 소송행위를 하지 아니하고 다음 기일을 지정하는 경우이다. 그러나 양 당사자가 적법한 기일통지를 받고 출석하지 아니한 경우에 기일개시 후에 연기라고 하여도 이것은 쌍방불출석에 해당한다. 그러나 양 당사자가 불출석한 경우에 기일개시 전에 기존의 기일을 취소하고 새로운 기일을 잡는 기일의 변경을 한 경우에는 양 당사자의 불출석은 문제되지 아니한다. 또한 변론에 들어가기도 전에 출석한 당사자의 동의를 얻어 기일을 연기하고 출석한 당사자에게 변론기회를 주지 아니함으로써 변론을 하지 아니한 경우에는 변론을 개시조차 하지 아니한 것이므로 출석한 당사자가 변론하지 아니한 경우에 해당하지 아니한다.[153]

Ⅲ. 한쪽 당사자의 결석

1. 총 설

(1) 한쪽 당사자가 변론기일에 결석한 경우의 처리방법에 관하여 결석재판주의

---

150) 同旨: 정동윤/유병현/김경욱, 525면; 한충수, 387면. 反對: 이시윤, 413면.
151) 同旨: 정동윤/유병현/김경욱, 525면; 한충수, 387면. 反對: 김홍엽, 529면; 이시윤, 413면.
152) 대판 1982. 6. 22, 81다791(당사자가 불출석한 경우에 변론조서상의 연기라는 기재는 무의미한 기재임).
153) 대판 1990. 2. 23, 89다카19191; 대판 1993. 10. 26, 93다19542.

(缺席裁判主義)와 대석재판주의(對席裁判主義)가 있다. 결석재판주의는 결석이라는 이유로 결석자에게 전면적으로 불리한 판결을 하여 절차를 종료시키고, 뒤에 결석자가 이의를 신청하면 원상회복을 허용하여 변론을 속행하는 방법이고, 대석재판주의는 결석자에게 일정한 진술 또는 자백의 효과를 간주하고, 이 간주된 대석적 변론에 따라 판결을 하는 방법이다. 결석재판주의는 결석재판에 대한 이의신청으로 인하여 소송지연의 원인이 되는 단점이 있다. 독일은 결석재판주의를 취하고 있지만($^{330조}_{이하}$), 우리나라는 현재 대석재판주의를 취하고 있다. 우리나라도 민사소송법 제정 전에 지방법원 단독판사 사건에 한하여 결석재판주의를 취한 적이 있었다($^{조선민사령}_{38조의9}$).

(2) 대석재판주의를 취하는 우리 법제에서는 한쪽 당사자가 결석한 경우에 진술간주($^{148}_{조}$), 자백간주($^{150조}_{3, 1항}$)의 제도를 두고 있다.

2. 진술간주(진술의제)

(1) 의 의

① 진술간주(陳述看做)라 함은 한쪽 당사자가 변론기일에 출석하지 아니하거나, 출석하고서도 본안에 관하여 변론하지 아니한 때에는 그가 제출한 소장·답변서, 그 밖의 준비서면에 적혀 있는 사항을 진술한 것으로 보는 것을 말한다($^{148조}_{1항}$). 진술의제(陳述擬制)라고도 한다. 이렇게 결석한 당사자가 제출한 소장·답변서, 그 밖의 준비서면을 마치 출석하여 진술한 것으로 간주하고, 상대방에게 변론을 명하여 변론을 진행하게 되는 것이다($^{148조}_{1항}$).

② 진술간주제도는 일종의 서면변론이라 할 수 있지만, 제출된 서면을 마치 출석하여 진술한 것으로 간주한다는 점에서 구술주의의 최소한의 실현이라고 보아야 한다. 이것은 i) 당사자 일방이 결석한 경우에 변론을 진행함으로써 소송지연을 방지하려는 제도이고, ii) 서면을 제출한 자의 기일출석의 시간과 노력 등을 최소화하려는 점에서 소송경제에 이바지하는 면이 있다고 할 것이다.

(2) 요 건

① 원고 또는 피고가 「변론기일에 출석하지 아니하거나, 출석하고서도 본안에 관하여 변론하지 아니한 때」이어야 한다. 여기에서 변론기일은 최초의 변론기일뿐만 아니라 속행기일도 포함하며,[154] 제1심기일 뿐만 아니라 항소심기일도 해당

---

154) 대판 1988. 2. 23, 87다카961.

한다. 진술간주는 단독사건과 합의사건 모두 적용되고, 원고와 피고 모두에게 해당한다. 실무에서는 피고가 불출석한 경우에 많이 이용하고, 원고가 불출석한 경우에도 소장·답변서, 그 밖의 준비서면을 진술간주하고 진행을 할 수도 있으나 통상은 피고도 변론을 하지 아니하여 쌍방불출석 되는 경우가 많다.

② 진술간주가 되는 서면은 소장·답변서, 그 밖의 준비서면이고, 그 내용에 기재된 사항이 진술간주된다. 항소심은 항소장·답변서, 그 밖의 준비서면에 기재된 사항이다. 명칭 여하에 불구하고 실질적으로 준비서면이면 그 기재사항이 진술된 것으로 간주된다.

(3) 효 과

① 심리의 진행

한쪽 당사자가 결석한 경우에 그가 제출한 서면을 진술간주하고 변론을 진행할 것인지, 아니면 기일을 연기할 것인지는 법원의 재량에 달려 있다. 출석한 당사자만으로 변론을 진행할 경우에는 대석재판의 틀을 유지하기 위하여 결석한 당사자가 제출한 서면을 진술한 것으로 보아야 한다.[155] 따라서 아무 서면도 제출하지 아니하고 결석한 경우에 받는 자백간주의 불이익은 받지 아니한다. 구체적으로 보면 원고가 불출석한 경우에는 그가 제출한 소장·답변서, 그 밖의 준비서면을 진술한 것으로 간주하고 피고에게 변론을 명하고, 피고가 불출석한 경우에는 우선 원고에게 진술을 명하고 피고가 제출한 답변서, 그 밖의 준비서면을 진술간주 하여 진행하게 된다.

② 출석자의 주장사실에 대한 결석자의 태도

법률적으로 보면 결석한 당사자가 서면 내용대로 구술진술이 간주되는 외에 양쪽 당사자가 모두 출석한 것과 같은 취급을 받는다. 따라서 진술간주 된 서면에서 상대방의 주장사실을 자백한 경우에는 자백간주가 아닌 재판상의 자백이 성립된다(통설·판례).[156] 또한 진술간주된 준비서면에서 출석자의 주장사실을 명백히 다투지 아니하거나, 이에 대한 의견을 제출하지 아니한 경우에는 출석자의 주장사실을 자백한 것으로 본다(자백간주, 150조 3항). 결석자의 진술간주 준비서면에서 출석자의 주장사실을 다투는 것으로 인정되면, 출석자의 준비서면에 기재되어 있는 증거신청을 채택할 수 있고(단독사건은 출석자의 준비서면에 미리 증거신청 여부와 관계없이 가능함),

---

155) 대판 2008. 5. 8, 2008다2890.
156) 同旨: 이시윤, 417면; 정동윤/유병현/김경욱, 528면; 대판 2015. 2. 12, 2014다229870.

증거조사도 가능하다.[157)

③ 변론기일의 속행·종결

결석자가 출석자의 주장사실을 다투는 경우에는 증거조사 등을 위하여 속행할
수 있고, 또한 출석자가 준비서면에 기재하지 아니하여 제출할 수 없었던 사실과
증거의 신청을 위하여 필요한 경우에는 속행기일을 잡게 된다. 그러나 한쪽 당사
자가 결석한 기일에 진술간주 등의 진행으로 재판을 종결할 수 있을 정도이면 변
론을 종결하고 선고하거나, 선고기일을 잡을 수 있다.

④ 확대적용과 한계

(a) 확대적용   ⅰ) 신법은 청구의 포기·인낙, 화해에 있어서 서면에 의한
진술간주제도를 도입하여, 진술간주제도의 적용범위를 확대하였다. 과거에는 불출
석한 피고가 청구인낙의 의사표시를 하고 그것이 진술간주된 경우에도 청구인낙
의 효력이 발생하지 아니하는 것으로 보았다.[158)

ⅱ) 그러나 신법에서는 당사자가 진술한 것으로 보는 답변서, 그 밖의 준비서
면에 청구의 포기 또는 인낙의 의사표시가 적혀 있고 공증사무소의 인증을 받은
때에는 그 취지에 따라 청구의 포기 또는 인낙이 성립된 것으로 본다($^{148조}_{2항}$). 또한
진술간주 서면에 화해의 의사표시가 적혀 있고 공증사무소의 인증을 받은 경우에,
상대방 당사자가 변론기일에 출석하여 그 화해의 의사표시를 받아들인 때에는 화
해가 성립된 것으로 본다($^{통조}_{3항}$). 공증사무소의 인증이 있는 청구의 포기 또는 인낙
의 의사표시가 적힌 답변서, 그 밖의 준비서면의 진술간주로 청구의 포기·인낙
의 효과가 직접 발생하고, 화해의 경우에는 출석한 당사자가 결석자의 화해의 의
사표시를 받아들이면 화해가 성립하게 된다. 청구의 포기·인낙에 있어서 종전의
학설은 판례와 달리 진술간주로 인한 청구의 포기·인낙을 인정하여야 한다는 긍
정설이었다. 입법이 이를 받아들였고, 나아가 화해의 경우도 인정하게 되었다. 신
법은 당사자의 법정출석 부담을 줄이면서도 당사자의 의사에 의한 소송종료를 촉
진하고 있고, 소송종료행위의 중요성으로 인하여 그 진실성을 담보하기 위하여 공
증사무소의 인증을 요하도록 하였다.

(b) 적용의 한계   판례는 ⅰ) 준비서면에 서증을 첨부하여 제출한 경우에 그
준비서면이 진술간주 된 경우에도 증거신청의 효력이 없고 서증의 신청은 변론기

---

157) 同旨: 정동윤/유병현/김경욱, 528면.
158) 대판 1973. 12. 24, 73다333; 대판 1982. 3. 23, 81다1336; 대판 1993. 7. 13, 92다23230.

일 또는 변론준비기일에 직접 제출하여야 하며,[159] ii) 원고가 관할권 없는 법원에 소를 제기하고, 피고가 본안에 관한 사항을 기재한 답변서만을 제출하고 불출석한 경우에 그것이 진술간주 되었다고 하여도 변론관할($\frac{30조}{2항}$)이 생기지 아니한다고 한다.[160] 따라서 판례는 진술간주제도에 있어서 서증의 신청, 변론관할의 성립 등에 일정한 한계를 인정하고 있다.

3. 자백간주(의제자백)

(1) 의 의

① 자백간주라 함은 공시송달에 의하지 아니한 방법으로 기일통지서를 송달받은 당사자가 답변서·준비서면 등 아무런 서면도 제출하지 아니하고 출석하지 아니한 경우에 출석한 당사자의 주장사실에 대하여 마치 출석하여 명백히 다투지 않는 경우처럼 자백한 것으로 간주하는 것을 말한다($\frac{150조 3}{항, 1항}$). 이를 구법에서는 의제자백이라 하였다. 공시송달에 의하지 아니한 적법한 송달을 받고도 「출석하지 아니한 것」을 출석한 「당사자의 주장사실을 받아들이는 것」으로 본 것이다. 보통 당사자가 다툴 의사가 있으면 법정에 출석하는 것이 일반적이기 때문이다.

② 신법에서는 피고가 원고의 청구를 다투는 경우에는 소장의 부본을 송달받은 날부터 30일 이내에 답변서를 제출하도록 답변서제출의무를 부과하고 있다($\frac{256조}{1항}$). 따라서 피고가 답변서를 제출하지 아니하거나, 청구의 원인이 되는 사실을 모두 자백하는 취지의 답변서를 제출하고 따로 항변을 하지 아니한 경우에는 변론 없이 즉 별도의 변론기일의 지정 없이 원고승소의 무변론판결이 가능하다($\frac{257조}{1, 2항}$). 구법하에서는 무변론판결제도가 없었으므로 피고가 다투지 아니하여 답변서를 제출하지 않고 있는 경우에도 일단 변론기일을 잡고, 피고가 불출석하여야 원고의 청구원인에 대한 자백간주에 근거하여 원고승소판결이 가능하였다. 그러나 신법하에서는 다투는 취지의 답변서를 제출하지 아니하면 변론기일을 열지 아니하고 30일이 지나면 피고의 자백간주에 기초하여 바로 무변론판결이 가능하므로, 신속한 재판이 가능하게 되었다.

---

159) 대판 1991. 11. 8, 91다15775.
160) 대판 1980. 9. 26, 80마403.

(2) 요 건

자백간주 되려면 i) 당사자가 공시송달에 의하지 아니한 방법으로 기일통지서를 송달받아야 하고, ii) 당사자가 답변서·준비서면 등 아무런 서면도 제출하지 아니하고 출석하지 아니하여야 한다. 이러한 요건을 갖춘 경우에 자백간주가 가능한 것이다.

(3) 효 과

① 자백간주의 효과는 상대방의 주장사실을 다투지 아니한 것으로 본다. 자백간주는 원·피고 양쪽에 동일하게 적용된다. 그러나 실무상 원고가 불출석한 경우에는 피고가 쌍불취하를 위하여 출석하여도 변론하지 아니하는 경우가 대부분이므로 피고가 불출석할 경우에 유용한 제도이다.

② 자백간주의 효과가 가장 잘 나타나는 경우는 구법하에서는 피고가 소장 부본을 받고도 답변서 등의 서면을 제출하지 아니하고 첫 변론기일에 불출석하면, 소액사건의 경우에는 피고의 원고 청구원인에 대한 자백간주에 따라 바로 원고승소판결을 하거나, 그 외의 사건의 경우에도 변론을 종결하여 선고기일을 잡아 자백간주에 기초한 원고승소판결(의제자백 판결이라 함)을 할 수 있는 경우였다. 그러나 신법에서는 무변론판결을 통하여 위와 같은 사건이 별도의 변론기일 없이 처리되기 때문에 자백간주 사건을 신속하게 처리할 수 있게 되었다. 하지만 속행기일에 불출석한 경우에는 자백간주가 적용될 수 있다는 점에서 의미가 있다고 할 것이다.

③ 당사자의 불출석으로 인하여 일정한 사실이 자백간주 되었다고 하여도, 결석한 당사자가 사실심 변론종결 전까지 출석하여 이를 다투면 자백간주의 효과는 취소된다. 그러나 제1심에서 피고에 대하여 공시송달로 재판이 진행되어 청구기각이 되었다고 하여도, 원고가 항소한 항소심에서 피고가 공시송달이 아닌 방법으로 송달받고도 다투지 아니한 경우에는 제150조 제3항의 자백간주가 성립된다.[161]

Ⅳ. 양쪽 당사자의 결석(소의 취하간주)

1. 총 설

(1) 양쪽 당사자의 결석이라 함은 양쪽 당사자가 적법한 기일통지를 받고도 필

---

161) 대판 2018. 7. 12, 2015다36167.

수적 변론기일에 불출석하거나 출석하여도 변론하지 아니한 경우를 말한다. 우리나라는 양쪽 당사자가 총 2회 결석하고 1월 이내에 기일지정신청을 하지 아니하거나, 기일지정신청에 따라 정한 변론기일 또는 그 뒤의 변론기일에 양쪽 당사자가 출석하지 아니하거나 출석하였다 하더라도 변론하지 아니한 때에는 소를 취하한 것으로 본다($^{268조}_{2,3항}$). 소의 의제적 취하(擬制的 取下)라고도 한다. 원래 우리 법은 제1심에서 2회 불출석으로 바로 소의 취하간주로 보았고, 상소심에서는 2회 불출석으로 상소취하간주로 보았다($^{구민소 241}_{조 2, 4항}$). 다만, 당사자가 그 책임 없는 사유로 인하여 전항의 기일에 출석하지 못한 경우에는 그 사유가 없어진 날로부터 2주일 이내에 기일지정의 신청을 할 수 있도록 하였다($^{동법 제241}_{조 3항}$). 그런데 1990년 1월 13일 민사소송법 일부개정(법률 제4201호, 시행: 1990. 9. 1)으로 현재와 같이 개정하여 취하간주 요건을 강화하였다. 실무상 쌍불 취하간주(雙不 取下看做)라고 하는데, 삼불 취하간주(三不 取下看做)라 할 수 있다.

(2) 양쪽 당사자가 변론기일에 불출석할 때의 대응방안과 관련한 다른 나라의 제도를 보면 i) 일본의 경우에는 양쪽 당사자가 1회 결석하고 1월 이내에 기일지정신청을 하지 아니하거나, 연속하여 2회 결석하면 소가 취하된 것으로 보고 있고($^{일민소}_{263조}$), ii) 독일의 경우에는 판결을 하기에 성숙된 경우에는 기록에 의한 재판(Einscheidung nach Lage der Akten)을 하거나, 연기 또는 휴지명령 중에서 법원이 선택할 수 있도록 하였다($^{ZPO}_{251a조}$).

2. 취하간주의 요건

양쪽 당사자의 결석으로 취하간주 되려면 다음 세 가지 요건을 갖추어야 한다.

(1) 양쪽 당사자의 1회 결석

① 양쪽 당사자가 변론기일에 1회 출석하지 아니하거나, 출석하여도 변론하지 아니하여야 한다($^{268조}_{1항}$). 실무상으로는 양쪽 당사자 모두가 불출석하는 경우 외에 원고는 불출석하고 출석한 피고가 변론하지 아니하는 경우도 많다. 여기에서 변론기일은 첫 기일이든 속행기일이든 상관이 없으며, 법정에서 변론기일과 같이 증거조사기일이 잡힌 경우에도 포함한다.162) 그러나 판결선고기일은 양쪽 당사자가 모두 결석하여도 할 수 있다.

---

162) 대판 1966. 1. 31, 65다2296.

② 양쪽 당사자가 결석한 경우에 재판장은 다시 기일을 지정하여 당사자에게 통지하여야 한다($^{268조}_{1항}$). 양쪽 당사자가 결석한 상태에서 변론을 종결하여 당시까지의 소송기록으로 판결을 할 수 있을 것인가? 당사자 일방이라도 준비서면 등을 제출하여 진술간주를 통하여 변론을 진행할 수 있는 경우에는 당연히 변론을 종결하여 판결 선고기일을 정할 수 있다고 할 것이다. 그런 것이 전혀 없이 당사자 모두가 불출석한 경우에는 처분권주의 및 변론주의에 비추어 변론종결을 할 것은 아니라고 본다.[163] 따라서 양쪽 당사자의 결석으로 처리하여 다음 변론기일을 지정하여야 할 것이다.

(2) 양쪽 당사자의 2회 결석과 1월 이내에 기일지정신청을 하지 아니할 것

양쪽 당사자가 1회 결석 후에 새 변론기일 또는 그 뒤에 열린 변론기일에 양쪽 당사자가 출석하지 아니하거나 출석하였다 하더라도 변론하지 아니한 때에는 1월 이내에 기일지정신청을 하지 아니하면 소를 취하한 것으로 본다($^{268조}_{2항}$).

① 우선 양쪽 당사자가 2회에 걸쳐 결석하여야 한다. 여기에서 i) '결석'이 2회 연속될 필요가 없으므로 첫 기일에 결석하고, 새 기일 이후에 결석하여도 2회 결석에 해당한다. ii) 결석은 '같은 심급'의 '같은 종류'의 기일에서 2회에 걸쳐야 한다. 제1심에서 1회 결석하고 제2심에서 1회 등 도합 2회에 걸쳐 결석한 경우, 환송 전후에 걸쳐 2회 결석한 경우,[164] 변론기일에 1회 결석하고 변론준비기일에 1회 등 2회 결석한 경우[165] 등은 같은 심급 또는 종류가 아니므로 소가 취하된 것으로 보지 아니한다. iii) '같은 소'가 유지되는 동안 2회 결석하여야 한다. 따라서 소의 교환적 변경의 전후에 걸쳐 2회 결석한 경우는 소의 취하간주가 인정되지 아니한다.[166] 소의 추가적 변경의 경우는 기존의 청구는 2회 결석한 것으로 된다. iv) 두 번째의 결석이 당사자의 책임 있는 사유로 인한 것이지 여부를 따지지 아니하고, 양쪽 당사자가 적법한 송달을 받아야 함은 물론이다. 적법한 송달인 한 당사자가 공시송달에 의한 기일통지의 경우(예: 원고가 소송진행 중에 송달이 되지 아니하여 공시송달로 진행되는 경우)에도 소가 취하간주 된다.

② 양쪽 당사자가 2회 결석 후에 1월 이내에 기일지정신청을 하지 아니하면 소취하간주의 효력이 발생한다($^{268조}_{2항}$). 1월 이내에 기일지정신청을 하지 아니하는

---

163) 同旨: 이시윤, 414면. 反對: 정동윤/유병현/김경욱, 532면.
164) 대판 1973. 7. 24, 73다209.
165) 대판 2006. 10. 27, 2004다69581.
166) 同旨: 김홍엽, 527면; 이시윤, 415면; 정동윤/유병현/김경욱, 533면. 反對: 한충수, 391면.

것을 정지조건으로 하여 소가 취하된 것으로 본다. 1월의 휴지기간(休止期間)이 지나면 소취하의 효력이 발생하고, 만약 1월 이내에 기일지정신청이 있으면 소취하 간주의 효력이 발생하지 아니한다. 1월 기간의 기산점은 2회 결석한 기일부터 기산하며,[167] 불변기간이 아니므로 기일지정신청의 추후보완은 허용되지 않는다.[168]

(3) 기일지정신청 후에 양쪽 당사자의 결석

양쪽 당사자가 기일지정신청에 따라 정한 변론기일 또는 그 뒤의 변론기일에 출석하지 아니하거나 출석하였다 하더라도 변론하지 아니한 때에는 소를 취하한 것으로 본다($\frac{268조}{3항}$). 양쪽 당사자가 3회 결석한 경우에는 즉시 소취하의 효력이 발생한다. 양쪽 당사자의 2회 결석 후에 법원이 직권으로 정한 새 기일 또는 그 후의 기일에 양쪽 당사자가 결석한 경우에도 같다.[169]

3. 취하간주의 효과

(1) 양쪽 당사자가 2회에 걸쳐 결석하고도 1월 이내에 기일지정신청을 하지 아니하거나, 또는 기일지정신청 후의 기일에 1회 결석하여 모두 3회 결석한 경우에는 소가 취하된 것으로 본다($\frac{268조}{2항}$). 변론준비기일의 경우도 같다($\frac{286}{조}$). 실무상 쌍불취하(雙不取下) 또는 삼불취하(三不取下)라 한다. 다만 배당이의의 소에서는 첫 변론기일에 원고가 결석하면 예외적으로 소취하로 간주하며($\frac{민집}{158조}$),[170] 증권관련 집단소송에서는 쌍불취하가 배제된다($\frac{증집\ 35}{조\ 4항}$).

① 취하간주의 효과는 법률상 당연히 발생하는 효과이며, 당사자의 의사나 법원의 재량으로 그 효력을 좌우할 수 없다.[171] 따라서 양쪽 당사자가 2회 결석하고 1월 이내에 기일지정신청을 하지 아니하거나, 3회 결석한 경우에 법원이 변론을 종결하고 소송기록에 의하여 재판할 수 없다.[172] 다만 법원이 양쪽 당사자가 두 번째 결석한 기일에 착오 등으로 직권으로 새로운 기일을 잡은 경우에는 당사자

---

167) 대판 1992. 4. 14, 92다3441.
168) 대결 1992. 4. 21, 92마175.
169) 대판 1994. 2. 22, 93다56442; 대판 2002. 7. 26, 2001다60491.
170) 다만 판례는 변론준비기일제도의 취지상 배당이의의 소의 취하간주를 규정한 민사집행법 제158조의 첫 변론기일에는 첫 변론준비기일은 포함되지 않는다고 본다(대판 2006. 11. 10, 2005다41856).
171) 대판 1982. 10. 12, 81다94.
172) 同旨: 정동윤/유병현/김경욱, 534면.

의 기일지정신청에 의한 기일지정과 같이 보아, 새로운 기일 또는 그 이후의 기일에 결석하면 3번 결석으로 취하간주 된다.[173]

② 소의 취하간주는 원고에 의한 임의의 소취하의 경우와 효과가 같다. 따라서 소송계속이 소급적으로 소멸된 상태에서 소송이 종료된다. 소가 취하간주 되었음에도 그것을 모르고 심리하던 중에 발견한 경우에는 해당 법원은 바로 심리를 종결하고 소송종료선언의 판결을 하여야 한다(예: 판결주문은 통상 '이 사건 소는 2009. 9. 1.자 소취하간주로 종료되었다.'와 같이 함). 하급심이 이것을 간과하고 본안판결까지 한 경우에는 상급심에서는 소송종료선언의 판결을 하여야 한다.

③ 소송중의 소가 병합되어 있는 경우(예: 소의 추가적 변경, 반소, 중간확인의 소, 당사자참가 등)에는 본래의 소와 소송중의 소에 관하여 각각 기일의 결석 여부를 따져야 한다. 예컨대 본소의 소송계속 중에 1회 결석한 뒤에 소가 추가적으로 변경된 경우에 있어서 다시 1회 결석한 후에 1월 이내에 기일지정신청이 없는 경우에 소취하간주의 효력은 본래의 소에만 미치고 추가적 변경부분에는 미치지 아니한다. 이 경우에 가분적 일부 취하간주가 된다.[174]

(2) 상소심에서 위와 같은 쌍방불출석의 기일해태의 경우에는 상소의 취하로 본다($\frac{268조}{4항}$). 따라서 상소심절차는 종결되고, 원판결이 확정된다. 예컨대 항소심에서 양쪽 당사자가 2회 결석하고 1월 이내에 기일지정신청을 하지 아니하거나, 기일지정신청에 따른 새로운 기일 또는 그 이후의 기일에 결석하여 3회 결석한 경우에는 항소의 취하간주 되어, 제1심 판결이 확정된다. 제1심의 취하간주와 달리 원판결이 확정되므로 상소인에게 불이익이 크다.

항소심에서 교환적 변경 후에 2회 결석하고 1월 이내에 기일지정신청을 하지 아니하거나, 3회 결석을 한 경우에 교환된 신청구가 취하간주된 것으로 보아야 할 것이다. 항소의 대상인 구청구는 교환적 변경으로 인하여 이미 소취하 되었기 때문이다. 상고심절차는 임의적 변론절차이므로 제출서면의 내용도 구술진술과 마찬가지로 재판의 기초가 되는 것이기에 쌍방 불출석의 경우에 상소취하간주 규정($\frac{268조}{4항}$)은 적용되지 않는다고 할 것이다.[175]

---

173) 대판 1994. 2. 22, 93다56442.
174) 同旨: 이시윤, 416면.
175) 同旨: 강현중, 1008면; 이시윤, 909면; 정동윤/유병현/김경욱, 936면.

제 4 절 증거조사

제 1 관 증거일반

Ⅰ. 증거총설

1. 증거의 필요성

(1) 재판은 「구체적 사실」을 소전제로 하고 「법규의 존부·해석」을 대전제로 하여 3단 논법식의 논리전개를 통하여 「권리관계의 유무」를 확정하는 것이다. 따라서 구체적 사실의 확정이 필요하다. 재판의 전제가 되는 구체적 사실을 보면 i) 당사자 사이에 다툼이 없는 사실, ii) 다툼이 있는 사실, iii) 현저한 사실 등이 있다. 다툼이 없는 사실과 현저한 사실 등은 변론주의 원칙상 그대로 판결의 기초사실로 삼아야 하나, 다툼이 있는 사실은 증거조사를 통한 확정과정을 거쳐야 한다.

(2) 재판의 전제가 되는 「다툼이 있는 사실」을 확정하는 과정이 법원의 자의적(恣意的)인 판단이 아닌 객관적·합리적인 것일 필요가 있다. 「다툼이 있는 사실」은 법관이 증거에 기초하여 객관적·합리적으로 판단하여야 한다. 따라서 사실의 확정에 있어서 증거의 필요성이 강조된다. 증거가 필요한 것은 위와 같이 사실에 관한 것이 원칙이나, 예외적으로 법규·경험법칙에 필요한 경우도 있다.

(3) 실세 소송사건의 결론에 있어서 재판의 대전제인 「법규의 존부·해석」의 문제 보다는 소전제인 증거에 의한 「사실의 인정」의 문제가 압도적으로 중요하다. 「사실의 인정」의 문제가 실제로 결론의 80~90%를 차지한다고 보아도 과언이 아니다.[1] 분쟁에 있어서 증거의 확보는 소송의 승패에 결정적인 영향을 미치므로, 중요한 법률행위를 서면으로 하는 것은 법률행위를 명확히 함과 동시에 소송으로 갔을 때에 증거로서 매우 중요한 의미를 가지게 된다.

(4) 미국에서는 민·형사에 공통하는 연방증거규칙(Federal Rules of Evidence)을 갖고 있지만, 우리는 민·형사절차의 차이를 인정하여 민사소송절차에서는 실체적 진실을 강조하여 형사소송절차보다는 증거능력·증거력의 제한을 완화하여

---

[1] 이는 정확한 통계에 기초한 것이 아니고, 실무상의 경험에 기초한 것이다. 이시윤 교수는 사실의 인정의 문제가 60-70% 정도 좌우한다고 보고 있다(이시윤, 456면).

운영하고 있다. 향후 민사소송절차에서도 형사소송절차와 같이 증거에 대한 소송
당사자의 사생활 침해를 막기 위하여 증거능력·증거력의 제한 원리가 점차 확대
될 것이 전망된다.

2. 증거의 의의

증거(Beweis, evidence)라는 의미는 일반적으로 법관이 판결의 기초자료로 사
용하는 모든 것을 총칭하며, 그 의미는 다양하게 쓰인다. 증거는 통상 i) 증거방
법(證據方法), ii) 증거자료(證據資料), iii) 증거원인(證據原因)의 세 가지 의미로 쓰
인다.[2]

(1) 증거방법

증거방법(Beweismittel)이라 함은 법관이 그 오관(五官)의 작용에 의하여 조사
할 수 있는 유형물(사람과 물건)을 말한다. 여기에는 인증(人證, 인적 증거)으로 증
인·감정인·당사자본인의 세 가지 방법이 있고, 물증(物證, 물적 증거)으로 문
서·검증물·「그 밖의 증거」의 세 가지 방법이 있다. 증거방법은 결국 인증·물
증을 합쳐 여섯 가지가 있다. 특히 사람과 물건(유형물)이 증거방법이 될 수 있는
자격을 증거능력(證據能力)이라 한다.

(2) 증거자료

증거자료(Beweisstoff)라 함은 법관이 증거방법의 조사를 통하여 얻은 내용을
말한다. 여기에는 증언·감정결과·당사자신문결과, 문서의 기재내용·검증결과,
그 밖의 증거방법인 사진·녹음테이프·CD 등의 조사결과 등이다. 기타 공공기
관, 그 밖의 단체에 대한 조사촉탁의 결과($\frac{294}{조}$)도 증거자료가 된다. 특히 증거자료
가 요증사실(要證事實)의 인정에 기여하는 정도를 증거력(證據力) 또는 증거가치(證
據價値), 증명력(證明力)이라 한다.

(3) 증거원인

증거원인(Beweisgrund)이라 함은 법관의 심증형성의 원인이 된 자료나 상황을
말한다. 여기에는 변론 전체의 취지와 증거조사의 결과(증거자료)가 포함된다($\frac{202}{조}$).

---

2) 나아가 증거는 다툼 있는 사실에 대하여 법관이 이를 확신할 수 있도록 하게 하는 노력을 의
미하는 증명 또는 입증을 의미하기도 한다. 신법에서 '입증'이라는 용어를 '증명'으로 바꾸었다.

3. 증거의 종류

(1) 직접증거와 간접증거

주요사실에 관련되는지 여부에 의한 분류이다. 직접증거(直接證據)라 하면 주요사실의 존부를 직접 증명하는 증거를 말한다. 이에 대하여 간접증거(間接證據)란 간접사실·보조사실을 증명하기 위한 증거를 의미한다. 간접증거는 주요사실의 증명에 간접적으로 이바지한다. 예컨대 대여금청구소송에서 서증인 차용증서, 인증인 대여하는 것을 목격한 증인 등은 직접증거라 할 것이고, 대여일시 경에 원고가 피고를 만나기로 한 사실 또는 피고가 평소에는 돈이 없다가 대여일시 경에는 돈을 풍족하게 소비하였다는 사실을 알고 있는 증인, 알리바이(alibi) 등은 간접증거에 해당한다. 특히 내심의 사실(선의·악의, 고의·과실), 공해사건·의료사건·제조물책임사건 등에 있어서 인과관계에 관련된 사실, 손해액의 증명이 어려운 경우에 손해액의 산정 등에 있어서는 주요사실을 직접 증명하는 것이 어렵기 때문에 간접사실에 대한 증명을 통한 주요사실의 추정에 의하여야 하므로 간접증거가 매우 중요하다.

(2) 본증과 반증

① 증명책임의 소재를 기준으로 한 분류이다. 본증(本證, Hauptbeweis)이라 함은 당사자가 자기에게 증명책임이 있는 사실을 증명하기 위하여 제출하는 증거를 말한다. 반면 상대방이 증명책임을 지는 사실을 부정하기 위하여 제출하는 증거를 반증(反證, Gegenbeweis)이라 한다. 본증은 법관에게 요증사실의 존재에 관하여 확신을 심어 주어야 성공하고(증명이 됨), 증명에 이르지 못한 경우에는 증명책임에 따라 불이익을 받게 된다. 그러나 반증은 법관에게 요증사실의 존재에 관하여 의심을 불러일으키면 성공하게 된다. 반증이 성공하였다는 것은 반대로 상대방의 본증이 실패한 것을 의미한다. 예컨대 매매대금청구소송에서 계약체결사실이 다투어지는 경우에 이에 대하여 증명책임을 지는 원고는 본증을 제시하여 이를 완전히 증명하여야 하지만, 반증을 제시하는 피고는 계약체결 사실에 의문이 들게 하는 사정을 증명하면 될 뿐이다.[3] 반증에는 직접반증과 간접반증이 있다.

② 반증은 반대사실의 증거(Beweis des Gegenteil)와 구별하여야 한다. 반대사

---

3) 대판 1961. 10. 26, 4293민상520; 대판 2003. 2. 11, 2002다59122.

실의 증거라 함은 법률상 추정사실을 번복시키기 위하여 추정사실에 반대되는 사실을 증명하기 위하여 제출하는 증거를 말한다. 예컨대 친생부인의 소에 있어서 자(子)는 처가 혼인 중에 임신한 경우에는 부(夫)의 자로 추정되므로($^{민 844}_{조 1항}$), 친생부인의 소에서 혼인 중의 자에 대한 친생자의 추정을 깨뜨리기 위하여는 그 추정사실을 번복할 반대사실인 「임신 전·후에 별거 중이어서 성관계가 불가능하였던 사실」이나 「부와 자의 DNA가 불일치한다는 사실」 등을 증명하여야 한다. 이러한 반대사실을 증명하기 위하여 제출하는 증인, DNA감정결과 등을 반대사실의 증거라고 한다. 따라서 반대사실의 증거는 자신이 증명책임을 지는 반대사실에 대하여 증거를 제출하는 것이므로 반증이 아니고 본증에 해당한다($^{통}_{설}$).

③ 반증에는 직접반증(direkter Gegenbeweis)과 간접반증(indirekter Gegenbeweis)이 있다. 직접반증이라 함은 주요사실이든 간접사실이든 증명책임이 있는 당사자가 증명하려고 하는 사실에 대하여 직접적으로 반격을 가하는 증명활동을 말한다. 반면 간접반증이란 주요사실에 대하여 일응의 추정이 생긴 경우에 그 추정의 전제사실과 양립되는 별개의 사실을 증명하여 일응의 추정을 번복하기 위한 증명활동을 말한다. 간접반증은 원고가 주요사실을 추정시키는 간접사실을 증명한 경우에 피고가 이에 모순되지 아니하는 별개의 간접사실을 증명하여 주요사실의 추정을 뒤집기 위한 것이므로, 법관으로 하여금 그 간접사실에 대한 확신이 가게 증명하여야 한다. 따라서 원고의 주요사실에 대하여는 반증이지만, 자신의 별개의 간접사실에 대하여는 본증에 해당한다. 예컨대 원고가 피고에 대한 자동차사고로 인한 손해배상청구소송에서 차도로 달리던 원고의 차량이 「갑자기 인도로 진입한 사실 또는 중앙선을 침범한 사실」을 증명한 경우(이것은 피고의 자동차사고에 대한 과실에 대한 간접사실임)에 피고에게 사고에 과실이 있다는 사실(주요사실임)이 일응의 추정으로 인하여 더 이상 증명이 필요 없게 된다. 이 경우에 피고는 「갑자기 인도로 진입한 사실 또는 중앙선을 침범한 사실」과 양립되는 특단의 사정인 「다른 차량의 충격 또는 다른 어린 아이가 갑자기 차도로 뛰어들은 별개의 사실(자신에게 과실이 없다는 별개의 간접사실)」 등을 증명함으로써 과실에 대한 원고의 일응의 추정을 번복할 수 있게 된다. 따라서 간접반증은 주요사실에 대하여는 반증이지만, 별개의 간접사실에 대하여 자신에게 증명책임이 있으므로 본증에 해당한다. 이러한 간접반증이론은 공해소송·의료과오소송·제조물책임소송 등의 현대형 소송에 있어서 인과관계의 증명곤란을 완화하기 위한 방안(예: 인과관계와 관련한 주요사실 중 일부는 추정을 통하여 인정하고, 추정의 번복은 별도의 간접사실의

증명을 피고에게 부담시키는 경우)으로 응용하려고 한다.

(3) 증명과 소명

이것은 넓은 의미의 증명을 법관의 심증의 정도(심증도)를 기준으로 한 분류이다.

① 증명(證明, Beweis im engeren Sinne)이라 함은 법관이 요증사실의 존재에 대하여 확신을 얻은 상태(즉 고도의 개연성)를 심어준 상태 또는 그러한 확신을 얻게 하기 위하여 증거를 제출하는 당사자의 노력을 말한다. 여기에서 확신 또는 고도의 개연성(蓋然性)이란 어느 사실의 존재에 대하여 합리적인 의심을 가지지 않을 정도의 심증을 말한다. 특히 소송에 있어서 사실의 확정을 함에 있어서 필요한 증명은 절대 불가결성을 내포한 자연과학적인 논리적 증명(logischer Beweis)을 말하는 것이 아니고, 진실에 대한 고도의 개연성을 뜻하는 역사적 증명(historischer Beweis)으로 족하다.[4] 청구원인사실을 인정함에는 역사적 증명을 요한다고 할 것이다.

② 소명(疏明, Glaubhaftmachung)이라 함은 증명에 비하여 저도의 개연성을 의미한다. 즉 법관이 일응 확실할 것이라는 추측을 얻은 상태 또는 그러한 상태를 얻게 하기 위하여 증거를 제출하는 당사자의 노력을 말한다. 소명은 원칙적으로 명문의 규정이 있는 경우에 한하여 인정된다. 여기에는 신속한 처리를 요하는 가압류·가처분 절차나, 절차적인 파생적 사항[예: 제척·기피신청($^{44조}_{2항}$), 특별대리인 선임신청($^{62조}_{1항}$), 보조참가의 이유($^{73조}_{1항}$), 소송구조신청($^{128조}_{2항}$), 공격방어방법을 중대한 과실 없이 변론준비절차에 제출하지 못한 점($^{285조}_{1항 2호}$), 증언을 거부하는 이유($^{316}_{조}$) 등]에 관한 것이 해당한다. 소명은 증명의 정도를 완화하는 외에 즉시 조사할 수 있는 증거에 한정된다($^{299조}_{1항}$). 증거방법의 즉시성(예: 재정증인 또는 소지한 서증[5])으로 인하여 증거방법이 당장 없을 경우에는 법원은 당사자 또는 법정대리인으로 하여금 보증금을 공탁하게 하거나, 그 주장이 진실하다는 것을 선서하게 하여 소명에 갈음할 수 있게 하였다($^{동조}_{2항}$). 이 경우에 거짓 진술이 판명되면 법원의 결정으로 보증금의 몰취($^{沒取,}_{300조}$) 또는 과태료의 제재($^{301}_{조}$)를 받는다.

(4) 엄격한 증명과 자유로운 증명

증거조사에 있어서 법률규정을 지켜야 하는지 여부를 기준으로 한 분류이다.

---

4) 대판 1990. 6. 26, 89다카7730.
5) 서증은 원본이 아닌 사본으로도 가능하다(대판 1967. 5. 2, 67다267).

① 엄격한 증명(Strengbeweis)이라 함은 법률에서 정한 증거방법에 의하여 법률이 정한 증거조사의 절차에 따라 행하는 증명을 말한다. 민사소송법 제289조 내지 제374조에 규정한 여섯 가지의 증거방법[6]의 조사절차에 따른 증명을 말한다. 민사소송법상의 증거조사절차에서는 사실인정의 공정성을 담보하기 위하여 선서의무·교호신문·문서의 진정성립에 관한 규정 등의 절차와 상대방의 증거조사의 실시에 참여기회의 보장($\frac{327조\ 1항,\ 소}{심\ 10조\ 2항}$), 구술심리주의·직접심리주의($\frac{331}{조}$) 등을 규정하고 있다. 특히 소송물을 이루는 권리관계의 기초사실을 인정할 때에는 엄격한 증명에 의하여야 한다.[7]

② 한편 자유로운 증명(Freibeweis)이란 증거방법과 증거조사의 절차에 관하여 법률의 규정에 구속되지 아니하고 자유롭게 행하는 증명을 말한다. 증거방법과 증거조사의 절차로부터의 해방을 의미한다. 그러나 자유로운 증명도 엄격한 증명과 같은 증명이므로, 법관의 심증의 정도는 확신의 정도에 이르러야 한다. 따라서 일응 확실할 것이라는 추측을 얻은 상태를 의미하는 소명과는 차이가 있다. 민사소송에 있어 자유로운 증명의 개념은 형사소송에서 도입된 것이다. 그런데 자유로운 증명이 증거방법과 증거조사의 절차에서 어느 정도 법률의 규정으로부터 해방되는지에 관하여는 정설이 없는 실정이다.[8] 자유로운 증명은 증거방법과 증거조사의 절차로부터의 해방을 의미하지만, 한편 증거조사절차에 있어서 당사자참여권, 직접심리주의·구술심리주의의 후퇴를 뜻하는 것이기도 하므로 그 내용과 범위를 정함에 있어서 증명사항의 중요도, 해당 절차의 구조 등을 종합적으로 고려하여 판단하여야 한다.[9] 그 내용은 조사송부촉탁($\frac{294}{조}$) 등의 임의적 증거방법에 의할 수 있고, 증거신청의 절차·증거조사의 실시방법·당사자공개·직접주의·공개주의 등의 법정증거조사의 방식의 규제로부터의 해방을 의미한다고 할 수 있다.[10] 자유로운 증명이 인정되는 범위와 관련하여 보면 판결절차의 직권조사사항(다만 소송요건·상소요건은 제외함), 임의적 변론에 의하는 절차 및 결정절차의 요증사실, 상고심절차의 요증사실, 난민신청자가 제출한 외국 공문서의 진정성립,[11] 비송사건

---

6) 인증으로 증인·감정인·당사자본인 등의 세 가지 증거방법이 있고, 물증으로 문서·검증물·그 밖의 증거 등의 세 가지 증거방법이 있다. 증거방법은 인증·물증을 합쳐 여섯 가지라고 보아야 한다.

7) 同旨: 정동윤/유병현/김경욱, 539면.

8) 이시윤, 461면; 정동윤/유병현/김경욱, 539면.

9) 同旨: 정동윤/유병현/김경욱, 540면.

10) 同旨: 이시윤, 461면.

11) 대판 2016. 3. 10, 2013두14269.

절차에서의 요증사실과[12) 섭외사건에 준거할 외국법과 지방법령·관습법의 인정, 소가의 산정 등[13)은 자유로운 증명으로 족하다고 할 것이다. 특히 직권조사사항 중 소송요건이나 상소요건은 실체상의 요건과 다름없이 중요하므로 엄격한 증명을 요한다고 할 것이다.[14) 공공기관 등에 대한 조사촉탁은 자유로운 증명에 속한다고 할 것이나, 조사촉탁에 의한 회보는 실질적으로 그 내용에 따라 서증, 증언 또는 감정결과와 같으므로 무분별한 확대는 바람직하지 아니하다.[15) 조사촉탁의 결과가 관련서류의 형태로 회보된 경우에는 단순히 이익으로 원용할 것이 아니라 증거로 제출하려는 당사자에게 서증으로 별도로 제출하도록 하여야 할 것이다.

4. 증거능력과 증거력

증거능력은 증거의 자격에 관한 것이고, 증거력은 증거의 요증사실에 대해 기여하는 정도에 관한 것이다. 민사소송에서는 형사소송과 달리 증거능력의 제한이 완화되어 운영되고 있는 실정이다.

(1) 증거능력

유형물(사람과 물건)이 증거방법으로서 증거조사의 대상이 될 자격을 말한다. 예컨대 대리권의 증명은 서면에 의하여야 하고($^{58,}_{89조}$), 당사자나 법정대리인은 당사자신문의 대상일 뿐이고 증인능력이 없으며($^{367,}_{372조}$), 변론의 방식에 관한 규정의 준수는 변론조서에 의하여만 증명할 수 있고($^{158}_{조}$), 기피 당한 감정인은 감정인의 능력이 없는 것($^{336,}_{337조}$) 등은 증거능력의 제한과 관련된 것이다. 그러나 민사소송에서는 자유심증주의를 채택하고 있으므로 이러한 법률상의 제한 외에는 증거능력의 제한이 완화된다.[16) 따라서 소제기 후에 다툼 있는 사실을 증명하기 위하여 작성한 문서, 전문증거, 미확정의 판결[17) 등도 증거능력이 인정된다. 위법하게 수집된 증거방법이 문제된다. 아래에서 별도로 보기로 한다.

---

12) 同旨: 정동윤/유병현/김경욱, 540면.
13) 同旨: 이시윤, 461면.
14) 同旨: 정동윤/유병현/김경욱, 540면; 호문혁, 493면. 反對: 강현중, 490면; 이시윤, 462면.
15) 同旨: 정동윤/유병현/김경욱, 540면.
16) 다만 선서하지 아니한 감정인에 의한 신체감정결과는 증거능력이 없다고 본다(대판 1982. 8. 24, 82다카317).
17) 대판 1992. 11. 10, 92다22107.

〈위법수집증거의 증거능력〉

위법수집증거라 함은 위법한 방법으로 수집된 증거를 말한다. 위법행위의 주체가 상대방인 경우가 주로 문제되지만, 일정한 경우에 제3자에 의하여 만들어진 위법한 증거가 당사자 일방을 통하여 법정에 현출된 경우도 포함한다고 할 것이다 (예: 원고가 사주한 것이 밝혀지지 않은 제3자가 피고를 폭행·감금한 상태에서 만들어진 채무확인서가 원고를 통하여 증거로 제출된 경우 등). 여기에는 대화 상대방의 동의 없는 무단녹음, 몰래카메라(핸드폰 카메라 포함)에 의한 촬영, 핸드폰 통화내용의 녹음, 일기장의 도사(盜寫), 산업스파이를 이용한 상대방의 사내수집자료 등이 그것이다. 이러한 위법수집증거가 증거방법으로서 증거조사의 대상이 될 수 있는지 문제된다. 즉 증거능력 유무에 관한 것이다.

여기에 대하여 i) 소송에 있어서 실체적 진실의 발견을 우선하여 위법하게 수집된 증거방법이라도 증거능력을 인정하여야 한다는 적극설, ii) 위법하게 수집된 증거는 그 수집방법이 신의성실의 원칙에 반하고, 그 내용도 법정에서 공개되는 것이 인격권을 침해하거나 증거조사 자체가 관계인의 사생활(privacy)을 침해하는 것이므로 이를 인정할 수 없다는 소극설, iii) 민사소송에 있어서 실체적 진실발견과 인격권의 보호 모두 중요한 것이므로, 두 가치의 조화가 필요하다는 입장에서, 원칙적으로 위법수집증거의 증거능력을 부인하고 다만 무단녹음 등으로 인한 인격권·사생활의 침해 보다는 그것이 방어권 보장을 위하여 필요불가결하여 정당방위 등의 위법성조각사유에 해당하는 특단의 사정이 있는 경우에 증거능력을 인정하자는 견해(소극설에 기초한 절충설) 등이 있다. 절충설이 통설이다.[18]

판례는 선서하지 아니한 감정인에 의한 신체감정결과는 증거능력이 없다고 한 경우도 있으나,[19] 자유심증주의를 채택하였음을 근거로 상대방 몰래 비밀로 녹음한 녹음테이프를 위법하게 수집하였다는 이유만으로 증거능력이 없다고는 단정할 수 없다고 하여,[20] 적극설에 따르고 있는 것으로 보인다.

생각건대, 증거수집과정의 위법행위로 인한 민사상의 손해배상책임은 별론으로 하고,[21] 민사소송에서 위법수집된 증거가 실체적 진실발견에 도움이 된다는 이유로 증거

---

18) 김홍규/강태원, 489면; 방순원, 459면; 송상현/박익환, 513면; 이시윤, 458면; 정동윤/유병현/김경욱, 550면 등.

19) 대판 1982. 8. 24, 82다카317; 대판 1999. 5. 25, 99다1789; 대판 2009. 9. 10, 2009다37138, 37145.

20) 대판 1981. 4. 14, 80다2314; 대판 1999. 5. 25, 99다1789. 다만 불법행위에 기한 위자료청구소송에서 "공개된 장소에서 이루어졌으나 민사소송의 증거를 수집할 목적으로 이루어졌다는 이유만으로 그 증거수집과정에서 행해진 초상권 및 사생활의 비밀과 자유를 침해한 행위에서의 위법성이 조각되지 않는다."고 판시하여 위법한 증거수집행위에 따른 손해배상책임을 인정하고 있다(대판 2006. 10. 13, 2004다16280).

21) 대판 2006. 10. 13, 2004다16280.

능력을 부여하는 것은 타당하지 아니하다. 이것은 헌법상 보장된 인격권의 보호 및 사생활의 비밀보장이라는 중대한 이익을 침해하는 행위라고 할 것이고, 이러한 증거수집행위는 증명권의 남용에 해당한다. 따라서 기본적으로 증거능력을 부정하여야 한다. 그러나 증거방법의 수집에 긴급성·보충성이 인정되는 특수한 상황이 있는 경우에 한하여 예외적으로 증거능력을 부여하는 것이 옳다. 따라서 절충설이 타당하다고 본다. 통신비밀보호법에서는 공개되지 아니한 타인 사이의 대화녹음의 증거능력을 부인하고 있고(위법 14), 형사소송법에서도 2007년 6월 1일 일부개정에서 제308조의2에 「적법한 절차에 따르지 아니하고 수집한 증거는 증거로 할 수 없다.」고 신설하여 위법수집증거의 증거능력을 배제함을 명문화하였고, 판례도 종래의 입장을 바꾸어 위법하게 수집한 증거는 원칙적으로 증거능력을 부인하고 있다.[22] 민사소송에 있어서도 위법수집증거의 증거능력에 대하여 보다 엄격한 기준을 제시할 때가 된 것으로 본다.[23]

(2) 증거력

증거력이란 일정한 증거자료가 요증사실의 인정에 이바지하는 정도를 말한다. 증명력 또는 증거가치라고도 한다. 즉 법관의 확신을 일으키는 데 영향을 주는 힘의 정도를 말한다. 증거력은 서증에 있어서 형식적 증거력과 실질적 증거력으로 나누어 판단한다. 증거력의 평가는 법관의 자유로운 심증에 의한다(자유심증주의, 202조).

Ⅱ. 증거에 관한 당사자의 권리

1. 총   설

(1) 당사자의 소송절차에서의 지위를 전체적으로 파악하여 이를 당사자권이라 한다. 당사자는 민사소송절차의 주체로서 중요한 지위를 가지고 있고, 절차 진행에 있어서 법원이 주도하지만 소송절차의 진행과 관련하여 헌법상의 재판청구권의 실질적 보장을 위하여 당사자에게 변론권과 증명권 등의 중요한 권리를 부여하고 있다. 이것은 헌법상의 재판청구권에 기초하고, 구체적 내용은 소송절차의 구체적 상황과 단계에 따라 법률상 행위를 법원에 요구할 수 있는 사법행위청구권의 일종이다(소권론에 있어서 사법행위청구권설에 기초함).

(2) 증거와 관련한 당사자의 권리를 총칭하여 증명권이라 한다. 증명권은 변론

---

22) 대판(전) 2007. 11. 15, 2007도3061.
23) 同旨: 이시윤, 459면.

에 있어서의 당사자의 권리인 변론권과 더불어 민사소송에 있어서 당사자권의 가장 중요한 내용을 차지한다. 증거에 있어서 당사자의 권리를 구체적으로 보면 i) 법원과의 관계에서 증거제출권의 보장, 증거신청에 대한 채부에 대한 의견권, 증거조사에의 참여권, 증거력평가에 대한 불복권 등이 있고, ii) 상대방과의 관계에서 현대형 소송 등의 증거편재를 극복하기 위하여 증거확보의 실질적 평등을 위하여 문서제출의무의 강화, 증명방해에 대한 제재, 모색적 증명이론, 정보청구권 등이 논의된다. 이하에서는 이를 간단히 살펴봄으로써 증거조사에 있어서 당사자의 지위를 보도록 하겠다.

2. 법원에 대한 관계

당사자는 증거조사에 있어서 자신의 증거를 제출할 수 있고(증거제출권의 보장, 채부에 대한 의견권 등), 증거조사에의 참여권, 증거력평가에 대한 불복권 등이 인정된다.

(1) 증거제출권의 보장

① 당사자는 소송절차에서 증거제출을 자유롭게 할 수 있다. 그러나 절차의 명확성을 담보하기 위하여 대리권의 서면증명, 변론의 방식의 증명은 변론조서로만 하도록 하거나, 위법수집증거의 증거능력을 부인할 수 있다. 또한 증거의 진정성을 담보하기 위하여 증거방법과 절차를 제한하는 엄격한 증명이 필요하기도 하다. 이러한 것은 당사자의 소송절차의 증거제출의 자유를 합리적인 범위에서 제한한 것이라고 할 것이다.[24]

② 또한 당사자의 증거제출권을 실질적으로 보장하기 위하여 법원은 증거채부를 객관적이고 합리적으로 하여야 한다. 당사자는 자신의 증거의 채택의 필요성을 법관에게 설명할 권리와 의무가 있다고 할 것이다. 법원은 당사자의 증거가 유일한 증거일 경우에는 이를 채택하여 조사하여야 한다($\frac{290조}{단서}$). 법원이 요증사실의 증명에 필요불가결한 증거의 신청을 각하하거나 석명을 통하여 증거의 제출을 촉구하지 아니한 경우($\frac{136조}{1항}$)에 법령위배에 해당하여 상고이유($\frac{423}{조}$)가 된다.[25]

---

24) 同旨: 정동윤/유병현(2009), 463면.
25) 同旨: 정동윤/유병현/김경욱, 544면.

(2) 증거조사의 참여권

쌍방심리주의·공개심리주의의 요청상 증거조사를 하는 경우에는 법원은 당사자에게 그 기일과 장소를 통지하여야 하고($^{167조, 297조}_{2항, 381조}$), 당사자는 이에 참여할 수 있다. 또한 당사자는 증인신문에 참여하여 반대신문권을 행사할 수 있는 권리($^{327조}_{1항}$) 등을 행사할 수 있다.

(3) 증거력 평가에 대한 불복권

증거력의 평가는 법원의 자유심증에 따르지만($^{202}_{조}$), 그것이 논리와 경험법칙에 어긋난 경우에는 당사자는 항소를 할 수 있고, 또한 채증법칙위반 또는 민사소송법 제202조의 위반을 이유로 상고할 수 있다($^{423}_{조}$).

3. 상대방에 대한 관계

(1) 당사자의 실질적 평등의 보장

민사소송법은 사실의 주장과 증거의 수집·제출의 책임을 당사자의 권능으로 하는 변론주의를 취하고 있으므로, 증거의 수집·제출의 책임은 당사자에게 평등하게 부여되어 있다. 그러나 소송절차에서의 당사자의 이러한 추상적 평등은 증거의 편재현상이 두드러지게 나타나는 이른바 현대형 소송(예: 환경소송·의료과오소송·제조물책임소송·증권관련소송 등)에 이르러서는 이것을 그대로 유지할 수 없게 되었다. 증거제출의 형식적 평등만을 주장하는 것은 재판의 적정을 근본적으로 해칠 가능성이 농후하기 때문이다. 이러한 분야에 있어서 복지국가이념을 받아들여 법원의 후견적 기능의 강화가 필요하게 되었다. 이것이 증거와 관련한 당사자의 실질적 평등의 실현을 의미하는 것이다.

이러한 필요성에 따라 민사소송에 있어서 증거를 가지고 있는 자에 대한 문서제출의무의 강화, 증명방해에 대한 제재, 모색적 증명이론, 정보청구권 등의 개념이 개발되게 되었다. 문서제출의무에 관하여는 서증조사절차에서 보기로 하고, 여기에서는 증명방해·모색적 증명·정보청구권에 관하여 살펴보기로 한다.

(2) 증명방해

① 의 의

(a) 증명방해(證明妨害, Beweisvereitelung)라 함은 통상 증명책임을 지지 않는 당사자가 증명책임을 지고 있는 당사자의 증명을 곤란하게 하는 모든 경우를 지칭한다.[26] 즉 방해당사자가 고의·과실, 작위·부작위의 방법을 통하여 증명책임을 지고 있는 당사자의 증거의 사용을 곤란하게 하거나 불가능하게 한 경우이다. 예컨대 의료과오소송의 피고인 의사가 병원에 보관 중인 환자의 진료카드를 변조·폐기한 경우,[27] 상대방 신청의 증인출석과 진술을 방해하는 경우, 공해소송에서 공장시설 및 관련 자료를 폐기한 경우, 가옥명도소송에서 점유부분의 특정을 위한 현장검증의 방해행위를 한 경우, 상대방의 감정인에 대한 감정을 방해한 경우[28] 등이 여기에 해당한다. 최근 독일에서 많이 논의되고 있다.

(b) 증명방해이론은 당사자의 증거수집활동을 적정하게 보호하는 예방적 기능과 실제로 방해행위가 있는 경우에 방해자에게 불리한 사실의 의제 등의 제재적 기능을 통하여, 증거와 관련하여 당사자의 실질적 평등을 실현할 수 있다. 그러나 현행법상 적극적인 증거의 획득은 당사자 및 제3자에 대한 문서제출명령 등의 수단을 통하여야 한다. 증거획득의 면에서 보면 고비용과 시간이 많이 들어가는 단점은 있지만 미국법상의 증거개시제도(discovery)가 유용한 면이 있다.

② 효과(제재방법)

증명방해는 민사소송법 제1조 제2항의 당사자의 신의칙에 따른 소송수행의무를 위반한 것이므로 일정한 제재를 가할 필요가 있다.[29]

(a) 명문규정이 있는 경우   우리 민사소송법에 이러한 증명방해에 해당하는 경우에 명문으로 제재를 규정한 경우가 있다. 여기에는 i) 당사자가 법원의 문서제출 또는 제시명령에 응하지 아니한 때($\frac{349조, 347}{조 1, 2, 4항}$), ii) 상대방의 사용을 방해할 목적으로 제출의무가 있는 문서를 훼손하거나 이를 사용할 수 없게 한 때($\frac{350}{조}$), iii) 대조용 문서·물건을 제출하지 아니한 때($\frac{360조}{1항}$), iv) 검증목적물을 제출하지 아니한 때($\frac{366조}{1항}$), v) 당사자가 정당한 사유 없이 당사자신문에 응하지 아니한 때($\frac{369}{조}$) 등의

---

26) 정동윤/유병현/김경욱, 545면.
27) 대판 1993. 11. 23, 93다41938; 대판 1995. 3. 10, 94다39567; 대판 1999. 4. 13, 98다9915.
28) 대판 1994. 10. 28, 94다17116.
29) 同旨: 이시윤(2009), 472면.

경우에 그 문서·물건의 기재 등과 신문사항에 대한 상대방의 주장을 진실한 것으로 인정할 수 있도록 한 것이 그것이다. 이 경우에는 해당 규정에 따라 증명방해의 제재를 가하면 된다. 다만 제재의 정도와 관련하여 아래 명문규정이 없는 경우와 같이 자유심증설, 증명책임전환설, 법정증거설 등이 있지만, 판례는 자유심증설에 기초하고 있다.[30]

(b) **명문규정이 없는 경우**   명문규정이 없는 경우에 어떠한 제재를 가할 것인지가 문제이다. 이것과 관련하여 i) 당사자의 증명방해 사실을 변론전체 취지의 판단자료의 하나로 삼아 방해의 형태·정도, 증거의 가치, 다른 증거의 유무 등을 종합적으로 고려하여 법관의 자유심증에 따라 방해자에게 불리한 평가를 하면 된다는 자유심증설(또는 증거평가설), ii) 방해자 측에 요증사실의 반대사실에 대하여 증명하도록 증명책임을 전환하거나, 증명방해사실이 있으면 일종의 법정증거로 취급하여 곧바로 요증사실이 증명된 것으로 취급하여야 한다는 증명책임전환설 등이 있다. 생각건대 증명책임전환설은 과실의 경우에도 바로 증명책임을 방해자에게 전환하도록 하는 것은 행위에 대한 제재가 너무 가혹할 수 있고, 방해행위의 형태·정도, 증거의 가치 등을 고려하지 아니하고 일률적으로 증명책임을 전환하여야 하므로 융통성이 없다는 단점이 있다. 따라서 증거의 가치판단을 법관의 자유심증에 따르고 있는 자유심증주의 하에서 법관에게 방해행위의 형태·정도, 증거의 가치 등을 고려하여 제재를 가할 수 있도록 하는 것이 적정한 재판을 위하여 유용하다고 본다. 자유심증설이 통설이다.[31] 판례도 당사자 일방인 의사 측이 진료기록의 변조가필행위를 하는 등으로 증명을 방해하는 행위를 하였더라도, 법원으로서는 이를 하나의 자료로 삼아 자유로운 심증에 따라 방해자 측에게 불리한 평가를 할 수 있음에 그칠 뿐 입증책임이 전환되거나 곧바로 상대방의 주장사실이 증명된 것으로 보아야 하는 것은 아니라고 하여, 자유심증설에 따르고 있다.[32]

기본적으로 자유심증설에 의하지만 공해소송·대량사고소송 등의 현대형 소송에 있어서 고의적인 증명방해행위가 있고, 빙해 받은 당사자가 다른 증명방법이 없을 경우에는 당사자의 관련 증거방법에 대한 주장을 사실로 인정하는 등의 방법으로 증명책임의 전환도 생각하여야 한다는 견해가 있다(절충).[33] 이러한 견해는

---

30) 대판 2007. 9. 21, 2006다9446; 대판 2015. 6. 11, 2012다10386; 대판 2015. 11. 17, 2014다81542(제350조의 증명방해의 경우에도 자유심증설을 따름).

31) 김홍엽, 703면; 정동윤/유병현/김경욱, 547면; 호문혁 531면.

32) 대판 1995. 3. 10, 94다39567; 대판 1999. 4. 13, 98다9915; 대판 2014. 11. 27, 2012다11389.

증명이 어려운 현대형 소송에 있어서 고의적 증명방해행위에 대하여 예외를 인정하자는 것이다. 즉 법원의 자유평가의 방법 중 하나로서 명문의 규정과 같은 취지로 「해당 증거에 대한 상대방의 주장을 사실로 인정하는 것」도 포함하는 것으로 보자는 견해이다. 절충설이 증명방해이론의 근본취지를 잘 살린 학설로서 타당하다고 본다.

(3) 모색적 증명

① 의 의

(a) 모색적 증명(摸索的 證明, Ausforschungsbeweis)이라 함은 보통 증명책임을 지는 당사자가 사실관계를 정확히 알 수 없는 경우에 증명할 사항을 정확히 명시하지 않고 증거신청부터 하고, 그 증거조사를 통하여 자신의 구체적이고 확실한 주장의 기초자료를 얻으려고 하는 것을 말한다. 증명하려는 자가 사실경과 과정을 잘 모르는 경우에 이것을 알기 위하여 증거신청을 하고, 증거조사를 통하여 획득한 사실을 자기주장의 기초자료로 삼으려 한다는 것이 특징적이라 할 것이다.

(b) 이러한 증거신청은 민사소송법 제289조 제1항의 「증거를 신청할 때에는 증명할 사실을 표시하여야 한다.」는 규정에 반하지만 일정한 경우에 그 필요성이 있다. 예컨대 항공기의 추락사고로 인한 손해배상청구소송에서 사고원인을 알 수 없는 유족들이 신문기사 등의 내용에 기초하여 「사고가 엔진의 정비불량으로 인하여 발생하였다.」고 소를 제기한 후에 이를 증명하기 위하여 항공기 회사인 피고에게 항공기 사고조사보고서에 관한 문서제출명령을 신청하는 경우,[34] 자(子)의 인지청구의 소에서 부성(父性)이 추정되는 피고가 특별한 근거 없이 자의 모(母)가 당시 복수의 자(者)와 성관계를 맺어 왔다고 주장하면서 모에 대한 증인신청이나, 자신과 모·자의 유전자감정을 신청하는 경우 등을 생각할 수 있다.

(c) 모색적 증명은 증명방해와는 달리 필요한 증거를 획득하기 위한 방편이라는 점에서 보다 적극적인 수단이라고 할 것이다.

② 적법성

모색적 증명을 인정할 것인지 여부에 관하여 직권탐지주의 절차와 변론주의 절차를 구분하여 생각할 필요가 있다. 직권탐지주의의 경우는 법원이 직권으로 사실과 증거를 탐지할 수 있으므로, 법원이 필요하다고 판단하면 모색적 증명도 가

---

33) 이시윤, 539면.
34) 東京高判 1979. 10. 18, 判時 942. 17.

능하다고 본다.[35]

그러나 변론주의 하에서도 가능할 것인지 문제이다. 우선 모색적 증명을 위한 증거신청은 민사소송법 제289조 제1항의 「증거를 신청할 때에는 증명할 사실을 표시하여야 한다.」는 규정에 반한다. 따라서 원칙적으로 모색적 증명은 인정하기 어렵다고 할 것이다.[36] 그러나 공해소송·의료과오소송·제조물책임소송·증권관련소송 등의 현대형 소송에 있어서 증거의 편재 등으로 인하여 피해자인 원고가 사고발생 원인 등을 알기 어려운 특별한 사정이 있다고 하면 신의칙상 이를 인정하는 것이 타당하다고 본다.[37] 모색적 증명의 적법성을 인정한다면 이를 위하여 증거보전신청, 증인신청, 감정신청, 문서제출명령의 신청 등이 가능할 것이다.

(4) 정보청구권

정보청구권(情報請求權)이라 함은 실체법상의 청구권에 기하여 증거수집의 수단으로 상대방에게 정보를 요구할 수 있는 권리를 말한다.[38] 정보청구권은 민사소송법의 입장에서 보면 상대방에 대한 적극적이고 유용한 증거획득 수단이다. 여기에는 주주의 회계장부열람권($\frac{상}{466조}$)이나, 환자의 진료카드열람청구권($\frac{민}{인의}\frac{683조의 수임}{보고의무}$) 등의 실체법상의 청구권에 기초하는 만족적 가처분(예: 회사가 재산은 있으나 폐업하여 장부 등의 관리가 되지 아니할 경우에 장부의 관리를 위한 인도가처분 등)이나, 증거보전에 의하여 증거를 수집하는 것 등이 그것이다. 민사소송에서의 증거의 확보수단으로 유용하게 이용될 수 있다고 본다.[39]

Ⅲ. 증거법의 새로운 과제

(1) 일반적으로 증거와 증거에 의한 사실인정에 관한 법규를 총칭하여 증거법 (Beweisrecht; law of evidence)이라 한다. 미국에서는 민·형사 공통의 연방증거규칙(Federal Rules of Evidence)이 있고, 중국 등에서 이를 받아들이려고 하기도 한다. 그러나 독일, 일본, 우리나라 등에서는 민사소송과 형사소송의 증거법을 나누어 규정하고 있다. 우리나라에 있어서 이른바 증거법에서는 증거방법의 수집,

---

35) 同旨: 이시윤, 479면; 정동윤/유병현/김경욱, 548면.
36) 同旨: 이시윤, 479면.
37) 同旨: 이시윤, 479면; 정동윤/유병현/김경욱, 548면.
38) 정동윤/유병현/김경욱, 548면.
39) 同旨: 정동윤/유병현/김경욱, 548면.

증거능력, 증거조사의 방법, 증거력의 평가, 증명책임의 분배 등을 다루고 있고, 이러한 증거법은 소송법의 중심축 중의 하나이다.

(2) 증거법은 소송제도의 시작과 역사를 같이 한다. 전통적으로 소송제도에 있어서 개인의 추상적 자유·평등을 강조하였고, 이것은 변론주의에 기초한 증거법에서 당사자 사이의 증거제출의 평등으로 표현되었다. 그러나 사회가 발전하면서 개인의 추상적 자유·평등만으로는 적정한 재판의 구현이 점차 어렵게 됨으로서 복지국가이념에 기초한 당사자의 실질적 평등을 강조하게 되었고, 이것은 변론주의의 보완·수정으로 나타나게 된다. 이러한 변화는 증거법 영역에서 특히 현대형 소송이 등장하면서 증거의 편재 등으로 인한 증거제출에 있어서 형식적 평등에서 실질적 평등을 추구하게 되었다. 이것은 증거법에서 증거방법의 획득수단의 강화, 증명정도의 완화, 증명책임의 전환·완화 등의 방법으로 나타나고 있다. 변론주의에 따라 당사자의 증거제출의 평등을 인정하면서도, 그것이 어려운 분야에서 당사자의 증거제출의 실질적 평등을 위한 조치를 하게 되는 것이다. 이러한 문제들은 증거법의 다양한 분야에서 나타나고 있다.

(3) 이것을 보다 구체적으로 보면, i) 증거획득 수단의 강화 방안으로는 문서제출명령의 강화, 증거보전제도의 확대, 증명방해이론이나 모색적 증명이론의 도입 논의 등으로 이어지고, ii) 증명정도의 완화방안으로는 공해소송·제조물책임소송에서의 증명도에 대한 개연성설(蓋然性說) 또는 역학적 증명이론(疫學的 證明理論) 등이 그것이며, iii) 증명책임의 전환·완화의 방안으로 표현증명(일단의 추정), 간접반증이론, 증명책임의 분배에 관한 새로운 시도 등이 그것이다. 또한 현대형 소송은 대표당사자소송·단체소송 등 집단소송제도의 도입으로 인한 증거조사의 간이화, 증거법 분야에서의 석명권의 강화, 증명책임을 지지 아니하는 자에 대한 사안해명의무(事案解明義務)를 부담시키려는 시도 등이 있다.

(4) 이러한 모든 것들은 소송환경의 변화를 반영한 것을 의미하는 것이므로, 인터넷을 통한 정보의 자유로운 교환이 이루어지는 현실에 비추어 보면 향후 증거법 분야에서 더 많은 새로운 시도가 전개될 것으로 보인다.

제 2 관 증명의 대상(요증사실)

법원은 사실을 확정하고 거기에 법률을 적용하여 재판을 하게 된다. 사실 중에서 당사자 사이에 다툼이 없는 경우에는 변론주의 원칙상 자백의 구속력이 있으므로 법원은 당사자가 확정한 사실에 구속된다. 그러나 당사자 사이에 다툼이 있는 사실은 증거에 의하여 사실을 확정할 필요가 있는 것이다. 따라서 주된 증명의 대상은 「당사자 사이에 다툼이 있는 사실」이라 할 것이고, 그 외에 경험법칙, 법규 등이 증명의 대상이 될 수 있다.

I. 사   실

(1) 사실이라 함은 구체적인 장소·시간으로 특정된 외계의 일과 내심의 상태(예: 知·不知, 고의·과실, 선의·악의 등)를 말한다. 민사소송과 관련된 사실은 법규의 구성요건에 해당하는 구체적인 사실인 주요사실(예: 대여금소송에서 금전을 대여한 사실), 주요사실을 추인케 하는 사실인 간접사실[징빙(徵憑), 예: 원고가 대여하였다는 시점에 피고가 원고를 만난 후에 전과 달리 돈을 풍족하게 쓴 사실], 증거방법의 증거능력과 증거력에 관한 사실인 보조사실(예: 증인이 거짓말을 잘하고 위증죄로 처벌받은 경력이 있다는 사실)이 있다.

(2) 이러한 주요사실·간접사실·보조사실에 다툼이 있는 경우에 증명의 대상이 되는 것이고, 간접사실·보조사실의 증명은 주요사실의 증명수단에 불과하고 증명의 최후목적은 주요사실의 확정에 있다고 할 것이다.[40] 원칙적으로 증명의 대상은 주요사실이지만 주요사실을 증명하기 어려운 경우에는 간접사실·보조사실을 통하여 주요사실을 간접적으로 추인할 수밖에 없으므로 그 한도에서 간접사실·보조사실도 증명의 대상이 된다. 간접사실·보조사실의 증명 여부는 주요사실과의 관련성에 의하여 정해진다. 관련성이 없다면 다툼이 있다고 하여도 구태여 증거조사 할 필요가 없는 것이다.

따라서 증명의 대상은 주로 주요사실이다. 이러한 사실에는 적극적·소극적 사실, 과거의 사실·현재의 사실, 외계의 사실·내면적 사실, 가정적 사실(假定的 事實)[41]도 포함한다. 다만 내면적 사실의 증명은 간접사실에 의할 수밖에 없다. 그러나 사실에 대한 평가적인 판단(법적 추론), 즉 법률적 개념으로 정리하거나, 전문적 지식을 바탕으로 결론을 이끌어 내는 등의 순수한 판단작용(예: 과실, 정당한

---

40) 同旨: 방순원, 460면.

41) 특히 손해배상소송에서 손해액을 산정할 때에 손해가 없었다면 발생할 수익에서 노동능력상실률을 고려하여 손해액수를 정한다.

이유, 선량한 풍속, 문서·의사표시의 해석 등)은 증명의 대상이 되지 아니한다.

(3) 다툼이 있는 사실 중에서도 소송경제상 재판결과에 영향을 미칠 경우에만 증거조사의 대상이 된다.[42] 즉 다툼이 있는 원고의 청구원인사실과 피고의 방어방법(항변) 등이 그 대상인 것이다. 하지만 원고가 청구원인사실로 도박자금으로 피고에게 돈을 대여하였다고 주장한다면, 원고의 주장은 그 주장 자체로 이유가 없으므로 대여 여부에 관하여 다툼이 있다고 하여도 소송결과에 영향이 없으므로 증거조사 함이 없이 바로 청구기각을 하여야 한다.

Ⅱ. 경험법칙[43]

(1) 경험법칙(經驗法則, Erfahrungssätze)이라 함은 일상경험으로부터 귀납적으로 얻어진 사물에 관한 지식이나 법칙을 말한다.[44] 간단히 말하면 같은 종류에 대한 많은 반복된 경험을 통하여 얻은 일반상식(common sense)을 의미한다. 경험법칙에는 i) 일반상식인 단순한 경험법칙, ii) 고도의 전문적·학리적(學理的) 지식에 속하는 경험법칙, iii) 표현증명(表見證明)에 이용되는 고도의 개연성이 있는 경험법칙이 있다. 이러한 경험법칙은 사실의 인정(예: 간접사실에 의한 주요사실의 추정), 사실에 대한 가치판단(예: 신의칙위반, 선량한 풍속 등), 증거력의 평가(예: 증인이 증언을 하면서 신문사항의 답변에 있어서 자주 불안한 표정을 짓고 진술을 번복하는 경우에 그 증인의 증언을 믿지 아니하는 것)에 이용된다.

(2) 경험법칙이 증명의 대상이 될 것인지가 문제이다. 일반적인 상식에 속하는 경험법칙은 법관도 당연히 알고 있으므로 증명의 대상이 되지 아니한다(통). 그러나 고도의 전문적·학리적(學理的) 지식에 속하는 경험법칙이나 표현증명(表見證明)에 이용되는 고도의 개연성이 있는 경험법칙은 재판의 공정성에 대한 국민의 신뢰유지와 법관이 동시에 감정인이 될 수 없다는 제41조 3호(제척사유) 등에 비추어 증명이 필요하다고 할 것이다(통). 증명의 정도는 자유로운 증명으로 족하다. 경험법칙은 일정한 경우에 증명의 대상이 되지만, 자백의 대상이 되지는 아니한다.

(3) 경험법칙의 인정이나 적용을 잘못한 경우에 법령위반으로 보아 상고이유가 될 것인지에 대하여 견해가 나뉜다. 여기에는 경험법칙을 사실판단의 대전제인 법

---

42) 同旨: 이시윤, 463면.
43) 통상 경험칙(經驗則)이라 한다.
44) 정동윤/유병현/김경욱, 552면.

규와 같은 것으로 보는 법률문제로 보는 견해($\frac{법률문}{제설}$),[45] 경험법칙은 법규와는 달리 사실판단에 이용되는 자료에 불과한 것으로 그것의 취사선택은 사실심법관의 전권에 속하는 사실문제이므로 상고이유가 될 수 없다는 견해($\frac{사실문}{제설}$)[46]가 있다. 다만 경험법칙을 법률문제로 파악하면서도 사실인정의 문제일 뿐인 사건을 경험법칙을 위반하였다는 이유로 상고하여 상고심이 제3의 사실심이 되는 것을 막기 위하여 경험법칙에 현저한 오류가 있는 때(즉 채증법칙에 위반한 경우)에 한정하여야 한다는 견해도 있다($\frac{절}{충}$).[47] 판례는 경험법칙의 적용을 잘못한 경우에 법령위배로 상고이유가 된다고 보아 법률문제설을 취하고 있다.[48]

생각건대 본질적으로 경험법칙은 일상경험으로부터 귀납적으로 얻은 사물에 대한 가치평가적 요소를 갖고 있는 것이므로 법규적 성질을 가지고 있고, 이러한 경험법칙에 의한 사실의 인정과 적용이 통상의 일반인이 납득할 수 있어야 한다는 점에 비추어 보면 상고심의 판단을 받도록 하는 것이 타당하므로 법률문제로 보아야 한다. 다만 경험법칙의 위반이 판결에 영향을 미친 경우에 한한다고 할 것이다($\frac{423}{조}$).

(4) 대법원은 종전에 육체노동자의 가동연한을 경험칙에 기초하여 만 60세로 인정하였으나,[49] 최근 대법원 전원합의체 판결($\frac{2019. 2. 21, 2018}{다248909}$)로 종전의 경험칙의 기초가 되었던 제반 사정들이 현저히 변하였다는 이유로 육체노동자의 가동연한을 만 65세로 변경하였다.

Ⅲ. 법　　규

(1) 원칙적으로 법규의 존부·적용의 문제는 법원의 책무이므로 증명의 대상이 되지 아니한다. 그러나 예외적으로 외국법, 지방법령, 관습법,[50] 실효된 법률 등은 법원이 반드시 안다고 할 수 없으므로 이를 알지 못하는 경우에는 증명의 대상이 된다. 이 경우 법원은 당사자의 증명을 기다리지 아니하고 직권증거조사를 할 수 있고, 조사방법도 전문가의 감정이나 공공기관 등에 대한 조사촉탁($\frac{294}{조}$) 등

---

45) 김홍엽, 606면; 정동윤/유병현/김경욱, 553면; 한충수, 441면; 호문혁, 498면.
46) 김홍규/강태원, 469면; 방순원, 461면; 송상현/박익환, 529면.
47) 이시윤, 465면.
48) 대판 1970. 10. 23, 70누117; 대판 1971. 11. 15, 71다2070.
49) 대판(전) 1989. 12. 26, 88다카16867(만 55세에서 만 60세로 변경하였음).
50) 대판 1983. 6. 14, 80다3231.

에 따를 필요 없이 자유로운 증명으로도 가능하다.[51]

다만 사실인 관습은 당사자의 주장과 증명이 필요하다고 할 것이다.[52]

(2) 법원이 증거조사를 하여도 외국법의 존부와 그 내용을 알 수 없는 경우에 어떻게 처리할 것인지 문제된다. 여기에는 주요사실의 존재 여부가 불명확한 경우에 법규부적용의 원칙에 따라 청구기각을 하는 것과 유사하게 외국법이 불명확한 경우에도 외국법을 적용할 수 없으므로 청구기각 하여야 한다는 견해(청구기각설), 외국법규가 불명확한 경우에는 "의심스러울 때는 법정지법에 의한다."는 법언에 따라 국내법규를 적용할 수밖에 없다는 견해(국내법적용설, 법정지법설), 외국법이 불명확한 경우에 외국법이 없는 경우와 같이 보아 민법 제1조에 따라 조리(條理)에 따라야 한다는 견해(조리설)[53] 등이 있다. 조리설 중 조리의 의미를 외국법질서와 같거나 유사한 법계에 속하는 나라의 법에 의하여 해결하여야 한다고 보기도 한다.[54] 생각건대 외국법이 불명확할 경우에 조리에 따라 판단하는 것이 타당하다. 조리의 의미를 외국법질서와 같거나 유사한 법계에 속하는 나라의 법으로 한정한다면 실제 재판에서 심리의 지연을 막을 수 없다는 점은 유의할 필요가 있다. 판례는 한때 국내법적용설을 취하기도 하였으나,[55] 현재는 조리설에 의하고 있다.[56]

제3관 불요증사실

Ⅰ. 총 설

(1) 재판과 관련된 주요사실은 다툼이 있는 한 원칙적으로 증명이 필요하다. 그러나 일정한 경우에 증명이 필요하지 아니한 경우가 있다. 이것을 불요증사실(不要證事實)이라 한다.

---

51) 대판 1992. 7. 28, 91다41897.
52) 同旨: 이시윤(2009), 409면.
53) 이시윤, 465면; 정동윤/유병현/김경욱, 554면; 최공웅, 국제소송(개정판), 367면.
54) 정동윤/유병현(2009), 473면; 최공웅, 국제소송(개정판), 367면.
55) 대판 1988. 2. 9, 87다카1427(이집트법상 수표의 지급제시기간이 불명확하여 우리 수표법을 적용한 사안임).
56) 대판 1991. 2. 22, 90다카19470; 대판 2000. 6. 9, 98다35037; 대판 2001. 12. 24, 2001다30469; 대판 2003. 1. 10, 2000다70064; 대판 2019. 12. 24, 2016다222712(준거법으로서의 외국법은 사실이 아니라 법으로서 직권으로 외국법의 내용을 조사하고, 직권조사에도 불구하고 내용을 확인할 수 없는 경우에는 조리 등을 적용함).

첫째로 변론주의하에서는 당사자가 주장하지 아니한 사실은 판결의 기초로 삼을 수 없으므로, 변론주의가 적용되는 절차에서는 「당사자가 주장하지 아니한 사실」은 증명을 요하지 아니한다.

둘째로 변론주의하에서는 「당사자 사이에 다툼이 없는 사실」인 재판상의 자백·자백간주의 경우에 별도의 증명을 요하지 아니한다(²⁸⁸조). 이것은 변론주의 하에서 자백의 구속력으로 인하여 법원의 사실인정권이 배제되기 때문이다.

셋째로 「현저한 사실」은 증명을 요하지 아니한다(²⁸⁸조). 이것은 사실의 객관성으로 인하여 구태여 증명을 할 필요가 없는 것이다.

위 첫째, 둘째의 사실은 변론주의가 적용되는 절차이고, 직권탐지주의 절차에서는 그렇지 아니하다. 그러나 셋째의 현저한 사실은 직권탐지주의 하에서도 적용된다(^{가소}_{13조}).

(2) 기타 불요증사실로 법률상 추정되는 사실과 상대방이 증명방해한 사실이 포함될 것인가에 대하여 견해가 나뉜다. 법률상 추정되는 사실에 대하여 적극적인 증명을 요하지 아니한다는 이유로 불요증사실로 보기도 한다.[57] 생각건대 법률상 추정되는 사실 자체는 증명을 요하지 아니하지만 법률상 추정이 되기 위하여는 그 전제사실에 대한 증명이 필요하므로 전혀 증명이 불필요한 불요증사실과는 다르다. 법률상의 추정의 경우에도 상대방이 추정되는 사실의 반대사실을 증명하는 것이 허용된다는 점 등에 비추어 보면 증명책임의 경감으로 보는 것이 타당하다(^{다수}_설).[58] 상대방이 증명방해 한 사실의 경우도 같다고 할 것이다.

(3) 불요증사실 중 「당사자가 주장하지 아니한 사실」은 특별히 문제 될 것이 없으므로, 이하에서는 i) 「당사자 사이에 다툼이 없는 사실」인 재판상의 자백·자백간주와 ii) 현저한 사실에 관하여 살펴보겠다.

Ⅱ. 당사자 사이에 다툼이 없는 사실

다툼이 없는 사실에는 당사자가 i) 재판상 자백한 사실과 ii) 자백간주(의제자백)된 사실이 있다.

---

57) 김홍규/강태원, 464면; 이시윤, 466면.
58) 同旨: 방순원, 463면; 정동윤/유병현/김경욱, 555면.

1. 재판상 자백

(1) 의의와 성질

① 의 의

일반적으로 자백(自白)이라 함은 소송당사자가 자기에게 불리한 사실을 인정하는 진술을 말한다. 여기에는 변론 또는 변론준비기일에 소송행위로서 법원에 대하여 하는 경우를 재판상 자백(裁判上 自白, gerichtliches Geständnis)이라 하고, 재판외에서 상대방이나 제3자에게 하는 경우를 재판외의 자백이라 한다. 변론주의하에서 재판상 자백은 증명을 요하지 아니하는 불요증사실이지만, 재판외의 자백은 상대방이 소송에서 원용하더라도 주요사실을 추정하는 간접사실, 즉 징빙(徵憑)에 해당할 뿐이다.[59] 재판상 자백은 사실에 대한 것이고 소송물인 권리관계 자체에 관한 것이 아니라는 점에서 청구의 포기·인낙($^{220}_{조}$)과 차이가 있다.

② 성 질

재판상 자백의 법적 성질에 관하여 i) 재판상 자백이 있으면 법원과 당사자를 구속한다는 점을 중시하여 이러한 자백은 상대방의 증명책임을 면제하고 방어권을 포기하는 의사표시 또는 상대방이 주장한 자기에게 불리한 사실을 진실한 것으로 재판의 기초로 채택할 것을 신청하는 의사표시로 보는 의사표시설과 ii) 재판상 자백을 어느 사실을 진실로 보는 관념 내지 경험을 보고함에 그치는 것이라는 사실보고설이 있다. 생각건대 자백이 법원 및 당사자를 구속하는 것은 의사표시의 효과가 아니고 법률의 힘 때문이라고 할 것이므로, 후설이 타당하다($^{통}_{설}$).

(2) 요 건

재판상 자백이 성립하기 위하여는 i) 법규의 구성요건에 해당하는 구체적인 사실을 대상으로 하여야 하고, ii) 자기에게 불리한 사실상의 진술이어야 하며, iii) 상대방의 주장사실과 일치하는 사실상 진술일 것을 요하고, iv) 변론 또는 변론준비기일에서 소송행위로서 진술하여야 한다. 다만 재판상 자백의 의사를 추론할 수 있는 행위가 있는 경우 묵시적 자백을 한 것으로 볼 수 있지만, 상대방의 주장에 단순히 침묵하거나 불분명한 진술을 하는 것만으로 재판상 자백이 있다고 할 수

---

59) 同旨: 방순원, 466면.

없다.[60]

① 법규의 구성요건에 해당하는 구체적인 사실을 대상으로 하여야 할 것

(a) 재판상 자백은 법규의 구성요건에 해당하는 구체적인 사실을 대상으로 하여야 한다. 간단히 말하면 상대방이 한 「사실상의 진술에 대한 사실」이 대상이다. 따라서 상대방의 법률상의 진술 또는 의견에 대하여는 자백이 성립되지 아니한다.[61] 상대방의 법률상의 진술 또는 의견에 대한 자백을 권리자백(權利自白)이라 한다. 권리자백은 원칙적으로 재판상 자백의 대상이 되지 아니한다.

(b) 권리자백에 해당하는 법률상의 진술은 넓게 보아 i) 법규의 존부·해석에 관한 진술, ii) 사실에 관한 평가적 판단(법적 평가)에 관한 진술, iii) 법률적 사실의 진술, iv) 소송물의 존부판단에 전제가 되는 선결적 법률관계의 진술, v) 소송물인 권리관계 자체에 대한 진술 등이 있다.[62]

위 i)의 법규의 존부·해석에 관한 진술은 법원이 그 직책상 판단·해석하여야 할 전권사항이므로 자백의 대상이 되지 아니한다.[63] 또한 위 v)의 소송물인 권리관계 자체에 대한 자백은 넓은 의미로 권리자백이라 할 수는 있지만 청구 자체의 포기·인낙($^{220}_{조}$)에 해당하는 문제이므로 별도로 재판상 자백으로 볼 것은 아니다.

나아가 위 ii)의 사실에 관한 평가적 판단(예: 고의·과실, 정당한 사유, 선량한 풍속의 위반 등)에 관한 진술은 사실이 아닌 권리 또는 가치적 판단에 관한 진술이므로 권리자백은 될지 몰라도 재판상 자백의 대상이 될 수 없다.[64] 이것과 관련하여 판례는 특수한 무명계약을 물권계약인 담보설정계약의 취지로 자인한 경우,[65] 법률상 유언이 아닌 것을 유언으로 시인한 경우,[66] 법률상 혼인 외의 자가 될 수 없는 자를 혼인 외의 자라고 자인한 경우,[67] 근로관계에 관한 법률적 평가에 관한 진술,[68] 월급 금액으로 정한 통상임금을 시간급 금액으로 산정하는 방법에 관한 당사자의 주장,[69] 운송계약이 몬트리올 협약의 적용대상이라는 주장,[70]

---

60) 대판 2021. 7. 29, 2018다267900; 대판 2022. 4. 14, 2021나280781.
61) 대판 2016. 3. 24, 2013다81514.
62) 이시윤(2009), 410면.
63) 대판 1998. 7. 10, 98다6763; 대판 2000. 12. 12, 2000후1542.
64) 대판 2006. 6. 2, 2004다70789.
65) 대판 1962. 4. 26, 4294민상 1071.
66) 대판 1971. 1. 26, 70다2662; 대판 2001. 9. 14, 2000다66430.
67) 대판 1981. 6. 9, 79다62.
68) 대판 2008. 3. 27, 2007다87061.
69) 대판 2014. 8. 28, 2013다74363.
70) 대판 2016. 3. 24, 2013다81514(준거법 내지 법적 판단사항에 대한 의견으로 보았음).

이행불능에 관한 주장71) 등은 권리자백으로서 자백의 구속력이 없다고 본다.

그러나 위 iii)의 법률적 사실의 진술은 일반적인 법개념에 기초한 사실상의 진술이므로 자백의 대상이 된다. 예컨대 소유권침해를 이유로 한 손해배상청구소송에서 피고가 손괴된 물건이 원고의 소유임을 인정하는 경우나 매매대금청구소송에서 피고가 원고 소유의 해당 물건을 매수하였다는 진술 등이 여기에 해당한다. 이것은 「원고가 손괴된 물건을 소유하고 있는 사실」 또는 「원고 소유의 해당 물건을 매수하였다는 사실」을 인정하는 사실상 진술로 보아야 하기 때문이다.

또한 위 iv)의 소송물의 존부판단에 전제가 되는 선결적 법률관계에 대한 자백이 자백의 대상이 될 것인지 문제 된다. 예컨대 A가 B를 상대로 한 소유권이전등기말소 또는 명도청구에서 B가 A 주장의 소유권을 시인하는 경우가 그것이다. 자백의 성립 여부에 관하여 법률관계에 관한 것이므로 법원에 대한 구속력은 인정하지 아니하고, 다만 당사자가 스스로 인정한 것이므로 당사자에 의한 임의철회를 금지하여야 한다는 자백의 효력을 절충적으로 인정하는 절충설,72) 선결적 법률문제는 중간확인의 소의 대상이 되는바($^{264}_{조}$), 이 경우에 피고가 이에 대하여 청구인낙($^{220}_{조}$)을 할 수 있다는 점과의 균형상 또는 선결적 법률문제는 법적 판단의 소전제가 되므로 사실관계와 다를 바가 없다는 점 등을 이유로 이를 인정하는 긍정설73)이 있다. 생각건대, 선결적 법률관계는 중간확인의 소의 대상이 되고 그 경우에 청구인낙이 가능하고 재판상 자백은 청구인낙보다 당사자에게 유리하다는 점, 법률적 사실의 진술로서 성질을 가지고 있는 점 등에 비추어 보면 긍정설이 타당하다. 다만 선결적 법률관계 그 자체보다는 선결적 법률관계가 가지고 있는 법률적 사실의 진술이라는 성질에 비추어 재판상 자백을 인정하는 것이 타당할 것이다. 판례도 선결적 법률관계 자체는 자백의 대상이 되지 아니하지만,74) 그것을 선결적 법률관계의 내용을 이루는 사실에 대한 자백으로 보고 있어 긍정설에 기초하고 있다고 볼 수 있다.75)

---

71) 대판 1990. 12. 11, 90다7104.

72) 방순원, 467면.

73) 이시윤, 468면; 송상현/박익환, 535면; 정동윤/유병현/김경욱, 557면.

74) 대판 1979. 6. 12, 78다1992(사실에 대한 법적추론의 결과에 다툼이 있을 수 있는 경우에는 이른바 권리자백임); 대판 1982. 4. 27, 80다851; 대판 1992. 2. 14, 91다31494; 대판 2007. 8. 23, 2005다65449; 대판 2008. 3. 27, 2007다87061(소송물의 전제문제가 되는 권리관계나 법률효과를 인정하는 진술은 권리자백이지 재판상 자백이 아님).

75) 대판 1989. 5. 9, 87다카749; 대판 2007. 5. 11, 2006다6836[소유권을 선결문제로 하는 소송에 있어서 피고가 원고 주장의 소유권을 인정하는 진술은 그 소전제가 되는 소유권의 내용을 이루

(b) 자백의 대상이 되는 사실은 「주요사실」에 한한다.[76] 따라서 간접사실·보조사실에 관한 자백은 자백의 효력이 없다(^{통설}).[77] 이것은 변론주의가 주요사실에 한하여 인정되기 때문이고, 간접사실·보조사실에 관하여도 자백의 대상으로 인정하면 법관의 간접사실·보조사실로부터 주요사실을 추정하는 법관의 자유심증(²⁰²_조)을 부당하게 제약하는 결과가 되기 때문이다. 간접사실에 대하여 일본에서는 금반언과 자기책임의 원칙에 근거하여 법원과 당사자 모두 또는 당사자에 한정하여 자백의 구속력을 인정하자는 견해도 있다. 판례는 예외적으로 보조사실인 문서의 진정성립에 관한 사실은 주요사실에 준하여 취급하고 있다. 따라서 자백의 취소에 관하여도 주요사실에 관한 자백취소와 같이 취급한다.[78] 이것은 문서 특히 처분문서의 진정성립에 관한 자백의 경우 그 진정성립이 인정되면 특별한 사정이 없는 한 그 기재내용의 법률행위를 한 사실이 추정되는 효력이 있기 때문이다.

② 자기에게 불리한 사실상의 진술일 것(자백의 내용)

자백은 자기에게 「불리한 사실상의 진술」이어야 한다. 불리한 것이 무엇을 의미하는가에 대하여, 상대방에게 증명책임이 있는 사실을 인정하는 경우라고 보는 증명책임설,[79] 그 사실에 기초하여 판결이 되면 전부 또는 일부의 패소가능성이 있는 경우라고 보는 패소가능성설(^통_설)이 있다. 후설에 의하면 자기가 증명책임이 있는 사실도 자백의 대상이 되므로(예: 선의취득의 효과를 주장하는 자가 무과실을 입증하여야 함에도 스스로 과실이 있다고 자인하는 경우) 자백의 범위가 넓어진다. 신의칙에 따른 금반언 원칙 및 자기책임의 원칙상 후설이 타당하다고 본다.

③ 자백이 상대방의 주장사실과 일치하는 사실상의 진술일 것(자백의 모습)

(a) 양 진술의 시간적 선후는 문제되지 아니한다. 보통은 상대방의 진술이 있고, 자신에게 불리한 그 진술을 인정하는 형태이지만, 반대로 자신이 먼저 불리한

는 사실에 대한 진술로 볼 수 있으므로 재판상자백이나(앞 87다카749 등 참조), 이는 사실에 대한 법적추론의 결과에 의문이 여지가 없는 단순한 법 개념에 대한 자백의 경우에 한하여 인정되는 것이고, 추론결과에 대한 다툼이 있을 수 있는 경우에는 이른바 권리의 자백으로서 법원이 이에 기속을 받을 이유가 없음(위 78다1992 등 참조)].

76) 대판 2000. 10. 10, 2000다19526; 최근 판례는 피해자의 기대여명은 변론주의가 적용되는 주요사실이고(대판 2018. 10. 4, 2016다41869), 특허침해소송에서 침해대상 제품이 어떤 구성요소를 가지고 있는지는 침해판단의 전제가 되는 주요사실로서 재판상 자백의 대상이 된다고 하였다(대판 2022. 1. 27, 2019다277751).

77) 대판 1994. 11. 4, 94다37868; 대판 2000. 1. 28, 99다35737.

78) 대판 1967. 4. 4, 67다225; 대판 1988. 12. 10, 88다카3083; 대판 2001. 4. 24, 2001다5654.

79) 이시윤, 469면.

사실상의 진술을 하고 상대방이 이를 원용(援用)할 수도 있다. 후자를 선행자백(先行自白) 또는 자발적 자백(自發的 自白)이라 한다.[80]

선행자백은 상대방이 이를 원용함으로써 성립하는 것이므로, 그 원용 전에는 아직 자백이 성립된 것이 아니므로 이를 자유롭게 철회할 수 있고, 이와 모순되는 다른 진술을 함으로써 정정할 수 있다. 이러한 의미에서 선행자백은 당사자에게 구속력이 없다.[81] 다만 원고가 스스로 불리한 진술을 하는 경우에 상대방이 이를 원용하지 아니하는 경우에도 법원은 원고의 주장 자체로 이유 없다고 하여 청구기각을 할 수 있으므로, 이 한도에서 법원에 대한 구속력이 인정된다고 볼 수 있다.[82] 다만 당사자 일방이 한 진술에 분명한 잘못이 있는 경우에는 비록 상대방이 이를 원용한다고 하여도 당사자 사이의 진술이 일치한다고 할 수 없으므로 자백(선행자백)이 성립할 수 없다.[83]

(b) 상대방의 진술과 일치하는 범위는 전부 또는 일부라도 상관이 없다. 자백의 가분성이 인정된다. 특히 상대방의 진술과 일부만 일치하는 경우를 일부자백(一部自白)이라 한다.

일부자백에는 i) 상대방의 주장사실의 일부를 인정하지만 전체로서는 다투는 진술을 하는 경우(예: 대여금청구소송에서 피고가 상대방으로부터 돈을 받은 사실은 인정하지만 빌린 것이 아니고 증여받은 것이라고 주장하는 경우)와 ii) 상대방의 주장사실을 인정하면서 이에 관련되는 방어방법을 부가하는 진술을 하는 경우(예: 대여금청구소송에서 피고가 상대방으로부터 대여받은 사실은 인정하지만 모두 변제하였다고 진술하는 경우)가 있다. 전자를 이유부 부인(理由附 否認)[84]이라고 하고, 후자를 제한부 자백(制限附 自白)이라 한다. 이 경우 일치하는 부분은 재판상의 자백이 성립하지만, 나머지 부분은 이유부 부인의 경우는 부인이 되고, 제한부 자백의 경우에는 항변이 된다.

④ 변론 또는 변론준비기일에서 진술할 것(자백의 형식)

(a) 자백은 변론 또는 변론준비기일에서 법원에 대한 소송행위로 하여야 한다. 또한 구술주의 원칙상 말로 하여야 하고, 설사 준비서면에 적어 상대방에게 전달

---

80) 대판 1974. 5. 28, 73다1288; 대판 1988. 12. 13, 87다카3147; 대판 2005. 11. 25, 2002다59528.

81) 대판 1992. 8. 14, 92다14724; 대판 1993. 4. 13, 92다56438.

82) 同旨: 정동윤/유병현/김경욱, 560면.

83) 대판 2018. 8. 1, 2018다229564.

84) 적극부인 또는 간접부인이라고도 한다.

되었다고 하여도 변론에서 진술하거나, 진술간주($^{148}_{조}$)되지 아니하면 자백이 성립되지 않는다.[85]

(b) 자백은 소송행위이므로 소송행위의 일반원칙에 따라야 한다. 따라서 자백하는 자는 소송능력이 있어야 하고, 자백에 조건이나 기한을 붙일 수 없다. 그러나 자백은 법원에 대한 단독적 소송행위이므로 상대방이 불출석하여도 가능하다.

(c) 자백은 변론 또는 변론준비기일에서 법원에 대하여 진술하여야 하므로, 법정 외에서 상대방이나 제3자에게 불리한 진술을 하거나, 다른 법정 또는 수사기관에서 자백을 한 경우(예: 동일한 쟁점에 관하여 형사법정 또는 수사기관에서 자백한 경우)[86]에도 재판상 자백은 성립하지 아니한다. 이러한 사실은 재판외의 자백으로서 간접사실(징빙)에 불과하고 재판상 자백과 같은 구속력이 없다.[87] 또한 피고가 증거조사인 당사자본인신문 중에 원고의 주장사실과 일치하는 불리한 진술을 하거나,[88] 통상공동소송에서 공동피고의 자백[89]도 증거자료(전자는 당사자신문 결과로, 후자는 변론 전체의 취지)가 됨에 그친다.

(3) 효 력

① 내용 및 범위

(a) 내 용   일단 자백이 성립되면 그 내용은 증명을 요하지 아니한다($^{288조}_{본문}$). 내용을 구체적으로 보면 i) 상대방 당사자는 자백한 사실에 대하여 증명책임이 면제되고(불요증사실), ii) 법원은 이를 판결의 기초로 하지 않으면 안 되는 구속을 받게 되며(사실인정권의 배제), iii) 당사자는 이를 자유롭게 철회하는 것이 제한된다(철회의 제한). 자백의 구속력은 상급심에도 미친다($^{409}_{조}$).

(b) 범 위   i) 자백의 구속력은 변론주의가 적용되는 소송절차에 한하여 미친다. 직권탐지주의가 지배하는 절차($^{가소 12.}_{17조}$), 소송요건 등의 직권조사사항,[90] 재심사유와 같은 직권탐지사항[91]에는 적용되지 아니하며, 이 경우에 있어서는 자백을 하더라도 재판외의 자백과 같이 하나의 증기원인이 됨이 그친나.[92]

---

85) 대판 2015. 2. 12, 2014다229870.
86) 대판 1991. 12. 27, 91다3208; 대판 1996. 12. 20, 95다37988.
87) 대판 1987. 5. 26, 85다카914, 915; 대판 1996. 12. 20, 95다37988.
88) 대판 1964. 12. 29, 64다1189; 대판 1978. 9. 12, 78다879.
89) 同旨: 이시윤(2009), 414면.
90) 대판 1982. 3. 9, 80다3290(중중의 권리능력의 시기); 대판 1992. 7. 24, 91다45691(재심사유), 대판 2002. 5. 14, 2000다42908(대표권).
91) 대판 1992. 7. 24, 91다45691(직권탐지가 필요함).

ⅱ) 행정소송과 관련하여 판례는 직권조사사항이 아닌 한[93] 변론주의가 적용된다고 보아 자백의 구속력을 인정하고 있다.[94] 여기에 대하여 학설은 직권탐지주의를 규정한 행정소송법 제26조의 규정의 취지, 행정소송 판결의 대세효, 공법관계의 특성에 비추어 자백의 구속력을 인정할 수 없다는 견해($\frac{소극}{설}$)가 다수설이다.[95] 그러나 행정소송이 공법관계를 규율하고 있지만 기본적으로 소송절차의 진행을 변론주의에 따를 수 있는 경우에는 변론주의에 따라 해석하는 것이 타당하므로 직권조사사항이 아닌 한 자백의 구속력을 인정하는 적극설이 옳다고 본다.[96] 판례도 같다.[97]

ⅲ) 회사관계소송의 경우에는 판결의 대세효($\frac{상}{190조}$)가 있다고 하여도, 직권탐지주의가 적용되지 아니하고 기본적으로 사적 자치가 적용되는 영역이므로 자백의 구속력을 인정함이 타당하다.[98]

ⅳ) 기타 직권주의가 강화되는 민사집행절차에도 재판상자백이 허용되지 아니한다고 보아야 한다.[99]

② 법원에 대한 구속력(사실인정권의 배제)

ⅰ) 법원은 자백한 사실의 진실 여부와 관계없이 판결의 기초로 삼아야 한다. 그러나 자백한 주요사실에 한하여 법원의 사실인정권이 배제된다. 법원이 주요사실에 관하여 증거조사한 결과 설령 자백과 다른 심증을 얻은 경우(예: 피고가 원고로부터 돈을 대여받았다고 자백하고 있으나, 증거조사 결과로 증여한 것으로 인정되는 경우)에도 자백에 따라 사실인정을 하여야 한다.[100] 이것은 처분권주의[101]와 소송자료의 수집·제출책임은 당사자에게 있다는 변론주의의 발현으로 보아야 한다.

ⅱ) 그러나 현저한 사실에 반하는 사실이나, 경험법칙에 반하는 사실(예: 불능

---

92) 이시윤, 471면.

93) 대판 1990. 10. 10, 89누4673(행정소송의 대상인 행정처분의 존부); 대판 1993. 7. 27, 92누15499.

94) 대판 1992. 8. 14, 91누13229; 대판 2000. 12. 22, 2000후1542.

95) 이시윤, 472면; 정동윤/유병현/김경욱, 561면.

96) 同旨: 송상현/박익환, 536면; 호문혁, 510면.

97) 대판 1991. 5. 28, 90누1854(조세소송); 대판 1992. 2. 25, 91누5297.

98) 同旨: 송상현/박익환, 536면; 정동윤/유병현/김경욱, 562면; 호문혁, 509면. 反對: 이시윤, 472면.

99) 대결 2015. 9. 14, 2015마813.

100) 대판 1961. 11. 23, 4294민상70; 대판 1976. 5. 11, 75다1427; 대판 1983. 9. 27, 82다카1828.

101) 소송물의 자유로운 처분권을 의미하지만 "대(大)는 소(小)를 포함한다."는 원칙상 그것과 관련된 사실의 처분도 당연히 내포한다고 보아야 한다.

인 사실을 인정하는 경우)에는 자백의 구속력이 없다($\frac{통설}{판례}$·).[102] 이를 인정하는 것은 일종의 변론주의의 과장으로서 도저히 납득할 수 없는 사실에 따라 판결하므로 재판의 위신을 떨어뜨릴 것이기 때문이다.

③ 당사자에 대한 구속력(철회의 제한)

(a) 원 칙   일단 재판상 자백이 성립되면 자백한 당사자는 임의로 철회할 수 없다. 이것은 금반언의 원칙, 상대방의 신뢰보호, 절차의 안정의 법리에 비추어 보면 당연하다. 이러한 점이 철회의 제한에 구속력이 없는 자백간주($\frac{150}{조}$)와 차이가 있다.

(b) 예 외   자백의 철회제한도 상대방의 동의 등이 있는 경우에 예외적으로 취소할 수 있다. 다만 철회의 시기가 늦은 경우이거나($\frac{149}{조}$), 상고심에서는 허용되지 아니한다.[103]

ⅰ) 상대방의 동의가 있을 때   자백의 이익을 얻은 상대방이 스스로 그 이익을 포기하는 동의가 있을 경우에는 자백의 취소가 가능하다. 이 경우 자백의 이익을 포기하는 것은 자백의 취소에 이의를 제기하지 아니하는 것보다 적극적일 필요가 있어야 한다.[104] 또한 자백 이익을 갖고 있는 상대방 당사자가 자백의 대상이 된 주장사실을 스스로 철회할 수 있고, 이 경우에도 자백의 효력은 소멸한다.[105] 상대방 당사자에 대한 이익보호의 필요성이 없기 때문이다. 예컨대 자백이익을 갖고 있는 상대방 당사자가 자백한 사실에 관련된 청구를 교환적으로 변경한 경우(예: 원고가 원인무효에 기한 소유권이전등기 말소청구소송에서 피고가 원고 주장의 원인무효의 사실을 자백하였는데, 원고가 청구취지 및 청구원인을 변경하여 명의신탁해지를 원인으로 한 소유권이전등기청구를 한 경우에는 피고가 자백한 원인무효의 사실이 철회된 것으로 봄)에도 자백한 사실에 대한 철회가 있는 경우로서 자백의 효력이 소멸한다.[106]

---

102) 대판 1959. 7. 30, 4291민상551; 대판 1971. 1. 26, 70다2662; 대판 2018. 8. 1, 2018다 229564(선행자백 사안임).
103) 대판 1998. 1. 23, 97다38305.
104) 대판 1994. 9. 27, 94다22897(다만 자백의 취소에 대하여 상대방이 아무런 이의를 제기하고 있지 않다는 점만으로는 그 취소에 동의하였다고 볼 수는 없다고 하였음).
105) 同旨: 정동윤/유병현/김경욱, 563면.
106) 대판 1997. 4. 22, 95다10204(판례는 나아가 그 후 그 피고가 위 자백내용과 배치되는 주장을 함으로써 그 진술을 묵시적으로 철회하였다고 보여지는 경우, 원고는 이를 다시 원용할 수도 없게 되었고, 원고가 원래의 원인무효 주장을 예비적 청구원인 사실로 다시 추가하였다 하여 자백의 효력이 되살아난다고 볼 수도 없다고 하였다).

ⅱ) 자백이 진실에 어긋나고 착오로 말미암은 것임을 증명한 때($^{288조}_{단서}$)   자백을 철회하기 위하여는 자백이 진실에 어긋난다는 것과 이것이 착오로 말미암은 것을 증명하여야 한다. 두 가지 모두를 증명하여야 하므로,[107] 자백이 진실에 어긋난다는 것을 증명하여도 이것이 착오로 말미암은 것이 추정되지 아니한다.[108] 또한 자백한 당사자가 처음부터 진실에 어긋난다는 것을 알고서 자백한 때는 착오로 말미암은 것이 아니므로 철회가 허용되지 아니한다.[109] 그러나 진실에 어긋난다는 것은 간접사실에 의하여도 증명할 수 있고,[110] 착오로 말미암은 것은 변론 전체의 취지만으로도 인정할 수 있다.[111] 따라서 진실에 어긋난다는 것이 증명된 경우에 착오로 말미암은 것은 변론 전체의 취지로 인정할 수 있다.[112]

ⅲ) 형사상 처벌을 받는 다른 사람의 행위로 말미암아 자백하였을 때   자백에 재심사유($^{451조}_{1항 5호}$)에 해당하는 흠이 있는 경우에는 진실·착오 여부와 관계없이 자백이 무효라고 할 것이므로, 자백의 형식이 남아 있는 한 이를 철회할 수 있다. 그러나 재심사유에 해당하는 사실이 유죄의 확정판결까지 받을 필요는 없다고 본다($^{451조 2}_{항 참조}$).[113]

ⅳ) 당사자의 경정권   소송대리인의 자백을 당사자가 바로 경정하면 자백의 효력이 상실된다($^{94}_{조}$).

(c) 자백의 취소는 명시적으로 주장할 수 있을 뿐만 아니라, 종전의 자백과 배치되는 사실의 주장·증명 등을 통한 묵시적 방법도 가능하다.[114] 또한 자백의 취소는 소송행위이므로 취소권의 제척기간에 관한 민법 제146조가 적용되지 않는다.[115]

2. 자백간주(의제자백)

(1) 의   의

① 당사자가 상대방의 주장사실을 분명히 자백한 경우가 아니라도, 당사자가

---

107) 대판 1990. 6. 26, 89다카14240; 대판 1992. 12. 8, 91다69622.
108) 대판 1991. 12. 24, 91다21145.
109) 同旨: 이시윤(2009), 416면; 정동윤/유병현(2009), 481면.
110) 대판 2000. 9. 8, 2000다23013.
111) 대판 1991. 8. 27, 91다15591.
112) 대판 1997. 11. 11, 97다30646; 대판 2004. 6. 11, 2004다13533.
113) 同旨: 정동윤/유병현/김경욱, 564면; 日最判 1961. 10. 5, 民集 15. 9. 2271(유죄의 확정판결 불요).
114) 대판 1996. 2. 23, 94다31976.
115) 대판 1965. 11. 30, 65다1515.

상대방의 주장사실을 명백히 다투지 아니하거나($^{150조}_{1항}$), 당사자가 정식으로 기일통지를 받고도 상대방의 주장사실을 다투는 답변서·준비서면을 제출하지 아니한 채 결석하거나($^{150조}_{3항}$), 피고가 소장부본을 송달받고 답변서 제출기간인 30일 이내에 답변서를 제출하지 아니한 경우($^{257조}_{1항}$)에는 그 사실을 자백한 것으로 본다. 이를 자백간주(自白看做)라 하고, 구법에서는 의제자백(擬制自白)이라 하였다.

② 자백간주는 변론주의에 근거한 제도이다. 따라서 직권탐지주의에 의하는 가사소송($^{가소}_{17조}$ ^{12})이나, 직권주의가 강화되는 민사집행절차[116] 소송요건($^{257조 1}_{항 단서}$)[117] 등의 직권조사사항, 재심사유[118] 등의 직권탐지사항의 경우나, 법률상의 주장[119]에 대하여는 자백간주가 인정되지 아니한다. 행정소송에서 직권탐지주의가 적용되는 경우나($^{행소}_{26조}$), 직권조사사항 등의 경우 외에는 자백간주가 허용된다고 보아야 한다.[120]

(2) 자백간주의 성립

다음 세 가지의 경우에 자백간주가 성립된다.

① 당사자가 상대방의 주장사실을 명백히 다투지 아니한 경우($^{150조}_{1항}$)

당사자가 변론 또는 변론준비기일에 출석하였으나 상대방이 주장하는 사실을 명백히 다투지 아니한 때에는 그 사실을 자백한 것으로 본다($^{150조 1항 본문.}_{286조}$). 다만 변론 전체의 취지로 보아 그 사실에 대하여 다툰 것으로 인정되는 경우에는 그러하지 아니하다($^{150조 1항}_{단서}$).[121] 상대방이 주장한 사실에 대하여 알지 못한다고 진술한 때에는 그 사실을 다툰 것으로 추정한다($^{동조}_{2항}$).

여기에서 「변론 전체의 취지」라 함은 자유심증주의에 있어서 증거원인이 되는 것($^{202}_{조}$)을 의미하는 것이 아니고 변론의 일체성이라는 뜻으로 보아야 한다($^{통}_{설}$). 따라서 변론 전체의 취지로 보아 그 사실에 대하여 다툰 것인지 여부는 변론의 일체성에 비추어 변론종결 당시의 상태에서 종합하여 판단하면 된다.[122] 예컨대 피고가 원고의 청구원인사실을 부인하는 취지의 답변서를 제출하였다면 설사 ㄱ 답변

---

116) 대결 2015. 9. 14, 2015마813.
117) 대판 1999. 2. 24, 97다38930(대리권의 존부).
118) 대판 1992. 7. 24, 91다45691.
119) 대판 1973. 10. 10, 73다907; 대판 2022. 4. 14, 2021다280781.
120) 同旨: 송상현/박익환, 536면.
121) 대판 2022. 4. 14, 2021다280781(변론 전체의 취지로 보아서 다투었는지 여부는 변론종결 당시까지 당사자가 한 주장취지와 소송경과를 전체적으로 종합하여 판단하여야 함).
122) 대판 1968. 3. 19, 67다2677.

서가 진술되거나 진술간주 되지 아니하였다고 하여도 변론 전체의 취지에 비추어 원고의 청구를 다툰 것으로 보아야 한다.[123] 다만 제1심에서 자백간주로 패소한 피고가 항소심에서 원고 청구기각의 판결을 구하고 사실에 대하여는 다음에 답변 하겠다는 진술을 한 뒤에 그 뒤의 기일에 불출석한 경우에는 변론 전체의 취지로 다투는 것으로 볼 수 없다.[124] 그러나 후자의 경우에는 항소한 피고에게 청구원인 에 대한 답변을 촉구하지 아니하면 심리미진으로 상고이유가 된다.[125]

② 한쪽 당사자가 기일에 결석 또는 변론하지 아니한 경우($^{150조}_{3항}$)

당사자 일방이 공시송달 이외의 방법으로 적법하게 기일통지서를 송달받고 답 변서·준비서면을 제출하지 아니하고 변론기일 또는 변론준비기일에 출석하지 아 니한 경우에는 상대방이 주장한 사실을 자백한 것으로 간주된다($^{150조\ 3항,}_{286조}$). 출석하였 으나 변론하지 아니한 경우도 같다($^{148조}_{1항}$). 다만 구법과 달리 당사자가 소장부본 을 받고도 30일 이내에 답변서를 제출하지 아니하면 원고의 청구원인사실을 자백 한 것으로 보고 변론기일을 열지 아니하고 피고의 자백간주에 기초하여 바로 무 변론판결을 선고할 수 있게 되면서($^{257조\ 1항}_{본문}$) 결석 또는 변론하지 아니함에 따른 자 백간주의 적용범위가 좁아졌다고 할 것이다.[126]

결석에 따른 자백간주가 되기 위하여는 첫째 당사자가 공시송달에 의하지 아 니한 기일통지를 받았음에도 불출석하여야 한다. 공시송달에 의한 기일통지는 당 사자가 현실적으로 이를 알 수 없기 때문에 불출석하여도 자백간주가 성립될 수 없으며, 공시송달의 경우에는 피고가 불출석하여도 원고가 자신의 청구원인사실을 증거로 증명하여야 한다. 둘째 결석한 당사자가 답변서·준비서면을 제출하지 아 니한 채 결석하여야 한다. 이러한 서면을 제출한 경우에는 그 서면에 따른 진술 간주가 되기 때문에 자백간주가 성립되지 아니한다($^{148조}_{1항}$). 지방법원 합의부 이상의 변론절차에서는 출석한 당사자는 상대방이 불출석한 경우에 준비서면으로 예고하 지 아니한 사실을 주장할 수 없으므로[276, 272조, 다만 단독사건의 경우에도 상대방 이 준비하지 아니하면 진술할 수 없는 사항에 관하여는 동일함($^{272조\ 2}_{항\ 단서}$)], 준비서면에 예 고한 사항만이 자백간주의 효과가 생긴다. 그러나 변론준비기일은 그러하지 아니 하다($^{286조에서\ 276조를}_{준용하지\ 아니함}$). 반면 연기신청서를 제출하였으나 불출석한 사유가 허용되지 아

---

123) 대판 1981. 7. 7, 80다1424.
124) 대판 1989. 7. 25, 89다카4045.
125) 대판 1993. 9. 28, 93다6850.
126) 同旨: 이시윤(2009), 417면.

니한 경우, 기일통지를 받은 대리인의 사임으로 당사자 본인이 불출석한 경우 등의 경우에도 결석에 해당하여 자백간주가 된다.[127] 그러나 공시송달에 의하지 아니한 송달이라도 기일통지가 부적법한 경우에는 결석이 되지 아니한다.[128] 또한 당사자가 책임질 수 없는 사유로 결석한 경우에는 쌍방심리주의의 취지에 비추어 자백간주가 인정되지 아니한다.[129]

③ 답변서를 제출하지 아니한 경우($\frac{256,}{257\text{조}}$)

(a) 피고가 원고의 청구를 다투려면 소장의 부본을 송달받은 날부터 30일 이내에 답변서를 제출하여야 함에도 답변서를 제출하지 아니한 때에는 청구의 원인이 된 사실을 자백한 것으로 보고 변론 없이 판결할 수 있다($\frac{256\text{조 }1\text{항,}}{257\text{조 }1\text{항}}$). 신법에서 30일 이내에 답변서의 제출이 없는 경우에 청구의 원인이 된 사실을 자백한 것으로 보아 무변론판결이 가능하도록 하였다. 이것은 다툼 없는 사건을 변론기일을 열지 아니하고 바로 무변론판결로 처리하도록 함으로써 사건을 신속하게 처리하기 위한 것이다.

(b) 문제는 피고가 원고의 청구원인사실을 전부 인정하는 답변서를 제출한 경우에 재판상 자백으로 볼 것인지, 아니면 자백간주로 볼 것인지가 문제된다. 이러한 경우에 신법하에서는 변론 없이 원고승소판결을 선고할 수 있으므로 자백간주로 처리하면 될 것이다.[130] 그러나 일정한 경우에 변론기일을 열어 답변서를 진술하거나, 진술간주 된 경우에는 재판상 자백으로 보아야 한다.[131]

(3) 자백간주의 효력

① 법원에 대한 구속력(사실인정권의 배제)

자백간주가 성립되면 재판상의 자백과 같이 법원에 대한 구속력이 발생한다. 따라서 법원은 자백간주 된 사실을 판결의 기초로 하여야 한다. 법원이 증거에 기하여 자백간주 된 사실과 배치되는 사실을 인정할 수 없고,[132] 일단 자백간주의 효력이 발생한 다음에 공시송달로 사건이 진행되어도 이미 발생한 자백간주의 효

---

127) 同旨: 이시윤, 475면.
128) 대판 1995. 5. 9, 94다41010; 대판 1999. 2. 26, 98다47290. 판결편취에 해당하고 그 불복방법이 문제이다(판결편취 부분 참조).
129) 同旨: 이시윤, 475면, 정동윤/유병현/김경욱, 566면.
130) 同旨: 정동윤/유병현/김경욱, 567면.
131) 대판 2015. 2. 12, 2014다229870; 대판 2021. 7. 29, 2018다276027.
132) 대판 1962. 9. 27, 62다342.

력은 상실하지 아니한다.[133] 또한 제1심에서 피고에 대하여 공시송달로 진행되어 피고에 대한 청구가 기각된 후에 원고가 항소한 항소심에서 피고가 공시송달이 아닌 방법으로 송달받고도 다투지 아니하면 자백간주가 성립된다.[134]

② 당사자에 대한 비구속력(非拘束力)

자백간주는 재판상의 자백과 달리 당사자에게 구속력이 발생하지 아니한다. 이러한 점에서 자백간주가 선행자백과 효력이 비슷하다고 할 수 있다.[135] 자백간주는 당사자에게 구속력이 없으므로 변론의 일체성에 따라 사실심 변론종결 시까지 명시적 또는 묵시적인 방법으로 다투어 자백간주의 효력을 배제할 수 있다.[136] 항소심에서 제1심의 자백간주 된 사실을 다투거나,[137] 파기환송 후에도 환송 전의 자백간주 된 사실을 다투는 경우에는 자백간주의 효력이 상실된다.[138] 무변론판결의 경우에 항소로써 다툴 수 있음은 물론이다. 다만 항소심 등에서 뒤늦게 자백간주 된 사실의 취소주장(부인은 공격방어방법 중 하나임)은 실기한 공격방어방법으로 각하되거나($^{149조}_{1항}$), 변론준비기일을 거친 때에는 변론에서의 주장을 할 수 없는 실권효제재($^{285}_{조}$)로 인한 제약이 따라 자백취소의 효력이 발생하지 아니할 수 있다.

Ⅲ. 현저한 사실

1. 의 의

(1) 현저(顯著)한 사실(judicial notice; offenkundige od. notorische Tatsachen)이라 함은 법관이 명확히 인식하고 있고 증거에 의하여 그 존부를 인정할 필요가 없을 정도로 객관성이 담보되어 있는 사실을 말한다. 여기에는 공지(公知)의 사실과 법원에 현저한 사실이 있다. 현저한 사실은 증명을 요하지 아니한다($^{288}_{조}$).

(2) 현저한 사실이 주요사실일 경우에 주장이 필요한지 여부에 관하여 견해가 나뉜다. 현저한 사실은 불요증사실일 뿐이고 그것이 주요사실일 경우에는 변론주의의 요청상 당연히 주장이 필요하다는 주장필요설,[139] 적정이라는 민사소송의 이상

---

133) 대판 1988. 2. 23, 87다카961.
134) 대판 2018. 7. 12, 2015다36167.
135) 同旨: 이시윤(2009), 418면.
136) 대판 1988. 2. 23, 87다카961.
137) 대판 1987. 12. 8, 87다368.
138) 대판 1968. 3. 19, 67다2677.

에 비추어 현저한 사실이 주요사실인 경우에도 법원이 직권으로 고려할 수 있다는 주장불요설[140]이 있다. 판례는 확립되어 있지 아니하다.[141] 생각건대 현저한 사실이 불요증사실이기는 하지만, 예상 밖의 재판으로부터 상대방을 보호할 필요성이 있으므로 주요사실인 이상 변론주의가 적용된다는 주장필요설이 타당하다고 본다.

2. 공지의 사실

(1) 공지의 사실(allgemeinkundige Tatsachen)이라 함은 통상의 지식과 경험을 가진 일반인에게 널리 알려져 있고 객관성이 담보되어 있는 사실을 말한다. 여기에는 역사적으로 잘 알려진 사건(예: 8·15 해방, 4·19 학생운동 등), 전쟁(예: 6·25 전쟁, 제2차 세계대전 등), 천재지변 등이 있다.

판례상으로는 일제시대에 공문서에 일본연호를 사용한 사실,[142] 그 당시 대부분 창씨개명한 사실,[143] 제2·3대 민의원의 선거일자와 그 임기만료일,[144] 월평균 가동일수,[145] 1953년 2월 17일 화폐단위로 '환'을 사용한 사실[146] 또는 화폐단위를 '원'으로 사용한 사실,[147] 서울대학교가 국립인 사실[148] 등을 공지의 사실로 보았고, 미곡의 시가,[149] 사채이자율[150] 등은 공지의 사실로 보지 아니하였다. 공지의 사실로 인정된 것 중 제2·3대 민의원의 선거일자와 그 임기만료일은 현재에도 공지의 사실로 보기는 어려울 것이다.

(2) 공지의 사실을 불요증사실로 인정하는 것은 불특정 다수인이 진실한 것으로 믿고 있을 뿐만 아니라, 필요한 경우에 언제든지 그 진실 여부의 조사가 보장되어 있기 때문이다. 어떤 경위로 일반인이 널리 알게 되었는지는 문제 되지 아니하고(예: 교과서에 등재되어 널리 알려졌거나 또는 신문·방송을 통하여 알려진 경우

---

139) 강현중, 503면; 김홍엽, 624면; 송상현/박익환, 530면; 이시윤, 478면; 호문혁, 514면.
140) 김홍규/강태원, 483면; 방순원, 464~465면; 정동윤/유병현/김경욱, 568면.
141) 주장필요설(대편 1965. 3. 2, 64다1761)과 주장불요설(내판 1963. 11. 28, 63다493)이 대립된다.
142) 대판 1957. 12. 9, 57민상358, 359.
143) 대판 1971. 3. 9, 71다226.
144) 대판 1966. 5. 24, 66다322.
145) 대판 1970. 2. 24, 69다2172. 다만 대법원 1992. 12. 8, 92다26604 판결은 경험칙으로 보았다.
146) 대판 1982. 5. 11, 81다카895.
147) 대판 1991. 6. 28, 91다9954.
148) 대판 2001. 6. 29, 2001다21991(법인화되기 전의 서울대학교).
149) 대판 1956. 3. 13, 4286민상86.
150) 대판 1984. 12. 11, 84누439.

등), 법관도 알고 있어야 한다.

(3) 어느 정도 알려진 경우에 공지(公知)라고 할 것인지가 문제이다. 그 존재가 확실하고 불특정 다수인이 널리 믿어 의심하지 않을 정도의 객관성이 담보되었는지가 기준이 될 것이다. 따라서 공지의 여부는 시간과 장소에 따라 다를 수 있다.[151] 공지 여부는 사실문제이므로 기본적으로 상고심에서 그 당부를 가릴 사항은 아니지만,[152] 이를 인정한 경로가 통상인의 사고에 비추어 납득할 수 있어야 하고 그렇지 아니한 경우에는 사실인정의 위법에 해당하여 법률문제가 된다고 할 것이고 그 한도에서 상고심의 심사를 받아야 한다.[153]

(4) 공지의 사실에 대하여 반증이나, 공지의 사실이 진실이 아니라는 점에 대한 증명이 허용된다.

3. 법원에 현저한 사실

(1) 법원에 현저한 사실(gerichtskundige Tatsachen)이라 함은 법관이 그 직무상의 활동을 통하여 명백히 알고 있거나 알 수 있는 사실을 말한다. 여기에는 법관이 명확한 기억을 가지고 있거나, 기록 등을 조사하여 곧바로 그 내용을 알 수 있는 사실까지 포함한다.[154] 직무상 현저한 사실이라고도 한다. 법관이 직무활동을 통하여 알고 있는 사실이어야 하고, 그렇지 않고 법관이 사적으로 알고 있는 사실은 그 진실성을 객관적으로 담보할 수 없어 여기에 해당하지 아니한다.[155] 합의부 법원인 경우에 구성원의 과반수에게 현저한 경우에는 법원에 현저할 사실이 된다.[156] 예컨대 법관이 스스로 한 다른 판결, 소속법원에서 행한 가압류·가처분 사건 또는 파산·금치산선고, 농촌일용노임·건설물가·정부노임단가, 직종별 임금실태보고서와 한국직업사전의 존재 및 그 기재내용,[157] 피고와 제3자 사이에 있었던 민사소송의 확정판결의 존재사실[158] 등이 여기에 해당한다. 간이생명표에 의

---

151) 同旨: 정동윤/유병현/김경욱, 569면.
152) 同旨: 강현중, 504면; 송상현/박익환, 530면; 이시윤, 477면; 호문혁, 516면. 대판 1965. 3. 2, 64다1761.
153) 同旨: 김홍규/강태원, 482면; 방순원, 464면; 이시윤, 477면; 정동윤/유병현/김경욱, 569면; 대판 1967. 11. 28, 67후28. 反對: 송상현/박익환, 531면.
154) 대판(전) 1996. 7. 18, 94다20051의 다수의견임. 다만 소수의견은 법관이 명확한 기억을 가지고 있는 사실만이 법원에 현저한 사실로 보았다.
155) 同旨: 이시윤, 477면; 대판 2019. 8. 9, 2019다222140(다른 하급심판결에서 확정된 사실관계는 법원의 현저한 사실이 아님).
156) 同旨: 송상현/박익환, 531면; 한충수, 453면; 호문혁, 517면.
157) 대판 1991. 5. 10, 90다카26546; 대판(전) 1996. 7. 18, 94다20051.

한 기대여명에 관하여 경험칙이라는 견해가 있지만,[159] 판례는 법원에 현저한 사실로 보고 있다.[160] 법원 재판실무에 비추어 보면 법관이 기록 등을 조사하여 곧바로 그 내용을 알 수 있는 사실이라는 점에서 법원에 현저한 사실로 봄이 타당할 것으로 본다.[161] 최근 판례는 피해자의 기대여명은 변론주의가 적용되는 주요사실로서 재판상 자백의 대상이 된다고 본다.[162]

(2) 당사자는 법원의 현저한 사실 여부에 관하여 다툴 수 있다. 또한 법원에 현저한 사실도 공지의 사실과 마찬가지로 사실문제이므로, 현저한 사실이 아님에도 불구하고 증거조사 없이 사실을 인정한 경우에도 상고이유가 되지 않는다.[163]

Ⅳ. 기   타(법률상의 추정 등)

기타 법률상의 추정[164]과 상대방이 증명방해한 사실을 불요증사실의 하나로 보는 견해가 있다. 법률상의 추정은 전제사실이 증명되면 추정 사실 또는 권리가 별도의 증명 없이 인정된다는 점에서 일응 불요증사실로 볼 여지는 있지만, 전체적인 증명의 일련 과정으로 전제사실을 증명하는 것이므로 불요증사실로 분류하는 것은 적절하지 아니하다고 본다. 상대방이 증명방해 한 사실의 경우도 같다.

제 4 관 증거조사절차

제 1 항 증거조사절차 일반

Ⅰ. 총   설

(1) 증거조사는 법관의 심증형성을 위하여 법에 정한 절차에 따라 인적·물적

---

158) 대판 2019. 8. 9, 2019다222140(판결의 이유를 구성하는 사실관계 등까지는 법원에 현저한 사실이 아니라고 함).
159) 이시윤, 477면; 호문혁, 517면.
160) 대판 1984. 11. 27, 84다카1349; 대판 1999. 12. 7, 99다41886.
161) 同旨: 정동윤/유병현/김경욱, 569면.
162) 대판 2018. 10. 4, 2016다41869.
163) 同旨: 호문혁, 457면.
164) 김홍규/강태원, 464면; 이시윤, 466면.

증거방법을 조사함으로써 오관을 통하여 그 내용을 인식하는 법원의 소송행위를 말한다. 이러한 증거조사의 절차는 i) 당사자에 의한 증거신청 → ii) 법원에 의한 증거채부 결정 → iii) 증거조사의 실시 → iv) 필요한 경우에 직권증거조사 → v) 증거조사의 결과에 의한 심증형성의 순서로 진행된다. 위 iv)의 직권증거조사는 변론주의 원칙상 보충적·예외적인 증거조사절차이다. 특히 증거조사의 결과에 의한 심증형성 과정은 법관의 자유심증주의($\frac{202}{조}$)에 따라 하게 된다. 이러한 증거조사절차를 거쳤으나 법관의 심증형성이 안되면 증명책임의 분배를 통하여 판결을 하게 된다.

(2) 증거방법에 따른 구체적인 증거조사의 방법은 증인신문, 감정실시, 서증조사, 검증실시, 당사자신문, 「그 밖의 증거」에 대한 증거조사 등 6가지 방법이 있다. 신법에서 「그 밖의 증거」에 대한 증거조사를 추가하였다. 증거방법 중 증인·감정인·당사자본인은 인증(人證)이고, 나머지는 물증(物證)이다. 본 항에서는 증거조사의 개시, 채부결정, 증거조사의 실시와 관련된 일반적인 문제를 다룬다.

Ⅱ. 증거조사의 개시

증거조사의 개시는 변론주의 원칙상 당사자의 신청에 의하는 것이 원칙이다($\frac{289}{조}$). 다만 예외적으로 당사자가 신청한 증거에 의하여 심증을 얻지 못하였거나, 그 밖에 필요하다고 인정되는 경우에 법원에 의한 직권증거조사가 가능하다($\frac{292}{조}$).

1. 당사자의 증거신청

(1) 신청의 방식

① 증거신청은 서면 또는 말로 한다($\frac{161조}{1항}$). 실무상 증거신청은 증인소환, 신문사항 등이 필요하기 때문에 서면으로 한다. 그 신청에는 i) 증명할 사실을 표시하여야 하고($\frac{289조}{1항}$), ii) 특정한 증거방법($\frac{308, 345,}{364조}$), iii) 양자 사이의 관계인 증명취지($\frac{규칙}{74조}$)를 표시하여야 한다. 증명취지는 증명할 사실과 특정한 증거방법 사이의 관련성을 의미하며 구체적이고 명확히 밝혀야 한다. 양자 사이의 관련성의 완화를 통하여 증거의 편재로 당사자의 실질적인 불균형을 해소하려는 시도가 모색적 증명(摸索的 證明)의 문제이다. 원칙적으로 허용되지 아니하지만 그 필요성이 소명된다면 특정한 분야의 소송에서 이를 인정할 필요가 있을 것으로 본다.

② 신청서에는 인지를 붙일 필요가 없으나($^{민인}_{10조}$), 비용을 요하는 경우에는 비용을 예납하여야 한다($^{116조, 규칙}_{77조 1항}$). 다만 증인신문과 당사자신문은 당사자의 주장과 증거를 정리한 뒤 집중적으로 하여야 하므로($^{293}_{조}$), 변론준비절차를 거친 경우에는 제1회 변론기일에 집중하여 조사하여야 하고, 변론기일로 바로 온 경우에도 증인신청 등을 일괄신청함이 원칙이다($^{규칙 75}_{조 1항}$).

③ 증거신청과 동시에 증인 및 당사자신문의 경우에는 신문사항을 기재한 서면($^{규칙 80조}_{1항 본문}$), 감정의 경우에는 감정사항을 적은 서면($^{규칙}_{101조}$), 서증의 경우에는 그 사본($^{규칙}_{105조}$)을 각각 제출하여야 한다.

(2) 신청의 시기

① 원 칙

신법은 집중심리제도를 강화하면서 증거방법의 제출과 관련하여 적시제출주의를 취하고 있으므로 「소송의 정도에 따라 적절한 시기」에 제출하여야 한다.

② 구체적인 경우

신청의 시기와 관련하여 보다 구체적으로 보면 다음과 같다.

(a) 소장 및 답변서 제출시의 증거신청　　원고는 소장을 제출할 때에 청구원인을 명확히 하고, 증명에 필요한 증거방법을 함께 제출하여야 한다($^{254조 4}_{항 참조}$). 즉 부동산에 관한 사건은 그 부동산의 등기부등본, 친족·상속관계 사건은 가족관계기록사항에 관한 증명서, 어음 또는 수표사건은 그 어음 또는 수표의 사본을 소장에 붙여야 하고, 그 외에도 소장에는 증거로 될 문서 가운데 중요한 것의 사본을 붙여야 한다($^{규칙 63}_{조 2항}$). 원고가 소장에서 서증을 인용한 때에는 그 서증의 등본 또는 사본을 붙여서 제출하여야 한다($^{254조 4}_{항 참조}$). 피고가 소장부본을 받고 답변서를 제출하는 경우에는 자기의 주장을 증명하기 위한 증거방법과 상대방의 증거방법에 대한 의견을 함께 적어야 하고, 답변사항에 관한 중요한 서증이나 답변서에 인용한 문서의 사본 등을 붙여야 한다($^{256조 4항, 274조 2항,}_{275조, 규칙 65조 1, 2항}$).

(b) 변론기일 전과 변론준비절차에서의 증거신청　　증거의 신청은 변론기일 전에도 할 수 있다($^{289조}_{2항}$). 여기서 변론기일 전이라 함은 순수하게 변론기일 전뿐만 아니라, 변론준비기일 전도 포함한다고 본다.[165] 이를 「기일 전 증거신청」 또는 「기일 외 증거신청」이라고 한다. 필요하여 변론준비절차에 회부된 경우에는 재판

---

165) 同旨: 이시윤, 480면.

장 등이 정한 기간 안에 주장사실을 증명할 증거를 신청하여야 한다($^{280조}_{1항}$). 변론준비절차에서 쟁점과 증거를 효율적으로 정리하기 위하여는 변론준비기일 전에 증인신문과 당사자신문을 제외한 모든 증거신청이 이루어져야 한다. 변론준비기일을 거친 경우에는 변론기일에서 증거신청은 실권효제재($^{285}_{조}$), 실기한 공격방어방법($^{149}_{조}$), 제출기간의 도과에 따른 실권효제재($^{147}_{조}$) 등에 따른 제한이 있게 된다.

(c) **변론기일에서의 증거신청**　신법이 2008년 12월 26일 법률 제9171호 개정으로 원칙적 변론준비절차를 거치도록 한 제도에서 바로 변론기일을 잡도록 한 제도로 변경함에 따라($^{258조}_{1항}$), 종전과 달리 증거신청의 대부분이 변론기일에서 이루어질 가능성이 높다. 따라서 신법 시행 전과 같이 변론기일의 공전이 불가피할 수밖에 없는 것으로 보인다. 변론기일에서 쟁점 및 증거의 정리가 이루어질 것이므로, 정리 후에 집중증거조사가 이루어질 수 있도록 증인의 일괄신청 등이 이루어져야 한다. 또한 변론준비절차를 거친 경우에는 변론준비절차에서의 신청된 증거방법을 일괄 상정하여 집중하여 증거조사를 실시하여야 할 것이다. 변론기일의 공전을 막기 위하여는 「기일 외 증거신청」을 잘 활용하여야 할 것이다.

(3) 상대방의 진술기회 보장

증거제출과 관련한 당사자의 절차권을 보장하기 위하여, 당사자 일방의 증거신청이 있으면 법원은 이러한 신청에 대하여 상대방에서 의견진술의 기회를 보장하여야 한다($^{274조 1항 5}_{호, 283조}$). 상대방은 의견진술의 기회를 통하여 신청이 실기한 공격방어방법이라거나, 증거가치가 없다거나, 쟁점과 무관한 증거 또는 서증이 위조되었다는 등의 증거항변을 주장할 수 있다.

법원은 상대방에게 의견진술의 기회를 주면 되는 것이고 실제로 상대방이 의견을 주장할 필요는 없고,[166] 의견진술의 기회를 주었으나 의견 제출이 없는 경우에는 소송절차에 관한 이의권의 포기·상실에 해당하여 절차의 흠이 치유된다.

(4) 신청의 철회

증거신청은 변론주의의 원칙상 증거조사가 개시되기 전까지는 언제든지 철회할 수 있다.[167] 증거조사가 개시되면 증거공통의 원칙상 상대방에게도 이해관계가 있으므로 상대방의 동의를 요한다.[168] 그러나 증거조사가 완료된 경우에는 법관의

---

166) 대판 1989. 3. 14, 88누1844.
167) 대판 1971. 3. 23, 70다3013.

심증형성 유무라는 증거목적이 달성된 것이므로 철회가 허용되지 아니한다. 적법하게 철회된 증거를 채택하여 사실인정을 하는 것은 위법하다. 철회는 기일 전 또는 기일에 말 또는 서면으로 할 수 있다.

2. 증거의 채부결정

(1) 서 설

법원은 당사자의 증거신청이 있다고 하여 모두 증거조사를 하여야 하는 것은 아니다. 법원은 당사자의 증거신청이 있는 경우에 상대방에게 의견진술기회를 부여한 후에 증거신청을 채택하여 조사할 것인지 여부를 가려야 한다.

(2) 증거채부의 판단기준

법원은 i) 증거신청의 적법성을 심사하고, ii) 적법성이 있는 경우에 요증사실과의 관련성에 대한 검토를 하여야 한다. 법원은 적법성 심사에 있어서는 재량성이 없지만, 요증사실과의 관련성과 관련하여서는 유일한 증거 이외의 경우에는 증거결정의 재량성이 인정된다.

① 증거신청의 적법성 등

증거신청이 방식을 위배한 경우(예: 증거방법·증명사항의 불특정), 증거방법 자체의 부적법(예: 변론방식의 증명을 위한 증인신청, 158조 본문 참조), 실기한 공격방어방법 등($^{147,\ 149,}_{285조}$), 위법하게 수집된 증거방법(예: 동의 없이 한 상대방과 제3자의 사이의 대화가 녹음된 테이프) 등과 같이 증거신청이 부적법한 경우에는 이를 각하하여야 한다. 또는 증거신청 자체가 부적법하지는 아니하지만 증거방법에 대한 증거조사를 할 수 있을지, 언제 할 수 있을지 알 수 없는 경우인 증거조사의 장애[169]가 있는 때에는 그 증거를 조사하지 아니할 수 있다($^{291}_{조}$).

② 요증사실과의 관련성

ⅰ) 법원은 유일한 증거 외에는 적법한 증거신청의 경우에도 필요하지 아니하다고 인정한 때에는 조사하지 아니할 수 있다($^{290}_{조}$). 예컨대 증명하려는 사실이 불요증사실, 소송결과에 영향이 없는 사실, 주장 자체로 이유 없는 사실 등이거나,

---

168) 同旨: 김홍엽, 631면; 이시윤, 481면; 정동윤/유병현/김경욱, 612면; 한충수, 481면.
169) 구법에서는 "부정기간의 장애"라고 불렀다.

요증사실과 관련성이 없다고 판단되면,[170] 증거신청을 채택하지 아니하여 증거조사를 하지 아니할 수 있다. 이 경우에 법원의 증거신청에 대한 채부에 재량성이 인정된다. 법관이 당사자 일방이 신청한 증거로 이미 심증형성을 한 경우에도 상대방이 이를 다투면서 증거신청을 하는 경우에 이를 일방적으로 채택하지 아니하는 것은 증거신청과 관련한 당사자 사이의 공평 또는 판결 자체의 신뢰의 문제와 직결되므로 신중을 기할 필요가 있다.

ⅱ) 같은 사실을 증명하기 위하여 관련성이 있는 수개의 증거방법이 있는 경우에도 모두 조사할 필요는 없고 그중 유력한 증거방법에 대한 신청만을 채택하여 조사할 수 있다. 이것은 소송의 적정·신속의 문제와 관련되는 문제로서 법원의 전권에 속하는 재량사항이라 할 것이다.[171] 그러나 유일한 증거의 경우에는 증거조사를 하여야 한다(290조 단서).

(3) 증거채부의 결정(증거결정)

① 당사자의 증거신청이 있으면 법원은 이를 채택하여 조사를 할 것인지 여부를 결정하여야 한다. 이를 증거채부의 결정 또는 증거결정이라 한다.

② **증거결정의 방법**

(a) **각하결정** 증거신청이 부적법하거나, 불필요하다고 판단되는 경우에 각하결정을 하여야 한다(통설). 증거신청을 배척하는 경우에는 법원은 그 의사를 명백히 함으로써 당사자가 다른 증거신청을 준비하는 데 도움이 될 뿐만 아니라, 이것은 당사자의 절차권인 증명권을 존중하는 의미가 있다고 할 것이다.[172]

(b) **증거신청의 채택** 이 경우는 증거신청을 배척하는 경우와 달리 증거결정을 명시적으로 할 필요 없이 증거조사의 일시·장소를 고지하면 된다. 다만 채택한 증거를 수명법관 또는 수탁판사에 의하여 증거조사를 하도록 하려면 법원의 증거결정이 필요하다.[173]

(c) **채부결정의 보류** 실무상 증거신청에 대하여 채택 여부에 관한 결정을 보류하는 경우가 있다. 당사자의 증거신청에 대하여 채부결정을 즉시 하지 아니하는 것은 바람직하지 않지만, 증거결정이 소송지휘의 재판의 일종이라는 점을 고려

---

170) 대결 2016. 7. 1, 2014마2239; 규칙 109조 1호.
171) 대판 1991. 7. 26, 90다19121.
172) 이시윤, 484면.
173) 同旨: 강현중(2004), 550면; 정동윤/유병현/김경욱, 614면.

한다면 위법하다고는 볼 수 없다. 다만 증거결정을 하지 아니하고 변론종결을 한 경우에는 묵시적으로 각하결정을 한 것으로 보아야 한다.[174] 재판의 신뢰보호를 위하여는 특별한 사정이 없는 한 증거결정을 신속히 하는 것이 타당하다.

③ 증거채부 결정의 변경

증거채부 결정은 소송지휘의 재판이므로 언제든지 취소·변경할 수 있다($\frac{222}{조}$). 이에 대하여 독립하여 불복신청 하는 것이 허용되지 아니한다.[175] 특히 변론준비절차에서 재판장 등은 쟁점정리를 위하여 증거결정을 할 수 있다($\frac{281조}{1항}$). 합의사건의 경우에는 재판장 등이 한 증거결정에 대하여 당사자가 이의신청을 할 수 있고, 이 경우 법원은 결정으로 이에 대하여 재판하여야 한다($\frac{281조\ 2항·}{138조}$).

④ 변론의 중지 여부

증거결정이 있으면 변론이 중지되는지 여부에 관하여 의문이 있을 수 있다. 증거조사와 변론을 어떤 순서로 할 것인지는 법원의 재량에 속하는 소송지휘권의 일환이므로, 증거결정이 있다고 하여도 당연히 변론이 중지되는 것은 아니고 현실적으로 증거조사가 시작된 경우에 한하여 변론이 중지되는 것으로 보아야 한다.[176]

(4) 유일한 증거

① 의 의

유일(唯一)한 증거라 함은 당사자가 신청한 증거가 주요사실에 관하여 유일한 경우로서, 그 증거를 조사하지 아니하면 주요사실의 증명방법이 없는 증거를 말한다($\frac{290조}{단서}$). 이러한 증거를 채택하지 아니하는 것은 법원이 스스로 증명의 방법을 막아 놓고 주장을 배척하는 꼴이 되므로 쌍방심리주의에 정면으로 반하기 때문이다. 유일한 증거의 경우에는 법원이 원칙적으로 일단 증거로 채택하여야 하므로, 법원의 증거채부에 대한 재량권이 제한된다고 할 것이다. 유일한 증거이론은 종전에 판례에서 인정되던 것을 민사소송법을 제정하면서 도입한 것이나($\frac{구민소법}{263조\ 단서}$).[177]

② 유일한 증거의 판단기준

유일한 증거의 판단기준은 다음과 같다. i) 유일한 증거인지 여부는 「각 쟁점

174) 대판 1965. 5. 31, 65다159.
175) 대판 1989. 9. 7, 89마694.
176) 同旨: 정동윤/유병현/김경욱, 614면.
177) 대판 1954. 12. 16, 4286민상220.

단위」로 판단하여야 한다. 어떤 사건에 여러 개의 쟁점이 있는 경우에 수개의 증
거를 채택하여 증거조사를 하였다고 하여도, 일정한 쟁점에 대하여 유일한 증거일
경우에는 이를 채택하여야 한다. ⅱ) 유일한지 여부는 「전 심급」을 통하여 판단하
여야 한다(변론의 일체성). 제1심에서 주요사실에 대한 증거조사를 한 경우에는 제
2심의 증거신청을 채택하지 아니할 수 있다. ⅲ) 유일한가의 여부는 신청한 증거
의 개수 기준이 아니라 「실제 증거조사 된 증거기준」으로 판단하여야 한다. 따라
서 어느 쟁점에 대하여 수개의 증거를 신청했는데도 하나도 조사하지 않으면 유
일한 증거를 배척한 것이 된다.[178] ⅳ) 유일한 증거의 증명대상은 「주요사실」에
대한 것이어야 하고(직접증거), 간접사실·보조사실에 대한 증거(간접증거)는 포함
되지 아니한다.[179] ⅴ) 유일한 증거는 자신에게 증명책임이 있는 본증에 한하고,
반증에는 해당하지 아니한다.[180] ⅵ) 신법에서는 「당사자신문」이 보충적 증거방법
이 아니고 독립적 증거방법이므로 유일한 증거가 될 수 있다. 구법하에서 판례는
당사자신문은 그 보충성에 비추어 유일한 증거가 아니라고 하였으나,[181] 신법에서
그 보충성이 폐지되었기 때문에 당연히 유일한 증거로 보아야 한다.[182]

③ 유일한 증거의 예외

유일한 증거의 경우에는 반드시 증거조사를 하여야 하지만, 다음과 같은 경우
에 예외가 인정된다. 여기에는 ⅰ) 증거신청이 부적법하거나,[183] 재정기간을 경과하
였거나, 실기한 공격방어방법인 경우($^{147,}_{149조}$),[184] ⅱ) 증거신청서의 부제출, 비용미납
($^{116조}_{2항}$) 등과 같이 증거제출자의 고의나 태만이 있는 경우,[185] ⅲ) 증인의 송달불능
등의 증거조사의 장애가 있는 경우($^{291}_{조}$),[186] ⅳ) 쟁점판단에 부적절하고 불필요한

---

178) 同旨: 정동윤/유병현/김경욱, 615면.
179) 同旨: 정동윤/유병현/김경욱, 615면; 하지만 판례는 보조사실인 문서의 인부와 관련하여 자백
및 그 취소의 법리에 있어서 주요사실과 같이 취급하고 있으므로, 채무를 변제하였다는 증거로 제
출한 서증이 유일한 것이고 그 서증의 진정성립을 위하여 신청한 증인이 단 한번 출석하지 아니하
였다고 하여 취소한 다음 항변을 받아들이지 아니한 것은 증거법 위반이라고 하여 보조사실에 대
하여도 유일한 증거를 인정하고 있다(대판 1962. 5. 10, 4294민상1510).
180) 대판 1981. 1. 13, 80다2631; 대판 1998. 6. 12, 97다38510. 反對: 이시윤, 483면(법관 앞의
평등이라는 쌍방심리주의와 당사자의 증거제출권의 중요성에 비추어 본증과 반증을 구별할 필요가
없다고 함).
181) 대판 2001. 11. 24, 99두3980.
182) 同旨: 이시윤, 483면; 정동윤/유병현/김경욱, 615면.
183) 대판 1957. 5. 2, 4290민상59; 대판 1965. 3. 30, 64다1825.
184) 대판 1959. 10. 15, 4292민상104. 反對: 대판 1962. 7. 26, 62다315.
185) 대판 1959. 2. 19, 4290민상873; 대판 1969. 1. 21, 68다2188.
186) 대판 1971. 7. 27, 71다1195; 대판 1973. 12. 11, 73다711.

증거신청,[187] v) 최종변론기일에 당사자가 더 이상의 증거방법이 없다고 진술한
경우,[188] vi) 직권증거조사가 인정되는 경우, vii) 감정과 같이 대체가능성이 있는
경우[189] 등이 있다.

④ 유일한 증거의 조사결과

유일한 증거를 조사한 경우에도 법원은 그 증거자료를 증거원인으로 사용할지
여부는 자유심증에 따라 결정하면 된다($\frac{202}{조}$). 유일한 증거의 경우에 법원이 증거조
사를 거부할 수 없다는 것을 의미하는 것이고, 증거조사의 결과를 무조건 증거원
인으로 채택하여야 하는 것은 아니다.[190] 자유심증주의의 원칙상 당연한 것이다.

3. 직권증거조사

(1) 보충적 증거조사

① 통상의 민사소송절차는 변론주의에 기초하고 있으므로 직권증거조사는 보
충적으로만 행하여진다. 즉 법원은 당사자가 신청한 증거에 의하여 심증을 얻을
수 없거나, 그 밖에 필요하다고 인정한 때에만 직권으로 증거조사를 할 수 있다
($\frac{292}{조}$).

② 여기에서 직권증거조사가 보충적이라는 것은 첫째, 직권증거조사는 처음부
터 하는 것이 아니라 심리의 최종단계에 이르러 당사자가 신청한 증거로 심증형
성이 안될 때에 문제 된다는 것을 의미한다. 처음부터 직권증거조사를 한다는 것
은 변론주의의 본지에 반하기 때문이다. 둘째, 직권증거조사는 법원에 의무를 부
과하는 것이 아니므로 심증형성이 어렵다고 하여도 직권증거조사를 할 것인지 여
부는 법원의 재량에 속한다. 그러나 심증형성이 어려운 경우에 바로 증명책임분배
의 원칙에 따라 판단하는 것이 정의와 형평의 원칙에 반하고, 증명책임 부담자
스스로 증명할 능력이 없는 경우에 직권증거조사가 필요하다고 할 것이다. 예컨대
피고에게 배상의무가 있음이 인정되나 손해액에 관한 증명이 없는 경우에는 원고
에게 석명권을 행사하여 손해액의 증명을 촉구하여야 하고, 경우에 따라 직권으로
손해액을 심리·판단하여야 한다.[191] 셋째, 직권증거조사는 당사자가 철회한 증거

---

187) 대판 1961. 7. 27, 4293민상661; 대판 1961. 12. 7, 4294민상135.
188) 대판 1968. 7. 24, 68다998.
189) 대판 1959. 5. 15, 4291민상477.
190) 대판 1966. 6. 28, 66다697.
191) 대판 1987. 12. 22, 85다카2453; 대판 2002. 5. 28, 2000다5817.

방법도 조사할 수 있다. 다만 직권조사 한 경우 조사결과에 대하여 당사자의 의견을 들어야 한다.[192] 당사자의 의견을 들어야 하는 것은 직권증거조사의 경우에도 당사자에게 증거조사에 있어서 최소한의 절차적 권리(참여권)를 부여할 필요가 있기 때문이다.

(2) 제292조에 의한 보충적인 직권증거조사 외에 공공기관 등에 대한 조사의 촉탁($\frac{294}{조}$), 감정의 촉탁($\frac{341}{조}$), 당사자신문($\frac{367}{조}$) 등의 경우에 해당 규정에 따라 보충적 요건 없이 직권증거조사를 할 수 있다. 이 경우에는 기일 전에도 가능하다.[193]

(3) 통상의 민사소송절차와 달리 소액사건의 경우에는 직권증거조사가 원칙이다($\frac{소심 \ 10}{조 \ 1항}$). 증권관련집단소송($\frac{증집}{30조}$), 그 외에 직권탐지주의를 취하는 절차에서는 직권증거조사가 원칙이고($\frac{가소 \ 12,}{17조}$), 행정소송에서도 일정한 경우에는 직권증거조사를 요한다($\frac{가소 \ 12, \ 17,}{행소 \ 26조}$).

III. 증거조사의 실시

1. 총   설

(1) 증거조사와 집중심리주의

심리를 어떻게 할 것인가는 소송절차의 효율적인 운영을 위하여 매우 중요한 문제이다. 2002년 신법에서는 심리를 집중하여 효율적으로 처리하기 위하여 집중심리제도를 강화하면서 원칙적 변론준비절차제도를 도입하여 운영하였으나, 소송지연 등의 문제를 이유로 2008년 개정에서 종전과 같이 변론기일중심제로 다시 돌아갔다. 따라서 대부분 사건이 변론기일에서 쟁점과 증거를 정리하여야 하고, 변론준비절차 없이 바로 변론기일에서 집중심리를 하는 경우가 많아졌다. 따라서 변론과 증거조사에서의 집중심리를 더욱 신경 쓸 필요가 있다. 특히 증인과 당사자신문은 주장과 증거를 정리한 뒤 집중적으로 행할 필요가 크기 때문에 증인 등의 일괄신청과 동일한 기일에 일괄신문 등이 필요할 것이다.

(2) 증거조사와 당사자·제3자의 협력

당사자와 제3자는 소송절차의 일부인 증거조사가 잘 진행될 수 있도록 협력할

---

192) 김홍엽, 636면; 이시윤, 486면.
193) 同旨: 정동윤/유병현/김경욱, 616면.

의무가 있다($\frac{1조}{2항}$).

① 당사자의 협력

당사자가 증거조사에 필요한 물건을 가지고 있는 경우에는 일정한 요건($\frac{343.}{366조.}$) 하에 상대방이 이용할 수 있도록 하여야 하고, 당사자본인은 상대방 당사자에 의한 당사자신문에 응하여야 한다. 당사자가 이러한 협력의무를 위반할 경우에는 증명방해로서 일정할 불이익을 받을 수 있다($\frac{349, 350, 360, 361,}{366, 369조 등}$). 당사자의 협력의무를 강화하기 위하여 미국 연방민사소송규칙(FRCP)상의 증거개시제도(證據開示制度, discovery)를 참작하는 것도 좋으리라 본다.

② 제3자의 협력

제3자가 증거조사에 필요한 증거방법이거나, 이를 가지고 있거나 지배하고 있는 경우에는 그 증거방법의 조사에 협력할 공법상의 의무가 있다. 여기에는 증인의무, 감정의무, 문서제출의무, 검증수인의무, 가사소송에 있어서 혈액형의 검증의무($\frac{가소}{29조}$) 등이 있다. 제3자의 이러한 협력의무는 일정한 사유가 있는 경우에 거부할 수 있으나, 그렇지 아니하고 이 의무를 위반하면 구인(拘引), 과태료, 감치 등의 불이익을 받게 된다.

2. 실시의 구체적 내용

(1) 비용의 예납

법원이 증거신청을 받아들여 증거결정을 한 경우에는 즉시 그 비용을 부담할 당사자에게 필요한 비용을 미리 납부하도록 하여야 한다($\frac{규칙 77}{조 1항}$). 부담할 당사자가 미리 납부하는 것도 물론 가능하다. 특히 직권증거조사의 경우에도 이익을 받는 당사자에게 미리 납부하게 할 수 있고, 이익을 받은 당사자가 분명하지 아니하면 원고에게 미리 납부하게 한다($\frac{규칙 19조}{1항 3호}$). 예납명령에 응하시 아니할 경우에 법원은 증거결정을 취소하고 증거조사를 하지 아니할 수 있고($\frac{116조,규칙}{77조 3항}$), 증거조사가 꼭 필요한 경우에는 국가에서 대납하여 지출하였다가 패소자로부터 환수[법률용어로 수봉(收捧)[194]이라 함]할 수 있다($\frac{규칙 20조,}{민비 12조}$).

---

194) 수봉(收捧)이라는 표현은 일본식 용어로서 '환수' 또는 '돌려받음'으로 표현하는 것이 좋다고 본다.

(2) 증거조사의 기관 및 장소·일시

① 증거조사와 직접심리주의

직접심리주의의 원칙상 증거조사는 수소법원이 그 법정에서 실시함이 원칙이다($\frac{법조\ 56조,\ 민소\ 297조}{1항\ 본문의\ 반대해석}$). 이 경우에 증거조사기일과 변론기일이 동시에 진행될 수 있다. 실무에서는 오후 변론기일에 변론이 있는 경우에 변론을 간단히 하고 바로 증거조사를 하고 있다. 이러한 경우에 변론이 열릴 때는 변론기일로 보아야 하고, 증거조사가 행하여지는 동안에는 증거조사기일이다. 이러한 경우는 변론 중이면 변론기일로, 증거조사 중이면 증거조사기일로서의 성질을 가지고 있는 것이므로 구태여 양자를 명확히 구분할 필요는 없이 변론기일 겸 증거조사기일로 보면 된다.

② 직접심리주의의 예외

(a) **기일 전의 증거조사**　증거의 신청과 조사는 변론기일 또는 변론준비기일 이전에도 할 수 있다($\frac{289조}{2항}$). 여기에는 i) 문서제출명령·문서송부촉탁·서증조사, ii) 감정, iii) 검증, iv) 사실조회뿐만 아니라, 신법에서 인정하고 있는 새로운 증거방법인 v)「그 밖의 증거조사」도 가능하다. 그러나 증인과 당사자본인에 대한 증거신청은 기일 전에도 가능하지만, 그 조사는 변론기일에 집중적으로 시행하여야 하므로($\frac{293}{조}$), 기일 전의 조사에서 제외된다($\frac{281조 3}{항 단서}$). 변론준비기일에서의 증인 및 당사자의 신문은 예외적으로 인정된다.

(b) **법원 밖의 증거조사**　법원은 필요하다고 인정할 때에는 법원 밖에서 현장검증, 현장 증인신문(예: 교도소에 수감 중인 자에 대하여 해당 교도서 내에서의 증인신문),[195] 서증조사 등의 증거조사를 할 수 있다. 이 경우 수명법관(합의부원 중의 법관)이나 수탁판사(수탁받은 다른 지방법원 판사)에게 촉탁할 수 있다($\frac{297조}{1항}$). 수탁판사는 필요하다고 인정할 때에는 다른 지방법원 판사에게 증거조사를 다시 촉탁할 수 있고, 이 경우는 그 사유를 수소법원과 당사자에게 통지하여야 한다($\frac{동조}{2항}$). 특히 수명법관·수탁판사에 의한 증인신문은 i) 증인이 정당한 사유로 수소법원에 출석하지 못하는 때, ii) 수소법원에 출석하려면 지나치게 많은 비용 또는 시간을 필요로 하는 때, iii) 그 밖의 상당한 이유가 있는 경우로서 당사자가 이의를 제기하지 아니하는 때($\frac{313}{조}$), iv) 검증을 하면서 필요하다고 인정할 때($\frac{365}{조}$)에 할 수 있고,

---

195) 이를 임상신문(臨床訊問)이라고도 한다. 이 경우도 현장검증 등과 같이 쉽게 '현장증인신문'으로 표현하는 것이 좋을 것으로 본다.

이 때에 수명법관·수탁판사는 법원과 재판장의 직무를 행하게 된다($\frac{332}{2}$). 이러한 기일은 변론기일이 아니고 증거조사기일일 뿐이므로 당사자는 새로운 주장 등의 변론을 할 수 없고, 재판상의 자백도 성립되지 아니한다. 특별히 공개를 요하지 아니한다.[196]

(c) **외국에서의 증거조사** 특히 외국에서 증거조사가 필요한 경우에는 법원은 해당 외국에 주재하는 대한민국 대사·공사·영사 또는 그 나라의 관할 공공기관에 촉탁한다($\frac{296조}{1항}$). 구체적으로 보면 재판장→ 해당 법원장→ 대법원의 법원행정처장→ 외무부장관→ 해당 주재의 대한민국 대사·공사·영사 또는 그 나라의 관할 공공기관에 촉탁하는 과정을 거치게 된다. 외국에서 시행한 증거조사는 그 나라의 법률에 어긋나더라도 우리 민사소송법에 어긋나지 아니하면 효력을 가진다($\frac{동조}{2항}$). 외국에서 증거조사를 하기 위하여는 해당 국가와 우리나라 사이에 사법공조조약이나 국제관행이 있어야 하고, 그렇지 아니한 경우에는 해당 국가는 촉탁조사에 응할 국제법상의 의무가 없다.

③ 직접심리주의의 예외와 원용여부

위 ②와 같이 수소법원이 직접 증거조사를 하지 아니한 경우에 직접주의·구술주의의 요청상 증거조사의 결과에 대한 당사자의 원용이 필요한지 여부가 문제된다. 여기에 관하여 직접주의·구술주의 요청상 당사자의 원용이 필요하다는 원용설(援用說)[197]과 이를 직접심리주의의 예외로 당사자의 원용까지는 필요 없고 당사자에게 의견진술의 기회를 주면 된다는 불원용설(不援用說)[198]이 있다. 생각건대, 법원 외에서의 증거조사에 당사자의 참여권이 보장되었으므로, 직접심리주의의 예외로 보아 당사자에게 의견진술의 기회를 보장하면 될 것으로 본다. 증거보전절차에서 증거조사가 된 경우에도 같다.

(3) 증거조사와 당사자의 참여권

① 법원은 증거조사를 하는 경우에 그 일시·장소를 당사자에게 고지 또는 통지하여야 한다($\frac{167조, 297조}{2항, 381조}$). 이것은 당사자가 증거조사에 참여할 이익이 있기 때문이고, 당사자의 이러한 권리는 증명권의 내용인 당사자공개의 원칙에 근거하는 것이

---

196) 대판 1971. 6. 30, 71다1027.

197) 강현중(2004), 551면; 김용욱, 324면; 방순원, 490면; 송상현/박익환, 565면; 한충수, 486면; 호문혁, 548면.

198) 김홍엽, 637면; 이시윤, 488면; 정동윤/유병현/김경욱, 619면.

다. 그러나 당사자에게 출석의 기회를 주었음에도 출석하지 아니한 경우에는 스스로 자신의 권리를 포기한 것이므로 당사자 없이 증거조사를 할 수 있다($\frac{295}{조}$).

② 당사자 없이 증거조사가 시행되어 완결된 경우에는 불출석 당사자는 재차 증거조사를 구할 수 없다. 참여권을 스스로 포기한 것이기 때문이다.

③ 법원은 증거조사의 결과에 관하여 당사자에게 의견을 진술할 기회를 주어야 한다. 당사자는 이 기회에 증거능력·증거력 등에 대한 증거항변이나 반증을 제시할 수 있다. 법원이 직권으로 증거조사 한 경우도 같다($\frac{소심 10조}{1항 후단}$). 이것은 당사자의 증명권의 내용으로서 법원이 당사자에게 이러한 절차권을 보장하지 아니한 경우에는 그 증거자료를 채택하여 사실인정을 할 수 없다.[199]

(4) 조서의 작성

증거조사의 절차 및 결과는 변론기일·변론준비기일에 행하여진 경우에는 변론조서($\frac{154조}{2, 3호}$)·변론준비기일조서($\frac{283조 2항}{154조}$)에, 독립된 증거조사기일에 행하여진 경우에는 증거조사기일조서($\frac{160}{조}$)에 각각 기재하여야 한다.

제 2 항   각종 증거방법의 조사절차

구법에서는 증거방법으로 증인, 감정인, 문서, 검증물, 당사자본인 등 5가지였으나, 2002년 신법에서는 도면·사진·녹음테이프·비디오테이프·컴퓨터 자기디스크·그 밖에 정보를 담기 위하여 만들어진 물건으로서 문서가 아닌 증거인 「그 밖의 증거」를 새로운 증거방법으로 추가하였다. 신법에서는 6가지의 증거방법에 대한 증거조사절차로서 증인신문·감정·서증조사·검증·당사자신문·「그 밖의 증거에 대한 조사」 등이 있다.

Ⅰ. 증인신문

증인신문(證人訊問)이라 함은 증인의 증언으로부터 증거자료를 얻는 증거조사를 말한다. 증인신문의 대상인 증인의 진술을 증언(Zeugenbeweis)이라 한다. 증언의 평가(신빙성)는 법관이 자유심증에 따라 하게 된다. 그런데 증언은 원고 또는 피

---

199) 이시윤, 489면; 정동윤/유병현/김경욱, 618면.

고, 증인 자신과의 이해관계 등에 따라 위증의 가능성이 있으므로 가장 불확실한 증거 또는 최악의 증거로 평가되기도 한다. 따라서 영미법상 구술증거 배제법칙 (parol evidence rule)을 두거나, 프랑스의 경우에 소액사건을 제외하고 계약은 증인 신문에 의하여 증명할 수 없고 서증에 한정하고 있고($^{프랑스\ 민법}_{1341\sim1346조}$), 우리나라의 경우 에도 판례상 처분문서의 실질적 증거력에 따르는 등 구술증거보다는 서증의 증거 력을 높이 보고 있다.

1. 증인의 의의와 증인능력

(1) 의 의

증인(Zeuge)이라 함은 과거에 경험한 사실을 법원에 보고할 것을 명령받은 제 3자로서 당사자 및 법정대리인(대표자 포함)은 포함되지 아니한다. 증인은 자기의 과거의 경험을 보고하는 것이므로, 특별한 학식과 경험에 기초한 자신의 판단이나 의견을 진술하는 감정인과 구별된다. 그러나 사고를 목격한 의사가 증인으로 증언 하면서 자신의 학식과 경험에 기초하여 피해의 정도에 대한 진술을 부가하는 경 우를 감정증인(鑑定證人)이라 하는데, 이러한 경우는 자신의 과거의 경험을 법원에 보고하는 것이 주된 것이므로 증인으로 보아야 한다. 조사절차도 증인신문절차에 따라야 한다($^{340}_{조}$).

(2) 증인능력

① 증인은 제3자임을 요한다. 즉 당사자, 법정대리인・법인 등의 대표자를 제 외한 자는 모두 증인능력이 있다($^{64,\ 367,}_{372조}$). 소송제한능력자(예: 미성년자・피성년후견인 등)라도 의사능력이 있으면 되고, 당사자의 친족일 경우도 증인능력이 있다. 제3 자의 소송담당에 있어서 이익귀속주체(예: 채권자대위소송의 채무자, 파산관련소송에 서의 파산자 등), 소송대리인, 보조참가인, 선정자, 탈퇴한 당사자, 소송고지에서의 피고지자, 법인 등이 당사자인 경우에 대표자 아닌 구성원, 제척사유 있는 법관 ($^{41조}_{3호}$) 등도 증인능력이 있다. 공동소송인의 경우에는 자신의 소송과 무관한 사항에 대하여는 증인능력이 있지만, 관련되는 경우에는 당사자신문에 의하여야 한다. 그 러나 제1심에서 공동소송인이었지만 항소심에서 공동소송인이 아닌 경우에는 제 한 없이 증인이 될 수 있다.

② 당사자나 법정대리인 등을 잘못하여 당사자신문이 아닌 증인신문을 한 경

우에도 양 절차 사이에 유사성이 있으므로 상대방 당사자가 지체 없이 방식위배를 이유로 이의권($\frac{151}{조}$)을 행사하지 아니하면 그 흠이 치유된다고 보아야 한다.[200]

2. 증인의무

(1) 총 설

① 우리나라의 재판권에 따르는 당사자 이외의 제3자는 누구든지 증인으로 신문에 응할 공법상의 의무를 부담한다($\frac{303}{조}$). 증인의무는 공법상의 의무이지 당사자에 대한 의무는 아니다. 우리나라의 재판권으로부터 면제권을 가진 사람(예: 외국의 대사, 공사 등 외교관)이라도 면제권을 포기하고 임의로 신문에 응하면 증인이 될 수 있다.

② 법원은 i) 대통령·국회의장·대법원장 및 헌법재판소장 또는 그 직책에 있었던 사람을 증인으로 하여 직무상 비밀에 관한 사항을 신문할 경우에는 그의 동의를 받아야 하며($\frac{304}{조}$), ii) 국회의원 또는 그 직책에 있었던 사람을 증인으로 하여 직무상 비밀에 관한 사항을 신문할 경우에는 국회의 동의를 받아야 하고($\frac{305조}{1항}$), iii) 국무총리[201]·국무위원 또는 그 직책에 있었던 사람을 증인으로 하여 직무상 비밀에 관한 사항을 신문할 경우에는 국무회의의 동의를 받아야 한다($\frac{305조}{2항}$). 또한 iv) 위 사람들 외의 공무원 또는 공무원이었던 사람을 증인으로 하여 직무상 비밀에 관한 사항을 신문할 경우에는 그 소속관청 또는 감독관청의 동의를 받아야 한다($\frac{306}{조}$).

③ 직무상 비밀인지 여부는 법원이 결정하는 것이 아니고 증인된 자 스스로($\frac{304}{조}$) 또는 국회·국무회의, 해당 관청($\frac{305,}{306조}$)에서 결정한다.[202] 제305조와 제306조의 경우에 국회·국무회의 또는 제306조의 관청은 국가의 중대한 이익을 해치는 경우를 제외하고는 동의를 거부하지 못한다($\frac{307}{조}$).

(2) 증인의무의 내용

증인의무의 내용은 출석의무·선서의무·진술의무 등의 세 가지이다.

---

200) 대판 1960. 12. 20, 4293민상163; 대판 1977. 10. 11, 77다1316. 同旨: 이시윤, 490면; 反對: 정동윤/유병현/김경욱, 622면(변론 전체의 취지로만 증거자료가 된다고 봄).

201) 국무총리의 국무회의 동의는 종전에는 '국무위원'으로만 규정하였으나, 신법에서 '국무총리'를 국무위원과 나누어 규정하였다.

202) 방순원, 493면.

① 출석의무(出席義務)

(a) 출석의무의 내용　출석요구를 받은 증인은 지정된 일시·장소에 출석할 공법상의 의무가 있다. 집중증거조사의 요청상 증인신청한 당사자는 증인이 기일에 출석할 수 있도록 노력하여야 한다(규칙 82조). 법원은 증인에 대한 출석요구서를 부득이한 사정이 없는 한 출석할 날의 2일 전까지 송달되도록 하여야 한다(규칙 81조 2항). 증인은 출석요구를 받은 날에 출석할 수 없는 경우에는 바로 그 사유를 밝혀 신고하여야 하고(규칙 83조), 이를 신고하지 아니하면 정당한 사유 없이 출석하지 아니한 것으로 인정되어 제재를 받을 수 있다(81조1항 2호). 실무상 법원이 출석요구서를 송달하지 아니하고 당사자가 데리고 나오는 대동증인(帶同證人)도 있으나, 이는 증언의 예행연습에 따른 위증 등의 위험이 있으므로 가능한 자제하는 것이 좋을 것이고,[203] 소액사건 등에 있어서 재정증인으로 채택하여 증언하는 경우에도 상대방의 의견을 물어보고 증거조사를 하는 배려 등이 필요할 것이다.

(b) 출석하지 아니한 증인에 대한 제재　집중증거조사의 전제로서 증인의 출석이 담보되어야 한다. 민사소송규칙에서는 증인의 출석을 담보하기 위하여 증인을 신청한 당사자에게 증인의 출석에 대한 노력의무(규칙 82조)를 신설하고 있지만, 이것만으로 부족하고 또는 증인의 출석의무는 국가에 대한 공법상의 의무이므로 증인이 정당한 사유 없이 불출석한 경우에는 i) 소송비용의 부담과 과태료(過怠料)의 부과, ii) 감치재판(監置裁判), iii) 구인(拘引) 등의 조치를 할 수 있다. 특히 신법에서는 과태료의 상한선을 종전의 50만원에서 500만원으로 대폭 인상하고, 감치제도를 새롭게 도입하였다.

ⅰ) 소송비용의 부담과 과태료의 부과　증인이 정당한 사유 없이 출석하지 아니한 때에 법원은 결정으로 증인에게 이로 말미암은 소송비용을 부담하도록 명하고 500만원 이하의 과태료에 처한다(311조 1항). 여기서 '정당한 사유'라 함은 질병, 혼인·장례 등의 관혼상제, 교통두절, 천재지변 등의 객관적 사정을 말하고, 출석요구서의 내용을 몰랐다거나 기일을 잊은 경우 등과 같은 주관적 사정은 이에 해당하지 아니한다. 소송비용의 부담결정과 과태료부과결정 은 법원의 소송지휘권의 일종이므로 수소법원의 재량이라 할 것이다.[204] 양자 모두를 부과할 수도 있고, 택일적으로 부과할 수도 있다. 특히 과태료는 불출석시마다 부과할 수 있고, 과태

---

203) 同旨: 이시윤, 492면.
204) 同旨: 이시윤, 492면.

료를 부과하는 방식은 증인에게 진술기회를 주는 정식재판과 그 기회를 주지 아니하는 약식재판의 방식이 있고, 과태료부과결정에 대하여 즉시항고 할 수 있으나 집행정지의 효력은 없다($^{311조}_{8항}$).[205] 실무상 집중증거조사를 위하여 과태료부과결정을 적극 활용하는 방안도 생각하여야 할 것이다.

ⅱ) 감치재판   법원은 증인이 과태료의 재판을 받고도 정당한 사유 없이 다시 출석하지 아니한 때에는 결정으로 증인을 7일 이내의 감치에 처한다(311조 2항, 미국에서는 법정모독죄로 처벌이 가능함($^{FRCP}_{45조}$)). 증인의 출석담보를 통한 집중증거조사를 위하여 신법에서 신설하였다. 감치재판은 증인의 신체구금이 수반되므로 법원은 감치재판기일에 증인을 소환하여 출석하지 못한 정당한 사유가 있는지 여부를 심리하여야 하고($^{동조}_{3항}$), 감치에 처하는 재판은 그 재판을 한 법원의 재판장의 명령에 따라 법원공무원 또는 경찰공무원이[206] 경찰서유치장·교도소 또는 구치소에 유치함으로써 집행한다($^{동조}_{4항}$). 감치의 재판을 받은 증인이 감치시설에 유치된 때에는 당해 감치시설의 장은 즉시 그 사실을 법원에 통보하여야 하고($^{동조}_{5항}$), 법원은 통보를 받은 때에는 바로 증인신문기일을 열어야 한다($^{동조}_{6항}$). 또한 감치의 재판을 받은 증인이 감치의 집행 중에 증언을 한 때에는 법원은 바로 감치결정을 취소하고 그 증인을 석방하도록 명하여야 한다($^{동조}_{7항}$). 감치재판은 그 사유가 발생한 날로부터 20일 이내에 감치재판 개시결정을 하여야 한다($^{규칙 86}_{조 2항}$). 감치결정에 대하여 즉시항고할 수 있으나 집행정지의 효력은 없다($^{311조}_{8항}$).

ⅲ) 구 인   법원은 정당한 사유 없이 출석하지 아니한 증인을 구인할 수 있고($^{312조}_{1항}$), 이 경우에는 형사소송법의 구인에 관한 규정을 준용한다($^{동조 2항,}_{규칙 87조}$). 구인을 위한 구속영장의 집행은 검사의 지휘에 따라 사법경찰관이 한다($^{형소}_{81조}$). 구인은 감치재판과 달리 과태료부과결정이 선행할 필요는 없다. 실무상 구인영장의 집행률이 저조하여 그 개선이 요망된다.

② 선서의무(宣誓義務)

증인은 양심에 따라 진실을 진술할 것을 선서할 의무를 진다($^{319}_{조}$). 선서한 증인이 허위의 진술을 한 때에는 위증죄($^{형}_{152조}$)의 처벌을 받는다.

---

205) 대결 2001. 5. 2, 2001마1733.
206) 경찰청법 개정으로 경찰사무를 국가경찰사무와 자치경찰사무로 각각 구분함에 따라 국가경찰공무원에서 경찰공무원으로 용어를 변경하였다[민사소송법 개정(2020. 12. 22, 법률 제17689호로 타법개정, 시행: 2021. 1. 1).

(a) **선 서**　재판장은 선서에 앞서 증인에게 선서의 취지를 밝히고, 위증의 벌에 대하여 경고하여야 한다($\frac{320}{조}$). 선서는 신문에 앞서 하여야 하나, 재판장은 특별한 사유가 있으면 신문한 뒤에 선서를 하게 할 수 있다($\frac{319}{조}$). 선서의 방식은 선서서(宣誓書)에 따라서 하여야 하고($\frac{321조}{1항}$), 선서서에는 "양심에 따라 숨기거나 보태지 아니하고 사실 그대로 말하며, 만일 거짓말을 하면 위증의 벌을 받기로 맹세합니다."라고 적어야 한다($\frac{동조}{2항}$). 재판장은 증인으로 하여금 선서서를 소리 내어 읽고 기명날인 또는 서명하게 하며, 증인이 선서서를 읽지 못하거나 기명날인 또는 서명하지 못하는 경우에는 참여한 법원사무관 등이나 그 밖의 법원공무원[207]으로 하여금 이를 대신하게 한다($\frac{동조}{3항}$). 증인은 일어서서 엄숙하게 선서하여야 한다($\frac{동조}{4항}$).

(b) **선서거부**　다만 16세 미만인 사람이나 선서의 취지를 이해하지 못하는 사람은 선서능력이 없어 증인으로 신문할 때에 선서를 시키지 못한다($\frac{322}{조}$). 또한 일정한 증언거부권($\frac{314}{조}$)이 있으면서 증언을 거부하지 아니한 사람을 신문할 때에는 선서를 시키지 아니할 수 있다($\frac{323}{조}$). 증인은 자기 또는 제314조 각호에 규정된 어느 한 사람(예: 증인의 친족 또는 이러한 관계에 있었던 사람이나 증인의 후견인 또는 증인의 후견을 받는 사람)과 현저한 이해관계가 있는 사항에 관하여 신문을 받을 때에는 선서를 거부할 수 있다($\frac{324}{조}$). 정당한 사유 없이 선서를 거부한 때에는 소송비용의 부담과 과태료의 제재가 있다($\frac{326,}{311조}$).

선서거부권이 있음에도 증인에게 이를 고지하지 아니하더라도 고지에 관한 명문의 규정이 없으므로 위법한 것은 아니고,[208] 선서하지 아니한 증인의 증언도 증거자료로 쓰는 것은 문제가 없다.

③ 진술의무

(a) **증언의무**　증인은 신문에 대하여 증언할 의무가 있다. 재판장은 필요하다고 인정한 때에는 증인에게 문자를 손수 쓰게 하거나 그 밖의 필요한 행위를 하게 할 수 있다($\frac{330}{조}$). 이를 증인의 행위의무라 한다($\frac{330}{조}$). 또한 증인은 서류에 의하여 진술하지 못하나, 재판장이 허가하면 그러하지 아니하다($\frac{331}{조}$).

(b) **증언거부**　ⅰ) 증인은 증언이 ⓐ 자기나, 증인의 친족 또는 이러한 관계에 있었던 사람, 증인의 후견인 또는 증인의 후견을 받는 사람 가운데 어느 하나

---

207) 신법에서는 법원서기나 법원경위 등도 대신 선서서를 읽을 수 있도록 하기 위하여 '그 밖의 법원공무원'을 추가하였다.

208) 대판 1971. 4. 30, 71다452; 대판 1971. 11. 30, 71다1745.

에 해당하는 사람이 공소 제기되거나 유죄판결을 받을 염려가 있는 사항 또는 자기나 그들에게 치욕이 될 사항에 관한 것인 때($\frac{314}{조}$), ⓑ 변호사·변리사·공증인·공인회계사·세무사·의료인·약사, 그 밖에 법령에 따라 비밀을 지킬 의무가 있는 직책 또는 종교의 직책에 있거나 이러한 직책에 있었던 사람이 직무상 비밀에 속하는 사항에 대하여 신문을 받을 때($\frac{315조}{1항 1호}$), ⓒ 기술 또는 직업의 비밀에 속하는 사항에 대하여 신문을 받을 때($\frac{동항}{2호}$)에는 증언을 거부할 수 있다. 다만 위 ⓑ의 경우에 있어서 증인이 비밀을 지킬 의무가 면제된 경우에는 그렇지 않다($\frac{315조}{2항}$).

ii) 증언거부제도를 인정하는 이유는 증언에 따른 소송상의 이익보다도 비밀을 보호·유지할 이익이 크기 때문이다. 그런 의미에서 비닉특권(非匿特權)이라고도 한다. 증언거부권의 고지가 명문규정에 없으므로 법원은 이를 고지할 의무는 없고, 고지하지 아니하였다고 하여 위법이라 할 수 없다.[209]

iii) 증언거부사유와 관련하여 제315조 제1항 제2호의 '기술 또는 직업의 비밀에 속하는 사항'의 증언거부와 관련하여 '기술상의 비밀에 대한 증언거부'와 직업의 비밀과 관련하여 '기자의 취재원 보호'가 문제된다. 특히 전자의 경우에 매우 중요한 특허에 관한 비밀사항을 공개적으로 증언하게 하는 것은 해당 기업에 큰 부담이 될 수 있으므로 신중하여야 한다.[210] 또한 후자의 증언거부사유에 기자의 취재원이 해당하는지에 관하여, 언론의 자유와 직결되는 문제이기 때문에 증언거부 할 수 있다는 긍정설,[211] 공표가 그 뒤의 취재에 지장을 주거나 불공표가 사회적으로 보아 직업상의 의무라고 생각될 때에 한하여 증언거부 할 수 있다는 제한적 긍정설[212]이 있다. 생각건대 민주주의에 있어서 언론의 자유보장이 필수적이라는 점에서 가능한 넓게 보는 것이 좋다는 점에서 긍정설이 타당하다고 본다.

(c) 증언거부에 대한 재판 증언거부권자는 그 거부의 이유를 소명하여야 한다($\frac{316}{조}$). 수소법원은 당사자를 심문하여 증언거부가 옳은지를 재판하고($\frac{317조}{1항}$), 당사자 또는 증인은 이 재판에 대하여 즉시항고를 할 수 있다($\frac{동조}{2항}$). 증언의 거부에 정당한 이유가 없다고 한 재판이 확정된 뒤에 증인이 증언을 거부한 때에는 소송비용의 부담과 과태료의 제재를 받는다($\frac{318조}{조 1항}$[311]). 증언거부는 불출석과 달리 감치 또는 구인이 허용되지 아니한다.

---

209) 대판 1971. 4. 30, 71다452; 대판 1971. 11. 30, 71다1745.
210) 同旨: 정동윤/유병현/김경욱, 627면.
211) 강현중, 521면; 송상현/박익환, 570면; 이시윤, 494면; 정동윤/유병현/김경욱, 627면.
212) 김용진, 341면; 호문혁, 551면.

3. 증인조사의 방식

증인조사의 방식은 구술신문이 원칙이다($\frac{303}{조}$). 그러나 법원은 증인신문을 효율적으로 하기 위하여 신문에 앞서 증인진술서를 제출하게 하거나($\frac{규칙}{79조}$), 구술에 갈음하는 서면증언($\frac{310조}{1항}$)으로 대체할 수 있다.

(1) 증인신문사항의 제출

증인신문을 신청한 당사자는 법원이 정한 기한까지 상대방의 수에 3(다만, 합의부에서는 상대방의 수에 4)을 더한 통수의 증인신문사항을 적은 서면을 제출하여야 한다. 다만 증인진술서를 제출하는 경우($\frac{규칙}{79조}$)로서 법원이 증인신문사항을 제출할 필요가 없다고 인정하는 때에는 그러하지 아니하다($\frac{규칙 80}{조 1항}$). 법원사무관 등은 증인신문사항을 적은 서면 1통을 증인신문기일 전에 상대방에게 송달하여야 한다($\frac{동조}{2항}$). 또한 재판장은 제출된 증인신문사항이 개별적이고 구체적이지 아니하거나, 증인을 모욕하거나 증인의 명예를 해치는 내용의 신문 등 민사소송규칙 제95조 제2항 각 호의 신문이 포함되어 있는 때에는 증인신문사항의 수정을 명할 수 있다($\frac{동조}{3항}$).

(2) 증인진술서의 제출

① 내 용

(a) 법원은 효율적인 증인신문을 위하여 필요하다고 인정하는 때에는 증인을 신청한 당사자에게 증인진술서를 제출하게 할 수 있다($\frac{규칙 79}{조 1항}$). 증인진술서에는 증언할 내용을 그 시간 순서에 따라 적고, 증인이 서명날인 하여야 한다($\frac{동조}{2항}$). 법원사무관 등은 증인진술서 사본 1통을 증인신문기일 전에 상대방에게 송달하여야 한다($\frac{동조}{3항}$).

(b) 증인신문 전에 신문사항을 법원·당사자 모두가 파악함으로써 실제 법정에서의 증인신문 중 수신문사항은 중요한 부분에 대하여 묻고 나머지는 위 증인진술서가 사실대로 작성되었다는 취지의 증언을 한 후에 반대신문에 집중할 수 있는 증인신문방식이다. 증인신문의 효율성을 높일 수 있다는 점에서 의미가 있다. 이러한 신문방식은 일본재판실무에서 이용되던 것을 우리 민사소송규칙에서 받아들인 것이다. 증인진술서 제출명령의 상대방이 당사자로 한정하고 있다는 점이 일본과 다르다. 일본의 경우에는 당사자 외에 증언할 자도 대상자에 포함된다.

② 운영상의 유의점

증인진술서의 제출은 법정에서의 증언을 효율적으로 수행하기 위한 것이므로, 증인진술서를 서증으로 채택하여 주신문을 전면적으로 생략하는 것은 허용될 수 없다.213) 이것을 허용하게 되면 증인진술서를 제출한 자가 불출석할 경우에 상대 방의 반대신문권이 완전히 침해될 수 있고, 더욱이 증인신문의 기본원칙인 구술주 의·직접주의가 완전히 형해화 될 위험이 있기 때문이다. 운영에 신중을 기하여 야 한다.

(3) 서면에 의한 증언

① 의 의

법원은 증인과 증명할 사항의 내용 등을 고려하여 상당하다고 인정하는 때에 는 출석·증언에 갈음하여 증언할 사항을 적은 서면을 제출하게 할 수 있다($^{310조}_{1항}$). 이를 구술증언에 갈음한 「서면에 의한 증언」이라 한다. 구법과 달리 상대방의 동 의나 공정증서 정본의 제출을 요하지 아니한다($^{구민소 281}_{조의2}$). 소액사건의 경우에는 증인 외에 감정인도 서면신문이 가능하다($^{소심 10}_{조 3항}$).

서면에 의한 증언은 증언진술서와 비교하여 i) 서증이 아니고 증언이며, ii) 제 출대상자가 당사자가 아니고 증인 자신이며, iii) 법정의 출석에 갈음하여 서면을 제출한다는 점이 다르다.

② 내 용

(a) 법원은 서면증언에 의하여 증인조사를 하기로 결정하면 우선 증인을 신청 한 당사자에게 증인신문사항을 제출하게 하고, 상대방의 반대신문권을 보장하기 위하여 법원은 증인을 신청한 당사자의 상대방에 대하여 그 서면에서 회답을 바 라는 사항을 적은 서면을 제출하게 할 수 있다($^{규칙 84}_{조 1항}$).

(b) 법원은 서면증언을 명하면서 증인에게 i) 증인에 대한 신문사항 또는 신문 사항의 요지, ii) 법원이 출석요구를 하는 때에는 법정에 출석·증언하여야 한다 는 취지, iii) 제출할 기한을 정한 때에는 그 취지를 증인에게 고지하여야 한다 ($^{규칙 84}_{조 2항}$). 또한 서면증언의 진정성립과 그 기재 내용의 진실성을 담보하기 위하여 증인은 증언할 사항을 적은 서면에 서명날인 하여야 한다($^{동조}_{3항}$).

---

213) 同旨: 이시윤, 495면.

(c) 서면에 의한 증언이 법원에 도착한 경우에는 당사자에게 그 도착사실을 알리고 당사자들에게 의견진술의 기회를 부여하여야 하고, 신청한 당사자의 원용 여부와 관계없이 증거가 된다. 특히 서면의 내용이 서증으로서 효력을 갖는 것이 아니고 증언으로서 효력을 가진다는 점을 유의하여야 한다.[214] 법원은 상대방의 이의가 있거나, 필요하다고 인정하는 때에는 서면증언한 증인으로 하여금 출석·증언하게 할 수 있다($^{301조}_{2항}$).

(d) 서면증언의 경우에는 선서의무가 면제되므로 그 내용이 허위라고 하여도 위증죄가 성립되지 않고($^{형 152}_{조}$), 서면증언을 거부하여도 과태료 등의 제재를 가할 수 없다. 이 점은 미국의 디스커버리제도(discovery)상의 법정 외에서의 선서증언한 것을 작성한 증언진술서(deposition, FRCP 30∼32조)와 차이가 있다.

③ 활용방안

서면에 의한 증언제도는 공시송달사건, 피고가 형식적인 답변서만을 제출하고 출석하지 아니하는 경우, 진단서의 진정성립을 위하여 작성자인 의사를 증인으로 신문할 경우 등과 같이 상대방의 반대신문권 보장이 문제되지 아니하는 경우에 효율적으로 이용할 수 있다. 또한 진술서 등을 서증으로 제출받는 것보다 진실성을 담보할 여지가 높다는 점에서 증인이 중환자 또는 외국 등 원거리에 있어 법정에 출석하기 어려운 사정이 있는 경우에 의미가 있다.

(4) 선서인증 진술서의 제출

증인이 될 자가 법정에 나와 직접 증언하기 어려운 경우 공증인 앞에서 자신이 작성한 증서(사서증서)에 적힌 내용이 진실임을 선서하고 서명 또는 날인하면, 공증인이 이를 확인하고 선서사실을 증서에 적는 방식으로 공증하여 제출할 수 있다. 이러한 공증서류를 「선서인증 진술서」라고 할 수 있다. 공증인법 제57조의2에 규정되어 있고, 2010년 2월 7일부터 시행되고 있다. 이 제도는 영미법에서의 신서진술서(attidavit) 제도를 도입한 것이다.[215] 선서인증은 촉탁인 본인이 직접 하여야 하고 대리할 수 없다($^{공증 57조}_{의2 3항}$). 당사자는 선서인증 진술서를 법원에 서증으로 제출할 수 있고, 이 경우 촉탁인이 법정에서 직접 증언한 것은 아니지만 진술 내용의 진실성에 대한 담보가 매우 높다고 할 것이다. 그 내용이 허위인 경우 위

---

214) 同旨: 정동윤/유병현/김경욱, 625면.
215) 이시윤, 497면.

증죄의 처벌은 받지 아니하지만, 2013년 11월 29일부터 300만원 이하의 과태료 처분을 받게 되었다(공증 90조 1항). 현재 실무적으로 별로 이용되고 있지 아니한 실정이다. 선서인증 진술서는 서증이라는 점에서 증언과 같은 효력이 있는 「서면에 의한 증언」과 차이가 있다.

4. 증인신문의 방법

증인의 신문방법은 구술신문(口述訊問), 교호신문(交互訊問), 격리신문(隔離訊問) 등에 따른다. 재판장은 증인이 출석하면 우선 증인으로부터 주민등록증 등의 신분증을 제시받거나 그 밖의 적당한 방법(예: 운전면허증 등)으로 증인의 동일성을 확인하는 인정신문(人定訊問)을 하고(규칙88조), 선서 후에 신문에 들어간다(319조본문). 다만 특별한 사유가 있는 때에는 신문 후에 선서를 시킬 수 있다(319조단서).

(1) 구술신문의 원칙

① 증인은 자신이 경험한 사실을 기억나는 대로 말로 진술함이 원칙이다. 증인은 재판장의 허가 없이는 서류에 의하여 진술할 수 없다(331조). 서류에 의하여 진술한다 함은 메모지나 서류의 숫자·문구 등을 보면서 진술하는 것을 말한다. 증인신문사항을 보고 그대로 대답하는 것을 의미하지는 않는다. 증인이 듣거나 말하는 데 장애가 있으면 통역인의 통역이나, 문자로 질문하거나 진술하게 할 수 있다(143조).

② 당사자는 재판장의 허가를 받아 문서·도면·사진·모형·장치, 그 밖의 물건을 이용하여 신문할 수 있다(규칙96조 1항). 이 문서 등이 증거조사를 하지 아니한 것인 때에는 신문에 앞서 상대방에게 열람할 기회를 주어야 하나, 상대방의 이의가 없는 때에는 그러하지 아니하다(동조 2항). 재판장은 조서에 붙이거나 그 밖에 다른 필요가 있다고 인정하는 때에는 당사자에게 문서 등의 사본을 제출할 것을 명할 수 있다(동조 3항).

(2) 교호신문의 원칙

① 의 의

(a) 교호신문이라 함은 증인신문을 신청한 당사자가 먼저 주신문을 하고, 상대방이 반대신문을 하며 재판장은 나중에 신문하는 것을 원칙으로 하는 신문방식을 말한다. 이 제도는 1961년 민사소송법 개정에서 대륙식의 직권신문제를 버리고

영미식의 교호신문제도(cross examination)를 도입하면서 채택된 제도이다.

(b) 순수한 교호신문제도는 증인신문에 있어서 당사자의 역할을 강화하고 기술적으로 실체적 진실발견에 도움이 될 수 있는 신문방식이다. 그러나 우리나라의 실무에서는 당사자의 신문기술의 미비로 인하여 유도신문·중복신문 등으로 인하여 실체적 진실발견에 오히려 장애가 되고, 소송진행상에도 문제가 노출되었다. 따라서 신법과 신민사소송규칙에서는 교호신문제도를 원칙으로 하면서도 재판장의 권한을 강화하여 효율적인 신문을 도모하고 있다. 특히 본인소송이 대부분인 소액재판에 있어서는 교호신문제를 배제하고 직권신문제에 따르고 있다(소실 10조 2항).

② 신문순서

증인신문의 원칙적인 순서는 i) 주신문(증인신문을 신청한 당사자의 신문) → ii) 반대신문(상대방의 신문) → iii) 재주신문(주신문 당사자의 재신문) → iv) 재반대신문(반대신문 당사자의 재반대신문) → … v) 보충신문(재판장의 신문)으로 이어진다. 보충신문은 당사자의 신문이 끝난 다음에 신문하는 것이 원칙이며, 재판장은 예외적으로 당사자의 신문 중에 개입하여 신문할 수 있다(327조, 규칙 89조). 이를 개입신문(介入訊問)이라 한다. 정리된 쟁점별로 이 순서대로 신문하며(규칙 89조 3항), 재판장은 알맞다고 인정하는 때에는 당사자의 의견을 들어 위와 같은 원칙의 신문순서를 바꿀 수 있다(327조 4항). 또한 재판장은 주신문에 앞서 증인으로 하여금 그 사건과의 관계와 쟁점에 관하여 알고 있는 사실을 개략적으로 진술하게 할 수 있다(규칙 89조 1항 단서).

(a) 주신문(主訊問)　주신문은 증명할 사항과 이에 관련된 사항에 관하여 하는 신문이다(규칙 91조 1항). 직접신문(direct examination)이라고도 한다. 주신문에 있어서는 허위증언 유도를 막기 위하여 원칙적으로 유도신문이 금지된다. 다만, i) 증인과 당사자의 관계, 증인의 경력, 교우관계 등 실질적인 신문에 앞서 미리 밝혀둘 필요가 있는 준비적인 사항에 관한 신문의 경우, ii) 증인이 주신문을 하는 사람에 대하여 적의 또는 반감을 보이는 경우, iii) 증인이 종전의 진술과 상반되는 진술을 하는 때에 그 종전 진술에 관한 신문의 경우, iv) 그 밖에 유도신문이 필요한 특별한 사정이 있는 경우에는 그러하지 아니하다(동조 2항). 증인신문을 신청한 당사자가 신문기일에 출석하지 아니한 경우에 증인신문사항 등이 제출된 경우에는 신문을 다음 기일로 연기하지 아니하고 재판장이 당사자에 갈음하여 신문할 수 있다(규칙 90조).

(b) 반대신문(反對訊問)　반대신문은 주신문에 나타난 사항과 이에 관련된 사항에 관하여 하는 신문이다(규칙 92조 1항). 통상 주신문은 자신에게 유리한 증언을 끌어

내려는 입장에서 신문하기 때문에 반대신문을 통하여 그 진실성을 탄핵할 필요가 있다. 따라서 반대신문권이 보장되지 아니한 증언은 증거자료로 삼을 수 없는 것이 원칙이다.[216] 또한 증인은 반대신문자에게 호의를 갖지 아니한 경우가 대부분이므로 반대신문에 필요한 때에는 유도신문을 할 수 있다($\frac{동조}{2항}$). 다만 재판장은 유도신문의 방법이 상당하지 아니하다고 인정하는 때에는 제한할 수 있다($\frac{동조}{3항}$). 반대신문의 기회에 주신문에 나타나지 아니한 새로운 사항에 관하여 신문을 하고자 하는 때에는 재판장의 허가를 받아야 하고($\frac{동조}{4항}$), 그 신문은 주신문으로 본다($\frac{동조}{5항}$).

(c) 재주신문(再主訊問)   재주신문은 반대신문에 나타난 사항과 이와 관련된 사항에 관하여 하는 신문이다($\frac{규칙 93}{조 1항}$). 재주신문은 주신문의 예를 따르므로($\frac{동조}{2항}$) 원칙적으로 유도신문이 금지된다. 또한 반대신문에 나타나지 아니한 사항에 관하여 신문하고자 하면 재판장의 허가를 받아야 하고, 그 신문은 주신문으로 본다($\frac{동조 3항, 규칙}{92조 4, 5항}$).

(d) 탄핵신문(彈劾訊問)   탄핵신문(impeachment)은 위와 같이 주신문·반대신문·재주신문 등의 과정에서 당사자가 증언의 증거력을 다투기 위하여 필요한 사항을 신문하는 경우이다($\frac{규칙 94}{조 1항}$). 이 신문은 증인의 경험·기억 또는 표현의 정확성 등 증언의 신빙성에 관련된 사항 및 증인의 이해관계·편견 또는 예단 등 증인의 신용성에 관련된 사항에 관하여 한다($\frac{동조}{2항}$). 탄핵신문은 증인신청의 당사자도 할 수 있음은 물론이다.

(e) 보충신문·개입신문   재판장은 당사자에 의한 신문이 끝난 다음에 신문함을 원칙으로 하는데 이를 보충신문(補充訊問)이라 한다($\frac{327조}{2항}$). 재판장은 예외적으로 당사자의 주신문·반대신문 등의 도중에 신문할 수 있다($\frac{동조}{3항}$). 이를 개입신문(介入訊問)이라 한다. 또한 재판장은 당사자의 신문이 중복되거나 쟁점과 관계가 없는 때, 그 밖에 필요한 사정이 있는 때에 재판장은 당사자의 신문을 제한할 수 있다($\frac{동조}{5항}$). 합의부원은 재판장에게 알리고 보충신문·개입신문 할 수 있다($\frac{동조}{6항}$). 신법의 개정에서 도입된 전문심리위원은 재판장의 허가를 받아 증인에게 직접 질문할 수 있다($\frac{164조의}{2의 3항}$).

(3) 격리신문의 원칙

격리신문이란 증인을 따로따로 신문하는 것을 말한다. 증인은 원칙적으로 격리신문하여야 하고($\frac{328조}{1항}$), 신문하지 아니한 증인이 법정 안에 있을 때에는 법정에서

---

216) 同旨: 이시윤, 498면; 정동윤/유병현/김경욱, 631면.

나가도록 명하여야 한다(동조 2항). 그러나 필요하다고 인정한 때에는 신문할 증인을 법정 안에 머무르게 할 수 있다(동조 단서). 증인이 법정 안에 있는 특정인 앞에서는 충분히 진술하기 어려운 현저한 사유가 있는 때에는 재판장은 당사자의 의견을 들어 그 증인이 진술하는 동안 그 사람을 법정에서 나가도록 명할 수 있다(규칙 98조). 증인뿐만 아니라 재정인도 격리할 수 있도록 하였고, 여기에서 특정인이란 당사자·법정대리인뿐만 아니라 재정하고 있는 방청인도 포함한다.[217]

(4) 비디오 등 중계장치 등에 의한 원격영상 증인신문절차 도입

법원은 i) 증인이 멀리 떨어진 곳 또는 교통이 불편한 곳에 살고 있거나 그 밖의 사정으로 말미암아 법정에 직접 출석하기 어려운 경우, ii) 증인이 나이, 심신상태, 당사자나 법정대리인과의 관계, 신문사항의 내용, 그 밖의 사정으로 말미암아 법정에서 당사자 등과 대면하여 진술하면 심리적인 부담으로 정신의 평온을 현저하게 잃을 우려가 있는 경우 중 어느 하나에 해당하는 사람을 증인으로 신문하는 경우 상당하다고 인정하는 때에는 당사자의 의견을 들어「비디오 등 중계장치에 의한 중계시설」을 통하여 신문할 수 있다(327조의2, 1항). 이에 따른 증인신문은 증인이 법정에 출석하여 이루어진 증인신문으로 본다(동조 2항). 그 증인신문의 절차와 방법, 그 밖에 필요한 사항은 대법원규칙으로 정한다(동조 3항). 민사소송법이 2016년 3월 29일 법률 제14103호(시행: 2016. 9. 30.)로 일부개정 되어 신설되었다. 또한 2021년 8월 17일 법률 제18396호(시행: 2021. 11. 17.)로 제327조의2제1항을 일부개정하여 원격영상 증인신문에서 종전의 비디오 등 중계장치에 의한 중계시설 외에 「인터넷 화상장치의 이용」을 추가하였다.

5. 재판장의 지휘권과 당사자의 이의신청

(1) 재판장의 지휘권

① 재판장은 증인신문을 함에 있어서 인정신문, 선서, 보충신문·개입신문 등을 통하여 신문 전체에 대한 지휘권을 행사한다. 이는 소송지휘권의 일환이다.

② 재판장은 증인신문에 지휘권을 행사함에 있어서 신문은 개별적이고 구체적으로 되도록 지휘하여야 하고(규칙 95조 1항), 직권 또는 당사자의 신청에 따라 i) 증인을 모욕하거나 증인의 명예를 해치는 내용의 신문, ii) 주신문·반대신문·재주신

---

217) 同旨: 이시윤, 499면.

문·탄핵신문에 관한 규정에 어긋나는 신문, iii) 의견의 진술을 구하는 신문, iv) 증인이 직접 경험하지 아니한 사항에 관하여 진술을 구하는 신문을 제한할 수 있다($\frac{327조~5항,~규}{칙~95조~2항}$). 다만 위 ii)−iv)와 관련된 신문에 관하여 정당한 사유가 있는 때에는 그러하지 아니하다($\frac{동조~2항}{단서}$).

③ 또한 재판장은 필요하다고 인정한 때에는 증인 서로의 대질을 명할 수 있다($\frac{329}{조}$). 이를 대질신문(對質訊問)이라 한다. 대질신문은 증인 사이에 동일한 사항에 대하여 진술의 차이가 명확히 부각되기 때문에 실체적 진실의 파악에 도움이 되고, 신법의 집중증거조사방식에 부합한 면이 있다. 실무적으로 잘 활용할 필요가 있다고 본다. 다만 대질신문 시에 증인 사이에 감정의 대립 등으로 충분한 진술이 이루어질 수 없는 상황이 발생하지 아니하도록 적절한 소송지휘가 필요하다.

(2) 당사자의 이의신청

신민사소송규칙(대법원규칙 제1761호, 2002. 6. 28. 전부개정, 시행: 2002. 7. 1)은 증인신문절차에서 재판장의 권한이 강화된 것에 대응하여 당사자의 이의신청권을 보장하였다. 당사자는 증인신문에 관한 재판장의 명령 또는 조치에 대한 이의신청을 그 명령 또는 조치가 있은 후 바로 하여야 하며, 그 이유를 구체적으로 밝혀야 한다($\frac{규칙~97}{조~1항}$). 법원은 당사자의 이의신청에 대하여 바로 결정으로 재판하여야 한다($\frac{동조}{2항}$). 이 결정은 소송지휘에 관한 중간적 재판이므로 독립하여 상소할 수 없고, 종국판결에 관한 상소를 하면서 함께 다툴 수 있을 뿐이다. 이 경우의 당사자의 이의신청은 증인신문과정에서 상대방의 신문이 유도신문 등이라고 이의하는 것과는 다르며, 신문과정에서의 이의는 재판장의 신문제지를 촉구하는 의미를 가질 뿐이다.

II. 감　정(鑑定)

1. 의　의

감정(Sachverständigenbeweis)이라 함은 특별한 학식과 경험을 가진 사람에게 그 전문지식이나, 그 지식을 이용한 판단을 소송상 보고시켜 법원의 판단능력을 보충하기 위한 증거조사를 말한다. 감정을 행하는 사람(증거방법)을 감정인(Sachverständige)[218]이라 하고, 감정에서 얻은 증거자료를 감정결과 또는 감정의견이라 한다. 감정은 감정인을 통하여 얻는 증거자료로 인증에 해당하므로 감정결과를 기재한 감정서를 서증으로 취급하여서는 안 된다. 감정은 감정인의 감정의견에 의한 법규·경험법칙 등 재판의 대전제가 되는 것과 전문적인 사실판단에 대한 소전제에 대한 법관의 판단능력을 보충하는 것이 핵심요소이다.

(1) 감정의 대상은 우선 법규·경험법칙 등 재판의 대전제가 되는 것이 대상이 된다. 법관이라고 하여 모든 법규와 전문적인 경험법칙을 알 수 있는 것이 아니다. 따라서 재판의 대전제가 되는 외국법·상관습·구관습·전문적인 경험법칙 등의 존부 및 해석에 관한 감정이 필요할 때가 있다. 또한 소전제가 되는 전문적이 사실판단(예: 교통사고의 원인, 노동능력상실 정도, 문서의 위조여부, 필적과 인영의 위조여부, 토지·건물의 가격·임대료·경계, 건물의 하자여부 및 수리금액, 혈액형 및 유전자 감정, 미술품·보석 등의 진품여부 등)에도 감정이 필요하다. 감정에 의할 것인지 여부는 법원의 직권사항이다. 통상 감정을 하면 감정비용이 비싸 당사자에게 부담이 되는 경우도 많고, 감정 평가의 공정성이 의문시되어 재판 자체의 공정성이 훼손될 수도 있으므로 신중을 기하여야 한다. 소가에 비하여 감정료가 많이 나오는 경우에 조정에 회부하여 해당 분야의 전문조정위원과 같이 분쟁해결을 시도하거나, 아니면 2007년 개정법에서 도입된 전문심리위원을 활용하여 해당 전문심리위원을 소송절차에 직접 관여시켜 해결을 시도할 수도 있다. 전문심리위원은 재판부의 일원으로 참여하는 것이므로 감정결과와는 달리 변론 전체의 취지로 참작할 수 있다는 점이 다르다.

(2) 감정은 감정인이라는 증거방법을 통하여 감정결과로서 증거자료를 획득하는 것이므로 인증에 해당한다. 그렇기 때문에 감정인이 감정결과를 보고한 감정서를 서증으로 취급하여서는 안 된다. 그러나 당사자가 소송 외에서 전문가에게 직접 의뢰하여 작성된 감정서를 법원에 서증으로서 제출하는 경우가 있는데, 문서의 진정성립 즉 형식적 증거력이 인정되고 합리성을 가진 경우에는 서증의 일종으로서 사실인정의 자료로 인정된다.[219] 이것을 사감정(私鑑定)이라 한다. 그러나 사감정은 당사자의 기피권($\frac{336}{\text{조}}$), 신문권($\frac{327}{333\text{조}}$)이 보장된 것이 아니므로 증거조사의 하나

---

218) 감정인은 다양한 분야에서의 전문가가 필요하다. 대표적으로 인감·필적·지문 등의 감정인, 측량사, 건축사, 의사, 외국법전문가, 해당 분야의 과학자 등이 여기에 해당한다. 감정이 많이 필요한 신체감정, 측량감정, 하자감정 등의 경우에는 법원마다 감정인을 미리 선정하여 순차적으로 지정하여 이용한다.

219) 대판 1999. 7. 13, 97다57979; 대판 2002. 12. 27, 2000다47361; 대판 2006. 5. 25, 2005다77848.

로서의 감정과는 차이가 있다. 그러나 서증으로서 의미는 있지만 감정결과가 제출자에게 치우친 경우가 있는지 여부를 잘 가려서 사실인정의 자료로 써야 한다.

(3) 증인도 감정인과 같은 인증이지만, 증인은 과거의 구체적 사건에 관련한 자신의 경험사실을 보고하는 데 반하여 감정인은 자신의 전문지식과 경험에 기초하여 감정 후의 판단을 보고한다. 따라서 증인은 대체성이 없으나, 감정인은 해당 전문가가 많이 있을 수 있어 대체성이 있다. 이것이 증인과 감정인의 근본적이 차이이다. 그러나 감정증인($\binom{340조; 예: 원고의 교통사고를 목격하고 응급처치한 사고현}{장 부근의 의사가 사고경위와 피해 정도를 증언하는 경우}$)과 같은 예외적인 경우는 감정인과 증인의 접점에 있다고 할 수 있다. 감정증인은 경험한 구체적인 사실에 기초한다는 점에서 감정인과 구별되고, 알게 된 사실이 전문적인 지식과 경험을 통한 것이라는 점에서 증인과 다르다. 감정증인의 신문절차는 증인신문절차에 의한다($\binom{340}{조}$).

증인과 감정인의 차이를 구체적으로 보면 i) 증인은 증명책임을 지는 당사자가 특정인을 지정하여 신청하지만($\binom{308}{조}$), 감정인은 법원이 지정하며($\binom{335}{조}$), ii) 증인능력에는 특별한 제한이 없지만($\binom{303}{조}$), 감정인은 결격사유($\binom{334조}{2항}$)와 기피에 관한 규정($\binom{336}{조}$)이 있고, iii) 불출석한 경우에 증인은 감치처분·구인이 가능하지만($\binom{311,}{312조}$), 감정인은 대체성이 있으므로 그렇지 않으며($\binom{333조}{단서}$), iv) 증인은 자연인에 한정하나, 감정은 자연인 외에 법인 등에도 감정촉탁이 가능하며($\binom{341조}{촉탁감정}$), v) 증인은 구술에 의함이 원칙이나($\binom{331}{조}$), 감정진술은 서면 또는 말로 하며($\binom{339조 1항, 실무상 감정}{서라는 서면진술로 함}$), vi) 감정은 증언과 달리 여러 사람이 공동으로 할 수 있으며($\binom{339조}{2항}$), vii) 증인은 구체적 사건에 관련한 경험자이면 모두 대상이 되지만, 감정인은 특별한 경험과 학식을 갖춘 전문가에 한정한다는 점 등이 다르다.

2. 감정의무

(1) 감정에 필요한 학식과 경험이 있는 사람은 일정한 예외($\binom{334조 2항; 선서무능력자 또는 선}{서 · 증언을 거부할 수 있는 사람}$)에 해당하지 아니하면 감정의무가 있다. 감정의무의 내용은 출석의무·선서의무·감정의견보고의무이다. 이러한 의무는 법원으로부터 감정을 명령받았을 때 개별적으로 발생하는 소송법상의 의무이다.

(2) 2016년 개정법[220] 제335조의2는 감정인의 「자기역량 고지의무」를 신설하여 감정인은 감정사항이 자기의 전문분야에 속하지 아니하는 경우 또는 그에 속

---

220) 2016년 3월 29일 법률 제14103호(시행: 2016. 9. 30.)임.

하더라도 다른 감정인과 함께 감정하여야 하는 경우에는 곧바로 법원에 감정인의 지정취소 또는 추가지정을 요구하게 하고($^{335조의}_{2\,1항}$), 감정인이 감정사항을 다른 사람에게 위임하지 못하게 하였다($^{동조}_{2항}$).

(3) 감정의무를 위배한 경우에는 과태료의 제재는 받지만($^{333}_{조}$), 감치·구인은 할 수 없다($^{333조}_{단서}$). 선서한 감정인이 허위의 감정을 한 경우에는 형법 제154조의 허위 감정죄로 처벌되고, 고의·과실로 잘못된 감정을 한 경우에는 민사상의 손해배상의 책임을 지게 된다.[221]

3. 감정절차

(1) 감정절차는 원칙적으로 증인신문에 준한다($^{333조,\ 규}_{칙\ 104조}$).[222] 따라서 감정은 당사자의 신청에 의함이 원칙이고, 일정한 경우에 직권으로 감정을 명할 수 있다($^{292}_{조}$).

① 감정을 신청할 때에는 감정을 구하는 사항을 적은 서면을 함께 제출하여야 한다. 다만 부득이한 사유가 있는 때에는 재판장이 정하는 기한까지 제출하면 된다($^{규칙\ 101}_{조\ 1항}$). 이러한 서면은 상대방에게 송달하여야 하고, 그 서면의 내용을 고려하여 법원이 송달할 필요가 없다고 인정하는 때에는 그러하지 아니하다($^{동조}_{2항}$). 상대방은 신청인의 서면에 관하여 의견이 있는 때에는 의견을 적은 서면을 법원에 제출할 수 있다($^{동조}_{3항}$). 법원은 신청인이 제출한 서면을 토대로 하되 상대방이 의견을 제출한 때에는 그 의견을 고려하여 감정사항을 정하여야 한다($^{동조}_{4항}$).

② 감정인은 법원이 지정한다($^{335}_{조}$). 따라서 당사자는 감정인을 지정하여 신청할 필요가 없고, 또한 당사자가 감정인을 지정하여 신청한 경우에도 법원은 이에 구속되지 아니한다.[223] 감정인이 지정되면 법원이 감정사항을 정하기 위하여 필요한 때에는 감정인의 의견을 들을 수 있고($^{규칙\ 101}_{조\ 4항}$), 법원은 감정에 필요하다고 인정하는 참고자료를 감정인에게 보낼 수도 있다($^{동조}_{5항}$). 감정인의 능력에는 제한이 없으나,[224]

---

221) 同旨: 정동윤/유병현/김경욱, 633면.

222) 다만 감정인신문방식은 증인신문과 달리 당사자가 주도하는 교호신문방식이 아닌 법원이 주도하는 직권신문의 방식에 따른다. 2016년 3월 29일 개정법(339조의2)에 따라 재판장이 직권신문을 하고, 합의부원은 재판장에게 알리고 신문할 수 있으며, 당사자는 특별한 사정이 없는 한 보충적으로 재판장에게 알리고 신문할 수 있다. 또한 개정법 제339조의3에 따라 증인신문에서와 같이 당사자의 의견을 들어 비디오 등 중계장치에 의한 중계시설을 통하여 신문하거나 인터넷 화상장치를 이용하여 감정인신문을 할 수도 있다. 원격영상 신문절차를 도입한 것이다.

223) 실제로 특수한 분야의 감정의 경우에는 당사자가 해당 분야를 잘 알고 있으므로 실무상 신청 당사자에게 수명의 감정인을 선택적으로 지정하여 신청하라고 할 수는 있다.

224) 대판 1966. 1. 31, 65다2540(시중의 인장감정업자에게 필적을 감정하여도 위법이 아니라고 함).

재판의 공정성을 위하여 진실성이 담보되는 객관적인 감정인을 지정하여야 한다.

③ 법원은 출석한 감정인에게 선서를 시키고 감정사항을 고지한다($^{333,\ 319,}_{338조}$).[225] 선서하지 아니한 감정인에 의한 감정결과는 증거능력이 없다.[226] 감정인은 감정을 위하여 필요한 경우에는 법원의 허가를 받아 남의 토지, 주거, 관리중인 가옥, 건조물, 항공기, 선박, 차량, 그 밖의 시설물 안에 들어갈 수 있고($^{342조}_{1항}$), 저항을 받을 때에는 경찰공무원에게 원조를 요청할 수 있다($^{동조}_{2항}$). 1990년 민사소송법 개정에서 신설된 규정이다.

(2) 감정인은 감정을 마치면 법원에 감정결과(감정의견)를 보고하여야 한다. 감정의견의 보고는 변론기일 또는 감정인신문기일에는 말로 하고, 기일 외에는 감정서라는 서면으로 한다. 실무상 감정서를 제출하는 것이 일반적이나, 특별한 감정인 경우에는 감정서 외에 감정인의 구두의견을 듣는 것이 타당하다. 감정서는 감정주문과 감정이유로 나누어진다. 감정주문은 감정의 결론 부분이고, 감정이유는 결론 부분을 자세히 설명하고 있다. 통설은 감정주문만이 감정의견으로서 증거자료가 된다고 하나, 감정주문뿐만 아니라 감정이유를 포함한 전체를 증거자료로 보는 것이 합리적이라 본다.[227] 감정인은 여비·일당·숙박료 외에 별도로 감정료를 지급받으며 이는 소송비용의 일부로 된다($^{규칙}_{19조}$).

(3) 감정촉탁

법원이 필요하다고 인정하는 경우에는 공공기관·학교, 그 밖에 상당한 설비가 있는 단체 또는 외국의 공공기관에 감정을 촉탁할 수 있고, 이 경우에는 선서에 관한 규정을 적용하지 아니한다($^{341조}_{1항}$). 이 경우 서면으로 감정결과를 보고하며, 감정촉탁의 경우는 선서의무 등이 면제되는 점에 비추어 권위 있는 기관에 의하여 그 공정성, 진실성 및 전문성이 담보되어야 한다.[228] 감정결과가 불분명하거나, 불명한 경우에는 추가의견서를 요구할 수 있을 뿐만 아니라, 법원은 필요하다고 인정하면 공공기관·학교, 그 밖의 단체 또는 외국 공공기관이 지정한 사람으로 하여금 감정서를 설명하게 할 수 있다($^{동조}_{2항}$). 감정서의 설명 시에는 당사자를 참여시

---

225) 일본의 경우에는 감정인의 법정 출석부담을 줄이기 위하여 출석에 갈음하여 선서서를 제출하는 방법(서면선서)에 의할 수 있도록 하였다(일민소규칙 131조 2항).

226) 대판 1982. 8. 24, 82다카317. 이 경우에 감정결과를 적은 서면을 서증으로 제출할 수 있다(대판 2006. 5. 25, 2005다77848).

227) 同旨: 정동윤/유병현/김경욱, 635면.

228) 대판 1982. 8. 24, 82다카317.

켜야 하며 또 설명의 요지를 조서에 기재하여야 한다($\substack{규칙 \\ 103조}$).

4. 감정결과의 채택 여부

(1) 감정의 결과가 수소법원에 의하여 법정에 증거로 현출된 이상 증거자료가 된다. 실무상으로는 신청 당사자 또는 상대방 당사자가 원용하는 것이 일반적이지 만, 당사자가 원용하지 아니한 경우에도 증거자료로 쓸 수 있다.[229]

(2) 감정결과를 현실적으로 증거로 채택하여 사실인정의 자료로 할 것인지 여 부는 다른 증거와 마찬가지로 전적으로 법관의 자유심증에 의한다($\substack{202 \\ 조}$).[230] 따라서 감정의 결과에 대한 평가, 재감정 여부, 상반되는 수개의 감정결과 중 어느 것을 채택할 것인지 여부는 법원의 자유재량사항이다.[231] 수개의 감정결과 중 하나를 선택하는 것이 채증법칙에 위반되지 아니하는 한 적법하며, 채용하지 아니한 감정 결과에 대하여 이유 설시를 할 필요도 없다.[232] 감정결과 일부에 오류가 있는 경 우에도 전체적으로 서로 모순되거나 매우 불명료한 것이 아닌 이상, 감정결과 전 부 배척이 아니라 그 해당되는 일부 부분만을 배척하고 나머지 부분에 관한 감정 결과는 증거로 채택하여 사용할 수 있다.[233] 그러나 법관의 자유심증이 논리와 경 험법칙에 합치되어야 함은 당연하다.[234] 또한 복수의 감정과목에 대한 신체감정촉

---

229) 대판 1976. 6. 22, 75다2227; 대판 1994. 8. 26, 94다2718.

230) 대판 1998. 4. 24, 97다58491; 대판 2002. 6. 28, 2001다27777. 다만 감정방법 등이 경험칙 에 반하거나 합리성이 없는 등의 현저한 잘못이 없는 한 감정결과를 존중함이 타당하다[대판 2002. 11. 26, 2001다72678(생존여명에 관한 신체감정결과), 대판 1999. 4. 9, 98다57198(과학적 방법에 의한 무인감정결과), 대판 2014. 10. 15, 2012다18762(아파트하자관련 보수비용 감정결과), 대판 2019. 3. 14, 2018다255648(분쇄기의 수리비감정결과), 대판 2020. 6. 25, 2019다292026, 292033, 292040(화훼농원의 손해액 감정결과)]; 대판 2023. 6. 1, 2023다217534(녹음 사본파일이 녹음 원본 파일과 동일성이 있는 파일이라는 감정결과)].

231) 대판 2020. 4. 9, 2016다32582(사실심의 전권임).

232) 대판 1997. 12. 12, 97다36507; 대판 2006. 11. 23, 2004다60447. 다만 동일한 감정인이 동 일한 감정사항에 대하여 모순·불명료한 감정을 한 경우에는 감정서의 보충을 명하거나, 감정증인 으로 신문하여 명확히 할 필요가 있다(대판 1994. 6. 10, 94다10955; 대판 2004. 11. 26, 2003다 33998). 동일한 감정사항에 대한 2개 이상의 감정기관의 서로 모순되거나 불명료한 감정의견이 있 는 경우에 감정 결과를 증거로 채용하여 사실인정을 하기 위해서는 다른 증거자료가 뒷받침되지 않는 한, 각 감정기관에 대하여 감정서의 보완을 명하거나 증인신문이나 사실조회 등의 방법을 통 하여 정확한 감정의견을 밝히도록 적극적인 조치를 강구하여야 하고, 이는 전문적인 학식·경험이 있는 자가 작성한 감정의견이 기재된 서면이 서증으로 제출된 경우에도 마찬가지이다(대판 2019. 10. 31, 2017다204490, 204506).

233) 대판 2012. 1. 12, 2009다84608, 84615, 84622, 84639; 대판 2014. 10. 15, 2012다18762.

234) 대판 1984. 2. 28, 83다카1933, 1934(동일한 감정인이 작성한 측량도면을 일부 채용하고 일 부 배척하는 것은 채증법칙 위반임); 대판 2017. 11. 9, 2013다26708, 26715, 26722, 26739; 대판

탁 결과에는 감정의 중복·누락이 있을 수 있으므로, 노동능력상실률을 평가하는 법원으로서는 감정이 중복·누락되었는지 여부를 세심히 살펴야 하고, 중복·누락이 있는 경우에는 필요한 심리를 통하여 바로잡아야 한다.[235]

(3) 감정결과에 대한 정확한 판단을 하기 위하여는 전문재판부 등의 운영을 통하여 담당 재판부의 전문성을 기르는 것도 감정에 따른 부작용을 막을 수 있고, 특히 2007년 민사소송법 개정에서 도입된 전문심리위원의 의견을 구하는 것도 적정한 판결을 위하여 도움이 될 것이다.

Ⅲ. 서 증

1. 서증의 의의

서증(書證, Urkundenbeweis)이라 함은 문서를 열람하여 거기에 기재된 의미와 내용을 증거자료로 하기 위한 증거조사를 말한다. 문자가 발달하지 아니한 시대에는 증인신문이 중요한 위치를 차지하였으나, 문자가 발달·이용되는 현대사회에 있어서 서증은 계약서 등에서 보는 바와 같이 가장 확실한 증거로 평가된다.

(1) 서증의 대상이 되는 문서란 문자, 그 밖의 기호에 의하여 사상(思想)을 표현한 종이 등 그 밖의 유형물을 지칭한다. 기호에는 전신부호·암호·속기문 등도 상관이 없고, 유형물에는 종이 외에 나무·돌·금속·가죽 등도 포함된다. 문서는 사상을 표현한 것이므로, 문자가 나열되어 있지만 사상을 표현한 것이 아닌 서명·문패·명함 등과 기호로 표현한 것이지만 사상의 표현이 아닌 악보 등은 이에 해당하지 아니한다. 사진·설계도·음반·녹음테이프 등은 기호에도 해당하지 아니하므로 문서가 아니다. 법원에 제출할 수 없는 유형물이라도 사상이 표현되어 있는 경우(예: 토지매입 경위가 적혀 있는 묘석 등)에는 서증의 대상이지 검증의 대상이 되는 것이 아니다.[236] 당해 소송에 있어서 증거조사의 결과를 기재한

2019. 5. 30, 2015다8902(노동능력상실률은 경험칙에 비추어 규범적으로 결정함).

235) 대판 2020. 6. 25, 2020다216240(두부손상으로 인한 노동능력상실률을 평가하기 위한 복수의 감정과목에 대한 신체감정이 이루어진 사안에서, 신경외과의 신체감정서, 정신건강의학과의 신체감정서, 신경과의 신체감정서는 상이한 신체부위의 장해에 대한 감정이 아니라, 모두 두부손상으로 인한 정신장해를 대상으로 한 감정으로 보이므로 각 신체감정이 중복감정일 여지가 있음에도 각 감정이 중복감정이 아니라는 전제하에 중복장해율로 노동능력상실률을 인정한 것은 심리미진 등 잘못이 있음).

236) 同旨: 이시윤, 506면. 反對: 정동윤/유병현/김경욱, 637면.

문서(예: 증인신문조서, 검증조서, 감정서 등)는 서증의 대상이 되지 아니하지만, 다른 사건의 증인신문조서 등은 서증에 해당한다.[237]

(2) 서증이라는 것은 문서의 기재내용을 증거자료로 하기 위한 증거조사이므로, 조사대상이 문서라도 문서의 외형·지질·필적이나 존재 자체를 증거로 하려고 할 때(예: 위조문서라고 하여 제출한 문서)에는 검증의 대상이 된다.[238]

(3) 구민사소송법에서 문서에 준하여 증거조사를 하던 도면·사진 등(구민소 335조, 준문서라고 함)이 신법에서는 녹음테이프·비디오테이프·컴퓨터용 자기디스크·그 밖에 정보를 담기 위하여 만들어진 물건과 같이 「그 밖의 증거」로 분류되었고, 증거조사에 관하여 감정·검증·서증에 준하도록 대법원규칙에서 정하도록 하였다(374조).

2. 문서의 종류

(1) 공문서·사문서

① 공문서(公文書)라 함은 공무원이 그 직무권한 내의 사항에 관하여 직무상 작성한 문서를 말한다. 공문서 중 공증권한을 가진 공무원 등(예: 공증인, 공증인가 합동법률사무소, 법무법인 등)이 작성한 문서를 특별히 공정증서(公正證書)라 한다. 공무원이 작성한 문서라도 그 권한 내의 사항이 아니거나, 개인 자격으로 작성한 문서는 공문서가 아니다.[239] 공법인이 직무상 발급한 문서는 공문서에 준하여 취급하면 된다.[240]

② 사문서(私文書)란 공문서 이외의 문서를 지칭한다. 그런데 사문서에 공무원이 직무상 일정한 사항을 기입해 넣은 경우에는 그 부분이 공문서에 해당한다. 따라서 문서 전체는 공사병용문서(公私倂用文書)가 된다. 여기에는 부동산의 매도증서에 공무원이 '매도필'을 기입한 등기필권리증,[241] 내용증명우편에 의한 통지서,[242] 확정일자 있는 전세계약서 등이 해당한다. 이 경우에 공문서부분의 진정성립으로 사문서부분의 진정성립까지 추정되지는 않는다.[243]

---

237) 同旨: 이시윤, 506면.
238) 대판 1992. 7. 10, 92다12919.
239) 대판 1972. 7. 11, 72다872.
240) 대판 1972. 2. 22, 71다2269.
241) 대판 1968. 1. 23, 67다1055.
242) 대판 1972. 11. 14, 72다908.
243) 대판 1974. 9. 24, 74다234; 대판 1989. 9. 12, 88다카5836; 대판 2018. 4. 12, 2017다292244.

(2) 처분문서 · 보고문서

① 처분문서(處分文書)라 함은 증명하고자 하는 법률적 행위(처분)가 그 문서 자체에 의하여 이루어진 경우의 문서[244]를 말한다. 여기에는 사법상 의사표시가 포함된 법률행위서(예: 각종 계약서 · 약정서 · 합의서 · 각서 · 차용증서 · 단체협약[245] 등), 행정처분서, 법원의 재판서,[246] 어음 · 수표 등의 유가증권, 유언서, 해약통지서, 납세고지서, 그 밖의 관념의 통지서, 영수증 중 자백문서(예: 일정한 금원을 영수하면서 나머지 금원은 포기한다는 취지가 기재된 영수증) 등이 있다. 실무상 처분문서인지 여부가 쟁점이 될 수 있다. 뒤에서 보겠지만 처분문서의 경우에는 형식적 증거력이 인정되면 실질적 증거력이 당연히 인정되기 때문에 처분문서를 배척하고 다른 사실을 인정하기는 매우 어렵다. 처분문서인지 여부가 재판의 승패와 직결되는 경우가 많다.

② 보고문서(報告文書)라 함은 작성자가 체험한 사실을 적은 문서이다. 여기에는 상업장부, 세금계산서, 등기부등본, 가족관계증명서, 소송상의 조서, 진단서, 편지, 일기 등이 있다.

③ 동일한 문서라도 이용용도에 따라 문서의 성질이 달라질 수 있다. 예컨대 판결서의 경우에 그 판결의 존재사실 및 일정한 내용이 있었다는 사실을 증명하기 위한 경우에는 처분문서가 되지만, 어떤 사실을 증명하기 위하여 판결서의 사실판단을 증거자료로 쓰기 위하여 이용할 때에는 그 한도에서 보고문서에 해당한다.[247]

(3) 원본 · 정본 · 등본 · 초본

원본(原本)이라 함은 문서 그 자체(예: 판사가 서명한 판결문 자체가 판결원본임)를 말한다. 정본(正本)이란 문서의 등본으로서 특별히 정본이라고 표시한 문서로서 원본과 동일한 효력이 인정되는 문서를 말한다. 여기에는 당사자에게 교부하는 판결 · 결정 · 명령 등의 정본이 있다. 등본(謄本)이라 함은 원본 전부를 사본한 문서를 의미한다. 특히 인증기관(認證機關)이 공증한 등본을 인증등본(認證謄本)이라 한다. 초본(抄本)은 원본 중 일부를 사본한 문서를 말한다. 문서의 제출 또는 송부

---

244) 대판 1997. 5. 30, 97다2986 등. 법률행위 자체가 그 문서에 화체(化體)된 경우라고 표현할 수 있다(이시윤, 507면).

245) 대판 2011. 10. 13, 2009다102452; 대판 2018. 11. 29, 2018두41532.

246) 대판 1997. 5. 30, 97다2986.

247) 대판(전) 1980. 9. 9, 79다1281.

는 원본·정본 또는 인증등본에 의할 것을 원칙으로 한다($\frac{355조}{1항}$).

3. 문서의 증거능력

증거능력이라 함은 추상적으로 증거조사의 대상이 될 수 있는 자격을 말한다. 원칙적으로 민사소송에 있어서는 형사소송과 달리 증거능력의 제한이 없음이 원칙이다. 특히 자유심증주의하에서는 증거가치의 문제로 처리할 수 있기 때문이다. 판례는 소제기 후에 작성된 사문서,[248] 서증의 사본,[249] 형사사건의 각종 조서 등도 증거능력을 부인하고 있지 아니한다. 그러나 독일에서 진술거부권을 고지하지 아니하고 작성된 경찰 등의 신문조서를 증거능력이 없다고 한 것과 같이 우리나라에서도 위법하게 수집된 증거의 증거능력(예: 상대방 회사에 몰래 들어가 절취하여 온 문서 또는 서증은 아니지만 상대방 몰래 한 녹음테이프[250] 등)을 제한하려는 논의가 시작되었다(본서 제3편 제2장 제4절 제1관 4.항 증거능력 부분 참조).

4. 문서의 증거력

문서의 증거력은 그 문서의 내용이 증명사실에 기여하는 효과를 의미한다. 문서의 증거력은 2단계를 거친다. 우선 그 문서가 작성자에 의하여 진정하게 성립되었는가의 문제와 진정하게 성립하였다면 그 내용이 요증사실에 어느 정도 가치가 있는지 여부가 정하여진다.[251] 전자를 형식적 증거력이라 하고, 후자를 실질적 증거력이라 한다.

(1) 형식적 증거력

① 의 의

문서가 작성명의자의 의사에 기하여 진정하게 성립되었다면 이를 「문서의 진정성립」이라 한다. 진정성립 된 문서이면 특별한 사정이 없다면 형식적 증거력(形式的 證據力)이 인정된다. 「문서의 진정성립」은 작성이 진정으로 되었다는 것을 의미하는 것이지, 그 기재내용이 객관적으로 진실하다는 것을 말하는 것은 아니다.

---

248) 대판 1963. 10. 10, 63다360; 대판 1964. 9. 8, 64다315; 대판 1968. 12. 24, 67다1503.
249) 대판 1966. 9. 20, 66다636.
250) 우리나라 판례는 민사상 비밀로 녹음한 녹음테이프의 증거능력을 인정하고 있다(대판 1981. 4. 14, 80다2314; 대판 1999. 5. 25, 99다1789).
251) 대판 2015. 11. 26, 2014다45317(형식적 증거력이 있어야 실질적 증거력을 판단할 수 있음).

그 내용의 진실 여부는 뒤에 보는 실질적 증거력의 문제이다. 「문서의 진정성립」은 문서제출자가 주장하는 사람이 실제로 작성하였다는 것을 말하는 것이므로, 작성명의자의 자필이나 날인[252]이 꼭 필요한 것은 아니다. 작성자의 승낙 하에 다른 사람이 대신 적은 경우도 「문서의 진정성립」이 인정된다. 문서가 위조되었다는 내용을 증명하기 위하여 제출한 문서는 하나의 검증물일 뿐이고, 위조자의 진정성립이 인정된다고 하여도 그 내용을 증거자료로 쓸 수 없다.[253]

② 성립의 인부

실무상 서증이 제출되면 법원은 상대방에게 그 문서의 진정성립 여부를 묻는 절차를 갖게 된다. 상대방의 답변을 「성립의 인부」라고 한다. 상대방의 인부에 대한 답변은 i) 성립인정(成立認定), ii) 침묵(沈黙), iii) 부인(否認), iv) 부지(不知)의 네 가지이다. 성립의 인부는 변론에서 구술로 함이 원칙이나, 변론준비과정(준비서면, 변론준비절차)에서도 할 수 있다($^{274조\ 2항,}_{281조\ 3항}$).

(a) 성립의 인부와 관련하여 상대방이 성립인정 또는 침묵한 경우에는 재판상의 자백·자백간주의 법리에 따라 형식적 증거력이 인정된다(변론주의가 적용되는 절차에 한함). 특히 당사자가 성립인정 한 경우에는 법원은 그 자백에 구속되어 형식적 증거력을 인정하여야만 한다.[254] 그 취소에 있어서도 주요사실의 자백취소와 동일하게 취급한다.[255]

(b) 성립의 인부에 있어서 상대방이 부인 또는 부지한 경우에는 이를 다투는 것으로 되어 제출자가 문서의 진정성립을 증명하여야 한다.[256] 그 증명방법은 제한이 없다.[257] 증인신문,[258] 감정과 같은 인증으로 할 수도 있고, 필적(筆跡)·인영(印影)은 검증의 일종인 대조[259]하여 증명할 수 있다($^{359}_{조}$). 법원은 대조에 필요한 필적이나 인영이 있는 문서, 그 밖의 물건을 법원에 제출하도록 명할 수 있고($^{360조}_{1항}$), 대조하는 데에 적당한 필적이 없는 때에는 법원은 상대방에게 그 문자를 손수 쓰도록 명할 수 있다($^{361조}_{1항}$). 상대방이 정당한 이유 없이 문자를 손수 쓰라는 명령에

---

252) 대판 1961. 8. 10, 4293민상510; 대판 1994. 10. 14, 94다11590.
253) 대판 1992. 7. 10, 92다12919.
254) 대판 1967. 4. 4, 67다225.
255) 대판 1996. 2. 23, 94다31976; 대판 2001. 4. 24, 2001다5654.
256) 대판 1994. 11. 8, 94다31549.
257) 대판 1992. 11. 24, 92다21135.
258) 대판 2005. 12. 9, 2004다40306.
259) 대판 1977. 9. 3, 77다762; 대판 1997. 12. 12, 95다38240.

따르지 아니하거나, 필체를 바꾸어 손수 쓴 때에는 법원은 문서의 진정여부에 관한 확인신청자의 주장을 진실한 것으로 인정할 수 있다($\frac{동조}{2항}$). 제3자가 정당한 사유 없이 문서 등 제360조 제1항의 규정에 의한 제출명령에 따르지 아니한 때에 법원은 결정으로 200만원 이하의 과태료에 처할 수 있고($\frac{360조}{2항}$), 이 결정에 대하여는 즉시항고를 할 수 있다($\frac{동조}{3항}$). 대조하는 데에 제공된 서류는 그 원본·등본 또는 초본을 조서에 붙여야 한다($\frac{362}{조}$). 그러나 문서의 진정성립은 변론전체의 취지만으로 인정할 수 있다.[260]

특히 문서를 부인하는 경우에는 단순부인은 허용되지 아니하고, 이유를 구체적으로 밝혀야 하므로 이유부부인(理由附否認)만이 가능하다($\frac{규칙}{116조}$). 상대방이 제출한 문서의 작성명의자로 되어 있는 경우에는 부지라고 할 수 없고, 성립인정하거나 부인하여야 한다. 이 경우 부인하는 것은 해당 문서가 위조되었다는 것을 말한다.

(c) 문서의 인부는 주요사실에 대한 재판상의 자백·자백간주의 법리가 적용되고, 그 취소도 같으므로 신중하게 하여야 한다. 상대방이 성립의 인부를 고의나 중과실로 진실에 반하여 문서의 진정을 다툴 때에는 200만원 이하의 과태료의 제재가 따른다($\frac{363조}{1항}$). 이에 대하여는 즉시항고할 수 있다($\frac{동조}{2항}$).

③ 진정성립의 추정

문서의 진정성립의 증명을 쉽게 하기 위하여 법정증거법칙의 일종으로 추정규정을 두고 있다.

(a) 공문서   문서의 작성방식과 취지에 의하여 공무원이 직무상 작성한 것으로 인정한 때에는 이를 진정한 공문서로 추정한다($\frac{356조}{1항}$). 공문서의 경우에 위조의 개연성이 낮기 때문에 작성방식과 취지에 의하여 공무원이 직무상 작성한 것으로 인정되면 그 진정성립을 추정할 수 있도록 한 것이다. 그러나 여기의 추정은 실체법상의 법률요건 사실의 추정이 아니므로 다투는 상대방은 반대사실의 증명까지는 요하지 아니하고 이것이 진실이 아니라는 의심이 들 정도의 반증을 세우면 된다.[261] 공문서가 진정한지 의심스러운 때에는 법원은 직권으로 해당 공공기관에 조회할 수 있다($\frac{동조}{2항}$). 외국의 공공기관이 작성한 것으로 인정한 문서도 공문서의 추정이 되고, 직권조회도 가능하다($\frac{동조}{3항}$).

---

260) 대판 1983. 3. 23, 80다1857; 대판 1987. 7. 21, 87므16; 대판 1993. 4. 13, 92다12070.
261) 대판 2018. 4. 12, 2017다292244(제356조 제1항에 따라 공문서의 진정성립이 추정되어도 위조 또는 변조 등의 특별한 사정이 있다고 볼 만한 반증이 있으면 추정은 깨어짐).

(b) 사문서   사문서는 문서제출자가 그것이 진정성립 된 것임을 증명하여야 한다($\frac{357}{\text{조}}$). 그러나 사문서는 본인 또는 대리인의 서명이나 날인 또는 무인[拇印, 통상 '지장(손도장)'이라 함]이 있는 때에는 진정한 것으로 추정한다($\frac{358}{\text{조}}$). 사문서의 경우에는 2단계의 추정을 거치게 된다. 즉 서명 자체·인영(印影)·무인 자체가 본인 또는 대리인의 것임이 증명되면, 1단계로 「서명·날인·무인이 그 사람의 의사에 기한 것」이라는 사실상의 추정이 이루어지고, 「서명·날인·무인이 그 사람의 의사에 기한 것」이므로 2단계로 「문서전체가 진정성립 되었다는 것」이 사실상 추정되는 것이다.262) 이것은 본인 또는 대리인의 서명·날인·무인이 있으면 문서 전체가 진정성립될 가능성이 높다는 경험법칙을 법정화한 것으로 일종의 법정증거법칙으로서 사실상의 추정에 해당한다.263) 따라서 상대방은 이러한 추정을 반증으로 깨뜨릴 수 있다. 그리고 처분문서는 진정성립이 인정되면 실질적 증거력이 인정되는 점264)을 감안하면, 작성명의인의 인영에 의하여 처분문서의 진정성립을 추정함에는 신중하여야 한다.265) 만약 완성문서로서의 진정성립의 추정이 깨어지고 미완성부분을 작성명의자 아닌 자가 보충하였다는 등의 사정이 밝혀진 경우라면 그 미완성 부분이 정당한 권한에 기하여 보충되었다는 점에 관하여는 진정성립을 주장하는 자 또는 문서제출자에게 그 증명책임이 있다.266)

ⅰ) 인장이 도용(盜用)되었다거나, 강박(强迫)에 의하여 날인된 문서라는 증거항변을 한 경우에는 그 항변은 인장 자체가 자신의 것임을 인정하는 것을 전제로 한 것이므로, 도용·강박의 증명책임은 항변자에게 있으므로 이를 증명하지 못한 경우에는 진정성립이 추정된다는 점을 유의하여야 한다.267) 일부 변조항변의 경우도 같다.268)

ⅱ) 또한 판례는 백지보충문서 즉 작성명의인이 내용을 적지 아니하고 날인만

---

262) 대판 2011. 11. 10, 2011다62977(완성문서로서 진정성립이 추정되므로 문서의 전부 또는 일부가 미완성 상태에서 서명 등을 먼저 하였다는 사정은 이례에 속하므로 완성문서로서 진정성립의 추정을 뒤집으려면 합리적 이유나 이를 뒷받침할 간접반증이 필요함).

263) 대판 2010. 7. 15, 2009다67276; 대판 2014. 9. 26, 2014다29667.

264) 대판 2018. 7. 21, 2017다235647.

265) 대판 2014. 9. 26, 2014다29667(특히 처분문서의 소지자가 업무 또는 친족관계 등에 의하여 문서명의자의 위임을 받아 그의 인장을 사용하기도 하였던 사실이 밝혀진 경우라면 더욱 그러함); 대판 2015. 10. 15, 2012다64253; 대판 2023. 5. 18, 2021다304533(일방의 주장이 상대방에게 중대한 책임을 부과하게 되는 경우라면 처분문서의 문언 내용을 더욱 엄격하게 해석하여야 함).

266) 대판 2012. 12. 13, 2011두21218.

267) 대판 1976. 7. 27, 76다1394; 대판 1995. 6. 30, 94다41324; 대판 2004. 1. 27, 2003다49634.

268) 대판 1995. 11. 10, 95다4674.

한 문서를 교부한 후에 다른 사람이 보충한 사실이 밝혀지면 문서의 진정성립의 추정은 깨어지고,[269] 제출자는 그 기재내용이 작성명의자로부터 위임받은 정당한 권원에 의하였다는 것을 증명할 책임이 있다고 한다.[270]

(2) 실질적 증거력(증거가치)

① 의 의

실질적 증거력(實質的 證據力)이라 함은 문서의 내용이 요증사실에 이바지하는 효력을 말한다. 간단히 말하면 요증사실에 대한 증거가치를 의미한다.[271] 문서의 실질적 증거력은 형식적 증거력을 전제로 한다. 형식적 증거력이 없으면 실질적 증거력을 평가할 수 없게 된다. 형식적 증거력(문서의 진정성립)은 실질적 증거력으로 들어가는 문의 역할을 하는 것이다. 그러나 형식적 증거력이 있는 서증이라도 그 기재가 진실이 아니거나, 증명사항과 무관한 경우에는 증거가치가 없다. 실질적 증거력 유무는 자유심증주의의 원칙상 법관의 자유심증에 일임되어 있다(202조). 따라서 실질적 증거력은 형식적 증거력과 달리 재판상 자백이 성립되지 아니한다.

② 내 용

실질적 증거력은 문서가 처분문서인가 또는 보고문서인가에 따라 차이가 있다.

(a) **처분문서**　처분문서는 문서 그 자체로서 처분 등의 법률적 행위가 이루어진 것이므로, 일단 형식적 증거력이 인정되면 그 기재와 같은 법률적 행위의 존재 및 내용을 인정하여야 한다(예: 해당 사건의 물품매매가 이루어진 물품매매계약서의 진정성립이 일단 인정되면 그 계약의 존재 및 내용을 계약서대로 인정하여야 함).[272] 그러나 처분문서의 이러한 실질적 증거력은 강력한 효과를 가지지만 사실상 추정이므로 반증의 여지가 없는 완전한 증명력을 가지는 것은 아니다.[273] 하지만 처분문서의 실질적 증거력은 매우 강력한 효력을 가지고 있으므로, 일반증거의 배척과

---

269) 문서제출자가 문서를 제출하였는데 상대방이 인장은 찍어 교부한 것이 맞으나, 배지위임문시라는 사실을 주장·증명하면 문서의 推정력은 깨어지고 제출자가 그 문서가 상대방의 위임취지에 따라 정당하게 작성된 문서라는 것을 재항변을 통하여 증명하여야 한다.

270) 대판 2000. 6. 9, 99다37009; 대판 2003. 4. 11, 2001다11406; 대판 2012. 12. 13, 2011두21218. 反對: 이시윤, 511면.

271) 대판 1997. 4. 11, 96다50520.

272) 대판 1997. 4. 11, 96다50520. 다만 진정성립이 인정되더라도 그 내용이 약관, 부동문자 등으로 무효인 것이 증명되면 효력이 없을 수 있다(대판 1997. 11. 28, 97다36231; 대판 2018. 7. 12, 2017다235647; 대판 2019. 9. 10, 2017다291586.

273) 대판(전) 1970. 12. 24, 70다1630; 대판 1981. 6. 9, 80다442; 대판 2010. 11. 11, 2010다56616.

달리 처분문서를 배척하려면 판결서에 분명하고 수긍할 수 있는 합리적인 이유를 설시하여야 한다.[274] 또한 처분문서의 경우에 문언의 객관적인 의미가 명확하다면 문언대로 의사표시의 존재와 내용을 인정하여야 하지만, 문언의 객관적 의미가 불명확하다면 당사자의 내심의 의사와 관계없이 문언의 내용과 계약이 이루어지게 된 동기 및 경위 등을 종합적으로 고찰하여 논리칙과 경험칙, 사회 일반의 상식과 거래의 통념에 따라 계약의 내용을 합리적으로 해석하여야 하고,[275] [276] 특히 당사자 일방이 주장하는 계약내용이 상대방에게 중대한 책임을 부과하거나 권리의 중요한 부분을 침해·제한하는 경우에는 문언 내용을 더욱 엄격하게 해석하여야 한다.[277]

다만 처분문서의 실질적 증거력의 추정 범위는 문서에 기재된 법률적 행위의 존재와 그 내용에 한정된다. 따라서 그 법률적 행위의 일시·장소, 해석, 행위자의 능력, 의사의 흠 등은 추정력이 미치지 아니한다. 이러한 것들은 법관의 자유심증으로 확정하여야 한다.[278]

(b) 보고문서   보고문서의 실질적 증거력은 처분문서와 달리 누가 작성자인지 여부, 작성의 목적·시기, 기재의 방법·체재, 기록·표현의 정확성 등 여러 사정을 종합적으로 고려하여 법관의 자유심증으로 결정된다. 보고문서인 공문서의 경우도 법관의 자유심증에 의한다는 점에서는 같지만, 보고문서 중 공문서의 일부는 아래에서 보는 것 같이 그 기재내용의 진실성이 추정되는 경우도 있다. 특히 보고문서 중 변론조서에 관하여는 변론의 방식에 관한 규정의 준수 여부는 변론

---

274) 대판 1981. 6. 9, 80다442.

275) 대판 2013. 1. 16, 2011다102776(동일사항에 대하여 내용이 다른 중복문서가 작성된 경우 나중에 작성된 문서에 작성자의 최종의사가 담겨 있다고 해석하는 것이 일반적이지만, 마지막에 작성된 문서가 최종적으로 완성되지 아니하는 등의 사유가 있는 경우에는 다름); 대판 2018. 12. 28, 2018다260732; 대판 2019. 5. 30, 2016다221429. 같은 취지로, 대판 2019. 10. 17, 2018두60588; 대판 2020. 12. 30, 2017다17603(하나의 법률관계를 둘러싸고 각기 다른 내용의 계약서가 순차로 작성되어 있는 경우 우열관계 등이 불명확하다면 각각의 계약서에 정해져 있는 내용 중 서로 양립할 수 없는 부분에 관해서는 원칙적으로 나중에 작성된 계약서에서 정한 대로 계약내용이 변경되었다고 해석하는 것이 합리적임).

276) 이러한 법리는 소송의 당사자 사이에서 조정기일에 이루어진 합의의 효력에 관하여 다툼이 있는 경우에도 적용된다. 조정이 불성립된 조정기일에 합의서가 작성되었고, 그 합의 내용에 따른 조정을 갈음하는 결정에 대하여 당사자 일방이 이의신청서를 제출하였다면 합의의 효력은 더 이상 유지될 수 없게 되었다고 할 것이고(대판 2022. 1. 27, 2021다291323), 또한 조정을 갈음하는 결정이 확정된 후 그 결정사항의 해석에 관하여 다툼이 있는 경우에 이 결정에 따라 소를 취하하기로 합의하였다고 단정하기 어렵다고 보아야 한다(대판 2023. 6. 29, 2023다219417).

277) 대판 2014. 6. 26, 2014다14115; 대판 2016. 12. 15, 2016다238540; 대판 2017. 8. 18, 2017다228762; 대판 2022. 2. 10, 2020다279951.

278) 대판 2000. 4. 11, 2000다4517, 4524; 대판 2007. 7. 12, 2007다13640; 대판 2010. 3. 11, 2009다75932.

조서로만 증명이 가능하도록 법정되어 있다($\frac{158}{조}$).

〈보고문서 중 처분문서에 준하는 실질적 증거력을 가지는 경우〉

판례에서 처분문서는 아니지만 공문서 등으로 내용의 진실성이 높은 문서에 대하여 처분문서에 준하는 증거력을 인정하는 경우를 볼 수 있다. 여기에는 i) 등기부에 기재된 권리상태가 진실하고, 그 등기원인·절차가 정당할 것이라는 추정(특히 부동산등기 특별조치법 등에 의한 등기의 경우에 강한 추정력을 가짐), ii) 가족관계등록부(구 호적부)의 기재사실이 진실한 것이라는 추정,[279] iii) 구토지대장·구임야대장, 일제 때의 토지조사부에 소유권자로 등재되어 있는 사실에 의한 토지소유권 귀속의 추정,[280] iv) 확정된 민·형사판결서에서 확정된 사실,[281] v) 기타 공문서인 사실조회 회보,[282] 국립과학수사연구소의 감정의뢰회보,[283] 공증문서[284] 등이 그것이다. 이 경우도 반대자료가 없는 한 그 기재와 어긋나는 사실을 인정할 수 없고, 배척하려면 합리적인 이유 설시가 요망된다.

5. 서증신청의 절차

(1) 총 설

① 서증신청은 네 가지 방법이 있다. 여기에는 i) 증거의 제출자가 문서를 직접 제출하는 방법($\frac{343}{조}$), ii) 상대방 또는 제3자가 가지고 있는 제출의무 있는 문서에 관하여 그 소지자에 대하여 문서제출명령을 신청하는 방법($\frac{343}{조}$), iii) 소지자에게 제출의무는 없으나 그 협력을 받을 가능성이 있는 경우(예: 검찰청에 보관 중인 교통사고기록 등)에 문서송부촉탁을 신청하는 방법($\frac{352}{조}$), iv) 소지자에 의한 송부촉탁이 어려운 경우에는 법원의 문서 소재 장소에서의 서증조사를 신청하는 방법($\frac{규칙}{112조}$) 등이 그것이다.

② 서증신청에 따른 서증의 증거조사는 법관이 제출한 문서를 열람하여 읽어 보는 것으로 한다.

---

279) 대판 1994. 6. 10, 94다1883; 대판 1996. 4. 9, 96다1320 등.
280) 대판 1965. 8. 31, 65다1229; 대판 1980. 5. 27, 80다748.
281) 대판 2000. 9. 8, 99다58471; 대판 2007. 8. 23, 2005다72386, 72393.
282) 대판 1990. 11. 23, 90다카21022.
283) 대판 1996. 7. 26, 95다19072.
284) 대판 1994. 6. 28, 94누2046(공증인이나 공증사무취급이 인가된 합동법률사무소의 작성문서는 보고문서의 공문서이므로 신빙성 있는 반대자료가 없는 한 함부로 그 증명력을 부정할 수 없음).

(2) 문서의 직접제출

당사자가 문서에 대하여 서증을 신청하고자 하는 때에는 직접 그 문서를 제출하여야 한다($\frac{343조}{전단}$). 문서의 제목·작성자·작성일을 밝혀 신청하여야 한다($\frac{규칙}{105조}$). 문서의 직접제출과 관련된 문제는 다음과 같다.

① 문서의 제출은 변론기일 또는 변론준비기일에서 현실로 제출하여야 하고, 준비서면에 첨부[285]되었다고 하여도 진술간주된 경우($\frac{148}{조}$)에는 제출된 것으로 보지 아니한다.[286]

② 문서는 원본·정본 또는 인증등본을 제출하여야 한다($\frac{355조}{1항}$). 이를 원본제출의 원칙이라 한다. 실무에서는 원본과 사본(寫本)을 같이 제출하면 원본의 존재와 사본의 정확성을 확인한 후에 원본을 당사자에게 돌려주고, 사본을 기록에 철하게 된다.[287]

그런데 실무상 원본을 제출하지 아니하고 사본만을 증거로 제출하는 경우에 그 효력이 문제 된다. 여기에는 두 가지가 있다. 즉 사본을 원본 대용(代用)으로 제출하는 경우와 사본 자체를 원본으로 제출하는 경우가 그것이다. 그 효력에 관하여 보면 i) 사본을 원본 대용으로 제출하는 경우에 관하여 보면, 사본 만에 의한 증거제출은 원칙적으로 부적법하다.[288] 그러나 상대방이 원본 존재와 그 성립을 인정하면 문제될 것은 없다. 사본을 원본 대용으로 제출한 것에 대한 흠은 소송절차에 관한 이의권($\frac{355조 1}{항 위반}$)의 상실 또는 포기로 적법하게 된다.[289] 원본의 제출이 불가능하거나(예: 서증신청자가 원본을 분실한 경우, 선의로 훼손한 경우, 문서제출명령에 응하지 아니할 제3자가 소지하고 있는 경우 등), 비현실적인 경우(예: 원본의 양이 워낙 방대한 경우)에는 문서제출자가 원본을 제출하지 못하는 것을 정당화 할 수 있는 구체적 사유를 주장·증명하면 사본 제출이 가능하다.[290] 그러나 그 내용이

---

285) 실무상 서증이 준비서면에 첨부된 경우에는 변론기일 등에서 준비서면을 진술하면서 첨부된 서증을 제출한다고 재판부에 말하게 된다. 준비서면이 불출석으로 진술간주되는 경우에는 거기에 첨부된 서증제출의 효과는 없다. 진술간주 제도적 취지에 비추어 현실적으로 재판부에 제출된 상태라는 점에 비추어 보면 재판부의 재량에 따라 제출여부를 인정하게 하는 것이 재판의 원활한 수행에 도움이 될 수 있다고 본다.

286) 대판 1991. 11. 8, 91다15775.

287) 대판 1996. 3. 8, 95다48667. 그 후에 기록을 보다가 다시 검토할 필요가 있으면 원본의 제출을 명할 수 있음은 물론이다(규칙 105조 5항).

288) 同旨: 이시윤, 514면; 정동윤/유병현/김경욱, 646면.

289) 대판 1996. 3. 8, 95다48667; 대판 2002. 8. 23, 2000다66133.

290) 대판 2002. 8. 23, 2000다66133; 대판 2010. 2. 25, 2009다96403; 대판 2023. 6. 1, 2023다

증거자료로 되려면 원본 존재와 그 진정성립을 별도로 증명하여야 한다. ii) 사본 자체를 원본으로 제출하는 경우에는 민사소송법상 증거능력의 제한은 없으므로 독립된 서증의 대상이 된다. 그러나 상대방이 원본 존재 자체를 다투는 경우에는 제출자가 원본 존재와 그 진정성립을 증명하지 못하면 그러한 내용의 사본이 존재한다는 것 이상의 증거력은 없다.[291]

③ 문서의 일부를 증거로 하는 때에도 문서 전부를 증거로 제출하는 것이 원칙이다(규칙 105조 4항 본문). 다만, 실무상 기록에 편철되는 사본은 재판장의 허가를 받아 증거로 원용할 부분의 초본만을 제출할 수 있다(통합 문서).

④ 원고 제출의 서증을 甲호증, 피고가 제출한 것을 乙호증, 독립당사자참가인이 제출한 것은 丙호증으로 구별하여 표시한다. 각 호증은 제출순서에 따라 1, 2호증 등의 번호를 붙여 나간다(규칙 107 조 2항). 같은 부호를 사용하는 당사자가 여러 명이 있을 경우에 이해관계가 대립되는 경우에는 '가', '나', '다' 등의 가지번호를 붙여 나간다(규칙 107조 3항, 예: 갑-가-1호증' 등). 재판장은 서증의 내용을 이해하기 어렵거나, 서증의 수가 방대한 경우 또는 서증의 입증취지가 불명확한 경우에는 당사자에게 서증과 증명할 사실의 관계를 구체적으로 밝힌 증거설명서를 제출할 것을 명할 수 있다(규칙 106 조 1항).

⑤ 재판장이 서증신청을 할 기간을 정한 때에는 당사자는 그 기간이 끝나기 전에 서증의 사본을 제출하여야 한다(147조 1항, 규칙 108조). 문서인 증거제출은 변론기일 또는 변론준비기일에 직접 제출하는 것이 원칙이지만 신민사소송규칙에서는 미리 증거결정이나 변론준비를 위하여 사본을 제출할 것을 정하고 있다. 이 경우에는 변론기일 또는 변론준비기일에 원본을 제시하기만 하면 된다.

⑥ 법원은 당사자가 서증을 신청한 경우에 i) 서증과 증명할 사실 사이에 관련성이 인정되지 아니하는 때,[292] ii) 이미 제출된 증거와 같거나 비슷한 취지의 문서로서 별도의 증거가치가 있음을 당사자가 밝히지 못한 때, iii) 국어 아닌 문자또는 부호로 되어 있는 문서로서 그 번역문을 붙이지 아니하거나, 재판장의 번역문 제출명령에 따르지 아니한 때, iv) 재판장의 증거설명서 제출명령에 따르지 아니한 때, v) 문서의 작성자 또는 그 작성일이 분명하지 아니한 경우로서 이를 밝히도록 한 재판장의 명령에 따르지 아니한 때는, 법원은 그 서증을 채택하지 아

217534.

291) 대판 2002. 8. 23, 2000다66133; 대판 2009. 3. 12, 2007다56524; 대결 2010. 1. 29, 2009마2050; 대판 2010. 2. 25, 2009다96403; 대판 2023. 6. 1, 2023다217534.

292) 대판 1992. 4. 24, 91다25444; 대결 2016. 7. 1, 2014마2239.

니하거나 채택결정을 취소할 수 있다($^{규칙}_{109조}$). 문서가 증거로 채택되지 아니한 때에는 법원은 당사자의 의견을 들어 제출된 문서의 원본·정본·등본·초본 등을 돌려주거나 폐기할 수 있다($^{355조}_{4항}$).

(3) 문서제출명령

① 의 의

문서제출명령이라 함은 당사자의 상대방 또는 제3자가 가지고 있는 제출의무 있는 문서에 대한 제출명령의 신청에 대하여 법원이 발하는 재판이다($^{343조}_{후단}$). 통상 결정의 형식으로 한다($^{347조}_{1항}$). 신법은 구법과 달리 상대방이 가지고 있는 서증을 포괄적으로 제출할 것을 요구할 수 있도록 문서제출명령제도를 대폭 확대·강화하였다. 이것은 서증에서의 증거의 구조적 편재(構造的 偏在)를 개선하기 위한 것이다. 미국법상의 증거개시제도(discovery)를 직접 도입한 것은 아니지만 그 취지를 문서제출명령에 충분히 반영한 개정으로 평가된다.

이렇게 함으로써 신법에서는 문서제출명령의 대상이 되는 문서제출의무를 증인의무와 같은 일반의무로 확대하였다($^{344}_{조}$). 한편 그 부작용을 최소화하기 위하여 제3자에 대한 필수적 심문제도($^{347조}_{3항}$), 문서의 비밀보호를 위한 비밀심리제도($^{347조}_{소위}$ $^{4항,}_{미국법}$ $^{상의 in camera pro−}_{ceedings의 도입}$), 문서의 일부제출제도($^{347조}_{2항}$) 등을 도입하였다. 또한 상대방이 가지고 있는 문서를 잘 알 수 없는 때에는 그 목록을 제출하도록 하는 문서정보공개제도($^{346}_{조}$)를 신설하여 이른바 모색적 증명이론(摸索的 證明理論)을 반영하고 있다.

이러한 문서제출명령제도의 확대·강화는 신법의 가장 중요한 개정 중의 하나인바, 이 제도의 취지를 충분히 반영하여 심리를 집중하여 신속하고 적정한 재판을 실현하기 위하여는 문서부제출에 대한 제재의 실질화, 적극적인 제도 운영 등이 요망된다.

② 문서제출의무

(a) 서 설　　구법에서는 문서제출의무의 범위를 i) 소송에서 인용한 문서(인용문서), ii) 인도·열람을 청구할 수 있는 문서(인도·열람문서), iii) 신청자의 이익을 위하여 작성한 문서(이익문서)와 신청자와 문서소지자 사이에 법률관계에 관하여 작성한 문서(법률관계문서)로 한정하였다($^{구민소}_{316조}$). 여기에 대하여 이러한 문서제출의무의 범위를 제한하는 것은 공해소송·의료소송·제조물책임소송 등의 현대형 소송에서의 증거의 구조적 편재를 해소하기에 부족하므로 문서제출의무를 필요한

모든 서류에 제출의무를 부담하여야 한다는 견해들이 대두되던 차에, 신법으로 전면개정하면서 이러한 견해와 미국의 증거개시제도(discovery) 등을 반영하여 문서제출범위를 대폭 확대하고, 문서제출의무를 증인의무와 같이 일반의무화(一般義務化) 하게 되었다.[293]

신법에서는 구법상의 위 i)~iii)의 문서를 제출의무 있는 문서로 명시적으로 열거하고($^{344조}_{1항}$), 그 밖의 일반문서도 증언거부사유와 같은 일정한 사유가 있는 외에는 모두 제출하도록 규정하였다($^{344조}_{2항}$). 문서제출의무를 증인의무와 같이 일반의무화하여 공법상의 의무로 한 것이다.

(b) 구체적 내용 구체적인 내용은 제344조에 열거된 문서인 인용문서($^{344조}_{1항 1호}$), 인도·열람문서($^{동항}_{2호}$), 이익문서와 법률관계문서($^{동항}_{3호}$)를 살펴보고, 이익문서와 법률관계문서의 경우에 일정한 예외사항($^{동항}_{단서 3호}$)과 문서제출의 일반의무($^{344조 2항}_{1, 2호}$)에 관하여 살펴보기로 한다.

ⅰ) 인용문서($^{344조}_{1항 1호}$) 소송에서 자기를 위하여 증거 또는 주장을 이유 있게 하기 위하여 인용한 문서는 상대방도 이용하도록 하는 것이 형평에 맞기 때문에 그 대상이 됨은 당연하다. 직접증거가 아닌 주장을 이유 있게 하기 위하여 인용한 문서도 여기에 포함됨을 유의하여야 한다.[294]

ⅱ) 인도·열람문서($^{344조}_{1항 2호}$) 신청자가 소지자에 대하여 인도나 열람을 요구할 수 있는 사법상의 청구권이 있는 경우이다($^{민 475조, 484조 1항, 684조, 상 277조}_{1항, 396조 2항, 448조 2항, 466조 등}$). 청구권이 물권적이든 채권적이든 상관없고, 계약에 따른 것이든 법률상의 것이든 관계없다.[295] 소지자가 상대방 또는 제3자라도 가능하다. 신법은 공법상의 청구권일 경우에 「공공기관의 정보공개에 관한 법률」에서 그 절차와 범위를 정하고 있으므로 사법상의 청구권으로 한정하고 있다.

ⅲ) 이익문서와 법률관계문서($^{344조}_{1항 3호}$) ⓐ 이익문서라 함은 신청자의 이익을 위하여 작성한 문서를 말한다(예: 영수증, 유언서, 대리위임장 등). 구법하에서는 공해소송·환경소송 등의 현대형 소송에서 증거편재를 이익문서의 개념을 확대하여 포섭하려는 시도가 있었다. 신법하에서도 이익문서를 신청자의 이익을 위하여 직

---

293) 대결(전) 2023. 7. 17, 2018스34(문서제출의무를 일반적의무로 확대한 이유를 민사소송의 이상 구현과 재판청구권이 실질적으로 보장되도록 증거의 구조적 편재를 시정하고 실체적 진실 발견을 용이하게 하기 위함이라고 하였음).
294) 대결 2017. 12. 28, 2015무423.
295) 대결 1993. 6. 18, 93마434.

접 작성한 문서 외에 간접적인 경우와 증거확보라는 소송상의 이익을 가진 경우까지 포함시키기도 한다.[296] 그러나 신법에서는 일반문서에 관하여 제출의무를 인정하고 있으므로($^{344조}_{2항}$), 이익문서와 법률관계문서의 개념을 구태여 무리하게 확대해석할 필요는 없다고 본다.[297] 종전에는 약해소송에서 제3자인 의사의 진료카드가 포함되는지 견해가 나뉘었으나, 이제는 제344조 제2항에 따라 제출의무 있는 일반문서가 되기 때문에 문제없다. 또한 개정의료법(2000. 1. 12. 일부개정, 법률 제6157호, 시행: 2000. 7. 13)상 환자 등이 직접 의료인에게 진료기록의 열람 또는 그 사본의 교부를 요구할 수 있도록 하고 있다($^{의료 21조}_{1항 단서}$).

ⓑ 법률관계문서라 함은 신청자와 소지자 사이에 법률관계에 관하여 작성한 문서를 말한다(예: 각종 계약서, 합의서 등). 구법하에서는 이익문서의 개념과 같이 확대해석을 통한 공해소송·환경소송 등의 현대형 소송에서 증거편재를 극복하려는 노력이 있었지만, 신법하에서는 일반문서의 개념에 포섭하여 해결하면 될 것임은 이익문서의 경우와 같다고 본다. 그러나 신법하에서도 법률관계문서의 개념을 확대해석하여야 한다는 견해도 있다.[298]

iv) 예 외   신법에서는 제344조 제1항 제3호의 이익문서와 법률관계문서라도 다음과 같은 사유가 있으면 소지자가 그 제출을 거부할 수 있다($^{344조 1항}_{3호 단서}$). 즉 ⓐ 공무원의 직무상 비밀이 적혀 있어 동의를 받아야 하는데 이를 받지 못한 경우($^{344조 1항 3호 가}_{목, 304~306조}$), ⓑ 문서를 가진 사람 또는 그와 근친자에 관하여 형사소추·치욕이 될 증언거부사유가 적혀 있는 문서($^{344조 1항 3호}_{나목, 314조}$), ⓒ 직무상 비밀이 적혀 있고, 비밀유지의무가 면제되지 아니한 문서($^{344조 1항 3호}_{다목, 315조 1항}$) 등이 그것이다. 위 i)의 인용문서와 ii)의 인도·열람문서는 '이익문서와 법률관계문서'와 달리 제출거부의 예외를 인정하고 있지 않다. 인용문서가 공무원이 직무와 관련하여 보관하거나 가지고 있는 문서로서「공공기관의 정보공개에 관한 법률」제9조에서 정하고 있는 비공개대상 정보에 해당하더라도 특별한 사정이 없는 한 문서제출의무를 면할 수 없다.[299]

ⅴ) 문서제출의 일반의무(一般義務)   신법에서는 문서 중 인용문서, 인도·열람문서, 이익문서·법률관계문서에 해당하지 아니하는 문서라도 문서의 소지자는 이를 모두 제출할 의무가 있다고 규정하였다($^{344조}_{2항}$). 신법에서 문서제출의무를 증인

---

296) 이시윤, 516면.
297) 同旨: 정동윤/유병현/김경욱, 650면. 反對: 이시윤, 516면.
298) 이시윤, 516면.
299) 대결 2008. 6. 12, 2006무82; 대결 2017. 12. 28, 2015무423.

의무와 같이 일반의무 즉 공법상의 의무로 정하고 있는 것이다. 이것은 문서제출 의무를 확장함으로써 공해소송·의료소송 등의 현대형 소송에 있어서 증거편재를 완화할 수 있는 획기적인 조치라고 평가할 수 있다.[300]

다만 다음과 같은 세 가지 경우에는 문서의 제출을 거부할 수 있다. 첫째, 문서를 가진 사람 또는 그와 근친자에 관하여 형사소추·치욕이 될 증언거부사유가 적혀 있는 문서($^{344조\ 1항\ 3호}_{나목,\ 314조}$)와 직무상·직업상 비밀[301]이 적혀 있고, 비밀유지의무가 면제되지 아니한 문서($^{344조\ 1항\ 3호}_{다목,\ 315조\ 1항}$)이다($^{344조}_{2항\ 1호}$). 문서제출의무를 증인의무와 같이 일반의무로 정하면서 문서내용이 증언거부사유가 있는 경우에 제출거부를 할 수 있도록 한 것이므로 타당하다고 본다. 둘째, 오로지 문서를 가진 사람이 이용하기 위한 문서($^{344조\ 2항\ 2호,\ 예:}_{일기,\ 개인서신\ 등}$)가 그것이다.[302] 이것은 개인의 프라이버시(privacy)를 보호하기 위한 규정이다. 셋째, 공무원 또는 공무원이었던 사람이 그 직무와 관련하여 보관하거나 가지고 있는 문서가 여기에 해당한다($^{344조}_{2항}$). 이것은 공공기관의 보관문서의 공개에 관하여는 따로 「공공기관의 정보공개에 관한 법률」의 규율을 받기 때문에 민사소송법에서 제외한 것이다.[303] 당사자가 행정관청에 정보공개청구를 하여 이를 교부받아 법원에 증거로 제출하여야 하므로 우회적이고 번거로운 면이 있고, 문서제출의무의 범위를 확대하는 취지를 반감시키고 있다.[304] 특히 '공무원이었던 사람이 가지고 있는 문서'까지 제한하는 것은 문제이다. 공공기관이 가지고 있는 문서의 경우에는 문서가 있는 장소에서 서증조사($^{규칙}_{112조}$), 조사·송부의 촉탁($^{사실조회,}_{294조}$) 등을 활용하는 방안을 생각하여야 한다.

vi) 상업장부의 특칙   당사자가 상인인 경우에 법원은 상업장부에 관한 문서제출명령을 상법 제32조에 의하여도 할 수 있다. 이 경우를 민사소송법 제344조 이하와 요건·효과 면에서 비교하면, 상법 제32조에 의한 문서제출명령은 상대방

---

300) 대결(전) 2023. 7. 17, 2018스34[(통신사실확인자료도 문서제출명령의 대상이 되며, 전기통신사업자(SK텔레콤)가 통신비밀보호법 제3조 제1항 본문을 이유로 제출을 거부할 수 없다고 함)].
301) 대결 2015. 12. 21, 2015마4174; 대결 2016. 7. 1, 2014마2239('직업의 비밀'이란 그 사항이 공개되면 해당 직업에 심각한 영향을 미치고 이후 그 직업의 수행이 어려운 경우를 가리키는데, 어떤 정보가 이러한 직업의 비밀에 해당하는 경우에도 문서소지자는 위 비밀이 보호가치 있는 비밀일 경우에만 문서의 제출을 거부할 수 있음).
302) 판례는 자기이용문서라고 함은 어느 문서가 오로지 문서를 가진 사람이 이용할 목적으로 작성되고 외부자에게 개시하는 것이 예정되어 있지 않으며 이를 개시할 경우 문서를 가진 사람에게 심각한 불이익이 생길 염려가 있는 문서를 의미한다고 정의하고 있다(대결 2015. 12. 21, 2015마4174; 대결 2016. 7. 1, 2014마2239).
303) 대결 2010. 1. 19, 2008마546.
304) 同旨: 이시윤, 518면; 정동윤/유병현/김경욱, 651면; 한충수, 511면.

당사자가 소지하고 있는 경우에는 그 요건이 완화되어 있는 반면, 효과 면에서 제출명령을 위반한 경우 또는 사용을 방해할 목적으로 제출의무 있는 문서를 훼손한 경우에 상대방 주장을 진실한 것으로 인정한다는 제재효과($^{349,}_{350조}$)를 줄 수 없고 단지 법관의 자유심증에 의하여야 한다는 차이점이 있다.

③ 문서제출의 신청과 심판

(a) 신청방식   문서제출의 신청은 서면으로 하여야 하고($^{규칙 110}_{조 1항}$), 신청서에는 문서의 표시, 문서의 취지, 문서를 가진 사람, 증명할 사실, 문서를 제출하여야 하는 의무의 원인 등을 기재하여야 한다($^{345}_{조}$). 상대방은 문서제출 신청에 관하여 의견이 있는 때에는 의견을 적은 서면을 법원에 제출할 수 있다($^{규칙 110}_{조 2항}$). 다만 증권관련 집단소송의 경우에는 법원이 직권으로도 문서의 제출을 명할 수 있다($^{증집}_{32조}$). 신법에서 문서제출의무가 증인의무와 같이 일반의무로 되면서 심리의 중요성을 고려하여 민사소송규칙에서 서면으로 신청하도록 하였고, 상대방의 의견제출도 가능하도록 하였다.

(b) 문서목록의 제출신청   ⅰ) 법원은 문서제출명령의 신청을 위하여 필요하다고 인정되는 경우 당사자의 신청에 따라 신청대상이 되는 문서의 취지나 그 문서로 증명할 사실을 개괄적으로 표시하여 상대방 당사자에게 신청내용과 관련하여 가지고 있는 문서 또는 신청내용과 관련하여 서증으로 제출할 문서에 관하여 그 표시와 취지 등을 적어 내도록 명할 수 있다($^{346}_{조}$). 문서목록의 제출신청방식도 문서제출의 신청방식과 같다($^{규칙 110}_{조 3항}$). 이를 문서정보공개제도(文書情報公開制度)라 한다. 이는 미국의 증거개시제도(discovery) 중 증거공개제도(disclosure)의 취지를 반영한 것이다. 문서목록의 제출신청제도는 이론적으로는 모색적 증명이론과 궤를 같이하고 있는 것이다.

ⅱ) 문서목록의 제출신청을 인정함으로써 문서제출명령 제도를 통한 공해소송·의료소송 등의 현대형 소송에 있어서 당사자 사이의 증거의 구조적 편재를 개선할 수 있는 기능을 수행하게 되었다.

ⅲ) 다만 법원의 문서목록 제출명령에 대하여 불응한 경우에 문서제출명령에 불응한 경우와 달리 법원은 문서의 기재에 대한 상대방의 주장을 진실한 것으로 인정할 수 없다는 문제는 있다. 하지만 변론전체의 취지로 불이익을 가할 수 있다.[305] 또한 문서소지자인 상대방이 문서목록에서 누락시킨 문서를 나중에 자신을

---

305) 同旨: 이시윤, 518면.

위한 서증으로 제출하는 경우에 실기한 공격방어방법으로 각하할 수 있을 것이다.

(c) **심리와 재판**   ⅰ) 법원은 문서제출신청이 있는 경우에 소지사실과 제출의무 등을 심리하여 그 허가 여부를 결정하여야 한다.[306] 신청이 이유 있다고 하면 결정으로 문서제출명령을 하여야 하고, 이유 없을 경우에는 기각하여야 한다($^{347조}_{1항}$). 법원의 문서제출명령이 있어도 그 문서가 제출되기 전에는 신청 당사자는 상대방의 동의 없이 그 신청을 철회할 수 있다.[307] 문서의 존재와 소지의 증명책임은 원칙적으로 신청인에게 있지만,[308] 신청인의 지배영역 밖에 있을 경우에는 증명책임의 경감이 필요하다고 본다.[309] 신청인은 문서의 존재와 소지 등을 명확히 알 수 없을 경우에는 문서목록의 제출신청($^{346}_{조}$)을 선행하는 것이 좋다. 당사자는 법원의 문서제출의 신청에 관한 결정에 대하여는 즉시항고를 할 수 있다($^{348}_{조}$).

ⅱ) 심리와 관련하여 소지자가 당사자일 경우에는 변론기일 또는 변론준비기일에 심리하면 되고 필수적으로 심리할 필요는 없다(임의적 심리). 하지만 제3자에 대하여 문서의 제출을 명하는 경우에는 제3자 또는 그가 지정하는 자를 필수적으로 심문하여야 한다($^{347조}_{3항}$). 구법과 달리 문서제출의무가 증인의무와 같이 일반의무화하면서 제3자의 권리보호를 위하여 제3자에 대한 필수적 심문을 요하도록 하였다.

ⅲ) **의견진술기회의 보장**   문서제출신청의 허가 여부에 관한 재판을 함에 있어서는 그때까지의 소송경과와 문서제출신청의 내용에 비추어 신청 자체로 받아들일 수 없는 경우가 아닌 한 상대방에게 문서제출신청서를 송달하는 등 문서제출신청이 있음을 알림으로써 그에 관한 의견을 진술할 기회를 부여하고($^{규칙 110}_{조 2항}$), 그 결과에 따라 당해 문서의 존재와 소지여부, 당해 문서가 서증으로 필요한지 여부, 문서제출신청의 상대방이 제344조(문서의 제출의무)에 따라 문서제출의무를 부담하는지 여부 등을 심리한 후, 그 허가 여부를 판단하여야 한다.[310]

ⅳ) **문서제시명령**   신법에서는 법원은 문서의 제출의무가 있는지 여부를 판단하기 위하여 필요하다고 인정하는 때에는 문서를 가지고 있는 사람에게 그 문서를 제시하도록 명할 수 있고(문서제시명령), 이 경우 법원은 그 문서를 다른 사

---

306) 통신사실확인자료에 대하여 문서제출명령을 심리·발령할 때에는 통신과 대화의 비밀·자유와 적정·신속한 재판의 필요성에 관하여 엄격한 비교형량을 거쳐 그 필요성과 관련성을 판단하여야 한다[대결(전) 2023. 7. 17, 2018스34].

307) 대판 1971. 3. 23, 70다3013.

308) 대결 2005. 7. 11, 2005마259.

309) 同旨: 이시윤, 519면.

310) 대결 2009. 4. 28, 2009무12; 대결 2019. 11. 1, 2019무798.

람이 보도록 하여서는 안 된다($^{347조}_{4항}$). 법원은 필요하다고 인정하는 때에는 제시받은 문서를 일시적으로 맡아 둘 수 있다($^{규칙 111}_{조 1항}$). 문서를 맡아 두는 경우 문서를 제시하거나 제출한 사람이 요구하는 때에는 법원사무관등은 문서의 보관증을 교부하여야 한다($^{동조}_{2항}$). 이것은 문서에 사생활의 비밀이나 영업비밀에 관한 사항 등이 적혀 있을 경우에 그 여부를 심리하기 위하여 상대방의 참여를 배제하고 법원만이 비밀심리를 할 수 있도록 한 것이고, 필요한 경우에 제출의무 여부에 대한 판단을 하기 위하여 제시된 해당 문서를 일시 보관할 수도 있다. 이 제도는 미국의 비공개 심리절차(in camera proceedings)를 받아들인 것이다. 소지자가 문서제시명령을 따르지 아니한 경우에는 문서제출명령을 위배한 경우의 제재와 같이 법원은 문서의 기재에 대한 상대방의 주장을 진실한 것으로 인정할 수 있다($^{349}_{조}$).

ⅴ) 문서제출명령을 할 때에는 문서의 일부를 증거로 하는 때에도 문서의 전부를 제출하여야 한다. 다만 그 사본은 재판장의 허가를 받아 증거로 원용할 부분의 초본만을 제출할 수 있다($^{규칙 105}_{조 4항}$). 문서제출의 신청이 문서의 일부에 대하여만 이유 있다고 인정한 때에는 그 부분만의 제출을 명하여야 한다($^{347조}_{2항}$). 즉 일부가 영업상의 비밀 등으로 제출거부사유가 있는 경우에 증거가치가 있는 나머지 부분만의 일부제출을 명하여야 한다.

(d) **제출된 문서의 서증으로의 제출** 　문서제출명령에 따라 법원에 문서가 제출된 때에는 신청인은 그중 서증으로 제출하고자 하는 문서를 개별적으로 지정하고 그 사본을 법원에 제출하여야 하지만, 제출된 문서가 증거조사를 마친 후 돌려 줄 필요가 없는 것인 때에는 따로 사본을 제출하지 아니하여도 된다($^{규칙}_{115조}$).

(e) **문서제출명령에 불응한 경우의 제재** 　법원의 문서제출명령에 불응한 경우에 그 명령의 대상이 당사자인지, 아니면 제3자인지에 따라 효과에 차이가 있다.

ⅰ) 당사자의 경우 　당사자가 법원의 문서제출명령에 따르지 아니한 때 또는 당사자가 상대방의 사용을 방해할 목적으로 제출의무가 있는 문서를 훼손하여 버리거나 이를 사용할 수 없게 한 때에는 법원은 문서의 기재에 대한 상대방의 주장을 진실한 것으로 인정할 수 있다($^{349,}_{350조}$). 여기에서 「문서의 기재에 대한 상대방의 주장을 진실한 것으로 인정할 수 있다.」는 의미와 관련하여 견해가 나뉜다. 다수설과 판례[311]인 자유심증설(自由心證說)에 의하면 이것은 문서의 성립과 내용에

---

311) 대판 1976. 10. 26, 76다64; 대판 1988. 2. 23, 87다카2490; 대판 1993. 11. 23, 93다41938; 대판 2007. 9. 21, 2006다9446; 대판 2015. 6. 11, 2012다10386; 대판 2015. 11. 17, 2014다81542(제350조의 증명방해의 경우임).

관한 상대방의 주장을 진실한 것으로 인정한다는 것을 의미하고, 그 문서에 의하여 증명할 사실이 직접적으로 증명되었다는 것이 아니며 그 증명 여부는 법원의 자유심증에 의하여야 한다고 한다.[312] 이에 반하여 법정증거설(法定證據說)에 의하면 문서를 제출하지 아니하면 법관의 자유심증주의의 제약으로서 문서를 제출하지 아니한 사람에게 불이익을 준다는 의미에서 증명할 사실 자체를 진실한 것으로 인정하자는 견해이다.[313] 한편 절충설(折衷說)은 기본적으로 그 문서에 의하여 증명할 사실이 직접적으로 증명된 것은 아니고 그 증명 여부는 법원의 자유심증에 의하여야 한다고 보면서도, 증거의 구조적 편재가 심한 공해소송·의료소송 등의 현대형 소송과 국가상대 손해배상소송 등의 제한적 소송영역에서는 그 문서에 의하여 증명할 사실이 직접 증명된 것으로 본다.[314]

생각건대, 자유심증설은 민사소송법 제349조의 조문에 충실한 해석이지만 증거 편재가 심한 소송에서 상대방 당사자가 문서를 제출하지 아니할 경우에 증명방법이 막연하게 될 수 있다는 점이 있고, 법정증거설은 문서를 제출하지 아니한 모든 경우에 요증사실 자체를 증명된 것으로 보면 문서제출명령을 받은 자가 증거를 제출한 경우보다 더욱 이롭게 하여 증명책임의 원칙을 혼란케 할 염려가 있다. 따라서 증거의 편재가 심한 공해소송·의료소송 등의 현대형 소송과 국가상대 손해배상소송 등의 제한적 범위 내에서만 요증사실 자체를 증명된 것으로 보고, 그 외의 영역에서는 법관의 자유심증에 따르도록 해석하는 것이 신법에서의 문서제출명령제도의 대폭 개편취지에 부합할 것으로 본다. 따라서 절충설이 타당하다. 일본 민사소송법 제224조 제3항에서 "대상문서가 상대방의 지배영역에 있어서 증명하는 사람이 문서의 구체적 내용을 특정할 수 없고 달리 다른 증거에 의한 증명이 현저히 곤란한 경우에는 증명하여야 할 사실을 진실로 인정할 수 있다."고 규정하고 있는 점이 시사하는 바가 크다.

ⅱ) 제3자의 경우   제3자가 문서제출명령에 불응한 경우에는 당사자의 경우와 달리 신청당사자의 주장사실을 진실한 것으로 인징할 수 없고, 다만 500만원 이하의 과태료 제재를 가할 수 있을 뿐이다($\frac{351}{조}$).[315]

---

312) 김용진, 363면; 김홍엽, 685면; 방순원, 513면; 정동윤/유병현/김경욱, 655면; 호문혁, 572면.
313) 송상현/박익환, 594면.
314) 강현중, 557면; 이시윤, 520면.
315) 대결(전) 2023. 7. 17, 2018스34(전기통신사업자가 제출의무가 있는 통신사실확인자료의 제출을 거부하는 것에는 정당한 사유가 없으므로 과태료를 부과하는 약식결정은 정당하다고 함).

(4) 문서의 송부촉탁

① 상대방 또는 제3자가 소지하고 있는 「제출의무 없는 문서」에 관하여 서증을 신청할 경우에는 문서를 가지고 있는 사람에게 그 문서를 보내도록 촉탁할 것을 법원에 신청함으로써도 할 수 있다($\frac{352조}{본문}$). 다만, 당사자가 법령에 의하여 문서의 정본 또는 등본을 청구할 수 있는 경우에는 그러하지 아니하다($\frac{동조}{단서}$). 「공공기관의 정보공개에 관한 법률」 등에서 인도·열람 등을 청구할 수 있는 경우이다. 증권관련 집단소송에서는 법원의 직권에 의한 송부촉탁도 가능하다.

② 법원으로부터 문서의 송부를 촉탁받은 사람은 정당한 사유가 없는 한 이에 협력하여야 한다($\frac{352조의}{2, 1항}$). 문서제출의무와 같이 일종의 공법상의 의무로 보아야 한다.[316] 문서의 송부를 촉탁받은 사람이 그 문서를 보관하고 있지 아니하거나 그 밖에 송부촉탁에 따를 수 없는 사정이 있는 때에는 법원에 그 사유를 통지하여야 한다($\frac{동조}{2항}$). 송부할 문서는 원본·정본 또는 인증 있는 등본임이 원칙이다($\frac{355조}{1항}$).

③ 송부촉탁에 의하여 송부된 문서라도 모두 증거력이 있는 것은 아니다. 송부된 문서 중 필요한 것을 서증으로 제출하여야 하며, 그 문서가 사문서인 경우에는 그 진정성립이 인정되어야만 실질적 증거력을 가진다.[317] 문서송부촉탁은 제출의무 없는 문서에 대한 것이므로 당사자가 송부촉탁을 받은 문서 중 일부만을 송부하여도 문서사용방해($\frac{350}{조}$)에 해당하지 아니하고,[318] 촉탁에 불응하여도 아무런 제재를 받지 아니한다.[319]

(5) 문서가 있는 장소에서의 서증조사

① 제3자가 가지고 있는 문서를 문서제출명령($\frac{343}{조}$) 또는 문서송부촉탁의 방법($\frac{352}{조}$)으로 서증으로 신청할 수 없거나, 신청하기 어려운 사정이 있는 때에는 법원은 그 문서가 있는 장소에서 서증의 신청을 받아 조사할 수 있다($\frac{규칙 112}{조 1항}$). 예컨대 수사 중인 사건기록, 기소중지 중의 수사기록 등 문서의 원본의 송부가 어려운 경우가 그 대상이다. 문서송부촉탁의 경우와 같이 정당한 사유가 없는 한 문서소지자는 협력의무를 부담한다($\frac{352조}{의2}$). 이것은 종전에 법원이 기록 소재지에 가서 기록검증의 방법(검증조서를 작성하고 문서의 사본을 검증조서의 일부로 기록에 편철하

---

316) 同旨: 정동윤/유병현/김경욱, 656면.
317) 대판 1974. 12. 24, 72다1532.
318) 대판 1973. 10. 10, 72다2329.
319) 同旨: 정동윤/유병현/김경욱, 656면.

는 방법)으로 조사하여 오던 관행을 법원 밖의 서증조사($^{297}_{조}$)로 대체한 것이다.

② 이 경우 법원의 서증조사는 문서가 있는 곳에서 열람하여 내용을 확인하는 것으로 그치므로, 신청인은 서증으로 신청한 문서의 사본을 법원에 제출하여야 한다($^{규칙\ 112}_{조\ 2항}$).

Ⅳ. 검　증

1. 의　의

검증(檢證, Augenscheinbeweis)이라 함은 법관이 직접 그 오관(五官)의 작용에 의하여 사물의 성질과 상태를 검사하여 그 결과를 증거자료로 하는 증거조사를 말한다. 검증의 대상이 되는 사람과 물건을 검증물이라 한다.

(1) '사람'의 경험사실을 진술함이 아니고, 그 크기·용모·상처 등 신체의 특징을 검사하는 경우에는 증인신문이 아닌 검증에 해당한다.

(2) '문서'의 기재된 내용이 아니고, 그 필적·인영·지질·연대, 위조여부 등을 조사하는 경우에는 서증이 아니고 검증에 해당한다.

(3) 녹음·녹화테이프, 컴퓨터용 자기디스크·광디스크, 그 밖에 이와 비슷한 방법으로 음성이나 영상을 녹음 또는 녹화하여 재생할 수 있는 매체에 대한 증거조사는 검증의 방법에 의한다($^{374조,\ 규칙}_{121조\ 2항}$).320)

2. 검증의 신청

(1) 검증의 신청도 원칙적으로 당사자의 신청에 의하며, 이 경우 검증의 목적을 표시하여야 한다($^{364}_{조}$). 검증 외에 전문적인 지식 등이 검증에 필요하다고 인정할 때에는 감정을 명하거나 증인을 신문할 수 있다($^{365}_{조}$). 실무상 토지의 점유상태와 임대 상당액을 조사힐 필요가 있을 경우에 일반적으로 현장검증과 더불어 감정을 하게 된다.

(2) 신청의 방법은 서증의 신청에 관한 규정을 준용하므로($^{366조\ 1항,}_{343,\ 352조}$), 검증물의 직접제출, 검증물제출명령의 신청, 검증물송부촉탁의 방법 등으로 한다. 사람의

---

320) 대결 2010. 7. 14, 2009마2105(동영상 파일은 검증의 방법으로 증거조사를 하여야 하므로 문서제출명령의 대상이 될 수 없음).

신체·용모·상처 등 신체의 특징을 검증함에는 이에 준하여 출석을 명할 수도 있다.

(3) 법원은 검증을 위하여 필요한 경우에는 남의 토지·주거·관리 중인 가옥 등 시설물에 들어갈 수 있으며, 저항을 받은 때에는 경찰공무원에게 원조를 요청할 수 있다($^{366조}_{3항}$). 원활한 검증을 위하여 신법에서 신설하였다.

3. 검증수인의무

(1) 검증규정이 문서제출의무에 관한 제344조를 준용하고 있지는 않지만, 해석상 검증물을 점유하고 있는 당사자 또는 제3자는 정당한 이유가 없는 한 검증물을 제시하고 검증에 응할 의무가 있다. 이를 검증수인의무(檢證受認義務)라 한다. 검증수인의무는 증인의무·문서제출의무와 같이 공법상의 일반적 의무이다.[321]

(2) 정당한 사유가 존재하면 검증수인을 거부할 수 있다. 여기서 정당한 사유라고 함은 증언·선서거부사유($^{314,\ 315,}_{324조}$)를 유추하여 i) 검증에 의하여 자기나 근친자가 처벌받을 염려나 치욕이 될 경우, ii) 직무상의 비밀이나 기술 또는 직업상의 비밀에 관한 경우를 말한다고 할 것이다.

(3) 당사자가 검증물을 제출하지 않거나 출석명령에 불응한 때에는 법원은 검증물의 존재·물리적 상태에 관한 신청자가 주장한 사실을 진실한 것으로 인정할 수 있다($^{366조\ 1항,}_{349조}$). 제3자가 정당한 사유 없이 검증물의 제출명령에 따르지 아니한 때에는 법원은 결정으로 200만원 이하의 과태료에 처할 수 있고, 이 결정에 대하여는 즉시항고를 할 수 있다($^{366조}_{2항}$).

V. 당사자신문

1. 의   의

(1) 당사자신문(當事者訊問, Parteivernehmung)이라 함은 당사자본인을 증인과 같이 증거방법으로 하여 그가 경험한 사실을 진술하게 하여 증거자료를 수집하는 증거조사를 말한다. 예외적으로 소송의 주체인 당사자본인을 증거조사의 객체로서 하여 증거자료를 획득하는 조사방법이다.

---

321) 同旨: 방순원, 515면; 이시윤, 523면; 정동윤/유병현/김경욱, 657면.

(2) 그렇기 때문에 당사자신문에서의 당사자본인의 진술은 변론(소송자료)이 아니라, 증인의 증언과 같이 증거자료가 된다.[322] 또한 당사자신문에서 상대방의 주장사실과 일치되는 진술이 나왔다고 하여도 소송자료와 증거자료의 준별(峻別)의 필요성에 비추어 자백으로 되지 아니한다.[323] 당사자신문의 대상인 당사자본인은 의사능력이 있으면 되므로 소송제한능력자라도 상관이 없다. 법원이 소송관계를 명료하기 위하여 당사자본인의 출석을 명하여 진술은 듣는 것은 소송자료(訴訟資料)의 수집을 위한 것이므로 증거자료를 얻기 위한 당사자신문과는 구별된다.

(3) 당사자의 법정대리인이나, 당사자가 법인, 그 밖의 단체일 경우에 그 대표자와 관리인도 당사자신문의 절차에 의하여 신문한다($^{372,}_{64조}$).

2. 보충성의 폐지 – 독립된 증거방법으로 규정

(1) 신법은 당사자신문을 독립된 증거방법으로 하였다. 따라서 법원은 직권으로 또는 당사자의 신청에 따라 당사자 본인을 신문할 수 있고, 이 경우 당사자에게 선서를 하게 하여야 한다($^{367}_{조}$). 구법에서는 당사자신문은 법원이 다른 증거조사에 의하여 심증을 얻지 못한 경우에 한하여 할 수 있었다($^{구민소}_{339조}$). 이것을 당사자신문의 보충성(Subsidiarität)이라 하였다.

당사자가 승패에 이해관계가 가장 크기 때문에 자기에게 유리하게 진술할 가능성이 높다는 이유에서였다. 판례는 당사자신문의 보충성에서 한 걸음 더 나아가 증거력의 보충성을 인정하여, 당사자신문 결과만으로 주요사실을 인정할 수 없고 다른 증거와 결합하여야만 이를 인정할 수 있다고 하였다.[324] 그러나 사건의 당사자 본인들은 사건의 실체와 관련하여 보면 가장 정확히 알고 있고, 증인의 증언 등도 당사자본인으로부터 들어서 알고 있는 경우가 대부분이므로 재판의 신속 · 적정한 처리를 위하여 당사자신문을 인정하고, 양 당사자의 대질신문 등을 통하여 증거가치를 평가하는 것이 합리적일 수 있다. 이러한 관점에서 신법 제367조 본문에서 낭사자신문을 독립된 증거방법으로 인정하게 되었다. 따라서 현행법상 당사자신문은 다른 증거방법과 우열의 차이가 없으므로 다른 증거조사에 우선하여 실시할 수 있을 뿐만 아니라, 당사자신문의 결과만으로 주요사실을 인정할 수 있다.

(2) 직권탐지절차인 가사소송 등에서는 실체적 진실의 추구와 제3자의 이익보

---

322) 대판 1981. 8. 11, 81다262, 263.
323) 대판 1978. 9. 12, 78다879.
324) 대판 1983. 6. 14, 83다카95; 대판 1983. 12. 13, 83누492; 대판 1987. 5. 26, 86누909.

호라는 관점에서 신법 개정 전부터 당사자신문의 보충성을 배제하고 재판장이 언제든지 당사자신문을 할 수 있도록 하고 있었다($\frac{가소}{17조}$). 또한 소송의 촉진을 위하여 소액사건의 경우도 당사자신문의 보충성을 인정하지 아니하였으나($\frac{소심\ 10조\ 4항,\ 신법의}{개정에\ 따라\ 삭제됨}$), 신법 개정으로 동 규정은 삭제되었다. 다수이익이 문제되는 증권관계집단소송에 있어서는 필요하다면 대표당사자뿐만 아니라 구성원도 직권으로 신문할 수 있도록 하고 있다($\frac{증집}{31조}$).

3. 당사자신문의 절차

(1) 당사자신문은 증인신문절차의 규정을 대부분 준용한다($\frac{373조,\ 규}{칙\ 119조}$). 당사자신문은 당사자의 신청 외에 직권으로도 가능하다($\frac{367}{조}$). 당사자는 자기 또는 상대방의 신문을 신청할 수 있다. 법정대리인에 대한 신문은 당사자신문의 규정을 준용하고 ($\frac{372조}{본문}$), 법정대리인을 신문한 경우에도 별도로 당사자 본인을 신문할 수 있다($\frac{동조}{단서}$). 재판장은 필요하다고 인정한 때에 당사자 서로의 대질 또는 당사자와 증인의 대질을 명할 수 있다($\frac{368}{조}$). 당사자나 법정대리인 또는 법인 등의 대표자에 대하여 당사자신문이 아닌 증인신문의 방법으로 증거조사를 한 경우에 그 진술은 증거자료로 삼을 수 없으나, 당사자가 이를 지체 없이 이의하지 않으면 흠이 치유되어 그 증언을 증거자료로 쓸 수 있다.[325]

(2) 신문이 결정된 당사자는 증인의 경우와 같이 출석·선서·진술의 의무를 부담한다. 신법은 구법과 달리 선서를 필수적인 절차로 하고 있다($\frac{367}{조}$). 당사자가 정당한 사유 없이 출석하지 아니하거나, 선서 또는 진술을 거부한 때에는 법원은 신문사항에 관한 상대방의 주장을 진실한 것으로 인정할 수 있다($\frac{369}{조}$).[326] 이는 법원의 재량에 따라 신문사항에 관한 상대방의 주장을 진실한 것으로 인정할 수 있다는 것이고, 곧바로 상대방의 요증사실을 진실로 인정한다는 것은 아니다.[327] 그러나 공해소송·의료소송 등 현대형 소송과 국가상대 손해배상소송 등과 같이 구조적 증거편재가 있는 영역에서는 일정한 예외가 인정된다고 할 것이다.

(3) 선서한 당사자가 거짓 진술을 한 때에는 법원은 결정으로 500만원 이하의 과태료에 처한다($\frac{370조}{1항}$). 이 결정에 대하여는 즉시항고를 할 수 있다($\frac{동조}{2항}$). 그러나 거

---

325) 대판 1977. 10. 11, 77다1316; 대판 1992. 10. 27, 92다32463.
326) 대판 2010. 11. 11, 2010다56616(정당한 사유의 존재는 불출석 당사자가 주장·증명하여야 함).
327) 대판 1973. 9. 25, 73다1060; 대판 1990. 4. 13, 89다카1084; 대판 2010. 11. 11, 2010다56616.

짓 진술한 당사자가 소송이 법원에 계속된 중에 그 진정을 인정하는 때에는 법원은 과태료 결정을 취소할 수 있다($\frac{동조\ 3항}{363조\ 3항}$).

(4) 당사자신문이 증인신문절차를 대부분 준용하지만, 증인과 달리 당사자로서의 성질을 가지고 있으므로 증인신문과 다음과 같은 차이가 난다. 여기에는 i) 당사자신문을 법원의 직권으로 할 수 있고, ii) 증인과 같이 출석·선서·진술의무는 부담하지만 증인과 달리 구인·과태료·감치 등으로 출석·진술이 강요되지 아니하며, iii) 선서하고 허위진술을 하여도 증인과 같이 형법상의 위증죄가 성립되지 아니하고 과태료의 제재만을 받는 등이 그것이다.

VI. 「그 밖의 증거」에 대한 증거조사

1. 개   념

(1) 신법은 증거조사의 대상인 증거방법을 구법 하의 증인, 감정인, 문서, 검증물, 당사자본인 외에 「그 밖의 증거」를 추가하였다($\frac{374}{조}$). 「그 밖의 증거」라는 개념에는 i) 구법에서 서증에 준하여 처리한 도면, 사진 등의 소위 준문서($\frac{準文書,\ 구}{민소\ 335조}$), ii) 구법하에서 실무상 검증에 의하던 녹음테이프·비디오테이프,[328] iii) 과학기술의 급격한 발전으로 단시간 내에 급격히 증가한 CD롬, DVD 등과 같은 증거조사의 방법이 없었던 매체 등 다양한 문자정보나 음성자료·영상자료 등의 새로운 매체의 유형물을 포괄하는 개념이다. 이러한 매체들을 포괄하는 개념으로서 「그 밖의 증거」를 민사소송법 제374조에 새롭게 규정한 것이다. 또한 그 증거조사의 방법도 전자저장정보장치(ESI, Electronically Stored Information)의 기술발전에 유연하게 대처할 수 있도록 증거조사에 관한 사항은 감정·서증·검증에 준하여 대법원규칙으로 정하도록 하였다($\frac{374}{조}$). 즉 「그 밖의 증거」에 대한 증거조사는 그 형태·이용방법 등에 따라 감정·서증·검증에 준하여 처리히도록 한 것이다. 긴딘히 보면 「그 밖의 증거」란 기존의 준문서와 새로운 정보저장장치를 포괄하는 특수한 개념이다.

(2) 종전에는 컴퓨터용 자기디스크 등의 전자저장정보를 전자문서라고 하였는데 그 증거조사의 방법과 관련하여 i) 전자문서 자체를 서증이라 보는 서증설, ii) 전자문서에서 출력하여 기명날인한 생성문서를 서증의 대상으로 하여야 한다는

---

328) 대판 1999. 5. 25, 99다1789.

신서증설, iii) 전자문서는 문서가 아니므로 검증의 방법으로 증거조사 하여야 한다는 검증설 등이 주장되었다. 현재 대법원의 민사소송규칙에서는 컴퓨터용 자기디스크 등에 저장된 정보가 문자정보와 같이 문서의 형태로 출력이 가능한 경우에는 서증의 방법으로, 문서의 형태로 출력이 어려운 음성·영상자료의 경우에는 검증의 방법에 의하도록 하고 있다(규칙 120, 121조).

2. 민사소송규칙상의 증거조사방법

민사소송규칙에서 i) 자기디스크 등에 기억된 문자정보 및 도면·사진 등에 대한 정보에 대한 증거조사는 서증의 방법(규칙 120조), ii) 음성·영상자료 등에 대한 증거조사는 검증의 방법(규칙 121조), iii) 도면·서면, 그 밖에 정보를 담기 위하여 만들어진 물건으로서 문서가 아닌 증거의 증거조사는 감정·서증·검증의 방법(규칙 123조)으로 하도록 정하고 있다.

(1) 자기디스크 등에 기억된 문자정보 및 도면·사진 등의 정보에 대한 증거조사

컴퓨터용 자기디스크·광디스크, 그 밖에 이와 비슷한 정보저장매체("자기디스크 등"으로 표현 중임)에 기억된 문자정보를 증거자료로 하는 경우에는 읽을 수 있도록 출력한 문서를 제출하여 증거조사를 신청할 수 있다(규칙 120조 1항). 정보저장매체에서 기계적으로 출력한 출력문서가 정확성을 담보할 수 있다고 보아 그것을 서증의 대상으로 한 것이다. 출력문서의 진정성립과 내용의 정확성을 보장하기 위하여, 자기디스크 등에 기억된 문자정보를 증거로 하는 경우에 증거조사를 신청한 당사자는 법원이 명하거나 상대방이 요구한 때에는 자기디스크 등에 입력한 사람과 입력한 일시, 출력한 사람과 출력한 일시를 밝혀야 한다(동조 2항). 또한 자기디스크 등에 기억된 정보가 도면·사진 등에 관한 것인 때에도 문자정보를 증거자료로 하는 경우와 같이 출력된 도면·사진 등을 출력하여 제출해야한다(동조 3항). 제출된 출력문서와 저장된 문자정보의 동일성 여부가 다투어지는 경우에는 검증의 방법으로 증거조사 할 수 있다.[329]

---

329) 同旨: 정동윤/유병현/김경욱, 663면.

(2) 음성・영상자료 등에 대한 증거조사

녹음・녹화테이프, 컴퓨터용 자기디스크・광디스크, 그 밖에 이와 비슷한 방법으로 음성이나 영상을 녹음 또는 녹화하여 재생할 수 있는 매체에 대한 증거조사를 신청하는 때에는 음성이나 영상이 녹음 등이 된 사람, 녹음 등을 한 사람 및 녹음 등을 한 일시・장소를 밝혀야 한다(규칙 121조 1항). 민사소송규칙은 구법상 검증에 의하던 녹음・녹화테이프뿐만 아니라,[330] 종전에 증거조사의 방법이 없었던 컴퓨터용 자기디스크・광디스크, 그 밖에 이와 비슷한 방법으로 음성이나 영상을 녹음 또는 녹화하여 재생할 수 있는 매체도 검증에 의할 것을 규정하였다. 즉 위 녹음테이프 등에 대한 증거조사는 녹음테이프 등을 재생하여 검증하는 방법으로 한다(동조 2항). 녹음테이프 등에 대한 증거조사를 신청한 당사자는 법원이 명하거나 상대방이 요구한 때에는 녹음테이프 등의 녹취서, 그 밖에 그 내용을 설명하는 서면을 제출하여야 한다(동조 3항). 이것은 법원의 증거채택 여부에 대한 판단을 돕고, 증거조사기일조서의 작성 편의를 위한 것일 뿐만 아니라, 상대방의 방어권의 보장에 기여한다.

(3) 도면・서면, 그 밖에 정보를 담기 위하여 만들어진 물건으로서 문서가 아닌 증거의 증거조사

도면・사진, 그 밖에 정보를 담기 위하여 만들어진 물건으로서 문서가 아닌 증거의 조사에 관하여는 특별한 규정이 없으면 감정・서증・검증의 규정을 준용한다(규칙 122조). 특히 자기디스크 등에 기억된 정보가 도면・사진 등에 관한 것은 서증조사방법으로 하지만(규칙 120조 3항, 1항), 그렇지 아니한 구 법상 준문서에 해당하던 도면・서면의 경우에는 현행법상은 감정・서증・검증의 증거조사 방법 중 적절한 것으로 하여야 된다.[331] 그 밖에 정보를 담기 위하여 만들어진 물건으로서 문서가 아닌 증거의 경우도 감정・서증・검증의 규정을 준용하여 적절한 방법으로 하면 된다.

---

330) 대판 1999. 5. 25, 99다1789.
331) 대결 2010. 7. 14, 2009마2105(사진의 경우는 그 형태, 담겨진 내용 등을 종합하여 감정・서증・검증의 방법 중 가장 적절한 증거조사방법을 택하여 이를 준용하여야 함에도 구체적 심리 없이 곧바로 문서제출명령을 한 것은 잘못임).

3. 전자소송법상의 증거조사방법

(1) 2010년 3월 24일 「민사소송 등에서의 전자문서 이용 등에 관한 법률(법률 제10183호, 전자소송법이라 함)」로 제정·시행되면서 동법 제13조에 전자문서의 증거조사에 대한 특례를 규정하였다. i) 문자, 그 밖의 기호, 도면·사진 등에 관한 정보에 대한 증거조사는 전자문서를 모니터, 스크린 등을 이용하여 열람하는 방법으로 하고(전자소송 제13조 1항 1호), ii) 음성이나 영상정보에 대한 증거조사는 전자문서를 청취하거나 시청하는 방법으로 할 수 있도록 하였다(전자소송 제13조 1항 2호).

(2) 또한 전자문서에 대한 증거조사에 관하여는 그 성질에 반하지 아니하는 범위에서 민사소송법 제2편 제3장 제3절부터 제5절까지의 규정(감정·서증·검증)을 준용하도록 하였다(동법 13조 3항).

(3) 전자소송법상 전자문서의 증거조사는 민사소송법과 달리 증거방법에 따라 ⅰ) 모니터, 스크린 등을 이용하여 열람하는 방법과 ⅱ) 청취하거나 시청하는 방법으로 할 수 있고, 또한 ⅲ) 성질이 반하지 아니하는 범위에서 민사소송법상의 감정·서증·검증의 규정을 준용하도록 하고 있다. 즉 전자소송에서 정보화된 문자, 그 밖의 기호, 도면·사진 등에 관한 증거조사는 전자문서를 전자적 상황에서 모니터, 스크린 등을 이용하여 열람하고(서증＋검증의 방법), 음성이나 영상정보는 해당 전자문서를 청취 또는 시청하는 방법(검증)으로 하게 된다. 그 외 정보의 전자문서는 상황에 맞게 감정·서증·검증의 규정을 준용하여 단일 또는 융합적 방법을 이용하면 될 것이다.

4. 전자문서의 증거력

(1) 형식적 증거력

① 전자서명법상의 전자문서라고 함은 정보처리시스템에 의하여 전자적 형태로 작성되어 송신 또는 수신되거나 저장된 정보를 의미하고(전자서명 2조 1호), 전자문서상의 전자서명은 서명자의 신원을 확인하고 서명자가 해당 전자문서에 서명을 하였다는 사실을 나타내는 데 이용하기 위하여 전자문서에 첨부되거나 논리적으로 결합된 전자적 형태의 정보를 말한다(동조 2호).

② 전자문서상의 전자서명은 전자적 형태라는 이유만으로 서명, 서명날인 또는

기명날인으로서의 효력이 부인되지 아니한다($_{3조 1항}^{전자서명}$). 법령의 규정 또는 당사자 간의 약정에 따라 서명, 서명날인 또는 기명날인의 방식으로 전자서명을 선택한 경우 그 전자서명은 서명, 서명날인 또는 기명날인으로서의 효력을 가진다($_{2항}^{동조}$). 전자문서가 서증의 대상인 문서로서 진정성립이 문제되면 형식적 증거력을 갖기 위해서는 일반 문서와 같이 작성명의자의 의사에 의하여 진정하게 성립되었음이 인정되어야 한다. 성립의 인부 절차가 필요하다. 서증의 진정성립의 추정($_{357조}^{356조}$)이 그대로 적용된다고 할 것이다.

③ 그런데 종전 전자서명법(2020. 6. 9. 법률 제17354호로 전부개정되기 전의 것)에서는 공인인증서에 기초한 공인전자서명의 경우에는 전자문서의 진정성립(형식적 증거력)에 특별히 문제될 것이 없었고, 해당 전자문서가 전자서명 된 후 그 내용이 변경되지 아니한 것이 추정되어 전자처분문서의 경우에는 실질적 증거력도 매우 높았다고 할 수 있다($_{명 3조 2항}^{종전 전자서}$). 그런데 2020년 6월 9일 전자서명법이 전부개정 되면서 공인인증서제도가 폐지되어 공인인증서에 기초한 공인전자서명에 대한 진정성립의 사실상 추정은 없어졌다고 할 것이다.

(2) 실질적 증거력

전자문서의 진정성립이 인정되거나 추정되면 일반 문서와 같이 법관의 자유심증에 의하여 실질적 증거력이 정하여지게 된다. 하지만 전자처분문서의 경우에는 통상의 문서와 같이 그 존재와 내용이 사실상 추정되어 매우 강력한 실질적 증거력을 갖게 된다. 전자적 보고문서 중 등기부등본, 가족관계등록부 등도 같다. 전자문서 중 서증의 대상인 경우에 그 진정성립이 인정되지 아니하여 형식적 증거력이 없다면 일반 문서와 같이 실질적 증거력의 평가로 나아갈 수 없게 된다.[332]

Ⅶ. 조사·송부의 촉탁(사실조회)

(1) 조사·송부의 촉탁이라 함은 법원이 공공기관·학교, 그 밖의 단체·개인 또는 외국의 공공기관에게 그 업무에 속하는 사항에 관하여 필요한 조사 또는 보관중인 문서의 등본·사본의 송부를 촉탁하는 특별한 증거조사절차이다($_{조}^{294}$). 실무상 사실조회(事實照會)라 한다. 당사자의 신청에 의한 경우뿐만 아니라, 석명처분

---

332) 反對: 정동윤/유병현/김경욱, 664면(전자서명이 없는 경우에는 증거력은 법관의 자유심증으로 판단하여야 한다고 한다).

의 일환으로 직권으로도 가능하다($^{294, 140조}_{1항 5호}$). 이것은 자유로운 증명에 속한다.[333]

(2) 이것을 인정하는 이유는 전문적 지식과 경험을 가진 공공기관 등, 개인, 외국의 공공기관에 일정한 사항에 관하여 필요한 조사와 보관 중인 문서의 내용을 재판에 이용하기 위한 것이다. 예컨대 기상청에 일정한 일시의 기상관계, 상공회의소에 일정한 일시의 물가시세, 증권거래소에 일정한 일시의 증권시세 등의 조사보고를 구하는 경우에 유용할 것이다. 구법에서는 「개인」에 대하여 촉탁할 수 없었으나, 신법에서는 기관 등의 단체 보다는 전문성에 초점을 두어 특별한 분야의 개인전문가에게 사실조회를 할 필요가 있다는 점을 고려하여 개인도 사실조회의 대상에 추가하였다.

(3) 또한 사실조회 할 수 있는 사항을 그 업무에 속하는 사항에 관하여 필요한 조사에 한정하지 아니하고, 보관 중인 문서의 등본·사본의 송부를 촉탁함도 가능하도록 하였다.

(4) 조사·송부촉탁의 결과를 증거자료로 하려고 하면 법원이 이를 변론에 현출하여 당사자에게 의견진술의 기회를 주어야 한다.[334] 그러나 당사자의 원용까지는 필요 없다.[335] 조사·송부촉탁의 결과를 따로 서증으로 제출할 필요가 없다는 점에서 문서송부촉탁의 경우와 다르다. 그러나 보관 중인 문서의 등본·사본이 송부되어 온 경우에는 자료가 많아 사실의 확정에 있어서 어떤 자료가 어떠한 사실인정에 쓰였는지 여부가 애매할 수 있다. 이 경우 필요하면 이익이 되는 당사자에게 필요한 부분을 지정하여 서증으로 제출하도록 하는 것이 타당하다.

(5) 특히 금융거래정보나 과세정보의 수집은 금융기관 또는 세무공무원에 대한 제출명령의 형식이나($^{근거: 금융실명거래 및 비밀보장에 관한}_{법률 4조 1항, 국세기본법 81조의8 1항}$), 민사소송법상의 문서제출명령, 문서송부촉탁, 사실조회 등이 있다. 또한 변호사법(법률 제8991호, 2008. 3. 28. 개정, 시행: 2008. 9. 29)상 지방변호사회가 회원인 변호사의 신청에 의하여 공공기관에 사실조회하는 제도가 신설되었다($^{변}_{의2}$75조). 변호사법상의 사실조회제도는 수임사건의 준비과정 또는 상대방 당사자와 협의과정에 적절히 이용할 수도 있다고 본다.

(6) 종래 민사조정규칙 제8조는 「증거조사 등」이라는 표제어 하에 조정담당판사 또는 조정위원회는 사실의 조사 또는 증거조사를 지방법원 판사에게 촉탁할 수 있고, 조정위원회는 조정장에게 사실의 조사 또는 증거조사를 하게 할 수 있

---

333) 同旨: 정동윤/유병현/김경욱, 666면.
334) 대판 1982. 8. 24, 81누270.
335) 대판 1981. 1. 27, 80다51.

다고 하면서, 증거조사에 관하여는 민사소송의 예에 의한다고 규정하였으나 개정 민사조정규칙(2020.3.30. 개정) 제8조는 표제어를 「사실조사등」로 바꾸면서 사실의 조사를 제외한 증거조사를 삭제하여 증거조사는 허용하지 아니하는 것으로 변경 하였다. 이는 조정절차에서 사실관계 조사 시 소송절차에서의 증거조사와 구별하 기 위함과 동시에 증거조사를 불허함으로써 사건을 조기에 조정으로 끝내기 위한 것으로 보인다.

제 3 항 증거보전

1. 의의 및 기능

(1) 증거보전(證據保全, Beweissicherung)이라 함은 소송절차 내에서 본래의 증 거조사를 행할 기일까지 기다리면 그 증거방법의 조사가 불가능하거나, 곤란하게 될 사정이 있는 경우에 본안의 소송절차와는 별도로 미리 증거조사를 하여 그 결 과를 확보하여 두는 제도이다($^{375}_{조}$). 판결의 부수절차 중 하나이다. 예컨대 증인의 죽음이 임박하였거나, 해외이주 직전인 경우, 문서의 폐기처분 시한의 임박, 검증 물이 멸실·변경될 염려가 있는 경우 등이 여기에 해당한다. 증거보전절차는 소 송계속 전후를 불문한다($^{376}_{조}$).

(2) 증거보전은 장래 조사할 증거를 미리 보전하는 것이 본래적 기능이다. 그 런데 최근 증거보전제도를 미국과 달리 공판전의 증거개시제도(pretrial discovery) 가 없는 우리나라에서 증거의 구조적 편재를 시정하고, 사전증거 수집을 통한 사 실관계를 미리 확정함으로써 화해를 촉진하고, 소송으로 갈 경우에 쟁점을 명확히 할 수 있도록 탄력적 운영의 필요성을 역설하는 견해가 있다.[336] 매우 설득력이 있 는 주장으로 전적으로 찬성한다. 1991년 독일 사법간소화법에서는 증거보전의 필 요성과 관계없이 소송 전에 증거조사를 할 수 있는 독립적 증거절차(selbständiges Beweisverfahren)로 개편하여 검증·증인신문·감정이 가능하도록 하였다(ZPO 485조~494조a). 현재 우리나라에서도 증권관련 집단소송에서 이를 받아들이고 있 다($^{증집}_{33조}$).

---

336) 이시윤, 529면; 정동윤/유병현/김경욱, 667면; 한충수, 525-527면.

2. 요　건

(1) 보전의 필요성이 있어야 한다. 즉 미리 증거조사를 하지 아니하면 증거방법을 사용하기 불가능하거나 곤란한 사정이 있어야 한다. 여기에는 물리적으로 곤란할 경우뿐만 아니라 비용이 현저히 증가될 것이 예상되는 경우도 포함된다. 위에서 본 바와 같이 증인의 죽음이 임박하였거나, 해외이주 직전인 경우, 문서의 폐기처분 시한의 임박, 검증물이 멸실·변경될 염려가 있는 경우 등이 여기에 해당한다.

(2) 보전의 필요성이 소명되어야 한다($\frac{377조}{2항}$). 소명주제가 청구와 관련성이 있는지 여부는 문제되지 아니한다. 즉 청구와의 관련성은 본안절차에서 따질 문제이고, 보전절차에서는 보전의 필요성이 있는지 여부가 문제된다.

3. 절　차

(1) 원칙적으로 서면신청에 의하여야 하고, 신청서에는 증거보전의 사유에 관한 소명자료가 첨부되어야 한다($\frac{규칙}{124조}$). 예외적으로 소송계속 뒤에는 직권으로 가능하다($\frac{379}{조}$). 신청서에는 상대방의 표시, 증명할 사실, 증거 및 증거보전의 사유를 명시하여야 한다($\frac{377}{조}$). 상대방을 지정할 수 없는 경우에는 법원이 상대방이 될 사람을 위하여 특별대리인을 선임할 수 있다($\frac{378}{조}$).

(2) 증거보전의 신청은 소를 제기하기 전에는 신문을 받을 사람이나 문서를 가진 사람의 거소 또는 검증하고자 하는 목적물이 있는 곳을 관할하는 지방법원에 하여야 하지만, 소를 제기한 뒤에는 그 증거를 사용할 심급의 법원에 하여야 한다($\frac{376조}{1항}$).[337] 다만 급박한 경우에는 소를 제기한 뒤에도 신문을 받을 사람이나 문서를 가진 사람의 거소 또는 검증하고자 하는 목적물이 있는 곳을 관할하는 지방법원에 증거보전의 신청을 할 수 있다($\frac{동조}{2항}$).

(3) 증거조사의 기일은 신청인과 상대방에게 통지하여야 하지만, 긴급한 경우에는 그러하지 아니하다($\frac{381}{조}$). 증거조사의 절차는 본안의 증거조사기일과 같이 증인신문·감정·서증·검증·당사자신문·그 밖의 증거의 증거조사 등이 모두 가

---

337) 대결 2023. 6. 29, 2023수흐501(선거에 관한 본안소송(당선무효소송) 제기 이후에 제기된 투표함 등에 대한 증거보전 신청사건의 관할법원은 민사소송법 제376조에 따라 그 증거를 사용할 심급의 법원에 하여야 하므로(376조 1항 전단), 증거보전 신청에 대한 관할은 서울고등법원에 있다고 할 것임).

능하다. 증거보전에 관한 기록은 증거조사를 마친 후 2주 안에 본안소송의 기록이 있는 법원에 보내야 한다($^{규칙\ 125}_{조\ 1항}$). 증거보전에 따른 증거조사를 마친 후에 본안소송이 제기된 때에는 본안소송이 계속된 법원의 송부요청을 받은 날부터 1주 안에 증거보전에 관한 기록을 보내야 한다($^{동조}_{2항}$).

(4) 증거보전의 신청에 대하여 법원은 결정으로 재판한다. 이를 기각하는 결정에 대하여는 항고할 수 있으나, 증거보전결정에 대하여는 불복신청 할 수 없다($^{380}_{조}$).

4. 효   과

(1) 증거보전에 의한 증거조사결과는 변론에 제출됨으로써 본안소송에서 한 증거조사의 결과와 동일한 효력을 갖는다. 다만 참여하지 못한 당사자의 방어권보장과 수소법원의 직접주의를 관철하기 위하여 증거보전절차에서 신문한 증인을 당사자가 변론에서 다시 신문하고자 신청한 때에는 법원은 그 증인을 신문하여야 한다($^{384}_{조}$). 1990년 개정 시에 도입되었다.

(2) 증거보전에 관한 비용은 소송비용의 일부로 한다($^{383}_{조}$).

(3) 한편 i) 소제기 후의 증거보전절차에서 문서제출명령에 응하지 아니하거나, 검증목적물을 제출하지 아니하는 경우 등에 있어서는 당사자에 대하여는 그 문서에 관한 상대방의 주장을 진실한 것으로 인정할 수 있고($^{349,}_{366조}$), 제3자에 대하여는 과태료의 제재를 가할 수 있다($^{351,\ 366}_{조\ 2항}$). ii) 소제기 전의 증거보전 시에 문서제출명령에 응하지 아니하거나, 검증목적물을 제출하지 아니하는 경우 등에 있어서 불이익한 재제를 가할 것인지 문제된다. 이 경우에 문서제출명령 등의 증거보전은 당사자의 협조가 없으면 실효성이 없다는 일부 견해가 있지만, 소제기 후에 그러한 사유로 불이익을 가하면 될 것이다.[338]

제 5 관   자유심증주의 – 증거에 대한 평가

I. 개   념

(1) 재판은 사실을 확정하고, 이에 대하여 법률을 적용함으로써 일정한 결론을

---

338) 同旨: 강현중(2004), 594면; 정동윤/유병현/김경욱, 669면.

내리는 것이다. 즉 결론을 내리기 위한 전제로서 사실의 확정을 하여야 한다. 사실의 확정은 법관이 증거조사의 결과와 변론 전체의 취지에 기초하여 법관의 자유로운 판단에 기초한다. 이러한 사실확정의 방법에 관한 원칙이 자유심증주의(自由心證主義)이다. 이러한 자유심증주의에 기초하여 사실의 확정을 하려고 하였으나 충분한 심증이 형성되지 아니하여 진위불명(眞僞不明)의 상태에 빠진 경우에는, 사실 확정이 이루어지지 아니한 것이므로 이를 해결하기 위한 방안으로 증명책임의 원칙에 기초하여 증명의 책임이 있는 자에게 그 책임을 귀속시켜서라도 일정한 결론을 내리는 것이다. 자유심증주의는 논리적 순서에 비추어 보면 증명책임을 부담시키기 전의 과정이라 할 수 있다.

(2) 자유심증주의(Grundsatz der freien Beweiswurdigung)라 함은 법관이 당사자의 사실주장이 진실한지 아닌지를 판단함에 있어서 증거조사의 결과와 변론 전체의 취지에 나타난 모든 자료 및 상황에 기초하여 자유로운 판단에 따라 심증을 형성할 수 있다는 원칙을 말한다($\frac{202}{조}$). 민사소송법 제202조에도 이러한 취지에 따라 「법원은 변론 전체의 취지와 증거조사의 결과를 참작하여 자유로운 심증으로 사회정의와 형평의 이념에 입각하여 논리와 경험의 법칙에 따라 사실주장이 진실한지 아닌지를 판단 한다.」고 규정하고 있다.

이에 반하여 법정증거주의(法定證據主義, Grundsatz der gesetzlichen Beweisregeln)란 사실의 확정을 법관의 자유심증에 맡기지 아니하고 증거방법이나 증거가치(증거력)를 법률에 정하여 놓고, 법관이 사실 확정을 함에 있어서는 기계적으로 이러한 증거법칙에 따라야 한다는 원칙이다. 예컨대 계약의 존재 또는 변제사실과 관련된 증거방법은 서증으로 한정하고, 증언과 서증의 내용이 다른 경우에 서증이 우선하여야 하고, 증인의 자격을 일정한 요건을 갖춘 자만이 할 수 있고, 일정한 수의 증인의 증언이 일치하여야 일정한 사실을 인정할 수 있으며, 상반되는 감정 결과가 나오면 재차 감정을 하여야 한다는 등이 그것이다. 법정증거주의는 법관의 자의적(恣意的) 사실확정을 막을 수 있다. 그렇기 때문에 사회가 소규모이고 사법제도가 확립되지 아니하여, 사법제도의 운영 주체인 법관을 신뢰할 수 없을 때에 인정되던 제도이다. 당시에는 법관을 신뢰할 수 없었고, 사회가 복잡하지 아니하여 분쟁도 복잡하지 아니하였으므로 증거방법과 증거력을 유형화하여 법정하는 것이 가능하였다. 그러나 사회가 점차 복잡화되면서 증거방법과 증거력을 유형화·법정화하는 것이 불가능하게 되었을 뿐만 아니라, 법정증거주의는 실체적 진실발견을 어렵게 한다. 또한 근대로 내려오면서 사법제도가 완비되면서 법관에 대한 신뢰가 높아짐에 따라 법관의 자의적 판단을 방지할 필요성이 없어졌다. 그리하여 프랑스혁명을 계기로 프랑스 민사소송법에 자유심증주의가 채용된 이래 근대적 소송법의 원칙으로 일반화되었다.[339] 대륙법계 국가에서는 이러한 연혁에 기초하여 대부분 민사소송·형사소송에서 자유심증주의를 채택하고 있다.[340] 따라서 자유심증주의는 법정증거주의로는 복잡하게 변화하는 사회생활의 현실을 인식하기 불가능하다는 점과 법관에 대한 전면적인 신뢰에 기초한 원칙이라 할 것이다.[341] 그러나 영미법계 국가에서는 사실의 확정을 법률문외한인 배심원이 정하는 배심재판주의를 취하고 있으므로 사실인정의 잘못을 막기 위하여 일정한 증거법칙을 정하고 있다는 점에서 법정증거주의를 유지하고 있다고 볼 수도 있다.[342]

Ⅱ. 자유심증주의의 내용[343]

자유심증주의라 함은 법관이 당사자의 사실주장이 진실한지 아닌지를 판단함에 있어서 증거조사의 결과와 변론 전체의 취지에 나타난 모든 자료 및 상황에 기초하여 자유로운 판단에 따라 심증을 형성할 수 있다는 원칙을 말한다. 그렇기 때문에 자유심증주의의 내용은 i) 법관의 심증형성의 기초가 되는 대상 즉 증거원인의 범위를 (a) 증거조사의 결과와 (b) 변론 전체의 취지[344]로 정하고 있다는 점과 ii) 이에 기초하여 자유로운 심증형성을 하는 것을 내용으로 하고 있다고 할 것이다. 특히 자유로운 심증형성과 관련하여 우리 민사소송법 제202조는 그 제정 당시부터 지금까지 「사회정의와 형평의 이념에 입각하여 논리와 경험의 법칙에 따라」라는 문구를 두고 있으므로 그 의미를 생각해 보아야 한다.[345]

---

339) 三ヶ月章, 435면.

340) 우리나라에서도 민사소송법 제202조에 자유심증주의를 규정하고 있을 뿐만 아니라, 형사소송법 제308조에도 "증거의 증명력은 법관의 자유판단에 의한다."고 정하고 있다. 다만 형사소송법상은 자유심증의 대상을 "증거"에 한정하고 있는 데 비하여 민사소송법에서는 자유심증의 대상을 "증거조사의 결과" 외에 "변론 전체의 취지"를 정하고 있다는 점에서 차이가 있다.

341) 同旨: 新堂幸司, 476면.

342) 호문혁, 519면.

343) 자유심증주의의 내용에 들어 있는 것을 설명하는 방법으로 i) 이시윤, 호문혁 교수의 경우에는 증거원인과 자유심증의 정도로 나누어 설명하고 있으나, ii) 우리나라 및 일본의 대부분의 학자들이 '자유심증주의의 내용'이라는 항으로 나누어 설명하고 있고, 본서에서는 후자의 방법에 따라 설명한다.

344) 2002년 전면개정 전에는 "변론의 전취지"라는 용어를 사용하였지만 2002년 개정에서 "변론 전체의 취지"로 바뀌었다.

345) 민사소송법은 1960. 4. 4. 법률 제547호로 제정되었는데, 동법 제187조에 자유심증주의라는

1. 증거원인이 될 수 있는 범위

법관의 심증형성의 원인이 된 자료와 상황을 증거원인이라 한다. 자유심증주의 하에서는 증거원인이 될 수 있는 범위를 「증거조사의 결과」와 「변론 전체의 취지」로 정하고 있다. 따라서 법관이 당해 사건에 대하여 사적으로 알고 있는 사실은 증거원인이 될 수 없다. 특히 민사소송은 형사소송과 달리 증거조사 결과 외에 「변론 전체의 취지」를 증거원인으로 인정하였다는 점이 특징이다.

(1) 증거조사의 결과

증거조사의 결과라 함은 법원이 적법한 증거조사에 의하여 얻은 증거자료 일체를 의미한다. 즉 증언, 서증의 내용, 감정·검증·당사자신문의 결과, 「그 밖의 증거」에 관한 조사결과, 조사의 촉탁결과 등을 말한다. 자유심증주의는 기본적으로 증거조사의 결과를 토대로 하고 있고, 이것은 법정증거주의를 배척하고 자유심증주의를 선언한 것으로의 의미가 있다.[346] 구체적으로 보면 증거능력의 무제한, 증거방법의 무제한을 말한다.

① 증거방법의 무제한

자유심증주의는 일정한 사실의 확정은 특정의 증거방법에 의하여야 한다는 등의 증거방법을 제한하고 있지 아니한다. 따라서 부동산매매사실의 인정은 반드시 서증에 의할 필요가 없으며,[347] 서증의 위조 여부를 반드시 감정에 의할 필요가 없고,[348] 임료상당액을 감정에 의하지 아니하고 증인의 증언에 의하여 인정하여도 무방하다.[349] 다만 절차의 명확과 신속을 위하여 i) 소송대리인의 권한, 법정대리권의 존부, 선정당사자의 선정 및 교체에 관한 사실($^{89조 1항, 58}_{조 1항, 53조}$)에 관한 증명은 서면

제목 하에 "법원은 변론의 전취지와 증거조사의 결과를 참작하여 자유심증으로 사회정의와 형평의 이념에 입각하여 논리와 경험의 법칙에 따라 사실주장의 진위 여부를 판단한다."고 규정하고 있다. 제정 민사소송법은 일본민사소송법을 참작하였을 것으로 보이는데 일본 구민사소송법 제185조의 규정은 우리나라와 달리 "재판소는 판결을 하는 경우에 구두변론의 전취지와 증거조사의 결과를 참작하여 자유로운 심증으로 사실에 대한 주장의 진실 여부를 판단한다."고만 규정하고 있다. 이러한 점에 비추어 보면 우리 민사소송법상의 자유심증주의와 관련한 규정에 「사회정의와 형평의 이념에 입각하여 논리와 경험의 법칙에 따라」라는 문언의 의미가 무엇인지 음미하여 볼 필요성이 있다.

346) 同旨: 정동윤/유병현/김경욱, 572면.
347) 대판 1966. 4. 19, 66다34.
348) 대판 1960. 9. 29, 4292민상229.
349) 대판 1987. 2. 10, 85다카1391.

에 의하여야 하고, ii) 변론방식에 관한 방식이 지켜졌다는 사실의 증명은 변론조서에 의하고($\frac{158}{\text{조}}$), iii) 소명사항에 관하여는 즉시 조사할 수 있는 증거($\frac{299조}{1항}$)로 하는 등 예외적으로 증거방법을 제한하고 있다.

② 증거능력의 무제한

증거능력이라 함은 증거방법으로 이용될 수 있는 자격을 의미한다. 자유심증주의는 이러한 증거방법으로 이용될 수 있는 자격인 증거능력을 원칙적으로 제한하지 아니하는 것으로부터 출발한다. 따라서 모든 사람과 물건은 증거방법으로 쓰일 수 있다.[350] 일정한 자격을 가진 자만이 증인이 될 수 있다는 제한이 없으므로 아동도 증언능력이 있다.[351] 우리나라 판례는 소의 제기 후에 계쟁사실을 증명하기 위하여 작성한 문서라도 증거능력이 있고,[352] 형사소송($\frac{형소}{조의2}$ 제310)과는 달리 전문증거도 증거능력이 있다.[353] 다만 예외적으로 당사자와 법정대리인은 증인능력이 없고 ($\frac{367, 372조; 당사}{자신문에 의함}$), 위법하게 수집된 증거방법[예: 절취한 문서, 이혼소송에서 원고가 피고의 일기를 도사(盜寫)하여 제출한 일기장사본, 도청테이프, 승낙 없이 촬영한 비디오, 산업스파이를 이용한 피고회사 내부의 자료 등]에 대한 증거능력 제한의 필요성이 증대되고 있으며,[354] 적법한 증거제한계약이 주장·증명된 경우에 그 합의에 반한 증거신청은 증거능력이 없어 각하되어야 한다.[355]

(2) 변론 전체의 취지

① 변론 전체의 취지라 함은 증거원인 중에서 증거조사의 결과로부터 나온 증거자료를 제외한 일체의 자료 및 상황을 의미한다(구법에서는 '변론의 전취지'라고 함). 소송과 관련하여 나타날 수 있는 자료는 당사자가 변론에서 사실의 주장과 증거의 신청을 통하여 현출되는 소송자료, 증거조사의 결과로 현출되는 증거자료, 법원의 소송행위 결과 나타나는 자료(예: 법원의 석명처분에 따른 검증 또는 감정의 결과 현출되는 자료) 등으로 나누어 볼 수 있다. 그렇기 때문에 일정한 경우에 소송자료와 증거자료 외에 법원의 소송행위에 의하여 현출되는 자료, 소송자료 외에

350) 同旨: 정동윤/유병현/김경욱, 573면; 新堂幸司, 전게서, 477면.
351) 日最判 소화 43(1968년). 2. 9, 判例時報 510. 38.
352) 대판 1981. 9. 8, 80다2810; 대판 1992. 4. 14, 91다24755.
353) 대판 1962. 1. 11, 4294민상386; 대판 1964. 4. 7, 63다637.
354) 판례는 형사소송에서와 달리 민사소송에 있어서는 증거능력의 제한에 대하여 관대하나, 점차 민사소송에서도 증거능력의 제한 필요성이 높아지고 있다.
355) 정동윤/유병현/김경욱, 573면; 新堂幸司, 477면.

당사자의 태도 등 일정한 정황을 통하여 나타나는 상황 또는 사실들이 존재할 수 있다.[356] 이러한 상황 및 사실도 법관의 심증형성의 대상이 될 수 있다. 변론 전체의 취지라 함은 이러한 것들도 포함되는 것이다. 따라서 변론 전체의 취지는 증거자료를 제외한 소송자료뿐만 아니라 법원의 소송행위로 현출되는 자료와 소송자료 외에 재판과정에 현출된 당사자의 일체의 태도, 상황 등을 통칭하는 불확정 개념으로 정의할 수 있다. 판례도 「변론전체의 취지라 함은 증거조사의 결과 이외에 현출된 일체의 소송자료를 말하는 것으로서 당사자의 주장·내용·태도 기타 변론청취에서 얻은 인상 등 변론에 있어서의 일체의 적극·소극의 사실을 말하는 것이다.」라고 판시하고 있다.[357] 판례 또한 변론 전체의 취지의 개념을 증거조사의 결과 이외에 현출된 일체의 소송자료를 의미한다고 하고 있으나, 여기서의 일체의 소송자료의 의미는 증거자료를 제외한 소송자료뿐만 아니라 재판과정에 법원에 의하여 현출된 자료와 당사자의 일체의 태도, 상황 등을 통칭한다고 보아야 할 것이다. 예를 들어 당사자 또는 대리인의 주장의 내용·태도(예: 전후 일관성 없는 주장, 법원의 간단한 사실에 대한 질문에 대하여 땀을 흘리거나, 낯을 붉히면서 답변하는 태도 등), 공격·방어방법의 제출시기 및 방식, 석명처분으로 행한 검증·감정 및 조사촉탁의 결과, 증거조사의 비협조·방해(예: 문서제출명령에 응하지 아니하는 경우, 나아가 자신이 가지고 있는 증거 중 불리한 부분을 변조하는 행위 등), 공동피고의 자백[358] 등이 그것이다.

② 변론 전체의 취지로 독자적으로 당사자 사이에 다툼 있는 사실을 인정할 수 있는지 여부에 관하여 다툼이 있다. 변론 전체의 취지만으로 당사자 사이에 다툼 있는 사실을 인정할 수 있다는 독립적 증거원인설(獨立的 證據原因說)[359]과 변론 전체의 취지만으로는 이를 인정하기 어렵고 다른 증거원인과 같이 사실인정을 할 수 있을 뿐이므로 독자적인 증거원인이 될 수 없다는 보조적 증거원인설(補助的 證據原因說)[360]이 대립된다. 다수설 여부를 정하기 어렵다. 판례는 원칙적으로

---

356) 소송자료와 증거자료의 범위는 같을 수도 있으나, 다를 수도 있다. 원칙적으로 소송자료로 나타난 사실은 증거자료로 현출되는 경우가 많지만, 소송자료와 다른 사실이 증거조사의 결과 나타날 수 있다. 후자의 경우에는 소송자료와 증거자료가 차이가 난다. 소송자료에는 나타나지만 증거자료에는 없는 경우, 소송자료에는 없으나 증거자료에 현출되는 경우, 소송자료와 증거자료에 현출되지 아니하는 당사자의 태도, 표정, 증거제출의 시기 등의 경우에도 변론 전체의 취지로서 증거원인이 된다는 점에서 「재판자료=소송자료＋증거자료＋α」라는 의미에서 재판자료의 개념을 인정할 수 있을 것으로 사료된다.

357) 대판 1962. 4. 12, 4294민상1078; 대판 1983. 7. 12, 83다카308.

358) 대판 1976. 8. 24, 75다2152.

359) 강현중, 510면; 김용욱, 282면; 김용진, 302면; 송상현/박익환, 516면; 호문혁, 520면.

변론 전체의 취지에 대하여 증거원인으로의 독립성을 부정하고 있다.[361] 다만 문서의 진정성립[362]이나 자백의 철회요건으로서의 착오[363]에 한하여 이를 인정하고 있다. 독일·일본의 통설은 독립적 증거원인설에 따르고 있다.

생각건대, 보조적 증거원인설의 주요근거는 변론 전체의 취지를 독립적 증거원인으로 인정하면 법관이 자의적인 판단을 할 염려가 있다는 것이다. 그러나 이것은 자유심증주의의 본질에 반하는 것이다. 자유심증주의 자체가 법관을 믿고 재판을 맡기는 것이고, 법관의 판단이 제202조의 판단의 대전제가 되는「사회정의와 형평의 이념에 입각하여 논리와 경험의 법칙」에 반하여 신의칙에 위반되는 경우에는 심급제도를 통하여 조정하는 것을 전제로 하는 것이다. 또한 제202조의 조문상「변론 전체의 취지와 증거조사의 결과」라고 하였지 상호간에 주종관계를 정하고 있지 아니한데도 자유심증주의의 본지에 반하게 해석하는 것은 바람직하지 않다고 본다. 또한 보조적 증거원인설과 같이 변론 전체의 취지를 보조사실에 대하여 독립적인 증거원인으로 인정할 수 있다면, 변론 전체의 취지에서 현출되는 자료는 주요사실이라기보다는 주요사실을 추정할 수 있는 간접사실인 점(예: 원고 신청의 증인이 증언을 하면서 원고의 눈치에 따라 기계적으로 답변하는 태도, 원고·피고가 법정에서 논쟁이 붙었을 때에 피고가 원고에게 얼굴을 붉히고 미안해 하는 표정을 지음 등)에 비추어 보면, 이러한 간접사실로부터 팽팽하게 다투어지는 주요사실에 대한 추정이 이루어진다면 보조적 증거원인설이 의미가 없게 될 수도 있다. 즉「변론 전체의 취지」에 인정되는 사실은 대부분 간접사실이므로 이러한 간접사실로부터 사실상·법률상 추정을 통하여 주요사실을 인정하게 된다는 것이다. 따라서 독립적 증거원인설이 타당하다고 본다.

2. 자유로운 심증의 형성

(1) 의 의

① 법관은 증거조사의 결과와 변론 전체의 취지를 증거원인으로 하여 자유심

---

360) 김홍규/강태원, 490면; 김홍엽, 694면; 방순원, 454면; 이시윤, 532면; 전병서, 490면; 정동윤/유병현/김경욱, 574면; 한충수, 458면.

361) 대판 1983. 9. 13, 83다카971; 대판 1984. 12. 26, 84누329; 대판 1995. 2. 3, 94누1470.

362) 대판 1982. 3. 23, 80다1857; 대판 1987. 7. 21, 87므16; 대판 1993. 4. 13, 92다12070; 대판 2009. 9. 10, 2009다37138, 37145; 대판 2010. 2. 25, 2007다85980.

363) 대판 1991. 8. 27, 91다15591, 15607; 대판 1996. 2. 23, 94다31976; 대판 1997. 11. 11, 97다30646; 대판 2000. 9. 8, 2000다23013; 대판 2004. 6. 11, 2004다13533.

증으로 사회정의와 형평의 이념에 입각하여 논리와 경험의 법칙에 따라 사실주장이 진실한지 아닌지를 판단하여야 한다. 즉 증거조사의 결과와 변론 전체의 취지에 기초하여 자유롭게 당사자의 사실주장의 진실 여부를 판단하면 된다. 이것이 바로 자유로운 심증의 형성이다. 즉 두 가지 증거원인에 대한 가치의 평가[364]는 법관이 자유롭게 결정할 수 있다는 것이다(또는 증거력의 자유평가로 표현됨).

② 따라서 서증과 인증, 직접증거와 간접증거 사이에 증거력의 가치에 차이가 없다. 다른 증거가 있으면 민사재판에서 형사판결의 내용과 달리 사실인정을 할 수 있다.[365] 공문서의 진정성립이 추정된다고 하여도 반드시 그 기재 내용을 인정할 필요가 없고,[366] 감정인의 감정이라 하여 반드시 믿어야 하는 것은 아니다.[367]

③ 다만 문서의 형식적 증거력의 추정규정($^{356조\ 1항,}_{358조}$), 증명방해의 경우에 해당 당사자에게 불이익한 사실의 인정을 허용하는 규정($^{349조,\ 350조,\ 360조\ 1항,}_{361주\ 2항,\ 366조,\ 369조}$)은 증거원인에 대한 자유로운 평가를 제한한다고 볼 수 있다. 또한 판례에 따르면 처분문서는 진정성립이 인정되면 특별한 사정이 없는 한 그 문서의 기재 내용에 따른 의사표시의 존재와 내용을 인정하여야 하며,[368] 확정된 형사판결[369]과 확정된 관련 민사판결의 사실인정은 특별한 사정이 없는 한 유력한 증거자료가 될 수 있고,[370] 이를 배척하려면 합리적인 이유를 설시하여야 한다.[371] 판례는 처분문서, 형사판결과 관련된 사실의 확정에 있어서 법관의 자유로운 심증형성을 일부 제한한다고 해석할 수 있다.

④ 자유로운 심증의 형성과 관련하여 증거공통의 원칙, 판단의 기준(사회정의와 형평의 이념에 입각하고 논리와 경험의 법칙에 따라야 함), 심증의 형성 등이 문제된다.

---

364) 대부분의 학자들이 자유심증주의의 내용으로서 "증거력의 자유평가"라는 표현을 하고 있으나, 자유심증주의는 증거원인 즉 증거조사의 결과와 변론 전체의 취지에 대한 가치의 자유로운 평가를 의미한다. 통상 증거원인의 대부분이 증거조사의 결과로부터 현출된 증거자료에 기초하는 경우가 많으므로 "증거원인의 가치에 대한 자유평가"의 의미로 "증거력의 자유평가"라는 표현을 쓰고 있으나, 엄밀히 보면 두 개념은 구별된다고 할 것이다.

365) 대판 1979. 9. 25, 79다913; 대판 1997. 8. 29, 96다14470; 대판 2005. 1. 13, 2004다19647.

366) 대판 1965. 4. 6, 65다130.

367) 대판 1997. 12. 12, 97다36507; 대판 2000. 5. 26, 98두6531; 대판 2009. 6. 25, 2008다18932, 18949; 대판 2010. 4. 15, 2009다98904.

368) 대판 2000. 1. 21, 97다1013; 대판 2000. 10. 13, 2000다38602.

369) 대판 2021. 10. 14, 2021다243430(약식명령의 확정); 대판 2023. 6. 15, 2022다297632 등.

370) 대판 2009. 9. 24, 2008다92312, 92329; 대판 2018. 8. 30, 2016다46338, 46345(유력한 증명효의 법리는 주의의무위반과 같은 불확정개념이 요건사실에 해당하는 경우도 마찬가지로 적용됨).

371) 대판 1989. 11. 14, 88다카31125; 대판 1994. 1. 28, 93다29051; 대판 1996. 5. 28, 96다9621; 대판 2018. 8. 30, 2016다46338, 46345.

(2) 증거공통의 원칙

① 증거공통의 원칙이라 함은 증거가 제출된 경우에 있어 증거조사의 결과에 대한 증거력(증거가치)의 평가는 증거제출자에게 유리하게도 불리하게도 평가할 수 있다는 원칙을 의미한다. 즉 당사자가 제출한 증거에 대한 조사결과는 그 제출자에게 유리하게 판단될 수도 있으나, 반대로 상대방의 원용 여부와 관계없이 제출자에게 불리하고 상대방에게 유리하게 판단될 수도 있는 것이다.[372] 다만 실무상 이루어지는 상대방의 이익의 원용은 법원의 증거판단에 주의를 환기하는 의미밖에 없다고 할 것이다.[373]

② 증거공통의 원칙은 변론주의와 저촉되지 아니한다. 변론주의라 함은 법원과의 관계에서 증거의 수집 및 제출 책임이 당사자에게 있다는 것을 의미하는 것인데 비하여, 증거공통의 원칙은 제출된 증거에 대한 평가의 문제로서 그 차원이 다른 것이다. 증거의 수집 및 제출은 당사자가 알아서 할 영역이고, 증거조사의 결과에 대한 판단의 문제는 법원의 직무에 속하는 것이다. 따라서 변론주의와 증거공통의 원칙은 상호 충돌될 여지가 없다. 일단 증거조사가 개시되면 증거공통의 원칙상 상대방에게도 유리한 자료가 나올 수 있으므로 상대방의 동의 없이 증거신청을 철회할 수 없다.[374] 증거공통의 원칙은 공동소송인 상호간에도 적용되지만, 공동소송인 상호간 이해관계가 상반되는 경우에는 다른 공동소송인의 방어권의 보장을 위하여 명시적 원용이 없는 한 불리하게 적용할 수 없다고 할 것이다.[375]

③ 증거공통의 원칙은 자유로운 심증의 형성의 전제로서 증거가 제출된 경우에는 제출자에게 유리하게도 불리하게도 판단할 수 있는 것이다.

(3) 판단의 기준

① 증거원인에 대한 평가를 법관의 자유로운 확신에 의한 판단에 맡긴다는 자유심증주의는 형식적인 증거법칙으로부터의 자유를 의미하는 것이고, 법관의 자의적(恣意的)이고 임의적(任意的)인 판단을 허용한다는 것은 아니다.[376] 법관은 자유

---

372) 대판 1962. 4. 4, 4294민상1374; 대판 1978. 5. 2, 78다358 판결; 대판 1987. 11. 10, 87누 620; 대판 2004. 5. 14, 2003다57697.
373) 同旨: 이시윤, 534면; 新堂幸司, 478면.
374) 同旨: 이시윤, 534면; 정동윤/유병현/김경욱, 576면.
375) 同旨: 이시윤, 534면; 정동윤/유병현/김경욱, 576면.
376) 대판 1982. 8. 24, 82다카317; 대판 2010. 7. 15, 2006다28430; 대판 2018. 9. 13, 2017다 22698.

로운 확신에 따라 판단하되 i) 사회정의와 형평의 이념에 입각하여야 하고, ii) 논리와 경험의 법칙에 따라야 한다. 즉 법관의 자유심증주의에 따른 자유로운 판단이라는 것은 소극적으로 자의적·임의적 판단을 하여서는 아니 된다는 것을 의미하며, 적극적으로는 i) 사회정의와 형평의 이념에 입각하여야 하고, ii) 논리와 경험의 법칙에 따라야 한다는 것을 말한다.[377]

② 소극적인 의미의 자의금지와 관련하여 당사자를 보호하고 상고심의 하급심의 자의적·임의적 판단여부를 심사하기 위하여 사실심 법관의 심증형성의 과정 즉 증거의 채택과 불채택 여부를 명시하여야 하는지 여부에 관하여 견해가 대립된다. 우리나라에서 상식 있는 자가 수긍할 수 있을 정도의 설명이 필요하다는 소수설[378]과 자유심증의 경로를 논리적으로 설명하는 것이 반드시 가능한 것이 아니고, 이를 모두 요구하면 판결서 작성이 너무 힘들어 소송촉진을 저해할 수 있어 원칙적으로 이에 대한 설시는 필요 없고 예외적인 경우에만 이를 인정할 필요가 있다는 다수설[379]이 있다. 판례도 다수설과 같다.[380] 생각건대, 후자 즉 다수설 및 판례의 견해가 타당하다고 본다. 법관의 자유심증의 경로를 논리적으로 설명한다는 것은 자유심증주의의 본질에 비추어 타당하지 아니하고, 판결서 작성이 너무 어려워져 소송촉진을 저해할 염려가 있기 때문이다. 다만 i) 진정성립이 인정되는 처분문서의 증거력 배척, ii) 공문서의 진정성립의 부정, iii) 아무런 논리적 과정의 설시 없이 피고가 제출한 증거를 모두 배척하는 경우 등과 같이 예외적인 경우에는 이에 합당한 합리적인 이유를 설명할 필요가 있다고 할 것이다.

③ 그렇다면 법관의 자유심증의 판단기준으로서 i) 사회정의와 형평의 이념에 입각하여야 하고, ii) 논리와 경험의 법칙에 따라야 한다는 것이 무엇을 의미하는가? 「사회정의와 형평의 이념에 입각하여 논리와 경험의 법칙에 따라」라는 문언은 민사소송법(1960. 4. 4. 법률 제547호로 제정됨) 제정 당시부터 현재까지 존재하고 있고, 일본 민사소송법에는 없는 문언이다. 그렇기 때문에 이 문언의 의미를 음미할 필요가 있다. 이에 대하여 사회정의와 형평의 이념을 자유심증주의의 상한으로 하고, 논리와 경험법칙을 하한의 범위로 한다는 견해[381]와 위 문언 전체의 의미를 법관의 심증형성이 건전한 상식에 의하여 객관적으로 시인될 수 있어야

---

377) 대판 2020.8.27, 2017다211481.
378) 김용진, 305면; 방순원, 456면; 송상현/박익환, 516면; 호문혁, 550면.
379) 김홍규/강태원, 491면; 이시윤, 537면; 정동윤/유병현/김경욱, 575면.
380) 대판 1993. 11. 12, 93다18129; 대판 1998. 12. 8, 97므513, 97스12 등.
381) 송상현/박익환, 526면.

함을 의미한다는 견해[382] 등이 있다.

생각건대 「사회정의와 형평의 이념에 입각하여」의 의미는 모든 법에 통용되는 정의·형평을 의미하는 추상적 법 개념을 말한다면 그 기준으로서 애매모호하여지기 때문에 민사소송법 제1조 제2항(1990. 1. 12. 개정으로 처음 규정됨)의 신의칙에 기초하여 이해를 하면 타당할 것이다. 특히 위 문언은 민사소송법상의 신의칙이 규정되기 전부터 있던 문언이지만 현재에는 신의칙이 민사소송법의 근본규범이므로 이에 기초하여 민사소송법을 해석하는 것이 합리적이라고 본다. 또한 「논리와 경험의 법칙에 따라」하여야 한다는 의미는 법관이 헌법에 정하고 있는 법적 양심에 따를 것을 요구하는 것의 민사소송법적 표현으로 볼 수 있는데, 쉽게는 건전한 법상식에 기초하여야 할 것을 의미한다. 결국 신의칙의 테두리 내에서 해석하여야 하고, 이것은 객관적이고 건전한 법상식에 근거한 판단을 의미한다.

(4) 자유심증의 방법과 정도

① 자유심증의 방법

법관은 증거조사의 결과와 변론 전체의 취지를 참작하여 신의칙에 기초하여 논리와 경험의 법칙에 따라 자유롭게 심증을 형성하면 된다. 주요사실에 관하여 믿을 수 있는 직접증거가 있다면 이에 따르고, 나아가 주요사실에 대한 믿을 수 있는 직접증거가 없다면 간접증거와 변론 전체의 취지에 기초하여 주요사실을 인정할 수도 있고, 나아가 몇 가지의 간접사실을 인정하고 추정을 통하여 주요사실을 인정할 수도 있을 것이다.

② 자유심증의 정도

법관의 자유심증에 의한 사실확정을 하기 위하여 필요한 심증의 정도는 어느 정도여야 하는가? 심증의 정도에 있어서 소명(疏明)으로는 부족하고, 증명(證明)의 정도에 이르러야 한다. 증명이라 함은 한 점의 의심도 용인하지 아니하는 논리적 증명(logischer Beweis)과 경험칙에 비추어 보통사람이 의심을 품지 않을 성도의 확신인 역사적 증명(historischer Beweis)으로 나눌 수 있다. 민사소송법상의 증명은 후자 즉 역사적 증명을 의미한다.[383] 따라서 법관의 사실확정을 위하여 필요한 심증의 정도로서의 증명은 100%의 수학적 정확성을 요구하는 논리적 증명이 아니고 「고도의 개연성의 확신」 또는 「십중팔구 확실성에 대한 확신」정도를 의미한

---

382) 정동윤/유병현/김경욱, 575면.
383) 同旨: 이시윤, 535면; 정동윤/유병현/김경욱, 576면.

다. 통설[384] 및 판례의[385] 입장이다. 영미법상 통상의 민사사건에서 증거의 우월 (proponderance of evidence)로 만족하고 있는 점, 현대형 소송에서 인과관계의 증명이 어려운 점 등에 비추어 증거의 우월로 족하다는 소수설[386]이 있다.

소수설의 견해도 경청할 만하지만 자유심증주의에 있어서 심증의 정도를 「고도의 개연성의 확신」 또는 「십중팔구 확실성에 대한 확신」 정도로 이해하고 있는 다수설과 판례가 타당하다고 본다. 다만 예외적으로 손해배상소송에 있어서 인과관계의 증명, 공해·약해소송 등의 역학적 증명 등에 있어서 소수설의 견해를 고려한다면 유용할 것으로 사료된다. 그렇기 때문에 자유심증주의에 있어서 심증의 정도는 객관적으로 고도의 개연성과 주관적으로 법관의 확신을 요구한다고 할 것이다.[387] 따라서 법관이 사실의 진위 여부에 관하여 「고도의 개연성의 확신」이 서지 아니하면 진위불명(眞僞不明)의 상태라 할 것이므로 증명책임분배의 원칙에 따라 재판을 하여야 한다.

③ 자유심증의 정도의 감경(減輕)

자유심증의 정도와 관련한 증명도에 있어서 「고도의 개연성의 확신」이 필요할 것이나 손해배상소송에 있어서 증명도의 감경이 우리나라, 독일, 일본에서 입법화되었고, 우리나라에서도 판례를 통하여 i) 장래의 일실수익의 증명, ii) 공해·의료과오·제조물책임소송 등 현대형 소송에 있어서 인과관계의 증명의 완화가 실무상 이루어지고 있다. 일본 등의 학계에서 확률적 심증이론 및 역학적 증명론 등이 특정 분야에서 논의되고 있다. 따라서 손해배상소송과 공해소송·의료과오소송·제조물책임소송 등의 이른바 현대형 소송에 있어서 자유심증의 정도를 감경할 현실적 필요성이 존재하고 있다.

(a) 손해배상소송, 현대형 소송 등에 있어서의 증명도의 감경(상당한 개연성 있는 증명)

ⅰ) 법률규정   민사소송법 제202조의2(손해배상액수의 산정)에 의하면 "손해가 발생한 사실은 인정되나 구체적인 손해의 액수를 증명하는 것이 사안의 성질상 매우 어려운 경우에 법원은 변론 전체의 취지와 증거조사의 결과에 의하여 인정되는 모든 사정을 종합하여 상당하다고 인정되는 금액을 손해배상 액수로 정할

---

384) 강현중(2004), 526면; 김용진, 304면; 김홍규/강태원, 494면; 김홍엽, 695면; 방순원, 456면; 이시윤, 535면; 전병서, 494면; 호문혁, 534면.
385) 대판 1960. 3. 31, 4292민상247; 대판 1990. 6. 26, 89다카7730; 대판 2010. 10. 28, 2008다6755.
386) 정동윤/유병현/김경욱, 577면; 한충수, 459-460면.
387) 同旨: 이시윤, 535면.

수 있다."고 규정하고 있다. 2016년 3월 29일 민사소송법이 법률 제14103호(시행: 2016. 9. 30)로 개정되면서 신설되었다.[388] 특허법($\frac{128조}{7항}$), 상표법($\frac{110조}{6항}$), 디자인보호법($\frac{115조}{6항}$), 저작권법($\frac{126}{조}$), 부정경쟁방지 및 영업비밀보호에 관한 법률($\frac{14조의}{2\ 5항}$), 독점규제 및 공정거래에 관한 법률($\frac{57}{조}$) 등에도 동일한 취지의 규정이 있다. 증권관련 집단소송에서는 증거조사 등을 통하여도 정확한 손해액을 산정하기 곤란한 경우에는 여러 사정을 고려하여 표본적·평균적·통계적 방법 또는 그 밖의 합리적인 방법으로 손해액을 정할 수 있다($\frac{증집 34}{조 2항}$). 일본 민사소송법 제248조와 독일 민사소송법 제287조 제1항도 같은 취지의 규정이 있다.

ⅱ) 또한 판례에 의하면 장래의 일실수익의 증명에 있어서 과거사실의 증명의 경우보다 감경하여 상당한 개연성 있는 증명이면 족하다고 하며,[389] 손해배상소송에 있어서 손해액이 불분명한 경우에 평균수입액에 대하여 통계적 증거로 산정하는 것은 공평성과 합리성이 보장되는 한도에서 허용된다고 하고 있다.[390] 또한 판례는 공해·의료과오·제조물책임소송 등 현대형 소송에 있어서 인과관계의 증명을 완화하고 있다(개연성설에 기초함).[391]

ⅲ) 이렇게 손해배상소송, 현대형 소송 등에 있어서의「상당한 개연성 있는 증명」, 즉 개연성설(蓋然性說)에 따라 자유심증의 정도를 감경하려는 입법적·이론적 시도와 판례가 있다.

(b) 기여도 이론　　손해의 발생에 복수의 원인이 경합하여 기여한 경우에 그 기여도(寄與度)에 따라 인과관계와 손해액을 인정하는 방식이다. 심증형성의 정도를 기여도에 따라 분산한다는 점에서 심증정도의 감경이론으로 볼 수 있다. 예컨대 공해사건에서 공해와 자연현상이 경합한 경우, 교통사고로 인한 추간판탈출증

---

388) 신설이유는 다수가 관련되고 불법행위의 근거가 다양해진 현대형 불법행위의 경우는 구체적 손해액의 입증이 어려운 경우가 많고 사회적 약자들의 경우 더더욱 손해액 입증이 어려운 경우가 많다. 이러한 경우에 손해발생 사실은 인정되나, 손해액에 대한 증명을 제대로 하지 못한다는 이유로 피해자인 원고에게 패소판결을 선고함은 사회정의와 형평의 관념에 반한다고 할 것이어서 손해의 공평·타당한 분담원리를 지도 원리로 하는 손해배상제도의 이상과 기능을 실현하고자 손해액 증명을 완화할 필요가 있었기 때문이다. 판례는 제202조의2 규정은 특별한 정함이 없는 한 채무불이행이나 불법행위로 인한 손해배상뿐만 아니라 특별법에 의한 손해배상에도 적용되는 일반적 성격의 규정이라고 하여(대판 2020. 3. 26, 2018다301336) 신설취지에 더욱 부합하게 해석하고 있다.
389) 대판 1991. 5. 14, 91다124; 대판 1991. 7. 23, 89다카1275; 대판 2001. 7. 27, 2001두4538 (산재에 있어서 업무와 질병의 인과관계); 대판 2002. 12. 15, 2000다65666, 65673.
390) 대판 1988. 4. 12, 87다카1129; 대판 1991. 12. 27, 90다카5198.
391) 대판 1984. 6. 12, 81다558; 대판 1974. 12. 10, 72다1774(판례는 공해소송의 인과관계의 증명을 완화하기 위하여 간접반증이론으로 발전하였음, 정동윤/유병현/김경욱, 553면); 대판 2004. 11. 26, 2003다2123; 대판 2009. 10. 29, 2009다42666.

(등뼈부분)의 신체손해가 지병인 디스크와 경합하여 손해가 확대된 경우 등이 그 것이다. 실무상 이러한 경우에 손해증명을 위한 손해감정·신체손해감정 등에서 기여도부분도 감정을 하게 되고, 손해액의 비율적 인정이 이루어진다. 판례는 손해배상소송에서 이를 인정하고 있다.[392]

(c) **확률적 심증이론** 교통사고·공해·의료과오소송 등과 같이 인과관계의 입증이 어려운데 이 경우 증명책임의 원칙을 기계적으로 적용하면 피해자의 구제가 미흡하다는 고려에서 시작된 견해이다. 이러한 견해는 동경지방재판소의 1970. 6. 29. 판결에서 나타났다.[393] 즉 피해자가 향후 시행될 미용사 시험에 합격할 확률이 60%라면 피해자의 손해액은 미용사의 월 소득액의 60%를 인정하여야 한다는 것이나, 심증도의 하한을 어느 정도로 보아야 하는지 의문이고, 실무에 있어서 심리를 할 수 있음에도 이를 다하지 아니하고 확률적 심증으로 나갈 염려가 있다는 점에서 학설에서는 지지를 받지 못하고 있다.[394]

(d) **역학적 증명** 일본에서 공해·약해소송에서 인과관계의 증명과 관련하여 주장하고 있는 학설이다. 역학(疫學)이라 함은 질병을 집단현상으로 파악하여, 질병의 원인, 유행지역의 분포, 식생활 등의 특징에서 법칙성을 찾아내어 공통인자를 찾아내려는 학문을 의미한다. 역학적 증명은 집단적 질병과 그 발생원인의 인과관계의 개연성을 증명하는 방법으로 사용되는 이론이다. 역학적 증명이란 공해·약해소송에서 인과관계의 개연성을 통한 증명을 위하여 이용되는 도구인 것이다. 원고는 자신의 질병의 원인이 무엇인가를 증명하고 개별적 인과관계의 증명 없이 역학적 증명관계에 있다는 것을 증명하면 자신의 구체적·개별적 인과관계를 증명하지 아니하더라도 인과관계가 증명된 것으로 간주하는 것이다. 손해배상소송 중 공해·약해소송에 있어서 인과관계를 개연성만으로 인정하기 위한 개념으로서 자유심증의 감경 또는 완화의 예라고 볼 수 있다.

Ⅲ. 사실인정의 위법과 상고

(1) 상고심은 법률심이다. 따라서 민사소송법상 자유심증주의에 기초한 법관의

---

392) 대판 1991. 7. 23, 89다카1275; 대판 1993. 2. 23, 92다52122; 대판 2003. 6. 27, 2001다734.
393) 일본의 倉田卓次 판사가 주장한 이론으로, 東京地裁 1970. 6. 29.(判時 615. 38.)에서 판시되었다.
394) 이시윤, 536면.

자유로운 심증형성에 기초한 적정한 사실확정은 상고심의 판단의 대상이 되지 아니한다고 할 것이다($^{432}_{조}$). 따라서 하급심이 자유심증주의의 기초원칙인 사회정의와 형평에 입각하여(신의칙에 기초하여), 논리와 경험의 법칙에 따라 증거채택을 하여 자유심증으로 사실인정을 한 경우에는 대법원에서 문제 삼을 이유가 없다.

(2) 그러나 사회정의와 형평에 입각하여(신의칙에 기초하여) 논리와 경험의 법칙에 따라 증거채택을 하고 이에 따른 사실인정을 하지 아니한 경우에는 자유심증주의의 내재적 한계를 벗어난 위법한 것으로서 판결에 영향을 미친 때에 해당하여 제423조의 일반적 상고이유가 된다. 이것이 통설[395] 및 판례[396]의 입장이다. 타당하다고 본다. 따라서 i) 위법한 변론 및 증거조사의 결과에 의한 사실의 인정, ii) 적법한 증거조사의 결과를 간과한 사실인정, iii) 논리·경험법칙을 현저히 위반한 사실인정 등의 경우[397]에는 제202조의 자유심증주의의 위반으로서 제423조의 상고이유 중 「법률위반」에 해당한다($^{423}_{조}$). 예를 들어 버스의 뒷바퀴로 16세 소년을 역과한 경우에 경상만을 인정한 것,[398] 피해자가 일생 동안 의족과 휠체어를 사용하여야 하는데 10세가 될 때까지만 개호인이 필요하다는 감정결과에 기초한 사실인정[399] 등은 판결에 영향을 미친 사실인정의 위법에 해당하여 제423조의 상고이유에 해당한다고 할 것이다.

Ⅳ. 자유심증주의의 예외

자유심증주의의 예외로서 증거원인 및 증거력 평가를 법률에 규정함으로써 이를 제한하거나, 당사자의 증거계약에 의하여 제한하는 경우가 있다.

1. 증거원인의 제한

(1) 증거방법의 제한

대리권의 존재에 대한 서면증명($^{58조\ 1항}_{89조\ 1항}$), 소명방법에 대하여 즉시 조사할 수 있

---

395) 同旨: 김홍규/강태원, 495면; 이시윤, 538면 등.

396) 대판 1980. 9. 24, 79다2269; 대판 2016. 3. 24, 2014두779; 대판 2017. 1. 25, 2016두50686; 대판 2017. 3. 9, 2016두55933.

397) 대판(전) 2019. 2. 21, 2018다248909(육체노동의 가동연한을 경험칙에 따라 60세에서 65세로 변경함); 대판 2021. 3. 11, 2018다285106.

398) 대판 1970. 11. 24, 70다2130.

399) 대판 1978. 6. 27, 78다788.

는 것에 한정($^{299조}_{1항}$), 변론의 방식에 관하여 변론조서로 증거방법을 제한($^{158}_{조}$)하고 있다. 이러한 증거방법의 법정은 자유심증주의의 예외라고 보아야 한다.

(2) 증거능력의 제한

당사자와 법정대리인은 증인능력이 없고($^{367조,}_{372조}$), 위법수집증거에 대한 증거능력의 제한,[400] 증거능력계약에 의한 제한 등은 증거능력의 제한으로서 자유심증주의의 예외라고 보아야 한다. 증거방법으로 되는 것 자체를 제한하는 것으로서 자유심증의 대상이 될 수 없다는 점에서 그 예외라고 볼 수 있다.

2. 증거력의 평가에 대한 제한

공문서・사문서의 증거력에 관한 추정규정($^{356조,}_{358조}$), 변론의 방식에 관하여 변론조서의 법정증거력($^{158}_{조}$),[401] 당사자 일방이 고의로 상대방의 증명방해행위를 한 경우에 자유심증에 따른 불리한 사실인정($^{349조, 350조, 360조 1항,}_{361조 2항, 366조, 369조}$) 등이 증거력 평가에 대한 제한으로 볼 수 있다.

3. 증거계약에 의한 제한

(1) 의 의

증거계약(Beweisvertrag)이라 함은 판결의 기초가 되는 사실의 확정에 관한 당사자의 합의를 말한다. 이것은 소송법상의 효과의 발생을 주된 목적으로 하는 것이므로 소송계약이라 할 것이다. 이러한 증거계약은 증명책임계약(Beweislastvertrag)과는 구별하여야 한다. 증거계약은 사실확정의 방법에 관한 약정임에 반하여, 증명책임계약은 사실확정이 불가능하여 진위불명 상태에 빠진 경우에 누가 책임을 질 것인가 하는 약정이다. 증명책임계약은 강행법규에 반하지 아니하다면 유효하다고 할 것이다.[402] 판례도 같다.[403] 다만 상당한 이유 없이 고객에게 증명책임을

---

400) 현재 형사소송법뿐만 아니라 민사소송법에 있어서 독일, 일본, 우리나라 등에서 학설상 상당한 논의가 진행되고 있고, 우리나라 판례상 민사소송에서 특별히 제한하고 있지 아니하나 제한의 필요성이 높다고 할 것이다.

401) 증거방법을 변론조서로 한정한다는 점에서 증거방법의 제한일뿐만 아니라, 변론조서의 절대적 증거력을 인정하고 있다는 점에서 증거력 평가의 제한으로 보아야 한다.

402) 同旨: 정동윤/유병현/김경욱, 584면.

403) 대판 1997. 10. 28, 97다33089.

부담시키는 약관조항은 무효이다($^{약규}_{14조}$).

(2) 형 태

증거계약은 일정한 사실을 다투지 아니하기로 하는 자백계약(自白契約, 손해배상청구에 있어서 손해발생사실을 다투지 아니하기로 하는 약정 등), 일정한 증거방법에 의하여서만 증명을 하기로 약정하는 증거방법계약(證據方法契約, 일명 증거제한계약; 일정한 사실의 증명은 서증에 의하기로 하는 약정 등), 사실의 확정을 제3자의 판정에 맡기기로 약정하는 중재감정계약(仲裁鑑定契約, 보험사고나 교통사고의 원인을 전문가인 제3자의 판정에 맡기기로 하는 약정 등), 증거조사결과의 증거력을 약정하는 증거력계약(證據力契約, 특정인의 증언에 따라 사실확정하기로 하는 약정, 계약상의 권리를 행사함에 소명으로 족하다는 약정 등) 등이 있다.

(3) 효 력

① 자백계약

변론주의의 적용을 받는 민사소송에 있어서 당사자의 자백이 허용되고 있으므로, 자백계약은 원칙적으로 유효하다고 할 것이다. 그러나 권리자백은 원칙적으로 법원을 구속하지 아니하므로 이러한 자백계약은 무효이고, 나아가 간접사실에 대한 자백도 법원을 구속하지 아니하므로 이에 대한 자백계약도 효력이 없다고 할 것이다.[404]

② 증거방법계약

증거방법계약은 변론주의 및 처분권주의에 기초하여 보면 일응 유효한 계약으로 효력을 갖는다고 할 것이다. 그러나 법원이 당사자가 약정한 증거방법의 조사만으로 심증형성이 되지 아니하다면 법원이 보충적으로 직권증거조사를 하는 점을 막을 수 없다는 점($^{292}_{조}$), 증거방법계약은 증거방법에 관한 계약이지만 법원의 보충적 직권증거조사를 막는 결과가 되면 실질적으로 증거력계약을 포함한 것으로 볼 수 있어 그 한도에서 자유심증주의를 본질적으로 제약할 수 있다는 점 등에 비추어 보면 법원의 보충적 직권증거조사를 제한하는 부분에 대하여는 효력이 없다고 할 것이다($^{다수}_{설}$).[405] 소수설은 변론주의원칙에 비추어 유효하다고 본다.[406]

---

404) 同旨: 이시윤, 540면; 정동윤/유병현/김경욱, 583면.
405) 同旨: 김홍엽, 705면; 방순원, 458면; 송상현/박익환, 521면; 이시윤, 540면; 호문혁, 526면.
406) 김홍규/강태원, 495면; 정동윤/유병현/김경욱, 584면.

다수설이 타당하다고 본다. 따라서 증거방법계약은 일응 유효하지만 법원의 보충적 직권증거조사를 막는 경우에는 그 한도에서 효력이 없다고 보아야 한다. 그러나 직권증거조사를 원칙으로 하는 소액사건·증권관련 집단소송에서는 증거방법계약은 무효이다($\frac{소심 10조 1항,}{증집 30조}$).[407]

③ 중재감정계약

중재감정계약은 처분할 수 있는 법률관계에 관하여 그 존부확정을 제3자에게 맡기는 것은 사적 자치의 범위 내에 있다고 할 것이므로($\frac{중재 3, 9조; 중재법상 사실의 존부확정뿐만 아니}{고, 그 법적 판정을 제3자에게 맡기는 중재약정이}$ $\frac{}{유효한 점에 비추}$ 어 보면 명백함), 이는 유효하다고 할 것이다.

④ 증거력계약

증거력계약은 당사자의 약정에 의하여 법관의 사회정의와 형평에 입각하고(신의칙에 기초하여) 논리와 경험의 법칙에 따라 자유심증을 할 수 있다는 자유심증주의($\frac{202}{조}$)를 본질적으로 제한하는 것이므로 무효라고 할 것이다($\frac{통}{설}$).

제6관 증명책임(證明責任)[408]

I. 개 념

1. 의의와 기능

(1) 증명책임(burden of proof, Beweislast)이라 함은 법원이 심리하였으나 진위불명(眞僞不明, non liquet)의 상태에 빠져 사실의 확정을 할 수 없게 된 때에 재판을 어떻게 처리할 것인가 하는 문제이다. 법원이 판결을 하려면 피고가 자백을 하지 아니하는 한 심리를 하여 소전제인 사실을 확정하여야 한다. 그런데 법관은 신이 아닐 뿐만 아니라 심리의 한계 등으로 인하여 심증을 형성할 수 없는 상황에 빠질 수 있다. 법관이 이러한 진위불명의 상태에서 선택할 수 있는 방법은 재판을 하지 아니하고 거부할 수도 있으나 이것은 재판제도 자체를 의미 없게 만들 수 있다. 따라서 이러한 상황을 타개하고 재판제도를 효율적으로 운영하기 위한 개념적 장치가 필요하다. 그것이 증명책임인 것이다. 또한 증명책임의 핵심은 그

---

407) 同旨: 이시윤, 540면.
408) 증명책임을 입증책임(立證責任) 또는 거증책임(擧證責任)이라고도 한다.

책임이 있는 자에게 불이익을 가하는 방식이고, 다만 그 기준이 무엇인가가 가장 중요한 과제이다.

따라서 증명책임은 법원에 대하여는 진위불명의 상태에서 어떠한 재판을 할 것인가를 지시하고, 당사자에게는 주요사실의 존부가 불명할 경우에 이것을 요건으로 한 실체법의 적용을 부정함으로써 자기에게 유리한 법률효과를 얻을 수 없게 되는 당사자의 불이익 또는 패소위험을 말한다. 즉 증명책임은 법원에게는 재판의 지시를 하고, 당사자에게 패소위험을 부과하는 기능을 한다. 예컨대 대여금청구소송에서 청구원인의 주요사실인 「원고가 피고에게 금전을 대여하였다는 사실」이 진위불명에 빠진 경우에 그 증명책임이 있는 원고에게 책임을 물어 원고 패소판결을 하게 되고, 만약 피고가 원고의 대여사실을 인정하면서 「변제하였다는 항변」을 주장하였으나 변제 여부가 진위불명에 빠진 경우에는 그 증명책임이 있는 피고에게 패소판결을 하게 된다.

(2) 또한 증명책임은 심리의 최종단계에서의 결과책임이므로(결과책임설), 법관이 그전에 사실관계의 존부에 관하여 확신을 하면 증명책임은 문제되지 아니한다.[409] 이렇게 심리의 최종단계에서의 결과책임을 학술적으로 객관적 증명책임(客觀的 證明責任, burden of persuasion, objektive Beweislast)[410]이라 한다. 객관적 증명책임자는 소송절차의 진행 중에 패소를 면하기 위하여 증거를 제출하는 등의 증명활동을 하는데, 이것을 한쪽 당사자의 행위책임의 관점에서 보아 이를 주관적 증명책임(主觀的 證明責任, burden of producing evidence, subjektive Beweislast)[411]이라 한다. 객관적 증명책임은 심리의 최종단계에서의 결과책임인 데 비하여, 주관적 증명책임은 소송절차 중의 행위책임이다. 객관적 증명책임은 바뀌지 아니하지만, 주관적 증명책임은 구체적인 증명책임자가 바뀔 수 있다. 예컨대 대여금청구소송에서 처음에는 원고가 대여사실에 대한 주관적 증명책임자이지만, 원고가 대여사실을 증명한 경우에는 피고가 소멸시효항변을 한다면 소멸시효항변의 증명책임이 피고에게 있으므로 주관적 증명책임이 피고에게 넘어가세 되기 때문에 결국 주관적 증명책임은 소송절차의 진행에 따라 증명책임자가 달라질 수 있다. 미국법상 객관적 증명책임에 해당하는 것을 설득책임(burden of persuasion)이라 하

---

409) 대판 1961. 11. 23, 4293민상818.

410) 또는 실질적 증명책임(materielle Beweislast) 또는 확정책임(Feststellungslast)이라고도 한다.

411) 또는 형식적 증명책임(formelle Beweislast), 증거제출책임(Beweisführunglast) 또는 추상적 증거제출책임이라고도 한다.

고, 주관적 증명책임은 증거제출책임(burden of producing evidence)이라 한다. 실무상 원고가 청구원인을 증명한 경우에 피고의 항변에 대한 증명촉구 등을 하는 경우가 많다. 이것은 일종의 주관적 증명책임을 가리킨다고 볼 수 있으므로 주관적 증명책임이라는 개념이 의미가 있다고 본다.[412]

(3) 또한 진위불명의 상태는 직권탐지주의에서도 문제되는 것이므로 진위불명의 결과책임인 객관적 증명책임은 변론주의절차뿐만 아니라 직권탐지주의에 의한 절차에서도 문제된다.

(4) 이러한 점에 비추어 보면 약간 과장되어 표현된 점은 있지만 「증명책임은 민사소송의 척추이다.」라는 말에서와 같이 민사소송에서 매우 중요한 기능·역할을 담당한다. 즉 증명책임의 소재·유무에 따라 i) 청구원인과 항변의 구별, ii) 항변과 부인의 구별, iii) 본증과 반증의 구별, iv) 자백의 성립 여부, v) 석명권행사의 대상자 여부 등을 정하는 데 기준이 되는 것이다.

2. 증명책임규정의 성질

(1) 증명책임규정의 법적 성질에 관한 논의는 결국 증명책임규정이 실체법과 소송법 중 어디에 속하는지의 문제이다. 예컨대 「외국적 요소가 있는 법률관계(국제사법 1조, 종전에 '섭외사건'이라 함)」에 관한 소송에서 증명책임규정을 소송법으로 보면 법정지법에 따르면 되고, 실체법이라면 국제사법에 따라 준거외국법을 적용하여야 한다. 따라서 그 법적 성질이 매우 중요한데, 여기에 관하여 실체법에 해당한다는 실체법설,[413] 다툼 있는 사실의 법률요건이 실체법이면 실체법 규정이고, 그것이 소송법에 속한 경우에는 소송법에 해당한다는 소속법영역설[414]이 대립된다. 이 문제는 증명책임규정이 실체법과 소송법의 경계영역에 속하여 이론적으로 해결하기 어려운 면이 있고, 증명책임규정이 본안판결의 내용을 지시한다는 점[415]에 비추어 보면 실체법설에 따른다. 판례도 증명책임의 법리에 대한 오해를 심리미진의 위법이므로 상고이유가 된다고 하여 실체법설의 입장에 서있다.[416]

(2) 실체법설에 의하면 증명책임규정은 국제사법에 따라 준거외국법을 적용하

---

412) 同旨: 이시윤(2009), 476면.
413) 강현중, 521면; 방순원, 477면; 이시윤, 543면; 정동윤/유병현/김경욱, 588면.
414) 김홍규/강태원, 421면; 송상현/박익환, 543면.
415) 同旨: 강현중, 521면.
416) 대판 1968. 7. 23, 68다832.

게 되고, 소송절차에 관한 이의권의 대상이 되지 아니하며, 상고심의 심사의 대상
등이 된다. 또한 증명책임계약도 당사자가 처분할 수 있는 권리관계에 관한 것이
므로 강행법규에 반하지 아니하는 한 적법한 것으로 된다.[417]

II. 증명책임의 분배

1. 총   설

진위불명의 상태인 사실에 대한 증명책임을 누구에게 부담시킬 것인가 하는
문제가 증명책임의 분배에 관한 것이다. 증명책임의 분배문제가 증명책임의 가장
핵심적인 문제이다. 나아가 분배에 있어서는 그 기준이 무엇인가 하는 것이 가장
중요하다.

특히 법률에 명문으로 증명책임을 명백히 한 경우에는 거기에 따르면 된다. 예
컨대 무권대리인의 상대방에 대한 책임($\frac{\text{민}}{\text{조 1항}}$ 135), 보증인의 최고・검색의 항변권($\frac{\text{민}}{437조}$),
운송주선인의 손해배상책임($\frac{\text{상}}{115조}$), 운송인의 손해배상책임($\frac{\text{상 135}}{148조}$), 인수거절 또는 지
급거절의 통지의 증명($\frac{\text{어음 45}}{\text{조 5항}}$), 자동차손해배상보장법 제3조 단서상의 '자기를 위하
여 자동차를 운행하는 자'의 손해배상책임의 면책사유 등이 그것이다.

그런데 법률에 명문규정이 없는 경우에 어떻게 할 것인지가 문제이다. 이하에
서는 분류기준에 관한 학설 일반을 보고, 이어 통설・판례의 입장인 법률요건분
류설 중 규범설을 중심으로 증명책임의 전환, 완화, 주장책임, 해명의무 등에 관
하여 살펴보도록 하겠다.

2. 학설 일반[418]

증명책임의 분류기준에 대하여 여러 학설이 주장되어 왔지만, 이것을 크게 분
류하면 i) 사실 자체에 의하여 기준을 구하는 요증사실분류설(要證事實分類說)과 ii)
객관적 법규의 구조에서 기준을 구하는 법률요건분류설(法律要件分類說)이 있다.

(1) 요증사실분류설

이 설은 증명할 사실 자체의 성질・내용에 따라 증명책임을 분류하려는 견해

---

417) 同旨: 정동윤/유병현/김경욱, 588면.
418) 자세한 것은 오석락, 입증책임론(1999), 69면 이하 참조.

이다. 19세기까지 지배적인 학설이었다. i) 적극적 사실은 주장하는 자가 증명책임을 지지만, 소극적 사실은 그렇지 않다는 소극적 사실설, ii) 외계사실(外界事實)은 주장하는 자가 증명책임을 지지만, 내계사실(內界事實) 또는 내심의 사실은 그렇지 않다는 외계사실설 등이 있다. 그러나 이 설은 구별기준이 명확치 않아 현재에는 주장하는 사람이 없다.

(2) 법률요건분류설

① 구성요건분류설(構成要件分類說)이라고도 한다. 이 설은 객관적 법규의 구조 속에서 증명책임의 분배기준을 찾으려고 한다. 여기에는 특별요건설, 인과관계설, 전부사실설, 규범설 등이 주장되고 있다. 규범설이 확고한 통설·판례의 지위를 차지하고 있어, 규범설 자체를 법률요건분류설이라고도 한다. 여기에는 i) 권리관계의 발생·소멸에 필요한 요건을 특별요건과 일반요건으로 나누어 원고는 권리의 특별요건에 관하여 증명책임이 있고, 피고는 일반요건의 흠이나, 권리를 발생시키지 아니하는 요건의 증명책임이 있다는 특별요건설, ii) 권리 발생의 원인이 되는 사실(권리근거사실)은 원고가, 그 부존재가 권리에 대하여 조건이 되는 사실(권리장애·소멸 또는 저지사실)은 피고가 각각 증명책임을 진다는 인과관계설, iii) 권리관계의 발생을 주장하는 사람은 그 권리관계의 발생에 필요한 법률관계를 구성하는 일체의 사실을 증명하여야 한다는 전부사실설, iv) 규범설(다음 항에서 자세히 봄) 등이 그것이다.

② 위 견해 중 i)의 특별요건설은 특별요건과 일반요건의 구별이, ii)의 인과관계설은 원인과 조건의 구별한계가, iii)의 전부사실설은 당사자에게 너무 무거운 증명책임을 부과하는 등의 문제가 있다. 현재는 iv)의 규범설이 확고한 통설·판례의 입장이므로 다음 항에서 규범설(規範說)을 중심으로 살펴보기로 한다.

3. 규범설에 의한 분배

(1) 분배의 기본원칙

규범설은 법관이 법규를 적용할 수 있는 것은 사실로서 해당 법규의 요건사실의 존재가 확정되어야 함을 출발로 한다. 만약 요건사실의 부존재가 확정되거나, 진위불명의 상태에 빠진 경우에는 법규는 적용할 수 없다. 이러한 법규부적용(法規不適用)의 원칙에서 증명책임분배의 원리가 나온다고 본다. 이러한 법규부적용에 의한 불이익은 그 법규의 적용으로 승소할 당사자에게 돌아가므로, 「각 당사자는 자기에게 유리한 법규의 요건사실에 대한 증명책임을 부담한다.」는 기본원칙이 나오게 된다.[419] 실체법은 이러한 증명책임의 원칙을 고려하여 입법화하였다는 전제하에, 법규범 상호간의 관계 속에서 유리한지 여부를 찾을 수 있다고 본다. 즉 법규범은 서로 보충·지지하고 반대·배척하는 등의 관계 속에 있는데, 이러한 상호관계 속에서 구체적인 분배기준을 찾을 수 있다는 것이다.

(2) 구체적 내용

따라서 규범설에 의하면 소송요건은 원고가 유리한 본안판결을 받을 수 있다는 점에서 원칙적으로 원고가 증명책임을 부담한다.[420] 본안문제에 관하여는 권리발생의 기초가 되는 규범에는 권리근거규범(權利根據規範)[421]이 있고, 그 반대규범으로 법률효과의 발생을 처음부터 방해하는 권리장애규범(權利障碍規範), 일단 발생한 법률효과를 소멸시키는 권리소멸규범(權利消滅規範),[422] 발생한 법률효과를 배제·저지하는 권리저지규범(權利沮止規範)이 있다. 권리근거규범의 요건사실(권리근거사실)은 원고에게 유리하고, 권리장애규범의 요건사실(권리장애사실)·권리소멸규범의 요건사실(권리소멸사실)·권리저지규범의 요건사실(권리저지사실)은 피고에게 각각 유리하다. 따라서 전자는 원고가, 후자는 피고가 각각 증명책임을 부담하게 된다. 본안문제를 구체적으로 나누어 보면 다음과 같다.

① 권리의 존재·발생을 주장하는 자는 권리근거사실 또는 권리발생사실에 대하여 증명책임을 부담한다.[423] 넓은 의미의 청구원인사실로 보면 된다. 예컨대 매매계약에 기한 권리를 주장하는 자는 매매계약의 성립($^{민}_{563조}$)의 요건사실(재산권의 이전약정사실과 그 대금지급약정사실)을, 불법행위에 기한 채권($^{민}_{750조}$)을 주장하는 자는 불법행위의 요건사실(고의·과실에 기한 위법행위, 인과관계, 손해의 발생사실)을

---

419) 정동윤/유병현/김경욱, 590면.
420) 대판 1997. 7. 25, 96다39301.
421) 기본규범 또는 원칙규범이라고도 한다.
422) 권리멸각규범(權利滅却規範)이라고도 한다.
423) 대판 1964. 9. 30, 64다34. 다만 급부부당이득 반환청구의 경우에는 법률상 원인이 없다는 점에 대한 증명책임은 반환청구자가 부담하지만, 침해부당이득 반환청구의 경우에는 반환청구의 상대방이 이득을 보유할 정당한 권한이 있다는 점에 대한 증명책임을 부담한다(대판 2018. 1. 24, 2017다37324). 대판 2019. 12. 27, 2019다16000(타인의 채무 중 일부를 피고가 지급하기로 약정하였다는 원고의 주장에 대하여 피고가 약정사실 자체를 다투는 때에는 그 약정사실에 대한 증명책임은 이를 주장하는 원고에게 있으며, 제1심에서 원고의 청구가 인용되고 기록이 폐기된 후에 추후보완항소가 제기된 경우라 하더라도, 원고의 증명책임은 전환되지 않음).

증명할 책임이 있다.

② 권리의 존재를 다투는 상대방은 반대규범의 요건사실(반대사실 또는 항변사실)에 대하여 증명책임을 부담한다. 여기에는 권리장애사실, 권리소멸사실, 권리저지사실이 있다.

(a) **권리장애사실**   권리장애규범의 요건사실을 말하고, 여기에는 불공정한 법률행위,[424] 선량한 풍속위반, 통정허위표시,[425] 강행법규위반 등이 있다.

(b) **권리소멸사실**   권리소멸규범의 요건사실을 말하고, 여기에는 사기·강박에 의한 취소,[426] 계약의 해제·해지,[427] 해제·해지권의 소멸,[428] 권리의 포기·소멸,[429] 변제,[430] 공탁, 상계, 소멸시효의 완성, 제척기간의 도과,[431] 피고 주장의 취득시효의 완성, 해제조건의 성취 등이 있다.

(c) **권리저지사실**   권리저지규범의 요건사실을 말하고, 여기에는 동시이행항변권·유치권의 원인사실, 기한의 유예,[432] 정지조건의 존재,[433] 점유권원의 존재,[434] 건물매수청구권의 행사, 해제권의 저지,[435] 한정승인사실 등이 있다.

③ **각 규범의 구별**

권리근거규범과 권리소멸규범·권리저지규범 사이의 구별은 어렵지 않다. 그러나 권리근거규범과 권리장애규범의 구별은 애매한 면이 있다. 예컨대 불공정한 법률행위($^{민}_{104조}$)는 계약상의 청구권 발생의 장애사실로 볼 수도 있지만, 그 부존재를 청구권 발생의 근거사실로도 볼 수 있다. 또한 선의가 시효취득의 권리근거사실로 볼 수도 있고, 오히려 악의가 시효취득의 권리장애사실이 될 수도 있다. 그러나

---

424) 대판 1991. 5. 28, 90다19770.

425) 대판 1992. 5. 22, 92다2295.

426) 대판 1977. 2. 8, 76다359.

427) 대판 2015. 4. 23, 2011다19102(해지사유는 해지권 주장자가 증명책임을 짐).

428) 대판 2009. 7. 9, 2006다67602, 67619(이미 발생한 해지·해제권 소멸사유는 해지·해제의 상대방이 증명책임을 짐).

429) 대판 1992. 6. 9, 91다43640. 또한 채권자취소권이 존재하다가 소멸하는지 여부에 대한 증명책임은 채권자취소소송의 상대방이 증명책임을 진다(대판 2007. 11. 29, 2007다54849).

430) 대판 1994. 2. 8, 93다50291, 50307.

431) 채권자취소권의 행사에 있어 제척기간의 도과에 관한 증명책임은 채권자취소소송의 상대방이 증명책임을 진다(대판 2009. 3. 26, 2007다63102).

432) 기한유예의 항변이 이유있으면 상환이행판결이 아니라 장래이행의 소로서 요건을 갖추고 있으면 장래이행판결을 하여야 한다.

433) 대판 1993. 9. 28, 93다20832.

434) 대판 1962. 5. 17, 62다76.

435) 대판 2009. 7. 9, 2006다67602, 67619(이미 발생한 계약해제권의 행사가 저지되는지 여부에 대해 다툼이 있는 경우에는 해지·해제를 주장하는 상대방이 증명책임을 짐).

양 규범 사이의 구별기준은 법규정의 원칙·예외관계에서 찾을 수 있다. 법규가 본문과 단서의 형식으로 되어 있을 때에 본문규정은 권리근거규범이고, 단서는 권리장애규범에 해당하는 것이다. 예컨대 민법 제755조, 제756조상 단서인 「감독의무를 게을리 하지 아니하였다는 사실」은 권리장애사실로서 피고인 감독자·사용자가 증명하여야 한다. 다만 단서규정이라도 「다만 … 경우에 한한다」고 규정하고 있는 경우에는 본문규정을 추가·보충하는 것이므로 본문의 요건을 주장하는 자가 증명하여야 한다.[436]

④ 소극적 확인소송·배당이의소송의 증명책임

통상의 소송은 권리를 주장하는 자가 원고이고 이를 다투는 자가 피고이므로, 원고가 권리발생사실에 대하여, 피고가 권리장애사실·권리소멸사실·권리저지사실 등 항변사실에 대하여 각각 증명책임을 진다. 그러나 소극적 확인소송이나 배당이의소송에서는 통상의 경우와 달리 증명책임이 그 역으로 된다. 즉 원고가 권리장애사실·권리소멸사실·권리저지사실을 증명하고, 오히려 피고가 권리근거사실을 증명하여야 한다.[437]

⑤ 규범설은 위에서 본 바와 같은 방법으로 증명책임분배의 원칙을 해결하고 있다. 그러나 이에 대하여 법률상의 예외로서 법률상의 추정과 이론·판례상의 예외로 증명책임의 전환 또는 일응의 추정 등이 있다.

4. 분배기준에 대한 새로운 이론

최근에 독일·일본을 중심으로 규범설에 따른 법규의 구조와 같은 형식적 기준에 따른 증명책임의 분배를 비판하면서 실질적 기준(지배영역 또는 증거거리 등)에 따라 분배하여야 한다는 이론이 대두하고 있다. 이러한 이론들은 증거의 구조적 편재 등에 따라 규범설로는 적정한 판결을 도출할 수 없는 공해소송·의료과오소송·제조물책임소송 등의 현대형 소송에서 매우 유용한 기준을 제시한다는 점에서 의미가 있다. 여기에는 위험영역설, 개연성설, 증거거리설 등이 있다.

---

436) 이를 권리근거규범·반대규범 이외에 보충규범으로 분류할 수도 있는데, 이 경우(예: 주무관청의 승인·인가)는 권리근거규범의 요건사실을 주장하는 자가 증명하여야 한다.

437) 대판 1998. 3. 13, 97다45259(채무부존재확인소송); 대판 2007. 7. 12, 2005다39617(배당이의소송); 대판 2016. 3. 10, 2013다99409(유치권부존재확인소송).

(1) 위험영역설(危險領域說, Gefahrenbereich theorie)

이 설은 계약 또는 불법행위로 인한 손해배상청구사건에 있어서 규범설의 증명 책임분배의 원칙을 제한하기 위한 시도로서 독일에서 주장되고 있다(Prölss, Larenz). 여기서 '위험영역(Gefahrenbereich)'이라 함은 법률상 또는 사실상 수단에 의하여 지배할 수 있는 생활영역 또는 책임영역을 의미한다. 예컨대 손해배상사건에 있어 서 손해의 원인이 가해자의 생활영역에서 발생한 경우에는 피해자가 아닌 가해자 가 책임의 객관적요건(예: 인과관계)과 주관적 요건(예: 과실)의 부존재를 증명할 책 임이 있다는 것이다. 책임영역의 귀속 여부에 따라 증명책임의 귀속자를 정하려는 시도이다. 이 이론은 독일의 적극적 채권침해에 대한 판례에서 발전하여 온 것을 일반화한 것이다.[438] 이 설에 대하여 '위험영역'의 개념 자체가 애매하고, 증명책임 의 경감 또는 전환으로 해결할 수 있으므로 그 필요성이 적다는 비판이 있다.

(2) 개연성설(蓋然性說, Wahrscheinlichkeits theorie)

이 설은 개연성(Wahrscheinlichkeit)이라는 기준에 따라 전체적으로 증명책임분배 의 원칙을 정하려는 이론으로 독일에서 주장되고 있다(Kegel, Reinecke, Wahrendorf 등). 즉 증명책임분배에 관하여 획일적 원칙을 포기하고 법관이 개별사건의 구체 적 특수성과 개연성을 고려하여 재량에 따라 당사자들에게 증명책임을 부담시켜 야 한다는 것이다. 각자는 개연성이 낮은 사실관계를 증명하여야 한다는 것이 다.[439] 이 설은 개연성이라는 개념이 애매하고, 증거평가의 문제를 증명책임의 문 제와 혼동하고 있다는 비판이 있다. 주의할 것은 여기에서의 개연성설은 증명책임 분배 전체 차원의 논의이므로 공해소송에 있어서 인과관계의 증명을 개연성으로 족하다는 개연성설과는 다른 것으로 이를 혼동하여서는 안 된다.

(3) 증거거리설(證據距離說)

이익형량설(利益衡量說)이라고도 한다. 독일의 신설에 자극을 받아 일본의 이시다 (石田穰) 등이 주장하는 견해이다.[440] 이 설은 증명책임의 분배기준이 법규의 입법취 지로부터 명백하지 아니한 경우에는 증거의 거리·증명의 난이(難易), 개연성 및 신

---

438) 정동윤/유병현/김경욱, 593면.
439) 정동윤/유병현/김경욱, 593면.
440) 小島武司, 482면 참조[石田穰 「民法と民事訴訟法との交錯」(東京大學出版會, 1979년) 45면 이하].

의칙, 실체법의 입법취지 등을 종합적으로 이익형량 하여 증명책임을 분배하여야 한
다는 견해이다. 이익형량으로 제시하는 기준이 추상적이고 모호한 점이 문제이다.

(4) 비판 및 새로운 시도의 필요성

이러한 새로운 이론들을 크게 조망하여 보면 작금에 증명책임의 분배원칙을
규범설의 시각에 너무 집착하여 공해소송・의료소송・제조물책임소송 등의 현대
형 소송에서의 구조적 증거편재의 문제를 적정하게 해소할 수 없기 때문에 기인
한 점을 부인하기 어렵다. 또한 이러한 새로운 이론을 통하여 규범설이 가지고
있는 문제점을 재조명할 기회를 갖는다는 것 자체가 상당한 의미를 가진다. 그러
나 이러한 이론들은 위에서 본 바와 같이 규범설의 증명책임분배의 원칙을 전체
적으로 부정할 수 있는 분배기준을 제시하지는 못한다. 따라서 새로운 이론에서
제시하는 분배기준을 규범설에 기초하여 분배하지만 그 타당성을 현저히 결여하
는 분야 또는 사안에 이를 보충・수정하는 원리로 이용할 수 있을 것으로 본다.
특히 규범설의 약점 분야로 드러난 공해소송・의료소송・제조물책임소송 등의 소
위 현대형 소송에서 피해자의 증명곤란을 완화하려는 시도로서 말이다.[441) 이러한
노력은 증명책임의 완화 또는 전환이론과 상호보완관계에 있다고 본다.

또한 현대형 소송에 있어서 증거의 구조적 편재를 극복하기 위하여 신법에서
문서제출의무의 일반의무화, 당사자신문의 보충성 폐지, 증권관련 집단소송에 있
어서 직권증거조사제의 강화 등이 이루어졌지만, 그 외에도 일응의 추정, 간접반
증이론, 증거보전절차의 적극적인 활용이 필요하고, 모색적 증명・증명책임 없는
당사자의 사안해명의무의 제한적 인정 등을 통하여 새로운 시도를 계속할 필요가
있다고 본다.[442)

III. 증명책임의 전환

1. 의   의

증명책임의 전환(Umkehr der Beweislast)이라 함은 특정한 경우에 증명책임분

---

441) 同旨: 이시윤, 547면. 反對: 정동윤/유병현/김경욱, 594면. 정동윤/유병현/김경욱 교수는 규
범설에 따르면 되고, 공해소송・의료소송・제조물책임소송 등의 소위 현대형 소송에 있어서는 증명
책임의 완화 또는 전환이론으로 해결하면 된다고 보고 있다.

442) 同旨: 이시윤, 547면.

배의 일반원칙에 대한 예외로서 권리주장자가 권리근거사실을 증명하는 것이 아니고 반대사실을 상대방에게 증명책임을 부담하게 하는 경우를 말한다. 이를 증명책임의 전환(轉換)이라 하고, 여기에서의 증명책임이란 객관적 증명책임을 의미한다.[443] 이것은 법률에 특별규정을 두는 경우가 원칙이나, 판례의 해석을 통한 증명책임의 전환도 시도되고 있다.

2. 법률의 규정에 따른 경우

일반원칙과 다른 증명책임의 분배에 관한 규정을 법률에서 정하는 경우이다. 예컨대 동일한 과실이라도 일반규정($\frac{민}{750조}$)에 의하면 그 증명책임이 원고인 피해자에게 있지만, 특별규정($\frac{민\ 758조,\ 759조,\ 자배\ 3조}{제조물책임법\ 4조\ 1항\ 등}$)에서는 피고인 가해자에게 무과실의 증명책임이 있다거나, 환경오염·훼손으로 인하여 손해가 발생한 경우에 해당 환경오염·훼손의 원인자가 무과실책임을 지고($\frac{환경정책기본}{법\ 44조\ 1항}$),[444] 만약 환경오염 또는 환경훼손의 원인자가 둘 이상인 경우에 어느 원인자에 의하여 환경오염 등에 따른 피해가 발생한 것인지를 알 수 없을 때에는 각 원인자가 연대하여 배상하여야 한다는 것($\frac{환경정책기본}{법\ 44조\ 2항}$) 등이 그것이다.

3. 해석에 의한 경우

독일의 판례를 중심으로 증명책임분배의 일반원칙을 적용하면 부당한 결과가 발생할 경우에 법규의 해석을 통하여 증명책임의 전환을 시도하는 것을 말한다. 즉 독일의 판례는 제조물책임소송에서 제조자의 과실, 의료과오소송에서 의사의 과실과 손해의 인과관계, 증명방해의 경우 등에 있어서 증명책임의 전환을 인정하고 있다. 그러나 우리나라의 통설·판례는 이러한 경우에 증명책임의 완화 또는 법관의 자유심증(예: 증명방해)으로 해결하고 있다. 이 경우 증명책임의 전환으로 해결할 것인지 증명책임의 완화 등으로 해결할 것인지는 일종의 사법정책적인 문제라고 할 것이고, 현대증거법의 당면한 중요과제이다. 생각건대 증명책임의 분배와 관련하여 증거의 구조적 편재가 심한 공해소송·의료소송·제조물책임소송 등의 현대형 소송과 국가상대 손해배상소송 등 제한적 소송영역에서 해석에 의하여

---

443) 同旨: 정동윤/유병현/김경욱, 569면.

444) 따라서 환경오염 또는 환경훼손으로 피해가 발생한 때에는 원인자는 환경정책기본법 제44조 제1항에 따라 귀책사유가 없더라도 피해를 배상하여야 한다(대판 2020. 6. 25, 2019다292026, 292033, 292040).

증명책임의 전환을 인정할 필요가 있을 것이다. 이러한 이론적 시도는 향후 입법적 해결을 도모할 수 있는 계기가 될 수 있기 때문이다.

Ⅳ. 증명책임의 완화

증명이 곤란한 경우에 있어서 증명책임분배의 일반원칙에 의하면서도 일정한 경우에 있어서 형평의 이념을 도모하기 위하여 이를 완화하기 위한 입법적 고려와 해석론이 있다.

1. 법률상의 추정

(1) 의 의

① 추정(推定; Vermutung, presumption)이라 함은 일반적으로 어느 사실에서 다른 사실을 추인(推認)하는 것을 말한다. 추정에는 사실상(事實上)의 추정과 법률상(法律上)의 추정이 있다. 사실상의 추정은 일반 경험법칙을 적용하여 하는 추정을 말한다(예: 매도증서의 소지로부터 매수사실을 추정하는 경우). 법률상의 추정은 이미 법규화 된 경험법칙 즉 추정규정을 적용하여 하는 추정을 말한다. 사실상의 추정은 추정사실의 진실 여부에 대한 의심을 품게 할 반증으로 추정이 깨어지지만, 법률상의 추정은 추정사실의 반대사실을 적극적으로 본증으로 증명하여야만 추정을 깰 수 있다. 후자의 추정이 전자의 추정보다 강력하다.

② 법률상의 추정은 다시 사실추정(事實推定)과 권리추정(權利推定)으로 나뉜다. 법률상의 사실추정은 「A 사실(전제사실)이 있을 때에는 B 사실(추정사실)이 있는 것으로 추정된다.」고 규정되어 있는 경우이다. 예컨대 처가 혼인 중에 임신한 경우에는 부의 친생자로 추정하는 경우($\frac{민}{844조}$), 처음과 마지막에 점유한 사실이 있으면 계속하여 점유한 사실을 추정하는 경우($\frac{민}{198조}$), 2인 이상이 동일한 위난으로 사망한 경우에 동시에 사망한 것으로 추정하는 경우($\frac{민}{30조}$)[445] 등이 여기에 해당한다($\frac{그 외에 상 23조 4항, 어음 20조 2항,}{채무회생 329조 2항, 305조 2항 등}$). 이에 대하여 법률상의 권리추정은 「A 사실(전제사실)이 있을 때에는 B 권리(추정권리)가 있는 것으로 추정된다.」고 규정되어 있는 경우이다. 예컨대 점유한 사실에 기초하여 점유물상의 권리를 추정하는 경우($\frac{민}{200조}$), 명의자의 특유

---

445) 대판 1998. 8. 21, 98다8974.

재산의 추정($^{민\ 830}_{조\ 1항}$), 귀속불명재산의 부부공유추정($^{민\ 830}_{조\ 2항}$) 등이 그것이다($^{그\ 외에\ 민\ 215조\ 1항,\ 239}_{조,\ 262조\ 2항,\ 709조\ 등}$).

③ 법률상의 추정에 있어서 통상 사실추정이 많으므로, 법률상의 추정이라고 하면 법률상의 사실추정을 말하는 경우가 많다.

(2) 효 과

① 증명주제의 선택

법률상의 추정규정이 존재하는 경우에 증명책임이 있는 사람은 직접 「B라는 추정사실 또는 추정권리」를 증명할 수도 있고, 그것보다 증명이 쉬운 「A라는 전제사실」을 선택하여 증명할 수도 있다. 증명책임이 있는 사람이 증명주제를 선택할 수 있고, 만약 그가 비교적 증명하기 쉬운 「A라는 전제사실」을 선택하여 증명한다면 증명책임을 완화하는 것이 된다. 또한 증명자의 입장에서 보면 추정되는 것을 증명하지 아니하여도 된다는 점에서 일종의 불요증사실로 보는 견해도 있다.[446]

② 증명책임의 전환

한편 이 경우 상대방의 입장에서 보면 법률상 추정에 의하여 추정되는 추정사실 또는 추정권리를 뒤집기 위하여서는 i) 반증에 의하여 전제사실의 존재 여부를 진위불명에 빠뜨려 추정규정의 적용 자체를 방해하거나, ii) 전제사실이 존재하는 경우에도 추정사실 또는 추정권리의 부존재를 증명하는 방법이 있다. 후자의 경우에는 상대방은 추정사실 또는 추정권리의 반대사실을 증명하여야 하므로 반증이 아닌 본증이 된다. 이런 경우에 상대방이 「추정사실 또는 추정권리의 반대사실의 증명」을 통한 「추정사실 또는 추정권리의 부존재」를 증명하게 되므로 증명책임이 전환된다고 할 수 있다. 이 점이 사실상의 추정과 다르다. 예컨대 민법 제30조의 동시사망의 추정을 번복하기 위하여는 동일한 위난으로 사망하였다는 전제사실에 대하여 법원의 확신을 흔들게 하는 반증을 제출하거나 또는 각자 다른 시각에 사망하였다는 점에 대하여 법원에 확신을 줄 수 있는 본증을 제출하여야 하는 것이다.[447]

③ 추정은 간주(看做) 또는 의제(擬制)와는 구별되어야 한다. 간주 또는 의제의 경우에는 간주·의제된 사실의 부존재의 증명이 허용되지 아니한다.

(3) 등기의 추정력

① 부동산에 관한 소유권이전등기 말소소송에서 등기가 원인무효인 사실에 대

---

446) 이시윤, 550면.
447) 대판 1998. 8. 21, 98다89714.

한 증명책임을 누가 질 것인지 문제된다. 판례는 「부동산의 등기사실(전제사실)」로부터 「부동산의 소유권자(추정권리)」로 법률상의 권리추정을 인정하고 있으므로,[448] 부동산의 소유권이전등기말소소송의 소제기권자는 피고에게 소유권자가 아니라는 것(반대사실) 즉 등기의 원인무효사유를 증명하여야 한다.

② 통상 법률상의 추정은 법률에 추정규정이 있어야 함에도, 대법원은 등기의 추정력과 관련하여 추정규정이 없음에도 불구하고 이를 법률상의 권리추정으로 보고 있다. 여기에 대하여 독일민법 제891조나 스위스민법 제937조와 같은 명문상의 추정규정이 없음에도 법률상의 권리추정으로 인정하는 것에 의문을 제기하는 견해도 있다.[449] 이러한 대법원의 입장은 현재 우리 법제가 등기의 공신력을 인정하고 있지 아니하지만, 등기를 이에 준하여 보호를 하기 위한 정책적인 고려가 있는 것으로 보인다.

③ 판례는 부동산등기를 법률상의 권리추정(권리자로 추정)뿐만 아니라, 법률상의 사실추정(예: 등기원인의 추정, 절차가 적법하게 되었다는 사실의 추정)도 하고 있다.[450] 이러한 추정은 현 등기명의인과 그 이전 등기명의인 사이에도 미친다.[451] 예컨대 이전 부동산의 등기권자 A가 현재의 등기권자인 B를 상대로 무권대리인과 계약하여 소유권을 이전한 것으로 무효라고 주장하며 소유권이전등기말소소송을 제기한 경우에 B가 이를 아니라고 하면 B는 현재의 등기권자로서 권리자로 추정되므로, 이전의 등기권자 A는 B가 「권리자가 아니라는 사실」 즉 「무권대리인과 매매계약을 체결하여 소유권이전등기를 한 사실」을 무효사유로 증명하여야 하는 것이다.[452] 그리하여 무효사유(등기의 원인무효)가 증명되면 등기의 추정력은 깨어지는 것이므로 실체관계에 부합한 등기임은 등기명의인이 증명책임을 지게 된다.[453]

(4) 유사추정

유사추정(類似推定)이라 함은 법조문에 '추정(推定)'이라는 용어가 사용되었지만

---

448) 대판 1979. 6. 26, 79다741; 대판 1992. 10. 27, 92다30047.
449) 이시윤, 550면.
450) 대판 2002. 2. 5, 2001다72029(등기원인과 적법성의 추정); 대판 2003. 2. 28, 2002다46256; 대판 2017. 10. 31, 2016다27825.
451) 대판 1997. 12. 12, 97다40100; 대판 2000. 3. 10, 99다65462; 대판 2004. 9. 24, 2004다27273. 反對: 日最判 1963. 10. 15, 民集 17. 11. 1479.
452) 대판 1997. 4. 8, 97다416; 대판 2009. 6. 25, 2009다10386; 대판 2009. 9. 24, 2009다37831.
453) 대판 2018. 11. 29, 2018다200730(사망자 명의로 신청하여 이루어진 소유권이전등기는 원인무효등기이어서 등기의 추정력을 인정할 여지가 없음).

실제로 법률상의 추정에 해당하지 아니하는 경우를 총칭한다. 의사추정(擬似推定)이라고도 한다. 여기에는 잠정적 진실(暫定的 眞實), 의사추정(意思推定), 증거법칙적 추정(證據法則的 推定)이 있다.

① 잠정적 진실

전제사실이 없는 무조건적 추정을 말한다. 통상 추정이라면 전제사실로부터 일정한 사실 또는 권리를 추정함에 비추어, 잠정적 진실은 전제사실이 없는 무조건적 추정이라는 점에서 차이가 있다. 잠정적 진실은 그 반대사실의 증명책임을 상대방에게 전환시키는 취지의 간접적 표현에 불과한 것[454]으로 추정이 깨어지기 전까지 진실한 것으로 본다는 것을 의미한다. 즉 기본규정에 대한 반대규정 혹은 본문규정에 대한 단서규정을 가진 증명책임의 전환규정에 불과하다.[455] 여기에는 어떤 점유자라도 무조건 소유의사ㆍ선의ㆍ평온ㆍ공연하게 점유한 사실이 추징[456]된다는 민법 제197조 제1항이 대표적인 예이고, 그 외에 상법 제47조 제2항(상인행위의 영업추정), 어음법 제29조 제1항(환어음의 인수말소는 어음반환 전에 한 것으로 추정) 등이 있다.

② 의사추정

구체적 사실로부터 사람의 내심의 의사를 추정하는 것이 아니라, 법규가 의사표시의 내용을 추정한 것이다. 이것은 엄밀한 의미의 추정이 아니고 법률행위의 해석규정이다. 예컨대「기한은 채무자의 이익을 위한 것으로 추정한다.」는 민법 제153조 제1항의 규정이 대표적이고, 그 외에 민법 제398조 제4항(위약금은 손해배상액의 예정으로 추정), 제579조(채권의 매도인이 채무자의 자력을 담보한 때에는 매매계약 당시의 자력을 담보한 것으로 추정), 제585조(매매의 당사자일방에 대한 의무이행의 기한이 있는 때에는 상대방의 의무이행에 대하여도 동일한 기한이 있는 것으로 추정) 등이 있다.

---

454) 이시윤, 550면.

455) 대판(전) 1997. 8. 21, 95다28625(자주점유의 추정은 악의의 무단점유의 증명으로 깨어진다고 함). 대판 2020. 5. 14, 2018다228127.

456) 이러한 추정은 지적공부 등의 관리주체인 국가나 지방자치단체가 점유하는 경우에도 마찬가지로 적용되고(대판 2023. 2. 2, 2021다263496, 263502 등), 국가 등이 취득시효의 완성을 주장하는 토지의 취득절차에 관한 서류를 제출하지 못하고 있다 하더라도 점유개시 당시 공공용 재산의 취득절차를 거쳐서 소유권을 적법하게 취득하였을 가능성을 배제할 수 없는 경우에는 자주점유의 추정이 번복되지 아니한다(대판 2023. 6. 29, 2020다290767).

③ 증거법칙적 추정

증거법칙적 추정이라 함은 문서의 진정성립의 추정과 같이 실체법의 요건사실이나 법률효과와 관계없는 추정을 말한다($\frac{356,}{358조}$). 소송법상의 법정증거법칙이다.

2. 일응의 추정 또는 표현증명

(1) 의 의

일응(一應)의 추정이란 고도의 개연성 있는 경험법칙(이를 定型的 事象經過라 함)을 이용하여 행하는 사실상 추정을 의미한다. 이를 표현증명(表見證明) 또는 일단(一旦)의 추정이라고도 한다. 사실상의 추정은 법관이 경험법칙을 적용하여 행하는 추정이지만, 추정에 작용하는 경험법칙에 따라 증명의 정도에 많은 차이가 있을 수 있다. 일응의 추정은 고도의 개연성 있는 경험법칙을 이용하기 때문에 그 전제사실이 증명되면 추정사실의 심증도 일거에 확신에 이르게 된다. 이러한 추정은 특단의 사정이 존재하여야 깨어진다. 일응의 추정은 추정의 정도가 매우 높아 추정사실이 증명된 것에 버금간다는 의미에서 표현증명(Anscheinbeweis 또는 prima-facie Beweis)이라 한다. 일응의 추정 또는 표현증명은 독일·일본의 판례법에서 발달한 법리로서 학설의 지지를 얻게 되었고, 영미법의 res ipsa loquitur (the thing speaks for itself)의 법칙과 같은 기능을 한다. 예컨대 「차도를 운행하던 차량이 갑자기 인도에 진입하여 인명사고를 낸 사실(간접사실)」 또는 「중앙선을 넘어 반대차로의 차량과 충돌사고를 낸 사실(간접사실)」을 증명하면 「가해자에게 과실이 있다는 것(추정사실)」이 추정되는 것이다.[457]

(2) 적용범위

① 일응의 추정은 주로 불법행위에 있어서 인과관계와 과실을 인정할 경우에만 적용된다. 일응의 추정을 위하여는 정형적 사상경과(定型的 事象經過, typischer Geschehensablauf)에 해당하여야 한다. 정형적인 사상경과라 함은 전형적인 사태의 진행이 있어 구체적인 사실의 증명이 없다고 하여도 그 사실 자체로서 일정한 원인행위의 과실 또는 결과와의 인과관계를 나타내는 사태를 말한다. 예컨대 자동차가 갑자기 인도에 진입하여 인명사고를 낸 경우, 의사가 개복수술 후에 수술용

---

457) 대판 1981. 7. 28, 80다2569.

메스를 그대로 남겨둔 경우, 건강한 사람이 수혈을 받고 에이즈에 감염된 경우, 지하공사 중에 인근 토지상의 건물이 붕괴된 경우 등이 있으면 운전자, 의사, 해당 의료재단, 공사업자 등에게 과실 및 손해와의 인과관계를 나타내는 정형적 사상경과가 존재하는 것이다.

② 판례상으로 일응의 추정을 적용한 예를 보면 i) 탄광에서 천반이 붕괴되어 압사하였다면 그 사고는 일응 광산갱내의 낙반 붕괴의 방지의무를 다 하지 못한 시설물 하자에 기인한 것이라 추정,[458) ii) 버스의 뒷바퀴로 16세 소녀의 허벅다리를 역과하였다면 특단의 사정이 없는 한 현장에서 즉사하였거나 중상을 입었을 것이라고 경험칙상 추정,[459) iii) 주위에 있는 다른 건물에는 이상이 없는데 계쟁 건물만이 무너진 경우에 계쟁물에 공작물 하자의 추정,[460) iv) 의사의 척추전방유합수술 후에 나타난 환자의 하반신 완전마비증세가 의사의 과실로 인하여 초래된 것으로 추정[461) 등이 있다.

(3) 효 과

① 일응의 추정은 증명책임을 전환하는 것이 아니고, 주요사실의 진위불명의 상태를 정형적 사상경과 있는 간접사실을 통하여 증명한 것이다. 따라서 일응의 추정을 깨뜨리기 위하여는 반대사실의 증명이라는 본증이 아닌 반증으로 충분하다. 일응의 추정을 번복하는 방법은 i) 반증을 통하여 추정의 전제사실의 증명을 방해하는 방법(예: 원고가 피고의 차량이 갑자기 인도에 진입하여 사고가 났다는 간접사실을 주장하는 경우에 인도에 진입한 사실이 없다고 다투어 반증을 세우는 방법임), ii) 증명된 간접사실을 그대로 두고, 이와 양립하는 별개의 간접사실을 증명하는 방법(예: 인도에 진입하여 사고 낸 것을 그대로 두고, 인도에 진입하게 된 것은 뒤 차량의 갑작스런 추돌로 인한 특단의 사정이 있다는 사실을 증명하는 방법임)이 그것이다. 전자는 일반적인 반증과 같은 것이고(직접반증), 후자의 경우가 일응의 추정을 깨뜨리는 간접반증이론에 해당한다.

② 일응의 추정은 전제사실 또는 추정사실에 대한 증명의 정도를 낮추는 것은 아니다. 다만 전제사실로부터 추정사실로의 추정수단이 고도의 개연성을 가진 경험법칙이라는 것이 다른 사실상의 추정과 다를 뿐이다. 추정력이 강력하다고 할

---

458) 대판 1969. 12. 30, 69다1604.
459) 대판 1970. 11. 24, 70다2130.
460) 대판 1974. 11. 26, 74다246.
461) 대판 1993. 7. 27, 92다15031.

수 있을 뿐이다. 또한 일응의 추정은 고도의 개연성을 가진 경험법칙에 기초하는 추정이므로, 자유심증주의가 논리와 경험법칙에 기초한 합리적인 사실인정인 점에 비추어 보면 일응의 추정과 배치되지 아니한다. 일응의 추정은 자유심증주의 내의 문제이다.[462]

③ 일응의 추정은 경험법칙을 적용한 것이므로, 이것이 잘못된 경우에는 경험법칙을 잘못 적용한 결과의 법령위반에 해당한다. 따라서 이것이 판결에 영향을 미친 경우에 상고이유가 된다($\frac{423}{조}$). 즉 일반적 상고이유가 된다.

(4) 간접반증(일응의 추정의 번복)

① 의 의

간접반증(indirekter Gegenbeweis)이라 함은 주요사실에 대하여 일응의 추정이 발생한 경우에, 그 추정의 전제사실과 양립하는 별개의 간접사실을 증명하여 일응의 추정을 번복하기 위한 증명활동을 말한다.[463] 원고에게 일응의 추정이 생긴 경우에 피고 측의 방어활동이다. 간접반증은 원고가 주요사실에 일응의 추정이 생기는 전제사실(간접사실)을 증명한 경우에 피고가 전제사실과 양립하는 별개의 간접사실을 증명하여 원고의 일응의 추정을 번복하기 위한 것이다. 피고는 간접반증으로 증명하려는 간접사실에 대하여 법관의 확신이 서게 증명하지 아니하면 원고의 일응의 추정을 번복할 수 없다. 따라서 간접반증은 원고의 주요사실과의 관계에서 보면 반증이고(원고의 주요사실에 대한 반대사실을 증명하는 것이 아니기 때문임), 자신의 간접사실에 대하여 법관의 확신이 서도록 증명하여야 한다는 점에서 본증이다. 예컨대 자동차가 차도에서 인도로 갑자기 진입하여 인사사고를 내었거나, 중앙선을 침입하여 사고를 낸 경우에 그것으로 운전자의 과실로 사고가 난 것으로 일응 추정되므로, 사고 피해자인 원고는 더 이상 사고와 관련된 피고의 과실, 사고와 손해의 인과관계를 증명할 필요가 없다. 그러나 피고는 도로진입사고 또는 중앙선침입사고를 인정하면서도 그렇게 진입하게 된 것이 뒤에 오던 트럭이 갑자기 자신의 차를 충돌하였다는 특단의 사정이 있다는 것을 증명하게 되면, 원고의 일응의 추정은 번복되게 된다. 또한 자의 부(父)에 대한 인지청구의 소에서 원고가 자신의 모가 자신을 임신하였을 때에 피고와 동거한 사실, 외모가 비슷한 사실, 혈액형이 부자관계에 배치되지 아니하는 사실 등의 간접사실로 일응의 추정을

---

462) 同旨: 정동윤/유병현/김경욱, 602면.
463) 同旨: 이시윤, 552면.

받은 경우에, 피고가 원고의 모가 위 기간 전부터 계속 다른 남자와 지속적인 성관계를 가졌다는 특단의 사정을 증명하면 피고가 원고의 부라는 주요사실의 추정이 방해받게 된다.[464] 혈연상의 친자관계는 간접사실을 통한 사실상의 추정에 의할 수밖에 없다.[465]

② 기능 및 적용의 확대시도

(a) 간접반증이론은 기본적으로 증명책임의 분배에 있어서 규범설(법률요건분류설)에 기초하여 증명이 곤란한 주요사실의 증명에 있어서 관련 간접사실의 증명을 원·피고에게 분담시켜 증명책임제도를 공평하게 운영하기 위하여 인정되는 것이다. 간접반증은 원래 전제사실로부터 고도의 개연성 있는 경험법칙을 통한 주요사실의 추정인 일응의 추정을 번복하기 위하여 교통사고에 기한 손해배상청구 등의 정형적 사상경과에 따르는 사건에 한정하여 적용되고 있다.

(b) 그런데 최근에 간접반증의 이론을 공해소송·의료과오소송·제조물책임소송 등의 현대형 소송에서의 인과관계의 증명곤란을 완화하기 위한 방안으로 응용하려는 시도가 있다. 즉 인과관계의 전 과정의 증명책임을 원고에게 부담시키지 아니하고, 인과관계 중 일부 사실을 증명하면 나머지 사실은 추정 된 것으로 보아 그것을 번복하려면 피고가 간접반증을 통하여야 한다는 것이다. 예컨대 공장의 폐수로 인한 손해배상사건에서 인과관계의 고리를 ⅰ) 가해자가 어떤 유해한 원인물질의 배출, ⅱ) 원인물질이 피해물건에 도달하여 손해의 발생, ⅲ) 배출된 원인물질과 손해발생의 관련성(배출된 원인물질이 손해발생에의 유해성) 등 세 가지 간접사실로 본다면, 원고가 위 ⅰ), ⅱ)를 증명하면 인과관계는 있는 것으로 일응 추정하되, 피고가 간정반증을 통하여 위 ⅲ)의 부존재(원인물질의 무해, 배출과정에서의 희석, 다른 원인의 존재)[466]를 증명한 경우에 일응의 추정이 번복된다는 것이다. 즉 피고인 가해자 측에서 배출된 원인물질이 무해하다는 것을 증명하지 못하는 한 가해행위와 피해자의 손해발생 사이의 인과관계를 인정할 수 있다. 그러나 이 경우에 있어서도 적어도 가해자가 어떤 유해한 원인물질을 배출한 사실, 그것이 피해물건에 도달한 사실, 그 후 피해자에게 손해가 발생한 사실뿐만 아니라 그 유해의 정도가 사회통념상 참을 한도(수인한도)를 넘는다는 사실에 관한 증명책임은 피해자인 원고가 여전히 증명책임을 부담한다.[467] [468] 우리나라 판례가 대

---

464) 정동윤/유병현/김경욱, 603면.
465) 대판 2002. 6. 14, 2001므1537; 대판 2005. 6. 10, 2005므365.
466) 이시윤, 553면 참조.

판 1984. 6. 12, 81다558 사건을 필두로 이를 받아들였다고 보는 견해가 있다.[469] 타당한 견해라고 본다. 일응의 추정과 간접반증이론을 통해 공해소송에서 원고의 증명책임의 완화를 추구하였다고 보아야 한다.

③ 비 판

이러한 규범설에 기초한 독일의 간접반증이론(Leo Rosenberg가 제창함)은 규범설을 부정하거나, 주요사실과 간접사실의 구별에 종래와 달리 보는 입장에서 약간의 비판이 있다. 그 요지는 i) 간접반증이론은 간접반증사실의 증명책임을 상대방에게 부담시키는 점에서 실질적으로 증명책임이 전환되는 꼴이 되고, ii) 간접반증사실은 간접사실이 아니고 주요사실에 해당하므로 간접반증의 전제가 되는 주요사실과 간접사실 사이의 구별에 문제가 있다는 것 등이 그것이다. 그러나 이러한 비판에도 불구하고 간접반증이론은 규범설에 기초하여 일응의 추정을 번복하는 방법으로서 여전히 의미가 있고, 특히 증거의 구조적 편재 등으로 문제가 있는 공해소송 등의 현대형 소송에서 간접사실의 증명책임의 분담을 통하여 증명책임의 완화를 도모한다는 점에서 그 역할의 증대가 기대된다.

3. 공해소송 등 현대형 소송에서의 증명책임

(1) 공해소송에서의 증명책임

공해소송은 손해의 발생이 있어도 가해자에게 책임을 묻기 위한 그 원인을 찾는데 어려움이 많다. 특히 손해발생의 원인에 대한 증거가 가해자에게 편재되어 있는 반면 가해자의 협조를 받기가 어렵다는 점, 손해의 원인을 찾기 위하여 고도의 자연과학적 지식이 필요하다는 점, 피해자들이 경제적 약자이어서 많은 비용이 들어가는 소송을 유지하기 어려운 점 등으로 인하여 손해발생 원인과 결과 사이의 인과관계를 증명하여 가해자에게 책임을 묻기가 어렵다. 특히 규범설에 기한 증명책임분배의 원칙 하에서는 더욱 그렇다. 학설 및 판례에서 이러한 불합리를

---

467) 대판 1997. 6. 27, 95다2692; 대판 2002. 10. 22, 2000다65666, 65673; 대판 2004. 11. 26, 2003다2123; 대판 2013. 10. 11, 2012다111661; 대판 2013. 10. 24, 2013다10383; 대판 2016. 12. 29, 2014다67720; 대판 2019. 11. 28, 2016다233538, 233545; 대판 2020. 6. 25, 2019다292026, 292033, 292040.

468) 이처럼 판례는 수인한도 밖이라는 사실은 여전히 피해자인 원고가 증명책임을 진다고 하지만 수인한도 내라는 사실의 증명은 가해자인 피고의 간접반증의 대상이 된다고 하여 판례에 반대하는 견해가 있다(이시윤, 553~554면).

469) 이시윤, 553-554면.

개선하기 위한 노력을 하였다. 이러한 증명곤란을 해결하기 위한 초기이론이 공해소송에서의 개연성설(蓋然性說)이다. 대법원은 화력발전소의 매연으로 인근의 과수의 수확량이 줄은 사람들이 청구한 손해배상청구사건(대판 1974. 12. 10, 72다1774)에서 "공해로 인한 불법행위에 있어서의 인과관계에 관하여 당해 행위가 없었더라면 결과가 발생하지 아니하였으리라는 정도의 개연성, 즉 침해행위와 손해와의 사이에 인과관계가 존재하는 상당 정도의 가능성이 있다는 입증을 함으로써 족하다."고 판시하여 개연성설을 받아들였다. 이러한 개연성설에 대하여 법률상의 근거 없이 증명과 소명 사이의 심증으로 사실인정을 하고 있고, 원고에게 개연성에 기초하여 사실인정을 한다면 피고의 반증도 개연성만으로 족하므로 피해구제가 어렵다는 등의 비판이 있다.[470]

대법원은 개연성설이 가지고 있는 이러한 난점을 극복하고, 당사자 사이의 증명책임의 분담을 통한 형평을 기하기 위하여 공해소송에서도 일응의 추정과 간접반증이론을 받아들였다. 그 최초의 판결이 위에서 본 바와 같이 화학공장의 폐수방출로 김 양식장의 피해를 입은 양식업자들의 가해기업을 상대로 한 손해배상청구사건(대판 1984. 6. 12, 81다558)이다. 그 이후에 관상수의 아황산피해에 따른 손해배상사건(대판 1991. 7. 23, 89다카1275), 농어양식장 손해배상사건(대판 1997. 6. 27, 95다2692), 재첩양식장 손해배상사건(대판 2004. 11. 26, 2003다2123), 김포쓰레기 매립장의 침출처리수로 인한 어민들의 손해배상사건(대판 2012. 1. 12, 2009다84608) 등으로 이어진다. 공해사건에서도 피해자의 손해가 한파, 낙뢰와 같은 자연력과 가해자의 과실행위가 경합되어 발생된 경우에는 가해자의 배상의 범위는 손해의 공평한 부담이라는 견지에서 손해에 대한 자연력의 기여분을 공제한 부분으로 제한하여야 한다고 하였다.[471] 대법원의 최초판결이라고 할 수 있는 김 양식장 관련사건을 보면 i) 피고 공장에서 김의 생육에 악영향을 줄 수 있는 폐수가 배출되고, ii) 그 폐수 중 일부가 유류를 통하여 이 사건 김 양식장에 도달하였으며, iii) 그 후 김에 피해가 있었다는 사실이 각 모순 없이 증명되었다면, iv) 피고 공장의 폐수배출과 양식 김에 병해가 발생함으로 말미암은 손해간의 인과관계가 일응 증명되었다고 할 것이므로, 피고인 가해회사가 i) 피고 공장폐수 중에는 김의 생육에 악영향을 끼칠 수 있는 원인물질이 들어 있지 않으며, ii) 원인물질이 들어 있다 하더라도 그 해수혼합율이 안전농도 범위 내에 속한다는 사실을 반증을 들어 인과관계를 부정하

---

470) 정동윤/유병현/김경욱, 606면 참조.

471) 대판 1991. 7. 23, 89다카1275; 대판 1993. 2. 23, 92다52122; 대판 1995. 2. 28, 94다31334; 대판 2001. 2. 23, 99다61316; 대판 2003. 6. 27, 2001다734.

지 못하는 한 그 불이익은 피고에게 돌아간다고 하였다.

(2) 의료과오소송에서의 증명책임

대법원은 의료과오소송의 증명책임에 있어서도 과실 및 인과관계에 관하여 일응의 추정과 간접반증이론에 기초하여 증명책임의 완화를 도모하고 있다. i) 과실의 추정과 관련하여 "원고의 하반신 완전마비증세가 의사의 이 사건 척추전방유합술 시술 직후에 나타난 것으로서 위 수술과 위 증세의 발현 사이에 다른 원인이 개재되었을 가능성은 찾아볼 수 없고 오히려 수술준비과정이나 수술결과로 보아 다소 소홀한 면이 있다고 짐작케 하는 사정들을 엿볼 수 있다면 집도의가 부주의로 척추신경을 수술칼로 끊거나 소파술시 수술기구로 신경을 세게 압박한 잘못으로 인하여 초래된 것이라고 추정할 수밖에 없다."고 하였다.[472] 또한 ii) 인과관계와 관련하여 "콜레라 예방접종의 피접종자가 유혈환자 등인 경우 약 0.004%의 치명률이 있다는 의학상보고가 있고 사체부검 결과 사망자가 비특이성 뇌의 울혈부종 및 출혈반점이 있어 그 출혈이 예방접종으로 인한 가능성이 있다고 인정되는 이상 달리 피해자에게 사인인 뇌출혈상을 일으킬 만한 특별한 사정이 있음을 인정할 자료가 인정될 수 없다면 법적 견지에서 예방접종과 피접종자의 사망간에는 인과관계가 있다고 해석하는 것이 타당하다."하고 있다.[473] 특히 "의료사고가 발생한 경우 피해자 측에서 일련의 의료행위 과정에서 저질러진 일반인의 상식에 바탕을 둔 의료상의 과실이 있는 행위를 입증하고, 그 결과와 사이에 일련의 의료행위 외에 다른 원인이 개재될 수 없다는 점, 이를테면 환자에게 의료행위 이전에 그러한 결과의 원인이 될 만한 건강상의 결함이 없었다는 사정을 증명한 경우에는, 의료행위를 한 측이 그 결과가 의료상의 과실로 말미암은 것이 아니라 전혀 다른 원인으로 말미암은 것이라는 입증을 하지 아니하는 이상, 의료상 과실과 결과 사이의 인과관계를 추정하여 손해배상책임을 지울 수 있도록 입증책임을 완화하는 것이 손해의 공평·타당한 부담을 그 지도원리로 하는 손해배상제도의 이상에 맞는다."고 하여[474] 일응의 추정과 간접반증이론을 통하여 의료과오소송에 있어서 증명책임의 완화와 원·피고 사이의 증명책임의 공평부담을

472) 대판 1993. 7. 27, 92다15031; 대판 1995. 3. 10, 94다39567; 대판 1995. 12. 5, 94다57701.
473) 대판 1977. 8. 23, 77다686.
474) 대판 2003. 1. 24, 2002다3822; 대판 2005. 9. 30, 2004다52576; 대판 2005. 10. 28, 2004다13045; 대판 2015. 2. 12, 2012다6851; 대판 2018. 11. 29, 2016다266606, 266613; 대판 2020. 2. 6, 2017다6726; 대판 2020. 4. 9, 2018다246767.

도모하고 있음을 명백히 하고 있다.[475] 다만 환자에게 발생한 나쁜결과에 관하여 의료상의 과실 이외의 다른 원인이 있다고 보기 어려운 간접사실들을 증명함으로써 그와 같은 손해가 의료상의 과실에 가한 것이라고 추정하는 것도 가능하지만, 그 경우에도 의사의 과실로 인한 결과 발생을 추정할 수 있을 정도의 개연성이 담보되지 않는 사정들을 가지고 막연하게 중한 결과에서 의사의 과실과 인과관계를 추정함으로써 결과적으로 의사에게 무과실의 증명책임을 지우는 것을 허용하는 것은 아니다.[476] 독일은 의료과오소송에 있어서 증명책임을 전환하여 의사가 자신의 무과실의 증명책임을 부담하도록 하고 있다.

(3) 제조물책임소송에서의 증명책임

① 제조물책임소송에 있어서는 2002년 7월 1일 제조물책임법(2000. 1. 12. 법률 제6109호로 제정됨)이 시행되면서 제조업자는 제조물의 결함으로 인하여 생명·신체 또는 재산에 손해(당해 제조물에 대해서만 발생한 손해는 제외됨)를 입은 자에게 그 손해를 배상하여야 하고($\frac{제책 3조}{1항}$), 또한 제조물의 제조업자를 알 수 없는 경우 제조물을 영리목적으로 판매·대여 등의 방법에 의하여 공급한 자는 제조물의 제조업자 또는 제조물을 자신에게 공급한 자를 알거나 알 수 있었음에도 불구하고 상당한 기간 내에 그 제조업자 또는 공급한 자를 피해자 또는 그 법정대리인에게 고지하지 아니한 때에는 같은 손해를 배상하여야 한다($\frac{동조}{2항}$). 제조물책임소송에서는 법률을 통하여 해당 제조물이 정상적으로 사용되는 상태에서 피해자의 손해가 발생하였다는 사실 등이 있는 경우에는 제조물의 결함으로 인하여 손해가 발행한 것으로 추정하고, 다만 제조업자가 제조물의 결함이 아닌 다른 원인으로 인하여 그 손해가 발생한 사실을 증명하면 그 책임을 면하게 하여($\frac{제책 3조}{의2, 4조}$), 제조업자 등에게 증명책임을 전환하여 피해자의 권리구제를 도모하고 있다.

---

475) 대판 2007. 5. 31, 2005다5867(의사에게 설명의무를 이행하였다는 증명책임을 부담하게 함). 설명의무는 그 의료행위가 행해질 때까지 적절한 시간적 여유를 두고 이행되어야 하며(대판 2022. 1. 27, 2021다265010), 미성년자도 원칙적으로 설명의무의 대상이기는 하나 일반적인 의료행위의 모습이나 미성년자의 복리 등을 고려할 때 의료행위에 관한 설명이 미성년자에게 전달되지 않거나 미성년자의 의사가 배제될 것이 명백한 것이 아니면 친권자나 법정대리인에게 설명하면 미성년자에 대한 설명의무를 이행한 것으로 보아야 한다(대판 2023. 3. 9, 2020다218925). 다만 의사에게 당시의 의료수준에 비추어 예견할 수 없는 위험에 대한 설명의무는 없다(대판 2015. 1. 29, 2012다41069).

476) 대판 2004. 10. 28, 2002다45185; 대판 2007. 5. 31, 2005다5867; 대판 2015. 1. 29, 2012다41069; 대판 2019. 2. 14, 2017다203763; 대판 2020. 11. 26, 2020다244511; 대판 2022. 12. 29, 2022다264434.

② 대법원은 제조물책임법 시행 전에는 과실 및 인과관계의 추정 등에 있어서 일응의 추정과 간접반증이론을 통하여 증명책임의 완화를 도모하였다.[477]

③ 제조물책임법 시행 이후에는 "제품이 정상적으로 사용되는 상태에서 사고가 발생한 경우 그 제품의 결함을 이유로 제조업자에게 손해배상책임을 지우기 위해서는 달리 제조업자 측에서 그 사고가 제품의 결함이 아닌 다른 원인으로 말미암아 발생한 것임을 입증하지 못하는 이상 소비자 측에서 그 사고가 제조업자의 배타적 지배하에 있는 영역에서 발생하였다는 점과 그 사고가 어떤 자의 과실 없이는 통상 발생하지 않는다고 하는 사정을 증명하는 것으로서 충분하다."고 하여 제조업자측이 무과실을 증명하도록 하고 있다.[478]

V. 주장책임

(1) 변론주의 원칙상 당사자는 자기에게 유리한 주요사실을 주장하여야 하고, 만약 그러하지 못할 경우에는 그 사실이 없는 것으로 불이익하게 취급된다. 이러한 불이익을 주장책임(Behauptungslast)이라 한다. 주장책임에는 최종적으로 주장이 없을 때 받는 불이익을 특별히 객관적 주장책임이라 하고, 소송진행 중에 주요사실을 주장할 주장책임을 행위책임의 입장에서 보아 주관적 주장책임이라 한다. 증명책임에 있어서 객관적 증명책임·주관적 증명책임으로 나누어 설명하는 경우와 유사하다. 통상 주장책임이라 하면 객관적 주장책임을 말한다.

(2) 그런데 주장책임은 시간적·논리적으로 증명책임에 선행한다고 보아야 한다. 즉 주요사실의 주장이 있고, 상대방이 이에 대하여 다투는 경우에 증명책임의

---

477) 대판 1992. 11. 24, 92다18139(변압전류기가 내구기간의 경과 전에 절연파괴되었다면 구조 내지 제조상의 결함이 있는 것으로 추정됨), 대판 1977. 1. 25, 77다2092(사료공장에서 배합사료를 매입하여 닭이 폐사한 경우에 그 사료에 일정한 불순물이 함유되어 그러한 결과가 발생하였다면 배합사료와 손해발생 사이에 인과관계가 추정됨), 대판 2000. 2. 25, 98나15934(텔레비전이 성상적으로 수신하는 상태에서 발화·폭발한 경우에 있어서는, 소비자 측에서 그 사고가 제조업자의 배타적 지배하에 있는 영역에서 발생한 것임을 입증하고, 그러한 사고가 어떤 자의 과실 없이는 통상 발생하지 않는다고 하는 사정을 증명하면, 제조업자 측에서 그 사고가 제품의 결함이 아닌 다른 원인으로 말미암아 발생한 것임을 입증하지 못하는 이상, 결함과 사고 사이에 인과관계가 추정됨).
478) 대판 2004. 3. 12, 2003다16771; 대판 2006. 3. 10, 2005다31361: 대판 2017. 11. 9, 2013다26708, 26715, 26722, 26739(혈우병 환자가 혈액제제를 통한 치료 중 C형 간염 바이러스(HCV)에 감염되어 제조회사를 상대로 손해배상을 청구한 사안에서 HCV 등의 감염 위험이 높은 자로부터 혈액이 제공되지 않도록 하는 조치를 이행하였는지에 대한 증명책임은 특별한 사정이 없는 한 혈액제제 제조업체가 부담한다고 했다).

문제가 발생하기 때문이다. 다만 주장책임은 주장공통의 원칙상 당사자 중 누가 주장하여 변론에 현출되기만 하면 문제되지 아니한다.

(3) 주장책임을 누가 질 것인가는 원칙적으로 증명책임의 분배와 일치한다.[479] 따라서 원고는 권리근거사실을, 피고는 권리장애사실·권리소멸사실·권리저지사실을 주장하여야 한다.[480] 다만 예외적으로 소극적 확인의 소에서는 원고가 먼저 청구를 특정하여 청구원인사실을 부정하는 주장을 하면, 피고는 그 권리관계의 증명책임을 지게 된다.[481] 주장책임과 증명책임이 일치하지 아니하는 경우로는 무권대리인의 책임($^{민}_{135조}$),[482] 금전채무불이행으로 인한 손해배상($^{397조}_{2항}$),[483] 운송인의 손해배상책임($^{상}_{135조}$)[484] 등이 있다.

Ⅵ. 증명책임 없는 당사자의 사안해명의무

(1) 앞서 본 바와 같이 증명책임을 지지 아니하는 당사자도 예외적으로 증거제출을 하여야 하는 경우가 있다. 여기에는 문서의 제출의무($^{344}_{조}$), 당사자신문($^{367}_{조}$), 가사소송법상의 혈액형 등의 수검명령($^{가소}_{29조}$) 등이 있다.

(2) 그런데 독일·일본에서는 공해소송·의료과오소송·제조물책임소송 등과 같은 현대형 소송에서의 증거의 구조적 편재를 시정하여 당사자 사이의 실질적 평등을 도모하기 위한 노력의 일환으로, 표현증명·증명방해·모색적 증명 등을 넘어 일반적이고 포괄적인 의무인 증명책임 없는 당사자에게 이른바 사안해명의무(事案解明義務, Aufklärungspflicht)를 부담시켜야 한다는 주장이 있다.

(3) 독일에서는 그 근거로 석명의무($^{ZPO\ 138}_{조\ 1,\ 2항}$), 증명책임 없는 당사자의 소지문서 제출의무($^{ZPO}_{423조}$), 당사자신문($^{ZPO}_{445조}$) 등을 유추하여 인정하려고 한다. 그 요건으로는 i)

---

479) 판결문의 표현상 '요건사실에 대한 주장·입증이 없어'라는 표현은 근저에 주장책임과 증명책임이 동일인에게 있다는 것을 암시하는 것이다.

480) 대판 2000. 2. 25, 98다15934; 대판 2004. 3. 12, 2003다16771.

481) 대판 1998. 3. 13, 97다45259.

482) 대리인의 상대방(원고)이 대리인(피고)에게 무권대리에 따른 책임을 묻기 위하여는 원고는 피고가 대리권을 얻지 못한 사실(대리권의 부존재)에 대하여 주장책임을 지지만 피고가 그 책임을 벗어나기 위해서는 대리권의 존재에 대한 증명책임을 부담하게 된다.

483) 채권자는 피고가 금전채무불이행 사실을 주장·입증하면 되고 그 손해액은 증명을 요하지 아니한다.

484) 원고가 운송인에 대한 손해배상을 구하면, 운송인은 자기 또는 운송주선인이나 사용인 기타 운송을 위하여 사용한 자가 운송물의 수령, 인도, 보관과 운송에 관하여 주의를 해태하지 아니하였음을 증명하여야만 운송물의 멸실, 훼손 또는 연착으로 인한 손해를 배상할 책임을 면하게 된다.

자기의 권리주장의 합리적인 근거가 있음을 명백히 할 근거(Anhaltspunkt)를 제시하고, ii) 자신이 객관적으로 사건을 해명할 수 없는 상황에 있고, iii) 그와 같이 된 것에 비난가능성이 없고, iv) 그에 반하여 상대방은 용이하게 해명할 수 있는 입장에 있고, 그 기대가능성이 있는 것 등이다. 독일의 Peters, Stürner 등이 새롭게 주장하는 견해이다. 또 그 의무위반의 효과로서 문서제출명령의 위반과 같이 법관의 자유심증에 의하여야 한다는 견해(자유심증설), 불이익한 사실을 의제하여야 한다는 견해(사실의제설), 나아가 증명책임의 전환을 인정하여야 한다는 견해(증명책임전환설) 등이 주장된다.

(4) 생각건대, 이러한 증명책임 없는 당사자의 사안해명의무를 전면적으로 인정한다면 민사소송에 있어서 변론주의에 기초한 기본구조를 바꾸어야 하고, 증명책임분배의 원칙 등이 무의미하여 질 수도 있다. 그러나 공해소송·의료과오소송·제조물책임소송·증권관련 소송 등에서 증거의 구조적 편재를 시정하여 당사자 사이의 실질적 평등을 도모하기 위한 방법으로, 일정한 경우에 신의칙($\frac{1조}{2항}$)에 기초하고 석명권·석명처분에 관한 규정($\frac{136조}{140조}$), 문서제출명령($\frac{344}{조}$) 등을 유추적용 하여 당사자의 사안해명의무를 긍정적으로 검토하는 것도 의미가 있다고 본다.[485]

제 5 절 심리절차의 진행과 정지

제 1 관 총   설

(1) 소송의 심리는 그 내용 면에서 변론과 증거조사로 나눌 수 있음은 앞의 제3, 4절에서 본 바와 같다. 한편 소송의 심리를 절차적인 면에서 보면 심리의 내용을 충실하고 효율적으로 진행하기 위하여 변론과 증거조사를 일정한 일시에 하여야 하고(기일), 당사자와 법원의 소송행위를 일정한 기간을 정하여 하도록 하며(기간), 기일과 소송행위의 내용을 당사자와 소송관계인(예: 증인, 감정인 등)에게 알려야 한다(송달). 또한 심리절차의 정상적 진행이 어려운 정지사유(예: 당사자 일방의 사망, 천재지변으로 법원의 직무집행이 불가능한 경우 등)가 발생할 수 있다.

(2) 본 절에서는 이러한 심리절차의 진행(기일·기간·송달)과 정지(중단·중지)

---

485) 同旨: 정동윤/유병현/김경욱, 610면.

에 관하여 본다. 특히 심리절차의 진행은 변론과 증거조사에서의 변론주의와 달리 법원이 주도권을 가지는 직권진행주의가 채택되고 있으므로, 법원에게 광범위한 소송지휘권이 부여되어 있다는 점이 특징이다.

제 2 관 기   일

Ⅰ. 의   의

기일(期日)이라 함은 법원, 당사자, 그 밖의 소송관계인이 모여서 일정한 소송행위를 하기 위하여 정하여진 일시(日時)를 말한다. 여기에는 그 목적에 따라 변론기일·변론준비기일·증거조사기일·판결선고기일·화해기일, 매각결정기일·매각기일·배당기일 등이 있다.

Ⅱ. 기일의 지정

(1) 기일은 미리 연월일, 개시시간, 장소를 특정하여 지정한다. 이를 밝히지 아니한 기일지정은 효력이 없고,[1] 지정되지 아니한 기일 또는 기일지정이 무효인 기일에 이루어 진 소송행위 또한 무효이다.[2] 다만 소액사건은 양쪽 당사자의 임의출석으로 변론이 가능하다($\frac{소심 5조}{1항}$). 기일은 토·일요일, 그 밖의 휴일을 피하여 지정하는 것이 원칙이나($\frac{166}{조}$), 소액사건의 경우에는 직장근로자의 편의를 위하여 야간·공휴일에도 개정할 수 있다($\frac{소심 7조}{2항}$).

(2) 기일은 직권진행주의 원칙상 법원이 지정한다. 소송지휘권의 일환이므로, 당사자는 기일지정의 신청을 하여도 직권발동을 촉구하는 의미밖에 없다($\frac{165조}{1항}$). 법원의 절차기일은 재판장이 지정하지만($\frac{165조 본문}{1항}$), 수명법관·수탁판사의 절차기일은 그 법관·판사가 정한다($\frac{통칙}{동항}$). 통상 기일의 지정은 재판장, 수명법관·수탁판사가 명령의 형식으로 하지만, 판례는 기일통지서를 양쪽 당사자에게 송달하는 것만으로도 기일의 지정이 있는 것으로 본다.[3]

---

1) 同旨: 이시윤, 420면.
2) 同旨: 정동윤/유병현/김경욱, 672면.
3) 대판 1960. 3. 24, 4290민상326.

(3) 재판장 등의 기일의 지정과 관련하여 소송촉진과 당사자의 편의를 위하여 다음과 같은 제약이 있다. i) 재판장은 피고의 답변서가 제출된 경우에 변론준비절차를 거칠 필요가 없는 경우에는 바로 변론기일을 지정하여야 하고, 변론준비절차를 거친 경우에는 변론준비절차가 끝난 뒤에 바로 정하여야 한다($\frac{258}{\text{조}}$). 변론준비절차를 거친 사건에서 그 심리에 2일 이상이 소요되는 때에는 종결에 이르기까지 가능한 한 매일 변론을 진행하여야 하고, 그렇지 아니한 때에도 특별한 사정이 있다고 하여도 다음 변론기일은 제1회 변론기일로부터 최단기간 안에 지정하여야 한다($\frac{규칙 72}{\text{조 1항}}$). 변론준비기일을 거친 사건의 경우 변론기일을 지정하는 때에는 당사자의 의견을 들어야 한다($\frac{\text{동조}}{\text{2항}}$). ii) 소송관계인의 시간낭비를 방지하기 위하여 각 사건의 개정시간을 구분하여 지정하여야 한다. 이를 시차제(時差制)에 따른 기일지정이라 한다($\frac{규칙}{39조}$). 시차제기일지정에 따라 종전과 달리 해당 사건 당사자 등의 관련자만이 법정에 있어 변론의 집중에 도움이 된다. iii) 기일을 변경하거나, 변론을 연기·속행할 때에는 다음 기일을 바로 지정하여야 한다($\frac{규칙}{42조}$). 변론재개결정을 하는 경우에는 그 결정과 동시에 변론기일을 지정하여야 한다($\frac{규칙}{43조}$).

Ⅲ. 기일지정신청

당사자는 일반적으로 법원의 직권발동을 촉구하는 의미로 기일의 지정을 신청할 수 있지만($\frac{165조}{1항}$), 일정한 경우에 기일지정신청권이 인정된다. 다음 세 가지가 있다.

(1) 법원이 사건을 심리하지 아니하고 오랫동안 사건을 방치하는 경우에 기일지정신청을 할 수 있다. 이를 통해 법원에 의한 소송지연을 견제할 수 있다. 이 경우의 기일지정신청은 법적으로는 법원에 대한 기일지정의 직권발동을 촉구하는 의미이지만, 신의칙상 기일지정을 하지 아니하는 경우에는 각하결정을 하여야 한다.[4] 이에 대하여 통상항고를 할 수 있다($\frac{439}{\text{조}}$). 특히 당사자능력·소송능력·대리권 등의 흠은 절차진행 중에 이를 보정할 수 있으므로 이를 이유로 기일지정을 거부할 수 없다.[5] 그러나 소송절차의 정지 중, 신청서의 형식적인 흠(예: 외국어로 된 기일지정신청서) 등의 특별한 사정이 있는 경우에는 거부할 수 있으나 각하결정의 형식으로 함이 타당하다.

---

4) 同旨: 정동윤/유병현/김경욱, 672면.
5) 同旨: 이시윤, 421면.

(2) 소송종료 후에 그 종료의 효력을 다투며(예: 소취하의 효력을 다투는 경우) 기일지정신청을 한 경우($^{규칙}_{67조}$)이다. 이것은 형식은 소송상의 신청이지만 그 실질은 소송이 아직 종료하지 않고 계속 중이라는 전제하에 본안의 심판을 구하는 것이므로 본안의 신청으로 보아야 한다. 따라서 이러한 기일지정신청의 경우에는 반드시 변론을 열어서 종국판결로 재판하여야 한다. 유효하게 소송이 종료되었다고 인정될 경우에는 판결로 소송종료선언을 하여야 하고, 소송이 종료되지 아니하였다고 인정되면 본안의 기일을 잡아 소송절차를 진행하면 된다.

(3) 당사자 양쪽이 도합 2회 결석한 경우에 소의 취하간주를 막기 위하여 1월 이내에 기일지정신청을 할 수 있다($^{268조}_{2항}$).

Ⅳ. 기일의 변경

1. 의   의

(1) 기일의 변경(Verlegung)이라 함은 기일개시 전에 그 지정을 취소하고 이에 갈음하는 새로운 기일을 지정하는 것을 말한다. 이것은 기일개시 전에 그 지정을 취소하는 것이므로 기일개시 후에 아무런 소송행위 없이 새로운 기일을 지정하는 연기(延期)와 구별되며, 또한 기일에 소송행위를 하였지만 심리를 완결하지 못하여 새로운 기일을 정하는 속행(續行)과 차이가 있다. 따라서 기일의 변경은 변론조서의 작성이 필요 없고, 연기·속행의 경우에는 변론조서의 작성이 필요하다. 그러나 기일의 연기·속행도 새로운 기일을 잡는다는 점에서 변경과 공통점이 있으므로 민사소송법 제165조 제1항의 '기일의 지정'에는 변경·연기·속행이 모두 포함된다고 본다.

(2) 기일의 변경·연기·속행을 하면서 다음 기일을 정하지 아니하는 경우가 있는데 실무상 이를 '기일의 추후지정'이라 한다. 원칙적으로 기일을 변경·연기·속행하는 때에는 소송절차의 중단 등 특별한 사정이 없으면 다음 기일을 바로 지정하여야 한다($^{규칙}_{조 1항}$). 부득이 기일을 추후지정하는 경우에는 조서에 구체적 사유를 기재하여야 한다[대법원 조서예규(재일 2003-10) 4조].

2. 변경의 요건

지정된 기일은 재판장이 직권으로 변경할 수 있지만, 법원이 아무런 기준 없이 임의로 변경할 수 있다면 소송관계인에게 불측의 손해와 소송지연의 원인이 될 수 있다. 그러므로 기일의 변경은 엄격한 요건 하에 인정된다.

(1) 당사자의 첫 기일의 변경합의

첫 변론기일·변론준비기일은 당사자의 합의가 있으면 기일변경이 당연히 허용된다($^{165조}_{2항}$). 여기에서 첫 기일이라 함은 문자 그대로 최초로 지정된 제1회 기일을 말한다. 다만 법원의 직권으로 첫 기일이 변경·연기된 경우에는 두 번째 기일에 당사자의 변경합의가 가능하다고 보아야 한다. 변경·연기된 첫 기일은 여기에 포함되지 아니한다. 당사자의 합의가 없는 경우에는 첫 기일의 경우라도 변경의 허가 여부는 법원의 직권에 속한다.[6]

(2) 첫 기일 이외의 경우에는 현저한 사유의 존재

첫 기일 이외의 변론기일·변론준비기일(속행기일)은 첫 기일과 달리 현저한 사유가 있는 경우에 한하여 변경이 허용된다($^{165조. 2항의}_{반대해석}$). 당사자의 합의가 있다고 하여도 현저한 사유가 존재하지 아니하는 경우에는 변경할 수 없다($^{규칙}_{41조}$). 현저한 사유가 존재하는 경우에까지 기일변경을 인정하지 아니하고 기일해태의 불이익($^{150,}_{268조}$)을 가하는 것은 가혹하기 때문이다. 여기서 '현저한 사유'라 함은 부득이한 사유보다는 넓은 개념으로서 당사자 한쪽에서 출석하여 변론할 수 없는 합리적인 사유(예: 철도파업으로 교통이 마비된 경우,[7] 본인소송에서 당사자 또는 법정대리인의 갑작스런 입원,[8] 소송대리인의 갑작스런 입원 등)가 있는 때이다. 당사자의 변론권의 부당한 제한 여부가 중요한 판단기준이 된다.

3. 변경의 절차

(1) 기일의 변경신청에는 첫 기일의 경우에는 당사자의 변경합의, 그 외의 기일에는 변경에 필요한 현저한 사유를 밝히고, 그 사유를 소명하는 자료를 붙여야 한다($^{규칙}_{40조}$).

(2) 재판장은 변경신청이 이유 있다고 인정되는 때에는 기일변경의 명령을 하고, 변경신청이 이유 없다고 인정되는 경우에는 불허가하면 된다. 원칙적으로 기

---

6) 대판 1966. 10. 21, 66다1439.
7) 대판 1966. 3. 29, 66다171.
8) 反對: 이시윤, 423면. 당사자본인의 질병을 법원의 자유재량으로 정할 사항으로 본다.

일변경의 허가여부는 재판장의 직권사항이므로 그 허가여부에 관한 재판에 대하여 불복신청 할 수 없다. 기일을 변경하는 경우에는 당사자에게 이 사실을 알려야 하고($\substack{규칙\ 42\\조\ 2항}$), 증인·감정인 등에게도 그 취지를 즉시 통지하여야 한다($\substack{규칙\\44조}$).

(3) 기일변경이 허용되지 아니한 경우 또는 변경신청의 여유가 없어 신청하지 못한 경우라도 자기책임으로 돌릴 수 없는 사유로 인하여 그 기일에 출석하지 못했고 그 때문에 공격방어방법을 제출하지 못하여 패소한 당사자는 기일에 정당하게 대리되지 않은 사람($\substack{424조\ 1항\ 4호\\451조\ 1항\ 3호}$)에 준하여 상소 또는 재심에 의한 구제를 인정하여야 할 것이다.

V. 기일의 통지

(1) 기일이 지정되면 법원은 당사자 그 밖의 소송관계인에게 기일통지서 또는 출석요구서로 통지하여야 한다.[9] 통지의 방식은 기일통지서를 출력하여 이를 송달하는 것이 원칙이다($\substack{167조\\1항}$). 그러나 법원사무관 등이 그 법원 내에서 송달을 받을 사람에게 서류를 교부하고 영수증을 받았거나($\substack{177조\\2항}$), 소송관계인이 일정한 기일에 출석하겠다는 출석승낙서를 제출한 경우($\substack{168\\조}$)에는 송달의 효력이 있다. 또한 당해 사건으로 법정에 출석한 사람에게는 직접 기일을 고지하면 되고 별도의 기일통지서를 교부할 필요는 없다($\substack{167조\ 1\\항\ 단서}$).

(2) 신법은 대법원규칙으로 정하는 간이한 방법으로 기일통지서 또는 출석요구서를 송달할 수 있도록 하였다($\substack{167조\ 2\\항\ 전문}$). 다만 이 경우에는 기일에 출석하지 아니한 당사자·증인·감정인 등에 대하여 법률상의 제재나 그 밖에 기일을 게을리 함에 따른 불이익을 줄 수 없다($\substack{동항\\후문}$). 대법원규칙에서 정하고 있는 간이한 방법이란 전화·팩시밀리, 보통우편·전자우편, 그 밖에 상당하다고 인정하는 방법을 말한다($\substack{규칙\\45조}$). 새롭게 발전하는 통신수단을 이용하기 위한 것이다. 핸드폰문자 통지도 해당할 것이다.

(3) 당사자에게 적법한 통지 없이 한 기일의 실시는 당사자의 절차참여권을 침해하여 위법하다.[10] 다만 그 당사자가 지체 없이 이의하지 아니하면 소송절차에

---

9) 구법에서는 '소환장(김喚狀)'이라고 하였으나(구민소 154조), 신법에서는 기일통지서·출석요구서로 바뀌었다(167조). 출석의무가 없는 경우는 기일통지서[예: 당사자에 대한 변론기일통지서(258조)]라 하고, 출석의무가 있는 경우에는 출석요구서[예: 증인에 대한 출석요구서(309조)]라 한다.

10) 대판 1962. 9. 20, 62다380.

관한 이의권의 포기로서 흠이 치유된다.[11] 그러나 기일통지를 받지 못해 출석할 수 없어 패소판결을 받은 사람은 기일에 정당하게 대리되지 않은 사람($^{424조\ 1항\ 4호}_{451조\ 1항\ 3호}$)에 준하여 상소 또는 재심으로 구제받을 수 있다.[12]

　(4) 판결의 선고의 경우에도 원칙적으로 별도의 선고기일을 정하여(소액사건의 경우는 예외임) 당사자에게 통지하고 그 지정된 기일에 하여야 한다($^{207}_{조}$).[13] 다만 판례는 적법한 기일의 통지를 받고도 당사자 한쪽이 결석한 기일에 선고기일을 고지하였다면 그 결석한 당사자에게 별도의 선고기일의 통지서를 송달할 필요가 없다고 한다.[14] 당사자의 불출석을 통한 소송지연을 막고 신속한 판결의 선고를 하기 위한 실무상의 편의 때문이나, 소송절차의 결론을 내리는 선고기일에 대한 통지를 하는 것이 타당하다고 본다.

VI. 기일의 실시

　(1) 기일은 지정된 일시와 장소에서 재판장이 사건과 당사자의 이름을 부름으로써 시작된다($^{169}_{조}$).[15] 당사자의 이름을 부른다는 것은 당사자본인의 이름을 부르면 되고 그 대리인의 출석 여부까지 심리할 필요는 없다.[16]

　(2) 기일은 법관과 법원사무관 등이 참여하여 실시함이 원칙이다($^{152조\ 1항,}_{153조\ 2항}$). 법원경위가 참여하지 않아도 위법이 아니다.[17] 다만 변론기일 또는 변론준비기일 이외의 기일(예: 조정·화해기일 등)이나, 변론기일이더라도 변론을 녹음하거나 속기하는 경우 등에는 법원사무관 등을 참여시키지 아니할 수 있다($^{152조\ 1항}_{단서,\ 2항}$).

　(3) 기일은 재판장이 그 종결을 명시적 또는 묵시적으로 선언함으로써 종료한다.[18] 통상 그 기일에 예정된 소송행위가 끝나면 다음 기일을 잡거나, 선고기일을 지정하는 방식으로 종결된다. 다만 판결선고기일은 판결의 선고가 종료됨으로써

---

11) 대판 1968. 7. 2, 68다37; 대판 1984. 4. 24, 82므14.
12) 同旨: 강현중, 365면; 이시윤, 424면; 정동윤/유병현/김경욱, 676면.
13) 同旨: 정동윤/유병현/김경욱, 673면. 反對: 이시윤, 424면. 판결선고기일은 소송의 결과를 고지하는 기일이므로 다른 기일보다 중요하다고 할 것이다. 그런데 당사자의 절차참여권을 침해하면서까지 특별히 통지를 요하지 아니한다고까지 해석하는 것은 의문이다.
14) 대판 1966. 7. 5, 66다882; 대판 2003. 4. 25, 2002다72514.
15) 대판 1966. 12. 27, 66다2093; 대판 1982. 6. 22, 81다791.
16) 대판 1970. 11. 24, 70다1893(소송수행자의 출석 여부).
17) 同旨: 정동윤/유병현/김경욱, 674면.
18) 방순원, 362면.

끝난다.

<h1 align="center">제3관 기 간</h1>

Ⅰ. 의 의

(1) 기간(期間, Frist)이라 함은 일정한 시간의 흐름을 말한다. 즉 시간의 경과(經過)를 의미한다.

(2) 기간의 종류는 그 정하여져 있는 목적에 따라 행위기간(行爲期間)과 유예기간(猶豫期間, 중간기간)으로 나눌 수 있고, 행위기간은 그 행하는 주체에 따라 고유기간(固有期間)과 직무기간(職務期間)으로 나뉜다. 또 기간은 근거에 따라 법정기간(法定期間)과 재정기간(裁定期間)으로 나눌 수 있고, 법정기간은 불변기간의 명시여부에 따라 불변기간(不變期間)과 통상기간(通常期間)으로 나뉜다.

Ⅱ. 종 류

1. 행위기간과 유예기간

(1) 이것은 그 목적에 따른 분류이다. 행위기간(Handlungsfrist)이라 함은 소송행위의 신속·명확한 처리를 목적으로 법원 및 당사자에게 특정한 소송행위를 일정한 기간 내에 하도록 한 기간을 말한다. 당사자에게 행위기간을 정한 것으로는 보정기간($^{59,\,97}_{254조}$), 담보제공기간($^{120조}_{1항}$), 주장·증거 또는 답변서의 제출기간($^{147,\,256조}_{280조\,1항}$), 준비서면의 제출기간($^{규칙\,63}_{조의3}$), 기일지정신청기간($^{268조}_{2항}$), 상소기간($^{396,\,425}_{444조}$), 재심기간($^{456}_{조}$) 등이 있고, 법원에 대한 것으로는 변론준비절차 종결기간($^{282조\,2항,\,284}_{조\,1항\,1호}$), 심리불속행사유·상고이유서부제출에 의한 상고기각의 판결기간($^{상특\,5조}_{3항}$) 등이 있다. 특히 당사자의 행위기간의 경우는 그 행위기간을 지나면 해당 소송행위를 할 수 없게 되거나, 불이익을 받게 된다. 행위기간은 아래 2.항에서 보는 바와 같이 소송행위의 주체에 따라 고유기간(본래기간)과 직무기간으로 나뉜다.

(2) 유예기간(Wartefrist)이라 함은 법원, 당사자 그 밖의 소송관계인에게 일정한 소송행위를 할 것인지 여부를 유예함을 목적으로 어느 행위를 할 것인지에 관

하여 숙고와 준비를 위하여 일정기간의 유예를 두는 기간을 말한다. 중간기간 또는 숙려기간(熟慮期間)이라고도 한다. 여기에는 제척·기피원인의 소명기간($\frac{44조}{2항}$), 공시송달의 효력발생기간($\frac{196}{조}$), 압류일과 매각일 사이의 기간($\frac{민집}{202조}$) 등이 있다.

2. 고유기간과 직무기간

(1) 행위기간은 다시 i) 당사자 그 밖의 소송관계인의 소송행위에 관한 것과 ii) 법원의 소송행위에 관한 것으로 나눌 수 있다. 전자를 고유기간(固有期間) 또는 진정기간(眞正期間, eigentliche Frist)이라 하고, 후자를 직무기간(職務期間) 또는 부진정기간(不眞正期間, uneigentliche Frist)이라 한다.

(2) 기간 중 고유기간을 넘긴 경우(예: 상소기간의 도과 등)에는 상당한 불이익이 따른다. 그러나 직무기간을 지키지 못한 경우[예: 심리기간($\frac{199}{조}$), 판결선고기간($\frac{207}{조}$), 판결송달기간($\frac{210조}{1항}$) 등]에는 특별한 불이익이 없어 훈시규정에 불과하다. 따라서 고유기간이 소송법상 중요한 의미를 갖는다고 할 것이다. 민사소송법 제170조 내지 제173조 기간과 관련된 규정 중 제170조의 기간의 계산은 고유기간·직무기간에 모두 적용되지만, 제171조 내지 제173조는 고유기간에 주로 적용된다고 할 것이다.[19]

3. 법정기간과 재정기간

이것은 기간이 정하여지는 근거에 따른 분류이다. 법정기간(gesetzliche Frist)은 법률에 의하여 정해진 기간이고, 재정기간(rechterliche Frist)은 법원의 재판에 의하여 정해진 기간을 말한다. 전자는 답변서제출기간($\frac{256}{조}$), 제척·기피원인의 소명기간($\frac{44조}{2항}$), 항소·상고기간($\frac{396조 \ 1항}{425조}$) 등이고, 후자에는 소송능력 등의 보정기간($\frac{59}{조}$), 권리행사최고기간($\frac{125조}{3항}$), 소장보정기간($\frac{254}{조}$), 공격방어방법의 제출기간($\frac{147, \ 280}{조 \ 1항}$) 등이 있다.

4. 불변기간과 통상기간

(1) 법정기간은 불변기간과 통상기간으로 나뉜다. 불변기간(Norfrist)이라 함은 법률이 불변기간으로 특별히 명시한 경우의 기간이고, 통상기간은 그 외의 법정기간을 의미한다.

(2) 불변기간은 주로 재판에 대한 불복신청기간인데, 통상기간과는 다음과 같

---

19) 同旨: 정동윤/유병현/김경욱, 677면.

은 차이가 있다. 즉 불변기간은 i) 법원이 부가기간(附加期間)을 정할 수는 있지만($\frac{172조}{2항}$), 법에 정해진 기간 자체를 늘이거나 줄일 수 없으며($\frac{172조}{1항}$), ii) 당사자가 책임질 수 없는 사유로 기간을 준수하지 못한 경우에는 그 소송행위의 추후보완($\frac{173}{조}$)이 허용되고, iii) 불변기간의 준수 여부는 직권조사사항에 속하는 소송요건이고,[20] iv) 불변기간은 재판에 대한 불복신청기간이므로 국민의 재판을 받을 권리와 직접 관계되기 때문에 기간계산에 오해가 생기지 아니하도록 명확히 규정하여야 한다.[21]

  (3) 불변기간에는 항소·상고·즉시항고 등 상소기간($\frac{396조\ 2항,\ 425}{조,\ 444조\ 2항}$), 재심제기기간($\frac{456조}{2항}$),[22] 각종 이의신청기간[화해권고결정($\frac{226조}{2항}$), 조정을 갈음하는 결정($\frac{민조\ 34}{조\ 5항}$), 이행권고결정($\frac{소심\ 5조}{의4}$), 지급명령($\frac{470조}{2항}$) 등], 제소전화해의 소제기신청기간($\frac{388조}{4항}$), 제권판결에 대한 불복기간($\frac{491조}{2항}$), 행정소송에 있어서 제소기간($\frac{행소\ 20}{조\ 3항}$), 중재판정취소의 소의 출소기간($\frac{중재\ 36}{조\ 3항}$) 등이 있다. 통상기간에는 상고이유서제출기간($\frac{427}{조}$),[23] 소취하간주의 경우에 기일지정신청기간($\frac{268조}{2항}$)[24] 등이 있다.

Ⅲ. 기간의 계산 및 진행

  (1) 기간의 계산은 민법에 따른다($\frac{160}{조}$). 기간의 시작이 시·분·초(時·分·秒)로 정한 때에는 즉시부터 기산하고($\frac{민}{156조}$), 일·주·월·년(日·週·月·年)으로 정한 때에는 그 기간이 오전 0시부터 시작되지 않는 한 초일불산입(初日不算入)의 원칙에 따라($\frac{민}{157조}$) 다음날부터 기간이 진행된다(예: 「항소는 판결이 송달된 날로부터 2주일 이내에($\frac{396조}{1항}$)」라고 하면 0시에 송달된 경우가 아니면 송달된 다음날부터 기간이 시작됨). 재정기간의 시작은 재판에서 이를 정한 경우에는 그 때부터이고, 그렇지 아니한 경우에는 재판의 효력이 생긴 때이다($\frac{171}{조}$). 기간의 말일이 토요일 또는 공휴일에 해당할 때에는 기간은 그 익일(翌日)에 만료된다($\frac{민}{161조}$). '공휴일'에는 임시공휴일,[25] 신정의 공휴일[26]도 포함된다.

---

  20) 이시윤, 428면(대판 1965. 7. 27, 65누32).
  21) 헌재(전) 1992. 7. 23, 90헌바2, 92헌바2·25.
  22) 대판 1992. 5. 26, 92다4079.
  23) 대판 1970. 1. 27, 67다774; 대판 1981. 1. 28, 81사2. 다만 추후보완의 대상이 되는지 여부에 관하여 학설상 다툼은 있다.
  24) 대결 1992. 4. 21, 92마175.
  25) 대판 1964. 5. 26, 63다958.
  26) 대판 1967. 10. 23, 67다1895.

(2) 기간의 진행은 소송절차의 중단 또는 중지 중에는 정지되며, 그 해소와 동시에 전체기간이 새롭게 진행된다($^{247조}_{2항}$).

Ⅳ. 기간의 신축

(1) 기간의 신축이란 법원 또는 재판기관의 재량으로 기간을 늘리거나 줄이는 것을 말한다. 법정기간 중 불변기간을 제외한 통상기간은 법원이, 재정기간은 이를 정한 법원 또는 재판기관이 늘리거나 줄일 수 있다($^{172조}_{1, 3항}$). 이는 소송지휘적 재량에 속한다. 그러나 i) 불변기간($^{172조 1}_{항 단서}$), 소송행위의 추후보완기간($^{173조}_{2항}$), 공시송달기간($^{196조 3항, 다만 기}_{간의 신장은 허용됨}$) 등은 명문으로 이를 허용되지 아니하고, ii) 명문의 규정이 없지만 직무기간이나, 통상기간 중 상고이유서제출기간을 줄이는 것[27]은 허용되지 아니한다.

(2) 불변기간은 법원이 이를 늘리거나 줄일 수 없지만 부가기간(附加期間)을 정할 수 있다($^{172조}_{2항}$). 부가기간은 「주소 또는 거소가 멀리 떨어져 있는 사람」을 위한 불변기간에 대한 사전구제제도(事前救濟制度)의 일환이다. 주소지 등의 기준은 소송대리인이 있는 경우에는 대리인을, 그렇지 아니하면 본인을 기준으로 한다.[28] 부가기간의 부여 여부는 법원의 직권사항으로서 통상 결정의 형식으로 한다. 그러나 상소기간 등 재판에 대한 불복신청기간에 대한 부가기간은 그 재판의 주문에서 정하는 것이 편리하므로 판결주문에서 정할 수 있다.[29] 부가기간을 정한 때에는 본래의 기간과 부가기간이 일체가 되어 전체로서 불변기간이 된다. 불변기간이 경과한 뒤에는 부가기간을 정할 수 없다. 이 경우는 사후구제수단(事後救濟手段)인 소송행위의 추후보완만이 문제된다($^{173}_{조}$).

(3) 기간의 신축 또는 부가기간을 정하는 것은 법원의 직권사항이므로, 법원은 당사자 사이에 합의가 있더라도 이에 구속되지 아니한다. 또한 당사자는 법원의 조치에 대하여 불복할 수 없다.

---

27) 대판 1980. 6. 12, 80다918(광주사태가 발생하여 상고이유서의 제출이 늦어진 경우에 상고이유서가 제출된 날까지 상고이유서제출기간이 늘어난다고 봄).
28) 同旨: 이시윤, 427면.
29) 同旨: 정동윤/유병현/김경욱, 679면.

V. 기간의 부준수와 불변기간의 추후보완

1. 총   설

(1) 기간의 부준수(不遵守)라 함은 당사자 그 밖의 소송관계인이 행위기간을 지켜서 하여야 할 소정의 소송행위를 하지 않고 그 기간을 넘긴 경우(예: 항소기간을 도과한 경우)를 말한다.

이러한 경우에 당사자 등은 해당 소송행위를 할 수 없는 불이익을 받게 된다. 특히 행위기간 중 불변기간인 상소기간의 부준수나 행정소송에서 제소기간의 부준수 등의 경우에 판결의 확정, 소권의 상실 등의 치명적인 불이익이 수반된다.

(2) 불변기간의 부준수에 따른 당사자 등의 치명적인 불이익을 구제하기 위한 사후구제제도로 추후보완제도를 두었다. 즉 「당사자가 책임질 수 없는 사유」로 말미암아 불변기간을 지킬 수 없게 된 경우에 사후적으로 기간 내에 하지 못한 소송행위를 할 수 있도록 하고 있다($\frac{173}{조}$).

2. 대   상

(1) 추후보완이 허용되는 기간은 법정기간 중 「불변기간(不變期間)」에 한한다. 따라서 통상기간은 추후보완이 허용되지 아니한다.

(2) 그러나 상고이유서 제출기간·재항고이유서 제출기간은 불변기간이 아니지만 상고기간·재항고기간의 해태와 실질적으로 같으므로 유추적용 하는 것이 타당하다($\frac{다수}{설}$).[30] 판례의 주류는 이에 반대한다.[31] 지급명령은 이의신청이 없으면 확정되므로($\frac{474}{조}$), 신법에서는 이의신청기간을 불변기간으로 명문화하였다($\frac{470조}{2항}$).

3. 추후보완사유(불귀책사유)

(1) 추후보완이 인정되기 위하여는 불변기간을 준수하지 못한 것이 「당사자[32]」

---

30) 同旨: 방순원, 371면; 이시윤, 428면; 이영섭, 165면; 정동윤/유병현/김경욱, 680면; 한충수, 397면. 反對: 송상현/박익환, 274면.

31) 대판 1970. 1. 27, 67다774; 대결 1981. 1. 28, 81사2 등. 다만 대판 1998. 12. 11, 97재다445에서는 우편배달원의 배달착오로 상고이유서 제출기간 내에 상고이유서를 제출하지 못한 경우에는 대리권의 흠이 있는 경우(451조 1항 3호)에 준하여 재심사유에 해당한다고 보았다.

32) 제173조 제1항에서 정한 당사자에는 당사자 본인과 당해 사건의 소송대리인 내지 대리인의

가 책임질 수 없는 사유」로 말미암아야 한다. 「당사자가 책임질 수 없는 사유」라 함은 천재지변, 그 밖의 불가항력이나, 소송의 진행과 관련하여 일반인이 보통의 주의를 다하여도 피할 수 없는 사유를 의미한다.[33] 독일 민사소송법도 1976년 그 개정 법률에서 종전의 불가항력, 그 밖의 피할 수 없는 사정에서 「과실 없는 경 우」로 그 사유를 완화하고 있다.

(2) 추후보완사유의 간주

종전과 달리 2014년 10월 15일 「소송촉진 등에 관한 특례법」 제20조의2의 신 설에 따라 지급명령에 있어서는 은행법, 중소기업은행법상의 은행[34] 등이 그 업무 와 사업으로 취득하여 행사하는 대여금, 구상금, 보증금 및 그 양수금채권에 대하 여 지급명령을 신청하는 경우에는 공시송달에 의한 지급명령이 가능하도록 되었 다. 그런데 지급명령이 공시송달의 방법으로 송달되어 채무자가 이의신청의 기간 을 지킬 수 없었던 경우 추후보완사유가 있는 것으로 본다(소촉법 20조의2, 5항). 법률에 의하여 추후보완사유를 간주한 것이다.

(3) 추후보완을 긍정한 경우

판례 등에서 당사자의 불귀책사유로서 추후보완을 허용하는 경우로는 i) 천재 지변에 의한 교통·통신의 두절로 우편물이 배달지연된 경우,[35] ii) 법원의 잘못으 로 인한 경우,[36] iii) 소송서류전달의 잘못,[37] iv) 무권대리인이 소송을 수행하고

보조인 등이 포함될 뿐, 다른 사건의 소송대리인까지 포함된다고 볼 수는 없다(대판 2022. 4. 14, 2021다305796; 대판 2022. 9. 7, 2022다231038).

33) 대결 1991. 3. 15, 91마1; 대판 1999. 6. 11, 99다9622; 대판 2005. 9. 15, 2005다14465; 대 판 2007. 10. 26, 2007다37219; 대결 2017. 4. 11, 2016무876(당사자가 외국인이라는 사정만으로 주의의무 정도를 달리 볼 것은 아니라고 함); 대판 2018. 4. 12, 2017다53623.

34) 여기에 포함되는 은행 등은 은행법에 따른 은행, 중소기업은행, 한국산업은행, 농업협동조합 과 그 중앙회 및 농협은행, 수산업협동조합과 그 중앙회 및 수협은행, 신용협동조합 및 그 중앙회, 새마을금고 및 중앙회, 보험회사. 여신전문금융회사, 기술보증기금, 신용보증기금, 산림지역조합· 전문조합과 그 중앙회, 지역신용보증재단 및 신용보증재단중앙회, 한국주택금융공사, 한국자산관리 공사, 예금보험공사 및 정리금융회사, 자산유동화에 관한 법률에 위 은행 등이 청구 채권의 자산보 유자인 유동화전문회사, 기타 대법원규칙에 정하는 자가 여기에 해당한다(소촉법 20조의2, 1항).

35) 다만 대판 1991. 12. 13, 91다34509에서는 서울·수원 사이에 4일 정도 항소장배달이 늦어 진 것은 불귀책사유에 해당하지 아니한다고 본다.

36) 이시윤(2009), 378면[서울고법(상고부) 1962. 7. 30, 62마97]; 대결 2016. 6. 17, 2016마371 (소송비용의 부담을 명한 무권대리인에게 재판결과를 통지하지 아니하여 항고기간을 도과한 경우).

37) 대판 1962. 2. 8, 4293민상397(우편물의 전달을 부탁받은 자가 당사자에게 전달하지 아니한 경우); 대판 1992. 6. 9, 92다11473(모·자 사이의 분쟁사건에서 모가 자의 판결정본을 수령하여 전달하지 아니한 경우); 대판 1960. 7. 7, 4291민상740; 대판 1977. 1. 11, 76다1656; 대판 1982.

그 판결정본을 송달받은 때,[38] v) 공시송달의 경우에 처음부터 공시송달로 진행된 경우,[39] vi) 조정불성립 후 주소가 변경되었으나 그 변경신고를 하지 아니한 상태에서 사건이 소송절차로 이행되어 발송송달이나 공시송달 되어 상소기간을 놓친 경우[40] 등이 여기에 해당한다. 공시송달의 경우가 가장 문제가 된다.

(4) 추후보완을 부정한 경우

판례 등에서 당사자의 귀책사유가 있다는 이유 등으로 추후보완을 부정한 경우를 보면 다음과 같다.

① 소송대리인이나 그 보조자의 고의·과실의 경우

소송대리인이 판결정본을 수령하고도 당사자에게 통지하지 아니하거나,[41] 그 보조자인 사무원이 당사자에게 통지하지 아니한 경우[42] 등이 여기에 해당한다. 이 경우 소송대리인 · 보조자의 과실은 당사자본인의 것으로 본다.[43]

② 지방출장을 위한 출타

당사자가 지방출장 또는 질병치료를 위하여 집을 비운 사이에 기간해태가 된 경우에도 처나 그 가족에게 송달한 경우에는 추후보완의 사유가 될 수 없다.[44] 그러나 여행·질병 등으로 연락이 전혀 되지 아니할 상태에 있었다면 불귀책사유에 해당한다고 보아야 한다.[45]

③ 공시송달의 경우

공시송달은 법원의 게시판 또는 인터넷 게시판 등에 게시하는 것이므로 대부

---

12. 28, 82누486; 대판 2003. 6. 10, 2002다67628(우편집배원의 불성실한 업무처리로 인한 송달불능의 경우) 등.

38) 대판 1996. 5. 31, 94다55774.

39) 대판(전) 1964. 7. 31, 63다750; 대판 1997. 8. 22, 96다30427; 대판 2000. 9. 5, 2000므87; 대판 2015. 6. 11, 2015다8964; 대판 2018. 6. 15, 2018다225654; 대판 2020. 4. 9, 2019다207042; 대판 2021. 8. 19, 2021다228745(법원이 이미 공시송달 된 상황에서 피고에게 전화로 소장부본과 소환장 등의 송달을 안내한 정도).

40) 대판 2015. 8. 13, 2015다213322(처음부터 적법하게 송달된 경우와 달라서 피신청인은 소송진행 상황을 조사할 의무를 부담하지 아니함).

41) 대판 1984. 6. 14, 84다카744.

42) 대판 1962. 1. 25, 62누2.

43) 대판 1999. 6. 11, 99다9622; 대판 2016. 1. 28, 2013다51933.

44) 이시윤, 379면(대판 1966. 6. 24, 66마594; 대판 1968. 7. 5, 68마458).

45) 대판 1991. 5. 28, 90다20480(피고는 입원, 처는 병원에서 간병하고 있었고, 자식들은 외가에 있은 경우).

분의 사람이 자신이 공시송달 된 사실을 모르고 있는 상태에서 송달된 것으로 간주되므로, 이를 알지 못한 모든 경우에 추후보완을 인정한다면 공시송달제도의 취지를 전면 부인하는 것이므로 공시송달과 관련하여 「당사자가 책임질 수 없는 사유」를 일부 제한할 필요성이 있다.[46] 따라서 i) 처음에는 송달되다가 송달불능으로 인하여 공시송달 된 경우,[47] ii) 당사자가 신고한 주소로 송달하였으나 송달불능으로 인하여 공시송달 된 경우,[48] iii) 소송을 회피할 목적으로 등기부에 허위주소를 등재하여 공시송달 된 경우,[49] iv) 당사자가 소제기 사실을 알았을 경우[50] 등의 경우에는 「당사자가 책임질 수 없는 사유」에 해당하지 아니한다.

④ 기 타

그 밖에 소송의 적극당사자의 경우 자신이 구속되어 있었다는 사정,[51] 집행관의 말만 믿고 기록열람 등의 사실확인을 하지 아니한 경우,[52] 당사자가 이사를 하면서 법원에 주소이전신고를 하지 아니한 경우,[53] 통상 예견되는 배달기간을 고려하지 아니하고 항소장을 배달증명으로 발송한 경우,[54] 수위에게 보충송달을 하였으나 당사자인 사장에게 전달되지 아니한 경우[55] 등은 당사자에게 귀책사유가 있어 추후보완이 인정되지 아니한다. 상소기간 경과 후에 이루어진 판결경정의 내용이 이전에 비하여 불리하다는 이유로 한 추후보완상소는 불귀책사유에 해당하지 아니한다.[56]

4. 추후보완의 절차

추후보완 신청은 일정한 기간 내에 본래의 소송행위의 방식으로 하여야 한다.

---

46) 同旨: 정동윤/유병현/김경욱, 681면.
47) 대판 1990. 1. 23, 88므764; 대판 1998. 10. 2, 97다50152; 대판 2006. 3. 10, 2006다3844; 대판 2017. 11. 14, 2015다214011(당사자는 소송진행 상황을 조사할 의무를 부담하고 이러한 조사의무는 당사자가 변론기일에 출석하여 변론을 하였는지 여부, 출석한 변론기일에서 다음 변론기일의 고지를 받았는지 여부나, 소송대리인을 선임한 바 있는지 여부를 불문하고 부담함).
48) 대판 1990. 12. 11, 90다카21206; 대판 1994. 2. 25, 93마1851; 대판 2010. 10. 28, 2010므2082.
49) 대판 1978. 7. 11, 77다1991.
50) 대판 1987. 9. 8, 87다카1013.
51) 대판 1992. 4. 14, 92다3441.
52) 이시윤, 431면(대결 1964. 4. 3, 64마9).
53) 대결 1993. 6. 17, 92마1030.
54) 대판 1991. 12. 13, 91다34509.
55) 대판 1984. 6. 26, 84누405.
56) 대판 1997. 1. 24, 95므1413, 1420.

(1) 추후보완기간

① 추후보완을 할 수 있는 기간은 원칙적으로 책임질 수 없는 사유가 없어진 날로부터 2주 이내에 하여야 한다($\frac{173조}{1항}$). 다만 그 사유가 없어질 당시에 외국에 있는 당사자에 대하여는 추후보완기간이 30일이다($\frac{173조 1}{항 단서}$). 추후보완기간은 불변기간이 아니지만 이를 신축할 수 없으며($\frac{172조}{1항}$), 그러나 불변기간이 아니므로 부가기간을 정할 수 없다.

② 책임질 수 없는 사유가 없어진 날이라 함은 천재지변, 그 밖의 책임질 수 없는 사유가 없어진 때를 말한다. 다만 공시송달의 경우에 당사자나 대리인이 판결이 있었던 사실을 안 때라는 것은 판결이 있었던 것을 안 때가 아니고, 그 판결이 공시송달의 방법으로 송달된 사실을 안 때를 의미한다.[57] 통상 피고가 해당 사건기록을 열람하거나 새로이 판결정본을 영수한 때를 말한다.[58] 그러나 이를 판단하기 위하여는 이러한 사정들이 주장되고 이것에 관한 소송자료나 증거가 현출되어 심리되어야 하며, 추후보완항소를 제기하는 당사자는 이를 주장·증명하여야 하고, 이는 소송요건에 해당하므로 법원은 직권으로라도 심리하여야 한다. 당사자의 주장이 분명하지 아니한 경우 법원은 석명권을 행사하여 이를 명확히 하여야 하고, 법원의 석명에도 불구하고 추후보완항소를 제기한 자(원소 또는 피고)가 그 주장한 추후보완사유를 증명하지 않는다면 증명책임의 원칙상 그 불이익은 주장자에게 돌아간다.[59]

③ 다만 판례는 피고가 당해 판결을 알았고 사회통념상 그 경위에 대하여 당연히 알아볼 만한 특별한 사정이 있는 경우에는 그 경위에 대하여 알아보는 데

---

57) 대판 1979. 1. 30, 78다1604; 대판 1981. 9. 22, 81다334; 대판 1994. 12. 13, 94다24299; 대판 2008. 2. 28, 2007다41560; 대판 2012. 12. 13, 2012다75000; 대판 2013. 1. 10, 2010다75044, 75051; 대판 2015. 6. 11, 2015다8964; 대판 2019. 10. 31, 2019다14479; 대판 2019. 12. 12, 2019다17836; 대판 2020. 2. 6, 2018다26048, 26055; 대판 2020. 2. 13, 2018다222228; 대판 2021. 3. 25, 2020다46601. 다만 피고가 다른 사건의 소송절차에서 송달받은 준비서면 등에 당해 사건의 제1심 판결문과 확정증명원 등이 첨부된 경우에는 그 시점에 제1심 판결의 존재 등을 알았다고 할 것이나, 다른 사건에서 선임된 피고의 소송대리인(추후보완사유 주장자의 대리인)이 그 소송절차에서 위와 같은 준비서면 등을 송달받았다는 사정만으로 이를 피고가 직접 송달받은 경우와 동일하게 평가할 수 없다(대판 2022. 4. 14, 2021다305796; 대판 2022. 9. 7, 2022다231038).

58) 대판 2006. 2. 24, 2004다8005; 대판 2013. 1. 10, 2010다75044, 75051; 대판 2013. 10. 17, 2013다41318; 대판 2015. 6. 11, 2015다8964; 대판 2019. 12. 12, 2019다17836; 대판 2020. 2. 6, 2018다26048, 26055; 대판 2020. 2. 13, 2018다222228; 대판 2021. 3. 25, 2020다46601; 대판 2021. 4. 15, 2019다244980, 244997.

59) 대판 2022. 10. 14, 2022다247538(추후보완사유 주장자는 피고였음) 등.

통상 소요되는 시간이 경과한 때에 그 판결이 공시송달로 송달된 사실을 알게 된 것으로 추인하여 그 책임질 수 없는 사유가 소멸하였다고 봄이 상당하다고 하면서, ⅰ) 채권추심회사 직원과의 통화 과정에서 판결문에 기하여 채권추심을 할 것이라는 이야기를 들었다는 사정만으로 피고가 제1심판결이 있었던 사실을 알았고 또한 소송기록 열람 등을 통하여 제1심 소송 경위에 대하여 당연히 알아볼 만한 특별한 사정이 발생하였다고 보기 어렵고,[60] ⅱ) 피고가 공탁사건의 기록을 열람 및 복사 신청을 한 사실이 있었다는 사정만으로 그 무렵 피고가 제1심판결이 존재한다는 사실을 넘어 제1심이 공시송달의 방법으로 진행되어 그 판결정본 역시 공시송달의 방법으로 송달된 사실까지 알았다고 단정할 수 없고,[61] ⅲ) 제1심 판결이 형식적으로 확정된 후 위 공탁금에 관한 배당절차가 진행된다는 것만으로 법률 문외한인 피고가 배당기일통지서를 수령함으로써 제1심판결이 있었던 사실을 알게 되었다고 단정할 수 없고,[62] ⅳ) 제3채무자로부터 계좌가 압류되었다는 내용 등의 문자메시지를 받았다는 사정만으로는 제1심판결이 있었던 사실을 알았다거나 사회통념상 그 경위를 알아볼 만한 특별한 사정이 없다고 하였다.[63]

④ 추후보완기간은 책임질 수 없는 사유가 없어진 날(초일불산입의 원칙 적용됨)부터 기산된다.

---

[60] 대판 2019. 12. 12, 2019다17836(소장부본·판결정본을 피고에게 공시송달 하였는데, 원고로부터 채권추심을 의뢰받은 회사 직원이 피고와 통화를 하면서 '제1심판결에 기한 채권추심을 한다고 말하였고, 이어 원고가 제1심 판결문에 기해 피고의 예금채권에 대한 채권압류 및 추심명령을 받아 그 압류 및 추심명령이 피고에게 송달되자 피고가 제1심판결 등본을 발급받은 후 추후보완항소를 제기한 사안).

[61] 대판 2020. 2. 6, 2018다26048, 26055(소장부본·판결정본을 피고에게 공시송달 하고, 그 후 피고가 다른 당사자를 상대로 부동산처분금지가처분을 신청하고 담보제공명령에 따라 담보공탁을 하자 원고가 제1심판결에 기해 피고의 공탁금회수청구권에 대하여 압류 및 추심명령을 받아 공탁금 중 일부를 수령하였는데, 피고가 공탁사건 기록에 대한 열람 및 복사 신청을 한 후 상당한 기간이 지나 추후보완항소를 제기한 사안).

[62] 대판 2020. 2. 13, 2018다222228(소장부본·판결정본을 피고에게 공시송달 하는 한편 이와 별도로 원고가 피고의 채권에 대한 가압류결정을 받음에 따라 제3채무자가 피고를 피공탁자로 하여 일정금액을 공탁하였고, 이에 원고가 제1심판결을 집행권원으로 위 가압류를 본압류로 이전하는 압류·추심명령을 받았는데, 공탁금에 대한 배당절차가 진행되어 배당기일통지서가 피고에게 송달되었고, 그 후 피고가 추후보완항소를 제기한 사안).

[63] 대판 2021. 3. 25, 2020다46601(소장부본·판결정본을 피고에게 공시송달 하였고, 원고가 제1심판결에 기하여 피고의 예금채권을 압류·추심하여 피고가 제3채무자인 신용협동조합으로부터 '법원요청으로 계좌가 압류되었다'는 내용과 압류·추심명령의 사건번호와 채권자가 기재된 문자메시지를 받았는데, 그로부터 2달이 지나 피고가 제1심판결정본을 영수한 후 추후보완항소를 제기한 사안).

(2) 추후보완의 방식

① 추후보완신청은 그 사유가 있는 당사자가 미처 하지 못한 본래의 소송행위의 방식으로 하면 된다. 별도로 추후보완신청을 낼 것은 아니다. 따라서 항소를 추후보완하려고 하면 단순히 항소장을 제출하면 된다. 추후보완사유는 소송요건으로서 법원의 직권조사사항이지만,[64] 추후보완사실을 주장하는 당사자가 이를 주장·입증하여야 한다.[65]

② 추후보완신청은 독립된 신청이 아니므로 추후보완사유의 유무와 해당 소송행위의 당부를 따로 심리하지 아니하고 같이 심리함이 원칙이다. 따라서 추후보완신청이 이유 있으면 보완되는 소송행위의 당부에 관하여 실질적인 판단을 하면 되고, 신청이 이유 없으면 당해 소송행위를 부적법 각하하면 된다. 다만 추후보완사유의 유무에 관하여 당사자 사이에 다툼이 있는 경우에 중간판결로 할 수 있고, 종국판결의 이유에서 판단할 수도 있다.

(3) 추후보완신청의 효력

추후보완의 종국적인 효과는 확정판결의 기판력의 배제를 구한다는 점에서 재심의 소($^{451}_{조}$)나 정기금판결에 대한 변경의 소($^{252}_{조}$)와 궤를 같이 한다. 하지만 보완신청만으로는 불변기간의 도과에 따른 판결의 형식적 확정력이 바로 해소되지는 아니하므로, 추완상소를 한 경우에도 불복을 신청한 판결의 기판력·집행력에 아무런 영향이 없다.[66] 따라서 강제집행을 정지하기 위하여는 별도로 민사소송법 제500조에 따른 강제집행정지의 결정을 받아야 한다.[67]

---

64) 대판 1990. 11. 27, 90다카28559; 대판 1999. 4. 27, 99다3150; 대판 2022. 10. 14, 2022다247538.

65) 대판 2000. 10. 28, 2000마5732; 대판 2012. 10. 11, 2012다44730; 대판 2013. 4. 25, 2012다98423; 대판 2017. 11. 14, 2015다214011(판결선고 및 송달사실을 알지 못하여 상소기간을 지키지 못한 데 과실이 없다는 사정은 상소를 추후 보완하고자 하는 당사자 측에서 주장·증명하여야 함); 대판 2021. 4. 15, 2019다244980, 244997(근무장소 외에서 동거인에게 송달한 경우); 대판 2022. 10. 14, 2022다247538(주장자인 피고에게 불이익이 돌아감).

66) 대판 1978. 9. 12, 76다2400.

67) 同旨: 이시윤, 432면; 정동윤/유병현/김경욱, 685면.

제 4 관 송   달

I. 의   의

송달(Zustellung)이라 함은 법원이 당사자, 그 밖의 소송관계인에게 소송상의
서류(예: 소장·답변서·준비서면·기일통지서·판결정본·상소장 등)의 내용을 알 수
있는 기회를 주기 위하여 법정의 방식에 따라 하는 통지행위를 말한다. 이것은
법원이 재판권의 작용으로서 행하는 것이고, 당사자 등에게는 절차적 기본권을 보
장하는 기능을 한다.

(1) 송달은 재판권의 한 작용이다. 따라서 재판권의 면제를 받는 사람에 대한
송달은 그가 임의수령하지 않는 한 강제적으로 할 수 없다.[68]

(2) 송달의 주체는 법원이므로, 법원이 직권으로 하는 것이 원칙이다($^{174}_{조}$). 따라서
송달은 원칙적으로 당사자의 신청을 필요로 하지 아니하고, 그 실시도 당사자에게
맡기지 아니한다. 이를 직권송달주의라 한다. 당사자에게 송달을 맡기는 경우인
당사자송달주의와 달리 송달을 신속하고 정확히 할 수 있는 장점이 있다. 송달은
소송절차의 시작·진행·종료에 있어서 매우 중요하다. 다만 직권송달주의의 예
외로 공시송달의 경우에는 당사자의 신청 또는 직권으로 이를 명할 수 있다($^{194}_{조}$).

(3) 송달은 법정(法定)의 방식으로 행하는 통지행위이다. 따라서 일정한 방식
없이 당사자에게 알리는 통지($^{144조 3항, 242조, 297조}_{2항, 426조, 민집 11조}$)와 구별되고, 송달은 특정인을 수취인
으로 하므로 불특정인을 대상으로 하는 공고($^{480조, 민}_{집 106조}$)와도 나르다. 어떠한 경우에 송
달이 필요한가는 법이 명시하고 있다.

(4) 송달의 주된 목적은 소송상의 서류의 내용을 알리는데 있지만, 그 외에도
다양한 목적을 가지고 있다. 예컨대 i) 단순한 통지의 목적($^{72조 2항, 85조 2항,}_{266조 4항, 273조}$), ii) 법원의
요구를 당사자, 소송관계인 등에게 알리기 위한 경우($^{167}_{조}$), iii) 소송행위를 완성시
키고 효력을 발생시키기 위한 경우($^{255,}_{469조}$), iv) 상소 등 기간의 진행을 개시시키기
위한 경우($^{396}_{조}$), v) 강제집행의 개시요건으로서의 통지($^{민집}_{39조}$), vi) 송달보고서의 작성
을 통해 해당 서류가 송달되었다는 사실을 증명하는 공증작용 등이 그것이다.

(5) 송달의 효력 문제는 직권조사사항이므로 당사자의 주장·증명에 불구하고 그
효력에 의심할 만한 사정이 있다면 법원은 직권으로 심리하여 판단하여야 한다.[69]

---

68) 대결 1975. 5. 23, 74마281.

(6) 송달은 소송절차의 시작·진행·종료에 있어서 매우 중요하다. 따라서 신속하고 적법한 송달은 소송의 적정·신속에 있어서 요체라고 할 수 있다. 따라서 송달업무의 개선을 위하여 송달실시기관인 우편집배원 등에 대한 지속적인 교육 등이 필요하다. 특히 소액사건의 경우에 있어서 적법하고 신속한 송달이 재판의 많은 부분을 차지하게 된다.

Ⅱ. 송달기관

송달기관(送達機關)은 송달사무의 담당기관과 송달의 실시기관으로 나누어진다.

1. 송달담당기관

송달사무는 원칙적으로 법원사무관 등이 처리한다($^{175조}_{1항}$). 이러한 송달사무에는 i) 송달서류의 작성·수령, ii) 송달서류를 직접 교부하여 송달하거나, 송달실시기관에 교부하여 송달을 실시하는 업무, iii) 송달실시 후에 송달실시기관으로부터 송달보고서를 받아 기록에 편철·보관하는 업무, iv) 공시송달처분 및 그 서류의 보관 등이 있다. 특히 신법에서 수소법원의 법원사무관 등은 송달하는 곳의 지방법원에 속하는 법원사무관 등 또는 집행관에게 송달사무를 촉탁할 수 있도록 하여($^{175조}_{2항}$), 관할구역 밖의 집행관에 의한 송달을 관할구역 외인 수소법원의 법원사무관 등이 직접 촉탁할 수 있게 되었다. 송달사무는 법원사무관 등이 자기의 판단과 책임 하에 행하는 고유권한이지만($^{175조}_{1항}$), 예외적으로 지연을 피하기 위한 공시송달의 경우($^{194조}_{3항}$) 및 공시송달의 취소($^{동조}_{4항}$)의 경우에는 재판장이 직접 할 수 있다.

2. 송달실시기관

(1) 송달실시기관은 원칙적으로 집행관과 우편배달원이며, 그 밖에 대법원규칙이 정하는 방법으로 할 수 있다($^{176}_{조}$). 실무상 통상적으로 우편배달원을 통하여 송달을 하고, 야간송달·유치송달 등 전문성이 필요한 경우에 집행관을 통한 송달을 하게 된다. 후자를 특별송달이라 한다.

(2) 예외적으로 법원사무관 등과 법원경위가 직접 송달실시기관이 되는 경우가

---

69) 대판 2022. 10. 14, 2022다229936.

있다. 즉 i) 법원사무관 등이 그 사건에 출석한 사람에 대하여 직접 행하는 교부송달($^{177}_{조}$), ii) 우편송달($^{184, 185,}_{187조}$), iii) 공시송달($^{194,}_{195조}$), iv) 전화 등을 이용한 송달($^{규칙}_{46조}$) 등이 그것이다. 또한 집행관에 의한 송달이 어려운 사정이 있는 경우에 직무대행으로서 법원경위에 의하여 송달을 할 수 있다($^{법조 64}_{조 3항}$).

(3) 송달의 촉탁은 수소법원의 재판장이 한다. 외국에서 하여야 하는 송달은 재판장이 그 나라에 주재하는 대한민국의 대사·공사·영사 또는 그 나라의 관할 공공기관에 촉탁하고($^{191}_{조}$),[70] 전쟁에 나간 군대, 외국에 주둔하는 군대에 근무하는 사람 또는 군에 복무하는 선박의 승무원에게 할 송달은 재판장이 그 소속 사령관에게 촉탁한다($^{192조}_{1항}$).

(4) 송달실시기관은 송달에 필요한 때에는 경찰공무원에게 원조를 요청할 수 있다($^{176조}_{3항}$).

(5) 송달한 기관은 송달에 관한 사유를 대법원규칙이 정하는 방법으로 법원에 알려야 한다($^{193조,}_{칙 53조}$^{규}). 통상 이를 서면에 의하여 하는데 송달보고서라 한다. 송달보고서에는 송달된 때에는 송달일시·장소·수령자를 기재하고, 송달불능인 경우에는 불능사유(예: 주소불명·수취인불명·폐문부재·수취인부재 등)를 기재한다. 법원사무관 등은 송달보고서를 우편배달원·집행관·법원경위 등으로부터 수령하면 접수인을 찍어 기록에 편철한다. 신법과 대법원 규칙에서는 정보통신기술의 발달에 대비하여 법원이 상당하다고 인정하는 때에는 전자통신매체를 이용한 통지로 서면통지에 갈음할 수 있도록 하고 있다($^{193조,}_{칙 53조}$^{규}). 현재 송달보고는 전자통신매체를 통한 통지로 이루어지고 있다.

Ⅲ. 송달서류

송달에 쓰이는 서류는 특별한 규정이 없으면 송달할 서류의 원본이 아니라, 등본 또는 부본을 교부하여 실시한다($^{178조}_{1항}$). 송달할 서류의 제출에 갈음하여 조서, 그 밖의 서면을 작성한 때에는 그 등본이나 초본을 교부한다($^{동조}_{2항}$). 다만 기일통지서 또는 출석요구서의 송달은 원본으로 하고($^{167조}_{1항}$), 판결의 송달은 정본($^{210조 2항}_{211조 2항}$)을 교부한다. 결정·명령의 경우에는 특별한 경우가 아니면 정본이 아닌 등본으로도 무

---

70) 외국에서 하는 송달에 관하여 외국의 관할관청에 촉탁하기 위하여는 그 전제로서 국가 사이의 사법공조가 필요하고, 이에 관한 조약으로는 「영사관계에 관한 비엔나협약」, 「헤이그송달협약」 등이 있다.

방하다.[71] 송달하여야 할 소송서류를 법원에 제출하는 때에는 송달에 필요한 수의 부본을 제출하여야 한다($\frac{규칙}{48조}$).

Ⅳ. 송달받을 사람

송달받을 사람은 원칙적으로 소송서류의 명의인인 당사자이나, 예외적으로 법정대리인·소송대리인·송달영수인 등이 있다.

1. 법정대리인

소송서류의 명의인이 소송제한능력자(예: 미성년자·피성년후견인)인 때에는 송달받을 자는 그의 법성대리인이나($\frac{179}{조}$). 송달서류의 명의인이 법인 그 밖의 단체인 때에는 소송제한능력자에 준하여 그 대표자 또는 관리인에게 송달하여야 한다($\frac{64}{조}$). 국가를 당사자로 하는 소송의 경우에는 수소법원에 대응하는 검찰청의 장에게 한다($\frac{국소\ 9}{조\ 1항}$). 다만 소송수행자 또는 소송대리인이 있는 경우에는 그에게 한다($\frac{국소\ 9}{조\ 2항}$). 부재자재산관리인이 선임되어 있는 경우에는 재산관리인에게 송달하여야 하고 부재자 본인을 상대로 한 공시송달은 부적법하다.[72]

2. 소송대리인

소송서류의 명의인인 당사자가 소송위임을 한 때에는 소송대리인이 송달받을 사람이다. 그러나 이 경우에 당사자본인에게 송달하여도 유효하다.[73] 여러 사람이 공동대리를 하는 경우에는 그중 1인에게 송달하면 된다($\frac{180}{조}$).[74] 다만 공동대리인들이 송달받을 대리인 1인을 지정하여 신고한 때에는 지정된 대리인에게 송달하여야 한다($\frac{규칙}{49조}$).

3. 법규상 송달영수권이 있는 사람

교도소·구치소 또는 국가경찰관서의 유치장에 체포·구속 또는 유치된 사람

---

71) 대결 2003. 10. 14, 2003마1144.
72) 대판 1968. 12. 24, 68다2021.
73) 대결 1970. 6. 5, 70마325.
74) 대판 1980. 11. 11, 80다2065(부재자의 재산관리인이 수인인 경우).

에게 할 송달은 교도소·구치소 또는 국가경찰관서의 장에게 한다($^{182}_{조}$). 군사용의 청사 또는 선박에 속하여 있는 사람에게 할 송달은 그 청사 또는 선박의 장에게 한다($^{181}_{조}$). 이 경우에 송달받은 교도소·청사 등의 장은 즉시 송달받을 명의인에게 그 송달된 서류를 교부하고, 본인이 소송수행에 지장을 받지 않도록 필요한 조치를 취하여야 한다($^{규칙}_{50조}$). 교도소 등의 소장은 재감자에 대한 송달에 있어서는 일종의 법정대리인이라고 할 것이므로, 재감자에 대한 송달을 교도소 등의 소장에게 하지 아니하고 그가 수감되기 전의 주소·거소에 하였다면 그 송달은 무효이며,[75] 수소법원이 송달을 실시함에 있어 당사자 또는 소송관계인의 수감사실을 모르고 종전의 주소·거소에 한 경우도 같다.[76]

4. 신고한 송달영수인

당사자·법정대리인 또는 소송대리인은 주소 등 외의 장소(대한민국 내의 장소로 한정함)를 송달받을 장소로 정하여 법원에 신고할 수 있고, 이 경우에는 송달영수인을 정하여 신고할 수 있다($^{184}_{조}$). 구법에서는 당사자·법정대리인 또는 소송대리인이 수소법원 소재지에 주소·거소, 영업소·사무소가 없는 때에는 송달영수인의 신고를 강제하고($^{구민송 171}_{조 1항}$), 이를 하지 아니한 경우에는 등기우편으로 발송할 수 있도록 하였다($^{구민송 171}_{조 2항}$). 신법은 종전의 송달장소와 송달영수인의 신고의무제를 임의적인 것으로 바꾸었다. 교통과 우편제도의 발전을 고려한 것이다. 신고한 송달영수인은 소송서류의 송달을 영수할 대리권만을 가진 임의대리인이다.[77]

V. 송달실시의 방법

송달실시의 방법은 교부송달(交付送達)을 원칙으로 한다. 그 외에 우편송달, 송

---

75) 다만 당사자가 소송계속 중에 수감된 경우에 제1심 법원이 피고에 대해 판결정본을 교도소장에게 송달하지 않고 피고 주소지로 공시송달을 한 것은 공시송달의 요건을 갖추지 못한 하자가 있으나, 재판장의 명령에 따라 공시송달을 한 이상 송달의 효력은 있다. 이 경우 피고는 과실 없이 제1심 판결의 송달을 알지 못하여 책임을 질 수 없는 사유로 항소기간을 준수할 수 없었던 때에 해당하므로 그 사유가 없어진 후 2주일 내에 추후보완 항소를 할 수 있다(대판 2022. 1. 13, 2019다220618).

76) 대판(전) 1982. 12. 28, 82다카349; 대결 2008. 3. 10, 2007모777; 대결 2017. 11. 7, 2017모2162.

77) 同旨: 정동윤/유병현/김경욱, 690면.

달함송달, 공시송달이 있다. 교부송달은 다시 보충송달과 유치송달이 있다. 또한 민사소송규칙에서는 전화 등을 이용한 송달, 변호사 상호간의 송달특칙 등을 정하고 있다.

1. 교부송달

교부송달이라 함은 송달받을 사람에게 송달할 서류의 등본 또는 부본을 교부하는 방법에 의한 송달을 말한다($^{178조}_{1항}$). 원칙적인 송달방법이다. 구법에서는 야간·공휴일에 집행관에 의한 송달을 하려면 법원의 허가를 받도록 하였으나, 신법에서는 이러한 허가제도를 폐지하고 당사자의 신청으로 가능하도록 하였다($^{190}_{조}$).

(1) 송달장소

① 송달장소는 송달을 받을 사람의 주소·거소·영업소 또는 사무소(이하 "주소 등"이라 한다)에서 하고, 다만 법정대리인에게 할 송달은 본인의 영업소나 사무소에서도 할 수 있다($^{183조}_{1항}$). 법인 등에 대한 송달은 법정대리인에 준하여 법인 등의 대표자 또는 관리인의 주소·거소, 영업소·사무소에서 하여야 한다($^{64}_{조}$). 여기에서 '영업소 또는 사무소'라는 것은 그 명칭과 관계없이 해당 법인 등의 영업소·사무소이어야 하고,[78] 한시적으로 설치되거나 운영되는 곳이라도 영업이나 사무의 내용, 기간 등에 비추어 어느 정도 반복해서 송달이 이루어질 것이 객관적으로 기대되면 '영업소 또는 사무소'에 해당한다고 보아야 한다.[79] 대표자 등이 겸임하고 있는 별도 법인의 영업소·사무소는 그 대표자의 근무장소일 뿐이므로 적법한 송달장소에 해당하지 아니한다.[80]

② 신법은 구법과 달리 자신의 영업소·사무소가 아닌 근무장소를 보충적인 송달장소로 인정하고 있다. 즉 송달받을 사람의 주소 등을 알지 못하거나 그 장소에서 송달할 수 없는 때에는 송달받을 사람이 고용·위임 그 밖에 법률상 행위로 취업하고 있는 다른 사람의 주소 등(근무장소)에서 송달할 수 있다($^{183조}_{2항}$). 핵가족 시대에 있어서 낮 시간에 집을 비우는 경우가 많은 현실을 반영한 것이다. 여기서의 근무장소는 현실의 지속적 근무장소를 지칭하는 것이므로, 지점에 근무하는 사람에 대하여 본점으로 송달하는 것,[81] 비상근이사, 사외이사 또는 비상근감

---

78) 대판 2003. 4. 11, 2002다59337(산하단체의 사무소에 대한 송달은 부적법함).
79) 대판 2014. 10. 30, 2014다43076.
80) 대판 1997. 12. 9, 97다31267; 대판 2004. 11. 26, 2003다58959.

사로 이름만 올려둔 회사 사무실로 송달하는 것[82] 등은 부적법하다.

③ 송달받을 사람의 주소 등 또는 근무장소가 국내에 없거나 알 수 없는 때에는 그를 만나는 장소에서 송달할 수 있고($^{183조}_{3항}$), 주소 등 또는 근무장소가 있는 사람의 경우에도 송달받기를 거부하지 아니하면 만나는 장소에서 송달할 수 있다($^{동조}_{4항}$). 이를 조우송달(遭遇送達) 또는 출회송달(出回送達)이라고 한다. 법원사무관 등이 그 사건에 관하여 출석한 사람에게 영수증을 받고 송달하는 것도 일종의 조우송달이다.

④ 당사자·법정대리인 또는 소송대리인이 송달받을 장소를 바꿀 때에는 바로 그 취지를 법원에 신고하여야 하고($^{185조}_{1항}$), 이를 신고하지 아니한 사람에게 송달할 서류는 달리 송달할 장소를 알 수 없는 경우 종전에 송달받던 장소에 대법원규칙이 정하는 방법(등기우편)으로 발송할 수 있다($^{동조 2항,}_{규칙 51조}$).

(2) 보충송달

보충송달(補充送達)이라 함은 송달장소에서 송달할 사람을 만나지 못하는 경우에 그와 일정한 관계에 있는 사람에게 대리송달 하는 경우이다. 대리인 송달이라고도 한다. 여기에는 종전과 같이 i) 주소 등에서의 보충송달($^{186조}_{1항}$)과 신법에서 인정하고 있는 ii) 근무장소에서의 보충송달($^{186조}_{2항}$)이 있다.

① 주소 등에서의 보충송달

주소 등(근무장소 외의 송달할 장소임) 송달할 장소에서 송달받을 사람을 만나지 못한 때에는 그 사무원, 피용자 또는 동거인으로서 사리를 분별할 지능이 있는 사람에게 서류를 교부할 수 있다($^{186조}_{1항}$). 주소 등의 송달할 장소에서 보충송달이 이루어져야 적법하다.[83] 사무원 등에게 소송서류가 교부된 때에 송달의 효력이 발생하고, 그 서류가 송달받을 사람에게 전달되었는지 여부는 송달의 효력과 관계없다.[84] 실무상 많이 활용된다.

(a) 여기에서 「사리를 분별할 지능이 있는 사람」이라 함은 송달의 의미를 이해하고 송달받을 사람에게 송달서류의 교부를 기대할 수 있는 능력을 갖춘 사람

---

81) 同旨: 정동윤/유병현/김경욱, 691면.

82) 대판 2015. 12. 10, 2012다16063.

83) 대결 2001. 8. 31, 2001마3790(송달할 장소가 아닌 우체국 창구에서 수송달자의 동거인에게 송달서류를 교부한 것은 비록 동거인이 송달받기를 거부하지 아니하여도 보충송달로서는 부적법); 대결 2018. 5. 4, 2018무513.

84) 대판 1984. 6. 26, 84누405; 대판 1992. 2. 11, 91누5877.

을 말한다.[85] 특별히 성년자임을 요하지 아니한다. 판례는 초등학교 3학년(만 8세
10개월) 학생,[86] 15세 7개월 된 가정부 등도 능력을 갖춘 사람으로 보고 있다. 구
체적인 능력 여부는 수령자의 변별능력 등을 종합적으로 검토하여 판단하면 된다
고 본다. 그러나 본인과 이해가 대립되어 본인에게의 전달이 합리적으로 기대하기
어려운 수령대행자에게는 보충송달을 할 수 없다.[87]

　(b) 또한 「사무원·피용자 또는 동거인」의 개념과 범위에 관하여 문제된다.
우선 「사무원·피용자」라 함은 송달받을 사람의 영업 또는 업무를 계속적으로 보
조하는 사람을 말하지만, 시간적으로 일시적인 보조도 포함한다.[88] 사무원이란 반
드시 송달받을 사람과 고용관계가 있어야 하는 것은 아니고, 평소 본인을 위하여
사무 등을 보조하는 자이면 충분하다.[89] 송달받을 사람과 인적·장소적 관련성을
가지고 있기 때문에 보충송달을 인정하는 것이다. 예컨대 회사의 대표자가 송달받
을 사람인 경우에 그 회사의 사무원 등의 피용자이면 되고, 그 취급사무를 묻지
아니한다. 빌딩·아파트의 경비원·관리인·수위에게 입주자에게 송달할 서류를
교부한 경우에 송달이 문제되는바, 판례는 종래에는 경비원 등의 송달수령권을 부
인하였으나,[90] 최근에는 그들이 오로지 경비업무 또는 관리업무만을 맡은 것이 아
니고 평소에 등기우편물 등을 대신하여 수령하여 왔다면 송달수령권을 인정하고
있다.[91]

　한편 여기에서 「동거인」이라 함은 송달받을 사람과 사실상 동일한 세대에 속
하여 생활을 같이하는 자를 의미하고, 법률상 친족관계에 있어야 하는 것은 아니
다.[92] 통상 법률상 배우자는 동거인으로 볼 수 있지만 법률상 배우자라고 하더라

---

　85) 대판 1980. 10. 14, 80누357.
　86) 대결 1968. 5. 7, 68마336; 대판 1990. 3. 27, 89누6013(초등학교 3학년, 만 9세 7개월). 다
만 판례 중 초등학교 2학년(만 8세 3개월)의 남학생의 경우에 이를 부정하는 경우도 있다(대결
2005. 12. 5, 2005마1039).
　87) 대판 2016. 11. 10, 2014다54366(채권압류 및 추심명령 결정정본이 제3채무자인 피고의 사
무원인 채무자에게 보충송달된 사안에서 소외인은 채권압류 및 추심명령의 채무자로서 피고와 이
해관계를 달리하는 당사자이므로 소외인에게 보충송달은 부적법하고 따라서 채권압류 및 추심명령
은 효력이 발생하지 아니함); 대판 2021. 3. 11, 2020므11658(소송당사자의 허락이 있다는 등의 특
별한 사정이 없는 한, 동일한 수령대행인이 소송당사자 쌍방의 소송서류를 동시에 송달받을 수 없
고, 그러한 보충송달은 무효임).
　88) 同旨: 정동윤/유병현/김경욱, 692면.
　89) 대판 2010. 10. 14, 2010다48455.
　90) 대판 1976. 4. 27, 76다192; 대판 1984. 2. 14, 83누233.
　91) 대판 1992. 9. 1, 92누7443; 대판 1998. 5. 15, 98두3679; 대판 2000. 7. 4, 2000두1164(위
판례 모두 송달수령권을 아파트 경비원에게 묵시적으로 위임한 것으로 본 사안임).
　92) 대판 2000. 10. 28, 2000마5732(이혼한 처가 동거한 경우); 대판 2013. 4. 25, 2012다98423;

도 별거와 혼인공동체의 실체 소멸 등으로 피고의 동거인으로서 보충송달을 받을 수 있는 지위를 인정할 수 없는 특별한 경우에는 송달의 효력에 관하여 심리하여 판단할 필요가 있다.[93] 동거인인지 여부는 생활을 공동으로 하는지 여부가 핵심적인 요소가 된다. 따라서 동일세대(同一世代)라고 하여도 임대인과 임차인 사이,[94] 같은 아파트 거주자 사이, 하숙인 사이 등은 생활을 공동으로 한다고 볼 수 없으므로 동거인으로 볼 수 없다. 그러나 평소에 수령자가 등기우편물 등을 받아준 경우거나,[95] 송달받은 자가 송달서류를 송달받을 동거인에게 전달해온 경우에는 송달은 유효하다.[96]

② 근무장소에서의 보충송달

근무장소에서 송달하게 되는 경우($^{183조}_{2항}$)에 송달받을 사람을 만나지 못한 때에는 사용자 또는 그 법정대리인이나, 피용자 그 밖의 종업원으로서 사리를 분별할 지능이 있는 사람에게 서류를 교부할 수 있으나, 다만 사용자 등이 이 서류의 수령을 거부하면 보충송달을 할 수 없다($^{186조}_{2항}$). 신법에서 근무장소에서의 교부송달을 인정하면서, 사용자 등의 수령거절이 없다는 조건하에 보충송달도 가능하도록 한 것이다.

(3) 유치송달

① 유치송달(遺置送達)이라 함은 송달받을 사람 또는 그 사무원, 피용자 또는 동거인으로서 사리를 분별할 지능이 있는 사람($^{186조}_{1항}$)이 정당한 사유 없이 송달받기를 거부하는 때에는 송달할 장소에 서류를 놓아둠으로써 행하는 송달을 말한다($^{동조}_{3항}$). 유치송달은 송달받을 사람 외에 그의 사무원, 피용자 또는 동거인이 정당한 사유 없이 송달받기를 거부한 경우에도 가능하다.

② 송달받을 사람의 근무장소에서 보충송달의 대상자가 이를 거부한 경우에는 보충송달조차 할 수 없으므로 유치송달도 할 수 없다. 예컨대 피고가 근무하는 직장 상사가 피고의 소장 부본의 송달을 거부한 경우에는 보충송달뿐만 아니라, 유치송달도 할 수 없다.

대판 2021. 4. 15, 2019다244980, 244997.
  93) 대판 2022. 10. 14, 2022다229936.
  94) 대결 1983. 12. 30, 83모53.
  95) 同旨: 이시윤, 439면; 대판 2011. 5. 13, 2010다108876(송달수령권을 묵시적으로 위임한 사안임). 反對: 한충수, 406면; 호문혁, 358면.
  96) 대판 1979. 1. 30, 78다2269.

③ 또한 주소 등 또는 근무지가 있는 사람의 경우에도 만나는 장소에서 조우송달이 가능하지만, 그가 송달받기를 거부하는 경우에는 유치송달을 할 수 없다($\frac{183조}{4항}$). 그러나 송달받을 사람의 주소 등 또는 근무장소가 국내에 없거나, 알 수 없는 때에는 그를 만나는 장소에서 송달하는 조우송달의 경우에는 유치송달도 가능하다($\frac{동조}{3항}$).

2. 우편송달

(1) 우편송달(郵便送達)이라 함은 i) 보충송달이나 유치송달도 불가능한 경우[97]이거나($\frac{187조, 예: 전가족이 장}{기 해외여행 중인 경우}$), ii) 당사자·법정대리인 또는 소송대리인이 송달장소를 변경하였음에도 바로 그 취지를 법원에 신고하지 아니한 경우이거나 송달장소를 변경하였다는 취지로 신고하였으나 그 변경된 장소로의 송달이 불능된 경우와,[98] 또는 기록에 현출된 자료만으로 송달할 장소를 알 수 없는 경우($\frac{185조 2항,}{규칙 51조}$)[99]에 법원사무관 등이 소송자료를 송달장소 또는 종전에 송달받던 장소[100]에 등기우편 등 대법원규칙이 정하는 방법으로 발송하는 송달방법이다($\frac{187}{조}$). 우편송달은 법원사무관 등이 직접 한다는 점에서 우편집배원이 하는 「우편에 의한 송달」과 구별하여 실무상 발송송달(發送送達)이라도 한다. 이것은 송달을 어렵게 한 자에 대한 제재적인 의미를 가지는 송달이다. 송달받는 자에게 불이익한 송달방법이고, 송달받는 자가 송달 여부를 알기 어렵기 때문에 신중을 기하여야 한다.[101]

---

97) 제187조에 따른 우편송달은 송달받을 자의 주소 등 송달하여야 할 장소는 밝혀져 있으나 송달받을 자는 물론이고 그 사무원, 고용인, 동거인 등 보충송달을 받을 사람도 없거나 부재하여서 원칙적 송달방법인 교부송달은 물론이고 보충송달과 유치송달도 할 수 없는 경우에 할 수 있는 것이고, 여기에서 송달하여야 할 장소란 실제 송달받을 자의 생활근거지가 되는 주소·거소 또는 영업소 또는 사무소 등 송달받을 자가 송달서류를 받아 볼 가능성이 있는 적법한 송달장소를 말하는 것이다[대판 2023. 5. 18, 2023다204224(대리인이 기재된 주소지라고 해도 소송서류를 받아 볼 가능성이 없다면 적법한 송달장소가 아니라고 함); 대판 2022. 3. 17, 2020다216462; 대결 2009. 10. 29, 2009마1029]. 제187조 사유에 의한 발송송달은 당해 송달서류에 한하나(대판 1994. 11. 11, 94다36278), 제185조 2항 사유는 이후의 모든 송달을 우편송달로 할 수 있다[同旨: 이시윤(2009), 387면 주 3)].

98) 대판 2022. 3. 17, 2020다216462 등.

99) 대판 2018. 4. 12, 2017다53623(다만 상대방에게 주소보정을 명하거나 직권으로 주민등록표 등을 조사할 필요까지는 없다고 함); 대판 2022. 3. 17, 2020다216462.

100) 비록 당사자가 송달장소로 신고한 바 있다고 하더라도 그 송달장소에 송달된 바 없다면 그곳을 민사소송법 제185조 제2항에서 정하는 '종전에 송달받던 장소'라고 볼 수는 없다고 할 것이다(대판 2012. 1. 12, 2011다85796; 대판 2022. 3. 17, 2020다216462 등).

101) 대판 2004. 10. 15, 2004다11988(원고의 피고에 대한 보정주소가 송달불능 된 경우에도 기록상 다른 주소가 기재되어 현출되어 있는 경우에는 그곳에 송달하여 보지 아니하고 바로 발송송

(2) 우편송달은 발신주의에 의하기 때문에 등기우편의 발송 시에 송달의 효력이 발생한다($\binom{189}{조}$). 확정일자 있는 우체국의 특수우편물 수령증이 첨부된 송달통지서가 있어야 한다.[102] 우편송달은 도달주의를 취하는 다른 송달과 달리 발신주의에 의하므로, 소송서류가 현실적으로 도달되었는지 여부와 그 시기가 문제되지 아니한다. 화해권고결정·이행권고결정의 송달은 우편송달에 의할 수 없으며($\binom{225조, 소}{심 5조의3}$), 외국재판이 우편송달에 의하여 이루어진 경우에는 우리나라에서 그 재판의 승인을 받는 데 문제된다($\binom{217조}{1항 2호}$).

(3) 신법에서 우편송달의 방법을 우편·통신기술의 발전을 고려하여 등기우편 등 대법원규칙이 정하는 방법으로 다양화하였으나, 대법원규칙에서는 아직 등기우편을 이용하도록 정하고 있다($\binom{규칙}{51조}$).

3. 송달함 송달

(1) 송달함 송달(送達函 送達)이란 법원 안에 송달할 서류를 넣을 함 즉 송달함을 설치하여 법원사무관 등이 직접 송달하는 송달방법이다($\binom{188}{조}$). 신법이 사서함제도를 본받아 신설한 송달방법으로서, 향후 대형로펌·소송이 많은 캐피털 회사 등의 이용이 예상된다.

(2) 송달함 송달은 법원사무관 등이 직접 하고($\binom{188조}{2항}$), 송달받을 사람이 송달함에서 서류를 수령하지 않는 경우에는 송달함에 서류를 넣은 지 3일이 지나면 송달된 것으로 본다($\binom{동조}{3항}$). 구체적인 송달함의 이용절차와 수수료, 송달함을 이용하는 송달방법 및 송달함으로 송달할 서류에 관한 사항은 민사소송규칙 제52조에 상세히 규정하고 있다.

4. 공시송달

(1) 의 의

공시송달(公示送達, öffentliche Zustellung)이라 함은 법원사무관 등이 송달서류를 보관하고 그 사유를 i) 법원게시판이나, ii) 관보·공보·신문게재나, iii) 전자통신매체를 이용한 공시 중 하나의 방법으로 알리는 송달방법을 말한다($\binom{195조, 규칙}{54조 1항}$).

달 하는 것은 위법임).

102) 대결 2000. 1. 31, 99마7663.

이것은 당사자의 주소 등 행방을 알기 어려운 송달불능의 경우에 통상의 송달방법으로 송달을 실시할 수 없는 때에 인정하는 비상의 송달방법이다. 송달받을 자는 공시된 것을 알게 되면 언제든지 법원사무관 등으로부터 송달서류를 받아 갈 수 있다.

(2) 요 건

① 공시송달은 송달받을 사람에게 실제로 송달서류를 교부하지 않은 상태에서 송달의 효력을 발생시키는 제도이므로 엄격한 요건 하에 인정된다. 즉 i) 당사자의 주소 등 또는 근무장소를 알 수 없는 경우,[103] ii) 외국에서 하여야 할 송달에 관하여 제191조에 의한 촉탁송달을 할 수 없거나(예: 우리나라가 해당 외국과 사이에 사법공조협약이 없거나 국제관행이 없어 촉탁송달이 불능한 경우), 이에 의하여도 효력이 없는 것으로 인정되는 경우(예: 해당 외국이 현재 전쟁 중이어서 촉탁송달이 사실상 불가능한 경우)에만 허용된다. 다만 2023년 4월 18일 민사소송법 일부개정(법률 제19354호, 사행; 2023. 10. 19.)으로 제194조 제4항을 신설하여 "원고가 소권(항소권 포함)을 남용하여 청구가 이유 없음이 명백한 소를 반복적으로 제기한 것에 대하여 법원이 변론 없이 소를 각하하는 경우에는 재판장은 피고에 대하여 공시송달을 명할 수 있다."고 하였다. 소권남용 등의 경우에 공시송달의 특칙을 규정한 것으로 평가할 수 있다.

② 또한 공시송달은 당사자나 이에 준하는 보조참가인에 한하고, 증인·감정인에의 송달에서는 허용되지 아니한다.

③ 공시송달은 다른 송달방법에 의하는 것이 불가능한 경우에 한하여 인정되는 보충적·비상적(補充的·非常的) 송달방법이다.

(3) 절 차

① 당사자의 주소 등 또는 근무장소를 알 수 없는 경우 또는 외국에서 하여야 할 송달에 관하여 제191조의 규정(외국에서 하여야 하는 송달은 재판장이 그 나라에 주재하는 대한민국의 대사·공사·영사 또는 그 나라의 관할 공공기관에 촉탁함)에 따를 수 없거나 이에 따라도 효력이 없을 것으로 인정되는 경우에는 법원사무관 등

---

103) 대판 1991. 10. 22, 91다9985(법인의 대표자가 사망하여 그 대표자가 정하여 지지 아니하여 송달할 수 없는 경우에는 공시송달 할 수 없음); 대결 2011. 10. 27, 2011마1154(단순히 폐문부재인 경우에는 공시송달 할 수 없음).

은 직권으로 또는 당사자의 신청에 따라 공시송달을 할 수 있다($\frac{194조}{1항}$). 그 사유를 소명하여야 하고($\frac{동조}{2항}$), 재판장은 소송의 지연을 피하기 위하여 필요하다고 인정하는 때에는 공시송달을 명할 수 있고($\frac{동조}{3항}$), 또한 직권으로 또는 신청에 따라 법원사무관 등의 공시송달처분을 취소할 수 있다($\frac{동조}{4항}$). 종전에는 재판장의 명령으로 공시송달 할 수 있었지만, 2014년 12월 30일 민사소송법 개정을 통하여 절차의 원활한 진행을 위하여 1차적으로 법원사무관 등이 진행하고, 재판장은 소송지연을 피하기 위하여 필요하다고 인정하는 때에는 공시송달을 직접 명할 수 있고($\frac{동조}{3항}$), 직권 또는 신청에 따라 법원사무관 등의 공시송달처분을 취소할 수 있도록 하였다.

(a) 우선 당사자가 공시송달신청을 할 경우에 송달받을 사람의 행방을 알 수 없다는 사유를 소명하여야 한다($\frac{194조}{2항}$). 통상 공문서인 전 주소지의 읍·면·동장에 의한 불거주확인서나 주민등록이 말소되었다는 증명을 받아 제출한다. 신청인은 공시송달신청이 기각된 경우에 항고할 수 있다($\frac{439}{조}$).

(b) 직권에 의한 공시송달은 당사자의 신청을 기대하기 어렵거나, 소송지연을 막기 위하여 인정된다. 예컨대 소제기 후에 원고가 소재불명 되었거나, 피고가 소송진행 중에 소재불명 된 경우(물론 이 경우에 185조의 송달장소변경의 신고의무위반을 이유로 우편송달이 가능함) 등을 생각할 수 있다.

② 공시송달은 법원사무관 등이 송달서류를 보관하고 그 사유를 i) 법원게시판이나, ii) 관보·공보·신문게재나, iii) 전자통신매체를 이용한 공시 중 하나의 방법으로 하여야 한다($\frac{195조, 규칙}{54조 1항}$). 종래에는 법원게시판을 통한 공시만을 하였으나, 신법에서 공시송달의 실효성(實效性)을 높이기 위하여 「그 밖에 대법원규칙이 정하는 방법」을 규정하였고, 민사소송규칙 제54조 제1항에서 위 ii), iii)의 방법을 구체적으로 도입하였다. 법원은 2004년 1월 15일부터 인터넷상의 대법원 홈페이지 (http://www.scourt.go.kr)의 게시판을 이용하여 공시송달을 하고 있어 위 iii)의 공시방법에 따르고 있다.

(4) 효 력

① 첫 공시송달은 게시한 날부터 2주가 지나야 효력이 발생하고, 같은 당사자에게 하는 그 뒤의 공시송달은 실시한 다음 날부터 효력이 생긴다($\frac{196조}{1항}$). 그러나 외국에서 할 송달에 대한 공시송달의 경우에는 처음의 효력은 2월이 지나야 효력이 발생한다($\frac{동조}{2항}$). 이러한 기간은 늘릴 수는 있어도 줄일 수 없다($\frac{동조}{3항}$).

② 판례는 공시송달이 재판장의 명령인 재판의 형식으로 이루어지기 때문에

요건에 흠이 있다고 하여도 유효한 송달로 본다.[104] 따라서 공시송달이 무효임을 전제로 한 재송달은 있을 수 없고, 공시송달명령에 불복할 수도 없다.[105] 그러므로 잘못된 공시송달명령에 따라 심리가 진행되어 패소한 경우에 송달받을 사람은 선택에 따라 추후보완항소($^{173}_{조}$) 또는 재심($^{451조 1}_{항 11호}$)에 의하여 구제받을 수 있다.[106]

문제는 2014년 12월 30일 민사소송법 개정으로 공시송달의 1차적 처분을 법원사무관 등이 하게 되었다는 이유로 공시송달의 무효임을 전제로 한 재송달 및 불복을 못하도록 하는 위 대법원의 판례가 유지될 수 있는지 여부에 대하여 의문을 제기하는 견해가 있다.[107] 그러나 법원사무관 등의 1차적 공시송달처분에 대하여 재판장이 직권 또는 당사자의 신청으로 공시송달처분을 취소할 수 있도록 하였으므로 실질적으로 종전과 달라진 것이 없다고 보아야 한다. 따라서 기존의 판례는 그대로 유지하는 것이 타당하다고 본다. 다만 법원사무관 등이 공시송달처분을 하지 아니하는 경우 민사소송법 제194조 세3항에 따라 재판장에게 공시송달의 명령을 하여줄 것을 촉구하거나, 제223조(법원사무관 등의 처분에 대한 이의)에 따라 이의 할 수 있다.[108] 법원사무관 등이 부당하게 공시송달처분을 할 경우에는 제194조 제4항에 따라 그 취소를 신청하면 될 것이고, 신청에 대한 기각결정에 불복이 있는 당사자는 항고할 수 있다고 할 것이다($^{439}_{조}$).

③ 공시송달의 한계

(a) 공시송달을 받은 당사자는 현실적으로 송달사실을 알기를 기대하기 어렵기 때문에 자백간주·소취하간주 등의 기일해태의 불이익($^{150조 3항, 1항;}_{268조 2항, 3항}$),[109] 답변서제출의무($^{256조 1}_{항 단서}$)·변론준비절차($^{279조}_{이하}$)·외국판결의 승인규정($^{217조 1}_{항 2호}$) 등이 적용되지 아니한다. 또한 화해권고결정($^{225조}_{2항}$)·조정을 갈음하는 결정($^{민조 38}_{조 2항}$)·이행권고결정($^{소심 5조}_{의3}$)·지급명령($^{462조}_{단서}$), 환경분쟁조정법에 따른 재정문서[110]는 공시송달에 의할 수 없다.

(b) 다만 지급명령에 있어서는 2014년 10월 15일 「소송촉진 등에 관한 특례법」 제20조의2의 신설에 따라 은행법, 중소기업은행법상의 은행 등이 그 업무와

---

104) 대결(전) 1984. 3. 15, 84마20; 대결 1991. 2. 27, 91마18.

105) 대판 1992. 10. 9, 92다12131.

106) 대판 1980. 7. 8, 79다1528; 대판 1985. 8. 20, 85므21; 대판 2011. 12. 22, 2011다73540.

107) 이시윤, 443면.

108) 同旨: 이시윤, 443면. 反對; 정동윤/유병현/김경욱, 697면.

109) 다만 피고를 공시송달로 진행하다가 원고도 송달불능이 되어 공시송달이 된 경우에는 예외적으로 기일해태의 불이익에 따른 소취하 간주가 될 수 있다.

110) 대판 2016. 4. 15, 2015다201510.

사업으로 취득하여 행사하는 대여금, 구상금, 보증금 및 그 양수금 채권에 대하여 지급명령을 신청하는 경우에는 공시송달에 의한 지급명령이 가능하게 되었다.

5. 송달의 특칙

(1) 기일의 간이통지방법에 의한 송달

법원은 대법원규칙이 정하는 간이한 방법에 따라 기일을 통지할 수 있다($^{167조 2}_{항 전문}$). 민사소송규칙 제45조 제1항에서 기일의 간이통지는 전화·팩시밀리·보통우편 또는 전자우편으로 하거나, 그 밖에 상당하다고 인정되는 방법으로 할 수 있다고 정하고 있다. 간이통지방법에 따라 기일을 통지한 때에는 법원사무관 등은 그 방법과 날짜를 소송기록에 표시하여야 한다($^{규칙 45}_{조 2항}$). 이 경우 기일에 출석하지 아니한 당사자·증인 또는 감정인 등에 대하여 법률상의 제재, 그 밖에 기일을 게을리 함에 따른 불이익을 줄 수 없다($^{167조 2}_{항 후문}$). 이러한 간이통지에 의한 송달방법은 기일의 경우에 한하고, 간이통지를 받고 출석하지 아니하여도 당사자·증인 또는 감정인 등에 대하여 법률상의 제재, 그 밖에 기일을 게을리 함에 따른 불이익을 줄 수 없다는 것이 특징이다.

(2) 민사소송규칙상의 특칙

민사소송규칙은 소송대리인이 변호사인 경우에 일정한 특칙을 정하고 있다($^{176조 1항, 규}_{칙 46, 47조}$).

① 전화 등을 이용한 송달

변호사인 소송대리인에 대한 송달은 법원사무관 등이 전화·팩시밀리·전자우편 또는 휴대전화 문자전송을 이용하여 할 수 있다($^{규칙 46}_{조 1항}$). 이 경우에 법원사무관 등은 송달보고서를 별도로 작성하지 아니하고 송달받은 변호사로부터 송달을 확인하는 서면을 받아 소송기록에 붙이면 된다($^{동조}_{2항}$). 법원사무관 등은 변호사인 소송대리인에 대한 송달을 하는 때에는 이러한 송달을 우선적으로 고려하여야 한다($^{동조}_{3항}$).

② 변호사 사이의 직접 송달

양쪽 당사자가 변호사를 소송대리인으로 선임한 경우 한쪽 당사자의 소송대리인인 변호사가 상대방 소송대리인인 변호사에게 송달될 소송서류의 부본을 교부하거나, 팩시밀리 또는 전자우편으로 보내고 그 사실을 법원에 증명한 때에는 송달의 효력이 있고, 다만 그 소송서류가 당사자 본인에게 교부되어야 할 경우에는 그러하지 아니하다(규칙47조1항). 이에 따른 송달의 증명은 소송서류의 부본을 교부받거나 팩시밀리 또는 전자우편으로 받은 취지와 그 날짜를 적고 송달받은 변호사가 기명날인 또는 서명한 영수증을 제출함으로써 할 수 있고, 다만 소송서류 원본의 표면 여백에 송달받았다는 취지와 그 날짜를 적고 송달받은 변호사의 날인 또는 서명을 받아 제출하는 때에는 따로 영수증을 제출할 필요가 없다(동조2항).

(3) 전자소송법상의 특칙

「민사소송 등에서의 전자문서 이용 등에 관한 법률(전자소송법이라 함)」제11조에 의하면 미리 대법원 전산정보처리시스템을 이용한 민사소송 등의 진행에 동의한 등록사용자의 경우에는 전자정보처리시스템에 의하여 전자적으로 송달할 수 있도록 하였다(전송11조1항). 이 경우 송달받을 자가 등재된 전자문서를 확인한 때에 송달된 것으로 본다(동조본문4항). 다만 그 등재사실을 통지한 날부터 1주 이내에 확인하지 아니하는 때에는 등재사실을 통지한 날부터 1주가 지난 날에 송달된 것으로 본다(동항단서). 다만 등재된 전자문서가 등록사용자의 미확인으로 송달간주 되는 구체적인 시기는 전자우편과 문자메시지 양자 모두의 방법으로 등재사실이 통지된 날로부터 1주가 지난 날이라고 보아야 한다.[111] 향후 전자소송이 전체 소송에 차지하는 비율이 높아짐에 따라 전자소송법에 따른 전자송달이 대세를 이루어 갈 것으로 본다.

VI. 외국에서 하는 송달(촉탁송달)

(1) 외국에서 하여야 하는 송달은 재판장이 그 나라에 주재하는 대한민국의 대사·공사·영사 또는 그 나라의 관할 공공기관에 촉탁한다(191조). 이러한 촉탁송달은 외국과 우리나라 사이에 사법공조협약이 있거나, 그렇지 아니하더라도 국제관행 또는 상호보증이 있음을 전제로 한다(국제공조4조). 현재 우리나라는 2000년 1월 13일 다자조약인 헤이그송달협약(정식명칭: 「민사 또는 상사의 재판상 및 재판외 문서의 해외송달에 관한 협약」, 발효: 2000. 8. 1)에 가입하였고, 호주·중국·몽골·우즈베키

---

111) 대결 2013. 4. 26, 2013마4003.

스탄 등과 사법공조협약이 체결되어 있다. 이러한 다자조약 또는 쌍무조약으로서의 사법공조협약이 체결되어 있지 아니하거나, 상호보증이 없는 경우에는 국제예양에 따른 임의적인 협조가 없는 한은 외국에서 하는 촉탁송달이 불가능하다. 다만 미국과 같이 자신이 사법공조계약을 체결하지 아니한 경우에도 사법공조를 일방적으로 표명한 경우에는 사법공조협약 등이 없어도 가능하다고 할 것이다. 구체적인 절차는 국제민사사법공조법에 정하고 있다(자세한 내용은 제2편 제1장 제2절 Ⅳ.항 참조).

(2) 외국에서 하여야 하는 송달의 경우에 송달을 촉탁할 수 없거나 촉탁하여도 효력이 없을 것으로 인정되는 경우에는 공시송달의 방법을 이용할 수 있다($^{194조}_{1항}$).

Ⅶ. 송달의 흠(하자)

(1) 송달이 법에 정한 방식을 위배한 경우에는 흠 있는 송달이 된다. 흠 있는 송달은 원칙적으로 무효이다. 여기에는 i) 송달받을 사람이 아닌 사람에게 한 송달(예: 수감자에 대한 송달은 법정대리인에 준하여 교도소소장에게 하여야 함에도 종전 주소로 한 경우 또는 법정대리인에게 송달하여야 함에도 본인에게 직접 한 경우), ii) 수령권자가 아닌 자에 대한 송달($^{186조, 예: 임대}_{인에 대한 송달}$), iii) 송달장소가 아닌 곳에서의 유치송달, iv) 보충송달·유치송달을 해보지 않고 바로 우편송달을 한 경우($^{187}_{조}$) 등이 있다. 하지만 공시송달요건에 흠이 있는 경우이거나, 송달통지서에 우편집배원의 날인이 없는 경우 등은 송달이 무효가 되지 아니한다.

(2) 그러나 송달에 흠이 있다고 하여도 i) 송달받을 자가 이를 추인하거나, ii) 이의 없이 변론하거나 수령하면, 이의권의 포기·상실($^{151}_{조}$)로서 흠이 치유되어 유효한 송달이 된다.[112] 그러나 불변기간의 기산점에 관련된 송달(예: 상소기간의 기산점이 되는 판결정본의 송달)에 위법이 있는 경우에는 이의권의 포기·상실이 허용되지 아니한다.[113] 특히 자백간주로 인한 판결편취의 경우가 문제되는데, 판례는 판결정본이 피고의 허위주소에 송달된 것이므로 송달이 무효이므로 송달받은 때부터 기산되는 불변기간인 상소기간은 진행될 수 없다고 본다(자세한 것은 판결의 편취부분 참조).[114]

---

112) 대판 1998. 2. 13, 95다15667(사망자에 대한 송달을 상속인이 이의 없이 현실적으로 송달받은 경우).

113) 대판 2002. 11. 8, 2001다84497.

제 5 관 소송절차의 정지(중단·중지)

I. 총   설

1. 의   의

(1) 소송절차의 정지(Stillstand des Verfahrens)라 함은 소송계속 중에 그 소송절차가 법률상 진행할 수 없는 상태로 되는 것을 말한다. 따라서 법원에 의한 기일의 추후지정, 당사자의 기일불출석 등과 같이 소송절차가 사실상 정지된 경우와는 구별된다. 소송절차의 정지(停止)를 인정하는 것은 당사자 일방의 사망·합병, 법정대리권의 소멸 등과 같은 사유가 발생하였음에도 법원이 소송절차를 그대로 진행하는 것은 그 당사자의 절차기본권을 침해하는 것으로 雙方審理主義에 반하기 때문이다.

(2) 정지제도는 雙方審理主義를 관철하기 위한 것이므로 양 당사자의 대석심리를 전제로 한 판결절차에만 적용되는 것이 원칙이다. 그러나 이에 준하는 절차인 독촉절차, 제소전화해절차, 항고절차, 소송비용확정절차, 가압류·가처분절차[115] 등에서는 인정된다. 그러나 대석적 변론에 의한 재판의 적정보다는 신속을 추구하는 강제집행절차,[116] 임의경매절차,[117] 증거보전절차에는 준용되지 아니한다.

2. 종   류

소송절차의 정지에는 중단(中斷)과 중지(中止)의 두 가지가 있다. 독일 민사소송법에는 법원의 명령에 의한 소송절차의 휴지제도(休止制度, Ruhe)가 있다.

(1) 소송절차의 중단(Unterbrechung des Verfahrens)이라 함은 당사자나 소송수행자에게 소송수행을 할 수 없는 사유가 발생하였을 경우에 새로운 소송수행자가

---

114) 대판(전) 1978. 5. 9, 75다634; 대판 1997. 5. 30, 97다10345.

115) 대판 1976. 2. 24, 75다1240(가압류); 대판 1993. 7. 27, 92다48017(처분금지가처분). 신청 시에는 채무자가 생존하였지만 가처분 및 가압류 결정 당시 사망한 경우에 소송중단 및 수계절차 없이 결정의 무효 여부에 관한 판결인 점에서 가처분 및 가압류절차에 당연히 소송절차의 중단이 인정됨을 전제로 한 판결이라고 보아야 한다. 同旨: 방순원, 519면; 정동윤/유병현/김경욱, 702면. 反對: 이시윤, 446면.

116) 대판 1970. 11. 24, 70다1894.

117) 대판 1998. 10. 27, 97다39131.

소송에 관여할 수 있을 때까지 법률상 당연히 절차의 진행을 정지하는 것을 말한다. 중단은 법정의 사유가 발생하면 당연히 생기고, 새로운 소송수행자 또는 상대방의 수계신청이나 법원의 속행명령에 의하여 해소된다.

(2) 소송절차의 중지(Aussetzung des Verfahrens)이라 함은 당사자에게 소송을 진행할 수 없는 장애가 생겼거나 진행에 부적당한 사유가 발생하여, 법률상 당연히 또는 법원의 결정에 의하여 절차가 정지되는 경우이다. 새로운 소송수행자로 교체되지 않고, 수계절차가 없다는 점이 중단과는 다르다.

(3) 이 밖에 제척·기피의 신청($^{48}_{조}$), 관할지정 신청($^{규칙}_{9조}$)의 경우에도 소송절차가 정지된다. 그러나 이 경우에는 긴급을 요하는 경우에는 예외가 인정되고, 종국판결 후에는 발생하지 아니한다는 점에서 위 중단·중지와는 차이가 난다.

Ⅱ. 소송절차의 중단

1. 중단사유

중단은 다음의 법정사유가 존재하면 당연히 발생한다.

(1) 당사자의 사망($^{233}_{조}$)

소송계속 중에 당사자가 죽은 때에 소송절차는 중단된다. 이 경우에 당사자는 상속인 등으로 교체된다.

① 소송계속 후 변론종결 전에 당사자가 사망하여야 한다. 따라서 소제기 전에 이미 사망한 사람이 당사자가 된 경우에는 당사자표시정정($^{일사}_{절}$) 또는 당사자변경($^{표시}_{절}$)이 가능할 뿐이고, 소송절차의 중단사유로 되지 아니하여 상속인에 대한 수계신청이 허용되지 아니한다.[118] 다만 판례는 당사자가 사망하더라도 그가 선임한 대리인의 소송대리권은 소멸하지 아니하므로($^{95조}_{1호}$) 소송위임 후 소제기 전에 사망하였는데 소송대리인이 그 사실을 모르고 사망자를 원고로 소를 제기한 경우 제233조 제1항의 유추적용을 인정하여 상속인의 소송수계를 인정하고 있다.[119] 여기에서 당사자의 사망은 실종선고에 의한 사망간주도 포함된다.[120]

---

118) 대판 1962. 8. 30, 62다275; 대판 1987. 3. 24, 85다카1151; 대판 1996. 2. 9, 94다24121.
119) 대판 2016. 4. 29, 2014다210449.
120) 대판 1987. 3. 24, 85다카1151; 대판 1996. 2. 9, 94다24121.

② 소송계속 중에 사망한 경우에도 소송물인 권리의무가 상속 대상이 되지 않는 경우 등은 중단되지 않고 바로 소송절차가 종료된다. 여기에는 i) 상속인이 상속포기기간 내에 포기한 경우($^{민\ 1019}_{조\ 1항}$), ii) 권리의무가 사망으로 소멸하거나 일신전속적 권리인 경우이다. 후자의 예로 이혼소송 중에 일방 당사자가 사망한 경우,[121] 직위해제 및 면직처분의 무효확인소송 중에 일방 당사자의 사망,[122] 양육자지정 및 양육비지급 청구 중 당사자 본인의 사망,[123] 이사의 지위에서 이사회결의무효확인소송 중 당사자인 이사의 사망,[124] 공동광업권소송에서 공동광업자의 사망[125] 등이 있다.

③ 또한 상대방 당사자가 한쪽 당사자의 승계인이 된 때에도 혼동으로 인하여 소송절차는 중단되지 않고 종료된다.

④ 통상공동소송에서는 사망한 당사자와 그 상대방 사이에만 중단이 생기는 데 반하여, 필수적 공동소송에서는 전면적 중단이 생긴다($^{67조}_{3항}$).

(2) 법인의 합병($^{234}_{조}$)

법인이 합병으로 소멸한 경우에는 소송절차가 중단된다. 그러나 합병 이외의 해산사유의 경우에는 법인이 청산의 목적범위 안에서 존속되기 때문에 중단되지 않는다($^{민\ 81,}_{상\ 245조}$). 비법인사단·재단의 경우도 같다($^{52}_{조}$).

단순히 당사자인 법인으로부터 영업양도를 받았다는 것 만으로서는 당사자가 하는 소송의 수계원인이 되지 않으며,[126] 법인 아닌 사단의 단순한 명칭 변경의 경우도 같다.[127] 그러나 합병 이외의 사유라도 법인 등이 청산절차를 밟지 않고 소멸하는 경우에는 중단된다.[128] 예컨대 법인의 권리의무가 상법상 회사분할규정

---

121) 대판 1993. 5. 27, 92므143; 대판 1994. 10. 28, 94므246, 253. 다만 이혼판결 후에 재심소송 계속 중에 재심피고가 사망한 경우에는 소송절차가 종료되지 아니하고 검사가 소송수계를 한다 (대판 1992. 5. 26, 90므1135).
122) 대판 2007. 7. 26, 2005두15748.
123) 대판 1995. 4. 25, 94므536.
124) 대판 1981. 7. 16, 80다370; 대판 2019. 2. 14, 2015다255258(이사가 주주총회결의 취소의 소를 제기하였다가 소송 계속 중이나 사실심 변론종결 후에 사망한 경우); 대판 2019. 8. 30, 2018 다224132(단체의 정관에 따른 의사결정기관의 구성원이 그 지위에 기하여 의사결정기관이 한 결의의 존재나 효력을 다투는 민사소송을 제기하였다가 소송계속 중이나 사실심 변론종결 후에 사망한 경우).
125) 대판 1981. 7. 28, 81다145(특별히 승계한다는 약정이 없다면 사망으로 조합관계에서 당연히 탈퇴함).
126) 대판 1962. 9. 27, 62다441.
127) 대결 1967. 7. 7, 67마335.

또는 법률규정에 의하여 새로 설립된 회사 등에 승계된 경우,[129) 행정구역의 폐지
(廢止)·분합(分合)의 경우도 중단된다.

(3) 당사자의 소송능력의 상실, 법정대리인의 사망, 법정대리권의 소멸($\substack{235\\조}$)

당사자의 소송능력의 상실, 법정대리인(법인 등의 대표자의 경우 포함)의 사망,
법정대리권의 소멸(법인 등의 대표자의 대표권의 소멸도 포함)의 경우에는 당사자
자체가 변경되지는 않지만 소송수행자가 교체되어야 하므로 중단된다. 당사자가
소송능력을 상실하였다는 것은 소송계속 중 성년후견개시의 심판을 받은 경우이
고, 법정대리인의 대리권의 소멸에는 가처분에 의한 직무집행정지가 된 경우를 포
함한다.[130) 다만 법정대리권이나 법인 등의 대표권의 소멸은 상대방에게 통지하여
야 효력이 있으므로($\substack{63,\\64조}$) 통지가 있어야 중단된다.[131)

그러나 소송대리인의 사망과 소송대리권의 소멸의 경우에는 본인 스스로 소송
행위를 할 수 있으므로 중단사유가 되지 아니하나, 변호사강제주의를 취하고 있는
증권관련 집단소송($\substack{증집 5조\\1항}$)에 있어서는 원고 측 소송대리인의 전원이 사망 또는 사
임하거나 해임된 때에는 소송절차는 중단된다($\substack{증집 26\\조 3항}$).

(4) 신탁재산에 관한 소송의 당사자인 수탁자의 임무종료($\substack{236\\조}$)

신탁법에 의한 수탁자의 임무가 종료된 경우에 소송절차가 중단된다. 여기에
명의신탁관계는 포함하지 아니한다.[132)

(5) 소송담당자의 자격상실($\substack{237조\\1항}$)·선정당사자 전원의 자격상실($\substack{237조\\2항}$)

일정한 자격에 의하여 자기 이름으로 남을 위하여 소송당사자가 된 사람이 그
자격을 잃거나 죽은 때에 소송절차는 중단되고, 이 경우 같은 자격을 가진 사람
이 소송절차를 수계하여야 한다($\substack{237조\\1항}$).[133) 증권관련 집단소송에서 대표당사자 전원

---

128) 同旨: 이시윤, 448면; 정동윤/유병현/김경욱, 673면.

129) 대판 1970. 4. 28, 67다1262; 대판 1984. 6. 12, 83다카1409; 대판 2002. 11. 26, 2001다
44352; 대판 2012. 4. 12, 2009다22419.

130) 대판 1980. 10. 14, 80다623, 624.

131) 日最判, 1968. 4. 16, 民集 22. 4. 929.

132) 대판 1966. 6. 28, 66다689.

133) 집합건물의 관리단과 관리인으로부터 관리업무를 위탁받은 위탁관리업자는 제237조 제1항에
서 정한 '일정한 자격에 의하여 자기의 이름으로 남을 위하여 소송당사자가 된 사람'에 해당하므로
위탁관리업자가 구분소유자 등을 상대로 체납관리비청구 소송을 수행하던 중 관리위탁계약이 종료
된 경우에는 소송절차가 중단되고, 새로운 위탁관리업자가 소송을 수계하여야 하고, 그가 없으면

이 사망하거나 사임한 때 또는 수송수행이 금지된 경우도 같다($\frac{중집, 22}{조, 24조}$). 일정한 자격에 의하여 자기 이름으로 남을 위하여 소송당사자가 된 사람이라 함은 파산관재인, 회생회사의 관리인, 유언집행자 등을 말한다. 그러나 소송담당자 중에서 권리주체와 병행하여 소송수행권을 가지는 채권자대위소송의 채권자, 대표소송의 소수주주 등은 여기에 해당하지 아니한다. 선정당사자의 일부만이 자격을 상실한 경우에는 나머지 선정당사자가 모두를 위하여 소송수행을 할 수 있으므로 중단되지 아니한다($\frac{54}{조}$).

(6) 파산재단에 관한 소송 중의 파산선고와 파산해지($\frac{239,}{240조,}$)

① 당사자가 파산선고를 받은 때에 파산재단에 관한 소송절차는 중단된다($\frac{239조}{전문}$). 당사자의 파산재단에 관한 관리처분권이 상실되기 때문이다($\frac{채무회생}{384조}$). 파산재단에 관한 소송은 파산재단에 속하는 재산에 관한 소송과 파산채권에 관한 소송이 있는데, 전자는 파산관재인이 수계하고($\frac{채무회생}{347조}$),[134] 후자의 경우는 채권조사기일에 계속 중인 소송에 관한 채권에 이의를 제기한 채권자가 파산자의 소송을 수계한다($\frac{채무회생 464,}{466조}$). 만약 채권자취소소송의 계속 중 채무자에 대하여 파산선고가 있었는데도 법원이 그 사실을 알지 못한 채 파산관재인의 소송수계가 이루어지지 아니한 상태로 소송절차를 진행하여 판결을 선고하였다면, 그 판결은 채무자의 파산선고로 소송절차를 수계할 파산관재인이 법률상 소송행위를 할 수 없는 상태에서 사건을 심리하여 선고한 잘못이 있는 것이다.[135]

② 이 경우 「채무자 회생 및 파산에 관한 법률」에 따른 수계가 이루어지기 전에 파산절차가 해지되면 파산선고를 받은 자가 당연히 소송절차를 수계한다($\frac{239}{조}$). 그러나 위 법률에 따라 파산재단에 관한 소송의 수계가 이루어진 뒤 파산절차가

관리단이나 관리인이 직접 소송을 수계하여야 한다. 다만 소송대리인이 있으면 소송절차가 중단되지 아니한다(대판 2022. 5. 13, 2019다229516).

134) 대판 2020. 6. 25, 2019다246399(채권자를 상대로 채무존재를 다투는 소송은 파산재단에 속하는 재산에 관한 소송이므로 채무자가 파산선고를 받으면 「채무자 회생 및 파산에 관한 법률」 제347조에 따라 파산관재인 또는 상대방이 수계할 때까지 이에 관한 소송절차는 당연히 중단됨). 또한 파산채권자가 제기한 채권자대위소송이 채무자에 대한 파산선고 당시 법원에 계속되어 있는 때에는 다른 특별한 사정이 없는 한 위 법률 제406조, 제347조 제1항을 유추하여 그 소송절차는 중단되고 파산관재인이 이를 수계할 수 있다(대판 2013. 3. 28, 2012다100746). 파산채권자가 제기한 채권자취소소송이 파산선고 당시 법원에 계속되어 있는 때에도 소송절차가 중단되고, 파산관재인 또는 상대방이 이를 수계할 수 있다[대판 2022. 5. 26, 2022다209987; 대판 2018. 6. 15, 2017다265129(파산관재인은 수계 후 부인의 소로 변경하여야 함)].

135) 대판 2022. 5. 26, 2022다209987; 대판 2023. 2. 23, 2022다267440(채무자의 상속재산에 파산선고가 있는 경우임).

해지된 때에는 소송절차는 중단된다. 파산선고를 받은 자의 관리처분권이 회복되었으므로 그가 소송절차를 다시 수계하게 된다(240조).136) 파산재단에 속하는 재산에 관한 소송과 파산채권에 관한 소송 모두 같다.

2. 중단의 예외

(1) 소송대리인이 있는 경우

① 위 중단사유 중 (1) 내지 (5)의 경우[(6)의 파산의 경우는 제외함]에 있어서 중단사유가 발생하더라도 그 중단사유가 생긴 당사자 측에 소송대리인이 있는 때에는 소송절차가 중단되지 아니한다(238조). 이러한 사유가 발생하여도 소송대리인의 대리권이 소멸하지 아니하므로(95조 96조) 소송수행상 문제가 없기 때문이다. 그러나 소송대리권의 심급대리의 원칙상 그 심급의 판결이 당사자 또는 소송대리인에게 송달되면 소송절차는 중단된다.137) 이 경우 상소는 소송수계절차를 밟은 다음에 제기하는 것이 원칙이나, 소송대리인이 상소제기에 관한 특별수권이 있어 상소를 제기하였다면 상소제기 시부터 소송절차가 중단되므로 상소심에서 적법한 소송수계절차를 거쳐야 소송중단이 해소된다.138)

② 이 경우에 소송대리인은 수계절차를 밟지 아니하여도 신당사자의 소송대리인이 되며,139) 판결의 효력도 신당사자에게 미친다. 그러나 중단되지 아니한 경우에도 상속인 등은 소송절차를 수계할 수 있다.140) 만약 판결이 구당사자로 표시하여 선고된 경우에는 소송승계인을 당사자로 판결경정을 하면 된다.141) 이 경우 판결의 효력은 상속인의 일부 표시 등과 관계 없이 상속인 전부에 대하여 효력이 미친다.142)

③ 문제는 소송대리인이 사망자로부터 상소제기의 특별수권을 부여받은 경우

---

136) 대판 2022. 10. 27, 2022다241998(채권자취소소송 중 채무자에 대한 회생개시결정이 있어 소송절차가 중단되었으나, 소송수계 전에 회생절차가 폐지되거나 또는 관리인이 소송을 수계한 다음에 청구취지를 변경하여 부인소송을 진행하다가 회생절차가 폐지된 경우에는 기존의 원고이었던 채권자가 소송을 수계하여야 함).

137) 대판 1996. 2. 9, 94다61649; 대판 2010. 12. 23, 2007다22859; 대판 2016. 4. 29, 2014다210449; 대판 2016. 9. 8, 2015다39357.

138) 대판 2016. 9. 8, 2015다39357.

139) 대판 1972. 10. 31, 72다1271, 1272.

140) 대판 1972. 10. 31, 72다1271, 1272.

141) 대판 2002. 9. 24, 2000다49374.

142) 대판 1995. 9. 26, 94다54160; 대판 1996. 2. 9, 94다61649; 대판 2010. 12. 23, 2007다22859.

에 소송대리인이 있어 소송절차가 중단되지 아니하는 경우이다. 이 경우 소송대리인은 정당한 상속인 전부를 위하여 소송을 수행하는 것이므로 그 표시가 피상속인인 망인 또는 잘못 표시한 때에도 판결은 유효한 것이다.[143] 사안을 좀 나누어 생각해 보겠다. 첫 번째는 상속인 중 일부가 소송수계를 하여 그들 명의로 판결이 선고되고, 그 판결이 소송대리인에게 송달된 후에 판결서에 표시된 상속인들이 독자적으로 항소를 제기한 경우(예: 망 A의 상속인이 A1, A2, A3, A4 임에도 상속인을 A1, A2로만 알고 그 명의로 소송수계를 하여 A1, A2 명의로 판결이 되어 소송대리인에게 송달이 되자 A1, A2가 독자적으로 항소를 제기하여 형식적으로 A3, A4에 대하여 항소기간이 도과한 경우)이다. 이 경우는 소송대리인에 대한 판결문의 송달은 정당한 상속인 모두에게 효력이 있는 것이므로, A3, A4는 항소기간의 도과와 동시에 분리·확정된다.[144] A3, A4의 소송중단 또는 추후보완상소 등의 별도의 구제수단을 강구하여야 함은 별론으로 한다. 두 번째는 위 사안에서 판결문에 표시된 A1, A2가 항소한 것이 아니고 상소제기의 특별수권을 부여받은 소송대리인이 A1, A2 명의로 항소한 경우이다. 판례는 이 경우에 소송대리인의 항소는 정당한 당사자 모두를 위한 것이므로 A1~A4 모두에게 적법한 항소라고 보고, 다만 A3, A4는 항소와 동시에 소송중단이 되고 A3, A4는 후에 항소심에 소송수계를 받아 항소심 소송절차에 참여할 수 있는 것이다.[145]

위 첫 번째 사안에서 항소를 제기하지도 않고 판결에 표시도 되지 아니한 정당한 상속인 A3, A4는 소송대리인이 모두를 위하여 소송을 수행한 것이고 그 표시와 관계없이 항소기간의 도과와 동시에 분리·확정되는 것이 타당하므로 판례의 해석이 타당하다고 본다. 이 경우 정당한 상속인이지만 판결에 표시되지 아니한 A3, A4는 민사소송법 제234조의 추후보완 항소를 통하여 구제를 하고,[146] 그것이 어려운 경우 손해배상청구 등의 실체법적 해결을 도모할 수 있다고 본다.[147] 일부 견해는 판결서에 표시된 상속인에게만 판결의 효력이 미친다고 보아 나머지 상속인들에 대하여 소송절차가 중단되었다고 보기도 한다.[148]

---

143) 대결 1992. 11. 5, 91마342.
144) 대결 1992. 11. 5, 91마342.
145) 대판 2010. 12. 23, 2007다22859[이 판결에 대하여 공동상속의 소송관계가 통상공동소송이고, 소송행위의 표시주의 원칙에 비추어 판결의 효력을 확장하는데 의문을 제기하는 견해 있음(이시윤, 451면)].
146) 同旨: 정동윤/유병현/김경욱, 707면.
147) 同旨: 이시윤, 451면.
148) 호문혁, 1023면.

위 두 번째의 사안과 관련하여 소송대리인의 항소는 판결서의 표시와 관계없이 정당한 상속인 모두에게 효력이 있다고 보아 항소와 동시에 판결서에 표시되지 아니한 A3, A4는 후에 항소심에서 소송수계를 하고 청구취지변경 등의 소송행위를 할 수 있다는 판례의 취지는 타당한 해석으로 사료된다. 소송대리인이 있는 경우에 소송절차가 중단되지 아니하고 정당한 상속인 전부를 위하여 소송수행을 하는 것으로 간주할 수 있기 때문이다. 또한 A3, A4가 항소심 소송절차에 참여하지 못하고 A1, A2의 항소절차가 종료된 경우에는 후에 A3, A4는 별도로 소송수계 등의 절차를 밟고 독자적으로 소송행위를 하여 결론을 내면 될 것이고, A1, A2과는 별도의 절차를 통하여 조정하면 될 것이다.

(2) 기　타

그 밖에 당사자 일방이 사망한 경우에 다른 당사자가 이를 승계하여 당사자의 혼동이 있는 경우, 소송물이 일신전속적인 경우 등의 경우에는 소송절차가 종료하므로 중단되지 아니함은 앞서 본 바와 같다.

3. 중단의 해소

소송절차의 중단은 당사자 양측이 수계신청을 하거나, 법원의 속행명령으로 해소된다(다만 제239조 후문에 따라 파산 후 수계 전에 파산절차의 해지로 파산자가 당연수계 하는 경우에는 별도의 해소절차가 필요 없음). 중단이 해소되면 소송절차의 진행이 재개된다.

(1) 수계신청

수계신청(受繼申請, Aufnahme)이라 함은 당사자 측에서 중단된 절차의 속행을 구하는 신청을 말한다.

① 수계신청권자

수계신청은 중단사유가 있는 당사자 측의 신소송수행자뿐만 아니라 상대방 당사자도 할 수 있다($^{241}_{조}$).

(a) 중단사유 있는 당사자 측의 신소송수행자는 각 중단사유마다 법정되어 있다. 당사자의 사망의 경우에는 상속인·상속재산관리인,[149] 그 밖에 법률에 의하

---

149) 상속인이 분명하지 아니한 경우에는 민법 제1053조 제1항에 따라 상속재산관리인을 선임하

여 소송을 계속하여 수행할 사람인 유언집행자, 수증자 등이 여기에 해당한다($^{233}_{조}$). 공동상속인 경우에는 공유관계이고 필수적 공동소송관계가 아니므로 상속인의 개별적 수계신청이 가능하다.150) 상속인 중 한 사람만이 수계절차를 밟아 재판을 받았다고 하여도 수계신청을 받지 아니한 다른 상속인은 중단상태로 그대로 있다.151) 상속인이 상속포기기간($^{민 1019}_{조 1항}$)인 3개월 이내에 수계신청을 한 것은 위법하지만 상대방이 이에 대하여 이의하지 아니한 경우에는 이의권의 포기로 흠이 치유된다.152) 다만 가사소송사건(가·나류 사건)에서 원고 등이 사망한 경우에 다른 제소권자가 있으면 이를 승계할 수 있으나, 6월 이내에 승계신청을 하지 아니하면 소의 취하로 본다($^{가소}_{16조}$).

(b) 법인의 합병의 경우에 수계신청은 합병에 의하여 설립된 법인이나, 합병 후에 존속하는 법인이고($^{234}_{조}$), 소송능력의 상실, 법정대리권의 소멸의 경우에는 회복된 당사자와 새롭게 법정대리인이 된 사람이며($^{235}_{조}$), 수탁자의 임무종료의 경우에는 새로운 수탁자($^{236}_{조}$)가 되고, 자격상실로 말미암은 경우($^{237}_{조}$)에는 같은 자격을 가진 사람이나, 당사자를 선정한 사람 모두 또는 새로 당사자로 선정된 사람이며, 파산선고 또는 회생절차의 개시결정을 받은 경우($^{239}_{조}$)에는 파산관재인($^{채무회생}_{347조}$) 또는 채권자($^{채무회생 464,}_{466조}$)이며, 파산절차의 해지의 경우($^{240}_{조}$)에는 파산선고를 받은 사람이 된다.

(c) 상대방도 새로운 소송수행자가 정하여지고, 소송수행에 지장이 없는 경우($^{233조}_{2항}$)에 수계신청을 할 수 있다($^{241}_{조}$).

② 신청하여야 할 법원

수계신청은 중단 당시에 소송이 계속된 법원에 하여야 한다($^{143조}_{2항}$). 그런데 종국판결이 선고된 뒤에 중단된 경우에 어느 심급법원에 수계신청을 할 것인지가 문제이다. 여기에 관하여 원심법원에 하여야 한다는 견해($^{통}_{설}$),153) 원심법원 또는 상급심법원에 선택적으로 가능하다는 견해154)가 있다. 판례는 후설에 따르고 있다.155)

여 소송을 수계하여야 한다(대판 2002. 10. 25, 2000다21802).

150) 대판 1964. 5. 26, 63다974; 대판 1993. 2. 12, 92다29801.

151) 대판 1993. 2. 12, 92다29801; 대판 1994. 11. 4, 93다31993. 다만 소송대리인이 상속인의 일부를 빠뜨리고 항소를 제기한 경우에는 표시되지 아니한 상속인에게도 항소의 효력이 미친다(대판 2010. 12. 23, 2007다22859).

152) 대판 1995. 6. 16, 95다5905, 5912.

153) 이시윤, 452면; 정동윤/유병현/김경욱, 709면 등 통설임.

154) 한충수, 419면.

155) 대판 1963. 5. 30, 63다123; 대판(전) 1995. 5. 23, 94다28444; 대판 2003. 11. 14, 2003다34038.

생각건대 제243조 제2항의 규정에서 원심법원에 수계신청을 하도록 하고 있지만 상소 이후에 중단사유를 발견한 경우 원심법원에 수계신청을 하는 것에는 절차상 번거로움이 있고, 상소심에서 중단사유가 발생한 경우 상소심에서도 수계신청이 가능하다는 점에 비추어 보면 판례의 견해가 타당하다고 본다.

③ 수계신청의 시기

통상 수계신청은 소송절차가 종료되기 전에는 할 수 있다고 할 것이다. 하지만 상고사건인 경우에는 상고이유서 제출기간이 지나서 변론 없이 판결을 선고할 단계에서는 소송절차를 수계할 필요가 없다.[156]

④ 수계신청의 절차

수계신청은 새로운 소송수행자 또는 상대방이 서면 또는 말로 한다($\frac{161}{조}$). 통상은 새로운 소송수행자가 서면으로 수계의 의사를 표시하고 새로운 소송수행자의 자격을 증명할 수 있는 서면을 붙이는 것이 원칙이다. 상대방의 수계신청은 새로운 소송수행자를 알기 어렵기 때문에 법원사무관 등의 면전에서 수계신청의 취지만을 말로 할 수 있는 것이다($\frac{161조}{2, 3항}$). 수계신청인지 여부는 서면의 표제에 구애되지 아니하고 그 실질적인 내용에 따라 판단하면 되고, 기일지정신청 또는 당사자 표시정정신청 등의 표제라도 그 내용이 수계취지이라면 수계신청으로 볼 수 있다.[157] 또한 묵시의 수계신청도 가능하다.[158]

수계신청이 있으면 법원은 이를 상대방에게 통지하여야 하고($\frac{242}{조}$), 상대방에 대한 관계에서 이 통지 시에 중단이 해소된다($\frac{247조}{2항}$).

④ 수계신청에 대한 재판

법원은 수계신청에 대하여 직권으로 조사하여야 하고, 수계신청이 이유 없다고 인정되면 결정으로 기각하여야 한다($\frac{243조}{1항}$). 이에 대하여 통상항고로서 불복할 수 있다($\frac{439조}{1항}$). 기각되면 중단이 해소되지 아니한다.

반면 수계신청이 이유 있으면 종국판결 전이면 기일을 지정하여 변론을 속행하면 되고 별도의 재판을 요하지 아니한다.[159] 진정한 수계인이 아닌 참칭수계인

---

156) 대판 2015. 2. 26, 2012다89320(상고이유서 제출기간 경과 후 당사자에 대해 회생절차개시 결정이 있는 경우); 대판 2016. 4. 12, 2014다68761(당사자에 대해 회생절차재개시결정이 있는 경우); 대판 2019. 6. 13, 2016다221085(당사자에 대해 회생절차종결결정 후 흡수합병 된 경우); 대판 2019. 11. 28, 2015다222586, 222593(당사자가 사망한 경우).
157) 대판 1980. 10. 14, 80다623.
158) 대판 1955. 7. 7, 4288민상53.

(僭稱受繼人)임에도 불구하고 이를 간과하여 본안판결을 한 경우에는 진정한 수계인에 대한 관계에서는 소송이 중단되어 있는 상태이지만, 참칭수계인에 대하여는 기판력이 미친다.[160] 종국판결 선고 후에 중단이 된 경우에는 원심법원 또는 상소법원에 수계신청을 하여 그 결정을 받으면 된다($^{선택}_{설}$). 다만 원심법원이 수계결정을 한 경우에는 독립하여 상소할 수 없고, 해당 사건의 상소기간은 수계결정이 송달된 때부터 진행된다.

(2) 법원의 속행명령($^{244}_{조}$)

① 법원은 당사자가 소송절차를 수계하지 아니하는 경우에 직권으로 소송절차를 계속하여 진행하도록 명할 수 있다($^{244}_{조}$). 속행명령제도는 수계신청이 없이 사건이 중단상태에서 방치되는 것을 막기 위하여 인정하는 것이다. 증권관련 집단소송에서는 대표당사자의 결원으로 소송절차가 중단된 후 1년 이내에 수계신청이 없는 때에는 소가 취하된 것으로 본다($^{집소 24조}_{1항, 3항}$).

② 속행명령은 중단 당시에 소송이 계속된 법원에서 한다. 속행명령은 명시적으로 하여야 하고, 단지 변론기일을 지정하여 양 당사자에게 통지한 것만으로 속행명령이 있다고 볼 수 없다.[161] 속행명령은 중간적 재판이므로 독립하여 불복할 수 없다.

Ⅲ. 소송절차의 중지

소송절차의 중지는 당연중지($^{245}_{조}$), 재정중지($^{246}_{조}$), 다른 법령에 의한 중지가 있다.

1. 당연중지($^{245}_{조}$)

천재지변, 그 밖의 사고로 법원이 직무를 수행할 수 없을 경우에 소송절차는 그 사고가 소멸될 때까지 중지된다($^{245}_{조}$). 이러한 직무집행 불가능의 상태가 소멸되면 중지도 당연히 해소된다.

---

159) 대판 1984. 6. 12, 83다카1409.
160) 대판 1981. 3. 10, 80다1895.
161) 同旨: 이시윤, 453면; 정동윤/유병현/김경욱, 710면.

2. 재정중지($\frac{246}{조}$)

(1) 당사자가 일정하지 아니한 기간 동안 소송행위를 할 수 없는 장애사유가 생긴 경우에는 법원은 결정으로 소송절차를 중지하도록 명할 수 있다($\frac{246}{조}$). 법원은 직무를 수행할 수 있지만 당사자에게 장애사유가 있는 경우에는 법원의 결정으로 소송절차를 중지할 수 있다. 여기에서 장애사유라 함은 전쟁, 천재지변, 소송대리인이 없는 당사자가 갑자기 의식불명상태에 빠진 경우 등으로 당분간 장애의 회복전망이 보이지 아니하는 경우 등을 의미한다. 실무적으로는 재정중지 결정을 함이 없이 기일을 추후지정 하는 방법이 있을 것이다.

(2) 중지의 결정은 신청 또는 직권에 의하여 하며, 법원의 취소결정에 의하여 중지가 해소된다($\frac{246조}{2항}$).

3. 다른 법령에 의한 중지

다른 절차와의 관계에서 소송의 속행이 부적당한 경우에 절차가 중지되는 경우가 있다. 여기에는 i) 절차가 당연히 중지되는 경우로서 위헌여부제청($\frac{헌재 42}{조 1항}$), 소송사건이 조정에 회부된 경우($\frac{민조규 4조,}{가소 49조}$), 소비자단체소송에 있어서 원고 소송대리인의 전부의 사망·사임·해임의 경우($\frac{소단규}{12조}$), 채무자 회생 및 파산사건에서 회생절차개시결정($\frac{채무회생}{58조 2항}$)이 있을 때이고, ii) 법원의 재량에 의하여 중지되는 경우로서 채무자의 재산에 관하여 회생절차개시의 신청이 있을 때($\frac{채무회생 44}{조 1항 3호}$),[162] 특허심결이 선결관계가 되는 때($\frac{특허 164조, 상표 32조 2항,}{실용 33조, 디자인 72조의28}$) 등이 있다. iii) 그 밖에 다른 민사사건이나 형사사건이 선결관계에 있는 경우에도 중지를 명할 수 있다($\frac{통}{설}$).[163] 실무적으로는 사건을 추후지정 함으로써 처리하는 것이 일반적이지만, 실무상의 처리방법과 달리 이론적으로 가능한지 여부는 다른 문제이고, 판결의 모순·저촉을 막기 위하여 중지를 명할 수 있다는 통설이 타당하다.

Ⅳ. 소송절차정지의 효과

소송절차의 정지 중에는 변론이 종결된 상태에서의 판결의 선고 외에는 소송

---

162) 이 중지결정은 항고·재항고 대상이 아니라고 본다(대결 1992. 1. 15, 91마912).
163) 反對: 이시윤, 454면.

절차상 일체의 소송행위를 할 수 없고($^{247조}_{1항}$),[164] 기간의 진행이 정지된다($^{동조}_{2항}$).

1. 당사자의 소송행위

정지 중의 당사자의 소송행위는 원칙적으로 무효이다. 다만 소송절차 외에서 행하는 소송대리인의 선임·해임, 소송구조신청 등은 할 수 있다. 정지제도는 공익적인 제도라기보다는 당사자를 보호하기 위한 제도이다. 따라서 무효의 소송행위라고 하여도 상대방이 이의를 제기하지 아니하면 이의권이 상실되어 유효하게 되고,[165] 추인하면 유효하다. 소송행위가 상소인 경우도 같다.[166] 따라서 소송절차 중단 중에 제기된 상소는 원칙적으로 부적법하지만, 상소심 법원에 수계신청하여 하자를 치유케 할 수 있으므로, 상속인들로부터 항소심소송을 위임받은 소송대리인이 수계절차를 취하지 아니한 채 사망자 명의로 항소장 등을 제출하였더라도, 상속인들이 항소심에서 수계신청을 하고 소송대리인의 소송행위를 적법한 것으로 추인하면 하자는 치유되고, 추인은 묵시적으로도 가능하다.[167]

2. 법원의 소송행위

(1) 법원은 정지 중에 기일지정, 기일통지, 증거조사, 재판, 그 밖의 소송행위를 할 수 없다. 이에 위반된 법원의 소송행위는 원칙적으로 무효이다.

(2) 그러나 당사자의 이의권의 포기·상실로 흠이 치유되어 유효하게 될 수 있다. 그런데 변론을 종결하기 전에 당사자가 사망하여 소송절차가 중단되었음에도 이를 간과하고 판결을 선고한 경우에 위법한 것은 명백하지만, 이 판결이 당연 무효인지 여부가 문제된다. 소송수계와 소송승계를 구분하지 아니하고 소송수계가 없으면 당사자는 사망자이므로 사망자 명의의 판결이어서 무효라는 견해도 있지만,[168] 중단사유의 발생은 당사자의 보호를 위한 사익적 제도이고 당연승계에 준하는 것으로 볼 수 있으므로 무효라고 할 것은 아니라고 본다.[169] 판례는 한때 당연무효로 보았으나, 대법(전) 1995. 5. 23, 94다28444로써 이를 변경하여 유효

---

164) 대판 1989. 9. 26, 87므13.
165) 대판 1955. 7. 7, 4288민상53.
166) 대판 1963. 12. 12, 63다703.
167) 대판 1996. 2. 9, 94다61649; 대판 2016. 4. 29, 2014다210449; 대판 2020. 6. 25, 2019다 246399.
168) 호문혁, 388면.
169) 同旨: 이시윤, 455면; 정동윤/유병현/김경욱, 712면.

한 것으로 본다.[170] 따라서 이 경우는 대리권의 흠이 있는 경우에 준하여 그 판결이 확정 전이면 상소로써($^{424조}_{1항\,4호}$), 확정 후에는 재심($^{451조}_{1항\,3호}$)으로 구제하면 된다($^통_설$).

(3) 판결의 선고는 소송절차의 중단 중에도 할 수 있다($^{247조}_{1항}$). 이것은 변론종결 후에 중단된 경우 법원이 그 사실을 모르는 상태이고 또한 당사자도 별도의 소송행위를 할 것이 없으므로 판결의 선고를 인정하는 것이 소송경제에 부합하기 때문이다. 그러나 법원은 변론종결 후에라도 중단된 사실을 알았다면 바로 판결선고를 하지 말고 선고기일을 추후지정으로 변경하여 상속인 등에게 수계절차를 밟도록 하여야 할 것이다.

3. 기간의 진행

소송절차의 정지 중에는 기간의 진행이 정지된다($^{247조\,2}_{항\,전단}$). 즉 이미 진행 중인 기간은 멈추고 새로운 기간은 시작하지 못하는 상태에 있게 된다. 정지 해소 후에는 남은 기간이 진행되는 것이 아니고, 소송절차를 다시 진행한 때부터 전체기간이 새롭게 진행된다($^{247조\,2}_{항\,후단}$).

---

170) 판례는 파산선고 사안에서도 같은 취지로 판시하고 있다. 대판 2020. 6. 25, 2019다246399 (채무의 존재를 다투는 소송의 계속 중에 채무자가 파산선고를 받으면 파산관재인 또는 상대방이 수계할 때까지 당연히 중단되는데 이를 간과하고 변론이 종결되어 선고한 판결은 위법하지만 무효는 아님); 대판 2018. 4. 24, 2017다287587(파산채권에 관한 소송 계속 중 일방 당사자에 대하여 파산선고가 있었는데, 법원이 파산선고 사실을 알지 못한 채 파산관재인이나 상대방의 소송수계가 이루어지지 아니한 상태 그대로 소송절차를 진행하여 선고한 판결은 위법하지만 무효는 아님); 대판 2015. 11. 12, 2014다228587, 대판 2022. 5. 26, 2022다209987(법원이 채권자취소소송의 계속 중 채무자에 대한 파산선고 사실을 알지 못한 채 파산관재인의 소송수계가 이루어지지 아니한 상태로 소송절차를 진행하여 선고한 판결은 위법하지만 무효는 아님).

제 4 편

복합소송

지금까지 1명의 원고가 1명의 피고를 상대로 1개의 청구를 한 경우를 상정한 소송의 기본형에 관하여 보았다. 그러나 실제 소송에 있어서는 i) 동일한 원고와 피고 사이에도 다수의 청구가 발생할 수 있고(예: 원고가 피고에게 아파트를 임대하였는데 그 명도와 관련하여 언쟁 중 피고로부터 폭행을 당하여 불법행위로 인한 손해배상청구권이 발생한 경우, 원고가 피고에게 수십 차례 돈을 빌려 준 경우 등), ii) 1명의 원고와 다수의 피고, 다수의 원고와 1명의 피고, 다수의 원고와 다수의 피고 사이에 분쟁이 발생할 수도 있고(예: 원고가 수인으로부터 집단폭행을 당한 경우, 수인의 상속인이 있는 재산에 관한 분쟁 등), iii) 분쟁이 다수의 범위를 넘어 집단적인 형태로 발생한 경우(예: 피고회사의 공해로 인근 수천 명의 어민들의 어업권이 침해된 경우, 회사와 대표이사의 주가조작으로 수만 명의 주식투자자가 손해를 본 경우 등)도 있다. 이러한 분쟁을 민사소송에 담아 해결할 필요성이 있는 것이다. i)과 같은 형태는 당사자는 동일한데 청구가 복수인 경우로서 복수청구소송(複數請求訴訟, multiclaims)라 하고, ii)와 같이 당사자가 다수인 경우에는 소송물이 복수임을 당연히 전제하고 있는 것으로서 다수당사자소송(多數當事者訴訟, multiparties)이라 한다. iii)과 같은 형태는 다수당사자소송의 틀로 해결할 수 없을 정도로 다수의 피해자가 발생한 경우이므로 다수당사자소송의 형태를 더욱 특화할 필요성이 존재한다. 집단소송(集團訴訟, class action) 또는 단체소송(團體訴訟, Verbandsklage)이라 하고, 특별입법의 형태로 발전하고 있다. 본서에서는 복수청구소송, 다수당사자소송 및 집단소송 등을 총칭하여 복합소송(複合訴訟)이라 부르기로 한다.[1] 복합소송[2]은 복합적 소송형태,[3] 복잡소송형태,[4] 병합소송[5] 또는 복수의 소송[6] 등 다양한 명칭으로 불린다.

복합소송은 민사소송법 분야 중에서도 매우 설명하기 어려운 분야이다. 내용의 어려움뿐만 아니라 교과서에서의 적절한 배치의 어려움도 크다. 복합소송을 설명하는 방식은 크게 두 가지이다. 첫째는 복수청구소송은 소송물 부분에서 다루고, 다수당사자 및 집단소송 등은 다수당사자소송에서 나누어 설명하는 방식이고, 둘째는 이를 독립된 편으로 분리하여 설명하는 방식이다. 전자가 전통적인 설명방식이라면, 후자는 초심자들의 이해의 편의를 위한 것으로서 새로운 설명방법이다. 현재에는 후자의 설명방식이 일반적이므로 본서에서도 후자의 방식에 따르기로 한다. 다만 구체적인 배치에 있어서는 제5편 소송의 종료 전에 복합소송의 개념을 이해하는 것이 타당하다고 보아 제4편에 배치하였다. 그런데 초심자의 경우 기판력 등의 개념에 관한 이해가 없으면 다소 어려운 부분이 있으므로 제5편의 해당 부분의 참조가 필요할 것으로 보인다.

본서 제4편 제1장에서는 복수청구소송에 해당하는 청구의 병합, 청구의 변경, 반소, 중간확인의 소를 설명하고, 제2장에서는 다수당사자소송으로서 제2절은 공동소송, 제3절에서는 제3자의 소송참가 중 당사자로 참가하는 공동소송참가, 독립당사자참가를 보고, 당사자 일방을 보조하기 위하여 참가하는 보조참가, 공동소송적 보조참가를 보며, 실제로는 소송에 참가하지 아니하지만 일정한 고지를 통하여 보조참가를 의제하는 소송고지를 살핀다. 이어 제4절에서 소송중의 당사자변경에 해당하는 임의적 당사자변경과 소송승계를 본다. 마지막으로 제3장에서는 종래의 공동소송의 틀로 해결하기 어려운 집단적 분쟁을 위한 소송제도를 간단히 소개하도록 한다. 우리나라의 제도 중 선정당사자제도와 특별법을 통하여 도입된 집단소송(증권관련집단소송, 소비자단체소송, 개정정보단체소송)을 묶어 설명한다. 특히 집단소송분야는 향후 민사소송법의 중요한 연구분야라는 점에 특별한 의미를 두기 위하여 보통은 공동소송에서 설명하지만 본서에서는 별도의 장으로 엮는다.

---

1) 명칭을 「복합소송」으로 한 것은 전체적 내용을 담을 수 있으면서, 새로운 형태의 분쟁을 해결하는 분쟁해결방식의 개발을 포함시킬 수 있다고 생각하기 때문이다. 또한 복잡한 분야이므로 명칭이 가능한 한 간단·명료하게 느낄 수 있게 하려는 의도이다.

2) 송상현/박익환, 601면.

3) 정동윤/유병현/김경욱, 991면.

4) 김홍규/강태원, 647면.

5) 이시윤, 697면.

6) 호문혁, 845면.

제 1 장   복수청구소송

제 1 절 총   설

(1) 초창기 민사소송법에 있어서 복수청구소송은 소송절차를 복잡하게 한다는 이유로 이를 인정하지 아니하였다. 그러나 근대에 들어오면서 분쟁이 복잡해지면서 소송절차에 복수청구의 필요성이 증대되었다. 이것을 인정하는 것이 당사자에게는 소송수행의 부담과 이중 절차의 번잡을 경감시켜줄 수 있고, 법원에 있어서도 관련 사건의 심리중복과 판결의 모순·저촉의 방지에 기여할 수 있기 때문이다. 현재에는 복수청구소송을 인정하는 것이 일반화 되었고, 관련 청구의 경우에는 복수청구를 강제하는 경우도 있다. 그러나 복수청구의 병합심리를 제한 없이 인정하는 때에는 오히려 심리를 복잡하게 하고 지연시킬 수 있으므로 공익적인 측면에서 일정한 제약이 따를 수 있다. 또한 법원은 소송지휘권을 적절히 행사하여 변론의 제한·분리를 통해 복수청구를 제한할 수 있다.

(2) 복수청구소송은 i) 병합의 주체에 따라, 당사자의 병합행위에 의하여 이루어지는 청구의 병합, 청구의 변경, 반소, 중간확인의 소 등이 있고, 법원이 하는 변론의 병합이 있다. ii) 또한 병합의 발생 시기에 따라 원고가 소제기 당시부터 여러 개의 청구를 병합하는 원시적 병합(예: 청구의 병합 혹은 소의 객관적 병합)과 이미 계속 중인 소송에 새로운 청구를 병합하는 후발적 병합(예: 소의 변경, 반소, 중간확인의 소, 법원의 변론의 병합 등)이 있다.

(3) 복수청구소송은 청구를 병합하기 위하여 일정한 요건을 필요로 한다. 첫째 수개의 원시적 또는 후발적 병합 모두에 있어서 청구 사이에 i) 같은 종류의 소송절차에서 심판할 수 있어야 하고, ii) 수소법원에 공동의 관할권이 존재하여야 한다. 공동의 관할권의 요건은 후술하는 바와 같이 관련재판적이 인정되어 특별히 문제되지 아니한다. 둘째로 후발적 병합의 경우에 있어서 이 밖에 i) 사실심에 계속되고, 변론종결 전에 제기하여야 하고, ii) 병합되는 청구 상호간에 관련성(關聯性)이 존재하여야 한다. 아무 관련성이 없는 청구를 심리 중에 갑자기 병합하는 것은 심리를 복잡하게 할 가능성이 있기 때문이다. 청구의 변경의 경우에는 변경

전·후의 청구 사이에 '그 기초의 변경'이 없어야 하고, 반소의 경우에는 '본소의 청구 또는 방어방법과의 관련성'이 필요하고, 중간확인의 소에서는 본래의 청구와 '선결적 권리관계'이어야 하고, 변론의 병합의 경우에는 각 청구 상호 간에 '법률상의 관련성'이 존재하여야 한다. 그 외에 iii) 소송절차를 현저히 지연시키지 아니할 것을 요한다.

제2절 청구의 병합

Ⅰ. 의   의

(1) 청구의 병합(請求의 倂合)이라 함은 원고가 피고에 대하여 하나의 소송절차에서 수개의 청구를 하는 소송형태를 말한다($^{253}_{조}$). 소의 객관적 병합(訴의 客觀的 倂合)이라고도 한다.[1] 청구의 병합은 넓게 소제기 시부터 병합된 원시적 청구병합과 소송계속 중에 병합된 후발적 청구병합을 모두 포함하지만, 좁게는 전자만을 의미한다. 원시적 청구병합을 고유한 의미의 청구의 병합(소의 객관적 병합)이라 한다. 청구의 병합을 인정하는 이유는 당사자 사이의 관련 사건을 동시에 처리하는 소송경제와 판결의 모순·저촉을 방지하기 위한 것이다.

(2) 청구의 병합은 동일한 소송절차 내에 청구 즉 소송물이 복수인 경우이므로 청구를 떠받드는 공격방법의 복수와 구별된다. 청구가 복수인가 여부는 소송물이론에 따라 달라진다. 통상 어떠한 소송물이론에 의하더라도 i) 소유권확인을 구하면서 소유권취득원인으로 매매와 취득시효완성을 주장하는 것은 공격방법의 복수일 뿐이다.[2] 그러나 ii) 동일사실에 기한 손해배상청구를 불법행위와 채무불이행을 원인으로 하는 청구권경합의 경우에 구소송물이론에 의하면 청구가 복수가 된다. 이 경우 신소송물이론, 신실체법설에 의하면 청구는 하나이고, 공격방법이 둘이 될 뿐이다. 특히 청구의 병합형태 중 선택적병합은 청구권경합 및 형성권경합

---

[1] '소의 객관적 병합'이라는 용어는 민사소송법상의 용어이다(253조). 그러나 통상 '소'라 함은 청구, 당사자, 법원의 3가지 요소를 모두 내포하는 개념이므로 소의 객관적 병합보다는 '청구의 병합'이라는 표현이 타당하다. 이하 청구의 병합이라 한다.

[2] 이 경우 확인소송의 소송물 이론 중 이지설을 취하면서도 청구의 변경으로 보는 견해도 있다(호문혁, 846면).

의 개념을 인정하지 아니하는 신소송물이론 중 일지설(一肢說)과 신실체법설 중 일부의 견해에서는 이를 인정하지 아니한다. 그 외에 iii) 법조경합관계의 수개의 법규에 관한 주장(예: 손해배상청구를 하면서 민법 제756조와 자동차손해배상보장법 제3조의 주장), iv) 같은 실체법상의 권리에 기하여 청구하면서 요건사실을 일부 달리하는 여러 개의 주장(예: 부당이득청구를 하면서 근거로 계약의 불성립·무효·취소 등의 선택적·예비적 주장, 또는 대리인에 의하여 체결된 계약상의 청구를 하면서 대리권의 수여·표현대리·무권대리 등의 선택적·예비적 주장 등) 등은 공격방법의 복수이다.[3] 원고가 공격방법의 판단 순서를 정한 주위적·예비적 주장에 대하여 법원은 이를 인용하는 경우에는 이에 구속받지 아니하고 그중 하나를 받아들여 인용할 수 있지만,[4] 원고 청구를 기각하는 경우에는 모든 주장을 배척하여야 한다. 공격방법이 복수인 경우에는 공격방법마다 변론을 분리하거나, 일부 판결을 할 수 없다.

Ⅱ. 병합요건

청구의 병합에 있어서 요구되는 요건은 i) 각 청구가 동종의 소송절차에 의하여 심판할 수 있어야 하고, ii) 각 청구에 관하여 수소법원에 관할권이 있어야 한다. 그러나 iii) 복수의 청구 사이에는 원칙적으로 관련성이 요구되지 아니한다.

(1) 각 청구가 동종의 소송절차에 의하여 심판될 수 있을 것^(소송절차의 공통, 253조)

ⅰ) 민사본안사건과 가압류·가처분사건(예: 소유권이전등기청구사건과 동일 청구권에 기초한 처분금지가처분에 대한 이의·취소절차 등; 병합할 수 없어도 동시진행은 가능함),[5] 민사사건과 비송사건[6]은 절차를 달리하므로 서로 병합이 허용되지 아니한다. 통상의 민사사건에 변론주의에 기초하지 아니하는 가사소송사건(가·나류 사건) 또는 행정소송사건을 병합하는 것은 원칙적으로 허용되지 아니한다. 그러나 행정소송에 민사상의 손해배상·부당이득반환 등의 관련청구를 병합하는 것은 허용되며(^{행소 10조}), 가사소송사건에 가사비송사건의 병합(예: 이혼청구와 가사비송사건인 재

---

3) 이시윤, 700면.
4) 대판 1989. 2. 28, 87다카823, 824.
5) 대판 2003. 8. 22, 2001다23225, 23232.
6) 대판 2006. 1. 13, 2004므1378[부부 사이의 통상의 민사사건(소유권이전등기청구) + 가사소송 (이혼) 또는 가사비송(재산분할청구)의 병합이 불가함].

산분할청구의 병합) 또는 이와 관련된 원상회복·손해배상 등 청구사건은 다류 가
사소송사건에 해당하므로 그 병합이 인정된다($^{가소\ 2조\ 1항,}_{14조\ 3항}$). 민사사건에 특허 등 지식
재산권소송사건의 병합이 허용되지 아니하며, 민사사건과 형사사건을 병합할 수
없다. 다만 형사소송절차에 「소송촉진 등에 관한 특례법」상의 민사상의 손해배상
사건인 배상명령신청은 가능하다($^{소촉\ 25).}_{26조}$).

 ⅱ) 재심의 소에 통상의 민사상 청구를 병합할 수 있는가에 대하여, 상소심판
결에 대한 재심의 소가 아닌 한 통상의 민사상 청구의 병합을 인정하여야 한다는
것이 통설이다.[7] 판례는 이를 부정하고 있다.[8] 생각건대 분쟁의 일회적 해결이라
는 점, 가집행선고의 실효에 따른 가지급물 등의 반환청구가 인정된다는 점($^{215}_{조}$)
등에 비추어 보면 재심원고가 승소할 경우를 대비한 원상회복 또는 손해배상청구
는 심급과 관계없이 병합(예: 재심대상 판결에 의하여 집행된 목적물의 반환청구)이
가능하다고 할 것이다. 그 외의 청구의 병합에 관하여는 현재 재심절차에서 중간
판결제도를 도입하여 재심사유의 존부가 명확해졌고, 관련청구의 모순·저촉을
피하고 동일한 소송절차에서 처리하는 것이 소송경제에도 부합할 수 있다는 점
등에 비추어 보면 재심의 소가 제1심에 계속 중인 경우에는 청구의 병합을 인정
하는 것이 타당하다고 본다.

 ⅲ) 제권판결에 대한 불복의 소($^{490조}_{2항}$), 중재판정취소의 소($^{중재}_{36조}$)는 최초의 소송절
차라는 점에서 재심의 소와는 성질상 차이가 있을 뿐만 아니라, 소송경제를 도모
하고 서로 관련 있는 사건에 대한 판결의 모순·저촉을 피하기 위하여 다른 민사
상 청구의 병합이 가능하다고 할 것이다.[9] 판례도 같다.[10]

(2) 각 청구에 관하여 수소법원에 관할권이 있을 것

 통상 수소법원이 병합된 청구 중 하나의 청구에 대하여 토지관할권을 가지면
관련재판적에 의하여 나머지 청구에 대하여도 관할이 생긴다($^{25}_{조}$). 따라서 수개의

---

 7) 이시윤, 701면; 정동윤/유병현/김경욱, 996면; 한충수, 657면; 호문혁 853면.
 8) 대판 1971. 3. 31, 71다8; 대판 1997. 5. 28, 96다41649; 대판 2009. 9. 10, 2009다41977(판
례에서는 병합청구사건을 각하함).
 9) 同旨: 강현중, 789-790면; 이시윤, 701면; 정동윤/유병현/김경욱, 996면.
 10) 대판 1989. 6. 13, 88다카7962. 다만 대판 2013. 9. 13, 2012다36661에서 제권판결 불복의
소는 권리변동의 효력이 발생하므로 이에 의하여 형성되는 법률관계를 전제로 하는 이행소송 등을
병합하여 제기할 수 없는 것이 원칙이라고 판시하고 있지만, 동 판결에서 인용한 대판 2004. 1.
27, 2003다6200은 사안이 다르고, 위 88다카7962 판결이 있는 상태에서 대법원 전원합의체 판결이
아닌 대법원 소부 판결이라는 점에서 의문이 드는 판결로 사료된다.

청구 중 하나에 대하여만 관할이 존재하면 된다. 이 요건은 청구의 병합에서 특별히 문제될 것이 없다. 다만 다른 법원에 전속관할권이 있는 청구에 대하여는 관련재판적이 발생할 여지가 없어 청구병합이 불가하다.

(3) 원칙적으로 각 청구 사이에 관련성이 필요하지 아니함

청구의 병합의 경우에 각 청구 사이에 관련성이 전혀 없어도 된다. 그러나 실제 소송에서는 청구 사이에 관련성이 있는 경우가 많고, 가사소송사건과 가사비송사건의 병합(가소 14조), 행정사건과 민사사건의 병합(행소 10조) 등과 같이 법에서 관련성을 요구하는 경우도 있다. 특히 청구의 병합 중 예비적 병합의 경우에는 병합된 청구 사이에 관련성이 필요하다.

Ⅲ. 병합의 형태

청구의 병합의 형태는 단순병합, 선택적 병합, 예비적 병합의 세 가지가 있다. 다만 청구권경합 및 형성권경합의 개념을 인정하지 아니하는 신소송물이론 중 일지설, 신실체법설 중 일부의 견해는 선택적 병합의 형태를 인정하지 아니한다.

1. 단순병합(單純併合)

(1) 단순병합이라 함은 원고가 서로 양립(兩立)하는 수개의 청구를 병렬적으로 병합하여 그 전부에 관하여 심판을 구하는 형태의 병합이다. 각 청구 사이에 관련성이 존재할 필요가 없다. 법원은 원고가 청구한 청구 전부에 대하여 판결하여야 한다. 예컨대 임대인이 건물인도청구와 대여금, 가옥훼손에 따른 손해배상청구를 함께 청구하는 경우, 판례와 같이 손해배상에 있어서 소송물 3분설을 취할 경우에 적극적 손해(치료비 등)·소극적 손해(일실수익)·정신적 손해(위자료)를 함께 청구하는 경우, 원금청구와 이자청구를 동시에 하는 경우 등이 여기에 해당한다. 또한 1차적 청구가 인용되는 것을 전제로 2차적 청구를 하는 경우(예: 1차적으로 매매계약의 무효확인청구와 2차적으로 무효라면 매매로 넘어간 목적물의 반환청구를 하는 경우, 1차적으로 계약의 유효확인을 구하고, 2차적 청구로서 유효하다면 그 이행을 청구하는 경우 등)인 부진정예비적 병합(不眞正豫備的 倂合)도 1차적 청구가 배척되는 때를 대비하여 2차적 청구를 하는 진정예비적 병합과 달리 단순병합에 해당한다.[11]

---

11) 同旨: 이시윤, 702면.

(2) 목적물의 인도청구와 함께 장래 강제집행이 불능할 경우에 전보배상(塡補賠償)으로서 그 목적물의 변론종결 당시의 가액 상당의 금원의 지급을 구하는 대상청구(代償請求)를 병합한 경우는 현재 이행의 소와 장래 이행의 소의 단순병합에 해당한다.[12] 다만 특정물의 인도청구에 있어서 변론종결 당시 이행불능 되어 기각될 것을 염려한 대상청구는 단순병합이 아닌 예비적 병합으로 보아야 한다.[13]

2. 선택적 병합(選擇的 倂合)

(1) 선택적 병합이라 함은 수개의 청구 중 하나의 청구가 인용되는 것을 해제조건으로 하여 다른 청구의 심판을 구하는 형태를 말한다.[14] 따라서 법원은 원고가 구하는 수개의 청구 중 하나에 대하여만 인용하면 나머지 청구에 대하여 판단할 필요가 없다. 그러나 원고의 청구를 기각하는 경우에는 모든 청구에 대하여 판단하여야 한다.[15] 선택적 병합에 있어서 수개의 청구 사이에는 서로 양립(兩立)할 수 있는 것을 전제로 한다. 따라서 논리적으로 양립하지 아니하는 수개의 청구(예: 한편으로 매매의 무효를 주장하여 소유권이전등기의 말소와 동시에 매매가 유효하다고 하면서 잔대금의 지급청구를 하는 경우)를 선택적으로 병합하는 것은 허용되지 아니한다.[16] 이는 i) 양립하지 아니하는 수개의 청구에 대한 선택권을 법원이 전적으로 행사한다는 점에서 처분권주의에 반하고, ii) 청구 자체가 무효 또는 유효라고 주장하는 것은 청구의 특정에 문제가 된다는 점 등에 비추어 인정하기 어렵다.[17]

(2) 선택적 병합의 인정 여부는 소송물이론과 직결된다. 선택적 병합은 실체법상의 청구권경합(請求權競合) 또는 형성권경합(形成權競合)의 경우를 처리하기 위하여 생긴 법적 개념이라고 할 수 있다. 선택적 병합은 하나의 목적을 위한 청구

---

12) 대판 1960. 8. 18, 4292민상733; 대판 1975. 7. 22, 75다450; 대판 2006. 1. 27, 2005다39013; 대판 2006. 3. 10, 2005다55411; 대판 2011. 1. 27, 2010다77781; 대판 2011. 8. 18, 2011다30666, 30673(본래적 급부청구와 대상청구를 예비적으로 청구할 수도 있고, 이 경우 본래적 급부청구를 인용하는 경우에 예비적 청구인 대상청구에 대한 판단을 생략할 수 없음).
13) 대판 1960. 6. 14, 62다172.
14) 대판 2010. 5. 13, 2010다8365(명예훼손을 원인으로 한 손해배상청구소송에서 패소한 원고가 항소심에서 청구취지를 변경하지 아니한 채 제1심판결 선고 후 행한 새로운 명예훼손행위를 청구원인으로 추가한 경우 이를 선택적 병합으로 봄).
15) 대판 2018. 6. 15, 2016다229478; 대판 2020. 2. 27, 2019다285837(선택적 병합에서 하나의 청구만 기각하고 나머지 청구를 판단하지 아니한 것은 위법이라 함).
16) 대판 1982. 7. 13, 81다카1120; 대판 2014. 4. 24, 2012두6773.
17) 同旨: 강현중, 796면; 정동윤/유병현/김경욱, 959면.

권·형성권의 경합의 경우에 경합하는 수개의 권리에 기한 청구를 하는 때에 한하여 인정된다.[18] 즉 청구취지는 동일하나 청구원인이 수개에 해당하는 경우를 말한다. 예컨대 소유권과 점유권에 기한 물건의 인도청구, 채무불이행과 불법행위에 기한 손해배상청구, 권원 없는 점유에 대하여 부당이득금반환 및 손해배상금의 병합청구, 부정행위와 혼인을 계속하기 어려운 중대사유 등 두 가지 이혼사유에 따른 이혼청구 등이 여기에 해당한다. 선택적 병합은 신소송물이론 중 일지설(一肢說)과 이와 소송물의 범위가 동일한 신실체법설에서는 이를 인정하지 아니한다. 이 경우 청구는 1개이고 단지 공격방법 또는 법률적 관점이 경합된 것으로 본다.[19] 그러나 구소송물이론에서는 모든 청구권경합 또는 형성권경합의 경우에, 신소송물이론 중 이지설(二肢說)과 이와 소송물의 범위가 동일한 신실체법설에서는 사실관계를 달리하는 청구권경합 또는 형성권경합의 경우에 선택적 병합을 인정할 필요가 있다.[20]

(3) 선택적 병합을 인정한다고 하여도 법조경합관계(法條競合關係)에 기한 청구 또는 선택채권에 기한 청구는 하나의 실체법상의 권리에 기한 청구이므로 신·구이론 모두 선택적 병합이 되지 아니한다고 본다.

3. 예비적 병합(豫備的 倂合)

(1) 예비적 병합이라 함은 양립하지 아니하는 수개의 청구를 하면서 그 심판의 순위를 정하여 제1차적 청구(주위적 청구)가 인용될 것을 해제조건으로 하여 제2차적 청구(예비적 청구)에 대한 심판을 구하는 병합형태를 말한다. 즉 제1차적 청구가 이유 있을 때에는 제2차적 청구에 대하여 심판을 구하지 아니하고, 만약 제1차적 청구가 이유 없는 경우에는 제2차적 청구에 대하여도 심판을 하여 줄 것을 구하는 형태이다. 예컨대 i) 제1차적 청구에서 매매계약이 유효함을 전제로 매매대금의 지급을 구하고, 제2차적 청구로서 이와 양립하지 아니하는 매매계약의 무효를 이유로 인도된 매매목적물의 반환을 구하는 경우, ii) 제1차적 청구로 피고에게 직접 등기의 말소청구를 하고, 제2차적 청구로 이와 양립하지 아니하는 채권자대위권에 기초한 등기의 말소청구를 하는 경우, iii) 제1차적 청구로서 행정처분의 무효를 구하고, 제2차적 청구로 이와 양립하지 아니하는 행정처분의 취소를

---

18) 대판 2017. 10. 26, 2015다42599.
19) 이시윤, 703면.
20) 정동윤/유병현/김경욱, 999면.

구하는 경우 등이 여기에 해당한다.

(2) 예비적 청구는 원고가 제1차적 청구에 대하여 증명이 곤란하거나 법률적인 확신이 서지 아니할 경우에 그 청구가 기각된 후에 재차 새로운 청구를 하는 번잡을 덜 수 있고, 법원에서도 동일한 사실관계에 따른 분쟁을 재차 심리·판결하는 부담을 줄이고, 분쟁을 일회적으로 처리할 수 있다는 점에서 의미가 있다. 예비적 병합은 동일한 소송절차 내에서 조건의 성취 여부가 판명되는 소송내적 조건(訴訟內的 條件)에 해당하므로 인정된다. 또한 분쟁의 일회적 해결의 촉진이라는 면에서 필요한 경우에 법원은 적극적 석명의 일환으로 예비적 병합을 시사(示唆)할 수 있다고 본다.[21]

(3) 예비적 병합의 요건으로, 첫째 예비적 청구는 주위적 청구와의 사이에 양립하지 아니하는 모순관계(矛盾關係) 또는 배척관계(排斥關係)에 있어야 한다(통설).[22] 수개의 청구가 모순관계에 있으므로 판단의 순위를 정하여야 하고, 예비적 청구는 후순위일 것을 요한다. 따라서 예비적 청구가 주위적 청구의 수량만을 감축한 경우,[23] 예비적 청구가 주위적 청구의 범위 내인 경우(예: 주위적으로 단순이행청구를 하고 예비적으로 상환이행청구를 한 경우)[24] 등은 예비적 병합이 될 수 없다.[25]

다만 판례는 부진정 예비적 병합의 개념을 도입하여 일정한 경우 수개의 청구가 양립하는 경우에도 예비적 병합을 인정하고 있다.[26] 즉 논리적으로 양립할 수 있는 수개의 청구라고 하여도 당사자가 심판의 순위를 붙여 청구할 합리적인 필요성이 있는 경우에 주위적 청구가 배척되는 경우를 대비하여 예비적 청구에 대한 심판을 구할 수 있다는 것이다. 예컨대 주위적으로 보존행위 또는 관리행위에 기초하여 공유물 전부에 대한 소유권이전등기청구를 하고, 이와 양립되는 자신의 지분에 기초한 자신의 지분이전등기청구를 예비적으로 한 경우,[27] 수개의 청구가 선택적 관계로서 동시에 양립할 수 있는 전부금 청구와 채무인수금 청구를 불가

---

21) 同旨: 이시윤, 704면.

22) 同旨: 강현중, 800면; 이시윤, 704면; 정동윤/유병현/김경욱, 1000면.

23) 대판 1972. 2. 29, 71다1313(양적감축); 대판 1991. 5. 28, 90누1120(양적감축); 헌재(전) 2004. 4. 29, 2003헌마484.

24) 대판 1999. 4. 23, 98다61463(질적감축).

25) 대판 2017. 2. 21, 2016다225353(주위적 청구에 흡수됨).

26) 판례에서 인정하는 부진정 예비적 병합은 주위적 청구의 인용을 해제조건으로 판단을 구한다는 점에서 예비적이지만, 주위적 청구와 모순관계 또는 배척관계가 아니라는 점에서 진정 예비적 병합과 차이가 있다. 또한 독일에서 인정하는 이론상의 부진정 예비적 병합과는 주위적 청구의 인용을 해제조건으로 한다는 점에서 구별된다.

27) 대판 1966. 7. 26, 66다933; 대판 2002. 2. 8, 2001다17633.

분적으로 결합시켜 주위적으로 전부금 청구를 하고 예비적으로 채무인수금 청구를 한 경우,[28] 원고가 채권자대위권에 기초하여 피고(제3채무자)에 대하여 채무자의 청산금채무의 지급을 주위적으로 구하고, 그 지급지체에 따른 부당이득금을 예비적으로 청구한 경우[29] 등의 경우에 수개의 청구 사이에 논리적으로 양립관계가 있다고 하여도 예비적 청구를 인정하고 있다. 이 경우 주위적 청구가 인용되지 아니하는 부분에 대한 예비적 청구에 대한 판단이 가능하다고 본다.[30] 판례가 이러한 부진정 예비적 병합을 인정하는 것은 실무에서 당사자 및 소송대리인의 실제 주장의 취지를 받아들여 판단의 순서를 존중하는 것이므로, 처분권주의·변론주의를 반영한 것으로서 법리적으로는 문제가 있어도 구체적 타당성과 분쟁의 일회적 해결이라는 면에서 의미가 있다. 따라서 판례에 의하면 선택적 병합과 예비적 병합의 엄격한 구분이 없다고 보아야 한다.[31] 하지만 기본적인 구분은 당사자의 의사가 아닌 병합청구의 성질에 따르고 청구의 성질이 서로 양립하는 경우는 선택적 병합, 양립하지 아니하면 예비적 병합에 기초하고 있다고 보아야 한다.[32]

반면 독일에서도 부진정 예비적 병합을 인정하고 있다. 독일에서는 우리 판례와 달리 양립이 가능한 수개의 청구에 순위를 붙여 청구하지만 제1차적 청구의 인용을 정지조건으로 예비적 청구인 제2차 청구에 관하여 심판을 구하는 형태(예: 1차적으로 매매계약의 무효확인청구와 2차적으로 무효라면 매매로 넘어간 목적의 반환청구를 하는 경우, 1차적으로 계약의 유효확인을 구하고, 2차적 청구로서 유효하다면 그 이행을 청구하는 경우 등)를 말한다. 독일에서 인정하고 있는 부진정 예비적 병합은 우리의 경우 단순병합으로 그 목적을 달성할 수 있으므로 구태여 이러한 개념을 인정할 필요는 없다고 본다.[33]

둘째로 예비적 병합을 인정하기 위하여는 주위적 청구와의 사이에 일정한 관련성(Sachzusammenhang)이 존재하여야 한다. 예비적 청구에 일정한 관련성이 존재하지 아니하면 부적법 각하된다.[34] 주위적 청구와 예비적 청구가 법률적·경제적으로 동일 목적을 추구하여야 한다. 즉 기초되는 사실관계의 동일성이 인정되어

---

28) 대판 2002. 9. 4, 98다17145.
29) 대판 2007. 6. 29, 2005다48888.
30) 대판 2002. 9. 4, 98다17145; 대판 2002. 10. 25, 2002다23598.
31) 대판 2020. 10. 15, 2018다229625 참조.
32) 대판 2014. 5. 29, 2013다96868; 대판 2017. 6. 15, 2015다30244, 30251; 대판 2018. 2. 28, 2013다26425.
33) 同旨: 정동윤/유병현/김경욱, 1001면.
34) 이시윤, 705면.

야 한다. 예컨대 주위적으로 가옥명도를 구하고 예비적으로 그와 관계가 없는 대여금청구를 하는 경우, 주위적으로 매매대금의 지급을 구하고 예비적으로 그와 관계가 없는 임대물의 반환금청구를 하는 경우 등은 '일정한 관련성'을 인정할 수 없다. 예비적 병합에 있어서 이러한 관련성을 요건으로 하는 것은 관련 분쟁을 일회적으로 해결하기 위하여 인정하는 것이기 때문이다. 그러나 이러한 관련성은 공익적 요건에 해당하지 아니하므로 상대방의 동의가 있다면 소송절차를 현저히 지연시키지 아니하는 한도에서 관련성이 없어도 이를 인정할 수 있다. 이 경우 단순병합으로 보아 처리하면 된다. 판례도 같은 취지에서 논리적으로 전혀 관계가 없어 단순병합으로 구하여야 할 수개의 청구를 선택적 또는 예비적 청구로 병합하여 청구하는 것은 부적법하다고 하면서 그와 같은 형태로 소를 제기한 경우 법원은 본안심리·판단을 위해서 적절하게 소송지휘권을 행사하여 단순병합으로 보정하는 조치가 필요하다고 하고 있다.[35]

(4) 청구권경합·형성권경합에 있어서 예비적 경합의 인정 여부와 범위는 소송물이론에 따라 다르다. 예컨대 i) 사실관계의 동일성이 인정되는 경우인 주위적 청구로 대여금의 지급을 구하고, 소비대차가 무효일 경우를 대비하여 예비적으로 부당이득반환청구를 하는 때에는 구소송물이론에서는 예비적 병합이 되나, 신소송물이론(일지설·이지설 포함)·신실체법설에서는 공격방법의 복수로만 본다. 그러나 ii) 사실관계의 동일성이 인정되지 아니하는 경우인 동일한 금원을 주위적으로 어음금 청구로, 예비적으로 대여금청구를 하는 때에는 구소송물이론과 이지설(二肢說)이나 이지설과 소송물의 범위가 같은 신실체법설에서는 예비적 병합이 된다고 보나, 일지설(一肢說) 및 일지설과 소송물의 범위가 같은 신실체법설에서는 공격방법의 복수로 본다.

Ⅳ. 병합소송의 심판

1. 소가의 산정 및 병합요건의 조사

(1) 인지와 사물관할의 기준이 되는 소가의 산정은 병합의 형태에 따라 차이가 있다. 단순병합의 경우에는 병합된 청구의 가액을 합산함이 원칙이나($_{은\ 사물관할\ 참조}^{27조\ 1항,\ 자세한\ 것}$), 선택적·예비적 병합의 경우에는 중복청구의 흡수의 원칙에 따라 주위적 청구에 흡수된다($_{20조}^{민인규}$).

---

35) 대판 2008. 12. 11, 2005다51471; 대판 2015. 12. 10, 2015다207679, 207686, 207693.

(2) 법원은 병합소송을 심리하기 위하여 먼저 병합에 특유한 병합요건의 구비 여부를 직권으로 조사하여야 한다(직권조사사항). 심리한 결과 병합요건에 흠이 있는 때에는 병합이 허용되지 아니하는 것일 뿐이고 별소로 취급하면 된다. 다만 병합된 청구 중 전속관할이 정하여져 있는 경우에는 해당 관할법원으로 이송하여야 한다(^첫). 행정소송에 민사상 관련청구가 병합되었는데 행정소송 자체가 적법요건을 갖추지 못하여 부적법 각하할 경우에는 병합된 민사상 관련청구는 분리하여 민사 관할법원으로 이송하는 것이 타당하다(^{행소 10}_{조 유추}).[36] 그러나 판례는 이를 부적법 각하하였다.[37] 당사자의 편의를 고려하지 아니한 것으로 보인다. 한편 분리·이송이 불가능한 경우에는 병합청구 전부를 부적법 각하하여야 한다.

(3) 병합요건을 갖춘 경우에는 병합된 각 청구에 관하여 일반적인 소송요건의 구비 여부를 직권으로 조사하여, 만약 흠이 있으면 흠이 있는 해당 청구를 각하하거나 이송하여야 한다.

2. 본안의 심리

(1) 병합요건과 개별적 소송요건을 심사하여 흠이 없는 경우에 병합된 수개의 청구에 대한 본안 심사에 들어간다. 병합소송은 본안의 심리를 함에 있어서 수개의 청구를 같은 절차에서 심판하여야 하므로 「심리의 공통(共通)」이 필요하다.

(2) 따라서 본안의 심리를 위한 변론의 준비·변론과 증거조사·판결은 같은 절차에서 공통으로 이루어져야 하고, 심리 결과로 나타난 소송자료 및 증거자료는 모든 청구의 판단자료로 사용할 수 있다. 구체적으로 심리함에 있어서 변론의 제한은 모든 병합의 형태에 가능하다고 할 것이나, 변론의 분리(分離)는 단순병합의 경우에만 가능하다(^틀). 그러나 단순병합의 경우에도 각 청구의 쟁점이 공통되는 경우에는 중복심리 및 재판의 모순을 막기 위하여 예비적·선택적 병합과 같이 변론의 분리를 삼가야 한다.[38] 변론이 분리된 상태에서 얻는 자료는 분리된 청구에는 사용할 수 없지만, 나중에 변론의 분리가 취소되어 다시 병합된 경우에는 원용이 있으면 사용할 수 있을 것이다.

---

36) 同旨: 정동윤/유병현/김경욱, 1003면.
37) 대판 2001. 11. 27, 2000두697; 대판 2011. 9. 29, 2009두10963.
38) 同旨: 이시윤, 707면.

3. 종국판결

(1) 단순병합의 경우

① 병합된 모든 청구가 판결을 할 수 있을 정도로 심리가 성숙되면 모든 청구에 대하여 1개의 전부판결(全部判決)을 한다($\frac{198}{조}$). 만약 법원이 전부를 판결할 의사로 판결을 하였으나 일부 청구에 대한 판단이 누락된 경우에는 이는 재판누락에 해당하여 추가판결의 대상이 되며($\frac{212}{조}$), 상소로 그 시정을 구할 수 없다.

② 그러나 단순병합은 청구 사이에 관련성을 요하지 아니하므로, 일부 청구에 대하여 판결을 할 정도로 심리가 성숙된 경우에는 일부판결(一部判決)이 가능하다($\frac{200}{조}$). 그러나 단순병합의 경우에도 수개의 청구 사이에 선결관계(예: 소유권확인청구와 소유권에 기한 인도청구)가 있다거나, 기본적 법률관계가 공통되는 경우(예: 소유권에 기한 인도청구 및 그 침해에 따른 손해배상청구 등)에는 일부판결이 적절치 아니하다고 본다.

③ 상소심의 판단

(a) 단순병합에 있어서 일부판결이 이루어진 경우에 그 일부판결에 대하여 상소한 때에는 해당 부분만이 나머지 부분과 분리되어 상소심으로 이심하는 효력이 발생한다.

(b) 그러나 전부판결일 경우에는 전부의 청구에 대하여 상소한 경우는 물론이고, 전부판결 중 일부에 관하여 상소한 경우에도 상소불가분(上訴不可分)의 원칙에 따라 모든 청구에 대한 소송의 확정이 차단되고 상소심으로 전부 이심된다. 그러나 불이익변경금지의 원칙상 상소하지 아니한 부분은 이심은 되나 상소심의 판단 대상이 되지 아니한다($\frac{415}{조}$).[39] 다만 인신사고로 인한 손해배상청구 소송과 같이 소송물이 다른 재산적 손해와 위자료 등에 관한 청구가 하나의 판결로 선고되는 경우, 당사자 일방이 그 소송물의 범위를 특정하지 아니한 채 일정 금액 부분에 대하여만 항소하였다면, 그 불복하는 부분을 특정할 수 있는 등의 특별한 사정이 없는 한 불복범위에 해당하는 재산적 손해와 위자료에 관한 청구가 모두 항소심

---

39) 대판 1966. 6. 28, 66다711; 대판 1988. 11. 22, 87다카414, 415; 대판 1990. 12. 21, 90다카24496; 대판 1992. 11. 27, 92다14892; 대판 1993. 12. 28, 93다50680; 대판 1994. 10. 11, 94다32979; 대판 1994. 12. 23, 94다44644; 대판 1995. 5. 26, 94다1487; 대판 2001. 4. 27, 99다30312; 대판 2004. 7. 9, 2003므2251; 대판 2008. 12. 11, 2005다51471; 대판 2015. 12. 10, 2015다207679, 207686, 207693.

에 이심되어 항소심의 심판의 대상이 된다.[40]

(c) 또한 직권조사사항은 불이익변경금지의 원칙이 적용되지 아니하므로 이심된 모든 청구에 대하여 판단할 수 있다. 항소심에서 청구 전부가 소의 이익이 없다고 인정하면 상소되지 아니한 부분을 포함한 소 전체를 부적법 각하하여야 한다.[41]

(2) 선택적 병합의 경우

① 법원은 선택적으로 병합된 청구를 인용하는 경우에는 선택적 청구 중 하나를 받아들여 인용하면 나머지에 대하여 판단할 필요가 없다. 그러나 기각하려고 하면 모든 청구를 심리하여 모두 배척하는 판단을 하여야 한다. 따라서 선택적 병합에 있어서 전부판결은 하나의 청구를 받아들여 인용하거나 모든 청구를 기각하는 판결을 말한다.

② 선택적 병합의 경우에 있어서 변론의 분리 또는 일부 판결이 가능한지 여부가 문제이다. 선택적 병합은 '각 청구가 동일한 목적을 향하여 병합되어 있어' 또는 '여러 개의 청구가 하나의 소송절차에 불가분적으로 결합되기 때문'에 성질상 일부판결이 불가능하다는 것이 통설·판례이다.[42] 그러나 선택적으로 병합된 청구가 i) 각각 별소로 제기하여도 중복제소가 되지 아니한다는 점, ii) 하나의 청구로 소를 제기하여 패소된 후에 다른 선택적 청구로 별소의 제기가 가능하다는 점 등을 근거로 변론의 분리 또는 일부판결이 가능하다는 견해가 있다.[43] 통설·판례가 타당하다고 본다.

③ 법원이 선택적 병합사건에 관하여 원고패소의 판결을 하면서 청구 중 일부에 대한 판단을 빠뜨린 경우의 처리방법이 문제된다. 일부판결이 가능한지 여부와 직접적인 관련이 있다. 이에 대하여 재판의 누락($\frac{212}{Z}$)에 해당하므로 추가판결에 의하여야 한다는 추가판결설(追加判決說),[44] 이는 판단누락($\frac{424조\ 1항\ 6호}{451조\ 1항\ 9호}$)에 해당하므로 상소로서 구제가 가능하다는 상소설(上訴說)[45]이 있다. 판례는 상소설을 따르고 있다.[46] 생각건대 선택적 병합은 청구 상호간에 불가분적으로 결합되어 있어 일부판결이 불가능하고, 사실상 모든 청구에 대하여 이루어진 것이므로 일부판결이 된

40) 대판(전) 1996. 7. 18, 94다20051.
41) 대판 1995. 7. 25, 95다14817.
42) 대판 1998. 7. 24, 96다99; 대판 2018. 6. 15, 2016다229478.
43) 강현중(2004), 367면.
44) 강현중(2004), 367면.
45) 이시윤, 708면; 정동윤/유병현/김경욱, 964면.
46) 대판 1998. 7. 24, 96다99.

경우에도 판단누락에 준하여 전부판결에 하자가 있다고 보아 상소를 통하여 구제
받을 수 있게 하는 것이 당사자의 방어권을 침해할 가능성이 없을 뿐만 아니라,
소송경제에도 부합하다고 사료된다. 이 경우 항소심에서는 사건을 제1심으로 환
송할 것이 아니라 원심판결을 취소하고 새로운 판결을 하면 된다(취소자판).

④ 상소심의 판단

(a) 선택적 병합에 있어서 원고승소의 판결은 전부판결이므로 이에 대하여 항
소하면 판단을 받지 아니한 청구를 포함하여 모든 청구가 항소심으로 이심되며,
전부의 청구가 항소심의 심판대상이 된다.[47]

(b) 그런데 항소심에서 제1심판결과 다른 청구를 인용하는 경우에 단순히 항
소를 기각할 것인지, 아니면 제1심판결을 취소하고 새로운 청구를 인용하는 판결
을 할 것인지기 문제이다. 이는 소송물이론에 따라 차이가 난다. 구소송물이론에
서는 다른 청구를 인용하는 경우에는 단순히 항소를 기각하면 안 되고, 제1심판
결을 취소하고 인용하는 청구를 받아들이는 판결을 하여야 한다.[48] 신소송물이론
중 일지설(一肢說)과 이와 소송물 범위를 동일하게 보는 신실체법설은 공격방법의
차이일 뿐이어서 주문을 그대로 두어도 되므로 항소기각을 하면 되고 이유에서
이를 밝히면 된다. 신소송물이론 중 이지설(二肢說)과 이와 소송물 범위를 동일하
게 보는 신실체법설에서는 사실관계가 동일한 청구권경합 또는 형성권경합의 경
우에는 일지설 등과 같으나, 사실관계가 다른 청구권경합 또는 형성권경합의 경우
에는 별도의 소송물로 보아야 하므로 제1심판결을 취소하고, 인용하는 청구를 받
아들이는 판결을 하여야 한다.

(c) 선택적 병합에 있어서 원고청구가 전부 기각되었는데 원고가 기각된 일부
의 청구에 대해서만 불복하여 항소한 경우에는 항소심에 항소하지 아니한 청구부
분도 이심되지만 불이익변경금지의 원칙상(415조) 심판의 대상은 항소한 청구에 한정
된다(통설).[49] 따라서 항소심 법원은 불복하지 아니한 청구가 정당하더라도 이를 이
유로 원심판결을 취소할 수 없다.[50] 다만 선택적으로 병합된 수개의 청구를 모두

---

47) 대판 2006. 4. 27, 2006다7587, 7594; 대판 2010. 5. 27, 2009다12580; 대판 2014. 5. 29,
2013다96868(병합청구의 성질상 선택적 병합관계에 있는 청구를 원고가 주위적, 예비적 관계로 청
구하여 제1심이 주위적 청구기각, 예비적 청구인용으로 판결하여 피고만이 예비적 청구에 관하여
항소하였다고 하여도 항소심의 심판대상은 주위적 청구와 예비적 청구 모두 그 대상이 됨).

48) 대판 1992. 9, 14, 92다7023; 대판 2006. 4. 27, 2006다7587; 대판 2019. 12. 27, 2016다
208600; 대판 2020. 2. 27, 2019다285837.

49) 同旨: 정동윤/유병현/김경욱, 967면.

기각한 항소심판결에 대하여 원고가 상고한 경우에 상고법원이 선택적 청구 중 어느 하나의 청구에 관한 상고가 이유 있다고 인정할 때에는 원심판결을 전부 파기하여야 한다.[51]

(3) 예비적 병합의 경우

① 전부판결

(a) 예비적 병합에 있어서 전부판결은 첫째는 제1차적 청구(주위적 청구)를 인용하는 판결이다. 이 경우에는 제2차적 청구(예비적 청구) 이하에 대하여 판단할 필요가 없다. 둘째로 제1차적 청구를 각하 또는 기각하는 경우에는 예비적 청구(제2차적 청구 이하)에 관하여 인용하는 판결이다. 다만 예비적 청구가 수개 있는 경우에 이를 순차적으로 판단하여 가다가 그중 하나를 인용하는 경우에는 그 이하에 대한 예비적 청구는 판단할 필요가 없다. 셋째는 주위적·예비적 청구 모두를 기각하는 판결이다. 이 경우에는 주위적·예비적 청구 전부에 대하여 배척하는 판단을 하여야 한다. 결국 예비적 병합에서 전부판결은 주위적 청구를 인용하는 판결, 주위적 청구를 기각하고, 예비적 청구를 인용하게 되는 판결, 주위적·예비적 청구를 모두 기각하는 경우라 할 것이다.

(b) 예비적 병합의 경우에도 선택적 병합과 같이 전부판결만이 가능하며 변론을 분리할 수 없다.[52]

② 사실상 일부판결의 처리방법

법원이 예비적 병합사건에 관하여 청구 중 일부에 대한 판단을 빠뜨린 사실상 일부판결의 처리방법이 문제된다. 예컨대 청구를 기각하면서 주위적 청구에 대한 배척만을 하고 예비적 청구에 대한 판단을 빠뜨린 경우, 주위적 청구를 제쳐두고 예비적 청구만을 판단하여 청구를 인용한 경우 등이 여기에 해당한다. 사실상의 일부판결에 해당한다고 할 수 있다. 이 경우의 구제방법과 관련하여 선택적 병합에서와 같이 추가판결설(재판누락설), 상소설(판단누락설)이 있다. 이미 본 바와 같이 상소설이 통설로서 타당하다고 본다. 판례는 선택적 병합과 달리 예비적 병합의 경우에는 재판누락에 해당하다는 이유로 추가판결설을 취하였다가,[53] 대법원은

---

50) 대판 1998. 7. 24, 96다99.

51) 대판 2017. 10. 26, 2015다42599; 대판 2018. 6. 15, 2016다229478; 대판 2020. 1. 30, 2017다227516.

52) 대판 1995. 7. 25, 94다62017(피고는 예비적 청구에 관하여만 인낙할 수 없고, 인낙취지가 조서에 기재되었다고 하여도 인낙의 효력이 발생하지 아니함).

전원합의체 판결($^{2000.\,11.\,16,}_{98다22253}$)로 상소설(上訴說)로 변경하였다.[54] 따라서 판단누락 된 예비적 청구부분은 상소로 다투어야지 별소(別訴)로 다투는 것은 권리보호자격이 없어 부적법하고, 만약 상소로 그 오류를 지적하였으나 시정이 되지 아니할 경우에는 재심사유($^{451조}_{1항\,9호}$)에 해당한다.[55] 이 경우 상소설에 의하면 항소심에서는 누락된 주위적 또는 예비적 청구도 항소심으로 이심된 것이므로 제1심판결을 일단 취소하고, 새로이 모든 청구에 대하여 판단하면 된다($^{취소자}_{판설}$).[56] 판례도 같다.[57] 그러나 추가판결설의 입장에서는 누락된 청구가 제1심에 계속되어 있으므로 제1심판결을 취소하고 제1심으로 환송하자는 견해도 있다($^{일의적}_{환송설}$).

③ 상소심의 판단

(a) 예비적 병합에 있어서 주위적 청구를 인용한 판결은 전부판결에 해당하므로 피고가 이에 항소한 경우에는 예비적 청구도 항소심으로 이심하고, 심판의 대상이 된다. 따라서 항소심은 제1심판결과 달리 주위적 청구를 기각하고, 예비적 청구를 인용할 수 있다.[58] 이는 주위적 청구와 예비적 청구가 불가분적 관련성을 가지고 있어 제1심에서 실질적 심리가 모두 이루어졌으므로 상대방의 심급이익을 박탈하거나, 방어권을 침해한다고 볼 수 없어 문제될 것이 없다. 또한 청구의 기초의 변경이 없는 경우에 항소심에서 청구의 변경($^{262,}_{408조}$)이 인정되는 점을 보면 더욱 그렇다.

(b) 제1심판결에서 주위적 청구를 기각하고 예비적 청구를 인용하였는데, 원고는 자신의 패소부분인 주위적 청구의 기각에 대하여는 항소하지 아니하였고 피고만이 자신의 패소부분인 예비적 청구에 대하여 항소한 경우의 심판의 범위가 문제이다. 통설·판례는 원고가 항소 또는 부대항소를 하지 아니한 이상 불이익변경금지의 원칙($^{415}_{조}$)으로 인하여 주위적 청구부분이 이심(移審)은 되지만[59] 항소심의 조사·판단의 대상이 될 수 없다.[60] 이 경우 항소심에서 제1심과 달리 예비적 청

---

53) 대판 2000. 1. 21, 99다50422.

54) 대판 2002. 9. 4, 98다17145; 대판 2002. 10. 25, 2002다23598.

55) 대판 2002. 9. 4, 98다17145.

56) 同旨: 강현중, 766면; 이시윤, 708면.

57) 대판(전) 2000. 11. 16, 98다22253; 대판 2002. 9. 4, 98다17145; 대판 2002. 10. 25, 2002다23598; 대판 2007. 10. 11, 2007다37790, 37806.

58) 대판(전) 2000. 11. 16, 98다22253.

59) 대판 1992. 6. 9, 92다12032(항소심에서 피고가 주위적 청구에 대하여 인낙하여 인낙조서가 작성되면 인낙의 효력이 발생하고, 예비적 청구에 관하여는 심판이 필요 없어 사건이 그대로 종결됨).

60) 대판 1995. 2. 10, 94다31624; 대판(전) 2000. 11. 16, 98다22253; 대판 2001. 12. 24, 2001

구는 이유 없으나 주위적 청구가 이유 있다고 하여도 피고의 항소를 받아들여 예비적 청구를 인용한 제1심판결을 취소하고 원고의 예비적 청구를 기각하여야 한다.

(c) 청구를 기각하면서 주위적 청구에 대한 배척만을 하고 예비적 청구에 대한 판단을 빠뜨린 경우, 주위적 청구를 제쳐두고 예비적 청구만을 판단하여 청구를 기각한 경우 등에 있어서 원고가 패소한 부분에 대하여만 불복·상소한 때에는 판단이 누락된 부분도 상소심으로 이심된다.[61] 이러한 법리는 부진정 예비적 병합의 경우에도 동일하게 적용된다.[62]

(d) 병합소송에 있어서도 제1심판결에 항소하지 아니한 당사자는 항소심판결이 제1심판결보다 불리하지 아니하면 상고의 이익이 없다.[63] 수개의 청구 중 항소심에 불복하지 아니한 부분은 항소심판결의 선고로 확정되고, 또한 상고심에 불복하지 아니한 부분은 파기환송의 경우에도 상고심판결의 선고로 확정된다.[64] 상고심에서 파기환송 된 경우에 원심의 심판범위는 불복상고 한 청구에 한정된다.[65]

제 3 절 청구의 변경

Ⅰ. 개 념

1. 의 의

(1) 청구의 변경(請求의 變更)이라 함은 소송의 계속 후에 원고의 피고에 대한 본래의 청구인 소송물을 변경하는 것을 말한다($^{262}_{조}$). 즉 종전의 청구에 대신하여

다62213; 대판 2002. 4. 26, 2001다83333; 대판 2002. 12. 26, 2002므852.

61) 대판 2002. 9. 4, 98다17145); 대판 2002. 10. 25, 2002다23598; 대판 2021. 5. 7. 2020다292411.

62) 대판 2021. 5. 7, 2020다292411.

63) 대판 1988. 11. 22, 87다카414, 415; 대판 2002. 2. 5, 2001다63131; 대판 2003. 9. 26, 2001다68914; 대판 2004. 7. 9, 2003므2251; 대판 2006. 1. 27, 2005다16591.

64) 항소심 관련 판례: 대판 1994. 12. 23, 94다44644; 대판 2001. 4. 27, 99다30312; 대판 2004. 6. 10, 2004다2151, 2168; 대판 2006. 4. 27, 2006두2091; 대판 2008. 6. 26, 2008다24791, 24807. 상고심 관련 판례: 대판 2001. 12. 24, 2001다62213; 대판 2007. 1. 11, 2005다67971. 다만, 대결 2006. 4. 14, 2006카기62의 방론에서 상고로 불복하지 아니한 부분은 상고이유서제출기간(부대상고기간)의 경과로 확정된다는 취지로 설시하고 있다.

65) 대판 2001. 12. 24, 2001다62213; 대판 2007. 1. 11, 2005다67971.

새로운 청구로 바꾸거나(교환적 변경) 또는 종전의 청구에 새로운 청구를 추가하는 경우(추가적 변경)를 말한다. 이를 소의 변경(Klageänderung)이라고 한다. 그러나 소는 법원, 당사자, 청구의 세 가지 요소로 구성되어 있으므로, 소의 변경이라고 하면 개념적으로 법원의 변경(소송의 이송)과 당사자의 변경(임의적 당사자변경)도 포함한다고 보아야 하므로, 소송물이 바뀌는 것은 청구의 변경이라고 표현하는 것이 정확하다.

(2) 청구의 변경은 소송물의 변경을 의미하는 것이므로 그것의 구체적인 범위는 소송물이론에 따라 차이가 있다. 기본적으로 소송물이론에 있어서 소송물의 중요한 구성요소가 청구취지와 청구원인을 기준으로 하고 있으므로, 이를 통하여 소송물이론에 따른 구체적인 범위의 차이를 알 수 있다. 구소송물이론은 청구원인이 소송물의 중요한 요소이므로 청구취지와 청구원인의 변경이 모두 청구의 변경으로 이어지고, 신소송물이론 중 일지설(一肢說)과 신실체법설 중 소송물의 범위가 같은 견해에서는 청구원인의 변경은 소송물의 변경이 되지 아니하고 청구취지의 변경이 문제된다. 신소송물이론 중 이지설(二肢說)과 신실체법설 중 소송물의 범위가 같은 견해에서는 청구원인 중 사실관계가 다른 경우에는 소송물이 다른 것으로 보기 때문에 청구취지 및 사실관계가 다른 청구원인의 변경이 청구의 변경으로 이어진다.

2. 청구의 변경의 범위

소송물이론에 따라 청구의 변경의 범위가 달라지므로, 청구취지 및 청구원인의 변경, 공격방법의 변경을 중심으로 청구의 변경의 범위를 살펴보겠다.

(1) 청구취지의 변경

① 청구취지가 변경된 경우에는 원칙적으로 소송물이론과 관계없이 모두 청구의 변경에 해당한다고 할 수 있다. 청구취지 및 청구원인의 실체법상의 권리에 대한 주장을 소송물로 보는 구실체법설에 있어서 청구취지의 변경은 당연히 청구의 변경에 해당한다. 청구취지 또는 청구원인에 의하여 소송물이 특정된다는 소송법설에 있어서도 청구취지의 변경은 청구의 변경에 해당한다. 또한 실체법상 진실로 보호할 가치가 있는 법적 지위로서의 청구권 또는 형성권에 대한 주장이 소송물이라는 신실체법설에 의하여도 청구취지의 변경은 소송물의 변경에 해당한다고

할 것이므로 청구취지의 변경은 어떠한 견해에 의하더라도 기본적으로 청구의 변경에 해당한다고 할 것이다.

(a) **재판 형식(소의 종류)의 변경**　이는 필연적으로 청구취지의 변경이 수반되므로 청구의 변경이 된다. 동일건물에 대하여 이행의 소인 명도청구를 하다가, 확인의 소인 소유권확인청구를 하는 것은 재판의 형식이 바뀌는 것이므로 청구의 변경에 해당한다.[1]

(b) **소송목적물의 변경**　소송에서 구하는 물건 또는 행위를 바꾸거나, 물건 대신 금전이나 행위를 구하는 경우에는 청구의 변경이 된다. 甲물건을 구하다가 乙물건의 인도를 구하는 경우, 대지인도청구에 동 지상의 가건물철거청구를 추가한 경우 등이 그러하다. 다만 회생절차개시결정으로 중단된 소송절차가 수계된 경우에 종전 청구취지대로 채무이행을 명할 수 없기 때문에 법원은 회생채권의 확정을 구하는 것으로 청구취지 변경의 의사를 석명하여야 한다.[2]

② 심판 범위의 변경: 소송물의 동일성에는 변경이 없이 청구취지의 수량만이 확장 또는 감축되는 심판범위의 변경이 청구의 변경이 되는지 여부에 관하여 논의된다.

(a) **청구취지의 확장**　이것에는 크게 보아 청구취지를 질적(質的)으로 늘리는 질적 확장(예: 상환이행청구에서 단순이행청구로 변경하는 경우)과 수량을 증액하는 양적(量的) 확장(예: 손해배상청구 중 적극적 손해액을 1,000만원에서 2,000만원으로 증액하는 경우, 부동산에 대한 소유권 중 일부지분에 대한 소유권이전등기청구를 부동산전부에 대한 소유권이전등기청구로 변경하는 경우)[3]이 있다. 청구취지의 확장은 피고의 방어권에 영향을 미친다고 할 것이므로 이를 청구의 변경으로 보는 것이 타당하다는 것이 통설·판례[4]의 입장이다. 특히 명시적 일부청구에서 소송 중 잔부청구로 확장한 경우에 청구의 변경이 되는지가 문제되나, 소송물 자체의 변경은 없다고 하여도 양적 확장에 해당하여 피고의 방어권에 영향이 있으므로 청구의 변경이 있다고 보아야 한다.[5]

(b) **청구취지의 감축**　이것에는 크게 보아 청구취지를 질적(質的)으로 줄이는 질적 감축(예: 단순이행청구에서 상환이행청구로 변경하는 경우)과 수량을 감액하는

---

1) 대판 1966. 1. 25, 62다2277.
2) 대판 2015. 7. 9, 2013다69866.
3) 대판 1997. 4. 11, 96다50520.
4) 대판 1963. 12. 12, 63다689; 대판 1984. 2. 14, 83다카514; 대판 1992. 10. 23, 92다29962.
5) 同旨: 이시윤, 711면(소송물의 변동이 있다고 봄).

양적(量的) 감축(예: 손해배상청구 중 적극적 손해액을 2,000만원에서 1,000만원으로 감액하는 경우, 부동산전부에 대한 소유권이전등기청구를 일부지분에 대한 소유권이전등기청구로 변경하는 경우)이 있다. 이러한 청구취지의 감축은 피고의 방어권과 관련하여 문제가 없으므로 청구의 변경에 해당하지 아니한다는 것이 통설·판례[6]이다. 다만 감축된 부분에 대하여 일부취하(一部取下)로 볼 것인지 일부포기(一部抛棄)로 볼 것인지가 문제이다. 원칙적으로 원고의 의사에 따라야 할 것이다. 그러나 의사가 불분명한 경우에는 원고에게 유리한 소의 일부취하로 보아야 한다($\frac{통설}{판례}$).[7] 피고가 본안에 관하여 준비서면을 제출하거나, 변론준비기일에서 진술하거나 변론을 한 뒤에는 상대방의 동의를 받아야 효력을 가진다($\frac{266조}{2항}$).

(c) 청구취지의 보충·정정(訂正)   종전의 청구취지의 동일성 내에서 이를 보충·정정하는 것은 청구취지를 명확히 하기 위한 것이므로 청구의 변경에 해당하지 아니한다.[8] 예컨대 철거를 구하는 건물의 표시에 다소 변경을 가하여 건물의 구조·평수·지번 등을 변경하는 경우,[9] 건물의 철거대상에 담장을 추가하는 것, 청구취지를 청구원인대로 변경하는 것,[10] 갑(甲)이 을(乙)을 상대로 배당이의의 소를 제기하면서 을(乙)과 병(丙)이 체결한 근저당권설정계약이 사해행위에 해당한다고 주장하였으나 소장의 청구취지로 배당표 경정청구만을 기재하였다가 그 후 청구취지 변경신청서를 제출하면서 사해행위취소를 청구취지에 기재한 것[11] 등이 여기에 해당한다고 할 수 있다.

(2) 청구원인의 변경

청구원인의 변경이 청구의 변경이 되는지 여부는 소송물이론에 따라 다르고,

---

6) 대판 1983. 8. 23, 83다카450; 대판 1993. 9. 14, 93누9460; 대판 2004. 7. 9, 2003다46758; 대판 2005. 7. 14, 2005다19477.

7) 위 註 6)의 인용판례.

8) 대판 1982. 9. 28, 81누106; 대판 1989. 8. 8, 88누10251; 대판 2008. 2. 1, 2005다74863.

9) 대판 1963. 5. 9, 62다931(위 판례는 당사자가 청구취지의 정정으로 하여도 될 것을 청구의 변경으로 한 것을 그 동일성이 있다고 판시한 것이므로 반대한다고 보기는 어렵다고 사료됨); 대판 1969. 5. 27, 69다347(위 판례도 당사자가 소제기 당시에는 건물의 일부에 대한 철거를 구하다가 감정 후에 감정결과에 따라 추녀부분으로 특정한 것이므로 청구취지의 변경의 형식으로 하였지만 실상은 청구취지의 정정이라 할 수 있다고 보임).

10) 대판 1982. 9. 28, 81누106.

11) 대판 2019. 10. 31, 2019다215746(원고가 소장의 청구취지에 배당표 경정청구만을 기재한 것은 소송물을 사해행위취소소송에서의 원상회복청구에 한정하고자 한 것이 아니라 착오로 사해행위취소청구 부분을 누락한 것으로 봄이 상당하므로 갑(甲)의 청구취지 변경은 청구취지의 보충 내지는 정정으로 볼 수 있을지언정 청구취지의 변경(새로운 소제기)으로는 볼 수 없다고 하였음).

특히 i) 금전지급 또는 그 밖의 대체물의 인도청구, ii) 청구권·형성권의 경합에서 차이가 있다.

① 금전지급 또는 대체물의 인도청구

소송물이론과 관계없이 청구취지가 종전과 같다고 하여도 청구원인이 종전과 다른 사실로 바뀐 경우에는 청구의 변경에 해당한다고 본다. 통상 금전 또는 대체물의 인도청구에 관하여 구소송물이론(또는 구실체법설)과 이지설(二肢說, 신실체법설 중 소송물 범위가 같은 경우 포함)에서는 청구원인사실이 소송물의 특정을 위한 요소이므로 청구원인사실이 바뀌면 당연히 청구 즉 소송물이 바뀐다고 본다. 반면 일지설(一肢說, 신실체법설 중 소송물 범위가 같은 경우 포함)은 청구원인은 소송물의 구성요소가 아니라고 하더라도 금전 또는 대체물의 인도청구에 관하여는 예외를 인정하여 소송물의 특정을 위하여 청구원인을 참작하여야 한다고 하여 결국 청구의 변경으로 본다. 결국 금전지급 또는 대체물의 인도청구에 있어서는 소송물이론과 관계없이 청구원인의 변경은 청구의 변경에 해당하게 된다.

② 청구권 및 형성권경합

(a) 하나의 사실관계 또는 생활관계로부터 동일한 목적을 가진 수개의 청구권이나 형성권이 발생하는 청구권경합 또는 형성권경합(예: 손해배상청구를 하면서 불법행위에서 채무불이행으로 청구원인을 변경한 경우,[12] 이혼청구에 있어서 이혼사유를 부정행위에서 악의의 유기로 변경한 경우[13] 등)에 있어서는, 실체법상의 권리에 대한 주장을 소송물로 보는 구소송물이론의 경우에는, 청구권경합의 경우에 하나의 청구권에서 다른 청구권으로, 형성권경합에서 처음의 형성권에서 다음의 형성권으로 주장을 변경하는 것은 소송물의 변경으로서 당연히 청구의 변경이 된다. 그러나 신소송물이론 및 신실체법설에 의하면 이는 소송물이 아닌 공격방법의 변경이므로 청구의 변경에 해당하지 아니한다.

(b) 그러나 사실관계 또는 생활관계가 다른 경우에 있어서 동일한 목적을 가진 수개의 청구권이나 형성권이 발생하는 청구권경합 또는 형성권경합(예: 동일한 금액청구를 하면서 청구원인을 어음금청구에서 원인채권으로 변경한 경우[14])이 존재하는 때에는, 하나의 청구권에서 다른 청구권으로, 하나의 형성권에서 다른 형성권

---

12) 대판 1965. 4. 6, 65다139.
13) 대판 1963. 1. 31, 62다812; 대판 2000. 9. 5, 99므1886.
14) 대판 1965. 11. 30, 65다2028.

으로 주장을 변경하는 것은 신소송물이론 중 일지설(一肢說, 신실체법설 중 소송물 범위가 같은 경우 포함)에 의하면 공격방법의 변경이므로 청구의 변경에 해당하지 아니한다. 반면 구소송물이론과 이지설(二肢說, 신실체법설 중 소송물 범위가 같은 경우 포함)에 의하면 소송물이 다른 것이므로 청구의 변경이 된다.

(3) 공격방법의 변경

공격방법의 변경은 어떠한 소송물이론에 의하더라도 청구의 변경에 해당하지 아니한다. 이는 원고가 자신의 청구를 이유 있게 하기 위하여 제출하는 소송자료일 뿐이다. 따라서 공격방법의 변경은 청구의 변경과 같은 제약이 따르지 아니한다. 여기에는 i) 확인의 소에서 같은 권리에 대하여 취득원인을 바꾸어 주장한 경우(예: 소유권확인소송에서 소유권취득원인을 매매에서 취득시효로 바꾸는 경우[15] 등), ii) 동일한 실체법상의 권리에 기초한 청구인데 법조경합관계에 있는 다른 법규로 바꾸어 주장한 경우, iii) 같은 실체법상의 권리에 기한 청구인데 요건사실의 일부를 바꾸어 주장한 경우(예: 소유권이전등기말소청구에서 무효원인을 변경한 경우, 부당이득반환청구에 있어서 매매계약의 취소에서 해제로 변경한 경우, 가등기에 기한 본등기를 구하면서 그 등기원인을 매매예약완결이라고 주장하면서 다만 피담보채권을 대여금채권에서 손해배상채권으로 바꾸어 주장한 경우,[16] 사해행위의 취소를 구하면서 피보전채권을 추가하거나 교환하는 경우[17] 등) 등이 여기에 해당한다.

Ⅱ. 청구변경의 형태

청구변경의 형태는 교환적 변경(交換的 變更)과 추가적 변경(追加的 變更)이 있다.

1. 교환적 변경

(1) 교환적 변경이라 함은 원고가 구청구(舊請求)에 갈음하여 신청구(新請求)를 제기하는 형태이다. 예컨대 건물명도청구를 소유권확인청구로 변경하는 경우, 유

---

15) 다만 저자는 앞의 확인소송물이론에서 언급한 바와 같이 매수사실과 취득시효사실은 서로 상이한 청구원인사실이므로 청구의 변경으로 보는 것이 타당하다고 본다(同旨: 호문혁, 763면).

16) 대판 1992. 6. 12, 92다11848.

17) 대판 2003. 5. 27, 2001다13532; 대판 2012. 7. 5, 2010다80503(채권자가 채권을 달리하여 사해행위취소 및 원상회복을 구하는 채권자취소의 소를 이중으로 제기한 경우, 이중의 소 중에 하나가 승계참가신청에 의한 경우도 포함).

체물인도청구를 시가 상당의 손해배상청구로 변경하는 경우 등이다.

(2) 이러한 교환적 변경은 신청구의 추가와 구청구의 취하의 결합으로 보는 것이 통설·판례[18]이다. 이 경우 피고가 구청구에 대하여 변론한 경우에는 피고의 동의($\frac{266조}{2항}$)를 얻어야 하는지 여부가 문제된다. 생각건대 청구의 기초가 동일하여 피고의 방어권 보호에 문제가 없고, 원고의 의사를 존중하여 주어야 한다는 점, 특히 항소심에서의 교환적 변경은 구청구에 대한 재소가 금지되므로($\frac{267조}{2항}$) 실질적으로 청구의 포기와 같다는 점, 청구의 교환적 변경은 소취하의 특수형태이므로 소의 변경에 관한 민사소송법 제262조 제1항이 소취하의 일반규정의 요건에 우선한다는 점 등에 비추어 보면 피고의 동의를 요하지 않는다고 보는 것이 타당하다.[19] 판례도 피고의 동의가 필요 없다고 본다.[20] 피고의 동의가 필요하다는 견해[21]에서는 피고가 이를 부동의 한 경우에 구청구에 신청구를 추가적으로 변경한 것으로 보게 되고,[22] 다만 구청구가 부적법하여 그 하자를 치유하기 위하여 적법한 청구로 교환적 변경하는 것은 동의 없이 허용된다고 본다.[23]

2. 추가적 변경

추가적 변경이라 함은 구청구를 유지하면서 신청구를 추가로 제기하는 형태이다. 이는 청구의 후발적 병합에 해당하므로 병합요건($\frac{253}{조}$)을 갖추어야 한다. 추가적 병합의 경우에는 단순·선택적·예비적 병합의 형태 중 하나가 된다. 특히 추가적 병합으로 인하여 예비적 병합이 되는 경우에는 어느 청구가 주위적 청구인지를 명확히 하여야 한다. 추가적 변경에 의하여 소송목적의 값이 단독판사의 사물관할을 초과한 경우(예: 5,000만원에서 2억 1,000만원으로 청구취지 확장)에는 사건을 합의부로 이송하여야 한다.

---

18) 대판 1980. 11. 11, 80다1182; 대판 1987. 11. 10, 87다카1405; 대판 2003. 1. 24, 2002다56987; 대판 2017. 2. 21, 2016다45595. 反對: 호문혁, 821-822면.

19) 同旨: 방순원, 336면; 송상현, 614면; 정동윤/유병현/김경욱, 1023면; 호문혁, 870면(결합설에 반대하는 입장에서 동의 불요임).

20) 대판 1962. 1. 31, 4294민상310; 대판 1970. 2. 24, 69다2172.

21) 강현중, 810면; 이시윤, 712면; 이영섭, 245면.

22) 강현중, 810면.

23) 대판 1966. 11. 29, 66다1729(항소심에서 당시 인정되지 아니하던 소의 주관적·예비적 병합을 공동소송으로 변경한 경우임).

3. 변경형태가 불명(不明)한 경우의 조치

청구변경의 형태가 분명하지 아니한 경우에는 교환적인지 추가적인지 여부는 당사자의 의사해석의 문제이다. 이 경우에는 법원은 교환적인가 추가적인가 여부와 만약 추가적인 경우에 단순·선택적·예비적인지 여부를 석명할 의무가 있다.[24] 다만 당사자의 의사가 분명하지 아니하여 교환적 변경으로 해석된다고 하여도 당사자가 소송을 종료하려고 하는 것이 아닌 이상 청구의 교환적 변경으로 구청구를 취하하고, 신청구만을 유지하려는 것이므로 신청구가 적법한 소임을 전제로 구청구가 취하된다고 보아야 한다.[25]

Ⅲ. 요   건

청구의 변경은 동시(추가적 변경의 경우) 또는 시간적 선·후(교환적 변경의 경우)로 청구의 병합이 발생하므로 청구의 병합에 필요한 일반요건을 갖추어야 된다.[26] 또한 청구의 변경은 후발적 청구의 병합에 해당하므로 이에 요구되는 특별한 요건이 필요하다($\frac{262조}{1항}$). 병합요건에 관하여는 청구의 병합에서 자세히 보았으므로 여기에서는 청구의 변경에 필요한 특별요건을 중심으로 살펴보고, 청구의 병합의 일반요건은 필요한 한도에서 최소한으로 보겠다. 청구의 변경에 필요한 특별요건으로는 i) 우선 신·구청구의 관련성을 말하는 「청구의 기초가 바뀌지 아니할 것(청구기초의 동일성)」, ii) 「소송절차를 현저히 지연시키지 않을 것」, iii) 「소송절차가 사실심에 계속되고 변론종결 전일 것」을 요한다. 이러한 특별요건이 필요한 이유는 청구의 변경을 인정하는 근본취지가 구청구의 소송자료를 신청구의 심리에 계속 이용하며(소송촉진), 피고의 방어권을 침해하지 아니하면서 원고에게는 소송의 편의를 제공하기 위한 것이므로(원고의 편의＋피고의 방어권보호), 이러한 요소의 조화가 필요하다.[27]

---

24) 대판 1994. 10. 14, 94다10153; 대판 2003. 1. 10, 2002다41435; 대판 2004. 3. 26, 2003다21834, 21841.

25) 대판 1975. 5. 13, 73다1449.

26) 대판 2012. 7. 5, 2012다25449(승계참가인도 청구변경 가능함); 대판 2012. 3. 29, 2010다28338, 28345(반소청구도 기초동일성 등의 요건을 충족하면 반소의 교환적 변경도 가능함).

27) 이시윤, 713면.

1. 청구의 기초가 바뀌지 아니할 것(청구기초의 동일성)

(1) 청구의 기초(基礎)라는 개념은 신·구청구 사이의 관련성을 의미한다. 이러한 청구의 기초가 무엇이고, 그것이 바뀌지 아니한다는 것의 의미에 관하여 학설이 대립되고 있다. 학설은 크게 이익설(利益說), 사실설(事實說), 병용설(倂用說)로 나눌 수 있다.

이익설은 청구를 법률적 주장으로 구성하기 전의 사실적인 이익분쟁 자체를 청구의 기초로 보아 그것의 동일성 여부를 따지는 견해이다.[28] 사실설은 청구의 기초를 사건의 동일인식을 표시하는 기본적 사실로 보아 그것의 동일성을 따져야 한다는 기본적 사실설(基本的 事實說)[29]과 청구의 기초를 재판의 사실자료에 나타난 사실로 보아 신청구와 구청구의 사실자료 사이에 심리를 계속적으로 하는 것이 정당할 정도의 공통성이 있는지 여부로 동일성 여부를 판단하여야 한다는 사실자료 공통설(事實資料 共通說)[30]이 있다. 병용설은 신청구와 구청구가 사회적으로 동일하거나 연속적인 분쟁에 관한 것으로 증거자료 및 주요쟁점이 공통되면 청구의 기초의 동일성이 있다고 보는 견해이다.[31] 판례는 「동일한 생활사실 또는 경제적 이익에 관한 분쟁에서 그 해결방법만을 달리하는 경우」에 청구의 기초에 변경이 없다고 하여 이익설에 기초하고 있다.[32]

생각건대 청구의 변경은 동일한 당사자 사이에 같은 분쟁을 기존의 소송절차를 이용하여 해결하기 위한 것이고, 이 경우 피고의 방어권을 고려하려는 차원에서 청구기초의 동일성을 요건으로 인정하고 있는 것이다. 따라서 분쟁 자체에 초점을 맞추어 생각하는 것이 간단·명료하고, 사실적인 이익 분쟁이 같은 경우에 법률적으로 기본적 사실, 소송자료 등이 같을 수밖에 없으므로 이익설에 기초하는 것이 타당하다고 본다. 어느 설에 의하든 구체적 적용은 차이가 없다고 본다.

(2) 청구의 기초가 바뀌지 아니한 경우

판례를 중심으로 청구의 기초가 바뀌지 아니한 경우를 살펴보면 다음과 같다.

---

28) 김홍규/강태원, 664면; 이영섭, 244면.

29) 방순원, 333면; 송상현/박익환, 616면.

30) 이시윤, 714면; 호문혁, 873면.

31) 정동윤/유병현/김경욱, 1017면.

32) 대판 1987. 10. 13, 87다카1093; 대판 1988. 8. 23, 87다카546; 대판 1990. 1. 12, 88다카24622; 대판 1997. 4. 25, 96다32133; 대판 1998. 4. 24, 97다44416; 대판 2012. 3. 29, 2010다28338, 28345(항소심에서 반소청구의 변경).

① 청구원인이 같은데 청구취지만을 변경한 경우

예컨대 청구취지의 금액을 증감하는 경우,[33] 같은 지상의 방해물철거를 구하면서 그 대상만을 달리한 경우,[34] 토지인도청구에서 그 지상가건물의 철거를 추가한 경우,[35] 소유권이전등기말소청구에 명도청구를 추가한 경우[36] 등이 여기에 해당한다.

② 신·구청구 중 한쪽이 다른 쪽의 변형물이거나 부수물인 경우

예컨대 목적물의 인도·소유권이전등기를 구하다가 그 이행불능을 원인으로 한 전보배상청구를 하는 경우,[37] 가옥명도청구를 하다가 임대료 상당의 손해배상금청구를 추가하는 경우,[38] 원본청구에 이자청구를 추가하는 경우, 어음금청구에 그 원인채권을 추가하는 경우 등이 여기에 해당한다.

③ 동일한 목적의 청구이나 그 법률적 관점을 달리하는 경우

예컨대 물건의 인도를 소유권에 기하여 청구하다가 점유권으로 바꾸는 경우,[39] 이혼소송에서 이혼사유를 부정한 행위를 원인으로 하다가 악의의 유기 등의 다른 사유로 바꾸는 경우 등이 여기에 해당한다. 구소송물이론(구실체법설) 외의 소송물이론에서는 공격방법의 변경에 해당할 뿐이다.

④ 동일한 생활사실·경제적 이익에 관한 분쟁에서 그 해결방법만을 달리하는 경우

예컨대 매매계약에 의한 소유권이전등기청구에서 계약해제에 따른 계약금반환청구로,[40] 어음·수표금청구에서 어음·수표의 위조에 따른 사용자책임에 기한 손해배상청구로,[41] 어음청구를 원인채권청구로,[42] 원인무효를 원인으로 한 소유권이전말소등기청구에서 명의신탁해지를 원인으로 한 소유권이전등기청구로,[43] 소유권이전등기청구에서 직접 매수를 원인으로 하다가 채권자대위권에 기초한 대위청구로,[44] 영업손실액 상당의 손해배상청구에서 와인손상에 따른 손해배상청구로,[45]

---

33) 대판 1984. 2. 14, 83다카514.
34) 대판 1962. 4. 18, 4294민상1145.
35) 대판 1969. 12. 23, 69다1867.
36) 대판 1960. 5. 26, 4292민상279; 대판 1992. 10. 23, 92다29662.
37) 대판 1965. 1. 26, 64다1391; 대판 1969. 7. 22, 69다413.
38) 대판 1964. 5. 26, 63다973.
39) 대판 1960. 8. 18, 4292민상898.
40) 대판 1972. 6. 27, 72다546.
41) 대판 1966. 10. 21, 64다1102.
42) 대판 1966. 3. 22, 65다2635.
43) 대판 2001. 3. 13, 99다11328.

소유권이전등기청구에서 매매를 원인으로 하다가 대물변제로,[46] 동일한 건물에 대한 인도청구를 소유권확인청구로[47] 각각 변경하는 경우 등이 그것이다.

(3) 청구의 기초가 바뀐 경우

그러나 판례는 이에 반하여 건축공사보수금채권의 부존재확인청구를 건물소유권확인청구로,[48] 약속어음금청구를 전화가입권 명의변경청구로,[49] 점유권에 기한 철조망철거청구를 농지개혁법상의 경작권확인청구로,[50] 행정처분의 취소소송에서 취소대상의 행정처분를 바꾸는 것[51]으로 각각 변경하는 경우에는 청구의 기초의 변경이 있다고 인정한다.

(4) 청구의 기초의 동일성에 관한 요건의 성질

이에 관하여 공익적 요건설(公益的 要件說)[52]과 사익적 요건설(私益的 要件說, 통설임)이 대립된다. 생각건대 청구의 기초의 동일성에 대한 요건은 피고의 방어권의 부당한 침해를 막기 위한 것에 주안점을 두고 있다는 점에 비추어 보면 피고의 자유로운 처분이 인정되는 사익적 요건으로 보는 것이 타당하다. 따라서 피고가 원고의 청구의 변경에 동의하거나 또는 이의 없이 변론한 경우에 이의권이 상실되어 청구기초의 동일성이 인정되지 아니하여도 청구의 변경이 허용된다. 판례도 사익적 요건설을 취하고 있다.[53]

2. 소송절차를 현저히 지연시키지 않을 것

(1) 청구의 변경이 인정되기 위하여는 신청구의 심리로 인하여 종전의 소송절차를 현저히 지연시키지 말아야 한다. 따라서 신청구로 인하여 새로운 사실관계의 심리와 특별한 소송자료의 제출이 필요할 경우에는 인정할 수 없다.[54] 신청구는

---

44) 대판 1971. 10. 11, 71다1805.
45) 대판 2012. 3. 29, 2010다28338, 28345(항소심에서 반소청구의 변경 사안임).
46) 대판 1997. 4. 25, 96다32133.
47) 대판 1966. 1. 25, 65다2277.
48) 대판 1957. 9. 26, 4290민상230.
49) 대판 1964. 9. 22, 64다480.
50) 대판 1960. 2. 4, 4291민상596.
51) 대판 1963. 2. 21, 62누231.
52) 방순원, 335면.
53) 대판 1982. 1. 26, 81다546; 대판 1992. 12. 22, 92다33831; 대판 2011. 2. 24, 2009다33655.

종전의 청구에 대한 심리 결과에 따른 소송자료의 대부분을 이용할 수 있어야 한다. 그렇지 아니한 경우에는 청구의 변경이 아닌 별소를 통하여야 한다는 취지이다. 예컨대 종전의 소송자료를 대부분 이용할 수 있는 경우에는 소송지연에 해당할 수 없고,[55] 2회에 걸쳐 상고심으로부터 파기환송 된 사건에서 항소심 변론종결 시에 비로소 청구의 변경을 하는 것은 소송절차를 현저히 지연하는 경우[56]에 해당한다고 할 수 있다.

(2) 이 요건은 청구의 기초의 동일성에 대한 요건과 달리 공익적 요건으로 보아야 하고, 법원은 피고의 이의 여부와 관계없이 직권으로 조사하여야 한다. 다만 청구의 변경이 청구이의의 소에서 별도의 소를 금하는 사유에 해당하는 경우($\frac{민집 44}{조 3항}$)에는 절차를 지연시킬 때에도 예외적으로 청구의 변경을 허용하여야 한다.[57]

(3) 집중심리를 강조하고 있는 신법 하에서는 변론준비기일 또는 변론기일에서 쟁점 및 증거에 관한 정리를 마친 이후에 청구를 변경하는 것에 대하여는 본 요건과 관련하여 일정한 제한을 가할 필요성이 있다고 본다.[58]

3. 사실심에 계속되고 변론종결 전일 것

(1) 청구의 변경이 가능하기 위하여는 구청구가 사실심에 계속되어 있어야 하고 변론종결 전이어야 한다. 이는 구청구의 소송절차 및 자료를 이용하기 위한 것이므로 사실심리가 가능한 시점까지로 제한한 것이다.

(2) 소장부본이 피고에게 송달되기 전까지는 피고의 이해관계가 없고, 절차지연의 염려가 없으므로 원고는 자유롭게 소장의 기재를 보충·정정할 수 있다. 이 것은 소송계속 전이므로 엄격한 의미로 청구의 변경이라 할 수 없다. 또한 변론종결 뒤에는 청구의 변경이 허용되지 아니하고, 그러한 신청이 있다고 하여도 법원은 변론을 재개할 필요가 없다.

(3) 항소심 등에서의 청구의 변경

(a) 항소심에서도 상대방의 동의 없이 청구를 변경할 수 있다($^{408,}_{262조}$). 교환적 변

---

54) 대판 1972. 6. 27, 72다546; 대판 2015. 4. 23, 2014다89287, 89294; 대판 2017. 5. 30, 2017다211146.
55) 대판 1998. 4. 28, 97다44416; 대판 2009. 3. 12, 2007다56524.
56) 대판 1964. 12. 29, 64다1025.
57) 同旨: 이시윤, 716면; 정동윤/유병현/김경욱; 1019면.
58) 同旨: 이시윤, 716면. 反對: 김홍엽, 955면.

경의 경우에도 같다.[59] 이 점이 반소가 항소심에서 상대방의 심급의 이익을 해할 우려가 없는 경우 또는 상대방의 동의를 받은 경우에 한정하여 인정되는 것과는 차이가 있다($\frac{412}{조}$).

(b) 제1심에서 전부승소한 원고가 청구의 변경만을 목적으로 항소하는 것은 원칙적으로 항소의 이익이 없다. 그러나 명시하지 않은 일부청구에 있어서 전부 승소한 원고의 잔부에 대한 청구확장을 위한 항소는 예외적으로 인정된다.[60] 이는 잔부청구에 기판력이 미쳐 재소로 청구할 수 없으므로 항소를 인정하지 아니하면 영영 소구(訴求)할 기회를 상실하기 때문이다.

(c) 특히 판례에 의하면 항소심에서 청구의 교환적 변경을 하는 경우에는 구청 구에 대하여 제1심의 종국판결 후에 소의 취하가 이루어지는 것이므로 재소금지 의 원칙($\frac{267조}{2항}$)에 따라 다시 제소할 수 없는 제약이 있으므로 주의할 필요가 있 다.[61] 따라서 판례에 의하면 항소심에서 교환적 변경 후에는 구청구를 재차 교환 적·추가적으로 변경할 수 없다. 하지만 항소심에서의 교환적 변경의 경우는 청 구의 변경에 관한 제262조의 규정에 따른 것이고, 교환적 변경을 한 당사자에게 불의의 타격을 줄 수 있으므로 재소금지의 원칙을 그대로 적용할 수 없다고 본다 ($\frac{본서\ 1119\sim}{1120면\ 참조}$).

(d) 항소심에서 교환적으로 변경된 신청구는 항소심이 사실상 제1심으로 재판 하는 것이다.[62] 당사자 사이에 항소취하합의가 있다고 하여도 그것이 접수되기 전 에는 청구의 교환적 변경이 가능하다.[63]

(4) 상고심은 사실심리를 하지 아니하는 법률심이므로 청구의 변경이 허용되지 아니한다.[64]

---

59) 대판 1963. 12. 12, 63다689; 대판 1984. 2. 14, 83다카514; 대판 2018. 5. 30, 2017다 21411. 다만 항소심에서 교환적 변경을 할 경우에는 상대방의 동의가 문제될 수도 있다는 견해도 있다(이시윤, 716면).

60) 대판 1997. 10. 24, 96다12276.

61) 대판 1969. 5. 27, 68다1798; 대판 1987. 11. 10, 87다카1405.

62) 대판 1995. 1. 24, 93다25875.

63) 대판 2018. 5. 30, 2017다21411(여기에서 판례는 교환적 변경으로 제1심판결은 실효되므로 제1심판결을 전제로 한 항소각하 판결은 할 수 없다고 하였음).

64) 대판 1960. 8. 18, 4292민상905; 대판 1991. 10. 8, 89누7801; 대판 1992. 2. 11, 91누4126; 대판 1996. 11. 29, 96누9768; 대판 1997. 12. 12, 97누12235.

4. 청구의 병합의 일반요건을 갖출 것

청구의 변경은 후발적 청구의 병합이므로 청구의 병합의 일반요건($\frac{253}{\text{조}}$)을 갖추어야 한다. 따라서 i) 신·구청구가 동일한 소송절차에서 심리할 수 있어야 하고 (소송절차의 공통), ii) 신청구가 다른 전속관할에 속하지 말아야 하는 등의 요건이 필요하다. 따라서 가압류·가처분 사건에서 본안사건으로 변경하는 것은 허용할 수 없다고 할 것이다. 그러나 재심의 소에서 통상의 소로 변경하거나 그 반대의 경우에 판례는 다른 종류의 소송절차라고 하여 이를 허용하지 아니하나,[65] 재심의 소가 제1심에 계속 중인 경우에는 청구의 병합(倂合)을 인정하는 것과 같이 청구의 변경(變更)을 허용하는 것이 타당하다고 본다.[66] 최근 판례는 행정소송인 당사자소송과 민사소송은 동종절차는 아닐지라도 청구기초의 동일성이 유지된다면 공법상 당사자소송에서 민사소송으로 소 변경이 허용된다고 하고 있다.[67]

Ⅳ. 절 차

(1) 청구의 변경은 원고의 신청이 있어야 한다($\frac{262\text{조}}{2\text{항}}$). 청구의 변경 여부는 원고의 자유이고(처분권주의의 표현), 법원의 직권에 의한 청구의 변경은 허용되지 아니한다. 청구의 변경을 인정하는 것은 종전의 절차와 그 소송자료를 이용하여 관련 분쟁을 일회적으로 해결하기 위하여 인정되는 것이다. 다만 임대인이 원고로서 임차인을 상대로 임대기간 만료를 원인으로 한 건물철거 및 토지인도를 청구하고, 임차인인 피고가 건물매수청구권을 행사한 경우에 법원은 임대인에게 건물대금과 상환으로 건물인도를 구할 의사가 있는지 석명[68]하는 등과 같이 일정한 경우에 적극적 석명이 필요할 수 있다.[69]

(2) 청구의 변경은 소송 중의 소이므로, 소액사건과 같은 구술제소를 인정하는

---

65) 대판 1959. 9. 24, 4291민상318; 대판 1971. 3. 31, 71다8; 대판 1997. 5. 28, 96다41649(판례에서는 병합청구사건을 각하함).

66) 同旨: 이시윤, 717면.

67) 대판 2023. 6. 29, 2022두44262(당사자소송인 교부청산금 일부 부존재확인소송에서 원고가 1심 판결 후에 교부정산금 전부를 납부하고, 원심에서 부존재확인청구 부분을 민사소송인 부당이득반환청구소송으로 변경한 사안임).

68) 대판(전) 1995. 7. 11, 94다34265.

69) 同旨: 이시윤, 717면; 정동윤/유병현/김경욱, 1020면.

경우($\frac{소심}{4조}$) 외에는 원칙적으로 서면에 의하여야 한다($\frac{248}{조}$).[70]

(3) 청구원인의 변경 시에 서면의 필요여부

① 민사소송법 제262조 제2항은 청구취지의 변경의 경우에만 서면에 의한다고 규정하고 있다. 그런데 청구원인의 변경이 청구의 변경을 수반하는 경우 어떻게 하여야 하는지 문제된다. 소송물이론과 관련하여 보면 일지설(一肢說)과 신실체법설 중 일지설과 소송물 범위가 동일한 견해에서는 청구원인의 변경은 청구의 변경이 아닌 공격방법의 변경에 불과하므로 이론적으로는 서면에 의할 필요가 전혀 없다.[71] 구소송물이론과 신소송물이론 중 이지설(二肢說)에서 청구취지가 동일한 경우에도 청구원인의 사실관계가 달라 소송물이 다른 경우(신실체법설 중 이지설과 소송물 범위가 같은 견해 포함)가 문제가 된다. 특별한 예외 규정이 필요한 것이다. 즉 일지설 등의 전자의 경우에는 제262조 제2항은 당연한 규정이고, 판례 및 구소송물이론 등의 후자의 경우에는 제262조 제2항은 제248조(서면주의)에 대한 특별규정의 의미를 갖는다고 본다. 청구원인의 변경에 서면이 필요하다는 견해[72]와 서면이 필요 없다고 하는 견해(구술설)[73]가 팽팽하게 대립되고 있다. 판례는 서면이 필요 없고 구술로 족하다고 본다.[74]

생각건대 민사소송법 제262조 제2항을 제248조의 특별규정으로 볼 수 있고, 실제 소송에 있어서 소장이 제출되었으나 청구원인을 구술로 정리하고 소송진행을 하는 것이 소송경제상 필요한 경우(예: 당사자 소송에서 소장 중 청구원인의 정리가 명확하지 아니하여 교환적 변경 또는 추가적 변경 여부를 알 수 없을 때에 법원이 석명권을 행사하여 청구원인을 구술로 명확히 하여 조서에 정리 후에 진행하는 등) 등을 고려한다면 제262조 제2항의 규정취지에 따라 서면이 필요 없다는 견해가 타당하다고 본다. 그러나 복잡한 사건 또는 청구원인을 간단히 구술로 정정하기 어려운 경우 등은 청구의 변경을 명확히 하여야 하고, 판사가 바뀌어 변론의 갱신

---

70) 대판 2011. 1. 13, 2009다105062(표세가 순비서면이라도 그 내용이 청구취지변경에 해당하면 됨).

71) 이시윤, 718면.

72) 방순원, 336면; 송상현/박익환, 619면; 이영섭, 245면; 정동윤/유병현/김경욱, 1020면(다만 청구원인의 변경이 소송물의 변경을 수반하지 아니하여 공격방법의 변경에 불과한 경우에는 구술로 가능함).

73) 강현중, 817면; 김용욱, 212면; 김홍규/강태원, 666면; 김홍엽, 958면; 이시윤, 718면; 전병서, 738면 호문혁, 871면; 한충수, 674면.

74) 대판 1965. 4. 6, 65다170.

이 이루어질 경우에 이를 명확히 할 필요성 및 상급심에서의 판단의 용이성 등을 고려한다면 청구원인의 변경이 청구의 변경이 되는 때에는 서면에 의하도록 권유하는 것이 좋다고 본다.

② 더욱이 판례는 청구취지의 변경은 서면에 의하여야 하지만, 구술로 한 경우에도 피고가 이를 지체 없이 이의하지 아니하면 이의권의 상실로 그 흠이 치유된다고 본다.[75]

(4) 청구변경의 서면은 상대방에게 바로 송달하여야 한다($^{262조\ 3항,\ 규칙}_{64조\ 2항,\ 1항}$). 이 서면은 신청구에 대한 새로운 소장에 해당하기 때문이며, 상대방에 대한 송달 또는 변론기일에서의 교부 시에 소송계속의 효력이 발생한다.[76] 그러나 시효중단·기간준수의 효력은 청구변경의 서면을 법원에 제출한 때에 생긴다($^{265}_{조}$). 구술에 의한 청구의 변경 시에는 시효중단·기간준수의 효력은 즉시 발생한다. 하지만 소송계속은 상대방이 출석한 경우에는 즉시 생기지만 출석하지 아니한 경우에는 청구원인을 정정한 변론조서의 송달 또는 별도의 고지(예: 기일출석시에 재판장의 구두 고지)로 발생한다고 할 것이다.

(5) 청구변경의 신청서에는 변경 전·후의 차액 상당 또는 추가된 액수 상당의 인지를 심급에 따라 붙여야 한다($^{민인}_{5조}$). 또한 구두로 청구원인의 변경을 통하여 청구의 변경이 이루어졌음에도 피고의 출석이 없는 상태에서 바로 결심하여 판결을 선고하는 것은 피고의 방어권을 침해하여 위법하다.[77]

V. 심　　판

원고의 청구변경의 신청이 청구의 변경에 해당하는지 여부와 그것이 적법한지 여부는 법원의 직권조사사항이다. 따라서 청구의 변경이 적법한 경우에는 변경의 취지에 따라 신청구를 추가하여 심리·판단하거나(추가적 병합), 신청구에 대하여만 심리·판단한다(교환적 병합). 이에 대하여 다툼이 있는 경우에는 중간판결이나 종국판결의 이유에서 이를 판단하여야 한다.

---

75) 대판 1976. 4. 13, 75다2187; 대판 1982. 7. 13, 82다카262; 대판 1990. 12. 26, 90다4686; 대판 1993. 3. 23, 92다51204.
76) 대판 1992. 5. 22, 91다41187.
77) 대판 1989. 6. 13, 88다카19231(원고가 1심에서 약속어음금으로 청구한 것을 항소심 1차 변론기일에서 석명을 통하여 대여금의 보증채무로 청구원인을 추가하도록 하고 바로 결심하여 보증인책임을 물어 판결한 사안임).

1. 청구변경의 부적법

(1) 원고의 신청이 청구의 변경에는 해당하지만 부적법한 경우(예: 청구기초의 동일성이 없거나, 소송절차를 현저히 지연시키는 경우 등)에 상대방의 신청 또는 직권으로 청구변경을 허가하지 아니하는 결정(불허가결정)을 하여야 한다($\frac{263}{조}$). 이 경우 법원은 종전의 청구에 대한 심판을 계속하면 된다. 이러한 청구변경 불허가결정은 통상 변론을 거쳐 이루어지지만 소송지휘적 성질을 가진 중간적 결정에 해당하므로 독립하여 항고할 수 없고, 종국재판의 상소로써만 다툴 수 있다. 실무상으로는 불허가결정을 별도로 하지 아니하고 종국판결의 이유에서 판단한다.

(2) 항소심에서 제1심의 청구변경 불허가결정이 부당하다고 판단할 때에는 원결정을 명시적으로 취소하고,[78] 신청구에 대하여 스스로 심리·판결하면 된다.[79] 이 경우 원칙적으로 항소심에서 심판하지만 제1심으로 임의적으로 환송할 수도 있다는 견해가 있지만,[80] 현재의 법제 하에서는 임의적 환송이 불가능하고, 청구의 기초가 동일한 것이므로 피고의 방어권을 침해할 염려가 없으므로 스스로 심판하는 것이 타당하다고 본다.

2. 청구변경의 적법과 신청구의 심판

(1) 원고의 청구변경이 적법하다고 인정되면 법원은 별도로 청구의 변경을 허가하는 결정을 할 필요는 없다. 그러나 피고가 청구변경의 적법성을 다투는 경우에는 청구변경을 허가하는 결정을 하거나 판결 이유에서 판단하면 된다. 다만 청구변경을 허가하는 결정은 중간적 재판이므로 독립하여 불복할 수 없을 뿐만 아니라, 종국판결에 대한 상소로도 다툴 수 없다.[81] 그 이유는 신청구에 대하여 이미 심리 진행 중이고 그 확정이 늦어지는 경우 이미 판결까지 된 후에 이를 취소하고 별소로 처리하게 하는 것은 소송경제에 반하고, 신청구에 대한 시효중단의 효과도 상실하게 하여 당사자에게 상당한 불이익을 주기 때문이다.

---

78) 同旨: 정동윤/유병현/이시윤, 1022면. 다만 이시윤 교수는 [명시적으로 하는 경우 외에 묵시적으로 청구의 변경을 허용하여 신청구의 심리를 개시함으로써 가능하다고 본다(이시윤, 719면 참조). 그러나 저자는 이를 명백히 하는 것이 타당하다는 점에서 명시적 취소가 필요하다고 본다].

79) 강현중, 818면; 이시윤, 719면; 정동윤/유병현/김경욱, 1022면.

80) 이영섭, 246면.

81) 同旨: 강현중, 818면; 이시윤, 719면; 정동윤/유병현/김경욱, 1022면.

(2) 적법한 청구의 변경이 인정되면 법원은 신청구에 대하여 심리·판단하면 된다. 따라서 구청구에 대한 재판자료(소송자료＋증거자료)는 당연히 신청구에 관한 자료가 된다. 심판대상과 관련하여 보면 교환적 변경의 경우에는 구청구에 대한 소송계속이 소멸하므로 신청구만이 심판대상이 되고, 추가적 변경의 경우에는 신·구청구 모두 그 대상이 된다.

3. 청구변경의 간과

실제 재판에서 청구의 변경이 적법함에도 신청구에 대한 판단을 간과하고 구청구에 대하여만 심판한 경우가 종종 있어 문제된다. 이것은 신청구에 대한 판단을 간과한 것이어서 위법하다. 그 처리방법은 청구의 변경이 교환적인가 추가적인가에 따라 차이가 있다.

(1) 교환적 변경의 경우

교환적 변경임에도 불구하고 원심이 구청구에 대하여만 판단하였고 이를 상급심에서 발견한 경우 원심이 이미 취하되어 심판의 대상이 아닌 것에 대하여 판단한 것이므로 상급심은 원판결을 취소하고, 구청구에 대하여 청구변경 시점에 소송이 종료되었다는 소송종료선언을 하여야 한다. 누락된 신청구는 상소심으로 이심하지 않고 원심에 소송계속 중이므로 이에 대하여 원심에서 추가판결을 하여야 한다(통설·판례).[82] 다만 신청구를 누락한 것이 아니라 청구하지 아니한 구청구에 대하여 재판한 것이라는 관점에서 상소심법원이 구청구에 대한 판결을 취소하고 변경된 신청구에 대해 재판하는 것이 타당하다는 반대견해가 있지만,[83] 이에 의하면 당사자의 심급이익 보장이라는 측면에서 문제가 있으므로 통설·판례가 타당하다.

(2) 추가적 변경의 경우

① 추가적 변경으로서 단순병합에 해당함에도 불구하고 구청구에 대하여만 판단한 경우에는 상급심에서는 이심된 구청구에 대하여만 심판하면 된다. 이 경우 상급심에서는 원심판결을 신청구에 대한 판단이 없다는 이유로 취소 또는 파기할 수 없다. 왜냐하면 신청구는 원심에 소송계속 되어 있어 원심의 추가판결의 대상이 될 뿐이기 때문이다.[84]

---

82) 대판 2003. 1. 24, 2002다56987; 대판 2017. 2. 21, 2016다45595 참조.
83) 호문혁, 882면.

② 추가적 변경으로 인하여 청구의 선택적·예비적 병합이 된 상태에서 원심이 일부청구에 관하여만 판단한 경우에는 선택적·예비적 병합에 있어서 일부판결이 허용되지 아니한다. 그러나 사실상 일부판결이 되어 선택적·예비적 병합의 일부청구에 대하여 누락된 것의 시정은 상소를 통하여만 가능하다. 사실상 일부판결이지만 상소로 모든 청구가 상소심으로 이심된 것이므로 상소심에서는 전부청구에 대한 판단을 하여야 한다. 따라서 신청구의 판단누락은 원심판결의 취소 또는 파기 사유가 된다.[85]

4. 항소심 판결주문의 기재방법

특히 항소심에서 청구의 변경이 이루어진 경우에는 원심판결과의 관계, 판결의 집행 등에 있어서 판결주문의 기재방법이 실무적으로 상당히 어려운 문제이다. 통상 원심판결을 취소하는 취소주문과 변경하는 변경주문의 방법이 있다. 후자의 방법이 쉽고 명확한 측면은 있다(자세한 내용은 본서의 항소심판결의 주문을 참조하기 바람).

제4절 반　소

Ⅰ. 개　념

1. 의　의

(1) 반소(counterclaim, Widerklage)라 함은 소송계속 중에 피고가 그 소송절차를 이용하여 원고에 대하여 제기하는 소($\frac{269}{조}$)를 의미한다. 반소(反訴)는 소송중의 소이고, 소의 추가적 병합에 해당한다. 또한 반소는 피고가 원고를 상대하여 제기한다는 점에서 원고에 의하여 이루어지는 청구의 병합, 청구의 변경과 차이가 난다. 따라서 반소의 경우 원·피고가 입장이 바뀌므로 본소의 원고가 반소피고가 되고, 본소의 피고가 반소원고가 된다.

---

84) 同旨: 강현중, 824면; 김홍엽, 962면; 이시윤, 720면; 정동윤/유병현/김경욱, 1023면; 한충수, 676면.

85) 대판 1989. 9. 12, 88다카16270; 대판 1998. 7. 24, 96다99.

(2) 반소제도를 인정하는 이유는 i) 원고에게 청구의 병합·변경을 인정하는 것에 대응하여 피고에게 공평의 견지(무기대등의 원칙), ii) 원·피고 사이의 관련 청구를 동일한 소송절차에서 심판함으로써 소송경제에 부합하고, 판결의 모순·저촉을 방지할 수 있는 장점이 있기 때문이다.

2. 구체적 검토

반소의 개념을 보다 구체적으로 검토하면 다음과 같은 특징이 있다.

(1) 반소는 「독립의 소」이다. 단순한 방어방법이 아니다.

① 반소는 원고가 제기한 소송절차를 이용하는 것이지만 피고의 원고에 대한 독립의 소에 해당한다. 따라서 본소를 배척시키기 위한 방어방법의 제출과 차이가 있다. 방어방법인 항변의 제출은 반소가 아니다. 예컨대 원고의 매매로 인한 물건 인도청구의 본소에 대하여 피고가 동시이행의무 있는 원고의 피고에 대한 대금지급의무에 대하여 동시이행항변 만을 제출하면 방어방법의 제출로서 항변의 제출에 해당할 뿐이다. 하지만 피고가 동시이행항변과 더불어 적극적으로 동일한 소송절차를 이용하여 반대채권인 매매대금지급채권에 대하여 그 이행을 구하는 소를 제기하면 본소에 대한 방어방법의 제출과 동시에 독립된 반소를 제기한 경우에 해당한다.

② 반소는 본소의 방어방법 이상의 적극적인 내용을 담고 있어야 한다.[1] 단순히 본소의 청구기각을 구하는 정도라면 반소청구로서의 이익이 없다. 예컨대 원고의 채무존재확인(적극적 확인)의 본소청구에 대하여 피고가 채무부존재(소극적 확인)의 반소청구 또는 원고의 이행청구에 대하여 피고가 그 부존재확인의 반소청구 등을 하는 경우는 청구기각을 구하는 정도일 뿐이므로 반소이익이 없다고 할 것이다. 또한 단순한 임대료 감액청구는 단순한 형성권의 일방적 의사표시에 불과하여 소로 청구할 수 있는 차임증감청구권(민628조)에 해당하지 아니하여 이를 반소로 제기하는 것은 그 이익이 없다.[2] 그러나 원고의 적극적 확인의 본소에 대하여 피고가 반소로 적극적 확인을 구하는 것은 반소이익이 존재한다. 예를 들어 원고 A가 X토지에 대해 A자신에게 소유권이 있다는 소유권확인의 본소를 제기한 상태

---

1) 대판 1964. 12. 22, 64다903, 904; 대판 2007. 4. 13, 2005다40709, 40716.
2) 대판 1969. 4. 29, 68다1884, 1885(단순한 사용료 감액청구는 민법 제628조상의 차임감액청구에 해당하지 아니하여 반소를 제기할 사안이 아니라고 함).

에서 피고 B가 X토지에 대해 역시 B자신에게 소유권확인의 반소를 제기하는 것을 생각할 수 있다. 문제는 원고가 본소로 소극적 부존재확인의 소를 제기한 상태에서 피고가 적극적 채무이행의 반소를 제기한 경우(예: 원고가 피고에 대하여 교통사고로 인한 채무가 존재하지 아니한다는 이유로 손해배상채무의 부존재확인의 소를 제기하였는데, 피고가 반소로 손해배상채무의 이행을 구하는 소를 제기한 경우)에 원고의 본소는 반소의 소송물에 흡수된다고 볼 수 있으므로 본소의 소송요건이 유지될 수 있는지 여부가 논의된다. 판례는 이러한 사실만으로 본소의 소송요건이 부적법한 것으로 되지 아니한다고 한다.[3] 소의 적법성은 각각의 소 단위로 하는 것이 원칙이므로 반소 제기로 부적법해질 수 없고, 원고가 본소가 부적법해졌다는 이유로 스스로 취하한 경우에 그 후에 반소를 자유롭게 취하할 수 있게 되어($\frac{271}{\text{조}}$) 본소 취하의 의도와 달리 될 수 있다는 점 등에 비추어 보면, 본소의 소의 이익이 존재한다는 판례의 태도가 타당하다고 본다.[4]

③ 반소는 방어방법이 아닌 독립의 소이므로 법원은 판결주문으로 응답하여야 한다. 또한 판결문에 반소의 청구취지를 기재하여야 한다. 또한 공격방어방법에 관한 실권제도에 관한 규정($\frac{147, 149,}{285조}$)을 적용할 수 없으므로 반소가 시기에 늦게 제출되었다는 이유로 각하할 수 없다. 다만 소송절차를 현저히 지연시킬 염려가 있을 경우에는 반소요건을 갖추지 못한 것이므로 각하할 수 있다($\frac{269조}{1항}$).

(2) 반소는 「피고가 원고를 상대로 한 소」이다.

① 반소는 본소의 피고가 본소의 원고를 상대로 하여 제기하는 소이다. 독립당사자참가($\frac{79}{\text{조}}$) 및 참가승계($\frac{81}{\text{조}}$)의 소의 경우에 이에 반소를 제기할 수 있는 피고라 함은 참가인과의 관계에서 피고의 지위에 서는 종전의 원고·피고를 의미한다. 또한 피고에 의하여 제기된 소이면 그 명칭 여하에 불구하고 실질상 반소이다. 따라서 피고가 제기한 중간확인의 소, 가집행선고 실효에 따른 가지급물 반환청구($\frac{215조}{2항}$) 등은 성질상 반소에 해당한다.[5] 그러나 피고의 보조참가인은 당사자가 아니므로 반소를 제기할 수 없다.

② 우리나라와 달리 반소를 제기할 수 있는 자와 반소 상대방의 범위를 넓게

---

3) 대판 1999. 6. 8, 99다17401, 17418; 대판 2010. 7. 15, 2010다2428, 2435(본소 취하 후에 원고 동의없이 일방적으로 반소를 취하함으로써 원고가 당초 추구한 기판력을 취득할 수 없음을 근거로 함).

4) 최근 판례도 같은 취지이다(대판 2010. 7. 15, 2010다2428, 2435). 反對: 이시윤, 725면.

5) 대판 2005. 1. 13, 2004다19647.

인정하는 입법례가 있다. 미국연방민사소송규칙(FRCP)과 독일의 연방대법원(BGH) 판례가 그것이다. 이를 간단히 보면 다음과 같다.

(a) FRCP 13(g)에서 인정하고 있는 '교차청구(cross claims against a coparty)'[6] 라 함은 공동소송인의 일부가 본소 또는 반소와 관련된 문제에서 발생되는 거래 (transaction) 또는 사건(occurrence)에 대하여 그 소송절차를 이용하여 다른 공동 소송인을 상대로 소를 제기하는 경우이다.[7] 이러한 형태의 소송은 통상의 반소 (counterclaim)와 달리 본소 또는 반소와의 관련성이 요구된다.[8] 우리나라의 현행 민사소송법의 해석상 이러한 형태의 소송을 인정하기는 어렵다. 그러나 이러한 형 태의 소송을 인정한다면 원고 또는 피고 공동소송인 사이에서 매우 유용한 분쟁 해결방식이 될 수 있다. 예컨대 A 소유의 부동산이 B의 매매계약서 등의 위조행 위로 소유권이 B 명의로 이전된 이후에 C, D, E로 소유권자가 바뀐 경우, 진정한 소유자인 A가 위조행위 후의 수인의 등기명의인인 B, C, D, E를 상대로 소유권 이전등기말소청구의 소를 제기한 경우에 공동피고인 B 내지 E 사이에 손해배상청 구의 소를 동일 소송절차에서 병합하여 처리하는 경우에 매우 좋을 것이다.[9] 입 법적 고민을 할 필요가 있다고 본다.

(b) 다른 형태의 하나로서 제3자반소(Drittwiederklage)를 인정하는 경우이다. 이것은 피고 이외의 제3자가 원고에 대하여 또는 피고가 원고 이외의 3자에 대하 여 제기하는 반소를 제기하는 경우를 말한다. 예컨대 매매대금청구의 소를 제기 받은 피고가 원고 및 제3자인 중개인을 상대로 사기를 원인으로 한 손해배상 청 구의 반소를 제기하는 경우를 생각할 수 있다.

미국에서는 원래 피고만이 반소를 제기할 수 있었으나 본소와의 관련성, 성질 등에 의한 제한을 완화하여 제3자반소의 형태를 인정하게 되었다.[10] 그러나 여전히

---

6) 'cross claims against a coparty'를 이시윤 교수는 '공동소송인 사이의 반소'(이시윤, 726면) 로, 정동윤/유병현/김경욱 교수는 이를 '공동소송인에 대한 횡소(橫訴)'로(정동윤/유병현/김경욱, 1026면) 각각 번역하고 있다. 'cross claims against a coparty'를 문자 그대로 번역하면 '공동소송 인의 다른 공동소송인에 대한 청구'로 번역할 수 있지만, 너무 길게 느껴져서 '교차청구(交叉請求)' 로 번역하기로 한다.

7) Friedenthal/Kane/Miller, p.377.

8) Friedenthal/Kane/Miller, p.378.

9) 현재 위와 같은 케이스의 경우에 피고로 된 공동소송인들은 말소등기소송 후에 별소로 위조 자인 등기명의인에 대하여 순차로 손해배상청구의 소를 제기하여만 한다. 그러나 이러한 경우 같은 소송절차 내에서 손해배상청구를 할 수 있다면 분쟁을 별소의 제기 없이 일회적으로 신속하게 해 결할 수 있다는 점에서 매우 유용하다.

10) Friedenthal/Kane/Miller, pp.369-370.

양자를 강제적 반소(compulsory counterclaim)와 임의적 반소(permissive counterclaim)의 형태로 구별하여 요건과 효과 면에서 차이를 두고 있다.[11] FRCP 13(h)에서 이를 인정하고 있다. 독일 연방대법원도 임의적 당사자변경이 허용되는 범위 내에서 이를 인정하고 있다.

(c) **강제적 반소**   미국연방민사소송규칙(FRCP) 13(a)에서는 피고로부터 본소의 동일한 거래(transaction) 또는 사건(occurrence)에서 발생하는 반소청구는 반소가 강제되고, 이 경우 반소를 제기하지 아니한 경우에는 별소 제기가 허용되지 아니한다고 규정하고 있다.[12] 이를 강제적 반소라 한다. 이에 반하여 반소제기가 피고의 자유로운 의사에 의하는 경우를 임의적 반소라 한다. 강제적 반소제도는 관련 분쟁을 일회적으로 해결하기 위하여 매우 효율적인 제도임이 분명하다는 점에서 항변 등을 통하여 심리가 이루어진 경우(예: 공사비청구에 대하여 피고가 하자주장을 하여 감정이 모두 이루어진 경우)에 석명권 등을 적극 활용하여 실무에서 운영할 필요성이 있고, 입법론적으로 도입가능성을 타진하여 보는 것도 의미가 있다고 생각한다.[13]

③ 제3자반소의 인정 여부

우리나라의 경우 현행법상 제3자반소를 인정할 수 있는지 여부가 논의된다. 현행법상 필수적 공동소송인 중 일부가 누락된 경우에 제1심 변론종결 전에 한하여 누락된 필수적 공동소송인(제3자)을 포함하여 현재 소가 제기된 필수적 공동소송인을 공동피고로 한 반소는 예외적으로 가능하다고 할 것이다. 그러나 제3자반소를 일반적으로 인정할 것인가에 대하여는 이를 긍정하는 견해[14]와 현행법의 해석상 무리가 있다는 견해[15]가 있다. 그러나 분쟁의 일회적 해결과 관련 분쟁의 모순·저촉 없는 해결을 위하여는 임의적 당사자변경을 허용하는 한도에서 제3자반소를 제한적으로나마 인정할 필요가 있다고 본다. 긍정설의 입장을 지지한다. 판례는 필수적 공동소송에 있어서 누락된 필수적 공동소송인을 포함하여 반소를 제기할 수 있다는 점에서 제한적으로 긍정하고 있다.[16]

---

11) Friedenthal/Kane/Miller, p.370.
12) Friedenthal/Kane/Miller, p.370.
13) 同旨: 정동윤/유병현/김경욱, 1027면.
14) 김홍규/강태원, 677면; 방순원, 342면; 이시윤, 726면.
15) 김홍엽, 968면; 정동윤/유병현/김경욱, 1027면.
16) 대판 2015. 5. 29, 2014다235042, 235059.

Ⅱ. 반소의 형태

반소의 형태는 단순반소(單純反訴), 예비적 반소(豫備的 反訴), 재반소(再反訴)로 나눌 수 있다.

1. 단순반소와 예비적 반소

(1) 단순반소는 본소청구의 인용·기각 여부와 관계없이 반소청구에 관하여 심판을 구하는 경우이다. 반소청구의 일반적 형태이다. 본소청구와 상관없이 반소청구의 판단을 구한다는 점에서 단순병합과 비슷한 점이 있다. 예컨대 원고의 소유권에 기초한 가옥명도의 본소청구에 대하여 피고가 그 가옥의 소유권이 원고에게 없다는 이유로 소유권이전등기의 원인무효를 이유로 한 소유권이전등기말소의 반소청구를 하는 경우를 생각할 수 있다.

(2) 예비적 반소(Hilfswiederklage)는 본소청구가 인용되거나[17] 또는 기각되는 것을 조건으로 반소의 심판을 구하는 형태이다(조건부 반소). 이는 소송 내적인 조건이므로 소송절차의 안정을 해칠 염려가 없으므로 인정된다. 본소청구를 조건으로 한다는 점에서 예비적 병합과 비슷한 점이 있다. 예컨대 i) 본소청구가 인용되는 것을 조건으로 하는 경우는 원고가 매매를 원인으로 한 소유권이전등기청구의 본소를 제기하자 피고가 반소로 본소가 인용되는 것을 조건으로 잔대금의 지급을 구하는 반소를 제기하는 경우이고, ii) 반대로 본소청구가 기각되는 것을 조건으로 하는 경우는 위 본소에서 피고가 매매계약이 무효이어서 본소가 기각되는 것을 조건으로 이미 인도한 목적물의 반환을 구하는 경우(예: 항소심에서 피고가 제1심의 원고승소에 따른 가지급물의 반환청구, 원고 이혼청구의 본소에 대하여 피고가 반소로 본소가 기각되는 경우에 부양료의 지급을 구하는 청구를 하는 경우) 등을 생각할 수 있다. 전자와 같이 본소의 인용을 조건으로 하는 경우에 있어서 본소가 각하·취하되면 반소도 자동으로 소멸되며, 본소청구가 기각되면 반소청구에 대한 판단을 할 필요가 없다. 법원이 판단할 필요가 없음에도 불구하고 예비적 반소에 대하여 판단하였다고 하여도 그 판단은 효력이 없다.[18] 또한 본소·반소 모두가 각하된

---

17) 대판 2021. 2. 4, 2019다202795(본소), 202801(반소).

18) 대판 1991. 6. 25, 91다1615, 1622; 대판 2006. 6. 29, 2006다19061, 19078; 대결 2018. 4. 6, 2017마6406.

후 피고는 항소를 하지 아니하고 원고만이 항소하였는데 항소심에서 본소청구가 인용될 때 예비적 반소가 심판대상이 되는지 여부에 대하여 논의된다. 판례는 원고가 본소에 대하여 항소한 경우 항소심에서 1심과 달리 이를 인용하는 경우에 1심의 심판대상이 될 수 없는 예비적 반소에 대하여 1심에서 각하하여도 무효이므로, 피고가 각하된 예비적 반소에 대하여 항소를 하지 아니하여도 예비적 반소는 항소심의 심판대상이 된다고 본다.[19] 분쟁의 일회적 해결이라는 측면에서 판례의 태도가 타당하다고 생각한다.[20]

2. 재 반 소

재반소(counterclaim against counterclaim, Wieder-Wiederklage)라 함은 피고의 반소에 대하여 원고가 재차 반소를 제기하는 형태를 말한다. 재반소를 인정할 것인가에 관하여 소송절차를 복잡하게 한다는 이유로 반대할 수도 있으나, 분쟁의 일회적 해결을 위하여 본소 소송절차를 현저히 지연시키지 아니하고 다른 반소요건을 갖춘 경우에는 이를 인정하여야 할 것이다(통설).[21] 예컨대 원고의 매매대금지급의 본소청구에 대하여 피고가 본소에 관하여 상계항변을 하면서 반대채권의 지급을 구하는 반소를 제기하였고, 이에 대하여 반소피고인 본소의 원고가 반대채권의 발생원인이 되는 계약의 무효확인을 재반소로 제기한 경우를 생각할 수 있다. 판례도 본소 이혼청구를 기각하고 반소 이혼청구를 인용하는 경우에 본소 이혼청구에 병합된 원고의 재산분할청구는 특별한 사정이 없는 한 피고의 반소청구에 대한 재반소의 실질을 가지고 있으므로, 원고의 재산분할청구에 대하여 심리·판단하여야 한다고 하고 있다.[22] 또한 원고는 취하한 본소청구를 재반소의 방식으로 부활시키는 것은 재소금지에 저촉되지 않는 한 문제가 없다.[23]

III. 요 건

반소를 제기하기 위하여는 민사소송법 제269조 제1항에서 정하고 있는 i) 본소

---

19) 대판 2006. 6. 29, 2006다19061, 19078.
20) 反對: 이시윤, 728면.
21) 미국에서도 이를 인정하고 있다(Friedenthal/Kane/Miller, p.370).
22) 대판 2001. 6. 5, 2001므626, 633.
23) 同旨: 김홍엽, 969면; 이시윤, 727면; 정동윤/유병현/김경욱, 1028면.

의 청구 또는 방어방법과 관련성이 있을 것, ii) 본소의 소송절차를 현저히 지연시키지 아니할 것, iii) 본소가 사실심에 계속되고 변론종결 전일 것이라는 반소의 특별요건을 갖추어야 한다.

또한 반소는 청구의 후발적 병합이 발생하게 되기 때문에 청구병합의 일반요건인 iv) 본소와 동일한 소송절차에 의할 것(소송절차의 공통), v) 반소가 다른 전속관할에 속하지 아니할 것(관할의 공통)이 필요하다.

1. 본소의 청구 또는 방어방법과 상호관련성이 있을 것

반소는 본소청구 또는 그 방어방법과 서로 관련성이 존재하여야 한다. 종전에는 반소가 본소청구 또는 그 방어방법과 사이에 '견련(牽聯)'이 있어야 한다고 표현하였으나, 신법에서는 '서로 관련'이라고 표현하고 있다. 하지만 그 의미는 동일하다. 본소와 반소 사이에 이러한 관련성을 필요로 하는 것은 본소와 반소 사이에 변론과 증거조사를 공통으로 할 수 있는 편리와 판결의 모순·저촉을 피하기 위한 것이다. 이러한 관련성은 i) 본소청구와의 관련성, ii) 방어방법과의 관련성으로 나눌 수 있다.

(1) 본소청구와의 관련성

본소청구와 반소청구가 관련성(關聯性)을 가진다는 것은 다음과 같은 경우이다.

① 반소가 본소청구와 소송물이 같은 경우(예: 채무부존재확인의 본소청구에 대하여 채무금지급의 반소를 구하는 경우, 원고의 이혼청구에 대하여 피고도 반소로 이혼청구를 하는 경우 등)

② 반소청구가 본소의 소송물인 권리의 내용 또는 그 발생원인에 대하여 법률상이나 사실상 공통점을 가지는 경우[예: 같은 매매를 원인으로 한 소유권이전등기 또는 목적물인도청구의 본소에 대한 잔금지급의 반소청구(원인의 동일), 같은 물건에 대한 소유권확인의 본소청구와 임차권확인의 반소청구(대상의 공통), 점유보유의 본소청구(민205조)에 대한 본권에 기한 건물철거·토지인도의 반소(대상의 공통), 같은 교통사고로 발생한 손해배상에 대한 본소청구와 반소청구(발생원인의 동일)] 등이 여기에 해당한다.[24]

---

24) 대판 2019. 3. 14, 2018다277785(본소), 2018다277792(반소)(원고의 본소 청구에 대하여 피고가 본소 청구를 다투면서 사해행위의 취소 및 원상회복을 구하는 반소를 적법하게 제기한 경우 사해행위의 취소 여부는 반소의 청구원인임과 동시에 본소 청구에 대한 방어방법이자 본소 청구의 인용 여부의 선결문제가 될 수 있으므로, 사해행위의 취소소송에서 취소를 명하는 판결을 선고하는 경우, 그 판결이 확정되기 전에 사해행위인 법률행위가 취소되었음을 전제로 본소 청구를 심리하여

(2) 본소의 방어방법과의 관련성

① ⅰ) 반소가 본소의 방어방법과 관련성이 있다는 것은 반소청구가 본소청구에 대한 항변사유와 사이에 그 내용 또는 그 발생원인에 있어서 법률상이나 사실상 공통점을 가지는 경우를 말한다. 예컨대 원고의 대여금청구 본소에 대하여 피고가 상계항변을 하면서 상계초과채권의 지급을 구하는 반소를 제기한 경우, 원고의 소유권에 기한 인도청구의 본소에 대하여 피고가 유치권항변을 하면서 그 피담보채권에 기하여 반소를 제기하는 경우, 원고의 가등기에 기한 본등기청구의 본소에 대하여 피고가 가등기채무의 변제항변을 하면서 가등기말소의 반소를 제기하는 경우[25] 등이 여기에 해당한다.

ⅱ) 본소의 방어방법과의 관련성과 관련하여 "점유권에 기인한 소는 본권에 관한 이유로 재판하지 못한다."는 민법 제208조 제2항의 의미는 피고가 본권을 방어방법으로 행사할 수 없다는 의미이지, 본권에 기한 반소제기를 불허하는 것은 아니므로 점유회복 본소에 대하여 본권에 기한 반소의 제기는 적법하다.[26] 최근 판례도 토지 소유자(피고)가 무권원 점유자(원고)의 점유를 실력으로 침탈한 사안에서 점유자가 점유권에 기한 점유물반환청구의 본소에 대하여 본권자가 본소청구 인용에 대비하여 소유권에 기한 소유물반환청구의 예비적 반소를 제기하고 양청구가 모두 이유 있는 경우, 법원은 점유권에 기한 본소와 본권에 기한 예비적 반소를 모두 인용하여야 하고 점유권에 기한 본소를 본권에 관한 이유로 배척할 수 없다고 하였다.[27]

② 본소의 방어방법과 서로 관련된 반소는 그 방어방법이 반소제기 당시에 현실적으로 제출되어 있어야 하고, 법률상 허용되어야 한다. 따라서 실체법상의 상계금지채권(민 496~498조, 근기 21조)에 기한 상계항변에 관련된 반소이거나, 소송법상 실기한 공격방어방법(149, 285조)으로 각하된 항변에 관련된 반소는 부적법하다. 본소청구의 항변이 어차피 배척될 것이므로 반소를 인성할 필요가 없다.

판단할 수 있음).

25) 대판 1974. 5. 28, 73다2031, 2032.

26) 대판 2010. 7. 15, 2010다18294 등.

27) 대판 2021. 2. 4, 2019다202795(본소), 202801(반소). 또한 판례는 본소와 반소 모두 인용되어 확정되면, 점유자가 본소 확정판결에 의하여 집행문을 부여받아 강제집행으로 물건의 점유를 회복할 수 있고, 본권자의 소유권에 기한 반소청구는 본소의 의무 실현을 정지조건으로 하므로, 본권자는 위 본소 집행 후 집행문을 부여받아 비로소 반소 확정판결에 따른 강제집행으로 물건의 점유를 회복할 수 있다고 하였다.

(3) 사익적 요건

본소청구 또는 방어방법과의 관련성의 요건은 반소의 상대방인 원고를 보호하기 위한 것이므로 사익적 요건에 해당한다. 따라서 상대방인 원고가 동의하거나 이의 없이 소송에 응한 경우에는 이 관련성의 요건은 적법하게 되어 원고는 이의권을 상실하게 된다($^{151}_{쪽}$).[28] 이러한 점에서 청구의 변경에 있어서 '청구의 기초의 동일성'과 같이 상대방을 보호하기 위한 요건이라는 점에서 같다.

2. 본소의 소송절차를 현저히 지연시키지 아니할 것

(1) 반소가 제기되면 본소의 재판자료를 이용한다고 하여도 반소의 심리가 필요하다. 그런데 이러한 반소의 심리에 많은 시간과 노력이 필요하여 결과적으로 본소의 소송절차를 현저히 지연할 염려가 있는 경우에는 반소가 허용될 수 없다. 이것은 반소가 본소의 지연책으로 남용될 가능성을 방지하기 위하여 1990년 민사소송법 제3차 개정 시에 새로운 요건으로 추가된 것이다. 반소가 본소의 소송절차를 현저히 지연시킬 가능성이 있다면 본소와 분리하여 별소로 심리하는 것이 타당하기 때문이다.

(2) 집중심리를 강조하고 있는 신법하에서는 변론준비기일 또는 변론기일에서 쟁점 및 증거에 관한 정리를 모두 마친 이후에 반소를 제기하는 것은 본 요건과 관련하여 일정한 제한을 가할 필요성이 있다고 본다.[29] 항소심에서 더욱 그렇다고 할 것이다.

(3) 본 요건은 다른 반소요건과 달리 소송절차의 신속한 진행이라는 공익적 요청에서 인정되는 것이므로 원고의 이의권 포기·상실의 대상이 될 수 없다. 따라서 이에 해당하는지 여부는 법원의 직권조사사항이다. 본 요건에 해당하는 경우 항소심에서는 원고의 심급의 이익을 고려하여 부적법 각하하여야 하고,[30] 제1심에서는 반소를 분리하여 별소로 인정하면 된다.[31]

3. 본소가 사실심에 계속되고 변론종결 전일 것

(1) 반소를 제기하기 위하여는 본소가 소송계속 되어 있어야 한다($^{269조}_{1항}$). 그러나

---

28) 대판 1968. 11. 26, 68다1886, 1887.
29) 同旨: 이시윤, 730면.
30) 대판 1965. 12. 7, 65다2034.
31) 同旨: 정동윤/유병현/김경욱, 1031면.

'본소의 소송계속'은 반소제기의 요건일 뿐이고 그 존속요건은 아니다. 따라서 반소제기 후에 본소가 각하·취하되어 소멸되어도 예비적 반소가 아닌 단순반소의 경우에는 아무런 영향이 없다.[32] 그러나 피고가 추후 보완항소를 하면서 항소심에서 반소를 제기한 경우에 있어서 그 항소 자체가 부적법한 경우에는 반소도 소멸한다.[33] 등기권리자가 공시송달로 확정된 제1심판결에 기초하여 본인 명의로 이전등기를 마쳤으나, 이후 등기의무자가 제기한 추후보완 항소절차에서 제1심판결이 취소되고 등기권리자의 청구가 기각되었다면 등기권리자 앞으로 된 이전등기의 말소를 등기의무자는 위 추후보완 항소절차에서 반소로 구할 수 있고, 별소로서도 가능하다.[34] 본소가 취하된 경우 반소에 대하여 본소의 원고가 응소한 후에도 그의 동의 없이 반소를 취하할 수 있다($\frac{271}{조}$). 그러나 본소가 각하된 경우에는 원고가 반소에 응소한 후에는 원고의 동의 없이 반소를 취하할 수 없다.[35]

(2) 반소는 사실심인 항소심의 변론종결 시까지 제기할 수 있다($\frac{269조}{1항}$). 항소심에서의 반소의 제기는 상대방의 심급의 이익을 해할 우려가 없는 경우 또는 상대방의 동의를 받은 경우에 한한다($\frac{412조}{1항}$). 그러나 상대방이 이의를 제기하지 아니하고 반소의 본안에 관하여 변론한 때에는 반소제기에 동의한 것으로 본다($\frac{동조}{2항}$). 여기에서 단순히 반소청구 기각답변만 한 것은 반소의 본안에 관하여 변론을 한 것이라고 할 수 없다.[36] 항소심에서 '상대방의 심급의 이익을 해할 우려가 없는 경우'에 상대방의 동의 없이 반소를 제기할 수 있도록 한 것은 종전의 학설·판례가 인정하던 내용을 신법에서 명문화한 것이다. 여기에서 '상대방의 심급의 이익을 해할 우려가 없는 경우'라 함은 i) 중간확인의 반소, ii) 본소와 청구원인을 같이하는 반소,[37] iii) 제1심에서 이미 제출되어 심리가 충분히 된 항변 또는 방어방법과 관련된 반소,[38] iv) 항소심에서 추가된 예비적 반소[39] 등을 말한다.

그런데 제1심에서와 달리(제269조 2항에 따라 변론관할이 생기지 아니하면 원칙적으로 합의부로 이송하여야 함) 단독사건의 항소심(현재는 2억 이하 단독사건의 항소사

---

32) 同旨: 강현중, 832면; 이시윤, 730면; 정동윤/유병현/김경욱, 1031면.

33) 대판 2003. 6. 13, 2003다16962, 16979; 대판 2013. 1. 10, 2010다75044, 75051.

34) 대판 2023. 4. 27, 2021다276225, 276232.

35) 대판 1984. 7. 10, 84다카298.

36) 대판 1991. 3. 27, 91다1783, 1790.

37) 대판 1996. 3. 26, 95다45545.

38) 대판 1996. 3. 26, 95다45545; 대판 2005. 11. 24, 2005다20064, 20071; 대판 2013. 1. 10, 2010다75044, 75051; 대판 2015. 5. 28, 2014다24327, 24334, 24341, 24358, 24365, 24372.

39) 대판 1969. 3. 25, 68다1094, 1095. 反對: 대판 1994. 5. 10, 93므1051, 1068(반소피고의 부동의와 본소와 반소의 청구원인이 상이함).

건)에서의 반소가 합의부 사물관할인 경우(현재는 2억을 초과하는 사건의 반소인 경우)에 합의사건의 항소심(현재는 2억 초과 항소사건)인 고등법원으로 이송하여야 하는지 문제가 된다. 판례는 이것과 관련하여 지방법원 항소부가 2억원 이하(현재는 합의부 사물관할은 5억원을 초과하는 사건임)의 단독판사의 판결에 대한 항소사건을 제2심으로 심판하는 도중에 2억원 초과 사건의 관할에 속하는 반소가 제기되었더라도 심급관할은 제1심법원의 존재에 따라 그에 대응하여 결정되는 전속관할이어서 이미 정하여진 항소심의 관할에는 영향이 없으므로 제34조 제1항에 의한 관할위반으로 이송할 수 없고, 전속관할인 심급관할에는 제35조의 재량이송규정이 적용되지 않으므로 현저한 손해나 지연을 피하기 위한 이송의 여지도 없어 항소사건을 고등법원으로 이송할 수 없다고 본다.[40] 타당한 결론이다.

항소심의 변론이 종결된 뒤에 제기한 반소는 부적법하다. 이에 대하여 변론을 재개할 필요는 없다. 그러나 법원이 변론을 재개한 경우에는 그 흠이 치유된다. 법원이 변론을 재개하지 아니하고 그대로 판결을 선고한 경우에는, 반소라고 제기된 소는 상대방의 심급의 이익을 고려하여 부적법 각하 판결을 하여야 한다.[41]

(3) 상고심은 법률심이므로 반소를 제기할 수 없음이 원칙이나, 사실심리를 요하지 아니하는 가집행선고 실효의 경우에 가지급물 반환청구(215조)는 예외적으로 인정된다.[42]

4. 본소와 동일한 소송절차에 의할 것(253조, 소송절차의 공통)

반소는 본소의 소송절차를 이용하여 피고가 신소를 제기하는 것이므로, 청구병합의 일반요건으로서 본소와 동일한 소송절차에서 심리할 수 있어야 한다.

5. 반소가 다른 전속관할에 속하지 아니할 것(269조 1항 단서 전, 단, 관할의 공통)

(1) 반소청구가 다른 법원의 전속관할에 속하는 경우 외에는 본소가 계속된 법

---

40) 대결 2011. 7. 14, 2011그65; 또한 판례는 지방법원 항소부가 2억 이하 단독사건의 제2심(항소심)으로 심판하는 도중에 2억 초과하는 소송이 새로 추가되거나 그러한 소송으로 청구가 변경되었다고 하더라도, 심급관할은 제1심 법원의 존재에 의하여 결정되는 전속관할이어서 이미 정하여진 항소심의 관할에는 영향이 없어 추가되거나 변경된 청구에 대하여도 고등법원으로 이송하지 않고 그대로 심판할 수 있다(대판 1992. 5. 12, 92다2066)고 하여 같은 취지이다. ☞ 현재의 「민사 및 가사소송의 사물관할에 관한 규칙」에 따라 2억 초과 단독사건과 5억 초과 합의부사건의 제2심법원은 고등법원임을 전제로 종래 판례를 소개하였다.

41) 이시윤, 731면.

42) 대판 1980. 11. 11, 80다2055; 대판 1997. 11. 28, 97다6810; 대판 2000. 2. 25, 98다36474.

원에 반소를 제기할 수 있다($\frac{269조 1}{항 단서}$). 따라서 임의관할에 해당하는 반소청구의 토지관할과 사물관할은 원칙적으로 문제되지 아니한다. 다만 사물관할과 관련하여 본소가 단독사건인 경우에 피고가 반소로 합의사건에 속하는 청구를 한 때는 법원은 직권 또는 당사자의 신청에 따른 결정으로 본소와 반소를 합의부에 이송하여야 한다고 정하고 있다($\frac{269조}{본문}$ 2항). 하지만 신법에서는 이 경우에도 변론관할이 생길 여지가 있으므로 반소에 관하여 변론관할권이 있는 경우에는 그러하지 아니하다고 명문화하였다($\frac{동항}{단서}$). 또한 전속관할인 심급관할과 관련하여 항소심의 반소에 관하여는 상대방의 심급의 이익을 해할 우려가 없는 경우 또는 상대방의 동의를 받은 경우에 예외를 인정하고 있다($\frac{412조}{1항}$).

(2) 문제는 반소청구에 다른 전속적 합의관할이 있는 경우에도 본소가 계속된 법원에 반소를 제기할 수 있을 것인지의 여부이다. 전속적 합의관할의 경우에도 반소의 제기가 허용되지 아니한다는 견해가 있다.[43] 그러나 전속적 합의관할은 당사자의 의사를 존중하여 이를 인정하는 것임에 반하여, 본 요건은 공익적인 측면을 강조한 것으로 관련 분쟁자료의 공동이용을 통한 신속하고 모순 없는 판결을 위한 것이므로 전속관할의 범위를 좁게 인정하는 것이 타당하다. 이런 점에 비추어 보면 전속적 합의관할은 본 요건의 전속관할에 해당하지 아니한다고 보아야 한다.[44]

Ⅳ. 절차와 심판

1. 반소의 제기

반소는 본소에 관한 규정을 따른다($\frac{270}{조}$). 반소장은 소장에 준하여 서면에 의하여야 하고($\frac{248}{조}$), 반소라고 표시하고 소장에 준하여 반소취지와 반소원인 등의 필수적 기재사항을 적어야 한다($\frac{249}{조}$). 적극적 당사자를 반소원고, 그 상대방을 반소피고라 한다. 다만 소액사건의 경우에는 말로 반소를 제기할 수 있다($\frac{소심}{4조}$). 반소의 경우에도 본소와 같은 액수의 인지를 붙어야 하나, 반소의 청구목적이 본소와 같은 때에는 본소의 소송목적의 값에 대한 인지액을 공제한 액수의 인지를 붙이면 된다($\frac{민인}{4조}$). 반소장의 부본은 바로 반소피고인 원고에게 송달하여야 한다($\frac{규칙 64조}{2항, 1항}$).

---

43) 김용욱, 218면; 방순원, 344면; 이영섭, 250면; 한종렬, 328면; 한충수, 685면.
44) 同旨: 강현중, 834면; 김홍규/강태원, 680면; 김홍엽, 975면; 이시윤, 731면; 정동윤/유병현/김경욱, 1033면.

2. 반소요건 등의 조사

(1) 반소가 제기되면 먼저 반소요건을 조사하여야 한다. 이 경우 반소요건에 흠이 있는 경우에 반소를 각하하여야 한다는 각하설(却下說)과 분리 독립하여 별개의 소로 취급하여야 한다는 분리심판설(分離審判說)이 있다. 분리심판설이 다수설이다. 판례는 항소심의 경우에는 각하하여야 한다고 한다.[45] 모든 경우에 각하하여야 한다는 각하설은 당사자의 의사와 소송경제에 반할 뿐만 아니라, 반소도 후발적 병합에 해당하는 것이므로 병합요건의 경우와 달리 취급할 이유가 없다는 점에서, 제1심의 경우에서는 분리심판 하여야 하지만 항소심에서는 상대방의 심급이익 등을 고려하여 각하하는 것이 타당하다고 본다(私見).

(2) 반소요건이 구비된 경우에는 일반소송요건을 조사하여 그 흠이 있는 경우에는 보정을 명하여야 하고, 보정되니 아니하거나 할 수 없는 경우에는 판결로서 반소를 각하하여야 한다.

3. 본안심판

(1) 반소가 적법하면 이를 본소와 병합하여 심리하고 판결하여야 한다. 이렇게 함으로써 심리의 중복을 막고, 판결의 모순·저촉을 막을 수 있다. 따라서 원칙적으로 변론의 분리나 일부판결은 허용되지 아니하고 1개의 전부판결을 하여야 한다. 이 경우 본소와 반소는 별개의 소이므로 본소와 반소에 관하여 별개의 판결주문을 내야 한다. 다만 소송비용의 부담은 본소와 반소의 비용을 합하여 그 부담 비율을 정한다.

(2) 하지만 본소와 반소가 전혀 관련성이 없음에도 원고가 동의하거나 변론에 응하여 반소가 이루어진 경우 등과 같이 특별한 사정이 있는 경우에는 변론의 분리($\frac{141}{\text{조}}$)와 일부판결($\frac{200\text{조}}{2\text{항}}$)이 가능하다고 할 것이다.[46]

4. 상　소

(1) 본소와 반소는 원칙적으로 하나의 전부판결을 하여야 하고, 이 판결 중 일

---

45) 대판 1965. 12. 7, 65다2034, 2035.
46) 同旨: 강현중, 835면; 이시윤, 733면; 정동윤/유병현/김경욱, 1034면; 한충수, 687면; 호문혁, 895면.

부에 대하여 상소한 경우에는 본소 및 반소 전부가 확정이 차단되어 상소심으로 이심된다. 하지만 상소하지 아니한 부분은 상소심의 심판대상이 되지 아니한다. 반소부분에 대한 재판이 누락된 경우에는 반소부분은 원심에 그대로 남아 있고, 본소부분만이 상소심으로 이심된다.[47]

(2) 만약 본소청구가 인용되는 것을 조건으로 예비적 반소를 제기하였는데 본소가 각하·기각되었다가 항소심에서 원심을 취소하고 본소청구를 인용하는 경우에는 항소심에서는 예비적 반소에 대하여 재판하여야 한다.[48]

제 5 절   중간확인의 소

Ⅰ. 의   의

(1) 중간확인(中間確認)의 소라 함은 소송계속 중에 본래 청구의 판단에 전제가 되는 '선결적 법률관계의 존부'에 대하여 기판력 있는 판단을 받기 위하여 원고 또는 피고가 추가적으로 제기하는 소를 말한다($\frac{264}{조}$). 예컨대 원고의 소유권에 기초한 가옥명도청구에서 피고가 명도청구와 선결적 법률관계에 있는 소유권이 원고에게 존재하지 아니한다고 다툴 경우에 원고가 기존의 가옥명도소송 절차를 이용하여 가옥에 대한 자신의 소유권확인청구를 추가하는 것이다.

(2) 원래 선결적 법률관계는 판결이유 중에 판단되는 것이므로 기판력이 발생하지 아니한다($\frac{216조}{1항}$). 따라서 선결적 법률관계에 대하여 기판력 있는 판단을 받기 위해서는 별소를 제기하여야 한다. 그러나 다투어지는 기존의 소송절차에서 이를 간편하게 받을 수 있다면 소송경제에도 부합하고, 관련 쟁점에 대한 재판의 모순·저촉을 막을 수 있다는 장점이 있다.

따라서 중간확인의 소는 이러한 취지에서 본래의 청구와 선결관계에 있는 법률관계의 존부에 대해 기존의 소송절차를 이용하여 간단히 기판력 있는 판단을 받기 위하여 인정하는 제도이다. 이러한 점에서 중간확인의 소는 판결이유에까지 판결의 효력을 넓히려는 시도인 쟁점효이론(爭點效理論)의 근거를 약화할 수 있는

---

47) 대판 1989. 12. 26, 89므464.
48) 대판 2006. 6. 29, 2006다19061, 19078; 대결 2018. 4. 6, 2017마6406.

제도이다. 그러나 중간확인의 소는 선결적 법률관계에 한하여 기판력을 인정하는 것이므로 오히려 쟁점효이론의 필요성을 강조하는 제도로 평가할 수도 있다.

(3) 중간확인의 소는 원고뿐만 아니고, 피고도 제기할 수 있다. 이것은 제264조가 제기권자를 '당사자'라고 규정하고 있는 점과 소송절차에서의 무기대등의 원칙에 비추어 볼 때 당연하다. 원고가 중간확인의 소를 제기하는 것은 청구의 추가적 병합에 해당하고, 피고가 제기하는 것은 반소의 성질을 가지고 있다.[1] 그러나 선결적 법률관계가 본래의 청구와의 관계에서 갖는 부수적 성질 때문에 별도의 규정을 두어 제도화한 것이다. 또한 중간확인의 소는 선결적 법률관계를 전제로 하는 것이므로 청구기초의 동일성, 본래의 청구와의 관련성 등이 당연히 인정되어 항소심에서 피고가 제기하는 경우에도 상대방의 동의를 요하지 아니한다 (412조 1항의 '상대방의 심급의 이익을 해할 우려가 없는 경우'에 해당됨).[2] 중간확인의 소는 단순한 공격방법이 아니고 소송 중의 소에 해당하므로 그 판단은 중간판결($\frac{201}{조}$)에 의할 것이 아니고, 종국판결의 주문으로 판단하여야 한다.

(4) 중간확인의 소의 이용을 촉진하기 위하여 중간확인의 소를 제기할 수 있는 것을 별소로 제기하는 것을 중복소송금지 또는 소권의 남용 등을 통하여 제한하는 주장도 있을 수 있지만 해석론으로는 무리가 있다고 생각된다. 별소를 제기할 것인지 또는 중간확인의 소를 통할 것인지는 원고의 자유에 속한다고 할 것이다. 하지만 선결적 법률관계에 관한 다툼이 있는 경우에는 신속하고 모순·저촉 없는 판결을 위하여 법원은 적절한 석명권 행사를 통하여 중간확인의 소로 이용을 권장할 수 있다고 본다.

II. 요 건

중간확인의 소를 제기하기 위하여는 민사소송법 제264조에서 정하고 있는 i) '다툼 있는 선결적 법률관계의 확인을 구할 것'이라는 특별요건이 필요하고, 중간확인의 소가 제기되면 청구의 후발적 병합이 발생하므로 병합의 일반요건으로 ii) 본래의 청구가 사실심에 계속되고 변론종결 전일 것, iii) 중간확인청구가 다른 전속관할에 속하지 아니할 것(관할의 공통), iv) 본소와 동일한 소송절차에 의할 것 (소송절차의 공통)이 필요하다.

---

1) 反對: 호문혁, 887면(원고가 제기하든 피고가 제기하든 제264조의 독자제도로 보면 된다고 함).
2) 同旨: 이시윤, 722, 731면; 정동윤/유병현/김경욱, 1038면.

1. 다툼 있는 선결적 법률관계의 확인을 구할 것

중간확인청구는 본래의 청구와의 관계에서 선결적 법률관계가 존재하여야 한다. 선결성(先決性)이 존재하여야 한다. 또한 중간확인의 소는 확인청구이므로 확인의 소에서 일반적으로 요구되는 권리성(權利性)과 쟁송성(爭訟性)을 가져야 한다.

(1) 중간확인의 소는 권리관계의 확인을 구하여야 한다(權利性).

중간확인의 소는 권리관계의 확인을 구하는 것이어야 한다. 따라서 선결적 사실관계 또는 증서의 진정여부($\frac{250}{조}$)는 그 대상이 될 수 없다. 또한 권리관계 중에서도 현재의 권리관계여야 하고, 과거의 권리관계는 원칙적으로 중간확인의 소의 대상이 아니다.[3]

(2) 본래 청구의 전부 또는 일부와 선결적 법률관계에 있어야 한다(先決性).

① 중간확인청구는 본래 청구의 판단에 대하여 선결관계 있는 법률관계를 소송물로 삼아야 한다. 예컨대 가옥명도청구 또는 등기말소청구에 있어서 소유권의 존부, 이자청구소송에 있어서 원본채권의 존부 등이 여기에 해당한다. 선결적 법률관계가 본래의 청구와 관련하여 항변 등으로 제출된 경우라도 상관이 없다.

② 이러한 선결관계가 이론상의 선결관계로 충분한 것인지($\frac{이}{론}$), 아니면 현실적으로 선결관계가 본래의 청구와 사이에 존재하여야 하는지($\frac{현}{실}$)가 문제이다. 중간확인의 소를 인정하고 있는 취지에 비추어 현실적으로 선결관계가 필요하다는 현실설이 타당하다($\frac{통}{설}$).[4] 따라서 본래의 청구가 취하·각하되거나, 확인하려는 법률관계와 관계없이 본래의 청구가 기각될 때에는 중간확인의 소를 부적법 각하하여야 한다.[5] 다만 통상의 확인의 소로서의 확인의 이익이 인정되면 독립의 소로 심판하여야 한다. 항소심에서 중간확인의 소가 제기되었으나 항소각하 또는 항소취하 된 경우에는 중간확인의 소가 독립의 소로서 인정된다고 하여도 이를 부적법 각하하여야 한다.

---

3) 대판 1966. 2. 15, 65다244.
4) 同旨: 강현중, 825면; 송상현/박익환, 621면; 이시윤, 722면; 정동윤/유병현/김경욱, 1037면; 호문혁, 884면; 한충수, 677면.
5) 대판 2008. 11. 27, 2007다69834, 69841(재심절차 중에 제기된 중간확인의 소에 있어서 재심사유가 없어 재심청구를 기각하는 경우에는 중간확인의 소를 각하하여야 함).

(3) 당사자 사이에 다툼이 있는 법률관계이어야 한다(爭訟性).

중간확인의 소의 대상이 되는 법률관계이기 위해서는 본래의 청구에 관한 소송진행 중 다툼이 있어야 한다. 이러한 다툼은 중간확인의 소를 제기할 당시에 있으면 충분하다. 그러나 소의 제기 전부터 존재하여도 되고, 현재에는 가시적인 분쟁이 없다고 하여도 장래에 다툴 가능성이 존재하면 된다. 선결적 법률관계 자체에 다툼이 있으면 족하고, 별도로 확인의 이익을 요하지 아니한다.

2. 본래의 청구가 사실심에 계속되고 변론종결 전일 것

중간확인의 소는 사실심인 항소심의 변론종결 전까지 가능하며, 상고심에서는 제기할 수 없다. 항소심에서는 원·피고 모두 상대방의 동의 없이 중간확인의 소를 제기할 수 있다. 원고가 제기하는 것은 청구의 추가적 변경이고,[6] 피고가 제기하는 것은 반소의 성질을 가지나 선결적 법률관계로 인하여 원고의 심급의 이익을 해할 염려가 없으므로($^{412조 1}_{항 유추}$) 모두 가능한 것이다.

3. 중간확인청구가 다른 전속관할에 속하지 아니할 것(관할의 공통)

(1) 중간확인청구와 관련하여 본래의 소가 계속된 법원에 법정관할이 없다고 하여도 동 법원은 당연히 관할을 가진다($^{264조}_{1항}$). 이는 중간확인의 소의 규정인 제264조 제1항의 규정에 의하여 당연히 관련재판적을 갖는다고 해석할 수 있다.[7] 예컨대 중간확인청구가 단독판사의 관할에 속하는 경우에도 본래의 청구가 합의부에 소송계속되어 있으면 합의부가 관할권을 가진다. 물론 원고가 중간확인의 소를 제기함으로 인하여 본래의 청구와 합산한 소송목적의 값이 합의부의 사물관할에 속하게 된 경우에는 본래의 청구와 중간확인의 소를 함께 합의부로 이송하여야 하고,[8] 피고가 단독판사의 본소 심리 중에 합의사건을 중간확인의 소로 제기한 경우에도 같다.[9]

(2) 중간확인의 소가 다른 법원의 전속관할에 속하는 경우에는 그것이 독립의 소로서의 요건을 갖춘 경우에는 본래의 청구와 분리하여 관할법원으로 이송한다.

---

6) 대판 1973. 9. 12, 72다1436.
7) 同旨: 이시윤, 722면.
8) 同旨: 정동윤/유병현/김경욱, 1037면.
9) 同旨: 이시윤, 722면

4. 본래의 소와 동일한 소송절차에 의할 것(소송절차의 공통)

중간확인청구는 본래의 소와 동일한 소송절차에서 심리할 수 있어야 한다. 따라서 상속에 따른 소유권이전등기청구소송의 계속중에 신분관계가 선결관계로 되어 당사자 사이에 다툼이 있는 경우에는 그 확인은 가사소송법상의 절차에 의하여야 하므로 민사소송절차에서 중간확인의 소를 제기할 수 없다. 그러나 행정처분의 효력이 민사소송의 선결문제가 되는 경우에는 행정처분의 무효확인은 중간확인의 소로 제기할 수 있다.[10] 판례도 같다.[11]

Ⅲ. 절차와 심판

1. 소의 제기절차

(1) 중간확인의 소는 소송중의 소의 제기에 해당하므로, 소장에 준하는 서면을 제출하여야 하고, 그 부본은 상대방에게 즉시 송달하여야 한다($^{264조 2, 3항, 규}_{칙 64조 2, 1항}$). 다만 소액사건의 경우에는 중간확인의 소를 말로 제기할 수 있다($^{소심}_{4조}$). 중간확인의 소장 제출 시에 시효중단·기간준수의 효력이 발생하고($^{265}_{조}$), 소송계속은 그 소장이 상대방에게 송달된 때에 발생한다.

(2) 피고가 중간확인의 소를 제기한 경우에는 반소의 제기에 준하여 본래의 청구와 관련된 소송대리인에게 특별한 권한의 수여가 있어야 한다($^{90조 2}_{항 1호}$). 반대로 원고가 제기하는 경우에는 청구의 추가적 변경에 준하는 것이므로 본래 청구의 대리권에 당연히 포함되었다고 할 것이어서 특별한 권한수여가 필요하지 아니하다($^{통}_{설}$).[12]

2. 심   판

(1) 중간확인의 소는 심리와 판결은 소의 추가적 변경(원고가 제기한 경우) 또는 반소(피고가 제기한 경우)에 준한다. 먼저 중간확인의 소의 병합요건을 심리하

---

10) 同旨: 송상현/박익환, 622면; 이시윤, 723면; 호문혁, 886면. 反對: 강현중, 826면; 김홍엽, 965면.

11) 대판 1966. 11. 29, 66다1619.

12) 중간확인의 소를 제264조의 독자적 제도를 보는 견해는 원·피고의 소송대리인 모두 특별한 권한수여가 필요치 아니하다고 본다(호문혁, 887면).

여 흠이 존재하는 경우에는 독립의 소로 취급할 수 있으면 그렇게 하고, 그렇지
못할 경우에는 부적법 각하하여야 한다.

(2) 중간확인의 소가 병합요건을 갖춘 경우에는 본래의 청구와 병합하여 심리
한다. 병합의 형태에 관련하여 생각해 보면 원고 또는 피고가 제기한 경우 모두
선결적 법률관계가 있지만, 각각 독자적으로 판단하여야 한다는 점에서 단순병합
으로 볼 수 있다.[13] 그러나 판결은 1개의 전부판결로 하여야 한다. 중간확인의 소
를 단순병합의 형태로 보아야 한다는 점에서 심리를 분리하거나 일부판결을 하는
것이 이론상 불가능하지는 아니하지만, 본래 청구와 중간확인청구가 선결적 법률
관계가 있는 것이므로 이러한 것은 부적절하다고 할 것이다.[14]

---

13) 同旨: 정동윤/유병현/김경욱, 1039면.
14) 同旨: 이시윤, 723면.

제 2 장 다수당사자소송

제 1 절 총   설

(1) 민사소송은 민사분쟁의 대표적인 해결방식이다. 또한 민사소송은 사법상의 법률관계로 인한 분쟁을 대상으로 하고 있고, 대체로 이러한 분쟁은 일대일의 단순한 2면적인 분쟁의 형태를 띠고 있다. 따라서 민사소송은 이러한 분쟁을 해결하는 것을 기본으로 한 분쟁해결방식이다.

(2) 그러나 사회의 급속한 발전, 국제거래의 증가, 분쟁 주체 중 회사 규모의 거대화 등에 따라 종전의 2면적 분쟁(二面的 紛爭) 외에 3면적(三面的) 또는 다면적 분쟁(多面的 紛爭)이 많이 발생하고 있고, 최근에는 공해소송, 제조물책임소송, 증권관련소송, 소비자소송 등의 현대형 분쟁이 동시다발적으로 발생하면서 집단적 분쟁(集團的 紛爭)이 일반화되는 경향마저 있다.

(3) 이렇게 분쟁이 다양화되면서 분쟁에 관련된 사람이 일 대 일에서, 일 대 다수, 다수 대 다수, 일 대 집단(다수를 넘은 당사자), 다수 대 집단, 집단 대 집단 등으로 되었다. 분쟁형태의 다양성과 분쟁당사자의 증가는 필연적으로 종전 민사소송의 기본형으로는 해결될 수 없는 경우가 많아졌다. 따라서 종전의 민사소송의 기본형은 그것에 맞는 분쟁의 해결을 위하여 그대로 두더라도, 분쟁해결방식을 새로운 형태의 분쟁과 다수당사자가 관여할 수 있도록 개선·개발할 필요성이 있다. 그중 분쟁해결방식의 개선이 다수당사자소송이라 할 수 있고, 새로운 개발이 집단소송이라 할 수 있다.

(4) 다수당사자소송의 형태는 기존의 기본형에서 분쟁의 동시 해결의 필요성의 강도에 따라 종전의 민사소송에 약간의 변화를 가하면 해결될 수 있다. 즉 분쟁의 동시 해결 필요성이 약한 동종사건이나 동일사건으로 인한 손해배상사건과 같은 경우에는 사건 발생에 대한 심리를 공동으로 함으로써 심리의 중복을 줄일 수 있으므로 이를 권장하여 동일한 소송절차를 이용할 수 있도록 하고, 분쟁의 동시 해결의 필요성이 강한 경우에는 심리·진행·판결을 일체적으로 진행하게 함으로써 심리의 중복을 최소화하는 것이다. 이러한 개선을 통하여 다수당사자가 관여된

분쟁을 더 쉽게 해결할 수 있는 것이다. 그러나 다수인을 동일 소송절차에 관여하게 하는 것은 심리를 번잡하게 하여 소송지연의 원인이 될 수 있다는 문제가 있다. 따라서 다수당사자소송의 운영에 있어서 가장 중요한 것은 심리의 중복을 막을 수 있다는 장점을 살리는 쪽으로 집중하고, 소송지연과 같은 단점이 표출되지 아니하도록 유의하는 것이다. 다수당사자소송은 종전 기본형의 개선이고, 약간 변화하여 운영하는 것이다.

　　따라서 본장의 다수당사자소송은 종전의 기본 틀을 유지하면서 다수당사자가 동일한 소송절차에 처음부터 또는 시간을 달리하여 관여하는 것을 주요 내용으로 한다. 이하에서는 2인 이상의 당사자가 원고 또는 피고 측에서 공동으로 소송에 관여하는 「공동소송」, 기존의 소송절차에 이해관계를 가지는 제3자가 참가하는 「제3자의 소송참가」, 소송 중에 당사자가 교체되는 「당사자변경」을 다룬다.

　　(5) 특히 집단소송은 다수당사자가 소송절차에 참여한다는 점에서 공동소송의 확장으로 이해될 수 있지만, 그 소송에 참여하는 당사자의 숫자가 너무 많아 종전의 민사소송의 틀만으로는 담아내기 어려운 면이 있어 제3장에서 별도로 설명하기로 한다. 현재 민사소송법의 규정 중 유일하게 집단소송에 대응할 수 있는 제도가 선정당사자제도이므로 실제 그 운영이 그렇게 되고 있지는 않지만, 집단적 분쟁의 해결방식으로 보아 집단소송에 넣어 설명한다. 집단소송과 관련해서는 당사자의 근본적인 권리를 침해하지 아니하는 한도에서 기존의 민사소송의 방식을 대폭 간소화할 필요가 있다. 즉 종전의 분쟁해결방식의 기본취지만을 살리면서 소제기방식·당사자·증거조사·심판 등 모든 부분을 새로운 시각에서 접근하여야 한다. 이러한 시각에 기초하여 보면 도산법상의 집단적·획일적 분쟁해결방식과 미국법상의 대표당사자소송(class action, FRCP 23조), 독일의 단체소송(Verbandsklage) 등이 집단분쟁 해결에 관한 중요한 지침이 된다.

제 2 절　공동소송

I. 의　의

　　(1) 공동소송(共同訴訟, party joinder, Streitgenossenschaft)이라 함은 1개의 소송

절차에 수인의 원고 또는 피고가 관여하는 소송형태를 말한다. 즉 원고가 수인이거나, 피고가 수인이거나, 원고 및 피고가 모두 수인인 경우를 말한다. 이를 소의 객관적 병합과 대비하여 소의 주관적 병합이라 한다. 이 경우 원고 또는 피고 측에 같이 서는 여러 사람을 공동소송인이라 한다. 원고 측이 수인일 경우에는 적극적 공동소송인, 피고 측이 수인일 경우에는 소극적 공동소송인이라고도 부른다.

  (2) 공동소송인지 여부는 당사자의 숫자에 의하여 결정되는 것이므로 소송대리인이 수인이거나, 다수인이 사단을 형성하는 경우, 당사자의 보조참가인이 수인인 경우, 다수인이 선정당사자 1인을 선정한 경우 등은 공동소송에 해당하지 아니한다.

  (3) 공동소송을 인정하는 근거는 공동소송은 다수인이 관련된 분쟁을 동일한 소송절차에서 심리함으로써 개별소송보다는 공통의 쟁점에 대하여 심리의 중복 및 판결의 모순·저촉을 최소화할 수 있어 소송경제에 부합하고, 당사자에게도 노력과 비용을 줄일 수 있다는 점이다. 민사소송은 분쟁의 해결방식이므로 그 분쟁에 변화가 있다면 방식 일부를 개선하는 변화의 문은 항상 열어두어야 한다고 본다.

Ⅱ. 발생 및 소멸 원인

1. 발생원인

(1) 원시적 발생원인

  소제기 당시부터 여러 사람의 원고 또는 여러 사람의 피고, 원·피고가 모두 다수인 경우가 있다. 이를 고유한 의미의 주관적 병합이라고 한다.

(2) 후발적 발생원인

  소제기 당시에는 단일 소송이었으나 절차 진행 중에 당사자가 수인으로 되어 공동소송이 되는 경우를 말한다. 여기에는 필수적 공동소송인의 추가($\frac{68}{조}$) 또는 예비적·선택적 공동소송인의 추가($\frac{70,}{68조}$), 참가승계($\frac{81}{조}$)·소송인수($\frac{82}{조}$), 공동소송참가($\frac{83조, 상 404}{조 1항}$)·독립당사자참가($\frac{79}{조}$), 수인의 당연승계, 변론의 병합($\frac{141}{조}$) 등을 통하여 이루어진다.

2. 소멸원인

공동소송은 통상공동소송에 있어서 일부판결에 의하여 혹은 일부화해·포기·인낙 또는 일부취하, 변론의 분리($\frac{141}{2}$) 등에 의하여 단일소송으로 전환될 수 있다.

Ⅲ. 공동소송의 요건

수인을 공동소송으로 심리하기 위한 주관적 요건으로 각 공동소송인의 청구 또는 이들에 대한 각 청구 사이에 일정한 공통성·관련성이 존재하여야 한다. 청구의 공통성·관련성의 강도에 따라 공동심리·심판의 정도가 정하여진다. 청구의 공통성·관련성의 강도에 따라 i) 공동소송의 강제, ii) 소송자료의 통일(주장·증거의 공통), iii) 소송진행의 통일(공동심리·변론의 분리 여부), iv) 재판의 통일(일부판결 여부) 등이 정하여진다고 할 수 있다. 공동소송 중 ⓐ 통상공동소송은 청구의 공통성·관련성의 강도가 낮아 개별소송도 가능하지만, 중복심리를 줄인다는 취지에서 i) 내지 iv)가 당사자·법원의 자유로운 의사에 따라 임의적 형태로 운영될 수 있도록 하고 있고, ⓑ 유사필수적 공동소송은 청구의 공통성·관련성의 강도로 보아 공동소송를 강제할 정도는 아니므로 위 i)은 강제하지 아니하지만, 나머지 위 ii) 내지 iv)는 강제된다. ⓒ 마지막으로 고유필수적 공동소송은 청구의 공통성·관련성의 강도가 매우 높으므로 위 i) 내지 iv)가 모두 강제되는 것이다. 민사소송법 제65조가 규정하는 공동소송의 주관적 요건은 청구의 공통성·관련성의 정도와 관련이 있는 요건이라 할 수 있다.

또한 공동소송은 고유필수적 공동소송을 제외하고 필연적으로 청구의 병합이 수반되므로, 통상·유사필수적 공동소송에서 청구병합의 객관적 요건을 갖추어야 한다.

공동소송의 객관적 요건은 직권조사사항임에 비하여, 주관적 요건은 주로 공동소송인의 이익을 위하여 인정하는 것이므로 상대방의 이의를 기다려 조사하면 된다.[1] 조사결과 공동소송의 요건을 갖추지 못한 경우에는 이를 당사자별로 나누어 개별소송으로 처리하면 된다.

---

[1] 同旨: 이시윤, 737면; 정동윤/유병현/김경욱, 1044면.

1. 주관적 요건$\binom{65}{조}$

공동소송인이 되기 위해서는 공동소송인의 청구 사이에 다음과 같은 관련성이 존재하여야 한다.

(1) 권리·의무의 공통$\binom{65조\ 전문}{중\ 전단}$

권리·의무가 공통되었다는 것은 '소송의 목적되는 권리나 의무가 여러 사람에 게 공통된 때'를 의미한다. 예컨대 수인의 공유자, 공동상속인$\binom{민}{1006조}$, 합유자, 공동 수탁자$\binom{신탁\ 45조\ 1항,\ 공동수탁재}{산은\ 공동수탁자의\ 합유임}$, 불가분채무자·채권자, 연대채무자 등이 여기에 해당한다. 그러나 총유자에 대한 소송[2]은 비법인 사단 자체를 상대로 하는 것이므로 이에 해당하지 아니한다.

(2) 권리·의무 발생원인의 공통$\binom{65조\ 전문}{후단}$

권리·의무의 발생원인이 공통되었다는 것은 '소송목적이 되는 권리나 의무가 사실상 또는 법률상 같은 원인으로 말미암아 생긴 경우'를 말한다. 즉 청구권 자 체는 독립적이지만 그 발생원인이 사실상·법률상 공통된 경우이다. 예컨대 i) 동 일한 사실상 원인에 기한 것으로는 동일한 사고로 인한 여러 피해자의 공동 손해 배상청구, 공동 불법점유자에 대한 손해배상청구 등이 있고, ii) 동일한 법률상 원 인에 기한 것으로는 주채무자와 보증인에 대한 청구, 하나의 계약에 기한 수인의 권리자 또는 의무자에 대한 청구 등을 생각할 수 있다.

(3) 권리·의무와 발생원인의 동종$\binom{65조}{후문}$

권리·의무와 발생원인의 동종이라는 것은 '소송목적이 되는 권리나 의무가 같 은 종류의 것이며 사실상 또는 법률상 같은 종류의 원인으로 말미암은 것인 경우' 를 말한다. 권리·의무 및 발생원인이 같은 종류에 해당한 경우에도 공동소송을 인정할 수 있다. 공동소송의 범위를 매우 넓게 인정하는 것이다. 여기에 해당하는 공동소송은 개별소송이 원칙임에도 심리의 중복을 막으려는 의도가 높다. 예컨대 수인의 전자제품 매수인에 대한 매도인의 매매대금청구, 복수의 가옥소유자가 제 기한 각각의 가옥임차인에 대한 임대차종료를 원인으로 한 명도청구, 임대인의 복

---

2) 사단의 구성원 전원을 당사자로 할 수 있다. 이러한 경우는 고유필수적 공동소송이 된다.

수의 임차인에 대한 차임 청구, 다수의 어음 소지인의 각 발행인에 대한 어음금 청구 등이 여기에 해당한다.

위 공동소송의 주관적 요건 중 위 (3)의 경우는 공동소송의 당위성이 거의 존재하지 아니하므로 위 (1), (2)의 공동소송과 달리 i) 관련재판적이 준용되지 아니하고($\frac{25조}{2항}$), ii) 공동소송인 사이에 선정당사자제도를 이용할 수 없고, iii) 공동소송인이 개별소송을 하는 것이 당연히 인정되는 것이므로 공동소송인 독립의 원칙에 수정(修正)을 요하지 아니하며, iv) 이론상 합일확정소송에 대한 논의의 대상이 되지 아니한다. 이것은 공동소송인의 청구 사이에 실질적인 관련성이 없기 때문이다.

2. 객관적 요건

공동소송 중 고유필수적 공동소송을 제외하고는 필연적으로 청구의 병합이 수반된다. 따라서 통상·유사필수적 공동소송에서 청구병합의 객관적 요건을 갖추어야 한다. 즉 i) 공동소송인의 각 청구가 동일한 소송절차에서 심판될 수 있어야 하고($\frac{253}{조}$), ii) 각 청구에 대하여 수소법원에 관할권이 존재하여야 한다. 그런데 주관적 요건 중 위 (3)의 경우에는 민사소송법 제25조 제2항의 관련재판적이 인정되지 아니하므로 수인의 공동소송인 사이에 같은 관할권이 인정되지 아니하면 공동소송을 제기할 수 없다.

Ⅳ. 공동소송의 기본형태

공동소송의 기본형태는 일반적으로 다수인 사이 청구의 공통성·관련성의 정도 즉 합일확정의 필요 여부에 따라 i) 통상공동소송과 ii) 필수적 공동소송(종전에 필요적 공동소송이라 함)으로 나눌 수 있다. 또한 필수적 공동소송은 다시 청구의 공통성·관련성의 강도(强度)에 따라 고유필수적 공동소송과 유사필수적 공동소송이 있다.

1. 통상공동소송

(1) 의 의

통상공동소송(通常共同訴訟)이라 함은 공동소송인 사이에 합일확정(合一確定)이

적 공동소송(必要的 共同訴訟)이라 하였다. 필수적 공동소송은 공동의 소제기가 강제되는지 여부에 따라 그것이 필요한 i) 고유필수적 공동소송과 그것이 필요 없는 ii) 유사필수적 공동소송으로 나뉜다. 고유필수적 공동소송은 실체법상 관리처분권의 공동귀속에 의하여 인정되는 것이고(관리처분권설, 다수설), 유사필수적 공동소송은 소송법상 판결의 효력이 당사자 이외의 제3자에게 확장됨으로 인하여 인정되는 것이다.

(2) 종 류

필수적 공동소송은 고유필수적 공동소송과 유사필수적 공동소송이 있다. 그 외에 필수적 공동소송은 아니지만, 이론상 합일확정소송을 인정할 필요가 있는지 여부가 논의된다.

① 고유필수적 공동소송(固有必須的 共同訴訟)

(a) 고유필수적 공동소송이란 필수적 공동소송 중 합일확정뿐만 아니라, 공동의 소제기도 강제되는 경우를 말한다. 수인에게 소송수행권이 공동으로 귀속되어 있어 그 수인이 공동으로 원고 또는 피고가 되어야만 당사자적격이 있고, 그렇지 못할 경우에는 당사자적격이 없어 부적법해지는 경우이다.

(b) 인정기준   고유필수적 공동소송을 인정하는 기준과 관련하여, 소송물인 권리의 실체법상의 성질을 존중하여 관리처분권이 수인에게 공동하여 귀속되었는지 여부를 기준으로 하는 견해(管理處分權說),[10] 분쟁의 통일적 해결, 원고와 피고 사이의 이해조절, 당사자와 당사자 이외 이해관계인의 이해조절, 당해 절차의 진행상황 등의 소송법적 요소를 중시하는 견해(訴訟政策說), 양자를 모두 고려하여야 한다는 견해(折衷說)[11] 등이 있다. 관리처분권설이 다수설[12]이다. 판례는 기본적으로 관리처분권에 기초하여 정하지만, 공동소송 관련 판례의 경향을 보면 소송법적 요소를 고려하고 있다는 점에서 저자는 절충설을 취하고 있나고 본다. 관리처분권설은 고유필수석 공동소송의 범위를 가능한 축소하고 개별적 해결을 도모하고 있으며, 소송정책설은 분쟁의 통일적 해결이라는 관점에서 이를 넓게 인정하려고 한다.[13]

---

10) 강현중, 846면; 김홍엽, 987면; 방순원, 199면; 송상현, 638면; 이시윤, 742면.
11) 김홍규/강태원, 689면; 정동윤/유병현/김경욱, 1050면; 한충수, 694면; 新堂幸司, 662면.
12) 다수설은 판례가 관리처분권설의 입장에 서 있다고 본다.
13) 同旨: 정동윤/유병현/김경욱, 1050면.

생각건대 관리처분권의 공동귀속이 명백한 경우에는 이에 따라 고유필수적 공동소송을 인정하면 되고, 현실적으로 고유필수적 공동소송인지 여부가 문제되는 것은 공유관계소송이므로 이 경우 고유필수적 공동소송인지 여부는 관리처분권의 공동귀속이 해석상 명백하지 아니하기 때문에 분쟁의 통일적 해결, 당사자 사이의 이해조절, 당사자와 당사자 아닌 이해관계인과의 이해조절, 당해 절차의 진행상황 등 소송법적 요소도 고려하여야 한다. 따라서 절충설이 타당하다고 본다.[14] 결국 관리처분권설과 절충설이 팽팽하게 대립되고 있지만, 분쟁의 형태가 다양하게 변화하고 있다는 점을 본다면 새로운 고유필수적 공동소송의 가능성을 열어두는 절충설이 설득력이 있다고 본다.

(c) 고유필수적 공동소송이 문제되는 것은 형성권의 공동귀속(이에 준하는 확인의 소), 합유 또는 총유관계소송, 공유관계소송으로 나누어 볼 수 있다.

ⅰ) 형성권의 공동귀속(이에 준하는 확인의 소)   여기에는 다른 사람들 사이의 권리관계의 변동을 목적으로 하는 형성의 소와 이에 준하는 확인의 소가 있다. 이러한 경우에는 권리관계의 변동에 관련된 모든 사람이 공동으로 원고 또는 피고가 되어야 한다. 이는 분쟁해결의 실효성 확보와 관련자의 절차권 보장을 위한 것이다.[15] ⓐ 공유물분할청구에서는 분할을 구하는 공유자가 다른 공유자 전원을 공동피고로 하여야 하며,[16] 제3자가 공유자들을 상대로 경계확정청구를 하거나, 공유자들이 제3자를 상대로 동일한 청구를 하는 경우에도 이는 공유물의 처분·변경($\substack{민 \\ 264조}$)에 해당하여 공유자 전원을 상대로 또는 공유자 전원이 하여야 한다.[17] ⓑ 제3자가 친생자관계부존재확인의 소를 제기할 경우에는 부모를 공동피고로($\substack{가소 \ 28, \\ 24조 \ 2항}$),[18] 제3자가 혼인무효·취소소송의 소를 제기할 경우에는 부부를 공동피고로($\substack{가소 \ 24 \\ 조 \ 2항}$), 자(子)가 민법 제845조에 의한 부(父)를 정하는 소를 제기하는 경우에는 모, 모의 배우자 및 그 전 배우자를 공동피고로 하여야 한다($\substack{가소 \ 27 \\ 조 \ 2항}$). ⓒ 청산인해임의 소($\substack{상 \ 539}$)는 회사와 청산인을 공동피고로,[19] 이사해임의 소는 회사와 이사를 공

---

14) 同旨: 정동윤/유병현/김경욱, 1050면.

15) 同旨: 정동윤/유병현/김경욱, 1050면.

16) 대판 2001. 7. 10, 99다31124; 대판 2003. 12. 12, 2003다44615; 대판 2012. 6. 14, 2010다105310; 대판 2014. 1. 29, 2013다78556; 대판 2022. 6. 30, 2022다217506.

17) 대판 2001. 6. 26, 2000다24207. 다만, 1인이 경계확정청구를 하더라도 지분만큼 경계확정이 되는 것이 아니라는 이유로 유사필수적 공동소송으로 보는 견해가 있다(호문혁, 803면).

18) 다만 친생자관계존부확인의 소를 제기할 수 있는 자는 민법 제865조 제1항의 규정형식과 문언·체계, 친생자관계존부확인의 소의 보충성 등을 고려하면, 민법 제865조 제1항에서 정한 제소권자로 한정된다(대판(전) 2020. 6. 18, 2015므8351).

동피고로 하여야 한다.[20]

ⅱ) 합유 또는 총유관계소송   관리처분권이 수인에게 공동귀속 되어 있어 그 소송수행권도 전원이 공동행사 하여야 하는 경우이다.

ⓐ 합유관계   민법에 의하면 합유물의 처분·변경뿐만 아니라 그 지분의 처분도 합유자 전원에게 공동귀속되어 있다($^{민\ 272,}_{273조}$). 따라서 합유관계소송은 전원이 공동으로 원고 또는 피고가 되어야 하는 고유필수적 공동소송이다. 여기에는 합유인 조합재산에 관한 소송($^{민\ 271,}_{704조}$),[21] 조합원을 상대로 조합재산 횡령행위로 인한 손해배상 청구,[22] 수탁자가 수인인 신탁재산에 관한 소송($^{신탁}_{45조}$), 공동광업권에 관한 소송($^{광}_{30조}$),[23] 공유지식재산권에 관한 소송($^{특허\ 139,\ 99조,\ 실용\ 33조,}_{디자인\ 72조,\ 상표\ 77조}$), 공동명의의 허가권·면허권 등에 관한 소송,[24] 관리인이 수인인 회생절차상 채무자의 재산에 관한 소송($^{채무회생}_{75조\ 1항}$), 파산관재인이 수인인 파산재단에 관한 소송($^{채무회생}_{360조\ 1항}$), 동일선정자단에 의한 수인의 선정당사자가 있는 경우의 소송($^{53,}_{54조}$), 증권관련 집단소송에 있어서 수인의 대표당사자가 있는 경우의 소송($^{증집}_{20조}$) 등이 있다. 그러나 분할전 상속재산에 관한 소송은 공유관계로 보아야 하므로($^{민}_{1006조}$) 필수적 공동소송에 해당하지 아니한다.[25]

다만 합유물에 관한 소송이라도 합유물의 보존행위에 관한 소송,[26] 각 조합원의 개인적 책임에 기하여 조합채무의 이행을 구하는 수동소송[27] 등의 경우에는 필수적 공동소송에 해당하지 아니한다.

---

19) 대결 1976. 2. 11, 75마533.

20) 대판 2010. 9. 30, 2010다35985(이 판결의 원심판결인 서울고법 2010. 4. 2, 2009나66541 판결에 의하면 피고를 회사와 해임 이사를 상대로 한 것을 알 수 있음); 日最判 1998. 3. 27, 民集 52. 2. 661.

21) 대판 1967. 8. 29, 66다2200; 대판 1983. 10. 25, 83다카850; 대판 2010. 4. 29, 2008다 50691; 대판 2012. 11. 29, 2012다44471; 대판 2015. 10. 29, 2012다21560(조합재산에 대한 강제집행과 가압류는 조합원 전원에 대한 집행권원에 기초하여 하여야 함).

22) 대판 2022. 12. 29, 2022다263448(손해의 주체는 조합재산을 상실한 조합이고, 그 손해배상 채권은 조합원 전원의 준합유에 속하므로 조합원 개인자격으로 청구할 수 없고 전조합원이 고유필수적 공동소송으로 하여야 함).

23) 대판 1970. 3. 10, 69다2103; 대판 1995. 5. 23, 94다23500.

24) 대판 1991. 6. 25, 90누5184; 대판 1993. 7. 13, 93다12060; 대판 1997. 4. 8, 95다34521; 대판 2002. 3. 29, 2000두6084.

25) 대판 1993. 2. 12, 92다29801. 다만 상속재산 분할 전에는 법정상속분에 따른 상속재산 공유만을 인정함이 타당하므로, 상속재산 분할 전에 특별수익에 기한 상속회복청구의 소를 제기할 수는 없다(대판 2023. 4. 27, 2020다292626).

26) 대판 1991. 6. 25, 90누5184: 대판 1997. 9. 9, 96다16896; 대판 2013. 11. 28, 2011다 80449(조합인 공동수급체의 구성원 중 1인이 낙찰된 다른 경쟁업체에 대한 낙찰자선정 무효확인의 소제기).

27) 대판 1985. 11. 12, 85다카1499; 대판 1991. 11. 22, 91다30705.

ⓑ 총유관계   비법인 사단의 소유형태인 총유관계 소송은 비법인 사단의 자체 명의로 하든지, 총유물의 관리처분권이 구성원 전원에게 귀속되어 있으므로 ($\frac{\text{민}}{276조}$) 구성원 전원 명의의 필수적 공동소송의 형태로 할 수 있다.[28] 특히 총유물의 경우에는 공유·합유의 경우와 달리 그 단체성이 강하므로 비법인 사단의 구성원이 개별적으로 소송을 제기할 수 없고, 사원총회를 거쳐 비법인 사단 명의로 제소하거나, 그 구성원 전원이 당사자가 되는 필수적 공동소송의 형태로 제기하여야 한다.[29]

ⅲ) 공유관계소송   판례는 공유관계는 관리처분권의 공동귀속에 해당하지 아니하거나 또는 보존행위에 따른 단독의 권리행사가 가능하다는 이유로 공유관계 소송에 있어서 고유필수적 공동소송의 범위를 매우 제한적으로 인정하는 경향이다.[30] 공유관계는 하나의 물건에 대하여 수인의 공유자가 각자 지분에 따라 소유하는 것이고 다만 공유물 자체의 처분·변경은 공유자 전원이나 전원의 동의가 필요하다($\frac{\text{민}}{264조}$). 따라서 공유관계 소송은 기본적으로 통상공동소송으로 보아야 하고, 공유물 자체의 처분·변경에 관한 소송과 공유관계 중 특별히 분쟁의 통일적 해결, 당사자 사이의 이해조절, 당사자와 당사자 아닌 이해관계인과의 이해조절, 당해 절차의 진행상황 등 소송법적인 요소를 고려할 필요가 있는 경우에 한하여 필수적 공동소송으로 볼 수 있다. 구체적으로 보면 공유자 측이 소를 제기하는 경우(능동소송)와 공유자 측을 상대로 소를 제기하는 경우(수동소송)에 약간의 차이가 있다. 특히 판례는 공유관계 중 수동소송의 경우에는 공유물분할청구 및 공유토지 경계확정청구, 공동상속인이 다른 공동상속인을 상대로 한 상속재산확인청구 외에는 고유필수적 공동소송을 인정하지 아니하고 있다.

ⓐ 공유자 측이 소를 제기하는 경우(능동소송)   공유관계에 관한 능동소송의 경우에는 공유자 1인이 보존행위로 하는 경우 또는 그 지분 한도에서는 단독으로 소를 제기할 수 있다. 예컨대 공유물에 대한 방해제거청구 및 그 인도청구[31] 등은 공유자 개인이 보존행위로서 제기할 수 있다.

다만 최근 전원합의체 판결[32]에서 공유자 상호 간에 있어서 보존행위의 행사에

---

28) 대판 1994. 5. 24, 92다50232; 대판 1995. 9. 5, 95다21303.
29) 대판(전) 2005. 9. 15, 2004다44971; 대판 2007. 7. 26, 2006다64573.
30) 이시윤, 744면.
31) 대판 1968. 11. 26, 68다1675; 대판 1969. 3. 4, 69다21.
32) 대판(전) 2020. 5. 21, 2018다287522(전원합의체의 다수의견은 공유물 인도청구행위는 공유물을 점유하는 피고의 이해와 충돌하여 보존행위라고 보기 어렵고, 피고는 적어도 자신의 지분 범

일정한 제한을 가하고 있다. 즉 공유물의 소수지분권자(피고)가 다른 공유자와 협의 없이 공유물의 전부 또는 일부를 독점적으로 점유·사용하고 있는 경우에 다른 소수지분권자(원고)가 공유물의 보존행위로서 공유물의 인도를 청구할 수 없고, 다만 자신의 지분권에 기초하여 공유물에 대한 방해 상태를 제거하거나 공동점유를 방해하는 행위의 금지 등을 청구할 수 있을 뿐이라고 본 것이다. 이것은 종전에 자신의 지분권에 기초하여 다른 공유자에 대하여 공유물에 대한 배타적 사용의 배제 또는 인도를 청구할 수 있다고 한 판결³³⁾을 변경한 것이다.

그리고 공유물에 대한 불법점유를 이유로 한 손해배상금청구³⁴⁾는 지분한도에서 공유자 개인이 소를 제기할 수 있다. 기타 공동건축주 명의변경에 부동의 한 자에 대한 건축주명의 변경청구는 각 건축주별로 청구 가능하다.³⁵⁾

그러나 공유물 자체의 처분·변경에 관한 소송에 해당하는 공유물 전체에 대한 소유권확인청구,³⁶⁾ 공유자의 공유관계 자체에 의한 방해제거청구,³⁷⁾ 공동상속인이 다른 공동상속인을 상대로 한 상속재산확인청구,³⁸⁾ 매매예약에서 채권자들이 공동으로 매매예약완결권을 가진다고 명시한 경우에 복수 가등기채권자의 가등기에 기한 본등기청구,³⁹⁾ 공유물분할청구 및 공유토지 경계확정청구, 청약저축 예금계약에 관한 공동상속인의 예금계약 해지에 따른 예금반환청구⁴⁰⁾ 등은 고유필수

위에서는 공유물 전부를 점유하여 사용·수익할 권한이 있으므로 피고의 점유는 지분비율을 초과하는 한도에서만 위법하다고 보아야 한다는 이유 등을 그 논거로 들었다).

33) 예를 들어 토지의 1/2 지분권자가 나머지 1/2 지분권자와 협의 없이 토지를 배타적으로 독점 사용하는 경우에 나머지 지분권자가 공유물의 보존행위로서 그 배타적 사용의 배제를 청구할 수 있다는 판례(대판 2003. 11. 13, 2002다57935)와 공유물의 소수지분권자가 다른 공유자와의 협의 없이 공유물을 배타적으로 점유하고 있는 다른 소수지분권자 등을 상대로 공유물의 보존행위로서 공유물의 인도를 청구할 수 있다는 판례(대판 2014. 5. 16, 2012다43324) 등.

34) 대판 1970. 4. 14, 70다171.

35) 대판 2015. 9. 10, 2012다23863.

36) 대판 1994. 11. 11, 94다35008.

37) 대판 1961. 12. 7, 4293민상306, 307.

38) 대판 2003. 12. 26, 2003다11738; 대판 2007. 8. 24, 2006다40980.

39) 대판(전) 2012. 2. 16, 2010다82530(매매완결권의 공동행사 여부는 매매예약의 내용에 따르고, 그러한 내용이 명시되지 아니한 경우는 담보의 목적, 공동행사하려는 의사유무, 채권자별 지분권 표시 여부 및 지분권의 비율과 피담보채권 비율의 일치여부, 가등기 담보권 설정의 관행 등을 종합하여 지분권행사 또는 공동행사 여부를 정함). 위 전원합의체판결로 공동의 예약완결권의 행사를 고유필수적 공동소송으로 보던 종전의 대판 1985. 5. 28, 84다카2188과 대판 1987. 5. 26, 85다카2203 판결은 폐기되었다.

40) 대판 2022. 7. 14, 2021다294674(청약 저축 가입자가 사망한 경우에는 민법 제547조 제1항에 따라 예금계약의 해지 의사표시를 공동으로 하여야 하기 때문에 공동상속인 중 일부가 단독으로 청약저축을 해지하여 상속분 상당의 예금반환을 청구할 수 없다고 함). 그러나 해지권을 공동으로 행사한 후에는 상속지분 비율에 따른 예금반환청구는 가능할 것으로 사료된다.

적 공동소송에 해당한다. 주의할 것은 2인이 부동산을 공동매수하여 그 이전등기
청구를 할 경우에 있어서 단순한 공동매수의 경우에는 그 지분한도에서 단독으로
청구할 수 있으나, 동업관계로 매수한 경우에는 준합유관계이므로 고유필수적 공
동소송에 해당한다.[41] 공동명의예금자가 은행을 상대로 한 예금반환청구의 경우에
도 동업자금예금일 경우에는 고유필수적 공동소송이나, 그 외의 목적으로 한 예금
일 경우에는 그렇지 아니하다.[42] 동업목적이 있는 경우에는 준합유관계로 보아야
하기 때문이다. 다만 집합건물법상 매도청구권자가 수인이라도 매도청구권(형성권)
을 공동으로 행사할 필요가 없고, 그에 따른 소유권이전등기절차의 이행을 구하는
소도 고유필수적 공동소송에 해당하지 아니한다.[43]

ⓑ 공유자 측을 상대로 소를 제기하는 경우(수동소송)　　판례는 공유관계 중 수
동소송의 경우에는 공유물분할청구 및 공유토지 경계확정청구, 공동상속인의 다른
공동상속인을 상대로 한 상속재산확인청구[44] 외에는 고유필수적 공동소송을 인정
하지 아니한다. 예컨대 제3자가 공유자를 상대로 한 소유권확인 및 소유권이전등
기말소청구,[45] 가등기말소청구,[46] 소유권이전등기청구[47] 등은 공유자 전부를 상대
로 할 필요가 없을 뿐만 아니라, 공동점유물의 인도청구, 공유건물의 철거청구[48]
도 그 지분권의 한도 내에서 인도·철거를 구할 수 있다고 한다. 토지소유자는
그 지상의 공유 건물소유자에게 건물철거와 토지의 인도를 구할 수 있을 뿐이고,
건물소유자가 공유지분 비율을 넘게 건물을 사용하더라도 토지소유자는 건물의
사용 관계를 정할 권한은 없으므로 건물공유자의 퇴거를 구할 수는 없다.[49]

생각건대 판례의 이러한 태도는 문제이다. 공유관계 중 수동소송의 경우에도
공유물 자체의 처분·변경에 관한 소송($\frac{민}{264조}$)에 해당한다고 할 수 있는, 공유자에
대한 공유건물의 철거소송, 공유물 전체에 대한 공유관계 확인소송 등과 그 외에
공유관계 중 특별히 분쟁의 통일적 해결, 당사자 사이의 이해 조절, 당사자와 당
사자 아닌 이해관계인과의 이해 조절, 당해 절차의 진행상황 등 소송법적인 요소

---

41) 대판 1979. 8. 31, 79다13; 대판 1994. 10. 25, 93다54064.
42) 대판 1994. 4. 26, 93다31825.
43) 대판 2023. 7. 27, 2020다263857.
44) 대판 2007. 8. 24, 2006다40980.
45) 대판 1972. 6. 27, 72다555.
46) 대판 2003. 1. 10, 2000다26425.
47) 대판 1994. 12. 27, 93다32880, 32897.
48) 대판 1993. 2. 23, 92다49218.
49) 대판 2022. 6. 30, 2021다276256.

를 토지소유자는 고려할 필요가 있는 경우에는 고유필수적 공동소송을 인정할 필요가 있다고 생각한다.[50]

② 유사필수적 공동소송(類似必須的 共同訴訟)

(a) 유사필수적 공동소송이란 공동의 소제기가 강제되는 아니하지만 일단 공동소송이 된 경우에는 합일확정이 필요한 공동소송을 말한다. 즉 수인이 공동으로 원고 또는 피고가 될 필요는 없지만 일단 공동소송으로 된 이상 승패를 같이 하여야 하는 공동소송이다. 공동소송 여부에 따라 합일확정 여부가 결정된다는 의미에서 우연필수적 공동소송이라고도 하고, 소송법상 제3자에게 판결의 효력이 미치는 경우에 인정된다는 점에서 소송법적 근거에 의한 필수적 공동소송이라고도 한다.

(b) 소송법상 제3자에게 판결의 효력이 미치는 경우에 '판결의 효력'의 의미와 관련하여 본래 의미의 판결의 효력(기판력·집행력·형성력)만을 말한다는 견해,[51] 그 외에 반사효의 경우도 포함한다는 견해[52]가 있다. 다수설은 후자로서 반사효의 경우도 포함된다고 보고 있고, 판례[53]도 같다. 다수설에 찬성한다.

(c) 유사필수적 공동소송의 구체적인 예를 보면 다음과 같다. i) 판결의 본래적 효력이 직접 제3자에게 미침으로 인하여 유사필수적 공동소송이 되는 경우로는, 수인이 제기하는 회사합병무효의 소($^{상}_{236조}$), 회사설립무효·취소의 소($^{상}_{184조}$), 주주총회결의 취소의 소($^{상}_{376조}$), 주주총회결의 무효 및 부존재 확인의 소($^{상}_{380조}$),[54] 주주총회

---

50) 同旨: 이시윤, 746면.

51) 호문혁, 912면. 강현중 교수는 반사적 효력이 미치는 경우에 일부 예외를 인정함(강현중 (2004), 203-204면, 보증인이 주채무자의 승소를 원용하여 그 이행을 거절할 수 있다는 점에서 반사적 효력이 미친다고 할 수 있으나 그 반대의 경우에는 반사적 효력이 미칠 수 없으므로, 이 경우는 유사필수적 공동소송으로 볼 수 없다고 함).

52) 송상현/박익환, 640면; 이시윤, 748면; 정동윤/유병현/김경욱, 1053면.

53) 대판 1991. 12. 27, 91다23486(채권자대위소송에서 채무자가 소송계속 사실을 알아 채무자에게 판결의 효력이 미치는 경우에 다른 대위채권자에게도 그 판결의 효력이 미친다고 하여 대위채권자 사이에 유사필수적 공동소송임을 간접적으로 시사하였다고 할 수 있음).

54) 대판(전) 2021. 7. 22, 2020다284977(주주 2명이 주주총회결의의 부존재 또는 무효확인을 구하는 공동소송의 소송형태가 문제가 된 사안에서 대법원 전원합의체(다수의견)는 주주총회결의의 부존재 또는 무효 확인을 구하는 소는 상법 제380조에 의해 준용되는 상법 제190조 본문에 따라 청구를 인용하는 판결은 제3자에 대하여도 효력이 있고(소위 단면적 대세효), 이러한 소를 여러 사람이 공동으로 제기한 경우 당사자 1인이 받은 승소 판결의 효력이 다른 공동소송인에게 미치므로 공동소송인 사이에 소송법상 합일확정의 필요성이 인정되고, 상법상 회사관계소송에 관한 전속관할이나 병합심리 규정(상법 제186조, 제188조)도 당사자 간 합일확정을 전제로 하는 점 및 당사자의 의사와 소송경제 등을 함께 고려하면, 이는 민사소송법 제67조가 적용되는 필수적 공동소송에 해당한다고 하여 단면적 대세효(片面的 對世效)가 있는 회사관계소송도 필수적 공동소송에 해당한다고

부당결의취소·변경의 소($\frac{상\ 376,}{381조}$), 이사회결의무효확인의 소[55] 등 회사관계소송, 수인이 제기하는 혼인무효·취소의 소($\frac{가소}{24조}$) 등 가사소송, 수인의 이의자가 제기하는 파산채권확정의 소($\frac{채무회생\ 462,}{468조}$), 수인이 제기하는 선거 및 당선무효의 소($\frac{공선\ 222,}{223조}$) 등이 있다. ii) 반사적 효력이 제3자에게 미치기 때문에 유사필수적 공동소송이 되는 경우로는, 수인의 채권자에 의한 채권자대위소송,[56] 수인의 압류채권자에 의한 추심소송($\frac{민집}{249조}$),[57] 수인의 주주에 의한 대표소송($\frac{상}{403조}$) 등이 있다.

③ 이론상 합일확정소송에 관한 문제

법률상 필수적 공동소송에는 포함되지 아니하나 일정한 경우에 실제적으로 합일확정이 요청되는 경우를 필수적 공동소송의 범주에 넣으려는 시도를 총칭하여 이론상 합일확정소송에 관한 논의라고 할 수 있다. 여기에는 제65조 전문에 해당하는 i) 공동소송인 사이에 권리·의무가 공통인 경우(예: 공유관계소송, 수인의 연대채무자[58]·어음배서인에 대한 청구), ii) 공동소송인 사이에 권리·의무의 발생원인이 공통인 경우(예: 수인의 동일 교통사고 피해자가 하는 손해배상청구), 아파트에 발생한 하자와 관련된 구분소유자들의 하자보수에 갈음한 손해배상청구,[59] iii) 수인의 피고에 대한 청구가 목적·수단의 관계에 있어 전원에게 승소하여야 소송목적을 달성할 수 있는 경우(소유권이전등기가 순차 경료 된 자들을 상대로 한 소유권이전등기말소청구[60]) 등이 있다. 이론상 합일확정소송 중 공유관계소송에 관하여는 필수적 공동소송의 범위를 넓힐 필요성이 있다고 지적한 점은 매우 의미 있다고 생각한다. 그러나 공유관계소송에서의 논의는 직접 필수적 공동소송의 범위를 확대하는 논의가 보다 실질적이라 할 것이다. 여기에 관하여는 위에서 이미 살펴보았다. 그 외의 논의로서 이론상 합일확정소송의 경우는 일응 통상의 공동소송으로 보고 거기에서 발생하는 문제점은 증거공통의 원칙과 일부 주장공통원칙을 통하

보았다).

55) 대판 1963. 12. 12, 63다449.

56) 대판 1991. 12. 27, 91다23486.

57) 다만 최근 판례(대판 2020. 10. 29, 2016다35390)는 동일한 채권에 대해 복수의 채권자들이 압류·추심명령을 받은 경우라도 공동으로 추심소송을 제기하지 아니한 경우에는 기판력이 미치지 아니하여 유사필수적 공동소송의 문제는 생기지 아니한다고 할 것이다. 공동 소제기 또는 소제기 이후의 참여가 있는 경우에만 문제된다고 보아야 할 것이다.

58) 대판 2012. 9. 27, 2011다76747.

59) 대판 2012. 9. 13, 2009다23160.

60) 대법원은 이와 같은 경우 「대판(전) 1990. 11. 27, 89다카12398」을 통하여 경료자 전부를 상대로 한 말소등기청구 대신 최후의 등기명의자만을 상대로 '진정등기명의의 회복'을 위한 소유권이전등기청구를 인정하여 나름대로의 대안을 제시하였다고 평가할 수 있다.

여 판결의 모순·저촉을 완화할 수 있다고 본다.[61]

(3) 필수적 공동소송의 심판

① 총 설

필수적 공동소송은 공동소송인 사이 청구의 공통성·관련성의 강도가 매우 높기 때문에 공동소송인 사이에 심리 및 판결의 합일확정이 필요하다. 이와 달리 통상의 공동소송에 있어서는 청구의 공통성·관련성의 강도가 낮아 공동소송인 사이 판결의 합일확정이 필요하지 아니하고 공동소송인 사이의 독립성에 기초한 공동심리에 따른 협력관계만이 인정된다. 따라서 필수적 공동소송에 있어서는 판결의 합일확정을 위하여 심리를 공통으로 하는 것 외에 i) 소송자료의 통일, ii) 소송진행의 통일, iii) 재판의 통일이 필요하다. 그러나 필수적 공동소송의 경우에도 판결의 합일확정을 위하여 필요한 한도에서 통일을 요하는 것이고 그 외에는 공동소송인에게 개별적인 소송행위를 할 수 있는 여유를 부여하고 있다. 또한 소송대리인도 개별적으로 선임할 수 있다.

② 소송요건의 심사

(a) 필수적 공동소송도 통상공동소송과 같이 소송관계는 복수이므로 소송요건은 각 공동소송인마다 독립하여 심사하여야 한다. 고유필수적 공동소송의 경우에는 공동소송인 중 1인의 소송요건에 흠이 있으면 소송 전체의 당사자적격이 흠결되는 것이므로 전체 소를 부적법 각하하여야 한다.[62] 반면 유사필수적 공동소송의 경우에는 해당 공동소송인 부분에 대하여 일부 각하하면 된다.

(b) 누락된 고유필수적 공동소송인의 추가   고유필수적 공동소송 중에 일부의 자가 누락된 경우에는 당사자적격에 흠이 생겨 소가 부적법하게 된다. 예컨대 A와 B가 토지를 각 1/2씩 매입하여 공유지분등기를 하였다가, A가 공유지분을 나눌 필요가 있어 알아보니 B는 사망하였고, A는 상속인이 B1, B2, B3인지 모르고 B1, B2만을 상대로 공유물분할소송을 제기한 경우를 생각할 수 있다. 이 경우 그 흠을 보정하는 방법으로 (i) A가 누락된 B3를 상대로 별도의 소송을 제기하여 종전의 소송에 병합하는 방법(141조), (ii) A가 기존의 소송에 B3를 추가하는 방법(소의 주관적·추가적 병합), (iii) B3가 기존의 소송에 피고인 B1, B2 측에 상고심까지 공동소송참가($^{83}_{조}$)하는 것을 생각할 수 있다. 종전에 판례는 위 (ii)의 방법을

---

61) 同旨: 송상현/박익환, 647면; 이시윤, 749면.
62) 대판 1966. 10. 4, 66다1079.

인정하지 아니하였으나, 현재에는 제68조의 규정에 따라 원고의 신청에 따라 제1심 변론 종결 시까지 가능하게 되었다.

③ 소송자료의 통일$\binom{67}{\text{조}}$

공동소송인 중 1인의 소송행위(적극적 소송행위)는 전원의 이익을 위하여만 효력이 있으며$\binom{67조}{1항}$, 공동소송인 중 1인에 대한 소송행위(소극적 소송행위)는 공동소송인 모두에게 효력이 미친다$\binom{동조}{2항}$.

(a) 공동소송인의 적극적 소송행위 ⅰ) 공동소송인 중 1인의 소송행위 가운데 나머지 공동소송인들에게도 유리(有利)한 것은 전원에 효력이 미친다$\binom{67조}{1항}$. 따라서 공동소송인 중 1인이 답변서를 제출하였으면 답변서를 제출하지 아니한 공동소송인에 대하여도 무변론 패소판결을 할 수 없고$\binom{257조 1항}{부적용}$, 공동소송인 중 1인이 상대방의 주장사실을 다투면(부인·항변) 모두 다툰 것이 된다. 피고 측 공동소송인 중 1인이 응소한 경우에는 소의 취하에 전원의 동의가 필요하고, 공동소송인 중 1인이 기일에 출석하여 변론하였으면 다른 공동소송인이 출석하지 아니하여도 기일해태의 효과가 발생하지 아니하며(자백간주·취하간주 부적용), 공동소송인 중 1인이 기간(상소기간·재심기간)을 준수하였으면 모두에게 기간준수의 효력이 발생한다. 다만 유사필수적 공동소송은 일부취하가 허용되므로 취하간주 규정이 적용된다고 할 것이므로, 유사필수적 공동소송에서 1인이 출석하여도 불출석한 자는 출석의 효과가 발생하지 않는다고 할 것이다$\binom{67조 1항}{부적용}$.[63)]

ⅱ) 반면 불리(不利)한 소송행위는 공동소송인 전원이 함께하여야 한다$\binom{67조}{2항}$. 공동소송인 중 1인이 불리한 소송행위를 할 경우에는 소송행위로서의 효력이 발생하지 아니한다. 따라서 불리한 소송행위인 자백, 청구의 포기·인낙, 재판상 화해 등은 공동소송인 전원이 함께하여야만 효력이 발생한다. 소의 일부취하와 관련하여 고유필수적 공동소송에서는 이것이 허용되지 아니하나, 유사필수적 공동소송에는 제67조 제1항의 적용이 배제되어 일부 취하 및 일부 취하간주가 가능하다.[64)] 유사필수적 공동소송에 있어서 공동소송인 중 1인의 화해가 가능하다는 주장이 있으나,[65)] 재판상 화해는 본안의 확정판결과 같은 효력이 있어서 판결의 합일확정이 불가능할 경우가 있으므로 인정하기 어렵다.[66)] 그러나 공동소송인 중 1인의 불

---

63) 同旨: 김홍엽, 1005면; 이시윤, 751면. 反對: 호문혁, 867면.
64) 대판 2013. 3. 28, 2011두13729.
65) 방순원, 203면.
66) 同旨: 이시윤, 751면; 정동윤/유병현/김경욱, 1055면.

리한 소송행위는 효력이 없지만, 재판과정에 변론 전체의 취지($\substack{202 \\ 조}$)로 참작될 수 있으므로 공동소송인 측에 불리하게 될 수는 있고, 뒤에 나머지 공동소송인들이 이를 동의하면 완전한 효력이 발생한다.[67]

(b) **공동소송인의 소극적 소송행위**($\substack{67조 \\ 2항}$) 공동소송인 중 1인에 대한 상대방의 소송행위는 이익·불이익과 관계없이 다른 공동소송인 모두에게 효력이 발생한다 ($\substack{67조 \\ 2항}$). 이것은 공동소송인 상대방의 편의를 고려한 것이다. 공동소송인 중 1인이라도 기일에 출석하였으면 상대방은 준비서면에 기재하여 예고하지 아니한 사항도 주장할 수 있다($\substack{276 \\ 조}$). 또한 피고가 공동원고 중 1인에 대하여 자백을 하거나, 청구의 인낙을 한 경우에는 공동원고 전부에 대하여 효력이 발생한다.

④ **소송진행의 통일**

(a) 변론준비·변론·증거조사·판결은 공동소송인 모두 같은 기일에 하여야 한다. 변론의 분리($\substack{141 \\ 조}$)·일부판결이 허용되지 아니한다. 착오로 일부판결을 하여도 추가판결을 할 수 없고 상소로 시정하여야 한다.[68]

(b) 공동소송인 1인에 대한 소송 중단·중지 사유가 발생하면 공동소송인 전부에 대하여 중단·중지의 효력이 발생한다($\substack{67조 \\ 3항}$).[69]

(c) 상소기간($\substack{396, 425, \\ 444조}$)은 각 공동소송인에게 판결정본이 송달된 때부터 개별적으로 진행되지만, 판결의 확정은 모든 공동소송인의 상소기간이 만료되어야 한다.[70] 또한 공동소송인 중 1인이 상소를 제기하면 판결의 확정이 차단되고 전 소송이 상급심으로 이심되고, 상소심판결의 효력은 상소를 하지 아니한 공동소송인에게도 미치므로 상소심으로서는 공동소송인 전원에 대하여 심리·판단하여야 한다.[71] 이 경우 상소를 제기하지 아니한 다른 공동소송인의 법정대리인은 상소심의 소송행위에 특별수권을 요하지 아니한다($\substack{69조, 56 \\ 조 1항}$).

(d) 패소한 공동소송인 중 1인이 상소를 제기한 경우에 상소의 효력은 받지만 상소를 하지 아니한 다른 공동소송인의 지위에 대하여 i) 상소인설(上訴人說), ii) 묵시적으로 소송수행권을 상소인에게 수여한 것으로 보는 선정자설(選定者說), iii)

---

67) 이시윤, 751면.
68) 대판 2010. 4. 29, 2008다50691.
69) 대판 1983. 10. 25, 83다카850.
70) 대판 2017. 9. 21, 2017다233931.
71) 대판 1968. 5. 21, 68다414, 415; 대판 1991. 12. 27, 91다23486; 대판 1993. 4. 27, 93다4519; 대판 2003. 12. 12, 2003다44615, 44622; 대판 2017. 9. 21, 2017다233931; 대판 2022. 6. 30, 2022다217506.

단순한 상소심의 당사자라는 상소심당사자설(上訴審當事者說) 등이 있다. 생각건대 상소하지 아니한 자를 상소인이라고 하는 것도 무리이고, 선정자로 의제하는 것도 지나친 감이 있다. 따라서 상소심당사자설이 타당하다. 상소심당사자설이 통설·판례[72]이다.

(e) 결국 공동소송인 중 실제로 상소한 자만이 i) 상소에 따른 인지를 붙이고, ii) 상소심의 심판범위의 특정·변경 및 상소취하를 할 수 있고, iii) 패소 시에는 그가 상소비용을 부담하여야 한다.

⑤ 재판의 통일

공동소송인에 대한 재판은 전부판결로 한꺼번에 하여야 한다. 그 내용도 구구하게 나누어질 수 없고 합일확정이 필요하다. 따라서 일부판결은 허용되지 아니한다. 소송비용은 공동소송인 측이 패소한 경우에는 공동소송인들의 연대부담으로 하는 것이 적당하고($\frac{102조}{단서}$), 승소한 경우에는 연대채권으로 하여 구체적인 분배는 내부적으로 정하도록 하는 것도 하나의 방법이다.

V. 공동소송의 특수형태

1. 예비적·선택적 공동소송

(1) 개 념

① 의 의

(a) 예비적·선택적 공동소송(豫備的·選擇的 共同訴訟)이라 함은 공동소송인 가운데 일부의 청구가 다른 공동소송인의 청구와 법률상 양립할 수 없거나(원고 측이 공동소송인), 공동소송인 가운데 일부에 대한 청구가 다른 공동소송인에 대한 청구와 법률상 양립할 수 없는 경우(피고 측이 공동소송인)에 공동소송인에 대한 판단을 예비적 또는 선택적으로 하여 줄 것을 하나의 소송절차에서 동시에 심판을 구하는 형태의 공동소송을 말한다($\frac{70조}{1항}$). 공동소송의 특수형태 중의 하나이다. 청구의 객관적 예비적·선택적 병합에 대비하여 소의 주관적 예비적·선택적 병합을 인정한 것이라 할 수 있다. 구법하에서 학설상 논의되던 소의 주관적·예비

---

72) 대판 1995. 1. 12, 94다33002(필수적 공동소송에서 상고하지 아니한 피고를 '피고, 상고인'이라고 표시하지 아니하고 단순히 '피고'라고 하였고, 상고비용은 상고한 피고에게만 부담시켰음).

적 병합에서 유래되었고, 신법에서 신설하였다.

(b) 공동소송인들 사이의 청구가 그 사실상의 기초는 동일하지만, 법률상 양립할 수 없는 경우에 공동소송인 사이의 판단을 예비적 또는 선택적으로 구하는 형태이다. 어느 1인의 공동소송인에 대한 청구가 기각되는 것을 대비하여 이용될 수 있다. 그 법률적인 성질은 기본적으로 통상공동소송으로 볼 수 있지만, 실질적으로 공동소송인 사이의 청구가 동일한 사실상의 기반 위에 이루어진 것이므로 분쟁의 합일확정 필요성이 있기 때문에 필수적 공동소송에 관한 규정을 준용한다($^{70조 1항, 67}_{내지 69조}$).

(c) 예비적 공동소송은 공동소송인 사이에 순위를 정하여 주위적 공동소송인에 대한 청구가 기각될 경우 예비적 공동소송인에 대한 청구를 인용하여 달라는 형태의 공동소송이다. 반면 선택적 공동소송은 공동소송인 사이에 순위를 붙이지 않고 그중 1인의 공동소송인에 관한 청구를 선택하여 인용하여 줄 것을 구하는 형태의 공동소송이다. 예컨대 예비적·선택적 공동소송에 해당하는 경우를 보면 다음과 같다. 우선 i) 예비적 공동소송에 관하여 보면, ⓐ 원고 측이 공동소송인이 된 경우는 제1차적(주위적)으로 채권양수인이 원고가 되어 채무자에게 지급을 구하고, 제2차적(예비적)으로 채권양도가 무효인 경우에 대비하여 채권양도인이 직접 채무자에게 지급을 구하는 경우이고, ⓑ 피고 측이 공동소송인이 된 경우는 매수인의 대리인과 계약을 체결한 매도인이 제1차적으로 본인에게 직접 매매대금의 지급을 구하고, 제2차적으로 무권대리에 대비하여 무권대리인에 대하여 매매대금 또는 손해배상($^{민 135}_{조 1항}$)을 구하는 경우 또는 공작물의 설치·보존에 흠이 있음($^{민}_{758조}$)을 이유로 제1차적으로 점유자에게 그 손해배상을 구하고, 제2차적으로 그것이 인용되지 아니할 것을 대비하여 소유자에게 손해배상을 청구하는 경우 등이다. 다음으로 ii) 선택적 공동소송의 경우로는 위 예비적 공동소송의 예에서 각 공동소송인 사이에 순위를 정하지 아니하고 택일적으로 심판을 구하는 경우이다.

(d) 이렇게 예비적·선택적 공동소송을 인정하는 것은 당사자에게는 관련 분쟁을 일거에 해결할 수 있고, 법원의 입장에서도 관련 분쟁을 동시에 심리·판단함으로써 분쟁의 모순·저촉 없는 해결이 가능하기 때문이다.

② 입법연혁 및 적법성 논의

(a) 소의 주관적·예비적 병합에 대한 입법례로는 영국이 이를 허용하고 있고, 일본의 경우에는 1996년 민사소송법 전면 개정 시에 제41조에 '동시심판신청이

있는 공동소송'이라 하여 3개항을 두어 우리나라의 소의 주관적 예비적·선택적 병합에 해당하는 사안을 항소심 변론종결 시까지 동시심판신청을 한 경우에는 변론과 재판을 동시에 하도록 하고 있다.

(b) 구법하에서의 소의 주관적·예비적 병합의 적법성에 대하여는 부정설과 긍정설이 대립되었다. 판례는 부정설의 입장을 취하였다.[73] 구법하에서의 소의 주관적·예비적 병합의 적법성에 관한 논의를 살피는 것이 예비적·선택적 공동소송의 의미를 더욱 깊이 있게 이해할 수 있도록 해준다고 사료된다. 부정설의 주요 논거로는 i) 주위적 피고에 대하여 책임이 인정되면 예비적 피고는 해당 소송에서 아무런 판단을 받을 수 없을 뿐만 아니라, 재차 제소될 위험이 존재하므로 피고의 지위가 매우 불안정하다는 점, ii) 이를 인정한다고 하여도 공동소송인 독립의 원칙($\frac{66}{조}$)이 적용되기 때문에 재판의 통일이 보장되지 아니하고, iii) 주관적·예비적 병합과 같은 소송을 인정할 필요 없이 소송고지제도를 통하여 동일한 분쟁을 해결할 수 있다는 점 등이다. 이에 반하여 긍정설의 주요 논거는 i) 권리자·의무자가 택일적일 경우에 그 분쟁해결방식으로서 소의 주관적·예비적 병합을 인정할 현실적 필요성이 존재하고, ii) 분쟁의 모순·저촉의 방지, iii) 분쟁의 일회적 해결을 통한 소송경제, iv) 소의 객관적·예비적 병합이 인정되는 것과의 균형상 인정의 필요성 등이었다.

(c) 신법에서는 이러한 소의 주관적·예비적 병합에 대한 적법성 논의에 기초하여 과감히 이를 받아들였고, 나아가 소의 주관적·선택적 병합까지 인정하고 있다. 한편 신법에서는 예비적·선택적 공동소송에 있어서 심판의 모순·저촉을 막기 위하여 필수적 공동소송에 대한 특별규정을 준용하며($\frac{70조\ 1항,\ 67}{조\ 내지\ 69조}$), 나아가 피고의 지위의 불안정을 방지하기 위하여 모든 공동소송인들에 대하여 판결하도록 하였다($\frac{70조}{2항}$). 그러나 예비적·선택적 공동소송은 통상공동소송으로서의 성질을 가지고 있으므로 청구의 포기·인낙, 화해 및 소의 취하의 경우에는 공동소송인이 단독으로 할 수 있도록 하였다($\frac{70조\ 1}{항\ 단서}$).

(2) 소송의 형태

예비적·선택적 공동소송은 당사자의 지위에 따라 능동형과 수동형으로, 판단형태에 따라 예비형과 선택형으로, 병합시기에 따라 원시형과 후발형으로 나눌 수

---

73) 대판 1972. 11. 28, 72다829; 대판 1982. 3. 23, 80다2840; 대판 1993. 5. 11, 92수150; 대판 1997. 8. 26, 96다31079; 대판 2002. 11. 8, 2001두3181.

있다.[74)]

① 능동형과 수동형

공동소송인이 당사자 중 원고 측인지, 피고 측인지에 따른 분류이다. 능동형(能動型)은 예비적·선택적 공동소송인이 원고 측이 된 경우(예: 채권자가 택일적인 경우에 그중 1인을 제1차적 원고로, 나머지 1인을 제2차적 원고로 소를 제기하는 경우)이다. 예비적·선택적 공동소송으로 제소하는 경우를 말한다. 신법 제70조 제1항의 전단의 "공동소송인 가운데 일부의 청구가 다른 공동소송인의 청구와 법률상 양립할 수 없는 경우"가 여기에 해당한다. 반면 수동형(受動型)은 예비적·선택적 공동소송인이 피고 측이 된 경우(예: 채무자가 택일적인 경우에 그중 1인이 제1차적 피고로, 나머지 1인이 제2차적 피고로 소를 제기당한 경우 등)이다. 즉, 예비적·선택적 공동소송인으로 제소된 경우를 말한다. 신법 제70조 제1항의 후단의 "공동소송인 가운데 일부에 대한 청구가 다른 공동소송인에 대한 청구와 법률상 양립할 수 없는 경우"가 여기에 해당한다.

② 예비형과 선택형

공동소송의 판단형태가 예비적 또는 선택적인가에 따른 분류이다. 예비형(豫備型)은 공동소송인 사이에 심판의 순서를 정한 형태이고, 선택형(選擇型)은 그렇지 아니한 경우이다. 예비적 공동소송의 예로 제1차적 피고에 대하여 인용해 줄 것을 먼저 구하고, 그렇지 아니할 경우에 제2차적 피고로 판단하여 줄 것을 청구하는 형태가 있다. 법원은 원칙적으로 원고의 심판순서에 구속된다. 반면 선택적 공동소송의 예로 수인의 선택적 채무자에 대한 청구를 하면서 심판의 순서를 붙이지 아니한 경우로서, 이 경우에 법원은 임의의 채무자 중 1인을 자유롭게 선택하여 인용할 수 있다.

③ 원시형과 후발형

예비적·선택적 공동소송의 병합시기에 따른 분류이다. 원시형(原始型)은 예비적·선택적 공동소송이 처음부터 시작된 형태이다. 반면 후발형(後發型)은 소송계속 중에 예비적 당사자 또는 선택적 당사자가 추가된 경우를 말한다. 예컨대 원고가 A를 상대로 계약에 따른 의무이행을 구하는 소송계속 중에 피고 A가 무권대리인 B에 의한 계약이므로 책임질 수 없다고 주장하는 경우에 원고가 B를 피

---

74) 이시윤, 754-756면.

고로 추가하는 경우를 말한다.

여기서 수동형으로 후발형인 경우에 추가되는 피고는 반드시 예비적 피고가 되어야 하는 것은 아니고 주위적 피고도 가능하다.[75] 또한 처음에는 주위적 피고에 대하여 주위적·예비적 청구만을 하였다가 주위적 청구와 법률상 양립하지 아니하는 예비적 피고를 추가하는 것도 가능하고, 선택적 병합관계를 주위적·예비적 청구로 구한 경우에도 예비적 피고를 추가할 수 있다.[76] 또한 이 경우 주의적 피고에 대한 예비적 청구와 예비적 피고에 대한 청구가 서로 부진정연대채무 관계에 있어 법률상 양립할 수 있는 관계에 있으면 양 청구를 병합하여 통상공동소송으로 심리하여 판단할 수 있다.[77]

(3) 요 건

예비적·선택적 공동소송은 공동소송의 특수형태이므로 공동소송의 주관적 요건($\frac{65}{조}$)과 객관적 요건($\frac{253조,}{조~2항}$ 25)을 갖추어야 한다. 그 외에 예비적·선택적 공동소송에 있어서 다음의 요건을 갖추어야 한다.

① 공동소송인 사이의 청구가 법률상 양립할 수 없을 것

(a) 예비적·선택적 공동소송이 성립하기 위하여는 수동형 또는 능동형에 있어서 공동소송인 사이의 청구가 양립할 수 없어야 한다. 즉 양 청구 사이에 한쪽의 공동소송인에 대한 청구가 인용되면 다른 공동소송인의 청구가 기각되는 관계를 말한다.[78]

(b) 예비적·선택적 공동소송에 있어서 '법률상 양립할 수 없다'는 것은, 동일한 사실관계에 대한 법률적인 평가를 달리하여 두 청구 중 어느 한쪽에 대한 법률효과가 인정되면 다른 쪽에 대한 법률효과가 부정됨으로써 두 청구가 모두 인용될 수는 없는 관계에 있는 경우나, 당사자들 사이의 사실관계 여하에 의하여 또는 청구원인을 구성하는 택일적 사실인정에 의하여 어느 일방의 법률효과를 긍

---

75) 대판 2008. 4. 10, 2007다86860.

76) 대판 2015. 6. 11, 2014다232913.

77) 대판 2012. 9. 27, 2011다76747; 대판 2014. 3. 27, 2009다104960, 104977; 대판 2015. 6. 11, 2014다232913; 대판 2019. 10. 18, 2019다14943(부진정연대채무의 관계에 있는 채무자들을 공동피고로 이행의 소를 제기한 경우 그 공동피고에 대한 각 청구는 법률상 양립할 수 없는 것이 아니므로, 예비적·선택적 공동소송에 해당하지 아니하여 필수적 공동소소송에 관한 민사소송법 제67조를 준용할 수 없음).

78) 주위적 피고와 예비적 피고 사이에 이해관계가 대립되기 때문에 양쪽 모두 대리하는 것이 허용되지 않는다는 견해가 있다(이시윤, 762면). 타당하다고 본다.

정하거나 부정하고 이로써 다른 일방의 법률효과를 부정하거나 긍정하는 반대의 결과가 되는 경우로서, 두 청구들 사이에서 한쪽 청구에 대한 판단 이유가 다른 쪽 청구에 대한 판단 이유에 영향을 주어 각 청구에 대한 판단과정이 필연적으로 상호 결합되어 있는 관계를 의미한다. 실체법적으로 서로 양립할 수 없는 경우뿐 아니라 소송법상으로 서로 양립할 수 없는 경우를 포함한다.[79] 양립되지 아니하는 관계는 주장 자체로 존재하여야 한다.[80] 공동소송인의 청구가 양립할 수 있는 경우는 통상의 공동소송에 해당할 뿐이다.[81]

(c) 양립할 수 없는 관계가 '법률상'으로 존재하여야 하고, '사실상'으로 존재하는 경우에는 예비적·선택적 공동소송이 될 수 없다.[82] 예컨대 자기와의 계약자가 누구인지 모르거나, 불법행위의 가해자가 누구인지 모르는 경우에 관계자 모두를 상대로 예비적·선택적 공동소송을 제기하는 것 같은 경우를 말한다. 이러한 사실상 양립할 수 없는 경우까지 인정할 때에는 예비적·선택적 공동소송이 투망식 소송으로 전락할 가능성이 높기 때문이다.

② 공동소송인 사이의 관계가 예비적인지 선택적인지를 표시할 것

예비적·선택적 공동소송을 제기하는 자는 공동소송인 사이의 관계가 예비적인지 선택적인지를 명확히 밝혀야 한다. 법원은 소장에서 이것이 명확하지 아니한

---

79) 대결 2007. 6. 26, 2007마515(아파트 입주자대표회의 구성원 개인을 피고로 삼아 제기한 대표지위 부존재확인의 소의 계속 중에 아파트 입주자대표회의를 피고로 추가하는 주관적·예비적 병합이 허용됨); 대판 2008. 3. 27, 2005다49430(주위적으로 통정허위표시 또는 배임행위에 적극가담한 반사회질서의 법률행위였다는 이유로 공동소송인 중 일부에게 소유권이전등기 및 근저당권설정등기의 말소를 구하고, 예비적으로 이것이 인정되지 아니할 경우에 나머지 공동소송인에게 이행불능에 따른 전보배상청구의 주관적·예비적 병합이 허용됨); 대판 2008. 7. 10, 2006다57872(주위적으로 자동차판매회사를 피고로 하여 카드회사가 자동차판매회사에 차량대금을 지급하였음을 전제로 차량 미인도로 인한 채무불이행 책임을 구하고, 예비적으로 카드회사가 자동차판매회사에게 차량대금을 지급하지 않았음을 전제로 카드회사를 피고로 하여 이미 납입한 할부금반환청구이 주관적·예비적 병합이 허용됨); 대판 2011. 2. 24, 2009다43355(공탁이 무효임을 전제로 한 피고 갑에 대한 주위적 청구와 공탁이 유효임을 전제로 한 피고 을 및 제1심 공동피고들에 대한 예비적 청구의 주관적·예비적 병합이 허용됨); 대판 2021. 7. 8, 2020다292756(주위적으로 피고 갑에 대해서 을의 대리에 의한 부동산매매계약의 성립을 주장하면서 소유권이전등기청구를, 예비적으로 무권대리일 경우 등을 위하여 피고 을에 대해서 제기하는 손해배상청구는 주관적 예비적 병합으로 허용됨).
80) 정동윤/유병현/김경욱, 1021면.
81) 대판 2009. 3. 26, 2006다47677; 대판 2014. 3. 27, 2009다104960, 104977; 대판 2015. 6. 11, 2014다232913(부진정연대채무자 사이는 일방의 채무가 변제 등으로 소멸할 경우 타방의 채무도 소멸하는 관계에 있어 청구가 양립되기 때문에 예비적·선택적 공동소송이 아닌 통상의 공동소송임); 대판 2019. 10. 18, 2019다14943.
82) 同旨: 이시윤, 757면; 정동윤/유병현/김경욱, 1062면.

경우에는 석명을 통하여 정정하여야 한다. 주위적·예비적 공동소송에서나 선택적 공동소송의 경우 모두 1인의 공동소송인에 대하여 인용되면 나머지 공동소송인에 대한 청구가 기각된다는 점에서는 같으나, 전부 승소라는 면에서는 차이가 있다. 즉 주위적·예비적 공동소송에서 주위적 원고 또는 주위적 피고에 대한 청구가 인용되고, 예비적 원고 또는 예비적 피고의 청구가 기각되었다면 전부 승소판결이라 할 것이고, 반대로 예비적 원고 또는 예비적 피고의 청구가 인용되고 주위적 원고 또는 주위적 피고의 청구가 기각된 경우에는 일부 승소판결이 된다. 반면 선택적 공동소송에서 1인에 대한 승소판결만이 있다면 나머지 공동소송인에 대하여 청구기각이 되었다 하여도 전부 승소판결이 되는 것이다.

또한 종전의 학설상 논의된 주관적 예비적 병합의 경우에는 주위적 당사자에 대한 청구가 인용되면 예비적 당사자의 소송계속이 소멸하므로 예비적 당사자에 대하여 판결할 수 없었으나(해제조건부 소송계속), 신법에서는 모든 공동소송인에 대하여 판결하여야 하므로($\frac{70조}{2항}$), 공동소송인 상호 간의 소송계속이 의존적이 아니고 독립적인 것으로 보아야 한다.[83]

③ 후발적 예비적·선택적 공동소송의 특별요건

(a) 제70조 제1항에서 필수적 공동소송인의 추가에 관한 제68조를 준용하기 때문에 예비적·선택적 공동소송의 경우에도 공동소송인 추가가 가능하다. 추가할 수 있는 시기와 관련하여 항소심에서도 상대방의 동의가 있으면 가능하다는 견해가 있다.[84] 준용되는 제68조 제1항에서 제1심 변론종결 전이라고 명시하고 있으므로 일응 고유필수적 공동소송의 경우에는 제1심 변론종결 시까지로 보아야 한다. 그러나 그 외에 경우에는 별소를 통한 변론병합의 경우에는 항소심에서도 가능하다는 점, 기초적 사실관계가 동일하여 추가되는 원고 또는 피고의 공동소송인의 방어권에 지장이 없다는 점, 관련된 분쟁 사이 판결의 모순·저촉을 막을 수 있다는 점 등에 비추어 보면 상대방의 동의 등 특별한 사정이 있다면 신의칙에 기초한 확대해석의 기능에 따라 사실심 변론종결 시(제2심 변론종결 시)까지 가능하다고 보는 것이 타당하다.[85] 판례도 항소심에서의 후발적 예비적 공동소송을 인정하고 있다.[86]

---

83) 同旨: 정동윤/유병현/김경욱, 1063면.
84) 강현중(2004), 210면.
85) 同旨: 강현중(2004), 210면. 反對: 기본적으로 1심 변론종결 시까지로 본다. 이시윤, 758면 (다만 입법론으로 제2심 변론종결 시로 주장함); 정동윤/유병현/김경욱, 1063면.

(b) 피고 측의 공동소송인을 추가할 때에는 추가되는 피고의 동의를 요하지 아니하나, 원고 측 공동소송인을 추가하는 경우에는 추가되는 원고의 동의를 요한다($^{70조 1항, 68}_{조 1항 단서}$). 원고의 처분권을 존중하기 위한 조치이다.

(c) 공동소송인이 추가된 경우에 시효의 중단 및 법률상 기간준수의 효과는 다른 공동소송인들이 처음 소가 제기된 때로 소급하여 발생한다($^{70조 1항, 68}_{조 3항, 265조}$).[87]

(4) 심판방법

공동소송의 특별한 형태인 예비적·선택적 공동소송에 관하여 필수적 공동소송에 관한 규정인 제67조 내지 제69조가 준용된다($^{70조}_{1항}$). 따라서 심판을 함에 있어서 소송자료의 통일,[88] 소송진행의 통일, 재판의 통일이 필요하다.[89] 다만 예비적·선택적 공동소송인은 통상공동소송의 성질을 가지고 있으므로, 필수적 공동소송인과 달리 각자 독립하여 자신의 소송물을 처분하는 청구의 포기·인낙, 화해 및 소의 취하를 할 수 있다($^{70조 1}_{항 단서}$).

① 소송자료의 통일

(a) 예비적·선택적 공동소송인의 적극적 소송행위($^{70조 1항,}_{67조 1항}$)　　ⅰ) 예비적·선택적 공동소송인 중 1인의 소송행위 가운데 유리(有利)한 것은 전원에 효력이 미친다. 따라서 예비적·선택적 공동소송인 중 1인이 답변서를 제출하였으면 답변서를 제출하지 아니한 공동소송인에 대하여도 무변론 패소판결을 할 수 없고($^{257조 1항}_{부적용}$), 공동소송인 중 1인이 상대방의 주장사실을 다투면(부인·항변) 전원이 다툰 것이 되며(예: 공작물 설치의 흠을 이유로 제1차적으로 점유자, 제2차적으로 소유자를 상대로 손해배상을 구한 경우에 1인이 공작물의 흠에 관하여 다툰 경우), 공동소송인 중 1인이 변론준비기일 또는 변론기일에 출석하여 변론하였으면 다른 공동소송인이 출석하지 아니하여도 기일해태의 효과가 발생하지 아니하며(자백간주·취하간주 부적용), 1인이 기간을 준수하였으면 다른 사람이 기간을 지키지 못하여도 기일해태의

---

86) 대판 2008. 4. 10, 2007다36308(대법원은 항소심에서 후발적 주관적·예비적 공동소송인을 주위적으로 추가한 사안에서 이를 인정함을 전제로 원심을 파기자판하면서 원심에서 판단을 누락한 후발적 예비적으로 추가된 공동소송인에 대한 청구를 기각하는 주문을 추가하였음).

87) 대판 2008. 4. 10, 2007다86860.

88) 대판 2008. 7. 10, 2006다57872; 대판 2015. 3. 20, 2014다75202. 反對: 호문혁 881-883면 (예비적·선택적 공동소송은 원래 통상공동소송에 속하고, 분쟁의 통일적 해결의 강도가 독립당사자참가보다 약하기 때문에 승패를 같이하는 것을 전제로 한 소송자료의 통일을 필요하지 아니하다고 함). 한충수, 710면.

89) 同旨: 이시윤, 758면.

불이익을 입지 아니한다.

ⅱ) 반면 불리(不利)한 소송행위는 예비적·선택적 공동소송인 전원이 함께하여야 한다.   공동소송인 중 1인이 불리한 소송행위를 하여도 소송행위로서의 효력은 발생하지 아니한다. 따라서 공동소송인 중 1인의 자백은 원칙적으로 불리한 소송행위라고 할 것이므로 공동소송인 전원이 하여야 효력이 있다.[90] 다만 공동소송인 중 1인의 자백이 다른 공동소송인에게 유리한 경우(예: 본인에 대하여 계약의 이행을 구하고 예비적으로 무권대리인에게 손해배상을 구하는 경우에 본인이 대리인을 통하여 계약체결 한 사실을 인정하는 경우 등)에는 여전히 통상공동소송으로의 성질을 가지고 있다고 보아야 할 것이므로 공동소송인 1인의 자백이 유효하다고 보아야 한다.[91]

(b) 예비적·선택적 공동소송인의 소극적 소송행위($^{70조\ 1항;}_{67조\ 2항}$)   공동소송인 중 1인에 대한 상대방의 소송행위는 이익·불이익과 관계없이 다른 공동소송인 모두에게 효력이 발생한다($^{67조}_{2항}$).

(c) 예 외(소송물의 처분행위)   ⅰ) 다만 예비적·선택적 공동소송인은 통상공동소송의 성질을 가지고 있으므로, 통상의 필수적 공동소송인과 달리 각자 독립하여 자신의 소송물을 처분하는 청구의 포기·인낙, 화해 및 소의 취하를 할 수 있다($^{70조\ 1항}_{단서}$). 필수적 공동소송을 준용하면서도 제70조 제1항에서는 예비적·선택적 공동소송의 통상공동소송의 성질을 반영하여 예비적·선택적 공동소송인이 독자적으로 소송물을 처분하는 청구의 포기·인낙, 화해 및 소의 취하가 가능하도록 하였다.

ⅱ) 이러한 경우 소의 취하 등을 한 1인의 공동소송인과 상대방 사이의 소송절차는 종료하지만, 상대방과 나머지 공동소송인 사이의 절차는 그대로 남아 있게 된다.[92]

ⅲ) 그런데 원고가 하는 소의 취하, 청구의 포기 경우, 청구의 인낙 중 주위적 원고의 청구에 대한 피고의 인낙이나 원고의 청구에 대한 주위적 피고의 인낙은 특별히 문제될 것이 없다. 하지만 청구의 인낙과 관련하여 예비적 원고의 청구에 대한 피고의 인낙 또는 원고의 청구에 대한 예비적 피고가 인낙할 수 있는가에 관하여 견해가 나뉜다.

---

90) 同旨: 이시윤, 759면.

91) 同旨: 정동윤/유병현/김경욱, 1064면. 反對: 한충수, 712면; 호문혁, 930면(각 공동소송인은 각자 아무 제한 없이 자백이 가능하다고 함).

92) 대판 2018. 2. 13, 2015다242429.

생각건대 이를 인정하여도 주위적 원고 또는 원고에게 불리할 것은 없다는 점, 설사 법률상 양립하지 아니하는 관계에 대하여 주위적 청구에 대한 심리 후에 승소판결을 한다고 하여도 이미 청구인낙 된 부분은 소송절차가 종료된 후에 별도로 판결하는 것이므로 별개 소송이 제기되어 그중 하나가 별개의 소송절차에서 청구인낙으로 종결된 후에 판결하는 것과 차이가 없으며, 사적자치의 영역인 민사소송에서 스스로 책임을 지겠다는 것을 굳이 저지할 필요가 없고, 나중에 이중집행을 방지하면 되는 것이라는 점 등에 비추어 보면 긍정설이 타당하다고 본다.[93] 화해의 경우도 같다고 생각된다.[94]

② 소송진행의 통일

(a) 변론준비·변론·증거조사·판결은 공동소송인이 모두 같은 기일에 하여야 한다. 변론의 분리($^{141}_{조}$)·일부판결이 허용되지 아니한다.[95] 착오로 일부판결을 하여도 추가판결을 할 수 없고 상소로 시정하여야 한다.[96]

(b) 공동소송인 1인에 대한 중단·중지의 사유가 발생하면 공동소송인 전부에 대하여 중단·중지의 효력이 발생한다($^{70조 1항,}_{67조 3항}$).

(c) 상소기간($^{396, 425,}_{444조}$)은 각 공동소송인에게 판결정본이 송달된 때부터 개별적으로 진행되지만, 판결의 확정은 모든 공동소송인의 상소기간이 만료되어야 한다. 또한 공동소송인 중 1인이 상소를 제기하면 판결의 확정이 차단되고 모든 청구가 상급심으로 이심되며, 상소심판결의 효력은 상소를 하지 아니한 공동소송인에게도

---

93) 同旨: 송상현/박익환, 651면, 이시윤, 759면. 정동윤/유병현/김경욱, 1066면, 한충수, 711면. 反對: 호문혁, 930면.

94) 원고측이 주위적·예비적 공동소송에 있어서 예비적 원고와 피고 사이의 화해의 경우, 피고측이 주위적·예비적 공동소송에서 원고와 예비적 피고 사이의 화해의 경우, 원고와 피고 사이의 소송에 제3자가 원고 측의 예비적 주체로서 또는 피고 측의 예비적 주체로 참여한 경우에도 인낙에서와 같은 문제가 있지만 집행단계에서 저지할 수 있기 때문에 화해를 인정하는 것이 타당하다고 본다.

95) 대판 2008. 7. 10, 2006다57872(화해·소취하 등은 공동소송인 각자가 할 수 있으므로 만약 조정을 갈음하는 결정이 확정되면 재판상 화해와 동일한 효력이 있고, 그 결정에 일부 공동소송인이 이의신청을 하지 않으면 원칙적으로 그 일부 공동소송인에 대하여는 분리확정되지만, 그 결정에서 분리확정을 불허하거나 분리확정을 허용하는 것이 형평에 반하고 또한 소송진행의 통일을 목적으로 하는 70조 1항 본문의 입법취지에 반하는 결과가 초래되면 분리확정이 되지 아니함); 대판 2015. 3. 20, 2014다75202(화해권고결정의 경우도 동일함); 대판 2022. 4. 14, 2020다224975(예비적 공동소송에서 법원의 화해권고결정에 대하여 일부 공동소송인만이 이의신청을 한 후에 공동소송인 전원이 분리확정에 대하여는 이의가 없다는 취지로 진술하였다고 하여도 당사자들의 의사와 관계없이 분리확정이 허용되지 아니한다고 함).

96) 대판 2008. 4. 10, 2007다36308; 대판 2018. 2. 13, 2015다242429.

미치므로 상소심으로서는 공동소송인 전원에 대하여 심리·판단하여야 한다.[97]

(d) 상소를 제기하지 아니한 공동소송인의 지위는 필수적 공동소송에서와 같이 상소심 당사자로 보아야 한다(상소심당사자설).

(e) 또한 합일확정의 필요가 있으므로 불이익변경금지의 원칙이 적용되지 아니한다. 따라서 예비적 공동소송에서 제1차적 피고에 대한 청구가 기각되고 제2차적 피고에 대한 청구가 인용된 후 제2차적 피고만이 항소한 경우에, 항소심에서는 제2차적 피고의 항소를 받아들인 결과 원고의 제1차적 피고에 대한 청구를 인용할 수 있다. 이러한 의미에서 불이익변경금지의 원칙이 배제되는 것이다.[98]

③ 재판의 통일

(a) 모든 공동소송인에 관한 청구에 대한 판결은 하나의 전부판결로 하여야 한다(70조2항). 일부판결은 허용되지 아니한다. 예컨대 예비적 공동소송에 있어서 제1차적 피고에 대한 청구가 이유가 있으면 제1차적 피고에 대하여 청구인용, 제2차적 피고에 대하여 청구기각 판결을 하여야 한다. 또한 제1차적 피고에 대하여 이유가 없으면 제1차적 피고에 대하여 청구기각, 제2차적 피고에 대하여는 증명이 되면 청구인용, 그렇지 못하면 청구기각 판결을 하여야 한다. 선택적 공동소송의 경우에는 그중 1인에 대하여 이유가 있으면 그에 대하여 청구인용 판결을 하면 되고, 공동소송인 전부에 대하여 이유가 없으면 모두 기각하면 된다.

(b) 착오로 일부 공동소송인에 대하여만 판결한 경우(예: 주위적 공동소송인에 대하여만 청구인용하고, 예비적 공동소송인에 대한 청구기각판결을 누락한 경우 등)에는 이는 일부판결이 아닌 흠이 있는 전부판결에 해당하여, 추가판결은 할 수 없고[99] 상소로써만 이를 다투어야 한다. 사실상 일부판결로 누락된 공동소송인은 이러한 판단누락을 시정하기 위하여 상소를 제기할 이익이 있다.[100]

2. 추가적 공동소송

(1) 의 의

추가적 공동소송(追加的 共同訴訟)이라 함은 소송계속 중에 제3자가 스스로 당

---

97) 대판 2018. 11. 9, 2018다251851; 대판 2021. 7. 8, 2020다292756.
98) 同旨: 이시윤, 760면; 정동윤/유병현/김경욱, 1065면. 대판 2011. 2. 24, 2009다43355; 대판 2018. 2. 13, 2015다242429.
99) 대판 2018. 11. 9, 2018다251851; 대판 2021. 7. 8, 2020다292756.
100) 대판 2008. 3. 27, 2005다49430; 대판 2021. 7. 8, 2020다292756.

사자로 소송절차에 가입하거나, 종래의 원고 또는 피고가 제3자에 대한 소를 추가적으로 병합하여 제기함으로써 공동소송의 형태로 되는 경우를 말한다. 추가적 공동소송은 후발적 공동소송의 형태로서 소의 주관적·추가적 병합이라고도 한다. 현행법상 인정하는 추가적 공동소송으로는 필수적 공동소송인의 추가($^{68}_조$), 예비적·선택적 공동소송인의 추가($^{70조,}_{68조}$), 참가승계($^{81}_조$), 인수승계($^{82}_조$), 공동소송참가($^{83}_조$) 등이 있다. 문제는 명문의 규정 외에 소의 주관적 추가적 병합을 더 확대할 것인가가 논의된다.

(2) 추가적 병합의 형태

추가적 병합의 형태를 크게 분류하여 보면 i) 제3자가 스스로 가입하는 경우, ii) 종래의 원고 또는 피고가 제3자를 끌어들이는 경우로 나눌 수 있다.

① 제3자가 스스로 가입하는 경우

제3자가 가입하는 경우는 공동소송참가와 참가승계하는 방법이 있다. 그리고 이는 원고 측으로 가입하는 경우와 피고 측으로 가입하는 경우가 있다. 원고 측에 공동소송참가 및 참가승계를 하는 경우, 원고와 동일한 권리를 가지는 제3자가 피고에 대한 소송을 병합하는 경우(예: 손해배상청구소송 중에 동일사고로 인한 다른 피해자가 병합심판을 요구하는 경우[101]) 등이 전자에 해당하고, 피고 측에 공동소송참가 및 참가승계를 하는 경우, 피고와 공동의 의무를 지는 제3자가 원고에 대한 소극적 확인소송을 병합하는 경우(예: 피해자가 보험회사를 상대로 소송 중에 피보험자가 원고를 상대로 일정액 이상의 손해배상채무가 존재하지 아니한다는 확인청구를 하는 경우[102])가 후자에 해당할 것이다.

② 종래의 원고 또는 피고가 제3자를 끌어들이는 경우

원고가 제3자를 추가병합 하는 경우와 피고가 제3자를 추가병합 하는 경우가 있다. 전자의 예로는 원고가 원고 또는 피고 측의 필수적 공동소송인의 추가($^{68}_조$), 예비적·선택적 공동소송인의 추가($^{70조 1항,}_{68조}$), 연대채무의 이행청구소송 중 다른 연대채무자에 대한 청구를 추가, 택시회사를 상대로 손해배상청구소송을 하다가 택시운전자에 대한 청구를 추가하는 경우 등이 여기에 해당한다. 후자의 예로는 피고가 신청한 인수승계($^{82}_조$), 추심의 소에서 피고인 제3채무자에 의한 채권자에 대한

---

101) 대판 1980. 7. 8, 80다885; 대판 2009. 5. 28, 2007후1510에서 이를 불허함.
102) 日最判 1967. 9. 27, 民集 21. 7. 1925.

참가명령신청($_{조\ 3항}^{민집\ 249}$) 등이 있다. 나아가 미국 민사소송규칙에서 인정하는 교차청구 (cross claims)의 형태로서 피고가 제3자를 피고로 하는 소송을 병합하는 형태이다. 즉 원고로부터 매매목적물에 대한 추탈청구를 받은 매수인이 제3자인 매도인에 대한 담보책임을 추궁하는 청구를 병합하는 경우를 생각할 수 있다.

(3) 적법성

명문으로 인정하는 외에 추가적 공동소송을 인정할 수 있는지가 문제이다. 판례는 이를 인정하지 아니한다.[103] 생각건대 별소제기 후에 병합을 인정되는 경우에는 이를 추가적 병합의 형태로도 인정하는 것이 더욱 간편하여 소송경제에 부합하고, 분쟁의 일회적 해결이라는 측면에서 재판 운영에 유리하다는 점, 독일과 미국 등 외국의 입법례에 의하면 당사자의 추가를 넓게 인정하고 있는 점 등에 비추어 보면 이를 인정하는 것이 타당할 것이다.[104] 다만 제3자에 대한 병합의 경우에 있어서는 원칙적으로 제3자의 심급의 이익을 고려하여 제1심 계속 중에 한하여 할 수 있다고 보아야 한다.[105] 다만 제1심 계속 중이라도 제3자의 추가로 심리가 현저히 지연되는 등의 경우에는 이를 인정할 수 없다. 그러나 제3자가 항소심에서 스스로 가입하는 경우 또는 가입에 동의하는 경우에는 심급의 이익을 해할 염려가 없고, 실질적 쟁점에 대하여 제1심에서 심리가 되었다면 항소심에서도 인정할 수 있다고 본다.[106]

(4) 요 건

주관적 · 추가적 병합은 공동소송이 되므로 공동소송의 주관적 · 객관적 요건을 갖추어야 한다($_{조}^{65}$). 나아가 소의 객관적 병합이 이루어지기 때문에 소송절차를 현저히 지연시키지 않을 것 등과 같은 공익적 요건을 갖추어야 함은 당연하다.

---

103) 대판 1993. 9. 28, 93다32095; 대판 1998. 1. 23, 96다41496.
104) 同旨: 김홍규/강태원, 698면; 송상현/박익환, 652면; 이시윤, 763면; 정동윤/유병현/김경욱, 1068면. 反對: 호문혁, 936면.
105) 同旨: 新堂幸司, 682면.
106) 同旨: 新堂幸司, 682면.

제 3 절   제3자의 소송참가

제 1 관 총   설

(1) 제3자의 소송참가라 함은 현재 계속 중인 다른 사람 사이의 소송에 제3자가 자신의 이익을 옹호하기 위하여 소송에 가입하는 것을 말한다. 여기에는 i) 제3자가 당사자의 지위를 가지고 참가하는 공동소송참가 및 독립당사자참가, ii) 당사자를 보조하기 위하여 참가하는 보조참가, 판결의 효력을 받으나 당사자적격이 없는 자가 참가하는 공동소송적 보조참가가 있다. iii) 그 외에 종전의 당사자가 소송참가할 제3자에게 소송계속을 통지하여 참가할 기회를 제공하고 이에 참가하지 아니할 경우에 보조참가로 의제하는 소송고지제도, iv) 종전 당사자의 신청에 의하여 제3자를 소송에 강제가입시키는 소송인입제도가 있다. 소송인입제도는 설명의 편의를 위하여 제4절 당사자의 변경에서 설명하기로 한다.

(2) 제3자의 소송참가 중 실제로는 보조참가제도가 많이 이용되고 있고, 독립당사자참가는 종전에 판례가 편면참가(片面參加)를 허용하지 아니하여 별로 이용되지 아니하였으나 신법에서 편면참가를 허용하고 있어 많이 이용될 것으로 기대된다.

제 2 관 당사자로서의 소송참가

I. 공동소송참가

1. 의   의

(1) 공동소송참가(共同訴訟參加)라 함은 다른 사람의 소송계속 중에 그 소송의 판결의 효력을 받는 제3자가 원고 또는 피고의 공동소송인으로 참가하는 것을 말한다($^{83}_{조}$). 제3자가 원고 또는 피고의 공동소송인으로 참가함으로써 피참가인과 제3자 사이에 필수적 공동소송관계가 형성되고, 소송목적이 당사자 한쪽과 제3자 사이에 합일확정이 필요하다. 예컨대 주주 A가 회사를 상대로 주주총회결의부존재확인의 소를 제기한 경우에 그 판결의 효력을 받는 다른 주주 B가 A가 제기한

소송의 원고로 참가하는 경우를 생각할 수 있다.

(2) 이에 비하여 공동소송적 보조참가의 경우는 제3자가 판결의 효력을 받지만, 원고 또는 피고의 공동소송인이 아닌 보조참가인으로만 참가한다는 점에서 공동소송참가와 다르다. 공동소송참가는 당사자로 참가하여 소송수행을 할 수 있으므로 공동소송적 보조참가보다 강력한 형태의 참가이다.

(3) 공동소송참가는 다른 사람 사이의 판결의 효력을 받는 제3자가 별소를 제기하거나, 공동소송적 보조참가와 달리 직접 다른 사람의 소송절차에 참가하여 당사자의 지위에서 소송수행을 하는 것이므로, 자기의 이익 옹호에 적합하고 소송경제에도 부합한다는 점에서 의미가 있다.

2. 참가요건

공동소송참가를 하기 위한 요건으로 i) 다른 사람 사이에 소송이 계속중일 것, ii) 참가자가 당사자적격을 가질 것, iii) 제3자가 참가하는 한쪽 당사자와 합일확정의 필요가 있을 것 등이 필요하다.

(1) 다른 사람 사이에 소송이 계속 중일 것

다른 사람 사이에 소송계속이 되어 있다면 소의 종류와 소송절차의 종류에 관계없이 공동소송참가를 할 수 있다. 따라서 항소심에서도 참가할 수 있다.[1] 상고심에서의 공동소송참가를 인정할 것인지 여부에 관하여 통설은 참가 여부와 관계없이 판결의 효력이 미치므로 인정하여야 한다고 한다.[2] 그러나 판례는 공동소송참가가 소제기의 실질을 가지고 있다는 이유로 이를 부정하고 있다.[3] 제3자의 참가 여부와 관계없이 그에게 판결의 효력이 미치기 때문에 상고심에서도 자신의 이익을 지킬 기회를 보장할 필요가 있으므로 이를 인정하는 것이 타당하다고 본다.

(2) 참가자가 당사자적격을 가질 것

① 공동소송참가는 별소의 제기에 갈음하여 다른 사람의 소송에 참여하는 것

---

1) 대판 1962. 6. 7, 62다144; 대판 2002. 3. 15, 2000다9086.

2) 김용욱, 106면; 김홍규/강태원, 736면; 방순원, 240면; 송상현/박익환, 710면; 이영섭, 116면; 이시윤, 822면; 정동윤/유병현/김경욱, 1067면; 한충수, 752면; 호문혁, 924면. 反對: 강현중, 932면(유사필수적 공동소송은 가능하지만, 고유필수적 공동소송은 상고심에서는 불가능하고, 사실심에서만 가능하다고 함); 김홍엽, 1103면.

3) 대판 1961. 5. 4, 4292민상853.

이므로 당연히 당사자적격을 가져야 한다. 판결의 효력을 받더라도 당사자적격이 없는 경우에는 공동소송참가를 할 수 없고 공동소송적 보조참가밖에 할 수 없다 (예: 파산자, 제소기간 경과 후의 다른 주주 등). 채권자대위권의 행사로 소송계속 중인 경우의 채무자,[4] 선정당사자를 선정한 선정자, 어음추심위임배서의 경우의 배서인 등은 당사자적격을 가지고 있지만, 공동소송참가로 당사자로 되는 것은 중복제소에 해당하여 허용되지 아니한다.[5] 이러한 경우에도 공동소송적 보조참가를 할 수밖에 없다. 그러나 판례는 회사가 주주의 대표소송($\frac{상}{403조}$)에 공동소송참가 하는 경우,[6] 채권자대위소송 중에 채무자의 다른 채권자가 공동소송참가 하는 것[7]은 중복제소에 해당하지 아니한다고 한다. 판례의 태도가 타당하고 본다.[8]

② 제3자가 원고 측으로 참가할 때에는 신소의 제기에 해당하여 새로운 청구를 신청하여야 하지만, 피고 측에 참가하는 것은 이와 달리 원고에게 새로운 청구를 신청하여야 할 필요는 없고 단순히 청구기각 또는 소각하를 구하면 충분하다.[9]

(3) 제3자가 참가하는 한쪽 당사자와 합일확정의 필요가 있을 것

① 제3자는 참가하는 한쪽 당사자와 합일확정 될 필요가 있어야 한다. 이는 필수적 공동소송으로 될 경우를 의미한다.[10] 여기의 필수적 공동소송에는 본래의 판결효력(기판력·형성력·집행력)이 제3자에게 미치는 유사필수적 공동소송이 포함되는 것은 당연하고, 그 외에 판결의 반사적 효력이 미치는 경우도 유사필수적 공동소송이므로 이에 해당한다($\frac{다수설 \cdot}{판례}$).[11] 청구기각판결의 대세효가 미치는 소비자단체소송에 있어서 법원의 허가를 받은 단체는 공동소송참가 할 수 있으나($\frac{소단규}{13조}$),

---

4) 그러나, 채무자가 채권자의 대위권을 다투면서 독립당사자참가를 하는 경우에는 중복소송에 해당하지 아니한다고 보아야 한다(日最判 1973. 4. 24, 民集 27. 3. 596).

5) 同旨: 송상현/박익환, 711면; 이시윤, 822면; 정동윤/유병현/김경욱, 1067-1068면. 反對: 호문혁, 925-926면(중복제소 여부를 개별적으로 판단하여야 한다고 함).

6) 대판 2002. 3. 15, 2000다9086(판례는 주주대표소송에 회사가 참가하면 소송경제가 도모되고, 판결의 모순·저촉도 없어 중복소송금지에 저촉되지 않고, 상법 제404조 제1항에서 참가규정을 두어 회사의 권익을 보호하려한 입법취지를 고려할 때 공동소송참가가 된다고 함). 다만 주주대표소송에서 회사의 참가를 공동소송참가로 볼 수 없고, 공동소송적 보조참가로 보아야 한다는 견해가 있다(이시윤, 821면).

7) 대판 2015. 7. 23, 2013다30301, 30325(대위소송의 계속 중에 다른 채권자가 대위하여 공동소송참가 신청을 할 경우 양 청구의 소송물이 동일하면 적법한데, 소송물의 동일 여부는 채권자가 각기 행사하는 피대위채권의 동일 여부임).

8) 反對: 이시윤, 821면.

9) 同旨: 정동윤/유병현/김경욱, 1111면.

10) 同旨: 이시윤, 821면; 정동윤/유병현/김경욱, 1110면.

11) 反對: 송상현/박익환, 711면.

판결의 대세효가 인정되지 아니하는 학교법인 이사회결의무효확인의 소에서 이해관계 있는 제3자는 공동소송참가를 할 수 없다.[12)]

② 그런데 고유필수적 공동소송의 경우에도 공동소송참가가 허용될 것인가가 문제된다. 생각건대 고유필수적 공동소송이야말로 전형적인 합일확정소송이고, 이 경우에 일부 당사자가 누락된 경우에 공동소송참가를 통하여 당사자적격의 흠을 고칠 수 있게 하는 것이 유용하다는 점, 제68조에 누락된 고유필수적 공동소송인의 추가제도가 있지만 제1심 변론종결 시까지만 인정하고 있으므로 상고심까지 인정되는 공동소송참가가 여전히 상소심에서의 누락자 보정제도로서 의미를 가지고 있다는 점 등에 비추어 보면 고유필수적 공동소송의 경우에도 공동소송참가를 허용하는 것이 의미가 있다고 본다(통설).[13)] 판례도 고유필수적 공동소송인 공유물분할소송이 항소심 계속 중 원고 중 일부의 토지소유권이 제3자에게 이전된 경우에 제3자의 승계참가 또는 당사자의 인수참가 등이 가능하다고 하여 이를 인정하고 있다.[14)]

3. 참가절차

(1) 참가신청의 방식은 보조참가의 신청을 준용한다(83조 2항, 72조). 공동소송의 참가신청은 소의 제기(원고 측) 또는 청구기각의 판결(피고 측)을 구하는 신청이므로 소액사건의 경우를 제외하고는 서면에 의하여야 한다. 이 서면에는 참가취지와 참가이유를 기재하여야 한다(248, 249조). 참가취지에는 어느 소송의 어느 당사자에 참가하는지를 표시하여야 하고, 참가이유에는 합일확정의 사유를 적어야 한다. 또한 신청서에는 소장 또는 상소장에 준하는 인지를 붙여야 한다(민인 6조 1항).

(2) 공동소송의 참가신청은 소의 제기 또는 청구기각의 판결을 구하는 본안신청이므로 당사자는 이의를 제기할 수 없다. 법원은 직권으로 참가의 적부를 조사하고, 그 요건에 흠이 있는 경우에는 종국판결로 각하하여야 한다. 다만 공동소송참가의 요건에 흠이 있으나 단순 보조참가 또는 공동소송적 보조참가의 요건을 갖추었다면 부적법한 소송행위 전환의 법리에 따라 후자의 참가로 취급하면 된다.[15)]

---

12) 대판 2001. 7. 13, 2001다13013.
13) 反對: 이영섭, 116면.
14) 대판 2014. 1. 29, 2013다78556.
15) 同旨: 이시윤, 822면; 정동윤/유병현/김경욱, 1112면.

4. 참가의 효과

공동소송참가가 적법하다고 인정되면 참가인(제3자)과 피참가인(원고 또는 피고 측)은 필수적 공동소송인이 된다. 따라서 필수적 공동소송에 관한 특별규정인 제67조가 적용되므로, 소송자료의 통일, 소송진행의 통일, 재판의 통일을 요한다.

Ⅱ. 독립당사자참가

1. 개   념

(1) 의   의

① 독립당사자참가(獨立當事者參加)라 함은 다른 사람의 소송계속 중에 제3자가 원·피고 양쪽 또는 한쪽을 상대방으로 하여 원·피고 사이의 청구와 관련된 자기의 청구에 대하여 함께 심판을 구하기 위하여 그 소송절차에 당사자로 참가하는 것을 말한다($^{79}_{조}$). 독립당사자참가는 당사자참가 또는 권리자참가 등으로 불리기도 한다. 참가이유에 따라 권리주장참가($^{權利主張參加,}_{79조\ 1항\ 전단}$)와 사해방지참가($^{詐害防止參加,}_{79조\ 1항\ 후단}$)로 나뉜다. 독립당사자참가는 소송중의 소의 일종이다.

② 독립당사자참가는 독립적(獨立的) 지위를 가진 '당사자'로서 소송에 참가하는 것이므로, 당사자의 지위 없이 당사자를 보조하기 위하여 참가하는 데 불과한 보조참가와 구별된다. 또한 본소송의 원·피고 양쪽 또는 한쪽과 연합하는 것이 아닌 대립적(對立的) 지위를 가진 당사자로 참가하는 것이므로 당사자의 한쪽과 연합하여 소송을 하는 공동소송참가와도 차이가 있다.

③ 독립당사자참가를 인정하는 취지는 원고·피고·참가인 3자 사이에 3파적 분쟁(三派的 紛爭) 또는 다파적 분쟁을 모순 없이 하나의 소송절차에서 신속하게 해결할 수 있어 소송경제에 부합할 뿐만 아니라, 판결의 모순·저촉을 방지할 수 있고, 또한 제3자가 직접 본소송에 참가함으로써 다른 사람의 소송결과에 의하여 권리침해를 받는 것을 막을 수 있기 때문이다.

(2) 연   혁

① 독립당사자참가제도는 우리나라와 일본에 독특한 제도이다. 이탈리아에 이

와 유사한 참가제도가 있다.[16] 그러나 독립당사자참가제도의 직접적 연혁은 구일본 민사소송법[17] 제71조(1996년 6월 18일 법률 제109호로 종전의 민사소송법을 전면개정, 1998년 1월 1일부터 시행된 신일본민사소송법에서는 제47조에 규정되어 있음)에서 찾을 수 있다. 우리나라에서 민사소송법을 제정하면서 구일본 민사소송법 제71조를 받아들임으로써 독립당사자참가제도가 우리나라에 도입된 것이다.

② 구일본 민사소송법 제71조의 권리주장참가는 독일의 주참가소송(主參加訴訟)을 3파적 분쟁의 해결에 유용하도록 개선하여 규정한 것이다. 주참가소송이 본소송에 당연히 병합되지 아니하는 점을 개선하고, 주참가소송의 기능을 강화하여 규정화한 것이다.[18] 제71조의 사해방지참가는 프랑스의 사해재심제도(詐害再審制度)에 바탕을 두고 있다. 다만 타인 사이의 소송이 종료되기 전에 제3자가 소송에 개입할 수 있도록 한 것이고 특히 실체법상의 채권자취소권과 허위표시의 무효취지를 소송과정에 반영하기 위하여 인정된 것이다.[19]

③ 결국 독립당사자참가제도는 소송의 참가를 인정한다는 점에서 게르만법적 요소를 가지고 있다고 평가되며, 독일의 주참가소송과 프랑스의 사해재심제도에 뿌리를 둔 구일본 민사소송법 제71조에서 그 직접적인 연혁을 찾을 수 있다. 현행 민사소송법 제79조의 독립당사자참가제도는 서로 다른 연혁을 가진 2가지 제도를 묶어 놓은 규정이라고 할 수 있다.

2. 소송의 구조

독립당사자참가의 소송구조와 관련하여 종전에는 2당사자대립구조(二當事者對立構造)의 시각에서 참가인이 기존의 당사자 일방과 필수적 공동소송인이 된다는 공동소송설 또는 기존의 소송과 참가인이 제기하는 주참가소송이 병합된 것으로 보는 주참가병합소송설 등이 주장되었으나, 현재에는 3개소송병합설과 3면소송설이 대립되고 있다.

(1) 3개소송병합설(三個訴訟倂合說)

이 견해에 의하면 독립당사자참가소송은 동일한 법률관계에 관하여 원고와 피

---

16) 자세한 것은 송상현/박익환, 672-676 참조.
17) 이는 1926년 법률 제61호(시행: 1929. 10. 1.)로 전면개정 된 민사소송법을 말한다.
18) 新堂幸司, 710면.
19) 정동윤/유병현/김경욱, 1113면.

고, 참가인과 원고, 참가인과 피고 사이에 각각의 소송이 병합된 형태라고 본다. 3개의 소송이 병합되어 있다는 것이다. 다만 편면참가의 경우에는 2개소송의 병합으로 본다.[20] 필수적 공동소송의 특별규정인 제67조를 준용하는 이유는 세 당사자 사이에서 동일한 법률관계로 인한 분쟁이 3개의 소송으로 병합되어 통일적으로 해결할 필요성이 있기 때문이라고 한다. 현재 유력한 소수설이다.[21]

(2) 3면소송설(三面訴訟說)

이 견해에 의하면 독립당사자참가소송은 전통적 2당사자대립구조의 예외의 소송형태로서, 원고, 피고 및 참가인 세 당사자가 서로 대립·견제하는 「3면의 1개의 소송관계」가 성립한다고 본다. 제67조를 준용하는 것은 당사자가 대립·견제관계에 있기 때문에 합일확정이 필요하기 때문이라고 한다. 편면참가의 경우는 「2면의 1개의 소송관계」가 성립된다고 할 것이다. 현재의 통설[22] 및 판례의 입장[23]이다.

(3) 검 토

① 3개소송병합설의 장점은 독립당사자참가를 편면참가뿐만 아니라, 쌍면참가의 경우에도 설명하기 쉽다는 것이다. 특히 본소 또는 참가신청이 취하·각하되어 2당사자소송으로 환원하는 경우에도 쉽게 설명할 수 있다. 그러나 제67조를 준용하는 필요성에 관하여 충분한 이유를 설명할 수 없고, 현실적으로 다양한 분쟁의 형태가 존재하고 있는 현상을 외면하고 2당사자구조에만 기초하여 설명하려고 한다는 점이 문제이다. 반면 3면소송설의 장점은 현실적으로 2당사자구조 외의 분쟁이 존재하여 이를 해결하기 위한 방식으로 독립당사자참가를 인정하고 있다는 점, 또한 대립·견제관계에 있는 3면적 분쟁을 하나의 소송으로 파악하므로 그 합일확정의 필요 때문에 제67조를 준용한다고 하여 그 준용이유를 명확히 설명할 수 있다는 것이다. 그러나 편면참가의 경우에 3면소송이라고 할 수 없다는

---

20) 이시윤, 810면; 호문혁, 979면.

21) 이시윤, 806~807면(제67조를 준용하는 이유를 소송정책상 준용하기 때문이라고 한다); 전원열, 651면; 호문혁, 929~930면.

22) 강현중, 913면; 김용욱, 108~109면; 김홍규/강태원, 740면, 744면; 김홍엽, 1079면; 방순원, 228면; 송상현/박익환, 679면; 이영섭, 113면; 정동윤/유병현/김경욱, 1114면; 한종렬, 313면; 한충수, 756면.

23) 대판 1980. 7. 22, 80다362, 363; 대판 1991. 12. 24, 91다21145, 21152; 대판 1993. 4. 27, 93다5727, 5734; 대판 1995. 6. 16, 95다5905, 5912. 다만 대판 1958. 11. 20, 4290민상308~311; 대판 1961. 11. 23, 4293민상578, 579 등의 판결에서 3개소송병합설을 취하는 듯한 표현이 있다.

점과 본소 또는 참가신청이 취하·각하되어 2당사자소송으로 환원하는 경우를 쉽게 설명할 수 없다는 비판이 있지만, 편면참가의 경우는 2면소송으로 파악하면 되고, 편면참가에서 본소 또는 참가신청이 취하·각하되면 단순한 2당사자소송으로 복귀하게 된다고 보면 문제될 것이 없다.

② 생각건대 현실 속에 3파적 또는 다파적 분쟁이 엄연히 존재한다는 점을 인정하여야 한다. 이러한 분쟁을 구체적으로 풀어가는 방식이 2당사자소송구조를 통하여 이루어질 수도 있지만(별도의 수개의 소송 또는 하나의 병합소송을 통한 해결), 독립당사자참가와 같은 제도를 통하여 해결하는 것이 신속하고 판결의 모순·저촉을 방지할 수 있어 2당사자소송구조를 통한 해결보다는 상대적으로 우월한 해결방식이므로 필수적 공동소송에 관한 제67조의 준용 근거를 명확히 제시할 수 있다는 점에 비추어 보면 3면소송설이 타당하다. 다만 편면참가의 경우에는 3면 소송관계는 아니지만 「2면의 1개의 소송관계」로서 독립당사자참가제도를 이용하는 것으로 보면 된다. 또한 본소 또는 참가신청이 취하·각하되면 2면소송 또는 2당사자소송으로 변환되는 것으로 이해할 수 있다. 다파적 분쟁이라도 상황에 따라 독립당사자참가제도를 이용하거나 그것이 해소된 경우에는 2당사자소송구조로 복귀할 수 있는 것이다. 분쟁의 해결은 당사자의 선택에 따라 다양한 소송형태를 이용할 수 있는 것이다. 예컨대 3면적 분쟁의 성질을 가지고 있지만 공유물분할청구소송, 수인을 공동피고로 하는 부(父)를 정하는 소송, 예비적·선택적 공동소송 등을 통하여 해결이 가능한 경우에는 그러한 제도를 통하여 해결할 수 있는 것이기 때문이다.

3. 참가요건($^{79조}_{1항}$)

(1) 다른 사람 사이에 소송이 계속 중일 것

① 여기에서 '소송'이라 함은 판결절차와 이에 준하는 절차로 한정된다. 따라서 강제집행절차·증거보전절차·제소전화해절차·공시최고절차·중재절차 등은 제외된다. 독촉절차에 대하여는 일부 반대의견이 있지만,[24] 이의신청 후에 판결절차로 이행한다는 점에서 참가가 가능하다고 보아야 한다(통설).[25] 보전절차와 관련하여

---

24) 방순원, 220면.
25) 강현중, 914면; 김홍규/강태원, 743면; 김홍엽, 1080면; 이시윤, 805면; 정동윤/유병현/김경욱, 1121면; 호문혁, 981면; 한충수 758면.

집행절차에 준하는 보전집행절차에는 참가할 수 없으나, 판결절차에 준하는 보전 명령절차에서는 참가가 가능하다.[26] 재심절차에도 참가할 수 있다.[27] 다만 재심의 소는 확정된 판결의 취소와 본안사건에 관하여 확정된 판결에 갈음한 판결을 구하는 복합적·단계적 성질에 비추어 보면 제3자는 재심대상판결에 재심사유가 있음이 인정되어 본안소송이 부활되는 단계에 당사자참가를 하는 것으로 보아야 한다.[28] 회사관계소송은 공동소송참가 또는 공동소송적 보조참가로 해결이 가능하다는 점에서 특별히 독립당사자참가를 인정할 필요성이 적다고 할 것이고,[29] 행정소송의 경우에 독립당사자참가를 인정하지 아니한다는 것이 판례이다.[30] 하지만 신민사소송법에서 편면참가를 허용하고 있어 참가의 여지를 남겨놓을 필요가 있다고 본다.[31]

② 참가할 소송(본소송)이 '다른 사람 사이의 소송일 것'을 요한다. 참가할 소송이 다른 사람 사이의 소송이어야 하므로, 참가인은 본소송의 당사자가 아니어야 한다. 본소송의 보조참가인은 당사자가 아니므로 독립당사자참가를 할 수 있지만 참가하면 보조참가는 종료된다.[32] 또한 독립당사자참가를 하면서 예비적으로 보조참가를 하는 것은 허용되지 아니한다.[33] 통상공동소송에 있어서 공동소송인은 다른 공동소송인과 상대방 사이의 소송에 독립당사자참가를 할 수 있다.

③ 소송이 '사실심에 계속 중'이면 심급 여하와 관계없이 참가할 수 있다.[34] 항소심에서도 가능하다.

(a) 본소송이 제1, 2심에 계속 중이면 독립당사자참가가 가능하다. 제1심 판결 선고 후에 상소제기와 동시에 참가신청이 가능하며, 사실심의 변론종결 후 판결 선고 전의 참가신청도 가능하다. 다만 사실심의 변론종결 후의 참가신청에 대하여 법원이 변론재개 없이 그대로 판결을 선고한 경우에는 참가신청 자체는 부적법하지만, 참가신청을 독립의 소로 취급하여 이송(항소심의 경우) 또는 별도 소송으로

---

26) 同旨: 송상현/박익환, 679면; 호문혁, 981면.
27) 同旨: 김홍규/강태원, 743면; 호문혁, 982면. 反對: 방순원, 220면.
28) 대판 1994. 12. 27, 92다22473, 92다22480.
29) 同旨: 김홍규/강태원, 743면.
30) 대판 1956. 2. 14, 4288행상56; 대판 1957. 10. 11, 4290행상63; 대판 1970. 8. 31, 70누70, 71(행정소송에서는 피고는 행정청만이 되므로 행정청이 아닌 본소송의 원고를 피고로 하는 독립당사자참가는 안된다는 이유임).
31) 同旨: 이시윤, 805면; 호문혁, 982면.
32) 대판 1993. 4. 27, 93다5727, 5734.
33) 대판 1994. 12. 27, 92다22473, 22480.
34) 대판 1969. 12. 30, 69다1986, 1987.

취급하여야 한다.

(b) 본소송이 상고심에 계속 중에 독립당사자참가가 가능한지 여부가 문제된다. 이에 대하여 판례[35]와 소수설[36]은 독립당사자소송은 새로운 소의 제기라는 성질을 가지는데 상고심이 법률심이라는 이유로 이를 부정한다. 그러나 본소송의 당사자가 상고하지 아니한 경우 사해판결의 확정을 막기 위해서는 상고와 동시에 참가신청이 필요하고, 상고심에서 원판결이 파기·환송되면 사실심리를 받게 되므로 대법원에서의 참가신청은 일종의 소송내적인 조건부 참가신청이라고 보아야 한다는 점[37] 등에 비추어 이를 인정하는 것이 타당하다.[38] 다만 상고가 각하 또는 기각되는 경우에는 참가신청을 부적법 각하하거나 제1심으로 이송하여야 한다.[39]

(2) 참가이유가 존재할 것

독립당사자참가를 하기 위해서는 i) 소송의 목적의 전부 또는 일부가 자기의 권리임을 주장하는 권리주장참가($^{79조\ 1항}_{전단}$)이거나, ii) 소송의 결과에 의하여 자신 권리의 침해를 받는다는 사해방지참가($^{79조\ 1항}_{후단}$)로서의 참가이유가 존재하여야 한다.

① 권리주장참가($^{權利主張參加,}_{79조\ 1항\ 전단}$)

(a) 제3자가 '소송의 전부 또는 일부가 자기의 권리임'을 주장하면서 참가하는 경우를 말한다. 자기의 권리임을 주장한다 함은 소송의 목적인 권리관계가 자기에게 귀속되거나 또는 우선할 수 있는 권리를 주장하는 것을 말한다. 예컨대 원고가 본소송에서 자기의 소유라고 주장하는 목적물에 관하여 참가인이 소유권을 주장하면서 참가하는 경우,[40] 원고가 본소송에서 이행을 구하는 청구권이 참가인에게 있다고 주장하면서 참가하는 경우,[41] 본소의 급여청구권에 대하여 자신이 질권

---

35) 대판 1977. 7. 12, 76다2251; 대판 1994. 2. 22, 93다43682, 51309; 대판 2014. 5. 29, 2011다46128, 2013다69057.

36) 김홍엽, 1080면; 방순원, 221면; 송상현/박익환, 681면; 호문혁, 981면.

37) 이 경우 대법원이 참가신청을 무조건 부적법하다는 이유로 각하한다면, 상고심에서 원판결을 파기·환송한 경우에 참가인이 재차 참가신청을 하여야 하는 번거로움이 있다. 상고각하 또는 기각을 하는 경우에는 참가신청을 부적법 각하 또는 제1심으로 이송하고, 상고심에서 원판결을 파기·환송하는 경우에는 적법한 것으로 처리하여 환송법원으로 보내는 것이 소송경제와 당사자의 편의라는 면에서도 타당하다.

38) 同旨: 강현중, 914면; 김홍규/강태원, 743면; 이시윤, 805면; 이영섭, 110면; 정동윤/유병현/김경욱, 1121면; 한종렬, 308면; 한충수, 759면.

39) 同旨: 정동윤/유병현/김경욱, 1121면. 다만 이시윤 교수의 경우 부적법 각하하면 된다고 함 (이시윤, 805면).

40) 대판 1998. 7. 10, 98다5708, 5715.

41) 대판 1991. 12. 24, 91다21145, 21152; 대판 1995. 6. 16, 95다5905, 5912; 대판 1997. 6.

을 가지고 있다고 주장하면서 참가하는 경우 등을 의미한다.

(b) 참가인의 참가청구가 '원고의 본소청구와 양립하지 않는 관계'에 있어야 한다. 여기서 '양립(兩立)하지 않는 관계'는 참가인의 주장 자체에서 존재하면 된다(주장).42) 참가인의 본소청구와 양립할 수 없는 주장에 기초해 본안을 심리한 결과 양립된다고 하여도 참가신청이 부적법하게 되는 것은 아니다.43) 본소송에 수개의 청구가 병합된 경우 참가소송이 그중 어느 하나의 청구와 양립하지 아니하는 관계가 있으면 족하다.44) 주장 자체로 양립하지 않는 관계를 판단하는 것은 제79조 제1항 전단에서 참가요건으로 '소송목적의 전부나 일부가 자기의 권리라고 주장하거나'라고 규정하고 있기 때문이다.45)

(c) 권리주장참가의 예로는 원고가 본소송에서 피고에게 명의신탁해지를 원인으로 한 소유권이전등기청구의 소를 제기하였는데, 참가인이 원고에게 명의신탁해지에 따른 소유권이전등기청구권의 확인을, 피고에게 소유권이전등기를 구하면서 참가신청을 한 경우,46) 원고가 본소송에서 피고에게 취득시효완성을 원인으로 한 소유권이전등기청구의 소를 제기하였는데, 참가인이 원고에게 소유권확인 및 토지인도를 구하고 피고에게 소유권확인을 구하면서 참가신청을 한 경우,47) 원고가 본소송에서 피고에게 소유권확인을 구함에 대하여, 참가인이 원고에게 소유권확인을 구하고 피고에게 소유권확인 및 소유권보존등기말소청구를 구하면서 참가신청을 한 경우,48) 원고가 증축부분에 대하여 소유권에 기하여 피고에게 인도청구를 구함에 대하여, 참가인이 원고에 대하여 소유권확인을 구하고, 피고에게 소유권확인 및 그 목적물의 인도청구를 구하면서 참가신청을 한 경우,49) 원고가 본소송에서 A의 중도금반환채권의 전부채권자로서 피고에게 그 전부금청구를 구함에 대하여, 참가인이 진정한 중도금반환채권자 B로부터 채권양수를 받았다고 하면서 원고에게 참

10, 96다25449, 25456.

42) 同旨: 김홍엽, 1085면; 이시윤, 807면; 정동윤/유병현/김경욱, 1115면; 한충수, 761면. 같은 취지의 판례로는 대판 1980. 7. 22, 80다362, 363; 대판 2005. 10. 17, 2005마814; 대판 2007. 6. 15, 2006다80322, 80339; 대판 2017. 4. 26, 2014다221777, 221784; 대판 2022. 10. 14, 2022다 241608, 241615 등이 있다.

43) 대판 1992. 12. 8, 92다26772, 26789; 대판 2007. 6. 15, 2006다80322, 80339.

44) 대판 2007. 6. 15, 2006다80322, 80339.

45) 同旨: 이시윤, 807면.

46) 대판 1995. 6. 16, 95다5905, 5912.

47) 대판 1997. 9. 12, 95다25886, 25893, 25909.

48) 대판 1998. 7. 10, 98다5708, 5715.

49) 대판 1992. 12. 8, 92다26772, 26789.

가인의 권리확인을 구하고, 피고에게 양수금의 지급을 구하는 경우[50] 등이 있다.

(d) **부동산이중양도와 독립당사자참가**   부동산이 A(1차매수자), B(2차매수자)에게 이중양도 되고 등기가 이행되지 아니한 경우에 매수인 중 A가 매도인과 소송 중에 다른 매수자인 B가 해당 소송에 권리주장참가를 할 수 있을 것인가?(또는 매수자가 매매에 기한 소유권이전등기청구소송 중에 취득시효완성을 원인으로 한 독립당사자참가를 하는 경우도 동일한 문제가 있음) 판례는 참가신청이 본소청구와 양립한다거나,[51] 쌍면참가(雙面參加)를 할 수 없어 일방에 대하여 권리주장 또는 승소를 할 수 없다는 이유[52] 등으로 이를 부적법하다고 하였다. 판례는 특히 물권과 같은 대세권(對世權)이 아닌 한 참가신청은 부적법하다고까지 발전하여 부동산의 이중양도에 있어서 독립당사자참가의 길이 완전히 봉쇄되었다. 이에 대하여 학설은 부동산이중양도의 경우에도 독립당사자참가를 허용하여야 한다는 견해[53]와 이를 부정하는 견해[54]가 있다.

생각건대 우리나라는 법률행위로 인한 부동산물권변동을 등기를 요건으로 하는 형식주의를 취하고 있다는 점($\binom{민}{186조}$), 등기가 되어 있지 아니한 당사자 사이에 권리의 우열을 가릴 방법이 없다는 점에 비추어 단순히 부동산을 이중으로 양수받았다는 이유로 독립당사자참가를 허용하는 것은 소송을 통하여 또 다른 분쟁을 야기할 수 있다는 점에 비추어 보면 부정설이 타당할 것으로 사료된다. 그러나 동일한 소송절차 내에서 우열을 가릴 수 있는 요소(예: 독립당사자참가자가 처분금지가처분을 한 경우)가 존재하는 경우에는 제한적으로 이를 허용할 수 있다고 생각한다. 특히 현행법이 편면참가를 허용하고 있으므로 이중매매의 경우에 있어서 우열을 가릴 수 있는 요소가 있는 제1매수인이 매도인을 상대로 소유권이전등기청구의 소송 계속 중에 해당 부동산의 처분금지가처분을 한 제2매수인이 편면참가

---

50) 대판 1991. 12. 24, 91다21145, 21152.

51) 대판 1982. 12. 14, 80다1872, 1873(통상의 부동산이중매매 사안이 아니지만 이중매도의 법리가 적용될 수 있는 원고의 피고에 대한 매매를 원인으로 한 소유권이전등기청구와 참가인의 피고에 대한 취득시효 완성을 원인으로 한 소유권이전등기청구는 양립가능하다고 한 사안임); 대결 2005. 10. 17, 2005마814(매수 후 상속에 의한 소유권이전등기청구권과 매수에 의한 소유권이전등기청구권은 양립이 가능하다고 한 사안임).

52) 대판 1980. 7. 22, 80다362, 363; 대판 1992. 8. 18, 90다9452, 9469.

53) 김홍규/강태원, 741면; 송상현/박익환, 682면; 이시윤, 808면(통상의 이중매매의 경우에는 주장자체로 양립 가능하므로 권리주장참가를 할 수 없으나, 제1매수인인 참가인이 제2매수인인 원고의 제2매매계약이 무효나 취소·해제 등을 주장하는 경우에는 주장자체로 양립 불가능하므로 이때는 권리주장참가는 적법하다고 한다. 같은 취지로 전원열, 653면); 이영섭, 111면.

54) 강현중, 917면; 정동윤/유병현/김경욱, 1117면.

를 통하여 피고에게 소유권이전등기청구를 하는 경우를 생각할 수 있을 것이다.

그 외에 이중매매의 문제는 아니지만 원고가 본소송에서 매매계약에 기한 소유권이전등기청구를 함에 있어서, 참가인이 원고가 해당 매매계약의 진정한 당사자가 아니라고 다투면서 원고에게 소유권이전등기청구권 부존재확인을 구하고, 피고에게는 동일한 매매계약에 기하여 소유권이전등기청구의 소를 구하는 경우 등은 참가신청이 본소청구와 양립할 수 없는 관계로서 하나의 판결로 분쟁을 모순 없이 해결할 수 있으므로 독립당사자참가가 가능하다고 할 것이다.[55]

(e) 독립참가인이 수개의 청구를 병합하여 참가하는 경우에는 각 청구별로 참가요건을 갖추어야 하고, 편면참가가 허용된다고 하여, 참가인이 참가요건을 갖추지 못한 해당 청구를 추가하는 것이 허용되는 것은 아니다.[56]

② **사해방지참가**(詐害防止參加, 79조 1항 후단)

(a) 제3자가 '소송결과에 따라 권리가 침해된다고 주장'하면서 소송에 참가하는 경우를 말한다. 사해방지참가는 권리주장참가와 달리 참가인의 청구가 원고의 본소청구와 양립하여도 상관이 없다.[57] 참가인이 독립당사자참가신청을 함에 있어 원고와 피고가 사해소송을 수행하고 있다는 등의 특별한 주장을 한 바 없다면 이는 권리주장참가를 한 것으로 보아야 할 것이고, 권리주장참가가 각하된 후에 사해방지참가를 주장하여도 기판력에 저촉되지 아니한다.[58] 사해방지참가를 이유로 한 독립당사자참가가 권리주장참가보다 이용률이 낮은 것이 현실이다.

(b) 구체적으로 '권리의 침해'가 무엇을 의미하는가에 대하여 견해가 대립된다. 판결효설(判決效說), 이해관계설(利害關係說), 사해의사설(詐害意思說)이 있다.

ⅰ) 판결효설은 권리의 침해라 함은 다른 사람 사이의 소송에 대한 넓은 의미의 판결의 효력(기판력·형성력·집행력＋반사적 효력)이 미치기 때문에 참가인의

---

55) 대판 1988. 3. 8, 86다148-150.
56) 대판 2022. 10. 14, 2022다241608, 241615(원고가 피고를 상대로 주위적으로 약속어음금 지급을 구하고, 예비적으로 피고와 체결한 사업양수도 계약의 해제에 따른 원상회복의무 불능에 의한 가액배상을 구함에 대하여, 참가인이 원고의 피고에 대한 위 양수도계약에 따른 채권이 참가인에게 양도되었다고 주장하면서 피고에 대하여 양수금의 지급을, 원고를 상대로는 원고가 피고의 양수금 채무를 연대보증 하였다고 주장하면서 연대보증채무의 이행을 구하는 사안에서, 참가인의 피고에 대한 지급청구와는 달리 원고에 대하여 구하는 연대보증채무 이행청구는 원고의 본안소송과 양립이 가능하므로 권리주장참가의 요건을 갖추지 못하였고, 달리 사해방지참가의 요건을 갖추었다고 볼 만한 자료도 없어 부적법함).
57) 대판 1996. 3. 8, 95다22795, 22801.
58) 대판 1992. 5. 26, 91다4669, 4676.

권리가 침해되는 경우를 의미한다고 보고 있다.[59] 이 설에 의하면 권리의 침해 범위를 좁게 인정하게 되어 결국 참가신청을 제한적으로 인정하게 된다. 사해방지참가의 목적이 사법상의 채권자취소권($\frac{민}{406조}$), 통정허위표시의 무효($\frac{민}{108조}$) 등을 소송상으로 인정하여 사해판결을 사전방지하기 위한 것이므로 그 요건을 엄격히 해석할 필요가 있기 때문이라고 한다. 판결효설 중에 판결효력의 범위를 넓게 인정하여 본소 당사자와 참가인 사이에 존재하는 분쟁의 통일적 해결의 필요성과 상당성에 의하여야 한다는 판결효확장설이 있다.[60]

ii) 이해관계설은 참가인의 법적 지위는 본소 당사자 사이의 권리관계의 존부를 논리적으로 전제하기 때문에, 독립당사자참가를 할 수 있는 자는 다른 사람의 소송에 대한 판결의 효력을 받는 자에 한정할 필요가 없고, 본소 당사자 사이의 판결의 사실상의 영향으로 인하여 불이익을 입게 되는 경우에도 권리침해가 존재하는 것이므로, 그러한 자도 독립당사자참가를 할 수 있다고 본다. 본소 당사자 사이의 판결의 사실상의 영향으로 인하여 불이익을 입게 되는 경우에도 권리침해가 존재하는 것으로 본다. 이 설에 의하면 참가신청의 범위를 넓게 인정하게 된다. 그러나 보조참가의 요건인 '소송결과에 관하여 법률상 이해관계가 있을 것'과 구별되지 아니한다는 문제가 있다.

iii) 사해의사설은 권리침해라 함은 당사자가 소송을 통하여 참가인을 해할 의사를 갖고 있다는 것을 객관적으로 판정할 수 있는 경우를 말하고, 이러한 경우에 참가를 허용하여야 한다는 견해이다. 이 견해는 사해방지참가제도가 프랑스의 사해재심제도에서 유래한 연혁에 충실한 해석이라고 할 수 있다. 이 견해 중 사해의사의 주관적 판정이 어렵다는 이유로 객관적으로 사해적 소송수행을 분명히 한 경우에 사해의사가 존재한다고 보는 사해수행설(詐害遂行說)이 있다.[61] 사해의사설의 일종으로 보이나 이 설에 의하면 사해의사의 판정이 어렵다는 난점이 있다.

iv) 검 토   생각건대 '권리침해'의 의미를 어떻게 해석할 것인가에 관하여 보면, 판결효설은 그 의미와 범위가 명확하기는 하지만 참가신청을 인정하는 범위가 너무 좁아진다는 난점이 있고, 반면 이해관계설은 참가신청의 범위를 넓게 인정할 수 있어 좋기는 하나 보조참가와의 관계가 불분명하여질 여지가 있다. 따라서 제도의 연혁에 충실하고, 권리침해의 범위를 적절하게 인정할 수 있는 사해의사설이

---

59) 방순원, 221-222면.
60) 송상현/박익환, 685면.
61) 新堂幸司, 714면.

타당하다고 본다. 다수설이다.[62] 판례는 "사해방지참가는 원고와 피고가 소송을 통하여 참가인을 해할 의사를 갖고 있다고 객관적으로 인정되고, 그 소송의 결과 참가인의 권리 또는 법률상의 지위가 침해될 우려가 있다고 인정되어야 하고", 또한 권리침해를 판단하기 위하여 "당사자의 주장 내용과 소송에 현출된 입증자료에 비추어 원고의 주장사실이 허위이거나 진실이 아니라고 보이는 등의 의심이 들거나 또는 원고와 피고 사이의 소송이 원고 자신의 권리실현 또는 그 법률상의 지위의 확보수단으로서 제기된 것이라기보다는 피고에 대한 다른 권리자를 배제하려는 데 더 중점이 있다는 점에 대한 증명자료가 필요하다고 한다".[63] 이와 같이 판례는 권리침해 여부를 소송을 통한 사해의사가 객관화되었는지 여부로 정하고, 이는 원·피고 사이의 소송에 현출된 자료 및 참가인의 사해의사에 대한 증명자료에 기초한다는 점을 명확히 하였다는 점에서 기본적으로 사해의사설에 기초하고 있다고 볼 수 있다.[64] 보다 구체적으로 보면 사해의사의 증명방법과 관련하여 사해수행설의 입장을 일부 반영한 것으로 평가할 수 있다.

(3) 참가의 취지가 있을 것(參加趣旨)

참가하려는 소송의 원고와 피고 모두에게 참가의 취지가 있거나(雙面參加) 또는 일방에 대하여 참가의 취지가 있어야 한다(片面參加).

① 쌍면참가

참가인은 원칙적으로 원·피고 양쪽에 대하여 각각 자신의 청구를 하여야 한다. 새로운 소를 제기하는 것이기 때문이다. 이를 쌍면참가라 한다. 원·피고 양쪽에 서로 참가의 취지가 같을 수도 있고(예: 참가인의 원·피고에 대한 소유권확인청구 또는 계약무효확인청구 등), 다를 수도 있다(예: 참가인이 원고에 대하여 소유권확인청구, 피고에 대하여 소유권이전등기청구 등). 다만 i) 권리주장참가의 경우에는 참가의 취지가 원고의 피고에 대한 청구의 취지와 양립하지 아니하는 주장에 기초하여야 하고, ii) 사해방지참가의 경우에는 참가의 취지가 원고의 피고에 대한 청구의 취지와 양립하여도 상관이 없으나, 사해의사에 따른 주장에 기초하여야 한다.

---

62) 同旨: 강현중, 918면; 김홍규/강태원, 742면; 김홍엽, 1089면; 이시윤, 808면; 정동윤/유병현, 1118면.

63) 대판 1996. 3. 8, 95다22795, 22801; 대판 2001. 8. 24, 2000다12785, 12792; 대판 2001. 9. 28, 99다35331, 35348; 대판 2017. 4. 26, 2014다221777, 221784; 대판 2022. 10. 14, 2022다 241608, 241615.

64) 同旨: 이시윤, 809면; 정동윤/유병현/김경욱, 1118면. 같은 취지의 견해: 호문혁, 986면.

② 편면참가

(a) 신법에서는 제3자가 당사자의 한쪽을 상대방으로 하여 당사자로서 참가할 수 있는 편면참가를 허용하고 있다($^{79조}_{1항}$).

(b) 학설상 구법하에서는 편면참가를 인정하는 긍정설($^{통}_{설}$)과 부정설[65]이 대립되었다. 반면 판례는 확고하게 부정설을 취하고 있었다. 판례를 보면 i) 전형적인 편면참가에 해당하는 참가신청을 원·피고 중 1인에게만 하고 나머지 1인에게 하지 아니한 경우[66]나, 형식적으로 쌍면참가를 하고 있지만 실질적 편면참가에 해당하는 경우, ii) 참가인이 피고에 대하여만 청구하고, 원고에 대하여 청구기각만을 구할 뿐인 경우,[67] iii) 참가인이 양쪽 당사자에게 청구하지만 그중 1인이 다툼이 없어 소의 이익이 없는 경우,[68] iv) 기타 양쪽 당사자 중 1인에게는 승소가능성이 있으나, 다른 당사자에게 승소가능성이 없는 경우[69] 등을 모두 부적법한 참가로 각하하였다. 과거 판례는 전형적인 편면참가뿐만 아니라, 실질적인 편면참가에 해당하는 경우를 모두 부적법한 참가신청으로 보았다. 반면 통설에서는 전형적인 편면참가뿐만 아니라 실질적인 편면참가에 해당하는 경우에도 모두 참가신청을 인정하여야 한다고 보았다.

생각건대 편면참가는 삼면소송이 아닐지 몰라도 「2면의 1개의 소송관계」인 다파적 분쟁(多巴紛爭)으로서, 독립당사자참가 규정에 의하여 분쟁을 해결하는 것이 소송경제에 부합하고 판결의 모순·저촉도 막을 수 있다는 점에서 의미가 있다. 일본학자들은 편면참가에 해당하는 경우를 준독립당사자참가(準獨立當事者參加)라고도 한다.[70] 일본 민사소송법은 1996년 전면개정을 통하여 편면참가도 적법하다고 하였다($^{일민소}_{47조}$).

(c) 2002년 신법에서 편면참가를 허용되게 되었으므로, 독립당사자참가제도의

---

65) 방순원, 224면.

66) 대판 1991. 3. 22, 90다19329, 19336.

67) 대판 1992. 8. 18, 92다18399, 18405, 18412.

68) 대판 1965. 11. 16, 64다241; 최근 판례는 원고가 피고에게 골프회원권 등의 권리가 자신에게 귀속되었다고 주장하면서 회원지위의 확인 등을 구하였고, 참가인은 원고에 대하여는 회원권상의 권리가 자기에게 있으므로 원고에게 그 부존재확인을 구하고, 피고에게는 그 회원권에 관하여 양도를 원인으로 한 명의개서절차의 이행을 구한 사안에서 참가인의 원고에 대한 부존재확인청구는 확인의 이익이 없다고 하였다(대판 2012. 6. 28, 2010다54535, 54542; 대판 2014. 11. 13, 2009다71312, 71329, 71336, 71343). 다만 부존재확인청구이지만 3자간의 권리자합일확정의 이익이 있어 확인의 이익을 인정함이 타당하다는 견해가 있다(이시윤, 808면).

69) 대판 1992. 8. 18, 90다9452, 9469.

70) 新堂幸司, 710-711면.

이용이 활성화될 수 있다. 종전에는 판례에서 이를 인정하지 아니하였으므로 실제 이용에 많은 제한이 따랐던 것이 사실이다. 이제 위 (b)에서 본 i) 내지 iv)의 경우를 모두 인정할 수 있다고 본다.[71] 편면참가일 경우에 독립당사자참가의 소송구조와 관련하여 3면소송설의 수정이 필요하지만, 3면적 분쟁에는 해당하지 아니하여도 2당사자대립구조에서 해결이 쉽지 아니한 다파적 분쟁의 해결도구로서 독립당사자참가제도를 이용할 수 있게 되었다는 점에서 편면참가의 인정은 독립당사자참가제도의 적용영역을 넓히는 계기가 되었다고 평가할 수 있다.

(d) 편면참가는 권리주장참가뿐만 아니라 사해방지참가에도 가능하다는 것이 제79조 제1항의 규정에 의하여 명백하다. 편면참가도 참가신청이 원·피고 중 한쪽에게만 있다는 것일 뿐이지, 대립·견제관계에 있는 다파적 분쟁을 합일적으로 해결할 필요성은 쌍면참가와 다를 것이 없다고 할 것이다. 쌍면참가의 경우는 「3면의 1개의 소송관계」이지만, 편면참가는 「2면의 1개의 소송관계」이라는 점이 차이가 있을 뿐이다. 나머지 참가요건, 참가절차 및 심리방법 등도 같아 필수적 공동소송에 관한 규정을 준용한다($^{79조\ 2항,}_{67조}$).

(4) 소의 병합요건에 준하는 요건을 갖출 것

참가신청은 본소송에 참가하는 신소제기로서의 성질을 가지고 있으므로, 본소송과 같이 심판할 수 있어야 한다. 참가신청을 통하여 본소송절차에 진입하는 것이므로 소의 병합에 준하여 당연히 i) 동종의 소송절차에서 심리할 수 있어야 하고, ii) 참가인의 청구가 다른 법원의 전속관할에 속하지 말 것 등의 요건을 갖추어야 한다. 다만 소의 병합의 경우보다 엄격한 동일성이 요구된다고 보아야 한다.

(5) 소송요건을 갖출 것

참가신청은 실질적으로 신소의 제기에 해당하기 때문에 일반적인 소송요건(당사자능력, 소송능력, 당사자적격, 중복소제기, 기판력 등)을 갖추어야 한다. 참가인이 참가에 의하여 주장한 청구에 대하여 본소의 당사자 쌍방 또는 일방에게 별소를 제기한 경우에는 중복제소의 문제가 발생한다. 이 경우에 소권남용의 일종으로 중복제소에 해당한다고 해석하기도 하지만,[72] 전형적인 중복제소로 보아야 한다. 재

---

71) 대판 2012. 6. 28, 2010다54535, 54542; 대판 2014. 11. 13, 2009다71312, 71329, 71336, 71343(위 iii)의 경우로서 편면참가 인정함).

72) 이시윤, 811면; 이영섭, 112면.

판 진행 중에 이러한 사실이 밝혀진 경우에는 법원은 석명권 행사를 통하여 소송의 진행상황 등을 고려하여 별소의 취하 등을 통하여 정리하도록 유도하고, 독립당사자참가를 통하여 모순·저촉 없는 판결을 이끌어 내는 것이 타당하다고 본다.

4. 참가절차

(1) 참가신청

① 독립당사자참가는 신소 제기의 실질을 가지고 있지만, 참가신청의 방식은 보조참가의 신청을 준용한다($^{79조\ 2항,}_{72조}$). 따라서 참가취지와 참가이유(예: 권리참가사유 또는 사해방지사유)를 기재한 서면을 본소송이 계속된 법원에 제출하여야 한다($^{248}_{조}$). 참가신청서에는 참가취지와 참가이유와 더불어, 자기의 청구에 대한 청구취지와 청구원인을 밝혀야 한다(소장의 청구취지와 청구원인과 같고, 편면참가의 경우에는 원고 또는 피고 한쪽에만 하면 됨). 다만 소액사건의 경우에는 서면에 의할 필요가 없다($^{소심}_{4조}$). 참가신청서는 소장에 준하는 인지를 붙여야 한다($^{민인\ 6조}_{1항}$). 참가신청서 부본은 이를 본소의 양쪽 당사자에게 바로 송달하여야 한다($^{79조,\ 72조\ 2항,}_{규칙\ 64조\ 2,\ 1항}$).

② 참가신청은 대리인을 통하여 할 수 있다. 다만 종전 원·피고의 대리인은 참가인의 대리인을 겸할 수 없지만,[73] 편면참가의 경우에는 피참가인이 되지 아니한 자의 대리인은 참가인의 대리인을 겸할 수 있다. 당사자가 상소를 제기하지 아니할 경우에 상소제기와 동시에 당사자참가를 할 수 있고,[74] 다만 독립당사자참가를 하면서 예비적으로 보조참가를 하는 것은 부적법하다.[75]

③ 독립당사자참가신청은 실질적으로 신소의 제기와 같으므로, 보조참가와 달리 종전의 당사자가 참가에 대하여 이의를 제기할 수 없다($^{다수}_{설}$).[76] 또한 참가신청으로 소제기 효과인 시효중단, 기간준수의 효력이 발생한다($^{265}_{조}$). 본소송의 당사자는 참가인에 대한 관계에서 피고의 지위에 있다고 할 것이므로 반소를 제기할 수 있다.[77]

---

73) 대판 1965. 3. 16, 64다1691, 1692.

74) 대판 1978. 11. 28, 77다1515.

75) 대판 1994. 12. 27, 92다22473, 22480. 反對: 이시윤 교수는 이에 의문을 제기함(이시윤, 811면 참조).

76) 同旨: 강현중, 921면; 김홍엽, 1092면; 송상현/박익환, 688면; 이시윤, 811면; 정동윤/유병현/김경욱, 1122면. 反對: 김홍규/강태원, 746면; 방순원, 225면.

77) 대판 1969. 5. 13, 68다656, 658.

(2) 중첩적 참가(重疊的 參加)와 다면소송(多面訴訟)

중첩적 독립당사자참가라 함은 동일한 소송절차 내에 독립당사자참가가 복수로 중첩된 경우를 말한다. 예컨대 원·피고 사이의 본소송에 대하여 제1참가인이 쌍면참가를 하였는데, 제2참가인이 재차 쌍면참가를 한 경우를 상정할 수 있다. 이 경우에 제1참가인과 원·피고 사이에 하나의 독립당사자참가가 있고, 제2참가인과 원·피고 사이에 별도의 독립당사자참가가 발생한 것이다. 위 예는 독립당사자참가가 2개 발생한 경우이지만 현실에서는 그 이상의 독립당사자참가도 발생할 여지도 있다. 판례는 이러한 중첩적 독립당사자참가를 인정하고 있지만 단순히 복수의 3면관계만을 인정할 뿐이고,[78] 제1참가인과 제2참가인 사이에 아무런 관계를 인정하지 아니하고 있다. 그러나 이러한 경우에「제1참가인과 원·피고의 판결」과「제2참가인과 원·피고의 판결」사이의 합일확정을 인정하지 아니하면 판결의 모순·저촉이 발생할 수 있어 문제이다.

생각건대 이러한 경우에 제1참가인과 제2참가인 사이의 합일확정을 인정함으로써 복수의 독립당사자참가로 인한 판결에 모순·저촉을 방지할 수 있다는 점에서 4면소송으로 보아 처리할 필요성이 있다. 3개의 독립당사자참가의 경우에는 5면소송으로 인정하여 처리할 수도 있는 것이다. 결국 독립당사자참가제도는 3면소송만을 해결하는 장치가 아닌 2당사자대립구조로 풀기 어려운 분쟁을 해결하는 다파적 분쟁(多派的 紛爭)의 해결방식으로 운영할 수도 있는 것이다. 그런 점에서 중첩적 당사자참가의 경우에 4면소송 이상의 소송이 성립할 수 있는 가능성을 열어두는 것이 타당하다고 본다.[79] 다만 병합소송의 공익적 요건을 준용하여 절차의 번잡과 현저한 소송지연이 발생하는 경우에는 불허할 수 있다.[80]

5. 참가소송의 심판

(1) 참가요건과 소송요건의 조사

① 참가요건의 조사

참가신청이 있는 경우에 법원은 직권으로 참가요건을 조사하여야 한다. 만약 참가요건이 부적법하면 참가신청 자체가 부적법하게 된다. 판례는 이 경우 참가신

---

78) 대판 1958. 11. 20, 4290민상308; 대판 1963. 10. 22, 62다29.
79) 同旨: 김홍규/강태원, 744면; 방순원, 225면; 이시윤, 812면; 정동윤/유병현/김경욱, 1123면.
80) 同旨: 이시윤, 812면.

청인이 참가신청을 취하하고 본소청구의 한쪽 당사자에게의 보조참가로 전환[81]할 수 있는 외에는 참가신청을 각하하는 것으로 일관하고 있다.[82] 그러나 소송경제, 판결의 모순·저촉의 방지 등을 고려한다면 참가신청이 병합요건을 갖추지 못하였지만 독립의 소로서의 요건을 갖춘 경우에는 본소에 병합하여 통상의 공동소송의 형식으로 심리하거나($^{일 경우 67조}_{준용불가}$), 병합심리가 허용되지 아니하면 별개의 독립의 소로 병행심리 등을 통하여 심리할 수 있어야 할 것이다.[83]

② 소송요건의 조사

참가인의 청구가 참가요건을 갖춘 경우에는 법원은 참가소송 자체의 소송요건에 대하여 직권으로 조사하여야 한다. 소송요건의 흠이 있을 때에는 판결로써 참가신청을 각하하여야 한다.

(2) 본안심판(本案審判)

① 총 설

독립당사자참가소송은 필수적 공동소송과 같은 협동·연합관계가 아닌 대립·견제관계(對立·牽制關係)이지만, 3면적 분쟁 등의 다파적 분쟁(多巴的 紛爭)을 합일확정 할 필요성이 있다. 따라서 소송자료의 통일, 소송진행의 통일, 재판의 통일이 필요하여 제67조의 필수적 공동소송의 특별규정을 준용한다($^{79조 2항,}_{67조}$). 다만 3자 간에 공동소송이 강제되는 것은 아니지만 제3자가 독립당사자참가를 하면 합일확정이 필요하므로 필수적 공동소송 중 하나인 유사필수적 공동소송의 법리에 의하게 되고,[84] 본소취하 및 참가신청 취하 등의 가부와 관련하여 소송구조에 있어서 3면소송설을 취하는 경우에도 「2면의 1개의 소송관계」로 전환하는 것이기 때문에 이를 인정하는데 전혀 문제가 없다고 본다.

② 소송자료의 통일

(a) 적극적 소송행위   원·피고, 참가인 중 어느 한 사람의 유리한 소송행위는 나머지 한 사람에게 효력이 미친다($^{79조 2항, 67}_{조 1항 준용}$). 예컨대 참가인이 주장하는 주요사실을 원고가 다투면 다투지 아니한 피고도 다툰 것으로 되며,[85] 참가인이 화해권

---

81) 대판 1960. 5. 26, 4292민상524.
82) 대판 1981. 12. 22, 80다2762, 2763; 대판 1993. 3. 12, 92다48789, 48796.
83) 同旨: 이시윤, 813면; 정동윤/유병현/김경욱, 1123-1124면.
84) 이시윤, 815면.
85) 대판 1955. 2. 17, 4287민상145.

고결정에 대하여 이의하면 원·피고 사이에도 효력이 미친다.[86] 두 당사자 사이의 소송행위가 나머지 1인에게 불이익이 되는 한 두 당사자 사이에도 효력이 미치지 아니한다($^{79조\ 2항,\ 67}_{조\ 1항\ 준용}$). 따라서 원·피고, 참가인과 원·피고 사이의 청구의 포기·인낙, 화해,[87] 상소취하[88] 등은 효력이 없다. 2인 사이의 자백도 다른 사람이 다투면 효력이 없다.[89]

(b) 소극적 소송행위 한 사람이 다른 사람에 대하여 소송행위를 하면 다른 사람에게도 효력이 있다($^{79조\ 2항,\ 67}_{조\ 2항\ 준용}$). 예컨대 참가인은 피고가 출석한 경우에는 원고가 결석하였다고 하여도 준비서면으로 미리 예고하지 아니한 사실을 주장할 수 있다.

③ 소송진행의 통일

(a) 기일은 공통으로 잡아야 한다. 따라서 3자 중 1인에게 중단·중지의 원인이 발생한 때에는 나머지 두 사람에 대하여도 그 효력이 발생한다($^{79조\ 2항,\ 67}_{조\ 3항\ 준용}$). 한 사람이 기일지정신청을 하면 모든 소송에 관하여 기일을 정하여야 한다. 따라서 소송의 일부에 관하여 변론의 분리가 허용되지 아니한다.[90] 예외적으로 상소기간과 같이 소송행위를 위한 기간은 각각 개별적으로 진행되고($^{통}_{설}$), 최후에 송달된 자가 상소한 경우에는 그 기간이 도과한 당사자들에게도 당연히 상소의 효력이 미친다고 할 것이다.

(b) 판례는 항소장 각하명령의 경우에 있어서 독립당사자참가소송의 제1심 본안판결에 대하여 일방이 항소하고 피항소인 중 1명에게 항소장이 적법하게 송달되어 항소심법원과 당사자들 사이의 소송관계가 일부라도 성립한 것으로 볼 수 있다면 항소인이 다른 피항소인에 대한 주소보정명령을 이행하지 못한 경우에도 항소심재판장은 더 이상 단독으로 항소장 각하명령을 할 수 없다고 하였다.[91]

④ 전부의 본안판결

(a) 독립당사자소송은 다면적 1개의 소송관계이므로 원고의 본소청구와 참가인의 청구를 1개의 전부판결로 선고하여야 한다. 일부판결은 허용되지 아니한다. 만

---

86) 대판 2005. 5. 26, 2004다25901, 25918.
87) 대판 2005. 5. 26, 2004다25901, 25918.
88) 대판 1964. 6. 30, 63다734; 대판 1981. 12. 8, 80다577.
89) 대판 2009. 1. 30, 2007다9030, 9047.
90) 대판 1995. 12. 8, 95다44191.
91) 대결 2020. 1. 30, 2019마5599, 5600.

약 법원이 잘못하여 판결의 일부를 빠뜨린 경우에는 추가판결을 할 여지가 없고 위법한 판결로서 상소의 대상이 될 뿐이다.[92]

(b) 소송비용의 부담에 관하여는 원고·피고·참가인 중 한 사람이 승소한 경우에는 그들 사이의 소송비용은 다른 2인이 공동소송인에 준하여 분담하고($^{102}_{조}$), 패소한 두 당사자 사이의 소송비용은 그중 적극적 당사자가 부담한다.

(3) 판결에 대한 상소

독립당사자참가소송에 있어서의 상소와 관련하여 i) 이심의 범위, ii) 상소심의 심판범위, iii) 상소하지 아니한 패소당사자의 상소심에서의 지위 등이 문제된다.

① 이심(移審)의 범위

원고·피고·참가인 중 한 사람이 승소하고 나머지 두 사람이 패소한 경우에 패소 당사자 중 1인만이 상소를 제기한 경우에 상소의 효력이 패소한 다른 당사자에게도 미칠 것인가 하는 문제이다. 참가신청이 부적법 각하된 경우는 본안판결이 아니므로 별론으로 하고,[93] 본안판결의 경우에는 패소자 1인이 상소하면 다른 패소자에게도 상소의 효력이 미쳐 판결 전부가 확정·차단되어 상소심으로 이심된다는 이심설(移審說), 참가인이 패소한 경우에 그가 불복·상소하지 아니하면 참가인에 대한 판결부분은 분리확정 된다는 분리확정설(分離確定說)이 있다. 통설[94]·판례[95]는 이심설을 취하고 있다. 생각건대 독립당사자참가소송에 있어서 원고·피고·참가인 사이의 청구를 합일확정 할 필요성에 비추어 보면, 본안판결의 경우에 분리확정이 된다면 사실상 일부판결을 인정하는 것이 되므로 통설·판례의 이심설이 타당하다 본다.

② 상소심의 심판범위(審判範圍)

상소심의 심판범위와 관련하여 처분권주의에 의한 제한이 적용되지 아니한다.[96] 따라서 합일확정을 위하여 패소하고 상소하지 아니한 당사자의 판결부분이

---

92) 대판 1981. 12. 8, 80다577; 대판 1991. 3. 22, 90다19329, 19336; 대판 1995. 12. 8, 95다44191.

93) 대판 1972. 6. 27, 72다320; 대판 1992. 5. 26, 91다4669, 4676; 대판 2007. 12. 14, 2007다37776, 37783.

94) 이시윤, 815면; 정동윤/유병현/김경욱, 1125면 등.

95) 대판 1981. 12. 8, 80다577; 대판 1991. 3. 22, 90다19329, 19336; 대판 1995. 12. 8, 95다44191.

96) 同旨: 이시윤, 816면; 정동윤/유병현/김경욱, 1127면; 호문혁, 993면.

상소인의 불복범위 한도에서 유리한 내용으로 변경될 수 있다는 점에서 불이익변경금지원칙($^{415}_{조}$)의 적용이 배제된다.[97] 그러나 판결 결론의 합일확정을 위하여 항소 또는 부대항소를 제기한 적이 없는 당사자의 청구에 대한 제1심판결을 취소하거나 변경할 필요가 없다면, 항소 또는 부대항소를 제기한 적이 없는 당사자의 청구가 항소심의 심판대상이 되어 항소심이 그 청구에 관하여 심리·판단해야 하더라도 그 청구에 대한 당부를 반드시 판결 주문에서 선고할 필요가 있는 것이 아니고 이와 같은 항소 또는 부대항소를 제기하지 않은 당사자의 청구에 관하여 항소심에서 판결 주문이 선고되지 않고 독립당사참가소송이 그대로 확정된다면, 취소되거나 변경되지 않은 제1심 판결의 주문에 대하여 기판력이 발생한다.[98] 다만 불이익변경금지원칙이 배제되는 경우는 원고·피고·참가인 3자 사이의 합일확정의 필요에 의한 것이므로 참가인의 참가신청이 적법한 경우에 한정된다고 보아야 한다.[99]

③ 상소하지 아니한 패소당사자의 상소심에서의 지위

(a) 상소하지 아니한 패소당사자의 상소심에서의 지위와 관련하여 i) 상소인설($^{67조 1항}_{준용}$), ii) 피상소인설($^{67조 2항}_{준용}$), iii) 상소인과 피상소인의 지위를 겸하고 있다는 양지위겸유설(兩地位兼有說),[100] iv) 상소인도 피상소인도 아닌 상소심의 단순한 당사자일 뿐이라는 상소심당사자설($^{통}_{설}$) 등이 있다. 생각건대 상소·피상소가 없는 상태에서 상소하지 아니한 패소당사자를 상소인 또는 피상소인으로 보는 것은 어색하고, 이를 겸하고 있다는 것도 충분한 설명이 될 수 없다. 따라서 3면소송 또는 다면소송에 있어서 당사자 사이의 합일확정의 필요 때문에 단순히 상소심의 당사자로 취급되고 있다는 점에서 통설인 상소심당사자설이 타당하다. 판례도 상소심당사자설을 취하고 있다.[101]

(b) 상소하지 아니한 패소당사자의 상소심에서의 지위를 단순히 상소심당사자로 볼 경우에 구체적으로 어떠한 지위를 가진다고 보아야 할 것인가? 당사자의

---

97) 대판 2007. 10. 26, 2006다86573, 86580; 대판 2014. 11. 13, 2009다71312, 71329, 71336, 71343.

98) 대판 2022. 7. 28, 2020다231928.

99) 제1심에서 원고승소, 참가인의 참가신청이 각하되고 참가인만이 항소한 경우에 원고승소부분도 이심되지만 항소심에서 참가인의 항소를 기각하면서 피고가 항소하지 아니한 원고승소부분을 원고청구기각으로 하는 불이익 변경이 불가하다(대판 2007. 12. 14, 2007다37776, 37783).

100) 김홍규/강태원, 749면.

101) 대판 1981. 12. 8, 80다577.

지위는 갖고 있지만 상소인 또는 피상소인이 아니므로 거기에 따른 의무를 부담하지 아니하는 특수한 지위를 갖게 된다. 상소하지 아니한 패소당사자는 상소심에서 i) 상소를 취하할 수 없고, ii) 상소장에 인지를 첩부할 의무가 없고, iii) 상소심의 심판범위도 실제로 상소를 제기한 상소인의 불복범위에 국한되며,[102] iv) 판결서의 표시도 상소인 또는 피상소인으로 표시되지 아니하고 단순히 독립당사자참가인, 원고 또는 피고로 표시하여야 한다.[103]

6. 2면소송 또는 2당사자소송으로의 전환

독립당사자참가소송은 i) 본소의 취하 또는 각하, ii) 참가신청의 취하 또는 각하, iii) 원고 또는 피고의 소송탈퇴로 인하여 3면소송 또는 다면소송의 구조가 해소되고, 다파적인 2면소송 또는 통상의 2당사자소송으로 전환하게 된다. 쌍면참가에서 본소 또는 피참가인 중 1인에 대한 참가신청의 취하·각하가 있는 경우에는 「2면의 1개의 소송관계」로 전환하고, 편면참가에서 본소 또는 참가신청의 취하·각하가 있는 경우는 통상의 「2당사자소송」으로 바뀌게 된다. 원고 또는 피고의 소송탈퇴의 경우에는 아래 7.항에서 설명하는 바와 같이 「잠재적 독립당사자소송」으로 변하게 된다.

(1) 본소의 취하 또는 각하

① 참가 후에도 원고는 본소를 취하할 자유가 있고, 본소가 부적법한 경우에는 이를 각하할 수 있다.[104] 그러나 취하의 경우 피고와의 관계에서는 취하의 일반원칙에 따라 피고가 본안에 관하여 변론한 경우 피고의 동의를 받아야 한다($\frac{266조}{2항}$). 또한 이 경우 참가인에게도 본소를 유지할 이익이 존재한다는 점(예: 사해방지참가소송에서와 같이 참가인이 종래의 당사자 사이에서 유리한 판결을 받을 경우가 존재함) 및 필수적 공동소송의 원칙에 따라 원고가 본소를 취하함에 있어서는 피고가 본안에 관하여 변론한 경우 참가인의 본안변론 유무와 관계없이 참가인의 동의를 받아야 한다.[105]

② 참가 후에 본소가 취하 또는 각하된 경우에 독립당사자참가소송의 존속 여

---

102) 대판 2007. 10. 26, 2006다86573; 대판 2014. 11. 13, 2009다71312, 71329, 71336, 71343(다만 합일확정이 필요한 경우는 불이익 변경금지의 원칙이 배제되어 심판범위의 제한을 받지 아니함).
103) 대판 2007. 12. 14, 2007다37776, 37783.
104) 同旨: 이시윤, 817면.
105) 同旨: 이영섭, 114면. 대결 1972. 11. 30, 72마787.

부 및 형태에 관하여 논의된다. i) 참가인이 원·피고 양쪽을 상대로 한 공동소송으로 변하여 존속한다는 공동소송잔존설(共同訴訟殘存說), ii) 독립당사자참가소송이 3면분쟁 또는 다면분쟁의 해결이라는 본래의 소송목적을 상실하게 되었으므로 본소 및 참가소송 모두가 종료한다는 전소송종료설(全訴訟終了說)[106]이 있다. 통설·판례[107]는 공동소송잔존설의 입장이다.

생각건대 당사자의 분쟁해결방식의 선택(취하의 경우) 또는 병합·소송요건의 흠으로 인하여 본소가 취하 또는 각하되었다고 하여도 여전히 참가인과 원고·피고 사이(쌍면참가의 경우), 참가인과 피고 또는 원고 사이(편면참가의 경우)에 소송은 남아 있게 된다. 쌍면참가의 경우에는 2면소송으로의 독립당사자참가소송이 유지되고 있을 것이고, 편면참가의 경우에는 단순한 2당사자소송으로 바뀌게 된다고 할 것이다. 특히 3면소송설에 의하면 쌍면참가의 경우에 있어서는 본소가 취하 또는 각하된 경우와 피참가인 중 1인에 대한 독립당사자참가가 취하 또는 각하된 경우에는 독립당사자소송은 「2면의 1개의 소송관계」로 전환되어 남아있게 된다.

③ 편면참가에서는 본소가 취하·각하로 소멸하면 참가인과 원고 또는 참가인과 피고 사이에 단순히 2당사자소송으로 남게 된다.

(2) 참가신청의 취하 또는 각하

① 참가인은 소의 취하에 준하여 참가신청을 취하할 수 있다. 따라서 본소의 원고나 피고 중 1인이 본안에 관하여 준비서면을 제출하거나, 변론준비기일에서 진술하거나 변론을 한 뒤에는 양쪽의 동의를 받아야 효력을 가진다($\frac{266조 2항}{67조 1항}$).[108] 취하된 뒤에는 원고와 피고 사이의 본소만이 남게 된다. 다만 참가인이 쌍면참가를 하였다가 원고 또는 피고의 1인에 대하여만 참가신청을 취하하면 편면참가로 전환한다.[109] 참가신청이 각하된 경우에도 취하와 같이 원고와 피고 사이의 본소만이 남게 된다.

② 참가신청이 취하 또는 각하되어 본소로 환원된 경우에는 독립당사자참가소송이 소급적으로 소멸된다. 따라서 참가인이 제출한 증거방법은 본소의 원고 또는 피고가 원용하지 않는 한 효력이 없다.[110]

---

106) 이영섭, 114면.
107) 대판 1991. 1. 25, 90다4723.
108) 대판 1981. 12. 8, 80다577.
109) 同旨: 이시윤, 817면.
110) 同旨: 이시윤, 817면. 대판 1962. 5. 24, 4294민상251, 252; 대판 1966. 3. 29, 66다222,

③ 법원이 참가신청을 본소송과 별도로 부적법 각하한 판결에 대하여 참가인이 항소한 경우 그 각하판결이 상소심에서 확정될 때까지 본소에 대한 판결을 미루는 것이 각하판결이 취소될 경우에 판결의 합일확정이 필요성과 참가소송의 심급의 이익 등을 고려할 때 타당할 것으로 보인다.[111] 판례는 이에 반대한다.[112]

7. 잠재적 독립당사자참가소송으로의 전환

(1) 서 설

① 제3자가 독립당사자참가를 하여 종전의 원고 또는 피고가 소송을 계속할 필요가 없게 된 때에는 상대방의 승낙을 받아 그 소송에서 탈퇴할 수 있다($\binom{80조}{본문}$). 이 경우에 판결은 탈퇴한 당사자에 대하여도 그 효력이 미친다($\binom{80조}{단서}$). 예컨대 본소송의 피고 B가 원고 A의 채무이행청구에 대하여 원고 A가 진정한 채권자인지 여부가 의심스러워 다투던 중 참가인 C가 독립당사자참가를 하면서 원고 A에 대하여 채권확인청구와 자신에 대하여 채무이행을 구하는 참가신청을 하자, 본소송의 피고 B는 더 이상 소송에 참여할 필요성을 느끼지 못하고 원고 A의 동의를 받아 소송에서 탈퇴하는 경우이다.

② 이 경우에 피고 B는 독립당사자참가에 따른 소송결과에 전적으로 승복하고 소송에서 물러나는 것이므로, 소송탈퇴의 의미를 어떻게 해석할 것인지가 문제이다. 또한 판결의 효력이 탈퇴한 당사자에게 미친다는 것을 과연 어떻게 해석하여야 하고, 구체적인 판결의 표시방법과 집행방법 등이 문제된다.

③ 소송탈퇴는 참가신청이 적법·유효한 경우에만 허용되고, 상소심에서도 가능하다.[113] 소송탈퇴는 원고 또는 피고만이 할 수 있고, 참가인이 소송탈퇴서를 제출한 경우에는 참가신청의 취하로 보아야 한다.[114]

④ 또한 소송탈퇴라고 함은 원고·피고, 참가인 사이에 적법한 독립당사자참가가 이루어진 상태 즉 3면적 또는 다면적인 1개의 소송관계가 성립된 후에 본소

223(참가인 제출의 증거에 대한 증거판단은 불필요함). 반대 판례: 대판 1971. 3. 31, 71다309, 310(증거를 제출한 참가인의 참가신청이 부적법 각하되었다 하여도 이미 법원이 실시한 증거방법에 의하여 법원이 얻은 증거자료의 효력에 아무런 영향이 없음).

111) 同旨: 이시윤, 817면; 정동윤/유병현/김경욱, 1128면. 反對: 한충수, 772면.

112) 대판 1976. 12. 28, 76다797. 실무상으로는 참가신청에 대한 부적법 각하판결을 본소판결과 동시에 하는 것이 실무이고, 별도로 하는 경우는 거의 찾아보기 어렵다.

113) 同旨: 이시윤, 818면.

114) 대판 2010. 9. 30, 2009다71121.

송의 원고 또는 피고가 소송에 직접 참여하지 아니하는 것을 선언하는 것이다. 이 경우 독립당사자참가소송은 원고 또는 피고의 소송탈퇴로 인하여 잠재적인 형태로 전환한다. 즉 원·피고의 소송탈퇴가 있는 경우에는 종전의 독립당사자참가소송은 「잠재적(潛在的) 독립당사자참가소송」으로의 전환되어 존재한다고 보아야 한다. 이렇게 보는 것은 소송탈퇴자가 자신에게 이미 발생한 독립당사자참가의 소송관계 즉 원고와 피고, 참가인과 자신 사이의 소송관계를 소송탈퇴로 완전히 소멸시키려는 것은 아니고, 자신은 비록 소송절차에는 직접 참여하지 아니하지만 그 판결의 효력을 받음으로서 해당 분쟁을 완전히 끝내겠다는 의도를 반영한 것이다. 또한 이러한 해석은 소송탈퇴의 규정 취지에도 합치된다고 본다.

(2) 소송탈퇴의 범위

소송탈퇴는 주로 권리주장참가에서 발생하므로 제80조 전단에서 "자기의 권리를 주장하기 위하여 소송에 참가한 사람이 있는 경우"로 규정하고 있다. 하지만 사해방지참가의 경우에 있어서도 소송사기에 해당할 가능성 등이 있어 피고가 소송수행에 전혀 의욕이 없거나 소극적인 경우에 당사자의 참가로 피고가 소송탈퇴할 여지가 있다는 점, 소송인수의 경우에도 소송탈퇴를 인정하고 있다는 점($_{조}^{(82)}$) 등에 비추어 소송탈퇴가 가능하다고 보아야 한다($_{설}^{다수}$).[115]

(3) 소송탈퇴와 상대방의 승낙

① 제80조 본문에서는 소송탈퇴를 하려는 원소송의 원고 또는 피고는 상대방의 승낙을 받아 소송에서 탈퇴할 수 있다고 정하고 있다. 명문규정에도 불구하고 소송탈퇴의 경우에 과연 상대방의 승낙이 필요한 것인지 여부가 논의된다. 뒤에서 논의되는 소송탈퇴에서의 탈퇴자의 지위와 밀접한 관련이 있다. 상대방의 승낙 여부에 관하여 i) 법문의 문리해석상 상대방의 승낙이 필요하다는 필요설,[116] ii) 제80조 본문에서 상대방의 승낙이 필요하다고 한 것은 탈퇴로 인하여 상대방이 뜻밖의 손해를 입게 되는 것을 막기 위한 것이지만 판결의 효력이 어차피 탈퇴자에게도 미치는 것이므로 상대방의 손해발생의 여지가 없으므로 특별히 상대방의 승낙이 필요 없다는 불요설[117]이 있다. 생각건대 탈퇴자는 소송상태에서 완전히 탈

---

115) 同旨: 강현중, 928면; 김홍규/강태원, 752면; 김홍엽, 1101면; 이시윤, 818면; 정동윤/유병현/김경욱, 1129면; 한충수, 773면. 反對: 송상현/박익환, 696면; 호문혁, 998면.

116) 강현중, 929; 방순원, 230면; 송상현/박익환, 697면; 호문혁, 999면.

117) 김홍규/강태원, 752면; 이시윤, 819면; 정동윤/유병현/김경욱, 1129면. 단, 김홍규/강태원 교

퇴하는 것이 아니고, 잠재적으로 소송절차에 참여하여 소송행위를 하지 아니하는 것뿐이므로 특별히 상대방의 승낙을 요하지 아니한다는 불요설이 타당하다고 본다($^{\text{다}}_{\text{설}}$수).

나아가 참가인의 승낙을 얻어야 되는지 여부에 관하여도 논의되고 있으나 승낙을 요하지 아니한다는 것이 통설이다.

② 다만 소송탈퇴는 상대방 및 참가인의 승낙을 요하지 아니하지만, 탈퇴여부는 소송절차의 진행에 있어서 매우 중요한 법원에 대한 소송행위이다. 따라서 소송탈퇴 여부는 원칙적으로 법원에 서면으로 하여야 한다. 다만 구두로 하는 경우 변론준비기일조서 또는 변론조서에 이를 명확히 기재하여야 한다.

(4) 소송탈퇴의 의미

독립당사자참가에 있어서 통상의 소송탈퇴와 달리 판결의 효력은 탈퇴자에게도 미친다고 규정하고 있다($^{80\text{조}}_{\text{단서}}$). 따라서 독립당사자참가소송에 있어서 소송탈퇴의 의미 또는 성질이 무엇인가에 대하여 논의되고 있다.

① 조건부포기·인낙설

종래의 통설로서 소송탈퇴라는 것은 자기의 소송상의 지위를 참가인과 상대방 사이의 소송수행 결과에 일임하고, 이를 조건으로 소송에서 탈퇴하는 것을 의미한다.[118] 원고가 탈퇴하는 경우에는 조건부포기이고, 피고가 탈퇴하는 경우는 조건부인낙으로 보는 것이다. 소송탈퇴의 결과 본소송의 당사자 사이 및 참가인과 탈퇴자 사이에서 소송은 종료하고, 참가자와 잔존당사자 사이의 청구만이 남게 된다. 이 견해에 의하면 원소송의 피고가 탈퇴한 경우로서 참가인이 원고에게 승소한 경우에, 참가인과 탈퇴한 피고 사이에는 청구인낙으로 인하여 효력이 발생하여 문제가 없으나, 원고의 피고에 대한 청구기각의 효력을 설명할 수 없는 난점이 있다.

② 법정효과설

조건부포기·인낙설의 난점을 극복하기 위하여 주장되었는데, 이 견해에 의하면 소송탈퇴는 청구의 조건부포기·인낙과 다른 행위로서 단지 소송의 당사자가 아니게 되는 행위로 보고 있다. 이 견해에 의하여도 소송탈퇴의 결과 본소송의 당사자 사이 및 참가인과 탈퇴자 사이에 소송은 종료하고, 참가자와 잔존당사자

수는 통지로 충분하다고 한다.
118) 방순원, 230면; 이영섭, 115면.

사이의 청구만이 남게 된다. 다만 판결이 탈퇴자에게 효력이 미치는 것은 독립당사자참가의 제80조 단서의 법률규정에 따른 효과라고 설명한다. 이 견해에 의하면 원소송의 피고가 탈퇴한 경우 참가인이 원고에게 패소하면 참가인과 탈퇴한 피고 사이에는 청구기각의 효력이 발생하지만, 여전히 원고의 피고에 대한 청구인용의 효력을 설명할 수 없는 난점이 있다.

③ 병용설

이 견해는 조건부포기·인낙설과 법정효과설의 각각 효과가 미치지 아니하는 공백을 양 견해를 병용하여 해소하려고 하고 있다. 탈퇴자에 대한 판결의 효력은 조건부포기·인낙이라는 처분행위와 판결의 논리적 귀결의 범위로서 법적 효과의 부여라는 양면으로 이루어졌다고 한다. 이 견해 역시 소송탈퇴의 결과 본소송의 당사자 사이 및 참가인과 탈퇴자 사이에 소송은 종료하고, 참가자와 잔존당사자 사이의 청구만이 남게 된다.

④ 일부청구잔존설

이 견해는 병용설과 같은 처리 결과를 받아들이면서도 원고의 탈퇴는 소의 취하에 유사한 처분행위이지만, 피고의 탈퇴는 방어권의 포기 또는 잔존 당사자에 대한 소송신탁에 해당한다. 따라서 피고의 탈퇴의 경우에는 탈퇴자에 대한 청구가 그대로 잔존한다는 견해이다. 따라서 탈퇴 후에 판결의 효력이 탈퇴 피고에 미치는 것은 피고에 대한 청구에 관하여 심리·판결한 결과에 지나지 아니한다고 한다. 원고 탈퇴의 경우에는 본소송의 당사자 사이 및 참가인과 탈퇴자 사이에 소송은 종료하고 참가자와 잔존당사자 사이의 청구만이 남게 되지만, 피고 탈퇴의 경우에는 모든 청구가 잔존한다는 것이다.

⑤ 소송담당설

이 견해는 소송탈퇴의 의미를 탈퇴자가 자기의 청구 또는 자기에 대한 청구에 관하여 잔존당사자 사이의 판결의 결과에 맡기는 것으로서, 법률적으로 보면 자기의 소송수행권을 맡기는 임의적 소송담당에 해당한다고 본다.[119] 소송탈퇴 결과 본소송의 당사자 사이 및 참가인과 탈퇴자 사이에 소송은 종료하고, 참가자와 잔존당사자 사이의 청구만이 남게 되어 3면소송은 2면소송으로 전환하게 된다고 본다.[120]

---

119) 이시윤, 818면; 정동윤/유병현/김경욱, 1131면.
120) 정동윤/유병현/김경욱, 1131면.

⑥ 기타 실질적 당사자설에 의하면 탈퇴한 당사자는 형식적 당사자는 아니지만 제3자에게 판결의 효력이 미치는 실질적 당사자의 하나로서 탈퇴자에게 판결의 효력이 미친다고 한다. 이 견해도 소송탈퇴로 본소송의 당사자 사이 및 참가인과 탈퇴자 사이에 소송은 종료한다고 본다.

⑦ 검 토

(a) 이상에서 다양한 견해를 살펴보았다. 위 견해 중 일부청구잔존설 외에는 '소송탈퇴'로 본소송의 당사자 사이 및 참가인과 탈퇴자 사이에 소송이 종료되는 것을 전제로 한다. 그러나 이 경우 탈퇴자에게 효력이 미치는 구체적 방법을 어떻게 할 것인지가 애매하다. 소송탈퇴를 인정하는 근본적 이유가 탈퇴자가 독립당사자참가소송에서 어떤 결과의 판결이 나더라도 이에 승복하겠고 다만 자신의 소송관여 없이 자신과 나머지 당사자 사이의 분쟁을 종국적으로 해결하려는 것은 분명하다. 그런데 '소송탈퇴'를 통하여 탈퇴한 당사자를 완전히 소송절차에서 배제시키는 것은 오히려 원소송의 원고와 피고 사이에 별소가 필요할 가능성을 남기는 등 소송관계를 더욱 복잡하게 만들 수 있고, 나중에 판결의 효력 및 그 집행에서도 혼선이 발생할 여지가 있다. 따라서 소송탈퇴라는 것의 의미를 당사자로서의 적극적인 행위를 하지 아니하겠다는 의미로 파악하여, 탈퇴자를 소송절차에서 잠재적 당사자로 계속 인정하여 본소송의 당사자 사이 및 참가인과 탈퇴자 사이의 청구가 잠재적으로 잔존하는 것으로 보아, 변론종결 후에 판결을 할 때에 '원고(탈퇴자)' 또는 '피고(탈퇴자)'로 표시하여 판결 주문에 표시하고, 이유에서 이를 간단히 설시함으로써 소송탈퇴제도의 본래의 취지를 살리고, 집행권원과 그 집행 등을 명확히 할 필요가 있다고 본다. 잠재적 당사자설(潛在的 當事者說)이라 할 수 있다.[121]

(b) 따라서 소송탈퇴로 인해 독립당사자참가소송은 잠재적 독립당사자참가소송으로 전환된다고 보아야 한다. 또한 소송탈퇴로 잠재적 당사자가 된 경우에도 잠재적인 독립당사자참가절차의 진행 중에 필요한 경우 법원에 서면 또는 구두로 복귀의사표시를 하면 바로 복귀할 수 있다고 본다. 탈퇴자의 소송복귀를 인정할 필요가 있기 때문이다. 이러한 이론구성이 소송복귀의 측면에서 소송담당설에서 소송신탁의 취소라는 이론적 번잡을 덜 수 있다. 판례는 위 제 견해 중 어떤 입장인지는 명백히 하고 있지 아니하지만 소송탈퇴로 종전 당사자의 소송관계가 종

---

121) 비슷한 견해로 김홍규/강태원, 752면.

료된다고 보며, 탈퇴자의 청구에 관하여 심리·판단할 수 없다고 본다.[122]

(5) 판결 효력의 내용

① 민사소송법은 소송탈퇴를 한 경우에도 판결의 효력이 탈퇴자에게 미친다고 규정하고 있다(^{80조}_{단서}). 그런데 판결의 효력의 내용과 관련하여 i) 참가적 효력설, ii) 기판력설, iii) 기판력 및 집행력설(집행력포함설) 등의 견해가 있다. 현재의 통설인 기판력 및 집행력설이 타당한 것으로 본다. 경우에 따라 형성력도 포함하여 본래의 판결의 효력이 미친다고 생각한다. 조건부포기·인낙설 또는 소송담당설과 달리 잠재적 당사자설에 의하면 당사자로서 판결의 효력을 받는 것에 아무런 문제가 없다.

② 탈퇴자에게 집행력이 있다면 구체적으로 무엇이 집행권원이 될 것인지 문제이지만, 잠재적 당사자설에 의하면 탈퇴자에 대한 청구가 그대로 잔존하고 있으므로, 판결주문에 탈퇴자에 대한 이행명령이 선고되므로 그것을 집행권원으로 하면 된다(^통_설). 그러나 조건부포기·인낙설 또는 소송담당설 등에서는 탈퇴자의 소송관계가 종료된다고 보고 있으므로 판결주문에 이행명령을 하는 것이 부자연스럽다고 할 것이다.

제 3 관   당사자 일방을 보조하기 위한 소송참가

Ⅰ. 보조참가

1. 의   의

(1) 보조참가(補助參加, Nebenintervention)라 함은 소송결과에 이해관계를 갖는 제3자가 다른 사람 사이의 소송계속 중에 한쪽 당사자의 승소를 돕기 위하여 그 소송에 참가하는 것을 말한다(^가_조). 소송절차에 보조참가 하는 제3자를 보조참가인 또는 종된 당사자라 하고, 보조받은 당사자를 피참가인 또는 주된 당사자라 한다.

---

122) 대판 2011. 4. 28, 2010다103048(참가승계사안에서 탈퇴한 경우임); 대판 2014. 10. 27, 2013다67105, 67112(앞의 판례와 같이 본 판례 역시 독립당사자참가소송에서 탈퇴한 것이 아니라 참가승계에서 탈퇴한 경우임). 다만 소송탈퇴하면 원고의 피고에 대한 본소청구와 참가인·탈퇴자의 소송관계는 종료한다는 점을 들어 소송탈퇴의 법적성질에 대하여 판례의 입장은 조건부 청구의 포기·인낙설의 입장이라는 견해도 있다(이시윤, 820면; 한충수, 773면).

보조참가는 통상 소송결과에 이해관계를 갖는 제3자가 한쪽 당사자의 승소를 도
와 그를 승소하게 함으로써 자신의 이익을 지키는 것에 목적이 있다고 할 것이므
로, 피참가인이 자신의 소송을 성의 없이 수행하여 참가인이 자신의 법적 이익을
충분히 보호받지 못하는 경우에 참가의 의의가 크다. 예컨대 채권자 A가 주채무
자 B를 상대로 채무금청구의 소를 제기한 소송에서 주채무자 B가 변제할 여력이
없어 소송수행을 성실히 하지 아니할 경우에 보증채무자 C가 주채무자 B의 승소
를 위하여 참가하는 경우 등이 여기에 해당한다.

(2) 보조참가인은 자신의 이름으로 판결을 구하는 것이 아니고 당사자 일방의
승소를 보조하기 위하여 소송수행을 하는 것이므로 진정한 의미의 소송당사자라
할 수 없어 공동소송인이거나, 독립당사자참가인과 다르다(종속성). 그러나 보조참
가인은 자신의 이익을 옹호하기 위하여 자기의 이름과 계산으로 소송을 수행하는
것이므로 당사자의 이름으로 당사자를 위하여 소송수행을 하는 대리인과도 다르
다(독립성). 따라서 보조참가인은 독자적으로 대리인을 선임할 수 있다. 보조참가
인의 종속성(從屬性)과 독립성(獨立性)이라는 특성 때문에 종(從)된 당사자 또는 준
당사자(準當事者)라고 한다.

2. 보조참가의 요건(기조)

보조참가를 하기 위하여는 i) 다른 사람 사이에 소송계속 중일 것, ii) 소송결
과에 법률상의 이해관계를 가질 것(參加理由), iii) 소송절차를 현저히 지연시키지
아니할 것(기조 단서, 신법에서 신설함), iv) 기타 소송행위의 일반요건을 갖추어야 한다.

(1) 다른 사람 사이에 소송계속 중일 것

① 보조참가는 '다른 사람의 소송'에 한하여 허용된다. 따라서 한쪽 당사자는
소송의 상대방의 보조참가인이 될 수 없다. 또한 법정대리인은 소송수행상 당사자
에 준하는 지위에 있으므로 본인의 소송에 보조참가 할 수 없다. 그러나 통상공
동소송인 사이는 상호 독립성을 가지고 있으므로 다른 공동소송인의 보조참가인
뿐만 아니라, 다른 공동소송인의 상대방에게 보조참가를 할 수 있다. 문제는 공동
소송인 중 사실상 또는 이론상 합일확정이 필요한 경우(예: 주채무자와 보증인이 공
동피고로 된 경우)에 참가신청이 없다고 하여도 당연히 보조참가관계를 인정할 필
요가 있는가에 대하여 이를 긍정하는 견해(당연보조참가이론)[123]도 있으나, 명시적

보조참가 신청이 없는데 보조참가를 인정하는 것은 무리라고 본다.[124]

② 보조참가는 '소송계속 중'일 것을 요한다.

(a) 소송계속 중이면 심급에 관계없이 참가할 수 있으므로 상고심에서도 가능하다. 다만 상고심은 법률심이므로 참가할 때의 소송의 진행정도에 따라 할 수 없는 소송행위($\frac{76조 \ 1}{항 \ 단서}$)에 해당하는 사실상의 주장과 증거의 제출은 허용되지 아니한다. 또한 판결확정 후에도 상소의 추후보완($\frac{173}{조}$)이나 재심의 소($\frac{451}{조}$)와 동시에 참가신청이 가능하다($\frac{72조}{3항}$).[125] 다만 보조참가인의 재심청구 당시 피참가인이 이미 사망하여 당사자능력이 없다면, 원칙적으로 보조참가인의 재심청구는 부적법하다.[126]

(b) 소송계속이라 함은 판결절차를 전제로 하는 것이므로 판결절차 또는 판결절차로 이행될 절차(예: 독촉절차에서 이의신청과 동시에 보조참가를 하는 경우, 가압류·가처분절차에서 이의·취소신청과 동시에 보조참가를 하는 경우 등)로 한정한다는 견해가 있다.[127] 하지만 판결절차 외에 i) 대립하는 당사자구조를 갖는 결정절차(예: 가압류·가처분절차 및 그 이의·취소신청절차), ii) 대립하는 당사자구조를 갖지 아니하는 결정절차라도 보조참가인의 권리에 법률상의 이해관계를 갖기 때문에 그의 절차권을 보장할 필요가 있는 경우(예: 매각허가결정에 대한 항고절차에 매수인이 보조참가하는 경우)에는 보조참가를 인정하는 것이 타당하다.[128] 그러나 판례는 대립하는 당사자구조를 갖고 있지 아니하는 결정절차에 보조참가를 허용하고 있지 아니한다.[129]

(c) 보조참가는 대립하는 당사자 일방을 위하여 참가할 수 있고, 쌍방보조참가는 허용되지 아니한다. 따라서 제3자가 한쪽 당사자에 보조참가 하였다가 다른 당사자에게 보조참가하려면 처음 보조참가를 취하하여야 가능하다.

(2) 소송결과에 법률상의 이해관계를 가진 것(參加理由)

① 보조참가를 하려면 '소송결과'에 이해관계를 가져야 한다. '소송결과'라는 것

---

123) 이영섭, 98-99면.
124) 同旨: 김홍규/강태원, 722면; 정동윤/유병현/김경욱, 1089면.
125) 대판 2015. 10. 29, 2014다13044; 대판 2018. 11. 29, 2018므14210.
126) 대판 2018. 11. 29, 2018므14210.
127) 방순원, 206면; 송상현/박익환, 656면.
128) 同旨: 이시윤, 785면; 정동윤/유병현/김경욱, 1089면. 反對: 김홍엽, 1049면; 한충수, 733면. 대립당사자구조를 갖지 아니한 결정절차는 인정하지 아니한다.
129) 대결 1973. 11. 15, 73마849; 대결 1994. 1. 20, 93마1701(모두 매각허가결정에 대한 항고절차에 보조참가 한 경우임).

을 보다 구체적으로 보면 '판결결과'를 말한다. '판결결과'라는 것은 쉽게 말하여 '소송의 승패(勝敗)'를 의미하는 것이다. 결국 소송결과에 법률상의 이해관계가 있다는 것은 소송의 승패에 영향을 받는다는 것을 뜻한다. '소송의 승패'를 법률적으로 분석하면 '판결주문에 판단되는 소송물인 권리관계의 존부'를 의미하고, 여기에 직접적인 영향을 받는 것을 말한다.

(a) '판결주문에 판단되는 소송물인 권리관계의 존부'에 의하여 직접적 영향을 받는다는 것은 본소송에서 피참가인이 패소하면 그로부터 직접 구상 또는 손해배상 등의 청구를 당하는 경우를 생각할 수 있다. 즉 판결주문에 판단된 소송물의 존부에 직접적 영향이 미치는 경우에 보조참가가 가능한 것이다(통설).130) 이는 판결주문의 판단과 직접적 관련성이 있다는 것을 의미한다. 예컨대 채권자 A가 연대보증인 B를 상대로 제기한 연대보증에 따른 채무금청구소송에서 주채무자 C는 연대보증인 B가 패소하면 자신에게 구상금청구를 할 것이고, 보증채무의 전제가 주채무이므로 채권자와 보증채무자 사이의 판결주문에 판단된 보증채무의 존부에 직접적인 영향을 받는다고 할 것이므로 보조참가 할 수 있다(기타 예: 물건 매수인이 매도인을 상대로 한 하자담보책임을 묻는 소송에 매도인에게 물건을 공급한 업자가 매도인을 위하여 보조참가 하는 경우, 부동산의 연고권자가 국가의 등기명의 회복을 위한 소송에서 국가를 위하여 보조참가 하는 경우 등).

(b) 판결주문이 아닌 판결이유 중의 중요쟁점에 의하여 영향을 받는다는 이유로 보조참가 할 수 있는지 여부가 문제된다. 예컨대 교통사고의 공동피해자 중 1인의 가해자에 대한 소송에 다른 피해자 또는 불법행위의 공동 책임이 예상되는 자가 보조참가 하는 경우,131) 다른 사립대학의 등록금환불소송에 같은 사립대학입장에서 보조참가 하는 경우132) 등이 여기에 해당한다. 판례는 이에 대하여 판결주문이 아닌 판결이유의 승패에 따라 자신의 소송에 중대한 영향을 갖는 경우에는 이를 인정하고 있다.133) 위 사례 중 공동피해자 1인의 가해자에 대한 소송에서의

---

130) 대판 1964. 9. 22, 63두12; 대판 1982. 2. 23, 81누42; 대판(전) 2017. 6. 22, 2014다 225809.

131) 대판 1999. 7. 9, 99다12796(공동피해자사건이 아니라 공동가해자 사건에서 판결의 주문이 아닌 판결이유에 중대한 영향을 받는 경우에 참가이익을 인정하고 있음).

132) 대판 1997. 12. 26, 96다51714(판례는 법률상 이해관계가 아니라 피고가 패소하면 사립대학을 경영하고 있는 보조참가인들에게도 간접적 영향으로서 파급효(波及效)가 미치게 되는 사실상·경제상의 이유라는 이유로 배척하고 있다. 하지만 판결주문이 아닌 판결이유의 판단과 관련이 있지만 동일한 원인이 아닌 동종의 원인에 기한 것이므로 중요한 쟁점을 함께 하는 것이 아니므로 법률상 이해관계를 인정할 수 없다고 사료됨).

133) 대판 1999. 7. 9, 99다12796(공동가해자사건임).

중요 쟁점인 손해의 발생원인이 공통되므로 판결이유 중 중요쟁점이라 볼 수 있는데, 이러한 경우에 보조참가 할 수 없다는 것이 통설이다. 하지만 동일한 교통사고로 수인이 다친 경우에 피해자 중 1인이 가해자를 상대로 한 소송에서 패소하게 되면 다른 피해자도 실질적으로 구제를 받을 수 없게 되는 경우와 같이 판결이유 중 주요쟁점의 인정 여부가 자신의 소송결과에 직접적인 영향을 받게 되는 때에는 판례와 같이 보조참가의 이익을 인정하는 것이 타당하다고 본다.[134]

② 보조참가를 위하여는 본소송의 소송결과에 '법률상의 이해관계'를 가져야 한다.

(a) 법률상의 이해관계라 함은 소송의 승패가 참가인 자신의 법적 지위에 직접적 영향을 미치는 것을 의미한다.[135] 본소송에서 이기면 참가인의 법률상의 지위가 유리해지고, 패하면 참가인의 법률상의 지위가 불리하게 되는 것을 뜻한다. 소송의 승패에 직접적인 영향을 받아야 한다. 여기에는 본판결의 효력이 직접 참가인에게 미치는 경우도 포함하나, 이 경우는 공동소송적 보조참가로 보아야 한다.[136]

(b) 이해관계는 법률상 이해관계이어야 한다. 그렇기 때문에 사실상·경제상의 이해관계나 감정상의 이해관계는 이에 해당되지 아니한다.[137] '법률상'이라는 것은 참가인의 법적 지위와 관련이 있다는 것을 말한다. 따라서 당사자 일방과 친척·친구 사이라는 감정상의 이유,[138] 당사자 일방이 패소하면 친족으로서 부양하게 될 것이라는 경제상의 이유, 주식회사의 주주 또는 유한회사의 사원이므로 회사가 패소하면 이익배당이 줄 것이라는 경제적 이유,[139] 법률상 무효인 어업권의 명의신탁을 이유로 한 참가[140] 등은 법률상의 이해관계에 해당하지 아니하여 보조참가 할 수 없다.

---

134) 同旨: 깅현중, 895면. 反對: 이시윤, 786면; 정동윤/유병현/김경욱, 1090면.
135) 대결 2014. 5. 29, 2014마4009(그 판결을 진제로 하여 보조참가를 하려는 자의 법률상의 지위가 결정되는 관계); 대결 2021. 12. 10, 2021마6702(채권자취소소송의 계속 중에 채무지에 대한 회생절차가 개시되어 채무자가 관리인의 지위에서 소송을 수계하고 부인의 소로 변경한 경우 소송결과가 채무자의 재산의 증감에 직접적인 영향을 미치는 등 회생채권자의 법률상 지위에 영향을 미친다고 볼 수 있으므로, 종전에 채권자 취소소송을 제기한 회생채권자는 관리인을 돕기 위하여 보조참가를 할 수 있음).
136) 대판 1969. 1. 21, 64누39(행정소송에 보조참가 한 경우임).
137) 대판 1999. 7. 9, 99다12796; 대판 2000. 9. 8, 99다26924; 대판 2007. 4. 26, 2005다19156; 대판(전) 2017. 6. 22, 2014다225809.
138) 대결 1958. 11. 20, 4290민항161.
139) 대판 1961. 12. 21, 4294민상222.
140) 대판 2002. 9. 8, 99다26924(어업권명의신탁은 무효이므로 법률상 이해관계에 해당하지 아니함).

(c) 법률상의 이해관계에 해당하면 재산상의 관계에 한정하지 아니하고, 신분법상·공법상·형사상의 이해관계도 상관없다. 따라서 이해관계가 존재하면 행정소송에 있어서 행정청을 위하여 보조참가 할 수 있다(행소16조).[141] 간통을 원인으로 한 이혼소송에 당사자가 패소하면 민사상 손해배상청구를 당할 우려가 있는 사람은 보조참가 할 수 있다.

(3) 소송절차를 현저히 지연시키지 아니할 것(71조 단서, 신법에서 신설함)

신법에 신설한 요건이다. 보조참가를 하기 위하여는 본소송절차를 현저히 지연시키지 아니할 것이 필요하다(71조단서). 즉 참가이유는 인정되지만 재판을 지연하거나 소송을 방해할 목적으로 통상의 법정에서 재판을 할 수 없는 다수인이 보조참가하거나, 뒤늦게 보조참가 하는 경우 등이 소송절차를 현저히 지연시키는 경우에 해당한다. 보조참가제도의 남용을 막기 위한 공익적 요건으로서, 직권조사사항이다.[142]

(4) 소송행위로서의 유효요건을 갖출 것

보조참가신청을 함에 있어서 소송행위의 유효요건을 갖추어야 한다. 따라서 보조참가인은 당사자능력·소송능력이 있어야 하고, 대리인이 참가신청을 하는 경우에는 대리권이 존재하여야 한다. 따라서 민사소송에서 당사자능력·소송능력이 없는 행정청은 민사소송절차에 보조참가 할 수 없다.[143] 이러한 요건은 위 참가요건 (2)와 달리 직권조사사항에 해당한다.

(5) 보조참가의 보충성

보조참가인의 법적 지위를 옹호하기 위한 독립당사자참가(79조) 또는 공동소송참가(83조)와 같은 소송법상의 다른 구제수단이 존재하여도 보조참가가 허용된다. 따라서 i) 부적법한 독립당사자참가 신청이 보조참가 신청으로 전환할 수 있고,[144] ii) 보조참가를 하다가 독립당사자참가 신청을 하면 보조참가가 종료된다.[145] 다만 판례는 iii) 독립당사자참가를 하면서 예비적으로 보조참가를 하는 것은 허용하지 아

---

141) 대판 1969. 1. 21, 64누39.
142) 同旨: 이시윤, 787면.
143) 대판 2002. 9. 24, 99두1519.
144) 대판 1960. 5. 26, 4292민상524.
145) 대판 1993. 4. 27, 93다5727, 5734.

니한다.[146]

3. 참가절차

(1) 참가신청

① 참가신청은 신소의 제기에 해당하지 아니하므로 참가를 하기 위해서는 서면 또는 말($\frac{161조}{2항}$)로 참가의 취지와 이유를 명시하여 현재 본소송이 계속된 법원에 신청하여야 한다($\frac{72조}{1항}$). 참가의 취지에는 어느 당사자를 위하여 보조참가 하는가를 표시하고, 참가의 이유에는 소송의 결과에 어떠한 이해관계가 있는지를 밝혀야 한다. 보조참가신청은 신소의 제기가 아닌 당사자 일방을 보조하기 위한 것이므로 별도로 인지를 붙일 필요가 없다($\frac{민인}{9조}$).

② 참가신청은 참가인으로서 할 수 있는 소송행위(예: 상소의 제기, 지급명령에 대한 이의신청, 추후보완의 상소, 재심의 소제기 등)와 동시에 할 수 있다. 신청서 또는 구두의 경우 조서등본($\frac{161조}{3항}$)을 양 당사자에게 송달하여야 한다($\frac{72조}{2항}$).

(2) 참가신청에 대한 재판

① 참가신청이 있으면 법원은 참가인의 당사자능력·소송능력, 소송의 현저한 지연 여부 등을 직권으로 조사하여야 한다. 그러나 참가방식·참가이유에 대하여는 당사자가 이의 없이 변론 또는 변론준비기일에서 진술한 경우에는 이의신청권을 상실하므로($\frac{74조}{}$), 수소법원의 보조참가 허가 결정 없이도 참가인은 계속 소송행위를 할 수 있다.[147] 그러나 당사자의 이의신청이 있는 경우에는 수소법원은 참가를 허가할 것인지 여부를 결정하여야 하고 참가인은 참가이유 등을 소명하여야 한다($\frac{73조}{1항}$). 그러나 신법에서는 당사자의 이의신청이 없는 경우에도 법원은 필요하다면 직권으로 참가이유 등의 소명을 명할 수 있다($\frac{73조}{2항}$). 구법 하에서는 당사자가 법률의 무지 또는 소송기술상의 문제로 즉시 이의하지 아니하고 변론을 하면 이의신청권을 상실하는 점을 이용하여 참가이유가 없는 경우에도 보조참가 신청을 통하여 소송대리의 목적으로 보조참가 하는 경우를 제한하기 어려웠기 때문에 직

---

146) 대판 1994. 12. 27, 92다22473, 22480. 주위적으로 독립당사자참가를 하고, 예비적으로 보조참가를 하는 것도 독립당사자참가에서 보조참가로 전환을 인정하는 점에 비추어 인정할 수 있다는 견해가 있다(이시윤, 788면). 그러나 참가의 형태를 주위적, 예비적으로 하는 것은 실제 소송심리상 상당한 어려움이 있을 것으로 보이므로 대법원의 입장이 타당하다고 본다.

147) 대판 2017. 10. 12, 2015두36836.

권으로 참가이유 등의 소명을 할 수 있도록 한 것이다. 이런 점에 비추어 직권에 의한 소명을 명할 수 있도록 한 것은 타당하다고 본다.[148]

② 법원은 당사자의 소명에 따라 참가의 허가 여부를 결정하여야 한다($^{73조}_{1, 2항}$). 이 결정에 대하여 참가인 또는 당사자는 즉시항고 할 수 있다($^{73조}_{3항}$). 허부결정을 독자적인 결정이 아닌 본소송의 종국판결 이유에서 판단하여도 위법이 아니다.[149]

③ 참가에 대한 당사자의 이의가 있더라도 본소송 절차는 정지하지 않는다. 참가불허가 결정이 있더라도 그것이 확정될 때까지는 참가인은 그가 할 수 있는 모든 소송행위를 할 수 있다($^{75조}_{1항}$). 그러한 소송행위는 불허가 결정이 확정되면 효력을 잃지만, 당사자가 이를 원용한 때에는 그 효력을 가진다($^{75조}_{2항}$).

(3) 참가의 종료

① 참가인은 언제나 피참가인 또는 상대방 당사자의 동의 없이 참가신청을 취하할 수 있다. 그러나 참가인은 참가적 효력을 면할 수 없다($^{통}_{설}$).

② 이때 참가인이 취하 전에 한 소송행위의 효력이 어떻게 될 것인지가 문제된다. 이에 대하여 참가적 효력이 미친다는 이유로 피참가인의 원용 여부와 관계없이 효력이 있다는 견해[150]와 피참가인의 원용이 필요하다는 견해[151]로 나뉜다. 당사자주의에 비추어 보면 이익을 받는 자의 원용이 필요하다는 견해가 타당하나 ($^{75조 2}_{항 유추}$), 명시적 원용뿐만 아니라 묵시적 원용[152](예: 피참가인이 참가인과 변론기일에 함께 출석한 상태에서 참가인의 주장에 특별히 이의를 제기하기 아니한 경우, 피참가인이 참가인의 소송행위를 알고도 특별히 이의를 제기하지 아니한 경우 등)도 가능하다고 본다.

---

148) 직권에 의한 소명규정은 직권조사사항인 신의칙에 의하여 막을 수 있는 문제이므로 구태여 당사자주의의 틀을 버릴 필요가 없다고 하는 견해(이시윤, 789면, 주 1) 참조)가 있으나, 신의칙 적용의 최소·최후성에 비추어 보면 개별규정의 문제점은 개별규정에서 구체적으로 보완하는 것이 의미가 있다고 본다.

149) 대결 1962. 1. 11, 4294민상558; 대판 2007. 11. 16, 2005두15700; 대판 2015. 10. 29, 2014다13044. 반대의견 있음(이시윤, 791면).

150) 김홍엽, 1055면; 방순원, 209면; 이시윤, 789면.

151) 송상현/박익환, 660면; 정동윤/유병현/김경욱 1093면; 한충수, 738면; 호문혁, 963면.

152) 대판 1971. 3. 31, 71다309, 310에서 증거를 제출한 참가인의 보조참가신청이 부적법 각하되었다고 하여도 이미 법원이 실시한 증거방법에 의하여 얻은 증거자료의 효력에 영향이 없다는 것도 묵시적 원용의 일종으로 볼 수 있다고 본다.

4. 보조참가인의 지위

(1) 보조참가인의 종속성(從屬性)

① 보조참가인은 자기의 또는 자기에 대한 청구에 관하여 심판을 요구하는 사람이 아니므로,[153] 본소송의 판결 명의인이 아니다. 보조참가인은 소송당사자가 아니고 당사자 일방을 보조하기 위하여 참가하는 자이므로 당사자 또는 공동소송인과 구별된다.

② 따라서 보조참가인은 피참가인과 사이에 종속성을 가진다. 보조참가인은 피참가인에 종적인 지위를 갖기 때문에 소송비용을 부담하는 외에는($^{103}_{조}$) i) 자신의 이름으로 판결을 받지 아니하고, ii) 당사자에 대해 제3자적 지위를 가지는 것이므로 증인능력 및 감정인능력을 가지며, iii) 참가인에게 사망 등 중단사유가 발생하여도 본소송절차는 중단되지 아니한다. 다만 그 사이에 생긴 사유는 참가적 효력을 받지 아니할 사유($^{77조}_{1호}$)에 해당할 수 있고, 참가인의 승계인은 보조참가를 수계할 수 있다.[154] iv) 참가인의 상소는 피참가인의 상소기간 내에 한하고, 상고이유서의 제출기간도 같다.[155]

(2) 보조참가인의 독립성(獨立性)

보조참가인은 자신의 이익을 옹호하기 위하여 자기의 이름과 계산으로 소송을 수행하는 것이므로 당사자의 이름으로 당사자를 위하여 소송수행을 하는 대리인과도 다르므로 독립성을 갖는다. 따라서 당사자에 준하는 절차관여권이 인정된다. 따라서 참가인에게 피참가인과 별도로 i) 기일통지, 소송서류의 송달(판결정본은 당사자가 아니므로 제외됨)을 하여야 한다. 참가인에게 기일통지를 하지 아니하여 변론기회를 부여하지 아니한 경우에는 기일을 적법하게 열 수 없다.[156] ii) 소송비용에 대한 별도의 재판($^{103}_{조}$)이 가능하고, iii) 피참가인의 동의 없이 참가신청을 자유롭게 취하할 수 있고, iv) 기타 피참가인을 승소시키기 위한 일체의 소송행위와 자신의 사유를 이유로 한 기피신청[157]이 가능하다.

---

153) 대판 1989. 2. 28, 87누496(피고보조참가인에 대한 이행청구는 부적법함).
154) 대판 1995. 8. 25, 94다27373.
155) 대판 1969. 8. 19, 69다949; 대판 2007. 9. 6, 2007다41966; 대결 2007. 8. 30, 2006무123.
156) 대판 1968. 5. 31, 68마384; 대판 2007. 2. 22, 2006다75641. 그러나 소송절차에 대한 이의권(151조)의 대상이 되어 그대로 변론을 하면 흠이 치유된다.
157) 同旨: 정동윤/유병현/김경욱, 1094면.

(3) 보조참가인의 소송행위

위와 같이 보조참가인은 독립성과 종속성을 동시에 갖는데, 그 독립성으로 인하여 자유롭게 소송행위를 할 수 있지만, 반면 그 종속성으로 인하여 피참가인과의 관계에서 소송행위에 일정한 제약이 따른다.

① 참가인이 할 수 있는 소송행위

참가인은 피참가인의 승소를 위하여 필요한 모든 소송행위를 자기의 이름으로 할 수 있다. 따라서 참가인은 소송에 관하여 공격·방어·이의·상소, 그 밖의 모든 소송행위를 할 수 있다($^{76조 1항}_{본문}$). 공격방어방법의 하나로 증거신청도 물론 가능하다.[158] 이러한 참가인의 소송행위는 마치 피참가인 자신이 행한 것과 같은 효과가 생긴다.

② 참가인이 할 수 없는 소송행위

참가인은 피참가인의 보조자로 본소송에 참가한 것이므로 피참가인과의 관계에서 다음과 같은 소송행위를 할 수 없고, 이에 위반하여 소송행위를 한 경우 그 소송행위는 효력이 없다.

(a) **피참가인도 할 수 없는 소송행위**($^{76조 1항}_{단서}$) 소송에 참가할 때의 소송의 진행 정도에 비추어 피참가인도 할 수 없는 소송행위는 참가인도 할 수 없다. 자백의 취소, 시기에 늦은 공격방어방법의 제출, 소송절차에 관한 이의권을 포기·상실한 행위, 상고심에서의 새로운 주장·증거의 제출, 피참가인의 상소기간 경과 후의 상소제기[159] 등이 그 예이다.

(b) **피참가인의 소송행위에 어긋나는 소송행위**($^{76조}_{2항}$) ⅰ) 피참가인이 이미 행한 행위와 어긋나는 소송행위는 이를 할 수 없다. 예컨대 피참가인이 자백한 후에 참가인이 부인하거나,[160] 피참가인이 상소를 포기한 후에 참가인이 상소를 제기할 수 없다. 다만 참가인의 소송행위가 피참가인의 소송행위와 일부만 어긋나는 경우에는 그 한도에서만 효력이 없다.[161] 서로 어긋나는 행위인지 여부는 피참가인의

---

158) 대판 1994. 4. 29, 94다3629.
159) 대판 1969. 8. 19, 69다949; 대결 2007. 8. 30, 2006무123; 대판 2007. 9. 6, 2007다41966. 대판 1962. 3. 15, 4294행상145는 피참가인의 상고이유서 제출기간 후의 참가인의 상고이유서 제출이 허용되지 아니한다고 한다.
160) 대판 1981. 6. 23, 80다1761; 대판 2001. 1. 19, 2000다59333.
161) 同旨: 정동윤/유병현/김경욱, 1095면.

명백하고도 적극적인 의사를 기준으로 한다. 예컨대 피참가인이 명백히 다투지 않는 사실을 참가인이 다투거나, 피참가인이 패소부분 중 일부를 상소하지 아니하였는데 참가인이 패소부분 전부를 상소한 경우 등은 효력이 있다고 할 것이다.[162]

ⅱ) 참가인의 행위와 어긋나는 행위를 피참가인이 뒤에 한 경우에도 참가인의 행위는 효력이 없게 된다. 따라서 참가인이 제기한 항소를 피참가인이 포기 또는 취하할 수 있다.[163] 다만 재심의 소에 공동소송적 보조참가인이 참가한 후에는 피참가인이 재심의 소를 취하할 수 없다.[164]

(c) 피참가인에게 불리한 소송행위　보조참가인은 피참가인의 승소 보조를 위하여 본소송 절차에 참가한 것이므로 피참가인에게 불리한 소송행위를 할 수 없다. 따라서 소의 취하, 청구의 포기・인낙, 화해, 상소의 취하, 상소권의 포기 등은 허용되지 아니한다. 자백이 포함되는지 여부에 관하여 이견이 있으나, 대등한 관계에 있는 필수적 공동소송인조차 이를 할 수 없다는 점($\frac{67조}{1항}$), 자백은 승소를 돕는 행위가 아니라는 점[165] 등에 비추어 보면 종속적 관계에 있는 보조참가인이 한 피참가인에게 불리한 자백을 인정하는 것은 무리라고 생각한다($\frac{통}{설}$). 다만 참가인의 자백에 대하여 피참가인이 다투거나 취소하지 아니하면 피참가인의 소송행위에 어긋나지 아니하는 행위로 되어 유효해질 수는 있을 것이다.

(d) 소송물을 처분하는 행위　보조참가인은 다른 사람 사이의 소송을 전제로 하여 당사자 중 한쪽을 보조하기 위하여 소송행위를 하는 지위에 있는 것이고, 당사자를 지배하며 주도적으로 소송을 끌고 가는 지위에 있는 것이 아니다. 따라서 소송 자체를 발생・변경・소멸시키는 행위를 할 수 없으므로, 청구의 변경,[166] 반소, 중간확인의 소 등 소송중의 소를 제기할 수 없다.

(e) 피참가인의 사법상의 권리행사　참가인은 소송수행 중 자신의 사법상의 권리행사를 하는 것은 자유이지만 피참가인의 사법상의 권리행사를 할 수는 없다. 이 점이 대리와 다르다. 그러므로 참가인이 피참가인의 채권을 가지고 상계할 수 없고, 피참가인의 계약상의 취소권, 해제・해지권 등을 행사할 수 없다. 그러나 참가인의 피참가인과의 관계상 사법상 인정되는 채권자대위권($\frac{민}{404조}$), 연대채무자($\frac{민\ 418}{조\ 2항}$) 또는 보증채무자($\frac{민}{434조}$)로서 상계 등은 가능하다. 다만 피참가인이 이미 소송절차

---

162) 同旨: 이시윤, 791면.
163) 대판 1984. 12. 11, 84다카659; 대판 2010. 10. 14, 2010다38168.
164) 대판 2015. 10. 29, 2014다13044.
165) 호문혁, 966면.
166) 대판 1989. 4. 25, 86다카2329; 대판 1992. 10. 9, 92므266.

외에서 자신이 사법상의 권리를 행사하였지만 소송상 이를 주장하지 아니할 경우에 참가인이 이를 대신 주장하는 것은 문제없다.[167]

5. 참가인에 대한 재판의 효력(참가적 효력)

(1) 효력의 성질

판결의 효력(기판력·형성력·기판력)은 당사자에게만 미치므로($\frac{218조}{1항}$), 피참가인과 그 상대방 사이의 판결의 효력은 당사자가 아닌 보조참가인에게 미치지 아니함은 당연하다. 그런데 제77조(참가인에 대한 재판의 효력)에 "재판은 참가인에게도 그 효력이 미친다."고 규정하고 있어, 그 의미가 무엇이며 어떤 성질을 가지고 있는가에 대하여 견해가 나뉜다. 여기의 재판의 효력을 i) 당사자 사이에 생긴 재판의 효력 즉 기판력이 보조참가인에게도 확장된다는 기판력설(旣判力說), ii) 기판력과 달리 보조참가소송에서 참가인과 피참가인 사이에 특수하게 인정되는 효력인데 그 내용은 피참가인이 패소 후에 피참가인이 참가인을 상대로 제2차 소송을 제기하는 경우에 참가인은 피참가인과의 관계에서 종전의 판결 내용이 부당하다고 주장할 수 없는 구속력이라고 보는 참가적 효력설(參加的 效力說), iii) 판결의 효력을 참가인과 피참가인 사이, 참가인과 피참가인의 상대방 사이를 구분하여 전자 사이에는 참가적 효력, 후자 사이에는 기판력 또는 쟁점효(爭點效)라고 보는 신기판력설(新旣判力說)[168]이 있다.

기판력설은 종전에 주장되던 학설로 현재에는 주장하는 학자가 거의 없다. 신기판력설은 일본 및 우리나라의 일부 학자가 주장하는 견해로서 참가적 효력의 확장 및 쟁점효이론과 관련이 있는 학설이다. 참가적 효력설이 우리나라 통설과 판례[169]이다. 특히 참가적 효력설은 그 인정근거로 참가인과 피참가인이 공동으로 소송을 수행한 이상 패소의 경우에 그 책임을 공평하게 부담하는 것이 형평의 관념 및 금반언원칙(신의칙)에 부합하기 때문이라는 것이다.

생각건대 기판력설은 제77조의 기본취지가 소송의 공동수행에 따른 패소 시에 책임을 공평하게 분담하는 형평의 관념 및 금반언원칙(신의칙)에 기초한 것이고, 기판력은 분쟁의 공권적 확정이라는 법적 안정성에 기초한다는 점을 도외시하였

---

167) 同旨: 호문혁, 966면.
168) 강현중(2004), 227면.
169) 대판 1965. 4. 27, 65다101; 대판 1972. 2. 29, 70다617; 대판 1979. 6. 12, 79다487; 대판 1988. 12. 13, 86다카2289.

고, 명문상 참가인의 집행력을 배제하고 있고($\substack{\text{민집 25} \\ \text{조 1항}}$), 참가인에 대한 재판의 효력을 배제하는 사유를 참가인과 피참가인 사이의 사유로 한정한 점($\substack{77 \\ 조}$), 이에 의하면 단순히 소송고지만으로 제3자에게 기판력을 강요하는 결과에 이른다는 점($\substack{84 \\ 조}$) 등에 비추어 수긍하기 어렵다. 또한 신기판력설도 기판력설에 대한 비판뿐만 아니라, 참가인과 피참가인의 상대방에게도 효력이 미친다고 하여 기판력이 당사자 이외의 자에게도 미친다는 주장은 현행법 제77조(참가인에 대한 재판의 효력) 및 제218조(기판력의 주관적 범위)에 정면으로 반한다는 점에서 현행법의 해석으로 수용할 수 없다고 본다. 따라서 통설·판례과 같이 참가적 효력설에 따른다.

(2) 참가적 효력의 범위

① 주관적 범위(主觀的 範圍)

(a) 참가적 효력은 '피참가인과 참가인 사이'에만 미치고, '참가인과 피참가인의 상대방 사이'에는 미치지 아니한다.[170] 참가인과 피참가인이 소송을 공동으로 수행한 결과 패소한 경우에는 둘 사이에 제2차 소송에서 이에 반하는 주장을 할 수 없는 구속력이 생기는 것이다.

(b) 이러한 구속력은 참가인 또는 피참가인 모두에게 불이익하게 발생할 수 있다. 예컨대 채권자가 주채무자를 상대로 한 채무금청구소송에 보증인이 보조참가 하여 주채무자와 함께 주채무의 부존재를 주장하였으나 채권자가 승소한 경우 즉 주채무자가 패소한 경우에, 주채무자는 보증인의 자신에 대한 구상금청구소송(제2차 소송)에서 주채무의 부존재를 주장할 수 없다(피참가인에게 불리하게 작용). 또한 제3자가 매수인을 상대로 제기한 소유권에 기초한 목적물인도청구소송에 매도인이 보조참가 하여 자신의 소유를 주장하였음에도 패소한 경우에, 매도인은 매수인의 자신에 대한 담보책임에 따른 손해배상청구소송(제2차 소송)에서 그 물건이 제3자의 소유가 아니고 자신의 물건이라고 주장할 수 없다(참가인에게 불리하게 작용). 그러나 참가적 효력은 참가인과 피참가인 사이에게만 미치는 것이므로 전자의 예에서 채권자가 보증인에게 직접 보증채무금청구의 소를 제기한 경우에는 보증채무자는 주채무의 부존재를 당연히 주장할 수 있다.

② 객관적 범위(客觀的 範圍)

(a) 참가적 효력은 i) 판결주문의 소송물에 관한 판단뿐만 아니라, ii) 판결이유

---

170) 대판 1971. 1. 26, 70다2596; 대판 1974. 6. 4, 73다1030.

중 패소이유가 된 사실상·법률상의 판단에도 미친다. 판결이유에도 참가적 효력이 미친다는 점에서 판결주문의 판단에 직접적인 영향을 받는 경우에 한정되는 참가이유와 차이가 있다. 이렇게 판결이유에도 참가적 효력이 미치게 하는 것은 그렇게 하지 아니하면 참가적 효력의 실익을 거둘 수 없기 때문이다. 예컨대 채권자의 보증인을 상대로 한 보증금채무청구소송에 주채무자가 보조참가 하여 주채무의 부존재를 주장하였으나 채권자가 승소한 경우 즉 보증인이 패소한 경우에, 보증인의 주채무자에 대한 구상금청구소송(제2차 소송)에서 전 소송인 주문에는 판단하지 않았지만 보증채무와 선결적 법률관계 있는 주채무의 부존재에 대한 판단에 구속력이 없다면 참가적 효력은 아무 의미가 없기 때문이다.

(b) 그런데 참가적 효력이 미치는 판결이유 중의 사실상·법률상의 판단의 범위가 문제이다. 이것은 소송의 경과·상황, 이해상반 유무 등을 고려하여 개별적으로 판단하여야 한다.[171] 전소 확정판결의 결론의 기초가 된 사실상 및 법률상의 판단에 한하고, 전소 확정판결의 결론에 영향을 미칠 수 없는 부수적 또는 보충적인 판단, 방론(傍論)에는 효력이 미치지 아니한다.[172] 판결이유 중의 선결적 법률관계는 결론에 기초가 된 법률상의 판단에 당연히 포함된다고 보아야 한다.[173]

(c) 그러나 당사자도 판결의 효력은 주문의 판단에 한정됨에도 당사자도 아닌 보조참가인에게는 판결이유에까지 참가적 효력이 미친다는 점에 비추어 보면, 참가인과 피참가인이 공동으로 협력하여 소송수행을 하였다고 할 수 있는 이해가 공통된 사항에 대한 판단에 한정한다.[174] 참가인과 피참가인이 이해가 대립되는 사항[175] 및 판결이유 중에 판단하지 아니한 사항에 대하여는 참가적 효력이 발생할 여지가 없다.[176]

③ 기판력과의 차이

참가적 효력은 기판력과 비교하여 다음과 같은 차이점이 있다. i) 기판력을 인정하는 근거는 민사분쟁에 대한 법원의 공권적 판단의 확정을 통한 법적 안정성

---

171) 정동윤/유병현/김경욱, 1098면.

172) 대판 1997. 9. 5, 95다42133; 대판 2003. 6. 13, 2001다28336, 28343; 대판 2007. 12. 27, 2006다60229.

173) 同旨: 이시윤, 793면.

174) 대판 1986. 2. 25, 85다카2091; 대판 2020. 1. 30, 2019다268252.

175) 대판 1997. 9. 5, 95다42133; 대판 2015. 5. 28, 2012다78184(전소가 확정판결이 아닌 화해권고결정에 의하여 종료된 경우에는 확정판결에서와 같은 사실상 및 법률상의 판단이 이루어졌다고 할 수 없으므로 참가적 효력이 미치지 아니함).

176) 대판 1991. 6. 25, 88다카6358.

을 추구하는 것이나, 참가적 효력은 공동의 소송수행에 따른 패소에 대한 책임의 공평부담을 위한 형평사상 및 금반언사상(신의칙)에 기초한다는 점, ii) 기판력은 승패에 불구하고 발생하나, 참가적 효력은 피참가인이 패소한 경우에 발생한다는 점, iii) 기판력의 주관적 범위는 소송당사자 사이에 발생하나, 참가적 효력은 당사자 일방인 피참가인과 제3자인 참가인 사이에 발생하는 점, iv) 기판력은 당사자 사이의 주관적 책임과 관계없이 발생하나, 참가적 효력은 참가인에게 패소책임이 없을 경우에는 발생하지 아니한다는 점, v) 기판력은 판결 주문 중의 판단에 한정하나, 참가적 효력은 판결이유 중의 사실상·법률상 판단에도 미친다는 점, vi) 기판력의 존재는 직권조사사항이나, 참가적 효력 유무는 당사자의 원용을 기다려 고려하면 충분하다는 점 등이 차이난다.

(3) 참가적 효력의 배제

① 참가인은 다음과 같은 사유가 존재하면 참가적 효력이 배제된다. i) 참가 당시의 소송정도로 보아 필요한 행위를 할 수 없었을 경우(77조 1호, 76조 1항, 예: 실기한 공격방어방법<149조>, 실권효<285조>, 상고심에 참여한 경우 사실자료의 제출 등), ii) 피참가인의 행위와 어긋나게 되어 효력을 잃은 경우(77조 1호, 76조 2항, 예: 참가인이 사실을 다투는데 피참가인이 자백 또는 인낙한 경우), iii) 피참가인이 참가인의 소송행위를 방해한 경우(77조 2호, 예: 참가인이 제기한 상소를 피참가인이 취하한 경우), iv) 피참가인이 참가인이 할 수 없는 소송행위를 고의나 과실로 하지 아니한 경우(77조 3호, 예: 피참가인만이 알고 있는 변제 등에 관한 사실·증거의 제출을 게을리 하였거나, 사법상 권리행사를 하지 아니한 경우 등), v) 참가인에게 소송중단사유가 있었던 경우, vi) 소송이 화해권고결정으로 종료된 경우[177] 등이다.

② 다만 참가적 효력을 배제하기 위하여는 참가인은 i) 해당사유의 존재와 ii) 해당 사유가 없었다면 전 소송의 판결결과가 피참가인의 패소가 아닌 승소로 되었을 것이라는 주장·증명을 하여야 한다.[178]

(4) 참가적 효력의 확장·유추 시도

참가적 효력을 일정한 경우 확장하거나 유추적용하자는 견해가 있다. 여기에는 i) 법정대리인이 소송제한능력자 본인을 대리한 경우 또는 제3자가 본인의 소송담당을 한 경우에 그 법정대리인 또는 소송담당자가 소송수행을 잘못하여 후에 본인으로부터 손해배상청구를 받은 때에는 참가적 효력을 확장하여야 하고, ii) 같은 당사자 사이에 기초적 사실이 동일하나 법적 구성이 달라 소송물을 달리한 소송

---

177) 대판 2015. 5. 28, 2012다78184.
178) 이시윤, 794면.

에서 전소송의 주장을 번복하는 때(예: A의 B에 대한 매매대금청구소송에서 B가 매매계약의 무효를 주장하여 승소한 후에 A가 별소로 B에게 인도한 목적물의 반환청구소송을 제기하였는데 B가 종전의 주장을 번복하여 매매가 유효하다고 주장하는 경우) 등의 경우에는 참가적 효력을 유추적용하자는 견해가 있다.[179] 이러한 견해는 판결이유에 판결의 효력을 인정하려는 일본의 쟁점효이론과 맥을 같이 한다.[180]

생각건대 이러한 주장은 상당히 의미 있는 점이 있다. 하지만 참가적 효력으로 이러한 사안을 다루는 것은 참가적 효력의 틀을 벗어난 면이 있다. 따라서 추상적이기는 하나 개별적·구체적 상황을 고려하여 민사소송법의 가장 큰 얼개이면서 상위개념인 신의칙으로 해결하는 것이 타당하다고 본다.[181]

Ⅱ. 공동소송적 보조참가

1. 의   의

① 공동소송적 보조참가(共同訴訟的 補助參加)라 함은 본소 재판의 효력이 미치는 제3자가 보조참가 하는 경우를 말한다. 보조참가이지만 통상의 보조참가와 달리 참가자가 본소 판결의 효력을 직접 받는다는 점이 차이가 있다. 통상의 보조참가인보다 판결 결과의 영향력이 크다고 할 것이다. 구법 하에서는 공동소송적 보조참가에 대한 명문규정이 없었으나 해석상 이를 긍정하여 오다가 신법에서 이를 명문화하였다($^{78}_조$).

② 공동소송적 보조참가의 경우에 참가인은 판결의 효력을 받게 되므로 참가인의 절차권을 보장하기 위하여는 통상의 보조참가인과 달리 필수적 공동소송인에 준하는 소송수행권을 부여할 필요가 있다. 따라서 통상 보조참가인과 달리 공동소송적 보조참가인은 본인에 대한 종속성보다는 독립성을 강조할 필요가 있다. 특히 판결의 효력을 받는 경우에 공동소송참가가 인정되는 경우도 있지만 일정한 사유로 인하여 원고 또는 피고로서의 자격(당사자 적격)을 갖고 있지 아니하여 공동소송참가가 어려울 경우(예: 파산재단에 관한 소송에서 파산선고를 받은 파산자의 경우 등)에 공동소송적 보조참가를 통하여 필수적 공동소송인에 준하는 당사자의 절차권을 보장 받을 수 있는 것이다. 이러한 경우에 특히 의미 있는 제도라고 할

---

179) 三ケ月章, 285-286면; 新堂幸司, 703면(兼子一 博士의 견해로 소개함).
180) 新堂幸司, 703면.
181) 同旨: 이시윤, 795면; 정동윤/유병현/김경욱, 1101면.

것이다.

③ 통상의 보조참가로 볼 것인지 또는 공동소송적 보조참가로 볼 것인지는 당사자의 신청방식에 구애됨이 없이 법원이 법령의 해석을 통하여 결정하여야 하고,[182] 공동소송적 보조참가에 해당하는지 또는 공동소송참가에 해당하는지도 같다.[183]

2. 공동소송적 보조참가가 인정되는 경우

본소 재판의 효력이 권리귀속주체 또는 제3자에게 미치는 i) 제3자의 소송담당의 경우와 ii) 가사소송·행정소송 등 판결의 대세효가 인정되는 경우에 공동소송적 보조참가가 인정된다.

(1) 제3자의 소송담당의 경우

① 소송담당자가 받은 판결의 효력은 권리귀속주체(이익귀속주체)인 제3자에게 미치므로($^{218조}_{3항}$), 이러한 제3자가 보조참가하면 공동소송적 보조참가에 해당한다. 예컨대 관리인의 회생절차상 채무자의 재산에 관한 소송에 있어서의 채무자($^{채무회생}_{78조}$), 파산관재인의 파산재단에 관한 소송에 있어서의 파산자($^{채무회생}_{359조}$), 유언집행자의 상속재산에 관한 소송에 있어서의 상속인($^{민}_{1101조}$), 선정당사자의 소송에 있어서의 선정자($^{53}_{조}$), 추심명령을 받은 집행채권자의 추심의 소에 있어서의 채무자($^{민집 227.}_{229조}$), 채권자대위소송에 있어서의 채무자($^{민}_{404조}$),[184] 채권질의 질권자가 소송을 하는 경우에 있어서의 채권자($^{민}_{353조}$), 추심위임배서에 의한 피배서인의 소송에 있어서의 배서인($^{어음}_{18조}$)[185] 등이 보조참가하면 공동소송적 보조참가로 보아야 한다.

② 당사자적격이 없어 공동소송참가를 할 수 없는 경우뿐만 아니라 이를 할 수 있는 경우에도 필요에 따라 공동소송참가를 하지 아니하고 공동소송적 보조참가를 할 수 있다. 판례는 회사의 주주대표소송($^{상 404}_{조 1항}$) 참가는 공동소송참가라고 본다.[186] 이 경우 회사는 필요에 따라 공동소송적 보조참가도 가능하다. 그렇기 때

---

182) 대판 1962. 5. 17, 4294행상172; 대판 2001. 1. 19, 2000다59333(원고가 피고에게 구하는 채권이 허위채권으로 보여지는데도 피고가 원고의 주장사실을 자백하여 원고를 승소시키려 한다는 사유만으로는 공동소송적 보조참가를 할 수 없고 보조참가로 보아야 함).

183) 대판 2002. 3. 15, 2000다9086.

184) 反對: 호문혁, 969면(대위소송은 채권자가 자신의 대위권을 독자적으로 행사하는 것이므로 소송담당이 아니므로 보조참가라고 봄).

185) 同旨: 방순원, 217면. 反對: 정동윤/유병현/김경욱, 1060면 주2) 참조(배서인은 어음상의 권리를 잃지 아니하여 공동소송참가를 할 수 있다는 이유임).

186) 대판 2002. 3. 15, 2000다9086.

문에 회사가 주주들의 주주대표소송에 당사자로서 공동소송참가 또는 공동소송적 보조참가를 하여도 중복제소에 해당한다고 볼 수 없다.[187]

(2) 대세적 효력을 갖는 판결

형성판결과 같이 대세적 효력을 가지는 경우에는 일반 제3자에게 판결의 효력이 미친다. 이러한 경우에 그 제3자가 보조참가하면 공동소송적 보조참가로 된다.[188] 가사소송($\frac{가소\ 21}{조\ 2항}$), 회사관계소송($\frac{상\ 190조,\ 376조\ 2항,\ 380}{조,\ 381조\ 2항,\ 430조}$), 행정소송($\frac{행소\ 17.}{29조}$),[189] 권한쟁의심판과 헌법소원심판청구($\frac{헌재}{40조}$) 등이 여기에 해당한다. 이러한 경우에 당사자적격이 없는 제3자가 보조참가하면 공동소송적 보조참가에 해당한다(예: 회사의 이사선임 결의 무효확인의 소에 있어서 피고적격자는 회사이므로, 이사 자신이 보조참가 하는 경우 등). 형성소송은 당사자적격자뿐만 아니라, 제소기간을 제한하고 있는 경우가 많으므로 판결의 효력을 받으면서 공동소송참가가 불가능한 경우에 특별한 의미를 갖는다고 할 수 있다. 하지만 판결의 효력이 미치더라도 청구의 목적물 소지자($\frac{218}{조}$) 와 같이 독자적인 이익이 없으면 보조참가 할 수 없다.[190]

3. 공동소송적 보조참가인의 지위

(1) 필수적 공동소송인에 관한 규정 준용(독립성)

공동소송적 보조참가인은 당사자 지위를 갖지 아니한다는 점에서는 보조참가인이지만, 판결의 효력을 직접 받는다는 점에서 필수적 공동소송인으로서의 특성을 가지고 있다. 따라서 공동소송적 보조참가인은 필수적 공동소송인에 관한 특별규정이 준용된다($\frac{78조}{67조}$). 그러므로 공동소송적 보조참가인은 독립성이 강조되어 필수적 공동소송인에 준하여 다음과 같은 소송수행권이 부여된다.

① 피참가인은 참가인에게 불리한 행위를 단독으로 할 수 없고, 참가인은 유리한 행위이면 피참가인의 행위에 어긋나는 소송행위를 할 수 있다($\frac{78조,\ 67조\ 1항에\ 의하여}{76조\ 2항의\ 적용배제}$). 따라서 참가인이 상소를 제기한 경우에 피참가인이 단독으로 상소권을 포기, 상소

---

187) 反對: 이시윤, 796면(주주대표소송에서 전소에 회사의 참가는 중복제소에 해당한다고 봄).

188) 따라서 형성의 소가 아닌 경우에 보조참가인들의 참가는 통상의 보조참가에 불과하다(대판 2010. 10. 14, 2010다38168).

189) 행정소송법 제17조에 의한 행정청의 참가는 공동소송적 보조참가가 된다. 판례는 행정소송에서 참가인의 보조참가는 행정소송법 제16조상의 제3자의 소송참가에 해당하지 아니하여도 판결의 효력이 참가인에게 미치므로 공동소송적 보조참가로 본다(대판 2017. 10. 12, 2015두36836).

190) 정동윤/유병현/김경욱, 1061면.

의 취하를 하더라도 효력이 없고,[191] 청구의 포기·인낙, 화해도 피참가인 혼자
할 수 없다. 재심의 소를 취하하는 것은 확정된 종국판결에 대한 불복의 기회를
상실하게 하는 재판효력과 직접 관련이 있는 소송행위로서 확정판결의 효력이 미
치는 참가인에게 불리한 행위이므로 재심의 소에 참가인이 참가한 후에는 피참가
인은 참가인의 동의 없이 재심의 소를 취하할 수 없다.[192] 다만 재심소송이 아닌
통상의 소송에서의 소의 취하는 참가인에게 특별히 불리한 소행행위가 아닐 뿐만
아니라, 유사필수적 공동소송의 법리에 비추어 가능하다고 할 것이다.[193] 피참가
인에 대한 상대방의 소송행위는 참가인의 유·불리를 묻지 아니하고 참가인에게
효력이 있다($^{78조,\ 67}_{조\ 2항}$).

  ② 참가인에게 소송절차의 중단·중지의 사유가 발생한 때에는 소송절차가 중
단·중지된다($^{78조,\ 67}_{조\ 3항}$).

  ③ 공동소송적 보조참가인에 대한 증거조사는 당사자에 준하여 당사자신문을
하여야 한다.[194]

  ④ 참가인에 대한 상소기간은 피참가인과 독립하여 참가인에 대한 판결송달
시부터 독자적으로 계산한다($^{396조}_{참조}$).[195]

(2) 보조참가인으로서의 지위(종속성)

  공동소송적 보조참가는 필수적 공동소송인의 특별규정을 준용하는 외에는 보
조참가로서의 성질을 여전히 가지고 있다. 따라서 공동소송적 보조참가인은 소송
물을 처분·변경하는 청구의 변경, 반소, 중간확인의 소 등을 제기할 수 없고, 참
가 당시에 피참가인도 이미 행할 수 없는 소송행위인 상고이유서 및 실기한 공격
방어방법 등의 제출, 피참가인이 한 자백의 철회 등도 할 수 없다.[196] 또한 공동

---

191) 대판 2016. 7. 27, 2013두17923; 대판 2017. 10. 12, 2015두36836.
192) 대판 1967. 4. 25, 66누96; 대판 1970. 7. 28, 70누35; 대판 2015. 10. 29, 2014다13044.
193) 同旨: 이시윤, 797면; 정동윤/유병현/김경욱, 1103면; 대판 2013. 3. 28, 2011두13729.
194) 同旨: 정동윤/유병현/김경욱, 1104면.
195) 대판 2012. 11. 29, 2011두30069(상고이유서 제출기간도 같음).
196) 대판 2018. 11. 29, 2018므14210; 대판 2020. 10. 15, 2019두40611(상고하지 않은 공동소송
적 보조참가인이 피참가인의 상고이유서 제출기간이 지난 후 상고이유서를 제출하였다면 이는 부
적법하고 이는 상고이유의 주장도 마찬가지이다. 따라서 공동소송적 보조참가를 한 참가인과 피참
가인이 불복부분을 달리하여 각각 상고하는 경우, '피참가인만이 불복한 부분'에 대하여 참가인은
'상고하지 않은 참가인'의 지위에 있게 되므로 '피참가인만이 불복한 부분'에 대하여, 피참가인이 상
고이유서에서 주장하지 않은 새로운 내용을 참가인이 피참가인의 상고이유서 제출기간이 지난 후
에 주장한다면 이는 부적법한 상고이유의 주장임).

소송적 보조참가는 본소송의 소송계속에 의존하는 것이므로 본소가 부적법 각하되면 공동소송적 보조참가도 소멸한다.[197]

(3) 공동소송참가 자격자의 공동소송적 보조참가의 허용 여부

판결의 효력을 받아 공동소송참가를 할 수 있음에도 공동소송참가를 하지 아니하고 공동소송적 보조참가를 할 수 있는지 문제된다. 여기에 대하여 반대하는 견해가 있지만,[198] 대는 소를 겸하는 것이므로 당사자로서의 지위를 행사할 수 있다고 하여도 자신의 선택에 따라 더 낮은 지위를 선택할 수 있다는 점[199]에서 가능하다고 생각한다. 그러나 이 경우 공동소송적 보조참가를 함으로써 생기는 불이익을 감수하여야 한다. 예컨대 공동소송참가가 가능함에도 자신의 편의를 위하여 공동소송적 보조참가로 진행 중 본소송이 부적법 각하되는 경우에 제소기간 도과로 직접 소로 제기하는 기회를 상실하는 경우가 있을 수 있다.

제4관 소송고지(=보조참가의 의제)

1. 의   의

(1) 소송고지(訴訟告知)라 함은 소송계속 중에 당사자가 소송참가 할 이해관계를 가지는 제3자에게 법정의 방식에 따라 소송계속의 사실을 통지하는 것을 말한다($\frac{84}{조}$). 소송고지제도는 소송참가 할 이해관계의 제3자(피고지자)에게 소송계속의 사실을 알려 소송참가를 통해 자신의 이익을 옹호할 기회를 부여하고, 대신 소송참가 여부와 관계 없이 고지자에게는 해당 소송의 판결에서 패소할 경우 피고지자와의 관계에서 참가적 효력을 확보할 수 있도록 하는 데 실익이 있다. 예컨대 채권자로부터 보증채무금지급청구를 당한 보증인이 그 소송계속 중 주채무자에게 소송고지를 하여 두면, 자신의 패소 시에 주채무자의 해당 소송에의 참가 여부와 관계없이 주채무자와 사이에 참가적 효력이 발생하므로, 주채무자에 대한 구상금청구소송(제2차 소송)에서 주채무자의 채무부존재의 항변을 막을 수 있다. 위 예와 같은 경우 미국연방민사소송규칙에 의하면 보증인이 주채무자를 자신의 소송절차

---

197) 대판 2002. 3. 15, 2000다9086.
198) 정동윤/유병현(2007), 945면.
199) 사적 자치의 원칙상 분쟁해결방식의 선택의 자유를 가진다고 보아야 한다.

에서 별도로 소를 제기하여 끌어들일 수 있다[제3당사자소송(Third-Party Practice, Impleader), FRCP 14조].[200]

(2) 소송고지는 소송이 계속된 사실을 단순히 알리는 사실의 통지이고, 제3자에 대한 소송참가의 최고 또는 청구와 같은 의사통지에 해당하지 아니한다. 또한 소송고지는 상대방 당사자에 대한 권리의 주장 또는 방어도 아니다. 이는 증권관련 집단소송에서 기판력이 미치는 구성원에 대한 법원의 직권고지와도 다르다(증집18조).[201]

2. 소송고지의 요건(84조)

(1) 소송계속 중일 것

소송고지는 제3자의 소송참가의 기회 부여와 고지자에게 패소 시에 피고지자와의 관계에서 참가적 효력을 확보하기 위한 것이므로, 소송계속이 있어 판결의 가능성이 있어야 한다. 따라서 판결절차, 재심절차에서 소송고지가 가능하고, 독촉절차[202]의 경우에는 채무자가 이의신청을 하면 가능하다고 할 것이다. 그러나 외국법원에 소송계속 된 경우는 소송고지가 불가하다. 판결절차는 제1심은 말할 것 없고 항소심, 상고심에서도 가능하다(통설).[203] 다만 소송고지는 소송계속의 통지를 통하여 참가하지 아니한 경우에 참가적 효력의 의제(擬制)가 중요한 것이므로 이것이 전제되지 아니한 경우에는 보조참가의 경우와 달리 그 범위를 제한적으로 해석할 필요가 있다고 생각한다. 따라서 제소전화해절차, 조정절차, 중재절차, 강제집행절차는 이에 해당하지 않는다고 할 것이다.[204] 판례도 부동산경락허가 결정절차에서 보조참가를 허용하지 아니하는 점에 비추어 보면 동 절차에서 소송고지를 인정하지 아니한다고 보인다.[205] 그러나 결정·항고절차 중 대심적 구조를 가지고 실제로 판결절차와 다름없는 가압류·가처분절차, 동 이의 및 취소절차에서는 소송고지가 가능하다고 본다.[206]

---

200) Friedenthal/Kane/Miller, 380면.

201) 이시윤, 777면.

202) 독촉절차는 서류심사를 통한 지급명령이 되는 것이므로 시간적·절차적 성질에 비추어 채무자의 이의 후에 가능하다고 보아야 한다.

203) 反對: 강현중, 907면(소송계속 중이면 상고심도 가능하지만 소송참가하여 주장·증명을 다할 수 있도록 사실심 변론 중에 소송고지를 함이 바람직하다고 봄).

204) 중재절차에는 이론상 가능하다는 일부 반대견해가 있다(정동윤/유병현/김경욱, 1063면).

205) 대결 1973. 11. 15, 73마849(경매절차임); 대결 1994. 1. 20, 93마1701(부동산경락허가결정).

206) 同旨: 이시윤, 799면; 정동윤/유병현/김경욱, 1105면.

(2) 고지자(告知者)

① 소송고지를 할 수 있는 자는 계속 중인 소송의 원·피고[당사자참가인($^{79,}_{83조}$), 참가·인수승계 당사자($^{81,}_{82조}$) 포함], 보조참가인과 이들로부터 고지 받은 피고지자($^{84조}_{2항}$)이다. 재피고지자도 소송에 참여함이 없이 재차 소송고지 할 수 있다. 예컨대 어음의 최후소지인 A가 직전 배서인 B를 상대로 어음금상환청구를 한 경우에 B는 자신의 직전 배서인 C(피고지자)에게, 다시 C는 자신의 직전 배서인 D(재피고지자) → E(재재피고지자)에게 순차 소송고지 할 수 있다.

② 소송고지 여부는 고지자의 자유이고 일종의 권리에 속한다고 할 것이다. 그런데 예외적으로 고지자의 의무인 경우가 있다. 예컨대 주주대표소송을 제기한 주주($^{상 404}_{조 2항}$)와 추심의 소를 제기한 채권자($^{민집}_{238조}$)[207]의 고지의무, 회사의 설립무효·취소의 소에 있어서 회사의 공고의무($^{상}_{187조}$), 채권자대위소송에서의 채권자의 통지의무($^{민}_{405조}$) 및 법원의 고지의무($^{비송 49}_{조 1항}$), 증권관련 집단소송에 있어서 법원의 고지의무($^{증집 10,}_{18조}$) 등이 여기에 해당한다.

③ 일반적으로 소송고지는 고지자의 이익을 위한 것이므로 이를 하지 않은 경우에 고지에 따른 참가적 효력을 얻지 못하는데 그친다. 다만 고지·공고·통지가 피고지자의 이익을 위한 것인 경우에는 이를 위반한 때에는 손해배상의무를 부담하는 불이익이 있을 뿐이고 소송에는 영향이 없다는 견해가 있으나, 고지되지 아니한 경우에는 피고지자의 절차권 보장을 위하여 판결의 효력(예: 채권자대위소송의 채무자 등)이 피고지자에게 미치지 아니한다고 보아야 한다($^{가소 21조}_{2항 참조}$).[208]

(3) 피고지자(被告知者)

① 소송고지를 받을 수 있는 자는 당사자 이외의 자로서 소송참가 할 수 있는 제3자이다. 보조참가 할 수 있는 제3자뿐만 아니라, 독립당사자참가·공동소송참가를 할 수 있는 제3자도 포함한다. 그러나 고지자가 소송고지를 통하여 얻으려고 하는 것이 패소 시에 피고지자와 사이에 참가적 효력의 확보에 있는 것이므로,

---

207) 추심의 소에 있어서 소송고지는 소제기요건이거나 직권조사사항에 해당하지는 아니한다(대판 1976. 9. 28, 76다1145, 1146).

208) 대판(전) 1975. 5. 13, 74다1664(채권자대위소송에 있어서 채권자가 민법 제405조에 의한 통지, 비송사건절차법 제49조에 의한 고지 등에 의하여 채무자가 소송계속 사실을 알지 못하였다면 채권자대위소송의 기판력이 채무자에게 미치지 아니함); 대판 1994. 8. 12, 93다52808; 대판 2014. 1. 23, 2011다108095.

주된 대상은 보조참가 할 수 있는 제3자라 할 것이다. 따라서 고지자가 패소할 경우에 구상청구·손해배상을 청구할 제3자가 대표적인 경우이다. 다만 동일인이 당사자 양쪽으로부터 소송고지를 받을 수 있는데(예: A가 B에게 매매계약에 따른 의무이행을 구하는 소송에 있어서 B의 대리인 C의 대리권의 존부가 주요쟁점일 경우에, A는 무권대리일 경우에 대비하여 의무이행 또는 손해배상을 위하여 C에게 소송고지를 하고, B는 표현대리가 성립될 경우에 손해배상을 위한 소송고지를 하는 경우), 이 경우 피고지인은 패소한 1인의 당사자와 사이에 참가적 효력이 발생한다.

② 상대방 당사자에게 소송고지 할 수는 없지만, 상대방의 보조참가인에게는 당연히 소송고지 할 수 있다(예: B, C의 공동과실로 발생한 교통사고의 피해자 A가 B만을 상대로 소송을 제기한 경우에 C가 A의 보조참가인으로 소송참가 한 경우에 B가 상대방의 보조참가인인 C에게 소송고지 하는 경우).[209] 또한 자기의 공동소송인이나 보조참가인에게 참가적 효력을 미치게 하기 위하여 소송고지 할 필요는 없지만, 일정한 경우에 실체법상의 소멸시효의 중단 등을 위하여 필요한 경우에 소송고지를 이용할 수 있다.[210]

3. 소송고지의 방식

소송고지를 위하여 고지자는 소송계속 된 법원에 소송고지서(訴訟告知書)를 제출하여야 하고($^{85조}_{1항}$), 법원은 그 서면을 피고지자와 상대방 당사자에게 송달하여야 한다($^{85조}_{2항}$).

(1) 소송고지서의 제출(서면주의)

① 고지자는 소송고지를 위하여 그 이유와 소송의 진행정도를 적은 서면을 법원에 제출하여야 한다($^{85조}_{1항}$). 고지이유에는 청구취지와 청구원인을 기재하여 계속된 소송의 내용과 피고지자의 참가이익을 밝혀야 한다. 또한 소송의 진행정도는 현재의 진행단계(예: 소장 송달 후 답변서 제출 중, 변론준비절차 진행 중, 제1차 변론 중 등)를 명시하면 된다.

② 고지서를 제출받은 수소법원은 고지서에 관한 방식의 준수 여부를 조사하여야 한다. 만약 방식이 잘못된 경우에는 보정 후에 송달하여야 하고, 고지인이

---

209) 東京高判 1985. 6. 25, 時判 1160. 93(피고가 소송고지 후에 피고지자가 원고 측에 보조참가 한 경우임).
210) 정동윤/유병현/김경욱, 1105면.

보정에 불응한 경우에는 결정으로 각하할 수 있고,[211] 고지인은 이에 대하여 항고할 수 있다($\frac{439}{조}$). 고지방식의 흠은 피고지자가 소송참가 후 또는 고지자와의 나중 소송에서 지체 없이 이의를 진술하지 아니하면 소송절차의 이의권의 상실로 흠이 치유된다($\frac{151}{조}$).

(2) 소송고지서의 송달

고지자가 제출한 소송고지서는 피고지자뿐만 아니라 상대방 당사자에게도 송달하여야 한다($\frac{85조}{2항}$). 소송고지서를 상대방에게 송달하도록 한 것은 피고지자의 보조참가 시에 이의 여부를 준비하기 위한 것이므로 소송고지 자체의 효력에는 영향이 없다. 소송고지의 효력은 피고지자에게 적법하게 송달된 때에 발생한다.[212] 고지서에는 인지를 붙일 필요가 없으나, 송달료는 납부하여야 한다. 고지비용은 피고지자가 소송참가를 한 경우에는 소송비용으로 산입될 수 있지만, 그렇지 아니한 경우에는 소송비용이 되지 아니하여 고지자 자신이 부담하게 된다.

4. 소송고지의 효과

(1) 소송법상의 효과

① 피고지자의 지위

소송고지는 피고지자에게 소송참가의 기회를 부여한 것일 뿐이고 소송참가 여부는 전적으로 피고지자의 자유에 속한다. 피고지자가 소송참가를 한 경우에는 고지자는 이의를 제기할 수 없지만 상대방은 이의를 할 수 있다($\frac{74}{조}$). 피고지자는 소송참가를 위하여는 별도의 참가신청서를 수소법원에 제출하여야 한다. 소송고지의 신청이 있다고 하여도 본소송의 진행에는 아무런 영향이 없다.[213] 피고지자가 소송참가를 하지 아니하는 이상 그 소송과 관련하여 당사자 또는 보조참가인이 아닌 제3자일뿐이므로 그에게 기일통지를 하거나 판결문에 피고지자를 표시할 필요가 없다.[214]

---

211) 同旨: 이시윤, 801면.
212) 대판 1975. 4. 22, 74다1519.
213) 대판 1970. 6. 30, 70다881.
214) 대판 1962. 4. 18, 4294민상1195.

② 참가적 효력

(a) 고지자가 패소한 경우에는 피고지자가 보조참가의 이해관계를 가지는 한 참가여부와 참가시기에 관계없이 소송고지서가 피고지자에게 송달되었을 때부터 참가한 것으로 본다. 따라서 참가적 효력도 그 때부터 미친다($^{86}_{77조}$).[215] 이러한 참가적 효력은 소송고지서가 피고지자에게 송달되었음을 전제로 한다.[216]

(b) 참가적 효력으로 인하여 피고지자는 고지자의 소송에서 본소판결의 기초가 된 사실상·법률상의 판단에 상반되는 주장을 할 수 없다. 참가적 효력이 미치는 판결이유 중의 사실상·법률상의 판단의 범위가 문제된다. 그 객관적 범위는 피고지자가 만약 참가하였다면 고지자와 공동전선을 구축하여 소송수행을 하였을 것으로 기대되는 사항 즉 공동이익으로 주장하거나 다툴 수 있는 사항에 한한다.[217] 따라서 고지자와 피고지자 사이에 이해가 대립되는 사항의 쟁점에 관하여는 참가적 효력이 발생하지 아니한다.[218] 또한 판결이유에서 판단하지 아니한 사항이나 부수적 또는 보충적인 판단, 방론(傍論)에는 효력이 미치지 아니한다.[219]

(c) 상대방의 보조참가인에 대하여 소송고지 한 경우 또는 피고지자가 상대방의 보조참가인으로 참가한 경우에 참가적 효력이 미칠 것인가가 문제된다. 국내에서 이를 부정하는 견해가 있다.[220] 일본 하급심 판결에 이를 인정하는 판례[221]와 부정하는 판례[222]가 있다. 예컨대 교통사고로 사망한 피해자의 유족 X가 가해자 Y에 대한 손해배상소송의 계속 중 가해자 Y가 피해자를 치료한 병원의 경영자 Z에게 소송고지를 하였는데, 피고지자인 병원의 경영자 Z이 원고인 X에 보조참가한 경우에 법원은 판결 이유에서 병원 소속 의사의 의료상의 과실이 경합한 사실을 인정하여 가해자 Y에게 공동불법행위자로서 각자 모든 손해에 대한 책임을 부담하는 판결을 한 경우이다(참가적 효력을 부인한 일본판례의 사례임). 위 사례의 판결은 손해와 관련되어 X, Y, Z이 모두 동일한 소송절차에 참여한 상태에서 결론

---

215) 대판 1975. 4. 22, 74다1519.
216) 대판 1986. 2. 25, 85다카2091.
217) 대판 1986. 2. 25, 85다카2091; 대판 1997. 9. 5, 95다42133; 대판 2020. 1. 30, 2019다 268252.
218) 대판 1986. 2. 25, 85다카2091; 대판 1991. 6. 25, 88다카6358; 대판 1997. 9. 5, 95다 42133.
219) 대판 1991. 6. 25, 88다카6358; 대판 1997. 9. 5, 95다42133.
220) 이시윤, 801면(신의칙에 반하지 않음을 이유로 부정함); 정동윤/유병현/김경욱, 1108면(공동으로 소송수행을 한 일이 없다는 이유로 부정함).
221) 仙台高判 1980. 1. 28, 高民集 33. 1. 1.
222) 東京高判 1985. 6. 25, 時判 1160. 93(방론에 불과하다는 이유임).

을 내린 것이다.

이러한 경우에 Z의 과실유무에 대한 부분을 Y와 Z 사이의 2차 구상금청구소 송에서 재론하는 것이 타당한가? 이러한 경우에 분쟁의 일회적 해결이라는 관점 에서 Y와 Z 사이의 공동과실이 있다는 점에 대하여는 참가적 효력을 인정하여 재론을 못하게 하고(전 소송에서 충분히 논의되었음), Y와 Z 사이의 과실비율만을 문제로 하여 결론을 내리는 것이 타당하다고 본다. 영미법상 쟁점배제효(issue preclusion)의 원리에 비추어 보아도 일리가 있다. 따라서 상대방의 보조참가인에 대하여 소송고지 한 경우 또는 피고지자가 상대방의 보조참가인으로 참가한 경우 에도 참가적 효력이 미칠 수 있다고 보아야 한다.

(2) 실체법상의 효과

① 어음·수표의 배서인이 소구(遡求)를 당한 경우에 그 전 배서인에게 소송고 지를 한 경우에는 재소구권에 관하여 시효중단의 효력이 발생한다(어음 70조 3항, 80 조, 수표 51, 64조).

② 그러나 독일 민사소송법과 달리 소송고지의 시효중단의 효력을 인정하고 있지 아니한 우리나라에 있어서는 어떤 효력을 인정할 것인지 문제된다. 생각건대 민법상의 시효중단 사유인 최고(민 174조)로서 효력을 인정할 수 있고(통설·판례),[223] 시효중 단의 효력은 소송고지서를 법원에 제출한 때부터 발생한다.[224] 이에 따라 6월내에 재판상의 청구 등을 하지 아니하면 시효중단의 효력이 상실된다. 6월의 기산점은 소송고지 관련 소송의 종료 시로 보면 될 것이다.[225]

(3) 소송고지제도의 응용

① 소송고지제도는 소송에 참가할 수 있는 제3자에게 소송계속 사실을 고지하 여 피고지자의 절차참여 기회를 보장함으로써, 피고지자의 소송참가 여부와 관계 없이 참가적 효력이 미치게 하여, 고지자의 패소 후에 고지자와 피고지자 사이의 소송에서 참가적 효력을 부여함으로써 간단한 고지를 통하여 분쟁을 단순화할 수 있다.

② 이러한 제도의 취지를 살려 i) 가사소송에서 피고가 이 제도를 이용하여 다 수의 제소권자에게 소송고지를 함으로써 피고가 승소한 경우에 소송에 참여하지

---

223) 대판 2009. 7. 9, 2009다14340; 대판 2015. 5. 14, 2014다16494.
224) 대판 2015. 5. 14, 2014다16494(소송고지서의 송달사무를 우연한 사정으로 지체하는 바람에 소송고지서의 송달 전에 시효가 완성된다면 고지자가 예상치 못한 불이익을 입게 된다는 이유).
225) 同旨: 이시윤, 803면; 송상현/박익환, 715면; 호문혁, 973면; 대판 2009. 7. 9, 2009다14340.

아니한 제소권자의 재차 소송제기를 막을 수 있도록 하였고(가송 21조), 또한 ii) 채권자 대위소송에서도 채권자가 민사소송법 제84조에 의한 소송고지 등을 통하여 채무자가 소송계속 사실을 알게 된 경우에 채권자대위소송의 판결이 채무자에게 미친다는 점[226]에 비추어 보면, 소송고지제도를 특수소송에서 활용한다면 기판력도 피고지자에게 미치게 할 수 있다는 견해가 있다.[227]

③ 소송고지제도의 원리를 분쟁해결에 유용하게 이용할 수 있다는 점을 지적한 탁견(卓見)이라고 생각한다.[228] 소송고지를 통하여 관련자에게 소송에 참가할 수 있는 기회를 부여하고, 소송에 참여할 것인지 여부는 피고지자의 자유이지만 일단 결론이 나면 분쟁 전체를 종결시키겠다는 생각은 고지에 대한 책임을 피고지자에게 물리는 것이므로 피고지자도 할 말이 없게 된다는 점에서 타당하다. 소송고지를 통해 절차 참여의 명분을 주고, 참여한 경우에는 참여자이므로 참여하지 아니한 경우에는 피고지자이므로 결과에 책임을 묻는 것은 사적 자치의 영역에서 당연한 것으로 보인다. 소송고지제도의 응용에 대한 연구가 필요할 것으로 본다.

제 4 절 당사자의 변경

I. 총   설

(1) 당사자의 변경(變更)은 넓게는 소송계속 중에 종래의 당사자가 새로운 당사자로 교체되거나(당사자의 교체), 기존의 당사자에 추가하여 새로운 당사자가 소송에 참가하는 경우(당사자의 추가)를 말한다. 독립당사자참가와 공동소송참가도 당사자변경에 포함된다. 좁게는 소송계속 중에 종래의 당사자 대신에 새로운 당사자로 교체되는 경우만을 의미한다.

(2) 당사자의 변경에는 i) 분쟁주체의 지위의 이전과 관계없이 기존의 당사자의 의사에 의하여 당사자변경이 되는 임의적 당사자변경(任意的 當事者變更)과 ii) 소송 중에 분쟁주체의 지위가 기존의 당사자로부터 제3자로 이전함에 따라 제3자

---

226) 대판(전) 1975. 5. 13, 74다1664; 대판 1991. 12. 27, 91다23486; 대판 1994. 8. 12, 93다 52808; 대판 2014. 1. 23, 2011다108095.
227) 이시윤, 802면.
228) 反對: 호문혁, 972면.

가 기존의 당사자의 지위를 이어받아 종전의 소송을 속행하는 경우인 소송승계(訴訟承繼)로 나뉜다. 전자인 임의적 당사자변경은 기존의 당사자의 지위를 승계하지 아니함에 반하여, 후자인 소송승계는 기존의 당사자의 지위를 승계한다는 특징이 있다. 소송승계는 포괄적 승계로 분쟁주체의 지위가 변경되는 당연승계(當然承繼)와 계쟁물의 양도에 의하여 분쟁주체의 지위가 변경되는 특정승계(特定承繼)가 있다. 특정승계는 승계인이 참가하는 방법에 따라 자발적으로 승계하는 참가승계(參加承繼,)와 비자발적으로 승계하는 인수승계(引受承繼,)가 있다.

II. 임의적 당사자변경

1. 의 의

(1) 임의적 당사자변경(任意的 當事者變更)이라 함은 분쟁주체의 지위의 이전과 관계없이 당사자의 의사에 의하여 종전의 원고 또는 피고에 갈음하여 제3자를 가입시키거나, 종전의 원고 또는 피고에 추가하여 제3자를 가입시키는 경우를 말한다. 임의적 당사자변경에는 교환적 당사자변경(예: 원·피고의 경정)과 추가적 당사자변경(예: 필수적 공동소송인의 추가, 예비적·선택적 공동소송인의 추가)의 형태가 있다.[1] 임의적 당사자변경제도는 원고·피고 적격자를 잘못 지정하여 소를 제기한 경우, 고유필수적 공동소송에 있어서 공동소송인의 일부가 누락되어 당사자적격에 흠이 생겼을 때에 이를 고치기 위하여 매우 유용한 제도이다.

(2) 임의적 당사자변경은 소송계속 중 분쟁주체의 지위의 변경 없이 이루어진다는 점에서 그것이 포괄적·특정적 원인으로 변경됨으로 인해 당사자의 변경이 생기는 소송승계와 차이가 있고, 당사자의 동일성(同一性)이 바뀐다는 점에서 그것이 변하지 아니하는 당사자 표시의 정정(訂正)과 다르다. 그러나 임의적 당사자변경과 당사자 표시의 정정은 당사자의 동일성의 범위를 어떻게 보느냐에 따라 차이가 난다. 동일성이 인정되는 당사자의 표시의 정정의 범위를 넓게 인정하게 되면 상대적으로 임의적 당사자변경의 필요성이 줄어들게 된다. 우리나라의 판례에서는 임의적 당사자변경을 인정하지 아니하면서 당사자의 동일성의 범위를 넓게 인정하여 구체적 타당성을 추구하려는 경향이 있다.

---

1) 강현중, 934면.

2. 허용 여부에 관한 판례·학설 및 관련 법률규정

(1) 판례의 경향

① 종전에 판례는 임의적 당사자변경을 인정하여 아니하였다. 그런데 1990년 민사소송법 개정으로 임의적 당사자변경의 한 형태인 피고경정($\frac{260}{조}$)과 고유필수적 공동소송인의 추가($\frac{68}{조}$)를 인정하게 되었다. 이후 판례는 위 법률규정 외의 임의적 당사자변경을 인정하고 있지 아니한다. 당사자교체의 형태이거나 당사자추가의 형태이든 마찬가지이다. 이러한 판례의 태도는 소송계속 중에 당사자의 변경을 허용하는 선진 외국의 추세에 반한다.

② 판례를 구체적으로 보면 다음과 같다.

(a) 원고를 자(子)로부터 부(父)로 바꾸는 것,[2] 원고를 부재자관리인에서 부재자 본인으로 바꾸는 것,[3] 회사대표자 개인을 회사로 바꾸는 것,[4] 단체에서 개인으로 또는 개인에서 단체로 바꾸는 것,[5] 원래의 원고 외에 다른 사람을 원고로 추가하는 것,[6] 새로운 당사자를 상고인으로 추가하는 것,[7] 필수적 공동소송이 아닌 경우에 피고를 추가하는 것[8] 등은 부적법한 것으로 본다.

(b) 그러나 i) 원·피고를 사망자로부터 상속인으로 바꾸는 것,[9] ii) 피고를 당사자능력이 없는 학교로부터 당사자능력자인 학교설립 주체인 학교법인 또는 자연인으로 바꾸는 것,[10] iii) 피고를 합명회사 대표사원 개인으로부터 합명회사로 바꾸는 것[11] 등은 당사자의 동일성이 인정된다고 하여 당사자표시의 정정으로 이를 허용하고 있다.

(c) 또한 판례는 대표자 개인으로 소송계속 중 회사를 추가하거나,[12] 개인에서

---

2) 대판 1970. 3. 10, 69다2161.
3) 대판 1957. 2. 23, 4289민상639.
4) 대판 2008. 6. 12, 2008다11276.
5) 대판 1994. 5. 24, 92다50232; 대판 1996. 3. 22, 94다61243; 대판 2003. 3. 11, 2002두8459.
6) 대판 1980. 7. 8, 80다885; 대판 1998. 1. 23, 96다41496(소송 중 회사추가).
7) 대판 1991. 6. 14, 91다8333.
8) 대판 1993. 9. 28, 93다32095.
9) 대판 1969. 12. 9, 69다1230(피고가 死者임); 대판 1979. 8. 14, 78다1283(재심원고가 死者임).
10) 대판 1978. 8. 22, 78다1205; 대판 1996. 10. 11, 96다3852(항소심에서도 당사자의 표시정정을 인정함).
11) 대판 1967. 10. 4, 67다1780.
12) 대판 1998. 1. 23, 96다41496(회사의 대표자가 개인 명의로 소를 제기한 후 회사를 당사자로 추가하고 그 개인 명의의 소를 취하함으로써 당사자의 변경을 가져오는 당사자추가신청은 부적법).

회사로 교체한 경우[13]에 상대방이 이의하지 않고 법원이 이를 받아들여 본안판결을 한 이상 소송경제나 신의칙상 상대방은 더 이상 당사자의 추가 또는 변경의 적법성을 다툴 수 없다고 한다.

(d) 위에서 본 바와 같이 판례는 임의적 당사자변경은 인정하지 아니하면서도, 당사자표시의 정정의 범위를 비교적 넓게 인정하고 있다.[14] 다만 부적법한 당사자변경을 당사자가 이의하지 아니하여 변론 후에 본안판결을 한 이상 그 적법성을 다툴 수 없게 하였다. 판례는 원칙적으로 임의적 당사자변경을 부정하지만 부적법한 당사자변경의 경우에 당사자가 다투지 아니하는 경우 하자의 치유를 인정함으로써 간접적으로 이를 완화하려고 노력하고 있는 것으로 평가된다.

(2) 학 설

임의적 당사자변경은 당사자의 의사에 의한 당사자변경으로서 종전 당사자 지위의 승계가 없는 경우를 말한다(통설). 일본의 통설도 이를 인정하고 있고,[15] 독일의 통설·판례도 이를 인정하고 있다.[16]

임의적 당사자변경을 인정하지 아니한다면 당사자적격의 혼동·일부누락의 경우에 있어서 종전의 소를 취하하고 신소를 제기하거나(당사자적격의 혼동), 별소를 제기하여 종전의 소와 병합을 하는 방법(당사자적격의 일부누락)밖에 없다. 그렇지 아니하면 종전의 소는 청구기각 되거나(당사자적격의 혼동), 당사자적격의 흠을 이유로 부적법 각하되어야 한다(당사자적격의 일부누락). 이것은 당사자 및 법원 모두에게 불편하고 번잡하여 소송경제에 반하고, 법률상의 부지에 따른 불이익을 전부 해당 당사자에게 전가하는 측면이 있다.

그런데 임의적 당사자변경을 인정하면 소송수행 중의 상황변화를 소송절차에 적절히 반영하여 원활하고 탄력적인 소송수행이 가능하므로 그 인정의 필요성이 매우 높다.[17]

---

13) 대판 2008. 6. 12, 2008다11276(회사의 대표자였던 사람이 개인 명의로 제기한 소송에서 그 개인을 회사로 당사자표시정정을 하는 것은 동일성이 없으므로 부적법).

14) 대판 2012. 6. 14, 2010다105310(다만 고유필수적 공동소송인 공유물분할청구의 소에서 소제기 전에 공동소송인 중 1인이 사망한 경우에 상고심에서 당사자 표시 정정을 인정하지 아니하였음).

15) 三ケ月章, 273면; 新堂幸司, 727면 등.

16) 이시윤, 824면; 정동윤/유병현/김경욱, 1150면.

17) 同旨: 이시윤, 824면; 정동윤/유병현/김경욱, 1150면 등.

(3) 관련 법률규정

가사소송·행정소송 등에서는 피고의 경정이 일찍부터 명문화되어 있었다($^{가소 15}_{조, 행소}$ $^{14}_{조}$). 이것이 민사소송법에서의 임의적 당사자변경을 주장하는 주요근거가 되었다.[18] 민사소송법에서는 1990년 개정에서 필수적 공동소송인의 추가($^{당시 63조의2, 신}_{법에서는 68조}$) 및 피고의 경정($^{당시 234조의2, 3, 신}_{법에서는 260, 261조}$)을 도입하였고, 신법에서 예비적·선택적 공동소송인의 추가를 인정하여($^{70조}_{68조}$) 그 범위를 약간 넓혔다고 볼 수 있다.

따라서 현행 민사소송법에서는 임의적 당사자변경의 법률적 근거로서 필수적 공동소송인의 추가, 피고의 경정과 예비적·선택적 공동소송인의 추가를 인정하고 있다. 나머지는 여전히 임의적 당사자변경의 논의 속에 있다고 할 것이다.

3. 법적 성질

임의적 당사자변경의 법적 성질에 관하여 소변경설, 복합설, 특수행위설이 있다.

(1) 소변경설(訴變更說)

임의적 당사자변경을 소변경의 일종으로 보아 그 요건·효과에 관하여 소의 변경에 관한 제262조를 준용한다는 견해이다. 이 견해는 기본적으로 소의 요소에 당사자가 포함되는 것이므로, 당사자의 변경은 소의 변경으로 볼 수 있다는 것이다. 독일 제국법원의 일관된 견해이고, 독일 연방대법원의 주류적인 입장이다.[19] 이 견해에 따르면 임의적 변경이 자유롭고, 기존의 소송절차를 이용할 수 있다는 장점이 있지만, 새로운 당사자의 심급의 이익과 방어권을 침해할 가능성이 높다. 또한 제262조는 당사자의 변경을 예정한 것이 아니고, 동일성을 유지하면서 청구 즉 소송물을 변경하는 것을 전제로 한 규정이므로 문제이다.

(2) 복합설(複合說)

이 견해는 임의적 당사자변경은 새로 가입하는 신당사자에게는 새로운 소의 제기이고, 소송에서 탈퇴하는 구당사자에 대하여는 구소의 취하에 해당하는 복합적 소송행위라고 본다. 또 당사자추가의 경우에는 신소의 병합이라 본다. 신소제기·구소취하설이라고도 한다. 독일의 키쉬(Kisch)가 최초 주장한 학설로 현재 우

---

18) 방순원, 244면.
19) 김홍규/강태원, 758면; 호문혁, 1002면.

리나라의 다수설이다.[20] 그러나 이 견해에 의하면 신·구당사자 사이의 소송절차가 단절되어 기존의 소송절차를 이용할 수 없고, 항소심에서의 임의적 당사자변경이 어려워진다. 또한 하나의 행위를 신소제기와 구소취하로 나누어 파악하는 문제점이 있다. 대신 새로운 당사자에 대한 심급의 이익과 방어권의 보장에 좋다.

(3) 특수행위설(特殊行爲說)

이 견해는 임의적 당사자변경을 다른 제도에 의존하여 설명하지 아니하고 독자적인 제도로 보아, 기존 당사자의 의사에 따라 당사자를 변경시키는 독자적인 요건·효과를 가진 단일한 행위로 본다. 독자제도설 또는 소송속행설이라고도 한다. 현재 우리나라의 소수설이다.[21] 이 견해는 드 보르(de Boor)가 처음 주장하였고 독일의 통설이다.[22] 이 설에 의하면 소송절차의 연속성을 인정할 수 있어 기존의 소송절차를 이용할 수 있는 장점이 있으나, 신당사자의 심급의 이익과 방어권 보장에 문제가 있을 수 있다. 따라서 심급에 따라 어떤 당사자의 동의가 필요한지 여부가 논의된다.

(4) 검　토

생각건대 현행법에 임의적 당사자변경과 관련하여 제68조(필수적 공동소송인의 추가), 제70조(예비적·선택적 공동소송인의 추가), 제260조와 제261조(피고의 경정)에 독자적인 규정을 두고 있고, 또한 소송절차의 진행에 따른 상황변화를 적절히 반영하면서도 소송경제상 기존의 소송절차의 연속성을 유지할 필요성이 있다는 점, 임의적 당사자변경은 특수한 하나의 소송행위이므로 그 행위의 요건·효과를 다른 제도인 소의 제기와 소의 취하로 나누어 해석·적용할 필요가 전혀 없다는 점 등에 비추어 보면 비록 피고경정에 관한 제261조 4항에서 "종전의 피고에 대한 소는 취하된 것으로 본다."는 표현이 있다고 하여도 특수행위설로 해석하는 것이 타당하다고 본다.

---

20) 김홍규/강태원, 762면; 방순원, 246면; 송상현/박익환, 699면; 이영섭, 117면; 이시윤, 825면.
21) 정동윤/유병현/김경욱, 1153면; 호문혁, 1004면.
22) 정동윤/유병현/김경욱, 1153면; 호문혁, 1003면.

4. 법에서 인정하는 임의적 당사자변경

(1) 서 설

우리나라에서는 임의적 당사자변경에 대한 법규정을 두고 있다. 1990년 민사소송법 개정에서 필수적 공동소송인의 추가($\substack{당시\ 63조의2,\ 신 \\ 법에서는\ 68조}$) 및 피고의 경정($\substack{당시\ 234조의2,\ 3,\ 신 \\ 법에서는\ 260,\ 261조}$)을 도입하였고, 신법에서 예비적 · 선택적 공동소송인의 추가($\substack{70, \\ 68조}$)를 인정하고 있다. 그런데 이 규정을 검토하면 i) 당사자변경의 신청은 원고만이 가능하도록 규정되어 있다. 피고나 제3자의 신청권을 인정하고 있지 아니하며, ii) 신청시기는 제1심 변론종결 전으로 제한되어 있으며, iii) 교환적 당사자변경(피고의 경정)은 피고 경정만이 가능하고, 원고 경정에 관하여는 명문의 규정이 없다.

따라서 임의적 당사자변경에 대한 근거규정은 존재하지만, 신청권자 · 신청시기 · 변경대상자와 관련하여 여전히 일정한 제약이 있다. 이 부분에 대한 해석적 논의와 입법론이 필요하다.[23]

(2) 피고의 경정($\substack{260, \\ 261조}$)

① 의 의

(a) 피고의 경정(更正)이라 함은 원고가 피고를 잘못 지정한 것이 분명한 경우에 제1심 변론종결 전에 적법한 피고적격자로 교체하는 것을 말한다($\substack{260, \\ 261조}$). 교환적 당사자변경에 해당하고, 1990년 민사소송법 개정 시에 신설되었다. 이를 인정하는 취지는 원고가 피고적격자를 잘못 알고 소를 제기한 경우에 피고의 교체를 인정함으로써 소각하 후에 신소제기라는 번거로움을 막고, 법원도 동일한 소송절차에서 심리를 계속할 수 있도록 하는 소송경제적 측면을 고려한 것이다.

(b) 피고의 경정에 관한 규정이 임의적 당사자변경에 대한 제한규정인지 아니면 예시규정으로 볼 것인지가 문제이다. 생각건대 임의적 당사자변경은 소제기 후에 소송상황의 변화를 소송절차에 적절히 반영하여 구체적 타당성을 추구하는 과정에서 인정되는 것이고, 현행 임의적 당사자변경에 관한 규정이 신청권자 · 신청시기 · 변경대상자에 제한이 따르는 점에 비추어 보면 피고의 경정에 관한 규정을 임의적 당사자변경의 예시규정으로 봄이 타당하다.[24]

---

23) 同旨: 이시윤, 826면.
24) 同旨: 정동윤/유병현/김경욱, 1154면.

② 요 건

(a) 원고가 피고를 잘못 지정한 것이 분명할 것   피고를 '잘못 지정한 것'이라
는 것은 원고가 법률평가를 그르치거나, 법인격의 유무에 착오를 일으킨 경우 또
는 피고가 사망한 것을 모르고 소를 제기한 경우 등이 여기에 해당한다. 또한 그
러한 잘못이 '분명'하다는 것은 원칙적으로 청구취지나 청구원인의 기재내용 자체
로 보아 판단하여야 하나, 문제는 심리 중 피고의 태도와 증거조사 결과 판명된
사실관계에 비추어 잘못된 경우도 이에 해당하는지가 문제된다. 판례는 청구취지
나 청구원인의 기재내용 자체로 보아 판단하여야 하고, 증거조사 결과 판명된 사
실관계에 비추어 잘못된 경우는 해당하지 않는다고 한다.[25] 그러나 소송 진행상황
을 소송절차에 반영하여 구체적 타당성을 추구할 필요가 있고, 당사자와 법원의
소송경제라는 측면을 고려하고, 현행법이 예비적·선택적 공동소송인의 추가를
인정하고 있는데 피고경정은 당사자의 주관적·교환적 변경이므로 이를 인정하는
것이 균형상 타당하다는 점, 피고가 본안에 관하여 변론한 경우에 경정 시에 피
고의 동의를 요하도록 한 점($^{260조 1항}_{단서}$) 등에 비추어 보면, 심리 중 피고의 태도 또는
증거조사 결과 판명된 사실관계에 비추어 잘못된 것임이 판명된 경우도 그것이
분명한 경우에는 이를 인정하는 것이 타당하다.[26] 피고가 잘못된 것이 분명한지
여부는 법원의 석명을 요한다고 할 것이다.[27] 그러나 단순히 피고의 표시를 잘못
한 경우는 당사자의 표시정정 대상일 뿐이고 피고의 경정의 대상은 아니다.[28]

원고가 잘못 지정된 것이 분명한 경우에 원고의 경정이 가능한지 여부가 문제
되는데, 제260조를 확대해석하거나, 제68조 제1항 단서(고유필수적 공동소송에서 원
고를 추가할 경우에 그의 동의를 요함)를 유추적용 하여 새로운 원고의 동의가 있으
면 경정이 가능하다고 사료된다.[29] 이 경우 피고가 본안에 관하여 준비서면을 제
출하거나, 변론준비기일에 진술하거나 변론을 한 경우에 피고의 동의가 필요할 것
인지 문제된다. 생각건대 기존의 소송절차를 이용한 원고 경정은 피고의 방어방법
의 변화 등이 있을 수 있으므로 피고의 방어권 보장이라는 면과 제68조 제1항 단
서를 유추한다면 피고의 동의를 요한다고 해석하는 것이 타당할 것이다.[30] 피고

---

25) 대결 1997. 10. 17, 97마1632.
26) 同旨: 이시윤, 827면; 정동윤/유병현/김경욱, 1155면. 反對: 김홍엽, 1115면; 한충수, 779면;
호문혁, 1005면.
27) 대판 1990. 1. 12, 89누1032; 대판 2004. 7. 8, 2002두7852(바로 소를 각하하면 위법임).
28) 대결 2001. 12. 4, 2001그112.
29) 同旨: 이시윤, 827면; 정동윤/유병현/김경욱, 1158면; 호문혁, 1005면.

가 원고의 경정신청을 하는 것은 처분권주의에 반하여 허용할 수 없다는 견해도 있지만,[31] 분쟁해결의 일회적 해결이라는 측면에서 이를 인정하는 것을 생각할 수 있다고 본다.

(b) **제1심 변론종결 전에 신청할 것** 피고의 경정은 새로 피고로 되는 자의 심급의 이익을 보호하려는 취지에서 제1심 변론종결 전까지 할 수 있다($\binom{260조\ 1항}{본문}$). 그러나 가사소송에 있어서는 항소심에서도 피고의 경정이 가능하다($\binom{가소\ 15}{조\ 1항}$).[32] 민사소송에 있어서도 피고의 동의 등 새로운 피고의 심급의 이익을 해할 가능성이 없다면 항소심에서 이를 인정할 필요가 있다.

(c) **변경 전후에 소송상의 청구가 동일할 것** 당사자가 변경되면서 소송상의 청구도 바뀐다면 전혀 다른 사람, 전혀 다른 소송상의 청구이므로 기존의 소송절차를 이용할 필요성이 전혀 없다. 또한 소송상의 청구가 다른 경우에도 이를 인정한다면 원고의 자의적인 투망식 소송을 인정할 위험이 높다. 따라서 당사자의 변경 전후에 소송상의 청구가 동일하여야 한다.[33]

(d) **피고의 동의가 있을 것** 피고의 경정에 있어서 피고가 본안에 관하여 준비서면을 제출하거나, 변론준비기일에서 진술하거나 변론을 한 뒤에는 그의 동의를 받아야 한다($\binom{260조\ 1항}{단서}$). 피고가 경정신청서를 송달받은 날부터 2주 이내에 이의를 제기하지 아니하면 동의를 한 것으로 본다($\binom{260조}{4항}$).

③ **절 차**

(a) 피고의 경정은 원고가 서면으로 신청하여야 한다($\binom{260조}{2항}$). 소송절차에 있어서 중요한 소송행위는 서면으로 할 필요가 있는데, 임의적 당사자변경의 한 형태인 피고의 경정도 이러한 행위에 해당하기 때문이다. 다만 소액사건의 경우에는 구술로 할 수 있다($\binom{소심\ 4조}{유추적용}$). 경정신청서는 상대방에게 송달하여야 하나($\binom{260조}{3항}$), 피고에게 소장의 부본을 송달하지 아니한 경우에는 경정신청서를 피고에게 송달할 필요가 없다($\binom{260조\ 3항}{단서}$). 경정신청서에는 새로 피고가 될 사람의 이름·주소와 경정신청 이유를 기재하여야 한다($\binom{규칙}{66조}$).

(b) 신·구 피고 사이에 소송상의 청구가 동일하여야 하므로 구소장의 인지를

---

30) 同旨: 정동윤/유병현/김경욱, 1158면; 호문혁, 1005면.

31) 강현중, 936면; 정동윤/유병현/김경욱, 1158면.

32) 한편 행정소송법 14조 1항은 피고의 경정이 시기 제한이 없이 가능하다고 규정하고 있는 바, 대법원은 항소심에서 피고 경정이 가능하다고 하고 있다(대판 1996. 1. 23, 95누1378).

33) 同旨: 이시윤, 827면; 정동윤/유병현/김경욱, 1156면; 호문혁, 1005면.

그대로 유용하면 되고 별도의 인지를 붙일 필요가 없다.

(c) 법원은 원고의 피고경정신청에 대하여 허부의 재판을 하여야 한다($^{261조}_{1항}$). 법원의 결정은 피고에게 소장의 부본을 송달하지 아니한 때를 제외하고는 기존의 피고에게 이를 송달하여야 한다($^{261조}_{1항}$). 신청을 허가하는 결정을 한 때에는 그 결정의 정본과 소장의 부본을 새로운 피고에게 송달하여야 한다($^{261조}_{2항}$). 경정허가결정에 동의권을 가진 피고($^{260조 1항}_{단서}$)는 경정에 부동의 하였다는 사유로만 즉시항고 할 수 있고($^{261조}_{3항}$), 원고 또는 피고가 이외의 사유로 불복하는 것이 허용되지 아니하는 종국판결 전의 중간적 재판에 해당한다.[34] 다만 피고경정신청의 기각결정에 대하여는 즉시항고는 안되지만 통상항고는 가능하다.[35]

④ 효 과

(a) 소취하 간주   신청을 허가하는 결정을 한 때에는 종전의 피고에 대한 소는 취하된 것으로 본다($^{261조}_{4항}$). 종전의 피고에 대한 소송계속이 소급적으로 소멸하고, 새로운 피고에 대하여 심리를 하여야 한다.

(b) 시효중단 및 기간준수의 효력   경정에 따른 시효중단 및 기간준수의 효력은 경정신청서를 법원에 제출한 때부터 발생한다($^{265}_{조}$). 이 점이 고유필수적 공동소송인의 추가된 경우에는 처음의 소가 제기된 때에 추가된 당사자와의 사이에 소가 제기된 것으로 보는 것과 다르다($^{68조}_{3항}$). 가사소송과 행정소송에서는 처음 소가 제기된 때를 기준으로 한다($^{가소 15조 2항 - 단 신분사항에 관}_{한 한정적 소급효, 행소 14조 4항}$). 신·구 피고의 변경 전후에 심판의 대상인 소송상 청구가 동일하다는 점에 비추어 처음 소가 제기된 때를 기준으로 하는 것이 입법론으로 타당하다.[36]

(c) 종전 소송수행 결과의 이용   종전 당사자의 소송수행 결과를 새로운 당사자에게 당연히 전용하는 것은 소송의 주체가 다르므로 원칙적으로 새로운 당사자가 동의하지 아니하면 어렵다. 번잡하지만 새로운 당사자 사이에 새롭게 변론절차를 열어야 한다. 그러나 새로운 당사자가 경정에 동의하였거나(현행법상 새로운 피고는 경정결정에 대한 동의권이 없으므로 원고의 경정일 경우로 봄이 타당), 또는 소송수행 결과를 원용하겠다고 명시적·묵시적으로 동의한 경우에는 종전의 소송수행 결과를 그대로 이용할 수 있고, 여기에 대하여 상대방은 이의할 수 없다. 그 외에

---

34) 대판 1992. 10. 9, 92다25533.
35) 대결 1997. 3. 3, 97으1(따라서 특별항고도 제기할 수 없다고 함).
36) 同旨: 이시윤, 828면; 정동윤/유병현/김경욱, 1157면.

신·구 당사자의 소송수행 결과가 실질적으로 동일하다고 평가되는 경우(예: 법정대리인에서 본인으로 경정하였거나, 당사자능력이 없는 단체의 내부기관에서 단체 자체로 경정한 경우 등)에는 새로운 당사자의 동의 없이 종전의 소송수행 결과를 그대로 이용할 수 있다.[37]

(3) 고유필수적 공동소송인의 추가($\frac{68}{조}$)

① 의 의

고유필수적 공동소송에 있어서 그 공동소송인 중 일부가 누락된 경우에 누락된 사람을 추가하는 것을 말한다($\frac{68}{조}$). 고유필수적 공동소송은 공동으로 소송을 제기하는 것이 강제되므로 공동소송인 모두가 원고 또는 피고가 되지 아니하면 당사자적격이 없어 부적법 각하하여야 한다. 고유필수적 공동소송인의 일부가 누락된 경우에 그 흠을 치유하기 위하여는 별소를 제기하여 기존의 소와 병합하여야 한다. 그러나 이 경우 인지의 2중 부담, 제소기간의 경과 등의 불편함이 있다. 또한 공동소송참가를 이용할 수 있으나($\frac{83}{조}$), 피고가 누락된 경우에 스스로 참가할 가능성이 낮아 쉽지 않다. 따라서 1990년 민사소송법 개정에서 이러한 점을 개선하기 위하여 고유필수적 공동소송인의 추가를 신설하게 되었고, 2002년 신법에서는 예비적·선택적 공동소송의 경우에도 추가를 인정하고 있다($\frac{70조\ 1항\ 본}{문,\ 68조}$). 가사소송에서도 필수적 공동소송인의 추가가 허용된다($\frac{가소\ 15}{조\ 1항}$).

② 요 건

(a) 고유필수적 공동소송인 중 일부가 누락되어야 함   제68조 규정은 고유필수적 공동소송에 있어서 공동소송인 중 일부가 누락되어 당사자적격이 흠결된 경우에 그 흠을 치유하기 위하여 인정한 것이다. 이러한 법의 취지에 비추어 보면 유사필수적 공동소송과 통상공동소송에서 공동소송인의 일부가 누락된 경우에는 제68조에 따른 추가의 대상이 되지 아니한다.[38]

(b) 원고의 신청이 있을 것   고유필수적 공동소송에 있어서 공동소송인 중 일부가 누락된 경우에도 그 추가신청은 원고만이 할 수 있다. 피고에게는 신청권이 없다. 다만 피고가 잘못된 것이 명백할 경우에는 법원의 석명을 요한다고 할 것이다.[39]

---

37) 同旨: 이시윤, 828면.
38) 대판 1993. 9. 28, 93다32095; 대판 1998. 1. 23, 96다41496.
39) 대판 1990. 1. 12, 89누1032; 대판 2004. 7. 8, 2002두7852.

(c) **제1심 변론종결 전일 것** 고유필수적 공동소송에 있어서 누락자의 추가는 제1심 변론종결 전에 하여야 한다($_{본문\ 1항}^{68조}$). 참가자의 심급의 이익을 위한 것이다. 가사소송에서는 항소심의 변론종결 시까지 가능하다($_{조\ 1항}^{가소\ 15}$). 고유필수적 공동소송은 합일확정이 필요한 것이고, 이해관계가 긴밀하여 다른 필수적 공동소송인이 대응하였다면 항소심의 추가를 제한할 필요는 없어 보인다.

(d) **원고 추가 시에 추가될 사람의 동의가 있을 것** 추가는 원고 또는 피고 어느 쪽이라도 가능하다. 다만 원고를 추가할 경우에는 추가될 사람의 동의를 요한다($_{단서\ 1항}^{68조}$). 이는 소송개시와 관련한 당사자의 처분권을 존중하기 위한 것이고, 피고의 경우에는 그렇지 아니하므로 동의를 요하지 아니한다.

(e) **기타** 추가되는 쪽은 공동소송이 되므로 당연히 공동소송의 요건을 갖추어야 한다.

③ 절 차

(a) 공동소송인의 추가는 원고가 서면으로 신청하여야 한다($_{유추적용}^{248조}$). 소송절차에 있어서 중요한 소송행위는 서면으로 할 필요가 있는데, 임의적 당사자변경의 한 형태인 공동소송인의 추가도 이러한 행위에 해당하기 때문이다. 다만 소액사건의 경우에는 구술로 할 수 있다($_{유추적용}^{소심\ 4조}$). 추가신청서에는 새로 원고 또는 피고가 될 사람의 이름·주소와 추가신청 이유를 기재하여야 한다($_{14조}^{규칙}$).

(b) 법원은 원고의 추가신청에 따라 결정으로 허부의 재판을 한다($_{1항}^{68조}$). 허가결정을 한 때에는 허가결정의 정본을 당사자 모두에게 송달하여야 한다. 추가될 당사자에게는 소장부본도 송달하여야 한다($_{2항}^{68조}$).

(c) 허가결정에 대하여는 원칙적으로 불복할 수 없다. 다만 추가될 원고의 부동의만이 이해관계인의 즉시항고 사유에 해당한다($_{4항}^{68조}$). 이 경우 즉시항고는 집행정지의 효력을 가지지 아니한다($_{5항}^{68조}$). 추가신청의 기각결정은 피고경정신청의 기각결정(439조에 따른 통상항고만 가능함)과 달리 즉시항고가 가능하다($_{6항}^{68조}$).

④ 효 과

(a) 필수적 공동소송인이 추가된 경우에는 처음의 소가 제기된 때에 추가된 당사자와의 사이에 소가 제기된 것으로 본다($_{3항}^{68조}$). 가사소송의 경우도 같다($_{단\ 신분사항에\ 관}^{가소\ 15조\ 2항\ -}$$_{소급효}^{한\ 한정적}$).

(b) 따라서 시효중단·기간준수의 효력은 처음 소를 제기한 때를 기준으로 한

다. 이 점이 경정 신청 시를 기준으로 하는 피고의 경정과 다르다($\frac{260조, 261}{조 4항}$).

(c) 추가로 필수적 공동소송이 되므로 종전의 공동소송인의 소송수행의 결과는 유리한 소송행위 범위 내에서 새로운 당사자에게 효력이 미친다($\frac{67조}{1항}$).

(4) 예비적·선택적 공동소송인의 추가($\frac{70}{조}$)

신법 제70조에서 예비적·선택적 공동소송인의 추가에 관한 규정을 신설하면서 제68조의 필수적 공동소송인의 추가에 관한 규정을 준용하고 있다. 예비적·선택적 공동소송인의 추가는 임의적 당사자변경 중 소의 주관적·추가적 병합의 한 형태이므로 신법에서 임의적 당사자변경의 범위를 입법적으로 확대하였다고 평가할 수 있다. 자세한 내용은 예비적·선택적 공동소송에서 설명한 바와 같이, 원고와 피고가 소송 중에 양립하지 아니하는 새로운 원고 또는 피고를 예비적 또는 선택적으로 추가하는 경우이다. 소송의 진행 중에 밝혀진 당사자의 상황을 소송절차에 바로 반영하여 분쟁을 일회적으로 해결하겠다는 적극적인 입법이라고 평가할 수 있다.[40]

5. 임의적 당사자변경의 한계

임의적 당사자변경과 관련하여 법률로 피고의 경정, 필수적 공동소송인의 추가, 예비적·선택적 공동소송인의 추가가 인정되고 있다. 그 해석과 관련하여 i) 피고가 신청권을 가질 수 있는지 유무, ii) 항소심에서의 당사자변경, iii) 원고의 경정 등이 임의적 당사자변경의 한계와 관련하여 이론상 논의된다. 이를 간단히 살펴보겠다.

(1) 피고의 신청권

현행법상 당사자변경의 신청권은 원고에게만 있다. 예컨대 본인의 법정대리인이 본인 명의로 피고를 상대로 계약상의 목적물인도청구의 소를 제기하여 진행 중 그 행위주체가 본인 또는 법정대리인 자신 중 1인일 가능성이 높고, 피고는 항변으로 계약해제를 주장하여 받아들여질 가능성이 높은 경우에 피고의 입장에서 법정대리인을 피고로 해당 소송절차에 끌어들여 일거에 분쟁을 해결하기를 바랄 수도 있다. 따라서 이러한 경우 피고가 분쟁의 일회적 해결을 위하여 임의적

---

40) 同旨: 이시윤, 829면.

당사자변경의 방법으로 간편하게 원고를 끌어들이는 방법을 강구할 수도 있다고 본다. 따라서 입법론 또는 해석론으로 피고에게 신청권을 부여하는 것도 생각할 수 있다고 본다.

(2) 항소심에서의 당사자변경

① 항소심에서 당사자변경을 인정할 것인지가 문제이다. 그 인정 여부는 당사자변경제도의 인정취지인 소송상황의 변화를 소송절차에 반영하여 소송경제를 취하려는 이익과 새롭게 참여하게 되는 자의 소송상의 이익(심급의 이익과 방어권보장)의 조화 속에서 해답을 찾을 수 있다.

② 이론적으로는 임의적 당사자변경의 성질을 복합설(신소제기·구소취하설)에 의하면 인정할 가능성이 낮고, 특수행위설을 취할 경우에 쉽게 인정할 여지는 있다. 생각건대 기본적으로 항소심에서의 당사자변경을 인정하고, 구체적으로 이를 인정하기 위한 조건으로 참여하는 원고 또는 피고의 동의가 필요하고, 동의가 없다고 하여도 이에 갈음할 신·구 당사자 사이에 실질적 관련성이 인정되어야 할 것이다. 원고의 변경일 경우에는 원고의 처분권의 보장이 필요하기 때문에 그의 동의가 필요할 것이고, 기존 피고의 심급의 이익을 위하여 그의 동의도 필요할 것이다. 또한 피고 변경의 경우에도 심급의 이익 및 방어권의 보장이라는 차원에서 기본적으로 신·구 피고의 동의가 필요할 것이다.[41] 그러나 본인에서 실질적으로 소송수행을 하여온 법정대리인으로 변경하는 경우와 같은 때에는 신·구 당사자 사이에 실질적인 관련성이 밀접하므로 원고 또는 피고의 경우에도 별도의 동의 없이 당사자변경이 가능하고, 또한 기존절차에서 이루어진 심리 등을 그대로 이용하여 판결할 수 있을 것이다.

(3) 원고의 경정

현행법은 필수적 공동소송인의 추가($^{68}_{조}$), 예비적·선택적 공동소송인의 추가($^{70}_{조}$)에서 원고의 추가에 대하여 허용하고 있다. 반면 당사자의 교환적 변경과 관련한 피고의 경정($^{260,}_{261조}$)을 인정하고 있으면서 원고의 경정에 대하여 침묵하고 있다. 따라서 이론적으로 임의적 당사자변경의 한 형태로서 원고의 경정이 가능한지 여부가 논의된다. 위에서 이미 본 바와 같이 제260조를 확대해석하거나, 또는 제68조 1항 단서를 유추적용 하여 새로운 원고의 동의가 있으면 경정이 가능하다고 사료된

---

41) 同旨: 정동윤/유병현/김경욱, 1158면.

다.[42] 추가되는 원고의 동의가 필요한 것은 그의 처분권을 보장하기 위한 것이다.

Ⅲ. 소송승계

1. 총 설

(1) 소송승계의 의의

① 소송승계(訴訟承繼)라 함은 소송계속 중 소송의 목적인 권리 또는 법률관계의 변동으로 분쟁주체의 지위가 종전의 당사자로부터 제3자로 이전함에 따라 제3자가 종전의 당사자의 지위를 승계 받아 새로운 당사자로서 소송을 인계받는 것을 말한다. 임의적 당사자변경은 당사자적격의 혼동·누락으로 발생함에 비하여 소송승계는 '당사자적격의 이전(移轉)'을 원인으로 한다는 점이 차이가 난다.

② 소송계속 중에 종전의 당사자로부터 제3자로 소송의 목적인 권리 또는 법률관계의 변동이 발생한 경우 기존의 소송을 취하고 별개의 소송을 하도록 한다는 것은 소송경제에 반하고, 상대방과 제3자에게도 당사자 사이의 지금까지의 소송수행을 헛수고로 만든다는 점에서 바람직하지 아니하다. 따라서 소송승계는 지금까지의 소송상태를 존중하면서 승계인인 제3자와 상대방 사이로 이전된 분쟁을 해결하기 위하여 인정하는 제도인 것이다.

③ 소송승계가 이루어지면 승계인인 새로운 당사자는 종전의 당사자(피승계인)가 수행한 결과를 유·불리와 관계없이 모든 것을 승계한다. 따라서 i) 종전의 소제기에 의한 시효중단·기간준수의 효력이 그대로 유지되고, ii) 종전의 변론준비·변론·증거조사·재판 등도 승계인과 상대방 사이에 미친다. iii) 기타 종전당사자가 할 수 없었던 자백의 취소·자백에 반하는 주장, 실기한 공격방어방법의 제출 등을 새로운 당사자도 할 수 없다. iv) 다만 종전의 소송비용은 당연승계의 경우에는 그대로 승계되지만, 특정승계(계쟁물의 양도에 의한 승계)의 경우에는 특별한 사정이 없으면 승계되지 아니한다.

(2) 종 류

소송승계는 포괄적 승계원인의 발생으로 법률상 당연히 분쟁주체의 지위가 변경되는 당연승계(當然承繼)와 계쟁물의 양도에 의하여 분쟁주체의 지위가 변경되

---

42) 同旨: 이시윤, 827면; 정동윤/유병현/김경욱, 1158면; 호문혁, 1005면.

는 특정승계(特定承繼)[43]가 있다. 특정승계는 승계인이 참가하는 방법에 따라 자발적으로 승계에 참여하는 참가승계($\frac{參加承繼}{81조}$)와 승계인이 비자발적으로 승계를 받는 인수승계($\frac{引受承繼}{82조}$)가 있다.

2. 당연승계

(1) 서 설

당연승계(當然承繼)는 포괄적 승계원인이 발생하면 법률상 당연히(ipso jure) 분쟁주체의 지위가 교체되어 승계인이 소송당사자가 되는 경우를 말한다. 민사소송법에서는 당연승계원인이 발생하면 소송절차의 중단 및 수계 사유로 정하고 있다. 하지만 소송절차의 중단·수계는 현실의 소송수행자가 교체되는 것을 고려한 것이므로 법적으로 당사자의 지위 변동을 의미하는 소송승계와는 완전히 일치하는 개념은 아니라고 할 것이다. 따라서 소송당사자의 교체가 없다고 하여도 소송수행자가 바뀌는 경우($\frac{예: 소송능력의 상실·법}{정대리권의 소멸, 235조}$)에 중단사유가 되지만, 반대로 소송당사자가 교체가 있더라도 중단사유가 되지 아니하는 경우($\frac{예: 본인 사망 시에 소송대}{리인이 있는 경우, 238조}$)가 있다.

(2) 당연승계의 원인

① 당사자의 사망($\frac{233}{조}$)

당사자가 사망한 경우에 상속인·수증자·유언집행자·상속재산관리인[44] 등이 승계인이 된다. 그러나 i) 상속인이 상속기간 내에 상속을 포기한 경우($\frac{민 1019,}{1041조}$), ii) 소송물인 권리관계가 일신전속적일 때[45]에는 소송절차가 종료된다($\frac{예외: 가}{소 16조}$).

② 법인 등의 합병에 의한 소멸($\frac{234}{조}$)

법인 기타 사단·재단이 합병으로 소멸되면 신설합병의 경우에는 신설 법인이, 흡수합병의 경우에는 존속 법인이 수계한다.

③ 당사자인 수탁자의 임무종료($\frac{236}{조}$)

당사자인 신탁법상의 수탁자의 임무가 종료된 경우에는 새로운 수탁자 또는 신탁재산의 귀속자가 승계인이 된다. 명의신탁의 경우는 포함되지 아니한다.

---

43) '계쟁물의 양도에 의한 승계', '소송물의 양도에 의한 소송승계' 또는 '신청승계'라고도 한다.
44) 대판 2002. 10. 25, 2000다21802(상속인의 존부가 불명한 경우에 상속재산관리인이 수계함).
45) 대판 1994. 10. 28, 94므246, 253(이혼소송 중 사망으로 소송종료 됨); 대판 2006. 3. 24, 2005두15596(사실혼에 기초한 재산분할청구 중 당사자 일방이 사망한 경우에는 종료됨).

④ 소송담당자의 자격상실($^{237조}_{1항}$)

소송담당자(예: 파산관재인)의 자격이 상실된 경우에 새로운 소송담당자 또는 당사자적격을 회복한 본래의 이익귀속주체가 승계인이 된다.

⑤ 선정당사자 및 대표당사자 전부의 자격상실($^{237조 2항, 증}_{집 24조 등}$)

선정당사자 전부가 자격을 상실한 경우에는 새롭게 선정된 선정당사자 또는 선정 취소로 당사자로 복귀한 선정자가 소송승계를 하게 된다. 증권관련 집단소송의 대표당사자 모두가 자격을 상실한 경우에는 새롭게 법원의 허가를 받은 대표당사자가 소송을 승계하게 된다.

⑥ 파산선고 또는 파산절차의 해지($^{239,}_{240조}$)

파산선고가 되면 당사자의 관리처분권이 상실되므로($^{채무회생}_{384조}$), 파산재단에 관한 소송은 파산관재인이 소송승계를 하게 되고($^{채무회생}_{347조}$), 파산채권에 관한 소송은 채권조사기일에 이의를 제기한 채권자가 소송승계를 하게 된다($^{채무회생 464,}_{466조}$).[46] 파산절차가 해지되면 파산선고를 받은 자의 관리처분권이 회복되어 그가 당연히 소송절차를 수계하게 된다($^{239,}_{240조}$).

⑦ 회생절차개시결정($^{채무회생 57조}_{1항, 78조}$) 또는 회생절차의 종료($^{채무회생 59조}_{3, 4항}$)

회생절차개시결정이 있으면 채무자인 당사자의 업무의 수행과 재산의 관리 및 처분을 하는 권한이 관리인에게 전속하게 되므로($^{채무회생}_{57조 1항}$), 회생절차의 관리인이 채무자의 재산에 관한 소송절차를 승계하게 된다($^{채무회생}_{78조}$). 회생절차가 종료된 때에는 채무자인 당사자가 당연히 소송승계를 하게 된다($^{채무회생 59조}_{3, 4항}$).

(3) 소송상의 취급

① 소송절차의 중단이 수반되는 경우

(a) 당연승계의 원인이 발생하면 통상 소송절차가 중단된다. 실체법상의 권리관계는 원인 발생과 동시에 승계인에게 넘어가지만, 바로 소송수행을 한다는 것이 어렵기 때문에 소송절차에서는 일단 소송절차의 중단이 생기고, 이러한 중단상태를 해소하기 위하여 수계신청의 절차를 밟도록 하고 있다.

(b) 소송절차의 중단이 수반되는 경우에는 원칙적으로 승계인 또는 상대방에 의한 수계신청이 있거나 법원의 속행명령에 의하여 소송절차가 속행된다($^{233,}_{244조}$).

---

46) 대판 2018. 4. 24, 2017다287587; 대판 2019. 4. 25, 2018다270957, 270968.

소송의 수계신청은 승계인 자신이나 상대방이 한다. 피상속인이 사망한 경우에 공동상속재산은 공유이므로 반드시 상속인 전원이 공동으로 수계할 필요는 없다.[47] 상속인은 상속을 포기할 수 있는 기간인 상속개시 있음을 안 날로부터 3개월까지 소송절차의 수계신청을 할 수 없다($\binom{233조\ 2항,}{민\ 1019조}$).

(c) 승계의 유무와 적법한 승계인에 의한 승계신청인지 여부 등 승계의 적부(適否)는 법원이 직권으로 조사하여야 한다. 승계의 적격이 없는 사람이 수계신청을 한 경우에 법원은 수계신청을 결정으로 기각하여야 한다($\binom{243조}{1항}$).[48] 적격이 인정되면 명시적인 결정의 필요 없이 현실적으로 소송수행을 허용하면 된다.[49]

(d) 그런데 한참 속행이 된 뒤에 승계인 적격이 없음이 밝혀진 경우[참칭승계인(僭稱承繼人)]를 어떻게 처리할 것인지가 문제이다. i) 필요적 변론($\binom{134조}{1항}$)까지 거쳤으므로 판결로서 소를 각하하여야 한다는 소각하설(訴却下說),[50] ii) 수계결정을 취소하고 신청을 각하하여야 한다는 신청각하설(申請却下說),[51] iii) 수계시킨 조치를 취소하고 결정으로 수계신청을 기각하여야 한다는 신청기각설(申請棄却說)이[52] 있다. 생각건대 이 경우 취소할 수계결정이 없으므로 법원은 참칭승계인의 소송절차 참여를 사실상 배제하고(심리종결) 제243조 제1항(수계신청에 대한 재판)의 취지에 따라 신청을 기각하는 것이 타당하다고 본다. 판례는 신청각하설을 취하고 있다.[53] 이 경우 진정승계인(眞正承繼人)에 대한 소송관계는 여전히 소송중단 상태로 있으므로[54] 당연히 수계신청이 가능하다($\binom{233,\ 241,}{244조}$).[55]

(e) 법원이 당사자가 사망한 사실을 모르고 사망자 이름으로 판결을 한 경우에는 수계인인 상속인의 절차권을 침해한 위법하지만 유효한 판결로서 대리권의 흠에 준하여($\binom{424조\ 1항\ 4호,}{451조\ 1항\ 3호}$) 상소 또는 재심으로 취소할 수 있다.[56] 다만 당사자가 변론종

---

47) 대판 1993. 2. 12, 92다29801; 대판 1994. 11. 4, 93다31993(수계신청하지 아니한 나머지 상속인들은 소송의 중단상태로 있음).

48) 대판 1984. 6. 12, 83다카1409. 각하하여야 한다는 견해도 있다(정동윤/유병현/김경욱, 1135면).

49) 대판 1984. 6. 12, 83다카1409.

50) 이시윤, 832면.

51) 정동윤/유병현/김경욱, 1135면.

52) 호문혁, 1019면; 다만 신청기각설이 타당하다고 하면서 대판 1981. 3. 10, 80다1895 판례가 수계신청을 각하한다고 표현하고 있으나 기각할 것을 간과하여 각하한다고 한 것으로서 표현상의 오류로 보아야 한다는 견해도 있다(김홍엽(제7판), 1103~1104면; 한충수, 786면).

53) 대판 1981. 3. 10, 80다1895.

54) 대판 1981. 3. 10, 80다1895.

55) 이시윤, 832면.

56) 대판(전) 1995. 5. 23, 94다28444; 대판 2003. 11. 14, 2003다34038; 대판 2013. 4. 11, 2012재두497.

결 후 판결 선고 전에 사망한 경우에는 상속인은 변론종결 후의 승계인에 해당하므로 당연히 판결의 효력을 받는다. 판결명의자는 판결의 집행을 위하여는 상속인을 위한 또는 상속인에 대한 승계집행문($^{민집\,25,}_{31조}$)을 받아 집행하여야 한다.[57]

② 소송절차의 중단이 수반되지 아니하는 경우

(a) 당연승계원인이 발생하여도 소송대리인이 선임되어 있는 등 소송절차의 중단이 수반되지 아니하는 경우에는 절차의 진행에 아무런 영향이 없다. 소송대리인이 선임되어 있어 절차의 중단이 없는 경우($^{238}_{조}$)에는 구당사자의 이름으로 소송수행을 하는 것이지만, 사망과 동시에 상속인에게 실체법상의 권리가 상속된 것이므로 실질적으로는 승계인의 대리인으로 보아야 한다.[58]

(b) 그러나 파산선고와 파산절차 해지로 인한 승계(제239조, 240조; 파산관재인과 본인)와 회생절차의 개시결정과 회생절차의 종료로 인한 승계의 경우(관리인과 본인)에는 소송대리인의 유무와 관계없이 소송절차가 중단된다.

(c) 판결 전에 승계의 사실 및 승계절차가 밝혀진 경우(예: 대리인이 소송절차 진행 중 가족관계증명서 등을 제출한 경우)에는 별도로 수계절차를 밟을 필요 없이 승계인을 판결의 당사자로 표시하면 된다(예: 원고 망 ○○○의 상속인 ○○○). 만약 판결이 그대로 사망자 명의로 된 경우에는 판결 자체는 적법한 것이므로 판결의 경정($^{211}_{조}$)을 통하여 승계인 명의로 바꾸어야 하고, 상소·재심을 통하여 취소할 수는 없다.[59] 따라서 판결의 집행 시에도 판결의 경정을 받아 상속인 명의로 집행을 하면 되고, 승계집행문을 받을 것은 아니다.

3. 특정승계

(1) 의의 및 입법례

① 의 의

특정승계라 함은 소송계속 중에 소송의 목적인 권리 또는 법률관계, 그것이 귀속하는 물건이 이전됨으로 인하여 분쟁의 주체가 변경되어 당사자가 바뀌는 것을 말한다. 특정승계는 '계쟁물의 양도에 의한 승계' 또는 '소송물의 양도에 의한 승

---

57) 대결 1998. 5. 30, 98그7.
58) 대판 2002. 9. 24, 2000다49374(소송대리인이 있는데 법인이 합병으로 소멸한 경우임). 다만 당연승계원인의 발생으로 당연승계 된다는 것은 형식적 당사자개념에 맞지 아니하고, 당사자 사망의 경우에 상속인이 상속포기도 할 수 있으므로 판례에 비판적인 견해로, 호문혁, 1021면.
59) 대판 2002. 9. 24, 2000다49374.

계'라고도 한다.[60] 특정승계를 인정하는 것은 소송 중에 권리관계가 바뀐 경우를 소송절차에 반영함으로써 소송과 실제상황 사이의 불일치를 막아 관련 분쟁을 일회적으로 처리할 수 있기 때문이다. 그러나 이를 인정함에 있어서는 승계인과 피승계인, 상대방의 이익을 고려하여야 한다.

② 입법례

소송계속 중에 양도 등의 특정승계가 이루어진 경우에 이것을 소송에 반영하는지 여부에 대하여 각국의 입법례가 약간 차이가 있다. 연혁적으로 로마법과 독일보통법에서는 소송의 엄격함으로 인하여 양도 등을 금지하였다(양도금지주의). 근대로 내려오면서 소송기간 중에 양도금지는 오랫동안 거래활동을 금지하는 것이므로 지나친 권리제한으로 인식되어 양도의 자유를 인정하게 되었다(양도허용주의). 양도 등을 허용하여도 그 방식에 있어서 입법례로는 당사자항정주의(當事者恒定主義), 소송승계주의(訴訟承繼主義)로 나뉜다.

(a) **당사자항정주의** 실체법상의 양도 등의 특정승계를 자유롭게 허용하면서도 소송에는 아무런 영향을 미치지 아니하도록 한 경우이다. 독일 민사소송법이 채택하고 있다($_{265}^{ZPO}$). 양도인은 실체법상의 권리와 관계없이 소송상 당사자로 남아서 양수인의 소송수행자로서의 역할을 담당하게 되고, 판결의 효력이 양수인인 승계인에게 미치게 한다. 기존의 당사자인 양도인의 상대방은 동일한 소송절차 내에서 결론을 내고 양수인에게 판결의 효력이 미치게 할 수 있는 장점이 있으나, 실질적인 권리자인 양수인은 소송절차에 직접 당사자로 참여할 수 없으므로 자신의 권리를 충분히 보호받을 수 없다는 단점이 있다.

(b) **소송승계주의** 소송목적인 실체법상의 권리관계의 변동을 소송절차에 바로 반영하여 승계인이 피승계인의 지위를 승계받는 것을 인정하는 입법형태이다. 소송승계주의는 실체법상의 권리관계의 변동을 소송절차에 직접 반영하여 판결을 할 수 있는 장점이 있다. 반면 상대방이 승계사실을 알지 못하여 피승계인을 상대로 판결을 받게 되면 그 판결의 효력이 승계인에게 미치지 아니하므로 상대방은 승계인을 상대로 재차 소송을 제기하여야 한다(예: A가 B를 상대로 건물명도청구소송 중에 B가 C에게 점유를 이전한 사실을 모르고 소송을 진행하여 명도판결을 받은 경우). 따라서 피승계인의 상대방에 대한 보호가 미흡하다는 단점이 있다.

---

60) 특정승계는 소송의 목적인 권리 또는 법률관계, 그 귀속물건의 이전을 원인으로 하여 소송의 승계가 이루어지는 것이므로, 이전의 원인 중 대표적인 것이 '양도'라고 할 수 있지만 그 외의 원인으로도 가능한 것이고 또한 용어가 간단하면서도 그 의미를 모두 담을 수 있어 이를 쓰기로 한다.

(c) **현행법의 태도와 보완책**　　현행법은 승계인이 자발적으로 참가할 수 있는 참가승계($\frac{민소}{81조}$)와 종전 당사자가 승계인을 소송절차에 강제로 끌어들일 수 있는 인수승계($\frac{민소}{82조}$)를 인정하고 있으므로, 소송승계주의를 취하고 있다. 그런데 참가승계의 경우에 승계인을 보호할 수 있는 장점은 있으나, 승계인과 피승계인이 승계사실을 상대방에게 알리지 아니하고 재판진행을 하는 경우에 상대방의 보호에 문제가 있다. 현행법은 이러한 미비점을 보완하기 위하여 다음과 같은 보완제도를 두고 있다.

ⅰ) 가처분제도　　원고 측은 가처분제도를 이용하여 피고의 변경을 막을 수 있다($\frac{민집}{300조}$). 즉 부동산소유권이전등기청구권에 기한 부동산처분금지가처분이나, 건물명도청구소송과 관련하여 피고에 대한 점유이전금지가처분 등을 이용하여 피고를 소송계속 중에 항정(恒定)시킬 수 있다.

ⅱ) 추정승계인제도　　당사자가 변론종결 시까지 승계사실을 밝히지 아니한 경우에는 변론이 종결된 후에 승계한 것으로 추정된다($\frac{218조}{2항}$). 추정승계인은 판결의 효력이 당연히 미치게 되므로 승계집행문을 받아 집행이 가능하다. 추정승계인제도는 소송계속 중에 승계사실을 숨기려는 당사자에게 승계사실을 알리도록 간접강제하는 제도이다. 그러나 추정승계인은 집행문부여에 관한 이의, 집행문부여에 관한 이의의 소 절차에서 변론종결 전의 승계사실의 증명을 통하여 이를 번복할 수 있으므로 일정한 한계가 있다.

ⅲ) 종전에는 예고등기제도가 존재하였다. 구부동산등기법(2011. 4. 12. 법률 제10580호로 개정되기 전의 것) 제4조와 제39조에서 등기원인의 무효 또는 취소로 인한 등기의 말소 또는 회복의 소가 제기된 경우에 법원이 직권으로 예고등기를 촉탁할 수 있도록 규정되어 있었다. 이것은 해당 부동산에 소유권관련 소송이 계속 중인 사실을 제3자에게 예고하여 실체법상의 승계에 신중을 기하도록 하려는 목적이 있었다. 또한 예고등기는 등기의 공신력이 인정되지 아니하는 법제에서 거래의 안전을 보호하기 위하여 인정되는 제도였다. 그러나 예고등기로 인하여 등기명의인이 거래상 받는 불이익이 크고 집행방해의 목적으로 소를 제기하여 예고등기가 행하여지는 사례가 있는 등 그 폐해가 많다는 이유로 2011년 4월 12일 부동산등기법이 전면개정 되면서 예고등기 관련 조항인 제4조와 제39조를 삭제하여 예고등기제도를 폐지하여 현재는 시행되고 있지 아니한다.

현행법상 소송승계주의에 따른 단점을 보완하기 위하여 가처분제도, 추정승계인제도를 두고 있지만 일정한 한계가 있다. 이러한 점을 보완하기 위하여 입법론으로 소송승계주의와 당사자항정주의를 병행할 필요성이 있다는 견해가 있다.[61] 그러나 우리 법제가 부동산의 권리변동에 있어서 형식주의를 취하고 있으므로 그 효과를 장담하기는 어려운 면이 있다.

(2) 특정승계의 원인

특정승계는 소송계속 중에 소송의 목적인 권리 또는 법률관계, 그것이 귀속하는 물건이 이전됨으로 인하여 분쟁의 주체가 변경되어 당사자가 바뀌는 경우이다. 따라서 특정승계의 원인은 소송계속 중에 소송의 목적인 권리 또는 법률관계, 그것이 귀속하는 물건이 이전되는 경우를 말한다. 이것은 넓게 보아 '소송물의 양도'라고 할 수 있다.

① 이전의 시기

특정승계의 이전 시기는 소송계속 중에 이루어져야 한다. 따라서 소송계속 전에 이전이 되거나, 소송계속 후에 이전이 된 경우는 소송승계의 원인이 되는 이전 또는 소송물의 양도로 볼 수 없다. 소송계속 전·후의 소송물의 양도는 소송승계의 문제가 발생하지 아니한다.[62]

② 이전의 형태

(a) 특정승계의 원인　특정승계의 원인이 되는 이전의 형태는 다양하다. 따라서 임의처분(예: 매매·증여 등), 집행처분(예: 매각허가결정·전부명령 등), 법률의 규정에 의한 이전(예: 변제자대위 등), 행정처분(예: 재경부장관의 계약이전명령[63] 등)을 포함한다. 소송물의 전부양도뿐만 아니라, 일부양도도 포함된다. 일부양도에는 질적 일부승계 또는 설정적 승계라고 할 수 있는 저당권설정 등도 해당된다. 또한 원시취득 또는 승계취득이라도 상관이 없다. 나아가 소송물인 권리관계 자체의 양도뿐만 아니라(예: 채무지급청구에 있어서 채권 자체의 양도), 소송물인 권리관계의 목적물건인 계쟁물의 양도(예: 건물철거소송 중에 건물소유권이 제3자에게 양도된 경우)가 이루어진 경우도 포함된다.

(b) 단순형 소송승계와 청구변경형 소송승계　특정승계에는 승계의 전후를 통하여 소송물은 동일하면서 단순히 당사자만이 변경되는 경우인 단순형 소송승계와 당사자뿐만 아니라 소송물도 변경되는 청구변경형 소송승계(예: 건물철거 또는 토지인도소송 중 피고가 점유를 제3자에게 이전하거나, 소유권이전등기말소소송 중 피

---

61) 강현중(2004), 265면; 이시윤, 833면.
62) 대판 1983. 9. 27, 83다카1027.
63) 대판 1987. 11. 10, 87다카473.

고가 제3자에게 등기명의를 넘긴 경우에 제3자에 대한 인수승계 등)로 나눌 수 있다.[64] 전자의 경우에는 승계의 전·후에 소송물이 동일하므로 승계인의 절차보장에 큰 문제는 없으나, 후자의 경우에는 승계의 전·후에 당사자뿐만 아니라 소송물도 바뀌기 때문에 소송을 승계하는 승계인의 절차보장에 어려움이 있다. 승계인이 종전의 절차를 인정하고 스스로 승계에 참여하는 참가승계의 경우에는 특별히 문제될 것은 없으나, 특히 종전의 당사자에 의하여 강제적으로 절차에 참여하게 되는 인수승계의 경우에는 승계인의 절차보장이라는 측면에서 신·구청구 사이에 중요한 쟁점이 공통하고, 승계인과의 분쟁이 구당사자 사이의 분쟁으로부터 파생·발전적인 경우 등으로 제한할 필요성이 있다고 할 것이다.[65]

③ 승계인의 범위

(a) 승계인의 개념　승계인의 범위와 관련하여 승계인의 개념을 어떻게 볼 것인가가 문제된다. 소송승계의 원인이 되는 소송의 목적물인 권리관계의 승계라 함은 ⓐ 소송계속 중에 종전당사자가 당사자적격을 잃고 새로운 당사자가 당사자적격을 취득하는 경우로 보는 적격승계설(適格承繼說),[66] ⓑ 소송계속 중에 종전당사자가 분쟁주체의 지위를 잃고 새로운 당사자가 분쟁주체의 지위를 취득하는 경우로 보는 분쟁주체지위승계설(紛爭主體地位承繼說)이 있다. 특히 소유권이전등기말소소송 중에 제3자가 새로운 등기명의자가 된 경우와 같이 당사자적격의 이전을 인정하기 어려운 경우가 있다는 점, 승계원인을 당사자적격의 변동뿐만 아니라 계쟁물의 양도 등에서도 인정할 필요가 있다는 점 등을 생각하면 분쟁주체지위승계설에 따라 승계인의 개념을 정의하는 것에 타당하다고 본다.[67] 승계적격설보다 분쟁주체지위승계설에 의하면 승계인의 범위를 비교적 넓게 인정할 수 있는 장점이 있다.

(b) 승계인의 범위　ⅰ) 참가승계(81조)·인수승계(82조)에 있어서 승계인의 범위와 관련하여 변론종결 후의 승계인(218조1항)과 동일하게 생각할 것인지 여부가 논의의 초점이다. 종래의 통설과 판례는 양자를 통일적으로 파악하고 있다(同一說).[68] 그러나 소송승계는 변론종결 후의 승계인과 달리 ⓐ 소송의 심리과정에서 발생하는 문제

64) 정동윤/유병현/김경욱, 1139면.
65) 同旨: 정동윤/유병현/김경욱, 1139면.
66) 이시윤, 834면.
67) 同旨: 정동윤/유병현/김경욱, 1140면.
68) 이시윤, 834면.

이고, ⓑ 청구변경형 소송승계의 경우에는 소송물이 달라진 경우에도 일정한 조건하에 소송승계를 인정할 필요가 있다는 점, ⓒ 소송승계인이 변론종결 후의 승계인에 비하여 절차보장이 넓게 인정된다는 점 등을 이유로 소송승계에 있어서 승계인의 범위를 변론종결 후의 승계인에 비하여 넓게 인정하여야 한다는 견해가 있다(非同說).69) 생각건대 소송승계제도와 변론종결 후의 승계인의 취지가 분쟁해결의 실효성의 확보라는 점에서 유사한 면이 있지만, 소송승계는 기존의 심리의 이용이라는 측면이 강조되는 것이므로 구태여 승계인의 범위를 동일하게 파악할 필요는 없다는 점에서 비동일설(非同一說)이 타당하다고 본다.

ⅱ) 판례는 소송물인 권리관계의 양도뿐만 아니라 당사자적격 이전의 원인이 되는 실체법상의 권리이전 등에 관하여 넓게 소송승계를 인정하고 있다. 그러나 소송물이론에서 구소송물이론을 취하는 판례는 특히 점유승계인과 등기승계인의 경우에 제81조와 제82조의 소송승계인70)을 제218조의 변론종결 후의 승계인과 같이 청구권의 성질이 채권적인지 물권적인지에 따라 승계인의 범위를 달리 본다. 예컨대 매매계약 등 채권적 청구권에 기초하여 매수인이 매도인을 상대로 목적물 인도청구·소유권이전등기청구를 한 경우에 피고인 매도인으로부터 목적물에 관하여 점유승계·이전등기를 받은 제3자는 여기의 승계인에 해당하지 아니한다.71) 반면 소유권에 기한 이전등기말소청구소송 중에 피고로부터 해당 부동산을 매수하여 이전등기를 마치거나 저당권설정등기를 마친 제3자는 그 승계인에 포함된다고 본다.72) 생각건대 소송물인 권리관계의 성질에 따라 승계인 여부를 정할 것이 아니라 일단 승계인으로 보고, 승계인이 가지는 상대방에 대한 고유한 항변(선의취득 등)을 주장할 수 있도록 하는 것이 타당하다고 본다(형식설).73)

(3) 승계의 방식과 절차

특정승계에는 그 방식에 따라 참가승계와 인수승계가 있다. 참가승계는 승계인

---

69) 강현중, 942면; 정동윤/유병현/김경욱, 1141면.

70) 변론종결 후의 승계인에 대비하여 '변론종결 전의 승계인'이라 칭할 수도 있다.

71) 대결 1970. 2. 11, 69마1286; 대결 1983. 3. 22, 80마283; 대판 2019. 2. 28, 2016다255613 (주택재건축사업 시행자가 조합 설립에 동의하지 않은 토지 또는 건축물 소유자를 상대로 매도청구의 소를 제기하여 매도청구권을 행사한 이후에 제3자가 매도청구 대상인 토지 또는 건축물을 특정승계 하더라도 그 승계인은 매매계약상의 권리·의무, 즉 토지 또는 건축물에 관한 소유권이전등기 의무를 승계한 것이 아니므로 매도청구소송을 인수하도록 신청할 수 없음).

72) 대결 1963. 9. 27, 63마14(변론종결 후의 승계인에 관한 결정임).

73) 同旨: 이시윤, 835면; 정동윤/유병현/김경욱, 1141면.

스스로 소송에 참가하는 방식이고(자발참가), 인수승계는 소송의 당사자가 승계인을 강제적으로 소송에 끌어들이는 방식이다(강제참가). 소송에 자발적으로 참가할 것인지 여부와 승계인을 소송에 끌어들일지 여부는 승계인 또는 당사자가 자율적으로 결정할 문제이다. 그러나 승계사실이 소송계속 중에 명백히 밝혀진 경우에는 재판부에서는 분쟁의 효율적 해결을 위하여 소송승계 여부에 대하여 석명권을 행사하는 것이 적정한 재판진행이라 할 것이다.[74]

① **참가승계**($^{參加承繼,}_{81조}$)

(a) **독립당사자참가신청의 방식**   ⅰ) 소송이 법원에 계속되어 있는 동안에 제3자가 소송목적인 권리 또는 의무의 전부나 일부를 승계하였다고 주장하며[75] 독립당사자참가신청의 방식($^{79}_{조}$)으로 스스로 기존의 소송에 참가하여 당사자가 되는 경우를 말한다($^{81}_{조}$). 예컨대 A가 B를 상대로 소유권에 기초하여 건물명도청구 중에 A로부터 해당 건물을 양수받은 C가 스스로 원고로 참가하는 경우이거나, 甲이 乙회사를 상대로 신주발행무효의 소송계속 중에 甲으로부터 주식을 양수한 丙이 원고로 참가하는 경우(권리승계형 참가승계),[76] A가 B를 상대로 계약상 의무이행의 소송 중에 C가 B로부터 해당 의무를 면책적으로 인수하였다고 주장하면서 피고로 참가하는 경우(의무승계형 참가승계) 등이 여기에 해당한다.

ⅱ) 참가승계인은 위 예에서 본 바와 같이 주로 권리승계인이 될 것이나, 채무승계인도 필요에 따라 참가할 필요성이 있다고 할 것이므로 참가승계가 가능하다($^{81}_{조}$).[77] 특히 권리승계인의 참가승계신청은 소의 제기에 해당하며, 참가요건은 소송요건으로서 그 구비여부는 직권조사사항이다.[78] 참가요건을 갖추지 못한 경우에는 판결로써 부적법 각하하여야 한다.[79]

ⅲ) 참가신청에 대하여 피승계인 또는 그 상대방은 이의할 수 있다. 이에 대하

---

74) 反對: 이시윤, 835면. 판례도 소송인수 신청에 대한 석명의무까지 있는 것은 아니라고 한다(대판 1975. 9. 9, 75다689).

75) 채무자 겸 소유자인 원고가 배당이의의 소를 제기한 경우의 소송목적물은 채권자인 피고가 경매절차에서 배당받을 권리의 존부·범위·순위이고 원고가 경매절차에서 배당받을 권리의 존부가 아니므로, 원고 승계참가인이 원고의 배당받을 권리를 양수하였더라도 소송목적인 권리를 승계하였다고 할 수 없어 승계참가신청은 부적법하다고 할 것이다(대판 2023. 2. 23, 2022다285288).

76) 대판 2003. 2. 26, 2000다42786.

77) 대판 1983. 3. 29, 83다카1027.

78) 同旨: 이시윤, 835면.

79) 대결 2007. 8. 23, 2006마1171; 또한 변론종결 후에 변론재개신청과 동시에 승계참가신청을 한 경우에 변론재개를 하지 않은 채 참가신청에 대하여 본래 소송과 분리하여 각하 판결할 수 있다(대판 2005. 3. 11, 2004다26997).

여는 변론을 거쳐 판결로써 적부를 가려야 한다. 다만 참가신청이 있는 경우에 승계인에 해당하는지 여부는 본소송의 청구와 참가인의 주장 자체에 의하여 판정하면 된다. 따라서 본안 심리결과 승계사실이 인정되지 아니하면 소 각하 판결을 할 것이 아니고 청구기각판결을 하여야 한다.[80]

ⅳ) 참가승계는 승계사실 등의 심리가 필요한 것이므로 사실심 변론종결 전까지 가능하다고 보아야 한다.[81] 판례도 같다.[82]

(b) **편면참가 및 쌍면참가**　ⅰ) 편면참가: 피승계인(또는 前主)과의 사이에 승계에 다툼이 없는 경우에는 소송관계가 어떻게 될 것인지 문제이다. 즉 참가인이 피참가인에 대하여 별도의 청구 없이 피참가인의 상대방에 대하여만 청구하는 편면참가의 경우 또는 쌍면참가를 하였으나 피참가인이 참가인이 소송에 참가하자 기존의 소송에서 탈퇴한 경우, 피참가인이 기존 소송에서 탈퇴하려고 하였으나 피참가인의 상대방이 소송탈퇴에 부동의 하여 피참가인이 그대로 소송절차에 남아 있는 경우 등을 생각할 수 있다. 이렇게 된 경우 참가인과 피참가인, 그 상대방 사이의 소송관계를 독립당사자참가에 준하여 민사소송법 제79조 제2항에 따라 필수적 공동소송에 관한 민사소송법 제67조를 준용할 수 있는지 여부가 문제된다. 종전 학설·판례는 이러한 경우들은 고유한 독립당사자참가소송과 달리 대립·견제의 3면적 소송관계가 성립될 여지가 없어 독립당사자참가와는 소송구조가 다르다고 하여 2002년 신법 개정 전부터 편면참가를 인정하였고,[83] 종전의 원고와 승계참가인 사이에는 통상공동소송으로 유효하게 존속한다고 하였고,[84] 이 경우 피참가인의 대리인이 참가인의 소송대리인이 되어도 쌍방대리금지의 원칙에 어긋나지 않는다고 보았다.[85]

그런데 대법원은 2019. 10. 23, 선고 2012다46170 전원합의체 판결을 통하여 이러한 경우 즉 권리승계형 참가승계(제81조)에도 민사소송법 제79조 제2항에 따라 필수적 공동소송에 관한 민사소송법 제67조를 준용하여야 한다고 하고 있다. 아

---

80) 대판 2014. 10. 27, 2013다67105, 67112.
81) 同旨: 호문혁, 1013면. 反對: 정동윤/유병현/김경욱, 1144면(상고심에서도 가능하다고 함).
82) 대판 2002. 12. 10, 2002다48399; 대판 2015. 6. 11, 2012다10386.
83) 대판 1969. 12. 9, 69다1578; 대판 1975. 11. 25, 75다1257, 1258; 대판 1976. 12. 14, 76다1999.
84) 대판 2004. 7. 9, 2002다16729; 대판 2009. 12. 24, 2009다65850; 대판 2014. 10. 30, 2011다113455, 113462.
85) 대판 1969. 12. 9, 69다1578. 독립당사자참가로 보면 쌍방대리금지의 원칙이 적용된다고 보아야 한다.

래에서 보는 바와 같이 판례의 논거가 타당하다고 본다.

즉 참가인과 피참가인 사이에 전부 또는 일부 권리승계형 참가승계의 경우라도 참과인과 피참가인 사이의 권리관계가 피참가인의 상대방에 대하여 양립하지 않는 선택적 권리의무 관계라고 할 것이므로, 일단 참가인과 피참가인, 피참가인의 상대방 사이에 법률관계는 3면적 분쟁은 아니지만 2면적 분쟁관계를 이루고 있으므로 합일확정이 필요하다고 보아야 한다. 그렇기 때문에 필수적 공동소송에 관한 민사소송법 제67조를 준용하는 것이 타당한 것이다. 종전과 같이 통상공동소송관계로 보는 것은 타당하지 아니한 것이다. 독립당사자소송의 한 형태로서 2면적 소송관계이기 때문에 필수적 공동소송에 관한 규정을 적용하여야 하는 것이다.

대법원의 이러한 논거는 의무승계형 소송참가의 경우에도 동일하게 적용되어야 할 것이다. 즉 A가 B를 상대로 계약상 의무이행의 소송 중에 C가 B로부터 해당 의무를 면책적으로 인수하였다고 주장하면서 피고로 참가하는 경우(의무승계형 참가승계)에 피참가인의 상대방인 A의 부동의로 A, B, C가 같은 소송절차에 남아 있게 되는 경우에도 동일하게 민사소송법 제81조에 따라 독립당사자참가에 관한 규정에 따라 필수적 공동소송에 관한 민사소송법 제67조를 준용하여야 한다. 다만 이 경우에는 법원은 원고의 처분권주의를 존중하여 청구취지를 선택적 또는 예비적 공동소송으로 청구취지를 변경할 것을 적극적으로 석명을 하여야 할 것이다.

ⅱ) 쌍면참가: 그러나 피승계인과 승계인 사이의 승계 여부에 관하여 다툼이 있는 경우에는 승계인은 피승계인인 전주(前主)에 대하여도 일정한 청구를 하여야 한다(쌍면참가). 이 경우에는 피승계인·승계인·피승계인의 상대방 사이의 법률관계는 삼면소송의 형태를 갖게 된다. 참가인과 피참가인 사이에 승계사실에 다툼이 없다고 하여도 승계사실의 확인을 구하는 방식으로 쌍면참가는 가능하다고 보아야 한다. 쌍면참가 시에는 독립당사자참가신청서와 같은 액수의 인지를 붙여야 한다(민인 6조).

(c) 참가승계의 효과 참가승계 신청을 하면 참가의 시기에 관계없이 소송이 법원에 처음 계속된 때에 소급하여 시효의 중단 또는 법률상 기간준수의 효력이 생긴다(핍).[86] 또한 승계인은 독립당사자참가의 경우와 달리 전주인 피승계인의 소송상의 지위를 승계하는 것이므로 참가 시까지 피승계인이 행한 소송수행의 결과에 구속된다.

---

86) 대판 2012. 7. 5, 2012다25449(시효중단의 소급효는 권리승계를 주장한 청구에 한정함).

② 인수승계($\frac{引受承繼,}{82조}$)

(a) 소송인수의 신청　　인수승계란 소송계속 중에 소송의 목적인 권리·의무의 전부나 일부의 승계가 있다는 이유로 종전 당사자의 인수신청에 따라 승계인인 제3자를 당사자로 소송에 강제로 끌어들이는 것을 말한다. 예컨대 A가 B를 상대로 소유권에 기초한 건물명도청구 중에 B로부터 해당 건물의 점유를 승계한 C를 원고인 A의 신청에 의하여 새로운 피고로 소송에 끌어들이는 경우(원고 신청의 인수승계), A가 B를 상대로 계약상 의무이행의 소송 중에 피고인 B가 C를 해당 계약상의 의무를 면책적으로 인수하였다고 주장하면서 피고로 끌어들이는 경우(피고 신청의 인수승계) 등을 말한다. 인수승계는 기존의 소송당사자인 원고 또는 피고가 승계인에 대하여 소송인수의 신청을 함으로써 이루어진다($\frac{82}{조}$). 신청은 서면 또는 말로 할 수 있다($\frac{161}{조}$). 인수승계의 대상자는 주로 의무승계인일 것이나, 일정한 경우에 권리승계인이 패소가능성이 높을 경우 소송에 참가하지 아니하려고 할 것이므로 피고에 의한 원고의 인수승계의 필요성이 있다고 할 것이다. 법률에서 인정한 대표적인 제3자의 소송인입(訴訟引入) 제도이다.

(b) 인수승계의 형태　　소송의 목적인 권리·의무의 승계는 면책적 인수(免責的 引受), 병존적 인수(竝存的 引受, 중첩적 인수라고도 함)의 형태가 있다. 승계의 형태에 따라 교환적 인수승계(交換的 引受承繼)와 추가적 인수승계(追加的 引受承繼)의 방식으로 나타난다.

ⅰ) 면책적 인수의 경우에는 제3자가 피승계인에 갈음한 것이므로 인수승계를 함에 있어서 기존의 당사자로부터 새로운 당사자로 교환적 인수승계가 이루어져야 한다. 전형적인 인수승계의 예라 할 수 있다.

ⅱ) 병존적 인수의 경우에는 소송의 목적인 채무 자체를 승계한 것은 아닐지라도 소송의 목적인 채무에 기초하여 새로운 채무가 발생함으로써 제3자가 새로운 분쟁주체로 등장한 경우에 그 제3자를 새로운 피고로 인수신청 하여야 하는 때이다. 이 경우 인수승계 함에 있어 기존의 당사자에 새로운 당사자를 더하는 추가적 인수승계 하여야 한다. 예컨대 토지소유자가 소유권에 기초한 가건물철거소송 중에 피고가 제3자를 새롭게 입주시킨 경우에 제3자의 퇴거청구를 위한 인수신청[87] 또는 소유권이전등기말소소송 중 피고가 제3자에게 다시 소유권이전등기를 경료 한 경우에 제3자를 새로운 피고로 추가하여 인수신청 하는 경우 등을

---

87) 日最判(小三) 1965. 3. 22, 民集 20卷 3号 484面.

생각할 수 있다. 판례는 여기에 대하여 부정적이다.[88] 생각건대 관련 분쟁의 일회적 해결이라는 소송제도의 본래의 취지에 비추어 보면 소송절차가 현저히 지연될 염려가 없다면 이를 부정할 필요는 없다고 생각한다.[89]

iii) 당사자가 인수신청을 함에 있어서 교환적 인수일 경우에는 별도의 청구취지는 필요하지 아니하고 "피신청인은 피고 또는 원고를 위하여 본건 소송을 인수한다."는 신청취지와 신청원인의 설명으로 충분할 것이나, 추가적(중첩적) 인수의 경우에는 새로운 원고 또는 피고에 대한 신소의 제기에 해당하므로 인수인에 대한 청구취지·청구원인을 새롭게 추가·보충하여야 할 것이다.

(c) 인수승계의 절차   i) 인수승계를 신청할 수 있는 자는 종전의 당사자이다. 일부 견해는 피승계인인 전주는 포함되지 아니한다는 견해가 있다.[90] 하지만 제82조 제1항에 단순히 '당사자'라고 규정하고 있고, 피승계인 스스로 당사자의 지위에서 벗어나기를 바랄 경우도 있으므로 피승계인도 포함시키는 것이 타당하다.[91] 또한 채무승계인도 인수승계를 신청할 수 있다는 견해도 있지만,[92] 채무승계인은 제81조의 참가승계의 형태로 소송에 참가할 수 있으므로 법문에 반하여 확대해석할 필요는 없다고 본다.[93]

ii) 법원은 인수신청이 있을 때에는 신청인과 제3자를 심문하여 결정으로 그 허부의 재판을 하여야 한다($\frac{82조}{2항}$). 신청각하 결정에 대하여는 항고할 수 있다($\frac{439}{조}$). 반면 신청을 허가하는 인수결정은 중간적 재판이므로 독립하여 불복신청 할 수 없다.[94]

iii) 인수결정 후에 본안심리결과 승계사실이 인정되지 아니하면 어떻게 할 것인지 문제된다. 피참가인이 탈퇴하는 교환적 인수승계일 경우에는 피참가인은 여전히 판결의 효력을 받으므로 잠재적 독립당사자참가소송의 당사자로서 기존 청구의 당부에 따라 판결 주문에 승패를 써주면 될 것이다. 반면 승계인에게 참가요건으로의 승계사실은 주장 사체로 설성되는 것이지만, 본안심리 결과 승계사실

---

88) 대판 1971. 7. 6, 71다726(건물철거소송 중 피고가 제3자에게 그 건물의 소유권이전등기를 경료한 경우에 제3자에 대하여 등기말소청구를 위한 인수신청을 불허함); 대결 1983. 3. 22, 80마283(소유권이전등기청구소송 중 제3자 앞으로 소유권이전등기가 경료된 경우에 그 말소청구를 위한 인수신청을 불허함).
89) 同旨: 이시윤, 837면, 新堂幸司, 739면.
90) 김홍규/강태원, 778면; 이영섭, 120면.
91) 同旨: 강현중, 948면; 이시윤, 838면.
92) 방순원, 238면; 송상현/박익환, 708면.
93) 同旨: 이시윤, 838면.
94) 대결 1981. 10. 29, 81마357; 대결 1990. 9. 26, 90그30.

의 인정 여부는 본안의 당부의 문제이고 청구원인의 요건사실 중의 하나이므로 청구기각 판결을 하여야 한다.[95] 추가적 인수승계의 경우에 있어서도 법원의 인수승계 결정 후에 본안에서 승계사실이 인정되지 아니하면 요건사실 중 일부가 인정되지 아니하는 것이므로 인수인에게 본안판결로 청구기각 판결을 하면 될 것으로 본다.[96]

ⅳ) 인수승계 신청은 참가승계의 경우와 같이[97] 사실심 변론종결 전까지만 가능하다고 할 것이다.[98]

(d) 인수승계의 효과 인수승계 신청을 하면 참가의 시기에 관계없이 소송이 법원에 처음 계속된 때에 소급하여 시효의 중단 또는 법률상 기간준수의 효력이 생긴다($\frac{82조}{3항}$).[99] 또한 승계인은 전주인 피승계인의 소송상의 지위를 승계하는 것이므로 참가 시까지 피승계인이 행한 유·불리의 모든 소송수행의 결과에 구속된다. 다만 제3자가 추가되는 추가적 인수승계의 경우에는 승계인의 이익을 고려하여 독자적인 소송행위를 인정할 여지는 있다.[100]

(4) 피승계인의 지위와 소송탈퇴

참가승계·인수승계의 경우에 피승계인의 지위는 탈퇴하는 경우와 그렇지 아니한 경우에 차이가 있다.

① 소송탈퇴의 경우

ⅰ) 원칙적으로 소송의 목적인 권리·의무가 양도되어 참가승계·인수승계가 이루어진 경우에는 원칙적으로 피승계인의 당사자적격이 이전하게 된다(예외; 병존적 채무인수에 기한 의무승계형 승계참가와 추가적 인수승계). 이 경우에 전주인 피승계인은 더 이상 소송절차에 남아 있을 필요가 없다. 따라서 피승계인은 상대방의 승낙을 얻어 탈퇴할 수 있다($\frac{82조}{3항}$).[101] 피승계인이 상대방의 승낙을 받고 소송절차

---

95) 同旨: 이시윤, 838면. 대판 2005. 10. 27, 2003다66691. 反對: 정동윤/유병현/김경욱, 1143면(인수결정을 취소하고 신청을 각하하여야 한다고 함).

96) 反對: 정동윤/유병현/김경욱, 1143면(인수결정을 취소하고 신청을 각하하여야 한다고 함).

97) 대판 2015. 6. 11, 2012다10386 참조.

98) 同旨: 정동윤/유병현/김경욱, 1101면(다만 참가승계의 경우에는 상고심에서 가능하다고 한다).

99) 대판 2017. 7. 18, 2016다35789(인수참가인의 소송목적 양수효력이 부정되어 청구기각 또는 소각하 판결이 확정된 날부터 6개월 내에 탈퇴한 원고가 재차 재판상의 청구 등을 한 경우 탈퇴전 원고가 제기한 재판상 청구로 인한 시효중단의 효력은 그대로 유지됨).

100) 同旨: 이시윤, 839면.

101) 대판 2011. 4. 28, 2010다103048(원고의 소송계속 중에 참가인이 원고 측에 승계참가신청을 하자 사망한 원고의 소송대리인이 소송탈퇴신청을 하여 소송탈퇴를 하였는데 참가인이 그 후에 소

에서 탈퇴한 경우에도 판결의 효력은 탈퇴자인 피승계인에게 미친다($^{82조\ 3항}_{80조}$). 이 경우 판결의 효력이란 기판력, 집행력 등의 판결의 본래의 효력을 의미한다.

ⅱ) 그런데 피승계인의 또는 그에 대한 기존의 소가 취하되어 승계인과 피승계인의 상대방이 이를 동의한 경우에는 기존의 원고와 피고 사이의 소송은 소급적으로 소멸하기 때문에 피승계인의 청구 또는 그에 대한 청구는 심판대상이 될 수 없다.

ⅲ) 한편 소송탈퇴의 경우에 피승계인의 청구 또는 그에 대한 청구가 심판의 대상이 될 것인지 문제된다. 소송의 탈퇴와 관련하여 종전 판례는 피승계인이 소송에서 탈퇴한 경우에 기본적인 심판대상은 승계인의 청구 또는 승계인에 대한 청구로 보았고, 피승계인의 청구 또는 그에 대한 청구는 심판대상이 아니라고 보았다.[102] 하지만 대법원은 2019. 10. 23, 선고 2012다46170 전원합의체 판결에서 권리승계형 참가승계($^{81}_조$) 후에 원고가 승계에 대해 다투지 않으면서도 소송탈퇴, 소 취하 등을 하지 않거나 이에 대하여 피고가 부동의 하여 원고가 소송에 그대로 남아있는 경우에는 민사소송법 제79조 제2항에 따라 필수적 공동소송에 관한 민사소송법 제67조를 준용하여야 한다고 하고 있다. 이 판례에 비추어 보면 승계인의 소송참가($^{81}_조$) 또는 승계인의 소송인수($^{82}_조$)로 인하여 피승계인이 소송에서 탈퇴한 경우에도 피참가인에게 판결의 효력 및 시효의 중단 또는 법률상 기간준수의 효력이 미치므로, 독립당사자참가에 있어서 피참가인이 탈퇴한 경우에 잠재적 당사자로서 판결 당사자, 주문, 판결 이유 중에 표시하여야 한다는 점 등을 생각한다면, 피승계인의 청구 또는 피승계인에 대한 청구도 여전히 심판의 대상으로 남아 있다고 보아야 할 것이다.

ⅳ) 기타 판결의 표시, 집행권원과 집행방법 등은 독립당사자참가의 소송탈퇴에 준하여 생각하면 된다.

② **탈퇴하지 아니한 경우**

ⅰ) 승계인과 피승계인 사이에 승계 여부에 관한 다툼이 있거나, 권리 · 의무의 일부승계, 추가적 인수승계의 경우 등에 있어서는 피승계인이 탈퇴할 성질이 아니

송수계신청을 하고, 승계참가신청을 취하하였다면 원고의 상속인들과 상대방사이의 소송관계는 소송탈퇴로 적법하게 종료되었고, 참가인의 소송수계신청은 이미 종료된 소송관계에 관한 것이어서 이유없음이 명백하고, 한편 참가인과 상대방 사이의 소송관계도 승계참가신청의 취하로 소송관계가 모두 적법하게 종료됨).

102) 대판 2004. 1. 27, 2000다63639.

다. 또한 피승계인의 상대방이 소송탈퇴를 승낙하지 아니한 경우에도 기존의 소송절차에 피승계인이 그대로 남게 된다. 이러한 경우에는 피승계인은 당사자적격의 이전 여부와 관계없이 소송절차 내에서 분쟁 당사자로서의 지위를 그대로 유지하고 있게 된다.

ⅱ) 이와 관련하여 종전 대법원에서는 승계로 인한 중첩된 원고의 청구와 승계인의 청구 사이에 대하여 통상공동소송으로 파악하였다.[103] 그런데 대법원은 2019. 10. 23, 선고 2012다46170 전원합의체 판결에서 종전의 통상공동소송이라고 본 판례를 변경하고 권리승계형 승계참가의 경우에 있어서 필수적 공동소송에 관한 민사소송법 제67조를 준용하여야 한다고 하고 있다. 그 논거로 2002년 민사소송법 개정으로 독립당사자참가소송에서 편면참가를 허용하였고, 또한 예비적·선택적 공동소송을 신설하여 모두 필수적 공동소송에 관한 제67조를 준용하게 되었고(2002년 민사소송법 개정에 따른 다수당사자 소송제도의 적용 등에 있어서 정합성), 권리승계형 승계참가의 경우에도 같은 소송절차에서 승계인과 피승계인 사이의 두 청구에 대하여 모순, 저촉을 방지할 합일확정의 필요성 등을 들고 있다.

ⅲ) 위 전원합의체 판결과 관련하여 학설은 판결의 결론에는 찬성하지만 그 논거를 원고와 승계인 양 당사자간에 모순판결을 할 수 없는 관계에 있다기보다는, 원고가 탈퇴하여도 승계인이 받은 판결의 효력이 원고에게도 미치기 때문으로 보는 것이 옳다는 견해,[104] 피승계인이 승계사실을 다투지 아니하여 참가승계에 있어서 편면참가를 인정한 것이지만 그 실질은 독립당사자참가소송이 아닐 뿐만 아니라 예비적 공동소송의 신청도 없는데 예비적 공동소송으로 간주하여 필수적 공동소송에 관한 민사소송법 제67조를 준용하는 것은 처분권주의에 반하는 것이므로 여전히 통상공동소송이라고 보는 견해[105] 등이 있다.

ⅳ) 살피건대 우선 참가승계에 있어서 피승계인의 지위에 관하여 보겠다. 예를 들어 권리승계형 참가승계의 상황을 상정하여 보면, 첫째, 승계인과 피승계인 사이에 승계에 다툼이 없어 승계인이 피승계인에게 별도의 청구 없이 편면참가의

---

103) 대판 2004. 7. 9, 2002다16729(원고에 대한 승계참가가 이루어졌으나 피고의 부동의로 원고가 탈퇴하지 못한 사안에서 원고의 청구와 승계참가인의 청구는 통상공동소송으로서 모두 유효하게 존속하는 것이므로 법원은 원고청구와 승계참가인청구 양자에 대하여 판단을 하여야 한다고 하였음), 대판 2009. 12. 24, 2009다65850; 대판 2014. 10. 30, 2011다113455, 113462.

104) 이시윤(2021), 839면, 748면(즉 판결의 효력이 확장될 관계이기 때문에 유사필수적 공동소송으로 봄이 옳다고 함).

105) 한충수(2021), 816~817면

방식으로 한 경우에 피승계인과 피승계인의 상대방 사이와 승계인과 피승계인의 상대방 사이에는 독립당사자참가소송의 편면참가의 경우와 같이 2면의 다파적 분쟁의 형태를 갖고 있으므로 분쟁의 합일확정을 위하여 필수적 공동소송에 관한 민사소송법 제67조를 준용하여야 할 것이다. 둘째, 피승계인과 승계인 사이의 승계 여부에 관하여 다툼이 있는 경우에 승계인은 피승계인인 전주에 대하여도 일정한 청구를 하여야 하므로 쌍면참가의 방식으로 하여야 한다. 이 경우 피승계인과 피승계인의 상대방, 승계인과 피승계인, 승계인과 피승계인의 상대방 사이에는 독립당사자참가소송과 같이 3면적 분쟁의 형태를 띠고 있으므로 필수적 공동소송에 관한 민사소송법 제67조를 준용하여야 한다. 이러한 원리는 의무승계형 참가승계의 경우에도 같을 것이다. 결국 권리승계형 및 의무승계형 모든 참가승계의 경우에 있어서 피승계인이 소송탈퇴, 소취하 등을 하지 아니하거나 또는 상대방의 부동의 등으로 기존의 소송절차에서 그대로 남아 있는 경우에는 다파적 분쟁인 2면적 또는 3면적 소송관계가 형성되기 때문에 분쟁의 합일확정을 위하여 독립당사자참가소송에 관한 규정인 제79조의 준용에 따라 필수적 공동소송의 심판규정인 민사소송법 제67조를 당연히 적용하여야 할 것이다.[106]

ⅴ) 위 ⅳ)에서의 논리는 인수승계의 경우에도 그대로 적용된다고 보아야 한다.

ⅵ) 결국 참가승계·인수승계에 있어서 피승계인과 승계인 사이의 승계 여부에 관하여 다툼이 있는 경우에는 승계인은 피승계인인 전주에 대하여도 일정한 청구를 하여야 하고, 이 경우는 피승계인·승계인·피승계인의 상대방 사이에 3면소송의 형태를 갖게 되므로 독립당사자참가에 관한 규정(79조)을 준용하여 필수적 공동소송에 관한 민사소송법 제67조를 적용하여야 할 것이다.

4. 제3자의 소송인입제도

(1) 통상 기존의 원고 또는 피고가 소송계속 중에 제3자를 강제적으로 참여시키는 것을 넓은 의미의 제3자의 소송인입(訴訟引入)이라 한다. 현행법상 인정되는 제3자의 소송인입 중 대표적인 것은 위에서 본 바와 같이 특정승계 중 인수승계

---

106) 종전 학설은 승계인과 피승계인 사이에 다툼이 없는 경우에는 둘 사이에 통상 공동소송인으로 보는 것이 통설이었다. 현재에는 다툼이 있는 경우에 독립당사자참가 규정(79조)을 적용하자는 견해(호문혁, 1015면), 권리승계의 경우에는 독립당사자참가 규정(79조)을, 의무승계의 경우에는 예비적 공동소송 규정(70조)을 준용하여야 한다는 견해(이시윤, 840면), 승계에 대한 다툼 여부와 관계없이 참가승계의 경우에는 독립당사자소송형태로, 인수승계의 경우에는 추가적으로 병합된 공동소송으로 보는 견해(정동윤/유병현/김경욱, 1146-1047면) 등 다양하다.

($^{82}_조$)이다. 이 외에도 종전부터 인정하였던 새로운 피고의 경정($^{260}_조$), 필수적 공동소송인의 추가($^{68}_조$), 민사집행법상의 추심의 소에 있어서 피고에 의한 다른 압류채권자의 공동원고로의 참가를 요구하는 경우($^{민집}_{249조}$)가 있다. 또한 신법에서는 원고 또는 피고로서의 예비적·선택적 공동소송인의 추가($^{70}_조$)를 신설하였다. 행정소송법에서는 당사자 또는 제3자의 신청이나 법원의 직권으로 소송의 결과에 권리 또는 이익의 침해를 받는 제3자를 소송에 참여시킬 수 있도록 하고 있다($^{행소}_{16조}$).

(2) 제3자의 소송인입제도를 비교법적으로 보면, 미국법의 제3당사자소송($^{impleader}_{or\ third-party\ practice,}$, $_{FRCP\ 14조}$),107) 채권자확정소송($^{interpleader,}_{FRCP\ 22조}$)108) 등이 있고, 독일법의 참칭권리자참가(Prätendentenstreit),109) 지명참가(Urheberbenennung)110) 등이 있다.

(3) 분쟁을 모순·저촉 없이 일회적으로 신속하게 해결하기 위하여 관련자를 하나의 소송절차에 참여하도록 하는 소송인입제도는 분쟁해결방식으로서 매우 유용한 제도이다. 따라서 현재의 우리의 제도에 안주하지 말고 다른 나라에서 개발한 분쟁해결방식에 대한 꾸준한 연구가 필요하다. 이런 관점에서 다른 나라의 제3자의 소송인입제도를 세밀하게 검토하는 작업이 필요하다고 본다.

---

107) 제3당사자소송이라 하면 피고가 원고의 청구의 전부 또는 일부에 책임이 있는 자이거나 최종적인 책임을 지는 자를 기존의 소송절차를 이용하여 소를 제기하여 끌어들이는 경우이다(반소를 제기당한 본소원고도 가능함). 예컨대 피고가 원고로부터 손해배상소송을 제기당한 경우에 피고가 그 배상책임이 있는 보험회사(제3자)에 대한 보험금청구소송을 제기하는 경우 등이다. 이 경우 원고와 피고 사이에 소송이 존재하고, 피고와 제3자 사이에 별도의 소송이 동일한 소송절차에서 진행되게 되는 것이다. 분쟁의 일회적 해결을 위하여 도움이 된다.

108) 권리자확인소송이라 하면 책임은 존재하나 수인의 청구인 중 누구에게 책임을 져야 할지 모를 경우에 의무자(stakeholder)가 상대방 권리자가 누구인가를 확인받기 위하여 제기할 수 있는 소송형태이다. 영국의 형평법에서 시작한 것으로 미국에 도입되어 발전된 것이다.

109) 참칭권리자참가라 함은 자칭 채권자와 채무자 사이의 채권에 관한 소송 계속 중에 제3자가 자신이 진정한 권리자라 하면서 채권의 청구를 구하며 소송에 참가하는 소송형태이다.

110) 지명참가라 하면 물건의 점유자로 지목되어 제소된 피고가 자신은 임대차·임치 등과 같은 점유매개관계로 타인을 위하여 점유한다고 주장하여 본안심리 전에 간접점유자에게 소송을 고지하고 원고에게 그를 본인지명(本人指名)하여 소송에 출석시킬 것을 신청하는 소송형태를 말한다.

제 3 장   집단분쟁의 해결을 위한 소송제도

제 1 절   총   설

(1) 우리 민사소송법의 규정 중 복수청구 또는 다수당사자 사이의 분쟁을 위한 분쟁해결방식과 관련된 규정으로 복합소송인 복수청구소송(청구의 병합, 청구의 변경, 중간확인의 소, 반소)과 다수당사자소송(공동소송, 공동소송참가, 독립당사자참가, 보조참가, 공동소송적 보조참가, 임의적 당사자변경, 소송승계 등)이 있다. 그러나 이러한 복합소송에 관한 규정은 분쟁의 형태가 통상의 민사소송절차의 틀 안에서 해결하는 것을 전제로 논의되고 있다. 그러나 분쟁의 인원·규모 등이 다수를 넘어 집단적인 형태로 되는 경우에 대한 장치는 아직 미흡하다.

(2) 그래도 전통적이지만은 집단적 분쟁이 발생한 경우에 민소소송법의 틀 안에서 작동할 수 있는 제도가 선정당사자제도라고 할 수 있다. 따라서 본서에서는 선정당사자제도의 실제 이용은 다수인의 분쟁의 틀을 크게 벗어나지 못하고 있지만, 이를 집단적 분쟁을 위한 소송제도의 하나로 본장에 배치하여 설명하기로 한다.

(3) 본래 집단적 분쟁을 해결하기 위한 분쟁해결방식은 기본적으로 민사소송절차의 기본취지를 반영하여야 하지만 기존의 민사소송절차로는 소화할 수 없기 때문에, 기존의 소송절차에서 요구하는 i) 소제기 절차의 대폭 간소화, ii) 심리절차의 간단·명료화, iii) 판결의 효력의 제3자에 대한 확대 등이 요청된다. 집단적 분쟁에 대한 분쟁해결방식은 통상의 소송절차를 단순화하면서도 그 본질을 훼손하지 아니하여야 하는 과제를 안고 있다. 따라서 집단적 분쟁을 해결하기 위한 소송제도는 민사소송법 영역에서 매우 중요한 영역이고, 현대에서 새롭게 나타나는 분쟁유형으로서 자리매김을 확실히 하여야 한다.

(4) 그러므로 본장에서는 집단적 분쟁의 해결을 위한 민사소송법상의 기본제도인 선정당사자제도, 미국과 독일 등의 집단적 분쟁의 해결방식인 대표당사자소송(class action), 단체소송(Verbandsklage), 일본 신민사소송법의 집단소송에 대한 조치 등에 기초하여 현재 우리나라에 도입된 증권관련집단소송, 소비자단체소송, 개인정보 단체소송 등에 관하여 살펴보도록 한다. 본장에서 살피는 집단소송 분야는

현대의 민사소송법의 새로운 영역으로서 민사소송법 영역에 많은 연구과제를 던지고 있고, 또한 분쟁해결방식의 본질이 무엇인가를 깊이 생각하게 해준다.

제2절 선정당사자

Ⅰ. 의   의

(1) 선정당사자(選定當事者)라 함은 공동의 이해관계를 가진 여러 사람이 공동소송인이 되어 소송을 하여야 하는 경우에 그 가운데에서 모두를 위하여 소송수행을 할 당사자로 선정된 자를 말한다($\frac{53조}{1항}$). 선정당사자를 선정한 자를 선정자(選定者)라 한다.

(2) 공동의 이해관계를 가진 다수자가 각자 소송당사자로서 절차에 참여하면 i) 송달업무가 폭주하고, ii) 심리진행이 산만·복잡하게 되고, iii) 다수인 중 1인의 중단사유가 다른 공동소송인에게 영향을 미치는 경우가 있어 절차진행이 어렵게 되는 등의 문제가 발생할 여지가 많다. 예컨대 회사가 부도나면서 수백 명의 체불근로자가 동시에 재판진행에 참여한다는 것을 생각하면 쉽게 그 어려움을 생각할 수 있다. 이러한 어려움을 막기 위한 방안으로 1~2인의 변호사가 소송위임을 받아 처리하면 되지만 우리의 경우 변호사강제주의를 취하고 있지 아니하므로 어려움이 있다. 이와 같은 경우에 공동의 이해관계를 가지는 다수인의 대표를 선정하여 그 대표자가 법정에 오기 전에 미리 주장·증거를 내부적으로 정리하여 대표자로서 참여하는 것이 이러한 분쟁을 효율적으로 처리할 수 있는 방안이다. 따라서 선정당사자제도는 공동의 이해관계를 가지는 다수인 사이의 분쟁을 간소화하기 위하여 고안한 제도라고 할 수 있다. 특히 선정당사자제도는 선정당사자만을 소송의 당사자로 간주하게 되므로, 소송대리제도를 이용하여 당사자를 대리하는 형식보다도 당사자를 선정당사자로 압축하게 되므로 편리하다. 우리 민사소송법의 선정당사자제도는 다수당사자소송을 간소화·단순화하기 위한 제도이기도 하지만,[1] 특히 다수의 범위를 넘는 집단적 분쟁의 해결에 유용한 유일한 분쟁해결방식이 될 수 있다는 점에서 의미가 깊다고 본다.

---

[1] 同旨: 이시윤, 764면.

(3) 선정당사자의 법적 성질은 임의적 소송담당(任意的 訴訟擔當)에 해당한다. 즉 선정당사자는 선정자의 대리인이 아니라 자신의 이름으로 선정자 모두를 위하여 소송수행을 하는 것이므로 임의적 소송담당의 하나이다. 선정당사자를 선정할 것인지 여부는 공동의 이해관계를 가진 다수자의 자유이며 법원이 강제할 수 없다. 다만, 민사조정절차에서는 법원이 대표당사자의 선임을 명할 수 있다(민조 18조 3항). 판례는 선정당사자제도는 비송사건에 유추적용 할 수 없다고 본다.[2]

Ⅱ. 선정의 요건(53조)

(1) 공동소송을 할 여러 사람이 있을 것

원고 측이나 피고 측에 여러 사람이 있을 것을 요한다. 여기에서 여러 사람 또는 다수자라는 것은 법적으로 2인 이상을 의미한다. 여러 사람이 법인(51조) 또는 비법인 사단(52조)을 구성하는 경우에는 그 자체가 당사자가 되므로 선정당사자를 선정할 여지가 없다.[3] 그러나 판례는 비법인 사단 자체뿐만 아니라 그 구성원 전원이 사단에 관한 법률관계에 대한 소송에서 고유필수적 공동소송인으로 당사자가 될 수 있다는 입장이므로,[4] 이 경우에는 선정당사자제도를 이용할 수 있다.[5]

(2) 공동의 이해관계가 있을 것

① 공동의 이해관계(또는 공동의 이익)가 무엇인가에 대하여 학설상 약간의 다툼은 있다. 하지만 다수자 상호간에 공동소송인 관계에 있어 주요한 공격·방어방법을 공통으로 할 필요성이 있으므로, 사회관념상 상대방에 대하여 하나의 집단으로 대립하고 있다고 인정되는 경우를 의미한다고 할 수 있다(통설). 보다 구체적으로 보면 고유필수적 공동소송인 사이, 유사필수적 공동소송인 사이뿐만 아니라(65조 전문 중 전단인 '소송목적이 되는 권리나 의무가 여러 사람에게 공통되는 경우'), 통상의 공동소송인 중 제65조 전문 중 후단의 '소송목적이 되는 권리나 의무가 사실상 또는 법률상 같은 원인으로 말미암아 생긴 경우'도 해당한다고 보아야 한다.

---

2) 대결 1990. 12. 7, 90마674.
3) 同旨: 김홍엽, 1032면; 이시윤, 765면; 한충수, 718면.
4) 대판 1994. 5. 24, 92다50232; 대판 1995. 9. 5, 95다21303; 대판(전) 2005. 9. 15, 2004다44971; 대판 2007. 7. 26, 2006다64573; 대판 2008. 1. 31, 2005다60871.
5) 同旨: 정동윤/유병현/김경욱, 1070면; 한충수, 718면.

이러한 경우에는 주요한 공격·방어방법이 공통되기 때문이다. 따라서 합유자, 공유자, 불가분채권자·채무자, 공동상속인, 연대채무자, 같은 사고로 인한 다수의 피해자, 토지소유자로부터 철거청구를 당한 가옥소유자 및 그 가옥의 임차인, 약관의 효력을 다투는 같은 종류의 보험금 청구권자 등은 공동의 이해관계가 있다고 보아야 한다.

② 그러나 제65조 후문의 '소송목적이 되는 권리나 의무가 같은 종류의 것이고, 사실상 또는 법률상 같은 종류의 원인으로 말미암은 것인 경우'에는 주요한 공격·방어방법이 공통되는 경우가 별로 없을 것이므로 대부분 인정되기 어렵다고 할 것이다. 하지만 구체적인 사안에서 주요한 공격·방어방법이 공통되는 경우에는 제한적으로 공동의 이해관계가 있는 경우가 있을 수 있다. 판례는 제65조 후문과 관련한 판례에서 다수의 아파트 공동분양권자가 아파트 및 대지에 대한 근저당권자를 상대로 한 근저당권설정등기말소 청구소송에서 주요한 공격·방어방법이 공통되지 아니한다고 하여 이를 인정하지 아니하고 있다.[6] 반면 다수의 동종 임차인이 임대인을 상대로 한 임차보증금반환 청구소송에서 그 주요쟁점이 임대인이 누구인지 여부이므로 주요한 공격·방어방법이 공통된다는 이유로 공동의 이해관계를 인정하고 있다.[7]

(3) 공동의 이해관계 있는 자 중에서 선정할 것

① 선정당사자는 공동의 이해관계 있는 자 중에서 1인 또는 수인을 선정할 수 있다. 선정당사자도 선정자 중 1인이다. 만약 공동의 이해관계 없는 제3자도 선정할 수 있다고 하면 변호사대리의 원칙($^{87}_{조}$)을 잠탈할 수 있기 때문이다.[8]

② 그러나 공동의 이해관계가 있는 자 중에 소송당사자가 아닌 자도 일정한 요건 하에 선정당사자로 선정할 수 있다고 해석할 필요가 있다고 본다. 특히 선정당사자제도를 집단적 분쟁의 해결수단으로 효율적인 이용하려는 측면에서 보면 더욱 그렇다. 일본은 이를 입법적으로 인정하고 있다($^{일민소\ 30}_{조\ 3항}$).

③ 판례는 선정당사자 본인에 대한 부분의 소가 취하되거나 판결이 확정되는 경우에는 공동의 이해관계가 소멸하기 때문에 선정당사자의 자격을 당연히 상실한다고 본다.[9] 하지만 집단적 분쟁의 해결수단으로 선정당사자제도를 이용하여야

---

6) 대판 1997. 7. 25, 97다362; 대판 2007. 7. 12, 2005다10470.
7) 대판 1999. 8. 24, 99다15474.
8) 대판 1955. 1. 27, 4287민상104.
9) 대판 2006. 9. 28, 2006다28775; 대판 2014. 10. 15, 2013다25781; 대판 2015. 10. 15, 2015

한다는 점에 비추어 이러한 사유로는 선정당사자의 자격이 상실되지 아니하는 것으로 해석하는 것이 타당하다고 본다.

④ 또한 선정자 자신이 자신을 선정당사자로 지정할 필요는 없다고 본다. 즉 A, B, C, D, E 5인 중 A를 선정당사자로 지정하는 경우에 B, C, D, E가 A를 선정당사자로 선정하면 되는 것이나, A가 자신을 선정당사자로 지정한다는 것은 법률적으로 문제이다. 따라서 실무상 판결문의 별지 선정자목록에 선정당사자의 이름까지 넣을 필요는 없다고 할 것이다.[10]

Ⅲ. 선정의 방법

선정당사자는 원칙적으로 선정자의 개별적인 선정행위로 정하여진다.

1. 선정행위

(1) 선정당사자의 선정방법은 선정자의 선정행위로 된다. 선정자의 이러한 선정행위는 자신의 권리·의무에 관한 소송수행권을 수여하는 대리권에 유사한 단독소송행위이다(통).[11] 선정행위는 소송행위이므로 선정자에게 소송능력이 있어야 하고, 선정에 조건을 붙일 수 없다. 따라서 화해의 권한을 제한하는 조건을 붙이는 것은 허용되지 아니한다.

(2) 다만 심급을 제한하는 선정이 가능한지 여부에 관하여 논란이 있다. 일종의 조건부 선정행위라고 볼 수 있다. 통설·판례는 심급을 한정하여 선정당사자의 자격을 보유하게끔 할 목적으로 선정을 하는 것을 허용하고 있다. 또한 판례는 선정자가 선정당사자의 선정행위 시에 심급의 제한에 관한 약정 등이 없는 한 선정의 효력은 소송이 종료에 이르기까지 계속 된다고 하고 있다.[12] 생각건대 선정행위는 대리권 수여에 유사한 소송행위이므로 심급을 한정하는 것이 가능하지만, 선정당사자제도의 취지가 소송의 간소화·단순화에 있다는 점, 선정 취소가 언제든지 가능하다는 점, 선정당사자만이 판결서의 당사자로 되는 점 등에 비추어

다31513.

10) 反對: 이시윤, 766면; 대판 2011. 9. 8, 2011다17090(선정당사자를 선정자로 표기하는 것은 위법이 아님).

11) 反對: 방순원, 177면(일종의 합동행위로 보고 있음).

12) 대결 1995. 10. 5, 94마2452; 대판 2001. 10. 26, 2000다37111, 37128; 대판 2003. 11. 14, 2003다34038; 대판 2014. 10. 15, 2013다25781; 대판 2015. 10. 15, 2015다31513.

보면, 그러한 약정이 있다고 하여도 선정행위의 취소, 선정자가 법정에 출석하여 명시적 의사를 표시하는 등의 특별한 사정이 존재하지 아니하는 한 선정당사자는 전체 소송의 종료 시까지 소송수행권을 갖는다고 보는 것이 타당하다고 본다.[13] 또한 선정자와 선정당사자 사이에 권한행사에 관한 내부적 제한계약을 맺었다고 하여도 그러한 제한을 이유로 법원이나 상대방에게 대항할 수 없다고 본다.

(3) 선정행위가 미치는 효력의 범위는 당해 사건에 한하므로, 가처분신청사건에서 한 선정은 가처분결정취소사건에 미치지 아니한다.[14]

2. 선정의 방법

(1) 선정은 각 선정자가 개별적으로 하여야 한다. 수인의 선정자가 다수결의 방법을 통하여 정할 수 없다. 선정자 각자의 자유의사에 의해 자신의 필요에 따라 처리할 문제이기 때문이다. 따라서 선정자 전원이 공동으로 선정당사자를 선정할 필요가 없고, 다른 선정자가 선정한 선정당사자가 마음에 들지 아니하면 스스로 소송을 수행하거나, 다른 사람을 선정당사자로 선정하면 된다. 예컨대 공동의 이해관계자 20명이 10명은 그중 A를, 나머지 10명 중 5명은 그중 B를 각각 선정당사자로 정하고, 나머지 5명은 스스로 소송수행 하는 것이 가능하다. 이 경우에 선정당사자와 스스로 소송을 수행하는 당사자 사이는 본래의 소송의 성질에 따라 필수적 공동소송인 경우에는 필수적 공동소송으로, 통상공동소송일 경우에는 통상 공동소송으로 보아야 한다.[15] 선정자의 소송상의 수행권이 선정당사자로 통일되었고 나머지는 변함이 없기 때문이다. 또한 선정자 쪽의 상대방이 선정자 쪽의 선정당사자를 선정할 수 없음은 당연하다.

(2) 선정의 시기는 소송계속의 전·후를 묻지 아니한다. 소송계속 후에 선정당사자가 선정된 경우에는 선정자는 당연히 소송에서 탈퇴하게 되고(53조 2항), 선정당사자가 그 지위를 승계한다. 일본 민사소송법에서는 집단적 분쟁에 대처하기 위하여 공동의 이해관계자로서 당사자가 아닌 자를 선정당사자로 선정할 수 있도록 하고 있다(일민소 30조 3항). 선정당사자제도는 집단분쟁의 해결을 보다 효율적으로 수행하기 위한 것으로서 해석론·입법론상의 고찰이 필요하다고 본다. 예컨대 3,000명의 임금소송을 함에 있어서 각각 1,000명씩 세 그룹으로 나누어 A그룹에서는 선정당사자를

---

13) 同旨: 이시윤, 766면.
14) 대판 2001. 4. 10, 99다49170.
15) 同旨: 이시윤, 767면. 反對: 이영섭, 77면(필수적 공동소송인 관계로 봄).

甲으로, B그룹에서는 선정당사자를 乙로, C그룹에서는 선정당사자를 丙으로 나누어 소송수행 중에 선정당사자 乙, 丙이 A그룹의 소송에 직접 참여할 필요성이 있을 경우에, 공동의 이해관계인인 乙, 丙을 A그룹의 선정자들이 선정당사자로 지정하여 소송에 참여하게 하는 것이다. 집단분쟁의 해결을 위하여 선정당사자제도에 있어서 이를 인정하면 유용할 것으로 생각된다. 다만 변호사대리의 원칙($\frac{87}{3}$)을 잠탈할 염려가 있으므로 법원의 허가를 요하는 등의 신중한 절차운용이 필요할 것으로 보인다.

(3) 선정의 방식에 관하여 특별한 규정이 없지만 당사자를 선정하고 바꾸는 경우에 그 사실을 서면으로 증명하여야 하므로($\frac{58조 1항}{후문}$), 선정서를 서면으로 작성하는 것이 일반적이다. 선정당사자의 자격을 증명하는 서면은 소송기록에 붙여야 한다($\frac{58조}{2항}$).

Ⅳ. 선정의 효과

1. 선정당사자의 지위

(1) 선정당사자는 선정자의 대리인이 아니고 당사자 본인이므로, 선정자 총원(자신도 포함됨)을 위하여 당사자로서 소송수행권을 가진다. 따라서 소송대리인과 같은 제한($\frac{90조}{2항}$)을 받지 아니하므로, 당사자로서 일체의 소송행위를 할 수 있다. 소의 취하, 소송상의 화해, 청구의 포기·인낙,[16] 상소[17] 등의 권한을 가질 뿐만 아니라 소송수행상 필요한 모든 사법상의 행위도 할 수 있다.[18] 그런데 입법론적으로 증권관련집단소송법($\frac{35조 1항}{38조 1항}$) 및 민사조정법($\frac{18조}{4항}$)과 같은 취지에서 선정당사자의 소의 취하, 청구의 포기·인낙, 화해, 상소의 취하·포기 등에 있어서는 선정자의 동의 또는 법원의 허가와 같은 견제장치가 필요하다는 견해기 있다.[19] 선정당사자

---

16) 공동의 이해관계가 없는 무자격의 선정당사자라도 선정자 자신이 선정하였다면 그에 의한 인낙은 재심사유(451조 1항 3호)가 아니고 선정자에게 효력이 있어 재심으로 다툴 수 없다는 것에, 대판 2007. 7. 12, 2005다10470.

17) 대판 2015. 10. 15, 2015다31513.

18) 대판 2003. 5. 30, 2001다10748; 대판 2010. 5. 13, 2009다105246(소송위임에 있어서 변호사보수 약정은 소송위임에 필수적 사법상의 행위가 아니므로 선정자의 별도 위임이 필요함); 대판 2012. 3. 15, 2011다105966(선정당사자가 소취하합의·부제소합의 취지로 금원을 받은 후 소의 취하는 선정자의 별도 위임이 필요 없음).

19) 이시윤, 768면; 정동윤/유병현/김경욱, 1072면.

제도를 집단적 분쟁을 해결하기 위한 규정으로서 효율성을 갖게 하기 위하여는 선정당사자에 대한 견제가 필요하다는 견해가 타당하다고 본다. 입법적인 고려가 요망된다.

(2) 동일한 선정자로부터 수인의 선정당사자가 선정된 경우에는 소송의 형태와 관계없이 소송수행권을 합유하고 있는 형태이므로 필수적 공동소송으로 보아야 한다.[20] 그러나 별개의 선정자단(選定者團)에서 각각 별도로 수인의 선정당사자를 선정한 경우에 수인의 선정당사자 사이, 수인의 선정자가 선정한 1인과 스스로 소송수행 하는 당사자 사이, 수인의 선정당사자와 스스로 소송수행 하는 당사자 사이의 관계는 원래의 소송의 성질에 따라 각각 결정된다. 원래의 소송이 필수적 공동소송인 경우에는 필수적 공동소송, 원래의 소송이 통상공동소송일 경우에는 통상공동소송 관계로 보아야 한다(통설).

2. 선정자의 지위

(1) 소송계속 후에 선정당사자를 선정하면 선정자는 당연히 소송에서 탈퇴한다(53조2항). 선정자가 선정당사자를 선정한 경우에 그 소송에서 소송수행권이 상실하는지 여부에 관하여 다투어지고 있다. 선정당사자제도는 소송을 간소화하기 위하여 인정하는 제도이므로 당사자적격이 상실한다는 적격상실설(適格喪失說),[21] 선정당사자의 독주를 견제하기 위하여 당사자적격이 병존적으로 유지된다는 적격유지설(適格維持說)[22]이 있다. 생각건대 소송수행권의 병존적 수여가 가능하고, 선정당사자가 선정자의 소송대리인과 유사한 성질을 가지고 있다는 점에 착안하여 소송대리인의 사실상 진술은 당사자가 이를 곧 취소하거나 경정할 수 있는 제94조의 당사자의 경정권을 준용함으로써 선정당사자의 독주를 견제할 수 있다는 점, 선정당사자제도를 집단적 분쟁의 해결수단으로 강화할 필요가 있다는 점 등에 비추어 보면 적격유지설(適格維持說)이 타당하다고 본다. 그러나 판례는 적격상실설의 입장으로 보인다.[23] 적격유지설을 취하는 경우에도 선정자가 선정당사자의 소송 중 같은 청구에 관하여 소를 제기하거나 제기당한 경우에는 중복제소(259조)에 해당한다(통설).

---

20) 이시윤, 768면; 정동윤/유병현/김경욱, 1072면.

21) 강현중, 882면; 김홍규/강태원, 712면; 김홍엽, 1037면; 송상현/박익환, 174면; 한충수, 721면; 호문혁, 945면.

22) 同旨: 방순원, 180면; 이시윤, 768면; 이영섭, 78면; 정동윤/유병현/김경욱, 1073면.

23) 대결 2013. 1. 18, 2010그133.

(2) 적격상실설의 입장에서는 선정자는 제3자의 지위에 있으므로 증인능력이 있고, 변론기일에 출석하여 상대방과 화해하면 제소전화해가 된다고 한다. 그러나 선정자를 당사자로부터 탈퇴시키는 것은 다수당사자소송과 집단분쟁에 있어서 선정당사자제도를 통하여 절차를 간소화하기 위하여 일종의 의제(擬制)를 할 뿐인 것이지, 당사자의 실질을 가지고 있는 것이므로 증인능력·제소전화해를 인정할 필요가 없다고 본다. 다만 선정을 취소하지 아니하고 소송의 진행상태를 알기 위하여 공동소송적 보조참가를 하는 것을 막을 필요는 없다고 생각한다. 또한 선정자에 대한 절차보장이라는 측면에서 증권관련 집단소송의 관련규정의 취지를 원용하여 소의 취하, 청구의 포기·인낙, 화해, 판결 등은 선정자에게 고지하는 절차가 필요할 것이다.[24] 이것은 선정당사자의 변론을 금지하고 변호사의 선임명령을 하는 경우($\frac{144}{초}$)에는 선정자에게 민사소송법 제144조 제3항의 규정을 유추하여 실질적으로 변호사 선임권한을 가진 선정자들에게 법원이 그 취지를 통지하거나 다른 적당한 방법으로 이를 알려주어야 한다는 판례의 취지에도 부합한다.[25]

(2) 선정당사자가 받은 판결(화해조서, 청구인낙·포기조서 포함)은 선정자에 대하여 효력이 있다($\frac{218조}{3항}$). 이행판결의 경우에는 선정자를 위하여 또는 선정자에 대하여 강제집행을 할 수 있다. 이 경우 선정자에 대하여 승계집행문($\frac{민집}{25조}$)을 받아야 한다는 것이 통설이다. 그러나 선정자를 판결 주문에 표시하는 것이 실무의 관행이고, 또한 선정자 목록을 판결문의 별지로 붙이고 있다는 점에 비추어 보면 별도로 승계집행문을 부여하는 것은 절차만 번잡하게 하는 것이므로 바로 집행문을 부여할 수 있도록 하는 것이 타당하다고 본다.[26] 선정자에게 별도의 승계집행문을 받게 하는 것은 선정당사자제도가 소송절차의 간소화·단순화에 그 목적이 있는데 집행단계에서 그 본지에 반하는 방식으로 운영된다면 문제이다.

3. 선정당사자의 자격상실

(1) 선정당사자의 사망·선정의 취소

선정당사자의 자격은 선정당사자의 사망·선정의 취소에 의하여 상실된다. 선정자는 어느 때나 선정을 취소할 수 있고, 취소와 동시에 다른 선정당사자를 선

---

24) 同旨: 이시윤, 768면.
25) 대결 2000. 10. 18, 2000마2999.
26) 反對: 이시윤, 769면; 정동윤/유병현/김경욱, 1073면.

정함으로써 선정당사자를 변경할 수도 있다. 또한 선정의 철회(취소·변경)는 묵시적으로도 가능하다고 할 것이다.[27] 선정당사자 자격의 취소 또는 변경은 선정당사자 또는 선정자로부터 상대방에게 통지하지 아니하면 효력이 없고($^{63조}_{2항}$), 통지자는 통지 후에 그 취지를 법원에 신고하여야 한다($^{규칙 13}_{조 2항}$). 그러나 선정자의 사망·소송능력의 상실, 공동의 이해관계의 소멸 등은 선정당사자의 자격에 영향이 없다($^{95조 1호}_{유추}$).[28]

(2) 선정당사자 본인의 소의 취하 또는 판결의 확정

공동의 이해관계가 있지만 선정당사자 본인의 소가 취하되거나 판결이 확정된 경우에는 다른 선정자에 대한 선정당사자의 자격이 상실된다는 여부가 논의된다. 이를 인정하는 견해가 있다.[29] 판례도 같다.[30] 그러나 이러한 경우는 공동의 이해관계가 처음부터 없는 경우와 달라 선정당사자의 자격이 상실된다고 보기는 어렵다고 생각한다. 집단적 분쟁에 선정당사자제도를 적극 활용하기 위하여서는 앞에서 본 바와 같이 소송당사자가 아닌 이해관계 있는 제3자의 선정당사자 선정을 긍정하는 것과 같은 맥락에서 이해되어야 한다.

(3) 선정당사자 일부·전부의 자격상실

여러 사람의 선정당사자 중 일부가 그 자격을 상실한 경우에도 소송절차는 중단되지 아니한다. 다른 선정당사자가 소송을 속행하면 된다($^{54}_{조}$). 선정당사자 전부가 그 자격을 상실한 경우에는 모든 선정자 또는 새로운 선정당사자가 소송을 수계할 때까지 소송절차는 중단된다($^{237조}_{2항}$). 그러나 소송대리인이 있으면 그러하지 않다($^{238}_{조}$).

(4) 선정당사자의 변론금지 및 변호사의 선임명령

기타 법원이 선정당사자의 변론을 금지하고, 변호사의 선임명령을 하는 경우에는 선정당사자의 법정에서의 소송행위가 금지된 경우이므로 실질적으로 변호사 선임권한을 가진 선정자들에게 법원이 그 취지를 통지하거나, 다른 적당한 방법으

---

27) 대판 2015. 10. 15, 2015다31513.
28) 대판 1975. 6. 10, 74다1113.
29) 이시윤, 769면; 정동윤/유병현/김경욱, 1032면.
30) 대판 2006. 9. 28, 2006다28775; 대판 2014. 10. 15, 2013다25781; 대판 2015. 10. 15, 2015다31513.

로 이를 알려주어야 한다($^{144조 3}_{항 유추}$).[31]

V. 선정당사자 자격의 흠의 효과

(1) 선정당사자의 자격의 유무는 소송요건 중 당사자적격에 관한 문제로서 법원의 직권조사사항이다. 선정행위에 흠이 있거나, 서면에 의한 자격증명이 없을 경우에는 법원은 기간을 정하여 그 보정을 명할 수 있고, 보정이 없을 경우에는 판결로써 소를 각하하여야 한다. 만일 보정하는 것이 지연됨으로 인해 손해가 생길 염려가 있는 경우에는 법원은 보정하기 전의 당사자 또는 법정대리인으로 하여금 일시적으로 소송행위를 하게 할 수 있다($^{61,}_{59조}$).[32] 선정서의 진정에 의문이 있을 때에는(예: 상대방 또는 선정자 중 일부가 선정에 문제가 있다고 이의를 제기한 경우 등) 소송대리인의 경우에 준하여 공증사무실의 인증을 받아 오게 하거나($^{89조 2항}_{준용}$), 선정자를 법정에 대동하여 진위 여부를 조사하는 등의 방법으로 직권조사 할 수 있다.

(2) 선정당사자의 자격 없는 자 또는 자격증명이 없는 자의 소송행위라도 선정자가 후에 그를 선정당사자로 선정하거나, 자격증명이 된 후에 이를 추인하면 그 흠은 치유된다($^{61,}_{60조}$). 당사자 본인이 흠 있는 선정당사자의 소송행위(예: 공동의 이해관계가 없는 선정당사자의 행위나, 선정 없이 선정당사자라고 칭하여 행한 소송행위 등)를 직접 추인하여도 같다. 추인을 받지 못한 경우에는 당연히 자격 없는 선정당사자의 개별적인 소송행위는 무효이다. 소의 제기와 관련된 경우에는 물론 소를 각하하여야 한다.

(3) 법원이 선정당사자의 흠을 간과하고 본안판결을 한 경우에는 상소로써 그 취소를 구할 수 있지만, 재심사유는 되지 아니한다($^{통}_{설}$).[33] 이 경우에 판결은 무효이고 선정자에게 그 효력이 미치지 아니한다. 다만 선정자가 공동의 이해관계를 갖지 아니한 자를 선정당사자로 선정하여 그 자가 원고의 청구를 인낙한 경우에는 선정자가 스스로 선정행위를 한 것이므로 대리권 흠결의 재심사유($^{451조 1항}_{3호}$)에 해당하지 아니하여 유효한 소송행위로 보아야 한다.[34]

---

31) 대결 2000. 10. 18, 2000마2999.
32) 同旨: 송상현/박익환, 175면; 이시윤, 769면.
33) 反對: 이영섭, 78-79면.
34) 대판 2007. 7. 12, 2005다10470; 同旨: 정동윤/유병현/김경욱, 1075면; 이시윤, 770면; 反對; 호문혁, 1049면(선정자들이 스스로 선정행위를 하였건 아니하였건 선정당사자의 선정요건을 갖추지

제3절 집단소송

I. 총   설

(1) 집단소송(集團訴訟)이라 함은 종전의 소송절차에 따른 해결이 어려운 환경소송, 약해소송, 제조물책임소송, 소비자소송 등의 현대형소송(現代型訴訟, modern litigation)과 같이 소액의 다수 피해자가 발생한 분쟁을 해결하기 위하여 나타난 분쟁해결방식을 총칭한다. 위에서 본 바와 같이 민사소송법에서는 다수자 사이의 분쟁을 해결하기 위한 방안으로 다수당사자소송·선정당사자제도 등을 규정하고 있다. 하지만 이러한 분쟁해결수단만으로 해결함에는 일정한 한계가 있기 때문에 미국과 독일을 중심으로 현대형 분쟁을 해소하기 위하여 개발·발전되어 온 새로운 분쟁해결방식인 것이다. 집단소송은 기존의 소송절차를 간소화·단순화하면서도 그 본질을 훼손시키지 아니하는 것이 가장 중요한 과제이다. 이러한 새로운 소액의 다수 피해자가 동시다발적으로 발생하는 분쟁을 기존의 소송절차에서 개별적으로 해소하는 것은 소송에 드는 노력·시간·비용을 감당하기 어려울 뿐만 아니라, 소송의 상대방이 대기업 또는 국가·자치단체 등일 경우에는 개인이 감당하기 어렵다. 또한 사법부에 그 심리에 엄청난 부담을 줄 수 있고, 판결의 모순·저촉이 발생할 여지가 많다. 따라서 이러한 분쟁에 적합한 분쟁해결방식이 필요하게 된 것이다. 이에 부응하는 제도가 집단소송이라 총칭되는 것이다.

(2) 이러한 집단분쟁의 해결방식으로 대표적인 것이 미국의 연방민사소송규칙(Federal Rules of Civil Procedure, 약칭 FRCP) 제23조에 규정되어 있는 대표당사자소송(class action)과 독일의 부정경쟁방지법(Unlautern Wettbewerb Gesetz), 부작위소송법(Unterlassungsklagengesetz) 등에서 인정하고 있는 단체소송(Verbandsklage)이 있다. 미국에서의 대표당사자소송은 개인의 피해구제에 초점을 맞추고 있는데 비하여, 독일의 단체소송은 공적 구제(公的 救濟)에 초점을 두고 있다는 점에서 그 접근 방식이 약간 다른 면이 있다.

(3) 우리나라에서도 i) 2004. 1. 20. 법률 제7074호로 「증권관련집단소송법」을

못한 것이므로 유효한 소송담당자가 아니어서 당사자적격에 흠이 있으므로 당사자적격의 일반론에 따라 무효라고 함).

제정하여 미국의 대표당사자소송을 받아들였다. 동법은 유가증권의 거래과정에서 발생한 집단적인 피해를 효율적으로 구제하고 이를 통하여 기업의 경영투명성을 높이기 위하여 증권관련 집단소송에 관하여 민사소송법에 대한 특례를 정하는 것을 목적으로 하고 있다. 동법상의 증권관련 집단소송이라 함은 유가증권의 매매 그밖의 거래과정에서 다수인에게 피해가 발생한 경우 그중의 1인 또는 수인이 대표당사자가 되어 수행하는 손해배상청구소송을 말한다. 자산총액이 2조원 이상의 법인에 대하여 2005. 1. 1.부터 시행하고, 자산총액이 2조원 미만의 법인에 대하여는 주가조작 외의 손해배상소송에 관하여 2007. 1. 1.부터 시행하고 있다. 또한 ii) 2006. 9. 27. 법률 제7988호로 「소비자기본법」을 전부개정하면서, 독일의 단체소송을 받아들여 제70조 내지 제76조에 '소비자단체소송'이라는 이름으로 이를 규정하여 2008. 1. 1.부터 시행하고 있고, iii) 2011. 3. 29. 법률 제10465호로 「개인정보 보호법」을 제정하면서, 동법 소정의 집단분쟁조정제도의 전치절차를 거치도록 하면서 독일의 단체소송의 취지를 받아들여 제51조 내지 제58조에서 '개인정보 단체소송'을 도입하여 동년 9. 30.부터 시행하고 있다.

(4) 그런데 집단소송의 중요한 이슈는 i) 적절한 당사자적격을 어떻게 할 것인가(당사자적격자의 문제), ii) 심리의 간소화 및 증명의 어려움을 어떻게 완화할 것인가(심리 및 증명책임의 완화의 문제), iii) 통상의 소송절차와 달리 법원의 역할을 어떻게 할 것인가(법원의 역할 강화의 문제), iv) 당사자로 참여하지 아니하는 피해자에 대한 절차보장을 어떻게 할 것인가(피해자의 절차보장의 문제), v) 판결의 효력을 어떻게 확장할 것인가(판결의 대세효의 문제) 등이다. 단체소송의 이러한 이슈는 미국 및 독일의 제도가 중요한 지침이 될 수 있지만 또한 집단적·획일적 분쟁해결방식인 도산법상의 원리도 상당히 중요한 아이디어를 제공할 수 있다고 생각한다.

(5) 이하에서는 미국의 대표자소송과 독일의 단체소송, 일본의 최근 동향의 내용을 간단히 보고, 우리나라에 도입된 증권관련 집단소송과 소비자단체소송, 개인정보 단체소송을 살펴보겠다.

Ⅱ. 외국의 입법례

1. 미국: 대표당사자소송(class action)

(1) 대표당사자소송(代表當事者訴訟)이라 함은 다수의 개인 및 단체에 의한 또는 그에 대한 소송으로서 이해관계의 관련성에 비추어 개별 절차에 의하는 것보다 하나의 소송으로 그들의 권리 또는 의무에 관하여 판결하는 것이 소송경제에 부합하는 경우에 인정되는 소송형태이다.[1] 특히 다수의 소액 피해자가 원인이나 쟁점을 공통으로 하는 경우에 그 피해자 집단(class)에서 대표자가 나와서 그 집단 총원의 청구금액을 일괄하여 청구하거나, 탈법행위의 금지 또는 일정한 확인의 재판 등을 청구하는 소송형태이다. 미국 연방민사소송규칙(FRCP) 제23조에 규정되어 있다. 다음에 보는 독일의 단체소송과 달리 개인인 대표당사자(the representatives of the class)가 주도한다는 점이 특징이다.

(2) 대표당사자 소송의 유래는 이해를 공통으로 하는 소액피해의 다수에게 권리를 인정한 영국 형평법원의 형평소송(the bill of peace) 절차에서 찾을 수 있다.[2] 이러한 형평법원의 절차가 초기 미국법에 그대로 이어지다가, 1938년 9월 16일부터 효력을 가진 미국 연방민사소송규칙(FRCP) 제23조에 최초로 규정되었고, 동 규정은 1966년, 1998년, 2003년, 2018년에 일부 개정되어 현재에 이르고 있다.[3] 대표당사자소송은 처음에는 반트러스트(antitrust)·증권(securities)·환경(environmental), 인종 및 성 차별(race and sex discrimination), 국가이익(governmental benefits) 등의 관련사건에 광범위하게 이용되었으나, 1990년대에 들어 소비자(comsumer), 제조자책임(products-liability), 약해불법행위(toxic-tort) 관련소송에 이용 빈도가 높아졌다.[4] 대표당사자소송은 미국의 개별 주법에서도 일반적으로 인정되고 있다.

(3) 대표당사자소송은 다수자가 개별적인 소송을 진행하는 것보다 하나의 소송으로 동일한 절차를 통하여 판결을 선고하고, 판결의 효력이 소송에 직접 참여하지 아니한 집단(class)에 미치게 한다는 점에서 소송경제 및 판결의 모순·저촉을 방지할 수 있는 장점이 있다. 반면 사법시스템 및 소송수행자(litigants, 통상 대표

---

1) Friedenthal/Kane/Miller, pp.725-726.
2) *Ibid.*, p.727.
3) *Ibid.*, pp.727-728.
4) *Ibid.*, p.726.

당사자일 것임)에게 추가적인 부담(additional burdens)을 지운다는 점에서 문제가 있다.[5] 또한 판결의 효력을 받으나 제외신청(opt-out)을 하지 아니한 집단의 구성원의 절차보장 등이 문제된다. 특히 손해배상이 인정되는 대표당사자소송은 그 손해액의 배상방법과 관련하여 대표당사자가 일괄하여 청구한 후에 이를 집단 구성원에게 배분하여 주는 일괄청구형과 공통의 쟁점에 관하여만 효력이 미치는 판결을 받은 후에 각자 손해액을 주장·증명하여 받아가는 개별청구형이 있다.

(4) 연방법원에서 대표당사자소송을 하기 위하여는 우선 6가지의 전제요건(prerequisites)을 갖추어야 한다.[6] i) 다수인이 집단(class)을 이루어야 한다. 그러나 특정 가능한 집단이 존재할 것이라는 추정이 존재하면 되고, 대표되는 집단의 모든 구성원이 특정되어야 하는 것은 아니다.[7] ii) 대표당사자가 집단의 구성원이어야 한다. 소송의 결과에 개인적인 이익 또는 관련(a personal stake)이 있어야 한다. 그러나 대표당사자 모두가 집단의 구성원일 필요는 없고 그들 중 1인이 구성원이면 족하다.[8] iii) 집단 구성원이 다수당사자소송으로 할 수 없을 정도로 다수이어야 한다.[9] 개별소송보다 대표당사자소송이 소송경제에 부합할 필요가 있어야 하기 때문이다. iv) 집단 구성원 사이에 공통의 사실상 또는 법률상의 쟁점(common questions of law or fact)이 존재하여야 한다.[10] 그러나 사실상 또는 법률상의 모든 쟁점이 공통될 필요는 없다. v) 대표당사자의 청구(claims) 또는 항변(defences)이 다른 집단구성원의 그것과 전형적(typical)이어야 한다.[11] 전형성의 요건(the typicality requirement)이라 한다. 그러나 대표당사자의 청구 또는 항변이 집단 구성원과 동일할(identical) 필요는 없다. vi) 대표라고 하는 자(the named representatives, 대표당사자와 소송참여자)가 소송에 참여하지 못하는 구성원들(absent class members)의 이익을 공평·적절하게(fairly and adequately) 보호하여야 한다.[12] 이것은 대표소송에서 적정절차의 원칙과 관련된 요건이다. 위 전제요건 중 i), ii)는 학설 및 판례에 의하여 요구되는 요건이고, iii) 내지 vi)은 FRCP 제23조 (a)에서 정하여진 요건이다.

---

5) *Ibid.*, p.726.
6) *Ibid.*, pp.729-730.
7) Friedenthal/Kane/Miller, p.730.
8) *Ibid.*, p.763(Fourth Edition).
9) *Ibid.*, p.731.
10) *Ibid.*, p.732.
11) *Ibid.*, p.732.
12) *Ibid.*, p.733.

위의 6가지 전제요건을 갖추면 법원은 FRCP 제23조 (b)의 3가지 유형 중의 하나 이상에 해당하는지 심문하여 허부를 결정한다. i) 집단 구성원에 의한 또는 그에 대한 개별적 제소로 인하여 모순되거나 다양한 판결이 집단의 반대당사자에게 양립하지 아니하는 행동기준을 설정할 염려가 있거나[23조 (b), (1), (A)], 또는 당사자가 되지 아니하였거나 실질적으로 자신의 이익을 보호하기에 적절한 능력을 가지지 못한 구성원의 이익을 해할 염려가 있는 경우[23조 (b), (1), (B)]에 인정되는 대표당사자소송이다. 이는 침해금지 대표당사자소송(the ant-predudice class action)에 해당한다.[13] ii) 집단의 반대당사자가 전체로서 대표당사자소송이 일반적으로 적용될 수 있다는 이유로 제소하였거나 또는 다투어서, 결과적으로 대표당사자가 종국적인 금지명령(final injunctive relief) 또는 관련 확인의 구제명령(corresponding declaratory relief)을 구하는 경우이다[23조 (b), (2)]. 이러한 대표당사자소송은 시민권 관련 소송(civil-rights suits) 또는 다양한 형태의 헌법적 이슈를 가진 소송에 이용된다.[14] iii) 마지막으로 세 가지 대표당사자소송 중 가장 이해대립이 심한 공통 쟁점 또는 손해 관련한 대표당사자소송(common question or damage class action)이 있다[23조 (b), (3)].[15] 이러한 대표당사자소송이 성립하기 위하여는 ⓐ 공통의 사실상 또는 법률상의 쟁점이 개별 구성원의 그것보다 우선적이어야 하며, ⓑ 대표당사자소송의 절차가 다른 분쟁해결의 수단보다 우월하여야 하며, ⓒ 집단에 속하는 구성원들에게 최선의 통지가 가능하여야 하며, 소송 및 권리의 성질상 집단으로부터 구성원을 배제할 수 있어야 한다[23조 (a), (3)].[16]

(5) 대표당사자소송은 우선 소송절차에 있어서 법원에게 많은 재량이 부여되어 있다. 특히 절차법적으로 가장 중요한 문제는 판결의 효력을 받으면서도 당사자가 되지 아니하는 구성원의 절차적 권리의 보장이 매우 중요하다. 따라서 법원이 구성원 전부의 이익을 대변할 수 있는 대표당사자의 자격을 엄격히 심사하여야 하고, 소송고지 또는 신문광고 등을 통하여 집단의 자격이 있는 자의 소송에 관여할 기회를 주어야 하고, 대표당사자소송에 참여할 의사가 없는 자에게 제외신청(opt-out)의 기회를 보장하여 판결의 효력을 받고 싶지 아니한 경우에 집단에서 빠질 수 있도록 하며, 소의 취하 및 화해에 있어서 법원의 허가를 받도록 하였다. 또한 대표당사자와 집단의 구성원 사이의 이해의 충돌, 분쟁의 지나친 동질적 처

---

13) *Ibid.*, p.735.
14) *Ibid.*, pp.736-737.
15) *Ibid.*, p.737.
16) *Ibid.*, p.738.

리, 구성원에 대한 지나친 절차적 권리의 보장 요구에 따른 대표당사자소송의 이용의 어려움 등 부정적인 요소도 있다. 따라서 미국 내에서도 대표당사자소송제도에 대한 평가가 엇갈리고 있다.

대표당사자소송에 있어서 중요한 법적 문제는 i) 인적·물적 재판권, ii) 절차진행의 방법, iii) 구성원에 대한 통지, iv) 소의 취하 및 화해, v) 판결의 구속력 등에 있어서 통상의 소송과 다른 복잡한 문제가 발생할 수 있다는 것이다.[17]

(6) 현재 우리나라는 앞에서 본 바와 같이 증권관련 집단소송에서 미국의 대표당사자소송을 도입하고 있다.

2. 독일: 단체소송(Verbandsklage)

(1) 단체소송(團體訴訟)이라 함은 일정한 자격을 가진 특정한 단체가 당사자로 나서 그 단체가 대표하는 다수의 소비자나 구성원을 위하여 일정한 침해행위의 금지 또는 작위·부작위를 청구하는 소송을 말한다. 독일에서 발전한 제도이고, 프랑스 및 오스트리아도 비슷한 제도가 있다. 우리나라도 소비자기본법상 '소비자단체소송'을 받아들여 2008년 1월 1일부터, 개인정보보호법상 '개인정보 단체소송'을 받아들여 2011년 9월 30일부터 각각 시행하고 있다.

(2) 단체소송은 일정한 자격을 가진 단체 자체에게 당사자적격을 부여한다는 점이 대표당사자소송과 다르다. 따라서 집단적 분쟁의 해결에 있어서 대표당사자소송은 대표당사자를 중심으로 한 개인 주도형이라고 한다면, 단체소송은 공익을 대표하는 일정한 집단이 직접 당사자로 소송을 이끌어 간다는 점에서 집단주도형이라 할 수 있다. 또한 단체소송은 대표당사자소송과 달리 원칙적으로 손해배상청구를 인정하지 아니하고, 금지 또는 작위·부작위 청구만을 인정하고 있다. 그러나 형식은 달라도 집단적 분쟁을 해결하는 분쟁해결방식이라는 면에서 공통점을 가지고 있다.

(3) 독일에서 단체소송의 당사자적격을 가지는 단체로는 i) 독일의 부정경쟁방지법상 영업상의 이익촉진단체에게 부정경쟁자에 대한 금지청구권을 부여하고 있고, ii) 독일의 부작위소송법상 소비자단체 또는 상공회의소에게 무효인 보통거래약관의 사용중지나 그 철회, 부정한 선전 중지의 소 등을 구할 수 있는 작위·부작위청구권을 부여하고 있으며, iii) 그 외에 환경보호단체에 환경보호를 위한 소

---

17) *Ibid.*, pp.745-764.

제기권 등을 Bremen의 주(州)법 등에서 이를 인정하고 있다. vi) 기타 법률의 규정에 의하지 않고 단체의 구성원이 그 소속단체에 자신의 소송수행권을 임의로 부여하여 단체 명의로 하는 경우가 있다. 임의적 소송담당의 일종이다. 독일 연방대법원에서는 양조업조합이 고물상을 상대로 조합원 소유의 맥주병의 소유권을 주장하는 경우,[18] 변호사협회가 회원 변호사가 법에 위반하여 법률상담행위를 과도하게 하는 경우에 협회 명의로 금지청구를 하는 경우[19] 등에서 이를 인정하였다.

(4) 독일에서의 단체소송에서 단체가 받은 판결의 효력은 단체 그 자체에 당연히 미친다. 그러나 단체가 승소한 경우에는 단체에 의하여 대표되는 소비자 등은 적극적 수용행위를 통하여 판결의 효력을 받을 수 있다(독일 부작위 소송법 11조).

3. 일   본

일본의 신민사소송법은 선정당사자제도의 집단분쟁 해결수단으로서의 기능을 강화하기 위하여, 공동의 이해관계가 있지만 소송의 당사자가 아닌 자를 선정당사자로 선정할 수 있도록 하였다(일민소 30 조 3항). 대규모 소송이 계속된 법원은 당사자의 이의가 없는 때에는 수명법관이 법원 내에서 증인 또는 당사자신문을 할 수 있도록 하였으며(일민소 268조), 5인 법관의 합의제에 의한 심리(일민소 269조) 등을 채택하여 집단분쟁의 해결을 위한 장치를 개선하였다.

Ⅲ. 증권관련 집단소송

1. 의   의

(1) 증권관련 집단소송이라 함은 증권의 매매 그 밖의 거래과정에서 다수인에게 피해가 발생한 경우 그중의 1인 또는 수인이 대표당사자가 되어 수행하는 손해배상청구소송을 말한다(증집 2조). 증권관련 집단소송의 대표당사자는 선정당사자와 같이 당사자라는 점에서는 동일하다. 그러나 선정당사자는 공동소송을 하려는 다수자의 선정행위로 되며 또한 모든 공동소송에 적용되는 데 반하여, 대표당사자는 피해자의 수권 없이 법원의 허가를 얻어 피해자 전원을 위해 소송수행을 하고,

---

18) BGH ZZP 69, 30.
19) BGH 15, 315; BGH 48, 12.

증권관련 손해배상청구소송에 한정된다는 점에서 차이가 있다. 미국 연방민사소송규칙 제23조의 대표당사자소송(class action)을 증권관련의 손해배상소송에 한정하여 도입한 것이다.

(2) 증권관련 집단소송을 인정하는 목적은 증권[20]의 거래과정에서 발생하는 기업의 분식회계, 부실감사, 허위공시, 주가조작, 내부자거래 등의 불법행위로 인한 다수의 소액 피해자들의 집단적인 피해를 효율적으로 구제하고, 이를 통하여 기업의 경영투명성을 높이기 위한 것이다(중집 1조). 적극적으로는 증권거래로 인한 불법행위로 인한 집단분쟁을 효율적으로 구제하고, 소극적으로는 기업의 불법행위를 방지하도록 함으로써 기업의 경영에 있어서 투명성을 높이기 위한 것이다.

(3) 우리나라는 2004년 1월 20일 법률 제7074호로 「증권관련집단소송법」을 제정하여 자산총액 2조원 이상의 법인에 대하여 2005년 1월 1일부터, 자산총액이 2조원 미만의 법인에 대하여는 주가조작을 제외한 손해배상소송에 관하여 2007년 1월 1일부터, 각각 시행되고 있다. 이후 2005년 3월 10일 법률 제7387호로 부칙의 일부 신설이 있었고, 2007년 8월 3일 법률 제8635호로 종래의 증권거래법이 선물거래법과 간접투자자산운용업법과 통합되어 「자본시장과 금융투자업에 관한 법률」로 통합되면서 일부 개정이 있었다. 특히 증권관련 집단소송의 손해배상청구 대상은 「자본시장과 금융투자업에 관한 법률」상의 i) 증권신고서 및 투자설명서의 중요사항에 관한 허위·부실기재(자금 125조), 즉 허위공시(분식회계의 결과임), ii) 사업보고서, 반기·분기보고서 및 그 첨부서류 중 중요사항의 허위·부실기재(자금 162조, 161조상의 주요사항보고서 제외), iii) 미공개중요정보 이용행위, 시세조종행위, 부정거래행위 등 내부자거래 및 시세조작행위(자금 177, 175, 179조), iv) 회계감사인의 부실감사(자금 170조) 등으로 한정하고 있다. 그 외에 법 제정과정에서 공개매수신고서 및 공개설명서의 허위·부실기재로 인한 손해배상청구는 피해자를 용이하게 확정할 수 있으므로 선정당사자제도 또는 일반 소송절차를 통한 구제가 쉽게 될 수 있어 그 대상에서 제외하였고, 수시공시사항의 허위·부실기재로 인한 손해배상청구의 경우에는 인과관계의 추정이 어려워 제외하였다.[21]

(4) 증권관련집단소송법은 기존 민사소송법에 대한 특례규정을 두고 있다는 점에서 민사소송법의 특별법으로서의 성질을 가지고 있다고 보아야 하고(중집 1조), 민사집행법에 관한 특례규정이 있다는 면에서 보면 민사집행법의 특별법으로도 볼 수

---

20) 「자본시장과 금융투자업에 관한 법률」 제4조에 따른 증권을 말한다.

21) 정동윤/유병현/김경욱, 1081면.

있다. 이에 대한 시행세칙은 증권관련집단소송규칙(2004. 12. 29. 대법원규칙 제 1916호로 제정)으로 정하고 있다.

(5) 증권관련소송법이 시행된지 18년이 넘어가지만 현재까지 소송허가가 된 경우[22]는 4건에 불과하여 그 운영이 형해화 된 것으로 보인다.

2. 증권관련 집단소송절차

(1) 서 설

증권관련 집단소송절차는 민사소송·민사집행 절차를 기본으로 하면서도 절차의 단순·간소화를 통하여 집단적 분쟁상태의 해결을 도모하고 있다. 증권관련 집단소송절차는 크게 i) 소의 제기와 허가절차, ii) 소송절차의 특칙, iii) 분배절차로 나눌 수 있다. 허가절차는 일반 소송절차에 없는 특칙을 정하고 있고, 소송절차에서는 일반 소송절차에 대한 특칙을 규정하여 대량분쟁의 심리를 가능하도록 하였으며, 분배절차는 집행절차를 간소화한 것으로 보면 된다.

(2) 소의 제기와 허가절차

① 소의 제기와 소송허가신청

대표당사자가 되기 위하여 증권관련 집단소송을 제기하는 자는 소장과 소송허가신청서를 피고의 보통재판적 소재지를 관할하는 지방법원 본원합의부에 제출하여야 한다(증집 7조 1항, 4조). 증권관련 집단소송은 지방법원 본원 합의부의 전속관할에 속한다(증집 4조). i) 소장에는 총원을 대표하여 소를 제기하는 대표당사자와 원고 측의 소송대리인(증집 8조 1, 2호), 총원의 범위(동조 5호)를 필수적으로 기재할 것을 특칙으로 정하고 있고, 나머지 피고, 청구취지 및 청구원인 등은 통상의 소장 기재와 같다(증집 8조, 민소 249조). 인지는 통상 소장의 1/2로 하나, 상한이 5,000만원을 넘을 수 없다(증집 7조 2항). 항소심은 소장 대비 1.5배, 상고심은 2배로 한다(동조 3항). ii) 소송허가신청서에는 소장의 기재사항 외에 대표당사자와 원고 측 소송대리인의 경력, 허가신청의 취지와 원인, 변호사 보수에 관한 약정을 필수적 기재사항으로 한다(9조 1항). 또한 대표당사자는 ⓐ 당해 증권관련 집단소송을 수행하기 위하여 또는 소송대리인의 지시에 따라 당해 증권관련 집단소송과 관련된 증권을 취득하지 아니하였다는 사실, ⓑ 최근 3년간

---

22) 대결 2016. 11. 4, 2015마4027.

대표당사자로 관여한 증권관련 집단소송의 내역을 담은 진술서를 첨부하여야 하고($\frac{증집}{1, 2호}$ 9조 2항), 원고 측 소송대리인도 ⓐ 최근 3년간 소송대리인으로 관여한 증권관련 집단소송의 내역, ⓑ 증권관련 집단소송의 대상이 된 증권을 소유하거나 그 증권과 관련된 직접적인 금전적 이해관계가 있는 등의 사유 등이 존재하지 아니하여 총원과 이해관계가 충돌될 여지가 없어 소송대리인의 업무를 수행하기에 적절하다는 사실을 포함한 진술서를 첨부하여야 한다($\frac{증집}{호,}$ 9조 3항, 1, 2 $\frac{}{증집 5조 2항}$). 법원은 동일한 분쟁에 관하여 수개의 소송허가신청이 제출된 경우에는 병합심리 하여야 한다($\frac{증집}{14조}$).

② 허가요건

증권관련 집단소송에 대한 대표당사자의 허가신청에 대한 허가요건은 미국 대표당사자소송의 소송의 전제요건[23]의 취지를 받아들여 4가지 요건을 규정하고 있다.

(a) 구성원이 50인 이상이고, 청구의 원인이 된 행위 당시를 기준으로 이 구성원의 보유증권의 합계가 피고회사[24]의 발행증권 총수의 1만분의 1 이상이어야 한다($\frac{증집}{1항 1호}$ 12조). 집단소송의 다수성의 요건과 관련하여 구성원이 최소한 50인 이상이 되어야 하고, 대표당사자소송이 증권분야에 특정되는 것이므로 구성원의 보유주식이 피고회사의 발행증권 총수의 1만분의 1 이상일 것을 요건으로 한다. 증권관련 집단소송이 피고회사에 사실상 미치는 영향력을 고려하여 최소인원 및 최소보유주식 수를 정하고 있다.

(b) 증권관련 집단소송을 하기 위하여는 '법률상 또는 사실상의 중요한 쟁점이 모든 구성원에게 공통될 것'을 요한다($\frac{증집}{1항 2호}$ 12조). 미국 대표당사자소송을 인정하는 가장 중요한 요소이다. 공통의 정도가 어느 정도이어야 할 것인지는 구체적 기준이 없지만 일응 공동소송의 요건 중 제65조 전문의 "소송목적이 되는 권리나 의무가 여러 사람에게 공통되거나 사실상 또는 법률상 같은 원인으로 말미암아 생긴 경우"가 중요한 기준이 될 것이다.[25]

(c) 증권관련 집단소송이 '총원의 권리실현이나 이익보호에 적합하고 효율적인

---

23) 앞의 대표당사자소송에서 본 바와 같이 FRCP 제23조와 판례·학설상 요구하는 6가지 전제요건을 담고 있다고 보아야 한다.

24) 대결 2016. 11. 4, 2015마4027(여기에서의 피고회사는 문언에도 불구하고 구성원이 보유하고 있는 증권을 발행한 회사를 의미함).

25) 대결 2016. 11. 4, 2015마4027(모든 구성원의 청구원인 가운데 중요사실이 공통되면 충족되고, 각 구성원의 청구에 약간의 다른 사실이 존재하거나 개별 구성원에 대한 항변사항이 존재하여도 문제없고, 소송허가요건의 충족 여부를 판단하는 데에 필요한 한도 내에서 손해배상청구의 원인행위도 심리할 수 있음).

수단일 것'을 요한다($\frac{중집\ 12조}{1항\ 3호}$). 증권관련 집단소송을 인정하는 것은 개별적 소송에 따른 판결의 모순·저촉의 방지와 하나의 소송절차로 심판함에 따른 소송경제를 도모하기 위한 것이므로 증권관련 집단소송을 이용하는 것이 총원의 권리실현이나 이익보호에 적합하고 효율적인 수단이어야 한다. 즉 개별적 소송구제 보다는 집단소송을 통한 구제가 구제수단으로서의 효율성(경제성)·우월성을 가져야 한다.[26]

(d) 기타 '소송허가신청서의 기재사항 및 첨부서류에 흠이 없을 것'을 요한다. 이는 소송허가신청서의 필수적 기재사항 및 첨부서류의 흠결이 없어야 된다는 것을 말하는 것이다. 다만, 증권관련 집단소송의 소가 제기된 후 구성원의 탈퇴 또는 보유주식의 감소 등으로 위 (a)의 허가요건을 충족하지 못하게 된 경우에도 제소의 효력에는 영향이 없다($\frac{중집\ 12조}{2항}$).

③ 소제기의 공고와 대표당사자 등의 선임

(a) 법원은 증권관련 집단소송의 소장 및 소송허가신청서를 접수한 날부터 10일 이내에 i) 증권관련 집단소송의 소가 제기되었다는 사실, ii) 총원의 범위, iii) 청구의 취지 및 원인의 요지, iv) 대표당사자가 되기를 원하는 구성원은 공고가 있는 날부터 30일 이내에 법원에 신청서를 제출하여야 한다는 사실 등을 전국을 보급지역으로 하는 일간신문에 게재하는 등 대법원규칙으로 정하는 방법으로 공고하여야 한다($\frac{중집\ 10조}{1,\ 2항}$). 공고비용은 예납하여야 하고, 예납하지 아니한 때에는 재판장은 5일의 기간을 정하여 보정을 명하고 이에 응하지 아니할 경우에 소장 및 소송허가신청서의 각하명령을 할 수 있고, 이에 즉시항고 할 수 있다($\frac{중집규}{4조}$).

(b) 법원은 공고를 한 날부터 50일 이내에 대표당사자가 되기 위하여 소를 제기하는 자와 대표당사자가 되기를 원하는 구성원으로 공고가 있는 날부터 30일 이내에 법원에 신청서를 제출한 자 중에서 증권관련 집단소송으로 인하여 얻을 수 있는 경제적 이익이 가장 큰 자 등 총원의 이익을 공정하고 적절히 대표할 수 있는 자를 결정으로 대표당사자로 선임한다($\frac{중집\ 10조\ 4항,\ 동}{조\ 1항\ 4호,\ 11조}$). 다만 최근 3년간 3건 이상의 증권관련 집단소송에 대표당사자는 증권관련 집단소송의 대표당사자가 될 수 없다($\frac{중집\ 11}{조\ 3항}$). 하지만 여러 사정에 비추어 볼 때 증권관련집단소송법 제11조 제1항에 따른 요건을 충족하는 데에 지장이 없다고 법원이 인정하는 자는 그러하지 아니하다($\frac{동조}{단서}$). 선임결정을 함에는 이들을 심문하여야 한다($\frac{중집규}{7조}$). 선임결정에 대하여는 불복할 수 없다($\frac{중집\ 10}{조\ 5항}$). 소의 제기자가 아닌 자로서 대표당사자가 되기를 원하는

---

26) 대결 2016. 11. 4, 2015마4027.

구성원은 경력과 신청의 취지를 기재한 신청서에 대표당사자 신청자와 같이 ⓐ 당해 증권관련 집단소송을 수행하기 위하여 또는 소송대리인의 지시에 따라 당해 증권관련 집단소송과 관련된 증권을 취득하지 아니하였다는 사실, ⓑ 최근 3년간 대표당사자로 관여한 증권관련 집단소송의 내역을 담은 진술서를 법원에 제출하여야 한다(증집 10조 3항, 9조 2항 1, 2호).

(c) 증권관련 집단소송의 원고 측 소송대리인은 총원의 이익을 공정하고 적절하게 대리할 수 있는 자이어야 한다(증집 11조 2항). 최근 3년간 3건 이상의 증권관련 집단소송에 대표당사자의 소송대리인으로 관여하였던 자는 증권관련 집단소송의 원고 측 소송대리인이 될 수 없다(동조 본문 3항). 다만, 여러 사정에 비추어 볼 때 증권관련 집단소송법 제11조 제2항에 따른 요건을 충족하는 데에 지장이 없다고 법원이 인정하는 자는 그러하지 아니하다(동항 단서).

④ 소송허가여부 결정과 공고·고지·통지

(a) 대표당사자는 소송허가신청의 이유를 소명하여야 하고,[27] 법원은 대표당사자가 되고자 소를 제기한 자와 피고를 심문하고 결정으로 재판한다(증집 13조 1, 2항). 법원은 허부결정의 재판을 함에 있어서, 손해배상청구의 원인이 되는 행위를 감독·검사하는 감독기관으로부터 손해배상청구 원인행위에 대한 기초조사 자료를 제출받는 등 직권으로 필요한 조사를 할 수 있다(증집 13조 3항).

(b) 법원은 증권관련 손해배상청구이고(증집 3조), 소송허가요건을 갖추었으며(증집 12조), 대표당사자로서 자격을 가진 경우(증집 11조) 등 3가지 요건을 갖춘 경우에는 소송허가결정을 한다(15조 1항). 허가결정서에는 대표당사자와 그 법정대리인, 원고 측 소송대리인, 피고, 총원의 범위, 주문 및 이유, 청구의 취지 및 원인의 요지, 제외신고의 기간과 방법, 비용의 예납에 관한 사항, 그 밖의 필요한 사항을 기재하고 법관이 기명날인하여야 한다(증집 15조 2항). 법원은 상당하나고 인정하는 때에는 결정으로 총원의 범위를 조정하여 허가할 수 있다(증집규 15조 3항). 허가결정 및 불허가결정, 총원의 범위를 조정한 허가결정에 대하여는 즉시항고 할 수 있다(증집 15조 4항, 17조 1항).[28] 소송허가결정이 난 때에는 고지·공고·감정 등 소송비용을 예납하여야 하고(증집 16조), 법원은 소송비용의

27) 대결 2016. 11. 4, 2015마4027(소명할 대상은 소송허가요건이고, 본안소송절차에서 다룰 손해배상책임의 성립 여부 등은 아님).

28) 다만 허가결정이 있어도 집행정지의 효력이 있는 즉시항고와 재항고로 시간을 끌 수 있으므로 미국과 같이 집행정지의 효력을 부여하지 아니하는 것으로 입법개선이 필요하다는 견해가 있다(이시윤, 774면).

예납을 소송허가결정이 확정된 날부터 상당한 기간으로 정하여 대표당사자에게 명하여야 하고, 대표당사자가 예납명령을 이행하지 아니한 때에는 법원은 소송허가결정을 취소하고 소송불허가결정을 할 수 있다(증집규 $\frac{13}{조 1, 2항}$). 법원은 구성원 모두에게 주지시킬 수 있는 대법원규칙이 정한 적당한 방법으로 고지하여야 하고(증집 $\frac{18}{조 2항}$), 법원사무관 등은 공고한 날짜와 방법을 기록에 표시하여야 한다(증집규 $\frac{15}{조 4항}$).

(c) 법원은 소송허가결정이 확정된 때에는 지체 없이 대표당사자와 그 법정대리인, 원고 측 소송대리인 및 피고의 각각 이름과 주소, 총원의 범위, 청구의 취지 및 원인의 요지, 제외신고의 기간과 방법, 제외신고를 한 자는 개별적으로 소를 제기할 수 있다는 사실, 제외신고를 하지 아니한 구성원에 대하여는 증권관련 집단소송에 관한 판결 등의 효력이 미친다는 사실, 제외신고를 하지 아니한 구성원은 증권관련 집단소송의 계속 중에 법원의 허가를 받아 대표당사자가 될 수 있다는 사실, 변호사 보수에 관한 약정, 그 밖에 법원이 필요하다고 인정하는 사항 등을 기재하여 구성원 모두에게 개별통지 등 대법원 규칙이 정하는 적당한 방법으로 고지하여야 하고, 그 고지내용은 전국을 보급지역으로 하는 일간신문에 게재하여야 한다(증집 $\frac{}{18조}$).

(d) 법원은 구성원에게 고지한 내용을 지정거래소에 즉시 통보하여야 하고, 이를 통보받은 지정거래소는 그 내용을 일반인이 알 수 있도록 공시하여야 한다($\frac{증집 19조}{1, 2항}$).

(3) 소송절차의 특칙

증권관련 집단소송의 심리절차에 있어서 일반 소송절차에 대한 다음과 같은 특칙을 두고 있다.

① 당사자의 처분권 제한

대표당사자의 선임(증집 $\frac{}{11조}$), 소의 취하·청구의 포기·화해(증집 $\frac{35}{조 1항}$), 상소의 취하 및 상소권의 포기(증집 $\frac{38}{조 1항}$) 등에 법원의 허가를 받도록 하였다. 이것은 구성원의 권리 및 절차 보장을 위한 것으로서 일반소송절차에 비하여 대표당사자의 처분권을 제한하고 있다. 증권관련 집단소송에 있어서 법원의 후견적 기능을 강화한 것으로서, 큰 틀에서 보면 복리국가의 이념이 반영된 것으로 평가할 수 있다. 다만 주주대표소송과 달리 대표당사자의 상대방에 의한 인낙은 구성원에게 불이익이 되지 아니하므로 법원의 허가를 요하지 아니한다. 또한 쌍방 불출석에 따른 취하간주

규정($^{268}_{조}$)의 적용이 배제된다($^{증집}_{조 4항}$ ^{35}).

② 전속관할

증권관련 집단소송은 피고의 보통재판적 소재지를 관할하는 지방법원 본원 합의부의 전속관할로 하고 있다($^{증집}_{4조}$). 심리의 전문성을 위한 것이다.

③ 변호사강제주의의 채택

증권관련 집단소송을 하기 위하여는 원고와 피고는 변호사를 소송대리인으로 선임하여야 한다($^{증집}_{1항}$ ^{5조}). 증권관련 집단소송이 실질적으로 피해자가 다수이고, 사안이 복잡하여 전문성이 필요하기 때문에 변호사강제주의를 채택하고 있다.

④ 직권증거조사

일반 민사소송절차와 같은 직권증거조사의 보충성을 지양하여 법원은 필요하다고 인정하는 때에는 직권으로 증거조사를 할 수 있도록 하였다($^{증집}_{30조}$). 법원의 후견적 기능을 강화하고 있는 것이다.

⑤ 구성원 및 대표당사자의 신문

법원은 필요하다고 인정하는 때에는 구성원과 대표당사자를 직권으로 신문할 수 있다($^{증집}_{31조}$). 대표당사자뿐만 아니라 구성원에 대하여도 증인신문이 아닌 당사자신문의 방식에 의한다($^{증집규}_{20조}$).

⑥ 문서제출명령 등

법원은 필요하다고 인정하는 때에는 소송과 관련 있는 문서를 소지하고 있는 자에 대하여 그 문서의 제출을 명하거나 송부를 촉탁할 수 있다($^{증집}_{조 1항}$ ^{32}). 법원이 당사자의 신청 없이 직권으로 문서제출명령이나 송부촉탁을 할 수 있다는 점에서 민사소송법상의 신청주의($^{345;}_{352조}$)에 대한 특칙이다. 물론 대표당사자와 피고는 법원에 문서제출명령 등을 신청할 수도 있다($^{증집}_{조 3항}$ ^{32}).

⑦ 증거보전

법원은 민사소송법과 달리($^{375}_{조}$) 미리 증거조사를 하지 아니하면 그 증거를 사용하기 곤란한 사정이 있지 아니한 경우에도 필요하다고 인정하는 때에는 당사자의 신청에 따라 증거조사를 할 수 있다($^{증집}_{33조}$). 증거보전의 필요성이 없는 경우에도 당사자의 신청에 따라 증거조사를 할 수 있다.

⑧ 손해배상액 산정의 특칙

증권관련 집단소송에 있어서의 손해배상액의 산정에 관하여「자본시장과 금융투자업에 관한 법률」, 그 밖에 다른 법률에 규정이 있는 경우에는 그에 따르고 (증집 34 조 1항), 위 법률에 의한 규정에 의하여 또는 증거조사에 의하여도 정확한 손해액의 산정이 곤란한 경우에는 제반사정을 참작하여 표본적·평균적·통계적 방법 및 그 밖의 합리적 방법으로 이를 정할 수 있다(증집 34 조 2항).

⑨ 판결에 관한 특례

(a) 판결서의 기재와 관련하여 민사소송법 제208조 제1항 각 호의 사항 외에 원고 측 소송대리인과 피고 측 소송대리인, 총원의 범위, 제외신고를 한 구성원을 기재하여야 하고(증집 36 조 1항), 금전지급의 판결을 선고함에 있어서는 제반사정을 참작하여 지급의 유예와 분할지급 그 밖에 상당한 방법에 의한 지급을 허락할 수 있으며(동조 2항), 법원은 판결의 주문과 이유의 요지를 구성원에게 고지하여야 한다(동조 3항).

(b) 기판력의 주관적 범위와 관련하여 확정판결의 효력은 제외신고를 하지 아니한 구성원에 대하여도 미친다(증집 37조). 민사소송법상의 판결의 효력에 대한 중요한 예외를 인정하는 것이다. 집단소송을 인정하는 가장 중요한 이유 중의 하나이다.

(4) 분배절차

분배절차는 집행절차에 대한 특칙이다. 대표당사자가 받은 확정된 승소판결에 기초하여 민사집행법상의 압류 → 환가 → 배당을 거치지 아니하고, 제1심 수소법원의 지휘·감독 하에 분배관리인의 분배계획안에 기초한 간단한 방법을 통하여 구성원에게 분배하게 된다. 집단소송판결 등에 의한 권리실행으로 얻은 금원은, 일반 강제집행절차와 달리 집행권원을 가진 모든 채권자나 법률상 우선변제 청구권자가 분배절차에 참여할 수 없으므로 권리신고 한 구성원의 독점적 몫이 된다. 분배절차는 채권자평등의 원칙의 예외라고 볼 수 있다.

① 권리실행

대표당사자는 집행권원을 취득한 때에는 지체 없이 그 권리를 실행하여야 하고, 권리실행으로 금전 등을 취득한 경우에는 대법원규칙이 정하는 바에 의하여 이를 보관하여야 하며, 권리실행이 종료된 때에는 그 결과를 법원에 보고하여야 한다(증집 40조). 분배에 관한 법원의 처분·감독 및 협력 등은 제1심 수소법원의 전속관할에 속한다(증집 39조).

② 분배관리인의 선임 등

법원은 직권 또는 대표당사자의 신청에 의하여 분배관리인을 선임하여야 하고, 분배관리인은 법원의 감독 하에 권리실행으로 취득한 금전 등의 분배업무를 행한다(증집 41조 1, 2항). 분배관리인은 법원이 정한 기간 이내에 분배계획안을 작성하여 법원에 제출하여야 하고(증집 42조 1항), 분배계획안에는 총원의 범위와 채권의 총액, 집행권원의 표시금액, 권리실행금액 및 분배할 금액, 소송비용 및 변호사 보수·권리실행비용·분배비용, 분배의 기준과 방법, 권리신고의 기간·장소 및 방법, 권리확인방법, 분배금의 수령기간·수령장소 및 수령방법, 그 밖에 필요하다고 인정되는 사항 등을 기재하여야 한다(동조 2항).

③ 분배계획안의 인가 및 고지

법원은 분배관리인이 작성·제출한 분배계획안이 공정하며 형평에 맞는다고 인정되는 때에는 결정으로 이를 인가하여야 하고(증집 46조 1항), 법원은 상당하다고 인정하는 때에는 분배관리인의 심문을 거쳐 직권으로 분배계획안을 수정하여 인가할 수 있고(동조 2항), 인가결정에 대하여는 불복할 수 없다(동조 3항). 법원은 분배계획을 인가한 때에는 상당한 방법으로 집행권원의 요지, 분배관리인의 성명 및 주소, 분배계획의 요지 등을 구성원에게 고지하여야 한다(증집 47조).

④ 권리의 신고와 확인 등

구성원은 분배관리인에 대하여 분배계획이 정하는 바에 따라 권리신고기간 내에 권리를 신고하여야 하며(증집 49조 1항), 구성원은 책임 없는 사유로 권리신고기간 내에 신고를 하지 못한 경우에는 그 사유가 종료된 후 1월 이내에 한하여 신고할 수 있다. 다만 분배금 수령기간 경과 후 6월 이내에 한하여 공탁금의 출급을 청구할 수 있으므로 그 이전에 신고하여야 한다(동조). 분배관리인은 신고 된 권리를 확인하여야 하고(동조 3항), 권리신고를 한 자 및 피고에 대하여 권리확인의 결과를 통지하여야 한다(동조 4항). 권리신고를 한 자 또는 피고는 분배관리인의 권리확인에 이의가 있는 때에는 분배관리인으로부터 권리확인결과의 통지를 받은 날부터 2주일 이내에 법원에 그 권리의 확인을 구하는 신청을 할 수 있고(증집 50조 1항), 법원은 신청에 대하여 결정으로 재판하여야 하며(동조 2항), 이 결정에 대하여는 불복할 수 없다(동조 3항).

⑤ 분배 및 종료보고서 제출 등

(a) 분배관리인은 분배금의 수령기간 경과 후 잔여금이 있는 때에는 지체 없이 이를 공탁하여야 한다($\frac{증집}{51조}$). 또한 분배관리인은 권리신고를 한 자의 성명·주소 및 신고금액, 권리가 확인된 자 및 확인금액, 분배받은 자 및 분배금액, 잔여금과 그 밖의 필요한 사항을 기재한 분배보고서를 작성하여 법원에 제출하여야 한다($\frac{증집 52}{조 2항}$). 제출된 분배보고서는 이해관계인이 열람할 수 있도록 2년간 법원에 비치하여야 한다($\frac{동조 3항, 증}{집 56조 본문}$).

(b) 분배관리인은 공탁금의 출급청구기간이 만료된 때($\frac{증집}{53조}$)에는 지체 없이 법원에 분배종료보고서를 제출하여야 한다($\frac{증집 54}{조 1항}$). 분배종료보고서에는 수령기간 경과 후에 분배금을 받은 자의 성명·주소 및 분배금액, 분배금의 지급총액, 잔여금의 처분, 분배비용 그 밖의 필요한 사항을 기재하여야 한다($\frac{동조}{2항}$). 법원은 분배관리인의 분배종료보고서가 제출된 경우 잔여금이 있는 때에는 직권 또는 피고의 출급청구에 의하여 이를 피고에게 지급한다($\frac{증집}{55조}$).

3. 집단소송 관계인의 지위

증권관련 집단소송의 관계인인 대표당사자, 법원, 구성원의 지위가 일반소송절차와 다른 특성을 가지고 있다. 따라서 대표당사자, 법원, 구성원의 지위를 검토할 필요가 있다.

(1) 대표당사자의 지위

① 대표당사자는 증권관련 집단소송의 주체이고, 피해집단의 구성원(총원)의 대리인이 아니다. 따라서 일단 법원에 의하여 대표당사자로 선임되면 독자적인 소송수행권을 갖게 되므로 소송대리인으로서 제90조 2항의 반소의 제기, 소의 취하, 화해, 청구의 포기·인낙 또는 독립당사자참가소송의 탈퇴, 상소의 제기 또는 취하, 대리인의 선임 등의 경우와 같이 실질적 본인인 총원의 특별한 수권을 요하지 아니한다고 할 것이다. 하지만 구성원이 갖고 있는 권리의 절차적 보장을 위하여 집단소송을 처분하는 민사소송법 제90조 제2항의 행위(소의 취하, 청구의 포기·인낙 또는 독립당사자참가소송에서의 탈퇴) 중 청구의 인낙을 제외한 소송행위는 법원의 허가를 요한다($\frac{증집 35조 1항,}{38조 1항}$). 대표당사자는 1인 이상일 수 있으며($\frac{증집 2조}{4호}$), 대표당사자가 수인일 경우에는 소송수행권을 합유하는 관계로서 고유필수적 공동소

송에 해당한다. 따라서 대표당사자 중 한 사람의 소송행위는 모두의 이익을 위하여서만 효력을 가지고, 대표당사자 중 한 사람에 대한 상대방의 소송행위는 모두에게 효력이 미친다($\binom{증집 20조, 민소}{67조 1, 2항}$).

② 대표당사자의 전부가 사망 또는 사임하거나 소송수행금지결정에 의하여 소송수행이 금지된 경우에는 소송절차는 중단된다($\binom{증집 24}{조 1항}$). 이 경우에 대표당사자가 되고자 하는 구성원은 법원의 허가를 받아 중단된 소송절차를 수계하여야 하고($\binom{동조}{2항}$), 소송절차의 중단 후 1년 이내에 수계신청이 없는 때에는 소가 취하된 것으로 본다($\binom{동조}{3항}$). 원고 측 소송대리인 전원이 사망·사임하거나 해임된 때에도 대표당사자의 경우와 같이 소송절차가 중단되고, 소송대리인을 선임하여 수계하여야 한다($\binom{증집 26조}{3, 4항}$).

(2) 법원의 지위

① 증권관련 집단소송에 있어서는 일반 소송절차에서와 달리 총원의 절차상의 권리를 보호하고 대표당사자의 독주를 막기 위하여 법원의 후견적 기능이 한층 강화되어 있다. 집단소송의 절차 진행에 있어서 법원의 직권주의를 대폭 강화시키고 있다.

② 따라서 법원은 대표당사자의 선임 및 소송수행을 결정으로 허가하며($\binom{증집 10조}{4항, 15조}$), 대표당사자가 총원의 이익을 공정하고 적절히 대표하고 있지 못하거나 그 밖에 중대한 사유가 있는 때에는 직권 또는 다른 대표당사자의 신청에 의하여 그 대표당사자의 소송수행을 결정으로 금지할 수 있다($\binom{증집 22}{조 1항}$). 또한 대표당사자는 정당한 이유가 있는 때에 한하여 법원의 허가를 받아 사임할 수 있다($\binom{증집}{23조}$). 원고 측 소송대리인이 사임할 때에도 같으며($\binom{증집 26}{조 1항}$), 대표당사자는 소송대리인의 해임·추가선임 또는 교체도 상당한 사유가 있을 때에 법원의 허가를 받아 할 수 있다($\binom{동조}{2항}$). 소의 취하, 소송상의 화해, 청구의 포기, 상소취하·포기의 경우에도 법원의 허가를 받아야 한다($\binom{증집 35조 1}{항, 38조 1항}$). 이 경우 허가를 받고자 하는 대표당사자는 법원에 사전 허가신청서를 제출하여야 하고($\binom{증집규}{22조}$), 법원은 허가 여부를 결정함에는 당사자를 심문하여야 한다($\binom{증집규}{24조}$). 그 외에 총원의 범위와 변경, 제외신고의 기간과 방법, 변호사보수에 관한 약정 등도 법원이 관여한다($\binom{증집 18조}{27조}$).

(3) 구성원의 지위

① 피해집단의 구성원(총원)은 증권관련 집단소송의 당사자는 아니고, 제3자의 소송담당의 경우와 같이 판결의 효력을 받는 권리귀속주체에 해당한다. 그러나 법원의 허가를 받아 대표당사자가 될 수 있다(증집 21조). 소송계속 중에 구성원에서 제외되는 자와 새롭게 구성원이 되는 자가 생겨 총원의 범위가 변경될 수 있다(증집 27조). 구성원은 제외신고기간 내에 법원에 서면으로 제외신고를 할 수 있고(증집 28조 1항), 이 경우 구성원에서 빠지게 된다. 제외 신고를 하지 아니한 구성원 모두는 대표당사자가 받은 확정판결의 효력을 받는다(37조). 승소한 경우뿐만 아니라 패소판결을 받은 경우에도 같다. 대표당사자는 구성원을 대표하여 당사자로서 소송수행을 하지만 법원의 대표당사자 선임허가를 받으면 되고, 구성원의 별도의 수권을 요하지 아니한다.

② 구성원은 집단소송의 당사자는 아니지만 판결의 효력을 받는 권리귀속주체이므로 소송절차에 중요한 사항을 법원으로부터 고지 받는다. 즉 법원은 소송허가결정, 대표당사자의 변경, 총원범위의 변경, 소의 취하·소송상의 화해·청구의 포기·상소의 취하와 포기, 판결내용, 분배계획의 인가 및 그 변경이 있는 경우에 구성원에게 고지하여야 한다(증집 18, 25, 27, 35조 2항, 36조 3항, 38조 1항, 47, 48조). 고지는 구성원 모두에게 주지시킬 수 있는 적당한 방법으로서 대법원 규칙이 정하는 방법(보통우편)으로 하고, 그 고지 내용은 전국을 보급지역으로 하는 일간신문에 게재하여야 한다(증집 18조 2, 3항). 다만 대표당사자의 변경, 분배계획의 인가 및 변경은 전자통신매체를 이용하여 공고할 수 있다(증집규 17,38조). 구성원에게 고지하도록 하는 것은 구성원의 대표당사자로의 참가, 절차 중의 의견진술 등을 보장하기 위한 것이다.

문제는 제대로 구성원에게 고지되지 아니한 경우의 판결의 효력이 문제된다. 생각건대 집단소송의 취지에 비추어 보면 구성원에 포함되어 있다면 원칙적으로 실제 고지를 받았는지 여부와 관계없이 판결의 효력이 미치는 것으로 보아야 한다.[29]

---

29) 反對: 이시윤, 777면(제대로 고지되지 아니한 경우에는 소송고지나 채권자대위소송과 같이 기판력이 미치지 아니한다고 봄).

Ⅳ. 소비자단체소송

1. 의   의

(1) 소비자단체소송이라 함은 일정한 자격을 갖춘 소비자단체, 비영리민간단체 등이 사업자가 소비자의 권익과 관련하여 국가가 정한 기준규정을 위반하여 소비자의 생명·신체 또는 재산에 대한 권익을 직접적으로 침해하고 그 침해가 계속되는 경우 법원에 소비자권익침해행위의 금지·중지를 구하는 소송을 말한다($\frac{소기}{20조}$ $\frac{70}{)}$).[30] 소비자단체소송은 일종의 공익소송으로 독일의 단체소송제도를 도입한 것이다.

(2) 우리나라는 2006년 9월 27일 법률 제7988호로 「소비자기본법」을 전부개정하면서 제70조 내지 제76조에 '소비자단체소송'이라는 명칭으로 규정하여 2008년 1월 1일부터 시행하고 있다. 또한 대법원은 2007년 11월 28일 대법원규칙 제2117호로 「소비자단체소송규칙」을 제정하였다.

(3) 소비자단체소송은 소비자기본법에 특칙을 두고 있지 아니하면 민사소송법을 적용하므로($\frac{소기}{조}$ $\frac{76}{1항}$), 민사소송법의 특별규정이라 할 것이다.

2. 소비자기본법상의 특칙

(1) 원고적격자의 한정

소비자단체소송은 소비자가 직접 소송을 제기할 수 없고, 일정한 자격을 가진 단체만이 원고 적격을 갖는다($\frac{소기}{70조}$). 여기에 해당하는 단체는 다음과 같다.

① 공정거래위원회에 등록한 소비자단체로서 i) 정관에 따라 상시적으로 소비자의 권익증진을 주된 목적으로 하는 단체이고, ii) 단체의 정회원수가 1천명 이상이며, iii) 소비자기본법 제29조의 규정에 따른 등록 후 3년이 경과한 경우($\frac{동조}{1호}$)

② 「상공회의소법」에 따른 대한상공회의소, 「중소기업협동조합법」에 따른 중소기업협동조합중앙회 및 전국 단위의 경제단체로서 대통령령이 정하는 단체($\frac{동조}{2호}$)

③ 「비영리민간단체 지원법」 제2조의 규정에 따른 비영리민간단체로서 i) 법률상 또는 사실상 동일한 침해를 입은 50인 이상의 소비자로부터 단체소송의 제

---

30) 대판 2023. 6. 15, 2018다214746; 대판 2023. 6. 15, 2018다287034(소비자단체인 원고가 이동통신사업자인 피고를 상대로 부당한 청약철회권 제한행위의 금지·중지를 구한 사안임).

기를 요청받아야 하고, ii) 정관에 소비자의 권익증진을 단체의 목적으로 명시한 후 최근 3년 이상 이를 위한 활동실적이 있어야 하며, iii) 단체의 상시 구성원수가 5천명 이상이며, iv) 중앙행정기관에 등록되어 있을 경우($\frac{\text{동조}}{3\text{호}}$)이어야 한다.

(2) 전속관할

단체소송의 소는 피고의 주된 사무소 또는 영업소가 있는 곳, 주된 사무소나 영업소가 없는 경우에는 주된 업무담당자의 주소가 있는 곳의 지방법원 본원 합의부의 관할에 전속한다($\frac{\text{소기 71}}{\text{조 1항}}$). 이를 외국사업자에 적용하는 경우 대한민국에 있는 이들의 주된 사무소・영업소 또는 업무담당자의 주소에 따라 정한다($\frac{\text{동조}}{2\text{항}}$).

(3) 변호사강제주의

소비자단체소송의 원고는 변호사를 소송대리인으로 선임하여야 한다($\frac{\text{소기}}{72\text{조}}$). 즉 원고 측 변호사강제주의를 채택하고 있다.

(4) 제소에 법원의 허가 필요

① 단체소송을 제기하는 단체는 소장과 함께 i) 원고 및 그 소송대리인, ii) 피고, iii) 금지・중지를 구하는 사업자의 소비자권익 침해행위의 범위를 기재한 소송허가신청서를 법원에 제출하여야 한다($\frac{\text{소기 73}}{\text{조 1항}}$). 소송허가신청서에는 i) 소제기단체가 원고적격(소기 70조 각 호의 어느 하나에 해당하는 요건)을 갖추고 있음을 소명하는 자료, ii) 소제기단체가 사업자에게 소비자권익 침해행위를 금지・중지할 것을 요청한 서면 및 이에 대한 사업자의 의견서(다만, 서면수령 후 14일 내에 사업자의 응답이 없을 경우에는 사업자의 의견서를 생략할 수 있음)를 첨부하여야 한다($\frac{\text{동조}}{2\text{항}}$).

② 소비자단체소송은 공익소송이므로, 법원으로부터 그 허가를 받아야 한다. 이를 위하여는 i) 물품 등의 사용으로 인하여 소비자의 생명・신체 또는 재산에 피해가 발생하거나 발생할 우려가 있는 등 다수 소비자의 권익보호 및 피해예방을 위한 공익상의 필요가 있을 것($\frac{\text{소기 74조}}{1\text{항 1호}}$), ii) 소제기단체가 사업자에게 소비자권익 침해행위를 금지・중지할 것을 서면으로 요청한 후 14일이 경과하였을 것($\frac{\text{동항}}{3\text{호}}$), iii) 소송허가신청서의 기재사항에 흠결이 없을 것($\frac{\text{동항}}{2\text{호}}$)을 요한다. 법원은 허가요건을 모두 갖춘 경우에는 결정으로 단체소송을 허가한다($\frac{\text{소기 74}}{\text{조 1항}}$). 단체소송을 허가하거나 불허가하는 결정에 대하여는 즉시항고 할 수 있다($\frac{\text{동조}}{2\text{항}}$). 허가결정이 있을 때에는 가압류・가처분 등 보전처분을 할 수 있다($\frac{\text{소기 76}}{\text{조 2항}}$).

(5) 청구기각판결의 대세효

① 원고의 청구를 기각하는 판결이 확정된 경우 이와 동일한 사안에 관하여는 다른 단체도 확정판결의 효력을 받아 단체소송을 제기할 수 없다. 즉, 소비자단체소송의 청구기각판결은 대세효를 갖는다는 것을 의미한다. 다만, i) 판결이 확정된 후 그 사안과 관련하여 국가 또는 지방자치단체가 설립한 기관에 의하여 새로운 연구결과나 증거가 나타난 경우, ii) 기각판결이 원고의 고의로 인한 것임이 밝혀진 경우에는 그러하지 아니하다($\frac{소기}{75조}$).

② 원고청구기각의 확정판결과 같은 효력을 갖는 청구의 포기는 단체소송의 확정판결이 가지는 대세적 효력에 비추어 허용될 수 없다.[31]

(6) 소비자단체소송규칙의 규정

대법원이 제정한 「소비자단체소송규칙」에서 소송허가절차($\frac{소단규\ 5,\ 6,}{8\ 내지\ 11조}$), 소송대리인의 사임($\frac{소단규}{12조}$), 다른 단체의 참가에 따른 공동소송참가($\frac{소단규}{13조}$), 청구의 변경($\frac{소단규}{14조}$), 변론의 병합($\frac{소단규}{15조}$) 등을 규정하여 소비자기본법상의 소비자단체소송을 보완하고 있다.

V. 개인정보 단체소송

1. 의   의

(1) 개인정보 단체소송이라 함은 일정한 요건을 갖춘 소비자단체[32] 또는 비영리민간단체[33]가 개인정보처리자[34]에 대하여 그가 개인정보 보호법 제49조에 따른 집단분쟁조정을 거부하거나 집단분쟁조정의 결과를 수락하지 아니한 경우에 법원에 권리침해행위의 금지·중지를 구하는 소송을 의미한다($\frac{개보}{51조}$). 개인정보 단체소송은 개인정보처리자가 집단분쟁조정을 거부하거나 집단분쟁조정의 결과를 수락하지 아니하는 경우에 한하여 소송을 제기할 수 있다는 점이 소비자단체소송과 차

---

31) 同旨: 이시윤, 780면.

32) 소비자기본법 제29조에 따라 공정거래위원회에 등록한 소비자단체로서 개인정보 보호법 제51조 1호의 요건을 갖춘 단체를 말한다.

33) 비영리민간단체 지원법 제2조에 따른 비영리민간단체로서 개인정보 보호법 제51조 2호의 요건을 갖춘 단체를 말한다.

34) "개인정보처리자"란 업무를 목적으로 개인정보파일을 운용하기 위하여 스스로 또는 다른 사람을 통하여 개인정보를 처리하는 공공기관, 법인, 단체 및 개인 등을 말한다(개보 2조 5호).

이가 있다. 그런 점에서 개인정보 단체소송은 소비자단체소송보다 제한적이라고 할 수 있다.

(2) 우리나라는 2011년 3월 29일 법률 제10465호로 「개인정보 보호법」을 제정하면서 동법 제51조 내지 제57조에 '개인정보 단체소송'이라는 제목으로 규정하여 2011년 9월 30일부터 시행되고 있다. 또한 대법원은 2011년 9월 28일 대법원 규칙 제2358호로 「개인정보 단체소송규칙」을 제정하여 동월 30일부터 시행하고 있다.

(3) 개인정보 단체소송은 개인정보 보호법에 특칙을 두고 있지 아니하면 민사소송법을 적용하므로($^{개보 57}_{조 1항}$), 민사소송법의 특별규정이다.

2. 개인정보 보호법상의 특칙

(1) 원고적격자의 한정

개인정보 단체소송은 소비자가 직접 소송을 제기할 수 없고, 일정한 자격을 가진 단체만이 원고 적격을 갖는다($^{개보}_{51조}$). 여기에 해당하는 단체는 다음과 같다.

① 소비자기본법 제29조에 따라 공정거래위원회에 등록한 소비자단체로서 i) 정관에 따라 상시적으로 소비자의 권익증진을 주된 목적으로 하는 단체이고, ii) 단체의 정회원수가 1천명 이상이며, iii) 소비자기본법 제29조의 규정에 따른 등록 후 3년이 경과한 경우($^{동조}_{1호}$),

② 「비영리민간단체 지원법」 제2조의 규정에 따른 비영리민간단체로서 i) 법률상 또는 사실상 동일한 침해를 입은 100인 이상의 정보주체로부터 단체소송의 제기를 요청받아야 하고, ii) 정관에 개인정보 보호를 단체의 목적으로 명시한 후 최근 3년 이상 이를 위한 활동실적이 있어야 하며, iii) 단체의 상시 구성원수가 5천명 이상이며, iv) 중앙행정기관에 등록되어 있을 경우($^{동조}_{2호}$)이어야 한다.

(2) 전속관할

단체소송의 소는 피고의 주된 사무소 또는 영업소가 있는 곳, 주된 사무소나 영업소가 없는 경우에는 주된 업무담당자의 주소가 있는 곳의 지방법원 본원 합의부의 관할에 전속한다($^{개보 52}_{조 1항}$). 이를 외국사업자에 적용하는 경우 대한민국에 있는 이들의 주된 사무소·영업소 또는 업무담당자의 주소에 따라 정한다($^{동조}_{2항}$).

(3) 변호사강제주의

개인정보 단체소송의 원고는 변호사를 소송대리인으로 선임하여야 한다($\substack{개보 \\ 53조}$). 즉 원고측 변호사강제주의를 채택하고 있다.

(4) 제소에 법원의 허가 필요

① 단체소송을 제기하는 단체는 소장과 함께 i) 원고 및 그 소송대리인, ii) 피고, iii) 정보주체의 침해된 권리의 내용을 기재한 소송허가신청서를 법원에 제출하여야 한다($\substack{개보 54 \\ 조 1항}$). 소송허가신청서에는 i) 소제기단체가 원고적격(개보 51조 각 호의 어느 하나에 해당하는 요건)을 갖추고 있음을 소명하는 자료($\substack{개보 54조 \\ 2항 1호}$), ii) 개인정보처리자가 조정을 거부하였거나 조정결과를 수락하지 아니하였음을 증명하는 서류($\substack{동항 \\ 2호}$)를 첨부하여야 한다($\substack{동조 \\ 2항}$).

② 개인정보 단체소송은 공익소송이므로, 법원으로부터 그 허가를 받아야 한다. 이를 위하여는 i) 개인정보처리자가 분쟁조정위원회의 조정을 거부하거나 조정결과를 수락하지 아니하였을 것($\substack{개보 55조 \\ 1항 1호}$), ii) 소송허가신청서의 기재사항에 흠결이 없을 것($\substack{동항 \\ 2호}$)을 요한다. 법원은 허가요건을 모두 갖춘 경우에는 결정으로 단체소송을 허가한다($\substack{개보 55 \\ 조 1항}$). 단체소송을 허가하거나 불허가하는 결정에 대하여는 즉시항고할 수 있다($\substack{동조 \\ 2항}$). 허가결정이 있을 때에는 가압류·가처분 등 보전처분을 할 수 있다($\substack{개보 57 \\ 조 2항}$).

(5) 청구기각판결의 대세효

① 원고의 청구를 기각하는 판결이 확정된 경우 이와 동일한 사안에 관하여는 다른 단체도 확정판결의 효력을 받아 단체소송을 제기할 수 없다($\substack{개보 56 \\ 조 본문}$). 즉, 개인정보 단체소송의 청구기각판결은 대세효를 갖는다는 것을 의미한다. 다만, i) 판결이 확정된 후 그 사안과 관련하여 국가·지방자치단체 또는 지방자치단체가 설립한 기관에 의하여 새로운 증거가 나타난 경우($\substack{동조 \\ 1호}$), ii) 기각판결이 원고의 고의로 인한 것임이 밝혀진 경우($\substack{동조 \\ 2호}$)에는 그러하지 아니하다($\substack{동조 \\ 단서}$).

② 원고청구기각의 확정판결과 같은 효력을 갖는 청구의 포기는 단체소송의 확정판결이 가지는 대세적 효력에 비추어 허용될 수 없다.

(6) 개인정보 단체소송규칙의 규정

대법원이 제정한 「개인정보 단체소송규칙」에서 소송허가절차(소본규 5 내지 10조), 소송대리인의 사임(개본규 11조), 다른 단체의 참가에 따른 공동소송참가(개본규 12조), 청구의 변경(개본규 13조), 변론의 병합(개본규 14조) 등을 규정하여 개인정보 보호법상의 개인정보 단체소송을 보완하고 있다.

Ⅵ. 기 타(미국의 다수재판구역소송, 독일의 표본절차 및 표본확인소송 등)

(1) 위에서 기존의 소송절차에 따른 해결이 어려운 환경분쟁, 약해분쟁, 제조물책임분쟁, 소비자분쟁 등과 같이 소액·다수의 피해자가 발생하는 현대형 분쟁에 대처하기 위한 대표적인 제도로 사적 구제(私的 救濟)에 치중하고 있는 미국의 대표당사자소송(Class Action)과 공적 구제(公的 救濟)에 집중하는 독일의 단체소송(Verbandsklage)에 관하여 보았고, 이것이 우리나라에 어떻게 도입되어 있는지를 살펴보았다. 그러나 미국의 경우 현대형 분쟁의 해결을 위하여 대표당사자소송이 아닌 기존의 소송제도를 적절히 이용하여 풀어나가는 다수재판구역소송(Multi-District Litigation, MDL)이 있고, 독일에서도 기존의 제도를 이용하면서도 사적 구제를 효율적으로 수행하기 위하여 표본절차(Musterfahren)을 만들어 운영하고 있으며, 한 단계 더 나아가 단체소송제도의 원리를 도입하여 표본절차를 개선한 표본확인소송(Musterfeststellungsklage) 절차가 만들어졌다. 이러한 제도의 의미를 살펴보는 작업을 통하여 향후 우리나라에서도 기존절차를 이용하는 제도의 개발에 힘써야 할 것이다.

(2) 미국의 다수재판구역소송 제도

① 미국의 다수재판구역소송(MDL)이라 함은 2개 또는 그 이상의 관련사건이 다수의 연방재판구역(multiple federal district)에 소가 제기되어 있는 경우에 7인의 다수재판구역소송에 관한 특별사법패널(a special Judicial Panel on Multi-District Litigation, JPMDL)의 결정으로 1개의 재판구역의 법원에서 변론전 절차(pretrial)를 진행하는 소송을 말한다.[35] 이는 1968년 4월 29일 미연방 법령집(U.S.C) 제28편

---

35) Erichson, p.73.

제1407조에 규정되었고, 현재까지 시행되고 있다.[36]

② 다수재판구역소송은 기존의 소송의 이송(transfer) 제도를 이용하여 심리하는 제도이다. 특별사법패널에서 관련사건을 하나의 재판구역에서의 재판부를 선택하여 그곳으로 관련사건을 모두 이송하는 결정을 하고, 이송 받은 법원이 모든 사건을 모아 변론전 절차까지 진행한 후에 다시 이송한 법원으로 사건을 환송하면 이송한 각 법원이 그 이후의 절차를 진행하여 사건을 마무리하는 제도이다.

③ 다수재판구역소송은 이송 받은 법원이 변론절차까지 마무리 하지 아니하고 변론전 절차가 끝나면 이송한 법원으로 재차 돌려보낸다는 점이 통상의 소송이송과 차이가 있다. 미연방 법령집 제28편 제1404조와 제1406조에 통상의 소송이송에 관하여 정하고 있다.

통상의 소송이송은 사건을 다른 재판구역으로 완전히 보내는데 비하여 다수재판구역소송은 변론전 절차 후에 다시 이송 한 법원들(the transferor courts)에게 사건을 다시 돌려보내야 한다. 이송 받은 법원(the transferee court)에서 변론절차까지 진행할 수 있는지 여부에 관하여 논의는 있지만, 미연방대법원은 Lexcon, Inc. 대(對) Milberg Weiss Bershad Hynes Lerach 사건에서 이송 한 법원으로 사건을 반드시 돌려보내야 하고 필요한 경우에는 위 1404조에 따라 원래의 법원으로부터 재차 이송을 받아야 한다고 하였다.[37] 하지만 대부분의 사건과 마찬가지로 다수재판구역소송의 경우도 많은 사건이 변론절차까지 가지 아니하고 각하신청(motions to dismiss), 약식판결(summary judgment), 화해(settlement) 등으로 이송 받은 법원에서 해결되는 경우가 많다.[38]

(3) 독일의 표본절차 및 표본확인소송

① 표본절차

(a) 위에서 본 바와 같이 독일에서는 집단직 분쟁의 경우 공직 구제를 위하여 단체소송(Verbandsklage)을 발전시켜 왔다. 반면 손해의 개별구제 또는 사적 구제는 미국과 달리 기존의 소송절차를 통하여 구제받도록 운영하여 왔다. 그러나 도이체 텔레콤 사건(Deutsche Telecom Case)에서 도이체 텔레콤의 허위의 사업설명회를 믿고 증자에 참여한 투자가들이 주가급락으로 손해를 입게 되자 약 17,000명

---

36) Friedenthal/Kane/Miller, p.94.
37) 523 U.S. 26, 118 S.Ct. 956, 140 L.Ed.2d 62(1998).
38) Erichson, p.73.

이 넘는 투자자들이 프랑크푸르트 지방법원에 약 2,500건의 손해배상청구의 소를 제기한 것이 계기가 되어 2005년에 자본시장투자자 표본소송법(KapMug)을 제정하였다.[39) 이 법은 처음 5년간만 유효한 한시법으로 제정되었지만 2차례 기간이 연장을 거쳐 2020년까지 효력이 유지되게 되었다.

(b) 표본절차(Musterfahren)는 허위의 지본시장정보 등을 통하여 손해를 입은 투자자들이 일단 개별적으로 손해배상청구의 소를 제기하여야 한다. 이러한 원소송 절차의 원고 또는 피고는 제1심에서 이유구비성에 대한 확인 또는 법률문제의 해명을 위한 표본절차를 신청할 수 있고, 이후 일정한 절차 및 요건을 갖추게 되면 첫 번째로 표본절차의 신청이 제기된 수소법원이 관할 고등법원에 재판업무를 위탁하는 결정을 하고, 이 결정을 받은 관할 고등법원은 표본절차를 신청한 사건 중에서 재량에 따라 표본사건을 정하여 이후 그 표본사건에 대하여 구두변론에 기초하여 결정으로 결론을 내리게 된다. 이 표본사건에 대한 재판이 확정되어 표본절차를 신청한 당사자들이 원소송 절차의 수소법원에 표본재판을 각각 제출하면 이에 기초하여 중지되었던 표본신청 사건들이 개별적으로 나머지 절차를 진행하여 각자의 사건에 대한 판결을 하게 되는 절차를 말한다. 표본사건에 대한 고등법원의 표본재판이 손해의 발생원인 등 공통된 사항에 관하여 일종의 중간재판으로서의 구속력을 갖게 하여 나머지 절차는 기존의 소송절차를 이용하여 해결하는 방식이다. 집단적 분쟁의 발생원인이 동일한 경우에 관련사건 중 표본사건을 관할 고등법원에서 재판하게 하여 해당 쟁점을 정리한 후에 표본신청으로 중지되었던 사건들을 재개하여 분쟁을 해결해 나가는 절차이다.[40)

② 표본확인소송

(a) 표본확인소송(Musterfeststellungsklage)이라 함은 소비자와 기업 사이에 집단분쟁이 발생한 경우 독일 부작위소송법(UKlaG) 제3조 제1항 1문 제1호에 규정된 단체 중 일정한 요건을 갖춘 단체가 피해자인 소비자들을 위하여 소비자와 기업 사이의 권리 또는 법률관계의 존부를 위하여 사실상 및 법률상의 요건의 존부 확인을 관할 고등법원에 제기하는 소송을 의미한다($^{ZPO\ 606조}_{1항~3항}$).[41) 독일 민사소송법(ZPO)이 2018년 7월 12일 개정되면서 제6편에 표본확인소송절차(Musterfeststellungsfahren)

---

39) 정동윤/유병현/김경욱, 1078면 참조.
40) 정동윤/유병현/김경욱, 1079면.
41) 정영환·이명민, "독일의 표본확인소송절차", 법학연구(제31권 제2호), 충북대학교 법학연구소, 2020, 368면.

를 새롭게 도입하여 같은 해 11월 1일부터 시행되고 있다. ZPO 제606조 내지 614조 총 9개 조문으로 구성되어 있다.[42] 독일에서 2015년 폭스바겐 배기가스 조작에 따른 대규모 소비자 피해가 발생한 것이 계기가 되어 기존의 단체소송의 취지와 표본절차를 결합하여 개별적인 손해배상을 보다 효과적으로 하기 위하여 만들어 졌다. 대규모 소비자 피해가 발생하여 개별적인 구제가 필요한 사건이 발생한 경우에 부작위소송법상의 공인된 단체가 나서서 청구원의 존부 등을 확인한 후에 거기에 기초하여 개별적 손해배상의 구제를 받게 하는 절차이다. 기존의 공적 구제에만 적용되던 단체소송의 원리를 개별적 손해배상소송에 응용하여 개별적 손해배상을 효율적으로 수행할 수 있게 만든 제도이다.

(b) 표본확인소송의 절차에 관하여 간단히 보면 다음과 같다. 공인된 단체가 최소 10건 이상의 소비자 관련 분쟁을 모아 표본확인소송의 소장을 해당 고등법원에 제출하고 이것을 소제기등록부에 공고하면, 2달 이내에 최소 50명 이상이 위 소제기등록부에 유효하게 등록하기 위하여 신고하여야 해당 표본확인소송이 적법하게 되어 진행된다. 소비자는 이 판결의 효력을 받기 위하여는 제1회 변론기일 전날까지 소제기등록부에 등록을 위한 신고를 할 수 있다. 이후 표본확인소송이 법원에 계속 중에는 동일한 관련 사건에 관하여 피고에게 소를 제기할 수 없다. 또한 재판상 화해를 하려면 법원의 허가를 받아야 한다. 표본확인소송의 통상의 절차를 거쳐 확정되면 소제기등록부에 신고한 소비자와 피고 사이에 동일한 후행의 소송에 구속력을 가진다.

(c) 표본확인소송은 집단적인 분쟁이 발생한 경우에 단체소송의 공인된 단체가 최소한의 관련자를 모아 청구권의 존부 확인 등에 관한 소송을 이끌어 나가고, 소비자들에게 소제기등록부의 등록을 신고하게 하여 그 판결 확정 후에 신고한 소비자와 사업자 사이의 후행소송에 구속력을 인정하게 하여, 소비자의 개별적인 구제를 신속하고 효율적으로 하기 위한 제도이다. 공적 구제인 단체소송의 원리를 개별 구제가 필요한 손해배상소송에 도입한 것으로 평가할 수 있다.

(4) 이상의 미국의 다수재판구역소송, 독일의 표본절차와 표본확인소송 등은 큰 틀에서 보면 집단적 분쟁의 개별구제과 관련하여 기존의 사법시스템상의 제도를 이용하여 구제의 효율성을 추구하는 제도라고 할 수 있다. 특히 독일의 표본절차와 표본확인소송은 독일의 기존의 소송절차에 미국의 대표당사자소송의 원리

---

42) 자세한 내용은 정영환 · 이명민, 위 논문, 365~400면 참조.

를 독일적 단체소송의 원리에 기초하여 설계한 것으로 보인다. 이것을 보면 우리 나라의 경우에도 미국의 대표당사자소송과 독일의 단체소송 등을 도입함에 있어서 우리의 사법제도와의 시너지 효과를 발휘할 수 있도록 잘 개량하여 도입할 필요가 있다고 사료된다.

제 **5** 편

소송의 종료

소의 제기로 시작된 소송은 일반적으로 법원의 종국판결로 종료된다. 그러나 민사소송절차는 사적 자치의 영역에서 발생한 분쟁을 처리하는 절차이므로 분쟁의 처분권을 가지고 있는 당사자는 소의 취하, 청구의 포기·인낙, 재판상의 화해 등을 할 수 있다.

따라서 본편의 소송의 종료에서는 제1장에서 소송의 종료에 관하여 다툼이 있거나, 법원이 이를 간과하고 진행한 경우, 이혼소송의 일방 당사자가 사망하는 등과 같이 2당사자대립구조의 소멸 등에 있어서 법원이 하는 소송종료선언에 관하여 본다. 제2장에서는 당사자의 행위에 의하여 소송이 종료하는 소의 취하, 청구의 포기·인낙, 재판상의 화해에 관하여 살펴본다. 마지막으로 제3장에서는 법원의 종국판결에 의한 경우를 자세히 검토한다.

제1장 총 설

I. 소송종료사유

소의 제기에 의하여 시작된 소송은 통상 법원의 종국판결로 종료된다. 그러나 민사소송절차는 사적 자치의 영역에서 발생한 분쟁을 해결하려는 것이고, 당사자의 처분권주의가 인정되기 때문에 소의 취하, 청구의 포기·인낙, 재판상의 화해, 조정 등으로 종료될 수도 있다. 또한 소송진행 중에 2당사자대립구조(二當事者對立構造)의 소멸로 당사자 일방만이 남게 되어 소송이 종료되는 경우(예: 부부의 이혼소송 중에 일방이 사망한 경우와 같이 일신전속적 권리자의 사망 등)가 있다.

II. 소송종료선언[1]

1. 개 념

(1) 소송종료선언(訴訟終了宣言)이라 함은 계속 중이던 소송이 확정적으로 종료되었음을 확인하는 종국판결을 말한다. 당사자가 제기한 소가 소송계속 중에 판결, 소 및 상소의 취하(취하간주 포함), 재판상 화해, 청구의 포기·인낙, 조정 등으로 종료되었으나, i) 이에 대하여 당사자 사이에 이에 대한 다툼이 있는 경우, ii) 법원이 이를 간과하고 진행한 경우, 또는 iii) 이혼소송의 일방 당사자가 사망하는 것과 같이 2당사자대립구조의 소멸 등의 경우에 법원이 소송의 종료 여부에 대하여 관계인에게 답변하여 줄 필요싱이 있는 경우에 인정되는 제도이다.

(2) 우리나라의 소송종료선언제도는 그 동안 판례를 중심으로 발전하여 왔다. 특히 실무상 가장 문제된 것은 2회 쌍방불출석에 따른 취하간주 후에 그것이 당사자가 책임질 수 없는 사유 즉 불귀책사유로 출석할 수 없다는 이유로 그 소송종료의 효과를 다투는 구 민사소송법(1990. 1. 13. 법률 제4201호로 개정되기 전의 것) 제241조 제3항의 기일지정신청과 관련된 것이었다.[2] 특히 당사자의 주장이

---

1) 자세한 내용은 졸고(拙稿), "소송종료선언연구", 민사소송Ⅴ, 2002년 2월, 한국사법행정학회, 314-351면.

이유 없을 경우에 학설상으로 당사자의 기일지정신청을 각하하자는 견해[3]와 소송종료선언 판결을 하자는 견해[4] 등이 있었으나, 대법원 1962. 6. 14. 선고 62마6 결정 이후에 소송종료선언 판결을 하는 것으로 실무상 정착되었다.[5] 대법원은 1983. 7. 9. 대법원규칙 848호로 민사소송규칙을 제정하면서 제52, 53조에 이를 명문화하였다. 1990. 8. 21. 대법원규칙 1119호로 제53조를 개정하여 변론준비절차에서 취하간주 된 경우에 그 효력을 다투는 때에도 준용하였으며, 현재에는 2002년 6월 28일 대법원규칙 1761호로 민사소송규칙을 전부개정하면서 제67, 68 조에 규정하고 있다.

(3) 우리의 소송종료선언제도는 독일 민사소송법(ZPO) 상의 본안종료선언제도 (Erledigung der Hauptsache)와는 다르다. 독일 ZPO에 규정되어 있는 본안종료선 언제도는 소송계속 중 원고의 책임 없는 사유로 소가 부적법하게 된 경우 또는 청구기각 될 처지에 놓이게 된 경우에 변호사비용 등 소송비용을 패소자가 부담 한다는 원칙($_{91조}^{ZPO}$)에 따라 원고가 소를 취하하면 소송비용을 원고가 부담하게 된다 ($_{269조}^{ZPO}$). 따라서 이러한 경우 원고가 자유롭게 소를 취하할 수 없게 되는 불합리를 막기 위하여 법원은 본안에 대하여 판단하지 아니하고 그때까지의 소송 진행상황 등의 사정을 고려하여 결정으로 소송비용에 대한 재판만을 할 수 있도록 한 제도 이다($_{91조의a}^{ZPO}$).

2. 적용범위

민사소송법상의 소송종료선언제도는 민사소송법의 절차기본법으로의 성질로 인 하여 헌법소송, 가사소송, 행정소송, 형사소송, 특허소송, 조정절차 및 민사집행절 차 등에도 적용된다고 할 것이다.[6]

3. 소송종료선언의 사유

소송종료선언의 사유는 크게 i) 이유 없는 기일지정신청, ii) 법원의 소송종료

---

2) 박우동, "소송종료선언의 재판," 사법논집 제14집, 296면.
3) 김홍규, 개정 민사소송법(상)(삼영사, 1981), 401면.
4) 이시윤, 민사소송법(박영사, 1982), 514면; 송상현, 민사소송법개론(상)(경문사, 제2전정판, 1981), 340면.
5) 박우동, 위 논문, 298면.
6) 자세한 내용은 위 졸고, 326-331면 참조.

의 간과진행, iii) 2당사자대립구조의 소멸 등 세 가지로 나눌 수 있다.

(1) 이유 없는 기일지정신청

확정판결에 의하지 아니하고 소송이 종료된 것으로 처리된 후에 그 소송종료의 효력을 다투면서 기일지정 신청을 한 경우이다(규칙 67조 1항). 이 경우 법원은 변론을 열어 신청사유에 관하여 심리하여야 하고(동조 2항), 신청이 이유 있다고 인정하는 경우에는 취하 당시의 소송정도에 따라 필요한 본안절차를 계속하여 진행하고 중간판결 또는 종국판결에 그 판단을 표시하여야 한다(동조 3항). 그러나 심리한 결과 신청이 이유 없다고 인정하는 경우에는 종국판결로서 소송의 종료를 선언하여야 한다(동조 3항), 기일지정신청은 다음과 같은 사유로 한다.

① 소 또는 상소취하의 효력에 관한 다툼

소 또는 상소취하로 소송이 종료된 것으로 처리된 후에 그 부존재 또는 무효를 주장하며 기일지정신청을 하는 경우이다(규칙 67조 1항). 신청사유를 심리한 결과 이유 없다고 인정되는 경우에 소송종료선언을 하여야 하고, 신청이 이유 있다고 인정되는 경우에는 취하 당시의 소송정도에 따라 필요한 절차를 계속 진행하고 중간판결 또는 는 종국판결에 그 판단을 표시하여야 한다(동조 2항). 소 및 상소취하 간주된 경우도 같다(규칙 68조). 소 또는 상소취하의 효력을 다툴 수 있는 것은 그 부존재 또는 무효 사유가 있는 경우에 한하고, 단순히 소송행위의 착오, 다른 사람의 사기·강박에 따른 취소 사유만 있는 경우는 허용되지 아니한다. 다만 형사책임이 수반되는 타인의 강요와 폭행으로 인한 소취하의 약정과 소취하서의 제출은 무효라 할 것이다.[7]

② 청구의 포기·인낙, 화해의 효력에 관한 다툼

청구의 포기·인낙, 화해로 일응 소송이 종료된 것으로 처리된 후에 그 무효를 다투며 기일지정신청을 할 수 있는지가 문제된다. 판례는 청구의 포기·인낙, 화해의 경우에는 '당연무효사유'가 있는 경우에는 기일지정신청으로 그 무효를 다툴 수 있고, 그 밖의 경우에는 재심사유를 이유로 준재심의 소로만 다투어야 한다고 한다.[8] 따라서 당사자가 화해조서 등의 당연무효사유를 주장하여 기일지정신청을 한 경우에는 법원은 그 사유의 존재 여부를 가리기 위하여 기일을 지정하여 심리

---

7) 대판 1985. 9. 24, 82다카312, 313, 314; 대판 2001. 10. 26, 선고 2001다37514.

8) 대판 2002. 3. 10, 99다67703; 대판 2001. 3. 9, 2000다58668; 대판 2002. 12. 6, 2002다44014.

하여야 하고, 그 사유가 존재하지 아니하는 경우에는 소송종료선언을 하여야 한다.

(2) 법원의 소송종료의 간과진행

확정판결, 청구의 포기·인낙, 화해, 취하·취하간주 등에 의하여 소송이 종료되었음에도 법원이 이를 간과하고 소송심리를 진행하여 온 사실이 나중에 밝혀진 경우에, 법원은 종국판결로서 소송종료선언을 하여야 한다.[9] 판례상 나타난 것을 보면 다음과 같다.

① 소의 취하간주의 간과

제1심에서 취하간주 되었음에도 불구하고 이를 간과하고 본안판결 한 것을 항소심에서 제1심 판결을 취소하고 제1심 당시 취하되어 이미 종료된 것이라고 소송종료선언을 하였다.[10]

② 청구인낙의 간과

청구의 인낙이 변론조서에 기재가 되면 따로 인낙조서의 작성이 없는 경우라도 확정판결과 같은 효력이 생기고 그것으로써 소송은 종료되며, 만약 청구의 인낙이 변론조서에 기재되었음에도 불구하고 소송이 진행된 경우에는 법원은 인낙으로 인한 소송종료를 판결로써 선고하여야 한다.[11]

③ 판결확정의 간과

판결의 확정을 간과한 경우는 대부분 파기환송 판결과 관련하여 환송의 범위의 오해로 인한 경우가 대부분이다. 상급심 특히 상고심에서 이를 발견한 경우에는 원심의 해당부분을 파기하고 자판하는 형태로 소송종료선언을 한다.[12] 예컨대 예비적 병합의 경우에 항소심에서 주위적 청구의 기각, 예비적 청구의 인용판결이 선고되었을 때에 피고만이 자신의 패소부분인 예비적 청구의 인용판결에 대하여 상고를 제기하여 파기환송 되었을 경우에 주위적 청구부분은 상고심판결 선고로 확정되었다고 할 것이므로 환송받은 원심법원의 심판대상이 될 수 없다.[13] 따라서

---

9) 대판 2010. 10. 28, 2010다53754(화해권고결정의 이의기간 도과의 간과); 대판 2012. 9. 27, 2011다76747(양립가능한 두개의 청구를 예비적 공동소송으로 제기 한 경우에도 그 실질은 통상의 공동소송이므로 항소하지 아니한 당사자에 관한 소송은 항소기간 만료로 분리 확정됨).

10) 대판 1968. 11. 5, 68다1773.

11) 대결 1962. 6. 14, 62마6; 대판 1962. 5. 8, 4294민상1080.

12) 대판 1969. 12. 30, 69다295; 대판 1970. 2. 24, 69누59; 대판 1982. 6. 22, 82누89; 대판 1991. 9. 10, 90누5153; 대판 1994. 12. 23, 94다44644; 대판 1995. 3. 10, 94다51543; 대판 1998. 4. 14, 96다2187; 대판 2001. 4. 27, 99다30312; 대판 2011. 7. 28, 2009다35842 등 참조.

환송 후 원심법원은 주위적 청구부분에 대하여 판단할 수 없음에도 이를 간과하고 판단한 경우 등에 주위적 청구에 관한 판결은 소송종료선언의 대상이 된다.

(3) 2당사자대립구조(二當事者對立構造)의 소멸

소송계속 중 당사자 일방만이 남게 된 경우이다. 예컨대 부(父)와 자(子) 사이의 소송 중 부가 사망한 경우에 자가 상대방인 부의 모든 권리의무를 상속하거나, 소송당사자인 두 법인이 합병된 경우 등과 같이 당사자 지위가 혼동(混同)되었거나, 부부의 이혼소송 중에 일방이 사망한 경우와 같이 일신전속적 권리자 일방의 사망[14] 등으로 2당사자대립구조가 소멸되면 소송이 종료된다. 이 경우 소송이 바로 종료되지만 당사자 사이에 다툼이 있어 기일지정신청이 있는 경우에 소송종료선언을 한다.

4. 주문 및 판결의 효력

(1) 소송종료선언의 판결 주문은 통상 소송종료일자와 종료사유를 밝혀야 한다 (예: 이 사건 소송은 2022. 7. 1.자 소의 취하로 종료되었다.).

(2) 소송종료선언의 판결은 계속 중이던 소송이 종료되었음을 공권적으로 확인하는 확인판결이다. 청구의 인용·기각과 같은 본안판결이 아닌 소송판결이며, 소의 종료에 대한 종국적 판단을 한 것이므로 종국판결에 해당한다. 이에 대하여 상소가 허용된다.

(3) 또한 소송종료판결을 함에는 소송비용에 대한 재판을 하여야 한다. 이유 없는 기일지정신청의 경우에는 기일지정신청 후의, 소송종료 간과의 경우에는 간과 후의 각 소송비용을 정하여야 한다. 그러나 2당사자대립구조의 소멸의 경우는 소송구조가 편면적 구조로 바뀌는 것이므로 따로 소송비용 부담자를 정할 것은 아니다.[15]

---

13) 대판 2001. 12. 24, 2001다62213; 대판 2007. 1. 11, 2005다67971.

14) 대판 1982. 10. 12, 81므53; 대판 1985. 9. 10, 85므27; 대판 1994. 10. 28, 94므246, 253; 대판 2018. 5. 15, 2014므4963(친생자관계 존부확인소송 중에 친자 중 일방이 사망하면 생존한 사람만 피고가 되고 사망한 사람에 대한 소송은 종료됨).

15) 이시윤, 565면.

5. 소송기록의 송부 등

종국판결이 선고된 후 상소기록을 보내기 전에 이루어진 소의 취하에 관하여 그 부존재 및 무효를 주장하면서 기일지정신청이 있는 경우에는 다음과 같이 처리하여야 한다($\frac{규칙 67}{조 4항}$).

(1) 상소의 이익이 있는 당사자 모두가 상소를 한 경우(당사자 일부가 상소하고 나머지 당사자의 상소권이 소멸된 경우를 포함함)에는 판결법원의 법원사무관 등은 소송기록을 상소법원으로 보내야 한다. 이 경우 상소법원에서 신청사유의 이유 여부, 소송종료선언 또는 기일의 진행 등을 하게 된다($\frac{동항}{1호}$).

(2) 민사소송규칙 제67조 제4항 제1호의 경우가 아니면, 판결법원은 67조 제2항(신청사유의 심리)에 규정된 절차를 취한 후 신청이 이유 없다고 인정하는 때에는 판결로 소송의 종료를, 신청이 이유 있다고 인정하는 때에는 판결로 소의 취하가 무효임을 각 선언하여야 한다($\frac{동항}{2호}$).

(3) 위 소취하 무효선언판결이 확정된 때에는 판결법원은 종국판결 후에 하였어야 할 절차를 계속하여 진행하여야 하고, 당사자는 종국판결 후에 할 수 있었던 소송행위를 할 수 있으며, 이 경우 상소기간은 소취하 무효선언판결이 확정된 다음날부터 전체기간이 새로이 진행된다($\frac{동조}{5항}$).

제 2 장   당사자의 행위에 의한 종료

민사소송은 당사자에게 소송물에 대한 자유로운 처분권을 인정하는 처분권주의에 기초하고 있으므로 판결 이외에 당사자의 소송행위인 i) 소의 취하, ii) 청구의 포기·인낙, iii) 재판상의 화해, iv) 조정의 성립 등으로 종료할 수 있다. 조정절차는 소송절차와 별개의 절차이므로 이하에서는 소의 취하, 청구의 포기·인낙, 재판상의 화해를 중심으로 살펴보기로 한다.

제 1 절   소의 취하

I. 의   의

소의 취하(Zurücknahme der Klage)라 함은 원고가 자신이 제기한 소의 전부 또는 일부를 철회하는 법원에 대한 단독적 소송행위이다. 이에 의하여 소송계속은 소급적으로 소멸되고, 소송은 종료한다($\frac{267조}{1항}$). 소의 취하의 개념을 나누어 보면 다음과 같은 특성을 가지고 있다.

(1) 소의 취하(取下)는 판결 이외의 소송종료의 사유이다. 이 점에서 소의 취하는 청구의 포기·인낙, 화해·조정 등과 공통된다. 하지만 청구의 포기·상소의 취하·소송절차의 정지·실체법상의 권리의 포기 등과는 다음과 같은 차이가 있다.

① 소의 취하는 '청구의 포기'와 다음과 같은 차이가 있다. 양자 모두 원고의 일방적 행위에 의하여 소송이 종료된다는 점에서는 같지만, 전자(소의 취하)는 제기된 소를 단순히 소급적으로 철회하는 진술인 데 반하여, 후자는 자신이 제기한 소가 이유 없음을 스스로 인정하는 진술이라는 점에서 차이가 있다. 그 효과 면에서 보면 전자는 확정된 소각하 판결에, 후자는 확정된 청구기각판결에 해당한다고 할 수 있다. 청구의 포기는 피고의 승소에 해당하여 실질적 분쟁의 해결을 도모할 수 있으므로 원고가 자유로이 할 수 있지만, 소의 취하는 분쟁의 실질적 해결이 되는 것이 아니므로 방어활동을 한 피고의 동의를 요하도록 하였다($\frac{266조}{2항}$).

② 소의 취하는 '상소의 취하'와 차이가 있다. 양자 모두 법원에 대한 심판요구의 철회라는 점에서는 같지만, 전자는 소송계속 자체를 소급적으로 소멸시키는 행위이므로 상소심에서의 소의 취하는 이미 행하여진 하급심의 판결을 실효시킨다. 반면 후자는 상소 자체만을 철회하는 것으로서 하급심판결을 확정시킨다는 점에서 차이가 있다.

③ 소의 취하는 '소송절차의 정지'와 차이가 있다. 양자 모두 후속의 소송절차가 뒤따르지 아니한다는 점에서 같지만, 전자는 소송절차가 종국적으로 종료됨에 반하여, 후자는 정지사유가 소멸되면 재차 소송절차가 진행된다는 점에서 차이가 있다.

④ 소의 취하는 '실체법상의 권리의 포기' 등의 처분행위와 차이가 있다. 전자는 실체법상의 권리의 소멸과 관계없이 인정되는 것임에 반하여, 후자는 소의 취하가 수반될 수도 있으나 만약 소가 취하되지 아니하면 실체법상의 권리의 소멸을 이유로 청구기각의 판결을 하여야 한다. 청구가 교환적으로 변경된 경우는 구청구가 취하된 것이므로 구청구의 소송물을 이루는 실체법상의 권리가 포기 또는 상실된 것으로 볼 수는 없다.[1]

(2) 소의 취하는 소의 일부 또는 전부에 대하여 할 수 있다.

① 수개의 병합청구 중 일부의 취하, 가분청구 중 일부분의 취하는 소의 일부취하에 해당한다. 공동소송의 경우에 공동원고 중 일부의 취하나, 공동피고 중 일부에 대한 취하도 소의 일부취하에 해당한다. 그러나 고유필수적 공동소송에 있어서 소의 일부취하는 당사자적격의 상실을 의미하므로 소의 일부취하는 불가능하다.

② 청구의 감축

청구의 감축이 소의 일부취하인지 아니면 청구의 일부포기인지는 원고의 의사에 따라 정하여진다. 그러나 이것이 불분명하면 원고에게 유리한 소의 일부취하로 해석하여야 한다. 판례 및 다수설도 같다.[2]

③ 공격방법의 일부철회와 구별

소의 일부취하는 공격방법의 일부철회와 구별된다. 소의 일부취하는 심판신청 자체를 일부 철회하는 데 반하여, 공격방법의 철회는 심판신청을 이유 있게 하는

---

1) 대판 1994. 12. 13, 94다15486.
2) 대판 1983. 8. 23, 83다카450; 대판 1993. 9. 14, 93누9460; 대판 2004. 7. 9, 2003다46758. 反對: 호문혁, 799면(청구변경으로 보아 재소금지가 적용되지 아니함).

소송자료의 일부철회에 지나지 아니하기 때문이다. 후자는 피고의 동의를 요하지 아니한다. 문제는 소송물이론과 관련하여 청구권경합 및 형성권경합의 경우(예: 교통사고로 인한 손해배상청구를 불법행위와 계약불이행을 원인으로 청구하다가 계약불이행에 따른 청구권을 철회한 경우 등)에 그중 하나의 청구를 철회한 경우가 문제되나, 구소송물이론에서는 소의 일부취하가 되지만, 신소송물이론에서는 공격방법의 철회에 해당할 뿐이다.

(3) 소의 취하는 원고의 법원에 대한 단독적·여효적 소송행위이다.

소의 취하는 원고의 법원에 대한 일방적 의사표시로 효력이 발생하는 단독적·여효적 소송행위이다. 하지만 소의 취하에 피고의 동의가 필요한 것은 피고의 방어행위에 따른 이익을 보호하기 위한 것이다. 따라서 피고의 동의는 소취하의 효력발생의 요건일 뿐이다.[3] 또한 법원의 행위 없이 소송계속의 소멸이 발생한다는 점에서 여효적 소송행위(與效的 訴訟行爲)에 해당한다.[4]

Ⅱ. 소취하의 요건

1. 소취하의 자유

① 처분권주의에 따라 원고는 소의 취하를 자유롭게 할 수 있다. 따라서 직권탐지주의가 인정되어 청구의 포기가 자유롭지 아니한 가사소송·행정소송·선거소송 등에서도 소의 취하는 가능하다.

② 원고 측이 고유필수적 공동소송의 경우에는 공동소송인 모두가 같이 소를 취하하여야 하고(67조 1항), 주주대표소송과 증권관련 집단소송에 있어서는 주주 및 구성원의 이익보호를 위하여 소의 취하를 하기 위하여는 법원의 허가를 요한다(상 403조 중집 35조).

③ 소의 취하를 법원이 강제할 수는 없지만, 명백히 이유 없는 소 또는 보정이 불가능한 소송 등에 있어서는 법원이 석명권을 행사하여 소의 취하를 권유할 수 있다고 사료된다.[5]

---

3) 이시윤, 567면.

4) 이시윤, 395면; 정동윤/유병현/김경욱, 486면.

5) 同旨: 이시윤, 569면. 대판 1971. 5. 24, 71다361은 소의 취하를 종용 또는 강요하였다고 하여 그것만으로 상고이유가 될 수 없다고 한다. 反對: 호문혁, 803면.

2. 시   기

① 소의 취하는 소의 제기 후 판결이 확정될 때까지 어느 때라도 가능하다 ($\frac{266조}{1항}$). 소송요건에 흠이 있어 부적법한 소의 경우, 판결이 선고되고 상소되기 전, 상소심 절차 중에도 소의 취하가 가능하다. 다만 상소심에서 소의 취하는 선고된 판결을 실효시키는 것이므로 재소금지(再訴禁止)의 불이익이 따른다($\frac{267조}{2항}$).

② 특히 상소심에서 원고가 피고의 동의를 받아 취하서를 제출한 경우에 소의 취하인지 상소의 취하인지 확인하여야 한다. 그것이 분명하지 아니한 경우에는 취하서의 전체의 취지에 비추어 객관적으로 해석하여야 하고, 그래도 명백하지 아니한 경우에는 제출자인 원고에게 유리하게 소의 취하 또는 상소의 취하로 보면 된다.[6]

3. 피고의 동의

(1) 원고의 소취하는 피고가 i) 본안에 관하여 준비서면을 제출하거나, ii) 변론준비기일에서 진술하거나 변론을 한 뒤에는 상대방의 동의를 받아야 효력을 가진다($\frac{266조}{2항}$).

① 피고가 본안에 관한 응소 즉 본안에 관한 준비서면의 제출, 변론준비기일에서의 진술하거나, 변론기일에서 변론한 경우에는 피고가 원고의 소에 대응하겠다는 적극적인 의사표명으로 보아야 할 것이므로 피고의 절차상의 이익을 보호하기 위하여 그의 동의가 필요하도록 한 것이다.

② 여기에서 '본안'이라 함은 청구의 당부에 관한 사항을 말한다. 따라서 실체적 사항이 아닌 절차적 사항인 피고가 소송요건의 흠을 주장하여 소각하 신청을 하였거나, 소송이송 신청을 한 경우, 기일변경에 동의한 경우 등은 포함하지 아니하므로 피고의 동의를 요하지 아니한다.

③ 또한 피고가 주위적으로 소의 각하 판결을 구하고, 예비적으로 청구기각 판결을 구한 경우에 다툼이 있다. 이 경우 주위적 대응에 초점을 두어 피고의 동의를 요하지 아니한다고 할 것이다.[7] 또한 원고가 중복제소를 이유로 소의 취하를 하는 것은 피고의 이익에 오히려 부합하므로 피고의 동의를 요하지 아니한다.[8]

---

6) 석명하였으나 불명인 경우에 불이익이 비교적 적은 소의 취하로 보아야 한다는 견해가 있다 (이시윤, 569면).

7) 대판 1968. 4. 23, 68다217, 218. 反對: 한충수, 537면. 註2) 참조.

8) 同旨: 송상현/박익환, 484면; 호문혁, 801면.

④ 원고의 본소가 취하된 경우에는 피고는 원고의 동의 없이 반소를 취하할 수 있다($\frac{271}{조}$). 이는 반소의 제기를 유발시킨 본소가 취하된 경우에 피고에게 반소의 유지를 강요하는 것이 공평에 반하기 때문에 인정되는 것이다.[9]

(2) 피고의 동의가 있으면 소의 취하는 확정적으로 효과가 발생하고, 피고가 동의하지 않은 경우에는 소취하의 효력이 발생하지 아니한다. 소의 취하에 대한 동의 여부는 소송행위이므로 피고에게 소송능력이 있어야 한다. 피고의 동의 및 동의의 거절은 명시적·묵시적으로 할 수 있고,[10] 법원에 대하여 하여야 한다.

① 소취하의 동의에 조건을 붙여서는 아니 되고, 소송대리인에 의한 소취하의 동의는 별도의 특별수권을 요하지 아니한다.[11] 고유필수적 공동소송에 있어서는 공동피고 전원의 동의를 요하며, 독립당사자참가를 취하함에는 원·피고의 동의를 요하고,[12] 독립당사자참가 후에 원고가 본소를 취하함에는 참가인의 동의도 필요하다.[13]

② 소의 취하가 피고의 동의로 유효하게 된 후에는 원칙적으로 철회할 수 없다. 한편 피고가 일단 동의를 거절하였다가 그 뒤에 이를 철회하고 소의 취하를 동의하여도, 동의할 대상이 없어졌기 때문에 소취하의 효력이 발생하지 아니한다.[14]

4. 소송행위로서 요건을 갖출 것

(1) 원고의 소취하 행위는 법원에 대한 소송행위이므로, 소송행위로서의 요건을 갖추어야 한다. 따라서 원고에게 소송능력이 있어야 하고, 대리인에 의한 경우에는 특별수권이 필요하다($\frac{56조\ 2항}{90조\ 2항}$). 다만 소송제한능력자 또는 무권대리인이 제기한 소는 추인이 있기 전까지 스스로 소를 취하할 수 있다. 의사무능력자의 특별대리인이 소의 취하를 하는 경우 법원은 그 행위가 본인의 이익을 명백히 침해한다고 인정할 때에는 그 행위가 있는 날부터 14일 이내에 결정으로 이를 허가하지 아니할 수 있고, 이 결정에 대해서는 불복할 수 없다($\frac{62조의2,}{2항}$). 유사필수적 공동소송의 경우에는 단독으로 취하할 수 있으나, 고유필수적 공동소송의 경우에는 공동소송

---

9) 대판 1984. 7. 10, 84다카298.
10) 대판 1993. 9. 14, 93누9460.
11) 同旨: 김홍엽, 738면; 송상현/박익환, 484면; 정동윤/유병현/김경욱, 723면; 한충수, 538면; 대판 1984. 3. 13, 82므40. 反對: 이영섭, 259면. 대판 1993. 9. 14, 93누9460.
12) 대판 1981. 12. 8, 80다577.
13) 대결 1972. 11. 30, 72마787.
14) 대판 1969. 5. 27, 69다130, 131, 132.

인 전원이 공동으로 하여야 한다($^{67조}_{1항}$). 예비적·선택적 공동소송에서는 능동형·수동형 관계없이 소의 일부 취하가 허용된다($^{70조 1}_{항 단서}$).[15] 법인의 대표자의 대표권이나 소송대리인의 대리권이 소멸하고 상대방에게 그 소멸사실의 통지 전이라도, 신법에서는 법원이 그 소멸사실을 아는 경우에는 해당 대표자 또는 대리인은 소의 취하 등 소송물의 처분행위를 할 수 없으므로($^{56조 2항, 63}_{조 1항 단서}$), 이러한 경우 대표권 또는 대리권이 소멸된 자가 한 소취하는 효력이 없다.

(2) 소의 취하는 소송행위이므로 기한이나, 정지조건 또는 해제조건 등을 붙일 수 없다.[16]

(3) 소취하의 의사표시에 흠이 있는 경우

① 소취하의 의사표시에 흠이 있는 경우에 민법상의 착오($^{민}_{109조}$)와 사기·강박에 의한 하자 있는 의사표시($^{민}_{110조}$)에 관한 규정의 적용 여부에 관하여 다툼이 있다. 판례는 일반적으로 소취하 등의 소송행위에 있어서는 절차의 안정성과 명확성의 요청상 민법상의 착오 또는 사기·강박 등 하자 있는 의사표시에 관한 규정에 의하여 취소를 할 수 없다고 한다.[17] 소의 취하 등에 민법상의 착오이론을 일반적으로 적용하는 것은 소송절차의 명확·안정을 위하여 인정되기 어렵다고 보아야 한다($^{통}_{설}$).[18]

한편 소의 취하는 i) 소송절차를 종료하는 행위이므로 절차의 안정을 해할 염려가 없다는 점, ii) 종국판결 후의 소취하는 재소금지로 불이익이 크다는 점, iii) 실체적 법률관계를 확정하는 효력이 전혀 없다는 점 등에 비추어 절차법의 요청을 지나치게 강조할 필요가 없으므로, 민법상의 착오 또는 사기·강박에 의한 하자 있는 의사표시를 일반적으로 허용하여야 한다는 견해가 있다.[19] 경청할 만한 견해이고 실무운영에 있어서도 민법상의 착오와 사기·강박 등 하자 있는 의사표시를 지금보다는 넓게 인정하는 노력을 할 필요는 있다고 본다.

② 다만 소의 취하가 형사상 처벌을 받은 다른 사람의 행위로 인한 경우에 예

---

15) 대판 2018. 2. 13, 2015다242429.

16) 대판 1967. 10. 31, 67다204.

17) 대판 1963. 11. 21, 63다441; 대판 1967. 10. 31, 67다204; 대판 1980. 8. 26, 80다76; 대판 1997. 10. 10, 96다35484; 대판 1997. 10. 24, 95다11740; 대판 2004. 7. 9, 2003다46758 등.

18) 대판 2017. 11. 29, 2017다247503(내심의 의사에 반하여 착오로 소를 취하하였다고 하여도 무효로 볼 수 없음).

19) 정동윤/유병현/김경욱, 725면; 호문혁, 802면.

외적으로 제451조 제1항 5호의 재심사유(형사상 처벌을 받을 다른 사람의 행위로 말미암아 자백을 하였거나, 판결에 영향을 미칠 공격 또는 방어방법의 제출에 방해를 받은 때)에 해당할 경우에 이를 유추적용 하여 그 무효·취소를 주장할 수 있다는 것이 통설·판례이다.[20] 이 경우 원고는 제456조 제1항의 제척기간(5년) 내에 주장하여야 하나, 유죄의 확정판결($^{451조}_{2항}$)까지 필요하지 아니하다고 볼 것이다($^{통}_{설}$).[21] 반면 판례[22] 및 소수설[23]은 유죄의 확정판결이 필요하다고 한다.

③ 소취하의 부존재 및 무효의 주장은 기일지정신청에 의하여야 한다.

Ⅲ. 소취하의 방법

(1) 소의 취하는 서면으로 하여야 하고, 다만 변론 또는 변론준비기일에서는 말로 할 수 있다($^{266조}_{3항}$). 이 경우 소취하의 진술은 변론조서 및 변론준비기일조서에 기재하여야 한다($^{154조 1호,}_{283조 2항}$). 소를 취하하는 적법한 서면이 법원에 제출된 경우에는 상대방에 대한 송달 여부와 관계없이 임의로 철회할 수 없다.[24] 소취하의 의사표시는 법원에 대한 단독적 소송행위이기 때문이다.

(2) 소장 부본을 송달한 뒤에는 취하의 서면을 상대방에게 송달하여야 한다($^{266조}_{4항}$). 말로 소의 취하를 하였는데 상대방이 변론 또는 변론준비기일에 출석하지 아니한 때에는 그 기일의 조서등본을 송달하여야 한다($^{동조}_{5항}$). 이는 피고에게 취하되었음을 알려 동의 여부를 촉구함과 더불어 불필요한 소송준비를 줄이기 위한 것이다. 다만 피고의 동의를 요하지 않는 경우에는 취하서를 법원에 제출한 때 또는 말로 진술한 때에 즉시 소취하의 효력이 발생한다.[25]

(3) 원고의 소취하에 대한 피고의 동의도 법원에 대하여 서면 또는 말로 할 수 있다. 동의의 의사표시가 있으면 취하의 효력이 발생하고, 이에 부동의 하면 취하는 효력이 없는 것으로 확정된다. 다만 피고가 소취하의 서면을 송달받은 날

---

20) 대판 1967. 10. 31, 67다204; 대판 1985. 9. 24, 82다카312, 313, 314; 대판 2012. 6. 14, 2010다86112.

21) 同旨: 김홍규/강태원, 539면; 이시윤, 571면; 호문혁, 802면.

22) 대판 1967. 10. 31, 67다204; 대판 1984. 5. 29, 82다카963.

23) 전병서, 581면; 정동윤/유병현/김경욱, 725면.

24) 대판 1997. 6. 27, 97다6124(원고들 소송대리인으로부터 원고 중 1인에 대한 소 취하를 지시받은 사무원의 착오로 대리인의 의사에 반하여 원고들 전원의 소를 취하하였다 하더라도 사무원은 대리인의 표시기관에 해당되고 그의 착오는 대리인의 착오로 보아야 하므로 소취하는 유효함).

25) 대판 1970. 6. 30, 70후7.

부터 2주 이내에 이의를 제기하지 아니한 경우에는 소취하에 동의한 것으로 보며, 피고가 기일에 출석한 경우에는 소를 취하한 날부터, 피고가 기일에 출석하지 아니한 경우에는 소취하의 진술이 기재된 조서등본이 송달된 날부터 2주 이내에 이의를 제기하지 아니하는 때에도 또한 같다($^{266조}_{6항}$). 취하의 동의간주를 인정하는 것은 피고의 동의 여부에 대한 의사표시의 지연에 따른 소송절차의 불안정·지연을 방지하기 위한 것이다.

Ⅳ. 소취하의 효과

소가 취하되면 i) 소송계속의 소급적 소멸($^{267조}_{1항}$)과 ii) 재소의 금지($^{267조}_{2항}$)의 효과가 발생한다.

1. 소송계속의 소급적 소멸($^{267조}_{1항}$)

(1) 소가 취하되면 취하된 부분에 대하여는 소가 처음부터 계속되지 아니한 것으로 본다($^{267조}_{1항}$). 따라서 소취하 된 부분에 대하여는 더 이상 소송절차를 진행할 수 없고, 소의 각하 판결, 청구인용·기각판결 등 일체의 판결을 할 수 없으며, 그 때까지 행하여진 법원·당사자·제3자의 모든 소송행위는 효력을 잃는다. 상소도 제기할 수 없다. 따라서 i) 소취하 전에 행한 법원의 소송행위인 판결, 증거조사, 석명처분 등, ii) 당사자의 공격·방어방법, 보조참가, 소송이송신청, 법관기피신청, 소송고지 등 당사자의 모든 소송행위가 실효된다.

(2) 그러나 소의 취하에 앞서 제기된 예비적 반소가 아닌 반소, 독립당사자참가는 본소의 취하에 영향을 받지 아니한다.[26] 소송계속에 바탕을 둔 관련재판적($^{25, 79, 262,}_{264, 269조}$)도 소제기 당시에 소송계속이 있었던 이상 뒤에 본소가 취하되어도 영향을 받지 아니한다($^{33}_{조}$).

(3) 소의 제기와 결부된 실체법상의 효과 및 변론 중의 사법상의 법률행위의 소멸 여부가 문제된다.

① 시효중단의 효과는 명문으로 그 소멸을 규정하고 있고($^{민}_{170조}$), 소제기기간(출소기간)의 준수($^{456, 민 204조 3항, 205조 2항, 847조}_{상 328조, 376조 1항, 529조 2항 등}$)의 효과도 명문의 규정은 없으나 이에 준하여 소급하여 소멸한다고 보아야 한다.[27]

---

26) 대판 1970. 9. 22, 69다446; 대판 1991. 1. 25, 90다4723.

② 문제는 소장 또는 답변서·준비서면의 기재, 진술을 통하여 변론에 공격방어방법의 일환으로 행하여진 사법상의 법률행위(예: 이행청구, 최고, 해지·해제, 취소, 상계 등)의 효과도 소의 취하로 소멸될 것인가 하는 것이다. 여기에 관하여 i) 사법상의 법률행위는 소의 취하와 아무런 영향이 없다는 병존설(사법행위설),[28] ii) 사법상의 법률행위도 소취하와 같이 모두 소멸한다는 소송행위설, iii) 일반적으로 사법상의 법률행위의 효력이 유지되지만, 상계의 의사표시에 일정한 예외를 인정하는 신병존설[29] 등이 대립되고 있다.

생각건대, 소취하는 실체법상의 권리관계의 변동에 영향을 미치는 것이 아니므로, 신병존설에 의하더라도 상계의 의사표시가 실기한 공격방어방법 등으로 배척된 경우가 아닌 경우(예: 항소심에서 소가 취하된 경우)에는 효력이 그대로 유지된다고 보아야 할 것이다. 그런 점에서 신병존설에 따르기로 한다.[30] 그러나 변론 외에서 이미 사법상의 법률행위가 이루어진 것을 소송 중에 주장한 경우에는 소의 취하에 아무런 영향을 받지 아니함은 물론이다.

(4) 소의 취하에 의하여 비록 소송계속이 소급적으로 소멸한다고 하여도, 소송계속 중에 발생한 소송비용의 부담과 액수를 정하는 절차는 여전히 남아 있다. 당사자의 신청에 따라 법원이 결정으로 정한다($\frac{114}{조}$). 소취하의 경우에 소송비용의 부담은 원칙적으로 패소자라고 할 수 있는 원고가 부담하여 하지만($\frac{98}{99조}$), 소의 취하 당시까지의 구체적 사정에 따라 달리 정할 수도 있다. 다만 제1심 또는 항소심에서 당해 심급의 변론종결 전에 소·항소·반소·청구변경신청·당사자참가신청 또는 재심의 소가 취하(취하로 간주되는 경우를 포함)된 때는 인지액의 2분의 1에 해당하는 금액(인지액의 2분의 1에 해당하는 금액이 10만원 미만인 때에는 인지액에서 10만원을 공제하고 남은 금액)의 환급을 청구할 수 있다($\frac{민인\ 14조}{1항\ 2호}$). 다만 소의 취하에 해당하지 아니하는 청구의 일부감축의 경우에는 환급사유에 해당하지 아니한다.[31]

---

27) 同旨: 정동윤/유병현/김경욱, 728면.
28) 방순원, 535면; 송상현/박익환, 486면; 이영섭, 261면; 대판 1982. 5. 11, 80다916.
29) 강현중, 634면; 김홍규/강태원, 541면; 이시윤, 573면; 정동윤/유병현/김경욱, 728면; 한충수, 540면.
30) 대판 2013. 3. 28, 2011다3329; 대판 2014. 6. 12, 2013다95964.
31) 대결 2012. 4. 13, 2012마249.

2. 재소의 금지($\frac{267조}{2항}$)

(1) 서 설

① 재소(再訴)의 금지라 함은 본안에 대한 종국판결이 있은 뒤에 소를 취하한 경우에는 같은 소를 제기하지 못한다는 것을 의미한다($\frac{267조}{2항}$).

② 소의 취하는 소송계속의 소급적 소멸을 가져오는 것이므로, 종국판결 후에 소취하가 있게 되면 당연히 종국판결도 실효하게 된다. 이렇게 될 경우에 원고의 소취하 행위로 인하여 판결을 위하여 법원이 기울인 노력을 헛되게 하고, 또한 원고가 재차 소를 제기하여 법원이 재차 심리하도록 한다는 것은 사법경제(司法經濟)에 반하며, 원고가 종국판결에 구속되지 아니하고 자신의 구미에 맞는 판결을 받기 위하여 재차 소송을 제기하는 것도 실질적인 판결의 모순·저촉을 야기 시키는 것으로 사법의 불신으로 이어질 수 있다. 따라서 재소의 금지는 이러한 부작용을 막기 위하여 원고의 소의 취하 및 재소의 남용을 제한하기 위하여 인정하는 제도이다. 학설상으로 소취하남용제재설, 재소남용방지설이 있을 수 있지만 소취하남용 및 재소남용에 대한 제재로 보는 것이 타당하다(일원).[32] 판례도 이원설에 따라 재소금지 제도의 취지를 "임의의 소취하에 의하여 그때까지의 국가의 노력을 헛수고로 돌아가게 한 자에 대한 제재적 취지에서 그가 다시 동일한 분쟁을 문제 삼아 소송제도를 농락하는 것과 같은 부당한 사태의 발생을 방지할 목적으로 하고 있다"고 한다.[33]

③ 재소의 금지를 정하고 있는 현행법이 과연 타당한지 여부에 관한 논의가 있다. 독일 민사소송법과 같이 심급의 제한 없이 소취하의 자유를 인정하면서도 재소의 금지를 정하고 있지 아니하고 있고($\frac{ZPO\ 264}{조\ 4항}$), 오스트리아 민사소송법과 같이 제1회 기일까지만 소의 취하가 가능하고 그 이후에는 청구의 포기만이 가능하다는 입법례가 있다. 이러한 입법례에 비추어 우리나라와 일본 같이 재소금지를 정하고 있는 입법에 대하여 의문을 제기하는 견해도 있다.[34] 하지만 소취하남용 및 재소남용의 방지를 통한 효율적인 사법경제·신뢰를 도모하기 위한 합리적인 제도라고 사료된다.

---

32) 同旨: 정동윤/유병현/김경욱, 729면; 한충수, 540면.
33) 대판 1989. 10. 10, 88다카18023; 대판 1998. 3. 13, 95다48599, 48605.
34) 이영섭, 261면.

(2) 재소금지의 요건

재소금지의 요건으로 i) 재소가 전소와 같은 소일 것, ii) 본안의 종국판결 후에 소를 취하할 것을 요한다.

① 전소와 같은 소일 것

'전소와 같은 소'라는 것은 i) 당사자가 같고, ii) 소송물이 같은 것 외에 iii) 권리보호이익이 동일할 것을 요한다. 재소금지에서 권리보호이익이 동일할 것을 별도의 요건으로 한 것은 기판력이나 중복소제기금지와 달리[35] 소송물이 동일하여도 재차 청구의 필요성이 있으면 인정하여야 한다는 것이고, 이는 결국 부당한 소권의 박탈을 막기 위한 것이다.

(a) 당사자가 같을 것

ⅰ) 재소(再訴)를 할 수 없는 것은 원칙적으로 전소의 당사자 중 소를 취하한 원고이다. 또한 원고와 동일시되는 원고의 포괄승계인(일반승계인)은 당연히 포함된다(통설). 하지만 원고의 보조참가인이나 피고는 여기에 해당하지 아니한다.

ⅱ) 그런데 특정승계인도 재소금지의 효과가 미칠 것인가에 대하여 견해가 대립된다. 변론종결 후의 특정승계인은 원고와 동일시하여 효과가 미친다는 견해가 다수설·판례이다.[36] 반면 재소금지가 기판력처럼 법적 안정성을 위한 것이 아니고 소권남용의 제재에 있으므로 소의 취하를 알면서 승계하였다는 등의 특별한 사정이 없는 한 특정승계인에게 효력이 미칠 수 없다는 견해(소수)[37]가 있다. 생각건대 재소금지가 소취하남용 및 재소남용의 제재로서 인정한다는 점에 비추어 보면 특정승계인의 주관적 사정을 고려할 필요가 없다는 점에서 다수설·판례의 견해가 타당하다고 본다. 다만 특정승계인에 해당하여도 소의 취하에 책임이 없고 다시 소를 제기할 필요성이 있어 권리보호이익을 달리하는 경우에는 예외적으로 후소가 허용된다고 할 것이다.[38]

ⅲ) 선정당사자가 소를 취하한 경우에 선정자도 재소금지의 효과를 받는다.[39]

---

35) 대판 1989. 10. 10, 88다카18023; 대판 1998. 3. 13, 95다48599, 48605.

36) 강현중, 599면; 김홍엽, 741면; 방순원, 536면; 정동윤/유병현/김경욱, 730면; 대판 1969. 7. 22, 69다760; 대판 1981. 7. 14, 81다64, 65; 대판 1993. 8. 24, 93다22074; 대판 1997. 12. 23, 97다45341; 대판 1998. 3. 13, 95다48599, 48605 등.

37) 송상현/박익환, 487-488면; 이시윤, 575면; 이태영, 469면; 한충수, 542면; 호문혁, 807면.

38) 대판 1998. 3. 13, 95다48599, 48605(제1심 판결 선고 후 항소심 계속 중에 부동산의 공유지분을 양도하고 소를 취하한 경우에 그 지분의 양수인에게 소취하에 책임이 없다고 함).

39) 反對: 호문혁, 809면(선정자 자신의 재소가 특별히 재소권을 남용한 것이 아니하면 가능하다

채권자대위소송의 채권자가 본안판결 후에 소를 취하한 경우에 채무자가 대위소송이 제기된 사실을 안 이상 재소금지의 효력을 받는다고 할 것이다($\frac{다수설 \cdot}{판례}$).[40] 그러나 채권자대위소송은 제3자의 소송담당이 아니므로 재소금지의 효과가 채무자에게 미치지 아니한다는 견해도 있다.[41] 그러나 정산금채권에 대하여 압류·추심명령을 받은 추심채권자가 추심금 소송을 제기하였다가 항소심에서 소를 취하한 후에 다른 채권자가 동 채권에 대하여 압류·추심명령을 받아 추심금 소송을 제기하여도 다른 채권자는 선행 추심소송과 별도로 자신의 채권 집행을 위하여 후행 추심소송을 제기한 정당한 사정이 있는 것이므로 재소금지규정에 저촉되지 않는다.[42]

(b) 소송물이 같을 것

ⅰ) 재소(再訴)가 금지되는 것은 전소·재소 사이에 소송물이 같을 것을 요구한다. 소송물이 같은지 여부는 소송물이론에 따라 달라진다. 구소송물이론에서는 실체법상의 권리에 대한 주장을 달리하면 소송물이 달라지므로 재소금지에 해당하지 아니한다.[43] 반면 신소송물이론·신실체법설에서는 동일한 사실에 기한 실체법상의 권리에 대한 주장은 공격방어방법에 지나지 아니하므로 재소금지에 해당한다. 예컨대 동일한 사고로 인한 손해배상청구에 있어서 전소는 불법행위로 구하였는데, 재소에서 채무불이행으로 청구하는 경우에 구소송물이론에서는 재소금지에 해당하지 아니하나, 나머지에서는 재소금지에 해당한다.

ⅱ) 문제는 재소가 전소의 소송물을 선결문제(先決問題)로 하는 권리를 소송물로 하는 경우이다. 예컨대 전소가 원본채권이고 재소가 이자채권을 소송물로 하는 경우이거나, 전소가 면직처분무효 확인의 소이고 재소가 면직처분의 무효를 전제로 한 손해배상청구 등의 경우이다. 통설·판례는 이 경우 소송물이 다르다고 하여도 재소금지에 해당한다고 본다($\frac{적극}{설}$).[44] 재소로 보는 것이 재소에서 선결문제에

---

40) 대판 1981. 1. 27, 79다1618, 1619; 대판 1995. 7. 28, 95다18406(대위채권이 없어 대위자격이 없는 자가 채권자로서 채무자 및 제3채무자를 상대로 각각 채무이행 및 채권자대위소송을 제기하였는데, 채무자가 청구를 인낙하여 그 소송에서 채권자에게 대위적격을 부여한 이상 채권자가 제3채무자에 대하여 승소판결이 있은 후 항소심에서 소가 취하된 경우, 재소금지의 원칙상 채무자는 제3채무자를 상대로 동일한 소송을 제기할 수 없음); 대판 1996. 9. 20, 93다20177, 20184.

41) 호문혁, 808면.

42) 대판 2021. 5. 7, 2018다259213(선행 추심소송에서 패소판결을 회피할 목적으로 소를 취하하였다거나 후행 추심소송이 소송제도를 남용할 의도로 소를 제기하였다고 보기 어려운 사정과 후행 추심소송은 별도로 자신의 채권을 집행하기 위하여 제소한 것이므로 새로운 권리보호이익이 발생한 것으로 볼 수 있다고 봄).

43) 대판 2009. 6. 25, 2009다22037(부정경쟁행위에 따른 손해배상청구에 있어서 기간이 달라 소송물이 다른 경우에는 재소금지에 저촉되지 아니함).

대한 판단도 금지시키는 것이 재소금지제도의 취지에 부합하기 때문이다. 반면 전소의 소송물을 선결문제로 하는 재소가 제기된 경우에 선결문제의 한도에서 전소의 기판력 있는 판단에 구속된다는 것을 의미하는 것이고 재소의 제기 자체가 금지되는 것은 아니라는 점, 이 경우에 재소를 금하는 것은 기판력의 효과보다도 가혹하다는 점 등을 이유로 재소에 해당하지 아니한다는 견해가 있다(소극).[45]

생각건대 재소금지는 소취하 및 재소의 남용을 막아 사법제도의 효율적 이용을 장려하기 위하여 인정되는 제도로서 기판력 제도와는 그 취지가 다르고, 대는 소를 포함한다는 점에 비추어 기본적 분쟁의 이용을 제한하고 있는 마당에 거기에 기초하는 분쟁에 대하여 소의 제기를 인정하는 것은 적절하지 아니하다는 점에 비추어 적극설을 취하는 통설·판례의 견해에 따른다. 따라서 재소의 소송물이 전소의 소송물 중에 포함되는 경우에는 당연히 재소금지에 해당한다고 할 것이다.

(c) 권리보호이익이 같을 것

ⅰ) 재소가 전소와 사이에 당사자와 소송물이 같다고 하여도, 전소와 권리보호이익을 달리하는 경우에는 재소금지의 원칙에 저촉되지 아니한다. 재소금지제도가 기판력, 중복제소금지에서와 달리 당사자와 소송물이 같은 경우에도 권리보호이익을 달리하면 재소를 할 수 있도록 한 것은 재소금지제도의 취지가 소취하 및 재소의 남용을 방지하기 위한 것이지 소권을 박탈하기 위한 것이 아니기 때문에 새로운 권리보호이익이 존재하는 경우에는 재소가 가능하도록 한 것이다.[46]

ⅱ) 권리보호이익의 동일성 여부의 판단자료로서 승소원고의 취하와 패소원고의 취하는 달리 볼 여지가 충분히 있다.[47] 판례에 의하면 피고가 소유권침해를 중지하여 소를 취하하였는데 다시 침해하는 경우,[48] 피고가 변제를 확약하여 취하하였는데 변제를 하지 아니하여 재차 이행청구를 한 경우,[49] 피고가 소취하의 전제요건인 약정사항을 지키지 아니하여 약정이 해제·실효되는 사정변경이 있는 경

---

44) 강현중, 636면; 김홍규/강태원, 543면; 정동윤/유병현/김경욱, 731면; 대판 1989. 10. 10, 88다카18023.

45) 이시윤, 576면; 호문혁, 811면.

46) 대판 2023. 3. 16, 2022두58599(원고(의사)들이 보건복지부장관의 영업정지처분에 대하여 제기한 취소소송의 항소심 계속 중 기존의 영업정지처분이 과징금부과처분으로 직권 병경되자, 원고들이 과징금부과처분에 대한 취소소송을 별도로 제기한 뒤 기존의 영업정지처분 취소소송을 취하한 경우, 과징금부과처분 취소청구의 소는 전소와 소송물이 다르고, 소제기를 필요로 하는 정당한 사정이 있으므로 재소금지의 원칙에 위반되지 아니함).

47) 同旨: 이시윤, 577면.

48) 대판 1981. 7. 14, 81다64.

49) 대판 1957. 12. 5, 4290민상503.

우,[50] 매매를 원인으로 한 소유권이전등기 청구소송에서 승소판결을 받았으나, 항소심에서 토지거래허가신청절차 이행의 소로 교환적으로 변경함으로써 당초의 소가 종국판결 후 취하된 것으로 된 경우에 토지거래허가를 받은 후 다시 소유권이전등기 청구소송을 제기하는 경우[51] 등은 재소가 가능하다고 본다. 또한 최근 판례는 구분소유자가 자신의 공유지분권에 관한 사용·수익 실현을 목적으로 부당이득반환 청구소송을 제기하였다가 본안 종국판결이 선고된 후에 소를 취하였더라도 관리단이 구분소유자들의 공동이익을 위하여 부당이득반환 청구소송을 제기한 것은 특별한 사정이 없는 한 새로운 권리보호이익이 발생한 것이므로 재소금지 규정에 반하지 않는다고 한다.[52]

② 본안의 종국판결 후에 소를 취하할 것

(a) 재소금지의 대상은 '본안에 대한 종국판결'이어야 한다. 따라서 소송판결의 경우에는 해당하지 아니한다. 따라서 당연무효판결, 소각하의 판결, 소송종료선언의 판결이 있은 후에 소를 취하하더라도 원고는 동일한 본안의 소를 재차 제기할 수 있다.[53] 본안판결이면 되고 승소 또는 패소판결은 상관이 없다.

(b) 종국판결 선고 후의 소의 취하이어야 한다. 종국판결 전에 소를 취하한 경우에는 설사 법원이 이를 간과하고 판결을 선고하였다고 하여도 재차 동일한 소를 제기할 수 있다.[54]

(c) 실무상 재소금지는 항소심에서의 소의 교환적 변경으로 인한 경우가 가장 빈번하다.

ⅰ) 예컨대 원고 A는 매점에 관한 관리권에 기하여 피고 B에 대하여 직접 자신에게 매점의 명도를 구하는 소를 제기하였다가, 제1심에서 패소판결의 선고를 받은 후에 항소를 제기하여, 항소심의 계속 중 제1차 청구취지 및 원인 변경신청서에 의하여 소를 교환적으로 변경하여 소외 서울특별시를 대위하여 소외 서울특별시에게로의 매점의 명도를 구하였다가, 제2차 청구취지변경 신청서로 다시 소를 변경하여 매점을 주위적으로는 제1심과 같이 직접 자신에게 명도를 구하고 예

---

50) 대판 1993. 8. 24, 93다22074; 대판 2000. 12. 22, 2000다46399(재소가 소권남용으로 보기도 어려움).
51) 대판 1997. 12. 23, 97다45341.
52) 대판 2022. 6. 30, 2021다239301.
53) 대판 1968. 1. 23, 67다2494(사망자 상대의 판결에 대하여 상속인의 동의를 받아 항소심에서 취하한 경우); 대판 1968. 11. 5, 68다1773.
54) 대판 1967. 10. 6, 67다1187.

비적으로 서울특별시에게로 명도를 청구하는 사례[55]와 같은 경우에 통설·판례[56]
는 제2차 청구취지 변경신청서상의 주위적 청구는 결국 본안에 관한 종국판결이
있은 후 소를 취하하였다가 다시 동일한 소를 제기한 경우에 해당하여 이는 부적
법하다고 한다. 이는 청구의 교환적 변경의 성질을 신청구의 추가와 구청구의 취
하로 보기 때문이다. 다만 대법원은 위 사례와 같은 경우에 있어서 제1차의 청구
취지 및 원인변경 신청서상의 청구의 변경 취지가 분명하지 아니할 경우에 석명
의무 또는 석명의무 중 지적의무가 있음에도 이를 석명하지 아니하였다는 이유로
항소심판결을 파기하여 이 경우의 재소금지의 적용에 신중을 기하고 있다.[57] 한편
교환적인지 추가적 변경인지 원고가 명시하지 아니한 경우에 추가적 변경으로 보
아 재소금지의 적용을 완화하려는 견해[58] 또는 교환적 변경은 소의 취하로 볼 수
없을 뿐만 아니라 항소심에서의 교환적 변경은 법원을 농락하려는 의도가 있는
것이 아니므로 재소금지의 제267조 제2항을 적용할 수 없다는 견해[59] 등이 있다.

ⅱ) 생각건대, 위 사례와 같은 경우에 항소심에서 교환적 변경을 한 것은 당사
자의 해당 사건의 승소를 통한 분쟁해결을 위한 최선의 노력의 일환으로 보아야
하고, 결코 본안에 대한 종국판결 후의 취하를 통하여 법원을 농락하려는 의도는
아니라는 점, 청구변경에 있어서 소취하와 달리 당사자의 동의 없이 변경할 수
있도록 하는 것도 분쟁의 종국적 해결을 위한 장려방법의 일환으로 인정되는 점
등에 비추어 항소심에서의 교환적 변경으로 인하여 형식적으로 본안에 대한 종국
판결 후에 구소가 취하되는 것과 같은 외형을 가지고 있다고 하여 재소금지($\frac{267조}{2항}$)
의 규정을 적용한다면 규정의 본래 취지에 반하는 결과가 발생한다. 즉 구체적
사안을 법규에 적용하여 본 결과 그 규정의 본래의 취지에 반하는 결과가 발생한
것이므로, 제1조 2항의 신의칙의 근본규범의 성질로부터 나오는 수정성(修正性)에
따라 그 적용을 거부할 수 있다고 보아야 한다. 따라서 위 사례와 같은 경우의
교환적 변경의 경우에는 재소금지에 관한 제267조 제2항을 적용할 수 없다고 본
다. 항소심의 교환적 변경의 경우에 있어서 당사자가 구소에 대한 취하의사를 명
시적으로 표시한 경우 외에는 결과적으로 재소금지에 관한 규정을 적용할 수 없

---

55) 위 사례는 대판 1987. 11. 10, 87다카1405 사건의 사례이다.

56) 대판 1967. 7. 4, 67다766; 대판 1967. 10. 10, 67다1548; 대판 1987. 6. 9, 86다카2600; 대
판 1987. 11. 10, 87다카1405; 대판 1994. 10. 14, 94다10153; 대판 1995. 5. 12, 94다6802; 대판
2003. 1. 10, 2002다41435.

57) 대판 1987. 11. 10, 87다카1405; 대판 1994. 10. 14, 94다10153.

58) 이시윤, 578면.

59) 호문혁, 811면.

다는 견해가 타당하다고 본다.

(2) 재소금지의 효과

① 직권조사사항

재소금지는 공익적 필요에 의하여 인정되는 것이므로 법원의 직권조사사항에 해당한다.[60] 소송요건 중 권리보호자격에 관한 것이므로 법원의 직권조사 결과 재소에 해당하는 경우에는 소로서 부적법 각하하여야 한다. 따라서 재소금지에 해당하는 경우에는 당사자의 동의가 있다고 하여도 각하하여야 한다.[61]

② 실질적 소권의 상실

재소에 해당하는 경우에는 소송법상 소를 다시 제기할 수 없게 된다. 재소금지는 소권 자체를 소멸시키는 것은 아니지만 사실상 재차 소를 제가할 수 없기 때문에 실질적으로 소권의 상실과 같은 효과가 있게 된다. 재소금지의 효과 중 가장 중요한 것이다. 그러나 실체법상의 권리에는 영향이 없으므로, 실체법상의 권리관계까지 소멸되는 것은 아니다.[62] 자연채무의 상태로 남게 된다. 따라서 재소가 금지된 채권자인 원고라도 임의변제의 수령, 담보권의 실행, 상계 등이 가능하며, 재소금지는 원고에게만 효과가 있는 것이므로 피고가 원고에게 채권부존재확인을 구할 수 있음은 당연하다. 또한 원고는 재소가 금지되었다 하여도 피고를 상대로 채무의 면제를 받았다는 이유로 부당이득반환 청구를 할 수 없다.[63]

③ 예 외

그러나 재소금지의 효과는 청구의 포기를 할 수 없는 소송 즉 인지청구 등의 가사소송사건에는 미치지 아니한다(통). 소비자단체소송과 개인정보 단체소송도 같다.[64] 이 경우 재소금지를 인정하면 청구의 포기를 할 수 없는 소송에서 이를 인정하는 결과가 되기 때문이다. 그러나 가사소송사건 중 청구의 포기가 가능한 다류사건(가소 2l조) 및 이혼·파양사건은 재소금지의 효과가 미친다.[65]

---

60) 대판 1967. 10. 31, 67다1848.
61) 同旨: 이시윤, 578면; 정동윤/유병현/김경욱, 733면.
62) 대판 1989. 7. 11, 87다카2406(본안에 대한 종국판결이 있은 후 소를 취하하였다고 하여도 실체법상 권리의 포기라고는 할 수 없으므로 그 소의 취하에 주무관청의 허가를 요하지 아니함).
63) 대판 1969. 4. 22, 68다1722.
64) 同旨: 이시윤, 578면.
65) 이시윤, 578면.

V. 소의 취하간주

소의 취하간주가 인정되는 경우는 다음과 같이 다섯 가지가 있다.

(1) 양쪽 당사자가 변론기일 또는 변론준비기일에 2회 출석하지 아니하고(출석하여도 변론하지 아니한 경우 포함, 이하 같음), 1개월 이내에 기일지정신청을 하지 아니한 경우 또는 기일지정신청에 의하여 정한 기일이나 그 뒤에 기일에 출석하지 아니한 경우에는 소가 취하된 것으로 본다($\frac{268\text{조},}{286\text{조}}$).

(2) 피고의 경정의 경우에 종전의 피고에 대한 소는 취하된 것으로 본다($\frac{261\text{조}}{4\text{항}}$).

(3) 증권관련 집단소송에서 소송절차의 중단 후 1년 이내에 소송수계 신청이 없으면 소가 취하된 것으로 본다($\frac{\text{증집 24조 3}}{\text{항, 26조 5항}}$).

(4) 소송이 계속 중인 사건을 수소법원이 조정에 회부한 경우에 조정이 성립하거나, 조정을 갈음하는 결정이 확정된 때에는 소의 취하가 있는 것으로 본다($\frac{\text{민조규}}{4\text{조 3항}}$). 이 경우 조정담당판사가 조정을 한 경우에는 그 취지를 수소법원에 지체 없이 통지하여야 한다($\frac{\text{동조}}{4\text{항}}$).

(5) 법원이 화재, 사변 기타 재난으로 인하여 소송기록이 멸실된 경우에 원고가 6월 이내에 새로운 소장 및 소송계속의 소명방법을 제출하지 아니하면 소의 취하가 있는 것으로 본다($\frac{\text{법원재난에 기인한 민형사}}{\text{사건임시조치법 1, 2, 3조}}$).

VI. 소취하계약

(1) 소취하계약(Klagerücknahmeversprechen)이라 함은 소송절차 외에서 원고와 피고 사이에 소를 취하하기로 하는 약정을 한 경우를 말한다. 소의 취하는 원고의 법원에 대한 단독적 소송행위임에 반하여 소취하계약은 계약의 성질을 가지고 있다. 소취하계약은 독립적으로 체결될 수도 있지만 대체로 재판 외의 화해계약과 함께 이루어지는 경우가 많다.

(2) 소취하계약의 효력에 관하여 다툼이 있다. 무효설, 사법계약설, 소송계약설이 있다.

① 무효설
이러한 합의는 소송법상은 물론이고 사법상으로도 무효라는 견해이다. 따라서 원고에게 소의 취하를 강제할 방법이 없다. 현재에는 주장되고 있지 아니한다.

② 사법계약설

이러한 합의는 직접 소송법상의 효과가 발생하지는 않지만 사적 자치의 원칙상 사법상의 계약으로 유효하다고 보는 견해이다. 이 견해에 의하면 원고가 합의에 반하여 소송을 계속 유지하는 경우에는 피고가 소송에서 이를 주장·증명하면 권리보호이익 또는 신의칙에 반하게 되어 소를 부적법 각하하여야 한다는 견해이다. 통설[66]·판례[67]의 입장이다. 사법계약설 중 소취하의 의사표시의 이행을 구하는 소를 제기할 수 있다는 견해도 있으나, 판례는 강제집행 당사자 사이에 그 신청을 취하하기로 하는 약정은 사법상으로는 유효하다 할지라도 이를 위배하였다 하여 직접 소송으로 그 취하를 청구하는 것은 공법상의 권리의 처분을 구하는 것이어서 할 수 없다고 하여 이를 인정하지 아니한다.[68]

③ 소송계약설

소취하계약은 소송계속의 소멸이라는 소송법상의 효과의 발생을 목적으로 하는 소송계약으로서, 이것이 소송상 주장·증명되면 소송계속의 소급적 소멸이라는 소송법상의 효과가 발생하여 법원은 확인하는 의미로서 소송종료선언을 하여야 한다는 견해이다.[69] 나아가 소송계약이 증명되면 직접 소송계속의 소멸이라는 소송법상의 처분효과와 원고에게 소의 취하를 할 의무가 발생하는 소송법상의 의무 부과의 효과 등 두 가지의 효과가 발생하여 소송종료선언을 하여야 한다는 발전적 소송계약설이 주장된다.[70]

생각건대 기본적으로 발전적 소송계약설이 타당하다고 본다. 다만 소취하계약에 따른 처리는 구체적으로 다음과 같이 하여야 할 것으로 생각한다. 소취하계약이 법원의 면전에서 이루어진 경우(예: 변론 중에 법관의 면전에서 당사자 사이에 소를 취하하기로 합의한 경우)에는 별도의 소송종료선언 없이 이를 확인하는 의미로

---

66) 방순원, 430면; 이시윤, 568면; 이영섭, 258면; 한종렬, 601면; 호문혁, 818면.
67) 대판 1965. 4. 13, 65다15; 대판 1982. 3. 9, 81다1312; 대판 1997. 9. 5, 96후1743; 대판 2005. 6. 10, 2005다14861; 대판 2007. 5. 11, 2005후1202. 다만 당사자 사이에서 소취하합의가 이루어졌다면 특별한 사정이 없는 한 소송을 계속 유지할 법률상의 이익이 없어 소는 각하되어야 하지만, 조건부 소취하의 합의를 한 경우에는 조건의 성취사실이 인정되지 않는 한 소송을 계속 유지할 법률상의 이익을 부정할 수 없다(대판 2013. 7. 12, 2013다19571).
68) 대판 1966. 5. 31, 66다564.
69) 김홍규/강태원, 550면.
70) 정동윤/유병현/김경욱, 735면.

변론조서에 이러한 사실을 확인하고 종결처리하면 되고, 소송 외에서 합의가 되어 당사자가 이를 지키지 아니하여 상대방이 이를 법원에 알린 경우(예: 소취하계약이 성립되었다고 주장하면서 소취하계약서를 제출한 경우)에는 이를 확인하여 인정될 경우에는 판결로 소송종료선언을 하여야 한다. 하지만 소취하계약이 되었음에도 원고가 단순히 소취하서만을 제출한 경우에는 별도의 소송종료선언의 필요 없이 제266조에 따라 소의 취하로 처리하면 될 것이다.

(3) 소취하계약은 직접 소송계속의 소멸이라는 소송법상의 처분 효과와 원고에게 소취하의 의무를 발생시키는 소송법상의 간접적 의무 발생을 목적으로 하는 소송상 합의이므로, 그 해석·적용은 소송상 합의의 일반 법리에 따르면 된다. 따라서 당사자 사이의 명시적 또는 묵시적 합의로 해제가 가능하다.[71] 본안의 종국판결 후에 당사자 사이에 소취하계약에 따라 원고가 소를 취하한 경우에는 당연히 재소금지의 효과가 발생한다($\frac{267조}{2항}$).

(4) 통설·판례의 입장에서 보면 본안의 종국판결 후 항소심 소송 중에 소취하계약이 주장·증명된 경우 신의칙 위반 또는 소의 이익이 없다는 이유로 소를 각하하는 경우에 동일한 후소에 재소금지의 효력이 발생할 수 있는지 의문이 든다. 항소심은 소각하 판결을 하면서 원심 본안판결을 취소하기 때문에 본안의 종국판결이 존재하지 아니하기 때문이다. 그러나 소취하계약은 일반적으로 재판 외의 화해계약과 함께 이루어지기 때문에 부제소합의가 포함된 것으로 보아야 할 것이므로 재소금지와 관계없이 권리보호이익이 존재하지 아니하여 다시 소를 제기할 수 없을 것이다.[72] 하지만 순수한 소취하계약이 있다는 이유로 항소심에서 소 각하된 경우에도 신의칙에 기초하여 민사소송법 제267조 제2항의 취지를 확대해석하여 변론종결 후에 소 취하 된 것으로 보아 재소금지의 효력이 미친다고 보아야 할 것이다.

Ⅶ. 소취하의 효력을 다투는 절차

(1) 소취하(소취하간주 포함)의 존부(存否) 및 유·무효에 대하여 당사자 사이에 다툼이 있는 경우에 어떤 방식을 통하여 해결할 것인가가 문제이다. 일반 소송절차에서 해결하는 방식과 당해 소송절차 내에서 해결하는 방식이 있다. 우리는 소

---

71) 대판 2007. 5. 11, 2005후1202.
72) 同旨: 정동윤/유병현/김경욱, 736면.

취하의 존부 및 유·무효에 대하여 당사자 사이에 다툼이 있는 경우의 해결방식을 당해 소송절차 내에서 해결하도록 정하고 있다(규칙 67조 1~, 5항, 68조). 따라서 소취하의 존부 및 유·무효에 다툼이 있는 당사자는 별소로 소취하의 부존재·무효확인청구를 할 수 없고, 그 절차 내에서 기일지정신청을 하여야 한다(규칙 67조 1항). 당사자의 기일지정신청이 있을 때에는 법원은 변론을 열어 신청이유를 심리하여야 하며, 그 결과 신청이 이유 없다고 인정되면 판결로서 소송종료선언을 하여야 한다(동조 3항 전단). 신청이 이유 있다고 인정하는 경우에는 소취하 당시의 소송 정도에 따라 필요한 절차를 계속하여 진행하고 중간판결(201조) 또는 종국판결에 그 판단을 표시하여야 한다(규칙 67조 3항 후단).

(2) 종국판결 선고 후에 상소기록이 상급법원에 송부되기 전에 소 취하의 존부 및 효력에 관하여 다툼이 있어 기일지정신청이 들어 온 경우에 처리 법원이 문제된다.

① 이러한 경우 민사소송규칙에서는 i) 상소이익이 있는 당사자 모두가 상소한 경우에는 상소법원이(규칙 67조 4항 1호), ii) 그 밖의 경우에는 원심의 판결법원이 그 당부를 심판하도록 정하고 있다(동조 4항 2호, 5항).

② 위 i)의 경우에는 상소법원이 통상의 기일지정신청과 같이 처리하면 된다(동조 4항 1호). 위 ii)의 경우에는 원심 판결법원은 그 신청이 이유 없으면 소송종료선언을 하고, 이유가 있으면 소취하 무효선언 판결을 하여야 한다(동조 4항 2호). 소취하 무효선언 판결이 확정된 때에는 판결법원은 종국판결 후에 하였어야 할 절차를 계속하여 진행하여야 하고, 당사자는 종국판결 후에 할 수 있었던 소송행위를 할 수 있으며, 이 경우 상소기간은 소취하 무효선언 판결이 확정된 다음 날부터 전체기간이 새로이 진행된다(동조 5항).

제 2 절 청구의 포기·인낙

Ⅰ. 의 의

청구의 포기(Klageverzicht)라 함은 원고가 변론이나 변론준비기일에 법원에 대하여 자기의 소송상 청구가 이유 없음을 자인(自認)하는 일방적 의사표시이고, 청구의 인낙(Klageanerkenntnis)이라 함은 피고가 변론이나 변론준비기일에 법원에 대하여 원고의 소송상 청구가 이유 있음을 자인하는 일방적 의사표시이다. 청구의 포기(抛棄)·인낙(認諾)은 법원에 대하여 하는 소송상의 진술이며, 이를 변론조서 또는 변론준비기일조서에 기재하면 확정판결과 동일한 효력이 생기고,[1] 이에 의하여 소송이 종료된다. 청구의 포기·인낙의 개념적 요소를 나누어 보면 다음과 같다.

(1) 청구의 포기·인낙은 '당해 소송의 변론이나 변론준비기일에 법원에 대하여 하는 진술'이다. 따라서 소송 외에서 상대방이나 제3자에 대하여 하는 청구의 포기·인낙은 실체법상의 권리의 포기 또는 채무의 승인에 지나지 아니한다. 이는 사법상(私法上)의 법률행위에 지나지 아니하므로 소송법상의 효과가 발생하지 아니한다.

(2) 청구의 포기·인낙은 '소송상의 청구 자체에 대한 불리한 진술'이다. 청구의 포기·인낙의 대상은 소송상의 청구이다. 따라서 소송상 청구를 이유 있게 하는 개개의 사실 또는 선결적 법률관계에 대한 불리한 진술인 자백 또는 권리자백과는 차이가 있다. 불리한 진술의 대상이 소송상의 청구 자체인 경우에는 청구의 포기·인낙이고, 공격방어방법에 대한 것이면 자백이다.

청구의 포기·인낙과 자백은 다음과 같은 차이점이 있다. i) 전자는 법원의 판결이 배제되고 조서의 작성으로 소송이 종료되나, 후자는 청구의 당부에 대한 법원의 판결이 필요하다(답변서를 제출하지 아니하여 자백간주 되는 경우에는 무변론 판결이 됨). ii) 전자는 법원의 사실·법률판단권을 모두 배제하나, 후자는 법원의 사실판단권만을 배제하며 법률판단권을 배제할 수는 없다. 따라서 피고가 모두 자백하는 경우에도 원고의 주장이 그 자체로 이유 없을 경우에는 청구기각판결을 하여야 하나, 청구인낙의 경우에는 이를 그대로 받아들여야 한다. iii) 전자는 원고(청구의 포기) 또는 피고(청구의 인낙) 등 당사자의 일방만이 할 수 있으나, 후자는 당사자 모두가 할 수 있다. iv) 전자는 상고심에서도 할 수 있으나, 후자는 법률심인 상고심에서는 허용되지 아니한다.

(3) 청구의 포기·인낙은 '청구의 당부에 대한 무조건적 진술'이다. 즉 청구의 포기·인낙의 의사표시로 소송이 종료되므로 이에 조건·기한을 붙일 수 없다. 따라서 청구를 인정하지만 반대채권과 상계한다거나(상계조건), 반대급부와 상환으

---

1) 독일 민사소송법에서는 원고가 변론에서 청구를 포기한 경우 피고가 청구의 기각을 신청하는 때에는 포기를 이유로 청구기각의 판결을 하고(제306조), 당사자 일방이 자신에 대한 청구의 전부 또는 일부를 인낙한 경우에는 변론 없이 급부판결을 한다(제307조).

로 인정한다거나(상환이행조건), 채무는 인정하지만 기한이 미도래 하였다거나(기한미도래), 소송요건의 흠으로 부적법하나 청구는 인정한다는 등의 조건부 또는 유보부 진술은 인낙의 효력이 없다.[2]

그러나 청구가 수량적으로 분할이 가능한 경우에는 일부분에 대한 청구의 포기·인낙이 가능하다($\frac{통}{설}$). 또한 청구의 병합, 통상공동소송이나 예비적·선택적 공동소송의 경우에 일부의 소에 대하여 청구의 포기·인낙이 가능하다($\frac{66조, 70}{조 1항}$).[3] 그러나 필수적 공동소송의 경우에는 공동소송인 전부가 청구의 포기·인낙을 하여야만 효력이 생긴다($\frac{67조}{1항}$). 판례는 주위적 청구를 제쳐 놓고 예비적 청구만을 인낙할 수는 없지만,[4] 주위적 청구에 대하여 청구기각, 예비적 청구에 대하여 청구인용을 한 제1심 판결에 대하여 피고만이 예비적 청구에 관하여 항소한 경우에도 피고는 주위적 청구에 대한 청구인낙이 가능하다고 한다.[5]

(4) 청구의 포기·인낙은 '일방적 진술로 소송을 종료시키는 단독적 소송행위'이다. 청구의 포기는 원고가 자신의 주장을 스스로 포기하는 소송상 행위로서 소위 관념의 표시이고, 청구의 인낙 역시 피고가 원고의 주장을 승인하는 관념의 표시에 불과한 소송상 행위인 것이다.[6] 청구의 포기·인낙은 한쪽 당사자만이 전면적으로 양보하는 단독행위임에 반하여, 소송상 화해는 양쪽 당사자가 상호 양보하여 소송을 종료시키는 소송상의 합의라는 점이 다르다.

한편 청구의 포기와 소의 취하는 원고의 단독행위로 소송을 종료시킨다는 점에서 공통점이 있다. 하지만 전자는 소송상 청구에 대한 불이익한 진술임에 비하여, 후자는 단순한 소송상 청구의 철회라는 점에서 차이가 있다. 또 양자는 다음과 같은 절차상 차이점이 있다. i) 전자는 원고 패소의 확정판결과 동일한 효력을 가짐에 비하여($\frac{220}{조}$), 후자는 소송이 처음부터 계속되지 아니한 것과 같은 효력을 가질 뿐이다($\frac{267조}{1항}$). ii) 전자는 기판력이 발생하여 신소의 제기가 전면적으로 금지

---

2) 최근 독일에서는 제한부 인낙(eingeschränktes Anerkenntnis) 또는 유보부 인낙(Anerkenntnis unter Vorbehalt)의 경우에 인낙에 관한 규정을 유추적용하여 그 한도에서 법원의 본안심리 없이 판결의 기초로 삼아야 하고, 제한부 인낙의 취지에 부합하게 청구취지를 감축한 경우(예: 무조건이행청구를 상환이행청구로 변경한 경우)에 그 시점에 인낙이 성립된다는 견해가 있는 바[이시윤, 581면; 정동윤/유병현/김경욱, 738면 註 1) 참조], 타당하다고 본다. 피고의 수량적 인낙이 아닌 일부 질적 인낙을 변론에 실질적으로 반영하려는 시도라고 본다.

3) 同旨: 정동윤/유병현/김경욱, 738면.

4) 대판 1995. 7. 25, 94다62017.

5) 대판 1992. 6. 9, 92다12032.

6) 대판 2022. 3. 31, 2020다271919.

되나, 후자는 본안의 종국판결 후에 취하한 경우에 한하여 재소금지의 제약$\binom{267조}{2항}$
이 있다. iii) 전자를 함에 있어서는 변론 여부와 관계없이 피고의 동의를 요하지
아니함에 비하여, 후자는 피고가 본안에 관하여 준비서면을 제출하거나, 변론준비
기일에서 진술하거나 변론을 한 뒤에는 그의 동의를 받아야 효력을 가진다$\binom{266조}{2항}$.
iv) 전자는 변론주의 하에서만 인정됨에 반하여, 후자는 변론주의는 물론 직권탐
지주의 하에서도 인정된다.

II. 법적 성질

청구의 포기·인낙의 법적 성질에 관하여 사법행위설, 양성설(양행위경합설),
소송행위설 등이 주장되고 있다.

① 사법행위설

청구의 포기·인낙을 실체법상의 권리의 포기·채무의 승인 등 사법상 법률행
위로 보는 견해이다. 이 견해에 의하면 청구의 포기·인낙으로 직접 소송종료라
는 소송법상의 효과가 발생하는 점과 소극적 확인의 소나 제3자의 권리관계에 관
한 확인의 소에 있어서 포기·인낙의 대상이 없음에도 가능한 이유를 설명할 수
없는 난점이 있다.

② 양성설

이 견해는 청구의 포기 또는 인낙은 하나의 행위이지만 소송의 종료라는 소송
법상의 효과를 목적으로 하고 있다는 점에서 소송행위이지만, 또한 원고나 피고의
의사에 의하여 소송물인 실체법상의 권리관계를 처분하는 결과를 발생시킨다는
점에서 사법행위(私法行爲)로서의 성질도 같이 가지고 있다고 본다. 이 견해 역시
사법행위설 중 소극적 확인의 소나 제3자의 권리관계에 관한 확인의 소에 있어서
포기·인낙의 대상이 없음에도 가능한 이유를 설명할 수 없다는 비판이 가능하다.

③ 소송행위설

청구의 포기·인낙은 소송의 종료라는 소송법상의 효과를 직접 목적으로 하는
소송행위라고 보는 견해이다. 다만 소송행위설에 있어서 i) 청구의 포기·인낙을
소송물을 처분하거나 확정하려는 내용의 의사표시로 보는 견해, ii) 청구의 포
기·인낙을 소송물에 관한 자기의 주장이 이유 없음을 인정하거나(포기), 상대방

의 주장이 이유 있다고 인정하는(인낙) 단순한 관념의 표시로 보는 견해로 나뉜다. 소송행위설 중 단순한 관념의 표시라는 견해가 통설·판례[7]의 입장이다.

④ 비 판

법적 성질에 대한 논의의 가장 큰 실익은 청구의 포기·인낙이 사법상의 무효 또는 취소사유가 있는 경우(예: 반사회질서·불공정 법률행위, 착오·하자 있는 의사표시 등)에 다투는 방법과 관련이 있다. 사법행위설과 양성설은 청구의 포기·인낙이 무효이므로 소송종료의 효과가 발생하지 않기 때문에 당사자는 무효 또는 취소사유를 주장하여 종전 소송에 대하여 기일지정신청을 하면 충분하다. 그러나 소송행위설에 의하면 사법상의 무효 또는 취소사유는 소송행위인 청구의 포기·인낙에는 영향이 없고, 청구의 포기·인낙은 확정판결과 같은 효력이 있는 것이므로 준재심의 소로만 그 흠을 다툴 수 있다고 본다.

입법적으로 보면 제정 민사소송법 제431조에서는 포기·인낙의 조서에 흠이 있을 경우에 관하여 별도의 규정을 두고 있지 아니하였으나, 1961년 9월 1일 민사소송법 제1차 개정[8]에서 위 제431조를 개정하여 화해, 청구의 포기·인낙의 경우에도 준재심으로 다툴 수 있도록 규정하였다. 이러한 규정은 현행 민사소송법 제461조에 그대로 이어지고 있고, 이는 소송행위설에 따른 것이다. 위에서 본 바와 같이 판례는 민사소송법 제정 전부터 소송행위설을 취하고 있었다.[9] 따라서 학설상으로 논의할 수는 있지만 청구의 포기·인낙이 원칙적으로 법관의 면전에서 이루어진다는 점에 비추어 보면 소송행위설에 따른다고 하여도 큰 무리는 없다고 사료된다. 제461조상의 규정에 화해와 청구의 포기·인낙이 같이 규정되어 있다는 이유로 그 법적 성질을 동일하게 파악할 필요성은 없다고 생각한다.[10]

Ⅲ. 요 건

1. 당사자에 대한 요건

(1) 당사자가 청구의 포기·인낙이라는 소송행위를 하기 위하여는 당사자능력,

---

7) 대판 1957. 3. 14, 4289민상439; 대판 2022. 3. 31, 2020다271919.
8) 5·16 혁명 직후에 국가재건최고회의에서 개정 법률안이 통과되었다.
9) 대판 1957. 3. 14, 4289민상439.
10) 이시윤, 583면.

소송능력을 갖추어야 한다. 또 법정대리인·소송대리인이 이를 하기 위하여는 특별한 권한수여가 필요하다($^{56조\ 2항,}_{90조\ 2항}$). 의사무능력자의 특별대리인이 청구의 포기·인낙을 하는 경우 법원은 그 행위가 본인의 이익을 명백히 침해한다고 인정할 때에는 그 행위가 있는 날부터 14일 이내에 결정으로 이를 허가하지 아니할 수 있고, 이 결정에 대해서는 불복할 수 없다($^{62조의2,}_{2항}$).

(2) 필수적 공동소송의 경우에는 청구의 포기·인낙을 하기 위하여는 공동소송인 전원이 일치하여 이를 하여야 하며($^{67조}_{1항}$), 독립당사자참가의 경우에는 원·피고가 포기·인낙을 하여도 참가인이 다투면 효력이 없으며($^{79조\ 2항,}_{67조\ 2항}$), 참가인이 포기·인낙하여도 원·피고가 다투면 역시 효력이 없다.[11]

(3) 청구의 포기·인낙은 상대방 또는 제3자의 형사상 처벌할 행위에 의하여 이루어져서는 안 되며, 이 경우 준재심 사유에 해당한다($^{461조,\ 451}_{조\ 1항\ 5호}$). 또한 상대방과 담합하여 행하는 청구의 포기·인낙은 무효이다.[12]

2. 소송물에 관한 요건

(1) 청구의 포기·인낙의 대상은 당사자가 자유롭게 처분할 수 있는 소송물이어야 한다.

① 그 대상이 당사자가 자유롭게 처분할 수 있어야 한다는 것은 처분권주의의 발현이기 때문이다. 청구의 포기·인낙의 대상인 소송물은 그 전제로서 특정되어 있어야 한다.[13]

② 가사소송(다류 사건은 변론주의가 적용되므로 제외됨), 행정소송, 선거소송 등 직권탐지주의가 지배하는 소송에서는 원칙적으로 청구의 포기·인낙이 허용되지 아니한다. 가사소송법 제12조에서 민사소송법 제220조 중 청구인낙에 관한 부분만을 준용에서 배제하고 있지만, 일반적으로 가사소송이 직권탐지주의에 기초하고 있어 당사자의 자유로운 분쟁해결이 허용되지 아니하고, 판결의 효력이 제3자에게 미친다는 점($^{가소\ 21}_{조\ 1항}$)에 비추어 보면 청구의 포기도 준용이 배제된다고 보아야 한다.[14] 다만 가사소송사건 중 이혼소송과 파양소송은 협의이혼과 협의파양이 인정

---

11) 同旨: 이시윤, 583면.
12) 同旨: 이시윤, 583면; 정동윤/유병현/김경욱, 740면.
13) 同旨: 호문혁, 840면.
14) 同旨: 방순원, 545면; 이시윤, 584면; 정동윤/유병현/김경욱, 740면. 反對: 강현중, 612면; 김홍규/강태원, 554면; 김홍엽, 763면; 송상현/박익환, 493면; 호문혁, 840면; 한충수, 549면.

되고 있어 당사자에게 분쟁해결의 자율권을 부여할 수 있다고 보아 청구의 인낙·포기가 가능하다고 할 것이다.[15] 행정소송 및 선거소송에서는 청구의 포기·인낙이 모두 허용되지 아니한다(행소 26조, 공선 227조).

③ 회사관계소송은 직권탐지주의에 의하지는 아니하나 원고 승소판결이 제3자에게 효력이 미치므로(상 184, 376, 380, 429, 529조) 청구의 인낙·화해는 허용되지 아니하지만,[16] 원고 패소판결과 같은 효력이 있는 청구의 포기는 가능하다.[17] 소수주주가 제기하는 주식회사 해산청구(상 520조)는 다른 주주 등에게 영향을 미치므로 청구의 인낙을 할 수 없다.[18]

④ 또한 주주대표소송에 있어서는 청구의 포기·인낙을 위하여 법원의 허가가 필요하고(상 403조 6항), 증권관련 집단소송에 있어서도 청구의 포기를 함에는 법원의 허가를 요한다(증집 35조 1항). 소비자단체소송 및 개인정보 단체소송의 경우에는 청구기각 판결의 대세효가 인정되므로(개정 75조 56조) 이에 해당하는 청구의 포기는 허용되지 않을 것이다.[19]

(2) 청구의 포기·인낙의 대상인 청구가 현행법상 인정되는 것이어야 하고, 선량한 풍속 기타 사회질서에 반하지 아니하여야 한다. 예컨대 물권법정주의에 반하여 법률에서 인정되지 아니하는 물권(예: 소작권과 같이 현행법상 인정되지 아니하는 물권 등)에 기초한 청구, 축첩계약(蓄妾契約) 및 장기매매에 기초한 이행청구 등은 인낙할 수 없다.

특히 권리관계는 허용되지만 그 원인이 불법이거나 강행법규에 반하는 경우(예: 도박으로 인하여 발생한 금전채권에 기초한 청구, 범죄행위의 대가에 따른 금전지급청구 등)에 인낙이 가능할 것인지가 문제이다(포기는 당연히 가능함). 판례는 농지개혁법상의 소정의 농지소재지관서의 증명이 없더라도 농지의 소유권이전등기청구의 인낙을 기재한 조서는 무효가 아니라고 하여 이를 인정하고 있으나,[20] 이

---

15) 同旨: 이시윤, 584면. 일본 인사소송법 제37조에서도 이혼소송에 있어서 화해, 청구의 포기·인낙을 허용하고 있다.

16) 대판 1993. 5. 27, 92누14908(회사합병무효); 대판 2004. 9. 24, 2004다28048(주주총회결의의 부존재·무효를 확인하거나 결의를 취소하는 판결이 확정되면 당사자 이외의 제3자에게도 그 효력이 미쳐 제3자도 이를 다툴 수 없게 되므로, 주주총회결의의 하자를 다투는 소에 있어서 청구의 인낙이나 그 결의의 부존재·무효를 확인하는 내용의 화해·조정은 할 수 없고, 가사 이러한 내용의 청구인낙 또는 화해·조정이 이루어졌다 하여도 그 인낙조서나 화해·조정조서는 효력이 없음).

17) 同旨: 김홍규/강태원, 555면; 송상현/박익환, 493면; 정동윤/유병현/김경욱, 740면.

18) 同旨: 정동윤/유병현/김경욱, 740면.

19) 同旨: 이시윤, 584면.

20) 대판 1969. 3. 25, 68다2024. 김홍엽, 765-766; 이시윤, 585면(법원의 법률판단권 배제가 청

를 인정하면 불법을 국가가 협력하는 것이 되므로 부정하는 것이 타당하다($\frac{통}{설}$).[21] 그러나 원고의 주장 자체로 이유 없는 경우에도 그것이 불법원인이나 강행법규에 반하지 아니하는 한 청구의 인낙의 취지가 법원의 사실 및 법률판단권을 배제한 다는 점에 비추어 보면 인낙의 대상이 된다.[22]

(3) 청구에 관하여 소송요건의 흠이 있는 경우에 청구의 포기·인낙을 허용할 것인지에 관하여 견해가 대립된다. 청구의 포기·인낙은 본안의 확정판결과 동일 한 효력이 있으므로 소송요건을 구비하지 못한 경우에는 소를 각하·이송하여야 한다는 견해($\frac{다수}{설}$)와 소송요건 중 사익적 소송요건의 경우에는 포기·인낙이 가능 하다는 견해[23]가 있다. 생각건대 소송요건 중 기판력, 전속관할 등과 같이 공익적 소송요건의 경우에는 그 흠이 있다면 청구의 포기·인낙을 인정하기 어렵지만, 소송경제 및 당사자의 편의를 위하여 인정하는 임의관할, 중복소송, 소의 이익 등 의 경우에는 소송요건의 흠이 있어도 이를 인정하는 것이 분쟁의 신속한 해결이 라는 측면에서 긍정하는 것이 타당하다고 본다. 후설에 따르기로 한다.

Ⅳ. 절 차

1. 시 기

(1) 청구의 포기·인낙은 종국판결이 확정되기 전에는 언제든지 가능하다. 즉 소송계속 중이면 아무 때나 할 수 있다. 따라서 제1심, 항소심뿐만 아니라, 상고 심에서도 가능하다. 이것은 당사자에 의한 자율적인 분쟁해결을 장려하려는 취지 이다.

(2) 종국판결 후 상소제기 전 또는 판결확정 전, 추후보완상소 후[24]에도 판결 법원에 청구의 포기·인낙을 위한 기일지정신청이 가능하다. 이 경우 기일지성신 청자는 청구의 포기의 경우에는 피고의 청구기각신청을 전면적으로 받아들이는

구인낙의 취지인 점과 인낙하여도 그 효력은 당사자간에만 미치고 제3자에게는 영향이 없음을 근 거로 긍정함).

21) 同旨: 김홍규/강태원, 555면; 송상현, 493면; 정동윤/유병현/김경욱, 741면; 호문혁, 741면. 反對: 이시윤, 585면.

22) 同旨: 정동윤/유병현/김경욱, 741면; 한충수, 549면.

23) 강현중, 645면; 방순원, 545면; 이영섭, 211면. 다만 포기·인낙의 경우에는 본안판결 자체가 없으므로 소송요건 구비 여부를 검토할 여지가 없다는 견해도 있다(김용진, 416면).

24) 대판 1969. 2. 18, 68다1260(추후보완 항소 후의 변론기일에 출석하여 청구를 포기한 경우임).

것이므로 피고가, 청구의 인낙은 원고의 본안신청을 전부 받아들이는 것이므로 원고가 신청하여야 한다는 견해가 있지만25) 청구의 포기·인낙을 위한 기일지정 신청은 법원에 기일의 지정을 촉구하는 의미이므로 원·피고 모두 가능하다고 본다.

2. 방   식

(1) 청구의 포기·인낙의 의사표시는 변론기일(화해를 위한 기일이나, 증거조사만을 위한 기일도 포함) 또는 변론준비기일에 출석하여 말로 하는 것이 원칙이다. 포기·인낙은 법원에 대한 단독적 소송행위이므로 상대방이 출석하지 아니하여도 할 수 있다. 상대방의 승낙을 요하지 아니하며, 상대방이 거절한다고 하여도 당연히 가능하다.26) 청구의 포기·인낙의 진술은 현실적으로 이루어져야 하므로 피고의 불출석, 준비서면의 부제출 등 피고의 태도로써 인낙을 인정할 수 없다. 따라서 자백간주와 달리 포기·인낙의 간주는 있을 수 없다.

(2) 그러나 당사자 중 한쪽이 변론기일 또는 변론준비기일에 출석하지 아니한 경우에도 답변서, 그 밖의 준비서면에 청구의 포기 또는 인낙의 의사표시를 기재하여 공증사무소의 인증을 받아 제출한 경우에는 그 취지대로 청구의 포기·인낙이 성립된다($^{148조}_{2항}$). 당사자 일방이 불출석하였으나 청구의 포기 또는 인낙의 의사표시가 있는 공증사무소의 인증이 있는 준비서면 등을 제출한 경우에 출석한 당사자에게 변론을 명하고, 불출석한 당사자는 제출한 인증된 준비서면의 진술간주로 청구의 포기·인낙이 성립하게 된다. 인증된 서면에 의한 청구의 포기·인낙제도를 도입한 것이다. 구법 하에서는 피고가 인낙의 취지를 기재한 준비서면을 제출하고 기일에 출석하지 아니하여 준비서면을 진술간주 하는 경우에 인낙의 효과가 발생하는지 여부에 관하여 이를 인정하여야 한다는 것이 다수설이었고, 소수설·판례27)는 이를 부정하였다. 신법에서는 포기·인낙의 의사표시의 진정성을 담보하기 위하여 다수설의 견해에 인증을 추가요건으로 하여 규정하게 되었다. 청구의 포기 또는 인낙은 말에 의하여야 한다는 원칙을 인증이라는 부가요건을 주

---

25) 정동윤/유병현(2009), 635면. 청구의 포기와 인낙이 경합하는 경우에 청구의 인낙의 성립을 인정하여야 한다는 견해가 있으나(정동윤/유병현/김경욱, 709면), 실제로 경합될 경우가 거의 없을 것이고, 있다고 하면 당사자의 의사를 확인한 후에 정리하면 될 것이다.

26) 同旨: 이시윤, 586면.

27) 대판 1973. 12. 24, 73다333; 대판 1982. 3. 23, 81다1336; 대판 1993. 7. 13, 92다23230.

어 서면인증이 가능하도록 한 것이다.

(3) 포기 또는 인낙에 해당하는 진술 또는 인증서면에 의한 진술간주가 있는 경우에 법원은 그 요건의 구비를 조사하여야 한다. 당사자가 진술을 한 경우에는 의사를 직접 확인하여야 하고, 인증서면에 의할 경우에는 공증의 방식 등을 확인함으로써 간접적으로 의사의 진실성을 확인하면 된다. 조사한 결과 포기 또는 인낙의 의사표시가 무효인 경우에는 이를 무시하고 심리를 계속하고, 당사자 사이에 이에 다툼이 있는 경우에는 중간판결($\frac{201}{조}$)을 통하여 명백히 할 필요가 있다.[28] 그러나 조사한 결과 유효한 것으로 확인된 경우에는 법관은 입회한 법원사무관 등에게 그 진술을 변론조서 또는 변론준비기일조서에 적도록 명하여야 한다($\frac{154, 155, 160,}{283조}$). 이 경우 해당 기일조서에는 포기·인낙이 있다는 취지만을 기재하고, 별도로 포기·인낙조서를 작성하여야 한다($\frac{규칙}{31조}$). 그러나 변론조서 또는 변론준비기일조서에 포기·인낙의 취지를 기재하여도 무효는 아니다.[29] 법원사무관 등은 청구의 포기·인낙이 있는 날부터 1주 안에 그 조서의 정본을 당사자에게 송달하여야 한다($\frac{규칙}{56조}$).

V. 효 과

포기·인낙을 변론조서 또는 변론준비기일조서에 적은 때에는 그 조서는 확정판결과 같은 효력을 가진다($\frac{220}{조}$). 즉 조서가 성립되면 소송이 종료되고, 포기조서는 청구기각의, 인낙조서는 청구인용의 확정판결과 같은 효력이 발생한다.

1. 소송종료효(訴訟終了效)

(1) 청구의 포기·인낙조서가 성립되면 기존의 소송은 그 범위 내에서 당연히 종료된다. 소송비용의 부담 및 액수에 관하여는 따로 결정으로 재판하며($\frac{114조 2항,}{98조}$), 포기나 인낙을 한 당사자는 패소자로서 소송비용을 부담하는 것이 원칙이다. 다만 상급심에서 포기·인낙이 된 경우에는 상소의 대상이 된 하급심판결은 그 범위 내에서 당연히 실효된다.

(2) 포기·인낙이 되었음에도 불구하고 법원이 이를 모르고 심리를 진행한 때

---

28) 同旨: 정동윤/유병현/김경욱, 742면.
29) 대판 1969. 10. 7, 69다1207.

에는 법원의 직권 또는 당사자의 이의신청에 따라 판결로서 소송종료선언을 하여야 한다.[30] 나아가 본안판결까지 한 경우에는 당사자는 상소를 통하여 원심판결의 취소와 소송종료선언을 구할 수 있다.

2. 기판력·집행력·형성력

(1) 포기조서 또는 인낙조서는 확정판결과 동일한 효력을 가진다($\frac{220}{조}$). 즉 포기조서는 청구기각과 같은, 인낙조서는 청구인용의 확정판결과 같은 효력이 발생한다. 따라서 포기·인낙조서에는 기판력·집행력·형성력이 발생한다.

(2) 포기·인낙조서는 판결에서와 같은 당연무효사유(예: 사망자에 대한 인낙, 특정되지 아니한 소송물에 대한 포기·인낙, 예비적 청구만을 대상으로 한 인낙, 필수적 공동소송인 1인의 포기·인낙 등)가 존재하지 아니하는 이상 당연히 기판력이 생긴다($\frac{통설·}{판례}$).[31] 다만 포기·인낙조서에 관하여 기판력을 인정하면서 민사소송법 제461조에서 판결의 재심사유($\frac{451조}{1항}$)가 있는 경우에 한하여 준재심의 소로서만 다툴 수 있도록 한 것은 포기·인낙이 판결의 경우와 다른 점을 고려하지 아니한 것이므로 입법론상의 검토가 필요하다는 견해가 있다.[32] 포기·인낙의 효력이 사실상 판결의 경우보다 강력할 수 있다는 점에서 그 개선이라는 면에서 경청할만한 의견이라고 본다.

(3) 또한 인낙조서의 경우에 이행청구에 관한 것이면 집행력이 생기고, 형성청구에 관한 것이면 형성력이 발생한다.

3. 흠을 다투는 방법

(1) 청구의 포기·인낙의 진술은 법원에 진술함으로써 일응 성립한다. 하지만 조서작성 전이면 자백의 철회에 준하여 상대방의 동의를 얻거나 착오를 이유로 철회할 수 있다.[33] 그러나 조서작성 후에는 포기·인낙의 진술에 재심사유에 해당하는 흠이 존재하여야 하고, 다투는 방법도 준재심의 소로만 가능하다($\frac{461}{조}$).

(2) 따라서 현행법상으로 청구의 포기·인낙의 흠을 다투는 방법은 i) 우선 흠이 재심사유에 해당하여야 하므로($\frac{461조}{조}\frac{451}{1항}$), 실체법상의 무효·취소사유만으로는 그

---

30) 대판 1962. 5. 8, 4294민상1080; 대판 1962. 6. 14, 62마6.
31) 대판 1991. 12. 13, 91다8159.
32) 정동윤/유병현/김경욱, 744면.
33) 同旨: 이시윤, 587면.

효력을 다툴 수 없다. ii) 재심과 같이 소의 방식으로만 가능하다. 이를 준재심의
소라고 한다. 따라서 별도의 무효확인소송 또는 기일지정신청의 방식으로 흠을 다
툴 수 없다.

(3) 그러나 포기·인낙이 당사자의 의사표시에 의한 자주적 분쟁해결방식의
일환으로 본다면 그 의사표시에 중대하고 명백한 흠이 있는 경우에 실체법상의
무효·취소를 인정할 필요성이 있으므로 포기·인낙조서에 확정판결과 동일한 효
력을 인정하여서는 안 된다는 비판적 견해가 있다.[34]

4. 청구의 인낙과 해제

(1) 청구의 인낙의 법적 성질은 앞에서 본 바와 같이 피고가 원고의 소송상의
청구에 관한 주장이 이유 있다는 것을 인정하는 단순한 관념의 표시이므로 실체법
상의 채권·채무가 발생되는 계약과 유사한 법률행위라고 할 수 없다. 따라서 피
고가 인낙의 내용에 따른 이행을 하지 않거나 이행불능이 된 경우에도 인낙 자체
를 해제하거나 무효로 할 수 없으므로, 구소가 부활될 여지는 없다. 또한 인낙은
소송행위이므로 그 불이행 또는 이행불능을 이유로 손해배상청구도 할 수 없다.[35]

(2) 그러나 포기·인낙의 기초에 화해계약이 있는 경우에는 화해계약을 해제
하고 이에 기초하여 손해배상청구 등을 할 수 있으나, 이 경우에도 포기·인낙의
무효를 주장할 수 없다.[36]

5. 청구의 인낙과 실체법상의 효력

청구의 인낙은 피고가 원고의 주장을 승인하는 소위 관념의 표시에 불과한 소
송상 행위로서 이를 조서에 기재한 때에는 확정판결과 같은 효력이 발생하게 되
며($\frac{220}{조}$), 이것으로 소송법상 소송을 종료시키는 효력, 기판력 등이 발생하지만 실체
법상 채권·채무의 발생 또는 소멸의 원인이 되는 법률행위라고 볼 수는 없다.[37]

---

34) 정동윤/유병현/김경욱, 744면.
35) 대판 1957. 3. 14, 4289민상439.
36) 同旨: 정동윤/유병현/김경욱, 745면.
37) 대판 2022. 3. 31, 2020다271919(주채무자와 연대보증인이 채권자를 상대로 채무부존재확인
소송을 제기하였는데, 피고가 제1심에서 주채무자에 대하여만 청구의 인낙을 하고 연대보증인에 대
하여 다투어 연대보증인이 패소하자 연대보증인이 항소한 사건에서, 대법원은 항소심이 피고가 주
채무자에 대한 청구를 인낙하여 주채무가 소멸되어 연대보증인의 연대보증채무도 함께 소멸한 것
으로 판단한 것은 잘못이라고 함).

제3절　재판상의 화해

제1관　총　설

(1) 재판상의 화해라 함은 양쪽 당사자가 법관의 면전에서 다툼이 있는 소송물에 관하여 상호 일부씩 양보하여 소송을 종료시키는 합의를 말한다. 재판상의 화해는 소송계속 전에 지방법원 단독판사의 면전에서 하는 제소전화해(提訴前和解)와 소송계속 후에 수소법원 앞에서 하는 소송상화해(訴訟上和解)로 나누어진다. 소송계속이 있는지 여부에 따라 차이가 난다.

(2) 이외에 재판상 화해 자체는 아니지만 그 효력에 관하여 법률에 의하여 재판상 화해의 효력과 동일한 것으로 간주되는 제도들이 있다. 여기에는 i) 민사·가사 조정조서 등과 같이 화해간주 또는 의제화해제도가 있고, 또한 신법에서는 ii) 서면화해제도와 iii) 소송계속 중 법원의 화해권고결정에 대하여 당사자가 2주 이내에 이의신청을 하지 아니하면 화해가 성립된 것으로 보는 화해권고결정제도를 신설하였고, iv)「소송촉진 등에 관한 특례법」상의 형사피고사건에서 민사화해제도를 신설하였다. 이는 법원이 분쟁해결에 적극적으로 관여하여 당사자의 자율적인 분쟁해결을 유도하여 소송을 조기에 종국적으로 해결하겠다는 의지의 반영으로 보아야 한다. 법 이념적으로는 복지국가의 이념의 반영이라 할 수 있다. 이러한 제도들은 분쟁해결제도의 전체적인 운영에 있어서 매우 긍정적인 시도로 평가할 수 있고, 이 제도의 운영을 통하여 운영실태와 통계 분석 등 다양한 방법을 통하여 계속적인 제도개선을 해 나가야 할 것으로 본다.

(3) 신민사소송법 제220조에서 "화해조서 및 청구의 포기·인낙조서가 확정판결과 같은 효력을 가진다."는 규정은 제정 민사소송법 제206조에 동일하게 규정되어 있었다. 이는 1926년 전면 개정된 일본의 구민사소송법에 기초한 것이다. 그런데 1960년 9월 1일 법률 706호로 개정된 민사소송법 제1차 개정에서 구민사소송법 제431조(현재 461조임)에서 구민사소송법 제206조의 '화해조서 및 청구의 포기·인낙조서'를 준재심으로만 다툴 수 있도록 규정하였다. 이는 독일과 일본의 소수설인 화해조서의 판결대용설을 완벽하게 입법화한 것으로서[1] 재판상 화해에

---

1) 일본 민사소송법 제349조에는 결정 또는 명령에 대한 재심만을 규정하고 있고, 화해조서 및

관한 한 우리의 독자적인 입법으로 평가된다. 이러한 이유로 화해조서의 효력과 관련하여 기판력의 인정 범위에 있어서 무제한 기판력설과 제한적 기판력설이 대립되고 있다. 그 후 1990년 민사소송법 개정 시에 법무부 민사소송법개정안으로 구민사소송법 제431조를 삭제하여 제출되었으나 국회의 심의과정에서 수정안이 받아들여지지 아니하였고, 2002년 신민사소송법 전면개정 시에도 그대로 유지되고 있다. '화해조서 및 청구의 포기·인낙조서'의 흠을 준재심으로만 다툴 수 있는지 여부는 판례가 무제한 기판력설을 취하면서 화해 등의 효력이 판결의 효력보다 훨씬 강력하게 됨으로 인하여 우리 민사소송법의 핵심적 문제로 떠오르고 있다. 이 문제는 소송상 화해의 효력에서 집중적으로 논의하도록 하겠다.

제 2 관 소송상화해

Ⅰ. 개   념

1. 의   의

소송상화해(Prozessvergleich)라 함은 소송계속 중 양쪽 당사자가 법관의 면전에서 다툼이 있는 소송물에 관하여 상호 일부씩 양보하여 소송을 종료시키는 기일에서의 합의를 말한다. 소송상화해는 소송계속 중 당사자 사이의 자율적인 분쟁해결을 국가기관인 법관이 직접 확인하여 공문서인 조서에 기재함으로써 판결에 준하는 효력이 발생하게 되는 것이다. 이는 법관의 판결 없이 공적인 확인만으로 판결에 준하는 효력을 부여한다는 점에서 의의가 크다.

(1) 계속 중인 소송의 기일에서 화해가 이루어져야 한다.

① 기일 외에서 당사자 사이에 이루어지는 재판 외의 화해 즉 민법상의 화해계약과는 구별된다. 재판 외의 화해는 법관의 공적인 확인이 없으므로 아무런 소송법상의 효과가 발생하지 아니한다.[2]

청구의 포기·인낙조서의 재심에 관한 규정은 없다.
2) 독일 ZPO §796a에 법정 외에서 양쪽 변호사의 관여 하에 화해가 이루어진 경우에는 집행력을 부여하고 있다. 동조 2항에서 의사진술에 관한 것과 주거공간에 대한 임대차관계의 존속에 관한 것을 제외하고 있다.

② 또한 소송상화해는 소송계속 중에 이루어진다는 점에서 제소전화해와 구별된다. 통상 소송상화해라고 하면 좁게 판결절차의 소송계속 후에 그 기일에 하는 것을 의미한다. 하지만 넓게는 결정절차가 개시된 후에 그 기일에서 하는 경우도 포함된다.[3] 따라서 보전소송절차,[4] 강제집행절차, 증거보전절차, 소송비용액확정절차 등의 심리기일에서 그 절차의 신청사항 및 본안소송의 소송물에 관하여 소송상화해가 가능하다.

(2) 소송물에 관한 주장을 상호 양보할 것을 요한다.

① 따라서 한쪽 당사자만이 양보하고 다른 당사자의 주장을 전면적으로 받아들이는 경우에는 청구의 포기·인낙에 해당하고 소송상화해는 아니다(통설). 상호 양보가 존재하면 되는 것이므로 양보의 정도·방법 등은 문제가 되지 아니한다. 청구의 전부를 포기하거나 인정하면서 소송비용의 부담에 관하여만 양보를 받아도 소송상 화해로 본다. 그러나 단순히 소송종료 만을 합의한 것은 소의 취하와 그 동의로 보아야 하고, 화해로 볼 것은 아니다.

② 화해하면서 소송물인 권리관계 이외의 권리관계를 추가하여 화해하는 것도 가능하다.[5] 이 경우 문제는 소송물 자체에 대하여 아무런 양보 없이 소송물 이외의 권리관계에 대한 양보가 있을 때에 소송상 화해로 볼 수 있는지 문제된다(예: 피고가 원고의 소유권이전등기청구를 받아들이면서, 소송물 이외의 피고의 원고에 대한 대여금 채권 500만원을 면제받는 식으로 화해하는 경우 등).

이 경우에 소송물 자체에 관하여 양보가 필요하다고 보는 견해도 있지만,[6] 소송물 이외에 소송비용의 일부 양보도 화해로 보고 있는 점에 비추어 보면, 이 경우도 화해로 보면 될 것으로 사료된다.[7] 특히 소송물 이외의 화해의 대상이 된 부분은 그 한도에서 제소전화해로 볼 것이고, 이에 준하는 인지를 붙여야 한다(민인7조). 화해의 효력이 발생하기 위하여는 화해조서에 추가된 권리부분이 기재되어

---

3) 同旨: 이시윤, 588면; 정동윤/유병현/김경욱, 746면.

4) 대결 1958. 4. 3, 4290민재항121에서는 반대하고 있으나, 그 이후 실무에서는 보전소송절차에서도 본안의 조정·화해가 가능한 것으로 운영하고 있다.

5) 대판 1981. 12. 22, 78다2278(당사자 외에 보조참가인이나 제3자도 될 수 있고, 소송물이 아닌 권리 내지 법률관계의 추가도 가능함); 대판 2008. 2. 1, 2005다42880(화해권고결정도 같음).

6) 정동윤/유병현/김경욱, 747면.

7) 이 경우 실무적으로 통상 소송비용의 일부 양보가 이루어지는 것이므로 특별히 문제될 것이 없고, 문제될 여지가 있다고 생각하면 즉시 조정절차에 회부하여 조정성립으로 처리할 수 있다. 그러나 이렇게 처리하는 것은 형식에 치우친 처리로서 합당치 아니하고, 화해의 대상이 전체적으로 보아 일부 양보가 있다고 이루어진 경우에는 유효한 화해로 보는 것이 타당하다.

야 함은 당연하다.[8] 최근 독일·일본에서는 화해에 상호양보가 불가결한 요소가 아니라는 견해가 있는바,[9] 분쟁해결의 효율성이라는 면에서 경청할 만한 견해이다.

(3) 소송상 화해는 당사자가 아닌 보조참가인이나 제3자도 가입할 수 있다.[10] 이 경우 제3자와의 관계에서는 제소전화해가 성립된 것으로 본다.

2. 장 단 점

(1) 화해는 민사적 분쟁에 관하여 당사자가 자율적으로 해결하는 대표적 방법이다. 그런데 화해에 의한 분쟁해결에 대하여 i) 법률과 정의에 의한 분쟁의 해결이 아닌 당사자의 자의적인 분쟁해결이므로 법치주의에 대한 의식이 마비될 수 있고, ii) 분쟁해결방식으로 헌법상 보장된 것이 아니므로 화해제도의 남용에 대하여 비판적 시각이 있는 것은 사실이다.

(2) 그러나 화해는 민사적 분쟁에 있어서 사적 자치의 원칙에 기초한 것으로서 i) 간이·신속한 분쟁해결방식으로서 소송지연을 완화할 수 있고, ii) 분쟁에 관련된 모든 자를 참여시켜 포괄적으로 분쟁을 해결할 수 있으며, iii) 분쟁을 판결과 달리 일도양단적인 해결을 추구하지 아니하고 상호 양보를 받아냄으로써 분쟁을 치유하여 평화적인 원래의 상태로 복귀할 수 있을 뿐만 아니라, iv) 비용을 절감할 수 있는 장점이 있다.

(3) 따라서, 사적 자치의 영역 내의 분쟁인 민사분쟁에 있어서 당사자의 자율적인 분쟁의 해결을 유도하는 것이 타당하고, 다만 법원은 최종적·강제적 분쟁해결기관으로서 자율적 분쟁해결을 장려하고 당사자의 화해내용을 확인하는 과정에서 당사자 사이의 불균형을 시정함으로써 법원칙을 살리는 쪽으로 화해를 운영하여야 하는 것이다. 화해를 통한 분쟁해결을 장려하는 것은 헌법상의 복지국가이념에 충실한 사법운영이며, 단순히 분쟁을 해결함에 있어서 단순히 수동적으로 「판단하는 사법」에서 벗어나, 분쟁으로 인한 당사자의 아픔을 어루만져줌으로써 당사자 사이의 마음까지 풀어 줄 수 있는 「배려하는 사법」으로서의 기능을 강화

---

8) 이시윤, 589면. 대판 2007. 4. 26, 2006다78732(조정조항의 특정 또는 조정조서에 기재요함); 대판 2013. 3. 28, 2011다3329; 대판 2017. 4. 13, 2016다274966(화해권고결정도 동일함); 대판 2017. 4. 26, 2017다200771; 대판 2023. 6. 29, 2023다219417(조정을 갈음하는 결정도 기본적으로 같지만 직권으로 공평한 해결을 도모하기 위한 결정이므로 보다 엄격히 보아야 함).

9) 정동윤/유병현/김경욱, 747면 참조.

10) 대판 1981. 12. 22, 78다2278; 대판 1985. 11. 26, 84다카1880; 대판 2014. 3. 27, 2009다104960, 104977(조정조서의 효력이 조정참가인의 법률관계에도 미침).

하는 길이다. 이러한 면에서 보면 화해권고결정제도 등의 신설은 바람직하다고 평가된다.

Ⅱ. 법적 성질

소송상화해의 법적 성질에 대하여 사법행위설, 소송행위설, 절충설로 나누어진다. 절충설은 행위를 2개로 볼 것인지, 1개로 볼 것인지에 따라 양행위병존설(2개), 양성설(1개, 양행위경합설)로 나뉜다.

1. 학   설

(1) 사법행위설(私法行爲說)

이 견해는 소송상화해를 소송의 기일에 양 당사자가 소송물에 관하여 사법상의 화해계약을 한 것으로 본다. 따라서 소송상화해는 소송행위가 아니고 사법상의 화해와 같다. 다만 사법상의 화해와 다른 점은 법관이 직접 양 당사자의 화해를 확인하고, 그 내용을 조서에 기재하게 하는 공증의 면에서 차이가 있다고 본다.

(2) 소송행위설(訴訟行爲說)

이 견해는 소송상화해는 그 명칭의 면에서 민법상의 화해와 동일하지만, 그 법적 성질은 그것과 달리 소송법에 따라 요건과 효과 등이 규율되는 소송행위이므로 민법상의 화해와는 다르다고 보고 있다. 따라서 민법상의 화해에 관한 규정이 적용될 여지가 없다. 여기에는 소송상화해를 소송을 종료시키는 소송계약(訴訟契約)으로 보거나, 소송상의 합동행위(合同行爲)로 보는 견해[11]가 있다. 소송행위설은 종전에는 다수설이었으나 현재는 소수설이다.[12]

(3) 절충설(折衷說)

사법행위설과 소송행위설을 절충한 학설에는 양행위병존설과 양성설(양행위경합설)이 있다.

---

11) 김홍규/강태원, 562면; 방순원, 549면; 송상현/박익환, 497면.
12) 김홍엽, 762면.

① 양행위병존설(兩行爲竝存說)

이 견해는 소송상화해는 사법상의 화해계약과 소송을 종료하려는 목적을 가진 소송행위가 병존(竝存)하는 2개의 행위이며, 각각의 행위는 독립·개별적으로 실체법과 소송법의 지배를 받는다고 한다. 사법행위와 소송행위의 유·무효 사유도 개별적으로 독립하여 판단하는 것을 원칙으로 한다. 따라서 사법행위는 무효일지라도, 소송행위는 유효할 수 있다. 우리나라의 소수설이다.

② 양성설(兩性說, 兩行爲競合說)

이 견해는 소송상화해는 2개의 행위가 아닌 1개의 행위로서, 민법상의 화해계약과 동시에 소송행위의 성질을 겸유(兼有)하고 있다고 본다. 하나의 행위가 양 당사자 사이에는 민법상의 화해계약이고, 법원과의 관계에서는 소송행위로 평가된다는 것이다. 따라서 요건·효과 등의 유·무효를 판단함에 있어서 실체법과 소송법의 요건을 모두 갖추어야 한다. 따라서 행위 자체의 유·무효의 판단기준이 같으므로 사법행위와 소송행위의 유·무효가 동일하게 된다. 현재 독일·일본의 다수견해이고, 우리나라의 다수설이다.[13]

(4) 검 토

① 위 각 견해를 검토하여 보면, i) 사법행위설은 사법상(私法上)의 화해로 소송종료의 효력이 발생한다는 점, 화해 내용을 조서에 기재하는 것이 단순한 공증이 아닌 전형적인 소송행위라는 점을 설명할 수 없다. ii) 소송행위설은 첫째로 소송상화해를 소송상의 법률관계를 확정시키고 소송을 종료시키려는 단순한 소송행위로 보고 있으나, 당사자의 의사는 소송상의 화해를 통하여 소송을 종결시키는 것 외에 사법상(私法上)의 법률관계의 종결도 원하고 있다는 점을 도외시하고 있다는 난점이 있고, 둘째로 소송상의 화해를 소송행위로만 보면 ⓐ 회해에 조건·기한 등의 부관(附款)을 붙일 수 없고, ⓑ 강행법규위반, 반사회적 법률행위, 불공정한 행위 및 착오·사기·강박 등에 관한 민법의 규정이 적용되지 아니하며, ⓒ 화해의 해제로 인한 종료된 소송의 부활이 불가능하여지는 등의 문제가 있다. 특히 소송행위설이 무제한기판력설과 이어지면 강행법규위반과 반사회적 법률행위도 소송상의 화해를 하면 준재심의 소로만 다툴 수 있으므로 대부분의 무효·취

---

13) 강현중, 651면; 김용진, 421면; 이시윤, 592면; 전병서, 602면; 정동윤/유병현/김경욱, 749면; 호문혁, 822면.

소사유는 다툴 수 없게 됨으로 소송상화해가 탈법수단으로 악용될 여지가 있다.[14] iii) 또한 절충설 중 양행위병존설은 ⓐ 소송상의 화해를 2개의 행위가 병존하고 있다고 봄으로써 한 행위는 무효임에도 다른 행위는 유효하게 되어 법적 안정성을 해칠 염려가 있을 뿐만 아니라, ⓑ 해당 분쟁을 화해를 통하여 소송의 종료와 실체법상의 처분을 불가분적으로 결합하여 끝내려는 당사자의 의사에 반하며, ⓒ 사실상 하나의 행위를 2개로 의제하는 기교적인 이론구성도 문제이다.

② 이러한 점에 비추어 보면 소송상의 화해는 사법행위와 소송행위의 성질을 겸유하고 있는 하나의 행위이지만, 현행 제461조의 명문규정으로 인하여 행위의 무효·취소는 재심사유가 존재하는 경우에 준재심의 소로만 다툴 수 있다는 제한이 따른다고 보아야 한다. 그러나 여전히 사법행위의 성질로 인하여 당사자 사이의 기판력의 범위는 제한적으로 해석할 당위성을 가지고 있다. 기본적으로 양성설이 타당하여 찬성하지만 그 효력과 관련하여 무제한기판력설을 신의칙에 기초하여 제한할 필요성이 있다고 본다. 그러한 의미에서 수정된 양성설이라 할 수 있다.

2. 판 례

(1) 대법원은 민사소송법 제1차 개정(1960. 9. 1. 법률 706호로 개정됨)에서 제461조에 화해조서 및 청구의 포기·인낙조서를 준재심으로만 다툴 수 있도록 신설하였다. 그 전까지만 하여도 재판상 화해에 사법상의 무효사유가 존재하는 경우에는 별소[15] 또는 기일지정신청[16]으로 다툴 수 있게 하였다. 그러나 1차 개정 후에는 재판상 화해를 조서에 기재하면 확정판결과 동일한 효력이 있어 당사자 사이에 기판력이 생기므로 화해의 무효·취소는 재심의 소로만 다툴 수 있다고 하였다.[17] 따라서 재판상 화해는 소송행위의 성질을 가지고 있음을 명백히 하고 있다.

(2) 한편 대법원은 법정의 화해가 민사소송법 제220조에 따라 확정판결과 같은 효력을 갖지만 그 내용은 당사자 사이에 사법상의 화해계약을 이룬다고 보고 있다.[18] 따라서 실효조건부 화해의 유효성을 인정하고 있으며,[19] 제소전화해의 경우에 당사자 사이의 사법상의 화해계약이 그 내용을 이루는 것이어서 화해가 이

---

14) 이시윤, 592면.
15) 대판 1955. 9. 8, 4288민상12; 대판 1957. 9. 19, 4290민상427.
16) 대판 1957. 12. 26, 4290민상638.
17) 대판(전) 1962. 2. 15, 4294민상914; 대결 1962. 5. 31, 4293민재6.
18) 대판 1966. 2. 28, 65다251.
19) 대판 1965. 3. 2, 64다1514; 대판 1988. 8. 9, 88다카2332; 대판 1993. 6. 29, 92다56056.

루어지면 그 창설적 효력에 의하여 종전의 권리관계는 소멸한다고 보고 있다.[20] 대법원은 재판상 화해에 사법행위로서의 성질도 인정하고 있다.[21]

(3) 대법원의 이러한 판례에 대하여 대부분의 학자들은 대법원의 입장은 기본적으로 소송행위설에 기초하고 있다거나(통설), 대법원이 재판상 화해의 법적 성질에 대하여 동요하고 있다고 본다.[22] 또는 순수한 소송행위설로 보기 어렵고 실체법상의 소송행위설로 보기도 한다.[23] 그러나 대법원 판례에 대한 이러한 해석이 타당한지 의심스럽다. 오히려 수정된 양성설로 파악할 수 있다고 본다. 이유인즉 현행 민사소송법 제461조에서 명문으로 화해조서의 무효·취소를 다툴 수 있는 방법은 준재심의 소로밖에 할 수 없도록 규정되어 있다. 따라서 대법원은 이러한 명문규정에 반하여 화해조서의 무효·취소를 별소 또는 기일지정신청을 통하여 하게 할 수는 없다. 그러나 그러한 것에 해당하지 아니한 사법행위에 대하여는 그 성질을 그대로 인정할 수 있기 때문에 실효조건부화해 및 화해의 창설적 효력을 인정하고 있다고 보아야 한다. 즉 대법원의 입장은 양성설에 기초하고 있지만, 제461조의 명문규정이 화해조서의 무효·취소를 다툴 수 있는 방법은 준재심의 소로 제한하고 있으므로 그 한도에서 양성설의 입장을 수정한 것으로 보인다. 결국 대법원 판례의 기본 입장은 수정된 양성설로 파악하는 것이 전체의 대법원 판결의 경향을 통일적으로 해석할 수 있다고 본다.

Ⅲ. 요　건

1. 당사자에 대한 요건

(1) 화해하는 당사자는 당시자능력, 소송능력 등 당사자로서의 소송요건을 갖추어야 한다. 대리인에 의한 화해에 있어서는 특별한 권한수여가 있어야 한다 ($\binom{56조 2항,}{90조 2항}$).[24] 특히 의사무능력자의 특별대리인이 화해를 하는 경우 법원은 그 행위가

---

20) 대판 1988. 1. 19, 85다카1792.
21) 대판(전) 2013. 11. 21, 2011두1917(공유물분할의 소 또는 조정절차에서 현물분할협의가 성립되어 조정이 성립하였다면 재판에 의한 공유물분할과 달리 즉시 새로운 법률관계가 창설되는 것이 아니고 협의에 따라 다른 공유자의 공유지분을 이전등기 받았을 때 비로소 소유권을 취득하게 됨).
22) 이시윤, 592면.
23) 강현중, 650면.
24) 대판 1980. 12. 9, 80다584(대표이사가 주주총회 특별결의사항에 대하여 제소전화해를 하기 위하여는 특별결의를 요함); 대판 1990. 11. 13, 88다카26987(파산관재인 특별수권을 요함).

본인의 이익을 명백히 침해한다고 인정할 때에는 그 행위가 있는 날부터 14일 이내에 결정으로 이를 허가하지 아니할 수 있고, 이 결정에 대해서는 불복할 수 없다($^{62조의2,}_{2항}$).

(2) 필수적 공동소송의 경우에는 당사자에게 불리한 일부 양보를 하여야 하므로 공동소송인 전원이 공동으로 하여야 한다($^{67조}_{1항}$). 독립당사자참가의 경우에는 원고·피고 및 참가인이 모두 참가하여야만 화해가 성립된다.

(3) 또한 화해는 상대방이나 제3자의 형사상 처벌받을 행위로 이루어져서는 안 된다($^{451조 1항}_{5호}$).

2. 소송물에 관한 요건

(1) 화해의 대상은 당사자가 자유롭게 처분할 수 있는 소송물이어야 한다.

① 즉 변론주의에 의하여 심판되는 권리관계이어야 하고, 직권탐지주의에 의하는 절차에서는 원칙적으로 화해를 할 수 없다. 따라서 행정소송, 선거소송은 직권탐지주의가 지배하는 소송이므로 화해가 인정되지 아니한다. 가사소송(다류 사건은 변론주의가 적용되므로 제외됨)도 화해가 원칙적으로 허용되지 아니하나, 이혼소송(재산분할사건 포함)과 파양소송은 협의이혼과 협의파양이 인정되고 있어 당사자에게 분쟁해결의 자율권을 부여할 수 있다고 보아 예외적으로 화해가 가능하다고 보아야 한다.[25]

② 회사관계소송은 직권탐지주의에 의하지는 아니하나, 원고 승소판결이 제3자에게 효력이 미치므로($^{상 184, 376, 380,}_{429, 529조}$), 화해가 허용되지 아니 한다(통설·판례).[26] 다만 또한 주주대표소송 및 증권관련 집단소송에서 소송상 화해를 하려면 법원의 허가를 요한다($^{상 403조 6항,}_{증집 35조 1항}$). 소비자단체소송 및 개인정보 단체소송의 경우에는 청구기각 판결의 대세효가 인정되므로($^{소기 75조,}_{개정 56조}$) 실질적으로 청구기각 판결과 같은 화해(예: 청구는 포기하면서 소송비용만 각자 부담하는 식의 화해 등)에 해당하는 화해는 허용되지 않을 것이다.

---

25) 同旨: 이시윤, 593면; 정동윤/유병현/김경욱, 750면. 일본 인사소송법 제37조에서도 이혼소송에 있어서 화해, 청구의 포기·인낙을 허용하고 있다.

26) 대판 1993. 5. 27, 92누14908(회사합병무효); 대판 2004. 9. 24, 2004다28048(주주총회결의의 부존재·무효를 확인하거나 결의를 취소하는 판결이 확정되면 당사자 이외의 제3자에게도 그 효력이 미쳐 제3자도 이를 다툴 수 없게 되므로, 주주총회결의의 하자를 다투는 소에 있어서 청구의 인낙이나 그 결의의 부존재·무효를 확인하는 내용의 화해·조정은 할 수 없고, 가사 이러한 내용의 청구인낙 또는 화해·조정이 이루어졌다 하여도 그 인낙조서나 화해·조정조서는 효력이 없음).

(2) 재판상 화해는 소의 제기를 전제로 하지 아니하는 제소전화해도 인정된다. 따라서 소송상화해는 소송요건의 흠이 있는 경우에도 원칙적으로 허용된다. 이러한 점에서 일부 소송요건의 흠이 있는 경우 청구의 포기·인낙을 인정하지 않는 것과는 차이가 있다(예: 공익적 소송요건인 기판력 및 전속관할위반 등).

(3) 화해의 내용을 이루는 권리의무가 현행법상 인정되는 것이어야 한다. 즉 선량한 풍속이나 사회질서에 반하지 아니하여야 한다. 그러나 판례는 화해의 내용이 강행법규에 위반되거나,[27] 화해에 이른 동기·경위가 반윤리적·반사회적인 경우에도 화해가 무효가 아니라고 본다.[28] 준재심에 관한 제461조를 너무 엄격하게 해석함으로써 도리어 법원이 화해를 통하여 불법을 묵인하는 결과를 초래하여 문제라고 생각한다.

(4) 소송상 화해에 조건·기한을 붙이거나, 해제권유보부 화해를 할 수 있을지가 문제된다.

① 우선 조건과 관련하여 보면, 소송상의 화해에서 약정한 의무이행의 효력발생에 직접 조건을 붙이는 것은 가능하다(예: "피고는 원고에게 돈 5,000만원을 2009. 10. 10.까지 지급하되, 만약 이를 지급하지 못할 경우에 화해일인 2009. 9. 1.부터 완제일까지 연 20%의 가산금을 추가하여 지급한다." 등).

② 그러나 소송상의 화해 자체의 성립이나 효력발생에 조건·기한을 붙일 수 있는지는 화해의 법적 성질을 어떻게 보느냐에 따라 차이가 있다. 사법행위설과 절충설에 의하면 사적 자치의 원칙상 당연히 조건부화해가 가능하며, 기한부화해뿐만 아니라 해제권유보부화해도 가능하다. 그러나 소송행위설에 의하면 절차의 명확성·안정성을 이유로 조건부화해 등을 인정하고 있지 아니한다.[29]

생각건대, 소송상의 화해는 소송절차를 종료시키는 사법행위와 소송행위의 성질을 겸유(兼有)한 1개의 행위로서(양성설의 입장임), 사적 자치의 원칙이 적용될 수 있고, 소송절차를 종료시키는 행위이므로 절차의 안정을 해할 염려가 없다는 점에 비추어 보면 조건부화해, 기한부화해뿐만 아니라 해제권유보부화해도 가능하다고 본다.[30]

---

27) 대판 1999. 10. 8, 98다38760; 대판 2002. 12. 6, 2002다44014(제소전화해); 대판 2014. 3. 27, 2009다104960, 104977(조정조서).

28) 대판 1975. 3. 11, 74다2030; 대판 1991. 4. 12, 90다9872; 대판 1992. 10. 27, 92다19033.

29) 방순원, 550면; 송상현/박익환, 501면. 다만, 정지조건부는 허용되지 않으나 해제조건부는 허용된다는 견해가 있다(김홍엽, 769면).

30) 同旨: 이시윤, 594면; 정동윤/유병현/김경욱, 751면.

③ 대법원도 수정된 양성설의 입장으로 보이므로 소송상의 화해의 무효·취소를 다투는 경우에는 제461조의 명문규정에 의하여 준재심의 소에 의하여야만 하지만, 그 외의 경우에는 양성설에 따라 인정할 수 있다고 본다. 대법원은 실권조건부화해의 효력을 인정하고 있다.[31] 이 경우 재판상 화해가 실효조건을 성취하면 준재심의 소에 의한 취소 없이도 화해가 없었던 상태로 돌아간다. 실권조건부화해의 경우는 준재심의 소에 따른 취소 없이도 화해의 효력을 상실시키는 예외를 인정하고 있는 것이다. 통설은 대법원의 기본입장이 소송행위설에 기초하고 있으므로 실권조건부화해를 인정하는 것에 대한 비판이 있으나, 대법원의 입장을 수정된 양성설로 보면 해석이 가능하다고 본다.

3. 시기·방식에 관한 요건

(1) 소송상의 화해는 소송계속 중이면 언제든지 할 수 있다. 따라서 상고심에서도 화해를 할 수 있고, 판결 선고 후에도 가능하다. 법원은 소송의 정도와 관계없이 화해를 권고하거나, 수명법관 또는 수탁판사로 하여금 권고하게 할 수 있다($\frac{145조}{1항}$). 이 경우에 법원·수명법관 또는 수탁판사는 화해를 위하여 당사자 본인이나 그 법정대리인의 출석을 명할 수 있다($\frac{동조}{2항}$).

(2) 화해는 원칙적으로 기일에 양쪽 당사자가 출석하여 말로 진술하여야 한다(구술화해의 원칙). 기일이라 함은 변론기일, 변론준비기일, 화해기일뿐만 아니라 증거조사기일 등에도 가능하다. 화해를 촉진한다는 측면에서 보면 법관이 당사자와 통상 처음으로 직접 만나는 변론준비기일을 잘 활용할 필요가 있다.[32]

(3) 다만 신법은 서면에 의한 청구의 포기·인낙을 인정하고 있는 것과 같이 서면화해제도(書面和解制度)를 신설하였다. 불출석한 당사자가 진술한 것으로 보는 답변서, 그 밖의 준비서면에 화해의 의사표시가 적혀 있고 공증사무소의 인증을 받은 경우에, 상대방 당사자가 변론기일에 출석하여 그 화해의 의사표시를 받아들인 때에는 화해가 성립된 것으로 본다($\frac{148조}{3항}$).

(4) 법원 또는 법관은 당사자의 화해의 진술 또는 인증서면에 의한 진술간주가 있는 경우에 법원은 그 요건의 구비 여부를 조사하여야 한다(직권조사사항). 즉 당사자가 진술을 한 경우에는 의사를 직접 확인하여야 하고, 인증서면에 의할 경우

---

31) 대판 1988. 8. 9, 88다카2332; 대판 1993. 6. 29, 92다56056; 대판 1996. 11. 15, 94다35343. 反對: 한충수, 557면.

32) 이시윤, 594면(변론준비절차를 잘 활용하면 화해율이 높아질 것이라고 함).

에는 공증의 방식 등을 확인함으로써 간접적으로 의사의 진실성을 확인하면 된다. 조사한 결과 유효한 것으로 확인된 경우에는 법관은 입회한 법원사무관 등에게 그 진술을 변론조서 또는 변론준비기일조서에 적도록 명하여야 한다($^{154, 155, 160,}_{283조}$). 이 경우 해당 기일조서에는 화해가 있다는 취지만을 기재하고, 별도로 화해조서를 작성하여야 한다($^{규칙}_{31조}$). 그러나 변론조서 또는 변론준비기일조서 등에 화해의 취지를 기재하여도 무효는 아니다.[33] 법원사무관 등은 화해가 있는 날부터 1주 안에 그 조서의 정본을 당사자에게 송달하여야 한다($^{규칙}_{56조}$). 조서에 기재되기 전에는 화해의 진술을 철회할 수 있지만, 철회의 진술은 양 당사자가 일치하여야 한다.[34]

Ⅳ. 효 과

1. 총 설

(1) 화해의 진술을 변론조서 또는 변론준비기일조서에 적은 때에 확정판결과 같은 효력을 가진다($^{220}_{조}$). 화해의 진술을 조서에 기재하는 것은 화해의 성립요건이 아니고 효력발생요건으로 보아야 한다.[35] 따라서 양 당사자가 법원 또는 법관의 면전에서 화해의 진술이 있으면 조서의 작성 전이라도 화해는 성립한 것이다. 그렇기 때문에 당사자 일방이 이것을 임의로 철회할 수 없다. 그러나 양 당사자가 일치하여 철회의 진술을 하는 경우에는 분쟁 당사자의 의사를 존중하여 가능하다고 보아야 한다.[36]

(2) 화해조서의 효력이 "확정판결과 같은 효력을 가진다."는 의미가 무엇인지가 문제된다. 화해조서의 작성으로 양 당사자 사이에 소송이 종료되고, 집행력·형성력[37]이 발생한다는 점에는 특별한 다툼이 없다. 그러나 화해조서의 기판력을 인정할 것인지에 대하여 기판력부정설, 무제한 기판력설, 제한적 기판력설 등이

---

33) 대판 1969. 10. 7, 69다1207.
34) 同旨: 이시윤, 595면.
35) 同旨: 정동윤/유병현/김경욱, 752면.
36) 同旨: 이시윤, 595면; 정동윤/유병현/김경욱, 752면.
37) 화해조서의 형성력이 발생하는 경우는 형식적 형성소송인 공유물분할소송에 있어서 화해한 경우 등 매우 예외적으로 인정되지만, 실체법상의 형성의 소에 있어서 대부분 소송상 화해가 법률상 허용되지 아니하므로 형성력을 특별히 화해의 효력으로 설명하지 아니하는 경우가 일반적이다. 판례는 조정조서의 창설적 효력을 인정하고 있고, 기판력은 확정판결과 같은 효력이 있으므로 소송물인 법률관계에만 미친다(대판 2017. 12. 22, 2015다205086).

대립된다.

2. 소송종료효

(1) 화해조서가 작성되면 확정판결과 같은 효력이 있으므로, 그 범위 내에서 소송은 당연히 소멸한다. 상급심에서 화해가 성립된 경우에는 그 범위 내에서 하급심의 미확정판결은 당연히 실효된다.

(2) 화해의 내용에 화해비용 및 소송비용에 관하여 특별히 정한 경우에는 거기에 의한다. 그렇지 아니한 경우에는 그 비용은 당사자들이 각자 부담한다($\frac{106}{조}$). 소송비용에 산입할 변호사의 보수는 통상 소송의 경우와 같고 전부자백과 자백간주에 의한 판결, 무변론판결과 같이 2분의 1로 감액되지 아니한다($\frac{변호사보수의 소송비용}{산입에 관한 규칙 5조}$).

(3) 다만 소송상의 화해가 준재심의 소($\frac{461}{조}$)에 의하여 취소되거나, 실효조건의 성취로 화해가 실효된 경우에는 종전의 소송이 부활한다.

(4) 한편 소송 중 공격·방어방법으로 제출된 사법상의 형성권의 효력이 문제되지만, 상계를 제외하고는 이미 발생한 효력이 소멸되지 않는다.[38]

3. 기 판 력

화해조서의 기판력을 인정할 것인지 여부, 인정한다고 하여도 그 범위에 관하여 의견이 대립되고 있다. 기판력을 인정할 수 없다는 기판력 부정설(旣判力 否定說), 기판력을 인정하는 경우에 제한 없이 인정하는 무제한 기판력설(無制限 旣判力說)과 일정한 제한이 필요하다고 보는 제한적 기판력설(制限的 旣判力說)이 대립되고 있다. 논의의 핵심은 제220조에서 화해조서는 확정판결과 같은 효력을 가지고 있고, 제461조에서 화해조서는 재심사유가 있는 경우에 한하여($\frac{451조}{1항}$), 재심규정을 준용하여 재심의 형태 즉 준재심의 소로만 다툴 수 있도록 규정하고 있기 때문이다. 특히 제461조의 규정은 독일·일본에 명문규정이 없고 우리 민사소송법에 거의 유일하게 명문화되어 있다는 점을 생각하고 논의할 필요가 있다.

(1) 기판력 부정설

이 견해는 제220조, 제461조의 규정에도 불구하고, 제461조의 규정이 화해의 기판력을 인정하는 규정으로 단정할 수 없고, 또한 소송상 화해에 기판력을 인정

---

38) 同旨: 정동윤/유병현/김경욱, 753면.

하면 실체법상의 흠을 주장할 기회를 극도로 제한하게 됨으로써 헌법 제27조상의 재판청구권을 침해할 염려가 있다는 이유로 화해조서의 기판력을 부정하는 견해이다.[39] 소수설이다.

(2) 무제한 기판력설

이 견해는 화해조서는 제220조에 따라 확정판결과 같은 효력을 가지고 있고, 제461조에 의하면 화해의 성립과정의 흠이 재심사유에 해당하는 경우에만 재심절차에 준하여 구제를 받을 수 있다는 입장이다. 현행법에 충실한 해석이고, 화해의 무효·취소를 쉽게 인정하면 법적 안정성을 해칠 가능성이 있다는 이유이다. 현재의 유력설[40]이며, 판례[41]의 입장이다. 독일의 통설이고, 일본에서는 다수설이다.

(3) 제한적 기판력설

이 견해는 화해에 실체법상의 무효·취소사유(흠)이 없는 경우에만 제220조에 의하여 기판력이 발생하고, 실체법상의 흠이 존재하는 경우에는 기판력을 인정할 수 없다는 입장이다.[42] 즉 화해에 실체법상의 흠이 없는 경우에는 제461조에 따라 준재심의 소를 통하여 구제받을 수 있고, 실체법상의 흠이 있는 경우에는 무효임을 전제로 한 기일지정신청 또는 별소로 화해무효 확인청구 등이 가능하다는 견해이다.

(4) 비판 및 검토

① 기판력 부정설은 실체법상의 흠을 다툴 필요성을 강조하고 있다는 면에서 탁견이라 할 수 있다. 그러나 제461조가 화해조서의 기판력을 인정하는 규정으로 단정할 수 없다는 논거는 현행법의 해석의 범위를 넘는 것으로서 명문규정에 정면으로 반하는 해석이고, 실체법상의 흠을 극도로 제한하는 것은 헌법 제27조의 재판청구권을 침해할 염려가 있다는 견해는 헌법재판소 1996. 3. 28, 93헌바27에서 제461조가 합헌이라는 결정에 정면으로 반한다. 따라서 개정론으로는 받아들일 수 있으나 해석론으로는 무리가 따른다.

② 무제한 기판력설은 제220조, 제461조를 조문에 충실하게 해석하고 있다.

---

39) 정동윤/유병현/김경욱, 755면.

40) 김홍규/강태원, 567면; 김홍엽, 773면; 방순원, 552면; 송상현/박익환, 500면; 이영섭, 207면; 한종렬, 497면; 한충수, 558면; 호문혁, 830면.

41) 대법원은 대판(전) 1962. 2. 15, 4294민상914 판결 이후에 대판 2000. 3. 10, 99다67703, 대판 2002. 12. 6, 2002다44014 등에서 일관하여 무제한 기판력설을 취하고 있다.

42) 이시윤, 597면.

그러나 기판력의 효력 범위와 관련하여 다음과 같은 몇 가지 중대한 문제점을 안고 있다.

첫째, 판결의 기판력과 동일한 범위로 재판상 화해조서의 기판력을 인정하는 것은 그 효력을 인정하는 근본취지에 반한다. 판결의 효력으로 기판력을 인정하는 근본취지는 국가기관인 법원이 시간과 노력을 들여 판결을 선고하여 확정이 된 경우에 공적 판단(公的 判斷)에 따른 분쟁의 종결을 확정하여 법적 안정성(法的 安定性)을 확보하기 위한 것이다. 그러나 재판상 화해의 경우에는 당사자의 자율적인 분쟁해결을 법원이 공적 확인(公的 確認)에 대하여 효력을 부여하기 위한 것이다. 따라서 분쟁의 종결을 위한 효력의 강도가 다른 것이다. 따라서 제220조에 화해조서가 확정판결과 같은 효력이 있다고 규정되어 있다고 하여도 그 효력의 강도는 판결에서의 기판력보다는 약하여야 한다. 따라서 재판상 화해의 기판력의 범위를 제한할 당위성을 갖게 된다.

둘째, 제220조, 제461조의 기계적인 해석·적용을 통하여 실체법상의 흠 중에서 강행법규위반, 반사회적 행위 등의 내용이 화해의 내용에 포함된 경우까지 재심사유에 해당하지 아니한다는 이유로 효력을 번복할 수 없다면, 법원이 자신이 직접 확인한 화해를 통하여 불법을 묵인하거나, 나아가 이를 자행하는 모양새가 되므로 사법의 정당성을 가질 수 없다는 근본적인 문제에 봉착하게 된다. 법원이 확인한 화해조항에 그러한 내용이 있기 때문이다. 판결을 하였다면 강행법규위반, 반사회적 행위를 정당하다고 할 수 없음에도 불구하고, 화해라는 이유로 이를 인정하는 것이 된다. 이것은 화해의 효력이 판결보다 막강한 효력을 가지게 된다는 모순에 빠지게 된다.

셋째, 제461조에 화해조서를 재심사유가 있는 경우에 준재심의 소로 다툴 수 있도록 한 규정의 취지를 선해(善解)하면 화해의 효력 범위를 판결과 동일하도록 하려는 것으로 볼 수 있다. 그러나 제451조 제1항의 재심사유 중 재판상 화해와 관련된 재심사유는 전체 재심사유 11개 중 4개 사유(2호-제척이유, 3호-소송능력·대리권의 흠, 4호-법관의 직무상 범죄, 5호-형사상 처벌받는 타인의 행위로 인한 때)만이 의미가 있고 나머지 사유는 해당할 여지가 없다. 따라서 원래의 규정취지와 달리 판결의 재심보다 재판상 화해의 재심이 상당히 어렵게 되었고, 결과적으로 재판상 화해의 기판력이 판결의 기판력보다 강력하게 되었다. 원래의 규정의 취지에 부합하게 해석하려면 재판상 화해의 기판력을 제한할 필요가 생기게 되었다.

넷째, 무제한 기판력설을 취하면 판결의 기판력은 주문에 포함된 사항에만 미치지만, 화해조서의 경우에는 주문과 이유가 명확히 나누어져 있지 아니하므로 화해의 기판력의 범위가 확정판결의 기판력보다 넓게 인정될 여지를 갖게 된다.

다섯째, 무제한 기판력설을 취할 경우에 현재 확대일로에 있는 행정부 또는 그 산하 각종 행정위원회에서의 중재·조정 등의 효력도 화해조서와 같은 효력을 갖는데, 이러한 조서도 판결과 같은 효력을 부여하여야 하는 문제가 있다. 위 행정위원회의 조정 등은 법관이 직접 관여하지 아니하는 경우도 많으므로 법관으로부터 재판을 받을 권리를 박탈한 상태에서 판결보다 강력한 기판력을 인정한다는 것은 헌법 제27조의 재판청구권을 위반할 여지가 크다.

이러한 점을 고려한다면 제220조, 제461조의 형식적·기계적인 해석·적용만으로는 해결할 수 없다는 결론에 이른다. 따라서 무제한 기판력설을 취함에는 무리가 있다.

③ 그렇다면 기본적으로 기존의 제한적 기판력설이 전적으로 타당하다고 보아야 할 것인가? 그렇지만은 아니하다고 본다. 제220조, 제461조의 규정에 비추어 보면, 주장하고 있는 모든 실체법상의 흠을 그대로 수용할 수는 없고 실체법상의 흠 중 강행법규위반, 반사회적 행위 등으로 주장사유를 제한할 필요가 있다. 또한 주장방법을 무효확인의 의미로 기일지정신청 또는 별소를 통한 화해무효확인청구로 구제하여야 한다는 점은 문제이다. 적어도 실정법의 규정이 있다면 그 규정 내에서 구제수단을 강구할 필요가 있는 것이다.

따라서, 신의칙의 해석기능 중 규정의 내용이 분명하지 아니하거나, 흠결이 있는 경우에 동 규정을 신의칙에 기초하여 이를 명확히 하거나, 흠결을 보충하는 해석을 할 수 있다. 대법원도 이미 1984. 7. 24, 84다카572에서 청구이의사유로서 변론종결 후의 사유가 아니라도 판결을 집행하는 것 자체가 불법인 경우에는 신의칙상 강제집행을 착수한 때에 이의원인이 있다고 청구이의사유를 확대 해석함으로써 청구이의를 인정한 것과 같이, 화해조서의 구제사유를 제461조에 따른 재심사유로 한정하는 것은 재판상 화해의 구제를 너무 제한하는 것이므로, 신의칙상 실체법상의 흠인 강행법규위반, 반사회적 행위 등 중대한 흠의 경우에는 화해의 무효확인사유로 인정할 수 있다고 본다. 따라서 제461조에 따라 재판상 화해의 준재심을 구할 수 있는 사유를 재심에 따른 취소사유와 신의칙상 실체법상의 흠을 이유로 한 무효사유를 인정할 필요가 있다. 이렇게 함으로써 재판상 화해와 관련된 모든 사유는 제461조의 준재심의 소를 통하여 구제할 수 있도록 통일할 필요가 있다. 이렇게 하면 실체법상의 흠을 이유로 한 무효확인의 의미의 기일지정신청 또는 별소를 통한 화해무효확인청구와 같은 번거로운 별도의 방법을 인정하지 아니하고 제461조의 수단을 통하여 해결이 가능한 것이다. 결국 제한적 기판력설에 기초하지만 제461조의 준재심사유를 규정 자체에 의한 재심에 의한 취소사유와 신의칙에 의한 확대해석을 통하여 무효사유로 실체법상의 중대한 흠을 포함시켜, 제461조 내에서 구제방법을 강구하여야 한다. 이러한 면에서 보면 수정된 제한적 기판력설이라고 할 수 있다. 이렇게 이론구성을 한다면 대법원이 화해의 당연무효사유로 들고 있는 사망자를 당사자로 한 화해,[43] 실효조건의 성취[44] 등도 동일한 틀 안에서 해결이 가능할 것이다. 또한 재판상 화해가 강행법규에 위반한 경우에도 재심의 방법 이외에는 다툴 수 없다고 하여 불법을 방치한 입목에 관한 법률위반의 화해,[45] 농지개혁법위반의 화해,[46] 농어촌고리채정리법에 따라 소멸된 채권에 관한 화해,[47] 민법 제607조, 608조 위반의 화해,[48] 외국인토지법위반의 화해[49] 등의 경우도 무효사유를 이유로 한 제461조에 따른 준재심의 소를 제기하면 무효확인 의미의 판결을 함으로써 화해조서의 기판력을 배제하면 될 것이다.

이러한 시각에서 재판상 화해의 기판력의 효력범위의 문제를 새롭게 조명할 필요가 있다고 본다.

4. 집행력·형성력

(1) 화해조서가 일정한 이행의무를 구체적 내용으로 하는 경우에는 집행력을 갖는다(민집 56조 5항). 집행력이 미치는 인적 범위와 집행력의 배제방법 등은 집행력 있는 판결에 준한다. 또한 의사의 진술을 명하는 판결과 같이 화해조서에 소유권이전등기의무의 이행의무의 내용이 있는 경우에 화해조서만으로 채권자가 단독으로 등기절차를 신청할 수 있다는 점에서 넓은 의미의 집행력도 인정된다.[50] 판례는 재판상 화해에 의하여 소유권이전등기를 말소할 물권적 의무를 부담하는 자로부터 화해성립 후에 근저당권설정등기를 받은 자는 제218조 제1항의 변론종결 후의 승

---

43) 대판 1955. 7. 28, 4288민상144.
44) 대판 1988. 8. 9, 88다카2332; 대판 1993. 6. 29, 92다56056; 대판 1996. 11. 15, 94다35343.
45) 대판 1962. 4. 18, 4294민상1268.
46) 대판 1962. 5. 10, 4294민상1522.
47) 대판 1963. 4. 25, 63다135.
48) 대판 1969. 12. 9, 69다1565.
49) 대판 1979. 2. 27, 78다1585.
50) 정동윤/유병현/김경욱, 753면.

계인에 해당한다고 본다.[51]

(2) 또한 소송상의 화해는 소송행위의 성질뿐만 아니라, 사법상 화해로서의 성질도 가지고 있다고 할 것이다($\frac{알성}{설}$). 즉 사법상의 화해계약의 창설적 효력의 성질도 가지고 있다고 할 것이다($\frac{민}{732조}$). 따라서 화해조서가 일정한 법률관계의 발생·변경·소멸을 내용으로 할 때에는 형성력을 가진다.[52] 판례는 제소전화해, 조정, 화해권고결정, 조정을 갈음하는 결정에서 실체법상의 창설적 효력을 인정하고 있어 이를 간접적으로 시인하고 있다.[53] 화해에 의하여 확정된 채권에 대하여는 소멸시효가 10년으로 연장된다($\frac{민\ 165조}{1,\ 2항}$).

5. 화해의 효력을 다투는 방법

(1) 화해조서의 경정

화해조서에 잘못된 계산이나 기재, 그 밖에 이와 비슷한 잘못이 있음이 분명한 때에 판결에 준하여 법원은 직권으로 또는 당사자의 신청에 따라 경정결정을 할 수 있다($\frac{211조}{1항}$).[54]

(2) 화해에 무효·취소 원인이 있는 경우

① 재판상 화해(소송상화해 포함)에 무효·취소사유가 있는 경우에 다투는 방법은 화해의 법적 성질과 관련성이 있고, 기판력의 효력에 관한 견해와 직결되어 있다.

② 기판력 부정설에 의하면 화해의 실체법적 요건과 소송법적 요건에 흠이 있으면 무효원인이 되고, 화해의 의사표시에 흠(사기·강박, 착오)이 있으면 취소원인이 되며, 화해에 무효·취소 원인이 존재하면 기일지정신청이나, 별소에 의한 화해무효확인청구 또는 청구이의의 소 중에서 선택하면 된다($\frac{결합}{설}$).[55] 무제한 기판력설에 의하면 화해에 실체법적·소송법적 흠이 있다고 하여도 제461조에 따라 재심사유($\frac{451조}{1항}$)가 존재하는 경우에만 준재심의 소를 통하여 다툴 수 있고, 이에 해

---

51) 대판 1976. 6. 8, 72다1842; 대판 1977. 3. 22, 76다2778; 대판 1980. 5. 13, 79다1702(가등기관련사건임).

52) 同旨: 송상현/박익환, 501면; 정동윤/유병현/김경욱, 753면; 호문혁, 831면.

53) 대판 1988. 1. 19, 85다카1792; 대판 1992. 5. 26, 91다28528(이상 제소전 화해임); 대판 2006. 6. 29, 2005다32814; 대판 2019. 4. 25, 2017다21176(이상 조정이 성립된 경우임); 대판 2012. 5. 10, 2010다2558; 대판 2014. 4. 10, 2012다29557(이상 화해권고결정임); 대판 2017. 4. 26, 2017다200771; 대판 2023. 6. 29, 2023다219417(이상 조정을 갈음하는 결정임).

54) 대결 1960. 8. 12, 4293민재항200.

55) 정동윤/유병현/김경욱, 758면.

당하지 아니하는 무효·취소사유는 주장할 수 없다. 따라서 강행법규위반, 반사회적 행위 등도 재심사유에 해당하지 아니하면 주장할 수 없게 된다. 한편 제한적 기판력설에 의하면 제461조 소정의 준재심의 소를 통한 구제방법은 실체법상 무효·취소사유가 없는 경우의 구제방법이고, 실체법상 무효·취소사유가 있는 경우에는 기일지정신청 또는 별소를 통한 화해무효 확인청구가 가능하다고 본다.[56] 판례는 기본적으로 무제한 기판력설의 기조에서 화해조서가 사망자를 상대로 한 화해,[57] 화해조서의 기재사항이 특정되지 아니한 경우[58] 등과 같이 판결의 무효사유에 준하는 때에는 무효확인을 위한 기일지정신청이 가능하다고 보고 있지만, 향후 수정된 제한적 기판력설에 기초하여 준재심을 통하여 구제하는 것이 타당할 것으로 본다.

③ 생각건대 기판력의 범위를 제한하여야 한다는 점에서 기본적으로 제한적 기판력설이 타당하다. 그러나 구체적으로 소송상화해의 효력을 다투는 방법은 위 화해의 기판력의 범위에서 본 바와 같이 소송법적·실체법적 흠이 있는 경우에는 제461조의 재심사유에 해당하는 취소사유와 신의칙에 따라 제461조의 무효사유(판결 무효사유에 해당하는 경우, 강행법규위반 및 반사회적 행위 등)를 인정하여 준재심의 소의 방식으로 가능하도록 하는 것이 타당하다고 본다. 실체법상의 흠 중 무효사유가 아닌 사기·강박, 착오의 경우에는 재심사유가 있는 경우(예: 형사상 처벌을 받은 타인의 행위로 인한 경우)에 한하여 인정할 수 있을 것이다. 이러한 방법은 수정된 제한적 기판력설에 따른 것이다. 가장 합리적인 방안이라고 생각한다.

(3) 화해의 해제

① 화해조서상의 의무불이행을 이유로 화해를 해제할 수 있는지가 문제된다. 유보해제권에 의한 해제, 채무불이행에 의한 해제, 합의해제, 사정변경에 따른 해제권발생에 따른 해제 등이 있을 수 있다. 기판력 부정설이나 제한적 기판력설에서는 이를 인정할 수 있다. 하지만 무제한 기판력설에서는 이를 인정하지 아니한다. 무제한 기판력설을 취하는 판례도 기본적으로 이를 인정하지 아니한다.[59] 하

---

56) 이시윤, 597면.
57) 대판 1955. 7. 28, 4288민상144.
58) 대판 1965. 2. 3, 64다1387; 대판 1995. 5. 12, 94다25216.
59) 대판(전) 1962. 2. 15, 4294민상914; 대판 2012. 4. 12, 2011다109357(조정조항에 정한 의무의 불이행을 이유로 조정의 무효 또는 해제를 주장할 수 없음). 또한 갑·을 사이에 제1화해가 성립한 후에 다시 제1화해와 모순·저촉되는 제2화해가 성립하였다 하여도 제1화해가 조서에 기재되어 기판력이 발생한 이상 제2화해에 의하여 제1화해가 당연히 실효·변경될 수 없고, 나아가 제1

지만 판례가 실효조건부 화해에 기한 실효를 인정하고 있다는 점[60]에 비추어 보면 판례는 무제한 기판력설이 아닌 수정된 제한적 기판력설의 입장으로 해석할 여지가 있다고 본다.

② 화해가 해제된 경우에 기존의 화해의 소급적 소멸을 확인하는 의미에서 준재심의 소를 제기하고, 해제에 따른 손해배상청구 등은 가능한 청구의 병합의 형태로 처리하는 것이 타당하다고 본다. 이에 대하여 실권조건부 화해에 따른 해제나 유보해제권에 기한 해제의 경우에는 화해 전의 권리관계가 부활하므로 기일지정신청의 방법으로 하고, 나머지는 화해상 권리관계의 청산을 위하여 신소를 제기하여야 한다는 견해가 있다.[61]

제 3 관 화해권고결정

I. 의   의

(1) 화해권고결정이라 함은 수소법원·수명법관 또는 수탁판사가 소송에 계속 중인 사건에 대하여 직권으로 당사자의 이익, 그 밖의 모든 사정을 참작하여 청구의 취지에 어긋나지 아니하는 범위 안에서 사건의 공평한 해결을 위한 화해권고결정을 할 수 있는 제도를 말한다($\frac{225조}{1항}$). 이러한 결정에 대하여 당사자가 2주 이내에 이의신청을 하지 아니하면 재판상 화해가 성립된 것으로 본다($\frac{225\sim}{232조}$).

(2) 화해권고결정제도는 소송계속 중의 화해를 장려하기 위하여 제정 민사소송법 이래 규정되어 있던 것을 신법에서 화해권고제도($\frac{145}{조}$)를 한층 강화하였다고 볼 수 있다.[62] 또한 민사조정법상의 조정을 갈음하는 결정에 대하여 당사자가 2주 이내에 이의신청을 하지 아니하면 조정이 확정되어 재판상 화해와 동일한 효력이 있도록 한 규정($\frac{민조\ 30,}{34조\sim}$)의 취지를 소송절차에 도입한 것으로 보인다.

(3) 또한 화해권고결정제도는 수소법원이 조정절차에 회부하지 아니하고 자신

화해조서의 집행으로 마쳐진 을(乙) 명의의 소유권이전등기는 여전히 유효하다고 한다(대판 1994.
7. 29, 92다25137).
60) 대판 1965. 3. 2, 64다1514; 대판 1988. 8. 9, 88다카2332; 대판 1993. 6. 29, 92다56056.
61) 정동윤/유병현/김경욱, 758면.
62) 제정 민사소송법 제135조에 규정한 이래 현행 민사소송법에도 그대로 있는 화해권고
(145조)는 법원은 소송의 정도와 관계없이 화해를 권고하거나, 수명법관 또는 수탁판사로
권고하게 할 수 있는 제도이다.

또는 수명법관·수탁판사에게 화해권고결정을 할 수 있게 함으로써 소송절차의 정지 없이 소송절차 내에서 직접 화해를 권유할 수 있다는 점에서 절차가 간소화 되었다는 장점이 있다. 복리국가이념에 따른 사법부의 후견적 기능의 강화라는 면에서 보면 바람직한 시도라고 본다. 또한 화해권고결정 전에 2007년 7월 13일 법률 8499호로 개정되어 민사소송법에 도입된 전문심리위원제도상의 전문상담을 거치도록 한다면 더욱 빛을 발할 수 있을 것으로 본다.[63] 그러나 화해권고결정이 이의 없이 확정되면 재판상 화해와 같은 효력이 발생하므로 제한적이지만 기판력이 발생하므로 남용되지 아니하도록 신중한 운영이 필요할 것으로 보인다.[64]

II. 화해권고결정 및 송달

(1) 수소법원·수명법관 또는 수탁판사가 소송에 계속 중인 사건에 대하여 직권으로 당사자의 이익, 그 밖의 모든 사정을 참작하여 청구의 취지에 어긋나지 아니하는 범위 안에서 사건의 공평한 해결을 위한 화해권고결정을 할 수 있다(225조).

(2) 화해권고결정은 소송계속 중이면 가능하므로 심급에 관계없이 할 수 있다.[65] 변론절차뿐만 아니라 변론준비절차에서도 가능하다(225; 286조). 화해권고결정은 직권으로 하는 것이므로, 설사 당사자의 화해권고결정을 구하는 신청이 있다고 하여도 이것은 직권발동을 촉구하는 의미밖에 없다.

(3) 또한 민사소송법 제145조의 화해권고는 화해권고결정과 별도로 자유롭게 할 수 있는 것이므로 화해권고결정의 전제요건으로 볼 수 없다. 따라서 화해권고 중 또는 화해권고와 상관없이 화해권고결정을 할 수 있다. 이의신청을 줄이기 위하여는 실무적으로 당사자와 충분한 교감 후에 하는 것이 타당하다.

화해권고결정은 결정서를 작성하는 방식 또는 기일에 구두로 결정을 하여 내용을 조서에 기재하는 방식으로도 가능하다(225조 2항). 화해권고결정서에는 원인을 적어야 한다(규칙 57조 1항). 조서로 하는 경우에는 해당 기일조서에 다는 취지를 적고, 청구취지와 원인을 적은 화해권고결정조서를 (규칙 57조 2항, 31조).

유병현/김경욱, 759면; 호문혁, 834면.
권고결정을 할 수 있다는 것이 과연 타당한지 의문이라는 견해가

(5) 법원사무관 등은 결정서 또는 화해권고결정 내용을 적은 조서의 정본을 당사자에게 송달하여야 한다($^{225조}_{2항}$). 결정서 또는 화해권고결정 내용을 적은 조서의 정본을 송달하는 때에는 그 결정서 또는 조서의 정본을 송달받은 날부터 2주 안에 이의를 신청하지 아니하면 화해권고결정이 재판상 화해와 같은 효력을 가지게 된다는 취지를 당사자에게 고지하여야 한다($^{규칙}_{58조}$). 당사자의 이의신청권의 보장을 위하여, 결정서 또는 조서의 정본은 우편송달($^{187}_{조}$), 공시송달($^{194}_{조}$)의 방법으로 송달할 수 없다($^{225조}_{2항 단서}$). 따라서 우편송달, 공시송달 외의 방법으로 양쪽 또는 한쪽 당사자에게 결정서 또는 조서의 정본을 송달할 수 없는 때에는 법원은 직권 또는 당사자의 신청에 따라 화해권고결정을 취소하여야 한다($^{규칙 59}_{조 1항}$). 화해권고결정이 취소된 경우에 관하여는 소송은 화해권고결정 이전의 상태로 돌아가고, 그 이전에 행한 소송행위는 그대로 효력을 가진다($^{규칙 59조 2항,}_{법 232조 1항}$).

Ⅲ. 이의신청

(1) 당사자는 화해권고결정에 대하여 그 결정서 또는 조서의 정본을 송달받은 날부터 2주 이내에 이의를 신청할 수 있다($^{226조}_{1항}$). 다만, 그 정본이 송달되기 전에도 이의를 신청할 수 있다($^{동항}_{단서}$). 2주의 기간은 불변기간이다($^{226조}_{2항}$). 따라서 귀책사유 없이 이의신청 기간을 넘은 경우에는 추후보완신청이 가능하다. 법원·수명법관 또는 수탁판사는 이의신청이 법령상의 방식에 어긋나거나 신청권이 소멸된 뒤의 것임이 명백한 경우에는 그 흠을 보정할 수 없으면 결정으로 이를 각하하여야 하며, 수명법관 또는 수탁판사가 각하하지 아니한 때에는 수소법원이 결정으로 각하하여야 한다($^{230조}_{1항}$). 그 각하결정에 대하여는 즉시항고를 할 수 있다($^{동조}_{2항}$).

(2) 이의신청은 이의신청서를 화해권고결정을 한 법원에 제출하여야 한다($^{227조}_{1항}$). 이의신청서에는 당사자와 법정대리인, 화해권고결정의 표시와 그에 대한 이의신청의 취지를 기재하여야 하고($^{동조}_{2항}$),[66] 법원은 당사자가 이의를 신청한 때에는 이의신청의 상대방에게 이의신청서의 부본을 송달하여야 한다($^{동조}_{4항}$). 이의신청권은 그 신청 전까지 포기할 수 있고($^{229조}_{1항}$), 이의신청권의 포기는 서면으로 하여야 하며($^{동조}_{2항}$), 포기서면은 상대방에게 송달하여야 한다($^{동조}_{3항}$).

---

66) 대판 2011. 4. 14, 2010다5694(서면의 표제가 준비서면 등 다른 명칭을 사용하고 있더라도 그 내용에 이의신청의 취지가 있으면 족하다고 하여, "제1심 판결 중 패소부분은 받아 들일 수 없다."는 취지의 준비서면과 항소장을 화해권고결정에 대한 이의신청으로 보았음).

(3) 이의신청이 적법한 경우에는 소송은 화해권고결정 이전의 상태로 되돌아가고, 그 이전에 행한 소송행위는 그대로 효력을 가진다($\frac{232조}{1항}$).

(4) 이의신청을 한 당사자는 그 심급의 판결이 선고될 때까지 상대방의 동의를 얻어 이의신청을 취하할 수 있다($\frac{228조}{1항}$).

Ⅳ. 화해권고결정의 효력

(1) 당사자가 화해권고결정서 또는 화해권고결정의 내용이 기재된 조서의 정본을 송달받고 2주 이내에 이의신청을 하지 아니하면 화해권고결정은 재판상 화해와 같은 효력을 가진다($\frac{231조}{1호}$). 또한 이의신청에 대한 각하결정이 확정된 때($\frac{동조}{2호}$), 당사자가 이의신청을 취하하거나 이의신청권을 포기한 때($\frac{동조}{3호}$)에도 동일한 효력을 가진다.

(2) 화해권고결정이 확정되면 재판상 화해와 같은 효력을 가진다($\frac{231}{조}$). 재판상화해는 확정판결과 같은 효력을 가지므로($\frac{220}{조}$), 결국 화해권고결정도 확정판결과 동일한 효력을 가지게 된다.[67] 따라서 확정된 화해권고결정은 기판력을 가지며, 집행력·형성력도 인정된다.

제 4 관 제소전화해

Ⅰ. 의 의

제소전화해(提訴前和解)라 함은 민사상 다툼이 소송으로 발전하는 것을 방지하기 위하여, 당사자의 신청에 따라 소제기 전에 지방법원 단독판사 또는 시·군법원 판사 앞에서 행하는 화해를 말한다($\frac{385조}{1항}$). 제소전화해는 소제기 전에 소송을 예방하기 위하여 한다는 점에서 소송계속 후에 이루어지는 소송상화해와 차이가 있다. 하지만 당사자의 의사에 의하여 분쟁을 종료시킨다는 점에서 법적 성질, 요건

---

67) 대판 2012. 5. 10, 2010다2558(기판력의 기준시는 확정된 때이며, 말소청구소송이나 진정명의회복을 원인으로 한 소유권이전등기청구소송 중에 화해권고결정이 확정되면 상대방은 여전히 물권적인 방해배제의무를 지는 것이고, 창설적 효력이 있다고 하여 그 청구권의 법적성질이 채권적 청구권으로 바뀌지 아니함); 대판 2014. 4. 10, 2012다29557(재판상 화해와 같은 효력을 가지며 또한 창설적 효력도 가짐); 대판 2015. 5. 28, 2012다78184(보조참가인과 피참가인 사이에 참가적 효력은 발생하지 아니함).

및 효력은 소송상화해와 같다고 보면 된다. 다만 제소전화해는 당사자의 신청이 있어야 개시된다.

II. 실제 운영상의 문제점과 그 개선책

(1) 제소전화해의 원래 취지는 당사자 사이에 민사상 다툼이 있을 때에 소송으로 발전하는 것을 예방하기 위하여, 소송계속 전에 미리 법관 앞에서 화해하도록 하는 것이다.

그러나 실무에서는 당사자 사이에 성립된 다툼 없는 계약내용을 제소전화해조서에 기재하여 확정판결과 같은 집행권원을 미리 만들어 두는 데 이용되고 있는 실정이다. 실제로는 당사자 사이의 계약 내용을 법관이 확인하는 공증적 역할이 주된 것이다. 특히 공정증서는 금전 등 대체물에 대하여만 집행권원이 되므로 ($\frac{\text{민집}}{\text{조 4호}}$56), 이것이 불가능한 등기청구 등에 관하여 간단히 집행권원을 확보하기 위하여 애용되고 있다. 제소전화해가 실제로 이렇게 이용된다고 하여도 화해를 통하여 분쟁을 예방한다는 원래 취지와는 다르지만 제소전화해가 순기능을 하고 있다고 평가할 수 있다.

(2) 그러나 i) 금전소비대차의 채권자가 경제적 우위를 이용하여 고액의 담보물을 소액의 대여금으로 취득하는 방편으로 제소전화해를 이용하거나, ii) 판례가 무제한 기판력설을 따름을 기화로 강행법규의 탈법을 합법화시키고 뒤에 재판으로 다투는 길을 봉쇄하는 방편[68]으로 악용되거나, iii) 법률을 잘 모르는 상대방으로부터 대리인 선임권을 위임받아 제소전화해를 성립시켜 부당한 이익을 취하는 등으로 남용되는 경우가 있다. 위 i)과 같은 악용을 방지하기 위하여 「가등기담보 등에 관한 법률」을 제정하여 시행 중에 있고, 위 ii)와 같은 남용을 막기 위하여 부동산등기법상 집행력 있는 판결이나 이와 같은 효력을 가지는 화해조서 등에 의한 등기신청의 경우에 등기원인에 대하여 행정관청의 허가, 동의 또는 승낙이 필요할 때에 이를 증명하는 서면의 제출을 면제하였음에도 불구하고($\frac{\text{부등}}{\text{조 3항}}$40), 부동산 등기특별조치법 제5조에 따른 소유권이전등기 신청시에 위 허가, 동의 또는 승낙, 신고를 증명하는 서면의 제출을 요구하고 있으며, 위 iii)을 방지하기 위하여 1990년 민사소송법 개정에서 제소전화해를 위하여 대리인의 선임권을 상대방에게 위

---

68) 예컨대 민법 제607조, 608조에 위반하는 제소전화해를 한 경우에도 현재의 무제한 기판력설에 의하면 이를 무효로 할 방법이 없게 된다(대판 1969. 12. 9, 69다1565).

임할 수 없고, 법원은 필요한 경우 대리권의 유무를 조사하기 위하여 당사자 본인 또는 법정대리인의 출석을 명할 수 있게 하였다($\frac{385조}{2, 3항}$). 그러나 현실적으로 이러한 남용을 완전히 근절할 수는 없다.

(3) 제소전화해가 원래 취지와 달리 남용되고 있다는 이유로 입법론·해석론적으로 신중한 재검토 의견이 제시된다.[69] 이 견해의 요지는 독일이 이 제도를 폐지하고 1990년 사법간소화개정법(Rechtspflegevereinfachungsgesetz)에 의하여 변호사화해제도(Anwaltsvergleich)를 도입하였고, 일본에서도 제소전화해가 간이법원의 특례절차인 점을 들고 있다. 법원의 권위를 유지하기 위하여 제소전화해제도를 없애고 공증인의 소관업무로 하여 집행력만을 부여하도록 하여야 한다는 것이다. 그러나 제소전화해는 원래 예상하지 못한 분쟁의 예방이라는 순기능을 하는 측면이 있고, 지금까지 남용을 막기 위하여 「가등기담보 등에 관한 법률」 등을 제정하여 나름대로 성과를 거두었다는 점에 비추어 보면 섣불리 제소전화해제도를 폐지하는 것은 신중을 기하여야 한다고 본다. 오히려 판례가 제소전화해의 효력과 관련하여 무제한 기판력설을 취하고 있는 부분을 제461조(준재심의 소)의 해석·운영의 개선을 통하여 실체법상의 흠(예: 강행법규위반, 반사회 행위 등)은 준재심의 소에서 해결하여 그 폐해를 줄이고, 한편 분쟁해결방식의 다양화와 사법수요자의 편의라는 측면에서 집행력만을 갖는 변호사화해제도를 추가 신설하는 것을 적극 검토할 필요가 있다고 본다.

(4) 제소전화해제도의 개선 논의에 따라 2013년 5월 28일 법률 제11823호(시행: 2013. 11. 29.)로 공증인법 제56조의3을 개정하여 건물·토지·특정동산의 인도를 구하는 경우에도 집행증서를 작성할 수 있도록 대상을 확대하였다. 다만 사회적 약자인 임차인의 보호를 강화하기 위하여 임차건물 반환에 관한 집행증서는 임대차 관계의 종료에 따라 건물을 반환하기 전 6개월 이내에만 작성할 수 있도록 제한하면서 임대인이 상환할 보증금 반환도 함께 이루어질 수 있도록 하였고($\frac{공증 56조}{의3, 1항}$), 건물·토지·특정동산의 인도에 관한 집행증서의 집행문은 법원의 허가를 받아 부여하도록 하였다($\frac{통조}{4항}$). 제소전화해와 병존하여 이를 인정하고 있다. 인도 관련 집행증서가 요건 등의 까다로움으로 인하여 그 이용이 저조한 편이라 개선의 필요성이 있다는 생각이 든다.

---

69) 이시윤, 601면; 정동윤/유병현/김경욱, 763면.

Ⅲ. 화해신청

1. 관   할

제소전화해를 원하는 당사자는 상대방의 보통재판적이 있는 곳의 지방법원에 이를 신청할 수 있다($\frac{385조}{1항}$). 청구의 종류나 금액의 적고 많음에 관계 없이 지방법원 단독판사의 직무관할에 속한다($\frac{법조 7조}{4항}$). 다만 시·군법원 관할구역 내의 사건은 시·군법원의 배타적 사물관할에 속한다($\frac{법조 34조}{1항 2호}$).

2. 화해의 요건

(1) 화해는 당사자가 임의로 처분할 수 있는 권리관계에 관한 것이어야 한다. 소송상 화해에서와 같다.

(2) 다만, 화해의 대상이 되는 권리관계에서 다툼이라는 것이 어떤 의미를 가지는지가 문제이다. 특히 화해의 방식과 관련된 규정 중 제385조 제1항에서 '민사상 다툼에 관하여'라고 하고 있어 더욱 그렇다. 여기에 관하여 제소전화해를 신청하기 위하여는 현실의 분쟁이 있을 경우에 한한다는 현실분쟁설(現實紛爭說)[70]과 반드시 현재의 분쟁뿐만 아니라 장래에 분쟁의 발생가능성이 있는 경우에도 대상이 된다고 하는 장래분쟁설(將來紛爭說)[71]이 있다.

생각건대, 현실분쟁설이 제385조 제1항의 규정에 충실한 해석이기는 하지만, 현실의 분쟁이 있는 경우에만 제소전화해를 인정한다면 제소전화해제도의 이용이 매우 제한되어 제도 자체가 거의 무의미하여질 수 있고, 제소전화해가 분쟁의 발생을 예방할 수 있는 순기능을 할 수 있다는 점을 과소평가할 필요가 없다고 본다. 또한 현재의 제소전화해의 폐단을 이유로 현실분쟁만으로 제한하는 것은 '구더기 무서워 장을 담그지 못하는 형국'에 지나지 아니한 것으로서, '민사상 다툼'의 의미를 넓게 보아 장래 분쟁의 발생가능성이 있는 경우에도 그 대상이 되어야 할 것이다.

---

70) 강현중, 632면; 김홍엽, 781면; 이시윤, 601면; 호문혁, 836면.
71) 송상현/박익환, 504면; 정동윤/유병현/김경욱, 763면; 한충수, 562면.

3. 신청방식

(1) 제소전화해신청은 서면 또는 말로 할 수 있고($^{161}_{조}$), 신청의 취지·원인과 다투는 사정을 밝혀야 한다($^{385조}_{1항}$). 신청서에는 소장의 1/5의 인지를 붙여야 한다($^{민인\,7조}_{1항}$).

(2) 당사자는 화해를 위하여 대리인을 선임하는 권리를 상대방에게 위임할 수 없고($^{385조}_{2항}$), 법원은 필요한 경우 대리권의 유무를 조사하기 위하여 당사자본인 또는 법정대리인의 출석을 명할 수 있다($^{동조}_{3항}$). 제소전화해를 위하여 상대방에게 대리인선임권을 위임하는 것을 막기 위하여 1990년 민사소송법 개정 시에 도입하였다.

(3) 화해신청에는 그 성질에 어긋나지 아니하면 소에 관한 규정을 준용한다($^{385조}_{4항}$). 신청서 제출 시에 분쟁의 목적인 권리관계에 대하여 시효중단의 효력이 발생한다($^{388조}_{2항}$). 다만 화해가 성립하지 아니한 경우에는 1월 이내에 소를 제기하지 아니하면 시효중단의 효력이 없게 된다($^{민}_{173조}$).

Ⅳ. 절   차

(1) 화해신청의 요건 및 방식에 흠이 있는 경우에는 법원은 결정으로 이를 각하한다. 이에 대하여 신청인은 항고할 수 있다($^{439}_{조}$).

(2) 화해의 신청이 적법한 경우에는 법원은 화해기일을 정하여 신청인 및 상대방에게 통지한다. 화해기일은 변론기일이 아니므로 공개할 필요는 없다. 화해가 성립되지 아니한 때에는 법원사무관 등은 그 사유를 조서에 적어야 한다($^{387조}_{1항}$). 신청인 또는 상대방이 기일에 출석하지 아니한 때에는 법원은 이들의 화해가 성립되지 아니한 것으로 볼 수 있다($^{동조}_{2항}$). 법원사무관 등은 화해불성립조서등본을 당사자에게 송달하여야 한다($^{동조}_{3항}$).

(3) 당사자는 화해가 불성립한 경우에는 소제기신청을 할 수 있다($^{388조}_{1항}$). 적법한 소제기신청이 있으면 화해신청을 한 때에 소가 제기된 것으로 보며, 이 경우 법원사무관 등은 바로 소송기록을 관할법원에 보내야 한다($^{동조}_{3항}$). 소제기 신청은 신청인 및 상대방이 화해불성립조서등본이 송달된 날부터 2주 이내에 하여야 하지만, 조서등본이 송달되기 전에도 신청할 수 있다($^{동조}_{3항}$). 이는 불변기간이다($^{동조}_{4항}$). 화해가 성립되지 아니한 경우 화해비용은 신청인이 부담하지만, 다만 소제기신청이 있는

경우에는 화해비용을 소송비용의 일부로 한다($\frac{389}{조}$).

(4) 화해기일에 화해가 성립된 때에는 법원사무관 등은 조서에 당사자, 법정대리인, 신청의 취지와 원인, 화해조항, 날짜와 법원을 표시하고 판사와 법원사무관 등이 기명날인한다($\frac{386}{조}$). 화해가 성립된 경우 화해비용은 특별한 합의가 없으면 당사자들이 각자 부담한다($\frac{389}{조}$).

V. 제소전화해조서의 효력

1. 확정판결과 같은 효력

제소전화해조서는 소송상화해조서와 같이 확정판결과 같은 효력을 가진다($\frac{220}{조}$). 따라서 기판력·집행력·형성력을 가진다. 기판력의 효력 유무 및 그 범위에 관하여도 소송상화해의 경우와 같다. 판례의 무제한 기판력설은 개선되어야 하며, 전술한 바와 같이 제한적 기판력설을 따르되 실체법상의 흠도 신의칙의 해석기능에 기초하여 제461조의 준재심의 소의 무효사유로 포섭하여 준재심의 소로 다투는 방법을 강구할 필요가 있다고 본다(수정된 제한적 기판력설). 제소전화해는 소송계속 전에 하는 화해이므로 소송상의 화해와 달리 소송종료효는 생길 여지가 없다.

2. 창설적 효력

제소전화해의 법적 성질을 어떻게 볼 것인가에 따라 다르다. 사법행위설, 양행위경합설 및 양성설에 의하면 제소전화해의 창설적 효력을 인정할 수 있다. 소송상화해의 법적 성질에서 검토한 바와 같이 양성설에 의하는 것이 화해의 법적 성질을 가장 잘 설명할 수 있다. 판례도 수정된 양성설의 입장으로 해석될 수 있으므로 창설적 효력을 인정하고 있다.[72]

---

72) 대판 1977. 6. 7, 77다235; 대판 1992. 5. 26, 91다28528; 대판 2006. 6. 29, 2005다32814, 32821(조정의 효력에 관한 것임); 대판 2013. 2. 28, 2012다98225(창설적 효력이 미치는 범위는 당사자가 서로 양보하여 확정하기로 합의한 사항에 한하고, 화해의 전제로서 서로 양해하고 있는데 불과한 사항은 창설적 효력이 생기지 아니함. 민사조정법상의 조정에도 같은 취지로, 대판 2019. 4. 25, 2017다21176).

3. 화해조서의 무효확인 · 취소의 효과

준재심의 소의 방법으로 화해조서의 무효확인 · 취소가 이루어진 경우에는 소송상의 화해의 경우와 달리 부활할 종전의 소송이 없으므로 화해의 불성립으로 화해절차가 종결될 뿐이다.

제 5 관　재판상 화해와 같은 효력이 있는 경우

1. 법원의 조정조서 및 각종 위원회의 조정조서 등

(1) 재판상 화해 자체는 아니지만 법률에 의하여 그 효력을 재판상 화해와 동일한 것으로 간주하는 경우가 있다. 이를 화해간주 또는 의제화해라고 부르기도 한다.[73] 여기에는 법원에서 하는 조정이 있고, 그 밖에 각종 위원회에서 하는 조정으로 나누어 볼 수 있다.

(2) 법원의 조정조서

법원에서 직접 조정을 하여 조정조서가 만들어진 경우로는 i) 민사조정조서 (민조 28조), ii) 가사조정조서(가소 59조), iii) 조정을 갈음하는 결정조서(민조 34조 4항) 등이 있다. 해당 법률에 의하여 재판상 화해와 같은 효력을 가진다.

(3) 각종 위원회의 조정조서 등

① 각종 위원회에 의한 조정은 해당 법률에 따라 재판상 화해의 효력을 가지는 경우와 민법상의 화해와 같은 효력만을 인정하는 경우로 나누어진다. 효력에 차이가 나는 명확한 근거나 기준은 없고, 위원회의 위상 · 법률의 제정 당시의 상황 등에 따라서 결정되는 측면이 많다. 특히 법관의 관여 없이 이루어지는 각종 위원회의 조정에 재판상 화해와 같은 효력을 인정하여 기판력을 인정한다는 것은 헌법상의 '법관에 의한 재판을 받을 권리'를 침해할 여지가 많으므로 위헌의 소지가 높다.[74] 헌법재판소가 국가배상법에 의한 배상심의회의 배상결정에 동의하면

---

73) 이시윤, 604면.
74) 同旨: 정동윤/유병현/김경욱, 766면.

재판상 화해의 효력이 있다는 국가배상법 제16조에 대하여 위헌결정을 한 것에 비추어 보면 더욱 그렇다.[75]

② 각종 위원회의 조서 중 재판상 화해와 같은 효력을 갖는 경우로는 소비자 분쟁조정위원회의 조정조서(소기 67조 4항), 의료심사조정위원회의 조정조사서(의료 75조 3항), 산업재산권분쟁조정위원회의 조정조서(발명진흥법 46조 2항), 저작권위원회의 조정조서(저작 117조 2항), 국제계약분쟁조정위원회의 조정(국계 31조 2항), 언론중재위원회의 조정성립·조정간주(피신청 언론사 등의 2회 불출석)·직권조정결정에 이의가 없는 경우(언론중재 23조, 19조 3항, 22조 1항), 민주화운동관련자 명예회복 및 보상심의위원회의 보상금 등 지급결정(민주화보상법 18조 2항)[76] 등이 있다. 이러한 조정조서에 기한 민사집행이 필요한 경우에는 1992년 3월 2일 대법원규칙 제1198호로 제정(1998. 7. 6. 대법원규칙 제1558호, 2002. 6. 28. 대법원규칙 제1768호로 2차례 개정됨)된 「각종 분쟁조정위원회 등의 조정조서 등에 대한 집행문부여에 관한 규칙」에 따른 집행문부여절차를 거쳐야 한다.

③ 그 외에 건설분쟁조정위원회·집합건물분쟁조정위원회·약관분쟁조정협의회의 조정서(건기 78조 4항), 건축분쟁조정위원회의 조정서(건축법 96조 4항), 전자거래분쟁조정위원회의 조정조서(전자거래기본법 35조 3항), 개인정보분쟁조정위원회의 조정서(정보통신망 이용촉진 및 정보보호 등에 관한 법률 38조 4항), 자동차분쟁심의위원회가 한 조정결정[77] 등의 경우에는 민법상의 화해와 같은 효력이 발생할 뿐이다.

2. 형사소송절차 등에서의 민사화해

(1) 「소송촉진 등에 관한 특례법」이 2005년 12월 14일 법률 7728호로 개정되어 형사소송절차에서의 민사화해제도를 신설하였다. 이는 소송촉진 등에 관한 특례법상의 종래의 배상명령제도 이외에 인정하는 것으로서 민·형사사건에 있어서 분쟁해결을 통합하여 해결하려는 시도로서 분쟁해결의 신속·효율성을 위하여 의미가 크다고 본다.

---

75) 헌재 1995. 5. 25, 91헌가7.

76) 대판(전) 2015. 1. 22, 2012다204365. 다만 구 「민주화운동 관련자 명예회복 및 보상에 관한 법률」 제18조 제2항에 따른 화해간주조항 중 정신적 손해 부분에 대하여 헌법재판소의 일부 위헌결정이 선고된 후에 종전에 위자료 청구를 하였다가 위 제18조 제2항에 따라 소각하 판결을 받았다고 하여도 재차 위자료 청구를 하는 것은 위 제18조 제2항에 따른 화해간주가 성립된 것으로 볼 근거가 사라졌으므로 기판력에 저촉된다고 할 수 없다(대판 2023. 2. 2, 2020다270633; 대판 2023. 2. 2, 2021다211600).

77) 대판 2019. 8. 14, 2017다217151(조정결정에 부제소합의가 포함되지 않았다고 보았음).

(2) 그 내용을 보면 형사피고사건의 피고인과 피해자 사이에 민사상 다툼(다만, 해당 피고사건과 관련된 피해에 관한 다툼을 포함하는 경우에 한함)에 관하여 합의한 경우, 해당 피고사건이 계속 중인 제1심 또는 제2심 법원에 공동하여 그 합의를 공판조서에 기재하여 줄 것을 신청할 수 있다(소촉 36조 1항). 합의가 피고인의 피해자에 대한 금전지불을 내용으로 하는 경우 피고인 외의 자가 피해자에 대하여 그 지불을 보증하거나 연대하여 의무를 부담하기로 합의한 때에는 민사화해 신청과 동시에 피고인 및 피해자와 공동하여 그 취지를 공판조서에 기재하여 줄 것을 신청할 수 있다(동조 2항). 이러한 신청은 변론종결 전까지 공판기일에 출석하여 서면으로 하여야 한다(동조 3항). 서면에는 당해 신청과 관련된 합의 및 그 합의가 이루어진 민사상 다툼의 목적인 권리를 특정함에 충분한 사실을 기재하여야 한다(동조 4항).

(3) 합의가 기재된 공판조서의 효력은 민사소송법 제220조를 준용하므로 재판상 화해와 같이 확정판결과 같은 효력이 생긴다(소촉 36조 5항). 하지만 제461조를 준용하고 있지 아니하여 기판력은 발생하지 아니하고,[78] 집행력만 있다고 할 것이다. 화해비용은 특별한 합의가 없으면 당사자들이 각자 부담한다(동조 5항).

(4) 기타 검찰 수사단계에서 범죄피해자보호법 제41조 내지 제46조에 따른 형사조정이 가능하다. 이것은 행정부에서 하는 조정의 하나라고 할 수 있다. 형사조정이 성립된 경우에는 민사상의 화해계약과 같은 효력이 있다.[79] 분쟁해결의 측면에서 매우 의미 있는 시도라고 평가된다.

---

78) 同旨: 정동윤/유병현/김경욱, 766면.
79) 同旨: 이시윤, 605면.

제 3 장 종국판결에 의한 종료

민사소송법이 예정하고 있는 전형적인 소송종료의 원인은 종국판결에 의하여 종료되는 것이다. 종국판결은 소송절차의 완료를 목적으로 하는 판결로서 이것이 확정되면 소송이 종료된다. 그런데 종국판결은 판결의 한 종류이고, 판결은 재판 중 하나이다. 따라서 본장에서의 서론 부분에 해당하는 제1절에서는 재판일반에 관하여 살펴보고, 제2절에서 판결의 종류, 제3절에서 판결의 성립, 제4절에서 판결의 효력, 제5절에서 종국판결의 부수적 재판으로서 가집행선고 및 소송비용의 재판에 관하여 보도록 한다.

제 1 절 재판일반

I. 재판의 의의

재판(Entscheidung)이라 함은 고유한 의미로는 법원이 소송사건에 관한 심판의 청구에 대하여 하는 그 적부의 판단 또는 그 주장의 당부에 관한 공권적 판결[1]을 의미한다. 즉 종국판결과 같은 뜻이다. 그러나 민사소송법상의 재판은 이것보다는 넓은 개념으로서 널리 재판기관이 일반적으로 소송에 관하여 하는 판단 또는 의사표시로서 소송법상의 효과가 발생하는 법원의 소송행위를 말한다. 재판의 내용은 소송사건에 대한 판결, 소송지휘상의 조치(예: 기일의 지정, 변론의 제한·분리·병합, 석명준비명령 등), 소송절차의 부수적·파생적 조치(예: 제척·기피결정, 이송결정, 소송비용액의 확정결정 등), 집행법원의 집행처분(예: 채권의 압류명령, 추심·전부명령 등)이 있다. 재판을 가사소송에서는 심판(審判)이라고 한다(가소 39조).

(1) 재판은 재판기관인 법원·재판장·수명법관 또는 수탁판사가 하는 행위이다. 따라서 재판기관 이외의 사법기관인 사법보좌관, 법원사무관 등이나 집행관의 행위와 구별된다. 재판기관 이외의 사법기관이 일정한 법적 판단을 하는 경우(예:

---

1) 방순원, 557면.

사법보좌관에 의한 경매개시결정, 법원사무관 등에 의한 집행문의 부여, 집행관에 의한 압류금지물의 인정 등)가 있으나 이는 '처분'이라 하여 재판과 구별된다. 중재인이 하는 중재판정도 재판기관이 하는 것이 아니므로 재판이 아니다($\frac{중재}{29조}$).

(2) 재판은 재판기관의 관념적 판단 또는 의사의 표시로서 효력을 갖는 것을 의미한다. 그러므로 재판기관의 사실상의 행위인 변론의 청취, 증거조사, 판결의 선고 등과는 구별된다.

Ⅱ. 재판의 종류

1. 판결 · 결정 · 명령

재판의 주체 · 성립절차의 차이에 의한 구별이다. 그 가운데 판결이 가장 중요하므로 법률은 판결을 중심으로 규정하고 있고, 결정 · 명령은 그 성질이 반하지 않는 한 판결에 관한 규정을 준용한다($\frac{224조}{1항 본문}$).

(1) 판   결(判決, Urteil)

판결은 법원이 필수적 변론을 거쳐서 하는 재판으로서($\frac{134조}{1항 본문}$), 법률이 정한 형식을 갖춘 재판서(판결서)를 작성하고, 이에 기하여 선고를 하여야 한다. 판결은 당사자의 신청인 소 · 항소 · 상고 등의 중요한 사항을 대상으로 하고, 그 불복방법은 항소 · 상고이다. 또한 판결은 법원을 기속(羈束)한다.

(2) 결   정(決定, Beschluss)

결정은 법원이 임의적 변론을 거쳐서 하는 재판으로서($\frac{134조}{1항 단서}$), 재판서를 반드시 작성할 필요가 없고, 상당한 방법으로 고지(告知)하면 된다. 결정의 대상은 경미하거나 신속한 판단이 요구되는 사항이며, 그 불복방법은 항고 · 재항고 또는 이의신청이다. 결정은 법원을 기속하지 아니한다.

(3) 명   령(命令, Verfügung)

명령은 재판장 · 수명법관 또는 수탁판사가 하는 재판으로서(예: 소장의 각하, 기일의 지정 등), 그 절차 · 고지방법 · 대상 · 효력은 결정의 경우와 대체로 같다. 명령에 대한 불복방법도 항고 · 재항고 또는 이의신청으로서 결정과 같다. 다만 민사소송법상 문서제출명령, 지급명령, 압류·추심·전부명령 등은 명칭은 명령이지만 그 성질은 모두 결정에 속한다.

(4) 판결·결정·명령의 차이점

위에서 본 판결·결정·명령의 차이점을 간단히 보면 다음과 같다.

① 주체의 면에서, 판결·결정은 법원의 재판인 데 비하여, 명령은 재판장·수명법관 또는 수탁판사 등 법관의 재판이다.

② 심리방식의 면에서, 판결은 신중을 기하기 위하여 원칙적으로 필수적 변론을 거칠 것을 요하나($^{134조\ 1항\ 본문,\ 예외\ 124,\ 219,}_{257,\ 413,\ 429,\ 430조,\ 소심\ 9조\ 1항}$), 결정·명령은 간이·신속을 요하므로 변론을 거칠지 여부가 법원의 재량에 달려 있는 임의적 변론으로 할 수 있다($^{134조}_{1항\ 단서}$).

③ 심리구조의 면에서, 판결은 당사자의 대심적 구조를 요하나 결정·명령으로 완결되는 재판은 이를 필요로 하지 아니한다. 따라서 대심적 구조가 없는 결정·명령의 경우에는 신청자가 당연히 소송비용을 부담하게 되므로 별도로 소송비용의 부담자를 정하지 아니하여도 된다.[2]

④ 고지방법 등에 있어서, 판결은 판결서를 작성하여 그에 기하여 선고하여야 함에 반하여($^{206조,\ 다만\ 심리불속행·상고이유서}_{부제출에\ 의한\ 상고기각판결은\ 예외임}$), 결정·명령의 경우에는 상당한 방법으로 고지하면 되고($^{221}_{조}$), 재판서를 작성하지 않고 조서의 기재로 대신할 수 있다($^{154조}_{5호}$). 또한 판결서는 반드시 법관의 서명날인을 요함에 대하여($^{208}_{조}$), 결정·명령은 기명날인으로 족하다($^{224조}_{1항\ 단서}$). 그리고 판결은 선고시에 성립되고 효력이 발생하지만, 결정·명령은 그 원본이 법원사무관 등에게 교부되었을 때 성립되고 고지시에 효력이 발행한다.[3]

⑤ 불복방법에 있어서, 판결은 항소·상고이나, 결정·명령은 항고·재항고 또는 이의신청이다.

⑥ 심판대상의 면에서, 판결은 중요한 사항 즉 소송에 관한 종국적·중간적 판단을 대상으로 함에 비하여, 결정·명령은 소송절차의 부수·파생된 사항, 민사집행 사항, 가압류·가처분사건, 도산사건, 비송사건 등을 대상으로 한다($^{144조\ 4항에\ 따른\ 소·상}_{소의\ 각하결정은\ 예외임}$).

⑦ 재판의 기속력의 면에서, 판결의 경우는 법원이 자기의 판결에 기속됨에 반하여, 결정·명령은 원칙적으로 기속되지 아니하므로 취소·변경이 가능하다($^{88조\ 3항,\ 141}_{조,\ 222조}$).[4]

---

2) 대결 1985. 7. 9, 84카55; 대결 2010. 5. 25, 2010마181; 대결 2019. 11. 29, 2019카확564.

3) 대결 2013. 7. 31, 2013마670; 대결(전) 2014. 10. 8, 2014마667(성립된 결정에 대하여 고지 전에 즉시 항고가 가능하다고 함).

4) 다만 원본이 법원사무관 등에게 교부되어 일단 성립한 결정은 취소 또는 변경을 허용하는 별도의 규정이 없는 한 결정법원이라도 취소 또는 변경할 수 없다(대결(전) 2014. 10. 8, 2014마

⑧ 이유의 기재 유무의 면에서, 판결서는 소액판결의 경우 이유 기재를 생략$\binom{\text{소심 11조의}}{\text{2, 제3항}}$할 수 있는 외에는 이를 기재하여야 하지만, 결정서에는 이유 기재를 생략할 수 있다$\binom{224조}{\text{1항 단서}}$.

2. 명령적 재판 · 확인적 재판 · 형성적 재판

재판의 내용 · 효력의 차이에 따른 분류이다.

(1) 명령적 재판(命令的 裁判)이라 함은 특정인에게 의무를 과하거나 부작위를 명하는 내용의 재판을 말한다. 효력 면에서 강제력을 가진다. 이행판결, 문서제출명령$\binom{140,}{347조}$, 증인의 출석명령$\binom{309, 311,}{312조}$, 지급명령$\binom{469}{조}$, 압류명령$\binom{\text{민집 227}}{\text{조 1항}}$ 등이 여기에 해당한다. 명령적 재판은 이행적 재판(履行的 裁判)이라고도 한다.

(2) 확인적 재판(確認的 裁判)이라 함은 현재의 권리 · 법률관계의 확정 또는 증서진부의 확인$\binom{250}{조}$을 내용으로 하는 재판을 말한다. 확인판결, 제척의 결정$\binom{46}{조}$, 소송비용액확정결정$\binom{110}{조}$ 등이 여기에 해당한다.

(3) 형성적 재판(形成的 裁判)이라 함은 법률관계의 발생 · 변경 · 소멸을 내용으로 하는 재판을 말한다. 형성판결, 상급심의 취소판결, 관할의 지정결정$\binom{28}{조}$, 이송결정$\binom{34, 35,}{36조}$, 기피결정$\binom{46}{조}$, 전부명령$\binom{\text{민집 229}}{\text{조 3항}}$ 등이 여기에 해당한다.

3. 종국적 재판 · 중간적 재판

사건의 처리와 관련하여 심리가 완결되는지 여부에 따른 분류이다.

(1) 종국적 재판(終局的 裁判)이라 함은 소송절차의 완결을 목적으로 하는 재판이다. 사건에 대하여 종국적 판단을 하고, 이로 인하여 당해 심급을 이탈하게 된다. 종국판결, 소 · 상소 각하명령$\binom{144조}{\text{4항}}$, 화해권고결정$\binom{225조}{\text{이하}}$, 이행권고결정$\binom{\text{소심 5조}}{\text{의3}}$, 소송비용액 확정결정$\binom{110}{조}$, 소장각하명령$\binom{254}{조}$ 등이 여기에 해당한다.

(2) 중간적 재판(中間的 裁判)이라 함은 소송절차의 과정에서 부수 · 파생하는 사항을 처리하기 위한 재판이다. 종국적 재판의 준비를 위하여 심리 중에 문제된 사항을 해결하기 위한 재판이다. 중간판결, 공격방어방법의 각하결정$\binom{149}{조}$, 청구의 변경의 허가결정$\binom{263}{조}$, 경매절차속행명령[5] 등이 여기에 해당한다.

---

667).
5) 대결 1974. 2. 27, 74마8.

제 2 절   판결의 종류

I. 총   설

(1) 판결은 몇 가지 기준에 따라 분류된다. 우선 해당 심급의 심리의 완결 여부에 따라 종국판결(終局判決)과 중간판결(中間判決)로 나눌 수 있다. 종국판결은 심리완결의 범위에 따라 전부판결과 일부판결로 나눌 수 있고, 또 판단의 내용에 따라 본안판결과 소송판결로 나눈다. 본안판결은 크게 보아 청구인용판결·청구기각판결로 분류할 수 있다. 청구인용판결은 소의 내용에 따라 이행판결·확인판결·형성판결로 분류할 수 있고, 청구기각판결은 전부 확인판결로 본다.

(2) 기타 개별적으로 재판의 누락의 경우에 하는 추가판결, 중간판결의 하나로 청구원인에 관한 판결인 원인판결이 있고, 중재판정 및 외국판결에 대한 집행판결($\binom{민집\ 26,}{27조}$) 등이 있다.

〈판결의 종류〉

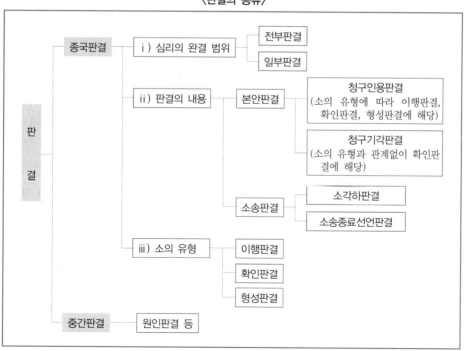

Ⅱ. 종국판결

1. 의   의

종국판결(Endurteil)이라 함은 소 또는 상소에 의하여 계속된 사건의 전부 또는 일부를 그 심급에서 완결하는 판결을 말한다($\frac{198}{3}$). 본안판결과 소각하판결이 그 전형적인 예이다. 소송종료선언판결도 그 심급을 완결하므로 종국판결에 해당한다. 여기에서 종국판결은 당해 심급에서 사건을 완결시키면 되는 것이므로, 사건 자체를 전체적으로 종료시킬 필요는 없다. 따라서 상급심의 환송판결·이송판결도 종국판결로 보아야 한다.[1]

종국판결은 사건을 완결시키는 범위에 따라 전부판결, 일부판결, 법원이 착오로 사건의 일부의 판단을 빠뜨린 경우에 하는 추가판결(追加判決)로 나눌 수 있다. 또 그 판단내용에 따라 본안판결과 소송판결로 나뉜다.

2. 전부판결

(1) 전부판결(Vollurteil)이라 함은 동일한 소송절차에서 심판되는 사건의 전부를 동시에 완결시키는 종국판결을 말한다. 법원은 사건의 전부에 대하여 심리를 완료한 경우에는 하나의 전부판결을 하는 것이 원칙이다($\frac{198}{3}$).

(2) 1개의 소송절차에서 1개의 청구를 심리하여 그 청구에 대하여 판결을 한 경우에 전부판결임은 명백하다. 그런데 청구의 병합, 반소, 변론의 병합 등과 같이 1개의 소송절차에서 수개의 청구를 병합하여 심리하여 수개의 청구에 대하여 동시에 1개의 판결을 한 경우에도 전부판결로 보는 것이 통설·판례[2]이다. 이는 제200조 제2항에서 변론을 병합한 수개의 소송 또는 본소와 반소가 병합된 소송에 있어서 그 일부만을 완결하는 판결을 일부판결로 취급하고 있으므로 그 반대해석상 당연한 것이다.

(3) 소의 주관적 병합 즉 통상공동소송, 필수적 공동소송에서 동시에 판결한 경우에 판결의 개수가 문제되나, 통상공동소송의 경우에는 주체의 수에 따라 수개의 전부판결이 같이 선고된 것으로 보아야 하고, 필수적 공동소송은 상소와 판결

---

1) 대판(전) 1981. 9. 8, 80다3271; 대판(전) 1995. 2. 14, 93재다27, 34(반소).
2) 대판 1966. 6. 28, 66다711; 대판(전) 2000. 11. 16, 98다22253.

의 확정 등에서 절차상 1개의 판결로 취급하므로 주체의 수와 관계없이 1개의 전부판결로 보아야 한다.[3]

(4) 전부판결은 법률적으로 1개의 판결이므로 청구 중 일부에 대한 상소는 나머지 청구에도 당연히 효력이 미치므로, 판결 전체의 확정차단과 이심의 효력이 발생한다. 따라서 전부판결 중 원고의 일부승소 또는 일부패소 판결의 경우에 패소부분에 대한 원·피고의 상소는 승소부분에도 미친다. 그러나 상소되지 아니한 부분이 심판범위가 되는 것은 아니다.

3. 일부판결

(1) 일부판결(Teilurteil)이라 함은 동일한 소송절차에서 심판되는 사건의 일부를 다른 부분과 분리하여 먼저 완결시키는 종국판결을 말한다. 일부판결은 복잡한 소송심리를 단순화함과 동시에 심리가 성숙된 부분을 분리하여 판결함으로써 당사자에게 일부분이라도 신속하게 확정판결을 할 수 있다는 장점이 있다. 반면 일부판결은 독립하여 상소할 수 있으므로 사건의 일부는 상소심에, 나머지 부분은 원심에 그대로 있어 경우에 따라 심리의 불편함과 판결의 모순·저촉의 가능성이 있다는 단점이 있다. 일부판결을 할 것인지 여부는 법원의 재량이나($\frac{200조}{1항}$), 실무에서는 별로 활용되고 있지 않다.

(2) 일부판결은 소송물을 나눌 수 있을 경우에 허용된다. i) 병합된 수개의 청구 중 어느 하나의 청구($\frac{200조}{2항\ 전단}$),[4] ii) 하나의 청구 중의 가분적 일부(예: 토지인도청구 중 특정한 일부, 금전·대체물의 지급청구 중 특정이 가능한 일부 등), iii) 병합된 본소와 반소 중의 어느 하나의 청구($\frac{200조}{2항\ 후단}$) 등이 여기에 해당한다. 소송의 일부에 대한 심리가 완료된 경우에 일부판결을 할 것인지 여부는 법원의 재량에 속한다.

(3) 일부판결을 한 뒤에 잔부판결을 하는 것이 허용되지 아니하는 때나 일부판결과 잔부판결 사이에 내용상 모순이 생길 염려가 있는 경우에는 일부판결이 허용되지 아니한다. 즉 i) 선택적·예비적 병합청구의 경우,[5] ii) 본소와 반소가 그 소송물이 동일한 법률관계이거나, 동일한 형성청구인 경우(예: 동일부동산에 대하여 원·피고가 본소·반소로 각각 소유권확인청구를 한 경우, 동일하게 이혼을 구하는 본

---

3) 同旨: 정동윤/유병현/김경욱, 772면 註2) 참조.

4) 통상공동소송의 경우에는 소송주체에 따라 1개의 전부판결 또는 수개의 일부판결이 가능하다. 반면 필수적 공동소송에서는 하나의 전부판결만이 가능하므로 일부판결이 어렵다고 사료된다.

5) 대판 1998. 7. 24, 96다99(선택적 병합의 경우임); 대판 2007. 12. 14, 2007다37776, 37783.

소·반소청구 등), iii) 필수적 공동소송, 공동소송참가·독립당사자소송참가, 예비적·선택적 공동소송 등 합일확정소송의 경우,[6] iv) 증권관련집단소송, 소비자 및 개인정보 단체소송 등 법률상 병합이 요구되는 경우(중집 14조, 소단규 15조, 개단규 14, 상 188, 240, 380조) 등이 여기에 해당한다. 또한 ⅴ) 단순병합의 경우에도 쟁점을 공통으로 하는 병합청구(관련적 병합)에는 중복심리와 판결의 모순·저촉을 막기 위하여 일부판결을 자제할 필요가 있다고 본다.[7]

(4) 법원이 일부판결을 하기 위하여는 그 부분의 심리가 완료되어 잔부와 별도로 변론종결한 후에 판결 선고를 하여야 한다. 일부판결은 해당 부분에 대한 종국판결이므로 잔부와 독립하여 상소할 수 있고, 상소된 경우에는 기록정본을 조재하여 기록을 상급심에 보내야 한다. 일부판결을 할 수 없음에도 불구하고 일부판결을 한 경우에는 흠 있는 전부판결로 취급하여 상소·재심으로 다툴 수 있을 뿐이고(424조 1항 6호, 451조 1항 9호: 판결의 누락이 아니고 판결이유 중 판단의 누락에 해당함),[8] 나머지 부분에 대한 잔부판결을 할 수 없다.

(5) 일부판결 후에 나머지 부분에 대하여 심리 후에 내리는 판결을 잔부판결 또는 결말판결(Schlussurteil)이라 한다. 잔부판결은 전체 사건을 기준으로 하면 일부판결이지만, 잔부와 관련하여 보면 전부판결에 해당한다. 먼저 선고된 일부판결은 독립하여 상소할 수 있지만, 잔부판결은 관련성이 있는 한도에서는 일부판결의 주문을 토대로 하여야 한다.[9] 소송비용의 재판은 사건을 완결하는 잔부판결에서 하는 것이 원칙이나, 일부판결에서도 그 부분의 소송비용에 대한 재판은 가능하다(104조).

4. 재판의 누락과 추가판결

(1) 의 의

① 추가판결(Ergänzungsurteil)이라 함은 법원이 심리한 사건 전부를 재판할 의

---

6) 대판 1981. 12. 8, 80다577; 대판 1991. 3. 22, 90다19329, 19336(독립당사자참가의 경우임); 대판 2018. 2. 13, 2015다242429(예비적 공동소송의 경우임).

7) 同旨: 이시윤, 612면.

8) 대판(전) 2000. 11. 16, 98다22253(예비적 병합의 경우임); 대판 2002. 9. 4, 98다17145; 대판 2006. 6. 29, 2006다19061, 19078; 대판 2008. 12. 11, 2000다5550; 대판 2017. 3. 30, 2016다253297; 대판 2017. 6. 29, 2017다218307.

9) 同旨: 이시윤, 612면. 反對: 정동윤/유병현/김경욱, 774면(일부판결은 잔부에 대한 판단에 영향을 받지 않는 경우, 일부판결과 잔부판결 사이에 모순이 생길 염려가 없는 경우에만 허용하므로 일부판결의 주문판단을 토대로 할 필요가 없다고 한다. 다만 하나의 청구 중 가분적 일부 등에 있어서는 필연적으로 일부판결의 주문을 토대로 할 필요가 있다고 본다).

사였으나 실수로 청구의 일부에 대한 재판을 누락한 경우에 뒤에 누락(漏落)된 부분에 대하여 하는 종국판결을 말한다($\frac{212}{\text{조}}$). 추가판결의 대상은 전판결(前判決)에서 누락된 부분이며, 전판결의 입장에서 보면 누락된 부분은 재판의 누락[10]에 해당한다. 누락된 부분은 전판결이 있음에도 불구하고 아직 종래의 법원에 계속 중이므로 추가판결이 필요한 것이다.

② '재판의 누락'은 종국판결의 주문에서 판단하여야 할 청구에 대한 판단을 빠뜨린 경우를 말한다. 따라서 판결이유 중 청구의 당부를 뒷받침하는 공격·방어방법의 판단을 빠뜨린 경우인 '판단의 누락'과는 구별된다. 판단의 누락은 추가판결의 대상이 아닌 상소·재심사유에 불과하다($\frac{424조 1항 6호,}{451조 1항 9호}$). 또한 법원이 실수로 일부에 대한 재판을 한 것이므로, 의도적으로 일부판결 한 경우에 있어서 나머지 부분은 잔부판결의 대상일 뿐이고 추가판결의 대상에는 해당하지 아니한다.

(2) 재판의 누락에 해당하는 경우

① 재판의 누락은 종국판결의 주문에서 판단하여야 할 청구에 대한 판단을 빠뜨린 경우이다. 여기에는 법원이 실수로 i) 청구 중 일부를 빠뜨린 경우(예: 토지인도청구 중 ㉠, ㉡, ㉢ 부분 중 ㉢ 부분을 빠뜨린 경우, 청구취지의 확장으로 지연손해금의 일부청구를 확장하였음에도 이를 빠뜨린 경우[11] 등), ii) 수개의 청구 중 일부 청구에 대한 판단을 빠뜨린 경우(예: 소유권이전등기말소 청구부분만 판단하고, 소유권확인 청구부분을 빠뜨린 경우, 원본청구 부분에 관하여만 판단하고 지연손해금 부분을 빠뜨린 경우,[12] 이혼판결을 하면서 직권으로 정하여야 할 미성년자인 자녀에 대한 친권자 및 양육자에 대한 판결을 빠뜨린 경우[13] 등), iii) 본소만 판단하고 반소에 대한 판단을 빠뜨린 경우[14] 등이 있다.

② 판례도 재판의 누락의 기준은 판결주문의 누락이 기준이 된다고 보고 있다. 따라서 판결이유 중에 판단되어 있다고 하여도 판결주문에 아무런 표시가 되어 있지 아니하다면 재판의 누락이고,[15] 반대로 판결이유에 아무 기새가 없어도 판결주문에 기재가 있으면 재판의 누락이 아니라고 본다.[16] 그러나 판결이유에서 판단

---

10) 구법에서는 '재판의 탈루(脫漏)'라고 하였다(구민소 198조).

11) 대판 1989. 11. 28, 89다카11777.

12) 대판 1996. 2. 9, 94다50274; 대판 1997. 10. 10, 97다22843.

13) 대판 2015. 6. 23, 2013므2397.

14) 대판 1989. 12. 26, 89므464.

15) 대판 1981. 12. 22, 80후25; 대판 1991. 10. 25, 91다22605; 대판 2004. 8. 30, 2004다24083; 대판 2005. 5. 27, 2004다43824; 대판 2017. 12. 5, 2017다237339.

한 전자의 경우에 구태여 재판의 누락으로 볼 것이 아니라 판결에 명백한 오류가 있는 것으로 보아 판결경정 결정으로 오류를 정정하자는 견해가 있다.[17] 판결경정에 해당하는지 여부는 판결이유의 기재를 구체적으로 살펴야 할 것이지만, 일정한 경우에 추가판결에 의한 구제 외에 명백한 오류로 보일 경우에 판결경정 결정으로도 가능하다고 본다. 다만 청구기각의 주문의 경우에는 주문만으로 판단여부를 정확히 알 수 없으므로 청구취지와 판결이유를 보고 주문의 판단 여부를 결정하여야 한다.[18]

③ 또한 일부판결이 허용되지 아니하는 소송에서 재판의 누락이 있는 경우에는 추가판결을 할 수 없고 판단의 누락으로 보아 상소 또는 재심($\frac{451조}{1항 9호}$)으로 구제를 받아야 한다.[19]

(3) 소송상의 취급

① 재판의 누락이 있는 부분은 여전히 일부판결 법원에 소송계속 되어 있기 때문에($\frac{212조}{1항}$), 일부판결 법원은 직권 또는 당사자의 신청에 따라 추가판결을 하여야 한다. 또한 추가판결 대상은 일부판결의 상소대상이 될 수 없으므로 일부판결의 상소로서 시정을 구할 수 없다.[20]

② 추가판결은 전의 일부판결과 독립된 별개의 판결이므로 상소기간도 별도로 진행된다. 추가판결은 이전 판결과 관련성이 있는 한도에서는 전의 판결에 기초하여 판결하여야 함이 당연하다.

③ 종국판결에서 소송비용의 재판을 누락한 경우에는 법원은 당사자의 신청 또는 직권으로 결정으로 이에 대한 추가재판을 하여야 한다($\frac{212조}{2항}$). 그러나 종국판결에 적법한 항소가 있을 때에는 그 결정은 효력을 잃고, 항소심이 소송총비용에

---

16) 대판 2002. 5. 14, 2001다73572; 대판 2003. 5. 30, 2003다13604.

17) 정동윤/유병현/김경욱, 775면.

18) 대판 2000. 1. 21, 99다50422; 대판 2003. 5. 30, 2003다13604.

19) 대판 1981. 12. 8, 80다577; 대판 1991. 3. 22, 90다19329, 19336(독립당사자참가의 경우임); 대판 1998. 7. 24, 96다99(선택적 병합의 경우임); 대판(전) 2000. 11. 16, 98다22253(예비적 병합의 경우임); 대판 2011. 2. 24, 2009다43355(예비적 공동소송의 경우임).

20) 대판 1989. 12. 26, 89므464; 대판 1996. 2. 9, 94다50274; 대판 1997. 10. 10, 97다22843; 대판 2000. 1. 21, 99다50422; 대판 2004. 8. 30, 2004다24083; 대판 2005. 5. 27, 2004다43824. 청구된 부분 중 판단된 부분은 항소심에 계속 중이고, 누락된 부분은 제1심에 계속되었을 때에는 추가판결보다는 누락된 부분을 취하하고, 항소심에서 이를 추가하는 소의 변경으로 재판받게 함이 좋다는 견해가 있다(이시윤, 613면). 이러한 견해는 한편 편리한 점도 있지만, 소송물이 다른 경우에 심급의 이익을 박탈당할 염려가 있으므로, 추가판결을 받은 후에 항소하여 병합하는 것도 실무적으로 그렇게 번잡한 것은 아닌 것으로 보인다.

대하여 재판한다($\frac{212조}{3항}$).

5. 소송판결과 본안판결

(1) 소송판결(Prozessurteil)은 소 또는 상소가 부적법하다고 하여 각하하는 종국판결을 말한다. 즉 소송요건 또는 상소요건에 흠이 있는 경우에 하는 판결이다. 소송종료선언판결·소취하무효선언판결($\frac{규칙}{67조}$)도 여기에 해당한다.

(2) 본안판결(Sachurteil)이라 함은 소에 의한 청구가 이유 있는지 여부를 재판하는 종국판결($\frac{267조}{2항}$)을 말한다. 여기에는 청구가 이유 있어 정당하다는 청구인용판결과 이유 없다는 청구기각판결이 있다. 통상은 청구의 일부를 인용하고 나머지 청구를 기각하는 일부 인용·일부 기각 판결이 많다. 본안판결은 소의 유형에 따라 이행판결, 확인판결, 형성판결로 나누어진다. 다만 청구기각 판결은 소의 유형과 관계없이 모두 확인판결이며, 소의 유형에 따라 이행청구권의 부존재 및 법률관계의 존부, 형성소권의 부존재를 확인하는 것이다.

(3) 소송판결은 그 특성상 본안판결과 달리 i) 필수적 변론 원칙이 적용되지 아니하며($\frac{219조}{413조}$), ii) 잘못 판단된 경우에는 본안판단에 대한 심급의 이익을 박탈하지 않기 위하여 필수적 환송사유가 되며($\frac{418}{조}$), iii) 소송요건의 부존재 등에 기판력이 생기지만 이를 보정하면 다시 소를 제기할 수 있고, iv) 소취하 후에 재소금지 원칙($\frac{267}{조}$)이 적용되지 아니하며, v) 필수적 공동소송, 예비적·선택적 공동소송, 공동소송참가, 독립당사자참가 등 합일확정소송이라도 상소에 의한 전부의 확정차단·이심의 효력은 본안판결에 한하고 소송판결의 경우에는 그러하지 아니하는 등의 차이가 있다.

Ⅲ. 중간판결

1. 의   의

(1) 중간판결(Zwischenurteil)이라 함은 그 심급에 있어서 사건의 전부 또는 일부를 완결하는 재판인 종국판결을 하기에 앞서 그 종국판결의 전제가 되는 개개의 쟁점을 미리 정리·판단하여 종국판결을 준비하는 재판을 말한다.[21] 중간판결

---

21) 대판 1994. 12. 27, 94다38366; 대판 2011. 9. 29, 2010다65818.

을 인정하는 이유는 종국판결의 전제가 되는 쟁점을 미리 정리하여 종국판결을
용이하게 하기 위한 준비로서 의미가 크다. 따라서 종국판결 전에 이를 정리·준
비하기 위하여 중간판결을 할 것인지 여부는 전적으로 법원의 자유재량에 속한다.
실무상으로 동일한 사건에 두 차례 판결서를 작성하는 형태이므로 중간판결제도
는 거의 이용되고 있지 아니한다. 그러나 공해소송 등 현대형소송, 집단소송·단
체소송 등에 있어서 손해의 발생원인에 대한 판단을 미리 한 후에 나머지 손해액
을 심리하여 종국판결을 하는 경우에는 의미가 있을 것이다.

(2) 중간판결은 종국판결이 아니므로 중간확인의 소에 대한 판결, 즉 중간확인
판결과는 구별된다. 또한 중간판결은 소송물이 아닌 쟁점의 일부에 대한 판단이므
로 소송물의 일부에 대한 판단인 일부판결과 다르다. 따라서 중간판결은 소송자료
의 일부만을 종료시키는 확인판결의 성질을 가진다.

(3) 상소심에서 원심판결을 파기·취소하여 환송하는 환송판결이 중간판결인
지 종국판결인지에 관하여 다툼이 있다. 판례는 한때 상소심의 환송판결이 심급에
서는 이탈되지만 본안의 종결이 없다는 이유로 중간판결이라고 보았지만,[22] 현재
는 종국판결로 보고 있다.[23] 따라서 항소심의 환송판결에 대하여 상고할 수 있다.
다만 대법원의 파기환송판결은 중간판결의 특성을 가지고 있으므로 재심의 대상
인 확정된 종국판결에 해당하지 아니하여 재심의 대상이 되지 아니한다.[24]

2. 중간판결사항

중간판결은 i) 독립된 공격·방어방법, ii) 중간의 다툼, iii) 청구의 원인에 대
한 쟁점에 대하여 할 수 있다($^{201조}_{1, 2항}$).

(1) 독립된 공격·방어방법

① 독립된 공격·방어방법이라 함은 다른 것과 분리하여 그 하나만으로 본안
의 청구를 유지·배척하기에 충분한 공격방법 또는 방어방법을 말한다. 즉 본안
에 관한 주장 또는 항변 중에서 다른 것과 독립하여 그에 대한 판단만으로 본안
의 청구를 유지·배척하기에 충분한 것을 의미한다. 예컨대 소유권확인소송에서
원고가 그 취득원인으로 주위적으로 매매, 예비적으로 취득시효를 주장하는 경우

---

22) 대판 1965. 11. 30, 65다1883; 대판 1970. 12. 29, 70다2475.
23) 대판(전) 1981. 9. 8, 80다3271; 대판(전) 1995. 2. 14, 93재다27.
24) 대판(전) 1995. 2. 14, 93재다27; 대판 2005. 10. 14, 2004재다610.

에 그중 하나가 인정되면 원고의 청구가 이유 있게 되기 때문에 매매·취득시효의 주장은 독립적 공격방법에 해당한다. 또 대여금청구소송에서 피고가 채무의 소멸사유로 변제·시효소멸을 주장한 경우에 그중 하나가 인정되면 원고의 청구가 이유 없게 되기 때문에 변제·시효소멸의 주장은 독립된 방어방법이 된다. 그러나 개별적인 법률요건사실(예: 손해배상청구에 있어서 고의·과실 유무 등), 순수한 법률문제 등은 그 자체만으로 승패가 좌우되지 아니하므로 독립된 공격·방어방법에 해당하지 아니한다.

② 다만 독립된 공격·방어방법을 판단하면 곧바로 청구의 인용 또는 기각에 이르는 경우에는 중간판결을 할 것이 아니고 바로 종국판결을 하여야 한다($\frac{198}{\text{조}}$). 위 예에서 피고의 변제가 인정되면 바로 원고의 청구를 기각하여야 하고, 변제를 인정하는 중간판결을 할 것은 아니다. 그러나 변제를 인정하지 아니하는 경우에는 시효소멸의 주장과 분리하여 변제를 인정하지 않는 중간판결을 할 수는 있다.

(2) 중간의 다툼

① 중간의 다툼이라 함은 독립된 공격·방어방법에 해당하지 않은 소송상의 사항에 관한 다툼으로서 이를 해결하지 아니하면 본안 청구 그 자체에 대한 판단에 들어갈 수 없는 것을 말한다. 소송상의 선결문제(先決問題)라고 할 수 있다. 예컨대 소송요건의 존부, 상소의 적법 여부, 소취하의 유·무효, 상소추후보완의 적법 여부, 재심의 적법성과 재심사유의 적법 여부($\frac{454}{\text{조}}$) 등에 관한 다툼이 여기에 해당한다.

② 이 경우에도 중간의 다툼에 관한 판단이 소송을 완결하는 경우에는 중간판결을 할 것이 아니라 바로 종국판결을 하여야 한다. 예컨대 소송요건을 갖추지 못한 경우 또는 소취하가 유효한 경우에는 바로 소각하의 종국판결 또는 소송종료선언판결을 하여야 한다. 그러나 그와 반대일 경우 즉 소·상소가 적법하거나 소취하가 무효인 경우에는 중간판결을 할 수 있다. 다만 참가인의 소송관여 여부, 승계인의 소송인수 여부 등과 같이 임의적 변론에 기하여 결정으로 재판할 사항($\frac{75, 82, 243,}{263, 347조}$)은 중간판결의 대상이 아니다.

(3) 청구의 원인에 대한 쟁점

① 청구의 원인과 액수에 대하여 다툼이 있는 경우에, 그 원인이 이유 있다고 보면 종국판결을 준비하기 위하여 중간판결을 할 수 있다($\frac{201조}{2항}$). 이를 중간판결 중

에서도 원인판결(Grundurteil)이라 한다. 청구원인에 대한 중간판결을 먼저 하면 청구의 액수 부분만이 쟁점으로 남으므로 종국판결을 하기 쉬워지기 때문이다. 그런데 청구의 원인이 부정되면 액수에 관하여 심리할 필요도 없이 이유 없다고 할 것이므로 이 경우에는 중간판결이 아닌 청구기각의 종국판결을 선고하여야 한다. 또한 청구의 원인과 액수의 어느 한 쪽에 관하여만 다툼이 있는 경우 또는 같은 사실에 의하여 청구원인과 액수가 동시에 결정되는 경우에는 원인판결을 할 수 없다.[25]

② 여기에서 청구의 원인이라 함은 소장의 필수적 기재사항인 청구의 원인 ($^{249조}_{1항}$)보다는 좁은 개념이다. 소장 기재의 청구의 원인 중 액수 및 그 범위에 대한 부분을 제외한 나머지 부분에 대한 청구권의 존재 여부를 둘러싼 일체의 사정을 말한다.[26] 예를 들면 손해배상청구소송에서 제201조 제2항의 '청구의 원인'에 해당하는 것은 위법행위, 고의·과실, 손해발생, 위법행위와 손해발생 사이의 인과관계 등의 권리발생사실이고, 변제·시효·상계[27] 등의 권리소멸사실도 원인판결에서 판단할 수 있다. 특히 상계항변의 경우에는 수동채권의 액수와 밀접한 관련이 있으므로 원인판결에서 이를 유보하는 취지를 명백히 하면 나중에 판단이 가능하다.[28]

③ 우리나라의 실무에 있어서 중간판결로서 원인판결을 이용하는 경우는 별로 없는 실정이다. 그러나 앞에서 본 바와 같이 환경소송 등의 현대형소송, 증권관련 집단소송, 단체소송 등에 이용할 필요성이 있을 것이다.[29]

3. 중간판결의 효력

(1) 중간판결을 일단 선고하면, 판결을 한 법원도 이에 구속되어 스스로 취소·변경할 수 없는 기속력이 발생한다(자기구속력). 또한 중간판결의 주문에 표시된 판단을 전제로 종국판결을 하여야 한다.[30] 그러나 중간판결의 이유 중의 판단에는 구속되지 아니한다. 중간판결은 위와 같이 기속력을 가지나, 종국판결과 달

---

25) 정동윤/유병현/김경욱, 778면.
26) 同旨: 정동윤/유병현/김경욱, 778면.
27) 日最判, 1933. 7. 4, 민집 12. 1752.
28) 同旨: 新堂幸司, 553면.
29) 同旨: 이시윤, 610면.
30) 대판 2011. 9. 29, 2010다65818(중간판결의 판단이 잘못되었다고 하여도 기속력에 저촉되는 판단을 할 수 없음).

리 기판력·집행력이 발생하지 아니한다.[31]

(2) 당사자는 중간판결의 실권적 효력으로 인하여 중간판결의 최종변론 전에 제출할 수 있었던 변제·면제·소멸시효 등의 청구의 원인에 관한 공격·방어방법을 액수에 관한 심리를 하는 뒤의 변론에 제출할 수 없게 된다(失權效). 그러나 과실상계는 법원이 직권으로 판단할 수 있으므로 책임의 범위를 감액할 수 있다. 상계의 항변은 학설의 대립이 있으나 출혈적 항변으로서 기판력이 미친다는 점에서 원인판결 후에도 주장할 수 있다고 본다.[32] 또한 원인판결 후에 새롭게 발생한 사실에 대하여는 실기한 공격·방어방법으로 각하되지 않는 경우라면 물론 주장할 수 있다($\frac{149}{조}$).[33] 중간판결의 기속력은 당해 심급에 한하여 미치므로 상급심에서 시기에 늦은 것이 아니라면($\frac{149}{조}$), 중간판결 전에 제출하지 못한 공격·방어방법의 제출이 가능하다.

(3) 중간판결에 대하여는 i) 독립하여 상소할 수 없으므로, 종국판결이 선고되면 이에 대한 상소를 하여 종국판결과 같이 상소심의 판단을 받아야 한다($\frac{392}{조}$). ii) 또한 종국판결이 아니므로 원칙적으로 소송비용에 관한 재판을 하여서는 아니 된다($\frac{104}{조}$). iii) 중간판결에 대하여 독립하여 재심의 소를 제기할 수 없고($\frac{451}{조}$), 중간판결에 재심사유가 있는 경우에는 종국판결에 대하여 재심의 소를 제기하여 다투어야 한다($\frac{452}{조}$).

Ⅳ. 무변론판결

1. 의　　의

(1) 일정한 경우 변론 없이 판결을 선고하는 경우가 있다. 이러한 판결을 무변론판결이라 한다. 통상 판결은 필수적 변론을 전제로 하기 때문에 무변론판결은 예외적으로 인정된다고 할 것이다. 따라서 법률심인 대법원의 판결 외에는 원칙적으로 변론을 거쳐야 한다.

(2) 그런데 2002년 신법에서 피고가 소송의 부본을 송달받고 날부터 30일 이내에 답변서를 제출하지 아니한 경우($\frac{257조}{1항}$) 또는 피고가 청구의 원인이 된 사실을

---

31) 同旨: 이시윤, 610면; 정동윤/유병현/김경욱, 746면.
32) 同旨: 김홍규/강태원, 578면; 정동윤/유병현/김경욱, 746면.
33) 同旨: 이시윤, 610면.

모두 자백하는 취지의 답변서를 제출하고 따로 항변을 하지 아니한 때($\frac{통조}{2항}$)에 원고의 청구원인 사실을 다투지 아니하는 것으로 보고 변론 없이 판결을 선고할 수 있도록 하였다($\frac{257}{조}$). 피고가 다투지 아니하는 것이 분명한 경우에 변론 없이 자백간주로서 판결하는 제도인 것이다. 독일·일본 등에 없는 규정으로서 신속을 강조하는 제도로서 매우 의미 있는 시도라고 생각한다.

(3) 신법에서 무변론판결제도를 도입한 취지는 피고가 다툴 의사가 없는 경우 당사자에게 별도의 변론기일을 잡아 법정에 나오게 하는 불편을 덜어주고, 원고에게 신속하게 판결이라는 집행권원을 확보할 수 있게 하고, 법원의 입장에서도 변론기일 없이 신속하게 판결을 선고할 수 있어 소송경제에 부합하기 때문이다.

2. 요 건

법원이 변론 없이 판결을 선고하기 위해서는 다음과 같은 요건이 필요하다.

(1) 피고가 소장의 부본을 공시송달 외의 방법으로 송달 받아야 한다. 법원이 변론 없이 판결을 선고하기 위해서는 피고에게 소장의 부본이 공시송달 외의 적법한 송달방법으로 송달되어야 한다($\frac{256조}{1항}$). 피고가 공시송달의 방법에 따라 소장의 부분을 송달받은 경우에는 무변론판결을 선고할 수 없다($\frac{통항}{단서}$).

(2) 피고가 소장의 부본을 받고 30일 이내 또는 판결이 선고되기까지 원고의 청구를 다투는 답변서를 제출하지 아니하여야 한다($\frac{257조\ 1항}{256조\ 1항}$). 법원은 피고에게 소장 부본의 송달을 하면서 소송안내서에 30일 이내에 답변서를 제출하지 아니하면 무변론판결이 될 수 있다는 취지를 알려야 한다($\frac{256조}{2항}$). 다만 피고가 판결이 선고되기까지 원고의 청구를 다투는 취지의 답변서를 제출한 경우에는 무변론판결을 할 수 없다($\frac{257조}{1항\ 단서}$). 그러나 피고가 답변서를 제출한 경우라도 그 내용이 소장의 청구의 원인이 된 사실을 모두 자백하는 취지이고 따로 항변을 하지 아니한 때는 법원은 무변론판결을 할 수 있다($\frac{통조}{2항}$).

(3) 법원이 직권으로 조사할 사항이 없어야 한다($\frac{257조}{1항\ 단서}$). 피고가 30일 이내에 답변서를 제출하지 아니하는 경우 등의 경우에도 소송요건의 흠결 여부 등과 같이 법원의 직권조사사항이 존재하는 경우에는 무변론판결을 할 수 없다. 이러한 경우에는 변론을 열어 직권조사사항을 존부를 확인하고 그 흠결이 밝혀진 경우에는 청구인용 판결이 아닌 소각하 판결을 하여야 한다.

(4) 그 외에 당사자의 주장에 구속되지 않는 형식적 형성소송이 아니어야 하

고, 자백간주의 법리가 적용되는 사건이어야 한다. 따라서 형식적 형성소송이라든지 자백간주의 법리가 적용되지 아니하는 사건은 무변론판결을 할 수 없다.

3. 불복방법

(1) 무변론판결은 피고가 다툴 의사가 없음이 명백하다고 보아 변론 없이 한 판결을 말한다. 소장의 부본 송달 후 30일 이내에 답변서를 제출하지 아니하거나 또는 원고의 청구의 원인에 대한 전부 자백취지의 답변서를 제출하면서 별도의 항변을 제출하지 아니한 경우에 원고의 청구원인을 자백한 것으로 간주하고 원고 승소의 무변론판결을 선고한 것이다. 이 경우 피고가 원고의 청구원인사실에 대하여 재판상의 자백을 한 것으로 인정한 것이 아니고 자백간주 한 것일 뿐이다.[34] 따라서 피고는 자백간주의 취지에 반하여 원고 승소판결인 무변론판결에 대하여 항소할 수 있다. 자백취지의 답변서를 제출한 경우에도 같다.

(2) 불복방법에 관한 입법론

무변론판결에 대하여 다투는 방법을 현재와 같이 항소로 할 것인지 여부는 생각해 볼 필요가 있다고 본다. 예컨대 원고의 부동산소유권이전등기의 이행청구에 대하여 피고가 원고와 동 부동산에 관하여 매매계약을 체결한 사실은 인정하지만 잔금 중 일부의 미지급을 이유로 계약의 해제 여부가 문제되는 사건에서 피고가 사안이 복잡하여 일단 답변서에 매매계약을 체결한 사실을 전부 인정하는 답변서를 제출하고 계약해제 등의 항변은 변호사를 선임하여 나두기로 하는 사이에 원고 승소의 무변론판결이 선고되었다고 가정해 보자. 이 경우 피고가 해당 무변론판결에 대하여 다툰다고 하면 1심부터 다시 심리하게 하는 것이 피고의 심급의 이익과 재판의 적정이라는 면에서 보다 합리적이라고 생각된다. 따라서 입법론의 견지에서 무변론판결에 대하여는 피고에게 1심에의 속행신청 또는 재판결신청을 할 수 있게 하여 1심 심리를 거쳐 판결하는 것이 타당할 것으로 사료된다.

---

34) 同旨: 정동윤/유병현/김경욱, 781면.

제3절 판결의 성립

판결의 성립절차는 심리를 한 법원이 i) 판결내용을 확정하고, ii) 이에 기초하여 판결서(판결원본)를 작성하여, iii) 법정에서 판결원본에 기하여 판결을 선고한 후에, iv) 판결의 정본을 만들어 당사자에게 송달함으로 이루어진다.

I. 판결내용의 확정

1. 확정의 원칙

법원은 심리가 판결을 할 정도로 성숙되면 변론을 종결하고, 판결내용을 확정하게 된다. 판결확정은 심리에 참여한 법관이 하는데, 내용을 확정하는 기본원칙은 i) 심리에 기초하여 당사자의 주장과 증명에 기초하여 요건사실을 확정하고(사실의 확정), ii) 이러한 확정된 사실에 법률을 적용하게 된다(법률의 적용). 사실확정으로부터 법률적용을 함에는 통상 논리와 경험법칙 등에 따른 3단 논법에 의한다.

2. 확정의 주체 및 방법

(1) 판결내용의 확정은 직접심리주의의 요청상 변론에 관여한 법관이 확정한다($^{204조}_{1항}$). 따라서 변론이 종결되기 전에 법관이 바뀐 경우에는 새로운 법관의 참여하에 종전의 변론을 갱신(更新)하여야 하고($^{204조}_{2항}$), 변론종결 후 판결 내용이 확정되기 전에 법관이 바뀐 경우에는 종결된 변론을 재개하여 변론의 갱신을 거친 후에 판결하여야 한다($^{142}_{조}$). 그러나 판결 내용이 확정된 후에 법관이 전근·퇴직·사망 등으로 판결원본에 서명날인 할 수 없어도 합의체의 다른 법관이 그 이유를 적고 서명날인 하여 선고하면 된다($^{208조}_{4항}$). 이 경우 판결의 성립에는 영향이 없다.

(2) 단독제의 경우에는 해당 1인 법관이 판결의 내용을 확정하면 되지만, 합의체의 경우에는 합의체의 구성법관의 합의에 의하여 정한다. 합의는 재판장이 주재하며, 이를 공개하지 않는다($^{법조}_{65조}$). 합의에 있어서 관여 법관의 의견이 일치되지 않을 때에는, 헌법 및 법률에 다른 규정이 없으면 과반수로서 결정한다($^{법조 66}_{조 1항}$). 합의에 관한 의견이 3설 이상 분립하여 각각 과반수에 달하지 못하는 때에는 수액에

있어서는 과반수에 달하기까지 최다액의 의견의 수에 순차 소액의 의견의 수를 더하여 그중 최소액의 의견에 의한다($\frac{동조}{1호}$ 2항). 다만 대법원의 전원합의체의 과반수 결정사항에 관하여 2설이 분립되어 각설이 과반수에 이르지 못하는 때에는 원심재판을 변경할 수 없다($\frac{동조}{3항}$).

Ⅱ. 판결서(판결원본)의 작성

1. 총   설

(1) 판결내용이 확정되면 법원은 이를 서면으로 작성한다. 단독제의 경우에는 해당 판사가, 실무상 합의제의 경우에는 통상 주심판사(主審判事)가 1차적으로 작성하여 재판장이 재차 검토하는 방법으로 한다. 판결은 판결원본에 의하여 선고하여야 하므로($\frac{206}{조}$), 판결선고 전에 판결원본이 작성되어야 한다.

(2) 판결서는 소송당사자를 확정하여 표시하고, 판결주문과 이유 등을 설시하므로 판결의 결론과 확정된 사실, 법률의 적용 등을 명확히 함으로써, 확정될 경우에 판결의 효력 범위(기판력·집행력·형성력 등) 및 상소의 대상을 명백히 한다. 또한 무엇보다도 중요한 것은 정확한 판결서의 작성을 통하여 당사자뿐만 아니라 일반 국민에게도 재판에 대한 신뢰와 공정성을 심어 줄 수 있고, 법관 자신에게도 판결서의 작성 과정에서 재판기록을 보다 세밀하게 검토할 기회를 제공한디는 점에서 의미가 크다.

(3) 그러나 판결서의 작성 업무가 너무 과중하게 되면 직접 심리의 의미가 반감될 수 있으므로, 판결서의 간이화 작업이 필요하고, 당사자가 항소하지 아니한 경우에는 이를 더욱 간소화하여야 한다.

2. 판결서의 기재사항($\frac{208조}{1항}$)

판결서에는 법률상 꼭 적어야 하는 필수적 기재사항과 사무처리의 편의상 기재하는 임의적 기재사항이 있다. 임의적 기재사항으로 사건번호와 사건명(예: 2009 가합7000 소유권이전등기청구), 표제(예: 판결), 판결선고 연월일(예: 2009. 9. 1.)이 있다. 필수적 기재사항은 제208조에 다음과 같은 사항이 규정되어 있다. 다만 증권관련집단소송법 제36조 제1항에 의하면 제208조 외에 i) 원고측 및 피고측 소송대리인, ii) 총원의 범위, iii) 제외신고를 한 구성원을 별도로 기재하여야 한다.

(1) 당사자와 법정대리인($\frac{1}{\bar{\mathfrak{z}}}$)

판결서에는 당사자와 법정대리인[1]을 특정할 수 있게 기재하여야 한다. 특정을 위하여 보통 성명(법인의 경우에는 명칭) 또는 주소(법인의 경우에는 주된 사무소의 주소)를 기재하고, 심급에서는 당사자의 지위를 표시한다[예: 원고(상고인)]. 소재를 알 수 없어서 공시송달을 한 경우에는 당사자 명칭 아래 줄에 '현재 소재불명'이라고 적고, 그 아래 줄에 '최후주소'라고 표시하고 그 주소를 기재한다. 실무상 등기관련사건의 경우에는 특정을 위하여 별도로 등기부상에 표시되어 있는 주소를 아울러 기재한다.[2] 소송대리인의 표시는 송달 등의 편의를 위하여 기재하는 것이고 판결의 필수적 기재사항은 아니다.[3]

(2) 주 문($\frac{2}{\bar{\mathfrak{z}}}$)

① 주문(主文)은 판결의 결론을 표시한다. 종국판결의 주문은 소 또는 상소에 대한 법원의 최종적인 응답이다. 예컨대 판결에 따른 주문 예를 간단히 보면 i) 소송판결을 하는 경우에는 "이 사건 소를 각하한다."고 기재하고, ii) 원고의 청구를 기각하는 판결의 경우에는 "원고의 청구를 기각한다."고 기재하며, iii) 원고의 청구를 인용하는 경우에는 소의 내용에 따라 이행판결은 "피고는 원고에게 돈○○원 및 이에 대한 2019. 3. 1.부터 소장부본 송달일까지는 연 5%의, 그 다음날부터 완제일까지 연 12%의 각 비율에 의한 돈을 지급하라.", 확인판결은 "별지목록 기재 토지가 원고의 소유임을 확인한다.", 형성판결은 "원고와 피고는 이혼한다." 등으로 기재한다.

② 또한 판결 주문은 간결하고 명확하여야 하고, 주문 자체로 내용을 특정할 수 있어야 한다.[4] 판결주문의 내용이 모호하면 기판력의 객관적 범위($\frac{216}{\bar{\mathfrak{z}}}$)가 불분명해질 뿐만 아니라, 집행력·형성력 등의 내용도 불확실하게 되어 새로운 분쟁

---

1) 판례는 법정대리인의 표시가 없다고 하여도 경정결정으로 보정할 수 있으므로 판결의 효력에는 영향이 없다고 한다(대판 1995. 4. 14, 94다58148).
2) 등기부상의 주소를 기재하지 아니하여도 판례는 경정사유가 아니라고 본다(대결 1990. 1. 11, 89그18); 대결 1992. 5. 27, 92그6; 대결 1994. 8. 16, 94그17.
3) 대판 1963. 5. 9, 63다127.
4) 대판 1983. 3. 8, 82누294; 대판 1983. 5. 24, 82누456; 대판 1989. 7. 11, 88다카18597; 대판 1995. 6. 30, 94다55118; 대판 2006. 9. 28, 2006두8334; 대판 2018. 2. 28, 2017다270916; 대판 2019. 3. 14, 2017다233849; 대판 2020. 5. 14, 2019므15302.

을 일으킬 위험이 있으므로 판결주문에서는 청구를 인용하고 배척하는 범위를 명확하게 특정하여야 한다.[5] 주문의 내용이 불명확하여 특정할 수 없어 집행불능에 이를 경우에는 상소에 의하여 취소할 수 있고,[6] 확정되어도 그 판결은 무효로 되어 다시 소를 제기할 수 있다.[7] 판결주문의 특정정도 및 판결주문이 특정되었는지 여부는 직권조사사항이다.[8]

③ 주문에는 통상 위와 같은 i) 본안에 관한 주문 외에, ii) 소송비용에 관한 것($^{104,}_{105조}$), iii) 가집행선고 또는 그 면제의 선고($^{213}_{조}$) 등이 기재된다.

(3) 청구의 취지 및 상소의 취지($^{3}_{호}$)[9]

제1심판결에서는 소장 기재의 청구의 취지를, 상소심판결에서는 상소장 기재의 상소의 취지를 표시하여야 한다. 이는 법원의 심판의 범위를 명백히 하여 소송물을 명확히 하고, 결국 기판력의 객관적 범위를 파악키 위한 것이다. 청구취지의 기재 방법은 원고 전부승소의 경우에는 주문과 청구취지가 동일하므로 "주문과 같다."라고 간단히 기재하고, 원고 전부패소·일부패소의 경우에는 주문과 청구취지가 불일치하므로 소장의 청구취지를 모두 적어준다.

(4) 이 유($^{4}_{호}$)

① 이유는 결론인 주문이 도출되게 된 판단의 과정을 밝히는 부분이다. 주문이 정당하다는 것을 인정할 수 있을 정도로 당사자의 주장, 그 밖의 공격·방어방법에 관한 판단을 표시한다($^{208조}_{2항}$).

② 이유 기재의 정도와 관련하여 구법 제193조 제2항에서는 '당사자의 주장과 기타 공격 또는 방어방법의 전부에 관하여 판단'을 표시하도록 하였으나, 신법 제208조 제2항에서는 '당사자의 주장, 그 밖의 공격·방어방법에 관한 판단'만을 표시하도록 바뀌었다. 이것은 모든 심급의 판결에 적용된다($^{408,}_{425조}$). 따라서 신법에서는 구법과 달리 주장 자체로 이유 없거나, 판결 결과에 영향을 미치지 아니하는 주

---

5) 대판 2006. 9. 28, 2006두8334; 대판 2012. 12. 13, 2011다89910, 89927.

6) 대판 1962. 10. 11, 62다422.

7) 대판 1972. 2. 22, 71다2596(화해조서임); 대판 2006. 9. 28, 2006두8334.

8) 대판 1983. 3. 8, 82누251; 대판 2019. 3. 14, 2017다233849; 대판 2020. 5. 14, 2019므15302.

9) 민사소송법 제정 시(1960. 4. 4. 법률 547호)에는 '청구의 취지 및 상소의 취지'가 아닌 '사실과 쟁점'을 기재하도록 하였으나(제정 민소 193조 1항 3호), 1961. 9. 1. 법률 706호로 판결서의 간이화작업의 일환으로 현재와 같이 개정되었다.

장 등을 생략할 수 있어 판결이유를 간이화할 여지가 커졌다.[10] 이는 쟁점 위주로 판단하기 위한 것으로 볼 수 있다. 그러나 '그 밖의 공격·방어방법'의 의미가 불명확하기 때문에 판단누락($^{451조}_{1항\,9호}$)의 논란 여지는 여전히 있다.

③ 이유의 기재는 우선 사실을 확정하고 이어 법률을 적용하는 방식으로 한다. i) 사실의 확정에 있어서 다툼이 없는 사실, 현저한 사실은 그대로 따르고($^{288}_{조}$), 다툼 있는 사실은 자유심증주의에 따라 변론 전체의 취지와 증거조사의 결과(증거자료)를 종합하여 인정한다($^{202}_{조}$). 다만 증거를 채택 또는 배척하는 이유 등의 증거설명(證據說明)까지는 필요 없다. ii) 법률적용은 해석상 다툼이 있는 경우 외에는 적용 결과만을 표시하면 되고, 그 이론적 근거와 적용법조 등을 명시할 필요는 없다.

④ 이유를 명시하지 않거나, 이유에 모순이 있는 때에는 상고이유가 되고 ($^{424조}_{1항\,6호}$),[11] 판결에 영향을 미친 중요사항에 관한 판단누락은 재심사유가 된다($^{451조}_{1항\,9호}$).[12]

(5) 변론을 종결한 날짜($^5_호$)

심리를 종결한 날짜를 말하며, 무변론판결의 경우에는 판결을 선고한 날짜를 의미한다. 기판력의 시적 범위의 표준시가 되기 때문이다.

(6) 법 원($^6_호$)

판결을 한 법관이 소속된 관서로서의 법원을 말하며, 실무상 합의체의 경우에는 소속부도 기재한다(예: 서울중앙지방법원 제1민사부). 법원은 판결서의 첫 머리에 표시한다.

(7) 법관의 서명날인($^{208조}_{1항}$)

판결서에는 판결을 한 법관이 서명날인 하여야 한다($^{208조}_{1항}$). 판결은 변론에 관여한 법관이 하는 것이므로 여기서 판결을 한 법관이라 함은 변론에 관여한 법관을 의미한다. 그러한 법관의 서명날인이 없으면 판결원본이라고 할 수 없고, 이러한

---

10) 同旨: 이시윤, 617면.

11) 판결의 이유는 그와 같은 과정이 합리적·객관적이라는 것을 밝힐 수 있도록 그 결론에 이르게 된 과정에 필요한 판단을 기재하여야 하고, 그와 같은 기재가 누락되거나 불명확한 경우에는 제424조 제1항 제6호의 절대적 상고이유가 된다(대판 2014. 12. 24, 2014다53110; 대판 2021. 2. 4, 2020다259506).

12) 대판 2013. 10. 31, 2011다98426; 대판 2016. 10. 27, 2015다216796; 대판 2017. 12. 5, 2017다9657; 대판 2019. 9. 26, 2017두48406; 대판 2020. 6. 11, 2017두36953(실제로 판단하지 아니하였다고 하여도 주장이 배척될 것이 분명한 때에는 판결결과에 영향이 없어 판단누락이 아님).

판결서에 기한 판결의 선고는 판결원본에 의한 선고가 아니므로 선고의 효력이 없다.[13] 다만 판결을 한 법관(합의에 관여한 법관)이 판결서에 서명날인 함에 지장이 있는 때에는 다른 법관이 판결에 그 사유를 적고 서명날인 하여야 한다($^{208조}_{4항}$) (예: "판사 ○○○는 퇴직으로 인하여 서명날인이 불능함. 재판장 판사 ○○○"). 최종 변론에 관여하지 아니한 법관이 서명날인한 경우에는 직접주의에 위반하므로 상소의 이유가 된다. 그러나 판결서에 정정한 곳에 날인하거나, 각 장 사이에 간인(間印)하는 것이 관행이나, 이를 하지 아니하였다고 하여도 위법인 것은 아니다.[14]

3. 이유 기재의 생략·간이화의 특칙

(1) 판결의 간이화·정형화는 법관을 판결서의 작성에 드는 시간보다는 심리에 집중하게 할 수 있어, 사건을 신속하게 처리할 수 있으므로 소송경제에 부합한다. 판결의 간이화는 다름 아닌 판결이유의 간이화를 의미한다. 따라서 판결이유를 생략하거나, 간단히 쓰도록 하는 것이 오늘날 세계 각국의 소송법의 중요과제 중의 하나이다.

(2) 민사소송에 있어서도 이러한 취지에서 민사소송법 및 특별법에서 이유 기재를 간단히 하거나 생략할 수 있도록 하고 있다. i) 항소심에서 이유를 기재함에 있어서 제1심판결이 제208조 제3항에 의하여 작성된 것(무변론판결, 자백간주 판결, 공시송달 판결)이 아닌 한 제1심판결을 인용할 수 있도록 하였고($^{420}_{조}$), 또한 ii) 소액사건의 판결서($^{소심}_{조의2}$^{11}), iii) 배상명령($^{소촉 31조}_{2항 단서}$), iv) 결정·명령($^{224조}_{1항 단서}$), v) 상고심리불속행·상고이유서부제출에 의한 상고기각판결($^{상특 5조}_{1항}$) 등에서 이유 기재를 생략할 수 있도록 하였다.

(3) 신법은 단독·합의사건에 대한 제1심판결에 한하여 답변서의 미제출로 인한 무변론판결($^{257}_{조}$), 자백간주에 의한 판결($^{150조}_{3항}$), 공시송달에 의한 판결($^{194~}_{196조}$)의 경우에는 청구를 특정함에 필요한 사항과 상계의 항변의 판단에 관한 사항만을 간략히 표시할 수 있도록 하였다($^{208조}_{3항}$). 이는 기판력의 범위를 확정하는 데 필요한 한도의 기재로 족하도록 한 것이다.

(4) 항소심판결에서는 제1심판결이 제208조 제3항에 의하여 작성된 것(무변론판결, 자백간주 판결, 공시송달 판결)인 경우에는 제1심판결을 인용할 수 없다($^{408조}_{420조}$).[15]

---

13) 대판 1956. 11. 24, 4289민상236.
14) 대판 1962. 11. 1, 62다567; 대판 1966. 5. 24, 66다844, 845.

따라서 제1심판결이 무변론판결, 자백간주 판결과 공시송달 판결을 하게 되어 판결서의 이유 기재에 있어서 제208조 제3항에 따라 청구를 특정함에 필요한 사항과 제216조 제2항의 판단에 관한 사항(상계항변의 존부와 대항한 액수)을 간략하게 표시할 수 있을지라도, 당사자의 불복신청 범위에서 제1심판결의 당부를 판단하는 항소심에 있어서는 그와 같이 간략히 표시할 수 없고, 제208조 제2항에 따라 주문이 정당하다는 것을 인정할 수 있을 정도로 당사자의 주장과 그 밖의 공격방어방법에 관한 판단을 표시하여야 한다.[16]

Ⅲ. 판결의 선고

1. 총 설

(1) 판결의 선고는 판결내용으로 확정되어 판결원본에 기재된 바를 대외적으로 선언하는 사실행위이다. 판결은 원칙적으로 선고에 의하여 대외적으로 성립하고 효력이 발생한다($\frac{205}{조}$). 일단 판결이 선고되면 선고한 법원도 이를 취소·변경할 수 없는 기속력이 발생한다. 다만 가집행선고부 판결의 경우에는 집행력도 발생하지만 그 외의 판결은 확정되어야 판결의 효력이 발생한다.

(2) 상고심리불속행·상고이유서부제출에 의한 상고기각판결의 경우에는 예외적으로 별도의 판결 선고 없이 상고인에게 송달됨으로써 그 효력이 발생한다($\frac{상특}{2항}$ 5조).

2. 선고기일 및 선고기간

(1) 선고기일은 원칙적으로 변론이 종결된 날부터 2주 이내에 하며, 복잡한 사건이나 그 밖의 특별한 사정이 있는 때에도 변론이 종결된 날부터 4주를 넘겨서는 아니 된다($\frac{207조}{1항}$). 소액사건의 경우는 변론종결 후 즉시 선고할 수 있다($\frac{소심}{의2}$ $\frac{11조}{1항}$).

(2) 선고기일은 재판장이 지정한다. 당사자가 출석한 경우에는 법정에서 고지하면 되고, 불출석한 경우에는 선고기일을 통지하여야 한다. 판례는 적법한 기일의 통지를 받고 당사자 일방이 결석한 변론기일에서 판결 선고기일을 고지한 경우에는 불출석한 당사자에게 별도의 선고기일의 통지서를 송달할 필요가 없다고

---

15) 항소심 소송절차는 제1심 절차규정을 준용하지만(408조), 제1심판결이 제208조제3항에 따라 작성된 경우에는 이를 인용할 수 없다(제420조).

16) 대판 2021. 2. 4, 2020다259506.

한다.[17] 소액사건을 제외하고 미리 선고기일을 지정하지 아니하고 변론기일에 선고된 판결은 위법하다.[18] 또한 변론 없이 판결하는 경우에도 선고기일을 잡아 선고하여야 한다($\frac{207.}{257조}$).

(3) 선고기간은 제1심판결의 경우에는 '소가 제기된 날'로부터 5월 이내이고, 항소심판결과 상고심판결은 '기록을 받은 날'로부터 5월 이내에 하여야 한다($\frac{199)}{조}$). 다만 심리불속행으로 인한 상고기각판결은 '기록을 받은 날'로부터 4월 이내에만 할 수 있다($\frac{상특 6조}{2항}$). 이는 헌법 제27조 제3항의 신속한 재판을 받을 권리를 보장하기 위하여 둔 규정이다.

(4) 선고기일·선고기간에 관한 위 규정들은 모두 훈시규정이므로 이에 위반하여도 판결의 효력에는 영향이 없다.

3. 선고방법

(1) 판결의 선고는 선고기일에 공개된 법정에서 하여야 한다($\frac{헌 109조}{법조 57조}$). 재판장이 판결원본에 의하여 주문을 읽어야 하고, 필요한 경우에 이유를 간략히 설명할 수 있다($\frac{206)}{조}$). 1990년 민사소송법의 개정 전에는 '이유의 요지'를 설명하도록 하였으나, 그 이후에는 이유의 간략한 설명을 법원의 재량에 맡겼다. 그러나 소액사건의 경우에는 판결서의 이유 기재를 생략할 수 있도록 한 대신에 주문의 정당함을 인정할 수 있는 범위 안에서 그 이유의 요지를 말로 설명하도록 하였다($\frac{소심 11조}{의2 2항}$).

(2) 판결의 선고는 판결원본에 기하여 하여야 한다. 판결원본에 의하지 아니한 판결의 선고는 원칙적으로 제417조(판결절차의 위법으로 말미암은 취소)의 판결절차가 법률에 위배되는 경우에 해당된다.

(3) 판결의 선고는 이미 내용이 확정된 판결을 대외적으로 선언하는 사실행위이므로, 판결원본에 서명날인하지 아니한 법관이 할 수 있다. 또한 선고에만 관여한 것은 '이전심급의 재판관여 또는 재판에 관여한 때'에 해당하지 아니한다($\frac{41조 5호,}{424조 1항}$ $\frac{2호, 436조 3항,}{451조 1항 2호}$).

(4) 판결은 당사자가 출석하지 아니하여도 선고할 수 있고($\frac{207조}{2항}$), 소송절차가 중단되어 있는 때에도 선고는 가능하다($\frac{247조}{1항}$).

---

17) 대판 2003. 4. 25, 2002다72514.
18) 대판 1996. 5. 28, 96누2699.

Ⅳ. 판결의 송달

(1) 판결의 선고 뒤에 재판장은 판결원본을 바로 법원사무관 등에게 교부하여야 한다($^{209}_{조}$). 구법에서는 법원사무관 등이 수령한 판결원본의 가장자리에 판결 선고일자와 영수일자를 부기(附記)하였으나, 실무상 형식적으로 운영되었으므로 신법에서는 이를 폐지하였다.

(2) 법원사무관 등은 판결원본을 받은 날부터 2주 이내에 판결정본을 작성하여 당사자에게 송달하여야 한다($^{210}_{조}$).[19] 판결정본을 송달하는 때에는 당사자에게 상소기간과 상소장을 제출할 법원을 고지해 주어야 한다($^{규칙 55}_{조의2}$). 2주의 기간은 훈시규정이며, 상소기간은 송달된 날로부터 진행된다($^{396,}_{425조}$).[20]

제4절 판결의 효력

제1관 총   설

1. 의   의

(1) 판결의 선고는 소송사건에 대하여 공권적인 분쟁해결기관인 법원이 심리한 결과인 공권적 판단을 대외적으로 명백히 선언하는 사실행위이다. 선고된 판결은 국가가 정한 분쟁해결시스템의 방법에 따라 상소과정 등을 통하여 확정되고, 확정된 판결은 재심이라는 특별한 절차를 통하여만 바꿀 수 있도록 하고 있다. 이것은 국가가 분쟁해결방식을 규정하면서 정한 큰 틀이다.

(2) 그렇다면 확정은 되지 아니하였지만 이미 대외적으로 선고된 판결에 대하여 어떻게 할 것인지, 또한 확정된 판결에 어떠한 효력을 부여할 것인가 하는 것

---

19) 다만 대결 2003. 10. 14, 2003마1144에 의하면 "결정·명령의 경우에는 그것이 집행권원이 되는 등 성질상 정본의 송달이 필요하거나 특별한 규정이 있는 경우를 제외하고는 그 등본을 송달하는 방법(178조 1항)에 의할 수 있다."고 한다.

20) 판결정본이 등기부상 법인대표자 명의로 공시송달의 방법으로 송달된 경우에 그 자가 법인의 적법한 대표자가 아니라고 하여도 그 판결의 효력을 부정할 수 없다(대판 1972. 12. 26, 72다538).

은 분쟁해결제도를 운영하는 국가에서는 매우 중요한 문제이다. 결국 판결의 효력
이라는 것은 선고된 판결 및 확정된 판결을 선고한 법원, 당사자, 국가 및 국민의
입장에서 어떠한 효력을 줄 것인가 하는 문제이다.

(3) 판결효력의 핵심은 분쟁에 대한 공권적 판단의 확정을 통하여 사회적 의미
의 분쟁을 소멸시키면서 사법상의 법률관계에 따른 권리·의무관계를 명확히 함
으로써 결국은 당사자의 사권을 보호하는 것을 목적으로 하고 있다. 판결의 효력
은 이러한 목적에 부합하도록 효력이 부여되어야 한다. 판결의 효력은 분쟁해결시
스템인 재판제도의 핵심적 개념이다.

2. 판결의 효력에 관한 분류

(1) 판결의 효력을 어떻게 분류할 것인지는 매우 다양하다. 영미법계에서는 판
결의 효력을 통하여 달성하려는 목적을 비교적 넓은 개념인 판결의 효력(Res
Judicata)[1]와 부수적 금반언(Collateral Estoppel)[2]을 통하여 달성하려고 한다.[3] 반
면 대륙법계인 우리나라·일본·독일에서는 기속력, 형식적 확정력, 기판력·집
행력·형성력, 부수적 효력 등으로 세분하여 파악하고 있다. 어떻게 개념 짓고 분
류하든지 판결을 통하여 달성하려는 목적에는 차이가 없다.

(2) 판결의 효력은 우선 법적 효력(法的 效力)과 사실적 효력(事實的 效力)으로
나눌 수 있다.[4]

ⅰ) 법적효력은 여러 가지 기준으로 분류할 수 있다. 대표적으로 (a) 효력이
작용하는 소송주체를 기준으로 보면 법원에 대한 관계에서 작용하는 기속력(羈束
力), 당사자에 대한 관계에서 작용하는 형식적 확정력(形式的 確定力), 법원과 당사
자 모두에게 작용하는 기판력(旣判力)·집행력(執行力)·형성력(形成力) 등이 있다.
(b) 기타 효력의 발생 시기[5] 및 목적·기능[6]에 따른 분류가 가능하다. 목적·기

---

1) 기판력과 유사한 개념이나 완전히 일치한다고 보기 어려운 면이 있으며, 이를 청구배제효
(Claims Preclusion)라고도 한다.
2) 이를 쟁점배제효(Issue Preclusion)라고도 한다.
3) Friedenthal/Kane/Miller, 645-648면.
4) 정동윤/유병현/김경욱, 789-790면.
5) 효력발생의 시기에 따라 판결의 선고와 동시에 발생하는 기속력, 가집행선고부 판결의 집행력
등이 있고, 판결이 확정됨으로써 발생하는 형식적 확정력, 기판력·집행력·형성력 등이 있다.
6) 효력의 기능·목적에 따라 분류하면 ⅰ) 판결 자체의 취소가능성을 합리적으로 제한하기 위하
여 인정하는 판결의 기속력·형식적 확정력이 있고, ⅱ) 판결의 판단 내용을 사건해결의 일반적 기
준으로 사용하기 위하여 인정하는 동일 절차 내에서의 기속력(예: 상고심의 판단이 하급심을 기속

능적 분류와 관련하여 기판력·집행력·형성력을 판결의 본래적 효력이라고 하고, 참가적·반사적 효력 등을 부수적 효력이라 한다.[7]

ii) 사실적 효력에는 판결의 다른 절차에서의 증거로서의 효력인 증명적 효력, 소송 외의 제3자의 지위나 행동에 미치는 파급적 효력, 증거채택 등에 따라 상대방에게 재판의 영향을 미친다는 재판절차적 효력 등이 논하여 진다.

(3) 본 절에서는 판결의 선고와 동시에 판결법원에 대한 관계에서 생기는 기속력(자기구속력), 판결의 확정에 의하여 당사자에 대한 관계에서 생기는 형식적 확정력, 법원과 당사자에 대한 관계에서 생기는 기판력(실질적 확정력), 집행력·형성력을 중심으로 살펴보겠고, 기타 부수적 효력인 참가적·반사적 효력, 기타 사실적 효력에 관하여 보도록 한다.

제 2 관 기 속 력

1. 의   의

(1) 기속력(羈束力)이란 판결이 일단 선고되어 성립되면 판결을 선고한 법원도 이에 구속되어 스스로 변경·철회할 수 없게 되는 효력을 말한다. 선고 후에 판결이 잘못되었다고 알게 된 경우에도 같다. 이것을 판결의 자기구속력[8]이라고도 한다. 기속력은 판결의 선고와 동시에 발생하므로 형식적 확정을 요하지 않는다.

(2) 이것을 인정하는 이유는 공권적 판단인 판결이 공개적·공식적으로 선언된 것이므로 판결법원이라도 이를 임의로 변경할 수 없도록 함으로써 법적 안정성과 재판에 대한 신뢰를 높이기 위한 것이다.

(3) 통상 기속력이라 하면 판결법원에 대한 구속력이나 불가철회성(不可撤回性)을 의미한다. 하지만 일정한 경우에 동일 절차 내에서 다른 법원에 대한 구속력을 의미할 때가 있다. i) 법률심인 상고심은 사실심이 적법하게 확정된 사실에 기

하는 경우), 다른 절차에 작용하는 기판력·집행력·형성력 등이 있으며, iii) 판결이 확정되면 소송법·실체법상의 규정 등에 의하여 참가적 효력(77조), 반사적 효력, 구성요건적 효력 등과 같은 부수적인 효력이 발생한다. 학자에 따라 기판력·집행력·형성력을 판결의 본래적 효력이라고 하고, 참가적 효력·반사적 효력을 부수적 효력으로 나누기도 하나 그 한계는 명확하지 아니하다(정동윤/유병현/김경욱, 789면).

7) 정동윤/유병현/김경욱, 789면.

8) 일본에서는 판결법원 자신에 대한 구속을 판결의 자박성(自縛性) 또는 자기구속력(自己拘束力)이라고 하고, 다른 법원에 대한 구속력을 기속력(羈束力)이라고 한다(정동윤/유병현/김경욱, 790면).

속되며($^{432}_{조}$), ii) 상급법원의 판단이 하급심을 기속하거나($^{436조\ 2항}_{법조\ 8조}$), iii) 이송결정은 이송 받은 법원을 기속하며($^{38}_{조}$), iv) 헌법재판소의 결정이 법원을 기속하는 경우($^{헌재\ 47}_{조\ 1항}$)[9] 등이 여기에 해당한다.

2. 기속력의 배제

(1) 판결의 기속력을 인정하는 것은 판결이라는 공권적 판단에 대한 법적 안정성의 확보와 재판에 대한 신뢰를 확보하기 위한 것이다. 그러나 모든 판결을 예외 없이 관철하는 경우에 오히려 원래의 취지에 반하고, 상소를 통하여 이의 시정을 구하는 것은 심급제도에 공연한 부담을 줄 수가 있다. 이러한 경우에는 그 예외를 인정하여 판결법원이 기존의 판결을 취소·변경할 필요가 있게 된다.

(2) 여기에는 판결에 명백한 오류가 발견된 경우에 판결법원 스스로 그 시정을 할 수 있도록 하는 판결경정제도(判決更正制度)와 판결법원이 선고 후에 법령위반을 스스로 발견한 경우에 일정한 요건 하에 스스로 판결의 변경을 허용하는 변경판결제도(變更判決制度)[10]가 있다. 우리나라에서는 판결경정제도를 인정하고 있지만, 미국법이나 일본법($^{일민소}_{256조}$)[11]에서 인정하고 있는 변경판결제도는 채택하고 있지 않다.

(3) 그러나 판결 외에 결정·명령은 주로 소송절차의 파생적·부수적 사항에 관한 재판이므로 항고 시에 원심법원이 재도(再度)의 고안(考案)에 의하여 원래의 결정을 취소·변경할 수 있고($^{446}_{조}$),[12] 소송지휘에 관한 결정·명령은 법원의 재량에 의하여 언제나 취소·변경할 수 있으므로($^{222}_{조}$), 기속력이 인정되지 아니한다. 집행정지의 결정도 같다.[13] 다만 판결 외에 결정·명령 중에서 즉시항고의 대상이 되는 결정($^{47,\ 110}_{조\ 등}$),[14] 특별한 불복수단이 규정되어 있는 결정($^{예:\ 가압류결정}_{등,\ 민집\ 283조}$), 명문으로 기

---

9) 헌재 1997. 12. 24, 96헌마172, 173(헌재결정의 기속력에 반한다는 이유로 대법원판결을 취소함).

10) 제252조의 정기금변경의 소는 판결의 확정 후에 사정변경이 있는 경우에 그 변경을 인정하는 것이므로 여기의 변경판결제도와는 다르다.

11) 판결의 선고 후 1주일 이내에 하여야 하고, 판결이 확정되었거나 변경판결을 하기 위하여 다시 변론을 할 필요가 있는 경우에는 할 수 없다(일민소 256조 1항).

12) 反對: 즉시항고가 가능한 결정 또는 인지미보정에 따른 각하명령의 원본이 교부되어 성립한 후에는 제도의 고안을 할 수 없다[대결 2013. 7. 31, 2013마670; 대결(전) 2014. 10. 8, 2014마667].

13) 대결 1988. 2. 24, 88그2.

14) 대법원은 1966. 9. 7, 66마676 결정에서 즉시항고의 경우에도 재도의 고안이 가능하다고 하나 의문이다(同旨: 정동윤/유병현/김경욱, 794면 註4).

속력을 인정하는 결정($\frac{38}{조}$) 등은 예외적으로 기속력을 가진다. 이 경우에는 경정결정이 가능하다.

3. 판결의 경정

(1) 의 의

① 판결의 경정(更正)이라 함은 판결내용을 실질적으로 변경하지 않는 범위 내에서 판결에 잘못된 계산이나 기재, 그 밖에 이와 비슷한 잘못이 있음이 분명한 때에 판결법원이 직권으로 또는 당사자의 신청에 따라 고치는 것(경정결정)을 말한다($\frac{211}{조}$). 이것은 강제집행, 가족관계등록부, 등기부의 기재 등의 넓은 의미의 집행에 지장이 없도록 하려는 취지이다.[15] 이렇게 함으로써 판결서상의 내용의 변경 없는 정정을 상소를 통하지 아니하고 간이하게 판결법원이 경정결정으로 가능하도록 한 것이다. 이러한 결정을 경정결정(更正決定)이라 한다($\frac{211조}{1항}$).

② 판결의 경정결정은 판결과 동일한 효력이 있는 청구의 포기·인낙조서 및 화해조서($\frac{220}{조}$)뿐만 아니라, 이행권고결정과[16] 결정·명령에도 준용된다($\frac{224}{조}$).[17]

(2) 요 건

판결의 경정은 i) 판결에 잘못된 계산이나 기재, 그 밖에 이와 비슷한 잘못이 있어야 하고, ii) 그러한 잘못이 분명하여야 한다.

① 판결에 '잘못된 계산이나 기재, 그 밖에 이와 비슷한 잘못'이 있어야 한다.

(a) 판결경정 결정을 하기 위해서는 이러한 '표현상의 잘못'이 있어야 한다. 따라서 표현상의 잘못이 아닌 판단내용의 잘못이나 판단누락은 경정사유가 될 수 없다.[18] 이는 추가판결의 대상인 것이다. 잘못은 법원의 과실뿐만 아니라, 당사자의 청구의 잘못인 경우에도 해당한다.[19] 판례는 당사자의 표시 잘못[20] 및 주소누

---

15) 대결 1981. 11. 6, 80그23; 대결 1992. 9. 15, 90그20; 대결 1995. 6. 19, 95그26; 대결 1999. 4. 12, 99마486; 대결 1999. 12. 23, 99그74; 대결 2000. 5. 30, 2000그37; 대결 2006. 2. 14, 2004마918; 대결 2012. 2. 10, 2011마2177; 대결 2020. 3. 16, 2020그507; 대결 2023. 6. 20, 2023그574.

16) 대결 2022. 12. 1, 2022그18.

17) 대판 1998. 2. 13, 95다15667(제3채무자의 사망사실을 모르고 그대로 제3채무자를 표시한 경우에 압류 및 전부명령의 제3채무자의 표시를 사망자에서 그 상속인으로 경정하는 결정은 허용됨).

18) 대판 1969. 12. 30, 67주4.

19) 대결 1983. 3. 24, 83그8; 대결 1990. 5. 23, 90그17; 대결 1992. 3. 4, 92그1; 대결 1994. 5. 23, 94그10(인낙조서); 대결 2020. 3. 16, 2020그507; 대결 2023. 6. 15, 2023그590.

락,²¹⁾ 판결주문 중의 등기원인일자의 잘못,²²⁾ 판결서 말미에 첨부하는 별지목록의
누락,²³⁾ 건물건평·토지면적의 잘못 표시,²⁴⁾ 손해금의 계산착오,²⁵⁾ 당사자가 청구
한 토지 지번이 변론종결 전에 분할되어 결과적으로 잘못되어 분할된 토지 지번
으로 바꾸는 것²⁶⁾ 일부 피고 이름의 오기 및 대습상속인의 범위에 관한 오류,²⁷⁾
주택의 표시를 '2층 202호'에서 '1층 202호'로 바꾸는 것,²⁸⁾ ㎡미만의 단수 표시로
인하여 판결의 집행이 곤란하게 되는 경우 당사자 일방이 ㎡미만의 단수를 포기
하고 그 포기한 부분을 상대방의 소유로 될 토지의 단수와 합산하여 단수 이하를
없애는 방식²⁹⁾ 등의 경우에 판결경정을 인정하고 있다.

  (b) 그러나 판결의 내용을 실질적으로 변경시키는 경우인 당사자의 착오로 토
지의 일부를 누락한 경우에 이에 따른 누락부분을 판결에 추가하는 등은 판결경
정이 허용되지 아니하며,³⁰⁾ 판결의 내용에 영향을 미치지 아니하는 사항(예: 소유
권이전등기를 명하는 판결에 피고의 등기부상의 주소의 누락 등)³¹⁾도 경정대상이 되지
아니한다. 판결경정사유는 상고의 대상이 되지 않으며, 판결주문과 이유가 명백히
모순되는 경우에는 추가판결이 아닌 간편한 판결경정절차에 의하자는 견해가 있
다.³²⁾ 추가판결과 경정절차를 동시에 이용할 수 있도록 하는 것이 제도의 취지에
부합하다고 본다.

  ② 판결에 표현상의 '잘못이 분명'하여야 한다. 잘못이 분명(分明)하다는 것은
잘못이 명백(明白)하여야 한다는 것이다. 잘못이 분명한지 여부는 판결서의 기재

  20) 대결 2001. 12. 4, 2001그112('○인헌'을→'○이헌'으로); 대결 2006. 2. 14, 2004마918; 대
결 2011. 10. 13, 2011그181.
  21) 대결 1995. 6. 19, 95그26; 대결 2000. 5. 30, 2000그37.
  22) 대판 1970. 3. 31, 70다104.
  23) 대판 1989. 10. 13, 88다카19415.
  24) 대판 1964. 11. 24, 64다815; 대결 1985. 7. 15, 85그66.
  25) 대판 1970. 1. 27, 67다//4; 대판 1970. 9. 29, 70다1156; 대판 1990. 7. 24, 89다카14639;
대판 2001. 12. 11, 2001다59866.
  26) 대결 2020. 3. 16, 2020그507.
  27) 대결 2021. 9. 30, 2021그633.
  28) 대결 2023. 6. 15, 2023그590.
  29) 대결 2023. 6. 20, 2023그574.
  30) 대결 1996. 3. 12, 95마528.
  31) 대결 1986. 4. 30, 86그51; 대결 1987. 10. 28, 87그50; 대결 1990. 1. 11, 89그18; 대결
1990. 1. 12, 89그48.
  32) 이시윤, 624면. 대판 1999. 10. 22, 98다21953(항소심에서 청구의 교환적 변경이 이루어져
항소심이 변경된 청구를 기각한다고 해야 하는데 항소를 기각한다고 한 경우에 "교환적으로 변경된
청구를 기각한다."로 경정할 수 있음).

로 분명한 경우뿐만 아니라, 경정결정을 함에 있어서는 그 소송 전 과정에 나타
난 자료는[33] 물론이고, 경정대상인 판결이나 화해 이후에 제출되어진 자료도 다른
당사자에게 아무런 불이익이 없는 경우나 이를 다툴 수 있는 기회가 있었던 경우
에는 포함된다.[34]

(3) 절   차

① 경정은 당사자의 신청 또는 직권으로 어느 때라도 할 수 있다. 당사자의
신청에 따라 경정하는 경우에는 당사자가 경정사유를 소명하여야 한다.[35] 경정결
정은 상소제기 후뿐만 아니라, 확정 후에도 할 수 있다. 결정법원은 원칙적으로
판결을 한 법원이 하여야 하나, 상소로 사건이 상소심으로 이심된 경우에는 제
211조 제1항에서 결정법원을 한정하고 있지 아니하므로 상급법원도 결정할 수 있
다.[36] 그러나 하급심에서 확정된 판결부분은 그 기록이 상급법원에 있어도 상급법
원에서는 그 부분에 대한 심판권이 없으므로 경정할 수 없다.[37]

② 경정은 결정(決定)으로 함이 원칙이다. 그러나 판결로 경정하였다고 하여
위법은 아니다.[38] 경정결정은 판결의 원본과 정본에 덧붙여 적어야 하나, 판결정
본을 송달하는 등으로 정본에 덧붙여 적을 수 없을 때에는 따로 결정의 정본을
작성하여 당사자에게 송달하여야 한다($^{211조}_{2항}$). 결정절차이므로 변론을 열 것인지 여
부는 법원의 재량사항이다.

③ 경정결정에 대하여는 즉시항고를 할 수 있지만, 판결에 대하여 적법한 항소
가 있는 때에는 독립된 즉시항고가 허용되지 아니하다($^{211조}_{3항}$). 적법한 항소가 있는
경우에는 판결과 함께 판단하면 되기 때문이다.

④ 경정신청에 대하여 기각결정을 한 경우 항고할 수 있는지가 문제된다. 통설

---

33) 대결 1962. 1. 25, 4294민재항674.

34) 대결 2000. 5. 24, 98마1839; 대결 2000. 5. 24, 99그82; 대결 2012. 10. 25, 2012그249; 대
결 2020. 3. 16, 2020그507. 다만 대법원은 이행권고결정 본문에 피신청인의 주민등록번호가 기재
되어 있지 않아도 민사소송규칙 제76조2(민감정보 등의 처리)로 정정할 수 있으므로 판결경정 신
청의 대상이 되지 아니한다고 본다(대결 2022. 12. 1, 2022그18; 대결 2022. 3. 29, 2021그713).

35) 대결 2018. 11. 21, 2018그636.

36) 同旨: 강현중, 688면; 김용진, 457면; 김홍규/강태원, 591면; 김홍엽, 804면; 이시윤, 624면;
정동윤/유병현/김경욱, 793면. 反對: 방순원, 573면; 이영섭, 183면. 대판 1967. 10. 31, 67다982와
대결 1984. 9. 17, 84마522에서는 상급법원의 경정결정을 인정하고 있다.

37) 대판 1987. 9. 2, 87카55; 대결 1992. 1. 29, 91마748; 대결 2007. 5. 10, 2007카기35(조정
조서); 대결 2008. 10. 21, 2008카기172.

38) 대판 1965. 7. 20, 65다888; 대판 1967. 10. 31, 67다982.

과 판례는 i) 판결법원 자신이 잘못이 없다고 하였는데 다른 법원이 이를 강제하는 것은 조리에 반하고, ii) 제211조 제3항[39] 본문의 반대해석상 허용되지 아니한다는 이유로 경정신청기각결정은 즉시항고 할 수 없다고 본다.[40] 이에 의하면 특별항고($^{449}_{조}$) 만이 허용된다.[41] 통설과 판례가 타당하다고 본다. 다만 특별항고를 하려면 '재판에 영향을 미친 헌법 위반이 있거나, 재판의 전제가 된 명령·규칙·처분이 헌법 또는 법률의 위반여부에 대한 판단이 부당한 경우'라야 하는바, 이는 헌법 제27조 등이 정하고 있는 적법한 절차에 따라 공정한 재판을 받을 권리가 침해된 경우를 포함하기 때문에 신청인이 그 재판에 필요한 자료를 제출할 기회를 전혀 부여받지 못한 상태에서 기각결정을 받은 경우 또는 판결 선고 후에 제출된 자료에 의하여 판결에 잘못이 있음이 분명하여 판결을 경정해야 하는 사안임이 명백한데도 법원이 이를 간과함으로써 기각결정을 하였다는 등의 사정이 있어야 한다.[42] 따라서 당사자가 경정신청기각결정에 대하여 통상항고를 한 경우에도 이를 특별항고로 보아 대법원으로 기록을 송부하여야 한다.[43]

⑤ 그러나 경정신청에 대하여 각하결정(예: 제1심에서 확정된 부분에 관하여 항소법원에 경정결정신청을 하였으나 심판권 등 소송요건이 없다는 이유로 각하한 경우)을 한 경우에는 소송절차에 관한 신청을 각하한 경우이므로 제439조에 따라 항고할 수 있다고 보아야 한다.[44]

(4) 효 력

경정결정은 원판결의 내용의 변경 없이 표현상의 분명한 잘못을 정정하는 것이므로, 원판결의 내용의 일부로 되는 것이다. 따라서 원판결과 일체가 되는 것이므로 원판결의 선고 시에 소급하여 그 효력이 발생한다.[45] 즉 법률상 경정된 내용

---

39) 제211조 제3항은 "경정결정에 대하여는 즉시항고를 할 수 있다. 다만, 판결에 대하여 적법한 항소가 있는 때에는 그러하지 아니하다."고 규정하고 있다.

40) 대결 1961. 10. 6, 4294민항572; 대결 1983. 4. 19, 83그6.

41) 대결 1983. 4. 19, 83그6; 대결 1991. 3. 29, 89그9; 대결 1995. 7. 12, 95마531; 대결 2004. 6. 25, 2003그136(헌법위반을 이유로 한 특별항고); 대결 2017. 8. 21, 2017그614(이행권고결정이 경정신청 대상임).

42) 대판 2004. 6. 25, 2003그136; 대결 2020. 3. 16, 2020그507; 대결 2023. 6. 15, 2023그590.

43) 대결 1971. 7. 21, 71마382; 대판 1982. 5. 11, 82마41; 대결 1995. 7. 12, 95마531.

44) 同旨: 정동윤/유병현/김경욱, 793면. 그러나 제211조 제3항(경정결정에 즉시항고를 할 수 있음)의 반대추리(反對推理)로서 허용되지 아니한다는 견해가 있다(방순원, 574면).

45) 대판 1999. 12. 10, 99다42346; 대판 2001. 7. 10, 2000다72589; 대판 2005. 1. 13, 2003다29937.

이 원판결에 처음부터 있는 상태에서 선고된 것으로 보는 것이다. 그렇기 때문에 판결에 대한 상소기간은 경정결정에 영향을 받지 않고, 판결서가 송달된 날부터 진행된다. 다만 경정의 결과 상소이유가 발생한 경우에는 상소의 추후보완($\frac{173}{조}$)이 가능하다는 것이 통설이지만, 판례는 상소의 추후보완을 인정하지 않는다.[46] 통설이 타당하다고 본다.

제3관 형식적 확정력

1. 의   의

(1) 법원이 한 종국판결에 대하여 당사자가 불복상소로 취소할 수 없는 상태가 되면, 판결은 형식적으로 확정이 된다. 이렇게 당사자가 판결에 대하여 취소할 수 없는 상태 즉 취소불가능성을 형식적 확정력(形式的 確定力)이라 한다. 형식적 확정력은 당사자에 의한 판결의 취소불가능성을 의미하는 것이므로, 법원의 철회·변경의 불가능성을 말하는 기속력과는 차이가 있다.

(2) 법원에 의하여 판결이 선고됨으로써 기속력으로 인하여 법원 자신이 임의로 취소·변경할 수 없다고 하여도, 당사자는 법에서 인정하는 상소를 통하여 판결을 상급법원의 판단으로 취소·변경할 가능성이 여전히 남아 있다. 따라서 판결이 형식적으로 확정이 되지 아니하면 부동적(浮動的)인 상태이므로 법적으로 분쟁이 종결된 것이 아니다. 법적인 분쟁의 종결을 위하여는 형식적 확정이 선결되어야 한다.

2. 판결의 확정시기

판결은 상소가 인정되지 아니할 때에 확정된다. 즉 통상의 불복신청방법이 없는 경우에 확정된다. 구체적으로 보면 다음과 같다.

(1) 판결의 선고와 동시에 확정되는 경우

① 상소할 수 없는 판결인 상고심판결, 제권판결($\frac{490조}{1항}$) 등이 여기에 해당한다. 심리불속행 또는 상고이유서 부제출에 따른 상고기각판결($\frac{상특}{2항}$ 5조)의 경우는 별도의

---

46) 대판 1997. 1. 24, 95므1413, 1420.

선고가 없으므로 송달과 동시에 확정된다.

② 판결의 선고 전에 당사자 사이에 불상소합의가 있는 경우에는 판결 선고와 동시에 확정된다. 다만 비약상고($\frac{390조}{1항 단서}$)의 합의가 있는 때에는 상고기간의 만료 시에 판결이 확정된다.

(2) 상소기간의 만료 시에 확정되는 경우

상소기간 내에 상소를 제기하지 않고 도과한 때에는 상소기간의 만료 시에 확정된다. 또한 상소를 제기하였으나 상소를 취하한 경우이거나,[47] 상소각하판결 또는 상소장각하명령이 있는 경우에도 소급하여 상소가 없었던 것으로 되므로 이 경우에도 상소기간 만료 시에 확정된 것으로 본다.

(3) 상소권의 포기·상소기각판결

상소기간 경과 전에 상소권을 가진 당사자가 이를 포기한 때($\frac{394,}{425조}$)에는 포기 시에 확정된다. 그러나 상소기간 내에 상소가 제기된 경우에는 그 확정이 차단되고, 후에 상소기각판결이 확정되면 원판결이 확정된다($\frac{498}{조}$). 반면 상소가 인용되어 원판결이 취소·변경된 경우에는 확정의 대상이 없으므로 별도로 원판결 확정의 문제가 생기지 아니한다.

(4) 일부 불복과 확정시기

① 한 개의 판결은 전부에 관하여 동시에 확정되는 것이 원칙이며, 병합청구도 전부를 하나의 판결로 한 경우에 동시에 확정된다.

② 그런데 한 개의 청구에 대한 일부의 상소 또는 병합청구 중 일부에 대하여 상소한 경우에 상소불가분의 원칙상 나머지 부분 또는 나머지 청구도 상소심으로 이심되어 확정이 차단된다(예: 원고가 금 1,000만원의 동일한 대여를 원인으로 한 청구를 하여 제1심에서 그중 700만원이 인용되고, 나머지 300만원이 기각되자, 원고만이 자신의 패소부분인 300만원에 대하여 항소한 경우). 이 경우에 상소되지 아니한 부분이 언제 확정되는가에 관하여 학설이 나뉜다. 일응 판결전부의 형식적 확정력이 차단되지만, 상대방의 부대항소가 허용될 수 없는 시기인 변론종결 시에 불복되지 않은 부분이 확정된다는 견해(변론종결시설)[48]와 변론재개 가능성이 있다는 이유로

47) 대판 2016. 1. 14, 2015므3455(항소기간 경과 후에 항소취하 한 경우 항소기간 만료시에 소급하여 확정되고, 항소기간 경과 전에 항소취하 한 경우에는 항소기간 내에 재차 항소가 가능함); 대판 2017. 9. 21, 2017다233931.

판결의 선고 시에 확정된다는 견해(선고시설)[49]가 있다. 변론종결시설에 의하면 항소심의 경우는 항소심 변론종결 시에, 상고심에서는 상고이유서 제출기간의 도과 시에 각각 확정된다고 본다. 선고시설이 다수설·판례이다. 이에 의하면 불복신청이 없는 부분의 판결확정시는 항소심의 경우에는 항소심판결의 선고 시에,[50] 상고심은 상고심판결 선고 시에 각각 확정된다.[51] 생각건대 변론종결시설이 부대상소에 따른 취소가능성이 변론종결이 되면 없어진다는 점에서 수긍이 가지만, 항소심에서 변론재개가능성이 있다는 점, 상고심에서의 직권조사사항에 대한 당사자의 주장과 관계없이 판단할 필요가 있다는 점 등에 비추어 보면 선고시설이 타당할 것으로 본다.

3. 판결의 확정증명

(1) 판결이 확정되면 당사자는 그 판결에 기하여 기판력을 주장하거나, 강제집행을 할 수 있다. 또는 가족관계신고·등기신청 등이 가능하게 된다. 이 경우 판결이 확정되었다는 증명이 필요하다. 따라서 당사자는 소송기록을 보관하고 있는 법원사무관 등에게 판결의 확정증명서의 교부를 청구할 수 있다($\frac{499}{조}$).

(2) 상급심에서 소송이 완결된 경우에도 소송기록은 제1심법원에 보존하게 되므로($\frac{421,}{425조}$), 확정증명서의 교부는 원칙적으로 제1심법원의 법원사무관 등으로부터 받는다($\frac{499조}{1항}$). 다만 소송기록이 상급심에 있는 때(예: 일부가 상소심에 상고되어 계속 중이나 나머지 일부가 확정된 경우)에는 상급법원의 법원사무관 등이 그 확정부분에 대하여만 증명서를 내어 준다($\frac{동조}{2항}$).

4. 소송의 종료

판결이 형식적으로 확정되면 소송은 종국적으로 끝이 난다. 이렇게 되면 판결

---

48) 김용진, 459면; 이시윤, 626면.

49) 강현중, 690면; 김홍엽, 808면; 전병서, 633면; 정동윤/유병현/김경욱, 796면; 한충수, 584면.

50) 대판 1994. 12. 23, 94다44644; 대판 2001. 4. 27, 99다30312; 대판 2008. 3. 14, 2006다2940; 대판 2020. 3. 26, 2018다221867.

51) 대판 1985. 6. 12, 84누17; 대판 1995. 3. 10, 94다51543; 대판 2001. 12. 24, 2001다62213; 대판 2002. 12. 26, 2002므852; 대판 2007. 1. 11, 2005다67971; 대판 2020. 3. 26, 2018다221867. 다만 항소심에 항소하였지만 자신의 패소부분에 대하여 상고심에 불복하지 아니한 경우에는 부대상고기간(상고이유서 제출기간) 도과 시 또는 부대상고권을 포기한 때 해당부분은 분리 확정된다고 본다(대결 2006. 4. 14, 2006카기62).

의 본래적 효력인 기판력·집행력·형성력 등이 발생하게 된다.[52] 판결의 형식적
확정은 판결정본이 당사자에게 적법하게 송달되었음을 전제로 한다.[53]

5. 형식적 확정력의 배제

판결이 형식적으로 확정되면 통상의 상소를 통하여 다툴 수는 없다. 그러나 상
소의 추후보완, 재심의 소, 제권판결에 대한 불복의 소에 의하여 형식적 확정력을
배제할 수 있다.

(1) 상소의 추후보완

당사자가 책임질 수 없는 사유로 말미암아 상소기간을 지킬 수 없었던 경우에
는 그 사유가 없어진 날부터 2주 이내에 게을리 한 소송행위를 보완할 수 있고,
다만 그 사유가 없어질 당시 당사자가 외국에 있을 경우에는 30일 이내에 보완하
여야 한다($^{173조}_{1항}$). 상소를 추후보완 한 경우에는 이미 확정된 판결에 대하여 상소할
수 있는 것이므로, 형식적 확정력은 배제된다.

(2) 재 심

재심사유($^{451}_{조}$)가 있으면 당사자는 재심의 소를 제기할 수 있다. 재심의 소가 이
유 있어 확정판결이 취소되면, 확정판결의 형식적 확정력이 배제된다.

(3) 제권판결에 대한 불복의 소

제권판결(除權判決)은 원칙적으로 상소할 수 없으므로($^{490조}_{1항}$) 선고와 동시에 확정
된다. 그러나 일정한 사유가 있을 때에 이에 대한 불복의 소를 제기할 수 있다
($^{490조}_{2항}$). 이 경우 제권판결에 대한 불복의 소가 인정되면 제권판결의 형식적 확정력
이 배제된다.

---

52) 이런 점에 근거하여 판결의 형식적 확정력을 판결의 효력이 아닌 그 전제로 보기도 한다. 그
러나 일반적으로는 형식적 확정력을 판결의 효력으로 분류하고, 나아가 기판력을 형식적 확정력에
대비하여 실체적 확정력 또는 실질적 확정력으로 본다.
53) 대판 1997. 5. 30, 97다10345.

제 4 관 기 판 력

제 1 항 기판력 총설

I. 기판력의 의의

(1) 기판력(旣判力)이라 함은 확정된 종국판결이 가지고 있는 청구에 대한 판결내용이 가지는 구속력 또는 규준성(規準性, Maßgeblichkeit)을 말한다. 기판력은 후소와 관련하여 가지며, 법원과 당사자 모두에 대한 구속력을 의미한다. 기판력[54]은 판결내용의 구속력이라는 면에서 실질적·실체적 확정력(materielle Rechtskraft) 또는 확정적 효력(Festellungswirkung)이라고도 한다. 기판력으로 인하여 전소에서 판단한 소송물을 후소에서 다시 소송의 대상으로 삼을 수 없고(不可爭), 법원이 선결 또는 모순관계로 재심사하는 경우에는 전소와 모순·저촉된 판단을 할 수 없게 된다(不可反).

(2) 판결의 기속력·형식적 확정력은 동일한 소송절차 내에서 선고법원에 대한 구속력(기속력) 또는 당사자에 대한 구속력(형식적 확정력)을 의미한다. 하지만 기판력은 전소판결의 소송물에 대한 판단의 구속력으로 인하여 당해 소송보다는 반복된 후소(後訴)에 대한 당사자 및 법원에 대한 구속력을 뜻한다는 점에서 차이가 난다.

(3) 기판력 제도는 공적인 국가의 재판기관이 당사자의 분쟁을 공권적으로 판결을 통하여 판단한 것이 확정된 것이므로, 법적인 분쟁의 해소를 유지시킬 필요성이 있다. 이렇게 기판력은 법적 안정성(法的 安定性)의 요청에 따른 것이다. 확정판결에 기판력을 부여함으로써 법적 의미의 분쟁을 해결할 수 있고, 정의(正義)를 실현할 수 있다. 그러나 일정한 경우에 추상적인 법적 안정성은 판결 자체에 중대한 흠이 존재하는 경우에는 구체적 타당성(具體的 妥當性)의 가치에 자리를 양보할 필요가 있다. 이러한 아주 제한적인 상황에서 기판력을 배제할 수 있는 장치가 필요한데, 그것이 재심제도(再審制度)이다.

---

54) 영미법상 'res judicata'를 기판력으로 해석할 수도 있으나, 기판력보다는 약간 넓은 개념인 기판력·집행력·형성력을 포함한 것으로 보는 것이 좋을 것으로 생각된다. 따라서 'res judicata'를 '판결의 효력'으로 보고 싶다.

(4) 기판력은 민사소송법에 있어서 소송물과 더불어 가장 중요한 양대 축에 해당하는 개념이다. 소송물 개념을 통하여 사실로서의 분쟁을 법적인 프리즘을 통하여 보게 되고, 소송물에 기초한 판결에 대하여 기판력을 부여함으로써 민사소송이라는 공권적·강제적 분쟁해결장치를 통하여 법적 분쟁을 종식시킬 수 있기 때문이다. 따라서 소송물은 민사소송의 출발점이고, 기판력은 민사소송의 종착점이라고 할 수도 있다. 어찌하였든 기판력은 민사소송법의 중심개념이다. 이러한 개념인 기판력에 대하여 그 본질, 정당성의 근거, 그 작용뿐만 아니라, 효력범위에 대하여 광범위하고 심도 있게 논의되고 있다.

Ⅱ. 기판력의 본질

기판력의 본질이 무엇이고, 그 성질은 어떤 것인가에 대하여 전통적으로 실체법설과 소송법설의 대립이 있다. 다시 소송법설에는 다시 모순금지설과 반복금지설 및 절충설이 주장되고 있다.

1. 실체법설(實體法說)

기판력이 가지는 구속력의 근거를 실체법상의 권리관계로 설명하려는 견해이다. 이 견해는 확정판결을 당사자 사이의 화해계약과 같이 실체법상의 법률요건으로 보아, 정당한 판결은 종래의 권리관계를 확인하는 효력이 있고, 부당한 판결은 종래의 권리관계를 판결내용과 같이 변동(발생·변경·소멸)시키는 효력이 발생하는 것으로 본다. 따라서 후소가 전소의 판결내용에 구속되는 것은 법관이 재판을 할 때에 실체법상의 권리관계에 구속되는 당연한 결과로 보고 있다. 이 견해는 소권을 사권의 변형물로 보는 사법적 소권설과 관련이 있다. 오늘날 이 견해를 취하는 학자는 거의 없다.

실체법설과 비슷한 견해인 구체적 법규설(具體的 法規說, 또는 權利實在說)은 국가는 소송에서 공권적 판단인 판결을 통하여 추상적인 법규를 당사자 사이의 구체적인 법규로 전환시키는 기능을 하고, 이러한 판결의 구체적 법규로서의 구속력을 기판력이라 한다. 구체적 법규설은 연혁적으로 실체법설과 소송법설 중 모순금지설의 문제를 극복하기 위하여 주장된 견해로서,[55] 넓게 보아 실체법설의 하나로

---

55) 정동윤/유병현/김경욱, 802면 참조.

볼 수 있다.[56]

2. 소송법설(訴訟法說)

소송법설은 기판력의 본질을 실체법설과 달리 소송법적인 관점에서 찾으려고 하고 있다. 기판력은 소송법상의 효과로 후소를 재판하는 법관을 구속하는 효력이라고 본다.[57] 구체적으로 그 근거와 관련하여 전통적으로 판결의 모순·저촉의 방지라는 점에 근거하는 모순금지설(矛盾禁止說), 반복의 금지에서 찾으려는 반복금지설(反復禁止說), 모순금지·반복금지 양자의 측면에서 접근하는 절충설로 나뉜다.

(1) 모순금지설(또는 구소송법설)

이 견해에 의하면 국가재판의 통일이라는 소송법상의 효력으로 인하여, 후소법원이 전소의 확정판결의 판단내용과 모순되는 판단을 할 수 없는 구속력이 생기는데 이것이 바로 기판력이라고 본다. 또한 당사자는 반사적으로 후소로 전소와 모순되는 내용의 판결을 구하는 것이 금지되나, 다만 전소와 동일한 내용의 후소는 가능하다고 본다. 이 설에 의하면 전소에서 승소판결을 받은 원고가 동일한 내용의 후소를 제기하면 권리보호이익이 없으므로 부적법 각하하여야 한다. 그러나 패소판결을 받은 원고가 동일한 내용의 후소를 제기하면 모순되지 아니하는 청구기각판결을 하여야 하고, 소각하판결을 할 것은 아니라고 본다. 판례[58] 및 일부 학설[59]의 입장이다.

(2) 반복금지설(또는 신소송법설)

이 견해는 일사부재리(一事不再理, ne bis in idem)의 기초이념인 '분쟁해결의 일회성(一回性)'에 기초하여 기판력의 근거를 찾고 있다. 기판력이란 후소법원에 대하여 다시 변론·증거조사·재판을 금지하는 구속력으로 파악한다. 즉 기판력

---

56) 同旨; 이시윤, 628면.

57) 대판 2020. 5. 14, 2019다261381(확정판결의 기판력은 당사자와 법원을 기속하는 효력을 의미하고, 확정판결의 내용대로 실체적 권리관계를 변경하는 실체법적 효력을 갖는 것은 아니라고 함).

58) 대판 1976. 12. 14, 76다1488; 대판 1979. 9. 11, 79다1275; 대결 1983. 12. 28, 83사14; 대판 1989. 6. 27, 87다카2478; 대판 2006. 4. 14, 2005다74764; 대판 2016. 9. 28, 2016다13482. 다만 반복금지설 취지의 판례로, 대판 2013. 11. 28, 2013다19083 등.

59) 김홍엽, 814면; 방순원, 602면; 이영섭, 191면; 호문혁, 699-700면(승소판결에 대한 후소는 소각하, 패소판결의 경우에는 청구기각판결을 하여야 한다는 것은 모순금지설과 직접 관계가 없다는 이유로 모든 경우에 소각하판결을 하여야 한다고 함). 기판력을 소의 이익에 의지하여 설명하는 것이 타당하다고 하여 호문혁 교수의 견해에 찬성하는 입장이 있다(한충수, 589면).

이 후소법원에 대한 절차의 반복을 금하는 구속력을 의미하는 것이므로 반복금지설로 칭하여지는 것이다. 이 설에 의하면 전소에서 승소·패소판결에 관계없이 후소를 제기하면 모두 소각하판결을 하여야 한다. 따라서 기판력은 그 자체로서 소극적 소송요건에 해당한다고 본다. 우리나라의 다수설이다.[60] 독일의 통설·판례의 입장이다.

(3) 절충설

이 견해는 모순금지설과 반복금지설만으로는 기판력의 근거를 충분히 설명할 수 없다는 이유로 양설의 절충을 통하여 기판력의 근거를 찾고자 하는 새로운 시도이다. 이 설에 의하면 기판력은 전소와 동일한 소송물인 후소를 제기한 경우에는 반복금지의 소극적 기능이 작용하여 반복된 변론·증거조사·재판을 금지하는 구속력이고, 후소의 소송물이 전소의 소송물과 다르지만 전소의 소송물이 후소의 선결문제가 되는 경우에는 모순금지라는 적극적인 기능이 작용하는 구속력으로 파악하여야 한다는 견해이다. 우리나라의 일부 학설이다.[61]

3. 비판 및 검토

(1) 기판력에 관한 우리나라의 학설은 모두 소송법설에 기초하고 있고, 위에서 본 바와 같이 모순금지설, 반복금지설, 절충설로 나누어져 있다. 각 설에 대한 비판을 보겠다.

우선 실체법설은 i) 판결을 통한 권리관계의 변동(발생·변경·소멸)이 생긴다는 것은 삼권분립의 원칙상 입법자의 소관이지 법관의 임무가 아니라고 할 것이므로 헌법상의 권력분립의 원칙에 위반된다. ii) 절대권(絕對權)에 관한 판결의 효력이 소송당사자에게만 미치는 것을 설명할 수 없다. 즉 이 설에 의하면 오판(誤判)으로 소유권을 확인하였다면 판결의 창설적 효력으로 인하여 소유권이 발생하는데, 절대권인 소유권의 효력이 소송당사자에게만 미치는 이유를 설명할 수 없다. iii) 실체법상의 권리의 존재여부에 관하여 아무런 판단을 하지 아니하는 소송판결의 기판력을 설명할 수 없다. iv) 이 설에 의하면 부당판결은 법률관계를 변동시키는 창설적 효력이 발생한다고 하나, 현실적으로 형성판결 외에 이행판결·확인판결에 창설적 효력을 인정하기 어렵다는 문제가 있다. 이러한 점들에 비추어

---

60) 강현중, 703면; 김홍규/강태원, 609면; 이시윤, 629면; 정동윤/유병현/김경욱, 803면.
61) 김용진, 465면; 송상현/박익환, 440면; 전병서, 638면.

보면 기판력의 본질을 소송법적인 관점에서 접근하는 소송법설이 타당하다. 구체적 법규설은 기판력의 효력이 소송당사자에만 미치는 부분을 설명할 수 있지만 여전히 나머지 부분은 여전히 숙제로 남기 때문에 문제이다.

소송법설 중 모순금지설은 i) 이론의 일관성에 문제가 있다. 즉 승소원고가 동일한 소송물의 후소를 제기하면 소의 이익이 없어 소각하판결을 하여야 하고, 패소원고가 동일한 소송물의 후소를 제기하면 기판력의 모순금지효로 인하여 본안판결인 청구기각판결을 하여야 한다는 점이 그것이다. 이 설의 기본 입장을 견지하기 위하여는 승소판결의 경우에도 동일한 승소판결을 하여야 한다. ii) 이 설은 소송경제에 반한다. 패소원고가 동일한 소송물의 후소를 제기하면 본안판결인 청구기각판결을 하여야 한다고 하지만, 본안에 대한 재차 심리를 전제로 하는 것이므로, '동일한 분쟁'은 원칙적으로 분쟁해결장치인 '민사소송제도의 1회 이용'이라는 점에 비추어 보면 소송경제에 반하게 된다. 공식적으로 심리하여 판결을 한 사안은 특별한 사정이 존재하지 아니하면 재차 거론하지 못하도록 하는 것이 재판제도를 둔 근본취지로 보아야 하는데 이에 배치될 뿐만 아니라, 재차 심리에 따른 인력·비용·시간이 쓸데없이 낭비되는 점이 문제이다.

반복금지설은 '동일한 분쟁'은 원칙적으로 분쟁해결장치인 '민사소송제도의 1회 이용'이라는 면을 기본 명제로 하고 있다는 점에서 간명하고 분명한 학설이다. 문제는 전소의 기판력 있는 판단이 후소의 선결문제로 될 경우에 후소법원이 전소법원의 판단과 모순되지 아니하도록 판단하여야 하는 부분을 쉽게 설명하기 어려운 난점이 있다.

절충설은 현재의 기판력을 잘 설명할 수 있는 장점은 있지만 학설의 일관성이라는 면에서 비판의 여지가 있다.

(2) 생각건대, '동일한 분쟁'은 원칙적으로 분쟁해결장치인 '민사소송제도의 1회 이용'이라는 면을 기본명제로 하고 있는 반복금지설이 타당하다. 문제는 전소법원의 판단이 후소의 선결문제로 된 경우에 어떻게 처리할 것인가이다. 사실 소송물이 동일한 경우 외에 전소가 후소와 선결관계 또는 모순관계에 있는 경우까지 기판력의 개념 속에 넣어 기판력의 작용을 통하여 구속력을 인정할 것인가? 방법론상 이것을 기판력의 개념 속에 포섭하여 해결하는 방법이 있고, 아니면 기판력의 개념에는 포섭하지 아니하더라도 민사소송법의 근본규범인 신의칙의 개념에 넣는 방법이 있을 수 있다고 본다. 그런데 신의칙이 근본규범이지만 다른 규정 또는 개념으로 해결할 수 있는 경우에는 쓸데없이 신의칙의 개념으로 해결하여서는 안

된다(신의칙의 최소·최후성의 원칙). 이러한 관점에서 보면 전소가 후소와 선결관계 또는 모순관계에 있는 경우도 기판력의 개념에 포함시켜 기판력의 작용으로 해결하는 것이 좋다고 본다. 그러나 이러한 경우는 소송물이 동일한 경우와 달리 반복금지의 형태가 달라져야 한다. 즉 전소가 후소와 선결관계 또는 모순관계에 있다는 것은 후소가 전소와 달리 별도로 심리할 부분이 있다는 것을 의미하고, 전소 부분에 관련된 부분을 심리할 필요성이 존재할 수밖에 없다. 따라서 전소와 후소가 소송물이 동일할 경우와는 달리 반복금지가 제한되는 측면이 있지만, 최종적으로 후소를 판단할 때에는 반복금지의 취지에 따라 판단하여야 한다. 다만 그 내용이 판단의 모순금지와 유사하다고 할 수 있으나, 그것은 반복금지의 취지를 반영한 그림자일 뿐이다. 따라서 전소가 후소와 선결관계 또는 모순관계에 있는 경우에도 반복금지의 취지를 그대로 적용할 수 있다.

그러나 이러한 학설상의 논의는 기판력에 저촉되면 기각 또는 각하를 하기 때문에 논의의 실익은 크다고 할 수 없다. 특히 모순금지설을 취하면서 패소판결을 받은 전소의 원고가 후소를 제기한 경우에도 소각하판결이 가능하다고 보면 더욱 그렇다. 하지만 이러한 논의를 통하여 민사소송법의 가장 중요한 개념 중 하나인 기판력의 본질에 대하여 깊이 있는 생각을 하게 된다는 점에서 의미를 찾을 수 있다.

Ⅲ. 기판력의 정당성의 근거

기판력을 인정하는 정당한 근거가 무엇인가에 대하여 최근 일본에서 논의되면서 그 중요성을 인식하게 되었다. 기판력의 본질과는 다른 차원에서 그 실천적 의미를 찾을 필요가 있다고 본다. 법적 안정설(法的 安定說), 절차보장설(節次保障說), 이원설(二元說) 등이 주장된다.

1. 법적 안정설(또는 제도적 효력설)

이 설은 종래의 전통적인 견해이다. 이 설에 의하면 판결에 의하여 확정된 권리관계를 더 이상 다툴 수 없게 기판력을 인정함으로써 사회질서유지·분쟁의 반복금지·소송경제 등을 요소로 하는 법적 안정성을 확보할 수 있다고 본다. 기판력의 정당성 근거는 법적 안정성의 확보에서 찾고 있다. 기판력은 소송제도의 불가결한 제도적인 효력이라는 점에서 제도적 효력설(制度的 效力說)이라고도 한다. 이 견해에 의하면 대체적으로 기판력의 범위를 좁게 인정하게 되므로, 전소 기준 시 이전의 사유는 후소에서 주장이 차단되고(시적 범위), 기판력을 판결주문의 판단으로 제한하고(물적 범위), 주관적 범위와 관련하여 기판력의 효력이 미치는 범위를 한정하게 된다(주관적 범위). 국내의 소수설이다.[62]

2. 절차보장설(또는 제출책임설)

이 설은 법적 안정설이 기판력 인정의 필요성을 강조할 뿐이고, 패소한 당사자에 대한 정당성의 근거가 될 수 없다는 비판에서 출발한다. 이 설에 의하면 기판력을 정당화하는 근거는 소송당사자로서 절차상 소송물인 권리관계의 존부에 대하여 변론의 기회·권능이 보장되었다는 점이라고 본다. 기판력은 법원이 판단을 내렸기 때문에 생기는 제도적 효력이 아니라 전소에서 구체적인 절차적 보장을 받았기 때문이다. 따라서 전소에서 스스로 공격·방어방법을 제출하였거나 또는 제출하지 아니한 경우에도 절차적 보장이 있었던 경우에는 제출책임의 원칙에 따라 기판력이 미친다고 본다. 기판력은 소송에 있어서 자기책임인 제출책임의 효력이라고 본다. 그런 의미에서 제출책임설(提出責任說)이라고도 한다. 적어도 전소에서 절차보장이 된 경우에 패소의 결과를 다시 다투는 것은 공평의 관념 내지 신의칙에 반한다는 것이다. 이 견해에 의하면 패소한 당사자에게 기판력이 미치는 정당성의 근거를 설명할 수 있지만, 기판력의 법적 안정성에 따른 제도적 효력을 부정하고 있고 또한 효력이 미치는 범위를 전소의 구체적 소송절차에서 절차적 보장이 있는지 여부에 따라 정하므로 그 범위를 정하기 어려운 난점이 있다.

3. 이 원 설

이 설은 기본적으로 기판력을 전소판결의 판단의 효력으로 보면서, 다만 그 정당성의 근거를 법적 안정성과 절차보장의 충족 여부에 따른 당사자의 자기책임에서 찾고 있다. 여기에는 법적 안정성과 절차보장에 따른 당사자의 자기책임 중 어디에 중점을 두는가에 따라 약간의 견해가 나뉠 수 있다.[63]

생각건대, 기판력을 인정하는 정당성의 근거는 사적 자치의 영역에서의 분쟁을

---

62) 정동윤/유병현/김경욱, 805면.
63) 정동윤/유병현/김경욱, 805면 참조.

공적인 국가가관이 재판제도를 설치하여 이용하게 한다는 기본적인 시각에서 보아야 한다. 당사자는 재판제도를 이용함에 있어서 국가의 재판제도를 스스로 인정하고 이용한 것이고, 국가는 재판제도를 통하여 분쟁을 법적으로 해결하기 위하여 제도적 효력의 일환으로 기판력이라는 개념을 도입하고 있는 것이다. 따라서 기판력이라는 것은 법적 안정성을 위한 제도적 효력으로서 국가가 인정한 것을 이용자인 당사자가 스스로 인정한 것이므로, 법적 안정설에 기초한 당사자의 자기책임을 인정하는 이원설의 시각에서 접근하는 것이 기판력제도가 가지고 있는 사적 자치에 따른 자율성과 분쟁해결을 위한 법원 판단의 강제력의 조화라는 면에서도 합당할 것으로 본다.[64]

IV. 기판력의 작용

1. 작용대상

기판력은 전소에서 확정된 권리관계가 후소에서 반복되는 경우에 작용한다. 그 작용대상은 i) 소송물이 동일한 경우, 또는 후소가 소송물은 동일하지 아니하나 ii) 전소의 소송물이 후소의 선결관계에 있거나, iii) 후소가 전소의 소송물과 모순관계에 있는 경우이다. 선결·모순관계의 개념은 기판력의 작용 범위를 확대하기 위한 개념으로 보아야 하며, 기판력의 운영과 관련하여 중요하면서도 그 적용의 한계를 정하는 것이 어렵다고 본다. 이러한 논의는 자연스럽게 기판력의 효력범위를 판결이유에까지 미칠 것인가 하는 것과 연결되고,[65] 나아가 기판력의 한계로서 신의칙과의 적용 경계선의 문제이기도 하다.

(1) 소송물의 동일

① 전소의 소송물과 동일한 소송물에 기하여 후소를 제기한 경우에는 전소의 기판력이 바로 작용한다. 전소와 후소가 소송물이 동일하다는 것은 기판력이 작용하는 전형적인 경우에 해당한다(예: 전소에서 소유권이 기한 가옥인도청구소송에서 패소 확정된 원고가 후소로 소유권에 기초하여 재차 동일 가옥인도청구소송을 제기한 경우, 환지처분 전 종전 토지에 관한 소유권확인의 소가 확정된 후에 환지처분 후의 환

---

64) 同旨: 이시윤, 630면; 전병서, 639면.
65) 同旨: 정동윤/유병현(2009), 694면.

지 중 종전 토지에 상응하는 비율의 해당 공유지분에 관한 소유권확인의 후소[66] 등).
전소가 승소하거나 패소한 경우를 불문한다. 그러나 모순금지설의 입장에서는 패
소한 원고가 다시 소를 제기한 경우에는 본안판결인 원고청구기각의 판결을 하여
야 한다.[67] 그러나 반복금지설의 경우에는 모두 소각하판결을 하면 된다.

  ② 다만 기판력이 있는 판결이 있다고 하여도 i) 판결원본이 멸실된 경우, ii)
판결내용이 특정되지 아니하여 집행을 할 수 없는 경우,[68] iii) 시효중단을 위한
경우[69] 등의 경우에는 후소를 제기할 수 있다.[70] 이 경우 예외적으로 후소가 허용
되는 경우라고 하더라도, 후소의 판결은 전소의 승소확정판결의 내용에 저촉되어
서는 아니 되고, 후소법원으로서는 그 확정된 권리를 주장할 수 있는 모든 요건
이 구비되어 있는지 여부에 관하여 재차 심리할 수 없다.[71] 그러나 전소의 변론종
결 후에 발생한 변제, 상계, 면제, 소멸시효완성 등과 같은 채권소멸사유는 후소
의 심리대상이 되어 채무자인 피고는 후소절차에서 위와 같은 사유를 들어 항변
할 수 있으나, 법률이나 판례의 변경은 전소 변론종결 후에 발생한 새로운 사유
에 해당하지 않는다.[72]

(2) 선결관계(先決關係)

  ① 후소와 전소가 소송물은 동일하지 않지만 전소의 기판력 있는 법률관계가
후소에서 선결문제로서 판단하게 될 경우에 후소에서 전소의 기판력 있는 법률관
계에 반하여 판단할 수 없게 되는 것을 의미한다. 후소에서 선결문제의 판단에
있어서 전소의 기판력 있는 판단에 구속되고, 당사자도 다른 주장을 하는 것이
허용되지 아니한다. 그러나 이 경우에 선결문제의 한도 내에서 전소의 기판력 있
는 판단에 구속되며 후소에서는 이에 전제하여 심판하면 된다. 후소를 각하할 문

---

66) 대판 1994. 12. 27, 94다4684; 대판 2011. 5. 13, 2009다94384, 94391, 94407.
67) 대판 1979. 9. 11, 79다1275.
68) 대판 1998. 5. 15, 97다57658.
69) 대판 1998. 6. 12, 98다1645; 대판 2001. 2. 9, 99다26979; 대판 2013. 4. 11, 2012다
111340; 대판 2018. 4. 24, 2017다293858; 대판(전) 2018. 7. 19, 2018다22008.
70) 최근 전원합의체 판결은 시효중단을 위한 후소로서 이행소송만이 아니라 전소판결로 확정된
채권의 소멸시효를 중단시키기 위한 재판상의 청구가 있다는 점에 대하여만 확인을 구하는 형태의
새로운 방식의 확인소송도 허용된다고 한다[대판(전) 2018. 10. 18, 2015다232316].
71) 대판 1998. 6. 12, 98다1645; 대판 2018. 4. 24, 2017다293858; 대판(전) 2018. 7. 19, 2018
다22008.
72) 대판 2019. 8. 29, 2019다215272(전소 승소확정판결 후에 '소송촉진 등에 관한 특례법'상의
지연손해금 이율이 변경되어도 그로 인하여 선행 승소확정판결의 효력이 달라지는 것은 아니어서
후소에서는 확정된 선행판결과 달리 변경된 새로운 이율을 적용할 수 없다고 함).

제는 아니다. 선결관계로 인한 기판력의 적용은 전소의 기판력 있는 판단이 후소의 전제되는 판단에 구속력을 발휘하게 된다는 점에서 의미가 있다. 기판력의 전용(轉用)이라고 할 수 있다. 실제로 분쟁해결의 일회성이라는 요청과 관련하여 기판력의 작용대상을 다양화할 수 있는 분야이다. 그러나 전소의 판결이유 중의 선결문제에 대한 판단은 전소의 기판력 있는 법률관계가 아니므로 후소에 효력을 미칠 수 없다.[73]

② 선결관계가 적용되는 예를 보면, i) 원고가 소유권확인청구를 하여 그 존부의 확정판결이 있는 경우에 후소에서 확정판결상의 소유권에 기하여 목적물인도 또는 소유권이전등기청구를 한 경우,[74] ii) 전소에서 소유권이전등기이행청구에 대하여 청구기각의 판결이 확정된 후에, 이행의무가 존재함을 전제로 이행불능에 따른 손해배상을 청구하는 경우,[75] iii) 소유권확인청구에 대한 판결이 확정된 후 다시 동일 피고를 상대로 소유권에 기한 물권적 청구권을 청구원인으로 하는 소송을 제기한 경우,[76] iv) 원금채권의 존재를 인정하는 확정판결 후에 후소로 이자를 청구하는 경우 또는 원금채권의 부존재를 인정하는 확정판결 후에 후소로 전소의 변론종결 후의 이자를 청구하는 경우,[77] v) 갑이 을을 대위하여 병을 상대로 취득시효 완성을 원인으로 한 소유권이전등기 청구소송을 제기하였다가 을을 대위할 피보전채권의 부존재를 이유로 소각하 판결을 선고받고 확정된 후 병이 제기한 토지인도소송에서 갑이 다시 위와 같은 권리가 있음을 항변사유로서 주장하는 경우[78] 또는 매매대금지급청구소송에서 청구기각의 확정판결 후에, 전소의 피고가 원고를 상대로 한 목적물인도청구소송에서 전소의 원고가 전소에서 주장한 매매대금지급청구권을 있음을 전제로 한 동시이행항변을 주장하는 경우[79] 등이 있다.

(3) 모순관계(矛盾關係)

① 후소가 소송물은 동일하지 않지만 전소에서 확정한 법률관계와 정면으로

---

73) 대판 2005. 12. 23, 2004다55698; 대판 2009. 3. 12, 2008다36022; 대판 2013. 11. 28, 2013다19083.

74) 대판 1994. 12. 27, 94다4684; 대판 2000. 6. 9, 98다18155. 그러나, 대법원은 전소의 채무부존재확인의 판결의 기판력은 채무부존재에 따른 등기말소청구의 후소에 기판력이 미치지 아니한다고 본다(대판 1980. 9. 9, 80다1020). 문제가 있다고 생각된다.

75) 대판 1967. 8. 29, 67다1179.

76) 대판 1994. 12. 27, 94다4684.

77) 대판 1976. 12. 14, 76다1488.

78) 대판 2001. 1. 16, 2000다41349.

79) 이시윤, 632면.

모순되는 반대관계(kontradiktorische Gegenteil)에 있는 경우에도 전소의 기판력이 후소에 미친다. 모순관계에 따른 전소의 기판력의 확장은 선결문제보다도 넓고, 판단하기도 어렵다고 할 수 있다. 그러나 기판력의 본지에 반하는 후소에 대하여 기판력을 미치게 함으로써 법적 안정성을 구할 수 있다는 점에서 의미가 있다. 다만 그 적용의 한계가 문제이다.

② 모순관계에 따라 기판력이 적용되는 예를 보면, i) 원고의 소유권확인판결이 확정된 후에 전소의 피고가 동일한 물건에 대한 자신의 소유권확인청구를 구하는 경우, ii) 전소의 이행판결에 따라 이행을 한 피고가 후소로 원고를 상대로 지급금이 부당이득이라는 이유로 그 반환청구를 하는 경우,[80] iii) 매매를 원인으로 한 소유권이전등기청구소송에서 패소하여 이전등기 된 후에, 피고가 후소로 전소의 매매가 무효임을 전제로 소유권이전등기의 말소를 구하는 경우,[81][82] iv) 제소전화해에 의하여 소유권이전등기가 경료된 뒤에 후소로 원인무효를 이유로 그 말소등기절차의 이행[83] 또는 진정명의회복을 위한 소유권이전등기를 구하는 경우[84] 등이 여기에 해당한다. vi) 대법원은 2005. 12. 23, 2004다55698 판결에서 "매매계약의 무효 또는 해제를 원인으로 한 매매대금반환청구에 대한 인낙조서의 기판력은 그 매매대금반환청구권의 존부에 관하여만 발생할 뿐, 그 전제가 되는 선결적 법률관계인 매매계약의 무효 또는 해제에까지 발생하는 것은 아니므로, 매매계약의 유효를 원인으로 소유권이전등기청구권의 존부를 소송물로 하는 후소는

---

80) 대판 2001. 11. 13, 99다32905; 대판 2009. 11. 12, 2009다56665.

81) 대판 1996. 2. 9, 94다61649; 대판 2002. 12. 6, 2002다44014. 다만 이전등기말소청구소송에서 패소 확정된 피고가 말소가 집행된 후 원고에 대하여 전소의 변론종결 전에 동일토지를 매수하였음을 원인으로 한 이전등기청구소송은 전소의 기판력에 저촉되지 않는다(대판 1995. 6. 13, 93다43491).

82) 하지만 미국의 1심 재산분할판결에 기초하여 우리나라에서 해당 부동산에 대한 집행판결을 받아 소유권이전등기를 받았는데 항소심에서 취소되었음을 전제로 소유권이전등기의 말소등기절차를 구하는 경우는 모순관계에 해당하지 아니한다고 한다(대판 2020. 7. 23, 2017다224906; 甲이 乙을 상대로 미국법원에 제기한 이혼 및 재산분할청구의 소에서 미국법원에서 甲과 乙은 이혼하고 공동재산인 부동산은 甲소유로 한다는 내용의 승소판결이 선고되자, 甲이 우리나라에서 집행판결을 받아 부동산 소유권이전등기를 마쳤는데, 그 후 미국법원이 이혼은 유효하되 재산분할 부분을 취소하는 판결을 하자 乙이 甲을 상대로 부동산소유권이전등기의 말소등기절차를 청구 한 사안에서, 법원은 외국판결에 대한 확정된 집행판결의 기판력은 외국판결을 국내에서 강제집행 할 수 있다는 판단에 관하여만 발생하므로, 재산분할 부분이 취소되었음을 이유로 하여 부동산소유권이전등기 말소를 구하는 청구가 집행판결의 기판력에 저촉되지 않는다고 함).

83) 채권자가 채무자를 대위하여 말소등기 청구하는 경우에도 마찬가지이다[대판 2000. 7. 6, 2000다11584; 대판 2014. 3. 27, 2013다91146(명의수탁자를 상대로 한 승소확정판결에 따라 이전등기한 후 다른 권리자가 수탁자를 대위하여 말소청구를 한 사안임)].

84) 대판 2002. 12. 6, 2002다44014; 대판 2009. 1. 15, 2007다51703.

전소에서 확정된 법률관계와 정반대의 모순되는 사항을 소송물로 하는 것이라 할 수 없으며, 기판력이 발생하지 않는 전소와 후소의 소송물의 각 전제가 되는 법률관계가 매매계약의 유효 또는 무효로 서로 모순된다고 하여 전소에서의 인낙조서의 기판력이 후소에 미치지 아니한다."고 하나, 이는 모순관계의 개념이 선결관계 유무와 관계없이 기판력의 범위를 확장하기 위한 법리인 점을 간과한 것이다. 동일한 법률관계에 관하여 양립되지 아니하는 2개의 판결이 존재하게 되는 것을 인정하는 것이므로 재판의 신뢰라는 면에서도 문제가 된다.[85] 이러한 사안에까지 모순관계를 인정하여 기판력의 확장을 통한 분쟁의 일회적·통일적 해결을 도모하는 것이 타당하다고 본다.

2. 작용의 모습

(1) 소극적 작용과 적극적 작용

후소에 미치는 기판력의 작용의 모습을 보면 i) 소극적 작용과 ii) 적극적 작용이 있다. 소극적 작용은 당사자에게 불가쟁(不可爭)의 형태로 나타난다. 따라서 당사자에게는 전소의 기판력 있는 판단을 다투기 위한 주장·항변이 허용되지 아니한다. 반면 적극적 작용은 법원에 대하여 불가반(不可反)의 형태로 나타난다. 후소법원은 선결관계 또는 모순관계로 재심사하는 경우에도 전소의 기판력 있는 판단과 모순·저촉된 판단을 할 수 없게 된다. 소극적 작용은 소송물이 동일할 경우에 더욱 의미가 있고, 적극적 작용은 선결·모순관계일 경우에 기능을 발휘할 수 있다.[86] 따라서 양자는 서로 배척관계에 있다기보다는 상호 보완관계에 있다고 할 수 있다.

(2) 기판력의 양면성

전소의 기판력 있는 판단은 승소자에게 유리하게 직용할 수도 있고, 불리하게 작용할 수도 있다. 이론상 이를 기판력의 양면성(兩面性)이라 한다. 예를 들어 전

---

85) 다만 후소의 매매계약이 유효임을 전제로 한 소유권이전등기청구의 소송물은 전소에서 인정한 매매대금반환청구권 자체를 직접 부정하는 것은 아니므로 후소의 소유권이전등기청구는 전소에 대한 인낙조서와 '사실상 모순되는 경우'에 불과하여 판례가 타당하다는 견해(유병현, 기판력의 객관적 범위와 모순된 반대관계, 민사소송 제10권 1호, 134면, 143면)와 전소·후소의 소송물이 모순 반대인 경우에 모순관계로 작용하는 것이고 양 소의 선결적 법률관계가 모순된 반대관계에 있는데 불과한 경우는 모순관계로 작용하지 않으므로 판례가 타당하다는 견해(이태영, 528면)가 있다.

86) 同旨: 이시윤, 633면.

소에서 가옥의 소유권확인청구를 하여 승소한 원고가 전소의 피고로부터 가옥의 소유권이 원고에게 있다는 것을 전제로(선결관계) 동 대지상의 가옥철거 및 대지 인도의 청구를 당한 경우에 원고는 후소에서 가옥의 대한 자신의 소유권을 부정할 수 없게 된다.

3. 소극적 소송요건 · 직권조사사항 등

(1) 소극적 소송요건

소를 제기하기 위하여는 기판력 있는 확정판결이 존재하여서는 안 된다(반복금지설의 입장, 모순금지설의 경우에는 원고패소판결의 경우에는 상관이 없음). 그런 의미에서 기판력 있는 판결이 존재하지 아니하는 것이 소송요건에 해당한다. 즉 기판력 있는 판결의 부존재가 소송요건이므로 소극적 소송요건이다. 전소판결과 저촉되는 판결은 무효가 아니고, 상소 또는 재심(확정된 경우)으로 취소할 수 있다. 후소판결이 확정된 경우에는 취소되기 전까지 동일한 소송물에 기판력을 가지는 유효한 2개의 판결이 존재하게 된다.[87]

(2) 직권조사사항

기판력은 법적 안정성이라는 공법 · 소송법상의 요청으로 인하여 기판력의 존부는 직권조사사항에 해당한다.[88] 그러나 이에 대한 사실의 수집 · 제출책임은 주장하는 당사자에게 있으므로,[89] 기판력의 존부는 직권탐지사항에까지는 해당하지 아니한다.[90]

(3) 확정된 권리관계는 합의로 변경 가능함

당사자 사이의 합의에 의하여 기판력을 부여하거나, 소멸시킬 수 없다.[91] 또한 기판력의 확장도 불가능하며, 포기도 허용되지 아니한다. 그러나 기판력에 의하여 확정된 권리관계는 당사자의 합의로 변경할 수는 있다.

---

87) 대판 1997. 1. 24, 96다32706.
88) 대판 1981. 6. 23, 81다124; 대판 1989. 10. 10, 89누1308; 대판 1997. 1. 24, 96다32706; 대판 2006. 10. 13, 2004두10227; 대판 2011. 5. 13, 2009다94384, 94391, 94407.
89) 대판 1981. 6. 23, 81다124.
90) 대판 1981. 6. 23, 81다124.
91) 대판 1959. 5. 4, 4291민재항259; 대판 2012. 9. 13, 2010다97846(재심대상판결 및 제1심판결을 취소한다는 내용의 조정조항은 당연무효임).

V. 기판력 있는 재판

1. 확정된 종국판결

종국판결이 확정되면 원칙적으로 기판력이 발생한다. 그러나 중간판결($\frac{201}{조}$)은 종국판결을 준비하기 위한 것으로 기속력만을 가질 뿐이고 기판력이 없다. 종국판결이라도 확정되어야 기판력이 발생하며, 판결정본의 송달이 무효인 경우에는 판결이 확정되지 아니한다.

(1) 본안판결은 청구인용·청구기각 판결을 묻지 아니하며, 이행판결·확인판결·형성판결 모두 기판력이 발생한다. 다만 형성판결은 기판력을 부인하는 견해가 있으나, 형성판결도 형성권 즉 형성요건의 존재를 확정하는 것이고, 후에 형성판결에 의한 권리변동의 정당성을 다툴 수 없게 하려면 기판력이 필요한 것이므로 이를 긍정하는 것이 타당하다.[92]

(2) 소송판결은 그 소송요건의 흠으로 소가 부적법하다는 판단에 기판력이 발생한다.[93] 그러나 당사자가 해당 소송요건의 흠을 보완하여 다시 소를 제기하면 기판력에 저촉되지 않는다.[94] 소송판결은 소송물의 권리관계의 존부에 관한 판단을 하는 것이 아니므로 거기에는 기판력이 발생하지 아니한다.

(3) 가압류·가처분에서의 결정은 피보전권리의 존부를 종국적으로 확정하는 기판력은 없지만,[95] 뒤의 보전절차에서 동일한 사항에 관하여 달리 판단할 수 없으므로 그 한도에서 제한적 의미의 기판력이 인정된다.

(4) 종국판결이 확정되었다고 하여도, 사망자를 상대로 한 판결과 같이 무효인 경우에는 기판력이 발생할 여지가 없다.

---

92) 대판 1980. 7. 22, 80다839. 다만 환송판결은 종국판결이지만 실질에 있어서 중간판결의 성질을 가지고 있으므로 기판력이 발생하지 아니한다[대판(전) 1995. 2. 14, 93재다27].

93) 대판 1983. 2. 22, 82다15; 대판 1992. 5. 26, 91다4669, 4676.

94) 대판 1994. 6. 14, 93다45015(중중 대표권 흠을 이유로 소각하 판결 후에 그 흠을 치유하여 소를 제기한 경우); 대판 2003. 4. 8, 2002다70181(당사자능력의 흠을 이유로 소각하 판결 후에 그 흠을 치유하여 소를 제기한 경우); 대판 2023. 2. 2, 2021다211600; 대판 2023. 2. 2, 2020다270633(법원으로부터 구 「민주화운동 관련자 명예회복 및 보상 등에 관한 법률」 제18조 제2항에 따른 화해간주를 이유로 각하판결을 선고받아 확정된 후, 화해간주조항 중 정신적 손해 부분에 대하여 헌법재판소의 일부 위헌결정이 선고된 후에 재차 위자료 청구를 한 사안임).

95) 대판 1966. 3. 15, 65다2329; 대판 1977. 12. 27, 77다1698; 대결 2008. 10. 27, 2007마944.

2. 확정판결과 동일한 효력이 있는 것

청구의 포기·인낙조서($^{220}_{조}$), 중재판정($^{중재}_{35조}$) 등은 확정판결과 같이 기판력을 가진다. 화해조서($^{220}_{조}$) 및 이와 동일한 효력을 가지는 화해권고결정($^{231}_{조}$), 각종의 조정조서($^{민조\ 28,\ 29조,}_{가소\ 59조}$), 조정을 갈음하는 결정($^{민조\ 30,\ 34조\ 4}_{항,\ 가소\ 59조}$)에 관하여 판례는 무제한 기판력을 인정하고 있으나 문제이다(재판상의 화해 부분 참조). 판례는 「채무자 회생 및 파산에 관한 법률」상의 각종 채권자표[채무회생 168, 255, 292조(회생채권자표·회생담보권자표), 535조(파산채권자표), 603조 3항(개인회생채권자표)]의 효력은 기판력이 아닌 절차 내부의 불가쟁의 효력만을 갖는다고 본다.[96] 확정된 지급명령·이행권고결정은 집행력만 인정되고 기판력은 없다($^{민집\ 58조\ 3항,\ 소}_{심\ 5조의8,\ 3항}$).

3. 외국법원의 확정재판

(1) 외국법원의 확정판결 또는 이와 동일한 효력이 인정되는 재판(이하, '확정재판 등'이라 한다)이 우리나라에서 승인될 수 있으면 확정재판 등의 효력이 발생하고, 따라서 기판력이 생긴다($^{217}_{조}$). 따라서 외국법원의 확정재판 등이 존재하는데 같은 소송을 국내에 다시 제기하면 기판력에 저촉되게 된다.[97] 여기의 외국법원의 판결에는 이행판결·확인판결·형성판결을 가리지 않고, 재산상·신분상의 청구에 대한 판결도 상관이 없다. 2014년 5월 20일 민사소송법이 개정(시행: 2014. 5. 20.)되면서 승인대상을 종전에는 '외국법원의 확정판결'에서 '외국법원의 확정판결 또는 이와 동일한 효력이 인정되는 재판'으로 확대하였다. '외국법원의 확정판결과 동일한 효력이 인정되는 재판'이라 함은 판결과 동일한 효력이 있는 청구의 포기·인낙조서, 화해·조정조서 등이 포함될 것인지 논란이 될 것이다. 그러나 조문의 문맥상으로는 청구의 포기 등이 당연히 포함될 것으로 보인다.[98] 그러나 판례는 집행판결과 관련된 민사집행법 제26조 제1항의 '외국법원의 확정재판 등'의 의미를 사법상의 법률관계에 관하여 대립적 당사자에 대한 상호간의 심문이 보장된 절차에서 종국적으로 한 재판이면 그 재판의 명칭이나 형식은 문제되지 아니한다고 하여,[99] 상호 심문권이 보장된 대심구조 하에서 이루어진 결정·명령도 외

---

96) 대판 2003. 9. 26, 2002다62715; 대판 2005. 6. 10, 2005다15482; 대판 2006. 7. 6, 2004다 17436(파산채권자표); 대판 2017. 6. 19, 2017다204131(개인회생채권자표).
97) 대판 1987. 4. 14, 86므57, 58.
98) 反對: 이시윤, 636면.

국법원의 재판의 범위에 포함될 수 있다. 그러나 가압류·가처분과 같은 보전명령은 승인이나 확정재판 등의 대상이 되지 아니한다(헤이그 외국판결승인·집행협약 2조 본문).

(2) 승인요건

외국법원의 확정재판은 다음 네 가지 요건을 모두 갖추면 당연히 그 효력을 승인받을 수 있지만(217조 1항), 법원은 외국재판이 승인요건을 갖추었는지에 관하여 직권으로 조사하여야 한다(동조 2항). 승인요건은 외국의 확정재판 등이 집행판결을 받기 위한 집행요건이기도 하다.[100] 2014년 개정에서 법원이 승인요건의 심사를 직권으로 조사하도록 규정하였다. 따라서 심리 중에 외국의 확정판결이 증거로 제출된 경우에 수소법원은 해당 외국재판이 승인요건을 갖추었는지 여부를 심사하여 기판력 위반 여부를 판단하여야 된다.[101] 대법원의 '외국법원의 이혼판결에 기한 호적사무 처리지침(호적예규 제641호)'에 의하면 외국법원에서 이혼판결을 받은 경우에는 아래와 같은 승인요건을 갖춘 경우에는 우리나라의 이혼판결과 같이 호적법에 따라 이혼신고를 할 수 있다. 또한 217조의2를 신설하여 제217조 제1항 제3호와 관련한 외국법원의 손해배상재판이 선량한 풍속이나 사회질서에 어긋나는 경우에 외국법원의 손해배상재판의 전부 또는 일부를 승인할 수 없도록 하였다.

① 대한민국의 법령 또는 조약에 따른 국제재판관할의 원칙상 그 외국법원의 국제재판관할권이 인정될 것(217조 1항 1호)

이에 대한 국제조약이 없으므로 결국 국제재판관할의 원칙은 국제사법 제2조(일반원칙) 내지 제15조 등에 따라서 판단하면 된다.[102] 외국이 부당하게 자신의 국제재판관할을 확장하여 피고의 관할의 이익을 침해한 경우에는 승인을 하지 아니할 수 있다. 판례도 국제이혼사건에서 피고의 주소지가 판결법원의 나라에 있어야 한다는 이유로 피고의 주소가 대한민국인 경우 미국 캘리포니아주 법원의 이혼판결은 우리나라에 효력이 없다고 하였다.[103]

---

99) 대판 2010. 4. 29, 2009다68910(채무승인판결은 상호간의 심문이 보장된 절차가 아니므로 집행판결의 승인대상이 안됨); 대판 2017. 5. 30, 2012다23832.

100) 대판 2020. 7. 23, 2017다224906(민사집행법 제26조, 제27조에서 규정하는 집행판결은 외국판결의 옳고 그름을 조사하지 않은 채 민사소송법에서 정하는 승인·집행의 요건을 갖추고 있는지 여부만을 심사하여 집행력을 부여하는 것으로서, 그 소송물은 외국판결의 기초가 되는 실체적 청구권이 아니라 외국판결을 근거로 우리나라에서 집행력의 부여를 구하는 청구권이다).

101) 대판 1987. 4. 14, 86므57, 58.

102) 대판 2003. 9. 26, 2003다29555.

103) 대판 1988. 4. 12, 85므71.

② 패소한 피고가 소장 또는 이에 준하는 서면 및 기일통지서나 명령을 적법한 방식에 따라 방어에 필요한 시간여유를 두고 송달받았거나(공시송달이나 이와 비슷한 송달에 의한 경우를 제외함), 송달받지 아니하였더라도 소송에 응하였을 것(동항)

외국법원의 확정재판 등이 피고의 방어권이 보장된 상태 하에서의 재판인지 여부를 승인요건으로 하고 있다. 특히 신법은 i) 종전의 '소송의 개시에 필요한 소환 또는 명령의 송달을 받은 일' 외에 '피고가 소장 또는 이에 준하는 서면'의 송달을 받도록 하였고, ii) 송달방법에 있어서도 적법한 방식에 따라야 하고(적법성), 또한 방어에 필요한 시간여유를 두고 하여야 하며(적시성), iii) 피고를 종전에는 '대한민국 국민인 경우'로 한정하였으나 그 제한을 삭제하여, 피고가 내·외국인임을 불문한다. 따라서 외국법원의 확정재판과 관련하여 내외국인의 평등의 원칙을 관철한 진일보한 입법이라고 할 것이다. 여기에서 송달이라 함은 보충송달이나 우편송달이 아닌 통상의 송달방법에 의한 송달을 의미하며 이러한 송달이 적법하여야 한다.[104] 그러나 송달의 적법성과 적시성은 판결국의 법에 따르며,[105] 송달에 관한 적법성과 적시성을 따르지 아니 하였더라도, 패소한 피고가 외국법원의 소송절차에서 방어의 기회를 가졌다고 볼 수 있는 경우에는 피고의 응소가 있는 것으로 본다.[106]

③ 그 확정재판 등의 내용 및 소송절차에 비추어 그 확정재판 등의 승인이 대한민국의 선량한 풍속이나 그 밖의 사회질서에 어긋나지 아니할 것(동항)

(a) 2014년 개정법은 제217조의2를 신설하여 동조 제1항에서 확정재판 중 징벌적 손해배상 등이 포함된 외국의 손해배상에 관한 확정재판 등이 대한민국의 법률 또는 대한민국의 체결한 국제조약의 기본 질서에 현저히 반하는 결과를 초래하는 경우에는 해당 확정재판 등의 전부 또는 일부를 승인할 수 없도록 하였다. 동 규정은 제217조 제1항 제3호의 내용 중 "대한민국의 선량한 풍속이나 그 밖의 사회질서에 어긋나는 경우"를 손해배상에 관한 확정재판 등에 구체적으로 적용할 수 있게 규정화한 것이다.

(b) 이 제217조 제1항 제3호의 승인요건은 기본적으로 국내법의 기본질서를 유지하기 위한 것이지만, 법의 기본질서는 민주적 국가 사이에 차이가 있다고 할

---

104) 대판 1992. 7. 14, 92다2585.
105) 대판 2010. 7. 22, 2008다31089.
106) 대판 2016. 1. 28, 2015다207747.

수 없으므로 국제적 법질서의 보호·안정도 함께 고려하여야 한다(통). 판례도 선량한 풍속이나 그 밖의 사회질서에 어긋나는지는 승인 여부를 판단하는 시점에서 확정재판 등의 승인이 우리나라의 국내법 질서가 보호하려는 기본적인 도덕적 신념과 사회질서에 미치는 영향을 확정재판 등이 다룬 사안과 우리나라와의 관련성 정도에 비추어 판단하여야 한다고 한다.[107] 심사대상은 확정재판 등의 주문뿐만 아니라 이유도 그 대상이 되며, 절차적인 면도 같다.[108]

(c) 판례는 대한민국의 선량한 풍속 기타 사회질서에 위반되어 민사소송법 제217조 제1항 제3호에 정해진 외국 확정재판 등의 승인요건을 흠결한 경우로서, i) 동일 당사자 간의 동일 사건에 관하여 대한민국에서 판결이 확정된 후에 다시 외국에서 판결이 선고되어 확정되었다면 그 외국판결은 대한민국 판결의 기판력에 저촉된다고 본 경우,[109] ii) 외국판결의 성립절차가 대한민국 국민인 피고의 방어권을 현저히 침해한 경우,[110] iii) 일제강제징용배상의 일본국판결 이유는 일제강점기의 강제동원 자체를 불법이라고 보고 있는 대한민국 헌법의 핵심적 가치와 정면으로 충돌하는 것이어서 이러한 판결 이유가 담긴 일본국 판결을 그대로 승인하는 결과는 그 자체로 대한민국의 선량한 풍속이나 사회질서에 어긋나는 것임이 분명한 경우,[111] iv) 위조·변조 내지는 폐기된 서류를 사용하였거나 위증을 이용하는 것과 같은 사기적인 방법으로 외국판결을 받았고, 그것이 재심사유에 해당하는 경우로서 피고가 판결국 법정에서 위와 같은 사기적인 사유를 주장할 수 없었고 또한 처벌받을 사기적인 행위에 대하여 유죄의 판결과 같은 고도의 증명이 있는 경우에는 비록 외국판결을 무효화하는 별도의 절차를 당해 판결국에서 거치지 아니하였다 할지라도 승인 또는 집행을 구하는 외국판결을 우리나라에서 바로 그 승인 내지 집행을 거부한 경우[112] 등이 있다. 다만 승인한 결과가 선량한 풍속이나 사회질서에 반하는지를 심리한다는 명목으로 실질적으로 외국 확정재판

---

107) 대판 2015. 10. 15, 2015다1284; 대판 2016. 1. 28, 2015다207747.

108) 同旨: 이시윤, 637면; 대판 2004. 10. 28, 2002다74213; 대판 2012. 5. 24, 2009다22549; 대판 2015. 10. 15, 2015다1284; 대판 2017. 5. 30, 2012다23832.

109) 대판 1994. 5. 10, 93므1051.

110) 대판 1997. 9. 9, 96다47517[그러나 이 판결에서 원고가 처음부터 한국에 있는 피고를 상대로 소송을 제기한 것이 아니라 미국에 거주하는 피고에게 소장 및 소환장을 송달하였는데 피고가 특별한 사정없이 응소하지 않고 한국으로 귀환한 것이므로 비록 결석재판(Default Judgement)을 통하여 손해배상판결이 선고되었다고 하여도 원격지 법원에의 제소로 인한 방어권 침해가 있었음을 주장할 수가 없다고 함].

111) 대판 2012. 5. 24, 2009다68620; 대판(전) 2018. 10. 30, 2013다61381.

112) 대판 2004. 10. 28, 2002다74213; 대판 2017. 5. 30, 2012다23832.

등의 옳고 그름을 전면적으로 재심사하는 것이 허용될 수 없다.[113]

　(d) 징벌적 손해배상과 같이 전보배상범위를 초과하는 배상액의 지급을 명한 외국 확정재판의 승인을 적정범위로 제한하기 위하여,[114] 2014년 개정법 제217조의2 제1항은 법원은 손해배상에 관한 확정재판 등이 대한민국의 법률 또는 대한민국이 체결한 국제조약의 기본질서에 현저히 반하는 결과를 초래할 경우에는 해당 확정재판 등의 전부 또는 일부를 승인할 수 없다는 규정을 신설하였다. 개정 전에도 판례는 징벌적 손해배상은 선량한 풍속이나 사회질서에 반한다고 보아왔는데[115] [116] 이를 명문화 한 것이다.[117] 따라서 징벌적 손해배상이 아닌 당사자가 실제로 입은 손해를 전보하는 손해배상을 명하는 외국법원의 확정재판 등에 대하여는 제217조의2 제1항을 근거로 승인을 제한할 수 없다.[118]

　그리고 제217조의2 제2항에서는 법원이 제1항의 요건을 심리할 때에는 외국법원이 인정한 손해배상의 범위에 변호사보수를 비롯한 소송과 관련된 비용과 경비가 포함되어 있는지와 그 범위를 함께 고려하여야 한다고 규정하여, 실질적 징벌적 손해배상액을 판단함에 있어서 소송비용 등 재판비용을 공제하여 고려하여야 한다고 정하고 있다.[119]

---

　113) 대판 2015. 10. 15, 2015다1284.

　114) 대판 2015. 10. 15, 2015다1284; 대판 2016. 1. 28, 2015다207747.

　115) 위 대판 1997. 9. 9, 96다47517의 제1심 판결인, 서울지방법원 동부지원 1995. 2. 10, 93가합19069 판결은 미국법원의 판결이 징벌적 손해배상이 내포된 손해배상의 경우에는 우리의 공서양속에 반한다고 하여 그 승인을 미국법원 판결금의 1/2인 250,000불로 제한하였다. 또한 징벌적 손해배상을 명한 외국판결이 공서양속에 반한다는 일본판례로는 日最判 1997. 7. 11, 民集 51. 6. 2573., 東京高判 1993. 6. 28, 判時 1471. 89., 東京地判 2001. 2. 18, 判時 1376. 79. 등이 있다.

　116) 다만 하와이주 판결에서 손해배상대상으로 삼은 행위는 우리나라 공정거래법의 규율대상에 해당할 수 있는데, 공정거래법에서도 실제 손해액의 3배 내에서 손해배상을 허용하는 법조항을 두고 있으므로, 위와 같은 법리에 비추어 하와이주 판결을 승인하는 것이 우리나라 손해배상제도의 원칙이나 이념체계 등에 비추어 도저히 허용할 수 없는 정도라고 할 수 없다는 이유로 미국 하와이주 판결이 인정한 성문법상 3배의 배상부분을 승인하는 것이 대한민국 법률이나 사회질서 또는 대한민국이 체결한 국제조약의 기본질서에 현저히 반하는 결과를 초래하지 않는다(대판 2022. 3. 11, 2018다231550).

　117) 참고로 징벌적 손해배상제도는 전보배상을 넘어 형사법적 성격을 가지고 있기 때문에 부분적인 입법(예: 하도급거래 공정화에 관한 법률 제35조 제2항, 기간제 및 단시간근로자 보호 등에 관한 법률 제13조 제2항, 제조물책임법 제3조 제2항, 가맹사업거래의 공정화에 관한 법률 제37조의2 제2항, 개인정보 보호법 제39조 제3항 등)을 통하여 손해액의 3배 범위이내에서 배상을 허용하여 왔는데, 최근에 개인정보 보호법 제39조 제3항(개정: 2015. 7. 24., 시행: 2023. 9. 15.), 중대재해 처벌 등에 관한 법률(제정: 2021. 1. 26., 시행: 2022. 1. 27.) 제15조 제1항은 사업주 등이 고의 또는 중과실로 중대재해를 발생하게 한 경우 해당 사업주 등은 그 손해액의 5배를 넘지 아니하는 범위에서 배상책임을 지도록 강화하고 있다.

　118) 대판 2015. 10. 15, 2015다1284; 대판 2016. 1. 28, 2015다207747.

④ 상호보증이 있거나 대한민국과 그 외국법원이 속하는 국가에 있어 확정재판 등의 승인요건이 현저히 균형을 상실하지 아니하고 중요한 점에서 실질적으로 차이가 없을 것($^{동항}_{4호}$)

여기에서 상호보증(相互保證)이 있다는 것은 외국에서 법령상 우리나라 법원의 확정판결의 효력을 우리나라와 같은 요건이나 그보다 관대한 요건 하에 인정하는 것을 말한다.[120] 최근 판례에 의하면 "우리나라와 외국 사이에 동종 판결의 승인요건이 현저히 균형을 상실하지 아니하고, 외국에서 정한 요건이 우리나라에서 정한 그것보다 전체로서 과중하지 아니하며 중요한 점에서 실질적으로 거의 차이가 없는 정도라면 상호보증요건을 구비하였다고 보아왔는데,[121] 2014년 개정법에서 이러한 판례의 입장을 반영하여 제217조 제1항 제4호에서 구체적으로 규정하였다. 또한 상호보증의 요건은 외국과 조약이 체결되어 있지 아니하더라도 그 외국의 법령·판례·관례 등의 승인요건을 비교하여 인정되면 되고,[122] 당해 외국에서 우리나라의 동종판결을 승인한 사례가 없다고 하여도 승인할 것이라고 기대할 수 있는 상태이면 족하다.[123]

4. 결정 · 명령

판결 외에 결정·명령이라도 실체관계에 종국판단을 내리는 경우에는 기판력이 발생한다($^{461}_{조}$). 여기에는 소송비용액 확정결정($^{110,}_{114조}$),[124] 간접강제의 수단으로 하는 배상금의 지급결정($^{민집}_{261조}$), 확정된 화해권고결정($^{231}_{조}$), 조정을 갈음하는 결정($^{민조 34}_{조 4항}$), 과태료결정($^{311, 363,}_{370조}$) 등이 있다. 한편 소송지휘에 관한 결정·명령($^{222}_{조}$), 집행정지결정($^{500,}_{501조}$),[125] 지급명령($^{민집 58}_{조 3항}$) 및 이행권고결정($^{소심 5조}_{의8 3항}$), 비송사건에 관한 결정($^{비송 19}_{조 1항}$)[126] 등

---

119) 우리나라의 경우 소송비용 등 재판비용을 패소자 부담의 원칙에 따라 별도의 소송비용액 확정절차를 통하여 지급받을 수 있지만, 미국 등 영미법계 국가에서는 소송비용은 각자 부담한다는 점을 고려한 것으로 보인다.

120) 대판 1971. 10. 22, 71다1393; 대판 1987. 4. 28, 85다카1767.

121) 대판 2004. 10. 28, 2002다74213.

122) 대판 1989. 3. 4, 88므184, 191[미국 뉴욕주 법원의 판결절차가 공시송달에 의하지 아니하고 진행된 것이고, 뉴욕주 법원이 판례로서 상호주의원칙을 배격하고 다만 외국판결이 사기로 획득한 것이거나 공서에 반한다거나 재판관할권의 흠결이 없으면 실질심사를 하지 않고 외국판결의 효력을 그대로 승인하고 있다면 그 뉴욕주 법원의 판결은 민사소송법 제203조(현행법 217조) 제2호, 제4호의 승인요건을 구비한 것으로 보아야 한다고 함].

123) 대판 2004. 10. 28, 2002다74213; 대판 2016. 1. 28, 2015다207747; 대판 2017. 5. 30, 2012다23832.

124) 대결 2002. 9. 23, 2000마5257; 대결 2011. 9. 8, 2009마1689.

은 기판력이 없어 변경이 가능하다.

제 2 항 기판력의 범위

I. 총 설

(1) 기판력은 법원이 판결로서 판단한 소송물에 대한 구속력이다. 따라서 기판력의 범위는 소송물의 범위의 반대측면이다. 즉 소송물과 기판력은 동전의 양면(兩面)과 같다고 할 수 있다. 소송물이라는 개념은 분쟁을 법적인 프리즘(prism)을 통하여 법적 평가를 하기 위한 도구이고, 이러한 소송물에 대하여 한 법원의 판단에 대하여 일정한 구속력을 부여한 것이 기판력 개념이다. 이렇게 소송물에 기초한 구속력, 즉 기판력 개념을 통하여 분쟁의 법적인 해결을 도모할 수 있다. 그렇기 때문에 개념적으로는 소송물 개념과 기판력 개념은 일치하여야 하나, 소송물과 기판력은 제도적 역할·목적이 각각 다르기 때문에 약간 차이가 날 수 있다. 그것이 기판력이 소송물 외에 선결·모순관계에 적용되는 근거가 될 수 있는 것이다.

(2) 기판력의 범위와 관련하여 현재 가장 논란이 되는 것은 기판력의 객관적 범위와 관련하여 판결이유로의 기판력의 확장시도이다. 현행 민사소송법의 규정에 의하면 기판력의 객관적 범위는 상계의 항변 외에는 판결주문에 포함된 판단에 한하여 발생한다(216조 1, 2항). 이러한 현행법의 명확한 규정이 있음에도 불구하고 재판제도가 가지고 있는 '분쟁해결의 일회성'이라는 요청으로 판결주문이 아닌 판결이유의 판단에 일정한 구속력을 인정할 필요성이 있으므로, 우리나라뿐만 아니라 일본 및 독일을 중심으로 의미관련론(意味關聯論)·경제적 가치동일론(經濟的 價値同一論), 쟁점효이론(爭點效理論), 신의칙설(信義則說) 등이 등장하고 있다.

이러한 이론들의 중심에는 명문의 규정에도 불구하고 판결이유에 판결의 구속력을 부여하여 법원이 어떤 식으로라도 실질적으로 심리·판단한 것에 대한 구속력(拘束力)을 부여할 현실적 필요성이 있기 때문이다. 이러한 필요성을 어떠한 방

---

125) 대결 1987. 2. 11, 86그154.

126) 가사비송사건에 해당하는 재산분할재판 확정 후에 새로운 재산을 발견한 경우 추가 재산분할신청이 가능하다(同旨: 이시윤, 635면). 다만 비송사건에 관한 결정에 대하여 기판력이 있다는 견해도 있다.

식을 통하여 해결할 것인가는 현재 민사소송법의 중요한 과제 중의 하나이다. 이 것의 해결방법 중의 하나가 기판력 개념의 확장을 통한 방법이고, 이것이 기판력 개념으로 포섭되지 아니할 경우에 어떻게 해결할 것인지를 생각하여야 한다. 위에 서 본 바와 같이 현행법상의 기판력 개념에 의하면 선결·모순관계에 대한 기판 력 개념의 확장도 어떤 면에서 보면 사실상 약간 무리가 있지만, 현행법의 규정 에 비추어 보면 기존의 기판력 개념으로 이것을 해결하는 것이 보다 간단·명료 한 해결방식이기 때문에 타당하다고 본다. 그러나 판결이유로의 기판력 개념의 확 장은 현행법의 해석을 넘는 논의라고 본다. 이러한 경우에 해결방법은 무엇인가? 이러한 경우에는 민사소송법의 근본원칙인 신의칙(信義則)에 따라 해결을 시도할 수밖에 없다. 신의칙의 최소·최후성의 원칙[127]상 기판력에 의한 해결을 도모하였 으나 도저히 해결할 수 없는 경우 상위개념인 신의칙이 직접 나서서 해결하는 것 이다. 신의칙에 의한 해결시도는 영미법상의 판결효력과 관련한 신의칙상의 부수 적 금반언(Collateral Estoppel)의 아이디어와도 일맥상통하다.[128]

(3) 일반적으로 기판력의 범위는 어느 시점의 판단에 구속력을 인정할 것인지 (시적 범위), 판결 중 어떤 사항의 판단에 미칠 것이고(객관적 범위), 누구와의 사 이에 발생하는지(주관적 범위)의 문제이다.

Ⅱ. 시 적 범 위

1. 의   의

(1) 기판력의 시적 범위(詩的 範圍)의 문제는 기판력이 어떠한 시점의 권리관계 를 확정할 것인가의 논의이다. 당사자 사이의 권리관계는 시간의 경과에 따라 항 상 변동(變動)될 가능성이 높다. 따라서 법적 안정성을 중시하는 기판력의 개념에 비추어 보면 기판력이 미치는 시적 범위를 명확히 할 필요성이 있다.

(2) 판결은 사실심의 변론종결시까지 당사자가 제출한 소송자료에 기초하여 판 단한다. 따라서 판결의 구속력의 시적 범위는 사실심의 변론종결시를 기준으로 하 는 것이 가장 정확하고 합리적이라 할 수 있다. 따라서 기판력의 시적 범위의 기

---

127) 신의칙의 최소·최후성의 원칙이란 원칙규범인 신의칙은 하위 개념에서 해결할 수 있는 것 에 대하여는 최소한으로 관여하고(조문·개념의 확대해석 등에 보조역할을 함), 하위개념으로 도저 히 해결할 수 없을 경우에 한하여 개입하여야 한다는 신의칙 운영의 원칙 중의 하나이다

128) Friedenthal/Kane/Miller, 695면.

준은 사실심의 변론종결시이다. 이를 기판력의 표준시(標準時)라고 한다. 이것은 제218조(기판력의 주관적 범위) 및 민사집행법 제44조 제2항(청구에 관한 이의의 소)에 명백히 정하고 있다.[129] 다만 무변론판결의 경우에는 사실심의 변론종결시가 아닌 판결 선고시를 기준으로 한다($^{218}_{조}$).

(3) 결국 기판력의 시적 범위는 사실심의 변론종결시(무변론판결의 경우는 선고시)의 권리관계의 존부 판단에만 발생하는 것이고, 표준시 전 또는 후의 권리관계를 확정하는 것은 아니다. 기판력의 시적 범위의 구속력으로 인하여 사실심의 변론종결시까지 제출할 수 있었던 공격·방어방법은 후소에서 그 제출권을 잃게 된다. 이를 기판력의 시적 범위에 따른 실권효(失權效) 또는 차단효(遮斷效)라 한다.

(4) 다만 표준시 후에 발생한 새로운 사유에 관하여는 정기금판결변경의 소, 청구이의의 소 등을 통하여 기판력 시적 범위의 효력을 배제할 수 있다. 예컨대 정기금판결에 있어서 그 액수 산정의 기초가 된 사정이 현저하게 바뀐 경우에 정기금변경의 소를 통하여 정기금의 액수를 바꿀 수 있다($^{252}_{조}$).

(5) 또한 변론종결 전에 발생한 형성권(취소권·해제권·상계권 등)을 변론종결 후에 행사하여 확정판결의 효력을 배제할 수 있는지가 논의된다.

2. 표준시 이전에 존재한 사유 : 실권효(차단효)

(1) 기판력의 시적 범위에 의하여 표준시의 권리관계의 존부판단을 확정하는 효력이 발생한다. 따라서 당사자는 전소의 표준시 이전에 존재하였으나, 전소에서 그 때까지 제출하지 아니한 일체의 공격·방어방법(소송자료=사실자료 및 증거자료)을 제출할 수 없게 된다. 이러한 소송자료를 제출하지 못한 것이 과실에 의한 것인지 아닌지를 묻지 아니한다($^{통}_{설}$).[130] 따라서 당사자는 후소에서 이에 반하는 소송자료를 제출할 수 없고, 법원도 이에 반하는 경우에는 심리 없이 배척하여야 한다.[131] 이러한 기판력의 효력을 실권효(失權效)·차단효(遮斷效) 또는 배제효(排

---

129) 대판 1961. 12. 14, 4293민상837; 대판 2023. 4. 27, 2020다302497, 302503(청구이의 사유는 그 확정판결의 변론이 종결된 뒤에, 변론없이 한 판결의 경우에는 판결이 선고된 뒤에 생긴 것이어야 함).

130) 대판 1961. 12. 14, 4293민상837; 대판 1980. 5. 13, 80다473; 대판 2014. 3. 27, 2011다49981; 대판 2014. 3. 27, 2011다79968. 다만 일본에서는 기판력의 정당성의 근거와 관련하여 절차보장설(제출책임설)을 취하는 일부 학자들이 당사자의 과실 없이 제출하지 못한 자료에 대하여는 실권효가 발생하지 아니한다는 주장이 있다.

131) 同旨: 정동윤/유병현/김경욱, 818면.

除效)라 한다. 변론준비기일을 거친 경우에 변론준비기일에서 제출하지 아니한 공격·방어방법은 변론기일에 원칙적으로 주장할 수 없어 실권적 효력이 발생하지만($^{285}_{조}$), 기판력의 실권효는 예외사유가 거의 인정되지 아니한다는 점에서 최종적·확정적인 효력이 있다는 점이 차이가 있다.

(2) 기판력의 시적 범위에 따른 실권효는 원칙적으로 기판력이 작용하는 대상의 한도에서 효력이 미친다. 즉 전소와 후소의 소송물이 같은 경우, 전소와 후소 사이에 선결관계 또는 모순관계가 있는 경우에 효력이 미친다. 따라서 i) 원고가 권리가 없다는 이유로 패소된 경우, 예컨대 원고가 소유권확인청구에서 패소한 경우에 후소에서 변론종결 전에 주장할 수 있었던 소유권의 다른 취득원인 사실의 주장(예: 전소에서 상속을 주장하였다가 후소에서 취득시효완성을 주장하는 경우)[132] 또는 토지인도소송에서 소유권이 없음을 이유로 패소된 원고가 변론종결 전에 주장할 수 있었던 자신에게 소유권이 환원된 사실,[133] 원고가 전소에서 피고의 과실을 증명하지 못하여 손해배상청구소송에서 패소한 후에 나중에 목격한 증인을 발견하였다는 이유로 후소를 제기하는 것 또는 새로운 서증을 발견하였다는 이유의 후소의 제기($^{ZPO\ 580조\ 1항}_{b에서는\ 인정함}$) 등을 후소로 재론하는 것은 기판력의 차단효에 저촉되어 할 수 없다. ii) 또한 패소한 피고가 변론종결 전에 발생한 변제·면제·소멸시효완성[134]·상속포기[135] 등의 채무의 소멸사유를 들어 청구이의의 소 또는 채무부존재확인의 소 등을 통하여 다툴 수 없다.[136]

(3) 그러나 판례는 다음과 같은 경우에는 차단효가 미치지 아니한다고 본다. i) 변론종결 전의 사유라도 판결집행 자체가 불법인 경우에는 신의칙상 청구이의의 사유로 삼을 수 있다고 보며,[137] ii) 채권자가 피상속인의 금전채무를 상속한 상속

---

132) 대판 1961. 12. 14, 4293민상837; 대판 1987. 3. 10, 84다카2132; 대판 1995. 12. 8, 94다35039, 35046. 反對: 호문혁 교수는 확인소송의 소송물이론에서 이지설을 일관하므로 소송물이 달라 차단되지 않는다고 한다(호문혁, 131-135면 참조).

133) 대판 1976. 11. 23, 76다1338.

134) 다만 소멸시효의 완성에 있어서 기간만료로 효력이 발생하는 것이 아니고 그 원용으로 효력이 발생한다는 상대적 소멸설(相對的 消滅說)에 의하면 표준시 이전에 완성하였으나 그 이후에 이를 원용한 경우에는 후소에서 주장할 수 있는 여지가 있다. 그러나 판례(대판 1966. 1. 31, 65다2445; 대판 1968. 8. 30, 68다1089; 대판 1979. 2. 13, 78다2157) 및 통설은 시효의 완성으로 권리가 당연히 소멸되고, 시효의 원용은 소송상 항변권의 행사로 본다.

135) 대판 2009. 5. 28, 2008다79876.

136) 대판 1981. 9. 8, 80다2442(사찰 소유 임야의 주무관청의 허가 없는 매매).

137) 대판 1987. 7. 24, 84다카572[대법원은 판시에서 "민사소송법 제505조(현 민사집행법 제44조)에서 청구에 관한 이의의 소를 규정한 것은 부당한 강제집행이 행하여지지 않도록 하려는데 있다 할 것으로, 판결에 의하여 확정된 청구가 그 판결의 변론종결 후에 변경·소멸된 경우뿐만 아니

인을 상대로 그 상속채무의 이행을 구하여 제기한 소송에서 채무자가 한정승인 사실을 주장하지 않으면 책임의 범위는 현실적인 심판대상으로 등장하지 아니하여 주문에서는 물론 이유에서도 판단되지 않으므로 그에 관하여 기판력이 미치지 않는다고 하여 후소에서 다툴 수 있다고 한다.[138] 한정승인에 대한 판례는 이론구성에는 문제가 있지만 결론은 타당하다고 본다.[139] iii) 개인채무자가 면책결정을 확정 받았지만 이후 파산채권자가 제기한 채무이행소송에서 사실심 변론종결 시까지 이 같은 면책사실을 주장하지 못해 패소판결이 확정되었다고 하더라도 특별한 사정이 없는 한 개인채무자는 면책된 사실을 내세워 청구이의의 소를 제기할 수 있다.[140] 또한 iv) 부동산에 관한 소유권이전등기가 원인무효라는 이유로 그 등기의 말소를 명하는 판결이 확정되었다고 하더라도 그 확정판결의 기판력은 그 소송물이었던 말소등기청구권의 존부에만 미치는 것이므로, 그 소송에서 패소한 당사자도 전소에서 문제된 것과는 전혀 다른 청구원인(취득시효완성·매매)에 기하여 상대방에 대하여 소유권이전등기청구를 하는 경우,[141] v) 소유권보존등기 말소 및 소유권 확인을 구하는 전소에서 패소 확정된 당사자가 후소로써 전소 변론종결 전 취득시효 완성을 이유로 소유권이전등기를 구하는 경우[142] 등에 있어서는 전소와 후소가 소송물이 다르므로 기판력의 차단효가 발생하지 아니한다고 한다.

(4) 사실관계가 실권되는 실권적 효력의 범위와 관련하여 신소송물론 중 일지설(一肢說)을 취하는 학자 중 일부 견해는 변론주의 원칙상 당사자가 제출한 사실자료만이 판결의 기초가 되므로, 변론종결 당시에 당사자가 제출한 소송자료의 한도에서 존부판단의 대상으로서 기판력이 미친다고 본다.[143] 따라서 이 견해에 의

라 판결을 집행하는 자체가 불법한 경우에는 그 불법은 당해 판결에 의하여 강제집행에 착수함으로써 외부에 나타나 비로소 이의의 원인이 된다고 보아야 하기 때문에 이 경우에도 이의의 소를 허용함이 상당하다.”고 하고 있다. 이는 민사소송법 제1조 제2항의 신의칙에 의한 민사집행법 제44조 제2항의 확대해석으로 보아야 한다]; 대판 2009. 5. 28, 2008다79876.

138) 대판 2006. 10. 13, 2006다23138(한정승인이 갖는 책임제한의 효력으로 인한 것으로, 이론구성이 복잡하지만 대법원의 결론이 타당하다고 본다); 대판 2009. 5. 28, 2008다79876(실권효 제한의 법리는 책임제한 여부만이 문제되는 한정승인과 달리 상속채무 존재 자체가 문제되어 그에 관한 확정판결의 주문에 당연히 기판력이 미치게 되는 상속포기(相續抛棄)의 경우에는 적용될 수 없음).

139) 한정승인사실에 대하여 반대견해가 있다(이시윤, 641면).

140) 대판 2022. 7. 28, 2017다286492(면책결정은 채무의 존부·범위 확정과는 관계가 없고 채무자의 책임을 소멸시키는 것이기 때문임).

141) 대판 1994. 11. 11, 94다30430(취득시효완성); 대판 1995. 6. 13, 93다43491(매매).

142) 대판 1995. 12. 8, 94다35039, 35046; 대판 1995. 12. 8, 94다39628; 대판 1997. 11. 14, 97다32239.

143) 이시윤, 641면.

하면 표준시 이전에 발생한 사실 중 당사자가 제출하지 아니한 사실 전부가 실권효의 제재를 받는 것은 아니고, 일정한 경우에는 제출하지 아니한 사실을 토대로 같은 청구취지의 소를 제기할 수 있다고 한다.[144] 하지만 이러한 주장은 청구취지만이 소송물의 요소로 보는 일지설의 기본입장과 정면으로 반하고, 민사집행법 제44조 제2항의 규정(청구이의의 소의 이의사유는 변론종결 후의 사유에 한함)에 반하는 주장으로서 수긍하기 어렵다.[145] 이러한 논의는 소송물의 이동(異同)과 밀접한 관련이 있고 기판력의 객관적 범위의 문제와 직결되는 문제이기도 하다.[146] 구소송물이론을 취하는 판례는 전소의 변론종결 이전에 발생한 사유로서 주장하지 아니한 공격·방어방법인 사실은 차단되지만,[147] 청구원인을 구성하는 사실은 소송물에 관한 문제이므로 기판력의 차단효가 미치지 아니한다고 한다.[148]

3. 표준시 이후에 발생한 새로운 사유

(1) 기판력은 표준시의 권리관계를 확정하는 효력이 있어, 그 실권효로 인하여 표준시 이전에 주장할 수 있었던 사유를 주장할 수 없다. 그러나 표준시 이후에 발생한 새로운 사유에 의하여서는 기판력에 의하여 확정된 법률효과를 다툴 수 있다. 즉 표준시 이후에 발생한 새로운 사유는 사정변경(事情變更)에 해당하는 것이므로 당사자는 후소로 신소를 제기할 수 있고, 법원도 새로운 사유에 따라 달리 판단할 수 있다. 따라서 이행소송에서 원고의 청구가 인용되었을 때에 피고는 변론종결 후에 변제, 면제, 시효소멸 등의 사유가 발생한 경우에는 청구에 관한 이의의 소(민집44조)로 집행권원상의 채권이 소멸되었다고 주장할 수 있다.

---

144) 이시윤, 641면.

145) 同旨: 정동윤/유병현/김경욱, 820면.

146) 이러한 논의를 기판력의 시적 범위의 문제로 보지 아니하고, 객관적 범위의 문제로만 보기도 한다(정동윤/유병현/김경욱, 820면 참조).

147) 대판 1981. 12. 22, 80다1548(말소등기청구사건의 소송물은 당해 등기의 말소등기청구권이고, 그 동일성 식별의 표준이 되는 청구원인, 즉 말소등기청구권의 발생원인은 당해 "등기원인의 무효"에 국한되므로, 전소에서 한 사기에 의한 매매의 취소 주장과 후소에서 한 매매의 부존재 또는 불성립의 주장은 다같이 청구원인인 등기원인의 무효를 뒷받침하는, 독립된 공격방어방법에 불과하고, 후소에서의 주장사실은 전소의 변론종결 이전에 발생한 사유이므로 전소와 후소의 소송물은 동일함); 대판 1993. 6. 29, 93다11050(말소등기청구사건의 소송물은 당해 등기의 말소등기청구권이고 그 동일성 식별의 표준이 되는 청구원인, 즉 말소등기청구권의 발생원인은 당해 등기원인의 무효라 할 것으로서 등기원인의 무효를 뒷받침하는 개개의 사유는 독립된 공격방어방법에 불과하여 별개의 청구원인을 구성하는 것이 아님).

148) 대판 1993. 6. 29, 93다11050; 대판 1995. 6. 13, 93다43491; 대판 1995. 12. 8, 94다35039, 35046; 대판 1997. 11. 14, 97다32239; 대판 2011. 6. 30, 2011다24340.

판례에 의하면 i) 소각하판결을 받은 뒤에 각하이유로 된 소송요건을 갖추어 후소를 제기한 경우,[149] ii) 농지매매에 필요한 농지증명을 구비하지 못하였다는 이유로 패소판결이 확정되었다고 하여도 그 확정판결의 변론종결 후 농지증명을 새로이 추완하여 동일한 청구를 한 경우,[150] iii) 기한 미도래를 이유로 패소확정 되었는데 기한을 넘긴 후에 재차 이행청구를 하는 경우나 조건의 미성취를 이유로 패소확정 되었는데 조건성취 후에 다시 동일한 내용의 소를 제기하는 경우,[151] iv) 전소에서 국가에 대한 손해배상청구가 분배농지에 대한 소유권회복이 불가능하게 되었다는 원고의 주장이 배척되어 기각된 후 소유권회복을 위한 국가 등을 상대로 한 소유권이전등기절차이행 등의 청구가 기각되었다면 이로써 비로소 그 소유권회복이 불가능하다는 것이 객관적으로 판명된 것으로서 사정의 변경이 있는 것으로 보아야 하므로 동일한 청구원인사실에 기하여 손해배상의 후소를 제기하는 것이 가능하다는 경우,[152] v) 전소에서 매매를 원인으로 한 소유권이전등기청구를 하면서 대금감액을 주장하였다가 그 사실이 인정되지 아니하여 원고의 청구가 배척된 후에 감액을 주장하였던 대금을 변제공탁한 후 후소를 제기한 경우,[153] vi) 을로부터 병 앞으로 소유권이전등기가 경료 되어 있기 때문에 을의 갑에 대한 소유권이전등기 의무가 이행불능이라는 이유로 갑이 을을 상대로 한 소유권이전등기 청구소송에서 청구기각 판결이 확정된 후, 을이 병을 상대로 소유권이전등기 말소청구 소송을 제기하여 승소판결을 받아 등기부상 소유권을 회복한 경우에 갑이 을에 대하여 재차 소유권이전등기청구의 후소를 제기한 경우,[154] vii) 제소전화해에 의하여 등기가 마쳐졌다는 이유로 말소등기청구의 패소판결을 받은 뒤 준재심의 소에 의하여 제소전화해를 취소한 후에 다시 말소등기청구를 하는 경우,[155] viii) 단독상속인임을 이유로 소유권확인을 구하였으나 공동상속인이라는 이유로 일부 기각되었고 변론종결 후에 상속재산분할협의에 의해 소유권을 취득한 후 나머지 상속분에 대하여 다시 소유권확인을 구하는 경우,[156] ix) 피담보채

---

149) 대판 2003. 4. 8, 2002다70181.
150) 대판 1963. 9. 12, 63다359; 대판 1967. 2. 21, 65다1603.
151) 대판 1998. 7. 10, 98다7001(법률상의 장애가 제거된 후에 동일한 내용의 소제기); 대판 2002. 5. 10, 2000다50909(정지조건의 성취 후에 동일한 내용의 소제기).
152) 대판 1991. 11. 12, 91다27723(위 대판 1998. 7. 10, 98다7001와 유사함).
153) 대판 1980. 2. 26, 80다56.
154) 대판 1995. 9. 29, 94다46817(을은 갑에 대하여 소유권이전등기 의무를 부담한다고 봄이 신의성실의 원칙상 당연함).
155) 대판 1988. 9. 27, 88다3116.
156) 대판 2011. 6. 30, 2011다24340.

무의 변제를 원인으로 소유권이전등기의 회복청구가 기각되었다고 하더라도 장래 잔존 피담보채무의 변제를 조건으로 다시 소유권이전등기의 회복을 청구하는 경우,[157] 선행 경매절차에서 건물에 관한 피고의 유치권이 존재하지 않는다는 전소 유치권부존재확인의 판결 확정 이후 피고가 스스로 선행 경매절차를 취하하고, 근저당권자가 신청한 후행 경매절차에서 유치권이 있다고 주장하더라도 선행 경매절차가 취하됨에 따라 피고가 유치권으로 대항할 수 있게 된 경우[158] 등은 기판력의 시적 효력에 따른 실권효가 미치지 아니하므로 신소를 제기할 수 있다.

(2) 여기에서 변론종결 이후에 발생한 사유에는 변론종결 후에 발생한 '사실자료(事實資料)'만을 의미하므로, 법률·판례의 변경,[159] 법률의 위헌결정,[160] 판결의 기초가 되었던 행정처분이 다른 판결로 변경된 경우,[161] 사실관계에 대한 다른 법률평가[162] 등은 포함되지 않는다. 또한 당해 사건이 아닌 다른 사건에 대한 재심사유에 관한 사실자료[163] 또는 다른 사건의 판결에서 전소 판결의 기초가 된 사실관계를 달리 인정한 것과,[164] 원고가 부동산인도소송에서 피고가 분양계약을 통해 정당한 점유권을 취득했다고 하여 패소확정 된 후에 다른 사건에서 분양계약이 무효라는 법적평가가 담긴 판결은 변론 종결후의 사유에 포함되지 않으므로 원고의 이에 기초한 2차 인도소송은 기판력에 저촉되어 허용되지 아니한다고 할 것이다.[165]

(3) 장래의 손해배상소송 등에 있어서 표준시에 예측한 바와 달리 '현저한 사정변경'이 있어 전소의 판결 내용이 집행 당시에 형평을 잃게 된 경우에 이를 변경하는 후소를 인정할 것인지 여부가 문제이다. 예컨대 표준시의 임대료가 지가, 물가상승 및 세금증가 등으로 대폭 인상되어 손해액이 현저히 높아진 경우나, 반대로 표준시에는 노동능력 상실자였으나 후에 회복되어 실제로 손해가 줄어든 경

---

157) 대판 2014. 1. 23, 2013다64793.

158) 대판 2022. 7. 14, 2019다271685(이는 변론종결 후 발생한 새로운 사유에 해당하므로 피고의 이러한 주장은 전소 확정판결의 기판력에 저촉되지 아니함).

159) 대판 1998. 7. 10, 98다7001.

160) 대판 1995. 1. 24, 94다28017; 대판 2023. 2. 2, 2021다211600; 대판 2023. 2. 2, 2020다270633(법원으로부터 구 「민주화운동 관련자 명예회복 및 보상에 관한 법률 제18조 제2항에 따른 화해간주를 이유로 각하판결을 선고받아 확정된 후, 화해간주조항 중 정신적 손해 부분에 대하여 헌법재판소의 일부 위헌결정이 선고된 후에 재차 위자료 청구를 한 사안임).

161) 대판(전) 1981. 11. 10, 80다870(재심사유일 뿐이라고 봄).

162) 대판 1991. 3. 27, 91다650, 667(전소의 판결 확정 후에 이와 어긋나는 후소 판결이 확정된 경우임).

163) 대판 2001. 1. 16, 2000다41349.

164) 대판 2012. 7. 12, 2010다42259.

165) 대판 2016. 8. 30, 2016다222149.

우 등이 여기에 해당한다. 판례는 장래의 임대료 상당의 손해금이 9배 정도 상승한 경우에 전소를 정의와 형평의 이념에 따라 명시적 일부청구로 의제하여 후소로 차액의 추가청구를 인정하였다.[166] 그러나 2000년 신민사소송법에서는 독일($\binom{ZPO}{323조}$) 및 일본($\binom{일민소}{117조}$)과 같이 정기금판결변경의 소($\binom{252}{조}$)를 신설하여 이를 해결하였다. 그러나 표준시에 전혀 예측할 수 없었던 후유증에 따른 손해의 경우에 전소에 기초한 정기금변경의 소를 인정할 것인지, 아니면 종전 판례와 같이 전소의 소송물과 별개의 소송물로 구성하여 추가배상을 할 것인지[167] 문제된다. 후소에서는 전소의 사고의 후유증으로 손해가 발생하였는지 여부, 새로운 손해액수 등에 대하여 별도로 심리하여야 한다는 점에서 종전의 판례와 같이 전소와 별개의 소송물로 취급하여 별소로 처리하는 것도 가능하지만, 정기금변경의 소라는 새로운 분쟁해결방법을 신설하였으므로 별개의 소송물이라도 종전 소송의 심리를 이용할 수 있다는 면에서 정기금 변경의 소의 방식을 병존적으로 이용할 수 있는 길을 열어 두는 것도 소송경제에 부합할 것으로 사료된다. 피해자가 표준시에는 노동능력상실자였으나 뒤에 능력이 회복되어 손해가 줄어든 경우 또는 기대여명보다 빨리 사망한 경우[168] 등도 같다.

　(4) 표준시 이후에 발생한 사유에 기초하여 확정판결의 집행력을 배제하기 위한 제도로 청구에 관한 이의의 소($\binom{민집}{44조}$)가 있다. 이것은 표준시 이후의 권리관계의 변동을 집행단계에서 고려하기 위한 제도이다.

4. 표준시 이후의 형성권의 행사

　표준시 이전에 발생한 취소권·해제권·건물매수청구권·상계권 등의 형성권을 표준시까지 행사하지 않고 있다가 표준시(변론종결) 이후에 이를 행사하여 청

---

166) 대판(전) 1993. 12. 21, 92다46226(전원합의체의 별개의견은 전소에서 인용된 금액이 그 후 경제사정의 변동 등으로 그 액수가 도저히 상당하다고 할 수 없을 정도 사정의 변경이 되었다면 이러한 사정의 변경은 변론종결시까지 주장할 수 없었던 사유가 그 후 새로 발생한 것으로 보아야 하므로 시적 범위의 예외로 보아 추가청구를 인정하여야 한다고 함); 대판 1999. 3. 9, 97다58194.
　167) 대판 1980. 11. 25, 80다1671; 대판 2007. 4. 13, 2006다78640.
　168) 대판 2009. 11. 12, 2009다56665(기대여명보다 먼저 사망하자 별소로 부당이득금 반환청구를 한 사안인바, 부당이득금 반환을 위하여는 전소를 재심 등으로 취소하여야 청구할 수 있다고 보았다. 결국 정기금판결변경의 소로 구하거나 재심 후에 별소 청구를 할 수 있다는 것임). 다만 기대여명 이상으로 생존한 경우나 그 이하로 생존한 경우 모두 전소판결로 확정된 손해액을 재산정할 필요성은 동일한 점을 들어 후소의 부당이득반환청구는 기판력에 저촉되지 않는다는 견해가 있다(조규성, 자동차사고 피해자의 합의 후 사정변경에 따른 손해배상금 산정시 부당이득반환과 기판력에 관한 판례연구, 재산법연구 27권 1호(법문사), 150~152면).

구에 관한 이의의 소(^{민집}_{44조}) 또는 채무부존재확인의 소로서 확정판결의 내용을 다툴 수 있는지 논의된다. 표준시 이후의 형성권행사가 전소판결의 차단효에 의하여 차단될 것인지 여부의 문제이다. 특히 상계권·건물매수청구권·한정승인이 문제된다. 크게 보아 3가지 견해로 분류할 수 있다.

(1) 비실권설(非失權說)

상계권뿐만 아니라 취소권·해제권 등 모든 형성권을 변론종결 후에 행사하면 표준시 이후에 발생한 사유로 보아 실권되지 아니한다는 견해이다. 그 근거로 i) 형성권자가 권리를 행사할지 여부는 스스로 결정할 일이고 법원이 강요할 일이 아니라는 점, ii) 이를 인정하면 실체법상의 형성권의 행사기간을 소송법이 단축하는 결과가 되어 타당하지 아니하다는 점이다. 우리나라의 소수설이다.[169]

(2) 실권설(失權說)

형성원인이 실제로 존재한 때를 실권여부의 판단기준으로 보아, 변론종결 후에는 상계권을 포함한 모든 형성권이 실권되므로 이를 행사할 수 없다는 견해이다. 절차의 집중·촉진의 면을 강조하는 견해로서 우리나라에서는 주장되지 아니하나, 독일의 통설·판례이다.

(3) 절충설(折衷說)

절충설에는 i) 상계권·건물매수청구권·한정승인을 제외한 취소권·해제권 등 다른 형성권은 실권되지만, 상계권 등의 경우에는 변론종결 전에 상계권의 존부를 알았는지 여부와 관계없이 실권되지 아니한다는 견해(절대적 상계비실권설[170]),[171] ii) 취소권·해제권 등 일반 형성권은 실권되지만, 상계권 등의 경우에는 변론종결 전에 상계권의 존부를 알고서 행사하지 아니한 잘못이 있는 경우에만 실권되고, 그렇지 아니한 경우에는 실권되지 아니한다는 견해(제한석 상계실권설[172]),[173] iii) 일반적으로 취소권·해제권 등 형성권의 실권을 인정하지만 상계권·건물매수청구권, 명의신탁의 해지와 취소권·해제권 중 일정한 경우에는 실권되지 아니

---

169) 호문혁, 771면.
170) 객관적 절충설이라도 한다(김용진, 501-502면).
171) 김용진, 503면; 김홍규/강태원, 619면; 김홍엽, 643면; 방순원, 610면; 송상현/박익환, 467면; 전병서, 656면; 정동윤/유병현/김경욱, 821면; 한충수, 597면.
172) 주관적 절충설이라고도 한다(김용진, 502면).
173) 이시윤, 644면; 이영섭, 193면.

한다는 견해(제한적 실권설)¹⁷⁴⁾ 등이 있다.

절충설 중 위 i)의 절대적 상계비실권설이 통설·판례¹⁷⁵⁾이다. 절대적 상계비실권설의 근거로는 (a) 상계항변 등은 원고의 소구채권(수동채권) 자체에 무효·취소와 달리 흠이 있다는 것이 아닐 뿐만 아니라 피고의 반대채권(자동채권)도 동시에 소멸되는 출혈적(出血的) 방어방법이므로 이것을 불허하는 것은 피고에게 너무 가혹하다는 점, (b) 상계적상을 안 경우에 상계권행사를 강제시키는 것은 상계권행사의 자유를 인정한 실체법의 취지에 반한다는 점, (c) 수동채권이 판결이 확정되었다고 하여도 상계가 가능하고 또 채권자에게 아무런 손해가 없다는 점 등을 들고 있다.

위 ii)의 제한적 상계실권설의 근거는 (a) 피고가 상계권을 행사할 수 있다는 사실을 알고 있었음에도 실권되지 아니한다면 권리관계의 안정을 기조로 하는 기판력 사상에 반하고, 또한 절차의 집중·촉진, 신의칙의 견지에서도 바람직하지 않다는 점, (b) 상계권을 행사할 수 없다는 것은 반대채권 자체를 잃는 것이 아니고 자동채권에 기한 별소가 가능하여 피고에게 가혹하지 아니하다는 점 등이다.

위 iii)의 제한적 실권설의 근거는 법적 안정을 해치지 않는 범위 내에서 형성권자의 의사를 존중해줄 필요가 있기 때문이라고 한다.

(4) 검 토

생각건대, 위 (1)의 비실권설은 법률행위의 무효사유도 기판력의 실권효가 미치는데 그보다 효력이 약한 취소·해제사유가 효력이 미치지 아니한다는 것은 균형이 맞지 아니하여 취하기 어렵다. 위 (2)의 실권설은 절차의 집중·촉진에는 기여할 수 있지만 상계권 등의 특성을 반영할 수 없다는 점이 난점이다. 위 (3)의 절충설 중 ii)의 제한적 상계실권설과 iii)의 제한적 실권설은 나름대로 일리가 있지만 (a) 상계권 등의 실권여부가 행사자의 주관적 인식 여부에 따라 달라진다는 면에서 불명료한 점이 있고, (b) 실체법과 절차법 규정의 조화 있는 해석·적용의 필요성이 있다는 점, (c) 수동채권이 판결이 확정되었다고 하여도 상계가 가능하고 또 채권자에게 아무런 손해가 없음에도 별소의 제기를 강요한다는 점 등에

---

174) 강현중, 734면(백지어음의 보충권 행사는 인정하지 아니함).

175) 대판 1966. 6. 28, 66다780(피고가 표준시 전에 상계적상 유무를 알았거나 몰랐어도 실권되지 아니함); 대판 1979. 8. 14, 79다1105(취소권·해제권은 실권함); 대판 1998. 11. 24, 98다25344(상계적상 유무와 관계없이 실권되지 아니함); 대판 2005. 11. 10, 2005다41443; 대판 2008. 11. 27, 2008다59230(백지보충권은 실권됨).

비추어 보면, 통설·판례와 같이 절충설 중 i)의 절대적 상계비실권설이 타당하다고 생각한다.

건물매수청구권의 경우에도 원고의 청구에 대하여 흠이 있다는 주장이 아니고, 토지와 건물의 소유권을 별도로 인정하고 있는 우리 법제 하에서 건물 자체의 효용성을 유지하려는 정책적 근거에서 인정하는 것이라는 점에서 표준시 이후의 행사를 인정하는 것이 타당하고,[176] 한정승인의 경우도 채무자가 한정승인 사실을 주장하지 않아도 신의칙의 수정성에 비추어 보면 기판력이 미치지 아니한다고 보아야 한다.[177]

5. 표준시 전·후의 권리관계

(1) 표준시 전의 권리관계

① 기판력은 표준시의 권리관계의 존부를 확정하는 효력이 있다. 따라서 표준시에 권리관계가 존재하였다고 판단하여도, 법률적으로 표준시 전에 권리관계가 존재하였다는 것까지 확정하는 것은 아니다. 반대로 표준시에 권리관계가 존재하지 아니하였다고 판단하여도, 법률적으로 표준시 전에 권리관계가 존재하지 아니하였다는 것까지 확정하는 것은 아니다.

② 따라서 표준시에 권리관계가 있다는 기판력 있는 판단이 있다고 하여도 후소로 표준시 전의 과거에 그러한 권리가 존재하지 아니하였다고 주장할 수 있고, 또한 권리관계가 없다는 기판력 있는 판단이 있다고 하여도 후소로 표준시 전의 과거에 그러한 권리가 존재하였음을 주장할 수 있다. 그렇기 때문에 원금채권이 존재하지 않는다는 이유로 패소판결이 확정되었다고 하여도, 후소로 변론종결 전까지 원금채권이 존재하였음을 전제로 그 이자채권을 청구하는 것은 기판력에 반

---

176) 同旨: 강현중, 734면; 김홍엽, 844면; 정동윤/유병현/김경욱, 821면; 한충수, 597면; 대판 1995. 12. 26, 95다42195. 反對: 이시윤, 645면(모르고 행사하지 아니한 때에 한정한다고 함).

177) 대판 2006. 10. 13, 2006다23138(판례는 한정승인을 주장하지 아니한 경우에는 책임의 범위는 현실적인 심판대상으로 등장하지 아니하여 주문에서는 물론 이유에서도 판단되지 않으므로 그에 관하여 기판력이 미치지 않는다고 판시하고 있으나, 이미 발생한 한정승인 사실을 소송에서 주장하지 아니하였다고 하면 기판력의 시적 효력이라는 개념에 비추어 보면 당연히 실권될 것이나 그렇게 해석하면 실체법상 일종의 대세적 효력이 벌써 발생한 것을 소송법에서 부정하게 되므로, 실체법상의 한정승인의 규정과 소송법상의 기판력의 시적 효력 개념의 충돌에 따른 조정이 필요하다. 따라서 신의칙의 수정성의 기능에 근거하여 기판력의 시적 효력에 관한 개념의 적용을 부인함으로써 해결이 가능하다고 본다); 대판 2009. 5. 28, 2008다79876(상속포기의 경우에는 변론종결시까지 주장하지 아니하면 실권됨).

하지 아니한다.[178]

(2) 표준시 후의 권리관계

기판력은 표준시의 권리관계를 확정할 뿐이므로, 표준시 후의 권리관계의 존부를 확정하는 효력은 없다. 따라서 표준시에 권리가 존재한다는 기판력 있는 판단이 있다고 하여도, 표준시 후에도 항상 그 권리관계가 존재한다고는 할 수 없고 (예: 표준시 이후의 변제), 표준시에 권리가 부존재한다는 기판력 있는 판단이 있다고 하여도 그 후에 권리가 존재할 수 있다(예: 표준시 후에 이행기의 도래). 다만 표준시 후의 권리가 표준시의 권리와 선결관계에 있으면 당연히 기판력이 미친다 (예: 전소에서 원금채권의 부존재를 이유로 패소 확정된 경우에 후소로 표준시 후의 이자채권을 구하는 경우).

6. 정기금판결과 변경의 소

(1) 의 의

① 정기금(定期金)의 지급을 명한 판결이 확정된 뒤에 그 액수산정의 기초가 된 사정이 현저하게 바뀜으로써 당사자 사이의 형평을 크게 침해할 특별한 사정이 생긴 때에, 그 판결의 당사자가 장차 지급할 정기금 액수를 바꾸어 달라는 하면서 제기하는 소를 말한다($\frac{252}{조}$). 이를 정기금판결에 대한 변경의 소라 한다.

② 정기금 형태의 장래이행판결에 있어서 변론종결 당시에 확정된 사실관계에 '형평을 크게 침해할 정도의 특별한 사정이 발생한 경우'에 소제기 이후의 장래에 한하여 기존의 판결의 기판력을 배제하기 위하여 인정한 제도[179]이다. 정기금판결에 대한 변경의 소는 소제기 후의 장래에 향하여 기존의 판결의 일정한 변경을 구한다는 점에서 기존 판결의 완전한 취소를 구하는 재심제도와는 다르다. 또한 변경의 소는 전소 확정판결의 권리근거규범의 요건사실이 사정변경으로 형평에 반하게 된 경우에 전소의 기판력을 장래에 향하여 배제하기 위하여 원고 또는 피고가 제기할 수 있는 소송인 데 반하여, 청구에 관한 이의의 소($\frac{민집}{44조}$)는 전소판결에서 확정된 소송물을 전제로 변론종결 후에 새롭게 발생한 권리소멸규범의 요건사실(예: 변제·소멸·시효의 완성 등), 권리저지규범의 요건사실(예: 기한의 유예 등)을

---

178) 대판 1976. 12. 14, 76다1488.
179) 기판력이 배제되는 전제로서 당연히 형식적 확정력도 배제된다.

전소의 피고가 그 집행력을 배제하기 위하여 제기할 수 있는 소라는 점에서 차이가 있다. 따라서 변경의 소와 청구에 관한 이의의 소는 선택하여 제기할 수 있는 것이 아니다.

③ 변경의 소는 예컨대 i) 기존의 손해배상판결에서 원고가 노동능력 상실률이 50%임을 전제로 장래에 정기금 형태의 월 500만원의 치료비손해를 인정하였는데 그 뒤에 병세가 악화되어 노동능력이 완전히 상실되어(100%) 월 2,000만원의 치료비 손해가 발생하는 경우에 원고가 치료비손해를 월 2,000만원으로 증액청구의 소를 제기하거나, 반대로 원래는 노동능력이 완전히 상실된 것으로 평가하여 월 2,000만원의 치료비손해를 인정하였으나 그 이후에 호전되어 월 500만원의 치료비만 드는 경우에 피고가 그 감액을 청구하는 경우, ii) 기존의 부당이득금판결에서 장래의 임료 상당의 부당이득액의 반환을 정기금으로 명하였으나 변론종결 후에 토지가격 및 물가, 세금 등의 인상으로 임료 상당금이 기존의 9배 정도로 된 경우에 원고가 상승한 임료 상당분을 청구하는 경우[180] 등에 있어서 문제된다.

특히 대법원은 대판(전) 1993. 12. 21, 92다46226에서 위 ii)와 같은 사안에서 전소를 명시적 일부청구로 간주하여 상승분의 추가청구를 인정하였으나,[181] 이론구성에 무리가 있고 해석론의 한계를 벗어난 판결이라는 비판이 있었다.[182] 이러한 문제를 해결하기 위하여 2002년 전면 개정된 신법에서는 독일민사소송법 제323조를 본받아 '정기금판결과 변경의 소'라는 제목으로 제252조에 정기금변경의 소를 신설하게 되었다. 그 내용에 있어서 우리는 정기금의 지급을 명한 판결에 초점을 맞추고 있다. 입법례를 보면 독일법은 정기금배상 외에 부양정기금을 주된 대상으로 하여 우리보다 범위가 넓다. 일본은 변론종결 전에 발생한 손해의 기초사정이 현저하게 변한 경우에 소 제기 후의 기한 도래분에 한하여 정기금 판결의 변경에 한정하고 있어(일민소 117조) 우리와 비슷하게 규정하고 있다.

(2) 법적 성질

정기금판결에 대한 변경의 소는 정기금의 지급을 명한 확정판결을 장래에 향하여 변경하여 달라는 소이므로, 기본적으로 소송상 형성의 소로서의 법적 성질을

---

180) 대판(전) 1993. 12. 21, 92다46226.

181) 위 판결의 대법원의 별개의견은 액수산정의 기초가 되는 사정을 변론종결 당시에 당사자가 주장할 수 없는 새로운 사유로 보아 전소의 기판력의 시적 범위가 미치지 아니한다고 이론구성을 하여 후소를 인정하였다. 별개의견이 이론구성면에서 타당하다는 평가를 받았다.

182) 이시윤, 646면.

가지고 있다(⅞). 그러나 변경대상이 되는 판결의 내용에 따라 이행의 소 또는 확인의 소로서의 성질도 가지고 있다.[183] 구체적으로 보면 권리자가 정기금의 인상을 구하면 형성의 소와 이행의 소가 병합된 형태이고, 의무자가 정기금의 인하 또는 취소를 구하는 경우에는 형성의 소이거나, 형성의 소와 확인의 소가 병합된 형태일 수 있다.[184]

(3) 소송물

변경의 소의 소송물이 전소와 동일한지 여부에 관하여 견해가 대립된다. 장래의 이행을 명하는 정기금판결의 기판력은 예측한 사실관계에 기초한 주문에 미치는 것이고 형평의 관념에 기초하여 이에 반하는 주장을 인정하는 것이므로, 변경의 소의 소송물은 전소와 동일하다고 보는 견해(동일설 또는 형평설)[185]와 변경의 소는 변경된 사실에 기초하여 장래에 향하여 변경하여 달라는 것이므로 전소와는 별개의 소송물로 보아야 한다는 견해(별개설 또는 변경설)가[186] 대립된다. 독일의 통설·판례는 소송물이 동일하다고 본다.

생각건대 변경의 소는 전소의 판결 중 액수산정의 기초가 되는 사실이 현저하게 바뀌어 당사자 사이의 형평을 현저히 침해하는 경우에, 변경의 소에서 그 부분을 재차 심리하여 기존의 판결에 변경을 가하는 것을 본질로 하고 있으므로, 사정변경 된 사실을 전소와 별개의 소송물로 구성하는 것은 무리라고 생각한다. 제252조의 규정도 소송물이 동일한 것을 전제로 규정하고 있다고 보아야 한다. 따라서 소송물이 동일한 것으로 보는 다수설이 타당하다.

(4) 요 건

변경의 소의 요건은 관할, 당사자, 대상판결 등에 특별한 소송요건을 갖추어야 하고, 본안요건으로 '현저한 사정변경'이 있어야 한다.

① 소송요건

(a) 전소 제1심 판결법원에 제기할 것   변경의 소는 사정변경에 대한 심리의 편의와 심리부분에 대한 심급의 보장을 위하여 전소의 제1심 판결법원의 전속관

---

183) 김용진, 508면; 정동윤/유병현/김경욱, 825면; 호문혁, 790면.
184) 김용진, 508면(다만 정기금의 인하 또는 취소를 구하는 경우에는 형성의 소로만 보고 있음).
185) 김용진, 508면; 김홍엽, 849면; 이시윤, 647면; 정동윤/유병현/김경욱, 825면.
186) 호문혁, 728면.

할로 정하고 있다($^{252조}_{2항}$). 따라서 전소 확정판결이 항소심판결 또는 상고심판결이라도 제1심에 변경의 소를 제기하여야 한다. 이 점이 취소대상 판결법원을 전속관할로 하고 있는 재심소송과 다르다.

(b) 전소 확정판결의 기판력을 받는 자가 소를 제기할 것   변경의 소는 전소 확정판결의 당사자이거나 그 기판력을 받는 자가 소를 제기하여야 한다. 변경의 소는 기판력을 장래에 향하여 배제하기 위한 것이므로 기판력을 받는 자가 제기할 수 있다. 따라서 전소의 원·피고뿐만 아니라($^{252조}_{1항 후단}$), 기판력을 받는 변론종결 후의 승계인[187] 또는 이익귀속주체 등도 제기할 수 있다($^{218}_{조}$).

(c) 정기금의 지급을 명하는 확정판결이 있을 것   ⅰ) 변경의 소를 제기하기 위하여는 '정기금의 지급을 명하는 판결'이어야 한다. 정기금의 지급을 명하는 판결이면 치료비·일실이익 등의 손해배상판결뿐만 아니라, 부당이득금·임금·이자지급판결 등도 그 대상이 된다. 그 외에 확정판결과 같은 효력이 있는 청구인낙조서·재판상 화해조서($^{220}_{조}$), 조정조서($^{민조}_{29조}$), 조정을 갈음하는 결정($^{민조 34}_{조 1항}$), 확정된 화해권고결정($^{231}_{조}$), 중재판정($^{중재}_{35조}$) 등도 그 대상이 된다.[188]

그런데 정기부양료·양육비에 관하여 그 대상이 될 것인지가 문제되나 이는 가사비송사건[가소 2조 1항 나.호 (2)목 1, 3호]으로서 비송사건절차법에 따라 처리되므로($^{비송}_{19조}$) 기판력이 인정되지 아니하고, 민법 제837조, 제940조에 따른 사정변경으로 인한 변경이 허용되는 점[189]에 비추어 민사소송법상 변경의 소의 대상으로 볼 것은 아니다.[190]

그러나 장래의 손해에 대하여 원고가 정기금지급청구를 하였음에도 정기금형태가 아닌 호프만식 계산법에 의한 중간이자공제에 의한 일시금 배상판결의 경우에는 그 집행이 되지 아니한 상태에서 현저한 사정변경이 있다면 신의칙상 제252조를 확대해석하여 변경판결이 가능하다고 본다.[191] 또한 전소의 변론종결 당시에 전혀 예측할 수 없었던 후유증에 따른 손해배상의 경우에도 전소와 별개의 소송물이기는 하나,[192] 전소의 심리를 이용할 수 있다는 소송경제라는 측면에서 변경

---

187) 대판 2016. 6. 28, 2014다31721.

188) 同旨: 이시윤, 648면; 정동윤/유병현/김경욱, 827면.

189) 대결 1992. 12. 30, 92스17; 대결 2006. 4. 17, 2005스18(민법 제837조 제2항에 따른 양육에 관한 결정은 사정변경이 없이도 가능함).

190) 同旨: 정동윤/유병현/김경욱, 827면.

191) 同旨: 이시윤, 647면. 그러나 정기금판결에 한정한다는 반대견해가 있다(김홍엽, 851면; 정동윤/유병현/김경욱, 826면).

192) 대판 1980. 11. 25, 80다1671; 대판 2007. 4. 13, 2006다78640(식물인간인 피해자의 여명이

의 소를 이용할 여지를 두는 것도 좋다고 본다.[193]

ⅱ) 변경의 소를 제기하려면 정기금판결이 확정되어야 한다. 따라서 가집행선
고가 있을 뿐인 미확정판결에 대하여는 변경의 소가 허용되지 아니한다. 확정 전
에 사정변경이 존재하면 상소를 통하여 변경이 가능하기 때문이다.

(d) 당사자는 현저한 사정변경(事情變更)을 주장할 것   변경의 소를 주장하는
전소의 원고 또는 피고 등은 전소의 변론을 종결한 뒤에 액수산정의 기초가 되는
사실이 현저히 변경되었음을 주장하여야 한다. 변경의 소가 전소의 기판력에 반하
는 것이므로 그 주장을 변경의 소의 적법요건(適法要件)으로 보아야 한다.[194] 그러
나 실제로 사정변경이 존재하였는지 여부는 본안요건에 해당할 뿐이다. 하지만 전
소의 변론종결 이후에 청구권 자체의 소멸·저지 사유는 청구에 관한 이의의 소
의 대상일 뿐이다(민집44조). 또한 변경의 소는 판결확정 뒤에 발생한 현저한 사정변경
을 요건으로 하므로, 단순히 종전 확정판결의 결론이 위법·부당하다는 등의 사
정을 이유로 한 변경의 소는 허용되지 않는다.[195]

(e) 기타 변경의 소를 제기하는 자는 당사자능력, 소송능력 등의 일반적인 소
송요건을 갖추어야 함은 당연하다. 또한 정기금판결의 강제집행이 끝난 뒤의 변경
의 소는 권리보호이익이 없다.

② 본안요건

(a) 현저한 사정변경이 전소의 변론종결 이후에 발생하였을 것   ⅰ) '사정변경
(事情變更)'이라 함은 정기금의 지급을 명한 판결의 액수산정의 기초가 된 사정이
변경된 것을 의미한다. 따라서 후유장애의 호전 또는 악화, 임금의 증가, 물가의
상승에 따른 임대료의 상승, 환화의 큰 폭의 평가변화 등 사실적 기초가 변경된
것을 말한다. 판례의 변경 등은 여기에 해당하지 아니한다.[196] 그러나 법률의 개
정으로 전소의 정기금청구권 자체가 인정되지 아니하는 경우에는 사정변경에 해
당한다.[197]

연장되어 치료비 등이 증가된 경우에는 예견할 수 없는 손해로 봄).
 193) 反對: 김홍엽, 851면; 이시윤, 647면; 한충수, 600면(소송물이 별개이므로 별소만이 가능하다
고 봄).
 194) 同旨: 김용진, 512면; 정동윤/유병현/김경욱 827면. 反對: 이시윤, 648면; 호문혁, 792면(본안
요건으로 봄).
 195) 대판 2016. 3. 10, 2015다243996.
 196) 同旨: 김용진, 512면; 호문혁, 793면.
 197) 이시윤, 648면.

ⅱ) 사정변경이 '현저(顯著)'하여야 한다(사정변경의 현저성). 사정이 현저하게 변하였다는 것은 '당사자 사이의 형평을 크게 침해할 정도에 이른 경우($\frac{252조}{1항}$)'를 말한다. 구체적으로 어느 정도를 의미하는지가 문제되나, 독일에서는 10% 정도의 변화도 여기에 해당한다. 통상 예측할 수 있는 범위라면 현저하다고 할 수 없으나,[198] 그 구체적인 기준은 향후 판례를 통하여 정착되어야 하는데, 판례는 공시지가가 2.2배 상승하고 ㎡당 연임료가 약 2.9배 상승한 정도는 현저한 사정변경으로 보지 아니한다.[199]

ⅲ) 사정변경은 '전소의 변론종결 이후에 발생하였을 것'이어야 한다(사정변경의 시기). 따라서 사정변경이 전소의 변론종결 이전에 발생하였으나 이를 제출하지 아니한 경우에는 변경의 소를 제기할 수 없다. 사정변경을 변론종결 당시에 예상할 수 없어야 하는지 문제되나, 예상이 가능한 경우에도 변경의 소가 허용된다고 보아야 한다.[200] 사정변경을 변론종결 당시에 전혀 예상하지 못한 경우에는 소송물이 별개이므로 별소도 가능하기 때문이다.

(b) 변경의 소제기 이후의 장래의 정기금의 변경을 구할 것   제252조 제1항에 의하면 변경의 소는 장차 지급할 정기금 액수를 바꾸어 달라는 소만 가능하다. 여기서 '장차'라는 것은 소제기 이후를 의미하는 것이 아니고 현저한 사정변경 이후로 해석하는 것이 합리적이다(예: 원고가 50% 노동능력상실에서 100%로 현저한 사정변경이 있어 그 법정대리인이 피고인 보험회사와 액수증액으로 협의하다가 늦어져 6개월 뒤에 소송을 제기한 경우 등).[201]

(c) 현저한 사정변경의 증명책임은 변경의 소를 제기한 원고에게 있다. 그러나 현저한 사정변경에 대한 주장은 전소의 기판력에 저촉되지 아니한다는 주장이므로 위에서 본 바와 같이 변경의 소의 적법요건으로 보아야 한다.[202]

(5) 심 판

① 직권조사

법원은 변경의 소의 소송요건을 직권조사 하여 이를 갖추지 못한 경우에는 부

---

198) 예컨대 통상의 물가상승률에 해당하는 1년에 5-6% 정도이면 문제될 것이 없으나, 3년 이상 상승하여 15% 이상이 된다면 문제될 것이다. 그러나 사정변경의 현저성은 구체적 사정을 고려하여 판례를 통하여 정착할 수 있는 일종의 불확정 개념이라고 할 수 있다.

199) 대판 2009. 12. 24, 2009다64215.

200) 同旨: 김용진, 512면. 反對: 호문혁, 794면.

201) 다만 소제기 시점 이후로 봄이 타당하다는 견해가 있다(이시윤, 649면; 한충수, 601면).

202) 同旨: 김용진, 512면. 反對: 이시윤, 648면; 호문혁, 792면(본안요건으로 봄).

적법 각하하여야 한다. 다만 현저한 사정변경에 관한 주장여부는 직권조사사항이나, 현저한 사정변경이 실제로 존재하는지 여부는 본안요건이다. 그러므로 현저한 사정변경이 존재하면 청구인용판결을 하여야 하고, 그렇지 아니하면 청구기각판결을 하여야 한다.

② 심판절차 및 범위

(a) 소장에는 변경을 구하는 전소 확정판결의 사본을 붙여야 한다($^{규칙 63}_{조 3항}$). 감액을 구하는 변경의 소를 제기하였다고 하여도 당연히 전소의 정기금판결의 집행력이 배제되는 것이 아니므로, 별도의 집행정지신청에 따른 정지결정을 요한다($^{501,}_{500조}$).

(b) 변경의 소에서 수소법원이 심판할 수 있는 범위가 문제된다. 변경의 소는 사정변경에 따라 전소가 형평에 반하는 경우에 기판력을 배제하고 장래에 대하여 그 변경을 인정하기 위한 것이므로, 새롭게 집행권원을 변경할 필요가 있는 한도에서 변경할 수 있을 뿐이다.

따라서 정기금의 금액이나 기간을 변경시키는 데 필요한 새로운 사실만이 판결의 기초가 되는 것이고, 전소에서 확정된 정기금청구권의 근거사실 자체의 존부를 재차 심리·판단할 수 없다. 즉 법원은 원고의 변경주장사실과 피고의 이와 관련된 새로운 방어방법만을 심리할 수 있고, 변경되지 아니한 나머지 사실은 전소판결의 판단에 구속된다.[203] 법원은 전소가 손해배상소송의 경우라면 변경된 사정이 아닌 불법행위의 존재, 인과관계의 존재, 과실상계 등에 대하여 전소와 다른 판단을 할 수 없다.[204]

③ 판 결

(a) 법원은 심리한 결과 전소의 확정판결을 사정변경으로 변경할 필요가 인정되면 변경된 사정에 맞추어 장래에 향하여 정기금의 액수를 증액 또는 감액하거나, 취소하는 판결을 할 수 있다. 항소심에서 변경판결을 하는 방식으로 별도의 변경 주문을 표시하는 것이 타당하다. 변경판결도 가집행선고를 할 수 있다($^{213}_{조}$).

(b) 그러나 변경판결은 현저한 사정변경 이후에 대하여만 할 수 있으므로 종전의 집행권원이 소멸되는 것은 아니다. 즉 변경판결은 현저한 사정변경 이후의 장래에 대하여 효력이 있는 것이므로, 그 이전에 발생한 채권의 집행은 종전의

---

203) 同旨: 김용진, 514면; 이시윤, 648면; 호문혁, 794면(호문혁 교수는 후소를 전소와 별개의 소송물로 보면서도 다시 판단할 수 없는 것이 전소의 기판력 때문이 아니고 사정변경에 따른 정기금의 조정이 제도의 목적이기 때문이라고 설명함).
204) 同旨: 호문혁, 793면.

정기금판결을 집행권원으로 하여야 한다.

(c) 현저한 사정변경 이후의 의무이행에 관하여는 변경의 소의 주문 형태로 하여 전소를 취소하고 별도의 변경 주문 형식으로 함으로써 확정된 변경판결만이 집행권원이 되도록 실무운영을 하는 것이 집행은 명료하여야 한다는 제도의 취지에도 부합할 것이다.[205]

Ⅲ. 객관적 범위

1. 총   설

(1) 기판력의 객관적 범위는 판결서의 판단 중 어느 사항에 관한 판단에 기판력이 미칠 것인가 하는 문제이다. 기판력의 물적 범위(物的 範圍)라고도 한다.

(2) 기판력의 객관적 범위와 관련하여 제216조 제1항에 "확정판결은 주문에 포함된 것에 한하여 기판력을 가진다."고 정하고 있고, 판결 이유와 관련하여서는 동조 제2항에 "상계를 주장한 청구가 성립되는지 아닌지의 판단은 상계하자고 대항한 액수에 한하여 기판력을 가진다."고 하여 상계항변에 대하여만 예외를 인정하고 있다. 즉 민사소송법의 명문 규정에 의하면 기판력의 객관적 범위는 상계항변을 제외하고 판결주문의 판단에 한정한다.

(3) 판결주문은 판결의 결론부분으로서 소송물에 대한 판단을 하는 곳이므로, 결국 기판력의 범위는 소송물에 일치된다. 즉 「소송물＝기판력의 범위」라는 등식이 성립된다. 판결주문에는 소송의 주체 즉 기판력의 주관적 범위도 표시되지만 특히 문제되는 것은 기판력의 객관적 범위이다. 따라서 「판결주문의 판단＝소송물≒기판력의 객관적 범위」라는 등식이 성립하게 된다. 따라서 소송물과 기판력의 범위 특히 객관적 범위는 동전의 앞뒷면과 같은 관계를 가지고 있다고 할 수 있다. 그러나 소송물 개념은 분쟁을 법적으로 분석하는 도구이고, 기판력은 확정판결로 판단된 소송물에 관한 법적 분쟁을 종결시키기 위한 개념적 도구이므로 제도적 필요에 따라 약간 달리 운영될 수 있다. 이러한 필요에 의하여 기판력의 범위와 관련하여 소송물의 범위 외에 「플러스 알파(＋α)」의 개념이 필요한 것이다. 그것이 바로 「선결관계」와 「모순관계」[206]이다. 이것은 기판력이 미치는 범위

---

205) 反對 이시윤, 649면. 그러나 집행의 번잡함을 줄이고 신속하게 하기 위하여는 변경판결만이 집행권원이 된다고 보는 것이 타당할 것으로 본다.

를 넓히기 위한 개념으로서 등장한 것으로 평가할 수 있다. 그러나 이것을 기판력의 개념으로 처리할 것인지는 논의의 여지는 있지만, 통설·판례가 이를 기판력 작용의 일환으로 보고 있다. 이것을 기판력의 개념으로 포섭할 수 없다면 민사소송법의 근본규범인 신의칙으로 해결하여야 하나, 신의칙의 최소·최후성이라는 성질에 비추어 보면 통설·판례와 같이 기판력의 개념으로 해결하는 것이 타당하다고 본다.

(4) 또한 기판력의 객관적 범위와 관련하여 분쟁의 일회적 해결이라는 요청 때문에 판결주문이 아닌 판단사항이라도 법원에서 이미 진지하게 심리하여 판단한 경우에 재차의 심리·판단을 막을 현실적 필요가 있다. 이러한 부분에 대한 논의가 기판력의 판결이유의 판단에 대한 확장 논의이다. 이것은 기판력의 객관적 범위를 판결주문으로 한정한 근본이유가 선행의 부당판결이 후행의 판결을 부당하게 구속하는 것을 최소화하기 위한 것인데 이것과 어떻게 조화할 것인가의 문제이기도 하다. 특히 제216조의 명문규정에 반하여 상계항변 이외의 판결이유의 판단에 기판력을 미치게 할 수 있을 것인가가 문제이다. 정말로 그럴 필요가 있는 경우에 기판력의 개념으로 해결할 수 있을 것인지, 아니면 신의칙으로 해결할 것인지가 문제이다.

2. 판결주문의 판단

(1) 기본원칙과 범위

① 기판력의 객관적 범위는 원칙적으로 판결주문의 판단에 한정된다($\frac{216조}{1항}$). 그런데 판결주문의 판단이란 결국 소송물에 대한 판단을 의미하는 것이다. 따라서 기판력의 객관적 범위는 기본적으로 소송물의 범위와 일치하게 된다.

② 그러나 기판력제도의 취지에 비추어 소송물의 범위보다 넓게 선결관계와 모순된 반대관계에 기판력이 미치게 할 필요성이 존재한다. 이러한 의미에서 기판력의 객관적 범위는 기본적으로 소송물에 기초하고 있지만 소송물보다 다소 넓은 범위에 미친다고 할 수 있다. 이것으로부터 소송물 개념과 기판력의 효력 범위가 불일치하는 것이다. 이것이 가장 현저하게 나타나는 분야가 기판력의 객관적 범위와 관련된 부분이다. 따라서 판결주문의 판단범위를 알기 위하여 필연적으로 소송물 개념에 기초할 필요가 있고, 소송물이론에 따라 기판력의 객관적 범위가 차이

---

206) 모순관계는 「모순된 반대관계」라고도 한다.

가 날 수 있다.

③ 특히 기판력의 효력을 판결주문에 한정하는 가장 큰 이유는 부당판결의 구속력이 후소에 미치는 범위를 가능한 한 줄이기 위한 것에 있다. 그러나 이것의 정당성 근거는 i) 당사자의 소송의 주된 관심사와 목적이 판결주문에 압축되어 있기 때문이고, ii) 당사자도 소송물을 중심으로 공격·방어방법을 다하는 것이 예상되므로 소송물에 한정하여 효력을 미치게 하는 것이 당사자에 대한 절차권을 보장하고 예상외 판결을 방지할 수 있으며, iii) 법원의 입장에서도 소송물의 판단에 필요한 부분을 집중 심리하여 결론을 낼 수 있으므로 심리의 간이·신속을 도모할 수 있는 장점이 있기 때문이다.

④ 한편 기판력의 효력을 판결주문에 한정하는 것은 분쟁의 일회적 심리·해결이라는 점에서 보면 기판력이 미치지 아니하는 판결이유에의 쟁점을 다른 분쟁에서 다시 심리·판단하게 되어 소송경제에 반할 수 있어 이 부분의 조화·절충이 요구되는 것이다.

(2) 범위의 일반론

① 기판력의 객관적 범위가 판결주문의 판단에 한정된다는 의미는 i) 소송판결의 경우에는 소송요건의 흠에 관한 판단에 한정하며, ii) 본안판결의 경우에는 소송물인 권리관계의 존재·부존재에 대한 판단에 한정한다는 것[207]을 말한다.

② 그런데 판결주문은 무색·무취하고, 간단·명료하게 표현되어 있으므로 판결주문만으로는 기판력의 범위를 정확히 파악하기 어려울 경우가 많다. 따라서 판결주문의 판단이 어떠한 소송물에 대한 판단인지 추론하기 위하여는 판결이유와 청구취지, 당사자 표시 등을 참작하여야 한다. 신소송물이론 중 일지설은 기판력의 객관적 범위를 정하는데 판결이유와 청구취지, 당사자 표시 등을 참작하여야 한다는 것은 이론적 일관성이 없다고 본다.[208]

③ i) 소송판결의 경우에 어떠한 소송요건의 흠에 관한 판단인지는 판결이유를 참작하여야 하고, 흠이 있다고 판단한 소송요건의 부존재에 대하여만 기판력이 미치고, ii) 본안판결의 경우에 어떠한 소송물에 관한 판단인지는 판결이유와 청구취지를 참작하여 해당 소송물의 존재·부존재에 한하여 기판력이 미치는 것이다.

---

207) 대판 1996. 11. 15, 96다31406; 대판 1999. 7. 27, 99다9806; 대판 1999. 10. 12, 98다32441; 대판 2000. 2. 25, 99다55472.
208) 反對: 이시윤, 649면.

따라서 이행판결의 주문에서 변론종결 이후 기간까지의 급부의무의 이행을 명한 경우(예: 장래이행판결)에는 그 확정판결의 기판력은 주문에 포함된 기간까지의 청구권의 존부에 미친다.[209]

(3) 소송물이론과 구체적 범위

특히 본안판결의 기판력의 범위는 소송물을 정하는 소송물이론에 의하여 그 범위가 정하여진다. 소송물이론에 관하여 이미 소송상의 청구에서 자세히 다룬 바와 같이 크게 나누어 구소송물이론(구실체법설)과 신소송물이론의 일지설(一肢說)과 이지설(二肢說), 신실체법설로 나뉜다. 판례는 구소송물이론에 기초하고 있다. 전·후소 사이에 다음과 같은 경우로 나누어 소송물이론에 따라 그 범위를 살펴보겠다.

① 청구취지가 다른 경우

이 경우에는 소송물이론과 관계없이 모두 소송물이 다른 것으로 본다. 따라서 후소에 전소의 기판력이 미치지 아니한다. 예컨대 전소가 점유자를 상대로 한 물건의 인도청구이고 후소는 물건에 대한 불법점유를 원인으로 한 손해배상청구인 경우,[210] 전소가 적법한 양도담보권자라는 전제에서 제기된 건물 및 토지 인도소송이고, 후소가 전소의 피고가 원고가 되어 전소의 원고인 피고가 적법한 양도담보권자가 될 수 없음을 전제로 한 같은 건물에 대한 소유권이전등기말소소송인 경우,[211] 전소가 2,434평의 토지 중 1,500평을 특정하여 매수하였음을 원인으로 한 소유권이전등기청구이고, 후소가 같은 토지 2,434분의 1,500 지분을 매수하였음을 원인으로 하는 지분에 대한 소유권이전등기청구의 경우[212] 등이 여기에 해당한다.

② 청구원인의 사실관계가 같으나 실체법상의 권리가 다른 경우(청구취지 동일)

동일한 사실관계에 청구권경합 또는 형성권이 경합하는 때를 말한다. 예컨대 열차사고로 부상을 당한 승객이 불법행위 또는 계약에 따른 손해배상을 청구하는 경우 등이 여기에 해당한다. 소송물논쟁의 주된 대상이 이 경우를 상정한 것인데, 구소송물이론 외에는 전·후소의 소송물이 동일한 것으로 본다. 신소송물이론 및

---

209) 대판 2019. 8. 29, 2019다215272.
210) 대판 2019. 10. 17, 2014다46778.
211) 대판(전) 1979. 2. 13, 78다58.
212) 대판(전) 1995. 4. 25, 94다17956.

신실체법설에서는 이 경우에 경합하는 실체법상의 권리관계를 법률상의 공격·방어방법의 하나로 본다. 구소송물이론에서는 전·후소가 소송물이 다르므로 후소가 전소의 기판력에 저촉되지 아니하며, 신소송물이론 및 신실체법설에서는 전·후소의 소송물이 동일하므로 후소가 전소의 기판력에 저촉된다.

③ 청구원인의 사실관계가 다른 경우(청구취지 동일)

청구취지는 같으나 청구원인의 사실관계가 다른 경우이다. 예컨대 원고가 전소로 피고에게 대여금을 원인으로 하여 금 2,000만원을 청구하였으나 패소확정 후에, 후소로 대여금의 담보조로 지급한 약속어음에 기초하여 약속어음금을 청구원인으로 금 2,000만원을 청구하는 때를 생각할 수 있다. 구소송물이론·이지설·신실체법설 중 일부는 소송물이 전혀 다른 것으로 보고, 신소송물이론 중 일지설은 소송물이 같은 것으로 본다. 따라서 전자에 의하면 기판력의 효력이 후소에 미치지 아니하지만, 후자의 경우에는 미치게 된다. 그러나 일지설을 취하면서 소송물은 같지만 기판력의 실권효의 범위를 넘기 때문에 기판력의 효력이 미치지 아니한다고 보기도 한다.[213]

④ 결 론

결과적으로 구소송물이론에 의하면 소송물 개념을 좁게 나누어 파악하려고 하고, 신소송물이론과 신실체법설에서는 가능한 넓게 개념을 구성하고 있다. 그중 일지설의 입장이 가장 넓은 소송물 개념을 가지고 있다고 할 것이다. 그런데 구소송물이론과 신소송물이론 중 이지설, 이지설과 범위가 같은 신실체법설은 청구원인이 다른 경우(청구원인의 사실관계가 다른 경우)에는 소송물이 다른 것으로 보고 있는바, 청구원인의 이·동(異·同)은 소송물의 이·동과 직결된다. 반면 청구원인의 사실관계가 같은 경우에 구소송물이론과 달리 신소송물이론 중 이지설, 이지설과 범위가 같은 신실체법설은 실체법상의 권리의 이·동은 공격·방어방법의 이·동일 뿐이므로 소송물이론에 따라 청구원인 및 공격·방어방법의 범위가 달라지는 것을 유의할 필요가 있다.

(4) 판례의 경향

① 구소송물이론(구실체법설)을 취하고 있는 판례의 구체적 범위를 살펴보면 아래와 같다.

---

213) 이시윤, 651면.

〈판 례〉

판례는 i) 전소의 매매를 원인으로 한 소유권이전등기청구 사건의 기판력은 취득시효 완성을 원인으로 한 후소에 미치지 아니한다.[214] 소송물은 매매에 따른 소유권이전등기청구권이므로 기판력은 거기에만 미치고, 그 전제가 되는 소유권 자체에는 미치지 아니한다.[215] ii) 각각의 재심사유마다 별도의 청구원인이 되므로 한 가지 사유로 재심의 소를 제기하였으나 패소확정 된 경우에 후소로 다른 재심사유를 주장하더라도 전소의 기판력이 후소에 미치지 아니한다.[216] iii) 이혼소송에서는 각 이혼사유마다 별개의 소송물로 본다.[217] 그런데 iv) 등기말소청구사건의 경우에는 소송물을 그 등기의 말소등기청구권 자체로 보고 있어 그 동일성 식별의 기준이 되는 청구원인은 '등기원인의 무효'이고, 무효의 사유는 등기원인의 무효인 청구원인을 뒷받침하는 공격·방어방법으로 보고 있다. 따라서 등기말소청구사건에서 전소와 다른 무효사유를 주장하는 것은 전소의 기판력에 저촉된다.[218] v) 부당이득반환청구 또는 목적물반환청구에서 법률상의 원인 없는 사유로서 계약의 무효·취소, 불성립, 해제 등을 주장하는 것은 공격방법에 지나지 아니하므로 그중 어느 사유를 주장하여 패소한 경우에는 다른 사유에 의한 후소는 전소의 기판력에 반하게 된다.[219]

② 진정명의 회복을 위한 소유권이전등기청구소송 또는 말소등기청구소송

(a) 종전의 판례는 부동산에 관한 소유권이전등기말소 청구소송에서 패소 확정된 원고가 다시 같은 부동산에 관하여 진정등기명의 회복을 위한 소유권이전등기청구의 소를 다시 제기한 경우에 전·후소는 소송물이 다르다는 전제하에 전소판결의 기판력이 후소에 미치지 아니하고,[220] 나아가 전소의 피고가 소유권이전등기말소청구소송에서 패소 확정되어 등기를 말소당한 후에 원고로서 소유권확인소송을 제기하여 승소판결을 받고, 그 확정판결에 기하여 진정한 소유자명의의 회복을 위한 소유권이전등기 청구의 소도 가능하다고 하였다.[221]

---

214) 대판 1968. 3. 19, 68다123; 대판 1991. 1. 15, 88다카19002, 19019(전소는 대물변제이고 후소는 취득시효완성을 원인으로 함); 대판 1991. 12. 13, 91다8159; 대판 1996. 8. 23, 94다49922; 대판 1997. 4. 11, 96다36227; 대판 1999. 10. 12, 98다32441.

215) 대판 1965. 3. 2, 64다1499; 대판 1972. 10. 10, 72다1430; 대판 1987. 3. 24, 86다카1958.

216) 대판 1970. 1. 27, 69다1888; 대판 1992. 10. 9, 92므266.

217) 대판 1963. 1. 31, 62다812; 대판 2000. 9. 5, 99므1886.

218) 대판 1981. 12. 22, 80다1548; 대판 1999. 9. 17, 97다54024; 대판 2009. 1. 15, 2007다51703. 다만 판례는 이중보존등기 사안에서 진정한 상속인임을 전제로 하여 후행보존등기에 대한 말소등기청구(상속회복청구의 소)와 이중보존등기라는 무효사유를 주장하면서 하는 후행보존등기 말소등기청구는 청구원인을 달리하는 별개소송물이라고 보고 있다(대판 2011. 7. 14, 2010다107064).

219) 대판 2000. 5. 12, 2000다5978. 同旨: 강현중, 702면.

220) 대판(전) 1990. 11. 27, 89다카12398.

그런데 그 후에 대법원은 전원합의체 판결(2001. 9. 20, 99다37894)에서 전소인 소유권이전등기말소청구소송의 확정판결의 기판력이 후소인 진정명의회복을 원인 으로 한 소유권이전등기청구소송에 미치며, 그 이유로 다수의견은 "말소등기에 갈 음하여 허용되는 진정명의회복을 원인으로 한 소유권이전등기청구권과 무효등기 의 말소청구권은 어느 것이나 진정한 소유자의 등기명의를 회복하기 위한 것으로 서 실질적으로 그 목적이 동일하고, 두 청구권 모두 소유권에 기한 방해배제청구 권으로서 그 법적 근거와 성질이 동일하므로, 비록 전자는 이전등기, 후자는 말소 등기의 형식을 취하고 있다고 하더라도 그 소송물은 실질상 동일한 것으로 보아 야 한다."고 하였다.[222]

(b) 생각건대, 대법원의 이러한 입장은 실질적으로 같은 소송의 반복을 막아야 한다는 점에서는 동의할 수 있다. 하지만 전·후소가 소송물이 동일하여 기판력 이 미친다는 논거는 잘못된 것으로 보인다. 왜냐하면 소송물 개념과 기판력 개념 은 동전의 양면처럼 그 범위가 동일한 것이 원칙이지만 특별한 경우에는 그 범위 가 다를 수도 있다는 점을 간과하고 있기 때문이다. 소송물 개념은 사실상의 분 쟁을 법적으로 분석하여 심리를 할 수 있도록 하는 데 초점을 맞추고 있는 것인 데 반하여, 기판력은 판결이 확정된 경우에 분쟁을 법적으로 종식시키는 것에 주 안점을 두고 있는 것이다. 따라서 해당 제도의 필요에 따라 약간 달리 운영될 수 있다. 기판력제도에 있어서 분쟁의 일회적 해결을 도모하기 위하여 소송물 개념 외에 '선결관계·모순관계'라는 특수한 개념을 도입할 필요성이 있는 것이다. 앞 에서 살펴본 바와 같이 이러한 개념을 기판력의 작용의 일환으로서 기판력 개념 에 포함시켜 운영할 필요성이 있다고 생각한다. 따라서 '선결관계·모순관계'는 소송물 개념과 분리된 개념으로 파악하여도 된다. 다만 '선결관계·모순관계'를 기판력의 개념으로 포섭할 수 없다면 대법원의 별개의견과 같이 신의칙으로 후소 를 배척하는 것이 타당하나, '선결관계·모순관계'는 기판력 개념으로 해결하는 것이 신의칙의 최소·최후성에 비추어 보면 합리적이라 본다. 이러한 관점에서 보면 위 대법원 판결은 결론은 타당하지만 이론 구성이 잘못된 것이다. 위 판결 의 사안은 소송물은 다르지만 전형적인 '모순관계'에 있으므로 전소판결의 효력이

---

221) 대판 1990. 12. 21, 88다카26482.
222) 별개의견에서는 후소는 전소와 소송물은 다르지만 실질적으로 전소와 동일하므로 신의칙에 의하여 후소를 허용할 수 없다고 하였다. 반대의견은 전·후소는 소송물이 다르므로 허용하여야 한 다고 하였다.

후소에 미친다고 보아야 하기 때문이다.[223)

(c) 판례는 진정한 소유명의의 회복을 위한 방법으로 진정명의회복을 위한 소유권이전등기청구소송이나 이전등기말소청구소송 모두를 인정하지만, 양자 중 한 가지 방법만을 이용할 수 있다는 점을 명백히 하고 있다.

(5) 일부청구

① 가분청구의 일부청구에 대하여 판결한 경우에 나머지 청구를 후소로 제기한 경우에 전소의 일부청구에 관한 판결의 기판력이 후소에 미칠 것인가 하는 문제이다. 전소에서 전부청구 중의 일부청구에 대한 주문의 판단이 있는 경우이다. 여기에 관하여 i) 일부청구의 경우에 그 일부만이 전소의 소송물이므로 후소가 소권의 남용에 해당하는 경우가 아니면 그 일부에 대하여만 기판력이 생기므로 후소가 가능하다는 긍정설(또는 잔부청구긍정설), ii) 전소가 일부청구를 한 경우에도 소송물은 전부청구이므로 당연히 기판력은 후소에 미친다는 부정설(또는 잔부청구부정설), iii) 전소가 명시적 일부청구일 경우에는 전소의 기판력은 일부청구에만 미치므로, 나머지 청구인 후소에는 전소의 기판력이 미치지 않고, 전소에서 이를 명시하지 아니하였으면 전부청구가 소송물이므로 전소의 기판력이 후소에 미친다는 절충설(또는 명시설)이 있다. 판례는 절충설을 취하고 있다.[224) 긍정설은 당사자의 처분권주의 내지 분할청구의 자유를, 부정설은 분쟁의 일회적 해결을 각각 강조하고 있다. 절충설은 양설의 입장을 절충·조정한 견해로서 타당하다고 본다. 다만 전소에서 예측할 수 없었던 후유증에 따른 손해배상의 후소청구는 전소와 별개의 소송물이라고 보아야 할 것이므로 허용된다.[225)

② 판례는 일부청구의 명시방법과 관련하여 반드시 전체액수를 특정하여 그 중 일부만을 청구하고 나머지를 유보하는 취지임을 밝혀야 할 필요는 없고, 일부청구 하는 범위를 잔부청구와 구별하여 심리범위를 특정할 수 있는 정도의 표시를 하여 전체 채권의 일부로서 우선 청구하고 있는 것임을 밝히는 것으로 충분하고, 명시하였는지 판단할 때에는 소장, 준비서면 등의 기재뿐만 아니라, 소송의 경과 등도 함께 살펴보아야 한다고 하였다.[226)

---

223) 同旨: 정동윤/유병현/김경욱, 830면.
224) 대판 1982. 11. 23, 82다카845; 대판 1993. 6. 25, 92다33008; 대판 2008. 12. 24, 2008다6083; 대판 2016. 7. 27, 2013다96165.
225) 대판 1980. 11. 25, 80다1671; 대판 2007. 4. 13, 2006다78640.
226) 대판 2016. 7. 27, 2013다96165.

3. 판결이유 중의 판단

(1) 기본원칙

① 민사소송법 제216조 제1, 2항에 의하여 기판력은 판결주문의 판단에 한하여 미치고, 판결이유의 판단은 상계항변 외에는 기판력이 발생하지 아니한다. 판결이유의 판단에는 확정된 사실, 선결적 법률관계, 항변 그리고 법률판단이 있다. 이러한 판결이유의 판단에 관하여 항변 중 상계항변을 제외하고는 기판력이 발생하지 아니한다.

② 판결이유까지 기판력을 인정하지 아니하는 이유는 i) 당사자의 주된 관심이 판결주문의 판단인 소송물의 존부에 있다는 점, ii) 부당판결을 후소에 강요하는 범위가 너무 넓게 될 수 있다는 점, iii) 법원과 당사자의 심리의 편의와 신속한 결론이 가능하다는 점 등에서 찾을 수 있다.

(2) 판결이유 중의 판단사항

① 사 실

판결을 하기 위하여는 우선 분쟁대상 사건에 대한 사실의 확정이 선행되어야 한다. 따라서 판결이유에서 사실의 확정은 필수적이다. 그러나 판결이유에서 판단한 사실에 대하여는 기판력이 미치지 아니한다.[227] 이전등기절차의 말소판결을 하면서 판결이유에서 판단한 피고가 무권대리인으로부터 매수하였다는 사실,[228] 손해배상판결의 이유에서 판단한 고의·과실, 인과관계 등에 대한 판단, 기타 손해배상판결에서 사기 또는 강박이 있었던 사실 등은 기판력이 발생하지 아니한다.

② 선결적 법률관계

(a) 판결이유 중 소송물의 존부를 판단하는 데 전제가 되는 선결적 법률관계에 대한 판단에도 기판력이 미치지 아니한다.[229] 예컨대 i) 이자청구에 대한 판결이유에서 원금채권의 존부에 관한 판단이 있어도, 기판력은 소송물인 이자채권의 존부에만 미치고 판결이유에서 판단한 원본채권의 존재에는 미치지 아니한다. 따라서 후소에서 원금청구를 하는 경우에 전소의 판단에 구속되지 아니한다. ii) 소유권에

---

227) 대결 1990. 8. 9, 89마525(특정채권의 양도에 관한 판단).
228) 대판 1970. 9. 29, 70다1759.
229) 대판 2006. 7. 13, 2004다36130; 대판 2015. 1. 29, 2013다100750.

기한 이전등기 또는 말소등기의 청구에 관한 확정판결의 기판력은 해당 소송물에 대한 이전등기청구권 또는 말소등기청구권의 존부에만 미치고, 판결이유에서 그것의 전제로 판단한 소유권의 존부에 관하여 미치지 아니한다.[230] 따라서 소유권에 기한 이전등기말소 청구에서 패소확정 된 경우에 후소로 그 소유권확인청구 또는 토지인도청구 등의 방해배제청구를 제기하는 것이 가능하다.[231] 한때 판례는 소유권에 기한 이전등기말소 청구에서 패소한 후에 소유권에 기판력이 미치지 아니한다는 이유로 진정한 등기명의의 회복을 위한 소유권이전등기청구의 후소가 가능하다고 하였지만,[232] 현재는 판례를 변경하여 상호 기판력이 미친다고 하였다.[233] 이러한 판례의 태도는 이를 판결이유의 선결적 법률관계에 관한 문제가 아닌 기판력의 작용으로서 모순된 반대관계를 인정하였기 때문으로 평가할 수 있다.

(b) 위와 같이 선결적 법률관계는 기판력이 미치지 아니할 뿐만 아니라, 소송물이 아니므로 소송계속의 효과도 발생하지 아니한다. 선결적 법률관계에 관하여 기판력을 받기 위하여는 중간확인의 소($^{264}_{참조}$)를 제기하여 판결을 받아야 한다. 중간확인의 소 제도는 독일 보통법 시대 이래의 판결이유에 기판력을 인정하던 것을 독일민사소송법 기초자들이 판결주문으로 제한하면서 판결이유에 기판력을 확대하기 위한 방편으로 인정된 것이다.[234] 독일 및 일본에서 판결이유 중 선결적 법률관계에 관하여 중간확인의 판결과 관계없이 효력을 인정하고자 하는 쟁점효이론, 의미관련론 등이 주장되고 있다.

(c) 선결적 법률관계는 아닐지라도 토지소유자와 지상권자 사이의 전소인 지료급부이행소송의 판결이유에서 정해진 지료에 관한 결정(민법 제286조에 기한 지료증감청구권)은 그 후 민법 제286조에 의한 지료증감의 효과가 발생하는 등의 특별한 사정이 없는 한 후소에서 그 소송의 당사자인 토지소유자와 지상권자 사이에서는 지료결정으로서의 효력을 가진다.[235]

---

230) 대판 1972. 10. 10, 72다1430; 대판 1981. 10. 13, 80다1335; 대판 1982. 3. 9, 81다464(인낙조서의 기판력은 그 등기청구권의 존부에만 미치고, 등기청구권의 원인이 되는 채권계약의 존부나 그 목적부동산의 소유권의 귀속에 관하여는 미치지 아니함); 대판 1990. 1. 12, 88다카24622; 대판 2002. 9. 24, 2002다11847.

231) 대판 2002. 9. 24, 2002다11847; 대판 2005. 12. 23, 2004다55698; 대판 2017. 12. 22, 2015다205086.

232) 대판(전) 1990. 11. 27, 89다카12398; 대판 1990. 12. 21, 88다카26482.

233) 대판(전) 2001. 9. 20, 99다37894.

234) 김용진, 483면; 이시윤(2009), 576면.

235) 대판 2003. 12. 26, 2002다61934(관습에 의한 지상권의 경우); 대판 2020. 1. 9, 2019다266324(법정지상권의 경우). 이는 이행판결을 하면서 이유의 판단과정에서 형성적 재판을 한 경우

③ 항 변

(a) 판결이유에서 판단된 피고의 항변은 설사 그것이 판결의 기초가 되었다고 하여도 기판력이 생기지 아니한다. 선결적 법률관계와 같이 소송계속의 효과도 발생하지 아니한다. 따라서 소유권에 기한 건물철거·토지인도청구에서 지상권·임차권의 존재로 기각된 경우에 지상권·임차권의 존재에 관한 판단에 기판력이 생기지 아니하고, 건물인도청구에서 피고의 유치권·임차보증금에 대한 동시이행항변이 받아들여져 상환이행판결이 선고된 경우에 유치권의 피담보채권 및 동시이행항변의 반대채권의 존재 및 액수에 기판력이 발생하지 아니한다.[236] 그러나 동시이행항변을 받아들인 상환이행판결의 경우에는 동시이행의 조건이 붙어 있다는 점에 관하여는 기판력이 미친다.[237]

(b) 예외: 상계항변(相計抗辯)   ⅰ) 판결이유에 판단된 피고의 항변은 기판력이 발생하지 아니하는 것이 원칙이지만, 상계항변은 예외이다. 제216조 제2항에 "상계를 주장한 청구가 성립되는지 아닌지의 판단은 상계하자고 대항한 액수에 한하여 기판력을 가진다."고 규정하고 있기 때문이다. 이를 인정하는 이유는 상계항변의 자동채권(또는 반대채권)의 존부 및 액수에 대하여 기판력을 부정할 경우에 자동채권의 존부 및 액수에 관하여 재차 분쟁이 발생할 수 있고(예: 상계항변이 배척되었음에도 피고가 후소로 자동채권의 이행을 구하는 경우), 또한 실질적으로 전소의 결과를 뒤집는 결과[238]가 발생할 수 있기 때문이다[예: 상계항변이 받아들여졌음에도 불구하고, 원고가 자동채권의 부존재를 이유로 자신의 수동채권(소구채권)의 소멸이 부당이득이 된다고 후소를 제기하는 경우].

ⅱ) 상계항변은 인용된 경우뿐만 아니라, 배척된 경우에도 기판력이 발생한다. 자동채권(반대채권)의 부존재를 이유로 상계항변이 배척된 경우에는 자동채권의 부존재에 관하여 기판력이 발생한다[기판력의 발생범위는 아래 ⅲ) 참조]. 상계항변이 인용되어 원고의 청구가 자동채권의 범위 안에서 기각된 경우에 어느 사항에 관하여 기판력이 발생할 것인지가 문제이다. 원고의 수동채권(소구채권)과 피고의 자동채권(반대채권)이 모두 존재하고 그것이 상계에 의하여 소멸되었다는 판단에 기

(민법 제286조에 따른 지료결정)에는 지료에 관한 결정은 이유에서 판단되지만 소송당사자 사이에 지료결정으로서의 효력을 주어 분쟁을 신속히 해결하겠다는 의지로 보인다.

236) 대판 1975. 5. 27, 74다2074; 대판 1996. 7. 12, 96다19017.
237) 대판 1975. 5. 27, 74다2074; 대판 1996. 7. 12, 96다19017.
238) 대판 2018. 8. 30, 2016다46338, 46345(상계주장에 대한 판단을 전제로 이루어진 원고청구권의 존부에 대한 전소의 판결이 결과적으로 무의미하게 될 우려가 있음).

판력이 생긴다는 견해($^{제1}_{설}$), 현재 자동채권이 존재하지 아니한다는 판단에 기판력이
발생한다는 견해($^{제2}_{설}$)이 있다. 제2설은 분쟁의 재발을 막기 위한 것이라 하나 제1
설의 경우에도 그러한 후소청구가 허용되지 아니하므로 그러한 점에서 논의의 실
익은 없다. 제216조 제2항에서 '상계를 주장한 청구가 성립되는지 아닌지의 판단'
이라고 규정함에 비추어 보면 제1설이 법문에 충실한 해석으로 사료된다.

iii) 자동채권(반대채권)의 부존재에 대한 기판력의 발생범위를 최근 판례에 기
초하여 보면 다음과 같다.[239] 먼저 수동채권(소구채권) 전부 또는 일부의 존재를
인정하는 판단을 한 다음 상계항변에 대한 판단으로 나아가 자동채권의 존재를
인정하지 않고 상계항변을 배척하는 판단을 한 경우에 자동채권이 부존재 한다는
판단에 기판력이 생기는 범위는 특별한 사정이 없는 한 자동채권의 존재를 인정
하였더라면 상계에 관한 실질적 판단으로 나아가 수동채권의 상계적상일까지의
원리금과 대등액에서 소멸하는 것으로 판단할 수 있었던 자동채권의 원리금 액수
의 범위에서 발생한다.[240] 다음으로 피고가 상계항변으로 2개 이상의 자동채권(반
대채권)을 주장하였는데 어느 하나의 자동채권의 존재를 인정하여 수동채권(소구채
권)의 일부와 대등액에서 상계하는 판단을 하고, 나머지 반대채권들은 모두 부존
재한다고 판단하여 그 부분 상계항변을 배척한 경우에, 자동채권들이 부존재 한다
는 판단에 대하여 기판력이 발생하는 전체범위는 상계를 마친 후의 수동채권의
잔액을 초과할 수 없으며, 이때 상계를 마친 후의 수동채권의 잔액은 특별한 사
정[241]이 없는 한 수동채권 원금의 잔액만을 의미한다.[242]

iv) 상계항변에 대하여 기판력이 발생하기 위하여는 자동채권의 존부(存否)에
관하여 실질적인 판단을 한 경우에 한한다.[243] 따라서 ⓐ 실기한 방어방법으로 상
계항변이 각하된 경우($^{149}_{조}$), ⓑ 성질상 상계가 허용되지 아니하는 경우($^{민\ 496조,\ 492}_{조\ 1항\ 단서}$), ⓒ
부적상($^{不適狀,\ 민\ 492}_{조\ 1항\ 본문}$)을 이유로 배척된 경우에는 기판력이 발생하지 아니한다. 또한 ⓓ
수동채권(소구채권)이 상계항변 외의 사유(예: 수동채권의 존재가 증명되지 아니하였

---

239) 대판 2018. 8. 30, 2016다46338, 46345.
240) 이러한 법리는 자동채권(반대채권)의 액수가 수동채권(소구채권)의 액수보다 더 큰 경우에도
동일하게 적용된다.
241) 부존재한다고 판단된 자동채권(반대채권)에 관하여 법원이 그 존재를 인정하여 수동채권(소
구채권) 중 일부와 상계하는 것으로 판단하였을 경우를 가정하더라도, 위와 같은 가정적인 상계적상
시점이 실제 법원이 상계항변을 받아들인 자동채권에 관한 상계적상 시점보다 더 뒤라는 사정 등.
242) 이러한 법리는 피고가 주장하는 2개 이상의 자동채권의 원리금 액수의 합계가 법원이 인정
하는 수동채권의 원리금 액수를 초과하는 경우에도 동일하게 적용된다.
243) 대판 2018. 8. 30, 2016다46338, 46345.

거나, 상계항변보다 먼저 변제항변이 받아들여진 경우 등)로 배척되어 자동채권의 존부에 대한 판단 자체를 하지 아니한 경우도 기판력이 생기지 아니한다.

ⅴ) 상계항변의 수동채권과 관련하여 보면 그것이 소구채권이거나 그와 실질적으로 동일한 경우(예: 원고가 상계를 주장하여 청구이의의 소를 제기한 경우 등)에 한하여 기판력이 발생한다. 따라서 피고의 동시이행항변을 방어하기 위하여 상계항변(재항변)을 한 경우는 수동채권이 소구채권이 아니므로 그 판단에 기판력이 발생하지 아니한다.[244]

ⅵ) 그리고 상계항변에 대한 판단은 '상계하자고 대항한 액수'에 한하여 기판력을 가진다. 즉 원고가 200만원을 수동채권으로 하여 소구(訴求)하였는데, 피고가 300만원의 자동채권으로 상계항변 하여 원고의 청구가 배척되었다면, 자동채권에 관한 판단의 기판력은 200만원에 한정하고, 나머지 100만원에 대하여는 기판력이 미치지 아니하므로 별소로 소구할 수 있다. 다만 여기에서 말하는 상계는 민법 제492조 이하에 규정된 단독행위로서의 상계를 의미하는 것이지 원고와 피고 사이에 채권을 상계하여 정산하기로 하는 내용의 합의는 포함되지 아니한다.[245]

ⅶ) 상계항변은 출혈적 방어방법이므로[246] 수동채권(소구채권)의 존재가 확정된 후에 판단하여야 하고,[247] 가정적 판단으로서 수동채권의 존재를 가정하고 상계항변을 판단할 수 없다(통설·판례).[248] 또한 상계항변은 자신의 채권의 소멸을 전제하고 있으므로 다른 방어방법을 판단하고 최후로 판단하여야 한다(예: 피고가 변제항변과 상계항변을 동시에 주장한 경우에 변제항변을 먼저 판단하고 그것이 이유 없을 때에 상계항변을 판단할 수 있음). 따라서 피고가 상계항변이 인정되어 승소하였다고 하여도 다른 항변의 인정을 받기 위하여 상소할 수 있다(예: 위 예에서 변제항변을 인정받기 위한 상소).[249]

---

244) 대판 2005. 7. 22, 2004다17207(원고가 피고를 상대로 건물 등의 명도청구를 하자 피고가 원상회복의 대금반환채권이 있다는 이유로 동시이행의 항변을 하자 원고가 재차 자신의 자동채권에 기하여 피고의 원상회복의 대금반환채권을 수동채권으로 하여 상계항변을 한 사안으로, 이 경우의 원고의 상계주장으로 한 재항변은 수동채권이 소구채권이 아니므로 기판력이 미치지 아니함); 대판 2018. 8. 30, 2016다46338, 46345.

245) 대판 2014. 4. 10, 2013다54390.

246) 출혈적(出血的) 방어방법이라 하는 것은 수동채권(소구채권)과 별개의 자신의 채권(자동채권)도 소멸한다는 점에서 붙여진 이름이다.

247) 대판 2018. 8. 30, 2016다46338, 46345.

248) 同旨: 정동윤/유병현/김경욱, 837면(수동채권이 존재하지 아니하였다면 자동채권만이 소멸되고 거기에 기판력이 미치게 되는 불합리가 있기 때문이다. 상계항변은 증거조사 후에 수동채권의 존재를 확정한 후에 판단하여야 한다는 점에서 이를 증거조사설이라 한다); 대판 2018. 8. 30, 2016다46338, 46345.

ⅷ) 피고의 소송상 상계항변에 대하여 원고가 다시 피고의 자동채권을 소멸시키기 위하여 소송상 상계재항변을 하는 것이 허용되는지 문제된다. 이에 대하여 최근 판례는 상계재항변과 무관한 사유로 상계항변을 배척하는 경우에는 상계재항변을 판단할 필요가 없고, 상계항변을 인용하는 경우에도 원고의 소구채권과 피고의 자동채권이 대등액에서 소멸하므로 역시 상계재항변에 관하여 판단할 필요가 없게 되며, 또한 원고가 소구채권 외에 다른 채권을 가지고 있다면 소가 추가적 변경이나 별소를 제기할 수 있으므로 상계재항변은 특별한 사정이 없는 한 허용할 이익이 없다고 한다.[250] 그리고 이러한 법리는 원고가 2개의 채권을 청구하고, 피고가 그중 1개의 채권을 수동채권으로 하여 상계항변을 하자, 원고가 다시 청구채권 중 다른 1개의 채권을 자동채권으로 상계재항변을 하는 경우에도 동일하게 적용된다고 하였다.[251] 일본 최고재판소 판례도 상계항변에 대한 상계재항변을 허용되지 않는다고 한다.[252]

ⅸ) 그 외에도 상계항변은 상계권 자체가 가지고 있는 출혈성 권리행사로서의 특수성 및 기판력이 발생하는 점 등으로 인하여 ⓐ 변론종결 후에 상계권행사가 가능한지 여부(시적 범위에서 살펴보았음), ⓑ 별소로 소송계속 중인 채권을 자동채권으로 다른 소송에서 상계항변을 할 수 있는지 여부(중복소송 부분 참조), ⓒ 상계항변이 실기한 공격방법 등으로 부적법 각하된 경우에 원고의 수동채권은 그대로 있음에도 피고의 자동채권의 소멸 여부(소송상 형성권 행사 부분 참조) 등이 문제된다.

④ 법률판단

판결이유 중에 표시된 법률판단에 대하여는 기판력이 미치지 아니한다.[253] 여기의 법률판단에는 추상적 법규의 해석·적용뿐만 아니라, 구체적 사건·사실에 대한 법률적용도 포함된다. 따라서 판결이유 중의 농지매매가 무효라는 판단,[254] 매매계약이 무효라는 판단,[255] 공유지분권의 취득에 관한 판단[256] 등은 기판력이 생기지 아니한다. 다만 상급법원이 환송판결을 하면서 판결이유에 한 법적 판단은

---

249) 同旨: 정동윤/유병현/김경욱, 837면; 대판 2018. 8. 30, 2016다46338, 46345.
250) 대판 2014. 6. 12, 2013다95964(상계재항변은 주장자체로 받아들일 수 없다고 함).
251) 대판 2015. 3. 20, 2012다107662.
252) 日最判 1998. 4. 30, 民集 52. 3. 930.
253) 대판 1970. 9. 29, 70다1759; 대판 1987. 6. 9, 86다카2756; 대판 2006. 7. 13, 2004다36130.
254) 대판 1968. 9. 30, 68다1411.
255) 대판 1978. 10. 10, 78다1534.
256) 대판 1970. 9. 29, 70다1759.

하급심을 기속한다($^{436조\ 2항,}_{법조\ 8조}$). 하지만 이것은 기판력에 의한 것이 아니고 법률의 규정에 의한 기속력(羈束力)이라고 보아야 한다.

4. 기판력의 확장논의

(1) 총 설

최근 판결이유의 판단에 대하여도 기판력을 확장하기 위한 논의가 독일 및 일본에서 논의되고 있다. 크게 보면 독일의 의미관련론, 경제적 가치동일론과 영미법상의 부수적 금반언(collateral estoppel) 또는 쟁점배제효(issue preclusion) 이론에 영향을 받은 일본의 쟁점효이론 등이 그것이다. 이러한 견해들을 간단히 살펴보고, 민사소송법 제216조 규정에 비추어 이러한 논의들을 어떤 식으로 우리에게 적용할 수 있는지를 살펴보겠다.

(2) 의미관련론(意味關聯論)

독일의 쵸이너(Zeuner) 교수가 주창한 견해이다. 전소판결이 그 목적에 비추어 후소에서 확정하려는 법률효과와 의미관련(Sinn-zusammenhang)을 가지면, 전소의 판결이유에 포함된 판단이 후소에 대하여 기판력이 미친다고 한다. 예컨대 매도인이 매수인을 상대로 대금지급청구를 하여 원고승소판결을 받은 후에 반대로 매수인이 매도인을 상대로 그 반대급부인 매매목적물의 인도청구를 후소로 제기한 경우에, 전소의 소송물은 계약상의 청구권의 존부이고 매매계약의 유·무효가 아닐지라도, 전소에서 매매계약이 유효하다는 판결이유의 판단은 후소에 의미관련이 있으므로 이에 기판력이 미치므로 후소는 이에 구속되어 청구기각판결을 할 수 없다는 것이다. 즉 전소의 선결적 법률관계에 대한 판결이유 중의 판단이 후소와 의미관련이 있어 기판력을 갖게 된다는 견해이다. 전소의 선결적 법률판단 중 의미관련이 있는 경우에 기판력을 인정하자는 견해이다.

(3) 경제적 가치 동일론(經濟的 價値 同一論)

독일의 헨켈(Henckel) 교수가 주창한 견해이다. 그 내용은 쵸이너 교수와 비슷하지만, 다만 전소 판결이유 중 판단이 후소에 기판력으로 미치는 요건을 전소와 후소 사이의 경제적 가치(wirtschaftlicher Wert)의 동일성에서 찾고 있다는 점이 다르다. 예컨대 전소의 소유권에 기한 등기말소청구와 후소의 소유권확인소송은 경제적 가치가 동일하므로, 전소의 판결이유 중의 소유권에 대한 판단이 후소에 기판력으로 미친다고 본다. 선결적 법률관계에 대한 판결이유 중의 판단에 기판력을 인정하자는 견해이다.

(4) 쟁점효이론

일본의 신도(新堂幸司) 교수가 영미법상의 부수적 금반언의 법리와 가네코(兼子一) 교수의 참가적 효력을 당사자 사이에도 확장하여야 한다는 주장에 시사 받아 주장한 견해이다.[257] 주장 내용의 핵심은 전소에서 당사자가 중요한 쟁점으로 다투고, 또 법원이 이것을 심리하여 내린 판단에 대하여 발생하는 통용력(通用力)으로서, 동일한 쟁점을 주요한 선결문제로 하는 별개의 후소 청구를 심리함에 있어서 그 판단에 모순되는 주장·증명을 허용하지 않고, 이것과 모순되는 판단을 금지하는 효력을 말한다.[258] 예컨대 甲이 乙로부터 건물을 매수하였다는 이유로 건물명도를 청구하자 乙이 그 매매는 사기로 취소한다고 주장하였지만 전소에서 받아들여지지 아니하여 甲의 청구가 승소확정 된 후에, 乙이 甲에 대하여 매매를 원인으로 한 甲의 소유권이전등기의 말소를 제기하면서 그 이유로 그 매매가 사기로 취소되어 효력이 없다고 주장하는 것은 쟁점효에 비추어 허용되지 아니한다는 것이다.[259] 우리나라에서도 일부학자는 이를 긍정하고 있다.[260] 일본[261] 및 우리나라[262]의 판례는 이를 인정하지 아니하고 있다.

(5) 비판 및 사견(私見)

① 위에서 본 의미관련론, 경제적 가치 동일론, 쟁점효이론 등은 기판력제도의 근저에 면면히 흐르는 분쟁의 일회적 해결이라는 측면에서 보면, 전소의 선결적 법률문제와 주요쟁점을 후소에서 심리·판단을 금지하려는 시도라는 점에서 높이 평가할 수 있다. 또한 향후의 입법론으로서 충분한 이유가 된다고 본다.

② 그런데 문제는 제216조 제1항에 '확정판결은 주문에 포함된 것에 한하여 기판력을 가진다.'고 명확히 정하고 있고, 동조 제2항에서 상계항변에 관하여는 판

---

257) 新堂幸司, 599-600면에 쟁점효의 생성과 전개를 자세히 소개하고 있다.
258) 新堂幸司, 599면.
259) 新堂幸司, 599면.
260) 강현중(2004), 690면(특히 현대형소송에 적합하다고 함); 방순원, 610면; 송상현/박익환, 461면.
261) 日最判, 1969. 6. 24, 判時 569. 48; 日最判, 1973. 10. 4, 判時 724. 33; 日最判, 1981. 7. 3, 判時 1014. 69.
262) 대판(전) 1979. 2. 13, 78다58.

결이유의 판단이지만 상계하자고 한 청구의 존부 및 대항한 액수에 한하여 기판력이 미친다고 하고 있다. 또한 선결적 법률문제에 관하여 기판력을 받고 싶으면 원고·피고는 중간확인의 소($\frac{264}{조}$)를 통하여 기판력 있는 판단을 받을 수 있는 제도적 장치가 있다. 이러한 점에 비추어 보면 기판력을 판결이유의 판단에까지 확장하는 것은 해석론으로 일응 무리라고 판단된다.

③ 그러나 여전히 분쟁해결의 일회성과 사법경제(judicial economy)의 측면에 비추어 보면, 적어도 동일한 당사자 사이에 이미 중요한 쟁점(issue)으로서 심리되었고 그 판단이 주문이 아닌 판결이유 중에라도 있는 경우에는 후소에서 다시 거론되어 다른 판단을 받는다는 것은 어떤 면에서 보아도 타당하지 아니하다.

④ 그렇다면 이것을 어떤 방법을 통하여 통제할 것인가? 사실 기판력의 개념을 확장하여 후소에서 재론을 막는 방법이 있을 수도 있으나, 현행법의 규정상 기판력의 개념 확장을 통하여 할 수는 없다고 본다. 이것은 기판력의 개념 확장을 넘어 해석을 통한 입법을 하는 것으로서 권력분립의 원칙에 비추어 해석의 범위를 넘는 것이다. 현재의 민사소송법의 해석을 통하여 가능한 방법은 제1조 제2항의 신의칙을 이용한 통제만이 가능할 것으로 보인다. 신의칙의 최소·최후성에 비추어 가능한 하위개념인 기판력으로 이러한 문제를 해결하여야 하겠지만 도저히 이를 해결할 수 없으니 법의 해석·운영에 부당한 결과가 발생할 경우에는 신의칙을 통하여 부당한 결과의 발생을 막아야 하기 때문이다. 특히 신의칙의 파생원리인 '선행행위와 모순되는 거동의 금지' 또는 '실효의 원칙' 등을 적극 활용할 수 있을 것이다. 이러한 견해를 신의칙설이라 한다.[263] 신의칙설에 의한다고 하더라도 판결이유의 판단 중 어떤 쟁점을 무슨 기준으로 효력을 미치게 할 것인가가 여전히 문제이다. 그러나 이것은 i) 쟁점의 중요성, ii) 당사자에게 충분한 절차참여의 기회를 보장하였는지 여부 등 일응 추상적 기준에 기초하여 정할 수밖에 없고, 보다 구체적인 기준은 판례를 통하여 형성될 것으로 본다. 일본 최고재판소에서도 신의칙에 의하여 개별적으로 소송물 이외의 판단에 대하여 기판력과 유사한 구속력을 인정하였다.[264] 대법원에서도 주요한 쟁점에 관하여 신의칙의 적용가능성을 비추고 있다.[265]

---

263) 同旨: 이시윤, 656면; 정동윤/유병현/김경욱, 842면.

264) 日最判 1974. 4. 26, 民集 28. 3. 503, 百選 Ⅱ, 316면.

265) 대판 2002. 9. 24, 2002다11847(원인무효를 이유로 한 소유권이전등기 말소청구소송에서 패소 확정되었다고 하더라도, 원고로서는 소유권을 부인하는 피고에 대하여 소유권확인소송을 제기하더라도 확인의 이익이 있다고 하면서 이러한 이익이 있는 이상에는 특별한 사정이 없는 한 소유권

다만 신의칙에 따라 판결이유 중의 판단을 후소에 직접적으로 구속력을 갖게 하는 방법 외에 판결의 사실적 효력의 하나인 증명효(證明效)를 통하여 후소에 사실상 전소의 판결이유 중의 판단에 기초하여 간접적으로 구속력을 반영할 수 있다. 즉 민사재판에서 다른 민사사건 등의 판결이 증거로 제출된 경우에 유력한 증거자료가 되고, 특히 전후 두개의 민사소송이 당사자가 같고 분쟁의 기초가 된 사실도 같으나 다만 소송물이 달라 기판력에 저촉되지 아니한 결과 새로운 청구를 할 수 있는 경우에 있어서는 더욱 그러하다.[266] 이러한 증명효의 법리는 민사판결 이유 중의 사실관계가 현저한 사실에 해당하지 않음을 전제로 한다.[267]

Ⅳ. 주관적 범위

기판력의 주관적 범위는 기판력이 누구에게 미칠 것인가 하는 문제이다. 기판력의 주관적 범위는 판결의 당사자에게만 미치는 것이 원칙이다(상대성의 원칙). 하지만 당사자와 동일시할 수 있는 제3자, 특수한 경우에 일반 제3자에게 기판력을 확장하는 문제가 논의되고 있다.

1. 상대성의 원칙

(1) 기판력은 판결의 당사자에 한하여 미치는 것이 원칙이다($^{218조}_{1항}$). 이를 기판력의 상대성(相對性)의 원칙이라 한다. 민사소송은 대립하는 당사자 사이의 분쟁을 해결하는 것을 목적으로 하고 있으므로 판결은 당사자에 한하여 미치는 것이 당연하다. 또한 처분권주의·변론주의의 원칙상 당사자에게만 소송수행의 기회가 부여되어 심판하는 것이므로 이에 참여하지 아니한 제3자에게 기판력을 미치게 하는 것은 제3자의 절차참여권을 침해할 수 있기 때문이다.

(2) 따라서 소송 외의 제3자, 당해 소송의 당사자가 아닌 법정대리인·소송대

확인청구의 소제기 자체가 신의칙에 반하지 않는다고 한 사안 임).

266) 대판 1989. 3. 28, 87다카2832, 2833; 대판 1990. 12. 11, 90다카7545; 대판 1995. 6. 29, 94다47292; 대판 2003. 8. 19, 2001다47467; 대판 2007. 11. 30, 2007다30393; 대판 2009. 9. 24, 2008다92312; 대판 2018. 8. 30, 2016다46338, 46345(증명효의 법리는 '주의의무위반'과 같은 불확정개념이 당사자가 주장하는 법률효과 발생에 관한 요건사실에 해당할 때, 관련 민사사건의 확정판결에서 이를 인정할 증거가 없거나 부족하다는 이유로 당사자의 주장을 받아들이지 않았음에도 이와 달리 후소법원에서 위와 같은 요건사실을 인정하는 경우에도 적용됨). 대판 2020. 7. 9, 2020다208195.

267) 대판 2019. 8. 9, 2019다222140.

리인, 보조참가인(참가적 효력만이 미침), 통상 공동소송인에게 기판력이 미치지 아니한다. 단체가 당사자로 받은 판결은 그 대표자 또는 구성원에게 미치지 아니하고,[268] 그 반대의 경우도 같다.[269] 피해자와 피보험자 사이의 판결의 기판력은 피해자와 보험자 사이의 소송에 미치지 아니한다.[270]

(3) 법인격부인의 경우

또한 판결의 당사자는 아니나 실질적인 당사자(예: 법인격 부인되는 경우에 회사의 배후자인 개인 또는 실질적인 실체인 다른 회사)에게 기판력을 확장할 수 있는지가 문제된다. 절차의 명확·안정을 중시하는 소송절차·강제집행의 절차의 특성에 비추어 특정승계인이 아니면 판결에서의 채무를 실질적으로 부담하여야 하는 자라도 기판력 및 집행력이 미치지 아니한다는 견해(부정)[271]와 법인격이 형해화(形骸化)된 경우와 남용(濫用)된 경우를 나누어 전자의 경우에는 이를 확장하여야 한다는 견해(일부긍정)[272]가 있다. 생각건대 소송절차 중에 배후자의 추가 및 배후자로의 변경을 자유롭게 인정한다고 하여도,[273] 부인되는 회사 등에 대한 판결이 확정된 후에 법인격을 부인하고 그 배후자에게 책임을 부담하게 할 것인지 여부는 실체적인 판단의 문제이고, 배후자에 대하여 별소를 제기할 수 있으므로,[274] 별도로 집행권원을 취득하게 하는 것이 타당하다고 본다. 판례도 같다.[275]

(4) 그러나 이러한 상대성의 원칙에도 불구하고 분쟁해결의 실효성(實效性)을 위하여 일정한 경우에 '당사자와 동일시할 수 있는 제3자'에게 기판력을 미치게 되며, 관련 모든 이해관계인 사이의 확일적 처리를 위하여 '일반 제3자'에게도 기판력을 확장되는 경우가 있다.

---

268) 대판 1978. 11. 1, 78다1206; 대판 2010. 12. 23, 2010다58889.

269) 대판 2018. 9. 13, 2018다231031(법인의 하부조직에 대한 이행판결의 집행력은 당사자가 아닌 법인에는 미치지 아니함).

270) 대판 2000. 6. 9, 98다54397; 대판 2001. 9. 14, 99다42797.

271) 강현중, 208면; 정동윤/유병현/김경욱, 208면; 한충수, 612면.

272) 이시윤, 661면.

273) 대판 2001. 1. 19, 97다21604; 대판 2016. 4. 28, 2015다13690.

274) 대판 2001. 1. 19, 97다21604; 대판 2004. 11. 12, 2002다66892; 대판 2006. 7. 13, 2004다36130; 대판 2006. 8. 25, 2004다26119; 대판 2008. 9. 11, 2007다90982; 대판 2010. 2. 25, 2008다82490.

275) 대판 1995. 5. 12, 93다44531.

2. 당사자와 동일시할 수 있는 제3자

기판력이 미치는 '당사자와 동일시할 수 있는 제3자'는 법률에 특별히 규정한 경우에 한하여 인정된다. 여기에는 i) 변론종결한 뒤의 승계인($^{218조}_{1항}$), ii) 청구의 목적물의 소지자($^{218조}_{1항}$), iii) 제3자의 소송담당의 경우의 권리귀속주체($^{218조}_{3항}$), iv) 소송탈퇴자($^{80,}_{82조}$)가 있다.

(1) 변론종결한 뒤의 승계인($^{218조}_{1항}$)

① 변론종결한 뒤에 소송물인 권리관계에 관한 지위를 판결의 당사자(前主)로부터 승계한 제3자는 전주와 상대방 사이의 판결의 기판력을 받는다.[276] 여기에서 변론 없이 한 판결의 경우에는 판결을 선고한 뒤의 승계인을 의미한다($^{218조}_{1항}$). 이것을 인정하는 이유는 패소 당사자가 변론종결 뒤에 소송물인 권리관계를 제3자에게 처분하여 기판력 있는 판결을 무력화할 수 있는 것을 방지하고, 또한 승소당사자에게는 변론종결 뒤에 소송물인 권리관계를 임의로 처분할 수 있게 하기 위한 것이다. 독일 민사소송법과 같이 소송계속 후에 계쟁물이 양도되어도 당사자적격에 아무런 영향을 미치지 아니하는 당사자항정주의(當事者恒定主義)에서는 소송계속 후의 승계인에게 당연히 기판력이 미치지만($^{ZPO\,325}_{조\,1항}$), 우리 민사소송법은 소송승계주의(訴訟承繼主義)를 취하고 있으므로 당연승계($^{233조}_{이하}$), 참가승계·인수승계($^{81,}_{82조}$)의 방법으로 소송절차에 참가한 당사자만이 기판력이 미치므로 특별히 변론종결한 뒤의 승계인에게 기판력을 미치게 하기 위하여 이를 인정하고 있는 것이다.

② 승계인의 범위

(a) 변론종결한 뒤의 승계인(변론 없이 한 판결의 경우에는 판결을 선고한 뒤의 승계인)의 범위와 관련하여 i) 소송물인 실체법상의 권리의무를 승계하여 의존관계에 있는 자에 한정한다는 의존관계설(依存關係說, 또는 실체적 의존관계설), ii) 그 외에 소송물인 실체법상의 권리의무를 다툴 수 있는 지위를 전래적(傳來的)으로 승계한 자도 포함한다는 적격승계설(適格承繼說),[277] iii) 실체법상의 권리의무를 다툴 수 있는 지위를 승계한 자에는 소송물이 다른 경우도 포함되므로 '당사자적격'

---

276) 대판 2022. 3. 17, 2021다210720(변론종결 후 임대부동산을 양수한 자는 변론종결 후의 승계인에 해당하고 양도인의 보증금반환채무는 소멸하게 됨).

277) 김홍규/강태원, 631면; 김홍엽, 871면; 송상현/박익환 471-472면; 이시윤, 662면; 한충수, 615면.

의 승계를 의미하는 적격승계설이라는 명칭은 타당하지 아니하고 분쟁주체의 지위의 승계인이 타당하다는 분쟁주체지위승계설(紛爭主體地位承繼說),[278] iv) 승계인에게 기판력이 미치는 근거를 절차보장의 이익이 있는지 여부에서 찾아 승계인의 경우에는 전주에게 절차보장이 이루어졌다면 상대방과의 관계에서 독자적인 절차보장의 이익이 없으므로 기판력을 확장할 수 있다는 절차보장설(節次保障說)[279] 등이 있다.

생각건대, 의존관계설에 의하면 당사자적격 또는 분쟁주체의 지위를 승계한 경우를 설명할 수 없고, 절차보장설에 의하면 그 판단기준이 추상적이어서 문제된다. 적격승계설과 분쟁주체지위승계설은 그 실질적인 범위에 있어서 차이가 있는 것이 아니고 용어상의 차이에 기인한 것으로 보이며, 용어의 정확성에 비추어 보면 분쟁주체지위승계설이 타당할 것으로 판단된다. 적격승계설·분쟁주체지위승계설이 현재 통설이다.

(b) 분쟁주체지위승계설 또는 적격승계설에 의하면 변론종결한 뒤의 승계인에는 두 가지 형태가 있다. 첫째 전형적인 승계인으로 소송물인 실체법상의 권리의무를 승계한 자이다. 여기에는 회사합병·재산상속 등의 포괄승계뿐만 아니라 특정승계로 인한 경우를 모두 포함한다. 특정승계의 경우에는 이전적 승계(移轉的 承繼)이거나 설정적 승계(設定的 承繼)이든 관계없다.[280] 승계원인이 법률행위로 인한 임의처분(예: 매매, 양도, 임대차 등)이든, 국가의 강제처분(예: 경매, 전부명령 등), 법률의 규정(예: 민법 399조의 법률상 대위 등)에 의한 경우에도 상관없다. 승계의 전주가 원고이거나(예: 확인판결이 난 소유권의 양수인 또는 이행판결의 채권양수인[281] 등) 피고라도(예: 채무의 면책적 인수인[282] 등) 문제될 것이 없다. 다만 승계의 시기

---

278) 정동윤/유병현/김경욱, 844면.

279) 강현중(2004), 695면.

280) 대판 2021. 3. 11, 2020다253836(대금분할을 명한 공유물분할 확정판결의 당사자인 공유자가 신청하여 진행된 공유물분할을 위한 경매절차에서 매수인이 매각대금을 완납한 경우, 공유물분할판결의 변론이 종결된 뒤 해당 공유자의 공유지분에 소유권이전청구권의 순위보전을 위한 가등기가 마쳐진 경우, 대금분할을 명한 공유물분할 확정판결의 효력은 제218조 제1항의 변론종결 후의 승계인에 해당하는 가등기권자에게 미치므로, 특별한 사정이 없는 한 위 가등기상의 권리는 매수인이 매각대금을 완납함으로써 소멸한다).

281) 채권양수인이 확정판결의 효력이 미치는 변론종결 후의 승계인에 해당하는지 판단하는 기준 시기는 양도인에 의한 통지 또는 채무자의 승낙이라는 채권양도의 대항요건이 갖추어진 때이다(대판 2020. 9. 3, 2020다210747).

282) 대판 1979. 3. 13, 78다2330(상호를 속용하는 영업양수인은 면책적으로 인수하는 등 특별한 사정이 없는 한 승계인이 아님); 대판 2016. 5. 27, 2015다21967(중첩적 채무인수인은 승계인에 해당하지 아니하고, 면책적 채무인수인은 승계인에 해당함); 대판 2019. 5. 30, 2016다205243(피해자

와 관련하여서는 당연히 변론종결한 뒤에 이루어질 것을 요한다. 등기와 관련하여서는 매매 등의 원인행위가 변론종결 이전이라도 등기를 변론종결한 뒤에 한 경우에는 변론종결 뒤의 승계인이 된다. 등기한 시점을 기준으로 한다.[283] 가등기에 기한 본등기의 경우에도 분쟁주체의 지위를 승계한 경우에는 본등기 시점을 기준으로 하여야 한다.[284] 따라서 제소전화해에 기한 가등기가 경료된 후에 그 가등기에 기한 본등기(소유권이전등기) 절차를 마치기 전에 그 부동산의 소유권을 승계취득한 자는 변론종결 후의 승계인에 해당하지 않으므로 그 제소전화해의 기판력이 미치지 아니한다.[285] 둘째 소송물인 권리의무 자체를 승계한 사람은 아니지만 변론종결한 뒤에 '계쟁물에 관한 분쟁주체의 지위를 승계한 자'도 여기에 해당한다. 예컨대 소유권·임대차종료[286]에 기초한 반환청구에서 피고로부터 목적물건의 점유를 취득한 사람(예: 건물·토지인도청구에서 변론종결한 뒤에 건물·토지의 점유를 취득한 자), 건물철거소송의 변론종결 후에 그 건물을 양수한 사람,[287] 소유권이전등기 말소청구의 패소자로부터 부동산을 양수하여 등기한 사람[288] 등이 여기에 해

<hr/>

가 보험자에게 가지는 직접청구권의 법적 성질은 손해배상채무의 병존적 인수임).

283) 대판 1992. 10. 27, 92다10883; 대판 2005. 11. 10, 2005다34667.

284) 대판 1992. 10. 27, 92다10883. 동 판결에서는 "대지 소유권에 기한 방해배제청구로서 그 지상건물의 철거를 구하여 승소확정판결을 얻은 경우, 동 지상건물에 관하여 위 확정판결의 변론종결 전에 경료된 소유권이전청구권가등기에 기하여 위 확정판결의 변론종결 후에 소유권이전등기를 경료한 자가 있다면 그는 민사소송법 제218조 제1항의 변론종결 후의 승계인이다."라고 하고 있고, 대판 1970. 7. 28, 69다2227에서는 "부동산의 수탁자에 대한 신탁해제를 원인으로 하는 소유권이전등기 및 수탁자로부터 이를 매수한 자에 대한 소유권이전등기의 말소등기를 명하는 확정판결의 효력은 그 확정판결의 변론종결 전에 당해 부동산에 대하여 가등기를 경료하였다가 본등기를 마친 자에게 미치지 않는다."고 하고 있어 배치되는 듯하나, 전자는 소송물이 다르지만 분쟁주체의 지위를 승계한 것이므로 변론종결한 뒤의 승계인에 해당하고, 후자는 소송물이 다르고 분쟁주체의 지위를 승계한 것으로 볼 수 없기 때문에 변론종결한 뒤의 승계인에 해당하지 아니한다고 사료된다.

285) 대판 1993. 12. 14, 93다16802.

286) 다만 판례는 임대차종료 등 채권적 청구권에 기초한 건물인도소송의 변론종결 후에 건물의 점유를 승계한 경우는 포함되지 아니한다고 한다(대판 1991. 1. 15, 90다9964).

287) 대판 1991. 3. 27, 91다650, 667.

288) 대결 1963. 9. 27, 63마14; 대판 1979. 2. 13, 78다2290; 대판 1980. 5. 13, 79다1702. 한편 대법원은 소유권에 기한 건물인도청구에서 기각판결이 확정된 뒤에 원고로부터 등기를 마쳐 소유권을 취득한 자가 소유권에 기한 건물인도청구는 전소의 판결의 기판력이 미치지 아니하여 변론종결한 후의 승계인에 해당하지 아니한다고 판시하고 있다(대판 1984. 9. 25, 84다카148; 대판 1999. 10. 22, 98다6855). 여기에 대하여 의문을 제기하는 견해가 있으나(이시윤, 663면), 생각건대 원고로부터 등기를 받아 소유권을 취득한 자는 전소의 소송물(건물인도청구권)을 전래적으로 취득한 것이 아니고, 자신이 새롭게 취득한 소유권에 기초한 건물인도청구권을 행사하는 것이므로 대법원의 판결이 타당하다고 본다(同旨; 정동윤/유병현/김경욱, 846면, 별개의 소송물에 기초한 청구로 봄). 최근 판례도 같은 취지에서 토지 소유자가 乙을 상대로 소유권에 기한 방해배제청구로서 가등기말소청구소송을 제기하였으나 패소·확정되었고, 甲이 위 소송의 사실심 변론종결 후 위 토지 소유자

당한다. 그러나 소유권이전등기가 원인무효라는 이유로 그 말소등기청구를 인용한 판결이 확정된 경우라도 그 확정판결의 변론종결일 후에 명의신탁해지를 원인으로 패소자를 상대로 처분금지가처분등기를 경료 한 후 그 본안으로서 패소자를 상대로 소유권이전등기소송을 제기한 경우에는 위 말소등기청구를 인용한 판결과 별개의 소송물에 기초한 것이므로 변론종결 후의 승계인에 해당하지 아니한다.[289] 또한 최근 판례는 甲 등이 乙을 상대로 건물소유권이전등기 말소등기절차 이행을 구하는 소를 제기하여 승소확정판결을 받았는데, 변론종결 후에 乙로 부터 계쟁물인 건물소유권을 이전받은 丙이 甲 등을 상대로 건물의 인도 및 차임상당 부당이득의 반환을 구하는 소를 제기한 경우에 전소와 후소는 소송물이 다르고, 선결·모순관계에 있다고 볼 수 없으므로 전소의 기판력이 건물인도등청구의 소에 미치지 않는다고 하였다.[290] 결국 기판력의 객관적 범위에 해당하지 아니하는 경우에는 변론종결 후에 계쟁물을 승계한 자가 후소를 제기하더라도 기판력을 받지 않고 丙은 소유권을 취득한다고 보았다.

(c) 소송물이론과 승계인의 범위　승계인의 범위와 관련하여 소송물이론에 따라 약간 차이가 있다.

실체법상의 권리에 대한 주장을 소송물로 보고 있는 구소송물이론(구실체법설)을 취하는 판례는 소송물인 청구가 대세적 효력을 갖는 물권적 청구권이냐, 대인적 효력 밖에 없는 채권적 청구권이냐에 따라 전자의 경우에는 제218조 제1항의 변론종결한 뒤의 승계인으로 봄에 반하여, 후자의 경우에는 승계인에 해당하지 아니한다고 본다. 따라서 소유권에 기하여 이전등기말소등기를 명하는 판결이 확정된 경우에는 그 변론종결 후에 피고로부터 소유권이전등기 또는 저당권설정등기를 마친 사람은 변론종결 후의 승계인에 해당하지만,[291] 매매계약 등에 기한 소유권이전등기

___

로부터 근저당권을 취득한 다음 乙을 상대로 근저당권에 기한 방해배제청구로서 동일한 가등기의 말소를 구한 사건에서, 甲은 이 사건 전소 판결의 기판력이 미치는 변론종결 후의 승계인에 해당하지 않는다고 보았다(대판 2020. 5. 14, 2019다261381).

289) 대판 1998. 11. 27, 97다22904.

290) 대판 2014. 10. 30, 2013다53939. 이 판례에 대하여는 소송물이 물권적청구권이면 승계인이 된다는 기존의 판례와 배치되는 문제점이 있다고 하면서, 본 판례에 대하여 계쟁물 등의 승계인에게 기판력배제의 판례가 본격화되고 있다는 표현을 쓰는 견해(이시윤, 663면)가 있는 반면, 본 판례는 피고가 전소판결에 따른 말소등기절차를 집행하지 아니하여 나타날 수 있는 문제이며 기판력 배제의 판례로 볼 것은 아니라는 견해(정동윤/유병현/김경욱, 846면)가 있다. 생각건대 丙은 전소의 소송물과 달리 자신이 새롭게 취득한 소유권에 기초하여 건물인도 등의 청구를 행사하는 것이므로 판례의 태도는 타당하다고 본다.

291) 대결 1963. 9. 27, 63마14; 대판 1979. 2. 13, 78다2290; 대판 1980. 5. 13, 79다1702; 대판

를 명하는 판결이 확정된 경우에 그 변론종결 후에 피고로부터 소유권이전등기를
마친 경우에는 이에 해당하지 아니한다.[292]

그러나 신청($\frac{\text{일지}}{}$) 또는 신청과 사실관계($\frac{\text{일지}}{}$)를 소송물의 구성요소로 보는 신소
송물이론에서는 청구권이 물권적·채권적인지 여부와 관계없이 제218조 제1항의
변론종결 한 뒤의 승계인으로 인정한다. 또한 채권적 청구권이라고 하여도 물권을
배경으로 하는 환취청구권(還取請求權)인지, 아니면 물권을 배경으로 하지 아니하
는 교부청구권(交付請求權)인지 등 실체법상의 성격과 관계없이 모두 승계인으로
인정하고 있다($\frac{\text{통}}{\text{설}}$).[293]

생각건대 i) 법문상 단순히 '변론종결한 뒤의 승계인'이라고만 규정하고 있다는
점($\frac{218조}{1항}$), ii) 추정승계인제도($\frac{218조}{2항}$)에 의하면 일응 소송계속 후의 승계사실은 승계원
인 및 그 일시와 관계없이 '변론종결한 뒤의 승계인'으로 추정한다고 볼 수 있다
는 점, iii) 판결의 효력이 미치는 범위는 획일적으로 처리하는 것이 기판력제도의
취지에 부합하고, 개별적인 구제를 받기 위하여는 구제받으려는 자가 청구이의의
소 등을 통하도록 하는 것이 타당하다는 점 등에 비추어 보면 신소송물이론에 따
라 변론종결 후의 모든 승계인을 포함하는 것이 타당하다고 본다($\frac{\text{통}}{\text{설}}$).

③ 승계인에 대한 기판력의 작용

위 승계인의 범위에 관한 논의에 있어서 승계인에 해당하는 자[294](예: 패소한
피고의 등기승계인·점유승계인 등)가 전소의 원고에게 실체법상의 고유의 항변 즉
방어방법(예: 선의취득, 패소판결을 받은 자로부터 변론종결 후에 양도받아 먼저 등기
를 마친 경우, 취득시효 등)을 갖춘 경우에 그 제3자는 전소에서 이를 다툴 기회가
없었으므로 이러한 제3자를 승계인으로 볼 수 있는지 문제된다. 이것은 포괄승계

1992. 10. 27, 92다10883; 대판 2003. 3. 28, 2000다24856.

292) 대판 1980. 11. 25, 80다2217(명의신탁해지); 대판 1991. 1. 15, 90다9964; 대판 1993. 2.
12, 92다25151; 대판 1997. 5. 28, 96다41649(취득시효); 대판 2003. 5. 13, 2002다64148; 대판
2012. 5. 10, 2010다2558.

293) 反對; 강현중(2004), 697면. 주장의 요지는 환취청구권(예: 소유권자인 임대인이 임대차종료
를 원인으로 하여 인도청구를 하는 경우)과 교부청구권(예: 물건의 매수인이 매도인에게 물건의 인
도청구를 하는 경우)을 구분하여 전자에 한하여 변론종결 후의 승계인으로서 기판력이 미친다고 보
는 견해가 있다. 주요근거는 구소송물이론은 승계인의 범위를 너무 좁게 인정하는 데 반하여 신소
송물이론에 의하면 승계인을 너무 넓게 인정하므로, 환취청구권과 교부청구권을 구분하여 전자에
대하여만 승계인으로 인정하는 것이 합리적이라는 것이다.

294) 승계인의 범위에 따른 견해에 따라 승계인의 개념이 차이가 있을지라도, 어떤 견해에 따르는
경우에도 일단 승계인인 자가 고유의 방어방법을 가지는 경우를 상정한 논의이다.

(일반승계)에서는 문제되지 아니한다.

(a) **형식설(形式說)**　이 견해는 점유나 등기를 하였다는 형식을 중시하여 일단 승계인에는 해당하지만, 이러한 제3자는 후소를 통하여 자신의 선의취득, 먼저 등기한 것 등을 자신의 고유한 방어방법으로 제출하는 것이 허용된다고 본다(통설).[295] 다만 제3자 스스로 청구에 관한 이의의 소 또는 집행문부여에 대한 이의의 소를 통하여 자신의 방어방법을 적극적으로 주장하여야 한다.

(b) **실질설(實質說)**　이 견해는 그 실질을 중시하여 고유한 방어방법을 갖고 있는 승계인은 실질적으로 당사자의 지위나 권리관계를 승계하였다고 볼 수 없으므로 기판력을 받는 승계인이 아니라고 본다.[296] 이 설에 의하면 전주의 상대방이 적극적으로 집행문부여의 소를 제기하여야 한다.

예컨대 전소의 확정판결의 패소자인 피고로부터 그 목적동산을 선의취득한 제3자가 있는 경우에, 형식설에 의하면 전소의 원고는 전소 확정판결에 기하여 제3자에 대한 승계집행문을 받아 목적동산에 대한 강제집행을 하려고 하면, 제3자는 이에 대하여 집행문부여에 관한 이의의 소 또는 청구에 관한 이의의 소를 제기하여 자신의 권리를 구제받아야 함에 반하여, 실질설에 의하면 제3자가 선의취득을 하였으므로 승계인이 아니므로 전소의 원고 스스로 강제집행을 위하여는 집행문부여의 소를 제기하여 집행문을 받아야 한다.

생각건대 어떠한 설에 의하더라도 고유한 방어방법을 가진 자는 부당한 판결의 집행을 방어할 수 있다. 다만 그 방어방법의 형식이 위에서 본바와 같이 누가 적극적인 당사자가 될 것인지의 문제이다. 그런데 실질설에 의하면 i) 선의취득 등의 고유의 방어방법에 대하여 법원의 심리도 없는 상태에서 존재하는 것을 전제로 한다는 점, ii) 기판력제도가 형식에 따른 효력의 확일적 처리를 위한 것이라는 취지에 반한다는 점, iii) 나아가 형식설이 추정승계인제도에서 나타난 바와 같이 변론과정에 나타나지 아니한 사유는 일응 기판력이 미치도록 하고 승계 시기는 후에 추정승계인이 주장·증명하도록 한 제도와도 부합하다는 점 등에 비추어 보면 형식설이 타당하다고 본다. 실무 운영의 면에서도 형식설이 간편하다고 본다. 하지만 판례는 실질설을 취하고 있다.[297]

---

295) 강현중, 755면; 김홍규/강태원, 632면; 송상현/박익환, 471면; 전병서, 681면; 정동윤/유병현/김경욱, 849면.

296) 김용진, 477면; 김홍엽, 876면; 한충수, 618면; 호문혁, 738면.

297) 대판 1962. 2. 8, 4294민상805; 대판 1969. 10. 23, 69사80; 대판 1980. 11. 25, 80다2217; 대판 1997. 5. 28, 96다41649.

④ 추정승계인($^{218조}_{2항}$)

(a) 소송승계주의를 취하고 있는 우리나라에서는 변론종결 전의 승계인에게는 기판력이 미치지 아니한다. 그러나 당사자가 변론을 종결할 때(변론 없이 한 판결의 경우에는 판결을 선고할 때)까지 승계사실을 진술하지 아니한 때에는 변론을 종결한 뒤(변론 없이 한 판결의 경우에는 판결을 선고한 뒤)에 승계한 것으로 추정하여 기판력을 확장한다($^{218조}_{2항}$). 이렇게 하여 추정되는 승계인을 추정승계인(推定承繼人)이라 한다.

(b) 이 제도는 특히 패소가능성이 높은 피고가 소송계속 중 권리의 승계사실을 숨겼다가 집행단계에서 승계사실을 주장하여 판결을 무용화하려는 폐단을 막기 위한 고려에서 제정된 것이다.[298] 판결의 집행채권자를 보호하기 위한 장치이다. 따라서 추정승계인제도는 이러한 취지에 부합되도록 운영되어야 한다. 특히 우리나라는 독일과 달리 소송승계주의를 취하고 있으므로 소송계속 중에 소송승계가 있는 경우에 이것을 소송절차에 반영하기 위하여 참가승계·인수승계 제도를 두고 있지만, 피고가 승계사실을 숨길 경우에 승계인이 스스로 참가승계를 하지 아니하면 승계사실을 모르는 원고로서는 인수승계제도를 이용할 여지도 없다. 따라서 이러한 폐단을 조금이라도 막기 위하여 추정승계인제도를 통하여 기판력의 확장을 시도하고 있는 것이다. 예컨대 건물인도사건에 있어서 피고가 변론종결 전에 제3자에게 점유를 승계하여 놓고도 소송절차에서 이를 밝히지 아니하여 피고 명의로 인도판결이 선고되고 확정되어, 원고가 이 확정판결에 기하여 인도집행을 받으려고 하였으나 제3자가 점유하고 있어 집행불능이 된 경우를 생각할 수 있다.

(c) 추정승계인제도와 관련하여 '승계사실'을 진술할 자가 누구인가에 대하여 견해가 대립된다. 피승계인이 진술하지 아니함으로 인해 승계인이 추정의 불이익을 입게 하는 것은 불합리하다는 이유로 진술의 주체를 승계인으로 보는 견해($^{승계}_{인설}$),[299] 승계인이 변론에서 '승계사실'을 효과적으로 진술할 방법이 없을 뿐만 아니라 법문상 '당사자'라고 명확히 규정하고 있는 점에 비추어 '승계사실'의 진술주체는 피승계인이라는 보는 견해($^{피승계}_{인설}$)[300]가 있다. 생각건대 법문상의 규정, 제도의 취지,

---

298) 이영섭, 196면.

299) 방순원, 614면; 이영섭, 197면. 승계인이든 피승계인이든 차이가 없다는 견해도 있다(호문혁, 775면).

300) 김용진, 478면; 김홍엽, 878면; 이시윤, 665면; 전병서, 681면; 정동윤/유병현/김경욱, 850면; 한충수, 618면.

승계인이 변론에서 승계사실의 진술이 사실상 불가능하다는 점 등에 비추어 보면 '승계사실'을 진술할 자는 피승계인이 변론절차에서 하여야 하고, 승계인의 보호는 승계집행문 부여절차 또는 청구이의의 소 등으로 구제하면 될 것이다. 따라서 다수설인 피승계인설이 타당하다고 본다. 판례도 피승계인설을 취하고 있는 것으로 보인다.[301]

신법에서 무변론판결($\frac{257}{조}$)의 경우에도 그 판결 선고 시까지 승계사실을 진술하지 아니하면 판결 선고 된 뒤의 승계인으로 추정한다고 정하고 있다($\frac{218조}{2항}$). 이 경우에는 피승계인이 변론기일을 열지 아니하고 판결이 선고되었다는 이유로 추정승계인제도를 확장하는 것에 대하여 의문을 제기하는 견해가 있다.[302] 생각건대 변론기일을 열지 아니하고 판결을 선고하여 피승계인이 변론할 기회가 없었다는 것은 맞지만, 승계하였다면 답변서 등을 통하여 승계사실을 밝히는 것이 신의칙상 타당함에도 그렇게 하지 아니한 것이므로 추정승계인제도를 그대로 적용하는 것이 승소원고의 보호라는 취지에 부합하다고 본다. 다만 승계인의 보호는 승계집행문 부여절차 또는 청구이의의 소 등으로 구제할 수 있으므로 무변론판결의 경우에 별도로 생각할 것은 없다고 본다.

(d) 제218조 제2항의 규정에 따라 승소한 원고는 피고 외의 제3자가 승계한 사실을 알게 된 경우(예: 건물인도판결을 받았는데 집행을 하려고 보니 피고 외의 제3자가 점유하고 있다는 것을 알았거나, 집행불능이 된 경우)에는 승계되었다는 사실만을 주장·증명하여 피고로부터 제3자로 승계집행문의 부여 받으면 된다. 이 경우에 원고는 승계사실만을 증명하면 되고, 그 시기에 대하여 증명할 필요가 없다. 이러한 점에서 승계시기에 대한 증명을 완화시켜주는 법률상의 사실추정으로 볼 수 있다. 다만 승계인은 추정의 반대사실인 변론종결 전에 승계되었다는 사실(추정의 반대사실)을 주장·증명하여 자신에 대한 기판력·집행력의 확장을 막을 수 있다.[303]

(2) 청구의 목적물을 소지한 사람($\frac{218조}{1항}$)

① 청구의 목적물을 소지한 사람에게도 기판력이 확장된다($\frac{218조}{1항}$). 이것을 인정하는 취지는 특정물의 인도청구에 있어서 자신의 고유한 이익을 갖지 아니하고 당사자 또는 변론종결한 뒤의 승계인을 위하여 소지한 자(예: 수치인·관리인·보

---

301) 대판 1977. 7. 26, 77다92; 대판 2005. 11. 10, 2005다34667, 34674.
302) 이시윤, 665면.
303) 대판 1977. 7. 26, 77다92; 대판 2005. 11. 10, 2005다34667, 34674.

관인 등)에게 기판력이 미치게 함으로써 인도집행을 원활히 하기 위한 것이다.

② 여기에서 '청구의 목적물'이라 함은 특정물인도청구의 대상이 되는 특정물을 의미한다. 청구가 물권적 청구권이거나 채권적 청구권이거나, 목적물이 동산 또는 부동산이든 상관이 없다. 채권적 청구권이 배후에 물권이 있는 환취청구권(또는 반환청구권)이거나 그것이 없는 교부청구권이든 관계없다.

③ 여기의 '소지(所持)한 사람'이라 함은 오로지 당사자 또는 변론종결한 뒤의 승계인을 위하여 소지한 창고업자 · 운송인 · 수치인 · 관리인 · 보관인 등의 자를 말한다. 자신의 고유한 이익을 위하여 목적물을 소지하는 임차인 · 전세권자 · 질권자 · 지상권자 등은 여기의 '소지한 사람'에 해당하지 아니한다. 또한 법정대리인 · 법인의 대표자의 소지, 당사자의 임직원 및 피용자, 동거가족 등의 소지는 소지기관의 소지(예: 임직권 및 피용자의 소지), 점유보조자의 소지($\frac{민}{195조}$)(예: 동거가족 등의 소지) 등은 법률상 본인 또는 법인 자체의 소지에 해당하므로 여기에서 말하는 소지한 사람에 해당하지 아니한다.

④ 소지의 시기와 관련하여서는 변론종결 전후를 불문한다($\frac{통}{설}$).[304] 왜냐하면 청구의 목적물을 소지한 사람의 소지는 당사자 자신의 소지와 같이 평가할 수 있기 때문이다.

⑤ 확대적용의 논의

'청구목적물을 소지한 사람'의 개념을 확장하여 i) 패소피고로 하여금 강제집행을 면탈케 할 목적으로 목적물을 가장양도 받은 사람, 소유권이전등기 청구소송 중에 가장매매를 통하여 소유권을 넘겨받은 사람에 대하여 본조를 유추하여 목적물을 소지한 사람으로 보아, 승계집행문을 통하여 판결의 기판력 · 집행력을 확장하려는 시도이다.[305] 타당한 견해라고 생각한다. 실무상 어떻게 처리할 것인지는 고민하여야 할 것이다. ii) 또한 법인격의 남용 · 형해화 된 경우에 그 배후자에 대한 기판력 · 집행력을 확장하는 것도 가능할 것으로 생각되나,[306] 법인격을 부인하고 그 배후자에게 책임을 부담하게 할 것인지 여부는 실체적인 판단의 문제로서 심리가 상당히 복잡한 면이 있다는 점, 배후자에 대하여 별소를 제기할 수 있

---

304) 1990년 1월 13일 법률 4201호로 개정되기 전에는 구민사소송법 제204조 제2항에 "당사자가 변론종결 때까지 청구목적물 소지의 변동을 진술하지 아니한 때에는 변론종결 후에 목적물 소지의 변동이 있는 것으로 추정한다."고 정하고 있었다.

305) 강현중(2004), 699면; 송상현/박익환, 473면; 이시윤, 666면; 정동윤/유병현/김경욱, 851면.

306) 이시윤, 661면(형해화 된 경우에 인정하고 남용의 경우는 별론으로 함).

다는 점 등이 비추어,[307] 별소를 통하여 별도로 집행권원을 취득하게 하는 것이 타당하다고 본다. 판례도 같다.[308]

(3) 제3자의 소송담당의 경우의 권리귀속주체($\frac{218조}{3항}$)

① 제3자가 소송담당자로서 소송을 수행하여 받은 판결의 효력은 판결의 당사자가 되지 아니한 권리귀속주체 즉 본인에게 미친다. 법적 소송담당뿐만 아니라 임의적 소송담당의 경우에도 적용된다. 예컨대 회생절차의 채무자의 재산에 관한 소송에서 관리인이 받은 판결이 채무자에게($\frac{채무회생}{78조}$), 파산재단에 관한 소송에서 파산관재인이 받은 판결이 파산재단에게($\frac{채무회생}{359조}$), 선정당사자가 받은 판결이 선정자에게($\frac{53}{조}$), 유증의 목적인 재산에 관하여 유언집행자가 받은 판결이 상속인에게($\frac{민}{1101조}$), 해난구조료의 지급에 관한 소송에서 선장이 받은 판결이 지급채무자에게($\frac{상}{894조}$), 집합건물의 관리단이 집합건물의 공용부분이나 대지를 정당한 권원 없이 점유·사용하는 사람에 대하여 부당이득반환 소송을 제기하여 받은 판결이 구분소유자에게($\frac{218조}{3항}$)[309] 각각 미치는 경우가 여기에 해당한다.

본인에게 기판력이 미치는 근거는 법률 또는 당사자의 권한수여에 의하여 소송담당자에게 관리처분권이 부여되었기 때문에 권리귀속주체가 스스로 한 것과 같은 법률적 효력이 있기 때문이다. 따라서 권리귀속주체인 본인은 그 판결의 효력을 받지 아니하기 위하여는 소송담당자가 그 자격·권능이 없음을 다투는 방법밖에 없다.

② 채권자대위소송과 기판력

(a) 법정소송담당 중 담당자인 제3자가 권리귀속주체인 채무자와 병행하여 소송수행권을 가지고 있다고 보는 경우(통설임)에 어떠한 조건하에서 기판력이 채무자에게 미칠 것인가에 대하여 견해가 대립된다. 특히 채권자대위소송에 있어서 채권자가 빋은 판결의 효력이 채무자에게 미칠 것인가와 관련하여 논의된다. 여기에 관하여 채무자에게 무제한적으로 미친다는 적극설, 채무자에게 어느 경우에도 미치지 아니한다는 소극설,[310] 채무자가 고지 등 어떠한 사유를 통하여 채권자대위

---

307) 대판 2001. 1. 19, 97다21604; 대판 2004. 11. 12, 2002다66892; 대판 2006. 7. 13, 2004다36130.
308) 대판 1995. 5. 12, 93다44531.
309) 대판 2022. 6. 30, 2021다239301(구분소유자가 부당이득 반환소송을 제기하여 판결이 확정되면 그 효력이 관리단에게도 미침).
310) 호문혁, 741-742면(채권자대위소송을 법적 소송담당으로 보지 아니함).

소송이 계속된 사실을 알게 되어 절차권이 보장된 경우에 한하여 판결의 효력이 채무자에게 미친다는 절충설(髯)이 있다. 채무자에 대한 최소한의 절차보장이라는 면에서 보면 절충설이 타당하다. 대법원도 1975. 5. 13, 74다1664 전원합의체 판결을 계기로 절충설을 취하고 있다. 여기서 채무자에게 기판력이 미친다는 의미는 대위소송의 소송물인 피대위채권의 존부에 관하여 미치는 것이고, 채권자가 행사하는 대위소송의 소송요건인 피보전채권의 존부에는 당해 소송의 당사자가 아닌 채무자에게는 기판력이 인정되지 아니하므로, 채권자가 제3채무자를 상대로 한 대위소송에서 피보전채권이 인정되지 아니하여 소각하 판결을 받아 확정되었다고 하여도, 채권자가 채무자를 상대로 피보전채권에 해당하는 권리를 주장하여 소를 제기하는 것은 대위소송의 기판력에 반하는 것이 아니다.[311]

(b) 채권자대위소송과 관련히여 채권자가 빋은 판결의 채무사에게의 기판력의 확장의 문제 외에도 i) 채무자가 제3채무자를 상대로 한 소송에 따른 판결의 효력이 채권자에게 미칠 것인지 여부, ii) 채권자의 제3채무자에 대한 채권자대위소송에 따른 판결의 효력이 다른 채권자에 미칠 것인지에 관하여 문제된다.

우선 i) 채무자가 제3채무자를 상대로 한 소송에 따른 판결의 효력이 채권자에게 미칠 것인지 여부에 관하여 보면, 판례는 채무자가 받은 판결이 채권자의 채권자대위소송과 실질적으로 동일소송이므로 당연무효이거나 재심으로 취소되지 아니하는 한 채권자에 미친다고 한다.[312] 이에 대하여 기판력의 상대성의 원칙에 비추어 기판력이기보다는 채권자와 채무자 사이의 실체법상의 의존관계에 의한 반사효라는 견해,[313] 기판력의 문제가 아니고 채권자대위요건의 불비이므로 청구기각사유일 뿐이라는 견해[314] 등이 있다.

생각건대 채무자의 제3채무자의 소송에 따른 판결은 후소인 채권자의 제3채무자에 대한 대위소송과 일종의 선결관계에 있다고 보아 기판력의 효력이 미치는 것으로 보는 것이 타당하다고 본다. 다만 판례와 같이 실질적으로 동일한 소송이라는 소송물개념으로 기판력이 미친다고 이론구성 하는 것은 무리이고, 기판력의 확장개념인 선결관계로 해결하는 것이 타당하다고 본다. 기판력이 미쳐 소각하 하여야 한다. 판례와 결론은 동일하다.

---

311) 대판 2014. 1. 23, 2011다108095.
312) 대판 1979. 3. 13, 76다688; 대판 1981. 7. 7, 80다2751.
313) 이시윤, 667면.
314) 호문혁, 781면.

나아가 ⅱ) 채권자의 제3채무자에 대한 채권자대위소송에 따른 판결의 효력이 다른 채권자에 미칠 것인지에 대한 문제에 관하여 보면, 판례는 채권자의 대위소송을 채무자가 어떠한 사유로 알게 되어 채무자에게 기판력이 미치는 경우에는 다른 채권자의 제3채무자에 대한 동일한 소송물에 대한 대위소송에도 기판력이 미친다고 본다.[315] 여기에 대하여 기판력을 받는 채무자와 다른 채권자 사이에 실체법상의 의존관계가 있으므로 반사효로 보아야 한다는 견해,[316] 효력이 미치지 아니한다는 견해[317] 등이 있다.

생각건대 이 경우에도 채무자가 알게 된 경우 다른 채권자에게 기판력이 미친다고 보는 것이 판결의 모순·저촉의 방지, 제3채무자의 중복피소의 방지 등에 비추어 보면 타당하고, 그 이유는 다른 채권자의 소송에 있어서 채무자의 기판력이 선결관계에 있기 때문에 기판력의 확장을 인정할 필요가 있다. 판례와 같이 소송물의 동일 개념으로 기판력을 확장하려고 하면 무리가 있다.

다만 판례는 동일한 채권에 대해 복수의 채권자들이 압류·추심명령을 받은 경우, 어느 한 채권자가 제기한 추심금소송에서 확정된 판결의 기판력이 변론종결일 이전에 압류·추심명령을 받았던 다른 추심채권자에게 미치지 않는다고 한다.[318]

또한 채권자대위소송과 관련하여 판례는 ⅰ) 채권자가 채무자에게 승소확정판결을[319] 받거나 또는 채무자가 인낙[320]한 후 대위소송을 제기한 경우에 채권자가 채무자에 대하여 그 주장과 같은 청구권(피보전청구권)을 가진다는 점은 입증되었다고 할 것이므로, 제3채무자는 그 청구권의 존재를 다툴 수는 없다고 하며,[321] ⅱ) 채권자가 채무자에게 소유권이전등기청구를 하여 패소확정판결을 받고 후에 제3채무자에 대하여 말소청구의 대위소송을 제기한 경우에 패소확정판결을 받은

---

315) 대판 1994. 8. 12, 93다52808; 대판 2008. 7. 24, 2008다25510; 정동윤/유병현/김경욱, 816면.
316) 이시윤, 667면.
317) 호문혁, 780면.
318) 대판 2020. 10. 29, 2016다35390(판례는 기판력의 주관적 범위는 원칙석으로 변론 종결후의 승계인 등 법률규정이 있는 경우에 국한되므로(218조 1항, 3항) 추심채권자들이 제기하는 추심금소송의 소송물은 채무자의 제3채무자에 대한 피압류채권의 존부로서 서로 같더라도 소송당사자가 다른 이상 기판력이 서로에게 미치지 않음을 그 이유를 들었다. 그리고 이러한 법리는 어느 한 채권자가 제기한 추심금소송에서 화해권고결정이 확정되었더라도 화해권고결정의 기판력은 화해권고결정 확정일 전에 압류·추심명령을 받았던 다른 추심채권자에게도 미치지 않는다고 하였다).
319) 대판 2007. 5. 10, 2006다82700, 82717; 대판 2014. 7. 10, 2013다74769; 대판 2015. 9. 24, 2014다74919(소송행위를 주 목적하여 무효인 경우에는 다툴 수 있음).
320) 대판 1995. 12. 26, 95다18741.
321) 3채무자가 피보전청구권의 존재를 다툴 수 없다면 소송관계의 제3자인 제3채무자에 대한 기판력의 부당한 확장이라는 견해가 있다(이시윤, 668면).

종전 소송의 청구원인이 대위소송의 피보전권리와 동일하다면, ⓐ 채권자로서는 기판력으로 말미암아 더 이상 채무자에 대하여 확정판결과 동일한 청구원인으로는 청구를 할 수 없게 되었고, ⓑ 가사 채권자가 대위소송에서 승소하여 제3자 명의의 이전등기가 말소된다 하여도 채권자가 채무자에 대하여 다시 이전등기청구 할 수 있는 것도 아니므로, ⓒ 채권자로서는 채무자의 제3자에 대한 권리를 대위행사 함으로써 소유권이전등기청구권을 보전할 필요가 없다고 한다.[322]

③ 채권자취소소송과 기판력

(a) 채권자가 자신의 권리인 채권자취소권에 따라 채무자의 사해행위의 취소소송을 제기하여 판결이 확정된 경우(특히 채권자가 패소된 경우가 문제됨)에 그후 다른 채권자가 동일한 채무자의 사해행위에 관하여 채권자취소소송을 제기한 경우에 처음 채권자의 채권자취소소송이 후소에 구속력을 갖게 되는지 여부가 문제된다. 그러나 채권자취소권은 각각의 채권자가 자신의 고유한 권리에 기초하여 행사하는 것이므로 전의 채권자취소소송에 따른 확정판결의 기판력이 다른 채권자의 채권자취소소송에 영향을 미치지 못한다.[323] 판례도 같다.[324]

다만 이미 채권자취소소송으로 원상회복까지 된 경우에 비로소 다른 채권자의 사해행위취소 및 원상회복청구가 그와 중첩되는 범위내에서 권리보호이익이 없다고 할 것이다.[325]

(b) 여러 개의 사해행위취소소송에서 각 가액배상을 명하는 판결이 선고되어 확정된 경우, 각 채권자의 피보전채권액을 합한 금액이 사해행위 목적물의 가액에서 일반채권자들의 공동담보로 되지 않는 부분을 공제한 잔액(공동담보가액)을 초과한다면 수익자가 채권자들에게 반환하여야 할 가액은 공동담보가액이라고 할 것이므로, 그중 각 사해행위취소 판결에서 다액의 공동담보액에서 자신이 반환한 가액을 공제한 금액을 초과하는 범위에서 청구이의의 방법으로 집행권원의 집행력을 배제할 수 있다.[326]

---

322) 대판 2002. 5. 10, 2000다55171.

323) 同旨: 이시윤, 669면; 정동윤/유병현/김경욱, 855면.

324) 대판 2003. 7. 11, 2003다19558; 대판 2005. 11. 25, 2005다51457; 대판 2008. 4. 24, 2007다84352; 대판 2012. 4. 12, 2011다110579; 대판 2014. 8. 20, 2014다28114; 대판 2022. 8. 11, 2018다202774.

325) 대판 2003. 7. 11, 2003다19558; 대판 2005. 11. 25, 2005다51457; 대판 2008. 4. 24, 2007다84352; 대판 2012. 4. 12, 2011다110579; 대판 2014. 8. 20, 2014다28114; 대판 2022. 8. 11, 2018다202774.

326) 대판 2022. 8. 11, 2018다202774.

(4) 소송탈퇴자($^{80,}_{82조}$)

제3자가 독립당사자참가($^{79}_{조}$), 참가승계($^{81}_{조}$) 또는 인수승계($^{82}_{조}$)를 한 경우에 종전의 당사자는 그 소송에서 탈퇴할 수 있다($^{80,}_{82조}$). 이 경우 뒤에 제3자와 상대방 사이의 판결의 기판력은 탈퇴자에게 미친다. 선정자가 소송계속 중 선정당사자를 선정함으로 인하여 당사자에서 탈퇴된 경우에도 같다($^{53조}_{2항}$).

3. 제3자에 대한 기판력의 확장

(1) 확장의 필요성

통상 소송을 통한 분쟁은 상대적 해결로 만족하는 것이 원칙이다(기판력의 상대성의 원칙). 그러나 일정한 신분관계, 회사 등의 단체관계, 공법상의 법률관계에 있어서 분쟁의 획일적 처리가 요청된다. 이러한 경우에 예외적으로 기판력의 상대성의 원칙을 완화하여 기판력을 일정한 이해관계 있는 제3자 또는 일반의 제3자에게 확장할 필요성이 있다. 이러한 논의가 제3자에 대한 기판력의 확장 문제이다. 그 필요성의 강도(强度)에 따라 i) 일정한 이해관계 있는 제3자에 대하여 한정적으로 확장하거나, ii) 일반 제3자에게까지 확장할 수 있다. 이러한 기판력의 확장에 있어서 가장 문제되는 것은 제3자에 대한 절차보장이다.

(2) 일정한 이해관계인에 대한 확장(한정확장)

여기에는 파산채권확정소송·개인회생채권확정소송의 판결이 채권자 전원에게($^{채무회생 468조}_{1항, 607조 1항}$), 회생채권 및 회생담보권의 확정에 관한 소송에 대한 판결이 회생채권자·회생담보권자·주주·지분권자 전원에게($^{채무회생}_{176조 1항}$), 추심의 소에 대한 판결이 참가명령을 받은 모든 채권자에게($^{민집 249}_{조 4항}$), 증권관련 집단소송의 판결이 제외신고를 하지 아니한 모든 구성원에게($^{증집}_{37조}$), 소비자·개인정보 단체소송에서 판결이 확정된 때에는 판결이 확정된 후 그 사안과 관련하여 국가 또는 지방자치단체가 설립한 기관에 의하여 새로운 연구결과나 증거가 나타난 경우나, 기각판결이 원고의 고의로 인한 것임이 밝혀진 경우 외에는 다른 단체에게($^{소기}_{75조}$), 각각 판결의 효력이 미치므로 다시 소를 제기할 수 없는 경우 등이 해당한다.

(3) 일반 제3자에 대한 확장(일반적 확장: 대세효)

일반 제3자에 대한 확장은 가사소송·회사소송·행정소송 등에서 볼 수 있다.

① 신분관계는 모든 사람에게 획일적으로 처리할 필요가 있으므로, 가사소송사건(다만 다류사건은 제외됨)의 경우에 있어서 청구를 인용하는 확정판결은 일반 제3자에게 효력이 미친다(가소 $\frac{21}{조 1항}$). 제3자에 효력이 미친다고 함은 기판력이 포함됨은 당연하다.[327] 그런데 청구가 배척된 확정판결의 경우(기각 또는 각하된 경우)에는 제3자의 절차보장을 위하여 제3자가 사실심의 변론종결 시까지 참가할 수 없었던 정당한 사유가 있는 경우에는 미치지 아니하고(재소할 수 있음), 그렇지 못한 경우에는 다시 소를 제기할 수 없다(가소 $\frac{21}{조 2항}$). 이는 가사소송법 제21조의 조문명칭에서 명백히 밝힌 바와 같이 '기판력의 주관적 범위에 관한 특칙'으로 제21조 제1항은 기판력의 일반 제3자의 확장이고, 동조 제2항은 그 범위의 일부 제한으로 보아야 한다.[328]

② 회사관계소송의 판결은 청구인용판결의 경우에 제3자에게 효력이 미치고, 소각하·청구기각 판결 등 패소판결의 경우는 일반원칙에 따라 당사자 사이에 미칠 뿐이다($\frac{상 190, 328, 376, 380,}{381, 430, 446조}$). 효력의 성질과 관련하여 제3자에게 판결의 효력이 미친다는 이유로 기판력의 확장이 아닌 형성력의 효과라는 견해가 있으나,[329] i) 형성력의 판단기준의 핵심은 판결로 권리의 변동이 있는지 여부이지 제3자에게 효력이 미치는지 여부가 아니라는 점, ii) 청구인용판결이 확인판결로서의 성질도 가지고 있다는 점 등에 비추어 보면 기판력의 제3자에 대한 확장으로 보는 것이 타당하다고 본다.[330] 기판력이 확장되면 당연히 형성력도 확장되는 것이다.

또한 회사관계소송의 판결에 대한 확장법리를 회사가 아닌 민사상의 법인의 이사회결의무효확인의 소 등 단체관련소송에 유추적용 하여야 한다는 견해가 있는바,[331] 형성소송이 아닌 경우에도 일반적으로 확대하는 것은 어렵다고 보이고 특수한 사정이 있는 경우에 선별적으로 신의칙의 법리에 따라 구제할 가능성은 남겨 두면 된다고 본다.

---

327) 同旨: 정동윤/유병현/김경욱, 856면.
328) 同旨: 이시윤, 670면. 反對: 정동윤/유병현/김경욱, 856면 註2) 참조(제한적 기판력의 확장이 아닌 소제기권을 제한한 특별한 효력으로 봄).
329) 김용진, 481면; 이시윤, 670면; 송상현/박익환, 474면; 호문혁, 783면.
330) 同旨: 정동윤/유병현/김경욱, 857면.
331) 이시윤, 670면.

③ 행정소송 중 항고소송의 판결의 경우는 회사관계소송과 같이 청구인용판결의 경우에 제3자에게 효력이 미치고, 소각하·청구기각 등 패소판결의 경우는 일반원칙에 따라 당사자 사이에 미칠 뿐이다(행소 29조 1항, 38조 1, 2항). 항고소송의 인용판결이 제3자에게 효력이 미치는 것과 관련하여 그 성질이 문제된다. 형성력의 효과로 보는 것이 통설이다.[332] 하지만 행정소송 중 항고소송은 처분의 취소소송, 무효 등 확인소송, 부작위위법 확인소송으로 나누어지고(행소 4조), 처분의 취소소송은 인용판결이 확정됨으로써 행정처분의 취소로 인한 권리관계의 변동이 발생하므로 그 결과 대세적 효력이 있다고 할 수 있으나, 나머지 항고소송은 권리관계의 변동이 직접 발생하는 것이 아니므로 행정소송법 제29조 제1항(행소 38조 제1, 2항에서 준용함)에 의한 기판력의 확장으로 보는 것이 타당하다고 생각한다.

(4) 기판력의 확장과 제3자의 절차보장

판결의 효력을 일정한 이해관계 있는 제3자 또는 일반 제3자에게 확장하기 위하여는 관련 제3자에 대한 절차보장을 하는 것이 필요하다. 이와 관련하여 기판력을 확장하는 분야에 제3자의 절차보장과 관련된 규정을 보면 i) 처분권주의·변론주의를 배제하고 직권주의를 가미하거나 직권탐지주의에 의하도록 하고 있고 (가소 12, 17조, 행소 26조, 중집 30조 이하, 상 403조 6항 등), ii) 충실하게 소송을 수행할 수 있는 자로 제소권자를 한정하고 있으며(상 376조, 소기 70조), iii) 제3자에게 소송계속을 알려 소송참가의 기회를 부여하고 (상 187조, 404조 2항, 240조, 가소 21조 2항, 행소 16, 중집 10, 18조), iv) 원칙적으로 제3자에게 유리한 판결에 한하여 그 효력을 확장하고, 불리한 경우에는 그 효력을 제한하며(상 190, 가소 21조), v) 제3자에게 사해재심(詐害再審)을 인정하거나(상 406, 행소 31조), vi) 법률상 병합심리를 의무화하는 조치(상 188조, 중집 14조, 소단규 15조) 등이 있다.

이러한 조치는 판결의 효력이 미치는 제3자에 대한 절차보장의 측면에서 이루어지는 것이다. 제3자에 대한 절차보장을 더욱 강화하는 방안으로 제3자에 대한 소송고지의 의무화, 법원의 제3자에 대한 직권소환제 등이 그 필요에 따라 강구될 수 있다고 본다.

---

332) 김용진, 481면; 송상현/박익환, 474면; 이시윤, 670면; 정동윤/유병현/김경욱, 857면.

제 5 관   집행력과 형성력

Ⅰ. 집 행 력

1. 의   의

(1) 집행력(執行力)이라 함은 좁은 의미로는 판결 등으로 명한 이행의무를 강제집행절차에 의하여 실현하는 효력을 말한다. 통상 집행력이라 하면 이를 의미한다. 이러한 집행력은 확정된 이행판결에 인정되는 것이 원칙이고, 가집행선고부 이행판결의 경우에는 확정 전에 예외적으로 집행력이 발생한다. 집행력이 인정된 증서를 집행권원(민집 56조 24.)이라 한다.

(2) 넓은 의미의 집행력은 강제집행절차 이외의 방법에 의하여 판결의 내용에 적합한 상태를 실현할 수 있는 효력까지 포함하는 개념이다. 예컨대 가족관계등록부에 기재 및 정정(가등 58, 66, 78, 107조), 등기의 등록·말소·변경(부등 29조)을 신청하여 발생하는 효력 등이 여기에 해당한다. 또한 이행판결 외에 확인판결·형성판결에도 판결의 내용에 적합한 상태를 실현하는 경우가 있으므로 넓은 의미의 집행력이 있다고 할 것이다.

2. 집행력을 갖는 재판

(1) 좁은 의미의 집행력은 이행판결이 확정된 경우이다. 다만 가집행선고부 이행판결은 확정이 되지 아니한 경우에도 예외적으로 집행력을 가진다. 확인판결·형성판결은 주문 중 소송비용에 관한 재판에 한하여 집행력이 발생한다. 그러나 이행판결 중에서도 이행의무의 성질상 강제집행에 적합하지 아니한 경우는 집행력이 발생할 여지가 없다.[333]

(2) 판결 외에 확정판결과 같은 효력이 있는 각종의 조서(예: 청구의 인낙조서·화해조서·조정조서 등), 항고로만 불복할 수 있는 결정·명령(민집 56조 1호), 확정된 지급명령(민집 56조 3호), 확정된 화해권고결정(225, 231조)·이행권고결정(소심 5조의7), 조정을 갈음하는 결정(민조 30조), 형사재판에 부대하여 행하는 배상명령(소촉법 34조), 검사의 집행명령(형소 477조 1항, 민집 60조), 공증인이 작성한 집행증서(민집 56조 4호), 집행판결(민집 26조 1항, 중재 37조 2항) 등도 집행력이 있다.

---

333) 同旨: 정동윤/유병현/김경욱, 858면.

3. 집행력의 범위

(1) 원 칙

집행력도 기판력의 경우와 같이 시적 범위, 객관적 범위, 주관적 범위로 나눌 수 있고, 구체적 범위도 기판력의 그것에 준한다.

(2) 기판력과 집행력의 주관적 범위의 구별논의

① 최근 기판력과 달리 집행력이 제3자에 대하여 강제력을 행사하는 것이므로 신중을 기하여야 한다는 입장에서, 집행력의 주관적 범위와 관련하여 변론종결한 뒤의 승계인이 고유한 방어방법을 가지는 경우에 집행력을 제한하려는 견해가 있다.[334] 그 주요 내용을 보면 변론종결 된 뒤의 승계인이 고유한 방어방법을 가진 경우[예: 원고가 피고를 상대로 소유권에 기하여 특정 동산의 인도청구를 하여 승소판결이 확정된 뒤(또는 변론종결 뒤)에 제3자가 그 동산을 선의취득 한 경우, 자세한 논의는 기판력의 주관적 범위부분 참조바람]에 기판력의 경우에는 당사자 사이의 판결을 제3자가 승계인으로 승인하는 것이지만 집행력의 경우는 직접 강제력이 발생하는 것이므로, 기판력에서는 형식설에 의하여 일단 효력이 미치게 한 후에 제3자가 이를 배제하기 위하여 집행문부여에 관한 이의의 소 또는 청구에 관한 이의의 소로 집행력을 인정하지 않아도 되지만, 집행력의 경우에는 고유한 방어방법이 있는 경우에는 형식설이 아닌 실질설에 따라 집행력을 인정할 필요가 있다는 것이다. 즉 기판력의 확장은 형식설에 의하더라도, 집행력의 경우에는 실질설을 취할 필요가 있다는 것이다.

② 생각건대, 위 견해 중 i) 집행력의 확장을 신중히 하여야 한다는 점, ii) 기판력의 주관적 범위와 관련하여 형식설을 취하더라도 집행력의 주관적 범위에 있어서는 실질설을 취할 필요가 있고, 결국은 범위가 같아질 것이지만 일정한 기간 동안에 차이가 날 수 있다는 점을 지적한 점은 탁견(卓見)으로 경청할 만하다. 그러나 기본적으로 i) 집행력의 범위는 이행판결의 이행의무의 범위에 의하여 정하여지는 것이고, 이행의무의 범위는 기판력의 범위로 정하여 지는 것이라는 점, ii) 특별한 사정이 없는 이상 기판력과 집행력의 범위를 일치시키는 것이 이상적(理想的)이라는 점, iii) 집행력의 주관적 범위와 관련하여 형식설과 실질설은 시간적

---

334) 정동윤/유병현/김경욱, 859-860면.

차이일 뿐이므로 기판력과 다른 견해를 취할 필요가 없다는 점, iv) 이론적 일관성의 관점 등에 비추어 보면, 승계인이 고유한 방어방법을 가진 경우에도 기판력과 집행력의 주관적 범위를 달리할 필요 없이 형식설에 의하면 된다고 본다.

(3) 다만 판례는 채권자대위소송의 판결의 기판력이 채무자에게 미치는 경우에도 집행력은 대위소송의 원·피고 사이에만 미칠 뿐이고 원고와 채무자 사이에는 미치지 아니한다고 하여,[335] 기판력과 집행력의 범위가 다를 수 있다는 점을 시사하고 있다.

Ⅱ. 형 성 력

1. 의   의

(1) 형성력(形成力)이라 함은 형성의 소를 인용하는 형성판결이 확정됨으로써 판결내용대로 새로운 법률관계가 발생하거나 종래의 법률관계를 변경·소멸시키는 효력을 말한다. 형성력은 형성의 소를 인용하는 판결에서만 생기는 것이고, 형성의 소를 기각하는 판결 또는 이행판결·확인판결에서는 발생하지 아니한다. 형성의 소를 기각하는 판결은 형성권의 부존재를 확인하는 확인판결로서의 의미가 있을 뿐이다.

(2) 형성력에 의한 법률관계의 변동은 당사자뿐만 아니라 널리 제3자에게도 미쳐야 하므로 대세적 효력(對世的 效力)을 가지는 것이 특징이다. 다만 소송상의 형성의 소는 대세적 효력을 갖지 아니한다.

(3) 형성판결은 형성의 소가 제기된 경우에 하며, 통상 형성의 소는 법률에 그 대상인 법률관계와 당사자적격자 등을 정하고 있다(예: 이혼소송, 주주총회결의취소소송 등).

2. 형성력의 본질

(1) 형성력의 본질 또는 근거와 관련하여 형성판결을 국가의 공법상 행위로 보고, 형성력은 국가의 공법상 행위 내지 의사표시에 기한 효과로서 권리관계의 변동을 일으키는 효력으로 보는 견해(의사표시설 또는 국가적 처분행위설), 형성판결도 하나의 판결이므로 형

---

335) 대결 1979. 8. 10, 79마232.

성력이란 형성권 내지 형성요건의 존재가 기판력으로 확정되어 다툴 수 없게 됨에 따라 발생하는 효력이라고 보는 견해(김철설), 확정된 형성판결이 법률요건을 이루고, 형성판결의 확정에 의하여 후소 법원을 비롯한 제3자도 구속되는 형성력이 발생하다는 보는 견해(법률요건적 효력설) 등이 주장된다.

(2) 본질과 관련하여 의사표시설은 형성판결이 일반 행정처분과 다른 판단작용으로서의 성질을 가지고 있는 것을 간과하는 단점이 있고, 기판력설은 형성판결이 가지고 있는 대세적 효력을 충분히 설명하기 어려운 난점이 있다. 형성의 소가 법률의 특별한 규정이 있는 경우에 한하여 인정되고, 형성판결은 이러한 형성의 소에 기초하여 형성요건의 존부를 확인하고, 법률의 규정에 따라 법률관계의 변동이라는 효과가 발생한다는 점과 형성판결의 대세적 효력을 설명하기 쉽다는 점에 비추어 보면 법률요건적 효력설이 타당할 것으로 보인다.[336]

(3) 형성력의 중요한 특성 중의 하나가 대세적 효력이지만 「형성력＝대세적 효력」의 관계는 아니다. 형성력의 본질은 형성판결에 의하여 법률상의 형성권의 존재가 확인됨으로 인하여 법률관계의 변동이라는 법률효과가 발생하는 것이라는 점을 명심할 필요가 있다.

3. 형성력을 갖는 재판

(1) 형성력은 형성의 소를 인용하는 형성판결이 확정되었을 때에 발생한다. 다만 넓은 의미의 집행력을 발생시킨다는 의미에서 청구에 관한 이의의 소·집행문 부여에 대한 이의의 소에 대한 잠정처분을 하면서 이미 내린 처분을 취소·변경 또는 인가를 하면서 직권으로 가집행선고를 함으로써 형성재판의 확정 전에 형성력을 발생시키는 경우도 있다(민집 47조 2항, 46, 44, 45조). 형성의 소를 기각하는 판결은 형성요건 또는 형성권의 부존재를 확인하는 확인판결의 성격을 가질 뿐이다.

(2) 형성판결과 기판력

형성의 소를 인용하는 형성판결에 형성력이 발생하는 것은 별론으로 하고, 형성요건의 존재에 대한 기판력을 인정할 것인지 여부가 다투어지고 있다. 이를 부정하는 견해는 형성판결의 기능은 형성력에 있고, 형성판결의 대상인 형성권도 형성판결로서 목적을 달성하여 소멸하였으므로 형성권의 존부를 재론할 여지가 없

---

336) 同旨: 정동윤/유병현/김경욱, 861면.

다는 것이다.[337] 이를 긍정하는 견해에서는 형성판결에서 기판력을 부정한다면 형
성소송에서 패소한 피고가 형성소권의 부존재를 이유로 하여 손해배상청구 또는
부당이득반환청구를 하는 것을 막을 수 없으므로 형성판결에서도 기판력을 인정
하여야 한다는 것이다.[338] 예컨대 이혼판결에서 패소한 피고가 당해 이혼은 이혼
원인이 없는 부당한 판결이라는 이유로 승소판결에 따라 재산분할을 받아간 원고
를 상대로 부당이득반환청구를 하는 것을 막을 수 없다. 형성판결의 경우에 형성
권의 존재에 대하여 기판력을 인정하는 것이 타당하다(통설). 판례도 형성판결에서
기판력을 긍정한다.[339]

(3) 형성판결의 효력발생시기

형성판결이 확정되면 권리관계를 변동하는 형성력이 발생한다. 그런데 형성력
을 장래를 향하여 발생시킬 것인지, 과거의 일정한 시점으로 소급할 것인가 하는
것은 입법론·해석론의 선택의 문제이다.[340] 변동의 효과를 철저히 실현시킬 필요
가 있는 경우에는 그 효력을 소급시킬 수 있고($\frac{민\ 846,}{860조}$), 변동 자체는 확실하고 획일
적으로 하지만 지금까지의 법률관계를 인정함으로써 이해관계인을 보호할 필요가
있다면 장래를 향하여 형성력을 발생하는 것으로 족할 것이다($\frac{민\ 824,}{816조}$).[341]

4. 형성력의 범위

형성력의 경우도 기판력·집행력의 경우와 같이 시적 범위, 객관적 범위, 주관
적 범위로 나눌 수 있고, 구체적 범위도 기판력의 그것에 준하여 생각할 수 있다
고 본다.

(1) 시적·객관적 범위

기판력의 경우와 같이 시적 범위는 변론종결시를 표준시로 하여야 할 것이
고,[342] 객관적 범위도 형성요건의 존재에 대한 주문의 판단에 한정한다고 할 것이

---

337) 新堂幸司, 184면.
338) 이시윤, 210면; 정동윤/유병현/김경욱, 82면.
339) 대판 1981. 3. 24, 80다1888, 1889(공유물분할청구소송), 대판 2015. 6. 11, 2014므8217(인
지청구소송).
340) 新堂幸司, 184면.
341) 同旨: 정동윤/유병현/김경욱, 863면; 新堂幸司, 184면.
342) 강현중 교수는 형성력의 시적 범위 즉 표준시를 기판력과 달리 변론종결시가 아닌 판결확정
시라고 하나(강현중, 729면 참조), 이는 형성판결의 효력발생 시기를 의미하는 것으로 보아야 하고

다. 이에 대하여 법률에 특별한 규정이 있으면 그것에 의하면 된다.

(2) 주관적 범위

형성소송은 주로 가사소송·회사소송·행정소송이고, 기판력의 주관적 범위와 특별히 차이나지는 아니한다.

① 신분관계는 모든 사람에게 획일적으로 처리할 필요가 있으므로, 가사소송사건(다만 다류사건은 제외됨)의 경우에 있어서 청구를 인용하는 확정판결은 일반 제3자에게 형성력이 미친다($\frac{가소\ 21}{조\ 1항}$). 그러나 청구가 배척된 확정판결의 경우(기각 또는 각하된 경우)에도 법률의 규정에 의하여 제3자가 사실심의 변론종결 시까지 참가할 수 없었던 정당한 사유가 있는 경우에는 미치지 아니하고(재소할 수 있음), 그렇지 못한 경우에는 다시 소를 제기할 수 없다고 할 것이다($\frac{가소\ 21}{조\ 2항}$).

② 회사관계소송 중 형성판결은 청구인용판결의 경우에 제3자에게 효력이 미치고, 소각하·청구기각 판결 등 패소판결의 경우는 일반원칙에 따라 당사자 사이에 미칠 뿐이다($\frac{상\ 190,\ 240,\ 376,}{380,\ 446,\ 552조}$).

③ 행정소송 중 항고소송의 판결의 경우는 회사관계소송과 같이 청구인용판결의 경우에 제3자에게 효력이 미치고, 소각하·청구기각 등 패소판결의 경우는 일반원칙에 따라 당사자 사이에 미칠 뿐이다($\frac{행소\ 29조\ 1항,}{38조\ 1,\ 2항}$).

④ 기타 형성력에 있어서 대세적 효력이 본질적인 것인지 여부에 관하여 견해가 나뉜다. 이것은 형성판결과 관련한 명문의 규정이 없을 경우에 대세적 효력을 인정할 것인가와 관련이 있다. 특히 합명회사·합자회사의 사원 또는 주주에 의한 해산청구($\frac{상\ 241,\ 269,}{520조}$), 주주에 의한 이사의 해임청구($\frac{상}{385조}$) 등에서 문제된다. 형성력의 본질과 관련하여 법률요건적 효력설에 따라 대세효를 인정하여야 할 것이나,[343] 해석론에 의하여 일정한 경우에 대세효의 범위를 제한할 수는 있다고 본다. 그러나 대세효는 형성력의 주요한 특성 중의 하나이기는 하나 형성력에만 주어지는 것은 아니며, 기판력 등에서도 필요에 따라 주어질 수 있다는 점을 명심하여야 한다.

형성력의 시적 범위는 특별한 규정이 없는 한 기판력의 경우와 같이 사실심의 변론종결시가 최종 기준으로 된다고 보아야 할 것이다.

343) 同旨: 정동윤/유병현/김경욱, 863면.

제6관 판결의 부수적 효력

I. 총 설

(1) 판결이 확정되면 그 판단내용에 따라 판결의 본래적 효력이라고 할 수 있는 기판력·집행력 및 형성력이 발생한다. 그러나 이러한 효력 외에도 법률의 규정 또는 해석을 통하여 일정한 효력이 인정되는데 이를 총칭하여 판결의 부수적 효력(附隨的 效力)이라고 한다.

(2) 판결의 부수적 효력에는 i) 소송법상 인정되는 제도적 효력으로서 보조참가소송·소송고지의 경우 인정되는 참가적 효력($\frac{77}{86조}$)과 넓은 의미의 집행력 등이 있고, ii) 민법 기타의 실체사법(實體私法)이 확정판결의 존재를 법률요건으로 하여 일정한 법률효과의 발생을 인정하는 법률요건적 효력(法律要件的 效力)이 있으며, iii) 소송법이나 실체법상 특별한 규정이 없으나 이론상 인정되거나 논의되는 효력으로서 반사적 효력(反射的 效力), 쟁점효(爭點效), 사실적 효력(事實的 效力)으로서 증명적 효력(또는 증명효), 파급적 효력 내지 간접적 효력, 재판절차적 효력 등이 논의된다.

(3) 이러한 부수적 효력 중 참가적 효력, 넓은 의미의 집행력, 쟁점효 등은 이미 해당 부분에서 설명하였으므로 여기에서는 법률요건적 효력, 반사적 효력, 사실적 효력을 중심으로 설명하도록 하겠다.

II. 법률요건적 효력

(1) 법률요건적 효력(Tatbestandswirkung)이라 함은 민법 기타 그 밖의 법률에서 확정판결의 존재를 법률요건으로 하여 일정한 실체법상의 법률효과를 발생시키는 효력을 말한다. 이는 판결의 본래적 효력이 아닌 판결의 부수적 효력의 하나로서 실체법적 효력이라고 할 수 있다. 확정판결의 존재가 법률요건에 해당하므로 소송절차에서 확정판결의 존재를 주장·증명하여야 된다는 점에서 변론주의의 지배를 받는다고 할 수 있다.[344]

---

344) 同旨: 정동윤/유병현/김경욱, 864면.

(2) 여기에는 확정판결을 요건사실로 한 시효의 재진행($^{민}_{178조}$), 단기시효의 10년으로의 보통시효화($^{민}_{165조}$), 형성판결에 의한 등기 없는 물권변동($^{민}_{187조}$), 보증채무의 존재를 확정하는 판결의 선고를 요건사실로 한 구상권의 현실화($^{민\ 442조}_{1항\ 1호}$), 공탁 유무의 확정판결을 요건으로 한 공탁물회수청구권의 소멸($^{민\ 489}_{조\ 1항}$), 설립무효・취소 판결과 회사계속($^{상}_{194조}$), 가집행선고실효의 경우의 원상회복과 손해배상청구권의 발생($^{215}_{조}$), 소유권보존등기 신청권의 발생($^{부등\ 130.}_{131조}$) 등이 있다. 넓게는 소송법에 규정되어 있는 참가적 효력($^{77.}_{86조}$)이나 청구에 관한 이의의 소에 있어서의 이의의 제한($^{민집}_{44조}$) 등도 포함시킬 수 있다.[345]

(3) 기타 당사자 사이에 판결의 존재를 요건으로 하여 일정한 법률효과의 발생을 인정하는 합의의 효력을 인정할 것인지 논의되는데, 계약자유의 원칙상 이를 특별히 금지할 이유는 없을 것이다.[346] 이 경우 판결의 존재가 계약의 요건으로서 일정한 법률효과가 발생할 수 있다는 점에서 법률요건적 효력과 유사한 효력이 발생할 수 있지만, 이는 계약의 효력이라고 보면 될 것이다.

Ⅲ. 반사적 효력

1. 의   의

(1) 반사적 효력(Reflexwirkung, 또는 反射效)이라 함은 제3자가 직접 당사자 사이의 판결의 기판력을 받는 것은 아니지만, 당사자 사이의 기판력의 구속력으로 인하여, 당사자와 실체법상 특수한 의존관계(依存關係)에 있는 제3자가, 반사적으로 판결로 인한 이익 또는 불이익을 받게 되는 효력을 말한다. 이는 판결의 효력의 확장이론 중의 하나로서 판결의 본래적 효력이 아닌 부수적 효력으로 분류된다. 제3자 효력(Drittwirkung)이라고도 한다.

(2) 반사적 효력이 미치기 위하여는 '실체법상의 의존관계'가 있어야 한다. 이것을 구체적으로 보면 당사자가 소송에서 다투는 권리관계에 관하여 판결의 기준시에 판결내용과 같은 권리관계가 존재하는 경우에 제3자가 거기에 따라야 하는 지위에 있는 것을 말한다.

---

345) 同旨: 이시윤, 673면.
346) 同旨: 정동윤/유병현/김경욱, 864면.

2. 반사적 효력이 인정되는 경우

제3자에게 반사적 효력이 인정되는 예로 다음과 같은 것이 있다.

(1) 우선 i) 채권자와 주채무자 사이의 주채무청구소송에서 주채무가 존재하지 않는다는 이유로 주채무자가 승소한 확정판결은 보증채무의 부종성(附從性) 때문에 보증인도 주채무청구소송의 승소판결을 원용하여 보증채무의 이행을 거절할 수 있으며(민430조),[347] ii) 합명회사와 채권자 사이의 소송에서 회사채무의 존부에 관한 판결이 있는 경우에 사원은 회사패소의 판결을 승인하여야 하고, 회사승소판결의 경우에는 자기에게 유리하게 원용할 수 있고(상213,214조), iii) 공유자는 다른 공유자가 공유물반환 및 방해배제청구를 하여 제3자에게 승소한 경우에는 이를 보존행위라고 하여 그 제3자에 대하여 그 판결의 원용이 가능하며, iv) 연대채무자 중 1인에 대한 채무면제는 그 채무자의 부담부분에 한하여 다른 연대채무자의 이익을 위하여 효력이 있으므로(민419조) 다른 연대채무자는 그 부담부분에 한하여 자기에게 유리하게 원용할 수 있고,[348] v) 연대채무자 중 1인이 채권자에 대하여 상계항변을 하여 승소판결을 받은 경우에 다른 연대채무자는 자기에게 유리하게 이를 원용할 수 있고(민418조),[349] vi) 당사자 사이에 부동산의 소유권의 존부에 관한 판결이 확정된 경우에 한쪽 당사자의 일반채권자는 그 부동산의 소유권의 귀속에 관한 판단을 다툴 수 없게 되어 반사적 효력을 받으며,[350] vii) 임대인과 임차인 사이에 임차권을 확정하는 판결은 전차인이 이를 유리하게 원용할 수 있다.

(2) 그 외에 채무자가 제3채무자를 상대로 한 책임재산 귀속에 관한 소송에서 패소 확정되었을 때에 채권자가 그 채무자를 대위하여 제3채무자를 상대로 소제기 하는 경우에 판결의 효력이 미칠 것인지 여부에 관하여 논의된다. 이에 대하여 기판력의 상대성의 원칙에 비추어 기판력이라기보다는 채권자와 채무자 사이의 실체법상의 의존관계에 의한 반사효라는 견해(방실효)와[351] 채무자와 제3채무자의

---

347) 그러나 불리한 경우 즉 채권자와 주채무자 사이의 주채무청구소송에서 주채무가 존재한다는 이유로 주채무자가 패소한 확정판결은 부종성과 관련이 없으므로 보증인에게 미치지 아니한다(同旨: 정동윤/유병현/김경욱, 865면)

348) 同旨: 강현중, 770면.

349) 同旨: 정동윤/유병현/김경욱, 865면. 反對: 강현중, 770면[다른 연대채무자의 상계에 대하여 반사효를 인정하면 채권자의 수동채권이 없거나 연대채무자에게 자동채권(반대채권)이 없는 경우에도 당사자의 합의에 의하여 상계를 허용하게 되어 부당하다고 함].

350) 同旨: 강현중, 770면; 정동윤/유병현/김경욱, 826면.

351) 이시윤, 674면.

소송에 따른 판결은 후소인 채권자의 제3채무자에 대한 대위소송과 일종의 선결관계에 있다고 보아 기판력의 효력이 미치는 것으로 보는 견해(_{결합})가 있다. 기판력설이 타당하다고 본다.[352] 판례도 두 소송이 실질적으로 동일한 소송물이라고 판시하고 있는 점에 비추어 기판력설에 따르고 있다고 보인다.[353]

3. 반사적 효력의 특색

반사적 효력은 기판력과 비교하여 다음과 같은 특색이 있다.

i) 기판력은 소송법상의 효력이나, 반사적 효력은 실체법상의 의존관계에 따른 효력이며, ii) 기판력은 당사자의 주장이 없어도 고려하여야 하는 법원의 직권조사 사항이나, 반사적 효력은 이에 이익을 받는 제3자의 원용에 의하여 비로소 고려할 사항이며, iii) 기판력은 그 불가쟁성(不可爭性)으로 인하여 재심을 통하여만 효력을 배제할 수 있으나, 반사적 효력은 당사자 사이의 소송이 사해소송(詐害訴訟)일 경우에 재심을 거치지 아니하고 그 효력을 부정할 수 있으며, iv) 기판력확장은 통상 집행력의 확장을 수반하지만, 반사적 효력은 집행력의 확장과 관련이 없고, v) 기판력을 받는 자는 공동소송적 보조참가를 할 수 있지만, 반사적 효력의 경우에는 통상의 보조참가만이 가능하며, vi) 기타 반사적 효력은 기판력과 달리 의존관계의 모습에 따라 편면적으로 유리한 경우에만 작용하고, 판결이유 중의 판단에도 미친다.

4. 반사적 효력의 인정 여부

(1) 반사적 효력을 판결의 부수적 효력으로 인정할 수 있는지 여부에 관하여 독일·일본을 중심으로 논의되고 있다.[354] 기판력의 본질과 관련하여 실체법설 내지 권리실재설을 취하는 학자들은 반사적 효력은 기판력의 확장에 불과하므로 대체로 이를 부인하고 있다.[355] 반면 소송법설에 의하면 기판력을 순수하게 소송법

---

352) 同旨: 정동윤/유병현/김경욱, 866면(기판력의 효력으로 보고 있지만 선결관계로 보고 있는지는 명확하지 아니함).

353) 대판 1979. 3. 13, 76다688; 대판 1981. 7. 7, 80다2751. 反對: 이시윤, 674면[판례(대판 1991. 12. 27, 91다23486)가 채권자 상호간에 유사필수적 공동소송이라고 본다고 하여 판례가 반사적 효력을 인정한다고 보고 있으나, 동 판례에서 '판결의 효력'이라고 표현하고 있고, 종전의 판결에서 '실질적으로 동일한 소송물'이라고 한 점에 비추어 보면 당연히 기판력을 의미한다고 보인다].

354) 자세한 것은 정동윤/유병현/김경욱, 865-866면 참조.

355) 물론 소송법설을 취하는 학자들도 반사적 효력을 기판력의 확장으로 보기도 한다(김용진,

상의 효력으로 보고 있으므로 판결의 효력이 당사자와 실체법상의 의존관계에 있는 제3자에게 미치는 것을 설명할 수 없어 법률요건적 효력의 하나로 반사적 효력을 설명할 수 있다고 본다.[356)

(2) 현재 반사적 효력을 인정하는 것이 다수설이다.[357) 우리나라의 대법원은 반사적 효력을 인정하는지 여부에 관하여 명백히 밝히지 아니하고 있다.[358) 일본 최고재판소는 이를 부정하고 있다.[359) 살피건대 실체법상의 의존관계가 있는 경우의 분쟁에서 관련자 모두 모순·저촉 없이 해결할 수 있다는 점에서 반사적 효력을 긍정하는 것이 타당하다고 할 것이다. 반사효의 본질·기판력과의 차이·구체적 적용 등에 대하여 심도 있는 연구가 계속되어야 할 것으로 본다.

IV. 사실적 효력

판결의 사실적 효력이라 함은 판결에 의한 법률요건적 효력, 반사적 효력 외에 판결이 일정한 사실상의 기능을 한다는 점에 착안하여 인정되는 개념이다. 여기에는 증명적 효력(증명효), 파급적 효력, 재판절차적 효력 등이 있다. 파급적 효력은 특히 현대형 소송의 등장과 함께 주목을 받고 있는 효력이다.[360)

(1) 증명적 효력(證明的 效力)이라 함은 전소의 판결내용이 후소에서 하나의 증거로서 법관으로 하여금 동일한 판단을 이끌어 내는 실제상의 효과를 말한다. 판례도 이를 인정하고 있다.[361)

(2) 파급적 효력(波及的 效力 또는 간접적 효력)이라 함은 공해소송·환경소송·제조물책임소송 등과 같은 판결이 소송 외에 제3자의 행동이나 법적 지위에 사실상 영향을 주어 파급적 효과를 미치는 경우를 말한다. 일단의 원고들이 국가를 상대로 환경오염에 따른 손해배상을 청구하여 승소판결을 받은 경우에 관련 제3자에게 파급적 효과가 발생하여, 국가가 모든 피해자에 대한 구제방안을 제시하는

507면).

356) 同旨: 이시윤, 673면; 정동윤/유병현/김경욱, 866면.

357) 강현중, 769면; 김홍규/강태원, 644면; 이시윤, 673면; 정동윤/유병현/김경욱, 866면.

358) 이시윤 교수는 판례가 반사효를 인정하고 있다고 본다(이시윤, 674면 참조).

359) 日最判 1956. 7. 20, 民集 10. 8. 965; 日最判 1976. 10. 21, 民集 30. 9. 903.

360) 강현중(2004), 709면.

361) 대판 1990. 12. 11, 90다카7545; 대판 1995. 6. 29, 94다47292; 대판 2000. 7. 4, 2000다20748; 대판 2000. 9. 8, 99다58471; 대판 2008. 6. 12, 2007다36445; 대판 2009. 3. 26, 2008다48964; 대판 2018. 8. 30, 2016다46338, 46345.

경우 등을 생각할 수 있다.

(3) 재판절차적 효력이라 함은 재판에서의 절차 자체가 상대방에게 사실상 효과 또는 기능을 하게 되는 것을 말한다. 예컨대 재판 진행 중에 피고가 보관하고 있는 경영상의 중요한 서류에 대한 법원의 문서제출명령이 내려지자 피고가 원고와 화해하게 되거나, 원고가 연예인인 피고에 대하여 이혼과 위자료, 재산분할청구의 소를 제기하여 언론에 대서특필되자 피고가 급히 화해한 경우 등이 재판절차적 효력으로 볼 수 있다.

제 7 관 판결의 흠(하자)

Ⅰ. 총 설

(1) 판결에 절차적인 흠이 있거나, 내용상의 흠이 있는 경우를 판결의 흠 또는 판결의 하자(瑕疵)라고 한다. 이러한 판결의 흠을 어떻게 처리할 것인가가 문제이다. 통상은 민사소송법 자체의 불복구제수단인 상소 또는 재심을 통하여 판결의 흠을 구제받을 수 있다. 또는 판결에 잘못된 계산이나 기재, 그 밖에 이와 비슷한 잘못이 있음이 분명한 때에는 판결경정($\frac{211}{조}$)을 통하여, 청구의 일부의 판단을 빠뜨린 경우에는 추가판결($\frac{212조}{1항}$)을 통하여 구제받을 수 있다. 대부분의 판결의 흠은 이러한 과정을 통하여 시정될 수 있다.

(2) 그러나 일정한 경우 위와 같은 방법이 아닌 기판력을 부인하는 방법으로 판결의 흠의 문제를 처리할 수 있다. 아래 세 가지가 그것이다.

첫째, 판결의 외형은 갖고 있지만 판결로서 성립하기 위한 기본적 요건을 갖추지 못하여 법률상 판결로서의 존재를 인정할 수 없는 경우가 있을 수 있다. 즉 판결의 부존재(不存在) 또는 비판결(非判決)의 문제이다.

둘째, 법률상 판결로서의 존재는 인정되지만, 판결의 본래적 효력의 전부 또는 일부를 인정할 수 없는 경우가 있다. 이것이 판결의 무효(無效)에 관한 문제이다.

셋째, 당사자가 상대방이나 법원을 기망하여 부당한 내용의 판결을 받는 경우인 판결의 편취(騙取)에 있어서 그 처리와 구제방법에 관한 문제이다. 즉 판결의 부당취득 또는 사해판결(詐害判決)의 처리문제이다.

Ⅱ. 판결의 부존재

(1) 판결의 부존재(Scheinurteil 또는 사이비 판결) 또는 비판결(Nichturteil)이라 함은 판결의 요건을 갖추고 있지 아니하여 법원에 의하여 판결이 선고되었다고 볼 수 없어 판결로서의 존재 자체를 인정할 수 없는 경우를 말한다. 판결은 법관이 직무수행상 행한 것이라는 외관을 갖고 있어야 하고, 또한 대외적으로 선고라는 절차를 통하여 표현되어야 한다. 그러한 외관과 절차를 갖고 있지 아니한 경우가 여기에 해당한다.

(2) 따라서 판결이 부존재하는 경우로서 i) 법관이 직무수행상 행한 것이 아닌 경우(예: 현직 법관의 지도를 받아 로스쿨학생들의 모의재판을 통하여 선고된 판결, 사법보좌관·집행관 또는 검사·경찰관 등이 한 판결 등), ii) 선고하지 아니한 판결(예: 판결초고) 등이 여기에 해당한다. 판결 선고조서가 없는 판결362) 또는 판결 선고조서에 재판장의 기명날인이 없는 경우363)에 판결의 선고가 없는 것으로 추정되어 위 위 ii)에 해당한다.

(3) 비판결(非判決)은 판결로서 아무런 효력을 갖지 못한다. 따라서 판결의 내용상의 효력인 기판력·집행력·형성력이 발생하지 아니할 뿐만 아니라, 기속력·형식적 확정력도 발생하지 아니한다. 따라서 재심의 대상도 되지 아니한다.

(4) 비판결의 경우는 당해 심급에서 절차가 완료되지 아니하였으므로 당해 심급에 기일지정신청을 통하여 속행을 신청할 수 있고, 상소의 대상이 되지 아니한다. 만약 비판결을 판결이 존재하는 것처럼 법원사무관 등이 잘못하여 판결정본을 당사자에게 송달하고 패소 당사자가 그 외관의 제거를 위하여 상소한 경우에는 원심 단계에서는 원심재판장의 상소장 각하명령으로 마무리 하여야 하고, 상소심에서는 재판장의 상소장 각하명령 또는 비판결이라는 이유로 판결로 부적법 각하하여야 한다.364)

원심에서는 비판결의 이러한 절차와 관계없이 정당한 절차에 따라 판결을 선고하면 될 것이다. 만약 비판결과 원심의 새로운 판결이 동시에 존재하는 경우(예: 비판결이 상소되어 각하되기 전에 원심에서 정당한 판결을 한 경우 등)에도 원심

---

362) 대판 1956. 8. 9, 4289민상285; 대판 1962. 1. 18, 4294민상152.
363) 대판 1955. 4. 7, 4288민상6.
364) 대판 1956. 6. 30, 4286행상8.

의 새로운 판결만이 유효한 판결이고, 비판결은 각하 처리만이 남아 있다고 보아
야 한다.[365]

Ⅲ. 무효의 판결

(1) 의 의

무효의 판결(wirkungsloses Urteil)이라 함은 판결로서 외관은 갖추고 있지만 판
결에 절차 또는 내용상 중대한 흠이 있어 판결의 내용상의 효력인 기판력 · 집행
력 · 형성력 등이 생기지 아니하는 판결을 말한다. 판결에 절차상으로나 내용상으
로 중대한 흠(하자)이 있는 경우이다. 이러한 법리는 확정판결과 같은 효력이 있
는 청구의 포기 · 인낙조서, 화해조서(220조) 등에 준용된다.[366]

(2) 판결이 무효로 되는 경우

여기에는 i) 절차상의 중대한 흠으로 인한 경우로는 (a) 재판권이 없는 자에 대
한 판결(예: 외교관 등 면제권자에 대한 판결 등), (b) 사망한 사람에 대한 판결[367]
(당사자적격이 없는 자에 대한 판결도 같음), (c) 소가 취하되었음에도 선고된 판결
등이[368] 여기에 해당하고, ii) 내용상의 중대한 흠으로 인한 경우로는 (a) 판결 당
시에 존재하지 않는 법률관계의 형성을 선고한 판결(예: 부부 일방이 사망한 상태에
서 선고된 이혼판결 등), (b) 현행법이 인정하지 아니하는 법률효과를 명하는 판
결(예: 소작권의 확인판결 등), (c) 판결의 내용이 강행법규에 반하거나 선량한 풍
속에 반하는 경우(민 103조, 예: 혼인한 자에 대하여 동거녀가 제기한 사실혼관계 확인
을 인정하는 판결, 사람의 근육 1파운드의 인도를 명하는 판결 등), (d) 판결 내용이 불확정 ·
불명확하거나 모순되어 판결내용을 확정할 수 없는 경우(다만, 부동산목록을 첨부하
지 아니한 경우는 판결경정사유일 뿐임[369]), (e) 판결이 후발적으로 무효가 되는 경
우(예: 이혼판결 후에 그 확정 전에 부부 일방이 사망한 경우 등) 등이 있다.

---

365) 反對: 정동윤/유병현/김경욱, 868면(외관의 제거를 위하여 상소를 허용하여야 하고, 상소 후
의 원심의 새로운 판결을 무효로 봄).
366) 대판 1963. 4. 25, 63다135.
367) 대판 1969. 6. 24, 69다436; 대판 1982. 4. 13, 81다1350; 대판 2002. 8. 23, 2001다69122.
368) 대판 1995. 1. 24, 94다29065(예비적 병합에서 심판대상이 아닌 주위적 청구에 대한 판결은
무효); 대판 2006. 6. 29, 2006다19061(인용을 대비한 예비적 반소에서 원고의 본소를 각하하면서
심판대상이 아닌 예비적 반소에 대한 각하판결은 무효).
369) 대판 1970. 4. 28, 70다322; 대결 1980. 7. 8, 80마162; 대판 1989. 10. 13, 88다카19415.

(3) 판결의 효력

무효의 판결은 부존재의 판결보다는 흠의 정도가 덜 하지만 판결로서 효력을 가질 수 없다. 그런데 무효의 판결은 소송절차상 외관을 가지고 있다는 이유로 판결의 부존재와 달리 당해 심급을 완결시키는 효력이 있어 법원에 기속력을 가진며, 형식적 확정력이 있다고 보는 견해가 있다.[370] 하지만 무효의 판결은 그 의미에 비추어 기속력 및 형식적 확정력이 발생할 수 없다고 본다. 판례도 같다.[371] 또한 판결의 내용에 따른 효력인 기판력·집행력·형성력 등도 발생하지 아니한다(통설). 따라서 이에 기한 강제집행도 무효이다.[372]

(4) 상소 및 재심

무효의 판결은 판결의 효력은 없지만 형식상 외형을 가지고 있으므로 상소 또는 재심을 통하여 이를 취소할 수 있다고 본다.[373] 상소·재심이 있는 경우에 상소법원 또는 재심법원은 원판결 또는 재심대상판결을 취소하고, 소를 각하하여야 한다.

그러나 판례는 무효의 판결(예: 사망한 자를 상대로 한 판결 등)은 판결로서 효력이 없으므로 원칙적으로 상소·재심의 대상이 되지 아니하여 부적법한 것으로 본다.[374] 다른 한편 판례는 소송계속 중에 사망한 자를 간과한 판결은 당연 무효가 아니므로 그 판결에 대하여 상소·재심이 가능하고,[375] 나아가 사망한 자에 대한 처분금지가처분결정은 무효라도 그 상속인은 무효인 그 가처분결정에 의하여 생긴 외관을 제거하기 위한 방편으로 가처분결정에 대한 이의신청으로써 그 취소를 구할 수 있다고 하고 있다.[376] 이 점에 비추어 보면 판례도 특별한 사정이 존재하는 경우 무효의 결정 등 재판의 외형을 제거하는데 이익이 있는 상속인 등에 대하여 예외적으로 상소·재심을 인정하고 있다고 보인다. 따라서 소송종료를 판결로 공식적으로 선언해 소송종료선언과 같이 형식적 외관을 가지고 있는 무효의

---

370) 이시윤, 677면(기속력과 형식적 확정력이 있다고 봄); 정동윤/유병현/김경욱, 869면(기속력이 있다고 봄).

371) 대판 1982. 12. 28, 81사8; 대판 1994. 12. 9, 94다16564(형식적 확정력이 없다고 봄).

372) 同旨: 이시윤, 677면.

373) 同旨: 이태영, 149-150면; 정동윤/유병현/김경욱, 205, 869면. 다만 상소는 가능하지만 재심은 인정할 수 없다는 견해도 있다(이시윤, 144, 677면).

374) 대판 1994. 12. 9, 94다16564(재심); 대판 2002. 8. 23, 2001다69122(상고).

375) 대판 2003. 11. 14, 2003다34038 등.

376) 대판 2002. 4. 26, 2000다30578.

판결을 공식적으로 제거하기 위하여 상소·재심을 인정하는 타당할 것으로 본다.

(5) 신소의 제기 등

무효의 판결은 그것이 외형상 형식적으로 확정된 뒤에도 원고는 같은 소송물에 대하여 다시 소를 제기할 수 있고, 피고는 구소송 소송물의 부존재확인의 소를 제기할 수도 있다고 본다. 또 구소송의 소송물을 선결관계로 하는 소송에서 그 소송물에 대한 판결의 무효를 주장할 수 있다. 그러나 무효인 판결 자체의 무효확인소송을 허용할 필요는 없다고 본다.[377]

Ⅳ. 판결의 편취

1. 의   의

(1) 판결의 편취(Urteilserschleichung)라 함은 당사자가 악의 또는 불법적 수단으로 상대방이나 법원을 속여 부당한 내용의 판결을 받은 것을 말한다. 이를 판결의 부당취득이라고도 하며, 이렇게 하여 취득한 판결을 사위판결(詐僞判決)이라 한다.

(2) 여기에는 i) 원고가 피고의 주소를 알고 있음에도 불구하고 소재불명(所在不明)으로 법원을 속여 공시송달명령을 받아 피고 모르게 승소판결을 받는 경우(공시송달에 의한 편취판결), ii) 소장에 피고의 주소를 허위로 적어 그 주소로 소장 부본이 송달케 하고 실제로 원고 또는 그 하수인이 송달받도록 하여 법원으로 하여금 피고 자신이 송달받았음에도 답변서를 제출하지 아니하는 것으로 속여 피고의 자백간주로 무변론의 원고 승소판결을 받는 경우(자백간주에 의한 편취판결 등, 구법 하에서는 무변론판결이 없었으므로 변론기일에 불출석하여 자백간주판결을 받도록 함), iii) 다른 사람의 성명모용소송(성명모용에 의한 편취판결), iv) 소취하 합의에 의하여 피고 불출석의 원인을 스스로 만들어 놓고 소취하 하지 않고 자신만이 출석하여 피고의 불출석을 틈타 승소판결을 받는 경우, v) 기타 원고가 증거를 위조하여 유리한 판결을 받는 경우 등이 그 전형적인 예이다.

---

377) 同旨: 정동윤/유병현/김경욱, 870면; 日最判 1965. 2. 26, 民集 19. 1. 166.

2. 소송법상의 구제수단

(1) 판결을 편취한 경우에 판결의 효력을 배제하기 위한 소송법상의 구제수단이 문제된다. 여기에는 (a) 사위판결은 피고가 재판을 받을 권리를 실질적으로 보장받지 못한 상태 하에서 이루어진 판결이므로 사위판결 자체를 무효라고 보는 무효설, (b) 사위판결의 경우는 판결이 확정되었다고 보아야 하므로 상소의 추후보완이나 재심을 통하여 구제받을 수 있다는 상소추후보완·재심설, (c) 이 경우 판결이 확정되지 아니하였다는 전제하에 항소를 통하여 구제받을 수 있다는 항소설 등이 있다.

(2) 위 1의 (2).항에서의 전형적인 예 가운데 ii)의 자백간주에 의한 편취판결 외의 것에 대하여는 상소추후보완 또는 재심에 의하여 소송법상 구제하여야 한다는 상소추후보완·재심설이 통설·판례[378]이다.

생각건대 사위판결 모두를 무효로 보는 무효설은 기판력을 통하고 분쟁을 해결하고 법적 안정성을 확보하는데 상당한 어려움을 초래할 수 있고(판결 중 많은 부분이 사위판결로 다투어질 가능성이 있기 때문임), 민사소송법 제451조 제1항 제11호에 편취판결의 대표적인 예인 위 1의 (2).항에서의 i), ii)를 재심사유로 규정하고 있다는 점에 비추어 보면 받아들이기 어렵다고 본다. 따라서 편취판결과 관련된 민사소송법 제451조 제1항의 재심사유($\frac{3, 5, 7}{11호\ 등}$), 기타 합리적인 구제방안을 고려한다면 상소추후보완·재심설에 기초하는 것이 타당하다고 본다. 재심의 소를 통하여 구제를 받는다면 위 i), ii)의 예는 민사소송법 제451조 제1항 제11호에 의하고, 위 iii), iv)의 예는 대리권의 흠이 있는 경우에 준하여 제451조 제1항 제3호에 의하며, 위 v)의 예는 제451조 제1항 제5호 내지 제7호에 의하여 구제받을 수 있다.

다만 판례는 위 ii)의 자백간주에 의한 편취판결에 대하여 항소설을 취하면서,[379] 위 ii)의 경우는 제451조 제1항 제11호의 재심사유에 해당하지 아니한다고 한다.[380] 판례는 이 경우 판결정본의 송달이 무효이므로, 판결정본이 송달되지 아

---

378) 대판 1974. 6. 25, 73다1471; 대판 1985. 7. 9, 85므12; 대판 2011. 12. 22, 2011다73540(추후보완상소와 재심은 독립된 별개의 제도이므로 각각 상소기간 또는 재심기간 내이면 추후보완상소 또는 재심청구가 가능함).

379) 김용진(540면), 김홍엽(900면), 한충수(646면) 교수가 판례의 입장과 같고, 정동윤/유병현/김경욱 교수(871면)는 재심·항소 병용설을 취하고 있어 판례를 지지하고 있다고 볼 수 있다.

380) 대판(전) 1978. 5. 9, 75다634; 대판 1995. 5. 9, 94다41010.

니한 상태로 있어 판결정본이 송달된 때부터 항소기간($\frac{396}{조}$)이 진행하기 때문에 언제든지 항소를 제기할 수 있다고 한다. 또한 그 판결에 기하여 소유권이전등기가 된 경우에도 위 사위판결은 확정된 것이 아니므로 기판력이 발생하지 아니한 것이므로 항소에 의한 판결취소 없이도 별소로 그 말소를 구할 수 있다고 한다.[381]

위 ii)의 자백간주에 의한 편취판결과 관련하여 보면, 위 ii)의 예가 제451조 제1항 제11호의 "당사자가 상대방의 주소나 거소를 거짓으로 하여 소를 제기한 때"에 해당하는 것이 명문상 명백하고, 반면 판례에서 설시하고 있는 것과 같이 "판결정본의 송달이 무효이므로 항소기간이 진행되지 아니하는 상태"도 분명하다. 그런데 이러한 2가지가 판결의 확정이라는 개념에 비추어 보면 서로 배치되지만, 편취판결의 피해자인 피고의 구제라는 입장에서 보면 재심을 통한 구제수단 외에 통상의 항소의 방법도 열어두는 것이 좋다고 본다. 따라서 편취판결과 관련하여 기본적으로는 상소추후보완·재심설에 기초하지만, 위 ii)의 자백간주에 의한 편취판결은 항소도 가능하다고 본다($\frac{재심·항}{소병용설}$).[382]

(3) 기타 판례는 원고가 피고의 대표자를 참칭대표자로 표시하여 그에게 소장부본 등이 송달되게 하여 자백간주에 의한 편취판결을 받은 경우는 송달 자체는 적법한 것으로 보아 대리권의 흠이 있는 경우의 반정의(反正義) 재심사유($\frac{451조}{1항 3호}$)에 해당한다고 본다.[383] 또한 부당취득 한 판결에 기하여 강제집행을 하는 것은 권리남용에 해당하므로 청구에 관한 이의의 소($\frac{민집}{44조}$)로 그 집행력을 배제할 수 있다고 한다.[384]

3. 실체법상의 구제수단

(1) 편취판결에 기한 강제집행 등으로 인하여 손해가 발생한 경우에 편취판결을 재심으로 취소함이 없이 직접 부당이득반환 또는 손해배상의 청구 등이 가능한지 여부가 논의된다. 이것은 편취판결의 기판력과 관련되어 문제된다. 여기에

---

381) 대판(전) 1978. 5. 9, 75다634; 대판 1979. 10. 30, 79다1468(말소청구가 중복소송이라는 논지는 이유없다고 함); 대판 1981. 3. 24, 80다2220; 대판 1992. 4. 24, 91다38631; 대판 1995. 5. 9, 94다41010.

382) 同旨: 정동윤/유병현/김경욱, 871면.

383) 대판 1994. 1. 11, 92다47632; 대판 1999. 2. 26, 98다47290. 이 경우 추후보완 상소도 물론 가능하다(대판 1996. 5. 31, 94다55774).

384) 대판 1984. 7. 24, 84다카572; 대판 1997. 9. 12, 96다4862; 대판 2001. 5. 8, 2000다43284, 43291, 43307; 대판 2001. 11. 13, 99다32899; 대판 2008. 11. 13, 2008다51588; 대판 2014. 2. 21, 2013다75717; 대판 2014. 5. 29, 2013다82043; 대판 2018. 3. 27, 2015다70822.

관하여 i) 부당이득반환 또는 손해배상의 청구를 위하여 먼저 재심의 소로서 편취판결을 취소하여야 한다는 견해(재심필
요설),385) ii) 편취판결을 재심의 소로 취소함이 없이 직접 부당이득반환 또는 손해배상의 청구가 가능하다는 견해(재심불
요설), iii) 원칙적으로 재심의 소가 필요하지만 당사자의 절차적 기본권에 대한 근본적 침해 등의 특별한 사정이 있는 경우에 제한적으로 재심에 의한 취소 없이 직접 청구가 가능하다는 견해(절충설, 제한
적 불요설)386) 등이 있다. 절충설 즉 제한적 불요설이 타당하다고 본다.

(2) 판례의 입장

편취판결에 대한 판례는 부당이득반환청구와 손해배상청구를 약간 달리 취급하고 있다. 다만 판례는 자백간주로 인한 편취판결의 경우에는 판결정본의 송달이 무효이므로 판결이 확정되지 아니한 상태이어서 기판력이 발생할 수 없으므로 편취판결의 취소 없이 직접 부당이득금 또는 불법행위로 인한 손해배상금 청구를 할 수 있는 것이다.387)

① 부당이득반환청구에 있어서는 자백간주로 인한 편취판결을 제외하고는 그 강제집행에 의한 이득은 재심의 소에 의하여 취소되지 아니하는 한 법률상의 원인이 없다고 할 수 없으므로 부당이득이 성립되지 아니한다고 본다.388) 즉 부당이익반환청구에 있어서 자백간주의 편취판결 외에는 재심의 소를 통하여 편취판결의 취소가 필요하다고 본다.

② 그러나 불법행위에 기한 손해배상청구와 관련하여서는 편취판결을 재심의 소를 통하여 취소한 후에 청구하여야 하는 것이 원칙이지만, 확정판결에 기한 강제집행이 "당사자의 절차적 기본권이 근본적으로 침해된 상태에서 판결이 선고되

---

385) 방순원, 599면; 송상현/박익환, 480면; 이시윤, 679면; 한종렬, 490면. 다만 이시윤 교수는 재심의 소를 제기하면서 부당이득반환·손해배상청구의 병합제기를 허용하여 재심소송 후에 다시 부당이득반환·손해배상청구를 하는 번거로움과 불경제를 막을 수 있다고 한다(이시윤, 679면).

386) 강현중, 698면; 김용진, 542면; 정동윤/유병현/김경욱, 873면; 호문혁, 1037면. 다만 부당이득반환청구의 경우에는 재심필요설, 불법행위에 의한 손해배상청구의 경우에는 제한적 불요설을 타당하다는 견해가 있다(김홍엽, 903-904면).

387) 자백간주에 의한 편취판결의 경우에는 강제집행으로 넘어간 이전등기에 관하여 직접 말소등기청구를 할 수 있다. 자백간주에 의한 편취판결은 판결정본의 송달이 무효이므로 판결이 확정이 되지 아니하여 기판력이 발생하지 아니하였기 때문에 편취판결의 취소 없이 바로 부당이득금 또는 불법행위로 인한 손해배상금의 청구가 가능한 것이다[대판(전) 1978. 5. 9, 75다634; 대판 1979. 10. 30, 79다1468; 대판 1981. 3. 24, 80다2220; 대판 1992. 4. 24, 91다38631; 대판 1995. 5. 9, 94다41010].

388) 대판 1977. 12. 13, 77다1753; 대판 1995. 6. 29, 94다41430; 대판 2000. 5. 16, 2000다11850; 대판 2001. 11. 13, 99다32905; 대판 2009. 11. 12, 2009다56665.

었거나 확정판결에 재심사유가 존재하는 등 확정판결의 효력을 존중하는 것이 정의에 반함이 명백하여 이를 묵과할 수 없는 경우"에는 불법행위를 구성하여 직접 청구가 가능하다고 한다.[389]

③ 결국 판례는 자백간주로 인한 편취판결을 제외한 나머지 편취판결에 있어서 부당이득반환청구를 하려면 편취판결을 재심으로 취소하는 것이 필요하고, 불법행위에 따른 손해금청구에 있어서는 절차기본권의 침해 등의 특별한 사정이 존재하는 경우에 제한적 범위 내에서 직접 청구가 가능하다는 입장으로 정리할 수 있다. 따라서 전체적으로 절충설로 볼 수 있다. 독일의 판례도 판결의 취소 없이 공서양속위반의 불법행위(독일민법 826조)에 의하여 손해배상청구가 가능하다고 한다.

(3) 생각건대 편취판결이 있는 경우에 부당이득반환 또는 손해배상의 청구를 함에 있어서 편취판결도 유효한 판결이므로 기본적으로 재심의 소를 통하여 취소를 하는 것이 타당하다. 하지만, 당사자의 절차적 기본권의 본질적 침해가 있거나 범죄행위 등과 같은 현저한 반정의(反正義)사유가 있는 등의 특별한 사정이 존재하면 재심의 소에 의한 취소 없이 직접 청구할 수 있다고 보아야 한다. 판례와 같이 부당이득반환의 청구와 손해배상의 청구를 구별할 근거나 필요는 없다고 본다. 다만 부당이득반환청구에 있어서 특별한 사정의 존재는 불법행위로 인한 손해배상청구보다는 상대적으로 좁을 것으로 보인다. 제한적 불요설인 절충설이 타당하다고 본다. 그러나 편취판결에 기한 강제집행 종료 전 집행행위 자체가 불법행위를 구성하는 경우에는 위 소송법상의 구제수단에서 본 바와 같이 권리남용 또는 신의칙에 위반하므로 청구에 관한 이의의 소(민집 44조)를 통하여 그 집행을 막을 수 있다.[390] 다만 의사의 진술을 명하는 판결은 확정됨으로써 집행이 완료되는 것이므로 집행절차가 계속됨을 전제로 그 집행권원이 가지는 집행력의 배제를 구하는 청구이의의 소는 허용될 수 없다.[391]

---

389) 대판 1995. 12. 5, 95다21808; 대판 2001. 11. 13, 99다32899; 대판 2007. 5. 31, 2006다85662.
390) 대판 2014. 5. 29, 2013다82043; 대판 2018. 3. 27, 2015다70822.
391) 대판 1995. 11. 10, 95다37568.

제 5 절 종국재판에 부수하는 재판

종국판결의 주문에 소송물에 관한 판단 이외에 소송비용의 부담에 관한 재판과 즉시 집행력을 부여하기 위하여 가집행을 선고하는 경우가 많다. 이하에서 종국재판에 부수하는 재판으로 가집행선고와 소송비용의 재판에 관하여 살펴본다.

Ⅰ. 가집행선고

1. 의   의

(1) 가집행선고라 함은 미확정의 종국재판에 재판이 확정된 것과 마찬가지로 그 내용을 미리 실현시키는 효력(집행력)을 부여하는 형성적 재판이다($\frac{213}{\text{조}}$). 판결은 확정되어야 집행력이 발생하지만, 가집행선고제도는 패소자의 집행지연을 위한 남상소(濫上訴)를 막고, 승소자의 조속한 권리실현을 위하여 인정되는 것이다. 또한 이는 당사자인 원고에게는 승소를 위하여, 피고는 패소를 막으려고 제1심에 모든 자료와 주장을 제출하게 하여 제1심에 소송이 집중될 수 있게 하는 효과가 있다. 이 제도의 운영에 있어서 승소자인 원고의 조속한 권리실현과 피고의 상소의 이익을 조화 있게 고려하여야 한다.

(2) 제1심판결에 당연히 집행력이 인정되는 영미법과 달리, 확정되어야 비로소 집행력이 인정되는 독일법계의 우리나라에서 그 예외를 인정하는 가집행선고는 재판실무에서 널리 이용되고 있다.

2. 가집행선고의 요건

집행에 적합한 재산권의 청구에 관한 판결로서, 가집행선고를 붙이지 아니할 상당한 이유가 없어야 한다.

(1) '재산권의 청구'에 관한 판결일 것

① 가집행선고는 원칙적으로 재산권의 청구에 관한 판결에 한하여 붙일 수 있다($\frac{213\text{조}}{1\text{항}}$). 재산권의 청구라면 가집행에 의한 판결로 강제집행을 한 뒤에 상소심에

서 취소·변경이 된 경우에도 원상회복이 비교적 용이하고, 그것이 어렵다고 하여도 금전배상으로 수습이 가능하기 때문이다. 가사비송사건상의 재산권의 청구 또는 유아의 인도에 관한 심판으로서 즉시항고의 대상이 되는 심판은 담보를 제공하게 하지 아니하고 가집행선고를 명하여야 한다($^{가소}_{42조}$).

② 그러나 이혼청구 등 신분상의 청구와 같은 비재산권의 청구에 대하여는 가집행선고를 할 수 없고, 이혼과 동시에 재산분할을 명하는 판결도 같다.[1] 또한 i) 재산권의 청구에 관한 판결이라도 의사의 진술을 명하는 판결(예: 등기절차의 이행을 명하는 판결)은 확정되어야 집행력이 발생하므로 가집행선고에 친하지 아니하고($^{통}_{설}$),[2] ii) 장래이행판결은 그 성질상 가집행선고가 불가능하고, iii) 행정처분의 취소·변경판결이나 실체법상의 법률관계를 변경하는 판결(예: 공유물분할을 명하는 판결 등)도 가집행선고가 허용되지 아니한다.

③ 종전에는 국가를 상대로 하는 재산권의 청구에 관하여 가집행선고를 붙일 수 없다고 법률이 정하고 있었으나($^{구 소촉법 6}_{조 1항 단서}$), 위헌결정[3]으로 현재는 그렇지 않다. 재산권 외의 판결의 가집행선고와 관련되어 직권 외에 당사자의 신청으로 가집행선고를 할 수 있었던 가처분취소판결($^{민집}_{302조}$)의 규정은 민사집행법이 2005. 1. 27. 법률 제7358호로 개정되면서 삭제되었다.

(2) '집행에 적합한 판결'일 것

① 가집행선고는 '종국판결'에 한한다. 따라서 중간판결($^{201}_{조}$)이나, 선고한 즉시 집행력이 발생하는 결정·명령($^{448}_{조}$)은 가집행선고를 붙일 수 없다. 종국판결이라도 i) 청구기각·소각하판결,[4] ii) 가집행선고를 변경하거나, 가집행선고 있는 본안판결을 변경하는 판결($^{215조}_{1항}$)은 그 성질상 가집행선고를 할 수 없다. 다만 형사판결과 같이 하는 배상명령은 종국판결이 아니라도 가집행선고가 가능하다($^{소촉 31조}_{3, 4항}$).

② 가집행선고는 '집행할 수 있는 판결'에 한한다. 좁은 의미의 집행력을 갖는 이행판결에 가집행선고를 할 수 있음은 물론이다. 하지만 확인판결·형성판결에 대하여는 견해가 대립된다. 일반적으로 가집행선고를 할 수 없으나 법률에 특별한 규정이 있는 경우에는 가능하다는 견해[5]와 확인판결·형성판결도 넓은 의미의 집

---

1) 대판 1998. 11. 13, 98므1193(재산분할을 청구할 수 있는 권리는 이혼이 성립한 때에 그 법적 효과로서 비로소 발생하는 것이기 때문임).

2) 同旨: 강현중, 773면.

3) 헌재(전) 1989. 1. 25, 88헌가7.

4) 집행할 내용이 없기 때문이다.

행력을 부여할 필요성이 있다는 이유로 가집행선고가 가능하다는 견해[6]가 있다. 판례는 전자의 견해를 취하고 있다.[7]

생각건대 확인판결·형성판결도 넓은 의미의 집행력을 부여할 필요성이 있기 때문에 실무상은 거의 없다고 하여도 그 가능성을 인정하는 후자의 견해가 타당하다고 본다. 형성판결에 가집행선고를 할 수 있다는 명문의 규정으로는 강제집행의 정지·취소결정의 취소·변경·인가의 판결(민집 47조 2항, 48조 3항)이 있다. 확인판결의 일종인 상소기각의 판결에 가집행의 선고를 붙일 수 있다는 견해가 있으나,[8] 상소기각 자체에 가집행선고를 하는 것은 무리라고 본다. 다만 상소심 법원은 원심판결에 가집행선고가 없는 경우에 변경판결 또는 가집행선고를 부가하는 방식으로 할 수 있을 것이다. 상소심에서 불복신청이 없는 부분에 관하여 가집행선고를 하려면 당사자의 신청이 있어야 한다(406, 435조).

(3) 가집행선고를 붙이지 아니할 '상당한 이유가 없을 것'

재산권의 청구에 관한 판결은 가집행의 선고를 붙이지 아니할 상당한 이유가 없는 한 직권으로 가집행을 할 수 있다는 것을 선고하여야 한다(213조 1항). 따라서 재산권의 청구에 관한 판결에서는 가집행선고 여부는 법원의 자유재량이 아니므로 원칙적으로 가집행선고를 하여야 한다.[9] 다만 '상당한 이유'가 있는 경우에는 가집행선고를 붙이지 아니할 수 있다. 여기에서 '상당한 이유'라 함은 가집행이 패소한 피고에게 회복할 수 없는 손해를 줄 염려가 있는 경우(예: 건물철거 또는 건물인도청구에 있어서 아주 특별한 사정이 있는 때 등)를 말한다.

---

5) 방순원, 577면; 송상현/박익환, 410면.

6) 강현중, 773면; 김홍엽, 905면; 이시윤, 691면; 이영섭, 184면; 정동윤/유병현/김경욱, 874면; 한충수, 627면.

7) 대판 1966. 1. 25, 65다2374.

8) 강현중, 773면; 정동윤/유병현/김경욱, 375면.

9) 구민사소송법(1990. 1. 13, 법률 제4201호로 개정되기 전의 것) 제199조 제1항 본문에 "재산권의 청구에 관한 판결에는 법원이 필요하다고 인정한 때에는 직권 또는 당사자의 신청에 의하여 담보를 제공하게 하거나 제공하게 하지 아니하고 가집행할 수 있음을 선고할 수 있다."고 규정하였으나, 1990. 1. 13. 법률 제4201호로 개정하면서 소송촉진 등에 관한 특례법 제6조(현재는 삭제됨)를 받아들여 현재와 같이 되었다.

3. 가집행선고의 절차

(1) 직권선고

가집행선고는 법원이 직권으로 하여야 한다($\frac{213조}{1항 \; 본문}$). 따라서 당사자의 가집행선고의 신청은 법원의 직권발동을 촉구하는 의미밖에 없으므로, 그 허부판단을 하지 아니하여도 재판사항의 누락으로 보아 추가판결을 구할 수 없다. 다만 상소심에서 원심판결에 대한 불복이 없는 부분에 가집행선고의 결정을 하는 경우에는 직권으로 할 수 없고, 당사자의 신청이 있어야 한다($\frac{406,}{435조}$).

(2) 담보제공 여부

① 가집행선고는 담보를 제공하게 하거나, 제공하지 아니하게 하고 선고하여야 한다($\frac{213조}{본문}$). 전자를 담보부가집행선고(擔保附假執行宣告)라고 하고, 후자를 무담보부가집행선고(無擔保附假執行宣告)라 한다. 다만, 어음금·수표금 청구에 관한 판결에는 무담보부가집행선고를 하여야 한다($\frac{213조}{단서}$).

② 담보를 제공하도록 할 것인지 여부는 법원의 재량에 속한다. 하지만 상소심에서 판결의 변경 가능성이 있는 경우에는 담보의 제공을 명하여야 한다. 이 담보는 가집행선고에 따른 조속한 집행으로 피고가 입을 손해를 담보하기 위한 것이고, 피고는 담보물에 대하여 질권자와 동일한 권리가 있다($\frac{214,}{123조}$). 담보액수에 관하여는 법원의 재량으로 정하지만 사실상 가집행을 불가능하게 하는 과중한 담보는 바람직하지 않다.[10]

(3) 가집행면제선고

① 법원은 직권으로 또는 당사자의 신청에 따라 채권전액을 담보로 제공하고 가집행을 면제받을 수 있다는 것을 선고할 수 있다($\frac{213조}{2항}$). 이를 가집행면제선고(假執行免除宣告) 또는 가집행해방선고(假執行解放宣告)라 한다. 가집행면제선고 제도는 가집행선고에 대응하여 피고를 보호하기 위한 제도이다.

② 그러나 가집행면제선고는 가집행선고를 무의미하게 할 수 있으므로 직권에 의한 가집행선고면제제도는 가능한 한 자제하는 것이 타당하다.[11] 가집행면제선고

---

10) 종전에 소송촉진 등에 관한 특례법 제6조 제2항에서 명문으로 이를 금지하였으나, 1990. 1. 13. 법률 제4203호로 개정되면서 삭제되었다.

11) 同旨: 이시윤, 692면.

는 가집행선고가 담보부이거나 무담보부인 경우에도 가능하지만, 가집행선고에 법원의 재량권이 완전히 배제된 경우($_{제48조\ 3항;}^{민집\ 47조\ 2항;}$)에는 할 수 없다.[12]

③ 가집행면제선고를 하려면 채권전액을 담보하는 조건으로 하여야 하고, 이 경우에 담보는 그 판결의 확정시까지 가집행의 지연으로 인하여 원고가 입는 손해뿐만 아니라, 채권전액을 담보로 하는 법문의 취지에 비추어 보면 원고의 기본채권도 담보한다고 보아야 한다.[13] 그러나 판결의 확정시까지 가집행의 지연으로 인하여 원고가 입는 손해만을 담보한다는 견해가 있고,[14] 판례도 같다.[15] 원고의 기본채권도 담보한다고 보는 것이 원고의 보호에 충실한 해석이므로 타당하다고 본다.

(4) 판결주문에의 표시

가집행선고나 가집행면제선고는 종국판결의 주문에 표시하여야 하고($_{3항}^{213조}$), 통상 소송비용 재판 다음 항에 기재한다. 가집행선고는 인용판결의 전부 또는 일부(예: 손해배상사건에서 배상금의 1/2에 한정함 등)에 붙일 수 있다. 가집행선고의 재판에 대하여는 독립하여 상소할 수 없고,[16] 본안의 재판과 함께 불복하여야 한다($_{425조}^{391,}$).

4. 가집행선고의 효력

(1) 즉시 집행력의 발생

① 가집행선고 있는 종국판결은 확정과 관계없이 선고와 동시에 집행력이 발생한다. 이행판결이면 바로 집행권원이 되므로, 집행문을 부여받아 바로 집행할 수 있다.

② 피고가 가집행선고 있는 종국판결에 대하여 상소를 제기한다고 하여도 강제집행이 정지되지 아니한다. 강제집행을 정지시키기 위하여는 별도의 신청을 통해 강제집행정지의 결정을 받아야 한다($_{500조}^{501,}$). 가집행선고 있는 판결에 대한 강제

---

12) 同旨: 이시윤, 692면; 송상현/박익환, 412면.
13) 同旨: 이시윤, 692면; 정동윤/유병현/김경욱, 876면.
14) 송상현/박익환, 412면.
15) 대결 1979. 11. 23, 79마74; 대결 1986. 6. 16, 86마282; 대결 1992. 10. 20, 92마728. 일본 민사소송법 제259조 제3항에서는 가집행면제 선고시에 채권전액의 담보가 필요하지 아니하므로 담보의 의미를 원고의 원금채권까지 담보한다고 해석할 필요가 없으나, 우리의 경우에는 채권 전액의 담보가 필수적이므로 원고의 원금채권까지 담보한다고 해석하는 것이 합리적이라고 본다.
16) 대판 1994. 4. 12, 93다56053; 대판 2010. 4. 8, 2007다80497.

집행 정지를 위한 담보는 채권자가 그 강제집행 정지 자체로 인하여 입게 될 손해의 배상채권을 확보하기 위한 것이므로 본안소송의 소송비용청구권은 그에 의하여 담보되지 아니하고, 본안판결에 따른 강제집행시 발생한 집행비용 역시 그에 의하여 담보되지 아니한다.[17]

(2) 본집행과 동일한 효과

① 가집행선고 있는 판결에 기하여 강제집행이 된 경우에는 종국적 권리의 만족에까지 이른다. 이런 점에서 확정판결에 기한 강제집행인 본집행(本執行)과 동일하다. 따라서 가집행은 가압류·가처분과 같이 집행보전에 그치지 아니한다는 점에 유의하여야 한다.

② 다만 확정판결에 기한 본집행과 달리 i) 상급심에서 가집행선고 있는 본안판결이 취소되는 것을 해제조건으로 집행의 효력이 발생한다.[18] 가집행에 기한 강제집행은 그 한도에서 미확정적이라 할 것이다. 따라서 상급심에서 청구의 당부를 심판할 때에 가집행의 결과를 참작할 필요는 없다(예: 가집행에 의하여 변제를 받은 경우, 건물인도사건에서 가집행으로 인도를 받은 경우 등).[19] ii) 확정판결과 달리 가집행선고 있는 판결을 집행권원으로 하여 재산명시신청(민집 61조 1항 단서), 채무불이행자 명부등재신청(민집 70조 1항 1호 단서), 재산조회신청(민집 74조 이하)을 할 수 없다.

5. 가집행선고의 실효와 원상회복

(1) 가집행선고의 실효(失效)

① 가집행선고는 상소심에서 가집행선고만이 바뀌거나(예: 상소심에서 가집행선고만 취소된 경우), 본안판결을 바꾸는 판결(예: 상소심에서 원심의 원고 승소에서 전부 또는 일부 패소로 바뀐 경우)의 선고로 바뀌는 한도에서 그 효력을 잃는다.[20] 어

---

17) 대결 1988. 3. 29, 87카71; 대결(전) 1999. 12. 3, 99마2078; 대결 2011. 2. 21, 2010그220 (본안소송의 소송비용청구권을 담보하지 아니함); 대결 2018. 12. 21, 2018카담516; 대결 2020. 1. 31, 2019마6648.

18) 대판 1963. 7. 11, 63다252; 대판 1982. 1. 19, 80다2626; 대판 2011. 8. 25, 2011다25145.

19) 대판 1972. 12. 26, 72다1375; 대판 1993. 10. 8, 93다26175, 26182; 대판 1995. 6. 30, 95 다15827; 대판 2000. 7. 6, 2000다560; 대판 2009. 3. 26, 2008다95953; 대판 2011. 9. 8, 2011다 35722; 대판 2020. 1. 30, 2018다204787.

20) 대판 1995. 4. 21, 94다58490, 58506(가집행선고 있는 승소판결 후에 소를 교환적으로 변경한 경우); 대판 1995. 9. 29, 94다23357; 대결 2011. 11. 10, 2011마1482(제1심에서 가집행선고부 승소판결을 받은 후에 항소심에서 조정(조정을 갈음하는 결정 포함) 내지 화해가 성립된 경우에는,

떤 경우에도 가집행선고가 바뀐 경우에는 선고와 동시에 그 효력이 상실한다. 그런데 가집행선고만이 독립하여 상소할 수 없으므로($\frac{391}{2}$) 독립상소로 인한 가집행선고의 변경은 있을 수 없다. 판례는 상소심에서는 본안에 대한 상소가 이유 없을 경우에는 원심판결 중 가집행선고에 대하여만 고칠 수는 없다고 본다.[21] 하지만 원심의 가집행선고의 담보조건 등이 너무 부담되는 경우 등 그 변경 가능성을 생각한다면 항소심에서 항소기각하면서 담보조건을 완화할 수 있을 것으로 사료된다. 다만 가집행선고가 원고에게 유리하게 변경된 때(예: 담보부가집행선고에서 무담보부가집행선고로 된 경우)에는 실효되지 아니한다.

② 가집행선고가 실효되면 장래에 대하여 효력이 발생한다. 따라서 종전의 가집행선고에 기한 집행을 할 수 없고, 이미 집행을 개시한 경우에도 판결 정본을 집행기관에 제출하여 집행의 정지·취소가 가능하다($\frac{민집\ 49조}{1호,\ 제50조}$). 그러나 가집행선고의 실효는 장래에 대하여만 효력이 있고 소급하지 아니하므로, 이미 집행이 종료된 경우에는 그 효력에 영향이 없다. 따라서 제3자가 가집행에 의한 경매절차에서 피고의 재단에 대하여 매각결정을 받은 경우에는 매수자인 제3자의 소유권취득에는 문제가 없다.[22] 가집행선고 있는 제1심의 본안판결이 항소심에서 취소되면 가집행선고는 일단 실효되지만, 상고심에서 위 항소심판결이 파기되면 제1심의 가집행선고의 효력이 복구된다.[23]

(2) 원상회복 및 손해배상의무

① 본안판결을 바꾸는 경우에는 법원은 피고의 신청에 따라 그 판결에서 가집행의 선고에 따라 지급한 물건을 돌려 줄 것(원상회복)과, 가집행으로 말미암은 손해 또는 그 면제를 받기 위하여 입은 손해를 배상할 것을 원고에게 명하여야 한다($\frac{215조}{2항}$).[24] 이를 가집행선고의 실효로 인한 원상회복 및 손해배상책임이라 한다. 다만 가집행의 선고를 바꾼 뒤 본안판결을 바꾸는 경우에는 본안판결을 바꾸는

조정 내지 화해에서 제1심판결 보다 인용범위가 줄어든 부분에 한하여 실효되고 나머지 부분은 효력이 있고, 인용범위가 늘어난 경우에는 실효되지 아니함).

21) 대판 1994. 4. 12, 93다56053; 대판 2010. 4. 8, 2007다40497.

22) 대판 1990. 12. 11, 90다카19098, 19104, 19111; 대판 1991. 2. 8, 90다16177; 대판 1993. 4. 23, 93다3165.

23) 대결 1964. 3. 31, 63마78; 대결 1993. 3. 29, 93마246, 247; 대결(전) 1999. 12. 3, 99마2078.

24) 대판 2011. 8. 25, 2011다25145; 대판 2020. 5. 14, 2017다220058; 대판 2023. 4. 13, 2022다293272.

시점에 원상회복 및 손해배상의무가 발생한다($\frac{동조}{3항}$).

② 원상회복의무

원상회복의무는 일종의 부당이득반환의무의 성질을 가진다.[25] 여기에서 '피고가 지급한 물건'이라 함은 가집행의 결과 피고가 원고에게 이행한 물건(原物)이나 지급한 금전을 말한다. 예컨대 피고의 채권에 전부명령을 얻어 수령한 전부금,[26] 피고가 상소로 다투면서 가집행을 면하기 위하여 임의변제하거나, 공탁하여 원고가 수령한 금원,[27] 가집행을 면하기 위하여 채권자의 승낙 하에 채무자가 자진하여 대물변제 한 물건,[28] 지연손해금을 지급하면서 공제한 원천징수세액[29] 등이 여기에 해당한다. 가집행으로 인하여 지급된 것이 금전이라면 특별한 사정이 없는 한 가집행채권자는 지급된 금원과 지급된 금원에 대하여 지급된 날 이후부터 민사법정이율에 의한 지연손해금을 지급하여야 한다.[30] 그러나 경매절차에서 매각된 물건은 설사 원고가 경락받은 경우에도 피고가 지급한 물건에 해당하지 아니한다.[31]

원물의 반환이 불가능할 경우에는 가액반환을 하여야 한다. 가지급물의 반환의무는 성질상 부당이득의 반환채무라 할 것이므로, 그 가지급물의 반환을 명하는 판결은 특별한 사정이 없는 한 소송촉진 등에 관한 특례법 제3조 제1항 소정의 이율이 적용된다.[32]

③ 손해배상의무

손해배상의무는 불법행위책임으로서 공평원칙에서 인정하는 일종의 무과실책임이다($\frac{통}{설}$).[33] 따라서 민법상의 과실상계($\frac{민\,763,}{396조}$),[34] 시효($\frac{민}{766조}$)[35]에 관한 규정이 준용된

---

25) 대판 1971. 6. 22, 71다982; 대판 2005. 1. 14, 2001다81320; 대판 2015. 2. 26, 2012다79866.
26) 대판 1993. 1. 15, 92다38812.
27) 대판 1994. 11. 11, 94다22446; 대판 1995. 6. 30, 95다15827; 대판 2011. 9. 29, 2011다17847(공탁금을 수령하시 아니한 경우 공덕물 자체를 가집행선고로 인한 지급물로 볼 수는 없음).
28) 대판 1993. 4. 23, 92다19163(가집행선고가 실효하면 대물변제도 효력을 잃음).
29) 대판 2019. 5. 16, 2015다35270.
30) 대판 2004. 2. 27, 2003다52944; 대판 2020. 5. 14, 2017다220058(가집행선고의 실효에 따른 원상회복의무는 상행위로 인한 채무 또는 그에 준하는 채무라고 할 수는 없다는 이유).
31) 대판 1965. 8. 31, 65다1311; 대판 1966. 5. 31, 66다377.
32) 대판 2005. 1. 14, 2001다81320.
33) 대판 1979. 9. 11, 79다1123; 대판 1979. 9. 25, 79다1476; 대판 1984. 12. 26, 84다카1695; 대판 2010. 11. 11, 2009다18557.
34) 대판 1970. 11. 30, 70다2218; 대판 1984. 12. 26, 84다카1695; 대판 1995. 9. 29, 94다23357.
35) 同旨: 이시윤, 694면.

다. 배상할 손해의 범위는 가집행과 상당인과관계 있는 모든 손해가 포함된다고 보아야 한다.[36] 무과실책임이고 직권가집행선고를 원칙으로 하기 때문에 정신적 손해에까지 확대하는 것이 무리라는 견해가 있으나,[37] 정신적 손해를 특별히 부정할 이유는 없다고 본다.[38] 다만 가집행선고의 강제집행정지신청을 하면서 공탁한 금전에 대한 이자 차액의 손해는 여기에서 배상할 손해의 범위에 포함되지 않는다.[39]

④ 청구방법

(a) 피고가 이러한 원상회복 및 손해배상청구를 하는 방법은 i) 원고를 상대로 별소를 제기하는 방법,[40] ii) 피고가 문제된 상소심절차에서 본안판결의 변경을 구하면서 함께 청구하는 방법이 있다($^{215조}_{2항}$). 후자가 통상적인 방법이다.

(b) 피고가 문제된 상소심절차에서 본안판결의 변경을 구하면서 함께 청구하는 방법은 별소를 제기하는 것보다 시간·비용을 절약할 수 있는 간이절차로서, 실무상 이를 가지급물반환신청이라 한다. 이러한 반환신청은 본안판결이 변경되지 않는 것을 해제조건으로 하는 소송중의 소(후발적 병합소송)로서 예비적 반소의 성질을 갖고 있다.[41] 따라서 소송에 준하여 변론이 필요하다.[42] 다만 이 경우 피고의 반환신청은 상소심에서의 반소이기는 하나 원고의 동의를 요하지 아니하므로 ($^{412}_{조}$) 특수한 반소라 할 것이다.

(c) 피고의 반환신청은 법률심인 상고심에서도 할 수 있다고 할 것이나, 사실관계에 다툼이 없거나 사실심리를 요하지 아니하는 경우에 한하여 허용된다.[43] 판례는 항소심에서 반환신청이 가능하였음에도 신청하지 아니한 피고는 상고심에서

---

36) 대판 1979. 9. 25, 79다1476; 대판 1984. 12. 26, 84다카1695; 대판 1988. 5. 10, 87다카 3101; 대판 1995. 9. 29, 94다23357; 대판 2010. 11. 11, 2009다18557.

37) 이시윤, 694면.

38) 同旨: 호문혁, 636면; 한충수, 632면.

39) 대판 2010. 11. 11, 2009다18557.

40) 대판 1976. 3. 23, 75다2209.

41) 대판 2005. 1. 13, 2004다19647; 대판 2005. 2. 25, 2003다40668(본안판결이 변경되지 않는 것을 해제조건으로 하는 신청이므로 본안에 관한 원심판결 중 원고 패소 부분을 파기하는 이상 원심의 가집행의 원상회복신청에 대한 재판 중 원고 패소 부분도 당연히 파기를 면할 수 없음); 대판 2011. 8. 25, 2011다25145(본안판결 취소·변경을 조건으로 하는 예비적 반소); 대판 2017. 6. 19, 2015다237830(동일한 취지); 대판 2023. 4. 13, 2022다293272(본안판결의 취소·변경을 조건으로 하는 예비적 반소이므로 제1심에서 가집행선고부 승소판결을 받고 판결원리금을 지급받았다가 항소심에서 당초의 소가 교환적으로 변경되어 취하된 것으로 되는 경우에는 항소심에서 곧바로 가지급물반환신청을 할 수 있다고 보아야 하고 이것을 별소의 형식으로 청구하여야만 할 것은 아님).

42) 대판 1968. 3. 26, 68다1541; 대판 1973. 8. 31, 72다2185; 대판 2000. 2. 25, 98다36474.

43) 대판 1980. 11. 11, 80다2055; 대판 1999. 11. 26, 99다36617; 대판 2000. 2. 25, 98다36474; 대판 2007. 5. 10, 2005다57691.

이를 신청할 수 없다고 하나,[44] 분쟁의 일회적 해결과 신속이라는 면에서 이를 인정하는 것이 타당할 것이다. 그 밖에 환송 후에 환송법원에서 환송 전 항소심판결에 기한 가지급물의 반환신청이 가능하다.[45]

Ⅱ. 소송비용의 재판

1. 총 설

(1) 종국판결의 부수적 재판으로 가집행선고 이외에 소송비용에 대한 재판을 한다. 당사자는 소송을 수행하기 위하여는 자신의 노력뿐만 아니라 여러 가지 비용을 지출하여야 한다. 소송비용이라 함은 넓게는 소송당사자가 소송수행을 위하여 실제로 지출하는 모든 비용을 의미하지만(광의의 소송비용), 좁게는 그러한 비용 중에 법이 인정하는 범위 내의 비용을 말한다(협의의 소송비용). 협의의 소송비용은 재판비용(裁判費用)과 당사자비용(當事者費用)으로 나뉜다.

(2) 소송비용은 소송당사자가 국가가 설치한 분쟁해결수단인 재판제도의 이용에 따른 비용이다. 소송비용제도를 어떻게 설치·운영할 것인가는 국가의 대국민 사법서비스의 질과 직결된다고 할 수 있다. 따라서 양질의 사법서비스를 국민에게 제공하기 위하여는 적은 비용으로 이용하게 하는 것이 중요하다. 소송비용제도는 복리국가이념을 분쟁해결시스템에 반영한다는 점에서 복리국가제도의 중요한 임무 중의 하나라고 평가된다. 소송비용을 너무 저렴하게 한다면 분쟁해결의 편의라는 점에서 긍정적일 수 있지만, 분쟁의 양산(量産)을 촉진하여 사법부의 업무부담이 폭증하는 부작용도 있을 수 있고, 소송비용이 과다하게 비싸게 되면 국민의 권리구제를 막는 꼴이 된다. 따라서 적정한 소송비용제도의 정착이 필요하다고 할 것이다. 나아가 소송비용 등으로 권리구제를 받지 못하는 국민을 위한 소송구조제도의 확대도 필요하다.

2. 소송비용의 범위

(1) 협의의 소송비용은 재판비용과 당사자비용으로 나뉜다. 이러한 소송비용의 범위·액수와 예납 등에 관하여 민사소송법, 민사소송비용법, 민사소송 등 인지

---

44) 대판 2003. 6. 10, 2003다14010, 14027.
45) 同旨: 정동윤/유병현/김경욱, 879면.

법, 민사소송규칙, 「변호사보수의 소송비용 산입에 관한 규칙」 등에서 정하고 있다. 그런데 여기에서의 소송비용은 소·항소·상고, 항고의 비용을 말하고, 강제집행비용 또는 가압류·가처분의 절차비용은 해당 절차에서 이에 준하여 별도로 산정된다.

(2) 재판비용

① 당사자가 국고(國庫)에 납부하는 비용이다. 크게 보아 재판수수료인 인지대와 「송달료·증인 여비 등과 같이 재판을 위하여 지출하는 그 밖의 비용」으로 나뉜다. 인지대 이외의 비용을 체당금(替當金)이라 한다.

② 인지대는 소장을 법원에 접수할 때에 납부함이 원칙이고, 그 액수는 소송목적의 값 등을 기준으로 결정되며, 수입인지 상당액을 현금 납부함이 원칙이다($^{민인\ 1조\ 단서,}_{민인규\ 27조}$). 인지액은 1,000만원 미만일 경우에는 「소가×5/1000」이고, 소가가 높아질수록 수수료율은 낮아진다. 인지대를 지급하지 아니하면 그 신청을 부적법 각하할 수 있다.

③ 인지대 이외의 재판비용으로는 송달료, 증인·감정인·통역인과 번역인 등에 지급하는 여비·일당·숙박료($^{민비}_{4조}$), 법관과 법원사무관 등이 검증을 위해 출장하는 일당·여비·숙박료($^{민비}_{5조}$), 감정·통역, 번역과 측량에 관한 특별비용($^{민비}_{6조}$), 공고비용($^{민비}_{8조}$) 등이 있다. 법원은 이러한 비용에 관하여 당사자에게 미리 납부하도록 할 수 있고, 예납명령을 이행하지 아니하는 경우에 법원을 그 행위를 하지 아니할 수 있다[116조, 강제집행과 관련하여 채권자가 집행비용을 예납하지 않으면 집행신청을 각하 또는 집행취소 할 수 있다($^{민집}_{18조}$).].

④ 법원은 소송비용을 미리 내야 할 사람이 내지 아니하여(부족액을 추가로 내지 아니하는 경우를 포함) 소송절차의 진행 또는 종료 후의 사무처리가 현저히 곤란한 때에는 그 소송비용을 국고에서 대납 받아 지출할 수 있다($^{규칙}_{20조}$).

(3) 당사자비용

① 당사자가 소송수행을 위해 자신 또는 국고 이외의 제3자에게 지출하는 비용을 말한다. 여기에는 소장 기타 소송에 필요한 서류의 서기료 및 도면의 작성료($^{민비}_{3조}$), 당사자나 대리인이 기일에 출석하기 위한 일당·여비·숙박료($^{민비}_{4조}$), 소송대리인 변호사에게 지급하거나 지급할 보수($^{109}_{조}$)[46] 등이 있다.

〈변호사보수〉

당사자가 부담한 변호사보수를 소송비용에 포함시켜 승소당사자가 패소당사자로부터 직접 상환 받을 수 있는지 여부는 각국의 입법에 따라 차이가 있다. 독일・프랑스・오스트리아 등 대륙법계 국가에서는 이를 소송비용에 포함시키고 있으나, 일본・미국 등의 경우에는 소송비용에 산입하지 아니하고 있다. 후자의 법제에서는 부당제소・부당응소・부당상소 등으로 인하여 부득이 변호사를 선임한 경우에 이것이 불법행위를 구성하면 별도로 손해배상청구를 통하여 배상받을 수 있다. 우리 민사소송법은 처음에는 변호사선임명령($^{144}_{조}$)을 제외하고는 소송비용에 산입하지 아니하였으나, 1981년「소송촉진 등에 관한 특례법」에서 변호사보수를 소송비용에 산입하였다가, 1990년 1월 13일 법률 제4201호로 민사소송법을 개정하면서 민사소송법에 편입하였다($^{109}_{조}$). 변호사보수를 소송비용에 편입한 것은 패소 시에 변호사보수를 부담하여야 하므로 화해, 조정을 통한 분쟁의 해결에 일조한다고 볼 수 있다.[47]

② 소송을 대리한 변호사에게 당사자가 지급하였거나 지급할 보수는 대법원규칙이 정하는 금액의 범위 안에서 소송비용으로 인정한다($^{109조}_{1항}$). 이에 따라 대법원은「변호사보수의 소송비용 산입에 관한 규칙」을 정하여 구체적인 기준을 정하고 있다. 소송비용에 산입되는 변호사보수는 당사자가 실제로 지급한 액수가 아니고 (규칙보다 적은 경우는 지출금액이 기준임), 대법원이 정하고 있는 기준에 의하며 2008년 1월 1일부터 시행된 동 규칙(대법원규칙 제2116호)에 소송비용에 산입되는 변호사보수를 대폭 증액하였고, 2018년 3월 7일 동 규칙을 개정하여(대법원규칙 제2779호) 경제사정 등에 맞게 보다 현실화 하였다. 다만 소송비용을 계산할 때에는 여러 변호사가 소송을 대리하였더라도 한 변호사가 대리한 것으로 본다($^{109조}_{2항}$).

③ 소송비용에 산입될 변호사보수와 관련한 판례를 보면, i) 소송비용에 산입되는 변호사보수에는 당사자가 현실적으로 지급한 것뿐만 아니라 사후에 지급하기로 약정한 것까지 포함되고,[48] 제3자가 지급한 경우에도 당사자가 지급한 것으로 볼 수 있는 사정이 있다면 산입되는 변호사보수로 인정할 수 있으며.[49] ii) 대리인으로 선임된 변호사가 변론종결시까지 변론이나 증거조사절차에 전혀 관여한 바가 없다면 그에 대하여 보수가 지급되었다 하더라도 소송비용에 포함되지 아니하

---

46) 대판 2019. 8. 14, 2016다200538(소송 중 변호사인 수임인의 귀책사유로 계약이 종료된 경우에 위임계약에 따라 지출된 변호사비용, 송달료 등은 당사자비용에 해당함).

47) 同旨: 이시윤, 683면.

48) 대결 2005. 4. 30, 2004마1055; 대결 2020. 4. 24, 2019마6990.

49) 대결 2020. 4. 24, 2019마6990.

며,[50] iii) 청구의 감축을 간과한 본안판결이 확정된 경우 확정판결에 따른 소가를 기준으로 산정한 것이 위법은 아닐지라도 본안사건에서 실질적 공방이 이루어진 대상이 무엇인지, 신청인의 소송대리인이 이를 위해 수행한 소송행위는 무엇인지 등의 여러 사정을 종합하여 위 보수규칙 제3조에 따라 산정한 변호사 보수 전부를 그대로 소송비용에 산입하는 것이 공정이나 형평의 이념에 반하여 감액할 필요가 없는지 심리하여야 한다.[51]

3. 소송비용의 부담

(1) 원 칙: 패소자부담

소송비용은 당사자 중 패소한 당사자가 부담하는 것이 원칙이다(98조). 패소의 이유나 패소자의 고의·과실과 관계없이 인정되기 때문에 일종의 결과책임이다.[52] 다만 대심적 소송구조가 아닌 경우에는 소송비용이 지출되었더라도 이는 지출한 당사자가 스스로 부담할 성질의 것이므로 그 비용부담자를 정할 필요가 없다.[53]

① 일부패소의 경우에는 당사자들이 부담할 소송비용은 승패의 비율 등에 구속되지 아니하고 법원의 재량으로 정한다(101조본문).[54] 다만, 사정에 따라 한 쪽 당사자에게 소송비용의 전부를 부담하게 할 수 있다(동조단서).

② 패소자가 공동소송인인 경우에는 소송비용을 균등하게 부담하는 것이 원칙이다(102조1항본문). 그러나 법원은 사정에 따라 공동소송인에게 소송비용을 연대하여 부담하게 하거나 다른 방법으로 부담하게 할 수 있다(동항단서).[55] 이외에 소송비용을 연대로 명할 수 있는 경우로는 고유필수적 공동소송, 본안에 관하여 연대채무·불가분채무로 지급을 명할 경우에도 가능하다.

---

50) 대결 1992. 11. 30, 90마1003.

51) 대결 2022. 5. 12, 2017마6274(결국 청구의 감축이 이루어지지 않은 소가를 기준으로 변호사 보수를 산정하여 그 전부를 소송비용액으로 확정한 원심결정을 파기한 사안임).

52) 同旨: 이시윤, 684면.

53) 대결 2019. 11. 29, 2019카확564(상고장 부본 송달 전에 상고장 각하명령으로 종결된 사안에서 상대방의 상고심 변호사비용은 소송비용으로 인정되지 아니함).

54) 대판 1986. 11. 11, 85누231; 대판 1996. 10. 25, 95다56996; 대판 2007. 7. 12, 2005다38324.

55) 판례는 통상공동소송에서 공동소송인이 같은 비율로 함께 패소하였을 경우, 공동소송인이 공동으로 소송비용을 부담하는 것이 형평에 반하거나 불합리하다면 제102조 제1항 단서를 적극적으로 적용하여 공동소송인이 다른 방법으로 소송비용을 부담하게 할 필요가 있다고 하였다(대결 2017. 11. 21, 2016마1854).

③ 무권대리인이 제기한 소가 각하된 경우에는 소송비용의 부담은 본인이 아닌 그 소송행위를 한 대리인이 한다($\frac{108}{조}$).

(2) 예 외

다음과 같은 경우에는 승소자가 그 소송비용을 부담한다.

① 그 권리를 늘리거나 지키는 데 필요하지 아니한 행위로 말미암은 소송비용(99조 전단, 예: 피고가 이행거절을 하지 아니하였음에도 원고가 불필요하게 제소하여 승소한 경우 등)

② 상대방(패소자)의 권리를 늘리거나 지키는 데 필요한 행위로 말미암은 소송비용(99조 후단, 예: 피고가 이행거절을 하여 원고가 소를 제기하였으나, 피고가 소송계속 중 임의변제 하여 패소한 경우 등; 승소자인 피고가 소송비용 부담함)

③ 승소자의 소송지연으로 인한 소송비용($\frac{100}{조}$)

당사자가 적당한 시기에 공격이나 방어의 방법을 제출하지 아니하였거나, 기일이나 기간의 준수를 게을리 하였거나, 그 밖에 당사자가 책임져야 할 사유로 소송이 지연된 때에는 법원은 지연됨으로 말미암은 소송비용의 전부나 일부를 승소한 당사자에게 부담하게 할 수 있다.

(3) 제3의 부담자

다음과 같은 경우에는 당사자가 아닌 제3자가 소송비용을 부담하게 된다.

① 법정대리인·소송대리인·법원사무관 등이나 집행관이 고의 또는 중대한 과실로 쓸데없는 비용을 지급하게 한 경우에는 수소법원은 직권으로 또는 당사자의 신청에 따라 그에게 비용을 갚도록 명할 수 있다($\frac{107조}{1항}$).

② 법정대리인 또는 소송대리인으로서 소송행위를 한 사람이 그 대리권 또는 소송행위에 필요한 권한을 받았음을 증명하지 못하거나, 추인을 받지 못한 경우에 그 소송행위로 말미암아 비용이 발생한 경우에는 직권 또는 당사자의 신청으로 그에게 소송비용을 부담하게 할 수 있다($\frac{107조}{2항}$). 이 경우 비용의 상환을 명하는 재판은 결정으로 하며, 이에 대하여 즉시항고를 할 수 있다($\frac{동조}{3항}$).

(4) 소송비용을 부담한다는 것은 스스로 지출한 비용은 자신이 책임지고, 나아가 상대방이 지출한 소송비용을 법정의 범위 내에서 변상할 의무가 있는 것을 말한다. 상대방은 부담자에 대하여 소송비용의 변상청구권을 가진다.

4. 소송비용의 재판

소송비용의 재판은 제1단계로 종국판결의 주문에서 소송비용부담자와 분담방법·부담비율을 정하고, 제2단계로 소송비용액 확정절차를 통하여 구체적인 부담액을 정하게 된다.

(1) 소송비용부담자의 확정

① 법원은 직권으로 종국판결의 주문에서 그 심급의 소송비용 전부에 대하여 재판하여야 한다($\frac{104조}{본문}$). 이를 소송비용불가분의 원칙이라 한다. 다만, 사정에 따라 사건의 일부나 중간의 다툼에 관한 재판에서 그 비용에 대한 재판을 할 수 있다($\frac{동조}{단서}$).

② 상급법원이 본안의 재판을 바꾸는 경우 또는 사건을 환송받거나 이송을 받은 법원이 그 사건을 완결하는 재판을 하는 경우에는 소송의 총비용에 대하여 재판하여야 한다($\frac{105}{조}$). 그러나 상급법원이 상소를 각하·기각하는 경우에는 그 심급에서 생긴 상소비용만을 재판하면 된다.[56]

③ 판결 중 소송비용의 재판에 대하여만 독립하여 상소할 수 없다($\frac{391,}{425조}$). 따라서 본안재판과 같이 불복하여야 하고, 본안의 상소가 이유 없으면 소송비용에 대한 불복신청은 부적법하게 된다.[57]

(2) 소송비용액 확정절차

① 판결 중 소송비용의 재판에서는 부담자 및 분담방법·비율만을 정하는 것이 재판실무의 관행이다(예: 판결 주문에 '소송비용은 피고의 부담으로 한다.' 또는 '소송비용은 5분하여 그 2는 원고의, 나머지는 피고의 각 부담으로 한다.'고 함).

② 따라서 소송비용의 구체적 액수를 정할 필요가 있고, 이를 위하여 별도로 소송비용액 확정절차를 정하고 있다($\frac{110\sim}{112조}$).

---

56) 다만 판례는 일부인용판결 선고 후 패소부분에 쌍방 상소사건에서 각자의 불복범위에 현저한 차이가 있어 만약 쌍방 상소기각과 함께 상소비용을 각자 부담으로 하게 되면 더 적은 범위에 대해 불복한 당사자가 승소한 범위가 훨씬 큰 경우에도 상소비용을 각자 부담하도록 하게 되어 불복범위가 더 적은 상소인에게 부당하게 불리한 결과가 발생하게 되므로, 법원으로서는 단지 각자 부담으로 할 것이 아니라 각 당사자의 불복으로 인한 부분의 상소비용을 불복한 당사자가 각각 부담하도록 하거나, 쌍방의 상소비용을 합하여 이를 불복범위의 비율로 적절히 안분시키는 형태로 주문을 냄으로써, 위와 같은 불합리한 결과가 발생하지 않도록 하는 것이 바람직하다고 하면서, 사안에서는 상고비용 중 원고의 상고로 인한 부분은 원고가, 피고의 상고로 인한 부분은 피고가 각 부담하도록 정하는 것이 타당하다고 하였다(대판 2019. 4. 3, 2018다271657).

57) 대판 1970. 3. 24, 69다592; 대판 1981. 7. 7, 80다2185; 대판 1996. 1. 23, 95다38233; 대판 1998. 9. 8, 98다22048; 대판 2005. 3. 24, 2004다71522, 71539; 대판 2007. 9. 6, 2007다34135; 대판 2020. 2. 27, 2017다37577; 대판 2020. 3. 26, 2015다44410.

③ 소송비용액 확정은 소송비용의 부담을 정하는 재판에서 그 액수가 정하여 지지 아니한 경우에 제1심 법원은 그 재판이 확정되거나, 소송비용부담의 재판이 집행력을 갖게 된 후에 당사자의 서면신청을 받아 결정으로 그 소송비용액을 확정한다($\frac{110조\ 1항}{규칙\ 18조}$). 종전에는 법관의 업무였으나 2004년 법원조직법의 개정(법률 제4765호, 2005. 3. 1. 시행)으로 사법보좌관에게 업무가 위임되었다($\frac{법조\ 54조,\ 사보}{규\ 2조\ 1항\ 1호}$). 구법과 달리 신법에서는 재판이 확정된 경우 외에 소송비용부담의 재판이 집행력을 갖게 된 후에는 확정 신청을 할 수 있게 하였다. 이것은 집행정지가 되지 아니하는 통상항고로 불복할 수 있는 결정·명령이나 가압류·가처분을 명하는 결정(다만 가압류·가처분을 기각하는 결정은 집행력이 없어 확정되어야 함), 판결 주문에 소송비용부분에 가집행선고가 붙은 경우[58]에 의미가 있다.

④ 확정결정을 신청할 때에는 비용계산서, 그 등본과 비용액을 소명하는 데 필요한 서면을 제출하여야 한다($\frac{110조}{2항}$). 소송비용액 확정결정에 대하여 즉시항고 할 수 있으나($\frac{동조}{3항}$), 지금은 사법보좌관에게 업무가 위임되어 있으므로 먼저 사법보좌관의 처분에 이의신청을 하여야 한다($\frac{사보규}{4조\ 1항}$). 이 결정이 확정되면 집행권원이 된다($\frac{민집\ 56}{조\ 1호}$).[59]

⑤ 소송비용을 일정 비율로 분담하는 재판이 된 경우로서 제111조 제2항에 따라 소송비용액확정 신청인에 대해서만 소송비용액을 확정할 경우 법원은 지출한 비용총액을 산정한 다음, 그 비용총액에 대하여 소송비용 분담비율에 따라 상대방이 부담할 소송비용액을 정하여 그 금액의 지급을 명하는 방법으로 소송비용액을 확정하여야 하고, 피신청인이 신청인에게 상환해야 할 변호사보수를 확정할 때에는 신청인이 변호사에게 보수계약에 따라 지급하거나 지급할 금액과 보수규칙에 따라 산정한 금액을 비교하여 그것 중 작은 금액을 소송비용으로 결정한 다음, 그에 대하여 소송비용 분담비율을 적용하여 계산하여야 한다.[60]

⑥ 당사자가 법원에서 화해한 경우나 화해권고결정이 확정된 경우($\frac{231}{조}$)에 회해비용과 소송비용의 부담에 대하여 특별히 정한 바가 없으면 그 비용은 당사자들

---

58) 판결주문에서 본안에 대한 판단부분에만 가집행선고하고, 소송비용 부분에 가집행이 선고되지 아니한 경우에 소송비용액 확정신청이 가능한지가 문제된다. 통상 상소심에서 전체 소송의 총소송비용의 분담을 정하므로(105조), 주문에서 소송비용부분에 가집행선고를 한 경우에 한하여 확정신청이 가능하다고 본다(同旨: 이시윤, 687면).

59) 판결 주문의 소송비용부담의 재판만으로 소송비용상환청구권의 집행권원이 될 수 없다(대판 2006. 11. 15, 2004재다818; 대판 2008. 12. 24, 2008다61172).

60) 대결 2022. 5. 31, 2022마5141.

이 각자 부담한다($\frac{106}{조}$). 그런데 당사자가 소송비용부담의 원칙만을 정하고 그 액수를 정하지 아니한 때에는 법원은 당사자의 신청에 따라 결정으로 그 액수를 정하여야 한다($\frac{113조}{1항}$). 그 외에 소송이 재판에 의하지 아니하고 끝나거나, 참가 또는 이에 대한 이의신청이 취하된 경우에는 법원은 당사자의 신청에 따라 결정으로 소송비용의 액수를 정하고, 이를 부담하도록 명하여야 한다($\frac{114조}{1항}$).[61] 이 경우에는 신청할 법원은 제1심 수소법원이 아니라, 소송이 완결될 당시의 소송계속 법원에 신청하여야 한다.[62]

⑦ 소송비용액 확정절차는 변호사비용이 소송비용으로 산입된 이후에 실무상 활용되고 있고, 2008년 「변호사보수의 소송비용 산입에 관한 규칙」에서 소송비용을 현실화하면서 더욱 활성화되고 있다.

⑧ 소송비용으로 지출된 금액은 소송비용액 확정절차에 의하여야 하고 별소로 제기하면 소의 이익이 없다.[63] 또 소송비용액 확정절차는 부담할 액수를 확정함이 목적이고 상환의무 내지 권리의 존재를 확정하는 것이 아니므로 그 절차에서 변제·상계·화해 등 권리소멸의 항변을 주장할 수 없다.[64]

5. 소송비용의 담보

(1) 원고가 대한민국에 주소·사무소와 영업소를 두지 아니한 경우에는 법원은 피고의 신청에 따라 원고에게 소송비용에 대한 담보를 제공하도록 명하여야 하고, 담보가 부족한 경우에도 또한 같다($\frac{117조}{1항}$). 이것은 원고가 패소하여 소송비용을 부담하는 경우에 피고가 소송비용을 확보하기 위한 것으로서 대한민국에 생활 근거지가 없는 자의 무책임한 소권남용의 견제수단으로 의미가 있다. 피고의 신청이 있어야 한다. 다만 상소심에서의 소송비용 담보제공 신청은 담보제공의 원인이

---

61) 다만 소 취하로 인하여 소송이 끝난 경우 제114조에 따라 소송비용을 부담할 자 등을 정할 수 있으나, 소의 취하는 소송계속 소급적 소멸로 인해 결국 권리의 신장 또는 방어에 필요한 행위가 아니었던 셈이 되므로 피고가 채무를 이행하여 소를 취하한 것이라는 등의 특별한 사정이 없는 한 패소한 당사자에 준하여 소를 취하한 원고가 소송비용의 부담자가 되는 것이 원칙이다(대결 2020. 7. 17, 2020카확522).

62) 대결 1992. 11. 30, 90마1003; 대결 1999. 8. 25, 97마3132; 대결 2018. 4. 6, 2017마6406.

63) 대판 1987. 3. 10, 86다카803; 대판 2000. 5. 12, 99다68577.

64) 대결 1965. 2. 9, 64마819; 대결 2001. 8. 13, 2000마7028; 대결 2002. 9. 23, 2000마5257; 대결 2008. 5. 7, 2008마482; 대결 2020. 7. 17, 2020카확522(소송비용부담에 관한 실체상의 권리가 소멸하였다거나 이전되었다는 등의 사정은, 소송비용부담 및 확정결정의 집행단계에서 청구에 관한 이의의 소 등으로 다툴 수 있음은 별론임).

이미 제1심 또는 항소심에서 발생되어 있었음에도 신청인이 과실없이 담보제공을 신청할 수 없었거나, 상소심에서 새로이 담보제공의 원인이 발생한 경우에 한하여 가능하다.[65]

(2) 담보제공을 신청한 피고는 원고가 담보를 제공할 때까지 소송에 응하지 아니할 수 있는 변론거부권(辯論拒否權)[66]이 있다($\frac{119}{조}$). 다만, 담보를 제공할 사유가 있다는 것을 알고도 피고가 본안에 관하여 변론하거나 변론준비기일에서 진술한 경우에는 담보제공을 신청하지 못한다($\frac{118}{조}$). 하지만 적법한 담보제공신청을 한 후 변론을 거부하지 않고 본안에 관하여 변론 등을 한 경우에도 이미 이루어진 담보제공신청의 효력이 상실되거나 그 신청이 부적법 하게 되는 것은 아니다.[67] 만약 원고가 담보를 제공하여야 할 기간 이내에 이를 제공하지 아니하는 때에는 법원은 변론 없이 판결로 소를 각하할 수 있다($\frac{124}{조}$). 하지만 소를 각하하기 전에 담보를 제공한 때에는 그러하지 아니하다($\frac{동조}{단서}$).

(3) 법원의 담보의 제공을 명하는 결정에는 담보액과 담보제공기간을 정하여야 한다($\frac{120조}{1항}$). 담보액은 피고가 각 심급에서 지출할 비용의 총액을 표준으로 하여 정하여야 한다($\frac{동조}{2항}$). 법원의 담보제공 신청에 관한 결정에 대하여는 즉시항고를 할 수 있다($\frac{121}{조}$).

(4) 담보의 제공은 금전 또는 법원이 인정하는 유가증권을 공탁하거나, 대법원규칙이 정하는 바에 따라 지급을 보증하겠다는 위탁계약을 맺은 문서를 제출하는 방법으로 한다. 다만 당사자들 사이에 특별한 약정이 있으면 그에 따른다($\frac{122}{조}$). 지급보증위탁계약서의 제출방법으로 할 때에는 법원의 허가를 받아야 하고($\frac{규칙 22}{조 1항}$), 위 지급보증위탁계약은 담보제공 명령을 받은 자가 은행법의 규정에 따른 금융기관이나 보험회사와 맺어야 한다($\frac{동조}{2항}$). 지급보증위탁계약서의 제출방법으로 할 수 있도록 한 것은 장기저리의 현금공탁의 어려움을 덜기 위한 것이다.

(5) 법원은 담보제공자의 신청에 따라 결정으로 공탁한 담보물을 바꾸도록 명할 수 있고, 당사자가 계약에 의하여 공탁한 담보물을 다른 담보로 바꾸겠다고 신청한 때에는 그에 따른다($\frac{126조, 담보}{물의 변경}$). 당사자 사이에 특별한 약정이 없는 경우 금전을 유가증권으로 담보물을 변경하는 것 등과 같은 담보제공의 방법은 법원이 재

---

65) 대결 2017. 4. 21, 2017마63.
66) 이를 응소거부권(應訴拒否權)이라고 표현하기도 한다. 그러나 신법이 응소관할을 변론관할로 용어를 바꾼 점에 비추어 용어의 통일적 사용을 위하여 본서에서는 변론거부권이라 하기로 한다.
67) 대결 2018. 6. 1, 2018마5162.

량으로 정할 수 있다.[68] 그러나 당사자 사이에 특별한 약정이 있는 경우에는 거기에 따라야 한다($\frac{122조}{단서}$).

(6) 피고는 소송비용에 관하여 원고가 제공한 담보물에 대하여 질권자와 동일한 권리를 가진다($\frac{123}{조}$). 판례는 재판상 담보공탁에 있어 담보권리자(피공탁자)는 담보물에 대하여 질권자와 동일한 권리가 있으므로, 담보권리자(피고)가 담보제공자(원고)의 공탁금회수청구권을 압류하고 추심명령이나 확정된 전부명령을 받은 후 담보취소결정을 받아 공탁금회수청구를 하는 경우에도 그 담보공탁금의 피담보채권을 집행채권으로 하는 것인 이상 담보권리자의 위와 같은 담보취소신청은 어디까지나 담보권을 포기하고 일반 채권자로서 강제집행을 하는 것이 아니라 오히려 적극적인 담보권실행에 의하여 그 공탁물회수청구권을 행사하기 위한 방법에 불과하다고 보는 것이 합리적이므로 이는 담보권의 실행방법으로 인정되고, 따라서 이 경우에도 질권자와 동일한 권리가 있다고 할 것이므로 그에 선행하는 일반 채권자의 압류 및 추심명령이나 전부명령으로 이에 대항할 수 없다고 본다.[69]

(7) 담보취소결정

원고가 담보제공을 한 것을 되돌려 받기 위하여는 담보취소결정을 받아야 한다. 담보취소결정은 담보제공결정을 한 법원의 전속관할에 속하고($\frac{규칙}{23조}$), 그 사유는 다음 세 가지 경우이다.

① 담보제공 사유의 소멸($\frac{125조}{1항}$)

원고가 우리나라에 주소 또는 사무소 등을 갖게 되었거나, 소송에서 원고가 승소하여 소송비용을 전부 피고가 부담하기로 하는 판결이 확정된 경우 또는 이행권고결정이 확정된 경우[70] 등이 여기에 해당한다.

② 담보권자인 피고의 동의($\frac{125조}{2항}$)

③ 권리행사최고기간의 도과($\frac{125조}{3항}$)

소송이 완결된 뒤 담보제공자가 담보제공의 취소를 신청하면, 법원은 담보권리자에게 일정한 기간 이내에 그 권리를 행사하도록 최고하고, 담보권리자가 그 행

---

68) 대결 1977. 12. 15, 77그2; 대결 2018. 6. 1, 2018마5162(당사자들 사이에 특별한 약정이 없는 한 담보제공의 방법은 제122조의 범위 내에서 담보제공을 명하는 법원의 재량임).

69) 대판 2004. 11. 26, 2003다19183.

70) 대결 2006. 6. 30, 2006마257(소액사건심판법상 원고 승소판결과 같은 이행권고결정이 확정된 경우).

사를 하지 아니하는 때에는 담보취소에 대하여 동의한 것으로 본다. 담보권리자의 권리행사방법은 소송 등의 방법(예: 피담보채권에 대한 소제기, 지급명령, 제소전화해 신청, 소송비용액의 확정 신청 등)으로 하여야 하고, 피담보채권 자체를 대상으로 하여야 한다.[71] 담보권자는 법원의 담보취소결정에 대하여 즉시항고를 할 수 있다$\binom{125조}{4항}$.

(8) 위에서 본 담보제공의 방법 및 취소절차는 다른 법률에 의한 소제기에 관한 담보제공$\binom{\text{상 }176,\ 237,\ 269,\ 377,}{380,\ 381,\ 619조 \ 등}$에 준용된다$\binom{127}{조}$. 나아가 가집행의 담보$\binom{214}{조}$, 강제집행의 정지·취소 등을 위한 담보$\binom{502조}{3항}$, 가압류·가처분을 위한 담보$\binom{민집\ 291,}{301조}$, 매각허가결정에 대한 항고를 위한 보증금의 공탁$\binom{\text{민집 }130조\ 3항,\ 공탁액수가\ 매각대금의\ 1/10에}{\text{해당하는\ 현금\ 또는\ 유가증권으로\ 정하여져\ 있음}}$에 준용된다. 실무에서는 소송비용의 담보제공보다는 가압류·가처분을 위한 담보 등 준용절차에서 더 많이 이용되고 있다.

---

71) 대결 2015. 4. 28, 2015카담9(피신청인이 집행정지로 인한 손해배상채권 자체가 아닌 집행정지의 대상이 되었던 집행권원에 의하여 채권압류 및 전부명령을 한 것은 적법한 권리의 행사가 아니라고 봄).

제6편

상소심절차

당사자가 재판의 확정 전에 상급법원에 그 취소·변경을 구하는 통상의 불복신청절차인 상소절차에는 판결의 상소절차로서 항소·상고제도가 있고, 판결 이외의 재판인 결정·명령에 대한 상소절차로서 항고제도가 있다.

따라서 본편의 제1장 총설에서는 상소제도 전반에 관하여 살펴보고, 제2장에서는 제1심의 종국판결에 대한 불복신청인 항소를, 제3장에서는 제2심의 종국판결에 대한 불복신청인 상고를 본다.

마지막 제4장에서는 판결 이외의 재판인 결정·명령에 대한 불복신청인 항고제도에 관하여 검토한다.

제 1 장 총   설

I. 상소의 의의

상소(上訴)라 함은 당사자가 재판의 확정 전에 상급법원에 그 취소·변경을 구하는 통상의 불복신청방법을 말한다. 현행법은 상소로서 항소(抗訴)·상고(上告)·항고(抗告) 세 가지를 인정하고 있다.

(1) 상소는 '재판의 확정 전'에 상급법원에 그 취소·변경을 구하는 불복신청방법이다. 상소는 소송절차의 종료 전에 하는 불복신청방법이다. 이러한 점에서 '재판의 확정 후'의 불복방법인 재심($\frac{451}{조}$), 준재심($\frac{461}{조}$) 및 불복할 수 없는 결정·명령에 대한 불복방법인 특별항고($\frac{449}{조}$)와 구별된다.

(2) 상소는 재판의 확정 전에 '상급법원'에 그 취소·변경을 구하는 불복신청방법이다. 따라서 동일한 심급에서 이루어지는 불복신청방법인 각종의 이의 즉 재판장·수명법관의 재판에 대한 이의($\frac{138,}{441조}$), 화해권고결정($\frac{226}{조}$)·조정을 갈음하는 결정($\frac{민조}{34조}$)·지급명령($\frac{470}{조}$)·이행권고결정($\frac{소심 5조}{의4}$)에 대한 이의,[1] 집행에 관한 이의($\frac{민집}{16조}$), 사법보좌관의 처분에 관한 이의($\frac{사보규}{4조 1항}$), 가압류·가처분에 관한 이의($\frac{민집 283조,}{301조}$) 등과 구별된다. 또한 심급을 전제로 하지 아니하는 제권판결에 관한 불복의 소($\frac{490조}{이하}$), 중재판정취소의 소($\frac{중}{36조}$)와도 차이가 있다.

(3) 상소는 재판의 확정 전에 상급법원에 그 취소·변경을 구하는 '통상의 불복신청방법'이다. 재판제도는 재판의 오류가능성 때문에 필연적으로 재판에 대한 불복신청방법을 가지고 있다. 재판에 대한 불복신청방법으로는 통상의 불복방법과 비상의 불복방법이 있다. 전자는 재판의 확정 전에 이루어지는 상소제도이고, 후자는 비상의 구제수단인 재심(再審)과 준재심(準再審)인 것이다. 상소는 통상의 불복신청방법이라는 점에서 비상의 구제수단인 재심 및 준재심과 차이가 있고, 또한 위헌제청신청기각결정에 대한 헌법소원($\frac{헌재 68}{조 2항}$)도 비상의 권리구제수단으로서 비상의 불복방법에 해당한다고 보아야 한다.[2]

---

1) 화해권고결정 등 4가지 이의는 2주 이내에 하여야 하는 기간 제한이 있지만, 나머지 이의제도는 기간의 제한이 없다.
2) 이시윤, 842면.

Ⅱ. 상소제도의 목적

상소제도는 일차적으로 i) 하급심의 재판오류의 시정에 있다. 또한 이것을 통하여 ii) 당사자의 권리구제와 재판에 대한 국민의 신뢰유지, iii) 법령해석·적용의 통일을 달성할 수 있으며, 또한 상소 범위의 합리적 제한을 통하여 불필요한 상소 등을 막을 수 있어, iv) 소송의 신속을 달성할 수 있다.

(1) 재판오류의 시정(是正)

재판은 실체적인 진실에 부합한 사실의 확정에 기초하여 정확한 법률적용을 통하여 100% 정의로운 결론을 도출하여야 한다. 그러나 재판제도가 가지고 있는 자체적 한계, 판단의 주체인 법관의 불완전성, 당사자의 자신에 불리한 부분의 사실왜곡의 시도 등이 복합적으로 작용하고, 특히 민사재판은 처분권주의·변론주의에 기초하고 있으므로 100% 정당한 결론을 도출하는 것이 매우 어려운 상황이다. 이러한 상황 속에서도 재판은 적정의 실현을 최고의 이상으로 간주한다. 따라서 이러한 적정의 이념을 충분히 실현하기 위한 사법제도의 최선책 중 하나가 상소제도인 것이다. 재판의 오류가능성을 1차적으로 재판에 대한 불복신청방법을 통하여 걸러내어 대부분의 사건은 그것으로 분쟁의 종결을 선언하는 것이다. 더 이상의 불복방법은 없는 것이고, 상소제도를 통하여 개선할 수 없는 것은 재판제도의 한계로 간주된다. 이것으로 대부분의 민사적 분쟁은 실질적인 진실 여부와 관계없이 법률적 종결이 이루어진다. 사실 상소제도를 통한 구제로써 민사적 분쟁이 완전히 종결될 수 있는 재판제도는 가장 훌륭한 재판제도이다. 그렇기 때문에 재판제도는 상소제도를 통하여 모든 것이 종료될 수 있도록 운영되어야 하고, 그렇게 할 수 있게 개선시켜 나가야 한다.

그러나 아무리 완벽한 상소제도라고 하여도 그 오류가능성을 완전히 배제할 수 없으므로 재심제도를 두어 아주 제한된 사유, 기간 등을 정하여 특별하고 비상의 구제를 시도하는 것이다. 재심제도의 확대는 상소제도를 통한 개선을 무력화하므로 재판제도 자체의 불신을 수반하게 된다는 점을 유의하여야 한다.

(2) 당사자의 권리구제와 재판에 대한 국민의 신뢰유지

상소제도는 적정의 이념을 반영하고 있다. 상소제도는 심급제도를 통한 재판의 개선을 추구하고 있고, 이것은 재판제도의 존재이유가 사권의 보호에 있다는 점에 비추어 보면 당사자의 권리구제가 가장 중요한 목적이라 할 수 있다. 상소제도는 당사자의 권리구제에 가장 적합한 형태가 될 수 있어야 한다. 이러한 목적에 부합할 수 있도록 항상 변화·개선되어야 하는 것이다. 또한 상소제도는 당사자의 권리구제를 적정하게 함으로써 재판제도에 대한 국민의 신뢰를 유지할 수 있다. 재판제도라는 것은 당사자의 분쟁을 전제로 하는 것이므로 항상 패소자의 불신을 내포할 뿐만 아니라, 재판절차의 과정에서 발생하는 불공평 등도 불신의 요소가 되지만 가장 중요한 불신요소는 적정한 재판이 아니라는 것이므로 이 점에 관하여 확실히 하여야만 재판에 대한 국민의 최종적인 신뢰를 받을 수 있다. 따라서 상소제도는 이러한 점에서 국민의 재판에 대한 신뢰를 확보할 수 있는 중요한 장치라는 점을 명심하여야 한다. 또한 상소를 몇 차례 인정할 것인가는 국민의 생각인 문화적 요소가 매우 중요하다. 사실의 확정문제에 크게 다툼이 없는 단계에 이른다면 3심제가 아닌 2심제 등도 고려할 수 있다고 본다.

(3) 법령해석·적용의 통일

① 우리는 상소제도와 관련하여 3심 제도를 취하고 있고, 다른 대륙법계 국가와 같이 2차례의 상소를 허용하고 있다. 미국·중국 등과 같이 실질적 2심제를 채택하고 있는 국가도 있다. 특히 우리나라는 첫 번째의 상소(항소)에 있어서 속심제(續審制)를 취하고 있어 제1심 법원의 사실의 확정과 법률의 적용 모두에 관하여 재차 심리한다. 하지만 두 번째의 상소(상고)에 있어서는 제2심까지의 사실인정에 기초하여 법률적용의 부분에 관하여 사후적으로 심사하는 구조이다. 따라서 첫 번째의 상소심은 사실심이고, 두 번째의 상소심은 법률심이다.

② 상고심은 대법원에서 사후심(事後審)의 입장에서 법률해석·적용이라는 면에 집중한다는 점에서 상소제도를 통해 법령해석·적용의 통일을 도모할 수 있다. 그러나 상소제도를 통해 법령해석·적용의 통일을 강화하기 위하여서는 일본과 같이 첫 번째의 상소인 항소제도를 제한적이라도 실질적으로 사후심 방식으로 운영하는 방안을 강구할 필요가 있다.

(4) 소송의 신속 도모

상소제도는 상소의 합리적인 제한을 통하여 소모적인 상소를 방지함으로써 소송의 신속을 도모할 수 있다. 상소를 모든 패소자에게 제한 없이 인정한다면 불필요한 상소가 남발됨으로 인하여 소송의 지연, 소송비용의 증가, 심급 사이의 재판의 모순 등이 나타날 수 있으므로 상소에 대한 합리적 제한이 필요하다. 이러한 상소의 합리적 제한은 심급절차를 통한 소송의 신속을 도모하는 기능을 수행할 수 있다. 현행법은 이러한 취지에서 소액사건에서의 상고 및 재항고이유를 대폭 제한하고 있고(소심 3조), 기타의 사건에 있어서도 제한적 상고이유와 「상고심절차에 관한 특례법」을 두어 상고를 제한할 수 있게 하였다.

Ⅲ. 상소의 종류

1. 항소·상고·항고

(1) 현행법이 인정하는 상소에는 항소(抗訴)·상고(上告)·항고(抗告)의 세 가지 종류가 있다. 항소와 상고는 종국판결(終局判決)에 대한 상소이고, 항고는 결정(決定)·명령(命令)에 대한 상소이다.

(2) 항소는 제1심 종국판결에 대한 불복신청이고, 상고는 제2심 종국판결에 대한 불복신청이다. 다만 비약상고(390조 1항, 422조 2항, 390조 1항 단서)의 경우에는 제1심 판결에 대하여 직접 상고심 법원인 대법원에 불복신청 할 수 있다.

(3) 항고는 결정·명령에 대한 불복신청이다. 항고법원의 재판에 대하여 재차 하는 항고를 재항고라 한다. 항고는 항소에 관한 규정을, 재항고는 상고에 관한 규정을 준용한다(443조). 항고는 법이 특별히 인정한 경우에 한하여 허용된다.

2. 불복신청방법의 선택

(1) 재판에 대한 불복신청방법은 통상의 불복방법인 상소와 이외의 방법이 있다. 상소의 경우에도 원재판의 종류에 따라 그 불복신청방법이 다르다. 따라서 당사자는 원재판의 종류에 따라 적절한 불복신청방법을 선택하여 권리행사를 하여야 한다.

(2) 그 불복신청방법의 잘못된 선택은 부적법한 불복방법이므로 당사자는 그로 인한 불이익을 부담하여야 한다. 그러나 법원은 당사자의 권리구제 차원에서 신청서의 표제에 너무 얽매이지 말고 신청취지·신청원인·증거 등에 비추어 그 취지를 잘 살펴서 처리하여야 한다.[3]

---

3) 대결 1968. 11. 8, 68마1303; 대결 1975. 11. 14, 75마313; 대판 1980. 10. 14, 80다1795; 대

3. 형식에 어긋난 재판에 대한 상소

(1) 재판의 종류는 판결과 결정·명령이 있다. 각각의 재판형식에 따라 불복신청방법이 정하여진다. 형식에 어긋난 재판이라 함은 판결로 할 것을 결정으로, 결정으로 할 것을 판결로 한 경우와 같이 재판의 형식을 그르친 경우를 말한다. 민사소송법이 정하고 있는 방식과 다른 재판을 한 것이다. 구법에서는 이를 '위식(違式)의 재판'이라 하였다. 이러한 경우의 재판이라고 하여도 무효라고 할 수 없다. 따라서 형식에 어긋난 재판의 불복방법을 어떻게 할 것인가가 문제이다.

(2) 이것과 관련하여 i) 법원이 실제로 한 재판의 형식에 따라 상소의 종류를 정하면 된다는 견해(주관설),[4] ii) 법원이 본래 했어야 할 재판의 형식에 따라 상소의 종류를 정하면 된다는 견해(객관설), iii) 실제 재판 또는 본래 했어야 할 재판에 따른 형식 모두 가능하다는 견해(선택설)가 있다. 주관설은 일정한 경우 법원의 잘못된 재판형식으로 인하여 상소할 수 없게 되는 경우(예: 판결로 하였다면 당연히 상소가 가능하였음에도 법원이 결정의 형식으로 함으로 인하여 불복방법이 없게 된 경우)가 있을 수 있다는 점, 객관설에 의하면 당사자에게 법원보다 고도의 법률지식을 요구할 뿐만 아니라 법원의 잘못을 당사자가 져야 된다는 것이 부당하다는 점, 당사자의 절차권보장의 필요성 등에 비추어 보면 당사자가 자유롭게 불복방법을 선택할 수 있는 선택설이 타당하다.[5] 제440조는 "결정이나 명령으로 재판할 수 없는 사항에 대하여 결정 또는 명령을 한 때에는 항고할 수 있다."고 하여, 판결로 할 것을 결정 또는 명령으로 한 경우에 항고를 인정하고 있다는 점에서 선택설의 입장을 반영한 것으로 볼 수 있다.[6] 다만 불복할 수 없는 재판을 불복할 수 있는 재판의 형식으로 판단한 경우에는 원래와 같이 불복이 허용되지 아니한다고 할 것이다.[7]

판 2008. 2. 28, 2007다41560.

4) 강현중, 954면.

5) 同旨: 김홍엽, 1145면; 이시윤, 844면; 정동윤/유병현/김경욱, 886면; 한충수, 804면.

6) 제440조의 의미를 주관설의 입장이 일부 반영된 것이라 하는 견해(이시윤, 844면; 강현중, 910면)가 있으나, 제440조의 규정취지가 판결로 할 것을 결정 또는 명령으로 한 경우에 항고를 인정하는 규정이 없으므로 항고할 수 없게 되는 경우를 막기 위하여 특별히 인정하고 있다는 점에 비추어 보면 선택설의 입장을 반영한 것으로 볼 수 있다(同旨: 김홍엽, 1147면; 정동윤/유병현/김경욱, 886면; 한충수, 803-804면).

7) 대결(전) 1993. 12. 6, 93마524; 대결 2018. 1. 19, 2017마1332.

Ⅳ. 상소요건

1. 의   의

상소인의 상소가 있으면 법원은 소의 경우와 같이 우선 상소의 적법요건을 심사하여 이를 갖춘 경우에 한하여 상소의 본안심리를 하게 된다. 이러한 상소의 적법요건을 상소요건이라 한다. 법원은 상소의 적법요건인 상소요건에 흠이 있으면, 본안심리에 들어가지 아니하고 상소가 부적법하다는 이유로 각하하여야 한다.

2. 상소의 일반요건

상소요건에는 일반요건과 특별요건이 있다. 특별요건은 항소·상고·항고에 따라 각각 별도로 정하고 있다. 특별요건은 해당 부분에서 설명하기로 하고, 여기에서는 상소의 일반요건에 관하여 살펴보겠다.

상소의 일반요건은 적극적 요건과 소극적 요건으로 나눌 수 있다. 그중 i) 적극적 요건으로 ⓐ 상소의 대상적격, ⓑ 방식에 맞는 상소의 제기, ⓒ 상소기간의 준수, ⓓ 상소의 이익이 존재하여야 하고, ii) 소극적 요건으로 ⓐ 상소권의 포기, ⓑ 불상소의 합의 등이 있고 이러한 소극적 요건이 존재하지 말아야 한다.

상소요건은 상소의 적법요건으로서 소송요건과 같이 직권조사사항이다.[8] 따라서 상소의 대상적격, 방식에 맞는 상소의 제기, 상소기간의 준수는 상소 제기행위 자체에 관한 것이므로 상소의 제기 당시에, 그 밖의 상소요건은 심리종결시를 기준으로 한다.[9] 다만 판례는 상소의 이익의 존재는 상소의 제기 당시를 기준으로 판단하여야 한다고 한다.[10]

(1) 상소의 대상적격(對象適格)

상소를 하기 위하여는 상소 대상재판은 선고된 종국적 재판이어야 한다($\frac{390, 422,}{443조}$).

① 상소하기 위하여는 '선고된 재판'이어야 한다. 선고 전의 재판은 상소권이 발생할 여지가 없으므로 상소의 대상적격을 갖기 위하여는 재판이 선고되어야 한다. 종래 판례는 결정이 고지되기 전에 한 항고는 부적법하고,[11] 뒤에 결정이 고

---

8) 이시윤, 845면; 정동윤/유병현/김경욱, 886면.
9) 同旨: 이시윤, 845면; 정동윤/유병현/김경욱, 886면; 강현중, 957면.
10) 대판 1973. 9. 25, 73다565; 대판 1983. 10. 25, 83다515.

지되더라도 항고는 적법하게 되지 아니한다고 하다가,[12] 최근 전원합의체 결정으로 결정·명령의 원본이 법원사무관 등에게 교부되어 일단 성립이 되면 취소·변경될 수 없으므로 항고인의 이익을 고려하여 결정·명령이 고지되기 전이라도 항고할 수 있는 것으로 변경하였다.[13]

② 상소하기 위하여는 '종국적 재판'이어야 한다. 중간판결 등 중간적 재판은 종국판결과 같이 상소심의 심사를 받게 되므로($^{392}_{조}$) 독립하여 상소할 수 없다. 또한 독립적 상소가 허용되지 아니하는 소송비용 및 가집행에 관한 재판도 독자적인 상소적격을 가지지 못하므로 본안의 재판의 상소와 함께 하여야 한다($^{391,}_{406조}$).[14] 그러나 제2심의 환송판결과 이송판결은 종국판결에 해당하므로 독립된 상고의 대상이 된다.[15]

③ 이른바 비판결(非判決)[16]은 상소의 대상이 되지 아니한다.[17] 그런데 무효판결(예: 사망한 자를 상대로 한 판결 등)에 대하여, 판례는 무효의 판결은 판결로서 효력이 없으므로 원칙적으로 상소의 대상이 되지 아니하여 부적법한 것으로 본다.[18] 하지만 무효의 판결은 그 효력은 없지만 형식적 외형을 가지고 있으므로 상소를 통하여 이를 취소할 수 있다고 보아야 한다.[19] 상소가 있는 경우에 상소법원은 원판결을 취소하고, 소를 각하하여야 한다. 일본 판례도 원고가 피고가 죽은 사실을 모르고 소송을 제기하였는데 사망자의 상속인이 현실적으로 소송에 관여하여 소송수행을 함으로써 실질적인 소송관계가 성립되었다면, 신의칙상 상속인에게 그 소송수행의 결과로서 판결의 효력을 받게 하여야 하므로 이 경우에는 예외

---

11) 대판 1973. 9. 25, 73다565; 대판 1983. 10. 25, 83다515.

12) 대결 1983. 3. 29, 83스5; 대결 1994. 8. 30, 94마1245; 대결 1998. 3. 9, 98마12.

13) 대결(전) 2014. 10. 8, 2014마667.

14) 다만 소송대리인에게 대리권이 없다는 이유로 소가 각하되고, 소송대리인이 소송비용 부담의 재판을 받은 경우에는 그 소송비용의 재판에 대하여 독립된 상소를 금지하는 제391조, 제425조, 제443조가 적용되지 아니하므로, 소송대리인은 자신의 소송비용에 관한 재판에 대하여 즉시항고나 재항고를 할 수 있다(대결 2016. 6. 17, 2016마371).

15) 대판(전) 1981. 9. 8, 80다3271; 대판(전) 1995. 2. 14, 93재다27, 34(반소)(다만 상고심의 환송판결은 당해 심급을 이탈한다는 점에서 확정된 종국판결에 해당하지만, 환송법원의 판결절차가 남아 있으므로 재심대상의 확정된 종국판결에는 해당하지 아니함).

16) 비판결이라 함은 판결의 요건을 갖추지 못하여 판결로서의 존재를 인정할 수 없는 경우(예: 사법보좌관이 선고한 판결, 판사가 선고되지 아니한 판결초고가 판결정본으로 송달된 판결 등)를 말한다. 판결의 부존재라고도 한다.

17) 대판 1971. 2. 9, 69다1741; 대판 1980. 5. 27, 80다735; 대판 2000. 10. 27, 2000다33775; 대판 2002. 8. 23, 2001다69122.

18) 대판 1994. 12. 9, 94다16564(재심); 대판 2002. 8. 23, 2001다69122(상고).

19) 同旨: 이태영, 149-150면; 이시윤, 677, 848면; 정동윤/유병현/김경욱, 205, 887면.

적으로 상소의 대상이 된다고 하고 있다.[20] 허위주소에 의한 피고의 자백간주($\frac{150조}{3항}$)로 편취한 판결은 피고에게 유효한 판결정본이 송달된 것이 아니므로 형식적 상소기간 도과여부와 관계없이 상소의 대상이 된다고 할 것이다($\frac{396조}{1항 \, 단서}$).[21]

④ 상소 이외의 다른 불복방법이 있는 경우에는 상소의 대상이 되지 아니한다. 따라서 판결의 경정사유($\frac{211}{조}$), 추가판결의 대상이 되는 재판의 누락($\frac{212}{조}$),[22] 이의 방법을 통한 조서기재의 정정($\frac{164}{조}$)[23] 등에 대하여는 해당 불복방법에 따라야 하므로 별도로 상소할 수 없다.

(2) 방식에 맞는 상소의 제기

① 상소의 제기는 법에 정한 방식에 따라야 한다. 상소는 상소장이란 서면으로 하여야 하고, 원심법원에 제출하여야 한다($\frac{원심법원 \, 제출주의, \, 397}{조 \, 1항, \, 425, \, 445조}$). 법원사무관 등은 판결서 정본을 송달하면서 상소장을 제출할 법원을 고지하여야 하고($\frac{규칙2}{조의2}^{55}$), 당사자가 잘못하여 상소장을 상소법원에 제출한 경우에는 이를 접수한 상소법원은 즉시 원심법원으로 송부하여야 한다.[24]

② 상소장에는 i) 당사자와 법정대리인, ii) 원재판의 표시, iii) 원재판에 대한 상소의 취지 등 일정한 법정사항을 기재하여야 한다($\frac{397조 \, 2항, \, 425}{조, \, 443조}$). 따라서 상소이유는 상소장에 기재하지 아니하여도 된다. 다만 상고의 경우에는 상고이유서의 제출 강제주의를 취하고 있으므로 상고장에 상고이유를 기재하지 아니한 경우에는 상고인은 소송기록 접수통지를 받은 날로부터 20일 이내에 상고이유서를 제출하여야 한다($\frac{427,}{426조}$).

(3) 상소기간의 준수

① 상소는 상소기간이 경과하기 전에 하여야 한다. 상소기간은 항소·상고의 경우에는 판결서가 송달된 날로부터 2주($\frac{396,}{425조}$), 즉시항고·특별항고의 경우에는 재

---

20) 日最判 1966. 7. 14, 민집 20. 6. 1173(피고가 소장송달 전에 사망하였음에도 상속인이 소송수계절차를 밟아 1·2심을 수행하고 상고심에서 이를 다투는 것은 신의칙상 허용될 수 없다고 함).

21) 대판(전) 1978. 5. 9, 75다634; 대판 1994. 12. 22, 94다45449; 대판 1999. 2. 26, 98다47290.

22) 대판 1969. 6. 10, 68다1859; 대판 1989. 9. 26, 88다카10647; 대판 1991. 10. 25, 91다22605, 22612; 대판 1996. 2. 9, 94다50274; 대판 2005. 5. 27, 2004다43824; 대판 2017. 12. 5, 2017다237339; 대판 2020. 5. 14, 2020다205561.

23) 대판 1981. 9. 8, 81다86.

24) 대판 1981. 10. 13, 81누230(다만 상소기간 준수여부는 원심법원에의 접수시를 기준으로 함).

판이 고지된 날로부터 1주일($^{444조}_{조 2항}$, ^{449})이다.[25] 다만 통상항고는 재판의 취소를 구할 이익이 있는 한 언제든지 제기할 수 있다. 판결 선고 후에는 송달 전이라도 적법하게 상소를 제기할 수 있다($^{396조 1항 단}_{서, 425조}$).

② 상소기간을 넘겼으나 그것이 당사자의 책임질 수 없는 사유로 인한 것이면 상소를 추후보완 할 수 있다($^{173}_{조}$). 또한 판결정본이 적법하게 송달되지 아니하여 무효인 경우에는 상소기간이 진행되지 아니한다.[26]

③ 상소기간의 준수여부는 상소장을 원심법원에 접수한 때를 기준으로 한다.[27] 특히 상소장을 상소법원에 잘못 접수하여 상소법원이 원심법원으로 송부한 경우에는 원심법원에 접수한 때를 기준으로 하는 것이 판례의 확고한 입장이다.[28] 하지만 당사자가 비록 상소장의 접수법원을 잘못 알아 원심법원이 아닌 상소심법원에 제출한 것이라 하여도 이는 당사자의 상소의사가 객관적으로 명백히 표현되었다는 점, 국민과의 관계에서 보면 상급심법원도 사법부서로서 같은 의미를 갖는 것이므로 민사소송법 제34조 제1항, 제40조 제1항을 유추적용 하여 이송을 함으로써 최초 상소심법원에 접수된 때를 기준으로 상소기간 준수여부를 가려야 할 것이다.[29]

(4) 상소이익의 존재

상소인은 상소를 함에 있어 원재판을 취소 또는 변경할 이익을 가지고 있어야 한다. 상소의 이익은 권리보호의 이익의 특수한 형태이고 이러한 개념을 통하여 무익한 상소를 막기 위한 것이다. 상소의 이익이 무엇인가에 대하여 학설이 대립된다.

① 학 설

형식적 불복설, 실질적 불복설, 절충설, 신실질적 불복설 등이 있다.

---

25) 대결 2011. 9. 29, 2011마1335(수인의 소송대리인이 있는 경우 항소기간의 기산점은 소송대리인 중 1인에게 최초로 판결정본이 송달되었을 때임).

26) 대판(전) 1978. 5. 9, 75다634; 대판 1986. 11. 25, 86므81; 대판 1994. 12. 22, 94다45449; 대판 1997. 5. 30, 97다10345; 대판 1999. 2. 26, 98다47290.

27) 대판 1981. 10. 13, 81누230; 대결 1985. 5. 24, 85마178; 대결 1987. 12. 30, 87마1028; 대결 1992. 4. 15, 92마146; 대판 2010. 12. 9, 2007다42907.

28) 대결 1985. 5. 24, 85마178; 대결 1992. 4. 15, 92마146. 다만 대법원은 1996. 10. 25, 96마1590 결정에서 상고인이 동일 청사 내에 지방법원과 고등법원이 함께 있는 경우에 착오로 원심법원인 고등법원이 아닌 지방법원에 접수한 경우는 지방법원 접수 시를 기준으로 함.

29) 同旨: 정동윤/유병현/김경욱, 888면.

(a) 형식적 불복설은 원심에서 당사자가 한 신청과 그 신청에 대한 법원의 재판을 형식적으로 비교하여 양적·질적으로 법원의 재판이 신청에 미치지 못하는 경우에는 상소의 이익이 있다는 견해이다. 즉 판결주문이 신청보다 양적·질적으로 불리할 경우에 상소의 이익을 긍정하는 견해이다. 이 설에 의하면 제1심에서 전부승소의 판결을 받은 자는 항소할 수 없다.

(b) 실질적 불복설은 당사자가 상급심에서 원재판보다도 실체법상 유리한 재판을 받을 가능성이 있으면 상소의 이익이 있다는 견해이다. 이 설에 의하면 제1심에서 전부승소 판결을 받은 자라도 보다 유리한 판결을 받기 위하여 상소할 수 있다.

(c) 절충설은 원고에 대하여는 형식적 불복설의 기준에 의하고, 피고에 대하여는 법원이 피고의 반대신청 즉 소 각하 또는 청구기각을 구하는 것에 구속되지 아니한다는 이유로 실질적 불복설의 기준에 따라 상소의 이익을 정하자는 견해이다. 독일의 통설, 판례이다.

(d) 신실질적 불복설은 상소의 이익의 가장 중요한 척도로 기판력을 포함한 판결의 효력(집행력, 형성력, 부수효 등)이 미치는지 여부에 의하여 결정하자는 견해이다. 이 설에 의하면 1심재판이 확정되면 기판력 등 판결의 효력이 미쳐 별소 제기의 금지 등의 불이익이 존재하는 경우에는 상소의 이익이 있다고 한다.

(e) 판례는 형식적 불복설을 취하고 있다.[30] 따라서 판례에 의하면 전부승소한 자는 상소할 수 없다. 형식적 불복설이 통설이지만 별소가 제한되는 경우에 일정한 예외를 인정하고 있다. 생각건대 실질적 불복설은 상소를 넓게 인정한다는 장점은 있으나 쓸데없는 상소 가능성과 그 기준이 명확하지 아니하다는 점, 절충설은 원고와 피고 사이에 차이를 두고 있다는 점에서 당사자평등주의에 반한다는 점, 신실질적 불복설은 상소의 이익을 넓게 잡고, 그 기준이 불명확할 뿐만 아니라 형식적 불복설에서 일정한 예외를 인정하면 실제로 차이가 없다는 점 등에 비추어 보면, 기본적으로 형식적 불복설이 그 기준이 간단하면서도 명확하다는 점에서 타당하다. 다만 전부승소한 자라도 판결의 효력으로 인하여 별소의 제기가 금지되는 등의 불이익이 존재하면(목시적 일부청구 또는 민집 44조 3항) 예외적으로 상소의 이익을 인정하여야 할 것이다.[31] 형식적 불복설에 기초하고 실질적 불복설 또는 신실질적 불복설에

---

30) 대판 1982. 10. 12, 82다498; 대판 1987. 4. 14, 86누233; 대판 1999. 12. 21, 98다29797; 대판 2002. 6. 14, 99다61378; 대판 2015. 1. 29, 2012다41069.

31) 同旨: 강현중, 958면; 김홍엽, 1151면; 이시윤, 851면; 정동윤/유병현/김경욱, 890면; 한충수,

따라 예외를 인정한다는 점에서 일종의 절충설에 해당한다.

② **구체적인 예**

(a) 전부 승소한 당사자는 원칙적으로 상소의 이익이 없다.[32] 원고의 청구를 전부 인용한 경우에는 피고만이 상소의 이익이 있고, 원고는 상소할 수 없다. 반대로 원고청구를 전부 기각한 판결에 대하여 피고는 상소할 수 없고, 원고만이 상소의 이익이 있다.

(b) 전부 승소한 원고가 청구의 변경 또는 청구취지의 확장을 위한 상소나, 전부 승소한 피고의 반소제기를 위한 상소는 허용되지 아니한다. 그러나 부대상소는 가능하다.[33]

(c) 그런데 예외적으로 잔부를 유보하지 아니한 묵시적 일부청구의 경우에 전부 승소자의 잔부청구를 위한 항소,[34] 청구이의의 소에 있어서 새로운 이의사유에 대하여 별소가 금지되므로(민집 44조 3항) 이를 추가하기 위한 항소 등은 가능하다. 특히 판례는 재산상 손해에 관하여 전부 승소하고 위자료에 관하여 일부 패소한 원고가 항소한 뒤 항소심에서 재산상 손해부분에 관하여 청구를 확장하는 것은 불법행위로 인한 손해배상에 있어 재산상 손해나 위자료는 단일한 원인에 근거한 것인데 편의상 이를 별개의 소송물로 분류하고 있는 것에 지나지 아니한 것이므로 이를 실질적으로 파악하여, 항소심에서 위자료는 물론이고 재산상 손해(소극적 손해)에 관하여도 청구의 확장을 허용하는 것이 상당하다고 한다.[35]

(d) 승소한 당사자는 판결이유에 포함된 판단에 불만이 있어도 상소할 이익이 없다.[36] 이는 기판력이 판결 주문에만 미치고 이유에는 미치지 아니하기 때문이다(216조 1항). 예컨대 원고의 이혼청구가 이유 있어 인용하였으나 그 설시에서 원고도 약간의 책임이 있다는 설시를 이유로 한 상소, 징계처분의 취소를 구하는 원고의 청구를 인용하였으나 비위사실 중 일부가 부당하다는 이유로 한 상소 등이 여기에 해당한다.

807-808면.

32) 대판 1979. 8. 28, 79다1299; 대판 1999. 12. 21, 98다29797; 대판 2002. 6. 14, 99다61378; 대판 2015. 1. 29, 2012다41069.

33) 대판 1967. 9. 19, 67다1709; 대판 1980. 7. 22, 80다982; 대판 1995. 6. 30, 94다58261.

34) 대판 1997. 10. 24, 96다12276; 대판 2010. 11. 11, 2010두14534.

35) 대판 1994. 6. 28, 94다3063.

36) 대판 1983. 5. 24, 81누158; 대판 1992. 3. 27, 91다40696; 대판 1993. 6. 25, 92다33008; 대판 2004. 7. 9, 2003므2251, 2268; 대판 2011. 2. 24, 2009다43355; 대판 2014. 4. 10, 2013다54390; 대판 2021. 10. 28, 2020후11752.

(e) 또한 원고의 선택적 청구 중 하나를 받아들여 원고의 청구를 인용한 경우 (예: 원고가 손해배상을 청구하면서 청구원인으로 채무불이행 또는 불법행위를 선택적으로 청구한 때)에 원고는 상소이익이 없으나, 피고는 패소자이므로 상소할 수 있다. 다만 청구권경합의 경우에도 원고가 불법행위에 기하여만 청구하였는데 법원이 원고의 청구원인과 달리 채무불이행을 이유로 청구를 인용한 경우에는 구소송물 이론에 의하면 법원은 다른 소송물에 대한 판단을 한 것이므로 전부 승소한 원고 도 상소이익이 있고, 신소송물이론은 공격방어방법에 관한 판단으로 이유에 대한 불복에 해당하여 원고는 상소할 이익이 없다. 그러나 원고의 대여금청구에 관하여 피고의 상계항변(예비적인 경우 포함)을 받아들여 원고 청구가 기각된 경우(피고 승소)에는 상계항변은 기판력이 미치므로 피고가 원고의 대여금채권 자체를 다투기 위해 제기한 상소는 상소이익이 있다($\substack{216조 \\ 2항}$).[37]

(f) 청구를 일부 인용하고 일부 기각한 경우에는 원·피고 모두 상소할 수 있다. 예컨대 원고의 1억원의 대여금청구 중 6,000만원이 인용되고 4,000만원은 기각된 경우에 원고는 자신의 패소부분인 4,000만원 부분, 피고는 자신의 패소부분인 6,000만원 부분에 각각 상소이익이 있다. 또한 원고의 주위적·예비적 청구에 관하여 법원이 주위적 청구를 기각하고, 예비적 청구를 인용한 경우에 있어서 원고는 자신의 패소부분인 주위적 청구부분에, 피고는 자신의 패소부분인 예비적 청구부분에 대하여 각각 상소할 수 있다(예비적 공동소송도 동일함).

(g) 소 각하 판결은 원고에게만 상소이익이 있다고 할 것이나, 다만 피고가 청구기각을 구한 때에는 본안판단을 받지 못하였다는 점에서 불이익이 있으므로 피고에게도 상소이익이 있다고 할 것이다.[38] 하지만 피고가 원심에서 소의 각하를 주장하였는데, 원심에서 소가 각하되었다면 피고는 원심판결의 이유에 불만이 있다고 하여도 주문을 기준으로 전부 승소를 하였으므로 상고제기의 이익이 없다고 할 것이다.[39]

(h) 제1심판결에 대하여 상소하지 아니한 당사자는 항소심판결이 제1심판결보다 불리하지 아니하면 상고의 이익이 없다.[40]

---

37) 대판 2002. 9. 6, 2002다34666; 대판 2018. 8. 30, 2016다46338, 46345.

38) 同旨: 이시윤, 855면.

39) 대판 2022. 6. 30, 2018두289.

40) 대판 1988. 11. 22, 87다카414, 415; 대판 2004. 7. 9, 2004므2251, 2268; 대판 2006. 1. 27, 2005다16591, 16607; 대판 2009. 10. 29, 2007다22514, 22521; 대판 2015. 10. 29, 2013다45037.

(5) 상소권의 포기가 없을 것

① 상소권의 포기는 법원에 대한 단독행위이므로[41] 상대방의 동의 없이 포기할 수 있다($^{394,}_{425조}$). 상소권의 포기는 상소 제기 전에는 원심법원에, 상소제기 후에는 소송기록이 있는 법원에 서면으로 하여야 한다($^{395조\ 1항,}_{425조}$). 해당 법원에 제출한 즉시 효력이 발생한다.[42] 다만 상소권의 포기서면은 상대방에게 송달하여야 한다($^{395조\ 2항,}_{425조}$). 상소제기 후의 상소권의 포기는 상소취하의 효력도 발생한다($^{395조\ 3항,}_{425조}$).

② 다만 판결의 효력이 제3자에게 미치는 경우에는 제3자의 당사자참여의 기회($^{83}_{조}$)를 박탈할 수 있으므로 상소권의 포기가 허용되지 아니한다. 따라서 필수적 공동소송이나 독립당사자참가, 예비적·선택적 공동소송에 있어서 상소권의 포기는 공동으로 하지 아니하면 효력이 없다. 증권관련 집단소송의 경우에는 상소의 포기는 법원의 허가를 받아야 한다($^{증집}_{38조}$).

③ 상소권을 포기한 당사자는 상소권을 상실하게 되므로 적법한 상소를 제기할 수 없다. 따라서 상소권을 포기한 자가 상소를 제기한 경우에는 법원은 직권으로 상소를 각하하여야 한다(상소권의 포기 여부는 직권조사사항).[43]

④ 상소권의 포기는 위에서 본 바와 같이 상소제기 전·후를 불문하고 상관이 없으나 판결선고 전에 가능한지 여부가 다투어진다. 상소권포기의 제395조 제1항이 시기제한이 없다는 이유로 판결 선고 전에도 이것이 가능하다고 볼 수도 있으나, i) 상소권은 판결 선고에 의하여 구체적으로 발생하고, ii) 상소권의 존재와 범위가 판결 선고로 명백하여진다는 점에 비추어 보면 판결 선고 후에야 상소권을 포기할 수 있다고 보아야 한다($^{통}_{설}$). 다만 당사자 사이에 다른 사건의 재판상 화해·조정조항 중에 선고된 사건의 상소권을 포기한다는 내용이 들어가는 것은 유효하다고 본다.

⑤ 당사자는 소송 외에서 상소권포기계약을 체결할 수 있다. 이는 소송계약의 일종으로서 판결 선고되기 전뿐만 아니라, 상소기간 도과 전이면 판결 선고 후에도 가능하다. 포기계약이 있음에도 불구하고 이에 위반하여 상소를 제기한 경우에는 피상소인의 항변을 기다려 부적법한 상소로 각하하면 된다. 상소권포기계약의 존부는 법원의 직권조사사항이 아니기 때문이다. 편취한 부당판결의 효력을 유지

---

41) 대판 1987. 6. 23, 86다카2728.
42) 대판 2006. 5. 2, 2005마933.
43) 대결 1969. 3. 8, 68마1622.

하기 위한 상소권포기계약은 효력이 없다고 보아야 한다.[44]

(6) 불상소(不上訴)의 합의가 없을 것

① 불상소 합의라 함은 당사자가 미리 상소를 하지 아니하기로 하는 소송법상의 효과 발생을 목적으로 하는 소송상의 계약이다.[45] 즉 구체적인 사건을 제1심으로 끝내기로 하는 약정인 것이다. 이는 상고할 권리는 유보하고 항소만 하지 않기로 하는 불항소 합의 즉 비상상고의 합의($^{390조}_{1항}$)와 구별된다. 또한 불상소 합의는 상소권 자체를 발생시키지 아니한다는 점에서 이미 발생한 상소권을 포기하는 상소권의 포기와도 구별된다.

② 불상소 합의는 공권(公權)인 상소권을 제약하는 소송법상의 계약이므로 효력이 없다는 견해도 있으나, i) 사법상의 법률관계와 관련하여 분쟁해결방식의 선택계약인 중재계약이 가능하고, 재판상 화해로 소송을 종료할 수 있다는 점, ii) 제390조 제1항 단서에서 비약상고만을 규정하고 있지만 불상소 합의도 당연히 전제하고 있다는 점에 비추어 보면 불상소 합의는 유효하다고 할 것이다.[46]

③ 불상소 합의의 요건은 관할의 합의에 준한다($^{390조\ 2항;}_{29조}$).[47] 따라서 i) 서면으로 상소하지 아니한다는 취지가 명백하여야 하고,[48] ii) 구체적 법률관계에 기인한 소송에 관한 합의여야 하고($^{29조}_{2항}$), iii) 당사자가 임의로 처분할 수 있는 권리관계에 기한 것이어야 한다(직권탐지주의에 의한 소송에서는 불가함). 다만 당사자 중 일방만이 상소하지 아니하기로 하는 것은 공평에 어긋나 무효이다.[49] iv) 기타 당사자의 소송능력이 있어야 하고, 소송대리인에 의하는 경우에는 특별수권이 필요하다($^{90조\ 2항}_{3호\ 준용}$).

④ 합의의 시기는 소제기 전후를 불문한다. 따라서 판결 선고 전에 불상소 합의가 있는 경우에는 판결 선고와 동시에 판결이 확정되고, 판결선고 후에 불상소 합의가 이루어진 경우에는 합의와 동시에 판결이 확정된다. 불상소 합의를 무시하

---

44) 同旨: 정동윤/유병현/김경욱, 854면.

45) 대판 2007. 11. 29, 2007다52317; 대판 2015. 5. 28, 2014다24327(불상소합의와 같은 중요한 소송행위의 해석은 내심의 의사가 아닌 철저한 표시주의·외관주의에 따라 그 표시를 기준으로 하여야 하고, 표현 내용이 불분명한 경우에는 불상소합의는 부인됨).

46) 同旨: 김홍규/강태원, 802면; 이시윤, 849면; 정동윤/유병현/김경욱, 892면; 한충수, 809면.

47) 불상소의 합의가 관할합의 외에 중재계약(중재 8조)과도 준한다고 하는 견해가 있으나(정동윤/유병현/김경욱, 892면), 중재계약은 서면에 의하는 외에도 엄격성을 요하고 있고, 조문상의 근거가 없다는 점에서 합의관할에 준하는 것으로만 보면 될 것으로 사료된다.

48) 대판 2002. 10. 11, 2000다17803; 대판 2007. 11. 29, 2007다52317, 52324.

49) 대판 1987. 6. 23, 86다카2728.

고 항소를 제기하면 부적법 각하하여야 한다.[50] 이 경우 불상소 합의 유무는 방소항변의 일종으로 보아 피상소인의 항변을 기다려 판단하면 될 것으로 본다.[51] 판례는 직권조사사항으로 보고 있지만,[52] 그렇게 볼 필요가 있는지 의문이다.[53]

V. 상소의 효력

상소가 제기되면 판결에 관한 확정차단(確定遮斷)의 효력과 이심(移審)의 효력이 발생한다. 이러한 효력은 원칙적으로 모든 청구에 발생한다는 점에서 상소불가분(上訴不可分)의 원칙이 적용된다.

1. 확정차단의 효력

상소가 제기되면 상소의 대상인 원심재판은 상소기간이 도과하여도 확정되지 아니한다($^{498}_{조}$). 이를 확정차단의 효력(Suspensiveffekt)이라 한다. 확정차단의 효력은 판결은 항소·상고로, 결정·명령은 즉시항고로 발생한다($^{498,}_{447조}$). 결정·명령에 대한 통상항고는 예외적으로 확정차단의 효력이 발생하지 아니하므로 별도의 집행정지의 조치가 있어야 한다($^{448}_{조}$). 확정차단의 효력으로 인하여 상소가 제기되면 판결의 본래적 효력인 기판력, 집행력, 형성력이 발생하지 아니한다. 다만 가집행선고가 있는 때에는 상소 여부와 관계없이 선고와 동시에 판결의 집행력이 발생한다.

2. 이심의 효력

(1) 상소가 제기되면 소송사건 전체가 원심법원을 떠나 상소심법원으로 이전하여 계속(係屬)하게 된다. 이를 이심의 효력(Devolutiveffekt)이라 한다. 이심의 효력의 핵심은 소송계속이 원심법원에서 상소심법원으로 법률적으로 이전한다는 것이다. 따라서 소송계속이 상소심으로 이전하지 아니하는 지급명령, 가압류·가처분에 대한 이의는 상소라고 할 수 없다. 상소가 되면 2주 이내에 소송기록에 상소장을 첨부하여 상소심법원으로 송부하여야 한다($^{400조}_{1항}$). 다만 원심재판장이 흠을 보

---

50) 同旨: 정동윤/유병현/김경욱, 893면.
51) 同旨: 호문혁, 658면.
52) 대판 1980. 1. 29, 79다2066.
53) 反對: 김홍엽, 1149면; 이시윤, 850면.

정하도록 명한 때(항소방식의 잘못 또는 인지를 첨부하지 아니한 경우 등)에는 그 흠이 보정된 날부터 1주 이내에 항소기록을 보내야 한다(동조 2항). 판결서가 송달되기 전에 항소한 경우에는 판결서가 송달된 날로부터 2주 이내에 소송기록을 보내면 된다(규칙 127 조 1항).

(2) 이심의 효력이 미치는 대상은 하급심법원에서 재판한 부분에 한한다. 만약 하급심에서 일부를 누락하고 재판한 경우에는 그 누락된 부분은 하급심에 그대로 소송계속(係屬) 되어 있다. 따라서 누락된 부분은 이심의 효력이 발생하지 아니한다. 판례도 원고가 1심에서 소송대리인 없이 사망하였고, 상속인 중 일부만이 소송수계 하여 항소한 경우에는 다른 상속인의 소송관계는 여전히 제1심에 계속되어 있다고 본다.[54]

3. 상소불가분의 원칙

(1) 상소의 제기에 의한 확정차단의 효력과 이심의 효력은 상소인의 불복신청의 범위와 관계없이 원재판의 전부에 대하여 불가분적으로 발생한다. 이를 상소불가분의 원칙이라 한다. 그러므로 원재판의 일부에 대하여 상소된 경우에도 원재판 전부의 확정이 차단되고, 모두 이심하게 된다. 보다 구체적으로 보면 다음과 같다.

① 1개 청구에 대한 1개의 판결의 일부 패소부분의 불복항소(예: 원고가 1억의 대여금청구 중 8,000만원 부분이 인용되고, 2,000만원 부분이 기각된 경우에 패소한 2,000만원 부분의 항소), 수개의 청구에 대한 하나의 전부 판결 중 패소한 일부 청구에 대한 항소(예: 원고가 대여금 및 손해배상청구를 하였는데 대여금은 승소하였으나 손해배상청구가 패소하였을 때에 패소한 손해배상청구의 항소)에 있어서 승소하여 불복항소하지 아니한 부분 및 청구도 항소심에 이심되고 그 확정이 차단된다.[55] 따라서 상소를 제기한 원고가 불복신청하지 아니한 부분에 대하여 집행을 할 필요가 있을 경우에는 상소법원에 가집행선고를 신청하여야 한다(406, 435조). 다만 청구의 일부에 관하여 불상소합의 또는 상소권·부대상소권을 포기한 경우에는 그 일부만이 분리·독립하여 확정된다.[56]

② 소의 주관적 병합과 관련하여 보면, 필수적 공동소송, 예비적·선택적 공동소송, 독립당사자참가, 공동소송참가 등의 합일확정을 요하는 소송의 경우에는 분

---

54) 대판 1974. 7. 16, 73다1190; 대판 1994. 11. 4, 93다31993.
55) 대판 1966. 6. 28, 66다711; 대판 1992. 11. 27, 92다14892.
56) 同旨: 강현중, 962면; 이시윤, 855면; 정동윤/유병현/김경욱, 895면.

쟁해결의 합일확정의 필요성 때문에 당사자 1인이 상소하면 모든 당사자에게 확정차단 및 이심의 효력이 발생한다. 그러나 통상공동소송에 있어서는 공동소송인 독립의 원칙($^{66}_{조}$)에 의하여 상소하지 아니한 공동소송인에 관한 판결은 확정되어 종료된다.[57]

(2) 상소로서 원심재판의 전부에 대한 확정차단 및 이심의 효력이 발생하지만, 상소심의 심판범위는 불복신청의 범위로 한정된다. 상소심에서는 불복신청의 범위 내에서 변론할 수 있고($^{407}_{조}$), 그 한도에서 원심재판을 취소·변경할 수 있다($^{415}_{조}$).

(3) 상소의 범위와 심판범위의 불일치

① 따라서 일정한 경우 확정차단 및 이심의 범위와 상소심의 심판범위는 일치하지 아니할 수 있다. 즉 원고가 A, B 청구를 하여 법원이 하나의 판결로 A에 대하여 승소판결, B에 대하여 패소판결을 하였고 이에 대하여 원고만이 자신의 패소부분인 B 청구에 대하여만 항소한 경우에 있어 A, B 판결 모두 확정차단 되어 이심의 효력이 발생하지만, 항소심의 심판범위는 원고가 항소한 B 청구에 한정되는 것이다.[58]

② 다만 주의할 것은 원고의 주위적·예비적 청구에 있어 제1심 판결에서 주위적 판결을 인용하여 전부 승소판결을 하자 피고가 항소한 경우와 원고의 선택적 청구에 대하여 제1심이 수개의 선택적 청구 중 하나를 받아들여 원고의 청구를 전부인용하고 피고가 이에 대하여 항소한 경우에 있어서는 항소심의 심판범위는 원고의 주위적·예비적 청구 모두와 원고의 선택적 청구 모두가 포함되어, 항소의 범위와 심판범위가 일치하게 된다.

(4) 상소불가분의 원칙에 따라 상소의 효력이 원재판 전부에 미치므로, 항소인은 항소심의 변론종결 시까지(상고심은 상고이유서 제출기간 만료 시까지) 상소신청의 범위(상소취지)를 확장할 수 있고,[59] 피항소인은 부대상소의 신청을 할 수 있다($^{403,}_{425조}$).[60] 따라서 상소인은 상소의 효력을 일부로 제한할 수 없고,[61] 또한 상소의

---

57) 同旨: 강현중, 965면; 이시윤, 855면; 정동윤/유병현/김경욱, 895면; 대판 2012. 9. 27, 2011다76747.

58) 대판 2002. 4. 23, 2000다9048; 대판 2002. 4. 27, 99다30312.

59) 대판 2002. 4. 27, 99다30312.

60) 대판 1995. 5. 26, 94다1487.

61) 同旨: 정동윤/유병현/김경욱, 896면.

일부취하도 허용되지 아니한다.[62]

Ⅵ. 상소의 제한

1. 상소제한의 필요성

(1) 상소제도는 민사소송의 이상 중 적정(適正)에 무게를 둔 제도이다. 민사소송이 실체적 진실에 부합한 재판이 될 수 있도록 심급에 따라 신중하게 재판을 받을 수 있도록 하고 있다. 그러나 적정한 승소판결을 받은 자의 입장에서 보면 동일절차의 반복이 이루어지는 것이고, 적정하게 패소판결을 받은 자는 상소제도를 남용하여 상소를 제기할 수도 있다. 이러한 점에 비추어 보면 상소제도가 신속과 소송경제에 반하는 면도 있다. 또한 소송제도를 설치하여 국민에게 이용하도록 하는 국가의 입장에서도 정당한 권리자가 신속한 권리구제를 받을 수 있도록 할 필요성이 있다. 따라서 상소제도를 두고 있지만 이것의 적정하고 효율적인 운영을 위하여 합리적인 제한이 불가피하다.

(2) 상소의 제한이 필연적이라 한다면 어떤 기준에 따라 이를 제한할 것인가가 문제이다. 상소의 제한은 국민의 재판청구권의 본질적 부분을 침해하여서는 아니 되고, 재판의 적정의 본지를 훼손시키지 아니하는 합리적인 기준이 요망된다. 각국의 제도를 살펴보면 대체로 법률심인 상고심의 심판범위를 어떻게 할 것인지와 사건의 소송물 가액, 난이도, 중요성 등 일정한 기준에 따라 심판을 받을 수 있는 횟수를 제한하고 있다.

2. 각국의 입법례

(1) 독 일

독일은 구법원(Amtsgericht) 사건 중 600유로 이하의 사건은 간이절차에 의하여 처리되고, 특별한 경우 외에는 항소가 인정되지 아니한다. 600유로가 넘는 경우에도 원심법원은 항소심에서 인용될 가능성이 없거나, 사건이 매우 중요하거나 법의 형성과 판례의 통일을 위하여 필요한 사항이 없다고 판단되면 항소를 부적법 각

---

62) 同旨: 이시윤, 858면(항소취지의 감축은 가능함); 대판 2017. 1. 12, 2016다241249(일부 청구에 대한 불복신청을 철회하였다 하더라도 그것은 단지 불복의 범위를 감축하여 심판의 대상을 변경하는 효과를 가져오는 것에 지나지 아니함).

하할 수 있다($\stackrel{\text{ZPO 542}}{\text{조 1항}}$). 상고의 경우에는 가액과 관계없이 항소법원이 중요하다고 판단하거나 법의 형성 또는 판례의 통일에 필요한 경우로서 허가한 경우($\stackrel{\text{ZPO 542}}{\text{조 1항}}$)와 항소심 법원의 상고불허에 대한 항고에 대하여 상고법원이 상고허가 한 사건에 한하여 상고할 수 있다. 보전처분사건은 2심제로서 상고가 허용되지 아니한다($\stackrel{\text{ZPO 542}}{\text{조 2항}}$).

(2) 일 본

일본은 60만엔 이하의 소액사건은 항소도 할 수 없고, 간이재판소가 제1심인 사건은 고등재판소를 상고심으로 한다. 이 경우 상고이유는 헌법위반($\stackrel{\text{일민소 312}}{\text{조 1항}}$), 절대적 상고이유($\stackrel{\text{동조}}{\text{2항}}$), 판결에 영향을 미친 것이 명백한 법령위반($\stackrel{\text{동조}}{\text{3항}}$)으로 제한한다. 최고재판소의 상고이유를 헌법위반과 절대적 상고이유로 제한하고 법령위반은 상고이유가 되지 아니한다. 다만 법령위반 사유는 당사자가 판례위반 등 법령위반에 관한 중요한 사항을 이유로 상고수리신청을 하여 상고심이 상고수리결정을 한 경우로 제한하고 있다($\stackrel{\text{일민소}}{\text{318조}}$).

(3) 미 국

미국의 연방대법원은 중요한 문제(substantial problem)를 내포하고 있는 사건에 한하여 선별적으로 상고를 허가하여 소송기록의 이송명령(writ of certiorari)을 발하는 방식으로 운영된다. 즉 연방대법원은 주대법원 사건 중 상고사건과 연방법원사건의 상고사건 중에서 아주 일부에 한하여 상고를 허가하고 있다. 특히 미국의 경우는 각 주마다 독립된 주대법원을 중심으로 한 사법시스템과 연방대법원을 정점으로 한 연방법원시스템이 동시에 운영되고 있다.

3. 우리나라의 현실

(1) 세계 각국의 입법례에서 본 바와 같이 우리나라에 있어서도 소가에 따라 소액사건의 경우에 상고를 제한하고 있고, 일반 민사사건의 경우에도 심리불속행 제도를 통하여 상소제한에 주력하여 왔다. 하지만 현재에도 상고사건이 줄어들고 있지 아니하여 대법원이 법률심으로서의 기능을 충분히 수행할 수 없다.

(2) 우리나라에 있어서 상소의 제한은 2가지 측면에서 전개되었다. 하나는 대법원에 대한 직접적인 상고제한의 노력과 다른 하나는 소액사건의 상고제한을 하고 있는 상황에서 소액사건의 상한을 높임으로써 간접적으로 상고의 제한이 되게 하

는 방법이다. 2가지 중 후자를 통한 상소의 제한이 보다 효율성이 높다고 사료된
다. 2022년 사법통계에 의하면[63] 2021년 제1심 민사본안 접수사건 총 892,607건
(합의사건 43,679건＋단독사건 212,131건＋소액사건 558,854건) 중 상고된 사건이
16,299건(합의사건 8,511건＋단독사건 5,538건＋소액사건 2,250건)이고, 그중 소액사
건이 2,250건인 점에 비추어 보면 이러한 사실은 잘 알 수 있다.

(3) 우리나라의 대법원에 의한 직접적인 상고제한의 노력은 간단히 보면 다음
과 같다.

① 상고심의 구조 변화

대법원은 (a) 통상상고제(1960년 민사소송법 제정시) → (b) 특별상고제(1961년 9
월 1일 법률 제706호로 한 민사소송법 제1차 개정) → (c) 통상상고제(1963년 12월 13
일 법률 제1499호로 한 민사소송법 제2차 개정) → (d) 허가상고제(제5공화국 출범과
동시에 이루어진 1981년 1. 29일 법률 제3361호로 제정된 소송촉진 등에 관한 특례법)
→ (e) 통상상고제(1990년 1월 13일 법률 제4201호로 한 민사소송법 제3차 개정) →
(f) 심리불속행제(1994년 7월 27일 법률 제4769호로 제정된 상고심절차에 관한 특례
법)로 바뀌어 현재에 이르고 있다.

② 구조개선의 노력

(a) 고법상고부(안)　　또한 2007년에는 상고심의 부담을 줄이기 위하여 법원조
직법 개정 등을 통한 고등법원 상고부안을 국회에 상정하였으나 통과되지 못하고
폐기되었다. 그 주요내용은 대법원에 상고할 수 있는 민사사건의 상한을 1심 합
의사건 중 5억원으로 제한하고, 나머지 사건은 원칙적으로 고등법원 상고부에서
처리하도록 하는 것을 요지로 하고 있었다. 대법원과 고법상고부 사이는 별도의
이송을 통하여 사건처리를 할 수 있게 하고, 또한 고법상고부의 종국판결 중 "헌
법위반이 있거나, 판결의 전제가 된 명령·규칙·처분의 헌법 또는 법률 위반 여
부에 대한 판단이 부당한 때, 대법원 판례와 상반되는 때의 사유가 있고 이로 인
하여 판결에 영향을 미친 경우"에 특별상고를 인정하는 것이다.

(b) 상고법원(안)　　대법원은 2014년 대법원 사법정책자문위원회에서 대법원과
별도의 상고법원의 설치를 건의 받고 상고심구조에 대한 논의를 시작하여 의원입
법 형식으로 2014년 12월 19일 홍일표 의원 등 168인의 발의(의안번호: 1913139)
로 국회에 제출되었으나 제19대 국회의 폐회로 폐기되었다. 당시의 입법취지는

---

63) 사법연감, 674～675면｛http://www.scourt.go.kr/main/Main.work(정보광장 → 사법통계)｝참조.

대법원을 최고정책법원으로의 기능을 강화하고, 일반상고사건에 대한 개별적 권리구제는 신설되는 상고법원에서 처리하도록 설계되어 있었다. 상고법원의 사건 중 헌법위반이 있는 경우, 재판의 전제가 된 명령·규칙·처분의 헌법 또는 법률위반여부에 대한 판단이 부당할 경우 등 매우 제한적 사유가 있는 때에는 대법원에 특별상고가 가능하도록 하였다.

③ 소 결

향후 법률심인 대법원의 구조를 어떻게 개선할 것인지를 진지하게 생각하여야 한다. 사법통계에 의하면 2021년 현재 대법원의 전체 접수사건이 56,799건에 이른다.[64] 상상을 초월하는 사건 수라고 할 것이다. 현재의 상황에서 이론적으로는 상고심법원을 설치하여 최고정책법원과 권리구제법원의 기능을 나누어 효율적으로 운영하는 것이 좋을 것으로 본다. 이러한 상고심의 구조개선을 통하여 대법원이 현재 처리하고 있는 사건의 90% 이상을 대법원 외의 법원에서 처리하게 하는 것이 타당하다.

(4) 우리나라의 소액사건심판법이 1973년 2월 24일 법률 제2547호로 제정(시행 1973. 9. 1)되었고 동법 제2조 제1항에 소액사건의 범위를 20만원을 초과하지 아니하는 사건에서 시작하여 → ① 30만원(동법이 1975. 12. 31. 법률 제2821호로 개정, 시행 1976. 1. 1) → ② 50만원(동법 제2조 제1항을 개정하여 소액사건의 범위를 대법원 규칙에 위임하여 1980. 1. 14. 대법원 규칙 제707호로 소액사건심판규칙의 제1조의2를 신설함, 시행: 1980. 2. 1) → ③ 100만원(1981. 2. 23. 대법원 규칙 제757호로 소액사건심판규칙의 제1조의2를 개정함, 시행: 1981. 3. 1) → ④ 200만원(1983. 7. 9. 대법원 규칙 제847호로 소액사건심판규칙의 제1조의2를 개정함, 시행: 1983. 9. 1) → ⑤ 500만원(1987. 8. 19. 대법원 규칙 제977호로 소액사건심판규칙의 제1조의2를 개정함, 시행: 1987. 9. 1) → ⑥ 1,000만원(1993. 9. 8. 대법원 규칙 제1266호로 소액사건심판규칙의 제1조의2를 개정함, 시행: 1993. 10. 1) → ⑦ 2,000만원(1997. 12. 31. 대법원 규칙 제1507호로 소액사건심판규칙의 제1조의2를 개정함, 시행: 1998. 1. 1) → ⑧ 3,000만원(2016. 11. 29. 대법원 규칙 제2694호로 소액사건심판규칙의 제1조의2를 개정함, 시행: 2017. 1. 1)을 초과하지 아니하는 사건으로 하여 46년 사이에 처음보다 액수가 150배나 늘어났다. 소액사건이 전체 민사본안사건에서 차지하고 있는 비율이 76%에 달하고 있는 점에 비추어 보면 소액사건의 액수의 상향조정을 통한

---

64) 사법연감, 667면{http://www.scourt.go.kr/main/Main.work(정보광장 → 사법통계)} 참조.

상소제한이 매우 효율성이 높다고 평가된다. 향후 민사소송제도의 운영에 있어서 소액사건의 통계추이를 면밀히 분석할 필요가 있다.

(5) 현행법상의 현실적인 상소제한 관련 규정을 간단히 보면 i) 통상 상고사건에서 상고이유에 관한 주장이 헌법위반이나 헌법을 부당하게 해석한 때 등 중대한 법령위반에 관한 사유에 해당하지 아니한 경우에 접수 4개월 이내에 더 나아가 심리를 하지 아니하고 이유기재 및 판결의 선고 없이, 상고인에게 심리불속행이라는 이유로 한 상고기각 판결을 송달할 수 있도록 하였다($^{상특 4조 1항 1~}_{6조, 5, 6조}$). ii) 소액사건의 경우에 법률·명령·규칙 또는 처분의 헌법위반여부, 명령·규칙 또는 처분의 법률위반여부에 대한 판단이 부당한 때, 대법원의 판례에 상반되는 판단을 한 때에 한하여 상고할 수 있다($^{소심}_{3조}$). iii) 가압류·가처분사건의 경우 소액사건에 준하여 심리속행사유를 제한하였다($^{상특 4조}_{2항}$). iv) 소송촉진 등에 관한 특례법 제3조에서 지연손해금을 연 5푼(민사) 또는 6푼(상사)에서 연 12%[65]로 인상하여 간접적으로 상소를 제한하고 있다. 특히 보험회사를 상대로 한 손해배상사건에서 중요한 의미를 갖는다. v) 부동산경매절차에 있어서 경매허가결정에 대한 항고를 하고자 하는 사람은 매각대금의 1/10에 해당하는 금전 또는 법원이 인정한 유가증권을 공탁하여야 하고, 채무자 및 소유자가 한 항고가 기각된 때에는 항고인은 보증으로 제공한 금전이나 유가증권을 돌려 줄 것을 요구하지 못하도록 하여 남항고를 제한하고 있다($^{민집}_{130조}$).

---

65) 2019년 6월 1일부터 지연손해금을 기존의 연 15%에서 연 12%로 낮추었다.

제 2 장 항 소

제 1 절 총 설

I. 항소의 의의

항소(Berufung)라 함은 지방법원 단독판사 또는 지방법원 합의부가 한 제1심의 종국판결에 대하여 사실인정의 부당이나 법령위반을 이유로 제2심법원에 그 취소·변경을 구하는 불복신청이다($\frac{390}{조}$). 그 신청인을 항소인, 상대방을 피항소인이라 한다.

(1) 항소는 '지방법원 단독판사 또는 지방법원 합의부'가 한 제1심 판결을 대상으로 한다. 2억원 이하의 지방법원 단독판사의 사건에 대한 판결의 항소심은 지방법원 항소부이고($\frac{법조\ 32조\ 2항,}{민가규\ 4조}$), 2억원 초과의 지방법원 단독판사의 사건이나 지방법원 합의부(5억원 초과)가 한 제1심판결의 항소심은 고등법원이다($\frac{법조\ 28조,}{민가규\ 4조}$). 다만 민사소송법 제24조 제2항 및 제3항에 따른 특허권 등의 침해사건의 항소심은 소가의 다과에 관계없이 특허법원이며($\frac{법조\ 28조의}{4\ 제2호}$), 고등법원의 제1심 판결에 대하여는 상고만이 허용된다($\frac{422조}{1항}$).

(2) 항소는 '제1심 종국판결'을 대상으로 한다. 따라서 종국판결이 아닌 중간판결에 대하여는 독립하여 항소할 수 없고, 종국판결의 항소 기회에 함께 항소심의 판단을 받게 한다($\frac{392}{조}$). 또한 소송비용의 재판이나 가집행선고는 종국판결에 부수되는 재판이므로 독립하여 항소할 수 없다($\frac{391}{조}$).

(3) 항소는 '사실인정의 부당 및 법령위반' 모두를 이유로 할 수 있다. 항소는 사실문제나 법률문제 모두를 이유로 삼을 수 있다. 이 점에서 법률위반만을 이유로 하는 상고와 차이가 있다. 상고심을 법률심, 항소심을 사실심이라고 부르는 것도 여기에 기인한다. 따라서 항소심의 목적은 특히 오판으로부터 당사자의 보호, 즉 재판의 적정에 중점을 두고 있다.[1]

(4) 항소는 제1심법원 판결의 '취소·변경을 구하는 불복신청'이다. 항소는 항

---

1) 同旨: 이시윤, 859면.

소심에 새로운 판결을 구하는 소의 제기가 아니고 제1심 판결의 취소·변경을 위하여 제1심 판결의 계속심리를 요구하는 신청인 것이다. 그러나 항소는 독립하여 항소심절차를 개시하는 소송행위이므로, 이미 개시된 항소심절차에서 항소인의 불복범위를 확장하거나, 피항소인이 부대항소하는 것과는 다르다.

II. 항소심의 구조

항소심의 구조는 복심제, 사후심제, 속심제의 세 가지 유형이 있다.

1. 복 심 제(覆審制)

복심제라 함은 제1심과 무관하게 항소심이 독자적으로 심리하여 얻은 소송자료에 기초하여 심판하는 형태를 말한다. 제1심과 같은 절차를 되풀이한다는 점에서「제2의 제1심」이라고 할 수 있다. 복심제하에서는 항소심에서 새로운 소송자료를 제출할 수 있는 권능인 변론의 갱신권(ius novorum)을 무제한으로 인정하는 구조이다. 복심제는 항소심에서 독자적인 심리를 한다는 면에서 심리를 신중하게 할 수 있다는 장점이 있기는 하지만, 동일한 소송자료의 제출이 반복되어 소송지연의 가능성이 높고, 특히 심리의 중심축이 항소심으로 넘어가기 때문에 제1심 경시풍조가 생길 수 있다는 점이 문제이다.

2. 사후심제(事後審制)

사후심제는 원칙적으로 항소심에서의 새로운 소송자료의 제출을 제한하고, 제1심에 제출된 자료에 기초하여 제1심 판결 내용의 당부를 재심사하는 구조를 말한다. 소송의 심리에 있어서 제1심 중심주의라고 할 수 있다. 제1심의 심리에 집중할 수 있다는 점이 장점이나, 항소심이 제1심의 사실오인에 따른 판결의 잘못을 시정한다는 면이 부족하다. 오스트리아 민사소송법과 독일(2002년 민사소송개혁법에서 사후심으로 변경)에서 취하고 있고, 형사소송법에서는 우리나라와 일본이 취하고 있는 구조이다. 미국의 경우도 항소심 구조는 사후심이고 법률심적인 요소가 강하다.

3. 속 심 제(續審制)

항소심이 제1심의 소송자료에 기초하여 심리를 속행하되, 일정한 경우에 새로운 심리를 통하여 제1심의 소송자료와 다른 소송자료를 보태어 제1심판결 내용의 당부를 재심사하는 구조이다. 속심제는 기본적으로 제1심 소송자료에 기초하여 제1심판결 내용의 당부를 평가한다는 점에서 사후심적(事後審的) 요소를 가지고 있고, 또한 새로운 심리를 통하여 새로운 자료를 보태어 제1심판결 내용의 당부를 평가한다는 점에서 복심적(覆審的) 요소를 가지고 있다고 할 수 있다. 이러한 점에서 속심제는 복심제와 사후심의 절충형이라 할 수 있다. 속심제는 사후심적 요소에 집중하느냐 아니면 복심제적 요소를 강조하느냐에 따라 다양한 모습이 나타날 수 있다. 복심제와 사후심제의 장단점이 복합적으로 나타날 수 있으므로 운영의 묘가 필요하다. 우리나라와 일본의 민사소송법이 채택하고 있다.

4. 소   결

현재 우리 항소심의 운영은 속심제하에서 심리를 제1심에 집중하면서도 제1심의 오판을 항소심에서 구제할 수 있는 운영이 필요하다. 이렇게 하려면 기본적으로 제1심 심리와 판결의 충실을 기할 수 있도록 인적·물적 보강이 필요하다. 또한 항소심에서는 변론준비절차 등을 통하여 제1심과 반복되는 부분에 관하여는 변론의 갱신권을 제한하는 방향으로 운영하여 분쟁을 항소심에서 종결시킬 수 있어야 한다. 그러나 필요한 경우 속심제적 요소에 기초하여 새로운 심리를 할 수 있어야 한다. 즉 사후심적 요소가 강한 속심구조가 소송구조 전체적인 측면에서 매우 효율적일 수 있다는 것이다.[2] 이렇게 하면 소송의 적정을 통한 권리구제강화와 소송의 신속·경제를 동시에 얻을 수 있는 항소심 구조기 될 수 있다.

Ⅲ. 항소요건

(1) 항소는 일반적인 상소요건을 갖추어야 한다. 항소는 상소 중 하나이기 때문이다. 앞서 본 일반적 상소요건 즉 항소요건을 갖추어야 본안심리를 할 수 있

---

2) 항소심을 사후심에 가깝게 운영하는 것이 향후의 발전 방향에도 부합함을 강조한 것에, 대결 (전) 2021. 4. 22, 2017마6438 다수의견.

다. 이것은 항소의 적법요건이므로 그중 하나에 흠이 있으면 본안심리에 들어가지 못하고 항소를 부적법 각하하여야 한다. 항소요건으로 i) 항소의 대상적격을 가져야 한다. 즉 불복하는 판결이 항소할 수 있는 판결이어야 한다. ii) 항소제기의 방식이 맞고, 항소기간을 준수하여야 한다. iii) 항소의 이익이 있어야 한다. iv) 항소인이 항소권을 포기하지 않았고, 당사자 사이에 불항소 합의가 없어야 한다. v) 항소의 당사자적격이 존재하여야 한다. i) ~ iv)의 요건은 상소요건에서 자세히 보았으므로 여기에서는 v)의 요건인 당사자적격에 관하여 간단히 보겠다.

(2) 항소에 있어서 당사자적격

① 항소에 있어서 당사자적격을 가지는 자는 원칙적으로 제1심의 원고와 피고이다. 제1심의 당사자 중 항소의 이익을 가진 자가 항소인의 당사자적격을 갖고, 그 상대방이 피항소인의 당사자적격을 갖는다. 피항소인이 부대항소를 한 경우에는 피항소인이 동시에 부대항소인이 되고, 항소인이 부대피항소인이 된다($^{403}_{조}$).

② 다수당사자 소송에 있어서 통상공동소송의 경우에는 제1심의 다수당사자 중 항소한 사람만이 항소인이고, 또한 피항소인으로 정하여진 자만이 피항소인이 된다. 즉 공동당사자 여부와 관계없이 항소·피항소에 따라 개별적으로 항소인·피항소인이 된다. 그러나 합일확정이 필요한 필수적 공동소송, 독립당사자참가, 공동소송참가, 예비적·선택적 공동소송 등에 있어서는 항소인·피항소인과 관계없이 그중 1인이 항소인·피항소인이 된 경우에는 모두 항소인·피항소인이 된다.

③ 제1심의 당사자가 아닌 경우에도 당사자참가 할 수 있는 제3자($^{79,}_{83조}$)는 참가와 동시에 항소를 제기할 수 있고, 제1심판결의 선고 후에 승계인으로 수계를 받은 자는 당사자의 지위를 포괄적·개별적으로 승계한 것이므로 항소인 또는 피항소인이 될 수 있다($^{243}_{조}$). 또한 수계할 자는 수계신청과 동시에 항소를 제기할 수 있지만, 수계신청이 부적법한 경우에는 그렇지 아니하다.[3] 그러나 보조참가인은 피참가인이 항소권을 포기하지 아니하는 한 항소를 할 수 있지만 당사자가 아니므로 항소인·피항소인이 될 수는 없고, 채권자는 채권자대위권에 기하여 채무자 대신 항소·항고할 수 없다.[4]

④ 검사는 가사소송사건에 있어서 당사자가 될 수 있으므로($^{가소}_{27조}$), 이 경우 항소인·피항소인이 될 수 있다.

---

3) 대판 1971. 2. 9, 69다1741.
4) 대판 1961. 10. 26, 4294민재항559.

제 2 절   항소의 제기

I. 항소제기의 방식

1. 항소장의 제출

(1) 항소의 제기는 항소장을 판결이 송달된 날로부터 2주 이내에 제1심법원에 제출하여야 한다($^{396조 \ 1항,}_{397조 \ 1항}$). 다만 판결을 받은 당사자는 판결의 내용을 알 수 있으므로 판결서를 송달받기 전에도 항소할 수 있다($^{396조}_{1항 \ 단서}$). 항소장에 당사자 또는 대리인이 기명날인 또는 서명하여야 하나($^{398조, \ 274}_{조 \ 1항}$), 항소장에 항소인의 기명날인 등이 누락되었다고 하더라도 그 기재에 의하여 항소인이 누구인지 알 수 있고, 그것이 항소인 의사에 기하여 제출된 것으로 인정되면 유효한 항소장이다.[1] 또한 타인이 당사자의 명의를 도용하여 항소장을 작성·제출한 것이라고 하더라도, 그 당사자의 적법한 소송대리인이 항소심에서 본안 변론하였다면, 그 항소제기 행위를 추인하였다고 할 것이므로, 그 항소는 당사자가 적법하게 제기한 것이 된다.[2]

(2) 항소장을 제출할 때에는 피항소인의 수만큼의 항소장 부본을 첨부하여야 한다. 항소장이 원심법원 외에 제출된 경우에 무효라는 견해도 있지만,[3] 항소제기의 효력이 있으므로 제34조 제1항에 따라 원심법원으로 이송하는 것이 타당하다.[4] 이 경우 판례는 접수한 법원이 원심법원으로 송부하여야 한다고 하면서 항소기간의 준수여부는 원심법원에 송부된 때를 기준으로 하고 있으나,[5] 현재 전자소송 하에는 이러한 경우가 많지 아니하고, 설사 그러한 경우가 있다고 하여도 법률의 무지로 인한 경우이므로 접수자의 항소의사를 존중하여 최초 접수법원을 기준으로 하는 것이 타당하다.[6]

---

1) 대판 2011. 5. 13, 2010다84956.
2) 대판 1995. 7. 28, 95다18406; 대판 2007. 2. 8, 2006다67893; 대판 2007. 2. 22, 2006다81653; 대판 2020. 6. 25, 2019다246399.
3) 이영섭, 314면; 註釋新民訴(IV), 117면.
4) 同旨: 강현중(2004), 734면; 송상현/박익환, 728면; 이시윤, 864면; 정동윤/유병현/김경욱, 863면.
5) 대결 1985. 5. 24, 85마178; 대결1992. 4. 15, 92마146. 다만 판례 중에는 고등법원과 지방법원이 동일 청사 내에 있어 상고장을 고등법원에 제출해야 되는데 착오로 지방법원에 잘못 접수시킨 경우, 상고제기기간 준수 여부의 기준일은 지방법원에 상고장을 제출한 날로 보아 이송취지로 판시한 것이 있다(대결 1996. 10. 25, 96마1590).

(3) 항소장은 직접 제출이 아닌 우편제출도 가능하다. 그러나 구술·전화에 의한 항소는 허용될 수 없으나, 소의 제기와 같이 전보·팩시밀리·텔렉스에 의한 항소의 제기는 가능하다고 본다. 2011년 5월 2일부터 대법원의 전산정보처리시스템에 전자문서로 항소장을 제출할 수 있게 되었다.

2. 항소장의 기재사항

(1) 필수적 기재사항

① 항소장의 필수적 기재사항은 i) 당사자와 법정대리인, ii) 제1심판결의 표시와 그 판결에 대한 항소의 취지를 기재하여야 한다($\frac{397조}{2항}$).

② 항소의 취지는 항소장 기재에 의하여 항소를 하는 취지의 기재가 있으면 족하고 그 불복신청의 내용 범위까지 기재할 필요는 없다.[7] 즉 항소심에서 심판의 범위를 정하는 불복의 범위와 불복이유의 기재는 필수적 기재사항이 아니고, 임의적 기재사항으로서 항소장에 그 기재가 있는 경우에는 준비서면을 겸하게 된다($\frac{398}{조}$). 따라서 불복의 범위와 이유는 항소심의 변론종결 시까지 서면 또는 말로 명확히 하면 되고,[8] 항소의 주관적, 객관적 범위는 항소장에 기재된 항소취지와 함께 항소장에 기재된 사건명이나 사건번호, 당사자의 표시, 항소인이 취소를 구하는 제1심판결의 주문 내용 등을 종합적으로 고려해서 판단하여야 한다.[9] 그러나 항소의 불복범위와 이유를 항소 초기에 명확히 하지 아니하면 항소심의 심판대상이 불명확하여 소송심리가 흐트러져 지연될 가능성이 있으므로 법원은 이를 항소심 심리 초기에 명확히 할 필요성이 있다.

③ 항소장의 인지액은 항소로써 불복한 범위의 소송물 가액을 기준으로 하며 ($\frac{민인\ 3조,\ 민}{인규\ 25조}$), 제1심 소장의 1.5배이다($\frac{구법}{에서는\ 2배였음}$).

---

6) 同旨: 정동윤/유병현/김경욱, 901면.

7) 대판 1965. 6. 15, 65다662; 대판 1987. 11. 10, 86후72, 73; 대결 2012. 3. 30, 2011마2508 (항소인이 제1심 또는 항소심 재판장으로 부터 항소취지 등을 명확히 하라는 보정명령에 불응한 경우에도 항소장 전체의 취지로 보아 제1심판결의 변경을 구한다는 내용임을 알 수 있는 경우 제399조 제2항 또는 제402조 제2항에 따른 항소장 각하명령을 할 수 없음); 대결 2020. 1. 30, 2019마5599, 5600.

8) 대판 1965. 6. 15, 65다662; 대구고판 1974. 5. 29, 73나337, 338.

9) 대결 2020. 1. 30, 2019마5599, 5600.

(2) 항소장 또는 처음 준비서면의 기재강화

① 현행 민사소송법이 독일이나 형사소송법과 달리 제출기간을 정한 항소이유서 제출강제주의를 취하고 있지 않음에도, 개정 민사소송규칙(2007. 11. 28, 대법원규칙 제2115호로 개정, 시행: 2008. 1. 1) 제126조의2에서는 항소장 또는 항소심에서 처음 제출하는 준비서면에 i) 제1심 판결 중 사실을 잘못 인정한 부분 또는 법리를 잘못 적용한 부분, ii) 항소심에서 새롭게 주장할 사항, iii) 항소심에서 새롭게 신청할 증거와 그 입증취지, iv) 새로운 주장과 증거를 제1심에서 제출하지 못한 이유를 기재하도록 하고 있다.

② 이는 항소의 불복범위와 그 이유가 임의적 기재사항이지만 항소심의 심리 초기에 이를 명확히 하기 위한 것이다. 실질적으로 항소이유서 제출을 강제하는 효과가 있고, 항소심의 심리를 집중적으로 할 수 있는 제도이다.

Ⅱ. 재판장의 항소장심사권

항소장이 제출되면 소장의 경우와 같이 항소요건, 인지 등의 형식적 사항을 심사할 필요성이 있다. 그러나 항소장은 제1심 판결에 대한 불복신청으로서 원심법원을 거쳐(원심제출주의) 항소법원으로 온다. 따라서 항소장심사권은 항소장의 접수법원인 원심재판장이 1차적으로 심사하여 방식에 맞지 아니하는 항소장을 사전 정리함으로써 항소심의 부담을 줄일 수 있다. 2차로 원심재판장의 심사를 거친 항소장이 항소기록과 같이 항소심에 오면 항소심재판장이 재차 심사한다.

(1) 원심재판장에 의한 심사

① 항소장이 원심법원에 제출되면 원심재판장은 i) 항소장이 필수적 기재사항($\frac{397조}{2항}$)이 기재되어 있는지 여부, ii) 소정의 인지가 붙어 있는지 여부를 심사하여, 그 흠이 있을 때에는 상당한 기간을 정하여 항소인에게[10] 보정명령을 하여야 한다($\frac{399조}{1항}$). 원심재판장은 법원사무관 등으로 하여금 위 보정명령을 하게 할 수 있다($\frac{399조}{1항 2문}$). 항소인이 그 보정기간 내에 보정하지 아니할 때에는 원심재판장은 명령으

---

10) 대결 2013. 7. 31, 2013마670; 대판 2020. 6. 25, 2019다292026, 292033, 292040(소송대리권의 범위는 당해심급에 한정되지만, 소송대리인이 상소제기에 관한 특별수권을 따로 받았다면 원칙적으로 상소장을 제출할 권한·의무가 있으므로, 만약 상소장에 인지를 붙이지 않은 흠이 있다면 소송대리인은 이를 보정할 수 있고 원심재판장도 소송대리인에게 인지의 보정을 명할 수 있음).

로 항소장을 각하하여야 하고,[11] 또한 항소장 각하명령의 원본이 법원사무관 등에게 교부되면 각하명령이 성립된 것이므로 그 명령정본의 교부 전에 부족한 인지를 보정하더라도 위 각하명령이 위법한 것으로 되거나 제도의 고안에 의하여 취소될 것은 아니다.[12] 다만 상소장 인지보정명령에 따라 인지액 상당의 현금을 수납은행에 납부하면서 잘못하여 인지로 납부하지 아니하고 송달료로 납부한 경우에는 인지보정의 效果가 발생하지 않지만, 이 경우 소장 등을 심사하는 원심재판장은 신청인에게 인지를 보정하는 취지로 송달료를 납부한 것인지 석명을 구하고 다시 인지를 보정할 기회를 부여하여야 하고, 이러한 기회를 부여하지 않고 소장이나 상소장을 각하하는 것은 석명의무를 다하지 아니한 위법이 있다고 할 것이다.[13]

② 또한 원심재판장은 항소장의 항소기간도과 여부를 심사할 수 있고, 그 기간이 도과되었음이 명백한 경우에는 항소장 각하명령을 하여야 한다($\frac{399조}{2항}$).[14] 이 각하명령에 대하여 즉시항고 할 수 있다($\frac{399조}{3항}$).

③ 원심재판장의 항소장 각하명령은 항소심재판장을 대신하여 하는 것이 아니고 원심재판장이 자신의 몫으로 하는 1차적 처분이므로 즉시항고의 대상법원은 대법원이 아닌 제2심법원이다.[15]

④ 원심재판장이 항소장을 심사한 결과 적법한 경우에는 원심의 법원사무관 등은 항소장이 접수된 때로부터 2주 이내에 항소기록에 항소장을 붙여 항소법원에 송부하여야 한다($\frac{400조}{1항}$). 원심재판장이 보정명령을 한 경우에는 그 흠이 보정된 날부터 1주 이내에 항소기록을 보내야 한다($\frac{400조}{2항}$). 다만 판결서 송달 전에 항소를 제기한 경우에는 판결정본이 송달된 날부터 2주 이내에 송부하여야 한다($\frac{규칙}{127조}$).

(2) 항소심재판장에 의한 심사

① 항소장이 항소기록과 같이 송부되어 오면 항소심재판장은 항소장을 재차 심사한다. 항소장에 i) 항소장의 필수적 기재사항이 기재되어 있지 않거나, ii) 소정의 인지가 붙어 있지 않거나, iii) 항소장의 부본을 송달할 수 없을 때에는 상당한 기간을 정하여 항소인에게 보정명령을 하고, 이에 응하지 아니한 경우에는 항

---

11) 대결 1968. 9. 24, 68마1029; 대결 1971. 5. 12, 71마317.
12) 대결 1969. 12. 8, 69다703; 대결 1971. 11. 29, 71마964; 대결 2013. 7. 31, 2013마670.
13) 대결 2021. 3. 11, 2020마7755.
14) 대결 2006. 5. 2, 2005마933(항소권의 포기 등으로 제1심판결이 확정된 후에 제출한 것이 분명한 경우도 원심재판장은 항소장 각하명령을 할 수 있음).
15) 대결 1995. 5. 15, 94마1059, 1060; 대결 2020. 5. 22, 2020그19.

소장 각하명령을 한다($^{402조}_{1, 2항}$).[16] 항소장의 송달불능에 따른 항소심 재판장의 항소장 각하명령의 법리는 대법원 2021. 4. 22, 2017마6438 전원합의체 결정으로 이를 분명히 하고 있다.[17] 또한 iv) 항소기간이 도과된 것이 분명한 경우에도 항소장 각하명령을 한다($^{402조}_{2항}$). 다만 항소심재판장의 항소장 각하명령은 항소장 송달 전까지만 가능하다.[18]

② 항소심재판장의 각하명령에 대하여도 즉시항고 할 수 있다($^{402조}_{3항}$). 즉시항고 대상법원은 대법원이다.

Ⅲ. 항소제기의 효력

(1) 항소가 제기되면 제1심판결은 그 확정이 차단되고, 사건의 계속(係屬)은 항소심으로 이전된다. 제1심판결의 확정이 차단되는 효력과 사건 전체가 항소심으로 이전되는 이심의 효력이 발생한다.

(2) 항소기록을 송부 받은 항소심의 법원사무관 등은 항소장 부본을 피항소인에게 송달하여야 한다($^{401}_{조}$).

Ⅳ. 항소의 취하

1. 의   의

(1) 항소의 취하라 함은 항소인이 항소법원에 대하여 한 항소의 신청을 철회하는 단독적 소송행위를 말한다($^{393}_{조}$). 항소를 취하하면 처음부터 항소를 제기하지 아니한 것으로 된다. 그렇기 때문에 항소의 취하는 소 자체를 철회하는 소의 취하($^{266조}_{1항}$) 또는 항소할 권리를 포기하는 항소권의 포기($^{394}_{조}$)와는 다르다.

---

16) 대결 2014. 4. 16, 2014마4026(항소장이나 판결문 등에 기재된 피항소인의 주소 외에 다른 주소가 소송기록에 있음에도 그 다른 주소로 송달을 시도하지 않고 항소장부본이 송달되지 않았다는 것만으로 주소보정을 명하고 이에 불응함을 이유로 항소장 각하명령을 할 수 없음); 대결 2014. 9. 26, 2014마1059; 대결 2020. 3. 2, 2019마7009.

17) 다만 위 전원합의체 결정의 다수의견에 대하여, 항소인이 항소장 부본의 송달불능을 초래한 것이 아닌데도 그 송달불능으로 인한 불이익을 오로지 항소인에게만 돌리는 것은 부당한 점 등을 들어 항소장 부본이 송달불능 된 경우 제402조 제1항, 제2항에 근거하여 항소인에게 주소보정명령을 하거나 그 불이행 시 항소장각하명령을 하는 것은 허용될 수 없다는 반대의견이 있다.

18) 대결 2020. 1. 30, 2019마5599, 5600.

(2) 항소취하는 항소법원에 대한 소송행위이므로, 항소인이 설사 재판 외에서 피항소인에게 항소를 취하하겠다는 의사표시를 하여도 이는 항소취하의 합의에 해당할 수 있으나 항소의 취하 그 자체는 아니다.

2. 항소취하의 요건

(1) 항소취하의 시기

항소의 취하는 항소의 제기 후부터 항소심의 종국판결이 있기 전에 할 수 있다($\frac{393조}{1항}$). 소의 취하가 판결의 확정시까지 가능한 것($\frac{266조}{1항}$)과 달리 항소의 취하는 항소심의 종국판결 전까지만 가능하다. 이것은 항소인이 피항소인의 부대항소로 인하여 제1심판결보다 불리한 판결을 받았을 때에 항소를 취하함으로 인하여 제2심판결을 무력화하는 것을 막기 위한 규정이다. 다만 항소심의 종국판결이 상고된 후 파기환송 되어 재차 항소심에 계속된 경우에는 종전의 항소심 판결은 취소되어 없는 것이므로 새로운 항소심의 종국판결 전까지 항소를 취하할 수 있다.[19]

(2) 항소취하의 자유

① 항소의 취하는 항소인의 자유에 속하고, 직권탐지주의 절차에서도 같다.

② 그러나 항소의 일부 취하는 허용되지 아니한다. 이는 항소의 제기가 항소불가분의 원칙에 의하여 청구 전부에 미치기 때문이다. 따라서 항소취하를 규정한 제393조에서는 소의 일부취하에 관한 제266조 제1항을 준용하고 있지 아니한다. 다만 항소의 일부취하가 효력이 없다하여도 병합된 수개의 청구 전부에 대하여 불복한 항소에서 그중 일부 청구에 대하여 불복신청을 철회하였다고 하여도 그것은 단지 불복의 범위를 감축하여 심판의 대상을 변경한 것에 불과하므로 항소심의 변론종결 시까지 언제든지 불복의 범위를 다시 확장할 수 있다.[20]

③ 항소심에서 소의 교환적 변경이 적법하게 이루어졌다면 제1심판결은 소의 교환적 변경에 의한 소가 취하되어 실효되었고, 항소심의 심판대상은 새로운 소로 바뀌었다. 따라서 항소심이 사실상 제1심으로 재판하는 것이 되므로, 그 뒤에 피고가 항소를 취하한다 하더라도 항소취하는 그 대상이 없어 아무런 효력을 발생할 수 없다.[21]

---

19) 대판 1995. 3. 10, 94다51543; 대판 2004. 4. 28, 2004다4225(환송 후 항소심에서도 부대항소의 제기 여부에 관계없이 주된 항소를 취하할 수 있음).
20) 대판 2017. 1. 12, 2016다241249(항소 자체에는 아무 영향이 없음).

(3) 다수당사자소송과 항소취하

① 통상공동소송의 경우에는 공동소송인의 1인이 또는 1인에 대하여 항소를 취하할 수 있다.[22]

② 그러나 필수적 공동소송의 경우에는 공동소송인 모두가 항소를 취하하거나 모두에 대하여 항소를 취하하여야 유효하다(67조). 독립당사자참가소송에서 패소한 두 당사자 모두가 항소한 경우에는 그중 1인이 항소취하 한 경우에는 효력이 없으나(취하한 경우에도 항소는 그대로 유지되며 취하한 당사자는 그대로 항소심 당사자로 남아 있음), 패소한 당사자 중 1인만이 항소한 경우에는 그 1인이 항소를 취하한 경우에는 항소가 소급하여 소멸한다고 할 것이다.[23] 예비적·선택적 공동소송 등 다른 합일확정소송의 경우에도 같다.[24]

③ 보조참가인은 피참가인이 제기한 항소를 취하할 수 없지만, 자신이 한 항소의 경우 피참가인의 동의가 있다면 항소를 취하할 수 있다. 반면 피참가인은 보조참가인이 제기한 항소를 종국판결이 있기 전까지 취하 또는 포기할 수 있다.[25]

(4) 항소의 취하는 항소인의 의사표시만으로 되는 법원에 대한 단독적 소송행위이다. 따라서 소의 취하와 달리 피항소인이 항소기각의 신청 또는 부대항소를 한 경우에도 피항소인의 동의를 요하지 아니한다(393조 2항에서 266조 2항을 준용하지 아니함). 그러나 증권관련 집단소송에서는 법원의 허가를 받아야 한다(증집 38조).

(5) 항소의 취하는 소송행위이므로 소송행위 일반의 유효요건을 갖추어야 한다. 따라서 의사무능력자에 의한 항소의 취하는 무효이고, 소송행위의 형식성과 절차의 안정이라는 면에서 항소의 취하에 조건을 붙일 수 없고, 착오·사기·강박 등과 같은 행위자의 의사의 흠을 이유로 항소취하의 무효·취소를 주장할 수 없다.[26] 다만 그 형사상 처벌을 받을 타인의 행위에 대하여 유죄판결이 확정된 경우에는 민사소송법 제451조 제1항 제5호, 제2항의 규정취지를 유추해석 하여 그로 인한 항소취하의 효력을 부인할 수 있으나 이 경우에 있어서도 그 항소취하가 이에 부합되는 의사 없이 외형적으로만 존재할 때에 한하여 그 효력을 부인할 수 있다.[27]

---

21) 대판 1995. 1. 24, 93다25875; 대판 2008. 5. 29, 2008두2606.
22) 대판 1971. 10. 22, 71다1965.
23) 同旨: 김홍엽, 1161면; 이시윤, 867면; 정동윤/유병현/김경욱, 905면; 한충수, 821면.
24) 同旨: 이시윤, 867면.
25) 대판 1984. 12. 11, 84다카659.
26) 대판 1967. 10. 31, 67다204; 대판 1980. 8. 26, 80다76; 대판 1984. 5. 29, 82다카963; 대판 1997. 10. 10, 96다35484.

3. 항소취하의 방식

항소취하의 방식은 소의 취하에 관한 제266조 제3항 내지 제5항의 규정을 준용한다($^{393조}_{2항}$). 따라서 항소의 취하는 원칙적으로 서면으로 하여야 한다. 다만 변론 또는 변론준비기일에서 말로 할 수 있다($^{266조}_{3항}$). 항소장을 송달한 뒤에는 항소취하의 서면을 상대방에게 송달하여야 하고($^{266조}_{4항}$), 상대방이 변론 또는 변론준비기일에 출석하지 아니한 때에는 그 기일의 조서등본을 송달하여야 한다($^{266조}_{5항}$).

4. 항소취하의 효과

(1) 항소의 소급적 소멸

① 항소가 취하되면 항소가 처음부터 계속되지 아니한 것으로 되어 항소심절차가 종료된다($^{393조\ 2항,}_{267조\ 1항}$). 항소의 취하는 소의 취하와 달리 소 자체를 소급적으로 소멸시키는 효력이 있는 것이 아니다. 항소의 취하는 항소만을 소급적으로 소멸시키는 것이고 항소기간이 만료된 경우에는 제1심판결이 확정된다.

② 다만 항소취하 후에도 항소기간이 만료되기 전에는 상대방뿐만 아니라 종전의 항소인도 재차 항소를 제기할 수 있다.[28] 하지만 항소권을 포기한 후에는 항소기간 만료 전에도 다시 항소를 제기할 수 없다.

(2) 항소취하의 효력은 법원에 대한 소송행위이므로 적법한 항소취하서가 법원에 제출되면 그 즉시 취하의 효력이 발생한다. 민사소송법 제393조 제2항에서 제266조 제4항을 준용하여 항소취하서를 상대방에게 송달하도록 한 취지는 항소취하를 알려주라는 뜻이지 그 통지를 항소취하의 요건 내지 효력으로 한다는 취지는 아니다.[29] 변론준비기일 또는 변론기일에 구두로 한 경우에는 즉시 항소취하의 효력이 발생한다. 또한 항소취하서를 작성하여 다른 사람에게 주었는데 그 사람이 약속을 어기고 이를 법원에 제출한 경우에도 취하인의 의사에 반하여 제출한 것이 아니므로 항소취하의 효력이 발생한다고 보아야 한다.[30]

---

27) 대판 1984. 5. 29, 82다카963.
28) 대판 2016. 1. 14, 2015므3455.
29) 대판 1980. 8. 26, 80다76.
30) 대판 1970. 10. 23, 69다2046; 대판 1971. 1. 26, 69다2048.

5. 항소취하의 간주

(1) 양쪽 당사자가 2회에 걸쳐 항소심 변론기일에 출석하지 아니하거나, 출석하였다 하더라도 변론하지 아니한 때에는 1월 이내에 기일지정신청을 하지 아니하면 항소를 취하한 것으로 본다($^{268조\ 4항,}_{동조\ 1,\ 2항}$). 또 기일지정신청에 따라 정한 변론기일 또는 그 뒤의 변론기일에 양쪽 당사자가 출석하지 아니하거나 출석하였다 하더라도 변론하지 아니한 때에는 항소를 취하한 것으로 본다($^{268조\ 4항,}_{동조\ 3항}$).

(2) 항소심이 계속되는 동안 소송기록이 법원의 재난으로 인하여 멸실되었을 경우에 항소인이 6월 이내에 항소장 및 소송계속의 소명방법을 제출하지 아니한 때에는 항소취하가 있는 것으로 본다($^{법원재난에\ 기인한\ 민형사}_{사건\ 임시조치법\ 2,\ 3조}$).

6. 항소취하의 합의

(1) 당사자가 재판 외에서 항소를 취하하기로 합의하는 것은 소취하 합의와 같이 소송계약으로서 효력이 있다. 그러나 그 법적 성질과 효과에 관하여 견해가 대립된다. 사법계약설에 의하면 피항소인의 항소취하계약의 주장·입증이 있으면 항소법원은 항소의 이익이 없다는 이유로 판결로 항소를 각하하여야 하고, 소송계약설에 의하면 소송종료선언을 하여야 한다.

(2) 다만 당사자 사이에 항소취하 합의가 있다고 하더라도 항소심에서 청구의 교환적 변경 신청이 있는 경우 그 시점에 항소취하서가 법원에 제출되지 않은 이상 법원은 특별한 사정이 없는 한 제262조의 청구변경의 요건을 갖추었는지에 따라 허가 여부를 결정하면 된다.[31]

V. 부대항소

1. 의의와 성질

(1) 부대항소(附帶抗訴)라 함은 피항소인이 항소인의 항소에 의하여 개시된 항소심절차를 이용하여 자기에게 유리하게 항소심의 심판범위를 확장시키는 신청을 말한다. 항소인의 항소제기에 대해 피항소인이 하는 대응방법이다. 예컨대 원고의

---

31) 대판 2018. 5. 30, 2017다21411.

일부인용 판결(원·피고 각각 일부승소·일부패소임)의 경우 원고·피고 모두 자신의 패소부분에 대하여 항소이익이 있다. 이 경우 자신의 패소부분에 대하여 자신의 항소권에 기초하여 항소를 제기하면 될 것이나, 스스로 항소하지 아니할 수도 있고, 항소권포기 또는 항소기간의 도과 등으로 독자적으로 항소할 수 없을 경우도 있다. 부대항소는 특히 일정한 사유로 인하여 독자적으로 항소할 수 없게 된 경우에 매우 유용한 항소에 대한 대응방법이다. 부대항소를 인정하는 이유는 첫째 항소심에서의 당사자의 공평이라는 면에서 이를 인정하고 있다. 즉 항소인은 항소심절차 중 자유롭게 심판범위를 확장할 수 있음에 비하여 피항소인은 그것이 상대적으로 제한되어 있기 때문이다. 부대항소를 인정하여 항소에 종속적인 성질을 가지지만 피항소인의 심판범위의 확장을 인정하기 위한 것이다. 둘째 소송경제라는 면에서 이를 인정하고 있다. 항소심에서 심판범위를 확대하여 분쟁을 일회적으로 해결할 수 있기 때문이다.

(2) 부대항소의 성질에 관하여 i) 부대항소를 항소의 일종으로 보아 항소의 이익이 존재하지 아니하면 부적법하다는 항소설(抗訴說)과 ii) 부대항소는 공격적 신청 내지 특수한 구제수단일 뿐이고 항소가 아니므로 항소의 이익이 필요 없다는 비항소설(非抗訴說)이 대립되고 있다. 비항소설에 의하면 제1심에서 전부 승소한 피항소인도 청구의 변경·확장(원고의 경우) 또는 반소의 제기(피고의 경우)를 할 수 있다. 비항소설이 통설[32]·판례[33]의 입장이다. 부대항소는 항소에 종속되어 이루어진다는 점에서 비항소설이 타당하다.

2. 요 건

(1) 상대방과의 사이에 항소가 적법하게 계속되어 있어야 한다. 상대방과의 항소 즉 주된 항소가 존속하고 있는 한 자신의 항소권이 항소기간의 경과로 소멸된 경우나 항소권을 포기한 경우에도 부대항소를 할 수 있다($\frac{403}{조}$). 그러나 부대항소권도 포기한 경우에는 그러하지 아니하다.

(2) 항소심의 변론종결 전이어야 한다($\frac{403}{조}$). 항소심의 변론 전이면 부대항소를 취하하였다가 다시 부대항소를 제기할 수도 있다.[34]

(3) 주된 항소의 피항소인(또는 보조참가인)이 항소인을 상대로 제기하여야 한

---

32) 강현중, 977면; 이시윤, 869면; 정동윤/유병현/김경욱, 907면.
33) 대판 1980. 7. 22, 80다982; 대판 1999. 11. 26, 99므1596.
34) 日最判 1963. 12. 27, 民集 17. 12. 1838.

다. 따라서 당사자 모두가 항소를 제기한 경우에는 그 한쪽이 상대방의 항소에 부대항소를 할 수 없다. 통상공동소송에 있어서 공동소송인 독립의 원칙($^{66}_{조}$)에 의하여 항소를 제기하거나 제기당한 공동소송인과 상대방 사이에서만 발생하는 것이므로, 부대항소도 해당 공동소송인과 상대방 사이에서만 가능하다.[35]

(4) 부대항소의 경우는 항소의 이익이 필요 없다. 또한 피항소인의 소송대리인은 특별수권 없이 부대항소를 제기할 수 있고, 항소인의 소송대리인도 마찬가지로 이에 대응할 수 있다.

3. 방   식

(1) 부대항소에는 항소에 관한 규정을 적용한다($^{405}_{조}$). 따라서 부대항소장이란 서면에 의하여야 하나($^{397}_{조}$), 변론기일에 말로 부대항소의 신청을 한 경우 상대방이 소송절차에 관한 이의권을 포기한 경우에는 조서에 기재함으로써 적법한 부대항소를 제기할 수 있다.

(2) 부대항소장에는 항소장에 준하는 인지를 납부해야 하고($^{민인규}_{26조}$), 반소의 제기 또는 소의 변경을 위한 부대항소장에는 반소장 또는 소의 변경에 첨부할 인지액의 1.5배를 납부하여야 한다($^{민인규\ 26조\ 단}_{서,\ 민인\ 4,\ 5조}$).

(3) 전부승소한 당사자도 부대항소를 통하여 청구취지의 확장 또는 반소를 제기할 수 있다. 이 경우 부대항소장이라는 이름의 서면이 아닌 청구취지확장신청서 또는 반소장을 제출하여도 된다. 그렇게 하여도 상대방에게 불리하게 되는 한도에서 부대항소를 제기한 것으로 본다.[36] 여기에는 i) 피항소인이 항소기간이 지난 뒤에 유리한 판결을 구하는 적극적·공격적 신청이 명백히 담긴 서면을 제출하고, 이에 대하여 항소인에게 공격 방어의 절차적 권리가 보장된 경우('부대항소장' 또는 '부대 항소취지'라는 표현도 없음)이기니, 피항소인이 항소기간이 지난 뒤에 실질적으로 제1심 판결 중 자신이 패소한 부분에 대하여 불복하는 취지의 내용이 담긴 항소장을 제출한 경우,[37] ii) 피항소인이 제출한 답변서에 원심보다 유리하게 변경하고자 하는 내용이 명백히 기재되어 있는 경우[38] 등이 있다.

---

35) 대판 2015. 4. 23, 2014다89287, 89294; 대판 2019. 10. 18, 2019다14943.

36) 대판 1979. 8. 31, 79다892; 대판 1980. 7. 22, 80다982; 대판 1993. 4. 27, 92다47878; 대판 1995. 6. 30, 94다58261; 대판 2008. 7. 24, 2008다18376(위 판례 모두 청구취지확장 또는 청구취지 변경한 사안임).

37) 대판 2022. 10. 14, 2022다252387.

38) 대판 2022. 12. 29, 2022다263462(다만 이 사안에서는 원심보다 유리하게 변경하고자 하는

(4) 부대항소도 취하할 수 있고, 상대방의 동의를 요하지 아니한다. 부대항소의 취하는 법원에 대한 소송행위이므로 서면으로 할 경우에는 법원에 취하서가 제출된 때에, 변론준비기일 또는 변론기일에 구두로 한 경우에는 즉시 부대항소취하의 효력이 발생한다.

4. 효　　력

(1) 불이익변경금지의 원칙의 배제

항소심의 심판범위는 항소인의 불복신청 범위로 한정된다($^{407조 1항,}_{415조}$). 따라서 항소인만이 항소를 한 경우에는 항소인에 대하여 제1심판결보다 불이익한 변경을 할 수 없다(불이익변경 금지의 원칙). 그러나 피항소인에 의한 부대항소가 있으면 항소심의 심판범위가 확장되어 항소인에게 제1심판결보다 불리하게 판결할 수 있다.[39] 이러한 의미에서 불이익변경금지의 원칙이 배제된다고 할 수 있다.

(2) 부대항소의 종속성

① 부대항소는 주된 항소가 취하되거나 부적법하여 각하된 때에는 그 효력을 잃는다($^{404조}_{본문}$). 이를 부대항소의 종속성이라 한다. 부대항소는 주된 항소가 취하 또는 각하되는 것을 해제조건으로 한 예비적 항소라고 할 수 있다.

② 그러나 부대항소가 항소기간 내에 이루어진 경우에는 독립된 항소로 본다($^{404조}_{단서}$). 이를 독립부대항소(獨立附帶抗訴)라 한다. 독립부대항소의 경우에는 주된 항소가 취하·각하된 경우에도 영향을 받지 아니하나, 다만 주된 항소가 취하·각하된 경우에는 독자적인 항소의 이익을 갖추어야 한다.[40]

제3절　항소심의 심리

항소심의 심리는 i) 항소의 적식 여부와 항소기간 준수 등 원심 및 항소심 재

내용이 명백하지 않으므로 부대항소로 보려면 석명하여야 하는데 이러한 조치 없이 피고의 답변서를 부대항소로 보아 원고 청구를 전부 기각하는 것은 예상외의 재판으로서 불의의 타격을 가한 것이라고 함).

39) 대판 1991. 9. 24, 91다21688; 대판 2000. 2. 25, 97다30066.
40) 同旨: 이시윤, 872면; 정동윤/유병현/김경욱, 909면; 한충수, 819면; 호문혁, 672면.

판장의 항소장심사를 거쳐, ii) 항소요건를 갖추었는지 여부를 심사하고(적법성의 심사), iii) 마지막으로 항소 또는 부대항소가 이유 있는지 여부를 따지게 된다(본안 심사 또는 항소의 이유구비성 심사). 위 i)의 문제는 항소장심사권에서 자세히 보았고, 여기에서는 ii)와 iii)의 문제인 항소의 적법성 심사와 본안심사에 관하여 살펴본다.

Ⅰ. 항소의 적법성의 심사

(1) 항소법원은 항소장 심사를 거친 후에 즉시 항소의 적법요건(항소심의 상소요건임)을 직권으로 조사하여야 한다. 조사한 결과 부적법한 항소로서 흠을 보정할 수 없으면 변론 없이 판결로 항소를 각하할 수 있다($^{413}_{조}$).

(2) 흠을 보정할 수 없는 항소로는 소제기 전에 이미 사망한 자를 상대로 한 판결,[1] 판결 선고 전에 제기된 항소,[2] 불항소의 합의에 반하여 제기된 항소,[3] 항소권을 포기한 당사자의 항소, 항소의 이익이 없는 항소[4] 등이 있고, 소장심사권에서 놓친 항소기간 도과 후의 항소도 포함된다. 그러나 대리권 소멸 후에 제기된 항소 등은 추인의 여지가 있으므로 보정할 수 없는 흠에 해당하지 아니하므로[5] 바로 항소를 각하할 것이 아니라 일응 보정명령 등의 조치를 취하는 것이 타당하다.

Ⅱ. 본안심리

1. 총   설

(1) 항소가 적법한 경우에 항소법원은 항소가 이유 있는지 여부를 심리하게 된다. 항소심의 본안심리는 간단히 보면 항소가 이유 있는지 여부를 가리는 작업이다. 우리나라의 항소심 구조는 앞에서 본 바와 같이 속심구조이므로 제1심의 심

---

1) 대판 1971. 2. 9, 69다1741. 다만 이혼 등 일신전속적인 권리에 관한 경우는 소송 중에 사망한 경우에도 소송이 종료함(대판 1986. 7. 22, 86므76); 대판 2015. 1. 29, 2014다34041.
2) 대판 1957. 5. 2, 4289민상647.
3) 대판 1980. 1. 29, 79다2066.
4) 대판 1972. 4. 11, 72다237; 대판 1979. 8. 28, 79다1299; 대판 1983. 10. 25, 83다515; 대판 1998. 11. 10, 98두11915; 대판 2007. 7. 13, 2007다20235.
5) 대결 1966. 12. 30, 66마1129.

리를 기본으로 하여, 추가적인 심리가 필요한 경우에 이를 행한다.

　(2) 항소심의 심리는 제1심의 소송절차를 준용한다($^{408}_{조}$). 따라서 항소심의 심리는 통상 변론준비절차와 변론으로 나누어진다. 변론준비절차는 항소인의 항소장 및 처음 준비서면, 피항소인의 항소에 대한 답변서 및 준비서면을 통한 서면절차와 쟁점 및 증거관계의 정리를 위한 변론준비기일을 열 수 있다($^{408조,\ 279\sim}_{282조}$). 이 경우에 항소인의 항소장 및 처음 준비서면을 통하여 불복신청의 범위를 명확히 하는 것이 항소심의 심리방향 및 충실을 기하기 위하여 필수적이다. 이는 불복의 범위와 이유기재가 항소장의 필수적 기재사항이 아닌 상황에서 민사소송규칙 제126조의2에서 이를 명확히 하도록 한 취지에도 부합할 것이다. 이러한 연후에 추가 심리가 필요한 경우에 집중적으로 심리하면 되는 것이다($^{408조,}_{293조}$). 피항소인은 이러한 변론준비절차 또는 변론을 통하여 항소의 각하·기각의 신청을 할 수 있고, 부대항소도 가능하다. 항소심의 본안심리는 우선 심판범위를 정확히 하고 꼭 필요한 심리를 하여야 한다.

2. 심리의 대상

　(1) 항소심에서의 심리의 대상은 항소인이 제1심 판결의 변경을 청구하는 한도 내에서 하여야 하고($^{407조}_{1항}$), 항소심 판결도 같다($^{415}_{조}$). 항소심의 심리대상 및 판결대상은 제1심판결 중 불복한도인 것이다. 이것은 민사소송의 처분권주의($^{203}_{조}$)가 항소심의 심리에 반영된 결과이다. 따라서 항소심은 당사자가 불복한 심리의 대상의 당부에 관한 문제인 것이다. 이러한 심리의 대상은 항소인의 심리의 대상의 확대와 피항소인의 부대항소에 의하여 확장·변경될 수 있다.

　(2) 항소심의 심판범위의 확정은 항소장의 필수적 기재사항이 아니므로($^{397}_{조}$) 원칙적으로 항소심의 변론종결 시까지 하면 된다. 그러나 항소의 심판범위를 항소 초기에 확정하는 것이 심리의 방향과 충실한 심리에 필수적이므로 변론준비절차 또는 변론에서 항소장 및 처음 준비서면을 통하여 불복범위를 명확히 하여야 하고, 이것이 불분명한 경우에는 석명권($^{136}_{조}$)을 적절히 행사하여 명확히 할 필요가 있다.

　(3) 항소심의 심판범위는 제1심판결 중 불복한도에만 미치고, 그 외는 심판대상이 아니다. 그런데 항소하면 항소불가분의 원칙상 제1심판결의 심판대상이 모두 이심하므로 항소심의 심판범위와 이심의 효력이 미치는 범위가 다를 수 있다.

이심의 범위와 심판의 범위는 [이심의 범위≧심판의 범위]라는 등식이 성립된다. 예컨대 원고가 제1심에서 2,000만원을 청구하여 1,200만원은 인용되고 나머지 800만원이 기각되어, 자신의 패소부분인 800만원 부분에 대하여 항소한 경우에 이심의 효력은 승소한 1,200만원 부분과 패소하여 항소한 800만원 부분에 모두 미친다. 그러나 항소심의 심판대상은 원고가 항소한 800만원에 한정된다. 이 경우에는 이심의 범위가 심판의 범위보다 넓게 된다. 제1심에서 주위적 청구기각·예비적 청구인용의 경우에 피고가 자기 패소부분인 예비적 청구부분에 대하여 항소한 경우에 이심의 효력이 미치는 범위는 「주위적 청구＋예비적 청구」이나, 심판의 범위는 예비적 청구에 한정된다.[6] 또한 주위적 청구를 기각하고 예비적 청구를 인용한 제1심판결에 대하여 피고만이 항소하였는데 항소심이 주위적 청구에 대하여도 청구기각 판결을 한 경우에는 불복의 범위에 속하지 않는 청구에 대하여 판결한 것으로 무의미한 판결이므로 상고할 불복의 이익이 없다.[7] 다만 합일확정이 필요한 필수적 공동소송, 독립당사자참가, 공동소송참가, 예비적·선택적 공동소송 등에 있어서는 불복하지 아니한 당사자의 본안판결 부분도 항소심의 심판대상이 된다.

(4) 제1심판결로 심판하지 아니한 청구부분은 항소하여도 이심되지 아니하므로 항소심의 심판대상이 되지 아니한다. 따라서 제1심에서 누락한 청구부분은 추가판결의 대상이 될 뿐이다($\frac{212}{조}$). 그러나 원고의 주위적·예비적 청구에 대하여 제1심법원이 주위적 청구를 인용함으로써 예비적 청구에 대하여 별도로 판단하지 아니한 경우와 선택적 청구에서 하나의 청구를 인용한 경우에 있어서 항소된 때에는 예비적 청구 및 나머지 선택적 청구도 이심되어 항소심의 심판의 범위에 속하게 된다.

(5) 항소심에서도 소의 변경, 반소의 제기($\frac{412조 1항, 항소심에서의 반소는 상대방의 심급의 이익을 해할}{우려가 없는 경우 또는 상대방의 동의를 받은 경우에 가능함}$), 중간확인의 소, 소의 일부 취하가 가능하므로 항소심의 심판범위가 확장·축소될 수 있다. 또한 피항소인의 부대항소를 통하여도 이것이 가능하다. 다만 부대항소의 경우에는 주된 항소에 대해 종속성을 가지고 있으므로 주된 항소가 각하·취하되면 그 효력을 잃는다. 법률상의 임의적 당사자변경($\frac{260조 1항,}{68조 1항}$)은 항소심에서는 허용되지 않는다.

---

6) 대판 1995. 2. 10, 94다31624; 대판 2001. 12. 24, 2001다62213; 대판 2002. 12. 26, 2002므852.

7) 대판 1995. 1. 24, 94다29065.

3. 심리절차

현재 우리나라는 항소심의 구조에 있어서 속심제를 취하고 있으므로, 항소심의 심리의 절차는 i) 제1심의 변론결과를 항소심에 올리는 과정(변론의 갱신)과 ii) 항소심에서 새로운 공격·방어방법의 제출 및 새로운 본안의 신청을 하는 것 등의 갱신권(更新權)의 범위와 관련된 문제된다. iii) 기타 부수적으로 이심되었으나 심판의 대상이 되지 아니한 부분의 가집행선고 등이 있다.

(1) 변론의 갱신절차(更新節次)

① 당사자는 항소심에서 제1심 자료를 그대로 이용하려면 이를 항소심 심리절차에 올려야 한다. 따라서 당사자는 제1심 판결의 변경을 구하는 한도에서 제1심 변론의 결과를 진술하여야 한다($^{407조}_{2항}$). 이를 변론의 갱신(更新)이라 한다. 항소심이 제1심의 속심이므로 제1심의 변론 중 판사가 경질된 경우와 그 취지가 동일하다. 제1심 변론결과의 진술은 당사자가 사실상 또는 법률상 주장, 정리된 쟁점 및 증거조사 결과의 요지 등을 진술하거나, 법원이 당사자에게 해당 사항을 확인하는 방식으로 할 수 있다($^{규칙}_{조의2}$127). 변론의 갱신은 당사자 한쪽만 하여도 되지만 일부만 분리하여 진술할 수 없다. 당사자 또는 그 대리인이 원심변론기일에 출석하여 소송관계를 표명하고 증거조사결과에 대하여 변론을 하였다면 그 당사자는 제1심 소송절차에서 이루어진 모든 공격방어방법과 증거조사의 결과를 원용한 것이 된다.[8]

② 변론의 갱신을 통하여 제1심의 재판자료(소송자료＋증거자료)가 항소심에 상정된 한도에서 제1심의 소송행위는 항소심에서도 그 효력을 가진다($^{409}_{조}$). 즉 제1심에서 한 각종 신청, 소송절차에 관한 이의권의 포기, 재판상의 자백 등의 변론, 증거조사, 그 밖의 소송행위의 효력이 그대로 유효하다. 이러한 소송행위에 대하여 당사자가 항소심에서 별도로 지적하였는지 여부와 관계없이 법원이 이를 받아들인다 하여도 직접주의나 변론주의에 반하거나 불의타를 가한 것이 아니다.[9] 다만 자백간주는 항소심의 변론종결 시까지 다툰 것으로 인정되면 자백의 구속력이 없다.[10] 제1심의 절차상의 사항이 적법한지 여부도 항소심의 판단을 받게 되므로, 항소심 법원에서는 제1심의 위법한 절차나 행위는 이를 심리의 기초에서 제외하

---

8) 대판 1987. 12. 22, 87다카1458.
9) 대판 1996. 4. 9, 95다14572.
10) 대판 1968. 3. 19, 67다2677; 대판 1987. 12. 8, 87다368.

고 절차를 진행하여야 한다.[11]

(2) 변론의 갱신권(更新權)

① 항소심에 있어서 변론의 갱신권이라 함은 항소심의 변론종결 시까지 종전의 주장을 보충·정정할 수 있을 뿐만 아니고, 새로운 공격·방어방법도 제출할 수 있는 것을 말한다. 이는 현행 항소심의 구조가 속심제를 취하고 있음으로 인해 인정된다고 할 것이다. 항소심에서 제출할 수 있는 공격·방어방법은 제1심 변론을 종결한 후에 발생한 것에 한하지 않는다. 그러나 가집행 때문에 변제한 사실은 방어방법이 되지 않는다.

② 갱신권의 제약(制約)

그러나 이러한 갱신권이 제한 없이 인정되는 것은 아니다. 항소심이 가지고 있는 사후심적(事後審的) 요소로 인하여 갱신권에 일정한 제약이 필요하다. 특히 항소심에서의 증인의 재신문과 실기한 공격방어방법·재정기간제도·제1심변론준비기일의 실권효 적용 등을 통하여 갱신권의 적절한 제한이 가능하다.

(a) 항소심에서의 제1심증인 재신문   직접주의의 원칙상 제1심의 경우에 단독사건의 판사 또는 합의부 법관의 반수 이상이 바뀐 경우에 종전에 신문한 증인에 대하여 당사자가 다시 신문신청을 한 때에는 법원은 그 신문을 하여야 한다($^{204조}_{3항}$). 그렇다면 항소심의 경우에는 법관 3명이 모두 바뀐 경우로 볼 수도 있기 때문에 항소심에서 제1심의 신문증인의 재신문 신청이 있을 경우에 이를 의무적으로 하여야 하는가가 문제된다. 그러나 항소심은 제1심의 심리결과에 바탕을 두고 평가하는 사후심적인 요소가 있다는 점, 이를 무조건 인정한다면 항소심의 복심화(覆審化) 우려가 있다는 점 등에 비추어 항소심에서 제1심증인의 재신문 여부는 의무적이 아니고, 임의적인 것으로 보아야 한다.[12] 따라서 항소심에서의 제1심증인의 재신문은 특별한 경우에 제한적으로 하여야 할 것이다.

(b) 실기한 공격방어방법의 각하   항소심에서도 당사자는 갱신권에 기초하여 새로운 공격방법을 제출할 수 있다. 그러나 당사자가 적시제출주의($^{146}_{조}$)의 규정을 어기어 고의 또는 중대한 과실로 공격 또는 방어방법을 뒤늦게 제출함으로써 소송의 완결을 지연시키게 하는 것으로 인정할 때에는 법원은 직권으로 또는 상대

---

11) 同旨: 이시윤, 876면; 정동윤/유병현/김경욱, 913면.
12) 同旨: 이시윤, 876면.

방의 신청에 따라 결정으로 이를 각하할 수 있다($^{149조}_{1항}$). 적절한 시기에 제출하였는지 여부는 1, 2심을 전체적으로 보아 판단할 것이나, 집중심리주의에 있어서는 쟁점 중심의 심리가 이루어지기 때문에 같은 심급이라도 쟁점 심리가 끝난 후에 제출하는 경우에는 실기한 공격방어방법으로 각하할 수 있다는 점에서 항소심에서 엄격히 운영할 수도 있다고 사료된다. 특히 개정 민사소송규칙 제126조의2에서는 항소장 또는 항소심의 처음 준비서면에서 새로운 공격방어방법을 제1심에서 제출하지 못한 이유를 적도록 하였다.

(c) **재정기간제도**   신민사소송법은 독일 및 일본과 달리 항소심에서의 갱신권을 제한하고 있지 않다. 그러나 항소심이 제1심의 동일한 절차의 반복으로 이어지지 아니하도록 심리를 제1심 중심으로 이끌어 갈 수 있는 지혜가 필요하다. 현재의 규정으로도 이를 잘 운영할 여지가 있다. 현행법은 소송자료의 제출을 종전의 수시제출주의에서 적시제출주의로 변경하였고, 이를 실효성 있게 하기 위하여 재정기간제도를 신설하였다($^{147}_{조}$). 재정기간제도는 제1심뿐만 아니라 항소심의 준비절차와 변론에도 적용할 수 있다. 재판장은 당사자의 의견을 들어 한 쪽 또는 양쪽 당사자에 대하여 특정한 사항에 관하여 주장을 제출하거나 증거를 신청할 기간을 정할 수 있고($^{147조}_{1항}$), 당사자가 그 기간을 넘긴 때에는 주장을 제출하거나 증거를 신청할 수 없다($^{동조}_{2항}$). 따라서 항소심에서 새로운 공격방어방법이 실기한 것이 아닐 경우에 재정기간제도를 통하여 제출기간을 정하고, 그 기간이 넘은 경우에 실권적 제재를 가한다면 항소심의 소송촉진에 상당히 도움이 될 수 있다고 생각한다.

(d) **제1심 변론준비기일의 실권효 제재**   신법은 제1심의 변론준비절차는 항소심에서도 그 효력을 가진다고 규정하고 있다($^{410}_{조}$). 제1심의 변론준비절차에서 변론준비기일을 거쳤는데 거기에 제출되지 않은 주장이나 증거가 항소심에 새롭게 제출된 경우에는 예외사항($^{285조, 1항}_{1~3호, 3항}$)인 ⓐ 그 제출로 인하여 소송을 현저히 지연시키지 아니하는 때, ⓑ 중대한 과실 없이 변론준비절차에서 제출하지 못하였다는 것을 소명한 때, ⓒ 법원이 직권으로 조사할 사항인 때, ⓓ 소장 또는 변론준비절차 전에 제출한 준비서면에 적힌 사항으로서 변론준비절차에서 철회·변경되지 아니한 때를 제외하고는 실권효 제재를 가할 수 있다. 항소심의 갱신권 제약을 위하여 제1심 변론준비기일의 실권효 제재를 적절히 활용할 필요성이 있다.

(3) 가집행선고

항소법원은 제1심 판결 중에 불복신청이 없는 부분에 대하여 당사자의 신청에 따라 결정으로 가집행의 선고를 할 수 있다($\frac{406조}{1항}$). 가집행을 선고하는 결정에 대하여는 항고할 수 없지만 신청을 기각한 결정에 대하여는 즉시항고를 할 수 있다($\frac{동조}{2항}$).

제 4 절 항소심의 종국적 재판

항소심에서도 중간판결 등 중간적 재판을 할 수 있지만, 항소 또는 부대항소에 대하여 종국적 재판으로 응답하여야 한다. 여기에는 항소장각하, 항소각하, 항소기각, 항소인용이 있다. 항소장각하는 재판장의 명령으로 하고, 나머지는 판결($\binom{\text{다만 변론무능력자에 대한 변호사선임명령에 따른 선임을}}{\text{하지 아니한 경우에는 결정으로 항소각하를 함, 144조 4항}}$)로 한다.

항소심의 판결서의 이유 기재는 제1심의 판결서의 그것과 중복되는 경우에는 이를 인용할 수 있다. 이러한 항소심 판결을 통상 인용판결이라 한다($\frac{420}{조}$). 그러나 i) 무변론판결($\frac{257}{조}$), 자백간주 판결($\frac{150조}{3항}$), 공시송달에 의한 판결($\frac{194\sim}{196조}$)로서 청구를 특정함에 필요한 사항과 상계항변($\frac{216조}{2항}$)의 판단에 관한 사항만을 간략하게 표시한 판결은 인용판결로 할 수 없고($\frac{420조}{단서}$),[1] ii) 상고심에서 환송된 항소심의 판결서에서는 이미 환송 전의 항소심 판결은 취소되어 존재하지 아니할 뿐만 아니라 제420조에 정하고 있는 제1심 판결이 아니므로 인용할 수 없다.

항소심에서의 제1심 판결서를 인용하는 것은 판결서 작성의 중복을 피할 수 있고, 서술방법의 차이로 인한 공연한 판결에 대한 불신을 초래할 가능성을 막는다는 점, 항소심의 소송촉진에 기여할 수 있다는 점에서 장려할 수 있다. 그러나 항소심에서 새로운 심리가 많이 이루어진 경우에는 제1심의 단순한 인용은 재판에 대한 불신을 초래할 여지가 있다.

---

1) 항소심에서는 제208조 제3항 3호를 적용하여 판결이유를 간략하게 표시할 수 없고, 제208조 제2항에 따라 주문이 정당하다는 것을 인정할 수 있을 정도로 표시하여야 한다는 것에, 대판 2021. 2. 4, 2020다259506.

Ⅰ. 항소장 각하명령

항소심 재판장은 항소장심사권에 기초하여 i) 항소장이 방식을 위배한 때와 인지를 붙이지 아니하여 보정명령을 하였으나 이에 응하지 아니한 경우, ii) 항소기간의 도과($^{397조,}_{1, 2항}^{399}$), iii) 항소장의 송달불능의 경우에 명령으로 항소장을 각하할 수 있다($^{402}_{조}$). 원심재판장도 위 i), ii)의 사유로 독자적인 권한에 기하여 항소장 각하명령을 할 수 있다($^{399}_{조}$).

Ⅱ. 항소각하

(1) 항소요건에 흠이 있어서 항소가 부적법한 경우에는 항소법원은 판결로서 항소를 각하한다. 이는 소송판결의 하나이고, 특히 흠을 보정할 수 없는 부적법한 항소는 변론 없이 판결로 항소를 각하할 수 있다($^{413}_{조}$).

(2) 항소법원이 항소인 또는 그 대리인이 변론능력이 없어 그 진술을 금지하고 변호사의 선임을 명하였으나, 새 기일까지 변호사를 선임하지 아니한 경우에는 법원은 결정으로 항소를 각하할 수 있다($^{144}_{조}$). 이 경우의 항소각하는 판결이 아닌 결정으로 한다.

Ⅲ. 항소기각

항소법원이 항소인의 항소가 이유 없다고 판단할 경우 판결로 항소를 기각하여 원심판결을 유지하는 경우이다.

(1) 항소법원은 제1심 판결을 정당하다고 인정한 때 또는 제1심 판결의 이유가 정당하지 아니한 경우에도 다른 이유에 따라 그 판결이 정당하다고 인정되는 때에 항소를 기각한다($^{414}_{조}$). 즉 항소심의 변론종결시를 기준으로 하여 제1심 판결의 주문과 일치하는 경우에 항소기각 판결을 한다. 이것은 판결의 기판력이 원칙적으로 판결이유 중의 판단에는 미치지 않기 때문이다($^{216조}_{2항}$).

(2) 다만 예비적 상계의 항변에 의하여 승소한 피고가 항소하였는데 항소심에서 상계 이외의 이유(예: 변제항변을 받아들일 수 있는 경우 등)로 피고의 항소를 받아들일 수 있을 경우에는 제1심판결을 취소하고 재차 청구기각의 판결을 선고하

여야 한다. 상계항변에 기판력이 발생하기 때문이고($^{216조}_{2항}$), 동일한 청구기각 판결이지만 제1심 판결과 항소심 판결은 그 기판력의 객관적 범위가 달라진다. 이 경우 집행권원은 제1심판결이 아닌 항소심의 청구기각 판결이 된다.

(3) 항소기각의 판결이 확정되면 제1심판결(원심판결)이 확정된다. 제1심판결이 이행판결이면 제1심판결이 집행권원이 된다. 다만 기판력의 표준시는 항소심의 변론종결 시까지이다.

Ⅳ. 항소인용

1. 원판결(原判決)의 취소

항소법원은 항소 또는 부대항소가 이유 있으면 제1심 판결(원판결)을 취소한다. 이것은 제1심 판결을 부당하다고 인정한 때($^{416}_{조}$)와 제1심 판결의 절차가 법률에 위반된 때($^{417}_{조}$)[2]에 한다. 제1심 판결의 절차가 법률에 위반된 때라 함은 판결의 성립과정의 하자(예: 제척사유가 있는 판사가 한 판결, 변론에 관여한 바 없는 법관에 의한 판결 등)가 있어 판결 자체의 효력이 문제되는 경우라 할 것이다.[3] 답변서 제출을 간과한 채 무변론판결을 선고한 것은 제1심 판결절차가 법률에 위반된 것이다.[4] 항소심 법원이 원판결을 취소한 경우에는 스스로 재판하는 자판(自判), 제1심 법원으로 돌려보내는 환송(還送), 전속관할을 위반한 경우에 관할법원으로 보내는 이송(移送)의 3가지 형태로 판결한다.

(1) 자 판(自判)

항소심 법원이 스스로 제1심에 갈음하여 소에 대하여 재판을 하는 경우이다. 항소심은 속심구조이고 사실심이므로 원판결의 취소 후에 자판을 하는 것이 원칙이고,[5] 다른 법원으로 환송·이송하는 것은 예외적이다. 이를 통상적으로 파기자

---

2) 대판 2003. 4. 25, 2002다72514(가처분취소 사건에서 변론기일을 적법하게 고지하지 아니하여 피신청인이 출석하지 못한 변론기일에서 판결 선고기일을 지정·고지하고, 그 후 판결 선고기일 소환장을 피신청인이나 그 소송대리인에게 따로 송달하지 아니한 채 판결을 선고한 것은 제1심의 판결절차가 위법한 경우임).

3) 同旨: 이시윤, 880면.

4) 대판 2020. 12. 10, 2020다255085.

5) 대판 2020. 12. 10, 2020다255085(잘못된 제1심 법원의 무변론판결을 취소하는 경우에도 환송하지 않고 직접 다시 판결할 수 있음).

판(破棄自判)이라 한다. 이 점이 법률심이면서 취소 후 환송·이송을 원칙으로 하는 상고심과 차이가 있다. 항소심에서 일정한 경우에 파기자판의 의미로 제1심의 변경판결도 가능하다.

(2) 환 송(還送)

① 항소심 법원은 소가 부적법하다고 각하한 제1심 판결을 취소하는 경우에는 사건을 제1심 법원에 환송하여야 한다($^{418조}_{본문}$). 이를 필수적 환송이라 한다. 다만, 제1심에서 본안판결을 할 수 있을 정도로 심리가 된 경우 또는 당사자의 동의가 있는 경우에는 항소심 법원은 스스로 본안판결을 할 수 있다($^{동조}_{단서}$). 제418조 단서규정을 둔 것은 불필요한 환송으로 인한 소송지연과 비용의 증가를 막기 위한 것으로, 1990년 민사소송법 제3차 개정 시에 신설되었다. 판례는 항소심이 제1심에서 본안판결을 할 수 있을 정도로 심리되었다고 보아 소를 각하한 제1심 판결을 항소심이 취소하면서 제1심으로 환송하지 않고 원고 청구를 인용하는 본안판결을 한 것은 적법하다고 하였다.[6] 다만 단서규정의 지나친 확대해석을 경계하여야 한다는 견해가 있다.[7] 항소심 법원의 이 환송판결은 종국판결이므로 상고할 수 있다.[8]

② 위 필수적 환송 외에 원판결을 취소한 경우에 항소심 법원의 재량에 따라 제1심 법원에 환송할 수 있는가 하는 이른바 임의적 환송이 논의되나, i) 소송촉진이라는 면, ii) 제418조의 단서를 신설한 입법취지 등에 비추어 임의적 환송을 인정하지 아니하는 것이 타당하다고 본다.[9] 판례는 예외적으로 이를 인정할 여지를 두고 있다.[10]

③ 환송받은 제1심 법원이 다시 심판할 때에는 항소법원이 취소이유로 한 법률상·사실상의 판단에 기속된다($^{법조}_{8조}$). 이는 상고심의 환송판결의 기속력과 같다.

(3) 이 송(移送)

전속관할 위반을 이유로 제1심 판결을 취소한 때에는 항소법원은 사건을 원심법원으로 환송하지 아니하고 직접 관할법원으로 이송하여야 한다($^{419}_{조}$). 소송의 신속을 위한 것이다. 그러나 임의관할을 어긴 경우에는 제1심 판결의 선고로 하자

---

6) 대판 2022. 7. 28, 2018다46042.
7) 이시윤, 881면.
8) 대판(전) 1981. 9. 8, 80다3271.
9) 同旨: 김홍엽, 1172면; 이시윤, 881면; 정동윤/유병현/김경욱, 916면; 한충수, 827면; 호문혁, 675면. 反對: 김홍규/강태원, 895면.
10) 대판 2013. 8. 23, 2013다28971; 대판 2020. 12. 10, 2020다255085.

가 치유되는 것이므로 원판결취소사유가 될 수 없다($\frac{411}{조}$).

2. 불이익변경금지의 원칙

(1) 의 의

불이익변경금지의 원칙은 처분권주의($\frac{203}{조}$)가 항소심절차에서 보다 구체적으로 나타난 원칙이다. 이는 항소심에 있어서 원판결변경의 기본준칙이다. 기본관념은 처분권주의에서와 같이 당사자의 신청을 넘어서 인정할 수 없다는 것이다. 그러나 항소는 항소이익이 존재하여야만 가능하므로 항소이익과 관련하여 보면 불이익변경금지의 원칙으로 나타나고, 항소하지 아니한 경우를 고려한다면 이익변경금지를 포함한다. 따라서 불이익변경금지(不利益變更禁止)의 원칙이라 함은 항소법원의 제1심 판결의 당부에 관한 심판은 항소 또는 부대항소한 당사자의 불복신청의 범위에 한정하기 때문에, 당사자의 불복신청 이상으로 유리한 재판을 할 수 없고(이익변경의 금지), 상대방의 항소 또는 부대항소가 없는 한 항소인에게 제1심 판결 이상으로 불이익하게 변경할 수 없다는(불이익변경의 금지) 것을 의미한다($\frac{415}{조}$). 우선 당사자의 불복신청이 있는지 여부로 1차적 판단을 하고, 불복신청의 범위 내에서의 이익·불이익의 구체적 판단은 기판력의 범위를 기준으로 한다.[11] 이는 항소로 이심되는 부분과 심판의 범위를 명확히 구별할 필요성이 있음을 의미한다. 이러한 원칙은 상고심($\frac{425}{조}$)·항고심($\frac{443}{조}$)·재심($\frac{455}{조}$)에도 준용된다.

(2) 내 용

① 이익변경금지(利益變更禁止)

(a) 불복하는 항소인의 불복범위를 넘어서 제1심 판결보다 유리한 재판을 할 수 없다(이익변경의 금지). 즉 항소인이 불복신청하지 아니한 제1심의 패소부분이 설사 부당하다고 하여도 항소인에게 유리하게 변경할 수 없다는 것이다.

(b) 패소판결 중 일부에 대하여만 불복항소한 경우에 나머지 패소부분과 관련하여 문제된다. 예컨대 원고가 제1심에서 이전등기말소청구와 금전지급청구를 하여 모두 기각된 제1심 판결에 대하여 원고가 이전등기말소청구부분만을 항소한 경우에 변론종결 시까지 금전지급청구부분에 관하여 항소취지를 확장하지 아니하는 한 금전지급청구부분을 유리하게 인용판단 할 수 없다.[12] 원고가 제1심에서 재

---

11) 대판 2005. 8. 19, 2004다8197, 8203.

산상 손해배상청구와 위자료청구를 하였으나 위자료의 패소부분을 항소하지 아니하는 한 제1심 판결보다 더 많은 위자료의 지급을 명할 수 없고,[13] 이혼과 위자료 두 청구 모두 패소한 피고가 위자료 패소부분에 한하여 항소한 경우에 불복하지 아니한 이혼패소부분을 유리하게 변경할 수 없다.

② 불이익변경금지(不利益變更禁止)

(a) 상대방으로부터 항소나 부대항소가 없는 한 항소인에게 제1심 판결보다 불리하게 변경할 수 없다(불이익변경의 금지). 항소인은 상대방의 항소 또는 부대항소가 없다면 최악의 경우에도 항소기각의 위험만이 있다고 할 것이다.

(b) 원고의 청구가 일부 기각되었는데 원고만이 자신의 패소부분에 대하여 항소한 경우를 생각해 보자. 항소법원은 심리결과 설사 원고의 제1심 청구 전부가 이유 없다고 판단되어도 원고의 항소를 기각할 수 있을 뿐이고, 나아가 항소되지 아니한 제1심 판결의 원고승소부분을 취소하고 원고의 청구 전부를 기각할 수는 없다는 것이다.[14] 예컨대 원고가 소로써 1,000만원을 구함에 대하여 제1심은 600만원을 인용하고 나머지 400만원을 기각하는 판결을 한 경우에, 원고만이 자신의 패소부분인 400만원에 대하여 항소한 경우에 있어 항소법원이 심리한 결과 1,000만원 모두가 이유 없다고 하여도 불이익변경금지의 원칙상 원고가 한 항소를 기각할 수 있을 뿐이고, 나아가 항소하지 아니한 원고승소부분인 600만원 판결부분을 취소하여 원고의 청구 모두인 1,000만원을 기각하는 판결을 할 수 없다. 반대로 원고의 청구를 일부 기각하였는데 피고만이 자신의 패소부분에 대하여 항소한 경우에, 항소법원은 피고의 패소부분을 넘어서 피고에게 불리한 판결을 할 수 없다.[15] 예컨대 원고가 소로써 1,000만원을 구함에 대하여 제1심은 600만원을 인용하고 나머지 400만원을 기각하는 판결을 하였는데, 피고만이 자신의 패소부분인 600만원에 대하여 항소한 경우에 있어 항소법원이 심리한 결과 원고의 청구인 1,000만원 모두가 이유 있다고 하여도 불이익변경금지의 원칙상 피고가 한 항소를 기각할 수 있을 뿐이고, 나아가 항소하지 아니한 피고의 승소부분인 400만원 판결부분을 취소하여 피고에게 1,000만원의 지급을 명하는 판결을 할 수 없다는 것이다.

(c) 소가 부적법하다는 이유로 소각하한 제1심 판결에 대하여 원고만이 항소하

---

12) 대판 1994. 12. 23, 94다44644.
13) 대판 1980. 7. 8, 80다1192; 대판 1989. 6. 27, 89다카5406; 대판 1990. 6. 22, 89다카27901.
14) 대판 1986. 7. 22, 86다카829.
15) 대판 1967. 2. 28, 66다2633; 대판 1992. 9. 25, 91다37553.

였는데 항소법원이 판단할 때에 소 자체는 적법하나 본안이 이유 없다고 할 경우에 항소법원이 어떠한 재판을 할 것인가에 관하여 견해가 대립되고 있다. 소각하의 판결보다 청구기각의 판결이 항소인인 원고에게 불리하므로 불이익변경금지의 원칙에 비추어 항소를 기각하여야 한다는 항소기각설(抗訴棄却說), 소각하 판결만으로 원고에게 어떤 이익이 발생한 것이 아니므로 소각하의 제1심 판결을 취소하고 청구기각을 하여도 된다는 청구기각설(請求棄却說),[16] 소각하의 제1심 판결이 잘못된 것이므로 제1심 판결을 취소하고 제418조 본문(필수적 환송)에 따라 제1심으로 환송하여야 한다는 환송설(還送說),[17] 제1심에서 본안심리가 이루어졌거나 당사자의 동의가 있으면 제418조 단서에 따라 항소심에서 제1심 판결을 취소하고 청구기각 판결을 하고, 그렇지 아니하면 제418조 본문에 따라 제1심 판결을 취소만 하여 제1심 법원으로 환송하여야 한다는 절충설(折衷說)[18]이 있다. 판례는 항소기각설의 입장을 취하고 있다.[19] 환송설과 절충설은 제418조 단서의 적용 여부에 관한 문제이므로 거의 같은 견해로 해석할 수 있다.

생각건대 항소기각설은 분쟁의 일회적 해결이라는 이념에 반할 뿐만 아니라 본안판결을 원하는 원고의 항소취지에도 반하게 항소기각을 통하여 소각하의 제1심 판결을 확정한다는 점이 문제이다. 청구기각설은 분쟁의 일회적 해결이라는 점에서는 좋으나 사건의 변화가능성과 심리의 성숙도를 고려하지 아니하고 항소심에서 청구기각을 한다는 것은 당사자의 심급의 이익을 침해하고, 구체적 타당성을 달성할 수 없다는 문제가 있다. 따라서 분쟁의 일회적 해결과 본안판결을 원하는 원고의 항소취지에 부합하고, 제418조 본문과 단서의 취지를 충분히 살릴 수 있다는 점에서 절충설이 타당하다.

(d) 또한 금전채무불이행의 경우에 발생하는 원금채권과 지연손해금 채권은 별개의 소송물이므로 불이익변경에 해당하는지 여부는 원금과 지연손해금 부분을 각각 따로 비교하여 판단하여야 하고 합산한 전체 금액으로 판단하여서는 아니된다.[20] 그리고 이행권고결정에 관한 청구이의의 소에 있어서는 그 이행권고결정에

---

16) 강현중, 993면; 김홍엽, 1178면; 정동윤/유병현/김경욱, 918면; 호문혁, 679면.

17) 송상현/박익환, 741면.

18) 이시윤, 884면; 한충수, 830면; 新堂幸司, 770-771면.

19) 대판 1983. 12. 27, 82누491; 대판 1992. 11. 10, 92누374; 대판 2002. 9. 7, 99다50392; 대판 2017. 12. 5, 2017다237339; 대판 2019. 1. 17, 2018다24349.

20) 대판 2005. 4. 29, 2004다40160(피고만이 항소한 항소심의 심리 결과 원고에게 지급해야 할 지연손해금이 제1심에서 인용한 액수보다 줄어들고, 원본에 대한 인용액은 늘어난 경우, 원본부분은 불이익변경금지 원칙에 따라 항소기각하고 지연손해금부분은 줄어든 만큼 항소인용해야 하는데

서 병합된 각 소송물 별로 불이익변경 여부를 따져야 한다.[21)]

③ 판결이유의 불이익변경

제1심 판결의 불이익변경금지의 원칙은 판결 주문의 불이익한 변경을 금지하는 것이고, 판결 주문의 변경이 아니어서 기판력에 영향이 없는 판결이유의 불이익한 변경은 문제될 것이 없다(예: 제1심에서 소구채권의 부존재를 이유로 원고청구를 기각한 경우에 원고가 항소하자 소구채권은 존재하나 변제되었음으로 이유로 항소를 기각하는 경우). 이는 불이익하게 변경된 것인지 여부는 기판력의 범위 즉 판결주문을 기준으로 하기 때문이다.[22)]

그러나 상계항변은 판결이유의 판단이지만 기판력이 미치므로($\binom{216조}{2항}$) 예외이다. 예컨대 제1심에서 피고의 상계항변을 받아들여 원고의 청구를 기각하였는데 원고만이 항소하였을 때에 항소심은 원고의 항소를 상계 이외의 소구채권의 부존재 또는 피고의 변제를 이유로 항소기각 할 수 없다. 이는 원고로서는 상계에 제공된 반대채권 소멸의 이익을 잃게 되어 제1심 판결보다도 불리해지기 때문이다. 따라서 항소심 법원은 이 경우에 불이익변경금지의 원칙상 이유를 바꿀 수 없이 제1심 판결과 똑같은 이유로 항소기각 하여야 한다.

또한 판례는 원고가 단순이행청구를 하였으나 제1심에서 피고의 상환이행의 항변을 받아들여 상환이행판결을 하자 원고만이 항소한 경우에, 항소심에서 기판력이 미치지 아니하는 원고의 반대급부의 내용을 불리하게 변경하는 것은 불이익변경금지의 원칙에 반하여 할 수 없다고 하여 예외를 인정하고 있다.[23)] 이는 반대급부의 내용이 판결 주문에 표시되고, 원고가 그 반대급부를 제공하지 아니하고는 판결에 따른 집행을 할 수 없기 때문이다.

(3) 예 외

① 직권탐지주의 및 직권조사사항

불이익변경금지의 원칙은 처분권주의의 항소심심판과 관련된 준칙이다. 또한 처분권주의의 소송자료의 제출책임과 관련한 것이 변론주의이다. 따라서 변론주의가 적용되지 아니하는 직권탐지주의를 원칙으로 하는 절차의 항소심 심판에 있어

원본에 대한 인용액이 늘었음을 이유로 지연손해금 부분을 포함하여 모두 피고의 항소를 기각한 것은 잘못임); 대판 2009. 6. 11, 2009다12399; 대판 2013. 10. 31, 2013다59050.

21) 대판 2013. 10. 31, 2013다59050.
22) 대판 2004. 7. 9, 2003므2251, 2268.
23) 대판 2005. 8. 19, 2004다8197, 8203.

서는 불이익변경금지의 원칙이 적용되지 아니한다. 또한 법원의 직권조사사항에 관련된 소송요건의 흠, 판결절차의 위배 등에도 이 원칙이 적용되지 아니한다.[24] 따라서 소송요건에 흠이 있는 것이 발견된 경우에는 일부에 대한 항소라 하여도 제1심 판결의 전부를 취소하고 소의 각하(예: 재판권의 흠), 이송(예: 전속관할위반) 등의 조치를 취하면 된다.

② 소송비용 및 가집행선고, 형식적 형성의 소

소송비용 및 가집행선고[25]의 재판도 처분권주의 예외가 인정되는 것이므로 당연히 불이익변경금지의 원칙이 적용되지 아니한다. 이외에 성질상 비송사건에 해당하는 경계확정소송, 공유물분할청구소송, 재산분할청구소송 등의 형식적 형성의 소도 처분권주의 예외이므로 불이익변경금지의 원칙이 적용되지 아니한다. 따라서 항소심 법원은 항소된 경계확정의 소송의 경계가 정당하지 아니하다고 판단되면 항소인에게 불리하더라도 정당하다고 판단되는 경계를 확정하여 선고할 수 있다.

③ 합일확정소송

독립당사자참가($\frac{79}{조}$), 예비적·선택적 공동소송($\frac{70}{조}$)과 같이 결론의 합일확정을 위하여 필요한 경우에는 그 한도 내에서 항소 또는 부대항소를 제기한 바 없는 당사자에게 결과적으로 제1심판결보다 유리한 내용으로 판결이 변경되는 것도 배제할 수는 없다. 즉 불이익변경금지의 원칙이 적용되지 아니할 수 있다. 예컨대 선택적 공동소송에 있어서 원고가 피고 A, B를 선택적 피고로 하여 소를 제기하여 제1심에서 피고 B가 책임이 있다고 하여 원고 승소판결을 하였는데 피고 B가 항소함으로 인하여 원고의 피고 A에 대한 부분도 이심되었고, 항소심의 심리결과 피고 B의 책임이 애매하고 피고 A는 명백하여 항소법원이 피고 B가 아닌 피고 A의 책임을 인정하여 원고 청구를 유지할 경우에 직접 항소하지 아니한 「원고와 피고 A」 사이도 함께 판단하여야 한다. 독립당사자참가에 있어서 원고와 피고, 참가인 중 소유권자가 누구인가 하는 3면소송에서 제1심 판결에서 원고가 승소하고 피고와 참가인이 패소하였는데 패소자 중 피고만이 불복항소 하였고 항소심에서 소유권자가 참가인이라고 판결한 경우에 불복항소하지 아니한 참가인에게 유리한 판결을 할 수도 있다.[26]

---

24) 대판 1995. 7. 25, 95다14817.
25) 대판 1991. 11. 8, 90다17804; 대판 1998. 11. 10, 98다42141.

④ 상계항변의 인용

항소심에서 상계의 항변이 받아들여진 경우에도 불이익변경금지의 원칙이 적용되지 아니한다(415조). 이는 상계항변이 그 제출자에게 기판력이 미치기 때문이고, 항소인의 항소가 상대방의 상계항변으로 이유 없게 된다는 것은 항소인뿐만 아니라 상대방의 채권도 대등액에서 동시에 소멸되는 것이므로 불이익이라 할 수 없기 때문이다. 따라서 원고의 피고에 대한 1,000만원의 대여금청구에 대하여 피고가 전액 변제항변을 주장하여 제1심에서 피고의 변제항변 중 300만원 부분만 인정되어 700만원 원고 일부승소판결이 선고된 후 원고가 자신의 패소부분인 300만원 부분에 대하여 항소하여 심리한 결과 피고의 변제항변은 이유 없고 대신 피고가 제1심 또는 항소심에서 주장한 1,000만원에 대한 상계의 항변이 받아들여진 경우에는 항소심에서는 항소되지 아니한 700만원의 원고승소부분도 취소하고 원고의 청구 전부에 관하여 기각할 수 있다.

⑤ 환송 후의 항소심 판결

항소심 판결에 대하여 피고만이 상고에 의하여 대법원에서 파기환송 되어 재차 항소심에서 판결을 할 경우에는 새로운 주장 등에 기초한다면 상고한 피고에게 환송 전의 항소심 판결보다 불리한 판결이 가능하다.[27] 따라서 동일한 심급에서의 판결 사이에는 불이익변경금지의 원칙이 적용되지 아니한다고 보아야 하고 다만 상급심재판의 기속력만이 있다고 할 것이다(법조8조). 그러나 이 경우에도 환송 후의 판결은 제1심 판결과의 관계에서는 불이익변경금지의 원칙이 적용된다.

V. 항소심판결의 주문

실무에 있어서 항소심 판결의 주문을 쓰는 것이 매우 어려울 경우가 많다. 항소기각 및 항소의 전부인용의 경우에는 비교적 간단하나, 항소의 일부인용의 경우에는 취소주문의 형태로 할 것인지 변경주문으로 하여야 되는지 쉽지 않다. 특히 공동소송과 청구의 병합, 패소자 중 일부만 항소한 경우 또는 패소부분 중 일부만 항소한 경우 등이 복잡하게 얽혀 있는 경우에는 더욱 어렵다. 항소심판결의 주문은 그 심판대상을 명확히 하는 것이고, 일정한 경우 항소심 판결이 집행권원

---

26) 대판 2007. 10. 26, 2006다86573, 86580.
27) 대판 1991. 11. 22, 91다18132; 대판 2014. 6. 12, 2014다11376, 11383.

이 되는 때가 있으므로 정확히 표시하여야 한다. 여기에서는 가장 기본적인 주문 예를 보도록 하겠다.

1. 항소기각

항소심과 제1심의 결론이 동일한 경우이므로 "원고(또는 피고)의 항소를 기각한다. 항소비용은 원고(또는 피고)가 부담한다."라고 하면 된다. 비교적 간단하다.

2. 항소의 전부인용

항소인의 항소를 전부 인용하는 경우 나누어 보면 다음과 같다.

(1) 제1심에서 원고 청구가 전부 인용되고 이에 피고가 전부 항소한 경우에는 "원판결을 취소한다. 원고의 청구를 기각한다. 제1, 2심 소송비용은 원고의 부담으로 한다."고 하고, 제1심에서 원고 청구가 전부 기각되어 원고가 전부 항소한 경우에는 "1. 원판결을 취소한다. 2. 피고는 원고에게 금 ○○원(청구취지 금액임)을 지급하라. 3. 제1, 2심 소송비용은 피고의 부담으로 한다. 4. 제2항은 가집행할 수 있다."고 한다.

(2) 제1심에서 원고의 청구가 일부 인용되고, 피고가 자신의 패소부분에 대하여 전부 항소한 경우에는 "원판결 중 피고 패소부분을 취소한다. 위 취소부분에 대한 원고의 청구를 기각한다. 제1, 2심 소송비용은 원고의 부담으로 한다(또는 항소비용은 원고의 부담으로 한다)."[28]고 하고, 제1심에서 원고의 청구가 일부 인용되고, 원고가 자신의 패소부분에 대하여 전부 항소한 경우에는 "1. 원판결 중 원고 패소부분을 취소한다. 2. 피고는 원고에게 금 ○○원(원고 패소 금액임)을 지급하라. 3. 제1, 2심 소송비용은 피고의 부담으로 한다(또는 항소비용은 피고의 부담으로 한다) 4. 제2항은 가집행할 수 있다."고 한다.

3. 항소의 일부인용

(1) 항소 중 일부만 인용하는 경우의 주문 예는 변경주문(變更主文) 예와 취소주문(取消主文例) 예가 있다. 변경주문 예에 따라 판결하여도 민사소송법 제407조,

---

28) 제1심 판결의 소송비용의 분담이 적절하지 아니하다고 판단되면 항소심에서 전체 소송비용을 다시 정할 수 있다. 판결이 확정된 후에는 소송기록이 제1심법원에 보관되어 소송비용액 확정절차를 모든 심급을 같이 하기 때문이다.

415조에 위반되는 것은 아니며,[29] 항소심에서의 변경판결은 실질적으로는 항소가 이유 있는 부분에 대하여는 항소를 인용하여 제1심판결 중 일부를 취소하고 항소가 이유 없는 부분에 대하여는 항소를 기각하는 일부취소의 판결과 동일한 것인데 다만 주문의 내용이 복잡하게 되는 것을 피하고 주문의 내용을 알기 쉽게 하기 위한 편의상의 요청을 좇은 것에 불과하다.[30] 실무상 항소의 일부인용의 경우에는 변경주문 예가 비교적 간단한 면이 있으나, 취소주문 예에 따라야 하는 경우도 있다. 취소주문 예에 의하면 집행권원이 1, 2심 판결 모두가 되는 경우가 있으므로 복잡하여질 수 있다.

(2) 예컨대 제1심에서 "1. 피고는 원고에게 금 1,000만원을 지급하라. 2. 소송비용은 피고의 부담으로 한다. 3. 제1항은 가집행할 수 있다."라는 원고 전부승소판결이 선고되어 피고가 자신의 패소부분인 1,000만원 전부를 항소하면서 1심에서 제출한 변제항변을 잘 증명하여 500만원의 한도에서 인정될 경우에,

① 변경주문 예에 의하면 "원판결을 다음과 같이 변경한다. 1. 피고는 원고에게 금 500만원을 지급하라. 2. 원고의 나머지 청구를 기각한다. 3. 소송비용은 제1, 2심을 통하여 이를 2분하여 원고와 피고가 각 그 1을 부담한다. 4. 제1항은 가집행할 수 있다."[31]고 하며,

② 취소주문 예에 의하면 "1. 원판결 중 금 500만원을 넘는 피고 패소부분을 취소하고, 위 취소부분에 해당하는 원고의 청구를 기각한다. 2. 피고의 나머지 항소를 기각한다. 3. 소송비용은 제1, 2심을 통하여 이를 2분하여 원고와 피고가 각 그 1을 부담한다."고 하면 된다.

4. 항소심에서 청구의 변경이 있는 경우

항소심에서 청구의 변경이 있는 경우에 특히 주의를 요한다. 교환적 변경의 경우 항소심에서 구청구에 대하여 소의 취하가 있어 제1심 판결이 실효되고, 신청구는 항소심에서 처음 판단을 받는 청구가 되기 때문이다.

---

29) 대판 1983. 2. 22, 80다2566; 대판 1992. 8. 18, 91다35953; 대판 1992. 11. 24, 92다15987.
30) 대판 1992. 8. 18, 91다35953; 대판 1992. 11. 24, 92다15987.
31) 제1심 판결의 가집행선고는 제2심의 변경판결에 의하여 줄어든 한도에서 당연히 실효하므로 별도로 선고하지 아니하여도 되며, 별도로 선고하였다고 위법한 것은 아니고 그 범위를 명확히 할 수 있다는 의미가 있다(관련 판례: 대판 1992. 8. 18, 91다35953; 대판 1995. 9. 29, 94다23357).

(1) 청구의 감축

① 항소심에서 원고가 소의 일부취하나 청구의 일부감축을 한 경우에 그 부분은 소송계속이 소급하여 소멸하므로 그 한도에서 제1심판결은 실효된다. 따라서 소의 일부취하 또는 청구의 일부감축 부분은 당연히 항소심의 심판대상에서도 제외된다. 그렇기 때문에 항소심에서는 나머지 부분에 대한 제1심 판결의 당부를 가리면 된다.

② 예컨대 원고가 피고에게 금 1,000만원을 구하는 청구를 하여 제1심에서 모두 승소판결을 받았는데, 피고가 항소하여 다투는 과정에서 원고 스스로 청구취지를 1,000만원에서 자신이 이길 수 있는 500만원으로 감축하였고 항소심에서는 원고의 청구 500만원을 인정할 경우에, 항소심 판결의 주문 예를 보면 "1. 피고의 항소를 기각한다. 다만 원판결의 주문 제1항은 당심의 청구의 감축에 의하여 "피고는 원고에게 금 500만원을 지급하라."로 변경되었다. 2. 항소비용은 이를 2분하여 원고와 피고가 각 그 1씩을 부담한다."고 하면 된다. 이 경우에 집행권원은 제1심 판결 주문 제1항의 실효되지 아니한 부분이 되는 것이고, 항소심의 제1항 표시는 청구취지가 항소심에서 변경된 사실을 명확히 하기 위한 것이다.

(2) 청구의 확장과 추가

몇 가지 경우를 나누어 간단히 보겠다.

(a) 제1심에서 원고가 전부승소하고 피고가 항소한 상태에서 원고가 부대항소를 통하여 청구를 확장한 경우로서, 항소심에서 제1심 판결을 유지하면서 제2심에서 확장된 청구부분도 인용할 때에 항소심 주문은 "1. 피고의 항소를 기각한다. 2. 원고의 부대항소에 따른 청구의 확장에 따라, 피고는 원고에게 금 ○○원을 지급하라. 3. 소송비용은 제1, 2심 모두 피고의 부담으로 한다. 4. 제2항 중 금원지급 부분은 가집행할 수 있다."라고 하면 된다.

(b) 위 (a)와 같은 경우로서, 항소심에서 피고의 항소를 모두 인용하고, 원고의 부대항소를 통한 청구의 확장부분을 기각하여야 할 때에 항소심 주문은 "1. 원판결을 취소한다. 2. 원고의 원심 및 이 법원에서 확장된 청구를 모두 기각한다. 3. 소송비용은 제1, 2심 모두 원고의 부담으로 한다."고 한다.

(c) 원고가 제1심에서 청구기각판결을 받고 항소를 하여 항소심에서 새로운 청구를 예비적으로 추가한 경우(1,000만원)로서, 항소심에서 제1심의 주위적 청구기

각을 그대로 유지하면서 항소심에서 추가된 예비적 청구를 받아들이는 때에 항소심 주문은 "1. 원고의 항소를 기각한다. 2. 원고의 이 법원에서의 예비적 청구에 따라, 피고는 원고에게 1,000만원을 지급하라. 3. 항소비용은 피고의 부담으로 한다. 4. 제2항 중 금원지급 부분은 가집행할 수 있다."고 하면 된다.[32]

(d) 위 (c)와 같은 경우로서, 항소심에서 제1심의 주위적 청구기각을 그대로 유지하면서 항소심에서 추가된 예비적 청구를 기각하는 때에 항소심 주문은 "1. 원고의 항소를 기각한다. 2. 원고의 이 법원에서 추가된 예비적 청구를 기각한다. 3. 소송비용은 제1, 2심 모두 원고의 부담으로 한다."고 하여야 한다.[33]

(3) 항소심에서의 소의 교환적 변경

항소심에서 소의 교환적 변경이 있는 경우에는 구소의 취하에 따라 구청구에 대한 소송계속의 소급적 소멸과 제1심 판결의 실효가 생긴다. 또한 새롭게 추가된 신청구에 대하여 사실상 제1심으로 그 당부를 판단하게 된다. 따라서 구청구에 대한 제1심 판결의 존재를 전제로 한 원판결취소 또는 항소각하[34]·항소기각[35] 등을 항소심 판결의 주문에 표시할 필요가 없다. 예컨대 원고가 피고에 대하여 1,000만원의 대여금채권이 있다는 이유로 소를 제기하였으나 제1심에서 청구가 기각되어 원고가 항소한 경우로서, 원고가 항소심 진행 중 종전의 1,000만원의 대여금청구를 다른 일시의 대여금채권 1,000만원이 존재한다고 하여 소를 교환적으로 변경한 때에 i) 신청구를 인용할 경우 항소심 주문은 "1. 원고의 교환적 변경에 따라, 피고는 원고에게 금 1,000만원을 지급하라. 2. 소송비용은 제1, 2심을 통하여 이를 2분하여 원고, 피고가 각 그 1을 부담한다. 3. 제1항의 금전지급 부분은 가집행할 수 있다."라고 하고, ii) 신청구를 기각하는 경우 항소심 주문은 "1. 원고의 이 법원에서의 청구를 기각한다. 2. 소송비용은 1, 2심을 통하여 원고의 부담으로 한다."라고만 하면 된다.

---

32) 대판 2017. 3. 30, 2016다253297.
33) 대판 2004. 8. 30, 2004다24083; 대판 2007. 8. 23, 2006다28256; 대판 2009. 5. 28, 2007다354.
34) 대판 2018. 5. 30, 2017다21411.
35) 대판 2009. 2. 26, 2007다83908.

제 3 장 상 고

제 1 절 총 설

Ⅰ. 상고의 의의

상고(Revision)라 함은 원칙적으로 항소심의 종국판결에 대하여 법률심인 대법원에 하는 상소로서, 원심판결에서 적법하게 확정된 사실에 기초하여 법률적인 면에서 그 당부에 관한 판단을 구하는 불복신청이다.

(1) 상고는 원칙적으로 항소심의 종국판결에 대한 상소이다. 즉 상고는 고등법원(또는 그 지부)과 지방법원 합의부(본원 항소부와 춘천지방법원 강릉지원 합의부)가 제2심으로서 선고한 종국판결에 대하여 할 수 있다($^{422조}_{1항}$). 항소심의 판결 중 제1심으로 환송·이송하는 판결도 종국판결로서 상고의 대상이 된다.[1] 다만 항소취하 간주는 요건이 갖추어지면 당연히 효과가 발생하는 것이고, 법원의 종국판결이 아니므로 상고의 대상이 되지 아니한다.[2]

(2) 상고는 예외적으로 고등법원이 제1심으로 한 종국판결[예: 특허법원의 판결 또는 공정거래위원회의 처분에 대한 불복의 소에 대한 서울고등법원의 판결(독점규제 99, 100조에 따라 서울고등법원이 전속관할)] 및 당사자 사이에 비약상고(Sprungrevision)의 합의가 있는 경우에는 제1심의 종국판결($^{422조}_{2항}$)에 대하여도 할 수 있다.

(3) 법원의 판결이 아닌 행정부 산하의 준사법기관의 심판의 경우에 예외적으로 상고를 허용하는 경우가 있다. 해양수산부장관 산하의 해양안전사고에 관한 중앙해양안전심판원의 재결(裁決)에 대한 불복은 동 심판원의 소재지를 관할하는 고등법원에 전속한다($^{해양사고의 조사 및 심판}_{에 관한 법률 3, 74조 1항}$).[3]

(4) 우리나라는 모든 사건의 상고는 대법원으로 일원화되어 있다. 이를 집중형

---

1) 대판(전) 1981. 9. 8, 80다3271(환송판결이 중간판결이라는 종전의 판례를 변경한 것임).
2) 대판 2019. 8. 30, 2018다259541(항소취하 간주의 효력을 다투려면 규칙 제67, 68조에 따라 항소심 법원에 기일지정신청을 하여야 함).
3) 현재 중앙해양안전심판원은 세종특별자치시에 소재하고 있으므로 대전고등법원의 전속관할에 속한다.

(集中型) 상고제라 한다. 이 경우에 대법원에 대한 상고의 집중에 따른 업무부담의 과중을 어떻게 완화할 수 있을 것인지가 문제이다.

Ⅱ. 상고제도의 목적

(1) 법령해석의 통일과 당사자의 권리구제

상고제도는 법령해석의 통일과 당사자의 권리구제라는 2가지 목적을 어떻게 조화할 것인가가 문제이다. 각국의 상고제도의 연혁 등에 따라 차이가 있다. 프랑스의 상고기관인 파기원(破棄院, Cour de Cassation)은 오로지 법령해석의 통일에 목적을 두고 있다. 한편 독일은 2002년 민사소송법의 개정 전에는 법령해석의 통일과 당사자의 권리구제를 목적으로 하였으나, 2002년 개정에서 법령해석의 통일에 집중하고 있다. 우리나라와 일본의 경우에는 구독일제도와 같이 법령해석의 통일과 당사자의 권리구제라는 양자를 상고제도의 목적으로 하고 있다고 볼 수 있다. 그러나 우리나라는 상고심을 대법원으로 일원화하였고, 상고이유를 법령위반으로 제한하고 있다는 점($\frac{423,}{424조}$) 등에 비추어 보면 상고심이 법령해석의 통일에 중점을 두고 있다고 볼 수 있으나, 실제 지금까지의 대법원의 운영에 비추어 보면 당사자의 권리구제에도 상당히 신경을 쓰고 있다고 보인다.

(2) 우리나라 상고심을 어떻게 운영할 것인가 하는 것은 각국의 사법제도의 연혁과 현재의 사회적 요구, 법률문화 등을 종합적으로 검토하여 신중하게 대처할 문제이다. 사람들의 분쟁을 어떻게 잘 풀어주어 사회·국가적 조화를 이끌어 내고, 인간의 존엄과 행복추구권을 어떻게 구체화할 것인가와 직결된다고 할 수 있다. 따라서 상고제도는 법령해석의 통일도 중요한 제도적 목적이지만, 민사소송의 목적이 본질적으로는 사권의 보호를 통한 인간의 존엄과 행복추구와 직결된다는 점에서 당사자의 권리구제를 등한시할 수 없다. 이러한 점에 비추어 보면 당사자의 권리구제라는 측면의 상고제도와 법령해석의 통일이라는 측면의 상고제도를 합리적으로 나누어서 상고법원 등 권리구제에 집중하는 최종심을 별도로 두어 당사자의 권리구제에 만전을 기하도록 하고, 대법원은 법령해석의 통일에 집중하는 것도 좋은 방법 중의 하나일 것으로 본다. 현재의 상고심 구조 하에서 과도한 상고제한은 민사소송제도의 본지(本旨)를 잃게 할 소지가 있어 신중한 접근이 필요하다.

Ⅲ. 법률심으로서의 상고심

(1) 법률적 사후심

상고심은 원판결의 당부를 법률적인 측면에서 심사하는 사후심적인 성격을 가지고 있다.

① 상고심은 원판결의 당부를 법률적인 측면에서 심사한다. 따라서 상고하기 위하여는 원판결에 사실확정의 문제가 아닌 법령위반이 존재하여야 한다($^{423}_{조}$).

② 상고심은 스스로 사건의 사실관계를 확정하는 것이 아니고 원심판결의 사실확정을 전제로 재판한다. 따라서 원판결이 적법하게 확정한 사실은 상고법원을 기속한다($^{432}_{조}$). 이를 사실의 인정여부와 증거채택여부는 '사실심의 전권사항'이라고 한다. 또한 당사자도 상고심에서 사실관계에 대하여 새로운 주장이나 증거를 제출할 수 없고,[4] 원심에서 한 자백의 취소도 할 수 없으며,[5] 사실심의 변론종결 이후에 발생한 사실도 이를 주장할 수 없다.[6] 또한 상고심이 항소심 판결을 취소하고 자판하는 경우에도 거기에 필요한 자료는 원심자료에 한정하고 새로운 자료를 수집할 수 없다.[7] 다만 다툼이 없는 사실이나 공지의 사실은 새로운 사실이라 하여도 별도의 조사가 필요한 것이 아니므로 상고심에서 이를 참작할 수 있다.[8]

③ 상고심에서는 새로운 청구에 해당하는 청구의 변경($^{262}_{조}$), 반소의 제기($^{269}_{조}$) 등은 새로운 조사가 필요한 것이므로 허용되지 아니한다. 다만 사실심에서 확정한 사실에 기초하여 신청의 변경이 가능한 경우에는 예외적으로 인정될 수 있다.[9] 따라서 가집행선고의 실효로 인한 가지급물반환신청($^{215조}_{2항}$)은 다툼이 없어, 사실심리가 필요 없는 경우에 상고심에서의 신청이 가능하다고 할 것이다.[10]

(2) 예 외

예외적으로 상고심에서 직권조사사항을 판단할 때에는 새로운 사실을 고려할 수 있고,[11] 나아가 필요한 증거조사를 할 수 있다($^{434}_{조}$). 당사자도 이러한 한도에서

---

4) 대판 1979. 9. 11, 79다150; 대판 1992. 9. 25, 92다24325; 대판 2001. 6. 12, 2000다71760.
5) 대판 1998. 1. 23, 97다38305.
6) 同旨: 이시윤, 891면; 호문혁, 685면.
7) 同旨: 정동윤/유병현/김경욱, 921면.
8) 同旨: 이시윤, 892면; 정동윤/유병현/김경욱, 921면.
9) 同旨: 정동윤/유병현/김경욱, 921면.
10) 대판 1980. 11. 10, 80다2055; 대판 1997. 11. 28, 97다6810; 대판 2000. 2. 25, 98다36474.

새로운 주장·증명을 할 수 있다. 여기에는 소송요건·상소요건의 존부, 확정판결의 존재,[12] 재심사유, 원심의 소송절차 위배, 판결의 이유불명,[13] 판단의 누락[14] 등이 있다.

(3) 상고심은 원심판결의 사실확정에 근거한 사후적인 법률심이므로, 원심판결의 사실의 확정과 관련이 깊은 채증법칙의 위반, 심리미진 등을 이유로 한 파기는 자제할 필요가 있다.

제 2 절 상고이유

상고이유(上告理由)는 법령위반을 이유로 하는데, 구체적으로 보면 민사소송법상의 상고이유로서 일반적 상고이유($\frac{423}{조}$), 절대적 상고이유($\frac{424}{조}$), 재심사유($\frac{451조}{1항 단서}$)와 소액사건과 관련한 소액사건심판법상의 상고이유로 나누어 볼 수 있다. 1994년 7월 27일에 제정되어 동년 9월 1일부터 시행되고 있는「상고심절차에 관한 특례법」상의 심리불속행사유는 상고이유가 존재하는 것을 전제로 한 것이므로, 상고이유의 존부 이후의 문제이다.

I. 민사소송법상의 상고이유

민사소송법상의 상고이유는 일반적 상고이유($\frac{423}{조}$), 절대적 상고이유($\frac{424}{조}$), 재심사유($\frac{451}{조}$)로 나눌 수 있다.

1. 일반적 상고이유($\frac{423}{조}$)

민사소송법상의 일반적 상고이유는 '판결에 영향을 미친 헌법·법률·명령 또

---

11) 대판 1983. 4. 26, 83사2; 호문혁, 685면.
12) 대판 1989. 10. 10, 89누1308.
13) 대판 2005. 1. 28, 2004다38624(판결에 이유를 밝히지 아니한 위법은 판결에 이유를 전혀 기재하지 아니할 정도를 요함).
14) 대판 1991. 3. 22, 90다19329, 19336(독립당사자참가가 있는 소송에서 제1심에서 원고들과 참가인의 패소, 원고의 승소판결에 대하여 원고들만 항소한 사안에서 원심법원이 참가인의 원고들과 피고에 대한 청구에 대한 판단을 누락한 경우임).

는 규칙의 위반'이 있는 경우에만 가능하다($^{423}_{조}$). 즉 「원심판결에 영향을 미친 법령 위반(法令違反)」이 있어야 한다. 따라서 단순한 사실인정의 잘못을 이유로 상고할 수 없다. 일반적 상고이유는 상대적 상고이유라고도 한다.

(1) 상고는 「법령(法令)」과 관련되어야 한다.

상고이유로서의 법령위반에 있어서 법령이라 함은 제423조에 예시하고 있는 헌법·법률·명령 또는 규칙뿐만 아니라, 지방자치단체의 조례, 비준 가입한 국제 조약·협정, 관습법, 준거법으로 된 외국법 등 법원이 준수·적용할 모든 법규를 의미한다. 경험법칙의 위반의 경우 전문적 경험법칙과 상식적 경험법칙을 구분하여 후자만이 상고이유가 된다는 견해가 있으나,[1] 경험법칙은 사실판단의 대전제로서 법규에 준하는 것이므로 법령위반으로 보아야 한다는 것이 다수설[2] 및 판례[3]이다. 기타 보통거래약관의 조항과 법인의 정관도 여기에 포함되는지 여부에 관하여 논의되나, 상고이유로서의 법령에까지 속하는 것으로는 어렵다고 본다.[4]

(2) 상고는 법령을 「위반(違反)」하여야 가능하다.

① 법령위반의 원인을 기준으로 할 경우에는 '법령해석(法令解釋)의 잘못'과 '법령적용(法令適用)의 잘못'으로 나누어진다. '법령해석의 잘못'이라 함은 법령의 효력의 시간적·장소적 한계를 오해하거나, 법령의 내용·취지를 오해하여 이를 사건에 부당하게 적용하거나 적용하지 아니한 경우를 말한다. '법령적용의 잘못'은 구체적 사실이 법규의 구성요건에 해당하는지 여부에 대한 평가를 그르친 경우를 말한다. 특히 법령적용의 잘못은 상고이유가 되지 아니하는 사실인정의 잘못과 구별이 어렵다는 것이 문제이다. 법령적용의 잘못은 법률문제로서 상고이유가 될 수 있음에 반하여 사실인정의 잘못은 상고이유가 되지 아니한다. i) 구체적 사실의 존부는 사실문제이나, 사실에 대한 평가적 판단(예: 불확정개념인 과실·선량한 풍속·정당한 사유·신의칙 위반 등)은 법률문제이다. ii) 법률행위에 관한 의사표시의 존부·내용의 인정 자체는 사실문제이나, 그에 기하여 법률상 어떠한 법률효과를 인정할 것인지는 법률문제이다. iii) 증거가치의 평가(예: 증언의 신빙성, 서증의 증

---

1) 방순원, 427면.
2) 강현중(2004), 527면(다만 사실인정에 쓰이는 경험칙 위반은 상고이유가 되지 아니한다고 함); 이시윤, 893면; 정동윤/유병현/김경욱, 924면; 한충수, 833면.
3) 대판 1971. 11. 15, 71다2070; 대판 1980. 9. 24, 79다2269; 대판 2006. 12. 21, 2000다52037.
4) 同旨: 정동윤/유병현/김경욱, 924면; 한충수, 834면; 反對: 이시윤, 893면.

거력 등)는 사실문제이지만, 그것이 논리와 경험법칙에 위반하는지 여부는 법률문제이다. iv) 그러나 법원이나 행정청의 자유재량에 속하는 사항은 법률문제가 아니다. 예컨대 과실상계의 항변에 따라 손해배상액의 산정·경감 여부 및 그 비율을 정하는 것은 형평의 원칙에 비추어 현저히 불합리한 경우가 아니면 이는 사실문제(사실심의 전권사항)이다.[5]

② 법령위반은 그 형태에 따라 '절차상(節次上)의 잘못'과 '판단상(判斷上)의 잘못'으로 나뉜다.

(a) '절차상의 잘못'이라 함은 원심의 절차에 소송법규의 위반이 있는 때를 말한다. 변론주의와 처분권주의의 위반(예: 당사자가 주장하지 아니한 사실의 채택, 자백의 효력의 오인 등), 석명의무나 지적의무의 위반, 증거조사절차의 위법, 당사자에게 기일통지 없이 한 변론[6] 등이 여기에 해당한다. 다만 훈시규정을 위반한 경우, 임의규정의 위반이라도 소송절차에 관한 이의권의 포기·상실($\frac{151}{\text{조}}$)이 있는 경우에는 상고이유가 되지 아니한다. 절차상의 잘못은 판결에 잠재적으로 존재하는 것이므로(예: 당사자에게 기일통지 없는 상태에서 이루어진 변론에서 증거조사가 이루어진 증언에 의한 사실의 확정 등) 쉽게 발견하기 어려워, 직권조사사항 이외에는 당사자가 상고이유로 한 경우에 한하여 조사하면 된다($\frac{431}{\text{조}}$). 직권조사사항에는 소송요건, 상소요건, 판결이유의 미기재[7] 등이 여기에 해당한다. 다만 절차상의 잘못이 중대한 경우에는 판결에 영향을 미쳤는지 여부와 관계없이 제424조에서 절대적 상고이유로 삼고 있다. 판례는 심리미진을 상고이유로 보고 있으나,[8] 이는 법령해석·적용 이전의 문제로서 사실심리를 다하지 아니한 것을 의미하나 어떤 법령위반에 해당하는지 여부가 분명하지 아니하여 독립한 상고이유로 함에는 신중을 기하여야 한다.

(b) '판단상의 잘못'이라 함은 원판결 중의 법률판단이 부당하여 청구의 당부 판단이 잘못된 경우를 말한다. 판단상의 잘못은 실체법위반의 경우에 문제된다. 법령의 올바른 적용은 법원의 당연한 직무이므로 당사자의 상고이유에 구속되지

---

5) 대판 1991. 3. 27, 90다13383; 대판 1991. 11. 12, 91다22148; 대판 2014. 11. 27, 2011다68357; 대판 2016. 9. 30, 2013다85172; 대판 2018. 7. 26, 2018다227551; 대판 2019. 11. 14, 2019다215432; 대판 2020. 6. 25, 2019다292026, 292033, 292040; 대판 2021. 3. 11, 2018다285106.
6) 대판 1955. 3. 17, 4287민상376.
7) 대판 2005. 1. 28, 2004다38624.
8) 대판 1989. 6. 27, 87다카2542.

아니하고 직권조사 하여야 한다(상고이유불구속의 원칙). 따라서 i) 상고이유로 주장한 법령위반이 있다 하여도 다른 이유로 원판결이 정당한지 여부를 심사하여야 하고, ii) 주장한 법령위반이 없다고 하여도 다른 법령의 위반 여부를 심사할 수 있으므로 상고인이 주장한 법령위반과 다른 법령위반에 기초하여 원판결을 파기할 수 있다. 상고인은 실체법상의 과오를 상고이유서제출기간 이후 또는 변론이 있는 경우 변론과정에서 주장할 수 있으며, 상고인이 절차상의 잘못만을 상고이유로 삼은 경우에도 같다.[9]

③ 법령위반 중 특히 '헌법위반'의 주장은 헌법규정의 해석·적용에 관한 주장뿐만 아니라, 재판의 전제가 된 법률·명령·규칙이 헌법에 위반되어 무효라는 주장도 포함한다. 법률이 헌법에 위반하는 경우에는 헌법재판소에 위헌여부심판제청을 하는 방법(헌재 41조 1항)과 단순히 상고이유로 삼는 방법이 있다. 이 경우 대법원이 합헌이라고 인정하면 해당사건에 대한 재판을 하면 되고, 위헌 여부에 관하여 의문이 있는 경우에는 직권으로 헌법재판소에 위헌제청을 하여야 한다.

④ 기타 원판결 후에 법령의 변경이 있고 신법이 소급함으로 인하여 원판결 당시 구법을 적용하여 신법에 위배되는 경우에는 상고이유가 된다. 그러나 신법이 소급하지 아니할 경우에는 상고이유가 되지 아니한다.

(3) 상고는 법령위반이 「판결에 영향을 미친 경우」라야 한다.

상고이유가 되기 위하여는 법령위반이 '판결에 영향을 미친 경우'라야 한다. 판결에 영향을 미친 법령위반이라 함은 법령위반과 원심판결 주문 사이에 인과관계가 존재하여야 한다. 그런데 인과관계의 정도와 관련하여 법령위반이 원심판결의 주문을 달라지게 할 가능성만 있으면 충분하다는 가능성설(可能性說)[10]과 가능성만으로는 부족하고 개연성까지 필요하다는 개연성설(蓋然性說)[11]이 있다. '판결에 영향을 미친 것이 명백한 법령위반(일민소 312 조 3항)'을 규정하고 있는 일본 민사소송법과 달리 우리 민사소송법에서는 '판결에 영향을 미친 법령위반'이라고 규정하고 있는 점에 비추어 보면 가능성설이 타당하다고 본다. 다만 가정판단으로 부가한 법률해석은 판결결과에 영향을 미친 위법이 아니라고 할 것이다.[12]

---

9) 이시윤, 894면.
10) 이시윤, 896면; 정동윤/유병현/김경욱, 926면.
11) 강현중, 998면.
12) 대판 1984. 3. 13, 81누317; 대판 2013. 1. 10, 2011두7854(판결 이유 중의 판단부분의 불복은 그것이 이유있다고 하더라도 판결결과에 영향을 미친 위법이 아님).

2. 절대적 상고이유($\overset{424}{\text{조}}$)

절대적 상고이유는 절차상의 잘못으로 인한 경우로서, 이러한 잘못이 원심판결의 주문에 영향을 미쳤는지 여부와 관계없이 상고이유가 된다. 이러한 의미에서 절대적 상고이유라 한다. 이는 절차상의 잘못이 판결의 주문에 영향을 미쳤는지 여부를 판단하기 어렵기 때문에 중대한 절차상의 잘못에 관하여 무조건 상고이유가 되도록 제424조 제1항 1호~6호에 특별히 규정하고 있다. 1호~5호까지의 사유는 심리속행사유가 된다($\overset{\text{상특 4조}}{\text{1항 6호}}$).

(1) 판결법원 구성의 위법($\overset{1}{\text{호}}$)

판결법원이 법원조직법과 민사소송법을 따르지 아니한 경우이다. 법률상 판사가 없는 상태에서의 재판진행(예: 합의부원 중 1인의 판사가 자리를 비운 상태에서의 재판진행, 판사가 잠자고 있는 상태에서 이루어진 재판진행 등), 기본적인 변론에 관여하지 않은 법관이 판결에 관여한 경우($\overset{204조}{\text{1항}}$), 법관이 바뀌었는데 갱신절차를 밟지 아니한 경우($\overset{204조}{\text{2항}}$) 등이 여기에 해당한다.

(2) 판결에 관여할 수 없는 법관의 관여($\overset{2}{\text{호}}$)

법률에 의하여 법관이 판결에 관여할 수 없음에도 관여한 경우이다. 제척이유($\overset{41}{\text{조}}$) 또는 기피의 재판이 있는 법관($\overset{43}{\text{조}}$), 파기환송 된 원판결에 관여한 법관($\overset{436조}{\text{3항}}$)이 여기에 해당한다.[13] 판결관여라는 것은 판결의 합의(合議) 및 판결원본 작성에 관여한 것을 의미하며, 단순히 선고에만 관여하였거나 판결 외의 직무수행에 관여한 것은 통상의 절차위배에 해당하여 제423조에 해당하여야 상고이유가 된다.

(3) 전속관할규정에 어긋난 때($\overset{3}{\text{호}}$)

전속관할의 정함이 있는 사건에서 관할권이 없는 법원에서 재판한 경우이다. 임의관할위배는 상고이유에 해당하지 아니한다($\overset{425,}{\text{411조}}$).

(4) 대리권의 흠($\overset{4}{\text{호}}$)

대리인에게 대리권이 없는 때, 대리권은 있으나 특별한 권한의 수여를 받아야

---

13) 대판 2020. 1. 9, 2018다229212(법관이 변호사 자격을 가진다는 이유만으로 제2호에 해당하는 법관이라고 보기 어렵다고 함).

하는데 그렇지 못한 경우($\substack{56조\ 2항 \\ 90조\ 2항}$), 소송제한능력자가 법정대리인에 의하지 아니하고 스스로 한 소송행위 등이 여기에 해당한다. 특히 대리권의 흠($\substack{424조 \\ 1항\ 4호}$)에 관한 규정은 이른바 당사자권을 보장하기 위한 규정이므로[14] 당사자가 변론과정에서 공격방어방법을 제출할 기회를 부당하게 박탈당한 경우에 유추될 수 있다. 즉 성명모용자에 의한 소송수행,[15] 당사자의 사망을 간과한 판결의 선고,[16] 변론기일에 책임질 수 없는 사유로 불출석하였음에도 그대로 판결한 경우,[17] 회생절차개시결정이 있어 소송중단이 되었음에도 관리인의 소송수계 없이 소송절차가 진행되어 판결이 선고된 경우[18] 등이 여기에 해당한다. 다만 이 경우에 해당한다고 하여도 그 흠을 추인한 경우에는 상고이유가 되지 아니한다($\substack{424조\ 2항 \\ 60,\ 97조}$).

(5) 공개규정에 어긋난 때($\substack{5 \\ 호}$)

공개규정에 어긋난 때라 함은 판결의 기본인 변론을 공개하지 아니한 경우이다($\substack{헌\ 109조 \\ 법조\ 57조}$). 그러나 수명법관이 수소법원 외에서 증인신문·현장검증·서증조사를 하는 경우에는 비공개라도 이에 해당하지 아니한다.[19]

(6) 판결의 이유를 밝히지 아니하거나(不明示), 이유에 모순(矛盾)이 있는 때($\substack{6 \\ 호}$)

① 판결의 이유를 밝히지 아니한 때(이유불명 또는 이유불비)라 함은 판결에 이유를 전혀 기재하지 아니하거나, 이유의 일부를 빠뜨리는 경우 또는 이유의 어느 부분이 명확하지 아니하여 법원이 어떻게 사실을 인정하고 법규를 해석·적용하여 주문에 이르렀는지가 불명확한 경우를 말한다.[20] 따라서 판결이유에서 주문에 이르게 된 경위가 명확히 표시되어 있는 이상 당사자의 위헌주장을 판단하지 아니하였다는 사정만으로 판결에 이유를 명시하지 아니한 위법이 있다고 할 수 없고, 또한 당사자의 주장이나 항변에 대한 판단은 반드시 명시적으로만 하여야 하

---

14) 同旨: 이시윤, 896면; 정동윤/유병현/김경욱, 927면.

15) 대판 1964. 11. 17, 64다328.

16) 대판(전) 1995. 5. 23, 94다28444; 대판 2003. 11. 14, 2003다34038; 대판 2013. 4. 11, 2012재두497.

17) 대판 1997. 5. 30, 95다21365(책임질 수 없는 사유로 항소장 부본부터 공시송달의 방법으로 송달된 경우임); 대판 2011. 4. 28, 2010다98948(귀책사유 없이 소장부본 송달부터 공시송달 된 경우임); 대판 2012. 10. 11, 2012므2918, 2925; 대판 2014. 3. 27, 2013다39551(귀책사유 없이 적법한 회사의 대표자가 아닌 자에게 소송서류를 송달된 경우임).

18) 대판 2011. 10. 27, 2011다56057; 대판 2016. 12. 27, 2016다35123.

19) 대판 1971. 6. 30, 71다1027.

20) 대판 2004. 5. 28, 2001다81245.

는 것이 아니고 묵시적 방법이나 간접적인 방법으로도 할 수 있다.[21] 또한 판결에 영향을 미치는 중요한 사항에 관하여 판단을 빠뜨린 경우인 판단의 누락($^{451조}_{1항\,9호}$)도 여기에 포함된다.[22] 보다 구체적으로 보면 i) 이유를 명시하지 아니함으로써 주문의 불명확 또는 불특정, 주문과 이유의 불일치, ii) 어떤 증거로 구체적 사실을 인정하였는지 명시하지 아니한 경우, iii) 법률적용과 관련하여 수긍할 만한 이유를 명시하지 않거나, 인정한 사실로 판결이 인정한 법률효과가 도출되지 아니하는 경우 등이다.

② 이유에 모순이 있을 때(이유모순 또는 이유의 모순)라 함은 이유는 기재하였지만 이유 자체의 모순으로 인하여 판결주문에 이르는 논리의 전개과정이 명확하지 아니하여 이유로서의 체제를 갖추지 못한 경우이다.[23] 여기에 해당하는 이유모순은 대체로 중요한 사항에 관한 것이고 부가적인 판단에 관한 사항, 단순한 증거의 채택과정에 있어서의 이유의 불충분·불명료는 여기에 해당하지 아니한다. 예컨대 중요한 이유 두 개가 서로 모순되는 경우, 요건사실을 인정하면서 법률효과를 인정하지 않은 경우, 동일한 서증으로부터 모순되는 두 개의 사실을 인정한 경우, 제1심 판결의 이유를 인용하는 인용판결을 하면서 제1심보다 많은 과실상계를 인정하는 경우[24] 등이 여기에 해당한다.

나아가 판례는 판결 주문 사이의 효과 면에서 모순되어 결과적으로 판결의 이유가 모순된 경우[25]에도 이를 인정하고 있다.

3. 재심사유($^{451조\,1항}_{4호~7호}$)

재심사유도 상소로 주장할 수 있으므로($^{451조}_{1항\,단서}$), 절대적 상고이유에 포함되지 아니하여도 법령위반으로($^{423}_{조}$) 상고이유가 된다는 것이 통설·판례[26]이다. 재심사유

---

21) 대판 1995. 3. 3, 92다55770; 대판 2006. 5. 26, 2004다62597; 대판 2011. 7. 14, 2011다23323.

22) 同旨: 이시윤, 898면; 정동윤/유병현/김경욱, 928면; 한충수, 839면.

23) 대판 1980. 7. 8, 80다997; 대판 2022. 5. 26, 2021다271732(채무자가 시효완성 전에 채무의 일부를 상계한 경우에는 피고의 채무승인이 있다고 볼 수 있음에도, 피고의 공제를 상계예약에 의한 예약완결권의 행사로 보면서도 이를 시효중단사유로서의 채무승인이 아니라고 판단하는 것은 이유모순이라고 함).

24) 대판 1980. 7. 8, 80다997.

25) 대판 2020. 8. 20, 2018다241410, 241427(판결 주문 1항에서 형성판결인 공유물분할을 선고하고, 주문 2항에서 분할에 따른 지분비율의 조정으로 부담금을 지급받으면서 해당 부분의 등기이전의무를 부과한 경우임).

26) 대판 2001. 1. 16, 2000다41349.

는 확정판결의 취소사유에 해당하는 것이므로 당연히 판결확정 전의 취소사유가
될 수 있다. 그런데 재심사유에 해당하는 제451조 1항 1~3호의 사유가 절대적
상고이유인 제423조 1~3호와 동일하므로 실제로는 재심사유 중 제451조 1항
4~11호가 추가적 상고이유에 해당한다고 할 것이다. 다만 제451조 1항 4~7호
소정의 가벌행위를 상고이유로 주장함에는 동조 2항의 유죄확정판결 등의 사실을
동시에 주장하여야 한다.[27] 그러나 당해사건과 관련된 다른 사건에 재심사유가 존
재한다는 이유를 상고이유로 삼을 수는 없다.[28] 다만 재심사유가 직권조사사항이
라면 상고심에서는 불복신청의 범위를 넘어서 심리할 수 있다($\frac{423조, 431\sim}{433조}$).

Ⅱ. 소액사건심판법상의 상고이유

소액사건의 경우에는 통상의 민사사건과 달리 신속한 처리를 위하여 소액사건
심판법 제3조에서 상고이유를 제한하는 특칙을 두고 있다. 이에 의하면 항소심
판결이 i) 법률·명령·규칙 또는 처분의 헌법위반 여부와 명령·규칙 또는 처분
의 법률위반 여부에 대한 판단이 부당한 때, ii) 대법원의 판례에 상반되는 판단
을 한 때에 한하여 상고이유로 삼을 수 있다($\frac{소심}{3조}$).

제 3 절 상고심절차

상고심절차는 원심법원에 상고장을 제출함으로써 실질적으로 개시된다. 상고심
절차는 상고에 관한 규정인 민사소송법 제422~438조에 특별한 규정이 없으면
항소심절차($\frac{425조, 규}{최 135조}$)와 제1심 소송절차($\frac{408}{조}$)기 준용된다. 내체석으로 상고장이 원심법
원에 접수되고, 원심법원으로부터 대법원에 상고기록이 접수되면 당사자에게 그
접수통지를 하고, 이어 상고인이 20일 이내에 상고이유서를 제출하여야 하고, 재
판부의 상고요건 및 심리속행사유의 심사를 거쳐 그 사유가 존재하는 경우에 상
고심의 본안심리를 하여 판결을 하게 된다.

---

27) 대판 1966. 1. 31, 65다2236; 대판 1977. 6. 28, 77다540; 대판 1988. 2. 9, 87다카1261; 대
판 2006. 1. 12, 2005다158236; 대판 2006. 10. 12, 2005다72508.
28) 대판 2001. 1. 16, 2000다41349.

하지만 상고심절차 중 민사소송, 가사소송 및 행정소송(특허법 제9장과 이를 준용하는 규정에 따른 소송을 포함됨)은 「상고심절차에 관한 특례법(이하 '상특법'이라 함)」이 우선적으로 적용되기 때문에(상특법 2, 3조), 상고이유가 존재하는 경우에도 상특법 소정의 심리속행사유가 존재하지 아니하는 경우(상특법 4조), 대법원이 원심법원으로부터 상고기록을 받은 날로부터 4개월 이내에 심리불속행을 이유로 판결 이유의 기재를 생략한 상고기각의 판결을 받게 된다(통법 6조 5). 심리속행사유가 존재하는 경우에 상고이유에 관한 본안심리를 하게 된다.

상고심절차를 간략히 요약하면 ⅰ) 상고장의 제출(원심법원, 판결정본 송달 후 2주 이내) → ⅱ) 원심재판장의 상고장심사(필수적 기재사항 기재＋인지 첨부＋상고기간 도과, 상고장 각하명령) → ⅲ) 상고기록 송부 및 부수처분(원심법원 및 사무관 등, 상고장 접수된 날로부터 또는 판결정본 송달된 날로부터 2주 이내) → ⅳ) 상고기록의 접수통지(상고법원의 법원사무관 등이 상고인에게) → ⅴ) 상고심재판장의 상고장심사 및 상고장의 송달(필수적 기재사항＋인지첨부＋피상고인 송달에 따른 주소 등에 보정명령＋상고기간 도과, 상고장 각하명령) → ⅵ) 상고이유서의 제출(상고인이 상고기록 접수통지를 받은 날로부터 20일 이내) → ⅶ) 답변서의 제출(상고이유서 받은 날로부터 10일 이내) → ⅷ) 상고요건 및 심리속행사유의 심사(상고기록 받은 날로부터 4개월 이내, 심리불속행에 따른 상고기각 판결) → ⅸ) 상고요건 및 상고이유의 심리 순으로 진행된다.

Ⅰ. 상고의 제기

1. 상고장의 제출

상고의 제기는 원심판결 정본 송달 후 2주 이내(상고기간)에 상고장을 원심법원에 제출함으로써 한다(425, 396, 397조). 상고기간의 준수 여부는 항소장의 경우와 같이 원심법원에 접수된 때를 기준으로 한다.[1] 상고장의 기재사항은 항소장과 같이 ⅰ) 당사자와 법정대리인, ⅱ) 제2심 판결의 표시와 그 판결에 대한 상고의 취지를 기재하면 된다. 상고장에 상고이유를 기재할 필요는 없다. 상고장의 인지의 금액은 소장 금액의 2배(민인 3조)이고, 송달료를 미리 납부하여야 한다.

---

1) 대판 1981. 10. 13, 81누230; 대판 2010. 12. 9, 2007다42907.

2. 재판장의 상고장심사권

상고장이 제출되면 항소장의 경우와 같이 원심재판장과 상고심의 재판장에 의하여 소장의 심사를 거치게 된다.

(1) 원심재판장은 상고장에 필수적 기재사항($\binom{425조, 397}{조 2항}$)의 기재 유무, 소정의 인지를 붙였는지 여부 등을 조사하여 그 흠이 있으면 보정명령을 하고, 보정기간 내에 보정하지 아니한 경우에는 명령으로 상고장을 각하한다($\binom{425, 399}{조 1, 2항}$).[2] 또한 상고기간을 넘긴 것이 분명한 경우에는 보정 없이 바로 명령으로 상고장을 각하한다($\binom{425조, 399}{조 2항}$). 원심재판장의 상고장 각하명령에 대하여는 즉시항고 할 수 있다($\binom{425조, 399}{조 3항}$).

(2) 상고심재판장은 원심재판장이 위와 같은 흠을 간과한 경우와 상고장 송달 불능에 따른 주소보정에 응하지 아니한 경우에는 원심재판장과 같이 상고장 각하명령을 하게 된다($\binom{425,}{402조}$).

3. 상고기록의 송부·접수통지, 기타 부수처분

(1) 원심재판장의 상고장심사 결과 적법한 경우에는 원심의 법원사무관 등은 상고장이 제출된 날로부터 2주 이내에 소송기록을 대법원에 송부하여야 한다($\binom{425, 400, 규}{칙 135, 127조}$). 다만 판결정본 송달 전에 상고가 제기된 경우에는 판결정본이 송달된 날부터 2주 이내에 소송기록을 송부하면 된다($\binom{425, 400, 규칙}{135, 127조}$). 상고법원의 법원사무관 등은 원심법원의 법원사무관 등으로부터 소송기록을 받은 때에는 바로 그 사유를 당사자에게 통지하여야 한다($\binom{426}{조}$). 대법원 사무관 등은 상고기록을 접수하면 바로 상고장 부본을 피상고인에게 송달하여야 한다($\binom{425조, 408조, 255}{조 1항, 규칙 64조}$).

(2) 소송기록이 상고법원인 대법원에 송부되기 전까지는 원심법원은 사건으로부터 파생하는 소송구조신청, 집행정지신청, 상고사건을 본안으로 한 가압류·가처분신청 등에 대한 재판을 할 수 있다. 또한 상고의 취하, 상고권의 포기, 소의 취하 등도 원심법원에 하여야 한다.

---

2) 대결 2014. 5. 16, 2014마588(송달료 보정 명령에 불응하였다는 이유만으로 상고장을 각하할 수 없음).

4. 상고이유서의 제출

(1) 상고이유서 강제주의

상고인이 상고장에 상고이유를 기재하지 아니한 때에는 소송기록의 접수 통지를 받은 날로부터 20일 이내에 상고법원에 상고이유서를 제출하여야 한다($\substack{427 \\ 조}$). 상고이유서는 그 분량을 30쪽 이내로 하여 제출하여야 한다($\substack{규칙 133 \\ 조의2}$). 우리나라는 상고이유서 제출이 강제된다는 점에서 상고이유서 강제주의(上告理由書 强制主義)를 취하고 있다. 상고이유서의 제출을 강제하는 것은 사후심이며 법률심인 대법원의 심판의 범위를 서면을 통하여 명확히 함과 더불어 신속한 업무처리를 위한 것이다.

(2) 제출기간

① 상고이유서 제출기간은 소송기록의 접수 통지를 받은 날로부터 20일 이내이다($\substack{427 \\ 조}$). 이는 일본(50일)과 독일(2개월) 등에 비하여 짧아 상고인 또는 그 대리인의 기간준수에 어려움이 있을 수 있다. 제출기간이 너무 짧아 상고할 권리를 제한한다는 점에서 입법적 개선이 필요한 점이 있다고 본다.[3] 상고인이 20일 이내에 상고이유서를 제출하지 아니한 때에는 상고법원은 변론 없이 판결로 상고를 기각하여야 한다. 다만 직권으로 조사하여야 할 사유가 있는 때에는 그러하지 아니하다($\substack{429 \\ 조}$). 이 판결에는 이유를 기재하지 아니할 수 있고($\substack{상특 5조 \\ 1항}$), 판결을 선고하지 아니하고 송달로 효력이 발생한다($\substack{동조 \\ 2항}$).

② 상고이유서 제출기간은 법정기간이긴 하나 불변기간에 해당하지 아니한다. 그렇기 때문에 판례는 당사자가 책임질 수 없는 사유로 그 기간을 준수할 수 없는 경우에도 추후보완($\substack{173 \\ 조}$)을 인정하지 아니하고 있다.[4] 반면 대법원은 광주사태의 경우에 통상기간의 기간의 신축에 관한 민사소송법 제172조 제1항을 적용하여 이를 구제하였고,[5] 우체국 집배원의 배달 착오로 상고인인 원고(재심원고)가 소송기록 접수통지서를 송달받지 못하여 상고이유서 제출기간 내에 상고이유서를 제출하지 않았다는 이유로 상고가 기각된 경우는 대리권이 없는 경우에 준하여($\substack{451조 \\ 1항 3호}$) 재심사유로 구제하기도 한다.[6]

---

3) 同旨: 이시윤, 901면.
4) 대판 1970. 1. 27, 67다774; 대결 1981. 1. 28, 81사2.
5) 대판 1980. 6. 12, 80다918(광주사태로 인한 기간의 연장이 인정됨).
6) 대판 1998. 12. 11, 97재다445.

입법론적 시각에서는 상고이유서제출기간의 해태의 효과가 상고기간의 효과와 실질적으로 동일하다고 보아야 하기 때문에 이를 불변기간으로 규정하여 추후보완 규정을 적용하는 것이 타당하다고 본다. 보조참가사건에 있어서 피참가인이 상고를 제기한 경우 참가인은 상고이유서 제출기간 내에 당연히 이를 제출할 수 있다고 할 것이다.

(3) 판단대상

상고심의 판단대상은 상고이유서 제출기간 내에 제출된 상고이유서에 기재된 상고이유에 한정한다. 따라서 그 제출기간 경과 후에 제출된 상고이유는 판단대상이 되지 아니한다. 그러나 이미 제출한 상고이유서를 설명·보충하는 것은 가능하다.[7] 다만 i) 기간 경과 후에 새로운 상고이유가 발생한 경우(예: 재심사유), ii) 직권조사사항($^{429조}_{단서}$)의 경우에는 그 후에도 제출이 가능하다.[8]

(4) 기재방법

① 법령의 위반이 있다는 것을 이유로 하는 상고의 경우($^{일반적 상고}_{이유, 423조}$)에는 법령과 이에 위반하는 사유를 밝혀야 하고($^{규칙 129}_{조 1항}$), 법령을 밝히는 때에는 그 법령의 조항 또는 내용(성문법 외의 법령에 관하여는 그 취지)을 적어야 하며($^{동조}_{2항}$), 법령에 위반하는 사유를 밝히는 경우에 그 법령이 소송절차에 관한 것인 때에는 그에 위반하는 사실을 적어야 한다($^{동조}_{3항}$).[9] 절대적 상고이유($^{424조}_{1항}$)는 제424조 제1항의 어느 사유를 상고이유로 삼는 때에는 상고이유에 그 조항과 이에 해당하는 사실을 밝혀야 한다($^{규칙}_{130조}$). 원심판결이 대법원판례와 상반되는 것을 상고이유로 하는 경우에는 그 판례를 구체적으로 밝혀야 한다($^{규칙}_{131조}$).[10]

② 따라서 상고이유에 i) 구체적으로 법령위반을 명시하지 않거나 단순히 사실오인 내지 채증법칙의 위배가 있다고 적시한 경우,[11] ii) 억울한 사정만을 호소한 것에 불과한 진정서,[12] iii) 1심과 항소심에서의 주장을 그대로 원용하는 등 다른 서면을 원용하는 경우,[13] iv) 자기에게 불리한 주장[14] 등은 적법한 상고이유의 기

---

7) 대판 1962. 5. 24, 4293재민항5; 대판 1998. 3. 27, 97다55126; 대판 2006. 12. 8, 2005재다20.
8) 대판 1998. 6. 26, 97다42823.
9) 대판 1983. 11. 22, 82누297; 대판 1997. 12. 12, 97누12235; 대판 1998. 3. 27, 97다55126.
10) 대판 1984. 2. 14, 83다601; 대판 1998. 3. 27, 97다55126.
11) 대판 1974. 5. 28, 74사4; 대판 1983. 11. 22, 82누297; 대판 1991. 5. 28, 91다9831.
12) 대판 1981. 5. 26, 81다494.
13) 대판 1988. 4. 12, 87다카844; 대판 1991. 10. 11, 91다22278; 대판 2000. 7. 6, 2000두

재가 아니다. 따라서 이러한 경우는 상고이유서를 제출하지 아니한 것으로 취급된다.[15]

5. 부대상고

(1) 부대상고(附帶上告)는 부대항소와 같이 피상고인이 상고를 이용하여 원심판결을 자기에게 유리하게 변경하여 달라는 신청을 말한다. 다만 상고심은 사후적 법률심이어서 소의 변경이나 반소가 허용되지 아니하므로, 부대항소 때와 달리 전부승소자는 부대상고를 할 수 없다. 즉 부대상고는 일부승소 한 피상고인만이 가능하다.

(2) 부대상고의 제출기간과 관련하여 상고심의 경우에는 변론종결의 개념이 없으므로 상고심의 판결이 있을 때까지 가능하다고 보는 견해(판결시설),[16] 본 상고이유서제출기간 만료시를 변론종결시로 보는 견해(제출기간 만료시설),[17] 본 상고이유와 같은 경우에는 상고와의 균형상 제출기간 만료시까지이고, 부대상고이유가 본 상고이유와 다른 경우에는 판결이 있을 때까지 가능하다는 견해(절충설) 등이 있다. 판례는 본 상고이유서제출기간 만료시를 상고심의 변론종결시로 보아 제출기간 만료시를 기준으로 한다.[18] 항소심의 부대항소 제출기간을 항소심의 변론종결시로 규정하고 있는 점($^{425조}_{403조}$), 대법원은 원칙적으로 서면심리에 의하며, 부대상고가 본 상고에 종속한다는 점 등에 비추어 보면 본 상고이유서의 제출기간 만료시로 보는 판례의 견해가 타당하다고 본다.

6. 비약상고

(1) 비약상고(飛躍上告, Sprungrevision)라 함은 제1심의 종국판결 후 당사자 쌍방이 상고할 권리를 유보하고 항소를 하지 아니하기로 하는 합의에 의하여 항소를 생략하고 대법원에 직접 상고하는 경우를 말한다($^{390조}_{1항 단서}$). 비약상고는 실무상 이

---

14) 대판 1983. 6. 28, 82다카1767.
15) 대판 2017. 5. 31, 2017다216981; 대판 2020. 4. 26, 2019다280313.
16) 정동윤/유병현/김경욱, 933면.
17) 강현중, 1008면; 김홍엽, 1185면; 이시윤, 902면; 한충수, 848면.
18) 대판 1997. 11. 28, 97다38299; 대판 1998. 7. 24, 97누20335; 대판 2001. 3. 23, 2000다30165; 대판 2007. 4. 12, 2006다10439; 대판 2013. 2. 14, 2011두25005; 대판 2015. 4. 9, 2011다101148.

용되는 경우는 거의 없지만 당사자 사이에 사실관계에 다툼이 없고, 법률문제에 다툼이 있는 경우에 시간과 비용을 절약하기 위하여 이용할 수 있는 제도이다.

(2) 비약상고의 합의는 불상소합의의 일종으로 이에 준하므로$\binom{425,\ 390조\ 1,}{2항,\ 29조\ 2항}$, i) 서면에 의하여야 한다. 상고 시에 이에 관한 서면을 제출하지 아니하면 보정할 수 없는 흠에 해당하여 상고가 부적법하여 각하된다.[19] ii) 비약상고는 제1심 종국판결 선고 후에야 가능하고,[20] iii) 특정사건과 관련한 합의이어야 하는 등의 불상소합의의 요건을 갖추어야 한다.

Ⅱ. 심리불속행제도

1. 총   설

(1) 심리불속행제도는 1994년 「상고심절차에 관한 특례법」(1994. 7. 27. 법률 제4769호로 제정되어, 동년 9. 1.부터 시행됨, 이하 '상특법'이라 함)에서 처음 채택되었다. 이는 상고인의 상고이유 중 중대한 법령위반에 관한 사항 등에 해당하지 아니하는 경우에는 상고이유의 당부에 관한 본안심리를 속행하지 아니하고 판결로 상고를 기각할 수 있는 제도이다.

(2) 이를 도입하게 된 배경은 1981년부터 「소송촉진 등에 관한 특례법」에 의한 상고허가제가 1990년 민사소송법 3차 개정에서 폐지된 이후에 상고사건의 폭주로 인해 대법원에 과중한 업무 부담을 주어 대법원의 심리가 어렵게 되자, 대법원이 중요한 사건에 집중하면서 신속하게 업무처리를 할 수 있게 하고, 무익한 상고 내지 남상고(濫上告)를 막기 위하여 인정된 것이다. 즉 무익한 상고와 남상고를 본안심리에 앞서 간단히 걸러냄으로써 대법원이 중요사건에 집중하여 법률심으로서의 기능을 효율적으로 수행하기 위한 것이다.

(3) 심리불속행제도는 상고심의 심리에 있어서 적법성의 심사와 본안의 심리사이에 심리속행의 적격성을 심리하여 속행의 적격이 없는 경우에는 이유 기재 및 판결의 선고를 생략하는 간단한 절차로 상고사건을 처리할 수 있는 장치이다. 상고심의 문은 그대로 유지하면서도 본안심리까지 가는 것을 제한함으로써 실질적인 상고제한을 추구하려는 것이다. 이는 상고사건을 적법성이 없는 부적법한 상

---

19) 대판 1995. 4. 28, 95다7680.
20) 대판 1953. 1. 13, 4285민상62; 대판 1995. 4. 28, 95다7680.

고, 상고이유의 외형을 갖추었으나 실질적 이유가 없는 외형상의 상고, 실질적 상고 중 외형상의 상고를 걸러내기 위한 것이다.[21] 심리불속행제도는 외국의 입법례에서 찾아보기 어려운 우리의 독창적인 제도이다.

2. 심리속행사유

대법원은 원심법원으로부터 상고기록을 송부 받은 날부터 4월 이내에 상고인의 상고이유에 관한 주장이 상특법 제4조 제1항 소정 어느 하나의 사유를 포함하지 아니한다고 인정하면 더 나아가 심리하지 아니하고 판결로 상고를 기각한다. 다음의 심리속행사유에 해당하여야 한다.

(1) 통상의 소송절차

① 원심판결이 헌법에 위반하거나 헌법을 부당하게 해석한 때($^{\text{상특 4조}}_{\text{1항 1호}}$)

헌법을 위반한 때라 함은 헌법규정을 직접 위반한 경우이고(예: 재판공개의 원칙 위반, 쌍방심리주의 위반 등), 헌법을 부당하게 해석한 때라는 것은 판결이유의 헌법해석이 부당한 경우와 위헌법률을 그대로 적용한 경우 등을 의미한다.

② 원심판결이 명령·규칙 또는 처분의 법률위반 여부에 대하여 부당하게 판단한 때($^{2}_{호}$)

원심판결에서 명령·규칙 또는 처분이 법률에 위반됨에도 위반되지 않았다고 판단하거나, 반대로 법률에 위반하지 아니함에도 위반된다고 판단할 경우이다. 여기에서 처분이라 함은 행정처분을 의미하고, 법원의 판결은 포함되지 아니한다.[22]

③ 원심판결이 법률·명령·규칙 또는 처분에 대하여 대법원판례와 상반되게 해석한 때($^{3}_{호}$)

원심판결이 법률·명령·규칙 또는 처분에 대하여 현재의 대법원판례와 달리 해석한 경우를 말한다. 판례가 폐기된 경우는 해당하지 아니한다. 상고이유로 판례위반을 주장하려면 판례를 구체적으로 명시하여야 한다($^{\text{규칙}}_{\text{131조}}$). 원심판결이 판례와 상반되는 판단을 하였다고 하여도 그것이 부수적 의견 즉 방론(傍論)에 불과한 경우에는 심리속행사유로 삼을 수 없다($^{\text{동조 3항}}_{\text{2호}}$). 이러한 판례위반을 심리불속행의 예외사유로 한 것은 위헌이라고 할 수 없다.[23]

---

21) 정동윤/유병현/김경욱, 934면.
22) 同旨: 정동윤/유병현/김경욱, 899면.

④ 법률·명령·규칙 또는 처분에 대한 해석에 관하여 대법원판례가 없거나 대법원판례를 변경할 필요가 있는 때($\frac{4}{호}$)

사건과 관련된 법률·명령·규칙 또는 처분의 해석에 관하여 대법원판례가 없거나, 있다고 하여도 대법원 판례를 변경할 필요가 있는 때를 말한다. 헌법의 해석과 관련된 대법원판례가 없는 경우에도 당연히 4호의 심리속행사유가 되며, 헌법의 해석과 관련해 대법원판례를 변경할 필요가 있는 경우에는 헌법을 부당하게 해석한 때에 해당하여 1호의 심리속행사유가 된다.[24]

⑤ 제1~4호 외에 중대한 법령위반에 관한 사항이 있는 때($\frac{5}{호}$)

(a) 중대한 법령위반의 예시가 제1~4호이다. 그 외의 중대한 법령위반에 관한 사항은 제5호에 해당한다. 따라서 제5호의 의미를 어떻게 해석하느냐에 따라 심리속행사유의 범위가 결정된다고 하여도 과언이 아니다. 따라서 제5호의 '중대한 법령위반'의 의미를 정확히 할 필요성이 있다.

(b) 그런데 '중대한 법령위반'이라는 용어는 추상적·불확정적이고 자의적(恣意的)인 면이 있다. 그러나 심리불속행제도의 도입취지가 상고이유의 외형을 갖추었으나 실질적 이유가 없는 '외형상의 상고'를 본안심리 전에 걸러내기 위한 것이므로 그러한 취지에 충실하여야 한다. 일반적 상고이유인 법령위반이 판결에 영향을 미친 경우로 한정한 본지에는 반하지 아니하면서 '외형상의 상고'를 거르는 얼개로서 역할을 할 수 있도록 하여야 하는 것이다. 이러한 관점에 기초하여 보면 여기에서의 '중대한 법령위반'에 해당하는지 여부는 법령위반이 판결에 영향을 미칠 가능성이 외형상·형식상이 아닌 실질적인 경우로 한정하면 될 것이다.

법령 자체의 중대 여부보다는 사건과의 관련성에 비추어 원심판결이 바뀔 가능성이 있는지가 중대 여부를 결정하게 되고, 이러한 변경가능성이 실질적으로 존재힐 필요싱이 있나고 보아야 한다.[25] 따라서 i) 사건과의 관련성과 ii) 실질적 변경가능성이 중요한 요소이다. 예컨대 채증법칙 또는 경험법칙의 위반으로서 실질적으로 원심판결의 변경가능성이 있는 경우, 심리미진의 정도가 심하여 사실심리를 다시하면 원심판결이 실질적으로 변경될 가능성이 높은 경우, 중요한 증거판단의 누락으로 원심판결의 실질적 변경가능성이 존재하는 경우, 1·2심 판결이 정

---

23) 헌재(전) 2002. 6. 27, 2002헌마18.

24) 同旨: 정동윤/유병현/김경욱, 900면.

25) 同旨: 정동윤/유병현/김경욱, 901면.

면으로 배치되어 신중한 검토가 요청되는 사건, 집단소송 등 사회적 이목이 집중되는 사건으로서 실질적인 판단이 필요한 경우 등이 '중대한 법령위반'에 해당한다고 할 수 있다. 그 외에 제451조 제1항 제4호 이하의 재심사유(4~11호)도 흠의 중대성에 비추어 심리속행사유인 '중대한 법령위반'에 해당하여 속행사유에 해당한다.[26]

⑥ 민사소송법 제424조 제1항 1~5호의 사유가 있는 때($\frac{6}{호}$)

(a) 절대적 상고이유 중 '판결의 이유를 밝히지 아니하거나(이유불명), 이유에 모순이 있는 때(이유모순)'를 제외한 나머지 사유가 있는 경우이다. 즉 중대한 절차상의 잘못이 있는 경우이다.

(b) 문제는 상특법 제정 당시에 제4조 제1항 제6호에서 이유불명·이유모순을 제외한 것은 당시 상특법 제4조 제1항 제5호의 '법령의 해석에 관한 중요한 사항이 있는 때'와의 균형 때문이었는데 현재 제5호가 '중대한 법령위반에 관한 사항이 있을 때'로 개정되었고, 해석상 사실인정에 관한 채증법칙 위배가 심리속행사유에 해당하므로 이유불명·이유모순도 법령위반으로 심리속행사유에 해당한다는 견해가 있다.[27] 생각건대 개정 여부와 관계없이 원심판결의 이유불명·이유모순 때문에 원심판결의 실질적 변경가능성이 있다면 제5호의 사유에 해당하기 때문에 특별히 문제될 것은 없다고 본다.

(2) 가압류·가처분에 관한 판결 및 재항고·특별항고 사건

가압류·가처분절차는 신속한 처리가 중요하므로 이에 대한 판결의 상고에 있어서 통상의 소송절차보다 상고속행사유를 제한하고 있다. 상특법 제4조 제1항 제1~3호만이 심리속행사유로 되고, 제4~6호는 심리불속행사유에 해당한다($\frac{상특 4조}{2항}$). 따라서 i) 원심판결이 헌법에 위반하거나 헌법을 부당하게 해석한 때($\frac{1}{호}$), ii) 원심판결이 명령·규칙 또는 처분의 법률위반 여부에 대하여 부당하게 판단한 때($\frac{2}{호}$), iii) 원심판결이 법률·명령·규칙 또는 처분에 대하여 대법원판례와 상반되게 해석한 때($\frac{3}{호}$)에 해당하지 아니하면 상고기각판결로 종료된다. 민사소송, 가사소송 및 행정소송의 재항고 및 특별항고 사건도 상특법 제4조 제2항의 규정을 준용하므로 심리속행사유가 동일하다($\frac{상특}{7조}$). 그 외에 상특법 제3조, 제5조제1항·제3항 및 제6조를 준용하고 있어 결정의 이유, 송달, 특례의 제한 등이 적용된다.

---

26) 同旨: 이시윤, 906면.
27) 정동윤/유병현/김경욱, 940면.

가압류·가처분에 관한 판결 및 재항고·특별항고 사건에 대한 상고속행사유의 제한은 사건의 경중에 따른 합리적인 제한이라고 할 것이므로 위헌은 아니다.[28]

(3) 논리정연성 및 원심판결 또는 판결결과와의 관련성 평가

상고이유에 관한 주장이 위 심리속행사유에 해당하는 경우에도 논리정연성이 없거나, 원심판결 또는 판결결과와의 관련성이 없을 경우에는 심리불속행으로 상고기각판결로 종료할 수 있다(상특법 4조 3항 1, 2호).

① 논리정연성이 없는 경우

상특법 제4조 제1항, 제2항의 심리속행사유에 해당하더라도 '그 주장 자체로 보아 이유가 없는 때($\frac{1}{호}$)'에는 논리정연성이 없어 심리불속행으로 처리할 수 있다. 이는 상고이유를 모두 인정한다고 하여도 이유가 없는 경우로서 본안심리의 필요성이 없기 때문에 본안심리 없이 신속하게 처리하기 위하여 인정하는 특칙이다.

② 원심판결 또는 판결결과와의 관련성의 평가

(a) 상특법 제4조 제1항, 제2항의 심리속행사유에 해당하더라도 '상고이유가 원심판결과 관계가 없거나, 원심판결에 영향을 미치지 아니하는 때($\frac{2}{호}$)'에는 상고이유가 원심판결 또는 판결결과와의 관련성이 없으므로 본안심리에 들어가지 아니하고 심리불속행으로 상고기각판결로 종료할 수 있다. 이것은 상고이유 자체는 이유가 있다고 하여도 원심판결과의 관련성이 없는 경우, 상고이유 자체가 원심판결과의 관련성이 있다고 하여도 판결결과에 영향이 없다면 심리불속행으로 간단히 처리할 수 있도록 한 것이다. 심리속행사유에 해당하는 경우에 원심판결과의 관련성, 판결의 결과와의 관련성이라는 장치를 통하여 상고심의 본안심리를 제한하고 있는 것이다. 서면심사에 의한 본안심리라고 볼 여지도 있다. 상고사건의 신속한 처리에 기여할 수 있지만, 권리구제를 등한시할 여지도 있어 신중히 처리할 필요성이 있다.

(b) 특히 제2호 후문의 '원심판결에 영향을 미치지 아니하는 때'는 절대적 상고이유에 판결결과와의 관련성을 요구한다면 절대적 상고이유가 중대한 절차법적 위반에 관하여는 원심판결의 결과와 관계없이 상고심의 판단을 받도록 한 취지에 완전히 배치되게 되며, 절대적 상고이유는 직권조사사항이라는 점, 외국의 입법례상 절대적 상고이유에 판결결과와의 관련성을 요하지 아니한다는 점 등에 비추어

---

28) 헌재(전) 1992. 6. 26, 90헌바25.

보면, 상특법 제4조 제3항 제2호에서의 판결결과와의 관련성의 문제는 절대적 상고이유에는 적용되지 아니한다고 해석하는 것이 타당하다.[29]

3. 심리속행사유의 조사

(1) 심리속행사유는 상고이유에 관한 본안심리의 속행을 위하여 갖추어야 하는 요건이다. 따라서 본안심리요건인 소송요건 또는 상고본안심리요건인 상고요건과 같이 직권조사사항으로 보아야 한다.[30] 따라서 피상고인의 주장 여부와 관계없이 판단하여야 한다. 이는 심리불속행제도가 무익한 상고 또는 남상고를 방지하기 위한 공익적 요청에서 나온 제도라는 점에 비추어 보면 당연하다. 상고법원은 상고이유서 제출기간 내에 제출된 상고이유에 기초하여 심리속행사유의 존부를 가릴 것이지만, 속행사유가 직권조사사항이므로 상고인은 직권발동을 촉구하는 의미에서 이유서제출기간 이후에도 속행사유에 관한 주장을 보충·변경할 수 있다.[31]

(2) 심리속행사유의 존부에 관한 조사기간은 원심법원으로부터 상고기록을 송부 받은 날로부터 4월 이내로 제한된다. 즉 원심법원으로부터 상고기록을 송부 받은 날부터 4월 이내에 심리불속행을 이유로 한 상고기각판결의 원본이 법원사무관 등에게 교부되지 아니한 때에는 통상의 상고심 절차에 따라야 한다(상특 제6조 2항). 이 경우 판결원본을 교부받은 법원사무관 등은 즉시 영수일자를 부기하고 날인한 후 당사자에게 송달하여야 한다(동법 5조 3항).

4. 적용범위

심리불속행제도는 민사소송뿐만 아니라 가사소송, 일반 행정소송, 특허소송(특허법 제9장과 이를 준용하는 규정에 따른 소송을 포함됨)의 상고사건에 적용된다(상특 2조). 또한 민사소송, 가사소송 및 행정소송의 재항고 및 특별항고사건에도 준용한다(동법 7조). 그러나 소액사건은 심리속행사유가 있는 경우에만 상고가 가능하므로 심리불속행제도가 적용되지 아니한다는 견해가 있다.[32] 그러나 소액사건도 상특법 제2조상의 민사사건에 해당한다고 보아야 하고, 다른 복잡한 민사사건에서 심리

---

29) 同旨: 강현중, 1005면(424조 1항 1호 내지 5호에 한한다고 함); 정동윤/유병현/김경욱, 941조.
30) 同旨: 이시윤, 905면.
31) 同旨: 이시윤, 905면.
32) 이시윤, 907면; 정동윤/유병현/김경욱, 941면.

불속행 상고기각 판결을 할 수 있어 판결이유, 판결정본의 송달 등에 특칙을 인정하고 있으면서 보다 간단한 소액사건에 심리불속행제도를 이용할 수 없게 한다면 심리불속행제도의 취지에 반한다는 점에 비추어 소액의 상고사건에도 상고이유의 제한과 관계없이 이를 적용하는 것이 타당하다고 본다.

5. 심리상의 특칙

(1) 상고이유가 심리불속행사유에 해당하는 경우의 신속한 처리를 위하여 상특법상 몇 가지 특칙을 규정하고 있다. 심리불속행으로 인한 상고기각판결은 i) 대법관 3인 이상으로 구성된 재판부 즉 소부(小部, 현재는 4인으로 구성됨)에서 재판하는 경우에만 가능하고 대법원 전원재판부에서 재판하는 경우에는 불가능하며 ($^{상특 6조}_{1항}$),[33] ii) 판결이유의 기재를 생략할 수 있으며($^{동법 5조}_{1항}$), iii) 판결은 선고를 요하지 아니하며, 상고인에게 송달됨으로써 그 효력이 생긴다($^{동조}_{2항}$). 이 경우 판결의 성립은 판결원본을 법원사무관 등에게 교부한 때이고, 그 효력 발생은 상고인에게 송달된 때이다.

(2) 심리불속행에 따른 상고기각판결은 상고본안심리의 속행요건을 갖추지 못한 것으로서, 이는 소송요건적 요소를 갖는 요건의 흠을 이유로 한 것이므로 소송판결에 해당한다고 할 것이다.[34] 그러나 그 형식은 각하판결이 아닌 본안판결의 형식인 기각판결을 한다. 이는 심리속행요건이 가지고 있는 성질에 기인하기도 하지만 본안판결과 같이 신중을 기한다는 정책적인 의미가 있다고 할 것이다. 이 경우 소송비용은 당연히 패소자인 상고인이 부담한다($^{98}_{조}$). 심리불속행의 상고기각판결을 받은 경우에는 납부 인지액의 1/2에 해당하는 금액을 환급청구 할 수 있다($^{민인 14조}_{1항 6호}$).

6. 심리불속행제도의 문제점과 개선책

(1) 문제점

심리불속행제도는 1990년에 민사소송법을 개정하면서 「소송촉진 등에 관한 특례법」상의 상고허가제를 폐지함으로 생긴 대법원의 사건 부담을 줄이기 위하여

---

33) 소부에서 1인의 대법관이 반대하면 심리불속행을 이유로 한 상고기각 판결을 할 수 없다. 4인 중 1인이 반대하는 사안에 관하여는 전원합의체에 회부하여야 하기 때문이다.
34) 同旨: 이시윤, 906면.

고안된 우리나라 나름의 독특한 제도이다. 심리불속행제도를 가장 간단히 말하면 대법원에서 재판을 받으려고 하는 국민의 바람과 대법원의 업무부담을 줄이기 위한 노력의 절묘한 조화라고 할 수 있다. 대법원은 심리불속행제도를 통하여 형식적으로 상고이유가 있는 사건 중 서류검토를 통하여 간단히 해결할 수 있는 사건에 관하여 판결 없이 사건을 서면심사만으로 신속하게 처리하기 위한 제도인 것이다. 그러나 이러한 제도는 2가지 측면에서 문제를 안고 있다. 첫째는 대법원의 실질적인 부담이 줄지 아니하였다는 점이다. 대법관이 판결서를 작성하는 부담은 줄었으나 실제로 서류검토를 정밀하게 하여야 하는 것이므로, 대법관의 실질적인 업무부담이 종전과 차이가 없다는 점이다. 여전히 대법관은 중요한 사건에 집중하여 깊이 있는 판결하기에 어려움이 많다. 이것은 대법원의 선택과 집중이라는 면을 도외시한 것으로서 개선의 필요성이 있다. 따라서 심리불속행제도는 장기적으로 대법원의 사건부담을 줄이기 위한 장치로서 부족한 면이 있다. 둘째로 심리불속행제도는 판결이유와 선고를 생략하고 있으므로 권리구제라는 면에서 헌법상의 국민의 재판청구권을 침해할 가능성(예: 1·2심의 판결이 상반된 경우에 심리불속행 기각판결을 받은 경우 등)이 있고, 국민의 재판에 대한 불신을 유발할 수 있다는 점이 문제이다. 이것은 또한 변론 없이, 이유의 기재 없이, 선고도 없이 사실상 대법원판결이 된다는 점에 비추어 헌법상의 문제가 있는 것이 분명하다.[35] 이러한 문제점을 개선하기 위하여 두 가지 접근방법이 있다고 생각한다. 첫째 심리불속행 제도의 문제점을 근원적으로 해결하려는 방안에 관한 논의이다. 상고심의 구조개선에 관한 논의인 것이다. 둘째 현재의 심리불속행제도를 유지하면서 그 자체의 문제를 개선하는 방안인 것이다. 아래에서는 두 가지 방안을 검토해 보겠다.

(2) 상고심의 구조개선에 관한 논의

그렇다면 심리불속행제도를 어떻게 개선할 것인가? 상당히 어렵고 복잡한 문제이다. 그러나 핵심적인 부분을 생각한다면 비교적 간단히 해결될 수도 있다. 상고심의 구조와 관련하여 상고허가제를 고집하기 어려운 것은 대법원에서 재판을 받겠다는 국민의 법 감정과 깊은 관련이 있다. 대법원에서 재판을 받고 싶다는 국민의 법 감정을 법률적으로 보면 상고심의 목적 중 권리구제라는 측면을 의미한다. 국민의 권리구제라는 것은 민사소송의 목적 중 사권보호설의 입장에서 민사소송의 가장 중요한 요소이다. 대법원의 법령해석의 통일이라는 목적도 중요하지만

---

35) 同旨: 이시윤, 907면.

국민에 대한 충실한 권리보호가 우선한다.

대법원이 어떻게 하면 국민의 권리구제와 법령해석의 통일이라는 목적을 조화롭게 달성할 수 있을 것인가? 지금의 대법원에 대한 상고를 줄이면서도 국민의 권리구제에 충실할 수 있을 것인가? 대법원은 국민의 권리구제와 관련한 사건처리에 있어서 '선택과 집중의 원리'를 도입하여야 한다. 권리구제의 핵심적 부분을 추출하여 대법원이 거기에 집중함으로써 권리구제와 관련된 본질적인 부분을 가지고 가고, 법령해석의 통일은 기존의 판례를 기본 축으로 하여 이에 배치되거나 변경할 필요성이 있는 사건을 선별적으로 해결하면 된다. 그렇다면 권리구제와 관련한 핵심적인 부분이 아닌 사건을 어떻게 처리할 것인가가 문제이다.

이것은 대법원 외의 최종심인 상고법원 또는 '사법자치의 원리'에 따라 고등법원 단위로 자율적인 처리를 할 수 있는 방안을 강구하면 된다. 이러한 방안 중에 하나가 대법원이 최근에 추진하다가 좌절된 「상고법원안」 또는 「고법상고부안」이다. 그런데 대법원의 이러한 시도가 실패로 돌아간 것은 제도 자체의 문제라기보다는 추진과정에서의 국민적 합의 도출의 실패에 있었다고 본다. 아니면 시기상조일 가능성도 있다. 대법원은 기존의 실패에도 불구하고 계속 추진해 나가야 하는 것이다. 이것은 대법원의 업무 때문이 아니고 국민의 효율적인 권리구제를 위한 것이기 때문에 포기할 수 없는 것이다.

대법원의 사건부담을 줄이기 위하여 대법원의 조직을 늘리는 것은 매우 무리한 방안이고, 사법이라는 것이 법관의 자율적인 판단에 기초하고 심급제도를 통하여 의견조율을 하는 것이 핵심이므로 이를 존중하고 확대하는 방향으로 나가야 한다. 이렇게 하여 대법원의 사건 부담을 현재의 1/10 이하로 줄이는 작업을 하여야 한다. 우리의 법률문화라는 관점에서 보면 연방이라는 실질적인 국가(State)의 자율적인 사법제도와 연방제도의 이원적인 구조 하에서의 미국의 소송기록의 이송명령제도(writ of certiorari) 또는 독일 등의 상고허가제도 등을 그대로 도입하는 것은 새로운 문제를 내포하는 것이다. 따라서 우리의 독자적인 제도인 심리불속행제도를 점진적으로 개선하는 노력과 상고법원안 등의 관철이 병행되어야 한다. 제도라는 것은 계속 고쳐나가면서 법률문화에 맞게 다듬어야 하고 또한 이것은 우리의 법 감정을 변화·형성시키는 상호작용을 하는 것이다. 사법제도의 핵심적인 문제인 상고심의 구조문제는 단순히 법제도적 문제로만 볼 수 없고 국민의 법 감정과 시대 흐름 등과도 연동되어 있다. 나아가 통일사법, 헌법재판의 통일성 등과도 깊이 관련되어 있는 문제이다. 시간의 문제이지 개선은 필요하고 꼭 이루어 질 것으로 본다.

(3) 현행 심리불속행제도의 개선방안

상고심의 구조개선의 문제가 시간이 걸리거나 어렵게 된다면 지금의 심리불속행제도의 문제점을 개선하여 운영할 필요가 있다. 현행 원심법원(항소심)에서 패소한 당사자가 대법원에 상고를 하려면 원심판결의 정본을 송달 받은 후 2주 이내에 상고장을 원심법원에 제출하여야 하고($^{425,\ 396,}_{397조}$), 원심재판장은 상고장의 심사결과 적법한 경우에는 원심의 법원사무관등은 상고장이 제출된 날로부터 2주 이내에 소송기록을 대법원에 송부하여야 한다($^{425,\ 400,\ 규칙}_{135,\ 127조}$). 상고법원의 법원사무관등은 소송기록을 받은 때에는 바로 그 사유를 당사자에게 통지하여야 한다($^{426}_{조}$).

통상 상고인은 상고장에 상고이유를 기재하지 아니하므로, 대법원으로부터 소송기록의 접수 통지를 받은 날로부터 20일 이내에 상고법원에 상고이유서를 제출하여야 하고($^{427}_{조}$), 상고이유서를 제출받은 상고법원은 바로 그 부본이나 등본을 피상고인에게 송달하여야 한다($^{428조}_{1항}$). 한편 피상고인은 상고인의 상고이유서 부본 또는 등본을 송달받은 날부터 10일 이내에 답변서를 제출할 수 있고($^{동조}_{2항}$), 상고법원은 피상고인의 답변서의 부본이나 등본을 상고인에게 송달하여야 한다($^{동조}_{3항}$).

그런데 대법원은 원심법원으로부터 상고기록을 송부 받은 날부터 4월 이내에 상고인의 상고이유에 관한 주장이 상특법 제4조 제1항 소정 어느 하나의 사유에 포함하지 아니한다고 인정하면 더 나아가 심리하지 아니하고 심리불속행 상고기각 판결을 하여야 한다($^{상특법}_{4조 1항}$). 대법원이 심리불속행 여부를 결정하는 4개월의 기간 중 상고기록 접수의 통지(3~4일 정도)＋상고인의 상고이유서 제출기간(20일 정도)＋피상고인에 대한 상고이유서 부본 등 송달기간(3~4일 정도)＋피상고인의 답변서 제출기간(10일 정도)＋상고인에 대한 답변서 부본 등의 송달기간(3~4일 정도) 등을 고려하면 40여일 정도의 시간이 소요되기 때문에 대법원이 실질적으로 심리불속행 여부를 결정할 수 있는 기간은 2개월 20일 정도 밖에 되지 아니한다. 대법원이 복잡한 사건의 심리불속행 여부를 결정하는 데에 시간이 촉박하여 어려움이 많을 것으로 생각된다.

그렇다면 이러한 문제를 개선하는 방안은 무엇인가? 대법원의 심리불속행 여부를 결정하는 기간을 현재의 4개월에서 사건통계상의 자료 등에 기초하여 6개월 정도를 늘리는 법개정을 하면 될 것이다. 그런데 이것이 상고심 재판의 신속이라는 점에서 문제될 수 있다면 어떻게 할 것인가? 지금의 상황에서 생각할 수 있는 것은 상고장을 접수하는 원심법원에서 상고장의 적식 여부의 심사뿐만 아니라 상고이유서와 답변서의 접수 등을 한 후에 대법원에 상고기록을 송부하도록 하고, 만약 상고인이 인지대 및 상고이유서를 제출하지 아니한 경우에는 원심법원에서 상고장 각하명령과 상고이유서의 제출하지 아니하였다는 이유로 상고기각을 할 수 있도록 하면 어떨까 하는 생각이 든다. 이렇게 함으로써 대법원이 심리불속행 여부를 심사할 수 있는 기간을 실질적으로 4개월 확보할 수 있도록 하여 심리의 충실을 기할 수 있을 것으로 본다. 그 외에도 현행 심리불속행제도에 관한 다양한 개선방안이 있을 것으로 사료된다.

Ⅲ. 상고심의 본안심리

상고심의 본안심리는 원심 및 상고심재판장의 상고장심사를 거쳐, 상고이유서가 제출되면 실질적으로 상고의 적법성과 심리속행여부에 대한 심사와 병행하여 본안심리가 이루어지게 된다.

1. 상고이유서의 송달과 답변서의 제출

(1) 상고이유서를 제출받은 상고법원은 바로 그 부본이나 등본을 피상고인에게 송달하여야 한다($^{428조}_{1항}$). 부적법한 상고로 흠을 보정할 수 없어 즉시 각하할 경우에는 송달을 요하지 아니한다.

(2) 피상고인은 상고이유서를 송달받은 날부터 10일 이내에 답변서를 제출할 수 있다($^{동조}_{2항}$). 답변서는 30쪽 이내의 분량으로 제출하여야 한다($^{규칙}_{조의2}$133). 상고법원은 피상고인의 답변서의 부본이나 등본을 상고인에게 송달하여야 한다($^{동조}_{3항}$). 답변서제출기간 내에 상고기각을 하는 것은 문제없으나, 이 기간 내에 피상고인의 답변서 제출기회를 박탈한 상태에서 상고인의 상고를 받아들여 원판결을 파기하는 것은 피상고인의 절차권을 침해하는 것이다.[36] 피상고인이 답변서를 제출하지 아니하거나 기간을 넘겨 제출한 경우에도 자백간주의 불이익을 받는 것은 아니다.

---

36) 同旨: 이시윤, 907면.

2. 심리범위와 대상

(1) 상고법원의 심리는 상고인이 상고이유에 따라 불복신청의 한도 안에서 심리한다($\frac{431}{조}$). 즉 상고심의 심리범위와 대상은 상고인이 상고장 또는 상고이유서에서 주장한 상고이유로서 주장한 사항에 한하고, 원심판결을 변경하는 경우에도 불복신청의 한도로 제한된다(425, 407조 1항: 불이익변경금지의 원칙).

(2) 그러나 항소에서와 같이 상고와 관련된 모든 사건이 상고심에 이전하는 이심의 효력이 발생한다. 따라서 이심(移審)의 범위와 심판의 범위가 차이가 날 수 있다. 예컨대 항소심에서 원고의 주위적 청구기각, 예비적 청구인용의 판결을 한 경우에 피고가 자신의 패소부분인 예비적 청구에 대하여만 상고하고 원고가 이에 대하여 부대상고를 하지 아니한 경우에는 항소심의 주위적 청구기각부분은 상고심에 이심은 하지만 상고심의 심판대상이 되지는 아니한다.[37]

다만 법원이 직권으로 조사하여야 할 사항에 대하여는 상고인의 불복신청의 한도에 구속되지 아니한다($\frac{434}{조}$).[38] 또한 법령의 올바른 적용은 법원의 당연한 직책이므로 법률판단의 잘못은 당사자의 주장에 구속됨이 없이 직권으로 조사할 수 있다.[39]

3. 소송자료

(1) 원심판결이 적법하게 확정한 사실은 상고법원을 기속하고($\frac{432}{조}$),[40] 상고법원은 상고이유에 따라 불복신청의 한도 안에서 심리하여야 한다($\frac{431}{조}$). 따라서 대법원은 직권조사사항 외에는 새로운 소송자료의 수집과 새로운 사실의 확정을 할 수 없다. 원심에서 한 자백의 취소도 안 된다.[41] 사실의 인정은 사실심 법관의 전권사항으로서 대법원의 권한 밖이다.[42]

---

37) 대판 1969. 8. 19, 69누50; 대판 1970. 4. 28, 69누59.
38) 대판 1980. 11. 11, 80다284.
39) 同旨: 이시윤, 908면.
40) 대판 2019. 11. 14, 2016다227694(사실의 인정, 증거의 취사선택과 평가는 자유심증주의의 한계를 벗어나지 않은 한 사실심의 전권사항임); 대판 2020. 6. 25, 2019다292026, 292033, 292040(불법행위로 인한 손해배상청구 사건에서 책임감경사유의 사실인정이나 비율을 정하는 것은 원칙적으로 사실심의 전권사항에 속함); 대판 2020. 8. 27, 2017다211481(다만 사실의 인정이 사실심의 전권에 속한다고 하더라도 자유심증주의의 내재적 제약에서 벗어날 수 없음).
41) 대판 1998. 1. 23, 97다38305.
42) 대판 1967. 10. 4, 67다780; 대판 2000. 6. 9, 98다54397; 대판 2018. 7. 26, 2018다227551.

(2) 또한 상고심에서는 새로운 청구도 할 수 없으므로 소의 변경, 중간확인의 소, 반소가 허용되지 아니한다.[43] 그러나 다툼이 없고 사실심리가 필요 없는 경우에 가집행선고의 실효로 인한 원상회복신청($\frac{215}{조}$)은 가능하다.

4. 심리의 방법

(1) 상고심은 임의적 변론절차에 의한다. 따라서 상고법원은 원칙적으로 상고장·상고이유서·답변서, 그 밖의 소송기록에 의하여 변론 없이 서면심리만으로 판결할 수 있다($\frac{430조}{1항}$). 상고기각이나 상고를 인용하여 원심판결을 파기하는 경우에도 같다. 그러나 변론이 필요한 경우에는 항소심의 소송절차($\frac{425}{조}$), 제1심의 소송절차($\frac{408}{조}$)의 규정을 준용하면 된다. 현재 우리 대법원은 업무의 부담을 이유로 대부분의 사건을 서면심리로 처리하고 있지만, 중요한 사건에 대하여는 공개변론을 열어 재판을 하고 있다.

(2) 상고심에서 변론을 여는 경우에 진술간주 규정($\frac{148}{조}$)이 적용될 것인지 여부가 문제된다. 그런데 상고심절차가 임의적 변론절차이므로 제출서면 자체로 재판의 기초가 된다고 할 것이므로 그 적용이 없다고 할 것이다.[44] 또한 쌍방 불출석의 경우에 상소취하 간주의 규정($\frac{268조}{4항}$)도 그 적용이 없다.[45] 임의적 변론절차이므로 재판부의 구성에 변경이 있어도 변론의 갱신은 불필요하므로, 변론에 참여하지 아니한 대법관도 합의에 참여할 수 있다고 본다.[46]

(3) 참고인 진술제도

신민사소송법에서는 상고법원은 소송관계를 분명하게 하기 위하여 필요한 경우에는 특정한 사항에 관하여 변론을 열어 참고인의 진술을 들을 수 있도록 하였다($\frac{430조}{2항}$). 이는 사건과 관련하여 증거조사의 일환으로 하는 것이 아닌 특정한 분야의 전문가의 의견을 들어 심증형성에 도움을 얻기 위한 것으로서 석명처분($\frac{140}{조}$)의 일종이라 할 것이다.[47] 참고인 진술을 들을 때에는 당사자를 참여하도록 하여($\frac{규칙 134}{조 1항}$), 진술을 듣고 질문할 수 있는 절차적 기회를 부여하여야 한다. 또한 참고

---

43) 대판 1991. 10. 8, 89누7801; 대판 1995. 5. 26, 94누7010; 대판 1996. 11. 29, 96누9768; 대판 1997. 12. 12, 97누12235.

44) 同旨: 이시윤, 909면; 정동윤/유병현/김경욱, 936면.

45) 同旨: 강현중, 1008면; 이시윤, 909면; 정동윤/유병현/김경욱, 936면.

46) 同旨: 이시윤, 909면.

47) 同旨: 이시윤, 909면; 정동윤/유병현/김경욱, 936면.

인의 진술의 요지를 조서에 적어야 한다(동조). 참고인 진술제도는 사회적으로 중요한 쟁점이 있는 사건(예: 여자의 종중원 자격 유무 재판 등)에 있어서 전문가의 진술을 들을 때에 활용하면 좋을 것이다. 이러한 취지에 따라 대법원은 민사소송규칙을 개정하여(2015. 1. 28. 신설함), 국가기관과 지방자치단체는 공익과 관련된 사항에 관하여 대법원에 재판에 관한 의견서를 제출할 수 있고, 대법원은 이들에게 의견서를 제출하게 할 수 있도록 하였다(규칙 134조의2, 1항). 또한 대법원은 소송관계를 분명하게 하기 위하여 공공단체 등 그 밖의 참고인에게 의견서를 제출하게 할 수 있다(동조2항).

Ⅳ. 상고심의 종국적 재판

상고심은 상고 또는 부대상고에 대하여 종국적 재판으로 응답하여야 한다. 여기에는 상고장각하, 상고각하, 상고기각, 상고인용이 있다. 상고장각하는 상고심재판장의 명령으로 하고, 나머지는 판결로 한다. 상고심의 종국판결은 소송기록을 송부받은 날로부터 5월 이내에 하여야 한다(199조단서). 다만 심리불속행 기각판결은 소송기록을 송부 받은 날로부터 4월 이내에 하여야 한다(상특법6조 2항). 상고심에서도 종국적 재판 외에 소의 취하, 청구의 포기·인낙, 화해 등 당사자의 의사에 의한 소송의 종료가 가능하다.

1. 상고장 각하명령

상고심 재판장은 상고장심사권에 기초하여 i) 상고장이 방식을 위배한 때와 인지를 붙이지 아니하여 보정명령을 하였으나 이에 응하지 아니한 경우 및 상고기간의 도과(425, 396, 397, 399조 1, 2항), ii) 상고장의 송달불능의 경우에 명령으로 상고장을 각하할 수 있다(425, 402조).

원심재판장도 위 i)의 사유로 독자적인 권한에 기하여 상고장 각하명령을 할 수 있다(425, 399조). 상고심재판장의 상고장 각하명령에 대하여는 즉시항고 할 수 없다. 상고 인지액의 1/2의 환급청구를 할 수 있다(민인 14조 1항).

2. 상고각하판결

상고요건에 흠이 있어서 상고가 부적법한 경우에는 상고법원은 판결로 상고를 각하한다($^{425조,}_{413조}$). 이는 소송판결의 하나이다. 상고이익이 없는 경우 등이다. 그러나 상고요건 중 상고기간 도과의 경우에는 위에서 본 바와 같이 상고심재판장이 명령으로 상고장각하를 한다.

3. 상고기각판결

(1) 상고가 이유 없다고 인정되는 경우의 판결이다. 상고기각판결에는 i) 상고가 이유 없다고 인정될 때($^{425조,}_{414조}$), ii) 소정의 기간 내에 상고이유서를 제출하지 아니한 때($^{429}_{조}$), iii) 심리불속행의 경우($^{상특 4조}_{1항}$) 등 세 가지 경우가 있다. 상고이유와 같이 원심판결이 부당하다 하여도 다른 이유로 결과적으로 원심판결이 정당하다고 인정할 때에는 상고를 기각하여야 한다($^{425조, 414}_{조 2항}$). 위 ii), iii)의 경우에는 판결 이유의 기재를 생략하고, 선고 없이 송달로 대체할 수 있다($^{상특 5조}_{1, 2항}$).

(2) 특히 심리불속행을 이유로 한 상고기각판결의 성질에 관하여 속행요건의 흠을 이유로 하는 것이므로 소송판결이라는 견해,[48] 형식판단과 실체판단의 중간적 성질을 가진 판결이라는 견해,[49] 소송기록을 실질적으로 검토한 후에 하는 것이므로 전형적인 실체판단의 기각판결이라는 견해[50] 등이 있다. 심리불속행을 이유로 한 상고기각판결은 심리속행요건을 갖추지 못한 것이므로 본질적으로 소송판결에 해당한다고 보아야 하나, 다만 각하판결이 아닌 기각판결의 형식을 취한 것은 신중히 판단한다는 것을 나타내기 위한 정책적 배려에 기인한 것으로 보인다. 따라서 소송판결이라는 견해가 타당하다.

(3) 심리불속행, 기간 내 상고이유서 부제출에 의한 상고기각판결은 실질적으로 상고장 각하와 같다고 할 것이므로 상고 인지액의 1/2의 환급청구를 할 수 있다고 보아야 한다.[51]

4. 상고인용판결

(1) 원심판결의 파기(破棄)

① 상고법원은 상고가 이유 있다고 인정할 때에는 원심판결을 파기[52]하여야

---

48) 이시윤, 910면.
49) 김홍규/강태원, 850면.
50) 정동윤/유병현/김경욱, 944면.
51) 이시윤, 911면.

한다. 파기사유는 i) 상고가 이유 있을 때, ii) 직권조사사항에 관하여 조사한 결과 원심판결이 부당한 때 등이다.[53] 원심판결에 두 개 이상의 파기사유가 있을 때에 그중 하나를 선택하여 파기하여도 이론상 무방하나, 분쟁의 일회적·종국적 해결이라는 측면에서 다른 사유도 설시할 수 있으면 하는 것이 타당하다.

② 원심판결을 파기한 경우에 i) 사건에 관하여 사실심리를 할 필요가 있는 경우에는 사건을 원심법원에 환송(還送)하거나, 같은 심급의 다른 법원에 이송(移送)한다. 항소심과 달리 상고인용판결은 환송과 이송을 기본으로 한다. 이와 달리 ii) 원심판결에서 확정된 사실에 대하여 법령적용이 어긋난다 하여 판결을 파기하는 경우에 사건이 그 사실을 바탕으로 재판하기 충분한 때($^{437조}_{1호}$) 및 사건이 법원의 권한에 속하지 아니한다 하여 판결을 파기하는 때($^{동조}_{2호}$)에는 상고법원은 사건에 대하여 파기자판(破棄自判)의 종국판결을 하여야 한다.

(2) 환송 또는 이송

상고심법원이 원심판결을 파기한 경우에 새로운 사실심리가 필요한 경우에는 사건을 환송 또는 이송하는 것이 원칙이다. 항소심에서 항소를 인용하는 경우에는 자판(自判)이 원칙이나 상고심은 환송(還送) 또는 이송판결(移送判決)이 기본이다. 대법원의 환송판결도 종국판결에 해당하며,[54] 이송판결을 하는 경우는 원심법원이 환송 전의 재판에 관여한 판사를 제외하면 재판부를 구성하기 어려운 사정($^{436조}_{3항}$)이 있는 경우에 심급이 같은 다른 법원으로 이송하게 된다.[55]

① 환송 후의 심리절차

(a) 환송(또는 이송)판결이 선고되면 사건은 법률상 환송받은 법원에 당연히 계속된다. 따라서 환송받은 법원은 환송 전의 원심판결이 파기된 한도에서 새로 변론을 열어 재판을 하여야 한다($^{436조}_{2항 본문}$). 환송 후의 항소심 변론은 환송 전의 종전의 변론을 재개하여 속행하는 것에 지나지 않고,[56] 파기된 한도에서 환송 전의 원심판결은 존재하지 아니하는 것이다. 그러나 환송 후의 항소심은 새로 구성된 재판

---

52) 법문상 상고심의 경우에는 원심판결의 파기(破棄)라고 표현하고(436조), 항소심은 제1심판결의 취소(取消)라고 하고 있으나(416조), 그 효력은 동일하다.

53) 대판 1992. 11. 24, 91다29026(소를 각하할 것을 기각한 경우에는 파기사유가 되지 아니함); 대판 1994. 12. 27, 92다22473, 92다22480.

54) 대판(전) 1995. 2. 14, 93재다27, 34(반소).

55) 대판 1975. 5. 13, 75다55, 56(제주지방법원의 판결을 파기하면서 광주지방법원 합의부로 이송하였음).

56) 대판 1969. 12. 23, 67다1667.

부에 의하여야 하기 때문에($\frac{436조}{3항}$) 변론의 갱신절차를 밟아야 한다($\frac{204조}{2항}$). 환송 전의 소송절차는 파기의 이유로 위법하다고 한 경우 외에는 유효하다. 다만 환송 전의 소송대리인의 대리권은 의뢰인과의 신뢰관계가 사실상 깨어진 경우가 대부분이므로 환송에 의하여 당연히 부활한다고 보는 판례의 태도[57]는 문제이다.[58]

(b) 변론을 갱신한 속행절차에서는 당해 심급에서 허용되는 일체의 소송행위를 할 수 있다.[59] 예컨대 소나 항소의 취하,[60] 청구취지나 항소취지의 변경, 부대항소, 새로운 공격방어방법의 제출 등 변론의 갱신권(更新權)이 인정된다.[61] 따라서 환송 후의 판결결과가 환송 전과 동일할 수도 있고,[62] 상고인에게 불리할 수도 있다.[63] 환송판결에 나타나지 아니한 사항은 환송 전의 원심판결과 다른 판단을 할 수 있다.[64]

(c) 환송 후 항소심의 심판대상은 원심판결 중 파기되어 환송된 부분에 한정된다.[65] 따라서 i) 대법원에서 상고기각 된 부분, ii) 파기자판 한 부분, iii) 상고로 불복신청이 없었던 부분(예: 항소심에서 원고의 주위적 청구기각, 예비적 청구인용의 판결에 대하여 피고만이 예비적 청구인용에 대하여 불복상고 하여 파기된 경우에 있어 주위적 청구기각 부분)은 대법원 판결과 동시에 확정되므로 환송받은 법원이 이 부분을 심판할 수 없다.[66]

(d) 환송 전의 원심판결에 관여한 판사는 환송 후의 재판에 관여할 수 없다($\frac{436조}{3항}$). 원심판결에 관여한 판사라 함은 파기된 당해 원심판결에 관여한 판사를 의

---

57) 대판 1966. 12. 27, 66다2129; 대판 1984. 6. 14, 84다카744; 대판 2016. 7. 7, 2014다1447.

58) 同旨: 이시윤, 912면; 정동윤/유병현/김경욱, 945면.

59) 대판 2013. 2. 28, 2011다31706(교환적 변경도 가능하고, 이 때 청구를 교환적으로 변경하면, 제1심판결은 소취하로 실효되고 항소심의 심판대상은 교환된 청구에 대한 새로운 소송으로 바뀌어 항소심은 사실상 제1심으로 재판자여야 함).

60) 대판 2004. 4. 28, 2004다4225(환송 후 항소심에서도 부대항소의 제기 여부에 관계없이 주된 항소를 취하할 수 있음).

61) 대판 1969. 12. 23, 67다1664; 대판 1984. 3. 27, 83다카1135, 1136; 대판 2007. 6. 29, 2005다48888.

62) 대판 1991. 1. 15, 90누4556; 대판 2001. 6. 15, 99두5566.

63) 대판 1982. 9. 28, 81다카934; 대판 1991. 11. 12, 91다18132; 대판 2014. 6. 12, 2014다11376, 11383.

64) 대판 1987. 10. 13, 87누418.

65) 대판 1970. 2. 24, 69누59; 대판 1998. 4. 14, 96다2187(소극적 손해 중 원고패소부분만을 파기환송하였다면 환송심의 심판대상은 환송한 원고패소부분에 한정됨).

66) 대판 1969. 12. 30, 69다295; 대판 1982. 6. 22, 82누89; 대판 1991. 5. 24, 90다18036; 대판 1998. 4. 14, 96다2187; 대판 2013. 2. 28, 2011다31706; 대판 2014. 6. 12, 2014다11376, 11383; 대판 2020. 3. 26, 2018다221867.

미하고, 그 이전에 파기되었던 원심판결까지 포함하는 취지는 아니다.[67] 재판에만 관여할 수 없는 것이므로 수명법관 또는 수탁판사로서 증거조사에 관여하는 것은 상관없다. 이 점이 제척과 다르다고 할 수 있다. 그러나 재판과 밀접한 관련이 있는 화해나 조정에는 관여할 수 없다고 할 것이다.[68]

② 환송(또는 이송)판결의 기속력(羈束力)

(a) 기속력의 의의 및 범위　ⅰ) 환송받은 법원이 다시 심판을 하는 경우에는 상고법원이 파기이유로 한 사실상 및 법률상 판단에 기속된다($^{436조\ 2항\ 단}_{서,\ 법조\ 8조}$). 이를 환송판결의 기속력이라 한다. 이는 상고법원과 환송받은 법원 사이의 끊임없는 왕복을 막기 위한 것으로서 심급제도의 본질에서 유래하는 효력이다.

ⅱ) 기속력은 객관적으로 당해 사건에 한하고, 판결이유 중의 판단에도 미친다. 따라서 다른 사건에서는 이와 달리 판단하여도 상관이 없다. 주관적으로는 당해 사건과 관련된 환송을 받은 법원과 그 하급심에 미치며, 당해 사건이 환송받은 법원의 판결에 대하여 다시 상고된 경우에는 상고법원(대법원의 해당 部)도 기속한다. 이를 자기기속(自己羈束, Selbst-bindung)이라 한다. 다만 대법원의 법령해석의 통일이라는 기능을 생각하면 상고법원에 대한 자기기속력은 대법원의 해당 부에만 미치고 재상고심이 전원합의체의 경우에는 미치지 아니한다고 해석하는 것이 타당하다. 판례는 재상고심의 전원합의체도 기속한다고 하였다가,[69] 현재에는 이를 변경하여 기속하지 아니하는 것으로 본다.[70] 또 환송판결에 나타난 상고법원의 법률상의 판단이 그 뒤에 상고법원의 전원합의체로 변경된 경우에는 기속력을 잃는다고 보아야 한다.[71] 제1차 환송판결과 제2차 환송판결이 저촉되는 경우에는 제2차 환송판결의,[72] 제2차와 제3차 환송판결이 저촉하는 경우에는 제3차 환송판결의[73] 각각 법률상의 판단에 기속된다고 볼 것이다.

(b) 기속력의 성질　기속력의 성질과 관련하여, 중간판결로서의 효력이 있다는 중간판결설(中間判決說), 기판력과 같은 효력이 있다는 기판력설(旣判力說), 심급제도의 유지를 위하여 상급심의 판결이 하급심을 구속하는 특수한 효력이라는 특

---

67) 대판 1973. 11. 27, 73다763.
68) 反對: 정동윤/유병현/김경욱, 946면.
69) 대판 1995. 5. 23, 94재누18.
70) 대판(전) 2001. 3. 15, 98두15597.
71) 同旨: 정동윤/유병현/김경욱, 946면.
72) 대판 1981. 9. 8, 80다2904; 대판 1995. 8. 22, 94다43078.
73) 대판 1991. 8. 23, 90누7760.

수효력설(特殊效力說) 등이 있다. 중간판결설은 환송판결이 당해 심급을 종료하는 종국판결이며 환송 후의 절차가 상고심의 속행이 아니고 원심심급의 속행이라는 점에서 기속력을 설명하기 어렵고, 기판력설에 의하면 기속력이 판결이유에도 미치고, 후소가 아닌 당해 사건의 절차 내의 효력이라는 점을 설명할 수 없다. 따라서 특수효력설이 타당하다(通說).[74] 판례도 특수효력설을 취하고 있는 것으로 보인다.[75]

(c) 기속력의 내용　기속력의 내용은 상고법원이 파기이유로 한 사실상 및 법률상 판단이다.

ⅰ) 사실상의 판단　기속되는 사실상의 판단이라 함은 상고법원이 절차상의 직권조사사항에 관하여 한 사실상의 판단을 말한다. 따라서 ⓐ 직권조사사항에 관한 사실상의 판단(예: 소송능력을 인정하기 위하여 인정한 연령),[76] ⓑ 절차위배를 판단함에 있어서 인정한 사실,[77] ⓒ 재심사유가 되는 사실에 관하여 한 판단만을 의미한다. 본안에 관한 사실상의 판단을 말하는 것은 아니다.[78] 따라서 환송 받은 법원은 본안과 관련하여 새로운 증거에 의하여 새로운 사실을 인정할 수 있고, 이에 따라 환송 전의 판결과 같은 결론을 내려도 상관이 없다.[79]

ⅱ) 법률상의 판단　기속되는 법률상의 판단이라 함은 법령의 해석·적용상의 견해를 의미한다. 여기에는 사실에 대한 평가적 판단(評價的 判斷)도 포함된다.[80] 사실에 대한 평가적 판단으로는 특정증인의 증언을 채택한 것이 잘못되었다는 판단,[81] 의사표시의 내용에 대한 법률상의 판단이나 놓지였다는 원고의 자백이 잘못되었다는 판단 등이 여기에 해당한다. 기속력이 미치는 법률상의 판단의 물적 범위는 ⓐ 명시적으로 파기이유로 삼은 법률상의 판단, ⓑ 명시적이지는 아니하지만 그와 논리적·필연적인 전제관계가 있는 법률상의 판단[82]에도 기속력이 미친다. 그러나 원심판결을 파기하면서 파기사유와 논리적·필연적 관계가 없는 부

---

74) 同旨: 강현중, 1013면; 김홍엽, 1196면; 이시윤, 913면; 정동윤/유병현/김경욱, 947면; 한충수, 853면.

75) 대판(전) 1995. 2. 14, 93재다27,34(반소). 위 판례는 대법원의 환송판결이 종국판결인지 여부에 관한 것이지만 그 설명과정에서 특수효과설을 전제로 한 설시를 하고 있다.

76) 대판 1981. 3. 24, 81누28; 대판 1987. 8. 25, 86다카2930; 대판 1991. 4. 23, 90다13697; 대판 1992. 9. 14, 92다4192; 대판 1996. 9. 20, 96다6936; 대판 2000. 4. 25, 2000다6858.

77) 대판 1964. 6. 20, 63다262; 대판 1964. 6. 30, 63다1193; 대판 1981. 3. 24, 81누28.

78) 대판 1991. 4. 23, 90다13697; 대판 1996. 9. 20, 96다6936; 대판 2000. 4. 25, 2000다6858.

79) 대판 1982. 12. 14, 80다1072; 대판 1985. 3. 12, 84후61; 대판 1996. 1. 26, 95다12828; 대판 2001. 6. 15, 99두5566; 대판 2012. 1. 12, 2010다87757.

80) 대판 1983. 6. 14, 82누480.

81) 대판 1962. 10. 25, 62다544.

82) 대판 1991. 10. 25, 90누7890; 대판 2012. 3. 29, 2011다106136.

수적으로 지적한 사항 즉 방론(傍論)은 기속력이 발생하지 아니한다.[83] ⓒ 당사자의 새로운 주장·증명으로 인하여 전제된 사실관계에 변동이 있거나 법령의 변경이 있으면 파기이유로 한 법률상의 판단은 그 기속력을 잃는다.[84] 환송 받은 법원은 파기사유로 한 사항 이외의 사항에 대한 판단으로서 판결하기에 충분한 경우에는 파기사유로 된 사항에 관한 판단을 생략할 수 있다.[85]

(d) 기속력의 소멸   위에서 본 바와 같이 환송판결의 기속력은 i) 환송판결의 법률상의 판단이 후에 판례로 변경된 경우, ii) 새로운 주장·증명으로 전제된 사실관계가 변동된 경우, iii) 법령의 변경이나 위헌결정으로 법령의 효력상실[86]이 생긴 경우에는 기속력이 소멸한다.

(3) 자 판(自判)

① 상고법원이 원심판결을 파기한 경우에는 환송 또는 이송을 하는 것을 원칙으로 하지만 일정한 경우에 스스로 재판할 수 있다. 즉 i) 원심판결에서 확정된 사실에 대하여 법령적용이 어긋난다 하여 판결을 파기하는 경우에 사건이 그 사실을 바탕으로 재판하기 충분한 때($\frac{437조}{1호}$),[87] ii) 사건이 법원의 권한에 속하지 아니한다 하거나($\frac{동조}{2호}$), 그 밖의 소송요건의 흠을 이유로 파기할 때에 이송 또는 환송할 법원이 없는 경우에 상고법원은 사건에 대하여 파기자판(破棄自判)의 판결을 하여야 한다.

② 파기자판을 하는 경우에 상고법원은 항소심(제2심)의 입장에서 하여야 하므로, 항소에 대한 응답의 형태로 한다.[88]

---

83) 대판 1997. 4. 25, 97다904; 대판 1997. 7. 22, 96다37862; 대판 2008. 2. 28, 2005다11954.
84) 대판 1984. 5. 11, 83다카1565; 대판 1991. 4. 23, 90다13697; 대판 1992. 9. 14, 92다4192.
85) 대판 1970. 5. 26, 69다239; 대판 1980. 10. 14, 79므13; 대판 1991. 1. 15, 90누4556.
86) 대판 2020. 11. 26, 2019다2049(환송판결 선고 이후 헌법재판소가 환송판결의 기속적 판단의 기초가 된 법률조항을 위헌 결정하여 그 법률조항의 효력이 상실된 때에는 그 범위에서 환송판결의 기속력은 미치지 않고, 환송 후 원심이나 그에 대한 상고심에서 효력이 상실된 법률 조항을 적용할 수 없음).
87) 대판 2019. 5. 16, 2015다35270(본안의 파기자판임).
88) 대판 2012. 3. 15, 2011다95779(예를 들어 제1심의 소각하 판결에 대한 항소에 관하여 항소심이 항소기각판결을 한 후 상고로 인하여 상고심에서 제1심판결이 잘못되었다고 판단할 때 상고심은 항소심판결을 파기하고 제2심의 입장에서 제1심판결을 취소한 후 제418조 본문에 따라 제1심법원으로 환송하여야 한다는 것임); 대판 2021. 2. 4, 2019다277133(원고가 고의 또는 중대한 과실 없이 행정소송으로 제기하여야 할 사건을 민사소송으로 잘못 제기한 경우에, 수소법원이 그 행정소송에 대한 관할을 가지고 있지 아니하다면 관할법원에 이송하여야 하는데 제1심과 원심은 관할법원으로 이송하는 조치 등을 취하지 않은 채 본안판단을 한 경우에 원심판결을 파기하고, 직권으로 제1심판결을 취소하여 사건을 관할법원인 서울행정법원으로 이송한 사안임).

제 4 장 항   고

Ⅰ. 항고의 의의와 목적

(1) 항고(抗告, Beschwerde)라 함은 판결 이외의 재판인 결정·명령에 대한 독립된 상소이다. 항고는 직접 상급법원에 원심재판의 당부의 심사를 구하는 점에서 항소·상고와 같지만, 간이·신속한 결정절차라는 점과 원심법원 스스로 자신의 결정·명령을 변경할 수 있는 기회가 주어진다는 점에서 차이가 난다. 또한 항고는 상급법원에 대한 불복신청인 상소이다. 따라서 동급심급에 대한 불복신청인 각종의 이의(異議) 즉 수명법관·수탁판사의 재판에 대한 이의($^{준항고,}_{441조}$), 변론의 지휘에 대한 이의($^{138}_{조}$), 화해권고결정·이행권고결정·지급명령·조정을 갈음하는 결정에 관한 이의($^{226,~470조,~소심}_{5조의4,~민조~34조}$), 가처분·가압류에 대한 이의($^{민집~283,}_{301조}$) 등과 구별된다. 항고는 모든 결정·명령에 대하여 인정되는 것이 아니고, 법률이 특별히 인정한 경우에만 허용된다.

(2) 항고를 인정하는 목적은 두 가지로 요약할 수 있다. 첫째는 종국판결의 전제 또는 부수적인 중간적 재판인 결정·명령에 대하여 독립적인 불복절차를 인정하기 위한 것이다. 민사소송법은 소송절차에 부수·파생하는 사항에 관한 재판은 종국판결을 항소·상고하는 기회에 같이 심사받도록 예정하고 있으나($^{392}_{조}$), 이렇게 하면 오히려 본래의 소송절차를 번잡하게 할 수 있고 지연시킬 수도 있다. 따라서 본래의 사건의 실체와 관련이 적어 절차의 안정과 신속한 처리를 필요로 하는 사항에 대하여는 별도로 처리할 수 있는 절차를 마련할 필요가 있어 이를 인정하는 것이다. 둘째로 그 밖에 판결에 이르지 않고 결정·명령으로 완결된 사건(예: 소장각하 명령), 종국판결 후에 하는 재판(예: 소송비용액 확정결정), 당사자가 아닌 제3자에 대한 재판(예: 증인에 대한 과태료결정) 등과 같이 항소·상고에 의한 불복의 여지가 없는 경우에 별도로 불복신청 할 수 있는 기회를 줄 필요가 있기 때문이다.

Ⅱ. 항고의 종류

(1) 통상항고(通常抗告)·즉시항고(卽時抗告)

이는 항고제기기간에 따른 구분이다. 통상항고(보통항고라고도 함)라 함은 항고제기기간의 제한이 없는 항고이다. 원재판을 변경할 이익 즉 항고이익이 존재하는 한 언제든지 제기할 수 있다. 이에 비하여 즉시항고는 재판이 고지된 날로부터 1주일의 불변기간(不變期間) 안에 제기하여야 하는 항고이다($^{444}_{조}$). 또한 즉시항고는 법이 허용하는 경우에 한하며, 원재판의 집행을 정지하는 효력이 발생한다는 점이 특징이다($^{447조, \, 민집}_{15조 \, 2항}$).

(2) 최초의 항고·재항고(再抗告)

이것은 심급에 따른 구분이다. 최초의 항고는 제1심의 결정·명령에 대한 항고이고, 재항고는 최초의 항고에 대하여 항소심에서 내린 결정과 고등법원 또는 항소법원의 처음의 결정·명령에 대한 항고이다($^{442}_{조}$). 최초의 항고는 항소에 관한 규정이, 재항고는 상고의 규정이 각각 준용된다($^{443}_{조}$).

(3) 특별항고(特別抗告)

특별항고는 불복할 수 없는 결정·명령에 대하여 비상구제방법으로 대법원에 하는 항고를 말한다($^{449}_{조}$). 특별항고는 i) 불복할 수 없는 결정이나 명령에 대하여는 재판에 영향을 미친 헌법위반이 있거나, ii) 재판의 전제가 된 명령·규칙·처분의 헌법 또는 법률의 위반여부에 대한 판단이 부당하다는 것을 이유로 하는 때에만 허용된다($^{449조}_{1항}$). 특별항고는 재판이 고지된 날부터 1주의 불변기간 안에 하여야 한다($^{동조 \, 2}_{3항}$). 특별항고에 대하여 그렇지 아니한 항고를 일반항고라 한다.

(4) 부수적 결정에 대한 항고·독립된 결정에 대한 항고

부수적 결정에 대한 항고는 민사소송절차에서 부수적으로 행하는 결정을 말하고, 독립된 결정에 대한 항고는 민사소송절차에 부수된 사항이 아닌 독자적인 필요에 의하여 이루어지는 결정이다($^{예: \, 민집 \, 15조, \, 채무회생 \, 13, \, 53, \, 316,}_{598조, \, 비송 \, 20조 \, 이하, \, 가소 \, 43조 \, 등}$). 후자에 특별한 규정이 없으면 민사소송법을 준용하는데 당해 절차의 특성을 잘 고려하여야 한다.

Ⅲ. 항고의 적용범위

항고는 모든 결정·명령에 대하여 허용되는 것이 아니다. 항고가 가능한 경우는 성질상 불복할 수 있고, 법률이 인정한 경우에 한하여 인정된다.

1. 항고로 불복할 수 있는 결정·명령

(1) 소송절차에 관한 신청을 기각하는 결정·명령($_조^{439}$)

① 법문(法文)상 기각이라고만 하고 있으나 널리 신청을 배척한 경우를 의미한다고 보아야 할 것이므로 신청을 각하한 경우도 당연히 포함된다고 보아야 한다.

② 여기에서 i) 소송절차에 관한 신청이라 함은 본안의 신청과 구별되는 것으로서, 사건 심리의 내용과 직접 관련이 없는 절차의 개시·진행 등에 관한 신청을 의미한다. 따라서 관할의 지정신청($_{가소\ 3조}^{28조}$), 소송인수신청($_조^{82}$), 담보취소신청($_조^{125}$), 기일지정신청($_{1항\ 본문}^{165조}$), 공시송달신청($_조^{194}$), 수계신청($_조^{243}$), 증거보전신청($_조^{375}$) 등이 이에 해당한다. 그러나 판결경정·화해조서경정신청에 대한 기각결정은 소송절차에 관한 신청에 대한 것이 아니므로 항고할 수 없으나 특별항고는 가능하다.[1] ii) 당사자에게 신청권이 있는 신청에 대한 기각이어야 한다. 당사자에게 신청권이 없어 직권발동을 촉구하는 의미밖에 없는 관할위반을 이유로 한 이송신청의 기각결정,[2] 변론재개신청의 기각결정[3] 등에 대하여는 항고할 수 없다. iii) 신청에 대하여 필수적 변론을 거치지 아니하고 한 결정·명령에 대하여만 항고할 수 있다. 필수적 변론을 거쳐서 한 결정·명령은 종국판결의 전제로서 사건의 심리와 밀접한 관련을 가지고 있으므로 종국판결과 같이 판단을 받게 하는 것이 적당하기 때문이다 (392조로 추정, 일본민소 410조에 이를 명백히 규정하고 있음). 따라서 필수적 변론을 거치는 청구변경의 불허가결정($_조^{263}$), 증거신청을 각하하는 결정($_조^{290}$),[4] 실기한 공격방어방법의 각하결정($_조^{149}$)[5] 등은 독립하여 항고할 수 없다. iv) 소송절차에 관한 신청을 기각·각하한 경우에만 항고가 가능하다. 이를 인용하는 결정·명령에 대하여

---

1) 대결 1984. 3. 27, 84그15; 대결 1985. 5. 31, 85그44; 대결 1986. 11. 7, 86마895; 대결 1995. 7. 12, 95마531.
2) 대결(전) 1993. 12. 6, 93마524; 대결 2018. 1. 19, 2017마1332.
3) 대판 1966. 3. 22, 65다2091; 대판 1983. 1. 18, 82누473.
4) 대판 1965. 5. 31, 65다159; 대결 1989. 9. 7, 89마694.
5) 대판 1951. 4. 8, 4283민상18.

는 항고할 수 없다(예: 공시송달 명령, 소송인수 결정, 가처분을 위한 공탁명령 등). 신청인에게 항고의 이익이 없기 때문이다. 또한 기각·각하의 상대방도 다툴 이익이 없어 항고할 수 없다.

(2) 형식에 어긋나는 결정·명령에 대한 항고($\frac{440}{조}$)

결정·명령으로 재판할 수 없는 사항에 대하여 결정 또는 명령을 한 때에는 항고할 수 있다. 결정·명령으로 재판할 수 없는 사항에 대하여 결정 또는 명령을 한 때라 함은 판결로 할 것을 결정·명령으로 한 것을 말하고, 전혀 결정·명령으로 할 수 없는 사항을 결정·명령한 경우는 포함되지 아니한다.[6]

(3) 집행절차에 관한 집행법원의 결정·명령($\frac{민집}{15조}$)

집행절차에 관한 집행법원의 재판에 대하여는 특별한 규정이 있는 경우에 한하여 즉시항고 할 수 있다. 예컨대 집행절차를 취소하는 결정, 집행절차를 취소한 집행관의 처분에 대한 이의신청을 기각·각하하는 결정 또는 집행관에게 집행절차의 취소를 명하는 결정($\frac{민집 17}{조 1항}$), 재산관계명시신청에 대한 기각결정($\frac{민집 62조}{2, 8항}$), 재산명시명령의 취소결정($\frac{민집 63}{조 5항}$), 채무불이행자명부 등재결정($\frac{민집 71}{조 3항}$), 재산조회의 거부에 대한 과태료 결정($\frac{민집 75}{조 3항}$), 매각허가결정($\frac{민집}{129조}$), 유체동산압류의 취소결정($\frac{민집 196}{조 4항}$), 채권압류명령($\frac{민집 227}{조 4항}$), 압류·추심·전부명령($\frac{민집 227조 4}{항, 229조 6항}$) 등이 여기에 해당한다. 다만 부동산 경매절차의 매각허가결정에 대한 항고는 보증금을 공탁하여야 한다($\frac{민집 130}{조 3항}$). 남항고(濫抗告)를 막기 위한 것이다. 또한 사법보좌관의 결정에 대하여는 준항고와 같이 우선 소속법원 판사에게 이의신청을 하여야 한다($\frac{사보규}{4조}$).

(4) 법률이 개별적으로 항고를 인정하는 결정·명령

법률이 개별적으로 항고를 인정하는 경우로서 대부분 즉시항고이다($\frac{39, 47조 2항, 107조 3}{항, 125조 4항, 133조,}$ $\frac{211조 3항, 311, 348, 351,}{360, 363, 366, 370조}$).

(5) 보전처분에 대한 이의·취소

민사집행법의 개정(2005. 1. 27, 법률 제7358호)으로 보전처분에 있어서 전면적 결정주의를 채택하게 됨에 따라 가압류·가처분의 이의신청과 가압류·가처분의

---

6) 대결(전) 1993. 12. 6, 93마524(직권발동의 촉구 의미밖에 없는 관할위반을 이유로 한 이송신청에 대하여 법원이 이송을 거부하는 재판을 한 경우에는 항고할 수 없음); 대결 2018. 1. 19, 2017마1332.

취소신청에 대하여 결정으로 재판하도록 되었다(민집 286조 3항, 287조 3항, 288조 3항, 301조, 307조 2항). 이러한 결정에 대하여 즉시항고 할 수 있다(민집 286조 7항, 287조 5항, 288조 3항, 301조, 307조 2항).

2. 항고할 수 없는 결정 · 명령

(1) 명문상 불복할 수 없는 재판

관할지정결정(28조 2항), 기피결정(47조 1항) 등과 같이 법률에 명문으로 규정하고 있는 경우에는 항고할 수 없다(337조 3항, 465조 2항, 500조 3항).

(2) 해석상 불복할 수 없는 재판

해석상 판결경정신청 · 화해조서경정신청에 대한 기각결정 등은 소송절차에 관한 신청에 대한 것이 아니므로 항고할 수 없다.[7] 이 경우는 특별항고만이 가능하다.

(3) 항고 이외의 불복신청방법이 인정된 재판

화해권고결정 · 지급명령 · 이행권고결정 · 조정을 갈음하는 결정, 가압류 · 가처분 결정, 위헌제청신청기각결정 등과 같이 특별한 불복신청방법이 있는 경우에는 해당 방법에 따라야 하므로 항고를 할 수 없다.

(4) 대법원의 재판

대법원은 최종심이므로 그 결정 · 명령에 대하여는 항고할 수 없고, 특별항고도 허용되지 아니한다.[8]

(5) 수명법관 또는 수탁판사의 재판

수명법관 또는 수탁판사는 수소법원으로부터 권한을 받아 대신 특정한 업무처리를 수행하는 것이므로 먼저 수소법원의 의사를 묻도록 하고 있다. 즉 수명법관 또는 수탁판사의 결정 · 명령에 대하여는 수소법원에 일단 이의신청을 하여, 수소법원의 결정을 받아 항고할 수 있도록 하였다(441조). 이를 준항고(準抗告)라 한다.

---

7) 대결 1984. 3. 27, 84그15; 대결 1985. 5. 31, 85그44; 대결 1986. 11. 7, 86마895; 대결 1995. 7. 12, 95마531.

8) 대결 1969. 2. 14, 68그13; 대결 1977. 6. 29, 77그18; 대결 1982. 10. 22, 82그23; 대결 1984. 2. 7, 84그6; 대결 1984. 10. 18, 84그55; 대판 1992. 10. 20, 92재두21.

(6) 중간적 재판

중간적 재판에 대하여는 독립하여 불복할 수 없으므로, 이러한 성질을 가지는 결정 · 명령은 항고할 수 없다. 예컨대 위헌제청신청의 기각결정,[9] 경매절차의 속행명령,[10] 소송인수 결정,[11] 가처분 · 강제집행정지를 위한 공탁명령[12] 등이 여기에 해당한다.

(7) 기타 항고권의 실효 등

기타 항고권의 포기, 통상항고에 있어서 이의 없는 기간의 장기화로 인한 항고권의 실효(失效), 즉시항고기간의 도과 등의 경우에는 불복할 수 없다.

Ⅳ. 항고절차

1. 당 사 자

항고절차는 양 당사자대립구조인 판결절차와 달리 편면적 불복절차(片面的 不服節次)이다. 따라서 처음부터 반대의 이해관계인이 없는 경우도 있고(예: 증인 · 감정인에 대한 과태료 결정에 대한 항고, 소장각하명령에 대한 항고 등), 상대방이 명백하지 아니한 경우도 있다. 상대방이 명백하지 아니한 경우에는 법원이 반대의 이해관계인을 지정하여 심문할 수 있다($\frac{민집 131}{조 1항}$). 그러나 재판사항이 대립되는 경우에는 항고인에 대한 상대방이 존재하고, 절차상으로도 당사자가 된다. 상대방이 있는 경우에는 피항고인을 표시하고, 항고장을 상대방에게 송달하여야 할 것이다. 그러나 이해관계인이 없는 경우에는 그렇지 아니하다.[13]

2. 항고의 제기

항고의 제기에 관하여는 항소에 관한 규정을 준용한다($\frac{443조}{1항}$).

(1) 원재판에 의하여 불이익을 받은 당사자 또는 제3자는 항고를 제기할 수

---

9) 대결 1981. 7. 3, 80마505.
10) 대결 1974. 2. 27, 74마8.
11) 대결 1981. 10. 29, 81마357; 대결 1990. 9. 26, 90그30.
12) 대결 1965. 3. 24, 65마99; 대결 2000. 9. 6, 2000그14; 대결 2001. 9. 3, 2001그85.
13) 대결 1966. 8. 12, 65마473; 대결 1997. 11. 27, 97스4.

있다. 항고의 제기는 원심법원에 서면으로 된 항고장을 제출함으로써 시작된다($^{445조, 원심법}_{원제출주의}$). 항고기간의 준수여부는 원칙적으로 항고장이 원심법원에 접수된 때를 기준으로 판단하여야 할 것이다.[14] 하지만 항고인이 착오로 원심법원이 아닌 법원에 항고장을 제출하여 항고기간이 도과한 경우에는 소송의 이송에서와 같이 제34조 제1항을 유추하여 원심법원에 단순히 송부할 것이 아니라 이송결정을 함으로써 기간준수의 효력을 인정하는 것이 타당하다고 본다. 당사자가 전자소송을 이용한다면 문제되지는 아니할 것이다. 항고장에는 당사자 및 법정대리인, 원재판의 표시, 그 재판에 대한 항고의 취지를 기재하고($^{443,}_{397조}$), 소정의 인지를 붙여야 한다($^{민인 11조 2항,}_{2,000원임}$). 항고심절차(抗告審節次)는 항소심절차가 준용되므로($^{443조}_{1항}$), 원심재판장의 항고장심사권이 인정된다. 특히 민사집행법은 민사절차에 관한 집행법원의 재판에 대하여 항고장을 제출한 날로부터 10일 이내에 항고이유서를 제출하도록 하여 항고이유서 제출주의를 채택하고 있고($^{민집 15}_{조 3항}$), 재항고일 경우에도 같다($^{민집규 14조}_{의2, 2항}$).[15] 매각허가결정에 대한 항고의 경우에는 항고인은 누구나 매각대금의 1/10에 해당하는 금전 또는 법원이 인정한 유가증권을 공탁하여야 한다($^{민집 130}_{조 3항}$).

(2) 통상항고는 항고제기 기간의 제한이 없으므로 불복의 이익이 존재하는 한 언제든지 제기할 수 있다.[16] 반면 즉시항고는 재판이 고지된 날로부터 1주일의 불변기간(不變期間) 안에 제기하여야 하는 항고이다($^{444}_{조}$). 종래 판례는 결정이 고지되기 전에 한 항고는 부적법하다고 하였으나,[17] 최근 전원합의체 결정으로 결정이 성립된 경우에는 고지되기 전에 항고할 수 있는 것으로 변경되었다.[18]

(3) 기타 항고·부대항고권의 포기, 항고·부대항고의 취하 등도 항소의 경우와 같다($^{443}_{조}$).

---

14) 대결 1984. 4. 28, 84마251.

15) 대결 2016. 9. 30, 2016그99(소송절차는 민사집행법 제15조와 달리 항소이유서 제출이 강제되지 아니하므로 즉시항고 이유서를 제출하지 아니하였다는 이유로 즉시항고를 각하할 수 없음).

16) 대결 2022. 4. 28, 2021마7088(채권자는 제1심결정의 내용이 불이익하다면 항고를 통해 그 취소를 구할 수 있으므로, 채권자가 항고를 통해 취소를 구하는 원래의 가압류결정에 기한 가압류등기가 이미 말소되었더라도, 가압류취소결정을 취소하는 항고법원의 결정을 집행하는 것이 불가능한 경우가 아니라면 항고의 이익이 있음).

17) 대결 1983. 3. 29, 83스5.

18) 대결(전) 2014. 10. 8, 2014마667.

3. 항고제기의 효력

(1) 재도의 고안

① 항고가 제기되면 원심법원은 재도의 고안을 할 수 있다. 재도(再度)의 고안 (考案)이라 함은 항고가 제기된 경우에 원심재판의 기속력이 배제되어, 원심법원 스스로 항고의 적부(適否) 및 당부(當否)를 심사하여 항고가 정당한 이유가 있다고 인정되면 자신의 결정·명령을 자신이 경정(更正)할 수 있는 것을 말한다($^{446}_{조}$). 이 는 항소절차와 달리 항고절차에 독특하게 인정하는 것으로서 간이·신속하게 사 건을 처리하여 당사자의 이익을 보호하려는 데 그 목적이 있다.

② 경정의 대상과 관련하여 적법한 항고의 경우에만 재도의 고안이 가능하다 는 것이 통설19)과 판례20)이다. 부적법한 경우에도 가능하다면 즉시항고의 항고기 간이 지난 경우에도 가능하다는 것이므로 타당하지 아니하다.21) 여기에서의 경정 (更正)의 의미는 단순한 위산(違算)·오기(誤記)뿐만 아니라($^{211}_{조}$), 원재판의 취소·변 경도 포함하는 것이다. 따라서 법령위반의 경우뿐만 아니라, 사실인정이 부당하다 는 이유로도 가능하다. 따라서 재판의 누락의 경우에도 경정이 가능하다.22) 그러 나 주문을 변경하지 않고 이유만을 경정하는 것은 허용되지 아니한다($^{통}_{설}$).23)

③ 원심법원은 재도의 고안을 위하여 필요한 경우 변론을 열거나 또는 당사자 를 심문하고 새로운 사실이나 증거를 조사할 수 있다($^{통}_{설}$).24) 다만 인지부족을 이유 로 소장각하명령을 한 경우에 뒤에 인지를 납부하여 항고를 한 경우에 재도의 고 안으로 경정할 수 없다.25)

④ 재도의 고안을 통하여 원재판을 경정결정 한 경우에는 원결정은 그 때부터 실효된다. 따라서 당초의 항고의 목적은 달성되었으므로 항고절차는 당연히 종료 된다. 다만 경정결정 자체에 대하여 별도로 즉시항고가 허용된다($^{211조 3}_{항 유추}$). 경정결정 에 대한 즉시항고에서 항고법원이 재도의 고안으로서 한 경정결정을 취소하면 경 정결정이 없는 상태로 환원되어 당초의 항고가 존속된다.26)

---

19) 김홍엽, 1208면; 이시윤, 921면; 정동윤/유병현/김경욱, 958면.
20) 대결 1967. 3. 22, 67마141.
21) 反對: 한충수, 862면; 호문혁, 713면.
22) 대결 1959. 3. 12, 4291민재항53.
23) 同旨: 강현중(2004), 769면; 이시윤, 921면; 정동윤/유병현/김경욱, 957면.
24) 同旨: 강현중(2004), 769면; 이시윤, 921면; 정동윤/유병현/김경욱, 958면.
25) 대결(전) 1968. 7. 29, 68사49; 대결 1996. 1. 12, 95두61.

⑤ 재도의 고안은 보통항고에 대하여 허용된다는 점에서는 이론이 없다. 그러나 즉시항고는 기속력이 인정되는 결정·명령이라는 이유로 재도의 고안을 인정할 수 없다는 견해가 있다.[27] 생각건대 재도의 고안의 인정취지와 외국의 입법례 (독일에서는 모두 인정함) 등에 비추어 보면 즉시항고도 인정하는 것이 타당하다. 판례도 이를 인정하고 있다.[28]

(2) 이심의 효력

항고가 제기되면 사건은 항고심에 이심된다. 원심법원이 항고가 적법하게 제기되었으나 이유 없다고 인정하는 때에는 항고기록을 2주 이내에 항고법원에 송부하여야 한다($\frac{446조, 443조}{1항, 400조}$). 구법에서는 이 경우에 의견서를 첨부하여 송부하도록 하였으나($\frac{구민소 16}{조 2항}$), 실무상 형식적으로 운영된다고 하여 신법에서는 폐지되었다.

(3) 집행정지의 효력

결정·명령은 즉시 집행력을 갖는 것이 원칙이다($\frac{민집 56}{조 1항}$). 즉시항고를 제기하면 일단 발생한 집행력이 정지된다($\frac{447조, 민사집행의 신속한 진행을 위하여 집행법원의 재}{판에 대한 즉시항고의 경우는 예외임<민집 15조 6항>}$). 그러나 통상항고의 경우에는 집행정지의 효력이 없으므로, 항고법원 또는 원심법원이나 판사는 항고에 대한 결정이 있을 때까지 원심재판의 집행을 정지하거나 그 밖에 필요한 처분을 명할 수 있다($\frac{448}{조}$). 이러한 집행정지 등의 처분은 직권 또는 당사자의 신청으로 가능하다. 이 재판에 대하여는 당사자가 불복신청 할 수 없다고 보아야 한다($\frac{500조 3}{항 유추}$).[29]

4. 항고심의 심판

(1) 항고심의 절차는 성질에 반하지 않는 경우 항소심에 관한 규정을 준용한다 ($\frac{443조, 규칙}{137조 1항}$). 따라서 항고법원의 심판범위는 항고인이 불복신청 한 범위로 한정된다 ($\frac{443조 1항,}{407조}$). 그러나 항고인은 심문종결과 관계없이 항고심 재판이 있을 때까지 불복신청의 범위를 변경할 수 있다. 항고심절차에서는 보조참가 등 제3자의 소송참가가 가능하고,[30] 부대항고도 허용된다.

---

26) 대결 1967. 3. 22, 67마141.
27) 정동윤/유병현/김경욱, 958면.
28) 대결 1967. 3. 22, 67마141.
29) 同旨: 이시윤, 922면; 정동윤/유병현/김경욱, 959면.
30) 同旨: 이시윤, 922면; 정동윤/유병현/김경욱, 959면: 대결 1962. 6. 21, 4294민재항472. 反對 (결정절차에서 보조참가는 불가하다고 함): 대결 1973. 11. 15, 73마849; 대결 1994. 1. 20, 93마

(2) 항고심절차는 결정절차이므로 변론을 열 것인지 여부는 항고법원의 자유재량이다($^{134조}_{1항 단서}$). 서면심사를 함으로 인하여 변론을 열지 아니한 경우라도 항고법원은 필요한 경우 항고인・이해관계인, 그 밖의 참고인을 심문할 수 있다($^{134조}_{2항}$). 이해관계인 등의 심문 여부, 증거제출의 기회부여 여부 등은 항고법원의 재량에 속하는 것이므로 그렇게 하지 아니한 경우에도 위법이 아니다.[31] 다만 항고인의 주장이 일응 진실하고 이해관계가 중대한 경우에는 심문이 필요하다고 할 것이다.[32] 이는 당사자의 항고심에서의 절차권을 보장하기 위한 것이다.

(3) 항고심은 항소심과 같이 속심제이다. 따라서 새로운 사실과 증거를 제출할 수 있다. 비송사건절차에 의한 항고사건의 경우에는 항고법원은 직권으로 사실의 탐지와 필요하다고 인정하는 증거의 조사를 하여야 하기 때문에 항고법원은 항고이유로 주장된 바 없더라도 마땅히 진실 여부를 직권으로 조사하여 항고의 당부를 가릴 수 있다.[33]

(4) 항고심의 종국재판은 항소심의 재판에 준한다. 따라서 항고장 각하, 항고각하, 항고기각, 항고인용이 있다. 항고장 각하는 항고심 재판장의 명령으로 하고, 나머지는 결정으로 한다. 항고인용의 경우에는 원재판을 취소하고, 환송(還送) 또는 자판(自判)한다.[34] 다만 환송한 경우에 제1심 결정에 관여한 법관도 민사소송법 제436조 3항이 항고심절차에는 준용되지 아니하므로 환송된 뒤의 제1심 재판에 관여할 수 있다.[35] 집행절차에서는 집행법원의 재판에 즉시항고하면서 항고이유서를 제출하지 아니하거나, 대법원규칙이 정하는 바에 따른[민집규 13조 1, 2항(원심재판의 취소 또는 변경을 구하는 사유를 구체적으로 적어야 함)] 항고이유를 적지 아니한 때에는 즉시항고를 각하한다($^{민집 15조}_{4, 5항}$). 또한 항고의 취하는 항고심의 결정이 있기 전까지 가능하다($^{443조 1항,}_{393조 1항}$).

1701.

31) 대결 2001. 3. 22, 2000마6319; 대결 2020. 6. 11, 2020마5263(이해관계인 등의 심문관련): 대결 1964. 5. 26, 64마369; 대결 1971. 2. 6, 70마920(증거제출 기회의 부여 여부).

32) 대결 1960. 12. 27, 4293민재항386.

33) 대결 1982. 10. 12, 82마523; 대결 2007. 3. 29, 2006마724.

34) 항고법원이 제1심 결정을 취소하는 때에는 특별한 규정이 없는 한 사건을 제1심법원으로 환송하지 아니하고 직접 신청에 대한 결정을 할 수 있다(대결 2008. 4. 14, 2008마277).

35) 대결 1975. 3. 12, 74마413.

V. 재 항 고

1. 재항고의 의의

　재항고(再抗告)는 최초의 항고에 대하여 항소심에서 내린 결정과 고등법원 또는 항소법원의 처음의 결정·명령에 대하여 법률심인 대법원에 하는 항고이다($\frac{442}{\text{조}}$). 재항고는 상고의 규정이 준용된다($\frac{443}{\text{조}}$). 재항고는 재판에 영향을 미친 헌법·법률·명령 또는 규칙의 위반을 이유로만 할 수 있다($\frac{442}{\text{조}}$). 그러나 제424조의 절대적 상고이유도 재항고이유가 된다. 재항고를 인정하는 것에 대하여 비판적 견해가 있다.[36] 결정·명령에 대하여 재항고를 인정함으로써 3심제를 관철하는 것이 타당할 것인지 등 항고제도의 전반적인 구조에 대한 신중한 검토가 요망된다고 할 것이다.

2. 재항고의 적용범위

　(1) 재항고할 수 있는 재판은 i) 항고법원의 결정, ii) 고등법원의 결정·명령, iii) 항소법원(抗訴法院)의 결정·명령이 있다($\frac{442}{\text{조}}$). i) 항고법원의 결정이라 함은 고등법원·지방법원 항소부가 원재판의 항고심으로서 한 결정을 의미한다. 즉 원재판에 대한 제2심 결정을 의미한다. ii)와 iii)의 고등법원 및 항소법원(抗訴法院)의 결정·명령이라 함은 고등법원 및 항소법원이 제1심으로 한 결정·명령을 말한다.
　(2) 재항고의 대상적격을 가지는지 여부는 항고법원의 결정 내용에 의하여 결정된다. 항고장 각하명령과 항고가 부적법하다고 한 각하결정에 대하여 재항고할 수 있다($\frac{439}{\text{조}}$). 항고기각의 결정에 대하여도 항고를 이유 없다고 한 것이므로 재항고할 수 있다. 재항고권은 항고인만이 할 수 있고, 비록 다른 사람이 그 결정에 이해관계가 있다 할지라도 재항고를 할 수 없다.[37] 항고를 인용하는 결정에 대하여는 그 내용이 항고에 적합한 경우에 한하여 재항고할 수 있다. 예컨대 기피신청 기각결정에 대한 항고에서 항고심이 항고인의 항고를 받아들여 기피를 이유 있다고 인용한 경우에는 원래 기피를 인용한 경우에 당사자는 이에 불복할 수 없으므로($\frac{47\text{조}}{1\text{항}}$), 상대방은 항고법원의 인용결정에 대하여 또 당사자에게 관할위반을

---

　36) 이시윤, 923면.
　37) 대결 1985. 4. 2, 85마123; 대결 1992. 4. 21, 92마103; 대결(전) 2002. 12. 24, 2001마1047.

이유로 한 이송신청권이 없음에도 법원이 직권으로 이송결정을 한 경우에 당사자가 이에 즉시항고 하여 항고법원에서 이송결정이 취소된 경우 당사자에게 원래 이송신청권이 없으므로($^{34조}_{1항}$), 상대방은 항고법원의 취소결정에 대하여, 각각 재항고가 허용되지 아니한다.[38]

(3) 재항고가 즉시항고인지 또는 통상항고인지는 항고법원의 결정의 성질과 내용에 의하여 정하여진다. 최초의 항고가 즉시항고인데 항고심에서 이를 각하 또는 기각한 경우에는 재항고도 즉시항고이다.[39] 그러나 항고법원이 원심재판을 변경한 경우에는 변경된 내용에 따라 즉시항고 또는 통상항고로 된다. 예컨대 담보취소결정에 대한 항고는 즉시항고인데($^{125조}_{4항}$), 항고법원에서 항고를 받아들여 담보취소신청을 기각한 것에 대한 재항고는 통상항고이다($^{439}_{조}$). 반면 담보취소신청을 기각한 결정에 대한 항고는 통상항고이나, 항고법원이 항고를 받아들여 담보취소결정을 한 항고심 결정에 대한 항고는 즉시항고에 해당한다($^{125조}_{4항}$).

3. 재항고의 절차

(1) 재항고는 항고심 결정에 대한 불복신청이므로 상고에 관한 규정을 준용한다($^{443조}_{2항}$). 따라서 재항고장은 원심법원에 제출하여야 한다($^{425,}_{397조}$). 재항고의 경우에는 즉시항고나 통상항고 모두 상고이유서에 준하여 재항고이유서를 제출하여야 한다.[40] 통상항고에 대하여 재항고이유서가 필요 없다는 견해가 있으나 신속·명확한 처리가 필요한 재항고절차의 취지에 비추어 보면 재항고이유서의 제출이 필요하다고 본다. 특히 재항고이유서는 항고장의 기재로 대신할 수 없으며 독립된 서면에 의하여야 한다. 다른 서면을 원용하는 방식은 허용되지 아니한다.[41]

재항고심은 법률심이므로 증거의 취사나 사실인정이 잘못되었다는 사유를 재항고 이유로 주장할 수 없으며, 재항고심에서는 사실심리를 할 수 없다.[42]

(2) 「상고심절차에 관한 특례법」은 재항고사건에도 준용된다($^{상특법}_{7조}$). 따라서 재항고 이유는 가압류·가처분의 경우와 같이 원심결정이 i) 헌법에 위반하거나 헌법을 부당하게 해석한 때, ii) 명령·규칙 또는 처분의 법률위반 여부에 대하여

---

38) 대결 2018. 1. 19, 2017마1332.

39) 대결 2004. 5. 17, 2004마246.

40) 同旨: 강현중, 1031면; 이시윤, 924면.

41) 대결 1982. 12. 22, 82마777; 대결 1985. 3. 7, 85마31; 대결 1987. 8. 29, 87마689; 대결 1999. 4. 15, 99마926.

42) 대결 2010. 4. 30, 2010마66.

부당하게 판단한 때, iii) 법률·명령·규칙 또는 처분에 대하여 대법원판례와 상반되게 해석한 때 등의 심리속행사유를 가지고 있어야 하고, 그렇지 아니할 경우에는 4월 이내에 심리불속행의 재항고 기각결정을 할 수 있다($^{심특 7조, 4조 2}_{항, 1항 1~3호}$).

Ⅵ. 특별항고

1. 의 의

특별항고(特別抗告)라 함은 '불복할 수 없는 결정·명령'에 대하여 i) 재판에 영향을 미친 헌법위반이 있거나, ii) 재판의 전제가 된 명령·규칙·처분의 헌법·법률의 위반 여부에 관한 판단이 부당한 경우에 대법원에 하는 항고이다($^{449조}_{1항}$). 특별항고는 이미 확정된 결정·명령에 대하여 예외적으로 인정하는 비상불복방법이므로 통상의 불복방법인 항고와 다르다.[43] 따라서 확정되지 아니한 것을 전제로 하는 확정차단·집행정지 등은 문제되지 아니한다. 헌법상 명령·규칙·처분의 헌법 및 법률에 대한 위반 여부에 관한 심사권을 대법원이 가지고 있으므로($^{헌 107}_{조 2항}$) 인정되는 권한이다. 독일의 경우에는 헌법재판소에 관할이 있다.

2. 특별항고대상

특별항고의 대상은 '불복할 수 없는 결정·명령'이다. 여기에는 명문으로 불복이 금지되는 결정·명령뿐만 아니라 해석상 불복이 인정되지 아니하는 경우도 포함한다. i) 명문으로 불복이 금지되는 결정·명령에는 관할지정결정($^{28조}_{2항}$), 기피결정($^{47조}_{1항}$), 가집행선고 있는 판결에 대한 집행정지결정 및 기각결정($^{500조 3항,}_{501조 등}$),[44] 잠정처분의 신청을 기각한 결정($^{민집 46}_{조 2항}$)[45] 등이 여기에 해당한다. ii) 해석상 불복할 수 없는 경우는 판결경정·화해조서경정신청 기각결정($^{211조 3항의}_{반대해석}$),[46] 법원의 부재자재산관리인 선임결정($^{가사소송규칙 43}_{조의 반대해석}$),[47] 위헌제청신청의 기각결정($^{헌재 41조 4항}_{의 반대해석}$)[48] 등이 있다. 그러나

---

43) 대결 1989. 11. 6, 89그19.

44) 대결 1981. 7. 31, 80그21; 대결 1985. 11. 15, 85그151; 대결 1987. 12. 30, 86마347.

45) 대결 1985. 5. 31, 85그44; 대결 2003. 11. 24, 2003그51; 대결 2005. 12. 19, 2005그128.

46) 대결 1984. 3. 27, 84그15(화해조서경정); 대결 1986. 11. 7, 86마895(화해조서경정); 대결 1995. 7. 12, 95마531(판결경정); 대결 2004. 6. 25, 2003그136(판결경정); 대결 2017. 8. 21, 2017 그614(판결경정＋이행권고 결정).

47) 대결 1980. 10. 15, 78스13.

대법원의 결정·명령과 위헌제청신청의 기각결정은 불복할 수 없는 결정·명령이기는 하나 특별항고의 대상이 되지 아니한다.[49]

3. 특별항고이유

(1) 특별항고이유는 i) 재판에 영향을 미친 헌법위반이 있거나, ii) 재판의 전제가 된 명령·규칙·처분의 헌법·법률의 위반 여부에 관한 판단이 부당한 경우이다($\frac{449조}{1항}$).

(2) 특별항고제도를 인정한 취지가 헌법 제107조에 의하여 명령·규칙 또는 처분이 헌법·법률에 위반 여부가 문제되는 경우에 대법원이 최종심사권을 가지고 있으므로, 통상의 불복신청방법이 없는 경우에는 이것이 문제되면 예외적으로 인정하게 된 것이다. 2002년 신민사소송법 개정 전인 구법(舊法)에서는 이러한 취지에 따라 특별항고이유로 "재판에 영향을 미친 헌법 또는 법률의 위반이 있음을 이유로 하는 때"로 규정하여, 헌법위반 외에 「법률위반」의 경우도 이유로 하였다. 그런데 실무상 「법률위반」도 특별항고의 이유로 됨에 따라 남항고로 인한 재판의 지연이 초래되자, 2002년 신법에서는 「법률위반」을 특별항고의 이유에서 삭제하고, 특별항고이유를 i) 재판에 영향을 미친 헌법위반이 있거나, ii) 재판의 전제가 된 명령·규칙·처분의 헌법·법률의 위반 여부에 관한 판단이 부당한 경우로 세분화 하였다.

(3) 특별항고이유 중 i) 재판에 영향을 미친 헌법위반이 있다 함은 결정이나 명령의 절차에 있어서 헌법 제27조 등에서 규정하고 있는 적법한 절차에 따라 공정한 재판을 받을 권리가 침해된 경우로서 신청인이 그 재판에 필요한 자료를 제출할 기회를 전혀 부여받지 못한 상태에서 그러한 결정이 있었다든지, 판결과 그 소송의 모든 과정에 나타난 자료와 판결 선고 후에 제출된 자료에 의하여 판결에 잘못이 있음이 분명하여 판결을 경정해야 하는 사안임이 명백한데도 법원이 이를 간과함으로써 기각결정을 하였다는 등의 사정이 있어야 한다.[50] ii) 재판의 전제가 된 명령·규칙·처분의 헌법·법률의 위반 여부에 관한 판단이 부당한 경우라 함은

---

48) 대결 1993. 8. 25, 93그34; 대결 2009. 1. 19, 2008부4; 대결 2015. 1. 6, 2014그247.

49) 대결 1969. 2. 14, 68그13; 대결 1977. 6. 29, 77그18; 대결 1982. 10. 22, 82그23; 대결 1984. 2. 7, 84그6; 대결 1984. 10. 18, 84그55; 대판 1992. 10. 20, 92재두21; 대결 1994. 8. 11, 94그25; 대결 2015. 1. 6, 2014그247.

50) 대결 2004. 6. 25, 2003그136; 대결 2013. 6. 10, 2013그52; 대결 2020. 3. 16, 2020그507.

원결정·명령이 헌법·법률의 위반 여부에 관한 판단이 잘못된 때를 의미한다.

(4) 중재법 제12조 제3항(당사자 간에 중재인의 선정절차에 관한 합의가 없는 경우)에 의한 중재인선정 신청이 있으면 법원은 특별한 사정이 없으면 바로 중재인을 선정하여야 하고, 중재신청의 적법 여부까지 중재 판정부에 앞서 심리하여 그 결과에 따라 중재합의의 부존재나 무효를 이유로 중재인선정 신청을 기각할 수 없으므로, 중재합의의 존부와 유효성과 같이 심리대상이 되지 않는 사유는 법원의 중재인선정 결정에 대한 특별항고 사건에서도 특별항고의 이유에 해당하지 않는다.[51]

4. 항고기간 등

(1) 특별항고는 원재판이 고지된 날부터 1주일의 불변기간 내에 항고하여야 한다($^{449조}_{2, 3항}$). 특별항고는 개념적으로 원재판의 확정 후에 이루어지는 것이므로 집행정지 등의 효력이 없다. 따라서 집행정지 등을 위하여는 원심법원 또는 대법원의 집행정지, 그 밖의 처분이 별도로 있어야 한다($^{450조,}_{448조}$). 특별항고는 제446조의 재도(再度)의 고안(考案)이 허용되지 아니한다.[52]

(2) 특별항고는 그 성질에 반하지 아니하면 상고에 관한 규정을 준용한다($^{450조, 규칙}_{137조 2항}$). 특별항고사건도 민사소송법의 적용에 우선하는 「상고심절차에 관한 특례법」에 따라 심리불속행사유에 해당하는 경우에는 4월 이내에 심리불속행 상고기각이 가능하다($^{상특 7조,}_{4조 2, 3항}$). 그러나 민사소송법상의 특별항고이유가 「상고심절차에 관한 특례법」의 심리속행사유보다 좁으므로 동법 제4조 제2항을 특별히 우선할 필요가 없다.[53] 그러나 상고심절차에 관한 특례법 제4조 3항에 따른 그 주장 자체로 보아 이유가 없는 때($^{동항}_{1호}$), 원심결정·명령과 관계가 없거나, 영향을 미치지 아니하는 때($^{동항}_{2호}$)에는 심리불속행 기각이 의미가 있을 것으로 이 경우에는 동법 제4조 3항을 적용할 수 있다고 본다.[54]

---

51) 대결 2022. 12. 29, 2020그633.
52) 대결 2001. 2. 28, 2001그4.
53) 대법원판례위반은 심리속행사유에 해당하나 특별항고이유에 포함되지 아니하므로, 심리속행사유보다 특별항고이유가 좁다고 할 것이다(449조 1항, 상특 4조 2항, 1항).
54) 同旨: 이시윤, 927면(상특법 제4조 2항은 준용의 여지가 없다고 하나, 제4조 3항에 관하여는 명확히 밝히고 있지는 아니하나 당연히 준용할 수 있다고 사료됨).

5. 잘못된 절차의 특별항고

특별항고에 의하여야 할 것을 일반항고의 대상으로 착각하여 일반항고를 제기한 경우이다. 실무상 이러한 경우가 적지 않다. 이 경우에는 특별항고의 형식을 갖추지 못한 경우(예: 특별항고라 표시하지 아니하고, 항고법원으로 대법원으로 표시하지 아니한 경우 등)라도 해당 항고장을 접수받은 법원은 특별항고의 취지로 선해(善解)하여 대법원으로 기록을 송부하여야 한다.55) 반대로 즉시항고로 처리하여야 할 것을 특별항고로 보고 대법원에 기록을 송부한 경우에는 대법원은 관할법원에 이를 이송하여야 한다.56)

---

55) 대결 1966. 7. 26, 66마579; 대결 1971. 7. 21, 71마382; 대결 1981. 8. 21, 81마292; 대결 1982. 5. 11, 82마41; 대결 1999. 7. 26, 99마2081; 대결 2008. 5. 22, 2008그90; 대결 2009. 5. 20, 2009그70; 대결 2014. 1. 3, 2013마2042; 대결 2011. 2. 21, 2010마1689; 대결 2016. 6. 21, 2016마5082.
56) 대결 2011. 5. 2, 2010부8.

제7편

재심절차

본편에서는 확정된 종국판결에 재심사유에 해당하는 중대한 흠이 있는 경우에 그 판결의 취소와 종결된 사건의 재심사를 구하는 비상의 불복신청방법인 재심제도에 관하여 본다. 여기에서는 재심소송의 소송물, 재심의 적법요건, 재심사유, 재심소송절차, 준재심 등을 살펴보겠다.

I. 총   설

1. 재심의 의의

재심(Wideraufnahme des Verfahrens)이라 함은 확정된 종국판결에 재심사유에 해당하는 중대한 흠이 있는 경우에 판결을 한 법원에 그 판결의 취소와 종결된 사건의 재심사를 구하는 비상의 불복신청방법이다. 재심은 확정판결의 취소를 통하여 기판력을 깨뜨리는 것을 핵심적 내용으로 하고 있다.

(1) 재심은 '재심사유에 해당하는 중대한 흠이 있는 경우'에 인정하는 불복신청 방법이다. 재심은 확정판결의 기판력을 없애는 절차이므로 재심사유에 해당하는 중대한 흠이 존재하여야 인정된다. 확정판결에 중대한 흠이 있는 경우에도 확정판결이 당연무효가 되는 것이 아니고 재심의 절차를 거쳐야만 확정판결의 효력을 배제할 수 있다. 확정판결을 배제하기 위하여 i) 중대한 흠 중에 일정한 사유를 재심사유로 한정하고 있고, ii) 이에 다시 일정한 시간적 제약을 가하고(재심기간), iii) 소(訴)라는 일정한 방식을 통하도록 법정하고 있다. 다만 재심사유는 원칙적으로 확정판결의 종결 전의 사유로 한정된다는 점[1]에서 판결 후의 상소제기의 장애의 구제를 목적으로 하는 추후보완($^{173}_{조}$)과 다르고, 또 판결확정 후 액수 산정의 기초사정의 현저한 변경이 생긴 경우에 감액·증액을 목적으로 하는 정기금판결의 변경의 소($^{252}_{조}$)와 차이가 있다.

(2) 재심은 '소(訴)라는 방식'으로만 할 수 있다. 재심은 법정의 재심사유를 주장하여 원판결의 취소와 종결된 소송의 부활을 구하는 것으로 소의 방식으로만 할 수 있다. 그런데 확정판결의 취소를 구한다는 점에서 소송상의 형성의 소이며, 다른 한편 종결된 사건의 재심사를 구한다는 점에서 부수소송(附隨訴訟)의 성질을 가지고 있다.

(3) 재심은 '확정된 종국판결에 대한 비상의 불복신청방법'이다. 재심은 '종국판결'에 대한 불복신청이라는 점에서 상소와 유사하다. 따라서 재심소권의 포기, 부대재심(附帶再審), 소송비용의 부담에 관한 재판과 가집행선고만에 대한 불복의 금지 등은 통상의 상소와 같다. 그러나 재심은 통상의 상소과 달리 '확정된 종국판

---

1) 민사소송법 제456조 제3항에 의하면 "재심의 사유가 판결이 확정된 뒤에 생긴 때"를 상정하고 있다는 점에서 예외적으로 판결의 확정 후에 재심사유가 발생할 여지는 존재한다고 보아야 한다. 따라서 재심사유는 일정한 예외는 존재하지만 원칙적으로 확정판결의 종결 전의 사유에 한정한다고 할 수 있다.

결'을 대상으로 하기 때문에 확정차단의 효력이 없으며, 원칙적으로 동일한 심급의 법원에 불복하는 것이므로 상급심으로 사건의 계속이 옮겨가는 이심(移審)의 효력도 발생하지 아니한다. 재심은 통상의 불복신청방법이 아니고 예외적으로 인정한다는 점에서 '비상의 불복신청방법'이다.

(4) 재심의 소제기에 의하여 확정판결의 집행정지의 효력이 당연히 발생하는 것은 아니지만, 원칙적으로 판결 전의 사유에 기초하여 확정판결의 취소를 구하는 소로서 그 강제집행의 정지를 통한 판결의 집행력배제가 가능하다는 점($\frac{500}{조}$)에서 청구에 관한 이의의 소($\frac{민집}{44조}$)와 유사한 면이 있다. 그러나 청구에 관한 이의의 소는 판결 이후의 사유에 기한 것이고 확정판결 자체의 취소를 구하지는 아니하고 그 집행력만을 배제한다는 점에서 재심의 소와는 다르다.

2. 재심의 목적

(1) 소송절차를 통하여 판결이 확정되면 이를 존중하는 것이 국가와 승소자(권리자)의 입장에서 보면 너무나 당연한 것이다. 이것을 확정판결이 가지는 법적 안정성이라 할 것이다. 확정판결이 갖는 법적 안정성은 재판제도를 운영하는 국가의 이익에도 부합하고, 승소자 개인에게도 말할 것이 없다. 그러나 확정된 판결에 중대한 흠이 있다는 것이 객관적으로 밝혀진 경우에 확정판결을 그대로 유지하는 것이 재판의 이상의 근본이 되는 적정(適正)에 부합한다고 할 수 있을 것인가. 확정판결의 중대한 흠이 발견된 경우에 그것을 그대로 유지하는 것이 재판의 적정과 패소자의 권리에 본질적인 침해가 된다면, 국가 및 승소자 개인의 법적 안정성을 양보할 필요성이 있게 된다. 재심제도는 민사소송에 있어서 국가 및 승소자 개인의 법적 안정성과 재판의 적정 및 패소자의 권리구제라는 구체적 정의의 충돌이 발생한 경우에 그 조정(調整)·조화(調和)를 위한 제도적 장치이다.[2]

(2) 국가적 법익의 측면에서는 확정판결의 유지라는 법적 안정성과 실체적 진실에 부합하는 재판의 실현이라는 재판의 적정이 부딪치는 것이고, 개인적 법익의 측면에서는 확정판결의 유지를 통한 승소자의 지위보전과 패소자에 대한 실체적인 권리에 부합한 권리구제라는 법익이 충돌하고 있는 것이다.

(3) 결국 재심제도는 실질에 부합하는 권리구제를 위하여 확정판결의 유지라는 법적 안정성의 양보를 전제로 한 제도인 것이다. 따라서 재심제도는 예외적으로 인

---

2) 대판 1992. 7. 24, 91다45691.

정되고, 통상의 상소제도에 충실하여야만 민사소송제도가 튼튼하다고 할 수 있다.

3. 재심소송의 구조

(1) 재심의 소는 2단계로 나누어져 있다. 먼저 재심의 소는 재심사유의 존재를 심리하여 그것이 있다면(1단계), 원래 소송의 본안을 속행하여 본안의 이유 유무를 재심사하여 다시 판결하는 것(2단계)이다. 이러한 면에서 보면 재심소송은 2단계의 소송구조를 가지고 있다.[3] 특히 신법에서는 재심사유에 대한 중간판결제도($\frac{454}{조}$)를 도입하여 이를 명확히 하고 있다.

(2) 구체적인 심리는 제1단계에서는 재심의 소의 적법성(소송요건)을 조사하고, 이어 재심사유의 존재 즉 재심사유의 이유구비성에 관한 심리를 하면 된다. 제1단계에서 소의 적법성이 없거나, 재심사유가 없을 경우에는 본안소송의 심리에 들어가지 아니하고 재심의 소의 각하·기각을 하여야 한다. 실제로 1단계에서 끝나는 경우가 많다. 재심의 소의 적법성 및 재심사유가 존재하면, 2단계로 원래 소송의 본안에 관한 심리를 속행하여 본안에 대한 판결(소각하·인용·기각 판결)을 하게 된다.

II. 재심소송의 소송물

재심소송의 소송물이 무엇인가에 대하여 이원론(소송상의 형성소송설)과 일원론(본안소송설)이 논의되고 있다. 재심사유의 소송물 개수와 관련하여서는 소송물이론에 따라 견해가 나뉘고 있다.

1. 재심소송의 소송물론

(1) 재심소송의 소송물과 관련하여 이원론(二元論)과 일원론(一元論)이 있다. 이원론은 재심의 소의 소송물은 원판결의 취소요구라는 소송물과 원래 소송의 소송물의 두 가지로 구성되어 있다는 견해이다. 특히 확정판결의 취소에 중점을 두고

---

3) 同旨: 강현중, 1035면; 대판 1994. 12. 27, 92다22473, 22480(판결요지: 확정된 판결에 대한 재심의 소는 확정된 판결의 취소와 본안사건에 관하여 확정된 판결에 갈음한 판결을 구하는 복합적 목적을 가진 것으로서 이론상으로는 재심의 허부와 재심이 허용됨을 전제로 한 본안심판의 두 단계로 구성되는 것이라고 할 수 있고, 따라서 재심소송은 위와 같이 복합적, 단계적인 성질을 가지고 있음).

있기 때문에 소송상의 형성소송설이라고도 한다. 한편 일원론은 독일과 일본에서
유력하게 주장되는 견해이다. 일원론에는 재심의 소의 소송물을 구소송의 소송물
하나로 구성되어 있다는 구소송물일원론(舊訴訟物一元論)[4]과 재심의 소의 중점은
원판결의 취소요구에 있으므로 취소요구의 소송물이 재심소송의 소송물이라는 취
소소송일원론(取消訴訟一元論)[5]이 있다. 이원론이 통설이다. 판례는 "…확정된 판결
에 대한 재심의 소는 확정된 판결의 취소와 본안사건에 관하여 확정된 판결에 갈
음한 판결을 구하는 복합적 목적을 가진 것으로서 이론상으로는 재심의 허부와
재심이 허용됨을 전제로 한 본안심판의 두 단계로 구성되는 것이라고 할 수 있
고…"라고 하여 이원론에 따르고 있다고 볼 수 있다.[6]

(2) 일원론의 주요근거로 i) 재심사유의 존재 여부에 관하여 다툼이 있는 경우
에 일부 판결을 할 수 없다는 점, ii) 개정법이 재심의 소의 적법여부와 재심사유
에 대하여 본안과 분리하여 중간판결제도를 도입하였다는 점($\frac{454조}{2항}$), iii) 재심사유
중 소송능력 또는 당사자능력의 흠을 간과한 경우가 있는데 이는 독립된 소송물
이 될 수 없음이 명백하다는 점 등을 들고 있다.

(3) 생각건대 i) 재심사유는 법정의 제소사유로 마치 법정의 형성사유와 같은
것이므로 독자적 의미를 갖지만, 동시에 재판이 되는 경우에는 마치 청구권경합과
같이 선택적 병합과 유사한 형태를 이루는 것이어서 수개의 재심사유 중 1개라도
인정되면 되는 것이므로 별도로 일부 판결을 할 필요성이 없고, ii) 중간판결제도
를 도입하였다는 것은 재심의 소의 적법성과 재심사유가 존재하지 아니하는 경우
가 많으므로 그러한 현실을 반영하여 심리를 분명・신속하게 하기 위하여 인정되
는 것이고, 중간판결제도는 오히려 이원론에 충실한 입법으로 볼 수 있으며, iii)
소송능력 또는 당사자능력의 흠을 간과한 경우에 독립된 소송물이 될 수 없고 재
심소송의 적법요건이므로 소송물과 직접 관련성이 없다고 할 것이며, iv) 재심소
송에 있어서 현실적으로 재심의 적법성과 재심사유의 존부에 많은 심리를 할애하
고 있고, 확정판결의 취소요구가 당사자의 요구 중 1단계 절차에서 가장 중요하
다는 점 등에 비추어 이원론이 타당하다고 생각한다.[7]

---

4) 강현중, 1037면; 정동윤/유병현/김경욱, 968면.

5) 이시윤, 931면.

6) 대판 1994. 12. 27, 92다22473, 22480. 反對: 정동윤/유병현/김경욱, 966면 주1)(판례에서 '이
론상으로는 재심의 허부와 재심이 허용됨을 전제로 한 본안심판의 두 단계로 구성되는 것'이라는
표현 자체로 이원론을 바로 추론할 수 없다고 함).

7) 同旨: 호문혁, 1039~1040면.

2. 재심사유와 소송물의 개수

(1) 확정판결의 취소사유인 재심사유가 소송물의 동일성 여부를 가리는 기준이 되는지 여부에 관하여 신·구소송물이론의 견해대립이 있다. i) 구소송물이론에 의하면 재심사유마다 별개의 소송물이 된다고 본다. 수개의 재심사유를 하나의 소로 주장하면 청구의 병합이 되며, 재심사유의 변경이 소의 변경이고, 재심사유의 준수 여부는 개별적인 재심사유마다 정한다. 한편 ii) 신소송물이론 중 일지설(一肢說)에 의하면 재심소송의 소송물은 1개의 확정판결의 취소를 구하는 법적 지위이므로 재심사유는 하나의 공격방어방법에 불과하나, 다만 알지 못하고 주장하지 않았던 재심사유는 별도로 재심의 소를 제기할 수 있다고 본다.[8] 이지설(二肢說)에 의하면 재심사유가 다른 사실관계이면 소송물을 달리 보고, 사실관계가 동일한 경우에는 같은 소송물로 본다. 신실체법설도 그 입장에 따라 일지설, 이지설과 같은 결론에 이른다.

(2) 살피건대, 재심의 소의 소송물은 원심판결의 취소요구라는 형성의 소의 소송물과 원심판결의 소송물로 구성되어 있다. 재심사유는 i) 법에서 인정하고 있는 원심판결의 취소요구라는 형성의 소의 독자적인 형성사유가 될 수 있다는 점에서 개별적으로 독자성을 부여할 필요성이 있고, ii) 수개의 재심사유가 동시에 주장된 경우에는 하나의 재심사유가 인정되면 원판결을 취소하고 본안심리를 할 수 있고, 본안심리 시에 개별적 사유와 본안의 당부와의 관련성을 따져 원래 청구의 당부를 판단하여야 하고, iii) 동일한 사실에 기초한 수개의 재심사유에 관하여 재차 청구를 인정할 필요성이 없다는 점 등을 종합하여 보면, 소송물이론 중 이지설(二肢說)에 기초함이 타당하다. 다만 재심제도의 특수성을 고려하여 별소로 청구하는 경우에는 개별적 재심사유마다 별개의 소송물이 된다고 보아 별도로 심리할 수 있지만, 수개의 재심사유를 동일한 소로 주장하는 경우에는 사실관계의 동일성이 인정되는 사유별로 같은 소송물로 보면 된다. 따라서 동일한 사실관계에 기초한 수개의 재심사유가 동일한 재심의 소로 제기되어 그중 하나의 재심사유로 재심판결을 받는 경우에는 다른 재심사유로 재차 재심의 소를 제기하는 것은 기판력에 저촉하게 된다.

---

8) 이시윤, 932면.

Ⅲ. 적법요건

재심의 소가 적법하기 위하여는 i) 재심의 당사자적격(當事者適格), ii) 재심의 대상적격(對象適格), iii) 재심기간(再審期間)의 준수, iv) 재심의 이익(利益), v) 재심사유의 주장 및 보충성의 요건을 갖추어야 한다. 그중 iv)의 재심의 이익은 상소의 이익에 준하면 되고, v)는 뒤의 재심사유에서 별도로 설명하기로 한다.

1. 재심의 당사자적격

재심의 소는 확정판결을 취소하고 그 기판력을 배제하는 것이 핵심적 요소이다. 따라서 확정판결의 기판력 배제로 이익을 받은 자가 재심원고이고, 그 상대방이 재심피고이다.

(1) 재심의 소의 당사자적격자는 확정판결의 당사자임이 원칙이다. 따라서 당사자에 준하는 i) 변론종결 후의 일반·특정승계인($^{218조}_{1항}$),[9] ii) 제3자의 소송담당의 경우의 권리귀속주체($^{218조\ 3항,\ 예:\ 선정당사}_{자가\ 받은\ 경우\ 선정자}$),[10] iii) 판결의 효력이 제3자에게 미치는 경우에 판결의 취소에 고유한 이익을 갖는 제3자, iv) 가사소송에 있어서 상대방이 될 자가 사망한 경우의 검사($^{가소\ 24}_{조\ 3항}$), v) 제3자를 사해(詐害)하는 판결에 의해 권리침해된 제3자($^{상\ 406조,}_{행소\ 31조}$) 등도 당사자적격을 갖는다. 위 iii)의 경우에는 제3자는 본소의 당사자를 공동피고로 하고, 독립당사자참가($^{79}_{조}$)의 방식으로 하여야 한다.[11] 다만 제3자가 타인 간의 재심소송에 민사소송법 제79조(독립당사자참가)에 의하여 당사자참가를 하였다면 이는 재심대상판결에 재심사유가 있음이 인정되어 본안소송이 부활되는 단계를 위하여 당사자참가를 하는 것으로 보아야 한다.[12]

(2) 필수적 공동소송의 확정판결에 대하여는 공동소송인 중 한 사람이 재심의 소를 제기하면 다른 공동소송인도 당연히 재심당사자가 되고, 또한 재심소송의 피고도 공동소송인 전원이 되어야 한다($^{67조\ 1.}_{2항}$). 원소송의 보조참가인도 재심의 소를 제기할 수 있고, 보조참가신청과 동시에도 재심의 소를 제기할 수 있다($^{72조}_{3항}$).[13] 성

---

9) 대판 1997. 5. 28, 96다41649.
10) 대판 1987. 12. 8, 87재다24.
11) 강현중, 1045면; 이시윤, 933면; 정동윤/유병현/김경욱, 971면.
12) 대판 1994. 12. 27, 92다22473, 22480.
13) 同旨: 이시윤, 934면.

명모용소송의 피모용자도 자신 명의의 확정판결에 대하여 재심의 소를 제기할 수 있다.[14] 재심의 소에서 공동소송적 보조참가 후에는 피참가인은 참가인의 동의 없이 소를 취하할 수 없다.[15] 그러나 통상의 보조참가인이 제기한 재심의 소는 피참가인이 보조참가인의 동의 없이 자유롭게 소를 취하할 수 있다.[16]

(3) 판례는 채권자는 채무자와 제3채무자 사이의 확정판결에 대하여 채권자대위권에 기한 재심의 소를 제기할 수 없다고 한다.[17] 판례의 논거는 채권자는 채권의 보전을 위하여 대위행사가 필요한 경우는 실체법상의 권리뿐만 아니라 소송법상의 권리에 대하여서도 대위가 허용되지만, 채무자와 제3채무자 사이의 소송이 계속된 이후의 소송수행과 관련한 개개의 소송상 행위는 그 권리의 행사를 소송당사자인 채무자의 의사에 맡기는 것이 타당하므로 채권자대위가 허용될 수 없다는 것이다. 그러나 소송물이원론의 입장에서 보면 채권자가 확정된 기존의 소송에 일종의 부가적인 소를 제기하는 것이고 개별적 소송행위라고 볼 수 없다는 점, 보조참가인이 보조참가를 하면서 재심의 소를 제기할 수 있다는 점($\frac{72조}{3항}$) 등에 비추어 보면 이를 인정하는 것이 타당할 것으로 보인다.[18]

2. 재심의 대상적격

재심의 소의 대상적격은 「확정된 종국판결」이다.

(1) 따라서 미확정 판결은 재심의 대상이 될 수 없다. 확정 전에 제기한 재심의 소는 후에 판결이 확정된 경우에도 적법하게 되지 아니하며,[19] 적법한 송달이 없는 판결은 확정된 것이 아니므로 재심의 대상이 되지 아니한다.[20] 다만 소송계속 전에 사망한 자를 상대로 한 판결과 관련하여 판례는 이는 무효판결로서 형식적 확정력을 가질 수 없으므로[21] 원칙적으로 재심의 대상이 되지 아니한다고 본다.[22] 하지만 무효의 판결은 판결로서 효력은 없지만 형식적 외형을 가지고 있으므로 재심을 통하여 이를 취소할 수 있어야 한다고 보아야 한다.[23] 한편 판례 또

---

14) 대판 1964. 11. 17, 64다328.
15) 대판 2015. 10. 29, 2014다13044; 대판 2018. 11. 29, 2018므14210.
16) 대판 2015. 10. 29, 2014다13044.
17) 대판 2012. 12. 27, 2012다75239.
18) 同旨: 이시윤, 934면.
19) 대판 1980. 7. 8, 80다1132.
20) 대판(전) 1978. 5. 9, 75다634; 대판 1997. 5. 30, 97다10345 등.
21) 대판 1982. 12. 28, 81사8; 대판 1994. 12. 9, 94다16564(형식적 확정력이 없다고 봄).
22) 대판 1982. 12. 28, 81사8.

한 소송계속 중에 사망한 자를 간과한 판결은 당연 무효가 아니므로 그 판결에 대하여 상소·재심이 가능하고,[24] 나아가 사망한 자에 대한 처분금지가처분결정은 무효라도 그 상속인은 무효인 그 가처분결정에 의하여 생긴 외관을 제거하기 위한 방편으로 가처분결정에 대한 이의신청으로써 그 취소를 구할 수 있다고 하고 있다.[25] 이 점에 비추어 보면 판례도 특별한 사정이 존재하는 경우 무효의 결정 등 재판의 외형을 제거하는데 이익이 있는 상속인 등에 대하여 예외적으로 상소·재심을 인정하고 있다고 보인다.

(2) 확정된 종국판결이면 된다.

① 종국판결이 전부판결이거나 일부판결이든, 본안판결 또는 소송판결이든 상관이 없다. 확정된 재심판결도 종국판결이므로 재심의 대상적격이 있다.[26] 이행판결·확인판결은 특별히 문제가 없으나, 형성판결 중 이혼판결의 경우에 문제의 소지가 있다는 견해가 있으나[27] 실제로는 특별히 문제되지 아니할 것으로 보인다.[28]

② 중간판결, 그 밖의 중간적 재판은 원칙적으로 독립하여 재심의 대상이 되지 아니한다. 그러나 중간판결, 그 밖의 중간적 재판 자체에 재심사유가 존재하고, 그 재판이 종국판결의 기본이 된 경우에는 결국 종국판결의 재심사유로 되는 것이므로 종국판결에 대하여 재심의 소를 제기할 수 있다($\frac{452}{조}$).[29] 이 경우 중간판결, 그 밖의 중간적 재판이 종국판결과 같이 상소심의 판단을 받지 아니하는 경우(예: 불복신청이 허용되지 아니하는 재판 및 독립하여 불복신청이 허용되는 재판, 392조 단서)라도 상관이 없다. 종국판결의 부수적 재판인 소송비용·가집행의 재판은 상소와 마찬가지로($\frac{391, 425,}{443조}$) 독립하여 재심을 제기할 수 없다.[30]

---

23) 同旨: 이태영, 149-150면; 정동윤/유병현/김경욱, 205, 869면. 反對: 이시윤, 935면.

24) 대판 2003. 11. 14, 2003다34038 등.

25) 대판 2002. 4. 26, 2000다30578.

26) 대판 2015. 12. 23, 2013다17124; 대판 2016. 1. 28, 2013다51933.

27) 이시윤, 934면.

28) 예컨대, A와 B가 혼인하여 생활하다가 부부싸움 후에 B가 가출하자, A가 B를 상대로 이혼 소송을 제기하면서 허위주소로 송달을 하고 허위의 증인 등을 내세워 이혼판결 및 그 송달을 한 후에 호적정리를 하고 다른 사람과 혼인한 경우는 B는 당연히 재심의 소를 제기할 수 있을 것이고 (이 경우 자식들의 관계에서는 상대적 효력을 인정할 수 있음), 반대로 같은 사안에서 A가 이혼판결을 받고 난 후에 우연히 알아보니 B가 C와 동거하면서 아이까지 두고 있던 차에 혼인관계가 정리되자 C와 혼인신고를 등재하였다. 이 경우 A가 설령 이러한 사실을 알고 자신이 받은 이혼판결에 대하여 허위송달을 이유로 재심의 소를 제기한 경우 그 소의 이익이 없다고 할 것이고, 원고적격이 있다고 하여도 신의칙에 의하여 재심의 소를 각하할 수 있다고 본다. 따라서 형성판결의 경우에도 특별히 문제될 것은 없다.

29) 同旨: 강현중, 1048면; 이시윤, 934면; 정동윤/유병현/김경욱, 968면.

30) 同旨: 이시윤, 935면.

③ 판례는 대법원의 환송판결(還送判決)은 사건을 당해 심급에서 이탈시킨다는 점에서는 형식적으로 종국판결에 해당하나, 소송물에 관하여 직접적으로 재판하지 아니하고 원심의 재판을 파기하여 다시 심리판단 하여 보라는 종국적 판단을 유보한 재판의 성질상 직접적으로 기판력이나 실체법상 형성력, 집행력이 생기지 아니한다고 하겠으므로 이는 중간판결의 특성을 갖는 판결로서 '실질적으로 확정된 종국판결'이라 할 수 없어 재심의 대상이 되지 아니한다고 한다.[31] 이에 대하여 파기·환송판결 자체의 재심사유를 다툴 기회보장이라는 면에서 재심대상이 된다는 견해가 있다.[32] 대법원의 환송판결도 재심대상이 된다는 견해가 타당하다고 본다.

(3) 같은 사건의 하급심의 종국판결과 이에 대한 상소를 각하·기각 하는 상급심의 종국판결이 모두 확정된 경우에는 별개로 재심의 대상이 된다. 다만 항소심에서 본안판결을 한 경우에는 제1심 판결에 대하여 재심의 소를 제기할 수 없다($\binom{451조}{3항}$). 즉 항소기각의 본안판결을 한 경우에는 항소심에서 사건을 모두 재심사하여 판단한 것이므로 제1심 판결은 재심의 대상이 되지 아니하고, 항소심 판결만이 재심의 대상적격을 갖는다. 또한 항소심에서 항소를 인용하여 제1심 판결을 취소한 경우에도 제1심판결이 소멸한 것이므로 제1심 판결은 재심의 대상이 될 수 없다.

(4) 즉시항고로 불복할 수 있는 결정·명령이 확정된 경우($\binom{461}{조}$), 확정판결과 동일한 효력이 있는 청구의 포기·인낙, 재판상의 화해조서($\binom{220}{조}$), 조정조서($\binom{220조}{유추적용}$), 파산채권자표($\binom{채무회생}{460조}$) 등에 재심사유가 존재하면 준재심의 소가 인정된다($\binom{461}{조}$). 그러나 중재판정은 확정판결과 동일한 효력이 있지만($\binom{중재}{35조}$), 중재판정취소의 소라는 별도의 절차를 인정하고 있으므로($\binom{중재}{36조}$) 재심의 소가 인정되지 아니하고, 기판력이 없는 확정된 지급명령($\binom{474조, 민집}{58조 3항}$)과 확정된 이행권고결정($\binom{소심 5조}{의7}$)은 기판력의 배제가 필요하지 아니하므로 재심의 소가 인정되지 아니한다. 집행판결 전의 외국판결 또는 승인·집행 전의 외국중재판정도 재심의 대상이 되지 아니한다고 할 것이다.

3. 재심기간

재심사유 중 대리권의 흠과 기판력에 반하는 경우($\binom{451조}{1항 10호}$)를 제외한 재심사유는 출소기간이 정하여져 있다($\binom{456조}{457조}$).

---

31) 대판(전) 1995. 2. 14, 93재다27, 34(반소); 대판 2005. 10. 14, 2004재다610.
32) 정동윤/유병현/김경욱, 969면; 한충수, 872면.

(1) 재심원고는 판결이 확정된 후 재심사유를 안 날로부터 30일의 불변기간 내에 재심의 소를 제기하여야 한다($^{456조}_{1항}$).

① 재심사유를 안 날은 제451조 1항 1호(판결법원 구성의 위법)와 9호(판단누락)의 경우는 판결정본이 송달된 때(대리인이 있는 경우에 대리인에게 송달된 때를 기준으로 함[33])이고,[34] 제451조 1항 4~7호(법관의 직무상 범죄<4호>, 형사상 처벌을 받을 다른 사람의 행위<5호>, 증거의 위조 및 변조<6호>, 증인과 당사자본인 등의 거짓진술<7호>)의 이른바 형사상 가벌적 행위(可罰的 行爲)를 재심사유로 하는 경우에는 동조 2항의 유죄의 판결이나 과태료부과의 재판이 확정된 때[35] 또는 증거부족 외의 이유로 유죄의 확정판결이나 과태료 부과의 확정재판을 할 수 없을 때[36](예: 공소권 없음의 불기소처분 또는 면소판결 등이 있는 경우 등)부터 진행된다.

② 30일의 출소기간은 불변기간이다. 따라서 기간을 줄일 수는 없고, 부가기간($^{附加期間,}_{172조 2항}$) 및 추완항소($^{173}_{조}$)가 가능하다. 출소기간의 준수 여부는 재심의 소의 적법요건으로 직권조사사항이다.[37]

③ 원칙적으로 재심사유마다 별개의 소를 제기할 수 있으므로, 재심기간은 각 재심사유마다 이를 안 때부터 진행한다.[38]

(2) 당사자는 판결이 확정된 뒤 5년이 지난 때에는 재심사유의 존재를 몰랐다고 하여도 재심의 소를 제기하지 못한다($^{456조}_{3항}$). 재심의 사유가 판결이 확정된 뒤에 생긴 때에는 이 5년의 기간은 그 사유가 발생한 날부터 계산한다($^{동조}_{4항}$). 이 기간은 제척기간이므로 불변기간과 같이 추후보완 등이 허용되지 아니한다.[39] 재심의 소의 제척기간을 계산함에 있어서는 피의자의 사망, 공소권의 시효소멸, 사면 등의 재심사유의 사실이 재심대상판결 확정 전에 생긴 때에는 그 판결 확정시부터, 확정 후에 생긴 때에는 그 사유가 발생한 때로부터 5년의 기간을 기산하여야 한다.[40]

---

33) 대판 2000. 9. 8, 2000재다49; 대판 1988. 6. 28, 88누24; 대판 1991. 11. 12, 91다29057; 대판 1993. 9. 28, 92다33930; 대판 2011. 5. 13, 2011재다14.
34) 대판 1979. 5. 9, 79므1; 대판 1982. 12. 28, 82사20; 대판 1991. 3. 12, 90다18470(판단누락); 대판 2000. 9. 8, 2000재다49(판결구성원의 위법).
35) 대판 1963. 10. 31, 63다612.
36) 대판 1975. 12. 23, 74다1398(공소시효의 완성으로 인한 검사의 불기소처분이 있는 것을 안 날); 대판 1997. 4. 11, 97다6599(불기소처분에 불복하여 검찰청법상의 항고절차나 형사소송법상의 재정신청절차를 거친 경우에는 그 결정의 통지를 받은 날); 대판 2006. 10. 12, 2005다72508.
37) 대판 1989. 10. 24, 87다카1322.
38) 대판 1982. 12. 28, 82므2; 대판 1993. 9. 28, 92다33930.
39) 대판 1988. 12. 13, 87다카2341; 대판 1992. 5. 26, 92다4079.
40) 대판 1988. 12. 13, 87다카2341.

(3) 다만 재심사유 중 대리권의 흠($^{451조}_{1항 3호}$)과 기판력에 반하는 경우($^{동항}_{10호}$)에는 재심 기간의 제한을 받지 아니한다($^{457}_{조}$). 대리권의 흠을 제외한 것은 당사자의 절차권 보장에 있고, 기판력에 반하는 경우는 재판의 모순·저촉을 막기 위한 것이다. 대리권의 흠에는 소송능력의 흠과 법인의 대표권의 흠이 포함된다. 다만 판례는 특별수권의 흠은 제451조 1항 3호 소정의 재심사유에 해당하지만, 전혀 대리권을 갖지 아니한 자가 소송행위를 한 대리권 흠결의 경우와 달라서 제457조가 적용되지 아니하여 재심기간의 제한을 받는다고 한다.[41]

Ⅳ. 재심사유

1. 재심사유의 의의

(1) 재심사유(再審事由)라 함은 재심의 소가 허용되기 위하여 법이 특별히 인정한 사유를 의미한다. 재심사유로는 민사소송법 제451조 제1항에 11개의 재심사유와 헌법재판소법상의 헌법소원이 인용된 경우의 재심사유($^{헌재 75}_{조 7항}$), 상법상의 사해재심사유($^{상}_{406조}$), 행정소송법상의 제3자 재심사유($^{행소}_{31조}$)가 있다.

(2) 이러한 재심사유는 예시적(例示的) 사유가 아니고 열거적(列擧的)·한정적(限定的) 사유이다.[42] 재심사유의 주장은 재심의 소에 있어서 적법요건이므로 그 사유의 주장이 없으면 부적법 각하된다.[43] 따라서 사실오인 또는 법리오해의 위법을 주장한 재심의 소,[44] 하급심 판례와 다른 견해를 취하여 재판하였다는 이유로 한 재심의 소[45] 등은 적법한 재심사유의 주장이 없어 부적법하다.

(3) 재심사유는 i) 민사소송법 제451조 제1항에 11개의 재심사유와 ii) 특별법(헌법재판소법·상법·행정소송법)상의 재심사유로 나누어 볼 수 있다.

---

41) 대판 1980. 12. 9, 80다584(주식회사의 대표이사가 금원을 차용함에 있어 주주총회의 특별결의 없이 제소진화해를 한 경우); 대판 1994. 6. 24, 94다4967; 대판 1999. 10. 22, 98다46600(비법인사단의 대표자가 사원총회의 결의 없이 총유물의 처분에 관한 소송행위를 한 경우).

42) 대판 1990. 3. 13, 89누6464.

43) 대판 1982. 9. 14, 82사14; 대판 1984. 3. 27, 83사22; 대판 1987. 12. 8, 87재다24; 대판 1996. 10. 25, 96다31307.

44) 대판 1987. 12. 8, 87재다24.

45) 대판 1996. 10. 25, 96다31307.

2. 재심의 소의 보충성

(1) 재심의 소는 재심사유를 원래 소송에서 상소로서 주장할 수 없었을 경우에
한하여 이를 주장할 수 있다. 이를 재심의 소의 보충성이라 한다. 즉 당사자가 판
결이 확정되기 전에 상소에 의하여 그 사유를 주장하였거나, 이를 알고도 주장하
지 아니한 때에는 이를 재차 재심의 소로서 주장할 수 없다($^{451조}_{1항 단서}$). 이러한 보충성
요건은 재심의 소의 적법요건의 하나로 볼 수 있다.[46]

(2) 구체적으로 보면 i) 당사자가 재심사유를 상소로써 주장하였으나 기각된
경우, ii) 이를 알면서 상소심에서 주장하지 아니한 경우, iii) 이를 알면서 상소를
제기하지 아니하여 판결이 확정된 경우[47] 등을 말한다. 재심사유는 당연히 상고이
유 및 심리속행사유에 해당한다고 할 수 있다.

(3) 그러나 소액사건의 경우에는 재심사유가 상고이유가 될 수 없으므로($^{소심}_{3조}$),
소액사건에 있어서 재심의 소의 보충성은 없다고 할 것이다.[48]

3. 민사소송법상의 각개의 재심사유

(1) 총   설

① 재심사유로서 민사소송법 제451조 1항에 11개의 사유를 제한적으로 열거하
고 있다. 이를 크게 분류하면 i) 소송절차에 중대한 흠이 있는 경우($^{1~3호}_{11호}$)와 ii) 중
대한 판단자료의 잘못이 있는 경우($^{4~}_{10호}$)로 나눌 수 있다. 전자는 그 흠이 판결에
영향을 미쳤는지 여부를 불문하고, 후자는 판결주문에 영향을 미칠 가능성이 있어
야 한다.

② 우리의 재심사유가 독일과 달리 너무 제한적이므로 완화할 필요성이 있다
는 견해가 있으나,[49] 이는 사법시스템의 큰 틀의 골격에 해당하는 부분이고, 현재
상고비율 자체가 상대적으로 높다는 점에서 재심의 폭을 넓히는 것은 매우 신중
해야 한다고 생각한다. 재심사유 중 제451조 1항 1, 2, 3호의 사유는 절대적 상고

---

46) 同旨: 이시윤, 937면.
47) 대판 1985. 10. 22, 84후68; 대판 1991. 11. 12, 91다29057; 대판 2011. 12. 22, 2011다
73540.
48) 同旨: 김홍엽, 1217면; 이시윤, 937면; 정동윤/유병현/김경욱, 973면; 한충수, 875면; 호문혁,
1045면.
49) 정동윤/유병현/김경욱, 974면.

이유 중 1, 2, 4호의 이유와 같다.

③ 재심사유 4호 내지 7호의 경우에는 범죄 또는 이에 준하는 가벌적 행위(可罰的 行爲)를 규정하고 있다. 특히 이 경우에는 해당 재심사유 외에 "유죄의 판결이나 과태료부과의 재판이 확정된 때 또는 증거부족 외의 이유로 유죄의 확정판결이나 과태료부과의 확정재판을 할 수 없을 때"에 한하여 재심의 소를 제기할 수 있다(451조 2항). 이를 증거확실의 원칙(Prinzip der Beweissicherheit)이라 한다.[50]

(a) 여기에서 범죄 등의 가벌적 행위와 확정재판 등의 증거와의 관계와 관련하여, i) 재심사유에는 범죄 등의 가벌적 행위만이 해당하고, 유죄의 확정판결 등은 재심의 소의 남용을 방지하기 위한 적법요건이라는 적법요건설(適法要件說)과 ii) 범죄 등의 가벌적 행위와 유죄 확정판결 등이 합체되어 재심사유라는 합체설(合體說)이 있다. 유죄의 확정판결 등이 없을 때에 전설(前說)에 의하면 재심의 소가 적법요건을 갖추지 못하였으므로 소를 각하하여야 하지만, 후설(後說)에 의하면 재심사유가 없는 경우로서 재심청구를 기각하여야 한다. 전설이 남재심 방지측면과 심리신속의 측면에서 타당하다고 사료되고,[51] 판례도 같다.[52]

(b) 특히 "증거부족 외의 이유로 유죄의 확정판결이나 과태료부과의 확정재판을 할 수 없을 때"라 함은 범인의 사망·심신장애,[53] 사면, 공소시효의 완성,[54] 기소유예의 처분[55] 등의 경우를 말하고, 소재불명으로 인한 기소중지,[56] 혐의 없음의 불기소처분[57] 등은 포함하지 아니한다. 증거부족 이외의 사유만 없었다면 유죄의 확정판결이나 과태료부과의 확정재판을 받을 수 있었는지 여부는 재심법원이 독자적인 증명에 의하여 이를 인정하면 되지만,[58] 그 증명책임은 재심원고에게 있다.[59]

---

50) 대판 2016. 1. 14, 2013다40070(판결의 증거가 된 문서가 위조나 변조되었음을 재심사유로 삼을 때 그 행위에 대하여 유죄의 확정판결이 없는 경우에는 증거부족 외의 이유인 공소시효의 완성 등으로 인하여 유죄의 확정판결을 받을 수 없다는 사실뿐만 아니라 그 사유만 없었다면 위조나 변조의 유죄의 확정판결을 받을 수 있었다는 점을 재심청구인이 증명하여야 함).

51) 同旨: 강현중, 1052면; 김홍엽, 1219면; 정동윤/유병현/김경욱, 974면; 한충수, 875면.

52) 대판 1983. 12. 27, 82다146; 대판 1989. 10. 24, 88다카29658.

53) 대판 1964. 5. 12, 63다859.

54) 대판 1975. 12. 23, 74다1398; 대판 1994. 1. 28, 93다29051; 대판 1997. 4. 11, 97다6599; 대판 2006. 10. 12, 2005다72508.

55) 대판 1960. 12. 27, 4292행상43.

56) 대판 1959. 7. 23, 4291민상444; 대판 1989. 10. 24, 88다카29658.

57) 대판 1975. 5. 27, 74다1144; 대판 1985. 11. 26, 85다418; 대판 1999. 5. 25, 99두2475.

58) 대판 1965. 6. 15, 64다1885; 대판 1982. 10. 26, 82므11.

59) 대판 2016. 1. 14, 2013다40070.

(c) 4~7호의 재심사유인 가벌적 행위는 그 적법요건(유죄의 확정판결이나 과태료부과의 재판이 확정된 때 또는 증거부족 외의 이유로 유죄의 확정판결이나 과태료부과의 확정재판을 할 수 없을 때)이 존재하는 그 자체로 재심의 소의 적법요건을 갖춘 것이고, 유죄의 확정판결 등에서 판단한 내용의 당부를 따질 필요 는 없다. 유죄의 확정판결 등의 적법요건은 소송요건으로서 본안판결의 요건이므로 재심의 소의 판결이 있을 때까지 갖추면 되고,[60] 최종 표준시는 사실심 변론종결 시까지라고 보아야 한다(통). 나아가 재심법원은 재심사유의 당부를 판단함에 있어서는 유죄의 확정판결 등의 판단 내용에 구애받음이 없이 재심법원이 자유심증에 따라 독자적으로 판단할 수 있다.[61]

(d) 그런데 4~7호의 범죄 등의 가벌적 행위가 상고이유로 주장되고(재심의 소에서 상고한 경우도 포함), 유죄의 확정판결 등의 제2항의 요건을 상고심 계속 중에 갖춘 경우에 상고심 스스로 재심사유를 심리할 수 있는지, 아니면 사건을 원심으로 환송하여야 하는지 문제이다. 4호 내지 7호의 재심사유는 직권조사사항이므로 상고심이 스스로 사실심리를 할 수 있다는 견해가 있다.[62] 그러나 설사 상고심에서 재심사유 유무에 대한 판단을 한다고 하여도 결국 본안의 심리 및 당부가 필요하고, 재심과 관련한 심급의 이익이 존재하는 것이므로 원심으로 환송하는 것이 타당할 것으로 본다.

(2) 제451조 1항 각호의 재심사유

민사소송법 제451조 1항 1호 내지 11호의 재심사유는 구체적으로 다음과 같다.

① 법률에 따라 판결법원을 구성하지 아니한 때($\frac{1}{호}$)

(a) "법률에 따라 판결법원을 구성하지 아니한 때"라고 함은 판결법원 구성이 위법한 것을 의미한다. 즉 법원조직법과 민사소송법 등 법률에 따라 판결법원을 구성하지 아니한 때를 말한다. 절대적 상고이유($\frac{424조}{1항 1호}$)에서 본 바와 같이 법률상 판사가 없는 상태에서의 재판진행(예: 합의부원 중 1인의 판사가 자리를 비운 상태에서의 재판진행, 판사가 잠자고 있는 상태에서 이루어진 재판진행 등), 기본적인 변론에 관여하지 않은 법관이 판결에 관여한 경우($\frac{204조}{1항}$), 법관이 바뀌었는데 갱신절차를

---

60) 대판 1972. 6. 27, 72므3; 대판 1983. 12. 27, 82다146; 대판 1989. 10. 24, 88다카29658.

61) 대판 1965. 6. 15, 64다1885.

62) 정동윤/유병현/김경욱, 975면. 그러나 적법요건설에 의하면 가벌적 행위 외에 유죄의 확정판결 등의 존재만이 재심의 소의 적법요건이고 재심사유 자체는 재심의 소의 청구의 당부에 관한 것이므로 직권조사사항은 아니라고 보아야 할 것이므로 본다.

밟지 아니한 경우($^{204조}_{2항}$) 등이 이에 해당한다.

(b) 대법원에서 종전의 판례변경을 하면서 전원합의체가 아닌 3인 이상의 대법관으로 구성된 소부($^{小部,\ 법조}_{7조\ 1항}$)에서 재판하면 본 호에 해당하지만,[63] 심리불속행판결을 소부에서 결정한 경우,[64] 하급심이 대법원 판례와 다른 견해를 취하여 재판한 경우[65] 등은 그러하지 아니하다.

② 법률상 그 재판에 관여할 수 없는 법관이 관여한 때($^{2}_{호}$)

(a) "법률상 그 재판에 관여할 수 없는 법관이 관여한 때"라고 함은 법률에 의하여 법관이 재판에 관여할 수 없음에도 관여한 경우이다. 절대적 상고이유($^{424조}_{1항\ 2호}$)에서 본 바와 같이, 제척이유($^{41}_{조}$) 또는 기피의 재판이 있는 법관($^{43}_{조}$), 파기환송 된 원판결에 관여한 법관($^{436조}_{3항}$) 등이 여기에 해당한다.

(b) 판결관여라는 것은 판결의 합의(合議) 및 판결원본 작성에 관여한 것을 의미한다. 단순히 선고에만 관여하였거나 판결 외의 직무수행에 관여한 것은 여기에 해당하지 아니한다. 그러나 재심의 대상인 원재판에 관여한 법관이 그 재심사건의 재판에 관여한 경우에는 본 호의 재심사유에 해당하지 아니한다.[66]

③ 대리권의 흠($^{3}_{호}$)

(a) 여기에서 대리권의 흠이라는 것은 "법정대리권·소송대리권 또는 대리인이 소송행위를 하는 데에 필요한 권한의 수여에 흠이 있는 때"를 의미한다.

본호는 절대적 상고이유($^{424조}_{1항\ 4호}$)에서 본 바와 같이 i) 대리인에게 대리권이 없는 경우($^{3}_{호}$), ii) 대리권은 있으나 특별한 권한의 수여를 받아야 하는데 그렇지 못한 경우($^{56조\ 2항}_{90조\ 2항}$), iii) 소송제한능력자가 법정대리인에 의하지 아니하고 스스로 소송행위를 한 경우 등이 여기에 해당한다. 또한 대리권의 흠에는 법인의 대표권의 흠도 포함된다. 무권대리인(무권대표자)이 대리인(대표자)로서 본인을 위하여 실질적 소송행위를 하였을 경우뿐만 아니라 대리권(대표권)의 흠결로 인하여 본인이나 그의 소송대리인이 실질적인 소송행위를 할 수 없었을 경우도 이에 해당한다.[67] 실

---

63) 대판 1980. 5. 27, 79사11; 대판 1982. 9. 28, 81사9; 대판 1982. 12. 28, 82사13; 대판 1987. 5. 12, 86무2; 대판 2000. 5. 12, 99재다524; 대판(전) 2000. 5. 18, 95재다199; 대판(전) 2011. 7. 21, 2011재다199.

64) 대판 1997. 6. 13, 97재다94.

65) 대판 1996. 10. 25, 96다31307.

66) 대판 1971. 5. 11, 71사27; 대판 1986. 12. 23, 86누631; 대판 2000. 8. 18, 2000재다87.

67) 대판 1994. 1. 11, 92다47632.

무상 많이 문제되는 재심사유이다.

(b) 본호는 당사자의 절차권이 침해된 경우를 보호하기 위한 것으로 당사자가 변론과정에서 공격방어방법을 제출할 기회를 부당하게 박탈당한 경우에 많이 유추될 수 있다. 또한 본호의 재심사유는 대리권의 흠이 있는 쪽의 당사자를 보호하기 위한 제도이므로 그 상대방이 본호를 재심사유로 삼기 위하여는 본호의 사유를 주장함으로써 이익을 받을 수 있는 경우로 제한된다.[68][69]

(c) 본호에 해당하는 경우로는 본인의 의사와 관계없이 선임된 대리인의 대리행위,[70] 소송위임장을 위조한 경우,[71] 성명모용자에 의한 소송수행,[72] 당사자의 사망을 간과한 판결 선고,[73] 일방 당사자에 대하여 회생절차 개시결정이 있었는데 간과하여 판결을 선고한 경우,[74] 주식회사의 대표이사가 금원을 차용함에 있어 주주총회의 특별결의 없이 제소전화해를 한 경우,[75] 비법인사단의 대표자가 사원총회의 결의 없이 총유물의 처분에 관한 소송행위를 한 경우,[76] 변론기일에 책임질 수 없는 사유로 불출석하였음에도 그대로 판결한 경우[77] 등이 있다. 또한 사무원도 아닌 송달권한이 없는 자에 대한 인지보정명령의 송달에 따른 상고장각하명령,[78] 종중의 참칭대표자에 대한 판결정본의 송달,[79] 우편배달부의 소송기록통지서의 잘못 배달로 상고이유서제출기간을 도과하여 상고기각 된 경우[80] 등도 적법한 권한이 없는 자에 대한 송달이므로 본 호의 적법한 재심사유에 해당한다. 그러나 송달이 무권대리인에게 되었다고 하여도 본인이나 적법한 대리인이 실질적인 소송행위를 할 기회가 박탈되지 아니한 경우에는 본 호의 재심사유에 해당하지 아니한다.[81] 또한 원고가 피고의 주소를 허위로 적어 제소하고, 그 송달을 피

---

68) 대판 1967. 2. 28, 66다2569; 대판 1983. 2. 8, 80사50; 대판 1990. 11. 13, 88다카26987; 대판 2000. 12. 22, 2000재다513.

69) 대판 1983. 2. 8, 80사50; 대판 2000. 12. 22, 2000재다513.

70) 대판 1974. 5. 28, 73다1026.

71) 대판 1977. 1. 11, 76다333.

72) 대판 1964. 11. 17, 64다328.

73) 대판(전) 1995. 5. 23, 94다28444; 대판 2003. 11. 14, 2003다34038; 대판 2013. 4. 11, 2012재두497.

74) 대판 2012. 3. 29, 2011두28776.

75) 대판 1980. 12. 9, 80다584.

76) 대판 1999. 10. 22, 98다46600.

77) 대판 1997. 5. 30, 95다21365(책임질 수 없는 사유로 항소장 부본부터 공시송달의 방법으로 송달된 경우임); 대판 2012. 10. 11, 2012므2918, 2925.

78) 대판 1982. 11. 24, 81사6.

79) 대판 1994. 1. 11, 92다47632.

80) 대판 1998. 12. 11, 97재다445.

고가 아닌 참칭대리인(잠칭대표자)에게 송달되어 자백간주로 원고승소판결을 받은 경우에도 송달대리권의 흠이 있다고 하여 본호의 재심사유가 된다.[81] 그런데 다만 동일한 자백간주의 원고승소판결에 대하여 참칭대리인이 아닌 참칭 피고에게 송달한 경우에 문제된다. 판례는 송달 자체가 무효이므로 항소의 대상일 뿐이라고 보고 있지만,[83] 피고 측의 절차관여권의 완전한 배제로 자백간주의 원고승소판결이 이루어진 점에서 본호의 재심사유를 확대해석 하여 적용하는 것도 가능할 것이고, 피고의 절차관여권의 침해정도가 가장 심한 경우이므로 구제수단을 3호와 11호 후단, 항소의 수단을 모두 인정하는 것이 타당할 것이다. 3호를 인정할 경우에는 재심의 제소기간 및 제척기간의 적용을 배제하는 것도 생각할 수 있다고 본다.[84]

(d) 대리권의 흠은 판결 확정 후라도 본인이 추인하면($^{60,}_{97조}$) 재심사유가 되지 아니한다($^{451조 1항}_{3호 단서}$). 특히 특별수권의 흠은 제451조 1항 3호의 대리권의 흠에는 포함되지만, 전혀 대리권을 갖지 아니한 자가 소송행위를 한 대리권 흠결의 경우와 달라서 제457조가 적용되지 아니하여 출소기간 30일 또는 제척기간 5년이라는 재심제기의 기간의 제한($^{456}_{조}$)을 받는다.[85]

④ 재판에 관여한 법관이 그 사건에 관하여 직무에 관한 죄를 범한 때($^4_호$)

"재판에 관여한 법관이 그 사건에 관하여 직무에 관한 죄를 범한 때"라고 함은 재판에 관여한 법관이 그 사건에 관하여 직무상의 범죄를 저지른 때를 말한다. 즉 법관이 담당사건과 관련하여 수뢰죄, 공문서위조죄 등을 범한 경우이다. 그러나 재심소장의 검토만으로 재심사유가 없을 경우에 더 나아가 기록검토 없이 재

---

81) 대판 1966. 4. 19, 66다308; 대판 1992. 12. 22, 92재다259; 대판 2007. 7. 12, 2005다10470(공동이해관계가 없는 자가 선정당사자로 선정되어 청구인낙한 경우, 선정자가 스스로 선정행위를 하였다면 그 선정자로서는 실질적인 소송행위를 할 기회(또는 적법하게 소송에 관여할 기회)를 박탈당한 것이 아니므로 제3호의 재심사유에 해당하지 아니함).

82) 대판 1994. 1. 11, 92다47632; 대판 1994. 1. 11, 93다28706; 대판 1996. 5. 31, 94다55774.

83) 대판(전) 1978. 5. 9, 75다634. 이 경우 법문상 11호 후단의 허위주소의 제소 또는 5호 후단(다른 사람의 형사상 처벌받을 행위로 인한 공격방어방법의 제출방해)에 해당할 수도 있으나, 제3호의 재심사유로 볼 여지도 있다고 본다. 그러나 판례는 5호 후단의 사유에는 해당할 수 있으나, 3호 또는 11호 후단에는 해당하지 아니한다고 하여 문제가 있다고 사료된다. 대판 1994. 12. 22, 94다45449.

84) 同旨: 이시윤, 940면.

85) 대판 1980. 12. 9, 80다584(주식회사의 대표이사가 금원을 차용함에 있어 주주총회의 특별결의 없이 제소전화해를 한 경우); 대판 1994. 6. 24, 94다4967; 대판 1999. 10. 22, 98다46600(비법인사단의 대표자가 사원총회의 결의 없이 총유물의 처분에 관한 소송행위를 한 경우).

심청구를 기각한 경우에는 이에 해당하지 아니한다.[86] 재심법원이 재심사유를 검토하기 위해서는 재심의 적법요건으로 유죄의 확정판결 등의 존재가 필요하다 ($\frac{451조}{2항}$).

⑤ 형사상 처벌을 받을 다른 사람의 행위로 인한 자백 또는 판결에 영향을 미칠 공격 또는 방어방법의 제출방해($\frac{5}{호}$)

본호는 범죄행위로 인한 변론권과 증명권이 침해된 경우를 구제하기 위한 것이다.

ⅰ) '형사상 처벌을 받을 행위'라 함은 형법뿐만 아니라 특별형법을 포함한 형사법상의 범죄행위를 의미하므로, 단순히 경범죄처벌법 위반행위나 질서벌에 해당하는 행위는 포함되지 아니한다.[87] 또 방해행위 자체에 대하여 형사상 처벌받는 경우뿐만 아니라 관련행위로 공정증서원본부실기재죄, 횡령죄 등으로 처벌되는 경우도 포함한다.[88]

ⅱ) 여기에서 '다른 사람'이란 상대방 당사자 또는 제3자를 의미하며, 제3자에는 당사자의 근친자 또는 법정대리인, 소송대리인, 주식회사의 실질적 대표자[89]가 포함된다.

ⅲ) 다른 사람의 범죄행위와 당사자의 자백 또는 공격방어방법의 제출이 방해받은 사실, 불리한 판결 사이에 인과관계가 필요하다. 그러나 이러한 범죄행위가 직접적인 원인이어야 하고, 간접적인 원인인 경우에는 포함되지 않는다.[90] 당사자의 대리인이 범한 배임죄가 재심사유가 되려면 단순히 배임죄로 유죄판결을 받은 것만으로 충분하지 않고 대리인의 배임행위에 소송상대방 또는 그 대리인이 통모하여 가담한 경우에 자백에 준하여 재심사유에 해당된다.[91]

---

86) 대판 2000. 8. 18, 2000재다87.

87) 同旨: 강현중, 1059면; 김홍규/강태원, 876면; 이시윤, 940면; 정동윤/유병현/김경욱, 976면 등(통설임).

88) 대판 1969. 4. 29, 69사36(자백간주판결을 받아 등기함으로써 공정증서원본부실기재죄로 처벌받은 경우); 대판 1985. 1. 29, 84다카1430(제3자가 소송계속 중에 공격방어방법이 담긴 합의각서의 반환을 거부하였다 하여 횡령죄로 유죄확정판결을 받은 경우).

89) 대판 2012. 6. 14, 2010다86112(재심청구한 당사자인 주식회사의 실질적 대표자가 상대방으로부터 금품을 받기로 하고 항소를 취하한 경우).

90) 대판 1979. 5. 15, 78다1094(형사상 처벌이 가능하나 공소시효로 처벌이 어렵게 된 상대방의 위조문서 제출에 따른 감정결과 불리하게 나오자 패소할 것을 염려한 나머지 재판상 화해를 하였으나 그후 수사기록을 보고 위조된 사실을 알게 된 경우에는 간접적인 원인으로 재심사유가 되지 아니함); 대판 1995. 4. 28, 95다3077(국가소송수행자가 해당 소송담당과장이 환매하기로 이미 결정되었다고 하여 청구인낙 하였는데, 위 과장이 뇌물을 받기로 공모하고 한 행위로서 유죄의 형사처벌을 받은 경우라면 직접적인 원인에 해당하여 준재심의 대상이 됨).

ⅳ) 본호의 판결에 영향을 미칠 공격방어방법의 제출제한에서의 '공격방어방법'에는 판결에 영향을 미칠 주장·답변·항변뿐만 아니라 증거방법도 포함한다. 여기에 해당하는 증거방법으로는 판결에 영향을 미칠 문서의 절취·강탈, 손괴 및 반환거부[92] 외에 증인의 감금을 통한 증언의 방해 등 증명방해를 포함한다.

ⅴ) 그러나 형사상 처벌을 받을 타인의 행위로 인하여 판결에 영향을 미칠 공격 또는 방어방법의 '제출이 방해된 때'라 함은 타인의 형사처벌을 받을 행위로 인하여 당해 소송절차에서 당사자의 공격, 방어방법 제출이 직접 방해받은 경우를 말하는 것이고, 당해 소송절차와 관계없이 타인의 범죄행위로 인하여 실체법상의 어떤 효과발생이 저지되었다든가, 어떤 사실이 조작되었기 때문에 그 결과 법원이 사실인정을 그르치게 된 경우까지를 포함한다고는 해석할 수 없다.[93] 원고가 법원을 기망하여 공시송달 또는 자백간주를 통하여 판결을 편취한 경우에 원고가 사기죄로 처벌되었다면 본호 후단과 11호 전단(공시송달의 경우)[94] 및 후단(자백간주의 경우)에 해당한다고 볼 수 있다. 그러나 판례는 자백간주의 경우에는 항소의 대상일 뿐이고 본호 후단 및 11호 후단의 재심사유에 해당하지 아니한다고 한다.[95] 11호 후단에 관한 대법원의 해석은 명문규정에 반하는 것으로 바뀌어야 할 것으로 생각한다.[96]

⑥ 판결의 증거가 된 문서 등의 위조·변조($\frac{6}{호}$)

(a) 판결의 증거가 된 문서 등의 위조·변조라 함은 '판결의 증거가 된 문서, 그 밖의 물건이 위조되거나 변조된 것인 때'를 의미한다. 여기에서 '판결의 증거가 된 문서 등'이라 함은 해당 위조·변조 문서 등이 판결주문의 이유가 된 사실인정의 직접적 또는 간접적인 자료로 제공되었고, 법원이 그 위조문서 등을 참작하지 않았더라면 당해 판결과는 다른 판결을 하였을 개연성이 있는 경우를 말한다.[97]

---

91) 대판 2012. 6. 14, 2010다86112(대리인이 한 소송행위의 효과를 당사자본인에게 귀속시키는 것이 절차적 정의에 반하여 도저히 수긍할 수 없다고 볼 정도로 대리권에 실질적인 흠이 발생한 경우임).

92) 대판 1985. 1. 29, 84다카1430.

93) 대판 1982. 10. 12, 82다카664[채권양도인인 소외(갑)이 채무자인 피고에게 배달된 내용증명 우편(채권양도통지)을 피고가 읽기도 전에 찢어버린 행위는 그로 인하여 채권양도통지의 효력발생이 저지되었고 그럼에도 불구하고 채권양도가 된 것처럼 보였기 때문에 법원이 사실인정을 잘못하게 된 경우는 당해 절차와 관련이 없어 본호의 재심사유에 해당하지 아니함].

94) 대판 1997. 5. 28, 96다41649.

95) 대판(전) 1978. 5. 9, 75다634; 대판 1994. 12. 22, 94다45449.

96) 同旨: 정동윤/유병현/김경욱, 981면.

97) 대판 1997. 7. 25, 97다15470.

따라서 위조·변조된 문서 등이 설사 법관의 심증에 영향을 주었을 것으로 추측되더라도 사실인정 자체의 자료로 채택되지 아니한 때에는 포함되지 아니한다.[98]

(b) 여기의 문서에는 공문서·사문서 모두 포함된다. 본호의 '위조'에는 형사상 처벌될 수 있는 허위공문서작성이나 공정증서원본불실기재도 포함되지만,[99] 형사상 범죄를 구성하지 아니하는 무형위조[100] 또는 당사자의 거짓 주장이 기재된 변론조서[101]는 여기에 해당하지 아니한다. 본호는 제7호와 같이 사실심판결에 대한 재심사유이지 상고심에 대한 것이 아니라고 할 것이다.[102]

⑦ **증인 등의 허위진술**($\frac{7}{호}$)

(a) 증인 등의 허위진술이란 '증인·감정인·통역인의 거짓 진술 또는 당사자신문에 따른 당사자나 법정대리인의 거짓 진술이 판결의 증거가 된 때'를 의미한다. 여기에서 '증인 등의 허위진술'은 직접 재심대상이 된 소송사건을 심리하는 법정에서 허위로 진술한 경우를 의미한다.[103] 재심사유인 '증인 등의 허위진술이 판결의 증거가 된 때'라 함은 판결주문에 영향을 미치는 사실인정의 자료로 제공된 경우를 말하는 것으로서, 사실인정의 자료가 되는 직접적인 증거가 되는 경우는 물론 간접적인 증거가 된 경우도 포함한다. 만약 그 허위진술이 없었더라면 판결의 주문이 달라질 수도 있을 것이라는 일응의 개연성이 있는 경우를 말하고 변경의 확실성을 요구하는 것은 아니다. 따라서 허위진술이 직접증거뿐만 아니라 대비증거로 사용되어 간접적으로 판결주문에 영향을 미친 경우도 포함한다.[104] 그러나 그 허위진술을 제외한 나머지 증거들만에 의하여도 판결주문에 아무런 영향도 미치지 아니하는 경우에는 비록 허위진술이 위증으로 유죄의 확정판결을 받았다 하

---

98) 대판 1963. 10. 31, 63다458; 대판 1968. 5. 21, 68다245, 246; 대판 1992. 11. 10, 91다27495; 대판 1997. 7. 25, 97다15470.

99) 대판 1982. 9. 28, 81다557; 대판 1997. 7. 25, 97다15470.

100) 대판 1974. 6. 25, 73다2008; 대판 1995. 3. 10, 94다30829; 대판 2006. 5. 26, 2004다54862.

101) 대판 1965. 1. 26, 64다1337.

102) 대판 2000. 4. 11, 99재다746.

103) 대판 1977. 7. 12, 77다484; 대판 1979. 8. 21, 79다1067; 대판(전) 1980. 11. 11, 80다642; 대판 1998. 3. 24, 97다32833[대판(전) 1980. 11. 11, 80다642; 대판 1998. 3. 24, 97다32833에서는 서로 관련된 두 사건을 같은 법원에서 병행심리 도중 그 두 사건에 대한 증인으로 한 사람을 채택하여 그 증인이 두 사건에 관하여 동시에 같은 내용의 증언을 하고 그 두 사건 중의 하나의 사건에 관한 증언이 위증으로 확정된 경우에는 그 증인의 위증은 그 사건에 관한 재심사유가 될 뿐이고 동시 진행된 다른 사건의 재심사유는 될 수 없다고 함], 대판 1997. 3. 28, 97다3729.

104) 대판 1989. 11. 28, 89다카13803; 대판 1991. 4. 23, 90다카23455; 대판 1995. 4. 14, 94므604; 대판 2001. 6. 15, 2000두2952.

더라도 판결의 주문이 달라질 일응의 개연성이 존재하지 아니하면 재심사유에 해당되지 아니한다.[105]

(b) 판례는 판결이유에 가정적 또는 부가적으로 인용된 때,[106] 주요사실의 인정과 관계없을 때,[107] 다른 사건에서 허위증언 한 내용이 기재된 증인신문조서가 재심대상의 판결의 증거로 채택된 경우[108] 등은 이에 해당하지 아니한다고 한다. 판례 중 다만 다른 사건에서 허위증언 한 내용이 기재된 증인신문조서가 재심대상의 판결의 증거로 채택되어 판결주문의 변경가능성이 있어도 본호에 해당하지 아니한다고 하나,[109] 이는 실질적으로 본호의 허위진술과 차이가 없으므로 본호의 사유에 해당할 수 있다고 보는 것이 타당하다고 본다.[110]

⑧ 판결의 기초된 재판 또는 행정처분이 뒤에 변경된 경우(⁸ₒ)

판결의 기초가 된 민사나 형사판결, 그 밖의 재판 또는 행정처분이 다른 재판이나 행정처분에서 바뀐 경우를 말한다.

(a) '판결의 기초가 되었다' 함은 재심대상판결을 한 법원이 그 재판이나 행정처분에 법률적으로 구속되어 재판하였거나 또는 그 재판이나 행정처분의 인정사실 및 판단을 원용하여 사실인정을 한 경우로서 그 재판 등의 변경이 확정판결의 사실인정에 영향을 미칠 가능성이 있는 경우를 말한다.[111] 예컨대 재심대상판결의 사실인정의 증거로 사용된 형사판결이 나중에 무죄로 된 경우,[112] 제권판결(除權判決)로 어음금청구를 기각하였는데 재심대상판결 확정 후에 취소된 경우[113] 등이 여기에 해당한다. 최근 판례는 여러 개의 유죄판결이 재심대상판결의 기초가 되었는데 이후 각 유죄판결이 형사재심을 통하여 무죄판결로 확정된 경우에는 특별한 사정이 없는 한 각각의 무죄판결은 별개의 독립된 재심사유가 되고, 이는 각 유죄판결에 대하여 형사재심에서 인정된 재심사유가 공통된다거나 무죄판결의 이유가 동일하다고 하더라도 마찬가지라고 하였다.[114]

---

105) 대판 1972. 6. 27, 72다663; 대판 1975. 7. 22, 74다1643; 대판 1981. 12. 22, 81다720; 대판 1987. 6. 23, 87다카356; 대판 1991. 11. 8, 90다12861.
106) 대판 1983. 12. 27, 82다146.
107) 대판 1988. 1. 19, 87다카1864; 대판 1993. 6. 11, 93므195.
108) 대판 1977. 7. 12, 77다484; 대판 1979. 8. 21, 79다1067; 대판 1997. 3. 28, 97다3729.
109) 대판(전) 1980. 11. 11, 80다642; 대판 1998. 3. 24, 97다32833.
110) 同旨: 정동윤/유병현/김경욱, 978면.
111) 대판 1965. 1. 28, 64다1377; 대판 1982. 5. 11, 81후42; 대판 1983. 4. 26, 83사2; 대판 2005. 6. 24, 2003다55936; 대판 2015. 12. 23, 2013다17124; 대판 2019. 10. 17, 2018다300470.
112) 대판 1983. 4. 26, 83사2; 대판 1993. 6. 8, 92다27003.
113) 대판 1991. 11. 12, 91다25727.

(b) 여기에서 '재판'이라 함은 민·형사판결, 가사판결·심판, 가압류·가처분 결정, 비송재판도 포함한다. '행정처분'은 재판기관에 의한 것이든 행정관청에 의하든 무방하다.

(c) '변경'은 재심대상판결 확정 후일 것을 요하고, 그것은 확정적이고 소급적인 변경이어야 한다.[115] 여기서 재판이나 행정처분(이하, 재판이라 함)이 판결의 기초가 되었다는 것은 재판이 확정판결에 법률적으로 구속력을 미치는 경우뿐만 아니라 재판이 확정판결에서 사실인정의 증거자료가 되었고 그 재판의 변경이 확정판결의 사실인정에 영향을 미칠 가능성이 있는 경우를 말한다.[116] 그러나 행정처분이 당연무효인 경우,[117] 법령[118] 또는 판례[119]의 변경, 법규에 대한 위헌판단, 특허무효심판에 대한 심결취소소송의 사실심 변론종결 이후에 특허발명의 명세서 또는 도면에 대하여 정정을 한다는 심결이 확정된 경우[120] 등은 재심사유에 해당하지 아니한다.

⑨ 판결에 영향을 미칠 중요한 사항에 관한 판단의 누락(9호)

(a) 판결에 영향을 미칠 중요한 사항에 관하여 판단을 누락한 때를 말한다. '중요한 사항에 관한 판단의 누락'이란 법원이 당사자가 주장한 공격방어방법에 관한 판단 또는 당사자가 직권조사사항의 조사를 촉구한 사항[121]에 대한 판단을 판결이유에 밝히지 아니한 경우로서, 판결주문(판결결론)에 영향이 있는 때를 말한다.[122] 그러나 당사자가 구두변론에서 주장하거나 또는 법원의 직권조사를 촉구하

---

114) 대판 2019. 10. 17, 2018다300470.

115) 대판 1981. 1. 27, 80다1210, 1211; 대판 1987. 12. 8, 87다카2088; 대판 2001. 12. 14, 2000다12679; 대결 2007. 11. 15, 2007재마26.

116) 대판 2015. 12. 23, 2013다17124; 대판 2019. 10. 17, 2018다300470; 대판(전) 2020. 1. 22, 2016후2522.

117) 대판 1977. 9. 28, 77다1116.

118) 대판 1983. 6. 14, 83사6.

119) 대판 1987. 12. 8, 87다카2088.

120) 대판(전) 2020. 1. 22, 2016후2522(다만 특허법과 일반 소송의 원칙에 따라 재심사유가 있다고 보아야 한다는 별개의견이 있다). 사안은 특허무효심판에 대한 심결취소소송의 상고심에 계속 중에 재심사유를 이유로 상고한 경우이다. 종전에는 특허무효심판이나 권리범위 확인심판 등에 관한 심결취소소송, 특허권 침해로 원인으로 한 민사소송, 특허무효심판절차와 별개로 진행되는 정정심결의 확정은 8호 재심사유에 해당한다고 하였으나 위 전원합의체 판결로 변경되었다. 변경된 판결로는 대판 2001. 10. 12, 99후598, 대판 2008. 7. 24, 2007후852, 대판 2010. 9. 9, 2010후36(이상 심결취소소송 중), 대판 2004. 10. 28, 2000다69194(특허권 침해를 원인으로 한 민사소송 중), 대판 2006. 2. 24, 2004후3133(특허무효심판절차 중)이 있다.

121) 대결 1982. 12. 29, 82사19; 대판 1994. 11. 8, 94재누32; 대결 2004. 9. 13, 2004마660.

122) 대판 1984. 2. 28, 83사5; 대판 1998. 2. 24, 97재다278; 대판 2000. 7. 6, 2000재다193, 209.

지 아니한 사항은 이에 해당하지 아니한다.[123) 따라서 판단은 있으나 당사자의 주장의 배척근거 및 판단근거를 일일이 설시하지 아니한 경우,[124) 판단내용의 잘못,[125) 법리의 오해라는 주장을 판단하지 아니한 것[126) 등은 여기에 해당하지 아니한다.

(b) 재판의 누락($\frac{212}{조}$)은 추가판결의 대상이지 재심사유에 해당하지 아니한다.[127) 소각하판결의 경우에 있어서 본안판단의 생략,[128) 심리불속행사유에 해당하여 상고기각 판결을 하면서 이유의 생략[129) 등은 본 호의 판단누락에 해당하지 아니한다. 다만 적법한 상고이유서 제출기간 내에 상고이유서가 제출되었음에도 착오로 그 제출이 없다고 하여 상고기각을 한 경우는 본호의 판단누락에 해당하여 재심으로 취소할 수 있다.[130)

⑩ 확정판결에 어긋나는 때($\frac{10}{호}$)

(a) 재심을 제기할 판결이 전에 선고한 확정판결에 어긋나는 때를 말한다. 본호는 확정판결의 모순·저촉을 방지하기 위한 규정으로 재심을 제기할 판결이 전에 선고한 확정판결에 어긋나는 때이다. 즉 재심을 제기할 판결이 전의 확정판결과 모순되는 경우에 나중에 확정된 판결인 재심대상판결을 재심의 소를 통하여 취소할 수 있다는 것이다.

(b) '전에 선고한 확정판결에 어긋나는 때'라 함은 전에 확정된 기판력 있는 종국판결로서 그 효력이 당사자에게 미치는 경우를 말한다.[131) 기판력이 저촉되는 두 개의 판결이 존재하는 경우에 뒤의 판결을 재심을 통하여 취소할 수 있도록 함으로써 기판력의 모순·저촉을 방지하려는 것이다. 따라서 전후 두 판결이 모두 원고의 청구를 기각하는 경우에는 서로 어긋나는 것이라 할 수 없다.[132) 여기

---

123) 대결 2004. 9. 13, 2004마660.
124) 대판 1990. 9. 25, 90재다26; 대판 1991. 12. 27, 91다6528, 6535; 대판 2000. 11. 24, 2000 다47200; 대판 2002. 1. 25, 99다62838; 대판 2005. 1. 28, 2003재다415; 대판 2006. 12. 8, 2005 재다20.
125) 대판 1983. 4. 12, 82사9.
126) 대판 1969. 12. 9, 69다1637.
127) 同旨: 강현중, 1066면; 이시윤, 944면; 정동윤/유병현/김경욱, 979면.
128) 대판 1997. 6. 27, 97후235.
129) 대판 1996. 2. 13, 95재누176; 대판 1997. 5. 7, 96재다479; 대판 2009. 2. 12, 2008재다 502; 대판 2017. 7. 18, 2016재두5056.
130) 대판 1998. 3. 13, 98재다176.
131) 대판 1998. 3. 24, 97다32833; 대판(전) 2011. 7. 21, 2011재다199.
132) 대판 2001. 3. 9, 2000재다353.

에서 전에 선고된 확정판결에는 확정판결과 같은 효력을 가지는 청구의 포기·인낙조서·화해조서($^{220}_{조}$), 조정조서($^{민조\ 28}_{29조}$), 외국판결($^{217}_{조}$), 중재판정($^{중}_{35조}$) 등과 어긋나는 경우에도 재심사유에 해당한다.

(c) 재심대상판결의 기판력이 그 이전의 확정판결의 기판력과 저촉되는 경우를 말한다. 재심대상판결이 후의 확정판결임을 의미한다. 따라서 재심대상판결이 그 이후의 확정판결과 어긋나는 경우에는 그렇지 아니하다.[133]

(d) 기판력이 저촉되어야 하므로 당사자가 같아야 한다. 당사자가 달라 기판력의 효력이 미치지 아니하는 경우에는 해당되지 아니한다.[134]

(e) 기판력에 저촉하기 위하여는 소송물이 동일하여야 한다.[135] 소송물의 범위에 관하여는 소송물이론에 따라 차이가 있다. 신소송물론 중 일지설(一肢說)의 소송물이 가장 넓게 되므로 저촉가능성이 가장 많고, 구소송물이론은 청구원인에 따라 소송물의 범위가 좁아져 저촉가능성이 상대적으로 적다. 판례는 구소송물이론에 따르고 있다. 구소송물이론은 청구원인이 달라지면 소송물을 달리하기 때문에 저촉되지 아니하며,[136] 신소송물론 중 이지설(二肢說)은 청구원인이 달라도 사실관계가 같으면 소송물이 같아 저촉된다.

⑪ 공시송달 또는 자백간주에 의한 판결편취($^{11}_{호}$)

(a) 당사자가 상대방의 주소 또는 거소를 알고 있었음에도 있는 곳을 잘 모른다고 하거나(공시송달), 주소나 거소를 거짓으로 하여 소를 제기한 때(자백간주 판결)를 의미한다. 본호는 상대방의 주소를 허위로 하여 행한 공시송달 또는 자백간주에 의한 사위판결(詐僞判決)에 대한 규제규정이다.

(b) 본호 전단(前段)의 '당사자가 상대방의 주소 또는 거소를 알고 있었음에도 있는 곳을 잘 모른다고 한 경우'는 상대방의 주소를 알면서도 모르는 것으로 소를 제기하여 소장 등을 송달불능하게 하여 공시송달로 소송절차를 진행하여 승소판결을 받는 경우를 말한다(공시송달에 의한 판결편취). 본호 후단(後段)의 '주소나 거소를 거짓으로 하여 소를 제기한 때'라 함은 상대방의 주소를 알면서 거짓주소를 적어 소제기를 하고, 소장 등이 거짓주소로 송달되면 다른 사람으로 하여금 피고

---

133) 대판 1981. 7. 28, 80다2668.
134) 대판 1985. 4. 27, 85사9; 대판 1987. 5. 12, 86무2; 대판 1994. 8. 26, 94재다383; 대판 1998. 3. 24, 97다32833.
135) 대판(전) 1966. 1. 20, 64다496; 대판 1990. 3. 9, 89재다카140; 대판 1993. 10. 26, 93재다300.
136) 대판 1968. 4. 23, 68사13.

처럼 이를 송달받게 하여 구법 하에서는 피고의 변론기일 불출석을 통한 자백간주의 원고승소의 사위판결 또는 신법 하에서는 답변서 부제출에 따른 무변론판결을 통한 원고승소의 사위판결을 받는 경우를 말한다(자백간주에 의한 판결편취). 11호 전·후단의 경우는 3호(대리권의 흠), 5호 후단(판결에 영향을 미칠 공격 또는 방어방법의 제출방해)의 사유에도 해당할 수 있다. 다만 3호로 재심청구 하는 경우 출소기간과 제척기간의 제한을 받지 아니할 수 있고, 5호 후단의 경우에는 제451조 제1항의 유죄의 확정판결 등을 요건이 필요하게 된다.

(c) 그런데 대법원은 본호 전단의 공시송달에 의한 판결편취일 경우에는 판결정본의 송달이 유효한 것으로 보아 본호에 의한 재심과 상소의 추후보완($^{173}_{조}$)을 인정하고 있다.[137] 반면 본호 후단의 자백간주에 의한 판결편취의 경우에는 판결정본 자체의 송달이 무효라서 판결이 확정되지 아니하였으므로 항소를 통하여 다툴 수 있고 본호 후단의 사유로 재심을 청구할 수 없다고 본다($^{항소}_{설}$).[138] 대법원 전원합의체 1978. 5. 9, 75다634 판결의 취지가 자백간주에 의한 판결편취의 경우 그 구제범위를 넓히기 위한 선의의 판결이라는 점은 인정하지만, 본호 후단에 따른 재심청구를 구태여 막을 필요까지는 없다고 생각한다. 본호 후단으로 재심청구하는 것이 제소기간 또는 제척기간에 걸려서 어려운 경우에 3호(대리권의 흠) 또는 항소로 구제받는 길을 열어주면 될 것이다. 그럼에도 불구하고 대법원의 위 전원합의체 판결과 같은 법해석은 명문의 법규정에 반하여 당사자에게 불리하게 해석하는 것은 잘못된 것으로 보아야 할 것이다.[139] 구체적인 사안에 추상적인 법규를 적용한 결과 부당한 결과가 나타나는 경우에 그 사안에 대하여 민사소송법 제1조 제2항의 신의칙에 따라 그 적용을 거부할 수 있으나(신의칙의 수정기능), 그런 사안이 아님에도 이를 전면적으로 부정하는 것은 법해석 기관인 대법원이 일종의 법창조의 역할을 하는 것이므로 삼권분립의 원칙에 비추어 매우 신중히 하여야 할 것으로 본다.

4. 특별법상의 재심사유

특별법상의 재심사유로는 헌법재판소법상의 헌법소원 인용재심($^{헌재 75}_{조 7항}$), 상법상의

---

137) 대판 1980. 7. 8, 79다1528; 대판 1984. 9. 25, 84므53; 대판 1985. 8. 20, 85므21; 대판 2011. 12. 22, 2011다73540.
138) 대판(전) 1978. 5. 9, 75다634; 대판 1994. 12. 22, 94다45449.
139) 同旨: 이시윤, 678면, 946면; 정동윤/유병현/김경욱, 981면.

사해재심($^{상}_{406조}$), 행정소송법상의 제3자 재심($^{행소}_{31조}$)이 있다. 그중 헌법소원 인용재심, 상법상의 사해재심은 민사소송과 관련된다. 민사소송법상의 재심사유와 별도의 재심사유이다. 확정판결 등의 요건과 제소기간의 제한 등 별도의 규정이 없으면 민사소송법상의 유사한 재심사유에 준하여 처리하면 될 것이다.

(1) 헌법재판소법상의 헌법소원 인용재심

법률의 위헌여부심판의 제청신청이 기각되어 헌법재판소에 헌법소원($^{헌재 68}_{조 2항}$)을 청구하여 인용되었으나 헌법소원과 관련된 소송사건이 이미 확정된 경우에는 당사자는 재심을 청구할 수 있다($^{헌재 75}_{조 7항}$). 판례는 한정위헌결정인 경우에는 재심사유가 아니라고 하지만[140] 한정위헌의 취지에 따라 재심을 인정해야 할 것이다.[141]

(2) 상법상의 사해재심(詐害再審)

주주대표소송에서 원고인 소수주주(발행주식의 총수의 100분의 1 이상에 해당하는 주식을 가진 주주)와 피고인 이사가 공모(共謀)하여 소송의 목적인 회사의 권리를 사해할 목적으로써 판결을 하게 한 때에는 회사 또는 주주는 확정된 종국판결에 대하여 재심의 소를 제기할 수 있다($^{상}_{406조}$).

(3) 행정소송법상의 제3자 재심

처분 등을 취소하는 판결에 의하여 권리 또는 이익의 침해를 받은 제3자는 자기에게 책임 없는 사유로 소송에 참가하지 못함으로써 판결의 결과에 영향을 미칠 공격 또는 방어방법을 제출하지 못한 때에는 이를 이유로 확정된 종국판결에 대하여 재심의 청구를 할 수 있다($^{행소 31}_{조 1항}$). 이는 확정판결이 있음을 안 날로부터 30일 이내의 불변기간 내에 청구하여야 하고, 판결이 확정된 날로부터 1년 이내에 제기하여야 한다($^{동조}_{2항}$).

---

140) 대판 2013. 3. 28, 2012재두299.
141) 同旨: 이시윤, 946면.

V. 재심소송절차

1. 관할법원

(1) 재심의 소는 소송목적의 값이나 심급에 상관없이 재심을 제기할 판결(再審對象判決)을 한 법원의 전속관할에 속한다($\frac{453조}{1항}$). 재심대상판결이 1심 판결이면 1심에, 항소심 판결이면 항소심에, 상고심판결이면 대법원에 각 소를 제기하여야 한다. 그러나 문서 등의 위조·변조($\frac{451조}{1항 6호}$) 또는 허위진술($\frac{동항}{7호}$) 등 사실인정에 관한 것을 재심사유로 하는 경우에는 대법원은 법률심이므로 대법원판결은 재심대상이 될 수 없고, 사실심법원의 판결이 그 대상이 된다.[142] 다만 관할법원과 관련하여 i) 제1심의 종국판결에 대하여 항소심이 항소기각의 본안판결을 한 경우와 ii) 재심사유가 심급을 달리하는 수개의 판결에 각각 존재할 경우가 문제이다.

(2) 제1심의 종국판결에 대하여 항소심이 항소기각의 본안판결을 한 경우의 관할권은 항소심법원만이 있다. 속심인 항소심에서 본안판단을 한 것이므로 재심대상판결은 항소심판결이고, 제1심판결은 대상이 될 수 없다($\frac{451조}{3항}$). 이 경우 당사자가 잘못하여 제1심법원에 재심의 소를 제기한 경우에는 항소심법원으로 이송하여야 하며,[143] 만약 제1심법원이 스스로 심리한 뒤 재심기각판결을 한 경우에는 항소심에서는 전속관할위반을 이유로 제1심의 재심판결을 취소하고 제1심법원으로부터 이송 받은 것과 같이 심리·판단하여야 한다.[144] 항소심에서 채택한 증거가 위조된 것이라고 주장하여 상고를 제기하였으나 기각된 경우에 재심대상판결은 항소심판결이므로 이 경우 상고심에 재심의 소를 제기하였다면 역시 항소심법원으로 이송하여야 한다.[145]

(3) 심급을 달리하는 법원이 같은 사건에 대하여 내린 확정판결에 대하여 예컨대 제1심의 종국판결에 대하여 항소 각하판결을 하였을 경우에 두 판결 모두에 재심사유가 있다면, 재심원고는 우선 각각의 재심사유에 기초하여 제1심법원과 항소심법원에 별개의 재심의 소를 제기할 수 있다($\frac{453조}{1항}$). 그러나 재심원고가 이를

---

142) 대판 1967. 11. 21, 67사74; 대판 1983. 4. 26, 83사2; 대판 2000. 4. 11, 99재다746; 대판 2006. 4. 14, 2005재다242; 대결 2007. 11. 15, 2007재마26.

143) 대판(전) 1984. 2. 28, 83다카1981; 대결 1995. 6. 19, 94마2513; 대결 2007. 11. 15, 2007재마26.

144) 대판 1989. 10. 24, 88다카33442.

145) 대판 1984. 4. 16, 84사4; 대판 1994. 10. 15, 94재다413; 대결 2002. 12. 9, 2001재마14.

병합하여 제기하려고 하면 항소심법원이 그 관할권을 갖는다($\frac{453조.2}{항 본문}$). 이는 재심재판의 모순·저촉을 방지하기 위한 것이다. 다만, 항소심판결과 상고심판결에 각각 독립된 재심사유가 있는 때에는 대법원은 사실문제에 관하여 심리할 수 없으므로 대법원에서 병합하여 처리할 수 없고 개별적으로 재심의 소를 제기하여야 한다($\frac{동항}{단서}$).

2. 재심의 소의 제기

(1) 소제기의 방식

① 재심의 소는 소송절차에 관하여 각 심급의 소송절차를 준용하므로($\frac{455}{조}$), 일반적인 소의 제기방식에 따른다. 따라서 재심소장을 제출함이 원칙이고($\frac{248조, 소제기 방식}{에서 설명한 바와}$$\frac{같이 fax에 의한}{방식도 가능함}$), 다만 소액사건의 경우에는 말로 제기할 수 있다($\frac{소심}{4조}$).

② 재심소장의 필수적 기재사항은 i) 당사자와 법정대리인, ii) 재심할 판결의 표시와 그 판결에 대하여 재심을 청구하는 취지, iii) 재심의 이유(재심사유에 관한 주장)를 기재하여야 한다($\frac{458}{조}$). 재심소장에 기재한 재심의 이유는 바꿀 수 있으므로($\frac{459조}{2항}$), 재심이유로서 주장한 재심사유는 소제기 후에 추가·철회 등 변경이 가능하다. 본안의 변론과 재판은 재심청구이유의 범위 안에서 하여야 한다($\frac{459조}{1항}$). 재심의 소의 불복의 범위(원판결 변경의 범위)와 본안에 대한 신청(원래 소장의 청구취지 또는 반대신청)은 임의적 기재사항이다. 재심소장의 인지(印紙)는 재심의 소의 심급에 따라 소장·항소장·상고장의 액수와 같다($\frac{민인}{8조}$). 재심의 소장에는 재심대상판결의 사본을 붙여야 한다($\frac{규칙}{139조}$). 재심소장에 대하여도 통상의 소장과 같이 재판장이 소장심사권을 갖는다($\frac{455.}{254조}$).

③ 재심소장에 여러 개의 재심사유를 주장하면 구소송물이론과 신소송물이론 중 2지설(二肢說)에 의하면 재심청구의 병합이 되고, 재심소송 중에 이를 변경하면 청구의 변경에 해당한다. 그러나 일지설(一肢說)에 의하면 재심사유의 변경은 공격방어방법의 차이에 지나지 않는다.

(2) 소제기의 효과

① 재심소장의 제출에 의하여 재심이유에 주장된 재심사유에 대한 기간준수의 효력이 발생한다($\frac{455.}{265조}$). 소송 중에 재심사유를 추가한 때에는 그 때부터 기간준수의 효력이 생긴다. 소송물이론 중 일지설(一肢說)을 취하면 모든 재심사유에 대하

여 재심소장의 제출 시에 기간준수의 효력이 발생할 것이다.[146) 재심사유는 공격
방어방법의 추가이기 때문이다.

② 재심의 소제기만으로 확정판결의 집행력을 배제할 수 없고 이를 위하여는
법원으로부터 별도의 집행정지 결정을 받아야 한다. 즉 법원은 당사자의 신청에
따라 재심의 불복하는 이유로 내세운 사유가 법률상 정당한 이유가 있다고 인정
되고 사실에 대한 소명이 있는 때에는, 담보를 제공하게 하거나 담보를 제공하지
아니하게 하고 강제집행을 일시 정지하도록 명할 수 있으며, 담보를 제공하게 하
고 강제집행을 실시하도록 명하거나 실시한 강제처분을 취소하도록 명할 수 있다
($\frac{500조}{1항}$). 담보 없이 하는 강제집행의 정지는 그 집행으로 말미암아 보상할 수 없는
손해가 생기는 것을 소명한 때에만 가능하고($\frac{동조}{2항}$), 이러한 재판은 변론 없이 할 수
있으며, 이 재판에 대하여는 불복할 수 없다($\frac{동조}{3항}$).

3. 준용절차

(1) 재심의 소송절차는 그 성질에 반하지 아니하는 한 각 심급의 소송절차에
관한 규정을 준용한다($\frac{455}{조}$). 따라서 재심대상판결이 제1심판결일 경우에는 제1심의,
제2심판결일 경우에는 항소심의, 상고심판결일 경우에는 상고심의 각 소송절차를
준용한다. 따라서 재심의 소에 있어서도 소송요건의 흠을 이유로 한 소의 각하,
관할위반에 의한 이송, 소의 취하, 재심사유의 변경($\frac{459}{조}$) 등이 가능하다. 또한 재심
피고는 반소, 부대재심(附帶再審)을 통하여 자기에게 유리한 판결을 구할 수 있고,
제3자의 독립당사자참가도 허용된다.[147)

(2) 재심절차에 통상의 민사상의 청구를 병합할 수 있는지에 대하여 판례는 이
를 인정하지 아니하고 있다.[148) 그러나 소송경제에 비추어 보면 재심원고가 승소
할 경우를 대비한 원상회복 또는 손해배상청구(예: 재심대상 판결의 집행된 물건의
반환 등)는 심급과 관계없이 병합할 수 있다고 보는 것이 타당하다.[149)

(3) 또한 현재 중간판결제도를 도입하여 재심사유의 존부가 명확해졌고, 관련
청구의 모순·저촉을 피하고 동일한 소송절차에서 처리하는 것이 소송경제에도

---

146) 이시윤, 947면.
147) 대판 1994. 12. 27, 92다22473, 22480(제3자가 타인 간의 재심소송에 독립당사자참가를 하
였다면, 재심사유가 인정되어 본안소송이 부활되는 단계를 위하여 참가하는 것임).
148) 대판 1971. 3. 31, 71다8; 대판 1997. 5. 28, 96다41649; 대판 2009. 9. 10, 2009다41977.
149) 同旨: 이시윤, 948면; 정동윤/유병현/김경욱, 985면.

부합할 수 있다는 점 등에 비추어 보면 재심의 소가 제1심에 계속 중이면 위 원상회복 또는 손해배상청구 외에 청구의 병합을 인정하는 것이 타당하다고 본다. 또한 재심청구를 통상의 청구로 변경하는 것은 재심사유의 존재를 인정하는 중간판결 후에는 청구의 기초의 변경이 없다면 제1심에서 이를 허용하는 것이 타당하다고 본다.[150]

4. 재심의 소의 심리

(1) 총 설-중간판결제도의 도입

① 재심은 확정판결의 취소와 본안에 대하여 확정판결에 갈음하는 판결을 구하는 복합적인 목적을 가지고 있다. 따라서 재심절차의 심리를 구체적으로 보면, 재심소장에 대한 방식준수 등에 대한 재판장의 소장심사 뒤에 i) 재심의 소가 적법한지 여부 → ii) 재심사유의 존부의 심리·판단 → (재심사유가 존재할 경우에 그 취지의 중간판결 또는 재심사유의 부존재를 이유로 한 재심청구의 기각) → ii) 본안에 대한 재심리·판단의 순서로 진행된다. 따라서 재심의 소는 크게 보아 재심의 적법여부, 재심사유의 존부, 본안의 심리 순으로 진행된다.

② 그런데 종전의 실무에서는 재심의 소가 제기되면 재심의 적법요건, 재심사유 및 본안의 심리를 동시에 하였다. 그러나 이러한 심리방법은 재심의 적법요건 또는 재심사유가 존재하지 아니함에도 본안심리를 하는 등의 소송지연·불경제를 발생케 하는 것이다. 따라서 집중심리와 쟁점별 분리심리를 한층 강조하는 신법에서는 재심절차에도 이를 반영하여, 재심의 소의 적법요건과 재심사유를 본안과 분리하여 심리할 수 있도록 중간판결제도를 도입하였다(^{454조}).

③ 제454조에 의하면 법원은 재심의 소가 적법한지 여부와 재심사유가 있는지 여부에 관한 심리 및 재판을 본안에 관한 심리 및 재판과 분리하여 먼저 시행할 수 있고($^{454조}_{1항}$), 재심사유가 있다고 인정되면 그 취지의 중간판결을 한 뒤 본안에 관하여 심리·재판한다고 정하고 있다($^{통조}_{2항}$). 제454조는 재심의 소가 적법한지 여부와 재심사유가 있는지 어부에 관한 심리 및 재판을 분리하여 할 것인지를 법원의 재량으로 규정하고 있으나, 이러한 규정은 신법의 집중심리강조라는 개정취지를 재심절차에 반영한 것이므로 소송경제·심리의 편의를 위하여 실무에서는 준의무

---

150) 同旨: 이시윤, 948면(다만 중간판결 유무를 따지지 아니함). 反對: 정동윤/유병현/김경욱, 985면; 대판 1959. 9. 24, 4291민상318.

적(準義務的)으로 운영할 필요가 있다고 본다.[151]

(2) 소의 적부(適否)

재심의 소가 제기되면 법원은 재심의 소에 대한 일반소송요건과 재심의 적법요건을 심리하여야 한다. 이는 직권조사사항이다. 심리한 결과 위 요건들이 흠이 있는 경우로서 보정하지 않거나, 보정할 수 없을 때에는 판결로써 재심의 소를 각하하여야 한다($^{455,\ 219,}_{413조}$).

(3) 재심사유의 존부(存否)

① 재심의 소가 적법한 경우에는 2단계로 재심사유가 존재하는지 여부에 대한 심리를 하여야 한다. 재심사유에 관한 증명책임은 주장자인 재심원고에게 있다.[152] 재심사유 중 기판력 있는 확정판결의 취소($^{451조 1}_{항 10호}$) 등의 재심사유는 단순히 당사자의 권리구제 외에 재판제도에 대한 신뢰확보라는 공익적 요소가 강하므로 직권탐지주의가 적용된다.[153] 재심사유는 직권조사사항 또는 직권탐지사항이므로 대법원에서도 이에 대한 사실조사가 가능하다.

② 특히 직권탐지주의가 적용되는 재심사유의 경우에는 청구의 포기·인낙, 자백의 구속력이 인정되지 아니하고, 자백간주규정($^{150조 1항,\ 257}_{조\ 1항\ 본문}$)이 적용되지 아니한다.[154] 이 한도에서 재심사유의 심리에 있어서는 처분권주의가 배제되므로 재심의 본안심리와 차이가 있다. 그러나 재심의 소를 취하하는 것은 가능하다.

③ 심리의 결과

(a) 심리한 결과 재심사유가 존재하지 아니한다고 인정되면, 재심소송의 소송물과 관련하여 일원설(一元說)에 의하면 판결로써 재심의 소를 부적법 각하하여야 한다.[155] 반면 이원설(二元說)에 의하면 재심청구를 판결로 기각하면 된다.[156] 재심청구를 기각하는 것이 타당하다. 그리고 재심절차에서 중간확인의소를 제기하였으나 재심사유가 인정되지 않아서 재심청구를 기각하는 경우에 중간확인의 소에 관

151) 反對: 이시윤, 949면(법원의 재량으로 봄).
152) 대판 1990. 8. 14, 89다카6812.
153) 同旨: 강현중, 1071면; 이시윤, 949면; 정동윤/유병현/김경욱, 986면.
154) 대판 1992. 7. 24, 91다45691.
155) 강현중, 1071면.
156) 대판 1990. 12. 7, 90다카21886. 同旨: 이시윤, 949면; 정동윤/유병현/김경욱, 986면. 일원설을 취하면 청구기각 하여야 한다고 한다(986면).

하여 판결 주문으로 소를 각하하여야 한다.[157]

(b) 재심사유가 인정되는 경우에는 중간판결제도에 따라 재심사유가 인정되는 취지의 중간판결을 하고, 본안에 관하여 심리·재판한다($^{454조}_{2항}$). 그러나 법률적으로는 종국판결의 이유에 재심사유가 이유 있음을 밝힐 수도 있다.

(4) 본안의 심리

① 재심사유가 인정되면 3단계로 본안에 대한 심리에 들어간다.[158] 여기서 본안이라 함은 원판결에 의하여 완결된 소 또는 상소, 즉 전소송(前訴訟)을 의미한다.

② 재심의 소송절차에서 본안에 대한 심리를 한다는 것은 전소송의 종결된 심리를 재개하여 속행하는 것이다.[159] 전소송절차 중 하자가 존재하는 절차부분을 제외하고 효력을 갖는 것이므로, 변론을 갱신하여야 한다($^{455,}_{204조}$). 속행된 재심절차가 사실심이면 당사자는 새로운 공격방어방법을 제출할 수 있다.[160] 재심사유의 심리때와는 달리 처분권주의와·변론주의 하에서 심리가 이루어진다. 당사자에게 변론의 갱신권(更新權)이 인정되므로 전소송의 변론종결 후에 새롭게 발생한 공격방어방법도 당연히 제출할 수 있고, 만약 이를 제출하지 아니하여 패소한 경우에는 그 뒤에는 기판력의 시적 범위로 인하여 실권된다. 법원은 재심사유와 관련된 가벌적 행위에 대한 유죄의 확정판결이 있는 경우에도 본안청구에 관하여 심리할 때에 그 확정판결의 내용과 같은 사실의 존부에 관한 실질적 판단은 자유로이 할 수 있는 것이므로 그 확정판결의 내용에 반드시 구속되는 것은 아니다.[161] 그러나 항소취하에 제451조 제1항 제5호(다른 사람의 형사상 처벌을 받을 행위)의 재심사유가 있다고 인정되는 경우 그러한 소송행위의 효력은 당연히 부정될 수밖에 없고, 그에 따라 법원으로서는 위 소송행위가 존재하지 않은 것과 같은 상태를 전제로

---

157) 대판 2008. 11. 27, 2007다69834, 69841.

158) 대판 1990. 12. 7, 90다카21886.

159) 또한 확정된 재심판결에 대한 재심의 소에서 재심판결에 재심사유가 있다고 인정하여 본안에 관하여 심리한다는 것은 재심판결 이전의 상태로 돌아가 전 소송인 종전 재심청구에 관한 변론을 재개하여 속행하는 것을 말한다. 따라서 원래의 확정판결을 취소한 재심판결에 대한 재심의 소에서 원래의 확정판결에 대하여 재심사유를 인정한 종전 재심법원의 판단에 재심사유가 있어 종전 재심청구에 관하여 다시 심리한 결과 원래의 확정판결에 재심사유가 인정되지 않을 경우에는 재심판결을 취소하고 종전 재심청구를 기각하여야 하며, 그 경우 재심사유가 없는 원래의 확정판결 사건의 본안에 관하여 다시 심리와 재판을 할 수는 없다(대판 2015. 12. 23, 2013다17124; 대판 2016. 1. 28, 2013다51933).

160) 대판 1965. 1. 19, 64다1260; 대판 1980. 12. 23, 80다1321; 대판 2001. 6. 15, 2000두2952.

161) 대판 1975. 2. 25, 73다933; 대판 1983. 12. 27, 82다146.

재심대상사건의 본안에 나아가 심리·판단하여야 한다.[162]

③ 본안의 변론과 재판은 재심청구 이유의 범위 안에서 하여야 하고($\frac{459조}{1항}$), 재심의 이유는 바꿀 수 있다($\frac{동조}{2항}$).

5. 종국판결

재심법원은 본안에 관하여 심리를 속행하여 그 결과를 종국판결로 선고하여야 한다.

(1) 심리한 결과 원판결이 부당하다고 인정되면 불복신청의 한도 내에서 원판결을 취소하고, 이에 갈음하는 종국판결을 하여야 한다. 재심판결은 원판결을 소급적으로 소멸시키는 형성판결이다. 이 경우에 상소와 같이 불이익변경금지의 원칙이 적용되므로 재심피고에 의하여 부대재심이 제기되지 아니하는 한 원래의 확정판결보다 불리한 판결을 할 수 없다.[163]

(2) 원판결이 정당하다고 인정되면 재심사유가 존재하더라도 원판결을 취소하지 아니하고, 재심청구 자체를 기각[164]하여야 한다($\frac{460}{조}$). 원판결이 정당하다고 인정되는 경우는 i) 원판결의 표준시 이전의 사유로 보아 정당한 경우(예: 재심사유를 고려하더라도 나머지 증거에 의하여 같은 결론에 이르는 경우), ii) 원판결의 표준시를 기준으로 하면 부당하지만 그 이후에 발생한 사유 때문에 원판결이 정당한 경우 등이 있을 수 있다. 후자의 경우에 재심청구의 기각이 아닌 원판결을 일단 취소하고, 동일한 내용의 본안판결을 재차 하여야 한다는 견해가 있다.[165] 이러한 견해가 재심판결의 내용을 정확히 반영하고 있다는 점에서 좋으나, 명문에 충실하지 못하다는 점에서 문제이다. 따라서 이 경우에는 재심청구를 기각하고, 다만 기판력의 표준시를 재심대상판결의 변론종결 시가 아닌 재심의 소의 변론종결 시로 변경된다고 보아야 한다.[166]

(3) 재심의 소에 관한 종국판결에 대하여는 그 심급에 맞추어 항소나 상고가 가능하다. 다만 상고심판결에 대한 재심판결은 상소할 수 없다. 재심판결이 상고되어 상고심에 있는 경우 재심소송의 사실심의 변론종결 후에 생긴 재심사유를

---

162) 대판 2012. 6. 14, 2010다86112.
163) 대판 2003. 7. 22, 2001다76298.
164) 민사소송법 3차 개정 전에는 '재심의 소'를 기각하였으나, 용어상의 문제로 '재심의 청구'를 기각하는 것으로 개정하였다.
165) 방순원, 696면; 이영섭, 347면.
166) 대판 1993. 2. 12, 92다25151; 대판 2003. 5. 13, 2002다64148.

주장할 수 없다.[167]

Ⅵ. 준 재 심

1. 의   의

(1) 준재심(準再審)이라 함은 확정판결과 같은 효력을 가지는 조서($\frac{220}{조}$)와 즉시 항고로 불복할 수 있는 것으로서 확정된 결정·명령에 재심사유가 있을 때에 재심의 소에 준하여 재심을 제기하는 것을 말한다($\frac{460}{조}$).

(2) 원래 제정 민사소송법에서는 준재심의 대상은 '즉시항고로 불복할 수 있는 것으로서 확정된 결정·명령'만이었다. 그런데 제1차 민사소송법 개정시(1961. 9. 1. 법률 제706호)에 확정판결과 같은 효력을 가지는 조서($\frac{현재\ 220조,}{당시\ 206조}$)에까지 확장하였다. 개정취지는 재판상의 화해, 청구의 포기·인낙의 흠은 재심사유가 존재하는 경우에 한하여 준재심절차를 통하여 구제하고, 나머지 사법상의 무효·취소 사유가 존재하는 경우에도 그 효력을 다투는 기일지정신청 또는 무효확인을 통한 권리주장을 할 수 없게 한 것이다. 소송상 화해의 성질을 소송행위설로 본 입법이라 할 수 있다.

(3) 준재심은 그 대상에 따라 i) 준재심의 소(조서에 대한 준재심)와 ii) 준재심신청(결정·명령에 대한 준재심)으로 나누어진다.

2. 준재심의 소(조서에 대한 준재심)

(1) 준재심의 소의 대상은 제220조의 조서인 화해, 청구의 포기·인낙을 변론조서·변론준비기일조서에 적은 것 외에 재판상 화해와 같은 효력을 가지는 조정조서도 포함된다.[168] 화해조서에는 소송상화해조서뿐만 아니라 제소전화해조서도 포함된다.[169] 그 외에 판결이 아닌 결정이지만 재판상 화해와 동일한 효력이 있는 확정된 화해권고결정($\frac{231}{조}$)[170]·조정을 갈음하는 결정($\frac{민조\ 30,\ 32}{조,\ 34조\ 4항}$)[171]도 이에 포함된다.

(2) 조서에 대한 준재심절차는 확정판결에 대한 재심의 소의 소송절차를 준용

---

167) 日最判 1968. 4. 29. 판결.
168) 대판 1968. 10. 22, 68므32.
169) 대판 1996. 3. 22, 95다14275; 대판 1998. 10. 9, 96다44051.
170) 서울고법 2004. 4. 22, 2003재나660; 대판 2006. 2. 23, 2004다27167.
171) 대판 2005. 6. 24, 2003다55936; 대판 2006. 5. 26, 2004다54862.

한다($^{461}_조$). 따라서 준용에 문제가 없는 재심관할법원($^{453}_조$), 재심기간($^{456조,}_{457조}$),[172] 재심소장($^{458}_조$), 심판의 범위($^{459}_조$)의 각 규정은 준용된다. 재심사유($^{451}_조$) 중 준용하기 어려운 사유와 결과가 정당한 경우의 재심기각($^{460}_조$) 등은 준용함에 어려움이 있다.

(3) 보다 구체적으로 보면 i) 재심사유와 관련하여, 준재심의 소에 준용할 수 있는 경우는 판결법원 구성의 위법($^{451조}_{1항 1호}$), 관여할 수 없는 법관의 관여($^{동항}_{2호}$), 대리권의 흠($^{동항}_{3호}$), 법관의 직무상의 범죄($^{동항}_{4호}$), 형사상 처벌을 받을 다른 사람의 행위로 인한 경우($^{동항}_{5호}$), 확정판결에 어긋나는 때($^{동항}_{10호}$) 등의 경우는 준용할 수 있으나,[173] 그 외에 재판을 전제로 한 나머지 사유($^{6~9호,}_{11호}$)는 준용하기 어렵다. 따라서 준재심의 소의 경우에 재심에 의한 구제의 폭이 확정판결의 재심의 소보다 훨씬 줄어들기 때문에 권리구제에 문제가 있다고 생각한다.[174] ii) 결과가 정당한 경우의 재심기각의 규정($^{460}_조$)도 준용할 수 없다.[175] 재심법원은 결과가 정당한 경우에도 재심사유가 존재하면 반드시 해당 조서를 취소하고, 화해조서, 청구의 포기·인낙조서에 의하여 종료되었던 소송이 부활하면 본안에 대한 재판을 하여야 한다.[176] 제소전화해가 취소된 경우에는 부활될 소송이 없으므로 본안재판을 할 여지가 없어 별도의 조치가 필요 없이 화해불성립으로 된다.[177] 다만 제소전화해조서가 대리권의 흠의 재심사유가 있는 경우에는 그 화해조서를 취소하고, 대리권의 흠을 이유로 제소전화해신청을 각하하여야 한다.[178]

(3) 조서에 대한 재심은 소의 방식으로 하여야 한다. 따라서 결정절차가 아닌 판결절차에 따라 심판하여야 한다. 제소전화해조서,[179] 확정된 화해권고결정·조정을 갈음하는 결정도 같다. 준재심의 소장에는 제기하는 심급에 따라 소장·항소장·상고장의 인지에 해당하는 인지를 붙여야 한다($^{민인 8조}_{2항 본문}$). 다만 제소전화해조서에 대한 준재심은 소장에 붙이는 인지의 5분의 1을 붙이면 된다($^{민인 8조}_{2항 단서}$).

---

172) 대판 2016. 10. 13, 2014나12348(비법인사단을 상대로 한 소송절차 중 비법인사단의 대표자가 대표권을 남용하여 청구를 인낙한 후 새로이 선출된 대표자가 준재심의 소를 제기한 경우에 준재심 제기기간의 기산일은 법인 등의 이익을 정당하게 보전할 권한을 가진 다른 임원 등이 준재심의 사유를 안 때라고 함).

173) 同旨: 이시윤, 952면.

174) 同旨: 이시윤, 952면.

175) 同旨: 이시윤, 952면.

176) 대판 1998. 10. 9, 96다44051.

177) 대판 1962. 10. 18, 62다490; 대판 1996. 3. 22, 95다14275; 대판 1998. 10. 9, 96다44051.

178) 同旨: 이시윤, 952면.

179) 대결 1962. 12. 18, 62마19.

3. 준재심신청(결정 · 명령에 대한 준재심)

(1) 준재심신청이라 함은 즉시항고로 불복을 신청할 수 있는 결정 · 명령이 확정되었으나 재심사유가 있을 때에 인정하는 독립의 구제방법이다. 준재심신청은 소가 아니라 신청의 방식으로 하여야 한다.

(2) 준재심신청의 대상은 제461조의 규정상으로는 i) '즉시항고로 불복을 신청할 수 있는 결정 · 명령'으로 한정되어 있지만 이는 대표적인 사례를 든 예시적인 것이 불과한 것이다.[180] 그러므로 ii) '종국적 재판의 성질을 가진 결정이나 명령' 또는 '종국적 재판과 관계없이 독립하여 확정되는 결정이나 명령'도 그 대상이 된다고 할 것이다.[181] 위 i)에 해당하는 경우는 소장각하명령($^{254조}_{3항}$), 상소장각하명령($^{402,}_{425조}$), 소송비용에 관한 결정($^{110, 113,}_{114조}$), 과태료의 결정($^{363조}_{조 1항}$ ^{370}), 매각허가결정($^{민집}_{128조}$), 추심 · 전부명령($^{민집 229}_{조 6항}$) 등이 있다. 다만 경매개시결정은 즉시항고에 의하여 상급심의 판단을 받지 아니하더라도 매각허가결정에 대한 즉시항고로써 다툴 수 있는 것일 뿐이므로(위 ii)에도 해당하지 아니함) 준재심신청의 대상이 아니다.[182]

(3) 결정 · 명령에 대한 준재심절차는 확정판결에 대한 재심의 소의 절차를 준용한다($^{461}_{조}$). 따라서 재심사유($^{451}_{조}$), 재심관할법원($^{453}_{조}$), 재심사유에 관한 중간판결($^{454}_{조}$), 재심기간($^{456,}_{457조}$), 재심소장($^{458}_{조}$), 심판의 범위($^{459}_{조}$), 재판($^{460}_{조}$) 등의 규정이 준용된다. 다만 준재심신청은 소가 아닌 신청의 방식에 의하고, 판결이 아닌 결정으로 심판한다. 심판절차는 준재심의 대상이 된 결정 · 명령과 같은 절차에 따른다.

---

180) 同旨: 정동윤/유병현/김경욱, 989면.
181) 대결 2004. 9. 13, 2004마660.
182) 대결 2004. 9. 13, 2004마660.

제 8 편

간이·특별소송절차

제 8 편

특별 소송절차

본편에서는 민사분쟁과 관련하여 간이한 소송절차와 특별한 소송절차에 관하여 본다.
전자에 해당하는 소액사건심판절차·독촉절차는 제2, 3장에서 다루고, 후자에 속하는 공시최고절차는
제4장에서 살펴본다.

제 1 장 총　설

(1) 본편에서는 민사분쟁과 관련하여 통상의 소송절차 외에 간이한 소송절차와 특별한 소송절차에 관하여 보겠다. 전자를 간이소송절차(簡易訴訟節次) 또는 약식소송절차(略式訴訟節次)라 하고, 후자를 특별소송절차(特別訴訟節次)라 한다.

(2) 간이소송절차는 통상의 소송절차의 심리·판결·집행 과정을 간단히 하여 많은 사건을 신속하게 처리하기 위한 절차이다. 우리나라는 간이소송절차로 민사소송법상 독촉절차($^{462\sim}_{474조}$), 민사집행법상 가압류·가처분절차가 있고, 특별법으로 소액사건심판법에서 소액사건심판절차를 마련하여 두고 있다. 가압류·가처분절차는 본안판결 전에 장래의 집행보전 또는 분쟁과 관련된 권리의 잠정적인 현상유지 등을 위한 것이다. 통상 판결의 선행절차로서 서면심리를 통한 소명(疎明)이 있으면 결정·명령을 통하여 신속하게 이루어지는 절차이다. 이는 민사집행법에서 다룬다. 나머지 독촉절차와 소액사건심판절차는 민사소송의 전형적인 간이소송절차로서 본편에서 다룬다. 독촉절차와 소액사건심판절차는 모두 "금전 기타 대체물이나 유가증권의 일정수량의 지급을 목적으로 하는 민사사건"을 대상으로 한다는 점에서 같다. 그런데 독촉절차는 채권자의 일방심문에 의하여 진행되며 판결절차에 선행하는 대용절차(代用節次)이다. 반면 소액사건심판절차는 통상의 소송절차와 같이 쌍방심리에 기초하고 있지만 그 심리·판결절차가 대폭 간이화되어 있다는 점에서 다르다. 통계에 의하면 2021년 제1심 민사본안사건 814,664건 중 소액사건이 558,854건으로 전체 민사본안사건 중 68.6%에 이르고, 전체 민사사건 4,458,253건 중 독촉사건이 1,101,769건으로 전체 민사사건 중 24.7%에 달하고 있는 점에 비추어 보면 소액사건심판절차와 독촉절차의 중요성을 알 수 있다.[1]

(3) 민사분쟁의 해결과 관련 있는 특별소송절차로는 민사소송법상 공시최고절차($^{475\sim}_{497조}$)와 민사조정법상의 조정절차, 중재법상의 중재절차가 있다. 공시최고절차는 민사비송사건의 성질을 가지고 있으나 일정한 권리를 실권(失權)시키는 제권판결(除權判決)을 목적으로 하고 있다. 조정절차는 모든 민사사건을 대상으로 분쟁의 공평한 해결을 위하여 인정되고 있어 소송절차와 다른 특성을 가지고 있지만 상

---

1) 2022년 사법연감, 674면{http://www.scourt.go.kr(정보광장 → 사법통계) 참조}.

호 밀접한 관련을 가지고 있다. 민사조정법에서 규정하고 있다. 또한 중재절차는 당사자 사이에 중재약정이 있는 경우에 소송절차와 독립적으로 분쟁을 해결하기 위한 분쟁해결절차로서 국제거래·건설 등의 전문분야의 분쟁해결에 도움이 된다. 중재절차는 중재법에서 다루고 있다. 본편에서는 특별소송절차로서 공시최고절차만을 간략히 소개하겠다.

(4) 민사분쟁의 신속하고 전문적인 해결을 위하여도 간이소송절차 및 특별소송절차를 통하여 많이 해결되는 것이 효율적이다. 이러한 절차를 통한 분쟁해결이 많아지면 일반 소송절차를 통한 분쟁해결이 보다 적정·신속하게 처리될 수 있는 여력(餘力)을 갖게 된다.

제 2 장   소액사건심판절차

Ⅰ. 총   설

(1) 소액사건이라 함은 소송목적의 값이 3,000만원을 초과하지 아니하는 금전 기타 대체물이나 유가증권의 일정한 수량의 지급을 목적으로 하는 제1심의 민사사건을 말한다(소심 2조 1항, 소심규 1조의2).

① 소액사건은 소송목적의 값이 3,000만원을 초과하지 아니하여야 한다. 따라서 소의 변경으로 3,000만원을 초과하게 된 사건(소심규 1조의2, 2호), 당사자참가, 중간확인의 소 또는 반소의 제기 및 변론의 병합으로 인하여 소액사건이 아니게 된 사건과 병합심리하게 된 사건(소심규 1조의2, 2호)은 소액심판절차로 처리할 수 없다. 다만 변론의 병합에 의하여 소송목적의 값이 소액사건의 범위를 넘은 경우에도 소액사건인지 여부는 소제기 시를 기준으로 하는 것이므로, 소액사건심판법 제3조 각호 소정의 사유가 있는 때에 한하여 상고할 수 있다.[1]

② 소액사건의 대상은 "금전 기타 대체물이나 유가증권의 일정한 수량의 지급을 목적"으로 하는 경우로 한정된다. 따라서 3,000만원 이하의 사건이라도 부동산·동산 등 특정물에 관한 청구는 여기에 해당하지 아니한다. 소액사건의 대상이라도 소액사건심판법의 적용을 받기 위하여 다액의 채권을 분할하여 일부만 청구하는 것은 허용되지 아니하므로(소심 5조의2, 1항), 이를 위반한 경우에는 판결로 소를 각하하여야 한다(동조 2항). 반면 주택임대차보호법 및 상가건물임대차보호법상의 보증금반환청구는 소송목적의 값과 관계없이 소액사건심판법의 일부조문(소심 6, 7, 10, 11조의2)[2]을 준용하여 신속한 재판을 도모하고 있다(주임 13조, 상임 18조).

③ 소액사건심판절차는 제1심의 민사사건에 한정하기 때문에(소심 2조 1항, 소심규 1조의2), 제1심의 간이소송절차인 것이다. 따라서 항소심에서는 통상의 소송절차에 따라 심리·

---

1) 대판 1986. 5. 27, 86다137, 138; 대판 1991. 9. 10, 91다20579; 대판 1992. 7. 24, 91다43176.

2) 준용되는 조문은 소액사건심판법 6조(소장의 송달), 7조(기일지정 등), 10조(증거조사에 관한 특칙), 11조의2(판결에 관한 특례)이다. 따라서 소액사건과 같이 지체 없이 소장부본 등을 송달하고, 신속하게 기일지정할 수 있다. 증거조사와 관련하여 직권증거조사가 가능하고 판결은 변론종결 후에 판결이유의 요지를 구술로 설명하고 즉시 선고할 수 있다고 할 것이다.

판결하여야 하며, 상고에 있어서는 제1심에서 소액심판절차를 거친 경우에는 상고제한이 따른다($\frac{소심}{3조}$). 소액사건은 제1심의 민사사건 중에 3,000만원까지이므로 단독사건의 관할에 속하지만, 시·군법원 관할구역 안의 사건은 시·군법원판사의 전속적 사물관할에 속한다($\frac{법조 7조 4항, 33}{조, 34조 1, 2항}$). 시·군법원판사의 사물관할은 소액심판사건에 한하므로($\frac{법조 34}{조 1항}$), 청구의 확장, 반소, 중간확인의 소 등으로 소가가 3,000만원을 넘으면 전속적 사물관할의 위반을 이유로 소속 지방법원 또는 그 지원의 단독판사(5억원까지) 또는 합의부로 이송하여야 한다($\frac{32조}{1항}$). 또한 소액사건이라는 것은 고유의 사물관할이 있는 것이 아니고, 민사단독사건 중 소가에 따라 특례로 처리하는 것뿐이므로 재량에 의하여 합의부로 이송할 수 있다($\frac{34조}{2항}$).[3] 이송 후에는 통상의 소송절차에 따라 심리·판결하여야 한다.

(2) 우리나라에서는 소액사건을 간이·신속하게 처리하기 위하여 1973년 2월 24일 법률 제2547호로 「소액사건심판법」을 제정(시행: 1973. 9. 1)하였다. 소액사건의 범위는 제정 당시에는 소액사건심판법에 정하였으나, 1980년 1월 4일 법률 제3246호로 개정하면서 이를 대법원규칙으로 정하기로 하여($\frac{소심 2조}{1항}$), 그 이후 소액사건심판규칙 개정을 통하여 증액하고 있다. 처음에는 20만원을 초과하지 아니하는 사건이었으나 → 30만원(법에서 범위를 정하였음) → 50만원 → 100만원 → 200만원 → 1,000만원 → 2,000만원(1997. 12. 31, 소액사건심판규칙의 개정, 시행: 1998. 3. 1) → 3,000만원(2016. 11. 29. 동 규칙 개정, 시행: 2017. 1. 1)으로 범위가 확대되어 왔다.

(3) 원래 소액사건심판법의 내용은 「소송촉진 등에 관한 특례법」(1981. 1. 29. 법률 제3361호로 제정됨)에서 사무소 등 소재지의 특별재판적($\frac{동법}{17조}$), 일부청구의 제한($\frac{동법}{18조}$), 당사자본인 신문의 증거의 보충성 완화($\frac{동법 19}{조 1항}$), 진술·증언에 갈음한 공정증서의 제출 인정($\frac{동법 19}{조 2항}$), 소액판결의 이유 기재의 생략($\frac{동법}{20조}$) 등의 보완규정에서 유래한다. 이 규정들은 1990년 민사소송법 3차 개정 시에 관련 법률인 소액사건심판법을 개정하면서(1990. 1. 13. 법률 제4205호), 위 소촉법상의 규정들을 소액사건심판법에 흡수하였고, 공휴일·야간의 법정개정에 관한 규정을 신설하였다. 또한 2001년 1월 29일(법률 제4202호)로 소액사건심판법을 개정하면서 소액사건에 이행권고제도를 도입하여 현재에 이르고 있다.

(4) 우리나라의 소액심판제도는 분쟁해결이라는 면에서 보면 대표적으로 성공

---

3) 대결 1974. 8. 1, 74마71.

한 제도이다. 이에는 소액사건의 액수의 범위를 국민의 법 감정과 경제사정에 맞게 합리적으로 증액하였기 때문인 측면도 있다. 일본은 우리의 소액심판제도를 본받아 1998년 1월 1일부터 시행된 신민사소송법에 이를 도입하였고, 30만 엔 이하의 금전청구에 대하여는 원칙적으로 1회의 기일에 신속히 판결을 할 수 있도록 하고 있다($^{일민소\ 368}_{조\ 이하}$).

Ⅱ. 이행권고제도

1. 총 설

이행권고제도(履行勸告制度)는 소액사건에 대하여 변론에 의한 소송절차에 회부하기 전에 행하는 임의적 전치절차(任意的 前置節次)이다. 소액사건을 담당하는 법원은 변론절차에 들어가기 전에 재량에 의하여 피고에게 이행권고결정을 하여 송달하고 이에 대하여 피고의 이의신청이 없어 그 결정이 확정되면 집행력을 부여하여 강제집행을 할 수 있도록 한 제도이다($^{소심\ 5조}_{의3\ 이하}$). 종전에는 소액사건의 경우에 당사자 사이에 다툼이 없거나, 자백간주에 의한 원고승소판결로 종료되는 경우가 많았다. 이러한 경우 당사자의 법정출석의 불편을 덜고, 법원에서도 신속한 사건처리를 위하여 2001년 소액사건심판법을 개정하여 도입한 제도이다. 이 제도를 도입함에 있어서는 지급명령제도와 민사조정법의 조정을 갈음하는 결정 등을 참고한 것으로 보인다. 다만 이행권고결정은 변론 없이 발하여지는 것이므로 기판력을 인정하지 아니하고 있다($^{소심\ 5조}_{의8,\ 3항}$).

2. 절차와 효력

(1) 이행권고결정

법원은 소액사건이 제기된 경우에 특별한 사정이 없다면 결정으로 소장부본이나 제소조서등본을 첨부하여 피고에게 청구취지대로 이행할 것을 권고할 수 있다($^{소심\ 5조}_{의3,\ 1항}$). 다만, i) 독촉절차 또는 조정절차에서 소송절차로 이행된 때($^{동항}_{1호}$), ii) 청구취지나 청구원인이 불명한 때($^{동항}_{2호}$), iii) 그 밖에 이행권고를 하기에 적절하지 아니하다고 인정하는 때($^{동항}_{3호}$)에는 그러하지 아니하다. 이행권고결정에는 당사자, 법정대리인, 청구의 취지와 원인, 이행조항을 기재하고, 피고가 이의신청을 할 수 있음과 이행권고결정의 효력의 취지를 부기하여야 한다($\frac{동조}{2항}$).

(2) 결정서의 송달

법원사무관 등은 이행권고결정서의 등본을 피고에게 송달하여야 한다. 다만, 그 송달은 우편송달($\frac{187}{조}$), 공시송달($\frac{194~}{196조}$)의 방법으로는 이를 할 수 없다($\frac{소심 5조}{의3, 3항}$). 통상의 송달방법으로 피고에게 이행권고결정서의 등본을 송달할 수 없는 때에는 지체없이 변론기일을 지정하여야 한다($\frac{동조}{4항}$).

(3) 피고의 이의신청

① 피고는 이행권고결정서의 등본을 송달받은 날부터 2주일 내에 서면으로 이의신청을 할 수 있고, 이의신청은 등본 송달 전에도 가능하다($\frac{소심 5조}{의4, 1항}$). 2주의 기간은 불변기간이다($\frac{동조}{2항}$). 이의신청서에는 화해권고결정에 대한 이의($\frac{227}{조}$)와 달리 구체적인 답변취지까지 기재하지 아니하여도 원고의 청구를 다툰 것으로 본다($\frac{동조}{5항}$). 이행권고결정은 피고의 이의신청에 의하여 확정이 차단된다. 법원은 피고의 이의신청이 있는 때에는 지체 없이 변론기일을 지정하여야 한다($\frac{동조}{3항}$). 피고는 제1심판결의 선고 전까지 이의신청을 취하할 수 있다($\frac{동조}{4항}$).

② 법원은 이의신청이 적법하지 아니하고(예: 이의기간 경과) 그 흠을 보정할 수 없으면 결정으로 이를 각하하여야 한다($\frac{소심 5조}{의5, 1항}$). 이 결정에 대하여는 즉시항고를 할 수 있다($\frac{동조}{2항}$). 피고는 부득이한 사유로 2주 내에 이의신청을 할 수 없었던 경우에는 그 사유가 없어진 후 2주 내에 이의신청을 추후보완할 수 있다($\frac{소심 5조}{의6, 1항}$). 2주의 이의기간은 불변기간이다. 그 사유는 '부득이한 사유'이므로 민사소송법상의 추후보완 사유($\frac{173}{조}$)인 '책임질 수 없는 사유' 보다는 완화되어 있다.[4]

(4) 이행권고결정의 효력

피고가 이행권고결정을 받고 2주 내에 이의신청을 하지 아니한 때, 이의신청에 대한 각하결정이 확정된 때, 이의신청이 취하된 때에는 이행권고결정은 확정판결과 같은 효력을 갖는다($\frac{소심 5조}{의7, 1항}$). 이 때 법원사무관 등은 이행권고결정서의 정본을 원고에게 송달하여야 한다($\frac{동조}{2항}$). 기판력이 없고 집행력만 인정되므로 청구에 관한 이의의 소 제기 시의 이의사유는 결정 전·후에 제한 없이 인정된다($\frac{소심 5조}{의8, 3항}$). 따라

---

4) 同旨: 정동윤/유병현/김경욱, 1168면.

서 확정된 이행권고결정에 재심사유에 해당하는 하자가 있음을 이유로 준재심의 소를 제기할 수 없고, 청구이의의 소를 제기하거나 또는 전체로서의 강제집행이 이미 완료된 경우에는 부당이득반환청구의 소 등을 제기할 수 있을 뿐이다.[5] 이행권고결정은 화해권고결정과 마찬가지로 이의신청이 취하되거나 각하되지 아니하면 제1심 법원에서 판결이 선고된 때 그 효력을 잃는다(소심5조의7, 3항).

(5) 강제집행의 특례

이행권고결정에 기한 강제집행은 별도의 집행문을 부여받을 필요 없이 결정서의 정본에 의하여 행한다(소심5조의8, 3항). 다만, 집행에 조건을 붙인 경우나 승계집행문의 경우에는 재판장의 명에 의한 집행문을 부여받아야 한다(동조 1항 단서, 민집 32조). 또한 원고가 여러 통의 이행권고결정서의 정본을 신청하거나, 전에 내어준 이행권고결정서 정본을 돌려주지 아니하고 다시 이행권고결정서 정본을 신청한 때에는 법원사무관등이 이를 부여하고, 이 경우 그 사유를 원본과 정본에 적어야 한다(동조 2항). 통상의 이행권고결정에 기한 강제집행은 별도의 집행문 없이 결정서의 정본으로 바로 할 수 있게 하여 집행의 간이 · 신속을 도모하고 있다.

Ⅲ. 절차상의 특칙

소액사건이 제소된 경우에 이행권고절차에 회부하는 것이 부적절하거나, 법원의 이행권고결정에 대하여 피고의 이의신청이 있는 경우에는 소송절차에 회부된다. 신속한 재판의 이념을 달성하기 위하여 소액사건심판법상 심리 · 판결절차, 상고제한 등에 특칙을 인정하고 있다.

1. 절차 일반 및 개시에 관한 특칙

(1) 소송대리에 관한 특칙

소액사건에 있어서 민사소송법상의 소송대리(87, 88조)에 대한 특칙으로 당사자의 배우자 · 직계혈족 또는 형제자매이면 변호사가 아닌 경우에도 법원의 허가 없이 소송대리인이 될 수 있다(소심8조1항). 이 경우 소송대리인은 당사자와의 신분관계 및 수

---

5) 대판 2009. 5. 14, 2006다34190.

권관계를 서면으로 증명하여야 하고, 다만 수권관계에 대하여는 당사자가 판사의 면전에서 구술로 소송대리인을 선임하고 법원사무관 등이 조서에 이를 기재한 때에는 그러하지 아니하다(동조 2항).

(2) 구술 및 임의출석에 의한 소제기

통상의 소송절차와 달리 소액사건에 있어서는 i) 구술로 소를 제기할 수 있고(소심 4조), 또한 ii) 당사자쌍방은 임의로 법원에 출석하여 소송에 관하여 변론함으로써 임의출석에 의한 소제기가 가능하다(소심 5조). 이 경우 법원사무관 등은 제소조서를 작성하여 소장에 갈음하게 된다(소심 4조 2, 3항). 이는 통상 소송절차의 소장제출주의(248조)의 특칙이다.

2. 소송의 심리에 관한 특칙

(1) 1회 심리의 원칙

소액사건 담당판사는 되도록 1회의 변론기일로 심리를 마치도록 하여야 한다(소심 7조 2항). 이 규정은 소액사건심판법의 제정취지를 명확히 나타낸 규정이다. 이러한 취지를 살리기 위하여 다음의 같이 규정하고 있다.

① 지체 없는 소장부본의 송달

소장부본이나 제소조서등본은 지체없이 피고에게 송달하여야 하고, 다만 피고에게 이행권고결정서의 등본이 송달된 때에는 소장부본이나 제소조서등본이 송달된 것으로 본다(소심 6조).

② 신속한 변론기일의 지정

소의 제기가 있는 경우에 판사는 답변서제출기간을 기다리지 아니하고 바로 변론기일을 정할 수 있다(소심 7조 1항). 그러나 대부분의 사건은 피고에게 소장 부본 또는 이행권고결정 부본을 송달하면서 30일 이내에 답변서를 제출하여야 한다는 취지를 고지하고(256조 2항 1.), 그 기간 내에 답변서를 제출하지 아니한 경우에는 무변론판결의 선고도 가능하다(257조 1항).

③ 기일 전의 증명촉구 등

판사는 변론기일 전이라도 당사자로 하여금 증거신청을 하게 하는 등 필요한 조치를 취할 수 있다(소심 7조 3항). 이는 1회 심리의 원칙을 관철하여 신속한 재판을 하기 위한 것이다.

④ 무변론의 청구기각

법원은 소장·준비서면 기타 소송기록에 의하여 청구가 이유 없음이 명백한 때에는 변론 없이 청구를 기각할 수 있다(소심 9조). 구술심리주의(134조)의 예외이다.

(2) 공휴일·야간의 개정

판사는 필요한 경우 근무시간외 또는 공휴일에도 개정할 수 있다(소심 7조). 민사소송법 제166조(필요한 경우에만 제한적으로 공휴일 개정을 인정함)의 특칙으로 근무시간 중에 재판을 받을 수 없는 사람들의 편의를 위하여 공휴일·야간에 법정을 개정할 수 있도록 하였다.

(3) 원격영상재판

원격영상재판이라 함은 재판관계인이 교통의 불편 등으로 법정에 직접 출석하기 어려운 경우에 재판관계인이 동영상 및 음성을 동시에 송·수신하는 장치가 갖추어진 다른 원격지의 법정에 출석하여 진행하는 재판(예: 대구지방법원 포항지원에서 울릉도에 거주하는 사람들에 대한 소액영상재판)을 말한다(원격영상재판에 관한 특례법 2조 2호). 소액사건, 화해·독촉 및 조정에 관한 사건, 즉결사건 및 협의이혼 확인사건이 그 대상이다(법조 34조 1항).

(4) 변론갱신의 생략

신속·간이한 재판을 위하여 판사의 경질이 있는 경우라도 변론의 갱신 없이 판결할 수 있다(소심 9조). 통상소송절차상의 직접심리주의(204조)의 예외이다.

(5) 조서기재의 생략

조서는 당사자의 이의가 있는 경우를 제외하고 판사의 허가기 있는 때에는 이에 기재할 사항을 생략할 수 있다(소심 11조). 그러나 변론의 방식에 관한 규정의 준수와 화해·인낙·포기·취하 및 자백에 대하여는 이를 기재하여야 한다(동조 2항).

(6) 증거조사에 관한 특칙

① 직권증거조사

소액사건에서 판사는 필요하다고 인정한 때에는 직권으로 증거조사를 할 수 있다. 그러나 그 증거조사의 결과에 관하여는 당사자의 의견을 들어야 한다($\frac{소심 10}{조 1항}$). 이는 민사소송법상의 보충적 직권증거조사($\frac{292}{조}$)에 대한 특칙을 정한 것이다.

② 교호신문제의 배제

소액사건의 경우에는 본인소송이 절대 다수를 점하고 있으므로, 민사소송법상의 교호신문제(交互訊問制)를 배제하고 판사가 주신문을 하고, 당사자는 보충신문을 하도록 하였다($\frac{소심 10}{조 2항}$). 즉 법원의 직권신문제라고 할 수 있다.

③ 증인·감정인에 대한 서면신문제

판사는 상당하다고 인정한 때에는 증인 또는 감정인의 신문에 갈음하여 서면을 제출하게 할 수 있다($\frac{소심 10}{조 3항}$). 이는 증인·감정인에 대한 구술신문제($\frac{331,}{339조}$) 및 상대방의 이의가 없는 경우의 서면에 의한 증언($\frac{310}{조}$)에 대한 특칙이다. 이 때에 제출한 서면은 증인·감정인에 대한 신문과 같은 효과가 있으므로 해당 증거조사절차에 따라야 하고, 서증에 대한 증거조사절차에 의할 것은 아니다.[6]

3. 판결에 관한 특칙

(1) 즉시 판결선고

소액사건의 판결선고는 변론종결 후 즉시 할 수 있다($\frac{소심 11조}{의2, 1항}$). 이는 변론종결일로부터 2주 내에 선고하여야 하는 통상의 소송절차($\frac{207}{조}$)에 대한 특칙이다.

(2) 구술에 의한 요지설명 및 이유기재의 생략

소액사건의 판결의 선고는 주문을 낭독하고, 주문이 정당함을 인정할 수 있는 범위 안에서 그 이유의 요지를 구술로 설명하여야 한다($\frac{소심 11조의2, 2항, 민}{소법 206조의 특례임}$). 판결서에는 그 이유를 기재하지 아니할 수 있다($\frac{동조 3항, 민소법}{208조의 특례임}$). 소액사건의 판결서는 인터넷, 그 밖의 전산정보처리시스템을 통한 전자적 방법 등으로 열람 및 복사의 예외를 인정하고 있다($\frac{163조의}{2, 1항}$).

4. 상고 및 재항고의 제한

(1) 소액사건은 통상의 민사소송과 달리 상고 및 재항고가 크게 제한된다. 소

---

6) 同旨: 이시윤, 961면.

액사건에 관한 제2심의 판결(지방법원 본원합의부, 춘천지방법원 강릉지원 합의부) 또는 결정·명령에 대하여 i) 법률·명령·규칙 또는 처분의 헌법위반여부, 명령·규칙 또는 처분의 법률위반여부에 대한 판단이 부당한 때($\frac{소심 3조}{1호}$), ii) 대법원의 판례에 상반되는 판단을 한 때($\frac{동조}{2호}$)에 한하여 상고 또는 재항고가 가능하다.

(2) 통상의 민사사건과 달리 '헌법·법률위반'에 한정하고 '일반 법령위반'은 상고이유($\frac{423조}{424조}$)가 되지 않는다. 또한 「상고심절차에 관한 특례법」이 적용될 여지가 없다. 이와 같이 소액사건은 그 상고이유가 엄격히 제한되어 있으므로 사실상 2심제를 채택하고 있다고 할 수 있다. 독일·일본 등에서도 소액사건에 대하여 엄격한 상고제한을 통하여 사실상 2심제로 운영하고 있다. 소액사건의 상고제한과 관련하여 위헌론이 있지만, 헌법재판소는 "상소권에 대하여 헌법상 명문의 규정이 없으므로 이는 입법정책의 문제이고, 소액사건에 관하여 일반사건에 비하여 상고 및 재항고를 제한하고 있는 소액사건심판법 제3조는 헌법 제27조의 재판을 받을 권리를 침해하는 것이 아니고, 상고제도는 국민의 법률생활의 중요한 영역의 문제를 해결하는 데 집중적으로 투입 활용되어야 할 공익상의 요청과 신속·간편·저렴하게 처리되어야 할 소액사건절차 특유의 요청 등을 고려할 때 현행 소액사건 상고제한제도가 결코 위헌적인 차별대우라 할 수 없으며, 소액사건심판법 3조는 대법원에 상고할 수 있는 기회를 제한하는 것이지 근본적으로 박탈하고 있는 것이 아니므로, 결국 위 법률조항은 헌법에 위반되지 아니한다"고 판시하였다.[7] 타당하다고 본다.

(3) 상고이유 중 '대법원의 판례에 상반되는 판단을 한 때'와 관련하여, 여기에서 '판례'라 함은 대법원의 모든 판결·결정 등의 재판을 의미하는 것이 아니고, 구체적 당해 사건의 사안에 적용될 법령의 전부 또는 일부에 관한 정의적 해석(定義的 解釋)을 한 판례의 판단을 말한다. 또한 '상반되는 판단을 한 때'라 함은 그 법령조항에 관한 대법원의 정의적 해석과 반대되는 해석을 하거나, 반대되는 해석 견해를 전세로 당해 사건에 그 법령조항의 적용 여부를 판단한 경우를 의미한다.[8] 따라서 단순한 법리오해, 채증법칙 위반 내지 심리미진과 같은 사유는 단순한 법령위반일 뿐이므로 소액사건의 적법한 상고이유가 될 수 없다.[9] 판례에

---

7) 헌재(전) 1992. 6. 26, 90헌바25; 같은 취지의 대법원 결정(대결 2004. 8. 20, 2003카기33).
8) 대판 2004. 5. 13, 2004다6979, 6986; 대판 2017. 2. 15, 2016다262802.
9) 대판 1995. 10. 12, 95다6403; 대판 1998. 1. 23, 97다25613; 대판 2000. 6. 9, 2000다10963; 대판 2006. 10. 13, 2006다53078; 대판 2010. 10. 14, 2010다48752.

상반하여도 원판결이유의 방론이나 가정적 판단에 불과한 것은 상고이유가 되지 아니한다.[10]

다만 소액사건에서 구체적 사건에 적용할 법령의 해석에 관한 대법원 판례가 아직 없는 상황에서 같은 법령의 해석이 쟁점으로 되어 있는 다수의 소액사건이 하급심에 계속되어 있을 뿐 아니라 재판부에 따라 엇갈리는 판단을 하는 사례가 나타나고 있는 경우에는, 대법원이 소액사건이라는 이유로 그 법령의 해석에 관하여 판단을 하지 않고 사건을 종결한다면 국민생활의 법적 안정성이 저해될 수 있으므로, 대법원은 이와 같은 특별한 사정이 있는 경우에는 소액사건에 관하여 상고이유로 할 수 있는 '대법원의 판례에 상반되는 판단을 한 때'라는 요건을 갖추지 않았더라도 법령해석의 통일이라는 대법원의 본질적 기능을 수행하기 위하여 예외적으로 실체법 해석·적용의 잘못에 관하여 판단할 수 있다. 즉 대법원은 대법원의 판례가 없는 경우에도 위와 같은 특별사정이 있으면 예외적 상고이유가 있다고 본다.[11] 대법원의 이러한 판단은 민사소송법 제1조 제2항의 신의칙에 기초하여 소액사건심판법 제3조 제2호의 "대법원의 판례에 상반되는 판단을 한 때"의 의미를 확대해석 한 것으로 타당한 결론으로 사료된다.[12]

(4) 소액사건에 있어서 상고이유제한 외에 상고이유 기재방식도 엄격히 하고 있다. 우선 i) 상고이유서에는 상고이유에 해당하는 사유만을 구체적으로 명시하여야 한다($^{소심규 2}_{조 전문}$). 예컨대 판례위반을 이유로 상고한 경우에는 구체적인 대법원판례를 명시하고, 해당 판례가 사건에 어떻게 상반되는지를 구체적으로 기재하여야 한다.[13] ii) 법정상고이유 이외의 사유(예: 법리오해, 채증법칙위반, 심리미진 등)를 기재하면 아무 기재가 없는 것으로 보아($^{소심규 2}_{조 후문}$), 적법한 상고이유서의 제출이 없는 것이므로 상고기각을 면하지 못한다($^{429}_{조}$).

---

10) 대판 1990. 12. 11, 90다5283.

11) 대판 2004. 8. 20, 2003다1878; 대판 2017. 3. 16, 2015다3570; 대판 2018. 9. 13, 2017다16778; 대판 2019. 5. 16, 2017다226629; 대판 2019. 12. 13, 2018다287010; 대판 2019. 12. 27, 2018다37857; 대판 2020. 1. 16, 2018다41801.

12) 反對: 이시윤, 962면(위 판결들에 대하여 사법권의 한계를 벗어난 일종의 입법행위라고 비판하고 있음).

13) 대판 1979. 6. 26, 79다691, 692; 대판 1988. 2. 23, 87다485.

Ⅳ. 여   론(餘論)

우리나라의 소액사건심판절차는 많은 사건을 신속하게 처리하면서도, 무리 없게 분쟁을 해결하고 있다는 점에서 매우 성공한 제도라고 할 수 있다. 다른 나라들의 간이절차와 비교할 때에 심판대상의 액수가 높다는 점이 특징이다. 일본에서도 우리의 소액심판제도를 본받아 1998년 신민사소송법에 이를 도입하여 시행하고 있다. 소액사건심판제도를 보다 발전시키기 위하여는 심판대상의 범위가 매우 중요한 것이므로 대법원은 사법통계, 국민의 법감정 등을 합리적으로 고려하여 분쟁해결의 흐름을 원활하게 할 수 있게 신중하게 증액 여부를 결정해야 할 것이다.

제 3 장 독촉절차

I. 의 의

(1) 독촉절차(督促節次, Mahnverfahren)라 함은 금전, 그 밖에 대체물이나 유가증권의 일정한 수량의 지급을 목적으로 하는 청구에 대하여 채권자에게 간이·신속한 방법으로 집행권원을 얻을 수 있게 하는 간이소송절차를 말한다($^{462}_{조}$). 특히 독촉절차는 채무자가 채무의 존재를 다투지 아니하는 것이 예상되는 경우에 적은 비용(인지액이 소송의 1/10)으로 채무자의 심문 없이 서면심사만으로 신속하게 집행권원을 얻을 수 있다는 점에서 이행소송의 대용절차(代用節次)라 할 수 있다.[1] 또한 서면심리에 의하여 지급명령이 발하여진 경우에 채무자의 이의로 통상의 소송절차로 이행할 수 있다는 점에서 소송의 선행절차(先行節次)라 할 수 있다. 따라서 독촉절차에 관한 규정($^{462\sim}_{474조}$)에 특별한 정함이 없으면 민사소송법의 총칙편의 규정이 적용된다. 독촉절차를 이용할 것인지 바로 이행의 소를 제기할 것인지는 전적으로 채권자의 자유이다. 독촉절차에서 신청인을 채권자, 상대방을 채무자라고 한다. 소액심판절차에 이행권고제도를 두고 있어 독촉절차와 유사한 점이 있으나, 독촉절차가 소액심판절차보다 비용이 저렴하여 의미가 있다.

(2) 1990년 민사소송법 3차 개정에서 독촉절차에 있어서 지급명령의 가집행선고제도를 폐지하여 이를 간소화하였다. 개정 전에는 ① 채권자의 지급명령신청 → ② 지급명령발부/송달(채무자가 2주 이내에 이의하지 아니하면 채권자의 신청에 의하여 가집행선고 할 것을 부기) → ③ 가집행선고부 지급명령 발부/송달(이의가 없으면 채권자의 신청에 따름, 채권자가 가집행신청을 할 수 있는 때로부터 30일 내에 신청하지 아니한 때에는 지급명령은 실효됨) → ④ 가집행선고부 지급명령 확정(지급명령이 송달된 날로부터 2주일을 경과한 때 확정되고, 확정판결과 동일한 효력을 가짐)의 과정을 거쳤다. 가집행선고 절차를 생략함으로써 신속을 기할 수 있게 되었다. 다만 개정 전과 달리 지급명령이 확정되면 집행권원으로서 집행력만을 부여하고 있고 기판력을 인정하지 아니한다($^{474, 민집}_{58조 3항}$).[2] 따라서 집행력을 배제하기 위한 청구에 관한

---

1) 정동윤/유병현/김경욱, 1172면.
2) 일본 신민사소송법에서도 우리와 같이 지급명령의 기판력을 인정하지 아니하고 있다.

이의의 소로 다툴 수 있는 사유가 변론종결 전·후 구분 없이 가능하다($^{민집 58}_{조 3항}$).

(3) 2006년 10월 27일부터 지급명령의 신청을 「독촉절차에서의 전자문서 이용 등에 관한 법률」에 따라 대법원 전산정보처리시스템(ecfs.scourt.go.kr)을 통하여 전자문서로도 할 수 있도록 하였고, 2014년 12월 1일부터는 위 법률이 폐지되고 「민사소송 등에서의 전자문서 이용 등에 관한 법률」의 규율을 받는다.

Ⅱ. 지급명령의 신청

1. 관할법원

지급명령(支給命令)은 청구목적의 값에 상관없이 시·군법원 판사 또는 사법보좌관의 직무관할에 전속한다($^{법조 34조}_{1항 2호}$). 전속적 토지관할로 종전에 인정하던 채무자의 보통재판적 소재지, 근무지($^{7}_{조}$), 사무소·영업소 소재지($^{12}_{조}$) 이외에 거소지·의무이행지($^{8}_{조}$), 어음·수표지급지($^{9}_{조}$), 불법행위지($^{18}_{조}$) 등을 추가하였다($^{463}_{조}$). 독촉절차의 이용을 촉진하기 위한 조치이다.

2. 요   건

일반소송요건 외에 지급명령에 다음과 같은 특수한 요건이 필요하다.

(1) 청구에 관한 요건

지급명령은 금전, 그 밖에 대체물이나 유가증권의 일정한 수량의 지급을 목적으로 하는 청구일 것이 필요하다($^{462조}_{본문}$). 지급명령은 청구목적의 값의 적고 많음 또는 청구의 발생원인은 묻지 아니한다. 따라서 청구원인이 국가에 대한 징발보수청구권,[3] 공법인에 대한 급여청구권[4]인 경우에도 그 대상이 된다. 다만 채무자의 이의신청기간 경과 전까지 이행기에 이르러 즉시 청구가 가능하여야 한다. 그러나 반대급부와 상환하여 지급을 구하는 것은 상관이 없으나, 즉시 집행할 수 없는 조건부 또는 기한부청구는 허용되지 아니한다.[5] 예비적 청구[6] 및 장래의 청구[7]도

---

3) 대판 1970. 3. 10, 69다1886.
4) 대판 1967. 11. 14, 67다2271.
5) 同旨: 김홍규/강태원, 891면; 이시윤, 966면; 정동윤/유병현/김경욱, 1173면.
6) 同旨: 이시윤, 966면.
7) 同旨: 김홍규/강태원, 891면.

같다.

(2) 송달에 관한 요건

① 지급명령은 대한민국에서 공시송달 외의 방법으로 송달할 수 있는 경우에 한한다($^{462조}_{단서}$). 공시송달이 아닌 보충송달 등이 되면 지급명령의 신청이 가능하다. 공시송달에 의한 경우에 인정하지 아니하는 것은 서면심리에 의한 신속한 집행권원을 얻게 하려는 독촉절차의 취지에 부합하지 아니하고, 채무자의 절차적 권리를 보장하기 위한 것이다.

② 다만 2014년 10월 15일 「소송촉진등에 관한 특례법」 제20조의2를 신설하여(시행: 동년 12. 1.) 은행법, 중소기업은 행법상의 은행 등이 그 업무와 사업으로 취득하여 행사하는 대여금, 구상금, 보증금 및 그 양수금채권에 대하여 지급명령을 신청하는 경우에는 공시송달에 의한 지급명령이 가능하도록 하였다. 이 경우 지급명령이 공시송달의 방법으로 송달되어 채무자가 이의신청의 기간을 지킬 수 없었던 경우 추후보완사유가 있는 것으로 본다($^{소촉법}_{조의2, 5항}^{20}$). 법률에 의하여 추후보완사유를 간주한 것이다.

③ 신법에서는 지급명령을 신청하였으나 신속한 송달이 되지 아니한 경우 소송경제 및 채권자의 보호라는 측면에서 소송절차에 따라 진행할 수 있도록, i) 채권자는 법원으로부터 채무자의 주소를 보정하라는 명령을 받은 경우에 소제기신청을 할 수 있고($^{466조}_{1항}$), 또한 ii) 법원도 지급명령을 공시송달에 의하지 아니하고는 송달할 수 없거나 외국으로 송달하여야 할 때에는 직권에 의한 결정으로 이를 소송절차에 부칠 수 있으며($^{동조}_{2항}$), 이 결정에 대하여는 불복할 수 없다($^{동조}_{3항}$). 당사자의 소제기신청 또는 법원의 소제기결정이 있는 경우에는 지급명령을 신청한 때에 소제기가 된 것으로 본다($^{472조}_{1항}$).

3. 신청절차

(1) 지급명령의 신청에도 그 성질이 반하지 않는 한 소에 관한 규정을 준용한다($^{464}_{조}$). 따라서 신청은 전자신청 외에는 서면에 의하며, 신청취지와 원인을 기재하여야 하고($^{249}_{조}$), 그 외에 소장에 기재할 사항인 당사자, 법정대리인 등을 표시하여야 한다. 지급명령 신청서에는 소명자료(疏明資料)를 첨부할 필요가 없고, 신청서 등본을 상대방인 채무자에게 송달할 필요가 없다. 붙여야 할 인지액은 소장 인지

액의 1/10이면 된다(민인 7조 2항, 2002년)(개정 전에는 1/2이었음).

(2) 지급명령의 신청도 소의 병합(253조)(65조)에 준하여 청구의 병합 또는 여러 명의 채무자에 대한 신청이 가능하다.[8] 또한 지급명령의 신청에 의하여 관할의 항정(33조), 중복신청의 금지(259조), 시효중단의 효력(민172조)[9] 등이 발생한다. 지급명령에 대한 신청이 각하 또는 취하된 경우에도 6개월 이내에 다시 소를 제기한 경우에는 지급명령 신청 시의 시효중단의 효력이 그대로 유지된다.[10]

Ⅲ. 지급명령신청에 대한 재판

채권자의 지급명령의 신청에 대하여는 채무자를 심문(審問)하지 않고(467조), 서면 심리를 통하여 신속하게 결정(決定)으로 재판한다.

1. 신청각하

(1) 신청된 지급명령에 i) 관할위반이 있는 경우, ii) 신청요건에 흠이 있는 경우, iii) 신청의 취지에 의하여 청구가 이유 없음이 명백한 경우(주장 자체로 이유 없는 때)에는 신청을 각하한다(465조)(1항 전문). 병합된 여러 개의 청구 중 일부에 관하여 이러한 사유가 있으면 그 일부만을 각하한다(465조)(1항 후문).

(2) 채권자는 신청을 각하하는 결정에 대하여는 불복할 수 없다(동조)(2항). 신청을 각하한 때에는 판결과 달리 기판력이 발생하지 아니한다(민집 58)(조 3항). 따라서 채권자는 다시 지급명령을 신청하거나 바로 소를 제기할 수 있다.

2. 지급명령

(1) 신청이 각하사유에 해당하지 아니하여 적법하고, 신청취지와 이유에 비추어 정당하다고 판단되면 별도의 증거조사·채무자심문 등을 거치지 아니하고 바로 지급명령을 발하고, 법원은 직권으로 양 당사자에게 송달하여야 한다(469조)(1항). 지급명령 신청서에 소명자료를 첨부할 필요 없이 신청서에 대한 심사로 바로 지급명령이 발부될 수 있다. 채무자의 이의신청권을 보호하기 위하여 실무상 지급명령

---

8) 대결 1986. 11. 27, 86그141.
9) 대판 2011. 11. 10, 2011다54686; 대판 2020. 4. 29, 2018다267689.
10) 대판 2011. 11. 10, 2011다54686.

에 이의신청 안내서를 첨부하여 보낸다.

(2) 지급명령에는 당사자, 법정대리인, 신청의 취지와 원인을 적고, 채무자가 지급명령이 송달된 날부터 2주 이내에 이의신청을 할 수 있다는 것을 덧붙여 적어야 한다($^{468}_{조}$). 채무자가 2주 이내에 이의신청을 하지 아니하면 지급명령은 확정되어 독촉절차가 종료된다. 이 경우 지급명령은 확정판결과 같은 효력이 발생한다($^{474}_{조}$).

(3) 지급명령은 채권자의 신청에 따라 채무자에게 그 이행을 명하는 재판이다. 명칭은 명령이나 그 성질은 결정으로 보아야 한다.[11] 지급명령은 송달로 효력이 발생하고, 채무자의 이의가 있으면 그 한도에서 효력이 소멸한다($^{469조, 470}_{조 1항}$).

Ⅳ. 채무자의 이의신청

1. 총 설

지급명령은 채무자의 심문 등 채무자의 참여 없이 이루어지기 때문에 채무자의 절차권 보호를 위하여 채무자에게 이의신청권(異議申請權)을 인정한다. 채무자는 지급명령이 송달된 날로부터 2주 이내에 이의신청으로 불복할 수 있다($^{468, 469조, 사}_{보규 3조 1호}$). 이의신청기간은 불변기간이고($^{470조}_{2항}$), 그 기간 중에 소송 중단사유가 발생한 경우에는 이의신청기간은 정지된다.[12] 이의의 범위 안에서 지급명령 자체를 실효시킬 수 있다($^{470}_{조}$). 이 경우 지급명령을 신청한 때에 소를 제기한 것으로 보며($^{472조}_{2항}$), 이의신청으로 독촉절차는 통상의 소송절차로 이행한다. 이 경우 소송물 즉 심판의 대상은 지급명령이 이의신청으로 실효되었으므로 청구의 당부(當否)이다.

2. 이의신청 및 그 취하

(1) 채무자의 이의신청은 서면 또는 말로 지급명령을 행한 지방법원 또는 시·군법원에 신청한다($^{161조}_{1항}$). 이의신청에는 단순히 지급명령에 불복한다는 취지면 되고 그 이유를 밝힐 필요는 없다. 지급명령의 일부에 대한 이의신청도 가능하다.

(2) 이의신청은 지급명령 송달일로부터 2주 이내에 하여야 한다($^{468}_{조}$). 이의신청

---

11) 同旨: 정동윤/유병현/김경욱, 1175면.
12) 대판 2012. 11. 15, 2012다70012(이의신청기간 중 회생개시결정이 있었음).

을 한 범위 내에서 지급명령은 효력을 잃는다($^{470}_{조}$). 가집행선고부 지급명령제도가 폐지된 1990년 이전에는 가집행선고부 지급명령의 이의신청기간을 불변기간으로 하였으나, 1990년 가집행선고부 지급명령제도가 폐지된 이후에는 지급명령 자체의 이의신청기간을 불변기간으로 하였다($^{470조}_{2항}$). 따라서 책임질 수 없는 사유로 이의신청기간을 준수할 수 없었을 경우에는 추후보완신청이 가능하다($^{173조, 예: 채무자 외의 보}_{충송달의 자격이 없는 자에}$)($^{대한 송달로 이의신}_{청기간을 넘긴 경우}$).

(3) 이의신청의 취하

지급명령에 대한 채무자의 이의신청을 취하할 수 있을 것인가? 이의신청이 부적법한 경우에는 그 각하 결정전에 이를 취하할 수 있다고 할 것이다($^{471조}_{1항}$). 그런데 이의신청이 적법한 경우에 이의신청으로 지급명령이 실효되기 때문에 그 취하가 가능한지 여부가 문제된다. 지급명령이 실효되었으므로 불가능하다는 부정설, 이의신청에 의한 소송으로 이행하는 기록송부 전 또는 기일지정 전까지 가능하다는 견해($^{소송이행}_{조치시설}$),[13] 이의신청 후부터 제1심 판결 선고 시까지 가능하다는 견해($^{제1심판결}_{선고시설}$)가 있다. 대법원은 한때 부정설을 취하였으나,[14] 송무예규[15]를 통하여 제1심판결 선고시설의 입장에서 실무처리를 하고 있다. 채무자의 의사를 존중하고(그렇지 아니하면 소송절차에서 번거롭게 별도의 화해 등이 필요하다는 점), 분쟁의 조기종결을 촉진한다는 점, 소액사건심판법상의 이행권고결정($^{소심 5조}_{의7, 3항}$)의 효력 범위(제1심 판결의 선고 시까지)와의 균형 등에 비추어 제1심 판결 선고 시까지 가능하다고 봄이 타당하다.[16]

3. 이의신청의 조사 및 소송으로 이행된 경우의 조치

(1) 법원은 이의신청이 부적법하다고 인정한 때(예: 이의기간준수여부, 신청인의 소송능력 또는 대리권유무 등)에는 결정으로 이를 각하하여야 한다($^{471조}_{1항}$). 법원이 한 결정에 대하여는 즉시항고를 할 수 있다($^{동조}_{2항}$). 여기서 법원은 지방법원 또는 시·군법원의 단독판사를 말한다. 따라서 사법보좌관이 한 각하결정에 대하여는 즉시

---

13) 이시윤, 970면.

14) 대판 1977. 7. 12, 76다2146, 2147.

15) 대법원 송무예규 제393호, 지급명령에 대한 이의신청에 의하여 사건이 소송으로 이행한 후 이의신청이 취하된 경우의 업무처리요령(송민 94-2).

16) 同旨: 정동윤/유병현/김경욱, 1177면.

항고에 앞서 사법보좌관에게 이의신청을 할 수 있고, 사법보좌관은 이의신청을 받으면 지체 없이 이의신청기록을 판사에게 송부하며, 송부를 받은 판사는 이의신청이 이유 있다고 인정되면 사법보좌관의 각하결정을 경정하고, 이유 없다고 인정되면 사법보좌관의 각하결정을 인가한 후 이의신청사건을 항고법원으로 송부하여야 한다($^{사보규\ 4조}_{1,\ 2,\ 5,\ 6항}$). 판사가 이의신청이 이유 없다고 인정되어 사법보좌관의 각하결정을 인가한 경우에는 채무자의 이의신청을 즉시항고로 본다($^{사보규\ 4}_{조\ 9항}$).

(2) 채무자의 이의신청이 적법한 경우에는 지급명령을 신청한 때에 이의신청된 청구목적의 값에 관하여 소가 제기된 것으로 본다($^{472조}_{2항}$). 또한 채권자가 법원으로부터 채무자의 주소보정 명령을 받고 소제기 신청을 한 경우와 법원이 지급명령 신청사건을 소송절차에 부치는 결정을 한 경우($^{472조\ 1항,}_{466조}$)에도 같다. 이처럼 지급명령 신청이 소송으로 이행된 때에는 구법과 달리 지급명령을 발령한 법원에서 나머지 인지 9/10부분(지급명령 신청 시는 인지액이 소송의 1/10임)에 대하여 채권자에게 상당한 기간을 정하여 인지보정을 명한다($^{473조}_{1항}$). 인지가 보정된 경우에는 법원사무관 등은 바로 소송기록을 관할법원에 보내야 하고, 이 경우 사건이 합의부의 관할에 해당되면 법원사무관 등은 바로 소송기록을 관할법원 합의부에 보내야 한다($^{473조}_{3항}$). 채권자가 제1항의 기간 이내에 인지를 보정하지 아니한 때에는 법원은 결정으로 지급명령신청서를 각하하여야 하고, 이 결정에 대하여는 즉시항고를 할 수 있다($^{473조}_{2항}$). 독촉절차의 비용은 소송비용의 일부로 된다($^{473조}_{4항}$).

(3) 채무자가 적법한 이의신청을 하여 지급명령을 발령한 법원이 인지의 보정을 명한 경우 채권자는 인지를 보정하는 대신 해당 기간 이내에 조정으로의 이행을 신청할 수 있다($^{민조\ 5조}_{의2\ 1항}$). 채무자의 이행신청이 부적법하다고 인정하는 때에는 위 법원은 결정으로 이를 각하할 수 있고, 채무자는 이 결정에 대하여 즉시항고를 할 수 있다($^{동조}_{2항}$). 적법한 이행신청인 경우에는 지급명령을 신청을 한 때에 이의신청된 청구목적의 값에 관하여 조정이 신청된 것으로 본다($^{동조}_{3항}$). 조정 신청 시의 수수료는 소가의 1/10이므로($^{민조규\ 3}_{조\ 1항}$), 별도의 수수료 보정을 명할 필요 없이 소송기록을 관할법원에 보내면 된다($^{민조\ 5조}_{의3\ 4항}$).[17] 이 경우 독촉절차의 비용은 조정절차의 비용의 일부가 된다($^{동조}_{5항}$).

(4) 소송으로 이행된 뒤에 이의신청이 부적법한 것으로 판명된 경우에 어떻게

---

17) 현재로서는 민사조정법 제5조의3(독촉절차의 조정으로의 이행에 따른 처리) 제1항, 제2항은 수수료 차이를 전제로 보정명령을 정하고 있지만 현재로서는 수수료가 동일하므로 그 필요가 없다.

취급할 것인지가 문제이다. 단독판사 또는 사법보좌관의 적법인정이 사후의 법원을 구속하는지에 관하여 이를 긍정하여 종국판결로 이의신청의 각하판결이 불가능하다는 구속설(拘束說)[18]과 이를 부정하고 종국판결로 이의신청의 각하판결이 가능하다는 불구속설(不拘束說)이 있다. 생각건대 실제로 소송절차로 이행하였다고 하여도 이는 이의신청이 적법한 경우에만 효력이 있다고 볼 것이고, 소송이행 후에 부적법한 것으로 밝혀진 경우에는 소송절차로의 이행에 필요한 적법요건을 갖추지 못한 것으로서 소송요건의 흠이 있는 경우에 해당하고 단지 현재 소송절차에 있다는 이유만으로 그 흠이 치유된다고 볼 여지가 없으므로 판결로써 각하하여야 할 것이다. 불구속설이 타당하다고 본다.

(5) 채무자의 이의신청이나 채권자의 제소신청 또는 법원의 직권에 의한 소송절차 회부 결정에 의하여 소송절차로 이행된 경우에는 지급명령을 신청한 소송목적의 값에 따라 제1심 단독판사 또는 합의부의 일반 소송절차에 의하여 재판이 진행된다. 다만 채권자가 제출한 지급명령신청서와 채무자가 제출한 이의신청서에 기재된 사항은 소송절차 이행 후에 당연히 소송자료가 되는 것이 아니고 별도의 주장 및 증거의 제출이 있어야 효력이 있다.[19] 일반 소송절차로 이행된 경우에는 통상의 소송과 같이 지급명령신청서의 신청취지에 따라 판단하면 된다.

V. 지급명령의 확정과 효력

(1) 지급명령에 대하여 이의신청이 없거나, 이의신청을 취하하거나, 각하결정이 확정된 때에는 지급명령은 확정판결과 같은 효력이 있다($\frac{474}{\text{조}}$). 이 경우에 확정된 지급명령이 어떠한 효력을 갖는가가 문제이다.

(2) 우선 집행력에 대하여 보면 확정된 지급명령은 집행에 조건을 붙인 경우($\frac{민집 58조}{1항 1호}$) 또는 당사자의 승계인을 위하거나 승계인에 대하여 강제집행을 하는 경우($\frac{통합 2.}{3호}$)[20]를 제외하고는 집행문을 부여받을 필요 없이 지급명령 정본에 의하여 행한다($\frac{민집 56조 3}{호, 58조 1항}$). 확정된 지급명령은 원칙적으로 집행력이 있는 집행권원인 것이다.

(3) 신법 하에서 확정된 지급명령이 기판력을 갖는가 하는 문제가 있다. 1990년 민사소송법 3차 개정에서 독촉절차에 있어서 지급명령의 가집행선고제도를 폐

---

18) 정동윤/유병현/김경욱, 1178면.
19) 대판 1970. 12. 22, 70다2297.
20) 이 경우는 별도의 집행문을 부여 받아야 집행이 가능하다.

지하고 종전의 확정된 지급명령에 부여한 기판력을 인정하지 아니하고 집행력만을 인정하기 위하여 지급명령의 효력과 관련하여 "…지급명령이 확정된다."라고 표현하였으나(1990. 1. 13. 개정 민사소송법 445조), 2002년 민사소송법에서 1990년 개정 전과 같이 "…확정판결과 같은 효력이 있다(474조)."고 규정하면서 현행 민사소송법 하에서 확정된 지급명령은 기판력을 갖는 것이 아닌가 하는 의문을 갖게 된다. 살피건대 재판에 일단 기판력이 인정되면 재심을 통하여만 이를 취소할 수 있고 변론종결 이전의 이의사유는 기판력의 시적 한계로 인하여 차단효가 발생하여 더 이상 다툴 수 없게 된다. 반면 기판력이 발생하지 아니하는 경우에는 그 집행력을 차단하기 위하여 청구이의의 소에서 청구권의 불성립·무효사유를 자유롭게 주장할 수 있고, 기판력의 차단효에 영향을 받지 아니하게 된다. 그렇기 때문에 민사집행법 제58조 제3항에서 확정된 지급명령에 관하여는 이의사유를 민사집행법 제44조 제2항의 적용을 배제하여 지급명령 발령 전의 사유로 주장할 수 있게 하고 있다. 이런 점을 종합적으로 고려한다면 확정된 지급명령은 민사소송법 제474조에서 "…확정판결과 같은 효력이 있다."고 규정하고 있다고 하여도 기판력은 생기지 아니하고 집행력만 발생한다고 보아야 한다.[21] 판례도 같다.[22] 이렇게 규정한 것은 지급명령으로 확정된 채권은 민법 제165조 제2항에 따라 그 소멸시효를 10년이 된다는 것을 명확히 하려는 것으로 보아야 한다. 확정된 지급명령이 민법 제165조 제2항의 "판결과 동일한 효력이 있는 것"이라는 법률요건적 효력을 충족하기 위한 것으로 평가된다.

Ⅵ. 독촉절차에서의 전자문서 이용

(1) 최근 컴퓨터 사용의 일반화 및 세계적인 추세(독일, 일본 등)에 발맞추어, 2006년 10월 27일 제정·시행된 「독촉절차에서의 전자문서이용 등에 관한 법률」(2006. 10. 27. 법률 제8057호)에 따라 다른 민사사건보다 먼저 독촉절차에 따른 지급명령 신청을 대법원의 전산정보처리시스템을 통하여 전자문서로 제출할 수 있게 되었다. 그런데 2010년 3월 24일 제정·시행된 「민사소송 등에서의 전자문

---

21) 同旨: 김홍규/강태원, 898면; 김홍엽, 1048면; 이시윤, 968면; 정동윤/유병현/김경욱, 1178면; 한충수, 270면.

22) 대판 2002. 2. 22, 2001다73480; 대판 2004. 5. 14, 2004다11346(지급명령 발령 전의 청구권 불성립이나 무효도 청구에 관한 이의의 소의 사유가 된다고 함); 대판 2009. 7. 9, 2006다73966.

서 이용 등에 관한 법률(법률 제10183호, 이하 전자소송법이라 함)」에 따르면 소송절차에서의 전자문서의 제출 등 이용에 관하여 규정이 체계화 되었고, 내용이 매우 세분화 되어 있어 형사소송을 제외한 소송절차별로 단계적으로 시행하여 왔다. 이러한 단계적 시행의 일환으로 독촉절차도 2014년 5월 20일 전자소송법이 개정되면서 동법의 적용을 받게 되었다(전자소송3조). 개정 전자소송법이 시행된 2014년 12월 1일자로 위 「독촉절차에서의 전자문서이용 등에 관한 법률」은 폐지되었다. 따라서 2014년 12월 1일부터 독촉절차도 전자소송법에 따라 통일적으로 운영되고 있다.

(2) 전자문서로 지급명령을 신청하기 위하여는 대한민국 법원 전자소송 홈페이지(http://ecf.scourt.go.kr/efc/index.jsp)에 방문하여 전자소송법의 규정에 따라 사용자등록(전자소송6조), 전자소송 등의 진행에 동의(동법8조)를 하고, 채권자는 대법원규칙이 정하는 바에 따라 사건정보, 채권자정보, 채무자정보, 대리인정보 등을 입력하고, 증거서류를 첨부하는 방법으로 지급명령신청서를 작성하면 된다(동법8조). 채권자는 법원에 제출하는 전자문서에 전자서명을 하여야 한다(동법7조). 이렇게 제출된 전자문서는 「민사소송법」에 따라 제출된 서류와 같은 효력을 가진다. 소송비용은 신청서 제출 직전에 전자적으로 납부할 수 있다(동법15조). 지급명령 신청서가 전자적으로 법원에 제출되면 법원사무관등은 즉시 그 문서를 제출한 등록사용자에게 접수사실을 전자적으로 통지하여야 한다(동법9조). 법원사무관등은 송달받을 자가 민사소송 등의 진행에 동의한 등록사용자이거나, 전자문서를 출력한 지급명령 신청서를 송달받은 후 등록사용자로서 민사소송 등의 진행에 동의한 경우, 등록사용자가 국가, 지방자치단체, 그 밖에 이에 준하는 자로서 대법원규칙으로 정하는 자 등의 경우에 전자정보처리시스템에 의하여 전자적으로 송달할 수 있다(동법11조). 이 경우 법원사무관 등은 채무자에게 송달할 지급명령 등을 전자정보처리시스템에 등재하는 방법으로 송달하며(동법11조 3항), 송달받을 자가 이를 확인한 때에 송달된 것으로 보며, 다만 등재사실을 등재하여 통지한 날로 1주 내에 확인하지 아니하는 때에는 1주가 지난 날에 송달된 것으로 본다(동조4항).

제 4 장   공시최고절차

Ⅰ. 공시최고의 의의

(1) 공시최고(公示催告, Aufgebot)라 함은 법원이 당사자의 신청에 따라 불특정 또는 불분명한 이해관계인에게 권리 또는 청구의 신고를 하지 아니하면 권리 또는 청구를 잃게 되는 효력이 발생한다는 경고(警告)와 해당 권리 또는 청구를 신고할 것을 재판(결정 형식임)에 의하여 최고(催告)하는 것을 말한다($^{475,}_{495조}$). 재판상의 최고라고 할 수 있다. 공시최고절차는 이러한 공시최고를 함으로써 경고하였던 해당 권리 또는 청구를 제권판결을 통하여 상실시키는 것을 주된 목적으로 하는 절차이다.

(2) 공시최고는 대립 당사자의 사법상의 법률관계를 확정·실현하는 절차가 아니고, 권리자에게 권리행사의 길을 열어주는 사법상의 법률관계의 형성에 기여하는 것이므로 그 본질은 비송사건(非訟事件)이다. 그러나 민사소송법에 규정되어 있으므로($^{475~}_{497조}$), 경계확정의 소 등과 같이 형식적으로 민사소송사건이다. 따라서 공시최고에 관한 해당 규정 외에 민사소송법의 총칙규정·판결절차·상소의 규정이 적용된다고 할 것이다. 본질이 비송사건이라고 하여도 비송사건절차법이 적용되는 것은 아니한다.

(3) 공시최고는 법률이 특별히 인정하는 경우에만 허용된다($^{475}_{조}$). 법률이 공시최고를 인정하는 경우는 세 가지로 분류할 수 있다. i) 실종선고를 위한 공시최고($^{민 27조, 가소 2조 1항 나. (1) 3.<가}_{(사비송 라류사건>, 가소규 53조}$), ii) 등기·등록의 말소를 위한 공시최고($^{부등 56조, 선등 5조, 광업등록령 64조,}_{어업등록령 68조, 특허등록령 47조, 실용}$ $^{신안등록령 9조, 상표등록령}_{10조, 디자인등록령 48조 등}$), iii) 증권 또는 증서의 무효선고를 위한 공시최고($^{민 521, 상 65,}_{360조 등}$) 등이 그것이다. 민사소송법에서는 증권·증서의 무효선고를 위한 공시최고에 관하여 상세한 규정($^{492~}_{497조}$)을 두고 있는 외에는 제권판결의 형식적 요건과 효력에 관하여만 규정하고 있다. 공시최고의 실질적 요건과 효과는 해당 실체법규에 정하여져 있다.

Ⅱ. 공시최고절차

1. 관할법원

공시최고절차의 관할법원은 법률에 다른 규정이 있는 경우를 제외하고는 권리자의 보통재판적이 있는 곳의 지방법원이 관할하며, 다만, 등기 또는 등록을 말소하기 위한 공시최고는 그 등기 또는 등록을 한 공공기관이 있는 곳의 지방법원에 신청할 수 있다($\frac{476조}{1항}$). 실종선고를 위한 공시최고는 부재자의 주소지의 가정법원의 관할에 속한다($\frac{가소 44}{조 1항}$). 증권이나 증서의 무효선언을 위한 공시최고는 증권 등에 표시된 이행지(예: 어음·수표는 지급지, 화물상환증은 도착지, 창고증권은 보관장소 등)의 지방법원이 관할하고, 다만, 증권이나 증서에 이행지의 표시가 없는 때에는 발행인의 보통재판적이 있는 곳의 지방법원이, 그 법원이 없는 때에는 발행 당시에 발행인의 보통재판적이 있었던 곳의 지방법원이 각각 관할한다($\frac{476조}{2항}$). 사물관할은 사법보좌관의 업무에 속한다($\frac{법조 54조}{2항 1호}$). 위 토지·사물관할은 전속관할에 속한다($\frac{476조}{3항}$).

2. 신청 및 재판

(1) 공시최고의 신청은 그 신청의 이유와 제권판결(除權判決)을 청구하는 취지를 밝히는 서면으로 하여야 한다($\frac{477조}{3항}$ 1,). 신청자는 수개의 공시최고를 병합하여 신청할 수 있다($\frac{477조}{3항}$). 신청권자는 해당 실체법에서 정하고 있다.

(2) 법원은 공시최고의 신청에 대하여 결정으로 허부의 재판을 한다($\frac{478조}{1항}$). 우선 법원은 신청서의 적식 여부를 심사하여 흠의 보정을 명하고 이에 응하지 아니할 경우에는 소장각하에 준하여 신청서를 각하한다. 공시최고의 심리는 임의적 변론($\frac{478조}{2항}$ 1.)으로 하며, 통상은 신청인이 제출한 서류에 기초하여 심사한다. 즉 직권으로 신청의 적법성 즉 형식적 요건(예: 대리권, 관할 유무 등)을 심사하여 이에 흠이 있는 경우 그 보정을 명하고, 이에 불응할 때에는 신청을 각하하고, 나아가 신청권한 유무에 관한 실체적 요건을 심사하여야 한다. 필요한 경우 신청인을 심문할 수 있다($\frac{478조}{2항}$). 또한 법원은 여러 개의 공시최고를 병합하여 심리할 수 있다($\frac{477조}{3항}$). 심리한 결과 이유가 있다고 인정되면 공시최고를 허용하는 결정을 하고, 이유가 없다고 판단되면 공시최고를 허가하지 아니하는 결정을 하여야 한다($\frac{478조}{1항 전문}$). 허가하지 아니하는 결정에 대하여는 즉시항고를 할 수 있다($\frac{478조}{1항 후문}$).

3. 공시최고의 실시

(1) 공시최고의 신청을 허가한 때에는 법원은 공시최고를 하여야 한다($^{479조}_{1항}$). 공시최고에는 신청인의 표시, 공시최고기일까지 권리 또는 청구의 신고를 하여야 한다는 최고, 신고를 하지 아니하면 권리를 잃게 될 사항, 공시최고기일 등을 기재하여야 한다($^{동조}_{2항}$).

(2) 공시최고의 방법은 대법원규칙이 정하는 바에 따라 공고하여야 한다($^{480}_{조}$). 종전에는 소액의 증권 또는 증서에 관한 공시최고의 공고는 간이한 방법에 의하는 외에는 공시최고의 공고는 법원의 게시판에 게시하고 신문에 2회 이상 게재하도록 하였다($^{구민소}_{451조}$). 이러한 형식적 게시는 실효성이 없으므로 효과적인 공고를 위하여 신문, 전자통신매체 등을 통한 공고가 가능하도록 대법원규칙에 위임하였다. 대법원규칙에 의하면 법원게시판 게시, 관보·공보 또는 신문 게재 또는 전자통신매체를 이용한 공고 중 하나의 방법으로 할 수 있고, 필요하다고 인정하는 때에는 적당한 방법으로 공고사항의 요지를 공시할 수 있다($^{규칙 142}_{조 1항}$). 법원사무관 등은 공고한 날짜와 방법을 기록에 표시하여야 한다($^{동조}_{2항}$).

(3) 공시최고의 기간은 공고가 끝난 날부터 3월 뒤로 정하여야 한다($^{481}_{조}$). 이 3월의 기간은 최단기일이므로 최초의 공시최고기일은 공고종료일로부터 3월 이후로 정하여야 한다. 이 3월의 기간을 준수하지 아니한 때에는 제권판결에 대한 불복의 사유가 된다($^{490조}_{2항 3호}$).

4. 권리 또는 청구의 신고

(1) 공시최고에 따라 신청인이 주장한 권리 또는 청구를 다투는 사람은 그러한 취지와 자신의 권리 또는 청구를 신고하여야 한다. 이러한 권리 등의 신고는 공시최고기일까지 하여야 하나, 공시최고기일이 끝난 뒤에도 제권판결에 앞서 신고를 하면 그 권리를 잃지 아니한다($^{482}_{조}$). 신청이유로 내세운 권리 또는 청구를 다투는 신고가 있는 때에는 법원은 그 권리에 대한 재판이 확정될 때까지 공시최고절차를 중지하거나, 신고한 권리를 유보하고 제권판결을 하여야 한다($^{485}_{조}$).

(2) 그러나 어음·수표금 청구소송을 제기한 경우나 은행에 수표 등의 지급제시를 한 것만으로는 공시최고에 따른 권리 등의 신고에 해당하지 아니한다.[1]

---

1) 대판 1983. 11. 8, 83다508, 83다카1705.

5. 신청의 취하 등

공시최고의 신청은 공시최고의 실시 전후를 불문하고 언제나 취하할 수 있다. 또한 신청인이 공시최고기일에 출석하지 아니하거나, 기일변경신청을 한 경우 법원은 2월 이내에 1회에 한하여 새 기일을 정하여 주어야 하나, 신청인이 새 기일에 출석하지 아니한 때에는 공시최고신청을 취하한 것으로 본다($^{483,}_{484조}$).

Ⅲ. 제권판결

1. 의　　의

(1) 제권판결(除權判決, Ausschlussurteil)이라 함은 공시최고절차에서 공시최고 신청인의 신청에 의하여 공시최고 대상인 권리 또는 청구에 관하여 실권선언(失權宣言)을 하는 법원의 판결을 말한다. 권리 등을 실권시킨다는 점에서 형성판결의 성질을 가지고 있고, 제권판결은 공시최고절차의 주된 목적이라 할 수 있다.

(2) 제권판결은 i) 등기·등록의무자가 행방불명인 때에 등기·등록의 말소를 위한 경우, ii) 증권 또는 증서가 분실·도난·멸실된 경우 그 증권 등의 무효선고를 위한 경우에 인정된다. 따라서 같은 공시최고에 의한 실종선고의 재판은 민사소송법상의 제권판결이 아니다.

2. 제권판결의 절차

(1) 제권판결의 절차는 공시최고기일까지 권리 또는 청구의 신고가 없는 경우에 당연히 개시되는 것이 아니다. 공시최고의 신청인이 공시최고기일에 출석하여 그 신청을 하게 된 이유와 제권판결을 청구하는 취지를 진술하여야 개시되는 것이다($^{486}_{조}$). 만약 신청인이 공시최고기일에 출석하지 아니하거나, 기일변경신청을 한 경우에는 법원은 2월 이내에 1회에 한하여 새 기일을 정하여 주어야 한다($^{483}_{조}$). 신청인이 새 기일에도 출석하지 아니한 때에는 공시최고신청을 취하한 것으로 보아 공시최고절차가 종결된다($^{484}_{조}$).

(2) 신청인이 공시최고기일에 출석하여 제권판결을 청구하는 취지의 진술 즉 제권판결의 신청을 하면 법원은 공시최고의 적법 여부와 제권판결의 신청의 이유

에 대하여 심사하게 된다. 이 경우 직권으로 사실을 탐지할 수 있다($^{487}_{조}$).

(3) 심사한 결과 i) 제권판결의 신청이유가 없다고 인정되는 때에는 결정으로 신청을 각하한다($^{487조}_{1항}$). 만약 신청이유로 내세운 권리 또는 청구에 대하여 다투는 신고가 있는 때에는 법원은 그 권리에 대한 재판이 확정될 때까지 공시최고절차를 중지하거나, 신고한 권리를 유보하고 제권판결을 하여야 한다($^{485}_{조}$). 제권판결의 신청을 각하한 결정이나, 제권판결에 덧붙인 제한 또는 유보에 대하여는 즉시항고할 수 있다($^{488}_{조}$). ii) 제권판결의 신청이유가 이유 있다고 인정되면 제권판결을 선고하여야 한다($^{487조}_{1항}$).

(4) 법원은 제권판결의 요지를 대법원규칙이 정하는 바에 따라 공고할 수 있다($^{489}_{조}$). 구법에서는 무조건 신문에 공고하도록 하였으나, 제권판결이 선고와 동시에 확정되고 또한 제권판결에 대한 불복의 소로만 다툴 수 있으므로 공고의 실효성이 적어 신법에서는 대법원규칙에 정하는 바에 따라 공고할 수 있도록 하고 있다. 이에 대한 대법원규칙인 민사소송규칙에서는 공시최고의 공고에 관한 규칙을 준용하고 있어, 법원게시판 게시, 관보·공보 또는 신문 게재 또는 전자통신매체를 이용한 공고 중 하나의 방법으로 할 수 있고, 필요하다고 인정하는 때에는 적당한 방법으로 제권판결의 요지를 공고할 수 있다($^{규칙\ 143,}_{142조}$).

3. 제권판결의 효력

제권판결에 대하여는 상소를 하지 못한다($^{490조}_{1항}$). 따라서 제권판결은 선고와 동시에 확정된다. 따라서 판결로 권리를 유보하는 사람 이외에 권리자가 없음이 확정되고, 이해관계인이 가질 수 있는 권리가 소멸·변경된다. 즉 행방불명된 등기·등록의무자에 대한 제권판결은 이행판결과 같이 말소의무자의 협력 없이 제권판결을 첨부하여 권리자 단독으로 등기·등록이 가능하고, 증권 등의 무효선언의 제권판결은 증권을 무효화하고 재권판결을 받은 자는 증권 없이 권리주장을 할 수 있다.

4. 제권판결에 대한 불복의 소

(1) 제권판결은 판결 선고와 동시에 확정되므로 상소의 여지가 없지만, 그 절차 또는 내용에 있어서 중대한 흠이 존재하는 경우에는 제권판결에 대한 불복소송(Anfechtungsklage)이 가능하다($^{490조}_{2항}$). 이 소는 제권판결의 효력을 배제한다는 점

에서 형성소송의 성질을 가지고 있다.[2] 제권판결에 대한 불복의 소에 다른 민사
상의 청구를 병합할 수 있다.[3]

(2) 불복의 소를 제기할 수 있는 사유는 다음과 같다. i) 법률상 공시최고절차
를 허가하지 아니할 경우일 때($^{490조}_{2항 1호}$), ii) 공시최고의 공고를 하지 아니하였거나,
법령이 정한 방법으로 공고를 하지 아니한 때($^{동항}_{2호}$), iii) 공시최고기간을 지키지 아
니한 때($^{동항}_{3호}$), iv) 판결을 한 판사가 법률에 따라 직무집행에서 제척된 때($^{동항}_{4호}$), v)
전속관할에 관한 규정에 어긋난 때($^{동항}_{5호}$), vi) 권리 또는 청구의 신고가 있음에도
법률에 어긋나는 판결을 한 때($^{동항}_{6호}$), vii) 거짓 또는 부정한 방법으로 제권판결을
받은 때($^{동항}_{7호}$), viii) 민사소송법 제451조 제1항 제4호 내지 제8호의 재심사유가 있
는 때($^{동항}_{8호}$) 등이다. 위 사유 중 v)와 vii)은 1990년 민사소송법 3차 개정에서 추가
된 것이다.

(3) 제권판결 불복의 소는 공시최고 한 법원의 전속관할에 속한다($^{490조}_{2항}$). 불복의
소의 피고는 공시최고 신청인이고, 원고는 신고의 최고를 받은 이해관계인으로서
권리보호의 이익이 필요하다. 원고가 실질적인 권리자일 필요는 없고, 제490조 제
2항의 불복사유가 존재하면 된다.

(4) 제권판결 불복의 소는 원고가 제권판결이 있다는 것을 안 날부터 1월의
불변기간 이내에 제기하여야 한다($^{491조 1, 2항}_{3항 본문}$). 다만, 제490조 제2항 제4호(판결을 한
판사가 법률에 따라 직무집행에서 제척된 때)·제7호(거짓 또는 부정한 방법으로 제권
판결을 받은 때) 및 제8호($^{민사소송법 제451조 제1항 제}_{4~8호의 재심사유가 있는 때}$)의 사유를 들어 소를 제기하는 경우에는
원고가 이러한 사유가 있음을 안 날부터 계산한다($^{491조}_{3항 단서}$). 부득이한 사유로 불변기
간을 지킬 수 없었던 경우에는 추후보완이 가능하다($^{173}_{조}$). 그러나 제권판결이 선고
된 날부터 3년이 지나면 제기하지 못한다($^{491조}_{4항}$). 이 3년은 제척기간에 해당한다.

---

2) 同旨: 정동윤/유병현/김경욱, 1183면.

3) 대판 1989. 6. 13, 88다카7962. 反對: 대판 2013. 9. 13, 2012다36661(앞의 88다카7962 판결
과 배치되는 판결로 보인다). 그러나 동일한 소송절차 즉 재판권이 동일한 법원에서는 형성·확
인·이행청구의 병합은 확정여부가 소송내적 조건이므로 병합을 자유롭게 인정하는 것이 소송경제
등에 비추어 타당하기 때문이다[대판 2019. 3. 14, 2018다277785(본소), 2018다277792(반소) 참조].

Ⅳ. 증권 등의 무효선언을 위한 특칙

1. 총　설

(1) 민사소송법은 증권 또는 증서의 무효선고를 위한 공시최고절차에 관하여 특별규정($^{492\sim}_{497조}$)을 두고 있다.

(2) 위 규정에 의한 공시최고의 대상이 되는 유가증권은 그 증권에 표시된 권리의 발생·이전·행사에 있어서 필히 그 증권을 필요로 하는 증권을 의미한다.[4] 특히 i) 도난·분실되거나 없어진 증권이나 그 밖에 상법에서 무효로 할 수 있다고 규정한 증서($^{492조}_{1항}$), ii) 법률상 공시최고를 할 수 있는 그 밖의 증서로서 그 법률에 특별한 규정이 없는 경우이다. 이를 구체적으로 보면 지시증권·무기명증권 등이 여기에 해당하고, 농지개혁법상의 지가증권(地價證券) 등 기명증권은 이에 해당하지 아니한다.[5]

(3) 증권 등의 무효선언을 위한 공시최고를 신청할 수 있는 사람은 i) 무기명증권 또는 배서로 이전할 수 있거나 약식배서가 있는 증권 또는 증서의 최종소지인, ii) 그 밖의 증서에 관하여는 그 증서에 따라서 권리를 주장할 수 있는 사람이 여기에 해당한다($^{493}_{조}$). 예컨대 입질된 주권을 상실한 경우에는 질권자와 주주 모두 공시최고신청을 할 수 있다고 본다.

(4) 공시최고의 사유는 위 대상이 되는 증권 등을 도난·분실·멸실되었거나 이와 동일시 할 수 있어야 한다.[6] 따라서 수표·어음을 횡령·사취 당하였다는 이유는 공시최고의 사유가 될 수 없다.[7]

2. 특　칙

(1) 신청인은 공시최고를 신청함에 있어서 증서의 등본을 제출하거나 또는 증서의 존재 및 그 중요한 취지를 충분히 알리기에 필요한 사항을 제시하여야 한다($^{494조}_{1항}$). 또한 증서가 도난·분실되거나 없어진 사실과 그 밖에 공시최고절차를 신

---

4) 대판 1961. 11. 23, 4293민상478.
5) 대판 1961. 11. 23, 4293민상478.
6) 정동윤/유병현/김경욱, 1184면.
7) 대판 1974. 4. 9, 73다1630; 대판 1989. 7. 11, 87다카2445; 대판 1991. 2. 26, 90다17620; 대판 2016. 10. 27, 2016다235091.

청할 수 있는 이유가 되는 사실 등을 소명하여야 한다($\substack{\text{동조} \\ \text{2항}}$). 증서 등의 존재에 대한 사실과 도난·분실 등의 사유가 그것이다. 통상 경찰서에 한 분실신고, 신문지 상의 분실공고, 주권발행증명, 지급은행의 미지급확인증명 등으로 이를 소명한다. 이는 일반의 공시최고의 신청의 경우에 그 신청의 이유와 제권판결을 청구하는 취지만을 밝히도록 한 민사소송법 제477조의 특칙이다.

(2) 공시최고에는 공시최고기일까지 권리 또는 청구의 신고를 하고 그 증서를 제출하도록 최고하고, 이를 게을리 하면 권리를 잃게 되어 증서의 무효가 선고된 다는 것을 경고하여야 한다($\substack{\text{495} \\ \text{조}}$). 신고(申告)를 최고하고, 실권(失權)을 경고하여야 한다. 이것은 일반 공시최고의 기재사항($\substack{\text{479} \\ \text{조}}$)을 보완한 것이다.

(3) 제권판결의 효력

① 증권의 무효선고를 위한 공시최고절차에서의 제권판결은 소극적 효력(消極 的 效力)과 적극적 효력(積極的 效力)을 가진다. i) 소극적 효력이란 제권판결에 의 하여 증권 또는 증서 자체가 무효로 되는 것을 의미한다($\substack{\text{496} \\ \text{조}}$). ii) 적극적 효력이란 제권판결이 선고된 때에는 신청인은 증권의 소지와 관계없이 증권 또는 증서에 따라 의무를 지는 사람에게 증권 또는 증서에 따른 권리를 주장할 수 있는 것을 말한다($\substack{\text{497} \\ \text{조}}$).

② 제권판결의 효력은 그 판결 이후에 있어서 당해 증권 또는 증서를 무효로 하고 공시최고 신청인에게 그것을 소지함과 동일한 지위를 회복시키는 것에 그치 는 것이고, 공시최고 신청인이 실질상의 권리자임을 확정하는 것은 아니다.[8] 다만 신청인은 제권판결이 있게 되면 증권 또는 증서의 소지 없이 그 의무자에게 권리 주장을 할 수 있게 된다.

3. 제권판결취득자와 선의취득자의 관계

(1) 증권 등의 무효선언을 위한 공시최고기간 중에도 그 대상증권 등은 유통되 고 있으므로 제3자가 그것을 선의취득을 할 수 있다. 이 경우 선의취득자는 공시 최고절차가 진행 중인 사실을 모르고 있기 때문에 권리의 신고를 못한 채 공시최 고기간이 지나 그대로 제권판결이 선고되는 수가 있다. 이 경우 제권판결의 취득 자와 증권 등의 선의취득자 사이에 누구의 권리를 우선할 것인가가 문제된다. 이

---

8) 대판 1994. 10. 11, 94다18614.

에 관하여 제권판결취득자우선설, 선의취득자우선설, 제권판결 선고 전의 선의취득자에 한하여 제권판결취득자에 우선한다는 제한적 선의취득자우선설 등이 대립된다.

(2) 생각건대, i) 제권판결제도가 권리가 화체(化體)된 증권 등을 소멸시키는 것이지 실체법상의 권리의 소멸사유가 아니라는 점, ii) 민사소송법상의 증권 등의 무효선언을 위한 공시최고절차의 심리절차가 간이하고, 또한 권리신고를 위한 공시최고의 공고가 매우 미흡하다는 점 등에 비추어 보면 선의취득자우선설이 타당하다고 본다.[9] 판례도 같다.[10] 이 경우에도 어음 등을 소지하고 있는 선의취득자는 제권판결의 소극적 효력에 의하여 증권이 무효로 되었으므로 제권판결에 대한 불복의 소를 제기하여 취소판결을 받지 아니하는 한 그 어음 등에 기초하여 어음 등의 증권 상의 권리행사를 할 수 없다.[11] 선의취득자는 제권판결취득자를 상대로 민사상의 부당이득반환청구 또는 일정한 경우 불법행위를 원인으로 한 손해배상청구가 가능할 것이다. 이런 의미에서 선의취득자의 권리가 제권판결취득자에 우선한다고 할 것이다.

---

9) 同旨: 정동윤/유병현/김경욱, 1185면.
10) 대판 1965. 7. 27, 65다1002; 대판 1965. 11. 30, 65다1926.
11) 대판 1990. 4. 27, 89다카16215; 대판 1993. 11. 9, 93다32934; 대판 1994. 10. 11, 94다18614.

판례색인

사항색인

ㅇ

ㅈ

E

저자약력

고려대학교 법과대학 법학과 졸업
제25회 사법시험 합격(사법연수원 제15기 수료)
고려대학교 대학원 졸업(석사학위), 명예 법학박사(TLBU)
울산·부산·수원·서울동부지방법원, 서울고등법원, 대법원(재판연구관) 판사
미국 University of Washington School of Law, Visiting Scholar(2008~2009)

사법시험·행정고시·변리사자격심사위원회, 변호사모의시험 위원, 한국법학교수회
    제15대 회장, 한국민사집행법학회 회장, 대법원 사법행정자문회의 및 인사위원회
    위원, 대법관 추천위원회 위원, 국회 입법자문위원, 대검찰청 징계위원회 위원 등
    역임
현재 고려대학교 법과대학 부교수 및 교수, 법학전문대학원 교수(2000~)
    중국정법대학교 명예교수(2005. 7.~)
    한국법학교수회 명예회장, 한국민사집행법학회 고문, 한국민사소송법학회 부회장,
    대법원 민사실무연구회 부회장, 변호사, 중재인

〈주요 저서 및 논문〉

저서: 신민사소송법(세창출판사, 2009)
    법학입문(제4판, 공저, 법문사, 2018)
논문: 민사소송에 있어서 법인격부인론(2000)
    단계적·선택적 분쟁해결조항의 연구: 선택적 중재조항을 중심으로(2003)
    민사소송에 있어서 신의성실의 원칙(2004)
    민사집행제도의 이상에 관한 소고(2005)
    신축중의 건물의 집행법상의 지위(2005)
    민사집행법상의 신의칙(2007)
    국제재판관할권의 행사기준과 범위(2009)
    민사소송법에 있어서 선결·모순관계: 대법원 2001.9.20, 99다37894 전원합의체
        판결을 중심으로(2009)
    미국민사소송법상의 판결의 효력(Ⅰ): 좁은 의미의 Res Judicata를 중심으로
        (2010)
    임시의 지위를 정하기 위한 가처분의 법적 규율(2012)
    우리 사법시스템에 대한 새로운 고찰: 전자소송 등의 상황에서(2015)
    미국 연방법원의 재판권: 재판제도·재판권·연방문제재판권을 중심으로(2016)
    공유자 우선매수권 제도의 문제점과 개선방안(주저자, 2017)
    독일의 표본확인소송절차(주저자, 2020)
    몽골 민사소송법전에 관한 소고(Ⅰ)(주저자, 2022)
    미국의 소송이송 간주제도(Removal)(2023) 등 다수

신민사소송법 [제3판]

2009년 10월 9일 초판 발행
2019년 9월 20일 개정신판 발행
2023년 9월 15일 제3판 1쇄 발행

저 자 정 영 환
발행인 배 효 선

발행처 도서
출판 **法 文 社**

주 소 10881 경기도 파주시 회동길 37-29
등 록 1957년 12월 12일/제2-76호(윤)
전 화 (031)955 6500 -6 FAX (031)955-6525
E-mail (영업) bms@bobmunsa.co.kr
(편집) edit66@bobmunsa.co.kr
홈페이지 http://www.bobmunsa.co.kr

조 판 법 문 사 전 산 실

정가 55,000원 ISBN 978-89-18-91430-5